ENCYCLOPÉDIE THÉOLOGIQUE,

OU

SÉRIE DE DICTIONNAIRES SUR TOUTES LES PARTIES DE LA SCIENCE RELIGIEUSE,

OFFRANT EN FRANÇAIS, ET PAR ORDRE ALPHABÉTIQUE,

LA PLUS CLAIRE, LA PLUS FACILE, LA PLUS COMMODE, LA PLUS VARIÉE
ET LA PLUS COMPLÈTE DES THÉOLOGIES.

CES DICTIONNAIRES SONT CEUX

D'ÉCRITURE SAINTE, — DE PHILOLOGIE SACRÉE, — DE LITURGIE, — DE DROIT CANON, —
DES HÉRÉSIES, DES SCHISMES, DES LIVRES JANSÉNISTES, DES PROPOSITIONS ET DES LIVRES CONDAMNÉS,
— DES CONCILES, — DES CÉRÉMONIES ET DES RITES, —
DE CAS DE CONSCIENCE, — DES ORDRES RELIGIEUX (HOMMES ET FEMMES), — DES DIVERSES RELIGIONS, —
DE GÉOGRAPHIE SACRÉE ET ECCLÉSIASTIQUE, — DE THÉOLOGIE MORALE, ASCÉTIQUE ET MYSTIQUE,
— DE THÉOLOGIE DOGMATIQUE, CANONIQUE, LITURGIQUE, DISCIPLINAIRE ET POLÉMIQUE, —
DE JURISPRUDENCE CIVILE-ECCLÉSIASTIQUE,
— DES PASSIONS, DES VERTUS ET DES VICES, — D'HAGIOGRAPHIE, — DES PÈLERINAGES RELIGIEUX, —
D'ASTRONOMIE, DE PHYSIQUE ET DE MÉTÉOROLOGIE RELIGIEUSES, —
D'ICONOGRAPHIE CHRÉTIENNE, — DE CHIMIE ET DE MINÉRALOGIE RELIGIEUSES, — DE DIPLOMATIQUE CHRÉTIENNE, —
DES SCIENCES OCCULTES, — DE GÉOLOGIE ET DE CHRONOLOGIE CHRÉTIENNES.

PUBLIÉE

PAR M. L'ABBÉ MIGNE,

ÉDITEUR DE LA BIBLIOTHEQUE UNIVERSELLE DU CLERGÉ,

OU

DES COURS COMPLETS SUR CHAQUE BRANCHE DE LA SCIENCE ECCLÉSIASTIQUE.

PRIX : 6 FR. LE VOL. POUR LE SOUSCRIPTEUR A LA COLLECTION ENTIÈRE, 7 FR., ET MÊME 8 FR. POUR LE
SOUSCRIPTEUR A TEL OU TEL DICTIONNAIRE PARTICULIER.

52 VOLUMES, PRIX : 312 FRANCS.

TOME TRENTIÈME.

DICTIONNAIRE DE GÉOGRAPHIE SACRÉE ET ECCLÉSIASTIQUE.

TOME TROISIÈME.

3 VOLUMES, PRIX : 24 FRANCS.

S'IMPRIME ET SE VEND CHEZ J.-P. MIGNE, EDITEUR,
AUX ATELIERS CATHOLIQUES, RUE D'AMBOISE, AU PETIT-MONTROUGE,
BARRIÈRE D'ENFER DE PARIS.

1854

DICTIONNAIRE
DE
GÉOGRAPHIE
SACRÉE ET ECCLÉSIASTIQUE,

CONTENANT

LE DICTIONNAIRE GÉOGRAPHIQUE DE LA BIBLE, PAR BARBIÉ DU BOCAGE;
UNE INTRODUCTION A LA GÉOGRAPHIE CHRÉTIENNE DEPUIS LA PRÉDICATION DE L'ÉVANGILE ; UN APERÇU DES PROBLÈMES DE LA GÉOGRAPHIE PHYSIQUE ; UNE STATISTIQUE DES PEUPLES ET DES VILLES DE LA GÉOGRAPHIE ANTÉRIEURE A L'AN 500 ; UN VOCABULAIRE DES NOMS LATINS ; UN TABLEAU COMPLET DES PATRIARCATS, DES MÉTROPOLES ET DES ÉVÊCHÉS DU MONDE CHRÉTIEN, DEPUIS LES PREMIERS SIÈCLES JUSQU'EN 1849 ; LA DESCRIPTION DES DIVERSES CONTRÉES, DES MONTAGNES, DES PRINCIPAUX FLEUVES DU GLOBE, DES VILLES PATRIARCALES, MÉTROPOLITAINES, ÉPISCOPALES, DES GRANDES ABBAYES, DES LOCALITÉS REMARQUABLES PAR LES CONCILES QUI S'Y TINRENT, DES MONUMENTS OU DES SOUVENIRS RELIGIEUX, AINSI QUE DES VILLES CÉLÈBRES DE L'ISLAMISME ET DE L'IDOLATRIE ; UN RÉSUMÉ DES MISSIONS CATHOLIQUES, DES DIFFÉRENTES MISSIONS PROTESTANTES, DE LA GÉOGRAPHIE MUSULMANE ET IDOLATRE ; UNE EXPOSITION DES TRAVAUX ET DES OPINIONS DES ANTHROPOLOGISTES MODERNES; UN ESSAI SUR LA PHILOSOPHIE DE LA GÉOGRAPHIE, ET UNE BIBLIOGRAPHIE GÉOGRAPHIQUE ; UN TABLEAU DES CONGRÉGATIONS ET COMMUNAUTÉS RELIGIEUSES DE L'EMPIRE FRANÇAIS (1854), DES MISSIONS CATHOLIQUES FRANÇAISES, OU CONGRÉGATIONS DES MISSIONS ; UN APPENDICE DONNANT LA LOI SUR L'INSTRUCTION PUBLIQUE DU 14 JUIN 1854 ;

PAR MM. BENOIST ET A. DE CHESNEL,

CONTENANT EN OUTRE LES TABLEAUX SUIVANTS :

Tableau alphabétique de tous les lieux de la Terre Sainte, avec leurs longitudes et latitudes, tant en degrés qu'en grades, accompagné de la liste des villes sacerdotales, lévitiques, royales et de refuge ; tableau synoptique de la France catholique en 1854 ; conversion des degrés en grades, et des grades en degrés ;

Par M. l'abbé RIONDEY.

PUBLIÉ
PAR M. L'ABBÉ MIGNE,
ÉDITEUR DE LA BIBLIOTHÈQUE UNIVERSELLE DU CLERGÉ,
OU
DES COURS COMPLETS SUR CHAQUE BRANCHE DE LA SCIENCE RELIGIEUSE.

TOME TROISIÈME.

3 VOLUMES, PRIX : 24 FRANCS.

S'IMPRIME ET SE VEND CHEZ J.-P. MIGNE, ÉDITEUR,
AUX ATELIERS CATHOLIQUES, RUE D'AMBOISE, AU PETIT-MONTROUGE,
BARRIÈRE D'ENFER DE PARIS.

1854

INTRODUCTION

DE L'AUTEUR DU TOME TROISIÈME.

Chargé par M. l'abbé Migne de la rédaction du troisième volume de son *Dictionnaire de géographie*, il nous a paru, d'après la méthode suivie dans les deux premiers tomes, que le complément obligé de l'ouvrage était un traité de *géographie moderne*, c'est-à-dire l'exposé 1° des divisions territoriales, politiques et administratives adoptées aujourd'hui sur toute la surface de l'univers ; 2° de la topographie actuelle des lieux ; 3° de la statistique la plus récente de l'état des sciences, des arts, de l'industrie et du commerce, sur chaque point du globe. C'est le travail que nous avons accompli.

Nous nous sommes attaché à ne rien reproduire des faits et des détails de diverses natures contenus dans les deux premiers volumes ; et nous avons pris le même soin pour ne point aborder ce qui est relatif à l'histoire des religions, aux pèlerinages, à l'ethnographie, aux sciences naturelles, etc., attendu que l'*Encyclopédie* de M. l'abbé Migne comprend des traités spéciaux sur ces matières. En revanche, nous avons fait connaître, avec la plus grande exactitude, quels sont, dans les différentes contrées, les établissements religieux et civils dignes de remarque ; la situation intellectuelle et le mouvement industriel et commercial de chaque lieu décrit ; les monuments anciens et modernes qu'on y rencontre ; et les curiosités naturelles et autres qui s'y recommandent à l'attention du voyageur. Enfin, forcé par les limites dans lesquelles nous avons dû nous renfermer, de faire un choix d'articles, nous avons apporté le plus grand scrupule à n'omettre aucun lieu offrant un intérêt quelconque.

Dans la tâche que nous nous étions donnée, nous n'avons pu éviter l'embarras qui se reproduit pour tout écrivain qui s'occupe de géographie, celui qui résulte du désaccord des géographes dans la manière d'orthographier les noms. Chacun d'eux, en effet, a la sienne qu'il déclare tout d'abord être la meilleure ; et le plus souvent, il faut l'en croire sur parole, car il ne prend pas la peine d'indiquer quelles sont ses autorités, ce qui prive alors le lecteur de toute espèce de contrôle. Il serait peut-être facile de s'entendre, afin de ramener la nomenclature à l'unité ; mais cela ne ferait pas le compte de certaines spéculations, car la géographie, comme toutes les autres sciences, est soumise à des systèmes, à la vanité, aux calculs et à l'égoïsme. D'un autre côté, pour établir cette unité dont nous parlons, il faudrait s'astreindre rigoureusement à orthographier chaque nom d'après la langue à laquelle il appartient ; et comme c'est le contraire qui a toujours lieu ; que chez nous, par exemple, on se fait constamment une règle de *franciser* les noms étrangers, de leur imposer une certaine euphonie ; il s'en suit qu'un travail entrepris dans un autre sens deviendrait presque un tohu-bohu pour le plus grand nombre, et que l'on serait fort longtemps avant de pouvoir se comprendre. Il existe donc en cela une difficulté réelle que nous ne nous sommes pas donné mission de résoudre. Toutefois, ayant aussi à nous prononcer, afin de mettre en œuvre notre travail, nous avons suivi, du moins le plus généralement, la nomenclature adoptée par Balbi, parce qu'il nous semble que ce géographe est celui qui s'est entouré du plus grand nombre d'autorités respectables.

Ce qui a lieu pour l'orthographe des noms se présente également pour les chiffres de la population, et ici il devient le plus fréquemment impossible de se fixer sur un terme moyen, de se déclarer pour tel ou tel nombre, privé qu'on se trouve des éléments propres à une vérification. Nous trouvons donc, pour citer quelques exemples et des noms recommandables, que Balbi assigne une population de 630,000 âmes à la ville de Bénarès, tandis que MM. Meissas et Michelot ne la portent qu'à 200,000. Balbi ne donne que 600,000 habitants à Calcutta ; MM. Meissas et Michelot lui en accordent 1,000,000. Le premier ne trouve que 400,000 âmes à Canton, les seconds élèvent ce nombre à 830,000. Et ainsi de suite. Après cela une foule de circonstances font varier plus ou moins la population chaque année et alors on ne peut guère la donner que comme approximative et en nombres ronds : c'est ce que nous avons fait.

Nous nous sommes aidé dans la rédaction de notre livre des travaux de Kilian et Picquet, Vosgien, Mac-Carthy, Malte-Brun, Huot, Walckenaer, Balbi, Cortambert, Meissas et Michelot, etc; des *Annales de géographie;* des voyages autour du monde réalisés dans le présent siècle; et nous croyons avoir atteint, ainsi appuyé, le but que nous nous étions proposé.

Nous venons de dire que la vanité et la spéculation exercent aussi leur influence pernicieuse chez quelques géographes. C'est qu'effectivement il en est qui ne remanient la nomenclature que pour se donner un relief purement illusoire; qui *inventent* même à plaisir, pour laisser croire à des *additions* importantes de leur part. Et cependant, cette conduite est d'autant plus condamnable, que déjà la géographie par elle-même est loin d'être parvenue au niveau du progrès des autres sciences, qu'elle laisse, plus que toute autre branche des connaissances humaines, à désirer, à approfondir, à ratifier.

Le centre de l'Afrique nous est encore caché par un voile, il nous oppose des barrières que tous nos efforts n'ont pu jusqu'à ce jour nous faire franchir; la position des sources de quelques-uns de ses plus grands fleuves, ainsi que leurs cours et leurs véritables affluents ne sont pas exactement déterminés; les terres et les mers polaires sont une étude presque vierge; il en est de même pour plusieurs contrées de l'Asie et de l'Amérique; et les origines ethnographiques n'ont encore ni système, ni classification convenablement arrêtés. Les voyageurs, en général, se sont moins occupés de la recherche de la vérité, que de l'art de donner un cachet de merveilleux aux faits dont ils ont été témoins ou qu'on leur a racontés; et les géographes de cabinet, obligés de s'en rapporter aux explorateurs, ont non-seulement reproduit leurs mensonges volontaires ou involontaires, mais encore renchéri quelquefois sur eux, afin de fournir aussi leur contingent de nouveauté et d'attrait au public. La bonne voie a néanmoins été tracée par quelques hommes consciencieux, et il faut espérer qu'un temps viendra où aucun écrivain n'osera plus s'en écarter.

L'histoire de la géographie est très-vaste, ses détails sont immenses! Le savant Malte-Brun leur a consacré tout un volume dans sa *Géographie universelle*, et encore n'a-t-il donné qu'un abrégé. Nous ne saurions donc entreprendre d'en présenter un tableau de quelque étendue dans le cercle où nous nous trouvons circonscrit, et nous nous bornerons à en tracer l'aperçu suivant :

C'est encore à Moïse, et à son œuvre sublime de la *Genèse*, que nous sommes redevables des premières notions géographiques sur les pays habités par les Hébreux, les Phéniciens, les Arabes et les autres peuples de l'Asie occidentale, sans que pourtant l'illustre écrivain ait eu la prétention de fonder la science dont nous nous occupons en ce moment. Après lui vient Homère qui, dans ses poëmes, dans la description des mythes de son temps, esquisse aussi la géographie des contrées où il fait naître et agir ses héros. On a remarqué ce fait, c'est que dans la croyance des peuples primitifs, au sujet des positions géographiques, chacun d'eux se prétendait placé au centre du monde : on trouve cette pensée chez les Hindous comme chez les Scandinaves. Le centre de la Grèce, par exemple, passait, chez les Grecs, pour être celui de l'univers, et, d'après Homère, le point culminant de ce centre était le mont Olympe, en Thessalie, mont sur lequel on faisait aussi trôner Jupiter au milieu de sa cour et tenant en main ses redoutables foudres. Les Grecs contemporains d'Homère possédaient d'ailleurs d'autant moins de lumières sur la géographie, que leur navigation ne s'étendait guère au delà du circuit de leurs côtes; et les Phéniciens, puis après eux les Carthaginois, purent seuls enrichir de quelques renseignements utiles la science qui tendait alors à se constituer.

L'époque apparut enfin où Hésiode et Hérodote cherchèrent à éclaircir l'histoire des divers peuples; mais encore, en dépit de leur bon vouloir, ils propagèrent en partie les erreurs accréditées jusqu'à eux. Tels sont, par exemple, les détails qu'ils ont donnés sur les Hyperboréens, les Arimaspes, les Gryphons, les Amazones, les Asiones, etc. Néanmoins, la géographie ne cessa plus dès lors d'occuper les méditations des savants, des philosophes. Ainsi, Anaximandre, disciple de Thalès, inventa la première mappemonde connue; Hécatée composa, au dire de Strabon, un itinéraire du monde, et figura la terre comme un disque baigné par l'Océan. Anaximandre l'avait déjà comparée à un cylindre ; Leucippe en fit un tambour et Héraclide un bateau ; d'autres adoptèrent pour elle la forme cubique ; et quelques-uns enfin, tels que Xénophane et Anaximène, la comparèrent à une haute montagne dont la base s'étendait à l'infini, et dont les astres éclairaient les diverses parties en accomplissant leurs révolutions autour d'elle. Hérodote, le père de l'histoire, tout en accueillant et reproduisant un grand nombre d'erreurs, comme nous venons d'en faire l'observation, rendit cependant des services à la géographie ; car il entreprit des voyages en Orient, pour vérifier et constater des faits.

Au temps de la guerre du Péloponèse, Scyllax fit un recueil des itinéraires des navigateurs de cette époque ; et, plus tard, Eudoxe, de Cnide, composa un *Voyage autour du monde*, dont il ne nous est parvenu que des fragments très-courts. Le premier, il entreprit de soumettre la géographie à des observations astronomiques. Après Eudoxe se montra Ephore, de Cumes, qui, le premier aussi, divisa le genre humain en races, et en adopta d'abord quatre principales qu'il désigna sous les noms d'*Indiens* au levant d'hiver, d'*Ethiopiens*, au couchant d'hiver ; de *Celtes*, au couchant d'été et de *Scythes*, au levant d'été. Mais avant Eudoxe et Ephore, Hippocrate avait écrit un traité de géographie physique, dans lequel il recommande aux médecins d'étudier les localités des villes où ils se trouvent, c'est-à-dire, leurs influences climatériques ou celles de l'air, des vents, des eaux, etc., et il joignit l'exemple au précepte en parcourant divers pays. Enfin, c'est à ses connaissances géographiques que Xénophon dut la gloire de sauver *dix mille* de ses compagnons, et de rendre immortelle le récit de la *retraite* qu'il leur fit opérer.

Devançant Christophe Colomb, dans ses prévisions sur l'existence d'un nouveau monde, Aristote déclara que les rivages d'Espagne n'étaient pas éloignés de ceux de l'Inde, et il représenta la terre habitée, comme une grande île de figure presque ovale. Sa mappemonde a pour limites, à l'est, l'Indus ; à l'ouest, le fleuve Tartessus ou Guadalquivir ; au nord, les monts Riphéens ; et au sud, la Libye.

Alexandre, le conquérant macédonien, se fit suivre de plusieurs géographes, tels que Diagnétus et Béton, qui prirent note des marches de l'armée en les déterminant d'après des observations astronomiques ; et Androsthène, Néarque et Onésicritus furent aussi chargés de reconnaître, par mer, les côtes méridionales de l'Asie. Sous le règne de Ptolémée Philadelphe, Timosthène publia une description de tous les ports alors connus, et un livre sur la mesure de la terre. Philostéphanus, de Cyrène, donna aussi un grand nombre de descriptions particulières ; puis Eratosthène, son compatriote et bibliothécaire d'Alexandrie, sous Ptolémée Evergète, créa un système complet de géographie, reposant sur les bases mathématiques, lequel système demeura, durant quatre siècles, l'ouvrage classique pour cette science. A la même époque, Apollodorus, surnommé *Periegetes*, c'est-à-dire, *qui a fait le tour du monde*, fit paraître d'immenses travaux sur ses voyages dans le centre de l'Asie ; et Agatharchides, de Cnide, des relations sur l'Ethiopie et l'Arabie.

Hipparque essaya de réduire la géographie à des bases astronomiques ; mais sa manière trop exclusive de procéder, jointe au défaut des éléments, l'entraîna le plus souvent aux hypothèses les plus absurdes. Polybe profita des expéditions des Romains contre Carthage, pour se procurer des renseignements sur l'occident de l'Europe, et visita les côtes occidentales de l'Afrique, jusqu'au mont Atlas. Après lui, les recherches de Posidonius décidèrent l'école d'Alexandrie à changer la graduation des cartes d'Eratosthène ; mais ce changement, au lieu d'être utile à la science, ne fit que multiplier les erreurs de la géographie mathématique ; et, pour comble de disgrâce, les poëtes vinrent aussi patauger dans une science qui aurait dû rester étrangère à leurs rêves, à leurs excursions dans le vide. Ce fut une calamité. C'est ainsi que Lycophon et Apollonius remirent en faveur les fables d'Homère et l'expédition des Argonautes, et que Scymnus, de Chios, revêtit de ses hallucinations le système d'Eratosthène. Toutefois, durant la même période, Artémidore composa des ouvrages importants sur la géographie, et Eudoxe, de Cyzique, accomplit plusieurs voyages intéressants, soit pour chercher la route la plus directe de l'Inde, soit pour faire le tour de l'Afrique par l'ouest. C'est à Strabon que nous devons l'histoire de la géographie, pendant les quatre siècles qui suivirent la mort d'Alexandre.

Une ère particulière pour cette science est celle où une route de l'Inde fut établie à la suite des conquêtes de Mithridate, roi de Pont; où Jules-César fit connaître la Gaule et la Grande-Bretagne; où les armes de Germanicus pénétrèrent jusqu'à l'Elbe; où Ælius Gallus parcourut l'intérieur de l'Arabie; où Agrippa, enfin, rassembla, dans un même ouvrage, les notions éparses dans le monde romain.

Chez ce dernier peuple, Méla fit connaître en détail le système d'Eratosthène, Tacite décrivit la Germanie, Sénèque l'Inde, et Pline réunit tout ce qui avait été écrit antérieurement et durant son époque. Chez les Grecs, deux éminents astronomes tentèrent de donner à la géographie des bases plus scientifiques : l'un est Marin, de Tyr, qui vivait vers l'an 100; l'autre, Ptolémée, qui fleurit sous les deux Antonins, depuis 140 jusqu'en 170. Chacun sait tout ce que la géographie doit à celui-ci. Sous les mêmes Antonins, Pausanias fit un voyage en Grèce.

Les travaux géographiques du moyen âge nous offrent, entre autres traités, les abrégés d'Agathémère et de Marcien d'Héraciée; la géographie d'Ethicus; le dictionnaire géographique de Vibius pour le monde romain, et celui d'Eusèbe pour les lieux nommés dans les saintes Ecritures; puis celui d'Etienne de Byzance; la topographie du monde chrétien, par le moine Cosmas; la géographie des parties orientales de l'Asie, par l'arménien Moïse de Chorim; et la description de Jérusalem et des lieux saints, par Adaman, abbé de Jona. Mais les ouvrages les plus importants écrits durant cette période sont dus aux Arabes. Wahad et Abouzeid parcoururent et décrivirent les contrées les plus reculées de l'Asie; Sallam explora les bords de la mer Caspienne; Massoudi, surnommé Coth-baddin, qui mourut au Caire en 957, fit paraître, sous le titre de *Prairies d'or et mines de pierres précieuses*, une histoire des royaumes les plus connus dans les trois parties du monde, et c'est à lui qu'on doit les notions sur les Indes et la Chine qui ont été reproduites en français par l'abbé Renaudot. Au xe siècle, Ibn-hankal publia la géographie des pays soumis à l'islamisme; on doit au schérif Al-Edrisi, dit le géographe de Nubie, un livre ayant pour titre : *Récréation géographique;* Schahab-ed-din-abou-Abd-Allah-yakout composa un dictionnaire géographique; Zacaria, une géographie divisée en sept climats; Ibn-al-Ouardi, une géographie physique; les travaux du géographe persan Ham-Doullah sont estimés de tous les orientalistes; et Aboul-Feda, prince de Hamah, en Syrie, et guerrier célèbre, a laissé un ouvrage intitulé : *La vraie situation des pays*. Nous ne pousserons pas plus loin cette énumération des auteurs arabes.

Il n'est pas besoin d'ajouter combien la géographie est redevable à certains navigateurs tels que Christophe Colomb, Tasmann, Lemaire, Behring, Cook, Bougainville, La Pérouse, Baudin, Parry, Ross, Franklin, Dillon, Duperrey, Frécynet, Dumont-d'Urville, Blosseville, etc.; et à quelques voyageurs et hommes de cabinet, comme Danville, Klaproth, Ritter, Mantelle, Busching, Gosselin, Woss, Mannert, de Humboldt, Fleurieu, Jomard, Rémusat, la Renaudière, etc., etc. Les travaux les plus savants, surtout au point de vue de la physique, la philosophie et l'histoire, sont ceux de Malte-Brun et de Balbi; le dictionnaire usuel le plus complet et le plus soigné est celui de MM. Meissas et Michelot.

A. DE CHESNEL.

DICTIONNAIRE
DE GÉOGRAPHIE
SACRÉE ET ECCLÉSIASTIQUE.

A

AA.—Rivière du département du Pas-de-Calais. Elle passe à Saint-Omer où elle devient navigable au moyen d'écluses et va se jeter dans l'Océan près de Gravelines. On trouve aussi plusieurs cours d'eau de ce nom en Suisse, dont un dans le canton de Zurich, un autre dans celui de Lucerne, et un troisième dans celui d'Underwald. Enfin, il est encore une rivière d'Aa en Westphalie, et une dernière en Courlande, laquelle baigne Mittau.

AADE. — Autre rivière dans le Brabant hollandais. Elle passe à Helmont et Bois-le-Duc, et va se jeter dans la Meuse.

AAHUS ou **AHAUS.**—Petite ville avec un château, en Westphalie. Elle est située sur l'Aa.

AAKIRKE. — Petite ville du Danemark. Elle est située au milieu de l'île Bornholm.

AALBORG.—Ville épiscopale du Jutland septentrional, en Danemark. Elle est petite, mais assez importante par son commerce et sa pêche du hareng. On y trouve un collége, une école de navigation, une bibliothèque publique et au delà de 7,000 habitants.

AAR.—Rivière de la Suisse. Elle prend sa source au Grimsel, montagne qui sépare le canton de Berne du Valais; traverse les lacs de Brientz et de Thoun; arrose les territoires de Berne, d'Arrborg, de Buren, de Soleure et de Brougg; puis va se jeter dans le Rhin après un trajet d'environ 240 kilomètres. Son cours est très-rapide, et elle forme un grand nombre de cascades, dont la plus remarquable est celle d'Haudeck.

AARAU. — Jolie petite ville, chef-lieu du canton d'Argovie, en Suisse. Elle est située sur l'Aar, et fut la capitale de la république Helvétique, avant le célèbre traité dit de *médiation*. Elle possède un gymnase académique, une bibliothèque cantonale, et plusieurs sociétés académiques. On y trouve en outre un certain nombre de fabriques et l'on cite l'activité de ses presses typographiques. Sa population est d'environ 4,000 âmes.

AARBURG. — Petite ville fortifiée du canton d'Argovie, en Suisse. Elle est située sur la rive droite de l'Aar, et sa population est d'environ 1,000 âmes.

AARHUUS.—Ville épiscopale du Jutland septentrional, en Danemark. On y remarque une belle cathédrale; elle possède un lycée, une bibliothèque publique et un musée d'antiquités. Pop.: 7,000 âmes.

AARONSBOURG. — Très-petite ville de la Pensylvanie, aux États-Unis d'Amérique. Elle est située dans le comté de Northumberland, à quelques milles à l'ouest de Louisbourg.

AAS. — Fontaine d'eau vive du département des Basses-Pyrénées. Elle jouit d'une grande célébrité populaire pour la guérison des coups de feu.

ABABDEHS.—Peuple d'Afrique. Il habite dans la partie de la Nubie et de la haute Égypte située à l'est du Nil, et l'on croit qu'il descend des anciens Aborigènes de la Nubie.

ABACH.—Petite ville de la basse Bavière. Elle est située sur le Danube, et renommée par ses sources minérales.

ABADEH. — Ville du Fars, en Perse. Elle est renommée par l'excellence de ses fruits. Pop.: 5,000 âmes.

ABADIOTES. — Tribu musulmane de l'île de Candie. Elle habite au sud du mont Ida. On prétend qu'elle descend des Sarrasins qui s'emparèrent de l'île au IXᵉ siècle.

ABAKAN.—Rivière du gouvernement d'Iéniséisk, dans la Russie asiatique. Elle prend naissance aux monts Altaï et se réunit à l'Iénisci.

ABAKANSK.—Bourgade avec un fort dans le gouvernement d'Iéniséisk, en Sibérie, Russie asiatique. Elle est située près de l'Iénisci, au-dessous de son confluent avec l'Abakan, et c'est dans son voisinage que se trouve la montagne d'Isik, où l'on a découvert des tombeaux renfermant de nombreux ornements d'or et d'argent. On y voit aussi des statues colossales chargées de sculptures bizarres. On cultive, sur le territoire d'Abakansk, des melons d'eau, du houblon et du tabac. Pop.: 1,200 âmes.

ABALAK. — Village du gouvernement de Tobolsk, dans la Sibérie, Russie asiatique. Il possède une image de la Vierge qui attire un grand nombre de pèlerins.

ABANA. — Torrent dont il est souvent parlé dans l'Écriture et qui jouit encore d'une certaine célébrité chez les Arabes. Il prend sa source au versant septentrional du mont Liban et, après avoir traversé la ville de Damas, il va se perdre, à quelques lieues de là, dans un immense marais.

ABANÇAY. — Petite ville du département de Cuzco, dans la république du Pérou. Elle est renommée par ses sucreries. Pop. : 5,000 âmes.

ABANO. — Bourg de la délégation de Padoue, dans le gouvernement de Venise. Il est renommé par ses sources thermales qui sont très-fréquentées, et que les Romains désignaient sous le nom d'*Oponus*. Sa population est d'environ 3,000 âmes. Quelques-uns croient que cet endroit est la patrie de Tite-Live.

ABASES. — Peuple belliqueux qui habite la côte est de la mer Noire et qui faisait autrefois un grand commerce d'esclaves. Il occupe la région qui s'étend depuis l'embouchure du Kouban jusqu'à la rivière de Sohoum, et son territoire est fertile en grains. Il s'y fait aussi un commerce assez important de cuirs, de laine et de fourrures.

ABASSAN. — Petit royaume d'Afrique, sur la côte de Guinée.

ABAYTE. — Rivière de la province de Minas-Geraës, au Brésil. C'est un affluent du San-Francisco. On a trouvé dans son lit les plus gros diamants qui aient été recueillis au Brésil. Son cours est d'à peu près 200 kilomètres.

ABBEVILLE. — Petite ville située sur la Somme. Chef-lieu d'arrondissement dans le département de la Somme, elle comprend 11 cantons et 171 communes. Elle possède un collége, une bibliothèque publique et des manufactures importantes de draps et de velours. Cette ville est la patrie du cardinal Jean Alegrain, du géographe Sanson, du médecin Hecquet et du poëte Millevoye. Pop. : 18,000 âmes.

ABBIATEGRASSO. — Ville du royaume Lombard-Vénitien, empire d'Autriche. Elle est située sur un canal qui unit l'Olona au Tésin, et c'est dans ses environs que Bayard, le chevalier sans reproche, fut tué en 1524. Pop. : 3,000 âmes.

ABBITIBBÉ ou **ABBITIBBI.** — Fleuve du haut Canada, dans l'Amérique anglaise. Il sort du lac de même nom, et se jette dans la baie de James, au sud de la baie d'Hudson, après avoir reçu la Moose. Son cours est d'environ 500 kilomètres.

ABENSBERG. — Ville de Bavière. Elle est située sur l'Abens, près de son confluent avec le Danube, dans le cercle de la Regen. On y voit un château fort et des antiquités romaines. C'est la patrie de l'historien Thurnmaier ou Aventinus. Pop. : 1,200 âmes.

ABERBROTHOCK ou **ARBROATH.** — Ville du comté de Forfar, en Ecosse. Elle est située près de l'embouchure du Brothock dans la mer du Nord. On y remarque un phare et les ruines d'une célèbre abbaye où le parlement d'Ecosse fut tenu en 1320. Cette ville possède des fabriques de toiles bises et de toiles à voiles, et des eaux minérales qui sont réputées contre les écrouelles. Pop. : 7,000 âmes.

ABER-CONWAY ou **CONWAY.** — Ville de la principauté de Galles, en Angleterre. On y remarque les restes d'un château fort bâti par Edouard Ier. Cette ville fut prise par Cromwell, en 1645. On en exporte du cuivre, du plomb et du zinc. Pop. : 1,200 âmes.

ABERDARI. — Ville d'Angleterre. Elle est située dans le comté de Glamorgan, principauté de Galles. On y trouve des forges et 4,000 habitants.

ABERDEEN. — Contrée d'Ecosse qui formait autrefois une province. Elle est bornée au nord et à l'est par la mer; au sud, par les villes d'Angus et de Perth; et à l'ouest par celle de Banff.

ABERDEEN. — Chef-lieu du comté de ce nom, en Ecosse. Cette ville est située à l'embouchure de la Dee, et sa marine marchande lui donne une assez grande importance commerciale. On y remarque le palais de justice, le collége de médecine, l'hôpital des fous, le pont construit sur le Don, et la digue, formée de blocs de granit d'une énorme dimension. Cette ville possède une université assez renommée, un gymnase, une école de musique, et de nombreuses librairies. Un canal la met en communication avec Inverary, et ses marins prennent une assez large part à la pêche de la baleine qui a lieu dans le détroit de Davis. Pop. : 58,000 âmes.

ABERGAVENNI. — Bourg du comté de Montmouth, en Angleterre. Il est situé sur la Gavenny, et réputé par sa fabrication de flanelles.

ABEX (CÔTE D'). — Dans l'Abyssinie, sur le bord occidental de la mer Rouge et au sud-est de l'Egypte. Elle s'étend jusqu'au détroit de Mabel-Mandeb. Elle était autrefois habitée par les Troglodytes.

ABOMEY. — Ville du royaume de Dahomey, dans la Nigritie maritime. On y tient des foires considérables qui attirent un grand nombre d'étrangers, et sa population est d'environ 25,000 âmes.

ABOU-ARICH. — Chef-lieu de l'état de ce nom, dans le Tehama, province de l'Yemen, en Arabie. Cette petite ville est renommée par l'excellence des fruits de son territoire, lequel possède aussi des mines de sel gemme.

ABOUCHEHR ou **BENDER-BOUCHIR.** — Ville du Fars, en Perse, c'est le premier port marchand du royaume sur le golfe Persique, et la Compagnie anglaise des Indes y a une factorerie qui fait des affaires considérables. Pop. : 5,000 âmes.

ABOUKIR. — Village des environs d'Alexandrie, dans le Bahari ou basse Egypte. Une forteresse défend son port. C'est dans le voisinage de cet endroit que s'élevait anciennement *Canopus*, célèbre par son temple de Sérapis et les fêtes pompeuses qu'on y renouvelait annuellement. Aboukir a été témoin aussi de deux batailles mémorables, l'une navale, en 1798, où Nelson détruisit la flotte française, l'autre sur terre, en 1799, le 25 juillet. Napoléon y tailla en pièces l'armée anglo-turque. Ce fut le dernier exploit de ce grand capitaine en Orient, peu après il s'embarqua pour revenir en France.

ABOULIOUN. — Très-petite ville de l'Asie Mineure, empire ottoman. C'est l'*Apollonie* des anciens. Elle est située sur un petit îlot du lac de son nom; et, n'est habitée que par des pêcheurs. Pop. 2,000 âmes.

ABRAHAMSDORF. — Bourg de Hongrie. Il est situé près du lac Balaton, et fait un commerce de grains très-important.

ABRAMBOU. — Petit pays de la Côte d'Or en Afrique. Son chef-lieu porte le même nom et se trouve situé sur la rivière de Volta.

ABRANTÈS. — Petite ville de l'Estremadure, en Portugal. On y remarque l'église Saint-Vincent, l'une des plus belles du royaume. Cette ville fait un commerce assez important, elle est industrieuse et sa population est d'environ 5,000 âmes.

ABROBANIA. — Petite ville de Transylvanie, dans l'empire d'Autriche. Elle est située à quelques milles au nord-ouest d'Albe-Julie.

ABROLHOS. — Écueils situés à 2 lieues environ de la côte du Brésil, près de l'île Sainte-Barbe.

ABRON. — Petite rivière qui prend sa source dans le département de l'Allier et va se perdre dans la Loire.

ABRUZZES. — Province du royaume des Deux-Siciles. Elle est bornée à l'est par le golfe de Venise; à l'ouest et au nord, par la délégation d'Ancône, l'Ombrie, la Sabine et la campagne de Rome; et au sud par la Terre de Labour. La rivière de Pescara divise cette province en deux parties; et, outre l'Apennin, on y trouve deux montagnes considérables, le *Monte-Cavallo* et le *Monte-Maiello*. Les Abruzzes sont fertiles en grains, en riz, en fruits, en safran, etc.; et on les divise en Abruzze citérieure, Abruzze ultérieure première et Abruzze ultérieure deuxième.

ABYSSINIE. — Vaste contrée de l'Afrique qui offre environ 1600 kilomètres de longueur sur 1200 de largeur. Elle appartient à la région du Nil. Ses confins sont, au nord, la Nubie; à l'est, la mer Rouge; au sud, le pays des Gallas; et à l'ouest, la Nigritie. Les produits principaux de cet état sont des grains, la canne à sucre, le coton, le tamarin, la myrrhe, le séné, le lin et le miel; puis des oranges, des citrons, des limons, des grenades, des figues, etc. Les Abyssins sont noirs, de haute taille, laborieux et sobres. Cette contrée se compose des royaumes de Tigré, de Gondar, d'Ankober, d'Hamhara, d'Angot, de Narea et de Samara, lesquels se subdivisent chacun en un grand nombre de petits gouvernements. La religion chrétienne y est la dominante. L'Abyssinie est très-remarquable par le grand nombre de temples et d'églises qui sont creusés dans le roc et que l'on trouve surtout en quantité dans le Tigré et le Lasta. Une montagne de ce dernier Etat offre seule neuf de ces églises, lesquelles sont environnées de cloîtres. On les attribue à saint Laliba, le plus illustre des princes Zagéens, et dont le tombeau se trouve dans celle de Golgota. On cite aussi l'église d'Abouhasoubba, également construite au sein de la roche.

ACAPULCO. — Petite ville de l'État de Mexico, dans la Confédération mexicaine. Son port a la réputation d'être le plus beau du Mexique, mais cette localité est malsaine et par conséquent redoutée. Sous la domination espagnole, Acapulco avait une foire très-renommée. Pop.: 4,000 âmes.

ACCRA ou **AUKRAN**. — Capitale du royaume de ce nom, dans la Nigritie maritime. Pop.: 12,000 âmes.

ACHANTI. — Empire d'Afrique, dans la Guinée septentrionale. Il est situé sur la Côte d'Or et une partie de celle d'Ivoire, ayant pour bornes à l'ouest, l'embouchure du fleuve Saint-André, et à l'est, celle du Volta. C'est une contrée montueuse, où la chaleur est accablante, très-insalubre sur ses côtes, mais saine dans les parties élevées de l'intérieur. Parmi les arbres nombreux qui y sont indigènes, on remarque surtout l'énorme Baobab, le Chi ou arbre à beurre, puis des espèces à parfums et d'autres propres à la teinture et à l'ébénisterie. Les forêts sont peuplées d'éléphants, de rhinocéros, de girafes, de lions, de tigres, de boas et autres serpents venimeux, et l'hippopotame et le crocodile peuplent tous les fleuves.

ACHELOUS ou **ASPRO-POTAMO**. — Fleuve de la Grèce. Il coule entre l'Étolie et l'Acarnanie, et se jette dans la mer Ionienne.

ACHENEAU. — Petite rivière navigable du département de la Loire-Inférieure. Elle s'échappe du lac de Grand-Lieu, et va se jeter dans la Loire. Son cours est d'environ 25 kilomètres.

ACHERN. — Ville du grand-duché de Bade, dans la confédération germanique. Les entrailles de Turenne y sont conservées dans l'église de Saint-Nicolas. Pop.: 1,800 âmes.

ACHEUX. — Chef-lieu de canton de l'arrondissement de Doullens, dans le département de la Somme. Pop.: 900 âmes.

ACHMOUNEIN — Ville de l'Ouestanieh ou moyenne Egypte. Elle est située sur la rive gauche du Nil, et occupe l'emplacement de l'ancienne *Hermopolis magna*. On y remarque encore une vaste nécropole. Pop.: 6,000 âmes.

ACHRAF ou **ECHREF**. — Ville du Mazandéran, en Perse. Elle est située sur la mer Caspienne, et l'on y remarque les restes d'un magnifique palais, construit par Abbas le Grand. Pop.: 15,000 âmes.

ACI-REALE. — Ville de la province de Catane, en Sicile. Elle est située au pied de l'Etna, à l'embouchure de l'Acis, et bâtie d'une manière tout à fait pittoresque sur un massif de laves. Elle possède des fabriques d'étoffes de soie et de toile de lin, et compte environ 15,000 habitants.

ACKLIN. — Groupe d'îles de l'archipel des Lucayes, qui appartient aux Antilles anglaises. La principale de ces îles est North-Crooked, où l'on trouve le port de relâche appelé Pittstown.

ACONCAGUA ou **QUILLOTA**. — Fleuve du Chili. Il arrose les fertiles vallées de Curimon, Aconcagua, Quillota, et Concou, et va se jeter dans le grand Océan. On trouve aussi, au Chili, une province et une petite ville qui portent le nom d'*Aconcagua*.

AÇORES (ILES). — Elles forment un groupe dans l'océan Atlantique, et appartiennent au Portugal. Les premières furent découvertes, en 1439, par des navires flamands, ce qui leur fit d'abord donner le nom d'*îles flamandes*; mais les Portugais, sous la conduite de Gonzalo-vello, ayant achevé, en 1749, la reconnaissance du groupe, le nommèrent *Açores*, à cause de la grande quantité d'éperviers qu'ils y trouvèrent, et ils ne tardèrent point à en demeurer les uniques possesseurs. Les îles Açores paraissent être les sommets de montagnes volcaniques dont la chaîne se prolonge sous les eaux de l'Océan, opinion qu'autorisent son sol sulfureux, les scories dont il est couvert et les cratères qui s'y trouvent encore en érection. L'île neuve apparut tout à coup en 1720, et lors de l'éruption qui lui donna naissance, le fond de la mer avait une telle chaleur dans le voisinage de l'île de Terceire, que le suif, placé au bout du plomb de la sonde, se fondit à plusieurs reprises. Les Açores sont au nombre de neuf : Sainte-Marie, Saint-Michel, Terceire, Gracieuse, Saint-Georges, Pic, Fayal, Corvo et Flores, et elles produisent en abondance du blé, des fruits de toute espèce, et principalement d'excellent vin. Lors des événements politiques qui s'accomplirent en Portugal, dans l'année 1830, une régence s'établit à Angra, capitale de Terceire, en faveur de la jeune reine dona Maria.

ACQUI. — Petite ville épiscopale, située sur la Bormia, dans la division d'Alexandrie, royaume sarde. On y remarque un aqueduc romain, et elle possède des sources thermales assez fréquentées. Sa population est d'environ 15,000 âmes.

ACRE ou AKKA. — Ville fortifiée de Syrie, dans la Turquie d'Asie. C'est la *Ptolemais* des anciens, et l'on sait quel rôle elle joua à l'époque des croisades. On y remarque le palais du pacha, la mosquée de Djezzar, une fontaine de marbre blanc, deux bazars à grandes voûtes et des bains publics qu'on dit être les plus beaux de l'empire ottoman. Cette ville est l'entrepôt du commerce de coton de la Syrie. Pop. : 20,000 âmes.

ADALIA ou SATALIE. — Grande ville de l'Anatolie, dans l'Asie Mineure, empire ottoman. Elle est florissante par son commerce, et l'on y compte 30,000 habitants. Elle renferme un arc de triomphe érigé en l'honneur d'Adrien, et l'on y trouve, dans son voisinage, les ruines de *Phaselis*, parmi lesquelles on distingue surtout un théâtre taillé dans le roc, une colonnade, des mausolées, etc.

ADAM (PIC D'). — Il est situé dans l'île de Ceylan, dont il est la plus haute montagne, et les Cingalais le nomment *Ham-a-Lil*. Ce lieu est l'objet d'un des plus célèbres pèlerinages des Bouddhistes qui croient y trouver l'empreinte du pied de Bouddha, et beaucoup de musulmans, à leur tour, sont convaincus qu'Adam naquit sur cette montagne. On parvient au sommet de celle-ci au moyen d'escaliers taillés dans le roc, ascension qui n'est pas sans danger.

ADANA. — Grande ville, chef-lieu de l'eyalet de ce nom, dans l'Asie Mineure, empire ottoman. On y remarque un très-bel aqueduc, et sa population est d'environ 30,000 âmes.

ADDA. — Petite ville du pays d'Adampi, sur la Côte d'Or, en Guinée. Elle est située sur le Rio-Volta et appartient aux Danois. Pop. : 3,000 âmes.

ADELAIDETOWN. — Chef-lieu de l'Australie méridionale, dans l'Océanie centrale. Elle est située sur la côte orientale du golfe Saint-Vincent.

ADELBERG. — Petite ville du royaume de Wurtemberg, dans la Confédération germanique.

ADELHOETZ. — Petite ville du royaume de Bavière, dans la Confédération germanique. Elle est située dans le bailliage de Traunstein, et renommée par ses sources thermales.

ADÉLIE (TERRE). — Elle est située vers le pôle antarctique, par 66° 30' de latitude sud, et 138° 2' de longitude. Le sol y est granitique. Cette terre fut découverte, en 1840, par le navigateur Dumont-Durville, qui lui imposa le nom de sa femme.

ADELSBERG. — Chef-lieu du cercle de Laybach, dans l'Illyrie, empire d'Autriche. On y voit une vaste caverne remarquable par ses stalactites, et dans les bassins de laquelle on a recueilli des *protées*, genre de reptile batracien, très-curieux, dont on ne connaît qu'une espèce, et qu'on rencontre aussi dans les lacs souterrains de la Basse-Carniole. Cet animal marche mal sur la terre, mais il nage avec une rapidité très-remarquable.

ADEN. — Ville du pays de ce nom, dans l'Yemen, en Arabie. Elle était autrefois fortifiée et l'une des cités les plus opulentes de cette région. Aujourd'hui, son commerce, favorisé par un port, est resté assez considérable.

ADERSBACH. — Petit bourg de la Bohême. Il est renommé par cette singularité : On y voit une longue allée de rochers plus ou moins bizarres par leurs figures et leurs dimensions, et formant une sorte de labyrinthe. Vient ensuite un ruisseau qui, après être tombé d'une grande élévation, circule au milieu de ce dédale dont il augmente l'étrangeté. Pop. : 1,200 âmes.

ADJIMIR. — Grande ville de la province du même nom, dans l'empire Indo-Britannique. Elle fut jadis très-florissante, et l'on y remarque encore les restes de son palais, puis sa citadelle et le tombeau du cheikh Moyn-ed-Din, qui attire un grand nombre de pèlerins musulmans. Pop. : 25,000 âmes.

ADOUR. — Rivière qui prend sa source au pied du Pic-du-Midi, dans le département des Hautes-Pyrénées. Elle traverse ou touche ceux du Gers, des Landes et des Basses-Pyrénées; passe par Bagnères, Tarbes, Saint-Sever, Dax et Bayonne, et entre, au-dessous de cette dernière ville, dans le golfe de Gascogne, par le canal de Boucaut-neuf.

ADOVA. — Ville du royaume de Tigré, dans l'Abyssinie, C'est la plus commerçante de cette partie de l'Afrique, et la toile de coton qu'on y fabrique circule comme monnaie dans le pays. Pop. : 8,000 âmes.

ADRA. — Petite ville de la province de Grenade, en Espagne. Elle possède un fort et un château fortifié.

ADRETS. — Village du département de l'Isère. Les seigneurs de cet endroit jouèrent un grand rôle au moyen âge.

ADRIA. — Ville épiscopale, dans la délégation de Rovigo, gouvernement de Venise. C'était l'une des plus anciennes et des plus florissantes cités de l'Etrurie, et l'un des ports les plus fréquentés aux siècles de la splendeur de Rome. Aujourd'hui ce port est comblé par les atterrissements de l'Adige et du Pô, et la mer s'en est éloignée à 20 milles. Sa population est d'à peu près 10,000 âmes. On découvre de nombreuses antiquités étrusques dans son voisinage.

ADRIATIQUE (Mer ou Golfe). — On nomme ainsi la mer dont les eaux baignent les côtes occidentales du royaume de Naples, des Etats de l'Eglise, et du royaume Lombardo-Vénitien; puis les côtes occidentales de la Turquie d'Europe. La forme allongée de ce golfe, qui est dirigée du sud-est au nord-ouest, dans le même sens que la mer Rouge, a fait supposer à quelques-uns que tous deux avaient été produits par une même irruption violente de l'Océan asiatique; mais d'autres, avec plus de raison, pensent que le premier doit simplement sa naissance aux eaux sortant de la Lombardie, du Tyrol et de la Carinthie, lesquelles suffisent à son alimentation. Un grand nombre de cours d'eau se perdent en effet sur ses rivages, et parmi les plus remarquables, il faut surtout signaler le Pô, l'Adige, le Tagliamento et la Brenta. Les principales villes qui s'élèvent sur ses bords sont Venise, Zara, Ancône, Raguse et Ravenne. Les rives occidentales de l'Adriatique, qui forment les côtes de l'Italie, sont basses et plates et reçoivent des envasements considérables qui viennent s'y décharger, tandis que les côtes orientales, au contraire, sont escarpées et dominent une mer profonde. C'est vers la partie supérieure du golfe, partie que remplissent des îles, des bancs, des bas-fonds et des lagunes, qu'on a construit la ville féerique de Venise.

On a depuis longtemps remarqué que le niveau des eaux du golfe Adriatique s'élève de plus en plus, et cette augmentation se trouve d'ailleurs constatée par les ruines d'édifices qui sont aujourd'hui submergés, de même que les anciens pavés de la place Saint-Marc, à Venise, lesquels se trouvent actuellement bien inférieurs au niveau moyen de la mer. Mais on se rendra compte aisément de ce phénomène, en faisant attention que les flots de la Méditerranée tendent incessamment, par leur impulsion, à contenir et même à refouler les flots de l'Adriatique. Ce golfe, durant la belle saison, n'offre aucun danger aux navigateurs, et les vents, au contraire, soufflant de l'extrémité supérieure, aident puissamment les navires à gagner la Méditerranée; mais, pendant l'hiver, la navigation devient pénible, dangereuse, parce qu'alors le vent changeant pour ainsi dire à chaque pointe qu'il faut doubler, il en résulte que les lames courtes et profondes qu'il n'est pas possible d'éviter, forcent les marins les plus expérimentés à chercher fréquemment un abri dans les archipels des côtes de la Dalmatie. Seulement ces côtes, bordées d'îles nombreuses, présentent une quantité de bassins dans lesquels les vaisseaux, poursuivis par le mauvais temps, trouvent un refuge où ils n'ont plus rien à redouter.

AFRIQUE. — Cette partie de l'ancien continent est une vaste presqu'île qui ne tient à l'Asie que par une étroite langue de terre, située au nord-est, et qui porte le nom d'Isthme de Suez. Les limites de cette contrée sont donc des plus naturelles et des mieux déterminées, puisqu'elles sont tracées par les eaux; toutefois, parmi les mers qui baignent les côtes de l'Afrique, aucune ne lui appartient en propre. Ainsi, la Méditerranée, qui borde ses côtes septentrionales, frappe aussi de ses eaux les rivages de l'Europe et de l'Asie; la mer Rouge touche à la fois l'Egypte, la Nubie, l'Abyssinie en Afrique, et l'Arabie en Asie; à l'ouest l'océan Atlantique s'avance jusqu'aux rives du Sénégal, de la Guinée et du pays des Hottentots; et à l'est, l'océan Indien va battre les côtes du Zanguebar et du royaume d'Adel.

L'Afrique n'était connue des anciens que d'une manière très-imparfaite. Ils croyaient qu'elle ne devait pas s'étendre au delà de la ligne équinoxiale, et qu'à cette hauteur elle se réunissait à l'Asie. Ce ne fut qu'en 1486, que Barthelemy Diaz doubla le cap de Bonne-Espérance, qui forme l'extrémité méridionale de cette contrée; puis, peu de temps après, en 1497, Vasco de Gama fit connaître toute l'importance de cette découverte, en ouvrant aux Européens, la navigation de l'océan Indien. Malgré les nombreuses tentatives qui ont été faites sur différents points pour pénétrer dans l'intérieur de l'Afrique, nous ne possédons encore que des notions très-imparfaites sur le centre de ce continent, et il est probable que cette ignorance sera encore très-prolongée, puisque les influences climatériques et les dangers qui proviennent des mœurs des indigènes, opposent aux explorations des voyageurs, des obstacles pour ainsi dire insurmontables.

Cependant, à l'aide des renseignements qu'on a recueillis, on peut à peu près partager l'Afrique en quatre divisions hydrographiques, dans l'ordre suivant : la *première* comprend les fleuves qui viennent décharger leurs eaux dans la Méditerranée, comme le Nil, par exemple. Dans la *seconde* se rangent ceux qui ont leur embouchure dans l'océan Atlantique tels que le Sénégal et la

Gambie, qui arrosent la Nigritie occidentale : le Niger qui traverse le Soudan et la Guinée ; et le Congo, qui parcourt la Nigritie méridionale. La *troisième* se compose du bassin de l'océan Indien qui, sur les côtes du Zanguebar et du Mozambique, reçoit les eaux du Zambèze, du Loffih, du Mother, de l'Outando et du Zebi, fleuves dont les cours sont entièrement inconnus. Enfin, dans la *quatrième*, se trouvent placés tous les fleuves qui vont se perdre dans l'immense lac ou mer intérieure qui porte le nom de Tchad, et qui est situé dans le Soudan ou Nigritie centrale.

Parmi les lacs répandus sur cette vaste contrée, il faut citer en première ligne le *Calounga-Kouffoua* ou lac mort, qui reproduit les phénomènes de la mer Morte. Aucune plante, effectivement, ne croît dans ses environs ; les montagnes qui l'entourent ne présentent qu'une affreuse stérilité ; de leur sein découlent des ruisseaux de bitume qui exhalent une odeur fétide ; aucun poisson ne peut vivre au milieu de ces eaux huileuses ; tous les animaux fuient ces rives comme s'ils pressentaient qu'ils y trouveraient la mort ; enfin, rien n'égale la morne tristesse qui règne aux bords du lac Calounga-Kouffoua. Après celui-ci, viennent les lacs *Dembea*, dans l'Abyssinie ; le *Birket-el-Keroun* ou l'ancien lac Mœris, et le *Marioul*, ancien Maréotis, dans l'Égypte.

Quant aux montagnes de l'Afrique, on pense, d'après la direction de ses fleuves, que leurs chaînes sont plus remarquables par leur largeur que par leur altitude ; qu'en général, elles n'arrivent à un niveau considérable, qu'en s'élevant de terrasse en terrasse ; et que leur ensemble peut être regardé comme formant deux immenses plateaux : l'un boréal, l'autre austral ; ce dernier ayant une moindre étendue, mais une plus grande élévation. Les points les plus culminants sont l'Atlas, les montagnes de la Lune, le plateau du Sénégal, le Lupata, etc.

La plus grande largeur de l'Afrique, depuis le cap Vert jusqu'au Guardefan, est d'environ 945 myriamètres ; et sa plus grande longueur, depuis le cap de Bonne-Espérance jusqu'à Bone, de 1,000 myriamètres. Les états dont elle est composée sont les suivants :

RÉGIONS.	ÉTATS.
RÉGION DU NIL.	Abyssinie. Bahr-el-Abiad. Nubie. Égypte.
RÉGION DU MAGHREB.	Régence de Tripoli. État de Tunis. Algérie. Empire de Maroc. État de Sydy-Hescham. Biledulgerid. Sahara.
NIGRITIE.	Soudan ou Nigritie centrale. Sénégambie ou Nigritie occidentale. Guinée ou Nigritie maritime. Congo ou Nigritie méridionale.
AFRIQUE AUSTRALE.	Cimbébasie. Pays des Hottentots. Cap de Bonne-Espérance. Cafrerie.
AFRIQUE ORIENTALE.	Monomotapa. Zanguebar. Côte d'Ajan. Côte de Samolis. Madagascar. Iles Comores.
POSSESS. EUROP.	Groupe de Madère. Archipel du cap Vert. Ile Maurice. Ile Bourbon Archipel des Canaries.

AGADIR. — Petite ville de l'empire de Maroc, en Afrique. Elle possède un port sur l'Atlantique et porta le nom de *Santa-Cruz* que lui avaient donné les Portugais qui en furent longtemps en possession.

AGANA. — Ville de l'île de Guam, dans l'archipel des Marianes, Polynésie. C'est le siége du gouverneur de l'archipel, qui relève du capitaine général des Philippines. Pop. : 3,000 âmes. On trouve aussi, dans l'île de Guam, le port de Caldera de Apra, et la baie Umatac.

AGDE. — Petite ville du département de l'Hérault. Elle est située sur la rivière de ce nom, près de son embouchure dans la Méditerranée et à l'extrémité méridionale du canal du Midi auquel elle sert de port. Elle possède un collége, une école de navigation, et fait un commerce assez important d'exportation et d'importation. Pop. : 7,000 âmes.

AGEN. — Ville épiscopale, située dans une plaine fertile sur la rive droite de la Garonne. Chef-lieu du département de Lot-et-Garonne ; son arrondissement comprend 9 cantons et 72 communes. On remarque, dans cette ville, l'hôpital Saint-Jacques, la promenade du Gravier, et le pont construit sur la Garonne. Elle possède un séminaire, un collége, une bibliothèque publique et une société académique. Son commerce consiste en toiles à voiles, en pruneaux dits d'*Ente*, etc. Sa population est d'environ 14,000 âmes. Agen est la patrie de Sulpice Sévère, de Scaliger, de Palissy, etc.

AGNANO. — Petit lac du royaume des Deux-Siciles. Il est situé à peu de distance de la ville de Naples et ses bords sont des plus gracieux. On y trouve les étuves de Saint-Germain et la célèbre grotte du chien.

AGOBEL. — Petite ville de l'empire de Maroc. Elle est fortifiée et située dans la province d'Hea. Sa position, très-avantageuse, lui donne quelque importance.

AGOSTA. — Ville de l'intendance de Catane, en Sicile. Elle est bâtie dans une position charmante, avec des fortifications et un port qui favorise son commerce. Pop. : 10,000 âmes.

AGRA. — Chef-lieu de la province de ce nom, dans l'empire Indo-Britannique. Cette ville est située sur la Djama. Son ancienne magnificence est détruite en partie ; mais on y remarque encore le palais bâti par Akbar ;

la Moti-Mesdjid, l'une des plus belles mosquées de l'Asie ; le célèbre mausolée Tâdji-Mahâl, superbement orné en mosaïques, en jaspe, en lapislazuli et autres matériaux précieux ; et la citadelle. Le commerce d'Agra est considérable et sa population offre environ 80,000 âmes.

AGRAM ou ZAGRAB. — Ville épiscopale, chef-lieu de la Croatie, dans le royaume de Hongrie. Elle est fortifiée, et la résidence du *ban* ou vice-roi de la Croatie, et du commandement général des confins militaires croates. Cette ville possède un gymnase ; les belles routes qui y aboutissent favorisent son commerce ; et sa population est d'environ 18,000 âmes.

AGRI. — Petit fleuve, affluent du golfe de Tarente, en Italie. C'est l'*Aciris* des anciens.

AGRIA. — Petite ville de la Hongrie. Elle est située sur la rivière de ce nom. Elle fut longtemps occupée par les Turcs et reprise sur eux en 1715.

AGRIGAN. — L'une des îles Marianes. Elle a à peu près 52 kilomètres de circonférence.

AGROPOLI. — Petite ville du royaume des Deux-Siciles. C'est une principauté. Elle est située sur le golfe de Salerne.

AGTELEK. — Bourg en deçà de la Theiss, en Hongrie. On trouve, dans son voisinage, la célèbre grotte de Baradla, composée de plusieurs salles dont les parois sont couvertes de stalactites, et que traversent trois ruisseaux.

AGUAQUENTE. — Petite ville de la province de Goyaz, au Brésil. Elle était renommée autrefois par l'or qu'on recueillait sur son territoire ; et c'est là que l'on trouva la fameuse pépite, du poids de 22 kilogrammes, qui fut conservée au musée de Lisbonne, jusqu'à l'envahissement du Portugal par l'armée française.

AGUAS-CALIENTES. — Ville de l'Etat de Zacatuas, dans la Confédération mexicaine. Elle est située sur un territoire aussi fertile que bien cultivé, son climat est des plus purs, et c'est l'une des plus belles et des plus industrieuses cités du Mexique. Elle est renommée par ses eaux thermales d'où lui vient son nom, et par une importante manufacture de draps. Pop. : 20,000 âmes.

AGUAYO. — Chef-lieu de l'Etat de Tamaulipas, dans la Confédération mexicaine. C'est une petite ville qui n'offre aucune importance. Pop. : 6,000 âmes.

AHMEDABAD. — Chef-lieu de la province de ce nom, dans la présidence de Bombay, empire Indo-Britannique. On y remarque la mosquée appelée Djemâ'mesdjid, celle de Badja'al-Khan, et celle dite d'*Ivoire*, à cause des nombreux ornements de cette matière dont elle est chargée. Pop. : 100,000 âmes. On trouve, dans son voisinage, le magnifique palais du Châh-bây.

AHMEDNAGAR. — Grande ville de la province d'Avrangâbad, dans la présidence de Bombay, empire Indo-Britannique. Elle est importante par ses fortifications et sa citadelle. On trouve dans son voisinage le palais massif des sultans d'Ahmednagar et le mausolée de Bâlâbat Djeng. Pop. : 20,000 âmes.

AHMEDPOUR. — Ville capitale de la principauté de Bahaoulpour, dans le Sindhy, Hindoustan.

AHUN. — Petite ville du département de la Creuse, qui eut anciennement une importance assez grande, puisqu'elle possédait un hôtel des monnaies sous les rois de la première race. Aujourd'hui même, l'église de la célèbre abbaye appelée le *moutier d'Ahun*, se trouve encore fréquentée par un grand nombre de pèlerins, lors de la fête de saint Roch, et il s'y accomplit le trafic particulier que voici : un grand nombre de paysannes viennent s'y faire couper les cheveux par des industriels qui leur donnent en échange de cette dépouille de la dentelle et autres objets de toilette, mais de qualité toujours commune. Pop. : 2,000 âmes.

AI ou AY. — Petite ville du département de la Marne. Elle est renommée par ses vignobles et son vin mousseux. Pop. : 3,000 âmes.

AIDOS. — Ville de la Bulgarie, dans la Turquie d'Europe. Elle est petite, mais renommée par ses sources thermales et le grand marché qu'on y tient. Pop. : 4,000 âmes.

AIGLE. — Petite ville du canton de Vaud, en Suisse. Elle est située à 12 kilomètres au sud du lac de Genève. On trouve des mines de soufre dans ses environs. Pop. : 2,000 âmes.

AIGNAY-LE-DUC. — Chef-lieu de canton dans l'arrondissement de Châtillon, département de la Côte-d'Or. Il s'y fait un commerce de toiles assez considérable et l'on y trouve des tanneries et des forges. Pop. : 1,000 âmes.

AIGUEBELLE. — Petite ville de Savoie, royaume sarde. C'était anciennement la résidence des comtes de Savoie. Les Français y battirent les Espagnols en 1742. Pop. : 1,400 âmes.

AIGUE-PERSE. — Petite ville du département du Puy-de-Dôme. C'est un chef-lieu de canton, dans l'arrondissement de Clermont. Elle est située sur le Luzon, et c'est la patrie du chancelier de L'Hôpital. Pop. : 3,000 âmes.

On trouve encore un bourg de ce nom dans le département du Rhône, à quelques milles au nord-ouest de Villefranche.

AIGUES-MORTES. — Petite ville située sur le canal de la grande Robine, département du Gard. C'est dans le port de cette ville que le roi saint Louis s'embarqua deux fois pour la Palestine, en 1248 et en 1269. Selon les uns, la mer baignait alors les murs d'Aigues-Mortes, selon d'autres elle en serait toujours demeurée, comme aujourd'hui, à une distance de deux lieues, et le port aurait été en communication avec la cité par un canal actuellement comblé. Cette dernière hypothèse est à peu près gratuite, tandis que la première est appuyée sur un grand nombre d'exemples analogues du retrait de la mer. On voit, dans les environs d'Aigues-Mortes, les vastes salines de Paccais, qui sont défendues par un fort du même nom. On évalue à

1,500,000 fr. le produit annuel de ces salines.

AIGUILLES (Cap des). — Il est situé à l'est de celui de Bonne-Espérance, et l'on trouve à sa hauteur le banc qui porte le même nom.

AIGUILLON. — Petite ville du département de Lot-et-Garonne. Elle est située au confluent de ces deux rivières et fait un commerce de grains, de chanvre et de tabac assez considérable. Pop. : 4,000 âmes.

AILLY-SUR-NOYE. — Chef-lieu de canton dans l'arrondissement de Montdidier, département de la Somme. On y trouve des papeteries. Pop. : 900 âmes.

AIN (Département de l'). — Il a été formé de la Bresse, du Bugey, de la principauté de Dombes et du pays de Gex. Sa superficie est d'environ 592,700 hectares et sa population de 367,400 âmes. Il est divisé en cinq arrondissements dont les chefs-lieux sont Bourg, Belley, Nantua, Gex et Trévoux, et il compte 35 cantons et 442 communes. Bourg est le siège de la préfecture ; Belley celui du diocèse, et Lyon celui de la Cour d'appel, de l'académie universitaire et de la division militaire, qui est la sixième.

AINTAB. — Ville du pachalik de Merach, dans l'Asie Mineure, empire ottoman. Elle est florissante par son industrie et son commerce, et compte environ 20,000 habitants.

AIRE. — Petite ville épiscopale, située sur l'Adour, dans le département des Landes. On y trouve près de 4,000 âmes. Il est une autre ville de même nom dans le département du Pas-de-Calais.

AIROLO. — Ville de la vallée Lévantine, dans le canton du Tessin, en Suisse. Dans un rayon de quelques milles on rencontre le célèbre passage du Gries, qui ouvre une communication entre le Haut-Valais et le val Fornazza dans le royaume sarde ; puis la cascade de la Tosa, l'une des plus belles de l'Europe.

AISNE (Département de l'). — Il a été formé du Laonnais, du Soissonnais, du Noyonnais et du Valois, qui faisaient partie du gouvernement de l'Île-de-France, et de la Thiérache et du Vermandois, qui appartenaient à la Picardie. Sa superficie est d'environ 728,530 hectares et sa population de 557,440 âmes. Il est divisé en cinq arrondissements dont les chefs-lieux sont Laon, Soissons, Saint-Quentin, Vervins et Château-Thierry, et compte 37 cantons et 740 communes. Laon est le siège de la préfecture ; Soissons, celui du diocèse, Amiens, celui de la Cour d'appel, Reims, celui de l'académie universitaire, et il est compris dans la deuxième division militaire.

AIX. — Ville archiépiscopale, dans le département des Bouches-du-Rhône. Chef-lieu d'arrondissement ; elle comprend 10 cantons et 59 communes. On y remarque la cathédrale, les églises Saint-Jean et de la Madeleine, l'hôtel de ville, la tour de l'Horloge, le palais de justice, l'obélisque de la place du palais et le Cours, promenade publique ornée de la statue en marbre du roi René. Cette ville possède des sources thermales fréquentées depuis le temps des Romains un séminaire, une académie universitaire, un collége, une bibliothèque publique, dite de *Méjanes*, du nom de son fondateur, un musée et une société académique. Sa population est d'environ 24,000 âmes. Aix est la patrie du Père Thomassin, de Tournefort, de J.-B. et André Vanloo, de Lieutand, d'Argens, de Colonia, etc. On trouve dans son voisinage le joli vallon du Tholonet, où l'on voit des ruines de monuments romains, et, un peu plus loin, est la montagne de *Sainte-Victoire*, élevée d'environ 1,000 mètres au-dessus du niveau de la mer et qui prend son nom de la célèbre victoire remportée par Marius sur les Teutons et les Cimbres, l'an 102 avant Jésus-Christ.

AIX-LA-CHAPELLE. — Ville assez bien bâtie de la province rhénane, en Prusse. Autrefois résidence principale des monarques francs, elle n'est plus aujourd'hui que le simple chef-lieu du gouvernement qui porte son nom. Son édifice le plus renommé est le Dôme ou Münster, construit par Charlemagne en l'honneur de la sainte Vierge, et qui renferme le tombeau de ce souverain. On y voit aussi le siège royal de pierre sur lequel les empereurs étaient assis lors de leur couronnement, siége qui, dans ces temps, se trouvait couvert de plaques d'or et de bas-reliefs que l'on conserve dans la sacristie sous la dénomination de *petites reliques*. Ce qu'on appelle les *grandes reliques* est renfermé dans une châsse magnifiquement ornée, et l'exposition n'en a lieu que tous les sept ans. Elle dure quinze jours et attire un grand nombre de pèlerins. Après le dôme viennent l'hôtel de ville, le bâtiment des bains ou fontaine d'Élise, l'hôtel de la régence et la fontaine du grand marché. Aix possède un gymnase, une école des métiers, une bibliothèque publique, et une collection de modèles relatifs aux arts et à l'industrie ; puis de nombreuses fabriques d'indiennes, de cotonnades, d'horlogerie, d'orfévrerie, d'aiguilles, de carrosserie, etc. ; et enfin ses sources minérales et sa foire sont encore des éléments de prospérité qui lui donnent une grande importance. Sa population est d'environ 40,000 âmes. C'est à Aix-la-Chapelle que se tint, en 1748, un célèbre congrès qui conclut le traité de paix qui porte le nom de cette ville.

AIX (Île d'). — Elle est située en avant de l'embouchure de la Charente, entre l'île d'Oléron et l'île de Ré, et forme avec elles une sorte de bassin où les vaisseaux trouvent un bon mouillage. Elle est si rapprochée du continent, et le bras de mer qui l'en sépare a si peu de profondeur que, lorsque la marée est basse, on pourrait presque le traverser à gué. Au milieu de ce bras, se montrent plusieurs forts, et entre autres, ceux du Liédot et d'Ennet ; et l'île d'Aix, quoique petite, a cependant une certaine importance comme position militaire, puisque, sous l'empire, on y transporta jusqu'à 10,000 hommes de troupes. Cette île, qui ne présente que très-peu d'élévation au-dessus du niveau de la mer, se trouve en conséquence toujours exposée à la violence des vents; aussi les arbres ne peuvent-ils s'y développer, et quelques arbustes chétifs et des broussailles couvrent seuls son sol. Néanmoins, on y cultive la vigne avec quelque avantage, et le vin qu'on en retire est le produit principal de l'île. C'est de celle-ci que Napoléon monta sur le vaisseau anglais le *Bellérophon*, chargé de le transporter à Sainte-Hélène.

AIX. — Petite ville de Savoie, dans l'intendance de Chambéry, royaume sarde. Elle est située près du lac Bourget, dans une charmante vallée, et renommée par ses bains qui sont très-fréquentés. On y remarque aussi quelques restes de monuments romains. Sa population est d'environ 4,000 âmes.

AJACCIO. — Ville épiscopale, située sur la côte occidentale de la Corse, dont elle est le chef-lieu. Son arrondissement comprend 12 cantons et 72 communes. On remarque sa cathédrale, l'hôtel de la préfecture et l'hôpital. Elle possède un collège, une école de navigation, une bibliothèque publique, un jardin botanique et des pépinières. Sa population est d'environ 10,500 hommes. C'est la patrie de Napoléon Ier.

AKABA ou ELATH. — Très-petite ville de l'Hedjar, dans l'Arabie. C'est dans son voisinage que se trouvent les ruines de la célèbre *Asiongaber*, du port de laquelle les vaisseaux de Salomon partaient pour se rendre à Ophir, et d'où les Phéniciens faisaient le commerce avec l'Inde et l'Arabie. Aujourd'hui, le port d'Akaba est le rendez-vous d'une partie des pèlerins musulmans d'Egypte et de Barbarie qui vont à la Mecque.

AK-CHEHER. — Grande ville de la Caramanie, dans l'Asie Mineure, empire ottoman. Elle est le siège d'un archevêque grec et son commerce est florissant. On y remarque une belle mosquée d'Ahmed, et le collège de Bayazid. Sa population est d'environ 60,000 âmes.

AKERMAN. — Ville fortifiée du gouvernement de Bessarabie, en Russie. Elle est située sur le Dniester, et importante par son port, ses vastes salines et son commerce. Pop.: 23,000 âmes.

AKHALTSIKHE. — Grande ville de la Géorgie, ci-devant ottomane, dans la région du Caucase, Russie asiatique. Elle est importante par ses fortifications; on y trouve la belle mosquée d'Ahmed, et elle possède un collège et une bibliothèque regardée comme l'une des plus riches de l'Orient. Pop.: 20,000 âmes.

AKHMYM. — Petite ville située sur la droite du Nil, dans la haute Egypte. On y remarque les ruines d'un temple et des catacombes. Cette ville possède des fabriques de toiles et compte environ 10,000 habitants.

AKOUCHA. — Ville de la Circassie, dans la région du Caucase, Russie asiatique. C'est le chef-lieu de la république du même nom, formée par un peuple pasteur. Les habitants de cette ville sont renommés par la fabrication d'une espèce de drap recherché dans tout le Caucase.

AKYAB. — Ville de l'Empire Indo-Britannique, dans le district d'Aracan. Elle possède un port sur l'Aracan d'où elle exporte principalement du riz.

ALAGOAS. — Chef-lieu de la province de ce nom, au Brésil. Elle fait un commerce important, et l'agriculture de son territoire est florissante. Pop.: 15,000 âmes.

ALAIS. — Petite ville située sur le Gardon, dans le département du Gard. Chef-lieu d'arrondissement, elle comprend 9 cantons et 93 communes. Elle possède un collège, une bibliothèque publique, une société d'agriculture, puis des fabriques et des filatures, et l'on exploite, dans ses environs, des mines de houille d'une grande richesse. Pop.: 15,000 âmes.

ALAN. — Ville de Perse, dans le Turkestan.

ALAND (ILES D'). — Elles sont situées à l'entrée du golfe de Bothnie, entre la Suède et la Finlande, vis-à-vis d'Abo. Elles produisent, en assez grande abondance, du bois de charpente.

ALANGUER. — Petite ville de l'Estremadure, en Portugal.

ALASKA. — Péninsule du pays des Konaigues, dans l'Amérique russe. On y remarque deux hautes montagnes, dont l'une est un volcan, et le grand lac Chelekhov, qu'un fleuve décharge dans le golfe de Bristol.

ALBACETE. — Chef-lieu de la province de ce nom, dans la capitainerie de Valence, en Espagne. Elle est importante par son industrie, sa célèbre foire de bestiaux, et le canal qui l'avoisine. Sa population est d'environ 9,000 âmes.

ALBANIE. — Province de l'empire ottoman, dans la Turquie d'Europe. Elle est située sur le golfe de Venise, ayant pour confins, au sud, la Livadie; à l'est, la Thessalie et la Macédoine; et au nord, la Bosnie et la Dalmatie.

ALBANO. — Petite ville épiscopale de la province de Rome. Elle est remarquable par son heureuse situation, le nombre de ses *ville* et les restes d'anciens tombeaux. Pop.: 3,000 âmes.

ALBANOPOLI. — Ville de l'Albanie, dans la Turquie d'Europe. Elle est située sur le Drin.

ALBANY. — Capitale du New-York, aux Etats-Unis d'Amérique. Elle est située dans le comté dont elle porte le nom, et sur la rive droite de l'Hudson, à l'endroit où commence le canal d'Erié. On y remarque le Capitole ou palais du gouvernement, l'édifice de la banque, le musée, l'hôpital et l'arsenal. Cette ville possède deux sociétés académiques; elle est industrieuse et commerçante, et compte 35,000 habitants.

AL-BARETOUN. — Bourgade de la contrée occidentale des déserts qui dépendent de l'Egypte. Elle se rapporte à l'emplacement de *Parœtonium*, dont le vaste port sur la Méditerranée, et les fortifications élevées par les Ptolémées, formaient de ce lieu une des places les plus importantes de leur royaume. C'était un boulevard à l'occident, comme Pelusium en offrait un à l'orient.

ALBARRACIN. — Ville de l'Aragon, en

Espagne, c'est l'une des plus anciennes du royaume. Elle est située sur le Guadalaviar, et les laines de son territoire passent pour les meilleures de la province. Pop. : 2,000 âmes.

ALBAY. — Chef-lieu de la province de ce nom, dans l'île de Luçon, l'une des Philippines, Océanie occidentale. C'est dans son voisinage que s'élève le volcan d'Albay. Pop. : 12,000 âmes.

ALBEMARLE. — Grand lac ou lagune de la Caroline du Sud, aux Etats-Unis d'Amérique. Il communique avec la mer.

ALBENGA. — Ville de l'Etat de Gênes, royaume sarde. Elle est très-ancienne, et la plaine sur laquelle elle se trouve est remarquable par sa belle culture et ses produits. Pop. : 5,000 âmes.

ALBERES (Les). — Branche des Pyrénées orientales qui sépare le Roussillon de l'Espagne. Ces montagnes commencent au cap Béarn, et s'élèvent insensiblement de l'est à l'ouest. On y remarque le col de Banyols, seul passage qu'elles offrent pour communiquer avec la Catalogne, du moins jusqu'au col du Perthus.

ALBERTVILLE. — Chef-lieu de la province de la Haute-Savoie, dans le royaume sarde. Pop. : 12,000 âmes.

ALBIE. — Petite ville de la Savoie, royaume sarde. Elle est située sur la Seran et à quelques milles au sud-sud-ouest d'Annecy.

ALBIN. — Petite ville, chef-lieu de canton, dans l'arrondissement de Villefranche, département de l'Aveyron.

ALBINEN. — Petit village du canton du Valais, en Suisse. Sa position est des plus singulières : il est bâti sur un rocher, et l'on n'y parvient qu'après avoir escaladé huit énormes échelles posées les unes au-dessus des autres. Près de là est aussi le fameux passage de la Gemmi, qui conduit dans le canton de Berne.

ALBIS. — Montagne de la Suisse. Elle est située entre les lacs de Zug et de Zurich, et son altitude est d'environ 500 mètres.

ALBORAN. — Petite île de la Méditerranée. Elle se trouve sur la côte d'Afrique, à l'est du détroit de Gibraltar.

ALBORG. — Ville du Jutland, royaume de Danemark. Elle est située sur un canal à environ 4 lieues de la mer, et doit, dit-on, le nom qu'elle porte à la grande quantité d'anguilles que l'on y prend.

ALBRET ou LABRIT. — Petite ville du département des Landes. C'est un chef-lieu de canton dans l'arrondissement de Mont-de-Marsan.

ALBY. — Ville archiépiscopale, chef-lieu du département du Tarn. Son arrondissement comprend 8 cantons et 92 communes. On remarque sa cathédrale, édifice gothique dont le clocher est très-élevé, qui est décoré de vieilles peintures, et qui renferme une des plus belles orgues de la France. Cette ville possède un séminaire, un collège, une bibliothèque publique, un musée, et un conservatoire d'instruments agricoles. Son commerce consiste en draps communs, toiles, pastel, safran, etc., et sa population est d'environ 13,000 âmes. A quelques milles d'Alby, se trouve la forge dite du *Saut-de-Sabo*, mise en activité par une chute d'eau de la force de 3,000 chevaux. Le Tarn se précipite tout entier en cet endroit, d'une hauteur de 19 mètres 80 centimètres, et donne le mouvement à l'aciérie la plus importante qu'il y ait en France, laquelle se compose de 3 forges à la catalane, 30 feux d'affinerie, 2 trains de laminoirs, 21 marteaux, et traite, chaque année, au delà de 4,000,000 de kilogrammes d'acier.

ALCA. — Petite île de la mer Caspienne. Elle est située vers le Kour, et est très-remarquable par sa fertilité.

ALCALA DE GUADAIRA. — Gros bourg de l'Andalousie, en Espagne. Il est situé sur le Guadalquivir, à 4 milles au sud-est de Séville.

ALCALA DE HENARES. — Petite ville de la Nouvelle-Castille, en Espagne. Elle est renommée par son université, qui était anciennement la seconde du royaume. On y trouve une académie militaire, deux bibliothèques publiques, et environ 5,000 habitants.

ALCANA. — Ville de l'intendance de Palerme, en Sicile. Elle a 12,000 habitants. On trouve, dans ses environs, les ruines de l'ancienne *Segesta*, au milieu desquelles on remarque seulement les restes d'un temple dont l'architecture est d'une conception parfaite.

ALCAÑIZ. — Petite ville de l'Aragon, en Espagne. Son territoire est renommé par ses mines d'Alun, ses laines et la fabrication de ses fromages.

ALCANTARA. — Petite ville de l'Estremadure, en Espagne. On y remarque un très-beau pont, construit sur le Tage, et qui remonte au règne de Trajan. Cette ville donna son nom à l'ordre militaire de Calatrava, lorsqu'elle en devint le chef-lieu. Pop. : 3,000 âmes.

ALCOBAÇA. — Autre petite ville, dans l'Estremadure, en Portugal. On y voit la célèbre abbaye de l'ordre de Cîteaux qui renferme des tombeaux de plusieurs souverains de Portugal, et celui d'Inez de Castro. Pop. : 2,000 âmes.

ALENÇON. — Ville située sur la Sarthe. Chef-lieu du département de l'Orne, son arrondissement comprend 6 cantons et 91 communes. On remarque, dans cette ville, l'ancien château fort qui sert aujourd'hui de prison, et l'hôtel de la préfecture, autrefois palais des ducs. Alençon possède un collége, une école normale-primaire et une bibliothèque publique. Son commerce consiste en tissus de coton et laine, ganterie, dentelles dites *points d'Alençon*, plumes, grains, bestiaux, chevaux, cidre etc. ; et sa population est d'environ 14,000 âmes.

ALENTARIÉ. — Petite province de l'Estonie, dans l'empire de Russie. Elle est située sur le golfe de Finlande et Narva est sa capitale.

ALEP ou HALEB-EL-CHAHBA. — Ville

de Syrie, dans la Turquie d'Asie. Elle est le chef-lieu de l'eyalet de son nom et la résidence d'un mollah, d'un patriarche grec, d'un évêque arménien, d'un évêque maronite et d'un évêque jacobite. Les tremblements de terre de 1822, qui détruisirent la plus grande partie des beaux édifices dont elle était ornée, ont atteint aussi par suite la prospérité de son commerce qu'entretenaient de nombreuses caravanes. Sa population s'élève cependant encore à près de 100,000 âmes.

ALÉRIA. — Bourg de l'arrondissement de Corte, en Corse. Il est situé sur la côte occidentale et à l'embouchure du Tavignano. On croit qu'il occupe précisément la place de l'ancienne ville de même nom qu'avaient construite les Phocéens.

ALESSANO. — Petite ville épiscopale de la province d'Otrante, dans le royaume de Naples. On trouve des sites très-pittoresques dans ses environs. Pop. : 7,000 âmes.

ALESSIO ou LESCH. — Petite ville de la haute Albanie, dans la Turquie d'Europe. Elle est le siège d'un évêché catholique, et possède un port à l'embouchure du Drin. On y voyait autrefois le tombeau du fameux Scanderberg, et l'on trouve, dans son voisinage, le canton de Za-Drina, lequel est composé de 32 villages habités par des tribus féroces qui ont conservé leur indépendance. Pop. : 3,000 âmes.

ALET ou ALETH. — Petite ville à une lieue de Leinoux, dans le département de l'Aude. On y trouve un établissement thermal et les ruines d'une église qui avait été construite elle-même avec une partie d'un temple romain. Il existe aussi dit-on, sur le territoire d'Alet, des mines d'or, de cuivre et de fer. Pop. : 1,400 âmes.

ALEUTIENNES ou ALÉOUTES (Iles). — Elles embrassent, dans un vaste cercle, tout l'espace compris entre les rivages de la presqu'île du Kamtchatka, à l'ouest, et ceux de l'Amérique russe à l'est ; et leur disposition à la suite des unes des autres, sur le prolongement de la ligne tracée par la presqu'île d'Alaska en Amérique, ne laisse subsister aucun doute sur ce fait qu'autrefois les deux continents d'Asie et d'Amérique étaient réunis par l'espèce d'isthme que les Aléoutes formaient en cet endroit. Ces îles ne laissent de communication entre la mer de Behring et le grand Océan boréal, que par des canaux de peu de profondeur. Quelques-unes d'entre elles sont habitées par une race d'hommes qui présente les mêmes caractères que la race américaine ; elles offrent peu d'espèces animales ; mais il paraît qu'à l'époque où elles furent découvertes, elles étaient peuplées d'un grand nombre de loutres de mer et de renards bleus, puisqu'il est fait mention d'une chasse faite par des aventuriers russes, laquelle produisit 1,800 peaux de loutres de mer, 1,900 de renards bleus, et 5,700 de veaux marins.

Les îles Aléutiennes forment trois groupes distincts : les Aleutiennes proprement dites ou *Blegenii* ; les *Krisii* ou les îles des rats ; et les *Andréanow*. Le premier de ces groupes,

qui est le plus rapproché de la presqu'île du Kamtchatka, sur le continent de l'Asie, comprend l'île de Behring, où périt, dans le mois de novembre 1741, le célèbre navigateur de ce nom. Presque tout son équipage mourut aussi du scorbut ; et parmi ceux qui survécurent était le naturaliste Steller qui parvint à gagner la côte d'Asie, en août 1742, au moyen d'une embarcation construite avec les débris du navire naufragé. Ces trois groupes d'îles ne présentent qu'un amas de rochers, dont les volcans bouleversent à chaque instant la surface et changent les formes. Celui de ces groupes qui borde les rivages de la presqu'île d'Alaska, a été appelé *Andréanow*, du nom du navigateur russe, André Tolstyk, qui le découvrit en 1761, dans une expédition qu'il fit longtemps après celle de Behring et qui fut plus heureuse.

ALEXANDRETTE ou ISCANDEROUN. — Petite ville de Syrie, dans la Turquie d'Asie. Elle est située au milieu de marais pestilentiels qui en rendent le séjour très-mal sain ; mais son port est le débouché principal des marchandises qu'Alep expédie dans l'Occident. Cette ville est renommée aussi par sa *poste aux pigeons*, genre de communication qui a été souvent imité dans plusieurs lieux de l'Europe.

ALEXANDRIE. — Ville épiscopale du Piémont, royaume sarde. Elle est très jolie, située sur le Tanaro, et chef-lieu de la division militaire qui porte son nom. On y remarque la cathédrale, les églises Saint-Laurent et Saint-Alexandre, la citadelle et les casernes. Elle possède une bibliothèque publique et l'académie des *immobili* ; son commerce est assez florissant, et l'on y tient deux foires très-fréquentées. Sa population est d'environ 30,000 âmes.

ALEXANDRIE ou ISCANDERIEH. — Grande ville du Bahari ou basse Egypte. Elle est fortifiée et située sur une langue de terre sablonneuse formée par la Méditerranée et le lac Mariout, l'ancien *Mareotis*. Elle possède deux ports, et on la distingue en ville moderne et en ville vieille. On remarque, dans la première, le palais, la mosquée des mille colonnes, la douane, l'arsenal de la marine et les fortifications. Dans la cité ancienne, où l'on ne trouve plus que les ruines de ses monuments, on admirait un môle magnifique appelé Heptastade, le fameux phare, l'une des merveilles du monde, le palais d'Alexandre, le stade, le gymnase et le musée ; la célèbre bibliothèque, contenant 700,000 volumes ; le temple de Sérapis et la colonne de Pompée ; puis, dans l'un de ses faubourgs, nommé Nécropolis, existait de nombreuses grottes sépulcrales ; et dans l'autre, un hippodrome et deux obélisques, dits aiguilles de Cléopâtre. Alexandrie qui, durant six siècles, fut la première place commerçante de l'univers, est importante encore aujourd'hui par les relations qu'elle entretient avec Constantinople, Livourne, Venise, Trieste, Marseille, etc., et l'on y compte à peu près 50,000 habitants. Il ne faut pas oublier non plus que c'est dans cette ville qu'environ 285 ans avant l'ère chrétienne, on fit en grec la première traduction de la Bible.

ALEXANDROF ou **ALEXANDROV**. — Petite ville du gouvernement de Vladimir, en Russie. Deux autres villes portent encore ce nom : l'une dans le gouvernement du Caucase, l'autre dans la Volhynie.

ALFAQUES. — Iles situées à l'embouchure de l'Ebre, dans la Catalogne, royaume d'Espagne.

ALFED ou **ALFELDEN**. — Petite ville de la Westphalie. Elle est située sur la Leine, au sud de Hildesheim.

ALFIDENA ou **AUFIDENA**. — Petite ville des Abruzzes, dans le royaume des Deux-Siciles. Elle se rendit fameuse dans la guerre des Samnites.

ALFORT (MAISONS). — Village des environs de Paris, et séparé de Charenton par la Marne. On y a fondé la célèbre école d'économie rurale et vétérinaire, laquelle comprend des hôpitaux pour les animaux malades, un laboratoire de chimie, un cabinet d'anatomie, un autre de pathologie, un amphithéâtre et un jardin botanique.

ALGAJOLA. — Petite ville de Corse. Elle est fortifiée et située près de la mer.

ALGARIA (L'). — Province de la Nouvelle Castille, en Espagne. Elle est située entre Madrid et le Tage, et se fait remarquer par sa fertilité. Guadalaxara est sa capitale.

ALGARVE. — Province de Portugal. Elle est bornée à l'ouest et au sud par l'océan ; à l'est pas la Guadiana, et au nord par l'Alentejo.

ALGER ou **ALDJEZAYR**. — Capitale de l'Algérie. Elle est bâtie en amphithéâtre sur le penchant d'une colline, et ses défenses sont formidables du côté de la mer. On y remarque le palais de l'ancien dey, la citadelle ou Quassâbah, l'arsenal, la mosquée principale ou Djami, les casernes, les bazars, quelques édifices élevés depuis l'occupation française, et la jetée. Cette ville possède une école de médecine, des écoles élémentaires françaises et arabes, une bibliothèque publique et un musée. Pop. : 50,000 âmes.

ALGÉRIE. — Contrée de l'Afrique septentrionale, dans la Barbarie. Elle est située entre 4° de longitude ouest et 6° de longitude est, ayant pour limites, au nord, la Méditerranée ; au sud, le désert de Sahara ; à l'ouest, l'empire de Maroc, et à l'est le beylik de Tunis. Cette contrée offre environ 900 kilomètres de longueur sur 3 à 400 de largeur, et se trouve sillonnée, surtout au nord, par les montagnes de l'Atlas, qui s'élèvent en étages successifs parallèles aux côtes. Parmi ces montagnes, qui toutes sont riches de mines de fer, de cuivre, de plomb, etc., on distingue particulièrement l'Ouaransenis, le Jurjura, les monts de Titeri, l'Ouennougha et l'Aurès, dont les points culminants atteignent jusqu'à 3,000 mètres de hauteur. Les côtes sont généralement escarpées, privées de ports commodes, et forment les caps Figalo, Falcon, Ferrat, Tenez, Sidi-Féruch, Matifou, Boujarone et le Cap-de-Fer ; puis les golfes d'Oran, d'Arzeu, de Bougie, de Stora et de Bone. Quant aux cours d'eau, ce ne sont, pour la plupart, que des torrents entre lesquels on remarque la Tafna, le Sig, le Chélif, l'Isser, le Bou-Messaoud, le Kébir ou Rummel, la Seibouse, le Zaïne, la Medjerdah et le Djeddi. Un certain nombre de lacs se montrent aussi sur le sol algérien, où on les nomme *Sebkhas* ; mais ils ne se remplissent d'eau que durant la saison des pluies ; pendant l'été ils sont toujours à sec, et ressemblent alors à des plaines couvertes de sel. Les plus considérables de ces lacs sont, dans la province d'Oran, la Sebkha, le Melah, le Charby et le Herguy ; dans celle d'Alger, le Zagris ; dans celle de Constantine, le Chott, le Fetzara et la Sebkha ; et dans le sud-est, le lac Melghig, qui se confond avec le lac Loudéah du beylik de Tunis. Le climat de cette partie de l'Afrique est généralement sain et tempéré sur les terrasses du versant septentrional ; insalubre sur quelques points marécageux ; les chaleurs y sont quelquefois très-grandes sans pourtant dépasser beaucoup celles que l'on ressent chez nous, en Provence ; l'hiver y est doux et pluvieux ; enfin le sol, dont la fécondité est incontestable, convient à toutes les cultures du midi de l'Europe et à celles des régions tropicales, ne réclamant que des bras et une direction éclairée.

L'importance de cette colonie française donne aujourd'hui un nouvel intérêt à son histoire qui est riche d'ailleurs en faits mémorables. L'Algérie est en effet la patrie de ces terribles Numides qui jouèrent un si grand rôle dans les guerres des anciens ; elle a vu les exploits de Massinissa et de Jugurtha ; les brillants faits d'armes de Bélisaire ; et, plus que tout cela encore, elle a été le champ glorieux de l'illustre apostolat de saint Augustin, de ce génie aussi profond que pieux qui, en même temps qu'il répandait la lumière de l'Evangile, et faisait fructifier le christianisme, perçait aussi, de son regard investigateur, les voiles de la psychologie, de la physiologie et des phénomènes de la nature ; donnant ainsi une nouvelle force à la foi, en démontrant quelle est la combinaison admirable des œuvres du Créateur. Mais cette histoire, nous n'avons pas mission de la reproduire ici, et nous reproduirons seulement quelques lignes d'un des auteurs qui ont écrit dans ces derniers temps pour faire l'apologie de notre conquête.

« Deux peuples, dit M. Fisquet, ont occupé l'Afrique d'une manière effective et durable : les Romains et les Turcs. Nous savons que les Romains ont complètement soumis la province africaine par la double conquête de la force et de la colonisation. Partis de Carthage au II° siècle avant notre ère, ils ont marché et combattu jusqu'à ce que leurs aigles eussent parcouru et dompté le pays, et à chaque station de ce voyage héroïque, ils ont laissé derrière eux une co-

Ionie. L'Afrique, conquise, devint entre leurs mains d'une fécondité merveilleuse; elle leur fournit en abondance des richesses, des soldats et de grands citoyens. A défaut de l'histoire, les monuments romains qui couvrent encore le nord de l'Afrique de leurs débris, attesteraient assez éloquemment la profondeur et l'étendue de la conquête. Ces monuments ne se composent pas de forteresses et de murailles à la côte, mais de rades, de quais et de ports, de magasins, de théâtres, de bains, de villes entières, comme à Djimmilah, dans la province de Constantine, et ces nobles débris se rencontrent sur tous les points du pays. Quand on visite les prodigieux réservoirs d'eau construits par les Romains sur l'emplacement de Stora, de Russicada (Philippeville) et d'Hippone, on reconnaît que ce ne sont pas des occupations d'un jour qui les ont produits, mais qu'un peuple civilisé et puissant par la force et le travail a vécu en ces lieux.

« La grande invasion des barbares n'épargna point l'Afrique : la trahison y appela les Vandales, et cette révolution offre de belles pages; car le christianisme, poursuivi à Rome, y prenait peu à peu racine. La vérité des paroles de Tertullien : *Semence de chrétiens, Semence de martyrs*, s'y faisait sentir chaque jour, et les noms des Cyprien, des Optat, des Augustin, reposent doucement l'esprit au milieu des ravages de Genséric et des exploits de Bélisaire.

« Les Turcs ne soumirent point l'Afrique aussi complètement, aussi glorieusement que les Romains; leur conquête s'est bornée à l'occupation brutale, à la domination par la force, et cependant ils ont duré des siècles, et ils seraient encore les maîtres du nord de l'Afrique, si nous ne les avions pas expulsés. Comme tout le moyen âge, l'époque de leur domination est obscure sans doute; mais, au xiie siècle, l'intérêt se relève avec saint Louis; l'oriflamme brille à Tunis, la France porte un coup terrible aux dynasties maures. Les Turcs n'étaient que des aventuriers et des oppresseurs; ils n'ont rien fondé, et ne se sont pas même multipliés.

« L'histoire de la domination des pirates algériens, trop peu connue encore, contient pourtant quelques renseignements précieux. Un aventurier turc, Aroudj Barberousse, s'empare d'Alger en 1516. A peine maître de cette ville, nous voyons le corsaire franchir les murs de sa conquête pour soumettre le pays : au bout de quelques mois il est à Tlemcen. Mais les Arabes, coalisés avec les Espagnols d'Oran, chassent le tributaire qu'il y a installé. Aroudj court de nouveau à Tlemcen, comme si la soumission de cette ville dépendait la durée de son pouvoir. Il est repoussé. Les tribus insoumises le poursuivent à travers une immense étendue de pays, et Aroudj périt dans cette retraite fatale. Cet exemple détournera-t-il des lointaines entreprises son frère Khaïr-el-Din? Voudra-t-il se contenter de la possession d'Alger et de quelques positions sur la côte? Son instinct de conquérant lui a révélé qu'il ne pouvait rester en Afrique qu'à la condition d'y être le maître. Aussi lorsque l'insurrection de Ben-el-Kadi et la trahison d'un de ses lieutenants ramènent sa domination aux murailles d'Alger, il abandonne momentanément sa conquête pour aller recouvrer sa puissance dans des courses de pirate; et lorsqu'il reparut devant Alger, ce fut, cette fois, pour dompter les Arabes et châtier les rebelles.

« Peu après Ximenès et Pierre de Navarre, Charles-Quint et Doria, vivement sollicités par le pape Paul, revendiquent, au nom de la civilisation et du christianisme, ce sol où la foi avait eu de si illustres défenseurs, et que Rome avait si puissamment fécondé. Mais les pirates se retranchent derrière les rochers d'Alger; les éléments combattent pour eux, et un orage épouvantable disperse l'armée espagnole, contrainte de se rembarquer en laissant plus de six mille prisonniers. Plus tard se succèdent une foule de pachas et de deys qui, la plupart du temps, s'assassinent les uns les autres. Cependant les Pères de la Merci, dont l'or est pour les Algériens plus puissant que la noblesse de leur dévouement, viennent produire en Afrique le spectacle touchant des vertus évangéliques, tandis que les pirates continuent leurs croisières. Une flotte de soixante-cinq voiles est lancée par eux pour piller les côtes d'Espagne, de France et d'Italie, et contre ces hardis détrousseurs se brise la puissance de Louis XIV. Les expéditions du duc de Beaufort, de Duquesne, de Tourville et de d'Estrées échouent contre ce nid de forbans. Plus d'un siècle après, l'Angleterre est chargée par le congrès de Vienne de poursuivre dans les Etats barbaresques l'abolition de l'esclavage des chrétiens; mais l'expédition de cette prétendue dominatrice des mers, commandée par lord Exmouth, n'aboutit, en 1816, qu'à un ridicule traité, comme s'était également, dix années auparavant, terminée la mission de l'amiral Nelson. Il était réservé à la France de planter ses drapeaux victorieux sur les remparts d'Alger, et vingt jours suffirent pour mettre en son pouvoir cette côte inhospitalière. »

L'histoire de l'Algérie peut se résumer ainsi : Longtemps soumise à la puissance romaine, elle devint la proie des Vandales, qui ne tardèrent point à en être dépossédés par Bélisaire; puis elle demeura sous la domination des empereurs de Constantinople, jusqu'à l'invasion des plages africaines par les Arabes qui la conservèrent jusqu'au milieu du viie siècle. Elle fut après cela successivement tributaire du roi de Bougie, des Espagnols, du fameux Barberousse et du frère de ce dernier, lequel se plaça sous la protection du sultan Sélim Ier qui, en acceptant la suzeraineté du territoire d'Alger, en constitua un pachalik, devenu par la suite indépendant. C'est à partir de cette époque que l'empereur des Turcs prit le titre de souverain d'Alger, et cette situation politique se prolongea jusqu'en 1830, où le dey Hussein s'étant rendu coupable d'une insulte grave vis-à-vis le consul de la France, s'attira le courroux de celle-ci, qui décida alors qu'elle s'emparerait de l'Algérie et détruirait l'antique repaire de pirates qui s'y était formé. Les armes françaises furent victorieuses, et cette nation possède aujourd'hui l'une des plus belles colonies qui soient au pouvoir des peuples civilisés.

C'est que l'Algérie, nous le répétons, est une de ces contrées privilégiées qui n'attendent qu'un effort de l'industrie pour activer leur fécondité. Sa superficie est d'environ 400,000 kilomètres carrés, et sa population indigène de 3,000,000 d'âmes. On y compte ensuite à peu près 132,000 Européens de diverses nations. Ses divisions administratives sont ainsi établies :

DIVISIONS.	LIEUX-PRINCIPAUX.	TRIBUS.
ALGER.	Alger, Maison carrée, Pointe Pescade, Kouba, Coleah, Scherchell, Douera, Boufarick, Blidah, Medeah, Milianah, etc.	290 tribus formant une population de 900,000 âmes.
ORAN.	Oran, Mers-el-Kebir, Mostaganem, Mazagran, Arzew, Mascara, Meserguin, Tlemcen, Ile de Rachgoum, etc.	275 tribus offrant un total de 600,000 âmes.
CONSTANTINE.	Constantine, La Calle, Bone, Guelma, Setif, Philippeville, Gigelly, Bougie, etc.	580 tribus dont l'ensemble fournit 1,300,000 âmes.

ALGESIRA et DIARBEKIR. — Ce sont les noms actuels de l'ancienne Mésopotamie.

ALGHERO. — Ville épiscopale et fortifiée de l'île de Sardaigne, royaume sarde. Elle est située sur la côte occidentale, et possède un port. On y fait la pêche du corail et des exportations de vin, d'huile, de tabac, de laine, de peaux, etc. Pop. : 7,000 âmes.

ALGONQUINS. — Tribu indienne du Canada, dans l'Amérique anglaise. Elle habite dans le voisinage du lac Saint-Jean, et appartient à la nation des Lenni-Lénapes.

ALHAMA. — Ville de la province de Grenade, en Espagne. Elle est située dans la Sierra de même nom, qui fait partie de la Sierra-Nevada. C'est l'une des villes les plus élevées de l'Europe, et elle possède des sources minérales qui sont très-fréquentées. Pop. : 5,000 âmes.

ALHAMA. — Ville de la province de Murcie, en Espagne. On y trouve des sources minérales. Pop. : 4,000 âmes.

ALHUCEMAS. — Petite place fortifiée d'Afrique. Elle appartient aux Espagnols, et se trouve située dans un îlot de la Méditerranée, sur la côte de l'empire du Maroc. On en a fait un lieu de déportation.

ALIBAMA. — Ville de la Géorgie, aux Etats-Unis d'Amérique.

ALICANTE. — Ville épiscopale, chef-lieu de la province de ce nom, dans la capitainerie de Valence, en Espagne. On y voit une forte citadelle, un port et une vaste rade qui sont très-fréquentés, et cette ville est renommée par l'excellence du vin que produisent les vignobles de son territoire. Sa population est d'environ 25,000 âmes.

ALIGHAR. — Place fortifiée de la province d'Agra, dans l'empire Indo-Britannique.

ALKMAAR. — Ville située sur le grand canal du Nord, en Hollande. Elle est fortifiée, et c'est le principal entrepôt du royaume pour le fromage dit de *Hollande*. Sa population est d'environ 9,000 âmes.

ALLAHABAD. — Chef-lieu de la province de ce nom, dans l'empire Indo-Britannique. Les Indous la nomment la *reine des cités saintes*, et la visitent annuellement en pèlerinage. C'est la principale place d'armes de l'Inde anglaise. On y remarque la mosquée de Djemâ Mesdjid et l'ancien palais du sultan. Quelques-uns la regardent comme correspondant à l'ancienne *Palibothra*, la magnifique capitale des rois des Prasii.

ALLEGANY ou APALACHES. — Grande chaîne de montagnes aux Etats-Unis d'Amérique. Elle est parallèle à la mer sur une longueur d'environ 1200 kilomètres

ALLEMAGNE. — Cette contrée de l'Europe est l'une des plus importantes par son étendue, et l'une des plus intéressantes aussi par ses produits minéralogiques et son mouvement intellectuel; mais lorsqu'il s'agit d'y établir des divisions topographiques, de fixer les limites réciproques des nombreux Etats dont elle se compose, on tombe dans un véritable tohu-bohu où il n'est pas aisé d'établir l'ordre. « L'Allemagne, dit Malte-Brun, peut être considérée comme *la croix des géographes* à cause de ses innombrables subdivisions et de leur circonscription bizarre, si longtemps contraire à toute loi géographique comme à toute raison politique, et encore aujourd'hui peu conforme à ces principes. »

Néanmoins, une division toute naturelle, celle qui résulte du climat, se présente à l'examen, et l'on peut alors partager l'Allemagne en trois grandes régions. La première est formée de l'immense plaine septentrionale qui, sans autre interruption que celle des fleuves, traverse la basse Silésie, l'ancienne Lusace, le Brandebourg, la Poméranie, le Mecklembourg, le Hoslstein et le Jutland. La température de cette zone est froide et humide; les pays qui la composent reçoivent sans cesse, à leurs deux extrémités, les brouillards, les pluies et les tempêtes de la mer du Nord et de la mer Baltique; et les contrées du nord-ouest surtout, soumises à l'influence de la mer du Nord, sont sans cesse éprouvées par des ouragans furieux et des brouillards épais et malsains. Au nord-est, zone de la mer Baltique, le climat est plus froid, mais moins humide. Dans la seconde région se rangent tous les pays qui composent le centre de l'Allemagne, c'est-à-dire la Moravie, la Bohême, la Saxe, la Franconie, la Souabe, les rives du Rhin et la Hesse. C'est dans cette région que l'on rencontre les nombreuses montagnes qui dépendent, soit du sytème des Alpes, soit des monts hercynio-karpathiens; car toutes les montagnes de l'Allemagne se rattachent à l'un ou l'autre de ces systèmes. En effet, pour celles qui sont situées au sud de la vallée du Danube, l'origine commune est la grande chaîne alpine qui s'étend à travers le Tyrol, la Carinthie, la Carniole et la Styrie, en prenant les diverses dénominations d'alpes Rhétiques, alpes Carniques, alpes Noriques, et que l'on reconnaît facilement surtout dans les montagnes qui abritent la haute Bavière et le pays de Salzbourg; tandis qu'au contraire, pour toutes celles qui se trouvent au nord de la grande vallée Danubienne, et celles qui occupent la Wétéravie, la Hesse, la Thuringe, la Bohême, la Moldavie, la haute Silésie, la haute Hongrie et la Transylvanie, un autre centre commun se fait apercevoir ; et remontant à ce centre de chaînon en chaînon, elles arrivent à former le vaste système hercynio-karpathien, dont le versant boréal donne naissance à ces nombreux cours d'eau qui s'élancent à travers les plaines de la Pologne, de la Prusse et de l'Allemagne septentrionale. Cette région, couverte ainsi de nombreuses montagnes, n'est point exposée, comme la première, à des troubles continuels dans la température; toutefois, celle-ci n'est pas aussi douce qu'on pourrait le supposer d'après la latitude, ce qui ne l'empêche pas après cela d'être l'une des plus tempérées et des plus agréables de l'Allemagne. Dans la troisième région, enfin, se placent la Bavière, la haute Autriche, les glaciers du Tyrol et du Salzbourg, et les vallées de la Styrie et de la Carniole; ce qui constitue la réunion des températures les plus extrêmes, c'est-à-dire qu'en vue d'un pays où les glaces attristent par leur morne aspect, viennent s'offrir de riches vallées où la plus brillante des végétations étale le luxe de ses produits.

Ce qui vient d'être dit des nombreuses montagnes de l'Allemagne, implique naturellement l'existence de grands fleuves; et en effet, cette contrée est l'une de celles de l'Europe où l'on rencontre les plus grands cours d'eau. Ainsi, par exemple, c'est le Danube qui prend sa source dans la Forêt-Noire, non loin des limites de la France, et va se perdre dans la mer Noire; puis la Vistule, l'Oder, et l'Elbe, qui arrosent l'immense plaine septrionale que nous avons citée plus haut; et enfin le Rhin, ce fleuve si puissant, si majestueux et si justement renommé.

Nous avons cité les richesses minérales de l'Allemagne. Le plus riche dépôt de cette nature se rencontre dans la chaîne qui sépare la Bohême de la Saxe, chaîne qui a reçu le nom, à cause de ses produits, de Monts Métalliques, *Erz-gebirge*. L'argent qu'on en tira, vers la fin du XVIIIᵉ siècle, permit de faire frapper, à Freyber, pour 85,800,000 fr. d'espèces monnayées. On y trouve aussi du cuivre de première qualité, des topases, des grenats, des cristaux, des marbres, des porphyres, des granites, etc. Dans les montagnes de la Thuringe, une immense couche de cuivre renferme des débris fossiles très-recherchés. Une source d'eau salée qui va rejoindre les célèbres salines de Halle, va se perdre ensuite à travers les montagnes du Harz. On exploite encore dans l'Erz-Gebirge une grande quantité de couches houillières. Enfin le Tyrol possède la mine de sel de Halle, qui s'étend dans la Bavière, le Salzbourg et l'Autriche ; la Styrie, du fer renommé ; la Carinthie, des mines de plomb; et le Frioul, les mines de vif-argent d'Idria, qui ne le cèdent qu'à celles d'Almaden en Espagne.

L'Allemagne est riche en forêts de chênes, de hêtres, de frênes gigantesques et de pins. Elle cultive des céréales de toute espèce ; des vignobles qui s'élèvent jusqu'à un niveau de 630 mètres ; du chanvre d'excellente qualité et qui dans le pays de Bade, atteint jusqu'à 5 mètres de hauteur ; enfin, le houblon est l'objet d'un commerce important, surtout pour les brasseries de la Bohême et de la Franconie.

Les bêtes à cornes qui dans les pâturages de l'Allemagne, proviennent principalement des Alpes et de l'Ostfrise, offrent un chiffre statistique d'environ 20,000,000 de têtes; celui des bêtes à laine est de 25,000,000 ; et les chevaux sont recherchés pour les remontes de la grosse cavalerie.

Autrefois on divisait l'Allemagne en neuf cercles, qui étaient l'Autriche, le Bas-Rhin, la Bavière, la Haute-Saxe, la Franconie, la Souabe, le Haut-Rhin, la Westphalie, et la Basse-Saxe ; mais en 1806, les États du midi se détachèrent de la domination autrichienne sous le titre de *Confédération du Rhin*, ils se placèrent sous le protectorat de l'empire français. Aujourd'hui ce faisceau d'États, reconstitué d'ailleurs sur d'autres bases, porte le nom de *Confédération Germanique*.

ALLENDORF. — Petite ville de la Westphalie. Elle est située sur la Werra et assez importante par ses salines.

ALLER — Rivière d'Allemagne. Elle prend sa source dans la Basse-Saxe, et après avoir passé à Zell où elle devient navigable, elle va se jeter dans le Weser, grossie des eaux de l'Ocker et de la Leine.

ALLIER (Département de l'). — Il a été formé de l'ancien Bourbonnais. Sa superficie est d'environ 728,980 hectares, et sa population d'environ 329,540 âmes. Il est divisé en quatre arrondissements, dont les chefs-lieux sont Moulins, Gannat, La Palisse et Montluçon, et compte 36 cantons et 320 communes. Moulins est le siège de la préfecture et du diocèse, Riom celui de la cour impériale, Dijon, celui de l'académie universitaire, et il est compris dans la treizième division militaire.

ALLOA. — Petite ville du comté de Clakmannan, en Ecosse. Elle est située sur le Forth, et possède un port qui la rend assez importante. Elle fait aussi un commerce de charbon et de verrerie. Pop. : 6,000 âmes.

ALLONNE. — Il y a en France 6 bourgs qui portent ce nom : ils sont dans les départements de l'Oise, de la Sarthe, de la Loire, de la Vienne, de Saône-et-Loire et d'Eure-et-Loir.

ALLOS. — Petite ville du département des Basses-Alpes. C'est un chef-lieu de canton de l'arrondissement de Barcelonnette. Pop. : 1400 âmes.

ALLSTETT. — Très-petite ville du duché de Saxe-Weimar. Elle est située dans la principauté d'Eisenach. L'empereur Othon y tint une diète en 954. Pop. : 2,500 âmes.

ALLUYE. — Gros bourg de l'arrondissement de Châteaudun, Eure-et-Loir.

ALMADEN. — Ville de la nouvelle Castille, en Espagne. Elle est renommée par ses mines de mercure qui sont les plus riches de l'Europe, et dont l'exploitation remonte à la plus haute antiquité. Pline rapporte que sept siècles avant notre ère, les Grecs en retiraient déjà du vermillon ; les Romains en obtenaient annuellement 100,000 livres de cinabre : les travaux actuels produisent chaque année aussi environ 25,000 quintaux de mercure ; et malgré cette exploitation continue, on n'a encore pénétré qu'à 300 mètres de profondeur. Almaden compte environ 10,000 habitants.

ALMAGRO. — Petite ville de la nouvelle Castille, en Espagne. Elle est réputée par les blondes et les dentelles qu'on y fabrique et le commerce de ses vins. Pop. : 8,000 âmes.

ALMANSPACH. — Ville du grand duché de Bade, entre les lacs de Zell et de Constance.

ALMANZA. — Bourg de la nouvelle Castille, en Espagne. Il est célèbre par la victoire qu'y remporta le maréchal de Berwick sur les Autrichiens, en 1707. Pop. : 5,000 âmes.

ALMEDEA ou ALMAHADIA. — Ville de l'État de Tunis, en Afrique. Elle fut fondée au IXᵉ siècle par les premiers souverains fatimites et demeura durant une grande partie du moyen âge le port le plus fréquenté par les flottes chrétiennes d'Europe. Elle est encore importante par son commerce. On la nomme aussi *Africa*.

ALMERIA. — Ville épiscopale très-ancienne, chef-lieu de la province de ce nom, dans la capitainerie de Grenade, en Espagne. Elle est située à l'embouchure de la rivière d'Almeria et au fond d'une immense baie. Elle fait un commerce assez considérable que favorise son port, et sa population est d'environ 20,000 âmes.

ALMISSA. — Petite ville de la Dalmatie, empire d'Autriche. Elle est située à l'embouchure de la Cettina, dans l'Adriatique. On croit qu'elle occupe l'emplacement de l'ancienne *Dalminium*, capitale des Dalmates. Pop. : 1,200 âmes.

ALMORA. — Capitale de la province du Kemaoun, dans l'empire Indo-Britannique. Elle est assez considérable, et beaucoup d'Européens s'y font transporter pour rétablir leur santé. Pop. : 6,000 âmes.

ALMUNECAR. — Petite ville de la province de Grenade, en Espagne. Elle possède un port et une citadelle.

ALMWICH. — Bourgade de l'île d'Anglesey, en Angleterre. La compagnie qui exploite les mines de cuivre de ses environs, rangées au nombre des plus riches du globe, y a fait creuser un port dans le roc pour les besoins de son service.

ALNWICH. — Petite ville du comté de Northumberland, en Angleterre. Elle est située sur l'Alne et est assez commerçante. Son château fut, dit-on, une forteresse des Romains. Pop. : 7,000 âmes.

ALPES. — Cette dénomination s'étendait autrefois à des chaînes de montagnes que généralement on ne rattache plus au système alpin, et c'est ainsi que l'on disait les Alpes scandinaves, pour désigner la chaîne qui sépare la Suède de la Norwége ; et qu'on appelait Alpes de Savoie, de la Suisse ou de la France, les masses couvertes de neiges éternelles qui constituent des limites naturelles entre la France et l'Italie ; mais aujourd'hui le nom d'*Alpes* désigne simplement deux chaînes de montagnes. La première, qu'on désigne sous la dénomination de *chaîne occidentale* ou de *grandes Alpes*, se dirige du nord 26° est, au sud 26° ouest ; elle comprend les Alpes de la Suisse, depuis le lac de Constance jusqu'aux Alpes françaises ou de Briançon, sur une étendue de près de 100 lieues ; elle est la plus élevée, et compte au nombre de ses points culminants le Mont-Blanc, la plus haute montagne qui soit en Europe. La seconde chaîne, appelée *Alpes orientales*, est dirigée de l'est quart nord-est, à l'ouest quart sud-ouest, depuis le Saint-Gothard jusque dans l'Autriche, sur une longueur de 75 lieues. Plusieurs des sommités alpines sont à peu près inaccessibles, ce qui leur a fait donner le nom d'*aiguilles* ; beaucoup sont couvertes de neiges éternelles ; et quelques-unes offrent à l'origine de leurs vallées d'immenses glaciers. Les hauteurs les plus remarquables de ces sommités sont les suivantes :

Mont-Blanc	4,810 mètres.
Mont-Rose	4,756
Jung-Frau	4,180
Col-du-Géant	3,426
Grand Saint-Bernard	3,554
Simplon	3,555
Saint-Gothard	2,766
Passage du Mont-Cervin . . .	3,410
— du Col de Seigne . . .	2,461
— du Grand Saint-Bernard . .	2,491
— du Col Ferret . . .	2,521
— du Petit Saint-Bernard . .	2,192
— du Saint-Gothard . .	2,075
— du Simplon	2,005

Quelques géographies renferment un tableau bien plus étendu des points culminants de la chaîne des Alpes ; mais il suffit des les comparer ensemble pour s'assurer que la mesure des diverses altitudes est généralement à refaire, puisqu'elle manque de concordance dans les chiffres donnés.

ALPES (DÉPARTEMENT DES BASSES-). — Il a été formé d'une partie de la Provence. Sa superficie est d'environ 682,644 hectares et sa population de 156,700 âmes. Il est divisé en cinq arrondissements, dont les chefs-lieux sont Digne, Barcelonnette, Castellane, Forcalquier et Sisteron, et compte 30 cantons et 256 communes. Digne est le siège de sa préfecture et de son diocèse, Aix celui de sa cour impériale et de son académie universitaire, et il est compris dans la septième division militaire.

ALPES (Département des Hautes-). — Il a été formé d'une partie du Dauphiné et de la Provence. Sa superficie est de 553,264 hectares, et sa population d'environ 133,100 âmes. Il est divisé en trois arrondissements, dont les chefs-lieux sont Gap, Briançon et Embrun, et compte 24 cantons et 189 communes. Gap est le siége de sa préfecture et de son diocèse. Grenoble celui de sa cour impériale et de son académie, et il est compris dans la septième division militaire.

AL-QASSAR ou AL-KAZAR. — Petite ville au royaume de Fez, dans l'empire de Maroc. Elle a peu d'importance commerciale aujourd'hui ; mais elle fut florissante autrefois, et on y compte encore 8,000 habitants, population très-active.

ALSTAHOUG. — Petit bourg de Norwége, situé sous la latitude de 67° 38'. C'est le siége épiscopal situé le plus au nord de l'Europe. Il est aussi la résidence du bailli du Nortland. Pop. : 2,000 âmes.

ALSTETTEN. — Petite ville du Rhintal, dans le canton de Saint-Gall, en Suisse. Elle est située à deux lieues à l'est d'Appenzel. On y trouve des sources thermales et des fabriques de mousseline. Population : 6,500 âmes.

ALTAI. — Chaîne de montagnes entre l'Irtich et le Iénisei. Elle sépare l'empire chinois du gouvernement russe de Kolivan, et se trouve située entre les 55° et 60° degrés de longitude, latitude moyenne 50 degrés. La hauteur du petit Altai est de 2,120 mètres environ.

ALTAMIRA. — Petite ville de l'Etat de Tamaulipas, dans la Confédération mexicaine. On voit dans ses environs une montagne isolée au milieu d'une plaine aride, montagne coupée en pyramide parfaite et dont le sommet se perd dans les nues. Les indigènes la considèrent comme l'œuvre de géants; les savants ne pensent pas qu'elle soit produite par la nature, ils en attribuent la formation aux hommes, et ce serait alors la *huitième* et la plus extraordinaire merveille du monde.

ALTAMONTE. — Petite ville de la Calabre citérieure, royaume des Deux-Siciles. Il existe des mines de fer sur son territoire, et, dit-on, des filons d'or et d'argent.

ALTAMURA. — Très-petite ville de la terre de Bari, royaume des Deux-Siciles. On y voit une belle église et des antiquités. Pop. : 16,000 âmes.

ALTENBERGA. — Village de la principauté de Gotha. On y voit le monument dit le *Candélabre*, élevé en 1811 pour marquer l'emplacement de l'Eglise Saint-Jean, qu'avait fait construire Boniface, l'an 724 de Jésus-Christ.

ALTENBOURG. — Jolie petite ville située près de la Pleisse. C'est le chef-lieu du duché de Saxe-Altenbourg. Elle possède un château, résidence du duc, un gymnase, un collège de demoiselles, une bibliothèque publique et plusieurs sociétés académiques. Sa population est d'à peu près 12,000 âmes.

ALTKIRCH. — Petite ville, chef-lieu d'arrondissement dans le département du Haut-Rhin. Elle comprend 7 cantons et 159 communes. Son commerce consiste en chanvre et en bestiaux. Pop. : 3,200 âmes.

ALTMUHL. — Rivière d'Allemagne. Elle se jette dans le Danube, près de Kelheim.

ALTONA. — Ville du Holstein, dans le royaume de Danemark. Elle est située sur la rive droite de l'Elbe, et n'est séparée de la ville de Hambourg que par une colline appelée Hamburgerberg. On y trouve un gymnase académique, une école de commerce, un amphithéâtre d'anatomie et une bibliothèque publique. Cette ville, qui est regardée comme la seconde du royaume, compte à peu près 30,000 habitants.

ALTORF. — Petite ville, chef-lieu du canton d'Uri, en Suisse. Elle est située près de l'embouchure de la Reuss, dans le lac de Lucerne. On y voit une tour ornée de peintures en l'honneur de Guillaume Tell, qui naquit en cet endroit. Une première fontaine désigne aussi la place d'où, selon la tradition, Guillaume aurait abattu, d'un coup de flèche, une pomme placée sur la tête de son fils ; et une seconde fontaine indique également le point où ce dernier avait été placé. Cette ville sert d'entrepôt aux marchandises qui, par le Saint-Gothard, vont de la Suisse en Italie, et *vice versa;* elle possède une bibliothèque publique ; et sa population est d'environ 1,600 âmes.

ALTORF. — Petite ville du cercle du Danube, dans le royaume de Wurtemberg. Sa population est d'environ 2,500 âmes. C'est dans son voisinage que se trouve la célèbre abbaye de Veingarten, changée en une maison d'orphelins. Sa superbe église possède l'une des plus grandes orgues que l'on connaisse : elle se compose de 76 registres et 6666 tuyaux.

AMABLE. — Nom donné par le navigateur Dumont-Durville, et en l'honneur de madame Amable Tastu, à un mont qui s'élève sur la côte septentrionale de la nouvelle Guinée.

AMACK. — Petite île du Danemarck. Elle est plate, unie, fertile, et sert en quelque sorte de jardin potager à Copenhague, à qui elle est jointe par un port.

AMADAM. — Jolie petite ville de l'Irak-Adjemy, en Perse. Selon quelques-uns elle occuperait l'emplacement de l'ancienne *Ecbatane*.

AMADIA. — Ville du Kurdistan, dans l'Asie ottomane. Elle est située sur une montagne et fait un commerce assez considérable. Pop : 4,000 âmes.

AMAL. — Petite ville de Westro-Gothie, en Suède. Elle est située sur le lac Wéner, et son commerce consiste principalement en bois.

AMALFI. — Petite ville archiépiscopale de la principauté Citérieure, dans le royaume des Deux-Siciles. Sa marine marchande joua un rôle au moyen-âge, et à cette ville se rattache le souvenir de la découverte des *Pandectes*, du perfectionnement de la boussole, de l'origine de l'ordre de Malte, et enfin des tables qui portent son nom. Sa population est d'environ 3,000 âmes.

AMANGUCHI. — Petite ville du Japon. Elle est située dans l'île de Niphon, et ce sont les missionnaires qui l'ont fait connaître.

AMARAH. — Bourgade du pays de Sokkot, dans la Nubie. Elle est près du Nil, et l'on y voit les restes d'un superbe temple égyptien.

AMARANTE. — Ville très-ancienne du Portugal. Elle se trouve dans la province d'Entre-Minho et Douro, et est située sur la Tamega, affluent du Douro. Pop. : 5,000 âmes.

AMARAPOURA. — Ville de l'empire Birman, dans l'Inde-Transgangétique. Elle est située sur la rive gauche de l'Iraouaddy et sur les bords d'un lac. Ruinée en 1831 par un tremblement de terre, ce qui lui reste de maisons est bâti en bois. On y remarque le temple appelé Arakan, où l'on révère la figure colossale en bronze de Gautama, l'une des formes de Bouddha, et dans une galerie duquel on conserve une collection de 260 inscriptions apportées de divers lieux de l'empire. Pop. : 25,000 âmes.

AMASIE ou AMASIA. — Grande ville de l'Asie mineure, empire ottoman. Elle est le siége d'un archevêché arménien; son commerce est assez florissant, et sa population est d'environ 30,000 âmes. On y remarque la mosquée du sultan Bagazid, et les cavernes taillées dans le roc; et, parmi ses antiquités, on distingue surtout les restes d'un temple et de la citadelle.

AMAXICHI. — Petite ville, chef-lieu de l'île de Sainte-Maure ou Leucade, Etat des îles Ioniennes. Elle est le siége d'un archevêché grec, et possède un port avec 6,000 habitants. On y remarque un aqueduc d'une grande étendue. L'île renferme aussi le cap Ducato ou *Leucate promontorium* des anciens, sur le sommet duquel s'élevait le temple d'Apollon-Leucadien, et près duquel se trouvait le fameux rocher d'où les amants malheureux se précipitaient dans la mer.

AMAZONES (FLEUVE DES). — Il arrose l'Amérique méridionale, et c'est le plus grand des fleuves du globe. Formé de plusieurs cours d'eau qui descendent des Andes du Pérou, il prend le nom qu'il porte après la réunion du Vieux-Maragnon ou Ucayali, avec le Nouveau-Maragnon ou Tunguragua. Quelques géographes ont pensé que la branche principale de ce fleuve était le Tunguragua, dont la source existe dans les Andes péruviennes; mais d'autres regardent comme le véritable Maragnon, la branche appelée Beni ou Saro, laquelle, après sa jonction avec l'Apurimac forme l'Ucayali ou ancien Maragnon. Ce serait alors dans les montagnes de la Bolivie qu'il faudrait placer la source du fleuve des Amazones; et en adoptant cette opinion, il résulterait que ce cours d'eau, après avoir arrosé l'Etat de Bolivia du sud au nord, traverserait ensuite les contrées péruviennes pour entrer dans la Colombie, à la sortie de laquelle, se joignant au Nouveau-Maragnon, il roulerait majestueusement ses eaux, de l'est à l'ouest, dans la partie du Brésil nommée province du Para, jusqu'à son embouchure dans l'océan Atlantique où il forme une île assez considérable, celle de Marajo. Durant son cours il reçoit, à sa droite, le Javary, qui sépare le Pérou du Brésil; le Jutay, le Jurna et le Tésé, qui descendent du Pérou; le Madeira, qui arrose une partie de la Bolivie et du Pérou; et le Topayos qui, dans la partie supérieure de son cours, porte le nom de Jurena, et traverse les provinces de Malto-Grosso et du Para. A sa gauche, le fleuve reçoit les eaux de l'Iça et du Gapura, rivière de la Colombie; du Rio-Negro, qui communique à la fois avec l'Orénoque par le Cassiquiare, phénomène qu'on regarde comme unique dans l'hydrographie du globe; puis du Rio-Trombetas et de l'Anaurapara.

AMBATO. — Petite ville de la province de Chimborazo, dans la république de l'Equateur, Colombie. Elle est remarquable par la beauté de son climat, la richesse de ses productions, et c'est dans son voisinage que se dresse le fameux Chimborazo, l'un des monts les plus hauts du nouveau monde.

AMBERG. — Jolie petite ville du royaume de Bavière. Elle est située dans le cercle de Naab, sur la rivière de Wils. Pop. : 8,000 âmes.

AMBERT. — Petite ville du département du Puy-de-Dôme. Chef-lieu d'arrondissement, elle comprend 8 cantonals 52 communes. Située près de la Dorée ou Dore, qui met en mouvement 130 moulins à papiers, cette ville fait un commerce considérable de ce produit, et fabrique en outre de la toile et de la dentelle. Elle possède un collége, une société d'agriculture, et sa population est d'environ 8,000 âmes.

AMBEZ. — Petit bourg du département de la Gironde. Il est situé au confluent de la Garonne et de la Dordogne, point qu'on appelle le *Bec-d'Ambez*. Pop. : 900 âmes.

AMBLETEUSE. — Petite ville maritime du département du Pas-de-Calais. Elle est située à environ 3 lieues au nord de Boulogne.

AMBOINE (ILE D'). — Elle est située entre les 6° et les 7° de latitude nord, et les 134° et 135° de longitude, et fait partie du groupe des Moluques, dans l'Océanie occidentale. Elle offre peu d'importance par sa superficie qui n'a guère qu'une vingtaine de lieues de longueur; mais elle produit abondamment du girofle et de la muscade. Les tremblements de terre s'y font sentir avec fréquence, aussi les maisons qu'on y bâtit n'ont-elles qu'un étage d'élévation. Conquise par les Hollandais en 1603, l'île d'Amboine devint l'une des proies des Anglais en 1796.

AMBOINE. — Chef-lieu de l'île précédente. C'est une petite ville placée au fond d'une baie profonde qui divise l'île en deux presqu'îles, Hitou et Leytimor. Elle est bien bâtie et on y remarque les deux églises chrétiennes, l'hôtel de ville, le campong chinois, l'hôpital, les bazars et les marchés. C'est la résidence des gouverneurs des Molluques, et son commerce est florissant. Pop.: 7,000 âmes.

AMBOISE. — Petite ville située au confluent de la Loire et de la Masse, dans le département d'Indre-et-Loire. Elle est mémorable dans les annales françaises par la conjuration dont elle fut le foyer en 1560, et l'on cite aussi son église Saint-Denis, bâtie par saint Martin; son château, qui fut habité par plusieurs rois de France; et ses souterrains, connus sous le nom de *Greniers de César*, appellation qui, comme tant d'autres, provient sans doute de l'ignorance ou d'un faux savoir. On arrive très-facilement au château au moyen d'une rampe maçonnée et dont la pente a été calculée à cet effet. Amboise est la patrie de Charles VIII et de Georges d'Amboise, ministre de Louis XII. Pop. : 5,000 âmes.

AMBOURNAI ou AMBRONAY. — Petite ville du département de l'Ain. C'est un chef-lieu de canton dans l'arrondissement de Belley. Pop. : 1,800 âmes.

AMBRIERES. — Petite ville du département de la Mayenne. Elle est au nombre des chefs-lieux de canton de l'arrondissement de Mayenne. Pop. : 2,500 âmes.

AMBRIZ. — Fleuve du Congo, en Afrique. Il a son embouchure dans l'Océan.

AMBRYM. — Petite île de l'archipel des nouvelles Hébrides, dans l'Océanie.

AMÉRIQUE. — Ce vaste continent n'était pas connu des anciens ; mais il demeure toutefois incontestable qu'il fut une époque où il n'était point séparé du nôtre; on en trouve des preuves au détroit de Behring, dans la disposition de l'archipel des Aléoutes; et l'observation des mœurs, des usages, des coutumes religieuses et même de la langue des Péruviens et des Mexicains, lors de la conquête des Espagnols, sont un autre témoignage des communications qui durent avoir lieu, dans des temps reculés, entre certains peuples de l'Amérique et ceux de l'Asie.

Ce fut au XV° siècle qu'un Génois, Christophe Colomb, illustra par sa découverte du nouveau monde le règne d'Isabelle et de Ferdinand le Catholique. C'est bien en effet à ces princes éclairés qu'il faut attribuer sans partage la mise en œuvre et la réussite des conceptions du grand navigateur; car lorsque celui-ci fit connaître qu'un nouveau continent devait exister à l'Ouest, chacun le traita de visionnaire, l'accusa même de folie, et aucun souverain ne consentit, non-seulement à seconder le projet qu'il avait d'entreprendre une exploration, mais encore à accorder la moindre attention au développement de ses idées. Isabelle et son époux furent les seuls, nous le répétons, qui apprécièrent ce que leur exposa Christophe Colomb et l'immense résultat que pouvait avoir le succès de son entreprise ; ils n'hésitèrent point à ordonner l'armement de plusieurs navires pour en confier la direction au marin génois ; et celui-ci, après une longue et pénible traversée, abordait aux îles Lucayes, le 12 octobre 1493. Haïti, Cuba et tout l'archipel des Antilles furent reconnus ensuite; et depuis lors toutes les côtes du continent américain furent successivement explorées. Il est cependant quelques rivages près desquels les navigateurs n'ont pu encore conduire leurs esquifs : ce sont ceux qui, à l'extrémité septentrionale, sont constamment entourés des glaces des mers polaires.

Aucune terre ferme ne sert de limite à l'Amérique, et de quelque côté qu'on porte ses regards, on n'aperçoit que les eaux de l'Océan, qui, suivant les régions, prend des noms différents. Ainsi, au nord, l'océan Arctique, et le long des côtes orientales, l'océan Atlantique, forment plusieurs mers intérieures, telles que la mer d'Hudson et celle de Baffin, le golfe Saint-Laurent et celui du Mexique, puis la mer des Caraïbes. Au sud, c'est l'océan Austral ; à l'Ouest, l'océan Pacifique, qui forme, le long des côtes, le golfe de Panama et celui de Californie; enfin, c'est la mer de Behring, qui communique avec l'océan Pacifique par les nombreux canaux qui existent dans les îles aléoutiennes ; et avec l'océan Arctique, par le détroit de Behring.

Sur cette vaste surface de mers diverses, des îles surgissent en nombre considérable : au nord, dans l'océan Arctique, ce sont le groupe du Groënland, l'Islande, l'île de Jean-Mayen, les groupes du Devon-septentrional et l'archipel de Baffin. A l'est, dans l'Atlantique, on rencontre les archipels de Terre-Neuve, des Bermudes et des Antilles, lesquelles se divisent en grandes et petites Antilles, et en îles Lucayes. En descendant le long des côtes, se montre l'île de Marajo, formée par l'embouchure du fleuve des Amazones; puis les îles Maranham, Grande, Santa Catharina et Fernando de Noronha, sur les côtes du Brésil ; et enfin, plus au sud, les Malouines. Au sud, dans l'océan Austral, se trouvent l'archipel de Magellan, dont l'île la plus grande est la Terre-de-Feu ; l'archipel de la reine Adélaïde ; le groupe des îles Hermite et celui des îles de Diégo Ramirez, la plus australe de toutes les terres habitées. A l'ouest, dans le grand Océan, se présentent l'archipel Patagonien, celui de Chonos et ceux de Chiloé et de Gallapagos; puis les îles aux Perles, celles de Santa Margarita et de Santa Cruz et les Aléoutes.

L'Amérique renferme la plus grande chaîne de montagnes du globe, chaîne qui s'étend du sud au nord, et dont les chaînons, qui commencent à la Terre-de-Feu sous le 55° degré, après avoir traversé dans sa plus grande longueur toute l'Amérique méridionale, l'Isthme de Panama, et parcouru ensuite l'Amérique septentrionale, disparaissent dans les terres les plus boréales du continent. Dans l'Amérique du sud, ces montagnes portent le nom générique de *Cordillères des*

Andes, et leurs sommets les plus élevés le cèdent à peine à ceux de l'Himalaya. Elles se rapprochent sans cesse des côtes de l'océan Pacifique, et souvent même les eaux de la mer viennent en baigner les bases. La chaîne se divise en plusieurs branches qui prennent différents noms, suivant les contrées qu'elles traversent, ce qui donne successivement les Andes de la Patagonie, les Andes du Chili, les Andes du Pérou et les Andes de la Colombie. Quelques chaînons particuliers se séparent en outre de la ligne occidentale pour se diriger vers l'est, où ils forment alors les Andes du Brésil, les Andes du Paraguay et les montagnes qui sont dans l'État de Buénos-Ayres. L'immense Cordillère, à laquelle M. de Humboldt donne une longueur de plus de 9,000 milles, se divise naturellement en plusieurs systèmes bien tranchés. L'Amérique du sud offre les trois suivants :

Système péruvien : Il comprend les Andes patagoniques, les Andes du Chili, les Andes du Pérou, les Cordillères de la Nouvelle-Grenade, et ses points culminants sont les pics Sorata et Ilimani qui font partie de la Cordillère de Titicana : le premier a 7,659 mètres 12, le second, 7,289 mètres 82.
Système de la Guyane : Il est composé de montagnes séparées qui ne forment point une chaîne, et son point le plus culminant est le pic de Dnida, qui présente une élévation de 2,322 mètres au-dessus du niveau de la mer.
Système brésilien : Formé de trois chaînes appelées centrale, orientale et occidentale, son point culminant n'offre que 1,843 mètres.

Dans l'Amérique du nord, quatre systèmes se produisent. *Système Missouri-mexicain* : Il se divise en quatre chaînes, les Cordillères de Vesagua, de Guatemala et de Mexico; puis les montagnes Rocheuses ou monts Rockys, situées dans la Colombie. Le point culminant est la Sierra-Nevada de Mexico, haute de 4,764 mètres 64. *Système alléghanien* : Il comprend toutes les montagnes des Etats-Unis du nord, et les trois chaînes qui le composent sont les montagnes Bleues, celles de Cumberland et celles d'Alleghany. C'est dans la première que se trouve le mont Washington, point culminant du système; il est d'une élévation de 2,017 mètres 60. *Système arctique* : Il est formé de diverses montagnes qui hérissent les archipels des terres arctiques, montagnes dont la plupart n'ont pas encore été explorées. Parmi les principaux sommets, on remarque les Cornes de cerfs, dans le Groënland, dont la hauteur est de 2,322 mètres; le mont Hécla, en Islande, qui s'élève à 1,685 mètres 92; et le Beeremberg, dans l'île de Jean-Mayen, haut de 2,078 mètres 68. *Système antillien* : Il embrasse toutes les montagnes situées sur l'archipel des Antilles, et ses points culminants existent dans l'île de Cuba et celle d'Haïti à une hauteur de 2,716 mètres.

Il va sans dire que d'innombrables cours d'eau découlent de ce vaste développement de montagnes, et quelques-uns sont des plus remarquables par leur étendue, leur largeur et leur profondeur. Dans l'Amérique septentrionale, se trouve le fleuve Saint-Laurent, qui traverse plusieurs lacs avant de se jeter dans l'Océan. Dans la mer Arctique arrive le Mackensie, qui traverse l'Amérique; et le grand Océan reçoit l'Orégon ou Colombia, qui arrose la partie occidentale des Etats-Unis. Plus bas, on rencontre le Mississipi, qui, après avoir traversé les Etats-Unis, et s'être grossi des eaux de plusieurs affluents et entr'autres du Missouri et de l'Ohio, va se jeter dans le golfe du Mexique. Vient ensuite le Rio-del-Norte, autrefois Rio-Bravo, qui arrose le Mexique et se précipite dans le golfe qui porte ce nom. Dans l'Amérique du sud, c'est d'abord l'Orégon qui traverse la Nouvelle-Grenade; puis le fleuve des Amazones, dont nous avons déjà parlé, lequel a un courant de telle force, à son embouchure, qu'il refoule la mer à près de trente lieues de distance; enfin, La Plata, l'Uruguay et le Paraguay, qui tous trois donnent aujourd'hui leur nom aux contrées qu'ils traversent.

L'Amérique offre aussi d'immenses plaines, au nombre desquelles se montrent en première ligne celle de Mississipi-Mackensie, qui s'étend depuis la limite boréale de l'Amérique jusqu'au Delta du Mississipi; puis celle des Amazones et celle de Rio-Plata, lesquelles, mesurées par M. de Humboldt, présentent une superficie, la première de 260,000 lieues carrées : la seconde, de 135,000 lieues carrées.

Outre ses productions animales et végétales, l'Amérique possède des richesses incalculables dans ses mines. « Sur les 73,191 marcs, ou 17,635 kilogrammes d'or, et les 3,554,447 marcs, ou 860,960 kilogrammes d'argent que l'on retirait annuellement, au commencement du xixe siècle, de toutes les mines d'Amérique, de l'Europe et de l'Asie boréale, l'Amérique seule fournissait 57,658 marcs d'or, et 3,250,000 marcs d'argent ; par conséquent, 80 centièmes du produit total de l'or, et 91 centièmes du produit total de l'argent. » C'est ainsi que parlait, il y a quarante années, M. de Humboldt. Mais alors on n'avait pas encore découvert les mines d'or de la Californie, ni celles de l'Australie, dont le produit semble devoir dépasser tout ce que l'imagination peut rêver. Après l'or et l'argent, viennent encore, en Amérique, le fer, le plomb, le cuivre, l'étain, puis des diamants et autres pierres précieuses, et enfin des mines de houille.

La division politique actuelle de l'Amérique est celle que nous donnons ci-après; mais elle est soumise à beaucoup de variations, du moins dans tous les Etats où le gouvernement républicain se trouve établi, parce que là c'est une succession incessante de troubles, de révolutions, de guerres, d'empiétements des pays les uns sur les autres, ou de traités dictés par la force ou la cupidité, toutes choses qui changent chaque fois les circonscriptions territoriales.

Pour le moment, l'Amérique est ainsi constituée : 1° les Etats-Unis ou de l'Union; 2° l'empire du Brésil et celui d'Haïti; 3° les

Confédérations mexicaine, de l'Amérique centrale et du Rio de la Plata; 4° les républiques de la Nouvelle-Grenade, de l'Equateur, de Venezuela, du Pérou, du Chili, Bolivia et de l'Uruguay; 5° le dictatoriat du Paraguay; 6° l'Amérique indépendante; 7° les Amériques anglaise, française, russe, espagnole, hollandaise, danoise et suédoise.

AMÉRIQUE ANGLAISE. — Elle est située entre 55° et 142° de longitude occidentale, et entre 42° et 78° de latitude boréale. Elle a pour confins, au nord, l'océan Arctique; à l'est, la mer de Baffin et le détroit de Davis; au sud, l'Atlantique et la Confédération anglo-américaine; à l'ouest, le grand Océan et l'Amérique russe. Parmi les fleuves qui l'arrosent, l'*océan Atlantique* reçoit le Mackensie et le Coppermine; la *mer d'Hudson*, le Churchill ou Mississipi, le Nelson et le Severn; le *golfe de Saint-Laurent*, le Saint-Laurent et le Miramichi; le *golfe du Mexique*, le Mississipi; l'*océan Atlantique*, le Poumaroun, l'Essequebo, le Demerari, le Berbice, le Corentym, le Saint-Jean, le Sainte-Croix et le Shubenacady; et le *grand Océan*, le Tacoutche-Tesse. Cette partie de l'Amérique se compose du bas et du haut Canada, du nouveau Brunswick, de la Nouvelle Ecosse, des îles du cap Breton, du Prince-Edouard et de Terre-Neuve, des Antilles anglaises, des Lucayes, des Bermudes, de la Guyane anglaise et du Yucatan.

AMÉRIQUE CENTRALE (CONFÉDÉRATION DE L'). — Elle se trouve placée entre 85° et 87° de longitude occidentale, et entre 8° et 17° de latitude boréale. Elle est limitée, au nord, par les Etats mexicains de Chiapa et du Yucatan, puis la mer des Antilles; à l'est, par cette mer et le département colombien de l'Isthme; au sud, par le grand Océan; et à l'ouest, par cet Océan et les Etats mexicains d'Oaxaca et de Chiapa. Les fleuves qui l'arrosent, et qui se jettent tous dans la mer des Antilles, sont le Sumasinta, le Rio-Grande, le Motagua, l'Ulua, le Yare, le Nuevo-Segovia et le San-Juan. Sa division administrative se compose des 6 Etats suivants :

ÉTATS.	CHEFS-LIEUX.
District fédéral.	Nueva-Guatemala.
Etat de Guatemala.	Antigua-Guatemala.
— de San-Salvador.	San-Salvador.
— de Honduras.	Comayagua.
— de Nicaragua.	Léon.
— de Costa-Rica.	San Jose de Costa-Rica.

AMÉRIQUE ESPAGNOLE. — Elle comprend les îles de Cuba et de Porto-Rico qui appartiennent à l'archipel des Antilles. La première est l'île la plus grande de cet archipel, la seconde en est la plus petite.

AMÉRIQUE FRANÇAISE. — Sa *partie continentale*, formée de la Guyane française, est située entre 54° et 58° de longitude occidentale, et entre 54° et 58° de latitude boréale. Elle est bornée, au nord, par la Guyane hollandaise et l'océan Atlantique; à l'est, par cet océan et le Brésil; au sud, par ce même empire; et à l'ouest, par la Guyane hollandaise. Les principaux fleuves qui la traversent portent tous leurs eaux à l'Atlantique; ce sont l'Oyapook, l'Appronage, l'Oyac, le Kourou, le Sinnamary, la Mana et le Maroni. Sa *partie insulaire* se compose de la Martinique, de la Guadeloupe, et des îlots de Saint-Pierre et Miquelon.

AMÉRIQUE HOLLANDAISE. — Sa *partie continentale* est située entre 54° et 60° de longitude occidentale et entre 1° et 6° de latitude boréale. Elle a pour confins, au nord, l'océan Atlantique; à l'est, la Guyane française; au sud, la partie de la Guyane qui appartient au Brésil; et à l'ouest, la Guyane anglaise. Ses fleuves se jettent tous dans l'océan Atlantique; ce sont le Maroni, le Surinam, le Sarameca, le Cupanama, le Nikeri et le Corentyn. Elle possède aussi les canaux de Surinam-Sarameca et de baie Warapa. Cette *partie continentale* est formée par le gouvernement de Surinam, et la *partie insulaire* par les gouvernements de Curaçao et de Saint-Eustache.

AMÉRIQUE RUSSE. — Elle est située entre 133° et 170° de longitude occidentale et entre 55° et 71° de latitude boréale. Elle est bornée, au nord, par l'océan Arctique; à l'est, par l'Amérique anglaise; au sud, par le grand Océan; à l'ouest, par cet océan, la mer et le détroit de Behring et l'océan Arctique. Elle comprend, dans la *partie insulaire*, les archipels du prince de Galles, du duc d'York, du roi George III, de Tohalka, de Kodiah, des Aléoutes et de Pribylov; et, dans la *partie continentale*, les pays des Esquimaux, des Kitegnes, des Tchoukichi, des Kenaïzes, des Tchougatches, des Ougatachmioutes et des Koluches.

AMERSFOORT. — Ville du Zuiderzée, en Hollande. Son territoire est fertile en grains, et l'on y fabrique des pâtes qui sont réputées. Pop. : 12,000 âmes.

AMERSHAM. — Ville du comté de Buckingham, en Angleterre. Il s'y trouve une grande fabrication de dentelles noires. Pop. : 3,000 âmes.

AMFREVILLE. — Village du département de l'Eure. On trouve, dans ses environs, ce que l'on appelle la *côte des Deux-Amants*.

AMHARA. — Royaume d'Abyssinie. Il est situé près du Nil.

AMHERST-TOWN. — Petite ville du royaume de Martaban, dans l'Inde transgangétique anglaise. Elle est importante sous le rapport militaire et commercial et possède un port excellent. Pop. : 20,000 âmes.

AMIDE. — Ville de l'Anatolie, empire ottoman. Elle est située sur la rive droite du Tigre, et c'était une place très-forte à l'époque du Bas-Empire.

AMIENS. — Ancienne ville de guerre avec citadelle. Capitale autrefois de la Picardie, elle est aujourd'hui le chef lieu du département de la Somme. Son arrondissement comprend 13 cantons et 249 communes. On admire dans cette ville la cathédrale, chef-d'œuvre d'architecture gothique terminé vers la fin du XIII° siècle. La nef de cette Eglise est la plus haute de France et la plus vaste après celle de Chartres. Viennent après cela l'Hôtel de Ville, le Château-d'Eau et la promenade dite de *la Hautoye*. Amiens possède un évêché, un séminaire, une académie universitaire, un collège, une école secondaire de médecine, une école des arts-et-métiers, une bibliothèque publique, un musée de tableaux, un jardin botanique et une société académique. Son commerce y entretient des fabriques de velours, d'alépines, de gilets, de tapis, de rubans, etc. On y consomme pour 5 à 6,000,000 de fr. de soie, laine et coton ; et les produits manufacturés s'élèvent à 15 ou 16,000,000 de fr. La population est d'environ 47,000 âmes. Cette cité, dont Clodion avait fait le siége de son empire, a donné naissance à Pierre l'Hermite qui le premier prêcha les croisades, au poëte Gresset, à Voiture, à Ducange, à l'astronome Delambre, etc.

AMIS (ILES DES) OU ARCHIPEL DE TONGA. — Ces îles sont au nombre de 130 environ, et se trouvent situées dans le grand Océan, un peu au-dessus du tropique du Capricorne, dans cette partie du monde maritime qui a été appelée Polynésie. Découvertes en 1643 par Tasman, elles reçurent plus tard le nom d'Iles des Amis qui leur fut donné par le capitaine Cook, en reconnaissance du bon accueil qu'il reçut dans ces parages. Aujourd'hui, on les désigne plus généralement par celui d'archipel de Tonga, mais c'est toujours une chose blâmable que d'enlever aux contrées les noms qui leur ont été imposés par ceux qui les ont découvertes ou dont les travaux ont été complétés immédiatement. C'est ainsi, malheureusement, que la science de cabinet exploite toujours à son profit le labeur des hommes qui ont été les véritables ouvriers du progrès. Le sol des Iles des Amis est généralement très-fertile. La principale de ces îles est Tonga-Tabou. Viennent ensuite Eoua, Anamouka, Kotou, Tofua et Vavaoo qui offrent des volcans ; puis le groupe d'Hapai, Amargua et Sylstaert. Les résidences les plus remarquables de l'île Tonga sont Bea et Mafanga, et l'on trouve un pic très-élevé dans celle de Latte.

AMOL. — Petite ville de la province de Mazanderan, en Perse ; elle est située sur la rive gauche du fleuve Herrouz.

AMONE. — Petite rivière d'Italie. Elle se jette dans le Pô près de Ravennes.

AMORGOS. — Petite île de l'archipel grec. C'est l'une des Cyclades : son sol est bien cultivé, et elle est très-fertile en vignobles et en oliviers.

AMOUR (FLEUVE). — C'est l'un des plus grands cours d'eau de l'Asie orientale. Il prend sa source dans les monts Barkadabahn, et dans la première partie de son trajet il est appelé *Onon* par les indigènes du pays qu'il traverse. Il se dirige au nord-est, jusqu'au point le plus septentrional de sa course, où les Tongouths le nomment *Amour* et les chinois *Sagaalien oula* ou la rivière Noire, dénomination qui lui vient des nombreuses forêts qui couvrent les montagnes qui l'entourent. Parmi ses affluents les plus importants sont l'Argoum, le Tchoukir, le Nonni-Oula et l'Ousouri ; et, après un cours de 2800 kilomètres à travers l'Asie russe et diverses provinces de l'empire chinois, il se jette dans l'océan Pacifique, en face l'île de Tchoka.

AMPASA. — Petit royaume avec une capitale de même nom, sur la côte de Zanguebar, en afrique. Il est situé entre la ligne et le royaume de Mélinde.

AMPLEPLUIS. — Petite ville du département du Rhône. Elle est réputée par ses fabriques de papiers et d'étoffes de coton. Pop. : 5,000 âmes.

AMPLITZ. — Petite ville de la Basse-Lusace, dans le royaume de Saxe.

AMPTHILL. — Ville du comté de Bedford, en Angleterre. On remarque dans son voisinage le château qui porte son nom et qui servit de retraite à la reine Catherine d'Aragon. Pop. : 2,000 âmes.

AMPUGNANI. — Petit bourg du département de la Corse. C'est un chef-lieu de canton de l'arrondissement de Bastia.

AMPURIAS. — Ancienne ville de la Catalogne, en Espagne. Elle possède un port et se trouve située à 8 milles environ de Rose. cette ville a donné son nom au pays d'Ampurdan. Pop. : 2,000 âmes.

AMRETSIR. — Chef-lieu du Pendjab, dans le royaume de Lahôre, Hindoustan. Cette ville, qui a porté anciennement les noms de *Tchak* et de *Ramdaspour*, est défendue par une forte citadelle appelée govindghur. On voit à Amretsir un étang de même nom (celui-ci signifie *breuvage de l'immortalité*), bordé d'un mur en briques élégamment décoré, et au milieu duquel s'élève un temple dédié à Gourou-Govind Singh. C'est dans ce sanctuaire que se trouve placé, sous un dais de soie, le livre des lois écrit par le réformateur du culte de Nânek. Le temple est desservi par 600 akahis ou prêtres. La population de la ville est de 100,000 âmes.

AMSTERDAM. — Ville superbe, chef-lieu de la province de Hollande, et la principale cité du royaume. Elle possède un port formé par l'ye ou Y, et la petite rivière d'Amstel la divise en deux parties entrecoupées de canaux, desquels résultent 90 îles communiquant entre elles par 290 ponts en pierre ou en bois. Les rues sont alignées au bord de ces canaux ; elles sont garnies de trottoirs ; et l'on cite, comme les plus belles par leurs constructions et leur étendue, celles qui portent les noms de Heeren-gracht et de Keizers-gracht. Les édifices les plus remarquables sont l'Eglise Saint-Nicolas et celle de Sainte-Catherine, le palais-royal, l'hôtel de ville, ceux des compagnies des Indes orientales et occidentales, la bourse, l'arsenal, le lombard, la porte de Harlem, les quais et les bassins. On trouve à Amsterdam un athénée royal, une académie des beaux-arts, une bibliothèque publique, un musée, un cabinet d'histoire naturelle, un jardin botanique, et plusieurs sociétés académiques. Cette ville est l'une des premières places commerçantes de l'Europe, et sa population est d'environ 210,000 âmes. Les campagnes qui l'avoisinent sont admirables par leur végétation et leur entretien, et toutes couvertes de maisons de plaisance et de jardins qui rivalisent par l'ornementation.

AMSTERDAM (ILE D'). — Elle est située dans la mer des Indes, à une distance plus rapprochée des côtes de l'Australie que de celles de l'Afrique. Son étendue est peu considérable; mais son sol est assez fertile, et il présente un fait remarquable, c'est le nombre de ses sources thermales dont la température de quelques-unes s'élève jusqu'au degré d'ébullition. En été, l'île d'Amsterdam est couverte de vaches marines, dont les peaux deviennent un article important de commerce avec la Chine. Les Chinois préparent en effet ces peaux avec une habileté remarquable; ils en rendent le cuir très-souple, et parviennent à arracher le poil long et grossier, sans endommager en rien la fourrure fine et veloutée qu'il recouvre.

AMSTERDAM (FORT D'). — Il est situé dans les environs de Paramaribo, Guyane hollandaise, et on le regarde comme la meilleure forteresse du gouvernement de Surinam. On l'a construit entre le Surinam et la Commewyne.

AMUR ou SAGHALIEN-OULA. — Grand fleuve d'Asie. Il traverse la Tartarie chinoise et va se jeter dans la mer d'Okotsk, vis-à-vis l'île Saghalien.

ANA. — Petite ville de la Mésopotamie, dans la Turquie d'Asie. Elle est située sur la rive droite de l'Euphrate : un émir arabe y réside, et c'est le rendez-vous ordinaire des caravanes qui vont à Damas.

ANABOA ou ANNOBOU. — Petite île du golfe de Guinée. C'est une relâche pour les navires qui y trouvent des rafraîchissements.

ANADIR. — Fleuve de Sibérie. Il se jette, à l'est, dans le grand Océan, vis-à-vis des îles de Behring. Son cours est d'environ 800 kilomètres.

ANADIRSKOI. — Petite ville de Sibérie. Elle est située sur l'Anadir qui lui donne son nom.

ANAGNI. — Petite ville de la campagne de Rome. C'est l'ancienne capitale des Herniques. Le Pape Boniface VIII y fut arrêté par les émissaires de Philippe le Bel.

ANAMBA ou SIMAO. — Ile située vers la pointe est de celle de Bornéo, dans la Malaisie. Elle donne son nom à un groupe d'îlots.

ANAMOUR. — Château de l'Anatolie, dans l'Asie mineure, empire ottoman. On trouve, dans son voisinage, les ruines d'*Anemurium*, parmi lesquelles on remarque surtout de nombreux tombeaux.

ANAPA. — Petite ville du Cuban, dans la Circassie. Elle est située sur la mer Noire non loin du détroit de Caffa, et ses fortifications sont importantes.

ANATOLIE. — Grande presqu'île de l'empire ottoman. Elle est située entre la mer Noire, la mer de Marmara et la Méditerranée. Jadis florissante, elle a perdu toute sa prospérité sous le gouvernement des Turcs. Son nom signifie *pays du Levant*.

ANAZEH'S. — Tribus d'Arabes nomades qui errent dans le désert de Syrie, depuis Alep jusqu'à Bagda. Elles vivent du pillage des voyageurs et des caravanes.

ANCARANO. — Petite ville de la Marche-d'Ancône, en Italie.

ANCENIS. — Ville située sur la rive droite de la Loire, dans le département de la Loire-Inférieure. Chef-lieu d'arrondissement, elle comprend 5 cantons et 27 communes. Elle possède un collége, une société d'agriculture, et sa population est d'environ 4,000 âmes.

ANCLAM. — Ville de la Poméranie prussienne. Elle est située sur la Peene et fait un commerce assez considérable de grains et de bois de construction.

ANCOBER. — Petit royaume de la côte d'Or, en Guinée. Il se trouve sur la rivière de même nom.

ANCONE. — Ville épiscopale, chef-lieu de la délégation de même nom, dans l'Etat du Pape. Elle est bâtie sur le penchant d'une colline qui s'étend sur la mer Adriatique, et l'on y remarque la cathédrale, la bourse, et un ancien arc de triomphe. Cette ville est la place marchande la plus importante des possessions de l'Eglise, et son commerce est favorisé par un port franc. Pop. : 35,000 âmes.

ANCY-LE-FRANC. — Petite ville du département de l'Yonne. Elle est située sur l'Armançon, et c'est un chef-lieu de canton de l'arrondissement de Tonnerre. On y trouve une fabrique de faïence. Pop. : 1,400 âmes.

ANDALOUSIE. — Grande province d'Espagne. Elle a 400 kilomètres de long sur 240 de large, et se trouve bornée, au sud, par la province de Grenade et par le détroit de Gibraltar; à l'ouest, par l'Ocaltar et l'Algarve; au nord, par l'Estremadure, et à l'est par la province de Murcie. Le Guadalquivir la partage en deux, et c'est la contrée la plus fertile du royaume.

ANDAMAN (ARCHIPEL D'). — Il est situé dans l'Inde transgangétique, et composé d'une douzaine d'îles plus ou moins étendues et d'un grand nombre d'îlots et de rochers. Les anglais y ont occupé et abandonné le port de Cornwalis et celui de Chatham. Dans l'île Barren, qui est déserte, se trouve un volcan. Celles qui sont habitées ont pour population des nègres aussi laids qu'abrutis et féroces.

ANDANCE. — Très-petite ville du département de l'Ardèche. Elle est au confluent du Rhône et de la Drôme. Pop. : 1,300 âmes.

ANDAYE. — Petite ville du département des Basses-Pyrénées. Elle est située près de la Bidassoa, et renommée par l'eau-de-vie particulière qu'on y fabrique.

ANDELLE. — Rivière qui prend sa source près de Forges, dans le département de la Seine-Inférieure, et va se jeter dans la Seine, non loin du Pont-de-l'Arche. Son cours est d'à peu près 60 kilomètres.

ANDELYS (LES). — Petite ville, chef-lieu d'arrondissement dans le département de l'Eure. Elle comprend 6 cantons et 134 communes. Cette ville est formée de deux bourgs séparés par une chaussée, et le plus grand est situé dans un vallon sur le ruisseau de Cambon. Sa population est d'environ 4,500 âmes. Les Andelys furent le théâtre d'une partie des exploits de Philippe-Auguste et de Richard Cœur-de-Lion, et c'est là que naquit Nicolas Poussin.

ANDERMATT. — Village considérable du canton d'Uri, en Suisse. Il est situé à 1438 mètres au-dessus du niveau de la mer, dans la vallée d'Unsern, l'une des plus hautes de la Suisse. La route qui, par le Saint-Gothard, mène en Italie, passe en cet endroit.

ANDERNACH. — Petite ville située sur la rive gauche du Rhin, dans le gouvernement de Coblentz, province rhénane, en Prusse. Elle fait un commerce considérable de meules et de trass, deux produits volcaniques dont les carrières sont exploitées dans ses environs. On rencontre aussi dans son voisinage des ruines de monuments romains. Sa population est d'à peu près 3,000 âmes.

ANDES ou CORDILLÈRES. — Chaîne de montagnes de l'Amérique du sud. Elle s'étend depuis le golfe de Darien jusqu'au détroit de Magellan, le long du grand Océan. Ses principaux sommets sont le Chimborazo, l'Antisana, le Cotopaxi, l'Illinizza, le Cayambé-Urcu, le Sanguay, etc. Cette chaîne renferme 26 volcans en activité, et la région des neiges perpétuelles commence au-dessus de 4,556 mètres.

ANDEVALLO. — Petit pays de l'Andalousie, en Espagne. Il est frontière du Portugal.

ANDORRE (RÉPUBLIQUE D'). Ce petit Etat, que le géographe Balbi comprend dans la péninsule hispanique, est situé en Catalogne, sur le versant méridional des Pyrénées, entre Foix, en France, et Urgel, en Espagne. Il occupe la vallée de son nom, qui est arrosée par la Balira, affluent de la Segre, qui elle-même porte ses eaux à l'Èbre. La république d'Andorre est placée à la fois sous la protection de la France et de l'évêque d'Urgel; elle est gouvernée par un syndic, qui préside le conseil de la vallée, et par deux viguiers administrant la justice, dont l'un est nommé par la France, l'autre par l'évêque d'Urgel. C'est ainsi que cet Etat a pu maintenir paisiblement son existence durant les plus violentes tourmentes qui ont agité les deux pays en deçà et au delà des Pyrénées. C'est avec le bois de leurs forêts, le fer de leurs forges, la laine de leurs troupeaux et des grains que les Andorrans payent leurs impôts et se pourvoient chez leurs voisins des objets étrangers à leur industrie.

ANDORRE. — Petite ville de la vallée de même nom, dans la péninsule hispanique. Elle est située sur la Balira ou Embellire, et c'est le chef-lieu d'une république. Sa population est d'environ 2,000 âmes.

ANDRINOPLE ou EDERHEN. — Ville de la Turquie d'Europe. Elle est située sur les bords de la Tundja, près de son confluent avec la Maritza. Les sultans y résidèrent depuis 1366 jusqu'en 1453; elle est aujourd'hui le siége d'un grand-mokas et d'un archevêque grec. On y remarque les mosquées de Selim II, de Bajazet II et de Mourad II; le bazar d'ali-Pacha, l'Eski-Seraï ou ancien palais des sultans, l'aqueduc, le pont construit sur la Tundja et les murailles et les ports de construction romaine. L'industrie et le commerce de cette ville ont de l'importance, et ses principaux articles sont des étoffes de soie, de laine et de coton; des tapis, des maroquins, des tanneries, des distilleries d'essence et d'eau odoriférante, des teintureries, etc. Pop. : 100,000 âmes.

ANDUJAR. — Jolie ville de l'Andalousie, en Espagne. Elle est importante par ses nombreuses fabriques de terre blanche, de faïence et de savon. Sa population est d'environ 10,000 âmes. C'est dans cette ville qu'en 1823, le duc d'Angoulême, commandant l'armée française, rendit la fameuse ordonnance qui mit un terme aux troubles de la péninsule.

ANDUZE. — Petite ville située sur le Gardon, dans le département du Gard. Elle est industrieuse et commerçante, et possède des fabriques de bonneterie, de molletons, de chapeaux, etc. Pop. : 5,300 âmes.

ANGERS. — Ville épiscopale, située un peu au sud du confluent du Loir et de la Sarthe avec la Mayenne, et dans une immense plaine qu'arrose aussi la Loire. Chef-lieu du département de Maine-et-Loire; son arrondissement comprend 9 cantons et 88 communes. Cette ville possède un séminaire, une académie universitaire, un collège, une école des arts et métiers, une école des sourds-muets; une bibliothèque publique, un musée, un jardin botanique et une société d'agriculture. On y voit en outre un superbe haras, une manufacture de toiles à voiles, des filatures de coton, etc.; sa population est d'environ 45,000 âmes. Angers, l'une des plus anciennes cités de la France, a été le théâtre d'événements importants; il s'y est tenu six conciles et une célèbre assemblée connue sous le nom de *Conférence d'Angers*; enfin il est la patrie de Ménage, de Bernier, de La Révellière-Lepeaux, etc. On trouve dans ses environs des ardoisières renommées dont l'exploitation occupe jusqu'à 3,000 ouvriers, et fournissent annuellement de 40 à 50 millions d'ardoises carrées et de 28 à 30 millions d'ardoises de différentes sortes.

* ANGHIARI. — Ville de Toscane, en Italie. On y trouve des fabriques d'armes et de coutellerie. C'est dans son voisinage qu'en 1448 les Florentins vainquirent les Milanais. Pop. : 2,000 âmes.

ANGLES. — Chef-lieu de canton dans l'arrondissement de Castres, département du Tarn. On y trouve des fabriques de petites draperies et de cotonnades. Tout le territoire de cette commune est montueux et quelques-uns de ses sites sont remarquables par leur analogie avec l'Ecosse. Le froid y est extrême durant l'hiver, et quelques coutumes des habitants rappellent celles des Gaulois.

ANGLESEY (ILE D'). — Elle est située près des côtes septentrionales de la principauté de Galles et présente une superficie de 260 kilom. carrés. Près du détroit qui la sépare de la Grande-Bretagne, elle est couverte de forêts; mais l'intérieur du pays est entièrement dépouillé d'arbres et d'arbrisseaux. Toutefois, son sol, arrosé par de nombreuses sources, est couvert de champs assez fertiles. Le produit le plus considérable de cette île est celui qu'elle retire de la mine de cuivre que recèle la montagne de Parys: ce métal y forme en effet une masse qui, dans quelques endroits, a jusqu'à 20 mètres d'épaisseur. Anglesey possède aussi des mines de plomb argentifère.

ANGLETERRE. — Ile de l'Europe qui compose, avec l'Ecosse et l'Irlande, ce qu'on appelle le royaume uni de la Grande-Bretagne, ou royaume d'Angleterre. Elle porte aussi le nom d'Albion, à cause de la blancheur de ses côtes, à l'orient, en regard de la France. Le peu de largeur et de profondeur du détroit qui la sépare de cette dernière contrée a fait croire avec raison à plusieurs géologues qu'elle était jointe autrefois au continent par un isthme situé à la hauteur de Douvres et de Boulogne. Les montagnes de cette île ont très peu d'élévation au-dessus du niveau de la mer; ce sont plutôt, en général, des pics isolés que des chaînes continues; mais on peut néanmoins en former deux groupes principaux: les monts Chiviot, qui séparent l'Angleterre de l'Ecosse, et la chaîne centrale qui comprend les montagnes du Cumberland, du comté d'York, du Lancaster et du pays de Galles. Le climat de l'Angleterre est très variable, ce que l'on attribue aux vapeurs qui s'élèvent incessamment de la mer, à l'ouest, et aux vents secs qui arrivent, à l'est du continent oriental; mais de cette variation résulte cette magnificence végétale qui fait l'admiration des étrangers. L'Angleterre renferme des mines considérables de fer, de plomb, d'étain, de houille, etc.; et celles d'étain surtout, situées dans le comté de Cornouailles, passent pour les plus riches du monde. Elles sont en effet placées au-dessus de celles qu'on trouve en Bohême, en Saxe et en Hongrie.

ANGLETERRE (ROYAUME D'). — Cet Etat, en ne comprenant que l'Archipel britannique seulement, est situé entre 0° 35' et 13° de longitude occidentale, et entre 50° et 61° de latitude. La plus grande longueur de la Grande-Bretagne, depuis le cap Wrath dans le comté de Sutherland, en Ecosse, jusqu'au cap Beachy, dans le comté de Sussex, en Angleterre, est de 503 milles; et sa plus grande largeur, depuis les environs de Walsham, dans le comté de Norfolk, en Angleterre, jusqu'à Milfordhaven, dans le comté de Pembroke, principauté de Galles, est de 254 milles. La plus grande largeur absolue existe entre Yarmouth et le cap Landsend, où elle est de 320 milles. L'Angleterre est environnée de l'océan Atlantique, lequel prend le nom de mer d'Allemagne ou du Nord, à l'est du royaume; de Manche, au sud; et d'océan Atlantique, à l'ouest de l'Ecosse et de l'Irlande. La monarchie anglaise se compose, en Europe, de l'archipel britannique comprenant la Grande-Bretagne, la principauté de Galles, l'Ecosse et l'Irlande; des dépendances administratives; des îles Scilly, Man et anglo-normandes; du groupe d'Helgoland; de celui de Malte, dans la Méditerranée; et de Gibraltar, dans l'Andalousie, en Espagne. Les montagnes d'Angleterre, nous l'avons déjà dit plus haut, ont très peu d'élévation, et le point culminant de l'archipel, qui est le Ben-Nevis, en Ecosse, n'offre qu'une altitude de 1323 mètres.

Les fleuves qui arrosent le sol britannique sont: en Angleterre, la *Tamise*, formée de l'union du Charwel avec la Thames; l'*Humber*, qui provient aussi de l'union de l'Ouse et du Trent, dont les affluents sont le Warf, l'Air, le Derwent et la Dove; la *Mersey*, qui a pour affluents l'Irwell et le Weaver; et la *Severn*, avec ses affluents la Wie et l'Avon. En Ecosse, la *Tweed*, le *Forth* qui reçoit le Teith, la *Clyde*, la *Spey* et la *Ness*. En Irlande, le *Shannon*, le *Barrow* qui reçoit le Nore et le Suire, la *Liffey* et le *Bann*. En Angleterre on trouve le lac de Winandermeere, dans le comté de Westmoreland; celui de Conniston, dans le comté de Cumberland; et celui de Derwent, dans le comté de Lancaster. En Ecosse, le principal lac est celui de Lomond, et viennent ensuite le Ness et le Tay. En Irlande, ce sont ceux d'Allen, Conn, Corrib, Derg, Erne, Killarney, Neagh, Ree, etc.; et ce que les Irlandais appellent *Bogs*, sont des marais tourbeux. Les îles qui dépendent de l'Angleterre sont l'archipel de Scilly, l'île de Wight, l'archipel des Orcales, celui de Shetland, les Hébrides, les îles Arran et Bute, celle de Man et celle d'Anglesey; les îles anglo-normandes, vis-à-vis les côtes de la Normandie; l'île Helgoland, dans la mer du Nord; et le groupe de Malte, dans la Méditerranée. Quant aux canaux, ils sont en très grand nombre dans le royaume uni, et il en est de même des chemins de fer.

La division administrative de la monarchie anglaise est ainsi formée.

ANGLETERRE

PAYS.	COMTÉS.	CHEFS-LIEUX.
ANGLETERRE proprement dite.	Bedford.	Bedford.
	Berk.	Reading.
	Buckingham.	Buckingham.
	Cambridge.	Cambridge.
	Chester.	Chester.
	Cornwall.	Launceston.
	Cumberland.	Carlisle.
	Derby.	Derby.
	Devon.	Exeter.
	Dorset.	Dorchester
	Durham.	Durham.

ANGLETERRE proprement dite.	Essex.	Colchester.
	Gloucester.	Gloucester.
	Hereford.	Hereford.
	Hertford.	Hertfort.
	Huntingdon.	Huntingdon.
	Kent.	Canterbury.
	Lancaster.	Lancaster.
	Leicester.	Leicester.
	Lincoln.	Lincoln.
	Middlesex.	Londres.
	Monmouth.	Monmouth.
	Norfolk.	Norwich.
	Northampton.	Northampton.
	Northumberland.	Newcastle.
	Nottingham.	Nottingham.
	Oxford.	Oxford.
	Rutland.	Oakgam.
	Salop ou Shrop.	Shrewsbury.
	Somerset.	Bath.
	Southampton.	Winchester.
	Stafford.	Stafford.
	Suffolk.	Ipswich.
	Surrey.	Guilford.
	Sussex.	Chichester.
	Warwick.	Warwick.
	Westmoreland.	Appleby.
	Wilt.	Salisbury.
	Worcester.	Worcester.
	York.	York.
PRINCIPAUTÉ DE GALLES.	Flint.	Flint.
	Denbigh.	Denbigh.
	Caernarvon.	Caernarvon.
	Anglesey.	Beaumaris.
	Merioneth.	Dolgelly.
	Montgomery.	Montgomery.
	Radnov.	New-Radnov.
	Cardigan.	Cardigan.
	Pembroke.	Pembroke.
	Caermarthen.	Caermarthen.
	Brecknock.	Brecknock.
	Glamorgan.	Cardiff.
DÉPENDANCES ADMINISTRATIVES DE L'ANGLETERRE.	Archipel de Scilly.	Newton (Ile Ste-Marie).
	Ile de Man.	Castletown.
	Il. Nor. { Jersey.	Saint-Hellier.
	{ Guernesey.	Port St-Pierre.
	Ile d'Helgoland.	Oberland.
	Gibraltar.	Gibraltar.
	Groupe de Malte.	Malte.

ECOSSE.

COMTÉS DU SUD.	Edimbourg.	Edimbourg.
	Linlithgow.	Linlithgow.
	Haddington.	Haddington.
	Berwick.	Greenlaw.
	Renfrew.	Renfrew.
	Ayr.	Ayr.
	Wigton.	Wigton.
	Lanerk.	Lanerk.
	Peebles.	Peebles.
	Selkirk.	Selkirk.
	Roxburg.	Jedburg.
	Dumfries.	Dumfries.
	Kirkeudbright.	Kirkeudbright.
COMTÉS DU NORD	Orkney.	Kirkwall.
	Caithness.	Wick.
	Sutherland.	Dornoch.
	Ross.	Tain.
	Cromarty.	Cromarty.
	Inverness.	Inverness.
COMTÉS DU MILIEU.	Argyle.	Inveray.
	Bute.	Rothsay.
	Nairn.	Nairn.
	Murray.	Elgin.
	Banff.	Banff.
	Aberdeen.	New-Aberdeen.
	Naru ou Kincardine.	Stonehaven.
	Angus ou Forfar.	Forfar.
	Perth.	Perth.
	Fife.	Cupar.
	Kinross.	Kinross.
	Clackmannan.	Clackmannan.
	Stirling.	Stirling.
	Dumbarton ou Lenox.	Dumbarton.

IRLANDE

LEINSTER.	Dublin.	Dublin.
	Louth.	Dundalk.
	East-Meath.	Trim.
	Wicklow.	Wicklow.
	Wexford.	Wexford.
	Kilkenny.	Kilkenny.
	Carlow.	Carlow.
	Kildare.	Kildare.
	Queen's-County.	Margborough.
	King's-County.	Philipstown.
	West-Meath.	Mullingar.
	Longford.	Longford.
ULSTER.	Antrim.	Belfast.
	Down.	Downpatrick.
	Armagh.	Armagh.
	Tyrone.	Omagh.
	Londonderry.	Londonderry.
	Donegal.	Donegal.
	Fermanagh.	Enniskillen.
	Cavan.	Cavan.
	Monaghan.	Monaghan.
CONNAUGHT.	Leitrim.	Carrick-on-Shaunon.
	Sligo.	Sligo.
	Roscommon.	Roscommon.
	Mayo.	Castlebar.
	Galway.	Galway.
MUNSTER.	Clare.	Ennis.
	Limerick.	Limerick.
	Kerry.	Tralee.
	Cork.	Cork.
	Waterford.	Waterford.
	Tipperary.	Clonmel.

La capitale de l'Angleterre est LONDRES. La religion calviniste-anglicane est la dominante dans le royaume-uni ; mais le calvinisme presbytérien est professé par la majorité des habitants en Ecosse. Quant au culte catholique, il compte à peu près un quart de la population du royaume et se montre surtout prépondérant en Irlande ; enfin, d'après un relevé statistique tout récent, le nombre des églises et des chapelles catholiques romaines, en Angleterre et dans le pays de Galles, est de 678 ; celui des prêtres, y compris 1 archevêque et 13 évêques, de 1,127 ; celui des collèges, de 11 ; celui des maisons religieuses, pour hommes, de 17 ; et celui des couvents, de 84. Viennent ensuite, pour quelques fractions, les méthodistes, les mennonites, les quakers, les herrnhuters ou frères moraves. Pour les Juifs, ils sont presque tous fixés à Londres, où leurs diverses exploitations de l'homme sont naturellement le plus fructueuses.

ANGLURE. — Petite ville du département de la Marne, sur l'Aube.

ANGOLA. — Royaume d'Afrique, situé entre les fleuves de Danda et de Coanza. Son territoire produit en abondance des grains, des racines nourrissantes, des fruits, des cannes à sucre, etc.

ANGORA ou **ANCYRA.** Ville de l'Anatolie, dans l'Asie mineure, empire ottoman. Elle est réputée par ses fabriques de camelots, tissus de poils de chèvres, et sa population est d'environ 40,000 âmes. On y remarque les deux lions de la porte de Smyrne, les restes du temple d'Auguste, et le monument d'Ancyre. Cette ville fut témoin de la victoire mémorable que Tamerlan remporta sur Bayazid.

ANGORNOU. — Ville de l'empire de Bornou, dans la Nigritie centrale. C'est la plus grande de cet État, ainsi que la plus commerçante, et l'on y compte 30,000 habitants.

ANGOSTURA. — Petite ville épiscopale, chef-lieu de la province de Guyane, dans la république de Venezuela, Colombie. Elle est située sur l'Orénoque, et possède un collège. Pop. : 4,000 âmes.

ANGOULEME. — Ville épiscopale, située sur une colline au pied de laquelle coule la Charente. Chef-lieu du département de ce nom, son arrondissement comprend 9 cantons et 143 communes. On y remarque la cathédrale, la terrasse de Beaulieu, et le pont jeté sur la Charente. Elle possède un séminaire, un collège, une bibliothèque publique, un cabinet d'histoire naturelle et une société académique. Son commerce est représenté par des fabriques de faïence, de tissus de laine et autres étoffes ; puis des distilleries, des papeteries, etc. Sa population est d'environ 18,000 âmes. C'est dans cette ville que naquirent Marguerite de Valois, sœur de François Ier, Balzac, Mellin de Saint-Gélais, Ravaillac, etc.

ANGRA. — Ville épiscopale, chef-lieu de l'île de Terceira, l'une des Açores. C'est aussi la capitale de tout l'archipel. Elle possède un collège militaire, et 13,000 habitants. Le mont Brazil s'élève dans ses environs.

ANGRA-DOS-REYS. — Au Brésil. Ville située sur la baie de son nom, formée par l'Atlantique, et dans un territoire remarquable par sa fertilité.

ANGUILLARA. Petite ville des États romains, en Italie. Une autre du même nom est située sur l'Adige, à 3 lieues de Rovigo.

ANGUILLE (L'). — Île de l'archipel des Antilles. Elle est situé au nord-ouest de Saint-Christophe ; elle a 40 kilomètres de long sur 12 de large, et son territoire est fertile en maïs et cannes à sucre.

ANGUS ou **FORFAR.** — Comté de l'Ecosse. Il est situé au nord du golfe de Tay, et hérissé de montagnes où se trouvent des carrières de pierres et des mines de fer et de plomb.

ANHALT (ÉTATS D'). — Ils sont enclavés dans l'ancien cercle de la haute Saxe, et se composent de trois duchés : celui d'Anhalt-Dessau, ayant *Dessau* pour chef-lieu ; celui d'Anhalt-Bernbourg, dont *Bernbourg* est le chef-lieu ; et celui d'Anhalt-Cœthen, qui a *Cœthen* pour chef-lieu. Le territoire de ces duchés est arrosé par l'Elbe, et ses affluents la Mulde et la Saale.

ANI. — Ville en ruines de l'Eyalet de Kars, dans l'Arménie, Turquie d'Asie. C'était l'une des capitales de l'Arménie. On y voit un double rang de hautes et épaisses murailles garnies de tours, et le sol auquel elles servent d'enceinte est tout couvert de débris de colonnes, de chapiteaux et autres membres de sculpture. Mais parmi les restes, il est quelques édifices en partie conservés dont on admire l'ornementation et la solidité, et tel est entre autres le palais des rois, aussi remarquable par son étendue que par la richesse de son architecture.

ANIZEH ou **ANEYZEH.** — Ville du Barria, en Arabie. Elle est située à égale distance de la mer Rouge et du golfe Persique, et son commerce est florissant.

AN-NAM (ROYAUME D'). — Il est aussi appelé *Viet-Nam*, et appartient à l'Inde Transgangétique. Ses confins sont, au nord, la Chine proprement dite ; à l'est et au sud, la mer de la Chine ; et à l'ouest, le royaume de Siam. Les fleuves qui le parcourent sont le Nay-Kaouny ou Menancong, le Sang-Koï, le Tche-Laï-ho et le Saung ou Donaï. Cet État comprend les royaumes de Cochinchine, de Tonkin, de Combodji et de Laos.

ANNAN. — Ville du comté de Dumfries, en Ecosse. Elle est situé sur l'Annan et non loin de l'embouchure de cette rivière dans le golfe de Solway. On y fait des exportations de salaisons, de jambon et de bétail, et la pêche au saumon y est productive. Pop. : 5,000 âmes.

ANNAPES. — Commune du département du Nord dans l'arrondissement de Lille. Pop. : 1,800 âmes.

ANNAPOLIS. — Chef-lieu du Maryland, aux États-Unis d'Amérique. Elle est située dans le comté d'Arundel, à l'embouchure de la Severn, sur la baie de Chesapeake. Pop. : 3,000 âmes. Il est une autre ville de ce nom dans la nouvelle Bretagne.

ANNAY. — Commune du département de la Nièvre, arrondissement de Cosnes. Pop. : 900 âmes.

ANNECY. — Petite ville épiscopale de l'intendance de Chambéry, en Savoie, royaume sarde. Elle est situé sur la Sier et le lac qui porte son nom. Elle est importante par ses fabriques de toiles imprimées, ses filatures de coton, ses verreries et les mines qu'on exploite dans son voisinage. Sa population est de 5,000 âmes.

ANNEY. — L'une des îles de l'archipel de Scilly, royaume d'Angleterre. Elle est inhabitée aujourd'hui ; mais elle paraît avoir joué anciennement un certain rôle, car à la marée basse, on aperçoit les fondements de nombreux édifices ; et l'on remarque, sur divers points de l'île, des bassins de pierre que l'on suppose avoir servi au culte druidique.

ANNONAY. — Petite ville située au confluent de la Cance et de la Déaume, dans l'arrondissement de Tournon, département de l'Ardèche. Elle est renommée surtout par ses fabriques de papier de toute qualité, et fait aussi un commerce de draps, de mégisserie, etc. Sa population est d'environ 10,000 âmes. Cette ville est la patrie de Montgolfier, l'inventeur des aérostats appelés *Montgolfières*, et du bélier hydraulique.

ANNWEILER. — Ville du cercle du Rhin, dans le royaume de Bavière. Elle est située sur la Queich. On y déposa, durant un certain temps, les diamants et insignes de la couronne impériale. C'est dans le voisinage de cette ville que se trouvent les ruines du château de Triefels, où, suivant le dire de quelques auteurs, Richard Cœur-de-Lion fut retenu prisonnier. Pop. : 3,000 âmes.

ANSPACH. — Jolie ville, chef-lieu du cercle du Rezat, en Bavière. Elle est située au confluent du Holzbach avec le Bas-Rezat. On y remarque un très-beau château ; elle possède un gymnase et une société historique, et sa population est d'environ 14,000 âmes. On trouve, dans ses environs, une superbe maison de plaisance appelée Triesdorf.

ANTAKIEH ou ANTIOCHE. — Ville de Syrie, dans la Turquie d'Asie. Après avoir été la résidence des rois Séleucides et de plusieurs empereurs romains, après la splendeur qui la distinguait lorsque saint Pierre en était l'évêque, cette ville est aujourd'hui à peu près déserte, et de ses 700,000 habitants il ne reste plus qu'une population d'environ 10,000 âmes. On n'y remarque non plus, de tous ses anciens monuments, que des restes de ses murailles et de ses aqueducs ; mais ses sources thermales y ont conservé leur renommée. Elle est le siége titulaire de plusieurs patriarches qui habitent d'autres villes : celui des Grecs réside à Damas, celui des Grecs unis dans un couvent du mont Liban, celui des catholiques à Rome, et celui des Nestoriens à Mardin. On sait qu'Antioche a soutenu de nombreux siéges contre les Sarrazins, les Perses et autres peuples.

ANTALOW. — Capitale du royaume de Tigré, en Abyssinie. Pop. : 5,000 âmes.

ANTARCTIQUE (PÔLE). — La terre ayant, comme chacun sait, une forme sphérique, on lui suppose alors un axe sur lequel elle opère son mouvement de rotation, et les deux extrémités de cet axe sont appelés pôles. Celui qui est situé au nord porte le nom de pôle Arctique ; l'autre, qui se trouve au sud, est le pôle Antarctique. Si l'on était placé à l'extrémité australe de l'axe dont il est question, et qu'on tournât sur soi-même afin d'examiner les diverses parties qui, dans ce mouvement, passeraient sous les yeux, aucune terre connue n'apparaîtrait aux regards avant le 50ᵉ degré de longitude ; mais, en les dirigeant sur une surface plus étendue, on apercevrait aux terres Magellaniques, appartenant à l'Amérique méridionale ; puis la pointe australe de l'Afrique ; celle de la Nouvelle-Hollande ; et enfin, les îles de la Nouvelle-Zélande. Le pôle Antarctique offrant une surface plus considérable que celle du pôle Arctique, il en résulte que la température des contrées comprises du 50ᵉ au 55ᵉ degré de latitude australe peut entrer en comparaison avec celle des terres du Groënland et de la Laponie, lesquelles cependant sont situées du 60ᵉ au 70ᵉ degré de latitude boréale, et se trouvent ainsi rapprochées du pôle Arctique d'une vingtaine de degrés. Cette froidure extrême, beaucoup plus répandue dans l'hémisphère austral que dans le boréal, provient d'une part du séjour moins prolongé qu'y fait le soleil, d'autre part de la masse énorme des eaux qui le recouvrent.

Le célèbre navigateur Cook ayant fait deux voyages dans le but d'explorer le pôle Antarctique, le premier en 1769 et 1770, le second en 1773, 1774 et 1775, reconnut qu'à partir du 50ᵉ degré la température devenait tellement froide que les glaces commençaient à s'accumuler à cette latitude, et y formaient une calotte non discontinue qui embrassait toute cette portion du globe. Les bords de cette calotte offraient toutefois de nombreuses échancrures qui permirent au marin aventureux de pénétrer plus avant vers le pôle ; mais il ne put néanmoins s'avancer au delà du 71ᵉ degré. D'énormes masses se détachent incessamment de cette immense glacière, et, sous une certaine longitude, on en rencontre qui voyagent jusqu'au 50ᵉ, et même jusqu'au 48ᵉ degré de latitude australe.

ANTAVARES. — Peuplade de Madagascar. Elle habite au centre de l'île.

ANTEQUERA. — Ville de la province de Grenade, en Espagne. Elle est située partie sur une colline et partie dans une plaine fertile qu'arrosent de nombreux ruisseaux. Pop. : 18,000 âmes.

ANTHONY'S-NOSE ou NEZ D'ANTOINE. — Promontoire de l'État de New-York, aux États-Unis d'Amérique. Il est situé sur la rive gauche de l'Hudson, et élevé de plus de 330 mètres au-dessus du niveau de ce fleuve.

ANTIBES. — Petite ville maritime du département du Var. Elle est fortifiée, possède une école de navigation, et sa population est d'environ 5,000 âmes.

ANTICOSTI. — Ile située à l'embouchure du fleuve Saint-Laurent, Amérique du Nord. Elle fut découverte par Jacques Cartier, en 1534.

ANTIGOA. — Ile de l'archipel des Antilles. Elle a 20 ou 24 kilom. de long sur 16 à 20 de large, et ses produits consistent en cannes à sucre, coton, tabac et bois de construction. Elle compte 35,000 habitants.

ANTI-LIBAN. — Montagne de Syrie. Elle est séparée du Liban par une vallée fertile habitée par les Druses et qui s'appelait autrefois *Cœli-Syrie*. Quelques-uns de ses sommets, anciennement couverts de cèdres comme le Liban, ont jusqu'à 5,000 mètres d'altitude.

ANTILLES. — Grand archipel situé devant le golfe du Mexique et qui fut découvert en 1492 par Christophe Colomb. Ses îles produisent en abondance du coton, du sucre, du café, de l'indigo, du tabac, du maïs, du manioc, etc. : celles qui le composent se divisent en *grandes* et *petites Antilles*. Les premières sont Cuba, Saint-Domingue, Porto-Rico et la Jamaïque. Les secondes se partagent aussi en *Antilles du vent* et *Antilles sous le vent*. Le premier groupe comprend la Barbade, Antigoa, Saint-Christophe, Nièves, Montserrat, la Barboude, l'Anguille, les Vierges, Saint-Vincent, la Dominique, la Grenade, la Trinité, Tabago, la Guadeloupe, la Martinique, Sainte-Lucie, Marie-Galande, Saint-Barthélemy, Saint-Eustache, Saba, Saint-Martin, Sainte-Croix, Saint-Thomas et Saint-Jean ; le deuxième, Marguerite, Curaçao et Bonaire.

ANTIMILO. — Ile de l'archipel grec, au nord de Milo.

ANTIOCHETA. — Ville de la Caramanie, empire ottoman.

ANTIOQUIA. — Ville épiscopale de la province de ce nom, dans la république de la Nouvelle-Grenade, Colombie. Elle était, avant 1825, le chef-lieu de la province. Pop. : 20,000 âmes.

ANTIPAROS. — Ile de l'archipel, royaume de Grèce. Elle est célèbre par sa vaste grotte, dont Tournefort a donné une description détaillée. Le territoire de cette île est plat, bien cultivé, et produit des grains et du vin assez estimé.

ANTIPAXU. — Petite île du golfe de Venise, en Italie. Elle est située au sud-est de Paxu.

ANTIPODES. — Iles du grand Océan, dans l'Australie. Elles sont situées au sud-est de la Nouvelle-Zélande.

ANTIPODES. — Ce mot, qui signifie pieds contre pieds, est employé pour désigner deux contrées qui se trouvent opposées par le point qu'elles occupent sur la surface du globe. De leur position résultent plusieurs phénomènes. Ainsi, le soleil et les étoiles se lèvent pour l'une pendant toute l'année, quand ils se couchent pour l'autre ; le jour de l'une est donc la nuit de l'autre ; les jours opposés dans l'année sont égaux ainsi que les nuits, de sorte que quand un lieu a les jours les plus courts, les plus longs règnent dans l'autre ; ces lieux ont aussi les saisons contraires en même temps, c'est-à-dire que lorsque l'un a le printemps, l'autre a l'automne, et que l'été se montre chez l'un quand l'hiver se produit chez l'autre ; ils ont des pôles différents, mais également élevés ; ils se trouvent à une égale distance de l'équateur, mais à des points opposés, et ils sont placés dans le même méridien, mais correspondent à deux demi-cercles différents ; leurs heures sont contraires, quoique occupant le même rang ; quand il est midi pour l'un, il est minuit pour l'autre, et les heures diffèrent constamment de douze ; les étoiles qui sont toujours sur l'horizon de l'un sont toujours sous l'horizon de l'autre ; celles qui se montrent longtemps sur l'horizon de l'un ne font qu'une courte apparition sur l'horizon de l'autre ; le soleil et les étoiles semblent se lever à droite pour l'un, et à gauche pour l'autre lorsqu'ils regardent l'équateur ; et si l'un a le soleil devant ou derrière lui durant la moitié de l'année, l'autre le conserve tout aussi longtemps.

ANTIVARI ou TIVARI. — Ville d'Albanie, dans la Turquie d'Europe. Elle est située à quelque distance de la rade qui porte son nom, dans l'Adriatique, et elle est le siége d'un archevêque catholique. Son commerce, qui est assez important, consiste surtout en sel, qu'on y fabrique, et en huile recueillie sur son territoire. Sa population est d'environ 6,000 âmes.

ANTOING. — Ville du Hainaut, en Belgique. Elle est située sur la droite de l'Escaut, et à la tête d'un canal qui communique à celui de Mons à Condé. On trouve, dans son voisinage, des carrières de pierres à plâtre et de pierres à bâtir. Pop. : 2,000 âmes.

ANTONGIL. — Grande baie de l'île de Madagascar. Elle est située sur la côte nord-est et au nord de l'île Sainte-Marie.

ANTONY. — Commune de l'arrondissement de Sceaux, département de la Seine. On y trouve des blanchisseries de cire et des fabriques de bougies. Pop. : 1,400 âmes.

ANTRAIGUES. — Chef-lieu de canton de l'arrondissement de Privas, département de l'Ardèche. On trouve, dans son voisinage, une *Chaussée des Géants*, formée par des colonnades de basalte de 600 mètres de hauteur. Pop. : 1,500 âmes.

ANTRIM. — Petite ville, chef-lieu du comté de ce nom, en Irlande. Elle est située au bord du lac Neagh, et l'on y remarque une de ces tours rondes que l'on rencontre en plusieurs autres lieux de l'Irlande. Les uns font remonter la construction de ces tours aux Danois ; d'autres en donnent une origine bien plus reculée ; mais ce qui demeure établi, c'est que les auteurs sont dans une complète ignorance sur l'époque de l'érection de ces monuments, et sur leur destination réelle. Pop. : 2,500 âmes.

ANTZOUG. — Chef-lieu de la république de ce nom, dans le Daghestan, région caucasienne de la Russie asiatique. C'est une petite ville située sur le haut Samoura.

ANVERS. — Grande et belle ville fortifiée, située sur l'Escaut, en Belgique. C'est le chef-lieu de la province qui porte son nom. Ses principaux édifices sont l'église Notre-Dame, superbe monument gothique du XIIIe siècle, dont la tour pyramidale est la plus haute qui soit connue ; l'église Saint-Jacques, et celles de Saint-André et de Saint-Charles-Borromée ; puis l'hôtel de ville, le Palais-Royal et la Bourse ; et, enfin, le grand bassin, les chantiers, les quais, la place Nassau, etc. Cette ville possède un athénée, une académie royale des beaux-arts, une galerie de tableaux, et plusieurs sociétés académiques. Au XVIe siècle, Anvers était le principal entrepôt de marchandises de l'Europe, et sa population s'élevait alors à 200,000 âmes. La prospérité de cette cité est bien déchue aujourd'hui ; toutefois le commerce y est encore considérable et on y compte environ 80,000 habitants. On trouve dans son voisinage le fort de Lille, qui, avec celui de Liefkenshoek, domine la navigation de l'Escaut au-dessous de la place.

ANZARBA ou ANAZARBA. — Ville du pachalik d'Adana, dans la Turquie d'Asie. Sous le nom de *Cæsarea*, elle fut anciennement la métropole de la Cilicie seconde, et ce fut la patrie de Dioscoride et du poëte Appien. Au XIIe siècle, on la considérait comme la capitale de la petite Arménie, et elle était alors la résidence de princes chrétiens, mais les Sarrasins s'en emparèrent en 1130.

ANZICO. — Royaume de la Guinée méridionale, en Afrique. Il est situé au nord-est du Loango, dans l'intérieur des terres.

ANZIN. — Bourg situé près de Valenciennes, dans le département du Nord. Il est renommé par ses houillères, où l'on a percé plus de 40 puits, dont quelques-uns ont jusqu'à 450 mètres de profondeur. 15 à 16,000 ouvriers sont employés à l'extraction du charbon, dont le produit annuel est d'environ 4,000,000 de quintaux. Anzin possède aussi des verreries et autres usines.

AOSTE. — Petite ville épiscopale du royaume sarde. Elle est située dans une vallée, au pied des Alpes, et on y remarque les restes de plusieurs monuments romains, entre autres ceux d'un arc de triomphe et d'un amphithéâtre. Sa population est d'environ 9,000 âmes.

AOUDJELAH (Oasis d'). — Elle est située dans le désert, et tributaire de la régence de Tripoli, en Afrique. Ses habitants entretiennent des relations commerciales avec les Etats de Bornou, de Baghermeh et Ten-Boktoue ou Tombouctou. D'autres oasis dépendent de cette première ; ce sont celles de Djâlo, El-Edjkharah et Maradéh : celle-ci est la plus fertile de toutes.

APALACHES (Monts). — Ils font partie de la chaîne qui forme le système alléghanien, en Amérique, et courent du nord-est au sud-ouest, formant différentes petites chaînes presque parallèles entre elles et aux rivages de l'océan Atlantique. Ils sont appelés Alleghanys par les Indiens, et reçoivent aussi, au sud, le nom de Pamontinck. Leur parcours a lieu sur toute la ligne comprise entre l'embouchure du fleuve Saint-Laurent, au nord, et les sources de l'Alabama, sur les confins de la Géorgie, au midi, offrant ainsi une étendue de 1,600 kilom. de long, sur 160 à 240 de large. La chaîne des monts Apalaches se divise naturellement en chaîne orientale et en chaîne occidentale : la première, qu'on appelle encore les Montagnes-Bleues, comprend le groupe nommé les Montagnes-Blanches, où se trouve le mont Washington ; la seconde, désignée sous le nom de Montagnes du Cumberland, et qui sont les monts Alleghanys proprement dits, vient se réunir à la chaîne orientale, dans l'Etat de Vermont, après avoir traversé le Tennessée, la Virginie et une partie de la Pennsylvanie.

APENNINS. — Chaîne de montagnes qui s'étend depuis le col de Tende, qui la sépare des Alpes, jusqu'aux deux points qui terminent l'Italie : l'un au canal d'Otrante, l'autre au détroit de Messine, et qui, sur une longueur d'à peu près 1,400 kilom. partage cette péninsule en deux grands versants, l'un oriental et l'autre occidental. Le premier est sillonné par une quarantaine de rivières, généralement peu considérables, qui n'ont guère au delà de 80 kilom. de cours, et se jettent pour la plupart dans le golfe Adriatique. Parmi ces rivières sont le Tronto, le Pescara ou l'Alterno, le Sangro et l'Ofnuto. Le second versant donne naissance à des cours d'eau d'une plus grande étendue, parce que la ligne de fuite des monts y est moins rapprochée des côtes de la mer ; ces cours d'eau sont au nombre d'environ quarante-cinq, parmi lesquels on distingue surtout l'Arno, l'Anbrone, le Tibre et le Volturno, et tous se jettent dans la Méditerranée. A la hauteur du golfe de Salerne, la chaîne des Apennins se partage en deux branches formant un troisième versant dont les pentes entourent le golfe de Tarente ; et les deux principales rivières qui y coulent sont le Brusano et le Basento.

La hauteur moyenne de la chaîne des Apennins est d'environ 1,300 mètres, et voici quels sont ses principaux sommets :

Le Monte-Cirno, dans le royaume de
 Naples . . . . 2,900 mètres.
Mont Cimora. 2,126
 — Amiata. 1,766
 — San-Pelegrino 1,573
 — Barigazzo. 1,206
 — Cavigliano. 1,099
 — Soriano, à l'est de Viterbe. 1,071
Le Colmo di Lucot, sommet della
 Rochetta. 1,064

Le massif des Apennins se divise en trois parties distinctes : l'Apennin septentrional s'étend du col de Tende au mont Coronaro, près duquel le Tibre prend sa source ; il est très-escarpé du côté du golfe de Gênes, et sur le versant opposé ses pentes s'étendent jusque sur la rive droite du Pô. L'Apennin central se prolonge depuis le mont Coronaro jusqu'au mont Velino ; c'est l'une des parties les plus élevées de toute la chaîne, et elle comprend le mont Cirno. L'Apennin méridional est la partie qui, depuis le mont Velino, se prolonge en fourche jusqu'à l'extrémité de l'Italie. De la chaîne principale partent ensuite trois groupes de rameaux : celui qui porte le nom de Sub-Apennin toscan est formé des ramifications comprises entre le cours de l'Arno et celui du Tibre ; le Sub-Apennin romain comprend les rameaux qui s'étendent entre le cours du Tibre et celui du Volturno ; et le Sub-Apennin vésuvien embrasse les ramifications diverses qui se dirigent sur la Méditerranée, depuis le Volturno jusqu'au golfe de Policastro.

Près de Saffuolo, dans les environs de Modène, une chaîne de collines apennines entoure un marais qui offre le phénomène de Salses, c'est-à-dire celui de gaz hydrogène s'exhalant du fond des eaux. Si, en effet, on enfonce dans ce marais une perche à la profondeur de 5 à 6 pieds, on remarque, en la retirant, l'eau qui, poussée par le gaz, s'élance avec force de l'ouverture qu'on a faite dans la vase.

APENRADE ou **APENRODE**. — Petite ville du duché de Sleswig ou Jutland méridional, en Danemark. Elle est située au fond d'un golfe de la mer Baltique, et possède des chantiers maritimes.

APOLDA. — Ville de la Thuringe, dans le royaume de Saxe.

APPAMATOX. — Rivière de l'Etat de Virginie, aux Etats-Unis d'Amérique.

APPENZELL. — Ville du canton de ce nom, en Suisse. Elle est située près de la Sitter, et c'est le chef-lieu du Rhode-Intérieur. Sa population est d'environ 4,000 âmes.

APT. — Petite ville située sur la rive gauche du Calavon, dans le département de Vaucluse. Chef-lieu d'arrondissement, elle comprend 5 cantons et 30 communes ; on y remarque un pont et des murailles qu'on dit être l'ouvrage des Romains ; elle possède un collège, une bibliothèque publique et une société d'agriculture, et sa population est d'environ 6,000 âmes.

AQUILA. — Ville épiscopale, chef-lieu de l'Abruzze ultérieure deuxième, dans le royaume des Deux-Siciles. Cette ville est fortifiée, bien bâtie, commerçante ; elle possède un lycée et environ 8,000 habitants.

AQUILEJA. — Petite ville de 1,500 âmes environ, dans le gouvernement de Trieste, en Illyrie. Elle est surtout intéressante par ses souvenirs historiques. C'était, en effet, du temps des Romains, le centre du commerce qui avait lieu entre le midi et le nord de l'Europe ; et, lorsque Attila réduisit cette ville en cendres, elle comptait au delà de 100,000 habitants. On rencontre journellement, dans son voisinage, des objets antiques. A peu de distance se trouve une autre petite ville, Grado, qui était le port d'Aquiléja, et la station d'une division de la flotte romaine de Ravenne. On y admire son ancienne cathédrale, ses mosaïques et quelques autres monuments.

AQUINO. — Ville de la Terre-de-Labour, dans le royaume de Naples. Elle est située près du torrent de la Melfe. C'est la patrie de Juvénal et de saint Thomas d'Aquin, qui y naquit au XIIIe siècle.

ARABA. — Rivière de Perse. Elle coule dans le Sigistan, et forme une des limites de l'Hindoustan.

ARABIE. — Vaste péninsule, située entre le 12e degré 40 minutes et le 34e degré 7 minutes de latitude septentrionale, et entre le 30e degré 15 minutes et le 57e degré 30 minutes de longitude orientale. Elle a 2,400 kilom. de longueur, 1680 dans sa plus grande largeur, et 520,000 kilom. carrés de superficie ; c'est-à-dire qu'elle est à peu près cinq fois aussi grande que la France. Cette contrée est baignée au sud et au sud-est par le golfe ou la mer d'Oman ; à l'ouest et au nord par deux autres golfes immenses ; elle donne son nom à celui qui la sépare de l'Afrique, c'est-à-dire qu'on l'appelle golfe Arabique, et celui qui la sépare de la Perse est nommé golfe Persique.

Les montagnes qui traversent la partie nord-ouest ou déserte de l'Arabie appartiennent aux ramifications du mont Liban. L'une de ces branches reçoit au sud-ouest, vers l'isthme de Suez, le nom de *Djebal hairas*, puis, sous celui de *Djebal hacabuh*, elle va se terminer en petites collines le long du golfe Arabique. Le mont Sinaï se rattache à cette chaîne. Le centre de l'Arabie est occupé par un immense plateau. La côte qui borde le golfe Arabique est beaucoup plus garnie de montagnes que la côte opposée ; et elles augmentent d'élévation à mesure qu'elles se dirigent vers le sud. Dans la partie du sud-ouest, le haut plateau s'abaisse insensiblement vers le golfe Arabique ; il en est de même vers le sud-est, à l'entrée du golfe Persique ; et enfin, dans l'intérieur, au nord du plateau, les monts Chamar paraissent égaler en élévation le mont Liban, sans que toutefois aucun de ces sommets ait assez d'altitude pour se couvrir de neige persistante. Dans l'antiquité, les montagnes arabiques passaient pour posséder de grandes richesses métalliques ; l'Yémen, région qui s'avance en pointe à l'entrée du golfe Arabique, renfermait, disait-on, des mines d'or ; et l'on recueillait aussi dans la péninsule des agathes onyx, des cornalines, des émeraudes, une grande quantité de sel gemme, etc.

L'Arabie ne présente aucun fleuve considérable, et ses cours d'eau ne sont que des torrents qui coulent à l'époque des pluies, et qui reçoivent des Arabes le nom d'*ouadi* ou de vallons. La plupart se perdent dans les sables. Ses rivières les plus remarquables sont le Méidan et l'Aftan : la première se jette dans l'océan Indien, après un cours de 160 kilom. ; la seconde, qui en a plus du double, a son embouchure dans le golfe Persique.

Les déserts de cette contrée sont couverts de sables mouvants qui, lorsque les vents se déchaînent, sont enlevés dans les airs pour retomber ensuite comme des vagues immenses ou des trombes capables d'ensevelir des caravanes entières. Le fléau le plus redoutable de ces déserts est le sémoün, vent dont le souffle embrasé suffoque tous ceux, hommes et animaux, qui ne se mettent point à l'abri de son atteinte. Cependant, çà et là, sur l'immense surface de ces plaines de sables, se montrent des oasis ombragées de dattiers comme celles de l'Afrique, et de même aussi qu'en Afrique, ces plaines produisent des plantes salines et des plantes grasses. Sur les autres points du sol arabique, comme, par exemple, sur les terres qui bordent les côtes, la végétation présente un aspect plus riche et plus varié, grâce aux nombreux ruisseaux qui descendent des montagnes et arrosent les cultures. Ainsi, à côté des palmiers et des cocotiers, croissent le sycomore, l'acacia, le bananier et le mimosa. L'Arabe donne ses soins au figuier, à l'oranger, à l'abricotier, au cognassier, à la vigne, au cotonnier, à la canne à sucre, au muscs dier, au bétel, à toutes sortes de melons et de courges, au ricin, au séné, à la garance et au sésame; enfin, le froment, le maïs et le dourah couvrent les champs de l'Yémen et de plusieurs autres régions fertiles. Mais les deux plantes les plus renommées et les plus précieuses de l'Arabie sont le caféyer et le balsamier, qui fournit le baume de la Mecke.

Le climat de l'Arabie est à peu près semblable à celui de l'Afrique septentrionale. Les montagnes de Yémen reçoivent des pluies régulières depuis le milieu de juin jusqu'à la fin de septembre; durant le reste de l'année, à peine aperçoit-on un nuage; et, dans les plaines de cette région, il arrive fréquemment que l'année s'écoule sans qu'il ait plu. Dans les montagnes d'Oman, la saison pluviale commence au milieu du mois de novembre, et se prolonge jusque vers la moitié de celui de février; et dans les déserts du nord, cette saison pluvieuse se montre régulièrement en décembre et en janvier. Depuis le 18 jusqu'au 24 juin, le thermomètre de Réaumur marque 23 à 24 degrés dans l'Yémen; mais sur la côte de Tehama, au golfe Arabique, il s'élève à 29 degrés, depuis le 6 jusqu'au 25 août. Dans quelques montagnes, il gèle, même en été. Pendant la nuit, surtout dans l'Arabie méridionale et dans les déserts, une rosée abondante rafraîchit l'atmosphère; et, près des côtes, une brise constante tempère la chaleur durant la saison estivale. Toutefois, l'hiver est quelquefois assez rude en Arabie, et le plateau central qui, l'été, est brûlé par les rayons verticaux du soleil, se couvre de neige chaque année.

Les anciens divisaient l'Arabie en *Arabie Pétrée*, en *Arabie Déserte* et en *Arabie Heureuse*. De nos jours cette contrée est partagée en régions qui sont *l'Hedjaz*, *l'Yémen*, *l'Oman*, le *Lahsa* et le *Barria*, lesquelles régions se subdivisent en plusieurs États qui se gouvernent par des lois qui sont propres à chacun d'eux.

ARACATY. — Ville de la province de Ciara, au Brésil. Elle est assez florissante par son commerce. Pop. : 9,000 âmes.

ARAD. — Ville fortifiée de Hongrie. C'est un chef-lieu de comitat. Elle est située sur la rive droite du Maros, et fait un commerce de tabac et de bestiaux. Pop. : 15,000 âmes.

ARAGON. — Grande province d'Espagne. Elle est bornée au nord par les Pyrénées, à l'ouest par la Navarre et les deux Castilles, au sud par la province de Valence, et à l'est par cette dernière province et la Catalogne. Le principal fleuve qui l'arrose est l'Èbre, et son territoire est généralement sec et aride. On y trouve de riches mines de sel et quelques-unes de fer.

ARAGONA. — Petite ville de l'intendance de Girgenti, en Sicile. Elle possède une galerie de tableaux, et sa population est d'environ 6,000 âmes. On trouve de nombreux restes antiques dans son voisinage, et le volcan vaseux de Macaluba, l'un des plus célèbres de ce genre.

ARAKAN. — Grande ville du royaume de ce nom, dans l'Inde transgangétique anglaise. Elle est située sur la rivière qui porte son nom, et ses maisons, construites en bambous, reposent sur des piliers le long du fleuve. Très-populeuse et florissante autrefois, elle est misérable aujourd'hui, et sa population s'élève à peine à 30,000 âmes. C'est dans l'un des temples de cette ville que se trouvait la fameuse figure colossale de Gautama, représenté assis et en demi-relief sur une table de bronze, image qui attirait un grand nombre de pèlerins.

ARAL. — Grand lac d'Asie, situé à environ 40 lieues à l'est de la mer Caspienne, entre 42° 5' et 46° 10' de latitude nord, et entre 54° 4' et 58° 54' de longitude est. Sa longueur est d'environ 220 kilom., et sa largeur de 48. On évalue sa superficie à 5,120 kilom. carrés. Il renferme un grand nombre d'îles, surtout dans sa partie méridionale, et les plus considérables d'entre elles sont Antchatachly, Sariplosky et Yassir. Ses eaux sont moins salées que celles de la mer Caspienne, attendu que, relativement à l'espace qu'il occupe, il reçoit une bien plus grande quantité d'eau douce.

Les deux plus grands cours d'eau qui viennent se jeter dans l'Aral sont le Sir-Deria ou Syhoun, l'ancien *Iaxartes*, et l'Amou-Deria ou Djihoun, l'ancien *Oxus*. Le premier a 1,400 kilom. de parcours et est navigable à peu de distance de sa source, qui, dans beaucoup d'endroits, a plus de 260 mètres de largeur, et qui, à son embouchure, est large d'environ deux lieues. Il prend naissance dans les monts Thsou-Ling, ramification des monts Mous-Tagh, au sud de la steppe des Kirghiz. La source de l'Amou-Deria est au pied des monts Bolor, qui se rattachent au nord aux monts Mous-Tagh; son cours est à peu près de la même longueur que celui du Sir-Deria; mais, dans plusieurs endroits, il est beaucoup plus large. Ces deux rivières coulent au milieu de plaines sablonneuses, dont l'uniformité n'est interrompue que par des collines de sable blanc d'environ 65 mètres de hauteur; mais en approchant des monts Kachghar, qui forment la limite orientale de la Boukharie, les deux cours d'eau suivent la direction de plusieurs petites chaînes formées en grande partie de grès rouge. Les steppes qui traversent le Sir-Deria sont parsemées de lacs dont les eaux, en s'évaporant durant l'été, laissent sur leurs bords des efflorescences d'hydro-chlorate et de sulfate de soude, dont la couleur blanche fatigue l'œil du voyageur. L'existence de ces lacs est due à la couche argileuse sur laquelle repose le sable de ces déserts.

Comme la mer Caspienne, le bassin de l'Aral se trouve, dans ses parties les plus basses, à un niveau inférieur à celui de l'Océan, dans la proportion d'environ 50^m 45.

ARAMITZ. — Petite ville du département des Basses-Pyrénées. C'est un chef-lieu de canton de l'arrondissement d'Oloron. Pop. : 1,300 âmes.

ARAMON. — Petite ville du département du Gard. Chef-lieu de canton de l'arrondissement de Nîmes. On y fabrique du salpêtre, des cordes, etc. Pop. : 2,800 âmes.

ARAN. — Vallée des hautes Pyrénées, dans la Catalogne. La Garonne y prend sa source. Cette vallée a Viella pour chef-lieu.

ARANJUEZ. — Jolie petite ville de la Nouvelle-Castille, en Espagne. Elle est bâtie dans le genre hollandais, sur le Tage et près de l'embouchure du Jarama. Son château est une résidence royale ; le Tage forme au pied de sa terrasse une cascade de toute la largeur de son cours ; et les jardins sont remarquables par leur gracieuse disposition. Cette ville compte à peu près 4,000 habitants.

ARARAT. — Montagne célèbre du plateau arméno-persique, en Asie. On sait que, selon l'Écriture, l'arche de Noé s'arrêta sur le sommet de cette montagne après la cessation du déluge.

ARARVARI. — Rivière de la Guyane, dans l'Amérique. Elle se jette dans l'Océan.

ARASSI ou ALLASSIO. — Petite ville maritime de l'État de Gênes, royaume sarde. Elle est située non loin d'Albenga.

ARAU. — Ville du canton d'Argovie, en Suisse. On y passe l'Aar sur un pont couvert, et l'on y trouve des fabriques de camelots, d'indiennes, de mouchoirs, de bas et de peignes.

ARAUCANIE. — Contrée de l'Amérique méridionale au sud du Chili. La race indigène y est robuste et belliqueuse.

ARAVA. — Ville de Hongrie, dans le comté de ce nom.

ARBOIS. — Petite ville de l'arrondissement de Poligny, dans le département du Jura. Elle possède un collége, et son territoire produit un vin renommé. Sa population est d'environ 6,000 âmes.

ARBON. — Ville du canton de Thurgovie, en Suisse. Elle est située sur le lac de Constance et possède des fabriques d'indiennes.

ARBOURG. — Petite ville du canton d'Argovie, en Suisse. Elle est située près de l'Aar et bâtie sur un rocher que défend une forteresse.

ARBRESLE (L'). — Petite ville du département du Rhône. C'est un chef-lieu de canton de l'arrondissement de Lyon. Il s'y fait un grand commerce de chanvre. Pop. : 1,600 âmes.

ARC. — Petite rivière de Savoie. Elle se jette dans l'Isère un peu au-dessous d'Aiguebelle.

ARC-EN-BARROIS. — Petite ville du département de la Haute-Marne, chef-lieu de canton de l'arrondissement de Chaumont. Elle possède des fabriques de toiles peintes et de bonnets. Pop. : 1,500 âmes.

ARCACHON (Bassin d'). Baie formée par l'Océan sur la côte du département de la Gironde. Cette côte est renommée par ses dunes qui envahissent incessamment la contrée et par les pêcheries qui s'y pratiquent. La Teste-de-Buch est le lieu le plus considérable qui borde ce bassin.

ARCADIA. — Chef-lieu de la Messénie, royaume de Grèce. C'est une petite ville en partie ruinée par les dernières guerres, et qui compte à peine 2,000 habitants.

ARCATE. — Ville de la province de Carnate, dans la présidence de Madras, empire Indo-Britannique. On trouve encore une autre ville de ce nom dans la Nababie.

ARCHENA. — Petite ville de la province de Murcie, en Espagne. Elle possède des bains qui sont assez renommés et qui étaient déjà fréquentés sous la domination romaine. Son territoire est couvert de débris de monuments anciens.

ARCHIDONA. — Ville de l'Andalousie, en Espagne. Elle est située sur le Xenil.

ARCHIPEL. — On appelle ainsi une partie de la mer qui présente à sa surface un certain nombre d'îles, plus ou moins rapprochées les unes des autres. Tel est l'archipel grec, par exemple, qui comprend environ 80 îles situées entre la Romélie au nord, l'Anatolie à l'est, la Morée, la Livadie et la Thessalie à l'ouest. Cet archipel comprend des îles qui font renaître dans l'esprit les grands souvenirs de l'antiquité : ce sont en effet Candie, l'ancienne *Crète*; Négrepont, l'ancienne *Eubée*; Scio, l'ancienne *Chio*; puis Samos, Rhodes, Naxos, Lemnos, etc., etc.

On rapporte généralement la formation des archipels à deux causes : lorsqu'ils existent dans le voisinage des côtes, tout porte à croire qu'ils ont été séparés des continents par de violentes commotions de la mer; lorsqu'ils sont jetés à de grandes distances au milieu de l'Océan, c'est qu'ils doivent leur origine à des volcans sous-marins, et dans cette dernière catégorie d'archipels il faut placer ceux des Mariannes, des Philippines, des Sandwich, des Açores, des Canaries, etc.

ARCIS-SUR-AUBE. — Petite ville de 3,000 habitants environ. Chef-lieu d'arrondissement dans le département de l'Aube, elle comprend 4 cantons et 93 communes. Son commerce consiste principalement en céréales.

ARCOLE. — Bourg d'environ 1,800 habitants, dans la délégation de Vérone, gouvernement de Venise. Il est devenu fameux dans les fastes militaires par la victoire qu'y remporta Napoléon en 1797.

ARCOS. — Petite ville de l'Andalousie, en Espagne. Elle est située sur un rocher au pied duquel passe le Guadalète.

ARCOT. — Grande ville de la province de Karnatic, dans l'empire Indo-Britannique. Elle est déchue de son ancienne splendeur, et l'on n'y remarque guère aujourd'hui que sa principale mosquée. Pop. : 40,000 âmes.

ARDEBIL. — Ville de l'Aderbaïdjan, en Perse. Elle est importante par ses fortifications et son commerce, et l'on y remarque le mausolée de Sefi, fondateur de la dynastie des Sefervis ou Sophis. Cette ville possédait autrefois la plus riche bibliothèque de l'islamisme, et ses manuscrits les plus précieux sont conservés aujourd'hui à Saint-Pétersbourg. Pop. : 20,000 âmes.

ARDÈCHE (département de l'). — Il a

été formé du Vivarais. Sa superficie est de 538,988 hectares, et sa population de 379,600 âmes. Il est divisé en 3 arrondissements, qui sont : Privas, l'Argentière et Tournon, et compte 31 cantons et 331 communes. Privas est le siége de sa préfecture, Viviers celui de son diocèse, Nîmes celui de sa cour impériale, Grenoble celui de son académie universitaire, et il est compris dans la huitième division militaire.

ARDENNES. — Région montueuse et boisée située entre le grand duché du Bas-Rhin ou la province Rhénane de Prusse, le royaume des Pays-Bas et la France. Selon quelques auteurs, cette région aurait reçu des Celtes le nom d'*Ard*, qui signifie lieu élevé ; suivant d'autres, sa dénomination lui viendrait d'*Ardeiana* ou *Arduenna*, la Diane des anciens Belges. Quoique la chaîne des Ardennes dépasse en hauteur les contrées qui l'environnent au nord, à l'ouest et au sud, son altitude néanmoins est peu considérable, et elle est moindre, par exemple, que celle de l'espace qui la sépare du Rhin. Ses sommités ont une hauteur moyenne de 550 mètres au-dessus du niveau de l'Océan, et son point culminant, près de la ville de Prüm, dans la province de Trèves, atteint une élévation de 630 mètres. La Meuse, en traversant les Ardennes, passe au milieu d'une gorge qui a plus de 200 mètres de hauteur ; et c'est dans des gorges à peu près aussi profondes que l'Ourte, la Soure, la Roër et d'autres rivières suivent leurs cours.

Les Ardennes ont des forêts immenses, composées de chênes, de hêtres, de charmes, de frênes, d'ormes et de bouleaux ; mais la plus grande partie de leur étendue toutefois n'offre que des landes incultes, de maigres pâturages, ou des marais qui reçoivent dans le pays le nom de *fagnes* et fournissent une grande quantité de tourbe. La culture n'a pu s'établir que dans quelques vallons où la décomposition des schistes a formé des dépôts mêlés de sable et d'argile, dépôts peu profonds, et dans lesquels l'orge, le seigle, l'avoine, le sarrasin et la pomme de terre, sont les seuls végétaux qu'on cultive.

ARDENNES (Département des). — Il a été formé du Hainaut, qui dépendait de la Picardie, puis de la principauté de Sedan et d'une partie de la Champagne. Sa superficie est de 517,385 hectares, et sa population de 326,800 âmes. Il est divisé en cinq arrondissements dont les chefs-lieux sont Mézières, Rethel, Rocroy, Sedan et Vouziers, et compte 31 cantons et 479 communes. Mézières est le siége de sa préfecture, Reims celui de son diocèse et de son académie universitaire, Metz celui de sa cour impériale, et il est compris dans la troisième division militaire.

ARDER ou **ARDRA**. — Petit royaume de la Guinée, en Afrique. Son territoire occupe le fond du golfe de Saint-Thomas, et sa ville principale porte le nom d'Ardre.

ARDILLA. — Petite rivière de l'Estremadure, en Espagne. Elle verse ses eaux dans la Guadiana.

ARDISTAN. — Ville de la province d'Irak-Adjemy, en Perse.

ARDSISCH ou **ARDJISCH**. — Petite ville de la principauté de Valachie. On y remarque l'église de son monastère, laquelle est réputée la plus belle de toute la principauté. Cette ville est traversée par le chemin qui conduit au fameux défilé de la Tour-Rouge, dans les Karpathes, et qui aboutit au superbe chemin carolinien construit par l'Autriche.

ARECKA. — Port de la côte occidentale de la mer Rouge, en Abyssinie.

ARENSBERG. — Petite ville située sur le Ruhr, dans la province de Westphalie, en Prusse. C'est le chef-lieu du gouvernement qui porte son nom. Elle possède un gymnase et environ 3,500 habitants.

AREQUIPA. — Ville épiscopale, chef-lieu du département de ce nom, dans la république du Pérou. On y remarque la cathédrale, le pont jeté sur le Chili et une belle fontaine en bronze. Cette ville possède plusieurs colléges, des manufactures de laine et de coton ; ses produits agricoles ont de l'importance, et son commerce est florissant. Pop. : 30,000 âmes. Arequipa est exposée à de fréquents tremblements de terre, et l'on voit, dans son voisinage, le volcan appelé Guagua-Putina, qui est cité comme le cône volcanique le plus parfait et le plus pittoresque de la chaîne des Andes. C'est de l'immense cratère d'un autre volcan, l'Urinas, situé à l'est-sud-est du premier et actuellement éteint, que s'élevèrent au xvie siècle les cendres qui ensevelirent en partie la ville.

AREZZO. — Petite ville industrieuse de la Toscane. On y voit les maisons qu'habitèrent Pétrarque, Guido d'Arezzo et Redi, dont cette ville était la patrie. Sa population est d'environ 10,000 âmes.

ARGA. — Rivière d'Espagne. Elle naît dans les Pyrénées, baigne Pampelune, et se réunit à l'Aragon vis-à-vis de Villa-Franca. Son cours est de 120 kilomètres.

ARGANA. — Petite ville du Diarbékir, dans la Turquie asiatique.

ARGELEZ. — Ville située près du gave de Pau, dans le département des Hautes-Pyrénées. Chef-lieu d'arrondissement ; elle comprend 5 cantons et 93 communes. Pop. : 1,200 âmes.

ARGENS. — Rivière qui prend sa source aux monts Esterel, dans le département du Var. Elle traverse ce département de l'ouest à l'est, et se jette dans la mer près de Fréjus. L'Arluby est son principal affluent.

ARGENTAN. — Petite ville située sur l'Orne, dans le département de ce nom. Chef-lieu d'arrondissement ; elle comprend 11 cantons et 176 communes ; elle possède un collége ; et son commerce consiste en toiles, cuirs apprêtés, beurre et fromages dits de *Camembert*. Sa population est d'environ 7,000 âmes.

ARGENTEUIL. — Très-petite ville du département de Seine-et-Oise. Elle est située sur la Seine, et son territoire est riche en vignobles dont le produit le dispute pour l'âpreté au fameux vin de Surènes qui est passé en proverbe. Argenteuil possède aussi des carrières à plâtre. Pop. : 4,500 âmes.

ARGENTIÈRE ou CIMOLIS. — Ile de l'archipel, royaume de Grèce. On y exploitait anciennement des mines d'argent, et on continue à y recueillir la terre à foulon.

ARGENTIÈRE (L'). — Petite ville du département de l'Ardèche. Chef-lieu d'arrondissement ; elle comprend 10 cantons et 103 communes, et possède quelques fabriques et une société d'agriculture. Sa population est d'environ 3,000 âmes.

ARGENTON. — Ville située sur la Creuse, dans le département de l'Indre. On y a découvert des médailles et des sculptures qui semblent témoigner qu'elle jouissait d'une certaine importance sous la domination romaine. Aujourd'hui elle fait un commerce de toiles et de verrerie. Pop. : 4,500 âmes.

ARGO. — Petite île du Dongolah, dans la Nubie. On y remarque les restes d'anciens édifices et deux statues colossales.

ARGO ou ARGOS. — Petite ville de l'Argolide, royaume de Grèce. C'est l'une des plus anciennes du monde, puisqu'on fait remonter sa fondation à l'an 1856 avant Jésus-Christ. On y remarque encore les restes de l'enceinte de Larissa, ceux d'un théâtre, le passage souterrain creusé dans le roc, qui pénètre sous la citadelle; puis, à quelques milles, le marais de Lerne, etc. La population d'Argo est d'environ 6,000 âmes.

ARGOSTOLI. — Petite ville, chef-lieu de l'île de Céphalonie, état des îles Ioniennes. Elle est le siége d'un archevêque grec, possède un port, une nombreuse marine marchande et un lycée. Son commerce est florissant. Pop. : 5,000 âmes.

ARGOVIE. — Canton de la Suisse. Il est formé d'une partie de l'ancien canton de Berne et du pays de Baden, puis du Frickthal, pays plat bien cultivé.

ARGYLE. — Comté d'Ecosse. Il est borné à l'est par les comtés de Perth et de Dumbarton, au nord par celui d'Inverness, et à l'ouest et au sud par la mer d'Ecosse.

ARICHAT. — Petite ville de l'île du cap Breton, Amérique anglaise. Elle est située sur l'îlot *Madame* et ses pêcheries la rendent assez florissante. Pop. : 2,000 âmes.

ARIÉGE (DÉPARTEMENT DE L'). — Il a été formé du pays de Foix, du Couserans et d'une partie de la Gascogne. Sa superficie est de 454,809 hectares et sa population de 270,500 âmes. Il est divisé en 3 arrondissements dont les chefs-lieux sont Foix, Pamiers et Saint-Girons, et compte 20 cantons et 336 communes. Foix est le siége de sa préfecture, Pamiers celui de son diocèse, Toulouse celui de sa cour impériale et de son académie universitaire, et il est compris dans la neuvième division militaire.

ARIO. — Petite ville assez commerçante de l'État de Mechoacan, dans la Confédération mexicaine. C'est dans son voisinage que se trouve le fameux volcan de Jorullo, lequel offre un phénomène unique en géologie, par sa situation dans l'intérieur d'un continent, à 36 lieues de distance des côtes et à plus de 42 lieues de tout autre volcan en activité. Il s'est formé au milieu d'un millier de petits cônes ignivomes et offre une montagne de cendres et de scories, haute de 517 mètres.

ARISH. — Place forte d'Egypte. Elle est située à l'entrée du désert de Syrie et fut prise par les Français en 1799.

ARKADYA. — Petite ville du gouvernement de Mazovie, en Pologne. Elle est célèbre par la beauté de ses jardins.

ARKHANGEL. — Ville archiépiscopale, chef-lieu du gouvernement de ce nom, en Russie. Elle est située sur la Dwina qui y forme un beau port; mais à cause de sa haute latitude et la rigueur du climat, ce port n'est libre de glace que de juillet à septembre. Cette ville possède un séminaire, un gymnase, une école de navigation et un observatoire magnétique ; c'est l'entrepôt des marchandises qui passent en Sibérie, et sa population est d'environ 12,000 âmes. Arkhangel n'est bâti généralement qu'en bois.

ARKHANGEL (NOUVELLE-). — Très-petite ville de l'archipel du roi Georges III, Amérique russe. Elle est située sur la côte orientale. La plupart des maisons sont en bois; mais on y remarque les fortifications, les magasins et les casernes. Pop. : 1,200 âmes.

ARLANC ou ARLANT. — Bourg de l'arrondissement d'Ambert, dans le département du Puy-de-Dôme. C'est un chef-lieu de canton. On y fabrique beaucoup de blonde et de dentelles. Pop. : 4,500 âmes.

ARLANZOU. — Rivière de la Vieille-Castille, en Espagne. Elle passe à Burgos.

ARLEMONT. — Petite ville située sur la Romanche, dans l'arrondissement de Grenoble, département de l'Isère. On y trouve une mine d'argent, une fonderie et une raffinerie de plomb.

ARLES. — Petite ville de l'arrondissement de Céret, dans le département des Pyrénées-Orientales. On y remarque l'église de l'abbaye de Saint-Benoît, et le tombeau de saint Abdon et de saint Sennen. Cette ville possède des sources thermales qui sont fréquentées, et fait un commerce de saucissons qui jouissent d'une certaine renommée. Dans ses environs, on va visiter, au village de Corsavi, la grotte appelée *Cova d'en Pay*.

ARLES. — Ville située au point de séparation des deux bras du Rhône, dans le département des Bouches-du-Rhône. Chef-lieu d'arrondissement, elle comprend 8 cantons et 31 communes. On remarque dans cette ville, parmi les monuments antiques, un amphithéâtre, un obélisque monolithe, un aqueduc, les ruines de deux temples, un arc de triomphe, la tour Roland, les Champs-Elysées ou Féliscamps, etc. L'hôtel de ville est le seul édifice moderne qu'on puisse citer. Arles possède un collége, une école de navigation, une bibliothèque publique, un cabinet d'histoire naturelle, un musée. Sa population est d'environ 21,000 âmes. On trouve quatre grandes salines sur son terri-

—toire qui comprend aussi la *Camargue*, formée par le delta du Rhône.

ARLESHEIM. — Petit bourg du canton de Bâle, en Suisse. Il est réputé par ses bains qui sont très-fréquentés, et par le jardin anglais qu'y fit tracer, en 1787, le baron de Gleresse.

ARLON. — Chef-lieu de la partie belge du grand-duché de Luxembourg. Sa population est d'environ 3,500 âmes, et l'on trouve des fonderies dans son voisinage.

ARMAGH. — Jolie petite ville, chef-lieu du comté de ce nom, en Irlande. Elle est la résidence de l'archevêque anglican primat de l'Irlande. On y remarque la cathédrale et le palais de justice; elle possède un gymnase, une bibliothèque publique, un observatoire et une société académique; et l'on vante la belle culture de son territoire.

ARMANÇON. — Petite rivière qui prend naissance dans les environs d'Arnay-le-Duc, département de la Côte-d'Or, et qui se jette dans l'Yonne, à une lieue au sud de Joigny.

ARMÉNIE. — Grande province d'Asie. Elle est bornée, à l'ouest, par l'Euphrate; au sud, par le Diarbeck et le Kurdistan; à l'est, par le Schirvan; et au nord, par la Géorgie. C'est l'une des contrées asiatiques les plus fertiles.

ARMENTIÈRES. — Jolie petite ville située sur la Lys, dans le département du Nord. Elle possède de nombreuses filatures de lin, de chanvre et de coton, et sa population est d'environ 6,000 habitants.

ARNA. — Petite ville de l'île d'Andro ou Andros, royaume de Grèce. Elle est le siège d'un évêché grec et d'un évêché catholique, elle possède un port et environ 5,000 habitants. C'est l'île d'Andro particulièrement qui fournit des gens à gages aux Européens établis à Constantinople, Smyrne, etc.

ARNAUTES. — Montagnards de l'Albanie, dans l'empire ottoman.

ARNAY-LE-DUC. — Petite ville du département de la Côte-d'Or. Elle est située dans un vallon, sur l'Arroux, et fait un commerce de grains. Pop. : 2,500 âmes.

ARNHEM. — Ville forte et commerçante, située sur le Rhin. C'est le chef-lieu de la province de Gueldre, dans le royaume de Hollande. Pop. : 12,000 âmes.

ARNON. — Petite rivière de France qui a sa source à quelques lieues de la Châtre, et se jette dans le Cher non loin de Vierzon.

AROA. — Très-petite ville de la province de Carabobo, dans la république de Venezuela, Colombie. Elle est assez importante par les riches mines de cuivre qui sont exploitées dans ses environs.

AROLSEN. — Petite ville située sur l'Aar, dans la principauté de Waldeck. C'est la résidence du prince souverain. Elle possède un beau château, une bibliothèque publique, et une collection d'antiquités de Pompéi et d'Herculanum. Pop. : 1,800 âmes.

ARONCHES. — Petite ville de l'Alentéjo, en Portugal. Elle est située sur la Care et aux confins de l'Estremadure espagnole.

ARONA. — Petite ville située sur le lac Majeur, dans la division de Novara, royaume sarde, et assez importante par son port, ses chantiers et son commerce. C'est la patrie de Charles Borromée dont on voit, sur une colline, la statue colossale, haute de 36^{m}40. C'est aussi dans le voisinage de cette ville que commence la magnifique route du Simplon. Pop. : 5,000 âmes.

ARPAJON. — Chef-lieu de canton de l'arrondissement de Corbeil, dans le département de Seine-et-Oise. C'est une petite ville industrieuse. Pop. : 2,300 âmes.

ARPINO. — Petite ville de la Terre-de-Labour, dans le royaume des Deux-Siciles. On y voit les restes de l'ancienne ville avec ses murs cyclopéens, et l'on y trouve des fabriques importantes de draps et de parchemin. Sa population est d'environ 8,000 âmes. C'est la patrie de Cicéron, de Marius et d'Agrippa.

ARQUES. — Petite ville du département de la Seine-Inférieure. Elle est située sur la rivière dont elle porte le nom, et doit sa renommée à la victoire qu'y remporta Henri IV, en 1589, sur le duc de Mayenne. Pop. : 2,600 âmes.

ARRADES. — Ville de l'Etat de Tunis, en Afrique. Elle est renommée par ses bains.

ARRAN ou **d'ARREN (ILE D').** — Elle appartient à l'Ecosse et se trouve située vers la côte méridionale du golfe d'Argyle. Elle est montagneuse, longue d'environ 28 kilom. sur une largeur de 16, et ses riches pâturages y permettent l'élève de nombreux bestiaux. Trois autres îles du même nom se rencontrent dans la baie de Galloway, en Irlande.

ARRAS. — Ville située sur la Scarpe, et qui a été en partie fortifiée par Vauban. Elle est le siège d'un évêché et de la préfecture du département du Pas-de-Calais. Son arrondissement comprend 10 cantons et 211 communes. On cite sa cathédrale et son hôtel de ville gothiques, puis ses vastes casernes. Elle possède un séminaire, un collége, une école secondaire de médecine, une bibliothèque publique, un musée, un cabinet d'histoire naturelle et une société académique. Son commerce consiste en grains, étoffes, dentelles, porcelaine, savon fin, etc. Sa population est d'environ 25,000 âmes.

ARREAU. — Petite ville du département des Hautes-Pyrénées. C'est un chef-lieu de canton dans l'arrondissement de Bagnères. Pop. : 1,600 âmes.

ARROE. — Ile de Danemark. Elle est située dans la mer Baltique, au sud de Fionie, et fait un commerce de chevaux et de bétail.

ARROJO-DE-SAN-SERVAN. — Petite ville de l'Estremadure, en Espagne.

ARROU. — Groupe de petites îles situées au nord-est de Timor, près la côte sud de la Nouvelle-Guinée et au nord de la Nouvelle-Hollande.

ARROUX. — Rivière qui prend sa source près d'Arnay-le-Duc, département de la Côte-d'Or, et se jette dans la Loire au-dessous de Digoin.

ARSAMAS. — Ville du gouvernement de Nischnei-Novogorod, empire de Russie. Elle est située sur la Tescha, et possède des fabriques de cuirs, de savon et de potasse.

ART. — Petite ville située sur le lac de Zug, dans le canton de Schwitz, en Suisse. Elle est renommée parmi les savants, à cause des montagnes de *brèche* qui l'environnent, et que l'on regarde comme les plus hautes de cette nature qui soient en Europe.

ARTA. — Ville d'Albanie, dans la Turquie d'Europe. Elle est le siège d'un archevêché grec, et sa population est d'environ 6,000 âmes.

ARTAKI. — Petite ville de la presqu'île de Cyzique, dans l'Anatolie, empire ottoman.

ARTIBONITE. — Grande rivière de la partie occidentale de l'île de Saint-Domingue, l'une des Antilles.

ARUBA. — L'une des petites Antilles sous le vent. Elle est située au nord-ouest de Curaçao et n'est guère habitable, quoiqu'elle ait une population d'environ 2,500 âmes.

ARUNDEL. — Petite ville du comté de Sussex, en Angleterre. Elle est située sur l'Arun. Il y a aussi un comté de ce nom dans le Maryland, aux Etats-Unis d'Amérique.

ARVE. — Rivière de la Suisse. Elle commence aux glaciers du Mont-Blanc et se jette dans le Rhône au-dessous de Genève.

ARZEW ou **ARZEOU.** — Très-petite ville de la province d'Oran en Algérie. Elle est située dans un territoire fertile et renommé par la pureté de son ciel ; elle possède de riches salines, et l'on trouve, dans son voisinage, le meilleur port de cette partie de l'Afrique, le *Portus magnus* des anciens. On y voit les restes de vastes citernes et autres constructions romaines, ce qui a fait conjecturer à quelques archéologues que ce lieu correspondait à l'ancienne *Arsenaria*.

ARZIGNANO. — Bourg de la délégation de Vicence, dans le gouvernement de Venise. Il est important par ses fabriques de draps et ses filatures de soie, et l'on trouve dans son voisinage des sources minérales, des mines de houille, et des carrières de pierre. Sa population est d'environ 4,000 âmes.

ARZILLE. — Ville du royaume de Fez, dans l'empire de Maroc. Elle est située sur l'Océan.

ARZINGAN ou **ARZENGAN.** — Petite ville de l'Anatolie, empire ottoman. Elle se trouve sur l'Océan.

ASAD-ABAD. — Ville de l'Irak-Adjémy, en Perse.

ASARALIK. — Ville du pays des Kalmouks, dans la Tartarie indépendante.

ASCALON. — Ville en ruines de la Syrie, dans la Turquie asiatique. Malgré ses remparts entiers, ses rues toujours tracées et ses nombreux édifices encore debout, cette ville, si renommée au temps des croisades, est tout à fait déserte, ou du moins on n'y rencontre guère que quelques pâtres ou des bandits qui y cherchent une retraite. On y remarque surtout les restes d'un temple de Vénus, orné de 40 colonnes en granitérose.

ASCENSION (ILE DE L'). — Elle est située dans l'océan Atlantique, au-dessus de Sainte-Hélène, par 7° 57' de latitude australe, et par 16° 17' de longitude, méridien de Paris. Cette île offre sur toute sa surface, qui n'est d'ailleurs que de 20 kilom. carrés, des déjections volcaniques d'une époque récente ; et son sol, en général, ne se compose que de trois espèces de terres : l'une rouge et fine comme de la brique pilée, l'autre jaunâtre, et la troisième noire. Ce sol a été tellement bouleversé par les éruptions des volcans, qu'il se trouve pour ainsi dire à jour, d'où il résulte qu'il ne peut retenir aucune eau ; et ce n'est que dans quelques bas-fonds que celles des pluies, se mêlant aux terres que nous venons de désigner, ont formé une espèce de ciment qui permet à l'eau de séjourner à sa surface. Quelques montagnes de peu d'élévation sont disséminées dans l'île, et la plus haute, située dans la partie sud-est, n'a que 776 mètres. Elle se termine par un sommet double et allongé, forme que l'on remarque encore dans d'autres pics volcaniques.

L'île de l'Ascension fut longtemps inhabitée, et aujourd'hui même l'Angleterre, qui y a fait construire un fort, n'y entretient que la garnison de ce fort. Mais si les hommes n'ont pas établi là une colonie, en revanche les tortues de mer s'y réunissent en grand nombre ; et avant l'occupation par les Anglais, les navigateurs s'y approvisionnaient de cette nourriture saine.

ASCHAFFENBOURG. — Petite ville située sur le Mein, dans le cercle du Bas-Mein, en Bavière. Elle possède un port franc, un château qui renferme une riche bibliothèque, des collections de tableaux et de gravures, et un jardin anglais ; puis un lycée, un gymnase, un institut forestier, et une importante fabrique de papiers peints dont les produits sont exportés jusqu'en Amérique. Sa population est d'environ 7,000 âmes.

ASCHERSLEBEN. — Petite ville de la principauté d'Anhalt, dans la confédération germanique. Elle est située sur la Sanle et possède des salines.

ASCOLI. — Ville de la Marche d'Ancône, en Italie. Elle est située sur une montagne au pied de laquelle passe le Tronto. Pop. : 12,000 âmes.

ASCOLI-DI-SATRIANO. — Petite ville de la Capitanate, dans le royaume de Naples. Elle s'élève sur les ruines d'*Asculum*, où Pyrrhus vainquit les Romains.

ASHAM. — Royaume d'Asie. Il est situé au nord de l'empire birman, et tributaire de la Chine. Son territoire est d'une grande fertilité, et l'on y trouve des mines d'or, d'argent, de plomb et de fer, de l'ivoire, du musc, etc.

ASHBURTON. — Gros bourg du comté de Devon, en Angleterre. C'est la patrie du fameux Marlborough.

ASIE. — Cette partie du monde, la plus vaste après l'Amérique et la première qui fut habitée par l'homme, tire son nom, suivant quelques auteurs, d'un canton de la

Lydie, qui était occupé par les *Asiones*, et renfermait une ville appelée *Asia*. L'Asie forme une immense péninsule qui tient à l'Afrique par l'isthme de Suez, et à l'Europe par les terres comprises entre la mer Noire et l'océan Glacial arctique. Baignée au nord par cet océan, elle est séparée du nouveau continent par le détroit de Béhring, et abandonne à l'Amérique les îles Aléoutiennes, simple prolongement, nous l'avons déjà dit dans un précédent article, de la presqu'île d'Alaka, bornée à l'orient par l'océan Pacifique. Les îles du Japon et de Formose font partie de l'Asie. La mer de la Chine à l'est, et au sud le détroit de Malacca la séparent de l'Océanie, enfin le Grand-Océan et l'océan Indien baignent ses côtes méridionales, et comprennent dans ses limites Ceylan, les Maldives et les Laquedives. Sa plus grande longueur, du sud-ouest au nord-est, depuis l'extrémité septentrionale de la mer Rouge jusqu'au détroit de Behring, est de 9,560 kilom.; sa plus grande largeur, depuis le cap Severo-Vostochnoï ou Taïmoura, dans l'océan Glacial, jusqu'au cap Romania, à l'extrémité de la presqu'île de Malacca, est de 7,300 kilom.; et sa superficie peut être évaluée, en y comprenant celle des îles qui en dépendent, à 8,000,000 kilom. carrés. Quatre grands versants, l'un au nord, incliné vers l'océan Glacial; le second à l'est, vers le Grand-Océan; le troisième au sud, vers l'océan Indien; le quatrième à l'ouest, vers la mer Noire et la mer Caspienne; et s'appuyant tous sur un immense plateau qui s'élève entre le 30° et le 50° parallèle, forment les cinq grandes régions physiques de l'Asie.

Le plateau central de cette immense contrée, situé au nord du désert de Gobi, et qu'improprement on nomme plateau de la Tartarie, est un assemblage de montagnes nues, de rochers énormes et de plaines arides, qui, bien loin d'avoir la hauteur qu'on leur suppose généralement, n'ont pas au delà, sous le parallèle de 49°, et par une longitude le 16° 30' plus orientale que Tobolsk, d'une élévation de 582 à 776 mètres au-dessus du niveau de l'Océan, altitude qui diminue à mesure qu'on gagne le bord septentrional du lac Aral. C'est à tort également qu'on a fait passer le désert de Gobi pour la plus haute région du globe. Des lacs salés, de petites rivières qui se perdent dans des amas de sables et de graviers, quelques pâturages, puis des buissons chétifs çà et là dispersés, tels sont les objets qui interrompent la triste monotonie de ce désert. Il s'étend du sud-ouest au nord-est, depuis la chaîne des monts Bolor jusque près des sources du fleuve Amour ou Saghalien, sur une longueur d'environ 2,800 kilom., et depuis les monts Koulkoum jusqu'aux monts Thian-Chau et Altaï, sur une largeur de 400 à 600 kilom.; et ce n'est que vers l'extrémité orientale, que l'œil peut se reposer sur quelques oasis que fertilisent les eaux qui les arrosent.

Le petit Altaï, les monts Khangaï et les monts Iablonnoï, dont le prolongement va se terminer au détroit de Behring, limitent le versant septentrional de l'Asie, où plusieurs rameaux indiquent la naissance de trois grands bassins : celui de l'Obi à l'ouest, celui de Ieniséi au centre, et celui de la Lena à l'est. Tout ce versant est occupé par la vaste Sibérie, qui s'étend vers le pôle, et s'incline vers la mer Glaciale qui ne lui donne qu'une atmosphère chargée des particules du froid polaire. Cette dernière contrée est séparée de l'Europe par les monts Ourals dont le fleuve de ce nom, qui a environ 2,800 kilom. de cours; sa longueur, d'orient en occident, est de 7,600 kilom.; sa plus grande largeur, du nord au midi, d'à peu près 2,400 kilom.; et l'on regarde que sa superficie dépasse d'environ un quart celle de l'Europe entière.

Le plateau de l'Asie centrale se confond insensiblement avec la région du versant oriental; une large chaîne de montagnes, en partie couverte de neiges éternelles, s'étend depuis son extrémité jusque dans la Corée; et une seconde chaîne n'est séparée de celle de la Daourie que par le fleuve Amour. Cette contrée, à l'est du désert de Gobi, est, par son élévation, la plus froide de la zone tempérée boréale, et quoiqu'elle soit située sous les latitudes de la France, sa température est semblable à celle de l'Asie septentrionale. Elle comprend une partie de la Tartarie chinoise. Les ramifications des chaînes de montagnes de ce versant entourent cinq bassins maritimes : la mer de Behring, celle d'Okhotsk, celle du Japon, la mer Jaune et celle de la Chine. Les deux premiers ne reçoivent aucun cours d'eau remarquable; dans le troisième, se jette le fleuve Amour; le Hoang-ho et le Yang-Tseu-Kiang se déversent dans le quatrième; et le Kiang, enfin, a son embouchure dans le dernier. Des îles, en nombre très-considérable, s'élèvent à peu de distance du continent, et présentent comme une immense digue contre laquelle viennent se briser les flots de l'Océan.

L'Asie méridionale, véritable Eden, où les peuples semblent toujours appelés à la vie agricole et pastorale des patriarches, se trouve garantie des vents glacés du nord par les monts Altaï, la chaîne du Tianchan, celle de Koulkoum et les monts Himalaya. Six bassins reçoivent les eaux de cette région : le May-Kang et le Meinam ont leur embouchure dans la mer de la Chine; l'Yraouaddy et le Brahmapoutre sortis de la montagne de Damchouk-Kabab, le Gange qui descend de l'Himalaya, et le Godavery qui prend sa source dans les Ghattes occidentales, se jettent dans le golfe du Bengale; et le Nerbouddah et le Sind, dans le golfe du Sind ou d'Oman.

La cinquième région, ou Asie occidentale, se détache plus que les autres de la masse du continent; et la mer Caspienne, la mer Noire, la Méditerranée, les golfes Arabique et Persique, lui donnent quelque ressemblance avec une grande péninsule. Elle présente avec la région orientale presque autant de contrastes que le versant méridional en offre avec le versant opposé. Ainsi l'Asie orientale est presque généralement humide, tandis que l'occidentale est sèche et même aride dans quelques-unes de ses parties; la première est sous un ciel orageux et nébuleux, la seconde jouit de vents constants et d'un grand calme d'atmosphère; la première enfin a des chaînes de montagnes escarpées, la seconde n'est composée que de plateaux en partie sablonneux.

L'Asie présente ce fait remarquable, c'est qu'elle est la seule partie du monde qui offre des volcans fumants, situés à une distance considérable de l'Océan. En Europe, en effet, ces volcans se trouvent toujours près des bords de la mer; en Amérique, ils ne s'en éloignent guère que d'une trentaine de lieues; en Afrique, il est vrai, c'est quelquefois jusqu'au delà de 100 lieues; mais en Asie, on les rencontre à plus de trois fois cette dernière distance. Les volcans du Tianchan sont le centre des commotions volcaniques qui agitent l'intérieur de l'Asie. Celle-ci renferme 127 volcans et solfatares, dont 52 sur le continent et 75 dans les îles. La seule presqu'île du Kamtchatka en contient 16. L'archipel des Kouriles, les îles du Japon, Formose près des côtes de la Chine, Barren dans le golfe du Bengale, et plusieurs autres, sont tourmentés par de fréquentes éruptions.

Les plaines de l'Asie sont comme de vastes plates-formes posées sur le dos des montagnes, et souvent elles s'élèvent de distance en distance par terrasses, en s'étendant au loin et en conservant le même niveau, quoique légèrement interrompues par des pentes locales. De cette disposition très-remarquable proviennent ces lacs nombreux qui naissent et meurent dans le même désert faute d'écoulement; de là aussi, ces passages subits d'un froid rigoureux à une chaleur insupportable; enfin, c'est encore à cette configuration du pays qu'il faut attribuer les vents périodiques de l'intérieur, bien différents des vents maritimes ou moussons de l'Inde. Lorsque les vents glacés de la Sibérie peuvent, en remontant vers le centre de l'Asie, dépasser la première chaîne, ils s'étendent alors jusqu'au sommet du Tibet; le vent d'est, chargé de brouillards, couvre dans un même instant toute la partie basse de la Chine. Seulement, à mesure que l'on s'enfonce dans la zone tempérée, toute régularité disparaît dans les mouvements combinés de l'Océan et de l'atmosphère, et on éprouve dans ce cas des changements d'orient en occident, analogues à ceux qui se produisent en Europe d'occident en orient.

Les richesses minéralogiques de l'Asie sont considérables, et cette contrée se glorifie d'avoir fourni à l'Europe la plupart de ses céréales, de ses plantes potagères, de ses arbres fruitiers, ainsi qu'une foule d'espèces qui font l'ornement des jardins. Tels sont entre autres l'épinard, provenant de la région du nord; le radis, qu'on doit à la Chine; la fève de marais qui vient de la Chine; le haricot, la chicorée blanche et le potiron qui appartiennent à l'Inde. Lucullus rapporta le cerisier de l'Asie; les Phéniciens nous donnèrent la vigne; l'olivier est originaire du mont Taurus; le framboisier, du mont Ida; le mûrier blanc, de la Chine; le noir, de l'Asie mineure; l'abricotier de l'Arménie; le pêcher, de la Perse; et l'amandier et le noyer seraient aussi, selon quelques auteurs, un don de cette partie du monde. Enfin, nos jardins se sont enrichis par elle de la tubéreuse, du merisier à grappes, de l'anémone, de belles espèces de rhododendrons, d'asters, de pivoines, de robiniers, d'astragales, de balsamines, de lis, de renoncules, etc., etc.

Les divisions premières de l'Asie sont l'Asie ottomane, l'Arabie, la Perse, le Turkestan, l'Inde, la Chine, le Japon, l'Asie russe, l'Asie portugaise, l'Asie française et l'Asie danoise. L'Asie anglaise est comprise dans l'Inde où elle forme l'empire Indo-Britannique.

ASINARA. — Petite île de la Méditerranée, située à l'ouest de celle de Sardaigne. Elle est montagneuse et couverte de pâturages.

ASKERSUND. — Ville de la Néricie, en Suède. Elle est située sur le lac Weter et fait un commerce de grains, de tabac et de clouterie.

ASPE. — Vallée du département des Basses-Pyrénées. Elle est traversée par le Gave d'Oloron, sa population est considérable, et l'on y trouve plusieurs lieux intéressants.

ASPHROSA. — Petite ville de la Romélie, empire ottoman. Elle possède un port.

ASPRO-NISI. — Petite île de l'Archipel grec. Elle est située à l'est de celle de Santorin.

ASSANCALE. — Ville d'Arménie, en Asie. Elle est située sur l'Aral, et renommée par ses sources thermales qui sont très-fréquentées.

ASSEN. — Petite ville dont la population atteint à peine 1,500 âmes; c'est le chef-lieu de la province de Drenthe, en Hollande.

ASSISI. — Petite ville de la délégation de Pérouse, dans l'État du Pape. Elle est renommée par le tombeau de saint François d'Assise, qui attire chaque année un grand nombre de pèlerins. Le monument qui le renferme est un temple à double étage, qui date du XIIIe siècle et appartient à l'architecture gothique primordiale. On voyait aussi autrefois, dans le voisinage d'Assise, le célèbre temple de *Santa-Maria degli angeli*, lequel a été détruit par un tremblement de terre. La population de cette ville est d'environ 4,000 âmes.

ASSOUAN. — Ville située sur la rive droite du Nil, dans la haute Égypte. Elle est assez importante par son commerce, et c'est dans son voisinage que se trouvait l'antique *Syène*, encore florissante au moyen âge et renommée par son puits au fond duquel, au jour du solstice d'été, l'image du soleil se peignait tout entière. On y voit aussi des catacombes ou hypogées et quelques îles fertiles qui sont appelées le *Jardin des tropiques*. Au sein des rochers escarpés et élevés qui longent la rive droite du Nil, depuis Assouan jusqu'à quelques milles au nord d'Antinopolis, on voit une multitude de grottes taillées dans le roc; c'est là que vivaient les saints solitaires dits *de la Thébaïde*, et si renommés dans les premiers siècles de l'Eglise. Plus au nord, se trouvait aussi le célèbre couvent de Saint-Paul, et la grotte de saint Paul, premier ermite.

ASSOUR ou **HACHOUR**. — Village du Chendy, dans la Nubie. Il est situé sur la rive droite du Nil et au-dessous de la ville de Chendy. C'est dans son voisinage que le voyageur Cailliaud croit avoir trouvé les ruines de Méroë, cité si fameuse dans l'antiquité par son oracle de Jupiter Ammon, son roi-pontife, ses monuments et son commerce. On remarque surtout, au milieu de ces ruines, un grand nombre de pyramides.

ASTERABAD. — Ville du Mazanderan, en Perse. Elle est située près d'une baie de la mer Caspienne, et son commerce est assez considérable. Pop. : 40,000 âmes.

ASTI. — Ville épiscopale de la division d'Alexandrie, dans le royaume sarde. Elle est assez industrieuse, et fut renommée, au moyen âge, par l'importance de son commerce. Ses évêques possédaient aussi, au xii° siècle, une grande partie du Piémont méridional. C'est la patrie d'Alfieri.

ASTORGA. — Petite ville épiscopale de la Vieille-Castille, en Espagne. On y remarque les restes de monuments romains.

ASTORIA. — Principal établissement commercial du territoire de l'Orégon, aux Etats-Unis d'Amérique. Il est situé à l'embouchure de la Colombia qui y forme un port. On voit, dans son voisinage, des pins gigantesques, et M. Ross Cox décrit l'un d'eux qui offre, à 3 mètres au-dessus du sol, une circonférence de 14 mètres.

ASTRAKHAN. — Chef-lieu du gouvernement de ce nom, en Russie. Elle est située sur une des îles qui se trouvent à l'embouchure du Volga dans la mer Caspienne ; et possède un port très-fréquenté. L'aspect général de cette ville est très-pittoresque à cause de ses nombreuses églises, et des jardins et des vignobles qui entrecoupent ses quartiers; mais lorsqu'on pénètre dans l'intérieur, on est attristé par des maisons en bois de chétive apparence, des rues étroites, mal pavées et boueuses, et tous les indices de la misère, quoique le commerce, au contraire, rende cette ville florissante. Astrakhan était autrefois la capitale du royaume Tatare. Aujourd'hui elle est le siége d'un archevêché russe, d'un archevêché arménien, et comme nous l'avons dit, du gouvernement militaire, puis d'une amirauté. On remarque parmi ses édifices la citadelle ou Kremlin, et on y trouve un séminaire, un gymnase et un jardin botanique. La population approche de 50,000 âmes.

ASUNCION. — Ville épiscopale, capitale du Paraguay. Elle est située sur la rive gauche du fleuve de ce nom et très-mal bâtie. On y remarque cependant la cathédrale, le palais de l'évêque, le séminaire et les casernes. Pop. : 12,000 âmes.

ATHÈNES. — Ville archiépiscopale, chef-lieu du nomos de l'Attique-et-Béotie, et capitale du royaume de Grèce. Elle est située à environ 6 milles du golfe qui porte son nom, et le *Pirée*, son ancien port, est appelé aujourd'hui *Porto-Leone*. Nous n'avons pas à nous occuper ici de ce qu'était la cité antique, nous dirons seulement que parmi les restes qui témoignent de la splendeur qu'elle avait acquise, on distingue surtout l'Acropolis avec la fontaine de Pan, le Parthénon ou temple de Minerve, les temples de Thésée et de Jupiter Olympien, la tour d'Andronicus ou tour des Vents, le monument choragique de Lysicrate connu sous le nom de lanterne de Diogène, le théâtre d'Hérode Atticus et celui de Bacchus, la porte d'Adrien, etc. Dans la ville moderne on remarque les rues de Minerve, d'Hermès, d'Éole, du Palais, d'Adrien et de Métagitna, puis le palais du roi et quelques autres édifices. Enfin au nombre des établissements scientifiques, artistiques et littéraires, qui s'y trouvent actuellement en exercice, il faut mentionner l'école française, dite *Ecole d'Athènes*. La population de cette ville est d'environ 30,000 âmes. On rencontre sur son territoire le village de Padischah, naguère renommé par ses jardins et ses superbes plantations de cyprès.

ATHEUS ou **ATHÈNES**. — Petite ville de l'Ohio, aux Etats-Unis d'Amérique. Elle possède un collége renommé qu'on appelle université de l'Ohio.

ATHIS. — Village situé près de Corbeil, dans le département de Seine-et-Oise. On y voit une fabrique importante de fers et d'aciers laminés, qui y fut créée en 1825 par les Anglais.

ATHLONE. — Petite ville fortifiée du comté de West-Meath, en Irlande. On y remarque une belle caserne. Pop. 11,500 âmes.

ATHOS (Mont). — Il est situé au sud-est de Salonique, dans la Macédoine, Turquie d'Europe. Les Grecs modernes le nomment *Hagion Oros* ou montagne sainte. Avant l'insurrection qui a eu lieu à notre époque, dans cette partie de l'empire ottoman, cette montagne portait sur ses flancs un certain nombre de villages, 22 couvents et 500 chapelles, cellules ou grottes habitées par environ 4,000 moines. Ceux-ci cultivaient des vignes, des oliviers, élevaient des abeilles, fabriquaient des images saintes et de la coutellerie, ce qui leur permettait d'entretenir un commerce assez considérable. C'est aussi sur le mont Athos que se trouvaient le premier séminaire de l'Eglise grecque, et sa célèbre école théologique, ainsi que les fameuses bibliothèques qui fournirent à l'Europe savante les précieux manuscrits d'une foule de chefs-d'œuvre de l'ancienne littérature grecque.

ATLANTIQUE (Océan). — Vaste étendue d'eau qui sépare l'Europe et l'Afrique de l'Amérique, et a pour limites, au nord, l'oocéan glacial Arctique, et au sud, l'océan glacial Antarctique; c'est-à-dire que cet océan s'étend en longitude de l'un à l'autre cercle polaire; et en latitude, de l'Europe et de l'Afrique aux deux continents américains. Cette surface peut se diviser d'une manière correspondante à celle du globe en zones. Ainsi, du cercle polaire arctique au tropique du Cancer, on donnera à l'Atlantique le nom d'*océan Atlantique boréal;* la partie qui s'étend du tropique du Cancer à celui du Capricorne, et dans laquelle se trouve l'équateur, sera appelée *océan Atlantique équinoxial*; et enfin les mers comprises entre le tropique du Capricorne et le cercle polaire antarctique formeront *l'océan Atlantique austral*. La première de ces divisions correspond à la zone tempérée boréale dans laquelle est située l'Europe; la seconde correspond à la zone torride, et la troisième à la zone tempérée australe.

Les mers qui dépendent de l'océan Atlantique boréal sont la mer Baltique, entre la Suède et la Russie; la mer du Nord, entre l'Angleterre, la Norwége, le Danemark et l'Allemagne; la mer d'Irlande, entre l'Angleterre et l'Irlande; le golfe de Gascogne, entre les côtes de France et l'Espagne; et la Méditerranée, puis les mers qui s'y rattachent, entre l'Europe, l'Afrique et l'Asie. L'océan Atlantique équinoxial comprend le golfe du Mexique et la mer des Antilles, en Amérique, à la hauteur de l'isthme de Panama; puis le golfe de Guinée sur les côtes de l'Afrique. Quant à l'océan Atlantique austral, comme il ne baigne aucune terre qui vienne en interrompre la surface, il ne se trouve alors sujet à aucune division.

La configuration de l'Atlantique et son point de jonction avec l'océan Glacial indiquent suffisamment, et nous l'avons déjà dit, que l'Europe se réunissait, dans les temps primitifs, à l'Amérique par ses contrées du nord; et l'on est autorisé à considérer les côtes de la Norwége, les terres du Groënland, les Orcades, les Shetland, les îles Féroé, l'Islande et les Açores, toutes terres volcaniques, comme les points culminants du sol qui fut submergé par un ou plusieurs cataclysmes. Il ne faut pas oublier, d'ailleurs, que la tradition de cet événement s'était conservée chez les anciens, puisque Platon et d'autres philosophes ont parlé d'une grande île disparue qu'ils nommaient l'Atlantide.

ATLAS. — Chaîne de montagnes de l'Afrique, que l'on divise, depuis Ptolémée, en grand et en petit Atlas. Le premier s'étend parallèlement aux côtes de l'Océan; il est le plus élevé du groupe et occupe tout l'empire de Maroc; mais il change souvent de dénomination à mesure qu'on s'avance vers l'orient. Ainsi ce sont les monts Ammer, *Djebel-Ammer*, sur le territoire d'Alger; les monts Megala et le *Djebel-Fissato* dans les États de Tunis; puis les monts Gharians et les monts Ouadans dans ceux de Tripoli. Du point où commencent les monts Ammer, se détache aussi une petite chaîne qui se dirige vers l'est, et dont l'un des noms est Andamer; puis une autre chaîne, appelée Nefisa, part de celle-ci pour se diriger vers les monts Megala, et l'un de ses rameaux, nommé *Djebel-Zeah*, la réunit au Fissato. Enfin, de l'extrémité des monts Nefisa, une chaîne qui, sous le nom de *Djebel-Agrouh*, va se terminer dans le désert de Sahara, dirige, vers le sud-est, deux rameaux parallèles, dont le septentrional se nomme les montagnes Noires, *Haroudjé-el-Açouad*, et le méridional les montagnes Blanches, *Haroudjé-el-Abiad;* et c'est à ce dernier qu'appartiennent le mont *Tibesty* et le *Djebel-Tadent*, qui se prolongent au sud dans le désert.

Le petit Atlas est la chaîne la plus rapprochée de la Méditerranée; il est parallèle au grand Atlas ou s'en détache obliquement; mais il se joint à lui par plusieurs chaînons transversaux dont le plus élevé est le Jurjura ou Guraïgura, qui a environ 32 kilom. de longueur. Le petit Atlas commence au cap Spatel et forme le cap Bon à son extrémité orientale.

Toutes les chaînes de l'Atlas sont faciles à franchir à l'aide des nombreux défilés dont elles sont percées et auxquels les Arabes donnent le nom de *Portes*. Le plus occidental de ces défilés s'appelle Porte du Soudan. Pour aller d'Alger à Constantine, on traverse le Jurjura par un de ces passages aussi remarquable que renommé, qu'on appelle Biben ou Biban, et que quelques voyageurs ont nommé la Porte de Fer. C'est une vallée très-étroite, dominée par des montagnes élevées et dont les flancs sont impraticables; au fond coule un ruisseau d'eau salée dont les détours sont si nombreux qu'il faut le traverser une quarantaine de fois durant les sept heures qu'on emploie à franchir le défilé.

Les chaînes de l'Atlas n'offrent aucun cours d'eau important. Sur le versant occidental du grand Atlas, dont toutes les eaux vont se jeter dans l'océan Atlantique, se présentent, en allant du midi au nord, le Tensil, qui a 320 kilom. de longueur; la Morbea, appelée aussi *Omm'er-Bébie'h*, qui n'en a que 240 à 260; le Sebon ou Mahmore, qui est encore moins long; et le Doucos, dont l'étendue n'est que de 16 kilom. Sur le versant septentrional, qui s'incline vers la Méditerranée, se montre, à l'est, la Moulloula ou Moulouvéa, qui a plus de 400 kilom de cours, mais qui est presque à sec pendant l'été, ce qui lui a fait donner le surnom de fleuve sans Eau, *Barhr-delamah*. Dans l'Algérie, coulent le Chélif, qui a 320 ou 400. kilom d'étendue; l'Isser et le Saibous, qui en ont 160; et le Rummel, appelé aussi *Ouad-el-Kebir*, qui n'en a que 120. Tous les autres cours d'eau de cette contrée ne sont guère que des ruisseaux; cependant il est des géographes qui ont représenté l'Afroun comme un fleuve, parce que ce torrent, dont le lit est très-profond, offre, dans quelques endroits et en certaines saisons une largeur de plus de 100 mètres. Au delà du Djebel-Ammer, et au milieu d'un vaste bassin fermé de tous côtés par des montagnes, coule l'*Ouad-Djidi*, qui, après un cours de 280 kilom. se jette dans le lac Melgigy, lac marécageux et salé, sans écoulement, dont la longueur est de 40 kilom. et la largeur de à 28 32. Sur le versant du grand Atlas qui descend vers le Sahara, on ne peut citer que le Ziz, dont l'étendue est de 400 kilom, et qui se jette aussi dans un lac sans écoulement; puis l'*Ouady-Draha*, ou *Ouady-Darah*, qui, après avoir parcouru une distance au moins pareille, va se perdre dans les sables du désert.

A l'exception de trois mois de l'été, le climat qui règne dans la région occidentale du haut Atlas, c'est-à-dire dans le Maroc, est l'un des plus beaux et des plus salubres de la terre. Le versant occidental est abrité par les montagnes contre le vent brûlant du désert, qui d'ailleurs ne souffle que pendant quinze jours ou trois semaines, pendant la saison pluvieuse, et les brises de mer y rafraîchissent l'atmosphère. Mais il n'en est pas de même pour les pays situés sur le versant oriental : les vents y apportent le hâle du désert, puis la peste d'Egypte; et en général, dans cette région, les saisons sont marquées par la sécheresse et les pluies; celles-ci commencent en septembre, mais elles ne durent pas néanmoins sans interruption. Les orages, plus fréquents dans le petit que dans le grand Atlas, sont habituellement partiels et s'étendent rarement hors de la région montagneuse. C'est dans le mois de décembre que le thermomètre descend le plus bas à Alger ; mais il est extrêmement rare qu'il descende jusqu'à zéro. L'époque de la plus grande chaleur est en juin, juillet et août, et dans ce dernier mois surtout, le thermomètre centigrade s'élève jusqu'à 33 ou 34 degrés. En novembre commence le mauvais temps et le froid. Dans l'Etat de Tunis il gèle rarement. Les vents du nord, venant d'Europe, traversent la Méditerranée et apportent des vapeurs humides qui déterminent les pluies qui tombent à cette époque, et continuent par intervalles jusqu'en mai ; puis les vents du sud et de l'est, qui dans le mois de juin arrivent des déserts africains, amènent les beaux jours et la chaleur.

ATLIXCO. — Petite ville de l'Etat de Puebla, dans la Confédération mexicaine. On trouve dans son voisinage un cyprès-chauve très-fameux, dont le tronc a environ 25 mètres de circonférence.

ATOLLS. — Les Anglais nomment ainsi ceux des récifs de polypiers qui ont une forme annulaire et offrent des lagunes. Ces atolls sont caractérisés par une bande de coraux morts qui est toujours beaucoup plus élevée du côté du vent dominant, et ensuite par cette circonstance particulière que le récif offre une ouverture ou passage étroit, dont la profondeur, quelquefois très-considérable, sert de communication entre la mer et la lagune.

ATTA. — Ville du royaume de Qua, dans la Nigritie centrale. Elle est située près de la rive gauche du Quorra, et compte environ 15,000 habitants.

ATTOCK. — Petite ville de l'Afghanistan, dans le royaume de Lahore, Hindoustan. Elle est située à la gauche de l'Indus et au confluent du Caboul. Elle est assez importante comme position militaire et à cause de son pont de bateaux sur l'Indus. Pop. : 2,000 âmes.

AUBAGNE. — Petite ville du département des Bouches-du-Rhône. Elle se distingue par son activité commerciale.

AUBE (Département de l'). — Il a été formé d'une partie de la Champagne et d'une partie de la Bourgogne. Sa superficie est de 609,000 hectares, et sa population de 261,880 âmes. Il est divisé en cinq arrondissements, dont les chefs-lieux sont Troyes, Arcis-sur-Aube, Nogent-sur Seine, Bar-sur-Aube et Bar-sur-Seine, et compte 26 cantons et 447 communes. Troyes est le siège de sa préfecture et de son diocèse, Paris celui de sa cour impériale, Reims celui de son académie universitaire, et il est compris dans la première division militaire.

AUBENAS. — Petite ville située sur l'Ardèche, dans le département de l'Ardèche. Placée au pied des Cévennes, elle est le centre d'un commerce important de soies ouvrées et grèges. Elle possède un collège, et sa population est d'environ 3,000 âmes.

AUBETERRE. — Petit bourg du département de la Charente. Il est remarquable par sa position pittoresque et son église taillée dans le roc.

AUBURN. — Petite ville de New-York, aux Etats-Unis d'Amérique. Elle est renommée par son séminaire théologien et par sa belle prison d'Etat. Pop. : 5,000 âmes.

AUBUSSON. — Petite ville située sur la Creuse, dans le département de ce nom, chef-lieu d'arrondissement ; elle comprend 10 cantons et 104 communes, et sa population est d'environ 5,500 âmes. Cette ville doit une assez grande renommée à ses fabriques de tapis de pieds, ras et veloutés, qui y fonctionnent depuis 1763.

AUCH. — Ville archiépiscopale, située sur la rive gauche du Gers. Autrefois capitale de la Gascogne, elle est aujourd'hui le chef-lieu du département du Gers, en son arrondissement comprend 6 cantons et 84 communes. Sa cathédrale est l'une des plus belles basiliques de la France, et l'on admire à la fois la hauteur de ses voûtes, ses vitraux, et l'élégance de son portail. Cette ville possède un séminaire, un collège, une bibliothèque publique, un musée, un cabinet de physique et une société d'agriculture. Elle fait un commerce d'étoffes de fil et coton, et sa population est d'environ 9,500 âmes.

AUCKLAND. — Ville de la Nouvelle-Zélande. Elle est située dans la partie septentrionale, sur le port Waïtemata, au fond du golfe Chouraki. C'est le chef-lieu des établissements fondés par les Anglais dans cette région de l'Océanie.

AUDE. — Rivière qui prend sa source près de Mont-Louis, dans les Pyrénées orientales. Elle traverse le département auquel elle donne son nom, passe par Limoux et Carcassonne, et va se jeter dans la Méditerranée, au port de la Nouvelle, par le canal de la Robine qui traverse Narbonne.

AUDE (DÉPARTEMENT DE L'). — Il a été formé du diocèse de Narbonne, du Rasez, du Carcassez et du Lauraguais. Sa superficie est de 606,397 hectares, et sa population d'environ 289,600 âmes. Il est divisé en quatre arrondissements qui sont Carcassonne, Limoux, Narbonne et Castelnaudary, et compte 31 cantons et 433 communes. Carcassonne est le siége de sa préfecture et de son diocèse, Montpellier celui de sa cour impériale et de son académie universitaire, et il est compris dans la neuvième division militaire.

AUGSBOURG. — Ville épiscopale, chef-lieu du cercle du haut Danube, en Bavière. Elle est située au confluent de la Wertach avec le Lech, et c'était autrefois une ville impériale. On y remarque la cathédrale ; le Pfalz ou palais de l'évêché, renfermant la salle célèbre par la confession d'Augsbourg, présentée à Charles-Quint en 1530; l'arsenal, et la maison Liebert. Cette ville possède un séminaire, un gymnase, une école polytechnique et plusieurs autres, une bibliothèque publique, une galerie de tableaux et une société d'histoire. Son commerce consiste en orfèvrerie, bijouterie, horlogerie, instruments de physique et de mathématiques, cuirs tannés, etc. Sa population est d'environ 35,000 âmes.

AUGUSTA. — Petite ville, capitale de l'Etat du Maine, aux Etats-Unis d'Amérique. Elle est située dans le comté de Kennebec, sur la rivière de ce nom, et compte environ 6,000 habitants.

AUGUSTOWO. — Chef-lieu du gouvernement et du palatinat de ce nom, en Pologne. C'est une petite ville, mais assez importante par son canal. Elle fait un commerce de bœufs et de chevaux. Pop. : 2,000 âmes.

AULNE. — Rivière qui prend sa source dans les montagnes Noires de la chaîne armorique, traverse le département du Finistère, passe par Châteaulin et se jette dans l'océan Atlantique par le bassin de Brest.

AUMALE ou SOUR-GHOZLAN. — Ville de la province d'Alger. C'est le chef-lieu d'une subdivision militaire. Pop. : 13,000 âmes.

AURAY. — Petite ville du département du Morbihan. Elle possède un port, un collége, et est assez commerçante. C'est là que Duguesclin fut fait prisonnier la première fois par le Prince Noir. Pop. : 4,000 âmes.

AURICH. — Petite ville, chef-lieu du gouvernement de ce nom, dans le royaume de Hanovre. Elle est située sur un canal navigable qui aboutit à Emden ; elle possède un lycée ; et ses marchés de chevaux sont en réputation. On y compte à peu près 3,500 âmes.

AURILLAC. — Ville située sur la Jordane. Chef-lieu du département du Cantal, son arrondissement comprend 8 cantons et 95 communes. On y remarque l'établissement d'eaux minérales, le haras et l'hippodrome. Cette ville possède un collége, une bibliothèque publique et une société académique; elle fait un commerce de chaudronnerie, de bestiaux, de fromages, de châtaignes, etc. ; et des courses de chevaux y ont lieu chaque année. Sa population est d'environ 10,000 âmes.

AURIOL. — Petite ville du département des Bouches-du-Rhône. Elle est florissante par son industrie et son commerce. Pop. : 5,000 âmes.

AURORA. — Ile du grand Océan. C'est l'une des Nouvelles-Hébrides. Elle a environ 48 kilom. de long sur 20 de large.

AUSTERLITZ. — Petite ville de la Moravie qui compte environ 2,500 habitants. On y remarque un superbe château, orné de très-beaux jardins, et c'est dans son voisinage qu'en 1805 Napoléon remporta une victoire mémorable sur les empereurs de Russie et d'Autriche.

AUSTRALIE ou OCÉANIE CENTRALE. — Elle est située au sud de l'équateur. C'est une vaste portion du monde maritime qui comprend le continent austral ou Nouvelle-Hollande, la Papouasie, la Nouvelle-Bretagne, l'archipel de Salomon, celui de La Pérouse et celui de Quiros, puis les groupes de la Nouvelle-Calédonie, de Norfolk et de la Tasmanie.

AUTERIVE. — Petite ville du département de la Haute-Garonne. Elle est située sur l'Ariége, et c'est un chef-lieu de canton de l'arrondissement de Muret. Pop. : 3,300 âmes.

AUTHIE. — Petite rivière qui prend sa source non loin du village du même nom, dans le département du Pas-de-Calais, et va se jeter dans l'Océan à 12 kilom. au sud-ouest de Montreuil.

AUTHION. — Autre rivière qui naît à l'étang de Saint-Georges, dans le département de Maine-et-Loire, et va se jeter dans ce dernier fleuve, non loin d'Angers.

AUTRICHE (EMPIRE D'). — Il est situé entre 6° et 24° de longitude orientale, et 42° et 51° de latitude. Sa plus grande longueur, depuis Sesto-Calende, sur le Tessin, dans la délégation de Milan, jusqu'au confluent du Podhorze avec le Dniester, dans le cercle de Czorlkow, en Gallicie, est de 750 milles, et sa plus grande largeur, depuis Trau, sur la mer Adriatique, en Dalmatie, jusqu'aux monts Erzgebirge, dans le cercle de Saatz, en Bohême, s'élève à 442 milles. Il a pour limites, au nord, la Confédération suisse, le lac de Constance, les royaumes de Bavière et de Saxe, la Silésie, la république de Cracovie, la Pologne et la Volhynie ; à l'est, la Podolie, une zone de la Bessarabie et la Moldavie ; au sud, la Valachie, la Servie, la Bosnie et la Croatie, puis la mer Adriatique, la légation de Ferrare et les duchés de Modène et de Parme, et à l'ouest, le royaume sarde, la Suisse et la Bavière.

L'empire d'Autriche se compose 1° en *Allemagne*, du cercle d'Autriche, de l'archevêché de Salzbourg et de la partie de la Bavière située à la droite de l'Inn, après son confluent avec la Salza; 2° de la Bohême, de la Moravie, d'une partie de la haute Silésie et du duché d'Auschwitz; 3° en *Italie*, du territoire de Venise, de la Lombardie, du duché de Mantoue, de la Valteline, du comté de Bormio et de Chiavenna et de quelques fractions des territoires de l'Etat du Pape et du duché de Parme, situés sur la rive gauche du Pô; 4° de la Hongrie et de ses annexes, la Slavonie et la Croatie; 5° de la Transylvanie, de la Dalmatie et de l'Albanie; 6° en *Pologne*, de la Gallicie et d'une portion de la Loudomerie; 7° en *Turquie*, de la partie nord-ouest de la Moldavie, dite Boukowine.

Les montagnes de cet empire appartiennent à trois systèmes différents : l'*alpique*, le *slavo-hellénique* et l'*hercynio-carpathien*. Au premier se rattachent toutes celles du royaume Lombard-Vénitien, de l'Illyrie, du Tyrol, de la haute et basse Autriche et de la Hongrie à la droite du Danube, de la Styrie, de la Croatie civile et de la Slavonie; et leurs points culminants sont l'Ortler-Spitz, dans le Tyrol, dont la hauteur est de 3,900 mètres, et le Gross-Glockner, dans le Salzbourg, ayant une altitude de 3,876 mètres. Le second système comprend les montagnes de la Croatie militaire, de la Dalmatie et de l'Albanie autrichiennes, et leur point culminant est le mont Dinara, élevé de 2,262 mètres. Enfin, le système hercynio-carpathien embrasse les montagnes de l'Autriche à la gauche du Danube; celles de la Moravie, de la Silésie et de la Gallicie; puis celles de la Transylvanie et de la Hongrie, à la gauche du Danube; et leurs points culminants sont le Ruska-Boyana, haut de 3,007 mètres, et le Gailuripi dont l'altitude est de 2,910 mètres. Tous deux font partie de la chaîne qui sépare la Transylvanie de la Hongrie.

Les fleuves qui baignent les possessions autrichiennes aboutissent à quatre mers différentes : l'océan Atlantique, appelé aussi mer du Nord dans cette partie du globe, la mer Baltique, la mer Noire et la mer Adriatique. La première reçoit l'*Elbe*, dont les principaux affluents sont l'Iser, l'Adler, la Moldau, le Beraun et l'Eger; puis le *Rhin*, qui ne touche qu'à l'extrémité occidentale du Tyrol. Dans la seconde viennent se vider les eaux de l'*Oder* et de ses affluents, l'Oppa et l'Olsa ou Elsa; puis de la *Vistule*, dont les principaux affluents sont la Biala, le Dunajec, la Visloka, le San et le Boug. A la troisième arrivent le *Danube*, qui est le plus grand fleuve de l'empire, et dont les affluents les plus considérables sont la Morawa, la Tava, la Waag, la Gran, l'Ipoly, la Theiss, l'Aluta, le Sereth et le Pruth; puis le *Dniester* et ses affluents, le Stry, le Bistritz, le Sered et le Podhorze. Dans la quatrième s'écoulent le *Pô*, dont les affluents principaux sont le Tessin, l'Olona, l'Adda, l'Oglio et le Mincio; puis l'*Adige*, qui a pour principal affluent l'Eysach; et enfin, le *Bacchiglione*, la *Brenta*, le *Sile*, la *Piave*, la *Livenza*, le *Tagliamento*, le *Lisonzo*, la *Kerka*, la *Cettina* et la *Narenta*.

Quant aux lacs, on trouve celui de Balaton ou de Platten, dans la Hongrie; ceux de Cirknitz et d'Ossiach, dans le gouvernement de Laybach; ceux de Mond, d'Atter et de Traun, dans la haute Autriche; ceux de Garde, d'Issée, de Côme, du Maggiore et de Lugano, dans le royaume Lombard-Vénitien; et une partie de celui de Constance, à l'extrémité occidentale du Tyrol. Quelques îles surgissent aussi le long de la côte des provinces vénitiennes, de la Croatie militaire et de la Dalmatie; et les principales, qui appartiennent précisément à ce dernier gouvernement, sont celles de Veglia, Cherso, Arbe, Pago, Coronata, Brazza, Lissa, Lesina, Curzola et Meleda. Enfin, l'empire d'Autriche possède un grand nombre de canaux, et les chemins de fer commencent à étendre leur réseau sur son territoire.

Les grandes divisions de cet empire sont les gouvernements de la basse et de la haute Autriche; ceux du Tyrol et de la Styrie; le royaume d'Illyrie; les gouvernements de Trieste, du royaume de Bohême et de celui de Gallicie; le royaume Lombard-Vénitien, qui comprend les gouvernements de Milan et de Venise; le royaume de Hongrie, où se trouvent les cercles en deçà et au delà du Danube, et ceux en deçà et au delà de la Theiss; les royaumes de Slavonie et de Croatie; les districts particuliers; les gouvernements de Transylvanie et des confins militaires; le royaume de Dalmatie et une partie de l'Albanie. VIENNE est la capitale de l'empire.

AUTUN. — Ville épiscopale, située sur l'Arroux, dans le département de Saône-et-Loire. Chef-lieu d'arrondissement, elle comprend 8 cantons et 85 communes. On y remarque des ruines de temples et d'amphithéâtres romains et deux arcs de triomphe. Cette ville possède un séminaire, un collège, une bibliothèque publique et un cabinet d'antiquités et d'histoire naturelle. Sa population est d'environ 11,000 âmes.

AUXERRE. — Ville ancienne, située sur l'Yonne. Chef-lieu du département de ce nom; son arrondissement comprend 12 cantons et 101 communes. On remarque la cathédrale et la tour Gaillarde, ayant une horloge très-curieuse. Cette ville possède un collège, une école normale primaire, une bibliothèque publique, un musée, un jardin botanique et une société d'agriculture. Elle fait un commerce de vins, de fer, d'acier, de chanvre, de bois, etc. Pop. : 13,000 âmes.

AUXONNE. — Petite ville fortifiée, située sur la Saône, dans le département de la Côte-d'Or. Elle possède un collège, une bibliothèque publique, un arsenal de construction, une fonderie, et fait un commerce assez important de grains, de farines et de melons. Sa population est d'environ 5,000 âmes.

AUZANCES. — Petite ville du département de la Creuse. C'est un chef-lieu de canton de l'arrondissement d'Aubusson. Pop. : 1,400 âmes.

AUZAT-LE-LUGUET. — Bourg de l'arrondissement d'Issoire, dans le département du Puy-de-Dôme. Il est important par ses mines d'antimoine, qu'on y exploite depuis 1821. Pop. : 1,600 âmes.

AVA. — Capitale de l'Empire Birman, dans l'Inde transgangétique. C'est une grande ville située sur la gauche de l'Irouady ; mais ses maisons se trouvent très-disséminées sur la surface qu'elle occupe. On y remarque, parmi ses temples nombreux, celui qui porte le nom de Logartharbon, puis le palais du roi.

AVALLON. — Petite ville du département de l'Yonne. Chef-lieu d'arrondissement, elle comprend 5 cantons et 71 communes. Elle possède un collége et son territoire produit des vins estimés. Pop. : 6,000 âmes.

AVATCHA ou PÉTRO-PAULOFSKA. — Baie et ville à l'extrémité sud du Kamtchatka. Les capitaines Cierke et Delisle de la Crozère y sont enterrés. Un volcan de même nom est situé dans la chaîne du Kamtchatka.

AVEIRO. — Petite ville épiscopale du Beira, en Portugal. Elle jouit d'une importance maritime qui progresse de jour en jour; sa population n'est encore que de 4,000 âmes.

AVELLINO. — Ville épiscopale, chef-lieu de la principauté ultérieure, dans le royaume de Naples. Elle est importante par son industrie et son commerce, et l'on y trouve un collége royal. Pop. : 14,000 âmes.

AVENCHES. — Petite ville du canton de Vaud, en Suisse. C'est l'ancienne *Aventicum*, dont les murs étaient d'une épaisseur extraordinaire et avaient au delà de 3 milles de circonférence. La ville actuelle possède un hospice renommé pour les aliénés, et la population est d'environ 1,200 âmes. On trouve, dans le voisinage, un grand nombre de débris d'édifices romains.

AVENIÈRES (Les). — Commune de l'arrondissement de La Tour-du-Pin, dans le département de l'Isère. On y trouve un grand nombre de tuileries et de briqueteries. Pop. : 3,000 âmes.

AVENSAN. — Commune de l'arrondissement de Bordeaux, dans le département de la Gironde. Pop. : 1,000 âmes.

AVERNE. — Lac de la Campanie, près de Baïes et de Pouzzoles, royaume de Naples. C'est celui que les poëtes regardaient comme l'une des entrées des enfers.

AVERSA. — Jolie petite ville de la terre de Labour, dans le royaume des Deux-Siciles. Elle est renommée par deux établissements publics importants : sa maison des enfants trouvés et celle des fous. Cette dernière est l'une des plus belles fondations de ce genre qui soient connues. La population de cette ville est d'environ 16,000 âmes.

AVES (Iles d') ou des Oiseaux. — Elles appartiennent aux petites Antilles *Sous-le-vent* et sont situées au sud-est de l'île Bonaire.

AVESNES. — Petite ville, chef-lieu d'arrondissement dans le département du Nord. Elle comprend 10 cantons et 132 communes. Elle possède un collége, une société d'agriculture et compte 3,000 habitants. Ses fortifications sont dues à Vauban.

AVEYRON (Département de l'). — Il a été formé du Rouergue. Sa superficie est de 887,878 hectares et sa population de 389,100 âmes. Il est divisé en cinq arrondissements dont les chefs-lieux sont Rodez, Espalion, Milhau, Saint-Afrique et Villefranche, et compte 42 cantons et 259 communes. Rodez est le siége de sa préfecture et de son diocèse, Montpellier celui de sa Cour impériale et de son académie universitaire, et il est compris dans la huitième division militaire.

AVEZZANO. — Petite ville de l'Abruzze-ultérieure deuxième, dans le royaume des Deux-Siciles. Elle est située près du lac Celano, et l'on y admire le canal que creusèrent les Romains pour vider ce lac. La population est d'environ 6,000 âmes.

AVIGNON. — Ville archiépiscopale située sur la rive gauche du Rhône, au milieu d'une plaine couverte d'une superbe végétation. Chef-lieu du département de Vaucluse, son arrondissement comprend 5 cantons et 20 communes. On remarque, dans cette ville, l'ancien palais des Papes, la cathédrale, l'hôtel des Invalides, les casernes, les murailles d'enceinte, etc. Elle possède un séminaire, un collége, une bibliothèque publique, un musée, un cabinet d'histoire naturelle, un jardin botanique et une société académique. On y trouve des fonderies, des laminoirs, des martinets, des fabriques de florence, de taffetas, etc., et son commerce comprend aussi du vin, de l'eau-de-vie, de l'huile, du miel, de la cire jaune, de la garance, du safran, etc. Sa population est d'environ 34,000 âmes : au XIVe siècle elle en avait 100,000. Avignon fut habité par les Papes depuis Clément V jusqu'à Grégoire XI.

AVIGNONET. — Bourg du département de la Haute-Garonne. Il est situé près du canal, à 2 lieues de Ville-Neuve. Pop. : 2,500 âmes.

AVILA. — Petite ville épiscopale, chef-lieu de la province de ce nom, dans la vieille Castille, en Espagne. On y remarque des restes d'antiquités romaines et des monuments du moyen âge; elle possède une université; et sa population est d'environ 4,000 âmes.

AVINO. — Petite ville de la province de Guadalaxara, au Mexique. On trouve des mines d'or dans son voisinage.

AVIOTHE. — Village de l'arrondissement de Montmédy, dans le département de la Meuse. Il est renommé par son église que l'on regarde comme l'un des plus beaux monuments gothiques de la France.

AVRANCHES. — Petite ville, chef-lieu d'arrondissement dans le département de la Manche. Elle comprend 9 cantons et 123 communes. Cette ville possède un collége, une bibliothèque et un jardin botanique; son commerce consiste principalement en grains, en dentelles et en cidre. Pop. : 8,000 âmes.

AVRANGABAD. — Ville de l'empire Indo-Britannique. Elle fut la capitale du royaume de Dekkan; mais elle est aujourd'hui en partie ruinée. On y remarque le magnifique mausolée de Rabi'a-Dourani, fille d'Avrangzeb, et un immense bazar qui présente environ deux milles d'étendue. Pop. : 50,000 âmes.

AX. — Petite ville de l'arrondissement de Foix, dans le département de l'Ariége. Elle est renommée par ses sources thermales. On voit, dans ses environs, plusieurs grottes très-curieuses par les stalactites et autres concrétions dont leurs parois sont couvertes. Pop. : 2,000 âmes.

AXUM. — Ville du royaume de Tigré, dans l'Abyssinie. Elle est en partie ruinée aujourd'hui; mais ce fut l'une des cités les plus florissantes de l'Afrique, lorsque les souverains du royaume qui portait son nom, dominaient sur presque toute l'Abyssinie, une partie de l'Arabie, et recevaient un tribut des empereurs byzantins. Alors la civilisation et les arts régnaient dans cette cité, qui témoigne actuellement, par ses restes magnifiques, de la splendeur qui la distinguait. On y remarque encore une superbe église dans laquelle on conserve la *Chronique d'Axum*, et, dans le voisinage de la ville, on trouve aussi le monastère d'Abba-Pantaléon, cité surtout pour son obélisque et l'inscription grecque qui date de l'an 330 de notre ère.

AYASALOUK. — Village de l'Anatolie, dans l'Asie Mineure. C'est dans son voisinage que se trouvent les ruines d'*Éphèse*.

AYR. — Chef-lieu du comté de ce nom, en Ecosse. On y a fondé une école de commerce où l'on instruit 300 élèves. Pop. : 1,300 âmes.

AZAT-LE-RIS. — Village du département de la Haute-Vienne. Il est important par sa verrerie, qui fournit actuellement de 4 à 500,000 bouteilles.

AZOF ou D'AZOV, (Mer d'). — Cette mer n'est à proprement parler qu'un vaste golfe, formé par les eaux de la mer Noire avec laquelle elle communique, au sud, par le détroit de Iaman ou d'Iénikale. Les anciens lui donnaient le nom de *Palus-Meotis*. Elle est entourée de tous côtés par les contrées faisant partie du domaine de la Russie, et baigne les côtes des gouvernements des cosaques du Don, de Jékaterinoslaf, de la Tauride, et des cosaques de la mer Noire; et se trouve séparée du Sivach ou *Mer putride*, par la péninsule d'Arabat. Sa plus grande longueur, y compris la baie de Taganrok, du sud-ouest au nord-est, est de 336 kilom.; sa largeur moyenne de 160; et sa plus grande profondeur de 11 mètres 375 à 13 mètres. Ses eaux se gèlent communément chaque hiver, et alors la couche de glace est assez épaisse pour que la communication soit établie entre les villes d'Azof et de Tangarok, que sépare une étendue de 40 kilom. Deux fleuves, le Don et le Kouban, ont leur embouchure dans ce golfe.

AZOV ou AZOF. — Très-petite ville du gouvernement d'Ekaterinoslav, en Russie. Elle donne son nom au golfe peu profond qui porte aussi le titre de mer.

AZUN. — Vallée du département des Hautes-Pyrénées. Elle est traversée par le gave de même nom, affluent de gauche du gave de Pau.

AZY. — Commune de l'arrondissement de Sancerre, dans le département du Cher. Pop. : 1,100 âmes.

B

BAALBEK. — Petite ville de Syrie, dans la Turquie d'Asie. Elle est considérée comme le chef-lieu des Moutoualis, montagnards tributaires du gouvernement ottoman, et elle s'élève au milieu des ruines de l'ancienne *Héliopolis*, où l'on remarque surtout les restes du château, du temple du Soleil, et de la muraille composée de blocs énormes.

BABA-DAGH. — Petite ville de la Tartarie Dobroudjie, dans la Turquie d'Europe. Elle est située près du lac Rassein, et sa position militaire et son commerce lui donnent quelque importance. On y remarque un bel aqueduc, et on y compte environ 10,000 habitants.

BABADAGI. — Ville de Bulgarie, dans l'empire ottoman. Elle est située sur la mer Noire.

BABAHDA. — Petite ville du gouvernement de Bessarabie, en Russie. Elle est renommée par ses pêcheries que quelques-uns regardent comme les plus riches de l'Europe.

BAB-EL-MANDEB, ou *Porte de deuil*. — Détroit dangereux par lequel la mer Rouge communique avec la partie de mer des Indes appelée golfe d'Aden.

BABUIJANES. — Groupe de l'archipel des Philippines, dans l'Océanie occidentale. Ses principales îles sont Babuyan et Calayan. Il appartient aux Espagnols.

BACCARAT. — Petite ville de l'arrondissement de Lunéville, dans le département de la Meurthe. Elle est renommée par sa cristallerie, l'une des plus belles de France, et surtout par ses cristaux moulés. Son commerce consiste aussi en grains et en bois. Pop. : 3,200 âmes.

BACHI. — Groupe de l'archipel des Philippines, dans l'Océanie occidentale. Ses principales îles sont Grafton, Bayat, Batan et Bachi. Ce groupe est situé sur les confins de l'Océanie et de l'Asie, et les Espagnols ont un petit établissement dans l'île de Grafton.

BACHIGLIONE. — Petite rivière d'Itane. Elle passe à Padoue pour aller se jeter dans la Brenta.

BACHMUL. — Ville du gouvernement d'Ekaterinoslav, en Russie. On y trouve des salines.

BACKNANG. — Ville du Wurtemberg. Elle est située sur la Muhr. Son église renferme les tombeaux des premiers margraves de Bade. Pop. : 4,000 âmes.

BADAGSHAN. — Ville de la grande Bukarie, en Asie. Elle est située sur le Gihon, et l'on trouve, dans son voisinage, des mines d'or, d'argent et des rubis.

BADAJOZ. — Ville épiscopale, chef-lieu de la province et de la capitainerie de l'Estremadure, en Espagne. On y remarque un magnifique pont construit sur la Guadiana. Sa population est d'environ 13,000 âmes.

BADE (Grand-Duché de). — Il est compris, pour la plus grande partie, dans l'ancien cercle de Souabe. Ses limites sont : au nord, le grand-duché de Hesse et le royaume de Bavière ; à l'est, les royaumes de Bavière et de Wurtemberg et les principautés de Hohenzollern ; au sud, le lac de Constance et le Rhin, qui le séparent de la Suisse ; et à l'ouest, le Rhin, qui le sépare de la France. Les rivières qui arrosent cet Etat vont toutes aboutir au Rhin ou au Danube. Le Rhin reçoit la Wiesen, la Treysam, la Kinsig, la Murg, la Pfinz, la Saal ou Salza, le Necker grossi de l'Euz, et le Mein grossi du Taubro. Le Danube y prend naissance et ne porte son nom qu'après la réunion de ses trois branches : la Brege, la Brigach, et une plus petite dont la source se trouve dans la cour du château de Donaneschingen, qui appartient au prince de Fürstenberg. Le grand-duché de Bade se compose de quatre cercles qui sont les suivants : celui du Rhin-moyen, ayant pour chef-lieu *Carlsruhe* ; du Lac, chef-lieu *Constance* ; du Haut-Rhin, chef-lieu *Freyburg* ; et du Bas-Rhin, chef-lieu *Manheim*.

BADE. — Jolie petite ville du cercle du Rhin-moyen, dans le grand-duché de Bade. Elle est renommée par ses sources minérales, qui y attirent chaque année une grande affluence d'étrangers. C'est la *civitas aurelia aquensis* des Romains. Sa population est d'environ 4,000 âmes.

BADEN. — Jolie petite ville de l'archiduché d'Autriche, renommée par ses bains qui attirent chaque année plusieurs milliers d'étrangers. C'est dans son voisinage et dans celui de la charmante vallée de Sainte-Hélène, qu'est situé le château de Weilburg, construit par l'archiduc Charles, et l'une des plus belles maisons de plaisance de l'Allemagne. La population regnicole de Baden est d'à peu près 3,000 âmes.

BADEN. — Petite ville du canton d'Argovie, en Suisse. Elle est située sur la Limmat, et célèbre par ses sources thermales, que les Romains appelaient *Thermæ Helveticæ*. Elle possède le principal gymnase du canton, une belle bibliothèque, une collection minéralogique. Pop. : 1,800 âmes.

BADENWEILER. — Village du cercle du Haut-Rhin, dans le grand-duché de Bade. Il est renommé par ses sources minérales qui étaient déjà fréquentées du temps de l'occupation romaine. On découvre dans ses environs un grand nombre d'antiquités. La montagne qui s'élève derrière Badenweiler est le plus haut sommet de la forêt Noire. La population n'est que de 300 âmes.

BADRINATH. — Village de la province du Gherwal, dans l'empire Indo-Britannique. Il est situé sur la rive occidentale de l'Alacananda, et à 3,130 mètres au dessus du niveau de la mer. On y voit un temple indien très-riche, qui attire annuellement 50,000 pèlerins.

BAEBAEGIE. — Village de la province de Kano, dans l'empire des Fellatah, Nigritie centrale. On y voit des maisons en pierre, et la population est d'environ 25,000 âmes.

BAEZA. — Petite ville épiscopale de l'Andalousie, en Espagne. On y compte 12,000 habitants.

BAFFA. — Petit lieu de l'île de Chypre, Turquie d'Asie. On y trouve les ruines de *Paphos*, si célèbre par le temple magnifique qu'on y avait élevé à Vénus, et l'on y remarque un certain nombre de grottes sépulcrales. Pop. : 4,000 âmes.

BAFFIN, ou BAFFIN'S-BAIE. — Grand golfe de l'Amérique septentrionale, découvert par l'Anglais Guillaume Baffin. On ignore quelles sont ses bornes au nord, mais on suppose qu'il s'étend jusqu'au 80° degré de latitude.

BAGDAD. — Grande et belle ville de l'Irak-Araby, dans la Turquie d'Asie. Elle est située sur les bords du Tigre, et défendue par une haute muraille, des fossés et une citadelle. On y remarque le palais du pacha, le tombeau de Zobéide, femme d'Haroun-al-Rachid, et celui du cheikh Abdoul-Kadir-Ghilani, l'arsenal, la douane et les bazars. La population est d'environ 100,000 âmes. Les environs de cette ville sont couverts de débris antiques, et l'on sait d'ailleurs que dans cette contrée s'élevèrent Babylone, Séleucie, Ctésiphon, etc., dont il n'existe plus aujourd'hui que les ruines.

BAGE-LE-CHATEL. — Petite ville du département de l'Ain. C'est un chef-lieu de canton de l'arrondissement de Bourg. Pop. : 900 âmes.

BAGLAGNA. — Pays du Décan, dans l'Inde. Il est situé au sud du Gazurat, entre Surate et Pounah.

BAGNERES-DE-BIGORRE. — Petite ville située sur l'Adour, dans le département des Hautes-Pyrénées. Chef-lieu d'arrondissement, elle comprend 10 cantons et 191 communes. Elle possède un collège, un musée et un établissement thermal d'une grande renommée. Elle fait un commerce de cadis, d'étamines, de crêpes de laine, etc. Pop. : 8,500 âmes.

BAGNERES-DE-LUCHON. — Petite ville située dans la vallée du même nom, au pied des Pyrénées, département de la Haute-Garonne. Elle est renommée par son établissement thermal, l'un des plus importants qui existent en France, et dont les sources étaient fréquentées par les Romains sous le nom d'*Aquæ convenarum*. La population de cette ville est d'environ 2,000 âmes.

BAGNES (Vallée de). — En Suisse. Sa longueur est d'environ 40 kilom, le torrent de la Drause la parcourt, et les énormes glaciers de Tzermotane ou Tchermotane la terminent à l'est et au sud. De tristes événements lui ont donné de la célébrité. En 1545, l'écroulement d'une montagne ayant formé un barrage aux eaux de la Drause, il en résulta une inondation qui détruisit le village de Bagnes et l'établissement de bains qu'on y avait formé. Pendant l'été de 1818, des avalanches amoncelèrent dans le lit de la Drause les débris des glaciers de Gétroz, et formèrent un lac qui, après avoir brisé les barrières qui le retenaient, inonda la vallée et détruisit aussi le village de Champsée, une partie de la ville de Marigny, puis ravagea plusieurs localités du bas Valais.

BAGNOLES. — Village du département de l'Orne, renommé par ses sources minérales et son établissement de bains.

BAGNOLS. — Village situé sur le Lot, dans l'arrondissement de Mende, département de la Lozère. On y trouve des sources thermales assez fréquentées. Pop. : 400 âmes.

BAHAOULPOUR. — Grande ville de la principauté de ce nom, dans le Sindhy, Hindoustan. Elle est située près de la rive gauche du Setledje et florissante par son commerce. Pop. : 20,000 âmes.

BAHIA ou SAN-SALVADOR. — Ville archiépiscopale, chef-lieu de la province de Bahia, au Brésil. Elle est fortifiée et située partie sur un terrain escarpé à 200 mètres au-dessus du niveau de la mer, partie sur la plage de la baie de tous les Saints, qui y forme un magnifique port. On y remarque l'église des Jésuites, les couvents et les églises des Franciscains, des Carmes et des Bénédictins; la chapelle da Graça, le palais du gouverneur, celui de l'archevêque, l'hôtel de ville, l'hôpital militaire, la Bourse, l'arsenal maritime, etc. Cette ville possède un séminaire, une école de chirurgie, un gymnase et une bibliothèque publique, et c'est l'une des places commerçantes les plus importantes du nouveau monde. Pop. : 120,000 âmes. Les environs de Bahia, appelés par les Brésiliens *Reconcavo*, sont riches de cultures et tout parsemés de bourgs et de villages.

BAHIA BLANCA. — Petite ville de la province de Buenos-Ayres, dans la confédération du Rio de la Plata. Elle possède un bon port et des établissements militaires assez importants.

BAHREIN. — Groupe d'îles situé dans le golfe Persique, sous le 26° parallèle, et qui porte aussi le nom d'*Awal*. Les plus importantes de ces îles sont Bahreïn ou Auoal, Samahe et Tharout; elles sont arrosées par des sources abondantes, et fertiles en dattiers, en figuiers et en vignes. La pêche des perles leur a donné de la célébrité.

BAHR-EL-ABIAD. — Vaste contrée de la région du Nil, en Afrique. Elle est située hors des confins de l'Abyssinie et de la Nubie, et se compose principalement des États suivants : le Donga, le pays des Chelouks, le Denka, le Bertat, le Cheibon, le Fertil, le pays des Tulclawi, le Cordofan et le royaume de Four.

BAHTONG. — Ville du Népal, dans l'Hindoustan. Elle fut pendant un temps la capitale du royaume. Elle est assez importante par son industrie, ses temples, ses écoles et ses bibliothèques. Pop. : 40,000 âmes.

BAIKAL ou BAYAKHAL. — Grand lac de l'Asie septentrionale, situé entre les parallèles de 51° 21' et de 55° 40', et entre le 101° et le 107° degré de longitude du méridien de Paris. Sa longueur, du sud-ouest au nord-est, est d'environ 600 kilom., sa plus grande largeur de 88, et sa circonférence d'à peu près 1,880 kilom. Son eau est légère, douce et limpide; sa profondeur est d'environ 292ᵐ 50; et il offre ce phénomène, que souvent, sans qu'il règne le moindre vent dans l'atmosphère, sa surface se trouve violemment agitée, tandis que durant les plus grandes tempêtes il conserve un calme complet. Les rivières principales qu'il reçoit sont : l'Angara, la Bargouzine et la Selengga, et il se dégorge par l'Angara inférieur. Il renferme plusieurs îles, dont la plus considérable, celle d'Olkhon, a 72 kilom. de longueur sur 24 de largeur; et ses rives occidentales sont dominées par une chaîne de montagnes qui séparent son bassin de celui de la Lena. Cette chaîne se termine par un large plateau à couches horizontales; mais le plus communément la surface de ces monts est irrégulière, et présente les traces de grands bouleversements. Le Bourgoundou, point culminant de cette chaîne, est couvert de neiges perpétuelles; quelques-uns des autres monts ont leurs flancs garnis de pins, de mélèzes et de bouleaux. Le Baïkal donne asile à des amphibies de la tribu des Phocacées, au saumon voyageur, et surtout au *callionymus baicalensis*.

BAIREUTH. — Chef-lieu du cercle du Haut-Mein, en Bavière. Cette ville est située sur le Mein-Rouge, et se distingue par son industrie. On y remarque l'ancien et le nouveau château, puis la caserne ; elle possède un gymnase et une société d'histoire ; et sa population est d'environ 13,000 âmes.

BAIROUT. — Ville de Syrie, dans la Turquie d'Asie. C'est l'une des plus anciennes de la Phénicie, et l'empereur Justinien y avait fondé une école de droit. Sa population est de 10,000 âmes.

BAKEWEL. — Petite ville du comté de Derby, en Angleterre. Elle est assez importante par ses mines de houille, de plomb et de zinc, et par ses carrières. On trouve dans son voisinage, le château appelé Chatsworth-house, renommé par sa magnificence, et qui appartient au duc de Devonshire. Pop. : 2,000 âmes.

BAKHMOUT. — Très-petite ville du gouvernement d'Ekaterinoslav, en Russie. On trouve, dans son voisinage, une couche de houille importante ; puis les vestiges d'une muraille que les Tartares avaient établie sur trois lignes ; et enfin, de nombreux tertres élevés ou kourgans, monuments qui, selon les uns, ont servi à la sépulture, et qui, suivant d'autres, avaient pour destination de jalonner des chemins dans les déserts sablonneux. Quel qu'ait été le but de leur construction, on a recueilli dans plusieurs d'entre eux des idoles de pierres appelées

Babi, statues gigantesques et monstrueuses, représentées assises et la tête enfoncée dans les épaules.

BAKHTCHISSARAI. — Ville du gouvernement de la Tauride, en Russie. On y remarque plusieurs belles églises, l'ancienne résidence des khans, des bains et des canaux qui conduisent l'eau dans les maisons des habitants qui sont riches. Cette ville est importante par sa fabrication de coutellerie et de maroquins, et sa population est d'environ 14,000 âmes.

BAKOU. — Chef-lieu de la province de ce nom, dans la région du Caucase, Russie asiatique. Elle est importante par son port, l'un des plus fréquentés de la mer Caspienne; par la grande quantité de soie et de safran qu'on recueille sur son territoire, et par la pêche de phoques qui se fait dans ses parages. C'est aussi dans ses environs que se trouvent les célèbres puits de Naphte, dont les produits sont l'une des richesses du pays; l'atech-gah ou endroit du feu, l'un des sanctuaires guèbres les plus anciens et les plus renommés de l'Asie; et des volcans vaseux, semblables à ceux de Macalouba, en Sicile, et de Taman, dans le territoire des cosaques de la mer Noire. Pop. : 6,000.

BAKTSCHESERAI. — Petite ville de l'Ekaterinostav, en Crimée, empire russe. Pop.: 25,800 âmes.

BALARUC. — Petit bourg situé sur l'étang de Thau, dans le département de l'Hérault. Il est renommé par ses sources thermales qui sont très-fréquentées. Pop. : 600 âmes.

BALASSORE. — Petite ville de la province d'Orissa, dans l'empire Indo-Britannique. Elle est importante par son port, ses chantiers et ses salines. Pop. : 10,000 âmes.

BALE. — Ville épiscopale du canton de ce nom, en Suisse. Elle est située sur le bord du Rhin qui la partage en deux parties inégales appelées *Grand-Bâle* et *Petit-Bâle*, et qui communiquent entre elles par un pont. Autrefois capitale du canton, elle n'est actuellement que le chef-lieu de Bâle-Intérieur. Ses principaux édifices sont la cathédrale, l'hôtel de ville, le margra-fischerhof et l'arsenal. Elle possède un séminaire des missionnaires, une université, un gymnase, plusieurs instituts, une bibliothèque publique, un musée, un médailler, un jardin botanique, et plusieurs sociétés académiques. Cette ville est la première de la Suisse qui ait eu une imprimerie, et ses presses ont produit des ouvrages remarquables. On y trouve aujourd'hui diverses manufactures, et, entre autres, des fabriques de rubans de soie qui font d'énormes exportations. La population est d'environ 23,000 habitants. On voit à Augst, dans les environs de Bâle et à l'embouchure de l'Ergoltz dans le Rhin, les ruines de plusieurs monuments romains qui appartenaient à *Augusta Rauracorum*, la plus renommée des colonies romaines dans la Suisse.

BALEARES. — Iles de la Méditerranée, situées à 88 kilom. environ des côtes de la Péninsule hispanique, et que l'on croit être le prolongement de la chaîne de montagnes qui a formé le cap Saint-Martin. Leur direction générale est du sud-ouest au nord-est. Les principales Baléares sont Ivice, Frozmentera, Majorque et Minorque; mais ces îles sont avoisinées par quelques autres plus petites. Ainsi l'on voit, autour d'Ivice, Conejera-Grande ou la grande île aux Lapins, Esporto, Belra, Espalmador, Espardell et Tagam; près des côtes de Majorque s'élèvent Dragonera ou l'île aux Dragons, Conojera ou l'île aux Lapins, et Cabrera ou l'île aux Chèvres; et, enfin, l'île d'Ayre se trouve à peu de distance des plages méridionales de Minorque.

L'île Majorque ou Mallorca, la plus intéressante des Baléares, a environ 200 kilom. de circonférence, et ses deux principales montagnes sont le Duig-de-Torcella, élevé de 1463 mètres au-dessus du niveau de la mer, et le Duig-Major, dont la hauteur est de 1115. Cette île présente, comme les autres Baléares, des monts arides et des vallées verdoyantes; et on y voit le caroubier, l'olivier, le figuier des Indes, le pin d'Alep, le tamarix, le pistachier, le lentisque, puis la vigne, le câprier, etc., etc.

Minorque ou Menora a 132 kilom. de circonférence.

BALFROUCH. — Grande ville du Mazanderan, en Perse. On y remarque d'immenses bazars et elle possède à peu de distance, sur la mer Caspienne, un port fréquenté par les Russes. Pop. : 100,000 âmes.

BALIZE. — Petite ville située sur la côte orientale du Yucatan, dans la confédération mexicaine. C'est le chef-lieu de l'établissement dit de *Houduras*, qui a été fondé par les Anglais, pour servir d'entrepôt au bois de campêche qu'ils ont le droit de couper dans cette région. Cette ville possède un port et fait un commerce important avec les Américains du sud et du nord. Pop. : 2,500 âmes.

BALKH. — Ville du Khanat de Meimameh, dans le Turkestan, en Asie. C'est l'une des plus anciennes cités de cette partie du monde, et elle fut, sous le nom de *Bactra*, la résidence des souverains de la Bactriane, royaume qui s'était formé sur les bords de l'Oxus. On croit que cette ville donna naissance à Zoroastre, et que ce fut la première où l'on érigea un temple au culte du feu. Pop.: 2,000 âmes.

BALLENSTADT. — Petite ville située sur le Getel, dans le duché d'Anhalt-Bernbourg. C'est la résidence habituelle du duc. On y remarque le château et la maison de bains, et quelques fabriques donnent un peu d'importance à cette localité dont la population est d'à peu près 4,000 habitants.

BALLINASLOE. — Petite ville du comté de Galway, en Irlande. Elle est renommée comme le plus grand marché qu'aient les Irlandais pour les bestiaux. Durant la foire d'octobre, on y voit au delà de 40,000 bœufs et de 120,000 brebis. Cette ville est la résidence de l'évêque catholique de Clonfert.

BALLINROBE. — Ville du comté de Mayo,

en Irlande. Elle est assez importante par ses blanchisseries de toile. On y remarque une belle caserne et le canal qui la met en communication avec Longhrea. Pop. : 5,000 âmes.

BALLSTALL. — Petit bourg du canton de Soleure, en Suisse. On y exploite une mine de fer.

BALME (La). — Village de l'arrondissement de La Tour-du-Pin, dans le département de l'Isère. On visite, dans cet endroit, une grotte dont l'entrée est occupée en partie par une chapelle consacrée à la sainte Vierge, et dont l'intérieur présente un certain nombre de salles ornées de stalactites, puis un canal souterrain et un lac.

BALTIMORE. — Très-jolie ville du Maryland, aux États-Unis d'Amérique. Elle est située dans le comté dont elle porte le nom et sur la rive gauche du Patapsco, qui y forme un port. On y remarque la cathédrale catholique, l'église des unitaires, l'édifice appelé Exchange, la douane, la Bourse et le monument de Washington, colonne en marbre blanc, de 49 mètres environ de hauteur. Cette ville, qui est le siège d'un archevêché catholique dont relèvent tous les évêques de l'Union, possède une université, une école de médecine, un athénée, plusieurs collèges, une bibliothèque publique et un musée. On y trouve aussi des fabriques de coton et de produits chimiques, des verreries et des distilleries. Pop. : 104,000 âmes.

BALTIMORE. — Petite ville d'Irlande. Elle est sitée sur la baie de même nom où elle possède un port.

BALTINGLASS. — Autre petite ville d'Irlande, dans le comté de Wicklow. On y trouve des fabriques de draps et de dentelles.

BALTIQUE (Mer). — Sorte de Méditerranée de l'Europe septentrionale, ou golfe immense dont la profondeur est de 1,300 kilom., la moyenne largeur de 200, et la superficie de 81,200. Les nations scandinaves et germaniques lui donnent le nom de *mer Orientale*; d'autres, celui de *Méditerranée Scandinave*. Cette mer qui communique avec celle du nord, reçoit le trop plein des lacs de Finlande, d'Ingrie et de Livonie; la plupart des rivières de la Pologne, et de l'Allemagne orientale et septentrionale; les fleuves nombreux du nord de la Suède y versent les eaux provenant de la fonte des neiges des monts Dofrines; enfin, aucune mer ne compte, proportion gardée, un aussi grand nombre d'affluents d'eau douce. Le golfe de Bothnie, qui forme comme un lac à part, et le golfe de Finlande, qui a l'apparence d'un fleuve, et s'encombre des sables de la Néva, envoient aussi, presque toute l'année, des courants à la Baltique.

Le changement de niveau de la Baltique avait préoccupé les savants depuis le siècle dernier; mais cette question semble parfaitement résolue aujourd'hui. On a reconnu en effet que ce phénomène est incontestable; mais au lieu d'un *abaissement* de la Baltique, comme on le supposait, c'est le terrain de la côte de Bothnie qui s'élève progressivement. On a constaté en outre que le mouvement ne suit pas la même loi sur tous les points de la Baltique; que c'est dans le golfe de Bothnie qu'il se montre le plus considérable, son ascension étant de 1 m. 30 par siècle; qu'il diminue dans la direction du sud, et qu'enfin il n'est plus que de 65 centimètres par siècle sur la côte de Kalmar. On a fait aussi cette remarque curieuse, que les rochers sur lesquels les Scandinaves allaient à la chasse des phoques, et ceux que chantèrent les Bardes, rochers qui portent encore les noms qu'ils reçurent de ces poëtes, sont beaucoup trop élevés de nos jours pour que les animaux marins puissent y atteindre.

BAMIAN. — Chef-lieu de la province de ce nom, dans le royaume de Kaboue, Perse orientale. On trouve, dans son voisinage, les ruines de l'ancienne ville de même nom, consistant en un nombre considérable d'excavations faites dans le roc, et dans lesquelles on voit des sculptures et deux statues de 50 coudées de hauteur, ou 27 m. 75.

BANAGHEO. — Petite ville fortifiée du comté de Kings, en Irlande. On trouve, dans ses environs, le grand canal qui, à quelques milles de là, entre dans le Shannon. Pop. : 3,000 âmes.

BANCA. — L'une des îles de la Sonde, dans la Malaisie. Elle est située à l'est de Sumatra. On y trouve des mines d'étain et 25,000 habitants.

BANDA. — Groupe d'une dizaine d'îles de peu d'étendue, de la partie de l'Océanie qu'on a appelée *Notasie*. Elles sont situées dans la mer des Moluques, entre 3° 50' et 4° 40' de latitude méridionale, et par 126 à 127° 30' de longitude orientale du méridien de Paris. Sujettes à de fréquents tremblements de terre, principalement depuis le mois d'octobre jusqu'à celui d'avril, chacune de ces îles a son volcan, et l'on cite surtout ceux de Goumoug-Api, de Banda, de Neira, d'Ay et de Way. Le premier n'a pas cessé d'être en activité depuis 1586, et son éruption de 1615 fut si violente, que les canots de la flotte du gouverneur d'Amboine ne parvinrent qu'avec beaucoup de peine à l'île de Neira, à travers une pluie de pierres ponces. Le 22 septembre 1694, de grandes flammes sortirent de son sommet, tandis que d'autres s'élevèrent du sein même de la mer, et la rendirent si chaude, qu'on ne pouvait naviguer dessus; enfin, durant l'éjection du 11 juin 1820, le volcan, en s'ouvrant au nord-ouest, vomit des masses incandescentes aussi grosses que les maisons des habitants du pays; et la place d'une baie de la côte, qui avait une profondeur d'environ 100 mètres, fut occupée par un promontoire entièrement formé de blocs de basaltos. Ce soulèvement eut lieu toutefois avec si peu d'agitation, que les insulaires ne s'en aperçurent qu'après qu'il fut effectué.

BANDA. — Ile du groupe de ce nom. Elle est renommée par le grand nombre de muscadiers qu'elle produit, et Nassau est son chef-lieu.

BANDON. — Petite ville du comté de Cork,

en Irlande. On y trouve des filatures de coton et des fabriques de toiles. Pop. : 10,000 âmes.

BANFF. — Jolie petite ville, chef-lieu du comté de ce nom, en Ecosse. Elle est assez importante par son port et sa marine marchande. Pop. : 4,000 âmes.

BANGALORE. — Ville fortifiée du royaume de Maïssour, dans l'empire Indo-Britannique. Elle est industrieuse et commerçante, et compte 60,000 habitants.

BANGKOK. — Capitale du royaume de Siam, dans l'Inde-Transgangétique. Elle est située sur le Meïnam, et non loin de son embouchure. C'est une grande ville dont presque tous les édifices sont en bois, et un très-grand nombre de maisons sont construites sur des bateaux amarrés le long des rives du fleuve. On remarque le temple consacré à Bouddhâ. Cette ville possède un port, un arsenal, des chantiers ; son commerce est florissant, et sa population, composée principalement de Chinois, s'élève à peu près à 100,000 âmes.

BANIALOUKA. — Grande ville fortifiée de la Bosnie, dans la Turquie d'Asie. Elle est le chef-lieu du Sandjak de son nom, et son industrie et son commerce lui donnent assez d'importance. Sa population est d'environ 15,000 âmes.

BANJERMASSING. — Chef-lieu de la résidence hollandaise de ce nom, sur les côtes méridionales et orientales de l'île de Bornéo, dans l'Océanie occidentale. C'est une petite ville située sur la rivière de son nom et qui est assez commerçante. Pop. : 7,000 âmes.

BANNOW. — Bourg du comté de Wexford, en Irlande. On y voit les restes de la ville du même nom qui a été aussi complètement ensevelie par les sables, que Pompéïa et Herculanum par les laves.

BANOS. — Bourgade du département de Junin, dans la république du Pérou. On y remarque un établissement thermal construit du temps des Incas ; les restes d'un temple et d'un palais ; puis ceux de deux forteresses qu'on avait élevées sur les deux montagnes qui dominent de chaque côté de la rivière.

BANTAM. — Ville de la résidence de ce nom, dans l'île de Java, Océanie occidentale. C'est l'ancienne capitale du royaume de Bantam. Après avoir été florissante, elle tombe presque en ruines aujourd'hui.

BANZA-CONGO. — Capitale du royaume de Congo, dans la Nigritie méridionale. Elle est située sur une montagne et l'on cite sa position comme une des plus salubres de l'univers. Cette ville est grande, bien percée, entrecoupée de palmiers, et l'on y trouve une population d'environ 25,000 âmes.

BAPAUME. — Petite ville fortifiée par Vauban, dans l'arrondissement d'Arras, Pas-de-Calais. Pop. : 4,000 âmes.

BAR-LE-DUC. — Ville située sur la pente d'une colline qu'arrose l'Ornain, chef-lieu du département de la Meuse, son arrondissement comprend 8 cantons et 128 communes. Elle possède un collége, une école normale primaire, une bibliothèque et une société académique. Ses environs sont occupés par des usines importantes, et elle est renommée par ses préparations de fruits confits. Pop. : 13,000 âmes.

BAR-SUR-AUBE. — Petite ville, chef-lieu d'arrondissement dans le département de l'Aube. Elle comprend 4 cantons et 88 communes. Pop. : 4,000 âmes.

BAR-SUR-SEINE. — Autre chef-lieu d'arrondissement du même département. Il comprend 5 cantons et 85 communes. Popul. : 3,000 âmes.

BARA. — Très-petite ville du Kordofan, dans le Bahr-el-Abiad, en Afrique. Elle est défendue par un fort où les Turcs tiennent garnison.

BARACOA. — Petite ville de l'île de Cuba, l'une des Antilles. Elle possède un port, et c'est le premier établissement que les Espagnols fondèrent dans cette île.

BARBADE (LA). — L'une des îles Antilles. Elle appartient à l'Angleterre. Sa longueur est de 64 kilom. sur 20 de largeur, et son sol est fertile en cannes à sucre, indigo, gingembre, etc. Son chef-lieu est Bridgetown. Pop. : 100,000 âmes.

BARBEZIEUX. — Petite ville du département de la Charente. Chef-lieu d'arrondissement, elle comprend 6 cantons et 87 communes. Elle possède une source d'eau minérale, et sa population est d'environ 3,500 âmes.

BARCELONA. — Chef-lieu de la province de ce nom, dans la république de Vénézuéla, Colombie. C'est un grand entrepôt du commerce de contrebande qui se fait avec l'île de la Trinité, possession anglaise. Pop.: 5,000 âmes.

BARCELONE. — Grande et belle ville épiscopale, chef-lieu de la province de ce nom, et de la capitainerie générale de la Catalogne, en Espagne. Elle est bâtie sur les bords de la Méditerranée, entre le Llobregat et le Besos, et dominée par le fort du Mont-Jouy. On y remarque la cathédrale, d'une belle construction gothique ; les églises Sainte-Marie-de-la-Mer et Saint-Michel ; les couvents de la Merci et de Sainte-Claire ; puis le palais de l'audiencia, l'hôtel de ville, la Bourse et la douane. Cette ville possède un séminaire, huit colléges, un institut de sourds-muets, une école de chirurgie, une de peinture et une de navigation, quatre bibliothèques publiques et deux sociétés académiques. Elle est la place la plus industrieuse et la plus commerçante du royaume, et sa population est d'environ 120,000 âmes.

BARCELONNE. — Commune de l'arrondissement de Mirande dans le département du Gers. Pop. : 1,200 âmes.

BARCELONNETTE. — Petite ville du département des Basses-Alpes. Chef-lieu d'arrondissement, elle comprend 4 cantons et 20 communes. Cette ville est située sur le Verdon et fut bâtie, au commencement du xiiie siècle, par Raimond Bérenger, comte de Provence. Elle possède un collége, une société d'agriculture, et sa population est d'environ 2,200 âmes. Barcelonnette, qui se trouve élevée à 1,129 mètres au-dessus de la mer, donne son nom à une haute vallée riche en pâturages et en troupeaux.

BARCHLY. — Petite ville du Daghestan, dans la région du Caucase, Russie asiatique. Elle est la résidence du Khan ou Ouzmeï de Kaïtak, qui peut armer 7,000 combattants.

BARDSTOWN. — Petite ville du Kentucky, aux Etats-Unis d'Amérique. Elle est la résidence de l'évêque catholique du Kentucky, et possède un collège catholique, dit de *Saint-Joseph*, le plus florissant de ce genre qu'il y ait dans l'union. Pop. : 2,000 âmes.

BARDWAN. — Grande ville de l'empire Indo-Britannique. Pop. : 55,000 âmes.

BAREGES ou **BARREGES**. — Petit bourg situé à une assez grande élévation dans le département des Hautes-Pyrénées. Il est renommé par ses sources minérales, et l'établissement de bains fondé par Louis XV, pour y recevoir des militaires. Durant l'hiver une partie de ses habitants se retirent à Luz.

BARGOUZINSK. — Petite ville du gouvernement d'Irkoutsk, en Sibérie, Russie asiatique. Elle est renommée par ses sources thermales et par ses lacs amers, d'où l'on tire le sel appelé *sel purgatif de Sibérie*.

BARI. — Ville archiépiscopale, chef-lieu de la terre de ce nom dans le royaume des Deux-Siciles. Elle est fortifiée, avec un port sur la mer Adriatique; elle possède un lycée, et sa population est d'environ 20,000 âmes.

BARMEN. — Ville de la Prusse Rhénane. Elle se compose d'une suite de villages qui, depuis Elberfeld, s'étend sur les bords du Wipper. Pop. : 30,000 âmes.

BARNAOUL. — Petite ville du gouvernement de Tobolsk, en Sibérie, Russie asiatique. Elle est bien bâtie et est le siége de la chancellerie supérieure des mines de l'Altaï. On y a élevé un obélisque en granit de 32 mètres 50 de hauteur, pour célébrer la fête séculaire de la fondation des usines de Kolyvan.

BARNSLEY. — Petite ville du comté d'York, en Angleterre. Elle est importante par ses forges et ses fabriques d'acier, et l'on trouve, dans son voisinage, le château appelé Wentworth-house, l'un des plus vastes et des plus magnifiques du royaume. Pop. 10,000 âmes.

BARODA. — Capitale du royaume de ce nom, qui est tributaire de l'empire Indo-Britanique. C'est une grande ville située au milieu d'une campagne fertile et bien cultivée. On y remarque le palais royal, le pont construit sur le Viswamitra, et les citernes. Pop. : 100,000 âmes.

BAROTCH. — Ville de la province de Guzarate dans la présidence de Bombay, empire Indo-Britannique. Elle est située sur les bords de la Nerbuddah, où elle possède un port; mais elle est en partie ruinée et déserte. C'est dans son voisinage que l'on voit le célèbre figuier des banians, auquel on donne 3,000 ans d'existence. Pop. : 15,000 âmes.

BAROUS. — Etablissement du pays des Battas, dans l'île de Sumatra, Océanie occidentale. Il est situé sur la côte occidentale, et c'est le principal marché du camphre, ce qui lui a fait donner en Orient le nom de *Kafour-Barous*. Ce lieu dépend du gouvernement néerlandais.

BARRE. — On nomme ainsi, en géographie, une espèce d'atterrissement qui se forme à l'embouchure des rivières, et qui provient du dépôt opéré par les eaux douces et la mer, à leur point de jonction. Tels sont ceux de l'Adour, de la Gironde, du Gange, du Sénégal, des Amazones, etc. On distingue deux sortes de barres : les premières sont les barres des ports ou des embouchures de rivières; les secondes, celles qui se produisent dans l'intérieur des fleuves, à une certaine distance de leur embouchure. Celles des ports ou des embouchures sont des barres qui obstruent leur entrée, de sorte qu'on ne peut y pénétrer aisément que lorsque la marée est haute. L'une des barres les plus célèbres est celle du Mississipi. Les bancs qui se déposent à l'embouchure des fleuves sont plus ou moins mobiles : tantôt ils arrêtent momentanément le cours des eaux; tantôt ils en changent la direction, souvent ils forment une haute colline sous-marine, dont la crête est presque à fleur d'eau à l'époque des basses marées; ou enfin, lorsqu'il y a des débordements, ils sont renversés par la force des courants d'eau. En général, lorsqu'un fleuve est rapide, et que son embouchure est tournée du côté de l'orient, il est exempt de barres de sable. Lamouroux considère le banc de Terre-Neuve, comme la barre du Gulpk-Stream ou grand courant marin de l'océan Atlantique. Les côtes frappées perpendiculairement par les vagues, servent aussi de point d'appui aux sables et à tous les corps que les vagues viennent y déposer, soit en allant, soit par le ressac, et il en résulte qu'à une petite distance se forme un banc sur lequel la mer déferle avec plus ou moins de violence, et que l'on ne peut quelquefois passer sans effort. Telle est la barre de la côte d'Or en Guinée, qu'il faut franchir à l'aide de pirogues, et celle de l'Inde au moyen de chélingues.

BARRIA ou **BARR-ABAD**. — Vaste espace de l'Arabie intérieure partagé en deux parties : le *Nedjed*, occupé par les Wahabites, et les *déserts* qui s'étendent entre l'Euphrate, les frontières de la Syrie et les confins septentrionaux du Nedjed. Les principales tribus de ces déserts sont d'abord celles de Would-Aly, Szamar, Doukhy et Mehennh, qui reçoivent une rétribution du pacha de Damas, pour laisser passer, sans les inquiéter les caravanes de la Mecque; puis les Charrarat, les Beni-Szahhery, les Maoualy; et enfin, les Aenezes ou véritables Bédouins, dont la population s'élève à 350,000 âmes.

BARY. — Population noire qui habite le voisinage du Nil blanc, dans l'Afrique centrale.

BAS ou **BATZ**. — Petite île du département de la Manche. Elle est située sur la côte septentrionale de celui du Finistère, et sa longueur est de 4 kilomètres sur une largeur de 3. Elle est défendue par deux forts; on y voit un phare à feu tournant, et le canal qui se trouve entre cette île et la petite ville de Roscoff, forme une rade sûr et commode. Pop. : 1,100 âmes.

BASHÉE. — Groupe d'îles de la Malaisie. Il est situé au nord des Philippines et les Espagnols y ont un établissement.

BASILICATE. — Province du royaume de Naples. Elle est baignée au sud-est par le golfe de Tarente et son chef-lieu est Potenza. On y trouve ensuite Lagonegro, Matera, Melfi, etc. Pop. : 450,000 âmes.

BASKIRS ou BACHKIRS. — Peuple turc de l'empire de Russie. Il habite entre la Kama, le Volga et l'Oural, et les individus qui le composent sont presque tous adonnés à la vie nomade.

BASS. — Détroit situé entre la Nouvelle-Hollande et l'île de Diémen. Il y a aussi un groupe d'îles de même nom dans la Polynésie.

BASSANO. — Jolie petite ville située sur la Brenta, dans la délégation de Vicence, gouvernement de Venise. Elle est importante par son commerce et son industrie, et fut longtemps renommée par le produit de ses presses typographiques. Elle possède un gymnase, un cabinet minéralogique, un jardin botanique, et sa population est d'environ 10,000 âmes.

BASSE-INDRE. — Petit bourg des environs de Nantes, département de la Loire-Inférieure. Il est important par sa manufacture de machines à vapeur destinées au service de la marine; par sa grande usine à l'anglaise, et par ses chantiers de construction.

BASSE-POINTE. — Petite ville de l'île de la Martinique, l'une des Antilles françaises, Amérique. Elle est située sur la côte occidentale. Pop. : 3,500 âmes, y compris les noirs.

BASSE-TERRE (La). — Chef-lieu de l'île de la Guadeloupe, l'une des Antilles françaises, Amérique. C'est une petite ville située sur la côte occidentale, appelée aussi Basse-Terre. Le gouvernement réside en cet endroit ainsi que les diverses administrations de la colonie; mais cette ville est peu commerçante et sa rade est mauvaise. Pop. : 13,000 âmes, y compris les dépendances.

BASSORAH. — Ville de l'Irak-Araby, dans la Turquie d'Asie. Elle est fortifiée, située sur la rive droite du Chat-el-Arab, et des jardins et autres plantations entrecoupés de canaux occupent son intérieur. On y remarque les bazars et le bâtiment de la factorerie anglaise. Cette ville est assez commerçante, mais l'air y est malsain; sa population est d'environ 60,000 âmes.

BASSOUES. — Bourg du canton de Montesquiou, dans l'arrondissement de Mirande, département du Gers. On y trouve des sources minérales. Pop. : 1,600 âmes.

BASTAN. — Vallée de la Navarre, en Espagne. Elle est arrosée par deux petits affluents de la Bidassoa, et a pour chef-lieu Elixondo. Pop. : 7,000 âmes.

BASTIA. — Ville située sur la côte orientale de l'île de Corse, autrefois capitale de cette île; elle n'en est aujourd'hui qu'un chef-lieu d'arrondissement, qui comprend 20 cantons et 94 communes. Elle possède un port assez fréquenté, un collège, une bibliothèque publique et une société d'agriculture. Pop. : 13,000 âmes.

BATALHA. — Petite ville de 1,600 habitants, dans l'Estremadure, en Portugal. On y remarque un magnifique couvent, rangé au nombre des plus beaux édifices d'architecture romano-gothique.

BATAVIA. — Grande ville, capitale de toutes les possessions hollandaises dans l'Océanie. Elle est située dans l'île de Java, sur les bords de la rivière Tjiliwong; elle occupe l'emplacement de l'ancienne cité de Jaccatra, et c'est le centre du commerce que les Hollandais entretiennent avec la Chine, le Japon, l'Inde et les îles de la Malaisie; elle est divisée en ancienne et nouvelle ville, et on y remarque le palais du gouvernement, l'hôtel de ville, l'église catholique, le temple protestant, la Bourse, la douane, la Banque, les casernes, la citadelle, la factorerie, l'entrepôt, les chantiers, etc. Elle possède une académie des sciences et des arts. Pop. : 55,000 âmes.

BATCHIAN. — Chef-lieu de l'île de ce nom, dans le groupe des Moluques, Océanie occidentale. C'est une très-petite ville, résidence d'un sultan, tributaire des Hollandais. Pop. : 4,000 âmes.

BATH. — Très-belle ville épiscopale, chef-lieu du comté de Somerset, en Angleterre. On y remarque la cathédrale, le palais de justice, le bazar, les bâtiments des bains, les restes d'un temple de Minerve et d'autres ruines de monuments romains. Cette ville possède un gymnase, plusieurs sociétés académiques, et c'est dans cet endroit qu'Herschell découvrit la planète Uranus. Pop. : 40,000 âmes.

BATH. — Ville de l'Etat du Maine, aux Etats-Unis d'Amérique. Elle est située sur le Kensabeck et possède un port. Pop. : 4,000 âmes.

BATH. — Petite ville du New-York, aux Etats-Unis d'Amérique. Pop. : 3,000 âmes.

BATHNA ou BATNA. — Ville de la province de Constantine, en Algérie. C'est le chef-lieu d'une subdivision militaire. Pop. : 7,000 âmes.

BATHURST. — Chef-lieu du comté de ce nom, dans la Nouvelle-Galles du sud, en Australie. Elle est située sur la Macquarie, et elle possède un collège et une société littéraire. C'est la première ville fondée par les Anglais dans l'intérieur, à l'ouest des montagnes Bleues. Pop. : 3,000 âmes.

BATHURST. — Ile anglaise située sur la côte septentrionale de la Nouvelle-Hollande. Il existe une autre île de ce nom dans la mer Polaire.

BATIGNOLLES-MONCEAUX. — Petite ville de l'arrondissement de Saint-Denis, dans le département de la Seine. Elle touche aux barrières de Paris, et s'est élevée, comme par enchantement, en quelques années seulement. Elle compte aujourd'hui environ 30,000 âmes. Cette ville est habitée, pour la plus grande partie, par des marchands retirés des affaires, de petits rentiers, des commis d'administrations et des officiers en retraite. Ce genre de population offre quelques groupes où les mœurs, les singularités fournissent amplement à l'examen d'un critique ; mais nous n'avons pas ici ce rôle à remplir.

BATON-ROUGE. — Petite ville de la Louisiane, aux Etats-Unis d'Amérique. Elle est située sur le bras principal du Mississipi ; c'est le chef-lieu d'un cantonnement militaire, et elle possède un arsenal considérable. Pop. : 2,000 âmes.

BATOUM ou BATOUMI. — Chef-lieu de la Gourie, dans la Russie asiatique. Elle est située à l'embouchure du Tchorockh ou Batoum, dans la mer Noire.

BATOURINE. — Ville du gouvernement de Tchernigov, en Russie. Elle est située sur la Seim ; c'est l'ancienne résidence de l'hetman des cosaques.

BATROUN. — Petite ville de Syrie, dans la Turquie d'Asie. Elle est située sur le territoire des Maronites et assez importante par sa rade et son commerce.

BATTAGLIA (LA). — Petit bourg de la délégation de Padoue, dans le gouvernement de Venise. Il est situé sur un canal qui est l'un des plus anciens travaux hydrauliques de l'Europe. Ce bourg possède des sources thermales qui sont renommées, et l'on trouve dans son voisinage le magnifique château de Cattajo. Celui-ci, qui appartient au duc de Modène, renferme un riche musée et la collection de pierres, dites *Euganéennes*. La population de Battaglia est d'environ 3,000 âmes.

BATTLE. — Ville du comté de Sussex, en Angleterre. C'est dans son voisinage qu'en 1066 le roi Harold fut vaincu par Guillaume le Conquérant. Ce dernier y fit bâtir une abbaye qui devint célèbre. Pop. : 3,000 âmes.

BAUDIN (TERRE DE). — Contrée de la côte méridionale de la Nouvelle-Hollande, dans l'Océanie. Elle est située entre la terre de Flinders et celle de Grant.

BAUGÉ ou BEAUGÉ. — Petite ville située sur le Coesnon, dans le département de Maine-et-Loire. Chef-lieu d'arrondissement, elle comprend 6 cantons et 66 communes. Elle possède un collége, un beau pont, et fait un commerce de bestiaux et de bois. Sa population est d'environ 3,000 âmes.

BAUMAN. — Petites îles de la Polynésie. Elles sont situées par 13° de latitude sud, et 157° de longitude ouest.

BAUME-LES-DAMES. — Petite ville du département du Doubs. Chef-lieu d'arrondissement, elle comprend 7 cantons et 187 communes. Elle est industrieuse et possède un collége. Pop. : 2,500 âmes.

BAUTZEN. — Petite ville située sur une montagne dont le pied est baigné par la Sprée. C'est le chef-lieu du cercle de Luzace, dans le royaume de Saxe. Cette ville est industrieuse et commerçante, et possède un gymnase et un séminaire pour les maîtres d'école. Sa population est de 12,000 âmes. C'est dans les environs de Bautzen que, les 20 et 21 mai 1813, Napoléon défit l'armée Russo-Prussienne.

BAVAY. — Petite ville de l'arrondissement d'Avesnes, dans le département du Nord. On y remarque les ruines de monuments romains, tels qu'un cirque, un acqueduc, etc. Pop. : 1,600 âmes.

BAVIÈRE (ROYAUME DE). — Il a pour limites, au nord, la Hesse-Electorale, et les Etats de Saxe et de Reuss ; à l'est, la Saxe, la Bohême et la Haute-Autriche ; au sud, le Tyrol, le Vorarlberg, et une partie du lac de Constance ; à l'ouest, le Wurtemberg, et les grands-duchés de Bade et de Hesse. Ce royaume se compose des cercles d'ISER, ayant *Munich* pour capitale ; du BAS-DANUBE, capitale *Passau* ; de la REGEN, capitale *Ratisbonne* ; du HAUT-MEIN, capitale *Baireuth* ; du BAS-MEIN, capitale *Würzbourg* ; du REZAT, capitale *Anspach* ; du HAUT-DANUBE, capitale *Augsbourg* ; et du RHIN, capitale *Spire*.

BAVILLIERS. — Commune de l'arrondissement de Belfort, dans le département du Haut-Rhin. Pop. : 900 âmes.

BAVINCHOVE. — Commune de l'arrondissement d'Hazebrouck, dans le déprtement du Nord. Pop. : 1,000 âmes.

BAYAZID. — Ville d'Arménie, dans l'empire ottoman. Elle est située non loin du mont Ararat, c'est le siége d'un pacha héréditaire. On y trouve une citadelle construite sur un rocher et d'une assez bonne défense. Pop. : 15,000 âmes.

BAYES ou BAIA. — Lieu situé près du cap Misène, non loin de Naples. C'était, au temps de la splendeur de Rome, un séjour de prédilection, durant l'été, pour les patriciens qui y avaient des maisons de plaisance. Aussi la côte est-elle hérissée de magnifiques ruines, et la mer même en recouvre un grand nombre d'autres. Les plus remarquables parmi ces restes, à Bayes, sont ceux des bains de Néron, du palais de Jules César, et des temples de Vénus, de Diane et de Mercure ; puis dans les environs de la cité déserte, ou trouve les *Cento Camarelle*, la *Piscina mirabile*, les ruines de la ville de Cumes, la grotte de la Sibylle, le tombeau d'Agrippine, les Champs-Elysées, etc.

BAYEUX. — Petite ville épiscopale située sur l'Aure. Chef-lieu d'arrondissement du département du Calvados, elle comprend 6 cantons et 144 communes. Elle possède une belle cathédrale d'architecture gothique, un séminaire, un collége, et son commerce consiste en bestiaux, draps, velours de coton, dentelles et porcelaines renommées. Sa population est d'environ 10,000 âmes.

BAYOA. — Petite ville, chef-lieu du royaume de Boni, dans l'île de Célèbes, Océanie occidentale. Elle est la résidence d'un souverain tributaire des Hollandais. Pop. : 8,000 âmes,

BAYONNE. — Ville épiscopale située au confluent de la Nive et de l'Adour, dans le département des Basses-Pyrénées. Elle a été en partie fortifiée par Vauban. Chef-lieu d'arrondissement, elle comprend 8 cantons et 53 communes. Cette ville se divise en trois quartiers nommés le Grand-Bayonne, le Petit-Bayonne, et le faubourg Saint-Esprit, et on y remarque la cathédrale et l'hôtel des monnaies. Elle possède un séminaire, un collége, une école de navigation et des chantiers de construction, et fait un commerce important de transit. Sa population est d'environ 16,000 âmes.

BAYONVILLERS. — Commune de l'arrondissement de Montdidier, dans le département de la Somme. Pop. : 1,000 âmes.

BAYPOUR. — Ville de la côte du Malabar, dans l'empire Indo-Britannique. Elle avait été nommée *Sultanpatnam* par le fameux Tippoo-Saëb, qui se proposait d'en faire la principale place commerçante de son empire.

BAYSE ou BAISE. — Petite rivière qui prend sa source sur le plateau de Pinas, au-dessus de Lannemézan, dans le département des Hautes-Pyrénées. Après avoir baigné la charmante promenade de Nérac, elle va se jeter dans la Garonne, au-dessus du confluent du Lot. Son cours est de 160 kilomètres.

BAZAS. — Petite ville située sur un rocher dans le département de la Gironde. Chef-lieu d'arrondissement, elle comprend 7 cantons et 68 communes. On y remarque une belle cathédrale ; elle possède une société d'agriculture ; et sa population est d'environ 4,500 âmes. On y découvre souvent des mosaïques, des médailles, et autres objets antiques qui témoignent de l'importance qu'avait en ce lieu la colonie romaine connue sous le nom de *Cossium Vasatum*.

BAZEILLES. — Commune de l'arrondissement de Sédan, dans le département des Ardennes. Elle est située près de la rive droite de la Meuse, et l'on y trouve des fabriques de tôle et de fer laminé, des forges et des martinets. Pop. : 1,700 âmes.

BAZOGE (LA). — Commune de l'arrondissement du Mans, dans le département de la Sarthe. Elle possède des fabriques de toiles et l'on trouve des mines de fer dans ses environs. Pop. : 2,400 âmes.

BAZOUGES. — Commune de l'arrondissement de La Flèche, dans le département de la Sarthe. Elle fait un commerce de vins rouges. Pop. : 1,800 âmes.

BEACHY. — Cap sur la Manche, dans le comté de Sussex, en Angleterre. Les Français y battirent, en 1690, les flottes anglaise et hollandaise réunies.

BEAUCAIRE. — Petite ville située sur la rive droite du Rhône, dans le département du Gard. Elle est célèbre par la foire qui s'y tient annuellement, au mois de juillet, dans une vaste prairie qui borde le fleuve, et qui attire des marchands de tous les pays. La population de cette ville est d'environ 8,000 âmes.

BEAUCAIRE (CANAL DE). — Il lie le Rhône au canal du Midi. De la ville de Beaucaire il va passer à Saint-Gilles, et se termine à Aigues-Mortes où il joint le canal de Bourgidou uni à celui de la Radelle. Sa longueur est de 50 kilomètres.

BEAUCOURT. — Commune de l'arrondissement de Belfort, dans le département du Haut-Rhin. On y trouve une manufacture importante d'ustensiles en fer et en cuivre, d'articles d'horlogerie, de quincaillerie, de serrurerie, etc. Pop. : 1,800 âmes.

BEAUFORT. — Petite ville du département de Maine-et-Loire. Elle est située sur la rive gauche du Couesnon, et c'est un chef-lieu de canton de l'arrondissement de Baugé. On y trouve une manufacture impériale de toiles à voiles. Pop. : 5,500 âmes.

BEAUFORT. — Très-petite ville de la Caroline du Nord, aux États-Unis d'Amérique. Pop. : 1,500 âmes.

BEAUGENCY. — Petite ville fort ancienne située sur la rive droite de la Loire, dans le département du Loiret. On y remarque une tour octogone qui la signale de loin. Son commerce consiste en vins et eaux-de-vie, et sa population est d'environ 5,000 âmes.

BEAUJEU. — Petite ville du département du Rhône. Ancienne capitale du Beaujolais, elle est aujourd'hui un simple chef-lieu de canton dans l'arrondissement de Villefranche. On y trouve des fabriques de toiles et de coton, des papeteries et des tanneries, et elle fait un commerce de vin dont la qualité est assez réputée. Pop. : 3,500 âmes.

BEAULIEU. — Commune du département du Calvados. Elle est comprise dans l'arrondissement de Vire, et l'on y a fondé une maison centrale de détention. Pop. : 300 âmes.

BEAULIEU. — Commune du département du Puy-de-Dôme. Elle est située dans le canton et arrondissement d'Issoire, et l'on y trouve une source intermittente d'eau minérale ferrugineuse. Pop. : 850 âmes.

BEAUMARES. — Chef-lieu de l'île d'Anglesey, en Angleterre. Elle possède un port commode et équipe de nombreux bateaux, soit pour la pêche, soit pour le cabotage. Pop. : 2,500 âmes.

BEAUMES. — Chef-lieu de canton dans l'arrondissement d'Orange, département de Vaucluse. Il s'y fait un commerce assez important d'olives et de vin muscat, et l'on y exploite une source salée. Pop. : 1,700 âmes.

BEAUMESNIL. — Chef-lieu de canton de l'arrondissement de Bernay, dans le département de l'Eure. Pop. : 450 âmes.

BEAUMETZ-LES-LOGES. — Chef-lieu de canton de l'arrondissement d'Arras, dans le département du Pas-de-Calais. Pop. : 500 âmes.

BEAUMONT-LE-ROGER. — Chef-lieu de canton de l'arrondissement de Bernay, dans le département de l'Eure. On y trouve des fabriques de draperie fine, de toiles de lin et de coton, et il s'y fait aussi un commerce de bois. Pop. : 2,000 âmes. Il y a en France beaucoup de communes du nom de *Beaumont*; on en trouve dans les départements de l'Ardèche, de la Dordogne, de la Haute-Garonne, de la Manche, du Puy-de-Dôme, de Seine-et-Marne, de la Vienne, de Tarn-et-Garonne, des Ardennes, du Calvados, de la Somme; de la Sarthe, de la Nièvre, d'Indre-et-Loire, d'Eure-et-Loir, de Seine-et-Oise, de l'Allier, etc.

BEAUNE. — Petite ville du département de la Côte-d'Or. Chef-lieu d'arrondissement, elle comprend 10 cantons et 104 communes. On y remarque un bel hôpital fondé en 1443, par Nicolas Rollin, chancelier de Philippe-le-Bon, duc de Bourgogne. Elle possède un collége, une bibliothèque publique, et fait un commerce de vins dont elle exporte annuellement au delà de 40,000 pièces. Sa population est d'environ 11,500 âmes. Cette ville est la patrie de Monge.

BEAUPRÉAU. — Petite ville située sur l'Èvre, dans le département de Maine-et-Loire. Chef-lieu d'arrondissement, elle comprend 7 cantons et 75 communes. Elle possède des fabriques de toiles, de tissus de laine et des tanneries. Sa population est d'environ 3,500 âmes.

BEAUREPAIRE. — Chef-lieu de canton de l'arrondissement de l'Isère. Cette petite ville est située sur la Suzon ou Lauron, affluent du Rhône. Pop. : 2,300 âmes.

BEAUSSET (Le). — Gros bourg du département du Var. C'est un chef-lieu de canton de l'arrondissement de Toulon. Il s'y fait un commerce de vin, d'eaux-de-vie, d'huile, de savon et de toiles communes. Pop. : 2,800 âmes.

BEAUVAIS. — Ville épiscopale, située sur la rivière le Therain. Chef-lieu du département de l'Oise; son arrondissement comprend 12 cantons et 241 communes. On remarque dans cette ville la vaste cathédrale, d'architecture gothique, dont les magnifiques vitraux datent du XIIIᵉ siècle; puis l'église Saint-Etienne, dont l'érection est antérieure, et qui offre la transition des arcades cintrées aux ogives. Beauvais s'est immortalisé par la résistance que ses femmes, conduites par Jeanne Hachette, opposèrent au duc de Bourgogne, Charles-le-Téméraire, lequel fut obligé d'opérer sa retraite, quoiqu'il eût assiégé la place à la tête de 80,000 combattants. Il jouit aujourd'hui de la renommée que lui donnent sa manufacture de tapis, ses fabriques de draps et ses manufactures de coton.

BEAUVOIR-SUR-MER. — Petite ville du département de la Vendée. Elle possède un port sur le canal de Cahouette, et de vastes salines exploitées dans son voisinage. Pop. : 2,400 âmes.

BÉBIR ou GRADISKA. — Ville de Bosnie, empire ottoman. Elle est située sur la Sare et importante par ses fortifications.

BECH-TAU. — Nom donné à la partie des monts Caucase, situé au nord de l'Elbourz. On y trouve des eaux thermales et des chevaux renommés.

BEDARIEUX. — Petite ville sur l'Orbe, dans le département de l'Hérault. Elle fait un commerce assez important de draps, de savon mou, etc., et possède un collége. Pop. : 9,000 âmes.

BEDARRIÈRE (La). — Village de l'arrondissement de Saint-Étienne, dans le département de la Loire. Il est important par ses fonderies.

BEDDAHS. — Peuplade indépendante de l'intérieur de l'île de Ceylan.

BEDFORD. — Chef-lieu du comté de ce nom, en Angleterre. Petite ville située sur l'Ouze, et importante par ses fabriques de flanelle, de dentelles, puis par son commerce de fer, de houille, de blé et de bois de construction.

BEDFORD. — Petite ville de la Pennsylvanie, aux États-Unis d'Amérique. Pop. : 3,500 âmes.

BEDJAPOUR ou VIZAPOUR. — Chef-lieu de la province de ce nom, dans la présidence de Bombay, empire Indo-Britannique. On l'appelait la *Palmyre du Dekhan*. Elle est en partie déserte aujourd'hui; mais on y remarque encore le Makbara ou mausolée du sultan Mohamed-Châh, et celui du sultan Ibrahim II, puis la mosquée appelée Djemâ'-mesdjid, dont le dôme a près de 50 mètres de hauteur.

BEDOUIN. — Petit bourg du département de Vaucluse. Il a quelque importance par ses filatures de soie et ses fabriques de poterie. C'est dans son voisinage que s'élève le mont Ventoux, haut de 2,021 mètres au-dessus du niveau de la mer. Pop. : 2,500 âmes.

BEDOUINS. — Nom générique attribué aux tribus arabes nomades répandues dans diverses contrées de l'Afrique, c'est-à-dire dans la Syrie, l'Arabie, l'Egypte, la Barbarie, etc.

BEDWIN (Great). — Ville du comté de Witts, en Angleterre. Elle est située sur le canal de Kennet-et-Avon. Pop. : 2,200 âmes.

BEECLAY. — Ile de la mer Polaire. Elle est située par 74°44' de latitude nord, et 94°40' de longitude ouest.

BÉFORT ou BELFORT. — Petite ville située au pied d'une montagne, et importante par ses fortifications. Chef-lieu d'arrondissement dans le département du Haut-Rhin, elle comprend 9 cantons et 192 communes. Elle possède des moulins à poudre, est industrieuse et commerçante, et sa population s'élève environ à 6,000 âmes.

BEGA. — Rivière de Hongrie; Après un cours de 70 kilomètres, elle se jette dans la Temes.

BEGA (O-). — Autre rivière de Hongrie. Elle passe à Temesvar et Becskerek, puis se divise en deux branches dont l'une se jette dans la Theiss et l'autre dans le Danube. Son cours est d'environ 190 kilomètres.

BEGARD. — Chef-lieu de canton dans l'arrondissement de Guingamp, dans le département des Côtes-du-Nord. Pop. : 3,800 âmes.

BEG-BAZAR. — Ville de l'Anatolie, dans la Turquie d'Asie. C'est le chef-lieu du Sandjah. On y fait un commerce assez important des poils de chèvres dites d'Angora. Pop. : 6,000 âmes.

BEHAROU-BAHAR. — Chef-lieu de la province de ce nom, dans l'empire Indo-Britannique. Pop. : 30,000 âmes.

BEHNESE. — Village de l'Ouestanieh ou moyenne Egypte. Il est situé sur l'emplacement de l'ancienne *Oxyrynchus*, dont les habitants, après avoir été renommés par le culte fervent qu'ils rendirent aux divinités du paganisme, devinrent presque tous, avec le même zèle, des moines dans le IV° siècle de l'ère chrétienne. Leurs temples et leurs principaux édifices furent convertis en monastères, et leur réputation de piété fit accourir à leur secours une armée de 50,000 Nubiens, lorsque les Arabes envahirent l'empire égyptien.

BEHRING (Détroit de). — Il sépare l'Asie de l'Amérique, et la distance du cap Tchoukolsk, en Sibérie, au cap du prince de Galles, en Amérique, n'est guère que de 18 lieues. C'est près du 66° degré de latitude, que les deux continents se trouvent ainsi rapprochés, et le milieu du passage est à 206° de longitude orientale du méridien. Quoique ce détroit porte le nom du navigateur Behring, celui-ci n'est pas cependant le premier qui l'ait exploré : avant lui des caboteurs russes avaient contourné l'extrémité orientale de la Sibérie, et parmi ces explorateurs, on cite un cosaque, nommé Semen-Dechnef, qui entreprit ce voyage en 1648. Le détroit de Behring, placé près du cercle polaire, est souvent fermé par les glaces, et il est probable, quoique toute espèce de renseignements fassent défaut à ce sujet, que les habitants de l'Asie ont dû plus d'une fois le franchir. Toutefois, on remarque qu'il n'existe aucune espèce de rapport entre les mœurs et le langage des peuplades qui occupent si près les extrémités des deux continents.

BEILAN. — Ville de Syrie. Elle est bâtie sur une montagne près de la mer et à 3 lieues d'Alexandrette. Ibrahim-Pacha, fils de Méhémet-Ali, vice-roi d'Egypte, y défit les Turcs en 1832. Pop. : 5,000 âmes.

BEIT-EL-FAKAH. — Chef-lieu du district de ce nom, dans l'Yémen, en Arabie. C'est une petite ville qui est l'entrepôt principal du café qu'on recueille dans l'Yémen, et sa population est d'environ 4,000 âmes.

BEJA. — Ville épiscopal de l'Alem-Tejo, en Portugal. On y trouve quelques restes de monuments romains, tels qu'un aqueduc, une porte, etc. Sa population est d'à peu près 5,000 âmes.

BELBEYS. — Petite ville du Bahari ou Basse-Egypte. Elle est située à la jonction de plusieurs canaux dérivés du Nil, et fut fortifiée par Napoléon en 1798. C'est dans son voisinage qu'était situé la ville d'*Oxion*, et le temple juif de même nom, construit sur le modèle de celui de Jérusalem, par Onias, fils du grand prêtre Onias III. On y pratiquait les mêmes cérémonies que dans le vrai temple. Vespasien le dépouilla et le fit fermer. Pop. : 5,000 âmes.

BELEM ou PARA. — Ville épiscopale, chef-lieu de la province de Para, au Brésil. Elle est située sur la rive droite du Para, c'est-à-dire sur la baie Guajara, à l'endroit où la Guama se décharge dans le Para. Cette ville est bien bâtie, et on y remarque la cathédrale, le palais du gouvernement, celui de l'évêque et l'arsenal. Pop. : 6,000 âmes.

BELFAST. — Jolie ville, chef-lieu du comté d'Antrim, en Irlande. Elle est située au fond du même nom, et c'est la résidence de l'évêque de Down-et-Connor. On y remarque les églises Saint-George et Sainte-Anne, la Bourse et la Halle aux toiles; elle possède un collège et deux sociétés académiques; ses manufactures sont florissantes; et son commerce est favorisé par un port commode. On trouve, dans son voisinage, la maison de plaisance du marquis de Domgall, l'une des plus belles de l'Irlande. Pop. : 53,000 âmes.

BELFAST. — Petite ville de l'Etat du Maine, aux Etats-Unis d'Amérique. Elle possède un port sur la baie de Penobscot. Pop. : 4,000 âmes.

BELFORT. — Commune de l'arrondissement de Cahors, dans le département du Lot. Pop. : 1,700 âmes.

BELGENTIER ou BELGENCIER. — Commune de l'arrondissement de Toulon, dans le département du Var. On trouve des fabriques d'étoffes de laine, des papeteries et des tanneries, et l'on y fait un commerce d'olives. Pop. : 1,300 âmes.

BELGIOJOSO. — Ville du royaume Lombard-Vénitien, empire d'Autriche. Elle est située à environ 3 lieues à l'est de Pavie. Pop. : 3,000 âmes.

BELGIQUE (Royaume de). — Il est situé entre 0° 15' et 3° 46' de longitude orientale, et entre 49° 32' et 51° 28' de latitude. Ses confins sont : au nord, le royaume de Hollande ; à l'est, le même état, puis la province Rhénane de la monarchie prussienne ; au sud, la France ; et à l'ouest, la même nation et la mer du Nord. La Belgique est divisée en neuf parties qui sont : le Brabant méridional, dont *Bruxelles* est le chef-lieu ; la province d'Anvers, chef-lieu de même nom ; la Flandre orientale, chef-lieu *Gand* ; la Flandre occidentale, chef-lieu *Bruges* ; le Hainaut, chef-lieu *Mons* ; la province de Namur, chef-lieu de même nom ; celle de Liége, chef-lieu de même nom ; la partie belge du Limbourg, chef-lieu *Hasselt* ; et la partie belge du grand-duché de Luxembourg, chef-lieu *Arlon*. Bruxelles est la capitale du royaume.

La Belgique n'offre presque point de montagnes, et celles que l'on rencontre dans sa partie méridionale, c'est-à-dire dans les provinces de Hainaut, de Namur, de Liége et de Luxembourg, sont très-basses; elles dépendent de la chaîne des Ardennes, et appartiennent au système gallo-francique. Les cours d'eau qui arrosent ce royaume se dirigent tous vers la mer du Nord. Ce sont : l'*Escaut*, dont les principaux affluents sont la Dender, la Ruppel, la Dyle et la Lys ; la *Meuse*, et ses affluents, l'Ourthe et la Sambre ; puis le *Rhin* qui tient à la contrée par un affluent de la

Moselle. Parmi les nombreux canaux que compte le territoire belge, ou distingue particulièrement ceux du Nord, de Liége, de Charleroy, de Bruxelles et d'Ostende. Quant aux chemins de fer, lesquels s'étendent chaque jour, le centre de leur réseau se trouve à Malines.

BELGRADE. — Ville importante de la principauté de Servie. C'est l'une des plus fortes places de l'Europe et elle est occupée par une garnison turque qui s'élève d'ordinaire à 6,000 hommes. On y remarque le palais du Pacha, les mosquées, et le puits de la citadelle qui est d'une profondeur considérable. Cette ville est industrieuse et commerciale, et l'on y trouve des fabriques d'armes, de tapis, d'étoffes de soie et de coton; puis des tanneries et une fonderie de cloches. Sa population, non compris la garnison, est d'à peu près 30,000 âmes.

BELIDAH ou BLIDAH. — Ville de la province d'Alger. Elle est située près de la Méditerranée, à l'embranchement de trois routes, ce qui la rend à la fois importante comme position militaire et place commerçante. Son territoire est fertile et son marché considérable. Pop. : 9,000 âmes.

BELLAC. — Petite ville située sur la rivière de Vinçon, dans le département, de la Haute-Vienne. Chef-lieu d'arrondissement, elle comprend 8 cantons et 65 communes. Elle possède une société d'agriculture, et sa population est d'environ 4,000 âmes.

BELLAGIO. — Ville du royaume Lombard-Vénitien, empire d'Autriche. Elle est située à l'extrémité de la langue de terre qui partage en deux branches la partie sud du lac de Côme.

BELLARY. — Ville de la province de Balaghât, dans l'empire Indo-Britannique. Elle est importante par sa citadelle que l'on regarde comme l'une des plus fortes places de l'Inde.

BELLAS. — Ville de l'Estremadure, en Portugal. On y trouve des sources ferrugineuses. Pop. : 3,500 âmes.

BELLE-FONTAINE. — Commune de l'arrondissement de Saint-Claude, dans le département du Jura. Elle possède des fabriques d'horlogerie et de tourne broches. Pop. : 800 âmes.

BELLEGARDE (Pont de). — Village de l'arrondissement de Nantua, dans le département de l'Ain. Il est situé au confluent du Rhône et de la Valserine que l'on y passe sur un pont d'un aspect pittoresque, et c'est non loin qu'a lieu la perte du Rhône.

BELLEGARDE. — Fort qui défend le passage important du col du Perthus, dans le département des Pyrénées orientales. C'est sur la montagne de Perthus que Pompée avait fait ériger ce fameux trophée sur lequel sa statue se trouvait placée. On y lisait que depuis les Alpes jusqu'à l'extrémité de l'Espagne ultérieure, ce général avait réduit, sous son obéissance, et celle de la république, 173 villes. Quelques années plus tard, César fit élever un autel près de ce monument; mais il ne reste aucune trace ni de l'un ni de l'autre.

BELLE-ILE-EN-MER. — Dans le département du Morbihan. Renommée par l'excellence de son mouillage et la douceur de son climat. On voit dans cette île près du bourg Le Palais, un vaste réservoir d'eau douce qu'avait construit Vauban, pour l'approvisionnement des vaisseaux. Sa population est d'environ 3,000 âmes.

BELLÊME. — Chef-lieu de canton de l'arrondissement de Mortagne, dans le département de l'Orne. Cette petite ville est située près d'une très-belle forêt qui lui permet d'entretenir un commerce de bois; elle possède des fabriques de toiles cretonnes et de tissus de coton; et l'on y trouve enfin des sources minérales. Pop. : 2,700 âmes.

BELLEVILLE. — Petite ville de l'arrondissement de Saint-Denis, dans le département de la Seine. Elle touche aux barrières de Paris, et compte 35,000 habitants. Elle est abondamment pourvue de guinguettes, de grosses caisses et de cornets à piston; aussi la population ouvrière de la capitale s'y rend en foule les jours de fête.

BELLEY. — Ville ancienne et épiscopale, située sur la rive droite du Rhône, dans le département de l'Ain. Chef-lieu d'arrondissement, elle comprend 9 cantons et 112 communes. Elle possède un séminaire, une société d'agriculture, et fait un commerce particulier de pierres lithographiques qu'on exploite dans ses environs, et qui sont regardées comme des meilleures qu'il y ait en France. Pop. : 4,500 âmes.

BELLEYDOUX. — Commune de l'arrondissement de Nantua, dans le département de l'Ain. Pop. : 800 âmes.

BELLICOURT. — Commune de l'arrondissement de Saint-Quentin, dans le département de l'Aisne. Pop. : 1,300 âmes.

BELLIGNÉ. — Commune de l'arrondissement d'Ancenis, dans le département de la Loire-Inférieure. Pop. : 2,000 âmes.

BELLINZONA. — Capitale du canton du Tessin, en Suisse. Elle est située sur le Tessin, dans la partie inférieure de la grande vallée Levantine. Sa population est d'environ 13,000 âmes. Cette ville est un point important pour la Suisse, sous le rapport commercial et militaire, à cause des routes qui viennent y aboutir. Ce sont : 1° celle du Saint-Gothard; 2° Celle du Lukmanier; 3° celle du Saint-Bernardin; 4° celle du Monte-Cenere; celle du Lac-Majeur.

BELLOCQ. — Commune de l'arrondissement d'Orthès, dans le département des Basses-Pyrénées. Pop. : 1,200 âmes.

BELLONA. — Petite île de l'Australie. Elle est située au sud de l'archipel des îles Salomon.

BELLOT. — Commune du département de Seine-et-Marne. Elle appartient à l'arrondissement de Coulommiers. Pop. : 900 âmes.

BELLOU-SUR-HUINE. — Commune de l'arrondissement de Mortagne, dans le département de l'Orne. Pop. : 1,000 âmes.

BELLOY-SUR-SOMME — Commune de

l'arrondissement d'Amiens, dans le département de la Somme. Pop. : 1,000 âmes.

BELLUNE. — Petite ville épiscopale, située près de la Piave, dans le gouvernement de Venise. C'est le chef-lieu de la délégation qui porte son nom. Elle possède une bibliothèque publique, quelques manufactures et environ 12,000 habitants. On rencontre dans son voisinage, vers l'est, la superbe forêt du Causejo, connue du temps des Romains sous le nom de *Sylva Causilia*, et que l'on regarde comme la plus étendue de l'Italie supérieure.

BELOUTCHISTAN. — Vaste contrée de l'Asie méridionale. Elle est située entre 55° et 67° de longitude est, et entre 25° et 30° de latitude nord. Ses confins sont, au nord, l'Afghanistan; à l'est, l'Hindoustan; au sud, le golfe d'Oman; à l'ouest, la Perse. Ce pays est généralement couvert de montagnes arides et de plaines stériles, sablonneuses et imprégnées de sel; mais dans quelques parties arrosées, comme les vallées, on rencontre des pâturages et des terres qui produisent des grains, des dattes, des amandes, du coton, du sucre et de l'indigo. On ne cite guère parmi les cours d'eau, d'ailleurs peu considérables, que le Doust, le Nougor et le Pourally. Le Béloutchistan se divise en six provinces. Ce sont celles de *Saravan*, dont Kelat est le chef-lieu; de *Katch-Gandava*, ayant Gandava pour chef-lieu; de *Djhalawan*, chef-lieu Zouri; de *Lans*, chef-lieu Bela; de *Mékran*, chef-lieu Kedjé; et de *Kouhistan* avec Pouhra pour chef-lieu. Ces Etats forment la *confédération des Beloutchis*, peuples qui furent longtemps soumis à la domination des Persans, des Hindous et des Afghans, et ne parvinrent à s'émanciper qu'au XVIIIᵉ siècle.

BELOVAR. — Ville de Hongrie, empire d'Autriche. Elle est située dans la Croatie militaire. Pop. : 2,000 âmes.

BENARES. — Grande ville de la province d'Allahâbâd, dans l'empire Indo-Britannique. On la nomme l'*Athènes* et la *Rome* de l'Hindoustan. Elle est située sur le Gange, et ses maisons sont ornées de galeries, de balcons, etc. On y trouve un grand nombre de temples hindous, on y remarque aussi la mosquée d'Avrangzeb et l'Observatoire. Cette ville possède une université brahmanique; de nombreuses fabriques d'étoffes de soie, de coton et de laine; et c'est un grand marché pour les châles du Nord, les diamants du Sud, les mousselines de Dakka et les produits anglais. On y compte 250,000 âmes non compris la population flottante. C'est dans le voisinage de Bénarès et de l'autre côté du Gange que se trouve la citadelle de Râmnâghar.

BENDER. — Petite ville fortifiée du gouvernement en Bessarabie, en Turquie. Elle est située sur le Dniester, et renommée par le séjour qu'y fit le roi de Suède, Charles XII, après sa défaite à Pultava. Elle compte environ 12,000 habitants.

BENE. — Ville du Piémont, royaume sarde. Selon quelques auteurs elle occuperait l'emplacement de l'ancienne *Augusta Vagiennorum*, que d'autres placent à Vico, près de Mondovi. Pop. : 5,000 âmes.

BENEVENT. — Ville archiépiscopale, chef-lieu de la délégation de ce nom, dans l'état de l'Eglise. On y remarque la cathédrale et l'arc-de-triomphe de Trajan. Sa population est d'environ 17,000 âmes. Cette ville eut une grande importance au moyen âge, époque à laquelle le pouvoir de ses ducs était prépondérant en Italie.

BENGHA-HOULOU ou BENCOULEN. — Ville de la partie hollandaise de l'île de Sumatra, Océanie occidentale. Elle est située sur la côte occidentale et protégée par le fort Malhorough. Pop. : 10,000 âmes.

BENGHASY. — Petite ville de la régence de Tunis, en Afrique. Elle possède un petit port assez fréquenté et c'est la résidence du gouverneur du Bargah ou Cyrénaïque moderne. Pop. : 5,000 âmes.

BENGUELA. — Petite ville du royaume d'Angola, dans la Nigritie méridionale. Elle est située dans une baie, et défendue par un port. Les Portugais en ont fait un lieu d'exil pour les criminels de leur nation.

BENI-ASSAN. — Village situé à la droite du Nil, dans l'Ouestanieh, ou Moyenne-Egypte. C'est le *speos artemidos* des anciens. M. Somard dit, en parlant de ces hypogées : « Dans les catacombes antiques, où les prêtres égyptiens ont tracé une quantité innombrable d'hiéroglyphes dont le secret a péri avec les collèges de Thèbes, de Memphis et d'Héliopolis, nous trouvons des colonnes cannelées, à seize cannelures creuses, diminuées d'un dixième au sommet; enfin, pareilles aux colonnes de l'ordre dorique grec, au chapiteau près, qui a la forme d'un abaque, ou tailloir. Ainsi voilà encore un ordre grec emprunté à l'architecture des bords du Nil, comme l'a été ensuite l'ordre corinthien, puisé dans les colonnes dactiliformes de l'Egypte. »

BENIN. — Capitale du royaume de ce nom, dans la Nigritie centrale en Afrique. On y remarque le palais du roi, clos de murailles, et offrant un grand nombre de galeries, soutenues par des piliers de bois. Pop. : 15,000 âmes.

BERAT ou BELIGRAD. — Ville de l'Albanie-Moyenne, dans la Turquie d'Europe. Elle est le siège d'un archevêché grec, et l'on y compte environ 9,000 habitants.

BERCHTESGADEN. — Petit bourg du cercle d'Iser, en Bavière. Il est renommé par ses ouvrages en ivoire, en os et en bois. Pop. : 1,500 âmes.

BERDITCHEV. — Ville du gouvernement de Volhynie, en Russie. Elle est importante par son commerce et ses grandes foires. Pop. : 25,000 âmes.

BERENICE. — Ville en ruines de la contrée orientale des déserts d'Egypte. Elle est à moitié recouverte de sable, et tout à fait abandonnée. C'est à son port, situé sur la mer Rouge, qu'étaient apportés les produits de l'Inde et de l'Arabie, destinés pour Coptos.

BEREZOV. — Bourgade du gouvernement de Tobolsk, en Sibérie, Russie Asiatique. C'est l'un des principaux lieux où le gouvernement envoie en exil.

BEREZOV. — Ville du gouvernement de Perm, empire de Russie. Elle est située sur le versant est de l'Oural, et l'on vante la richesse de ses lavages d'or.

BERGAME. — Ville épiscopale, située sur une colline escarpée, dans le gouvernement de Milan. C'est le chef-lieu de la délégation qui porte son nom. On y remarque la cathédrale, l'église de *la Maria Maggiore*, la rotonde de Saint-Thomas, le palais et le bâtiment de la foire. Cette ville possède un lycée, deux gymnases, un athénée, une bibliothèque publique, un jardin botanique, et l'académie de Carrara. Sa population est d'environ 33,000 âmes.

BERGEN. — Ville épiscopale, l'une des plus anciennes de la Norwége. Elle est située au milieu de la baie de Waag, et entourée de rochers qui rendent dangereuses les trois entrées de son port, ce qui n'empêche pas toutefois que celui-ci ne soit l'un des meilleurs de la Scandinavie. Cette ville possède un collége, une école royale, une autre de navigation, une bibliothèque publique, un musée et une société de musique. On y trouve en outre des chantiers, des raffineries de sucre, des fabriques de faïence et des armements de pêcheries. Pop. : 22,000 âmes.

BERGEN. — Ville de Prusse. C'est le chef-lieu de l'île de Rugen. Pop. : 3,000 âmes.

BERGERAC. — Petite ville située sur la rive droite de la Dordogne, dans le département de ce nom. Chef-lieu d'arrondissement, elle comprend 13 cantons et 174 communes. Elle possède un collége, et son commerce consiste en grains, vins, eaux-de-vie, toiles, faïences, papiers, etc. Sa population est d'environ 10,000 âmes.

BERG-OP-ZOOM. — Place forte de la province du Brabant septentrional, dans le royaume de Hollande. Elle est située sur l'Escaut oriental, avec un port et 6,000 habitants.

BERGUES. — Petite ville située sur la Cosne, de l'arrondissement de Dunkerque, département du Nord. Elle a été fortifiée par Vauban. On cite ses marchés de céréales, et les immenses travaux qui ont été faits pour dessécher les marais dont elle était environnée. Pop. : 4,000 âmes.

BERKHEMPSTEAD. — Ville du comté d'Hertford, en Angleterre. Elle est située près du grand canal de jonction, et du chemin de fer de Londres à Birmingham. Pop. : 3,000 âmes.

BERLIN. — Ville de l'Etat de New-York, aux Etats-Unis d'Amérique. On y a créé une verrerie importante. Pop. : 4,000 âmes.

BERLIN. — Capitale du royaume de Prusse, située sur les bords de la Sprée, au milieu d'une pleine sablonneuse. Ses principaux édifices sont la cathédrale, les églises Sainte-Hedewige, Sainte-Marie, de la Garnison, de Friedrichswerd et de Saint-Nicolas; puis le palais du roi, ceux de l'ordre de Saint-Jean, de l'université et de l'académie des sciences, les écuries royales, l'arsenal, le bâtiment de l'école d'artillerie et du génie, la fonderie royale, la Bourse, la douane, la monnaie, le palais royal de Monbijou, etc. Viennent ensuite les statues colossales des généraux Scharnhorst et Bülow, le monument élevé à Blücher : des places publiques très-remarquables, des promenades, les jardins d'hiver, etc. Cette ville possède une université, une école de médecine et de chirurgie, une école militaire, un séminaire pour former des missionnaires, un séminaire de maîtres d'école, une école des métiers, un institut de sourds-muets, plusieurs bibliothèques, un observatoire, un cabinet d'histoire naturelle, une galerie de tableaux, un musée égyptien, un jardin botanique et des sociétés académiques. Le commerce y est florissant et la population dépasse 300,000 âmes. On trouve, dans les environs et hors de la porte de Brandebourg, le *Thiergarden*, célèbre promenade, qui est pour Berlin ce que sont le Prater pour Vienne et le Bois de Boulogne pour Paris ; puis l'*Exercier-Platz*, sorte de Champ-de-Mars où les troupes vont à la manœuvre.

BERMEO. — Petite ville de la Biscaye, en Espagne. Elle possède un port à l'embouchure du Berméo dans le golfe de Gascogne. C'est la patrie d'Alonzo de Ercilla. Pop. : 4,000 âmes.

BERMUDES. — Groupe de petites îles de l'Amérique septentrionale. Elles sont situées dans l'Atlantique, par 32° 29' de latitude nord, et 67° de longitude ouest, et prennent leur nom de l'espagnol Jean Bermudez, qui les découvrit en 1503. Les indigènes construisent des navires qu'ils vendent aux Américains. Pop. : 10,000 âmes.

BERNARD-CASTLE. — Ville du comté de Durham, en Angleterre. On y voit un château très-ancien. Pop. : 4,000 âmes.

BERNARDIÈRE (La). — Commune de l'arrondissement de Napoléon-Vendée, dans le département de la Vendée. Pop. : 1,100 âmes.

BERNAVILLE. — Chef-lieu de canton dans l'arrondissement de Doullens, département de la Somme. Pop. : 1,100 âmes.

BERNAY. — Petite ville située sur la rive gauche de la Charentonne. Chef-lieu d'arrondissement dans le département de l'Eure, elle comprend 6 cantons et 140 communes. On remarque son église paroissiale et les bâtiments de son abbaye de Bénédictins, fondée, en 1018, par Judith de Bretagne, épouse de Richard II, qui y fut enterré. Sa population est d'environ 7,500 âmes.

BERNBOURG. — Petite ville, chef-lieu du duché d'Anhalt-Bernbourg. Elle est située près de la Saale. On y trouve un gymnase et des fabriques. Cette ville occupe la tête d'un chemin de fer qui conduit à Berlin, et coupe, à Cöthen, celui de Magdebourg à Dresde. Pop. : 5,000 âmes.

BERNE. — Capitale du canton de ce nom, en Suisse. Elle est située sur une petite presqu'île formée par l'Aar, et présente quelques fortifications. On remarque sa cathédrale, l'église du Saint-Esprit, l'hôtel des monnaies, l'hôpital, l'arsenal, la maison de correction, etc. Elle possède une académie ou sorte d'université, une école militaire, une école vétérinaire, une école de sourds-muets, un séminaire de théologie, deux bibliothèques publiques, un observatoire, un musée de l'histoire naturelle de la Suisse, deux jardins botaniques et plusieurs sociétés académiques. Sa population est d'environ 13,000 âmes.

BERRE. — Petite ville située sur le bord d'un étang du même nom, dans le département des Bouches-du-Rhône. Ses environs, ainsi que le pourtour de l'étang, sont plantés de vignes, d'oliviers, d'amandiers et de figuiers, dont le produit est assez important. On y trouve aussi de riches salines qui, malheureusement, y rendent l'air malsain. Une sorte de détroit met l'étang ou la lagune en communication avec la Méditerranée.

BERTAL ou DJEBEL-O'OUYN. — Contrée d'Afrique. Elle est située au sud de la Nubie et à l'ouest de l'Abyssinie, formant trois Etats distincts : le Fazoql au nord, le Qamamyl au sud, et le Darfoq à peu près dans la même direction. Ces pays sont habités par des peuples belliqueux.

BERTINCOURT. — Chef-lieu de canton dans l'arrondissement d'Arras, département du Pas-de-Calais. Pop. : 1,500 âmes.

BERTINORO. — Ville des Etats-de-l'Eglise, en Italie. Elle est le siége d'un évêché, et ses vins ont de la renommée. Pop. : 3,000 âmes.

BERVIE. — Petite ville du comté de Kincardine, en Ecosse. Elle est située sur la mer du Nord. Pop.: 1,200 âmes.

BERWICK. — Petite ville située sur la Tweed, entre l'Ecosse et l'Angleterre. Elle a joué un grand rôle dans les guerres qui furent lieu entre ces deux pays, et aujourd'hui elle est encore assez importante par sa marine marchande et son commerce. Pop: 9,000 âmes.

BESANÇON. — Ville archiépiscopale, située sur le Doubs, chef-lieu du département de ce nom; son arrondissement comprend 8 cantons et 203 communes. On remarque sa cathédrale, l'église Saint-Jean et celle de la Madeleine, l'hôtel de la préfecture, la porte Taillée et la porte Noire, monuments romains, puis les restes d'un aqueduc également antique. Cette ville possède un séminaire, une académie universitaire, un collége, une école secondaire de médecine, une école de sourds-muets, une bibliothèque publique, un musée, un cabinet d'histoire naturelle, et une société académique. Elle est l'entrepôt des produits du midi pour une grande partie de la Suisse et du Nord, et le centre d'une grande fabrication d'horlogerie. Sa population est d'environ 34,000 âmes. Besançon est la patrie de l'abbé Nonnote, Chifflet, Millot, Charles Nodier, Victor Hugo, Joseph Droz, etc.

BESSE. — Petite ville de l'arrondissement d'Issoire, dans le département du Puy-de-Dôme. Elle est située à 1,030 mètres au-dessus du niveau de la mer, et renommée par les curiosités naturelles qu'offrent ses environs, comme les cascades d'Entraigues, les colonnes basaltiques du bord de la Malvoisière, le lac Pavin, la cascade de la Dogne, le Puy-de-Sancy, etc. Pop. : 2,000 âmes.

BESSE. — Chef-lieu de canton de l'arrondissement de Brignolet, dans le département du Var. Pop. : 1,700 âmes.

BESSINES. — Chef-lieu de canton, dans l'arrondissement de Bellac, département de la Haute-Vienne. Il s'y fait un commerce de bestiaux assez important. Pop. : 2,700 âmes.

BETANIMÈNES (PAYS DES). — Dans l'île de Madagascar. C'est le plus peuplé et le plus fertile de la zone maritime de cette île, et il se trouve situé entre les Betimsaras au nord, et le port Manourou au sud. Il a pour lieux principaux Tamatave et Yvondrou.

BETANZOS. — Ville de la Corogne, en Espagne. Elle est située sur une baie de l'Atlantique à laquelle elle donne son nom. Elle est importante par ses pêcheries, son commerce et le produit de ses vignobles. Pop. : 1,600 âmes.

BETHLÉHEM ou BETHLÉEM. — Grand village de Syrie, dans la Turquie Asiatique. C'est le lieu où naquit le divin Sauveur. On y voit une belle église, bâtie par l'impératrice Hélène, et dans laquelle se trouve la fameuse chapelle de la *Nativité*, vaste grotte creusée dans le roc et pavée de marbre. D'après la tradition, les trois autels qui y sont constamment éclairés par de superbes lampes d'argent, indiquent, l'un, l'endroit où Jésus vint au monde; le second, la place de la crèche, et le troisième, le lieu où Marie offrit le nouveau né à l'adoration des Mages. A peu de distance de Bethléhem, on rencontre les *étangs de Salomon*, immenses réservoirs, au nombre de trois, qui furent, dit-on, construits par ce monarque et fournissent de l'eau à l'aqueduc de Jérusalem.

BETHLÉHEM. — Ce nom a été donné à quatre petites villes des Etats-Unis d'Amérique : l'une est située dans l'Etat de New-York, l'autre dans celui de Pensylvanie, la troisième dans le même Etat, et la quatrième dans le New-Hampshire.

BETHMALE. — Commune de l'arrondissement de Saint-Girons, dans le département de l'Ariége. Pop. : 1,700 âmes.

BETHUNE. — Petite ville située non loin de la Brette, et importante par ses fortifications. Chef-lieu d'arrondissement du Pas-de-Calais, elle comprend 8 cantons et 142 communes. Elle possède un collége et des fabriques de toiles. Sa population est d'environ 8,000 âmes.

BETIMSARAS. — Peuple de l'île de Madagascar. Il habite la côte orientale, entre le territoire de Pointe-à-Larrée, et celui de Tamatave, et son chef-lieu est Foulpointe.

BETJOUANAS. — Peuple de la Cafrerie intérieure, en Afrique. Il a pour capitale Litakou.

BETLIS. — Ville de l'Arménie ottomane. Elle est située près du lac Van, et chacune de ses maisons, construites en pierres de taille, offre comme une petite forteresse. Pop. : 20,000 âmes.

BETZ. — Chef-lieu de canton dans l'arrondissement de Senlis, département de l'Oise. Pop. : 1,300 âmes.

BEUTHEN. — Ville de Silésie, royaume de Prusse. Elle est située sur l'Oder. Pop. : 2,600 âmes.

BEWAN. — Chef-lieu du royaume et du groupe Soulou, dans l'archipel des Philippines, Océanie occidentale. C'est une petite ville assez commerçante, située dans l'île de Holo. Pop. : 6,000 âmes.

BEX. — Petite ville du canton de Vaud, en Suisse. On remarque sa belle église, et l'immense galerie taillée dans le roc. Elle possède une saline, des bains, et sa population est d'environ 3,000 âmes.

BEYERLAND. — Ile de la Hollande méridionale. Elle est située entre la vieille Meuse au nord, et le Hollands-Diep au sud. Sa longueur est de 27 kilomètres sur une largeur de 13.

BEYNAC. — Chef-lieu du canton dans l'arrondissement de Brives, département de la Corrèze. Pop. : 1,200 âmes.

BEZIERS. — Ville située sur l'Orbe et sur le canal du Midi, dans le département de l'Hérault. Chef-lieu d'arrondissement, elle comprend 12 cantons et 97 communes. Elle possède un collège, une bibliothèque publique, une société d'agriculture, et fait un commerce assez important des produits du Midi. Sa population est d'environ 17,500 âmes. Cette ville est la patrie de Barbeyrac, de Vanière, de Riquet, etc.

BHALDI ou BAÏDI. — Petite ville du Tibet, dans l'empire chinois. Elle est située près du lac Yamthso du Palté, ou l'on remarque un couvent célèbre bâti sur l'une de ses îles. Ce couvent est la résidence de la divinité femelle appelée Dordji-pamo ou la *sainte mère de la truie*, laquelle mère est révérée comme une incarnation de Bhavani. Elle ne sort de son île, pour se rendre à Lassa, qu'en grande pompe, et distribue, durant le voyage, sa bénédiction, en faisant baiser son sceau. Les couvents des îles du lac, habités par des moines, se trouvent placés sous sa direction.

BHARTPOUR. — Grande ville, capitale de la principauté de ce nom, dans la province d'Agra, empire Indo-Britannique. C'était autrefois l'une des plus fortes places de l'Inde ; mais les Anglais la prirent d'assaut en 1826, et en firent sauter les ouvrages de défense.

BHOUDJ. — Grande ville du Katch, dans l'empire Indo-Britannique. Elle est environnée de jardins, de pagodes et d'étangs, et l'on remarque parmi ses monuments, le mausolée de Rau-Laka. Pop. : 20,000 âmes.

BIAFRA. — Royaume de la Guinée septentrionale, en Afrique. Il est situé à l'est du golfe de Guinée.

BIAFRA (Golfe de) — Il est formé par la partie est du golfe de Guinée, entre la côte de Calabar et celle de Gabon, et il reçoit les eaux du Vieux-Calabar, du Rio-del-Rey et du Camerones.

BIALYSTOK. — Chef-lieu de la province de ce nom, en Russie. Cette ville est bien bâtie et l'on y remarque un très-beau château qui lui a valu le surnom de *Versailles de la Podlaquie*. Elle possède aussi un gymnase.

BIANA. — Ville de l'Hindoustan, ancienne capitale des Radijepoutes.

BIANCO. — Bras de l'Adige qui s'unit au Tartaro dans le sud-est du royaume Lombard-Vénitien, et va se jeter dans la mer Adriatique, à Porto-di-Levante, après un cours de 90 kilomètres.

BIARITZ. — Petit bourg situé non loin de Bayonne, dans le département des Basses-Pyrénées. Il est renommé par ses bains de mer et par ses grottes. Pop. : 2,000 âmes.

BIDER. — Grande ville du Dekkan, dans l'empire Indo-Britannique. Elle est en partie ruinée ; mais on y remarque ses mausolées et particulièrement celui de Berced.

BIDOUZE. — Rivière du département des Basses-Pyrénées. Après un cours de 80 kilomètres, elle va se jeter dans l'Adour, au-dessous de l'embouchure du gave de Pau.

BIDSCHOW. — Cercle du royaume de Bohême. Il a Gitschin pour capitale.

BIELLA. — Petite ville épiscopale de la division de Turin, dans le royaume Sarde. Elle est assez importante par son industrie.

BIELLE. — Commune de l'arrondissement d'Oloron, dans le département des Basses-Pyrénées. Elle est située dans la vallée d'Ossau, et l'on trouve sur son territoire des carrières de marbre, d'ardoises, des mines de cuivre, etc. Pop. : 9,000 âmes.

BIÉLO-OZERO ou Lac Blanc. — Il est situé au nord-est du gouvernement de Novgorod, en Russie. Sa circonférence est de 124 kilomètres et il s'écoule dans le Volga par la Cheksna, communiquant, par des canaux, avec le lac Onéga, la Sukona et la Dwina.

BIELOPOL. — Ville du Montenegro, en Turquie. Pop. : 3,000 âmes.

BIELOZERSK. — Ville du gouvernement de Novgorod, en Russie. Elle est située sur le bord méridional du lac Biélo. Pop. : 3,000 âmes.

BIELSK. — Ville de la province de Bialystok, en Russie. Pop. : 2,400 âmes.

BIENNE. — (Lac de). — En Suisse. Il a 14 kilomètres de longueur sur 4 de largeur ; et reçoit les eaux du lac de Neufchâtel par la Thièle, qui le traverse. La Suze y verse aussi les siennes. On y voit la petite île de Saint-Pierre, qu'habita J.-J. Rousseau.

BIENNE. — Petite ville située à l'extrémité du lac de ce même nom, dans le canton de Berne, en Suisse. Pop. : 2,500 âmes.

BIENVENIDA. — Ville de la province de Badajoz, en Espagne. Pop. : 3,000 âmes.

BIERLEY. — Ville du comté d'York, en Angleterre. Pop. : 6,000 âmes.

BIERNÉ. — Chef lieu de canton dans l'arrondissement de Châteaugontier, département de la Mayenne.

BIERVLIET. — Ville de la Zélande, royaume de Hollande. Elle est située à la gauche de l'Escaut occidental. C'est la patrie de Guillaume Benkelzoom, à qui l'on est redevable, dit-on, de l'art de saler et d'encaquer le hareng.

BIES-BOSH. — Lac de Hollande. Il est situé entre le Brabant hollandais et la Hollande méridionale et présente une superficie de 240 kilomètres carrés. Il fut formé, en 1421, par une rupture des digues qui submergea 72 villages et 100,000 habitants. Plusieurs bras de la Meuse y versent leurs eaux et en sortent réunis sous le nom de Holands-Diep.

BIG-HORN. — Rivière navigable du territoire de l'Est aux États-Unis d'Amérique. Elle prend sa source dans les Monts-Rocheux et se joint à la rivière Pierre-Jaune. Son cours est de 570 kilomètres.

BIHACZ. — Petite ville fortifiée de Bosnie, dans la Turquie d'Europe. Elle est située dans le bassin de l'Unna et compte environ 3,000 habitants.

BIHAR. — Comitat de Hongrie, dans le cercle au delà de la Theiss. Il a pour chef-lieu Gross-Wardein.

BIHÉ. — Royaume de la Guinée méridionale. Il est situé à l'est du Congo, et sa capitale porte le même nom.

BIKAMIR. — Petite ville, chef-lieu de l'État de ce nom, dans l'empire Indo-Britannique. C'est une sorte d'oasis dans le désert de l'Adjmir, où l'on remarque un puits de 6 mètres de largeur sur 100 de profondeur.

BIKEND. — Ville de la Grande-Boukharie. Elle était autrefois la capitale de cette contrée.

BILBAO. — Capitale de la Biscaye, en Espagne. Elle est située sur l'Ansa, qui y forme un port, et à 8 kilom. environ de la mer. Cette ville et l'une des plus commerçantes du royaume, et l'entrepôt général des laines de la péninsule. Le fer et l'acier y sont aussi l'objet d'une spéculation importante. Pop. : 15,000 âmes.

BILÉDULGÉRID ou **BÉLAD-ÊL-DJÉRID** (*Pays des dattes*). — Vaste contrée qui s'étend de l'Est à l'Ouest, en Afrique, et se trouve placée au sud du mont Atlas. Elle répond à l'ancienne Gétulie.

BILLOM. — Petite ville industrieuse du département du Puy-de-Dôme. On s'y livre particulièrement à l'éducation des abeilles, et l'on y trouve aussi des fabriques de faïence, de poterie fine, de toiles et de fil de Bretagne. Cette ville est réputée comme la plus ancienne de l'Auvergne. Pop. : 4,000 âmes.

BILMA. — Ville du Sahara. Elle est habitée par les Tibbous.

BILSEN. — Ville du Limbourg, en Belgique. Pop. : 3,000 âmes.

BILSTON. — Ville du comté de Stafford, en Angleterre. Elle fait un commerce de houille et de fer, et l'on y trouve des hauts fourneaux et des fabriques de quincaillerie. Pop. : 15,000 âmes.

BIMA. — Royaume de l'île de Sumbava, dans la Malaisie. Sa domination s'étend sur presque toute cette île, sur celle de Mangaray et sur la partie ouest de celle de Flores. Sa capitale porte le même nom; elle possède un port, et c'est là que réside un sultan tributaire des Hollandais.

BINDRABAND ou **VINDRAVANA.** — Ville de la province d'Agra, dans l'empire Indo-Britannique. Elle est célèbre dans la mythologie hindoue par ses beaux temples dédiés à Krichna, et parmi lesquels on distingue surtout la grande pagode cruciforme, l'un des monuments brahmaniques les plus remarquables par la richesse de l'exécution.

BINIC. — Petite ville du département des Côtes-du-Nord. Elle est importante par son port et le grand nombre de navires marchands qui lui appartiennent. Pop. : 2,400 âmes.

BINTANG. — Ile de la Malaisie. Elle est située à l'est de l'île de Sumatra et au sud de la presqu'île de Malacca. Son chef-lieu est Tanjong-Pinang, et les Hollandais en sont en possession.

BIOBIO. — Fleuve navigable du Chili. Il sépare en partie le territoire des Araucans de celui des Chiliens, puis passe à la Conception et va se jeter dans le grand Océan. Son cours est de 350 kilomètres.

BIOLLET. — Commune du département du Puy-de-Dôme. Elle appartient à l'arrondissement de Saint-Gervais. Pop. : 1,200 âmes.

BIOULE. — Commune de l'arrondissement de Montauban, dans le département de Tarn-et-Garonne. Pop. : 1,200 âmes.

BIR. — Petite ville de Syrie, dans la Turquie d'Asie. Elle est située sur l'Euphrate, et l'on trouve, dans son voisinage, les ruines de *Mabog* ou *Hiérapolis*, cité qui était célèbre par le culte qu'on y rendait à la déesse Astarté. On représentait celle-ci sous une forme moitié femme, moitié poisson, et son temple était desservi par 300 prêtres. Lorsque ce temple fut pillé par Marcus Licinius Crassus, on y trouva des richesses immenses.

BIRKENFELD. — Chef-lieu de la principauté de ce nom, dans le grand duché d'Oldenbourg. Ce n'est qu'un gros village d'environ 1,200 habitants, mais qui possède néanmoins une école latine et un séminaire pour les maîtres d'école.

BIRKENHEAD. — Petit endroit du comté de Chester, en Angleterre. Il possède un port à l'embouchure de la Mersey, vis-à-vis Liverpool, et un chemin de fer qui unit ce lieu à Chester, se prolonge ensuite jusqu'à celui de Londres à Liverpool.

BIRKET-EL-HAGGY. — Petit lac d'Égypte. Il est situé à environ 4 lieues nord-est du Caire, et c'est là un rendez-vous pour les pèlerins qui vont à La Mecque par Suez.

BIRKET-EL-KEROUN. — Lac d'Égypte. C'est le *lac Mœris* des anciens. Il occupe le fond de la vallée circulaire formée par la chaîne lybique, et qu'on appelle Fayoum. Sous les Romains et les Grecs, cette vallée fut appelée d'abord Crocodilopolite, et plus tard Arsinoïte; puis le lac fut aussi désigné sous celui de lac à Caron, parce que quelques-uns croyaient que l'allégorie du nocher du Styx, devait se rapporter à cette immense nappe d'eau. Le nom de Mœris lui venait de celui du Pharaon auquel on attribuait le creusement du bassin. L'ancien lac n'avait pas moins de 287,220 mètres carrés, et son importance était d'autant plus grande pour l'Egypte, qu'il régularisait le débordement du Nil et rendait à peine sensible l'inégalité des pluies de l'Abyssinie. Les eaux du fleuve lui arrivaient par un canal qui porte actuellement le nom de *Barh-Joussef*, ou canal de Joseph, dont l'entrée avait été pratiquée à travers la chaîne lybique; et après avoir arrosé, par plusieurs ramifications, le sol cultivable du Fayoum, ces eaux se rendaient dans le lac. Celui-ci les conservait jusqu'au mois de décembre; et l'on suppose qu'il en écoulait à son tour une partie, par deux coupures dont l'une était le canal appelé aujourd'hui *Barh-Belama* ou fleuve sans eau. Cet écoulement permettait de suppléer à la fourniture du Nil dans les crues mauvaises, et c'est dans le même but que Méhémet-Ali avait entrepris de régulariser, par un barrage, les débordements capricieux du Delta. Les Egyptiens croyaient que ce lac avait été creusé, nous venons de le dire, sous leur Pharaon Méris; mais d'après sa superficie et sa profondeur, on peut calculer qu'il eût fallu enlever près de 1, 500 milliards de mètres-cubes de terre, opération qui probablement ne s'est pas réalisée. Les eaux du lac Mœris ont habituellement un degré de salure qui s'augmente surtout dans une proportion considérable, trois mois après que celles du Nil y sont arrivées. Le bassin n'est cependant alimenté que par des eaux douces; mais il paraît que la base calcaire du sol contient du sel gemme; on en trouve du moins dans les environs du lac, et les berges de celui-ci présentent une très-grande quantité de muriate de chaux.

BIRMAN (Empire). — Il est situé dans l'Inde trangangétique, et a pour limites, au nord, le pays d'Assam, des tribus de montagnards et l'Yun-Man de l'empire chinois; à l'est, l'Yun-Man et le Salsum; au sud, le golfe du Bengale, et à l'ouest, le même golfe, le royaume d'Arakan, le Kathy et autres possessions anglaises. Les fleuves qui l'arrosent sont l'Iraouaddy, le Zittang et le Salouen; et sa division administrative se compose des pays appelés Birma, Pegou, Martaban, Laos-Birman, et des peuples tributaires.

BIRMINGHAM. — Ville du comté de Warwich, en Angleterre. C'est l'une des cités les plus industrieuses du royaume, et l'on y trouve un nombre considérable de fabriques de bijouterie, de quincaillerie, d'armes, de machines à vapeur, etc. C'est aussi à Soho, que l'on regarde comme l'un de ses faubourgs, que sont les célèbres et immenses ateliers de Bolton et Walts, dans lesquels on admire surtout les machines destinées à battre la monnaie. Divers canaux mettent cette ville en communication avec Londres, Hull, Manchester, Liverpool, et les différentes mers qui environnent le Royaume-Uni. On remarque enfin à Birmingham, les églises Christ-Church et Saint-Georges, l'Athénée, la Bibliothèque, etc.; et ses environs, sur une grande étendue, n'offrent qu'une suite d'usines et d'ateliers. La population est d'à peu près 148,000 âmes.

BIROU. — Royaume de la Nigritie. Il est situé à l'ouest de Tombouctou et s'étend jusqu'au Sahara. Oualet est sa capitale.

BIRS. — Rivière de Suisse. Elle prend sa source dans le canton de Berne, traverse la vallée de Moutier, et se jette dans le Rhin, près de Bâle. Son cours est de 70 kilomètres.

BISAN. — Village de Syrie, dans la Turquie asiatique. Il occupe une partie de l'emplacement de la cité de *Bethsan*, de la Bible, ou de la *Scythopolis* des Grecs et des Romains. C'était la plus grande ville de la Décapole, et l'on y remarque encore les restes de son théâtre, de son acropolis et plusieurs tombeaux.

BISCAYE. — L'une des trois provinces basques, en Espagne. Elle est bornée, au nord, par l'Océan; à l'est, par la province de Guipuzcoa; au sud, par celle d'Alava; et à l'ouest, par celle de Burgos. Sa capitale est Bilbao.

BISCHOFSHEIM. — Petite ville du Bas-Mein, en Bavière. On a élevé un observatoire dans ses environs, sur la montagne du Rhöngebirge. Sa population est d'environ 2,000 âmes.

BISNAGAR ou **BIJANAGUR.** — Ville de la présidence de Bombay, dans l'empire Indo-Britannique. C'était, aux XIVe et XVe siècles, l'une des plus belles et des plus importantes cités de l'Asie. Aujourd'hui elle est ruinée et déserte. La Toumbâddrah sépare ses ruines en deux parties: celles du nord portent le nom d'Aunagoundy; celles du sud forment Bisnagar proprement dit. On remarque, parmi ses restes colossaux, d'énormes murailles, les temples de Mahâdeva, de Krichna, de Rama et de Witoba.

BISOUTOUN (Mont). — Il est situé non loin de Kirmanchâh, dans le Kurdistan persan, et sa hauteur est d'environ 488 mètres. On trouve à sa base une plate-forme qu'on suppose avoir supporté quelque somptueux édifice, et l'on découvre sur son flanc un grand nombre d'inscriptions cunéiformes.

BITCHE. — Petite ville située sur le versant occidental des Vosges. Elle est remarquable par ses fortifications que l'on regarde comme imprenables. L'intérieur du rocher est voûté et casematé, et on y voit un puits d'une très-grande profondeur qui est également taillé dans le roc. Cette ville possède des verreries. Pop.: 4,000 âmes.

BITLIS. — Ville fortifiée du Kurdistan, dans la Turquie d'Asie. Elle est la résidence d'un pacha. Pop.: 15,000 âmes.

BITONTO. — Ville épiscopale de la province de Bari, royaume de Naples. Elle est renommée par son vin, dit *de zagarello*, et c'est dans son voisinage qu'en 1736, les

Espagnols battirent les impériaux. Pop. : 1,600 âmes.

BITTERFELD. — Ville de la Saxe prussienne. On y trouve des colonies flamandes. Pop. : 3,000 âmes.

BLACKBURN. — Ville du comté de Lancaster, en Angleterre. Elle est renommée par ses fabriques de coton, et l'on trouve, dans ses environs, le célèbre collège de Stonyhurst, le plus grand établissement d'éducation que les catholiques aient en Angleterre.

BLACK-ROCK. — Village du comté de Dublin, en Irlande. On y trouve des bains de mer très-fréquentés. Pop. : 1,500 âmes.

BLACKWATHER. — Baie d'Angleterre : elle est située dans la mer du Nord, à l'est du comté d'Essex, et reçoit les eaux d'une petite rivière appelée comme elle, puis celles de la Chelmer. On y trouve des huîtres qui sont renommées.

BLANC (LE). — Petite ville située sur la Creuse, dans le département de l'Indre. Chef-lieu d'arrondissement, elle comprend 6 cantons et 56 communes, et sa population est d'environ 6,000 âmes.

BLANDFORT-FORUM. — Ville du comté de Dorset, en Angleterre. Elle est située sur la rive gauche du Stour. On y fabrique des dentelles et des broderies qui sont très-renommées. Pop. : 3,000 âmes.

BLANGY. — Chef-lieu de canton dans l'arrondissement de Pont-l'Evêque, département du Calvados. Pop. : 800 âmes.

BLANGY ou BLANGIS. — Chef-lieu de canton dans l'arrondissement de Neufchâtel, département de la Loire-Inférieure. On y trouve des fabriques de toiles à voiles et de savon vert, des blanchisseries et des tanneries, et il s'y fait aussi un commerce de bestiaux. Pop. : 1,800 âmes.

BLANKENBOURG. — Ville d'Allemagne et l'un des six duchés du Brunswick. On y voit un vieux et vaste château, et l'on trouve, dans son voisinage, les carrières de marbre du Heidelberg. Pop : 3,500 âmes.

BLANQUEFORT. — Chef-lieu de canton de l'arrondissement de Bordeaux, département de la Gironde. Pop. : 2,000 âmes.

BLANQUILLA. — L'une des petites Antilles sous le vent. Elle n'a que 22 kilomètres de circuit, et quelques pêcheurs seulement l'habitent.

BLANTYRE. — Petite ville du comté de Lanark, en Ecosse. Elle est située sur la Clyde et l'on y fabrique des tissus de coton. Pop. : 3,000 âmes.

BLANZAC. — Chef-lieu de canton de l'arrondissement d'Angoulême, dans le département de la Charente. Il s'y fait un commerce de bestiaux. Pop. : 700 âmes.

BLASKETS. — Groupe de petites îles de l'Atlantique. Il est situé près de la côte de l'Irlande et au nord-ouest de la baie de Dingle.

BLAVET. — Rivière qui prend sa source dans la chaîne armorique, partage en deux parties inégales le département du Morbihan, et, après avoir baigné Pontivy, se jette dans l'océan Atlantique par le port de Lorient.

BLAYE. — Petite ville située sur la droite de la Gironde, dans le département de ce nom. Chef-lieu d'arrondissement, elle comprend 4 cantons et 56 communes. Cette ville possède une citadelle, et son commerce consiste surtout en vins et eaux-de-vie. Sa population est d'environ 4,000 âmes. Au milieu du fleuve et en regard de la ville est un fort qu'on appelle *le Pâté de Blaye*.

BLAYMARD. — Chef-lieu de canton de l'arrondissement de Mende, dans le département de la Lozère. Il est situé au pied de la Lozère et non loin de la source du Lot. Pop. : 600 âmes.

BLEIBERG. — Petite ville de la Carinthie. Elle est renommée par ses mines de plomb, placées au rang des plus riches de l'Europe. Pop. : 4,000 âmes.

BLEICHERODE. — Ville de la Saxe prussienne. On y trouve des sources minérales. Pop. : 2,500 âmes.

BLENEAU. — Chef-lieu de canton dans l'arrondissement de Joigny, département de l'Yonne. On y fait un commerce de bois à brûler. Pop. : 1,300 âmes. C'est à cet endroit, qu'en 1652, le prince de Condé, fut défait par Turenne.

BLENHEIM ou BLINDHEIM. — Village de Bavière. Il est situé sur le Danube et près d'Höchstedt. Les Français et les Bavarois furent vaincus en 1704, par le prince Eugène et Malborough, et c'est cette bataille qui a reçu en France le nom d'Höchstedt.

BLÉRÉ. — Petite ville, chef-lieu de canton dans l'arrondissement de Tours, département d'Indre-et-Loire. On y fait un commerce de vins et de bois. Pop. : 3,500 âmes.

BLESLE. — Chef-lieu de canton dans l'arrondissement de Brioude, département de la Haute-Loire. Pop. : 1,800 âmes.

BLIESE. — Rivière qui prend sa source dans la Prusse rhénane et se jette dans la Sarre, non loin de Sarreguemines, après un cours de 99 kilomètres.

BLIGNY-SUR-OUCHE. — Chef-lieu de canton dans l'arrondissement de Beaune, département de la Côte-d'Or. Pop. : 1,400 âmes.

BLOIS. — Ville ancienne et épiscopale, située sur la Loire. Autrefois capitale du Blaisois, elle est aujourd'hui le chef-lieu du département de Loire-et-Cher, et son arrondissement comprend 10 cantons et 138 communes. On y remarque l'évêché, l'hôtel de ville, puis un vieux château dans lequel naquit Louis XII, où résidèrent François Ier, Charles IX et Henri III ; où fut tué Henri, duc de Guise ; et qui, de nos jours, a servi de prison au chef arabe, Abd-el-Kader. Blois possède un séminaire, un collège, une bibliothèque publique et une société d'agriculture. Son commerce consiste en vins, eaux-de-vie, coutellerie, bonneterie, gants, etc., et sa population est d'environ 16,000 âmes. Cette ville a aussi donné naissance à Papin.

BLOKULLA. — Petite île de la mer Baltique. C'est un amas de rochers escarpés, d'une lieue de tour, et qu'environnent des écueils dangereux. Ces rochers et ces écueils jouent un grand rôle dans les légendes populaires du Nord.

BLOOMFIELD. — Ville du New-York, aux Etats-Unis d'Amérique. Pop. : 5,000 âmes. Il y a une autre ville de ce nom dans le New-Jersey.

BOACICA. — Lac du Brésil. Il est situé à l'est de la province de Rio-Janeiro et communique avec l'Océan.

BOBBIO. — Petite ville épiscopale de l'Etat de Gênes, dans le royaume Sarde. On y remarque la bibliothèque de son célèbre couvent, fondé au commencement du VII° siècle par saint Colomban, laquelle était une des plus renommées au moyen âge, et qui possède presque tous les palimpsestes qui ont été illustrés par Maj, Peyron, Niebuhr, etc. Pop. : 4,000 âmes.

BOBROUISK. — Ville fortifiée du gouvernement de Minsk, en Russie. Elle défend, par sa position, la ligne d'intervalle entre la Dwina et le Dnieper. Pop. : 22,000 âmes.

BOBROV. — Ville du gouvernement de Voronej, en Russie. Elle est située sur le Bitiong, affluent du Don. Pop. : 3,000 âmes.

BOCAYRENTE. — Ville de la province d'Alicante, en Espagne. Pop. : 6,000 âmes.

BOCCA-DI-FALCO. — Ville de Sicile. Elle est située près de Palerme et possède un riche jardin botanique. Pop. : 5,000 âmes.

BOCCHETTA. — célèbre défilé des Appenins. Il est situé entre Gênes et Novi, dans le royaume Sarde. Il fut franchi par les impériaux en 1746, et par les Français en 1796.

BOCHNIA. — Petite ville de la Gallicie, dans la Pologne autrichienne. Elle est renommée par ses mines de sel, qui rivalisent avec celles de Wieliczka. Pop. : 5,000 âmes.

BOCHOLT. — Ville de Westphalie. Elle est située sur l'Ahe, affluent de l'Yssel. On trouve des mines de fer dans son voisinage. Pop. : 4,500 âmes.

BOCOGNANO. — Chef-lieu de canton dans l'arrondissement d'Ajaccio, en Corse. Il est situé près des sources du Gravone. Pop. : 2,500 âmes.

BODEGA. — Ville de la province de Bogota, Nouvelle-Grenade, Amérique du sud. Elle est située sur la Madeleine. Pop. : 3,500 âmes.

BODEGA. — Colonie russe située à quelques milles au nord du port de San-Francisco, dans la nouvelle Californie, Amérique. Elle se trouve établie à l'embouchure de la Slavinska-Ross.

BOGLIPOUR. — Ville de la province de Béhard, dans l'empire Indo-Britannique. On y trouve d'importantes fabriques de soie et de coton, et elle possède aussi un collége musulman renommé. Pop. : 30,000 âmes.

BOGOTA. — Ville archiépiscopale, chef-lieu de la province de ce nom, et capitale de la république de la Nouvelle-Grenade, dans la Colombie. Elle est située au pied de deux montagnes élevées, qui l'abritent contre les ouragans de l'est. Le climat de cette localité est pluvieux et l'un des plus humides que l'on connaisse, et c'est aussi l'un des lieux où les tremblements de terre se manifestent le plus fréquemment. On y remarque la cathédrale, les couvents de San-Juan de Dios et des Dominicains, le palais du gouvernement, celui du sénat et l'hôtel de la monnaie. Cette ville possède une université, plusieurs colléges, une bibliothèque publique, un observatoire, un jardin botanique et quelques sociétés académiques. Pop. : 40,000 âmes.

BOHAIN. — Petite ville, chef-lieu de canton dans l'arrondissement de Saint-Quentin, département de l'Aisne. Pop. : 3,600 âmes.

BOHÊME. — Province de l'empire d'Autriche. Elle a pour confins, au nord-est, la Prusse ; au sud-est, la Moravie ; au sud, l'Autriche proprement dite ; au sud-ouest, la Bavière, et au nord-ouest, la Saxe. Elle est environnée de montagnes élevées et forme le bassin supérieur de l'Elbe, dont les principaux affluents sont l'Iser, la Moldau et l'Eger.

BOHEYREH-EL-MARIOUT. — Lac d'Egypte. C'est le *Mareotis* des anciens. Il était renommé par les jardins et les vignobles qui le bordaient ; ses eaux lui étaient amenées du Nil par des canaux et elles étaient encore douces au XVI°; mais, peu à peu, le bassin se dessécha en partie, et il était devenu une plaine sablonneuse dont la partie basse seulement retenait les eaux de la pluie. Cet état subit une transformation en 1801. Le 4 avril, l'armée anglo-turque, qui était venue pour combattre les Français, coupa les digues du canal d'Axandrie, à l'extrémité du lac Mahdyeh ; les eaux salées de ce lac ou de cette lagune, se frayèrent divers passages pour aller envahir l'ancien lit du Maréotis, et, pendant la durée de deux mois qu'elles mirent à le remplir, elles submergèrent 40 villages et les cultures qui en dépendaient. Méhémet fit alors barrer la communication de ce lac avec la mer, et actuellement il ne reçoit plus que les eaux pluviales du canal Mahmoudieh, lesquelles, après leur évaporation en été, laissent une épaisse couche saline qui est exploitée.

BOHMERWALD. — Chaîne de montagnes entre la Bohême et la Bavière. Elle se dirige du nord-ouest au sud-est, et sépare le bassin de l'Elbe de celui du Danube. Son point culminant est le Haydelberg, haut de 1,407 mètres.

BOIS-D'AMONT. — Petit bourg de l'arrondissement de Saint-Claude, dans le département du Jura. Il est important par la grande quantité de meubles et d'ustensiles en bois qu'on y fabrique. Pop. : 1,200 âmes.

BOIS-LE-DUC. — Place forte et chef-lieu de la province du Brabant septentrional, dans le royaume de Hollande. Cette ville est située sur le Dommel. On y remarque la vaste et belle église Saint-Jean ; elle possède des fabriques de rubans de fil et d'instruments de musique, et sa population est d'environ 13,000 âmes.

BOISSY-SAINT-LÉGER. — Chef-lieu de canton dans l'arrondissement de Corbeil, département de Seine-et-Oise. C'est dans son voisinage que se trouve le château de Gros-Bois. Pop. : 700 âmes.

BODJADOR. — Cap de la côte occidentale du Sahara, sur l'Atlantique. Il fut doublé, pour la première fois, par les Portugais, en 1433.

BOLCHERELSK. — Très-petite ville du district du Kamtchatka, en Sibérie, Russie asiatique. Elle est assez importante par son port, et renommée par sa *poste aux chiens* qu'entretiennent ses habitants. Ces animaux sont employés en effet comme attelage pour le transport des dépêches, des voyageurs et des marchandises; on les nourrit avec des poissons secs; mais ils supportent facilement la faim et la fatigue.

BOLI. — Ville de l'Anatolie, dans l'Asie-Mineure, empire ottoman. Elle est florissante par son industrie et son commerce, et c'est le passage ordinaire des caravanes qui vont à Constantinople. Sa population est d'environ 50,000 âmes.

BOLIVIA (RÉPUBLIQUE DE). — Elle est située dans l'Amérique du Sud, entre 60° et 73° de longitude occidentale, et entre 11° et 24° de latitude. Elle a pour confins, au nord, le Pérou et le Brésil; à l'est, ce dernier empire et la confédération du Rio de la Plata; au sud, cette confédération et le Paraguay; et à l'ouest, le grand Océan et le Pérou. Cet État offre la ligne de partage des eaux de l'Amérique du Sud, et les plus hautes contrées du Nouveau-Monde; et il est principalement arrosé par deux immenses fleuves, l'Amazone et le Rio de la Plata, qui versent leurs eaux dans l'océan Atlantique. Le premier a pour affluents le Maripi, le Coroïco, le Tipuani, la Madeira, la Marmore, la Guapore et le Parapite; ceux du second sont le Pilcomayo, le Rio-Grande, la Paspaya et le Cachamayo. Les divisions administratives de la république de Bolivia sont établies comme suit :

DÉPARTEMENTS.	CHEFS-LIEUX.
Chuquisaca.	Chuquisaca.
La Paz.	La Paz d'Ayacucho.
Oruro.	Oruro.
Potosi.	Potosi.
Cochabamba.	Cochabamba.
Santa-Cruz de la Sierra.	Santa-Cruz de la Sierra.
Province de Tarija.	Tarija.
— de Lamar.	Puerto-de-Lamar.

BOLKHOW. — Ville du gouvernement d'Orel, en Russie. Pop. : 10,000 âmes.

BOLLENE. — Petite ville, chef-lieu de canton dans l'arrondissement d'Orange, département de Vaucluse. On y trouve des filatures de soie et des teintureries. Pop. : 4,800 âmes.

BOLLEZEÈLE. — Commune de l'arrondissement de Dunkerque, dans le département du Nord. Pop. : 1,800 âmes.

BOLLWILLER. — Village situé à 16 kilomètres au sud de Colmar, département du Haut-Rhin. Il est renommé par sa pépinière, l'une des plus belles de France, et par sa magnifique collection de vignes. On y trouve aussi des fabriques de toiles de coton. Pop. : 1,500 âmes.

BOLOGNE. — Grande et belle ville archiépiscopale, chef-lieu de la légation qui porte son nom, dans l'Etat du Pape. Elle est située sur le canal de Bologne, entre le Reno et la Savena, et au milieu d'une campagne superbe. On y remarque la cathédrale, l'église Sainte-Pétrone, où se trouve la fameuse méridienne tracée par Cassini, l'église des Célestins, les bâtiments de l'ancienne université, celui de l'Institut, l'hôtel des monnaies, les palais Caprara, Fantuzzi, Sampieri, Zambecari et Tanari, et la fontaine de Neptune. Cette ville possède une université, une académie des beaux-arts, des galeries de sculpture et de peinture, un jardin botanique, une riche bibliothèque publique et plusieurs sociétés académiques. Sa population est d'environ 70,000 âmes. On trouve, dans son voisinage, le célèbre sanctuaire de la Madona di San-Luca, où l'on se rend en pèlerinage par un portique de 690 arcades; puis le monastère de la Certosa, qui est aujourd'hui l'un des plus beaux cimetières de l'Italie; et enfin, celui des Olivétains de Saint-Michel in Bosco.

BOLSENA. — Lac situé dans l'Etat de l'Eglise. Sa longueur est de 16 kilomètres, et il verse ses eaux dans la mer Tyrrhénienne, par la Marta.

BOLTON. — Ville du comté de Lancaster, en Angleterre. Elle est importante par ses nombreuses fabriques d'étoffes de coton. Pop. : 40,000 âmes.

BOLTON. — Village du comté d'York, en Angleterre. On y voit les restes du château où fut détenue Marie-Stuart.

BOLTON. — Petite ville du Massachusetts, aux Etats-Unis d'Amérique. Pop. : 2,000 âmes.

BOMBAY. — Grande ville, capitale de la présidence de même nom et de l'Inde occidentale, dans l'empire indo-britannique. Elle est située sur une petite île qui porte son nom, et se trouve défendue par une citadelle. On y remarque l'église anglicane, le palais du gouvernement, les docks, l'arsenal, les casernes et le bazar. Les Anglais ont dans cette ville leurs grands établissements de marine militaire; son port est franc et son commerce de cabotage est immense. Bombay possède aussi un observatoire et plusieurs sociétés académiques. Pop. : 200,000 âmes.

BOMBETOC. — Ville de l'île de Madagascar. Elle est située sur la côte nord-est, et c'était autrefois la capitale d'un des plus puissants Etats des sclaves.

BONAPARTE. — Groupe d'îles de l'Océanie. Il est situé sur la côte nord-ouest de la Nouvelle-Hollande, et les îles qui le composent sont stériles et inhabitées.

BONAPARTE ou SPENCER (GOLFE). — Dans l'Océanie, sur la côte méridionale de la Nouvelle-Hollande. Son étendue est considérable et il s'avance de plus de 320 kilomètres dans le continent. Flinders le découvrit en 1802.

BONDELON. — Capitale du royaume de ce nom, dans la presqu'île de Malacca. Son commerce est entre les mains des Chinois.

BONDOU. — Royaume de Sénégambie. C'est l'un des cinq États Peuls, au sud-est du Fouta-Toro, et sa capitale est Boulébané.

BONE ou **BOUNAH.** — Ville fortifiée de la province de Constantine, en Algérie. Son port est la station principale des bâtiments employés à la pêche du corail qui se fait dans ces parages. Pop. : 7,000 âmes. On trouve, dans son voisinage, les ruines d'*Hippone*, si célèbre par l'épiscopat de saint Augustin.

BONESS. — Petite ville du comté de Linlithgow, en Écosse. Elle est assez importante par sa marine marchande. Pop.: 3,000 âmes.

BONIFACIO. — Petite ville de l'île de Corse, dans l'arrondissement de Sartène. Elle possède un port assez commerçant, et l'on fait, dans ses parages, la pêche du corail, qui s'étend jusqu'au cap Corse.

BONN. — Jolie petite ville située sur la rive gauche du Rhin, dans la province rhénane, en Prusse. On y remarque la cathédrale, monument du XII° siècle, le château, l'hôtel de ville et celui des mines. Cette ville possède une université célèbre, un gymnase, une école de commerce, une bibliothèque publique, un musée, un institut lithographique et une société académique. Sa population est d'environ 12,000 âmes.

BONNAT. — Très-petite ville, chef-lieu de canton dans l'arrondissement de Guéret, département de la Creuse. Pop. : 2,900 âmes.

BONNÉTABLE. — Petite ville, chef-lieu de canton dans l'arrondissement de Mamers, département de la Sarthe. On y voit un château gothique construit au XV° siècle. Le commerce de cette ville consiste principalement en porcs et en bestiaux. Pop. : 5,200 âmes.

BONNEVAL. — Très-petite ville, chef-lieu de canton dans l'arrondissement de Châteaudun, département d'Eure-et-Loir. Pop. : 2,700 âmes. On trouve, dans son voisinage, plusieurs monuments druidiques.

BONNEVILLE. — Très-petite ville de la province de Faucigny, en Savoie, royaume sarde. Elle est située sur l'Arve. Pop. : 1,200 âmes.

BONNIÈRES. — Chef-lieu de canton de l'arrondissement de Mantes, département de Seine-et-Oise. Pop. : 800 âmes.

BONNIEUX. — Petite ville, chef-lieu de canton dans l'arrondissement d'Apt, département de Vaucluse. Pop. : 2.800 âmes.

BONNY. — Petite ville, chef-lieu d'une république tributaire du royaume de Bénin, dans la Nigritie centrale. Elle est située sur une île, à l'embouchure du delta du Djoliba, et naguère c'était le plus grand marché d'esclaves de la Guinée. Elle est encore importante par son commerce. Pop. : 20,000 âmes.

BONODITZA. — Petite ville du nomos de Locride-et-Phocide, royaume de Grèce. Elle est assez importante par ses fortifications qui sont modernes, et c'est dans son voisinage que se trouve le fameux défilé des *Thermopyles*, qui a pris son nom des sources sulfureuses qui sont dans ses environs. On a remarqué que depuis la résistance que les 300 Spartiates opposèrent à l'armée de Xercès; ce défilé n'a plus arrêté la marche de l'ennemi, qui l'a toujours tourné.

BONPOUR. — Ville du Béloutchistan, dans l'Asie méridionale. Elle est situé à l'est d'un immense désert auquel elle donne son nom.

BONTHAIN. — Petite ville de l'île de Célèbes. Elle est située sur la côte sud qui appartient à la résidence hollandaise de Macassar, et on y trouve un port dans une baie commode et sûre.

BOOM. — Ville de la province d'Anvers, en Belgique. Elle est située au point de jonction de la Rupel et du canal de Bruxelles à Anvers. Pop. : 5,000 âmes.

BOOTHIA. — Terre ou presqu'île au nord du continent américain. Elle est située entre 69° et 75° de latitude nord, et vers 99° de longitude ouest. Le capitaine Ross y a déterminé la position du pôle magnétique.

BOPAL ou **BHOPAUL.** — Chef-lieu de l'État de ce nom, dans le Mâlwa, empire indo-britannique.

BORCETTE. — Petite ville située près d'Aix-la-Chapelle, dans la province rhénane, en Prusse. Ses sources thermales jouissent d'une grande célébrité. Les *supérieures* fournissent de l'eau chaude en si grande quantité, que leurs branches réunies forment une véritable rivière appelée le *ruisseau chaud*. Près de celui-là coule un autre ruisseau dit le *froid*; mais lorsque leur jonction a eu lieu dans un étang situé au-dessous de Borcette, la température de celui-ci est telle encore qu'on le nomme l'*étang chaud*. Il ne gèle jamais et est habité par une grande quantité de poissons. La population de Borcette est d'environ 5,000 âmes.

BORDEAUX. — Ville archiépiscopale située sur la rive gauche de la Garonne, avec un très-beau port marchand. Autrefois capitale de la Guienne, elle est aujourd'hui le chef-lieu du département de la Gironde, et son arrondissement comprend 18 cantons et 153 communes. On remarque, dans cette ville, l'ancien palais archiépiscopal, la cathédrale qui est de style gothique, la plupart des églises dont une, celle des Feuillants, renferme le tombeau de Michel Montaigne ; un pont magnifique de 17 arches, la Bourse, la promenade du Quinconce établie sur l'emplacement de l'ancien château Trompette, le quartier du Chapeau-Rouge, les quais, le cimetière de la Chartreuse et les ruines d'un amphithéâtre romain. Elle possède en outre deux séminaires, une académie universitaire, un collège, une école de médecine et de chirurgie, une école d'hydrographie et de navigation, une école de sourds-muets, une bibliothèque publique, une galerie de tableaux, un musée d'antiquités, un cabinet d'histoire naturelle, un observatoire, une pépinière départementale, un jardin botanique et plusieurs sociétés académiques. Quant à son mouvement industriel et commercial, il embrasse des expéditions, exportations et importations d'outre-mer importantes ; des raffineries de sucre, des filatures de coton, des papeteries, des fabriques de toiles métalliques, de tapis de pieds, de taffetas ciré, de bas, de chapeaux, de verrerie, de faïence, etc.; et, enfin, une vente considérable de vins justement renommés. La population de Bordeaux est d'environ 120,000 âmes. Il est la patrie du poëte Ausonne, de Saint-Paulin, du Pape Clément V, de Desèze, etc.

BORDÈRES. — Chef-lieu de canton dans l'arrondissement de Bagnères-de-Bigorre, département des Hautes-Pyrénées. Il est situé sur la Neste-de-Louron. Pop. : 500 habitants.

BORENA-GALLAS. — Tribus nombreuses qui occupent la frontière méridionale du royaume de Gondar et se distinguent par leur abrutissement et leur férocité.

BORGA. — Petite ville du grand-duché de Finlande, en Russie. C'est le siège d'un évêque luthérien. Elle est assez importante par son commerce et possède un gymnase.

BORGHETTO. — Ville du royaume Lombard-Vénitien. Elle est située sur la rive droite du Mincio. Les Français y battirent les Autrichiens en 1796. Pop. : 2,000 âmes.

BORGHOLM. — Petite ville de Suède. Elle est située sur la côte ouest de l'île d'Oland et possède un port.

BORGO. — Village situé au pied de la montagne de San-Marino, dans la république de Saint-Marin, en Italie. C'est là que résident les patriciens de cette république.

BORGO. — Chef-lieu de canton dans l'arrondissement de Bastia, en Corse. Pop. : 700 âmes.

BORGO-DI-VAL-SUGANA. — Ville du Tyrol, empire d'Autriche. Elle est située sur la Brenta et compte 2,000 habitants.

BORGO-LAVEZZARO. — Ville de la division de Novare, en Piémont, royaume Sarde. Pop. : 3,500 âmes.

BORGO-SAN-DALMAZZO. — Ville de la division de Coni, royaume Sarde. Pop. : 3,000 âmes.

BORGO-SAN-DONNINO. — Petite ville épiscopale du duché de Parme. Pop. : 5,000 âmes.

BORGO-SAN-SEPOLCRO. — Petite ville épiscopale de Toscane. Pop. : 3,300 âmes.

BORGOU. — Royaume de Nigritie. Il est situé à l'ouest du Kouarra. Ses principales villes sont Boussa, Kiama, Ouadna, etc. C'est dans cette contrée que périt Mungo-Park.

BORISOV ou BORISOF. — Petite ville du gouvernement de Minsk, en Russie. C'est dans ses environs, au village de Stoudianka, qu'eut lieu, les 26 et 27 novembre 1812, le passage désastreux de l'armée française. La population de cette ville est d'à peu près 6,000 âmes.

BORJA. — Petite ville de la province de Saragosse, en Espagne. On prétend qu'elle a donné son nom à la famille Borgia, qui a placé sur le trône de saint Pierre le pape Alexandre VI. Pop. : 3,000 âmes.

BORKEN. — Ville de Westphalie. Pop. : 3,000 âmes.

BORKUM. — Ile de la mer du Nord. Elle est située entre les embouchures de l'Ems et appartient au Hanovre. Pop. : 3,000 âmes.

BORMES. — Commune du canton de Collobrières, dans le département du Var. Son territoire était anciennement occupé par les *Bormanni*, peuple de la deuxième Narbonnaise. Son climat offre les mêmes avantages que celui de Hyères. Pop. : 1,800 âmes.

BORMIDA. — Rivière du royaume Sarde. Elle passe par Acqui et va se jeter dans le Tanaro, après un cours d'environ 500 kilomètres.

BORMIO. — Petite ville d'environ 1,200 habitants, dans la délégation de Sondrio, gouvernement de Milan. Elle est remarquable par la hauteur à laquelle on l'a construite. On trouve, dans son voisinage, les bains de Saint-Martin, et la magnifique route militaire ouverte sur le mont Stelvio. Elle met en communication Milan et Innsbruck, et c'est la plus élevée des grandes routes de l'Europe. Sa pente n'est que de 1 mètre sur 10; 38 rampes, sur une longueur de 13,700 mètres, conduisent à une hauteur de 1564 mètres au-dessus de Bormio; on a creusé 6 galeries dont les trois plus longues ont 136, 137 et 198 mètres d'étendue, 4 de haut, et 4 et 2 décimètres de large; enfin, le point culminant de la route est à 2814 mètres, c'est-à-dire, 260 au-dessus de la limite des neiges. Ce travail est dû à l'ingénieur Donegana.

BORNEO (Groupe de). — Il est situé dans la Malaisie ou Océanie occidentale. Il se compose de l'île de Bornéo proprement dite, puis de celles nommées Grande Natuna, Anambas, Caramita, Grand Solombo, Maratonba, Cacayan et Balambaga. Les trois premières sont à l'ouest; les deux suivantes au sud et à l'est; et les dernières au nord.

BORNEO. — Ile de l'Océanie. Elle forme, avec Java et Sumatra, l'archipel de la Sonde, où se trouvent des îles considérables; et placée sous l'équateur, qui la traverse par les deux tiers, elle s'étend à 4° 30' au sud et à 8° au nord de la ligne équinoxiale, c'est-à-dire qu'elle comprend 12° 30' de latitude, ce qui lui donne 1,248 kilom. de longueur. Ses cours d'eau sont peu connus; mais on cite cependant le Benjer-Massing, qui sort du lac Kiney-Ballou, situé dans la partie nord-est, et auquel les indigènes accordent le nom de mer. Ce lac a, dit-on, 90 milles de circuit, 12 mètres de profondeur, et ses eaux sont blanchâtres. Du versant occidental des montagnes du centre, descend un autre fleuve, le Pontianak, lequel va se jeter dans la mer de la Chine. Les eaux qui environnent Bornéo présentent un grand nombre de ces groupes ou récifs madréporiques, dont la constitution merveilleuse est toujours l'objet de la suprise et de l'admiration du voyageur.

Quant aux montagnes de Bornéo, elles forment un groupe qui comprend les monts Panams et les monts de Cristal, dont les sommets les plus culminants ont une élévation d'environ 2,500 mètres. C'est au milieu des richesses minérales de cette chaîne que l'on rencontre des gisements de diamants dont quelques-uns ont fourni des individus d'une valeur considérable.

Les productions végétales de l'île consistent principalement en casse, en poivre, en muscade, en cire, en benjoin, en plantes aromatiques, en bois résineux et odoriférants, et son camphre jouit d'une très-grande renommée. Parmi les animaux qui l'habitent, se montrent surtout de nombreuses familles de singes, et entre autres celle des orangs-outans.

L'île de Bornéo, qui a 1,064 kilom. de longueur sur 940 de largeur, est partagée en plusieurs parties formées par les royaumes de Bornéo et de Passir, les territoires soumis au sultan de Soulou, celui des Diadjous, et les possessions hollandaises.

BORNÉO. — Ville principale de l'île et du royaume de ce nom. Elle est bâtie sur pilotis et la plupart des habitants demeurent constamment sur des bateaux. Cette ville est très commerçante et sa marine marchande est considérable. Pop. : 10,000 âmes.

BORNOU. — Capitale de l'empire de ce nom dans la Négritie centrale. Elle est située à peu de distance du lac Tchad, et l'on y compte 10,000 habitants.

BORODINO. — Ile de la Micronésie, dans l'Océanie. Elle est située à l'ouest de l'archipel de Magellan.

BORODINO. — Village du gouvernement de Moskou, en Russie. Il est célèbre par la bataille dite de la Moskowa, que les Français y gagnèrent sur les Russes en 1812.

BOROROS. — Peuple de l'Afrique intérieure. Il habite à l'ouest du gouvernement de Mozambique.

BOROROS. — Peuple indien du Brésil, dans le Mato-Grosso.

BOROUGHBRIDGE. — Très-petite ville du comté d'York, en Angleterre. Elle est située sur l'Yare ou Ure. Le comte de Lancastre y fut vaincu et fait prisonnier en 1322. Pop. : 1,000 âmes.

BOROVITCHI. — Petite ville du gouvernement de Novgorod, en Russie. Elle est située sur la Msta. Pop. : 3,000 âmes.

BOROVSK. — Ville du gouvernement de Kalouga, en Russie. Elle est assez importante par ses fabriques de toiles à voiles dont elle fait une exportation considérable, et son commerce consiste aussi en ail et en oignon. Pop. : 5,000 âmes.

BORUCA. — Petite ville de l'État de Costa-Rica, dans la confédération de l'Amérique centrale. C'est le chef lieu de l'une des missions dans le territoire des Indiens indépendants.

BOSA. — Petite ville épiscopale de l'île de Sardaigne, royaume Sarde. Elle possède un port, et l'on fait sur sa côte une riche pêche de corail. Pop. : 6,000 âmes.

BOSCAVEN. — Ville de New-Hampshire, aux Etats-Unis d'Amérique. Elle est située sur la Merrimac. Pop. : 3,000 âmes.

BOSCO. — Ville de la division d'Alexandrie, en Piémont, royaume Sarde. C'est la patrie de Pie V. Pop. : 3,000 âmes.

BOSJESMANS ou **BOSCHISMEN.** — Peuple de la famille des Hottentots. Il habite au nord du cap de Bonne-Espérance et se fait remarquer par sa laideur, ses difformités et sa saleté. Craintif vis-à-vis du fort, il est de la dernière férocité lorsqu'il n'a rien à redouter, et fait usage d'armes empoisonnées dont les blessures sont mortelles. Il ne cultive pas la terre, vit de pillage et fixe souvent sa demeure sur les arbres, comme les singes.

BOSKOWITZ. — Ville de la Moravie, dans l'empire d'Autriche. Pop. : 3,300 âmes.

BOSNA. — Rivière de la Bosnie. C'est un affluent de la Save et son cours est d'environ 220 kilomètres.

BOSNA-SERAÏ ou **SERAJEVO.** — Grande ville, chef-lieu de la Bosnie, dans la Turquie d'Asie. Elle est située sur la Migliazza ou Miliaska, et en partie fortifiée. On y remarque le sérail du palais construit par Mahomet II, de nombreuses mosquées et des établissements de bains. Cette ville est importante par ses fabriques d'armes, de quincaillerie, d'orfévrerie, ses manufactures de laine, ses tanneries, etc., et c'est aussi le centre d'un transit considérable qui a lieu par des caravanes entre Salonique et Janina. Sa population est d'à peu près 70,000 âmes. On trouve, dans ses environs, les bains de Serajevsko, et les forges et les mines de fer de Varesch, Vissoko et Kressevo.

BOSNIE. — Province de la Turquie d'Europe. Elle forme un eyalet duquel dépendent la croatie turque et l'Herzégovine. Cette contrée était gouvernée au VIIe siècle par des princes indépendants, appelés bans ou voïvodes, que les Turcs rendirent d'abord tributaires, vers 1463, et auxquels Soliman II enleva toute souveraineté en 1522. Les Bosniasques sont Slaves d'origine. Leurs villes principales sont Banialouka, Biach, Mostar, Trébigne, Zvornik et Fotcha.

BOSTON. — Ville du comté de Lincoln, en Angleterre. Elle est située sur le golfe de Wasch, et importante par sa marine marchande qui se livre aux pêcheries, et au commerce entretenu avec la Baltique. On y admire sa cathédrale de Saint-Botolph, monument gothique surmonté d'une tour qui est l'une des plus élevées des basiliques du royaume. Pop. : 11,000 âmes.

BOSTON. — Capitale du Massachusetts, aux Etats-Unis d'Amérique. Elle est située dans le comté de Norfolk, au fond de la baie de Massachusetts, et sur une langue de terre. C'est la plus grande ville de la Nouvelle-Angleterre, et son port, défendu par deux forts, est aussi l'un des meilleurs. On y remarque le palais de l'Etat, l'hôtel de ville, la douane et le marché. Cette ville possède un athénée, une école de médecine, des écoles supérieures et élémentaires, et une société académique. Elle est le siège d'un évêché catholique et compte environ 93,000 habitants.

BOSTRA. — Petite ville de Syrie, dans la Turquie asiatique. C'est la capitale du Hauran. On y remarque un grand nombre de restes antiques qui témoignent de la grandeur, de la magnificence qui la distinguaient lors qu'elle était la métropole de l'Arabie romaine, et que les empereurs Trajan et Sévère s'étaient attachés à l'embellir et à la fortifier.

BOSWORTH. — Ville du comté de Leicester, en Angleterre. Elle est située sur une colline. C'est dans son voisinage et dans un champ qui porte le même nom, qu'en 1485 le duc de Richmond remporta une victoire mémorable sur Richard III, qui fut tué dans le combat. Pop. : 1,200 âmes.

BOSZORMENY. — Ville de Hongrie. C'est le chef-lieu du pays des Haydouks ou Heiduques, qui fournissent à l'empereur d'Autriche un corps militaire particulier. Pop. : 7,000 âmes.

BOTANY-BAY. — Baie de la nouvelle Galles. Elle est située sur la côte méridionale et au sud du port Jackson, où les Anglais fondèrent leur première colonie. On donne quelquefois le nom de *Botany-Bay* à toute la contrée.

BOTHNIE. — Contrée européenne située à l'est, au nord et à l'ouest du golfe de même nom. Elle se divise en Bothnie russe et en Bothnie suédoise. La première se trouve à l'est de la Tornea et comprise dans le gouvernement de Finlande; la seconde forme les gouvernements de Pitea et d'Umea.

BOTHNIE (Golfe de). — Il est formé par la mer Baltique, entre la Suède et la Russie. Les principaux fleuves qui viennent y verser leurs eaux sont la Pitea, l'Umea, l'Angermann, l'Indal et le Dal.

BOTOCUDOS. — Peuplade indienne du Brésil. Elle est sauvage, indépendante et habite d'immenses forêts dans les provinces de Minas-geraës et de Bahia. Plusieurs des hordes qui la composent mangent leurs prisonniers.

BOTUSCHANI ou **BOTTOSCHANI**. — Petite ville de la principauté de Moldavie. Elle est assez importante par son commerce, et compte environ 4,000 habitants.

BOTZEN ou **BOLZANO.** — Ville fortifiée du Tyrol, dans l'empire d'Autriche. On y fait un commerce de vins et l'on y tient des foires considérables.

BOUAYE. — Chef-lieu de canton dans l'arrondissement de Nantes, département de la Loire-Inférieure. Pop. : 1,300 âmes.

BOUCHAIN. — Chef-lieu de canton dans l'arrondissement de Valenciennes, département du Nord. C'est une place forte située sur l'Escaut, au confluent de la Sensée. Elle possède des raffineries de sel et des tanneries. Pop. : 1,400 âmes.

BOUCHES-DU-RHONE (Département des). — Il a été formé de la plus grande partie de la Provence. Sa superficie est de 512,991 hectares, et sa population 413,900 âmes. Il est divisé en trois arrondissements, dont les chefs-lieux sont Marseille, Aix et Arles, et compte 27 cantons et 106 communes. Marseille est le siège de sa préfecture, Aix celui de son diocèse, de sa cour impériale et de son académie universitaire, et il est compris dans la 7ᵉ division militaire.

BOUCHOUX (Les). — Chef-lieu de canton dans l'arrondissement de Saint-Claude, département du Jura. Pop. : 1,100 âmes.

BOUDJNOUR. — Ville du Khorasan, en Perse.

BOUDOU. — Rivière d'Asie. Elle prend sa source dans les montagnes du Sarawan, à l'ouest de Kélat, et après avoir traversé les déserts de l'Afghanistan et une partie du Mekran, elle verse dans le Doust. Son cours est d'environ 400 kilomètres.

BOUDROUN. — Petite ville de l'Asie-Mineure, empire ottoman; c'est l'ancienne *Halycarnasse*. Elle est agréablement située et possède une citadelle, un port et des chantiers. On y trouve un grand nombre de débris antiques.

BOUFFARIK. — Ville de la province d'Alger. On y a établi des pépinières considérables. Pop. : 2,500 âmes.

BOUGAINVILLE. — Petite île de l'Australie dans l'archipel de Salomon. On a aussi donné le même nom à l'archipel des Navigateurs.

BOUGIE. — Ville de la province de Constantine, en Algérie. Elle possède un excellent port; on exploite des mines dans ses environs, et l'on y remarque des ruines romaines, mauresques, espagnoles et génoises. Pop. : 1,200 âmes. C'est dans cette ville que furent inventées, dit-on, les chandelles de cire qui portent son nom.

BOUGLON. — Chef-lieu de canton de l'arrondissement de Marmande, département de Lot-et-Garonne. Il est situé sur l'Avance. Pop. : 800 âmes.

BOUGUIS. — Peuple de l'île Célèbes, dans la Malaisie. Il est renommé par son habileté dans la navigation; et l'on trouve des Bouguis dans tous les ports de cette partie de l'Océanie.

BOUILLON. — Petite ville fortifiée de la partie belge du grand duché de Luxembourg. C'est le chef-lieu du duché qui porte son nom et qui fut longtemps un fief de la maison de La Tour d'Auvergne. Pop. : 3,000 âmes.

BOUILLY. — Chef-lieu de canton dans l'arrondissement de Troyes, département de l'Aube. Pop. : 800 âmes.

BOUJARONE. — Cap de l'Algérie. Il est situé à l'entrée occidentale de la baie de Stora, sur la Méditerranée.

BOUKA. — Ile de l'archipel de Salomon, dans l'Australie. Elle est située au nord-ouest du groupe et très-peuplée.

BOUCKHARA. — Grande ville, chef-lieu du Khanat de même nom, dans le Turquestan, en Asie. Les rues y sont tortueuses, étroites, et les maisons bâties en terre. On y remarque le palais du khan, quelques mosquées, le couvent et le cimetière de Tcheharbekr, le caravansérai d'Abdullah-Djansarai et les établissements de bains. Les écoles de cette ville sont renommées dans tout l'Orient, et fréquentées par 10,000 étudiants. Pop. : 100,000 âmes.

BOUKHARIE (Grande). — On nomme ainsi la partie sud-est du Turkestan. Elle est située entre 35° 10' et 41° de latitude nord, et entre 60° et 70° 40' de longitude est. Des déserts l'environnent de toutes parts, et quoi qu'une faible portion seulement de son territoire soit susceptible de culture, elle n'en est pas moins la région la plus riche et la plus peuplée du Turquestan. Elle comprend les Khanats de Boukhara, Ankoï, Meimameh, Koundouz, Hissan, Chersebs, etc., et sa population se compose de Tadjiks ou Persans, de Turcomans, d'Afghans, d'Arabes, de Juifs et d'Ouzbechs. Ces derniers sont les plus nombreux.

BOULACQ. — Petite ville, située sur la rive droite du Nil, et que l'on regarde comme le port du Caire. On y remarque la douane, le bazar, les bains et de très-beaux jardins. Pop. : 20,000 âmes.

BOULAY. — Petite ville, chef-lieu de canton dans l'arrondissement de Metz, département de la Moselle. Elle est située près de la rive droite de la Nied, affluent de la Sarre. On y trouve des filatures de coton, des manufactures de draps, des fabriques de produits chimiques et de quincaillerie et des tanneries. Pop. : 2,700 âmes.

BOULÉBANÉ. — Capitale de l'Etat de Bondou, dans la Nigritie occidentale. Elle est ceinte d'une muraille. Pop. : 2,000 âmes.

BOULOGNE. — Chef-lieu de canton, dans l'arrondissement de Saint-Gaudens, département de la Haute-Garonne. Pop. : 1,900 âmes.

BOULOGNE. — Ville avec un port sur la Manche, à l'embouchure de la Liane. Chef-lieu d'arrondissement du département du Pas-de-Calais, elle comprend 6 cantons et 100 communes. Elle possède une école de navigation et une école de commerce, une bibliothèque publique, une galerie de tableaux, un musée, une société académique et un superbe établissement de bains de mer. Sa population est d'environ 30,000 âmes. Son port, dans lequel on fait de nombreux armements pour la pêche du hareng, du maquereau et de la morue, est l'un des points des côtes de France les plus favorables pour passer en Angleterre.

BOULOIRE. — Chef-lieu de canton dans l'arrondissement de Saint-Calais, département de la Sarthe.

BOUNDI. — Ville de l'Indoustan. Elle est la résidence d'un radja radjepoute tributaire des anglais.

BOUNGAR-BACHI. — Village situé sur la côte occidentale de l'Asie-Mineure, empire ottoman. On croit qu'il occupe une partie de l'emplacement de Troie ou l'ancienne *Ilium*.

BOURBON. — *Voyez* Mascareigne.

BOURBON-LANCY. — Petite ville de l'arrondissement de Charolles, département de Saône-et-Loire. Elle possède des sources minérales qui étaient fréquentées par les Romains sous le nom d'*Aquæ Nisinei*, et le pavé de marbre du grand bain est l'un de leurs ouvrages. Pop. : 2,500 âmes.

BOURBON-L'ARCHAMBAULT. — Ville du département de l'Allier. Elle est renommée par ses sources thermales, d'une haute température, et fait aussi un commerce important de bœufs engraissés qu'elle fournit à Paris et à Lyon. Pop. : 3,000 âmes.

BOURBON-VENDÉE. — *Voy.* Napoléon-Vendée.

BOURBONNE-LES-BAINS. — Petite ville de l'arrondissement de Langres, département de la Haute-Marne. Elle est renommée par ses sources thermales qui étaient l'*Aquæ Borronis* des Romains.

BOURG. — Ville située sur la Reyssousse. Chef-lieu du département de l'Ain, son arrondissement comprend 10 cantons et 120 communes. Elle possède un collège, une bibliothèque publique, un musée, un cabinet de physique, un jardin d'expériences agricoles et une société académique. Son commerce consiste en grains, bestiaux, chevaux, etc., et sa population est d'environ 10,500 âmes. Au dehors de la ville, on remarque un très-bel hôpital, et l'église de Notre-Dame de Brou, construite par Marguerite d'Autriche. C'est un monument gothique, ayant de magnifiques vitraux et renfermant plusieurs mausolées en marbre. Bourg est la patrie de Méziriac, de Vaugelas, de Faret, de l'astronome Lalande, etc.

BOURG. — Petite ville située sur la rive droite de la Dordogne, dans le département de la Gironde. On y exploite de vastes carrières de pierres, dites de *Roque* et de *Bourg*, dont Bordeaux est presque entièrement bâti. Pop. : 2,600 âmes.

BOURG (Grand-) ou Marigot. — Chef-lieu de l'île de Marie-Galante, l'une des petites Antilles. Elle est située sur la côte sud-ouest où il y a une rade. L'île appartient à la France. Pop. : 1,900 âmes.

BOURG (Petit-). — Ville de l'île de la Guadeloupe, l'une des Antilles, Amérique française. Elle est située sur une anse de la côte est de la Basse-Terre. Pop. : 3,300 âmes.

BOURG-ARGENTAL. — Chef-lieu de canton, dans l'arrondissement de Saint-Etienne, département de la Loire. On y trouve des filatures de coton et des fabriques de crêpes et de lacets. Pop. : 2,500 âmes.

BOURG-D'OYSANS. — Petite ville, chef-lieu de canton dans l'arrondissement de Grenoble, département de l'Isère. Elle est située sur la Romanche. On court qu'il existe une mine d'or dans ses environs, à la Gardette, et l'on y trouve aussi une mine de plomb et une autre de cristal. La vallée où est cette ville fut changée en un lac, par suite d'un éboulement qui eut lieu au XIᵉ siècle, et cet état de choses se prolongea jusqu'en 1229. Alors le déversement du lac se produisit ; tous les villages qui se trouvèrent sur le passage des eaux furent renversés, et la ville de Grenoble elle-même fut submergée. Pop. : 3,200 âmes.

BOURG-DU-PÉAGE. — Chef-lieu de canton dans l'arrondissement de Valence, département de la Drôme. Il est situé près de l'Isère, et l'on y trouve des fabriques de tissus de bourre de soie et de filoselle. Pop. : 3,900 âmes.

BOURG-LASTIC. — Chef-lieu de canton dans l'arrondissement de Clermont, département du Puy-de-Dôme. On y trouve des forges. Pop. 2,700 âmes.

BOURG-SAINT-ANDÉOL. (Le). — Petite ville de l'arrondissement de Privas, département de l'Ardèche. Il s'y fait un commerce de vins, d'eaux-de-vie, d'huile d'olives, de soie, etc. On voit dans ses environs les ruines d'un monument gaulois que l'on croit avoir été consacré au culte de Mithra. Pop. : 4,600 âmes.

BOURGANEUF. — Petite ville du département de la Creuse. Chef-lieu d'arrondissement, elle comprend 4 cantons et 41 communes, et sa population est d'environ 3,000 âmes. On y voit une tour qu'on prétend avoir été construite par Zizim, frère de Bajazet.

BOURGAS. — Ville de la Romélie, dans la Turquie d'Europe. Elle est située sur le golfe du même nom formé par la mer Noire, et l'on croit qu'elle occupe l'emplacement de l'ancienne *Apollonia*. On y exploite une terre argileuse propre à la fabrication des pipes. Pop. : 5,000 âmes.

BOURGES. — Ville ancienne et archiépiscopale située au confluent de l'Auron et de l'Yèvre. Autrefois capitale du Berry, elle est aujourd'hui le chef-lieu du département du Cher, et son arrondissement comprend 10 cantons et 101 communes. On remarque dans cette ville la cathédrale, l'un des plus beaux monuments gothiques de l'Europe, et dont l'étendue dépasse celle de Notre-Dame de Paris; puis l'hôtel de ville, ancienne demeure de Jacques Cœur, et l'obélisque égyptien élevé à la mémoire de Charost-Béthune. Bourges possède un séminaire, une académie universitaire, un collège, une école spéciale de musique, une bibliothèque publique et une société académique. Sa population est d'environ 22,000 âmes. C'est la patrie de Bourdaloue, de Labbe, etc.

BOURGET (Le). — Ville de Savoie, royaume Sarde. Elle est située à l'extrémité sud du lac du même nom. Pop. : 1,600 âmes.

BOURGIDOU. — Canal qui se réunit à celui de Beaucaire et à celui de Silvéréal, formant de la sorte comme un bras du Rhône.

BOURGNEUF. — Petite ville de l'arrondissement de Paimbœuf, dans le département de la Loire-Inférieure. Elle est importante par ses marais salants, son commerce d'huîtres et ses armements pour la pêche de Terre-Neuve. Pop. : 2,600 âmes.

BOURGOIN. — Petite ville de l'arrondissement de la Tour-du-Pin, dans le département de l'Isère; elle possède de nombreuses fabriques d'indiennes et de toiles, et sa population est d'environ 4,000 âmes.

BOURGTHEROULDE. — Chef-lieu de canton de l'arrondissement de Pont-Audemer, département de l'Eure. Pop. 800 âmes.

BOURGUEBUS. — Chef-lieu de canton de l'arrondissement de Caen, département du Calvados. Il est situé sur la droite de l'Orne. Pop. : 300 âmes.

BOURGUEIL. — Chef-lieu de canton de l'arrondissement de Chinon, département d'Indre-et-Loire. Cette petite ville est située sur le Doit, qui y prend le nom d'Authion, et elle fait un commerce de vins, de réglisse, d'anis, etc. Pop. : 3,500 âmes.

BOURHANPOUR. — Ville du Kandeich, dans le royaume de Sindhia, Hindoustan. Elle est située sur le Tapty; c'est l'une des cités les mieux bâties de l'Inde, et son commerce est florissant. Cette ville est le siège principal d'une secte mahométane nommée Bohrah ou Ismaélites.

BOURIATS. — Peuple nomade de la Sibérie. Il habite le gouvernement d'Irkoustk. Il est de race mongole et professe le culte chamanique.

BOURLOS. — Lac de la basse Égypte. Il est séparé de la Méditerranée par une langue de terre étroite, reçoit plusieurs bras du Nil, et communique avec la mer par l'ancienne bouche sébennytique. Sa longueur est de 66 kilomètres, et sa largeur de 35.

BOURMONT. — Chef-lieu de canton dans l'arrondissement de Chaumont, département de la Haute-Marne. Il est situé près de la rive droite de la Meuse, et l'on y trouve une blanchisserie de cire. On y fait aussi de la coutellerie. Pop. : 1,100 âmes.

BOURO. — Ile de l'archipel des Molluques. Elle est habitée par des Malais et des Harafaras, et partagée entre plusieurs chefs indépendants ou servant un tribut aux Holandais. Ceux-ci occupent le petit port de Cajeli.

BOURTANGE. — Petite place forte de la province de Groningue, en Hollande. Elle est située au milieu des vastes marais qui portent son nom et qui s'étendent jusque dans le Hanovre. Elle fut prise par les Espagnols en 1593, et les Français en 1795.

BOU-SADA. — Petite ville de la province de Constantine, en Algérie.

BOUSIR ou **ABOUSYR**. — Village du Bahari ou basse Égypte. Il correspond à l'ancienne *Busiris*, si renommée par son temple consacré à Isis, et par la grande fête qu'on y célébrait tous les ans en l'honneur de cette déesse.

BOUSSA. — Capitale du royaume de Borgou, dans la Nigritie centrale, en Afrique. Elle est située sur la rive gauche du Kouarra, et compte environ 10,000 habitants.

BOUSSAC. — Petite ville du département de la Creuse. Chef-lieu d'arrondissement, elle comprend 4 cantons et 46 communes, et sa population est d'environ 1,200 âmes.

BOUSSIÈRES. — Village, chef-lieu de canton dans l'arrondissement de Besançon, département du Doubs. Il est renommé chez les savants par sa *grotte d'Osselle*, l'une des plus riches qui soient connues en ossements fossiles. Pop. : 300 âmes.

BOUSSOLE. — Détroit qui unit la mer d'Okhotsk au grand Océan. Il est situé au milieu des îles Kouriles, par 40° 30' de latitude nord.

BOUTAN (ÉTAT DE) ou PAYS DU DEAB-RADJA. — Il fait partie de la grande Tartarie, et sa situation est entre le 26° et le 29° degré de latitude nord, et entre le 87° et le 92° degré de longitude est. Il a pour frontière, au nord, la chaîne renommée du Tibet; au sud il est borné par la presqu'île du Bengale; à l'ouest par le Népaul, et à l'est par le royaume d'Assam. L'intérieur de cet État est peu connu, parce que les mœurs inhospitalières de ses habitants rendent très-difficile pour l'étranger d'y pénétrer; cependant on est convenu de diviser ce pays en *Boutan* proprement dit et en *Bahar*. Cette dernière contrée n'offre qu'un climat malsain, un sol humide et peu fertile et une population chétive et misérable; tandis que la première, au contraire, est riche dans ses productions et nourrit une race d'hommes robustes et très-belliqueux.

Le Boutan est traversé dans sa longueur par plusieurs chaînes de montagnes, et, parmi ses sommets, on distingue surtout ceux de Pichnkom et de Omkou, remarquables par les immenses forêts qui les couvrent. Dans le nombre des lacs que l'on rencontre sur sa surface, le plus considérable est celui de Terkiri, qui a environ 108 kilom. de longueur, sur 36 kilom. de large; puis vient le curieux lac de Yambro ou Palté, qu'on appelle aussi Yarbrogh-Yousntso et lac de Baldhi, lequel figure un vaste fossé qui n'a pas moins de 8 kilom. de large, et entoure une île circulaire d'environ 48 kilom. de diamètre. C'est dans cette île qu'habite la grande prêtresse lamaïque, regardée comme une divinité incarnée. La résidence du Daeb-Radja est appelée Tassisudou. C'est une sorte d'immense forteresse construite à sept étages; au quatrième est la demeure du souverain; au septième, celle du Dharma-Radja ou grand pontife.

BOUTON. — Île de la Malaisie. Elle est située près de la pointe sud-est de Célèbes. Son chef-lieu est Kalla-Sousoug, où siége un sultan tributaire des Hollandais.

BOUTONNE. — Rivière qui prend sa source dans le département des Deux-Sèvres. Après avoir traversé celui de la Charente-Inférieure, elle va se jeter dans la Charente à Carillon. Son cours est de 93 kilomètres.

BOUVIGNES. — Ville de la province de Namur, en Belgique. Elle est située sur la Meuse. Elle fut prise par les Français en 1554. Pop. : 700 âmes.

BOUVINES. — Commune du département du Nord. Elle est située sur la Marcq, dans le canton de Cysoing, arrondissement de Lille. Elle est célèbre par la victoire que Philippe-Auguste y remporta, en 1214, sur l'empereur Othon et le comte de Flandre. Pop. : 600 âmes.

BOUXWILLERS. — Petite ville, chef-lieu de canton, dans l'arrondissement de Saverne, département du Bas-Rhin. On y voit un beau château d'architecture gothique. Elle possède un collége, des fabriques de boutons de métal, des tanneries, et l'on trouve dans son voisinage des mines d'alun. Pop. : 3,600 âmes.

BOUZÉO. — Ville épiscopale de la Valachie, empire ottoman. Elle est située sur la rivière de même nom, affluent du Séreth. Pop. : 4,000 âmes.

BOUZONVILLE. — Chef-lieu de canton dans l'arrondissement de Thionville, département de la Moselle. Elle est située sur la Nied. On y trouve des fabriques d'ébénisterie, de clouterie et de colle forte, des tanneries et des chamoiseries, et l'on y compte 2,200 habitants.

BOVA. — Ville épiscopale de la Calabre ultérieure première, dans le royaume de Naples. Elle doit, dit-on, sa fondation aux Albanais réfugiés en Calabre après la mort de Scanderberg. Cette ville fut détruite en partie, en 1783, par un tremblement de terre. Pop. : 2,500 âmes.

BOVALLI-KALESSIE ou l'ancien SESTOS, dans la Romélie, Turquie d'Europe. — C'est une batterie de 50 pièces qui défend le passage des Dardanelles. Vis-à-vis, sur la côte d'Asie, est situé Nagara-Bourum ou l'ancien ABYDOS, autre batterie de 84 pièces. Celle-ci est environnée de murailles et susceptible de résister du côté de la terre.

BOVES. — Ville de la division de Coni, en Piémont, royaume sarde. Pop. : 7,000 âmes.

BOVINO. — Petite ville fortifiée de la Capitanate, dans le royaume de Naples. Elle est le siége d'un évêché. Les impériaux y défirent les Espagnols en 1734. Pop. : 4,000 âmes.

BOWLING-GREEN. — Chef-lieu du comté de Warren, dans le Kentucky, aux Etats-Unis d'Amérique. C'est dans le voisinage de cette petite ville qu'on trouve la fameuse *grotte du Mammouth*, tellement spacieuse qu'on ne pourrait la visiter dans un jour. L'une de ses salles offre une superficie de 30,000 mètres ou 3 hectares; et la dernière est éloignée de l'entrée de la caverne d'environ 10 kilomètres. La rivière Verte passe au-dessus de cette grotte.

BOYLE. — Petite ville du comté de Boscomon, en Irlande. On y remarque les ruines de son ancienne abbaye, qui était l'une des plus belles de l'Irlande; puis sa tour ronde, monument des temps les plus reculés; et enfin son école militaire. Pop. : 1,500 âmes.

BOYLE. — Ville du New-York, aux Etats-Unis d'Amérique. Pop. : 3,500 âmes.

BOYNE. — Rivière d'Irlande. Elle traverse le comté de Meath, passe à Drogheda et se jette dans la mer d'Irlande. C'est près de cette rivière qu'en 1690, Guillaume III remporta une victoire décisive sur Jacques II.

BOZOULS. — Chef-lieu de canton de l'arrondissement de Rhodez, département de l'Aveyron. Pop. : 2,600 âmes.

BOZZOLO. — Ville fortifiée du royaume Lombard-Vénitien. Elle est située près de la rive droite de l'Oglio. Pop. : 4,000 âmes.

BRA. — Ville de la division de Coni, en Piémont, royaume sarde. Elle est située près de la rive droite de la Stura. On y fait un commerce de soie, de grains, de vins et de bestiaux. Pop. : 12,000 âmes.

BRACIEUX. — Chef-lieu de canton dans l'arrondissement de Blois, département de Loir-et-Cher. Il est situé sur la Bonneheure. Pop. : 1,000 âmes.

BRADBURN. — Village du comté de Kent, en Angleterre. On y voit un if qui a 6 mètres 50 de diamètre et auquel les botanistes accordent un âge de 30 siècles. Ce phénomène végétal attire un grand nombre de curieux à Bradburn.

BRADFORD. — Jolie petite ville du comté d'York, en Angleterre. On trouve, dans ses environs, une fabrique très-importante de machines à vapeur, et la grande forge de Lowmoor et Bowling; puis des mines de houille et des carrières d'ardoises. Pop. : 24,000 âmes.

BRADFORD. — Ville du Massachusetts, aux États-Unis d'Amérique. Elle est située sur le Merrimac. On y trouve des chantiers de construction. Pop. : 3,000 âmes.

BRADFORD. — Ville du Vermont, aux États-Unis d'Amérique. Elle est située sur le Connecticut. Pop. : 2,500 âmes.

BRAGA. — Ville archiépiscopale, très-ancienne, du Minho, en Portugal. On remarque sa vaste cathédrale dont la construction remonte à un temps reculé; puis les restes d'un temple, d'un amphithéâtre et d'un aqueduc romains. On trouve, dans son voisinage, le sanctuaire de Jésus-du-Mont, qui attire un grand nombre de pèlerins. Pop. : 15,000 âmes.

BRAGANÇA ou **CAYTE.** — Ville de la province de Para, au Brésil. Elle est située sur le Cayte, à 8 lieues de son embouchure dans l'Atlantique. Pop. : 4,500 âmes.

BRAGANÇA. — Ville de la province de San-Paulo, au Brésil. Pop. : 4,000 âmes.

BRAGANCE. — Ville épiscopale. Chef-lieu de la province de Tras-os-Montes, en Portugal. Elle est située près de la frontière espagnole. On y trouve des manufactures de soie. La famille qui occupe aujourd'hui le trône de Portugal, descend des anciens ducs de Bragance. Pop. : 4,000 âmes.

BRAGERNAES. — Ville de Norwége. Elle est située à l'embouchure du Drammen, où elle possède un port, et on y trouve des verreries.

BRAGNY. — Commune de l'arrondissement de Châlons, département de Saône-et-Loire. Pop. : 1,000 âmes.

BRAHILOW ou **IBRAHILOW.** — Ville de la principauté de Valachie, empire ottoman. Elle est située sur la rive gauche du Danube, et fait un commerce considérable qui la fait considérer comme le principal entrepôt de la principauté. Les Russes s'en emparèrent en 1770 et 1823.

BRAHMAPOUTRE. — Grand fleuve d'Asie. Son cours fut longtemps l'objet de nombreuses hypothèses de la part des géographes; mais aujourd'hui, grâce aux explorations accomplies en 1827 par les lieutenants Wilcox et Burlton, on sait que le Brahmapoutre, ou fleuve de Brahma, prend sa source au pied des montagnes neigeuses, nommées Langtan, qui s'élèvent dans le pays de Borkhamti, et forment les limites orientales du royaume d'Assan, puis les limites septentrionales de l'empire Birman. Dans l'étendue de son cours, qui est d'environ 600 kilom., ce fleuve reçoit, entre autres tributs, les eaux du Goddado, qui sort du Boutan, pour se jeter à sa droite; du Brack, qui traverse successivement le Kassay occidental, le Katchar et le Silhet, pour venir joindre sa rive gauche; et du Goumti, qui arrose le bas et le haut Tiperah. Dans son trajet, le Brahmapoutre baigne le pays des Mismi, le royaume d'Assam, et le Bengale oriental; puis après s'être confondu une première fois avec l'une des branches du Gange, il perd son premier nom pour prendre celui de Megna. Enfin, au sortir de la ville de Likapour, il se confond entièrement avec le Gange. Ces deux fleuves, qui alors n'en font plus qu'un, se dirigent vers le golfe de Bengale, où leurs embouchures forment un vaste delta, avant que leurs eaux se jettent dans la mer.

BRAHOUIKS. — Groupe de montagnes qui fait partie de la chaîne occidentale de l'Himalaya. Il se détache de l'Hindou-Kouch, situé au sud de Caboul, traverse l'Afghanistan, et sépare le Bélouchistan du Sindhy.

BRAINE-LA-NEUVE. — Ville du Brabant, en Belgique. Elle possède des manufactures de laine et des verreries. Pop. : 3,000 âmes.

BRAINE-LE-COMTE. — Ville du Hainaut, en Belgique. On y trouve des filatures. Pop. : 4,500 âmes.

BRAINERD. — Très-petite ville du Tennessee, aux États-Unis d'Amérique. On y a établi la principale mission destinée à convertir et à civiliser les Tcherokis.

BRAINTREE. — Petite ville du comté d'Essex, en Angleterre. Pop. : 3,000 âmes.

BRAINTREE. — Ville du Massachusetts, aux États-Unis d'Amérique. C'est la patrie de John Adams. Pop. : 3,000 âmes.

BRAISNE. — Chef-lieu de canton dans l'arrondissement de Soissons, département de l'Aisne. Il est situé sur la Vesle. Il s'y fait un grand commerce de bestiaux et on y a établi un dépôt d'étalons. Pop. : 1,600 âmes.

BRAKE ou **BRAAKE.** — Ville du grand-duché d'Oldenbourg, en Allemagne. Elle possède un port sur le Veser, où s'arrêtent les navires qui ne peuvent remonter jusqu'à Brême. Pop. : 1,500 âmes.

BRAKEL. — Petite ville fortifiée de Westphalie. On y trouve des verreries et des fabriques de tabac. Pop. : 2,500 âmes.

BRAKNAS. — Tribu maure de la Sénégambie. Elle habite sur la rive droite du Sénégal et se livre au commerce de la gomme.

BRAM. — Commune de l'arrondissement de Castelnaudary, dans le département de l'Aude. Elle est située près du canal du Midi et l'on y voit un beau château. Pop. : 1,500 âmes.

BRAMPTON. — Ville du Cumberland, en Angleterre. On y voit des restes de monuments romains. Pop. : 3,000 âmes.

BRAMPTON. — Ville du comté de Derby, en Angleterre. On y trouve des forges. Pop. : 2,500 âmes.

BRANDANO ou **BRADANO.** — Fleuve d'Italie. Il arrose la Basilicate, province du royaume de Naples, et se jette dans le golfe de Tarente, après un cours de 104 kilomètres.

BRANDEBOURG. — Ville du grand duché de Mecklenbourg-Strelitz, en Allemagne. Pop. : 5,000 âmes.

BRANDO. — Chef-lieu de canton dans l'arrondissement de Bastia, en Corse. Il est situé près de la côte. Pop. : 1,500 âmes.

BRANDON. — Ville du comté de Suffolk, en Angleterre. Elle est située sur le Little-Ouse, qui y est navigable. Pop. : 2,000 âmes.

BRANDON. — Ville du Vermont, aux Etats-Unis d'Amérique. Pop. : 2,200 âmes.

BRANDYWINE. — Rivière navigable des Etats-Unis d'Amérique. Elle naît dans la Pennsylvanie, traverse l'Etat de Delaware, et se réunit à la Christiana-Creek, non loin du confluent de celle-ci avec la Delaware. Son cours est de 65 kilomètres. Cette rivière est célèbre par la victoire que les Anglais y remportèrent sur les Américains, en 1777.

BRANFORD. — Ville du Connecticut, aux Etats-Unis d'Amérique. Elle est située à l'embouchure du Johnson, sur le détroit de Dong-Island. Pop. : 3,000 âmes.

BRANNE. — Chef-lieu de canton dans l'arrondissement de Libourne, département de la Gironde. Il est situé sur la rive gauche de la Dordogne. Pop. : 600 âmes.

BRANTÔME. — Petite ville, chef-lieu de canton dans l'arrondissement de Périgueux, département de la Dordogne. Elle est située sur la Dronne, et l'on recueille sur son territoire les truffes les plus réputées du Périgord. Il existait autrefois dans cette ville un couvent de Bénédictins, qui fut possédé en commande par Pierre de Bourdeille, si connu sous le nom de Brantôme. Pop. : 3,000 âmes.

BRASSAC. — Petit bourg des environs d'Issoire, dans le département du Puy-de-Dôme. Il est important par les mines de houille exploitées dans ses environs. Pop. : 2,000 âmes.

BRASSAC. — Chef-lieu de canton de l'arrondissement de Castres, dans le département de Tarn-et-Garonne.

BRATTLEBOROUGH. — Ville du Vermont, aux Etats-Unis d'Amérique. Elle est située sur le Connecticut. Pop. : 3,000 âmes.

BRAUNAU. — Petite ville fortifiée de l'archiduché d'Autriche. Elle est située sur l'Inn. Pop. : 2,000 âmes.

BRAUNFELS. — Ville de la Prusse rhénane. C'est la résidence du prince médiatisé de Solms-Braunfels. Pop. : 1,500 âmes.

BRAUNSBERG. — Petite ville située sur la Passarge, dans la province de Prusse. Elle est très-commerçante, et possède une faculté de théologie et de philosophie pour les catholiques, un séminaire épiscopal, un gymnase, un collège royal, et 7,500 habitants.

BRAVA. — Ville du Zanguebar, avec un port sur la mer des Indes. C'est le chef-lieu d'une petite république fondée par les Arabes entre l'Etat de Mélinde et celui de Magadoxo. Pop. : 4,000 âmes.

BRAY-SUR-SEINE. — Chef-lieu de canton dans l'arrondissement de Provins, département de Seine-et-Marne. Pop. : 1,800 âmes.

BRAY-SUR-SOMME. — Chef-lieu de canton dans l'arrondissement de Péronne, département de la Somme. Pop. : 1,500 âmes.

BRAZOS. — Fleuve du Texas. Après un cours de 250 lieues, il se jette dans le golfe du Mexique.

BRECEY. — Chef-lieu de canton dans l'arrondissement d'Avranches, département de la Manche. Pop. : 2,500 âmes.

BRECHE-DE-ROLAND. — Défilé du département des Hautes-Pyrénées. C'est un passage qui conduit en Espagne. Il est situé près du cirque de Gavarnie et dominé par le mont Marboré. Son élévation est de 3,060 mètres.

BREDA — Ville fortifiée de la province du Brabant septentrional, dans le royaume de Hollande. On y remarque la cathédrale, surmontée d'une flèche très-élevée. On a établi dans cette ville une académie royale militaire, dans laquelle un grand nombre de professeurs enseignent les sciences que des officiers distingués doivent posséder. La population de cette ville est d'environ 9,000 âmes.

BREGENZ. — Ville du Tyrol, empire d'Autriche. Elle est située sur le lac de Constance, et c'est le chef-lieu du cercle de Vorarlberg. Sous la domination romaine, cette ville était la capitale des *Brigantins*, dans la Vindélicie, et elle fut longtemps l'une des places d'armes les plus importantes de l'Allemagne. Pop. : 2,000 âmes.

BREHAL. — Chef-lieu de canton dans l'arrondissement de Coutances, département de la Manche. Pop. : 1,700 âmes.

BREHAT. — Petite île du département des Côtes-du-Nord. Elle est située dans la Manche, vis-à-vis l'embouchure du Trieux, et renferme un village, un fort et un phare. Pop. : 1,500 âmes.

BRELOUX. — Commune de l'arrondissement de Niort, département des Deux-Sèvres. Pop. : 1,800 âmes.

BREME. — Au confluent de la Wümme avec le Weser. Cette ville et son territoire forment une république de même nom. On y remarque la cathédrale luthérienne où se trouve le fameux caveau de Bleykeller, qui a, dit-on, la propriété de conserver les cadavres; puis l'église Saint-Ansgaire, l'hôtel de ville, dont les caves contiennent les vins les plus réputés du Rhin; le Schutting ou arsenal, la Bourse, le musée et la maison de force. Cette ville possède un gymnase, un *pedagogium*, une école de commerce et de navigation, un institut de sourds-muets, une bibliothèque publique, et l'observatoire dans lequel Olbers accomplit ses travaux. La population de Brême est d'environ 40,000 âmes.

BRENOD. — Chef-lieu de canton dans l'arrondissement de Nantua, département de l'Ain. Il est situé sur l'Albarine, affluent de l'Ain. Pop. : 1,000 âmes.

BRENTA. — Rivière navigable d'Italie. Elle prend sa source dans le Tyrol, traverse le royaume Lombard-Vénitien, et après un cours de 180 kilomètres, elle se jette dans l'Adriatique, au port de Brondolo.

BRENTFORD. — Petite ville du comté de Middlesex, en Angleterre. Pop. : 2,000 âmes.

BRESCIA. — Ville épiscopale, située au milieu d'une plaine renommée par sa beauté et sa fertilité. C'est le chef-lieu de la délégation qui porte son nom, dans le gouvernement de Milan. Ses principaux édifices sont : l'ancienne et la nouvelle cathédrale, l'église Sainte-Marie des Miracles, celle de Sainte-Afra, le palais ou *Broletto*, l'évêché, le grand hôpital, le marché aux grains, et les restes du temple de Vespasien. Cette ville possède un lycée, deux gymnases, un collége et une riche bibliothèque publique, dans laquelle on conserve le célèbre manuscrit des *quatre Évangélistes*, qui date du VIe ou du VIIe siècle. On trouve en outre à Brescia des fabriques de coutellerie et d'armes à feu, puis des filatures de soie. Pop. : 35,000 âmes.

BRÉSIL. — Partie de l'Amérique du Sud, située entre le 37° et le 73° degré de longitude occidentale, et entre le 4° degré de latitude boréale, et le 33° de latitude australe. Cette partie forme aujourd'hui un empire, borné au nord par la Colombie, les Guyanes anglaise, hollandaise et française et par l'océan Atlantique; à l'est, par l'océan Atlantique; au sud, par le même océan, l'Uruguay et le Paraguay; et, à l'ouest, par la confédération du Rio de la Plata, le Paraguay, la Bolivie, le Pérou et la Colombie.

Parmi les cours d'eau qui arrosent le Brésil, se trouvent le fleuve des Amazones, l'Oyapoc, le Tocantin ou Para, le Maranhaô, l'Itapicuru, le Paranahiba, le Rio grande do norte, le Rio San-Francisco, etc.

Quant aux chaînes de montagnes qui traversent cette contrée, leur système peut se renfermer dans trois divisions : la chaîne maritime, la chaîne centrale et la chaîne occidentale.

La première, que les Brésiliens nomment *serra do Mar*, qui s'étend le long des côtes, et offre plutôt une suite de groupes qu'une seule et même chaîne, puisqu'elle est soumise à de nombreuses et considérables interruptions, celle-là, disons-nous, parcourt successivement les provinces de Rio-Grande, de Paraïba, de Fernambuco, d'Alagoa, de Fergipe, de Bahia, d'Espiritu-Santo, de Rio-de-Janeiro, de San-Paulo et de San-Pedro. La chaîne centrale, qu'on appelle aussi *serra do Espinhaço*, et qui prend ensuite divers noms dans plusieurs de ses parties, tels que ceux de serra das Almas, dans le nord, et de serra da Mantequeira, dans le sud, s'étend depuis la rive droite de San-Francisco jusqu'à l'Uruguay, en traversant les provinces de Bahia, de Minas-Geracs, de San-Paulo, et l'extrémité septentrionale de Rio-de-Janeiro. C'est dans la partie méridionale de cette chaîne que l'on trouve ces mines si fécondes d'or, d'argent et de diamants, produits qui font du Brésil l'une des plus riches contrées du globe. Enfin, la chaîne occidentale, appelée encore *serra dos Vertentes*, parce qu'elle sépare les affluents de l'Amazone, du Tocantin, du Paranahiba, de ceux de San-Francisco, du Parana et du Paraguay, se prolonge depuis la frontière méridionale de la province de Seara, jusqu'à l'extrémité occidentale de la province de Matto-Grosso; et prend différents noms dans cet immense demi-cercle décrit par elle, tels que ceux de serra Alegre, serra de Pycuy, serra de Santa-Marta, etc. Les points culminants de ces trois chaînes sont les suivants :

CHAÎNE MARITIME.

La serra d'Arasoiaba, au sud-ouest de San-Paulo . . . . 1,245 mètres.
La serra Tingua, au nord de Rio-de Janeiro 1,077

CHAÎNE CENTRALE.

Le mont Itacolumi, près de Minas-Geraës . . . . 1.842 mètres.
La serra da Piedade, près de Sabara. 1,766
La serra da Frio, près de Villa do Principe 1,808

CHAÎNE OCCIDENTALE.

Le point culminant des Pireneos . . 776

Le climat du Brésil est beau et sain quoique sujet à de nombreuses variations atmosphériques. Le port de Rio-de-Janeiro, la capitale de l'empire, est l'un des plus vastes et des plus magnifiques qu'il y ait sur le globe.

Cet empire se divise en provinces dont quelques-unes, à leur tour, se partagent administrativement en *comarques*. Nous mentionnerons seulement ici la première division.

PROVINCES.	CHEFS-LIEUX.
Rio-de-Janeiro.	Rio-de-Janeiro.
San-Paulo.	San-Paulo.
Santa-Catharina.	Cidade-do-Desterro.
San-Pedro.	Portalegre.
Matto-Grosso.	Matto-Grosso.
Goyaz.	Goyaz.
Minas-Geraës.	Cidade-do-ouro-Preto.
Espirito-Santo.	Victoria.
Bahia.	Bahia.
Sergipe ou Seregipe.	Sergipe.
Alagoas.	Alagoas.
Pernambuco.	Pernambuco.
Parahyba.	Parahyba.
Rio-Grande.	Natal.
Ciara ou Ceara.	Ciara.
Piauhy.	OEyras.
Maranhao.	Maranhao.
Para.	Para.

BRESLAU. — Ville épiscopale, située au confluent de l'Ohlau et de l'Oder. C'est la capitale de la province de la Silésie, et le chef-lieu du gouvernement qui porte son nom, en Prusse. On y remarque la cathédrale, monument gothique; les églises Notre-Dame, des Jésuites, Sainte-Élisabeth, et le couvent des Augustins; puis l'évêché, le palais de Schœnborn, le château royal, l'hôtel du gouvernement, celui de la ville, la Douane, la Bourse et la Monnaie; et enfin quelques belles places et rues. Cette ville possède une université, quatre gymnases, deux séminaires pour les maîtres d'école, une école des beaux-arts, un institut de sourds-muets, une riche bibliothèque publique, un musée, un observatoire, un cabinet d'antiques et de tableaux, un jardin botanique et plusieurs sociétés académiques. Breslau est en outre important par son industrie et son commerce, et sa population est d'environ 95,000 âmes.

BRESSUIRE. — Petite ville située sur le ruisseau l'Argout, dans le département des Deux-Sèvres. Chef-lieu d'arrondissement, elle comprend 6 cantons et 91 communes. Ruinée de fond en comble durant les guerres de la Vendée, une partie de ses habitants actuels sont employés au tissage de diverses étoffes. La population est d'environ 2,500 âmes.

BREST. — Ville maritime et fortifiée du département du Finistère. Chef-lieu d'arrondissement, elle comprend 12 cantons et 83 communes. Elle possède un des plus beaux ports et l'une des plus vastes rades de l'Europe; et c'est le premier port militaire de la France, ce qui ne l'empêche pas d'être fréquenté aussi par un grand nombre de navires marchands. On remarque à Brest son magnifique arsenal, construit par Louis XIV, ses chantiers de construction, ses magasins et ateliers de marine, ses casernes, et enfin son église Saint-Louis. On y trouve aussi une école de navigation, une bibliothèque publique, un observatoire, un cabinet d'histoire naturelle et une société d'agriculture. Pop.: 36,000 âmes.

BRÉTENOUX. — Chef-lieu de canton dans l'arrondissement de Figeac, département du Lot. Il est situé sur la Cère, affluent de la Dordogne. Pop.: 900 âmes.

BRETEUIL. — Petite ville du département de l'Eure. Elle est située sur l'Iton. On trouve, dans ses environs, des mines de fer et des sources minérales. Pop.: 2,200 âmes.

BRETEUIL. — Petite ville du département de l'Oise, dans l'arrondissement de Clermont. On voyait encore près de cette ville, au moyen âge, la cité de *Bratuspantium*, principale place forte des Bellovaques au temps de César. Pop.: 2,400 âmes.

BRÉTIGNY. — Hameau du département d'Eure-et-Loir. Il est situé dans l'arrondissement et le canton de Chartres, et célèbre par le traité qui y fut conclu en 1360, lequel mit fin à la captivité du roi Jean.

BRETTEVILLE-SUR-LAIZE. — Chef-lieu de canton dans l'arrondissement de Falaise, département du Calvados. On y trouve des tanneries. Pop.: 1,000 âmes.

BREZOLLES. — Chef-lieu de canton dans l'arrondissement de Dreux, département d'Eure-et-Loir. Pop.: 900 âmes.

BRIANÇON. — Ville située près des sources de la Durance, dans le département des Hautes-Alpes. Chef-lieu d'arrondissement, elle comprend 5 cantons et 36 communes, et sa population est d'environ 3,300 âmes. Cette ville est l'une des places d'armes les plus fortes du monde: un pont d'une seule arche, de 39 mètres d'ouverture et jeté sur un abîme, établit la communication entre la ville et les cinq forts bâtis sur la rive gauche de la Durance; et le fort de l'Infernet, compris dans le système de fortifications, se trouve construit à 2,384 mètres au-dessus du niveau de la mer, ce qui doit le faire regarder comme la forteresse la plus élevée qui soit en Europe.

BRIANSK. — Petite ville du gouvernement d'Orel en Russie. Elle est importante par son arsenal, sa fonderie de canons et sa manufacture d'armes, et l'on cite aussi les superbes forêts de son voisinage, lesquelles fournissent d'excellents bois de construction. Pop.: 5,000 âmes.

BRIARE. — Petite ville du département du Loiret. Elle est située sur la rive droite de la Loire et c'est le point de départ du canal qui porte son nom, lequel se réunit à celui de Loing, et établit ainsi une communication entre la haute Loire et la Seine. On trouve à Briare une manufacture de faïence fine. Pop.: 3,300 âmes.

BRICQUEBEC. — Petite ville, chef-lieu de canton dans l'arrondissement de Valognes, département de la Manche. Elle est située presque au milieu de la forêt qui porte son nom. Pop.: 4,500 âmes.

BRIDGENORTH. — Ville du comté de Shrop, en Angleterre. Elle est située sur la Severn, et l'on y voit les ruines du château de Castlehill, qui, durant les guerres civiles, fut la demeure de Charles Ier. Pop.: 5,000 âmes.

BRIDGETOWN. — Chef-lieu de l'île de la Barbade, l'une des Antilles anglaises. C'est une jolie ville, située au fond d'une baie qui y forme un bon port. On y remarque l'église Saint-Michel, le palais de justice et la prison. Bridgetown est fortifiée et son commerce est important. Pop.: 3,600 âmes.

BRIDGEWATER. — Ville du comté de Sommerset, en Angleterre. Elle possède un port sur le Parret et des fonderies de fer. Pop.: 6,000 âmes.

BRIDGEWATER. — Canal du comté de Lancaster, en Angleterre. Il met en communication Liverpool et Manchester.

BRIDGEWATER. — Ville du Massachussetst, aux États-Unis d'Amérique. Elle est située sur Town-River. Pop.: 6,500 âmes. Les mêmes États comptent encore trois villes de ce nom: l'une dans le New-Ampshire, l'autre dans le New-York, et la dernière dans le Vermont.

BRIDLINGTON. — Ville du comté d'York en Angleterre. Elle possède un port sur une baie de la mer du Nord. Pop.: 4,500 âmes.

BRIDPORT. — Ville du comté de Dorset, en Angleterre. Elle est située sur le Brit, non loin de son embouchure dans la Manche. On y construit de petits navires et l'on y trouve des fabriques de toiles à voiles et de cordages. Pop. : 4,000 âmes.

BRIE-COMTE-ROBERT. — Petite ville du département de Seine-et-Marne. Elle s'appelait anciennement *Braye*, et prit son nom actuel de Robert de France, seigneur de Brie et comte de Dreux, qui l'avait fondée. Cette ville fait un commerce de grains et de fromage. Pop. : 2,700 âmes.

BRIEC. — Petite ville, chef-lieu de canton dans l'arrondissement de Quimper, département du Finistère. Pop. : 5,200 âmes.

BRIEG. — Petite ville située sur l'Oder, dans la Silésie, en Prusse. On y remarque l'église Saint-Nicolas, qui renferme de grandes et belles orgues. Cette ville, qui est très-commerçante possède de nombreuses fabriques, compte environ 12,000 habitants.

BRIEG ou BRIG. — Bourg du Valais en Suisse. Il est situé sur la gauche du Rhône, au commencement de la route du Simplon. On y trouve des eaux thermales, et c'est dans son voisinage que se montre le glacier d'Oletsch. Pop. : 600 âmes.

BRIELLE. — Petite ville fortifiée de l'île de Woorne, dans la Hollande méridionale. La prise de cette place, en 1572, fut le signal de la guerre de l'indépendance contre l'Espagne. Pop. : 3,000 âmes.

BRIENNE-LE-CHATEAU. — Petite ville du département de l'Aube. C'est à l'école militaire de cette ville que Napoléon fit ses premières études, et c'est au moment qu'en 1814, il remporta une victoire sur les alliés. Pop. 2,000 âmes.

BRIENON. — Chef-lieu de canton dans l'arrondissement de Joigny, département de l'Yonne. On y fait un commerce de bois. Pop. 2,700 âmes.

BRIENTZ. — Village du canton de Berne, en Suisse. Il est situé sur la rive nord du lac de même nom.

BRIEY. — Petite ville, chef-lieu d'arrondissement dans le département de la Moselle. Elle comprend 5 cantons et 129 communes. Sa population est d'environ 3,000 âmes.

BRIGHTON. — Petite ville du comté de Sussex, en Angleterre. Elle doit en partie sa création à George IV. Voici la description merveilleuse qu'en a donnée un voyageur, et qui est reproduite par le géographe Balbi : « Qu'on se figure un rivage escarpé, un quai infini où, d'un côté, s'étend à perte de vue une ligne de maisons, et pour mieux parler de palais magnifiques, où, de l'autre, règnent l'Océan et sa masse immense. La grève étroite qui sépare des eaux de la mer le rocher sur lequel la ville s'élève, est un jardin d'où s'élance au-devant des navires une jetée en fil de fer qui va chercher, pour ainsi dire, les passagers à 600 pas au milieu des vagues. Toutes les architectures sont là réunies : l'Italie, Constantinople, la Chine, la Grèce, le moyen âge, l'Espagne moresque ont tour à tour inspiré les créateurs de ces merveilles. Le *Pavillon* ou le palais bâti par George IV, est un bâtiment magnifique qu'on ne saurait comparer à aucun autre, offrant des groupes de dômes, de minarets, de lanternes, de coupoles, de girandoles dont l'élégance bizarre semble créée par l'imagination des *Mille et une Nuits*. » Pop. : 41,000 âmes.

BRIGNOLES. — Petite ville située sur le Caramé, dans le département du Var. Chef-lieu d'arrondissement, elle comprend 8 cantons et 54 communes. Elle possède une bibliothèque publique, une société d'agriculture, et son commerce de prunes est depuis longtemps réputé. Sa population est d'environ 5,500 âmes. C'est la patrie du P. Le Brun et de Purrocel.

BRIHUEGA. — Ville de la province de Guadalaxara, en Espagne. Elle est située sur la droite de la Tajuna. C'est à cet endroit qu'en 1710, le duc de Vendôme fit prisonniers lord Stanhope et l'arrière-garde de l'armée des alliés. Pop. : 2,400 âmes.

BRILON ou BRILLON. — Ville de Westphalie. Elle était autrefois au nombre des Hanséatiques. On y remarque l'église, bâtie, dit-on, par Charlemagne, et l'on trouve, sur son territoire, des mines d'argent, de plomb et de calamine. Pop. : 3,000 âmes.

BRINDES. — Ville archiépiscopale de la terre d'Otrante, dans le royaume de Naples. Elle est très-ancienne et assez importante par son port et son commerce. Pop. : 6,000 âmes.

BRINON-LES-ALLEMANDS. — Chef-lieu de canton, dans l'arrondissement de Clamecy, département de la Nièvre. Pop. : 600 âmes.

BRIOUDE. — Petite ville, située sur l'Allier, dans le département de la Haute-Loire. Chef-lieu d'arrondissement, elle comprend 8 cantons et 118 communes. On y remarque un pont romain construit avec une grande hardiesse. Cette ville possède un collège et une société d'agriculture, et sa population est d'environ 5,000 âmes.

BRIOUX. — Chef-lieu de canton dans l'arrondissement de Melle, département des Deux-Sèvres. Il est situé sur la Boutonne, affluent de la Charente. Pop. : 1,200 âmes.

BRIOUZE. — Chef-lieu de canton dans l'arrondissement d'Argentan, département de l'Orne.

BRISACH. — Ville du grand-duché de Bade, en Allemagne. Elle est située sur le Rhin, et fut autrefois renommée par ses fortifications, détruites en 1741. Pop. : 3,000 âmes.

BRISBANE. — Fleuve de la Nouvelle-Hollande. Il coule à l'est et se jette dans le Grand-Océan, à la baie de Moreton.

BRISIGHELLA. — Ville des Etats de l'Eglise, en Italie. Pop. : 3,000 âmes.

BRISTOL. — Ville épiscopale d'Angleterre, chef-lieu d'un comté de même nom, mais qui se trouve compris dans celui de Gloucester. Cette ville, d'une assez grande étendue, est située au confluent de l'Avon et de la Severn, et l'on y remarque l'église Sainte-Marie-Redcliffe, le bazar couvert, l'hôtel de ville, la bourse et le palais des négociants. Elle possède aussi une université, une institution littéraire, une bibliothèque publique, et c'est le quatrième des grands ports marchands du royaume. On trouve dans son voisinage les sources minérales de Clifton, et celles dites Hotwell. Pop. : 105,000 âmes.

BRISTOL. — Petite ville du Connecticut, aux Etats-Unis d'Amérique. Elle est renommée par ses fabriques de montres, dont le produit est considérable. Pop. : 2,500 âmes. On rencontre trois autres villes de ce nom dans les mêmes Etats : l'une dans le Maine, l'autre dans la Pennsylvanie et la dernière dans le Rhode-Island.

BRIVE. — Rivière qui coule dans le département de la Loire-Inférieure. Elle devient navigable à Pont-Château, et se jette dans la Loire au-dessus de Saint-Nazaire. Son cours est d'une douzaine de lieues environ.

BRIVE-LA-GAILLARDE. — Petite ville située sur la rive gauche de la Corrèze, dans le département de ce nom. Chef-lieu d'arrondissement, elle comprend 10 cantons et 100 communes. Elle possède un collège, une bibliothèque, et fait un commerce de fer, de coton, etc. Sa population est d'environ 8,500 âmes. Cette ville est la patrie du cardinal Dubois.

BRIVIESCA. — Ville de la province de Burgos, en Espagne. Elle est située sur l'Oca, affluent de l'Ebre. Pop. : 2,500 âmes.

BRIXEU. — Ville du Tyrol, dans l'empire d'Autriche. C'était autrefois un évêché souverain. Pop. : 4,000 âmes.

BRIXHAM. — Ville du comté de Devon, en Angleterre. Elle possède un port sur la Manche et ses habitants se livrent à la pêche. Pop. : 4,500 âmes.

BROCKEN. — Baie de la côte de la Nouvelle-Galles du sud. On y trouve une colonie.

BROD. — Ville de Bohême, dans l'empire d'Autriche. En 1434, l'empereur Sigismond défit en cet endroit les Hussites. Pop. : 2,000 âmes.

BROD. — Ville de la Sclavonie militaire, en Hongrie. Elle est située sur la gauche de la Save. Pop. : 4,000 âmes.

BROD. — Petite ville fortifiée de la Bosnie, empire Ottoman. Elle est située sur la rive droite de la Save, en face de Brode de Sclavonie.

BRODY. — Ville de la Galicie, Pologne autrichienne, qui n'est pour ainsi dire habitée que par des Juifs. Elle fait un commerce très-important avec la Pologne, la Russie et la Turquie; possède deux écoles juives, et offre une population d'environ 22,000 âmes.

BROEK. — Village de Waterland, en Hollande. Il est renommé par la propreté excessive de ses habitants, laquelle est poussée à une monomanie presque furieuse. Les rues sont pavées de tuiles vernissées, et l'intérieur des maisons et les jardins sont d'une magnificence qui réalise les descriptions que donnent les contes orientaux de certaines demeures de princes ou d'enchanteurs. Dans ce village, occupé par 7 ou 800 nababs, on ne souffre aucun animal qui pourrait souiller le sol; des barrières empêchent les voitures d'y pénétrer; et les visiteurs ne sont admis dans les sanctuaires, qu'après qu'ils ont été chaussés aux portes, de manière à ne laisser aucune trace de leur passage.

BROGLIE. — Chef-lieu de canton dans l'arrondissement de Bernay, département de l'Eure. Il est situé sur la Charentonne, affluent de la Rille. Pop. : 1,000 âmes.

BROMBERG. — Petite ville de Prusse. Elle est située sur la Brahe, au commencement du canal de la Netz, dans le grand-duché de Posen. C'est le chef-lieu du gouvernement qui porte son nom. Elle possède un gymnase, un séminaire pour les maîtres d'école, et 6,500 habitants.

BROMESGROVE. — Ville du comté de Worcester, en Angleterre. Pop. : 3,000 âmes.

BROMLEY. — Ville du comté de Kent, en Angleterre. Pop. : 3,000 âmes.

BRONNITZY. — Ville du gouvernement de Novgorod, en Russie. Elle est située sur la Mista. Les Suédois y battirent les Russes en 1614.

BROOKFIELD. — Ville du Massachusetts, aux Etats-Unis d'Amérique. Pop. : 4,500 âmes. Il y a une autre ville de ce nom dans l'Etat de New-York.

BROOKHAVEN. — Ville de New-York, aux Etats-Unis d'Amérique. Elle est située dans l'île Long-Island.

BROOKLYN. — Ville de New-York, aux Etats-Unis d'Amérique. On y remarque l'arsenal maritime. Cette ville est très-florissante par son industrie et son commerce, et compte 3,600 habitants.

BROONS. — Chef-lieu de canton dans l'arrondissement de Dinan, département des Côtes-du-Nord. Pop. : 2,500 âmes.

BROSELEY. — Gros bourg du comté de Shrop, en Angleterre. Il est situé sur la Severn et important par ses mines de houille et de fer. On trouve aussi dans son voisinage les célèbres forges de Ketleyironworks.

BROSSAC. — Chef-lieu de canton dans l'arrondissement de Barbezieux, département de la Charente. Pop. : 1,200 âmes.

BROU. — Chef-lieu de canton dans l'arrondissement de Châteaudun, département d'Eure-et-Loir. Il est situé sur l'Ozane, affluent du Loir. On y trouve des fabriques de toiles. Pop. : 2,500 âmes.

BROUAGE. — Petite ville du département de la Charente-Inférieure. Elle était florissante encore dans le courant du XVIIe siècle, époque à laquelle la mer, qui en est actuellement éloignée de 3 milles, baignait ses murailles; mais aujourd'hui son climat malsain, que causent les exhalaisons délétères de ses salines, en a diminué la population et détruit le commerce. Cette ville est fortifiée et compte un millier d'habitants.

BROUGHTON. — Groupe d'îles de l'Australie. Il est situé à l'est de la Nouvelle-Hollande et son île principale est celle de Chatam.

BROUSSE ou **BRUSA.** — Grande ville de

l'Asie Mineure, empire ottoman. Elle est située au pied du mont Olympe, et non loin du Nilufer. C'était la résidence des rois de Bithynie, et elle devint, au moyen âge, la capitale de l'empire ottoman, jusqu'à la prise d'Andrinople. Aujourd'hui elle est le siége d'un métropolitain grec, d'un archevêque arménien, et le chef-lieu d'un mollah et d'un pacha. On y remarque un vieux château, la mosquée cathédrale, les mosquées des sultans Orkhan, Othman, Murad et Bayazid, et de nombreux caravansérais, ainsi que des thermes. Sa population est d'environ 100,000 âmes.

BROUVELIEURES. — Chef-lieu de canton dans l'arrondissement de Saint-Dié, département des Vosges. Il est situé près de la rive gauche de la Mortagne, affluent de la Meurthe. Pop. : 600 âmes.

BROWN. — Iles de la Micronésie. Elles sont situées au nord-ouest des îles mulgraves et au nord-est de l'archipel des Carolines.

BRUCK. — Ville de Styrie, empire d'Autriche. Elle possède des fonderies, et l'on trouve des grottes curieuses dans son voisinage. Pop. : 1,600 âmes.

BRUCKENAU. — Petite ville du cercle du Bas-Mein, en Bavière. Elle est renommée par son établissement de bains qui est très-fréquenté. Sa population est d'environ 2,000 âmes.

BRUGES. Chef-lieu de la Flandre occidentale, en Belgique. C'est une belle ville, située sur le canal qui mène de Gand à Ostende, et qui offre un superbe bassin à la marine marchande ; mais elle est entièrement déchue de la splendeur qui la distinguait autrefois. On y remarque l'église Notre-Dame avec sa belle tour, le ci-devant palais épiscopal, et l'hôtel de ville. Bruges possède un athénée, une bibliothèque publique, un cabinet de physique et d'histoire naturelle, une académie des beaux arts, un jardin botanique et une société académique. Pop. : 44,000 âmes.

BRUGG. — Ville du canton d'Argovie, en Suisse. Elle est située sur la rive droite de l'Aar, près des ruines de *Vindonissa*. C'est la patrie de Zimmermann. Pop. : 8,000 âmes.

BRUMATS. — Petite ville du département du Bas-Rhin. Elle est située sur la rive gauche de la Zorn, affluent du Rhin. Au temps des Romains, c'était la capitale des Triboques, peuple de la première Germanie. Pop. : 3,800 âmes.

BRUNN. — Ville archiépiscopale, située au confluent de la Schwarza et de la Zwittawa. Elle est très-bien bâtie et c'est la capitale de la Moravie. On y remarque les églises Saint-Jacques et Saint-Pierre, le palais du gouvernement, celui du prince Dietrichstein, l'hôtel de ville et la citadelle du Spielberg, dans laquelle il existe un puits creusé à 130 mètres de profondeur dans le roc. Cette ville possède un séminaire théologique, un institut philosophique, un gymnase, une école normale, une bibliothèque publique, un musée, un jardin botanique et une société académique. On y trouve aussi des manufactures de laine très-réputées, puis des fabriques de draps, de toiles de coton, de savon, de tabac, etc. Sa population est d'environ 45,000 âmes.

BRUNNEN. — Village du canton de Schwitz, en Suisse. Il est situé près de l'embouchure de la Muotta dans le lac de Lucerne. C'est dans cet endroit que fut contractée, en 1315, la première alliance des cantons helvétiques.

BRUNOY. — Commune de l'arrondissement de Corbeil, dans le département de Seine-et-Oise. On y trouve des filatures de coton. Pop. : 1,100 âmes.

BRUNZLAU. — Ville de la Silésie, en Prusse. On y trouve des fabriques de faïences brunes qui sont très-estimées. Pop. : 6,000 âmes.

BRUNSWICK (Duché de). — Cet État est divisé en trois parties qui se trouvent enclavées dans la province prussienne de Saxe et la portion méridionale du royaume de Hanovre ; et les principaux pays qui le composent sont les principautés de Wolfenbüttel et de Blanckenburg, la prélature de Helmstedt, le chapitre de Walkenried et une partie du Bas-Harz. Il est arrosé par le Weser et quelques-uns des affluents de l'Aller, tels que l'Ocker, la Leine, etc., et par plusieurs rivières, comme la Bode et la Zorge, qui appartiennent au bassin de l'Elbe.

BRUNSWICK. — Ville située sur l'Ocker. C'est la capitale du duché du même nom. On y remarque le *Graue-Hof* ou château ducal, la cathédrale, l'église Saint-André, les deux hôtels de ville, le Carolinum, l'arsenal, les casernes, la maison des orphelins, etc. Elle possède un collège, un institut ducal, deux gymnases, un collège d'anatomie, un séminaire pour les maîtres d'école, une école de sourds-muets, une école de cadets, une bibliothèque publique et un musée. Sa population est d'environ 36,000 âmes.

BRUNSWICK. — Petite ville de l'État du Maine, aux États-Unis d'Amérique. Elle est renommée par son collège Bowdoin, ses collections scientifiques et sa galerie de tableaux. Pop. : 4,000 âmes.

BRUXELLES. — Ville assez belle, bâtie sur les bords de la Senne. C'est le chef-lieu du Brabant méridional et la capitale du royaume de Belgique. Ses principaux monuments sont les églises Sainte-Gudule, du Sablon, de la chapelle de Notre-Dame et de Saint-Jean-Baptiste au Béguinage ; puis le palais du roi, celui du prince royal, celui des états, l'ancien palais du gouvernement autrichien, l'hôtel de ville, le palais de justice, la prison, l'hospice des vieillards, le marché aux grains, le mont-de-piété et l'observatoire. Viennent ensuite le grand bassin du Commerce, les places Royale et Saint-Michel, les boulevarts, la promenade du Parc et les serres du jardin d'horticulture. Cette ville possède un athénée, une école supérieure de commerce et d'industrie, une école de chant et de musique, une bibliothèque publique et un musée, une galerie de tableaux, un cabinet d'histoire naturelle, un jardin botanique et plusieurs sociétés académiques. Bruxelles est, en outre, un centre très-actif d'industrie et de commerce, et sa population est d'environ 110,000 âmes. On trouve dans son voisinage le château de Lacken, résidence d'été pour la famille royale.

BRUYÈRES. — Chef-lieu de canton dans l'arrondissement d'Epinal, département des Vosges. On y trouve des sources minérales. Pop. : 1,200 âmes.

BRZESC-LITEWSKI. — Ville fortifiée du gouvernement de Grodno, en Russie. Elle est la résidence de l'évêque des Grecs unis, et l'on y remarque une synagogue que visitent les juifs de toutes les contrées de l'Europe. Le commerce de cette ville, favorisé par le canal de Muchawiec, est très-florissant et sa population est d'environ 12,000 âmes. Il ne faut pas oublier de rappeler que Brzesc-Litewski eut, au xvi° siècle, de la renommée par ses imprimeries et qu'on y publia la célèbre *Bible de Radziville*, aux frais du prince de ce nom.

BRZEZANY. — Ville de Gallicie, empire d'Autriche. C'est un chef-lieu de cercle. Pop. : 5,000 âmes.

BUBENDORF. — Village du canton de Bâle, en Suisse. Il est renommé par la beauté de ses environs; il possède des sources minérales et l'on y compte 900 habitants.

BUCARI. — Ville du littoral hongrois, empire d'Autriche. Elle possède un port sur l'Adriatique. Pop. : 3,000 âmes.

BUCHY. — Chef-lieu de canton dans l'arrondissement de Rouen, département de la Seine-Inférieure. On y trouve une fabrique de salpêtre. Pop. : 600 âmes.

BUCKEBOURG. — Petite ville située sur l'Aue. C'est la capitale de la principauté de Lippe-Schuaenbourg. Elle possède un château, un gymnase, et sa population est d'environ 2,200 âmes.

BUCKINGHAM. — Petite ville, chef-lieu du comté de ce nom, en Angleterre. On trouve dans son voisinage le château de Stowe, l'un des plus beaux qui soient en Europe. Pop. : 4,000 âmes.

BUDE. — Ville située sur la rive gauche du Danube, presque au milieu du royaume de Hongrie dont elle est la capitale. Elle est le siége du vice-roi, du commandement général militaire et d'un évêché grec. On y remarque le palais royal, l'arsenal et l'observatoire. Cette ville possède un archigymnase, deux écoles principales et une école de dessin. Sa population est d'environ 34,000 âmes.

BUDWEISS. — Petite ville épiscopale de la Bohême, empire d'Autriche. Elle est située au confluent du Malsch et de la Moldau et c'est le chef-lieu du cercle qui porte son nom. Elle possède un séminaire théologique, un institut philosophique et des fabriques de draps. Pop. : 8,000 âmes.

BUENOS-AYRES. — Ville épiscopale, chef-lieu de la province de ce nom, et capitale de la confédération de Rio de la Plata. Elle est située sur la rive droite et près de l'embouchure du fleuve qui donne son nom à cet Etat, mais elle n'a point de port pour les gros navires. Cette ville est assez bien bâtie et on y remarque particulièrement la cathédrale, l'église de San-Francisco, celle de la Merced, le palais des députés, la banque, l'hôtel des monnaies, le grand hôpital et quelques belles places. Elle possède une université, une académie et une école de commerce; un gymnase, un lycée, une bibliothèque publique, un observatoire, un cabinet de physique, un cabinet de minéralogie, etc., et c'est l'une des places de commerce les plus importantes du nouveau monde. Pop. : 90,000 âmes.

BUESCH. — Rivière du département des Hautes-Alpes. Elle se forme au-dessus de Serres par la réunion du Buesch de Veynes et du Buesch d'Aspres, et se joint à la Durance au-dessus de Sisteron, après un cours de 70 kilomètres.

BUFFALO. — Ville de New-York, aux Etats-Unis d'Amérique. Elle est située sur le lac Erié qui, à peu de distance, a son issue par le Niagara. Pop. : 18,000 âmes.

BUG ou **BOG.** — Rivière qui prend sa source dans la Gallicie à l'est de Lemberg. Elle sépare la Volhynie du royaume de Pologne, et après avoir passé par Brzesc-Litewski, se jette dans la Vistule au nord de Varsovie. Elle communique avec le Dnieper par le canal et la rivière du Pripet, et son cours est d'environ 520 kilomètres.

BUGA. — Ville de la Nouvelle-Grenade, Amérique du sud. Elle est située dans une vallée fertile et compte 6,000 habitants.

BUGEAT. — Chef-lieu de canton dans l'arrondissement d'Ussel, département de la Corrèze. Il est situé sur la Vézère. Pop. : 900 âmes.

BUGUE (Le). — Petite ville du département de la Dordogne. Elle est située sur la rive droite de la Vézère, un peu au-dessus de son confluent avec la Dordogne. C'est un entrepôt des produits de la contrée qui y sont exportés par eau jusqu'à Bordeaux. Pop. : 2,400 âmes. C'est dans son voisinage que se trouve la fameuse grotte de Miremont.

BUITENZORG. — Chef-lieu de la résidence de ce nom, dans l'île de Java. On y voit un beau château fondé en 1740 et reconstruit en 1816; un jardin botanique, riche en végétaux de l'Asie et de l'Amérique; et tout le territoire est renommé par ses superbes cultures.

BUKHAREST. — Grande ville, capitale de la principauté de Valachie. Elle est située sur la Dumbovitza, dans une plaine marécageuse, et n'a de remarquable que son extrême saleté. C'est le siége d'un archevêché grec. On y trouve un lycée, une bibliothèque publique et une société littéraire. Sa population est d'environ 80,000 âmes.

BULACAN. — Ville de l'île de Luçon, l'une des Philippines, dans l'Océanie occidentale. C'est le chef-lieu de la province de ce nom. Pop. 18,000 âmes.

BULACH. — Petite ville du canton de Zurich, en Suisse. Pop. : 3,000 âmes.

BULGARIE. — Province de l'Eyalet de

Romélie, Turquie d'Europe. Elle est bornée au nord par le Danube ; à l'est, par la mer Noire ; au sud, par le Balkan, qui la sépare de la Romélie proprement dite, et à l'ouest par la Servie. Cette contrée est montagneuse mais fertile. Les Bulgares sont chrétiens et parlent le serbe. Leurs principales villes sont : Sophie, Choumla, Silistrie, Routschouck, Widin, Nissa et Varna.

BULGNEVILLE. — Chef-lieu de canton dans l'arrondissement de Neufchâteau, département des Vosges. On y trouve des fabriques de souliers de pacotille. Pop. : 1,000 âmes.

BUNGAY. — Ville du comté de Suffolk, en Angleterre. Pop. : 3,000 âmes.

BUNGHI. — Rivière de Boukharie. C'est un affluent du Djihoun, et elle prend sa source vers le point où se confondent les chaînes des monts Bolov et Hindou-Kouch. Son cours est de 350 kilomètres.

BURANO. — Ville du royaume Lombard-Vénitien, empire d'Autriche. Elle est située dans l'un des îlots des environs immédiats de Venise, et renommée par sa fabrication de dentelles. Pop. : 8,000 âmes.

BURÉ. — Ville d'Abyssinie. C'est le chef-lieu de la province de Damot, située au sud du royaume de Gondar.

BUREN. — Très-petite ville du canton de Berne, en Suisse. Elle est située sur l'Aar, et plusieurs combats y ont été livrés. Pop. : 1,600 âmes.

BURGAU. — Ville de Bavière. Pop. ; 4,000 âmes.

BURGDORF ou **BERTHOUD.** — Petite ville du canton de Berne, en Suisse. Au XIIe siècle, c'était la capitale de la *Petite Bourgogne* et la résidence des ducs de Zahringen. C'est là que Pestalozzi fonda son institution. Pop. : 2,000 âmes.

BURGOS. — Ville archiépiscopale, chef-lieu de la province de ce nom, dans la vieille Castille, en Espagne. On y remarque la cathédrale, le palais de l'archevêque, celui d'Alphonse le Sage, les restes de la maison du Cid, et le tombeau de ce héros. La population de cette ville est d'environ 12,000 âmes.

BURHAMPOUR. — Ville du Bengale, empire Indo-Britannique. C'est l'une des six grandes stations militaires de l'Inde. On y remarque de superbes casernes.

BURIE. — Chef-lieu de canton dans l'arrondissement de Saintes, département de la Charente-Inférieure. Pop. : 1,600 âmes.

BURLINGTON. — Ville de l'État de Vermont, aux États-Unis d'Amérique. Elle est située sur le lac Champlain, et son commerce est très-florissant. Elle possède un collège et compte 4,500 habitants. On trouve deux autres villes de ce nom dans l'État de New-Jersey et dans le district d'Iowa.

BURNLEY. — Ville du comté de Lancaster, en Angleterre. Elle est située sur le canal de Leeds à Liverpool. On y fabrique des étoffes de laine et de coton. Pop. : 5,000 âmes.

BURSLEM. — Petite ville du comté de Stafford, en Angleterre. Elle est entourée de nombreux villages dont la population, qui s'élève à près de 80,000 âmes, n'est occupée que de fabrication de faïence, ce qui a fait donner à cette contrée le nom de *Staffordshire potteries district*. On estime que le produit de cette industrie s'élève annuellement à plus de 12,000,000 de francs.

BURTON. — Ville du comté de Stafford, en Angleterre. Elle est située sur la rive gauche du Trent et sur le chemin de fer de Birmingham à Derby. Pop. : 4,000 âmes.

BURY. — Ville du comté de Lancaster, en Angleterre. Elle est renommée, dans tout le royaume, par sa fabrication d'étoffes de laine et de coton. Pop. : 11,000 âmes.

BURY-SAINT-EDMUND'S. — Ville du comté de Suffolk, en Angleterre. Elle fut célèbre au moyen âge. On y trouve un grand marché de grains. Pop. : 12,000 âmes.

BURZET. — Chef-lieu de canton dans l'arrondissement de L'argentière, département de l'Ardèche. C'est une petite ville qui compte 3,400 habitants.

BUSCO. — Petite ville épiscopale de la principauté de Valachie. Sa population est d'environ 4,000 âmes.

BUSSANG. — Village au département des Vosges. Il est situé à la source de la Moselle, dans l'arrondissement de Miremont, et renommé par ses eaux thermales dont on expédie annuellement au delà de 20,000 bouteilles. Pop. : 2,400 âmes.

BUSSIÈRES-BADIL. — Chef-lieu de canton dans l'arrondissement de Nontron, département de la Dordogne. Il est situé près du confluent du Trien et de la Tardoire. On y trouve des forges. Pop. : 1,400 âmes.

BUSSOLENGO. — Ville du royaume Lombard-Vénitien, empire d'Autriche. Elle est située sur l'Adige. Pop. : 1,800 âmes.

BUSSY-LE-GRAND. — Commune du département de la Côte-d'Or. Elle est située dans le canton de Flavigny, arrondissement de Semur. C'est dans le château de cet endroit, que le célèbre Bussy-Rabutin passa les dix-sept années d'exil auxquelles l'avait condamné Louis XIV. Pop. : 800 âmes.

BUTRINTO. — Ville de l'Albanie, empire ottoman. Elle est située près du détroit qui sépare Corfou du continent. C'est l'ancienne *Buthrotum*, l'une des principales villes de l'Épire. Elle est aujourd'hui le siége d'un évêché grec. Pop. : 1,500 âmes.

BUXTON. — Petite ville au comté de Derby, en Angleterre. Elle est renommée par ses sources thermales qui sont très-fréquentées. On trouve, dans son voisinage, le superbe tunnel du chemin de fer qui va à Cromford, et la célèbre caverne de Pool, située près du village de Castleton.

BUXY. — Chef-lieu de canton dans l'arrondissement de Châlon-sur-Saône, département de Saône-et-Loire. Pop. : 1,800 âmes.

BUZANÇAY. — Petite ville du département de l'Indre. Elle est située sur l'Indre qui s'y divise en plusieurs bras. Cette ville est industrieuse et commerçante, et l'on trouve dans ses environs des forges et des fonderies. Pop. ; 4,400 âmes.

BUZANCY. — Chef-lieu du canton dans

l'arrondissement de Vouziers, département des Ardennes. Pop. : 900 âmes.

BYTOWN.— Petite ville du Haut-Canada, Amérique anglaise. Elle est située au débouché du canal Rideau dans l'Ottawa. On y admire un magnifique pont qui la réunit à Hull, et qui est l'un des plus beaux ouvrages de ce genre qui existent. C'est aussi dans son voisinage qu'on trouve une superbe cascade formée par l'Ottaw. Pop. : 4,000 âmes.

BYZERT.—Petite ville de l'État de Tunis, en Afrique. Elle est située sur le canal qui met la mer en communication avec une lagune de son voisinage, et l'on y voit quelques fortifications.

C

CABALUNCA. — Ville de l'île de Samar, dans les Philippines. C'est la résidence de l'alcade espagnol de cette île.

CABANNES. — Chef-lieu de canton dans l'arrondissement de Foix, département de l'Ariège. On trouve des mines de fer, d'argent et de cristal dans ses environs. Pop. : 600 âmes.

CABATUAN.—Gros bourg de l'île Panay, dans l'archipel des Philippines, Océanie occidentale. Il est situé dans la province d'Yloylo, renommé par ses étoffes appelées *Piqna* ou *Synamais*, lesquelles sont tissées avec des filaments de feuilles d'ananas et de palmiers mêlés à de la soie. Pop. : 16,000 âmes.

CABENDA. — Ville de la Guinée méridionale. Elle est située à l'embouchure du Zaire, et c'est le chef-lieu du pays d'En-Goyo. Il s'y vendait autrefois une grande quantité d'esclaves. On y fait un commerce d'ivoire, de miel et de cire.

CABÈS. — Ville de l'État de Tunis, en Afrique. Son territoire est bien cultivé, elle possède un petit port et son commerce est florissant. Pop. : 20,000 âmes.

CABO-ROXO. — Bourgade de l'île de Porto-Rico, l'une des Antilles espagnoles. Elle est importante par le riche produit de ses salines.

CABOUL ou **KABOUL.**— En Asie. Il porte aussi le nom d'*Afghanistan*, et se trouve situé entre les 57° et 70° de longitude orientale, et les 28° et 36° de latitude nord. Cet État est borné au nord par le royaume actuel de Hérat ou Chorassan oriental, le Turkestan et le Baltistan; à l'est, par la confédération des Sykes et le Lahôre; au sud, par le Beloutchistan; et à l'ouest par la Perse.

Les montagnes qui parcourent le Caboul appartiennent au groupe de l'Himalaya, qui lui-même fait partie du système Altaï-Himalaya; et la direction de ce groupe est généralement du nord-ouest au sud-est, séparant le Caboul du Cachemyr, et courant se joindre au petit Tibet, en se mêlant ainsi entièrement au groupe de l'Hindou-Koh et du Thsoung-Ling. Ces montagnes renferment des mines de fer assez riches, mais mal exploitées.

Parmi les fleuves qui arrosent ce pays, sont l'Indus ou Sindh, que les naturels appellent Mita-Moran, ce qui signifie *fleuve doux*, lequel a sa source dans le versant septentrional de l'Himalaya. Son principal affluent est le Caboul, et après avoir traversé le petit Tibet, le Caboul et une partie de l'Inde occidentale, il va se précipiter dans les eaux du golfe d'Oman. Vient ensuite l'Helmend ou Hirmend, qui prend sa source dans le royaume de Hérat, traverse l'Afghanistan, et se perd dans les eaux du lac de Zerrah; puis l'Urghendab, le Lora, le Kachroud et le Farrahroud.

Les principales villes du royaume de Caboul sont : d'abord la ville de ce nom, que l'on regarde comme le plus grand marché de chevaux de tout l'Afghanistan; puis Ghizneh qui, à cause du grand nombre de saints qui y sont enterrés, passe chez les mahométans pour une seconde Médine; enfin Kandahar, l'une des villes les plus belles et les plus commerçantes de l'Asie.

CABRA. — Petite ville du royaume de Tombouctou, dans la Nigritie centrale. Elle est située sur la gauche du Djoliba et sert de port à Tombouctou. Pop. : 2,000 âmes.

CABRERA. — L'une des îles Baléares, dans la Méditerranée. Elle a environ 12 kilom. de long sur 4 de large, et son sol, presque inculte, n'offre çà et là que quelques bouquets de bois.

CACAMO ou **KAKOVA.** — Port de la Turquie d'Asie. Il est situé sur la côte sud de l'Anatolie, et c'est l'un des plus vastes et des plus beaux de l'Asie.

CACERÈS. — Chef-lieu de la province de ce nom, dans l'Estramadure, en Espagne. C'est une ville très-ancienne où l'on trouve des fabriques de faïence, de draps, et des tanneries. Pop. : 100,00 âmes.

CACHEMYR. — Province très-renommée chez les habitants de l'Asie centrale et qui passe parmi eux pour un paradis terrestre. Elle est située entre le 72° et le 78° degré de longitude, et le 32° et le 37° degré de latitude nord, et occupée par un peuple doux et timide, qui devient souvent l'objet des déprédations et des violences des Afghans, des Syks et des Hindous. Cette province est environnée de toutes parts de montagnes d'un accès difficile et dont plusieurs sont couvertes de neiges éternelles; mais son plateau jouit d'un climat aussi doux que celui de l'Italie; sa végétation est belle, vigoureuse, et se compose principalement de cèdres, de sapins, de pins, de platanes colossaux et de vignes gigantesques. Les cours d'eau qui l'arrosent sont l'Indus, le jelum ou ancien Hydaspes, le Chenaule ou Acesines, et quelques autres fleuves moins importants. On y rencontre aussi un certain nombre de lacs, et entre autres l'Oller, le Dall et celui de Cachemyr. Dans ce dernier se trouve l'île des Platanes, où se montrent encore des traces de la splendeur des anciens chefs mogols, et l'on y fait remarquer deux énormes platanes plantés par le fameux Châb-Jehan ; puis la mosquée à coupole dorée, où les fidèles musulmans de l'Inde et de la Perse viennent adorer l'*azrette boll*, c'est-à-dire le poil de la barbe du prophète. Chacun connaît après cela la célébrité qu'a donnée au Cachemyr la fabrication de ses magnifiques tissus.

CACHEMYR. — Chef-lieu de la province de ce nom, dans le royaume de Lahôre, Hindoustan. Cette ville, qui est aussi nommée Serinagar, ce qui signifie *habitation du bonheur*, est située sur les bords du Djilem, qu'on y passe sur des ponts en bois. Elle est mal bâtie, mais renommée par sa position pittoresque, la douceur de son climat, et surtout par sa fabrication de châles. Pop. : 50,000 âmes.

CACHENAH ou **SANGRAS.** — Grande ville de l'empire Fellatah, dans la Nigritie centrale. Ses murailles embrassent une grande étendue de terrain ; mais elle est bien déchue de l'importance dont elle jouissait autrefois, alors qu'elle était l'une des plus florissantes de la Nigritie.

CACHEU. — Petite ville de la Nigritie occidentale. Elle est située sur le San-Domingo et appartient aux Portugais. Pop. : 500 âmes.

CACHIMAYO. — Rivière de la Bolivia. C'est l'un des affluents les plus considérables du Pilcomayo. Elle passe près de Chuquisaca, et son cours est de 500 kilomètres.

CACONGO. — Royaume de la Guinée méridionale. Il est situé au sud du Loango et a pour capitale Kingelé.

CADAQUES. — Petite ville de la Catalogne, en Espagne. Elle est assez importante par son port et sa marine marchande ; mais sa population ne dépasse guère 2,000 âmes.

CADENET. — Chef-lieu de canton dans l'arrondissement d'Apt, département de Vaucluse. Il est situé près de la Durance. Pop. : 2,500 âmes.

CADEREITA. — Petite ville de l'Etat de Queretaro, dans la Confédération mexicaine. Elle est importante par les riches mines d'argent qu'on exploite dans ses environs, particulièrement celles d'El-Doctor, de Maconi et de San-Christobal. Pop. : 4,000 âmes.

CADEROUSSE. — Petite ville du département de Vaucluse. Elle est située dans l'arrondissement et le canton d'Orange, et l'on s'y occupe de l'éducation des vers à soie, de la culture de la garance et du commerce du blé. Pop. : 3,200 âmes.

CADILLAC. — Chef-lieu de canton dans l'arrondissement de Bordeaux, département de la Gironde. C'était autrefois la capitale du comté de Benauges, et l'on voit dans son voisinage un beau château, bâti par le duc d'Epernon, qui sert aujourd'hui de maison de détention pour les femmes. On fait, à Cadillac, un commerce considérable de vins, de barriques, de creusets et d'outils aratoires, et ce lieu est l'entrepôt de la plupart des produits du canton. Pop. : 2,000 âmes.

CADIX. — Commune de l'arrondissement d'Albi, département du Tarn. Pop. : 1,300 âmes.

CADIX. — Ville épiscopale, chef-lieu de la province de ce nom, dans l'Andalousie, en Espagne. Elle est fortifiée et bâtie sur une butte de sable au milieu de la mer, à l'extrémité d'une péninsule de l'île de Léon, dont l'isthme étroit, long et demi-circulaire, forme une rade immense et superbe. On remarque à Cadix une belle cathédrale construite en marbre ; puis la bourse, la douane et l'arsenal. On y trouve un séminaire, un collège des Jésuites, des écoles de médecine, de chirurgie et des beaux-arts, et un jardin botanique. Son commerce, que favorise un port franc, est considérable, et presque toutes les nations de l'Europe y ont établi des maisons. La population est d'environ 53,000 âmes. Cette ville fut bombardée par les Anglais en 1792 et en 1800. C'est la patrie de Columelle.

CADORE. — Ville du royaume Lombard-Vénitien, empire d'Autriche. Elle est située sur la Piave. C'est la patrie du Titien. Les Français battirent les Autrichiens en cet endroit, en 1797. Pop. : 1,660 âmes.

CADOUIN. — Chef-lieu de canton dans l'arrondissement de Bergerac, département de la Dordogne. Pop. : 700 âmes.

CADOURS. — Chef-lieu de canton dans l'arrondissement de Toulouse, département de la Haute-Garonne. Pop. : 1,000 âmes.

CAEN. — Ville située au confluent de l'Orne et de l'Odon, avec un port et un chantier de commerce. Chef-lieu du département du Calvados, son arrondissement comprend 9 cantons et 188 communes. On remarque ses belles et anciennes basiliques, son hôtel de ville, son palais de justice, le tombeau de Guillaume le Conquérant dans l'église Saint-Etienne, plusieurs maisons en bois qui remontent au moyen âge, et les promenades du cours. Elle possède une académie universitaire, un collège, une école secondaire de médecine, une école de navigation, une institution de sourds-muets, une bibliothèque publique, un musée de tableaux, un jardin botanique et plusieurs sociétés scientifiques ou littéraires. Sa population est d'environ 40,000 habitants. Cette ville est la patrie de Daléchamp, Malherbe, Segrais, Huet, Boisrobert, Malfilâtre, etc.

CAERLEON. — Ville du comté de Monmouth, en Angleterre. Elle fut la capitale des Silures, et plus tard celle des Bretons cambriens. On y voit les restes d'un amphithéâtre appelé la *table ronde du roi Arthur*, monument dans lequel on prétend que ce prince institua l'ordre fameux des chevaliers de la Table-Ronde, institution dont les membres jouent un grand rôle dans les légendes et les romances du moyen âge. Pop.: 1,100 âmes.

CAERMARTEN. — Petite ville, chef-lieu du comté de ce nom, dans la principauté de Galles, en Angleterre. On y remarque la nouvelle prison et le monument élevé au général Picton. Pop. : 10,000 âmes.

CAERNARVON. — Chef-lieu du comté de ce nom, dans le pays de Galles, en Angleterre. Elle est située sur le détroit de Menai, au nord du mont Snowdon, et près de l'emplacement de l'ancienne *Seguntium*. On y voit un beau château construit par Edouard Ier et où naquit Edouard II, premier prince de Galles. Pop : 8,000 âmes. On appelle *baie de Caernarvon*, un golfe de la mer d'Irlande, situé entre l'île d'Anglesey et la côte sud-ouest du comté de Caernarvon.

CAFFA ou **THEODOSIE.** — Ville de Crimée, empire de Russie. Elle est située sur la mer Noire, et possède un port franc qui donne quelque importance à son commerce. Pop. : 6,000 âmes.

CAFRERIE. — Partie de l'Afrique, qui s'étend le long de la côte de la mer des Indes, entre 18° et 34° de latitude sud. La région septentrionale, depuis la baie de Lagoa, est comprise dans le gouvernement portugais de Mozambique ; et la Cafrerie maritime est appelée Terre de Natal. L'intérieur du pays est montagneux ; mais on y trouve des vallées fertiles, de belles forêts, d'excellents pâturages, puis des mines d'or, de fer, etc.

CAGLIARI. — Ville archiépiscopale, chef-lieu de l'île de Sardaigne, royaume sarde. Elle est fortifiée, possède un beau port qui favorise son commerce, et de riches salines y sont exploitées. On remarque dans cette ville la cathédrale et le palais du vice-roi, et on y trouve une université, une bibliothèque publique, un musée d'antiquités, un cabinet d'histoire naturelle, et une société académique. Sa population est d'environ 12,000 âmes.

CAGNANO. — Ville de la Capitanate, dans le royaume de Naples. Pop. : 3,500 âmes.

CAHAGNES. — Commune de l'arrondissement de Vire, dans le département du Calvados. Pop. : 1,900 âmes.

CAHAWBA. — Petite ville de l'Etat d'Alabama, aux Etats-Unis d'Amérique. Elle est située au confluent de la Cahawba et fut autrefois le chef-lieu de son district. Pop. : 2,000 âmes.

CAHOKIA. — Ville du pays des Illinois, aux Etats-Unis d'Amérique. Elle est située près du confluent de la Cahokia et du Mississipi, où elle fut fondée, en 1683, par une colonie française. Pop. : 1,000 âmes.

CAHORS. — Ville épiscopale, située sur la rive droite du Lot, qui l'environne en partie. Autrefois capitale du Querci, elle est aujourd'hui le chef-lieu du département du Lot, et son arrondissement comprend 12 cantons et 125 communes. Elle possède un séminaire, un collège, une bibliothèque publique, une pépinière départementale et une société académique. Son commerce consiste en vins, tabac en feuilles, noix, etc. : et sa population est d'environ 12,000 âmes. Cette ville est la patrie du pape Jean XXII ; de Clément Marot, etc.

CAHYTE. — Ville du Brésil, Elle est située dans la province de Minas-Geraes.

CAIFFA. — Ville de Syrie, empire ottoman. Elle est située sur la baie d'Acre, et l'on trouve dans son voisinage les ruines de l'ancienne *Epha*, dont la première ville de Caïffa occupa l'emplacement.

CAIQUE. — Fleuve de la Mysie, dans l'Asie Mineure, il a son embouchure dans la mer Egée.

CAIRA. — Ville de l'Hindoustan anglais. Elle est située dans la présidence de Bombay, et l'on a établi dans ses environs l'un des principaux cantonnements de l'armée anglaise.

CAIRE (Le). — Grande ville de la basse Egypte. Elle est située dans une plaine sablonneuse, au pied du mont Mogattam, et à environ 776 mètres de la rive droite du Nil. Elle est mal bâtie, et ses rues sont étroites, tortueuses et non pavées. On y compte 53 quartiers, au nombre desquels sont celui des Coptes, celui des Grecs, celui des Francs ou Européens et celui des Juifs, le plus dégoûtant de tous. On remarque particulièrement dans cette ville, la citadelle ; quelques palais des beys et des cheikhs ; les mosquées de Touloun, d'El-Hakym, d'El-Azhar et de Sultan-Hassan ; plusieurs établissements de bains, des marchés, des bazars et les portes de la ville ; les jardins et les cimetières ; enfin, le fameux *puits de Joseph* que le grand Saladin fit creuser et dont on admire la profondeur.

Le VIEUX CAIRE est situé au bord du Nil et l'on y voit ce que l'on appelle les *greniers de Joseph*. Ce sont sept cours carrées dont les murs en briques ont cinq mètres d'élévation, et qui renferment communément des tas de blé hauts comme des montagnes et recouverts de nattes. On trouve aussi dans les environs du Caire, au village de Choubra, une maison de plaisance du vice-roi, où l'on voit de beaux jardins et un kiosque de 280 mètres de circonférence ; puis Abou-Zabel, renommé par son grand hôpital qui peut recevoir 1,200 malades, et où l'on a fondé une école de médecine et de chirurgie.

CAIRO. — Petite ville du royaume sarde. Elle est située sur la Bormida orientale. Les Français y battirent, en 1794, les Austro-Sardes. Pop. : 4,000 âmes.

CAISTOR. — Ville du comté de Lincoln, en Angleterre. Pop. : 1,300 âmes.

CAITHNESS. — Comté de l'Ecosse dont il occupe l'extrémité nord-ouest, entouré de montagnes ; son sol est peu fertile ; mais la pêche du hareng est très-productive sur son littoral. Sa ville principale est Wick.

CAJARC. — Chef-lieu de canton, dans l'arrondissement de Figeac, département du Lot. On trouve dans ses environs de vastes cavernes appelées *waifrières*, du nom de Waifre, duc d'Aquitaine, qui s'y était réfugié en fuyant devant Pépin le Bref, et qui fut assassiné par ses propres soldats. Pop. : 2,000 âmes.

CAJELI. — Petit port avec une forteresse hollandaise, dans l'île Bourou, archipel des Moluques, Océanie occidentale. Cette île est partagée entre plusieurs chefs indépendants.

CALABRE. — Province du royaume des Deux-Siciles. Elle est fertile en grains, en vins et en fruits. On y recueille de la manne très-estimée; on y élève un grand nombre de chevaux et de mulets vigoureux, et on y trouve des marbres assez recherchés. On divise cette province en Calabre-Citérieure, Calabre-Ultérieure 1re et Calabre-Ultérieure 2e.

CALACUCCIA. — Chef-lieu de canton dans l'arrondissement de Corté, en Corse. Pop. : 700 âmes.

CALAHORRA. — Petite ville épiscopale de la Vieille-Castille, en Espagne. On y compte à peu près 4,000 habitants. Son territoire est remarquable par sa fertilité, et l'on y trouve des ruines qui attestent l'ancienne splendeur de cette ville, la principale des Vascons. C'est la patrie de Quintilien. On sait que *Calagurris*, ayant suivi le parti de Sertorius, fut assiégé par Afranius; mais que ses défenseurs, plutôt que de se rendre, allèrent jusqu'à manger leurs femmes et leurs enfants, prouesse qu'on appelait alors de l'héroïsme, de la gloire, mais qui n'est à nos yeux que le comble de l'égoïsme le plus insensé. Malheureusement, la guerre justifie quelquefois ou, du moins, tolère les plus hideuses atrocités, et l'on y décerne une palme à tel acte qui, dans une autre circonstance, conduirait son auteur à l'échafaud.

CALAIS. — Ville fortifiée, avec un port situé dans la partie la plus étroite de la Manche, et très-fréquenté par les navires de petit cabotage. On cite dans cette ville la cathédrale, l'hôtel de ville, les promenades, les bains d'eau de mer et la jetée. Elle possède une école de navigation, une bibliothèque publique et une société académique. Son commerce consiste principalement en toiles de coton, dont la fabrication emploie de 6 à 7,000 ouvriers.

CALAMAS. — Fleuve de l'Albanie, empire ottoman. Il se jette dans le canal de Corfou, après un cours de 100 kilomètres.

CALAMATA. — Chef-lieu de la basse Messénie, dans le royaume de Grèce. Pop. : 4,000 âmes.

CALAMIANES. — Groupe de l'archipel des Philippines, dans l'Océanie occidentale. Ses principales îles sont Buswagan et Calamiana, dont le village de Caliong est le chef-lieu.

CALANNA. — Capitale du royaume de ce nom, dans la Nigritie.

CALAPAN. — Très-petite ville de l'île de Mindoro, dans l'archipel des Philippines. C'est là que des navigateurs ont prétendu avoir trouvé des hommes ayant une longue queue comme certains animaux. Pop. : 3,000 âmes.

CALATAGIRONE. — Ville épiscopale de Sicile. On croit qu'elle remplace l'ancienne *Hybla-Heræa*. C'est l'une des plus industrieuses et des plus commerçantes de l'île. Pop. : 20,000 âmes.

CALATANAZOR. — Bourg de la province de Soria, en Espagne. Il est célèbre par la victoire qu'en 1001, Almanzor y remporta sur les chrétiens. Pop. : 1,300 âmes.

CALATASCIBETTA. — Ville de Sicile. Pop. : 5.500 âmes.

CALATAVUTURO. — Ville de Sicile. Pop. : 4,000 âmes.

CALATAYUD. — Ville épiscopale de la province d'Aragon, en Espagne. Elle est assez importante par son industrie et compte environ 9,000 habitants.

CALATAYUD. — Ville de la province de Saragosse, en Espagne. Elle est située sur le Jalon et fut fondée, dit-on, par les Maures, au VIIIe siècle, avec des matériaux extraits des ruines de *Bilbilis*, qui se trouvent dans le voisinage. Pop. : 9,000 âmes.

CALATRAVA. — Ville de la province de Ciudad-Real, en Espagne. Elle est située près de la Guadiana.

CALAUR. — Groupe d'îles de la Malaisie. Il est situé au sud de l'île de Célèbes et appartient à la Hollande. L'île principale est celle de Salayer, placée au nord du groupe.

CALAURIE. — Ile de la mer Egée. Elle est située près de la côte de Trézène et se trouve réunie aujourd'hui par un banc de sable à l'île de Poros, l'ancienne Spharia. Elle fut célèbre par son temple de Neptune, dans lequel Démosthène s'empoisonna pour échapper à Antipater.

CALAVRITA. — Petite ville de l'Achaïe, royaume de Grèce. Elle est environnée de hautes montagnes et réputée par la fabrication de ses fromages. C'est le siége d'un évêché et le chef-lieu d'une heptarchie.

CALBONGOS. — Pays de la Guinée septentrionale. Il est situé à l'est des bouches du Djolibâ, partagé en plusieurs Etats et très-remarquable par les hautes montagnes dont son sol est hérissé.

CALBUCCO. — Ville du Chili. Elle est située sur une baie, entre l'île Chiloé et le continent. Pop. : 2,500 âmes.

CALCINATO. — Ville du royaume lombard-Vénitien, empire d'Autriche. En 1706, les Autrichiens furent battus en cet endroit par le duc de Vendôme. Pop. : 3,000 âmes.

CALCKEN. — Ville de la Flandre orientale, en Belgique. Pop. : 4,000 âmes.

CALCUTTA. — Ville de l'empire Indo-Britanique. Elle est située dans un terrain marécageux et malsain, sur la rive gauche d'un bras du Gange, appelé Hagli ou Hougly, lequel y forme un port. La plupart des maisons sont couvertes de chaume ou de feuillages, et environnées de galeries construites avec des nattes et des bambous. Les principaux édifices du quartier habité par les Européens sont : le palais du gouvernement, l'hôtel de ville, la cour de justice, les églises anglicanes et presbytériennes et quelques-uns des temples consacrés aux autres cultes. Cette ville est défendue par le fort William. Elle est le siége d'un évêque anglican et possède plusieurs colléges, un gymnase, une académie arménienne, une école de commerce, un jardin botanique et diverses sociétés académiques. Son mouvement commercial est égal à celui des premières places du globe, et sa population dépasse 600,000 âmes. On trouve dans les environs de Calcutta, au village de Barrakpour, une belle maison de plaisance du gouverneur général, dont on admire surtout le parc.

CALDAS. — Très-petite ville de l'Estremadure, en Portugal. Elle est renommée par ses bains sulfureux, connus sous le nom de *Caldas da Rainha*, et qui sont très-fréquentés. Pop. : 1,500 âmes.

CALDIERO. — Village du royaume Lombard-Vénitien, empire d'Autriche. Il est situé à 16 kilom. à peu près de Vérone, et possède des eaux sulfureuses. En 1796, les Français y battirent les Autrichiens. Pop. : 1,600 âmes.

CALEDONIA. — Fleuve de la Nouvelle-Calédonie, Amérique septentrionale. Il sort du lac Calédonian et se jette dans un golfe du grand Océan, au sud de l'île Noutka. Son cours est de 450 kilomètres.

CALEDONIA. — Ville de New-York, aux Etats-Unis d'Amérique, on y voit une montagne d'une assez grande hauteur, dans les flancs de laquelle sont entassées des quantités considérables d'ossements humains. Pop. : 3,000 âmes.

CALENZANA. — Chef-lieu de canton, dans l'arrondissement de Calvi en Corse. Pop. : 2,300 âmes.

CALICUT. — Ville de l'Hindoustan anglais. Elle est située dans la présidence de Madras, sur la côte de Malabar. C'est le premier endroit de l'Inde où aborda Vasco de Gama, en 1498. Pop. : 24,000 âmes.

CALIFORNIE. — Vaste contrée de l'Amérique septentrionale. Elle est divisée en *haute* ou *nouvelle Californie* et en *basse* ou *vieille Californie*. La première appartient aux Etats-Unis, la seconde au Mexique. La nouvelle Californie est située entre 32° et 42° de latitude nord, et entre 114° 30' et 126° 50' de longitude. Elle est baignée à l'ouest par le grand Océan qui y forme la superbe baie de San-Francisco ; sa superficie est d'environ 400,000 kilomètres carrés ; et sa population, depuis l'établissement des *placers* sur les bords du Sacramento, du San-Joachim et de leurs affluents, pour la recherche de l'or, s'est élevée au delà de 350,000 âmes. La vieille Californie, l'un des Etats du Mexique, forme une longue presqu'île entre le grand Océan et le golfe de Californie, laquelle est traversée, dans toute son étendue, par des montagnes que l'on croit très-riches en mines.

CALLAH. — Petite ville de la province d'Oran, en Algérie. Elle est située sur une montagne, très-mal bâtie et très-sale ; mais elle est renommée par sa fabrication de tapis et d'étoffes de laine qui sont en très-grande estime parmi les peuplades de ces contrées.

CALLAO. — Petite ville du département de Lima, dans la république du Pérou. Elle est bâtie au bord de la mer, et c'est l'une des meilleures forteresses de cet Etat, en même temps qu'elle est la place maritime la plus importante. Lorsque la mer est calme, on aperçoit sous l'eau les ruines de l'ancienne Callao qui fut engloutie en 1746.

CALLAS. — Chef-lieu de canton dans l'arrondissement de Draguignan, département du Var. On y fait un commerce d'huile d'olives et l'on trouve de la houille dans son voisinage. Pop. : 2,000 âmes.

CALLE (LA). — Bourgade de la province de Constantine, en Algérie C'était avant la conquête un établissement que les Français possédaient déjà sur cette partie de la côte, pour s'y livrer à la pêche du corail. Pop. : 400 âmes.

CALLINGER. — Ville de l'Hindoustan anglais. Elle est située dans la présidence de Calcutta. Elle possédait autrefois une forteresse importante qui fut démolie par les Anglais en 1820.

CALLY-NEDDY. — Rivière de l'Hindoustan. Après avoir passé par Sirdhama et Mirout, elle se réunit au Gange à Knoudj. Son cours est d'environ 500 kilomètres.

CALMAR. — Petite ville épiscopale, située sur le détroit formé par l'île d'OEland, en Suède. On remarque sa cathédrale. Son commerce est assez florissant, et elle compte environ 6,000 habitants.

CALMINA. — Ville de la Guinée septentrionale. Elle est située dans le royaume Dahomey et compte 15,000 habitants.

CALNE. — Ville du comté de Wilts, en Angleterre. Pop. : 5,000 âmes.

CALTAGIRONE. — Ville épiscopale de l'intendance de Catane, en Sicile. Elle est importante par son industrie et son commerce, et possède un collége royal. Pop. : 20,000 âmes.

CALTANISETTA. — Chef-lieu de l'intendance de ce nom, en Sicile. Elle est fortifiée et compte 16,000 habitants.

CALVADOS (DÉPARTEMENT DU). — Il a été formé d'une partie de la Normandie. Sa superficie est de 556,094 hectares, et sa population de 498,380 âmes. Il est divisé en six arrondissements dont les chefs-lieux sont : Caen, Falaise, Bayeux, Vire, Lisieux et Pont-l'Evêque, et compte 37 cantons et 796 communes. Caen est le siége de sa préfecture, de sa cour impériale et de son académie universitaire ; Bayeux, celui de son diocèse, et il est compris dans la 16e division militaire. Ce département tire son nom d'une longue suite de rochers qui bordent sa côte, et qu'on appelle *Calvados*.

CALVI. — Petite ville maritime avec un excellent port sur le golfe de ce nom, dans l'île de Corse. Chef-lieu d'arrondissement, elle comprend 6 cantons et 34 communes, et sa population est d'environ 1,200 âmes.

CALVORDE. — Ville du duché de Brunswick, en Allemagne. C'est le chef-lieu d'un canton enclavé dans la régence prussienne de Magdebourg. Pop. : 2,000 âmes.

CAM. — Ville du comté de Glocester, en Angleterre. Une grande bataille eut lieu en cet endroit, entre les Saxons et les Danois, sous le règne d'Édouard I". Pop.: 2,000 âmes.

CAMAMU. — Ville de la province de Bahia, au Brésil. Elle est située sur l'Acarahy, près de son embouchure dans la baie de Camahu, formée par l'Atlantique.

CAMARANCA. — Fleuve de la Guinée septentrionale. Il coule au nord-ouest, traverse le pays de Kouranko, et se jette dans l'Atlantique, sur la côte de Sierra-Leone au sud-est de Freetown. Son cours est de 500 kilom.

CAMARÈS. — Chef-lieu de canton dans l'arrondissement de Saint-Afrique, département de l'Aveyron. On y trouve des fabriques de draps et de tricots de laine et l'on y fait un commerce de bestiaux. Pop. : 2,100 âmes.

CAMARGUE. — Delta marécageux qui doit sa création aux dépôts successifs formés par le Rhône à son embouchure dans la Méditerranée. C'est un vaste bassin triangulaire, garanti aujourd'hui des inondations du fleuve par de fortes digues, et qui n'est séparé de la mer que par quelques monticules de sables mobiles, élevés d'un mètre au-dessus de l'étiage et de 40 centimètres au-dessus des plus fortes marées. Sa surface est de 74,000 hectares, dont 12,608 en état de culture, 31,000 en pâturages, et le surplus en marais, étangs et bas-fonds salés. Ce bassin, qui fait partie du département des Bouches-du-Rhône, offre généralement un sol argilo-calcaire de même nature que le limon charrié par le fleuve dans ses basses eaux. Il est sillonné par de nombreux canaux, destinés à l'arrosement et à l'écoulement des eaux surabondantes; les terres sont fertiles, et on y cultive avec succès l'olivier, le mûrier, la vigne, la garance, la gaude, la luzerne, le riz, etc.; mais la contrée est insalubre, ce qui provient des eaux stagnantes, de la salure du sol, du vent du nord-ouest chargé de pluie, d'un grand nombre d'insectes attirés par l'humidité, etc. Cependant, les choses n'ont pas toujours été ainsi : lorsque les Phocéens occupaient le pays, celui-ci était remarquable par sa riche végétation et ses hautes futaies. Au XIII° siècle on y comptait encore deux villes et plusieurs villages. Actuellement, on n'y voit plus de forêts, plus de villes, plus de villages, on n'y rencontre qu'une misérable bourgade appelée Sainte-Marie.

Outre les cultures dont nous venons de parler, la Camargue est couverte de troupeaux de bœufs, de chevaux, de mulets et d'ânes. Les taureaux et les bœufs y ont acquis de la renommée par leur force. Les chevaux y sont de race indigène, n'ayant presque aucune ressemblance avec les autres races domestiques; mais présentant toutefois quelques caractères qui laissent supposer que leur origine est arabe. Ces chevaux, qui vivent en bandes nombreuses, sont pour ainsi dire indomptables; ils fuient l'écurie et demeurent en plein air nuit et jour; c'est avec la plus grande peine qu'on en obtient quelque service pour le labourage; et ils ne deviennent guère véritablement utiles que pour le dépiquage des grains, parce qu'alors leur fougue et leur résistance sont favorables à l'opération. La robe de ces animaux est constamment d'un blanc sale, avec des taches noires ou grises.

CAMBAYE. — Ville de l'Indoustan anglais. Elle est située dans la présidence de Bombay. Elle fut autrefois très-florissante; mais la mer ayant en partie abandonné son port, sa prospérité a cessé d'exister. Pop. : 30,000 âmes.

CAMBO. — Petit bourg des environs de Bayonne, dans le département des Basses-Pyrénées. Il est renommé par ses sources chaudes. Napoléon avait, dit-on, projeté d'y créer un vaste établissement thermal militaire.

CAMBOGE. — Ville de l'empire d'Annam, en Asie. Elle est située dans une île formée par les branches du Meï-Kong. On y voit les restes d'un superbe palais et de quelques belles pagodes. Cette ville fut autrefois la capitale du royaume de son nom.

CAMBORNE. — Ville du Cornwall, en Angleterre. On trouve des mines de cuivre dans ses environs. Pop. : 2,000 âmes.

CAMBRAI. — Ville archiépiscopale située sur l'Escaut. Chef-lieu d'arrondissement, dans le département du Nord, elle comprend 7 cantons et 118 communes. On remarque sa cathédrale, son horloge et son hôtel de ville. Elle possède un séminaire, un collège, une bibliothèque publique et une société académique. Son commerce consiste en tapisseries, toiles, batistes, fils retors, dentelles, etc., et sa population est d'environ 19,000 âmes.

CAMBREMER. — Chef-lieu de canton dans l'arrondissement de Pont-l'Évêque, département du Calvados. Pop. : 1,200 âmes.

CAMBRIDGE. — Ville épiscopale, chef-lieu du comté de ce nom, en Angleterre. On y remarque la chapelle royale, l'une des plus vastes et des plus belles de l'Europe, et le bâtiment du sénat. Cette ville possède une Université célèbre et plusieurs collèges non moins réputés; puis une bibliothèque publique, un observatoire, et un musée qui renferme l'énorme globe céleste, en cuivre, de 6 mètres de diamètre. Le jardin botanique est aussi un très-bel établissement. Pop. : 21,000 âmes.

CAMBRIDGE. — Ville du Maryland, aux États-Unis d'Amérique. Pop. : 3,000 âmes.

CAMBRIDGE. — Petite ville du Massachusetts, aux États-Unis d'Amérique. Elle est renommée par son université et sa bibliothèque, la plus riche de toute l'Union. Elle possède aussi des collections scientifiques, au nombre desquelles on remarque celle des préparations anatomiques en cire; puis un jardin botanique. C'est dans cette ville que fut établie la première imprimerie des États-Unis. Pop. : 9,000 âmes.

CAMBRIN. — Chef-lieu de canton, dans le

département du Pas-de-Calais, arrondissement de Béthune. Pop. : 500 âmes.

CAMELFORD ou **CAMBALU**. — Ville du Cornwall, en Angleterre. Elle est célèbre par une victoire des Saxons sur les Bretons, et par celle qu'Arthur remporta sur son neveu. Pop. : 1,500 âmes.

CAMERINO. — Jolie petite ville épiscopale, chef-lieu de la délégation de ce nom, dans l'Etat du pape. Elle possède une université secondaire, et environ 7,000 habitants.

CAMILLAS. — Ville du New-York, aux Etats-Unis d'Amérique. Elle est située sur le grand canal d'Erié. Pop. : 5,000 âmes.

CAMMIN. — Ville de la Poméranie, royaume de Prusse. Elle est située sur la droite du Dievenow, bouche orientale de l'Oder, et c'était anciennement la résidence de l'évêque de Poméranie. Pop. : 3,000 âmes.

CAMPAGNAC. — Chef-lieu de canton dans l'arrondissement de Milhau, département de l'Aveyron. Il est situé près de la source de la Serre, affluent de l'Aveyron. Pop. : 1,300 âmes.

CAMPAGNE-DE-ROME. — On appelle ainsi la contrée qui forme la délégation de Frosinone et la majeure partie de la Comarca de Rome. Cette campagne est en partie déserte et couverte, vers le sud, par les marais Pontins.

CAMPAGNE-LES-HESDIN. — Chef - lieu de canton dans l'arrondissement de Montreuil, département du Pas-de-Calais. Pop. : 1,300 âmes.

CAMPAN. — Gros bourg situé dans la vallée de ce nom que traverse l'Adour, département des Hautes-Pyrénées. On y exploite une carrière de marbre dont le produit est important, et l'on y fait aussi un commerce d'étoffes de laine, de papeterie et de beurre. C'est un chef-lieu de canton. Pop. : 4,000 âmes.

CAMPANA. — Ile de l'Amérique méridionale. Elle est située à l'orient de la Patagonie et de l'île de Vellington.

CAMPANHA. — Petite ville de la province de Minas-Geraes, au Brésil. Elle est renommée par ses lavages d'or, les plus riches de la province. Pop. : 5,000 âmes.

CAMPAR. — Petite ville du royaume de Siak, dans l'île de Sumatra, Océanie occidentale. C'est le port principal du commerce de ce royaume.

CAMPBELL. — Ile d'Australie. Elle est située au nord de la Nouvelle-Zélande.

CAMPBELLTOWN. — Ville du comté d'Argyle, en Ecosse. Elle est située sur la côte sud-est de la presqu'île de Cantyre. Pop. : 9,500 âmes.

CAMPÊCHE. — Ville de l'Etat de Yucatan, dans la Confédération mexicaine. C'est l'une des places fortes du Mexique et elle est importante aussi par son commerce, qui consiste surtout dans le bois de teinture qui porte son nom, bois qui est très-abondant dans toute cette contrée et que l'on trouve aussi répandu çà et là dans les forêts de l'Amérique équinoxiale. On rencontre dans le Yucatan d'anciens édifices dont l'un, appelé *Oxmutal* par les Indiens, offre des appartements dont les piliers sont ornés de relief en stuc représentant des reptiles. On y voit aussi des statues d'hommes, etc.

CAMPI. — Ville de la Terre d'Otrante, royaume de Naples. Pop. : 3,500 âmes.

CAMPILÉ. — Chef-lieu de canton dans l'arrondissement de Bastia, en Corse. Pop. : 800 âmes.

CAMPITELLO. — Chef-lieu de canton dans l'arrondissement de Bastia, en Corse. Pop. : 300 âmes.

CAMPO-BASSO. — Chef-lieu de la province de Saunio ou Molise, dans le royaume de Naples. On y fabrique de la coutellerie très-estimée. Pop. 8,000 âmes.

CAMPO-FORMIO. — Village du royaume Lombard-Vénitien. Il est situé à 8 kilom. d'Udine et célèbre par le traité de paix qui y fut conclu en 1797, entre la France et l'Autriche.

CAMPO-SANTO. — Ville du duché de Modène, en Italie. Elle fut témoin, en 1743, d'une bataille livrée entre les Espagnols et les Autrichiens. Pop. : 2,000 âmes.

CAMPOS. — Ville de l'île Majorque, dans la Méditerranée. On y trouve des eaux thermales et 4,500 habitants.

CAMPOS. — Petite ville de la province de Rio-de-Janeiro, au Brésil. Elle est importante par son commerce et ses nombreuses sucreries.

CAMPREDON. — Ville fortifiée de la province de Gironne, en Espagne. Elle fut prise deux fois par les Français en 1794. Pop. : 1,500 âmes.

CAMTCHI. — Fleuve de la Turquie. Il arrose le sud-est de la Bulgarie et se jette dans la mer Noire après un cours de 200 kilom.

CANAAN. — Ville du Connecticut, aux Etats-Unis d'Amérique. Pop. : 3,000 âmes. Il en est une autre de même nom dans l'Etat de New-York, Pop. : 5,000 âmes.

CANABOLAS. — Montagne d'Australie. Elle est le centre d'un district aurifère, et l'on exploite le minéral sur les rives du Summer-Hill, qui descend de cette montagne.

CANADA. — Vaste contrée de l'Amérique septentrionale. Elle s'étend entre 42° et 52° de latitude nord, et entre 66° 31' et 92° de longitude ouest, et se trouve administrativement divisée en deux parties : le *Haut-Canada*, dont le chef-lieu est York ; et le *Bas-Canada* ayant pour chef-lieu Québec.

CANADIENNE. — Rivière d'Amérique. Elle prend sa source dans le Nouveau-Mexique, et se joint, dans les Etats-Unis, à l'Arkansas. Son cours est de 1,500 kilomètres.

CANALE. — Ville de la division de Coni, en Piémont, royaume sarde. On y trouve des sources minérales. Pop. : 3,000 âmes.

CANANDAIGUA. — Ville de New-York, aux Etats-Unis d'Amérique. Elle est située sur le lac dont elle porte le nom et dont les eaux s'écoulent dans la Seneca. Pop. : 6,000 âmes.

CANANEA. — Ville de la province de Saint-Paul, au Brésil. Elle est située dans une petite île de l'Atlantique et importante par ses pêcheries. Pop. : 2.500 âmes.

CANANORE. — Ville de l'Hindoustan anglais. Elle est située dans la présidence de Madras et sur le golfe d'Oman. Pop. : 10,500 âmes.

CANARIES. — L'archipel de ce nom est situé dans l'océan Atlantique, non loin des côtes occidentales de l'Afrique, entre 14° et 21° de longitude occidentale, et 30° et 34° de latitude septentrionale, et se compose de vingt îles et îlots. Les sept principales et les seules habitées, sont : Ténériffe, Canarie, Palma, Lancerote, Forteventure, Gomère et l'île de Fer. Plusieurs montagnes s'élèvent à leur surface, et la plus considérable est le pic de Ténériffe, dans l'île de ce nom, lequel passa longtemps pour le plus haut du globe, quoique son élévation au-dessus du niveau de la mer ne soit que de 3,600 mètres. Cette montagne étend sa base jusqu'à la mer, et quoiqu'elle paraisse se terminer en pain de sucre, son sommet offre cependant une espèce de plaine au milieu de laquelle se trouve le cratère d'un volcan. La même île renferme encore le Chahorra, qui a 3,000 mètres de hauteur. Dans l'île de Palma se trouve le Pico de los Muchachos, qui s'élève à 2,340 mètres; dans celle de Canarie est le Pico del Poso de las Nieves, haut seulement de 1,890 mètres; et le volcan de la Corona, dans l'île de Lancerote, n'a que 594 mètres. Forteventure fut ravagée de fond en comble, en 1730, par l'éruption de son volcan.

Le climat remarquablement beau des îles Canaries, leur ciel toujours serein et leur gracieuse végétation les fit nommer *îles fortunées* par ceux qui les découvrirent. Les végétaux des diverses parties du monde s'y acclimatent avec une grande facilité; on y cultive, l'olivier et la canne à sucre; la vigne y prospère, et les vins y sont l'objet d'un commerce important, particulièrement celui de Malvoisie.

CANCALE. — Petite ville du département d'Ille-et-Vilaine. Elle est située sur la Manche, à l'extrémité occidentale de la baie de Saint-Michel, et possède un petit port important par sa rade spacieuse, et d'un accès facile. Ce lieu est renommé par l'excellence de ses huîtres, et par son grand commerce de poissons. Pop. : 5,300 âmes.

CANCAO. — Ville de l'empire d'An-nam. Elle est située sur le fleuve de même nom qui communique avec le Mei-Kong, et se jette dans le golfe de Siam.

CANCON. — Chef-lieu de canton dans l'arrondissement de Villeneuve, département de Lot-et-Garonne. Pop. : 1,600 âmes.

CANDAHAR. — Royaume de l'Afghanistan. Il a pour capitale la ville de même nom, et on le considère comme une province du Caboul.

CANDÉ. — Chef-lieu de canton dans l'arrondissement de Segré, département de Maine-et-Loire. Pop. : 1,600 âmes. On y fait un commerce de toiles et de bestiaux.

CANDIE. — C'est *l'île de Crète* des anciens.

Elle est la plus considérable de l'Archi, et grec, qu'elle ferme au sud, et elle donne son nom à un bassin formé par ses côtes septentrionales, et les îles de Cérigo, Milo, Santorin, Stampalie, Scarpento, etc. C'est la *mer de Candie*. L'île est située entre 34° 52' et 35° 40' de latitude septentrionale, et entre 21° 8' et 24° de longitude orientale. Sa longueur, de l'ouest à l'est, est de 252 kilom.; sa plus grande largeur de 60, et sa côte, très-profondément découpée au sud, présente six corps principaux, formés par les ramifications d'une chaîne de montagnes qui occupe toute sa longueur. Au sud, ses bords sont très-élevés, et presque inaccessibles. La chaîne qui la traverse se divise en plusieurs parties. De l'est à l'ouest, elle prend les noms de Levka-Ori et d'Aspro-Vonna, ou Monts-Blancs, parce que ceux-ci sont couverts de neige durant huit à neuf mois de l'année; plus loin, sont les monts Spakia, appelés autrefois *monts Leucé*; au centre, est le Psitority, ou *mont Ida* des anciens; puis les monts Joukta et Lassiti; et enfin, les monts Cavoutei et Sitia, nommés *Dictée* dans l'antiquité. Les principaux sommets de cette chaîne, mesurés par Siéber, sont les suivants :

Le mont Psilority.	2,339 mètres.
Le Ligrestosovo, dans les montagnes blanches.	2,508
Le point culminant des monts Lassiti.	2.272
Le Kentros.	1,120

Le Psilority conserve la neige pendant la plus grande partie de l'année.

L'île de Candie n'offre aucun cours d'eau qui puisse prendre le nom de rivière; mais les sources s'y montrent en grand nombre et la plupart sont utilisées pour les irrigations. Les principales vallées sont celles de Candie, de la Canée, de Girapetro et de Gortyna. La végétation est prospère sur tous les points. Les montagnes sont couvertes de forêts de chênes, d'yeuses et de caroubiers; l'olivier offre aussi des forêts entières, ainsi que les châtaigniers, les platanes et les cyprès; le figuier, le dattier et le grenadier croissent sans culture; la vigne donne des vins estimés; et enfin, on cultive avec avantage le blé, l'orge, le maïs, le riz, le coton, le chanvre, le lin, et même la canne à sucre.

CANDIE. — Ville fortifiée, chef-lieu de l'île de ce nom. Elle est la résidence de l'archevêque grec de Cortyne, et ses nombreuses savonneries lui donnent une certaine importance commerciale. Cette ville, qui a été élevée sur l'emplacement de l'ancienne *Héraclée*, soutint, lorsqu'elle était occupée par les Vénitiens, un siège de trois années contre les Ottomans.

CANEA (LA). — Petite ville de l'île de Candie, dans la Turquie d'Europe. C'est la *Cydonia* des anciens Grecs. Elle est le siège d'un évêché grec, et son port est très-fréquenté. Sa population est d'environ 12,000 âmes.

CANEL. — Ville de la Sénégambie. Elle est

située dans le Fontaro et sur un affluent du Sénégal. Pop. : 6,000 âmes.

CANELLI. — Ville de la division d'Alexandrie, en Piémont, royaume sarde. Pop. : 3,000 âmes.

CANELONES. — Ville de la république de l'Uruguay. C'est un chef-lieu de département. Pop. : 800 âmes.

CANELOS ou PUERTO-DE-LOS-CANELOS. — Ville de la république de l'Equateur, dans l'Amérique du Sud. Elle est située dans le pays des Indiens Canelos, et renommée par le produit de sa cannelle sauvage. Quant au pays en général, il est presque partout inculte, et couvert d'immenses forêts peuplées de nombreuses tribus d'animaux, mais impénétrables pour l'homme.

CANET. — Commune du département de l'Hérault. Elle est située dans l'arrondissement de Lodève. Pop. : 900 âmes.

CANET. — Petit bourg situé à peu de distance de la mer, dans le département des Pyrénées-Orientales. C'était anciennement le chef-lieu de la vicomté de ce nom, et alors il était fortifié. Lorsqu'en 1474 cette place soutint un siège contre Louis XI, les habitants avaient à leur tête la vicomtesse de Canet. C'est près de ce bourg que l'on voit les ruines de l'antique *Russino*.

CANFRAN. — Ville de la province de Huesca en Espagne. Elle est située non loin d'un passage des Pyrénées qui est très-fréquenté.

CANGAS-DE-ONIS. — Ville de la province d'Oviédo, en Espagne. On trouve dans son voisinage la célèbre abbaye de Cobadonga.

CANIGOU (LE). — Montagne du département des Pyrénées-Orientales. Son altitude est de 2,274 mètres.

CANILLO. — Village de la république d'Andorre, dans la Péninsule hispanique. Il est important par les mines de fer qui sont exploitées dans son voisinage.

CANISY. — Chef-lieu de canton, dans l'arrondissement de Saint-Lô, département de la Manche. Pop. : 900 âmes.

CANNAY ou **CANNA.** — L'une des îles Hébrides. Elle dépend du comté d'Inverness, en Ecosse. On y voit une montagne dont le voisinage fait, dit-on, varier l'aiguille aimantée d'un quart de cercle.

CANNES. — Petite ville maritime du département du Var. Elle fait un commerce assez important de vins, d'huiles, de citrons, d'oranges et autres fruits méridionaux. Sa population est d'environ 4,000 âmes.

CANNES. — Petite ville de la province de Bari, dans le royaume de Naples. Elle est située sur la droite de l'Ofanto, et célèbre par la victoire qu'Annibal y remporta sur les Romains, l'an 216 avant l'ère chrétienne.

CANNSTADT. — Petite ville du cercle du Necker, dans le Wurtemberg. Elle est située sur le Necker, à l'endroit où cette rivière forme une nappe de plus de 100 mètres, et devient alors navigable. Cette ville possède quelques manufactures, des bains très-fréquentés, et l'on trouve sur son territoire, plusieurs restes d'antiquités, ainsi que des débris d'animaux fossiles. La population est d'environ 2,000 âmes.

CANOSA. — Petite ville située non loin de l'Ofanto, dans la terre de Bari, royaume des Deux-Siciles. Elle est très-ancienne, mais ne compte guère aujourd'hui au delà de 4,000 habitants. On voit dans ses environs les restes d'un amphithéâtre, d'un arc de triomphe, d'un aqueduc, et un grand nombre de tombeaux creusés dans le roc; et c'est aussi dans son voisinage, à Cannes, qu'Annibal remporta, sur les Romains, une victoire qui le rendit maître d'une partie de l'Italie.

CANOSSA. — Village situé non loin de l'Enza, dans le duché de Modène. Il a quelque intérêt historique, parce que c'est dans son enceinte que cherchèrent un refuge la reine d'Italie Adélaïde, puis la célèbre comtesse Mathilde, et enfin le pape Grégoire VII.

CANTABRES (MONTS). — Sorte de prolongement des Pyrénées occidentales jusqu'au cap Finistère, sur l'Atlantique. Les parties principales de cette chaîne portent les noms de sierra d'Aralar, Salvada, Ordunte, Angaña, Sejos, Albas, Peña-Mellara, monts des Asturies, sierra de Peñamarella, de Mondoñedo, de Quadramon et de Teyra. Quelques sommets atteignent 3,000 mètres de hauteur.

CANTAGALLO. — Ville de la province de Rio-de-Janeiro, au Brésil. On trouve des mines d'or dans ses environs. Pop. : 4,000 âmes.

CANTAL, ou **PLOMB-DU-CANTAL.** — Montagne qui couvre une partie du département de même nom, et forme l'un des quatre principaux groupes des monts de l'Auvergne. Sa hauteur est d'environ 1,850 mètres. Le Lioran, qui fait partie de cette chaîne, est percé d'une route souterraine qui met en communication le bassin de la Dordogne avec celui de la Loire.

CANTAL (DÉPARTEMENT DU). — Il a été formé d'une partie de l'Auvergne. Sa superficie est de 582,939 hectares, et sa population de 260,470 âmes. Il est divisé en quatre arrondissements, dont les chefs-lieux sont Aurillac, Mauriac, Murat et Saint-Flour, et compte 23 cantons et 260 communes. Aurillac est le siège de sa préfecture, Saint-Flour celui de son diocèse, Riom celui de sa cour impériale, Cahors celui de son académie universitaire, et il est compris dans la 13e division militaire.

CANTALUPO. — Ville du royaume de Naples. Elle fut dévastée en 1805 par un tremblement de terre. Pop. : 2,000 âmes.

CANTERBURY, ou **CANTORBÉRY.** — Petite ville archiépiscopale, chef-lieu du comté de Kent, en Angleterre. Son prélat porte le titre de primat d'Angleterre et de premier pair du royaume. Cette ville possède une superbe cathédrale, l'une des plus vastes du royaume. Pop. : 14,000 âmes.

CANTON. — Grande ville du Kouang-Toung, en Chine. Elle est située entre le Tchu-Kiang et le Pe-Kiang, et défendue par cinq forts et une muraille portant une batterie. Cette ville est propre, assez bien bâtie en briques et régulièrement percée. On y remarque de beaux temples, et les comptoirs européens. C'est l'une des places les plus commerçantes de l'Asie, et l'on y compte environ 600,000 habitants. On trouve, dans son voisinage, le port de Houang-Phou, où sont les douanes et où s'arrêtent les navires qui ne peuvent remonter le Tchuckcang.

CAP-CORSE. — Il est situé sur la Côte-d'Or, dans la Guinée ou Nigritie-Orientale, et c'est l'une des meilleures forteresses que les Anglais possèdent sur cette côte. La ville de même nom qui s'y trouve est la résidence du gouverneur général des établissements de la Guinée ; elle est importante par son commerce. Pop. : 8,000 âmes.

CAP-HAITIEN. — Chef-lieu du département du Nord, dans l'empire d'Haïti. C'était autrefois la capitale de l'île. Cette ville est située au pied de la montagne appelée le Morne-du-Cap, et en face d'une vaste plaine. Elle possède un beau port ; on l'a fortifiée du côté de la mer ; elle est généralement bien percée et bien bâtie, et l'on y remarque l'église Notre-Dame, deux couvents très-vastes, le palais du gouverneur et l'arsenal. Pop. : 10,000 âmes.

CAP-NORD. — Il est situé à l'extrémité de l'île Mageroë, dans l'océan Glacial, au nord de la Norwége, par 70° 10' de latitude nord, et 23° 40' de longitude est.

CAP-VERT (Archipel du). — Il est situé sur la côte occidentale de l'Afrique, entre le Sénégal et la Gambie, et se compose de 10 îles principales : San-Thiago, San-Antoa, Fogo, San-Nicolao, Boa-Vista, Maïo, San-Vicente, Sal, Santa-Luzia et Brava. Le chef-lieu de la première, qui est la plus grande, se nomme Villa-de-Praya, et c'est là que réside le gouverneur de l'archipel. Celui-ci fut découvert par les Portugais en 1474, et ils en sont demeurés en possession.

CAPELLE (La). — Chef-lieu de canton dans l'arrondissement de Vervins, département de l'Aisne. Pop. : 1,500 âmes.

CAPESTAN. — Chef-lieu de canton de l'arrondissement de Béziers, département de l'Hérault, près du canal du Midi et de l'étang de Capestan. Pop. : 1,900 âmes.

CAPETOWN ou **CAP-DE-BONNE-ESPÉRANCE.** — Ville de l'Afrique centrale. Elle est située au pied des montagnes de la Table et du Lion, au fond de la baie de la Table sur l'Atlantique, et non loin de la baie de False, sur l'océan Austral. C'est la ville la plus forte place militaire de l'Afrique, et un lieu de relâche pour les navires qui vont en Asie ou qui en reviennent. On y remarque l'église principale qui appartient au culte anglican, le palais du gouverneur, les casernes et les magasins. Elle possède un collége, des écoles élémentaires, une bibliothèque publique et un jardin de botanique. Sa population est d'environ 25,000 âmes. On trouve, dans son voisinage, le village de Constance, dont le territoire est renommé par ses excellents vignobles ; puis, sur la baie de False, la petite ville de Simousstadt, importante par ses chantiers.

CAPHARNAUM. — Ville en ruines située non loin de celle de Tabarich, en Syrie, dans la Turquie asiatique. C'est dans cette ville, où Jésus-Christ passa le plus habituellement les trois dernières années de sa vie mortelle, qu'il opéra la guérison de la belle-mère de saint Pierre, de la paralytique et du fils du centenier ; où il ressuscita la fille de Jaïre, etc.

CAPIS. — Ville des Philippines. Elle est située sur la côte nord de l'île Panay, et c'est le chef-lieu d'une province très-fertile. Pop. : 4,000 âmes.

CAPITANATE. — Province du royaume de Naples. Elle est baignée à l'est par l'Adriatique, et son centre est couvert de pâturages où l'on entretient de nombreux troupeaux. Sa ville principale est Foggia.

CAP-LAOU. — Ville de la Guinée septentrionale. Elle est située près de l'embouchure du fleuve de même nom, et sert de résidence à un roi tributaire de l'empire des Achantins. On exporte de ce lieu une grande quantité de poudre d'or.

CAP-MONTÉ. — Royaume de la Guinée septentrionale. Il est situé le long de la côte et assez avant dans l'intérieur des terres. Cet état est assez considérable et il a pour capitale Couscéa.

CAPO-D'ISTRIA. — Petite ville de l'Illyrie, autrefois capitale de l'Istrie. Elle possède un gymnase, un collége, de grandes salines, et compte à peu près 5,000 habitants.

CAPOUE. — Ville archiépiscopale de la Terre de Labour, dans le royaume des Deux-Siciles. On y remarque la cathédrale et les fortifications. Elle compte 8,000 âmes. On trouve, dans ses environs, les ruines de l'ancienne Capoue, parmi lesquelles on distingue surtout les restes du fameux amphithéâtre illustré par Mazzochi.

CAPPEL. — Village du canton de Zurich, en Suisse. Il est célèbre par la bataille où Zwingle, en 1530, fut vaincu et tué.

CAPPELN. — Ville du Sleswig, en Danemark. Elle est située sur la mer Baltique. Pop. : 1,500 âmes.

CAPPY. — Commune de l'arrondissement de Péronne, département de la Somme. Pop. : 1,100 âmes.

CAPRAJA. — Ile de la Méditerranée. Elle est située entre l'île d'Elbe et celle de Corse, par 43° de latitude nord, et 70° 28' de longitude est. Elle fait partie de l'intendance générale de Gênes, dans le royaume sarde. Pop. : 2,000 âmes.

CAPRÉE ou **CAPRI.** — Ile située dans le golfe de Naples, et renommée par la beauté et la salubrité de son climat, la retraite d'Auguste et les débauches de Tibère. On y voit les restes du palais, des aqueducs et des bains d'Auguste ; ceux des douze palais élevés par Tibère aux douze divinités majeures ; les ruines du Forum et des Thermes ; et enfin, celles de la Chartreuse qu'avait fondée la reine Jeanne.

CAPSALI. — Petite ville épiscopale, chef-lieu de l'île de Cérigo ou Cythera, Etat des îles Ioniennes. On trouve, dans son voisinage, des tombeaux grecs taillés dans le roc; puis les ruines de l'ancienne Cythère et de son temple de Vénus, le plus splendide de tous ceux qui furent élevés à cette déesse. Pop. : 5,000 âmes.

CARA ou KAREK. — Petite ville de l'Hedjaz, dans l'Arabie. Elle joua un rôle assez important dans les guerres des croisades. Pop. : 4,000 âmes.

CARACAS. — Ville archiépiscopale, chef-lieu du département de Venezuela et capitale de la république de ce nom. Elle est située dans une belle vallée, à 105 mètres au-dessus du niveau de la mer, au pied du pic de la Silla, et baignée par quatre rivières. Un tremblement de terre la détruisit en partie en 1812, et renversa ses principaux édifices. Cette ville possède une université, un séminaire, un collége et une école normale d'enseignement mutuel. Elle est le centre d'un commerce considérable et compte environ 35,000 habitants.

CARACCA. — Petite ville située sur un îlot du port de Cadix, en Espagne. Elle est renommée par ses magnifiques chantiers, les plus importants du royaume, et surtout par ses vastes bassins en marbre, qui peuvent recevoir les plus grands vaisseaux, et se vident au moyen de pompes à vapeur d'une force prodigieuse.

CARA-DAGH ou KARADJA. — Chaînon du Taurus. Il est situé au sud-est de Kounié, dans l'Anatolie, et le principal sommet atteint, dit-on, 4,300 mètres.

CARAGLIO. — Ville de la division de Coni, en Piémont, royaume sarde. Pop. : 5,000 âmes.

CARA-HISSAR. — Ville de l'Anatolie, dans le Turquie d'Asie. Elle était le patrimoine féodal d'Othman, qui fonda l'empire ottoman. On y fait un commerce de laine, de tapis et d'opium. Pop. : 60,000 âmes.

CARA-KOUL. — Lac de la grande Boukharie. Il est très-profond, entouré de dunes, et a pour affluent le Zer-Afchan.

CARA-KOUL. — Ville de la grande Boukharie. Elle est située sur le Zer-Afchan, près de son embouchure dans le lac Cara-Koul. Pop.: 4,000 âmes.

CARAMAN. — Chef-lieu de canton dans l'arrondissement de Villefranche, département de la Haute-Garonne. Pop. : 2,600 âmes.

CARAMAN ou LARENDA. — Grande ville de la Caramanie, dans l'Asie Mineure, empire ottoman. Elle est assez importante par son commerce et son industrie.

CARANGAS. — Ville de la Bolivia. Elle est située sur le plateau du Desaguadero, dans une région froide. Pop.: 4,000 âmes.

CARASOU. — Rivière de Perse. Elle prend sa source à la pente septentrionale des monts Elwend, et après avoir traversé l'Irak-Adjemy, Hamadan et Koum, elle se perd dans le désert salé. Son cours est de 600 kilomètres.

CARASOU. — Rivière de la Turquie d'Asie. Elle prend sa source dans le pachalik de Sivas et se réunit à l'Euphrate. Cours 330 kilomètres.

CARAVELLAS. — Petite ville de la province de Bahia, au Brésil. Elle est florissante par le produit de son agriculture et par son commerce que favorise un port. Pop. : 4,000 âmes.

CARBON-BLANC. — Chef-lieu de canton dans l'arrondissement de Bordeaux, département de la Gironde. Pop. : 1,900 âmes.

CARBONNE. — Chef-lieu de canton dans l'arrondissement de Muret, département de la Haute-Garonne. Pop. : 2,300 âmes.

CARCASSONNE. — Ville ancienne et épiscopale, située sur l'Aude et le canal du Midi. Chef-lieu du département de l'Aude, son arrondissement comprend 12 cantons et 139 communes. On remarque sa cathédrale dont on admire surtout les vitraux, son hôtel de préfecture, son hôtel de ville, ses casernes et ses promenades. Cette ville possède un séminaire, un collége, une bibliothèque publique et une société d'agriculture; puis des filatures à moteurs hydrauliques, des fabriques de draps depuis longtemps renommés; et enfin des minoteries, etc. Sa population est d'environ 19,000 âmes.

CARCHI ou NAKHCHER. — Ville de la grande Boukharie. Elle est située sur la rivière de même nom, qui se perd dans les sables. Pop. : 10,000 âmes.

CARDIFF. — Ville de la principauté de Galles, en Angleterre. C'est le chef-lieu du comté de Glamorgan. Il s'y fait une grande exportation de fer-blanc et de fer ouvré. Robert, duc de Normandie y fut détenu par son frère, durant 26 années, dans un château que détruisit Cromwell. Pop. : 6,000 âmes.

CARDIGAN. — Petite ville, chef-lieu du comté de ce nom, dans la principauté de Galles, en Angleterre. Elle est importante par sa marine marchande, et son commerce qui est considérable. On y trouve une société formée pour l'étude de la langue galloise, et qui porte le nom de *Cymrei-Giddion.*

CARDONA. — Petite ville de la Catalogne, en Espagne. Elle est importante par sa célèbre et riche mine de sel gemme, exploitée à ciel ouvert dans un dépôt de 100 mètres d'élévation. Il est des bancs de ce sel qui ont tout l'éclat du cristal de roche, tandis que d'autres sont colorés en bleu, en rouge, en rose, en jaune, etc. La densité de la cristallisation de cette couche est telle que des fragments sont mis en œuvre et reçoivent le poli et les formes qu'on veut leur imposer.

CARÉMATA. — Petite île de la Malaisie. Elle est située non loin de la côte de Bornéo, et donne son nom au détroit qui sépare Bornéo de Billiton.

CARENTAN. — Chef-lieu de canton dans l'arrondissement de Saint-Lô, département de la Manche. Il est situé sur la Taute et près de son embouchure. On y fait un commerce de lin, de chanvre, de chevaux et de bestiaux. Pop. : 3,000 âmes.

CARENTOIR. — Bourg du département du

Morbihan. Il fait un commerce assez considérable de beurre et de cidre. Pop. : 5,300 âmes.

CARHAIX. — Chef-lieu de canton dans l'arrondissement de Châteaulin, département du Finistère. On y fait un commerce de draperies et de toiles. C'est la patrie de La Tour d'Auvergne. Pop. : 2,000 âmes. On trouve, dans le voisinage, un souterrain qu'on dit être un aqueduc gaulois.

CARHAM. — Village du Northumberland, en Angleterre. Plusieurs batailles ont été livrées en cet endroit, et entre autres celles où les Anglais furent vaincus par les Ecossais en 1370. Pop. : 2,000 âmes.

CARIACO. — Petite ville de la province de Cumana, dans la république de Venezuela, Colombie. Elle est assez importante par son port, les produits de son agriculture et le commerce qu'elle entretient. Pop. : 7,000 âmes.

CARIDAD DEL COBRE. — Petite ville de l'île de Cuba, l'une des Antilles espagnoles. Elle est renommée par son sanctuaire, que visite annuellement un grand nombre de pèlerins, et l'on exploite, dans ses environs, de riches mines de cuivre. Pop. : 3,000 âmes.

CARIGNAN. — Chef-lieu de canton dans l'arrondissement de Sedan, département des Ardennes. Il est situé sur le Chiers, affluent de la Meuse. On y fait un commerce de grains et d'étoffes de laine. Pop. : 1,800 âmes.

CARIGNAN. — Ville de la division de Turin, en Piémont, royaume sarde. Elle est située sur le Pô. On y remarque une belle église. Cette ville est renommée par la préparation de ses confitures. Pop. : 7,000 âmes.

CARINTHIE. — Province de l'Illyrie, dans l'empire d'Autriche. Elle a pour villes principales Klagenfurt et Villach.

CARISBROOK. — Village de l'île de Wight, en Angleterre. On y voit le château où fut enfermé Charles 1er, lequel château sert aujourd'hui de demeure au gouverneur de l'île.

CARISTO. — Petite ville fortifiée de l'île de Négrepont, royaume de Grèce. On trouve, dans son voisinage, le mont Saint-Elie, l'un des plus hauts de la Grèce, et où les anciens exploitaient des carrières de marbre. Ils y recueillaient aussi de l'asbeste ou amiante.

CARLINGFORD. — Ville du comté de Louth, en Irlande. Elle est située sur une baie de son nom, dans la mer d'Irlande. Pop. : 4,000 âmes.

CARLISLE. — Jolie petite ville épiscopale, chef-lieu du comté de Cumberland, en Angleterre. Elle est très-ancienne et assez importante par ses fabriques de coton. On y remarque la muraille construite par Adrien, et l'on rencontre aussi, dans son voisinage, le monument druidique appelé *long Meg and her daughters*, c'est-à-dire la grande Megue et ses filles. C'est un vaste cercle de pierres brutes. Pop. : 20,000.

CARLISLE. — Petite ville de la Pennsylvanie, aux Etats-Unis d'Amérique. Pop. : 4,500 âmes.

CARLOPAGO. — Ville de la Croatie militaire, empire d'Autriche. Elle est située sur le canal de Morlacca, qui la sépare de l'île de Pago. Pop. : 2,000 âmes.

CARLOW. — Jolie petite ville, chef-lieu du comté de ce nom en Irlande. Elle est la résidence de l'évêque catholique de Kildare-et-Leighlin; et son séminaire est l'une des principales écoles catholiques de l'Irlande, pour l'étude de la théologie.

CARLOWITZ. — Ville de Sclavonie, empire d'Autriche. Elle est située dans les confins militaires, sur la droite du Danube, et c'est le siège d'un archevêché grec. Un traité y fut conclu, en 1699, entre l'Autriche, Venise, la Pologne et la Turquie. Pop. : 6,000 âmes.

CARLSCRONA. — Ville forte, bâtie sur plusieurs îlots et le séjour habituel de la flotte suédoise. On y remarque un port magnifique, une citadelle, chef-d'œuvre d'architecture militaire, des docks taillés dans le roc, de vastes chantiers, une belle église, l'hôtel de ville, l'arsenal, l'aqueduc et l'école de marine. Sa population est d'environ 13,000 âmes.

CARLSHAM. — Ville du Gothland, en Suède. Elle est située sur la Baltique où elle possède un port; c'est un entrepôt pour les marchandises prohibées, et l'on y trouve des usines et des fabriques de toiles à voiles et de tabac. Pop. : 5,000 âmes.

CARLSRUHE. — Belle ville, chef-lieu du cercle du Rhin moyen, et capitale du grand-duché de Bade. On y remarque la nouvelle église catholique et l'évangélique, la synagogue, l'hôtel de la monnaie, l'académie, les portes de Durlach et d'Ettingen, et les promenades d'Augarten, de Beiertheim et d'Allechaus. Cette ville possède un lycée, une école polytechnique, une école militaire, une école vétérinaire, une bibliothèque publique, un musée, un jardin botanique, et plusieurs sociétés académiques. Sa population est d'environ 20,000 âmes.

CARLSTAD. — Ville de Suède. Elle est située près du lac Wener, et fut fondée en 1584, par Charles, duc de Sudermanie, plus tard Charles IX. Cette ville est assez importante par trois foires qui y sont tenues annuellement. Pop. : 2,000 âmes.

CARLSTADT. — Place forte de Croatie, empire d'Autriche. Elle est située sur la Culpa. Pop. : 4,000 âmes.

CARLSTADT-VARASDIN. — Généralat de la Croatie militaire, empire d'Autriche. Il comprend 8 régiments et a pour chef-lieu Agram.

CARLUX. — Chef-lieu de canton dans l'arrondissement de Sarlat, département de la Dordogne. Pop. : 1,000 âmes.

CARMAGNOLA. — Petite ville fortifiée du royaume sarde. Elle est située sur le Pô. C'est la patrie du fameux condottiere François Bussone, dit Carmagnole. Les Français s'emparèrent de cette place en 1691. Pop. : 3,000 âmes.

CARMEL. — Ville de New-York, aux

États-Unis d'Amérique. Elle est située sur l'Hudson. Pop. 3,000 âmes.

CARNABAT. — Ville de Bulgarie, en Turquie. C'est une position militaire importante, au milieu des défilés du Balkan.

CARNAC. — Village situé entre Quiberon et Auray, dans le département du Morbihan. Il est célèbre par les monuments druidiques que l'on voit dans une lande de ses environs, et qui s'étendent sur une longueur considérable.

CARNERO. — Golfe formé par la mer Adriatique, sur les côtes de l'Istrie, et du littoral hongrois. Il renferme, au sud, les îles de Veglia et de Cherso. Son port principal est celui de Fiume.

CARNIERES. — Chef-lieu de canton, dans l'arrondissement de Cambrai, département du Nord. On y fabrique des linons. Pop. : 1,500 âmes.

CARNIOLE. — Province de l'Illyrie, empire d'Autriche. Elle tire son nom des Carnes et a pour principales villes : Laibach, Zirknitz, Gurkfeld, Adelsberg et Neustadtl.

CARNOUL. — Place forte de l'Hindoustan anglais. Elle est située dans l'intendance de Madras et sur la Toumbédra. Pop. : 4,000 âmes.

CARNOUL. — Ville de l'Hindoustan anglais. Elle est située dans la présidence du Bengale.

CARNSWATH. — Ville du comté de Lanark, en Ecosse. On trouve, dans son voisinage, des mines de houille, de fer, et des forges. Pop. : 3,000 âmes.

CAROLINA. — Jolie petite ville de l'Andalousie, en Espagne. C'est le chef-lieu des célèbres colonies allemandes fondées en 1767, dans la Sierra-Moréna, par Olavidès. Pop. : 3,000 âmes.

CAROLINES (Archipel des) ou **Nouvelles-Philippines.** — Il est situé dans la Polynésie ou Océanie orientale, et divisé en *Iles hautes* et *Iles basses*. Les premières se composent de l'île d'Eap et des groupes de Seniavine et de Oualan ; les secondes, des groupes d'Oulouthy, d'Ouleai, de Lougounor, de Pyghiran, de Pelelap, de Mamonouoto, de Duperrey et de Monteverde. On trouve dans le groupe de Lougounor le port Chamisso.

CARONI. — Rivière de Venezuela, dans la Guyane espagnole. C'est un affluent de l'Orénoque.

CARORA. — Petite ville de la province de Carabobo, dans la république de Venezuela, Colombie. Elle est renommée par ses résines aromatiques et ses baumes.

CAROTTO. — Ville du royaume de Naples. Elle est située près de la mer, à environ 2 lieues au sud-ouest de Castellamare. On y trouve une école de marine. Pop. : 4,000 âmes.

CAROUGE. — Petite ville du canton de Genève, en Suisse. Elle est située sur l'Arve, possède un collège et des bains, et sa population est d'environ 4,000 âmes.

CAROUR. — Ville de l'Hindoustan anglais. Elle est située dans la province de Madras, et l'on y voit un temple renommé.

CARPENTARIE. — Grand golfe sur la côte septentrionale de la Nouvelle-Hollande. Il est bordé par les terres d'Arheim et de Carpentarie.

CARPENTARIE. — Terre de la côte nord-est de la Nouvelle-Hollande. Elle est située entre la terre d'Arheim et la Nouvelle-Galles méridionale.

CARPENTRAS. — Petite ville du département de Vaucluse. Chef-lieu d'arrondissement, elle comprend 5 cantons et 30 communes. On remarque sa cathédrale, l'hôpital, un aqueduc moderne, un arc de triomphe romain. Elle possède un collège, une bibliothèque publique, un musée et une société académique. Son commerce consiste en eau-de-vie, esprit de vin, vitriol, savon, garance, etc., et sa population est d'environ 10,000 âmes. Cette ville, est la patrie d'Inguimbert qui lui a laissé sa riche bibliothèque.

CARPI. — Petite ville épiscopale du duché de Modène. Sa population est d'environ 5,000 âmes.

CARQUEFOU. — Chef-lieu de canton dans l'arrondissement de Nantes, département de la Loire-Inférieure. Il est situé près de la rive gauche de l'Erdre. Pop. : 2,700 âmes.

CARRACA. — Petite île de la province de Cadix, en Espagne. C'est le principal arsenal de la marine royale. Pop. : 5,000 âmes.

CARRARA. — Petite ville du duché de Modène. Elle est renommée par le marbre statuaire qu'on retire des carrières de ses environs, et dont l'exploitation et le commerce occupent la majeure partie de ses habitants. Pop. : 5,000 âmes.

CARRICK. — Petite ville du comté de Tipperary, en Irlande. Elle est florissante par son commerce, et se trouve sur la ligne du chemin de fer de Waterford à Limerick.

CARRICKFERGUS. — Ville du comté d'Antrim, en Irlande. Elle est située sur une baie formée par la mer d'Irlande, et fut autrefois florissante. Aujourd'hui, ses bains de mer y attirent seuls les étrangers. Elle fut prise par Robert Bruce en 1315, et par les Français en 1760. Pop. : 9,000 âmes.

CARRIÈRES-SAINT-DENIS. — Commune du département de Seine-et-Oise. Elle est située dans l'arrondissement de Versailles. On y exploite des carrières de pierre à bâtir et l'on y fait aussi un commerce de goudron. Pop. : 1,100 âmes.

CARRON. — Ville du comté de Stirling, en Ecosse. Elle possède la fonderie de canons la plus importante du royaume d'Angleterre, et les caronades y furent inventées. On exploite aussi des mines de houille dans son voisinage.

CARROUGES. — Chef-lieu de canton dans l'arrondissement d'Alençon, département de l'Orne. On y trouve des forges et des mines de fer. Pop. : 2,000 âmes.

CARTERET. — Groupe de 9 petites îles dans l'Australie. Il est situé à l'est de l'archipel de Salomon.

CARTHAGE. — L'emplacement de cette cité célèbre, qui se trouve non loin de la ville actuelle de Tunis, n'est pas exactement déterminé. Danville le désigne vers le nord-est de la ville; Châteaubriand au sud-ouest, et ce dernier dit y avoir trouvé les vestiges des citernes publiques. Quoi qu'il en soit, tout le territoire où l'on suppose qu'existait Carthage est couvert de débris de monuments, et le major Humbert y trouva, en 1817, des cippes funéraires et deux pierres fracturées offrant des inscriptions puniques.

CARTHAGENE. — Jolie ville épiscopale, de la capitainerie de Valence, en Espagne. Elle est fortifiée et située au fond d'un golfe qui y forme l'un des plus beaux ports de la Méditerranée. On y remarque l'arsenal, le bassin rectangulaire et les chantiers; elle possède une école de cadets de marine; d'autres écoles de mathématiques, de navigation et de pilotes; un observatoire et un jardin botanique; et sa population est d'environ 37,000 âmes. Les Romains exploitaient, dans les montagnes qui avoisinent Carthagène, des mines d'argent et autres métaux, et la caverne de Saint-Jean, qui jouit d'une certaine réputation dans la contrée, n'est autre chose qu'une de ces anciennes mines abandonnées.

CARTHAGENE. — Ville épiscopale et fortifiée, chef-lieu de la province de même nom, dans la république de la Nouvelle-Grenade, Colombie. Elle est située sur une île sablonneuse, non loin du Magdalena. On y remarque quelques églises et couvents; cette ville possède une université, un collége et une école de navigation; son port est l'un des plus beaux de l'Amérique, et c'est la principale station de la marine militaire de la Colombie. Pop.: 15,000 âmes.

CARVIN-EPINOY. — Chef-lieu de canton dans l'arrondissement de Béthune, département du Pas-de-Calais. On cultive le tabac sur son territoire. Pop.: 5,000 âmes.

CASA-GRANDE. — Lieu situé sur les bords du Rio-Gila, dans la vieille Californie. On y voit les ruines d'une ancienne ville aztèque, qui occupent un terrain d'environ une lieue carrée.

CASAL. — Ville épiscopale de la division d'Alexandrie, en Piémont, royaume sarde. Elle est située sur le Pô. C'est l'ancienne capitale du Montferrat. Les Espagnols y furent battus, en 1640, par le duc d'Harcourt. Pop.: 16,000 âmes.

CASALNUOVO. — Ville de la Calabre ultérieure première, dans le royaume de Naples. Le tremblement de terre de 1783 fit périr à peu près la moitié de ses habitants. Sa population actuelle est de 5,000 âmes.

CASANARE. — Ville de la Nouvelle-Grenade. Elle est située sur la rivière de son nom, affluent du Méta, et c'est le chef-lieu d'une vaste province qui s'étend des Andes à l'Orénoque; seulement elle est en partie déserte et inculte.

CASCANTE. — Ville de la province de Pampelune, en Espagne. Elle fut anciennement très-florissante. Pop.: 2,000 âmes.

CASERTE. — Petite ville, chef-lieu de la Terre de Labour, dans le royaume de Naples. Elle est bâtie dans une situation charmante, et l'on y remarque le palais du roi, l'un des plus vastes et des plus magnifiques de l'Europe. On admire surtout les jardins, les jets d'eau, et un aqueduc d'une longueur de 27 milles, qui traverse la vallée de Maddalone. Pop.: 5,000 âmes.

CASHEL. — Jolie petite ville du comté de Tipperary, en Irlande. Elle est le siége d'un archevêque catholique et d'un archevêque anglican; mais le dernier seul y réside et l'autre habite Thurles, dans le même comté. Cashel possède une belle cathédrale et une riche bibliothèque qui renferme plusieurs manuscrits précieux. Pop.: 6,600 âmes.

CASPE. — Ville de la province de Saragosse, en Espagne. Elle est située sur le Guadalupe, près de son confluent avec l'Ebre. Pop.: 9,000 âmes.

CASPIENNE (Mer). — C'est le plus vaste lac du globe, et cependant quelques géographes croient qu'il s'est rétréci et qu'il devait s'étendre anciennement jusqu'au lac d'Aral. Il est situé entre 36° 40' et 47° 20' de latitude nord, et entre 44° et 52° 15' de longitude est. Sa longueur est de 1,180 kilomètres du nord au sud, et sa largeur de 300 kilomètres de l'est à l'ouest. L'eau en est très-salée et de nombreuses sources de naphte jaillissent dans le fond et sur les bords. La mer Caspienne reçoit le Volga, l'Oural, le Kour et le Kizil-Ousen. Les Turcs appellent ce lac *Mer Blanche*; les Persans, *Kolsoum*; et les Arméniens, *Mer de Derbent*.

CASSAGNES-BÉGONHÈS. — Chef-lieu de canton dans l'arrondissement de Rhodez, département de l'Aveyron. Pop.: 1,100 âmes.

CASSANDRIA. — Presqu'île de la Romélie, en Turquie. Elle est située entre le golfe de Salonique et celui de Cassandria.

CASSANGES. — Peuple de l'intérieur de l'Afrique. Il habite près de la Guinée méridionale et se donne le surnom de *Djayas*, qui signifie guerriers.

CASSANO. — Ville de la province de Bari, dans le royaume de Naples. Pop.: 3,000 âmes.

CASSANO. — Ville du royaume Lombard-Vénitien, empire d'Autriche. Elle est située sur l'Adda. Les Français y battirent les impériaux en 1705 et ils y furent défaits par les Russes en 1799. Pop.: 2,000 âmes.

CASSAY. — Ancienne province de l'empire birman. Elle appartient aujourd'hui aux Anglais. Elle a pour capitale Mannipour.

CASSEL. — Ville située sur la Fulda, qui la sépare en deux. C'est le chef-lieu de la Basse-Hesse, et la capitale de la Hesse-Electorale. On y remarque l'église catholique, le palais de l'électeur, l'arsenal, la fonderie, la maison du travail des pauvres, le musée, l'orangerie et les places royales de Frédéric et de la Parade. Cette ville possède un lycée, un institut des cadets, un séminaire pour les maîtres d'écoles, une galerie de tableaux, plusieurs musées, etc. Sa population est d'environ 26,000 âmes. Cassel fut la capitale du royaume de Westphalie, depuis 1807 jusqu'en 1814. On trouve, dans son voisinage, le château de Wilhelmshoehe, regardé comme l'une des plus magnifiques résidences de l'Europe.

CASSEL. — Petite ville du département du Nord. Elle est située sur une montagne et l'on y trouve des fabriques de dentelles, d'huile de graines, de savon, de poterie, etc. On y fait aussi un commerce de grains, de volailles et de bestiaux. Cette ville est très-ancienne, et lors de la conquête des Gaules par César, elle appartenait aux Morins, peuple de la deuxième Belgique. Longtemps elle fut fortifiée. Pop. : 3,300 âmes.

CASSIN. — *Voy.* SAN-GERMANO.

CASSIS. — Petite ville située sur la Méditerranée, dans le département des Bouches-du-Rhône. Elle est importante par l'activité de son port et par ses vins blancs qui sont renommés. Pop. : 2,000 âmes.

CASTANET. — Chef-lieu de canton dans l'arrondissement de Toulouse, département de la Haute-Garonne. Il est situé près du canal du Midi. Pop. : 1,200 âmes.

CASTELFRANCO. — Ville du royaume Lombard-Vénitien, empire d'Autriche. Elle est située sur le Musone. C'est la patrie de Riccati et de Giorgione. Les Français y battirent les Autrichiens en 1805. Pop. : 4,000 âmes.

CASTELJALOUX. — Chef-lieu de canton dans l'arrondissement de Nérac, département de Lot-et-Garonne. On y trouve des tanneries et des verreries, et l'on voit, dans son voisinage, les restes du château d'Albret. Pop. : 2,600 âmes.

CASTELLAMARE. — Ville épiscopale du royaume de Naples. Elle est située sur la baie de Naples et dans une position charmante. On trouve, dans ses environs, au bourg de Guisisana, le principal chantier de la marine du royaume. Pop. : 15,000 âmes.

CASTELLANE. — Petite ville située sur le Verdon, dans le département des Basses-Alpes. Chef-lieu d'arrondissement, elle comprend 6 cantons et 48 communes, et sa population est d'environ 2,200 habitants. On trouve une source salée sur son territoire.

CASTELLO-DE-AMPURIAS. — Petite ville de la Catalogne, en Espagne. Elle est située au fond du golfe de Roses et au milieu de marais dont les exhalaisons pestilentielles déciment peu à peu sa population. Mais lorsque du temps des Romains, la mer, qui en est actuellement éloignée de deux milles, baignait ses murailles, cette ville était la plus importante du Lambourdan; sa splendeur était citée, et sa population atteignait, dit-on, 100,000 âmes. Des ruines de monuments attestent seules aujourd'hui cette prospérité passée.

CASTELLON DE LA PLANA. — Chef-lieu de la province de ce nom, dans la capitainerie de Valence, en Espagne. Cette ville est située près de la mer, et florissante par son commerce. Pop. : 15,000 âmes.

CASTELLONE. — Ville de la Terre de Labour, royaume de Naples. En 663, les Lombards y battirent les Grecs. Pop. : 3,000 âmes.

CASTELLOUBON. — Vallée des Hautes-Pyrénées. Elle est étroite et aride, mais renferme cependant 16 villages dont le principal est Doussan ou Castelloubon.

CASTELMORON. — Chef-lieu de canton dans l'arrondissement de Marmande, département de Lot-et-Garonne. Il est situé sur le Lot. : Pop. : 2,400 âmes.

CASTELNAU-DE-MEDOC. — Chef-lieu de canton dans l'arrondissement de Bordeaux, département de la Gironde. Pop. : 1,200 âmes.

CASTELNAU-DE-MONTMIRAL. — Chef-lieu de canton dans l'arrondissement de Gaillac, département du Tarn. On y fait un commerce de grains et l'on exploite une carrière de marbre aux environs. Pop. : 3,000 âmes.

CASTELNAU-DE-MONTRATIER. — Petite ville du département du Lot. Elle est située entre les rivières de Lutte et de Barguelonne. Pop. : 4,200 âmes.

CASTELNAU-MAGNOAC. — Chef-lieu de canton dans l'arrondissement de Bagnères-de-Bigorre, département des Hautes-Pyrénées. Pop. : 1,500 âmes.

CASTELNAU-RIVIERE-BASSE. — Chef-lieu de canton dans l'arrondissement de Tarbes, département des Hautes-Pyrénées. Pop. : 1,300 âmes.

CASTELNAUDARY. — Petite ville située sur le canal du Midi, dans le département de l'Aude. Chef-lieu d'arrondissement, elle comprend 5 cantons et 74 communes. Elle possède un collège, est importante par ses minoteries et fait un commerce particulier de cachou préparé à diverses odeurs. Sa population est d'environ 10,000 âmes.

CASTELNEDOLO. — Ville du royaume Lombard-Vénitien, empire d'Autriche. Pop.: 4,500 âmes.

CASTELNOVO. — Ville de la division d'Alexandrie, en Piémont, royaume sarde. Elle est située sur la Scrivia. Pop. : 5,500 âmes.

CASTELNOVO. — Ville de Sicile. Pop. : 3,000 âmes.

CASTELNOVO. — Ville du duché de Modène. Pop. : 1,200.

CASTELNUOVO. — Ville de l'Abruzze-Citérieure, royaume de Naples. Pop. : 3,500 âmes.

CASTEL-PRIOTISA. — Village de l'île de Candie, dans la Turquie d'Asie. Il est habité par une tribu de pâtres et de cultivateurs appelés *Abdiotes*, lesquels vivent dans une sorte d'indépendance et se livrent fréquemment au brigandage et à la piraterie.

CASTEL-ROSSO. — Ilot situé sur la côte d'Anatolie, dans l'Asie Mineure, empire ottoman. C'est la *Megiste* des anciens. On y remarque les restes d'un théâtre, des tombeaux taillés dans le roc, etc.

CASTEL-SARRASIN. — Petite ville située sur la rive droite de la Garonne, dans le département de Tarn-et-Garonne. Chef-lieu d'arrondissement, elle comprend 7 cantons et 81 communes. Elle possède un collège et fait un commerce important de minoterie. Sa population est d'environ 7,000 âmes.

CASTEL-VETRANO. — Ville d'environ 13,000 habitants, dans l'intendance de Trapani, en Sicile. Elle est réputée par ses fabriques de corail et ses ouvrages en albâtre, et c'est dans son voisinage que se trouvent les ruines de l'antique Selinonte. On remarque, au milieu de celles-ci, ce que les gens du pays appellent les piliers des géants, *pilieri de giganti*, et on a découvert, à la base du temple central, de superbes métopes sculptées.

CASTERA-VIVENT. — Village des environs d'Auch, dans le département du Gers. On y trouve des sources thermales.

CASTETS. — Chef-lieu de canton dans l'arrondissement de Dax, département des Landes. On y trouve de hauts-fourneaux. Pop. : 1,600 âmes.

CASTIFAO. — Chef-lieu de canton dans l'arrondissement de Corté, en Corse. Pop. : 700 âmes.

CASTIGLIONE. — Ville du royaume Lombard-Vénitien, empire d'Autriche. Les Français y battirent les Autrichiens en 1706 et en 1796. Pop. : 5,000 âmes.

CASTILLE. — Province d'Espagne. Elle fut érigée en royaume au commencement du XIe siècle et conserva ce titre jusqu'en 1492. On la divise en *Nouvelle Castille* et *Vieille Castille*. La première, qui a (Madrid pour capitale, comprend les provinces de Madrid, de Tolède, Ciudad-Real, Cuença et Guadalaxara ; la seconde, dont Burgos est la capitale, embrasse les provinces de Burgos, Valladolid, Palencia, Avila, Ségovie, Soria, Logroño et Santander.

CASTILLON. — Chef-lieu de canton dans l'arrondisssement de Libourne, département de la Gironde. On y fait un commerce de vins. Pop. : 3,000 âmes.

CASTLE-COMER. — Très-petite ville du comté de Kilkenny, en Irlande. On exploite, dans ses environs, des mines importantes de houille.

CASTLETOWN. — Chef-lieu de l'île de Man, en Angleterre. Elle est située sur la côte méridionale. Pop. : 3,000 âmes.

CASTRES. — Petite ville située sur l'Agout, dans le département du Tarn. Chef-lieu d'arrondissement, elle comprend 14 cantons et 95 communes. Elle possède un séminaire et une bibliothèque publique. Son commerce, qui est très-important, consiste surtout en draps de toutes qualités, mais particulièrement en cuir-laine, puis en tissus de soie, en parchemins, en papiers, etc. Sa population est d'environ 19,000 âmes. On va visiter, dans les environs de Castres, au hameau de la Roquette, la grotte dite de Saint-Dominique, et le rocher tremblant qui se trouve près d'elle. Cette ville est la patrie de Rapin-Thoiras, de Dacier, etc.

CASTRI. — Village du nomos de Locride-et-Phocide, royaume de Grèce. Il est habité par des Albanais et occupe une portion de l'emplacement de l'ancienne *Delphes*, si renommée par son temple et son oracle d'Apollon. On remarque encore, parmi ses restes, ceux du gymnase, du stadium, du bassin de la fontaine Castalie ; et l'on donne aussi de l'attention au rocher d'Hyampeïa, d'où les Delphiens précipitaient les ennemis de leur dieu, et celui de Naupleïa, où Ésope fut mis à mort.

CASTRIES. — Chef-lieu de canton dans l'arrondissement de Montpellier, département de l'Hérault. On y remarque un château et un bel aqueduc qui amène à Castries les eaux de la Cadoule. Pop. : 1,000 âmes.

CASTRO-GIOVANNI. — Petite ville de l'intendance de Girgenti, en Sicile. Elle est située sur une montagne, et occupe l'emplacement de l'ancienne *Enna*, célèbre par le culte qu'on y rendait à Cérès dans un superbe temple. La population de cette ville est d'environ 11,000 âmes.

CASTROVILLARI. — Petite ville de la Calabre citérieure, dans le royaume des Deux-Siciles. Elle est renommée par ses nombreuses plantations de cotonniers, de mûriers et d'arbres fruitiers, et l'on fabrique, dans ses environs, le fameux fromage appelé *caccio cavallo*. Sa population est d'environ 5,000 âmes.

CATALOGNE. — Ancienne province d'Espagne. Elle en forme aujourd'hui 4 nouvelles, celles de Barcelone, Tarragone, Lerida et Girone, comprises dans la capitainerie générale de Barcelone.

CATAMARCA. — Ville de la confédération de la Plata. C'est le chef-lieu de la province de même nom. Celle-ci ne renferme qu'une seule rivière qui va se perdre dans un lac salé, et à laquelle on a donné le nom de Rio de Catamarca. La ville compte une population de 5,500 âmes.

CATANDUANES. — Une des îles Philippines. Elle est située au sud-est de Luçon et sa longueur est de 50 kilomètres. On y trouve des lavages d'or.

CATANE. — Ville archiépiscopale, chef-lieu de l'intendance de même nom, en Sicile. Elle est grande, bien bâtie, possède un port, et ce serait un séjour des plus agréables, si le voisinage de l'Etna pouvait y laisser vivre en sécurité. On y remarque la cathédrale et le couvent des Capucins, puis des antiquités, telles qu'un amphithéâtre d'une vaste étendue, un théâtre, un odeum, etc. On y trouve aussi une université, un lycée, un musée et une bibliothèque publique ; et cette ville est renommée par la fabrication de ses étoffes de soie. Elle compte 52,000 habitants.

CATANZARO. — Ville épiscopale, chef-lieu de la Calabre - Ultérieure deuxième, dans le royaume de Naples. Elle est située sur une colline, entre des montagnes et la mer Ionienne. On y trouve un lycée. Pop. : 12,000 âmes.

CATBALOGAN. — Petite ville, chef-lieu de l'île de Samar, l'une des Philippines. Pop. : 6,000 âmes.

CATCHAR. — Petit pays du nord de l'Indo-Chine. Il se trouve compris aujourd'hui dans la présidence de Calcutta, empire indo-britannique. Sa capitale est Khospour.

CATEAU (Le). — Petite ville du département du Nord. Elle est située sur la Selle, affluent de l'Escaut. On y trouve des filatures de laine, des fabriques de mérinos, d'alépines, de châles, de linons, de batiste, de calicot, de savon, d'amidon, et de nombreuses brasseries, genièvreries et raffineries de sel. Un traité de paix y fut signé, en 1559, entre la France et l'Espagne. Pop. : 7,000 âmes.

CATELET (Le). — Chef-lieu de canton dans l'arrondissement de Saint-Quentin, département de l'Aisne. Il est situé sur l'Escaut. Fortifié anciennement, il fut démantelé en 1659. Pop. : 600 âmes.

CATMANDOU. — Ville de l'Indoustan. C'est la capitale du Népaul. Elle est située dans une belle vallée, à 1,300 mètres environ au-dessus des plaines du Bengale. Elle est appelée Khapitour par les montagnards. On y voit de beaux temples. Pop. : 20,000 âmes.

CATTARO. — Petite ville épiscopale de la Dalmatie. Elle est fortifiée, possède un beau port, de vastes casernes, et fait un commerce maritime assez important. Pop. : 3,000 âmes.

CAUCA. — Rivière de la Nouvelle-Grenade. Elle arrose Popayen, Cali, Antioquia, et va se jeter dans la Magdalena, après un cours de 1,000 kilomètres.

CAUCASE. — Chaîne de montagnes qui s'étend du sud-est au nord-ouest, depuis la mer Caspienne jusqu'à la mer Noire, et que l'on peut considérer comme formant la limite de l'Europe et de l'Asie, entre le 44° et le 45° parallèle. Elle est composée de plusieurs rameaux qui constituent à leur tour un système auquel on rattache communément les monts Taurus et les monts Elvend ; sa longueur en ligne directe est d'environ 848 kilom. ; mais si l'on suit les sinuosités du faîte, elle devient alors d'à peu près 1,160 kilom. Ses plus hautes cimes sont le Mquinvari ou Karbek, élevé de 4,677 mètres, et l'Elbrouz, qui en a 5,009. On rencontre dans cette chaîne plusieurs passages qui reçurent des anciens le nom de portes, et ils distinguaient ces portes en caucasiennes, en albaniennes, en caspiennes et en ibériennes. On reconnaît les portes caucasiennes dans l'étroit vallon qui conduit de Mordok à Tiflis ; les albaniennes paraissent être le passage qui s'étend le long de la frontière du Daghestan ; les caspiennes sont le défilé qui se trouve près de Téhéran, et les ibériennes sont représentées par celui de Schaourapo.

Treize bassins sont formés par les rameaux du Caucase : sept appartiennent au versant septentrional ou européen, et six au versant méridional ou asiatique. Les plus importants parmi les premiers sont, à l'est, celui du Kouban, fleuve qui prend sa source près du mont Elbrouz et se jette dans la mer Noire après un trajet d'environ 520 kilom. ; puis, à l'ouest, le bassin du Terek, qui, après un cours de 400 kilom., se déverse dans la mer Caspienne. Au versant méridional sont, à l'ouest, le bassin du Rioni, dont les eaux se déchargent dans la mer Noire, et qui a environ 200 kilom. de longueur ; et, à l'est, celui d'Alazan, rivière qui, après un cours de 160 kilom., va se jeter dans le Kour, grand fleuve qui appartient au système caucasien, mais qui prend sa source dans la chaîne où se trouve le mont Ararat.

La région du Caucase offre, dans ses diverses parties, les végétaux de l'Europe et de l'Asie. Ainsi l'on y voit d'une part le pin, le bouleau, le genévrier ; de l'autre l'amandier, le pêcher, l'abricotier, le cognassier, le poirier et la vigne ; puis enfin le figuier, l'olivier, le dattier et le jujubier. Les vallées sont décorées aussi de laurier, de seringa, de jasmin, de lilas, de roses, etc. Quant aux animaux, on y rencontre entre autres espèces, des ours, des loups, des chacals, des bouquetins, des aurochs, des chamois et des hermines ; les oiseaux de proie s'y montrent assez nombreux ; et les cours d'eau qui descendent des montagnes nourrissent de très-belles truites et donnent asile au saumon.

Malte-Brun a rangé les peuples du Caucase en sept classes qui sont : les Géorgiens, les Abasses, les Tcherkesses ou Circassiens, les Ossètes, les Kistes, les Lesghis, et les tribus Tartares, Mongoles, etc.

CAUDEBEC. — Petite ville du département de la Seine-Inférieure. Elle est située sur la rive droite de la Seine, dans une charmante position, et l'on y remarque une église gothique et de beaux quais. C'est l'ancienne capitale du pays de Caux. On y trouve des filatures de coton, des fabriques de toiles à voiles et des tanneries, et elle fait un commerce de grains, de cidres et de bois. Pop. : 2,600 âmes.

CAUMONT. — Chef-lieu de canton dans l'arrondissement de Bayeux, département du Calvados. On trouve des mines de fer dans ses environs. Pop. : 900 âmes.

CAUNES. — Petite ville du département de l'Aude. Elle fait un commerce de draperies, de vins, d'eaux-de-vie et de bestiaux, et l'on exploite, dans ses environs, des carrières de diverses espèces de marbre, telles que le gris, le griotte et le rouge de Languedoc. Pop. : 2,200 âmes.

CAUSSADE. — Chef-lieu de canton dans l'arrondissement de Montauban, département de Tarn-et-Garonne. On y fait un commerce de minoterie, de safran, de volailles et de truffes. Pop. : 4,300 âmes.

CAUTERETS. — Village du département des Hautes-Pyrénées, renommé par ses sources minérales. Pop. : 1,000 âmes.

CAVA. — Ville épiscopale de la Principauté citérieure, dans le royaume de Naples. Elle est renommée par son abbaye, qui possède une riche bibliothèque renfermant surtout de précieux manuscrits lombards. Pop. : 20,000 âmes.

CAVAILLON. — Petite ville située sur la rive droite de la Durance, dans le département de Vaucluse. Son territoire est remarquable par de belles cultures et le produit de son jardinage. On voit aussi dans cette ville les restes d'un arc de triomphe romain, et dans son voisinage les ruines de *Cabellio*, cité des Cavares, peuple de la Viennoise. Pop. : 7,200 âmes.

CAVALE (LA). — Ville de la Romélie, en Turquie. Elle est située sur le golfe de son nom, formé par l'archipel. C'est la patrie de Méhémet-Ali, le restaurateur de l'Egypte. Pop. : 3,000 âmes.

CAVAN. — Ville d'Irlande. C'est le chef-lieu du comté d'Ulster, dont le territoire est couvert de montagnes et de marécages. Il est cependant assez fertile et produit surtout beaucoup de lin. Pop. : 2,300 âmes.

CAVERSHAM. — Ville du comté d'Oxford, en Angleterre. Elle est située sur la Tamise, vis-à-vis Reading. Charles I" y fut retenu quelque temps prisonnier. Pop. : 2,000 âmes.

CAVERY. — Fleuve de l'Hindoustan. Il a son embouchure dans le golfe du Bengale. Il se divise en plusieurs branches : la plus méridionale reçoit le nom de Cavery ; la plus septentrionale celui de Coteroun.

CAVIANA. — Ile de l'Océan atlantique, sur les côtes du Brésil. Elle est située à l'embouchure du fleuve des Amazones, et appartient à la province de Para. Cette île est riche en bestiaux, et l'on y trouve des pêcheries importantes. Sa longueur est de 56 kilomètres, sa largeur de 32.

CAVITE. — Petite ville de l'île de Luçon, archipel des Philippines. Elle est située sur la baie qui forme le port de Manille, et importante par ses fortifications, son arsenal et ses chantiers. Pop. : 6,000 âmes.

CAXAMARCA. — Jolie petite ville du département de Livertad, dans la république du Pérou. Elle est située dans la gracieuse vallée de son nom, à 2,840 mètres au-dessus du niveau de la mer, et célèbre dans l'histoire du pays par le martyre de l'Inca Atahualpa que les Espagnols y étranglèrent. On remarque dans cette ville l'église appelée la Matris, celle du monastère de la Conception et le palais du cacique. On y trouve aussi des fabriques de lainages, de coton, de toile, d'ouvrages en fer et en acier ; et dans les environs on rencontre des sources thermales dont l'établissement remonte aux Incas. Pop. : 7,000 âmes.

CAXOEIRA. — Ville de la province de Bahia, au Brésil. Elle est traversée par la rivière de Paragassu, et son commerce est florissant. On y remarque de belles églises et le couvent des Carmes. Pop. : 16,000 âmes.

CAYCARA. — Bourgade de la province de Guyane, dans la république de Venezuela. Elle est située sur l'Orénoque, et l'on y remarque, sur des rochers de siénite et de granite, des figures symboliques colossales, représentant des images du soleil et de la lune, des tigres, des crocodiles, des ustensiles, etc.

CAYENNE. — Ile de la Guyane française. Elle est séparée du continent de l'Amérique septentrionale, par la Cayenne, le Mahury, et un canal qui met en communication ces deux rivières. Cette île est aujourd'hui un lieu de déportation.

CAYENNE. — Chef-lieu de la Guyane française. C'est une petite ville située sur l'île de son nom, et dont la rade est vaste et commode. On y trouve deux jardins botaniques et quelques établissements littéraires. Pop. : 5,500 âmes, non compris les déportés.

CAYES (LES). — Assez jolie ville, chef-lieu du département du Sud, dans l'empire d'Haïti. Elle est commerçante et possède un gymnase. Pop. : 3,000 âmes.

CAYLAR (LE). — Chef-lieu de canton dans l'arrondissement de Lodève, département de l'Hérault. Pop. : 800 âmes.

CAYLUX. — Chef-lieu de canton dans l'arrondissement de Montauban, département de Tarn-et-Garonne. Il est situé sur la Bonnette. Pop. : 5,200 âmes.

CAYOR. — L'un des Etats Yolofs. Il est situé sur la côte nord-ouest de la Sénégambie, depuis l'embouchure du Sénégal jusqu'au cap Vert, et a pour capitale Ghighis.

CAYQUES. — Groupe d'îles de l'archipel des Lucayes. Il est situé au sud-est.

CAYRES. — Chef-lieu de canton dans l'arrondissement du Puy, département de la Haute-Loire. Pop. : 1,200 âmes.

CAZALS. — Chef-lieu de canton dans l'arrondissement de Cahors, département du Lot. Pop. : 800 âmes.

CAZAMANCE. — L'un des bras de la Gambie, dans la Sénégambie. Il se jette dans l'Atlantique par quatre embouchures, et communique, au moyen de canaux naturels, avec la Gambie et le Rio de Cacheo. Les Français ont sur les bords de ce cours d'eau, à 30 lieues environ de son embouchure, le comptoir de Séghiou.

CAZAUBON. — Chef-lieu de canton dans l'arrondissement de Condom, département du Gers. Il est situé sur la Douze. Pop. : 2,700 âmes.

CÉDRON. — Torrent de la Palestine. Il a sa source au nord de Jérusalem, coule sous les murs de cette ville et dans la vallée de Josaphat, et se jette dans le lac Asphaltite.

CEFALU. — Ville épiscopale de l'intendance de Palerme, en Sicile. Elle est importante par son port, son commerce et ses pêcheries ; elle possède une école de navigation, et compte environ 9,000 habitants. On trouve dans son voisinage et dans la direction de Tindari, une maison de construction cyclopéenne, que l'on croit contemporaine des murailles de Tirinthe, en Grèce.

CELEBES (GROUPE DES). — Il est situé dans la Malaisie ou Océanie occidentale, et se compose des royaumes de Boni, de Ouadjou, de Louchou, de Macassar et de Tanette; des pays de Mandhar, de Soping, de Sidereeng, de Touratte, d'Uncuila, de Campadan et de Boulan ; et des îles Sangir, Siao, Banca, Xoulla, Bouton et Salager. Ces divers Etats sont régis par la Hollande ou lui payent un tribut.

CELEBES. — Ile du groupe de ce nom.

Elle offre la forme bizarre de quatre longues péninsules dirigées vers l'orient, la côte occidentale étant le point où elles se rattachent. Sa largeur moyenne est peu considérable ; mais, à partir du centre où s'unissent les péninsules, ses rayons atteignent jusqu'à 200 kilom. De hautes montagnes et des volcans occupent les parties centrales, et de là se précipitent de nombreuses rivières qui viennent arroser la plus belle végétation qu'il soit possible de voir, disent les voyageurs. Elle se compose, outre les arbres fruitiers et les plantes d'ornement, de toutes les espèces qui fournissent des épices, des bois de teinture, etc. ; puis de palmiers, de bananiers, d'orangers, etc. Seulement, on a donné à Célèbes le surnom d'*île du Poison*, parce qu'il y croît aussi des végétaux vénéneux, comme les strychnos dont une espèce fournit la noix vomique. Célèbes est habitée par les Macassars, peuple célèbre par son courage et sa férocité ; puis par les Bougis, et les Turajas ou Alforoux.

CENEDA. — Petite ville épiscopale, dans la délégation de Trévise, gouvernement de Venise. Elle possède un séminaire, un gymnase, des papeteries renommées, et la population est d'environ 5,000 âmes. C'est dans son voisinage que commence la superbe route tracée à travers les montagnes, et qui passe par Serravalle, Longarone et Perrrolo dans les provinces vénitiennes, et Cortina et Toblach dans le Tyrol. Son point culminant est aux *Cimes-Blanches*, à 1,300 mètres au-dessus du niveau de la mer, et sa longueur est de 67 milles.

CENTO. — Petite ville épiscopale de la légation de Bologne, dans l'Etat du Pape. Elle est située près du Renoet sur le canal qui lie cette ville au Pô-di-Valano. C'est la patrie du peintre Barbieri, dit le Guerchin. Pop. : 4,500 âmes.

CÉPHALONIE. — L'une des îles Ioniennes et la plus grande de l'archipel. Elle est située au sud de l'Albanie et au nord-ouest de la Morée. Ses produits consistent surtout en vin muscat, en raisin de Corinthe, grenades, oranges, huiles, coton, etc., produits que favorise un climat très-chaud. On y trouve les ruines de plusieurs cités anciennes, telles que *Crane* et *Palle*, lesquelles offrent des débris de constructions cyclopéennes.

CERALVO. — Baie située sur la côte orientale de la vieille Californie. C'est dans cette baie et autour des îles de Santa-Cruz et San-Jose, que se faisait jadis une pêche de perles très-productive, laquelle est devenue à peu près sans fruit pour ceux qui s'y livrent.

CERAM ou SIRANG. — Ile de l'archipel des Moluques, dans l'Océanie occidentale. C'est la plus grande, et ses ports principaux sont Saway et Waron. Les Hollandais ont un port établi près de Saway.

CERCIVENTO. — Village situé entre Paluzza et Rigolato, dans la délégation d'Udine, gouvernement de Venise. Il est très-intéressant sous le rapport météorologique, car c'est l'un des lieux de l'Europe où il tombe annuellement la plus grande quantité de pluie, quantité qui dépasse quelquefois celle des contrées les plus pluvieuses de la zone torride. Ainsi le chiffre maximum de ces dernières ne s'élève guère qu'à 80 pouces, tandis qu'à Cercivento il fut de 91 pouces 2 lignes en 1801, et de 94 pouces 1 ligne en 1795.

CERE. — Rivière qui prend sa source au Cantal, dans le département de ce nom. Elle se jette dans la Dordogne après un cours de 100 kilomètres.

CERESTE. — Village du département des Basses-Alpes. On y voit une tour et un pont dont on attribue la construction à Jules César. Pop. : 1,200 âmes.

CERET. — Petite ville située au bord du Tech, dans le département des Pyrénées-Orientales. Chef-lieu d'arrondissement, elle comprend 4 cantons et 41 communes. Elle possède un collège, et on y voit un pont d'une grande élévation et d'une seule arche de 75^m. 50 d'ouverture. La population est d'environ 3,500 âmes.

CERIGNOLE. — Ville de la Capitanate, dans le royaume de Naples. Les Français y furent battus, en 1503, par les Espagnols. Pop. : 10,000 âmes.

CERIGO. — L'une des îles Ioniennes, dans la Méditerranée. C'est la *Cithera* des anciens, si célèbre par son temple consacré à Vénus.

CERIGOTTO. — Ile de la Méditerranée. Elle est située entre Cerigo et Candie. Elle fait aussi partie des îles Ioniennes.

CERILLY. — Petite ville du département de l'Allier. Elle est située près des sources de la Marmande, affluent du Cher. On y trouve des fabriques d'étamines, des papeteries, et, dans les environs, les forges du Tronçais. Pop. : 2,400 âmes.

CERVERA. — Petite ville de la Catalogne, en Espagne. Elle est importante par son université qui est toujours fréquentée par un grand nombre d'étudiants. Pop. : 5,000 âmes.

CERVIA. — Petite ville de la légation de Ravenne, dans l'Etat du Pape. Elle est importante par ses immenses salines. Pop. : 4,000 âmes.

CERVIN (Mont). — En Suisse. Il est situé dans les Alpes-Pennines, entre le Valais et le Piémont, et son altitude est de 4,500 mètres.

CERVIONE. — Chef-lieu de canton dans l'arrondissement de Bastia, en Corse. Son territoire possède des vignobles renommés. Pop. : 1,600 âmes.

CESENA. — Ville épiscopale de l'Etat du Pape. C'est la patrie de Pie VI et Pie VII. Pop. : 12,000 âmes.

CESENATICO. — Ville de l'Etat du Pape. Elle est située près de l'Adriatique où elle possède un port. Pop. : 3,500 âmes.

CESTAS. — Commune de l'arrondissement de Bordeaux, département de la Gironde. pop. : 900 âmes.

CETIGNE ou CETTINA. — Très-petite

ville de l'Albanie, Turquie d'Europe. C'est le chef-lieu du Monténégro.

CETTE. — Petite ville située sur la Méditerranée, entre cette mer et l'étang de Thau, dans le département de l'Hérault. Elle possède un bon port, des fortifications, des salines et des bains de mer, et fait un commerce maritime assez florissant. Un chemin de fer l'unit à Montpellier. Sa population est d'environ 8,000 âmes. On y fabrique, pour l'exportation, toutes sortes de vins d'Espagne et de Roussillon, ce qui n'est peut-être pas pour elle une recommandation très-morale.

CEUTA. — Cap sur le détroit de Gibraltar. C'est l'*Abyla* des anciens. Il est situé du côté de la Méditerranée, à l'extrémité nord-ouest de l'Afrique. Les Arabes le nomment Djebel-Mouza, et les indigènes Djebel-d'Zatoute, ou Montagne des Singes.

CEUTA. — Ville fortifiée de l'Afrique espagnole. Elle est située sur une presqu'île, à l'extrémité orientale du détroit de Gibraltar. On y trouve un mauvais port; elle est la résidence d'un gouverneur et d'un évêque, et sa population est d'à peu près 8,000 âmes.

CEVA. — Ville de la division de Coni, en Piémont, royaume Sarde. Elle est renommée par ses fromages. Les Français la prirent en 1796 et 1800. Pop. : 4,000 âmes.

CÉVENNES. — Système de montagnes, dont les divisions adoptées jusqu'à ce jour offrent une confusion assez notable. Les Cévennes s'unissent aux Pyrénées par les montagnes des Corbières qui sont dans le département de l'Aude, au sud et au nord, avec la Côte-d'Or et le plateau de Langres, par les montagnes du Charolais; occupant, d'après ce développement, une étendue de 360 kilom. en ligne directe, et de 560 en suivant les sinuosités. En prenant pour nœud le mont de la Lozère, on divise alors les Cévennes en deux parties : les méridionales arrivent des Pyrénées jusqu'à ce mont, et les septentrionales partent du même point pour arriver à la Côte-d'Or. Les ramifications du système portent les noms de Montagnes-Noires, Montagnes de Lespinouse, Montagnes de l'Orb, et de Montagnes du Gévaudan, du Vivarais, du Lyonnais, du Beaujolais et du Charolais. Les Montagnes-Noires offrent cette particularité très-remarquable, c'est que, dans un même jour, on peut recueillir, sur le versant septentrional, les plantes des hautes régions alpines, et sur le versant méridional, celles qui appartiennent à la zône méditerranéenne, c'est-à-dire des espèces de l'Asie et de l'Afrique. Voici quels sont les points culminants des diverses branches que nous venons de désigner :

CÉVENNES MÉRIDIONALES.

Pic du Faux-Moulinier.	622 mètres.
Pic d'Arfons.	850
Pic de Montaut.	1,040
Mont de la Lozère.	1,490
Montagne de la Tanargue.	840

CÉVENNES SEPTENTRIONALES.

Gerbier des Joncs.	1,562
Mont Mézenc	1,774
Mont Pilat.	1,072
Montagne de Tarare.	1,450
— de Haute-Joux.	994
— de Gerbizon.	1,049
— de Folletin.	1,368
— de Tartas.	1,345
— de Devez.	1,425
Pic de la Durance	1,215
Pic de Montcelle.	1,052

Des flancs de ces montagnes découlent plusieurs rivières dont les principales sont sur le versant occidental, l'Agout, le Tarn, l'Allier et la Loire; et sur le versant méridional, l'Hérault, le Gardon, la Cèze, l'Ardèche et la Grone. Le mont de la Lozère donne naissance à la rivière du Lot, et c'est de la base du mont Gerbier-des-Joncs que sortent les sources de la Loire. Avant l'année 1821, la hauteur de ce dernier mont était de 1,710 mètres ; mais à cette époque un tremblement de terre le fit écrouler en partie et y détermina la formation d'un Lac. Le Mézenc, qui est la cime la plus élevée des Cévennes, offre des coulées de laves, des colonnes de basaltes et autres produits volcaniques. Le mont Pilat est composé de plusieurs sommets couverts de prairies qu'arrosent des ruisseaux, et au-dessous s'élèvent des forêts de chênes, de hêtres, de sycomores, de charmes, de tilleuls, de châtaigniers, de mériziers et d'aliziers. Plus bas encore sont des bouleaux, des frênes, des peupliers, des aunes, des saules, etc.

Les Cévennes étaient, dans l'ancienne France, un pays particulier formé de la partie nord-est du gouvernement du Languedoc, lequel était partagé en Gévaudan, capitale Mende; Velay, capitale Le Puy; Vivarais, capitale Viviers; et Cévennes proprement dites, capitale Alais.

CEYLAN. — Ile au sud de l'Inde, qui portait autrefois le nom de *Tropobane*, et que les indigènes appellent *Lakka*. Elle est située sous le tropique du Cancer, et s'étend du 6e au 10e degré de latitude nord, et du 77e au 80e degré de longitude. Elle n'est séparée du cap Comorin, qui se trouve sur le continent, que par un détroit de 76 kilom., nommé Passe de Manar, lequel est tellement rempli de bas-fonds qu'il est impraticable pour les vaisseaux. Cette position de l'île, à l'égard du continent, a fait supposer qu'elle devait lui être unie à une autre époque, et qu'elle n'en a été séparée que par quelque violente secousse souterraine et une irruption subite de la mer. L'île renferme quelques montagnes dont la plus remarquable est le Pic-Adam, qui s'élève à peu près à 2,000 mètres, et des flancs duquel s'échappent les rivières de Machavilla, de Kalay, de Kalou et de Walleway. Cette montagne est en grande odeur de sainteté parmi les bouddhistes et les brahmines qui prétendent y reconnaître l'empreinte du pied de Bouddha, et les musulmans à leur tour regardent cette empreinte comme celle du pied d'Adam qui, selon eux, serait venu se réfugier à Ceylan, après sa sortie de l'Eden. L'endroit où se trouve cette relique, qui peut à la rigueur figurer un pied énorme, est entouré d'un petit mur, et la figure est enrichie de pierres précieuses.

L'île de Ceylan est couverte de forêts épaisses qui forment une ceinture au royaume de Kandy, situé au centre de la contrée. Parmi les animaux qui habitent les forêts se trouvent surtout un grand nombre d'éléphants. Le pays est riche en minéraux, particulièrement en pierres précieuses, comme des saphirs, des rubis, des topazes, des améthystes et des cornalines ; on y trouve aussi une grande quantité de cristal de roche, et les côtes y sont renommées par la pêche des perles.

CEYZERIAT. — Chef-lieu de canton dans l'arrondissement de Bourg, département de l'Ain. On y trouve des sources minérales. Pop. : 1,000 âmes.

CÈZE. — Rivière qui prend sa source dans le département de la Lozère, traverse celui du Gard, et se jette dans le Rhône au-dessus de Roquemaure, après un cours de 90 kilomètres. On dit qu'elle charrie des paillettes d'or.

CEZIMBRA. — Ville de l'Estremadure, en Portugal. Elle est située sur l'Atlantique, près du cap Espichel. On voit sur celui-ci l'église Nossa-Senhora-do-Cabo, laquelle attire un grand concours de pèlerins au mois de mai. Pop. : 5,000 âmes.

CHABANAIS. — Petite ville du département de la Drôme. On y voit une tour antique et les ruines d'un château qu'habita Colbert. Cette ville fait un commerce de grains et de bestiaux, et compte 2,000 habitants.

CHABEUIL — Petite ville de l'arrondissement de Valence, dans le département de la Drôme. Elle est importante par ses usines et ses manufactures. Pop. : 4,500 âmes.

CHABLIS. — Bourg du département de l'Yonne, dans l'arrondissement d'Auxerre. Il est renommé par le vin blanc que produit son territoire et qui porte son nom. Pop. : 2,600 âmes.

CHACAPOYAS. — Ville du Pérou. Elle est située sur l'Uccubamba, affluent de la Tunguragua. C'est le chef-lieu d'une province couverte de montagnes boisées et de vallées fertiles. Pop. : 4,000 âmes.

CHACO. — Vaste contrée de l'Amérique méridionale. Elle est comprise nominativement dans la Confédération de la Plata ; mais elle est indépendante. Ses bornes sont, au nord, la Bolivia ; à l'ouest et au sud, la Confédération de la Plata ; et à l'est, le Paraguay. Sa longueur est de 750 kilomètres ; sa largeur de 550 ; elle est traversée, dans sa partie occidentale, par des ramifications des Andes, et ses principales rivières sont le Vermejo et le Pilcomayo qui se jettent dans le Paraguay. Enfin, parmi les peuplades qui l'habitent on distingue surtout les Abipons, les Lenguas, les Tobas et les Mocobis.

CHAGNY. — Petite ville du département de Saône-et-Loire. On y trouve des fabriques de toiles et d'étoffes de laine, et elle fait un commerce des vins de la côte châlonnaise. Pop. : 3,000 âmes.

CHAGOS. — Groupe d'îles de la mer des Indes. Les habitants de l'Ile-de-France y ont fondé quelques établissements.

CHAGRES. — Ville de la Nouvelle-Grenade. Elle est située sur la mer des Antilles, à l'embouchure d'un petit fleuve qui porte son nom. Les Anglais s'en emparèrent en 1740.

CHAH-ABDOULAZIM. — Village des environs de Téhran, en Perse. Il a été bâti sur l'emplacement de l'ancienne *Rhagès* de la Bible, où se passa la scène de Tobie, ville qui fut aussi *l'Arsacia* des Parthes. Au temps du fameux calife Haroun-al-Rachid, c'était l'une des plus grandes et des plus florissantes cités de l'Asie, et l'on y trouve les restes considérables qui attestent la splendeur qui la distinguait.

CHAHAR. — Gros bourg du pays des Lesghis, dans la région Caucasienne, Russie asiatique. C'est la résidence du Khan ou Sourkhaï des Kazi-Koumuk, lequel est ennemi des Russes et peut leur opposer 6,000 combattants.

CHAHNOUR. — Ville de l'Hindoustan. C'est l'ancienne capitale de la Nababie. Elle fut prise et ravagée par Tippoo-Saëb, en 1784.

CHAILLAND. — Chef-lieu de canton dans l'arrondissement de Laval, département de la Mayenne. On y trouve des forges. Pop. : 2,500 âmes.

CHAILLÉ-LES-MARAIS. — Chef-lieu de canton dans l'arrondissement de Fontenay. Elle est située au milieu de marais desséchés. On y trouve des fabriques de toiles communes. Pop. : 2,300 âmes.

CHAINE (La). — Ile de la Polynésie. Elle est située à l'ouest de l'Archipel-Dangereux, et ses indigènes sont adonnés à la piraterie.

CHAISE-DIEU (La). — Petite ville du département de la Haute-Loire. Elle est située dans les montagnes, et l'on y fait de la dentelle façon de Malines. Cet endroit doit son origine à une célèbre abbaye de Bénédictins qu'y avait fondée le Pape Clément VI. Pop. : 1,900 âmes.

CHALAIS. — Chef-lieu de canton dans l'arrondisement de Barbezieux, département de la Charente. Il est dominé par un château. Pop. : 600 âmes.

CHALAMONT. — Chef-lieu de canton dans l'arrondissement de Trévoux, département de l'Ain. Il est situé sur une montagne et près de deux grands étangs. Pop. : 1,600 âmes.

CHALETS-DES-ARCINES. — Hameau situé à 2,064 mètres au-dessus du niveau de la mer, dans le département des Hautes-Alpes. Il n'est, dit-on, habité, durant un certain temps de l'année, que par des femmes occupées au soin des troupeaux et à la fabrication de beurre et de fromage.

CHALLANS. — Chef-lieu de canton dans le département de la Vendée. Il est situé au milieu de marais, entre les deux petites rivières canalisées du Périer et de l'Etier. Pop. : 3,800 âmes.

CHALONS-SUR-MARNE. — Ville épiscopale, chef-lieu du département de la Marne. Son arrondissement comprend 5 cantons et 109 communes. On cite sa belle et vaste cathédrale, son hôtel de ville, sa préfecture, sa promenade dite le *Jard*, et les immenses caves de ses environs, taillées en labyrinthe dans la craie. Elle possède une école des arts-et-métiers, où 450 élèves sont entretenus aux frais du gouvernement, un séminaire, un collége, une bibliothèque, un cabinet d'histoire naturelle, un jardin botanique, une société académique et des manufactures. Sa population est d'environ 14,000 âmes.

CHALONS-SUR-SAONE. — Ville du département de Saône-et-Loire. Chef-lieu d'arrondissement, elle comprend 10 cantons et 156 communes. On y remarque l'église Saint-Vincent, l'hôtel du Parc, et le quai qui longe la rive droite de la Saône. Cette ville possède un collége, une bibliothèque publique; elle fait un commerce de grains, de vins, de charbon, de bois, etc.; et on la regarde comme un entrepôt des marchandises envoyées des ports de l'Océan et de la Méditerranée pour l'intérieur. Pop. : 16,000 âmes.

CHALUS. — Petite ville du département de la Haute-Vienne. Elle est située sur la Tardouère et non loin de sa source. On y fait un commerce de chevaux et de mulets. On remarque, au-dessus de cette ville les ruines du château de Chabrol, et la vieille tour au pied de laquelle Richard Cœur de Lion fut mortellement blessé. Pop. : 2,000 âmes.

CHAMAKHI. — Chef-lieu de la province de Chirvân, dans la région du Caucase, Russie asiatique. Après avoir été l'une des cités les plus florissantes de cette contrée, elle fut en partie détruite par Pierre le Grand ; mais elle a repris vie, elle est devenue un entrepôt du commerce de l'Orient, et compte environ 3,000 habitants.

CHAMALIÈRES. — Bourg des environs de Clermont-Ferrand, département du Puy-de-Dôme. On y remarque son antique église, ses mines de bitume et ses papeteries; puis dans son voisinage, la source thermale dite de César. Pop. : 1,000 âmes.

CHAMBERTIN. — Commune du canton de Nuits, dans l'arrondissement de Beaune, département de la Côte-d'Or. Elle est célèbre par l'excellence du produit de son vignoble, l'un des plus renommés parmis les crus de la Bourgogne.

CHAMBÉRY. — Ville archiépiscopale, située sur les ruisseaux l'Aisse et l'Albans, en Savoie, royaume sarde. Autrefois capitale du duché de Savoie, elle est aujourd'hui chef-lieu de la division militaire de même nom. On y remarque le portail de la Sainte-Chapelle, le château, l'Hôtel-Dieu, la place de Lans, la rue à portiques, et la promenade de Vernay. Cette ville possède une bibliothèque publique, un musée, une société académique, et sa population est d'environ 12,000 âmes. C'est la patrie de Saint-Réal.

CHAMBON. — Petite ville du département de la Creuse. Elle est située au confluent de la Tardes et de la Vouise, et l'on y trouve des tanneries et des corroieries. Pop. : 2,200 âmes.

CHAMBON (LE). — Chef-lieu de canton dans l'arrondissement de Saint-Etienne, département de la Loire. Il est situé au confluent des deux ruisseaux l'Ondaim et la Vacherie, renommés pour la trempe de l'acier, et c'est le centre d'une grande fabrication d'acier fondu, de clouterie, de coutellerie, de quincaillerie, d'outils, etc. On y fait aussi un commerce de bestiaux, et l'on exploite la houille dans les environs. Pop. : 4,000 âmes.

CHAMBONAS. — Commune du département de l'Ardèche. Elle est située dans l'arrondissement de Largentière, canton de Vans. Pop. : 1,300 âmes.

CHAMBORD. — Petit bourg de l'arrondissement de Blois, dans le département de Loir-et-Cher. On y voit un magnifique château construit par François Ier, et dans lequel habita le maréchal de Saxe. En 1820, ce château fut acquis de la princesse de Wagram, au moyen d'une souscription nationale, pour en faire hommage au duc de Bordeaux, qui le possède encore aujourd'hui. Pop. : 400 âmes.

CHAMOUNY. — Bourg de la vallée de même nom, dans l'intendance de Chambéry, en Savoie, royaume sarde. Il est situé sur l'Arve et au pied du Mont-Blanc, point culminant de toute l'Europe. Ce bourg est renommé, parce qu'il est le centre de plusieurs excursions alpines qui excitent à un haut degré l'intérêt des touristes, et au nombre desquelles se trouve l'ascension du géant que nous venons de nommer. Toutefois, peu de voyageurs osent tenter cette prouesse, et ce n'est qu'à de longs intervalles que les organes de la presse prônent le triomphe de quelque nouveau champion.

CHAMPAGNAC. — Chef-lieu de canton dans l'arrondissement de Nontron, département de la Dordogne. Pop. : 900 âmes.

CHAMPAGNE. — Chef-lieu de canton dans l'arrondissement de Belley, département de l'Ain. Pop. : 600 âmes.

CHAMPAGNE-MOUTON. — Chef-lieu de canton dans l'arrondissement de Confolens, département de la Charente. On y fait un commerce de bestiaux et de porcs. Pop. : 1,200 âmes.

CHAMPAGNEY. — Petite ville, chef-lieu de canton dans le département de la Haute-Saône. On y trouve des fabriques de tissus de coton et de vitriol, des verreries, et des mines de houille dans le voisinage. Pop. : 3,000 âmes.

CHAMPAGNOLE. — Petite ville, chef-lieu de canton dans le département du Jura. Elle possède des forges, des fileries de fer, des fabriques de clous, d'épingles, et fait un commerce de ses fromages, qui sont très-estimés. Pop. : 3,200 âmes.

CHAMPDENIERS. — Chef-lieu de canton dans l'arrondissement de Niort, département des Deux-Sèvres. Il s'y tient une foire importante de bestiaux et de mulets. Pop. : 1,400 âmes.

CHAMPEIX. — Chef-lieu de canton dans l'arrondissement d'Issoire, département du Puy-de-Dôme. Pop. : 1,000 âmes.

CHAMPIGNY. — Commune du département de la Seine. Elle est située dans l'arrondissement de Sceaux, canton de Charenton-le-Pont. On y trouve des carrières de pierres, et l'on y fait un commerce de paille de seigle, qui est très-estimée pour divers ouvrages. Pop. : 1,500 âmes.

CHAMPLAIN. — Lac des Etats-Unis d'Amérique. Il est situé entre l'Etat de New-York et celui de Vermont, et décharge ses eaux dans le fleuve Saint-Laurent par le Richelieu ou Dorelle. Sa longueur est de 170 kilomètres sur 28 dans son plus grand diamètre. Une ville de même nom a été bâtie sur sa rive occidentale.

CHAMPLITTE. — Petite ville du département de la Haute-Saône. On y trouve des fabriques de toiles et de droguet. Pop. : 3,000 âmes.

CHAMPS-D'ASILE. — Territoire du Texas, situé à 10 lieues environ de Galveston. Des réfugiés français y avaient fondé, en 1817, une colonie, qui fut détruite par les Mexicains.

CHAMPTOCEAUX. — Chef-lieu de canton dans l'arrondissement de Beaupreau, département de Maine-et-Loire. Pop. : 1,500 âmes.

CHANAC. — Petit bourg. Chef-lieu de canton de l'arrondissement de Marvejols, dans le département de la Lozère. On y voit plusieurs monuments druidiques. Pop. : 1,800 âmes.

CHANÇAY. — Petite ville du département de Lima, dans la république du Pérou. Elle est réputée par son commerce de porcs. Pop. : 2,500 âmes.

CHANDERNAGOR. — *Voy.* TCHANDERNAGOUR.

CHANDON. — Village de l'arrondissement de Saint-Etienne, dans le département de la Loire. Il est important par ses fabriques de rubans, de lacets, de clous, etc. Pop. : 900 âmes.

CHANGALLAS. — Peuple de l'Afrique. Il habite dans le sud de la Nubie et l'est de l'Abyssinie, et vit entièrement à l'état sauvage. Durant la sécheresse il s'installe sous des arbres, et pendant la saison des pluies dans des cavernes, où il fait sa principale nourriture de la chair des éléphants. Les Abyssins leur donnent la chasse comme aux bêtes fauves. C'est ce peuple que Ptolémée a désigné sous le nom d'*Eléphantophages*.

CHANG-HAI. — Grande ville du Kiang-Sou, en Chine. Elle est située à l'embouchure du Wusing, où elle possède un bon port, et communique, par les canaux de son voisinage, avec tous les fleuves de l'empire, ce qui la range parmi les places les plus commerçantes de la Chine. Pop. : 100,000 âmes.

CHAN-SI. — Vaste province de la Chine proprement dite. Elle est située au nord, entre la grande muraille et le Hoang-ho. Sa division administrative comprend 9 départements : Thaï-youan, Phing-yang, Phoutchéou, Lou'an, Fen-tchéou, Thse-tchéou, Ning-wou, Taï-tchoung et Sou-phing; puis elle embrasse encore dans ses dépendances, 11 cantons : Phin-ting, Hin, Taï, Hou, Kiaï, Kiang, Thsin, Liao, Pao-té, Chi et Kouei-hoa. Elle contient 14,000,000 d'habitants et Thaï-youan est sa capitale.

CHANTELLE. — Chef-lieu de canton dans l'arrondissement de Gannat, département de l'Allier. Pop. : 1,800 âmes.

CHANTELOUP. — Commune de l'arrondissement de Beaupreau, département de Maine-et-Loire. Pop. : 1,000 âmes.

CHANTENAY. — Petite ville de l'arrondissement de Nantes, département de la Loire-Inférieure. Elle est située sur la droite de la Loire et possède un port. Pop. 4,000 âmes.

CHANTIBON. — Ville située sur la rivière de ce nom, dans le royaume de Siam, Indo transgangétique. Elle est presque entièrement habitée par des Chinois. Elle possède un bon port, un arsenal, et une caravane du Bas-Laos y arrive chaque année, chargée de riches produits.

CHANTILLY. — Petit bourg de l'arrondissement de Senlis, dans l'Oise. Il possédait autrefois un magnifique château appartenant à la famille des princes de Condé. Il ne subsiste que les écuries et le parc. Chantilly est renommé aujourd'hui par les courses de chevaux qui y ont lieu annuellement. Il s'y fait aussi un commerce de dentelles. Pop. : 2,500 âmes.

CHANTONNAY. — Petite ville du département de la Vendée. Il s'y fait une exploitation de houille. Pop. : 2,700 âmes.

CHAN-TOUNG. — Province de la Chine proprement dite. Elle est située à l'est, entre les provinces de Tchi-li et de Chan-si, le Hoang-ho, la mer Jaune et le golfe de Tchi-li. Elle est divisée administrativement en 10 départements : Tsi-nan, Yan-tchéou, Teng-tchéou, Toung-tchang, Tsing-tchéou, Lia-tchéou, Vou-ting, Yi-tchéou, Haï an, Tsao-tchéou; et 2 cantons immédiats · Tsi-ning et Lin-thsing. Sa population est de 29,000,000 d'âmes, et elle a pour capitale Tsi-nan.

CHAOURCE. — Chef-lieu de canton dans l'arrondissement de Bar-sur-Seine, département de l'Aube. On y trouve des filatures de laine. Pop. : 1,600 âmes.

CHAPALA. — Lac du Mexique. Il est situé dans le sud-est de l'Etat de Guadalaxara et traversé à l'est par le Tolotlan.

CHAPEL-HILL. — Ville de la Caroline du nord, aux Etats-Unis d'Amérique. C'est le siége de l'université de la Caroline du nord. Pop. : 4,000 âmes.

CHAPELLE-D'ANGILLON (LA). — Chef-lieu de canton dans l'arrondissement de Sancerre, département du Cher. Pop. : 800 âmes.

CHAPELLE-EN-VERCORS (LA). — Chef-lieu de canton dans l'arrondissement de Die, département de la Drôme. Il est situé sur la rive gauche de la Vernaison. On y trouve des fabriques de draps, et il s'y fait un commerce de bois, de charbon, et de bestiaux. Pop. : 1,300 âmes.

CHAPMAN. — Baie de l'Atlantique. Elle est située au sud-ouest de la colonie du cap de Bonne-Espérance, et possède un bon port.

CHAPOLTEPEC. — Rocher isolé des environs de Mexico, au Mexique. A son sommet s'éleva d'abord un des palais de Montézuma; puis le vice-roi Galvez y fit construire, aux frais du roi d'Espagne, un magnifique château qui tombe aujourd'hui en ruines, mais dans les jardins duquel on remarque des arbres gigantesques et entre-autres des cyprès.

CHARAKHS. — Petite ville, chef-lieu de l'oasis du même nom, dans le Turkestan, en Asie. Son territoire est très-fertile et occupé par la tribu turcomane des *Salore*. Pop. : 6,000 âmes.

CHARENTE. — Rivière qui prend sa source dans le département de la Haute-Vienne; traverse ceux de la Charente et de la Charente-Inférieure; baigne Civray dans la Vienne, puis Angoulême, Cognac, Saintes et Rochefort, et se jette, au-dessous de cette dernière ville, dans le bras de mer appelé Pertuis d'Antioche.

CHARENTE (DÉPARTEMENT DE LA). — Il a été formé de parties de la Saintonge, de l'Angoumois, du Poitou et de la Marche. Sa superficie est de 603,250 hectares, et sa population d'environ 379,000 âmes. Il est divisé en 5 arrondissements dont les chefs-lieux sont Angoulême, Cognac, Ruffec, Barbezieux et Confolens, et compte 29 cantons et 453 communes. Angoulême est le siége de sa préfecture et de son diocèse, Bordeaux, celui de sa cour impériale et de son académie universitaire, et il est compris dans la 12ᵉ division militaire.

CHARENTE-INFERIEURE (DÉPARTEMENT DE LA). — Il a été formé de parties de la Saintonge, de l'Angoumois, de l'Aunis et du Poitou. Sa superficie est de 634,685 hectares, et sa population d'environ 468,000 âmes. Il est divisé en 6 arrondissements dont les chefs-lieux sont La Rochelle, Rochefort, Marennes, Saintes, Jonzac et saint-Jean-d'Angély, et compte 39 cantons et 480 communes. La Rochelle est le siége de sa préfecture et de son diocèse; Poitiers celui de sa cour impériale et de son académie universitaire, et il est compris dans la douzième division militaire.

CHARENTON. — Gros bourg des environs de Paris, situé au confluent de la Marne avec la Seine. Il est divisé en deux communes : *Charenton-le-Pont* et *Charenton Saint-Maurice*. Dans la première est située le célèbre hospice des aliénés; dans la seconde une vaste fonderie où l'on fabrique des machines à vapeur. La population des deux communes réunies, est d'environ 5,300 âmes.

CHARENTON. — Chef-lieu de canton dans l'arrondissement de Saint-Amand, département du Cher. On y trouve des forges, des hauts-fourneaux et des mines de houille dans le voisinage. Pop. : 1,500 âmes.

CHARITÉ (LA). — Petite ville située sur la Loire, dans le département de la Nièvre. Elle fabrique des boutons de métal, et sert d'entrepôt pour les ancres de la marine. Pop. : 4,000 âmes.

CHARLEROI. — Place forte en Belgique. Elle est située sur la rive gauche de la Sambre. Elle est renommée par les mines de houille de ses environs, et l'on y trouve aussi des fabriques d'ouvrages en fer et des verreries. Pop. : 6,000 âmes.

CHARLESTON. — Grande ville de la Caroline du sud, aux Etats-Unis d'Amérique. Elle est située dans le district de même nom et sur une péninsule formée par le Cooper et l'Ashley qui, par leur réunion au-dessous de cette ville, y forment un port vaste et sûr que défendent trois forts. Charleston est la résidence d'un évêque catholique et d'un évêque protestant. On y remarque l'église Saint-Michel, le palais de l'état, l'hôtel de ville, la douane et la prison; on y trouve un collége, une école de droit et une école de médecine, une bibliothèque publique et plusieurs sociétés académiques. Le commerce y est important et la population de 30,000 âmes.

CHARLESTOWN. — Petite ville de Massachusetts, aux Etats-Unis d'Amérique. On y remarque l'arsenal maritime et la prison d'Etat. Cette ville est commerçante et compte 12,000 habitants.

CHARLEVILLE. — Jolie petite ville située en face Mézières, dans le département des Ardennes. Elle possède un collége, une bibliothèque et un cabinet d'histoire naturelle et d'antiquités, et son commerce consiste en armes, ferronnerie, cuirs tannés, étoffes de laines, bas, dentelles et ouvrage de marbre. Sa population est d'environ 8,000 âmes.

CHARLIEU. — Petite ville du département de la Loire. On y trouve des fabriques de soie et de cotonnades, des tanneries et des chamoiseries, des eaux gazeuses, et elle fait aussi un commerce de bestiaux. Pop. : 3,700 âmes.

CHARLOTTE. — Petite ville de la Caroline-du-Nord, aux Etats-Unis d'Amérique. Elle est assez importante par les mines d'or qu'on exploite dans ses environs. Pop. : 2,500 âmes.

CHARLOTTENBOURG. — Petite ville située sur la Sprée, dans le Brandebourg, en Prusse. On y remarque un château magnifique, bâti par Frédéric II, et le monument élevé dans ses jardins en l'honneur de la reine Louise. Pop. : 5,000 âmes.

CHARLOTTE-TOWN. — Petite ville épiscopale, chef-lieu de l'île du Prince-Edouard, Amérique anglaise. Elle possède une école latine et une société d'agriculture. Pop. : 4,000 âmes.

CHARLTON. — Ville du Massachusetts, aux Etats-Unis d'Amérique. Pop. : 3,000 âmes.

CHARLY. — Chef-lieu de canton dans l'arrondissement de Château-Thierry, département de l'Aisne. Il est situé près de la Marne. On y trouve des fabriques de draps, de serges et étoffes de laine, de boutons et une fonderie de cuivre. Pop. : 1,700 âmes.

CHARMES. — Petite ville du département des Vosges. On y fait un commerce de grains, de vins, de kirchwaser, de cuirs et de dentelles. Pop. : 2,900 âmes.

CHARMEY. — Petit bourg de la vallée Bellegarde, dans le canton de Fribourg, en Suisse. Il est le centre de la grande fabrication du fromage dit de *gruyère*. De vastes magasins en contiennent incessamment une immense quantité, et c'est de là qu'on en expédie dans toutes les parties de l'Europe, et même dans l'Inde. On prétend que le dialecte qui se parle en cet endroit est remarquable par le grand nombre de mots celtiques qu'il contient. On voit aussi, dans ses environs, une chartreuse nommée *Valsainte*, située dans un lieu très-pittoresque. Pop. : 700 âmes.

CHARNY. — Chef-lieu de canton dans l'arrondissement de Verdun, département de la Meuse. On y trouve une scierie mécanique. Pop. : 500 âmes.

CHARNY. — Chef-lieu de canton dans l'arrondissement de Joigny, département de l'Yonne. Il est situé sur l'Ouanne et l'on y fabrique des draps communs. Pop. : 1,400 âmes.

CHAROLLES. — Petite ville située sur la Reyssousse, dans le département de Saône-et-Loire. Autrefois capitale du Charollais, elle est aujourd'hui chef-lieu d'arrondissement, et comprend 13 cantons et 138 communes. Elle possède un collége, fait un commerce assez important de bois, et sa population est d'environ 3,300 âmes.

CHARTRES. — Ville épiscopale située sur l'Eure. Chef-lieu du département d'Eure-et-Loir, son arrondissement comprend 8 cantons et 166 communes. On admire, dans cette ville, la cathédrale, édifice du xi° siècle, qui est la plus grande église de France, et l'un des temples gothiques les plus vastes et les plus magnifiques qu'il y ait en Europe. Elle est flanquée de deux clochers dont l'un se distingue par sa force pyramidale et sa masse énorme, et l'autre par son élévation qui le dispute à toutes les tours connues. Chartres possède un séminaire, un collége, une bibliothèque publique, un jardin botanique et une société d'agriculture. Son commerce consiste en grains, vins, serges communes, bonneterie, cuirs tannés, etc., et sa population est d'environ 16,000 âmes. C'est la patrie de Régnier et de Nicole.

CHARTREUSE (Grande). — Célèbre monastère du département de l'Isère. Il est situé à 20 kilom. de Grenoble, dans le canton de Saint-Laurent-du-Pont, et dans une vallée pittoresque, entourée de montagnes et que sillonnent des torrents et des précipices. Cette chartreuse doit sa fondation à saint Bruno qui, en 1084, y donna naissance à l'ordre austère des Chartreux.

CHATAIGNERAIE (LA). — Chef-lieu de canton dans l'arrondissement de Fontenay, département de la Vendée. On y fabrique de grosses étoffes de laine et l'on y fait un commerce de grains, de laines et de bestiaux. Pop. : 1,600 âmes.

CHATAM. — Ville du comté de Kent, en Angleterre. Elle est importante par ses fortifications, son immense arsenal et ses vastes chantiers. Elle compte environ 25,000 habitants.

CHATEAU (LE). — Dans le département de la Corrèze. Il est situé sur la cime d'un roc escarpé, et on le range parmi les plus anciennes forteresses de France.

CHATEAU-CHINON. — Petite ville située près de l'Yonne, dans le département de la Nièvre. Ancienne capitale du Morvan, elle est aujourd'hui chef-lieu d'arrondissement et comprend 5 cantons et 59 communes. Elle possède une société d'agriculture et fait un commerce assez considérable de bois à brûler pour l'approvisionnement de Paris. Pop. : 3,000 âmes.

CHATEAU-DE-MORÉE. — Il est situé dans l'Achaïe, royaume de Grèce, et défend, avec le château de Romélie, construit vis-à-vis, sur la côte opposé de l'Hellas, le passage qu'on nomme, à cause de ces deux forts, les *petites Dardanelles*. On voit dans le château de Morée les débris du temple de Neptune.

CHATEAU - D'OLÉRON (LE). — Petite place forte du département de la Charente-Inférieure. Elle est située sur la côte orientale de l'île d'Oléron. On y construit des navires et l'on y fait un commerce de grains, de vins, d'eaux-de-vie et de sel. Pop. : 3,000 âmes.

CHATEAU-DES-PRÉS. — Petit bourg de l'arrondissement de Saint-Claude, département du Jura. Il est important par la grande quantité de meubles et d'ustensiles en bois qu'on y fabrique.

CHATEAU-DU-LOIR. — Petite ville du département de la Sarthe. Elle fait un commerce de grains, de lin et de volaille. Pop. : 3,000 âmes.

CHATEAU - GONTHIER. — Petite ville située sur la Mayenne, dans le département de ce nom. Chef-lieu d'arrondissement, elle comprend 6 cantons et 73 communes. Elle possède un collége, une société d'agriculture, et fait un commerce de fils de lin et de chanvre qui servent à alimenter les fabriques du département. Sa population est d'environ 6,000 âmes.

CHATEAU-LA-VALLIÈRE. — Chef-lieu de canton de l'arrondissement de Tours, département d'Indre-et-Loire. Il est situé sur le bord d'un étang que traverse la rivière de la Fare, et l'on y fabrique des essieux très-estimés, ainsi que des instruments aratoires. Pop. : 1,400 âmes.

CHATEAU-PORCIEN. — Petite ville du département des Ardennes. C'est un chef-lieu de canton de l'arrondissement de Rethel. Elle est située sur l'Aisne qui y forme une île dans laquelle se trouve comprise une partie de la ville que domine un vieux château. On y trouve des fabriques de serges, d'étamines, de casimirs, et des filatures de laine. Pop. : 1,500 âmes.

CHATEAU-RENARD. — Petite ville du

département du Loiret. C'est un chef-lieu de canton de l'arrondissement de Montargis. On y fabrique des draps pour les fournitures militaires, et l'on y fait un commerce de laines, de toiles et de safran. Ce lieu, qui était l'une des places de guerre des calvinistes, fut démantelé, en 1627, par ordre de Louis XIII. Pop. : 2,400 âmes.

CHATEAU-RENAULT — Petite ville du département d'Indre-et-Loire. On y trouve des fabriques de draps, de flanelles, et des tanneries renommées. Pop. : 2,900 âmes.

CHATEAU-SALINS. — Petite ville, chef-lieu d'arrondissement dans le département de la Meurthe, et comprenant 5 cantons et 447 communes. Elle possède une société d'agriculture, et plusieurs salines d'où lui est venu son nom. Sa population est d'environ 3,000 âmes.

CHATEAU-THIERRY. — Ville située sur la Marne. Chef-lieu d'arrondissement dans le département de l'Aisne, elle comprend 5 cantons et 125 communes. On y voit les ruines d'une forteresse, et l'on y fait un commerce de grains, de bois, d'huile, de meules de moulin et de moutons. C'est la patrie de Jean La Fontaine. Les alliés y furent défaits par Napoléon, en 1814. Pop. : 5,000 âmes.

CHATEAU-VILLAIN. — Chef-lieu de canton dans l'arrondissement de Chaumont, département de la Haute-Marne. On y voit un beau château, et l'on y fait un commerce de chevaux et de bestiaux. Pop. : 2,700 âmes.

CHATEAUBOURG. — Chef-lieu de canton dans l'arrondissement de Vitré, département d'Ille-et-Vilaine. Il est situé sur la Vilaine. On exploite, dans son voisinage, des carrières d'ardoises. Pop. : 1,300 âmes.

CHATEAUBRIANT. — Petite ville du département de la Loire-Inférieure. Chef-lieu d'arrondissement, elle comprend 7 cantons et 37 communes. Elle possède une société d'agriculture, est assez commerçante, et sa population est d'environ 4,000 âmes.

CHATEAUDUN. — Ville du département d'Eure-et-Loir. Chef-lieu d'arrondissement, elle comprend 5 cantons et 80 communes. Elle possède un collège et une bibliothèque publique. On y remarque le château des anciens comtes de Dunois, le couvent des Génovéfains qui est aujourd'hui de sous-préfecture, une place immense, et la promenade qui longe le Loir. Le commerce de cette ville consiste en fabriques de couvertures de laine, en tanneries, et en grains, farines, légumes secs et bestiaux. Pop. : 6,600 âmes.

CHATEAUGIRON. — Chef-lieu de canton dans l'arrondissement de Rennes, département d'Ille-et-Vilaine. Pop. : 1,400 âmes.

CHATEAULIN. — Petite ville du département du Finistère. Chef-lieu d'arrondissement, elle comprend 7 cantons et 59 communes. Cette ville est renommée par les mines de plomb argentifère qui existent sur son territoire à Huelgoat et à Poullaouen, et par les saumons qu'on pêche dans l'Auzon. Pop. : 3,000 âmes.

CHATEAUMEILLANT. — Petite ville du département du Cher. C'est un chef-lieu de canton de l'arrondissement de Saint-Amand. On y voit les ruines d'une forteresse dont une tour, encore conservée, remonte, au dire de quelques-uns, jusqu'à Jules César. Pop. : 2,800 âmes.

CHATEAUNEUF. — Chef-lieu de canton dans l'arrondissement de Limoges, département de la Haute-Vienne. Pop. : 1,400 âmes.

CHATEAUNEUF-DE-RANDON. — Chef-lieu de canton dans l'arrondissement de Mende, département de la Lozère. On y fait un commerce de bestiaux. C'est sous les murs de ce bourg, autrefois fortifié, que mourut, en 1380, Duguesclin qui y assiégeait les Anglais. Pop. : 600 âmes.

CHATEAUNEUF-DU-FAOU. — Petite ville du département du Finistère. C'est un chef-lieu de canton de l'arrondissement de Châteaulin. Elle est située sur une colline, près de l'Aulne. Pop. : 2,500 âmes.

CHATEAUNEUF-EN-BRETAGNE. — Chef-lieu de canton dans l'arrondissement de Saint-Malo, département d'Ille-et-Vilaine. Il est situé sur l'Auzon. Pop. : 800 âmes.

CHATEAUNEUF-EN-THIMERAIS. — Chef-lieu de canton dans l'arrondissement de Dreux, département d'Eure-et-Loir. Pop. : 1,400 âmes.

CHATEAUNEUF-SUR-CHARENTE. — Petite ville du département de la Charente. C'est un chef-lieu de canton de l'arrondissement de Cognac. Elle est située sur la rive gauche de la Charente qui est canalisée en cet endroit. On y fait un commerce de vins, d'eaux-de-vie, de sel et de bestiaux. Charles V reprit cette ville sur les Anglais, en 1380, après un siège qui dura quatre années. Pop. : 2,400 âmes.

CHATEAUNEUF-SUR-CHER. — Chef-lieu de canton dans l'arrondissement de Saint-Amand, département du Cher. Cette ville est située dans une île formée par le Cher, et compte 2,200 habitants.

CHATEAUNEUF-SUR-LOIRE. — Petite ville du département du Loiret. C'est un chef-lieu de canton de l'arrondissement d'Orléans. On y fabrique des serges et des couvertures de laine. Pop. : 3,000 âmes.

CHATEAUNEUF-SUR-SARTHE. — Chef-lieu de canton dans l'arrondissement de Segré, département de Maine-et-Loire. Pop. : 1,300 âmes.

CHATEAUPONSAT. — Chef-lieu de canton dans l'arrondissement de Bellac, département de la Haute-Vienne. Il est situé sur la Gartempe. Pop. : 3,900 âmes.

CHATEAUROUX. — Ville située sur la rive gauche de l'Indre, et chef-lieu du département de ce nom. Son arrondissement comprend 8 cantons et 84 communes. Cette ville possède un collège, une bibliothèque, une société académique ; elle fait un commerce de grosses draperies, et sa population est d'environ 14,000 âmes.

CHATEAUROUX. — Village de l'arrondissement de Gap, département des Hautes-Alpes. On y exploite des carrières d'ardoises. Ce lieu est situé à environ 1,000 mètres au-dessus du niveau de la mer, et tout entouré de prairies, de vergers et de bosquets. Pop.: 1,800 âmes.

CHAT-EL-ARAB. — Fleuve d'Asie. Il est formé de la réunion de l'Euphrate et du Tigre, qui a lieu près de Corna, et après avoir baigné Bassora, il va se jeter dans le golfe Persique par une embouchure appelée Kossisa-Bouni. Son cours est de 160 kilomètres et il est navigable, au moyen de la marée, pour les navires qui n'ont pas au delà de 500 tonneaux.

CHATEL-SUR-MOSELLE. — Chef-lieu de canton dans l'arrondissement d'Epinal, département des Vosges. Il est situé sur la droite de la Moselle, et compte 1,300 habitants.

CHATELLERAULT. — Petite ville située sur la Vienne, dans le département de ce nom. Chef-lieu d'arrondissement, elle comprend 6 cantons et 50 communes. Elle possède un collége, une manufacture d'armes à feu et d'armes blanches, et fait un commerce important et renommé de coutellerie. On exploite aussi, dans ses environs, une carrière de pierre propre à former des meules de moulins. La population de cette ville est d'environ 12,000 âmes.

CHATELUS. — Chef-lieu de canton dans l'arrondissement de Boussac, département de la Creuse. Pop.: 1,300 âmes.

CHATENOIS. — Chef-lieu de canton dans l'arrondissement de Neufchâteau, département des Vosges. On y fabrique des orgues, des serinettes et autres instruments de musique. Pop.: 1,600 âmes.

CHATILLON. — Chef-lieu de canton dans l'arrondissement de Die, département de la Drôme. Pop.: 1,200 âmes.

CHATILLON-EN-BAZOIS. — Chef-lieu de canton dans l'arrondissement de Château-Chinon, département de la Nièvre. Pop.: 1,300 âmes.

CHATILLON-LES-DOMBES. — Chef-lieu de canton dans l'arrondissement de Trévoux, département de l'Ain. Ou y trouve des papeteries et l'on y fait un commerce de vins. Pop.: 3,200 âmes.

CHATILLON-SUR-INDRE. — Petite ville du département de l'Indre. C'est un chef-lieu de canton de l'arrondissement de Châteauroux. On y voit les ruines d'un ancien château-fort, et l'on y fabrique des étoffes communes. Pop.: 3,600 âmes.

CHATILLON-SUR-LISON. — Village de l'arrondissement de Besançon, département du Doubs. Il est important par sa grande forge, sa tréfilerie et autres établissements industriels.

CHATILLON-SUR-LOING. — Chef-lieu de canton dans l'arrondissement de Montargis, département du Loiret. Il est situé sur le Loing et le canal de Briare. C'est la patrie de l'amiral de Coligny, dont on y voit encore l'ancien château. Pop.: 2,000 âmes.

CHATILLON-SUR-LOIRE. — Petite ville du département du Loiret. C'est un chef-lieu de canton de l'arrondissement de Gien. Il est situé sur la rive gauche de la Loire. Pop.: 2,800 âmes.

CHATILLON-SUR-MARNE. — Chef-lieu de canton dans l'arrondissement de Reims, département de la Marne. Il est situé près de la rive droite de la Marne. C'est la patrie du Pape Urbain II. Pop.: 900 âmes.

CHATILLON-SUR-SEINE. — Petite ville du département de la Côte-d'Or. Chef-lieu d'arrondissement, elle comprend 6 cantons et 116 communes. Elle possède un collége, une bibliothèque publique, et l'on exploite, dans ses environs, des pierres lithographiques qui sont très-estimées. Sa population est d'environ 5,000 âmes.

CHATILLON-SUR-SEVRE. — Chef-lieu de canton dans l'arrondissement de Bressuire, département des Deux-Sèvres. Il est situé sur le Louin, affluent de la Sèvre-Nantaise. C'est l'ancienne *Mons-Leonis* des Romains et elle porta le nom de Mauléon jusqu'en 1737. Pop.: 1,200 âmes.

CHATRE (LA). — Petite ville située sur l'Indre, dans le département de ce nom. Chef-lieu d'arrondissement, elle comprend 5 cantons et 59 communes. Elle possède un collége, fait un commerce assez important de bestiaux, et compte environ 5,000 habitants.

CHATTERIS. — Ville du comté de Cambridge, en Angleterre. Elle est située dans l'île d'Ely. Pop.: 4,000 âmes.

CHATTOHOCHIE. — Rivière des Etats-Unis d'Amérique. Elle prend sa source en Géorgie, sépare en partie cet Etat de celui d'Alabama, et se réunit au Flint pour former l'Apalachicola. Son cours est de 500 kilomètres.

CHAUBEK ou MONT-RÉAL. — Petite ville de l'Hedjaz, dans l'Arabie. Elle joua un rôle assez important durant les guerres des croisades.

CHAUDES-AIGUES. — Petite ville du département du Cantal. Elle est renommée par ses eaux thermales d'une température très-élevée, lesquelles, au moyen de canaux souterrains, sont distribuées dans toutes les maisons. Elles servent non-seulement aux besoins domestiques des habitants, mais encore à entretenir une douce chaleur dans leurs logements durant l'hiver.

CHAUFFAILLES. — Petite ville du département de Saône-et-Loire. C'est un chef-lieu de canton de l'arrondissement de Charolles. On y fabrique des toiles, des tuiles et des briques. Pop.: 3,600 âmes.

CHAULNES. — Chef-lieu de canton dans l'arrondissement de Péronne, département de la Somme. C'est la patrie du grammairien Lhomond. Pop.: 1,200 âmes.

CHAUMERGY. — Chef-lieu de canton dans l'arrondissement de Dôle, département du Jura. Pop.: 500 âmes.

CHAUMONT. — Chef-lieu de canton dans l'arrondissement de Beauvais, département de l'Oise. On y trouve des fabriques de draps. Pop.: 1,200 âmes.

CHAUMONT. — Petite ville située sur la Marne. C'est le chef-lieu du département de la Haute-Marne, et son arrondissement comprend 10 cantons et 195 communes. Cette ville, dans laquelle on remarque l'hôtel de ville et le palais de justice, possède un collége, une bibliothèque et une société académique. Sa population est d'environ 7,000 âmes.

CHAUMONT-PORCIEN. — Chef-lieu de canton dans l'arrondissement de Rethel, département des Ardennes. On y trouve des fabriques de toiles. Pop. : 1,100 âmes.

CHAUNY. — Petite ville du département de l'Aisne. C'est un chef-lieu de canton de l'arrondissement de Laon. Elle est située sur l'Oise et le canal latéral. Cette ville est le dépôt des glaces de Saint-Gobin, et l'on s'y occupe de leur polissage. Pop. : 5,200 âmes.

CHAUSSIN. — Chef-lieu de canton dans l'arrondissement de Dôle, département du Jura. Pop. : 1,300 âmes.

CHAUVIGNY. — Chef-lieu de canton dans l'arrondissement de Montmorillon, département de la Vienne. On y trouve des fabriques de lainages et des tanneries. Pop. : 1,800 âmes.

CHAUX-DE-FOND (La). — Gros bourg, chef-lieu de la vallée du même nom, dans le canton de Neufchâtel, en Suisse. Il est important par le grand nombre d'ouvrages d'horlogerie, d'orfévrerie, d'instruments de physique et de mathématiques qui s'y fabriquent; par ses ouvrières en dentelles; par les moulins de Sandoz, et enfin par divers ateliers établis dans des cavernes. Ce bourg est aussi la patrie des célèbres mécaniciens Pierre et Henri Droz. Le premier est auteur d'une horloge accompagnée d'automates, dont l'un annonce l'heure à haute voix, tandis qu'un pâtre joue de la flute, et un chien se précipite en avant; le second a composé trois sujets non moins fameux : *la demoiselle qui joue du piano, celle qui dessine, et le jeune homme qui écrit*. Pop. : 8,500 âmes.

CHAVANGES. — Chef-lieu de canton dans l'arrondissement d'Arcis-sur-Aube, département de l'Aube. On y trouve des fabriques de cotonnades, et l'on y fait un grand commerce de dindons. Pop. : 3,100 âmes.

CHAVES. — Petite ville de la province de Para, au Brésil. Elle est située à l'embouchure de l'Amazone, et l'on y fait des pêcheries d'une grande importance. Pop. : 3,000 âmes.

CHAVES. — Petite ville du Tras-os-Montes, en Portugal. Elle est renommée par ses sources minérales, qui étaient déjà fréquentées du temps des Romains. On y voit un pont construit par ce peuple, et la population est d'environ 5,000 âmes.

CHAYANTA. — Ville du département de Potosi, dans la république de Bolivia, Amérique du Sud. Pop. : 4,000 âmes.

CHAYKIE. — Pays de la Nubie, dans la région du Nil, en Afrique. Il est situé le long du fleuve. Les chevaux de cette contrée sont réputés comme les meilleurs parmi les races arabes.

CHAYLARD (Le). — Chef-lieu de canton dans l'arrondissement de Tournon, département de l'Ardèche. Il est situé au confluent de l'Erieux et de la Dorne. On y fait un commerce de mégisserie et de bestiaux. Pop. : 2,400 âmes.

CHAZY. — Ville du New-York, aux Etats-Unis d'Amérique. Elle est située sur le lac Champlain. Pop. : 3,500 âmes.

CHEADLE. — Ville du comté de Stafford, en Angleterre. On y trouve des usines et des fabriques de rubans ; puis des mines de houille dans ses environs. Pop. : 4,000 âmes.

CHEF-BOUTONNE. — Chef-lieu de canton dans l'arrondissement de Melle, département des Deux-Sèvres. Il est situé près de la Boutonne, et l'on y fait un commerce de bestiaux. Pop. : 2,400 âmes.

CHEHERISTAN. — Capitale du Kouhistan, en Perse.

CHEHREZOUR. — Ville du Kourdistan, dans la Turquie-d'Asie. C'est un chef-lieu de pachalik.

CHEIBOUN ou CHABOUN. — Contrée de la Nigritie orientale. Elle est située au sud du pays des Chillouks et habitée par la race noire des Noubahs qu'on rencontre aussi dans le Sennaar. On y trouve de la poudre d'or en abondance.

CHEKSNA. — Rivière de Russie. Elle sort du lac Biélo, et, après avoir arrosé les gouvernements de Novgorod et d'Iaroslav, elle se jette dans le Volga vis-à-vis Ribinsk. Son cours est de 320 kilomètres.

CHELICOUT ou CHELICUT. — Ville du royaume de Tigré, dans l'Abyssinie. C'est la résidence habituelle du souverain. On y remarque l'église, l'une des plus belles de l'Afrique, et le palais du roi. Pop. : 8,000 âmes.

CHELIFF. — Fleuve de l'Algérie. Il prend sa source dans l'Atlas aux monts Ouaransenis, et, après avoir traversé le lac de Titteri et baigné Orléansville, il tourne vers l'ouest pour aller se jeter dans la mer près de Mostaganem.

CHELSEA. — Sorte de bourg ou de petite ville attenante à la cité de Londres, en Angleterre. On y voit l'établissement pour les invalides de l'armée de terre; puis le *Royal Military Asylum*, où sont élevés, aux frais de l'Etat, 1,200 enfants de soldats ; et enfin, le jardin botanique de la Société pharmaceutique de Londres.

CHELTENHAM. — Très-jolie ville du comté de Glocester, en Angleterre. Elle est dans une position charmante, et ses eaux minérales, que l'on compare à celles de Spa, y attirent un grand nombre d'étrangers. Pop. : 20,000 âmes.

CHEMILLÉ. — Petite ville du département de Maine-et-Loire. C'est un chef-lieu de canton de l'arrondissement de Beaupreau. On y trouve des fabriques de toiles, de siamoise, de flanelle et de mouchoirs dits de Cholet. On y fait aussi un commerce de bestiaux. Pop. : 4,000 âmes.

CHEMIN. — Chef-lieu de canton dans l'arrondissement de Dôle, département du Jura. Il est situé sur l'ancienne voie romaine d'Agrippa, d'où lui vient son nom. Pop. : 500 âmes.

CHEMNITZ. — Ville du royaume de Saxe. Elle est située sur la petite rivière de son nom et sur le chemin de fer de Dresde à Munich. C'est une ville très industrieuse et l'on y fabrique des toiles, des calicots, des mousselines, des tissus de soie et de laine. Puffendorf naquit en ce lieu. Pop. : 23,000 âmes.

CHENDY. — Chef-lieu du pays de ce nom, en Nubie. Ce pays correspond à l'antique et célèbre État théocratique de Méroë, qui, durant plusieurs siècles, fut un foyer de civilisation. La ville de Chendy est située sur la rive droite du Nil, et, avant l'invasion des Égyptiens, elle était importante par son commerce, et le principal marché d'esclaves du royaume. Pop. : 8,000 âmes.

CHÊNE. — Joli petit bourg du canton de Genève, en Suisse. Pop. : 3,000 âmes.

CHÊNE (LE). — Chef-lieu de canton dans l'arrondissement de Vouziers, département des Ardennes. Pop. : 1,600 âmes.

CHÉNECEY. — Village situé sur la Louc, dans l'arrondissement de Besançon, département du Doubs. Il est important par ses forges et ses tréfileries. Pop. : 1,000 âmes.

CHÉNÉRAILLES. — Chef-lieu de canton dans l'arrondissement d'Aubusson, département de la Creuse. On y fait un commerce de bestiaux. Pop. : 1,900 âmes.

CHEN-SI. — Province septentrionale de la Chine proprement dite. Elle est située à l'ouest du Chan-si, depuis le Hoang-ho et la grande muraille jusqu'au Han-kiang, et divisée administrativement en 7 départements : Si'an, Yan'an, Foung-thsiang, Han-tchoung, Yu-lin, Hing'an et Thoung-tchéou ; et 5 cantons immédiats : King, Thsin, Kiaï, Sou,'an-si et Ti-hoa. Elle compte 10,200,000 habitants, et sa capitale est Si'an ou Singan.

CHEPSTOW. — Petite ville du comté de Monmouth, en Angleterre. Elle est assez importante par son port et ses vastes chantiers. On cite aussi ses marées, les plus remarquables probablement de l'Europe, puisqu'elles s'élèvent jusqu'à 22 mètres. Pop. : 3,000 âmes.

CHER (DÉPARTEMENT DU). — Il a été formé du Berry et d'une partie du Bourbonnais. Sa superficie est de 720,880 hectares, et sa population de 294,540 âmes. Il est divisé en trois arrondissements dont les chefs-lieux sont : Bourges, Sancerre et Saint-Amand, et compte 29 cantons et 293 communes. Bourges est le siège de sa préfecture, de son diocèse, de sa cour impériale et de son académie universitaire, et il est compris dans la treizième division militaire.

CHERASCO. — Ville du royaume de Sardaigne. Elle est située près du confluent de la Stura et du Tanaro. Pop. : 7,900 âmes.

CHERBOURG. — Ville forte et maritime du département de la Manche. Elle est située à l'extrémité septentrionale de la presqu'île d Cottentin, à l'embouchure de la Divette, et au fond d'une vaste baie. Chef-lieu d'arrondissement, elle comprend 5 cantons et 72 communes. On remarque dans cette ville le port militaire assez grand pour contenir 50 vaisseaux de ligne, toujours à flot, même durant les marées les plus basses ; de très-beaux chantiers ; et une digue de 3,748 mètres de longueur, construite au milieu des vagues pour fermer la rade. Cherbourg possède un collége, une école de navigation, une bibliothèque publique, un musée d'antiquités et une société académique. Son commerce consiste en draps, glaces, verreries, viandes salées, soude de varec, etc., et sa population est d'environ 23,000 âmes.

CHERCHELL. — Petite ville de l'Algérie. C'est l'ancienne *Iol* ou *Cæsarea* de Juba, qui devint la métropole de la Mauritanie césarienne. Pop. : 1,100 âmes.

CHÉRIBON. — Chef-lieu de la résidence de ce nom, dans l'île de Java. On trouve, dans son voisinage, le tombeau du cheikh Moulana, qui fut le premier propagateur de l'islamisme à Java. Pop. : 10,000 âmes.

CHÉROKIS ou **CHEROKÉES.** — Peuple indien des États-Unis d'Amérique. Il habitait anciennement les États de Géorgie, de Tennessee et d'Alabama ; mais le gouvernement l'a transporté à l'ouest du Mississipi, au delà du territoire d'Arkansas.

CHEROY. — Chef-lieu de canton dans l'arrondissement de Sens, département de l'Yonne. Pop. : 900 âmes.

CHERRY. — Île de l'Australie. Elle est située au nord-nord-est des Nouvelles-Hébrides.

CHERRY ou **ÎLE-AUX-OURS.** — Dans la mer Glaciale du nord, par 75° 45' de latitude nord, et 14° 30' de longitude est.

CHERSEBZ. — Chef-lieu du Khanat de ce nom, dans le Turkestan, en Asie. On la regarde comme une place importante, à cause de la nature du terrain marécageux qui l'environne. C'est la patrie du fameux Tamerlan.

CHERSO. — Île de la mer Adriatique. Elle est située au sud du golfe de Carnero et dépend du gouvernement de Trieste. Sa longueur est de 80 kilomètres, son plus grand diamètre de 9, et elle est fertile en huile, en vins, en fruits et en bois de construction. Pop. : 12,000 âmes.

CHERTSEY. — Ville du comté de Surrey, en Angleterre. C'était la résidence des rois saxons. Pop. : 5,000 âmes.

CHESAPEAK. — Golfe de l'Atlantique. Il est situé à l'est des États-Unis, entre le Maryland et la Virginie ; sa longueur est de 320 kilomètres, et sa largeur, à l'entrée, de 24. Il a pour affluents la Susquehannah, le Potomac, le James, etc., et son principal port est Baltimore.

CHESHAM. — Ville du comté de Buckingham, en Angleterre. On y fabrique des dentelles et des ustensiles de bois. Pop. : 5,000 âmes.

CHESHUNT. — Ville du comté de Hertford, en Angleterre. Cromwell y mourut en 1712. Pop. : 3,000 âmes.

CHESSY. — Village de l'arrondissement de Villefranche, dans le département du Rhône. Il est important par sa mine de cuivre, la plus riche qui soit exploitée en France, et qui l'était déjà du temps des Romains. Pop. : 800 âmes.

CHESTER. — Ancienne ville épiscopale, chef-lieu du comté de ce nom en Angleterre. Elle est importante par son commerce et son industrie, et c'est le principal entrepôt du fromage renommé qui s'appelle comme elle, puis du produit des salines du comté. On y remarque la prison et le magnifique port construit sur la Dee. Pop. : 20,000 âmes.

CHESTERFIELD. — Petite ville du comté de Derby, en Angleterre. Elle est importante par ses mines de houille et de plomb, ses fabriques de soie et de poteries, et ses filatures de coton. Pop. : 6,000 âmes.

CHESTERFIELD. — Ville du New-Hampshire, aux Etats-Unis d'Amérique. Elle est située sur le Connecticut. Pop. : 3,000 âmes.

CHESTERFIELD. (GOLFE DE). — Il est situé au nord-ouest de la baie d'Hudson, dans la nouvelle Bretagne. Sa longueur est de 450 kilomètres et sa largeur de 25.

CHESTERTOWN. — Ville du Maryland, aux Etats-Unis d'Amérique. Elle possède un port, mais il est peu fréquenté. Pop. : 4,500 âmes.

CHEVAGNES. — Chef-lieu de canton dans l'arrondissement de Moulins, département de l'Allier. Il est situé sur l'Acolin, petit affluent de la Loire. Pop. : 900 âmes.

CHEVILLON. — Chef-lieu de canton dans l'arrondissement de Vassy, département de la Haute-Marne. Il est situé près de la rive droite de la Marne. Pop. : 1,000 âmes.

CHEVIOTS. — Chaîne de montagnes de la Grande-Bretagne. Elle est située dans le sud de l'Ecosse, et le nord de l'Angleterre, formant comme une limite entre ces deux pays. Ses points culminants sont le Lowther, du comté de Lanark, dont l'altitude est de 935 mètres, et le Cheviot, dans le Northumberland, ayant une hauteur de 818 mètres.

CHEVREUSE. — Chef-lieu de canton dans l'arrondissement de Rambouillet. Il est situé sur l'Yvette, affluent de l'Orge. On y voit le beau château du duc de Luynes. Pop. : 1,800 âmes.

CHEYKH-ABADÉ. — Village situé sur la droite du Nil, dans l'Ouestanieh ou moyenne Egypte. C'est l'*Antinopolis* bâtie par Adrien en l'honneur de son favori Antinoüs, et sur l'emplacement de l'antique *Besa*, renommée par son oracle. La magnificence d'Antinopolis la fit surnommer la *Rome égyptienne*, et l'on s'en rend compte encore par les nombreux édifices dont on rencontre les restes.

CHIAPA DE LOS INDIOS. — Ville assez populeuse de l'Etat de Chiapa dans la Confédération Mexicaine. Jadis elle n'était occupée que par des Indiens auxquels de nombreux priviléges avaient été accordés par le gouvernement espagnol, au temps où ils avaient pour défenseur le vénérable Las-Casas, évêque de Ciudad-Real. Pop. : 2,500 âmes.

CHIARI. — Ville du royaume Lombard-Vénitien, empire d'Autriche. Elle est très-industrieuse et fait un grand commerce de soie. Le maréchal de Villeroi y fut battu,

en 1701, par le prince Eugène. Pop. : 8,000 âmes.

CHIAVARI. — Ville de l'Etat de Gênes, royaume Sarde. Elle est située à l'embouchure de la Sturla, dans le golfe de Rapallo, et l'on s'y livre particulièrement à la pêche des anchois. C'est la patrie du Pape Innocent IV. Pop. : 10,000 âmes.

CHIBAN. — Ville de l'Hadramant, partie de l'Yémen, en Arabie. Elle est située dans les montagnes et un sultan y réside.

CHICACOLE. — Ville de la présidence de Madras, dans l'empire Indo-Britannique. Elle est située près de l'embouchure du Setteveram dans le golfe du Bengale. C'est l'ancienne capitale des Circars du Nord.

CHICAGO. — Rivière navigable du pays des Illinois, aux Etats-Unis d'Amérique. Elle verse ses eaux dans le lac Michigan.

CHICAGO. — Petite ville de l'Illinois, aux Etats-Unis d'Amérique. Elle est située à l'extrémité sud-ouest du lac Michigan. Pop. : 4,000 âmes.

CHICHESTER. — Petite ville épiscopale, chef-lieu du comté de Sussex, en Angleterre. On remarque le clocher de sa cathédrale qui est d'une hauteur considérable. Pop. : 8,000 âmes.

CHICKASAS. — Peuple indien des Etats-Unis d'Amérique. Il occupait primitivement les Etats de Tennessee, Kentucky, Alabama et Mississipi; mais le gouvernement l'a fait transporter à l'ouest du Mississipi.

CHICLANA. — Ville de la province de Cadix, en Espagne. Elle a été bâtie dans une superbe position et l'on y trouve de nombreuses maisons de plaisance. Pop. : 7,000 âmes.

CHICOVA. — Ville de l'intérieur de l'Afrique. Elle est située à l'ouest du pays de Mozambique, sur le Zambèze, et renommée par les mines d'or et d'argent qui se trouvent sur son territoire.

CHIENS-MARINS (GOLFE DES). — Il est formé par la mer des Indes, sur les côtes occidentales de la Nouvelle-Hollande, dans la terre d'Endracht.

CHIERS. — Rivière qui prend sa source dans le Luxembourg. Après avoir arrosé les départements de la Moselle, de la Meuse et des Ardennes, elle se jette dans la Meuse, à une lieue au-dessus de Sédan. Son cours est de 100 kilomètres.

CHIETI. — Ville archiépiscopale, chef-lieu de l'Abruzze citérieure, dans le royaume des Deux-Siciles. Elle est située sur la Pescara, et on y remarque la cathédrale. Elle possède un séminaire, un collége royal, une société académique, et environ 13,000 habitants.

CHIFFA. — Rivière d'Algérie. Elle prend sa source au nord de Médéa, et, après avoir baigné les abords de Blida, elle se jette dans l'Oued-ger, pour former avec lui le Mazafran. Les rives de la Chiffa ont été le théâtre des exploits d'Abd-el-Kader.

CHIHUAHUA. — Chef-lieu de l'Etat de ce nom, dans la confédération mexicaine. C'est une grande et belle ville située sur un affluent du Couchos, qui porte lui-même ses eaux au Rio del Norte. On y remarque l'église principale et le palais de l'Etat. Cette ville possède une académie militaire et 30,000 habitants.

CHIKARPOUR ou SHIKURPOOR. — Ville de la principauté de Khirpour, dans le Sindhy, Hindoustan. Elle est située dans un territoire très-fertile que traversent des canaux dérivés de l'Indus, et c'est la ville la plus commerçante du Sindhy. Pop. : 25,000 âmes.

CHILI (RÉPUBLIQUE DU). — Etat de l'Amérique du sud. Il est situé entre 72° et 77° de longitude occidentale, en y comprenant l'archipel de Chiloé, et entre 25° et 44° de latitude australe. Il a pour confins, au nord, la république de Bolivia ; à l'est, les Etats-Unis du Rio de la Plata et la Patagonie ; au sud, cette dernière contrée et l'archipel de Chonos qui en fait partie ; et à l'ouest, le grand Océan. Les principaux fleuves qui l'arrosent et se jettent tous dans le grand Océan, en allant du nord au sud : le Salado, le Copiapo, le Huasco, le Coquimbo, le Limari, le Caulen, le Tolten, le Valdivia et le Calla-Calla. La division administrative du Chili se compose des provinces suivantes :

PROVINCES.	CHEFS-LIEUX.
Santiago.	Santiago.
Aconcagua,	San-Felipe.
Coquimbo.	Coquimbo.
Colchagua.	San-Fernando.
Maule.	Cauquanez.
Concepcion.	Concepcion.
Valdivia.	Valdivia.
Chiloé (Archipel de).	San-Carlos.

CHILLON. — Château fort du canton de Vaud, en Suisse. Il est isolé au-dessus du lac de Genève, non loin de Villeneuve, et célèbre par la captivité de Bonnivard.

CHILOÉ. — Archipel de l'Amérique du sud. Il est situé sur la côte du Chili et appartient à la république de ce nom. Il est composé d'un très-grand nombre d'îles dont 26 seulement sont habitées, et celle de Chiloé est la plus grande ; mais on n'y trouve que des villages plus ou moins peuplés. Son climat est orageux, ce qui n'empêche pas toutefois d'y recueillir des grains et des légumes.

CHIMERA ou KIMERA. — Canton de l'Albanie, dans la Turquie d'Europe. Il est habité par les Chimariotes, peuple belliqueux et indépendant, qui, autrefois, fournissait d'excellents soldats à la république de Venise et au royaume de Naples.

CHINCHILLA. — Petite ville de la capitainerie de Valence, en Espagne. Elle est assez importante par son commerce. Pop. : 12,000 âmes.

CHINCHOUR ou TCHINTCHOUR. — Ville de la présidence de Bombay, dans l'empire Indo-Britannique. Elle est la résidence du Tchintaman-Deo, que les Mahrattes croient une incarnation d'un de leurs dieux. Pop. : 1,000 âmes.

CHINE. — Vaste contrée de l'Asie, qui présente une superficie de plus de 1,200,000 kilom. carrés, et qui cependant ne forme qu'une division de l'empire de ce nom ; empire que l'on appelle aussi *le Monde*, *l'Empire du Milieu*. La Chine est bornée au nord, à l'ouest et au sud-ouest, par la Tartarie, le Tibet, et l'Inde au delà du Gange ; au sud et à l'est, par la mer ; et sa forme est à peu près circulaire. On dit qu'elle est hérissée de 14,607 montagnes, et qu'elle compte 765 fleuves ou lacs. Dans la partie méridionale, on remarque surtout une chaîne considérable qui rappelle les gracieux paysages des Pyrénées et des Apennins, et dont l'un des points culminants est le Meiling, qui s'élève de 1,000 mètres au-dessus du niveau du lac Po-yang. Au septentrion s'étendent les monts Pe-ling, qui se détachent entièrement de l'immense nœud de ceux du Tibet ; mais la chaîne des Yun-ling fait partie de ces derniers, et ses divers rameaux déterminent le cours du fleuve Hocang-ho ; puis, au nord, elle donne naissance à la chaîne du Chen-si, qui va, en s'abaissant graduellement, du nord au sud, jusqu'au pays de Ordos. Enfin, au nord-ouest de Péking s'étendent les monts Yan, séparés des Pe-ling par le bassin du Hoang-ho. Ils dépendent des monts Yin, qui séparent la Chine du pays des Mongols, et sont réunis par une autre chaîne qui forme, à l'est du golfe du Liao-toung, les fameuses *montagnes Blanches*, dont il est si souvent question dans l'histoire des Mandchous.

Parmi ces montagnes, il en est cinq auxquelles les Chinois ont donné, dès la plus haute antiquité, la dénomination de *yo*, et qui étaient des lieux de station pour les souverains qui y célébraient des cérémonies religieuses, lorsqu'ils visitaient l'empire. Quatre de ces montagnes marquent les points cardinaux ; ce sont : Thai, à l'orient ; Ho ou Hieng, qu'on appelle aussi *Colonne du Ciel*, au midi ; Hoa, à l'occident, et Heng, au nord. Le cinquième *yo*, ajouté par la dynastie des Tchéou, se nomme Soung, mot qui signifie *montagne élevée*, et il forme le centre de ces monts sacrés.

Les deux principaux fleuves de la Chine sont le Hoang-ho ou *fleuve Jaune*, ainsi appelé de la couleur du limon qu'il charrie, et le Yang-tseu-Kiang ou *fleuve Bleu*, qui prend sa source au nord du Tibet, dans le désert de Cobi. Ils ont chacun 2,400 à 2,800 kilom. de longueur. Viennent ensuite le Fuen-ho, le Hoei-ho et le Hoay-ho, tributaires du fleuve Bleu ; puis le fleuve Jaune reçoit le Yalou-Kiang, qui a près de 1,000 kilom. de cours, le Tchone ou Yan-Kiang, le La-Kiang et l'Yuen-Kiang. Enfin, deux grands fleuves, tout à fait indépendants du Hoang-ho et de l'Yang-tseu-Kiang, se jettent, l'un, dans le golfe de Canton, l'autre, dans celui de Pékin. La Chine offre aussi plusieurs lacs immenses ; celui de Toung-thing-hou, dans la province de Hou-Kang, a 240 kilom. de tour ; le Pho-yang-hou, dans la province de Kiang-si, a 120 ou 160 kilom. de circonférence, et reçoit des rivières dont la largeur est égale au plus, grand diamètre de la Loire; et ceux de Houng-tse-hou et de Kaoyen-hou, au nord de Nankin, sont tout aussi considérables. Ces nombreuses masses d'eau ont permis aux Chinois de sillonner leur empire d'une multitude de canaux utiles aux communications et à l'agriculture.

La Chine possède des mines d'or, d'argent, de cuivre, de plomb, d'étain et de houille; elle a des rubis, des lapis-lazuli, des émeraudes et des corindons en abondance; on y recueille le kaolin, dont les Chinois font usage pour la fabrication de leur porcelaine si renommée; puis une espèce de talc, appelé pagodite, dont ils font aussi toutes sortes de figures et de petits meubles; et ce jade néphrétique ou *Iu*, auquel ils attachent un grand prix. Le règne végétal ne se montre pas moins riche : le sol se couvre de camélias, de magnolias, d'hortensias, de pivoines et de mille autres plantes qui font l'ornement de nos parterres ou de nos serres; parmi les animaux, enfin, se montrent l'éléphant, le rhinocéros, le chameau, le buffle, le tigre, le léopard, etc.

La population de la Chine dépasse 335,000,000 d'âmes; cette population porte le nom de Pe-Sing, qui signifie *les cent familles*, et elle appartient à la race jaune ou mongole.

La division administrative de cet empire est ainsi établie :

PAYS.	PROVINCES.	CHEFS-LIEUX.
CHINE proprem. dite.	Tchy-Li.	Chun-Thian ou Péking.
	Chan-Si.	Thaï-Youan.
	Chen-Si.	Si'an ou Singan.
	Kan-Sou.	Lan-Tchéou.
	Izu-Tchouan.	Tching-Tou.
	Yun-Nan.	Yun-Nan.
	Kouang-Si.	Kouei-Lin.
	Kouang-Toung.	Kouang-Tchéou.
	Fou-Kian.	Fou-Tchéou.
	Tche-Kiang.	Hang-Tchéou.
	Kiang-Sou.	Kiang-Ning ou Nankin.
	Chan-Toung.	Tsi-Nan.
	Ho-Nan.	Khai-Fung.
	'Au-Hoe.	'An-Khing.
	Hou-Pe.	Wou-Tchhang.
	Kian-Si.	Nan-Tchhang.
	Hou-Nan.	Tchhang-Cha.
	Kouei-Tchéou.	Kouei-Yang.
PAYS DES MANDCHOUX.	Ching-King.	Ching-Yang ou Moukden.
	Ghirin.	Ghirin.
	Sakhalien-Oula.	Sakhalien-Oula-Khotou.
MONGOLIE.	Pays des Mongols	,
	— des Khalkha	,
THIAN-CHAN-PE-LOU.	Dzoungarie.	,
	Pays des Kirghiz.	,
	— des Torgots	,
THIAN-CHAN-NAN-LOU.		(Petite-Boukharie.)
PAYS DES MONGOLS DU KHOUKHOU-NOOR.		,
TIBET OU SI-ZZANG.	Oui. Zzang. K'ham. Ngari.	H'lassa. Jikadze. Bathang. ,
BED-RADJA OU BOUTAN.	Pays du Bed-Radja. Pays de Bisny.	Tassisudon. Bisni.
ROYAUME DE CORÉE.		Han-Yang-Tching.
ROYAUME DE LIEOU-KHIEOU.		,
GROUPE DE MADJICOSIMO.		Les îles principales sont : Typinsan, Patchousan, Rochoukoko et Koumi.

PÉKING est la capitale de l'empire.

La plus grande partie du peuple chinois professe le bouddhisme ou culte de Foe; mais la religion de Confucius ou doctrine des lettrés est celle de l'empire. Viennent ensuite les dogmes des Tao-sse ou docteurs de la raison, le christianisme, le judaïsme, puis des manichéens, des Parsi, etc.

CHINE (MER DE). — Elle est formée par le grand Océan, entre la Chine et l'île de Formose au nord, l'Indo-Chine à l'ouest, les Philippines à l'est et Bornéo au sud-est, et donne naissance à deux vastes golfes, ceux de Siam et du Tonkin. Ses affluents les plus marquants sont le Pékiang, l'Hoti-Kiang, le Mei-Koug et le Mei-Nam; et ses principaux ports sont Canton, Banka et Manille.

CHINON. — Petite ville située sur la rive droite de la Vienne, dans le département d'Indre-et-Loire. Chef-lieu d'arrondissement, elle comprend 7 cantons et 87 communes. Elle possède un collège; son commerce consiste en peaux de veau, de chèvre et basanes corroyées, etc, etc. ; et sa population est d'environ 7,000 âmes. Henri II, roi d'Angleterre, mourut dans cette ville; Charles VII l'habita, et Rabelais naquit dans ses environs.

CHINQUIQUIRA. — Petite ville de la province de Tunja, dans la république de la nouvelle Grenade. On la regarde comme la Notre-Dame de Lorette de la Colombie, à cause du grand nombre de pèlerins qui viennent visiter l'image de la sainte Vierge, conservée dans l'église des Dominicains.

CHIO ou CHIOS. — Ile de la côte d'Anatolie, dans la Turquie d'Asie. Elle était naguère la plus florissante de l'Archipel, et la ville de son nom, qui en était le chef-lieu, était renommée par son collège, sa bibliothèque et sa typographie. L'insurrection a détruit tout cela. Cette île fournissait autrefois à l'empire ottoman les jardiniers les plus réputés.

CHIOGGIA. — Ville épiscopale des environs de Venise. Elle est située dans une île qu'un long pont de pierre réunit au littoral, et les deux forts qui protégent son port font aussi partie du système de défense de Venise. La population de cette ville, qui est d'environ 23,000 âmes, se livre au cabotage, à la pêche, à la fabrication du sel et au jardinage. Chioggia possède un séminaire, un gymnase et une bibliothèque publique.

CHIPPENHAM. — Ville du comté de Wilts, en Angleterre. Elle est située sur l'Avon, et l'on y trouve des sources minérales. Pop. : 4,000 âmes.

CHIRAZ. — Chef-lieu du Fars, en Perse. Elle est située dans une vallée fertile, au bord du Roknâbâd ; mais elle est mal bâtie et ses rues sont étroites. On y remarque néanmoins le palais du gouverneur, dont les jardins sont magnifiques ; la mosquée d'Atabegchâh et celle du Vakil ; des bains superbes et le bazar-i-vakil. Les Persans appellent cette ville le *séjour de la science*, à cause de l'aptitude particulière de ses habitants pour la culture des lettres. Le territoire de Chiraz est renommé pour l'excellence de ses vins et pour ses roses, dont on obtient une essence délicieuse ; on y trouve les tombeaux de Sadi et Hhafiz, auteurs dont les écrits sont populaires, et le fameux puits taillé dans le roc, dont la profondeur est considérable ; enfin, l'on y rencontre les ruines de *Persépolis* et des restes de divers monuments, car cette contrée est parsemée de débris d'architecture.

CHIRVAN. — Province du Caucase, qui appartient aux Russes. Elle est située entre le Caucase au nord, la Géorgie et l'Arménie à l'ouest, la Perse au sud, la mer Caspienne à l'est, et comprend 6 khanats : le Chirvan propre ou Chamakhi, le Chéki, le Bakou, le Talichâh, le Karabagh et le Djar, ou pays des Lesghis.

CHIUSA. — Petite forteresse située sur l'Adige, dans la délégation de Vérone, gouvernement de Venise. Elle défend le passage du côté du Tyrol, en dominant la route qui de Vérone conduit à Roveredo.

CHIUSI. — Petite ville du grand-duché de Toscane. Elle est à la fois réputée par l'air malsain qu'on y respire, et par les nombreuses antiquités étrusques qu'on y découvre journellement. On remarque surtout, parmi les objets qu'on y recueille dans les fouilles, des vases en terre noire, couverts de groupes mythologiques en relief, lesquels vases offrent des figures et des scènes analogues à celles que représentent les bas-reliefs de Persépolis et les hiéroglyphes d'Egypte. La population de Chiusi est d'environ 3,000 âmes.

CHLUMETZ. — Ville de la Bohême, empire d'Autriche. On y trouve un dépôt impérial d'étalons. Pop. : 3,000 âmes.

CHOCO. — Province de la Nouvelle-Grenade. Elle est traversée par une ramification des Andes et baignée par le grand Océan qui y forme la baie de Choco. Cette province est riche en mines d'or, en cacao et en bois de teinture et d'ébénisterie. Elle est comprise dans le département de Cauca et a pour chef-lieu Novita.

CHOCZIM ou KHOTIN. — Ville fortifiée du gouvernement de la Bessarabie, en Russie. Les Polonais y remportèrent deux victoires sur les Turcs, l'une en 1621, l'autre en 1683. Pop. : 7,000 âmes.

CHOISY-LE-ROI. — Petite ville de l'arrondissement de Sceaux, dans le département de la Seine ; elle est située sur la rive gauche de ce fleuve. Elle doit son nom au château qu'on y voyait autrefois, et qui était une résidence royale. Aujourd'hui elle est importante par ses manufactures, ses verreries, ses fabriques de porcelaine, de cuirs vernis, etc. Pop. : 3,200 âmes.

CHOLET. — Ville du département de Maine-et-Loire. C'est un chef-lieu de canton de l'arrondissement de Beaupreau. Elle possède un collège, et l'on y trouve des fabriques de toile de lin, de siamoise, de flanelle et de mouchoirs de coton. Le nom de cette ville a retenti tristement dans les guerres de la Vendée. Pop. : 8,400 âmes.

CHOLULA. — Jolie petite ville de l'Etat de Puebla, dans la confédération mexicaine. Au temps de la conquête, elle était florissante et capitale d'une sorte de république oligarcho-théocratique. « C'était, dit M. Bettrami, la Jérusalem, la Rome, la Mecque de l'Anahuac, l'endroit où tous les peuples de ces vastes régions se rendaient en pèlerinage pour visiter les lieux saints ; où les dieux et les prêtres faisaient plus de miracles qu'ailleurs. » Pop. : 15,000 âmes.

CHOMERAC. — Chef-lieu de canton dans l'arrondissement de Privas, département de l'Ardèche. Pop. : 2,500 âmes.

CHORGES. — Chef-lieu de canton dans l'arrondissement d'Embrun, département des Hautes-Alpes. Pop. : 1,900 âmes.

CHOTUSITZ. — Ville de Bohême, empire d'Autriche. Les Autrichiens y furent battus, en 1742, par le roi de Prusse. Pop. : 1,000 âmes.

CHOUCHI. — Place forte de la Russie asiatique. C'est le chef-lieu du Khanat de Karabagh, dans le Chirvan.

CHOUDJOUABAD. — Ville du Moultan, dans l'Hindoustan. Elle est située sur le Tchénab.

CHOUIA. — Ville du gouvernement de Vladimir, en Russie. On y trouve des fabriques de coton. Pop. : 2.000 âmes.

CHOUMLA ou SCHOUMNA. — Ville fortifiée de la Bulgarie, dans la Turquie d'Europe. Elle est située sur une colline ; c'est le point militaire le plus important de la Turquie orientale et l'une des plus fortes positions de l'Europe. Elle occupe en effet le centre où viennent aboutir toutes les routes des forteresses du Danube, et d'où partent celles qui, à travers le Balkan, se dirigent vers la mer Noire et la Thrace. Cette ville possède aussi des fabriques de soie, des filatures, des tanneries, et ses chaudronniers sont renommés par la perfection de leur travail. Sa population dépasse 30,000 âmes. On remarque à Choumla le mausolée du célèbre amiral Hassan-Pacha.

CHOUSTER ou CHOUCHTER. — Chef-lieu du Khouzistan, en Perse. Cette ville s'élève au pied des monts Bakhtiary, sur le Keroun. On y remarque un aqueduc fameux, construit par Sapor, et des manufactures d'étoffes de soie; et on trouve dans son voisinage les ruines de la célèbre *Suse*, où, antérieurement à la conquête d'Alexandre, les monarques persans habitaient pendant l'hiver. On ne voit plus de cette vaste cité, dont les murailles avaient 120 stades de circonférence, que des restes de terrasses, des inscriptions à tête de clou et le tombeau du prophète Daniel, où les Juifs vont encore en pèlerinage. Pop. : 20,000 âmes.

CHRISTCHURCH. — Petite ville du comté de Southampton, en Angleterre. On y remarque une vaste église gothique. Pop. : 5,000 âmes.

CHRISTIANIA. — Ville épiscopale située à l'extrémité du golfe de même nom, lequel y forme un vaste port, au pied de l'Egeberg; c'est la capitale de la Norwége. On y remarque la cathédrale, le palais du gouvernement, l'hôtel de ville, l'école militaire, la Bourse, la maison de correction, celle des enfants trouvés et l'hôpital. Cette ville possède une université, une école militaire pour les officiers, un institut des cadets de terre, celui du commerce, l'école de dessin et celle de la cathédrale; une bibliothèque, un musée, un observatoire, un cabinet de minéralogie, un jardin botanique et une société académique. Christiania est le centre d'un commerce assez actif, entre autre celui de la librairie; et sa population est d'environ 25,000 âmes. L'antique ville d'*Opsolo* forme un faubourg de la cité actuelle, et dans le voisinage de celle-ci on rencontre un grand nombre de belles maisons de plaisance, nommées *Lökker*, dont les plus réputées sont Bogstadt, Frogner et Ulevold.

CHRISTIANSAND. — Ville épiscopale de Norwége. Elle est importante par son port fortifié, son commerce et son établissement de quarantaine; c'est aussi le refuge ordinaire des navires qui ont éprouvé des avaries pendant la dangereuse traversée du Cattegat. Cette ville possède un collége, une bibliothèque, un musée et environ 8,000 habitants.

CHRISTIANSBORG. — Etablissement et forteresse appartenant aux Danois, sur la Côte-d'Or, en Guinée; c'est la résidence d'un gouverneur général des comptoirs de cette nation dans la même contrée. Pop. : 8,000 âmes.

CHRISTIANSTAD. — Jolie ville de Suède. Elle est assez importante par ses fortifications, et l'on y voit un pont, construit sur l'Helga, qui est très-remarquable par sa longueur. Pop. : 7,000 âmes.

CHRISTIANSTAD. — Ville de l'île Sainte-Croix, l'une des îles vierges; c'est le chef-lieu des possessions danoises dans les Antilles. Pop. : 5,500 âmes.

CHRISTIANSUND. — Petite ville du bailliage de Romsdal, en Norwége. Elle est assez importante par son beau port et ses pêcheries, et compte environ 2,000 habitants.

CHUCUITO. — Ville du département de Puno, au Pérou. Elle est située sur la rive ouest du lac Titicaca et dans une position charmante. Son territoire est fertile et l'on y élève une grande quantité de bestiaux. Pop. : 4,000 âmes.

CHULUCANAS. — Ville en ruines du département de l'Assuay, dans la république de l'Equateur, Colombie. Au rapport de M. de Humboldt, les maisons de la portion subsistante de la cité, construites en porphyre, sont distribuées en huit quartiers, formés par des rues qui se coupent à angle droit, et chaque quartier renferme douze habitations. A la droite de la rivière qui borde la ville, on remarque aussi des constructions bizarres qui s'élèvent en amphithéâtre; la colline est divisée en six terrasses, dont chaque assise est revêtue de pierres de taille, et plus loin enfin se trouvent les bains de l'Inca.

CHUQUISACA, CHARCAS ou LA PLATA. — Ville archiépiscopale, chef-lieu du département de Chuquisaca et capitale de la république de Bolivia. Elle est située à la hauteur de 2,844 mètres au-dessus du niveau de la mer, près des sources d'un des affluents du Chimayo et dans une plaine qui forme le *divortia aquarum* du Rio-Grande et du Paraguay. Cette ville, assez bien bâtie, fut fondée, en 1538, sur l'emplacement de la cité péruvienne de Chuquisaca, dont elle a conservé le nom. On y remarque la cathédrale, plusieurs couvents et le palais du gouvernement. Elle possède une université, un collége et une bibliothèque publique, l'une des plus riches de l'Amérique du sud. Pop. : 15,000 âmes.

CHURCHILL. — Nom de la partie inférieure du Mississipi.

CHYL. — Rivière qui prend sa source au sud de la Transylvanie; après avoir traversé la Valachie, elle va se joindre au Danube. Son cours est de 250 kilomètres.

CHYPRE ou KYBRIS. — Grande île de la Méditerranée et l'une des plus fertiles de l'empire ottoman. Quoiqu'en partie déserte aujourd'hui et n'offrant que des villes en ruines, elle est toujours renommée néanmoins par l'excellence de ses vins et de plusieurs autres produits, comme le coton, par exemple. Elle a pour chef-lieu Nicosie. Pop. : 120,000 âmes.

CIBAO. — Montagnes du département du nord-est, dans l'empire d'Haïti. On croit qu'elles renferment de nombreux gisements aurifères.

CIDADE DA FORTALEZA ou CIARA. — Chef-lieu de la province du Ciara, au Brésil. C'est une très-petite ville sans aucune importance.

CIDADE DE NOSSE SENHORA DO DESTERRO. — Chef-lieu de l'île et de la province de San-Catharina, au Brésil. C'est une petite ville, mais assez florissante par son port et son commerce. Pop. : 6,000 âmes.

CIDADE DE SAN-CHRISTOVAO. — Chef-lieu de la province de Sergipe, au Brésil. C'est une ville maritime. Pop. : 9,000 âmes.

CIDADE DO OURO PORTO, autrefois VILLARICA. — Chef-lieu de la province de Minas-Gerëes, au Brésil. Elle est située sur le penchant d'une montagne et dans le voisinage de l'Itacolumi, point culminant de l'empire. On y remarque les églises de Nossa-Senhora do Pilar et de Nossa-Senhora da Conceição, le palais du gouverneur, l'hôtel de ville et la monnaie. Cette ville fut longtemps renommée par le produit de ses mines d'or, produit qui est considérablement déchu; mais elle est encore assez commerçante. Pop. : 10,000 âmes.

CILLY. — Ville de Styrie, empire d'Autriche. Elle est située sur le chemin de fer de Vienne à Trieste. Fondée par l'empereur Claude, elle fut longtemps la capitale de la Norique. Pop. : 2,000 âmes.

CIMBÉBASIE. — Pays de la côte d'Afrique. Il est situé au sud-ouest, depuis le cap Frio et la Guinée méridionale jusqu'au pays des Hottentots. Cette contrée est aride, déserte et d'un accès difficile. Vers la côte habitent les Cimbébas et les Macasses.

CINALOA. — L'un des Etats du Mexique. Il était uni autrefois à celui de Sonora, sous le nom de *Sonora-et-Cinaloa*. Il a pour chef-lieu Villa-del-Fuerte.

CINALOA. — Ville de l'Etat de même nom, au Mexique. Elle était autrefois chef-lieu de cet Etat et jouit d'une assez grande importance commerciale. Pop. : 10,000 âmes.

CINCINNATI. — Grande ville de l'Ohio, aux Etats-Unis d'Amérique. Elle est située dans dans le comté Hamilton et sur la rive droite de l'Ohio, au point où commence le canal qui joint ce fleuve à la ville de Dayton, sur le Miami. On y remarque plusieurs églises, la maison de justice, celle des fous et l'hôpital du commerce. Cincinnati possède des ateliers de machines à vapeur, des fonderies de caractères, des fabriques de draps, de coton, de savon, de chandelles, de briques et de produits chimiques, des papeteries, des brasseries, des raffineries de sucre, et son commerce est des plus florissants. Pop. : 48,000 âmes.

CINTEGABELLE. — Chef-lieu de canton dans l'arrondissement de Muret, département de la Haute-Garonne. Il est situé sur l'Ariége. Pop. : 4,000 âmes.

CINTRA. — Ville de l'Estremadure, en Portugal. Elle est remarquable par sa situation ravissante et son agréable climat. Les Français y signèrent, en 1808, le traité de leur évacuation du royaume. Pop. : 4,000 âmes.

CIOTAT (La). — Petite ville du département des Bouches-du-Rhône. C'est un chef-lieu de canton de l'arrondissement de Marseille. Elle est située sur la Méditerranée, et importante par son commerce de fruits secs, de vins muscats, de sardines, d'anchois, etc. On croit que cette ville occupe l'emplacement de l'ancienne *Citharista*. Pop.: 6,000 âmes.

CIRCASSIE. — Contrée de la région du Caucase. Elle est située entre le Don et le Volga et le long du Kouban. On la divise en *Grande-Kabarda*, placée dans le bassin du Kouban, et *Petite-Kabarda*, dans la partie moyenne de celui du Terck. Toutes deux sont habitées par un peuple dont les femmes sont regardées comme les plus belles de l'Orient; peuple qui forme une sorte de république aristocratique militaire qui s'est rendue redoutable aux Russes et tient, depuis bien des années, leurs armées en échec. Les tribus les plus redoutables de ces pays sont les Tchetcheutses et les Lesghis.

CITEAUX. — Hameau du département de la Côte-d'Or. Il est situé dans le canton de Nuits, arrondissement de Beaune, et environné de bois. On y voyait jadis l'une des plus célèbres et des plus riches abbayes de France.

CIUDAD DE FERNANDINA DE JAGUA. — Petite ville de l'île de Cuba, l'une des Antilles espagnoles. Elle est située sur la baie de Jagua ou Xagua, qui y forme un superbe port, et défendue par une forteresse. C'est le chef-lieu d'une colonie fondée en 1817.

CIUDAD MARITIMA DE TRINIDAD. — Ville de l'île de Cuba. Elle est assez bien bâtie, et c'est le chef-lieu d'une division maritime. Pop. : 14,000 âmes.

CIUDAD-REAL. — Petite ville de la Nouvelle-Castille, en Espagne. C'est le chef-lieu de la province de son nom et la capitale de la Manche. Il s'y tient annuellement une foire d'ânes et de mulets, qui est renommée dans tout le royaume. Pop. : 8,000 âmes.

CIUDAD-REAL. — Petite ville, chef-lieu de l'Etat de Chiapa, dans la Confédération mexicaine. Elle est la résidence d'un évêque et elle eut pour premier prélat le vénérable Las-Casas. Pop. : 4,500 âmes.

CIUDAD-RODRIGO. — Ville épiscopale de la Vieille-Castille, en Espagne. Elle est fortifiée. Les Portugais s'en emparèrent en 1706, les Français en 1810 et les Anglais en 1812. Pop. : 11,000 âmes.

CIVAUX. — Commune du département de la Vienne. Elle est située dans le canton de Lussac, arrondissement de Montmorillon. C'est dans son voisinage, dit-on, que Clovis remporta sur Alaric la célèbre victoire dite de *Vouillé*. On y montre même encore des tombeaux que l'on prétend être ceux des Francs tués dans cette bataille. Pop. : 900 âmes.

CIVITA-DI-PENNE. — Ville de l'Abruzze-Ultérieure première, royaume de Naples. Elle est le siège d'un évêché uni à celui d'Atri. Pop. : 9,000 âmes.

CIVITA-SAN-ANGELLO. — Ville de l'Abruzze-Ultérieure première, royaume de Naples. Elle est située non loin de l'Adriatique. Pop. : 6,000 âmes.

CIVITA-VECCHIA. — Ville épiscopale, chef-lieu de la délégation de même nom, dans l'Etat du Pape. Elle est importante par ses fortifications, ses chantiers militaires, son arsenal, et son commerce que favorise un port franc. Pop. : 8,000 âmes.

CIVRAY. — Petite ville située sur la Charente, dans le département de la Vienne. Chef-lieu d'arrondissement, elle comprend 5 cantons et 45 communes. Elle possède un collège, et l'on trouve dans ses environs, à Availles, un établissement d'eaux minérales. La population de Civray est d'environ 2,500 âmes.

CLACKMANN. — Ville du comté de même nom, en Ecosse. Elle est située sur le South-Devon, près de son embouchure dans le Forth. Pop. : 4,500 âmes.

CLAIN. — Rivière qui prend sa source dans le nord du département de la Charente. Elle arrose celui de la Vienne, et se jette dans la rivière de ce nom, au village de ce nom, au-dessus de Châtellerault, après un cours de 120 kilomètres.

CLAIRAC. — Petite ville du département de Lot-et-Garonne. Elle est située dans le canton de Tonneins, arrondissement de Marmande. Il s'y fait un commerce assez important de minoterie, vins blancs, eaux-de-vie, prunes dites d'*Agen*, etc. Pop. : 4,900 âmes.

CLAIRVAUX. — Bourg du département de l'Aube. Il est situé dans le canton et l'arrondissement de Bar-sur-Aube. On y trouve une maison centrale de détention, ayant d'immenses ateliers où 2,000 condamnés sont employés. Cette maison a été établie dans les cloîtres de la célèbre abbaye qu'avait fondée, en 1114, Hugues, comte de Champagne.

CLAMECY. — Petite ville située au confluent du Beuvron avec l'Yonne, dans le département de la Nièvre. Chef-lieu d'arrondissement, elle comprend 6 cantons et 93 communes. Elle possède un collège, une société d'agriculture, et fait un commerce assez considérable de bois à brûler pour l'approvisionnement de Paris. Sa population est d'environ 6,000 âmes.

CLARACQ. — Chef-lieu de canton dans l'arrondissement de Pau, département des Basses-Pyrénées. Il est situé près de la rive droite du gave de Pau. Pop. : 300 âmes.

CLARA-ELF. — Fleuve de Suède. Il prend sa source en Norwége, traverse le lac Faïnum et se jette, au nord, dans le lac Wener.

CLARATOMBA ou MOGILA. — Très-petite ville de la république de Krakovie. On y trouve un gymnase. Pop. : 2,000 âmes.

CLAREMONT. — Château du comté de Surrey, en Angleterre. Il est situé à 2 kilomètres de Londres. C'est là que Louis-Philippe et sa famille se retirèrent à la révolution de 1848, et que mourut le monarque déchu.

CLAREMONT. — Ville du New-Hampshire, aux Etats-Unis d'Amérique. Pop. : 3,200 âmes.

CLARENDON. — Village d'Angleterre. Il est situé dans le comté de Wilts, et l'on y voit les ruines du château où Henri II rendit, en 1164, les ordonnances dites *Constitutions de Clarendon*, ayant pour objet de restreindre le pouvoir du clergé. Pop. : 200 âmes.

CLARENS. — Village du canton de Vaud, en Suisse. Il est situé au nord-est du lac de Genève, et les écrits de J.-J. Rousseau lui ont donné une sorte de célébrité.

CLARK. — Rivière des Etats-Unis d'Amérique. C'est un affluent de l'Oregon.

CLARRET. — Chef-lieu de canton dans l'arrondissement de Montpellier, département de l'Hérault. Pop. : 800 âmes.

CLARY. — Petite ville du département du Nord. C'est un chef-lieu de canton de l'arrondissement de Cambrai. On y trouve des fabriques de dentelles, de linon et de gazes. Pop. : 2,300 âmes.

CLAUDON. — Commune du département des Vosges. Elle est située dans le canton de Monthureux-sur-Saône, arrondissement de Mirecourt. Pop. : 1,400 âmes.

CLAUSTHAL. — Chef-lieu de la capitainerie de ce nom, dans le royaume de Hanovre. Cette ville est renommée par les richesses que lui procurent ses mines d'argent et de plomb, regardées comme les plus productives du Harz. On évalue en effet leur rendement annuel à 24,000 d'argent, et à 48,000 quintaux de plomb et de litharge. On admire surtout, dans ces exploitations, les constructions hydrauliques de la mine d'argent de Dorothea. Clausthal possède un gymnase, une école des mines et des forêts, un hôtel des monnaies, et sa population est d'environ 8,000 âmes.

CLAYE. — Chef-lieu de canton dans l'arrondissement de Meaux, département de Seine-et-Marne. Il est situé sur le canal de l'Ourcq. On y trouve des fabriques d'étoffes imprimées. Pop. : 1,500 âmes.

CLAYETTE (La). — Chef-lieu de canton dans l'arrondissement de Charolles, département de Saône-et-Loire. On y fait un commerce de toiles, de fils, de chevaux et de bestiaux. Pop. : 1,300 âmes.

CLÉCY. — Petite ville du département du Calvados. Elle est située dans l'arrondissement de Falaise, sur la rive droite de l'Orne. On y fabrique de la dentelle et des tissus de coton. Pop. : 2,000 âmes.

CLEFMONT. — Chef-lieu de canton dans l'arrondissement de Chaumont, département de la Haute-Marne. Il est situé sur la rive gauche de la Meuse. Pop. : 500 âmes.

CLÈRES. — Chef-lieu de canton dans l'arrondissement de Rouen, département de la Seine-Inférieure. Pop. : 9,000 âmes.

CLERMONT. — Petite ville du département de l'Hérault. C'est un chef-lieu de canton de l'arrondissement de Lodève. On y fabrique des draps pour le Levant et pour l'armée, et l'on y trouve aussi des tanneries et des fabriques de vert-de-gris. Pop. : 6,300 âmes.

CLERMONT. — Petite ville du département de l'Oise, chef-lieu d'arrondissement ; elle comprend 8 cantons et 168 communes. Son ancien château sert actuellement de maison centrale de détention pour les femmes, et l'on trouve aussi dans cette ville un collège et une bibliothèque publique. C'est la patrie du géographe Cassini. Pop. : 4,200 âmes.

CLERMONT-EN-ARGONNE. — Chef-lieu

de canton dans l'arrondissement de Verdun, département de la Meuse. Cette ville était anciennement fortifiée et fut démantelée sous Louis XIV. Le petit pays de *Clermontois* recevait d'elle son nom. Pop. : 1,400 âmes.

CLERMONT-FERRAND. — Ville épiscopale. Autrefois capitale de l'Auvergne, elle est aujourd'hui le chef-lieu du département du Puy-de-Dôme. On y remarque sa belle cathédrale, l'Eglise de Notre-Dame, l'édifice du collége, l'Hôtel-Dieu, l'hôpital général, la halle au blé et aux toiles, et les places du Taureau et de la Poterne. Cette ville possède un séminaire, une académie universitaire, un collége, une bibliothèque publique, un cabinet de minéralogie, un jardin botanique et une société académique. Elle fait un commerce d'étoffes diverses, de chanvre, de blé, de vin, de fromages, de pâtes, d'abricots, etc., et sa population est d'environ 31,000 âmes. C'est la patrie de Pascal, de Domat, etc. On visite, dans l'un de ses faubourgs, la fontaine Saint-Allyre, célèbre par ses curieuses incrustations, et le pont naturel qu'elle a formé.

CLERVAL. — Chef-lieu de canton dans l'arrondissement de Baume-les-Dames, département du Doubs. Il est situé sur le Doubs et le canal du Rhône. Pop. : 1.300 âmes.

CLERY-SUR-LOIRE. — Petite ville du département du Loiret; c'est un chef-lieu de canton de l'arrondissement d'Orléans. On remarque son église gothique dans laquelle sont les restes de Louis XI. Pop. : 2,600 âmes.

CLEVELAND. — Ville de l'Ohio, aux Etats-Unis d'Amérique. Elle est située à l'embouchure de la Cuyahoga dans le lac Erié. Pop. : 6,000 âmes.

CLEVES. — Ville de la Prusse-Rhénane. Elle est située près de la rive gauche du Rhin. On y trouve une école de médecine, une synagogue, des fonderies et des fabriques de tissus de laine et de coton. Pop. : 7,500 âmes.

CLICHY-LA-GARENNE. — Commune de l'arrondissement de Saint-Denis, département de la Seine. Elle possède des fabriques de produits chimiques, de verreries, etc. Pop. : 4,200 âmes.

CLINTON. — Ville du New-York, aux Etats-Unis d'Amérique. On y trouve un collége en réputation, connu sous le nom de *Collége d'Hamilton*. Pop. : 3,000 âmes.

CLISSON. — Petite ville du département de la Loire-Inférieure. C'est un chef-lieu de canton de l'arrondissement de Nantes. Elle est située au confluent de la Moine et de la Sèvre-Nantaise. On y voit, sur un roc, les ruines du château, patrimoine des Clisson. Pop. : 2,800 âmes. C'est dans les environs de Clisson, au village de Pallet, que naquit Abailard.

CLONMEL. — Chef-lieu du comté de Tipperary, en Irlande. C'est un grand entrepôt pour le commerce du beurre, et l'on y trouve aussi des fabriques de draps communs. Le poëte Laurent Sterne naquit dans cette ville. Pop. : 16,000 âmes.

CLOSTERCAMP. — Village de la Prusse-Rhénane. Il est situé dans la régence de Dusseldorf, près de Rhinberg. Il est devenu célèbre par l'acte de dévouement du chevalier d'Assas, au combat que les Français y livrèrent en 1760.

CLOYES. — Chef-lieu de canton dans l'arrondissement de Châteaudun, département d'Eure-et-Loir. Il est situé sur le Loir. Pop. : 2,300 âmes.

CLUNY. — Petite ville de l'arrondissement de Mâcon, dans le département de Saône-et-Loire. Elle possédait, aux XVIIe et XVIIIe siècles, une magnifique et célèbre abbaye de Bénédictins. Aujourd'hui, on y voit un collége, et elle fait un commerce de vins estimés. Sa population est d'environ 4,000 âmes.

CLYDE. — Rivière d'Ecosse. Elle se jette dans le golfe de son nom, au-dessous de Renfrew, après un cours de 125 kilomètres.

COANZA. — Fleuve de la Guinée méridionale. Il provient, dit-on, du lac Achélunda, dans l'intérieur de l'Afrique, et, après avoir traversé l'Angola, il se jette dans l'Atlantique par 9° 10' de latitude sud, et 12° de longitude est. Il reçoit, dans son cours, le Cobijé et la Sucala, à droite, et la Cunhinga et le Cutalo à gauche; il offre plusieurs îles, et forme les cataractes de Cambanza.

CABABONGA. — Ville de la province d'Oviédo, en Espagne. Elle est célèbre par son abbaye, et Pélage y fut proclamé roi en 718. Cette ville donne son nom à un chaînon des monts Cantabres.

COBAL. — Pays de la Guinée méridionale. Il est borné au nord par le Rio-des-Montes et arrosé par la rivière de son nom, affluent de ce même Rio-des-Montes.

COBAN ou **VERA-PAZ.** — Ville de l'état de Guatemala, Amérique centrale. Elle n'est habité en partie que par des Indiens qui s'y livrent à un commerce de toiles. Pop. : 12,000 âmes.

COBBI. — Pays de la Nigritie intérieure. Il est situé dans l'empire des Fellatahs et arrosé par une rivière de son nom, affluent du Djolibâ. Sa capitale est appelée aussi Cobbi.

COBLENTZ. — Ville fortifiée, située au confluent de la Moselle et du Rhin, dans la province Rhénane, en Prusse. On y remarque l'église Notre-Dame, celle de Saint-Castor, le château, les palais de Boos, de Metternich et de Leyen, et le pont construit sur la Moselle. Elle possède un gymnase, une bibliothèque, un institut musical, et son port franc favorise son commerce qui est assez important. Sa population est d'environ 15,000 âmes.

COBOURG. — Jolie petite ville située sur l'Itz. C'est le chef-lieu de la principauté de ce nom. On y remarque l'Ehrenburg ou château ducal qui possède une bibliothèque considérable, l'église Saint-Maurice, et l'Arsenal. Cette ville offre, en outre, un gymnase, un séminaire pour les maîtres d'école, une bibliothèque publique, et un assez grand nombre de fabriques. Pop. : 8,000 âmes.

COBYH ou **COBBE.** — Petite ville, capitale du royaume de Four, dans le Bahr-el-Abiad, en Afrique. Elle possède deux mosquées, des écoles publiques, et c'est l'un des principaux entrepôts du commerce de l'Afrique intérieure. Pop. : 6,000 âmes.

COCHAMBA. — Chef-lieu du département de ce nom dans la République de Bolivia. C'est une assez grande ville, située au milieu de campagnes fertiles. Pop. : 27,000 âmes.

COCHIN. — Ville de la présidence de Madras, empire Indo-Britannique. Elle est située sur la côte de Malabar et possède un port où l'on construit des navires. Cette ville fait un commerce considérable avec l'Arabie, la Chine et diverses places maritimes de l'Hindoustan. Pop. : 30,000 âmes. C'est dans Cochin et son voisinage que vivent les *Juifs blancs*, lesquels prétendent y être venus de Jérusalem avant l'ère vulgaire.

COD. — Cap des Etats-Unis d'Amérique. Il est situé dans le Massachusetts, à l'extrémité d'une presqu'île appelée Cap-Cod.

CODOGNO. — Petite ville de la délégation de Lodi, gouvernement de Milan. C'est le centre de la fabrication du fromage dit *de parmesan*, dont il se fait un commerce considérable. Cette ville possède aussi des filatures de soie. Pop. : 9,000 âmes.

COESLIN ou KOSLIN. — Chef-lieu du gouvernement de même nom, dans la Poméranie, en Prusse. Elle possède un gymnase, un séminaire pour les maîtres d'école et une société académique. Pop. : 6,000 âmes.

COETBO. — Lieu situé près de Ploërmel, dans le département du Morbihan. Il en fut quelque temps question par rapport à un établissement agricole qu'on y avait fondé.

COETHEN. — Jolie petite ville située sur la Ziethe. C'est le chef-lieu du duché d'Anhalt-Cœthen. Elle possède un château, une école principale, un séminaire pour les maîtres d'école, une bibliothèque publique et un cabinet d'histoire naturelle. Sa population est d'environ 6,000 âmes.

COGNAC. — Petite ville située sur la Charente, dans le département de ce nom. Chef-lieu d'arrondissement, elle comprend 4 cantons et 70 communes. Elle fait un commerce important de vins et surtout d'eaux-de-vie qui ont une grande renommée. On rapporte que dans les années 1833 et 1834 il s'y est vendu de ces dernières pour 26,000,000 de francs, dont 13,000,000 pour compte de l'Angleterre, et le surplus dans l'intérieur de la France. La population de Cognac est d'environ 4,000 âmes. C'est dans le château qui domine cette ville que la duchesse d'Angoulême donna le jour à François 1er.

COGOLETTO. — Village des environs de Gênes, royaume Sarde. Selon quelques-uns Christophe-Colomb serait né dans cet endroit, vers 1435.

COIMBATOUR. — Ville de la présidence de Madras, empire Indo-Britannique. On y voit un beau temple.

COIMBRE. — Ville épiscopale de Beira, en Portugal. Elle est bâtie en amphithéâtre sur une colline, le long du Mondego. On y remarque le monastère de Santa-Cruz, le palais de l'Université, et les collèges des Cruzios, des Bénédictins, des Hiéronymites, des Bernardins, des Loios et de l'ordre du Christ. Cette ville est assez commerçante, et sa population est d'environ 15,000 âmes.

COIRE. — Petite ville, capitale du canton des Grisons. Elle est située sur le Plessur, à environ deux milles de l'embouchure de cette rivière dans le Rhin, et sur la route qui de l'Allemagne conduit en Italie par le Splügen. Elle est le siège d'un évêque qui y réside alternativement et à Saint-Gall, et elle possède une école centrale catholique, une école cantonale réformée, une bibliothèque publique et un cabinet d'histoire naturelle. Pop. : 5,000 âmes.

COLBERG. — Ville fortifiée de la Poméranie, en Prusse. Elle est située sur la Persante, à peu de distance de l'embouchure de celle-ci, dans la mer Baltique qui y forme un port. On y trouve des salines et son commerce est assez considérable. Pop. : 6,000 âmes.

COLCHESTER. — Chef-lieu du comté d'Essex, en Angleterre. Cette ville est assez importante par son port, son industrie, et elle possède une société de médecine. Pop. : 16,000 âmes. C'est la patrie de sainte Hélène, mère de Constantin.

COLERAINE. — Petite ville du comté de Londonderry, en Irlande. On trouve dans son voisinage et près du village de Bushmill, la fameuse *Chaussée des Géants*, amas de colonnes basaltiques qui s'avancent indéfiniment dans la mer.

COLIGNY. — Village du canton de Genève, en Suisse. Il est situé sur le lac Léman, et ses environs sont couverts de maisons de plaisance.

COLIGNY. — Chef-lieu de canton dans l'arrondissement de Bourg, département de l'Ain. On y fait un commerce de vins estimés et de volailles fines. Ce bourg a donné son nom à l'illustre maison de Coligny-Châtillon. Pop. : 1,700 âmes.

COLIMA. — Petite ville, chef-lieu du territoire de ce nom, dans la confédération mexicaine. Elle est située dans un territoire fertile, mais n'offre d'autre importance que la renommée du volcan qui existe dans son voisinage. On y fabrique du vin de palmier. Pop. : 2,500 âmes.

COLLIOURE. — Petite ville fortifiée du département des Pyrénées-Orientales. Elle est très-ancienne et située au bord de la Méditerranée. On y trouve une école de navigation et il s'y fait un commerce du vin du territoire, lequel vin est très-estimé. Pop. : 3,500 âmes.

COLLOBRIÈRES. — Chef-lieu de canton dans l'arrondissement de Toulon, département du Var. Pop. : 1,900 âmes.

COLLONGES. — Chef-lieu de canton dans l'arrondissement de Gex, département de l'Ain. Il est situé près de la rive droite du Rhône. On trouve dans son voisinage, au sud, le fort de l'Ecluse, construit à pic sur le fleuve. Pop. : 1,300 âmes.

COLMAR. — Ville située sur le ruisseau

de Lauch et sur le canal de la Fecht, affluent de l'Ill. Chef-lieu du département du Haut-Rhin. Son arrondissement comprend 13 cantons et 140 communes. Elle possède une société académique, une société industrielle et une bibliothèque. Sa population est d'environ 20,000 habitants, et elle est le centre d'un commerce très-actif d'étoffes de coton.

COLMARS. — Petite ville du département des Basses-Alpes. C'est un chef-lieu de canton de l'arrondissement de Castellane. Elle est défendue par une muraille crénelée et deux forts. On trouve, dans son voisinage, une fontaine intermittente, dont l'eau coule de sept en sept minutes. Pop. : 1,050 âmes.

COLN. — Rivière d'Angleterre. Elle sépare le comté de Middlesex de celui de Buckingham, et se jette dans la Tamise au-dessus de Staines.

COLOGNA. — Petite ville de la délégation de Vérone, dans le gouvernement de Venise. Elle est renommée par la culture du chanvre qui, sur son territoire, est portée au plus haut degré de perfection. Elle possède aussi des corderies florissantes, des filatures de soie, des tanneries, etc. Sa population est d'environ 6,000 âmes.

COLOGNE. — Ville archiépiscopale, située sur la rive droite du Rhin, dans la province Rhénane, en Prusse. Elle est fortifiée ; c'est le chef-lieu de la province, et elle correspond à la *Colonia agrippina* des Romains, qui était la capitale de la Gaule Rhénane-Inférieure. On y remarque la cathédrale, superbe monument de l'architecture allemande ; les églises Notre-Dame, Saint-Géréon, des Saints-Apôtres, Saint-Pantlaéon et Saint-Cunibert ; puis le ci-devant collège des Jésuites, l'hôtel de ville, la bourse, la douane, le palais de justice et les ruines de quelques constructions romaines, telles que l'aqueduc souterrain qui s'étend, dit-on, jusqu'à Trèves. Cette ville possède un séminaire archiépiscopal, un gymnase catholique, un gymnase évangélique, une bibliothèque publique, un cabinet de physique, un jardin botanique, et son port franc donne beaucoup d'importance à son commerce. Sa population est d'environ 72,000 âmes. On trouve, dans son voisinage, la ci-devant abbaye d'Altemberg, dont l'église est regardée comme l'une des plus précieuses de l'architecture allemande.

COLOKYTHIA (Golfe de). — Dans la Méditerranée. Il est situé sur la côte méridionale de la Morée, au nord-ouest de l'île de Cérigo, et reçoit l'Iri ou Eurotas.

COLOMBES. — Commune du département de la Seine. Elle est située dans le canton de Courbevoie, arrondissement de Saint-Denis. On y trouve des fabriques de colle gélatine, de colle forte, d'huile de pieds de bœuf, de sel ammoniaque, etc. Pop. : 1,500 âmes.

COLOMBEY. — Chef-lieu de canton dans l'arrondissement de Toul, département de la Meurthe. On y fait un commerce de bois et d'huile de pavot. Pop. : 1,000 âmes.

COLOMBIA. — District fédéral des Etats-Unis d'Amérique. Il est situé entre le Maryland et la Virginie, sur les deux rives du Potomac, et a pour chef-lieu Washington.

COLOMBIA. — Capitale de la Caroline du sud, aux Etats-Unis d'Amérique. Elle est située dans le district de Richland et sur la rive gauche du Congaree, après la jonction de ses deux branches, la Broad et la Saluda. C'est une jolie peite ville où l'on remarque particulièrement le palais, l'église des presbytériens et le collège. Pop. : 4,500 âmes.

COLOMBIE. — Vaste région qui occupe toute la partie septentrionale de l'Amérique du sud, et qui a pour confins, au nord, la mer des Antilles et l'océan Atlantique ; à l'est, la Guyane anglaise ; au sud, l'empire du Brésil et le Pérou ; à l'ouest, le grand Océan et l'Etat de Costa-Rica, situé au delà de l'isthme de Panama. Ses limites sont en quelque sorte déterminées, au sud-est, par la ligne de partage des eaux entre les bassins de l'Orénoque et de l'Amazone, que trace le faîte des monts Pacaraïma, et au delà, vers l'ouest, elles coupent le Rio-Negro au-dessous du point où il reçoit cette branche de l'Orénoque, connue sous le nom de Cassiquaire, laquelle, par un phénomène très-rare de bifurcation qu'a démontré M. de Humboldt, établit une jonction entre deux des plus grands fleuves de l'Amérique. Plus loin, la Colombie embrasse, à la rive gauche de l'Amazone, l'immense région de plaines qu'arrosent les affluents supérieurs de ce fleuve ; puis, au pied oriental de la Cordillère, les limites de la Colombie et du Pérou se trouvent situées près de Jaen, et se prolongent au nord, en coupant le faîte de la chaîne jusqu'au golfe de Guayaquil.

La Colombie peut donc se diviser en quatre régions parfaitement distinctes : La première se forme de l'*Etat de l'Equateur*, qui comprend les départements de Guayaquil, de l'Assuay et de l'Equateur proprement dit, situés dans la partie la plus élevée des Andes colombiennes, depuis le Pérou jusqu'au plateau d'Almaguer ; la deuxième, composés de la *Nouvelle-Grenade* et d'une partie de l'Etat de Venezuela, réunit les contrées baignées par la mer des Antilles, et les bassins des fleuves qui y versent leurs eaux ; la troisième comprend cette immense plaine qui porte le nom de *Llanos*, s'étend de l'embouchure de l'Orénoque à l'Amazone, et est sillonnée d'un grand nombre de petites rivières ; et la quatrième est la *Guyane espagnole*, région montueuse qu'enveloppent de toutes parts le cours des deux fleuves et les plaines dont il vient d'être parlé.

La région de l'Equateur est groupée autour du plateau colombien, lequel comprend les plus hautes vallées de la Colombie. Son élévation moyenne est de 1,500 à 2,000 mètres, et sur cette énorme base, se dressent, en deux rangées parallèles, les cimes majestueuses des Andes. Les nœuds de Loxa à l'Assuay, du Chisinche et de Pasto les réunissent et forment l'enceinte de bassins profonds, comme, par exemple, le bassin de Cuenca, au-dessus duquel s'élève le Paramo de l'Assuay, dont les tourmentes sont si redoutées des voyageurs ; et la vallée de Riobamba, dominée par le célèbre Chimborazo, haut de 6,500 mètres, et qui maintient sa prééminence sur tous les monts du nouveau continent. Plus au nord, est la vallée où se trouve la ville capitale de Quito, vallée située à 2,871 mètres au-dessus du niveau de la mer; autant renommée par la beauté de ses sites que par son antique civilisation ; que couronnent les sommets imposants du Pichinca, du Cayambe et de l'Antisana, le plus haut des volcans du globe, puisqu'il atteint 5,700 mètres, et du Cotopaxi, dont la forme est la plus régulière de toutes celles que présentent les cimes colossales des hautes Andes.

Dans la région de la Nouvelle-Grenade et du Venezuela, à partir du nœud d'Almaguer ou de Popayan, les Andes se divisent en trois chaînes qui embrassent à l'est la vallée de Cundinamarca et le cours de Magdalena, puis, à l'ouest, la vallée du Cauca. Ces deux fleuves, la Magdalena et le Cauca, laissent pressentir, en se dirigeant vers le nord un dans le sens des Cordillères, que ces montagnes vont s'abaisser, et que réellement, les Cordillères de l'Amérique du sud se terminent à la mer des Antilles. La chaîne orientale, ou de la Sumapaz, qui se réunit à la Cordillière de Venezuela, à l'aide des partages d'eau, offrent des sommets neigeux appelés *Nevados*, qui atteignent une élévation de 4,900 et 5,800 mètres; et la chaîne centrale, ou de Quindiu, court droit au nord, en se maintenant à une grande hauteur jusqu'aux environs de Medellin, tandis que la chaîne occidentale ou du Choco, s'abaisse rapidement et disparaît tout à fait dans les plaines qui précèdent l'isthme de Panama. Cette chaîne du Choco est renommée par sa richesse minérale, et elle verse annuellement dans le commerce au delà de 1,200 marcs d'or, et une grande quantité de platine. Les montagnes se relèvent un peu dans l'isthme de Panama; mais le mont Maria-Henriquès ne parvient toutefois qu'à 190 mètres. Dans la vallée de Cauca, près du nœud de jonction ou de partage des trois chaînes, s'élèvent les volcans de Purau et de Sotara, au-dessus de la ville de Popayan; et du Purau descend en cascades un cours d'eau acide que les espagnols nomment *Rio-Vinagre*. Dans le Cundinamarca, dont Bogota est la capitale, on remarque les ponts naturels d'Icononzo, sur lesquels on traverse le torrent de la Sumapaz; puis la magnifique cascade de Tequendama; les riches mines d'émeraude de Muzo; et Mariquita, célèbre par ses mines d'or et d'argent. Vient ensuite le lac circulaire de Maracaybo, qui semble provenir d'un affaissement du sol et qui a près de 160 kilom. de diamètre; et, à l'orient de ce lac, la Cordillière de Venezuela, dirigée exactement de l'est à l'ouest, se rapproche de la mer des Antilles, de manière à ne laisser que quelques lieues de largeur au versant septentrional de la Colombie.

La région des Llanos s'étend du delta de l'Orénoque jusqu'au bord de l'Amazone, en s'appuyant, dans une longueur de plus de 2,800 kilom., sur le pied des chaînes littorales du Venezuela et de la Cordillière orientale. Cette plaine immense se divise en deux parties : l'une embrasse tous les affluents de l'Orénoque jusqu'au Guaviare, l'autre les affluents supérieurs de la rive gauche de l'Amazone ; et une chaîne de collines qui se détache des Andes pour se diriger à l'est vers la bifurcation de l'Orénoque, dans la direction exacte de la chaîne des monts Paracaïma, en forme la séparation naturelle. Les Llanos du Guavriare à l'Orénoque, diffèrent de ceux du bassin de l'Amazone, par la rareté de la végétation arborescente, que l'on ne rencontre que le long des fleuves, et par les innombrables graminées qui couvrent le sol.

La quatrième région, ou la Guyane espagnole, est à peu près limitée par le cours de l'Orénoque et le faîte des monts Paracaïma, et sa surface est presque entièrement occupée par un système de montagnes élevées qu'on désigne sous le nom de système de la Parime. Ce système ne paraît consister qu'en un agroupement irrégulier de montagnes granitiques et schisteuses, séparées par des plaines, des savanes et des forêts.

La Colombie, qui porte actuellement le nom d'*Etats-Unis du Sud*, se compose des républiques de la Nouvelle Grenade, de Venezuela et de l'Equateur.

COLONNA. — Village de l'Argolide, royaume de Grèce. Il est situé sur l'emplacement de l'ancienne *Némée*, célèbre surtout par son temple de Jupiter et ses jeux funèbres en mémoire de Palémon et d'Archémore.

COLONNE (CAP). — Il est situé dans le Nomos de l'Attique, en Béotie, royaume de Grèce. Son nom lui vient des colonnes qui restent du temple de Minerve Suniade qui en couronnait le sommet.

COLONSAY. — L'une des Hébrides. Elle est située au nord de celle d'Isla.

COLORADO. — Fleuve du Mexique. Il coule dans une contrée située entre la Californie et le nouveau Mexique, et prend sa source aux monts de la Sierra-Verde, où il porte d'abord le nom de San-Rafael, puis il prend celui de Zaguananas qu'il conserve jusqu'à son confluent avec la Nabajoa.

COLORADO. — Fleuve des Etats-Unis d'Amérique. Il arrose le Texas et prend sa source au sud-ouest des monts Osark pour aller se jeter dans le golfe du Mexique à la lagune de San-Bernardo.

COLOURI ou SALAMINE. — Petite île située au nord de celle d'Egine, royaume de Grèce. On sait qu'elle tire sa célébrité de la mémorable victoire qu'y remporta la flotte grecque, commandée par Thémistocle, sur celle de Xerxès.

COLUMBO. — Capitale de l'île de Ceylan. Elle est assez grande et fortifiée. On y remarque l'église Wolfendal et le palais du gouvernement. Cette ville est le centre du commerce de toute l'île. Pop. : 50,000 âmes.

COLUMBUS. — Capitale de l'Ohio, aux

États-Unis d'Amérique. Elle est située dans le comté Franklin et sur la rive gauche du Scioto, affluent de l'Ohio. C'est une petite ville bien bâtie, qui compte 6,000 habitants.

COMACCHIO. — Petite ville épiscopale de la légation de Ferrare, dans l'État du Pape. Elle est importante par ses fortifications, ses salines, ses pêcheries, etc. Pop. : 6,000 âmes.

COMAYAGUA. — Chef-lieu de l'État de Honduras, dans l'Amérique Centrale. Cette ville possède un collége. Pop. : 18,000 âmes.

COMBEAUFONTAINE. — Chef-lieu de canton dans l'arrondissement de Vesoul, département de la Haute-Saône. Pop. : 800 âmes.

COMBELLE (La). — Bourg de l'arrondissement d'Issoire, dans le département du Puy-de-Dôme. Il est important par sa verrerie, qui fournit annuellement 1,000,000 de bouteilles de toute couleur.

COMBO. — Ville de la Sénégambie. C'est la capitale de la province de son nom, laquelle est située à la gauche de la Gambie, sur la côte de l'Atlantique, dans l'État mandingue de Fouini.

COMBOURG. — Petite ville du département d'Ille-et-Vilaine. C'est un chef-lieu de canton de l'arrondissement de Saint-Malo, et son château appartenait à la famille de l'illustre Chateaubriand. Celui-ci y passa une partie de son enfance. Pop. : 4,800 âmes.

COMBRONDE. — Chef-lieu de canton dans l'arrondissement de Riom, département du Puy-de-Dôme. Pop. : 2,200 âmes.

COME (Lac de). — En Italie. Il est situé à plus de 200 mètres au-dessus du niveau de la mer. Sa longueur est d'environ 60 kilomètres et sa largeur de 4 ou 5. Il se partage, au sud, en deux golfes, dont l'un baigne la ville de Côme, et l'autre, à l'est du précédent, reçoit le nom de lac de Lecco. Un grand nombre de cours d'eau aboutissent à ce lac et plusieurs forment des cascades remarquables en descendant des hautes montagnes qui l'environnent. Il est aussi traversé par l'Adda. Le sommet le plus élevé qui le domine est celui du Legnone, dont l'altitude est de 2,809 mètres.

COME. — Ville épiscopale, située sur le bras occidental du lac de même nom, dans le gouvernement de Milan, en Italie. On y remarque la cathédrale, l'un des plus beaux temples de l'Italie, et l'*Ædes Joviæ*, ancienne demeure du célèbre Jean-Baptiste Jovio. Cette ville possède un lycée, deux gymnases, un collége et une bibliothèque publique ; puis des manufactures de draps, d'étoffes de soie, et des fabriques d'instruments de physique et d'optique. Sa population est d'environ 16,000 âmes. On rencontre, dans son voisinage, la villa Odescalchi, la plus magnifique des bords du lac, et les ruines du fameux monastère des *Umiliati*. Quant au lac, il est justement renommé par la beauté des campagnes qui l'environnent et leurs maisons de plaisance.

COMINES ou COMMINES. — Petite ville du département du nord, dans l'arrondissement de Lille. Elle est traversée par la Lys, qui la divise en deux parties : la rive droite appartient à la France, la gauche à la Belgique. Il s'y fait un commerce considérable de rubans de fils, de cotonnades, et l'on y trouve des fabriques d'huile, des brasseries, des distilleries de genièvre, des blanchisseries et des tanneries. C'est la patrie de Philippe de Commines. Pop. : 5,200 âmes.

COMMENTRY. — Bourg du département de l'Allier. Il est important par sa forge, son exploitation de houille, et sa fabrique de glaces, qui occupe au delà de 800 ouvriers.

COMMERCY. — Petite ville située sur la Meuse. Chef-lieu d'arrondissement dans le département de la Meuse, elle comprend 7 cantons et 180 communes. On y trouve un collége, et l'on y remarque une superbe caserne de cavalerie avec un manége couvert. Pop. : 4,000 âmes.

COMORES (Groupe de). — Il est situé à l'entrée septentrionale du canal de Mozambique, et comprend les îles Comore, Anjouan, Mayotta et Mohilla. Très-florissantes autrefois, elles sont à peu près désertes aujourd'hui.

COMORN ou KOMORN. — Place forte de Hongrie, empire d'Autriche. Elle est située sur la rive gauche du Danube, au confluent du Waag. Cette ville est très-ancienne, et son nom lui vient, selon quelques auteurs, des Comares, nation Scythe d'origine. Elle a été souvent prise et reprise par les Turcs et les Impériaux. C'est un chef-lieu de Comitat dans le cercle au delà du Danube. Pop. : 130,000 âmes.

COMPIEGNE. — Petite ville bâtie par Charles le Chauve. Chef-lieu d'arrondissement, dans le département de l'Oise, elle comprend 8 cantons et 157 communes. Son joli château fut longtemps une demeure de prédilection pour les rois de France, et sa forêt, qui n'a pas moins de 9,000 hectares, est réputée pour la chasse. Cette forêt est traversée par une voie romaine, à laquelle on a donné improprement le nom de *Chaussée de Brunehaut*. La population de Compiègne est d'environ 9,000 âmes. C'est dans cette ville que Jeanne-d'Arc fut faite prisonnière par les Anglais en 1,430.

COMPOSTELA. — Ville de l'État de Calisco, au Mexique. Son climat est très-malsain ; mais on trouve sur son territoire des mines d'argent.

COMPS. — Chef-lieu de canton, dans l'arrondissement de Draguignan, département du Var. Pop. : 900 âmes.

COMRU. — Ville du comté de Berks, en Pensylvanie, États-Unis d'Amérique. On trouve dans son voisinage, des mines de fer, et des forges importantes. Pop. : 2,500 âmes.

CONCAN. — Province de l'Hindoustan. Elle est située au sud de Bombay, et s'étend entre les Gattes et le golfe d'Oman. Ses côtes sont découpées par un nombre considérable de baies et de rades.

CONCARNEAU. — Petite ville du département du Finistère. Elle est importante par son port et par ses pêcheries. Sa population est d'environ 2,300 habitants.

CONCEPCION ou CONCEPTION. — Ville épiscopale, chef-lieu de la province de même nom, dans la république du Chili. Elle est située près de l'embouchure du Biobio, et assez bien bâtie. Pop. : 5,000 âmes.

CONCHES. — Petite ville du département de l'Eure. C'est un chef-lieu de canton de l'arrondissement d'Evreux. On y trouve des forges, des fabriques d'outils aratoires, et l'on y fait un grand commerce de fer, de fontes et de poteries. On fabrique aussi de la toile dans ses environs. Pop. : 2,000 âmes.

CONCHOS. — Rivière du Mexique. Elle prend sa source dans l'Etat de Durango, traverse celui de Chihuahua, et va se joindre au Rio-del-Norte, après un cours de 600 kilomètres.

CONCHUCOS. — Chef-lieu de la province de même nom, au Pérou. On trouve sur son territoire des mines d'or et d'argent. Pop. : 2,800 âmes.

CONCORD. — Ville du Massachusetts aux Etats-Unis d'Amérique. Elle est située sur le Concord, affluent du Merrimac. Les Américains y tinrent, en 1774, une sorte de concile provincial, où fut décidée leur émancipation. Pop. : 3,500 âmes.

CONCORD. — Ville du New-Ampshire, aux Etats-Unis d'Amérique. Elle est située sur le Merrimac, et l'on y trouve une académie et un beau palais. Pop. : 4,500 âmes.

CONCORDIA. — Ville du royaume Lombard-Vénitien, empire d'Autriche. Importante et florissante sous les Romains, elle est entièrement déchue aujourd'hui. Pop. : 600 âmes.

CONDAPOUR. — Ville de la présidence de Madras, dans l'empire Indo-Britannique. Elle est située sur le golfe d'Oman.

CONDE. — Place forte du département du Nord. C'est un chef-lieu de canton, dans l'arrondissement de Valenciennes. Elle est située au confluent de la Haisne avec l'Escaut, qui est canalisé, et possède un petit port sur celui-ci. On y fait un commerce de houille et de bestiaux, et l'on y trouve des corderies, des tanneries, et des clouteries. Pop. : 5,000 âmes.

CONDE-EN-BRIE. — Chef-lieu de canton dans l'arrondissement de Château-Thierry, département de l'Aisne. Il est situé au confluent de la rivière de Dhuis et du Surmelin, affluent de la Marne. Pop. : 800 âmes.

CONDE-SUR-NOIREAU. — Petite ville du département du Calvados. C'est un chef-lieu de canton de l'arrondissement de Vire. Elle est située au confluent du Noireau et de la Drouance. On y trouve des filatures de coton et de laine, des fabriques de coutils, et l'on y fait un commerce de chevaux et de bestiaux. L'amiral Dumont-Durville naquit dans cette ville. Pop. : 6,000 âmes.

CONDOM. — Petite ville du département du Gers. Elle est située sur la Baise. Chef-lieu d'arrondissement, elle comprend 6 cantons et 88 communes. On y trouve un collège et il s'y fait un commerce d'eau-de-vie,

de bouchons et de plumes à écrire. C'est la patrie de Blaise de Montluc, de Du Bartas et de Scipion Dupleix. Le siège de l'ancien évêché de cette ville fut occupé par Bossuet. Pop. : 7,000 âmes.

CONDOR ou POULO-CONDOR. — Groupe d'îles de la mer de la Chine. Il est situé au sud de l'empire d'An-nam et à environ 32 lieues des bouches du Meinam. Les Anglais y avaient fondé une colonie en 1702, mais elle fut détruite par les Macassars.

CONDRIEU. — Petite ville du département du Rhône. Son territoire produit un vin estimé, et l'on prétend que le plant de ce vignoble a été apporté de la Dalmatie. Cette ville possède des raffineries de sel et fait aussi un grand commerce de grains. Pop. : 3,300 âmes.

CONEGLIANO. — Petite ville de la délégation de Trévise, dans le gouvernement de Venise. Son territoire produit des vins rouges et blancs, et ces derniers sont exportés à l'étranger. Sa population est d'environ 4,000 âmes. On voit, dans son voisinage, le château de Collalto, dont les comtes jouèrent un rôle important au moyen âge ; puis le village de Campardo, renommé par sa foire aux chevaux, l'une des principales de l'Italie

CONFEDERATION GERMANIQUE. — Elle se compose des Etats suivants :

Autriche.	Anhalt-Bernbourg.
Prusse.	Anhalt-Coethen.
Bavière.	Schwarzbourg-Sondershausen.
Saxe.	
Hanovre.	Schwarzbourg-Rudolstadt.
Wurtemberg.	
Bade.	Hohenzollern-Hechingen.
Hesse-Electorale.	Lichtenstein.
Grand-Duché de Hesse.	Hohenzollern-Sigmaringen.
Holstein et Lauenbourg.	
Luxembourg.	Waldeck.
Brunswick.	Reuss, *branche aînée*.
Mecklimbourg-Schwerin	Reuss, *branche cadette*.
Mecklimbourg-Strelitz.	Lippe-Schauenbourg.
Nassau.	Lippe-Detmold.
Saxe-Weimar	Hesse-Hombourg.
Saxe-Cobourg.	Lubeck.
Saxe-Meiningen.	Francfort.
Saxe-Hildburghausen.	Brême.
Holstein-Oldenbourg.	Hambourg.
Anhalt-Dessau.	

Les confins du sol occupé par cette confédération sont, au nord, la mer d'Allemagne, le Danemark et la mer Baltique ; à l'est, les pays de la monarchie prussienne et de l'empire d'Autriche non compris dans la confédération, puis le royaume de Pologne et la république de Cracovie ; au sud, les pays de l'empire d'Autriche qui ne font point partie de la confédération, puis la mer Adriatique et la Suisse ; enfin, à l'ouest, la France, la Hollande et la Belgique.

CONFINS MILITAIRES. — Dans l'empire d'Autriche. Ils se composent des provinces voisines de la Turquie, lesquelles ont été organisées militairement pour repousser les invasions des Turcs. On les a divisés en trois *généralats* : 1° Le généralat réuni de Carlstadt-Warasdin et du ban de Croatie, dont le chef-lieu est Agram ; 2° le généralat de Sclavonie, ayant pour chef-lieu Péterwardein; et 3° le générulat du Banat, avec Temesvar pour chef-lieu.

CONFLANS. — Chef-lieu de canton dans l'arrondissement de Briey, département de la Moselle. Pop. : 500 âmes.

CONFOLENS. — Petite ville du département de la Charente. Elle est située sur la Vienne. Chef-lieu d'arrondissement, elle comprend 6 cantons et 70 communes. On y trouve un collége et l'on y fait un commerce important de bois de construction et de bestiaux. Pop. : 2,800 âmes.

CONGO. — Royaume d'Afrique, arrosé par un fleuve du même nom. Il est compris entre l'équateur dont il est voisin, et le 20° degré de latitude du nord au sud, puis le 10° et le 20° de longitude, de l'ouest à l'est. Cette contrée, qui a été aussi appelée *côte d'Angola*, *Basse-Ethiopie*, *Guinée Méridionale* et *Nigritie méridionale*, a pour bornes : au nord, la Guinée supérieure; à l'ouest, l'océan Atlantique; au sud, la Cimbébasie; et à l'est, d'immenses plateaux. Le climat y est aussi salubre qu'il peut l'être dans la zone torride, et l'on n'y distingue guère que deux saisons, l'une chaude et l'autre pluvieuse.

Le fleuve Congo ou Coango, a 4 kilom. de large à son embouchure, et, à 240 kilom. de celle-ci, il forme une très-belle cascade dont le bruit s'entend à une grande distance; dans la saison pluvieuse, ses eaux inondent au loin le pays; et elles sont peuplées de crocodiles et d'hippopotames. Ce fleuve a reçu aussi le nom de *Zaïre*; il n'a pas moins de 300 mètres de profondeur dans quelques endroits et de 80, terme moyen; et quelques géographes l'ont regardé comme le même que le Niger, opinion qui a été tout à fait réfutée par les explorations de Mungo-Park. Ses cataractes, situées à plus de 480 kilom. dans l'intérieur, ont beaucoup plus d'importances que celles du Nil, et il se jette dans la mer avec une impétuosité telle, qu'aucun fond de sonde ne peut y être pris, tant le courant y est violent. Après le Congo, vient le Coanza, dont on ne connaît pas non plus la source; mais qui paraît avoir environ 800 kilom. de longueur; puis l'Avongo, qui sort d'un lac situé à 10 degrés de la côte et à 5 au nord de l'équateur, et s'écoule par plusieurs embouchures près du cap Lopez.

CONI. — *Voy.* CUNEO.

CONLIE. — Chef-lieu de canton dans l'arrondissement du Mans, département de la Sarthe. Pop. : 1,600 âmes.

CONNAUGHT. — Contrée de l'Irlande qui forme l'une de ses quatre grandes divisions. Elle comprend actuellement les comtés de Leitrim, Roscomon, Galway, Sligo et Mayo.

CONNECTICUT. — Fleuve navigable des États-Unis. Il prend sa source au nord de l'État de New-Hampsire; sépare cet État de celui de Vermont; traverse ceux de Massachusetts et de Connecticut; et se jette dans l'Atlantique, au golfe de Long-Island, après un cours de 650 kilomètres. Des écluses et des canaux y ont été pratiqués pour aider à sa navigation.

CONNECTICUT. — Province des États-Unis d'Amérique. Elle est située au nord-est, sur les côtes de l'Atlantique. Plusieurs montagnes la traversent; elle est baignée par le Connecticut à qui elle doit son nom; son sol est couvert d'immenses forêts et de riches cultures; et l'Atlantique y forme un golfe, entre le continent et l'île de Long-Island. Ses villes principales sont New-Haven et Hartford.

CONQUES. — Chef-lieu de canton dans l'arrondissement de Carcassonne, département de l'Aude. Pop. : 1,700 âmes.

CONQUES. — Chef-lieu de canton dans l'arrondissement de Rodez, département de l'Aveyron. Il est situé sur le Dourdon. C'est la patrie du médecin Chirac. Pop. : 1,400 âmes.

CONQUET (LE). — Commune du département du Finistère. Elle est située dans le canton de Saint-Renand, arrondissement de Brest. On y trouve un petit port de relâche. C'est dans son voisinage que florissait l'antique abbaye de Saint-Martin. Pop. : 1,400 âmes.

CONSTANCE. — Petite ville épiscopale, chef-lieu du cercle du Lac, dans le grand-duché de Bade. Elle doit son origine aux Romains qui la fondèrent vers le commencement du IV° siècle. On y remarque le dôme appelé Münster. Elle possède un lycée, un port sur le lac, son commerce est assez florissant, et sa population est d'environ 5,500 âmes. Un concile célèbre s'assembla dans cette ville en 1414.

CONSTANCE (LAC DE). — Il est situé entre la Suisse et l'Allemagne et traversé par le Rhin. Sa longueur est de 70 kilomètres, sur 14 de largeur. Il baigne la Suisse au sud, l'empire d'Autriche au sud-est, la Bavière et le Wurtemberg au nord-est, et le grand-duché de Bade au nord-ouest. Il se partage en deux bras près de la ville de Constance, celui de l'ouest est appelé l'*Unter-See*; l'autre, situé au nord-ouest, porte le nom d'*Überlingen-See*. La partie principale du lac, désignée sous le nom de *Boden-See*, communique avec l'Unter-See par un étroit chenal que traverse le Rhin. Le lac de Constance est sujet à des hausses subites dont la cause est encore inconnue, et sa baisse est aussi prompte. Ce phénomène est appelé *Ruhs*.

CONSTANTINE. — Chef-lieu de la province de ce nom, en Algérie. C'est la *Cirtha* des anciens, la capitale de la Numidie, puis de la Mauritanie. Elle est située sur une presqu'île dont les rochers s'élèvent d'un côté à plus de 200 mètres, et que contourne le Rumel ou Roumel, de sorte qu'elle se trouve autant fortifiée par la nature que par le travail de l'homme. Elle fut emportée d'assaut, en 1837, par l'armée française. On y remarque le pont-romain construit sur le Roumel, les portes de la ville, un arc-de-triomphe, des pierres sépulcrales, puis des ruines d'autels, des bas-reliefs, des colonnes, etc. Dans la partie supérieure de la ville, le Ouad-el-Kebir sort d'un souterrain et forme une grande cascade. Constantine est la patrie des deux plus puissants rois de Numidie, Massinissa et Jugurtha. Pop. : 20,000 âmes.

CONSTANTINOPLE. — Grande ville, capitale de la Turquie ou Empire ottoman. Elle est élevée, dans une belle position, entre la mer Noire et celle de Marmara, sur le canal qui sépare l'Europe de l'Asie, et dont l'enfoncement forme un port magnifique. Elle présente une sorte de triangle dont la pointe s'avance vers la mer, et son aspect est imposant, ce qu'elle doit au grand nombre de ses mosquées, de ses palais, de ses kiosques et de ses jardins; mais son intérieur est mal bâti, d'une extrême saleté, et tout y contribue à dégoûter promptement l'étranger du séjour qu'il y fait. Cette cité fut appelée primitivement *Byzance*, et ce n'est que lorsque l'empereur Constantin y transporta le siége de l'empire romain vers l'an 320, qu'elle reçut le nom qu'elle porte actuellement. Toutefois, quand elle devint la proie des Turcs, ceux-ci la désignèrent d'abord sous celui d'*Islamboul* ou ville de l'islamisme. Outre les ministres du culte mahométan, elle est aussi le siége d'un patriarche grec qui prend le titre d'œcuménique et qui se trouve à la tête d'un synode de douze évêques; puis d'un archevêque arménien, et enfin d'un khakambaschi qui gouverne les Juifs.

On remarque particulièrement à Constantinople, le sérail ou palais du sultan; l'église Sainte-Sophie, fondée par Justinien en 532, et qui est aujourd'hui la principale mosquée; puis les mosquées de sultan Ahmed, de sultan Soleyman, de sultan Osman et de la sultane Validé; l'église des Grecs, dite patriarcale, et celle des Arméniens ou de Saint-Georges; les bazars, le marché des esclaves, les bains, les citernes, les aqueducs, l'arsenal militaire, les casernes et le château des Sept-Tours, prison d'État; les colonnes Brûlée, Arcadius et Corinthienne; les restes du palais des Blaquernes et les cimetières. On doit aussi mentionner plusieurs quartiers distincts, tels que celui de *Pera*, où se trouvent les palais des ambassadeurs; celui de *Galata*, occupé par les négociants; celui de *Saint-Demetri*, où résident les Grecs, et celui de *Fanar*, également habité par d'anciennes familles grecques.

La capitale des Turcs n'est rien moins qu'un foyer de lumières, et le fanatisme y entretient au contraire l'ignorance et la barbarie. Cependant, on y compte au delà de 1,200 écoles primaires; une quarantaine de bibliothèques publiques; des écoles de médecine, de mathématiques, de navigation et d'instruction militaire; et des imprimeries turque, arabe, grecque, arménienne, persane, rabbinique et française. Quant au commerce, il y est assez important et la population est d'à peu près 600,000 âmes.

On trouve, dans les environs immédiats de Constantinople, le palais impérial de Doulukh-Baktche, construit dans le goût chinois et celui de Belhik-Tach; puis Roumily-Hissar, forteresse qui défend le Bosphore, et Therapia, remarquable par le grand nombre de ses maisons de campagne; enfin, Bouiouk-Déré, où les ministres européens se retirent durant l'été, et dans le voisinage duquel on voit un platane célèbre qui aurait, au dire de quelques-uns, près de 50 mètres de circonférence. Plus loin, on rencontre la petite ville d'Indchiguis, qui possède des sources minérales, et où des habitations et des galeries ont été taillées en quantité dans le roc.

COOK (Archipel de). — Dans la Polynésie. Il comprend les îles Manaïa, Atiou, Attolon de Manouay ou îles Hervey, Aitoutaté, Rarotonga, Mittiero et Maouti. Ces deux dernières sont petites et basses.

COOK (Détroit de). — Il sépare les deux grandes îles de la Nouvelle-Zélande, Eaheinomauwe au nord-est et Tawaï-Pœnammou au sud-ouest.

COPAN. — Bourgade de l'État de Honduras, dans la confédération de l'Amérique centrale. On trouve, dans son voisinage, de nombreux restes d'antiquités, et la caverne de Tibulca.

COPENHAGUE. — Grande et belle ville, capitale du royaume de Danemark, et résidence d'un évêque luthérien. Elle est située sur les îles de Seeland et d'Amak, et le bras de mer qui les sépare y forme un port magnifique. La portion de la plus petite de la ville est bâtie sur l'île d'Amak et se nomme *Christianshavn*; l'autre partie est appelée *Kjobenhavn*. On distingue encore cette dernière en *ville-vieille* et *ville-nouvelle*, et celle-ci porte le nom de *Frederikstad*. Copenhague est fortifié; il est défendu aussi par la citadelle de Frederikshavn, et le fort Trekroner, construit sur un banc de sable à l'entrée du port. On remarque, dans cette ville, les églises Notre-Dame, du Sauveur, de la Trinité et de la Garnison; le château de Christiansborg, l'Analienborg, ou résidence royale, le château de Rosenborg et celui de Charlottenborg, le palais du prince, celui de Frederik-Ferdinand, l'hôtel de ville, celui de la poste, la Bourse, la Monnaie, l'hôpital de Frederik, l'hôpital général, la caserne d'infanterie et celles de la marine; puis de grandes rues et de très-belles places. La capitale du Danemark possède une université, une école métropolitaine, une école polytechnique, une école normale, une école militaire de la marine, une académie des cadets de l'armée de terre, une école de chirurgie et une école vétérinaire, un institut de sourds-muets et un institut de gymnastique, plusieurs bibliothèques publiques, un observatoire, une galerie de tableaux, un musée d'antiquités du nord, un cabinet d'histoire naturelle, un jardin botanique et diverses sociétés académiques. Elle est aussi le centre d'un commerce considérable, et sa population dépasse 125,000 âmes. On trouve, dans ses environs, le château de Frederiksberg, renommé par ses jardins pittoresques; le village de Leire, où résidèrent les souverains jusqu'au xe siècle; l'hospice des vieillards, appelé Bidstrupgard; le château royal de Frederiksborg, où sont couronnés les rois de Danemark, et qui possède une galerie de portraits historiques; et la bergerie royale de Jœgerpriis.

COPET. — Bourg du canton de Vaud, en Suisse. Il est situé sur le lac de Genève, et a acquis quelque célébrité par le séjour qu'y firent Necker et sa fille, madame de Staël. Pop. : 500 âmes.

COPIAPO. — Petite ville de la province de Coquimbo, dans la république du Chili. On exploite plusieurs mines de cuivre sur son territoire, et, à quelques milles de distance de la ville, vers le sud-est, on trouve les mines d'argent de Puente chanarcillo, Pan d'azucar, Petacas, et autres montagnes. Pop. : 5,000 âmes.

COQUIMBO. — Chef-lieu de la province de ce nom, dans la république du Chili. Cette ville est assez importante par son port, et son territoire est riche en mines d'or, d'argent, de cuivre et de sel. Pop. : 10,000 âmes.

CORA. — Ville de l'île de Samos. Elle est située près de la côte méridionale et c'est le siége d'un archevêché grec. On voit, dans son voisinage, les ruines du temple de Junon. Pop. : 1,000 âmes.

CORAIL (Mer du). — On nomme ainsi la partie du grand Océan qui se trouve comprise entre la Nouvelle-Hollande, la Nouvelle-Guinée, les îles Salomon, les Nouvelles-Hébrides et la Nouvelle-Calédonie.

CORANZA. — Capitale du royaume de même nom, dans la Guinée septentrionale.

CORATO. — Ville de la province de Bari, dans le royaume de Naples.

CORBACH. — Chef-lieu de la principauté de Waldeck, en Allemagne. Cette ville est située sur l'Iller. Les Français y battirent les Hanovriens en 1760. Pop. : 2,000 âmes.

CORBEIL. — Petite ville située sur la Seine ; elle forme un chef-lieu d'arrondissement du département de Seine-et-Oise et comprend 4 cantons et 93 communes. Elle fait un commerce assez considérable de grains et de farines. La Seine y reçoit la rivière d'Essone. On trouve dans son voisinage un champ appelé *Dolent*, lequel fut le théâtre d'un combat acharné entre Labienus, lieutenant de César, et Camulogène, chef des Gaulois parisiens. Pop. 4,500 âmes.

CORBIE. — Petite ville du département de la Somme. C'est un chef-lieu de canton de l'arrondissement d'Amiens. Elle possède des filatures de laine, des fabriques d'alépines, de velours et de bonneterie, et on y exploite de la tourbe. On trouve aussi, dans ses environs, quelques sources minérales. Cette ville, qui fut fortifiée et que démantela Louis XIV, avait une abbaye célèbre qui comptais, au nombre de ses abbés le fameux Adelhard, cousin de Charlemagne. Pop. : 2,800 âmes.

CORBIGNY. — Petite ville du département de la Nièvre. C'est un chef-lieu de canton de l'arrondissement de Clamecy. Elle est située près de la rive droite de l'Yonne. On y trouve des fabriques de drap, des tanneries, et il s'y fait un commerce de bois à brûler. Cette ville possédait anciennement une maison royale où les souverains venaient faire une neuvaine après leur sacre, et dans laquelle ils recevaient, selon la croyance populaire, le don de guérir les écrouelles. Pop. : 2,100 âmes.

CORCIEUX. — Chef-lieu de canton dans l'arrondissement de Saint-Dié, département des Vosges. Pop. : 1,600 âmes.

CORDES. — Chef-lieu de canton dans l'arrondissement de Gaillac, département du Tarn. Pop. : 2,800 âmes.

CORDILLERES ou **CORDILLERA.** — Nom que donnent les Espagnols à la plupart des chaînes de montagnes de l'Amérique du Sud et qui appartiennent aux Andes. Dans l'Amérique septentrionale, les Cordillères prennent différents noms, tirés, pour la plus grand nombre, des pays où elles se trouvent.

CORDOUAN (Tour de). — Phare situé à l'embouchure de la Gironde. Il est très-renommé, et c'est en effet le plus beau qu'il y ait en France. On a appliqué pour la première fois à ce phare des feux tournants et un appareil à lentilles à échelons, inventé par M. Fresnel, appareil qui produit une clarté supérieure à tout ce qu'on avait vu jusqu'alors.

CORDOUE. — Grande ville épiscopale, chef-lieu de la province de même nom, dans l'Andalousie, en Espagne. Elle est située sur la rive droite du Guadalquivir, au pied de la Sierra-Morena, et à la naissance de la plaine qu'on appelle campiña de Bujalance. On y remarque la cathédrale, l'un des plus vastes temples du culte catholique, et le plus grand aussi des monuments moresques ; puis le pont construit sur le fleuve, et la plaza-major. La population est d'environ 57,000 âmes. On trouve, dans le voisinage de cette ville, un autre pont jeté également sur le Guadalquivir, que l'on regarde comme l'un des plus beaux de l'Europe

CORDOVA. — Ville épiscopale, chef-lieu de la province de ce nom, dans la confédération du Rio de la Plata. Elle est assez importante par sa position centrale qui en fait un entrepôt de commerce. On y trouve une université et une bibliothèque publique, puis des manufactures de draps et de divers tissus de laine et de coton. Pop. : 15,000 âmes.

CORDOVA. — Ville de l'Etat de Vera-Cruz, au Mexique. Son territoire produit du sucre, du café et du tabac, et l'on y trouve aussi des mines d'or et d'argent. Pop. : 5,000 âmes.

CORÉE (Archipel de). — Il est situé dans la mer Jaune, sur les côtes de la presqu'île de Corée, et formé d'un grand nombre d'Etats. Le plus remarquable est celui de Quelpaert ; viennent ensuite ceux d'Amherst.

CORÉE (Détroit de). — Entre la presqu'île de Corée et l'île japonaise de Kiousiou. Il unit la mer Bleue et la mer du Japon

CORÉE (Golfe de). — Il est formé par la mer du Japon, sur la côte orientale de la Corée et de la Mandchourie.

CORÉE (Royaume de). — Il fait partie de l'empire de la Chine. Sa situation est entre 34° 16' et 43° de latitude nord, et entre 122° 12' et 128° de longitude est. Il est principalement formé de la presqu'île de Corée, et s'étend au sud de la Mandchourie, entre la mer Jaune et la mer du Japon. Le climat y est très-froid au nord, à cause des montagnes, mais il est chaud vers le sud, et son sol produit du riz, du millet, du tabac, le mûrier à vers à soie, l'arbre à vernis, le ginseng, etc. Des caïmans énormes vivent dans ses rivières. Ce royaume a pour capitale Kingkitao ou Han-yang-Tching.

CORFOU. — Petite ville, capitale des îles Ioniennes. Elle est bâtie sur un promontoire de la côte orientale de l'île de son nom, et se compose de trois parties distinctes : la ville proprement dite, qui est fortifiée ; la vieille forteresse, le nouveau fort, et les faubourgs. Cette ville est le siége d'un métropolitain grec, et l'on y remarque les églises de Saint-Spiridion, de Marie-Spiliotissa et de Saint-Antoine ; le palais du lord haut-commissaire, l'arsenal, les casernes, le marché et les fortifications de l'îlot Vido. Elle possède une université, un collége, une bibliothèque publique et celle de la garnison. Sa population est d'environ 22,000 âmes. Les salines qu'elle exploitait naguère, et qui sont actuellement desséchées, occupaient l'emplacement de l'ancienne Nécropolis de Corcyre.

CORIGLIANO. — Ville de la Calabre citérieure, royaume de Naples. Elle est située près de l'endroit où s'élevait *Sybaris*. Pop. : 13,000 âmes.

CORINGA. — Ville de la province des Sircars, empire Indo-Britannique. Elle possède le meilleur port de la côte de Coromandel. Pop. : 6,000 âmes.

CORINGA. — Ville de la Calabre ultérieure, royaume de Naples. Pop. : 3,000 âmes.

CORINTHE ou KORDOS. — Ville de l'Argolide, royaume de Grèce. Elle est située entre le golfe d'Athènes et celui de Lépante, et sa vaste citadelle offre trois rangs de fortifications formidables. On ne monte à celle-ci que par un chemin escarpé et étroit, et une partie des murailles intérieures sont de construction cyclopéenne. Cette citadelle renferme plusieurs sources abondantes, et entre autres la fameuse fontaine *Pyrène*. La ville de Corinthe, qui fut autrefois si splendide, si florissante, n'offre plus aujourd'hui qu'un millier d'habitants.

CORK. — Ville épiscopale, chef-lieu du comté de ce nom, en Irlande. Elle est située au fond d'un golfe, qui forme l'un des plus vastes et des plus beaux ports de l'Europe. Cette ville est le siége d'un évêque catholique et d'un évêque anglican. On y remarque l'église Sainte-Anne, le palais de l'évêque anglican, l'hôtel de ville, la Bourse, la douane, le palais de justice du comté, la caserne, le marché, et la halle aux toiles. Cork possède aussi une bibliothèque publique, plusieurs sociétés académiques, et son commerce est florissant. Pop. : 100,000 âmes.

CORLAY. — Chef-lieu de canton dans l'arrondissement de Loudéac, département des Côtes-du-Nord. Pop. : 1,500 âmes.

CORNABA (Val). — Dans le canton d'Uri, en Suisse. On y trouve de vastes glaciers qui alimentent les principales sources du Rhin antérieur.

CORNETO. — Bourg de la délégation de Civita-Vecchia, dans l'État du Pape. Des fouilles faites dans son voisinage, à la nécropole de Tarquinie, y ont fait découvrir à peu près 600 tombeaux étrusques. Dans le même rayon, à Ponte-Bodio, Montalto et Canino, on a également exhumé des villes étrusques.

CORNOUAILLES (Nouveau-). — Contrée de l'Amérique septentrionale. Elle s'étend le long des côtes occidentales, et se trouve traversée, dans toute sa longueur, par des ramifications des monts rocheux. La partie méridionale de cette contrée appartient à l'Angleterre ; l'autre portion, depuis la baie de Burrough jusqu'à l'extrémité septentrionale, est la propriété de la Russie. Le Nouveau-Cornouailles, qui fut découvert par Behring, en 1741, est habité par des tribus indiennes, et ses côtes sont parsemées d'îles, dont les principales sont celles du Prince de Galles et du Duc d'York.

CORNUS. — Chef-lieu de canton dans l'arrondissement de Saint-Affrique, département de l'Aveyron. Il est situé sur la rive droite de la Sorgue. On y trouve des fabriques de draps et de feutre. Pop. : 1,700 âmes.

CORNWALL ou CORNOUAILLES. — Comté maritime d'Angleterre. Il tire son nom des montagnes qui le traversent dans toute son étendue, montagnes peu élevées, mais très-escarpées, et que la fréquence des orages rend entièrement chauves. Elles renferment des mines d'étain, de cuivre, de fer et d'antimoine qui occupent plusieurs milliers d'ouvriers. Cette contrée offre un grand nombre de monuments druidiques.

CORNWAL. — Ville du Connecticut, aux États-Unis d'Amérique. Pop. : 3,000 âmes. Il est une autre ville du même nom dans l'État de New-York. Pop. : 2,800 âmes.

CORNWALLIS. — Ile de l'Amérique septentrionale. Elle est située dans la mer Polaire, et fait partie du groupe de la Georgie septentrionale, entre l'île Bathurst et le Devon septentrional, sur le détroit de Wellington.

CORO. — Chef-lieu de la province de ce nom, dans la république de Venezuela. Elle possède un port assez fréquenté, situé sur le golfe de Maracaybo, et fut le siége du gouvernement jusqu'en 1636, époque où on le transféra à Caracas. Pop. : 4,000 âmes.

COROGNE (La). — Chef-lieu de la province de ce nom, et de la capitainerie générale de la Galice, en Espagne. Cette ville est fortifiée, son port est considéré comme l'un des meilleurs du royaume, et son commerce est florissant. On y remarque encore la tour célèbre qui lui servait de phare anciennement, et dont on a attribué la construction aux Phéniciens. La Corogne possède de nombreuses fabriques de toiles, de chapeaux, de cordes, de cigares, etc., et sa population est d'environ 24,000 âmes.

COROMANDEL (Côte de). — Elle est située au sud-est de l'Indoustan, sur le golphe du Bengale, entre l'embouchure de la Kistnah et le cap Calymère. La mousson du nord, qui dure d'octobre à avril, y rend la navigation très-dangereuse, surtout dans les premiers mois. Les principales villes de cette côte sont Madras, Pondichéry, Tranquebar et Coringa. Cette dernière est la seule qui offre un bon port.

CORON. — Petite ville de la Messénie, royaume de Grèce. Elle est fortifiée et possède une rade bien abritée. Pop. : 5,000 âmes.

CORON (GOLFE DE). — Il est formé par la Méditerranée, sur la côte méridionale de la Morée, entre la Messénie et la Laconie.

CORRÈZE (DÉPARTEMENT DE LA). — Il a été formé d'une partie du Limousin. Sa superficie est de 582,803 hectares, et sa population de 317,560 âmes. Il est divisé en trois arrondissements, dont les chefs-lieux sont Tulles, Brives et Ussel, et compte 29 cantons et 292 communes. Tulle est le siège de sa préfecture et de son diocèse; Limoges celui de sa cour impériale; Cahors celui de son académie universitaire, et il est compris dans la 13ᵉ division militaire.

CORRIENTES. — Chef-lieu de la province de ce nom, dans la confédération du Rio de la Plata. On regarde sa position comme l'une des plus heureuses de l'Amérique du Sud, pour y établir un grand entrepôt commercial. Pop. : 5,000 âmes.

CORRIENTES. — Quatre caps portent ce nom. Le premier est situé en Afrique sur la mer des Indes; le second, dans le gouvernement de Buenos-Ayres; le troisième, dans l'île de Cuba; et le quatrième, dans le grand Océan, au Mexique.

CORSAVY. — Commune du département des Pyrénées-Orientales. Elle est située dans le canton d'Arles-sur-Tech, arrondissement de Céret. On y trouve des forges. Pop. : 1,000 âmes.

CORSE. — Île de la Méditerranée, située à 68 lieues au sud-est de la France, à qui elle appartient, et entre l'Espagne, l'Italie et la Sicile, position qui la rend un point commercial important. Elle a environ 168 kilom. de longueur et 80 de largeur. Ses montagnes forment, avec celles de la Sardaigne, un système qu'on a nommé *Sardo-Corse*, lequel se divise, dans la Corse seule, en dix rameaux, dont cinq sont le versant oriental, et cinq sur l'occident. Voici quelles en sont les principales altitudes :

Le monte Rotondo	2,672 mètres.
— d'Oro	2,652
— Paglia-Orba	2,650
— Cardo ou Urvello	2,590
— Padro	2,458
— Artica	2,440
— Renoso	2,257
— Ladroncello	2,135
— dell'Incudine	2,056
La Punta della Copella	2 049

La Corse possède des mines de fer très-renommées, et qui étaient déjà exploitées du temps des Romains. On y trouve aussi du cuivre, de l'antimoine, du plomb et de belles variétés de granite. Ses sources thermales les plus renommées sont celles d'Orezza, de San-Antonio, de Fium-Orbo et de Guagno. Les deux dernières étaient très-fréquentées par les Romains. Ses cours d'eau les plus remarquables sont : à l'est, le Tavignono et le Golo; à l'ouest, le Valinco, le Taravo, la Gravone, le Liamone et le Fango; mais aucun d'eux n'est navigable. Parmi les lacs, le plus important est celui de Biguglia, long de 13,000 mètres; puis viennent le Creno, le Lino etc.; enfin les contours sinueux de l'île forment plusieurs golfes, entre autres ceux de Valinco, d'Ajaccio, de Porto et de Saint-Florent; et l'on y distingue aussi le cap Corse, le cap Bonifacio et le cap Spano.

Le climat de la Corse est sain; l'été y est très-chaud, quoique la température soit adoucie par les brises de mer; l'hiver s'y montre d'un froid excessif, surtout dans les montagnes; et les vents qui dominent sont le *sirocco*, qui amène la pluie; la *tramontana*, qu'accompagne souvent la neige; et le *lebeccio*, dont le souffle impétueux déracine les arbres et cause de grands ravages. Les vents irréguliers sont le *maestro* et le *grecole*. Le sol produit du froment, du seigle, du millet et de l'orge; le cotonnier, la canne à sucre, l'indigo y réussissent très-bien; le mûrier, l'olivier et l'oranger croissent sur les côtes; et le châtaignier, le pin, le chêne, le hêtre et le sapin couvrent les flancs des montagnes.

CORSE (DÉPARTEMENT DE LA). — Sa superficie est de 874,743 hectares, et sa population d'environ 231,000 âmes. Il est divisé en cinq arrondissements, dont les chefs-lieux sont Ajaccio, Sartène, Bastia, Calvi et Corte, et compte 61 cantons et 355 communes. Ajaccio est le siège de sa préfecture et de son diocèse; Bastia, celui de sa cour impériale; Aix, celui de son académie universitaire, et il constitue la 17ᵉ division militaire.

CORSE (CAP). — Il est situé à l'extrémité septentrionale de l'île de ce nom. On y trouve des marbres jaspés très-estimés.

CORSENA. — Ville du duché de Lucques, en Italie. On trouve, dans son voisinage, les bains renommés de Lucques.

CORSEUL. — Petite ville du département des Côtes-du-Nord. Elle est située dans l'arrondissement de Dinan. Le grand nombre de débris antiques qu'on trouve sur son territoire ont fait penser à quelques auteurs qu'elle occupait l'emplacement de l'ancienne capitale des *Curiosolites*, peuple de la 3ᵉ Lyonnaise. Pop. : 4,200 âmes.

CORTE. — Petite ville située au milieu des montagnes, dans l'île de Corse. Chef-lieu d'arrondissement, elle comprend 15 cantons et 112 communes, et sa population est d'environ 4,000 âmes. On voit, dans ses environs, le beau pont de Vecchio, qui s'élève à 39 mètres au-dessus d'un torrent.

CORTONE. — Petite ville du grand-duché de Toscane. On y remarque des travaux hydrauliques importants qui ont changé en un sol cultivable de vastes déserts marécageux et pestilentiels. Cette ville possède des collections d'antiquités étrusques, et la célèbre *academia etrusca*. Pop. : 5,000 âmes.

CORYDON.—Ville de l'Indiana, aux États-Unis d'Amérique. On trouve, dans son voisinage, une grotte très-remarquable remplie de salpêtre. Pop. : 2,500 âmes.

COS ou STANCO. — Île de l'Archipel, l'une des Sporades. Sa longueur est de 42 kilomètres, et sa largeur de 10. Elle produit des vins estimés et d'excellents fruits. Pop. : 9,000 âmes.

COS ou BOUDROUN. — (GOLFE DE). Il est situé dans l'Archipel, au sud-ouest de l'Anatolie et vis-à-vis l'île de Cos.

COSENZA. — Ville archiépiscopale, chef-lieu de la Calabre citérieure, dans le royaume des Deux-Siciles. On y remarque la cathédrale et le palais de justice ; elle est industrieuse et commerçante, et sa population est d'environ 8,000 âmes.

COSNE. — Petite ville située au confluent de la Nonain avec la Loire, dans le département de la Nièvre. Chef-lieu d'arrondissement, elle comprend 6 cantons et 65 communes. On y trouve un collége, une société d'agriculture ; on y fabrique des ancres pour la marine ; et il s'y fait un commerce assez important de coutellerie. Pop. 5,000 âmes.

COSSE-LE-VIVIEN. — Chef-lieu de canton dans l'arrondissement de Château-Gontier, département de la Mayenne. Il est situé près de la rive droite de l'Oudon. Pop. : 3,400 âmes.

COSSER ou COSSÉIR. — Ville de la haute Égypte. Elle possède un port sur la mer Rouge, lequel est un entrepôt du commerce avec l'Arabie.

COSSIMBAZAR. — Ville de la présidence du Bengale, empire Indo-Britannique. Elle est située sur le fleuve de son nom et près de Mourched-Abad, à laquelle elle sert de port. Pop. : 25,000 âmes.

COSTARICA. — État de l'Amérique centrale. Il en occupe la partie la plus méridionale et se trouve traversé, dans toute son étendue et dans une direction nord-ouest, par des ramifications volcaniques des Andes qui donnent naissance à un grand nombre de cours d'eau. Le climat de cette contrée est très-chaud et insalubre ; on y recueille les céréales, du tabac et du cacao, et l'on y rencontre des mines d'or, d'argent et de cuivre qui ne sont point exploitées. Cet État a pour capitale San-José-de-Costarica, et compte 150,000 habitants.

COSUMEL. — Île de la mer des Antilles. Elle est située près de la côte est du Yucatan ; sa longueur est d'à peu près 66 kilomètres et sa largeur de 23. Son sol est assez fertile, mais elle est à peu près déserte. Fernand Cortez y aborda en 1519.

COTE-D'OR. — Chaîne de montagnes de France. Elle sépare le bassin de la Saône de ceux de la Seine et de la Loire, et relie aux Cévennes les monts Faucilles qui sont un prolongement des Vosges ; mais on donne plus particulièrement le nom de Côte-d'Or au chaînon qui s'étend depuis Dijon jusqu'à la limite sud du département auquel il donne son nom. Le Tasselot, point culminant de la chaîne, offre une altitude de 600 mètres.

CÔTE-D'OR (DÉPARTEMENT DE LA). — Il a été formé de la plus grande partie de la Bourgogne. Sa superficie est de 856,445 hectares, et sa population de 396,520 âmes. Il est divisé en 4 arrondissements dont les chefs-lieux sont Dijon, Beaune, Châtillon-sur Seine et Semur, et compte 36 cantons et 726 communes. Dijon est le siége de sa préfecture, de son diocèse, de son académie universitaire et de sa cour impériale, et il est compris dans la 5e division militaire.

CÔTE-D'OR. — Contrée de la Guinée septentrionale. Elle est située sur la côte du golfe de Guinée, entre 1° 3' et 5° 30' de longitude ouest, et tire son nom de la poudre d'or dont on y fait commerce. Cette contrée comprend le sud de l'empire des Achantins ; la chaleur du climat y est tempérée par les brises dans le voisinage de la mer ; l'intérieur du pays est bien arrosé et fertile ; et la côte offre de bons ports. *Cap-corse* est le chef-lieu de l'établissement anglais fondé sur cette côte ; *Saint-Georges-de-la-Mine*, celui des Hollandais ; et *Christiansborg*, celui des Danois.

COTE-ROTIE. — Vignoble renommé du département du Rhône. Il est situé dans la commune d'Ampuis, canton de Sainte-Colombe, arrondissement de Lyon. Son vin est rouge.

CÔTE-SAINT-ANDRÉ (LA). — Chef-lieu de canton dans l'arrondissement de Vienne, département de l'Isère. On y fait un commerce de vins et de liqueurs estimés. Pop. : 4,000 âmes.

COTES-DU-NORD (DÉPARTEMENT DES). — Il a été formé d'une partie de la Bretagne. Sa superficie est de 672,096 hectares, et sa population de 628,520 âmes. Il est divisé en 5 arrondissements dont les chefs-lieux sont Saint-Brieuc, Dinan, Loudéac, Lannion et Guincamp, et compte 48 cantons et 376 communes. Saint-Brieuc est le siége de sa préfecture et de son diocèse, Rennes celui de sa cour impériale et de son académie universitaire, et il est compris dans la 15e division militaire.

COTIGNAC. — Petite ville du département du Var. C'est un chef-lieu de canton de l'arrondissement de Brignoles. On y trouve des fabriques de soie organsinée, et l'on y fait un commerce de vin, de figues et de confitures sèches, de cuirs, etc. Pop. : 3,000 âmes.

COTOPAXI. — Volcan de l'Amérique du sud. Il est situé dans la chaîne des Andes et dans la République de l'Équateur. Son altitude est de 5,753 mètres, et ses éruptions sont fréquentes et redoutables.

COTRONE. — Petite ville épiscopale de la Calabre ultérieure deuxième, dans le royaume de Naples. On y voit quelques fortifications et l'on y fait un commerce de blé, de vin et d'huile. Pop. : 5,000 âmes.

COTUY. — Très-petite ville du département du Nord-Est, dans l'empire d'Haïti. Elle est très-ancienne et l'on y exploitait autrefois des mines d'or. On y trouve aussi des gisements de cuivre aurifère et de fer. Pop. : 2,000 âmes.

COUCHES. — Petite ville du département de Saône-et-Loire. C'est un chef-lieu de canton de l'arrondissement d'Autun. Elle est située au pied oriental des hauteurs de la Côte-d'Or et l'on trouve une mine de fer sur son territoire. Pop. ; 3,000 âmes.

COUCOURON. — Chef-lieu de canton dans l'arrondissement de l'Argentière, département de l'Ardèche. Pop. : 1,100 âmes.

COUCY-LE-CHATEAU. — Chef-lieu de canton dans l'arrondissement de Laon, département de l'Aisne. On y voit une énorme tour, reste du château fort des anciens seigneurs de Coucy. Pop. : 800 âmes.

COUESNON. — Rivière de France. Elle coule dans les départements d'Ille-et-Vilaine et de la Manche, et se jette dans les grèves du mont Saint-Michel, après un cours de 90 kilomètres. Elle est navigable depuis Antrain, pendant les hautes marées.

COUHE. — Chef-lieu de canton dans l'arrondissement de Civray, département de la Vienne. Il est situé près de la rive droite de la Dive. Pop. : 1,900 âmes.

COUIZA. — Chef-lieu de canton dans l'arrondissement de Limoux, département de l'Aude. Il est situé près de la rive gauche de l'Aude Pop. : 1,000 âmes.

COULAN ou **QUILOAN.** — Ville de la province de Travancore, dans l'Hindoustan. Elle possède un port à l'embouchure d'un petit fleuve.

COULANGE. — Bourg, chef-lieu de canton de l'arrondissement d'Auxerre, dans le département de l'Yonne. Il est renommé par les vins que son territoire produit. Pop. : 1,300 âmes.

COULANGE-SUR-YONNE. — Chef-lieu de canton dans l'arrondissement d'Auxerre, département de l'Yonne. Il est situé à la droite de l'Yonne et sur le canal du Nivernais. On y fait un commerce de bois. Pop. : 1,200 âmes.

COULIBOEUF. — Chef-lieu de canton dans l'arrondissement de Falaise, département du Calvados. Il est situé sur la Dive. Pop. 400 âmes.

COULOMMIERS. — Petite ville du département de Seine-et-Marne. Elle comprend, comme chef-lieu d'arrondissement, 4 cantons et 79 communes. On y fait un commerce assez considérable de grains, de fourrages, de laines, de cuirs, de bestiaux et de fromage de Brie, et l'on trouve dans ses environs un grand nombre de papeteries. Pop. : 3,700 âmes.

COUMASSIE. — Grande ville, capitale de l'empire d'Achanti, dans la Nigritie maritime. Elle est située dans une vallée boisée, et bordée au sud et à l'est d'un marais; ses rues sont larges, alignées et propres, et l'on y remarque le palais du souverain, richement décoré. Cette ville est un important entrepôt de commerce. Pop. 20,000 âmes.

COUNCIL-BLUFF. — Poste du district des Sioux, aux Etats-Unis d'Amérique. La garnison qui l'occupe y a rassemblé, entre autres choses propres à faire supporter la solitude à laquelle elle est condamnée, une bibliothèque assez nombreuse et bien composée.

COUPANG. — Petite ville de l'île de Timor, dans l'archipel de Sumbava-Timor, Océanie occidentale. Elle est située dans la partie méridionale de la superbe baie de Coupang, et possède un port franc.

COUPTRAIN. — Chef-lieu de canton dans l'arrondissement de Mayenne, département de la Mayenne. Pop. : 500 âmes.

COURBEVOIE. — Chef-lieu de canton dans l'arrondissement de Saint-Denis, département de la Seine. Il est situé sur une colline qui borde la rive gauche de la Seine. On y voit une très-belle caserne, et l'on y trouve des fabriques de toiles peintes, de produits chimiques, etc. Pop. : 6,000 âmes.

COURLANDE. — Province de Russie. Elle est située à l'est de la mer Baltique, et au sud du golfe de Riga. Sa capitale est Mitau, et sa population s'élève à environ 500,000 âmes.

COURONNE (Grand). — Chef-lieu de canton dans l'arrondissement d'Angoulême, département de la Charente. On y trouve des fabriques de toiles métalliques et de colle végétale, puis des papeteries. Pop. : 1,100 âmes.

COURPIÈRE. — Petite ville du département du Puy-de-Dôme. C'est un chef-lieu de canton de l'arrondissement de Thiers. Son territoire produit des vins blancs renommés. Pop. 3,600 âmes.

COURS. — Petite ville du département du Rhône, dans l'arrondissement de Villefranche. C'est le centre d'une grande fabrication de toiles dites *de Beaujolais*. Pop. ; 4,500 âmes.

COURSAN. — Chef-lieu de canton dans l'arrondissement de Narbonne, département de l'Aude. Il est situé sur l'Aude. Pop. 2,600 âmes.

COURSEGOULES. — Chef-lieu de canton dans l'arrondissement de Grasse, département du Var. On trouve des mines de houille sur son territoire. Pop. : 600 âmes.

COURSEULLES. — Commune du département du Calvados. Elle est située dans le canton de Creully, arrondissement de Caen. Elle possède un port de commerce et de relâche; on y fait la pêche aux huîtres, et l'on y trouve des fabriques de blondes et de dentelles. Pop. : 1,500 âmes.

COURSON. — Chef-lieu de canton dans l'arrondissement d'Auxerre, département de l'Yonne. Pop. : 1,600 âmes.

COURTENAY. — Chef-lieu de canton dans l'arrondissement de Montargis, département du Loiret. On y voit un ancien château. Pop. : 2,600 âmes.

COURTINE (La). — Chef-lieu de canton dans l'arrondissement d'Aubusson, département de la Creuse. Pop. : 1,000 âmes.

COURTISOLS. — Commune du département de la Marne. Elle est située dans le canton de Marson, arrondissement de Châlons, et bâtie sur la Vesle. On y trouve des fabriques de toiles et de chanvre, et l'on y fait un commerce de graines oléagineuses et de bestiaux. Les habitants de cette commune descendent, à ce qu'on prétend, d'une colonie d'Helvétiens, et l'on ajoute qu'ils se distinguent par leur patois, leurs usages particuliers et leurs connaissances en agriculture. Pop. : 1,900 âmes.

COURTOMER. — Chef-lieu de canton de l'arrondissement d'Alençon, département de l'Orne. Pop. : 1,200 âmes.

COURTRAY. — Petite ville de la Flandre occidentale, en Belgique. Elle est renommée par ses fabriques de toiles, de dentelles, et ses blanchisseries. Philippe le Bel y fut défait par les Flamands, en 1302, et un si grand nombre de chevaliers y laissèrent tant d'éperons sur le champ de bataille que celle-ci fut appelée la *journée des Eperons*. Pop. : 19,000 âmes.

COURVILLE. — Chef-lieu de canton dans l'arrondissement de Chartres, département d'Eure-et-Loir. Il est situé sur l'Eure. On y trouve des fabriques de cuirs, et l'on y fait un commerce de grains, de volailles et de bestiaux. Pop. 1,500 âmes.

COUSCEA. — Capitale du royaume de Cap-Monte, dans la Nigritie maritime. Elle est située près de la source du Rio-cap-Monte. Pop. : 20,000 âmes.

COUSSEY. — Chef-lieu de canton dans l'arrondissement de Neufchâteau, département des Vosges. Il est situé près de la rive droite de la Meuse. Pop. : 800 âmes.

COUTANCES. — Petite ville épiscopale du département de la Manche. Chef-lieu d'arrondissement, elle comprend 10 cantons et 138 communes. On remarque sa cathédrale qui est l'un des plus beaux monuments gothiques de France. Cette ville possède un séminaire, un collège, une bibliothèque, des filatures, et fait un commerce de grains, de bestiaux, de volaille et de beurre. Sa population est d'environ 8,000 âmes. On voit, dans les environs de Coutances, les ruines d'un aqueduc romain.

COUTERNE. — Commune du département de l'Orne. Elle est située dans le canton de La Ferté-Macé, arrondissement de Domfront. On y trouve une fabrique de rubans de fil, et les bains de Bagnoles sont dans son voisinage. Pop. : 1,000 âmes.

COUTRAS. — Petite ville du département de la Gironde. C'est un chef-lieu de canton de l'arrondissement de Libourne. Elle est située au confluent de l'Isle et de la Dronne qui y sont canalisées, et l'on y fait un commerce important de farines. Henri IV y battit ses adversaires en 1587. Pop. : 3,300 âmes.

COUVET. — Village du canton de Neufchâtel, en Suisse. Il est situé sur la rive gauche de la Reuss, dans le Val-Travers. On y fabrique de la dentelle et des horloges, et c'est la patrie du mécanicien Berthoud. Pop. : 1,400 âmes.

COVE. — Petite ville d'Irlande. Elle s'élève sur l'île qui se trouve au milieu du port de Cork, et son chantier de la marine royale lui donne quelque importance. Cette ville est le siège de l'évêque catholique de Doyne-et-Ross, et plusieurs bâtiments de guerre s'y trouvent toujours en station.

COVENTRY. — Ancienne ville épiscopale du comté de Warwick, en Angleterre. Elle est réputée par sa fabrication de montres et de rubans, et l'on y remarque les églises de la Trinité, de Saint-Jean et de Saint-Michel. Marie-Stuart fut quelque temps prisonnière dans cette ville. Pop. : 30,000 âmes.

COVENTRY. — Ville du New-York, aux Etats-Unis d'Amérique. Elle est située sur le Schuylkill. On y trouve des forges importantes, et des mines de fer existent dans ses environs. Pop. : 2,000 âmes.

COVILHAO. — Ville de la Beira orientale, en Portugal. Elle est située au pied du mont Estrella. On y trouve des fabriques de draps et de lainages et des eaux minérales. Pop. : 6,000 âmes.

COWES. — Ville d'Angleterre. Elle est située sur la côte septentrionale de l'île de Wight, dans le comté de Southampton, et possède un bon port à l'embouchure de la Médina. On y trouve des bains de mer. Pop. : 4,500 âmes.

COXAKIE. — Ville du New-York, aux Etats-Unis d'Amérique. Elle est située sur l'Hudson et fait un commerce important. Pop. : 3,000 âmes.

COYE. — Commune du département de l'Oise. Elle est située dans la forêt de Chantilly, canton de Creil, arrondissement de Senlis. On y trouve des fabriques d'écorce de tilleul pour puits, de porcelaine et de terre de pipe. Pop. : 900 âmes.

COZES. — Chef-lieu de canton dans l'arrondissement de Saintes, département de la Charente-Inférieure. Pop. : 1,900 âmes.

COZUMEL. — Ile de la mer des Antilles. Elle est située sur la côte est du Yucatan. Fernand-Cortez y aborda en 1519 et ce fut le premier point qu'il reconnut lors de son expédition contre le Mexique.

CRAIL. — Ville du comté de Fife, en Ecosse. Elle est située sur la mer du Nord et possède un petit port fréquenté par les pêcheurs. Pop. : 2,000 âmes.

CRAILSHEIM. — Ville du Wurtemberg. Elle est située sur l'Iaxt. Pop. : 3,000 âmes.

CRAJOWA. — Petite ville de la principauté de Valachie. Elle est assez importante par son commerce son industrie, et sa population est d'environ 8,000 âmes.

CRAMBROOK. — Ville du comté de Kent, en Angleterre. Les Flamands y établirent, sous le règne d'Edouard III, les premières fabriques d'étoffes de laine qu'on ait vues dans le royaume. Pop. : 4,000 âmes

CRANGANORE. — Ville archiépiscopale de la présidence de Madras, dans l'empire Indo-Britannique. Elle est située sur la côte de Malabar. Son archevêque est catholique et l'on y trouve beaucoup de chrétiens et de Juifs.

CRANSAC. — Village de l'arrondissement de Villefranche, dans le département de l'Aveyron. On y trouve des sources minérales. Pop. : 600 âmes.

CRAON. — Petite ville du département

de la Mayenne. C'est un chef-lieu de canton de l'arrondissement de Château-Gontier. Elle est située sur l'Oudon. On y trouve des fabriques de toiles et l'on y fait un commerce de grains et de bestiaux. Craon était, au moyen âge, une forteresse importante avec le titre de première baronnie de l'Anjou. Pop. : 3,900 âmes. C'est la patrie de Volney.

CRAONNE. — Chef-lieu de canton dans l'arrondissement de Laon, département de l'Aisne. Napoléon y battit, en 1814, l'armée prussienne commandée par Blücher. Pop. : 1,000 âmes.

CRAPONNE. — Canal non navigable du département des Bouches-du-Rhône. Son point de départ est la Durance ; il arrose une partie du département ; puis se partage en deux branches, dont l'une aboutit à l'étang de Berre, près de Saint-Chamas, et l'autre va joindre le Rhône non loin d'Arles.

CRAPONNE. — Petite ville du département de la Haute-Loire. C'est un chef-lieu de canton de l'arrondissement du Puy. On y fabrique de la draperie et de la dentelle, et l'on y fait aussi un commerce de grains, de bois et de bestiaux. Pop. : 3,860 âmes.

CRATI. — Rivière de la Calabre citérieure, dans le royaume de Naples. Elle passe à Cosenza, reçoit le Coscile ou ancien *Sybaris*, et va se jeter dans le golfe de Tarente, après un cours de 90 kilomètres.

CRATO. — Ville de la province de Para, au Brésil. Elle est située sur la Madeira où elle possède un port, et son territoire est fertile en salsepareille et en cacao. Pop. : 4,000 âmes.

CRÉCY. — Chef-lieu de canton dans l'arrondissement d'Abbeville, département de la Somme. Ce lieu est mémorable par la bataille qu'y perdit Philippe de Valois, en 1346, contre Édouard III, roi d'Angleterre. Pop. : 1,700 âmes.

CRÉCY-SUR-SERRE. — Chef-lieu de canton dans l'arrondissement de Laon, département de l'Aisne. Son château fut pris et rasé, en 1115, par ordre de Louis le Gros. Cette ville fut prise par les Anglais en 1339, 1358 et 1373 ; par les ligueurs en 1589, et brûlée par les Espagnols en 1662. Pop. 2,000 âmes.

CREDITON. — Ville du comté de Devon, en Angleterre. Elle eut anciennement de l'importance et fut le siège d'un évêché. Pop. : 6,000 âmes.

CREEKS, CRIKS ou MUSCOGEES. — Nation indienne des États-Unis d'Amérique. Elle était naguère encore répandue dans l'Alabama, la Géorgie et la Floride ; mais elle tend chaque jour à s'éteindre. Les Séminoles ayant tenté de se défendre contre les Anglo-Américains, ont été exterminés par ceux-ci.

CREFELD. — Jolie petite ville du gouvernement de Düsseldorf, dans la province Rhénane, en Prusse. Elle possède de nombreuses fabriques de soie, de laine et autres étoffes, et sa population est d'à peu près 15,000 âmes. Tous ses environs sont ornés de maisons de plaisance et de jardins.

CREIL. — Chef-lieu de canton dans l'arrondissement de Senlis, département de l'Oise. Il est situé sur l'Oise. On y a fondé une manufacture de faïence, façon anglaise, qui emploie 8 à 900 ouvriers, et l'on trouve dans le canton près de 200 fabriques qui donnent du travail à 8,000 personnes. Pop. : 1,800 âmes.

CRÈME. — Ville épiscopale du royaume Lombard-Vénitien, empire d'Autriche. Elle est ceinte d'une muraille. On y trouve des fabriques de toiles, de soieries, de dentelles, et l'on y prépare des confitures très-renommées. Pop. : 9,000 âmes.

CRÉMIEU. — Chef-lieu de canton dans l'arrondissement de La Tour-du-Pin. Il est situé près de la rive gauche du Rhône. Un concile y fut tenu en 835. On visite, dans son voisinage, la grotte de la Balme. Pop. : 2,300 âmes.

CRÉMONE. — Ville épiscopale, située sur la rive gauche du Pô, dans le gouvernement de Milan. C'est le chef-lieu de la délégation qui porte son nom. On y remarque la cathédrale ou *Domo*, superbe monument de l'architecture gothique, et dont la tour est l'une des plus élevées de l'Europe ; puis l'église Saint-Pierre, celle de Saint-Augustin, le palais public et le marché. Cette ville possède un lycée, un gymnase et une bibliothèque publique ; et l'on sait quelle est sa renommée pour la fabrication des violons et des cordes musicales en boyaux. Sa population est d'environ 28,000 âmes.

CRÉON. — Chef-lieu de canton dans l'arrondissement de Bordeaux, département de la Gironde. Pop. : 9,000 âmes.

CRÉPY. — Petite ville du département de l'Oise. C'est un chef-lieu de canton de l'arrondissement de Senlis. On y trouve des fabriques de tissus de coton, de toiles, de dentelles et de fil. Cette ville fut anciennement fortifiée. Pop. : 2,900 âmes.

CRESSIA. — Commune du département du Jura. Elle est située dans le canton d'Orgelet, arrondissement de Lons-le-Saulnier. On y voit les restes d'un ancien château fort qui fut habité par Bussy-Rabutin. Pop. : 900 âmes.

CREST. — Petite ville située sur la Drôme, dans le département de ce nom. Elle fait un commerce de serges, de toiles, de papiers, etc., et sa population est d'environ 4,000 âmes.

CREULLY. — Chef-lieu de canton dans l'arrondissement de Caen, département du Calvados. Pop. : 1,000 âmes.

CREUSE. — Rivière de France. Elle prend sa source dans le sud du département auquel elle donne son nom, devient navigable au-dessous de La Haye-Descartes, et se jette dans la Vienne au lieu dit Bec-des-Eaux.

CREUSE (DÉPARTEMENT DE LA). — Il a été formé de parties du Poitou, de la Marche, du Bourbonnais, du Limousin et du Berry. Sa superficie est de 558,341 hectares, et sa population de 283,680 âmes. Il est divisé en 4 arrondissements, dont les chefs-lieux sont Guéret, Aubusson, Bourganeuf et Boussac, et compte 25 cantons et 266 communes. Guéret est le siège de sa préfecture, Limoges celui de son diocèse et de sa cour impériale, Bourges celui de son académie universitaire, et il est compris dans la treizième division militaire.

CREUTZWALD. — Commune du département de la Moselle. Elle est située dans le canton de Bouzonville, arrondissement de Thionville. On y trouve des forges, des hauts-fourneaux, des fabriques de fer, d'acier et d'ustensiles en fonte, des verreries, etc. Pop. : 2,000 âmes.

CREUZOT (Le). — Bourg du département de Saône-et-Loire. Il est situé dans le canton de Montcenis, arrondissement d'Autun, et aussi renommé qu'important par son industrie. On y trouve en effet de vastes houillères, des fonderies, des forges à l'anglaise et des ateliers de construction et d'ajustage où l'on fabrique des machines à vapeur, des bateaux en fer, etc. Pop. : 4,000 âmes.

CREVECOEUR. — Petite ville du département du Nord. Elle est située dans le canton de Marcoing, arrondissement de Cambrai. Selon quelques auteurs, ce lieu serait l'ancien bourg de Vincy, près duquel Charles Martel remporta, en 717, une grande victoire sur les Neustriens. Pop. : 2,000 âmes.

CREVECOEUR. — Petite ville, chef-lieu de canton dans l'arrondissement de Clermont, département de l'Oise. On y trouve une grande fabrique d'étoffes de laine. Pop. : 3,300 âmes.

CRICKLADE. — Ville du comté de Wilts, en Angleterre. Elle est située sur l'Isis. Pop. : 2,000 âmes.

CRIEFF. — Ville du comté de Perth, en Écosse. Elle est située sur l'Earn. Pop. : 4,000 âmes.

CRIMÉE. — Péninsule qui portait chez les anciens le nom de *Chersonèse Taurique*, et qui termine l'Europe, au sud, dans la mer Noire. Elle est traversée, dans sa partie centrale, par le 32e degré de longitude, et se trouve située entre le 46e et le 44e degré 28 minutes de latitude septentrionale. Sa longueur, de l'est à l'ouest, est de 292 kilom.; sa largeur, du nord au sud, de 45; et sa superficie d'environ 5,000 kilom. carrés. Elle tient au continent par l'isthme de Pérékop, qui, dans sa partie la plus étroite, a tout au plus 6 kilomètres de largeur : et à l'est de cet isthme s'étend la mer d'Azov, dont l'extrémité la plus occidentale, comprise entre la presqu'île et la terre ferme, a reçu le nom de Ghiloe-More ou *mer Putride*. Cette espèce de golfe reçoit les eaux de la mer d'Azov par une étroite ouverture, lorsque le vent souffle de l'est ; mais, dans le cas contraire, ce n'est plus qu'un marais fangeux dont les exhalaisons sont infectes.

Cette péninsule se divise naturellement en deux parties : au nord du Salghir, sa principale rivière, et qui a un cours d'environ 160 kilom., s'étend une vaste plaine, couverte de sable dans sa partie occidentale, imprégnée de sel, et remplie de marais au nord jusqu'à l'isthme de Pérékop, mais offrant vers le sud de fertiles alluvions. Dans la partie méridionale, au contraire, ce sont des montagnes qui, par leur isolement des autres régions montueuses de l'Europe, forment un groupe particulier auquel on a donné le nom de *système taurique*. Ces montagnes se divisent en deux chaînes dont la plus rapprochée de la mer est la plus élevée ; et leur point culminant est le Tchatyrdagh, dont les sommets atteignent depuis 1,470 jusqu'à 1,540 mètres de hauteur. Cette montagne se dresse, dit-on, comme un mur de 4 kilom. de longueur ; son nom signifie en turc, *montagne de la tente* ; et les anciens l'appelaient *Trapezus*.

La Crimée est renommée par sa fertilité, ses paysages et la douceur de son climat, quoique celui-ci pourtant offre de nombreuses variations suivant les localités. Le sol y est couvert de riches moissons de céréales ; d'orangers et de citronniers ; les vignes s'y attachent en festons aux arbres ; les flancs de montagnes sont tapissés de chênes, de sapins, de genévriers, de lauriers et d'arbousiers ; et cette magnifique contrée est parcourue par des troupeaux de chèvres, de moutons, de bœufs, de buffles, de chameaux et de chevaux ; puis par des cerfs, des chevreuils, etc.

On exporte de ce pays de la laine, du poil de chameau, des cuirs, des maroquins, des peaux d'agneaux, des vins, de la cire, du miel, des grains, etc.

CRIO. — Village de l'Asie-Mineure, empire ottoman. Il est situé près du cap de même nom et l'on y trouve les ruines de *Gnide* ou *Gnidus*, l'une des principales villes de la Doride, et célèbre par les temples qu'on y avait élevés à Vénus. L'un d'eux renfermait la statue de *Vénus gnidienne*, chef-d'œuvre de Praxitèle.

CRIQUETOT-LESNEVAL. — Chef-lieu de canton dans le département de la Seine-Inférieure, arrondissement du Hâvre. Pop.: 1,500 âmes.

CROATIE. — Province de l'empire d'Autriche. Elle a pour confins, au nord, l'Illyrie, la Styrie et la Hongrie ; à l'est, la Sclavonie et la Croatie turque ; au sud, la Dalmatie ; et à l'ouest, la mer Adriatique. On l'a divisée en Croatie civile, ayant pour capitale Agram, et en Croatie militaire, dont la ville principale est Carlstadt. Pop. : 1,100,000 âmes.

CROATIE TURQUE. — Elle est située entre l'empire d'Autriche, la Bosnie et l'Herzégovine, et forme le Sandjak de Banjalouka, qui dépend de l'eyalet de Bosnie.

CROCQ. — Petite ville, très-ancienne, du département de la Creuse. Elle est située dans l'arrondissement d'Aubusson, sur une montagne, et près de la rive gauche de la Tardes. Elle donna son nom aux *Crocquants*, paysans qui s'insurgèrent à la fin du xvie siècle. Pop. : 1,000 âmes.

CROIA ou AK-SERAI. — Petite ville de la haute Albanie, dans la Turquie d'Europe. C'est le chef-lieu des tribus catholiques appelées Mirdites, et l'ancienne résidence du célèbre Scanderberg. Sa population est d'environ 6,000 âmes. Les Mirdites se gouvernent par des lois particulières et ne fournissent aux armées ottomanes qu'un contingent déterminé. Ils ont deux chefs, l'un spirituel, qui est l'abbé mitré d'Orocher; l'autre temporel, qui est un seigneur de la famille des Lechi.

CROISIC (Le). — Petite ville du département de la Loire-Inférieure. C'est un chef-lieu de canton de l'arrondissement de Savenay. Elle possède un port sur l'Océan et fait un commerce considérable de harengs, de sardines, de sel et de soude. Pop. : 2,600 âmes.

CROISILLES. — Chef-lieu de canton dans l'arrondissement d'Arras, département du Pas-de-Calais. Pop. : 1,400 âmes.

CROIX-ROUSSE (La). — Petite ville, sorte de faubourg de la ville de Lyon, département du Rhône. Elle est importante par ses fabriques et son commerce. Pop. : 20,000 âmes.

CROMARTY. — Chef-lieu du comté de ce nom, en Écosse. Son port est très-fréquenté par les pêcheurs. Pop. : 3,000 âmes.

CROMER. — Ville du comté de Norfolk, en Angleterre. Elle est située sur la mer du Nord, et assez importante par sa pêche de harengs, de homards, et ses bains de mer. Pop. : 1,300 âmes.

CROMFORD. — Bourg du comté de Derby, en Angleterre. Il est situé sur le Derwent et le canal qui porte son nom. On y trouve de nombreuses machines à filer le coton, de Richard Arkwright. Pop. : 2,000 âmes.

CROSSEN. — Ville du Brandebourg, en Prusse. Elle est située sur la rive gauche de l'Oder. On y voit de vieilles fortifications. Pop. : 4,000 âmes.

CROSTOLO. — Rivière du duché de Modène. Elle se joint au Pô, près de Guastalla, après un cours de 70 kilomètres.

CROWLAND. — Petite ville du comté de Lincoln, en Angleterre. Elle est située sur le Welland, au milieu de marais. Pop. : 2,700 âmes.

CROWNPOINT. — Ville du New-York, aux États-Unis d'Amérique. Elle est située sur le lac Champlain, et c'est là que se trouvait le fameux fort Saint-Frédéric, bâti par les Français en 1731, et dont les Anglais s'emparèrent en 1759. Les Américains en prirent possession à leur tour en 1775. Pop. : 2,000 âmes.

CROYDON. — Ville du comté de Surrey, en Angleterre. Elle est située sur le chemin de fer de Londres à Brighton et unie par un canal à la Tamise. On y remarque la cathédrale et le palais des archevêques de Cantorbery, et l'on y trouve une fabrique importante d'impressions sur calicots. Pop. : 12,000 âmes.

CROZANT. — Commune du département de la Creuse. Elle est située dans le canton de Dun-le-Palleteau, arrondissement de Guéret. On y voit les restes d'un château fort, qui servit de maison royale sous les souverains d'Aquitaine. Pop. : 1,300 âmes.

CROZON. — Petite ville du département du Finistère. C'est un chef-lieu de canton dans l'arrondissement de Châteaulin. Elle est située dans une presqu'île qui se trouve entre la rade de Brest et la baie de Douarnenez, et il s'y fait une pêche importante de sardines. Pop. : 8,800 âmes.

CRUZY. — Chef-lieu de canton dans l'arrondissement de Tonnerre, département de l'Yonne. On y trouve une verrerie. Pop. : 1,300 âmes.

CSETNEK. — Ville de Hongrie, empire d'Autriche. On trouve de riches mines de fer dans ses environs. Pop. : 2,000 âmes.

CSONGRAD. — Ville du comitat de ce nom, en Hongrie, empire d'Autriche. Elle est située sur la Theiss et l'on y voit les ruines du château qui a donné son nom au comitat. Pop. : 11,000 âmes.

CUBA. — C'est l'île la plus grande de l'archipel des Antilles. Sa forme est très-allongée et elle offre un remarquable développement de côtes, c'est-à-dire que cette terre est comme un ruban de 2,080 kilom. de pourtour; ayant une longueur de 908 kilom., tandis que sa largeur la plus considérable n'est que de 148; et que, dans l'endroit le mieux cultivé, entre la Havane et le Batamano, ce diamètre se réduit encore à 32 kilom. L'île de Cuba est voisine à la fois de Haïti et de la Jamaïque; de la Floride, qui est la province la plus méridionale des États-Unis; et enfin du Yucatan, province la plus orientale de la Confédération mexicaine.

Le groupe le plus élevé de montagnes de l'île se trouve à l'extrémité sud-est, entre Cabo-Crutz, Punta-Maysi et Holguin; et cette partie montagneuse, située au nord-ouest de la ville de Santiago de Cuba et qu'on nomme la Sierra ou Las-Montanas-del-Cobre, est estimée avoir une hauteur de 2,328 mètres. La Sierra de Tarquino, à 50 milles à l'ouest de la ville de Cuba, appartient au même groupe que les montagnes de cuivre; de l'est-sud-est à l'ouest-nord-ouest, l'île est parcourue par une chaîne de collines qui s'approchent de la côte méridionale, tandis que, plus à l'ouest, vers Alvarez et Matanzas, dans les Sierras de Gavilan, Camarioca et de Maruques, elles se dirigent vers les côtes septentrionales; enfin, en allant de l'embouchure du Rio-Guaurabo à la villa de la Trinidad, on voit, au nord-ouest, les Lomas de San-Juan, qui forment des aiguilles ou cornes de plus de 580 mètres de hauteur, et dont les escarpements sont assez régulièrement dirigés vers le sud. Les points culminants visibles de loin et renommés parmi les navigateurs, sont : le Pan de Matanzas, cône tronqué qui a la forme d'un petit monument; les Arcos de Canasi, qui se présentent entre Puerta Escondido et Garuco, composé de petits segments de cercle; la Mesa de Mariel; les tetas de Managua; et le Pan de Guaix-Abon.

Les principaux cours d'eau de l'île de Cuba sont, le Rio de Guines, le Rio Armendaris ou Chorrera, dont les eaux sont conduites à la Havane par le Zanja de Antonelli; le Rio Cauta, au nord de la ville de Bayamo;

le Rio Maximo, qui naît à l'est de Puerto Principe ; le Rio Sagra Grande, près de Villa Clara ; le Rio de las Palmas, qui débouche vis-à-vis Cayo Galindo ; les petites rivières de Farneo et de Santa-Crux, entre Granabo et Matanzas, lesquelles sont navigables à quelques lieues de leur embouchure ; le Rio San-Antonio, qui se perd dans des cavernes de roche calcaire ; et le Rio Galafre, qui va se jeter à la mer dans la Laguna de Cortez.

Le sol de Cuba est généralement fertile ; mais son climat est loin d'avoir de l'uniformité. Ainsi, tandis que dans la partie méridionale il existe beaucoup d'humidité, causée par de nombreux marais ; la partie occidentale, au contraire, est exposée à d'extrêmes sécheresses qu'on attribue à la structure caverneuse des roches calcaires qui absorbent les cours d'eau, ainsi qu'au déboisement de la plaine et au peu de largeur de l'île. Cependant, nous le répétons, celle-ci est susceptible d'un grand produit, et les cultures de la canne à sucre, du caféier et du tabac, y sont surtout très-prospères. On sait d'ailleurs combien le tabac et les cigares qui portent le nom de *Havane* ont de la renommée.

CUBAGUA. — Ilot dépendant de l'île Marguarita, dans la république de Venezuela. Stérile et désert aujourd'hui, il joua un grand rôle dans la première moitié du XVIe siècle, à cause de l'abondante pêche de perles qu'on y faisait. Les pêcheurs y avaient élevé une petite ville qu'ils appelèrent le *Nouveau-Cadix*, et le luxe qui y régnait était tel, qu'il passa en proverbe. La valeur des perles expédiées annuellement en Europe, présentait un chiffre qui dépassait 800,000 piastres.

CUENÇA. — Petite ville épiscopale de la Nouvelle-Castille, en Espagne. C'est le chef-lieu de la province de même nom. Pop. : 9,000 âmes.

CUENÇA. — Ville épiscopale, chef-lieu de la province de même nom, dans la république de l'Equateur, Colombie. Elle est située à 2481[m] 26 au-dessus du niveau de la mer. On y remarque le couvent des Jésuites et le palais de l'évêque. Cette ville possède un séminaire, un collège, des fabriques de coton, de chapeaux, de confitures et de fromage. Pop. : 20,000 âmes. A 30 milles de Cuença s'élève le fameux Paramo d'Assuay, dont les terribles tourmentes font périr chaque année des voyageurs, et l'on trouve, dans ses environs, des restes de monuments péruviens.

CUERNAVACA. — Ville populeuse de l'Etat de Mexico, dans la Confédération mexicaine. Elle est renommée par un monument ancien que l'on trouve dans son voisinage et qui est connu sous le nom de *retranchement militaire de Xochicalco*. C'est une colline isolée, de 117 mètres de hauteur, entourée de fossés, et divisée, par la main de l'homme, en 5 assises ou terrasses. Ce monument présente une sorte de pyramide tronquée, et les pierres, qui sont de porphyre et d'une coupe régulière, sont couvertes de figures hiéroglyphiques. La plateforme a près de 9,000 mètres carrés. Pop. : 6,000 âmes.

CUISEAUX. — Chef-lieu de canton dans l'arrondissement de Louhans, département de Saône-et-Loire On y trouve des vignobles estimés. Pop. : 1,700 âmes.

CUISERY. — Chef-lieu de canton dans l'arrondissement de Louhans, département de Saône-et-Loire. Il est situé sur la Seille, qui y est canalisée. Pop. : 1,800 âmes.

CULIACAN. — Ville de l'Etat de Sonora-et-Sinaloa, dans la Confédération mexicaine. C'est la plus grande de l'Etat. Pop. : 12,000 âmes.

CULLERA. — Ville de la province de Valence en Espagne. Elle est située à la gauche du Jucar, près de son embouchure dans la Méditerranée et y possède un port. C'est sous les murs de cette ville, anciennement appelée *Sucro*, que Sertorius vainquit Pompée. Pop. : 9,000 âmes.

CULLODEN. — Plaine située dans le nord-est du comté d'Inverness, en Ecosse. Elle fut témoin, en 1746, de la défaite des partisans des Stuarts.

CUMANA. — Chef-lieu de la province de ce nom, dans la république de Venezuela, Colombie. Elle est assez importante par ses fortifications, sa superbe baie et son commerce. Pop. : 10,000 âmes.

CUMANACOA. — Ville de la république de Venezuela. Elle est située dans une plaine très-fertile où l'on cultive d'excellent tabac, et l'on y fabrique des cigares très-estimés. Pop. : 5,000 âmes.

CUMANCHES. — Nation indienne de l'Amérique septentrionale. Elle mène une vie errante entre le Rio-del-Norte, le haut Arkansas, la Sierra de los Mimbres et jusqu'aux sources du Missouri. Les Cumanches sont renommés par leur adresse à manier les chevaux, et leurs irruptions sont très-redoutées des Espagnols.

CUMBERLAND. — Province d'Angleterre, érigée en comté. Elle est entrecoupée de montagnes, de lacs et de marais, de vallées fertiles et de cantons incultes et sauvages. On y trouve un grand nombre de sites pittoresques, et le climat, quoique humide, y est salubre. Cette province est riche en mines de cuivre, de plomb, de calamine, de houille, etc., et l'on y a créé un grand nombre de fabriques de toiles et de tapis, des verreries et des papeteries. On y voit aussi les restes de la fameuse muraille, dite Pictenwall, bâtie par les Romains.

CUMBERLAND (Détroit de). — L'un des passages de la mer Glaciale. Il est situé au nord l'Amérique, entre la terre de Cumberland au nord et celle de Hall au sud.

CUMBERLAND (Ile de). — Dans l'Atlantique. Elle est située sur la côte de Géorgie des Etats-Unis, et offre une longueur d'environ 33 kilomètres, sur 8 de largeur.

CUMBERLAND (Terre de). — Elle est située dans la mer de Baffin, Amérique septentrionale, à l'ouest du détroit de Davis et au nord de celui de Cumberland.

CUMBERLAND. — Rivière navigable des

Etats-Unis d'Amérique. Elle arrose les états de Kentucky et de Tennessee, et va se jeter dans l'Ohio, après un cours de 800 kilomètres.

CUMBERLAND. — Ville du Maryland, aux Etats-Unis d'Amérique. Elle est située sur le Potomac. Pop. : 3,000 âmes. Il y a une autre ville de ce nom dans l'état de Rhode-Island. Pop. : 3,500 âmes.

CUNCHES ou **CUNCHIS.** — Province du Chili, dans l'Araucanie. Elle est habitée par un peuple belliqueux.

CUNDINAMARCA. — Département de la Nouvelle-Grenade. Il est traversé par les Andes et arrosé par l'Orénoque, la Madeleine, le Cauca, etc. On y trouve des mines d'or, d'argent, de platine, et des bois de teinture et de construction.

CUNEO ou **CONI.** — Petite ville épiscopale, chef-lieu de la division qui porte son nom dans le royaume Sarde. Elle est assez commerçante, et les guerres d'Italie lui donnèrent une certaine célébrité, alors qu'elle possédait des fortifications. Pop. : 20,000 âmes.

CUNLHAT. — Petite ville du département du Puy-de-Dôme. C'est un chef-lieu de canton de l'arrondissement d'Ambert. Pop. : 3,500 âmes.

CUQ-TOULZA. — Chef-lieu de canton dans l'arrondissement de Lavaur, département du Tarn. Pop. : 1,200 âmes.

CURAÇAO. — L'une des îles Antilles hollandaises. Elle fut découverte par les Espagnols en 1527. Sa longueur est d'environ 80 kilomètres et sa largeur de 20. Elle est généralement rocailleuse et stérile; mais on y récolte cependant, dans quelques lieux, du tabac, du sucre et des fruits. Pop. : 15,000 âmes.

CURE. — Rivière de France. Elle traverse une partie des départements de la Nièvre et de l'Yonne, et se jette dans l'Yonne après un cours de 90 kilomètres.

CURICO. — Ville de la province de Maule, au Chili. On trouve, sur son territoire, des mines d'or et de cuivre.

CURISCH-HAFF. — Lac de Prusse. Il est situé sur la côte orientale, près de Mémel, et communique avec la mer Baltique par un canal d'environ 1,000 mètres de largeur sur 4 de profondeur.

CURTIS. — Ile de la Polynésie. Elle fait partie du groupe de Kermadec.

CUSSET. — Petite ville du département de l'Allier. C'est un chef-lieu de canton de l'arrondissement de la Palisse. Ses environs sont d'une beauté remarquable. Pop. : 5,000 âmes.

CUTATO. — Rivière de la Guinée méridionale. Elle se divise en trois branches : la Tomba, le Cutato, et le Futumacua ou Cang, et se joint au Coanza après un cours de 600 kilomètres.

CUTCH. — Golfe formé par la mer d'Oman. Il est situé entre le continent et la presqu'île de Cutch ou de Guzarate.

CUTCH ou **KATCH.** — Province de l'Indoustan. Elle est située entre le Sindhy au nord et le golfe de Cutch au sud, et sa partie septentrionale est couverte par le marais de Rin. Les habitants de cette province, qui sont rajepoutes pour le plus grand nombre, prétendent avoir enseigné aux Arabes l'art de construire et de guider les vaisseaux.

CUXHAVEN. — Bourg du territoire de la république de Hambourg. Il est important par ses bains de mer, son phare, et son port où se fait un service régulier de paquebots pour l'Angleterre, et de bateaux à vapeur pour différents lieux.

CUYABA. — Petite ville de la province de Matto-Grosso, au Brésil. Elle est la résidence d'un évêque *in partibus*. Pop. : 10,000 âmes.

CUZCO. — Grande ville épiscopale, chef-lieu du département de ce nom, dans la république du Pérou. C'est l'ancienne résidence des Incas. Elle était considérée comme une cité sacrée, et célèbre par son temple du Soleil, sur l'emplacement duquel se trouve aujourd'hui le couvent de Saint-Dominique. Cette ville possède une université et trois collèges. Tous ses environs sont couverts de restes de monuments antiques, parmi lesquels on remarque surtout ceux de la citadelle et des fameuses chaussées de 2,000 kilom. de longueur qui aboutissaient à Quito.

CYCLADES. — Ile de l'archipel. Elles forment, dans le royaume de Grèce, trois gouvernement qui sont ceux de Tinos-et-Andros, de Syra-et-Cyclades, et de Naxos-et-Paros.

CYGNES (Rivière des). — Fleuve de la Nouvelle-Hollande. Il se jette, au sud-ouest, dans la baie du Géographe.

CYSOING. — Chef-lieu de canton dans l'arrondissement de Lille, département du Nord. Pop. : 2,800 âmes.

CZASLAU. — Ville de la Bohême, empire d'Autriche. On y remarque l'élévation du clocher de l'Eglise qui renferme le tombeau de Ziska. Frédéric-le-Grand y remporta, en 1742, une victoire signalée sur les Autrichiens. Pop. : 3,300 âmes.

CZÈCHES ou **TCHÈQUES.** — Peuple slave qui forme la plus grande partie de la population de la Bohême, dont il s'empara au VIIe siècle.

CZENSTOCHOWA. — Petite ville du gouvernement de Kalitz, en Pologne. Elle est renommée par son sanctuaire de la Vierge, qui y attire chaque année un grand nombre de pèlerins. Pop. : 7,000 âmes.

CZERVENICZA. — Village de Hongrie. Il est situé près d'Eperies, dans le comitat de Saros, et doit sa célébrité à ses mines d'opales.

CZORTKOW. — Ville de Gallicie, empire d'Autriche. Elle donne son nom à un cercle dont le chef-lieu est Zaleszczyky. Pop. : 1,600 âmes.

D

DADUN-KHAN. — Petite ville du Lahôre, dans le royaume de ce nom. Elle est située sur la rive droite du Djilem. On trouve, dans son voisinage, à Kéora, de riches mines de sel gemme. Pop. : 6,000 âmes.

DAGANA. — Fort français de la Sénégambie. Il est situé dans le pays de Walo ou Oualo, sur la rive droite du Sénégal.

DAGHESTAN. — Province du Caucase, Russie Asiatique. Elle est composée des Khanats des Kaïtaks, de Tarkou ou Tarki, de Kouba et de Koura; de la république d'Antzoug; du Thabasseran, et de diverses principautés des Lesghis. On donne aussi le nom de Daghestan, à la partie nord-est du Mazanderan, en Perse.

DAGO. — Ile de Russie. Elle est située dans la Baltique et dépend du gouvernement d'Estonie. Son sol est sablonneux et peu fertile ; sa population est de 10,000 âmes.

DAGOUMBA. — Royaume de la Guinée septentrionale. Il est situé au nord-est de l'empire d'Achanti, et sa capitale est appelée aussi Dagoumba ou Yandi.

DAHLAK. — Ile de la mer Rouge, en Afrique. Elle était, au temps des Romains, l'une des principales stations pour le commerce des perles, et ses marchands étaient renommés par leurs immenses richesses. Aujourd'hui, le produit des perles est épuisé et Dahlak n'est plus habité que par de pauvres pêcheurs.

DAHOMEY. — Royaume de la Guinée septentrionale. Il est situé entre l'empire d'Achanti à l'ouest, et l'Yarriba à l'est. Ses villes principales sont Abomey, Calmina, Judah, Grique et Grand-Popo.

DAKHEL. — Oasis de la haute Egypte. Elle est située à l'ouest de la Grande Oasis, et a pour chef-lieu Médinet-et-Qassr, petite ville de 2,000 âmes.

DAKKA. — Grande ville du Bengale, dans l'empire Indo-Britannique. C'était autrefois la capitale du Bengale. Elle est située sur la rive gauche du Bori-Gange ou vieux Gange, et renommée par ses fabriques de mousselines, qui sont les plus belles de l'Inde. Pop. : 160,000 âmes.

DAL. — Fleuve de Suède. Il est formé par la réunion du Dal oriental et du Dal occidental, et, après avoir traversé plusieurs lacs, il se jette dans le golfe de Bothnie. Son cours est d'environ 500 kilomètres.

DALÉCARLIE. — Province de Suède. Elle forme actuellement la préfecture de Stora-Kopparberg ou de Falun, et elle est arrosée par le Dal.

DALMATIE. — Province de l'empire d'Autriche. Elle est bornée, au nord, par la Croatie ; à l'est, par la Turquie ; et au sud et à l'ouest par la mer Adriatique. On l'a divisée en quatre cercles : deux sont compris dans l'ancienne Dalmatie vénitienne et ont pour chefs-lieux Zara et Spalatro ; un dans l'ancienne république de Raguse, ayant cette ville pour chef-lieu ; et un dans l'ancienne Albanie vénitienne, dont le chef-lieu est Cattaro. Pop. : 380,000 âmes.

DALRY. — Ville du comté d'Ayr, en Ecosse. On trouve dans son voisinage la célèbre caverne d'Achinskeith. Pop. : 3,500 âmes.

DALTON. — Ville d'Angleterre. Elle possède un port sur la mer d'Irlande, et l'on y trouve des forges. Pop. : 2,500 âmes.

DAMAK. — Ville de l'île de Java. Elle est située sur un petit fleuve de son nom. Cette ville était autrefois la capitale d'un petit royaume, mais elle n'est plus aujourd'hui que le chef-lieu d'une province. Pop. : 3,000 âmes.

DAMANHOUR. — Grande ville située près du canal de même nom, dans le Bahari ou basse Egypte. C'est l'ancienne *Hermopolis Parva*, et aujourd'hui le chef-lieu d'une préfecture. On y voit de superbes plantations de coton.

DAMAR. — Chef-lieu du district de Makhareb-el-Anes, dans l'Yémen, en Arabie. C'est une grande ville bien bâtie, qui possède une école renommée et fréquentée par les Zeïdistes. Pop. : 45,000 âmes.

DAMAS ou **DEMECHK.** — Grande ville de Syrie, dans la Turquie asiatique. C'est l'une des plus anciennes cités du monde, puisqu'il en est question dans la vie d'Abraham, et lorsque tant d'autres capitales de l'Orient se trouvent ensevelies ou n'offrent que des ruines, elle se montre toujours belle et pleine d'activité. Elle est située dans une vallée qu'arrosent le Barady et ses branches, et ses nombreux vergers ainsi que l'excellence de ses fruits lui donnent une grande renommée parmi les Arabes qui la rangent au nombre de leurs quatre paradis terrestres. On y remarque la cathédrale dédiée à saint Jean, la mosquée principale, le palais du pacha, le khan d'Asad-Pacha, celui de Soliman-Pacha et le bazar. Cette ville est, chaque année, le rendez-vous de 30 à 50,000 pèlerins qui se réunissent en caravane pour aller à La Mecque ; elle possède de nombreuses fabriques parmi lesquelles il faut citer celles de lames de sabres et d'ouvrages en nacre ; et sa population est d'environ 150,000 âmes. Damas est aussi le siège d'un mollah, du patriarche grec d'Antioche dont relèvent 42 archevêques ou évêques, et le chef-lieu de l'éyalet qui porte son nom.

DAMAVEND. — L'un des pics des monts Elbourz, en Perse. C'est un volcan célèbre. Son altitude est de 3,900 mètres.

DAMAVEND. — Ville du Tabaristan, en Perse. Elle est située dans une vallée, et de fréquents tremblements de terre l'ont en partie ruinée. Pop. : 2,500 âmes.

DAMAZAN. — Chef-lieu de canton dans l'arrondissement de Nérac, département de Lot-et-Garonne. Il est situé près du confluent de la Baïse et de la Garonne. Pop. 1,800 âmes.

DAMBOULOU. — Village de l'île de Ceylan. Il est renommé par ses grands temples bouddhiques taillés dans le roc.

DAMER. — Jolie petite ville du pays de ce nom, dans la Nubie. On y remarque une mosquée très-belle où se trouve l'école la plus célèbre de l'Afrique orientale. Pop. : 2,000 âmes.

DAMGAN. — Ville du Tabaristan, en Perse. Elle est située au milieu des ruines de l'ancienne *Hecatompylos*, cité royale des Parthes.

DAMIETTE ou TAMIATHIS. — Ville bien bâtie du Bahari ou basse Egypte. Elle est située sur la rive droite et à 5 milles environ de l'embouchure de la branche du Nil qui en prend le nom, et c'est un chef-lieu de préfecture. Elle est industrieuse et commerçante, et l'on cite aussi la richesse de sa pêche. On y remarque de magnifiques magasins destinés à recevoir du riz, lesquels ont été construits par Méhémet-Ali.

DAMM. — Petite ville de la Poméranie, en Prusse. Elle est importante par ses fortifications qui entrent dans le système de celles de Stettin, dont elle est voisine. Pop.: 2,500 âmes.

DAMMARTIN. — Chef-lieu de canton dans le département de Seine-et-Marne, arrondissement de Meaux. On y trouve des fabriques de dentelles. Pop. : 1,800 âmes.

DAMMAUN. — Petite ville de l'Hindoustan. Elle appartient aux Portugais. Elle est assez importante par son port, ses chantiers et ses forêts de teks.

DAMOT. — Province d'Abyssinie. Elle est située dans le sud-est du pays d'Amhara et arrosée par le Bahr-el-Azrak ou Nil Bleu. On y trouve des mines d'or et elle a pour capitale Buré.

DAMPIER (ARCHIPEL DE). — Dans l'Australie. C'est un groupe de petites îles situé près de la côte orientale de la Papouasie, et qui est remarquable par ses volcans.

DAMPIERRE. — Chef-lieu de canton dans l'arrondissement de Dôle, département du Jura. Il est situé sur le canal du Rhône au Rhin et près de la rive droite du Doubs. On exploite un grand nombre de mines dans ses environs. Pop. : 600 âmes.

DAMSVILLE. — Ville de la Pennsylvanie, aux Etats-Unis d'Amérique. Elle est située au confluent du Mahoniy et de la Susquehannah. On y trouve une mine de cuivre. Pop. : 3,500 âmes.

DAMVILLE. — Chef-lieu de canton dans l'arrondissement d'Evreux, département de l'Eure. Il est situé sur l'Iton. Pop. : 900 âmes.

DAMVILLERS. — Chef-lieu de canton dans l'arrondissement de Montmédy, département de la Meuse. On y trouve des fabriques de cuirs. Pop. : 1,000 âmes.

DANDE. — Fleuve de la Guinée méridionale. Il forme en partie la limite nord de l'Angola, et se jette dans l'Atlantique.

DANDOUR. — Bourgade du pays des Barabras, en Nubie. On y voit un petit temple non achevé de l'époque d'Auguste, et en face de cet endroit Champollion et Rosellini ont découvert un écho qui répète distinctement jusqu'à onze syllabes.

DANEMARK (ROYAUME DE). — Il est situé entre 5° 45' et 10° 14' de longitude orientale, et entre 53° 22' et 57° 45' de latitude. Sa plus grande longueur, depuis Skagen, dans le bailliage d'Aalborg, jusqu'à la rive droite de l'Elbe, dans le Ditmarschen, est de 233 milles ; et sa plus grande largeur, depuis les environs d'Agger, sur la mer du Nord, dans le bailliage de Thisted, jusque dans les environs d'Alsol, sur le Cattegat, dans le bailliage d'Aarhuus, est de 93 milles. Il est borné au nord, par le Skager-Rack ou mer de Danemark, et le Cattegat ; à l'est, par le Cattegat, le détroit du Sund, la Baltique et les possessions de la maison de Mecklembourg ; au sud, par le royaume de Hanovre ; et à l'ouest, par la mer du Nord. Ce royaume se compose du Danemark, proprement dit, ou Jutland septentrional, du duché de Schleswig ou Jutland méridional, de l'archipel de Fero, des duchés de Holstein et de Lauenbourg, de la seigneurie de Pinneberg, du comté de Rauzan, et de la ville d'Altona. La partie continentale du Danemark n'offre aucune montagne, et l'on rencontre seulement quelques collines dans l'archipel de Fero.

Les fleuves qui arrosent le sol danois ont leur embouchure dans la mer du Nord, la mer Baltique et le Cattegat. La première reçoit l'*Eider* et l'*Elbe*, dont les confluents sont le Delvenau, la Bille et le Stor ; dans la seconde viennent déverser les eaux de la *Trave*, qui a pour affluents la Steckenitz et la Wackenitz ; et au troisième aboutit le *Guden*. On compte, dans cette contrée, au delà de 400 lacs ; mais on ne cite que ceux d'Arre et d'Esrom, dans la partie septentrionale de l'île Seeland ; de Marieboe, dans l'île Laaland ; de Ploen et de Salent, dans le duché de Holstein ; et de Ratzebourg et de Schaal, dans celui de Lauenbourg. Les îles de la monarchie danoise sont : dans la *Baltique*, celles de Seeland, Fionie, Falster, Laaland, Femern, Moen, Langeland, Arro, Als, Lamso, et Bornholm ; dans le *Cattegat*, Anholt et Leso ; dans la *mer du Nord*, Fano, Romo, Sylt, Fohr, Amrou, Pelworn et Nordstran ; et dans l'*océan Atlantique septentrional*, l'archipel de Fero, dont les îles les plus importantes sont Stromo, Sydero, et Ostero. Les principaux canaux du Danemark sont ceux de Schleswig-Holstein, de la Steckenitz, de Nestved et d'Odense.

On distingue en Danemark deux divisions administratives : celle des *bailliages* et celle des *duchés*. La première comprend les bailliages de Copenhague, Frederiksborg, Soro, Præsto, Bornholm, Maribo, Odense, Svendborg, Hjoring, Aalborg, Thisted, Riborg, Randers, Aarhuus, Skanderborg, Veile, Ringkjobing, Ribe et Fero ; la seconde se compose des duchés, districts et pays de Gottorp, Flensborg, Tondern, Apenrade et Lygumkloster, Hadersley, Hytten et Stapelholm, Husum, Æro, Nordborg, Sonderborg, Femern, Ekernforde, Steinborg, Paysder,

Ditmarsches, Rendsburg, comté de Ranzau, seigneurie de Pinneberg, Altona, Reinbek, Travendal, Segeberg, Heumünster, Ploen, Kiel, Cismar, Preetz, Ratzeburg, Lauenburg, Steinhorst, Schwarzenberg et Moeln. La capitale du royaume est COPENHAGUE.

Le luthéranisme est la religion de l'État et de la majorité des habitants. On ne trouve en Danemark qu'un petit nombre de catholiques; puis viennent après eux quelques hernhuters, calvinistes et mennonites. La population juive n'y est pas non plus très-considérable, mais elle l'emporte toutefois sur les quatre derniers cultes que nous venons de nommer; et là, comme en tout pays, elle est industrieuse, astucieuse, rapace, et agissant en toute occasion comme ennemie née de tous ceux qui ne partagent point sa foi.

DANGEREUX (ARCHIPEL). — Il forme la partie méridionale du groupe des Iles-Basses, au sud-est de la Polynésie, et se compose des îles d'Egmont, de la Harpe, de Minerva, de Narcisso, des Quatre-Facardins, de la Reine-Charlotte, etc.

DANNEMARIE. — Chef-lieu de canton dans l'arrondissement de Belfort, département du Haut-Rhin. On y trouve des fabriques de cuir, des teintureries, des tuileries, et l'on y fait aussi un commerce de bois de construction. Pop. : 1,200 âmes.

DANTZICK. — Chef-lieu du gouvernement du même nom, dans la province de Prusse occidentale. Elle est située à l'embouchure de la Vistule; son port est le centre des exportations de la Pologne, et c'est l'une des principales places fortes de la monarchie prussienne. On y remarque la cathédrale, l'église Sainte-Marie, l'hôtel de ville, l'Arthur-Saal et l'arsenal. Cette ville possède deux gymnases, un institut royal de navigation, une bibliothèque publique, un observatoire, une collection d'objets d'arts et une Société académique. On y trouve un grand nombre de fabriques, et sa population est d'environ 40,000 âmes. A peu de distance de Dantzick est le petit bourg de Neufahrwasser, qui est en quelque sorte le port de cette ville et que défend la forteresse de Münde.

DANUBE. — C'est le plus grand fleuve de l'Europe après le Volga. Les Allemands l'appellent Donau, et les anciens lui donnent les noms d'*Ister* et de *Danubius*, dont le dernier s'appliquait principalement à la partie supérieure de son cours. Les bassins étagés qui se trouvent compris entre les hautes chaînes des Alpes et des Balkhans au sud, et diverses ramifications d'autres montagnes au nord, forment le bassin général du Danube. Celui-ci doit son origine à la jonction de deux petites rivières, la Brigach et la Brège, qui descendent des montagnes de la forêt Noire, et à une partie des eaux de son bassin, lesquelles, se frayant une ouverture dans les montagnes du Bannat pour déboucher vers la mer Noire, constituent de la sorte un fleuve dont le cours régulier s'étend sur une longueur directe d'environ 1,600 kilom., des montagnes de la Souabe à la mer Noire, et qui traversent, de l'ouest à l'est, la Souabe, la Bavière, l'Autriche, la Hongrie, la Servie, la Bulgarie et la Moldavie. La surface totale de son bassin est de 160,000 kilom. carrés, et offre trois régions physiques distinctes.

La première, ou *région supérieure*, est limitée, vers l'est, par une branche des hautes Karpathes, laquelle vient gagner la rive gauche du Danube entre Gran et Pesth, et se prolonge sur l'autre rive, dans la même direction, nord-est sud-ouest, par les montagnes de Bakony et de Latja. Cette région comprend les parties méridionales de Bade, du Wurtemberg, de la Bavière, l'Autriche, la Moldavie et la plaine occidentale de la Hongrie; et le Danube y reçoit, sur sa rive droite, l'Iller, le Lech, l'Inn et le Raab; sur sa rive gauche, la Naab, le Wag, le Gran et l'Ipoli. La *région moyenne* ou *centrale* se compose, au nord, de l'immense plaine hongroise et de la Transylvanie; au sud, de l'Esclavonie, de la Bosnie et de la Servie, de la chaîne méridionale de la Transylvanie, coupée par le Danube entre Orschova et Panchova, et des collines au sud du fleuve, lesquelles forment l'enceinte du bassin de la Moldava et la limitent vers l'est. Le Danube reçoit dans cette région ses principaux affluents : à sa droite, la Drave, la Save et la Morawa; à gauche, la Theiss, fleuve plus considérable que la Seine, et qui est le réceptacle de toutes les eaux de la Hongrie orientale et de la Transylvanie. Enfin, la *région inférieure* ou *orientale* est une contrée de plaines uniformes qui comprend la Valachie, la Moldavie et la Bulgarie; et le fleuve y reçoit un grand nombre de rivières dont les principales sont le Screth et le Pruth.

Le Danube forme des îles d'une assez grande surface, dans une plaine alluviale qui s'étend depuis Presbourg jusqu'au delà de Komorn sur les deux rives du fleuve; celui-ci traverse cette plaine obliquement, et son lit acquiert, en deçà de Bude, jusqu'à 630 mètres de largeur. Sa pente est très-irrégulière dans l'étendue de son cours, et voici quelles sont ses hauteurs successives au-dessus du niveau de la mer :

	mètres.
A Ulm	532 80
A Donauworth	508 10
A Ingolstadt	392 50
A Ratisbonne	284 375
A Passau	230 75
A Vienne	135 20
A Vissegrad	120 25
A Pesth	110 175
A Zombor	84 825

Le Danube se jette dans la mer Noire par trois embouchures principales nommées Boghaz, après avoir formé un delta de plus de 80 kilom. de largeur, et d'une aussi grande étendue littorale. Les villes les plus importantes qu'il arrose sont Ulm, Vienne, Elchingen, Ratisbonne, Lobau, Esling, etc.

DAO. — Petite île de l'archipel de Sumbaro-Timor, dans l'Océanie occidentale. Elle est renommée par l'habileté qu'ont ses ouvriers à fabriquer des bijoux en or et pierres précieuses.

DAOULAS. — Chef-lieu de canton dans

l'arrondissement de Brest, département du Finistère. Il est situé au fond d'une crique de la rade de Brest, à l'embouchure de la Daoulas. Pop. : 500 âmes.

DAHOURIE. — Contrée de la Chine. Elle est partagée entre la Russie et la Chine. La partie russe est comprise dans le gouvernement d'Irkoutsk, la chinoise dans la Mandchourie. On donne le nom de monts Daouriens à la partie des monts Stanovoï qui parcourt cette contrée, entre le bassin de l'Amour et celui du Baïkal, et ces monts sont riches en mines d'argent, de plomb, de cuivre, de zinc, etc.

DARABGHERD. — Petite ville en ruines du Fars, en Perse. On trouve, dans son voisinage, la fameuse source de *noum* ou naphte, qui est une possession royale, et l'on voit tout auprès, sur une montagne, des sculptures qui représentent le roi Sapor, à cheval, avec des Romains à ses pieds.

DARAH ou **DRAHA.** — Contrée montagneuse de l'Algérie. Elle est située entre la rive droite du Chéliff et la mer, dans l'ouest de la province d'Alger, et à l'est de celle d'Oran. Ce sont des peuplades kabyles qui l'habitent.

DARDANELLES (Détroit des). — Il est situé entre la Turquie d'Europe et l'Anatolie et unit l'Archipel et la mer de Marmara. Sa longueur est d'environ 58 kilomètres. C'est l'*Hellespont* des anciens.

DARFOUR. — Royaume de la Nigritie orientale. Il est situé à l'ouest du Kordofan et composé comme lui de plusieurs oasis au milieu d'un vaste désert. Il a pour capitale Cobbé, et sa population est d'environ 200,000 âmes.

DARIEL. — Petite forteresse de la Circassie, dans la région du Caucase, Russie asiatique. Elle donne aujourd'hui son nom au fameux défilé connu anciennement sous celui de *Porte Caspienne*, et qu'il faut traverser pour aller de Mozdok à Tiflis.

DARLING. — Grand fleuve de la Nouvelle-Hollande. Il prend sa source dans les montagnes Bleues, prend d'abord le nom de Macquarie, puis celui de Murray, après sa réunion avec le Norrumbidgee, et va se jeter dans le grand Océan, au golfe de la Rencontre, dans la terre de Baudin. Son cours est de 1,500 kilomètres.

DARMSTADT. — Ville située sur le Darm, au commencement du Bergstrasse. C'est le chef-lieu de la principauté de Starkembourg, la capitale du grand duché de Hesse-Darmstad', et la résidence du grand duc. On remarque l'église catholique, superbe rotonde ornée de colonnes colossales et surmontée d'une coupole; le château grand-ducal, le palais du prince héréditaire, la salle d'assemblée des États, la caserne d'artillerie et l'exercierhaus, destiné aux exercices de la garnison. Cette ville possède un séminaire de maîtres d'école, un gymnase, une école militaire, une académie de peinture, une bibliothèque publique et un musée. Son commerce est florissant et sa population est d'environ 20,000 âmes.

DARNETAL. — Petite ville du département de la Seine-Inférieure. C'est un chef-lieu de canton de l'arrondissement de Rouen. On y trouve des fabriques de drap, de castorines, d'indiennes et de flanelles; des filatures de coton, des papeteries, etc. Pop. : 6,000 âmes.

DARNEY. — Chef-lieu de canton dans l'arrondissement de Mirecourt, département des Vosges. Il est situé près des sources de la Saône. On y trouve des fabriques de potasse et de couverts en fer battu. Pop. : 1,800 âmes.

DARTMOOR (Forêt de). — On nomme ainsi, dans le comté de Devon, en Angleterre, un vaste territoire couvert de marais et de bruyères, et que traverse le Dart. Les habitants de cette contrée, appelés Moormen, c'est-à-dire hommes des marais, ont passé longtemps pour être le peuple le plus stupide et le plus grossier du royaume.

DARTMOUTH. — Petite ville du comté de Devon, en Angleterre. Elle est assez importante par son beau port que défendent plusieurs batteries, par ses chantiers et par sa marine marchande. Pop. 5,000 âmes.

† **DAVIS** (Détroit de). — C'est un bras de mer situé entre le Groënland et la terre de Cumberland et qui joint la terre de Baffin à l'océan Atlantique.

DAVLETABAD. — Ville du Dekkan, dans l'empire indo-britannique. Elle portait autrefois les noms de Deoghir et de Taugara. Bâtie autour d'un rocher isolé et escarpé au sommet duquel s'élève une citadelle, on la regarde comme imprenable. Cette forteresse, l'une des curiosités du Dekkan, a la forme d'une ruche de plus de 160 mètres de hauteur, et l'on y voit aussi une énorme colonne de 48 mètres d'élévation.

DAVOS. — Petite ville du canton des Grisons, en Suisse. On y exploite des mines de plomb et de zinc. Pop. : 700 âmes.

DAX. — Petite ville située sur l'Adour, dans le département des Landes. Chef-lieu d'arrondissement, elle comprend 8 cantons et 108 communes. Elle possède un séminaire, un collège, un cabinet d'histoire naturelle et un établissement d'eaux et de boues thermales. Son commerce consiste en grains, vins, bois de construction, brais, goudrons, etc., et sa population est d'environ 5,000 âmes.

DAXABON. — Ville de l'empire d'Haïti. Elle est située sur la rive droite de la rivière dont elle porte le nom, et l'on appelle *savanes de Daxabon* une chaîne de montagnes qui s'étend au nord de cette ville. Pop. : 5,000 âmes.

DEAL. — Ville forte d'Angleterre. Elle est située dans le comté de Kent, sur le Pas-de-Calais, et possède une rade sûre et commode. Selon quelques-uns, César débarqua en cet endroit lors de sa descente en Angleterre. Pop. : 7,000 âmes.

DEBA. — Chef-lieu du pays d'Urna-Désa, au Tibet. Elle est située à 4,700 mètres au-dessus du niveau de la mer.

DEBRETZIN. — Ville de la Hongrie. Elle manque d'eau potable, de bois de chauffage et de matériaux de bâtisse, et cependant c'est l'une des places les plus industrieuses et les plus commerçantes du royaume. Elle possède des manufactures de draps grossiers, des fabriques de vêtements et de bottes pour habiller les paysans, des tanneries, des savonneries, etc.; puis un collége réformé et une bibliothèque publique. On y tient aussi, annuellement, quatre foires qui sont surtout renommées pour les chevaux, et qui attirent beaucoup d'étrangers. Sa population est d'environ 48,000 âmes.

DECAZEVILLE. — Commune du département de l'Aveyron. Elle est située dans le canton d'Aubin, arrondissement de Villefranche. On y trouve des hauts-fourneaux et des forges à l'anglaise. Pop. : 4,200 âmes.

DECIZE. — Petite ville du département de la Nièvre. C'est un chef-lieu de canton de l'arrondissement de Nevers. Elle est située dans une île formée par la Loire à l'embouchure du canal du Nivernais, et elle existait déjà du temps des Romains. On y voit le château construit par les ducs de Nevers, et l'on y trouve des fabriques de fer-blanc, une exploitation de houille et un commerce de bois et de merrain. Pop. : 3,400 âmes.

DEE. — Fleuve d'Angleterre. Il passe à Langollen, dans le pays de Galles, puis à Chester, et va se jeter dans la mer d'Irlande, par un vaste estuaire situé entre les comtés de Flint et de Chester. Il communique, au moyen de canaux, avec un grand nombre d'autres fleuves. Son cours est de 120 kilomètres.

DEE. — Fleuve d'Écosse. Il se jette dans la mer du Nord, près d'Aberdeen, après un cours de 130 kilomètres.

DEERFIELD. — Ville du Massachusetts, aux États-Unis d'Amérique. Elle est située au confluent du Connecticut et du Deer. Les Anglais y livrèrent un combat aux Indiens en 1676. Pop. : 2,000 âmes. Il y a deux autres villes de ce nom dans les mêmes États; l'une dans le New-Hampshire, l'autre dans le New-Jersey.

DEGGENDORF. — Bourg situé sur le Danube, dans le cercle du Bas-Danube, en Bavière. Il possède des forges et un sanctuaire célèbre qui attire, chaque année, un grand nombre de pèlerins.

DEIR-EL-KAMAR. — Petite ville de Syrie. C'est le chef-lieu du pays des Druzes, montagnards tributaires du gouvernement ottoman. On trouve, dans le voisinage de cette ville, à Bettedin, le palais où réside l'émir, chef de ces peuplades. Pop. : 2,000 âmes.

DEKKAN ou DEKHAN. — Partie méridionale de l'Hindoustan. Elle est située entre la Nerbuddah et le Mehénedy au nord, et le cap Comorin au sud. Cette contrée renferme principalement les anciennes provinces de Candeish, Aurengabad, Visiapour, Haydérabad, Bérar, Bider, Gandouana, Orissa et les Circars du nord, et se trouve presqu'entièrement en la possession des Anglais. Pop. : 50,000,000 d'âmes.

DELAWARE. — Fleuve navigable des États-Unis d'Amérique. Il est formé de deux branches dans l'État de New-York, sépare le New-Jersey de la Pennsylvanie et de l'état de Delaware, et va se jeter ensuite dans la baie qui porte son nom, après un cours de 450 kilomètres.

DELAWARE (BAIE DE). — Elle est située dans l'Atlantique, sur la côte des États-Unis, entre les États de New-Jersey et de Delaware.

DELAWARE (ÉTAT DE) — Dans l'Union américaine. Il est situé dans la partie nord-est de la presqu'île formée par les baies de Chesapeak et de Delaware.

DELAWARES. — Tribu indienne de la nation des Lenni-Lennappes, aux États-Unis d'Amérique; autrefois très-puissante, il n'en reste plus que quelques centaines de membres confinés sur l'Arkansas.

DELEMONT. — Petite ville du canton de Berne, en Suisse. Elle possède des fabriques de toiles et d'horlogerie, et sa population est d'environ 1,000 habitants. On y voit le château qu'habitait jadis le prince-évêque de Bâle, durant la belle saison.

DELFT. — Ville de la Hollande méridionale. On y voit le mausolée du prince Guillaume d'Orange, un vaste arsenal et des fabriques de draps et de faïence. C'est la patrie de Grotius. Pop. : 16,000 âmes.

DELFZYL. — Petite ville fortifiée, située sur le golfe de Dollart, dans la province de Groningue, en Hollande. Elle est assez importante par son port. Pop. : 3,000 âmes.

DELHI. — Chef-lieu de la province de ce nom, dans l'empire indo-britannique. Cette ville est située sur la rive droite de la Djamna, et fut la résidence du grand Mogol. On y remarque le palais impérial, les fameux jardins de Châlinar, dont la construction a coûté, dit-on, 25,000,000 de francs; la Kalemesdjid ou mosquée noire; celle qui porte le nom de Djemamesdjid, et le grand canal d'irrigation. Pop. : 250,000 âmes. On trouve, dans les environs de Delhi, les ruines de l'ancienne ville de même nom, laquelle avait été bâtie sur l'emplacement de la cité indienne appelée *Indra-Prastha* ou *Indraput*. Les principaux restes de cette ville sont ceux du palais des empereurs patans, la colonne de Firouz, le tombeau d'Houmayoun, le mausolée Cattab-Minâr, etc.

DELLE. — Chef-lieu de canton dans l'arrondissement de Belfort, département du Haut-Rhin. Il est situé sur la Halle, non loin des frontières de la Suisse. On y trouve des tanneries et l'on y fait aussi un commerce de bestiaux. Pop. : 1,100 âmes.

DELLYS ou TEDLIS. — Ville de l'Algérie. Elle est située au bord de la Méditerranée, et sur les ruines d'une ancienne ville.

DELME. — Chef-lieu de canton dans l'arrondissement de Château-Salins, département de la Meurthe. On y trouve des carrières de marbres. Pop. : 700 âmes.

DELOS ou SDILI. — Petite île de l'Archipel, l'une des Cyclades, dans le royaume de Grèce. On y remarque encore quelques vestiges du fameux temple dédié à Diane et à Apollon, et du portique de Philippe le Macédonien.

DELOS (Grande). — L'une des Cyclades. Elle est située à l'ouest de Délos.

DELTA. — Il arrive souvent qu'un fleuve, avant de se jeter dans la mer, se divise en plusieurs bras, lesquels forment quelquefois une sorte de triangle dont la mer est alors la base. Le point de division du fleuve est le sommet de ce triangle, et l'espace de terre compris entre ses côtés et la base constitue ce que les anciens ont nommé *delta*, à cause de la ressemblance de cette figure avec la lettre grecque ainsi appelée. Les deltas les plus remarquables sont ceux du Rhin dans le lac de Constance, du Rhône dans la Méditerranée, du Pô et de l'Adige dans la mer Adriatique, du Nil dans la Méditerranée, du Gange et du Burrampooter dans l'Océan, et du Niger dans le golfe de Guinée. Ce dernier se prolonge dans l'intérieur à plus de 240 kilom. du rivage, et occupe sur celui-ci une étendue de 400 kilom.

DELVINO ou DELONIA. — Petite ville d'Albanie, dans la Turquie d'Europe. Elle est le chef-lieu du sandjak de ce nom, et on y trouve un château-fort. Pop. : 8,000 âmes.

DELY-IBRAHIM. — Commune de la province d'Alger. C'est la première colonie française fondée après la conquête.

DEMBEA ou TZANA. — Lac de l'Abyssinie. Il est traversé par le Nil-Bleu, et sa longueur est d'environ 100 kilomètres.

DEMER. — Rivière navigable de Belgique. Elle passe par Bihen, Hasselt, Diest et Aerschot, et se jette dans la Dyle.

DEMERARY. — Fleuve navigable de la Guyane anglaise. Il se jette dans l'Atlantique, à l'est de l'embouchure de l'Essequebo, et donne son nom à un district dont George-Town est le chef-lieu. Son cours est de 300 kilomètres.

DEMIR-CAPU ou la Porte de fer. — Défilé célèbre du Balkan, dans la Turquie d'Europe. Il mène de Selimnia, en Romélie, à Starcka, dans la Bulgarie.

DEMOUNESI ou ILES DU PRINCE. — Groupe d'îlots situé à l'entrée du Bosphore, dans la Turquie d'Asie. Les habitants de Constantinople y vont faire des parties ou s'y installent pour y rétablir leur santé.

DEMOTICA. — Ville de la Romélie, en Turquie. C'est le siège d'un archevêché grec. On y voit une citadelle qui fut habitée par le sultan avant la prise de Constantinople, et Charles XII y résida après la bataille de Pultawa. Pop. : 8,000 âmes.

DENAIN. — Commune du département du Nord. Elle est située dans le canton de Bouchain, arrondissement de Valenciennes. On y trouve une fabrication considérable de coke et de briques réfractaires, puis des hauts-fourneaux et des forges à l'anglaise. Villars y remporta, en 1712, une victoire mémorable sur le prince Eugène. Pop. : 5,200.

DENBIGH. — Chef-lieu du comté de ce nom, dans le pays de Galles, en Angleterre. Cette ville est située dans la fertile et magnifique vallée du Clwyd. On y voit les ruines d'un château-fort qui la défendait lorsqu'elle constituait une place de guerre. Pop. : 4,000 âmes.

DENDER. — Rivière navigable en Belgique. Elle passe à Leuze, Ath, Lessinnes, Grammont, Ninove, Alost, Dendermonde, et se réunit à l'Escaut, après un cours de 95 kilomètres.

DENDERAH. — Village situé sur la rive gauche du Nil, presque vis-à-vis de Kéneh, dans la haute Egypte. Il se trouve sur l'emplacement de l'ancienne *Tentyris*. On y voit les ruines d'un grand temple réputé comme un chef-d'œuvre d'architecture égyptienne, et au plafond d'une des salles duquel était placé le fameux planisphère apporté en France, en 1821, par M. Saulnier.

DENDERMONDE ou TERMONDE. — Ville forte de Belgique. Elle est située dans la Flandre orientale, au confluent de la Dender et de l'Escaut, et sur le chemin de fer de Malines à Ostende. Pop. : 8,000 âmes.

DENKA ou DONGA. — Pays de l'Afrique. Il est situé le long du Bahr-el-Abiad, au sud du pays des Chillouks, et habité par un peuple noir, idolâtre et féroce.

DENT-DU-MIDI. — Montagne des Alpes. Elle est située sur les frontières du Valais et de la Savoie, et son altitude est de 2,900 mètres.

DEOLS ou BOURG-DIEU. — Petite ville du département de l'Indre, dans l'arrondissement de Châteauroux. Elle est très-ancienne et possédait autrefois une riche abbaye qui fut supprimée par Grégoire XV. Pop. : 2,400 âmes.

DEPTFORD. — Ville du comté de Kent, en Angleterre. Elle est située sur la Tamise, et importante par ses chantiers de marine, dans lesquels travailla aussi Pierre-le-Grand, puis par ses vastes magasins. Pop. : 20,000 âmes.

DERA-KHAZI-KHAN. — Grande ville du Moultan, dans le royaume de Lahore, Hindoustan. Elle est située sur la rive droite de l'Indus.

DERBEND ou DERBENT. — Grande ville du Daghestan, dans la région du Caucase, Russie asiatique. Elle est importante par ses fortifications qui furent un temps l'un des boulevards de la Perse. On y remarque l'église arménienne et la mosquée principale. Pop. : 20,000 âmes. On trouve, dans le voisinage, un mausolée qu'on dit être celui des Kirklar, et qui attire un grand nombre de musulmans en pèlerinage.

DERBY. — Jolie ville, chef-lieu du comté de ce nom, en Angleterre. On y remarque l'église de tous les Saints, le grand hôpital et la prison du comté. Cette ville est renommée par ses fabriques de porcelaine et d'étoffes de soie, et l'on trouve, dans son voisinage, le magnifique château de Kedlestonhalle. Pop. : 24,000 âmes.

DERNEH ou DERNAH. — Petite ville de la régence de Tripoli, en Afrique. Elle est assez importante par son industrie et son commerce que favorise un port. Cette ville fut l'une des cinq qui firent donner à la Cyrénaïque le nom de Pentapole.

DERPT ou **DORPAT**. — Ville du gouvernement de Livonie, en Russie. Elle possède une université, un gymnase, une école normale, une bibliothèque publique, un cabinet d'histoire naturelle, un musée, une riche collection de cartes géographiques et un jardin botanique. Pop. : 12,000 âmes.

DERR. — Bourgade du pays des Barabras, dans la Nubie. Elle est située sur la rive droite du Nil, et on la regarde comme le chef-lieu de la Basse-Nubie ou Nubie-Ottomane. Elle compte environ 3,000 habitants. On trouve, dans son voisinage, les restes d'anciens édifices et un temple égyptien dont Champollion attribue la construction à Sésostris.

DERREYEH ou **DERIAH**. Ville du Barria, en Arabie. C'était naguère la capitale des Wahhabites, et alors elle comptait 28 mosquées, 30 collèges, et au delà de 15,000 habitants ; mais elle fut saccagée en 1819 et après un siège de sept mois, par Ibrahim-Pacha, fils de Méhémet-Ali, vice-roi d'Égypte.

DERVAL. — Chef-lieu de canton dans l'arrondissement de Châteaubriand, département de la Loire-Inférieure. Pop. : 2,200 âmes.

DERVAZEH. — Ville du Turkestan. Elle est située sur la rivière de son nom, l'un des principaux affluents du Djihoun. C'est le chef-lieu d'un khanat dont le prince prétend descendre d'Alexandre le Grand.

DESAGUADERO. — Rivière de la république de Bolivia. Elle traverse une longue vallée de même nom et se perd, par évaporation, dans la province de Carangas. Le bassin du Desaguadero est entouré des branches des Andes où se trouvent les pics les plus élevés.

DÉSAPPOINTEMENT. — Ile de l'Australie qui se rattache à l'archipel de La Pérouse.

DÉSAPPOINTEMENT. Ile de la Polynésie. Elle est située au nord de l'archipel des Iles-Basses.

DÉSERET. — Nom de l'Etat et de la capitale fondés par les Mormons dans le pays d'Utah, aux Etats-Unis d'Amérique.

DÉSERTES. — Iles de l'Atlantique, en Afrique. Elles sont au nombre de trois et font partie du groupe de Madère. La principale est la Table-Déserte, qui est fertile et produit de bon vin.

DÉSIRADE (LA). — L'une des petites Antilles. Elle dépend de la colonie française de la Guadeloupe. Sa longueur est d'environ 8 kilom. ; elle est montueuse, abondante en sources excellentes, mais peu fertile. Pop. : 2,600 âmes.

DESNA. — Rivière navigable en Russie. Elle passe par Tchernigov et Oster, et s'unit au Dniéper, après un cours de 800 kilomètres.

DESSAU. — Jolie petite ville située sur la Mulde, non loin de son confluent avec l'Elbe. C'est le chef-lieu du duché d'Anhalt-Dessau. On y remarque le château du duc, le manège, la maison de chasse, le cimetière et les bains. Elle possède un collège, un séminaire pour les maîtres d'école, une école de commerce pour les Juifs, et une bibliothèque publique. Sa population est d'environ 10,000 âmes.

DETMOLD. — Petite ville située sur la Werra, et capitale de la principauté de Lippe-Detmold, en Allemagne. Elle possède un château, un gymnase, un collège et une école d'industrie. Pop. : 3,000 âmes.

DÉTROIT. — On nomme ainsi le passage par lequel un golfe ou une mer intérieure communique avec l'Océan ou une autre mer. Lorsque ce passage ou bras de mer est large à l'une de ses extrémités, et rétréci à l'autre, on le nomme *manche* ; quand il est long et étroit, c'est un *canal*. Les détroits les plus anciennement connus sont ceux qui, au sud-est, séparent l'Europe de l'Asie. Le *détroit de Caffa* ou *Bosphore Cimmérien*, fait communiquer la mer Noire ou Pont-Euxin avec la mer d'Azov ou d'Azof, le Palus-Méotides ; il était traversé par les Grecs qui allaient trafiquer avec les Scythes des bords du Tanaïs. Une suite de détroits conduit de la mer Noire dans la Méditerranée. C'est premièrement, le *canal de Constantinople* ou *Bosphore de Thrace*, que rendit célèbre la navigation des Argonautes ; puis la *mer de Marmara* ou *Propontide* ; et après cela le *détroit des Dardanelles* ou l'*Hellespont*, qui reçoit encore aujourd'hui les noms de *canal de Gallipoli*, de *bras de Saint-Georges* et de *détroit de la mer Blanche*. Il est situé entre la Chersonèse, la Thrace et l'Anatolie ; il unit la mer de Marmara et l'Archipel. Sa longueur est de 52 kilom. et sa largeur moyenne de 4 kilom. Les anciens connaissaient aussi le *détroit de Négrepont* ou l'*Euripe*, canal très-resserré entre le continent de la Grèce et l'île d'Eubée. Entre la Sicile et l'Italie, s'ouvre le *détroit* ou *phare de Messine*, où les mythes des Grecs avaient placé les gouffres de Charybde et Scylla ; enfin, vient le plus célèbre de tous, celui qui sépare l'Europe de l'Afrique, le *détroit de Gibraltar*, où les colonnes d'Hercule.

L'Angleterre est baignée à l'ouest par un large bras de mer ; entre elle et l'Irlande, se trouve le *canal de Saint Georges* ; entre cette dernière et l'Ecosse, est le *canal du Nord* ; puis au nord de la Grande-Bretagne, le *détroit de Pentland*, qui la sépare des îles Orcades. Entre l'extrémité méridionale de la Norwége et la partie septentrionale du Jutland, s'avance, au nord-est, le bras de mer appelé la *Sleeve* ou *Manche* des Anglais et des Hollandais. Au sud du cap Scagen, le *Cattégat*, bras de mer très-resserré et rempli d'îlots, sépare le Jutland de la Suède ; puis, entre l'île de Seeland et les provinces méridionales de la Suède, se trouve le *Sund* ; et la France est séparée de l'Angleterre par le *Pas de Calais* ou *détroit de Douvres*, passage que Jules César franchit pour aller combattre les Bretons, et que continuèrent à traverser les Romains.

En Afrique, on appelle *canal de Mozambique* le large bras de mer qui s'avance entre la côte orientale et Madagascar. A l'issue du golfe Arabique, dans la mer des Indes, est le détroit de *Bab-el-Mandeb*. En Asie, le golfe Persique communique avec la mer des Indes par le *détroit d'Ormus*. Celui de *Palk*, qui a 56 kilom. de longueur, et le golfe de Manaar, séparent l'île de Ceylan de la grande presqu'île de l'Inde. Entre la presqu'île de Malacca et Sumatra, s'étend un long bras de mer qu'on nomme le *détroit de Malacca*. Celui de la *Sonde* sépare Sumatra de Java. Pour naviguer entre ce dernier et la mer de la Chine, on passe, soit par le *détroit de Banca* ayant cette île à l'est et Sumatra à l'ouest, soit par le *détroit d'entre Banca et Billiton*. Sur la côte orientale de la Chine, est le *canal de Formose*, et plus au nord, le *détroit de Corée*, entre ce pays et l'île de Kinsin. Celle-ci est aussi séparée, au sud, de diverses petites îles, par le *détroit de Van Diemen*. Entre Niphon, la plus grande des îles du Japon, et l'île d'Iéso, est le *détroit de Sangar*, dont la largeur est de 40 kilom. Iéso est séparé, au nord de Tchoka ou Tarakaï, par le *détroit de la Pérouse*, découvert par ce navigateur en 1787. La mer d'Okhotsk est ceinte, à l'est, par le long archipel des Kouriles, dont les îles sont séparées par des détroits qui portent les noms de *la Nadiejeda*, de *Golownin*, de la *Boussole* et de *Vries*.

Sur les confins de l'Asie et de l'Europe, dans la mer Glaciale, est le *détroit de Waigatz*, qui sépare le continent de la grande île de Novaïazemlia, et se trouve presque toujours fermé par les glaces. Le *détroit de Behring* sépare l'Asie de l'Amérique.

Parmi les détroits qui séparent les îles de la côte nord-ouest de l'Amérique est celui de *Jean de Fuca*. A l'extrémité méridionale du continent américain se trouve ensuite le *détroit de Magellan*. Au nord de l'archipel des Antilles est celui de *Bahama*; à la partie septentrionale de Terre-Neuve, celui de *Belle-Ile*; ceux de *Cumberland* et de *Frobisher* forment des communications entre l'Océan et la mer d'Hudson; celui de *Fury et Hécla* est situé sous le 70° parallèle, dans la mer d'Hudson; celui de *Davis* est le large espace de mer compris entre le Groënland à l'est, et l'Amérique à l'ouest; ceux de *James Lancaster*, de *Barrow* et du *Prince régent*, sont dans la mer de Baffin; le *détroit de Torrès* sépare la Nouvelle-Guinée de la Nouvelle-Hollande; celui de *Cook* est entre les deux grandes îles qui forment la Nouvelle-Hollande, et celui de *Bass* sépare la Nouvelle-Hollande de la terre de Van-Diémen.

DÉTROIT. — Capitale du Michigan, aux États-Unis d'Amérique. Elle est située dans le comté de Wayne, sur la rive droite de la Détroit. C'est une ville bien bâtie, défendue par le fort Shelby ; elle renferme un arsenal, un entrepôt d'artillerie et de belles casernes ; son commerce est florissant, et l'on y trouve aussi un collège et une société d'agriculture. Pop. : 10,000 âmes.

DETTINGEN. — Village de Bavière. Il est situé sur la droite du Mein, à 12 kilom. d'Aschaffenbourg. Les Français y furent battus, en 1743, par les Anglais et les Autrichiens réunis. Pop. : 500 âmes.

DEULE. — Rivière de France. Elle prend sa source dans le département du Pas-de-Calais, passe dans celui du Nord, et se joint à la Lys. Elle est canalisée dans une partie de son cours.

DEUTZ. — Ville de la Prusse rhénane. Elle est située à la droite du Rhin, et réunie par un pont de bateaux à Cologne, dont elle forme comme un faubourg. Pop. : 3,000 âmes.

DEUX-PONTS. — Ville de la Bavière rhénane. Elle possède une imprimerie renommée. Pop. : 7,000 âmes.

DÉVAPRAYAGA. — Ville de l'Hindoustan anglais. Elle est située au confluent de l'Alakananda et du Baghirathi, qui forment le Gange. On y voit l'un des sanctuaires les plus révérés des Hindous et qui attire un grand concours de pèlerins.

DEVRA-TABOUR. — Ville du Beghemder, dans l'Abyssinie. C'est la résidence du Ras, sorte de pontife souverain de l'Ambara, la contrée la plus belle de l'Abyssinie.

DHABOY. — Grande ville de la présidence de Bombay, dans l'empire indo-britannique. C'est l'une des plus remarquables de l'Inde, par le grand nombre de ses monuments en pierre et de ses sculptures. Pop. : 30,000 âmes.

DHAMONY. — Ville forte de l'Hindoustan anglais. Elle est située dans la présidence du Bengale.

DHAR ou DHARA. — Grande ville, chef-lieu de l'État de ce nom, dans le Mâlwa, empire indo-britannique. Elle est très-déchue de son ancienne splendeur; mais l'on trouve dans son voisinage les ruines importantes de *Mândau* ou *Mandow*, dont les murailles n'ont pas moins de 28 milles de circonférence, et où l'on remarque particulièrement les restes du palais de Baz-Bahâder; de la Djemâ'mesdjid, la plus grande des mosquées construites dans l'Inde par les Afghans, et le mausolée d'Hussein châb, qui est tout en marbre.

DIARBEKIR ou AMIDA. — Ville de la Mésopotamie, dans la Turquie d'Asie. Elle est située sur la rive droite du Tigre et dans un territoire réputé par sa fertilité. Cette ville est le siège d'un patriarche chaldéen catholique, d'un évêque du même culte et d'un patriarche jacobite. On y remarque la cathédrale arménienne, la grande mosquée, le palais du pacha, les bazars et les caravansérails. Elle possède aussi des fabriques de maroquins, d'ustensiles de cuivre, de poterie, d'étoffes de soie et de coton, et fait un commerce de transit. Sa population dépasse 60,000 âmes.

DIE. — Petite ville du département de la Drôme. Elle est située près de la Drôme. Chef-lieu d'arrondissement, elle comprend 9 cantons et 116 communes. On y remarque l'ancien hôtel de l'évêché et la porte Saint-Marcel, monument antique bien conservé. Cette ville possède des sources minérales. Pop. : 4,000 âmes.

DIEGO-ALVAREZ. — Ile de l'océan Austral. Elle est située au sud-est des îles de Tristan-d'Acunha.

DIÉMEN. — Détroit situé au sud de l'île japonaise de Kiousiou. Il unit la mer Bleue au grand Océan.

DIEMEN (TERRE DE). — Elle est située au sud de la Nouvelle-Hollande, dans l'Australie, et on l'appelle aussi *Tasmanie*, du nom du navigateur Tasman, qui la découvrit en 1642. Cette île, qui forme un groupe avec quelques autres de peu d'étendue chacune, a 252 kilom. de longueur sur 212 de largeur et 14,400 de superficie. Elle renferme des montagnes dont le point culminant est le pic Tasman; ces montagnes sont couvertes de forêts de pins, de cyprès et d'eucalyptus; on y rencontre des arbres d'une hauteur et d'une grosseur considérables; puis on cultive, dans quelques parties, l'orge, l'avoine, le froment, les légumes et quelques fruits d'Europe; mais le climat, quoique tempéré, ne permet pas à la vigne d'y prospérer. La population de la terre de Diemen est évaluée à 6,000 indigènes et 20,000 colons.

DIEPPE. — Petite ville avec un port sur l'Océan. Chef-lieu d'arrondissement dans le département de la Seine-Inférieure, elle compte 8 cantons et 168 communes. Elle est renommée par ses bains de mer, son ivoirerie, ses dentelles, ses parcs d'huîtres et ses pêcheries, et possède un collège, une école de navigation et une école manufacturière de dentelles. Sa population est d'environ 17,000 âmes.

DIESSENHOFEN. — Petite ville du canton de Thurgovie, en Suisse. Elle est située sur la rive gauche du Rhin. Pop. : 1,200 âmes.

DIEU-LE-FIT. — Petite ville du département de la Drôme; c'est un chef-lieu de canton dans l'arrondissement de Montélimart. Elle est située près des sources du Jabron. On y trouve des fabriques de draps, de ratines et de molletons, des teintureries, etc. Pop. : 3,000 âmes. Cette ville possède aussi des sources minérales.

DIEUZE. — Petite ville du département de la Meuse. C'est un chef-lieu de canton de l'arrondissement de Château-Salins. Elle est située sur la rive droite de la Seille et renommée par ses salines. On y trouve aussi des fabriques de soude artificielle et de produits chimiques. Dieuze était un poste important sous les Romains, et il fut brûlé par Attila. Pop. : 3,900 âmes.

DIEZ. — Ville du duché de Nassau, en Allemagne. Elle est située sur la Lahn. Pop. : 2,100 âmes.

DIGES. — Commune du département de l'Yonne. Elle est située dans le canton de Toucy, arrondissement d'Auxerre. On y trouve des sources minérales. Pop. : 1,600 âmes.

DIGNE. — Petite ville épiscopale située sur la Bléone. Chef-lieu du département des Basses-Alpes, son arrondissement comprend 9 cantons et 87 communes. Elle possède un séminaire, un collége, une société d'agriculture, et l'on trouve, dans son voisinage, des sources thermales qui étaient aussi renommées chez les anciens qu'elles le sont à notre époque. Pop. : 4,600 âmes.

DIGOA. — Ville de la Nigritie. Elle est située au sud-est de Birnie, dans l'empire de Bornou, et une muraille l'entoure. Pop. : 30,000 âmes.

DIGOIN. — Petite ville du département de Saône-et-Loire. C'est un chef-lieu de canton dans l'arrondissement de Charolles. Elle est située sur la rive droite de la Loire, à la jonction du canal du Centre et du canal latéral à la Loire. C'est un entrepôt de vins et l'on y construit des bateaux. Pop. : 3,100 âmes.

DIGOR. — Ville de la présidence du Bengale, dans l'empire indo-britannique. On y voit un temple célèbre où les Hindous viennent en pèlerinage.

DIHIOVER. — Capitale du Banan, dans la Nigritie. Elle est située à l'extrémité du lac Dibbie, à l'endroit où le Djoliba en sort. Ses habitants sont des Foullahs.

DIJON. — Ville épiscopale située dans une plaine fertile au milieu de laquelle coulent l'Ouche et la Suzon. Autrefois capitale de la Bourgogne, elle est aujourd'hui le chef-lieu du département de la Côte-d'Or, et son arrondissement comprend 14 cantons et 266 communes. On remarque son église de Saint-Bénigne, celle de Sainte-Anne, l'hôtel de la préfecture, autrefois le palais des États, et la promenade du parc. Cette ville possède un séminaire, une académie universitaire, un collége, une école spéciale des beaux-arts, une bibliothèque publique, un musée, un jardin botanique, et deux sociétés académiques. Elle fait un commerce important de farines, de vins, de laines, de moutarde, etc., et sa population est d'environ 28,000 âmes. Dijon est la patrie de Jean-sans-Peur, Philippe le Bon, Bossuet, de Lamonnoie, Longepierre, Crébillon, Rameau, Daubenton, Bouhier, Guyton de Morveau, etc.

DILLE. — Petite ville de l'île de Timor, dans l'archipel de Sumbava-Timor, Océanie occidentale. Elle est située sur la côte nord-est où elle possède un port, et c'est la résidence d'un gouverneur portugais. Pop. : 2,000 âmes.

DINADJPOUR. — Ville du Bengale, dans l'empire indo-britannique. Elle est importante par ses manufactures. Pop. : 30,000 âmes.

DINAN. — Petite ville située sur la Rance, à l'embouchure du canal d'Ille-et-Rance, dans le département des Côtes-du-Nord. Chef-lieu d'arrondissement, elle comprend 10 cantons et 90 communes. Elle possède des sources d'eaux minérales, une société académique, et son industrie et son commerce la rendent florissante. Sa population est d'environ 8,000 âmes.

DINANT. — Ville de la province de Namur, en Belgique. On y voit un château-fort qui domine la Meuse. Cette ville possède des tanneries et des papeteries, on y fabrique des ouvrages en cuivre, et l'on exploite, dans ses environs, des carrières de pierres de taille d'une couleur bleue. Elle fut détruite par Philippe le Bon, en 1466, et prise par le duc de Nevers, en 1554. Pop. : 5,000 âmes.

DINAVER. — Ville du Kurdistan persan. Elle est située sur l'une des sources de la Kerkha, et c'est le chef-lieu d'un district habité par des Kurdes nomades.

DINDIGOL. — Ville forte de la présidence de Madras, dans l'empire indo-britannique. Pop : 3,000 âmes.

DINGLE. — Petite ville du comté de Kerry, en Irlande. C'est, dit-on, une ancienne colonie espagnole, et l'on croit en trouver la preuve dans le style de plusieurs de ses édifices. Pop. : 5,000 âmes.

DIOLI-BA, DIHOLIBA ou **DJOLIBA.** — *Voy.* NIGER.

DIOS-GYOR. — Petit bourg de Hongrie. Il est situé au sein d'une charmante vallée, dans le cercle en deçà de la Theiss, et renommé, dans tout le royaume, par le fer et l'acier qui se fabriquent dans ses usines, ainsi que par ses verreries et ses papeteries. Pop. : 4,000 âmes.

DIRIMANS (PAYS DES). — Dans la Nigritie occidentale. Il est situé sur la rive droite du Niger, depuis le lac Dibbie jusqu'au royaume de Tombouctou.

DISCO. — Archipel du Groënland. Il est renommé par les pêcheries abondantes qui ont lieu dans ses parages, et son île principale, qui porte le même nom, est d'une assez grande étendue.

DISSENTIS. — Village de Suisse. Il est situé dans la vallée de Tavetsch, du canton des Grisons, l'une des plus hautes et des plus pittoresques de l'Helvétie. Le moine écossais Siegbert y fonda, au VII° siècle, une abbaye dont l'abbé présida les diètes de la ligue grise jusqu'en 1803. Pop. : 1,100 âmes.

DISTRICT DES DIAMANTS. — On appelle ainsi, au Brésil, un espace assez considérable, situé le long du Rio-Claro, affluent de l'Araguay, où l'on recueille de beaux diamants.

DITHMARSES (PAYS DES). — C'est une subdivision du Holstein, dans le royaume de Danemark. Il est situé entre l'Elbe et l'Eyder, et a pour chef-lieu Meldorf.

DIU. — Ville fortifiée de l'Inde portugaise. Elle est située dans une petite île au sud de la presqu'île de Guzarate, et possède un port à l'entrée du golfe de Cambaye.

DIVE. — Rivière de France. Elle prend sa source près d'Exmes, dans le département de l'Orne, et se jette dans la Manche après un cours de 66 kilomètres.

DIV-ROUD. — Fleuve de Perse. Il naît sur les frontières du Béloutchistan et du Moghestan, et, après avoir traversé ce dernier Etat, il va se jeter dans le golfe Persique, vis-à-vis l'île d'Ormus. Son cours est d'environ 300 kilomètres.

DIZFOUL. — Ville du Khouzistan, en Perse. Elle est florissante par son industrie et son commerce, et l'on y remarque l'un des plus beaux ponts du royaume. Pop. : 15,000 âmes. On trouve, dans son voisinage, les ruines de Chouch, que quelques-uns croient être l'ancienne *Elymaïs*, l'une des villes les plus renommées de l'Orient, à cause des richesses rassemblées dans son temple de Diane.

DJABALPOUR. — Ville de la présidence de Calcutta, dans l'empire indo-britannique. C'est le chef-lieu des possessions anglaises dans le Gandouana.

DJAFFERABAD. — Ville de l'Etat de Guikavar, dans l'Hindoustan. Elle est située près du golfe de Cambaye, et fut importante autrefois par son commerce.

DJAGGERNAT ou **JUGGERNAUTH.** — Ville de la province d'Orissa, dans l'empire indo-britannique. Elle est située sur une branche du Mâhânaddy, et son temple, regardé par les Hindous comme le plus sacré de tous, l'a rendue depuis longtemps célèbre. A l'époque du pèlerinage qui s'y accomplit, on promène un énorme char sous les roues duquel des fanatiques se font écraser. Pop. : 30,000 âmes.

DJAGHOR. — Ville de la présidence de Bombay, dans l'empire indo-britannique. Elle possède un port à l'embouchure du fleuve de son nom, dans le golfe d'Oman.

DJALO ou **DJALOU.** — Oasis de Barbarie. Elle est située au sud-est de celle d'Audjélah, dont elle dépend.

DJAMBARA ou **JAMBARA.** — Pays d'Afrique. Il est situé à l'ouest de la capitainerie de Mozambique. On y recueille de l'ivoire.

DJASK. — Cap du royaume de Perse. Il est situé au sud-ouest du Moghestan, à l'entrée du détroit d'Ormus.

DJEBAIL ou **BYBLOS.** — Ville de Syrie. Elle est située sur la Méditerranée. Pop. : 6,000 âmes.

DJEBEL-NOUR ou MONTAGNE DE LA LUMIÈRE, en Arabie. — Elle est située près de la Mecque, et, suivant les Arabes, l'ange Gabriel y apporta à Mahomet le premier chapitre du Coran.

DJEBEL-SELSELEH ou **SILSILIS.** — Lieu de la haute Egypte. Il est situé près de Koum-Ombou, et célèbre par ses vastes carrières, dont on a tiré les blocs immenses qui ont servi aux constructions de Thèbes, d'Edfou, d'Esné, etc.

DJEDDI. — Rivière d'Algérie. Elle est située au sud de l'Atlas, se dirige de l'ouest à l'est, et se jette dans le lac Melghigh, après un cours d'environ 600 kilomètres.

DJELALABAD. — Ville de l'Afghanistan, dans le royaume de Caboul. C'est un chef-lieu de province, dans le territoire des Berdouranis, et elle est située sur le Caboul.

DJELALABAD. — Ville du Sedjestan, dans l'Afghanistan. Elle est située près de l'Helmend, et c'est un chef-lieu de province.

DJELALPOUR. — Ville des Etats Seiks, dans l'Hindoustan. Elle est située sur la droite du Djélem. C'est près de cette ville que fut livrée, dit-on, la célèbre bataille entre Alexandre et Porus. Il est une autre ville de ce nom dans la présidence de Calcutta, empire indo-britannique.

DJELEM. — Rivière des Etats Seiks. C'est l'*Hydaspe* des anciens, et l'une des cinq rivières qui forment le Pendjab. Elle prend sa source sur le versant méridional de l'Himalaya, passe par Islamabad, Pamper et Cachemyr, et va s'unir au Tchénab, après un cours de 700 kilomètres.

DJEMALABAD. — Ville forte de la présidence de Madras, dans l'empire indo-britannique.

DJEMILA. — Petite ville d'Algérie, dans la province de Constantine.

DJEMNAH. — Rivière de l'Hindoustan. Elle prend sa source à l'ouest de celle du Gange, passe par Delhy, Agra et Allahabad, et reçoit le Tchemboul.

DJENE ou DJENNY. — Chef-lieu du bas Bambarra, dans la Nigritie centrale. Cette ville est située à l'extrémité d'une petite île formée par le Djoliba; la plupart de ses maisons ont un étage et une terrasse au-dessus, et ses rues sont larges et propres. Djéné est un lieu de passage et de séjour pour les caravanes; son commerce est considérable, et il s'y est introduit un grand nombre d'usages européens. Pop. : 10,000 âmes.

DJER. — Cap sur l'Atlantique. Il est situé à l'extrémité sud-ouest de l'empire de Maroc.

DJEREM. — Ville du Turkestan. On trouve, sur son territoire, des mines de rubis-balais.

DJERRACH ou GERASA. — Ville de Syrie, en ruines, dans la Turquie asiatique. On y admire ses nombreux restes de monuments antiques, qui consistent en temples, théâtres, bains, tombeaux, colonnades encore debout, murailles, chaussées, etc.

DJESSORE. — District du Bengale, dans l'empire indo-britannique. Il est situé dans le delta du Gange; son sol est généralement fertile, mais il offre de vastes marais dans le sud.

DJEYPOUR. — Très-belle ville, chef-lieu de l'Etat de ce nom, dans l'Adjimir, empire indo-britannique. Les maisons y sont en pierre, à trois et quatre étages, et recouvertes d'un stuc qui imite le marbre. On y remarque le palais du prince, un minaret de 70 mètres d'élévation, de magnifiques jardins, et le marché appelé Tchaouk. Pop. : 60,000 âmes.

DJEZIREH. — Ville du Kurdistan, dans la Turquie d'Asie. Elle est située sur le Tigre, et la résidence d'un prince kurde, vassal de la Porte. Pop. : 20,000 âmes.

DJIDDAH. — Ville de l'Hedjaz, dans l'Arabie. Elle est située sur le bord de la mer Rouge; elle sert comme de port à la Mecque, et c'est un grand entrepôt maritime du commerce de l'Egypte, de l'Inde et de l'Arabie. Cette ville est fortifiée, et reçoit une garnison égyptienne. Sa population est d'environ 30,000 âmes.

DJIHOUN ou AMOU-DERIA. — Fleuve du Turkestan. Il prend sa source dans les monts Bolow, qui séparent la grande Boukharie du Turkestan chinois. Après avoir passé par Badakhchan, Houzirout-Iman, Tirmez, Tchardjoui et Khiva, il se divise, dans les déserts voisins de cette dernière ville, en un grand nombre de bras, puis forme, à son embouchure près de Kourat et avant de se jeter dans l'Aral, un vaste delta marécageux. Ce fleuve est navigable dans la plus grande partie de son cours, et reçoit les eaux du Bolov et du Bunghi. Selon quelques géographes anciens, le Djihoun se rendait primitivement dans la mer Caspienne, et au dire de plusieurs savants, le trouble apporté dans cette direction serait dû à des tremblements de terre. Le cours du fleuve est de 2,000 kilomètres.

DJIHOUN (l'ancien *Pyramus*). — Fleuve de la Turquie d'Asie. Il passe par Marach, Anazarba et Messis, et se jette dans le golfe d'Alexandrette, après un cours de 300 kilomètres.

DJINTIAHPOUR. — Ville de l'Assam et chef-lieu du pays des Djintiah dans l'Inde. Ses habitants, les Kossiah, font encore des sacrifices humains.

DJIRDJEH. — Ville située sur la gauche du Nil, dans la haute Egypte. C'est un chef-lieu de préfecture, et elle est assez importante par son commerce. Pop.: 7,000 âmes.

DJOCJOCARTA. — Grande ville de l'Etat de ce nom, dans l'île de Java, Océanie occidentale. Elle est bâtie dans le goût javanais, et c'est la résidence d'un sultan. Pop.: 80,000 âmes.

DJOHORE. — Ville située à l'extrémité de la presqu'île de Malacca. C'est la capitale d'un Etat du même nom, qui se trouve placé sous la protection des Anglais.

DJORDJAN. — Fleuve de la Perse. Il prend sa source dans les montagnes du Khorasan, passe par Chirouan dans le Khorasan, et par Akhor et Djordjan dans le Mazanderan, et se jette dans la mer Caspienne, après un trajet de 400 kilomètres.

DJORDJAN. — Ville de Perse, dans le Mazanderan. Elle est située près de l'embouchure du fleuve de même nom. Cette ville est remarquable en ce qu'on y cultive les lettres et qu'elle possède des manuscrits précieux.

DJOSIMATH ou JOSIMATH. — Gros village de la province du Gerwall, dans l'empire indo-britannique. Il est situé sur le Tauli, branche du Gange, et à 3,062 mètres au-dessus du niveau de la mer. C'est dans son voisinage que se trouve le mont Djaouahir ou Jarwahir.

DJOUDPOUR. — Grande et belle ville, chef-lieu de l'Etat de ce nom, dans l'Adjimir, empire indo-britannique. C'est la cité la plus puissante de la confédération des Radjepoutes. Pop. : 60,000 âmes.

DJOUNIR. — Ville de la présidence de Bombay, dans l'empire indo-britannique. Elle donne son nom au district de Djounir, dont Pounah est le chef-lieu.

DJULLAB ou DIALA. — Rivière de l'Irak-Araby. Elle se jette dans le Tigre au-dessous de Bagdad.

DJYZEH ou GYZEH. — Petite ville située sur la rive gauche du Nil, dans la basse

Egypte. C'est un chef-lieu de préfecture. On trouve dans son voisinage les fameuses pyramides qui portent son nom, et le sphinx le plus colossal qui ait été sculpté. Les trois principales pyramides sont appelées Chéops, Chephrènes et Mycerinus, et la première est la plus grande.

DNIEPER. — Fleuve de Russie. C'est le *Borysténe* ou *Danapris* des anciens. Il prend sa source dans le gouvernement de Smolensk, passe par la ville de ce nom et par Mohilew, Kiev, Ekatérinoslav et Kherson, et va se jeter dans la mer Noire après un cours de 1,600 kilomètres. Il a pour principaux affluents, à droite, le Droutz, la Bérésina, le Pripet, le Tétérev et le Bog; à gauche, la Soj, la Desna, la Soula, le Korol, la Worskla et la Samara.

DNIESTER. — Autre fleuve de Russie. Il prend sa source au nord des monts Karpathes, en Gallicie, sépare la Bessarabie de la Podolie et du gouvernement de Kherson; baigne les villes de Sambor, Haliez, Zaleschyky, Choczim, Mohilew, Bender et Akerman, et se jette dans la mer Noire, après un cours de 800 kilomètres.

DOBBO. — Ville du Guzarate, dans l'Hindoustan. C'est la résidence d'un radja. Elle est remarquable par ses murailles et ses édifices en grosses pierres de taille, et par sa porte dite *du Diamant*. Pop. : 40,000 âmes.

DOESBOURG. — Ville forte de la Gueldre, dans le royaume de Hollande. Elle est située au confluent des deux Yssels. Pop. : 2,600 âmes.

DOFREFIELD ou DOFRINES. — Partie centrale de la grande chaîne des monts scandinaves. Elle s'étend, dans la Norwége, entre 62° et 63° de latitude nord, et ses points culminants sont le Skagstlos-Tind, haut de 2,560 mètres, et le Sneehatten, dont l'altitude est de 2,475 mètres.

DOGGER-BANK. — Vaste banc de sable dans la mer du Nord. Il est situé entre le Danemark et l'Angleterre, et très-fréquenté par les pêcheurs de morue.

DOGNACSKA. — Ville de Hongrie, empire d'Autriche. On trouve sur son territoire des mines d'argent, de cuivre, de plomb et de fer. Pop. : 2,000 âmes.

DOIRE-BALTEE. — Rivière du royaume sarde. Elle prend sa source au petit Saint-Bernard, passe par Aoste et Ivrée et se jette dans le Pô, près de Crescentino, [après un cours de 160 kilomètres.

DOIRE-RIPAIRE. — Autre rivière du royaume sarde. Elle naît au mont Genèvre, passe à Suse, et se jette dans le Pô, à Turin, après un cours de 110 kilomètres.

DOL. — Petite ville du département d'Ille-et-Vilaine. C'est un chef-lieu de canton de l'arrondissement de Saint-Malo. On y remarque une belle cathédrale, monument du viie siècle, et elle possède un port. Cette ville était autrefois fortifiée, et ses évêques jouèrent un rôle important. Pop. : 4,000 âmes.

DOLCE (GOLFO). — Baie du grand Océan. Elle est située sur la côte de l'Amérique centrale, au sud de l'État de Costarica.

DOLE (LA). — Montagne du canton de Vaud, en Suisse. Elle appartient à la chaîne du Jura, et son altitude est de 1,681 mètres.

DOLE. — Petite ville située sur le Doubs, dans le département du Jura. Chef-lieu d'arrondissement, elle comprend 9 cantons et 137 communes. On y remarque l'église Notre-Dame, les prisons, les promenades et le canal du Rhône au Rhin qui y passe. Elle possède un collège, une bibliothèque publique, un musée de peinture et d'antiquités, et une société d'agriculture. Sa population est d'environ 9,500 âmes.

DOLGELLY. — Ville de la principauté de Galles, en Angleterre. Elle est située dans le comté de Merioneth, dont elle est le chef-lieu.

DOLLART. — Golfe de la mer du Nord. Il est situé à l'embouchure de l'Ems, entre la province hollandaise de Groningue et la Frise orientale ou hanovrienne, et fut formé, en 1276, par une irruption des eaux de la mer.

DOLORÈS. — Ile de la Micronésie. Elle est située dans la partie occidentale de l'archipel de Magellan.

DOMART. — Chef-lieu de canton dans l'arrondissement de Doullens, département de la Somme. Pop. : 1,300 âmes.

DOMBOU. — Ville de la Nigritie. On trouve dans ses environs des lacs salés que quelques auteurs croient être l'ancien *Palus chelonides*

DOMBOVITZA. — Rivière de Valachie. Elle baigne les murs de Bukarest et se jette dans l'Ardjich, après un cours de 200 kilomètres.

DOMENE. — Chef-lieu de canton dans l'arrondissement de Grenoble, département de l'Isère. Il est situé près de la rive gauche de l'Isère. Pop. : 1,600 âmes.

DOMESNES. — Cap de Russie. Il est situé sur le golfe de Riga et près d'un banc de sable et d'un gouffre dangereux.

DOMÈVRE-EN-HEYS. — Chef-lieu de canton dans l'arrondissement de Toul, département de la Meurthe. Pop. : 400 âmes.

DOMÈVRE-SUR-VEZOUSE. — Commune du département de la Meurthe. Elle est située dans le canton de Blamont, arrondissement de Lunéville. On y trouve des filatures, des fabriques de calicot et de gants en coton, de faïence et de poterie, et une source minérale dans son voisinage. Pop. : 1,200 âmes.

DOMFRONT. — Petite ville, chef-lieu d'arrondissement dans le département de l'Orne. Elle comprend 8 cantons et 95 communes, et se fait remarquer par ses constructions du moyen âge. Son château, aujourd'hui en ruines, était l'une des places de guerre les plus fortes que les Anglais eussent en Normandie. Cette ville possède un collège, et sa population est d'environ 3,000 âmes.

DOMINICAINE (RÉPUBLIQUE). — Elle fut fondée, en 1843, dans la partie orientale de l'île d'Haïti ou de Saint-Domingue.

DOMINIQUE (LA). — L'une des petites Antilles anglaises. Elle est située entre la Guadeloupe et la Martinique. Son sol, bien arrosé, est très-fertile, et produit d'excellent café, du sucre, du cacao, du coton, etc. Pop.: 19,000 âmes.

DOMMARTIN-SUR-YEVRE. — Chef-lieu de canton dans l'arrondissement de Sainte-Menehould, département de la Marne. Pop. : 300 âmes.

DOMME. — Chef-lieu de canton dans l'arrondissement de Sarlat, département de la Dordogne. Pop. : 1,800 âmes.

DOMMEL. — Rivière qui prend sa source dans le Limbourg belge. Elle passe dans le Brabant hollandais, et se jette dans la Meuse, au fort de Crèvecœur, après un cours de 80 kilomètres.

DOMMOUDAH. — Rivière de l'Indoustan. Elle se réunit à l'Hougly, bras occidental du Gange, par deux embouchures situées au-dessus et au-dessous de Calcutta. Son cours est de 500 kilomètres.

DOMPAIRE. — Chef-lieu de canton dans l'arrondissement de Mirecourt, département des Vosges. On y fabrique de la dentelle. Pop. : 1,600 âmes.

DOMPIERRE. — Chef-lieu de canton dans l'arrondissement de Moulins, département de l'Allier. Pop. : 1,600 âmes.

DOMREMY. — Village du département des Vosges. Il est situé sur la Meuse, dans le canton de Coussey, arrondissement et à 2 lieues de Neufchâteau. Il a donné naissance à Jeanne d'Arc, dont on voit encore la maison, et on y a élevé un monument à cette femme illustre. Pop. 300 âmes.

DON. — Rivière du comté d'York, en Angleterre. Elle passe à Sheffield, Rotherham et Doncaster, et se joint à l'Aire, affluent de l'Ouse, après un cours de 90 kilomètres.

DON. — Rivière d'Ecosse. Elle se jette dans la mer du Nord, après un cours de 100 kilomètres.

DON. — Rivière de France. Elle coule dans le département de la Loire-Inférieure, et se jette dans la Vilaine, au-dessous du Brain, après un cours de 140 kilomètres.

DON. — Fleuve de Russie, le *Tanaïs* des anciens. Il prend sa source dans le gouvernement de Toula, passe par Dankov, Lébédian, Zadousk, Vieux-Tcherkask, Nakhitchevan, Azov et Rostov, et se jette dans la mer d'Azov par plusieurs embouchures. Ses principaux affluents sont, à droite, la Sosna et le Donetz ; à gauche, le Voronej, le Khoper, la Medvéditza, le Sal et le Manitch. Ce fleuve n'est pas navigable en été, à cause des basses eaux ; mais en hiver il porte des navires. Son cours est de 1,400 kilomètres.

DONAGHADEE. — Petite ville du comté de Down, en Irlande. Elle est importante par son port artificiel, le mouvement des nombreux paquebots qui s'y arrêtent, et ses bains de mer.

DONALDSOUVILLE. — Très-petite ville de la Louisiane, aux Etats-Unis d'Amérique. Elle est située dans la paroisse de l'Ascension et sur la rive droite du Mississipi, à l'endroit où s'en détache le bras dit *de la Fourche*, et fut, pendant quelques années, considérée comme la capitale de l'Etat. Pop.: 1,200 âmes.

DONAUESCHINGEN. — Petite ville du cercle du Lac, dans le grand duché de Bade. On y remarque un beau château, dans la cour duquel surgit une source regardée par plusieurs géographes comme la principale du Danube. Pop. : 3,000 âmes.

DONCASTER. — Jolie petite ville du comté d'York en Angleterre. Elle est renommée par ses courses de chevaux rangées au nombre des plus brillantes du royaume, et l'on cite aussi la beauté de son cirque. Pop. : 11,000 âmes.

DONEGAL. — Autrefois chef-lieu du comté de ce nom en Irlande. C'est une petite ville aujourd'hui sans importance, située sur la baie de Donegal, formée par l'Atlantique. On y fait la pêche du hareng. Pop. : 700 âmes.

DONETZ. — Rivière navigable de Russie. Elle prend sa source dans le gouvernement de Kharkov, passe à Tchougouev et va se jeter dans le Don, après un cours de 900 kilomètres.

DONGOLAH. — Ville en ruines du pays de ce nom, dans la Nubie. C'était, au moyen âge, l'une des villes les plus peuplées et les plus florissantes de cette partie de l'Afrique. Elle fut prise en 1820, par Ibrahim-Pacha, et depuis lors la plus grande partie de ses habitants ont émigré. Pop. : 400 âmes.

DONJON (LE) — Chef-lieu de canton dans l'arrondissement de La Palisse, département de l'Allier. Pop. : 1,900 âmes.

DONNAI ou **SAIGON.** — Fleuve de l'Indo-Chine. C'est un affluent de la mer de la Chine, dans le bas Cambogé.

DONNEMARIE. — Chef-lieu de canton dans l'arrondissement de Provins, département de Seine-et-Marne. On y trouve des fabriques de cuirs. Pop. : 1,300 âmes.

DONZENAC. Chef-lieu de canton dans l'arrondissement de Brive, département de la Corrèze. On exploite dans ses environs de belles carrières d'ardoises. Pop. : 3,300 âmes.

DONZY. Petite ville du département de la Nièvre. C'est un chef-lieu de canton dans l'arrondissement de Cosne. Elle est située au confluent de la Talvanne et de la Nohain ; l'on y trouve des forges et des tréfileries, et on y fait aussi un commerce de fer, de bois, d'abeilles et de cire. Pop. : 3,800 âmes.

DORAK ou **FELANI.** — Ville du Khousistan, en Perse. Elle est la résidence du chef des Sabéens, tributaire du roi de Perse. On y fabrique des foulards et des manteaux arabes. Pop. : 8.000 âmes.

DORAT. — Petite ville du département la Haute-Vienne. C'est un chef-lieu de canton de l'arrondissement de Bellac. On y fabrique des draps, de la rouennerie, des poids et mesures métriques et des baromètres. Pop. : 3,000 âmes.

DORCHESTER. — Chef-lieu du comté de Dorset, en Angleterre. On appelle son territoire le *jardin de l'Angleterre*, tant il est agréable et bien cultivé. Pop. : 5,000 âmes.

DORDOGNE. — Rivière qui prend sa

source au pied du mont Dor, dans le département du Puy-de-Dôme. Elle traverse ou touche les départements de la Corrèze, du Cantal, du Lot, de la Dordogne, de la Gironde, et passe par Bergerac et Libourne; ses principaux affluents, à droite, sont la Vezère, l'Isle et la Dronne; et, à gauche, la Cère. Elle opère sa jonction avec la Garonne au Bec d'Ambès.

DORDOGNE (Département de la). — Il a été formé du Périgord, et de parties de l'Agénois, du Limousin et de l'Angoumois. Sa superficie est de 915,275 hectares, et sa population d'environ 503,600 âmes. Il est divisé en 5 arrondissements dont les chefs-lieux sont Périgueux, Bergerac, Nontron, Ribérac et Sarlat, et compte 47 cantons et 583 communes. Périgueux est le siége de sa préfecture et de son diocèse, Bordeaux celui de sa cour impériale et de son académie universitaire, et il est compris dans la douzième division militaire.

DORDRECHT. — Petite ville située dans une île de la Merwe, dans la Hollande méridionale. On y remarque sa principale église, l'une des plus vastes du royaume. Elle est importante par son port, ses chantiers, son commerce, et compte à peu près 17,000 habitants.

DORE. — Rivière du département du Puy-de-Dôme. Elle passe par Marsac, Ambert, Olliergue, Courpières et Puy-Guillaume, et se jette dans l'Allier, au-dessous de ce dernier endroit, après un cours de 100 kilomètres.

DORMANS. — Petite ville du département de la Marne. C'est un chef-lieu de canton de l'arrondissement d'Epernay. On y trouve des filatures de coton, des fabriques de poterie, des tuileries et une source ferrugineuse, et l'on y fait aussi un commerce de grains, de vins, de bois et de charbon. C'est à cet endroit que le duc de Guise reçut, en 1575, la blessure qui lui valut le surnom de *Balafré*. Pop. : 2,200 âmes.

DORNACH. — Bourg du canton de Soleure, en Suisse. Il est situé près de la Birs et célèbre par la victoire qu'en 1499 les Suisses y remportèrent sur les Autrichiens. Pop. : 500 âmes.

DORNES. — Chef-lieu de canton dans l'arrondissement de Nevers, département de la Nièvre. Pop. : 1,100 âmes.

DORNOCH. — Chef-lieu du comté de Sutherland, en Ecosse. Cette ville est assez importante par les mines de houille qu'on exploite dans son voisinage.

DORTMUND. — Ville de Wesphalie, royaume de Prusse. Elle était jadis ville impériale hanséatique; aujourd'hui, l'on y a établi le siége d'un conseil suprême des mines. On y trouve des sources minérales.

DOUAI. — Ville forte située sur la Scarpe. Chef-lieu d'arrondissement dans le département du Nord, elle comprend 6 cantons et 66 communes. On cite son église Saint-Pierre, son hôtel de ville, son arsenal et sa fonderie de canons. Elle est le siége d'une cour impériale et d'une académie universitaire, et possède un collége, une école d'artillerie, une bibliothèque publique, un musée, un cabinet d'histoire naturelle, un jardin botanique, une société de médecine, et une société académique. Son commerce consiste en camelots, molletons, tapisseries de haute-lisse, toiles, batistes, gazes, dentelles, verreries, etc. Sa population est d'environ 18,000 âmes. Cette ville est la patrie de Jean de Boulogne.

DOUARNENEZ. — Petite ville du département du Finistère. C'est un chef-lieu de canton de l'arrondissement de Quimper. Elle possède un port sur la baie de son nom, et fait une grande exportation de sel et de sardines salées. Pop. : 3,700 âmes.

DOUBS (Département du). — Il a été formé de la Franche-Comté. Sa superficie est de 525,212 hectares et sa population de 292,340 âmes. Il est divisé en 4 arrondissements, dont les chefs-lieux sont Besançon, Pontarlier, Baume et Montbéliard, et il compte 27 cantons et 640 communes. Besançon est le siége de sa préfecture, de son diocèse, de sa cour impériale et de son académie universitaire, et il est compris dans la cinquième division militaire.

DOUBS. — Rivière qui prend sa source dans le Jura et va se réunir à la Saône à Verdun-sur-Saône. Elle est longée par le canal du Rhône au Rhin, depuis Voujaucourt jusqu'à son confluent. Au-dessous de Morteau elle forme une cataracte de 27 mètres de chute, appelée *Saut du Doubs*. Son cours est de 460 kilomètres.

DOUDEVILLE. — Chef-lieu de canton dans l'arrondissement d'Yvetot, département de la Seine-Inférieure. Pop. : 3,700 âmes.

DOUE. — Petite ville du département de Maine-et-Loire. Elle possède un collége et l'une des plus belles fontaines de France. On y remarque aussi les ruines d'un palais qu'on dit avoir été habité par le roi Dagobert, puis les restes d'un édifice creusé dans le roc et qui, suivant quelques archéologues, doivent être rapportés à un amphithéâtre romain. Enfin on trouve dans les environs de cette ville des grottes d'une grande étendue.

DOUERA ou DOUARA. — Ville de la province d'Alger. Pop. : 2,000 âmes.

DOUGLAS. — Jolie petite ville épiscopale, chef-lieu de l'île de Man, royaume d'Angleterre. Les divers ports de cette île équipent chaque année environ 500 bateaux, lesquels, sous les ordres d'un amiral nommé par les marins qui les montent, vont à la pêche du hareng.

DOULAINCOURT. — Chef-lieu de canton dans l'arrondissement de Vassy, département de la Haute-Marne. On y trouve une affinerie et laminage à l'anglaise. Pop. : 1,000 âmes.

DOULEVANT. — Chef-lieu de canton dans l'arrondissement de Vassy, département de la Haute-Marne. Pop. : 700 âmes.

DOULLENS. — Petite ville du département de la Somme. Elle est située sur l'Authie et possède des fortifications et une citadelle qui sert de prison d'Etat. C'est un chef-lieu d'arrondissement comprenant 4 cantons et 88 communes. Pop. : 4,300 âmes.

DOURDAN. — Chef-lieu de canton dans l'arrondissement de Rambouillet, département de Seine-et-Oise. On y trouve des fabriques de draps et de bonneterie. C'est la patrie de La Bruyère. Pop. : 2,700 âmes.

DOUST. — Fleuve du Béloutchistan. Il prend sa source près de Khozdar et se jette dans le golfe d'Oman, après un cours de 800 kilomètres.

DOUVRES. — Petite ville du comté de Kent, en Angleterre. Elle est très-ancienne et très-importante par ses fortifications, dont on remarque particulièrement la citadelle, construite sur un roc escarpé. On croit qu'une partie de cette forteresse est l'ouvrage des Romains. Le port de Douvres, situé sur la Manche, est le passage le plus ordinaire d'Angleterre en France et *vice versa*. Pop. : 12,000 âmes.

DOUVRES. — Chef-lieu de canton dans l'arrondissement de Caen, département du Calvados. On y fait un commerce important de dentelles et de blondes. Pop. : 2,000 âmes.

DOVER ou DOUVRES. — Chef-lieu du Delaware, aux Etats-Unis d'Amérique. Cette ville est située dans le comté de Kent, sur le Jones-Creek, affluent du Delaware. Pop. : 4,000 âmes. Il y a une autre ville de ce nom dans l'Etat de New-York, laquelle est située sur la rive droite de la Piscataqua et compte 6,500 habitants.

DOWN-PATRICK. — Jolie petite ville ; chef-lieu du comté de Down, en Irlande. C'est le siège de l'évêque de Down-et-Connor. On y trouve des fabriques de toiles et de drèche. Saint Patrick mourut en cet endroit. Pop. : 4,000 âmes.

DOZULE. — Chef-lieu de canton dans l'arrondissement de Pont-l'Evêque, département du Calvados. Pop. : 900 âmes.

DRAC. — Rivière de France. Elle prend sa source dans le département des Hautes-Alpes et va se jeter dans l'Isère au-dessous de Sassenage, après un cours de 125 kilomètres. C'est un torrent très-rapide et qui offre de nombreuses cascades.

DRAGUIGNAN. — Jolie petite ville située dans un pays et sous un climat charmants. Chef-lieu du département du Var, son arrondissement comprend 11 cantons et 71 communes. Elle possède un collége, une bibliothèque publique, un cabinet d'histoire naturelle et un jardin botanique. Sa population est d'environ 9,000 habitants.

DRAHA ou DARAH. — Pays situé sur les confins du Sahara, dans l'empire de Maroc. Sa capitale et la rivière près de laquelle elle est située portent aussi le nom de Darah.

DRAMA. — Petite ville de la Macédoine, dans la Turquie d'Europe. Elle est assez importante par ses manufactures de calicot et de tabac. On trouve, dans ses environs, les ruines de *Philippi*, où l'on remarque un amphithéâtre, un temple élevé à Claude, des tombeaux de marbre blanc, des statues, etc. C'est à Philippi que l'Evangile fut prêché pour la première fois en Europe, qu'on éleva le premier temple chrétien et qu'eut lieu l'emprisonnement de saint Paul.

DRAMMEN. — Petite ville de Norwége, située sur la rivière du même nom. Elle se compose de trois bourgades distinctes, appelées Bragerna, Stromsoe et Tangen. C'est le plus grand entrepôt de planches de tout le royaume et le port qui reçoit le plus grand nombre de navires. Sa population est d'environ 7,500 âmes.

DRAMMEN. — Fleuve de Norwége. Il sort du lac Tyri, passe à Drammen et se jette dans la baie de ce nom, qui est une branche occidentale de la baie de Christiania. Son cours est d'environ 200 kilomètres.

DRAVE. — Rivière qui prend sa source aux Alpes carniques, dans le Tyrol. Elle traverse l'Illyrie et la Styrie, sépare la Croatie et la Sclavonie de la Hongrie, passe par Villach, Marbourg, Pettau, Friedau-Warasdin et Eszeck et se jette dans le Danube après un cours de 700 kilomètres.

DRENTHE. — Province de Hollande. Couverte en partie de marais ; elle est peu fertile, mais on y nourrit un grand nombre de porcs et de bestiaux. Elle a pour chef-lieu Assen et pour villes principales Meppel et Coeverden. Elle forma primitivement un Etat séparé confédéré avec les sept Provinces-Unies. Pop. : 78,000 âmes.

DRESDE. — Belle ville située sur l'Elbe, au confluent du Weisseritz, et dans une riche campagne. C'est la capitale du royaume de Saxe. Parmi ses dix-huit églises, on distingue celle des catholiques, l'une des plus belles de l'Allemagne, puis celles de Sophie, de Notre-Dame et de Sainte-Croix. Viennent ensuite, au nombre des édifices les plus remarquables, l'*Augusteum* ou palais japonais, celui de Maximilien, celui des princes, le Zwinger, l'hôtel de ville, celui des Etats provinciaux, celui de la chancellerie et l'arsenal. Cette ville possède une école de médecine et de chirurgie, une école vétérinaire, une école militaire du génie et de l'artillerie, un séminaire pour les maîtres d'école, une bibliothèque publique, l'une des plus riches de l'Europe ; des collections d'arts, de médailles et d'antiquités ; des cabinets d'histoire naturelle et d'instruments de physique ; une galerie de tableaux, et plusieurs sociétés académiques. Dresde fait aussi un commerce important de draps, de gants de peau, de chapeaux de paille, d'ouvrages d'orfèvrerie et de bijouterie, d'instruments de musique, de voitures, de dentelles, de mousselines brodées, de papiers de tenture, de bougies, etc. Sa population est d'environ 70,000 âmes. On trouve, dans son voisinage et sur le bord de l'Elbe, l'établissement de bains de Link et le village de Postchappel, où l'on a creusé un canal souterrain pour le transport de la houille.

DREUX. — Petite ville située sur la Blaise, dans le département d'Eure-et-Loir. Chef-lieu d'arrondissement, elle comprend 7 cantons et 135 communes. On y remarque le monument consacré à la sépulture des membres de la famille d'Orléans. Le commerce de cette ville consiste en draps communs pour la troupe, et sa population est d'environ 7,000 âmes. Elle a donné naissance à Rotrou et à Philidor.

DREWENZ. — Rivière de Prusse. Elle traverse le lac de même nom, sépare la Prusse proprement dite du royaume de Pologne, et se jette dans la Vistule, au-dessus de Thorn, après un cours de 100 kilomètres.

DRIN. — Fleuve de l'Albanie, en Turquie. Il est formé par la réunion du Drin-Noir, qui sort du lac Ochrida, et du Drin-Blanc, qui vient du côté opposé, et se jette dans l'Adriatique, au-dessous d'Alessio, après un cours de 250 kilomètres.

DRIN. — Rivière de Turquie. Elle prend sa source aux Alpes Dinariques, sépare la Bosnie de la Servie, et se jette dans la Save, après un cours de 300 kilomètres.

DROITWICH. — Très-petite ville du comté de Worcester, en Angleterre. Elle est importante par ses sources salées, dont le produit annuel dépasse 3,000,000 de francs. Pop. : 2,300 âmes.

DROME (DÉPARTEMENT DE LA). — Il a été formé de parties du Dauphiné et de la Provence. Sa superficie est de 653,537 hectares, et sa population de 320,079 âmes. Il est divisé en 4 arrondissements, dont les chefs-lieux sont Valence, Montélimart, Die et Nyons, et compte 28 cantons et 369 communes. Valence est le siège de sa préfecture et de son diocèse, Grenoble celui de sa cour impériale et de son académie universitaire, et il est compris dans la sixième division militaire.

DROME. — Rivière qui prend sa source près du village de Valdrôme, sur les confins du département des Hautes-Alpes. Elle traverse celui qui porte son nom, et va se jeter dans le Rhône après un cours de 100 kilomètres.

DRONNE. — Rivière qui prend sa source dans le département de la Haute-Vienne. Elle passe dans ceux de la Dordogne et de la Gironde, et se joint à l'Isle, après un cours de 170 kilomètres.

DRONTHEIM. — Ville épiscopale du bailage de Söndre-Trondhiem, en Norwége. Elle est située sur le Nid et le golfe de Drontheim, qui y forme un vaste port, et c'était la résidence des rois norwégiens. Elle n'est presque bâtie qu'en bois. On y remarque la nouvelle cathédrale, consacrée à saint Olof, laquelle remplace une superbe basilique qu'un incendie détruisit en 1719, et qui était l'objet d'un pèlerinage célèbre dans tout le nord. Viennent ensuite le palais du gouverneur et la maison de ville. Drontheim possède un séminaire, un collége, une bibliothèque publique, un cabinet d'histoire naturelle et une académie des sciences. Sa population est d'environ 12,000 âmes. Cette ville est aussi l'entrepôt du cuivre provenant des importantes mines de Röraas.

DROPT. — Rivière de France. Elle prend sa source dans le département de la Dordogne, près de Montpazier, passe dans les départements de Lot-et-Garonne et de la Gironde, et va se jeter dans la Garonne après un cours de 120 kilomètres.

DROUE. — Chef-lieu de canton dans l'arrondissement de Vendôme, département de Loir-et-Cher. Pop. : 1,000 âmes.

DRULINGEN. — Chef-lieu de canton dans l'arrondissement de Saverne, département du Bas-Rhin. Pop. : 500 âmes.

DRUMMOND. — Ile de la Micronésie. Elle est située au sud de l'archipel des îles Kingsmill.

DRUSENHEIM. — Petite place forte du département du Bas-Rhin, dans l'arrondissement de Strasbourg. Elle est située au confluent de la Moder et du Rhin. Pop. : 1,600 âmes.

DRUZES. — Peuple de Syrie. Il habite les montagnes du Liban et professe un culte particulier. Tributaire de l'empire ottoman, il peut, au besoin, mettre 40,000 hommes sous les armes.

DUBEN. — Ville de la régence de Mersebourg, dans la Saxe prussienne. Elle est située sur la Mulde. Pop. : 4,000 âmes.

DUBLIN. — Ville archiépiscopale, chef-lieu du comté de ce nom et capitale de l'Irlande. Elle est située dans une charmante position, au fond d'une vaste baie, et elle est le siège d'un archevêque catholique et d'un archevêque anglican. On y remarque la cathédrale, dédiée à saint Patrick; les églises Saint-Werburgh, Saint-Georges et du Christ; le palais de justice, la banque, la bourse, l'hôtel des postes, celui du timbre et celui de la mairie; puis, la place verte de Saint-Etienne, et la rue Sackville, au milieu de laquelle s'élève le monument de Nelson; les halles, les docks, les digues en granit et le phare; puis, les promenades appelées *Dying in Hospital* et *Phœnix Park*. Cette ville possède une université, une école des sciences naturelles, des écoles de chirurgie et de pharmacie, un institut de sourds-muets, une académie de peinture, un jardin botanique, et plusieurs sociétés académiques. La population de Dublin est d'environ 170,000 âmes. On trouve dans son voisinage les sources minérales de Finglass et les bains de mer de Clontarf, le parc du comte de Charlemont, le jardin botanique de Glassnevin, l'aqueduc de Leixlip, et enfin Celbridge, renommé par ses fabriques de draps et de coton.

DUCATÈS. — Petite ville de l'Albanie moyenne, dans la Turquie d'Europe. C'est le chef-lieu de la nombreuse tribu des Japys, dont le gouvernement est patriarcal, et dont une partie professe l'Islamisme, tandis que l'autre est restée fidèle au culte chrétien.

DUCEY. — Chef-lieu de canton dans l'arrondissement d'Avranches, département de la Manche. Pop. : 1,800 âmes.

DUCLAIR. — Chef-lieu de canton dans l'arrondissement de Rouen, département de la Seine-Inférieure. Il est situé sur la rive droite de la Seine. Pop. : 1,800 âmes.

DUDLEY. — Jolie petite ville du comté de Worcester, en Angleterre. Elle est importante par ses verreries, ses clouteries, ses mines de houille, et par l'immense forge de Bradley qui se trouve dans son voisinage et emploie jusqu'à 4,000 ouvriers. Pop. : 23,000 âmes.

DUISBOURG. — Ville de la Prusse rhénane. Elle est située près de la rive droite du Rhin et à l'une des têtes du chemin de fer de Berlin au Rhin. On y trouve un port franc. Pop. : 6,500 âmes.

DUITAMA. — Ancienne ville de la Nouvelle-Grenade, considérable avant l'arrivée des Espagnols; ce n'est plus aujourd'hui qu'une bourgade.

DUKAGIN. — Ville de la haute Albanie, dans la Turquie d'Europe. Elle est le siége d'un sandjak qui porte son nom; mais son district est très-peu connu.

DUKELA. — Province de l'empire de Maroc. Elle est baignée par l'Atlantique, et il s'y fait un grand commerce de peaux de chèvres. Pop. : 1,000,000 d'âmes.

DUMFRIES. — Chef-lieu du comté de ce nom en Ecosse. Cette ville est assez importante par son industrie et son commerce que favorise un port. Pop. : 10,000 âmes.

DUNABOURG. — Petite ville du gouvernement de Witebsk, en Russie. Elle est le point central de la ligne stratégique de la Dwina, et l'on y compte environ 7,000 habitants.

DUN-LE-PALLETEAU. — Chef-lieu de canton dans l'arrondissement de Guéret, département de la Creuse. Pop. : 1,400 âmes.

DUN-LE-ROI. — Petite ville du département du Cher. C'est un chef-lieu de canton de l'arrondissement de Saint-Amand. Elle est située sur l'Auron et le canal de Berry, et l'on y trouve quelques usines. Pop. : 4,000 âmes.

DUN-SUR-MEUSE. — Chef-lieu de canton dans l'arrondissement de Montmédy, département de la Meuse. Il est situé sur ce fleuve. On y trouve des fabriques d'allumettes et l'on exploite, dans ses environs, des carrières de pierres de taille estimées. Pop. : 1,000 âmes.

DUNA ou **DVINA-DU-SUD.** — Fleuve de Russie. Il prend sa source dans un marais, non loin de celle du Volga, dans le gouvernement de Tver, et après avoir arrosé les gouvernements de Smolensk, Pskov, Vitebsk, Minsk, la Courlande et la Livonie, puis passé à Vitebsk, Polotzk, Dunabourg et Riga, il verse dans le golfe de ce nom. Son cours est d'environ 800 kilomètres.

DUNAJEC. — Rivière de Gallicie. Elle prend sa source aux monts Karpathes, passe à Neu-Sandec, et se jette dans la Vistule, après un cours de 160 kilomètres.

DUNBAR. — Ville du comté d'Haddington, en Ecosse. Elle est située sur la mer du Nord, et célèbre par la retraite qu'y fit Edouard II, battu à Bannockburn, et la victoire de Cromwell sur les Ecossais, en 1650. Pop. : 3,000 âmes.

DUNCANSBY. — Cap de la Grande-Bretagne. Il est situé à son extrémité nord-est.

DUNDALK. — Chef-lieu du comté de Louth, en Irlande. Cette ville est située à l'embouchure du Creaghan, dans la baie qui porte son nom, laquelle est formée par la mer d'Irlande. On y trouve des manufactures de batiste, les seules qui soient dans l'île. Edouard Bruce fut vaincu et tué dans une bataille livrée en 1318 sous les murs de cette ville, contre Edouard II.

DUNDEE. — Jolie petite ville du comté d'Angus ou Forfar, en Ecosse. On y remarque l'hôpital des fous et les docks, et elle est assez importante par sa marine marchande et son commerce. Elle a joué un rôle dans les guerres engagées entre l'Angleterre et l'Ecosse, et plus tard, entre les jacobites et le parlement. Pop. : 60,000 âmes.

DUNFERMLINE. — Petite ville du comté de Fife, en Ecosse. On y trouve de nombreuses fabriques de toiles. Pop. : 17,000 âmes.

DUNGARVAN. — Ville du comté de Waterford, en Irlande. On y remarque principalement un aqueduc et les bains de mer. Pop. : 7,000 âmes.

DUNIERES. — Petite ville du département de la Haute-Loire. Elle est située dans l'arrondissement d'Yssengeaux. On y trouve une filature de soie et des fabriques de soie et de rubans. Pop. : 2,500 âmes.

DUNKERQUE. — Jolie ville située à la jonction des canaux de Bergues, Bourbourg et Furnes, avec un port et une belle rade. Chef-lieu d'arrondissement dans le département du Nord, elle comprend 7 cantons et 58 communes. On remarque dans cette ville les écluses de chasse, la jetée, la tour, le port marchand, le bassin militaire et le chantier. Elle possède un collége, une école de navigation et une bibliothèque; et son commerce consiste en pêcheries, verreries, amidonneries, corderies, genièvreries, etc. Sa lation est d'environ 25,000 âmes. Dunkerque est la patrie de Jean Bart.

DUNZE. — Ville du comté de Berwick, en Ecosse. On y trouve des sources minérales. Pop. : 4,000 âmes.

DUPERREY (Groupe). — Iles de la Micronésie. Elles furent découvertes en 1824, par l'amiral Duperrey.

DURANCE. — Rivière de France. Elle prend sa source au mont Genèvre, dans les Alpes Cottiennes, traverse les départements des Hautes et Basses-Alpes, des Bouches-du-Rhône et de Vaucluse, et se jette dans le Rhône, au-dessous d'Avignon, après un cours de 330 kilomètres. Ses principaux affluents sont, à droite, le Buech; à gauche, l'Ubaye, la Bléone et le Verdon. La grande rapidité de cette rivière en interdit la navigation.

DURANGO. — Ville de la Biscaye, en Espagne. Elle est située sur la rivière de son nom, qui s'appelle *Ansa* dans la partie inférieure de son cours. Pop. : 3,000 âmes.

DURANGO. — Ville épiscopale de l'Etat de même nom, dans la Confédération mexicaine. Elle possède un séminaire, un hôtel des monnaies. On trouve, dans ses environs, les deux sanctuaires de *Nuestra Senora de los Remedios* et de *Nuestra Senora de*

Guadalupe; puis, isolée dans une plaine, une énorme masse de fer malléable et de nickel, aérolithe que l'on estime devoir peser 1,900 myriagrammes. Enfin, le territoire de cette ville offre des mines d'argent et de plomb. Pop. : 13,000 âmes.

DURAS. — Chef-lieu de canton dans l'arrondissement de Marmande, département de Lot-et-Garonne. Il est situé près de la rive droite du Dropt. Pop. : 1,700 âmes.

DURAZZO. — Petite ville de l'Albanie moyenne, dans la Turquie d'Europe. C'est la *Dyrrachium* des anciens. Elle est le siége d'un archevêque catholique et d'un archevêque grec, et elle possède un port sur l'Adriatique, lequel était autrefois un refuge de pirates. Pop. : 5,000 âmes.

DURBAN. — Chef-lieu de canton dans l'arrondissement de Narbonne, département de l'Aude. Pop. : 600 âmes.

DURBUY. — Bourg de Belgique. Il est situé sur l'Ourthe, dans le Luxembourg. Ce fut jadis une forteresse importante. Pop. : 300 âmes.

DUREN. — Ville de la Prusse rhénane. Elle est située sur la Roer et sur le chemin de fer de Cologne à la Belgique. On y trouve des fabriques de rubans et des tanneries. Charlemagne y tint deux grandes assemblées en 775 et 779. Pop. : 7,500 âmes.

DURHAM. — Ville épiscopale, chef-lieu du comté de ce nom, en Angleterre. Elle est située sur une colline que baigne le Vear, et l'on remarque sa cathédrale ainsi que la prison, l'une des plus belles du royaume. Pop. : 10,000 âmes.

DURLACH. — Petite ville du cercle du Rhin moyen, dans le grand duché de Bade. C'était anciennement la résidence des margraves de Bade. Elle possède un collége et un hôtel des monnaies, et sa population est d'environ 4,500 âmes.

DURORA. — Forte bourgade du Samara, dans l'Abyssinie. Elle est située sur la baie d'Amphila et habitée par les Dombhoëtas, puissante tribu des Danakiles, qui possèdent toute la côte depuis le Bab-el-Mandeb jusqu'à Arena.

DURTAL. — Petite ville du département de Maine-et-Loire. C'est un chef-lieu de canton de l'arrondissement de Baugé. Elle est située sur le Loir, et l'on y trouve des fabriques de poterie, des papeteries et des tuileries. Pop. : 3,500 âmes.

DUSSELDORF. — Jolie ville située sur le Rhin et le Düssel, dans la province Rhénane, en Prusse. C'est le chef-lieu du gouvernement qui porte son nom. On y remarque l'église collégiale, le château, la statue équestre colossale de l'électeur palatin Guillaume, et la belle rue de Neustadt. Cette ville possède un gymnase, une école polytechnique, une académie des beaux-arts, une bibliothèque publique, un cabinet d'instruments de physique, et une société académique. Elle fait un commerce considérable de commission, et sa population est d'environ 25,000 âmes.

DWARAKA. — Petite ville du royaume de Baroda, dans l'empire indo-britannique. Elle est renommée par son temple dédié au dieu Rantchor, et qui attire annuellement 15 à 20,000 pèlerins.

DWINA ou **DVINA DU NORD.** — Fleuve de la Russie d'Europe, auquel donne naissance, dans le gouvernement de Vologda, la réunion du Jug et de la Suchona, et qui, après avoir arrosé ce gouvernement et celui d'Archangel, forme près la ville de ce nom une sorte de lac, large de 15 milles, par lequel ses eaux se mêlent à la mer Blanche. Le cours de ce fleuve a 160 milles d'étendue ; il reçoit, à l'ouest, la Vago, et à l'est la Vitcheyda et la Pinéga, sans compter un grand nombre de petites rivières. Ses eaux offrent presque partout une profondeur considérable ; mais la navigation néanmoins y est très-gênée par les atterrissements accumulés à son embouchure, et les îles nombreuses qui remplissent son lit.

DYLE. — Rivière de Belgique. Réunie aux deux Nèthes, elle forme le Ruppel, affluent de l'Escaut. Elle passe par Wavre, Louvain et Malines, et ses principaux affluents sont, à droite, la Deiner, à gauche, la Senne. Son cours est de 85 kilomètres.

DZOUNGARIE. — C'est l'une des trois grandes divisions du Thian-Chan-Pélou, dans l'empire chinois. Elle est située à son extrémité occidentale, sur les confins de la Tartarie indépendante et de l'empire russe, et forme trois divisions militaires, celles d'Ili, de Kour-Khara-Oussou et de Tarbagatai. Les Dzoungares, branche de la nation mongole, furent soumis par les Chinois au xviiie siècle.

E

EAHEINOMAUWE. — Ile de la Nouvelle-Zélande ; c'est la plus septentrionale. Elle est habitée par de petites tribus antropophages qui se font une guerre incessante.

EAR-BOBS. — Lac de l'Amérique septentrionale. Il est situé dans la partie de l'Orégon occupée par les Anglais, et la Colombia le traverse.

EASTON. — Petite ville de la Pennsylvanie, aux Etats-Unis d'Amérique. Elle est remarquable par le nombre de canaux et de bourgs qui y aboutissent, et par le pont en chaînes construit sur le Lehigh. Pop. : 4,000 âmes.

EAST-PORT. — Ville du Maine, aux Etats-Unis d'Amérique. Elle est située sur la baie de Pahamaquodi, dans l'île de Moose. On y fait un commerce de bois de construction. Pop. : 2,600 âmes.

EAUX-BONNES (Les). — Petit bourg du

département des Basses-Pyrénées. Il est situé à l'extrémité de la vallée d'Ossau, et renommé par ses sources thermales que recherchent surtout les personnes atteintes d'affections de poitrine.

EAUX-CHAUDES (Les). — Village du département des Basses-Pyrénées. Il est situé dans la vallée d'Ossau, commune de Laruns, et possède un établissement thermal. On trouve aussi, dans ses environs, des mines de fer et de plomb, et des carrières d'ardoises.

EAUZE. — Petite ville du département du Gers. C'est un chef-lieu de canton de l'arrondissement de Condom. Elle occupe l'emplacement d'*Elusa*, l'ancienne capitale des Élusates et métropole de la Novempopulanie. On y fait un commerce d'eau-de-vie dite d'*Armagnac*. Pop. : 3,900 âmes.

EBBOE. — Capitale d'un royaume de même nom, dans la Guinée septentrionale. Elle est située sur la rive droite du Kouarra. Pop. : 6,000 âmes.

EBERSDORF. — Bourg d'une population d'environ 1,200 âmes, dont le tiers est composé d'Herrnhutes. C'est le chef-lieu de la principauté de Reuss-Lobenstein-Ebersdorf. On y remarque le château qu'accompagnent de beaux jardins, et le collège des Herrnhutes ou Herrnhuters.

EBRE. — Fleuve d'Espagne. Il prend sa source aux monts Cantabres, passe à Miranda-de-Ebro, à Saragosse, à Tortose, et se jette, au-dessous de cette dernière ville, dans la Méditerranée, après un cours de 600 kilomètres. Il a pour principaux affluents, à droite, le Jalon, et à gauche, l'Aragon, le Gallego et la Ségre.

EBREUIL. — Chef-lieu de canton dans l'arrondissement de Gannat, département de l'Allier. C'est une petite ville très-ancienne, située sur la Sioule. Pop. : 2,400 âmes.

EBSAMBOL ou EBSAMBOUL. — Bourgade du pays des Barabras, dans la Nubie. On croit que c'est l'ancienne *Aboccis*. On y admire de magnifiques excavations ou temples taillés dans le roc, parmi lesquels on remarque surtout celui d'Athor, dédié par la femme de Sésostris le Grand, et celui qu'on appelle *le grand temple*.

ECCLESFIELD. — Ville du comté d'York, en Angleterre. On y trouve les plus importantes fabriques de quincaillerie du royaume. Pop. : 13,000 âmes.

ECHELLES (Les). — Petit bourg de Savoie. Il est situé non loin de Chambéry, et renommé par la superbe voûte que, dans son voisinage, Charles-Emmanuel fit tailler dans le roc, et par celle que Napoléon fit ouvrir, en perçant une montagne sur une étendue de 300 mètres, pour pratiquer une nouvelle route.

ECHELLES-DU-LEVANT. — Nom que l'on a donné aux principaux ports commerçants des côtes de l'empire ottoman, tels que ceux de Salonique, Constantinople, Smyrne, Alexandrie, etc.

ECHIQUIER (Iles de l'). — Elles forment un groupe dans l'Australie, au nord de la Nouvelle-Guinée.

ECIJA. — Ville de l'Andalousie, en Espagne. Elle est importante par son industrie, et l'on y remarque de nombreuses antiquités romaines. Pop. : 35,000 âmes.

ECKMUHL. — Village de Bavière. Il est situé à 20 kilom. de Ratisbonne, et célèbre par la victoire que Napoléon y remporta sur les Autrichiens en 1809.

ECLUSE (L'). — Ville forte de la Zélande, royaume de Hollande. Elle est située sur un golfe de la mer du Nord. Pop. : 1,200 âmes.

ECOMMOY. — Petite ville du département de la Sarthe. C'est un chef-lieu de canton de l'arrondissement du Mans. On y trouve des fabriques de toiles, de faïence et des tuileries. Pop. : 3,700 âmes.

ECOS. — Chef-lieu de canton dans l'arrondissement des Andelys, département de l'Eure. Pop. : 500 âmes.

ECOSSE. — Contrée généralement montueuse qui, avec l'Angleterre proprement dite et l'Irlande, constitue ce qu'on appelle le *Royaume-uni de la Grande-Bretagne*. Elle s'étend du 4ᵉ au 9ᵉ degré de longitude occidentale du méridien de Paris, et du 55ᵉ au 59ᵉ degré de latitude; et c'est dans son sein que prennent naissance les petites chaînes de montagnes qui parcourent ce pays. Ainsi, le chaînon septentrional s'étend au nord du canal calédonien, dans les comtés d'Inverness, de Ross, de Sutherland, etc., ayant pour point culminant le mont Vevis, haut de 1,148ᵐ 48, dans le comté de Ross; le chaînon des Grampians se prolonge entre le canal calédonien, la Clyde et le Forth, offrant, dans le comté d'Inverness, le Ben-Nevis, dont l'altitude est de 1,323ᵐ 08; et les monts cheviots séparent l'Angleterre de l'Ecosse, en jetant divers rameaux sur l'un et l'autre de ces pays. Les principaux cours d'eau sont le Twed, dont la partie inférieure sert aussi de limite entre les deux régions que nous venons de nommer; le Forth, qui donne son nom au golfe où il vient se jeter dans la mer du Nord; le Tay, qui traverse le lac de May, et vient se jeter dans celui qui porte son nom; et la Clyde qui se jette dans la mer d'Irlande, après avoir arrosé l'industrielle Glasgow.

ECOUCHE. — Chef-lieu de canton dans l'arrondissement d'Argentan, département de l'Orne. On y trouve des filatures de coton et des fabriques de siamoises et de bonneterie. Pop. : 1,500 âmes.

ECOUEN. — Chef-lieu de canton de l'arrondissement de Pontoise, département de Seine-et-Oise. On y voit un château construit sous François Iᵉʳ. Pop. : 1,000 âmes.

ECUEILLÉ. — Chef-lieu de canton dans l'arrondissement de Châteauroux, département de l'Indre. Pop. : 1,300 âmes.

ECURY-SUR-COOLE. — Chef-lieu de canton dans l'arrondissement de Châlons, département de la Marne. Pop. : 300 âmes.

EDDYSTONE. — Phare célèbre de la côte d'Angleterre. Il est construit sur un rocher, dans la Manche, à 20 kilom. environ de Plymouth.

EDEN. — Fleuve d'Angleterre. Il se jette dans le golfe de Solway.

EDER. — Rivière d'Allemagne. Elle prend sa source en Westphalie, et se réunit à la Fulde, après un cours de 120 kilomètres.

EDFOU. — Petite ville située à la gauche du Nil, dans la Haute-Égypte. Son industrie consiste à fabriquer des vases de toute dimension, auxquels on conserve les formes antiques. On y voit un des temples les plus vastes de l'Égypte et plusieurs autres édifices. Pop. : 2,000 âmes.

EDIMBOURG. — Grande et belle ville, chef-lieu du comté de Mid-Lothian ou d'Edinburg, et capitale de l'Écosse. Elle est bâtie sur trois collines, entourée de rochers sauvages, excepté vers le nord où le sol s'abaisse vers le golfe de Forth, et une vallée la divise en deux parties qui sont appelées la *vieille ville* et la *nouvelle ville*. Dans la première se trouvent un grand nombre de rues étroites et sales, telles que celle de la Canongate, où l'on voit des maisons qui ont jusqu'à dix étages ; mais dans la seconde, presque toutes les rues, au contraire, sont larges et bordées de beaux édifices. On remarque particulièrement à Edimbourg le palais d'Holyrood, ancienne résidence des rois d'Écosse ; la cathédrale ou église Saint-Gilles, dont les tourelles sont disposées de manière à figurer une couronne impériale ; puis la maison du parlement, le gymnase, la bourse, la maison des archives, celle de correction, et le monument de Nelson, construit sur le Caltonhill, tour à quatre étages dans le style chinois. Cette ville possède une université, un cours de clinique, une école des arts, un institut de sourds-muets, une académie militaire, une école d'équitation, une riche bibliothèque publique, un musée d'histoire naturelle, un jardin botanique et plusieurs sociétés académiques. Son industrie et son commerce sont florissants. Pop. : 130,000 âmes.

EGER. — Petite ville située sur la rivière de ce nom, en Bohême, dans le cercle d'Ellenbogen. On y remarque une belle église et l'hôtel de ville ; elle possède un gymnase ; se distingue par son industrie ; et sa population est d'environ 10,000 âmes. On trouve dans son voisinage l'établissement de bains de Franzensbrunnen, qui est très-fréquenté.

EGGA. — Ville du royaume de Niffé, dans la Nigritie centrale. Elle est située sur les bords du Quorra, et possède un très-grand nombre de barques pour le besoin de son commerce qui est considérable.

ÉGINE ou **ÉGHINÉ**. — Petite île située presque au milieu du golfe d'Athènes, royaume de Grèce. On y trouve un grand nombre de restes antiques, parmi lesquels on remarque principalement un temple de Vénus et un temple de Jupiter Panhellenius, des tombeaux, etc. Cette ville possède aussi un orphanotrophe ou école d'enfants, un séminaire, un musée et une bibliothèque publique.

ÉGLETONS. — Chef-lieu de canton dans l'arrondissement de Tulle, département de la Corrèze. Pop. : 1,500 âmes.

EGLISAU. — Petite ville du canton de Zurich en Suisse. Elle est située sur la rive droite du Rhin. Pop. : 2,000 âmes.

EGMONT ou **PORT-EGMONT**. — Baie de l'Atlantique. Elle est située sur la côte nord-ouest de l'île Falkland, l'une des Malouines.

EGMONT. — Ile de la Polynésie. Elle est située au sud-est de l'Archipel-Dangereux, partie méridionale des Iles-Basses.

EGOÏ. — Groupe d'îles de la Micronésie. C'est l'un des plus importants des Carolines.

EGREVILLE. — Commune du département de Seine-et-Marne. Elle est située dans le canton de Lorrez, arrondissement de Fontainebleau. On y trouve des fabriques de serges. Pop. : 1,700 âmes.

EGRISOU. — Montagne de la Romélie, en Turquie. Elle est voisine de la ville de Sérès, et donne son nom à l'Egrisou-Dagh, petite chaîne qui se rattache dans le nord au Balkan.

EGUISHEIM. — Commune du département du Haut-Rhin. Elle est située dans le canton de Wintzenheim, arrondissement de Colmar, et sur le chemin de fer de Strasbourg à Bâle. Pop. : 2,100 âmes.

EGUZON. — Chef-lieu de canton dans l'arrondissement de la Châtre, département de l'Indre. Pop. : 1,500 âmes.

ÉGYPTE. — Contrée de l'Afrique septentrionale. Elle est bornée au nord par la mer Méditerranée ; à l'est, par le golfe Arabique ; au sud, par la Nubie ; au sud-ouest, par la Syrie ; et à l'ouest par les déserts de Lybie et de Barcah, qui ne sont que des portions du Sahara. Sa longueur est d'environ 800 kilom. ; sa largeur moyenne, en y comprenant ses oasis dans le désert, dépasse 400 kilom. ; mais la partie cultivable et habitée, c'est-à-dire celle qui se réduit à l'étroite vallée du Nil et au Delta, n'occupe qu'une surface de 1,700 lieues géographiques. Les montagnes qui bordent le fleuve s'entrecoupent, dans la haute Égypte, par des gorges qui conduisent d'un côté sur les bords du golfe Arabique, et de l'autre dans le désert ; et les espaces qui s'étendent le long du Nil, hors de la portée des débordements, sont couverts de sable et de cailloux roulés. Il résulte aussi de ces débordements et des dépôts qu'ils opèrent sur les rives, que le sol va toujours en s'abaissant depuis le lit du fleuve jusqu'au pied des montagnes.

La chaîne arabique s'élève, près du Caire, de 150 à 160 mètres ; à 240 kilom. au delà, elle en atteint 500 à 550 ; et après Thèbes, sa hauteur parvient jusqu'à 700 mètres, pour s'abaisser ensuite progressivement en gagnant le bord du fleuve. Près du Caire, les montagnes qui, plus haut, resserrent la vallée du Nil, s'éloignent alors de part et d'autre : l'une, sous le nom de Djebel-el-Hairon, se dirige au nord-ouest, vers la Méditerranée ; l'autre, appelée Djebel-el-Attaka, court droit à l'est, vers l'isthme de Suez. La basse Égypte comprend deux vallées parallèles, dont la constitution offre de l'intérêt : l'une est le bassin des *lacs de Natron*; l'autre, la *Vallée du fleuve sans eau*. Dans la première se suivent six lacs, dont les bords et les eaux se couvrent de cristallisations de sel marin ou chlorure de sodium, et de natron ou carbonate de soude; dans la seconde, appelée en arabe Bahhar-belamé, on a découvert au sein des sables des troncs d'arbres entièrement pétrifiés. La *Vallée de l'égarement* présente aussi de petites couches compactes de sel marin, soutenues sur des lits de gypse. Près des ruines de Silsilis, les roches granitiques contiennent des cornalines, du jaspe et de la serpentine; et l'on sait aussi combien le granite rose égyptien a de renommée.

L'Egypte fut de tout temps célèbre par la fécondité de son sol, surtout par le produit de ses céréales, et les anciens l'appelaient le grenier de Rome. Après son froment, viennent le dourah, le riz, les fèves, les lentilles, le sésame, le lin, le tabac, le coton, l'indigo, ses énormes cucurbitacées; puis le dattier, le jujubier, l'oranger, l'abricotier, le bananier, le caroubier, etc. On y voit aussi un grand nombre d'acacias, des platanes, des cactus, des lauriers roses, etc.; enfin on y cultive en grand le rosier pour en retirer de l'essence.

Voici quelle est la division administrative de cet État :

RÉGIONS.	MOUDIRATS.	PROVINCES.	CHEFS-LIEUX.
BASSE ÉGYPTE.	1er	Le Caire. Kelyoub. Djygeh. Damanhour.	Le Caire. Kelyoub. , Damanhour.
	2e	Fouah ou Gharbieh. Rosette. Menouf.	Fouah. Rosette ou Rachyd. Menouf.
	3e	Mansourah. Damiette.	Mansourah. Damiette.
	4e	Belbeys ou Charkieh. Alexandrie.	Belbeys. Alexandrie.
MOYENNE ET HAUTE ÉGYPTE.	5e	Djyzeh. Atfyh. Beni-Soueyf. Fayoum.	Djyzeh. Atfyh. Beni-Soueyf. Medynet-el-Fayoum.
	6e	Minyéh. Monfalout. Syout. Djirdjeh.	Minyéh-Ebn-Khasm. Monfalout. Syout. Djirdjeh.
	7e	Kénéh. Esné.	Kénéh. Esné.

Viennent ensuite les dépendances politiques qui sont : la contrée orientale occupée par les Arabes nomades et les Troglodites; la contrée occidentale où se trouvent les oasis; puis la Nubie, le Kordofan et l'Abyssinie.

EHINGEN. — Ville du Wurtemberg. Elle est située sur le Danube. On y trouve un collège catholique, un gymnase et des teintureries. Pop. : 3,000 âmes.

EHRENBREITSTEIN. — Ville de la Prusse-Rhénane. Elle est dominée par une forteresse célèbre que les Français démantelèrent en 1801, et qui fut reconstruite en 1815. Pop. : 3,000 âmes.

EHRESBOURG ou **STADTBERG.** — Ville de Saxe. Elle fut prise en 772 par Charlemagne, qui y détruisit la fameuse colonne d'Irminsul.

EICHSFELD. — Ancien cercle du Bas-Rhin, en Allemagne. Il forme aujourd'hui les cercles d'Heiligenstadt et de Worbis, dans la régence prussienne d'Erfurt, et les bailliages de Duderstadt et Giboldehausen,

dans la principauté hanovrienne de Grubenhagen.

EICHSTADT. — Ville épiscopale située sur l'Altmühl, dans le cercle de la Regen, en Bavière. C'est la capitale du duché qui porte son nom. On remarque sa cathédrale, et elle possède un séminaire, une école supérieure et une bibliothèque publique. Sa population est d'environ 7,000 âmes.

EIDER ou **EYDER.** — Fleuve navigable du Danemark. Il sépare le duché de Holstein de celui de Sleswig, passe par Rendsbourg, Frederickstad et Touningen, et se jette, non loin de cette dernière ville, dans la mer du Nord, après un cours de 100 kilomètres. Un canal le met en communication avec la Baltique.

EIFEL. — Chaîne de montagnes de la Prusse-Rhénane. On la regarde comme une ramification orientale des Ardennes, qui se termine au Rhin, entre Andernach et l'embouchure de l'Ahr.

EIGG. — L'une des îles Hébrides. Elle est située à l'ouest du comté d'Inverness.

EIMER. — Île de l'archipel de Tahiti, dans la Polynésie ou Océanie orientale. Elle est renommée par la fertilité de son sol, par ses deux ports, ses chantiers, sa fabrique de cotonnade et son collége de missionnaires. On y voit aussi l'un des plus hauts pics de la Polynésie.

EINSIEDELN. — Bourg du canton de Schwitz, en Suisse. Il est renommé par une ancienne abbaye de Bénédictins, dans laquelle on conserve une image miraculeuse de la Vierge, qui attire chaque année un nombre considérable de pèlerins des diverses parties de la Suisse. Pop. : 2,000 âmes.

EISENACH. — Ville du grand-duché de Weimar. Elle est située sur la Nesse, et c'est le chef-lieu de la principauté de même nom. Elle possède un gymnase, une école forestière, un séminaire pour les maîtres d'école, un hôtel des monnaies et un jardin botanique. Pop. : 9,000 âmes.

EISENERZ. — Montagne de la Styrie, empire d'Autriche. Elle est renommée par ses mines de fer qui étaient déjà exploitées du temps des Romains, et dont l'acier est regardé comme le meilleur qui soit obtenu en Europe. On voit sur le sommet de cette montagne une croix colossale de fer qu'y a fait élever l'archiduc Jean.

EISENSTADT. — Petite ville de la Hongrie. On y remarque le château du prince d'Esterhazy, et son superbe jardin botanique dont les serres sont les plus vastes que l'on connaisse. Pop. : 3,000 âmes.

EISLEBEN. — Petite ville de la province de Saxe, en Prusse. On y montre la maison où naquit Luther, en 1483. Cette ville possède un gymnase, un séminaire pour les maîtres d'école, et l'on trouve dans son voisinage des mines et des forges de cuivre. Sa population est d'à peu près 7,000 âmes.

EKATERINBOURG. — Ville du gouvernement de Perm, dans la Russie asiatique. Elle est située près de la source de l'Iset et c'est le siége d'un conseil des mines, ainsi que le centre d'une vaste exploitation de mines de fer, de cuivre, de lavages d'or et de platine, etc. On y trouve aussi des forges, des fonderies de canons, des fabriques d'armes et de quincaillerie, etc. Pop. : 11,000 âmes.

EKATERINODAR. — Petite ville du gouvernement de la Tauride, en Russie. C'est le chef-lieu des cosaques Tchernomorsk ou de la mer Noire, restes des fameux cosaques Zaporogues dont la puissante association fut dissoute par Catherine II, en 1775. On sait que ceux-ci, établis près des cataractes du Dnieper, vivaient dans le célibat et ne se repeuplaient qu'avec les enfants qu'ils enlevaient dans leurs terribles incursions.

EKATERINOSLAV ou CATHERINOSLAV. — Ville archiépiscopale, chef-lieu du gouvernement de ce nom, en Russie. On y trouve un séminaire et un gymnase, puis des fabriques de bas de soie. Son nom lui vient de ce qu'elle fut fondée par Catherine la Grande, en 1787. Pop. : 8,000 âmes.

EL-ARICH. — Château fort du Bahari ou basse Égypte. Il est situé sur les bords de la Méditerranée, environné de jardins et de palmiers, et correspond à l'ancienne Rhinocorura. Sous la domination romaine, ce lieu était un grand entrepôt pour les marchandises qui de l'Arabie étaient transportées en Europe.

ELATMA ou ELATOM. — Ville du gouvernement de Tambov, en Russie. Elle est située sur la rive gauche de l'Oka. On y trouve une industrie active et des forges établies dans le voisinage. Pop. : 5,000 âmes.

ELBASSAN. — Petite ville de l'Albanie moyenne, dans la Turquie d'Europe. Elle est le siége d'un évêché grec, et le chef-lieu du Sandjak qui porte son nom. Pop. : 4,000 âmes.

ELBE. — Fleuve qui sort des montagnes des Géants, situées près de Risenberg en Bohême, et qui séparent celles-ci de la Silésie. Onze sources réunies dans la plaine de Navor se précipitent d'une hauteur de 82 mètres dans la vallée profonde de l'Elbe, d'où cette masse d'eau tire son nom, pour se frayer une issue à travers les énormes rochers de Pirna, et se rendre de là dans la mer du Nord. L'Elbe arrose de ses eaux une partie de la forêt Hercynienne, et traverse entre autres villes, Dresde, Magdebourg, Hambourg, Altona et Gluckstadt. Le cours de ce fleuve embrasse une étendue d'à peu près 800 kilomètres ; il reçoit les tributs de l'Elster, de la Moldaw, de l'Eger, de la Mulde, du Havel, etc. ; et la marée remonte jusqu'à 300 kilom. au-dessus de son embouchure. Un canal ouvert avec les eaux au-dessus de Lauenbourg, met en communication la Baltique et la mer du Nord.

ELBE (Île d'). — Cette île, qui n'a que 24 kilom. de tour environ, sur 8 à 12 de largeur, s'élève près des côtes de la Toscane, vis-à-vis de Piombino, dont elle n'est séparée que par un canal de 8 kilom. de largeur. Sa position astronomique est par 42° 49' 6" de latitude nord, et par 7° 59' 2" de longitude est du méridien de Paris. L'île d'Elbe recevait des Grecs le nom d'Æthalia, et les Etrusques et les Romains la désignaient sous celui d'Ilua ou Ilva, d'où les modernes ont fait Elba. Les montagnes dont elle est couverte la forment trois noyaux séparés par une vallée qui s'élargit à mesure qu'elle se rapproche de la mer. Monte-Castello est le point central de la partie orientale, et ses ramifications embrassent au nord le Monte-Grosso et le Monte-Giovo, puis au sud le Monte-Arco ; la chaîne du midi offre le Monte-Borello, et celle de l'occident le Monte della Capanna, dont la hauteur est de 975 mètres. C'est le point culminant de l'île.

Depuis la plus haute antiquité les mines de l'île d'Elbe jouissent d'une grande célébrité, et elles étaient exploitées par les Romains. Quoique assez bouleversé, son sol est cependant fertile : il produit des céréales, de l'huile et du vin ; ses pâturages nourrissent des chevaux, des mulets et des chèvres en grand nombre ; les fruits y sont de bonne qualité, et la population, qui ne dépasse guère 15,000 âmes, vit dans l'aisance. Cette île appartient en partie au grand-duc de Toscane.

ELBERFELD. — Petite ville située dans la belle vallée du Wipper, province Rhénane, en Prusse. Elle est très-importante par ses nombreuses fabriques de draps, de toiles, d'étoffes de soie et de coton, de rubans, de dentelles, d'articles de quincaillerie, etc. On y remarque l'hôtel de ville et la promenade sur le Haardt; elle possède un gymnase, une école d'industrie et un musée, et sa population, y compris la banlieue, est d'environ 20,000 âmes.

ELBING. — Ville de la Prusse proprement dite. Elle est située sur la rivière de son nom et près du Frisch-Haff. On y trouve de nombreuses manufactures. Pop. : 20,000 âmes.

ELBOEUF ou ELBEUF. — Ville ancienne qui était déjà importante au XIVᵉ siècle. Chef-lieu de canton dans l'arrondissement de Rouen. Elle est renommée par ses manufactures de draps dont les perfectionnements remontent à l'administration de Colbert. Cette industrie occupe les deux tiers des habitants et un grand nombre d'ouvriers des environs ; elle consomme annuellement 26,000 balles de laine de 100 kilog. chacune, lesquelles produisent environ 65,000 pièces de draps, qui peuvent être estimées à peu près à 46,000,000 de francs. La population d'Elbœuf est d'environ 15,000 âmes.

EL-DJY. — Chef-lieu du Ouadi-Mousa, dans l'Hedjaz, en Arabie. Ce n'est qu'un village ; mais on rencontre dans ses environs les restes imposants de l'ancienne *Petra*, restes que l'on compare à ceux de Palmyre, de Baalbeck et de Djerrach. On y admire surtout l'avenue des tombeaux taillés dans le roc, longue de plus de 2 milles ; le grand temple auquel elle aboutit, le théâtre, etc. « En contemplant ces monuments, dit Walcknaër, ces édifices, ces tombeaux, les uns mutilés, les autres encore debout et intacts, on croit voir comme une ville qui vient d'être dévastée par l'ennemi et que ses habitants ont abandonnée momentanément. Souveraine du désert, cette forteresse, dont la nature construisit les gigantesques murailles, cette antique cité placée entre l'Asie et l'Afrique, a dû avoir de l'influence sur les premiers temps de la civilisation et du commerce de ces deux parties du monde. »

ELEPHANT. — Fleuve d'Afrique. Il est situé dans le gouvernement du Cap, prend sa source aux monts Witenberg, et se jette dans l'Atlantique, au nord de la baie de Sainte-Hélène, après un cours de 350 kilomètres.

ELEPHANT (ILE DE L'). — Dans la Sénégambie. Elle est formée par le Sénégal, à 180 kilomètres au-dessus de son embouchure, et son sol est très-fertile. Les Français y possédèrent autrefois le fort Podor.

ELEPHANTA. — Ilot des environs de Bombay, dans l'empire Indo-Britannique. Il est ainsi nommé d'un éléphant en pierre noire taillé près du point où l'on débarque. On trouve ainsi dans cet îlot un temple creusé dans le roc, lequel renferme une trimourti de dimensions colossales.

ELEPHANTINE, aujourd'hui EL-SAG. — Petite île du Nil, dans la haute Egypte. Elle est située vis-à-vis d'Assouan, et remarquable par sa fertilité. On y voit aussi les ruines d'une ancienne ville et les restes du nilomètre décrit par Strabon.

ELETZ. — Ville du gouvernement d'Orel, en Russie. On a établi dans son voisinage une importante usine de fer. Pop. : 15,000 âmes.

ELGIN. — Chef-lieu du comté de Murray, en Ecosse. On y remarque les ruines de sa vaste cathédrale, et l'on trouve dans son voisinage le monument appelé *Suenosstone*; c'est un obélisque couvert de figures grossières d'animaux et d'hommes armés, dont on fait remonter l'origine au temps des Danois. Pop. : 6,000 âmes.

EL-HEIF. — Ile située sur le Nil, près d'Assouan, dans la haute Egypte. C'est la *Philæ* des anciens, si célèbre par ses temples que visitaient une foule de pèlerins. Elle est voisine de la plus grande des cataractes du fleuve.

ELISABETGRAD. — Ville du gouvernement de Kherson, en Russie. On y remarque des fortifications importantes, l'arsenal et le grand hôpital. Pop. : 10,000 âmes.

ELISABETHPOL. — Ville de la Géorgie, Russie asiatique. On trouve dans ses environs des ruines immenses et les restes de la fameuse colonne de Cham-Khor, qu'une fausse tradition a attribuée à Alexandre. Pop. : 12,000 âmes.

EL-KAB. — Bourgade située dans les environs d'Esné, haute Egypte. On voit tout auprès les hypogées de l'ancienne *Elethya*.

EL-KHAND-L'ILLAH. — Ville du bas Bambara, dans la Nigritie occidentale. Elle a été bâtie sur la droite du Niger, afin, dit-on, que la jeunesse des écoles ne fût point exposée aux distractions de la ville Djénié, qui en est voisine.

EL-KHARGED. — Petit endroit, chef-lieu de la grande oasis de Thèbes ou d'El-Khargeh, dans la contrée occidentale des déserts qui dépendent de l'Egypte. Cette oasis est traversée par les caravanes qui vont à Dar-Four, et l'on voit dans son voisinage les ruines de trois temples et d'une nécropolis.

EL-KHATIF. — Ville fortifiée du Lhasa, en Arabie. Elle est située sur une baie, et protégée par une citadelle. Il s'y fait un commerce considérable.

EL-KHEYT. — Lieu des environs d'Alexandrie, en Egypte. On y voit les ruines de l'ancienne *Marea*, où l'on remarque surtout les restes du bassin qui recevait les navires.

ELKOCH. — Montagne de la Mésopotamie, dans la Turquie d'Asie. On y voit le monastère de Saint-Matthieu, siége apostolique du patriarche chaldéen catholique, qui réside à Mossoul et dont dépendent 300 villages.

Elkoch possède aussi un mausolée qu'on dit être celui du prophète Nahum.

ELLBAGEN. — Ville fortifiée de la Bohême, empire d'Autriche. Elle est située sur un rocher, près de la rive gauche de l'Eger. Pop. : 2,000 âmes.

ELLÉ. — Rivière de France. Elle prend sa source dans le département du Morbihan, passe dans celui du Finistère, et va se jeter dans l'Atlantique, après un cours de 65 kilomètres.

ELLESMERE. — Ville du comté de Salop, en Angleterre. Elle donne son nom à un canal qui se divise en quatre branches et entretient des communications entre Chester et Shrewsbury. Pop. : 6,000 âmes.

ELLIS ou KILLIS. — Petite ville de Syrie, dans la Turquie d'Asie. Elle possède de nombreuses manufactures qui rendent son commerce florissant. Pop. : 12,000 âmes.

ELLORE ou ELORA. — Village du Dekkan, dans l'Indoustan. Il est situé près d'Aurengabad, et jouit depuis des siècles d'une grande célébrité par ses temples taillés au sein d'une montagne de granite, lesquels sont divisés en trois régions. Les excavations du nord et et du sud sont attribuées aux bouddhistes, et celles du centre aux brahmanistes. Parmi ces temples, tous remarquables d'ailleurs par la richesse de leurs sculptures, on cite particulièrement celui de Kaylas, qui excite l'admiration de ceux qui le visitent.

ELM. — Village du canton de Glaris, en Suisse. Il est situé dans la vallée de Sernft, et l'on voit dans son voisinage, à l'est, ce que l'on appelle le Martinsloch ou *trou de Martin*. C'est un trou rond, naturel, qui se présente dans le haut de la montagne de Falzaber. Les 3, 4 et 5 mars, puis les 14, 15 et 16 septembre, le soleil passe derrière ce trou; on en voit le disque entier le 4 et le 5; et il éclaire alors le clocher du village, qui, attendu la grande élévation de cette montagne, est privé de la présence de cet astre durant six semaines de l'hiver.

EL-MEKHEYR. — Chef-lieu du pays de Barbar, en Nubie. Il est situé sur la rive droite du Nil et assez important par son commerce.

ELMINA. — Petite ville, chef-lieu des établissements portugais sur la côte d'Or, en Guinée. C'est la résidence du gouverneur général de ces établissements. Elle est défendue par une forteresse, possède un port franc, et son commerce est florissant. Pop. : 10,000 âmes.

ELNE. — Petite ville située dans la vallée du Tech, département des Pyrénées-Orientales. C'est l'ancienne *Illiberis*, et Annibal fit halte sur son territoire, lorsqu'il se dirigeait de l'Espagne sur les Alpes. Elle était autrefois le siège d'un évêché, et l'on admire encore aujourd'hui les restes de sa cathédrale et de son cloître, où l'architecture et la sculpture se sont montrées prodigues d'ornements.

ELSENEUR. — Petite ville située sur le Sund, en Danemark. Elle possède un port artificiel, un lycée et environ 8,000 habitants. C'est, pour les navires marchands de toutes les nations, la route qui conduit de la Baltique dans la mer du Nord, de Suède en Danemark, et *vice versa*, et ces navires acquittent un droit de passage. On a calculé que leur nombre s'élève annuellement de 10 à 13,000. La forteresse de Kronenborg se trouve dans le voisinage d'Elseneur.

ELSFLETH. — Ville située sur la rive gauche du Weser, dans le duché d'Oldenbourg. Elle possède des chantiers et environ 1,500 habitants.

ELSTER ou ELSTER-BLANC. — Rivière d'Allemagne. Elle prend sa source dans les montagnes qui séparent la Bohême de la Saxe, et après avoir arrosé cette dernière contrée, elle se jette dans la Saale, au-dessous de Mersebourg. Son cours est d'environ 220 kilomètres.

ELSTER-NOIR. — Rivière d'Allemagne. Elle prend sa source près de la petite ville d'Elster, en Lusace, et après avoir arrosé les Etats prussiens, elle se jette dans l'Elbe. Son cours est de 180 kilomètres.

EL-SSAFRA. — Gros village de la vallée de ce nom, dans l'Hedjaz, en Arabie. Il est l'entrepôt principal du fameux baume dit *de la Mecque*, que l'on y trouve dans toute sa pureté, et le marché qu'y tiennent les tribus voisines est très-renommé.

ELTON. — Lac salé du gouvernement de Saratov, en Russie. On en retire annuellement une très-grande quantité de sel.

ELVAS. — Ville épiscopale et fortifiée, dans l'Alem-Tejo, en Portugal. On y remarque la cathédrale, et un aqueduc ainsi qu'un théâtre romains. Pop. : 10,000 âmes.

ELVEN. — Chef-lieu de canton dans l'arrondissement de Vannes, département du Morbihan. Pop. : 3,300 âmes.

ELWANGEN. — Chef-lieu du cercle du Faxt, dans le royaume de Wurtemberg. Cette ville est située sur le Faxt, et l'on y trouve un gymnase et une maison de travaux forcés. Pop. : 3,000 âmes.

ELWEND. — Chaîne de montagnes située entre la Turquie d'Asie et la Perse. On y rattache, au nord, le mont Ararat qui se joint au Taurus, et au sud-est, le mont El-Bourz.

ELY. — Petite ville épiscopale du comté de Cambridge, en Angleterre. On remarque sa magnifique cathédrale, l'un des plus vastes temples du christianisme. Pop. : 6,000 âmes.

EMBA ou DJEM. — Fleuve du Turkestan. Il coule dans le pays des Kirghiz, et se jette dans la mer Caspienne, au nord-est.

EMBRUN. — Petite ville fortifiée située près de la rive droite de la Durance, dans le département des Hautes-Alpes. Siège autrefois d'un archevêché, elle est aujourd'hui un simple chef-lieu d'arrondissement comprenant 5 cantons et 36 communes. On remarque sa cathédrale et son ancien palais archiépiscopal. Elle possède un collège, et sa population est d'environ 3,000 âmes. On voit dans les environs un roulers ou pierre branlante, monument druidique.

EMDEN. — Petite ville située sur le golfe de Dollart, dans le gouvernement d'Aurich, royaume de Hanovre. Elle possède un port, une bonne rade, et c'est la ville la plus commerçante du royaume. On y trouve un gymnase, une école de navigation, une société d'histoire naturelle, et sa population est d'environ 12,000 âmes.

EMINEH. — Cap de la Turquie d'Europe. Il est situé à l'extrémité orientale du Balkan, sur la mer Noire.

EMMEN (Grande). — Rivière de la Suisse. Elle prend sa source près du lac de Brientz, traverse les cantons de Berne et de Soleure, et se joint à l'Aar au-dessous de Soleure, après un cours de 75 kilomètres.

EMMEN (Petite). — Rivière de la Suisse. Elle naît dans l'Underwald, traverse le canton de Lucerne, et s'unit à la Reuss un peu au-dessous de Lucerne. Son cours est de 55 kilomètres.

EMMENTHAL. — Vallée du canton de Berne : c'est l'une des plus riches de la Suisse. On y fabrique des étoffes et des fromages renommés. Pop. : 40,000 âmes.

EMMERICH. — Ville de la régence de Düsseldorf, dans la Prusse-Rhénane. Elle est située sur la droite du Rhin, et possède un port franc. Pop. : 5,000 âmes.

EMOUY ou HIAMEN. — Ville de la Chine. Elle est située dans une petite île de même nom, province de Fo-Kien. Son port, qui a de l'importance, est l'un des cinq qui sont ouverts au commerce des Européens.

EMS. — Fleuve d'Allemagne. Il prend sa source dans la Westphalie, traverse le Hanovre, et se jette dans la mer du Nord, par le golfe de Dollart, après un cours de 300 kilomètres.

EMU-BAY. — Ville de l'île de Diémen ; c'est le principal établissement de la compagnie de Van-Diémen.

ENCAUSSE. — Commune du département du Gers. Elle est située dans le canton de Cologne, arrondissement de Lombez. On y trouve un établissement d'eaux minérales. Pop. : 900 âmes.

ENDERI. — Gros bourg du pays des Koumuks, en Circassie, Russie asiatique. Il s'y tient chaque semaine un grand marché. Pop. : 12,000 âmes.

ENDOR, aujourd'ui **ENDAR.** — Lieu de la Syrie ; c'est dans son voisinage que demeurait la pythonisse que Saül consulta avant la bataille de Gelboé.

ENGADINE. — Vallée du canton des Grisons, en Suisse ; c'est l'une des plus curieuses de l'Helvétie. Elle est située au milieu de hautes montagnes et de vastes glaciers, et traversée par l'Inn. On la divise en haute et basse Engadine, qui sont habitées par des réformés d'origine italienne et parlant la langue romane. On y trouve les villages de Pontresina, Saint-Moritz, Samaden, Sils, etc.

ENGELBERG. — Bourg du canton d'Unterwald, en Suisse. Il est situé dans la vallée qui porte son nom, et près de l'Aa. Il est renommé par son abbaye de Bénédictins, dont l'abbé était autrefois prince souverain : cette abbaye possède une bibliothèque considérable. On visite, dans les environs, des cascades assez remarquables, et la montagne de Titlis.

ENGHIEN. — Bourg situé près de Montmorency. Il s'embellit incessamment d'habitations gracieuses et pittoresques, dont les bords de son lac sont déjà ornés ; et sa population suivant le même progrès, le temps n'est pas éloigné où ce lieu aura une certaine importance. Il doit son accroissement et sa prospérité aux sources sulfureuses qu'on y a découvertes, et près desquelles on a élevé de beaux établissements.

ENGHIEN. — Petite ville de la province du Hainaut, en Belgique. Elle est industrieuse, et l'on y remarque le château du duc d'Arembert, dont le jardin botanique a quelque renommée. Sa population est d'environ 4,000 habitants.

ENNEZAT. — Chef-lieu de canton dans l'arrondissement de Riom, département du Puy-de-Dôme. Pop. : 1,500 âmes.

ENNISCORTHY. — Petite ville du comté de Wexford, en Irlande : c'est la résidence de l'évêque catholique de Feras. Des forges sont en activité dans son voisinage, où l'on exploite aussi des mines de fer. Pop. : 4,000 âmes.

ENNISKILLEN. — Ville fortifiée, chef-lieu du comté de Fermanagh, en Irlande. Elle est située sur une île du lac Earn, et possède un collége. Pop. : 2,400 âmes.

ENOS. — Petite ville de la Romélie, dans la Turquie d'Europe. On la regarde comme le port d'Andrinople dont elle est le débouché principal. Pop. : 7,000 âmes.

ENRIQUILLE. — Lac salé de l'île d'Haïti. Il a 38 kilomètres de long sur 12 de large, et sa profondeur est considérable. Le flux et le reflux s'y font sentir, quoiqu'il n'ait aucune communication apparente avec l'Océan.

ENS. — Rivière navigable de l'empire d'Autriche. Elle arrose la Styrie et l'archiduché d'Autriche, et se jette dans le Danube après la ville qui porte son nom. Son cours est de 240 kilomètres.

ENS. — Ville de l'archiduché d'Autriche. Elle occupe l'emplacement de l'ancienne *Anisia* qui, sous la domination romaine, fut la résidence de plusieurs préfets. Pop. : 4,000 âmes.

ENSISHEIM. — Petite ville située sur l'Ill, dans le département du Haut-Rhin. Elle est renommée par sa maison de détention, l'une des plus belles de France, et par ses fabriques de calicot et de chapeaux de paille. Turenne y gagna, en 1674, une bataille mémorable. Pop. : 3,800 âmes.

ENTRAYGUES. — Chef-lieu de canton dans l'arrondissement d'Espalion, département de l'Aveyron : cette petite ville est située au confluent du Lot et de la Trueyre. On y trouve des fabriques d'ouvrages au tour et l'on y fait un commerce de merrain. Pop. : 3,000 âmes.

ENTRE-RIOS. — Province de la confédération de la Plata. Elle est située entre le Parana, l'Uruguay et le Rio-Grande, et son sol est très-fertile.

ENTREVAUX. — Petite ville fortifiée, sur la rive droite du Var, dans l'arrondissement de Castellane, département des Basses-Alpes. C'était autrefois un siége épiscopal. Pop. : 1,700 âmes.

ENVERMEU. — Chef-lieu de canton dans l'arrondissement de Dieppe, département de la Seine-Inférieure. Pop. : 1,400 âmes.

ENYED. — Ville de Transylvanie, dans l'empire d'Autriche. Elle est située près de la rive droite du Maros, et c'est le chef-lieu du comitat du Weissembourg inférieur. Pop. : 6,000 âmes.

ENZILI ou ZINZILI. — Ville de Perse. Elle est située sur une petite péninsule que forme la baie de son nom dans la mer Caspienne.

EOUA. — L'une des îles du groupe de Tonga, situé au sud-ouest de la Polynésie.

EPERIES. — Petite ville de la Hongrie. Elle est le siége d'un évêché grec uni, et possède un collége luthérien. On cite sa saline de Sovar, et la célèbre mine d'opales qui se trouve dans ses environs, au village de Czervenicza. Enfin, cette ville est renommée aussi par les vins que produit son territoire. Pop. : 9,000 âmes.

EPERNAY. — Petite et ancienne ville située sur la Marne. Chef-lieu d'arrondissement dans le département de la Marne, elle comprend 9 cantons et 185 communes. Son territoire est réputé pour ses vins. Sa population est d'environ 6,000 âmes.

EPERNON. — Très-petite ville de l'arrondissement de Chartres, dans le département d'Eure-et-Loir. Elle est située sur le penchant d'une colline au pied de laquelle se réunissent trois cours d'eau. Hugues Capet avait protégé cette ville par un château-fort dont les Anglais s'emparèrent sous Charles VI, et dont ils restèrent longtemps en possession. Pop. : 1,600 âmes.

EPINAC. — Chef-lieu de canton dans l'arrondissement d'Autun, département de Saône-et-Loire. On y trouve une grande exploitation de houille et une verrerie. Pop. : 2,800 âmes.

EPINAL. — Ville située sur la Moselle. Chef-lieu du département des Vosges, son arrondissement comprend 6 cantons et 118 communes. Cette ville possède un collége, une école de dessin et de musique, une société académique, une bibliothèque et un musée. Son commerce consiste en toiles, fils et faïence, et elle est renommée par les papéteries qui se trouvent dans ses environs. Sa population est d'environ 11,000 âmes.

EPSOM. — Ville du comté de Surrey, en Angleterre. On trouve, dans son voisinage, des sources minérales d'où l'on extrait le sel purgatif connu sous le nom de *Sel d'Epsom*. On y a institué aussi des courses de chevaux. Pop. : 3,000 âmes.

EPT. — Rivière de France. Elle sépare en partie les départements de l'Oise et de Seine-et-Oise, de ceux de la Seine-Inférieure et de l'Eure, et se jette dans la Seine, après un cours de 80 kilomètres.

EQUATEUR (RÉPUBLIQUE DE L'). — C'est l'une des régions de la Colombie, et sa division administrative se compose de 3 départements et 7 provinces.

DÉPART.	PROVINCES.	CHEFS-LIEUX.
ÉQUATEUR.	Pichincha.	Quito.
	Chimborazo.	Riobamba.
	Imbabura.	Ibarra.
GUAYAQUIL.	Guayaquil.	Guayaquil.
	Manabi.	Puerto-Viejo.
ASSUAY.	Cuença.	Cuença.
	Loxa.	Loxa.

ERBACH. — Village du duché de Nassau. Il est situé sur la rive droite du Rhin, et son territoire produit un vin très-renommé. Pop. : 1,000 âmes.

ERBIL. — Ville du Kurdistan, dans la Turquie d'Asie. Elle est célèbre par la seconde victoire remportée par Alexandre sur Darius Codoman. Pop. : 4,000 âmes.

ERDRE. — Rivière de France. Elle se réunit à la Loire, dans le département de la Loire-Inférieure, après un cours de 99 kilomètres.

EREKLI. — Ville de l'Anatolie, dans la Turquie d'Asie. Elle est située sur la mer Noire. C'est l'ancienne *Heraclea*, importante colonie grecque de Bithynie, qui fut ruinée par Cotta, collègue de Lucullus. Pop. : 5,000 âmes.

ERESSO. — Ville de l'île de Lesbos, située sur la côte occidentale. C'est l'ancienne *Eressus*, patrie de Théophraste.

ERFURT. — Ville forte située sur la Gera, dans la province de Saxe, en Prusse. C'est le chef-lieu du gouvernement qui porte son nom. Ses principaux édifices sont la cathédrale, ou église Sainte-Marie, remarquable par son architecture, son étendue, sa grosse tour, et qui renferme un énorme lustre et l'une des plus grosses cloches connues; puis le palais du gouvernement et le Packhof. Cette ville possède un gymnase catholique, un gymnase évangélique, un séminaire pour les maîtres d'école, un institut de sourds-muets, une école des arts, une autre des métiers, une bibliothèque publique, un cabinet d'histoire naturelle et un jardin botanique. La population est d'environ 25,000 âmes.

ERGENT ou BERATINO. — Fleuve d'Albanie. Il passe à Bérat et se jette dans l'Adriatique, après un cours de 180 kilomètres.

ERIÉ. — Grand lac de l'Amérique septentrionale. Il est situé entre le Haut-Canada et les Etats de New-York, de Pennsylvanie, d'Ohio et de Michigan. Sa longueur est de 375 kilomètres sur une largeur de 120; il reçoit un grand nombre d'affluents; et, par l'intermédiaire du fleuve Détroit, les eaux des lacs Huron, Supérieur-Michigan et Saint-Clair. Il offre, au sud-ouest, plusieurs îles dont les plus considérables sont les Sisters et les Iles-Basses. La navigation s'opère difficilement sur l'Erié : d'une part, il y règne de fréquentes tempêtes; de l'autre, les rives sont hérissées de rochers escarpés, et le fond rocailleux rend l'ancrage impossible ou peu tenable. Il se livra sur ce lieu, le 8 septembre 1813, un combat entre une flotte américaine et une flotte anglaise, et celle-ci fut entièrement défaite.

ERIN. — Nom que l'on donne à l'Irlande.

ERIVAN. — Ville d'Arménie, dans la région caucasienne, Russie asiatique. Elle est de médiocre étendue, mais importante par sa citadelle. On trouve dans son voisinage le célèbre couvent d'Etchmiadzin, ancien chef-lieu de la religion arménienne. Pop. : 15,000 âmes.

ERKENÉ. — Rivière de la Romélie, en Turquie. Elle se jette dans la Maritza, après un cours de 155 kilomètres.

ERLANGEN. — Petite ville du cercle de Rezat, en Bavière. Elle est située sur la Redmitz. On y trouve une université, une école polytechnique et une riche bibliothèque publique. Pop. : 12,000 âmes.

ERLAU ou **EGER.** — Ville archiépiscopale de la Hongrie. On y remarque la cathédrale, l'archevêché et les magnifiques bâtiments de l'ancienne université. Cette ville possède des manufactures de draps, des bains fréquentés, et fait un commerce de ses vins qui sont très-réputés. Sa population est d'environ 18,000 âmes. On voit dans son voisinage un superbe château, résidence d'été de l'archevêque.

ERMENONVILLE. — Commune du département de l'Oise. Elle est située dans le canton de Nanteuil, arrondissement de Senlis. On y voit un beau château et un parc très-pittoresque dont la célébrité est due en partie au séjour et à la mort de J.-J. Rousseau. Pop. 500 âmes.

ERMENT. — Village situé à la gauche du Nil, dans la haute Égypte. Il est intéressant par les ruines d'*Hermontis*, et les restes d'un vaste temple construit au temps de Cléopâtre, fille d'Aulète.

ERNE. — Lac du comté de Fermanagh, en Irlande. Il est remarquable par le nombre de petites îles qu'il renferme et la beauté de ses environs. Ce lac est divisé en deux parties par l'Erne qui le traverse et va se jeter dans la baie de Donegal.

ERNEE. — Petite ville du département de la Mayenne. C'est un chef-lieu de canton de l'arrondissement de Mayenne et elle est située sur la rivière de son nom. On y remarque l'hôtel de ville et l'hôpital; on y fabrique des toiles et des fils écrus; et l'on trouve dans ses environs des forges assez importantes. Pop. : 5,500 âmes.

ERROMANGO. — Ile d'Australie. Elle appartient au groupe des Nouvelles-Hébrides, et ses habitants sont anthropophages. Sa circonférence est d'environ 140 kilomètres.

ERSTEIN. — Petite ville du département du Bas-Rhin. C'est un chef-lieu de canton de l'arrondissement de Schelestadt. Elle est située sur l'Ille et sur le chemin de fer de Strasbourg à Bâle. On cultive sur son territoire un tabac estimé. Pop. : 3,500 âmes.

ERT-HOLMER. — Groupe d'îlots de la mer Baltique. Il est situé au nord-est de Bornholm, et Christiansoë. Le principal de ces îlots possède un port très fréquenté.

ERVY. — Chef-lieu de canton dans l'arrondissement de Troyes, département de l'Aube. Il est situé sur l'Armance. Pop. : 1,700 âmes.

ERZEROUM. — Grande ville d'Arménie, dans la Turquie d'Asie. Elle est située au pied d'une montagne, à peu de distance du bras septentrional de l'Euphrate. On y remarque la mosquée d'Ouloudjami, qui peut contenir 8,000 personnes, la douane, les bazars, les caravansérails et les marchés. Cette ville est florissante par son industrie et son commerce, et ses armuriers ont la réputation de fabriquer les meilleurs sabres de l'empire. On porte sa population à 100,000 âmes.

ERZGEBIRGE. — Chaîne de montagnes d'Allemagne. Elle s'étend des frontières de la Bavière, depuis les sources de la Saale jusqu'à l'Elbe, entre la Bohême et la Saxe. Ses points culminants sont le Schwarz-wad, haut de 1,257 mètres, et le Fichtelberg-Saxon, ayant une élévation de 1,212 mètres. Cette chaîne, dont le nom signifie *montagnes des mines*, est très-riche, en effet, en mines d'argent, de cuivre, de plomb, de cobalt, de fer, etc.

ERZINDJAN ou **ERZINGHIAN.** — Ville d'Arménie, dans la Turquie d'Asie. Elle est renommée par la richesse et la fécondité de son territoire, et son commerce est assez important. Pop. : 30,000 âmes.

ESCALA (La). — Ville de la province de Girone, en Espagne. Elle possède un port sur la Méditerranée, et la pêche y est abondante. Pop. : 2,000 âmes.

ESCALES. — Nom que donnent les Français, dans la Sénégambie, à divers établissements situés le long du Sénégal, et où se fait le commerce de la gomme.

ESCARBOTIN. — Village du département de la Somme. Il est situé dans le canton d'Ault, arrondissement d'Abbeville. C'est le centre et l'entrepôt d'une grande fabrication de cylindres et d'articles de serrurerie et de quincaillerie.

ESCAUT. — Fleuve qui prend sa source dans le département de l'Aisne, près du Catelet. Il traverse le département du Nord où il baigne Cambrai, Valenciennes et Condé; puis passe dans les Pays-Bas, pour aller se jeter dans la mer du Nord, après un cours de 370 kilomètres. Pendant son trajet en France, il reçoit les eaux de la Scarpe, de la Lys et de la Deule.

ESCHWEGE. — Ville de la Hesse électorale, en Allemagne. On y fait un commerce de tabac, de cuirs et de draps. Pop. : 5,000 âmes.

ESCLAVE (Grand lac de l'). — Il est situé dans le nord de la Nouvelle-Bretagne. Sa longueur est de 400 kilomètres, sur une largeur de 80, et il est traversé par le Mackensie, qui reçoit le nom de rivière de l'Esclave, au-dessus de ce lac, depuis sa sortie du lac Atapeskow.

ESCLAVES (Côtes des). — Nom que l'on donne à la côte de la Guinée septentrionale, entre la côte d'Or et celle de Bénin.

ESCOUBLAC. — Commune du département de la Loire-Inférieure, dans l'arrondissement de Savenay. Un village de même nom, qui existait tout auprès, fut enseveli par les sables de l'Océan, au XVIII° siècle.

ESCURIAL (L'). — Petite ville de la Nouvelle-Castille, en Espagne. Elle est bâtie sur le versant méridional de la chaîne de Guadarrama, et c'est là qu'à la suite d'un vœu fait à la bataille de Saint-Quentin, en 1557, Philippe II fit construire le célèbre monastère auquel il donna la forme d'un gril en mémoire du martyre de saint Laurent. Ce vaste et imposant édifice est l'une des trois principales résidences royales, et l'on y remarque surtout, parmi les choses précieuses qu'il renferme, la galerie de tableaux, la bibliothèque riche en manuscrits arabes, et les somptueux caveaux qui servent de sépulture aux souverains. La population de l'Escurial ne dépasse guère 2,000 âmes.

ESCUROLLES. — Chef-lieu de canton dans l'arrondissement de Gannat, département de l'Allier. Pop. : 1,200 âmes.

ESDRELON (Plaine d'). — En Syrie, dans la Turquie asiatique. Elle est célèbre dans l'histoire sainte et l'histoire profane, et des peuples nombreux y ont déployé leurs étendards. C'était la partie la plus fertile de la terre de Chanaan, et l'on admirait surtout la richesse de ses immenses pâturages.

ESKI-CHEHER. — Ville d'Anatolie, dans la Turquie d'Asie. On y trouve des restes de monuments antiques et des sources thermales. Les croisés y détruisirent, en 1097, l'armée du sultan Soliman.

ESKI-SAGRA. — Ville de la Romélie, dans la Turquie d'Europe. Elle est située au pied du Balkan, et au milieu de plaines bien cultivées. On y trouve des fabriques de tapis et des bains qui sont très-fréquentés. Sa population est d'environ 18,000 âmes.

ESMERALDAS. — Bourgade de la province de Chimborazo, dans la république de l'Equateur. Elle est renommée par l'excellence de son cacao, le meilleur que l'on connaisse.

ESNÉ ou LATOPOLIS. — Ville située sur la gauche du Nil, dans la Haute-Egypte. C'est un chef-lieu de préfecture. Elle est assez commerçante, et l'on y fabrique particulièrement des tissus de coton, des châles appelés *Milayeh* et de la poterie. On y admire les restes d'un grand temple, remarquable surtout par son portique, ses sculptures mythologiques et le zodiaque de son plafond.

ESNES. — Commune du département du Nord. Elle est située dans le canton de Clary, arrondissement de Cambrai. Pop. : 1,500 âmes.

ESPAGNAC ou HISPAGNAC. — Commune du département de la Corrèze. Elle est située dans le canton de La Roche-Canillac, arrondissement de Tulle. Pop. : 1,000 âmes.

ESPAGNE (Royaume d'). — Il est situé entre 1° de longitude orientale, et 12° de longitude occidentale, et entre 36° et 44° de latitude. Sa plus grande longueur, depuis Llauza, au nord de Roses, en Catalogne, jusqu'à Ayamonte, à l'embouchure de la Guadiana, dans la province de Huelva, est de 580 milles, et sa plus grande largeur, depuis le cap Priore, près du Ferrol en Galice, jusqu'au cap de Gata, dans la province d'Almeria, est de 502. Il a pour confins, au nord, l'océan Atlantique, les Pyrénées qui le séparent de la France et la république d'Andorre; à l'est la Méditerranée; au sud, cette même mer, le détroit de Gibraltar et l'océan Atlantique, et à l'ouest, cet océan et le Portugal. L'Espagne, qui forme un plateau très-élevé, offre sur ce plateau plusieurs chaînes appartenant au *système-hespérique*, et dont les points culminants sont : le Cerro de Mulhacen, de la Sierra d'ossa dans la province de Grenade, lequel est élevé de 3,536 mètres 62 centimètres, et domine toute la péninsule; puis la Sierra de Gredos, du groupe central, dans la province de Salamanque, dont l'altitude est de 3,201 mètres, et le mont Maladetta, dans les Pyrénées, entre la Catalogne et le département de la Haute-Garonne, en France, qui présente une hauteur de 3,466 mètres 78 cent.

Les fleuves qui baignent le territoire espagnol ont leur embouchure dans l'océan Atlantique et la Méditerranée. Au premier viennent aboutir la *Bidassoa*, le *Mino* et le *Nalon*; le *Duero*, dont les principaux affluents sont la Pisuerga, l'Arlanzon, le Valderaduay, l'Esla, l'Ardaja, l'Eresma et le Tormes; le *Tage*, qui a pour affluents le Jarama, le Manzanares, l'Alberche, l'Alagon, la Magasca et le Salor; la *Guadiana*, et son affluent le Giquela; et le *Guadalquivir*, ayant pour affluents le Guadalimar et le Xenil. La Méditerranée reçoit le *Jucar* dont les affluents sont le Cabriel et l'Albadya; le *Guadalaviar*; l'*Ebre*, qui a pour affluents le Salon, le San-Martin, le Guadalope, l'Aragon et le Gallego; et enfin le *Llobregat* et le *Ter*. L'Espagne n'a que deux lacs qui méritent d'être mentionnés, ce sont ceux d'Albufera, au sud de Valence, et de Mar-Menor, au nord-est de Carthagène. Ses îles sont celles de Léon, de Bayona, de Cies et d'Arosa; puis le groupe des Baléares, qui comprend Majorque, Minorque, Formentera, Ivica, Cabrera, etc. Quant aux canaux, les principaux sont l'Impérial et ceux de Castille, du Manzanares, de Murcie, d'Albacète, des Alfaques et de Guadarama.

La division administrative de la monarchie espagnole se compose des capitaineries générales de la Nouvele-Castille, avec *Madrid* pour chef-lieu; de la Vieille-Castille, chef-lieu *Burgos*; de la Galice, chef-lieu *la Corogne*; de l'Estremadure, chef-lieu *Badajoz*; de l'Andalousie, chef-lieu *Séville*; de Grenade, chef-lieu de même nom; de Valence, chef-lieu de même nom; de la Catalogne, chef-lieu *Barcelone*; de l'Aragon, chef-lieu *Saragosse*; de la Navarre, chef-lieu

Pampelune; du GUIPUSCOA, chef-lieu *Saint-Sébastien;* et de MAJORQUE, chef-lieu *Palma.* La capitale du royaume est MADRID.

ESPALION. — Petite ville du département de l'Aveyron. Elle est située sur le Lôt. Chef-lieu d'arrondissement, elle comprend 11 cantons et 43 communes, et l'on y trouve un collège, de nombreuses tanneries et des fabriques de chapeaux. Pop. : 4,000 âmes.

ESPALY-SAINT-MARCEL. — Commune du département de la Haute-Loire. Elle est située dans l'arrondissement du Puy, et sur un ruisseau qui charrie des hyacinthes, des grenats et des saphirs. Pop. : 1,200 âmes.

ESPELETTE. — Chef-lieu de canton dans l'arrondissement de Bayonne, département des Basses-Pyrénées. Pop. : 1,800 âmes.

ESPICHEL. — Cap situé sur l'Atlantique, en Portugal.

ESPINHAÇO (SERRA DO). — Chaîne de montagnes du Brésil. Elle traverse, du nord au sud, les provinces de Bahia, de Minas-Geraes et de Saint-Paul, et se prolonge jusqu'à l'Uruguay. Elle donne naissance à un grand nombre de cours d'eau, et l'on y trouve de riches mines de diamants.

ESPIRITO-SANTO. — Province du Brésil. Elle est située entre celles de Bahia, de Minas-Geraës et de Rio-Janeiro, et l'Atlantique, et la plus grande partie de son sol est occupée par des montagnes couvertes de vastes forêts. Victoria est le chef-lieu de cette province, qui compte environ 60,000 habitants.

ESQUIMAUX. — Peuple de l'Amérique septentrionale. Il descend des Samoyèdes, et se trouve disséminé dans le Groënland, le Labrador, le nord de la Nouvelle-Bretagne, etc.

ESQUIPULAS. — Ville de l'État de Guatemala, dans l'Amérique centrale. Son territoire est bas, humide et malsain, ce qui n'empêche pas néanmoins que cette ville ne soit la plus florissante de l'État. Pop. : 9,000 âmes.

ESSARTS (LES). — Chef-lieu de canton dans l'arrondissement de Napoléon-Vendée, département de la Vendée. Pop. : 2,400 âmes.

ESSEN. — Ville de la régence de Dusseldorf, dans la Prusse-Rhénane. Elle est située sur un embranchement du chemin de fer de Berlin au Rhin, et l'on y fait un commerce de houille. Pop. : 5,500 âmes.

ESSEQUEBO ou **ESSEQUIBO.** — Fleuve de la Guyane. Il prend sa source sur les frontières du Brésil, à la Sierra de Tumumaque, sépare en partie la Guyanne anglaise de la république de Venezuela, et va se jeter dans l'Atlantique après un cours de 800 kilomètres. Ce fleuve donne son nom à la partie de la Guyane anglaise qui a pour chef-lieu Georges-Town.

ESSLING. — Ville de l'archiduché d'Autriche. Elle est célèbre par la victoire qu'y remporta Napoléon sur les Autrichiens en 1809.

ESSONE. — Rivière de France. Elle passe dans les départements du Loiret et de Seine-et-Oise, et se jette dans la Seine près de Corbeil, après un cours de 90 kilomètres.

ESSONNE. — Petite ville du département de Seine-et-Oise. Elle est située dans l'arrondissement de Corbeil. On y trouve des fabriques d'indiennes, de linge de table, de madapolam, de couvertures et de papiers; des filatures de laine et de coton; des moulins à blé et à foulon; et de la chaux hydraulique grasse très-estimée. Pop. : 3,700 âmes.

ESTAGEL. — Petite ville du département des Pyrénées-Orientales. Elle est située dans l'arrondissement de Perpignan, et renommée par son huile et son miel. Patrie d'Arago. Pop. : 2,300 âmes.

ESTAING. — Chef-lieu de canton dans l'arrondissement d'Espalion, département de l'Aveyron. On y voit un château gothique et l'on y fait un commerce de bestiaux. Pop. : 1,500 âmes.

ESTAIRES. — Petite ville du département du Nord. Elle est située dans l'arrondissement d'Hazebrouck. On y trouve des fabriques de toiles et de linge de table. Pop. : 6,800 âmes.

ESTANCIA. — Gros village de la province de Sergipe, au Brésil. Il est très-important par son commerce et sa population qui progressent chaque jour. Pop. : 10,000 âmes.

ESTANDEUIL. — Commune du département du Puy-de-Dôme. Elle est située dans le canton de Saint-Diez, arrondissement de Clermont. Pop. : 1,000 âmes.

ESTAVOYER. — Jolie petite ville du canton de Fribourg, en Suisse. Elle est située sur le lac de Neufchâtel, et sa population est d'environ 1,200 âmes.

ESTE. — Petite ville de la délégation de Padoue, dans le gouvernement de Venise. C'est l'une des plus anciennes de l'Italie, et elle jouissait d'une certaine importance au moyen âge, par le rôle que jouaient alors ses comtes. Aujourd'hui, elle fait un commerce de grains assez considérable, et possède un musée d'antiquités. Le vendredi saint, on fait dans cette ville une belle illumination, appelée *luminara,* qui attire chaque année un grand nombre de curieux étrangers. Sa population est d'environ 10,000 âmes.

ESTELLA. — Ville de la Navarre, en Espagne. Elle est située sur l'Ega, affluent de l'Èbre, et l'on y tient une foire très-renommée. Pop. : 4,500 âmes.

ESTEPONA. — Ville de la province de Malaga, en Espagne. Elle est réputée par ses vins blancs. Pop. : 6,000 âmes.

ESTERNAY. — Chef-lieu de canton dans l'arrondissement d'Épernay, département de la Marne. Il est situé près de la source du Grand-Morin et l'on y trouve une manufacture de porcelaine. Pop. : 1,300 âmes.

ESTISSAC. — Chef-lieu de canton dans l'arrondissement de Troyes, département de l'Aube. Il est situé sur la Vannes, et l'on y trouve des fabriques de bas de coton. Pop. : 1,600 âmes.

ESTONIE. — Gouvernement de la Russie septentrionale. Il est situé au sud du golfe de Finlande, a pour chef-lieu Revel, et compte une population d'environ 280,000 âmes.

ESTRÉES-SAINT-DENIS. — Chef-lieu de canton dans l'arrondissement de Compiègne, département de l'Oise. Pop. : 1,300 âmes.

ESTRELLA (Serra d'). — Chaîne de montagnes du Portugal. Elle est située dans les provinces de Beira et d'Estremadure, et son étendue est d'environ 130 kilomètres. Ses points culminants ont une altitude qui va jusqu'à 2,000 mètres, et ils conservent fréquemment de la neige toute l'année.

ESTREMADURE ou **ESTRAMADURE.** — Ancienne province d'Espagne. Elle a pour confins, au nord, le royaume de Léon ; à l'est, la Nouvelle et la Vieille-Castille ; au sud et au sud-est, l'Andalousie ; à l'ouest, le Portugal ; et forme aujourd'hui les provinces de Badajoz et de Cacerès, et une petite partie de celles de Séville et de Salamanque. Elle est couverte d'immenses pâturages où sont répandus d'innombrables troupeaux de moutons.

ESTREMADURE. — Province de Portugal. Elle est bornée au nord et au nord-est par la province de Beira ; à l'est et au sud par l'Alemtejo ; et à l'ouest par l'océan Atlantique. Sa population est de 800,000 âmes.

ESTREMOZ. — Petite ville de l'Alem-Tejo, en Portugal. Elle est renommée par la fabrication des vases poreux qui, dans toute la péninsule Hispanique, servent à faire rafraîchir l'eau, et que l'on appelle *alcarazas*. Pop. : 5,000 âmes.

ESTUAIRE. — Les géographes anciens et quelques géologues modernes ont donné ce nom à certaines sinuosités de rives maritimes qui ne sont couvertes d'eau qu'à la marée montante, puis à l'embouchure d'un fleuve formant une espèce de golfe.

ESZEK. — Chef-lieu de la Slavonie civile, en Hongrie. Cette ville est fortifiée, et l'on dit que ses casernes et ses casemates peuvent loger 30,000 hommes. Elle fait un commerce important, et sa population civile est d'environ 10,000 âmes.

ÉTABLES. — Petite ville du département des Côtes-du-Nord. C'est un chef-lieu de canton de l'arrondissement de Saint-Brieuc. Pop. : 3,100 âmes.

ÉTAIN. — Petite ville du département de la Meuse. C'est un chef-lieu de canton de l'arrondissement de Verdun. On y remarque l'église paroissiale, qui est d'architecture gothique, et un bel hôtel de ville, et l'on y trouve des filatures et tissages de coton, ainsi que des tanneries. Pop. : 3,000 âmes.

ÉTAMPES. — Ville du département de Seine-et-Oise. Chef-lieu d'arrondissement, elle comprend 4 cantons et 69 communes. On y remarque la tour de Guinette, reste d'une ancienne forteresse démantelée sous le règne de Henri IV, et l'on y fait un commerce important de farines et de laines, de volaille et d'écrevisses. Pop. : 8,000 âmes.

ÉTAPLES. — Chef-lieu de canton dans l'arrondissement de Montreuil, département du Pas-de-Calais. Il est situé sur la Canche, près de son embouchure, et possède un petit port favorable à la pêche. Pop. : 2,000 âmes.

ETATS (Iles des). — Elles sont situées dans l'Atlantique, à l'est-sud-est de la Terre de Feu, dont elles sont séparées par le détroit de Lemaire. Elles sont stériles et désertes.

ETATS DU PAPE ou **de l'Église.** — Ils ont pour confins, au nord, le royaume lombard-vénitien et la mer Adriatique ; à l'est, cette mer et le royaume des Deux-Siciles ; au sud, une petite partie de ce dernier royaume, puis la Méditerranée et le grand-duché de Toscane ; et à l'ouest, ce grand-duché et le duché de Modène. Ces États comprennent les anciennes possessions de l'Église, moins le comté d'Avignon et ses dépendances, et quelques fractions du Ferrarais qui appartiennent aujourd'hui à l'Autriche ; et, depuis 1832, ils sont divisés en 21 provinces qui sont les suivantes :

PROVINCES.	CHEFS-LIEUX.
Comarque de Rome.	Rome.
Légation de Velletri.	Velletri.
Délégation de Frosinone.	Frosinone.
— de Bénévent.	Bénévent.
— de Civita-Vecchia.	Civita-Vecchia
— de Viterbe.	Viterbe.
— d'Orvieto.	Orvieto.
— de Rieti.	Rieti.
— de Spolète.	Spolète.
— de Pérouse.	Pérouse.
— de Camerino.	Camerino.
— de Macerata.	Macerata.
— de Fermo.	Fermo.
— d'Ascoli.	Ascoli.
Commissariat de Loreto.	Loreto.
Délégation d'Ancône.	Ancône.
Légation d'Urbin-et-Pesaro.	Urbin.
Légation de Forli.	Forli.
— de Ravenne.	Ravenne.
— de Bologne.	Bologne.
— de Ferrare.	Ferrare.

Les fleuves qui arrosent les États romains ont leur embouchure dans la Méditerranée et la mer Adriatique. La première reçoit le *Tibre*, dont les principaux affluents sont la Chiena, le Topio, la Nera et le Teverone ; puis la *Marta* et la *Fiora*. A la mer Adriatique appartiennent le *Pô*, ayant pour affluents le Reno, la Savena, le Silaro, le Santerno, et le *Senio* ; et ensuite l'*Amone*, le *Savio*, la *Marecchia*, le *Metauro*, l'*Esino*, le *Musone*, la *Potenza*, le *Chienti* et le *Tronto*.

ÉTATS-UNIS D'AMÉRIQUE ou **l'UNION.** — Ils sont situés entre 70° et 127° de longitude occidentale, et entre 25° et 52° de latitude boréale. Ils ont pour confins, au nord, l'Amérique anglaise ; à l'est, l'Amérique anglaise, l'océan Atlantique et le canal de Bahama ; au sud, le détroit ou canal de la Floride, le golfe du Mexique et le Mexique ; et à l'ouest, cette dernière région et le Grand-Océan. Parmi les nombreux cours d'eau dont ces États sont sillonnés, le golfe de Saint-Laurent reçoit le Saint-Laurent, dont les affluents sont le Kaménistiqua, le Saint-Louis, le Ménoménic, le Chigago, le Maumée, le Cuyahoga, le Genesee et l'Oswego; à l'OCÉAN ATLANTIQUE viennent aboutir le Saint-Jean, le Schoodic, le Penobscot, le Kennebec, le Delaware, l'Elk, le Susquahanna, le Patapsco, le Potomac, le James, le Roanoke, le Pamplico, le Neuse, le Cape-Fear, le Pedie, le Santee, le Savannah, l'Alatamaha, le Sainte-Marie et le Saint-Jean; dans le GOLFE DU MEXIQUE déversent l'Appalachicola, le Mobile, le Pearl, le Mississipi, dont les affluents sont très-nombreux, et le Sabine; et au GRAND-OCÉAN arrivent le Colombia ou Oregon, le Caledonia et le Tacoutche-Tesse.

Les lacs principaux des Etats-Unis sont le Michigan, le Supérieur, le Huron, l'Erié et l'Ontario; mais les quatre derniers sont communs aussi à l'Amérique anglaise. Dans le nombre des îles qui se montrent le long des côtes, sur l'Atlantique et le golfe du Mexique, on distingue particulièrement celles de Mount-Dessart, dans le Maine; de Long, dans le New-York; de Smith, dans la Virginie; de Port-Royal, Hilton-Head et Sainte-Hélène, dans la Caroline méridionale; d'Ossabaco, Supelo et Cumberland, dans la Géorgie; et d'Amelia, dans la Floride. Les canaux les plus renommés sont ceux de Middlesex, Blakstone, New-Haven, Moris, Erié, Hudson-et-Delaware, Lackawaxen, Oswgo, Seneca, Schuylkill-Navigation, Union-Canal, Lehigh-Navigation, Chesapeake-et-Ohio-Canal, Delaware-et-Chesapeake, Chesapeake-Albemarle, Baltimore, Rivière-James, Roaroke-Navigation, Jonction-Canal, Entaw, Ohio, Miami, et Ouabasch-et-Erié. Quant aux chemins de fer, les Etats-Unis l'emportent, par le nombre et la longueur des leurs, sur toutes les autres nations.

Ces Etats, au nombre de 31, sont les suivants: Le MAINE, divisé en 10 comtés, avec *Augusta*, pour chef-lieu; le NEW-HAMPSHIRE, 8 comtés, chef-lieu *Portsmouth*; le VERMONT, 13 comtés, chef-lieu *Montpellier*; le MASSACHUSETTS, 14 comtés, chef-lieu *Boston*; le RHODE-ISLAND, 5 comtés, chef-lieu *Providence*; le CONNECTICUT, 8 comtés, chef-lieu *Hartford*; le NEW-YORK, 56 comtés, chef-lieu *Albany*; le NEW-JERSEY, 14 comtés, chef-lieu *Trenton*; la PENNSYLVANIE, 51 comtés, chef-lieu *Harrisburg*; le DELAWARE, 3 comtés, chef-lieu *Dover*; le MARYLAND, 19 comtés, chef-lieu *Annapolis*; le DISTRICT DE COLOMBIE, 2 comtés, chef-lieu *Washington*; la VIRGINIE, 110 comtés, chef-lieu *Richmond*; la CAROLINE DU NORD, 64 comtés, chef-lieu *Raleigh*; la CAROLINE DU SUD, 29 districts, chef-lieu *Colombia*; la GÉORGIE, 76 comtés, chef-lieu *Milledgeville*; la FLORIDE, 15 comtés, chef-lieu *Tallahassee*; l'ALABAMA, 36 comtés, chef-lieu *Tuscaloosa*; le MISSISSIPI, 26 comtés, chef-lieu *Jackson*; la LOUISIANE, 31 paroisses, chef-lieu *Nouvelle-Orléans*; le DISTRICT DE L'ORÉGON, chef-lieu *Astoria*; l'INDIANA, 64 comtés, chef-lieu *Indianapolis*; l'ILLINOIS, 66 comtés, chef-lieu *Vandalia*; le MISSOURI, 33 comtés, chef-lieu *Jefferson*; le TENNESSEE, 62 comtés, chef-lieu *Nashville*; le KENTUCKY, 83 comtés, chef-lieu *Frankfort*; l'OHIO, 73 comtés, chef-lieu *Columbus*; le MICHIGAN, 39 comtés, chef-lieu *Détroit*; l'ARKANSAS, 23 comtés, chef-lieu *Littlerock*; la NOUVELLE-CALIFORNIE, chef-lieu *San-Francisco*; le TEXAS, chef-lieu *Austin*; le WISCONSIN, chef-lieu *Madison*; et l'IOWA, chef-lieu *Burlington*.

Les cultes dominants, aux Etats-Unis, sont ceux des baptistes, des épiscopaux-méthodistes, des presbytériens et des congrégationalistes; mais tous les autres, quels qu'ils soient, y sont tolérés. L'Eglise catholique y compte environ le quatorzième de la population; les quakers et les frères moraves y sont assez nombreux.

Les églises de l'Union sont en moyenne peu vastes; elles contiennent environ 380 personnes; l'Etat de Massachusetts compte les plus grandes et les plus belles; les Etats d'Indiana, de Floride, de Delaware et d'Ohio, en ont relativement le plus grand nombre. Elles se divisent, entre les diverses confessions, dans la proportion suivante: les catholiques en ont 1,712 pour 621,000 fidèles, et les épiscopaux 1,422 pourvues de sièges pour 625,200 membres. Les méthodistes possèdent le tiers de toutes les églises des Etats-Unis; les baptistes, le quart; et après eux ce sont les presbytériens qui en ont le plus. Les luthériens ont 1,208 églises pourvues de 531,000 sièges, et les bâtiments et dépendances sont estimés 2 millions 876,886 dollars. Les réformés allemands ont 327 églises pour 156,630 auditeurs; les frères moraves 331; les mennites 110; et les swedenborgiens 15. Si toutes les églises de l'Union étaient remplies de monde, elles contiendraient 13 millions 349,900 personnes.

En résumé, pour ce qui concerne en ce moment le catholicisme aux Etats-Unis, il y possède 7 archevêchés, 32 évêchés, 1,712 églises, 1,571 prêtres, compris en 41 diocèses et 2 vicariats apostoliques. Depuis 1846, le nombre des églises et celui du clergé ont presque doublé dans cette contrée.

ETATS-UNIS DU SUD. — *Voy.* COLOMBIE.

ETNA. — Montagne volcanique située dans l'île de Sicile, près de la côte orientale. Le cône de ce volcan a 3,237 mètres de hauteur, et sa base, presque circulaire, a 144 kilom. de circonférence. Ce cône peut être divisé en trois zones distinctes: la première, vers son pied, est couverte d'oliviers, de vignes, d'arbres fruitiers et de différentes cultures; la seconde, en montant, forme une ceinture de bois au volcan; et la troisième est un espace aride, couvert de laves et de scories, où, sur une espèce de plateau, s'élève, à 357^m 50, le cône qui exhale sans cesse des vapeurs sulfureuses, dont la circonférence est de plus de 4 kilom., et dont la profondeur dépasse 227^m 50. Outre ce cône principal, le flanc de la montagne est couvert d'un grand nombre d'autres, dont quelques-uns ont au delà de 200 mètres d'élévation, ce qui donne une physionomie toute particulière à l'Etna. Celui-ci, depuis l'an 1200 avant Jésus-Christ jusqu'à l'an 1830 de notre ère, a eu 101 éruptions. La plus célèbre est celle de 1669.

ETREPAGNY. — Chef-lieu de canton dans l'arrondissement des Andelys, département de l'Eure. On fabrique beaucoup de dentelles dans ses environs. Pop. : 1,500 âmes.

ETTENHEIM. — Ville du grand-duché de Bade. C'est dans ses environs, qu'en 1804, le duc d'Enghien fut enlevé et amené à Vincennes pour y être fusillé.

EU. — Petite ville du département de la Seine-Inférieure. C'est un chef-lieu de canton de l'arrondissement de Dieppe. On y voit un château bâti par les Guises, et dans lequel, en 1843, le roi Louis-Philippe reçut la reine d'Angleterre, Victoria. On fait, dans cette ville, un commerce de dentelles, de chanvre, de lin et de fil. Pop. : 4,000 âmes.

EUPHRATE. — Fleuve de la Turquie d'Asie. Il se forme, en Arménie, de deux rivières : l'une, appelée Mourad-Tchaï ou Binguel, prend sa source au nord du lac de Van ; l'autre vient du nord de l'Arménie ; et toutes deux réunies se jettent dans le Tigre, près de Corna, pour donner naissance au Chal-el-Arab. Selon quelques auteurs, l'Euphrate se perdait primitivement dans les lacs et des marais au sud de Babylone ; suivant d'autres, il allait se jeter dans le golfe Mésanitès, au nord-ouest du golfe Persique.

EURE (Département de l'). — Il a été formé d'une partie de la Normandie, du comté d'Evreux, et d'une partie du Perche. Sa superficie est de 582,127 hectares, et sa population de 423,240 âmes. Il est divisé en 5 arrondissements dont les chefs-lieux sont : Evreux, Louviers, les Andelys, Bernay et Pont-Audemer, et compte 36 cantons et 794 communes. Evreux est le siège de sa préfecture et de son diocèse, Rouen celui de sa cour impériale, Caen celui de son académie universitaire, et il est compris dans la première division militaire. La rivière qui donne son nom à ce département prend sa source dans celui de l'Orne et va se joindre à la Seine au-dessus du Pont-de-l'Arche après un cours de 22 kilomètres.

EURE-ET-LOIR (Département d'). — Il a été formé de parties de l'Orléanais, de la Normandie et du Perche, telles que la Bauce, le Dunois, le Drouais et le Thimerais. Sa superficie est de 548,305 hectares, et sa population de 292,330 âmes. Il est divisé en 4 arrondissements dont les chefs-lieux sont : Chartres, Chateaudun, Dreux et Nogent-le-Rotrou, et compte 24 cantons et 435 communes. Chartres est le siège de sa préfecture et de son diocèse, Paris celui de sa cour impériale et de son académie universitaire, et il est compris dans la première division militaire.

EUROPE. — Cette division du globe terrestre est située entre le 12° degré de longitude occidentale et le 62° de longitude orientale, et entre les 34° et 71° degrés de latitude boréale. Mais si l'on veut réunir à cette première circonscription les îles qui, par leur position géographique, dépendent en réalité de l'Europe, telle que la Nouvelle-Zemble, le Spitzberg et autres, la situation se trouve alors entre le 13° degré de longitude occidentale et le 77° de longitude orientale, et entre les 35° et 81° degrés de latitude boréale. La plus grande longueur, depuis le cap Saint-Vincent, en Portugal, jusqu'à la chaîne de l'Oural dans les environs de Jekaterinbourg, dans le gouvernement de Perm, en Russie, est de 2,326 milles, et la plus grande largeur, depuis les environs de Hammerfest, dans le Finmark, jusqu'à la chaîne centrale du Caucase, près du mont Mquinwari, de 1,800 milles ; toutefois, la plus grande largeur absolue existe entre le cap Nosskunn, dans le Finmark, et le cap Matapan de la Morée, et se porte alors à 2,100 milles.

L'Europe est bornée au nord par l'océan glacial Arctique ; à l'est, par le fleuve Kara, la chaîne principale de l'Oural et le fleuve de ce nom jusqu'à son embouchure dans la mer Caspienne ; puis par cette mer, le détroit d'Enikalé, la mer Noire, le détroit de Constantinople, la mer de Marmara, le détroit des Dardanelles et l'Archipel ; au sud par la chaîne principale du Caucase, la mer Noire, la Méditerranée et ses diverses branches, le détroit de Gibraltar et l'océan Atlantique ; à l'ouest, par ce dernier océan, et, au delà du cercle polaire, par l'océan glacial Arctique. Le contour de ce continent se trouve donc baigné par l'océan Atlantique, la Méditerranée et l'océan glacial Arctique. Le premier prend le nom de *mer du Nord* ou *d'Allemagne*, entre la Norvége, le Jutland, l'Allemagne, les Pays-Bas, la France, l'Angleterre et les îles de Shetland ; et forme, sur les côtes de l'Allemagne et des Pays-Bas, les golfes de Dollart et de Zuydersée. Un bras de cette mer, appelé Skager-Rak ou mer de Danemark, forme sur la côte de Norvége le golfe de Christiana ; un autre bras reçoit, entre la Suède méridionale et le Jutland septentrional, le nom de Cattegat ou golfe de Seeland ; et deux échancrures moins profondes de la même mer forment les golfes de Bukke et de Bergen. Au nord du cap Stal, en Norwége, l'océan Atlantique prend le nom de *mer de Scandinavie* ; à l'ouest du Pas-de-Calais, entre l'Angleterre et la France, celui de *Manche* ; entre l'Ecosse et l'Angleterre d'un côté et l'Irlande de l'autre, celui de *mer d'Islande* ou *canal de Saint-Georges* ; au nord-ouest de l'Ecosse, celui de *mer de Calédonie* ; le long de la côte sud-ouest de la France, celui de *golfe de Gascogne* ; et le long d'une partie de la côte septentrionale de l'Espagne, celui de *baie de Biscaye*. Enfin cet océan, pénétrant au sein du continent, y forme deux vastes méditerranées, l'une au nord, l'autre au sud.

La *Méditerranée du Nord*, qui reçoit le nom de *Baltique*, s'étend entre le Danemark, le Mecklembourg, la Poméranie, la Prusse et quelques provinces russes et suédoises, et offre un certain nombre de golfes, dont les plus remarquables sont ceux de Bothnie, de Finlande, de Riga et de Dantzik. Les issues par lesquelles cette mer communique avec le Cattegat, bras de la mer du Nord, sont les détroits du Sund et du Grand et Petit-Belt. La *Méditerranée du Sud* ou simplement la *Méditerranée*, se trouve comprise entre l'Europe, l'Asie et l'Afrique, et se joint à l'Océan par le détroit de Gibraltar. Cette mer prend, entre la côte d'Espagne et les îles Baléares, le nom de *canal des Baléares* ; celui de *golfe de Lyon*, le long des côtes de France, entre le cap Creux et la Provence ; et celui de *golfe de Gênes*, depuis la côte de Nice jusqu'à celle du duché de Lucques. On l'appelle *mer de Toscane* entre la Corse, la Sardaigne et l'Italie ; *mer de Sicile*, entre l'île de ce nom et la côte du royaume de Naples ; *mer Ionienne*, entre le pied de l'Italie, la Sicile et la Grèce ; et l'un de ses bras forme les golfes de Tarente, de Patras et de Corinthe ou Lépante. Pénétrant ensuite par le canal d'Otrante, entre l'Italie et l'Epire d'un côté, l'Albanie et la Dalmatie de l'autre, elle découpe un vaste golfe qu'on nomme *mer Adriatique*, et dont un enfoncement, près de Venise, forme le golfe de ce nom, tandis qu'un autre golfe, près de Trieste, prend aussi le nom de cette cité ; celui qui se trouve entre l'Istrie et le littoral hongrois s'appelle golfe de Carnero. Enfin, la Méditerranée, pénétrant par les intervalles que laissent entre elles les îles Cerigo, Cerigotto, Candie, Scarpanto et Rhodes. et les côtes opposées du Péloponèse et de l'Asie mineure, constitue l'*Archipel* ; et celui-ci, au delà du détroit des Dardanelles, forme la *mer de Marmara*, laquelle communique, par le détroit de Constantinople, avec la *mer Noire*, immense lac renfermé entre la côte méridionale de la Russie, la côte orientale de la Turquie d'Europe et la côte septentrionale de l'Asie mineure. Cette mer Noire a aussi quelques golfes, tels que ceux d'Azof, de Perecop et d'Odessa, dans la Russie méridionale.

Le golfe le plus considérable de l'*océan glacial Arctique* est celui qui reçoit la dénomination de *mer Blanche*, lequel offre à son tour quatre golfes secondaires, ceux de Kandalaskaïa, d'Onega, de la Dwina et de Mezen. Les autres golfes du même océan sont le golfe occidental, celui de Wrangel et celui de Tcheskaïa.

Les principaux détroits de l'Europe sont celui de Gibraltar, le Phare de Messine, les Dardanelles, le détroit de Constantinople, ceux de l'Euripe et d'Enikalé ; le Pas-de-Calais, le détroit de Pentland, le Sund, le Grand et le Petit-Belt, le détroit de Waigats et celui de Kara.

Les caps sont nombreux sur ce continent. Sur l'*océan Arctique*, ce sont le cap Gélania ou cap Désiré, à l'extrémité septentrionale de la Nouvelle-Zemble ; le cap Nord, sur l'île Mageroë, dans le Finmark ; et le Nord-Kyn ou Noss-Künn, aussi dans le Finmark, lequel cap forme l'extrémité du continent américain. Sur l'*océan Atlantique* et ses branches, se présentent, au nord du Jutland, le cap Skagen ; en France, dans le département de la Manche, le cap de la Hogue ; dans le comté de Sunderland, en Ecosse, le cap Wrath ; dans le comté de Cornouailles, en Angleterre, le cap Land's End ; dans le comté de Cork, en Irlande, le cap Clear ; dans la Galice, en Espagne, le cap Finistère ; dans l'Estremadure portugaise, le cap Roca, qui est le plus occidental du continent européen ; et dans l'Algarve, le cap Saint-Vincent. Dans la *mer Méditerranée* et ses dépendances, ce sont, en Espagne, le cap Gata dans l'intendance de Grenade, le cap Palos dans celle de Carthagène, le cap Saint-Martin dans celle de Valence et le cap Creux dans celle de Barcelone ; le cap Corse est à l'extrémité de l'île de ce nom. En Italie, le cap d'Anzo se trouve dans la comarque de Rome ; celui de Campanella, dans la Principauté-Citérieure ; celui de Spartivento, dans la Calabre-Ultérieure ; celui de Faro ou Phare, dans l'intendance de Messine ; celui de Passaro, dans celle de Syracuse ; celui delle Colonne, dans la Calabre ultérieure deuxième ; celui de Sainte-Marie de Leuca, dans la terre d'Otrante ; et celui de Promontore, dans l'Istrie. Dans la Morée sont les caps Matapan et Malio ; dans l'Attique, le cap Colonne ; puis, dans la mer Noire, se présentent le cap Emineh, à l'extrémité orientale de la chaîne du Balkan, et les caps Chersonèse et Takli, en Crimée. Enfin, la mer Baltique offre le cap Domesnes dans le golfe de Riga, et le cap Hangoudd sur celui de Finlande.

La plus grande des presqu'îles européennes est la *péninsule Scandinave*, formée de la Norwége, de la Suède et de la Laponie. Vient ensuite l'*Hispanique*, qui comprend l'Espagne, le Portugal et l'Andorre ; puis l'*Italique*, dont la configuration est celle d'une botte ; la *Slavo-Grecque* et la *Morée* ; la *Macédonienne*, formée à l'est de Salonique par les golfes de Salonique et de Contessa ; la *Crimée*, la *péninsule de Kanin*, le *Jutland* et la *péninsule Néerlandaise*. Quant aux îles et archipels, on trouve dans l'*océan Atlantique*, l'archipel Britannique ; les îles Vigeren, Hitteren, etc., sur la côte norwégienne, l'archipel de Fœro, qui appartient au Danemark ; les îles de Valkeren et de Juid-Bevelan, dans l'archipel hollandais ; celles de Gersay et de Guernesey, situées entre la Normandie et la Bretagne et que possède l'Angleterre ; celles d'Oléron et de Ré, placées vis-à-vis la côte du département de la Charente-Inférieure ; puis l'archipel des Açores. Dans la *Méditerranée*, sont d'abord les îles Baléares, la Corse, la Sardaigne, la Sicile, le groupe de Malte et l'île d'Elbe ; puis les îles Ioniennes, Candie, et celles de l'archipel grec qui appartiennent à l'Europe, comme Négrepont, Naxie, Andro, Lemno, Stalimène, Tasso, Hydra, Spezzia, Egine, etc. Dans la mer Adriatique, et sur les côtes de la Dalmatie, se présentent les îles Lesina, Cuzzola, Brazza, Veglia, Cherzo, etc. La *mer Baltique* offre, dans l'archipel Danois, les îles Seeland, Fionie, Laland, Falster, etc. ; l'île Bornholm, qui dépend du Danemark ; celles d'Oland et de Gotland qui appartiennent à la

Suède; puis l'archipel d'Aland et les îles Dago et Ossel, comprises dans l'empire russe. Dans l'*océan Glacial Arctique*, se trouvent le groupe de Lofodden Mageroe, l'archipel Norwégien, le groupe de la Nouvelle-Zemble, l'île Baren ou Cherry, et l'archipel de Spitzberg.

Tous les fleuves de l'Europe ont été partagés par Balbi en six sections, selon les mers auxquels ils aboutissent. Ainsi la mer *Caspienne* reçoit entr'autres cours d'eau : l'Oural, le Volga, le Kouma et le Terreck qui appartiennent à la Russie. A la *Méditerranée* viennent aboutir le Don, le Dniéper, le Dniester, le Danube, le Maritza, le Vardar, le Pô, l'Adige, le Tibre, le Rhône et l'Ebre. Dans l'*océan Atlantique* se déversent le Guadalquivir, le Guadiana, le Tage, le Duero, la Garonne, la Loire, la Seine, l'Escaut, la Meuse, le Rhin, le Weser, l'Elbe, le Glommen, le Gothelbe, la Tamise et l'Humber. La *mer Baltique* reçoit la Dala, la Tornea, la Newa, la Duna, le Niémen, la Vistule et l'Oder. Dans l'*océan glacial Arctique* viennent se jeter la Tana, le Petchora et le Kara. A la *mer Blanche* arrivent les eaux de l'Onega, de la Dwina et du Mezen.

Quant aux lacs européens, quelques géographes placent en première ligne la Caspienne, dont d'autres auteurs ont fait une mer; puis viennent les lacs Ladoga, Saima, Pajana, Onega et Peypus, en Russie; ceux de Vener, Meler et Vetter en Suède; celui de Constance, entre la Suisse et l'Allemagne; celui de Genève, entre la Suisse et la Savoie; celui de Balaton, dans la Hongrie; et ceux de Garde et le Majeur, en Italie.

Les montagnes de l'Europe ont été rangées aussi par le savant Balbi en 13 systèmes, dont 9 sont continentaux et 4 insulaires. Sept des premiers sont entièrement compris dans les limites de cette partie du monde; ce sont les systèmes hespérique, gallo-francique, alpique, slavo-hellénique, slave, herciniocarpathien et scandinavique; deux appartiennent en commun à l'Europe et à l'Asie, ce sont les systèmes ouralique et caucasique; puis les quatre insulaires sont les systèmes sardo-corse, dans la Méditerranée; britannique et açorien dans l'océan Atlantique; et boréal dans l'océan Glacial arctique. Les monts volcaniques européens sont le Vésuve près de Naples; l'Etna, en Sicile; les cônes des îles Vulcano, Vulcanello et Strongoli, dans l'archipel de Lipari; les volcans de Pico et de Saint-Georges, dans l'archipel des Açores; et celui de Sarytcheff, dans le groupe de la Nouvelle-Zemble.

Les plus grands plateaux d'Europe sont ceux de la Russie centrale, de l'Espagne centrale, de la Suisse, de l'Auvergne, du Piémont, du Jura, de la Bavière et de la Thuringe. Les vallées principales sont celles du bas Danube et du Danube moyen, du Pô, du Rhin et du Haut-Rhin; les vallées de la Norwége et celles de l'Ecosse; celles de la Savoie, du Brescian, du Bergamasc et du Tyrol; des cantons de Berne, du Tessin, des Grisons, de l'Uri, etc., en Suisse; de l'Aragon, de la Catalogne, de la Navarre et du royaume de Grenade, en Espagne; de la Beira et du Tras-os-Montes, en Portugal; du Dauphiné, des Hautes et Basses-Pyrénées, des Pyrénées-Orientales et de l'Ariége, en France. Les plus vastes déserts se rencontrent en Russie, où l'on remarque surtout les steppes de Ryn, du Volga, de la Crimée, de la Petchora, etc. Viennent ensuite les landes du Nordland, dans la Laponie, et celles de la Gothie occidentale; les putvens de la Hongrie; et les landes de Stade, de Hanovre, de Lumbourg, de Zell, de Hambourg, de la nouvelle Marche, de la Poméranie, de la Gironde et de la Bretagne en France, et de la terre de Barri dans le royaume de Naples.

La superficie de l'Europe est de 2,793,000 milles carrés, et sa population absolue de 227,700,000 âmes, c'est-à-dire 82 habitants par mille carré.

L'Europe peut se diviser en deux parties appelées OCCIDENTALE et ORIENTALE, et la première de ces divisions se subdiviser en parties *centrale*, *australe* et *boréale*. Les nations s'y trouvent alors réparties comme suit:

EUROPE OCCIDENTALE	CENTRALE.	France, Belgique, Confédération Germanique, Autriche, Prusse, Suisse.
	AUSTRALE.	*Péninsule hispanique*: Espagne, Portugal, Andorre. *Italie*: États de l'Eglise, Royaumes Sarde, des Deux-Siciles, et Lombard-Vénitien; duchés de Parme, de Modène et de Luques; principauté de Monaco, république de Saint-Marin; Corse et Malte.
	BORÉALE.	Angleterre, Danemark, Suède et Norwége.
EUROPE ORIENTALE		Empires Russe et Ottoman; Cracovie; Iles Ioniennes; Royaume de Grèce; Principautés de Servie, de Valachie et de Moldavie.

EUTIN. — Chef-lieu de la principauté de ce nom, dans le grand duché d'Oldenbourg. Cette ville est située sur le lac qui s'appelle comme elle, et l'on y remarque le château grand-ducal d'où dépend un très-beau jardin. Sa population est d'environ 3,000 âmes. Eutin a été la résidence de plusieurs hommes célèbres, tels que Stolberg, Vos, Bredow, Marie de Weber, etc.

EVAUX. — Petite ville du département de la Creuse. C'est un chef-lieu de canton de l'arrondissement d'Aubusson. On y trouve des sources thermales très-fréquentées. Cette ville fut l'un des points principaux des opérations géodésiques faites en 1792 par Delambre et Méchain, pour la mesure du méridien Pop.: 2,700 âmes.

EVESHAM. — Ville du comté de Worcester, en Angleterre. Elle est située sur l'Avon.

Il se livra sous les murs de cette ville, en 1265, un combat entre le comte de Leicester, qui y fut tué, et le prince Edouard, qui plus tard devint roi sous le nom d'Edouard Ier. Pop. : 5,000 âmes.

EVISA. — Chef-lieu de canton dans l'arrondissement d'Ajaccio, en Corse. Pop. : 1,200 âmes.

EVORA. — Ville archiépiscopale de l'Alem-Tejo, en Portugal. On y trouve plusieurs antiquités romaines, telles entre autres qu'un temple de Diane et un aqueduc parfaitement conservé. La population de cette ville, que les Portugais regardent comme la seconde du royaume, est d'environ 9,000 âmes.

EVRAN. — Petite ville du département des Côtes-du-Nord; c'est un chef-lieu de canton de l'arrondissement de Dinan. Elle est située sur le canal d'Ille-et-Rance. Pop. : 4,200 âmes.

EVRECY. — Chef-lieu de canton dans l'arrondissement de Caen, département du Calvados. Pop. : 800 âmes.

EVREUX. — Ville épiscopale située sur l'Iton. Chef-lieu du département de l'Eure, son arrondissement comprend 11 cantons et 261 communes. Sa cathédrale est l'une des plus belles basiliques de France. On cite après cela l'hôtel de la préfecture, l'hospice général et la tour dite la Grosse-Horloge, bâtie par les Anglais en 1417. Cette ville possède un séminaire, un collége, une bibliothèque publique, un jardin botanique et une société académique. Sa population est d'environ 11,000 âmes.

EVRON. — Chef-lieu de canton dans l'arrondissement de Laval, département de la Mayenne. On y trouve des fabriques de toiles, de linge de table, de fil et de laine. Pop. : 4,200 âmes.

EXCIDEUIL. — Chef-lieu de canton dans l'arrondissement de Périgueux, département de la Dordogne. On y fait un commerce de vins et de truffes; on y trouve des hauts fourneaux et des forges. Patrie du maréchal Bugeaud. Pop. : 1,900 âmes.

EXE. — Rivière d'Angleterre. Elle passe à Exeter, et se jette dans la Manche après un cours de 90 kilomètres.

EXETER. — Ville épiscopale, chef-lieu du comté de Devon, en Angleterre. Elle possède une vaste cathédrale, une maison de fous, un hôpital des pauvres, et un très-beau pont en pierre. Un canal la met aussi en communication avec Topsham, autre petite ville dont le port sert à l'exportation de ses produits. Exeter fut la résidence des souverains avant la conquête des Normands.

EXETER. — Petite ville de New-Hampshire, aux Etats-Unis d'Amérique. Elle est renommée par son collége Phillips, l'un des plus remarquables de l'Union. Pop. : 3,000 âmes.

EXMES. — Chef-lieu de canton dans l'arrondissement d'Argentan, département de l'Orne. Il est situé près des sources de la Dive. Pop. : 800 âmes.

EXMOUTH. — Ville du comté de Devon, en Angleterre. Elle est située à l'embouchure de l'Exe dans la Manche, et l'on y trouve des bains de mer très-fréquentés. C'est la patrie de Walter Raleigh, marin célèbre. Pop. 3,000 âmes.

EXOUDUN. — Commune du département des Deux-Sèvres. Elle est située dans le canton de La Mothe-Saint-Héraye, arrondissement de Melle. On y trouve un haras de baudets. Pop. : 1,800 âmes.

EYEO ou KATUNGA. — Capitale du royaume de Yarriba, dans la Nigritie centrale. Elle est située sur le penchant d'une colline, et environnée d'une muraille de 7 mètres de hauteur, avec un fossé.

EYGUIÈRES — Petite ville du département du Rhône. C'est un chef-lieu de canton de l'arrondissement d'Arles. Elle est située près du canal de Craponne, et l'on y fait un commerce de vins, d'huile d'olives, de soie, de garance et de meules à farine. Pop. : 3,000 âmes.

EYGURANDE. — Chef-lieu de canton dans l'arrondissement d'Ussel, département de la Corrèze. Pop, : 1,000 âmes.

EYLAU ou PREUSSICH-EYLAU. — Petite ville du gouvernement de Kœnigsberg, province de Prusse. C'est dans son voisinage qu'en 1807 Napoléon gagna, sur les Russes et les Prussiens, une bataille qui dura deux jours. Pop. : 2,000 âmes.

EYMET. — Chef-lieu de canton dans l'arrondissement de Bergerac, département de la Dordogne. On y trouve des fabriques d'indiennes et de calicot. Pop. : 1.800 âmes.

EYMOUTIERS. — Petite ville située sur la Vienne, dans le département de la Haute-Vienne. On y trouve un collége et des tanneries. Pop. 3,500 âmes.

EYOS, EYEOS ou YARRIBA. — Royaume de la Guinée. Il est situé au nord de ceux de Dahomey et de Bénin, et c'est l'un des plus puissants Etats de cette partie de l'Afrique. Sa capitale est Eyeo ou Katunga.

EZCARAY. — Ville de la province de Logroño, en Espagne. Pop. 2,500 âmes.

F

FABRIANO. — Petite ville épiscopale de la délégation de Macerata, dans l'Etat du Pape. Elle est importante par son industrie et ses fabriques de papiers et de parchemin; et l'on y visite le musée du comte Possenti, formé de 3,000 monuments en ivoire de tous les pays et de toutes les époques. La population de cette ville est d'environ 7,000 âmes.

FACHINGEN. — Village du duché de Nassau. Il est situé près de Diez. On y trouve des eaux minérales dont on exporte annuellement au delà de 500,000 bouteilles.

FAENZA. — Ville épiscopale de la légation de Ravenne, dans l'État du Pape. Elle est importante par son industrie et son commerce que favorise le canal qui la met en communication avec le Pô de Primaro ; et elle a donné son nom aux ouvrages de terre cuite appelés *majolica* par les Italiens. C'est à la fabrique de faïence de cette ville que les Raphaël et les Dominicain fournissaient des dessins. Pop. : 20,000 âmes.

FAIEOU. — Groupe d'îles de la Micronésie. Il est situé au centre de l'archipel des îles Carolines.

FAIFO ou HUÉ-HAN. — Petite ville de la Cochinchine, dans le royaume d'An-nam, Inde transgangétique. Elle possède un bon port, et ses environs sont renommés par la culture de la cannelle. On y voit aussi des grottes curieuses. Pop. : 15,800 âmes.

FAISANS (ILE DES). — Elle est formée par la Bidassoa, près d'Irun, limite de la France et de l'Espagne. C'est là que fut conclu, le 7 septembre 1659, le traité dit *des Pyrénées*, entre les deux nations.

FALABA. — Petite ville, capitale du royaume de Soulimana, dans la Nigritie maritime ou Guinée. Elle est située sur la côte de Sierra-Leone et sur un affluent de la Rokelle. Pop. : 6,000 âmes.

FALAISE. — Ville située sur l'Ante. Chef-lieu d'arrondissement dans le département du Calvados, elle comprend 5 cantons et 124 communes. Elle possède un collège et une bibliothèque, et son commerce consiste en serges, toiles, teintures, dentelles, et surtout en bonneterie qui occupe au delà de 4,000 métiers. Il se tient aussi dans l'un de ses faubourgs, appelé *Guibray*, l'une des plus célèbres foires de la France, et qui attirait anciennement des marchands de toutes les parties de l'Europe et de quelques-unes de la Grèce et de l'Asie ; cette foire consiste en bestiaux, en chevaux, en cuirs, en draps, en toiles, en dentelles, et en la plupart des produits de la Normandie. La population de Falaise est d'environ 9,000 âmes. C'est dans cette ville et dans un château dont les ruines subsistent encore que naquit Guillaume le Conquérant.

FALASHAS ou FALASJANS. — Nation juive de l'Abyssinie. Elle habite le Samen et dépend du Tigré. Depuis 30 siècles elle a conservé son culte.

FALÉMÉ, TÉNÉ ou TÉNYAH. — Rivière de la Sénégambie. Elle prend sa source aux montagnes du sud-est de la Sénégambie, arrose le Sangala, le Satadou, le Dentilia et le Bondou, et se jette dans le Sénégal, au-dessus de Bakel, après un cours de 700 kilomètres.

FALKIRK. — Petite ville du comté de Stirling, en Ecosse. Elle est assez importante par son grand marché de bestiaux, et parce que c'est le point où aboutissent le canal de l'Union qui va à Edimbourg, et celui de Clyde-Forth qui conduit à Glasgow. En 1746, l'armée du roi d'Angleterre fut battue sous les murs de cette ville par les partisans des Stuarts. Pop. : 13,000 âmes.

FALMOUTH. — Ville du comté de Cornwall ou Cornouailles, en Angleterre. Elle est importante par sa baie, l'une des plus grandes et des meilleures du royaume, et par sa marine marchande qui entretient de nombreuses relations avec l'Espagne et le Portugal. Pop. : 5,000 âmes.

FALSE. — Baie du grand Océan. Elle est située dans le gouvernement du cap de Bonne-Espérance, et séparée de la baie de la Table par la presqu'île sur laquelle se trouve la ville du Cap.

FALSTER. — Ile de la mer Baltique. Elle est située au sud du Seeland, et forme, avec l'île Laland, le baillage de Maribo, dans le royaume du Danemark.

FALUN. — Petite ville de Suède. Elle est importante par les riches mines de cuivre qu'on exploite dans ses environs, et l'on y trouve une école de mines. Pop. : 5,000 âmes.

FAMARS. — Village des environs de Valenciennes, dans le département du Nord. Il doit une célébrité récente à la découverte qu'on a faite, sur son territoire, d'antiquités qui consistent principalement en statues, vases, ustensiles de bronze, armes, médailles, etc. Cette commune est située au surplus sur l'emplacement d'une ancienne ville qui, sous la domination romaine, était le chef-lieu d'un canton appartenant aux Nerviens, l'un des principaux peuples de la seconde Belgique. Pop. : 600 âmes.

FAMATINA. — C'est le nom d'une célèbre mine d'argent qui se trouve dans la province de Rioja, confédération du Rio de la Plata.

FAMIEH. — Petite ville de Syrie. Elle est située sur l'Oronte, et remplace la célèbre *Apamea*, où les rois de Syrie entretenaient un haras de 500 éléphants. Cette ville est renommée aujourd'hui par la richesse de ses pâturages et l'abondance de la pêche qui a lieu dans le lac d'El-Taka, qui communique avec l'Oronte.

FAMINE (PORT). — Sur la côte sud du détroit de Magellan. Les Espagnols y établirent, en 1584, une garnison qui y périt de faim.

FANADO. — Petite ville, chef-lieu du district de Minas-Novas, dans la province de Minas-Geraës, au Brésil. Importante autrefois par ses lavages d'or, elle se livre aujourd'hui à la culture du coton, dont les produits la rendent florissante. C'est dans ce district que s'étend le territoire d'Américanas ou Americanos, où l'on recueille des pierres de couleur employées dans la joaillerie, et où vivent aussi les Botocudos, peuple antropophage. Pop. : 4,000 âmes.

FANTI. — Contrée de la Guinée septentrionale. Elle est située au sud de l'empire des Achantins et a pour capitale Mankasim. Les Anglais y possèdent Cap-Corse et Annamaboe, et les Hollandais Saint-George de la Mine.

FAOU (LE). — Chef-lieu de canton dans

l'arrondissement de Châteaulin, département du Finistère. Il est situé à l'embouchure de la rivière de son nom, au fond de la rade de Brest, et possède un petit port de commerce et de pêche. Pop. : 1,000 âmes.

FAOUET (LE). — Petite ville du département du Morbihan. C'est un chef-lieu de canton de l'arrondissement de Pontivy. On y trouve des fabriques de papier commun et de bleu de Prusse. Pop. : 3,000 âmes.

FARAFRAH. — Oasis située entre l'Egypte et le désert de Libye.

FARDASSI. — Ville du pays de Bertat, dans le Bahr-el-Abiad, en Afrique. Elle est située sur le Yabouos, et on la regarde comme le marché principal entre le Bertat, la Nubie et l'Abyssinie.

FARHABAD. — Ville du Mazanderan, en Perse. On trouve, dans ses environs, le village d'Achraf, où l'on voit les restes du magnifique palais bâti par Abbas-le-Grand.

FAREWELL. — Cap situé à l'extrémité sud du Groënland.

FARO. — Cap situé au nord-est de la Sicile.

FARO. — Ile de la mer Baltique. Elle est située à la pointe nord-est de l'île de Gothland.

FARO. — Ville épiscopale de l'Algarve, en Portugal. Elle possède un port qui favorise son commerce, et ses habitants se livrent pour le plus grand nombre à la pêche. Pop. : 8,000 âmes.

FARRAKABAD. — Ville de la province d'Agra, dans l'empire indo-britannique. Elle est située près de la rive droite du Gange, et florissante par son commerce. Pop. : 70,000 âmes.

FARRINGDON. — Ville du comté de Berks, en Angleterre. On y voit une belle église et une ancienne abbaye de l'ordre de Citeaux. Pop. : 3,000 âmes.

FARROILEP. — Groupe d'îles de la Micronésie. Il est situé au nord de l'archipel des Carolines, et au sud des îles Mariannes.

FARS ou FARSISTAN. — Province de la Perse. Elle est située au sud, sur le golfe Persique, et occupe la majeure partie de l'ancienne Perse proprement dite. Elle fait un commerce considérable sur le golfe Persique, et on la regarde comme la plus industrieuse du royaume.

FARSAN ou GUSR-FARSAN. — Ile du golfe Arabique. Elle est près de la côte de l'Yémen.

FARTAK. — Cap du sud de l'Arabie. Il est situé dans l'Hadramaout, sur la mer des Indes, et au nord s'étend la baie de même nom.

FATSISIO. — Petite île du Japon. Elle est située au sud de Yédo, et ses côtes en sont tellement escarpées qu'on ne peut y pénétrer qu'au moyen d'un appareil et d'une grue. C'est dans cette île que sont exilés les seigneurs japonais tombés en disgrâce, et on les y emploie à fabriquer des étoffes qui sont si précieuses par la beauté du travail, que l'empereur s'en réserve l'usage.

FATTIHPOUR. — Ville en ruines de la province d'Agra, dans l'empire indo-britannique. L'empereur Akbar y résidait dans un magnifique palais, et on y remarque encore la superbe mosquée construite par Djihanguir, fils de ce monarque.

FAUCILLES. — Chaîne de montagnes des départements de la Haute-Marne et des Vosges. Elles environnent les sources de la Saône et de la Meuse. A l'est elles s'unissent aux Vosges, puis se rattachent aux Ardennes occidentales par les monts de l'Argonne, et aux Ardennes orientales par une chaîne qui court entre la Meuse et la Moselle. Son point culminant, appelé *les Fourches*, a 491 mètres d'élévation.

FAUCOGNEY. — Chef-lieu de canton dans l'arrondissement de Lure, département de la Haute-Saône. Il est situé de Breuchin. On y fait un commerce de kirchwaser et de pierres à rasoir, et l'on exploite dans ses environs des mines de fer et des tourbières. Pop. : 1,600 âmes.

FAULHORN. — Montagne du canton de Berne, en Suisse. Elle est située entre la vallée de Grindelwald et le lac de Brientz, et son altitude est de 2,645 mètres. On a construit une habitation à 25 mètres seulement au-dessous de son sommet.

FAULQUEMONT. — Chef-lieu de canton dans l'arrondissement de Metz, département de la Moselle. Il est situé sur la Nied allemande. Pop. : 1,000 âmes.

FAUQUEMBERGUE. — Chef-lieu de canton dans l'arrondissement de Saint-Omer, département du Pas-de-Calais. Il est situé sur l'Aa. Pop. : 1,000 âmes.

FAUVILLE. — Chef-lieu de canton dans l'arrondissement d'Yvetot, département de la Seine-Inférieure. Pop. : 1,500 âmes.

FAVERSHAM. — Ville du comté de Kent, en Angleterre. Elle est située sur le Swale, qui sépare Sheppey de la Grande-Bretagne. On y fabrique de la poudre à canon. Pop. : 4,000 âmes.

FAY. — Petite ville du département de la Loire-Inférieure. Elle est située dans l'arrondissement de Savenay. Pop. : 3,700 âmes.

FAY-LE-FROID. — Chef-lieu de canton dans l'arrondissement du Puy, département de la Haute-Loire. Il est situé près de la rive droite du Lignon. Pop. : 800 âmes.

FAYAL. — L'une des îles Açores. Elle est située au nord-ouest de celle de Pico. Elle est fréquentée à cause de l'excellent mouillage qu'elle possède, et son chef-lieu est Horta.

FAYENCE. — Petite ville du département du Var. C'est un chef-lieu de canton de l'arrondissement de Draguignan. On y fait un commerce de faïencerie, de verrerie et d'huile d'olives. Pop. : 2,300 âmes.

FAYOUM. — Province de la moyenne Egypte. Elle est située à l'ouest du Nil; des montagnes l'environnent presque de toutes parts, et elle renferme le lac Kéroun, le

Mœris des anciens. Cette province est renommée par sa fertilité, ses champs de rosiers et l'essence de roses qu'on y fabrique.

FAYS-BILLOT. — Petite ville du département de la Haute-Marne. C'est un chef-lieu de canton de l'arrondissement de Langres. Pop. 2,500 âmes.

FAZOGL. — Ville importante du Bertat, contrée située à l'ouest de l'Abyssinie.

FECAMP. — Petite ville maritime du département de la Seine-Inférieure. C'est un chef-lieu de canton de l'arrondissement du Havre. Elle est industrieuse, commerçante, et possède une école de navigation. On y remarque l'église de son ancienne abbaye. Pop. : 9,400 âmes.

FECHHEIM. — Village de la principauté de Cobourg. Il est important par ses sources minérales et ses carrières de marbre et d'albâtre.

FEGRÉAC. — Petite ville du département de la Loire-Inférieure. Elle est située dans l'arrondissement de Savenay. Pop. : 2,300 âmes.

FELDSBERG. — Ville de l'archiduché d'Autriche. Elle est renommée par les vins que produit son territoire. Pop. : 2,500 âmes.

FELEGYHAZA. — Ville de Hongrie, empire d'Autriche. C'est le chef-lieu de la Petite-Kumanie. Pop. : 10,000 âmes.

FELICULI. — Île de l'archipel de Lipari, en Sicile. On y remarque l'immense cavité appelée la *Grotte du Bœuf marin*.

FELLANS ou **FELLATAHS** (EMPIRE DES). — Dans le Soudan. Il a été fondé au commencement du présent siècle, par le cheick Othman, chef des Fellans, et ses villes principales sont Sackatou, Kaschna, Kalaouaona, Zirmi, Zariya, Magaria, Kano, Baebaegi et Katagoum.

FELLETIN. — Petite ville du département de la Creuze. C'est un chef-lieu de canton de l'arrondissement d'Aubusson. On y trouve des fabriques de tapis, de moquettes et de siamoises, des papeteries, des teintureries et des sources minérales. Pop. : 3,600 âmes.

FELOUPS. — Peuple nègre de la Sénégambie. Il habite au sud de l'embouchure de la Gambie.

FELTRE. — Ville épiscopale du royaume lombard-vénitien, empire d'Autriche. Pop.: 4,500 âmes.

FEMERN. — Île danoise de la mer Baltique. Elle est située au sud-ouest de Laland, près des côtes du Holstein, et forme un des bailliages du royaume.

FEMME DE LOTH (LA). — C'est le nom que donnent les navigateurs à un énorme rocher situé dans les parages de l'archipel des Mariannes, sous les 29° 50' de latitude nord, et 140° 3' de longitude orientale. M. Meares en parle en ces termes : « Cette masse s'élève presque perpendiculairement à la hauteur de 350 pieds; les vagues viennent s'y briser avec fureur. A quarante ou cinquante verges de son angle occidental, on distingue un petit rocher à fleur d'eau; les ondes se précipitent avec un bruit épouvantable dans une caverne creusée dans la côte qui regarde le sud-est. En considérant ce roc dont l'aspect inspire un sentiment de terreur, et qui seul reste immobile au milieu de l'Océan tourmenté par les tempêtes, on croit voir un monument qui a résisté aux convulsions de la nature. »

FENESTRELLE. — Ville de la division de Turin, royaume sarde. Elle est située entre deux montagnes, fut jadis très-forte, et les Français l'ont rendue célèbre par le passage qu'ils y effectuèrent en 1516. Pop. : 1,000 âmes.

FENETRANGE. — Chef-lieu de canton dans l'arrondissement de Sarrebourg, département de la Meurthe. Il est situé sur la Sarre. Pop. : 1,500 âmes.

FER (CAP DE). — Il est situé sur la Méditerranée, au nord-est de l'Algérie, et à l'extrémité orientale de la baie de Stora.

FERE (LA). — Ville fortifiée, située au confluent de la Serre et de l'Oise, dans le département de l'Aisne. Elle possède la plus ancienne école d'artillerie de France, un arsenal et un moulin à poudre. Sa population est de 3 à 4,000 âmes.

FERE-CHAMPENOISE. — Chef-lieu de canton dans l'arrondissement d'Epernay, département de la Marne. Pop. : 2,100 âmes.

FERE-EN-TARDENOIS. — Chef-lieu de canton dans l'arrondissement de Château-Thierry, département de l'Aisne. Il est situé sur l'Ourcq. On y trouve une filature de laine et des fabriques de bonneterie. Pop. : 1,500 âmes.

FERIANEH. — Ville de Barbarie. Elle est située au milieu d'un désert; et l'on croit qu'elle occupe l'emplacement de l'ancienne *Thala*.

FERLACH. — Petite ville de la Carinthie. Elle est renommée par sa manufacture de fusils. Pop. : 3,000 âmes.

FERMO. — Ville archiépiscopale, chef-lieu de la délégation de ce nom, dans l'Etat du Pape. On y remarque la cathédrale et on y trouve une université secondaire. C'est la patrie de Lactance. Pop. : 19,000 âmes.

FERNANDO-DE-NORONHA. — Île ou rocher stérile de la province de Rio-Grande, au Brésil. On y a construit un fort, et c'est un lieu de déportation pour quelques criminels de l'empire.

FERNANDO-PO. — Île du golfe de Biafra, qui fait partie de celui de Guinée. Elle est très-élevée, boisée et fertile.

FERNEY ou **FERNEX.** — Petite ville du département de l'Ain; c'est un chef-lieu de canton de l'arrondissement de Gex. Elle fait un commerce d'horlogerie et doit sa célébrité au séjour que fit Voltaire dans le château qu'on y voit encore. Pop. : 1,200 âmes.

FEROE ou **FOEROE** (ILES). — Ces îles, qui portent aussi le nom de *Faroër*, sont situées dans l'océan Atlantique, entre 61° 20' et 60° 30' de latitude septentrionale, et 7°55' et 10°25' de longitude occidentale du méridien de Paris. Elles sont au nombre de 35, dont 17 sont habitées; leur superficie est évaluée à 440 kilom. carrées et leur population est de 6 à 7,000 âmes. Leurs montagnes, qui paraissent être d'origine ignée, s'élèvent jusqu'à 650 mètres au-dessus du niveau de l'Océan; la décomposition des roches y produit un sol graveleux et noirâtre qui se couvre de riches pâturages, mais qui ne donne naissance à aucun arbre; et les baies profondément découpées qui bordent les côtes augmentent les dangers de ces parages remplis d'écueils et de courants rapides. Ces dangers sont tels qu'il faut quelquefois attendre jusqu'à des mois entiers, avant de pouvoir traverser d'une île à l'autre. La plus grande des îles Feroë est Stromoë, qui a 13 lieues de longueur sur 5 de largeur, et dont le point culminant est la montagne de Skœlinsfield, dont l'altitude dépasse 600 mètres. Viennent ensuite Osteroë à l'ouest, Suderoë au sud; puis Sandoë, Waorgoë, Bordoë, Winderoë, etc.; lesquelles diminuent graduellement de grandeur. Suderoë renferme une mine de houille importante. Malgré sa latitude, cet archipel offre un climat peu rigoureux : les gelées y durent rarement au delà d'un mois; et il est tout aussi peu commun d'y voir les baies se couvrir de glaces. Le blé mûrit difficilement sur ce sol; mais l'orge, le seigle et les légumes y réussissent parfaitement. Quant aux insulaires, ils ont des mœurs douces, laborieuses et tout à fait patriarcales.

FERRARE. — Ville archiépiscopale, chef-lieu de la légation qui porte son nom, dans l'Etat du Pape. Elle est fortifiée et située sur une branche du Pô, qui la fait communiquer avec le Pô di Maëstro. On y remarque la cathédrale, l'ancien palais ducal et le nouveau palais du gouvernement. Cette ville possède une université, une bibliothèque publique et environ 26,000 habitants.

FERRAT. — Cap sur la Méditerranée. Il est situé au nord-ouest de l'Algérie et porte aussi le nom d'Abuja.

FERRETTE. — Chef-lieu de canton dans l'arrondissement d'Altkirch, département du Haut-Rhin. C'est un bourg très-ancien qui fut cédé à la France par la paix de Munster, en 1648. Pop. : 800 âmes.

FERRIERES. — Chef-lieu de canton dans l'arrondissement de Montargis, département du Loiret. Il est situé près du canal du Loing, et l'on y trouve des tanneries. Pop. : 1,700 âmes.

FERROL (LE). — Petite ville maritime de la Galice, en Espagne. Son port, l'un des plus beaux de l'Europe, est défendu par de formidables batteries; un arsenal de marine est l'un des trois grands établissements de ce genre que possède le royaume; on trouve aussi, au Ferrol, une école de navigation ; et sa population est d'environ 13,000 âmes.

FERTÉ-ALEPS (LA). — Chef-lieu de canton dans l'arrondissement d'Étampes, département de Seine-et-Oise. Il est situé sur l'Essonne. On y remarque le clocher de l'église paroissiale, qui est très-ancien, et l'on y trouve une filature de bourre de soie. On exploite aussi, dans les environs, des carrières de grès. Pop. : 800 âmes.

FERTÉ-BERNARD (LA). — Petite ville du département de la Sarthe. C'est un chef-lieu de canton de l'arrondissement de Mamers. Il est situé sur l'Huîne. On y trouve des fabriques de toiles jaunes et écrues, et de toiles de couleurs destinées aux colonies.

FERTÉ-GAUCHER (LA). — Petite ville du département de Seine-et-Marne. C'est un chef-lieu de canton dans l'arrondissement de Coulommiers. Elle est située sur le Grand-Morin. On y trouve des fabriques de serges, des moulins à tan, et l'on y fait un commerce important de grains et de farine. C'est la patrie du poëte Robert Garnier. Pop.: 2,100 âmes.

FERTÉ-MACÉ (LA). — Petite ville du département de l'Orne. C'est un chef-lieu de canton de l'arrondissement de Domfront. On y trouve de nombreuses fabriques de tissus en fil, de peignes et de tabatières en buis, etc. Pop. : 5,200 âmes.

FERTÉ-MILON (LA). — Petite ville du département de l'Aisne. C'est un chef-lieu de canton de l'arrondissement de Château-Thierry. Elle est située sur l'Ourcq. On y fait un commerce de bois et de grains. C'est la patrie de Jean Racine. Pop. : 3,000 âmes.

FERTÉ-SAINT-AUBIN (LA). — Chef-lieu de canton dans l'arrondissement d'Orléans, département du Loiret. Pop. : 1,900 âmes.

FERTÉ-SOUS-JOUARRE (LA). — Petite ville du département de Seine-et-Marne. Chef-lieu de canton de l'arrondissement de Meaux. Elle est située sur la Marne, qui y forme une île. On y trouve des fabriques de cardes et l'on y exploite des pierres meulières et des pierres de taille. Pop. : 4,100 âmes.

FERTÉ-SUR-AMANCE (LA). — Chef-lieu de canton dans l'arrondissement de Langres, département de la Haute-Marne. Il est situé près de la rive gauche de l'Amance, affluent de la Saône. Pop. : 600 âmes.

FERTÉ-VIDAME (LA). — Chef-lieu de canton dans l'arrondissement de Dreux, département d'Eure-et-Loir. Pop. : 800 âmes.

FESA. — Petite ville du Fars, en Perse. Elle est presque ruinée ; mais on remarque encore, dans son voisinage, un cyprès auquel on accordait déjà, du temps de Pietro della Valle, dix siècles d'existence, et on y trouve une mine d'argent qui fut exploitée. On croit que cette ville occupe l'emplacement de l'ancienne *Pasargades*.

FEURS. — Petite ville du département de la Loire. C'est un chef-lieu de canton de l'arrondissement de Montbrison. Elle est située près de la rive droite de la Loire, et c'est une station du chemin de fer d'Andrézieux à Rouanne. Pop. : 2,700 âmes.

FEZ ou FÉS. — Grande ville, capitale du royaume du même nom, dans l'empire de Maroc. Elle est située sur un affluent du Séboue et au fond d'un entonnoir formé par des montagnes boisées. Ses maisons sont construites en briques et ses rues pavées;

mais celles-ci sont étroites, tortueuses et sales. On y remarque plusieurs belles mosquées et des établissements de bains sulfureux et ferrugineux. Cette ville possède des écoles élémentaires et une bibliothèque publique; puis des fabriques de maroquins, de couvertures de laine, d'armes, de poudre à canon, etc. Pop. : 80,000 âmes.

FEZZAN. — Grande province de la régence de Tripoli, en Afrique. Elle est formée d'un certain nombre d'oasis qui, dans leur ensemble, offrent la population la plus considérable du grand désert.

FICHTELBERG. — Chaîne de montagne de la Bavière. Elle lie l'Erzgebirge aux montagnes de la Franconie, et donne naissance au Mein, à la Saale, à l'Eger, etc. Son point culminant est le Schneeberg, dont l'altitude est de 1,062 mètres.

FIESOLE. — Petite ville épiscopale du duché de Florence. Elle jouit de quelque célébrité par les restes de ses murs cyclopéens et de quelques édifices antiques. Pop. : 2,000 âmes.

FIGEAC. — Petite ville du département du Lot. C'est un chef-lieu d'arrondissement qui comprend 8 cantons et 110 communes. Elle possède un collège, et fait un commerce de bestiaux, de cuirs, de vins, etc. Pop. : 7,000 âmes.

FIGUEIRA. — Petite ville du Beira, en Portugal. Elle fait un commerce assez considérable que favorise son port, formé par le Mondego. Pop. : 6,000 âmes.

FIGUERAS. — Jolie petite ville de la Catalogne, en Espagne. Elle est renommée par sa citadelle, construite d'après le système de Vauban, et qui est l'une des places fortes les plus remarquables de l'Europe. Cette forteresse offre des casemates à l'épreuve de la bombe, pouvant recevoir une garnison de 6,000 hommes; des écuries pour 5,000 chevaux; des citernes qui contiennent 3 à 4,000,000 de litres d'eau; et des magasins propres à un approvisionnement de 18 mois.

FINISTÈRE (Département du). — Il a été formé d'une partie de la Bretagne. Sa superficie est de 666,705 hectares, et sa population de 612,150 âmes. Il est divisé en 5 arrondissements dont les chefs-lieux sont Quimper, Brest, Châteaulin, Morlaix et Quimperlé, et compte 43 cantons et 282 communes. Quimper est le siége de sa préfecture et de son diocèse, Rennes celui de sa cour impériale et de son académie universitaire, et il est compris dans la 15ᵉ division militaire.

FINISTÈRE. — Cap d'Espagne. Il est situé à l'extrémité occidentale de la Galice.

FINLANDE. — Duché et province de Russie. Cette vaste région est située entre les golfes de Bothnie et de Finlande, et se divise en 7 gouvernements : Uléaborg, Wasa, Kuopio, Abo, Tavastehus, Saint-Michel et Viborg. C'est un pays froid, couvert de montagnes peu élevées, de forêts, de marais et de lacs dont le plus important est celui de Saïma. On y trouve des mines de cuivre et de plomb, et quelques plaines sont assez fertiles. On y compte 1,450,000 habitants.

FINLANDE (Golfe de). — Il est formé par la mer Baltique, à l'est, sur les côtes de Russie. Son étendue est de 450 kilomètres; il reçoit la Néva et la Narowa, et ses ports principaux sont Saint-Pétersbourg et Cronstadt.

FINMARK. — Vaste province de Norwége. Elle est située au nord-est du Nordland, entre la mer Glaciale et la Laponie russe. Malgré sa haute latitude, qui est entre 68° 18' et 71° 12', on y trouve des pins et on y cultive de l'orge et des pommes de terre. L'intérieur de cette contrée n'est habité que par des Lapons. Pop. : 30,000 âmes.

FINSTERAAHORN. — Montagne située au sud du canton de Berne, en Suisse. C'est le point culminant des Alpes bernoises, et sa hauteur est de 4,362 mètres.

FIONIE. — Ile du Danemark. Elle est située dans la mer Baltique entre le Grand-Belt et le Petit-Belt qui la séparent de Seeland et du Jutland. Son sol est fertile en grains et en pâturages; elle a 80 kilomètres de longueur sur une largeur moyenne de 50; elle compte 120,000 habitants, et son chef-lieu est Odensee.

FIORENZUOLA. — Très-petite ville du duché de Parme. Elle a acquis de la renommée depuis qu'on a découvert dans ses environs les ruines de l'ancienne *Velleia*, que l'on croit avoir été détruite subitement, peu après la mort de Constantin le Grand, par l'éruption d'un volcan ou l'éboulement de deux montagnes; c'est au milieu de ces ruines qu'on a trouvé la fameuse *table trajane*, l'un des monuments les plus importants de l'ancienne Rome qui soient parvenus jusqu'à nous. Il a servi dans ces derniers temps au savant abbé Furlanetto, de Padoue, pour déterminer quel était le taux de l'intérêt légal de l'argent chez les Romains. Fiorenzuola est la patrie du cardinal Alberoni. Pop. : 3,000 âmes.

FIRANDO. — Ile du Japon. Elle est située près de la côte sud de Kiousiou.

FIROUZABAD. — Ville du Fars, en Perse. On y fabrique la meilleure essence de roses qu'il y ait dans tout le royaume.

FISKERNAES. — Colonie des frères moraves, dans le Groënland occidental. Elle est située entre Gothaab et Frederikshaab. Pop. : 1,000 âmes.

FIUME. — Petite ville maritime avec un port franc, en Hongrie. Elle est importante par sa fabrication de tabac, de rosolio, et son cabotage. On cite sa superbe route de *Louise*, longue de 72 milles, et qui mène à Karstadt, en franchissant plusieurs montagnes bordées d'affreux précipices. La population de Fiume est d'à peu près 10,000 âmes. On trouve dans ses environs, qui sont délicieux, le sanctuaire de Tersat, bâti au sommet de la montagne du même nom, et qui jouit d'une grande célébrité.

FLANDRE. — Contrée de la Belgique. Elle est comprise entre le Bas-Escaut, la mer du Nord, l'Artois, le Hainaut et le Brabant, et se divise en Flandre occidentale et Flandre orientale. La première, qui a pour chef-lieu Bruges, est marécageuse et couverte de bruyères; la seconde, dont le chef-lieu est Gand, est fertile et industrieuse.

FLAVIGNY. — Chef-lieu de canton dans l'arrondissement de Semur, département de la Côte-d'Or. On y cultive de l'anis renommé. Pop. : 1,300 âmes.

FLECHE (La). — Petite ville située sur le Loir, dans le département de la Sarthe. Chef-lieu d'arrondissement, elle comprend 7 cantons et 77 communes. Son collége, fondé par Henri IV, et qui eut Descartes pour élève, est aujourd'hui changé en une école militaire préparatoire dans laquelle 600 élèves reçoivent une première instruction avant de passer à Saint-Cyr. Cette ville possède une bibliothèque publique, et sa population est d'environ 6,500 âmes.

FLENSBORG. — Jolie petite ville du Jutland méridional, en Danemark. Elle est située sur un golfe de la mer Baltique, elle possède un port très-fréquenté, de nombreuses fabriques, des chantiers, et son commerce est des plus florissants. On y trouve aussi un collége, une école de navigation, et sa population est d'environ 14,000 âmes.

FLERS. — Petite ville du département de l'Orne. C'est un chef-lieu de canton de l'arrondissement de Domfront, et le centre d'une fabrication importante de toiles et de coutils. Pop. : 6,100 âmes.

FLESSINGUE. — Ville forte de la Zélande, en Hollande. Elle est située dans l'île de Walcheren, sur le Hout, ou Escaut occidental, où elle possède un bon port et des bassins qui peuvent contenir une flotte de 80 vaisseaux de ligne. On y remarque les fortifications, les chantiers et d'immenses magasins. Pop. : 5,000 âmes.

FLEURANCE. — Petite ville du département du Gers. On y fait un commerce de grains, de farines et d'eaux-de-vie. Pop. : 3,400 âmes.

FLEURUS. — Bourg de Belgique. Il est situé dans le Hainaut et célèbre par les batailles qu'y gagnèrent les Français en 1690, 1794 et 1815.

FLEURY-SUR-ANDELLE. — Chef-lieu de canton de l'arrondissement des Andelys, dans le département de l'Eure. Pop. : 1,200 âmes.

FLEUVE JAUNE. — C'est l'un des plus grands cours d'eau de l'Asie orientale. Les Chinois l'appellent *Houang-Ho*, et les Mongols *Kara-Mourèn*. On ne sait pas exactement quelle est la situation de sa source ; mais on suppose qu'elle existe dans le pays des Dzoungars, dans la Mongolie occidentale, et que le fleuve y sort du sein des montagnes pour se diriger vers l'Orient. Toutefois, il fait de nombreux détours dans cette contrée avant de l'abandonner. Ainsi, après avoir passé à Lan-Tchéou dans le Kansou, il décrit un immense circuit à travers la Mongolie, arrose la ville de Kintha, longe ensuite une partie de la grande muraille, dans l'intérieur de la Chine, puis sort de cet empire pour former, au delà de la muraille, un arc de cercle assez développé, où il se subdivise en plusieurs branches qui se réunissent plus loin pour ne faire de rechef qu'un même cours d'eau, lequel traverse une seconde fois la grande muraille pour arroser Ning-Kia ; enfin, descendant alors verticalement jusqu'au 13ᵉ degré de latitude occidentale, dans l'intérieur de l'empire chinois, à travers le Chan-Si, il brise alors tout à coup la direction de ses eaux, reprend à angle droit celle qu'il a suivie dans l'origine, et se précipite dans la mer Jaune, en arrosant l'Ho-Nan. Ce fleuve, qui est très-limoneux, déborde quelquefois avec une extrême fureur.

FLINT. — Rivière des Etats-Unis d'Amérique. Elle se joint au Chattohochee pour former l'Apalachicola. Les Creeks étaient principalement établis sur ses bords.

FLINT. — Ville d'Angleterre. C'est le chef-lieu d'un comté de même nom. Elle est située à l'embouchure de la Dee dans la mer d'Irlande, et l'on y trouve des bains de mer. Richard II y fut pris par Henri IV en 1399. Pop. : 2,200 âmes.

FLIZE. — Chef-lieu de canton dans l'arrondissement de Mézières, département des Ardennes. On y trouve des fabriques de draps et une forge importante où se fabriquent des essieux pour l'artillerie. Pop. : 300 âmes.

FLODDEN. — Village du Northumberland, en Angleterre. Il est célèbre par la bataille qu'y perdirent les Ecossais en 1513, contre les Anglais.

FLOGNY. — Chef-lieu de canton dans l'arrondissement de Tonnerre, département de l'Yonne. Il est situé sur le canal de Bourgogne. Pop. : 400 âmes.

FLORAC. — Petite ville du département de la Lozère. Chef-lieu d'arrondissement, elle comprend 7 cantons et 52 communes. On y trouve des fabriques de faucilles et de coutellerie. Pop. : 2,300 âmes.

FLORENCE. — Ville archiépiscopale, située sur l'Arno. C'est la capitale du grand duché de Toscane, et l'une des plus belles villes du monde. C'est aussi celle où l'on rencontre le plus grand nombre d'édifices publics remarquables, de palais dont la construction et la magnificence rappellent le mieux la splendeur aristocratique du moyen-âge, l'une de celles enfin où se sont formées les plus riches et les plus curieuses collections artistiques. Parmi cette multitude d'édifices dont nous venons de parler, on distingue particulièrement la cathédrale ou église de Sainte-Marie-del-Fiore, avec sa superbe tour et son dôme, œuvre de Brunelleschi ; viennent ensuite le Baptistère ou église de Saint-Jean-Baptiste ; celle de Saint-Laurent dont on admire les deux sacristies, et surtout la fameuse chapelle des Médicis, qu'on appelle la *merveille de la Toscane*; celle de la Sainte-Croix, qui renferme les mausolées de Michel-Ange, de Dante, de Machiavelli, de Galilei, de Léonard-Bruni-Aretino, d'Alfieri, de Viviani, etc ; celle des Saints-Apôtres, construite au IXᵉ siècle ; puis enfin celles du Saint-Esprit, de l'Annonciation, de Saint-Marc et de Sainte-Marie-Nouvelle. Il faut signaler après cela le palais Pitti, le bâtiment qui renferme la célèbre galerie dite *de Florence*, le palais Riccardi, l'hôpital de Santa-Nuovo et celui de Bonifazio, et quelques palais de particuliers, comme ceux d'Altoviti, Borghèse, Brunaccini, Buonarroti, Capponi, Corsini, Giaccomini Pandolphini, Peruzzi, Poniatowski, Rucellai, Strozzi, Uguccioni, etc. On doit aussi mentionner les places Sainte-Croix, Sainte-Marie-Nouvelle, du Grand-Duc, de la Trinité et de l'Annonciation, et les promenades le Prato, le jardin Boboli, ceux de Goldoni, et les *Cascine*, situés hors de la ville.

Florence possède plusieurs riches bibliothèques telles que la Laurenziana, la Magliabecchiana, la Riccardi et la Marucelli ; une académie royale des beaux-arts, un atelier pour la taille des pierres dures, un musée déjà indiqué plus haut, un cabinet d'histoire naturelle, et plusieurs sociétés académiques, au nombre desquelles figure celle de la *Crusca*, la plus célèbre de toutes. La population de cette ville dépasse 100,000 âmes. C'est la patrie de Dante, Michel-Ange, Léonard de Vinci, Léon-Baptiste Albert, Brunelleschi, Machiavel, Galilée, Lulli, Servandoni, Améric Vespuce. On trouve, dans son voisinage, l'église San-Miniato-al-Monte, construction du XIᵉ siècle, et remarquable surtout par les cinq grandes croisées du chœur, qui sont fermées par autant de tables d'un marbre transparent.

FLORENSAC. — Petite ville du département de l'Hérault. C'est un chef-lieu de canton de l'arrondissement de Béziers. Elle est située près de la rive droite de l'Hérault. Pop. : 3,500 âmes.

FLORES. — Une des îles Açores. Elle est située au nord du groupe, et a pour chef-lieu Lagens.

FLORES. — Une des îles de la Sonde, dans la Malaisie. Elle est située à l'est de Sumbava et partagée en plusieurs petits États.

FLORIDE. — Territoire des États-Unis d'Amérique. Il est formé principalement d'une grande presqu'île qui s'étend entre le golfe du Mexique, le canal de Bahama et l'Atlantique, et se trouve borné, par la Géorgie et l'Alabama. C'est un pays plat, couvert en partie de plaines sablonneuses, de bois, de savanes et de marais, et son climat, d'une chaleur excessive, est très-insalubre. Il était autrefois habité par les Natchez, les Creeks, les Tchikkasahs, les Chactas et les Yazous. Il doit son nom à ce que Ponce de Léon le découvrit, en 1512, le jour de Pâques-Fleuries. Pop. : 54,000 âmes.

FLOTTE (LA). — Petite ville du département de la Charente-Inférieure. C'est un chef-lieu de canton de l'arrondissement de La Rochelle. Elle est située dans l'île de Ré où elle possède un bon port. Pop. : 2,500 âmes.

FOCHABERS. — Jolie petite ville du comté de Banff, en Écosse. On trouve, dans son voisinage, le magnifique château du duc de Gordon.

FOEHR. — Île du Danemark. Elle est située dans la mer du Nord ; sa partie orientale appartient au duché de Schleswig, et l'autre au Jutland. On y trouve des bains de mer très-fréquentés qui sont connus sous le nom de Wilhelmine. Pop. : 6,000 âmes.

FOGGIA. — Chef-lieu de la Capitanate, royaume de Naples. Cette ville, qui est assez bien bâtie et commerçante, est située sur la Cervara et dans un territoire malsain. On y remarque la douane, et on y trouve une école d'économie rurale. Pop. : 26,000 âmes.

FOGO ou ÎLE DE FEU. — C'est l'une des îles du cap Vert, dans l'Atlantique. Elle est remarquable par son volcan presque toujours en éruption. Elle produit d'excellents fruits, mais on n'y trouve pas d'eau potable. Son chef-lieu est Saint-Philippe. Pop. : 10,000 âmes.

FOINITZA. — Village de la Bosnie, en Turquie. On exploite de riches mines de fer dans ses environs.

FOISSIAT. — Petite ville du département de l'Ain. Elle est située dans l'arrondissement de Bourg. Pop. : 2,400 âmes

FOIX. — Ville située sur l'Arriège. Chef-lieu du département de ce nom. Son arrondissement comprend 8 cantons et 141 communes. Elle possède un collége, une bibliothèque publique, et une société d'agriculture. Ses environs sont parsemés de forges à la catalane, d'usines de divers genres, de mines de fer et de carrières de marbre. Sa population est d'environ 5,000 âmes

FOKIA. — Petite ville de l'Asie mineure, empire ottoman. Elle est bâtie sur l'emplacement de l'ancienne *Phocée*, si renommée par les nombreuses colonies qu'elle fonda en Espagne dans les Gaules, et entre autres, celle de Marseille.

FOKIEN ou FOU-KIAN. — Province maritime de la Chine proprement dite. Elle est située entre celles de Tché-Kian, Kiang-Si et Kouang-Toung, et comprend aussi la partie occidentale de l'île Formose, l'île d'Emouy, et plusieurs autres moins importantes. On y trouve des vallées formées par de petites montagnes et la culture et les irrigations y sont très-perfectionnées. Cette province comprend les départements de Fou-Tchéou, Hing-Hoa, Tsiouan-Tchéou, Tchang-Tchéou, Emouy, Yan-Phing, Kian-Ning, Chao-Wou, Teng-Tchéou et Founing ; celui de Taï-Ouan, dans l'île Formose ; les cantons immédiats de Youg-Chun et Loung-Yan ; et les îles Phenghu et Pescadores. Pop. : 14,777,000 âmes.

FOLEMBRAY. — Village situé à 2 lieues au sud de Chauny. Il est renommé par son importante verrerie dans laquelle on fabrique annuellement au delà de 3,000,000 de bouteilles et un grand nombre de cloches. Pop.: 1,100 âmes.

FOLIGNO. — Petite ville de la délégation de Pérouse, dans l'État du pape. Elle est assez importante par ses fabriques de draps, de papiers, de bougies, et par la préparation de ses confitures qui sont très-renommées. Pop. : 9,000 âmes.

FOLKSTONE. — Ville du comté de Kent, en Angleterre. Elle possède un port sur le Pas-de-Calais et est située sur le chemin de fer de Douvres à Londres. On y trouve des eaux minérales et des bains de mer. C'est la patrie du célèbre médecin William Harvey, qui découvrit la circulation du sang. Pop. : 4,000 âmes.

FONCINE-LE-HAUT. — Commune du département du Jura. Elle est située dans le canton des Planches, arrondissement de Poligny. On y trouve des fabriques d'horlogerie et d'outils de diverses espèces. Pop. : 1,600 âmes.

FONDERIE. — Commune du département des Basses-Pyrénées. Elle est située dans l'arrondissement de Mauléon. Pop. : 1,400 âmes.

FONDI. — Ville épiscopale, très-ancienne, de la Terre-de-Labour, dans le royaume des Deux-Siciles. On y remarque de nombreux restes d'antiquités et entre autres ceux de la Voie Appienne, qui forme sa principale rue et dont le pavé s'est conservé dans son état primitif. La population de cette ville est d'environ 5,000 âmes.

FONTAINE. — Chef-lieu de canton dans l'arrondissement de Châlons, département de Saône-et-Loire. Pop. : 1,600 âmes.

FONTAINE-FRANÇAISE. — Bourg du département de la Côte-d'Or. C'est un chef-lieu de canton de l'arrondissement de Dijon. Il est important par ses brasseries et ses fabriques de poteries communes, ainsi que par le haut-fourneau qu'on y a construit. C'est près de ce bourg qu'en 1595, Henri IV défit, avec un corps de cavalerie seulement, l'armée du duc de Mayenne, qui se composait de 18,000 hommes. Pop.: 1,200 âmes.

FONTAINE-LE-DUN. — Chef-lieu de canton dans l'arrondissement d'Yvetot, département de la Seine-Inférieure. Pop.: 500 âmes.

FONTAINE-NOTRE-DAME. — Commune du département du Nord. Elle est située dans l'arrondissement de Cambrai. Pop. : 1,500 âmes.

FONTAINE-SAINT-MARTIN (La).—Commune du département de la Sarthe, dans l'arrondissement de La Flèche. Pop. : 1,000 âmes.

FONTAINEBLEAU. — Chef-lieu d'arrondissement du département de Seine-et-Marne. Il comprend 7 cantons et 102 communes. Cette ville est célèbre par la magnificence de son château, construit en partie par François Ier, et par sa superbe forêt, qui n'a pas moins de 8,130 hectares, et offre des sites analogues à ceux des contrées montagneuses. Fontainebleau, qui compte à peu près 9,000 habitants, possède une belle bibliothèque et fait un commerce assez important de ses raisins appelés *chasselas*, de sa conserve de genièvre, et du savon et de la porcelaine qu'il fabrique.

FONTARABIE. — Ville forte d'Espagne. Elle est située sur la frontière de France, et à l'embouchure de la Bidassoa, où elle possède un port. Selon quelques auteurs, elle occupe l'emplacement de l'ancienne *OEaso*. Pop. : 2,000 âmes.

FONTENAY-AUX-ROSES. — Commune du département de la Seine. Elle est située dans l'arrondissement de Sceaux. Elle doit son nom à la quantité de rosiers qu'on y cultivait autrefois; mais on a presque entièrement abandonné aujourd'hui ce genre de produit, et il est remplacé par celui des fraisiers. Pop. : 1,100 âmes.

FONTENAY-EN-PUISAYE. — Village du département de l'Yonne. Il est situé dans l'arrondissement d'Auxerre, et célèbre par la bataille qui s'y livra, le 26 juin 841, entre les enfants de Louis le Débonnaire. Cent mille Français restèrent sur le champ de bataille.

FONTENAY-LE-COMTE. — Petite ville du département de la Vendée. Elle est située sur la Vendée. Chef-lieu d'arrondissement, elle comprend 9 cantons et 111 communes. Elle possède un collége, son commerce est florissant et ses foires sont réputées. Pop. : 8,000 âmes.

FONTENOY. — Village du Hainaut, en Belgique. Louis XV y vainquit, en 1745, les Anglais, les Autrichiens et les Hollandais réunis.

FONTENOY-LE-CHATEAU. — Petite ville du département des Vosges. Elle est située dans l'arrondissement d'Épinal. On y trouve des fabriques de couverts en fer battu, de fil de fer, de kirschwaser, et des brasseries. Pop. : 2,200 âmes.

FONTEVRAULT. — Petite ville du département de Maine-et-Loire. Elle est située dans l'arrondissement de Saumur, et célèbre par son abbaye de Bénédictines, dont une portion des bâtiments sert aujourd'hui de maison de détention. Pop. : 3,680 âmes.

FORBACH. — Chef-lieu de canton dans l'arrondissement de Sarreguemines, département de la Moselle. On y trouve des fabriques de pipes fines et des verreries. Pop. : 4,200 âmes.

FORCALQUIER. — Petite ville située sur la Durance, dans le département des Basses-Alpes. Chef-lieu d'arrondissement, elle comprend 6 cantons et 51 communes. Son commerce consiste en vins, eaux-de-vie, huiles, toiles, etc., et sa population est d'environ 3,000 âmes.

FORCHHEIM.—Ville murée de la Bavière. Rodolphe de Rheinfeld y fut élu empereur par une diète, en 1077. Pop. : 3,000 âmes.

FORÊT NOIRE. — C'est l'une des plus considérables de l'ancienne Germanie, et l'on y voyait encore, au commencement de notre ère, des rennes, des aurochs, des lynx et des élans. Elle conserva longtemps le nom de *forêt Hercynienne*, qu'elle a changé depuis en celui de *Schwartz-Wald*. Elle est située sur la rive droite du Rhin, dans la Souabe; elle couvre une vaste étendue de pays; puis elle est coupée en tous sens par plusieurs villes, un grand nombre de villages, des routes bien alignées, beaucoup de rivières et de petites vallées; et les collines qui bordent ces vallées sont plantées de vignes. La forêt Noire se lie d'une part aux Alpes, de l'autre aux dernières chaînes des Vosges; et elle voit sortir de son sein le plus grand fleuve d'Europe, le Danube. Au mois d'août de l'année 1800, et à la suite d'une chaleur intense, un vaste incendie dévora en peu de temps près de 12,000 hectares de cette forêt. Ce sinistre se produit aussi, par la même cause, celle d'une sécheresse extrême et de longue durée, dans les forêts de la Scandinavie.

FORFAR. — Chef-lieu du comté de ce nom, en Ecosse. On y trouve des fabriques de toiles écrues. Pop. : 8,000 âmes.

FORGES-LES-EAUX. — Chef-lieu de canton dans l'arrondissement de Neufchâtel, département de la Seine-Inférieure. Il est situé près des sources de l'Epte et de l'Andelle. On y fait une exportation importante de terre glaise propre aux verreries et à la fabrication des creusets, et l'on y trouve des fabriques de faïence et des eaux minérales réputées. Pop. :

FORLI. — Ville épiscopale, chef-lieu de la légation de ce nom, dans l'Etat du Pape. Les Français y battirent les Espagnols en en 1521. Pop. : 16,000 âmes.

FORMERIE. — Chef-lieu de canton dans l'arrondissement de Beauvais, département de l'Oise. On y trouve des fabriques de bonneterie de laine. Pop. : 1,200 âmes.

FORMOSE. — Cap d'Afrique. Il sépare les golfes de Bénin et de Biafra, sur la côte de Calabar.

FORMOSE. — Ile de la mer de la Chine. Les Chinois l'appellent Taïouan. Elle est séparée du continent par le canal de son nom, et traversée du sud au nord par les monts Ta-chan, dont l'un des chaînons laisse échapper sans cesse des flammes. Cette île offre quelques beaux ports et fournit beaucoup de bois de construction.

FORMOSE. — Canal de la Chine. Il est situé entre l'île de son nom et la province de Fo-Kien, sur le continent chinois, et unit la mer de Chine à la mer Bleue. Il a environ 145 kilomètres de largeur.

FORNOVO ou FORNOUE. — Bourg du duché de Parme. Il est situé au pied de l'Apennin, sur la rive droite du Taro, et célèbre par la victoire qu'y remporta Charles VIII, en 1495.

FORT-ALEXANDRE. — Il est situé dans le pays des Tchougatches, dans l'Amérique russe, et c'est une factorerie assez importante.

FORT-GEORGE. — Place forte du comté d'Inverness, en Ecosse.

FORT-ROYAL. — Petite ville, chef-lieu de l'île de la Martinique, l'une des Antilles françaises. Elle est situé à l'est, sur une baie qui forme l'un des plus beaux ports de cet archipel, et défendue par deux forts. Pop. : 10,000 âmes.

FORT-WILLIAM. — Forteresse du comté d'Inverness, en Ecosse. C'est dans son voisinage que s'élève le Ben-Nevis, la plus haute montagne du système britannique, et que l'on trouve les ruines d'Inverlochy-Castle, résidence du roi écossais qui fit alliance avec Charlemagne.

FORTAVENTURA. — L'une des îles Canaries. Elle est située à l'est du groupe et se fait remarquer par son aridité.

FORTH. — Rivière d'Ecosse. Elle passe à Stirling, Aloa, Queen's-Ferry et se jette dans le golfe d'Edimbourg, appelé aussi golfe de Forth. Son cours est d'environ 220 kilomètres.

FOSSANO. — Petite ville épiscopale de la division de Cuneo, dans le royaume sarde. Elle possède des fabriques de soie et des bains fréquentés.

FOSSAT. — Chef-lieu de canton dans l'arrondissement de Pamiers, département de l'Ariége. Il est situé sur la Lèze. Pop. : 1,000 âmes.

FOSSES. — Ville de la province de Namur, en Belgique. On y trouve des fabriques de cuirs, et l'on exploite une mine de plomb dans ses environs. Pop. : 3,000 âmes.

FOSSOMBRONE. — Ville de l'Etat du Pape. C'est le siège d'un évêché. Elle portait anciennement le nom de *Forum Sempronii*, et c'est dans son voisinage qu'Asdrubal, frère d'Annibal, fut vaincu et tué, l'an 207 avant l'ère chrétienne.

FOTHERINGAY. — Village du comté de Northampton, en Angleterre. On y voit les ruines du château où Marie Stuart fut condamnée à mort.

FOU-CHAN. — Ville de Kouang-Toung, en Chine. Quelques géographes ne la qualifient que du titre de *bourg*, quoiqu'elle ait une population de 200,000 âmes. Elle est renommée par ses fabriques d'étoffes de soie et de coton, d'articles en cuivre, acier et fer, et de porcelaine.

FOU-TCHEOU. — Grande ville du Fou-Kian, en Chine. Elle est située sur le Si-Ho et non loin de son embouchure. On y remarque l'un des plus beaux ponts qui soient au monde : il a cent arches, est construit en pierres blanches, et orné d'une double balustrade sur toute sa longueur. Cette ville est commerçante et industrieuse, et réputée par grand nombre de lettrés qui viennent y résider.

FOUAH. — Ville du Bahari ou basse Egypte. Elle est située sur la rive droite de la branche de Rosette et c'est un chef-lieu de préfecture. Son industrie et son commerce la rendent assez florissante.

FOUESNANT. — Chef-lieu de canton dans l'arrondissement de Quimper, département du Finistère. Pop. : 3,200 âmes.

FOUGERAY. — Petite ville du département d'Ille-et-Vilaine. C'est un chef-lieu de canton de l'arrondissement de Redon. On exploite, dans ses environs, des carrières de porphyre. Pop. : 5,300 âmes.

FOUGERES.—Ville du département d'Ille-et-Vilaine. Elle est située sur le Couesnon. Chef-lieu d'arrondissement, elle comprend 6 cantons et 57 communes. On y trouve un collége, des sources minérales, et son commerce consiste en toiles, papiers, cuirs tannés, etc. Ses environs offrent plusieurs monuments druidiques. Pop. : 9,500 âmes.

FOUINI. — Etat mandingue de la Sénégambie. Il est situé au sud de l'embouchure de la Gambie, et comprend les provinces de Combo, Jéréja, Kaën et le pays des Féloups. Sa capitale est Jéréja.

FOULA. — L'une des îles Shetland, en Ecosse. C'est la plus occidentale, elle est couverte de rochers, et fréquentée par une immense quantité d'oiseaux de mer.

FOULADOU. — Un des Etats Peuls, à l'extrémité orientale de la Sénégambie. Il est situé au nord du Haut-Sénégal, et arrosé par le Kokoro et le Bâ-Oulima. Sa capitale est Bangassi.

FOULPOINTE ou VOULOULOU. — Capitale du pays des Bétimsaras, dans l'île de Madagascar. Elle est située sur la côte orientale de l'île, et très-commerçante.

FOUNDA. — Grande ville, capitale du royaume de ce nom, dans la Nigritie centrale. Elle est située sur la rive gauche du Tchadda, et ses murailles ont une hauteur de 6 mètres. On y remarque le palais du roi, assemblage d'un grand nombre de cases. On fabrique, dans cette ville, de grosses étoffes en coton, des cuirs, des instruments de fer, et l'on y brasse de la bière. Pop. : 70,000 âmes.

FOVEAUX. — Détroit de l'Océanie. Il sépare l'île Tawaï-Poenammou, la plus méridionale des deux grandes îles de la Nouvelle-Zélande, de l'île Stewart.

FOX ou RENARD. — Rivière des Etats-Unis d'Amérique. Elle prend sa source dans le territoire de Wisconsin, traverse l'Etat de Michigan, et se jette dans la baie Verte, au nord-ouest du lac Michigan, après un cours de 450 kilomètres.

FOYLE. — Lac d'Irlande. Il est situé entre les comtés de Londonderry et de Donegal, et communique avec l'Atlantique par un canal large d'un kilomètre. Il reçoit la petite rivière de son nom.

FRAGA. — Ville de la province de Huesca, en Espagne. C'est une ancienne cité des Ilergètes, et, sous les Maures et les rois d'Aragon, elle eut une certaine importance. Pop. : 5,000 âmes.

FRANCE. — Cette région est située à l'extrémité occidentale de l'Europe entre 7° 9' de longitude occidentale 5° 56' de longitude orientale, et entre 42° 20' et 51° 5' de latitude. Sa plus grande longueur, depuis le point le plus occidental de la côte, au nord-ouest de Brest, dans le département du Finistère, à Antibes, dans le département du Var, est de 575 milles ; et sa plus grande largeur, depuis Givet, dans le département des Ardennes, jusqu'au mont Huromba, au sud-sud-ouest de Saint-Jean-Pied-de-Port, dans le département des Basses-Pyrénées, est de 433 milles. La France est bornée, au nord, par la Manche et le Pas-de-Calais qui la séparent de l'Angleterre ; la Belgique et le grand duché de Luxembourg ; le grand duché du Bas-Rhin, appartenant à la Prusse ; et le cercle du Rhin, qui dépend de la Bavière. A l'est, ses limites sont le grand duché de Bade, la Suisse et le royaume sarde ; au sud, la Méditerranée, l'Espagne et l'Andorre ; et à l'ouest, l'océan Atlantique. Dans cette circonscription, elle offre la forme d'un hexagone, dont trois côtés sont bornés par la mer, et les trois autres par les pays que nous venons d'indiquer.

Toutes les montagnes de la France continentale appartiennent à trois systèmes : l'hespérique, l'alpique et le gallo-francique. Celles qui sont situées au sud de la Garonne, du canal du Midi et du département de l'Aude se rattachent au système hespérique ; celles qui s'élèvent à l'est des départements du Rhône, de la Saône-Inférieure et du Doubs, jusqu'à Bâle sur le Rhin, dépendent du système alpique ; et enfin toutes celles de l'intérieur constituent le système gallo-francique.

Les îles principales de la France sont, dans l'*océan-Atlantique*, celles d'Ouessant et de Sein dans le département du Finistère ; de Groaix et de Belle-Ile, dans celui du Morbihan ; de Noirmoutier et de Dieu, dans la Vendée ; et de Ré et d'Oléron, dans la Charente-Inférieure. Dans la *Méditerranée*, sont d'abord la Corse, qui forme à elle seule un département ; puis, les îles d'Hyères et celles de Lérins, dans le département du Var.

Il existe en France six bassins hydrographiques principaux, qui sont ceux de la Seine, de la Loire, de la Garonne, du Rhône, du Rhin, et de la Meuse. Les principales rivières de ces bassins sont, pour le premier : la Seine, dont le cours est de 598 kilomètres ; l'Yonne, qui en a 120 ; la Marne, 347 ; l'Oise, 158 ; l'Aisne, 114 ; et l'Eure, 86. Pour le second : la Loire, qui a 824 kilomètres de longueur, l'Allier, 232 ; la Vienne, 90 ; la Mayenne, 96 ; la Sarthe, 128 ; et le Loir, 120. Pour le troisième : c'est la Garonne, qui a 473 kilomètres d'étendue ; le Tarn, 145 ; le Lot, 306 ; et la Dordogne, 293. Pour le quatrième : le Rhône, long de 503 kilomètres, l'Ain, 97 ; la Saône, 265 ; et l'Isère, 140. Pour le cinquième, la partie française du Rhin, dont le parcours est de 222 kilomètres ; l'Ill, 99 ; et la Moselle, 115. Pour le sixième, la partie française de la Meuse, longue de 261 kilomètres ; et la Sambre dont le trajet est de 56.

Le total de la navigation fluviatile est de 8,960 kilomètres, ainsi divisés par ordre d'étendue dans chaque département : Gironde, 427 ; Maine-et-Loire, 377 ; Saône-et-Loire, 288 ; Dordogne, 266 ; Ain, 263 ; Nord, 259 ; Seine-et-Marne, 258 ; Isère, 252 ; Lot-et-Garonne, 240 ; Bas-Rhin, 230 ; Ardennes, 216 ; Allier, 213 ; Loire-Inférieure, 212 ; Charente-Inférieure, 209 ; Seine-et-Oise, 191 ; Landes, 185 ; Marne, 184 ; Drôme, 183 ; Eure, 182 ; Haute-Garonne, 161 ; Lot, 163 ;

Sarthe, 158; Nièvre, 157; Ardèche, 156; Seine-Inférieure, 156; Indre-et-Loire, 147; Aisne, 145; Tarn-et-Garonne, 142, Loire, 141; Cher, 137; Oise, 136; Loiret, 134; Ille-et-Vilaine, 123; Manche, 119; Moselle, 115; Rhône, 113; Basses-Pyrénées, 104; Yonne, 104; Gard, 98; Calvados, 96; Puy-de-Dôme, 94; Haut-Rhin, 93; Pas-de-Calais, 92; Charente, 88; Aveyron, 87; Meuse, 85; Seine, 82; Bouches-du-Rhône, 82; Morbihan, 81; Vendée, 75; Côte-d'Or, 63; Tarn, 60; Deux-Sèvres, 59; Côtes-du-Nord, 57; Vienne, 56; Vaucluse, 54; Loir-et-Cher, 52; Mayenne, 47; Meurthe, 46; Aube, 45; Haute-Saône, 24; Hérault, 22; Somme, 19· Haute-Loire, 17; Jura, 13; Marne, 12.

La France n'a point de lacs proprement dits. Ses principaux étangs sont ceux de Grand-Lieu, dans la Loire-Inférieure; de Carcans et de Certes, dans la Gironde; de Sanguinet et de Biscarosse, dans les Landes; de Leucate, dans les Pyrénées-Orientales; de Sigean, dans l'Aude; de Than, dans l'Hérault; et ceux de la Camargue et de Berne, dans les Bouches-du-Rhône. Les environs de Versailles offrent aussi un certain nombre d'étangs destinés à porter des eaux dans cette ville. Enfin, il ne faut pas oublier de mentionner l'étang de Bigaglia, en Corse.

On compte 86 canaux en France, dont les principaux sont ceux du Languedoc ou du Midi, du Centre ou du Charolais, du Rhône au Rhin, de Bourgogne, de Saint-Quentin, de la Somme, de Briare, du Loing, d'Orléans, de l'Ille-et-Rance, de Bretagne, du Nivernais et de l'Ourcq, le canal latéral à la Loire, et celui de Berry. De nouveaux projets de canaux avaient été formés; mais la création des chemins de fer est venue arrêter à la fois l'augmentation et la prospérité des voies fluviatiles. Quant aux chemins de fer appelés à couvrir un jour de leurs réseaux tout le territoire français, voici quel est actuellement l'état des lignes achevées ou devant l'être prochainement.

NOMS DES LIGNES.	LONGUEUR TOTALE.	
Nord et embranchements	582 kil.	
Strasbourg à Bâle	140	
Paris à Rouen	137	
Paris à Orléans	133	
Amiens à Boulogne	123	
Avignon à Marseille	120	
Rouen au Hâvre	95	
Montereau à Troyes	102	
Chemin du Gard	86	50
Andrezieux à Rouann	67	
Saint-Etienne à Lyon	60	
Bordeaux à la Teste	52	
Dieppe et Fécamp	73	
Montpellier à Cette	27	
Saint-Etienne à Andrezieux	22	
Paris à Saint-Germain	20	
Paris à Versailles, rive droite	19	
Paris à Versailles, rive gauche	17	
Mulhouse à Thann	19	
Paris à Sceaux	11	
Chemin de fer atmosphérique de Saint-Germain	4	
Paris à Strasbourg	106	
Orléans à Bordeaux	500	

Chemin du centre	232	
Tours à Nantes	192	
Paris à Lyon	515	
Lyon à Avignon	230	
Paris à Rennes	560	
Du Bec d'Allier à Clermont	162	
Châteauroux à Limoges	142	
Gray à Saint-Dizier	155	
Montpellier à Nimes	52	
Lille à la frontière belge	29	50

La surface de la France est de 52,768,600 hectares ou 106,856 kilom. carrés qu'on divise approximativement comme suit en nombres ronds :

Terres cultivées en céréales	14,000,000 hect.
Vignes	1,900,000
Cultures diverses	3,400,000
Prairies naturelles et artificielles	5,000,000
Jachères, pâtures et pâtis	14,000,000
Rochers, terres vagues, landes et bruyères	3,600,000
Bois	7,500,000
Jardins, vergers et pépinières	700,000
Rivières, marais, étangs et canaux	700,000
Superficie des propriétés bâties	250,000
Routes, rues, places et chemins	1,200,000

La population est d'environ 35,500,000 âmes.

Parmi les productions minérales, on estime que le terrain houiller comprend 280,071 hectares; le fer est exploité dans près de 2,500 mines; les pierres de construction rapportent annuellement environ 50,000,000 de francs.

Le revenu total de l'agriculture, en moyenne, est de 5.964,226,300 fr. ainsi réparti :

Cultures	3,479,583,005 fr.
Pailles	300,000,000
Pâturages	840,715,360
Bois	206,600,525
Animaux	1,310,432,410
	5,964,226,300 fr.

Le produit du travail général s'élève à 8 milliards. De cette somme, 1,500 millions sont versés dans les caisses de l'Etat, sous forme d'impôt; 1,680 reviennent aux capitalistes pour intérêts des fonds qu'ils font valoir; et 2,400 sont payés aux propriétaires, par leurs fermiers de ville et de campagne. Ces trois sommes réunies présentent un total de 5,580 millions de francs. La part du revenu brut de la France affectée à rémunérer le travail qui a produit les 8 milliards est donc de 2,420 millions seulement.

La division administrative du pays est répartie de la manière suivante :

Arrondissements	363
Cantons	2,846
Communes	37,040
Chefs-lieux de préfecture	86
Diocèses	80
Cours impériales	27
Académies universitaires	20
Divisions militaires	17
Circonscription maritimes	5

Les chefs-lieux de préfecture sont : Bourg, Laon, Moulins, Digne, Gap, Privas, Mézières, Foix, Troyes, Carcassonne, Rodez, Marseilles, Caen, Aurillac, Angoulême, La Rochelle, Bourges, Tulle, Ajaccio, Dijon, Saint-Brieux, Guéret, Périgueux, Besançon, Valence, Evreux, Chartres, Quimper, Nîmes, Toulouse, Auch, Bordeaux, Montpellier, Rennes, Châteauroux, Tours, Grenoble, Lons-le-Saulnier, Mont-de-Marsan, Blois, Montbrison, Le Puy, Nantes, Orléans, Cahors, Agen, Mende, Angers, Saint-Lô, Châlons, Chaumont, Laval, Nancy, Bar-le-Duc, Vannes, Metz, Nevers, Lille, Beauvais, Alençon, Arras, Clermont, Pau, Tarbes, Perpignan, Strasbourg, Colmar, Lyon, Vesoul, Mâcon, Le Mans, Paris, Rouen, Melun, Versailles, Niort, Amiens, Alby, Montauban, Draguignan, Avignon, Napoléon-Vendée, Poitiers, Limoges, Epinal, Auxerre.

La division diocésaine compte 14 archevêchés et 66 évêchés, classés dans l'ordre que voici :

ARCHEVÊCHÉS.	ÉVÊCHÉS.
Aix, Arles et Embrun.	Gap, Digne, Marseille, Fréjus, Ajaccio, Alger.
Albi.	Mende, Rodez, Cahors, Perpignan.
Auch.	Tarbes, Aire, Bayonne.
Avignon.	Valence, Viviers, Nîmes, Montpellier.
Besançon.	Metz, Verdun, Nancy, Strasbourg, Saint-Dié, Belley.
Bordeaux.	Luçon, Poitiers, La Rochelle, Angoulême, Périgueux, Agen.
Bourges.	Limoges, Clermont-Ferrand, Tulle, Saint-Flour, Le Puy.
Cambrai.	Arras.
Lyon et Vienne.	Langres, Dijon, Autun, Saint-Claude, Grenoble.
Paris.	Meaux, Versailles, Chartres, Orléans, Blois.
Reims.	Amiens, Beauvais, Soissons, Châlons.
Rouen.	Evreux, Bayeux, Coutances, Séez.
Sens et Auxerre.	Troyes, Nevers, Moulins.
Toulouse et Narbonne.	Montauban, Carcassonne, Pamiers.
Tours.	Le Mans, Rennes, Saint-Brieux, Quimper, Vannes, Nantes, Angers.

Les cours impériales sont au nombre de 28 et leurs ressorts ont été fixés comme suit :

SIÉGES.	RESSORTS.
Agen.	Lot-et-Garonne, Lot, Gers.
Aix.	Bouches-du-Rhône, Basses-Alpes, Var.
Alger.	Constantine, Alger, Oran.
Amiens.	Somme, Oise, Aisne.
Angers.	Maine-et-Loire, Mayenne, Sarthe.
Bastia.	Corse.
Besançon.	Doubs, Haute-Saône, Jura.
Bordeaux.	Gironde, Dordogne, Charente.
Bourges.	Cher, Indre, Nièvre.
Caen.	Calvados, Manche, Orne.
Colmar.	Haut-Rhin, Bas-Rhin.
Dijon.	Côte-d'Or, Haute-Marne, Saône-et-Loire.
Douai.	Nord, Pas-de-Calais.
Grenoble.	Isère, Drôme, Hautes-Alpes.
Limoges.	Haute-Vienne, Creuse, Corèze.
Lyon.	Rhône, Loire, Ain.
Metz.	Moselle, Ardennes.
Montpellier.	Hérault, Aveyron, Aude, Pyrénées-Orientales.
Nancy.	Meurthe, Meuse, Vosges.
Nîmes.	Gard, Ardéche, Lozère, Vaucluse.
Orléans.	Loiret, Loir-et-Cher, Indre-et-Loire.
Paris.	Seine, Seine-et-Oise, Eure-et-Loir, Seine-et-Marne, Marne, Aube, Yonne.
Pau.	Basses-Pyrénées, Landes, Hautes-Pyrénées.
Poitiers.	Vienne, Deux-Sèvres, Vendée, Charente-Inférieure.
Rennes.	Ile-et-Vilaine, Côtes-du-Nord, Finistère, Morbihan, Loire Inférieure.
Riom.	Puy-de-Dôme, Allier, Cantal, Haute-Loire.
Rouen.	Seine-Inférieure, Eure.
Toulouse.	Haute-Garonne, Tarn-et-Garonne, Tarn, Ariége.

Les académies universitaires, au nombre de 20, ont leurs siéges et leurs ressorts établis dans l'ordre ci-après :

SIÉGES.	RESSORTS.
Aix.	Bouches-du-Rhône, Basses-Alpes, Var, Corse, Vaucluse.
Alger.	Constantine, Alger, Oran.
Angers.	Maine-et-Loire, Mayenne, Sarthe, Indre-et-Loire, Loir-et-Cher.
Besançon.	Doubs, Haute-Saône, Jura.
Bordeaux.	Gironde, Dordogne, Charente, Landes, Basses-Pyrénées.
Bourges.	Cher, Indre, Nièvre, Creuse, Loiret.
Caen.	Calvados, Manche, Orne, Eure, Seine-Inférieure.
Cahors.	Lot-et-Garonne, Lot, Gers, Corrèze, Cantal.
Dijon.	Côte-d'Or, Haute-Marne, Saône-et-Loire, Allier.
Douai.	Nord, Pas-de-Calais, Somme.
Grenoble.	Isère, Drôme, Hautes-Alpes, Ardèche, Lozère.
Lyon.	Rhône, Loire, Ain, Haute-Loire, Puy-de-Dôme.
Montpellier.	Hérault, Aveyron, Aude, Pyrénées Orientales, Gard.
Nancy.	Meurthe, Meuse, Vosges, Mozelle.
Paris.	Seine, Seine-et-Oise, Eure-et-Loir, Seine-et-Marne, Oise, Yonne.
Poitiers.	Vienne, Deux-Sèvres, Vendée, Charente-Inférieure, Haute-Vienne.
Reims.	Aisne, Ardennes, Aube, Marne.
Rennes.	Ille-et-Vilaine, Côtes-du-Nord, Finistère, Morbihan, Loire-Inférieure.
Strasbourg.	Haut-Rhin, Bas-Rhin.
Toulouse.	Haute-Garonne, Tarn-et-Garonne, Tarn, Arriége, Hautes-Pyrénées.

TABLEAU DES DIVISIONS MILITAIRES.

1re Paris	Seine, Seine-et-Oise, Oise, Loiret, Loir-et-cher, Eure-et-Loir, Seine-et-Marne, Seine-Inférieure, Eure, Yonne, Aube.
2e Lille.	Nord, Somme, Pas-de-Calais, Aisne.
3e Metz.	Moselle, Meurthe, Vosges, Marne, Meuse, Ardennes.
4e Strasbourg.	Bas-Rhin, Haut-Rhin.
5e Besançon.	Doubs, Haute-Marne, Côte-d'Or, Jura, Saône-et-Loire, Haute-Saône.
6e Lyon.	Isère, Drôme, Ain, Rhône, Loire.
7e Marseille.	Bouches-du-Rhône, Var, Basses-Alpes, Hautes-Alpes, Vaucluse.
8e Montpellier.	Hérault, Gard, Ardèche, Lozère, Aveyron.
9e Perpignan.	Pyrénées-Orientales, Ariége, Aude.
10e Toulouse.	Haute-Garonne, Tarn, Tarn-et-Garonne.
11e Bayonne.	Landes, Basses-Pyrénées, Hautes-Pyrénées, Gers.
12e Bordeaux.	Gironde, Charente, Charente-Inférieure, Dordogne, Lot, Lot-et-Garonne.
13e Clermont-Ferrand.	Puy-de-Dôme, Indre, Cher, Haute-Vienne, Creuse, Corrèze, Cantal, Haute-Loire, Nièvre, Allier.
14e Nantes.	Loire-Inférieure, Vendée, Deux-Sèvres, Maine-et-Loire, Vienne, Indre-et-Loire.
15e Rennes.	Ile-et-Vilaine, Finistère, Côtes-du-Nord, Morbihan.
16e Caen.	Calvados, Manche, Mayenne, Sarthe, Orne.
17e Bastia.	Corse.

CIRCONSCRIPTIONS MARITIMES.

Arrondissements.	Sous-Arrondissements.
1er Cherbourg.	Cherbourg. Dunkerque. Le Havre.
2e Brest.	Brest. Saint-Servan.
3e Lorient.	Lorient. Nantes.
4e Rochefort	Rochefort. Bordeaux. Bayonne.
5e Toulon	Toulon. Marseille. La Corse. Port-Vendres.

FRANCESCAS. — Chef-lieu de canton dans l'arrondissement de Nérac, département de Lot-et-Garonne. Pop. : 1,200 âmes.

FRANCFORT (RÉPUBLIQUE DE). — La partie principale de cet Etat se trouve enclavée dans le grand duché de Hesse-Darmstadt et la portion hessoise de Hanau; la plus petite fraction touche au duché de Nassau. Ce pays est arrosé par le Mein, affluent du Rhin, et par la Nidda, affluent du Mein.

FRANCFORT — Ville située sur le Mein. C'est la capitale de la république du même nom, et le chef-lieu de la confédération germanique. Ses principaux édifices sont la cathédrale dans laquelle avait lieu autrefois le couronnement des empereurs, et qui renferme le monument de Gunther; l'église des réformés allemands et celle des réformés français; l'église des Carmes déchaussés; l'hôtel de ville, dit le Roiner; le Saalhof, palais bâti par Louis le Débonnaire; l'hôpital civil et la maison des aliénés; puis le bâtiment de la bibliothèque, le palais du prince de Thurn-et-Taxis, la maison de l'ordre Teutonique, les vastes bâtiments de Rumpf, etc. Cette ville possède un gymnase catholique et un gymnase luthérien, une école de médecine et de chirurgie, une bibliothèque publique, un musée d'histoire naturelle, un jardin botanique et plusieurs sociétés académiques. Outre un commerce assez considérable, Francfort fait d'immenses opérations de banque, dont le terme moyen annuel est d'environ 150,000,000 de florins, et après avoir été le centre de l'exploitation de la librairie en Allemagne, cette industrie y est demeurée encore florissante. La majorité des affaires est la proie des Juifs. On compte à peu près 60,000 âmes de population dans cette opulente cité. Il ne faut pas enfin omettre de noter qu'on y fit paraître, en 1615, le premier journal allemand imprimé.

FRANCFORT. — Jolie ville située sur l'Oder, dans le Brandebourg, en Prusse. Chef-lieu du gouvernement qui porte son nom. Cette ville est importante par son industrie et son commerce que favorisent trois foires qui s'y tiennent annuellement, ainsi que les canaux qui mettent en communication l'Oder avec la Vistule et l'Elbe. Elle possède un gymnase, une société rurale, et compte 22,000 habitants. On trouve un établissement de bains dans le voisinage.

FRANKFORT. — Capitale du Kentucky, aux Etats-Unis d'Amérique. Elle est située dans le comté Franklin et sur la rive droite du Kentucky. C'est une petite ville bien bâtie, et l'on remarque le palais de l'Etat. Pop. : 2,000 âmes.

FRANKENBERG. — Ville du royaume de Saxe. On y trouve des fabriques de toiles de lin et de coton, de lainages, et l'on exploite, dans ses environs, des mines de cuivre. Pop. : 500 âmes.

FRANKENHAUSEN. — Ville de la principauté de Schwarzbourg-Rudolstadt, en Allemagne. On trouve une mine de sel dans son voisinage. Pop. : 5,000 âmes.

FRANKENTHAL. — Ville de la Bavière rhénane. Elle est située sur un petit canal qui communique avec le Rhin, et se recommande par son industrie et son commerce.

FRANKENWALD. — Petite chaîne de montagnes de la Franconie. Elle est située au nord-est de la Bavière, entre le bassin du Mein et celui de la Saale, et lie le Fichtelberg au Thuringer-Wald.

FRANKLIN. — Ville de la Louisiane, aux Etats-Unis d'Amérique. Elle est située sur la Têche. Pop. : 4,000 âmes. Il y a une autre ville de ce nom dan. l'État de Missouri. Elle est située sur la gauche du Missouri, et compte 2,000 habitants.

FRANZENSBRUNN. — Village de la Bohême, empire d'Autriche. On y trouve des eaux minérales très-fréquentées.

FRASCATI. — Petite ville épiscopale de la province de Rome : c'est l'ancienne *Tusculum*. On y remarque de nombreuses maisons de plaisance, les restes de celles de Cicéron, et d'autres antiquités : cette ville, qui est bâtie sur le flanc d'une montagne, compte environ 4,000 habitants.

FRASER ou TACOUTCHÉ-TESSÉ. — Fleuve de l'Amérique septentrionale. Il est situé dans l'ouest de la Nouvelle-Bretagne, et se jette dans le canal ou golfe de Géorgie, vis-à-vis l'île de Noutka, après un cours d'environ 700 kilomètres.

FRAUENBURG. — Petite ville de la province de Prusse : c'est la métropole de l'évêque d'Ermeland, et l'on voit dans la cathédrale le tombeau de l'astronome Copernic, mort en 1543. Pop. : 2,000 âmes.

FRAUENFELD. — Jolie petite ville, chef-lieu du canton de Thurgovie, en Suisse. Elle est située près de la rive droite du Murg, et possède plusieurs fabriques de soie. Pop. : 2,000 âmes.

FRAUSTADT. — Ville de la régence de Posen, royaume de Prusse. On y fait un commerce de grains, de laine et de bestiaux. En 1706, les Suédois y battirent les Saxons et les Russes. Pop. : 6,000 âmes.

FREDERICIA. — Petite place forte du Jutland, en Danemark. Elle est située à l'entrée septentrionale du Petit-Belt où elle possède un port, et c'est une station pour y acquitter les droits de passage dans le détroit. On y trouve une manufacture de tabac. Pop. 4,000 âmes.

FREDERICTOWN. — Petite ville, chef-lieu du Nouveau-Brunswick, Amérique anglaise. Elle possède un collège, une société d'agriculture, et compte 2,500 habitants.

FREDERIKSHAAB. — Établissement maritime danois, dans le Groënland occidental.

FREDERIKSHALD. — Ville de Norwége. Elle est située près des frontières de la Suède, et possède un port sur le Skager-Rack. Au pied de la forteresse de Frederiksteen, qui la protége, Charles XII y fut atteint d'une balle, le 11 décembre 1718. Pop. : 4,000 âmes.

FREDERIKSHAM. — Petite ville du grand duché de Finlande, en Russie. Elle est importante par ses fortifications et son commerce, et l'on y a établi une école de cadets de l'armée de terre.

FREDERIKSHAVN. — Bourg du Jutland, en Danemarck. Elle est située sur le Cattegat et non loin du cap Skagen. On y fait des armements pour la pêche de la baleine. Pop. : 1,000 âmes.

FREDERIKSTAD. — Ville de Norwége. Elle est assez importante par ses fortifications, son port et son commerce : c'est la seule cité norwégienne qui soit à peu près bâtie entièrement en pierre. Sa population est d'environ 2,000 âmes.

FREDERIKSVORN. — Place forte de Norwége. Elle est située sur le Skager-Rack, où elle a un port, et se recommande par ses chantiers militaires, les plus importants du royaume. Pop. : 1,000 âmes.

FREETOWN. — Chef-lieu de la colonie anglaise de Sierra-Leone, dans la Nigritie occidentale : c'est une petite ville assez bien bâtie, avec un port. Elle est la résidence du gouverneur général des établissements de la Sénégambie et de la Guinée occidentale, et possède plusieurs écoles, des casernes, etc. Pop. : 5,000 âmes.

FREISING. — Ville de Bavière. E le est située sur la gauche de l'Isar. On y trouve une école modèle d'économie rurale et une école des aveugles-nés. Elle fut autrefois le siége d'un évêché souverain qu'on a transféré à Munich. Pop. : 3,500 âmes.

FREJENAL. — Ville de la province de Badajoz. On y compte une population de 5,000 âmes.

FRÉJUS. — Petite ville épiscopale, dans le département du Var. Elle est située sur la rivière d'Argens, non loin de la mer, et au milieu d'un sol marécageux, ce qui rend l'air qu'on y respire très-malsain : cette ville fut florissante ; elle compta jusqu'à 100,000 habitants, et son port était la station ordinaire de la flotte romaine dans les Gaules ; mais ce port a été comblé peu à peu par les atterrissements de l'Argens : aujourd'hui, Fréjus possède un séminaire, et sa population est d'environ 3,000 âmes.

FRESNAY-SUR-SARTHE. — Petite ville du département de la Sarthe : c'est un chef-lieu de canton de l'arrondissement de Mamers. Elle est située sur la rive gauche de la Sarthe, et l'on y trouve des fabriques de toiles fines et très-estimées, dites *toiles d'Alençon*. Pop. : 3,200 âmes.

FRESNAYE (La). — Chef-lieu de canton dans l'arrondissement de Mamers, département de la Sarthe. Pop. 1,500 âmes.

FRESNE-SAINT-MAMÈS. — Chef-lieu de canton dans l'arrondissement de Gray, département de la Haute-Saône. Pop. : 700 âmes.

FRESNES. — Petite ville du département du Nord. Elle est située dans l'arrondissement de Valenciennes. On y trouve des blanchisseries de toiles, des filatures de laine et des verreries ; on y construit des bateaux, et l'on exploite de la houille dans ses environs. Pop. 4,100 âmes.

FRESNOY-LE-GRAND. — Petite ville du département de l'Aisne, dans l'arrondissement de Saint-Quentin. On y trouve des fabriques de châles. Pop. : 3,600 âmes.

FREYBERG. — Petite ville située sur la Mulde ; c'est le chef-lieu du cercle de l'Erzgebirge, dans le royaume de Saxe. Cette ville est importante par ses mines d'argent et par son académie des mines, qui possède les collections de Werner et une suite de modèles relatifs à l'art du mineur ; on y trouve en outre une école supérieure des mines, un gymnase et un séminaire pour les maîtres d'école. Pop. : 12,000 âmes.

FREYCINET. — Ile de la Polynésie. Elle est situé dans l'archipel dangereux et fut découverte, en 1823, par Duperrey.

FRIBOURG. — Ville archiépiscopale du grand duché de Bade, autrefois capitale du Brisgau ; elle est aujourd'hui le chef-lieu du cercle du Haut-Rhin. Du siège de son archevêché relèvent les évêchés de Mayence, Fulde, Rothenburg et de Limburg, dans les Etats de Hesse, de Nassau et de Wurtemberg. Les édifices les plus remarquables de cette ville sont le Münster, l'une des plus belles cathédrales de l'Europe et dont on admire la flèche, les vitraux et plusieurs tableaux de l'ancienne école allemande ; l'église évangélique, le bâtiment du séminaire, le palais de l'archevêque et celui du grand duc. Fribourg possède une université, un gymnase, une bibliothèque publique, une collection d'instruments de physique, un jardin botanique et deux sociétés académiques. Sa population est d'environ 15,000 âmes.

FRIBOURG. — Ville épiscopale, chef-lieu du canton de ce nom, en Suisse. Elle est bâtie en partie près de la Sarine, et en partie sur un rocher, dont quelques portions sont coupées à pic. Dans plusieurs endroits les toits des maisons servent de pavé à une rue supérieure, ce qui donne à cette ville un aspect assez étrange. On y remarque la cathédrale, dont le clocher est le plus élevé de la Suisse et l'un des plus hauts de l'Europe ; puis l'hôtel-de-ville, construit sur l'emplacement du palais des ducs de Zähringen, le collège des Jésuites et le pont suspendu jeté sur la Sarine. Fribourg possède un lycée, un gymnase, un collège, une bibliothèque publique et un cabinet d'histoire naturelle. Sa population est d'environ 8,000 âmes. On visite dans ses environs la *grotte de la Madeleine*, ermitage composé d'une chapelle avec son clocher, d'une vaste salle et de plusieurs chambres. Le tout a été creusé dans le roc par un seul homme, l'ermite Jean Dupré, qui y travailla depuis l'année 1670 jusqu'en 1680.

FRIEDBERG. — Petite ville de la principauté de la haute Hesse, dans le grand duché de Hesse-Darmstadt ; c'était anciennement une ville impériale qu'habitèrent les empereurs de la maison de Hohenstauffen, lesquels se plurent à l'embellir et à lui accorder un grand nombre de privilèges. On remarque l'élégance de son église ; sa population est d'environ 3,000 âmes.

FRIEDLAND. — Ville de la Prusse orientale. En 1807, les Français y battirent les Russes et les Prussiens. Pop. : 2,300 âmes.

FRIKTHAL. — Vallée du canton d'Argovie ; c'est l'une des plus riches de la Suisse, et l'on y trouve les villes de Laufenbourg, Rheinfeld et Augst.

FRIO. — Cap d'Afrique. Il est situé sur l'Atlantique et sur la limite sud de la Guinée méridionale.

FRIOUL. — Pays de l'empire d'Autriche. Il forme aujourd'hui le cercle de Gorizia et une partie de celui de Trieste, dans l'Illyrie, puis la province de Frioul, dans le royaume lombard-vénitien.

FRISCHE-HAFFE ou **MER AUX EAUX DOUCES**. — Sorte de lagune, située sur les côtes de la Prusse et qui communique avec la mer Baltique par un détroit nommé Gatt. Sa longueur est de 90 kilomètres sur environ une largeur de 9 à 18.

FRISE. — Province du royaume de Hollande. Elle est baignée au nord par la mer du Nord, et à l'ouest et au sud-ouest par le Zuiderzée. Son territoire est généralement plat et marécageux, et se trouve même, dans quelques endroits, au-dessous du niveau de la mer. On y trouve néanmoins de bons pâturages, et l'on y cultive avec succès le lin et le chanvre. Pop. : 235,000 âmes.

FRISE ORIENTALE. — Province du royaume de Hanovre. Son sol est bas et marécageux, et l'on y élève beaucoup de chevaux et des bêtes à cornes.

FROBISHER. — C'est l'un des détroits qui font communiquer l'Atlantique avec la mer Polaire, dans le nord de l'Amérique. Il est séparé de celui d'Hudson par les îles Savages, et de celui de Cumberland par les îles de Hall ou de Metaincog.

FROISSY. — Chef-lieu de canton dans l'arrondissement de Clermont, département de l'Oise. Pop. : 700 âmes.

FRONSAC. — Chef-lieu de canton dans l'arrondissement de Libourne, département de la Dordogne. Il est situé sur la rive droite de la Dordogne, au-dessous du confluent de l'Isle. On y voit un beau et ancien château, et l'on fait un commerce de vins renommés. Pop. : 1,500 âmes.

FRONTENAY ou **ROHAN-ROHAN**. — Petite ville du département des Deux-Sèvres. C'est un chef-lieu de canton de l'arrondissement de Niort. Pop. : 2,200 âmes.

FRONTIGNAN. — Petite ville située entre Montpellier et Cette, dans le département de l'Hérault. Elle est renommée par ses vins muscats et ses raisins en caisse. Pop. : 2,000 âmes.

FRONTON. — Chef-lieu de canton dans l'arrondissement de Toulouse, département de la Haute-Garonne. Pop. : 2,200 âmes.

FROSINONE. — Ville de l'Etat du Pape. C'était une des cités des Volsques et les Romains y établirent une colonie. Pop. : 6,000 âmes.

FROWARD. — Cap de la Patagonie. Il est situé sur le détroit de Magellan, à l'extrémité méridionale du continent américain.

FRUGES. — Petite ville du département du Pas-de-Calais. C'est un chef-lieu de canton de l'arrondissement de Montreuil-sur-Mer. Elle est située près de la source de la Lys, et l'on y trouve des fabriques de draperie, de bas de laine et de grosse cordonnerie. Pop. : 3,000 âmes.

FUCINO ou **CELANO**. — Lac du royaume de Naples. Il est situé dans l'Abruzze-Ultérieure 2e et son circuit est de 53 kilomètres. Ses crues, qui sont quelquefois extraordinaires, avaient décidé l'empereur Claude à conduire ses eaux dans le Garigliano, ce qu'il exécuta au moyen d'un superbe aqueduc dont on voit encore les restes.

FULDE. — Petite ville épiscopale, chef-lieu de la province du même nom, dans la Hesse-Electorale. On y remarque sa belle cathédrale. Elle possède un séminaire pour les maîtres d'écoles catholiques, un lycée, un gymnase et une bibliothèque publique.

FUMAY. — Petite ville du département des Ardennes. C'est un chef-lieu de canton de l'arrondissement de Rocroy. Elle est située sur la Meuse, au milieu de la forêt des Ardennes. On y trouve des forges, des fabriques d'ustensiles en fer, des verreries, et l'on y exploite des ardoisières que l'on regarde comme les meilleures qu'il y ait en France. Pop. : 2,900 âmes.

FUMEL. — Petite ville du département de Lot-et-Garonne. C'est un chef-lieu de canton de l'arrondissement de Villeneuve-d'Agen. Elle est située sur la rive droite du Lot. Pop. : 2,600 âmes.

FUNCHAL. — Chef-lieu de l'île de Madère. C'est une ville bâtie dans une situation gracieuse, sur la côte méridionale, au pied de hautes montagnes, et défendue par plusieurs forts. Elle est la résidence du gouverneur et d'un évêque, et son commerce est florissant. Pop. : 20,000 âmes.

FUNDY. — Baie ou golfe de l'Atlantique. Il est situé entre la Nouvelle-Ecosse, le Nouveau-Brunswick et l'Etat du Maine, aux Etats-Unis. La navigation y est dangereuse à cause du grand nombre d'écueils qu'il renferme.

FÜNFKIRCHEN. — Ville épiscopale de Hongrie. C'est le chef-lieu du comitat de Baranya, dans le cercle au delà du Danube. On y remarque la cathédrale, et l'on exploite, dans ses environs, de riches mines de houille. Pop. : 9,000 âmes.

FURKA (Mont), ou Montagne de la Fourche, dans le canton d'Uri, en Suisse. — Il est chargé d'immenses glaciers qui fournissent les sources de la Reuss à l'est, et celles du Rhône à l'ouest, et l'on y trouve un col à 2,506 mètres de hauteur, qui conduit de la vallée du Rhône dans celle de la Reuss.

FURNEAUX. — Ile d'Australie. Elle est située entre la Nouvelle-Hollande et l'île de Diémen et habitée par des indigènes de cette dernière.

FURNES. — Ville de la Flandre occidentale, en Belgique. Elle est située sur le canal de Nieuport à Dunkerque. On y fait un commerce de grains, de bestiaux, de houblon et de beurre. Philippe le Bel y tailla en pièces les Flamands, en 1297. Pop. : 4,500 âmes.

FURSTENBERG. — Ville du grand duché de Mecklenbourg-Strelitz, en Allemagne. Elle est située sur le Havel. Pop. : 2,000 âmes.

FURSTENWALDE. — Ville de Brandebourg, royaume de Prusse. Elle est située sur la Sprée. On y trouve des fabriques de draps et de bonneterie. Pop. : 4,000 âmes.

FURTH. — Jolie petite ville du cercle de Rezat, en Bavière. Elle est située au confluent de la Pegnitz et de la Rednitz. C'est l'une des villes les plus industrieuses de l'Allemagne. Elle possède une école supérieure d'arts et métiers, une société d'industrie nationale et une sorte d'université pour les Juifs, et l'on y trouve une manufacture de glaces importantes. On y fait aussi un commerce de vins et de liqueurs. Pop. : 18,000 âmes.

FUSAGASUGA. — Gros bourg de la province de Bogota, dans la république de la Nouvelle-Grenade. On trouve, dans son voisinage, à Pandi, les deux ponts naturels d'Icononzo, sur lesquels on passe le torrent de la Summa-Paz.

FUSI-NO-YAMA. — Volcan du Japon. Il est situé dans l'île de Niphon, et c'est le plus considérable et le plus terrible de l'empire.

FUSSEN. — Petite ville située sur le Lech, dans le cercle du haut Danube, en Bavière. Elle est renommée par sa fabrication d'instruments de musique, d'ouvrages en bois, en marbre. On y voit aussi l'ancienne abbaye de Saint-Maugen, remarquable par ses vastes bâtiments. La pop. est d'environ 1,500 âmes.

G

GABARRET. — Chef-lieu de canton dans l'arrondissement de Mont-de-Marsan, département des Landes. C'est un entrepôt de liéges et d'écorces destinées aux tanneries. Pop. : 900 âmes.

GABIAN. — Commune du département de l'Hérault, dans l'arrondissement de Béziers. On trouve dans son voisinage, près de la rivière de Tongue, une fontaine de pétrole dont l'huile, appelée *huile de Gabian*, est employée pour la guérison de diverses maladies. Pop. : 1,000 âmes.

GABON ou GABOUN. — Fleuve d'Afrique. Il a son embouchure dans l'Atlantique, mais on ne connaît point sa source qui paraît très-éloignée. Ce fleuve, qui arrose le sud de la Guinée septentrionale, a plus de 25 kilomètres de large à son embouchure.

GABON (Côte de). — C'est le nom que l'on donne à une partie de celle de la Guinée septentrionale, depuis le cap Lopez jusqu'à la rivière Camarones.

GACE. — Petite ville du département de l'Orne. C'est un chef-lieu de canton de l'arrondissement d'Argentan. Elle est située sur la Touques et l'on y trouve des fabriques de toiles et de fil de lin. Pop. : 1,600 âmes.

GACILLY (La). — Chef-lieu de canton dans l'arrondissement de Vannes, département du Morbihan. Pop. : 1,400 âmes.

GADJAR ou IN-CHAN. — Chaîne de montagne de la Chine. Elle court du sud-sud-ouest au nord-est, depuis les Mongols du Koukounoor et les sources du Hoang-ho, en suivant ce fleuve; puis elle tourne au nord, dans l'est de la Mongolie, traverse le nord-

DICTIONNAIRE DE GÉOGRAPHIE ECCL. III.   13

ouest de cette contrée, où quelques géographes la désignent sous le nom de Stolky, et elle va se lier aux monts Stanovoï, sur les frontières de la Sibérie.

GADOU. — Pays de la Sénégambie. Il est situé à l'est, dans le nord du Dialonkadou, et l'on y trouve de l'or, du fer et du salpêtre.

GAEL. — Petite ville du département d'Ille-et-Vilaine. Elle est située dans l'arrondissement de Montfort. Pop. : 2,200 âmes.

GAETE. — Petite ville épiscopale de la terre de Labour, dans le royaume des Deux-Siciles. Elle est importante par ses fortifications, et son port, et remarquable par ses antiquités. Elle compte environ 3,000 habitants.

GAILENREUTH. — Village du Haut-Main, en Bavière. Il est célèbre par ses cavernes à ossements fossiles, où l'on recueille principalement des débris d'ours, de hyènes, etc.

GAILLAC. — Petite ville du département du Tarn. Elle est située sur cette rivière, qui commence à y devenir navigable. Chef-lieu d'arrondissement, elle comprend 8 cantons et 75 communes. Elle possède un collége, et ses vins blancs lui donnent une certaine renommée. Pop. : 8,000 âmes.

GAILLON. — Petite ville du département de l'Eure. C'est un chef-lieu de canton de l'arrondissement de Louviers. Son beau château, bâti par le cardinal Georges d'Amboise et qui appartenait aux archevêques de Rouen, a été transformé en une maison centrale de détention, qui peut recevoir environ 1,500 condamnés. On trouve dans son voisinage une fontaine incrustante. Pop. : 2,600 âmes.

GAILURIPI. — Sommet des Carpathes. C'est l'un des plus élevés de cette chaîne dans l'empire d'Autriche, et son altitude est de 2,850 mètres. Il est situé entre la Transylvanie et la Hongrie.

GAIS. — Village du canton d'Appenzell, en Suisse. On y trouve plusieurs fabriques de mousselines, et un grand nombre d'étrangers y viennent, durant la saison convenable, pour y faire usage de petit lait. Ses environs sont d'ailleurs pittoresques. Pop. : 2,600 âmes.

GALAAD ou **DJELAD.** — Chaîne de montagnes de la Palestine. Elle est située à l'est du Jourdain, et était renommée dans l'antiquité par le baume qu'on y recueillait.

GALACZ ou **GALASCH.** — Petite ville fortifiée de la principauté de Moldavie. Elle est importante par son commerce et par son port, qui est très-fréquenté. Pop. : 7,000 âmes.

GALAM ou **KALAYA.** — Royaume de la Sénégambie. Il est borné au sud par le Bondou, et appartient aux Saracolets, l'une des plus anciennes nations de cette contrée.

GALAN. — Chef-lieu de canton dans l'arrondissement de Tarbes, département des Hautes-Pyrénées. Il est situé entre la Baise-Devant et la Baysolle. Pop. : 1,300 âmes.

GALATZ. — Ville forte de la principauté de Moldavie. Elle est située sur la rive gauche du Danube. C'est le centre d'un commerce d'importation entre la Valachie et la Moldavie, et les bâtiments autrichiens et russes remontent jusque dans son port. Pop. ; 7,000 âmes.

GALENSTOCK. — Sommet des Alpes bernoises. C'est l'un des plus élevés de ces Alpes et son altitude est de 3,562 mètres. Il est situé sur la limite des cantons d'Uri, de Berne et du Valais.

GALIBIS. — Peuple indien de la Guyane française, Amérique méridionale.

GALITCH ou **GALITZ.** — Ville du gouvernement de Kostroma, en Russie. Elle est située sur le lac de son nom, où elle fut fondée en 1152 par Georges Dolgorouki. Pop. : 6,000 âmes.

GALLAPAGOS. — Groupe d'îles du Grand-Océan. Il est situé à l'ouest de la côte d'Amérique et sous l'équateur. Ces îles sont inhabitées et stériles, mais elles sont visitées par les baleiniers qui y trouvent d'excellentes tortues de mer.

GALLAS. — Peuple pasteur et guerrier de l'Afrique. Il habite particulièrement la plus grande partie des provinces méridionales de l'Abyssinie. On croit les Gallas d'origine indienne, et ils se distinguent en effet des nègres par un teint moins foncé, des cheveux longs et la beauté des formes.

GALLEGO. — Rivière d'Espagne. Elle prend sa source dans les Pyrénées, arrose les provinces de Huesca et de Saragosse, et se jette dans l'Ebre au-dessous de Saragosse, après un cours de 130 kilomètres.

GALLIPOLI. — Grande ville de Romélie, dans la Turquie d'Europe. Elle est située sur la péninsule de ce nom dans la mer de Marmara, avec un port à l'entrée du détroit des Dardanelles. Cette ville est le siége d'un évêché grec, et elle est renommée par ses fabriques de maroquin. Pop. : 18,000 âmes.

GALLIPOLI. — Petite ville épiscopale de la terre d'Otrante, dans le royaume des Deux-Siciles. Elle est importante par ses fortifications, son port et son commerce. Pop. : 9,000 âmes.

GOLLOVAY. — District d'Ecosse. Il comprend les comtés de Wigton et de Kirkudbright, et se termine, au sud-ouest, par un cap de son nom.

GALVESTON. — Ile du golfe du Mexique. Elle est située sur la côte du Mexique, à l'embouchure du Rio-de-la-Trinidad, et l'on y trouve une baie et une ville de son nom.

GALWAY. — Grande ville, chef-lieu du comté de ce nom, en Irlande. Elle est située sur une rivière qui sert d'écoulement au lac Corrib, dans l'Atlantique. Cette ville, qui est la résidence de l'évêque catholique de Kilmacduagh-Kilfenora-et-Warden, possède un vaste port ; son commerce et son industrie sont florissants ; et les Jésuites y ont fondé un collége. Pop. : 33,000 âmes.

GAMACHES. — Chef-lieu de canton dans l'arrondissement d'Abbeville, département de la Somme. On y trouve des filatures de coton et des fabriques de bonneterie et de rouennerie. Pop. : 1,500 âmes.

GAMBIE. — Grand fleuve de l'Afrique occidentale, qui porte aussi le nom de *Bâ-Diman*. Selon M. Mollien, il prend sa source par 10° 36' de latitude septentrionale, et 13° 38' de longitude occidentale, dans le

Fouta-Dialou, à peu de distance de la ville de Timbo et de la source du Rio-Grande ou Comba, au pied d'une chaîne de hautes montagnes qui, plus bas, du côté oriental, donne aussi naissance à la Falémé et au Sénégal, proprement dit *Bá-Fing*. La Gambie roule d'abord ses eaux au milieu de vastes prairies; mais bientôt une chaîne de montagnes, qui vient la resserrer à gauche, l'oblige à rebrousser chemin presque jusqu'à la hauteur de sa source; et ce n'est que par un nouvel accident du sol qu'elle se dirige alors du 11e degré de latitude nord au 13e degré 23' et 40'', pour s'incliner ensuite vers l'Océan, où elle se précipite par plusieurs embouchures, entre le cap Rouge et le cap Marie. Avant d'arriver là ce fleuve a traversé les pays de Fouta et de Bondou, le désert de Teuda et les Etats de Oulli, du Saloum, de Badibou et de Barra. Ses bords sont peuplés d'éléphants, d'hippopotames, de rhinocéros, de singes des grandes espèces, de hyènes, de panthères, de tigres et de troupeaux de gazelles; et, dans le règne végétal, on y remarque des baobabs, des palmiers, des dattiers, des orangers, des chis ou arbres à beurre, des ignames, etc.

GAND. — Ville épiscopale de la Flandre orientale, en Belgique. Elle est située au confluent de la Lys et de l'Escaut qui, avec la Lière et la Mocre, la partagent en plusieurs îles que réunissent un grand nombre de ponts, et c'est le chef-lieu de la province qui porte son nom. On dit qu'au temps de Charles-Quint, cette ville surpassait Paris en étendue. On y remarque la cathédrale, l'hôtel de ville, les palais de l'université, la maison de correction, le canal et le grand bassin. On y trouve une université, un collége, une académie des beaux-arts, une riche bibliothèque, un jardin botanique, plusieurs sociétés académiques, etc.; elle possède en outre de nombreuses usines, des filatures, des fabriques, etc.; et sa population est de près de 100,000 âmes.

GANDAVA. — Chef-lieu de la province de ce nom, dans la confédération des Beloutchis, Perse orientale.

GANDOUANA ou GANDWANA. — Province du Mogol, dans l'Hindoustan. Une partie est comprise dans la présidence du Bengale, et a pour chef-lieu Djabbalpour; l'autre forme le royaume de Nagpour.

GANDS. — Peuple de l'Hindoustan. Il habite les montagnes du Gandouana où il vit du produit de la chasse et de ses troupeaux.

GANGE. — Fleuve de l'Inde. Il est célèbre dans l'histoire des Hindous qui lui donnent le nom de *Boura-Ganga*, ce qui signifie le fleuve par excellence. Suivant le plus grand nombre, ce fleuve doit son origine à deux cours d'eau importants, l'Alâknanda et le Bhaghirathy, dont le dernier prend sa source dans la chaîne de l'Himalaya, à 4,400 mètres au-dessus du niveau de l'Océan; mais, au dire d'Hamilton, le Daouli, qui vient de plus loin et qui est le plus considérable, doit être considéré comme le véritable Gange. Le glacier d'où sort ce fleuve a au moins un mille de largeur, et s'étend sur toute la montagne jusqu'à la base d'un pic gigantesque de glace et de neige, ayant 6,825 mètres au-dessus du niveau de la mer, et la partie du glacier d'où s'échappe la source sacrée est appelée par les Anglais *Cow's mouth*. Cette partie est en grande vénération chez les Hindous qui en font le théâtre des scènes les plus merveilleuses de leurs mythes. Des monts Himalaya, le Gange se jette dans un grand bassin nommé la *bouche de la vache*, que ses eaux ont creusé et où les pèlerins vont puiser l'eau qui est pour eux l'objet d'un culte.

Le bassin que traverse le Gange offre environ 1,600 kilom. d'étendue, et, durant son trajet, ce fleuve reçoit entre autres affluents la Gogra, qui vient du versant méridional de l'Himalaya et forme la célèbre cascade de Kanâr; puis le Gandak ou Gondok, qui prend sa source dans les mêmes montagnes, et a environ 640 kilom. de cours. Le Gange est soumis, comme le Nil, à des crues périodiques, lesquelles ont pour cause les pluies qui tombent dans les environs des sources de ce fleuve. Ces pluies commencent vers la fin du mois d'avril, et, dans les derniers jours de juin, les eaux montent de 5 à 6 mètres, ce qui est à peu près la moitié de leur accroissement total; car elles ne s'élèvent que progressivement, et, au début, ce n'est que d'environ 27 millimètres par jour. Vers la fin de juillet, toute la plaine que parcourt le Gange est inondée sur une espace de plus de 120 kilom. de largeur; mais on continue à distinguer la ligne primitive du fleuve par la rapidité de son courant et la vase qu'il charrie. Au mois d'octobre il rentre dans son lit, en laissant un limon fertile sur le sol qu'il a envahi. Ce lit, jusqu'au confluent avec la Djemnah, n'a que 1,358 à 1,532 mètres de largeur; mais, après avoir reçu le Gondok, cette largeur est de 4 kilom. Aux deux tiers de son cours, que l'on estime être de 2340 kilom., le Gange offre une profondeur de 10 mètres à l'époque des basses eaux, et il la conserve jusqu'à son embouchure où il se partage en plusieurs branches. Sa pente générale est de 0^m 729 par 4 kilom., mais ses sinuosités sont si considérables qu'elles la réduisent à 0^m 324; le terme moyen de sa vitesse, dans la saison sèche, dépasse 4 kilom. par heure, et, dans la saison des pluies, elle atteint 8 kilomètres et même 10 kilomètres; enfin, on estime à 26,000 mètres cubes par seconde la quantité d'eau que ce fleuve verse dans l'Océan pendant les sécheresses, quantité qui s'élève à 131,625 durant les crues, et dont le chiffre moyen de l'année est de 58,500.

Comme le Nil aussi, le Gange a un crocodile particulier qui porte son nom, *crocodilus gangeticus*, laquelle espèce est remarquable par son museau allongé. Ce crocodile est regardé comme sacré par les Hindous.

GANGES. — Petite ville du département de l'Hérault. C'est un chef-lieu de canton de l'arrondissement de Montpellier, et elle est située sur l'Hérault. On y trouve des filatures et des fabriques de bas de soie, et l'on visite, dans ses environs, la *Baume des fées* ou *Grotte des demoiselles*, vaste et profonde caverne qu'on ne peut explorer entièrement qu'en s'exposant à de graves dangers. Pop. : 4,600 âmes.

GANGOUTRI. — Bourgade de l'Hindoustan. Elle est située dans la présidence de Calcutta, non loin des sources du Gange, et a une élévation de plus de 3,000 mètres au-dessus du niveau de la mer. On y voit un temple très-révéré des brahministes, qui vont puiser auprès l'eau sacrée du Gange.

GANNAT. — Petite ville du département de l'Allier, chef-lieu d'arrondissement. Elle comprend 5 cantons et 67 communes, et possède une source d'eau min. Pop. : 5,500 âmes.

GAP. — Petite ville épiscopale, située sur la Beune. Chef-lieu du département des Hautes-Alpes, son arrondissement comprend 14 cantons et 126 communes. On remarque, dans cette ville, la cathédrale et le mausolée de Lesdiguières ; elle possède un collége et une société d'agriculture ; son commerce consiste en grains, bestiaux, etc. ; et sa population est d'environ 7,500 âmes. On voit dans ses environs, sur le lac de Pelhotiers, *le pré qui tremble*, petite île flottante.

GARABUSA. — Petit îlot dépendant de l'île de Candie, dans la Turquie d'Europe. Il est fortifié par la nature et possède un port aussi beau que commode. Ce lieu a eu une certaine célébrité de nos jours, parce qu'il fut quelque temps le repaire d'un grand nombre de forbans.

GARCHIZY. — Petite ville du département de la Nièvre. Elle est située dans l'arrondissement de Nevers. On y trouve une fonderie de fer pour pièces de mécaniques, des laminoirs et des fabriques de lits en fer ; puis dans ses environs, à Fourchambault, des hauts fourneaux, des forges et des ateliers de construction. Pop. : 2,700 âmes.

GARD ou GARDON. — Rivière de France. Elle est formée de la réunion des deux cours d'eau supérieurs : le Gardon d'Alais et le Gardon d'Anduze, qui tous deux descendent des montagnes du Gévaudan, dans le département de la Lozère. Cette rivière charrie, dit-on, des paillettes d'or, et c'est sur elle que les Romains construisirent, près de Remoulins, le magnifique aqueduc appelé *Pont du Gard*. On trouvait aussi sur ses bords, dans des temps reculés, une espèce particulière de castor qui y creusait des terriers. Son cours est de 120 kilomètres.

GARD (DÉPARTEMENT DU). — Il a été composé des diocèses de Nîmes et d'Uzès. Sa superficie est de 592,108 hectares, et sa population de 400,380 âmes. Il est divisé en 4 arrondissements dont les chefs-lieux sont Nîmes, Alais, Uzès et le Vigan, et il compte 38 cantons et 345 communes. Nîmes est le siége de sa préfecture, de son diocèse et de sa cour impériale, Montpellier celui de son académie universitaire, et il est compris dans la huitième division militaire.

GARDAFNI. — Cap d'Afrique. Il est situé à son extrémité orientale, dans le pays des Somaulis entre le golfe d'Aden et l'Océan Indien.

GARDANNE. — Petite ville du département des Bouches-du-Rhône. C'est un chef-lieu de canton de l'arrondissement d'Aix. Elle est importante par les produits agricoles de son territoire, et par une mine de houille qu'on y exploite. Pop. : 2,600 âmes.

GARDE-FREINET (LA). — Petite ville du département du Var. Elle est située dans l'arrondissement de Draguignan. On trouve dans son voisinage une montagne sur laquelle s'élevait anciennement une forteresse appelée Freynet ou Fraxinet. Les Sarrasins l'occupèrent au IX° siècle, et, tant qu'ils y demeurèrent, ils furent un objet de désolation pour les contrées voisines qu'ils ne cessaient de ravager. Pop. : 2,400 âmes.

GARDNER. — Ile de la Micronésie. Ce n'est qu'un rocher volcanique situé au milieu du Grand-Océan.

GARDONE. — Bourg de la vallée de Trompia, dans le royaume lombard-vénitien. Il est important par sa fabrique d'armes à feu qui sont très-estimées, et par les riches mines de fer qui existent dans ses environs.

GARESSIO. — Ville de la division de Coni, dans le royaume sarde. Elle est située sur la rive droite du Tanaro, et l'on y voit une belle chartreuse dite de Casoto. Pop. : 5,000 âmes.

GARFAGNANA. — Canton d'Italie. Il forme la partie méridionale du duché de Modène, et a pour chef-lieu Castelnovo.

GARGARA ou GAZ-DAGH. — C'est l'un des sommets les plus élevés du mont Ida, en Mysie.

GARIGLIANO. — Rivière d'Italie. Elle est formée de la réunion du Sacco et du Liri, dans l'Etat du Pape, et va se jeter dans le golfe de Gaëte, après un cours de 60 kilomètres.

GARLIN. — Chef-lieu de canton dans l'arrondissement de Pau, département des Basses-Pyrénées. Pop. : 1,400 âmes.

GARONNE. — Fleuve qui prend sa source dans la vallée d'Aran, en Espagne. Il traverse les départements de la Haute-Garonne, du Lot-et-Garonne et de la Gironde, passe par Saint-Gaudens, Muret, Toulouse, Agen, Marmande, La Réole et Bordeaux ; reçoit, à sa droite, l'Ariége, le Tarn, l'Aveyron et le Lot ; puis, à sa gauche, le Gers ; et prend le nom de Gironde après sa réunion avec la Dordogne, au Bec-d'Ambès, pour se jeter ensuite dans l'océan Atlantique.

GARONNE (DÉPARTEMENT DE LA HAUTE). — Il a été formé du diocèse de Toulouse, du Lauraguais, d'une partie de la Gascogne, du Comminges, du Nébouzan, des Quatre-Vallées, du Couserans et de la Lomagne. Sa superficie est de 618,558 hectares, et sa population d'environ 482,000 âmes. Il est divisé en 4 arrondissements dont les chefs-lieux sont Toulouse, Villefranche, Muret et Saint-Gaudens, et compte 39 cantons et 598 communes. Toulouse est le siége de sa préfecture, de son diocèse, de sa cour impériale, de son académie universitaire et de sa division militaire, qui est la dixième.

GAROUAN. — Cap d'Asie. Il est situé au

sud de l'Arabie, dans le pays de Mahra, sur la mer des Indes.

GARTEMPE. — Rivière de France. Elle traverse les départements de la Creuse, de la Haute-Vienne et de la Vienne, et se joint à la Creuse après un cours de 200 kilomètres.

GASTEIN. — Petit bourg du cercle de Salzbourg, dans la haute Autriche. Il est renommé par ses bains et par ses mines d'or et d'argent. On le dit élevé de 2,037 mètres au-dessus du niveau de la mer. On trouve aussi dans son voisinage, à Krimml, une des plus belles cascades de l'Europe, formée par l'Ache, affluent de la Salza.

GASTOUNI. — Petite ville du nomos d'Achaïe et d'Elide, dans le royaume de Grèce. Elle est le siége d'un archevêché grec. On trouve, dans ses environs, les vestiges de l'ancienne *Elis*, capitale de l'Elide, et l'une des cités les plus florissantes du Péloponèse. Pop. : 3,000 âmes.

GATES ou GHATTES. — Chaîne de montagnes de l'Hindoustan. Elle court du nord au sud, le long de la côte occidentale, depuis le fleuve Tapty jusqu'au cap Comorin, et détache, vers l'est, des groupes qui couvrent une partie de l'Hindoustan. Ses points culminants dépassent 2,900 mètres.

GATTCHINA. — Ville du gouvernement de Saint-Pétersbourg, en Russie. On y voit un beau palais impérial, construit par Grégoire Orlow. Pop. : 7,000 âmes.

GATTEVILLE (BAS DE). — Cap de France. Il est situé près du village de même nom, sur la mer de la Manche.

GAUCHOS. — Population de l'Amérique du sud, dans la Plata. Ce sont des descendants des Espagnols qui en firent la conquête. Ils ont adopté un genre de vie à demi-sauvage, et occupent la partie septentrionale des Pampas, où ils élèvent des troupeaux de chevaux et de bœufs. Ils ne vivent que de laitage et de viande de bœuf, ne boivent que de l'eau et sont presque constamment à cheval.

GAURITS ou RIO-FORMOSO. — Fleuve d'Afrique. Il est situé dans le gouvernement du Cap, et formé par la réunion de deux branches appelées grandes et petites Gamba, qui descendent de la haute chaîne du Nieuweld.

GAUSSON. — Petite ville du département des Côtes-du-Nord. Elle est située dans l'arrondissement de Loudéac. Pop. : 2,100 âmes.

GAUVILLE. — Commune du département de l'Orne. Elle est située dans l'arrondissement d'Argentan. Pop. : 900 âmes.

GAVARDO. — Ville du royaume lombard-vénitien, empire d'Autriche. Elle est située sur la Chiése. On y trouve des fabriques de clouterie et des papeteries. Pop. : 2,000 âmes.

GAVARNIE. — Village de la vallée de Barréges, dans le département des Hautes-Pyrénées. Il est célèbre par son cirque, ses glaciers et sa cascade, l'une des plus hautes de l'Europe, car sa chute est de 400 mètres.

GAVE. — Nom générique donné aux cours d'eau dans le département des Basses-Pyrénées. Les principaux gaves sont celui de Pau, affluent de l'Adour; celui d'Oloron, affluent de celui de Pau; ceux d'Ossau et d'Aspe dont la réunion forme celui d'Oloron; et celui de Mauléon, affluent de celui d'Oloron.

GAVRAY. — Chef-lieu de canton dans l'arrondissement de Coutances, département de la Manche. Il est situé sur la Sienne, et l'on y trouve des fabriques de toiles de crins. Pop. : 2,000 âmes.

GAYA. — Grande ville de la province de Béhâr, dans l'empire indo-britannique. Ses temples sont renommés dans toute l'Inde, et visités annuellement par plus de 100,000 pèlerins. Pop. : 40,000 âmes.

GAZIMOUR. — Rivière de Sibérie. Elle est située dans le district de Nertchink, et l'on trouve sur ses bords des mines d'argent et de cuivre.

GEAUNE. — Chef-lieu de canton dans l'arrondissement de Saint-Sever, département des Landes. Pop. : 900 âmes.

GEBILE ou BYBLOS. — Petite ville de Syrie, dans la Turquie d'Asie. On y remarque les ruines de la mosquée du sultan Ibrahim, renversée par un tremblement de terre; des restes antiques et des tombeaux taillés dans le roc.

GÉBY. — Une des îles Moluques. Elle est fertile, bien peuplée, et sa circonférence est de 60 kilomètres.

GECHEN ou DEVRA-DAMOT. — Montagnes de l'Abyssinie. Elles sont situées au sud-est de l'Amhara.

GEDRE. — Hameau du département des Hautes-Pyrénées. Il est situé dans la commune de Luz, arrondissement d'Argelez, et au fond d'un vallon où se réunissent les gaves d'Héas et de Gavarnie. Le premier, non loin de Gèdre, se précipite à travers des rochers qui formaient anciennement une voûte, détruite en 1788.

GEDROSIE. — Ancienne contrée de l'Asie, qui forme aujourd'hui la principale partie du Bélouchistan.

GEDUMA ou GHIDIMA. — Pays de la Sénégambie. Il est situé au nord, entre le Sahara et les pays de Djafnou, Kasson, Fouta-Toro et le Sénégal.

GEEL ou GHEEL. — Petite ville de la province d'Anvers, en Belgique. Elle est renommée par la singulière industrie de ses habitants, qui prennent en pension et nourrissent à leur table les aliénés qu'on leur amène de tous les pays. Ces fous jouissent de la plus grande liberté, et sont traités comme s'ils étaient dans la plénitude de leurs facultés. Cette ville possède un collége où les fous reçoivent aussi de l'instruction. La population est d'environ 7,000 âmes.

GEELVINK. — Golfe de la Nouvelle-Guinée. Il est formé sur la côte nord-ouest, par le Grand-Océan, et une sorte de détroit, qui se trouve au sud de ce golfe, partage la Nouvelle-Guinée en deux grandes îles.

GEESH. — Village de l'Abyssinie. Il est situé dans le Godjam et dans un canton qui porte son nom. On trouve dans ses environs la source du Bahr-el-azrak ou Nil bleu.

GEETE. — Rivière de Belgique. Elle prend sa source au nord de la province de Namur, touche au Limbourg, et va se jeter dans la Demer, après un cours de 65 kilomètres.

GEFFOSSES. — Commune du département de la Manche. Elle est située dans l'arrondissement de Coutances. Pop. : 1,200 âmes.

GEFLE. — Ville épiscopale de la Suède. Elle est importante par son port, ses chantiers, son industrie, son commerce, et par ses nombreux vaisseaux marchands qui lui assignent le troisième rang parmi les villes maritimes du royaume. Elle possède aussi un gymnase, et compte environ 8,000 habitants.

GEILNAU. — Village du duché de Nassau. Il est important par ses eaux minérales dont on exporte annuellement près de 200,000 bouteilles. On trouve aussi dans ses environs une mine de plomb argentifère, et une grotte semblable à celle du *chien*, près de Naples, c'est-à-dire exhalant du gaz acide carbonique. Pop. : 200 âmes.

GEISLINGEN. — Ville du Wurtemberg. Elle est située sur le Rohrbach. On y trouve des usines à cuivre, des fabriques d'objets en bois et en os, et des eaux minérales. Pop. : 2,200 habitants.

GEISPOLSHEIM. — Petite ville du département du Bas-Rhin. C'est un chef-lieu de canton dans l'arrondissement de Strasbourg. Elle est située près du chemin de fer de Strasbourg à Bâle. Pop. : 2,200 âmes.

GELLIVARA. — Ville de Suède. Elle est située dans la Bothnie septentrionale, et l'on trouve de riches mines de fer dans ses environs. Pop. : 1,200 âmes.

GELNHAUSEN. — Petite ville située sur la Kinsig, dans la province de Hanau, Hesse-Electorale. On voit dans son voisinage les restes du magnifique et de l'immense palais qu'y avait fait construire l'empereur Frédéric Barberousse. Tout le plateau de la montagne est couvert des débris de ce gigantesque monument. La population de Gelnhausen est d'environ 3,000 âmes.

GEMBLOUX. — Petite ville de Belgique. On y trouve des fabriques de coutellerie. En 1594 les Français y battirent les Autrichiens. Pop. : 2,000 âmes.

GÉMÉNOS. — Commune du département des Bouches-du-Rhône. On y voit un beau château, et l'on y trouve diverses usines. Pop. : 1,800 âmes.

GEMMI. — Montagne de la Suisse qui sépare le canton de Berne du Valais. Elle est presque perpendiculaire, et cependant, en 1736, on commença à y pratiquer un chemin en ligne spirale qui fut achevé en cinq années. On rencontre sur la Gemmi un glacier considérable et le lac Daube; son flanc est sillonné par le torrent de la Dala; et à son pied se trouvent les sources thermales de Leuck, dont la température est de + 50° centigrades.

GEMOSAC. — Petite ville du département de la Charente-Inférieure. C'est un chef-lieu de canton de l'arrondissement de Saintes. Pop. : 2,600 âmes.

GENÇAIS. — Chef-lieu de canton dans l'arrondissement de Civray, département de la Vienne. On y trouve des fabriques de faïence et de poterie de terre. Pop. : 1,100 âmes.

GENDREY. — Chef-lieu de canton dans l'arrondissement de Dôle, département du Jura. Pop. : 700 âmes.

GÊNES. — Grande ville fortifiée, bâtie en amphithéâtre sur le penchant d'une colline. Autrefois capitale de la célèbre république qui portait son nom, elle n'est plus actuellement que le chef-lieu d'une province du royaume sarde. Le grand nombre de palais dont elle est ornée l'avait fait surnommer *la Superbe*. Parmi ces palais on distingue surtout ceux appelés Durazzo, Rosso, Doria, Serra, Balbi, Carrega, Rovere, Di negro, etc. ; puis le palais du gouvernement ou palais ducal. On remarque ensuite la cathédrale dédiée à Saint-Laurent, édifice gothique dans lequel on conserve le fameux vase de la *Cène*; les églises Saint-Cyr, Saint-Ambroise, de l'Annonciation, et de Carignan; le bâtiment de l'université, le grand hôpital, celui des pauvres, la banque de Saint-Georges, la loge ou bourse, l'arsenal, le phare, le pont de Carignan; les places de l'Acqua-Verde, de l'Annunziata, de Charles-Félix, et de Sarzano; et enfin les promenades d'Acqua-Sola, d'Acqua-Verde, des môles, etc. Cette ville possède une université, une école de marine, une académie des beaux-arts, un institut de sourds-muets, et quatre bibliothèques; son industrie et son commerce, favorisés par un port franc, sont d'une grande importance, et sa population est d'environ 120,000 âmes. C'est la patrie de Cristophe Colomb, à qui quelques auteurs donnent à tort le village de Cogoletto pour lieu de naissance.

GENESEE. — Rivière des Etats-Unis d'Amérique. Elle coule dans le New-York, passe à Rochester, et se jette dans le lac Ontario, après un cours de 230 kilomètres. De nombreuses cascades interrompent la navigation de cette rivière.

GENÈVE. — Chef-lieu du canton de ce nom, en Suisse. Elle est située près de l'endroit où le Rhône s'échappe du lac Leman, et c'est la cité la plus industrieuse et la plus peuplée de la Suisse. Ses édifices les plus remarquables sont la cathédrale ou église Saint-Pierre, l'hôtel de ville, l'hôpital, la maison pénitentiaire et les bâtiments des musées. Elle possède une académie universitaire fondée par Calvin, une bibliothèque publique, un cabinet d'histoire naturelle et plusieurs autres collections; un observatoire, un jardin botanique, et quatre sociétés académiques. Sa population est d'environ 27,000 âmes, et son commerce consiste principalement en horlogerie et en bijouterie.

Les environs de cette ville sont renommés par leur beauté et la magnificence des maisons de campagne dont ils sont parsemés. On y voit aussi un superbe hospice pour les aliénés, et l'école rurale de Carra pour les orphelins.

GENEVRE (Mont).—Montagne des Alpes-Cottiennes. C'est un de leurs sommets les plus élevés et son altitude est de 3,340 mètres. Il est situé sur les limites de la France et du Piémont, et la Durance y prend sa source. Une belle route, en partie détruite aujourd'hui, y avait été tracée par Napoléon, à près de 2,000 mètres de hauteur. Selon quelques auteurs, c'est par ce mont qu'Annibal pénétra en Italie.

GENIL ou **XENIL**. — Rivière d'Espagne. Elle prend sa source dans un petit lac situé près de la Sierra-Nevada, arrose les provinces de Grenade et de Cordoue, et va se jeter dans le Guadalquivir, après un cours de 220 kilomètres.

GENLIS. — Chef-lieu de canton dans l'arrondissement de Dijon, département de la Côte-d'Or. Pop. : 1,000 âmes.

GENNES. — Chef-lieu de canton dans l'arrondissement de Saumur, département de Maine-et-Loire. Il est situé sur la rive gauche de la Loire. Pop. : 1,600 âmes.

GENOLHAC. — Chef-lieu de canton dans l'arrondissement d'Alais, département du Gard. On y fabrique de la coutellerie et de la taillanderie. Pop. : 1,600 âmes.

GENTILLY. — Commune du département de la Seine. Elle est située dans l'arrondissement de Sceaux et sur la Bièvre. On y trouve un lavoir de laine et de nombreuses carrières de pierres sur son territoire. Ce lieu passe pour avoir été la résidence des rois de la première et de la deuxième race, et c'est dans son voisinage que se trouve l'hospice de Bicêtre, qui peut recevoir 4 à 5,000 vieillards ou aliénés. Pop. : 10,000 âmes.

GENTIOUX. — Chef-lieu de canton dans l'arrondissement d'Aubusson, département de la Creuse. Pop. : 1,500 âmes.

GEOGRAPHE (Golfe du). — Dans la terre de Leeuwin. Il est formé par la mer des Indes, au sud-ouest de la Nouvelle-Hollande.

GEORGE-TOWN. — Jolie ville de l'île du Prince-de-Galles, dans l'Inde transgangétique anglaise. Elle est fortifiée, possède une citadelle, un port, un arsenal, et c'est le siège d'une cour supérieure de justice. Pop. : 80,000 âmes.

GEORGE-TOWN. — Petite ville de l'île du Prince-Edouard, dans l'Amérique anglaise. Elle est assez importante par son port et ses chantiers.

GEORGE-TOWN. — Petite ville du district de Colombie, aux Etats-Unis d'Amérique. Elle est renommée par son collège catholique, qui est érigé en université, et par un couvent de religieuses catholiques. Pop. : 8,000 âmes.

GEORGE-TOWN. — Chef-lieu de l'île de Pinang, près de la côte ouest de Malacca. Cette ville possède un port, une citadelle, un arsenal et un évêché anglican.

GEORGHIEVSK. — Ville de la province du Caucase, dans la Russie asiatique. Elle est bien bâtie, fortifiée et située sur les bords de la petite Kouma. C'est la résidence d'un gouverneur général militaire, dont la juridiction s'étend sur une grande partie du Caucase.

GEORGIE. — Province de la région du Caucase, dans la Russie asiatique. Elle est située entre la mer Noire et la mer Caspienne ; sa plus grande longueur est d'environ 1,120 kilom., et sa plus grande largeur de 840 kilom. Son sol est productif en grains, vins et fruits excellents, et couvert, en certains lieux, d'immenses forêts de chênes, de hêtres, d'aunes et autres arbres. Cette contrée est traversée par le Kur. Les femmes y sont très-belles et rivalisent en renommée avec les Circassiennes. La religion chrétienne grecque est professée par la majeure partie des habitants de la Géorgie, dont Tiflis est la capitale.

GEORGIE. — Un des Etats-Unis de l'Amérique septentrionale. Il est situé entre la Floride au sud, l'Alabama à l'ouest, le Tennessee et la Caroline-du-Nord au nord, la Caroline-du-Sud au nord-est, et l'Atlantique à l'est. Son climat est très-sain dans les parties montagneuses, mais insalubre dans les parties basses, durant l'été. Les lieux cultivés y produisent en abondance du riz, du coton, de l'indigo et du tabac, et l'on y trouve aussi du bois de construction. Milledgeville est le chef-lieu de cet Etat.

GEORGIE. — L'une des îles Salomon, dans l'Australie. Elle est située vers le milieu du groupe, et couverte de montagnes.

GEORGIE (Golfe de). — Bras de mer du Grand-Océan. Il sépare l'île de Noutka du continent de l'Amérique septentrionale, renferme beaucoup d'îles et reçoit le Fraser et la Calédonia.

GEORGIE-MERIDIONALE ou **ILE DU ROI GEORGE**. — Elle est située dans l'Atlantique et entièrement déserte. Ses côtes sont échancrées en baies nombreuses, mais celles-ci sont encombrées de glaces durant une grande partie de l'année, et l'on ne s'en approche que pour y faire la pêche des phoques.

GEORGIE-SEPTENTRIONALE. — Archipel de la mer Glaciale. Il est situé au nord de l'Amérique septentrionale et à l'ouest du Devon septentrional, vers 73° de latitude nord, et entre 96° et 117° de longitude ouest. Les îles principales qui le composent sont celles de Melville, Byam-Martin et Bathurst, dans lesquelles on trouve des bœufs, des ours blancs, des cerfs et des renards. Les phoques se montrent aussi en grand nombre sur les côtes.

GER. — Petite ville du département de la Manche. Elle est située dans l'arrondissement de Mortain, et l'on y trouve une fabrique de poterie de grès très-estimée. Pop. ; 2,700 âmes.

GERA. — Ville d'Allemagne. C'est le chef-lieu de la seigneurie de ce nom. Elle est située près de l'Elster-Blanc, et l'on y trouve une manufacture renommée de laine et de coton. Pop. : 9,000 âmes.

GERARDMER ou **GÉROMÉ**. — Petite ville du département des Vosges. C'est un chef-lieu de canton de l'arrondissement de Saint-Dié. Elle est située près d'un lac, vers les sources de la Valogne, et au milieu des montagnes des Vosges. On y prépare une grande quantité de lin, et l'on y fabrique des boîtes de sapin, de la vaisselle en bois, des sabots, des étoffes croisées, du calicot, et des toiles de lin et de chanvre. On y fait aussi un commerce de fromages dits *de Géromé*. Pop. : 5,600 âmes.

GERAU. — Petite ville épiscopale de la Calabre ultérieure première, dans le royaume des Deux-Siciles. On trouve dans ses environs des sources thermales, et les ruines de l'ancienne *Locri*. Sa population est d'à peu près 3,000 âmes.

GERBEVILLER. — Chef-lieu de canton dans l'arrondissement de Lunéville, département de la Meurthe. Il est situé sur la Mortagne. On y fait un commerce de bonneterie de laine, d'eau-de-vie et de houblon. Pop. : 2,200 âmes.

GERBI. — Ile du groupe de Kerkeni, dans le golfe de Cabes, État de Tunis. Elle est florissante par l'industrie et le commerce de ses habitants ; et les draps, les toiles et les châles qu'elle fabrique sont répandus dans toute la Barbarie.

GERS. (DÉPARTEMENT DU). — Il a été formé d'une partie de la Gascogne, de l'Armagnac, de l'Astarac, de la Lomagne, du Comminges et du Condommois. Sa superficie est de 626,390 hectares et sa population de 314,880 âmes. Il est divisé en 5 arrondissements dont les chefs-lieux sont Auch, Lectoure, Mirande, Condom, et Lombez, et compte 29 cantons et 470 communes. Auch est le siége de sa préfecture et de son diocèse, Agen celui de sa cour impériale, Cahors celui de son académie universitaire, et il est compris dans la onzième division militaire. La rivière qui donne son nom à ce département prend sa source dans la lande de Pinas, Hautes-Pyrénées, et va se jeter dans la Garonne après un cours de 140 kilomètres.

GERSAU. — Petit bourg du canton de Schwitz, en Suisse. Sa population atteint à peine un millier d'âmes, et cependant, avant 1798, il constituait une république, la plus petite sans doute qui fût en Europe. Non loin de ce bourg s'élève le mont Rigi.

GERTRUIDENBERG. — Ville du Brabant, en Hollande. Elle est fortifiée et située sur le Biesboch. Le prince Maurice s'en empara en 1593, les Français en 1793, et il y fut tenu en 1710 de célèbres conférences entre les ambassadeurs de Louis XIV et les députés des états généraux. Pop. : 1,500 âmes.

GESCHENEN. — Village du canton d'Uri, en Suisse. Il est situé sur la rive gauche de la Reuss, et l'on voit dans son voisinage le célèbre abîme dit *Schollenen*, l'Haderli ou *pont long*, et le fameux *pont du diable*.

GEVREY. — Chef-lieu de canton dans l'arrondissement de Dijon, département de la Côte-d'Or. Il est situé au milieu d'un riche vignoble, et c'est dans son voisinage qu'on recueille le vin renommé de Chambertin. Pop. : 1,500 âmes.

GEVROLLES. — Village de l'arrondissement de Châtillon, dans le département de la Côte-d'Or. Il est réputé par sa bergerie de moutons à laine soyeuse. Pop. : 600 âmes.

GEX. — Petite ville du département de l'Ain. Chef-lieu d'arrondissement, elle comprend 3 cantons et 29 communes, et possède une société d'agriculture. Pop. : 3,000 âmes.

GHADAMES. — Chef-lieu de l'oasis de même nom, dans le désert de la régence de Tripoli. Elle est renommée par l'activité commerciale de ses habitants, et c'est le rendez-vous des caravanes qui de Tripoli vont à Tombouctou. Cette ville est séparée en deux par une muraille, chaque partie est occupée par un peuple différent, et ces si proches voisins sont dans un état permanent d'hostilité.

GHAZIPOUR. — Grande ville de la province d'Allahâbâd, dans l'empire indo-britannique. Elle est renommée dans toute l'Inde par ses plantations de rosiers et son essence de roses. Elle possède aussi un vaste haras pour la remonte de la cavalerie, et l'on voit dans son voisinage un mausolée que la compagnie anglaise a fait élever au marquis de Cornwalis.

GHAZNAH ou **GHIZNEH**. — Chef-lieu de la province de ce nom, dans le royaume de caboul, Perse orientale. Cette ville eut une grande splendeur sous le prince Mahmoud, et l'on y remarque encore son tombeau, des minarets de 33 mètres d'élévation, etc. ; mais la plupart des anciens édifices ont été détruits. On l'appelait là *seconde Médine*. Elle est regardée comme l'une des cités les plus froides de l'Asie, à cause de l'élévation du sol sur lequel elle est bâtie.

GHERZEH. — Ville de l'Anatolie, dans la Turquie d'Asie. Elle possède un port sur la mer Noire. Pop. : 5,000 âmes.

GHIAFNOU ou **JAFNOU**. — Ville de la Sénégambie. C'est la capitale de la province de même nom, annexe de l'État de Kaarta et station de commerce des Saracolets.

GHILAN. — Province de Perse. Elle est située entre le Kizil-Ouzen, les monts Elbourz et la mer Caspienne, et habitée par les Ghilakis.

GHIOURA. — Ile de la Grèce, l'une des cyclades. Elle est située à l'est de Jéa, et presque déserte. Les Romains y reléguaient leurs criminels d'État.

GHIR. — Rivière de l'empire de Maroc. Elle coule à l'est du pays de Tafilet, au sud de l'Atlas, et se perd dans un lac sur les confins du Sahara.

GHIRNAH. — Rivière de l'Hindoustan. Elle va se réunir au Tapty après un cours de 300 kilomètres.

GHIUSTENDIL. — Ville de la Romélie, en Turquie. Elle est située sur le revers méridional des monts Tchar-Dagh. C'est le chef-lieu d'un sandjak, le siége d'un archevêché grec, et l'on y trouve des sources thermales. Cette ville est la patrie de l'empereur Justinien. Pop. : 8,000 âmes.

GHOURLAND. — Chef-lieu du royaume de Tafilet, dans l'empire de Maroc.

GIARETTA. — Rivière de Sicile. Elle coule dans la province de Catane, et se jette dans la Méditerranée après un cours de 100 kilomètres.

GIBRALTAR. — Jolie ville de l'Andalousie, en Espagne, et l'une des dépendances du royaume d'Angleterre. Elle est située sur la côte occidentale, au pied du célèbre promontoire que les anciens appelaient *Calpe*, et c'est l'une des colonnes d'Hercule. Les Anglais ont fait de cette position l'une des plus fortes places du monde; tout le promontoire auquel est adossée la ville, et dont l'élévation est d'environ 455 mètres, est hérissé de batteries sur les points où le rocher n'a pu être coupé perpendiculairement; les excavations pratiquées au sein de la montagne forment des voûtes hautes et assez étendues pour contenir toute la garnison en temps de siége; on peut parcourir toutes ces voûtes à cheval; et enfin, une route souterraine propre aussi à des cavaliers, met en communication toutes les batteries de cette redoutable forteresse. On remarque, dans la ville, le palais du gouverneur, les casernes, l'hôpital de la marine, et le bâtiment de l'administration des vivres. La population est d'environ 15,000 âmes.

GIBRALTAR (Détroit de). — Il est situé entre le sud de l'Espagne et l'extrémité nord-ouest de la Barbarie, et unit l'Océan à la Méditerranée. Il a 62 kilomètres de longueur, sur 15 dans sa moindre largeur, entre les caps de Gibraltar et de Ceuta à l'est, avec ceux de Trafalgar et de Spartel à l'ouest en forment les extrémités.

GIEBCHENSTEIN. — Village des environs de Halle, dans la province de Saxe. On y remarque un château sur lequel existe un grand nombre de traditions et de légendes populaires, et l'on regarde son territoire comme le domaine royal le plus important de toute la monarchie prussienne.

GIEN. — Petite ville située sur la rive droite de la Loire, dans le département du Loiret. Chef-lieu d'arrondissement, elle comprend 5 cantons et 49 communes. On y remarque un ancien château qui fut habité par plusieurs rois de France. Elle possède un établissement de bains très-fréquenté, et des fabriques de faïence et de terre de pipe qui donnent annuellement pour environ 500,000 fr. de produits. Pop. : 6,000 âmes.

GIESSEN. — Petite ville sur la Lahn, chef-lieu de la principauté de la haute Hesse, dans le grand-duché de Hesse-Darmstadt. Elle possède une université, un institut philologique, un séminaire pour les maîtres d'écoles, un *pædagogium* et une école forestière. On y remarque le bâtiment de l'université et l'arsenal. Pop. : 7,000 âmes.

GIGLIO. — Ile de la mer Tyrrhénienne. Elle est située sur la côte de la Toscane, à laquelle elle appartient, et son sol est couvert de collines boisées. On y trouve des marbres estimés. Pop. : 1,200 âmes.

GIGNAC. — Chef-lieu de canton dans l'arrondissement de Lodève, département de l'Hérault. Il est situé près de la rive gauche de l'Hérault, et on y trouve des fabriques de produits chimiques.

GIGUELA. — Rivière d'Espagne. Elle coule dans les provinces de Cuença, de Tolède et de Ciudal-Real, et se jette dans la Guadiana, après un cours de 160 kilomètres.

GIJON. — Petite ville de la vieille Castille, en Espagne. Elle possède un institut fondé par Charles IV, dans lequel on enseigne les mathématiques, la physique et la navigation, et son commerce, favorisé par un port, est assez considérable. C'est dans cette ville que résida longtemps le roi Pélage. Pop. : 6,000 âmes.

GILA. — Rivière du Mexique. Elle arrose le pays des Indiens indépendants, et se réunit au Colorado, près de son embouchure dans le golfe de Californie. Son cours est de 1,000 kilomètres.

GILBERT. — Une des îles Kingsmill, dans la Micronésie. Elle est située vers le centre du groupe Scarborough, qu'on nomme aussi Gilbert.

GILOLO. — Ile du groupe des Moluques, dans l'Océanie occidentale. C'est la plus grande du groupe, et les lieux principaux qu'on y trouve sont Gilolo, Bitjolie et Yalela. Elle est couverte de montagnes élevées, et l'on y trouve de l'or, de l'écaille, des épiceries, du sagou, des bois de construction, etc. Pop. : 60,000 âmes.

GIMONE. — Rivière de France. Elle prend sa source dans le département des Hautes-Pyrénées, traverse celui du Gers, et se jette dans la Garonne, non loin de Castel-Sarrasin, département de Tarn-et-Garonne, après un cours de 110 kilomètres.

GIMONT. — Petite ville du département du Gers, chef-lieu de canton dans l'arrondissement d'Auch. Elle est située sur la Gimone, et l'on y fait un commerce de grains, de vins, d'eaux-de-vie et de mulets. Pop. : 2,800 âmes.

GINESTAS. — Chef-lieu de canton dans l'arrondissement de Narbonne, département de l'Aude. Pop. : 700 âmes.

GINGA ou ZINGA. — Royaume de la Guinée méridionale. Il est situé près de l'Angola.

GINGIRAH. — Ile de l'Hindoustan. Elle est située sur la côte ouest, et appartient aux Anglais, qui l'ont fortifiée.

GINGIRO ou ZENDERO. — Royaume d'Afrique. Il est situé au sud-ouest de celui d'Adel et au nord de l'Abyssinie, dont il se trouve séparé par le plateau de Naréa. Le Zébi le traverse, et sa capitale est Gingiro ou Bocham.

GIOVENAZZO. — Ville épiscopale de la province de Bari, royaume de Naples. Elle est située près de la mer Adriatique. On y trouve un vaste établissement destiné à recevoir des enfants trouvés. Pop. : 6,000 âmes.

GIPHTO. — Dans le nomos d'Attique et Boétie, royaume de Grèce. C'est le nom que porte aujourd'hui l'emplacement de l'ancienne *Eleustherœ*.

GIRGENTI. — Ville épiscopale, chef-lieu de l'intendance de ce nom, en Sicile. On y remarque la cathédrale et le couvent de Saint-Nicolas ; elle possède une bibliothèque publique et un médaillier ; un port qui facilite son commerce ; quelques fortifications ; et à peu près 18,000 habitants. On trouve dans son voisinage les ruines de l'ancienne *Agrigente*, puis, à Girgenti-Vecchio, les restes des temples de la Concorde, de Junon, de Cérès et de Proserpine, de Diane, de Castor et Pollux, d'Esculape et de Jupiter olympien.

GIROMAGNY. — Chef-lieu de canton dans l'arrondissement de Belfort, département du Haut-Rhin. Il est situé sur la Savoureuse, au midi du Ballon de Servance. On y trouve une filature de coton, et dans les environs des mines non exploitées d'argent, de cuivre et de plomb. Pop. : 2,300 âmes.

GIRONDE. — Nom que prend la Garonne après sa jonction avec la Dordogne, au Bec-d'Ambès.

GIRONDE (Département de la). — Il a été formé du Bordelais, d'une partie du Périgord et de l'Agennois, et du Bazadois. Sa superficie est de 973,000 hectares, et sa population d'environ 602,500 âmes. Il est divisé en 6 arrondissements, dont les chefs-lieux sont Bordeaux, Blaye, Lesparre, Libourne, Bazas et La Réole, et compte 48 cantons et 544 communes. Bordeaux est le siége de sa préfecture, de son diocèse, de son académie universitaire, de sa cour impériale et de sa division militaire, qui est la douzième.

GIRONNE. — Ville épiscopale, chef-lieu de la province de ce nom, en Espagne. On y remarque la cathédrale. Pop. : 6,000 âmes.

GISDRA. — Ville du gouvernement de Kalouga, en Russie. Elle est située sur un petit lac que traverse le Gisdra, affluent de l'Oka, et importante par son commerce et les forges établies dans ses environs. Pop. : 7,000 âmes.

GISORS. — Petite ville du département de l'Eure. C'est un chef-lieu de canton de l'arrondissement des Andelys. Elle est située sur l'Epte. On y remarque une belle église, et l'on y trouve une filature hydraulique et une blanchisserie. Elle fait en outre un commerce de grains et de veaux ; et des usines à cuivre, laiton et zinc, sont établies dans ses environs. Pop. : 3,600 âmes.

GITANOS. — Tribus nomades de l'Espagne et du Roussillon. Quelques auteurs les disent issues des anciens Maures d'Espagne ; mais cette assertion n'est appuyée sur aucun titre historique, et tout porte à croire qu'elles sont de la même famille que les autres bandes vagabondes qu'on rencontre en France, en Angleterre, en Italie, en Allemagne, en Russie, etc., et qui, toutes, ont le type indien. Ces tribus s'occupent particulièrement de la vente des chevaux, des mulets, des ânes et de la tonte de ces animaux ; les femmes disent aussi la bonne aventure, et le vol peut être rangé, sans calomnie, au nombre de leurs métiers.

GIURGÉVO. — Ville de la principauté de Valachie. Elle est située sur la rive droite du Danube, où elle possède un port assez commerçant, et se trouve placée vis-à-vis Routschouck, en Bulgarie. On y voit un château-fort dans une île du Danube. Pop. : 7,000 âmes.

GIVET. — Jolie petite ville du département des Ardennes. Elle a été fortifiée par Vauban, et c'est un chef-lieu de canton de l'arrondissement de Rocroy. Située sur la Meuse, qui la traverse, elle se compose de trois parties : *Givet-Notre-Dame*, *Givet-Saint-Hilaire* et *Charlemont*. On y trouve de belles casernes, un hôpital militaire, des usines à cuivre, des fabriques de colle-forte, de cire à cacheter, de crayons, de pipes de diverses espèces, et il s'y fait en outre un commerce de transit avec la Belgique. C'est la patrie du compositeur Méhul. Pop. : 5,700 âmes.

GIVONNE. — Commune du département des Ardennes. Elle est située dans l'arrondissement de Sedan. On y trouve une filature hydraulique, des fouleries, des platineries, puis des fabriques de mors, de brides et éperons, de poêles, d'enclumes, d'outils aratoires, d'ustensiles de cuisine, etc. Pop. : 1,300 âmes.

GIVORS. — Petite ville du département du Rhône. C'est un chef-lieu de canton de l'arrondissement de Lyon. Elle est située sur la rive droite du Rhône, au débouché du canal de son nom, et sur le chemin de fer de Lyon à Saint-Etienne. On y trouve des verreries, et l'on y fait un commerce important de bestiaux et de houille. Pop. : 5,500 âmes.

GIVRY. — Chef-lieu de canton dans l'arrondissement de Châlons, département de Saône-et-Loire. Il est situé près d'une forêt, et l'on y trouve des fabriques de toiles de chanvre et de tonnellerie. On y fait aussi un commerce des vins de son territoire qui ont de la réputation. Pop. : 3,000 âmes.

GLADOVA ou **KLADOVA**. — Petite ville de la principauté de Servie. Elle est située sur la rive droite du Danube, vis-à-vis Tchernetz. On trouve, dans son voisinage, les ruines du fameux pont qu'avait fait construire Trajan.

GLAMMIS. — Village du comté de Forfan, en Ecosse. On y voit un très-beau château, ancienne résidence royale où Malcolm II fut assassiné en 1034.

GLANGES. — Commune du département de la Haute-Vienne. Elle est située dans l'arrondissement de Saint-Yrieix. Pop. : 1,300 âmes.

GLARIS. — Petite ville, chef-lieu du canton de ce nom, en Suisse. Elle est située près de la rive gauche de la Linth, et à une petite distance du mont Glarnisch. Elle possède un collége du culte réformé, une bibliothèque publique et de nombreuses fabriques d'indiennes, de draps, etc. Sa population est d'environ 4,500 habitants.

GLASGOW. — Grande et belle ville du comté de Lanerk, en Ecosse. Elle est située en partie dans une plaine qui se trouve sur la rive droite de la Clyde, et en partie sur des collines qui longent la rive gauche de ce fleuve. On y remarque la cathédrale, considérée comme le plus beau monument gothique de l'Ecosse; puis l'église catholique, le palais de justice, l'hôtel de ville, la bourse, la banque, le casino et le monument de Nelson, obélisque qui orne une esplanade. Cette ville possède une université, un gymnase, un institut de sourds-muets, un musée, une bibliothèque publique, un observatoire, un jardin botanique et plusieurs sociétés académiques. Elle est le centre d'une vaste industrie et d'un commerce considérable; on cite surtout ses manufactures de coton ; et sa population dépasse 200,000 âmes.

GLASTENBURY. — Ville du Connecticut, aux Etats-Unis d'Amérique. Elle est située sur le Connecticut. Pop. : 3,000 âmes.

GLATZ. — Petite ville fortifiée, située sur la Neisse, dans la Silésie, en Prusse. Elle possède un gymnase, et compte environ 6,500 habitants.

GLAUCHA ou GLAUCHAU. — Chef-lieu de la seigneurie médiate de Schombourg, dans le royaume de Saxe. On y fait un commerce de grains, de tissus, de métaux et de bois. C'est la patrie du minéralogiste Agricolo. Pop. : 5,000 âmes.

GLEN-COE. — Vallée du comté d'Argyle, en Ecosse. Elle est située au sud-est du lac Leven, entourée de montagnes escarpées et pittoresques, et célèbre par la naissance d'Ossian. C'est dans cette vallée qu'en 1691 le clan des Macdonald fut massacré.

GLENANS (Les). — Groupe de petites îles sur l'Atlantique. Elles sont au nombre de treize et situées près de la côte méridionale du département du Finistère. Les trois principales sont Ponpret, la Cigogne et la Loch, et l'on y fabrique de la soude de varech. Ces îles sont environnées d'écueils dangereux.

GLOCKNER. — Montagne de l'empire d'Autriche. Elle est située sur les limites de l'archiduché d'Autriche, du Tyrol et de l'Illyrie, et appartient à la chaîne des Alpes. Son altitude est de 3,994 mètres.

GLOGAU (Grand). — Place forte de la Silésie, royaume de Prusse. Elle est située sur la gauche de l'Oder. Prise par les Prussiens, en 1741, elle le fut encore, en 1807, par les Wurtembergeois et les Bavarois.

GLOMEL. — Petite ville du département des Côtes-du-Nord. Elle est située dans l'arrondissement de Guingamp. Pop. : 3,860 âmes.

GLOMMEN. — Fleuve de Norwége. Il prend sa source dans les montagnes qui se trouvent au sud-est de Drontheim, et, après avoir passé à Fréjérikstadt, il se jette dans le Skager-Rack. Il forme un grand nombre de chutes, dont la plus considérable est celle de Sarpen qui a plus de vingt mètres, et son cours est d'environ 530 kilomètres.

GLONS. — Petite ville de la province de Liége, en Belgique. Elle est le centre d'une fabrication de chapeaux de paille qui emploie au delà de 6,000 ouvriers. Pop. : 2000 âmes.

GLOS-LA-FERRIERE. — Commune du département de l'Orne. Elle est située dans l'arrondissement d'Argentan. On y trouve des fabriques de clouterie, de quincaillerie et d'agrafes. Pop. : 1,300 âmes.

GLOUCESTER. — C'est le nom de deux petites îles de la Polynésie. Elles sont situées au sud de l'archipel Dangereux.

GLOUCESTER. — Ville épiscopale, chef-lieu du comté de ce nom, en Angleterre. On remarque sa superbe cathédrale, son palais de justice, sa prison, et le pont qui, dans son voisinage, a été construit sur la Severne. Cette ville est renommée par sa fabrication d'épingles, dont le produit annuel s'élève jusqu'à 25,000,000 de francs. Pop. : 12,000 âmes.

GLOUCESTER. — Petite ville du Massachusetts, aux Etats-Unis d'Amérique. Elle possède un port sur l'Atlantique, et l'on s'y occupe de la pêche. Pop. : 8.000 âmes.

GLOUKHOV. — Ville du gouvernement de Tchernigor, en Russie. On y fait un commerce de grains et d'eau-de-vie, et l'on exploite, dans ses environs, de la terre à porcelaine. Pop. : 9,000 âmes.

GLUCKSTADT. — Ville du Holstein, dans le royaume de Danemark. Elle est située sur la rive droite de l'Elbe, et possède un port franc; on y trouve aussi une école de marine. Pop. : 6,000 âmes.

GMUND. — Ville située sur la Remse, dans le cercle du Jaxt, royaume de Wurtemberg. Elle est industrieuse et commerçante, et possède un séminaire pour les maîtres d'école catholiques, une école polytechnique, un institut pour les aveugles et les sourds-muets, etc. Sa population est d'environ 5,000 âmes.

GNESNE. — Petite ville du grand-duché de Posen, en Prusse. On la regarde comme la plus ancienne de toute la Pologne. Il s'y tient une foire très-renommée, et sa population est d'environ 5,600 âmes.

GOA. — Grande ville située sur une île de la côte occidentale de l'Hindoustan. Elle appartient au Portugal. Presque déserte aujourd'hui, après avoir joui d'une grande splendeur, on y remarque encore cependant les églises de Saint-Gaëtan, Saint-Pierre et Saint-Dominique; puis les églises et les monastères des Augustins et des Jésuites; et enfin le superbe palais de l'inquisition.

GOA ou PANDJIM. — Ville de l'Hindoustan. C'est la *Nouvelle-Goa*. Elle est située à l'embouchure de la Mondova, dans le golfe d'Oman ; chef-lieu aujourd'hui des possessions portugaises dans l'Asie et la Malaisie, elle est la résidence d'un vice-roi, d'une cour suprême de justice, et d'un archevêque qui prend le titre de primat des Indes. Le commerce de cette ville est considérable, et sa population s'élève à 30,000 âmes.

GOA ou **GOAK**. — Chef-lieu du royaume de Macassar, dans l'île de Célèbes, Océanie occidentale.

GOAHIROS. — Nation indienne de la Colombie. Elle occupe principalement la péninsule à l'ouest du golfe Maracaybo, et intercepte souvent les communications sur les routes des montagnes.

GOALPARA. — Ville du Bengale, dans l'Hindoustan anglais. Elle est située sur la rive gauche du Brahmapoutre et sur les confins de l'Assam, pays avec lequel elle fait un commerce important. Pop. : 3,000 âmes.

GOAREC. — Chef-lieu de canton dans l'arrondissement de Loudéac, département des Côtes-du-Nord. Il est situé sur le Blavet et sur le canal de Nantes à Brest. Pop. : 800 âmes.

GODAVERY. — Fleuve de l'Hindoustan. Il prend sa source dans les Gates occidentales, traverse les Gates orientales, se divise en plusieurs branches dans le pays des Sircars, et va se jeter dans le golfe du Bengale après un parcours de 1,300 kilomètres. Les eaux de ce fleuve sont aussi sacrées pour les Hindous que celles du Gange.

GODDADO. — Rivière du Boutan, en Asie. C'est un affluent du Brahmapoutre.

GODERVILLE. — Chef-lieu de canton dans l'arrondissement du Hâvre, département de la Seine-Inférieure. Pop. : 1,300 âmes.

GODJAM. — Province du royaume de Gondar, en Abyssinie. Elle est située au sud du lac Dembéa, et a pour chef-lieu Kolléla.

GODOLPHIN. — Village du Cornouailles, en Angleterre. On trouve, dans ses environs, de riches mines d'étain.

GODTHAAB. — Dans le Groënland. C'est le plus ancien établissement que les Danois aient fondé dans cette région.

GOES. — Ville forte de la Zélande, dans le royaume de Hollande. Elle est située dans l'île sud-Beveland, où elle possède un port sur le canal qui communique avec l'Escaut oriental. C'est la patrie de Jean Ramus. Pop.: 5,000 âmes.

GOETTINGUE ou **GOETTINGEN**. — Jolie ville du gouvernement de Hildesheim, dans le royaume de Hanovre. Elle est bâtie au pied du mont Heimberg, sur la rive droite de la Nouvelle-Leine, canal dérivé du fleuve de ce nom. Elle est renommée comme l'un des foyers de lumières de la civilisation moderne. Elle possède une université célèbre, un séminaire philologique, une école d'accouchement et une école vétérinaire, une magnifique bibliothèque publique, un observatoire, un musée, un cabinet de physique, une collection de machines, une galerie de tableaux, un jardin botanique et une société académique. Sa population est d'environ 12,000 âmes.

GOGRAH ou **SARDJOU**. — Rivière de l'Hindoustan. Elle prend sa source dans l'Himalaya, sur les frontières du Népaul; forme la célèbre cascade de Canar; passe ensuite par Ouae et se joint au Gange, après un cours de 900 kilomètres.

GOLCONDE. — Ville du Dekkan, dans l'empire indo-britannique. Elle était autrefois la capitale du royaume de Tellingana, et célèbre par ses prétendues mines de diamants.

GOLDAU. — Voy. RIGI.

GOLETTA (LA). — Petite ville fortifiée de l'Etat de Tunis. Elle possède une rade, des chantiers et des magasins, et l'on y voit un phare.

GOLO. — Rivière de l'île de Corse. Elle prend sa source à l'ouest de Corté, puis se jette dans la Méditerranée, près des ruines de Mariana, et au sud de l'étang de Biguglia, avec lequel elle communique par un canal. Son cours est de 70 kilomètres.

GOLUNGO-ALTO. — Province de la Guinée méridionale. On y trouve le mont Muria, le plus haut sommet mesuré de toute l'Afrique et dont l'altitude est de 5,000 mètres.

GOMERA. — Une des îles Canaries. Elle est située au centre du groupe, et a pour chef-lieu Saint-Sébastien. Son sol produit des grains, du vin, des fruits et de l'huile. Pop. : 8,000 âmes.

GOMERA. — Ville de l'empire du Maroc. Elle est située sur la Méditerranée et non loin de l'embouchure d'une rivière de son nom. Son territoire produit du bois de construction.

GOMMEGNIES. — Commune du département du Nord. Elle est située dans l'arrondissement d'Avesnes. On y trouve des fabriques de toile et de fil pour batiste, puis de la saboterie en gros. Pop. : 3,000 âmes.

GOMOL. — Rivière de l'Afghanistan. Elle prend sa source dans les monts situés au sud de Ghaznah, se perd dans les sables durant la saison sèche, et va, l'hiver, se joindre au Sind, au-dessus de Déra-Ismail-Khan. Son cours est de 360 kilomètres.

GOMOR. — Comitat du cercle en deçà de la Theiss, dans la Hongrie. Il a pour chef-lieu Pelsocz. Son territoire est riche en mines de fer, cobalt, mercure, bois, etc., et l'on y trouve des fabriques de poterie, des filatures et des papeteries. Pop. : 173,000 âmes.

GONAIVE. — Ville de l'empire d'Haïti. C'est le chef-lieu du département d'Artibonite, et elle possède un port sur la côte ouest. Pop. : 5,000 âmes.

GONAQUAS. — Tribu de la famille hottentote, en Afrique. Elle habite dans la partie orientale du gouvernement du Cap, et dans la Hottentotie indépendante, entre les deux branches principales de l'Orange.

GONAVE (LA). — L'une des Antilles. Elle est située à l'ouest d'Haïti, dans le golfe de Léogane, qui reçoit aussi le nom de golfe de la Gonave. Cette île a 60 kilomètres de longueur; mais elle est inhabitée parce qu'elle manque d'eau douce.

GONCELIN. — Chef-lieu de canton dans l'arrondissement de Grenoble, département de l'Isère. Il est situé près de la rive gauche de l'Isère. On y trouve des forges et des tanneries. Pop. : 1,600 âmes.

GONDAK ou **GONDUCK**. — Rivière de l'Hindoustan. Elle prend sa source près du mont Dawalagiri, traverse le Népaul, passe par Rampour et Hadjipour, et se jette dans le Gange, non loin de Patna, après un cours de 700 kilomètres.

GONDAR ou **AMHARA**. — Royaume dans l'ouest de l'Abyssinie. Il comprend les provinces qui environnent le lac Dembéa, et se subdivise en 12 cantons, dont les villes principales sont Gondar, Emfras, Ibala, Kolléla, Buré, Tabulaque et Tcherkin. Il est en grande partie peuplé par des Abyssins proprement dits.

GONDAR. — Grande ville, capitale du royaume de ce nom. On y remarque la principale église, nommée *Quosquum*, et les édifices religieux y sont en si grand nombre, que les prêtres l'appellent la *ville aux quarante-quatre églises*. Pop. : 6,000 âmes.

GONDRECOURT. — Chef-lieu de canton dans l'arrondissement de Commercy. Il est situé sur l'Ornain, et l'on y fabrique des pointes de Paris. Pop. : 1,700 âmes.

GONESSE. — Chef-lieu de canton dans l'arrondissement de Pontoise, département de Seine-et-Oise. On y trouve des blanchisseries de toiles, des filatures de coton et des fabriques de bonneterie ; on y fait aussi un commerce de grains, de farines et de fourrages ; et enfin, l'industrie maraîchère y est florissante.

GONTAUD. — Commune du département de Lot-et-Garonne. Elle est située dans l'arrondissement de Marmande. Pop. : 1,400 âmes.

GOOLE. — Petite ville du comté d'York, en Angleterre. Elle est située sur l'Ouse, à peu de distance de l'embouchure de cette rivière dans l'Humber, et elle est importante par sa marine marchande et ses docks. Pop. : 1,800 âmes.

GOPPINGEN. — Ville du Wurtemberg. On y voit un château royal, les ruines de celui de Hohenstaufen, et l'on y trouve des eaux minérales. Pop. : 5,000 âmes.

GORALES. — Habitants des monts Carpathes, dans la Gallicie, entre Dukla et Stanislawow. Selon quelques auteurs, ils descendraient d'une tribu sarmate qui se réfugia en Europe devant les armes de Mithridate. Ils obéissent à un chef particulier et sont farouches et belliqueux.

GORAME. — Petite île de l'archipel des Moluques, dans l'Océanie occidentale. On la regarde comme le point le plus avancé vers l'orient, où l'islamisme ait été porté.

GORCUM. — Ville forte de la Hollande méridionale. Elle est située sur la rive droite de la Merwe, et le canal de Zederik la met en communication avec Vianen, Utrecht et Amsterdam. Pop. : 8,000 âmes.

GORDES. — Chef-lieu de canton dans l'arrondissement d'Apt, département de Vaucluse. Pop. : 3,000 âmes.

GORÉE. — Petite ville de la Sénégambie. Elle est située sur un îlot de même nom, et défendue par deux forts. Les Français, à qui elle appartient, y sont relâche lorsqu'ils vont dans l'Inde. Pop. : 5,000 âmes.

GORGONA. — Petite île de la Méditerranée. Elle est située sur les côtes de la Toscane, dont elle dépend, et vis-à-vis Livourne.

GORGONA. — Île déserte du Grand-Océan. Elle est située sur la côte de la nouvelle Grenade, et ses abords sont très-dangereux. Pizarre fut cependant forcé d'y relâcher lorsqu'il allait à la conquête du Pérou.

GORGONZOLA. — Ville du royaume lombard-vénitien, empire d'Autriche. Elle est située sur le canal Martesana, qui fait communiquer Milan avec l'Adda, et l'on y fait un commerce de fromages qui sont renommés. Pop. : 2,000 âmes.

GORICE ou **GORITZ**. — Ville archiépiscopale du gouvernement de Trieste, en Illyrie. Elle possède un séminaire central, un gymnase académique, une bibliothèque publique, une société académique, des manufactures importantes de soie, des tanneries, des blanchisseries, et sa population est d'environ 10,000 âmes. On trouve dans son voisinage le Monte-Santo, renommé par l'excellence du vin que produisent ses vignobles.

GORIN ou **HORYN**. — Rivière de Russie. Elle prend sa source sur les frontières de la Gallicie, et s'unit au Pripet dans le gouvernement de Minsk, après un cours de 450 kilomètres.

GORLITZ. — Petite ville située sur la Neisse, dans la Silésie, en Prusse. On y remarque l'église Saint-Pierre et Saint-Paul qui renferme de superbes orgues et une énorme cloche ; cette ville possède un gymnase, une riche bibliothèque, diverses collections, deux sociétés académiques, et sa population est d'environ 11,000 âmes.

GOROGUEA ou **GORGUEA**. — Rivière du Brésil. Elle coule dans la province de Piauhy, et se jette dans le Parnahyba, après un cours de 600 kilomètres.

GOROKHOV. — Ville du gouvernement de Vladimir, sur la Kliazma, en Russie. On y trouve des fonderies de cloches et des filatures de lin. Pop. : 2,500 âmes.

GORRON. — Chef-lieu de canton dans l'arrondissement de Mayenne, département de la Mayenne. Pop. : 2,400 âmes.

GORZE. — Chef-lieu de canton dans l'arrondissement de Metz, département de la Moselle. On y trouve une fabrique de tuyaux d'orgues. Pop. : 1,800 âmes.

GOSSLAR. — Petite ville du gouvernement de Hildesheim, dans le royaume de Hanovre. Elle est située au pied du Rammelsberg, montagne du Harz, et renommée par les mines d'argent, de plomb et de cuivre, que possèdent en commun le roi de Hanovre et le duc de Brunswick. Cette ville, qui compte environ 6,000 habitants, est industrieuse et commerçante. On y remarque les restes de sa célèbre cathédrale, ceux du palais impérial, puis les antiquités saxonnes. La mine de cuivre de Rammelsberg est regardée comme la plus ancienne de ce métal qui ait été exploitée en Europe.

GOTHA. — Jolie ville située près de la Leine. C'est la capitale du duché de Saxe-Cobourg-Gotha. On y remarque le château ducal dont la terrasse est comparée à celle de Windsor, l'église de Neumarkt, l'hôtel du prince Frédéric, le jardin anglais du duc Ernest II, et la maison de plaisance de Friedrichsthal ; cette ville possède un gymnase, un séminaire pour les maîtres d'école, une école militaire, une école de commerce, une riche bibliothèque publique, un musée, un cabinet de médailles, un salon d'antiques, un cabinet chinois, une galerie de tableaux, un cabinet d'histoire naturelle, etc. Gotha est aussi industrieuse et marchande, et sa population est d'environ 12.000 âmes. On y publie, depuis l'année 1764, un livre renommé intitulé *Almanach de Gotha*. C'est dans le voisinage de cette cité qu'on trouve l'observatoire de Seeberg, célèbre par les travaux des barons de Zach et de Lindenau.

GOTHA ou **GOTHA-ELF.** — Fleuve de Suède. Il sort du lac Wener, et quelques-uns le considèrent comme une prolongation du Clara-Elf. Il se partage en deux branches, dont l'une va se jeter dans le Cattegat, à Gothembourg, après un cours de 110 kilomètres.

GOTHEBORG ou **GOTHEMBOURG.** — Ville épiscopale, chef-lieu de la préfecture de ce nom, en Suède. Elle est située sur le Gotha-Elf, et possède un port. On y remarque l'église principale, celle de Gustave, la bourse, les bâtiments de la compagnie des Indes orientales, et l'hospice. On y trouve un gymnase, un institut technologique, une école de navigation, une bibliothèque publique, plusieurs sociétés académiques ; et la population est d'environ 20,000 âmes.

GOTHLAND. — Ile de la mer Baltique. C'est la plus grande de celles qui appartiennent à la Suède, et elle forme un des gouvernements de ce royaume. Elle a pour chef-lieu Wisby. Son sol est assez fertile, il nourrit un grand nombre de troupeaux, et l'on y trouve une quantité de ruines de monuments gothiques. Pop. : 25,000 âmes.

GOTLAND ou **GOTHIE.** — Région du royaume de Suède. Elle est située au sud de la presqu'île Scandinave, et se compose de 12 préfectures : Linkoping, Calmar, Jonkoping, Wexio, Carlscrone, Mariestad, Wenersborg, Gotenbourg, Halmstad, Christianstad, Molmo et Gotland.

GOTOO. — Groupes de petites îles du Japon. Ils sont situés à l'ouest de Kiousiou.

GOTPARBA. — Rivière de l'Hindoustan. Elle se joint à la Kistnah après un cours de 180 kilomètres, durant lequel elle forme une chute de 60 mètres de hauteur.

GOTTLIEBEN. — Bourg du canton de Thurgovie, en Suisse. Il est situé sur le Rhin, à l'endroit où ce fleuve entre dans la partie du lac de Constance appelé lac Inférieur. On y voit un château fort dans lequel le Pape Jean XXIII et Jean Huss furent renfermés par ordre du concile de Constance. Pop. : 300 âmes.

GOUALIOR. — Ville florissante de l'Agra, dans le royaume de Sindhia, Hindoustan. Elle est bâtie dans une plaine, au milieu de laquelle s'élève une colline qui supporte la citadelle, forteresse à laquelle on n'arrive que par un escalier taillé dans le roc et défendu par des bastions. Pop. : 80,000 âmes.

GOUALIOU. — Province du royaume de Tigré, en Abyssinie. Elle est située à la droite du Tacaré et habitée par des Agaous.

GOUAM ou **GUAM.** — Une des îles Marie-Anne dans la Micronésie. Elle est située au sud du groupe, son circuit est d'environ 130 kilomètres, et elle est très-fertile. Pop. : 5,000 âmes.

GOUDA. — Petite ville de la Hollande méridionale. Elle est importante par ses nombreuses distilleries de genièvre et ses fabriques de pipes et de poteries. On y remarque aussi ses belles écluses. Sa population est d'environ 12,000 âmes.

GOUDET. — Village de l'arrondissement du Puy, dans le département de la Haute-Loire. C'est dans les environs de ce village, où l'on fabrique beaucoup de chapeaux, qu'un courant de lave a figuré divers monuments bizarres, et entre autres une tour ronde, puis une sorte de temple qu'on appelle dans le pays le *temple naturel*. Celui-ci est orné de colonnes.

GOUET. — Petite rivière du département des Côtes-du-Nord. Elle passe à Quentin, forme, près de son embouchure, les ports de Saint-Brieuc et de Légué, et se jette dans la Manche après un cours de 30 kilomètres.

GOULDJA. — Grande ville, capitale de la Dzoungarie, dans l'empire chinois. Elle est située sur l'Ili, et c'est l'entrepôt principal du commerce de l'Asie centrale avec ses extrémités occidentale et orientale. Pop. : 50,000 âmes.

GOUMI. — Rivière de l'Hindoustan. Elle prend sa source dans le Cassay et se jette dans le Brahmapoutre inférieur, après un cours de 400 kilomètres.

GOUMTY. — Rivière navigable de l'Hindoustan. Elle passe par Laknau et s'unit au Gange, après un cours de 550 kilomètres.

GOUNIEH. — Ville de la Turquie d'Asie. Elle est située sur la mer Noire, près de l'embouchure de Batoum, et c'est le chef-lieu d'un sandjak.

GOUNONG-API. — Une des îles Banda, dans les Moluques. On y voit un volcan en activité dont les éruptions sont terribles.

GOUNONG-API. — L'une des îles de la Sonde. Elle est située au nord-est de Sumbava, et renferme aussi un volcan. On y trouve des chevaux d'une race renommée.

GOUR. — Ville ruinée de l'Afghanistan, dans l'Asie méridionale. Elle fut la capitale d'une province qui se détacha de la Perse et forma le noyau de l'empire des Gourides. Gengis-Khan et Tamerlan la saccagèrent tour à tour.

GOURDON. — Petite ville du département du Lot. Elle est située sur le penchant d'une colline au pied de laquelle coule la Bléone. Chef-lieu d'arrondissement, cette ville comprend 9 cantons et 72 communes. Son commerce consiste principalement en toiles, vins, noix et truffes. Pop. : 5,300 âmes.

GOURIE ou GOURIEL. — Contrée de l'Asie. Elle est située à l'est de la mer Noire, entre le Rioni et le Tchorokh, et divisée en *Gourie russe* annexée à l'Iméréthie et à la Mingrélie; et en *Gourie turque*. La première a pour ville principale Poti, et la seconde Batoum.

GOURIN. — Petite ville du département du Morbihan. Elle est située au pied des montagnes Noires, dans l'arrondissement de Pontivy, dont elle est un chef-lieu de canton. Pop. : 3.800 âmes.

GOURNAY-EN-BRAY — Petite ville du département de la Seine-Inférieure. C'est un chef-lieu de canton de l'arrondissement de Neufchâtel. Elle est située sur l'Epte. On y fait un commerce assez important de bestiaux, de volailles et surtout d'un beurre renommé. Ses environs offrent aussi des sources minérales. Pop. 3,200 âmes.

GOURUNDJE. — Ville du royaume d'Hérat, dans l'Afghanistan. On trouve dans ses environs des mines de fer et de plomb, et des sources thermales.

GOUVIEUX. — Commune du département de l'Oise. Elle est située sur l'Oise, dans l'arrondissement de Senlis. On y trouve des filatures de coton et de laine, des fabriques de tissage de crin, de fils de fer et de clouterie, et des moulins à blé. Pop. : 1,600 âmes.

GOUVILLE. — Commune du département de la Manche. Elle est située dans l'arrondissement de Coutances. On y trouve des filatures de laine et des fabriques de chapeaux de paille de seigle, façon d'Italie. Pop. : 1,600 âmes.

GOYANNA. — Ville de la province de Pernambouc, au Brésil. Elle est assez importante par son commerce et son agriculture. Pop. : 5,000 âmes.

GOYAZ. — Chef-lieu de la province de ce nom, au Brésil. Cette ville est la résidence d'un évêque *in partibus*. Pop. : 8,000 âmes.

GOZZO. — Ile de la Méditerranée ; c'est la *Gaulos* des anciens. Elle est située au nord-ouest de celle de Malte, dont elle dépend. Son sol est hérissé de montagnes ; mais il est fertile en grains, en coton et en légumes.

GOZZO. — Ile de la Méditerranée. C'est la *Cauda* des anciens. Elle est située au sud de celle de Candie, et c'est là que saint Paul fut poussé par la tempête, en quittant l'île de Crète.

GRAÇAY. — Chef-lieu de canton dans l'arrondissement de Bourges, département du Cher. Pop. : 3,100 âmes.

GRACIAS-A-DIOS. — Cap de la mer des Antilles. Il est situé à l'extrémité orientale de l'Amérique centrale.

GRADIGNAN. — Commune du département de la Gironde ; elle est située dans le canton de Pessac, arrondissement de Bordeaux. On y a établi des courses de chevaux pour les départements de la Gironde, de la Charente-Inférieure, de la Dordogne, des Landes et de Lot-et-Garonne. Pop. : 1,700 âmes.

GRADISKA. — *Voy.* BÉBIR.

GRÆTZ. — Capitale de la Styrie, dans l'empire d'Autriche. Elle est située sur les bords de la mer et dans une campagne fertile. Les principaux édifices de cette ville sont la cathédrale, le château impérial et le *Johanneum*, établissement scientifique; on y trouve ensuite une université, un gymnase, un institut de cadets, une école normale, une bibliothèque publique, un observatoire et plusieurs sociétés académiques. Pop. : 40,000 âmes.

GRAINES (CÔTE DES). — On nomme ainsi une portion de la côte de la Guinée septentrionale, à cause des épices qu'on y recueille. Cette côte s'étend entre l'embouchure du Mesurado et le cap Palmas, et l'on y trouvait autrefois le royaume de Sanguin, partagé aujourd'hui en un certain nombre de petits Etats.

GRAISSESSAC. — Village de la commune de Camplong, dans le canton et l'arrondissement de Bédarieux, département de l'Hérault. Un chemin de fer qui part de cet endroit, et passe par Bédarieux pour aboutir à Béziers, est destiné au transport des charbons du bassin houiller situé au nord du département.

GRAMAT. — Petite ville du département du Lot ; c'est un chef-lieu de canton de l'arrondissement de Gourdon. On y fait un commerce de blé et de laines. C'est la patrie du chirurgien Dubois. Pop. : 3,600 âmes.

GRAMMONT. — Ville de la Flandre orientale, en Belgique. Elle est située sur la rive droite de la Dender. On y fait un commerce de blé, de tabac, de toile, de linge de table et de dentelles. Pop. : 8,000 âmes.

GRAMPIANS. — C'est le nom générique sous lequel on désigne les montagnes qui couvrent la partie de l'Ecosse appelée *Higlands* ou hautes-terres; mais on le réserve toutefois plus particulièrement pour indiquer la chaîne qui traverse les comtés de Perth et d'Argyle, et qui comprend les monts appelés Ben-Lomond, Ben-Ledi, Ben-More et Ben-Lawers, lesquels ont environ 1,200 mètres d'altitude.

GRAMPUS. — Petites îles de la Micronésie. Elles sont situées dans la partie est de l'archipel de Magellan.

GRAN. — Rivière navigable de Hongrie. Elle prend sa source dans une ramification des monts Carpathes, passe par Neusohl et Gran, et, non loin de cette dernière ville, va se réunir au Danube, après un cours de 250 kilomètres.

GRAN. — Ville archiépiscopale de la Hongrie. Elle est située sur le Danube, et c'est le siège de l'archevêque primat de Hongrie. On y remarque une magnifique église, et un pont volant jeté sur le fleuve. Sa population est d'environ 8,000 âmes.

GRANADA. — Ville de l'Etat de Nicaragua, dans l'Amérique centrale. Elle est située sur la rive droite occidentale du lac de

Nicaragua, que l'on appelle aussi quelquefois du nom de Granada. Pop. : 10,000 âmes.

GRANCEY-LE-CHATEAU. — Chef-lieu de canton dans l'arrondissement de Dijon, département de la Côte-d'Or. Il est situé près des sources de la Tille, et l'on trouve dans ses environs des forges et des fabriques de tôle. Pop. : 700 âmes.

GRAND-BOIS. — District du département de l'ouest, dans l'empire d'Haïti. Il se compose des montagnes qui s'étendent depuis les environs du Mirebalais jusqu'à la côte de Jacmel, et ses habitants, qui vivent à l'état de sauvage, sont appelés *vien-viennent*, à cause d'un cri particulier qu'ils poussent en se retirant dans leurs forêts, lorsque paraissent des étrangers.

GRAND-BOURG (Le). — Petite ville de la Guadeloupe, l'une des Antilles françaises. c'est le chef-lieu d'un arrondissement qui comprend l'île de Marie-Galande.

GRAND-BOURG-SALIGNAC. — Petite ville du département de la Creuse. Elle est située près la rive gauche de la Gartempe, dans l'arrondissement de Guéret, dont elle est un chef-lieu de canton. Pop. : 2,800 âmes.

GRAND-CHAMP. — Petite ville du département du Morbihan : c'est un chef-lieu de canton situé sur la rive gauche de l'Auray, dans l'arrondissement de Vannes. Pop. : 4,800 âmes.

GRAND-LIEU. — Lac du département de la Loire-Inférieure. Il a environ 70 kilomètres carrés de superficie, et parmi les rivières qui l'alimentent, les deux principales sont la Boulogne et l'Ognon. On croit généralement dans la contrée que ce lac occupe l'emplacement d'une ancienne ville appelée *Herbadilla*, qui aurait été engloutie, en 580, par un débordement de la Loire.

GRAND-OURS (Lac du). — Il est situé dans le nord de la nouvelle Bretagne. Ses eaux sont portées dans le fleuve Mackensie par la rivière qui porte son nom; il a au delà de 300 kilomètres de longueur et autant de largeur; mais sa surface se trouve découpée par un grand nombre de presqu'îles.

GRAND-POISSON. — Rivière de l'Afrique méridionale. Elle coule dans la partie orientale du gouvernement du cap de Bonne-Espérance, et se verse dans la mer des Indes, après un cours de 400 kilomètres.

GRAND-PORT ou PORT-BOURBON. — Port situé sur la côte sud-est de l'Île-de-France. Les Hollandais y avaient leur principal établissement.

GRAND-PORTAGE. — Poste de chasseurs du Makensie-Saskatchawan, dans le Bas-Canada, Amérique anglaise. On remarque, dans ses environs, la magnifique cascade du Portage de la montagne, qu'on dit n'être inférieure qu'à celle du Niagara.

GRAND-PRÉ. — Chef-lieu de canton dans l'arrondissement de Vouziers, département des Ardennes. Pop. : 1,500 âmes.

GRAND-SASSO. — Montagne du royaume de Naples. Elle est située dans l'Abruzze, au nord-est d'Aquila, et l'un de ses sommets, dit Monte-Cavallo ou Monte-Corno, a 2,904 mètres d'altitude. C'est le plus élevé de l'Apennin.

GRAND-SERRE (Le). — Chef-lieu de canton dans l'arrondissement de Valence, département de la Drôme. Il est situé près de la rive gauche de la Galande, et l'on y trouve des hauts-fourneaux, des forges, une aciérie et une fabrique de draps. Pop. : 1,600 âmes.

GRAND-TRUNK. — Canal d'Angleterre. Il unit la Mersey au Trent et communique avec les principaux canaux du royaume.

GRAND-UNION. — Canal d'Angleterre. Il unit le grand canal de jonction à celui de l'Union.

GRANDE-RIVIÈRE. — Fleuve du Zanguebar. Il se jette dans la mer des Indes.

GRANDE-RIVIÈRE. — Rivière du Missouri, aux États-Unis d'Amérique. Elle se jette dans le Missouri, après un cours de 400 kilomètres.

GRANDRIEU. — Chef-lieu de canton dans l'arrondissement de Mende, département de la Lozère. Pop. : 1,500 âmes.

GRANDSON. — Petite ville du canton de Vaud, en Suisse. Elle est célèbre par la victoire que les Suisses y remportèrent, en 1476, sur le duc de Bourgogne, Charles le Téméraire. Pop. : 1,100 âmes.

GRANDVILLIERS. — Chef-lieu de canton dans l'arrondissement de Beauvais, département de l'Oise. On y trouve des fabriques de bonneterie et de serges dites *d'Aumale*. Pop. : 1,900 âmes.

GRANJA (La). — Maison royale, située près de Saint-Ildefonse, dans la province de Ségovie (Espagne).

GRANSAC. — Village de l'arrondissement de Villefranche, dans le département de l'Aveyron. Il est renommé par son établissement d'eaux ferrugineuses acides, dont on exporte annuellement un nombre considérable de bouteilles.

GRANVILLE. — Petite ville maritime du département de la Manche. Elle est située moitié dans la plaine, moitié sur un rocher. Elle est renommée par ses armements pour la pêche de la baleine et celle de la morue, et par ses huîtres dites *de Cancale*. Elle possède une école de navigation, et sa population est d'environ 7,000 âmes.

GRASSE. — Petite ville du département du Var. Elle est bâtie sur le penchant d'une colline, dans une situation charmante. Chef-lieu d'arrondissement, elle comprend 8 cantons et 60 communes. On y trouve un collège, une bibliothèque publique et une société d'agriculture, et l'on y fait un commerce important de parfumerie. Pop. : 11,400 âmes.

GRASVILLE-L'HEURE. — Petite ville du département de la Seine-Inférieure. Elle est située dans l'arrondissement du Havre, et près de la mer qui venait anciennement baigner ses murs. On y trouve des filatures de coton, des fabriques de chaînes-câbles, de savon et de produits chimiques, puis de la chaudronnerie, de la tréfilerie de cuivre, etc. Pop. : 7,500 âmes.

GRAUDENTZ. — Petite ville du gouvernement de Marienwerder, dans la province de Prusse. Elle est située sur la Vistule. On y trouve un *Progymnasium*, et une maison de correction qui sert pour toute la Prusse orientale. Dans son voisinage est une forte citadelle qui porte son nom. Pop. : 6,000 âmes.

GRAVE. — Ville forte du Brabant, en Hollande. Elle est située sur la rive gauche de la Meuse. Elle fut occupée par le prince Maurice en 1601, par les Français en 1672, et reconquise par Guillaume, prince d'Orange, en 1674. Pop. : 2,000 âmes.

GRAVELINES. — Petite ville fortifiée du département du Nord. Elle possède un port et ses navires prennent part à la pêche du hareng, du maquereau et de la morue. La vaste plaine qui l'environne, et que l'on appelle *Vateringues*, est inférieure au niveau de l'Océan ; mais elle est protégée par des dunes contre l'invasion des eaux. La population de cette ville est d'environ 4,000 habitants.

GRAVESEND. — Petite ville du comté de Kent, en Angleterre. Elle est située sur la rive droite de la Tamise et vis-à-vis se trouve la forteresse de Tilbury, qui protége Londres du côté de la mer. C'est à Gravesend qu'on examine les papiers de tous les navires qui vont à Londres, ce qui amène un mouvement commercial assez considérable dans cette ville. Pop. : 5,000 âmes.

GRAY. — Petite ville située sur la Saône, dans le département de la Haute-Saône. Chef-lieu d'arrondissement, elle comprend 8 cantons et 163 communes. Elle possède un collége, une bibliothèque publique, une société d'agriculture, une magnifique usine, plusieurs fabriques, et on la regarde comme l'un des entrepôts des marchandises du Midi et des denrées coloniales. Sa population est d'environ 7,000 âmes.

GRAY-LE-PRE. — Bourg du département du Cher. Il est important par ses forges, qui produisent un excellent fer.

GRAZAC. — Commune du département de la Haute-Loire. Elle est située dans l'arrondissement d'Yssengeaux. Pop. ; 1,600 âmes.

GRAZALEMA. — Ville de la province de Cadix, en Espagne. Pop. : 11,000 âmes.

GRECE (Royaume de). Il a pour confins, au nord, l'empire ottoman et l'Archipel ; à l'est, l'Archipel ; au sud, l'Archipel et la Méditerranée ; et à l'ouest, la mer Ionienne. Les petits cours d'eau qui l'arrosent sont indiqués dans la description de la Péninsule orientale (*Voy.* ce mot). Cet Etat comprend la Morée, la Livadie, les provinces de Carllli et de Lépante, les Cyclades et une partie des Sporades. La division administrative du royaume se compose de 10 *nomos*, ou départements, subdivisés en 46 eptarchies, ou arrondissements.

NOMOS.	CHEFS-LIEUX.
Argolide.	Nauplia.
Achaie et Elide.	Patras.
Messénie.	Arcadia.
Arcadie.	Tripolitza.
Laconie.	Misitra.
Acarnanie et Etolie.	Vrachori.
Locride et Phocide.	Salone.
Attique et Béotie.	Athènes.
Eubée ou île Négrepont.	Négrepont.
Cyclades.	Hermopolis.

ATHÈNES est la capitale du royaume.

GREDOS (Sierra de). — Chaîne de montagnes d'Espagne. Elle est située dans le sud-ouest de la province d'Avila, et c'est la plus élevée de la grande chaîne d'Estrella, entre le Tage et le Douro. Son altitude est de 3,216 mètres.

GREEN-MOUNTAINS ou MONTAGNES VERTES. — Chaîne de montagnes des Etats-Unis d'Amérique. Elle est située dans le nord-est, et s'étend dans les Etats de Connecticut, Massachusetts et Vermont. Ces montagnes sont couvertes de forêts, et se rattachent aux montagnes Bleues.

GREENOCK. — Jolie ville du comté de Renfrew, en Ecosse. Elle est située à l'embouchure de la Clyde, et c'est l'une des villes les plus commerçantes du Royaume-Uni. On y remarque les immenses réservoirs construits pour fournir l'eau dont les habitants manquaient auparavant, et dont la capacité est estimée à 310,000,000 de pieds cubes anglais.

GREEN-RIVER. — Rivière navigable des Etats-Unis d'Amérique. Elle coule dans le Kentucky, passe à Morgantown et se jette dans l'Ohio, après un cours de 350 kilomètres.

GREENWICH. — Bourg considérable du comté de Kent, en Angleterre. Il est situé sur la Tamise, à deux lieues de Londres, et célèbre par son établissement des invalides de la marine, qui peuvent y être admis au nombre de près de 3,000. On y entretient aussi 200 de leurs enfants, qui y reçoivent une instruction appropriée au métier de marin. Enfin, Greenwich possède un observatoire royal, muni de superbes instruments. On y compte environ 20,000 habitants.

GREIFFENBERG. — Ville de Silésie, royaume de Prusse. On y fabrique de la toile, du linge de table et des tissus de coton. Pop. : 3,000 âmes.

GREIFFENSEE. — Lac de Suisse. Il est situé dans le canton de Zurich, et un bourg de son nom s'élève sur sa rive. Ses eaux s'écoulent dans le Rhin par le Glatt.

GREISWALDE. — Ville de la Poméranie, royaume de Prusse. Elle a un petit port sur le Rick, situé à une lieue de la Baltique. On y trouve une université fondée en 1456, une école de médecine, un séminaire pour les maîtres d'école, et une riche bibliothèque publique. Pop. : 8,000 âmes.

GREITZ. — Petite ville, chef-lieu de la principauté de Reuss-Greitz. Elle est située sur l'Elster-Blanc. Elle est industrieuse et commerçante, possède un joli château, un gymnase et un séminaire pour les maîtres d'école. Pop. : 7,000 âmes.

GRENADE. — Petite ville du département de la Haute-Garonne. C'est un chef-lieu de canton de l'arrondissement de Toulouse. Elle est située sur la Garonne. On y trouve des fabriques de cadis. C'est la patrie de Cazalès. Pop. : 4,300 âmes.

GRENADE. — Chef-lieu de canton dans l'arrondissement de Mont-de-Marsan, département des Landes. Il est situé sur la rive droite de l'Adour, Pop. : 1,500 âmes.

GRENADE. — Ville archiépiscopale, chef-lieu de la province et de la capitainerie de ce nom, en Espagne. Elle est bien bâtie, et située sur le Darro, près de son confluent avec le Xenil, dans une plaine renommée par sa fertilité et la beauté de son climat. On y remarque sa vaste cathédrale, et le célèbre palais de l'*Alhambra*, l'une des merveilles de l'Espagne, et dont les richesses architecturales moresques n'existent dans aucun autre monument du même style. On cite surtout les arabesques de toute l'ornementation, la cour des Lions, la salle des Abencérages, le pavillon appelé Généralif, etc. Cette ville possède une université et 80,000 habitants. On trouve, dans son voisinage les ruines de l'ancienne *Eliberis*, et, dans la montagne qui fait face à l'Alhambra, un grand nombre de grottes servant d'habitations à des Bohémiens qui reçoivent en Espagne le nom de *Gitanos*.

GRENADILLES. — Groupe de petites îles dans les Antilles. Elles sont situées entre la Grenade, dont elles dépendent, et l'île Saint-Vincent.

GRENNAH ou KURIN. — Lieu du pays de Barcah, dans l'État de Tripoli. Il est célèbre par les ruines de *Cyrène*.

GRENOBLE. — Ville épiscopale. Elle est fortifiée. Chef-lieu du département de l'Isère, son arrondissement comprend 20 cantons et 214 communes. On remarque la cathédrale, l'hôtel de la préfecture et le palais de justice. Cette ville possède un séminaire, une académie universitaire, un collège, une école secondaire de médecine, une bibliothèque publique, un musée, un cabinet d'histoire naturelle, un jardin botanique et une société académique. Son commerce consiste principalement en une fabrication de gants renommés, qui produit au delà de 360,000 douzaines par année, laquelle quantité représente une valeur d'à peu près 4,000,000 de francs. La population est d'environ 25,000 âmes. C'est la patrie de Mably, de Condillac, de Vaucanson, etc. A peu de distance de Grenoble, on trouve le pont de Clax, sur le Drac : il est d'une seule arche de 43^m 50 d'ouverture, sur 39 mètres de hauteur. C'est aussi dans ses environs, mais à un éloignement beaucoup plus considérable, qu'est situé le désert de la *Grande Chartreuse*, l'un des sites de France les plus curieux à visiter.

GRÉOUX. — Village du département des Basses-Alpes. Il est réputé par ses sources thermales qui sont très-fréquentées Pop. : 2,400 âmes.

GRETNA-GREEN. — Village du comté de Dumfries, en Ecosse. C'est le premier qui frappe les regards sur l'autre rive de la Tweed, lorsque de l'Angleterre on traverse cette rivière pour se rendre en Écosse, et l'on prétend que son nom lui vient des bois de sapins dont il est entouré, lesquels lui donnent en toute saison une ceinture de verdure. Ce village est depuis longtemps célèbre, comme refuge des mineurs qui s'échappent d'Angleterre pour se marier sans le consentement de leurs familles, et le chiffre moyen de ces unions clandestines est d'environ 300 chaque année. Les jeunes gens ont recours à cet expédient, parce que, d'après les lois écossaises, il suffit du certificat d'un employé quelconque, pour rendre valable ce genre d'hymen. Parmi les mariages ainsi contractés, et presque toujours chez le forgeron de Gretna-Green, on cite ceux des deux chanceliers lords Eldon et Erskine, du comte de Westmoreland, de lord Ellenborough, de sir Thomas Lettsbrige, et enfin celui de Charles-Ferdinand de Bourbon, fils du roi de Naples, et de Pénélope Smith, fille du comte de Waterford.

GRIES (Passage du). — C'est l'un des plus célèbres des Alpes. Il ouvre une communication entre le haut Valais et le val Fornazza, dans le royaume sarde, et sa hauteur est de 2,383 mètres.

GRIGAN ou AGRIGAN. — Une des îles Marianne, dans la Micronésie. Elle est située au nord de l'archipel.

GRIGNAN. — Chef-lieu de canton dans l'arrondissement de Montélimart, département de la Drôme. — Son église renferme le tombeau de madame de Sévigné. Cette petite ville a des filatures de soie et de laine, des fabriques de toiles de chanvre, et l'on y fait un commerce de truffes Pop. : 2,000 âmes.

GRIGNON. — Village de la commune de Thiverval, dans l'arrondissement de Versailles, département de Seine-et-Oise. On y trouve un *institut agronomique* très-renommé, et ce lieu est depuis longtemps célèbre aussi dans la science, par un banc calcaire qui est très-riche en coquilles fossiles.

GRIGNY. — Commune du département du Rhône. Elle est située dans le canton de Givors, et possède un petit port sur la rive droite du Rhône. On y trouve une manufacture de faïence et de porcelaine anglaise faite avec du kaolin français. Pop. : 1,400 âmes.

GRIMAUD. — Chef-lieu de canton dans l'arrondissement de Draguignan, département du Var. Il est situé non loin de la Méditerranée. Pop. 1,300 âmes.

GRIMSEL. — Montagne qui sépare le Valais du pays de Hasly, et qui touche au Saint-Gothard et au Mont de la Fourche. Des passages qui ont été ouverts sur les Alpes, c'est l'un des plus difficiles à franchir. Le Grimsel n'est en effet constitué, pour ainsi dire, que de trois masses de glace. La vallée de cette nature qui est la plus élevée et porte le nom d'Aarbach, a 8 kilomètres de long, et court de l'est à l'ouest entre deux chaînes de montagnes chargées de neiges éternelles; la seconde, le Finster-Aar, ouverte dans la même direction, a 3 myriamètres d'étendue ; et la troisième, dite le Lauter-Aar et qui n'a que 4 kilomètres de longueur, est la seule qui soit accessible, celle sur laquelle un hospice soit établi pour recevoir les voyageurs, de la mi-mars à la mi-novembre. C'est dans le Grimsel que l'Aar prend sa source, qui s'y trouve entretenue par la fonte de neige et de glace qui ne cesse d'y avoir lieu. Cette rivière est si forte qu'elle est déjà flottable à peu de distance de sa chute, et la rapidité de son cours est telle qu'on la suit à travers les lacs de Brientz et de Thun, et même lorsque ses eaux se sont perdues dans le Rhin, vis-à-vis de Waldshut. Quelques auteurs ont prétendu que l'Aar roulait des paillettes d'or.

GRINDELWALD. — Village du canton de Berne, en Suisse. Il est situé au pied de glaciers célèbres.

GRISONS. — Contrée de la Suisse qui forme l'un des 22 cantons de la Confédération helvétique. Elle est bornée à l'est par le Tyrol; au sud, par les vallées de Bormio, de la Valteline et de Chiavanna ; à l'ouest, par les cantons du Tessin et d'Uri; et au nord par ceux de Glaris, de Saint-Gall, et par le Tyrol. Sa plus grande longueur est de 120 kilom., sa plus grande largeur de 80, et sa surface est évaluée à 1272 kilom. carrés. Ce canton renferme, dans ce peu d'espace, 60 vallées. Les lacs y ont peu d'importance; mais il donne naissance au Rhin et à l'Inn. Le premier est formé de la réunion de trois rivières, le Rhin antérieur, le Rhin du milieu et le Rhin postérieur; l'Inn, après avoir surgi dans l'Engadine, au glacier de Maloia, court au Danube et de là à la mer Noire.

Les plus hautes montagnes du pays des Grisons sont le Crispalt, le Lukmanier, le Volgelberg, le Bernardin, le Splugen, le Septimur, le Jélier, l'Albula, le Bernina et le Fermunt. Le Galanda s'élève au-dessus de Coire, du côté du district de Sargans, à 2,080 mètres au-dessus du niveau de la mer; et sur le sommet du Lukmanier, par lequel on passe pour aller de Disentis à Bellinzone, il existe un hospice dédié à la sainte Vierge, dont la fondation date de 1374. Les vallées les plus remarquables sont celles du Rhin antérieur, du Rhin postérieur, de l'Albula, de l'Inn ou de l'Engadine, et de Landquart ou de Prettigau. La route du Splugen, commencée en 1818 et achevée en 1820, sous la direction d'un ingénieur italien nommé Talachini, offre 4 galeries de 98 à 211 mètres de longueur ; sa largeur est de 4^m 875 sur le territoire suisse, et de 5^m 82 sur le territoire autrichien. Il faut encore citer la gorge appelée *Via-Mala*, qui conduit de la vallée de Dombesch à celle de Schams, gorge qui s'étend entre les rochers des monts Béverin et Muttnerhorn, et dans laquelle, à une profondeur effroyable, on aperçoit l'écume du Rhin qui roule sur les rochers.

GRISSEE ou **GRESIK** — Chef-lieu de la résidence de Sourabaya, dans l'île de Java, Océanie orientale. C'est une jolie petite ville assez commerçante, et dont l'habitation est recherchée par les Européens.

GRIZOLLES. — Petite ville du département de Tarn-et-Garonne : c'est un chef-lieu de canton de l'arrondissement de Castel-Sarrasin. On y fait un commerce de grains. Pop. 2,000 âmes.

GRODEN (VALLÉE DE). — Dans le Tyrol. On y fabrique une immense quantité d'ouvrages et de jouets en bois, qui sont exportés dans toutes les contrées de l'Europe, et jusqu'en Amérique.

GRODNO. — Chef-lieu du gouvernement du même nom, en Russie. On y remarque le château et l'hôtel de la chancellerie, et cette ville possède un gymnase, une école de médecine et une bibliothèque publique. C'est à Grodno que furent signés le deuxième partage de la Pologne en 1793, et l'abdication de Stanislas-Auguste, en 1795.

GROENLAND. — Cette contrée, dont le nom signifie *terre verte*, quoique rien ne justifie chez elle cette qualification, peut être considérée comme une grande île séparée de l'extrémité la plus septentrionale du continent américain, par l'océan Glacial et la mer Polaire, d'où il résulterait que la découverte de cette île, au xe siècle, par le Norwégien Eric Rauda, autoriserait à faire remonter rigoureusement jusqu'à cette époque celle de l'Amérique. Les recherches de M. Thiébaut de Berneaud semblent établir que le Groënland était habité avant l'ère chrétienne; qu'au temps où Eric Rauda aborda au Groënland, le continent américain possédait déjà des colonies européennes; et qu'enfin avant la période du 1er au IVe siècle, période durant laquelle les glaces et la mer Polaire interrompirent les communications, celles-ci étaient fréquentes entre l'Europe et le Groënland ou terre des Kalalits, ainsi qu'avec les régions septentrionales de l'Amérique.

Quoi qu'il en soit de ces faits reculés, assez difficiles d'ailleurs à bien coordonner, ce qui demeure constant, c'est que, vers le xe siècle dont nous venons de parler, le Groënland reçut des colonies norwégiennes avec la prédication de l'Evangile, et qu'en 1386 Marguerite de Valdemar, qui réunit sous son sceptre le Danemark, la Norwége et la Suède, déclara le Groënland domaine de l'Etat. Cette terre ayant été ravagée, au xve siècle, par le prince Zichmni de Frislande, resta de rechef comme oubliée jusqu'au XVIIe ; mais alors le gouvernement norwégien y envoya une nouvelle colonie sous la conduite et la direction d'un vénérable ecclésiastique nommé Jean Egède, qui y instruisit de nouveau les Esquimaux des vérités du christianisme ; et, dans la suite, les frères Moraves y répandirent aussi avec zèle l'instruction religieuse et civile.

Les côtes seules du Groënland sont habitées, sur une étendue de 300 lieues environ, et l'intérieur du pays, défendu par des montagnes inaccessibles, est à peu près inconnu. Ces montagnes sont appelées par les Islandais Himin-Rad ou *Monts du ciel* et les trois pointes nommées la *Corne du cerf* s'aperçoivent en mer à la distance de 100 kilom. Les marins distinguent aussi, à peu près de 40 kilom., le *Pic de glace*, masse énorme qui s'élève près de l'embouchure d'une rivière, dont l'éclat est des plus éblouissants, et dont les aiguilles hardies et la voûte immense donnent à cet édifice de cristal l'aspect le plus magnifique. Quelques sources thermales, divers faits géologiques et l'éruption d'un volcan qui se fit jour en 1783 au sein des amas de neige, ne peuvent laisser douter que le sol du Groënland ne soit, comme celui de l'Islande, la coupole d'un foyer incandescent.

Le climat de cette contrée, quoique rigoureux, est assez sain. L'air y est très-pur durant la courte période de l'été; les nuits polaires y sont adoucies et rendues supportables par l'éclat des aurores boréales. Quelques terres sont labourables, et l'on peut y cultiver l'orge et des légumes. Les montagnes du nord ne se couvrent que de mousses et de lichens; mais celles qui se trouvent au sud produisent de bons pâturages, des groseillers et autres espèces à baies, puis des saules et des bouleaux nains, et un certain nombre de plantes alpines. Le règne animal y est particulièrement représenté par des ours blancs, des rennes, de grands chiens, des renards, des lièvres, etc., et par une sorte de chat tigre que les habitants nomment *Ancarock*. Les oiseaux de proie s'y montrent en grand nombre; et parmi les tribus de la mer, les naturels de la côte du sud se livrent surtout à la pêche du chien marin, *calocephalus discolor*, dont la chair est leur principale nourriture, et dont la peau leur fournit des vêtements, des pirogues, des vases et divers ustensiles. Pop. : 20,000 âmes.

GROIX ou GROAIX. — Ile de l'Atlantique. Elle est située près des côtes du département du Morbihan, vis-à-vis l'embouchure du Blavet. Sa longueur est de 8 kilomètres sur 3 de largeur; ses habitants sont principalement adonnés à la pêche, et son chef-lieu est Croix ou Saint-Tudy. Pop. : 3,000 âmes.

GRONINGUE. — Chef-lieu de la province de même nom, dans le royaume de Hollande. On y remarque la belle église de Saint-Martin, l'hôtel de ville et le pont Botering-Hoog. Cette ville possède une université, un jardin botanique, et sa population est d'environ 25,000 âmes.

GROS-BLIEDERSTROFF. — Petite ville du département de la Moselle. Elle est située dans l'arrondissement de Sarreguemines. On y trouve des fabriques de pianos et de tabatières en carton. Pop. : 2,200 âmes.

GROS-MORNE. — Petite ville de la Martinique, dans les Antilles françaises. Elle est située près de la montagne de son nom. Pop. : 4,900 âmes.

GROS-SCHONAU ou ALTWASSER. — Bourg du cercle de Lusace, en Saxe. C'est le centre d'une fabrication de toiles damassées qui sont très-renommées, et tout son territoire n'est habité que par des tisserands. Pop. : 4,800 âmes.

GROS-TENQUIN. — Chef-lieu de canton dans l'arrondissement de Sarreguemines, département de la Moselle. Pop. : 850 âmes.

GROSLAY. — Commune du département de Seine-et-Oise. Elle est située dans l'arrondissement de Pontoise. On y trouve une fabrique de dentelles, et elle est renommée par sa culture des œillets. Pop. : 1,100 âmes.

GROSS-WARDEIN. — Ville épiscopale et fortifiée, dans le cercle au delà de la Theiss, en Hongrie. Elle est à la fois le siége d'un évêque catholique et d'un évêque grec-uni. Elle possède une cathédrale catholique, une université, un archigymnase, et sa population est d'environ 7,000 âmes. On trouve des bains dans son voisinage.

GROSSA ou ISOLA-GROSSA. — Ile d'Illyrie. Elle est située dans l'Adriatique, près de la côte nord-ouest de la Dalmatie, et dépend du cercle de Zara. Sa longueur est de 45 kilomètres sur 2 de largeur, et elle est assez fertile en vin, huile et figues; mais elle manque d'eau douce. Pop. : 12,000 âmes.

GROSSETO. — Ville épiscopale du grand duché de Toscane. Elle est située près de la Méditerranée, sur un canal navigable, entre l'Ombrone et le lac de Castiglione. On y trouve des salines importantes. Pop. : 2,500 âmes.

GROUGIS. — Commune du département de l'Aisne. Elle est située dans l'arrondissement de Vervins. On y trouve des fabriques de châles barèges et de popelines. Pop. : 1,200 âmes.

GROUPES (LES DEUX). — Petites îles de l'archipel des Iles-Basses, dans la Polynésie.

GRUNBERG. — Ville de la Silésie, royaume de Prusse. On y trouve des filatures de laine et des fabriques de draps et d'indiennes. Pop. : 3,000 âmes.

GRUND. — Bourg de la capitainerie de Clausthal, dans le royaume de Hanovre. Il est situé à l'extrémité occidentale du Harz, et l'on y remarque d'immenses travaux souterrains, exécutés pour le desséchement des mines. Pop. : 1,200 âmes.

GRUYÈRES. — Bourg du canton de Fribourg, en Suisse. Il est situé sur la rive gauche de la Saane ou Sarine. On y fabrique une petite portion du fromage qui porte son nom. Pop. : 400 âmes. *Voy.* CHARMEY.

GUADALAVIAR. — Rivière d'Espagne. Elle passe par Albarracin, Téruel et Valence, et va se jeter dans la Méditerranée, au port de Grao, après un cours de 290 kilomètres.

GUADALAXARA. — Chef-lieu de la province de ce nom, dans la Nouvelle-Castille, Espagne. Elle est située sur la rive droite de l'Henarez, et l'on y voit un pont attribué à Jules-César. Pop. : 12,000 âmes.

GUADALAXARA. — Grande et belle ville épiscopale de l'Etat de Xalisco, dans la confédération mexicaine. On y remarque la cathédrale, l'église de Saint-François, le couvent et l'église des Augustins, celui des Jésuites dans lequel se trouve le sanctuaire de Notre-Dame de Lorette, l'hôtel des monnaies, et un bel aqueduc de 14 milles d'étendue. Cette ville possède une université et un collège. Pop. : 60,000 âmes.

GUADALCANAL. — Petite ville de l'Andalousie, en Espagne. Elle est située dans les premières gorges de la Sierra-Morena, et l'on y exploite des mines d'argent. Pop. : 4,000 âmes.

GUADALCANAR. — Ile considérable de l'archipel de Salomon. On y remarque un pic d'une très-grande élévation.

GUADALETE. — Rivière d'Espagne. Elle coule dans la province de Cadix, passe par Arcos-de-la-Ferta, et se jette dans l'Atlantique, sous le nom de Rio-San-Pedro, après un cours de 140 kilomètres.

GUADALIMAR. — Rivière d'Espagne. Elle verse dans le Guadalquivir, après un cours de 25 kilomètres.

GUADALJORE. — Rivière d'Espagne. Elle coule dans la province de Malaga, passe à Antequera, et se jette dans la Méditerranée, après un cours de 125 kilomètres.

GUADALOUPA. — Groupe de petites îles de la Micronésie. Elles sont situées dans l'archipel de Magellan, au nord des îles Margaret.

GUADALQUIVIR. — Fleuve d'Espagne. Il prend sa source dans les monts Ibériens, en Andalousie, arrose les provinces de Jaen, de Cordoue et de Séville, et va se jeter dans l'Océan, après un cours de 400 kilomètres. Dans sa partie inférieure, il forme l'île Mayor et l'île Menor.

GUADALUPE. — Petite ville de l'Estremadure, en Espagne. Elle est renommée par son sanctuaire, qui attire un grand nombre de pèlerins. Sa population est d'environ 3,000 âmes.

GUADALUPE. — Gros village du district fédéral de Mexico, dans la confédération mexicaine. Il est célèbre par son riche sanctuaire de Notre-Dame, bâti sur la colline de Tepejacac, où s'élevait anciennement le temple de Cen-Teorl, la Cérès mexicaine. A ce sanctuaire, dont la richesse est considérable, se trouve joint un véritable palais, demeure des chanoines, et les pèlerins arrivent en grandes caravanes pour faire leurs dévotions en cet endroit.

GUADALUPE (SIERRA DE). — Chaîne de montagnes d'Espagne. Elle appartient à celle des monts de Tolède, vers les limites des provinces de Caceres, de Tolède, de Ciudad-Réal et de Badajoz.

GUADARMENA. — Rivière d'Espagne, passe par Alcaraz et se réunit au Guadalimar, après un cours de 100 kilomètres.

GUADARRAMA (SIERRA DE). — Chaîne de montagnes d'Espagne. Elle appartient à celle de la grande Estrella, sur la limite des provinces d'Avila, de Ségovie et de Madrid, et le Manzanarès et la Guadarrama y prennent leurs sources.

GUADELOUPE (LA). — Ile des Antilles françaises. Elle est située entre la Dominique, la Marie-Galande, la Désirade et l'île de Montferrat. Une sorte de détroit ou de canal, appelé la *Rivière salée*, la partage en deux parties : l'orientale, nommée *Grande-Terre*, a 100 kilom. de long, sur 6 ½ de large ; l'occidentale retient le nom de *Guadeloupe* ; elle a 56 kilom. de long sur 12 de large. Cette île est riche en sucre, café, indigo, gingembre, coton, etc. La ville de la Basse-Terre est son chef-lieu.

GUADIANA. — Fleuve d'Espagne. Il prend sa source aux monts Ibériens, dans la Nouvelle-Castille, arrose les provinces de Ciudad-Réal et de Badajoz, en Espagne, celle d'Alentejo, en Portugal, et sépare l'Algarve de l'Andalousie. A une douzaine de lieues de sa source, ce fleuve disparaît, puis se remontre à quatre lieues plus loin, sortant par deux ouvertures appelées les *yeux* de la Guadiana.

GUADIATO. — Rivière d'Espagne. Elle coule dans la province de Cordoue, et se joint au Guadalquivir au-dessus de Posadas, après un cours de 150 kilomètres.

GUADIORA. — Rivière d'Espagne. Elle prend sa source près de Ronda, et se jette dans la Méditerranée, après un cours de 80 kilomètres.

GUADIX. — Petite ville épiscopale de la province de Grenade, en Espagne. On y trouve des fabriques de poterie et 9,000 habitants.

GUAITECA. — Golfe du grand océan Austral. Il est situé entre la Patagonie au sud et à l'est, et le Chili au nord ; renferme les archipels de Chiloé et de Los Chonos, et forme, entre l'île Chiloé et le continent, le bras qui a reçu le nom d'El-en-Cud.

GUALLABAMBA. — Ville de la république de l'Equateur. Elle est située sur le Rio ou rivière qui porte son nom, et l'on y remarque une route taillée dans le roc.

GUALLAGA. — Rivière du Pérou. Elle passe à Guanuco et se joint au Marañon ou Amazone, après un cours de 800 kilomètres.

GUAMANGA. — Ville épiscopale du Pérou. C'est le chef-lieu du département d'Ayacucho. Pop. : 40,000 âmes.

GUANACACHE ou LAGUNA-GRANDE. — Lac du pays de la Plata. Il est situé au nord de la province de Mendoza ; sa longueur dépasse 100 kilomètres, et il décharge ses eaux par le Desaguadero, qui prend plus bas le nom de Colorado.

GUANARE. — Ville du département de l'Orénoque, dans la république de Venezuela. On y trouve un collège renommé, et l'on y fait un commerce important de bestiaux et de mulets. Pop. 12,000 âmes.

GUANAS. — Nation indienne de l'Amérique méridionale. Elle est nombreuse et répandue dans le Chaco, le Paraguay et la partie méridionale du Mato-Grosso. Elle se livre en général à l'agriculture.

GUANAXUATO. — Très-belle ville de l'Etat du même nom, dans la Confédération mexicaine. Elle est renommée par le nombre et la richesse des mines d'argent qui l'environnent. Outre celle qui porte son nom, on y trouve en effet les exploitations importantes de la Sirena, de las Aninas, de Penafiel, del Sol, de San-Vicente, de Rayas, de

San-Anita, du Mellado, de la Calta, de la Calice, del Secho, de San-Lorenzo, de las Maravillas, de Valenciana, de l'Esperanza, de Santa-Rosa, de l'Indiana, de San-Raphaël, etc. Celle de Valenciana ne rapporte pas moins de 3,000,000 de francs, chaque année, à ses propriétaires, et cela depuis près d'un siècle. Pop. : 40,000 âmes.

GUANUCO. — Ville du Pérou et chef-lieu du département de Junin. Elle est située sur la rive gauche de la Guallaga, et sur le grand chemin construit par les Incas pour mener de Quito à Cuzco. Cette ville est très-ancienne et fut importante sous les Incas.

GUAPORE. — Rivière du Brésil. Elle coule dans la province de Matto-Grosso, qu'elle sépare en partie de la république de Bolivia, et se joint au Sara, pour former le Mamore, après un cours de 1,000 kilomètres.

GUARANIS. — Nation indienne de l'Amérique méridionale. Elle habite sur les bords du Paraguay, du Parana et de l'Uruguay, et a été convertie au christianisme par les Jésuites.

GUARAYOS. — Nation indienne du pays des Chiquitos, dans la Bolivia. Elle est douce et hospitalière selon les uns, féroce et anthropophage suivant les autres.

GUARDA. — Ville forte de la province de Beira, en Portugal. Elle est le siège d'un évêché, et l'on croit qu'elle occupe l'emplacement de l'ancienne *Lancia Oppidana*. Pop. : 2,500 âmes.

GUARDAL. — Rivière d'Espagne. Elle prend sa source à la Sierra-Sagra et s'unit au Guadix pour former le Guadiana-Menor, affluent du Guadalquivir. Son cours est de 110 kilomètres.

GUARDIA (La). — Ville de la province de Tolède, en Espagne. C'était anciennement une place forte contre les Maures. On y fabrique du drap commun, du salpêtre et du plâtre. Pop. : 5,000 âmes.

GUASCO. — Ville du Chili. Elle est située sur le fleuve de son nom, à l'embouchure duquel elle a un port. On trouve dans ses environs des mines d'argent et de cuivre.

GUASTALLA. — Petite ville épiscopale, chef-lieu du duché de ce nom, dans l'Etat de Parme. Elle est fortifiée. Les Français y battirent les impériaux en 1734. Pop. : 6,000 âmes.

GUATEMALA. — Etat de l'Amérique centrale. Il est situé entre 83° et 97° de longitude ouest, et entre 8° et 18° de latitude nord. Ses confins sont, au nord, les Etats mexicains d'Oaxaca, Chiapa, Tabasco, Yucatan et la mer des Antilles ; à l'est, la même mer et le département de l'Isthme, dans la Nouvelle-Grenade ; et au sud et à l'ouest, le grand Océan. L'immense chaîne de montagnes qui parcourt les deux Amériques traverse aussi le Guatemala dans tous les sens, et parmi ses fleuves, on distingue surtout le Rio-Grande, le Yare ou Herbias et le San-Juan, qui tous trois se jettent dans la mer des Antilles. Le sol de cette contrée est d'une grande fertilité ; on y recueille en abondance du blé, du maïs, du riz, du sucre, du coton, de l'indigo, du cacao, de la cochenille et des bois de teinture et de construction. On y trouve aussi des mines d'argent ; mais le climat y est très-chaud, insalubre dans quelques parties, et les volcans y sont très-nombreux. On cite principalement celui de Masaya.

GUATEMALA. — Ville archiépiscopale, chef-lieu du district fédéral de ce nom, dans la Confédération de l'Amérique centrale. Elle est située dans une vallée et au milieu d'un plateau fertile qui se trouve à une assez grande élévation au-dessus du niveau de la mer. Elle est bien bâtie et bien percée, et l'on y remarque la cathédrale, l'église Sainte-Thérèse, le palais archiépiscopal, ceux du gouvernement et de justice, l'hôtel-de-ville, celui de la monnaie ; la douane, l'amphithéâtre, etc. Cette ville possède une université, deux collèges, une académie des beaux-arts, une bibliothèque publique, un cabinet d'histoire naturelle, un musée d'anatomie, une société académique; son commerce est très-florissant, et l'on y trouve de nombreuses fabriques d'étoffes en coton, d'orfévrerie, d'instruments de musique, de sculptures sur bois, de poterie, de tabac, etc. Pop. : 50,000 âmes.

GUATEMALA-ANTIGUA. — Chef-lieu de l'Etat de Guatemala, dans la Confédération de l'Amérique centrale. Elle est située entre deux volcans, l'Agua et le Fuego, dont les éruptions causent incessamment sa ruine. On y remarque la cathédrale, l'un des plus beaux temples de l'Amérique. Pop. : 20,000 âmes.

GUATEMALA-LA-VIEJA — Ville de l'Etat de Guatemala. C'est la plus ancienne de celles qui portent ce nom, dans le même Etat. Elle fut en partie détruite, dans l'année 1541, par le volcan d'Agua.

GUAVIARE. — Rivière de la Nouvelle-Grenade. Elle se jette dans l'Orénoque, après un cours de 900 kilomètres.

GUAYAQUIL. — Chef-lieu du département et de la province de ce nom, dans la république de l'Equateur, Colombie. Cette ville possède un collège, une école de navigation, un arsenal maritime, un chantier, et son commerce est florissant. Pop. : 22,000 âmes.

GUAYCURUS ou PAYAGUA-GUAYCURUS. — Nation indienne de l'Amérique méridionale. Elle se compose de plusieurs tribus dont les principales sont les Payaguas dans le Paraguay, aux environs de l'Assomption, et les Guaycurus, sur les rives du haut Paraguay. Ces Indiens sont grands, vigoureux et belliqueux ; ils vivent du produit de leur chasse et de leur pêche, élèvent des troupeaux de bœufs et de chevaux, et sont toujours à cheval.

GUAYRA (La). — Petite ville de la province de Caracas, dans la république de Venezuela, Colombie. Elle est assez importante par son commerce, et c'est le port qui sert aux expéditions de la ville de Caracas. Pop. : 4,000 âmes.

GUBBIO. — Petite ville de la légation d'Urbin-et-Pesaro, dans l'Etat de l'Eglise. Elle est assez importante par son industrie, et renommée surtout par ses antiquités. On y découvrit en 1456, près des ruines du temple de Jupiter Apennin, les fameuses *Tables Eugubines*, restes précieux de l'Étrurie circumpadane. Ce sont sept planches en bronze fondu, dont quatre sont écrites en caractères étrusques de droite à gauche, et les deux plus grandes en caractères latins. Ces dernières peuvent être considérées comme le plus grand monument actuellement connu sur la liturgie de l'ancienne Italie; car on y traite de cérémonies, de sacrifices, d'oblations, etc. Les uns font remonter les *Tables Eugubines* au II° siècle avant Jésus-Christ, tandis que les autres les regardent comme appartenant au VII° siècle de Rome. La population de Gubbio est d'environ 4,000 âmes.

GUEBWILLER. — Petite ville du département du Haut-Rhin. Elle est située sur la Lauch, au pied du vallon de Guebwiller, dans l'arrondissement de Colmar, dont elle est un chef-lieu de canton. On y trouve des filatures de coton, de laine et de lin; des fabriques de draps, de toiles peintes, de clouterie et de potasse; des fonderies et des ateliers de construction de machines. Pop.: 3,900 âmes.

GUELDRE. — Ville de la régence de Clèves, dans la Prusse rhénane. Elle est située sur la Niers. Elle fut prise par les Français en 1757. Pop.: 3,690 âmes.

GUEMENE. — Chef-lieu de canton dans l'arrondissement de Pontivy, département du Morbihan. Il est situé sur le Scorff, et l'on trouve sur son territoire une mine de cristal de roche. Pop.: 1,600 âmes.

GUEMENE-PENFAS. — Petite ville du département de la Loire-Inférieure. Elle est située dans l'arrondissement de Savenay et sur la rive droite du Don. Pop.: 4,000 âmes.

GUER. — Chef-lieu de canton dans l'arrondissement de Ploërmel, département du Morbihan. Pop. 3,800 âmes.

GUERANDE. — Petite ville du département de la Loire-Inférieure. Elle est industrieuse et commerçante et possède des marais salants dont le produit est très-estimé. 8,009 âmes.

GUERGHE (La). — Petite ville du département d'Ille-et-Vilaine. C'est un chef-lieu de canton de l'arrondissement de Vitré. On y trouve des fabriques de toiles et d'huile de noix, et l'on y fait aussi un commerce de bestiaux, de moutons, de porcs, de beurre et de châtaignes. Pop.: 4,400 âmes.

GUERET. — Petite ville située sur la Gartempe. Autrefois capitale de la Marche, elle est aujourd'hui le chef-lieu du département de la Creuse, et son arrondissement comprend 7 cantons et 75 communes. Elle possède un collège, une école normale primaire, une bibliothèque publique et une société d'agriculture. Sa population est d'environ 5,000 âmes.

GUERIGNY. — Village des environs de Nevers, dans le département de la Nièvre. On y trouve la forge importante de la Chaussade, où l'on fabrique des ancres et des câbles en fer pour la marine. La presse hydraulique employée pour l'épreuve de ces câbles est de la force de 400,000 kilogrammes.

GUERNESEY. — Ile de la Manche, située près des côtes de la Normandie. Elle appartient à l'Angleterre, et Saint-Pierre est son chef-lieu. Sa longueur est d'environ 20 kilom. et sa largeur de 16. Elle fait un commerce de vins et d'eaux-de-vie. Pop.: 25,000 âmes.

GUEROULDE (La). — Commune du département de l'Eure. Elle est située dans l'arrondissement d'Evreux. On y trouve un haut-fourneau, des forges et des fabriques de fonte moulée, de tuyaux de conduite d'eau et d'éclairage, de fils de fer, etc. Pop.: 1,200 âmes.

GUEUGNON. — Chef-lieu de canton dans l'arrondissement de Charolles, département de Saône-et-Loire. Il est situé sur la rive droite de l'Arroux. On y trouve un haut-fourneau et des forges. Pop.: 1,700 âmes.

GUGGISBERG. — Paroisse du canton de Berne, en Suisse. Ses habitants se font remarquer par leurs mœurs particulières, l'originalité de leur costume et leur langage. Pop.: 5,200 âmes.

GUIBRAY. — *Voy.* FALAISE.

GUICHE (La). — Chef-lieu dans l'arrondissement de Charolles, département de Saône-et-Loire. Pop.: 1,000 âmes.

GUICHEN. — Petite ville du département d'Ille-et-Vilaine. Elle est située dans l'arrondissement de Redon, et l'on trouve des sources minérales dans son voisinage. Pop.: 3,600 âmes.

GUIGNEN. — Commune du département d'Ille-et-Vilaine. Elle est située dans l'arrondissement de Redon. Pop.: 2,900 âmes.

GUILDFORD. — Ville d'Angleterre. C'est le chef-lieu du comté de Surrey. Elle est située sur la Wye et à la tête du chemin de fer qui s'embranche à celui de Londres. Pop.: 4,000 âmes.

GUILLESTRE. — Chef-lieu de canton dans l'arrondissement d'Embrun, département des Hautes-Alpes. On y trouve des fabriques de draps. Pop.: 1,800 âmes.

GUILLON. — Chef-lieu de canton dans l'arrondissement d'Avallon, département de l'Yonne. Il est situé sur le Serein. Pop.: 800 âmes.

GUILLOTIÈRE (La). — Petite ville du département du Rhône. Elle forme comme un faubourg de Lyon, à laquelle elle se trouve réunie par quatre ponts. Elle est importante par ses fabriques et ses nombreux établissements industriels. Pop.: 26,000 âmes.

GUIMARAENS. — Ville de la province Entre-Douro-et-Minho, en Portugal. Elle a été fondée, dit-on, par les Celtes, 500 ans avant l'ère chrétienne. C'est la patrie d'Alphonse Henriquez. Pop. 8,000 âmes.

GUINÉE. — Vaste contrée de l'Afrique occidentale, qui s'étend, sous la forme d'un long fer à cheval, sur les bords de l'océan Atlantique, depuis le 10° degré de latitude nord jusqu'au 16° de latitude sud. Elle est bornée au septentrion par la Sénégambie et la Nigritie; à l'est, par l'Éthiopie, l'un des points les plus anciens de la civilisation; et au midi, par la Cafrerie. On divise cette contrée en haute et basse Guinée, mais cette dernière porte plus généralement le nom de Congo. La première se compose d'un grand nombre de petits Etats dont la plupart se distinguent par cette barbarie qui caractérise particulièrement la race noire. Du cap Formosa à celui de Lopez-Gonsalvo, règne le golfe de Biafra, qui renferme trois îles couvertes d'orangers, de citronniers, de figuiers, d'ignames et surtout de cocotiers. L'air pur et embaumé, salubre, qu'on respire dans ces îles et les eaux limpides qui l'arrosent, laissent à peine croire qu'on s'y trouve sous la ligne.

GUINÉE (Golfe de). — Il est formé par l'Atlantique, sur les côtes de la Guinée septentrionale, et constitue lui-même, dans sa partie nord-est, les golfes de Bénin et de Biafra. Parmi les fleuves qui y apportent leurs eaux, on distingue particulièrement les nombreuses branches du Kouarra ou Djoliba.

GUINES. — Petite ville du département du Pas-de-Calais. C'est un chef-lieu de canton de l'arrondissement de Boulogne. Elle est située à la naissance d'un petit canal qui se joint à celui de Calais à Saint-Omer, et l'on y trouve des fabriques de tulles et de dentelles, puis un commerce actif de blé, de lin, de bestiaux et de volailles. On y exploite aussi la tourbe sur une vaste échelle. Pop. : 4,100 âmes.

GUINGAMP. — Petite ville du département des Côtes-du-Nord. Chef-lieu d'arrondissement, elle comprend 10 cantons et 73 communes. Elle possède une belle église, un collége, une société d'agriculture et de nombreuses fabriques de tissus de coton légers qui portent son nom. Sa population est d'environ 7,000 âmes.

GUIOLE (La). — Petite ville du département de l'Aveyron. Elle est située sur un monticule basaltique de l'arrondissement d'Espalion, c'est l'entrepôt des fromages qui portent son nom, et il s'y tient une grande foire de bestiaux.

GUIPUZCOA. — Une des trois provinces basques, au nord-ouest de l'Espagne. Elle est traversée, dans sa partie méridionale, par les monts Cantabres, et couverte de forêts de chênes, de châtaigniers, etc. Le climat y est doux et tempéré, l'air salubre, mais la culture y est assez difficile. On y trouve de riches mines de fer, des carrières de marbre et des sources salées. Pop. 110,000 âmes.

GUISCRIFF. — Commune du département du Morbihan. Elle est située dans l'arrondissement de Pontivy. Pop. : 3,000 âmes.

GUISE. — Petite ville du département de l'Aisne. Elle est située sur la rive gauche de l'Oise, dans l'arrondissement de Vervins. On y trouve des filatures de coton. C'est la patrie de Camille Desmoulins. Pop. : 5,600 âmes.

GUITRES. — Chef-lieu de canton dans l'arrondissement de Libourne, département de la Gironde. Il est situé près de la rive droite de l'Isle. Pop. : 1,300 âmes.

GUITTÉ. — Commune du département des Côtes-du-Nord. Elle est située dans l'arrondissement de Dinan. Pop. 1,000 âmes.

GUJAN. — Petite ville du département de la Gironde. Elle est située dans l'arrondissement de Bordeaux, et près du bord méridional du bassin d'Arcachon. On y fait un commerce de matières résineuses et d'huile de térébenthine. Pop. : 2,500 âmes.

GUMBINNEN. — Petite ville située sur la Pissa, dans la province de Prusse. C'est le chef-lieu du gouvernement qui porte son nom. Elle possède un gymnase, une bibliothèque publique et 6,200 habitants.

GUMUCH-KHANEH. — Ville du pachalik d'Erzeroum, dans la Turquie d'Asie. On exploite dans son voisinage de riches mines de plomb argentifère et de cuivre. Pop. : 7,000 âmes.

GUNS. — Ville de Hongrie, dans l'empire d'Autriche. Place forte anciennement, elle soutint, en 1532, un siége contre les Turcs. Pop. : 5,000 âmes.

GUSR-FARSAN. — Ile du golfe Arabique. Elle donne son nom à un groupe de peu d'importance; mais elle a quelque renommée à cause de la pêche des perles qu'on y fait.

GUSTAVA. — Petite ville, chef-lieu de l'île Saint-Barthélemy, l'une des Antilles suédoises. Elle est bien bâtie, possède un port franc, et c'est l'un des entrepôts du commerce des petites Antilles. Pop. : 10,000 âmes.

GUSTROW. — Ville du grand duché de Mecklenbourg-Schwerin, en Allemagne. Elle est située sur le Nebel, affluent du Warnow. On y trouve des fabriques de draps et de toiles, et l'on y fait un commerce de grains et d'eau-de-vie. Pop. : 8,500 âmes.

GUTANNEN. — Village situé sur l'Aar, dans le canton de Berne, en Suisse. Il est en renom auprès des voyageurs, à cause de toutes les curiosités naturelles qu'offrent ses environs. Ce sont particulièrement la source et les cascades de l'Aar; les glaciers de Lauter-Aar, du Finster-Aar, et du Rhône; puis le passage du Grimsel.

GUYANE (La). — Vaste région de l'Amérique méridionale. Elle est située entre les fleuves l'Orénoque et l'Amazone. L'intérieur de cette contrée est peu connu et habité par des peuples indépendants; mais les zones maritimes sont partagées entre la France, l'Angleterre, la Hollande, l'Espagne et le Brésil. Ces côtes sont en général malsaines et couvertes de marais, mais riches toutefois en forêts, en cultures de café, de végétaux à épices, etc.

GUYANE FRANÇAISE. — Elle est séparée de la Guyane hollandaise, au nord-ouest, par le Maroni; ses limites ne sont pas déterminées au sud et à l'ouest; mais la France réclame tout le pays jusqu'au cap nord et jusqu'au Rio-Branco. Cette colonie est divisée en deux cantons : Cayenne et Sinnamary, dont les chefs-lieux portent les mêmes noms; et elle produit du sucre, du café, du cacao, du girofle, du poivre, de la cannelle, de la muscade, du roucou, du coton, etc. Pop. : 22,000 âmes.

GUYANE ANGLAISE. — Elle occupe la partie occidentale de l'ancienne Guyane hollandaise, et elle est arrosée par l'Essequebo, le Cuguni, le Demerary et le Berbice. Sa capitale est Georgetown. Cette Guyane est divisée en trois districts : Demerary, Essequebo et Berbice. Le premier a pour chef-lieu Georgetown, le second Essequebo, et le troisième New-Amsterdam. On y recueille du sucre, du café, du rhum, des drogues, des bois de construction, etc. Population coloniale : 27,000 âmes.

GUYANE HOLLANDAISE. — Elle est comprise entre la Guyane anglaise et la Guyane française, arrosée par les fleuves Saramaca et Surinam, et a pour chef-lieu Paramaribo. Pop. : 55,000 âmes.

GUYANE ESPAGNOLE. — C'est la partie comprise dans la république de Venezuela, où elle forme, dans le département de l'Orénoque, la province de Guyana. Son chef-lieu est Angostura, et ses autres villes principales sont : Guyana-Vièja, Upata, Caycara et Esmeralda.

GUYANE BRÉSILIENNE. — Elle est comprise dans les limites du Brésil, où elle forme la partie septentrionale de la vaste province de Para.

GUZARATE. — Ancienne province de l'empire du grand Mogol, qui compose aujourd'hui une province de la présidence anglaise de Bombay ; l'Etat de Barode ou de Guykavar ; et les principautés de Cambaye, Noanagar, Dobboï, Banswara, Thérad, Turrah, et Goundal. Une partie de ces Etats forme une presqu'île entre les golfes de Cambaye, d'Oman et de Cutch, et cette presqu'île est appelée de Cutch ou de Guzarate.

GUZEL-HISSAR. — Ville de l'Anatolie, dans la Turquie d'Asie. Elle est située près du Meïnder, et florissante par ses manufactures de coton. Pop. : 30,000 âmes.

GY. — Chef-lieu de canton dans l'arrondissement de Gray, département de la Haute-Saône. On y trouve des fabriques de droguets et de cotonnades, des tanneries et des teintureries. Pop. : 2,700 âmes.

GYONGYOS. — Ville du comitat de Heves, en Hongrie. On y fait un commerce de vin et d'alun. Pop. : 8,000 âmes.

GYULA. — Ville du comitat de Bekes, dans le cercle au delà de la Theiss, en Hongrie. Elle est située sur le Körös-Blanc. Pop. : 4,500 âmes.

H

HAASE. — Rivière du royaume de Hanovre. Elle sépare en partie cet Etat de la Westphalie prussienne, traverse une portion du grand-duché d'Oldenbourg, et se joint à l'Ems, à Meppen, après un cours de 155 kilomètres.

HABAT ou GARB. — Pays de l'empire de Maroc. Il est situé dans le nord du royaume de Fez, entre le Sébou et les montagnes au nord de Fez, la Méditerranée, le détroit de Gibraltar et l'Atlantique ; son cours d'eau le plus important est le Lucos, et ses principales villes : Tetuan, Tanger, Larache et Seisouan.

HABRA. — Fleuve de l'Algérie. Il coule dans la province d'Oran, et se forme de la réunion de l'Hamman et du Sig. Son embouchure est dans la Méditerranée, à l'est d'Arzeu.

HABSHEIM. — Chef-lieu de canton dans l'arrondissement d'Altkirch, département du Haut-Rhin. Il est situé sur le chemin de fer de Strasbourg à Bâle. On y fait principalement un commerce de vins et de kirschwasser. Pop. : 1,700 âmes.

HACHENBOURG. — Ville du duché de Nassau, en Allemagne. Pop. : 1,500 âmes.

HACKNEY. — Village ou paroisse de la banlieue de Londres, en Angleterre. On y trouve les pépinières les plus renommées du royaume, et l'ancien palais des chevaliers du Temple. Pop. : 22,000 âmes.

HADDINGTON. — Ville du comté de ce nom, en Angleterre. On y tient un marché de grains qui approvisionne Edimbourg.

C'est la patrie du réformateur Jean Knox. Pop. : 6,000 âmes.

HADENDOAS. — Tribu arabe de la Nubie. Elle habite au sud de Souakem, et sur les bords de la mer Rouge, dans un canton fertile appelé Belad-el-Taka.

HADLEIGH. — Ville du comté de Suffolk, en Angleterre. Elle était renommée autrefois par des fabriques de draps, et l'on croit qu'elle fut la résidence des rois d'Est-Anglie. Pop. : 3,000 âmes.

HADRAMAUT ou HADRAMAOUT. — C'est l'une des parties du Yemen, dans l'Arabie. Elle s'étend le long de la côte de l'océan Indien, jusqu'à l'Oman. Les tribus qui l'habitent émigrent en grand nombre pour aller servir ou exercer divers métiers dans les autres contrées de l'Arabie, en Egypte et jusque dans l'Inde. Les villes principales de cette tribu sont Makalla, Térim et Hadramaout.

HAERLEBECQUE. — Ville de la Flandre orientale, en Belgique. Elle est située près de la rive droite de la Lys, et sur le chemin de fer de Gand à Paris, par Lille. C'est une ville très-ancienne qui, en 882, fut saccagée par les Normands. Pop. : 4,000 âmes.

HAFNERZELL. — Bourg du cercle du Bas-Danube, en Bavière. Il est renommé par sa fabrique de creusets dont on exporte le produit jusque dans l'Amérique du Sud. Sa population est d'environ 2,500 âmes.

HAGENOW. — Ville du grand duché de Mecklenbourg-Schwerin, en Allemagne. Elle est située sur le chemin de fer de Hambourg à Berlin. Pop. : 2,000 âmes.

HAGETMAU. — Chef-lieu de canton dans l'arrondissement de Saint-Sever, département des Landes. On y voit un beau château gothique, et l'on y fait un commerce de vins et de gibier. Pop. 3,700 âmes.

HAGIOS-DEKA. — Village de l'île de Candie, dans la Turquie d'Europe. Il est situé près de l'emplacement qu'occupait *Gortyna*, l'une des principales villes de la Crète, et dont la splendeur est encore visible par les restes de monuments qu'on rencontre sur le sol où elle s'élevait. On trouve aussi dans son voisinage une grotte qui, au dire de Tournefort, aurait un immense développement.

HAGUENAU. — Petite ville du département du Bas-Rhin. C'est un chef-lieu de canton de l'arrondissement de Strasbourg. Elle est située sur la Motter, et possède un collège et des filatures de coton. On vante aussi la culture de la garance qui a lieu sur son territoire. Cette ville fut fortifiée, en 1154, par l'empereur Barberousse, qui y déposa la couronne, le sceptre et l'épée de Charlemagne. Pop. : 10,400 âmes.

HAIDERABAD. — Chef-lieu de la principauté de ce nom, dans le Sindhy, Indoustan. Cette ville est fortifiée et située sur une île formée par l'Indus et l'une de ses branches, le Foullali. On y remarque la forteresse, qui renferme le palais du prince ou oumir, et le tombeau de Gholâm-Châm. On garde, dans l'édifice qui contient ce monument, un trésor considérable qui consiste en pierres précieuses et en lingots d'or et d'argent ; puis une magnifique collection d'armes. Les habitants d'Haïderâbâd sont renommés par leur habileté à en fabriquer. Pop. : 20,000 âmes.

HAIDERABAD. — Capitale du royaume du Dekkan ou Nidzam, tributaire de l'empire indo-britannique. On y remarque le palais du souverain, celui du résident anglais et la mosquée de la Mecque. Pop. : 200,000 âmes.

HAI-KHEOU-SO. — Ville de la Chine. Elle est située sur la côte septentrionale de l'île d'Haïnan ; sa population est nombreuse, et son commerce, favorisé par un port, est très-florissant.

HAINAN ou **HAI-LAN.** — Ile de la mer de la Chine. Elle est située à l'est du golfe de Tonkin, et séparée par un étroit canal de la province de Kouang-Toung ou de Canton, de laquelle elle dépend. Le climat de cette île est très-chaud et malsain, parce que de fréquents brouillards et d'abondantes rosées y entretiennent une grande humidité ; le mont Outchi-Chan, qui occupe son centre, envoie des chaînons de tous côtés, et ce n'est que dans la partie ouest que le sol se montre fertile. On y trouve aussi des salines. Pop. : 2,000,000 d'âmes.

HAINE. — Rivière qui prend sa source en Belgique. Elle passe près de Mons, où elle devient navigable, et se jette dans l'Escaut, en France, près de Condé. Son cours est de 70 kilomètres.

HAINICHEN. — Ville du royaume de Saxe. Balduin y inventa le phosphore hermétique, et c'est la patrie du littérateur Gellert. Pop. : 4,000 âmes.

HAITI. — Ile qui portait autrefois le nom de *Saint-Domingue*, et qui est comprise entre les 71e et 77e degrés de longitude occidentale, et entre les 18e et 20e degrés de latitude boréale. Elle est baignée par l'océan Atlantique au nord, et par la mer des Antilles au sud ; puis environnée de plusieurs îles, telles que les Lucayes, Porto-Rico, la Jamaïque et Cuba. Saint-Domingue offre à son centre un groupe de montagnes qui porte le nom de Cibao, et dont le point culminant est le Yagui, qui s'élève à 2,274 mètres au-dessus du niveau de la mer. Le principal chaînon de ce groupe est celui qui se dirige vers l'est. Ces montagnes donnent naissance à plusieurs rivières, dont les principales sont le Neiba, qui se dirige vers le sud, en traversant la vallée de Saint-Jean ; le Yuna qui roule vers l'est par la plaine de la Vega ; le Yayn, qui va vers le nord en arrosant la plaine de Santiago, et l'Artibonite qui traverse la partie occidentale de l'île, pour aller se jeter dans la mer, à quelques milles de Gonaïves. Parmi les grands étangs, on distingue la Laguna d'Enriquita et la Laguna Scotea.

L'Etat d'Haïti, constitué aujourd'hui en monarchie impériale, se compose des divisions administratives suivantes :

DÉPARTEMENTS.	CHEFS-LIEUX.
Ouest.	Port-au-Prince.
Sud.	Les Cayes.
Artibonite.	Les Gonaïves.
Nord.	Cap Haïtien.
Nord-Est.	Saint-Yague.
Sud-Est.	Santo-Domingo.

PORT-AU-PRINCE est la capitale de l'empire.

HALBERSTADT. — Petite ville située sur l'Holzemme, dans la province de Saxe, en Prusse. On remarque sa belle cathédrale. Elle possède un gymnase et un séminaire pour les maîtres d'école. Pop. : 17,000 âmes.

HALFAY. — Chef-lieu du royaume de ce nom, en Nubie. Cette ville est située près de l'endroit où se réunissent les deux cours d'eau qui forment le Nil ; mais elle a perdu son ancienne importance, et ne compte guère que 3 à 4,000 habitants.

HALIFAX. — Petite ville du comté d'York, en Angleterre. Elle est située sur le chemin de fer qui mène de Manchester à York, et l'on y remarque le canal de Rochdale, qui se joint en ce lieu au Calder. Cette ville est le centre d'une grande fabrication de cotons, draps et lainages. Pop. : 110,000 âmes.

HALIFAX. — Ville épiscopale, chef-lieu de la Nouvelle-Ecosse, dans l'Amérique anglaise. Elle est située vers le milieu de la côte orientale de cette province. On y remarque le *Province-Building*, vaste édifice en pierres de taille, où se trouvent diverses administrations et une bibliothèque. Cette ville possède un collège, une école latine, une société académique; c'est l'un des points principaux pour les rapports entre l'Amérique et l'Europe. Aussi son port est-il constamment rempli de navires de toutes les nations. Pop. : 26,000 âmes.

HALL. — Petite ville du Wurtemberg. Elle est située sur le Kocher, et possède de riches salines. C'est dans son hôtel des monnaies que furent frappés les premiers *heller*. Pop. : 7,000 âmes.

HALLE. — Ville ancienne, située sur les bords de la Saale, dans la province de Saxe, en Prusse. On y a réuni deux autres villes qui en étaient autrefois distinctes, Glaucha et Neumarkt, et toutes les trois ensemble offrent une population d'environ 28,000 âmes. On y remarque l'église Sainte-Marie, la tour Rouge, le Moritzburg, la machine hydraulique, le bâtiment de l'Université, et les mines de sels, curieuses surtout par le costume et les mœurs des mineurs, lesquels sont désignés sous le nom de *halloren*. Cette ville possède une université; l'une des plus célèbres de l'Europe, deux gymnases, une école des mines, une école des arts, le Waisenhaus, grand établissement des orphelins, une bibliothèque publique, un musée, un observatoire et deux sociétés académiques. Elle est en outre très-industrieuse et commerçante.

HALLENCOURT. — Chef-lieu de canton dans l'arrondissement d'Abbeville, département de la Somme. On y trouve des fabriques de toiles à matelas et de linge de table. Pop. : 1,800 âmes.

HALLSTADT. — Ville de l'archiduché d'Autriche. Elle est située près du lac de son nom, et possède de riches salines. Pop. : 2,000 âmes.

HALLUIN. — Petite ville du département du Nord. Elle est située dans l'arrondissement de Lille. On y trouve des fabriques de toiles pour matelas, de linge de table et de calicots. Pop. : 4,300 âmes.

HALLWYL. — Lac de Suisse. Il est situé au sud du canton d'Argovie et traversé par l'Aa. Sa longueur est de 9 kilomètres.

HALMSTADT. — Ville du Gothland, en Suède. Elle est située sur le Cattegat, à l'embouchure du Nissa-An, où elle possède un port. Pop. : 2,000 âmes.

HALOGA ou **HAVALLA.** — Montagne des environs de Belgrade, dans la principauté de Servie. On y remarque les ruines considérables d'une ville gothique.

HALONESE, aujourd'hui DROMI ou SÉLIDROMI. — Ile de la mer Egée. Sa possession fut le motif d'une guerre entre Philippe et les Athéniens.

HAM. — Petite ville d'environ 8,000 âmes, dans le département de la Somme. Son château, qui sert de prison d'Etat, a renfermé les ministres de Charles X et le prince Louis-Napoléon, qui s'en évada sous un déguisement.

HAMADAN. — Grande ville de l'Irak-Adjemi, en Perse. Elle est florissante par ses nombreuses fabriques de tapis et autres étoffes, et ses tanneries. C'est dans son voisinage qu'on trouve les ruines de la fameuse *Ecbatane*, capitale de la Médie. On doit aux découvertes faites dans ses ruines les nombreuses pierres gravées qui se rapportent au culte de Mithra. Pop. : 30,000 âmes.

HAMAH. — Grande ville de Syrie. Elle est située sur l'Oronte, et renommée par les riches produits de ses belles campagnes. Pop. : 50,000 âmes.

HAMBACH. — Commune du département de la Moselle. Elle est située dans l'arrondissement de Sarreguemines. Pop. : 1,200 âmes.

HAMBIE. — Petite ville du département de la Manche. Elle est située dans l'arrondissement de Coutances et le canton de Gavaray, et compte environ 3,600 âmes.

HAMBOURG. — Sur la rive droite de l'Elbe. Cette ville qui, avec son territoire, forme une république, est l'une des places les plus commerçantes du monde. La majeure partie de ses quartiers ont l'aspect triste et resserré des constructions du moyen-âge; mais il en est quelques-uns qui se distinguent par l'élégance des habitations modernes, et parmi les principaux édifices on remarque surtout l'église Saint-Pierre, celle de Saint-Nicolas où se trouve une des plus grandes orgues connues, et celle de Saint-Michel, réputée à cause de sa tour élevée et de ses vastes souterrains. Viennent ensuite l'hôtel de ville, la maison des enfants trouvés, le horsenhalle, l'hôpital général, la banque, l'amirauté, le niederbaumhaus, etc. Hambourg possède deux gymnases, une école de navigation, un observatoire, une bibliothèque publique, un jardin botanique et plusieurs sociétés académiques. La population dépasse 135,000 âmes.

HAMM. — Ville de la Westphalie prussienne. Elle est située au confluent de l'Ahse et de la Lippe, et sur le chemin de fer de Berlin au Rhin. Elle possède un gymnase, et l'on y fait un commerce de jambons estimés. Pop. : 5,000 âmes.

HAMMERFEST. — Très-petite ville du bailliage de Finmark, en Norwège. Elle est située sur l'île Hvaloë, latitude 70° 36'. Malgré cette position, son port est très commerçant; mais sa population ne dépasse guère 1,000 âmes.

HAMMERSMITTS. — Village du comté de Middlesex, en Angleterre. Il est situé sur la gauche de la Tamise, et l'on y trouve un pont suspendu et un couvent catholique pour l'éducation des jeunes demoiselles. Pop. : 10,000 âmes.

HAMOA (ARCHIPEL D'). — Dans la Polynésie ou Océanie orientale. Il a reçu aussi les noms d'*Archipel des Navigateurs* et d'*Archipel de Bougainville*, et se compose principalement des îles Sevai, Apoulou, Toutouila, Fanfoue et Rose. On trouve, dans celle de Toutouila, la *baie du massacre*, ainsi appelée parce que c'est le lieu où Delangle et Lamanon, avec neuf matelots de l'équipage de La Pérouse, furent tués par les indigènes.

HAMPSTEAD. — Village du comté de Middlesex, en Angleterre. On y trouve des sources ferrugineuses qui étaient autrefois très-fréquentées. Pop. : 6,000 âmes.

HAMPTONCOURT. — Village du comté de Middlesex, en Angleterre. On y voit un palais, ancienne résidence favorite des souverains, dans lequel Charles Ier fut retenu prisonnier. Pop. : 4,000 âmes.

HAN-KIANG. — Rivière navigable de la Chine. Elle traverse le Chen-si et le Hou-pé, et se joint au Kiang, après un cours de 1,200 kilomètres.

HAN-SUR-LESSE. — Village de la province de Namur, en Belgique. On trouve, dans son voisinage, la célèbre *Grotte de Han*, l'une des plus remarquables de l'Europe. La Lesse s'y engouffre dans d'immenses excavations, et reparaît, sur le revers opposé de la montagne, avec l'aspect d'un lac immobile. Pop. : 300 âmes.

HAN-TCHOUNG. — Département de la province de Chen-Si, en Chine. Son chef-lieu est situé sur le Han-Kiang, et une route remarquable l'unit à la ville de Si'an.

HAN-YANG ou **KING-KI-TAO.** — Capitale de la Corée et chef-lieu de la province de King-Ki. Elle est située entre deux rivières qui vont se jeter dans la mer Jaune.

HANAROUROU ou **HONOLULU.** — Petite ville, capitale du royaume de l'archipel Sandwich, dans la Polynésie. Elle est située dans l'île Woohou, au milieu d'une belle plaine, non loin de la baie de son nom, et on l'appelle le *jardin des îles Sandwich*, parce que tous les fruits des tropiques y sont naturalisés. Deux forts la protègent, et l'un sert de dépôt au trésor royal. La maison du souverain est bâtie en pierres. Le port d'Hanarourou est la relâche ordinaire des vaisseaux qui vont et viennent de l'ancien au nouveau continent, et son commerce est florissant. Pop. : 12,000 âmes.

HANAU. — Petite ville, chef-lieu de la province de même nom, dans la Hesse-Electorale. Elle est située sur la Kintzig, non loin de son confluent avec le Mein. Elle possède un gymnase, une école de dessin, et de riches collections rassemblées dans le palais où la société d'histoire naturelle de la Vétéravie tient ses séances. Sa population est d'environ 14,000 âmes.

HANGEST-EN-SANTERRE. — Commune de l'arrondissement de Montdidier, département de la Somme. On y trouve des fabriques de flanelle et de bonneterie de laine. Pop. : 1,400 âmes.

HANGO-UDD. — Cap de Russie. Il est situé dans le golfe de Finlande, et c'est près de cet endroit que Pierre le Grand battit la flotte suédoise en 1714.

HANG-TCHEOU. — Grande ville du The-Kiang, en Chine. Elle est fortifiée, et située sur le Thsian-thang et sur le lac Si-hou. Ses rues sont larges et pavées, et l'on y remarque quatre tours à neuf étages et plusieurs arcs de triomphes. Cette ville est industrieuse et commerçante, et occupe, dit-on, l'emplacement de la fameuse *Kinzai* ou *King-szu* de Marco-Polo, l'ancienne capitale de l'empire des Song ou de la Chine méridionale ; et l'on trouve aussi, dans son voisinage, les ruines de *Canfou*, où les Arabes faisaient un commerce maritime très-considérable au IXe siècle.

HANOVRE (ROYAUME DE). — Cet Etat se trouve à peu près renfermé dans les limites suivantes : au nord, la mer d'Allemagne les provinces allemandes danoises, la république de Hambourg et le grand duché de Mecklembourg-Schwerin ; à l'est, la province prussienne de Saxe, et la partie principale du duché de Brunswick ; au sud, le gouvernement prussien d'Erfurt, la Hesse électorale, le gouvernement prussien de Minden, les possessions de la maison de Lippe et le gouvernement prussien de Münster ; et à l'ouest, les provinces néerlandaises d'Over-Yssel, Drenthe et Groningue. Il est arrosé par l'Elbe et ses affluents, l'Ilmenau et l'Oste ; par le Weser et son affluent l'Aller grossi de l'Ocker et de la Leine ; et par l'Erus et son affluent l'Hase. Il comprend six gouvernements qui sont ceux de HANOVRE, HILDESHEIM, LUNEBOURG, STADE, OSNABRUCK et AURICH, avec des chefs-lieux de mêmes noms ; puis la capitanerie de CLAUSTHAL.

HANOVRE. — Ville située au confluent de la Leine et de l'Ihne C'est la capitale du royaume de ce nom. Elle est composée de cinq parties : Altstadt, Ægidien-Neustadt, Neustadt, Gartenhaüsern et Linden, et ses principaux édifices sont le palais royal, celui du duc de Cambridge, l'école de la garnison, la chancellerie de guerre, l'arsenal, l'orangerie et les monuments de Leibnitz et de Werlhof. Cette ville possède un lycée, une académie d'état-major, une école des métiers, une école de chirurgie, un séminaire des maîtres d'école, une école vétérinaire, un collège des nobles, une école des Juifs, deux bibliothèques publiques, un cabinet d'objets d'art et de minéralogie, et une société académique. On y trouve, en outre, un assez grand nombre de fabriques, et la population est d'environ 30,000 âmes. On cite, dans son voisinage, les deux maisons royales de Montbrillant et de Herrenhausen : cette dernière est ornée de l'un des jardins botaniques les plus riches de toute l'Allemagne.

HANVEC. — Commune du département du Finistère, dans l'arrondissement de Brest. Pop. : 2,800 âmes.

HANVOILE. — Commune de l'arrondissement de Beauvais, département de l'Oise. On y trouve des fabriques d'étoffes de laine, dites *hanvoiles*. Pop. : 1,100 âmes.

HAOUACH. — Rivière de l'Abyssinie. Elle arrose le sud de cette contrée, et entre dans le royaume d'Adel, où elle se perd dans les sables, après un cours de 4 à 500 kilomètres.

HAOUSSA. — Contrée du Soudan. Elle est située vers le centre, forme le noyau principal de l'empire des Fellatahs, et s'étend depuis le cours supérieur de l'Yéou jusqu'auprès du Niger. Ses provinces principales sont le Cano, le Kaschna et le Zeg-Zeg.

HAPAE. — Groupe de petites îles de l'archipel de Tonga. Elles sont situées au centre, et c'est dans la principale, Lafuga, que le capitaine Maurelle fut fait prisonnier, en 1806, après le massacre de son équipage. Le christianisme est actuellement florissant dans ce groupe.

HARAFORAS. — Nom donné aux tribus Endamènes qui vivent encore à l'état sauvage dans l'intérieur de plusieurs grandes îles de l'Océanie. On fait toutefois exception en faveur de l'intelligence des Dayaks de Bornéo, qui sont aussi rangés parmi les Haraforas.

HARAN ou CHARRES. — Ville de la Mésopotamie, Turquie d'Asie. Elle est très-ancienne, et en partie ruinée aujourd'hui. La défaite de Crassus lui a donné une certaine célébrité, et c'est là aussi que les Sabéens avaient leur principal oratoire.

HARBOUR. — Très-petite ville de l'île du Cap-Breton, Amérique Anglaise. Elle est située sur le détroit de Gauseau, qui sépare l'île du Cap-Breton de la côte de la Nouvelle-Ecosse, et c'est le passage le plus fréquenté pour aller de l'Atlantique dans le golfe de Saint-Laurent et *vice versa*. Les marées de ces parages sont remarquables par leur irrégularité.

HARBOUR-GRACE ou CONCEPTION. — Petite ville de l'île de Terre-Neuve, Amérique anglaise. Elle possède un port et des pêcheries qui la rendent florissante.

HARBOURG. — Ville du royaume de Hanovre. Elle est située sur la rive gauche de l'Elbe, vis-à-vis de Hambourg, et à la tête des chemins de fer qui unissent Hambourg à Brême, à Hanovre et à Gœttingue. On y voit une citadelle qui commande le passage de l'Elbe. Pop. : 4,000 âmes.

HARCOURT. — Commune de l'arrondissement de Bernay, dans le département de l'Eure. On y trouve une filature de coton. Pop. : 1,300 âmes.

HARCOURT-THURY. — Chef-lieu de canton dans l'arrondissement de Falaise, département du Calvados. Il est situé sur l'Orne. Pop. : 1,300 âmes.

HARDANGER-FIORD. — Golfe ou long bras de mer de la partie sud du diocèse de Bergen, en Norwège. Il y est formé par la mer du Nord. Il a au delà de 100 kilomètres de long sur 10 au plus de large.

HARDERWYK. — Ville fortifiée de la province de Gueldre, en Hollande. Elle est située sur le Zuyderzée. Charles-Quint s'en empara en 1522, et les Français en 1672. Pop. : 4,500 âmes.

HARDINGHEN. — Commune de l'arrondissement de Boulogne, dans le département du Pas-de-Calais. On y trouve une verrerie à bouteilles et une exploitation de houille. Pop. : 4,000 âmes.

HARDWAR ou HURDWAR. — Petite ville de la province de Delhi, dans l'empire indo-britannique. Elle est située sur la rive droite du Gange, et c'est en cet endroit que, chaque année, des milliers d'Hindous viennent en pèlerinage se baigner dans les eaux de ce fleuve. On y a compté à la fois jusqu'à un million de ces visiteurs. L'une des plus riches foires de l'Asie s'y tient à la même époque.

HARFLEUR. — Commune de l'arrondissement du Hâvre, dans le département de la Seine-Inférieure. Elle possède un petit port sur la Lézarde, près de son embouchure dans la Seine, et elle se trouve aussi sur le chemin de fer de Paris au Hâvre. On y remarque un clocher d'une grande élégance, et on y trouve des blanchisseries, des raffineries de sucre et des fabriques de produits chimiques. Cette ville fut longtemps occupée par les Anglais dans le xve siècle, et elle ne leur fut reprise qu'en 1450, par Charles VII. Pop. : 1,600 âmes.

HARGICOURT. — Commune de l'arrondissement de Saint-Quentin, dans le département de l'Aisne. Pop. : 1,200 âmes.

HARIORPOUR. — Ville de la présidence du Bengale, dans l'Hindoustan anglais. C'est le chef-lieu du district de Moharbandj.

HARLECH. — Ville de la principauté de Galles, en Angleterre. Elle est située sur la baie de Cardigan, qu'on appelle au nord golfe d'Harlech. On y voit un château-fort construit par Edouard Ier. Pop. : 500 âmes.

HARLEM. — Seconde ville de la Hollande septentrionale, dont Amsterdam est la principale. On y remarque l'église Saint-Bavon, dont le buffet d'orgues ne compte pas moins de 60 registres et 8,000 tuyaux ; puis l'hôtel de ville, celui des princes, et de nombreux jardins. Elle possède un théâtre anatomique, une académie de peinture, un jardin botanique, et une société Teylerienne. Cette ville est renommée par son important commerce de fleurs, ses blanchisseries, ses cireries, ses fonderies de caractères d'imprimerie, et ses fabriques de tissus de laine et de soie. Sa population est d'environ 22,000 âmes. Harlem dispute à Mayence la gloire d'avoir vu naître le véritable inventeur de la typographie, Laurent Janszoon ou Coster auquel elle a élevé une statue sur la place du marché.

HARMONY ou NEW-HARMONY. — Jolie petite ville de l'Indiana, aux Etats-Unis d'Amérique. Elle est située dans une vallée, non loin du Wabash, et l'on y remarque de nombreux établissements industriels et agricoles. C'est dans cet endroit que le socialiste Owen a fondé une colonie pour mettre en pratique son utopie.

HARO. — Ville de la province de Logroño, en Espagne. Elle est située sur la rive gauche de l'Ebre. On y trouve des fabriques de faïence, de chapeaux et d'eaux-de-vie. Pop. : 8,000 âmes.

HAROUDJE-BLANC. — Chaîne de collines, dans la Barbarie. Elle est située à l'est du Fezzan, et au sud-ouest de l'Haroudjé-Noir.

HAROUDJE-NOIR. — Chaîne de petites montagnes au nord-est du Fezzan. On la considère comme un prolongement des monts Oualan.

HAROUÉ. — Chef-lieu de canton dans le département de la Meurthe, arrondissement de Nancy. On y voit un beau château où naquit le maréchal de Bassompierre. Pop. : 700 âmes.

HARPE (LA). — Groupe de petites îles de la Polynésie, dans l'archipel Dangereux. Il est situé dans la partie méridionale des Iles-Basses, et l'on y fait une pêche abondante de perles.

HARPERS-FERY. — Ville de la Virginie, aux Etats-Unis d'Amérique. Elle est située sur le Potomac. On y trouve un vaste arsenal et une manufacture d'armes importante.

HARRISBURG. — Capitale de la Pensylvanie, aux Etats-Unis d'Amérique. Elle est située dans le comté Dauphin et sur la rive gauche du Susquehanna. On y remarque le Capitole, et son commerce est assez florissant. Pop. : 6,000 âmes.

HARROWGATE. — Village du comté d'York, en Angleterre. Il est renommé par ses sources thermales, qui attirent de nombreux étrangers, et dont la température passe pour la plus élevée de toutes les eaux du royaume. Pop. : 3,000 âmes.

HARTEFORD. — Capitale du Connecticut, aux Etats-Unis d'Amérique. Elle est située dans le comté dont elle porte le nom, et sur la rive droite du Connecticut. On y remarque l'arsenal et l'hospice des sourds-muets, et elle possède un port dont le commerce est assez florissant. Pop. : 13,000 âmes.

HARTZ ou HARZ. — Contrée montagneuse que les Allemands appellent *Harzgebirge*, et à laquelle les anciens donnaient le nom de *forêt d'Hercynie*. Elle s'étend des bords de la mer Baltique jusqu'aux extrémités méridionales du Hanovre ; le terrain monte graduellement à mesure qu'on approche des montagnes du Harz proprement dites ; et, dans les parties les plus voisines de la mer, surtout dans les environs du bas Elbe et du bas Wéser, le sol est en grande partie formé par les alluvions de ces deux fleuves. Les montagnes de cette contrée, généralement granitiques, offrent quelques cimes remarquables dont les principales sont les suivantes :

Le Brocken, élevé de	1,115 mètres.
Le Heinrichshöhe	1,059
Le grand Kœnisberg	1,008
Le Bruchberg	986

On cite dans ces montagnes la *Fontaine des sorcières* (Hexenbrunnen), située à 6 ou 7 mètres au-dessous de la cime du Brocken, et qui fournit une masse d'eau abondante ; puis les cavernes de la *Licorne* et de *Baumann* ; enfin le Harz est depuis longtemps célèbre par ses mines nombreuses, surtout celles de fer, de plomb, de cuivre, de zinc, de soufre, d'arsenic, etc.

HARWICH. — Petite ville du comté d'Essex, en Angleterre. Elle est importante par ses chantiers où l'on construit un grand nombre de petits bâtiments pour la marine royale. Pop. : 4,000 âmes.

HARZGERODE. — Petite ville du duché d'Anhalt-Bernbourg, en Allemagne. Elle est importante par ses forges et ses sources minérales, et l'on y remarque le monument du duc Frédéric-Albert. Pop. : 2,500 âmes.

HASLACH. — Ville forte du grand duché de Bade. Elle est située sur la rive gauche de la Kinzig. Pop. : 1,700 âmes.

HASLINGDEN. — Ville du comté de Lancaster, en Angleterre. Elle communique, par un canal, avec celle de Manchester. Pop. : 8,000 âmes.

HASNON. — Petite ville de l'arrondissement de Saint-Amand, dans le département du Nord. On y trouve des fabriques de pompes à expulser le gaz des mines. Pop. : 3,400 âmes.

HASPARREN. — Ville de l'arrondissement de Bayonne, dans le département des Basses-Pyrénées. Elle est située près de la rivière d'Hispide, et assez importante par son commerce. On la regarde comme le chef-lieu de ce qu'on appelle vulgairement le *pays basque*. Pop. : 5,400 âmes.

HASSAN-PALANKA. — Petite ville de la principauté de Servie. Elle est importante par ses fortifications.

HASSELT. — Ville forte de l'Over-Yssel, en Hollande. Elle est située sur la droite du Zwarte-Water. Pop. : 1,500 âmes.

HASSELT. — Chef-lieu du Limbourg belge. Pop. : 8,000 âmes.

HASSLI. — Vallée du canton de Berne, en Suisse. Ses habitants sont renommés par la beauté de leur physique, et on leur donne une origine suédoise.

HASTING. — Archipel du golfe de Siam. Il est situé sur les côtes de Camboge, royaume d'Annam.

HASTINGS. — Ville du comté de Sussex, en Angleterre. Elle est renommée par la beauté de ses environs, ses bains de mer, ses pêcheries, et surtout par la victoire que Guillaume le Conquérant y remporta, en 1066, sur Harold, et qui lui livra la couronne d'Angleterre. Pop. : 10,000 âmes.

HATFIELD. — Ville du comté d'Hertford, en Angleterre. On y voit un château où Charles Ier fut prisonnier. Pop. : 3,600 âmes.

HATFIELD. — Petite ville du Massachusetts, aux Etats-Unis d'Amérique. On y voit l'orme le plus gigantesque de la Nouvelle-Angleterre. Son tronc offre, à 2 mètres au-dessus du sol, près de 11 mètres de diamètre ; et, à 5 pieds, ce diamètre est encore de 8 mètres.

HATTEM. — Ville forte de la province de Gueldre, en Hollande. Elle est située près de la rive gauche de l'Yssel. Pop. : 2,500 âmes.

HATTEN. — Commune de l'arrondissement de Wissembourg, dans le département du Bas-Rhin. On y fait un commerce de toiles. Pop. : 2,000 âmes.

HATTIA. — Ile du Bengale, dans l'Hindoustan anglais. Son sol est bas, humide et malsain, mais assez fertile, et l'on y trouve des salines.

HAUBOURDIN. — Chef-lieu de canton dans l'arrondissement de Lille, département du Nord. Il est situé sur la haute Deule, et l'on y trouve une filature de coton et une fabrique de blanc de céruse. Pop. : 2,400 âmes.

HAUTE-COMBE. — Petit bourg de la division de Chambéry, en Savoie, royaume sarde. On y remarque la magnifique abbaye de même nom, fondée par Amédée III, en 1125, et dans laquelle ont été enterrés plusieurs princes de la maison de Savoie.

HAUTEFORT. — Chef-lieu de canton dans l'arrondissement de Périgueux, département de la Dordogne. On trouve, dans son voisinage, du grès réfractaire. Pop. : 1,800 âmes.

HAUTEVILLE. — Chef-lieu de canton dans l'arrondissement de Belley, département de l'Ain. On y fait un commerce de bois résineux et de fromages. Pop. : 700 âmes.

HAVANE (La). — Grande ville, chef-lieu de l'île de Cuba, l'une des Antilles, Amérique espagnole. Elle est située sur la côte septentrionale, où elle possède un des plus beaux ports du monde, et se trouve défendue par plusieurs forteresses. On y remarque le palais du gouverneur, l'hôtel des postes, la douane et la manufacture de tabac. Cette ville possède des écoles d'anatomie, de botanique agricole, de dessin, de peinture et de navigation; une bibliothèque publique et un jardin botanique. Son commerce est des plus florissants, et l'on sait quelle est la renommée et l'importante exportation des cigares qu'on y fabrique. Pop. : 145,000 âmes.

HAVEL. — Rivière d'Allemagne. Elle prend sa source au sud-est du grand-duché de Mecklenbourg-Schwerin, passe dans les États prussiens, à Zehdenick, où elle devient navigable, puis va se jeter dans l'Elbe, au-dessous de Haveberg, après un cours de 280 kilomètres. Le canal de Finow, qui commence à Liebenwalde, l'unit à l'Oder.

HAVERFORDWEST. — Ville de la principauté de Galles, en Angleterre. Elle est située sur une rivière que peuvent remonter jusqu'à son port les navires de 100 tonneaux. Pop. : 4,000 âmes.

HAVIZÉ. — Ville du Khouzistan, en Perse. Elle est située sur la Kherkha, et c'est la résidence du cheyk des Havizés. On y trouve des ruines importantes.

HAVRE (Le) ou HAVRE-DE-GRACE. — Ville située sur la rive droite de la Seine, à son embouchure. Fondée par Louis XII, elle fut fortifiée par François Ier. Aujourd'hui chef-lieu d'arrondissement dans le département de la Seine-Inférieure, elle compte 9 cantons et 121 communes. On remarque au Hâvre ses bassins fermés, sa retenue d'eau de mer qui sert à balayer les obstructions du port, son hôtel des douanes, les casernes, l'arsenal et les deux phares situés sur le cap de la Hève. Il possède une école de navigation, une école de géométrie et une bibliothèque. Son port reçoit, dit-on, au delà du quart des denrées coloniales consommées en France, les trois quarts des cotons en laine, et l'importance de son commerce ne le cède qu'à Marseille. Sa population est d'environ 27,000 âmes. Cette ville est la patrie de Scudéri, de madame du Boccage, de Bernardin de Saint-Pierre, de Casimir Delavigne, etc.

HAWAII. — *Voy.* SANDWICH.

HAWICK. — Ville du comté de Roxburgh, en Écosse. On y trouve des fabriques de tapis et des tanneries. Pop. : 4,000 âmes.

HAY. — Ville du comté de Brecon, dans la principauté de Galles, en Angleterre. Elle est située sur la droite de la Wye. On trouve, dans son voisinage, la montagne du Roi-Arthur, laquelle est couronnée d'un cromlech, monument druidique appelé la *Table du roi Arthur*. Pop. : 1,700 âmes.

HAYANGE. — Commune de l'arrondissement de Thionville, dans le département de la Moselle. On y trouve un haut fourneau, des forges à l'anglaise, des fabriques de projectiles de guerre, d'essieux d'artillerie, etc. Pop. : 1,500 âmes.

HAYE-DESCARTES (La). — Chef-lieu de canton dans l'arrondissement de Loches, département d'Indre-et-Loire. Il est situé sur la Creuse qui commence à y être navigable. On y fait un commerce de pruneaux, de cire et de miel. C'est la patrie de Descartes.

HAYE-DU-PUITS (La). — Chef-lieu de canton dans l'arrondissement de Coutances, département de la Manche. Pop. : 1,300 âmes.

HAYE-PESNEL (La). — Chef-lieu de canton dans l'arrondissement d'Avranches, département de la Manche. Pop. : 1,100 âmes.

HAYN ou GROSSEENHAYN. — Ville du royaume de Saxe. Elle est située sur la gauche du Roder. On y trouve des fabriques de toiles, de draps, de tissus de coton peints, etc. Pop. : 4,500 âmes.

HAZEBROUCK. — Petite ville située sur un ruisseau qui se jette dans la Nièhe. Chef-lieu d'arrondissement dans le département du Nord, elle comprend 7 cantons et 52 communes. Elle fait un commerce de toiles assez important, et sa population est d'environ 8,000 âmes.

HAZORTAS. — Peuple de l'Abyssinie. Les tribus qui le composent habitent le nord-est, elles sont nombreuses, et obéissent à six chefs dont le principal réside à Julla sur la mer Rouge.

HEAN. — Ville du Tonkin, dans l'empire d'An-nam. Elle est située sur le Song-Co, et c'est la résidence des marchands chinois.

HÉBRIDES. — Iles auxquelles les Anglais donnent le nom de *Western-Islands*, c'est-à-dire îles occidentales, parce qu'elles sont disséminées près de la côte occidentale de l'Ecosse. On en porte le nombre à près de 300; mais 86 seulement sont habitées, les autres n'étant pour la plupart que des îlots, ou tout à fait stériles. Ces îles sont en général exposées à un air froid, très-âpre, à des brumes presque continuelles; et quoiqu'elles produisent un assez grand nombre de plantes, on y trouve très-rarement un arbre ou un arbuste. Les principales Hébrides sont Ila ou Islay, Jura, Mull, Rum, Skye, Saint-Kilda, Lewis, Harris, Ust, Cannay, Staffa, South-Uist, North-Uist, etc.

L'île d'Islay, longue de 32 kilomètres et large de 12, renferme des collines de 500 mètres d'élévation, a des sources abondantes, des lacs et des marais, et elle est riche en minéraux, tels que le plomb, le cuivre, le fer, le manganèse, le cobalt, le mercure, la baryte, etc. Celle de Jura, à peu près de la même grandeur, est traversée par une chaîne de montagnes dont quatre sommets à pic sont appelés les *mamelles de Jura*, et elle abonde en fer et en manganèse. Les îles de Mull et Rum, presque entièrement volcaniques, sont remplies de lacs et dépourvues de bois; mais la première renferme un monument basaltique très-remarquable: c'est un cirque naturel de 25 mètres de diamètre, composé d'un mur de 8 mètres de hauteur, lequel est formé de prismes de basalte de 2 à 3 mètres de longueur, placés horizontalement les uns sur les autres. L'île de Skye, hérissée de montagnes comme celle de Mull, offre aussi de belles colonnades de basalte; puis un rocher perpendiculaire de 100 mètres d'élévation; plusieurs grottes curieuses, et les torrents y roulent de superbes topazes.

HECHINGEN. — Petite ville, capitale de la principauté de Hohenzollern-Hechingen. Elle est située sur la Starzel, et l'on voit, dans son voisinage, le château de Hohenzollern, construit sur une colline de 260 mètres de hauteur. Ce manoir fut le berceau de la famille de ce nom et de celle de Brandebourg. La population d'Hechingen est d'environ 3,000 âmes.

HÉDÉ. — Chef-lieu de canton dans l'arrondissement de Rennes, département d'Ille-et-Vilaine. Il est situé près du canal d'Ille-et-Rance. Cet endroit avait autrefois un château-fort qui, en 1599, fut démoli par ordre de Henri IV. Pop.: 900 âmes.

HEDJAZ. — Une des grandes divisions de l'Arabie. Elle comprend l'Arabie-Pétrée, les côtes de la mer Rouge et le chérifat de la Mecque. Elle est bornée au sud par l'Yémen, à l'est par le Nedjed, et ses principales villes sont La Mecque, Djiddah et Médine. Le nom qu'elle porte, qui signifie pays de degrés, lui vient de ce que les montagnes dont elle est couverte s'élèvent progressivement à partir de la mer. Son sol est peu fertile et d'ailleurs manque d'eau.

HÉHYDEH. — Jolie petite ville moderne ou Bahari ou basse Égypte. Elle est située sur un canal qui aboutit au Menzaleh. Elle est renommée par l'industrie de ses habitants, et l'on cite son territoire comme l'un des plus fertiles et des mieux cultivés de l'Égypte.

HEIDELBERG. — Petite ville située sur le Necker, dans le cercle du Bas-Rhin, grand-duché de Bade. On y trouve une université qui possède une riche bibliothèque, puis un gymnase, un observatoire, un jardin botanique et une société des sciences naturelles et de médecine. Sa population est d'environ 14,000 âmes. On voit, dans le voisinage, sur le penchant de Geisberg, les restes du château des électeurs, brûlé en 1764, et c'est dans les caves de ce château qu'on admire encore le fameux *tonneau* dont la contenance est, dit-on, de 440,000 litres.

HEILBRONN. — Ville de Wurtemberg, en Allemagne. Elle est située sur le Necker, et reliée par un chemin de fer à Stuttgard. Elle possède un lycée; on y fait un commerce actif, et particulièrement d'un vin mousseux, et l'on exploite, dans ses environs, des carrières de pierres, de plâtre et une mine de houille. Pop.: 9,000 âmes.

HEILSBERG. — Ville de la Prusse orientale. Les Français et les Russes s'y livrèrent plusieurs combats en 1807. Pop.: 4,000 âmes.

HEILTZ-LE-MAURUPT. — Chef-lieu de canton dans l'arrondissement de Vitry-le-Français. On y trouve une filature de coton. Pop.: 900 âmes.

HEINSBERG. — Ville de la Prusse rhénane. Elle est située sur la Roer. Fortifiée autrefois, elle fut prise par Charles-Quint en 1542. Pop.: 1,700 âmes.

HELDER (LE). — Ville de la Hollande septentrionale. Elle est située sur un détroit qui la sépare de l'île du Texel, et l'on y voit un château-fort. Elle fut prise par les Anglais en 1799. Pop. 2,000 âmes.

HELDRUNGEN. — Ville de la Saxe prussienne. On y voit un château où fut renfermé Thomas Muntzer, chef des anabaptistes Pop.: 1,200 âmes.

HELGOLAND. — Petite île située dans la mer du Nord, vis-à-vis des embouchures de l'Elbe et du Veser. Elle n'est habitée que par des pêcheurs; mais elle est importante comme poste militaire, et par les fortifications qui y ont élevées les Anglais à qui ell appartient.

HELLEH ou HILLAH. — Ville de la Turquie d'Asie. Elle est située sur la rive droite de l'Euphrate, et remarquable pour son industrie. C'est dans son voisinage que se trouvent les ruines de Babylone. Pop. 7,000 âmes.

HELLEVOETSLUIS. — Ville de la Hollande méridionale. Elle est située dans l'île de Woorne, sur un bras de la Meuse appelé Haringvliet, et importante par son port, ses fortifications et ses chantiers de marine militaire. Pop.: 3,000 âmes.

HELMOND ou HIRMEND. — Rivière de l'Afghanistan. Elle passe près de Candahar et à Dergasp, et va se jeter dans le lac de Serreh, après un cours de 1,000 kilomètres.

HELMSTADT. — Ville du duché de Brunswick, en Allemagne. On y trouve un collège renommé, et dans son voisinage sont les bains de Karlsbrunnen. Pop.: 6,500 âmes.

HELSINGBORDT. — Petite ville située sur le Sund, en Suède. On regarde son port artificiel comme l'un des plus beaux ouvrages de ce genre exécutés dans les temps modernes. Pop.: 3,000 âmes.

HELSINGFORS. — Petite ville, chef-lieu du grand duché de Finlande, en Russie. Elle est fortifiée, possède un beau port sur le golfe de Finlande, et l'on y trouve une université, un séminaire théologique et une bibliothèque publique. C'est dans son voisinage qu'est située la célèbre forteresse de

Svéaborg, le Gibraltar de la Baltique, laquelle consiste en sept îlots fortifiés qui défendent un superbe port et des chantiers. Une grande partie des fortifications est taillée dans le roc, et les casernes peuvent loger 12,000 hommes. Pop. : 11,000 âmes.

HEM. — Commune de l'arrondissement de Lille, dans le département du Nord. On y trouve une fabrique de broches pour la laine, le coton et le lin. Pop. : 2,100 âmes.

HEMEL-HEMPSTEAD. — Ville du comté d'Hertford, en Angleterre. Il s'y tient un grand marché de grains. Pop. : 6,000 âmes.

HEMPSTEAD (New-). — Ville du New-York, aux Etats-Unis d'Amérique. On y a fondé des courses de chevaux.

HEMS ou EMESA. — Ville de Syrie, dans la Turquie asiatique. Elle est située sur l'Oronte, et importante par les produits de son territoire et ses nombreuses manufactures. Sa population est d'environ 20,000 âmes.

HENAREZ. — Rivière d'Espagne. Elle passe à Guadalaxara et Alcala-de-Henarez, et se joint au Farama après un cours de 150 kilomètres.

HENG-KIANG. — Rivière de Chine. Elle passe par Heng-tchéou et Tchang-tcha, et se jette dans le lac Thoung-thing, qui verse ses eaux dans le Kiang. Son cours est de 550 kilomètres.

HENIN-LIETARD. — Commune du département du Pas-de-Calais. Elle est située dans l'arrondissement de Béthune. On y trouve des savonneries, des huileries et une saline. Pop. : 3,000 âmes.

HENNEBON ou HENNEBONT. — Petite ville du département du Morbihan. C'est un chef-lieu de canton de l'arrondissement de Lorient. Elle est située sur le Blavet, et importante par son port et ses forges. Cette ville est célèbre aussi par le siége qu'y soutint, en 1341, Jeanne de Montfort contre Charles de Blois. Pop. : 4,600 âmes.

HENNEZEL. — Commune du département des Vosges. Elle est située dans l'arrondissement de Mirecourt, et l'on y trouve des forges et des verreries. Pop. : 1,600 âmes.

HENRICHEMONT. — Petite ville du département du Cher. Elle est située dans l'arrondissement de Sancerre, et l'on y trouve des fabriques de draps communs, d'étoffes de laine et de coton, de poterie, ainsi que des tanneries. Cette ville fut fondée par Sully et devint le chef-lieu d'une principauté. Pop. : 3,100 âmes.

HERAT. — Ville capitale du royaume de ce nom, tributaire de la Perse. Elle est située dans une belle vallée, fortifiée et défendue par une citadelle. On y remarque les jardins du palais du gouverneur, les mosquées et le collége du sultan Hussein. Cette ville, qui doit sa fondation à Alexandre le Grand, est le centre d'un commerce considérable, le rendez-vous d'un grand nombre de caravanes, et l'on y trouve des fabriques d'une eau de rose très-renommée, et de sabres fameux dits du *Khorasan*. Tombée au pouvoir des Afghans en 1715, elle est devenue un sujet constant de discussions et de guerres entre le royaume de Perse et l'Afghanistan. Pop. : 100,000 âmes.

HERAULT. — Rivière qui prend sa source dans les Cévennes. Elle parcourt le département auquel elle donne son nom, passe par Pézénas et Agde, et se jette dans la Méditerranée, à peu de distance de cette dernière ville.

HERAULT (Département de l'). — Il a été composé d'une partie du Languedoc, comprenant les diocèses de Montpellier, de Lodève, de Béziers et de Narbonne. Sa superficie est de 624,362 hectares, et sa population de 386,000 âmes environ. Il est divisé en 4 arrondissements dont les chefs-lieux sont Montpellier, Béziers, Lodève et Saint-Pons, et compte 36 cantons et 326 communes. Montpellier est le siége de sa préfecture, de son diocèse, de sa cour impériale, de son académie universitaire (Voir à l'*Appendice*) et de sa division militaire qui est la huitième.

HERBAULT. — Chef-lieu de canton dans l'arrondissement de Blois, département de Loir-et-Cher. Pop. 800 âmes.

HERBIERS (Les). — Chef-lieu de canton dans l'arrondissement de Napoléon-Vendée. Il est situé près de la source de la grande Maine, et l'on y fabrique du papier. Pop. : 3,000 âmes.

HERBIGNAC. — Chef-lieu de canton dans l'arrondissement de Savenay, département de la Loire-Inférieure. Pop. : 3,200 âmes.

HERCULANUM. — *Voy.* Resina.

HEREFORD. — Chef-lieu du comté de ce nom, en Angleterre. C'est une ville épiscopale, située sur la rive gauche de la Wye. On y remarque une très-belle cathédrale, qui a perdu néanmoins sa principale tour. Pop. : 10,000 âmes.

HERENS. — Vallée du canton du Valais, en Suisse. Elle s'étend, sur une longueur de 45 kilomètres, jusqu'aux glaciers qui la séparent de la vallée d'Aoste. Pop. : 5,000 âmes.

HERFORD. — Ville de la Westphalie prussienne. Elle était autrefois fortifiée. On y voit le mausolée de Witikind, et l'on y trouve des fabriques de toiles de lin et de coton. Pop. : 7,000 âmes.

HERICOURT. — Chef-lieu de canton dans l'arrondissement de Lure, département de la Haute-Saône. On y trouve des fabriques de bonneterie, de coton et de laine, de cotonnade et de toiles peintes.

HERISAU. — Bourg du canton de l'Appenzel, en Suisse. Il possède une bibliothèque publique et un gymnase, et on y trouve un grand nombre de fabriques de toiles, de mousselines et autres articles. Pop. : 7,000 âmes.

HERISSON. — Chef-lieu de canton dans l'arrondissement de Montluçon, dans le département de l'Allier. Pop. : 1,400 âmes.

HERMANNSTADT. — Ville de Transylvanie, chef-lieu du pays des Saxons. Elle est le siége du commandement général des confins militaires de la principauté, d'un évêque grec, et son industrie et son commerce la rendent florissante. Elle possède deux gymnases, un musée national, une bibliothèque publique, et sa population est d'environ 18,000 âmes.

HERMENAULT (L'). — Chef-lieu de canton dans l'arrondissement de Fontenay, département de la Vendée. Pop. : 1,000 âmes.

HERMENT. — Chef-lieu de canton dans l'arrondissement de Clermont, département du Puy-de-Dôme. Il est situé près des sources de la Sioule. Pop. : 600 âmes.

HERMITAGE ou **ERMITAGE.** — Côteau du département de la Drôme. Il est situé sur la rive gauche du Rhône, au-dessus de Tain, et célèbre par son vignoble.

HERMITES ou **ERMITES.** — Groupe de petites îles dans l'Australie. Il est situé au nord-ouest de l'archipel de la Nouvelle-Bretagne et au nord de la Papouasie.

HERMONVILLE. — Commune du département de la Marne. Elle est située dans l'arrondissement de Reims. On y exploite d'importantes carrières de pierre à bâtir. On y fait un commerce de coutellerie, et l'on trouve des sources minérales dans ses environs. Pop. : 1,500 âmes.

HERNOSAND. — Ville épiscopale du Norrland, dans le royaume de Suède. Elle possède un collège, une imprimerie qui publie la plupart des livres dont font usage les Lapons, et un jardin botanique. Son commerce, que favorisent un port commode et une marine marchande nombreuse, a de l'importance, et sa population est d'environ 2,000 âmes.

HERRNAUT ou **HERRNHUT.** — Etablissement dans le Groënland. Il a été fondé par une mission des frères moraves.

HERRNHUT. — Petite ville du royaume de Saxe. Elle est le siège de la direction de la secte des frères moraves, qui sont appelés aussi Herrnhutes, du nom de cette ville qu'ils fondèrent en 1722. Pop. : 2,000 âmes.

HERSFELD. — Ville de la Hesse-Electorale. Elle est située sur la Fulde qui est navigable. On y voit un château, et l'on y trouve des fabriques de drap et des tanneries. Pop. : 6,000 âmes.

HERSTAL ou **HERISTAL.** — Gros bourg de la province de Liége, en Belgique. Il est important par sa fabrication d'ouvrages en fer. Ce lieu était la résidence habituelle de Pépin-le-Gros, qui, à cause de cela était dit aussi d'Héristal. Pop. : 6,000 âmes.

HERTFORD. — Chef-lieu du comté de ce nom, en Angleterre. Elle possède une école d'arts et métiers, où l'on élève des garçons et des filles. On trouve aussi dans son voisinage le collège d'Haileybury, destiné à l'instruction d'un certain nombre de jeunes gens qui se destinent aux emplois civils de la compagnie des Indes orientales. Pop. : 5,000 âmes.

HESSE-DARMSTADT (Grand-duché de). — Cet Etat est divisé en deux parties à peu près égales par la province de Hanau, qui appartient à la Hesse-Electorale; mais on peut toutefois tracer ainsi ses confins : au nord, le duché de Nassau et la Hesse-Electorale; à l'est, ce dernier pays, le cercle du Bas-Mein et le grand duché de Bade; au sud, ce duché et le cercle bavarois du Rhin; et à l'ouest, le gouvernement prussien de Coblentz, le duché de Nassau, l'enclave prussien de Wetzlar, et l'Arensberg, autres pays de la Prusse. La Hesse-Darmstadt est arrosée par le Rhin, avec ses affluents, le Mein et le Lahn, à droite, et le Nahe à gauche ; et elle se compose de trois parties qui sont : 1° la Principauté de Starkenbourg, avec *Darmstadt* pour chef-lieu ; 2° la Principauté de la Haute-Hesse, ayant *Giessen* pour chef-lieu ; 3° la Province de la Hesse-Rhénane, dont *Mayence* est le chef-lieu.

HESSE-ELECTORALE ou **HESSE-CASSEL.** — Cet Etat a pour limite, au nord, le gouvernement prussien de Minden et le royaume de Hanovre ; à l'est, le gouvernement prussien d'Erfurt, le grand duché de Saxe-Weimar et le cercle bavarois du Bas-Mein ; au sud, ce même cercle et le grand duché de Hesse-Darmstadt; et à l'ouest, ce grand duché et la principauté de Waldeck. Il est arrosé par la Fulda et la Werra qui, après s'être réunies à Münden, dans le Hanovre, forment le Weser ; puis par le Mein et la Lahn, affluents du Rhin. La Hesse-Electorale se compose de quatre provinces qui sont : la Basse-Hesse avec *Cassel* pour chef-lieu ; la Haute-Hesse, chef-lieu *Marbourg*; le Grand-Duché de Fulde, chef-lieu *Fulde* ; et le Hanau, chef-lieu du même nom.

HESSE-HOMBOURG (Landgraviat de). — Ce petit Etat est divisé en deux parties distinctes : le *Landgraviat* proprement dit, enclavé dans la principauté de la Haute-Hesse, et dans le grand duché de Hesse-Darmstadt; puis la seigneurie de *Messenheim*, enclavée entre le cercle bavarois du Rhin, le gouvernement prussien de Coblentz, et la principauté Oldenbourgeoise de Birkenfeld. Il est arrosé par la Nahe et le Mein, affluents du Rhin, et sa capitale est *Hombourg*.

HETTSTADT. — Ville de la Saxe prussienne. Elle est située sur la Wipper. On trouve, dans son voisinage, des forges et des mines d'argent et de cuivre. Pop. : 3,500 âmes.

HEUCHIN. — Chef-lieu de canton dans l'arrondissement de Saint-Pol, département du Pas-de-Calais. Pop. : 500 âmes.

HEUSDEN. — Ville forte du Brabant, dans le royaume de Hollande. Elle est située sur la gauche de la Vieille-Meuse, et fut prise par les Français en 1672 et 1795. Pop. : 1,600 âmes.

HEVE (La). — Cap de France. Il est situé sur la rive droite et à l'extrémité de l'embouchure de la Seine, à 2 kilomètres du Havre.

HEXHAM. — Ville du Northumberland, en Angleterre. Elle est située sur la rive droite de la Tyne, et l'on y fabrique des souliers et des gants. Cette ville fut célèbre, au moyen âge, par les nombreux combats que les Anglais et les Ecossais se livrèrent dans ses environs. Pop. : 6,000 âmes.

HEYLE. — Ville du Cornwal, en Angleterre. Elle est située sur la petite rivière du même nom, affluent de la baie de Saint-Yves. On y trouve de grandes usines à cuivre. Pop. : 4,000 âmes.

HEYRIEUX. — Chef-lieu de canton dans l'arrondissement de Vienne, département de l'Isère. On y trouve des fabriques d'huile. Pop. : 1,500 âmes.

HIANG-CHANG ou HONG-CHANG. — Ile de la Chine. Elle dépend de la province de Canton. On y compte 100,000 habitants, dont le plus grand nombre vit constamment dans des bateaux.

HIELMAR. — Lac de Suède. Il a 65 kilomètres de long sur 18 de large et verse ses eaux, par le Torshälla-An, dans le lac Melar, avec lequel il communique aussi par le canal d'Hielmar ou d'Arboya.

HIERSAC. — Chef-lieu de canton dans l'arrondissement d'Angoulême, dans le département de la Charente. Pop. : 700 âmes.

HIGHLANDS ou HAUTES-TERRES. — Partie montagneuse de l'Ecosse. Elle comprend au delà de la moitié de ce royaume, c'est-à-dire tout le pays au nord du Forth et de la Clyde, à l'exception cependant d'une zone qui se trouve sur la côte orientale, entre les golfes de Forth et de Murray. Ce pays est couvert de montagnes escarpées bordant de belles et larges vallées appelées *Straths*; mais n'offrant ensuite à l'intérieur que d'étroits défilés qu'on nomme *Glens*.

HIGUEY. — Très-petite ville du département du sud-est, dans l'empire d'Haïti. Elle est célèbre dans toute l'île par son sanctuaire de Notre-Dame, qui attire un grand nombre de pèlerins.

HIJAR. — Ville de a province de Teruel, en Espagne. C'est le chef-lieu d'un duché. Pop. : 3,000 âmes.

HILDBURGHAUSEN. — Ville du duché de Saxe-Meiningen-Hildburghausen, en Allemagne. Elle est située sur la Werra et sur le chemin de fer de Brême à Munich. Pop. : 4,000 âmes.

HILDESHEIM. — Ville épiscopale, chef-lieu du gouvernement de même nom, dans le royaume de Hanovre. Elle est située sur l'Innerste, et possède un séminaire, un gymnase catholique, un gymnase luthérien et une bibliothèque publique. Son commerce est assez florissant. Pop. : 13,000 âmes.

HILL-RIVER. — Fleuve de la nouvelle Bretagne. Il sort d'un lac au nord-est du lac Winnipeg, et se jette dans la baie d'Hudson au fort York, après un cours de 360 kilomètres.

HILLEROD. — Ville de l'île de Seeland, en Danemark. On y voit un château où les souverains sont couronnés, et cette ville possède un lycée et un haras royal. Pop. : 1,200 âmes.

HILVERSUM. — Ville de la Hollande septentrionale. On y trouve des fabriques de tapis et d'étoffes de laines renommées. Pop. : 3,400 âmes.

HIMALAYA ou HIMALEH. — Chaîne de montagnes de l'Asie. Elle est située entre l'Hindoustan et la Chine, et se rattache, à l'ouest, aux monts Hindou-Kouch. Quatre grands fleuves y prennent naissance : le Sind à l'ouest ; le Gange, au sud ; le Brahmapoutre, à l'est ; et l'Yarou-Dzanbo-Tchou, au nord. Cette chaîne offre les plus hautes montagnes du globe, telles que le Tchamoulari dont l'élévation est de 8,700 mètres ; le Dawalagiri, qui en a 8,600 ; et le Jawahir, dont l'altitude est de 7,900. Par un phénomène tout particulier, la limite des neiges y descend plus bas sur le versant méridional que sur le septentrional.

HINDOEN. — Grande île de l'archipel norwégien. Elle est située dans le groupe des îles Loffoden, et sa longueur est de 80 kilomètres, sur 45 de largeur.

HINDOU-KOUCH. — Chaîne de montagnes de l'Asie. Plusieurs géographes la regardent comme un prolongement de l'Himalaya à l'ouest du Sind. Elle s'étend dans le sud-ouest du Turkestan chinois, le sud-est de la grande Boukharie, dans le nord de l'Afghanistan et se perd dans les sommités du plateau du Khorasan. Cette chaîne se rattache aussi, dans le nord-est, aux monts Bolor et aux Tsoung-Ling, et projette, au sud, les monts Salomon-Brahouiks, lesquels se prolongent à travers la partie orientale de l'Afghanistan et du Bélouchistan, jusqu'au golfe d'Oman. Le point culminant de l'Hindou-Kouch offre une altitude de 7,000 mètres.

HINKA. — Lac de l'empire chinois. Il est situé dans le sud-est de la Mandchourie, et sa longueur est de 160 kilomètres. Il verse ses eaux dans l'Ousouri, affluent de l'Amour.

HIRA. — Montagne voisine de la Mecque. Selon les musulmans, l'ange Gabriel y apparut à Mahomet pour la première fois.

HIRSCHBERG. — Ville de la Silésie, dans le royaume de Prusse. C'est la patrie du chimiste Hahn, et du savant missionnaire morave Aldendorp. Pop. : 7,000 âmes.

HIRSINGEN. — Chef-lieu de canton dans l'arrondissement d'Altkirch, département du Haut-Rhin. Il est situé sur l'Ill. Pop. : 1,400 âmes.

HIRSON. — Petite ville du département de l'Aisne. C'est un chef-lieu de canton dans l'arrondissement de Vervins. On y trouve des forges, des fonderies, des clouteries, et des fabriques de vannerie fine, de poterie vernissée, etc. Pop. : 3,000 âmes.

HISINGEN. — Ile de Suède. Elle est formée par les deux bras du Gotha, à son embouchure dans le Cattégat.

HISSAR. — Petite ville, chef-lieu du khanat de même nom, dans le Turkestan, en Asie. Elle est située sur la rive gauche du Saridjoui ou Kafer-Nihan. Pop. : 10,000 âmes.

HITTEREN. — Ile de l'Atlantique. Elle est située près des côtes de la Norwége, sa longueur est de 45 kilomètres, et sa population de 4,000 âmes.

HIVAOA. — Ile de la Polynésie. C'est la plus grande du groupe des Marquises, et l'on y voit d'assez hautes montagnes.

H'LASSA ou LAHSA. — Grande ville,

capitale du Tibet, dans l'empire chinois. Elle est située sur un affluent du Zzangbo-Tchou, et bien bâtie, avec des maisons de 2 à 3 étages. On y remarque un magnifique temple qui attire une grande affluence de pèlerins, et qu'environne un immense bazar. On trouve, dans le voisinage de cette ville, le magnifique couvent de Botala ou Potala, construit sur la montagne du Marbouri, et dont le temple est regardé comme le plus beau de tout le Tibet. Ce couvent est la résidence d'été du dalaï-lama. Enfin, non loin de Botala, on rencontre aussi les temples de Bhraebourg, de Sera, de Ghaldan et de Samie, lesquels servent en même temps d'universités pour l'enseignement de la théologie bouddhique, et possèdent des typographies. Le premier, celui de Bhraebourg, est desservi par plus de 5,000 lamas, et on en a compté jusqu'à 10,000.

HOAI-HO. — Rivière de la Chine. C'est un affluent de l'Hoang-ho. Elle passe par l'Ho-nan, l'An-hoeï et le Kiang-sou, et traverse le lac Houng-tse. Son cours est de 600 kilomètres.

HOANG-HO ou FLEUVE-JAUNE.—Fleuve de la Chine. Il prend sa source près du lac Koulou-noov, forme plusieurs lacs, et après avoir passé par Lan-tchéou dans le Kian-sou, la Mongolie, le Chan-si, le Ho-nan et le Kiang-sou, se jette dans la mer Jaune. Il est sujet à des débordements qui, dès la plus haute antiquité, ont nécessité fréquemment d'importants travaux. Ses principaux affluents sont, à droite, le Kokooursou, le Oueï-ho et le Hoaï-ho; et, à gauche, l'Olanmouren et le Fuen-ho. Le fleuve Jaune est appelé par les Tibétains *Rmatchou*, et par les Mongols *Khara-mouren*. Son cours est de 3,000 kilomètres.

HOBART-TOWN. — Ville principale de la terre de Van-Diémen, dans l'Océanie-Centrale. Elle est la résidence d'un évêque anglican, et son commerce est assez considérable. Pop. : 10,000 âmes.

HOCHFELDEN. — Petite ville du département du Bas-Rhin. C'est un chef-lieu de canton de l'arrondissement de Saverne. Il est situé près de la droite du Main, et l'on recueille un vin estimé sur son territoire.

HOCHSTED. — *Voy.* BLENHEIM.

HODEN. — Oasis du Sahara. On y trouve un village et des mines de sel.

HOEDIC. — Petite île de France, dans l'Atlantique. Elle est située sur la côte du département du Morbihan, et n'a que 2 kilom. de longueur.

HOF. — Ville de Bavière. Elle est située sur la Saale et le chemin de fer de Berlin à la Bavière, et on y trouve des fabriques de tissus de coton, de laine, de toiles et de bonneterie. Pop. : 7,000 âmes.

HOFWYL. — Lieu du canton de Berne, en Suisse. C'est là qu'a été fondé l'institut agronomique de Fellenberg.

HOGHLAND — Petite île de Russie. Elle est située dans le golfe de Finlande et célèbre par la victoire que les Russes y remportèrent sur les Suédois, en 1788. C'est aussi entre cette île et Jakobstadt, en Courlande, que fut prise la mesure d'un arc du méridien.

HOGOLEU ou ROUG. — Groupe d'îles de l'archipel des Carolines, dans la Micronésie.

HOHE-VEEN ou LES HAUTES-FAGNES. — Petite chaîne de montagnes qui s'élève entre les villes de Neau, de Monjoie, et de Malmédy, dans le gouvernement d'Aix-la-Chapelle, province Rhénane, en Prusse. Malgré leur peu d'altitude, ces montagnes sont couvertes, durant presque toute l'année, de brouillards épais qui, au lever et au coucher du soleil, empêchent de distinguer les objets. Pendant l'hiver, les neiges s'y amoncellent constamment; des orages terribles se déclarent autour des sommets; et il arrive fréquemment que les voyageurs se trouvent entraînés dans les marais ou les tourbières qui bordent la route qu'ils suivent.

HOHENBOURG. — Ville de l'ancienne Thuringe, en Allemagne. C'est dans son voisinage qu'en 1075, Henri IV, empereur, défit les Saxons.

HOHENLINDEN. — Village de Bavière. Il est célèbre par la victoire que Moreau y remporta sur les Autrichiens en 1800.

HOHENZOLLERN (ÉTATS DE). — La maison de ce nom se divise en deux branches ou principautés : celle de Hohenzollern-Hechingen, et celle de Hohenzollern-Sigmaringen. La première comprend le comté de Hohenzollern proprement dit, puis les seigneuries d'Hirschlatt et Sletten, et a Béchingen pour capitale; la seconde se compose des comtés de Sigmaringen et Væringen, des seigneuries de Glatt et de Beuren, et de partie des possessions médiates des princes de Fürstemberg, de Thurn-et-Taxis, etc. Sa capitale est Sigmaringen.

HOLLAND. — Ville de la régence de Königsberg, dans la Prusse orientale. On y trouve des fabriques de toiles et de bière. Pop. : 2,500 âmes.

HOLLANDE (ROYAUME DE). — Il est situé entre 1° et 4° 48' de longitude orientale, et entre 51° et 53° de latitude, non compris le grand-duché de Luxembourg. Cet État a pour confins, au nord, la mer du Nord; à l'est, le royaume de Hanovre, et les provinces de Westphalie et du Rhin; au sud, le royaume de Belgique; et à l'ouest, la mer du Nord. Il se compose aujourd'hui de douze provinces qui sont les suivantes : la HOLLANDE SEPTENTRIONALE, ayant *Amsterdam* pour chef-lieu; la HOLLANDE MÉRIDIONALE, chef-lieu *La Haye* ; la ZÉLANDE, chef-lieu *Middelbourg* ; le BRABANT SEPTENTRIONAL, chef-lieu *Bois-le-Duc* ; le pays d'UTRECHT, chef-lieu de même nom; la GUELDRE, chef-lieu *Arhem* ; l'OVERYSSEL, chef-lieu *Zwoll* ; le pays de DRENTHE, chef-lieu *Assen* ; celui de GRONINGUE, chef-lieu de même nom; la FRISE, chef-lieu *Lecuwarden* ; le LIMBOURG, chef-lieu *Maestricht* ; et le grand-duché de Luxembourg, avec chef-lieu de même nom. LA HAYE est la capitale du royaume.

Le sol de la Hollande est peu accidenté, l'on n'y voit pas de montagnes proprement dites, et l'on ne rencontre quelques collines que dans la Gueldre et dans la province d'Utrecht. Quant aux cours d'eau, ils y sont assez nombreux, et tous ont leur embouchure dans la mer du Nord, à l'exception toutefois de deux branches du Rhin et de petites rivières qui versent dans le Zuydersée. Les principaux fleuves de cette contrée, en allant du sud au nord, sont l'*Escaut*, qui se partage en branches occidentale et orientale ; la *Meuse*, avec ses affluents la Roer et le Moerdyk ; le *Rhin*, avec ses deux branches le Wahal et le Leck, et son affluent la Moselle ; puis la petite rivière le *Hunse;* et enfin l'*Ems*, dont l'embouchure seule touche le royaume. Les lacs se présentent en grand nombre sur le territoire Hollandais, mais l'on ne cite guère que celui de Harlem, dont l'étendue est considérable, celui de Bourtang, dans les provinces de Groningue et de Drenthe ; et celui de Peel, dans le Brabant septentrional. On donne le nom de *Polders* aux anciens lacs actuellement desséchés, et le plus renommé de ceux-ci est ce qu'on appelait la mer de Narden. Les îles hollandaises se divisent en deux groupes : le *méridional* et le *septentrional*. Le premier comprend celles qui sont formées par les divers bras de la Meuse et de l'Escaut, comme Kadzand, Nord et Sud-Beveland, Walcheren, Tholen, Schouwen, Over-Flakee, Worn et Beyerland ; au second, composé de celles qui sont rangées à l'entrée du Zuyderzée et le long des côtes de la Frise, appartiennent les îles Wieringen, Texel, Vlieland, Ter-Schelling, Amelland, etc.

Les canaux jouent un rôle important dans la Hollande, où ils concourent avec les routes et les chemins de fer à établir des communications entre les principales localités. Il faut mentionner surtout le canal du Nord, qui joint le port d'Amsterdam à celui de Nieuwdiep, par une ligne navigable pour les vaisseaux de guerre et les navires marchands du plus fort tonnage ; celui de Zederik, qui va de Vianen à Gorkum, et dans la construction duquel on a pratiqué pour la première fois des écluses à éventail ; celui de Zuid-Williems-Waast, qui fait communiquer Bois-le-Duc avec Maestricht, et reçoit les plus grosses barques de la Meuse ; et celui qui, en passant par Groningue et Leeuwarden, s'étend depuis l'Ems jusqu'à Harlingen. Enfin, la Hollande offre un travail plus important encore et qui lui donne un caractère tout particulier : ce sont ses fameuses digues qui la protégent contre l'envahissement de la mer du Nord et du Zuyderzée, irruption qui, sans cette barrière, serait imminente, puisque le niveau de la majeure partie du sol est inférieur à celui de ces deux mers. La digue de West-Cappel, à la pointe occidentale de l'île de Walcheren, est regardée comme l'œuvre capitale, la merveille de ces jetées artificielles. Il est inutile de dire, après cela, que l'entretien de ces constructions coûte des sommes énormes, ni d'ajouter qu'on ne songe aucunement à viser à l'économie dans cette occasion.

HOLSTEIN (Duché de). — Province du royaume de Danemark. Elle fait partie de la Confédération-Germanique, et a pour confins, au nord, le Hanovre et le grand-duché de Mecklenbourg ; puis, au sud, le duché de de Sleswig. Elle se divise en 13 bailliages et quelques districts séparés ; Glückstad est le chef-lieu du duché et de son collége administratif et judiciaire ; et ses villes les plus importantes sont Altona et Kiel.

HOLSTON. — Rivière des Etats-Unis d'Amérique. Elle coule dans l'Etat de Tennessee, et se joint au fleuve de ce nom, au-dessus de Knoxville, après un cours de 350 kilomètres.

HOLTZHEIM. — Commune du département du Bas-Rhin. Elle est située dans l'arrondissement de Strasbourg. Pop. : 1,000 âmes.

HOLY-ISLAND ou LINDISFARNE. — Petite île d'Angleterre. Elle est située dans la mer du Nord, près de la côte du comté de Durham.

HOLYHEAD. — Ile du pays de Galles en Angleterre. Elle est située dans la mer d'Irlande et près de la côte ouest de l'île d'Anglesey, dont elle n'est séparée que par un étroit passage. Son chef-lieu porte le même nom et compte 4,300 âmes.

HOLYWEL. — Petite ville du comté de Flint en Angleterre. Elle est assez importante par ses mines de plomb, de calamine et de cuivre ; et le moteur de la plupart de ces établissements est la célèbre source appelée le puits de *Saint-Winifred*. Pop. : 9,000 âmes.

HOLZMINDEN. — Ville du duché de Brunswick, en Allemagne. Elle est située sur la rive droite du Weser. On y trouve des usines, de grandes fabriques d'épingles et d'aiguilles, et c'est un entrepôt des toiles et des fers du duché. Pop. : 4,000 âmes.

HOMBLIERES. — Commune du département de l'Aisne. Elle est située dans l'arrondissement de Saint-Quentin. On y trouve des fabriques de coton et de mousseline. Pop. : 1,100 âmes.

HOMBOURG (Haut). — Petite ville du département de la Moselle. Elle est située dans l'arrondissement de Sarreguemines et possède des forges. Pop. : 2,100 âmes.

HOMBOURG. — Ville de la Bavière Rhénane. On a rétabli ses anciennes fortifications qui avaient été démolies en 1714. C'est aujourd'hui une ville fédérale où l'on trouve des exploitations de tourbes. Pop. : 3,000 âmes.

HOMBOURG. — Chef-lieu du landgraviat de Hesse-Hombourg. Cette ville est située sur l'Eschbach, possède un institut forestier, et sa population est d'environ 3,000 âmes. On trouve dans tout son voisinage un grand nombre de restes de monuments romains.

HOMMES. — Commune du département d'Indre-et-Loire. Elle est située dans l'arrondissement de Tours. On y exploite en grand l'espèce d'orme appelée tortillard et dit aussi de malfente, bois qui est très-recherché pour le charronnage. Pop. : 1,000 âmes.

HO-NAN. — Province intérieure de la Chine proprement dite. Elle est située au sud du Pé-Tchili et du Chang-Si, entre le Hoang-Ho et le prolongement des monts Pé-Ling. Elle est si fertile qu'on la surnomme le *jardin de la Chine*, et l'on y trouve d'immenses pâturages couverts de nombreux troupeaux. Cette province se compose de 9 départements : Khaï-Foung, Kouéï-Te, Tchang-Te, Weï-Hoeï, Hoaï-Khing, Ho-Nan, Nan-Yang, Jou-Ning et Tchin-Tchéou; et de quatre mouvances directes: Hiu, Jou, Chen et Kouang. Sa capitale est Khaï-Foung, et sa population de 22,000,000 âmes.

HONDA. — Petite ville de la province de Bogota, dans la république de la Nouvelle-Grenade. Elle est située sur la Madeleine, assez importante par son commerce, et l'on trouve des mines d'or dans ses environs. Pop. : 5,000 âmes.

HONDEN. — Ile de la Polynésie. Elle est située au nord-est de l'archipel des Iles-Basses.

HONDO. — Fleuve de l'Amérique septentrionale. Il est situé dans le sud du Yucatan qu'il sépare de la colonie anglaise de Balize, et se jette dans la mer des Antilles après un cours de 360 kilomètres.

HONDSCHOOTE. — Petite ville du département du Nord. C'est un chef-lieu de canton de l'arrondissement de Dunkerque. Elle est située sur un embranchement du canal de la Basse-Colme et l'on y trouve des filatures et tissages de lin. Pop. : 3,900 âmes.

HONDURAS. — Etat de l'Amérique centrale. Il est situé entre la baie de même nom, les Etats de Guatemala, San-Salvador et Nicaragua, et le territoire des Mosquitos. Son chef-lieu est Comayagua, et sa population de 350,000 âmes.

HONDURAS (BAIE DE). — C'est un grand golfe de la mer des Antilles. Elle est située entre le Yucatan, la colonie anglaise de Balize et les Etats de Guatemala et de Honduras. La navigation y est très-dangereuse, à cause du grand nombre de rochers et de bancs de sable qu'on y rencontre.

HONFLEUR. — Ville du département du Calvados. C'est un chef-lieu de canton de l'arrondissement de Pont-l'Evêque. Elle est située sur la rive gauche et à l'embouchure de la Seine, où elle possède un port de commerce et de relâche, avec deux bassins. On y trouve des fabriques de dentelles, de produits chimiques et de biscuits pour la marine, des corderies et des tanneries, et des chantiers de construction de navires. On y fait aussi des armements pour la pêche de la morue, et un grand commerce d'œufs et de fruits pour l'Angleterre. Charles VII l'enleva aux Anglais en 1440, et ce fut la dernière ville qui reconnut l'autorité de Henri IV, en 1594. Pop. : 9,600 âmes.

HONG-KONG. — Ile de la Chine. Elle est située dans la baie de Canton, à l'embouchure du Tchu-Kian ou rivière de Canton. Les Chinois l'ont cédée aux Anglais, et c'est aujourd'hui l'entrepôt d'un commerce considérable.

HONGRIE (ROYAUME DE). — C'est l'une des parties importantes de l'empire d'Autriche. Elle est bornée, au nord, par les monts Carpathes, qui la séparent de la Moravie et de la Gallicie ; à l'est par la Transylvanie; au sud, par la Turquie et par la Sclavonie et la Croatie qui relèvent de la Hongrie; et à l'ouest par l'Illyrie et l'archiduché d'Autriche. Les principales rivières qui l'arrosent sont le Danube, le Raab, la Drave, la March, le Waag, le Gran, l'Ipoly, la Theiss, l'Hernath, le Bodroy, le Koros, le Maros, etc. Ce royaume a Bude pour capitale.

HONIMA ou **SAPAROUA.** — Une des îles moluques hollandaises. Elle est située près et à l'est-nord-est d'Amboine. Son sol a très-peu d'étendue; mais il est fertile en riz et en clous de girofle.

HONITON. — Ville du comté d'Exeter, en Angleterre. On y trouve des fabriques de rubans et de dentelles. Pop. : 3,500 âmes.

HOOD. — Ile de la Polynésie. Elle est située au sud-est de l'archipel Dangereux, dans la partie méridionale des Iles-Basses.

HOOGLEDE. — Ville de la Flandre-occidentale, dans le royaume de Belgique. Pop. : 3,600 âmes.

HOOGSTRATEN. — Ville de la province d'Anvers, en Belgique. Elle est située sur les frontières de la Hollande, et l'on y trouve un dépôt de mendicité. Pop. : 1,500 âmes.

HOORN. — Petite ville de la Hollande, avec un port sur le Zuyderzée, et des chantiers. Elle est importante par son commerce de beurre et de fromage. Sa population est d'à peu près 10,000 âmes.

HOPPARO. — C'est un établissement fondé par les Anglais dans l'île des Etats, au sud-est de la Terre de feu.

HOR. — Monts de l'Arabie Pétrée. Ils sont situés au sud de ce qu'on appelait la terre de Chanaan.

HORBOUR. — Commune du département du Haut-Rhin. Elle est située dans l'arrondissement de Colmar. Pop. : 1,300 âmes.

HORDAIN. — Commune de l'arrondissement de Valenciennes, dans le département du Nord. Pop. : 1,300 âmes.

HORDE. — Ville de la Westphalie prussienne. Elle est située dans la régence d'Arensberg, et l'on trouve des mines de houille dans ses environs. Pop. : 1,200 âmes.

HORDE-D'OR ou **GRANDE-HORDE.** — C'est le nom donné à la grande tribu mongole qui, dans le commencement du XIIIe siècle, fonda, dans le Kaptchak, un empire dont les Russes subirent longtemps la domination.

HOREB. — Montagne célèbre de l'Hedjaz, en Arabie. Elle est située sur la péninsule formée par la Méditerranée, le golfe de Suez et celui d'Akaba. C'est sur cette montagne que Dieu apparut à Moïse, et lui commanda d'aller délivrer les Juifs de la servitude qu'ils subissaient en Egypte.

HORMUZ ou **ORMUS.** — Petite île ou rocher volcanique, situé à l'entrée du golfe

Persique, et défendu par un fort. Ce rocher, couvert de pierres salines, presque dépourvu de végétation et privé d'eau potable, était, avant la découverte du cap de Bonne-Espérance, le lieu où le commerce entassait les richesses de l'Orient.

HORN (Cap). — Il est situé à l'extrémité sud de l'Amérique méridionale, dans une des îles l'hermite, voisines de la Terre-de-feu.

HORN. — Nom donné à deux îles de la Polynésie. Elles sont situées entre les îles Viti et celles des Navigateurs, et assez peuplées.

HORN ou HOORN. — Ville de la Hollande septentrionale. Elle est située sur le Zuyderzée où elle possède un port. On y trouve des chantiers et l'on y fait une grande exportation de beurre et de fromages, puis des armements pour la pêche. Cette ville fut presque engloutie, en 1557, par une inondation. Pop. : 10,000 âmes.

HORN. — Petite ville de la principauté de Lippe-Detmold. Sa population est d'environ 1,400 âmes. On trouve, dans son voisinage, l'Extertein, série de 6 rochers immenses et isolés, dont le plus élevé offre une grotte creusée de main d'homme, et une autre une chapelle construite de la même manière. La route qui mène de Horn à Paderborn, passe entre le 3ᵉ et le 4ᵉ de ces rochers, comme à travers une porte gigantesque.

HORNCASTLE. — Ville du comté de Lincoln, en Angleterre. Selon quelques auteurs, ce serait l'ancien *castra hibernia* des Romains. Pop. : 4,000 âmes.

HORNOY. — Chef-lieu de canton dans l'arrondissement d'Amiens, département de la Somme. Pop. : 1,100 âmes.

HORNU. — Village du Hainaut, en Belgique. On y exploite de très-riches houillères et l'on y trouve des machines à vapeur. Pop.: 1,000 âmes.

HORPS (Le). — Chef-lieu de canton dans l'arrondissement de Mayenne, département de la Mayenne. Il est situé près des sources de l'Aisne. Pop. : 1,600 âmes.

HORSHAM. — Ville du comté de Sussex, en Angleterre. On y fait un commerce de grains et de volaille. Pop. : 5,000 âmes.

HORTA. — Chef-lieu de l'île de Fayal, dans l'archipel des Açores. Elle possède un bon port et environ 10,000 habitants.

HORZOWITZ. — Ville de la Bohême, empire d'Autriche. On y trouve des forges, puis, dans ses environs, des mines d'argent, de mercure et de houille. Pop. : 2,000 âmes.

HOTTENTOTIE ou PAYS DES HOTTENTOTS. — Contrée de l'Afrique méridionale. Elle s'étend depuis la Cimbébasie, le pays des Cafres Betjouanas, jusqu'à la colonie du cap de Bonne-Espérance, et elle est traversée, de l'est à l'ouest, par le fleuve Orange. Les peuples qui l'habitent et qui se distinguent surtout par leur laideur et leur saleté, sont principalement les Bosjesmans, les Namaquas et les Koronas. Les Griquas, tribu des Koronas, sont les plus civilisés, et l'on trouve chez eux la ville de Griqua ou Klaarvater qui a, dit-on, une population de 3,000 âmes.

HOU-NAN. — Province centrale de la Chine proprement dite. Elle est formée de la partie méridionale de l'ancien Hou-Kouang et partagée en 9 départements et 4 mouvances directes. Les premiers sont : Tchang-tcha, Pao-King, Yo-tchéou, Tchang-te, Heng-tchéou, Young-tchéou, Tchin-tchéou, Youan-tchéou et Youn-Chun; les secondes, Foung, Tchin, Tsing et Kouei-Yang. Cette province, qui a pour capitale Tchang-tcha, est fertile, surtout en riz, et compte une population de 18,652,000 âmes.

HOU-PÉ. — Province centrale de la Chine proprement dite. Elle a été constituée de la partie nord de l'ancien Hou-Kouang et divisée en 9 départements : You-Tchang, Hang-Yang, Hoang-tchéou, 'an-lou, Te'an, King-tchéou, Siang-Yan, Yun-Yang et Yi-Tchang. Elle a pour capitale Wou-Tchang, et une population de 27,370,000 âmes.

HOUANG-TCHÉOU. — Ville du Houpé, en Chine. C'est l'une des plus industrieuses et des plus commerçantes de l'empire. Pop. 200,000 âmes.

HOUAT. — Petite île de France, dans l'Atlantique. Elle est située sur la côte du département du Morbihan, dont elle dépend, et ce sont presque tous pêcheurs qui l'habitent.

HOUDAIN. — Chef-lieu de canton dans l'arrondissement de Béthune, département du Pas-de-Calais. Pop. : 900 âmes.

HOUDAN. — Petite ville du département de Seine-et-Oise; c'est un chef-lieu de canton de l'arrondissement de Mantes. On y fait un commerce de grains, de laine, de volailles et de bestiaux. Pop. : 2,000 âmes.

HOUEILLÈS. — Chef-lieu de canton dans l'arrondissement de Nérac, département de Lot-et-Garonne. Pop. : 800 âmes.

HOUGAERDE. — Ville du Brabant, en Belgique. Elle est située sur la Geete. Pop. : 2,300 âmes.

HOUGLI. — Bras du Gange. Il est formé par la réunion du Gossimbazar et du Djelinghey, les deux branches les plus occidentales de ce fleuve, et va se jeter dans le golfe du Bengale, après un cours de 225 kilomètres.

HOUGUE (La). — Fort du département de la Manche. Il est situé dans l'arrondissement de Valognes, canton de Quettehou, sur une petite presqu'île et la belle rade de son nom, formée par la Manche. Cette rade est tristement célèbre, dans les annales de la France, par le combat naval où la flotte de celle-ci fut presque entièrement détruite, en 1692, par les Anglais et les Hollandais.

HOUPLINES. — Commune du département du Nord. Elle est située dans l'arrondissement de Lille et sur la Lys, et l'on y trouve des filatures de coton. Pop. : 2,100 âmes.

HOWE (Ile du Lord). — Elle est située dans l'Australie, par 37° 40' de latitude sud et 14° 47' de longitude est.

HOWE (Iles du Lord). — Elles sont situées dans l'Australie, partie nord des îles Salomon.

HOY ou **HUY**. — Une des îles Orcades. Elle est séparée du nord de l'Ecosse par le détroit de Pentland, et ses bords sont hérissés de rochers qui la rendent presque inabordable.

HRADEK. — Ville de Hongrie, empire d'Autriche. On y trouve une école des eaux-et-forêts, puis des forges et des fabriques d'armes à feu. Pop. : 400 âmes.

HRADISCH. — Ville de l'empire d'Autriche. Elle est située sur une île de la March, et l'on y recueille des vins estimés.

HUACHE. — Très-petite ville du département de Lima, dans la république du Pérou. Elle est assez importante néanmoins par ses mines de sel.

HUAHINE. — Une des îles septentrionales du groupe de Tahiti, dans la Polynésie. On y voit de hautes montagnes volcaniques.

HUAMANGA. — Ville épiscopale, chef-lieu du département d'Ayacucho, dans la république du Pérou. Elle est grande, bien bâtie et possède une université. Pop. : 25,000 âmes.

HUANCABELICA. — Petite ville du département d'Ayacucho, dans la république du Pérou. Elle est située à 3,735 mètres au-dessus du niveau de la mer; c'était autrefois le chef-lieu d'une intendance qui portait son nom. Cette ville est renommée par sa mine de mercure appelée Santa-Barbara. Pop. : 12,000 âmes.

HUANUCO. — Petite ville, chef-lieu du département de Junin, dans la république du Pérou. Elle fut florissante sous la domination des Incas; le chemin de Cuzco à Quito y passait, et l'on y voit encore les restes du temple du Soleil, du palais des Incas et d'autres édifices.

HUASCO. — Petite ville de la province de Coquimbo, dans la république du Chili. Elle possède un port et l'on exploite, dans son voisinage, des mines d'argent et de cuivre. Pop. : 7,000 âmes.

HUATAJAYA. — Petite ville du département de Lima dans la république du Pérou. Elle est située dans un désert, près de la côte du Grand océan et non loin du port d'Iquique, et assez importante par les riches mines d'argent qu'on exploite dans ses environs.

HUAURA. — Petite ville du département de Lima, dans la république du Pérou. Ses riches salines lui donnent une certaine importance.

HUBERTSBOURG. — Village du royaume de Saxe. On y voit un château royal, devenu célèbre par le traité qui y fut conclu, en 1763, et après la guerre de Sept-Ans, entre la Prusse, l'Autriche et la Saxe.

HUDDERSFIELD. — Ville du comté d'York, en Angleterre. Elle est située sur le Coln et sur le canal qui unit le Calder à celui d'Ahston, et traverse les montagnes de Peak par un souterrain dont la longueur dépasse 4,800 mètres. On trouve, dans cette ville, des fabriques de draps et de serges, et c'est le marché de laines et de lainages le plus important du royaume, après celui de Leeds. Pop. : 1,500 âmes.

HUDSON (Baie d'). — Malgré sa dénomination de baie, c'est une véritable méditerranée, qui n'a pas moins de 2,000 kilom. de longueur sur 880 de largeur et environ 230 mètres de profondeur vers son centre. Elle s'ouvre, au nord, sous le 70° parallèle, et se termine, au sud, sous le 51°. Ses côtes, très-élevées, sont bordées de rochers escarpés, et toutes les rivières qui s'y jettent sont remplies de bancs de sable à leur embouchure, excepté cependant celle de Churchill qui peut recevoir les plus grands vaisseaux. Les bords de l'Hudson ont un aspect des plus tristes : de quelque côté qu'on porte les regards, on n'aperçoit qu'un sol stérile, des rochers dépouillés qui s'élèvent jusqu'aux nues, puis des vallées profondes où le soleil ne pénètre jamais, et dont les glaces et les neiges interdisent presque partout l'accès. La baie d'Hudson, au surplus, n'est bien libre elle-même que depuis le commencement de juillet jusqu'à la fin de septembre, encore y rencontre-t-on souvent d'énormes glaçons et, dans le temps où l'on se croit à l'abri de ce danger, il se produit tout à coup un ouragan, une marée ou un courant qui pousse le navire sur ces redoutables écueils.

HUDSON (Détroit d'). — Il unit la baie d'Hudson à l'Atlantique, entre la côte nord du Labrador et les îles appelées Résolution, Sauvages, etc. Ce détroit est fréquemment obstrué par les glaces.

HUDSON. — Petit fleuve des Etats-Unis d'Amérique. Il coule dans le Maryland et se jette dans le Chesapeak, où son estuaire forme une baie de 11 kilomètres de longueur sur 4 de largeur.

HUDSON. — Grand fleuve des Etats-Unis d'Amérique. Il coule dans l'Etat de New-York et passe à Troy, où il commence à devenir navigable pour de petits bâtiments; puis à Albany et Hudson, où il peut alors porter des vaisseaux de guerre; et va se jeter dans l'Atlantique après un cours de 450 kilomètres. Ses principaux affluents sont le Sacondago et le mohawk; un grand canal le fait communiquer avec les lacs Erié et Ontario; un second avec le lac Champlain; et enfin, le canal Morris et le canal Hudson-et-Delaware l'unissent à la Delaware.

HUDSON. — Petite ville du New-York, aux Etats-Unis d'Amérique. Elle est située sur le fleuve de son nom. Pop. : 6,000 âmes.

HUÉ. — Fleuve de la Cochinchine. Il a son embouchure dans la mer de Chine, où il forme un beau port.

HUÉ. — Grande ville, capitale de la Cochinchine et du royaume d'An-Nam, dans l'Inde transgangétique. Elle possède d'immenses fortifications et on la regarde comme la première place d'armes de l'Asie. On y remarque la citadelle, les casernes, les arsenaux de terre et de mer, des temples, etc. Pop. : 90,000 âmes.

HUEHUETOCA. — Village des environs

de Mexico, dans la Confédération mexicaine. On y remarque le célèbre *Désargue*, canal d'écoulement que M. de Humboldt place au nombre des travaux hydrauliques les plus gigantesques que les hommes aient exécutés.

HUELGOAT. — Chef-lieu de canton dans l'arrondissement de Châteaulin, département du Finistère. On exploite dans son voisinage une mine de plomb argentifère qu'on regarde comme la plus riche de France après celle de Poullaouen. Pop. : 1,200 âmes.

HUELVA. — Chef-lieu de la province de ce nom, dans l'Andalousie, en Espagne. Elle est située dans une baie de l'Atlantique qui reçoit l'Odiel et le Tinto, et importante par son port et ses pêcheries. Pop. : 8,000 âmes.

HUESCA. — Petite ville épiscopale, chef-lieu de la province de ce nom, dans la capitainerie d'Aragon, en Espagne. Elle possède quelques beaux édifices, une université et environ 3,000 habitants.

HUESCAR. — Ville de la province de Grenade, en Espagne. Elle est située au pied de la Sierra de son nom, qui dépend de la Sierra-Sagra, et non loin des ruines de la vieille Huescar, qui fut, dit-on, fondée par les Carthaginois. Pop. : 6,000 âmes.

HUINE. — Rivière de France. Elle passe dans les départements de l'Orne, d'Eure-et-Loir et de la Sarthe, et se jette dans la Sarthe, au-dessous du Mans, après un cours de 130 kilomètres.

HULL. — Grande et belle ville du comté d'York, en Angleterre. Elle est située sur la rive gauche de l'Humber, et c'est l'un des quatre grands ports commerçants du royaume. Elle est importante surtout par la part considérable que ses navires prennent à la pêche de la baleine. On y remarque ses magnifiques bassins ou docks, les plus renommés qui soient en Angleterre ; puis ses beaux quais, quelques rues superbes, et ses nombreux canaux.

HULST. — Ville forte de la Zélande, en Hollande. Elle est située sur une branche de l'Escaut-Occidental, et unie par un canal à celui du Sas-de-Gand. Elle fut prise plusieurs fois par les Hollandais, les Espagnols et les Français. Pop. : 2,000 âmes.

HUMBER. — Fleuve d'Angleterre. Il est situé entre les comtés d'York et de Lincoln, et formé par la réunion de la Trent et de l'Ouse. Après un cours de 60 kilomètres, il se jette dans la mer du Nord par une embouchure de 10 kilomètres de largeur.

HUNDSRUCK. — Région montueuse de la Prusse Rhénane. Elle est située entre le Rhin, la Moselle et la Nahe, et on lui donne le nom d'Idarwalt dans sa partie occidentale.

HUNINGUE. — Chef-lieu de canton dans l'arrondissement d'Altkirch, département du Haut-Rhin. Il est situé sur la rive gauche du Rhin, et l'on y trouve des fabriques de mousselines brodées et une importante exploitation de bois de construction. Cette ville, qui fut l'une des meilleures places fortes de la France, a été démantelée en 1815. Pop. : 1,400 âmes.

HUNSE. — Petit fleuve de Hollande. Il coule dans les provinces de Drente et de Groningue, et va se jeter dans le Lauwer-Zee, golfe de la mer du Nord, après un cours de 80 kilomètres.

HUNTE (LA). — Rivière navigable d'Allemagne. Elle coule dans le Hanovre et le grand-duché d'Oldenbourg, et se joint au Weseo, après un cours de 200 kilomètres.

HUNTER. — Fleuve de la Nouvelle-Hollande. Il arrose la Nouvelle-Galles méridionale, entre les comtés de Durham et de Northumberland, et on exploite près de son embouchure de riches mines de houille.

HUNTER. — Groupe de petites îles d'Australie. Il est situé au nord-ouest de l'île de Diémen, et au sud-est de l'île King, et l'on donne le nom de canal de Hunter au passage qui sépare ce groupe de celle de King.

HUNTINGDON. — Chef-lieu du comté de ce nom, en Angleterre. Cette ville est la patrie d'Olivier Cromwel. Pop. : 3,300 âmes.

HURON. — Lac de l'Amérique septentrionale. Il est situé entre le Canada et les Etats-Unis ; sa longueur est de près de 400 kilomètres ; et il forme un certain nombre de golfes et de baies. Il verse ses eaux dans le lac Saint-Clair, qui se décharge à son tour dans le lac Érié.

HUSCH. — Petite ville épiscopale de la principauté de Moldavie. Elle est renommée par l'excellence du tabac qu'on y cultive, et c'est dans ses murs qu'en 1711 Pierre-le-Grand fut obligé de signer un traité de paix avec la Turquie.

HUY. — Ville de la province de Liége, en Belgique. On y voit un château fort, et l'on y trouve des fabriques de zinc, de tôle, de fer blanc et d'ouvrages en fonte. On trouve, dans son voisinage, les ruines de l'abbaye de Neufmoustier, où fut enterré Pierre-l'Ermite. Pop. : 7,500 âmes.

HVEN. — Petite île de la mer Baltique, à l'entrée du Sund. Elle avait été donnée par le roi de Danemark, Frédéric II, à l'astronome Tycho-Brahé, qui y fit bâtir l'observatoire d'Uranienbourg. Elle appartient aujourd'hui à la Suède.

HYDRA. — Jolie ville, chef-lieu de l'île de ce nom, l'une des sporades, royaume de Grèce. C'est l'*aristera* des anciens. Elle possède des écoles de commerce, de navigation et de grec classique, et son commerce est assez florissant. Cette ville a joué un rôle très-actif dans la guerre de l'Indépendance. Pop. : 20,000 âmes.

HYÈRES. — Petite ville du département du Var. Elle est renommée par les bois d'orangers et la belle végétation méridionale qui l'environne, ainsi que par la douceur de son climat, et les étrangers y affluent comme à Saint-Tropès et même à Nice. Sa population est d'environ 8,000 âmes. C'est la patrie de Massillon. Au sud-est de cette ville sont les îles du même nom, les anciennes *Stœchades*. Elles sont au nombre de trois : Porqueroles, Port-Croz, et l'île du Titan ou du Levant. Ces îles sont à peu près arides ; mais quelques historiens ignorants en ont fait un séjour enchanté, les ont couvertes d'orangers, etc., parce qu'ils ont confondu leur produit avec celui que donne, sur le continent, le territoire où se trouve la ville d'Hyères.

HYTHE. — Ville du comté de Kent, en Angleterre. On y trouve des bains de mer. Pop. : 2,300 âmes.

I

IAKOSLAV. — Ville archiépiscopale, chef-lieu du gouvernement de ce nom, en Russie. Elle possède une forteresse située au confluent du Kotorotsk avec le Volga ; puis un séminaire, une école des hautes sciences, un gymnase, une bibliothèque publique, et une société des amateurs de la langue russe. Cette ville est importante par sa fabrication de toiles pour le service de la table, ses soieries et ses papeteries. Avant l'incendie de 1768, Iakoslav comptait au delà de 80 églises. Sa population est d'environ 35,000 âmes.

IAKOUTSK. — Chef-lieu de la province de ce nom, en Sibérie, Russie asiatique. Cette ville est le rendez-vous des chasseurs qui apportent les fourrures des animaux qu'ils ont tués le long de la Lena, de la Yana, de l'Ingoda, et autres fleuves ; et, dans les mois de décembre, juin, juillet et août, il s'y tient aussi des foires fréquentées par les marchands grecs de la ville de Nechin, dans la Russie d'Europe. La surface de la province de Iakoutsk est plus d'un tiers de celle de l'Europe, quoique sa population atteigne à peine 140,000 âmes.

IALOUTOROWK. — Ville du district de même nom, dans le gouvernement de Tobolsk, en Sibérie. Elle est située sur le Tobol, au-dessus de son confluent avec l'Iset. Pop. : 2,000 âmes.

IAMBOURG. — Petite ville du gouvernement de Saint-Pétersbourg, en Russie. On y trouve des fabriques de draps, de batistes et de bas de soie. Elle fut prise en 1612 par les Suédois. Pop. : 2,000 âmes.

IAMPOL. — Ville de la Podolie, en Russie. Elle est située sur la rive gauche du Dniester, et renommée par ses manufactures de draps, de bas et de voitures. Pop. : 1,200 âmes.

IAMTLAND ou OSTERSUND. — Contrée de la Suède. Elle forme une préfecture dont le chef-lieu est Ostersund. Cette région est couverte de montagnes dont les flancs sont boisés, mais dont les sommets portent des neiges éternelles, et la rigueur du climat est telle qu'on peut à peine y cultiver le seigle. En revanche, on y trouve de riches mines de cuivre, de plomb et de fer. Popul. : 46,000 âmes.

IANA. — Fleuve de Sibérie. Il coule dans le district de Iakoutsk, passe à Verkhoïansk, et se jette dans l'Océan glacial après un cours de 1,100 kilomètres.

IANTRA. — Rivière de Bulgarie. Elle descend du versant septentrional du Balkan, passe par Ternova, et se jette dans le Danube, après un cours de 135 kilomètres.

IAR-IAKCHI. — Rivière de Sibérie. Elle prend sa source dans le sud du gouvernement d'Omsk, pénètre dans le Turkestan, et se jette dans le Sarasou, après un cours de 350 kilomètres.

IARANSK. — Ville du gouvernement de Viatka, en Russie. C'est le chef-lieu d'un district qui n'est guère habité que par des Tchérémisses et quelques Tartares. Popul. : 5,000 âmes.

IARMOUK ou HIERMAK. — Rivière de Syrie. Elle se joint au Jourdain après un cours de 100 kilomètres.

IAROSLAW. — Ville de la Gallicie, dans l'empire d'Autriche. Elle est située sur le San. On y trouve une manufacture impériale de draps ; il s'y fait un commerce important de cire et de cierges ; et l'on y tient une foire renommée. Pop. : 8,000 âmes.

IASSI ou JASSY. — Capitale de la principauté de Moldavie. C'est le siége d'un archevêché grec. Il s'y fait un commerce important de transit avec la Russie, la Turquie et l'Autriche. Pop. : 40,000 âmes.

IAXT. — Rivière du Wurtemberg. Elle se réunit au Necker vis-à-vis de Wimpfen, après un cours de 160 kilomètres ; cette rivière donne son nom à un cercle.

IBARRA. — Chef-lieu de la province d'Imbabura, dans la république de l'Equateur, Colombie : c'est une petite ville qui n'offre rien de remarquable. Pop. : 10,000 âmes.

IBRIM. — Bourgade du pays des Barabras, dans la Nubie : on croit que c'est la *Premis* de Strabon. On y voit quatre spéos ou excavations pratiquées dans la roche et qui sont de la plus haute antiquité. Suivant Champollion, le plus ancien remonterait au règne de Thouthmosis Ier, et le plus récent à celui de Sésostris le Grand.

ICHIM. — Rivière de Sibérie. Elle coule dans les gouvernements d'Omsk et de Tobolsk, passe à Ichim et s'unit à l'Irtich entre Tara et Tobolsk, après un cours de 1700 kilomètres.

ICHIM. — Ville de Sibérie. Elle est située sur la rivière de son nom, dans le gouvernement de Tobolsk, et c'est le chef-lieu d'un vaste district. Pop. : 3,000 âmes.

ICONOUZO. — Lieu de la Nouvelle-Grenade ; il est situé sur la route de Bogota à Ibague, et renommé par ses deux ponts naturels supposés. L'un se trouve élevé à 100 mètres au-dessus du torrent de la Summa-Paz, et forme une arche de 14 mètres de longueur ; l'autre, placé à 16 mètres au-dessous du premier, se compose de trois rochers qui se soutiennent mutuellement.

IDRIA. — Petite ville d'Illyrie, dans l'empire d'Autriche. Elle est très-importante par ses mines de mercure, qui ne le cèdent en richesse qu'à celles d'Almaden, en Espagne. Pop. : 5,000 âmes.

IÉCHIL-ERMAK. — Fleuve de la Turquie d'Asie. Il prend sa source au sud du Tokat et va se jeter dans la mer Noire, après un cours de 250 kilomètres; on lui donne le nom de Tozanlou dans sa partie supérieure.

IEKATERINBOURG. — Ville du gouvernement de Perm, en Russie. On y trouve une importante fonderie de canons, des forges, des fabriques d'armes, d'instruments, de coutellerie, etc.; un hôtel des monnaies et une école des mines. On trouve aussi dans son voisinage des mines et lavages d'or, au milieu desquels on recueille en outre une grande quantité de platine : c'est dans cette ville, dont la population est d'à peu près 16,000 âmes, que réside le conseil chargé de l'inspection des mines et des forges de la Sibérie.

IÉNA. — Petite ville située sur la Saale, dans le grand-duché de Saxe-Weimar. Elle est renommée par son université et par son activité typographique; elle possède plusieurs écoles, une riche bibliothèque, un cabinet d'histoire naturelle, un jardin botanique et une société de minéralogie. Sa population est d'à peu près 5,000 âmes : c'est dans ses environs qu'en 1806 Napoléon remporta une victoire mémorable sur les Prussiens.

IÉNIDJÉ-VARDAR. — Petite ville de la Romélie, dans la Turquie d'Europe. Elle est assez importante par son industrie et ses vastes plantations de tabac, lequel jouit d'une grande réputation. On trouve dans son voisinage les ruines de *Pella*, où naquit Alexandre le Grand.

IÉNIKALÉ (DÉTROIT D') — Il est situé entre la Crimée et le gouvernement des Cosaques de la mer Noire, et unit la mer d'Azov à la mer Noire; ce détroit, dont la longueur est d'environ 40 kilomètres, est le *Bosphore cimmérien* des anciens.

IÉNISÉI. — Fleuve de la Sibérie. Il prend sa source en Chine, aux montagnes qui séparent la Mongolie de la Kalmoukie, et après avoir traversé le pays des Samoyèdes, se jette dans le golfe de son nom, formé par l'océan Glacial. Ses principaux affluents sont, à droite, l'Angara ou Toungouska supérieure, la moyenne Toungouska et la Toungouska inférieure; à gauche, l'Abakan et la Touroukhan; et son cours est de 3,000 kilomètres.

IÉNISÉI (GOLFE D'). — Il est long et étroit, et formé par l'océan Glacial sur la côte septentrionale de la Sibérie.

IÉNISEISK. — Ville du gouvernement de même nom, en Sibérie. Elle est importante par son commerce et les relations qu'elle entretient avec d'autres villes de cette région. Pop. : 6,000 âmes.

IEZDIKHAST. — Petite ville fortifiée du Far, en Perse. On y remarque de nombreuses grottes taillées dans le roc qui servent de demeure à une partie de la population.

IF. — Petite île de la Méditerranée. Elle est située dans la rade de Marseille, département des bouches du Rhône; ce n'est qu'un rocher que couronne une forteresse.

IFFENDIC. — Petite ville du département d'Ille-et-Vilaine. Elle est située dans l'arrondissement de Montfort, et l'on y trouve une importante droguerie. Pop. : 4,300 âmes.

IGLAU. — Ville forte de la Moravie, dans l'empire d'Autriche. Elle est située sur l'Iglava, et c'est le chef-lieu du cercle de son nom. On y trouve des fabriques de draps et de papiers. Pop. : 14,000 âmes.

IGLAVA ou **IGLA.** — Rivière de la Moravie. Elle passe à Iglau et Trébitsch, et se joint à la Schwarza après un cours de 150 kilomètres.

IGLESIAS. — Chef-lieu de la province de son nom, en Sardaigne. Elle était anciennement fortifiée, et c'est aujourd'hui le siège d'un évêché. Pop. : 6,000 âmes.

IGUALADA. — Ville de la province de Barcelone, en Espagne. Elle est située sur la Noya, affluent du Llobregat: on y trouve des filatures de laines et des fabriques de tissus de coton, d'armes à feu et d'eau-de-vie. Pop. : 8,000 âmes.

IGUAPE. — Ville du Brésil. Elle est située dans la province de Saint-Paul et sur une lagune qui communique avec l'Atlantique, autrefois florissante par ses fonderies d'or, on ne la cite plus aujourd'hui que par rapport au pèlerinage qui s'y accomplit.

IGUARASSU. — Ville de la province de Fernambouc, au Brésil. Elle est très-ancienne, mais tout à fait déchue aujourd'hui; sa population n'est guère que de 21,000 âmes.

IGUASSU ou **CORITYBA.** — Rivière du Brésil. Elle coule dans la province de Saint-Paul, passe à Corityba et se joint au Parana, après un cours de 700 kilomètres. Cette rivière offre un grand nombre de chutes et n'est navigable que pour des canaux.

IHNA. — Rivière du royaume de Prusse. Elle passe à Stargard, se perd dans le lac Dammsche-See, qui communique avec l'Oder.

IHTMAN. — Très-petite ville de la Bulgarie, dans la Turquie d'Europe. Elle est située sur le Balkan qui conduit à Constantinople, et c'est en cet endroit qu'on commence à monter le Balkan pour passer le fameux défilé de Soulu-Derbend ou *Porte de Trajan*, ainsi appelé à cause des restes d'un arc qu'on attribue à cet empereur.

IJIGINSK. — Ville forte du district d'Okhotsk, dans la Russie asiatique. Elle est située au fond du golfe de son nom, et l'on y fait un commerce de fourrures. Pop. : 600 âmes.

IK. — Rivière de Russie. Elle coule dans le gouvernement d'Orembourg, passe à Menzelinsk et s'unit à la Kama, après un cours de 360 kilomètres.

IK-ARAL-NOOR. — Lac de l'empire chinois. Il est situé dans le pays des Eleuths, et reçoit le Djabgan ou Dzabkan.

IKI. — Ile du Japon. Elle est située dans le détroit de Corée et sa longueur est de 25 kilomètres.

ILE-DE-FER. — L'une des Canaries. Elle est située au sud-ouest du groupe, et importante en ce qu'elle fut, depuis Ptolémée, le lieu par où les géographes faisaient passer leur premier méridien. Ce méridien est estimé à 20° ouest de celui de Paris.

ILE-DE-FRANCE. — *Voy.* MAURICE.

ILEGH ou ILLEKH. — Ville de l'Etat de Sidi-Hescham, dans l'empire de Maroc. Elle est située non loin de Talcut, et on y visite le tombeau du chérif Ahmed, père de Hescham.

ILES BRITANNIQUES. — Elles se composent de la Grande-Bretagne proprement dite, qui comprend l'Angleterre, la principauté de Galles et l'Ecosse ; de l'Irlande, à l'ouest de l'Angleterre, et les îles Hébrides à l'ouest de l'Ecosse ; au nord de celles-ci, des Orcades ; et, plus loin, des îles Shetland. Au nord de la Grande-Bretagne se trouvent ensuite les îles Anglo-Normandes, tout à fait à proximité de la France ; puis, au sud-ouest, le petit archipel des Sorlingues. La longueur de l'île de la Grande-Bretagne est d'environ 890 kilomètres ; elle a, dans sa partie méridionale, 400 kilomètres de largeur, 104 au centre et 256 vers le milieu de l'Ecosse. Sa superficie est de 45,600 kilom. ; et ses côtes orientales et méridionales, moins profondément découpées que les occidentales, offrent par conséquent moins de golfes importants. Leur pente est aussi beaucoup plus abrupte.

Les montagnes de la Grande-Bretagne se composent de trois groupes : le premier, situé au nord, est formé par les hauteurs du Caithness et de l'Inverness, dont les Orcades, les Hébrides, Skye et Mull forment les extrémités ; le second se compose des monts Grampians et d'autres montagnes qui se terminent au golfe de Forth et à celui de Clyde ; le troisième comprend les monts Cheviot et toutes les aspérités que l'on remarque dans la principauté de Galles et dans la partie méridionale de l'île.

ILES IONIENNES. — Elles forment un Etat particulier, sorte de république aristocratique représentative, qui est placé sous le protectorat de l'Angleterre ; celle-ci peut y entretenir des garnisons et commander les troupes du pays. Elles sont au nombre de sept principales et toutes situées, à l'exception de Cérigo, dans la mer Ionienne. Elles offrent trois groupes distincts : ceux de Corfou, de Céphalonie et de Cérigo ; le premier se trouve vis-à-vis de l'ancienne Epire ; le second, devant le golfe de Patras ; et le troisième, entre la Morée et l'île de Candie. Voici quelle est la division administrative de cet Etat.

ILES OU PROVINCES.	CHEFS-LIEUX.
Corfou.	Corfou.
Paxo.	Porto-Gai.
Sainte-Maure.	Amaxichi.
Ithaca ou Théaki.	Vathi.
Céphalonie.	Argostoli.
Zante.	Zante.
Cérigo.	Capsali.

Corfou est la capitale des Iles Ioniennes.

ILETSKI. — Petite ville fortifiée du gouvernement d'Orenbourg, en Russie. On y trouve des fabriques réputées de joaillerie, d'horlogerie et d'instruments, et on y exploite une riche mine de sel gemme. Pop. : 2,000 âmes.

ILFRACOMBE. — Ville du comté de Devon, en Angleterre. Elle est située sur le canal de Bristol où elle possède un port, et l'on y trouve des bains de mer très-fréquentés. Pop. : 3,000 âmes.

ILHEOS. — Comarca de la province de Bahia, au Brésil. Elle est fertile, bien boisée, habitée en partie par des Indiens, et a pour chef-lieu San-Jorge ou Ilheos.

ILI. — Rivière de la Chine. Elle prend naissance dans les monts Thian-Chan, traverse la Droungarie, et va se jeter dans le lac Balkachi, après un cours de 600 kilomètres.

ILISAVETPOL. — Ville de la Géorgie, Russie asiatique. Elle était jadis la capitale du Khanat de Grandjah, mais elle est très-déchue aujourd'hui. On trouve, dans son voisinage, d'immenses ruines au sein desquelles on recueille souvent des médailles perses, parthes, sassanides, grecques et romaines ; puis la colonne de Chamkhor, monument dont on ne connaît pas la destination primitive ; et enfin, des mines de fer et d'alun. Pop. : 12,000 âmes.

ILL. — Rivière de France. Elle prend sa source au bourg de Winkel, dans le département du Haut-Rhin, arrose une partie de ce département et de celui du Bas-Rhin, et va se joindre au Rhin, après un cours de 260 kilomètres.

ILLANOS. — Peuple de l'île de Mindanao, l'une des îles Philippines. Les tribus qui le composent forment, à l'ouest du royaume de Mindanao, une sorte de confédération gouvernée par plusieurs sultans et autres chefs.

ILLE. — Petite ville du département des Pyrénées-Orientales. Elle est située dans l'arrondissement de Prades et sur la Tet. Pop. : 3,200 âmes.

ILLE. — Petite rivière de France. Elle coule dans le département d'Ille-et-Vilaine, et se jette dans la Vilaine, à Rennes, après un cours de 36 kilomètres. Sur plusieurs points, elle se confond avec le canal d'Ille-et-Rance.

ILLE-ET-RANCE (CANAL D'). — Il est tracé dans les départements des Côtes-du-Nord et d'Ille-et-Vilaine, et établit une communication de la Vilaine à la Manche, en suivant le cours de l'Ille et de la Rance, entre Rennes et Dinan. Sa longueur est de 81 kilomètres.

ILLE-ET-VILAINE (DÉPARTEMENT D'). — Il a été formé d'une partie de la Bretagne. Sa superficie est de 668,697 hectares, et sa population est de 562,950 âmes. Il est divisé en 6 arrondissements dont les chefs-lieux sont Rennes, Fougères, Montfort, Saint-Malo, Vitré et Redon, et compte 43 cantons et 347 communes. Rennes est le siége de la préfecture, de son diocèse, de sa cour impériale, de son académie universitaire (*Voir l'Appendice*), et de sa division militaire qui est la quinzième.

ILLER. — Rivière navigable d'Allemagne. Elle prend sa source dans le Vorarlberg, en Tyrol, sépare le Wurtemberg de la Bavière, et va se joindre au Danube, au-dessus d'Ulm, après un cours de 160 kilomètres.

ILLIERS. — Petite ville du département d'Eure-et-Loir. Elle est située dans l'arrondissement de Chartres et sur le Loir. On y trouve des fabriques de draps, de serge et de bonneterie. Pop. : 2,900 âmes.

ILLIMANI. — Un des plus hauts sommets de la chaîne des Andes. Il est situé dans la Bolivia et son altitude est de 7,315 kilomètres.

ILLINOIS. — Rivière des Etats-Unis de l'Amérique. Il arrose l'Etat qui porte son nom, et se jette dans le Mississipi, après un cours de 500 kilomètres.

ILLINOIS. — Un des Etats de l'Union, en Amérique. Il est borné, au nord, par le territoire de Wisconsin ; à l'ouest, par le Mississipi ; au sud, par l'Ohio ; à l'est, par l'Etat d'Indiana ; et il a pour chef-lieu Springfield. Ses principaux cours d'eau sont l'Illinois, la Kahokia, la Kaskakia et l'Ohio, affluents du Mississipi ; puis le Wabash, affluent de l'Ohio. Pop. : 500,000 âmes.

ILLORA. — Ville de la province de Grenade, en Espagne. Elle fut enlevée aux Maures, en 1242, par Ferdinand III, roi de Castille. Pop. : 7,000 âmes.

ILLYRIE. — Province de l'empire d'Autriche. Elle est située au sud-est de la Confédération Germanique, dont elle fait partie. Ce pays, généralement montueux et boisé, offre de belles vallées et possède de riches mines de fer, de plomb, de mercure, d'argent, etc. Il comprend les anciennes provinces de Carinthie, de Carniole, de Trieste, et d'Istrie, et se divise en deux gouvernements, celui de Laybach et celui de Trieste. Pop. : 1,213,000 âmes.

ILLYRIENNES (ILES). — Elles sont situées dans le nord-ouest de la mer Adriatique, près des côtes de l'Illyrie et de la Dalmatie, et les principales sont Veglia, Cherso, Arbo, Pago, Grossa, Brazza Lesina, Corzola et Melida.

ILLZACH. — Commune du département du Haut-Rhin. Elle est située dans l'arrondissement d'Alkirch, et l'on y trouve des fabriques de mouchoirs et d'indiennes, et des blanchisseries de toiles. Pop. : 1,600 âmes.

ILMEN. — Lac de Russie. Il est situé dans l'arrondissement de Novgorod, et verse ses eaux dans le lac Ladoga, par le Wolkhov. Il communique aussi avec le Volga, par la Msta et la Tvertza que réunit un canal.

ILMENAU. — Ville du grand-duché de Saxe-Weimar, en Allemagne. On trouve des mines de fer sur son territoire.

ILOVLA ou ILAVLIA. — Rivière de Russie. Elle coule dans les gouvernements de Saratov et des Cosaques du Don, et se jette dans le Don après un cours de 300 kilomètres.

IMBABURU. — Volcan de la chaîne des Andes. Il est situé dans la république de l'Equateur, près d'Ibarra.

IMOLA. — Petite ville épiscopale de la légation de Ravenne, dans l'Etat du pape. Les Français y battirent les Autrichiens en 1797. Pop. : 9,000 âmes.

IMPHY. — Village des environs de Nevers, département de la Nièvre. On y trouve un important établissement pour la préparation de cuivres laminés et martelés, et de tôle en fer blanc d'après la méthode anglaise. Pop. : 1,500 âmes.

INADA ou AINADA. — Petite ville de la Romélie, dans la Turquie d'Europe. Elle est située sur la côte de la mer Noire, et les marais dont elle est environnée en rendent le séjour si malsain, qu'il faut, dit-on, changer sa garnison tous les quinze jours.

INAGUE (GRANDE). — Une des îles Lucayes. Elle est située au sud du groupe, entre les Cayques et la pointe est de Cuba, et l'on y trouve des marais salants.

INAMBARI. — Rivière de l'Amérique méridionale. Elle prend sa source dans la Bolivia, département de la Paz, coule dans le pays des Indiens indépendants, et s'unit au Béni, après un cours de 450 kilomètres.

INCAFI. — Village de la légation de Vérone, en Italie, empire d'Autriche. Il est situé au pied du Monte-Baldo, et célèbre par le sanctuaire de *la Madona de la corona*, construit dans un escarpement du Baldo. On y monte au moyen de 234 gradins taillés dans le roc, et on en descend par des cordes longues de 130 mètres.

INDALS. — Fleuve de Suède. Il est formé, dans l'Iamtland, par la réunion de l'Ama et de la Ragunda, et se jette dans le golfe de Bothnie, à Sundswall, après un cours de 260 kilomètres.

INDE. — Les anciens et les modernes ont compris sous ce nom trois grandes régions de l'Asie méridionale. L'une arrosée par le Gange est appelée le plus communément, de nos jours, Hindoustan ; la seconde, que les Européens nomment improprement presqu'île *en deçà* du Gange, est désignée par les orientaux sous la dénomination de Deccan ou Dekhan ; enfin la troisième division est formée de la grande péninsule nommée presqu'île *au delà* du Gange, et que l'on appelle aussi Inde extérieure, Indo-Chine, Inde transgangétique. L'île de Ceylan et les Maldives dépendent de cette dernière partie de l'Inde. L'étendue générale de ces trois divisions n'est pas exactement connue ; mais on l'évalue toutefois approximativement à 695,000 kilom. carrés. Cette contrée est bornée au nord par un système de montagnes dont le groupe principal est celui de l'Himalaya ; un autre système, celui des Ghauts ou Ghattes, s'étend dans la partie méridionale de l'Hindoustan, et son point culminant atteint 3,000 mètres. Vers la pointe de cette dernière chaîne s'étendent de vastes dépôts de roches volcaniques qui vont former le cap Comorin.

Quant aux cours d'eau, les principaux de l'Indoustan sont le Sind ou Indus, la Nerbudda ou Nerbedah, le Tapti, le Gange, le Kaveri ou Kauveri, la Mahanada ou Mahanadi ou Kattak, et le Panar.

L'Hindoustan ne connaît que deux saisons: celle de la sécheresse et celle des pluies. Durant la première, une langueur mortelle s'empare de toute la végétation; mais une seule nuit pluvieuse suffit pour couvrir de verdure et changer en une belle prairie une plaine qui paraissait aride. C'est en avril et en mai que commence, dans l'intérieur et la partie orientale de l'Inde, la saison pluvieuse; elle se termine vers la fin d'octobre, et cette fin est marquée alors par des changements de vents, de violents orages et des ouragans. Dans le pays appelé les Sircars, les pluies durent huit mois, et seulement deux dans le Karnatik; mais le climat de l'Hindoustan participe de celui de la zone torride; dans la majeure partie de cette vaste contrée, on ne connaît ni la neige, ni la gelée; et ce n'est que dans les montagnes qu'on éprouve quelquefois la froide température de nos Alpes. Ainsi les vallées de Kachemyr, de Sirinagore, de Gorkha, de Népal, entourées de hautes sommités, éprouvent les rigueurs de véritables hivers; mais il leur succède une saison chaude très-prolongée.

Outre les végétaux propres à l'Hindoustan et parmi lesquels on remarque surtout le bananier des sages, le figuier des pagodes et les forêts de bambous, on rencontre encore dans ce pays tous nos arbres fruitiers, c'est-à-dire le pommier, le poirier, le pêcher, l'abricotier, le prunier, l'amandier et le noyer; puis l'oranger et le mûrier; le chêne, le peuplier, le sapin, le cyprès, etc.: et on y cultive enfin la plupart de nos céréales et de nos plantes potagères.

La division politique actuelle de l'*Inde en deçà du Gange*, ou *Hindoustan*, est la suivante: empire Indo-Britannique; royaume de Lahore; principautés de Sindhy ou Sind; royaume de Sindhia; royaume de Népal; territoires soumis aux Français, Portugais et Danois; et royaume des Maldives. L'*Inde au delà du Gange* ou *Inde Transgangétique*, comprend l'empire Birman, le royaume de Siam, le Malacca indépendant, l'Inde transgangétique anglaise, l'empire d'An-Nam ou de Viet-Nam, et les archipels d'Andaman et de Nikobar.

INDE ANGLAISE. — Elle a pour confins, au nord, la confédération des Seikhs ou Sikhs, le Tibet, le Boutan et le Nepal; à l'est, le territoire de l'Inde-trangangétique dépendant ou tributaire de l'Angleterre, et le golfe du Bengale; au sud, l'Océan indien; et à l'ouest, le golfe d'Oman, les principautés du Shindhy et le royaume de Lahore. L'empire indo-britannique se compose de la *présidence de Calcutta*, qui comprend les provinces de Bengale, Behâr, Allahâbad, Aoudh, Agra, Delhi, Gherval, Adjimir, Orissa, Gandwna, et une partie de l'Inde-transgangétique; de la *présidence de Madras*, où se trouvent les provinces de Karnatie, Koïmbatour, Maïssour ou Mysor, Malabar, Kanara, Balaghât et Circars du nord; et de la *présidence de Bombay*, dont les provinces sont celles d'Avrangâbâd, Bedjapour, Kandeich et Guzarate ou Guzerate.

INDE TRANSGANGÉTIQUE ANGLAISE. — Elle a pour confins, au nord, la Chine; à l'est, le même empire et celui des Birmans; au sud, le golfe du Bengale; et à l'ouest, ce même golfe et le Bengale dans la province de Calcutta. Les fleuves qui l'arrosent sont le *Brahmapoutre*, avec ses affluents le Brak et le Goumty; puis l'*Arakan*, le *Salonen*, le *Tavay* et le *Tenasserem*. Cet état se divise en *pays à l'ouest de l'Iraouaddy*, et en *pays à l'est du Salonen*. Les premiers se composent du royaume d'Assam, du Djintiah et du Katchar; des pays des Garraus, des Kouki et des Moïtay; puis du royaume d'Arakan. Les seconds comprennent les provinces de Martaban, de Ye, de Tavay, de Tenasserim et de Malacca; et les îles du prince de Galles et de Singapour.

INDIANA. — Un des Etats de l'Union dans l'Amérique septentrionale. Il est borné, à l'ouest, par l'Etat d'Illinois, dont le Wabash le sépare en partie; au sud, par l'Ohir qui le sépare de l'Etat de Kentucky; à l'est, par l'Etat d'Ohio; et au nord, par le territoire de Michigan et le lac de même nom. Son territoire est fertile et l'air y est doux et salubre. Les Français furent les premiers qui s'établirent dans ce pays, lequel passa sous la domination des Americains en 1783. Pop.: 700,000 âmes.

INDIANAPOLIS. — Capitale de l'Etat d'Indiana. Elle est située dans le comté Marion et sur la branche orientale de la rivière Blanche: c'est une jolie petite ville dont la population est d'environ 3,000 âmes.

INDIGHIRKA ou KOLYMA DE L'OUEST. — Fleuve de la Russie asiatique. Il prend sa source dans les montagnes d'Okhotsk, et se jette dans l'océan Glacial par plusieurs embouchures, après un cours de 1,300 kilomètres.

INDJÉ-CARASSOU. — Fleuve de la Turquie d'Europe. Il traverse l'extrémité méridionale de la Macédoine, et se jette dans le golfe de Salonique, après un cours de 1,300 kilomètres.

INDOUR. — Assez belle ville, chef-lieu de l'Etat de ce nom, dans le Malwa, empire Indo-Britannique. On y remarque un palais bâti en granite, le mausolée de Mahhar-Rao-Holkar, et celui d'Alla-Bnye. Pop.: 90,000 âmes.

INDRAPOURA. — Ville de l'île de Sumatra. Elle est située près de la côte sud-ouest, sur le fleuve qui porte son nom, et près de l'embouchure de celui-ci: c'est la capitale d'un Etat qui est aujourd'hui vassal des Hollandais.

INDRE (DÉPARTEMENT DE L'). — Il a été formé de parties du Berry, de l'Orléanais et de la Marche. Sa superficie est de 688,851 hectares, et sa population de 263,970 âmes. Il est divisé en 4 arrondissements dont les chefs-lieux sont Châteauroux, le Blanc, Issoudun et la Châtre, et compte 23 cantons et 248 communes. Châteauroux est le siége de la préfecture, Bourges celui de son diocèse, de sa cour impériale et de son académie universitaire (*Voir l'Appendice*), et il est compris dans la treizième division militaire.

INDRE-ET-LOIRE (Département d'). — Il est formé de parties de la Touraine, de l'Orléanais, du Poitou et de l'Anjou. Sa superficie est de 611,679 hectares, et sa population de 312,400 âmes. Il est divisé en 3 arrondissements dont les chefs-lieux sont Tours, Chinon et Loches, et compte 24 cantons et 282 communes. Tours est le siége de sa préfecture et de son diocèse, Orléans celui de sa cour impériale, Angers celui de son académie universitaire (*Voir l'Appendice*), et il est compris dans la quatorzième division militaire.

INDRET. — Petite île formée par la Loire, près de Nantes, dans le département de la Loire-Inférieure. Elle dépend de la commune d'Indre, et l'on y trouve une fonderie de canons pour la marine, ainsi qu'un atelier de construction de machines à vapeur.

INGELHEIM (Ober). — Ville du grand-duché de Hesse-Darmstadt, en Allemagne. Elle est située près de Salzbach et de la rive gauche du Rhin. On y fait un commerce de vins estimés : c'est dans cette ville qu'en 788 Charlemagne assembla la diète où Tastillon, (duc de Bavière, fut déposé. Pop. : 2,000 âmes.

INGELHEIM (Nieder). — Ville du grand-duché de Hesse-Darmstadt, en Allemagne. On y voit les ruines d'un palais construit par Charlemagne, et l'on y fait un commerce de vins. Pop. : 2,000 âmes.

INGELMUNSTER. — Ville de la Flandre orientale, en Belgique. Les Français y battirent, en 1794, l'armée anglo-hanovrienne. Pop. : 3,000 âmes.

INGODA. — Rivière de Sibérie. Elle prend sa source dans le sud-est du district de Nertchinsk, et se joint à l'Onon pour former la Chilka, affluent de l'Amour. Son cours est de 500 kilomètres.

INGOLSTADT. — Ville fortifiée du cercle de la Regen, en Bavière. Elle est située au confluent du Schutter et du Danube. Pop. : 7,000 âmes.

INGOUL. — Rivière de Russie. Elle coule dans le gouvernement de Kherson, passe à Elisabetgrad, et se joint au Boug, à Nicolaïv, après un cours de 260 kilomètres.

INGOUVILLE. — Chef-lieu de canton dans l'arrondissement du Havre, département de la Seine-Inférieure. Elle est située en amphithéâtre sur le flanc d'un côteau, vis-à-vis de l'embouchure de la Seine. On y trouve des fabriques de faïencerie, de poterie et de produits chimiques, puis des raffineries de sucre et des corderies. Pop. : 10,000 âmes.

INGOUVILLE. — Commune du département de la Seine-Inférieure, dans l'arrondissement d'Yvetot. Pop. : 1,000 âmes.

INGRANDE. — Commune du département de Maine-et-Loire. Elle est située dans l'arrondissement d'Angers, sur la rive droite de la Loire et sur le chemin de fer de Tours à Nantes. On y trouve des verreries à bouteilles. Pop. : 1,300 âmes.

INGWILLER. — Petite ville du département du Bas-Rhin. Elle est située sur la Moder, dans l'arrondissement de Saverne, et l'on y trouve des fabriques de bonneterie, de savon, de potasse et d'amidon. Pop. : 2,200 âmes.

INHAMBANE. — Fort de l'établissement portugais de Mozambique. Il est situé à l'embouchure de la rivière de son nom, dans le canal de Mozambique, et l'on y fait un commerce de dents d'éléphants, de cornes de rhinocéros et de cuivre.

INHAMPURA. — Fleuve d'Afrique. Il est situé dans la capitainerie générale de Mozambique, et se jette dans la mer des Indes, après un cours de 280 kilomètres.

INHAQUEA. — Ville de la capitainerie de Mozambique. Elle est située à l'embouchure d'un fleuve de son nom, dans le canal de Mozambique.

INN. — Rivière qui prend sa source en Suisse. Elle traverse la Haute et la Basse-Engadine, le Tyrol et la Bavière, qu'elle sépare de l'Autriche proprement dite et va se réunir au Danube, après un cours de 500 kilomètres.

INNERSTE. — Rivière d'Allemagne. Elle prend sa source aux montagnes du Hartz, passe dans le Hanovre et le duché de Brunswick, et va se joindre à la Seine, après un cours de 90 kilomètres.

INNISFALLEN. — Ile de l'Atlantique. Elle est située au sud-ouest de l'Irlande, sur la côte ouest du comté de Kerry, et jouit, chez les Anglais, d'une très-grande réputation de beauté.

INOWRACLAW. — Ville de la régence de Bromberg, royaume de Prusse. Pop. : 4,000 âmes.

INSPRUCK ou **INNSBRUCK**. — Petite ville, capitale du Tyrol. Elle possède une université, une école modèle, un musée appelé *Ferdinandeum*, et une société musicale. Sa population est d'environ 12,000 âmes. On trouve, dans son voisinage, le magnifique château d'Ambras, renfermant de précieuses collections relatives à l'histoire du moyen âge.

INSTERBOURG. — Ville de la régence de Gumbinnen, dans la Prusse orientale. Elle est située au confluent de l'Inster et de l'Angerap. On y trouve une école supérieure, et son industrie est assez active. Pop. : 7,500 âmes.

INTA. — Royaume de la Guinée septentrionale. Il est situé dans le nord-est de l'empire des Achantins sur la gauche de Rio-Volta ou Adirri, et a pour capitale Sallagha ou Sarem. Les habitants de ce royaume sont beaucoup plus civilisés que les Achantins.

INTERLAKEN. — Ville du canton de Berne, en Suisse. Elle est située sur l'Aar, entre les lacs de Thun et de Brieutz. Jusqu'au XVIe siècle, son abbaye, fondée en

1133, fut une des plus riches de la Suisse.

INTRA. — Ville de la division de Novare, dans le royaume sarde. Elle est située sur la rive occidentale du lac Majeur, vis-à-vis les îles Borromées. On y trouve des teintureries et des blanchisseries. Pop. : 5,000 âmes.

INVERARY. — Très-petite ville, chef-lieu du comté d'Argyle, en Ecosse. Sa marine prend une part importante à la pêche du hareng, et un beau canal met son port en communication avec Aberdeen. On trouve, dans son voisinage, le magnifique château du duc d'Argyle, chef de la famille Campbell. Pop. : 2,000 âmes.

INVERNESS. — Chef-lieu du comté de ce nom, en Ecosse. Il est situé sur la rive droite de la Ness. On y remarque l'hôtel de ville, le palais de justice, l'hôpital et la prison. Cette ville possède un collége, une bibliothèque publique et deux sociétés académiques ; son commerce est florissant, et le superbe canal Calédonien vient y aboutir.

IOUG. — Rivière de Russie. Elle coule dans le gouvernement de Vologda, et se réunit à la Sukona, un peu au-dessous de Véliki-Oustioug, après un cours de 350 kilomètres.

IOUGAN. — Rivière de Sibérie. Elle arrose le gouvernement de Tobolsk, et se joint à l'Obi, après un cours de 350 kilomètres.

IPOLI. — Rivière de la Hongrie. Elle se jette dans le Danube, après un cours de 135 kilomètres.

IPS. — Ville de l'archiduché d'Autriche. Elle est située sur la rive droite du Danube, et l'on y trouve une école militaire, ainsi qu'un grand hospice.

IPSWICH. — Ville d'Angleterre. Elle est située sur l'Orwell, et c'est le chef-lieu du comté de Suffolk. On y fait un commerce de grains. Pop. : 2,000 âmes.

IRAK-ADJEMY. — Province de Perse. Elle est située au centre, dans les plaines qui séparent les monts Elbourz, au nord, des monts Elwend, au sud, et qui s'étendent, à l'est, jusqu'au désert. Elle a pour capitale Téhéran, et c'est la province la plus peuplée du royaume.

IRAK-ARABY. — Partie sud-est de la Turquie d'Asie. Elle se trouve placée entre la Perse et l'Arabie, et ses villes principales sont Bagdad et Bassora. C'est une vaste plaine sèche et aride, quoique arrosée par le Tigre et l'Euphrate qui s'y réunissent pour former le Chat-el-Arab. L'Irak-Araby comprenait anciennement la Babylonie et la Chaldée.

IRAOUADDY. — Fleuve de l'Hindoustan. Il prend sa source au Tibet, et, après un cours de 3,000 kilomètres, il verse ses eaux dans le golfe de Martaban, par un grand nombre d'embouchures.

IRBIT. — Petite ville du gouvernement de Perm, en Russie. Elle est importante par ses forges et ses usines, et par la foire considérable qui s'y tient annuellement. Il y vient un grand nombre de commerçants de la Sibérie, de la Russie d'Europe, de la Perse, de la Boukharie et de l'Asie-Ottomane. La population de cette ville est d'environ 3,000 âmes.

IRGHIZ. — Rivière du Turkestan. Après un cours de 500 kilomètres, elle s'unit au Tourghaï, affluent du lac Ak-Sakal.

IRIGNY. — Commune du département du Rhône. Elle est située dans l'arrondissement de Lyon. On y trouve une fabrique de fil de fer et un laminoir. Pop. : 1,100 âmes.

IRKOUT. — Rivière de Sibérie. Elle se joint à l'Angara et son cours est de 350 kilomètres.

IRKOUTSK. — Chef-lieu du gouvernement de ce nom, en Sibérie. Cette ville est située sur la droite de l'Angara, et c'est le siége du gouverneur général de la Sibérie orientale, puis d'un évêché russe. On y remarque un vaste bazar construit en pierre. Irkoutsk possède un gymnase, des écoles élémentaires, une école de navigation, une bibliothèque publique et une imprimerie ; on y trouve des fabriques de draps, de toiles, de chapeaux, de maroquins et de savon, puis des tanneries ; et c'est un entrepôt important du commerce de la Russie avec la Chine. Pop. : 25,000 âmes.

IRLANDE. — C'est, après la Grande-Bretagne, la plus importante des îles Britanniques, et son étendue est considérable, puisqu'elle a 420 kilom. de longueur du nord au sud, 248 de largeur dans son plus grand diamètre, et que sa superficie est de 15,880 kilom. carrées. Elle renferme de nombreuses montagnes qui atteignent peu au delà de 1,000 mètres ; et ces montagnes, distribuées par groupes isolés, forment plusieurs bassins assez importants. Le principal des cours d'eau auxquels elles donnent naissance est le Shannon, qui sort du lac Allen, en traverse plusieurs autres, et se jette dans l'océan Atlantique, après un cours de 332 kilom., par une embouchure de 12 kilom. de largeur. Les marées qui se font sentir dans ce fleuve, déjà très-fortes dans le voisinage de l'océan, deviennent plus fortes à mesure qu'il se rétrécit, et, près de la ville de Limerick, elles s'élèvent de 5 à 7 mètres. Quoique placée à peu près sous les mêmes parallèles que l'Angleterre, l'Irlande est cependant soumise à un climat beaucoup plus humide, ce qu'on attribue au nombre et à l'étendue des lacs qu'elle renferme. Celui de Neagh a une circonférence de 128 kilom.; celui de Corrib a 32 kilom. de longueur sur 4 de largeur, celui de Mask, au nord des précédents, est moins considérable ; puis vient le lac Killerney, célèbre par les sites romantiques qu'on rencontre sur ses bords et par ses bois d'arbousiers.

L'Irlande, jadis couverte de forêts, en est presque dépourvue aujourd'hui, et des marais ou *bogs*, qui forment un des traits caractéristiques de cette contrée, en ont pris la place. C'est au fond de ces bogs que l'habitant recueille le bois nécessaire à ses besoins. La côte irlandaise est remarquable aussi par la multitude de havres qui la découpent. Ce pays est riche en mines de plomb, de cuivre, d'étain, de fer, de houille et de sel ; on y élève aussi de bons chevaux, et on y recueille une grande quantité de miel ; et cependant l'Irlande, malgré les conditions, les éléments de prospérité qui lui ont été accordés par la nature, est en proie, depuis un siècle, à la désolation ; le peuple y est décimé par la plus affreuse misère ; la population, qui était encore en 1795, de 4,263,000 habitants, est presque réduite actuellement des deux tiers ; et l'émigration a pris un tel accroissement depuis quelques années, que si cet état de choses continue, l'île est menacée d'une entière désertion.

IRTICH. — Grande rivière d'Asie. Elle descend de l'Altaï, dans l'empire chinois, traverse le lac Saïsan et passe en Sibérie, puis se joint à l'Obi, après un cours de 2,900 kilomètres.

IRUN. — Petite ville du Guipuzcoa, en Espagne. Elle est située non loin de la rive gauche de la Bidassoa, et importante par son voisinage de la frontière de France.

IRWINE. — Petite ville du comté d'Ayr, en Ecosse. Elle est assez importante par son port et ses nombreuses filatures de coton. Pop. : 5,000 âmes.

IS-SUR-TILLE. — Chef-lieu de canton dans l'arrondissement de Dijon, département de la Côte-d'Or. Il est situé sur le Jignon et près de son confluent avec la Tille. On y trouve des forges, des fonderies, et l'on exploite aussi dans son voisinage des carrières de pierres propres pour des auges et des cuves. Pop. : 1,400 âmes.

ISAC. — Rivière de France. Elle coule dans le département de la Loire-Inférieure, et le canal de Nantes à Brest comprend une partie de son cours. Celui-ci est de 70 kilomètres.

ISAR ou ISER. — Rivière d'Allemagne. Elle prend sa source dans le Tyrol, au nord d'Inspruck, traverse la Bavière, et se joint au Danube après un cours de 300 kilomètres.

ISAUT-DE-L'HOTEL. — Commune du département de la Haute-Garonne. Elle est située dans l'arrondissement de Saint-Gaudens. Pop. : 900 âmes.

ISCHES. — Commune du département des Vosges. Elle est située dans l'arrondissement de Neufchâteau. Pop. : 900 âmes.

ISCHIA. — Ile du golfe de Naples. Elle est renommée par sa grande fertilité, la bonté de ses vins, ses sources thermales, et par le nombre considérable de faucons qui s'y trouvent. Pop. : 24,000 âmes.

ISCHL. — Ville de l'archiduché d'Autriche. On y trouve de riches salines. Pop. : 2,000 âmes.

ISCUANDE. — Chef-lieu de la province de Bennaventura, dans la république de la Nouvelle-Grenade. C'est une très-petite ville, mais qui tire de l'importance des riches mines de platine exploitées dans son voisinage.

ISENGHIEN. — Ville de la Flandre occidentale, en Belgique. On y fait un commerce de fil et de toile. Pop. : 9,000 âmes.

ISEO ou SABINO. — Lac du royaume lombard-vénitien. Il est environné de rochers à pic et de coteaux couverts de vignes et d'oliviers.

ISER. — Rivière de Bohême. Elle se jette dans l'Elbe, après un cours de 90 kilomètres.

ISERANO. — Mont des Etats sardes. Il est situé dans les Alpes grecques, entre la Savoie et le Piémont.

ISÈRE. — Rivière de France. Elle prend sa source au mont Iserano dans les Alpes de Savoie, passe dans les départements de l'Isère et de la Drôme, et se jette dans le Rhône, au-dessus de Valence, après un cours de 260 kilomètres.

ISÈRE (DÉPARTEMENT DE L'). — Il a été formé d'une partie du Dauphiné. Sa superficie est de 820,000 hectares, et sa population de 598,490 âmes. Il est divisé en 4 arrondissements dont les chefs-lieux sont Grenoble, La Tour-du-Pin, Saint-Marcelin et Vienne, et compte 45 cantons et 556 communes. Grenoble est le siège de sa préfecture, de son diocèse, de sa cour impériale, de son académie universitaire (voir l'Appendice), et de sa division militaire, qui est la sixième.

ISERLOHN. — Petite ville du gouvernement d'Arensberg, dans la province de Westphalie, en Prusse. Elle est renommée par sa fabrication d'articles en laiton, bronze et fer, tels que garnitures de meubles, serrures, boucles, cuirasses, dés, aiguilles, fil d'archal, objets plaqués, etc., produits qui sont expédiés dans toutes les contrées du globe. La population de cette ville est d'environ 6,000 âmes.

ISET. — Rivière de Sibérie. Elle coule dans les gouvernements de Perm et Tobolsk, et se jette dans le Tobol, après un cours de 450 kilomètres.

ISIGNY. — Petite ville du département du Calvados. C'est un chef-lieu de canton de l'arrondissement de Bayeux. On y trouve un petit port de commerce sur l'Aure et les gués de la Vire, et il s'y fait un commerce important de beurre, de moules, de viandes salées, de cendres, de graines de trèfle, etc. On y trouve aussi des fabriques de poteries et de porcelaine. Pop. : 2,400 âmes.

ISIGNY. — Chef-lieu de canton dans l'arrondissement de Mortain, département de la Manche. Pop. : 400 âmes.

ISIK. — Montagne de Sibérie. Elle est située dans le gouvernement d'Iéniséisk, près d'Abakank. On y a trouvé d'anciens tombeaux renfermant des ornements d'or et d'argent, et l'on y voit aussi de grandes statues d'hommes.

ISILI. — Ville de l'île de Sardaigne. C'est le chef-lieu de la province de son nom, dans la division de Cap-Cagliari. Pop. : 2,000 âmes.

ISKER. — Rivière de Turquie. Elle prend naissance au Balkan, traverse la Bulgarie et se jette dans le Danube, après un cours de 2,701 kilomètres.

ISLAMABAD. — Grande ville du Bengale, dans l'empire indo-britannique. Elle est importante par son port, son commerce et ses chantiers.

ISLAMNAGAR. — Ville forte de la province

de Malwa, dans l'Hindoustan. Elle est située sur la Betvah, affluent de la Djemnah, et appartient au radja de Bopal, tributaire des Anglais.

ISLANDE. — Ile considérable de l'Amérique septentrionale qui fut découverte, en 861, par un pirate norwégien qui la nomma *Inceland* (terre de neige); mais Flock Wilgerdarson, navigateur de la même nation, qui la visita en 868, lui donna le nom qu'elle porte actuellement, et qui signifie terre de glace. Cette île, l'une des plus curieuses du globe, par les bouleversements et les phénomènes volcaniques dont elle a été et est encore le théâtre, n'est pour ainsi dire qu'un assemblage de montagnes dont le sommet est toujours couvert de neige, quoique le feu couve incessamment dans leur sein; et quelques-unes d'entre elles, sujettes à des transformations multipliées dans leur aspect par suite des tourmentes neigeuses, reçoivent le nom générique de *Jokuls* ou *Iœkuls*. Le plus fameux des volcans de l'Islande est le mont Hécla, ou Hékla, élevé de 1,700 mètres au-dessus du niveau de la mer; toutefois, ce n'est pas le point le plus culminant de la contrée, et voici quelle est l'altitude de quelques autres :

L'OErœfe-Iœkul.	2,028 mètres.
Le Knapefell-Iœkul.	1,950
L'OEster-Iœkul.	1,883
Le Tindfiall.	1,745
Le Glaama-Iœkul.	1,625
Le Sneefell-Iœkul.	1,486

Les flancs de l'Hécla sont hérissés de sommets plus ou moins élevés, terminés chacun par une bouche ignivome, et lorsque le cratère principal se trouve en éruption, toutes ces bouches rejettent en même temps des matières en fusion. En 1783, le Scopta-Sissel lança une telle quantité de débris, que le fleuve Skopt-Aa en fut comblé; et les exhalaisons sulfureuses qui se répandirent sur toute l'île, accompagnées de nuages de cendres furent telles, qu'elles causèrent une épidémie qui décima la population. En 1821, le 20 décembre, l'Eya-Fialls, qui était demeuré plus d'un siècle en repos, lança, à la distance de 8 kilom., des pierres du poids de 30 à 40 kilogrammes; en 1822, le Sneefell-Iœkul eut une éruption; et, l'année suivante, ce fut le tour du Myrdal-Iœkul, du Krabla, du Wester-Iœkul et du Kattagnia-Iœkul.

L'Islande renferme aussi un grand nombre de sources chaudes, dont la plupart sont intermittentes, et les plus remarquables sont celles qui, lancées du sein de la terre, sont nommées hverw ou *chaudières*. Deux surtout ont acquis de la célébrité, ce sont le Geyser et le Strok ou Stroker; elles lancent des gerbes de 3 mètres de diamètre sur 30 à 33 de hauteur, lesquelles sortent en bouillonnant à des époques périodiques.

On prétend que les vallées méridionales de cette île furent jadis abritées par de vastes forêts; mais aujourd'hui on n'y trouve que des bouleaux, des saules et des sorbiers, dont les plus robustes atteignent au plus 4 à 5 mètres de hauteur. Aucun arbre fruitier ne peut y donner du produit, à l'exception du groseiller; l'orge y mûrit rarement; mais on recueille le grain d'une espèce de blé sauvage, l'*Elymus arenarius*. Les prairies sont assez belles et permettent aux Islandais de nourrir un grand nombre de bestiaux; cependant ils sont quelquefois obligés de leur donner, quand le fourrage manque, de la chair d'un poisson appelé par les insulaires stembiter, et qui est du genre *Blennius*. Les bœufs et les vaches, de petite taille, n'ont pas de cornes, tandis que les moutons en sont pourvus, sont hauts sur jambes et ont une laine très-longue. Les chevaux sont petits et de la même race que ceux de la Norwége. Le renard est le seul animal sauvage qui appartienne à l'Islande : l'ours blanc n'y est amené que par les glaçons qui flottent sur l'Océan; et le renne, qui s'y multiplie, y a été aussi transporté. Parmi les oiseaux, les Islandais en possèdent un précieux, c'est l'Eider.

ISLAY ou ILA. — Une des îles Hébrides. C'est la plus méridionale du groupe, et elle est situé à l'ouest du comté d'Argyle, en Ecosse, auquel elle appartient. Assez étendue et fertile, elle fut longtemps la résidence des seigneurs des îles. On y récolte du froment, de l'orge, de l'avoine, des pommes de terre et du lin; et les bestiaux qu'on y élève sont très-estimés.

ISLE. — Rivière de France. Elle prend sa source dans le département de la Haute-Vienne, non loin de Ladignac, passe dans les départements de la Dordogne et de la Gironde, et se joint à la Dordogne près de Libourne, après un cours de 230 kilomètres.

ISLE. — Petite ville du département de Vaucluse. Elle est située dans l'arrondissement d'Avignon, dont elle est l'un des chefs-lieu de canton, et sur une île formée par la Sorgue. On remarque la riche culture de ses campagnes et l'activité de ses usines, qui consistent surtout en filatures de soie et de laine, et en fabriques de draps, cadis, molletons, couvertures de laine, etc. On y fait aussi un commerce de garance, d'huile et de foin. Pop. : 6,300 âmes.

ISLE-ADAM (L'). — Chef-lieu de canton dans l'arrondissement de Pontoise, département de Seine-et-Oise. Il est situé sur la rive gauche de l'Oise, et on y trouve une manufacture de porcelaine. Pop. : 1,600 âmes.

ISLE-BOUCHARD (L'). — Chef-lieu de canton dans l'arrondissement de Chinon, département d'Indre-et-Loire. Il est situé dans une île formée par la Vienne. Pop. : 1,700 âmes.

ISLE-D'ALBI (L'). — Petite ville du département du Tarn. C'est un chef-lieu de canton de l'arrondissement de Gaillac. Elle est située sur la rive droite du Tarn. Pop. : 5,000 âmes.

ISLE-DIEU. — Petite ville du département de la Vendée. C'est un chef-lieu de canton de l'arrondissement des Sables-d'Olonne, et elle est située dans l'île de son nom. Un rocher aride compose en partie son territoire, et l'on n'y récolte qu'une faible partie de ce que réclame la nourriture des habitants qui, du reste, au moyen de la pêche, trouvent une ressource pour se pourvoir ailleurs de ce qui leur manque. Pop. : 2,500 âmes.

ISLE-EN-DODON. — Chef-lieu de canton dans l'arrondissement de Saint-Gaudens, département de la Haute-Garonne. Il est situé entre deux bras de la Save. Pop. : 1,800 âmes.

ISLE-EN-JOURDAIN (L'). — Petite ville du département du Gers. C'est un chef-lieu de canton de l'arrondissement de Lombez. Elle est située sur la rive droite de la Save. Pop. : 5,000 âmes.

ISLE-JOURDAIN (L'). — Chef-lieu de canton dans l'arrondissement de Montmorillon, département de la Vienne. Il est situé sur la rive droite de la Vienne. Pop. : 7,000 âmes.

ISLE-SUR-LE-DOUBS (L'). — Chef-lieu de canton dans l'arrondissement de Baume-les-Dames, département du Doubs. Il est situé sur le canal du Rhône au Rhin. On y trouve un haut-fourneau, des forges, une tréfilerie, et des fabriques de chaînes, de pointes de Paris, etc. Pop. : 1,300 âmes.

ISLE-SUR-LE-SEREIN (L'). — Chef-lieu de canton dans l'arrondissement d'Avallon, département de l'Yonne. On y exploite des carrières de pierres propres à faire des auges. Pop. : 900 âmes.

ISLINGTON. — Grand village du comté de Middlesex, en Angleterre. Il est contigu à Londres, et fournit à cette ville une immense quantité de lait. Il s'y tient un marché de bestiaux. Pop. : 37,000 âmes.

ISMAEL ou ISMAÏLOV. — Ville fortifiée du gouvernement de Bessarabie, en Russie. Souworof la prit d'assaut sur les Turcs en 1790. Pop. : 22,000 âmes.

ISNIK-MID ou NIKMID. — Petite ville de l'Asie mineure, empire ottoman. C'est l'ancienne *Nicomédie*, qui était l'une des plus vastes cités des Romains. Elle est assez commerçante et compte environ 5,000 habitants.

ISOLA. — Ville d'Illyrie, dans l'empire d'Autriche. Elle est située sur le golfe de Trieste, et son territoire produit un vin estimé, dit *Ribella*. Pop. : 3,000 âmes.

ISOLA. — Ville épiscopale de la Calabre ultérieure 2e, dans le royaume de Naples. Pop. : 3,000 âmes.

ISOLA. — Ville de la Terre de Labour, dans le royaume de Naples. Elle est située dans une île du Liri. Pop. : 3,000 âmes.

ISOLA-ROSSA (L'). — Chef-lieu de canton dans l'arrondissement de Calvi, en Corse. C'est une ville murée, ayant un port sur la côte nord-ouest de l'île. Elle tire son nom de la petite île qui se trouve située devant ce port. Pop. : 1,500 âmes.

ISONSO. — Fleuve d'Illyrie, empire d'Autriche. Il passe à Gorizia et se jette dans le golfe de Trieste, après un cours de 120 kilomètres.

ISPAGNAC. — Commune du département de la Lozère. Elle est située sur le Tarn, dans l'arrondissement de Florac. On y trouve une filature de coton. Pop. : 1,800 âmes.

ISPAHAN. — Ancienne capitale du royaume de Perse. Elle est située dans l'Irak-Adjemy et sur le Zendeh-Roud. On y remarque le palais du roi, ceux de Seadetabad et de Feth-ali-châh, la mosquée royale, la place de Meïdan, qui est la plus vaste du monde, le bazar d'Abbas, etc. Cette ville possède plusieurs collèges ; de nombreuses fabriques de soie, de coton, de draps, de velours, de verres de couleurs, de poterie, etc. ; son commerce est florissant, et sa population que quelques-uns portent à 200,000 âmes, comprend beaucoup de Juifs et d'Arméniens. Les premiers habitent le faubourg de Iaoudia, les seconds, celui de Djoulfa.

ISSIGEAC. — Chef-lieu de canton dans l'arrondissement de Bergerac, département de la Dordogne. Pop. : 1,100 âmes.

ISSOIRE. — Petite ville située sur la Crouze, non loin de l'Allier, dans le département du Puy-de-Dôme. Chef-lieu d'arrondissement, elle comprend 9 cantons et 116 communes. On admire son église, remarquable par son antiquité et ses mosaïques, et sur la muraille extérieure de laquelle on a représenté les 12 signes du zodiaque. Issoire possède un collège et sa population est d'environ 5,500 âmes. C'est la patrie du chancelier Duprat.

ISSOUDUN. — Ville située sur la Théols, dans le département de l'Indre. Chef-lieu d'arrondissement, elle comprend 4 cantons et 49 communes. Elle possède un collège, et fait un commerce de draps, de bas, de chapeaux, de bestiaux, etc. Sa population est d'environ 6,000 âmes.

ISSY. — Commune du département de la Seine. Elle est située dans l'arrondissement de Sceaux, et près de la rive gauche de la Seine et du chemin de fer de Paris à Versailles. On y trouve un séminaire, et non loin de là, un des forts qui protègent les abords de la capitale. Pop. : 2,600 âmes.

ISTA. — Petite ville du gouvernement de Penza, en Russie. Elle est réputée par ses nombreuses fabriques de tapis et sa manufacture impériale de haute-lisse.

ISTHME. — On sait que l'on entend par presqu'île ou péninsule une portion de terre assez considérable qui s'avance plus ou moins dans la mer, c'est-à-dire qui se trouve entourée d'eau, et ne tient au continent que par un seul côté, lequel forme comme une bande de terre. C'est ce côté qu'on nomme *Isthme*. Il est à la terre ce que le détroit est à la mer : il forme la jonction d'une presqu'île au continent, comme le détroit forme un canal de jonction d'une mer intérieure à l'Océan, ou de deux mers quelconques entre elles. Ainsi la Morée et la Crimée sont deux presqu'îles dont les isthmes sont formés par les langues de terre qu'on appelle, pour la Morée, l'isthme de Corinthe, et, pour la Crimée, l'isthme de Périkop. Mais les deux isthmes les plus renommés sont : l'isthme de Suez, qui joint l'Afrique à l'Asie, et l'isthme de Panama, qui joint l'Amérique méridionale à l'Amérique septentrionale.

ISTHME. — Un des départements de la république de la Nouvelle-Grenade. Il se divise en deux provinces : Panama et Veragua. Pop. : 105,000 âmes.

ISTRES. — Chef-lieu de canton dans l'arrondissement d'Aix, département des Bouches-du-Rhône. Il occupe l'emplacement de l'ancienne *Cecylistrium*. Pop. : 3,000 âmes.

ISTRIE. — Province de l'Illyrie, dans l'empire d'Autriche. Elle est comprise dans le gouvernement de Trieste et se compose principalement de la presqu'île de son nom, au nord de la mer Adriatique. Pop. : 195,000 âmes.

ITALIE. — Vaste péninsule située dans la Méditerranée, entre le 46ᵉ degré 40' et le 36ᵉ 40' de latitude nord, et entre le 3ᵉ degré 20' et le 16ᵉ 10' de longitude orientale. Elle est appuyée au nord contre les Alpes ; à l'est, elle est baignée par les eaux de la mer Adriatique ; à l'ouest par celles de la mer de Sicile, le canal de Sardaigne et de Corse, et le golfe de Gênes. Elle est traversée dans toute son étendue, c'est-à-dire des Alpes Carniques au cap Bove en Sicile, par une chaîne de montagnes appelée les Apennins, laquelle n'est autre qu'un bras de l'immense vallée circulaire qui domine le Mont-Blanc. Cette chaîne, qui présente 133 myriamètres de développement direct, se ramifie sur tout le sol italique, puis plonge dans la mer pour aller rejoindre l'Atlas et se perdre avec lui aux îles Canaries. L'Italie est une des contrées de l'ancien hémisphère qui ont le plus été soumises à l'action des feux souterrains. Ainsi, au nord-est, des gerbes de flammes, des fleuves de laves et des pluies de cendres couronnèrent les monts Euganéens ; au centre, de nombreux volcans, actuellement remplacés par des lacs profonds, couvrirent le sol aujourd'hui paisible de la Toscane et des États de l'Église ; et, au sud, les champs Phlégréens préludèrent aux éruptions du Vésuve, liant à eux les bouches ignivomes d'Ischia, des îles Lipari, et l'Etna, le colosse de la Sicile. A notre époque, le Vésuve et l'Etna sont les seuls volcans qui soient encore en activité dans l'Italie.

On divise cette contrée en quatre grandes régions : 1° la vallée du Pô, pays de grande culture par assolements ; 2° la région des Oliviers, qui embrasse la partie occidentale des Apennins, et s'étend du nord-ouest, depuis le golfe de Gênes, au sud-ouest, en y comprenant l'une et l'autre Calabre ; 3° la région des montagnes où l'on trouve un froid âpre, des sites sauvages, de grands espaces non habités et de vastes forêts ; 4° la région du Palmier et du Cotonnier, qui occupe les plaines peu étendues de l'Apulie, des Abruzzes, et tout le versant oriental des Apennins. Ces diverses régions sont arrosées par de grands fleuves qui y répandent la fertilité : au nord, ce sont la Save, le Pô, le Tésin, l'Adda, l'Adige, le Tagliamento, la Piave, et la Brenta, qui coulent des Alpes dans l'Adriatique ; au centre, l'Arno, dont les sources sont voisines de celles du Tibre, puis l'Ombrone, le Tévérone, le Métauro, le Tronto, la Pescara et le Fortore ; au sud, le Garigliano, le Volturno, le Basiento et l'Osanto. Enfin des lacs d'une assez grande étendue sont aussi répartis sur le sol italique, et les principaux, placés aux pieds des Alpes Rhétiennes, sont ceux de Como, d'Osio, de Garda, et le Lago Maggiore.

Considéré sous le rapport de son classement politique actuel, l'Italie offre treize divisions qui sont : l'Italie autrichienne, l'Italie suisse, le royaume sarde, la principauté de Monaco, les duchés de Lucques, de Parme et de Modène, le grand-duché de Toscane, la république de Saint-Marin, l'État de l'Église, le royaume des Deux-Siciles, l'Italie française et l'Italie anglaise.

ITAMARACA. — Île qui dépend de la province de Pernambuco, au Brésil. Elle est importante par ses salines, et le port de Catuama qu'elle forme avec la côte du continent.

ITAPARICA. — Île de la baie de San-Salvador, au Brésil. On y fait un grand commerce de farine de manioc, de sucre, de tabac et de légumes secs.

ITAPEMIRIN. — Ville de la province de Esperito-Santo, au Brésil. Elle a été fondée, en 1815, près de l'embouchure du petit fleuve de son nom, dans l'Atlantique.

ITAPICURU. — Fleuve du Brésil. Il coule dans la province de Bahia et se jette dans l'Atlantique, après un cours de 600 kilomètres. Un autre fleuve de même nom arrose aussi dans le Brésil la province de Maranham, et verse dans l'Atlantique, après un cours de 700 kilomètres.

ITAPICURU-GRANDE. — Ville du Brésil. Elle est située sur la rive droite du fleuve de son nom et au-dessus de son embouchure. L'agriculture de son territoire est florissante.

ITON. — Rivière de France. Elle prend sa source dans le département de l'Orne, passe dans celui de l'Eure, se divise en plusieurs branches au-dessous de Bourth, dont l'une va se joindre à l'Aure, à Verneuil ; puis les autres, se réunissant après en une seule, se perdent dans un gouffre entre Damville et Évreux, pour reparaître à 6 kilomètres plus loin.

ITOUROUP. — C'est la plus grande des îles Kouriles. Elle est située dans le sud-ouest du groupe et près du Japon, auquel elle appartient. On y fait un commerce de fourrures.

ITRI. — Ville de la Terre de Labour, dans le royaume de Naples. Les Français y furent vaincus, en 1503, par Gonzalve de Cardoue. Pop. : 5,000 âmes.

ITTENHEIM. — Commune du département du Bas-Rhin. Elle est située dans l'arrondissement de Strasbourg. Pop. : 900 âmes.

ITZEHOE. — Ville du Holstein, en Danemarck. On y fait un commerce de chevaux et de bestiaux. Pop. : 3,000.

IUNG-FRAUENHORN ou MONTAGNE DE LA VIERGE. — Elle est située en Suisse, dans le canton de Berne, et offre l'un des points les plus curieux de la chaîne septentrionale des Alpes. Enveloppée d'une triple enceinte de monts qui ont à leurs pieds les eaux autrefois réunies en une seule nappe des lacs de Thun et de Brientz, la Vierge s'élance du sein même du vallon de Lauterbrunnen, monte rapide à 4,962 mètres au-dessus du niveau de la mer, et se termine par une longue aiguille de glace, sur laquelle se jouent les rayons solaires, en y produisant les effets les plus pittoresques. Le pic de la Vierge s'aperçoit distinctement de Strasbourg, qui en est cependant éloigné de 22 myriamètres en ligne droite, et sa cime étincelante se dessine vivement sur le fond empourpré du ciel. Cette montagne se divise néanmoins en trois sommets : le moins élevé conserve le nom de *Vierge* ; le second prend celui de *Moine*, de sa prétendue ressemblance avec un capuchon ; et le troisième est le *Pic*, qui n'a point encore été escaladé. La fonte incessante de ce pic, qui se revêt chaque nuit d'une nouvelle couche de glace, donne naissance au Staubach, qu'on appelle aussi le *Ruisseau de poussière*.

IUZCHAT. — Ville de la Caramanie, dans la Turquie d'Asie. Elle est située au pied des montagnes. Pop. : 10,000 âmes.

IVAN. — Lac de Russie. Il est situé dans le gouvernement de Toula, et le Don et le Chat y prennent leurs sources.

IVICA. — Petite ville épiscopale de l'île de même nom, dans les Baléares. Elle est renommée par ses immenses salines, et l'on y fait un commerce de bois et de fruits. L'île est couverte de montagnes boisées et le climat en est délicieux. C'est la plus grande de celles que les anciens désignaient sous le nom de *Pityuses*. Quant à la ville, on attribue sa fondation aux Carthaginois, qui l'auraient bâtie 170 ans après Carthage. Sa population est de 6,000 âmes.

IVOIRE (Cote d'). — Partie occidentale de la Guinée septentrionale, dite *Côte des Dents*.

IVRÉE ou IVREA. — Ville épiscopale de la division de Turin, royaume sarde. Elle est située sur la Doire-Baltée, à l'issue de la vallée d'Aoste. On y fait un commerce de fromages et de bestiaux. Pop. : 8,000 âmes.

IVRY-LA-BATAILLE. — Commune du département de l'Eure. Elle est située sur l'Eure, dans le canton de Saint-André, arrondissement d'Evreux. On y voit une pyramide élevée en mémoire de la victoire qu'en 1590 Henri IV y remporta sur le duc de Mayenne. Cette commune possède des fabriques de cuirs, de peignes d'ivoire, etc. Pop.: 1,000 âmes.

IVRY-SUR-SEINE. — Commune du département de la Seine. Elle est située sur la rive gauche de la Seine, dans l'arrondissement de Sceaux. On y trouve des fabriques de produits chimiques et de vernis, une verrerie, une raffinerie de sucre, des tuileries, etc. On y remarque aussi d'immenses caves taillées dans le roc et à double courant d'air, lesquelles servent de dépôts pour recevoir des grains, de la farine, du vin, etc. Pop. : 6,900 âmes.

IWUY. — Petite ville du département du Nord. Elle est située dans l'arrondissement de Cambrai et l'on y fabrique de la coutellerie. Pop. : 3,800 âmes.

IZERNORE. — Chef-lieu de canton dans l'arrondissement de Nantua, département de l'Ain. C'était, dit-on, une ville importante sous la domination romaine. Pop. : 1,000 âmes.

IZNIK ou NICÉE. — Misérable village qui s'élève sur l'emplacement de la métropole de l'ancienne Bithynie, où se tint le premier concile des chrétiens, en 325. On y voit encore une église, un aqueduc et un édifice appelé par les Grecs le *Palais de Théodore*, lequel édifice est remarquable par ses immenses souterrains.

J

JAAR. — Rivière de Belgique. Elle se jette dans la Meuse, à Maëstricht, après un cours de 50 kilomètres.

JABLUNKAU. — Ville de la Silésie autrichienne. On y fait un commerce de toiles, et l'on voit dans son voisinage le fort de son nom, lequel commande la route de Hongrie.

JACA. — Petite ville épiscopale de la province de Huesca, dans l'Aragon, en Espagne. C'est une place de guerre très-ancienne, et qui fut au moyen âge la capitale de l'Aragon. Elle fut prise par Caton, l'an 195 avant Jésus-Christ, et par les Français, en 1808. Pop. : 3,000 âmes.

JACATRA. — Petit fleuve de l'île de Java. Il donnait autrefois son nom à un royaume de cette île. Son cours est de 45 kilomètres.

JACKSON. — Capitale du Mississipi, aux Etats-Unis. Elle est située dans le comté de Hinds et sur le Pearl. C'est une petite ville de récente fondation.

JACKSON (Port). — Il est situé sur la côte sud-est de la Nouvelle Galles méridionale, et c'est l'un des plus beaux du monde.

JACMEL. — Petite ville du département de l'Ouest, dans l'empire d'Haïti. Elle est assez importante par son port et son commerce. Pop. : 6,000 âmes.

JACOBINA. — Petite ville de la province de Bahia, au Brésil. Elle est réputée par ses fabriques de poterie et par ses chevaux.

JACUHY. — Fleuve du Brésil. Il coule dans la province de San-Pedro, et se jette dans le lac de Los Patos, à Portalègre, après un cours de 500 kilomètres.

JAEN. — Petite ville épiscopale de l'Andalousie, en Espagne. C'est le chef-lieu de la province qui porte son nom. On remarque sa cathédrale. Pop. : 19,000 âmes.

JAFFA ou JOPPÉ. — Petite ville de la Syrie, dans la Turquie asiatique. Elle est assez importante par son port, où l'on s'embarque pour aller à Jérusalem, et sa population est d'environ 5,000 âmes. C'est dans ce lieu que la tradition populaire fait construire l'arche de Noé, et, d'après la Bible, le prophète Jonas s'y embarqua pour se rendre à Tarchich. C'est aussi par ce port que Salomon recevait les matériaux employés à la construction du temple.

JAFNAPATAN. — Petite ville de l'île de ce nom, dans le groupe de Ceylan. Elle est importante par ses fortifications, son port et son commerce.

JAFNOU. — Pays de la Sénégambie. Il est situé au nord-ouest de Kaarta, et son chef-lieu, qui porte le même nom, est l'une des stations des Saracolets.

JAGERNDORF. — Ville de la Moravie, dans l'empire d'Autriche. C'est le chef-lieu d'un duché. Pop. : 4,500 âmes.

JAGRA. — Pays de la Sénégambie. Il est situé sur la rive gauche de la Gambie et dépend du Kabou.

JAGUAPURI ou JAUAPURI. — Rivière du Brésil. Elle coule dans la Guyane, et se joint au Rio-Negro.

JAICZA. — Petite ville de Bosnie, dans la Turquie d'Europe. Elle possède une citadelle et une fabrique de nitre importante. Cette ville fut la résidence des rois catholiques de la Bosnie. Pop. : 2,000 âmes.

JAKOBSTADT. — Petite ville du gouvernement de Courlande, en Russie. Elle doit être mentionnée, parce que c'est dans son voisinage que Struve mesura, de 1821 à 1827, la base de l'arc du méridien. Cette opération géodésique, commencée sur ce point, finit au Maggi-Palus sur l'île Hogland, dans le golfe de Finlande.

JALIGNY. — Chef-lieu de canton dans l'arrondissement de la Palisse, département de l'Allier. Il est situé sur la Bèbre et on exploite de la houille dans ses environs. Pop. : 700 âmes.

JAMAIQUE. — Ile de l'Amérique septentrionale. C'est la principale des Antilles anglaises, et elle est traversée par les montagnes Bleues, dont quelques points culminants ont une altitude de 2,400 mètres. Le climat y est chaud et humide, le sol fertile et bien cultivé, et l'on y récolte en abondance du sucre, du café, du cacao, de la cannelle, de l'indigo, du gingembre, de l'acajou, du gayac, de la salsepareille, du tabac. Cette île, qui fut découverte en 1494, par Christophe-Colomb, est devenue l'une des plus florissantes colonies des Anglais. Population : 360,000 âmes.

JAMES. — Grande baie formée par la mer d'Hudson. Elle est située au sud-est, entre le Labrador, le Canada et la nouvelle Galles.

JAMES-RIVER. — Fleuve des Etats-Unis d'Amérique. Il coule dans la Virginie et se jette dans la baie de Chesapeak, après un cours assez considérable, mais qui n'est pas exactement connu.

JANAILLANT. — Commune du département de la Creuse. Elle est située dans l'arrondissement de Bourganeuf. Pop. : 1,500 âmes.

JANINA ou YANIA. — Ville d'Albanie, dans la Turquie d'Europe. Elle est située sur la rive occidentale du lac de même nom, et dominée par deux citadelles. Florissante et possédant une population d'environ 40,000 âmes sous la domination du célèbre Ali-Pacha qui mourut en 1822, elle n'est plus habitée aujourd'hui que par quelques milliers d'Albanais mahométans et de juifs. C'est dans la vallée de Janina que paraît avoir existé la ville de *Dodone*, si fameuse dans l'antiquité par son temple de Jupiter, son oracle, et les chênes de sa forêt qui avaient aussi le don de prophétie.

JANVILLE. — Chef-lieu de canton dans l'arrondissement de Chartres, département d'Eure-et-Loir. C'est la patrie de Colardeau. Pop. : 1,100 âmes.

JANZE. — Petite ville du département d'Ile-et-Vilaine, c'est un chef-lieu de canton de l'arrondissement de Rennes. On y fabrique des toiles à voiles, et l'on y fait un commerce de volailles qui sont estimées. Pop. : 4,300 âmes.

JAPARA. — Ville de l'île de Java. Elle est située sur la côte septentrionale où elle possède un port. C'est le chef-lieu d'une résidence hollandaise qui comprend les régences de Japara, Koedoes, Patti et Jawana.

JAPON (Empire du). — Il est situé entre 126° et 148° de longitude orientale, et 29° et 47° de latitude. Il a pour confins, au nord, l'île Tarraki ou Sakkalian et les îles Kouriles; à l'est, le Grand-Océan; au sud, ce même Océan et la mer Orientale ou Thoung-Haï des Chinois; et à l'ouest, le canal occidental de la Corée, la mer du Japon et sa branche appelée mer de Tartarie. Cet empire se compose de trois îles principales : Niphon ou Nipon, Sickokf ou Sicoco, et Ximo ou Kiou-Siou. La première a 1,200 kilomètres de longueur sur 320 de largeur; la seconde, 200 sur 104 ; et la troisième, 320 sur 80. La difficulté des explorations dans cette contrée, par suite de la défiance des indigènes, fait que l'on ne possède encore sur elle que des renseignements imparfaits; cependant, on sait que l'île de Niphon est riche en mines de cuivre, de mercure, d'or et d'argent, et qu'il s'y trouve 10 cratères en activité; que celle de Sickokf est très-montagneuse ; et que celle de Kiou-Siou, la plus méridionale, fort montagneuse aussi, mais à qui la nature a accordé la végétation la plus riche et la plus variée, se trouve le plus fréquemment en proie aux convulsions volcaniques. En 1826, le mont Illigigama lança au loin, dans la mer, une immense quantité de rochers, et vomit ensuite un énorme torrent qui renversa tout ce qui se trouva sur son passage. Les principaux fleuves qui arrosent le Japon sont le Yodo-Gawa, qui sort du lac Birwano-Oumi, le Tenriou-Gawa qui s'échappe du lac de Souwa, l'Ara-Gawa qui a des sources sur la montagne de Fosio-Daké, le Tone-Gawa formé de la réunion de plusieurs rivières, et l'Iko-Gawa qui prend naissance sur le mont San-ô-Toké. La division administrative de l'empire est établie comme suit :

RÉGIONS.	PROVINCES.	CHEFS-LIEUX.
GOKINAÏ.	Yamasiro.	Kio ou Miyaro.
	Yamato.	Kori-Yama.
	Kawatsi.	Sa-Yama.
	Idzoumi.	Kisi-no-Wata
	Sets.	Osaka.
TOKAÏDO.	Iga.	Wouge-No.
	Ize.	Kouwana.
	Sima.	Toba.
	Owari.	Nakoya.
	Mikawa.	Yosi-Da.
	Tootomi.	Kake-Gawa.
	Sourouga.	Foutsiou.
	Idzou.	Simota.
	Kaï.	Fou-Tsiou.
	Sagami.	Odawara.
	Mousasi.	Yedo.
	Awa.	Yabata-Yama.
	Kadzouza.	Odaki.
	Simoosa.	Seki-Yado.
	Fitats.	Mito.
TOSANDO.	Oomi.	Fikone ou Saway-ma.
	Fida.	Taka-Yama.
	Sinano.	Ouyeda.
	Kootské.	Taïs-Fayasi.
	Simotské.	Outsou-Miya
	Mino.	Oogaki.
	Monts.	Sendaï.
	Ewa.	Yone-Sawa.
FOKOUROKOUDO	Wakasa.	Kobama.
	Yetsisen	Foukyi.
	Yetsiou.	Toyama.
	Yetsingo.	Fakata.
	Kaga.	Kana-Zawa.
	Noto.	Sou-no-Misaki.
	Sado.	Koki.
SANINDO.	Tango.	Myazou.
	Tanba.	Kame-Yama.
	Tasima.	Idzousi ou Deïsi.
	Inaba.	Tots-Tori.
	Foki.	Yonego.
	Idzoumo.	Matsouyé.
	Iwami.	Tsouwa-No.
	Oki.	(Il n'y a que des villages.)
SANYODO.	Farima.	Fimedzi.
	Mimasaka.	Tsou-Yama.
	Bizen	Oka-Yama.
	Bitziou.	Matsou-Yama.
	Bingo.	Foucou-Yama.
	Aki.	Firo-Sama.
	Souwo.	Tok-Yama.
	Nagata.	Faki.
NANKAÏDO.	Kii.	Waka-Yama
	Awasi (Ile d').	Soumoto ou Smoto.
	Awa.	Tok-Sima.
	Sanouki	Taka-Mats.
	Syo.	Matsou-Yama.
	Tosa.	Kotsi.
SAIKAÏDO.	Tsikouzen.	Fouk-Oka.
	Tsikoungo.	Kouroume.
	Bouzen.	Kokoura.
	Boungo.	Ousouki.
	Fizen.	Saga.
	Figo.	Kouma-Moto.
	Fiouga.	Syifi.
	Oosoumi.	Kokou-Bou.
	Satsouma.	Kago-Sima.
L'ÎLE IKI.		Katou-Moto.
L'ÎLE TSOU-MA.		Fou-Tsiou.
GOUVERNEMENT DE MATSMAÏ.	Zezo (Ile de).	
	Kouriles méridionales	
	Tarraki (Ile de).	

YEDO est la capitale de l'empire.

JARNAC. — Bourg du département de la Charente. C'est dans ce lieu qu'en 1369, Henri, duc d'Anjou, remporta une victoire signalée sur les calvinistes. Pop. : 2,500 âmes.

JASSY. — Voy. JASSI.

JAUJA. — Petite ville du département d'Ayacucho, dans la république du Pérou. Elle est située dans la belle vallée de son nom, remarquable par son élévation et sa fertilité. Pop. : 15,000 âmes.

JAURU. — Rivière du Brésil. Elle coule dans la province de Mato-Grosso, et se joint au Paraguay, après un cours de 300 kilomètres.

JAVA (GROUPE DE). — Il est situé dans la Malaisie ou Océanie occidentale. L'île de Java proprement dite est la principale de ce groupe, les autres sont celles de Madura, de Baoli divisée en 8 petits royaumes, et de Lombock qui est régie par un radjah. Elles sont toutes tributaires de la Hollande.

JAVA (ÎLE DE). — C'est la plus importante de l'archipel de la Sonde. Elle est située à l'est de Sumatra, dont elle est séparée par le détroit de la Sonde, entre 5° 50' et 8° 58' de latitude sud, et les 102° 55' et 112° 15' de longitude est, et présente environ 940 kilom. dans sa plus grande longueur, de l'est à l'ouest, sur 160 dans sa moyenne largeur. Sa superficie est de 30,080 kilom. carrés, et sa population est évaluée à 4,800,000 habitants, dont 10,000 Européens, 100,000 Chinois, et le surplus indigènes. Une chaîne de montagnes traverse cette île dans toute son étendue, en jetant à droite et à gauche un certain nombre de chaînons; ces montagnes offrent les bouches de 38 volcans, les uns éteints, les autres en éruption; et le point culminant de la chaîne est le mont Geté, dont l'altitude est de 2,600 mètres au-dessus du niveau de la mer. Parmi les rivières dont Java est arrosé, on remarque surtout le Zolo, le Kediri, l'Indramayou, le Kraouang, le Tchitandini, le Kanjangand et le Tchitaroum. Les campagnes de l'île, qui montent vers la chaîne par un plan doucement incliné, sont couvertes d'une végétation naturelle et de cultures luxuriantes ; et le commerce hollandais a recueilli de tout temps un produit considérable de cette riche et belle colonie où les Chinois se montrent aussi très-actifs. Cette île est divisée administrativement en 22 provinces ou résidences qui sont celles de Bantam, Batavia, Buitenzorg, Krawang, Chéribon, Preangan, Tagal, Pekalongan, Samarang, Japara, Rembang, Soerabaya, Baujoe-Mas, Baglen, Kadoe, Madion, Padjitan, Kediri, Pesoeroe-An, Bezoki, Djokjokarta et Soerakarta. Batavia est la capitale de cette colonie.

JEFFERSON. — Capitale du Missouri, aux Etats-Unis d'Amérique. Elle est située sur la rive droite du Missouri, et non loin de l'embouchure de l'Osage. Pop. 1200 âmes.

JEFFERSON'S - BARRACHS. — Casernement établi dans le Missouri, aux Etats-Unis. Il est situé sur la rive droite du Mississipi, commandé par un général de brigade, et toujours occupé par au moins un régiment d'infanterie. Ce casernement sert aussi d'école pour les cadets destinés au service de l'armée de terre.

JEMMAPES. — Village de la province de Hainaut, en Belgique. Il est célèbre par la victoire qu'y remportèrent les Français en 1792.

JEQUITINHONHA. — Rivière du Brésil. Elle coule dans la province de Minas-Geraës, et se joint à l'Araçuahy pour former le Belmonte. Elle est célèbre par les diamants qu'on trouve dans son lit.

JERSEY. — Ile de la Manche, située non loin des côtes de la Normandie. Elle a 16 kilomètres de longueur et 8 de largeur, et appartient à l'Angleterre. Saint-Hellier est son chef-lieu, et la population totale de l'île est d'environ 20,000 âmes.

JÉRUSALEM. — Ville de la Syrie, dans la Turquie asiatique, et la plus célèbre de l'univers, puisqu'elle est à la fois le berceau du judaïsme, celui du christianisme, le second sanctuaire du mahométisme, et qu'elle fut l'objet des guerres religieuses appelées *croisades*. Les anciens Grecs et les Romains lui donnèrent le nom de *Hierosolyma*, les Arabes celui d'*Elkods*, et les Turcs la désignent aujourd'hui sous celui de *Koudsi-Cherif*, ce qui signifie la sainte par excellence. Cette ville occupe actuellement la partie inférieure du mont Sion, les monts Acra et Moria, puis le Calvaire; elle est entourée de murs très-hauts qui sont en pierres de taille et flanqués de tours; et le torrent d'El-Kedron coule à peu de distance. Nous n'avons pas l'intention de donner ici la description de Jérusalem et de ses environs, déjà produite plusieurs fois dans la collection dont fait partie le présent dictionnaire, et nous rappellerons simplement qu'on remarque surtout dans la cité l'église du Saint-Sépulcre, le couvent catholique du Saint-Sauveur, et les mosquées d'Omar, d'El-Aksa, d'El-Sakchra et de David. Au dehors de la ville, on trouve le mont Olivet ou montagne des Oliviers; le village de Bethany avec les maisons de Lazare, de Simon le lépreux, de Marie-Madeleine et de Marthe; puis le figuier maudit, la vallée de Josaphat, etc.

JÉSUS. — Bourgade des environs de Caxamarca, dans le département de Livertad, république du Pérou. On y voit les restes bien conservés d'une ancienne ville péruvienne, curieusement construite avec d'énormes pierres, dont quelques-unes sont assez grandes pour servir de toit.

JIGAGOUNGAR. — Ville de la province de Thsang, dans le Tibet. Il est aussi le siège d'un évêque catholique et d'un évêque russe. C'est la plus importante de cette région, et on lui accorde une population de 100,000 âmes.

JILLIFREY. — Ville de la Sénégambie. Elle est située sur la Gambie, et c'est la place principale du commerce qui a lieu dans l'Etat de Barrah. Le roi y prélève d'ailleurs un droit sur tous les navires qui montent ou descendent le fleuve.

JIPIJAPA. — Petite ville de la province de Manabi, dans la province de l'Equateur. Elle est renommée par sa fabrication de chapeaux de paille, dont elle exporte une quantité considérable.

JITOMIR. — Chef-lieu du gouvernement de Volhynie, en Russie. Il est aussi le siège d'un évêque catholique et d'un évêque russe. Cette ville, qui est industrieuse et commerçante, possède un séminaire et un gymnase, et sa population est d'environ 18,000 âmes.

JOACHINSTHAL. — Petite ville de la Bohême, dans l'empire d'Autriche. Elle est renommée par ses mines d'argent et de cobalt, et l'on y trouve aussi des fabriques de dentelles, de fil de fer et de papier. Pop. : 4,500 âmes.

JOAO-D'EL-REY. — Petite ville de la province de Minas-Geraes, au Brésil. On y remarque la chapelle des Franciscains, qui est un très-bel édifice. Pop. : 10,000 âmes.

JOB. — Petite ville du département du Puy-de-Dôme. Elle est située dans l'arrondissement d'Ambert. Pop. : 3,400 âmes.

JOBIE. — Ile d'Australie. Elle est située au nord de la nouvelle Guinée et de la baie du Geelvink.

JODOIGNE. — Ville de la province de Brabant, en Belgique. Elle est située sur la Geete, et l'on y fait un commerce de grains et de bestiaux. Pop. : 2,000 âmes.

JOHANNES. — Petites îles de la Micronésie. Elles sont situées au sud-ouest des îles Pelew.

JOHANNISBERG. — Village du duché de Nassau. Il est renommé par la richesse et l'excellence de son vignoble. On y voit un beau château appartenant au prince de Metternich.

JOIGNY. — Petite ville du département de l'Yonne. Chef-lieu d'arrondissement, elle comprend 9 cantons et 108 communes. On y trouve un collège, et l'on y fait un commerce de grains, de vins, de bois, etc. Pop. : 6,700 âmes.

JOINVILLE. — Petite ville du département de la Haute-Marne. Elle est située sur la Marne, dans l'arrondissement de Vassy, dont elle est l'un des chef-lieux de canton. On y trouve des hauts-fourneaux, des forges et des fabriques d'étoffes de laine et de bonneterie. Pop. : 3,200 âmes.

JOKO ou GHIOKA. — Ville de la Sénégambie. C'est la capitale de l'Etat de Kaarta.

JONCOURT. — Commune du département de l'Aisne. Elle est située dans l'arrondissement de Saint-Quentin. Pop. : 900 âmes.

JONCQUIERES. — Commune du département de Vaucluse, dans l'arrondissement d'Orange. On y trouve une filature de soie et une usine à garance. Pop. : 2,200 âmes.

JONSAC. — Petite ville située sur la Seugne, et près de la Sévigné qui tombe dans la Charente, département de la Charente-Inférieure. Chef-lieu d'arrondissement, elle comprend 7 cantons et 120 communes. Cette ville possède une société d'agriculture, et sa population est d'environ 3,000 âmes.

JORAT. — Petite chaîne de montagnes de la Suisse. Elle est située dans le canton de Vaud, et relie les Alpes bernoises au Jura.

JOSEPH (CANAL DE). — En Egypte. Il joint le Nil au lac Kéroun, et semble répondre à l'ancien canal *Onyrynchus* dont parle Strabon. Il a 100 kilomètres de longueur sur une largeur moyenne de 45 mètres.

JOSSELIN. — Chef-lieu de canton dans l'arrondissement de Ploërmel, département du Morbihan. Il est situé près de l'Oust. On y voit les ruines du château du connétable de Clisson ; on y fabrique des draps communs et l'on y trouve des sources minérales. C'est dans son voisinage, à la lande de Mi-Voye, qu'eut lieu, en 1351, le fameux *Combat des trente*. Pop. : 2,800 âmes.

JOURDAIN. — Fleuve de la Palestine. Il prend sa source au mont Hermon, où sa branche principale sort d'un petit lac appelé Phiala, traverse les anciens lacs de Samochonite et de Génézareth, et se jette dans le lac Asphaltite, après un cours de 160 kilomètres.

JOUX (FORT DE). — Il est situé près de Pontarlier, dans le département du Doubs. On l'a construit sur un mamelon isolé, élevé d'environ 200 mètres. Ce fort a quelquefois servi de prison d'Etat, et il a renfermé Mirabeau, Toussaint-Louverture, le marquis de Rivière, etc.

JOUX (LAC DE). — En Suisse. Il est situé dans le canton de Vaux, près du Jura et de la frontière de France, et la vallée qui le renferme, avec deux autres, est surtout remarquable par la fameuse perte de l'Orbe. Cette vallée est élevée de 985 mètres au-dessus du niveau de la mer.

JOUY-EN-JOSAS. — Commune du département de Seine-et-Oise. Elle est située dans l'arrondissement et le canton de Versailles, sur la Bièvre, et l'on y trouve une fabrique renommée de toiles peintes, fondée en 1760 par Oberkampf. Pop. : 1,400 âmes.

JOYEUSE. — Chef-lieu de canton dans l'arrondissement de L'argentière, département de l'Ardèche. Il est situé près de la rive droite de la Baume, et l'on y trouve une filature de soie. Pop. : 2,400 âmes.

JUJUY. — Petite ville, chef-lieu de la province de même nom, dans la confédération du Rio de La Plata. Quoique comprise dans cet Etat, elle est toutefois indépendante de son gouvernement. On trouve dans son voisinage un volcan, dont les éruptions de torrents d'air et de poussière sont très-fréquentes.

JULIANESHAAB. — Dans le Groënland. C'est l'établissement le plus important qu'aient les Danois dans ces régions arctiques.

JULIER (COL DU). — En Suisse. Il est situé dans le canton des Grisons, non loin de la source de l'Inn, et c'est l'un des passages les plus importants de la chaîne des Alpes. Il était connu des Romains, et fut longtemps la route principale du commerce, entre Venise, la Suisse, l'Allemagne et la France. Il se trouve à une hauteur de 2,358 mètres.

JULIERS. — Place forte de la province rhénane, en Prusse. Elle est située sur la Roer, dans le gouvernement d'Aix-la-Chapelle. Pop. : 3,000 âmes.

JUMEAUX. — Chef-lieu de canton dans l'arrondissement d'Issoire, département du Puy-de-Dôme. Il est situé près de la rive droite de l'Allier, et l'on y construit des bateaux. Pop. : 1,800 âmes.

JUMIÉGES. — Commune du département de la Seine-Inférieure. Elle est située sur la rive gauche de la Seine dans l'arrondissement de Rouen, et l'on y remarque les ruines de sa célèbre abbaye de Bénédictins. Pop. : 1,700 âmes.

JURA. — Groupe de montagnes qui se compose de quatre ou cinq chaînes dont la direction est du sud-est au nord-est, et qui s'étend sur une longueur d'environ 240 à 280 kilomètres, depuis la rive gauche du Rhin jusqu'auprès de la perte du Rhône. La largeur est d'environ 80 kilomètres. Ce groupe appartient à la fois au territoire français et au territoire helvétique ; mais il est plus étendu sur ce dernier que sur l'autre. Il se lie, au nord-ouest, avec le groupe des Vosges, et au sud-est, par le Jorat, avec les Alpes bernoises. Les principales vallées du Jura, sont celle de Joux, longue de 24 kilomètres, et que l'Orbe arrose ; celle de la Reuse, un peu plus grande et qui doit son nom à la rivière qui la traverse ; celle du Seyon, qui n'a que 20 kilomètres de longueur, et qui, de même que la précédente, se termine au lac de Neufchâtel ; celle d'Erguel ou d'Imer-Thal, longue de 40 kilomètres et longue de 16, qui aboutit au lac de Bienne ; celle du Dunner, petite rivière de 36 kilomètres de cours qui va se jeter dans l'Aar ; et enfin celle du Doubs qui, depuis la source de cette rivière jusqu'à Saint-Ursanc, a 100 kilomètres de longueur.

La partie du Jura qui se trouve voisine des Alpes est la plus élevée, et, aperçue de Genève, elle a l'aspect d'une longue muraille dont la hauteur est d'à peu près 1,000 mètres ; mais dont plusieurs points culminants dépassent de beaucoup cette élévation, comme les suivants :

Le Reculet	1,717 mètres.
Le mont Tentre	1,690
La Dôle	1,681
Le Colombier	1,675
Le Chasserale	1,617

Les bassins du Jura ont cela de particulier, qu'ils offrent de grands cirques, généralement d'une forme elliptique, dont le grand axe est toujours dirigé dans le sens de la chaîne; ces cirques s'échelonnent au-dessus les uns des autres et varient de dimensions; quelques-uns ont 8 kilomètres de longueur, d'autres en ont jusqu'à 80; et plus ils sont petits, moins ils sont allongés.

Les principaux lacs qui occupent les vallées du Jura, et qui sont en quelque sorte les réservoirs des eaux de ces montagnes, sont ceux de Neufchâtel, de Morat, de Joux et de Saint-Point.

JURA (DÉPARTEMENT DU). — Il a été composé d'une partie de la Franche-Comté. Sa superficie est de 496,930 hectares, et sa population d'environ 316,200 âmes. Il est divisé en 4 arrondissements dont les chefs-lieux sont Lons-le-Saulnier, Poligny, Saint-Claude et Dôle, et compte 32 cantons et 580 communes. Lons-le-Saulnier est le siège de sa préfecture, Saint-Claude celui de son diocèse, Besançon celui de sa cour impériale et de son académie universitaire (voir l'*Appendice*), et il est compris dans la cinquième division militaire.

JURANÇON. — Commune du département des Basses-Pyrénées. Elle est située dans les environs de Pau, et renommée par l'excellence des vins blancs que produit son territoire. Pop. : 2,200 âmes.

JURJURA. — Ramification de l'Atlas, dans l'Algérie. Elle s'étend de Médéah vers Bougie, et son élévation est de 2,300 mètres.

JURNA. — Rivière de l'Amérique méridionale. Elle prend sa source dans le Pérou, entre dans le Brésil, et se jette dans l'Amazone, après un cours de 1,000 kilomètres. Quelques-uns pensent qu'elle communique avec le Coari, dans la partie supérieure de son cours.

JURUENA. — Rivière du Brésil. Elle coule dans la province de Mato-Grosso, et s'unit à l'Arinos, pour former le Topayos. Son cours est de 800 kilomètres.

JURUMENHA. — Place forte de l'Alentijo, en Portugal. Elle est située sur la droite de la Guadiana. Pop. : 600 âmes.

JUSSAC. — Commune du département du Cantal. Elle est située dans l'arrondissement et le canton d'Aurillac. Pop. : 1,500 âmes.

JUSSEY. — Petite ville de l'arrondissement de Vesoul, dans le département de la Haute-Saône. On recueille, dans ses environs beaucoup de débris antiques qui proviennent, à ce que l'on pense, de l'ancienne *Didatium* qui se trouvait dans son voisinage. Pop. : 2,800 âmes.

JUTAY ou JATAHI. — Rivière de l'Amérique méridionale. Elle arrose des contrées peu connues du Pérou et du Brésil, et se jette dans l'Amazone.

JUTERBOCK. — Ville du Brandebourg, dans le royaume de Prusse. Elle est située sur le chemin de fer de Berlin à Magdebourg, par Dessau, et l'on y trouve des fabriques de toiles. Les impériaux y furent battus en 1644, par les Suédois. Pop. : 4,400 âmes.

JUTLAND. — Presqu'île située au nord du Hanovre et au nord-ouest de la Prusse, entre les 53° et 58° degrés de latitude nord, et les 6° et 8° degrés de longitude orientale du méridien de Paris. Cette presqu'île se compose du Jutland proprement dit, qui en occupe la partie la plus septentrionale; du duché de Sleswig, qui en forme la partie centrale; et enfin du Holstein, qui en est l'extrémité la plus méridionale du côté de l'Allemagne. Le Jutland, avec les îles de Seeland, de Fionie et de Laaland, constitue le royaume de Danemark. La surface de cette presqu'île est couverte d'un grand nombre de lacs, dont les plus importants sont ceux de Ploen et de Salent, qui se trouvent dans le duché de Holstein; et avant 1825, la partie septentrionale du Jutland avait une immense étendue d'eau douce, n'ayant de communication avec le Cattegat que par un étroit canal; mais, à cette époque, une terrible bourrasque s'étant élevée sur les côtes orientales, deux larges canaux s'ouvrirent naturellement, et, depuis lors, les eaux du Lümfiord sont salées. Les principaux cours d'eau du Jutland sont l'Eider, qui sort d'un étang près de Bordesholm, dans le Holstein, et va se jeter dans la mer du Nord; la Trave, qui n'appartient au même duché que par sa portion supérieure, et a son embouchure dans la Baltique, et le Guden qui, après avoir arrosé les bailliages de Skanderberg, de Vibord et de Runders, déverse dans le Cattegat.

JUVIGNI-SOUS-AUDAINE. — Chef-lieu de canton dans l'arrondissement de Domfront, département de l'Orne. Pop. : 1,600 âmes.

JUVIGNY. — Chef-lieu de canton dans l'arrondissement de Mortain, département de la Manche. Pop. : 900 âmes.

JUVISY. — Commune du département de Seine-et-Oise, dans l'arrondissement de Corbeil. Elle est située sur l'Orge, près de son confluent avec la Seine, et à la séparation des chemins de fer de Paris à Corbeil. Pop. : 400 âmes.

JUZENNECOURT. — Chef-lieu de canton dans l'arrondissement de Chaumont, département de la Haute-Marne. Pop. : 400 âmes.

K

KABAN-KOULAK. — Lac du pays des Kirghiz, dans le Turkestan. Il reçoit, par le Tchoui, les eaux du lac Tour-Koul, dans l'empire chinois.

KABYLES. — Peuple de l'Algérie. Il est de la race des Berbères, et habite les vallées de l'Atlas, où il se trouve divisé en un grand nombre de tribus. Ils suivent le culte musulman, sans se confondre avec les Arabes, ni les Maures, ni les Turcs.

KACHAN. — Ville de l'Irak-Adjemy, en Perse. Elle est renommée par ses fabriques de coton, de soie et d'ustensiles de cuivre, et l'on y travaille d'une manière remarquable l'or, l'argent et l'acier. On attribue la fondation de cette ville à Zobeïd, femme du calife Haroun-Al-Raschid. Pop. : 30,000 âmes.

KACHKAR ou **KACHGAR.** — Ville du Thian-Chan-Nan-Lou, ou petite Boukharie, dans l'empire chinois. Elle est située sur la rivière de son nom, et défendue par un mur de terre et une citadelle. On y trouve des manufactures de draps d'or et d'argent, et d'étoffes de soie. Pop. : 40,000 âmes.

KAI-ROUA. — Petite ville de l'île d'Awaï, dans l'archipel Sandwich, Polynésie. Un fort domine cette ville, qui est la résidence du gouverneur de l'île, et c'est l'un des lieux les plus peuplés de l'Archipel.

KAI-TCHEOU. — Grande ville du Ching-King, en Chine. C'est le marché le plus important de la province, et son port reçoit, dit-on, annuellement, au delà de 2,000 jonques ou navires.

KAIRWAN ou **QAYROUAN.** — Ville de l'intérieur de l'Etat de Tunis. Elle fut fondée par les Arabes et demeura, durant plusieurs siècles, la capitale de l'Afrique musulmane. On y remarque une vaste mosquée, qu'on dit soutenue par 500 colonnes de granite. Pop. : 40,000 âmes.

KAISANTIK. — Petite ville de la Romélie, dans la Turquie d'Europe. Elle est située dans les défilés du Balkan. Pop. : 10,000 âmes.

KAISARIEH ou **CÉSARÉE.** — Ville de Syrie. Elle fut fondée par Hérode le Grand, en l'honneur d'Auguste, et c'est dans cette cité que s'élevait le magnifique temple dédié à ce prince, et orné de sa statue colossale, imitation de celle de Jupiter Olympien.

KAISARIEH. — Ville de la Caramanie, dans l'Asie-Mineure, empire ottoman. C'est l'ancienne *Césarée*, capitale de la Cappadoce, laquelle comptait 400,000 habitants, lorsqu'elle fut pillée par Sapor, roi de Perse, sous le règne de Valérien. Aujourd'hui, cette ville est encore florissante par son commerce, et sa population est d'à peu près 25,000 âmes. Ses environs sont couverts de débris antiques.

KAISERSLAUTERN. — Petite ville du cercle du Rhin, en Bavière. Elle possède un gymnase, un institut pour les maîtres d'école, une école normale, une prison centrale, des tanneries, des forges, et des fabriques de draps et d'étoffes de coton. Sa population est d'environ 6,000 âmes. On remarque dans cette ville les ruines du château qu'y avait construit Frédéric Barberousse, et c'est dans l'étang qui en dépendait et qu'on a desséché que ce prince fit jeter, en 1230, un brochet auquel il fit attacher un anneau d'or avec une inscription grecque. Ce brochet fut pêché par l'électeur Philippe en 1497, d'où il résulte que le poisson avait au moins, à cette époque, l'âge de 267 ans.

KALABSCHI. — Grand village du pays des Barabras, dans la Nubie. C'est le *Talmis* des anciens. Il est situé entre Assouan et Derr, et presque sous le tropique. On remarque son grand temple, construit sous les empereurs Auguste, Caligula et Trajan, et que quelques-uns rangent parmi les restes les plus précieux de l'antiquité égyptienne. Il a servi d'église aux chrétiens. Dans le voisinage de Kalabaschi, on trouve le monument de Beyt-Ouathy, spéos dont on admire les bas-reliefs historiques.

KALGOUEF. — Ile de la Russie septentrionale. Elle est située dans l'océan Glacial du Nord. Sa longueur est de 90 kilomètres, sur 60 de largeur ; elle est montueuse et couverte de marais ; renferme beaucoup de renards et d'oiseaux aquatiques dont on recherche le duvet, et n'est habitée que par un petit nombre de Samoyèdes.

KALI. — Rivière de l'Hindoustan. Elle prend sa source aux monts Himalaya, dans le Népaul, sépare la province de Délhy de celle de Oude, et s'unit au Kanar ou Déva pour former le Gograh.

KALIL ou **EL-KALIL.** — Petite ville de la Syrie, dans la Turquie asiatique. C'est l'ancienne *Cariath-Arbo* appelée plus tard *Hebron*, la capitale, durant un temps, du royaume de David. On y remarque l'église bâtie par l'impératrice Hélène, et qu'on a transformée en mosquée. La tradition rapporte que cette église fut élevée sur l'emplacement où fut enseveli Abraham. La ville de Kalil est, dit-on, un repaire de malfaiteurs, turcs et juifs, et sa population est d'environ 5,000 âmes.

KALISZ. — Jolie ville épiscopale, chef-lieu du Palatinat et du gouvernement de ce nom, en Pologne. On y trouve un lycée, une école militaire et de nombreuses fabriques, entre autres de draps. Les Polonais y défirent les Suédois en 1706, et, en 1813, un traité y fut conclu entre la Russie et la Prusse. Pop. : 15,000 âmes.

KALLA-SOUSOUG. — Chef-lieu de l'île Bouton, dans le groupe des Célèbes. C'est une très-petite ville, où réside un sultan tributaire des Hollandais.

KALOUGA. — Ville épiscopale, chef-lieu du gouvernement de ce nom, en Russie. Elle est située sur l'Oka. On y trouve un séminaire, un gymnase, une école d'art forestier, une société académique, et un grand nombre de fabriques. Pop. : 35,000 âmes.

KAMENSKOI. — Ville du gouvernement de Perm, en Russie. Elle est située sur un affluent de l'Iset, et l'on y trouve une fonderie de canons et des forges. Pop. : 2,500 âmes.

KAMIENIÉC ou **KAMINIEK.** — Ville fortifiée de l'empire russe. Elle est le chef-lieu du gouvernement de Podolie et le siége d'un évêché catholique et d'un archevêché russe. On y remarque sa cathédrale, et on y trouve un séminaire et un gymnase. Pop. : 13,000 âmes.

KAMTCHATKA. — Vaste péninsule asiatique, à l'extrémité orientale de la Sibérie. Elle se trouve placée entre 51° et 63° de latitude nord, et entre 152° 50' et 710 de longitude est; sa longueur est d'environ 1,360 kilomètres, sur 280 de largeur; et une chaîne de montagnes volcaniques la traverse dans toute sa longueur, du sud-ouest au nord-est pour aller joindre au nord le mont Jablonnoï. Plusieurs de ces montagnes jettent incessamment des flammes, ce qui occasionne une fonte considérable de neige, et produit de nombreux torrents qui renversent tout ce qui s'oppose à leur passage. Parmi ces monts ignivomes, on remarque surtout le Kamtchacaïa, dont les éruptions ont été fréquemment accompagnées de tremblements de terre; le Schoupanowskaïa-Sopka, qui se trouve à l'embouchure du Schoupanow; le pic Streloschenoï ou Strelosocknaïa-Sopka, dont l'altitude est de 2,600 à 3,250 mètres; le pic Koscheleff ou Opalskoï, que quelques-uns regardent comme plus élevé que le pic de Ténériffe; le Tolbatschinskoï, haut de 2,534 mètres; le Kamskaikoï-Sopka et le Krachénin-Kova; le Schiveloutchkaïa, élevé de 3,214 mètres; et le Klioutschewskaïa qui, suivant M. Erman, serait le plus haut de la péninsule et présenterait une altitude de 4,804 mètres. On croit que c'est au prolongement de cette chaîne de montagnes qu'est due la formation des îles Kouriles. Parmi les cours d'eau, on remarque particulièrement, à l'est, l'Olioutora, la Karaga et le Kamtchatka; à l'ouest, la Bolchaïa-Reka, la Kariousova, la Ponstaïa et la Talovka. Plusieurs de ces rivières ne gèlent jamais, soit à cause de la rapidité de leurs cours, soit en raison de la composition chimique de leurs eaux.

Quoique fort longs, les hivers du Kamtchatka n'ont pas cependant toute la rigueur qu'on leur attribue généralement. C'est à partir du mois de juillet que les gelées commencent, et elles se prolongent quelquefois jusqu'à celui de mai. Le thermomètre descend alors de 6 jusqu'à 20 degrés; et durant l'été la température s'élève de 8 à 25 degrés. Parmi les végétaux qui couvrent le sol de cette péninsule, se montre au premier rang le bouleau qui y forme des forêts; puis viennent le mélèze, le peuplier blanc, l'aune, le saule, etc. La pomme de terre, le navet, la carotte, le chou y réussissent assez bien; les habitants obtiennent aussi une fécule de la racine du lis saranna; mais on a vainement tenté d'y cultiver des céréales. Par compensation, les pâturages y sont excellents, ce qui permet d'y élever des bœufs, des moutons et des cochons; toutefois, cette industrie y est encore peu répandue, et les chiens et les rennes constituent les troupeaux. Les ours, les renards, les zibelines, les hermines et les lièvres sont les animaux sauvages les plus communs; et les lacs sont abondamment pourvus de poissons, surtout de saumons, de soles, de limandes, de cabillauds, de lamproies, de brochets, de harengs, d'anguilles, etc.

KAN-SOU. — Province de la Chine. Elle comprend la partie occidentale du Chen-si et une partie de la petite Boukharie, puis se divise en 9 départements : Lan-tchéou, Koung-tchang, Phing-liang, Khing-yang, Ning-hia, Kan-tchéou, Liang-tchéou, Si-Ning et Tchin-si; et 6 districts : King, Thsin, Kiaï, Sou, 'An-si et Ti-hoa. Pop. : 15,193,000 âmes.

KANDY. — Petite ville de l'île de Ceylan, et son ancienne capitale. On y remarque le vieux palais du roi, et un temple de Bouddhâ. Pop. 3,000 âmes.

KANKAN. — Petite ville, chef-lieu du pays de ce nom, dans la Nigritie centrale. Elle est située près du Milo, affluent du Djoliba, et son commerce est assez florissant. Pop. : 6,000 âmes.

KANO. — Chef-lieu de la province de ce nom, dans l'empire des Fellatahs, Nigritie centrale. Cette ville a la forme d'un ovale régulier; elle est entourée d'une muraille de 10 mètres de hauteur, ayant 15 portes en bois recouvertes de lames de fer; et c'est l'un des plus grands marchés de l'Afrique centrale. Pop. : 40,000 âmes.

KANOBIN. — Petite ville de Syrie, dans la Turquie d'Asie. Sa situation est pittoresque et on la regarde comme le chef-lieu des Maronites, montagnards régis par des lois particulières et qui payent simplement un tribut au gouvernement ottoman. Leur patriarche réside dans un vaste couvent dont l'église a été construite par Théodose le Grand. A peu de distance de Kanobin, et sur la pente du Liban, on remarque des cèdres dont on fait remonter l'origine au temps de Salomon.

KANOUDY. — Ville en ruines de la province d'Agra, dans l'empire indo-britannique. C'est l'une des plus anciennes cités de l'Inde, et elle renfermait une immense population au VIᵉ siècle. On y remarque des tombeaux assez bien conservés.

KANSAS. — Rivière des Etats-Unis d'Amérique. Elle coule dans le territoire de l'ouest, entre l'Arkansas et la rivière Plate, et se joint au Missouri, après un cours de 200 kilomètres.

KANY. — Rivière de Perse. Elle arrose l'Irak-adjemy, et se perd dans le désert Salé.

KAOUNPOUR ou **CAUNPOOR.** — Ville de la province d'Allahâbâd, dans l'empire indo-

britannique. Elle est située sur le Gange; son commerce est florissant, et c'est l'une des stations militaires de l'armée anglaise.

KARA. — Mer ou golfe formé par l'océan Glacial du nord. Il est situé sur la côte de la Russie d'Europe et de la Sibérie, et presque durant toute l'année il est encombré par les glaces.

KARA. — Fleuve de Russie. Il prend sa source aux monts Ourals et se jette dans la mer de Kara après un cours de 230 kilomètres. Ce fleuve sépare le gouvernement d'Arkhangel de celui de Tobolsk, et forme comme une limite entre l'Europe et l'Asie.

KARAK. — Ville du Fars, en Perse. Elle est située sur le golfe Persique, et renommée par sa pêche des perles qui rivalise avec celle des îles Bahrain, en Arabie.

KARAKAKOUA. — Gros village de l'île Hawai, dans l'archipel des Sandwich, Polynésie. Il est situé sur la baie de son nom. Pop. 3,000 âmes.

KARAS. — Village de la province du Caucase, dans la Russie asiatique. Il est situé au pied du Bechtau, et on y trouve une colonie composée d'Allemands et d'Ecossais, puis un établissement important de missionnaires qui enseignent le turc et d'autres langues.

KARLSBAD. — Petite ville de la Bohême, renommée par ses établissements de bains qui attirent chaque année une grande affluence d'étrangers. Ses habitants se livrent en outre à une fabrication d'ouvrages d'acier et de quincaillerie qui sont très-estimés. La population est d'environ 3,000 âmes.

KARLSBURG. — Petite ville épiscopale de la Transylvanie, importante par ses fortifications. Elle possède une bibliothèque publique, un observatoire, un hôtel des monnaies, et l'on trouve dans ses environs les plus riches mines d'or de tout l'empire d'Autriche. Telles sont celles de Zalathna, d'Abrudbanya, de Nagyag, etc. La population de Karlsburg est d'à peu près 6,000 âmes.

KARNAL. — Ville de la présidence du Bengale, dans l'Hindoustan anglais. Elle est célèbre par deux grandes batailles qui furent livrées dans ses environs. La première y fut gagnée, en 1739, par Nadir'-chah sur Mohamed-chah; la seconde par les princes mahométans, qui, en 1761, y défirent les Mahrattes.

KAROTCHAT. — Ville du gouvernement de Kourk, en Russie. Elle est renommée par ses fruits. Pop. : 7,000 âmes.

KARPATHES, KARPATHS ou KRAPACKS. — Montagnes qui font partie du système alpique et s'étendent de l'ouest à l'est, entre les 15° et 24° de longitude orientale du méridien de Paris, sur une ligne demi-circulaire d'environ 1,200 kilom. de longueur, dont 100, qui font partie de la grande arête européenne, forment la limite des deux versants qui s'inclinent au nord vers la mer Baltique et à l'est vers la mer Noire. On s'accorde à diviser ces montagnes en trois parties : les *Karpathes occidentaux*, qui, à partir des monts Sudètes, occupent une longueur d'environ 100 kilom.; les *Karpathes centraux*, dont l'étendue est d'à peu près 400 kilom.; et les *Karpathes orientaux*, qui se prolongent de 640 kilom., en décrivant un demi-cercle, jusqu'aux bords du Danube. Plusieurs groupes se font remarquer entre les autres. C'est d'abord celui de Tatra, le plus haut de tous et dont les sommets s'élèvent à 2,400 mètres au-dessus du niveau de la mer. Celui de Fatra comprend un amas de montagnes de moyenne hauteur, mais très-riches en mines, qui s'étendent depuis les bords du Vag jusque vers Kaschau; viennent après cela ceux du Polanaberg et du Vepor; puis, se détachant de tous les autres, celui du Matra s'élève subitement à une assez grande hauteur entre la rivière de Sajiva et celle de Tarna; et le Sasko, qui appartient à ce groupe, a 900 mètres d'élévation, tandis que l'altitude du Kekes, aussi du même groupe, est de 1,000 mètres.

KARRI. — Montagnes du pays des Hottentots, en Afrique. Elles se rattachent aux monts Nieweld, dans le gouvernement du Cap, et leurs points culminants ont une altitude qui dépasse 2,000 mètres.

KARROUS. — Plateaux déserts de l'Afrique méridionale. Ils sont situés dans le gouvernement du Cap et le pays des Hottentots. Couverts, durant une certaine partie de l'année, d'une herbe luxuriante que viennent paître de nombreux troupeaux, ils deviennent d'une aridité extrême au temps de la sécheresse et se présentent sous l'aspect d'une épouvantable solitude.

KARVATHY. — Village de l'Argolide, dans le royaume de Grèce. On trouve dans ses environs les ruines de *Mycènes*, où l'on remarque particulièrement les murailles de la citadelle, la porte d'Argos ou Porte des Lions; d'autres constructions cyclopéennes antérieures à la guerre de Troie, et enfin le monument connu sous les noms de Trésor d'Atrée et de Tombeau d'Agamemnon.

KASAN ou KAZAN. — Ville de Russie. C'est le chef-lieu du gouvernement de son nom, le siége d'un archevêché, et celui d'une des quatre grandes académies ecclésiastiques de l'empire. On y trouve aussi une université, une bibliothèque publique, un observatoire et autres établissements scientifiques; enfin Kasan est un grand entrepôt du commerce de la Russie avec la Sibérie, et possède de nombreuses fabriques de draps, de maroquins, de potasse, etc. Pop. : 40,000 âmes.

KASBIN. — Grande ville de l'Irak-Adjemy, en Perse. Elle est assez importante par son commerce et son industrie, et l'on y remarque d'immenses bazars. Pop. : 60,000 âmes.

KASCHAU. — Petite ville épiscopale de la Hongrie. Elle possède une académie ou université, un archigymnase, un collège, une école de dessin, un arsenal, de nombreuses fabriques, et fait un commerce important avec la Pologne. Pop. : 10,000 âmes.

KASKASKIA. — Rivière des Etats-Unis

d'Amérique. Elle coule dans l'Etat d'Illinois, passe à Vandalia, à Kaskaskia et se jette dans le Mississipi, au-dessous de cette dernière ville, après un cours de 360 kilomètres.

KASKASKIA. — Ville des Etats-Unis. Elle est située sur la rivière de son nom, dans l'Etat d'Illinois, et fut fondée par les Français au commencement du xviiie siècle. Pop. : 2,000 âmes.

KASMARK. — Ville du comitat de Zips, en Hongrie, dans l'empire d'Autriche. Elle est située sur le Poprad, et c'est le centre d'une grande fabrication de toiles. Pop. : 5,000 âmes.

KASROUN. — Petite ville du Fars, en Perse. Elle est située vers le golfe Persique, et l'on trouve dans ses environs les ruines de *Chapour*, où l'on remarque particulièrement les restes de la citadelle, des grottes et des excavations immenses renfermant des débris de statues et de sculptures.

KASSIMOV. — Petite ville du gouvernement de Riazan, en Russie. Elle est importante par son industrie et son grand commerce de pelleteries. On y remarque les restes d'un palais impérial, d'une mosquée et de quelques autres édifices élevés par les Tartares, puis le mausolée du célèbre khan Chagali. Pop. : 6,000 âmes.

KASTORIA ou KESSRIÉ. — Ville de la Macédoine, dans la Turquie d'Europe. Elle est le siège d'un archevêché grec et compte à peu près 18,000 habitants. C'est dans ses environs qu'habitent les Kastarèses, tribus qui sont un mélange de Serviens et de Valaques.

KATTAK ou KUTTAK. — Ville de la province d'Orissa, dans l'empire indo-britannique. Pop. : 40,000 âmes.

KATUNGA. *Voy.* EYEO.

KAZANICH. — Bourg du pays du Caucase, en Russie. Il est situé dans le Daghestan septentrional, vers le centre du khanat de Tarkou. Ses habitants fabriquent des manteaux de feutre et exploitent des mines de fer.

KAZBEK. — Petit endroit de la Circassie, dans la région du Caucase, Russie asiatique. C'est la résidence d'un chef géorgien, qui commande aux Ossètes de la vallée du Terek, depuis Dariel jusqu'à Kaïchaour, et protège, moyennant tribut, les convois russes contre les attaques des montagnards. D'autres tribus ossètes vivent indépendantes et même en état d'hostilité constante contre les Russes : ce sont celles qui descendent des Sarmates-Mèdes de l'antiquité et des Alains et des Azes du moyen âge.

KEDJÉ. — Chef-lieu de la province de Mehran, dans la confédération des Beloutchis, Perse orientale. Pop. : 15,000 âmes.

KEFT ou QOFT. — Ville de la Haute-Egypte. Elle est située sur la rive droite du Nil. C'est la *Coptos* des anciens, l'une des plus florissantes du royaume, lorsqu'elle entretenait un commerce avec l'Inde et l'Arabie par le port de Bérénice. On y voit des restes d'édifices et ceux d'un grand bassin qui servait de port.

KEHL. — Ville du grand-duché de Bade, en Allemagne. Vauban y avait construit, en 1688, et à la tête du pont sur le Rhin, une célèbre forteresse qui fut détruite en 1815. Cette ville eut aussi des imprimeries très-renommées.

KELAT. — Chef-lieu de la province de ce nom, dans la confédération des Beloutchis, Perse orientale. Cette ville est située sur un plateau élevé et très-bien cultivé, malgré la rigueur de son climat. On y remarque le palais du sultan et le bazar. Pop. : 15,000 âmes.

KELLHEIM. — Ville de Bavière. Elle est située sur la rive gauche du Danube, à son confluent avec l'Altmul. On y construit des bateaux et l'on y fait un commerce de dalles et de bois. Pop. : 3,000 âmes.

KELSO. — Petite ville du comté de Roxburg, en Ecosse. On cite la beauté de ses environs et le grand nombre de châteaux dont ils sont couverts. Pop. : 5,000 âmes.

KEN ou CANE. — Rivière de l'Hindoustan. Elle coule dans le Bundelkund et s'unit à la Djemnah, après un cours de 400 kilomètres. C'est cette rivière que Pline nomme *Cainas*.

KENDRICK. — Ile de la Micronésie. Elle est située dans la partie sud-ouest de l'archipel de Magellan, et porte le nom d'un navigateur américain.

KENILWORTH. — Ville du comté de Warwick, en Angleterre. On y voit les ruines d'un château célèbre bâti par Henri Ier et démantelé par Cromwell. Pop. : 3,000 âmes.

KENNEBECK. — Fleuve des Etats-Unis d'Amérique. Il sort du lac Moosehend, coule dans l'Etat du Maine, et se jette dans l'Atlantique, après un cours de 200 kilomètres.

KENSINGTON. — Petite ville de la banlieue de Londres, en Angleterre. On y remarque un château royal dont le parc et les jardins sont une des promenades les plus fréquentées par l'aristocratie, durant l'été. On y trouve aussi, sur la colline de Campden-hill, un des plus beaux observatoires qui existent, lequel renferme, entre autres instruments, la lunette méridienne de Troughton, de 7 pieds; le *West bury circle* de Pond ; l'équatorial de Troughton, de 5 pieds de distance focale ; un autre équatorial gigantesque de Troughton et Simms ; la grande lunette achromatique de Cauchoix, de 18 pieds de distance focale, etc. On a construit, pour ce dernier instrument, une tour de 30 pieds de diamètre, munie d'une coupole en bois de cèdre, et, malgré son poids de 33,000 livres, un effort équivalent à 16 livres suffit pour la mettre en mouvement. L'établissement de cette seule tour est revenu à 100,000 francs.

KENTUCKY. — Rivière des Etats-Unis d'Amérique. Elle arrose l'Etat de ce nom et se jette dans l'Ohio, après un cours de 400 kilomètres.

KENTUCKY. — Un des Etats de l'Union américaine. Il est borné au nord et au nord-ouest par l'Ohio; à l'ouest, par le Mississipi ; au sud, par l'Etat de Tennessee ; et à l'est, par celui de Virginie. Son climat est doux et son sol d'une grande fertilité. Pop. : 780,000 âmes.

KEPSE. — Village de Syrie. On trouve dans son voisinage les ruines de l'ancienne *Seleucia-Pieria*, où l'on remarque surtout les restes des fortifications et d'immenses cryptes.

KERKENI. — Groupe d'îles du golfe de Cabes, dans l'État de Tunis. Elle est habitée par des pêcheurs.

KERMADEC (GROUPE DE). — Dans la Polynésie. Il est situé au sud de l'archipel Viti, et comprend les trois îles appelées Curtis, Macaulay et Raoul.

KERMAN ou SIRDJAN. — Chef-lieu de la province de ce nom, en Perse. Elle est importante par ses fabriques de châles, de tapis et d'armes. Pop. : 30,000 âmes.

KERNOK. — Ville de la Nigritie intérieure. Elle est située sur le Chary, et c'est le chef-lieu de la partie indépendante du Loggoun. Pop. : 15,000 âmes.

KERNS. — Joli bourg du canton d'Unterwald, en Suisse. Il possède une belle église, et sa population est d'environ 2,200 âmes. On y célèbre annuellement, le premier jour du mois d'août, des jeux gymnastiques.

KERPEN. — Ville de la Prusse rhénane. C'était autrefois une place de guerre. Pop. : 2,000 âmes.

KERTCH. — Ville du gouvernement de la Tauride, en Russie. Elle est située sur le détroit d'Enikalé, et sa belle rade jouit de la franchise. On remarque la citadelle et l'église grecque, l'un des plus anciens temples de ce culte ; cette ville possède un musée d'antiquités et compte environ 10,000 habitants ; enfin, on trouve dans son voisinage les ruines de Pantikapaïon, Nymphaïon, Kimeria et Phanagoria qui étaient si florissantes par leur commerce ; puis quelques constructions cyclopéennes qui sont connues sous le nom de *Maisons des Cyclopes*.

KERVIGNAC. — Commune du département du Morbihan. Elle est située dans l'arrondissement de Lorient. Pop. : 2,500 âmes.

KESSEL. — Village du Limbourg, en Hollande. Selon quelques géographes, il occuperait l'emplacement de l'ancien *Castellum Menapiorum*. Pop. : 1,300 âmes.

KESSOUMBA. — Fleuve du Zanguebar, en Afrique. Il se jette dans la mer des Indes vis-à-vis l'île de Zanzibar.

KESZKEMET. — Ville de la Hongrie, située au milieu d'une lande immense à laquelle elle donne son nom. Elle est très-importante par ses grands marchés, ses nombreuses fabriques, ses tanneries, ses savonneries, etc., et sa population dépasse 35,000 âmes.

KET. — Rivière de la Russie d'Asie. Elle coule dans les gouvernements d'Iéniséisk et de Tomsk, et se jette dans l'Obi après un cours de 300 kilomètres.

KETCHO. — Capitale du Tonquin, dans le royaume d'An-Nam, Inde-transgangétique. Elle est située sur le Sankoï, dans l'An-Nam septentrional, et occupe une surface considérable, parce que ses maisons sont entrecoupées de jardins, de champs et de terrains vagues. Le palais du roi et les habitations des mandarins sont seuls construits en briques, les autres sont en terre ou en bois ; des ruines de l'ancienne *Ketcho* se voient dans les environs de la cité moderne. Pop. : 50,000 âmes.

KEW. — Village de la banlieue de Londres, en Angleterre. On y remarque un observatoire, et le jardin botanique le plus riche qu'il y ait sur le globe. On trouve aussi dans son voisinage, à Turnham-Green, le jardin de la société d'horticulture, dans lequel on a formé une des plus belles collections de roses qui soient connues.

KHAÏ-FUNG. — Ville de l'Ho-Nan, en Chine. Elle est située sur une branche du Hoang-Ho, mais plus bas que son niveau, en sorte qu'elle est souvent la proie des inondations, malgré les digues qu'elle oppose à ce fléau. On rapporte à ce sujet qu'en 1642, l'empereur ayant ordonné de percer une digue pour faire périr un criminel qui s'était réfugié dans la ville, 300,000 habitants furent victimes de cet ordre extravagant. C'est à Khaï-Fung que se trouve le principal temple de la colonie juive qui s'établit en Chine, vers l'an 200 avant l'ère chrétienne.

KHALKHAS. — Nation mongole de l'empire chinois. Elle occupe le nord de la Mongolie, entre la Sibérie au nord, et la Dzoungarie à l'ouest, la Charra-Mongolie au sud, et la Mandchourie à l'est. C'est depuis le commencement du XVIIIᵉ siècle que cette nation est soumise à la Chine. Les familles qui la composent sont nomades pour la plus grande partie et habitent sous des tentes de feutre.

KAHREK ou CAREDJ. — Ile de Perse. Elle est située dans le golfe Persique, et l'on y trouve une forteresse bâtie, en 1748, par les Hollandais. Pop. : 1,000 âmes.

KHARKOV. — Chef-lieu du gouvernement de ce nom, en Russie. Cette ville possède une université, un séminaire, un gymnase, un institut de demoiselles nobles, et une société académique ; elle est florissante par son commerce, et sa population est d'environ 25,000 âmes.

KHARTOUM. — Ville du Sennaar, en Afrique. Elle est située sur le Bahr-el-Azrak ou Nil-Bleu. C'est la résidence d'un gouverneur militaire égyptien du Sennaar.

KHATANGA. — Fleuve de Sibérie. Il coule dans le gouvernement d'Iéniséisk, traverse le pays des Samoyèdes, et se jette dans la mer Glaciale, par un vaste estuaire dit *golfe de Khatanga*. Son cours est de 1,000 kilomètres.

KHAZIR. — Rivière de la Turquie d'Asie. Elle coule dans le Kurdistan et c'est un affluent du Grand-Zab.

KHEIBERYS. — Une des grandes tribus des Berdounaris. Elle habite les provinces de Djélalabad et de Peychaver, dans l'Afghanistan, et ses membres sont aussi bons soldats qu'effrontés pillards.

KHEROULUN. — Rivière de Mongolie. Elle coule dans le pays des Khalkhas, sépare la Daourie chinoise de la Daourie russe, et s'unit à l'Orou pour former l'Amour, après un cours de 1,500 kilomètres.

KHERSON. — Chef-lieu du gouvernement de ce nom, en Russie. Elle possède une forteresse, et un port, peu profond, formé par l'embouchure du Dnieper. Son climat malsain à nui à la prospérité de son industrie, qu'avaient d'abord favorisée les chantiers de l'arsenal qu'elle possédait autrefois. Sa population est d'environ 20,000 âmes.

KHIRPOUR. — Chef-lieu de la principauté de ce nom, dans le Sindhy (Hindoustan). C'est une ville fortifiée et située sur un canal dérivé de l'Indus. Pop. : 15,000 âmes.

KHIVA. — Chef-lieu du Khanat de ce nom dans le Turkestan. Cette ville est située sur un canal dérivé de l'Amou-Daria, au milieu d'un territoire fertile, et c'est un grand marché d'esclaves. Pop. : 6,000 âmes.

KHOKAN. — Chef-lieu du Khanat de même nom, dans le Turkestan. C'est une ville industrieuse et commerçante située sur un affluent et non loin du Syr-Daria. On remarque ses mosquées, au nombre de 500, et ses bazars. Elle possède aussi 100 écoles, et des fabriques de coton et d'étoffes de soie brochées d'or et d'argent. Pop. : 60,000 âmes.

KHOUN-DZAKH. — Gros bourg du pays des Lesghis, en Circassie, Russie asiatique. C'est la résidence du khan ou nutsahl des Avars, le prince le plus puissant des hautes montagnes du Caucase oriental, et qui peut armer au moins 10,000 combattants.

KHOUTHAISSI. — Chef-lieu de la province d'Imerethi, dans la région du Caucase, Russie asiatique. C'est une petite ville assez commerçante, et l'on trouve, dans son voisinage, les ruines de l'ancienne cité de même nom, où l'on remarque surtout les restes de la cathédrale.

KHOUZISTAN. — Province de la Perse. Elle est située au sud-ouest, et occupée en partie par des peuplades indépendantes. Ses villes principales sont Chouchter, Dizfoul et Havezé, et sa population s'élève à 900,000 âmes.

KIAKHTA. — Petite ville du gouvernement d'Irkoutsk, en Sibérie. Elle est située sur la frontière de l'empire russe, vis-à-vis de Maïmatchin qui appartient à la Chine. Elle est très-importante en ce qu'elle se trouve être un point de réunion pour le commerce qui s'entretient entre les deux empires et qui consiste en échanges. Au marché qu'on y tient au mois de décembre, il se réalise des affaires pour une valeur de 10,000,000 de francs. Pop. : 2,000 âmes.

KIAMA. — Ville du royaume de Borgou, dans la Nigritie centrale. Elle est située sur le flanc d'une colline, et florissante par son commerce. Pop. : 30,000 âmes.

KIANG. — Le plus grand fleuve de la Chine. Il est formé par la réunion de trois rivières : le Kincha-Kiang, le Ya-Loung-Kiang et le Min-Kiang. Ce fleuve coule dans le Tse-Tchouan, coupe les provinces de Hou-Pé, de Ngan-Hoeï et de Kiang-Sou, et passe par Nanking. La marée s'y fait sentir jusqu'à 700 kilomètres de la mer; les vaisseaux remontent jusqu'à 400 kilomètres plus haut; il a 30 kilomètres de largeur à son embouchure, et son cours est de plus de 4,500.

KIANG-NING ou **NANKING.** — Ville immense, chef-lieu du Kiang-Sou, en Chine. Elle est située sur la rive méridionale du Kiang, et fut autrefois la résidence méridionale des empereurs des Ming. Cette ville est plus grande que Péking; mais plus d'un tiers de la surface qu'elle occupe n'offre que des ruines, des jardins et des champs labourés. On y remarque particulièrement le Pao-ngen-tsé ou *temple de la Reconnaissance*, et naguère on y voyait encore la fameuse tour dite *de porcelaine*. Kiang-Ning a la réputation d'être une cité savante, elle possède de nombreuses bibliothèques, et son commerce et son industrie sont des plus florissants. Pop. : 500,000 âmes.

KIANG-SI. — Province centrale de la Chine proprement dite. Elle comprend à peu près tout le bassin du Kang-Kiang; situé à l'est du Hou-Pé et du Hou-Nan et entre le fleuve Bleu et les monts Nan-Ling et Tang-Ling. Elle est divisée en 13 départements : Nantchang, Iao-Tchéou, Kouang-Sin, Nan-Khang, Kiéou-Kiang, Kiang-Tchang, Fou-Tchéou, Din-Kiang, Ki'an, Chouï-Tchéou, Youan-Tchéou, Kan-Tchéou et Nan'an; et renferme en outre la mouvance directe de Ning-Tou. Elle a pour capitale Nan-Tchang, et compte une population de 23,047,000 âmes.

KIANG-SOU. — Province maritime de la Chine proprement dite. Elle est constituée de la partie est de l'ancien Kiang-Nan, situé à l'embouchure du Hoang-Ho et du fleuve Bleu. Elle comprend 8 départements : Kiang-Ning, Sou-Tchéou, Soung-Kiang, Echang-Tchéou, Tchin-Kiang, Hoeï-An, Yang-Tchéou et Sin-Tchéou ; et les 3 mouvances directes de Taï-Thsang, Haï et Thoung. Cette province, qui est l'une des plus fertiles, des plus industrieuses et des plus riches de l'empire, a pour capitale Kiang-Ning ou Nanking, et sa population est de 37,844,000 âmes.

KIAYN-DEAYN ou **IRAOUADDY OCCIDENTAL.** — Rivière de l'empire birman : c'est un affluent de droite de l'Iraouaddy auquel il s'unit au-dessous d'Ava, après un cours qu'on croit de 700 kilomètres.

KICHENAU ou **KICHINER.** — Ville archiépiscopale, chef-lieu de la Bessarabie, en Russie. Elle possède un gymnase. Pop. : 45,000 âmes.

KIDDERMINSTER. — Jolie petite ville du comté de Worcester, en Angleterre. Elle est renommée par ses fabriques de laine, de soie et de tapis pour les pieds. Pop. : 15,000 âmes.

KIEFFET. — Lac de Perse. Il est situé entre Farsistan et le Kerman, et quelque géographes l'ont confondu avec le lac Bagh-tighan.

KIEL. — Ville située sur un golfe de la mer Baltique, dans le Holstein, royaume de Danemark. On y remarque le château, le canal de Schleswig-Holstein, les bains de mer et les promenades. Cette ville est importante par son mouvement maritime et son commerce, et elle compte environ 13,000 habitants.

KIELCE. — Petite ville épiscopale, chef-lieu du palatinat et du gouvernement de Krakovie, en Pologne. On y trouve un lycée, une école palatinale, une bibliothèque publique et un musée, et il s'y fait un commerce considérable de blé et de ferronnerie. Pop. : 5,000 âmes.

KIEV. — Grande ville, chef-lieu du gouvernement de ce nom, en Russie. Elle est aussi le siége d'un des quatre métropolitains russes et d'un évêché grec. Cette ville, qui est située sur la rive droite du Dnieper, est l'une des plus anciennes de l'empire; elle était le panthéon des divinités slavones et devint l'une des cités sacrées du culte chrétien grec, puis la capitale de l'empire moscovite. Elle est divisée aujourd'hui en quatre enceintes appelées la ville basse, le Vieux-Kiev ou ville haute, le Petcher ou la citadelle, et la ville de Vladimir, fondée par Catherine II. On y remarque la cathédrale ou église Sainte-Sophie, l'un des plus beaux temples de l'empire; puis le palais impérial, l'université ecclésiastique, l'arsenal et le fameux monastère Petcherskoï, dont les catacombes conservent, à l'état de dessication, les corps de 110 martyrs, ce qui attire annuellement un grand nombre de pèlerins. Outre son université, Kiev possède un gymnase, une riche bibliothèque, et c'est dans cette ville qu'en 1531 on imprima le *Psautier* in-4°, regardé comme le plus ancien monument typographique de la Russie. Enfin, c'est à Kiev que se tient la foire si renommée dite *des contrats*. La population est d'environ 45,000 âmes.

KILDONAN. — Colonie fondée sur les bords de la rivière Rouge, dans le Bas-Canada, Amérique anglaise. Elle est principalement occupée par les Ecossais qui ont eu longtemps à la défendre contre les Canadiens libres et les Bois-Brûlés.

KILIA. — Petite ville fortifiée du gouvernement de Bessarabie, en Russie. Elle est située sur la branche nord du Danube. Pop. : 6,000 âmes.

KILID-BAHR ou le CHATEAU D'EUROPE. — Forteresse de la Romélie, dans la Turquie d'Europe. C'est la plus importante de celles qu'on a construites sur la côte d'Europe pour la défense du passage des Dardanelles. Elle est armée de plus de 150 pièces d'artillerie, dont plusieurs sont d'un calibre énorme. En face, sur la côte d'Asie, s'élèvent les batteries de *Sultanié-Kalessi*, armées de 200 pièces.

KILKENNY. — Ville épiscopale, chef-lieu du comté de ce nom, en Irlande. Elle est le siége d'un évêque catholique et d'un évêque anglican. Elle possède une belle cathédrale anglicane, un collège et une importante fabrique de draps. On trouve dans son voisinage le magnifique château d'Osmond, qui renferme une des plus riches galeries de tableaux de l'Irlande; puis la fameuse caverne de Dunmore. Pop. : 24,600 âmes.

KILLARNEY. — Petite ville du comté de Kerry, en Irlande. Elle est située sur les bords du lac de son nom, et renommée par la beauté de ses environs, ainsi que par les curiosités naturelles que l'on y rencontre. Telles sont, entre autres, des cascades, le mont Mangerton, le Nid des Aigles avec ses nombreux échos, la prison d'O'Donaghoe, etc. Cette ville est la résidence de l'évêque catholique de Kerry. Pop. : 7,000 âmes.

KILLICRANKIE. — Passage des montagnes d'Ecosse. Il est situé dans le comté de Perth, et célèbre par la bataille qu'y gagna le vicomte de Dundee, à la tête des montagnards, contre les troupes de Guillaume, en 1689.

KILLYBEGS. — Ville du comté de Donegal, en Irlande. Elle est située sur le lac de Donegal, où elle possède un port, et l'on s'y livre à la pêche du hareng. Pop. : 4,000 âmes.

KILLYLEAGH. — Ville du comté de Down, en Irlande. Elle possède un port sur le Lough-Strangford, et l'on y fait un commerce de toiles et de fil : c'est la patrie du naturaliste Hans Sloane.

KILMORE. — Village du comté de Belfast, en Irlande. C'est le siége d'un évêché.

KILPATRICK. — Petite ville du comté de Dunbarton, en Ecosse. Elle est située à l'endroit où le canal de Forth et Clyde aboutit dans ce dernier fleuve, et ses forges et ses papeteries lui donnent assez d'importance. Pop. : 6,000 âmes.

KILRUSH. — Petite ville du canton de Clare, en Irlande. Elle est située près de l'embouchure du Shannon, et assez importante pour son commerce et ses bains de mer.

KIMBOLTON. — Ville du comté d'Huntingdon, en Angleterre. On y voit un beau château qui fut la résidence de la reine Catherine, répudiée par Henri VIII. Pop. : 1,600 âmes.

KIMITO. — Petite île de Russie. Elle est située sur la côte sud-ouest de la Finlande, et son chef-lieu porte son nom. Pop. : 6,000 âmes.

KIMPINA. — Gros bourg de la principauté de Valachie. Il est important par les riches mines de sel gemme qu'on exploite sur son territoire, à Okna-Telega. On y recueille aussi du bitume qui y sourd en abondance.

KIN-CHA-KIANG. — Rivière de la Chine. C'est l'un des grands cours d'eau dont la réunion forme le Kiang. Elle prend sa source aux monts Kouenlun, et l'on dit qu'elle charrie des paillettes d'or. Son cours est de 1,600 kilomètres.

KINBOURG. — Forteresse de la Tauride, en Russie. Elle est située sur une langue de terre à l'embouchure du Dniéper, et célèbre par la victoire qu'y remporta Souvarow sur les turcs, en 1787.

KING. — Ile de l'Australie. Elle est située entre l'île de Diémen et la Nouvelle-Hollande, dont elle ne se trouve séparée que par le détroit de Bass. On y fait la pêche des phoques.

KING (Golfe de). — Il est formé par la mer des Indes, sur les côtes de la terre de Van-Diémen, et au nord de la Nouvelle-Hollande.

KING-TE-TCHIN. — Ville du Kiang-Si, en Chine. Quelques-uns la qualifient simplement de bourg. C'est l'endroit du monde où il se fabrique le plus de porcelaine, et l'on y emploie, dit-on, 500 fourneaux. Pop. : 500,000 âmes.

KING'S. — Une des îles principales de l'Archipel de Mergni. Elle avait été cédée par le roi de Siam aux Français, qui n'en prirent point possession.

KINGSMILL. — Archipel de la Micronésie; il est situé au sud-est des îles Mulgraves, et traversé par l'équateur.

KINGSTON. — Ville du comté de Surrey, en Angleterre. Elle est située sur la rive droite de la Tamise et sur le chemin de fer de Londres à Southampton. On y a couronné plusieurs des rois Saxons. Pop. : 6,000 âmes.

KINGSTON. — Petite ville épiscopale du haut Canada, Amérique anglaise. Elle est située à l'embouchure du Cataraqui, et à l'issue du Saint-Laurent du lac Ontario. Cette ville, qui se trouve près de l'emplacement de l'ancien fort Fontenac, est très-florissante par son commerce, et elle possède un port, un arsenal et un chantier militaire. Pop. : 8,000 âmes.

KINGSTON. — Ville de l'île de la Jamaïque, l'une des Antilles anglaises. Elle est bâtie sur la côte méridionale, au fond d'une superbe baie, et défendue par deux forts. Son commerce est assez considérable. Pop. : 14,000 âmes.

KINGSTON. — Chef-lieu de l'île de Saint-Vincent, une des petites Antilles anglaises. Pop. : 8,000 âmes.

KINROSS. — Chef-lieu du comté de ce nom, en Ecosse. Il est situé près du lac Leven. Pop. : 3,000 âmes.

KINSALE. — Grande ville du comté de Cork, en Irlande. Elle possède un port, des bassins, des chantiers, et sa marine prend part à la pêche du hareng. : Pop. : 7,000 âmes.

KINZIG. — Rivière d'Allemagne. Elle prend sa source aux montagnes de la Forêt Noire, dans le Wurtemberg, traverse le grand duché de Bade et se jette dans le Rhin, à Kehl, vis à vis Strasbourg, après un cours de 80 kilomètres.

KIO ou **MIAKO.** — Grande ville de la province de Yamasiro, au Japon. Elle est située dans une plaine environnée de collines et baignée au Levant par le Kamo ou Kamo-Gawa, affluent du Yodo-Gawa. Longtemps elle fut la capitale de l'empire, et ses édifices sont nombreux. On remarque particulièrement le palais du dairi, surmonté d'une belle tour carrée ; celui du segoun, construit en pierres de taille ; le temple de Fokosi, célèbre par l'image colossale du grand Bouddha appelé Bousiana ou *le Resplendissant* ; et celui de Kwauwon. On voit aussi, dans cette ville, la plus grande cloche connue, laquelle pèse 2,040,000 livres hollandaises ; et l'on y trouve enfin des universités et une académie chargée de la rédaction des annales de l'empire et d'un almanach impérial. Pop. : 600,000 âmes.

KIOLEN (Monts de). — C'est la partie septentrionale de la chaîne scandinavique. Elle s'étend entre la Suède et la Norwége et dans le Finmark, et son point culminant est le Sulitelma, dont l'altitude est de 1850 mètres.

KIOUSIOU. — La plus méridionale des grandes îles du Japon. Elle est séparée de la Corée par le détroit du même nom; sa longueur est d'à peu près 350 kilomètres sur 90 de largeur, et ses principaux lieux sont Nangasaki et Sanga.

KIRCHEH. — Bourgade du pays des Barabras, dans la Nubie. On y voit un hemispéos, dont la partie excavée dans le rocher est un travail immense, et l'une de ses salles est soutenue par six énormes piliers dans chacun desquels est taillé un colosse.

KIRENGHA. — Rivière de la Russie Asiatique. Elle se jette dans la Léna, au-dessous de Kirenski, après un cours de 450 kilomètres.

KIRGHIZ ou **KAISSAKS.** — Peuple du Turkestan. Il en occupe la partie septentrionale, et quelques-unes de ses tribus sont répandues aussi dans la Sibérie et dans l'empire chinois. On les divise en trois hordes : la *grande*, dont quelques fractions s'étendent dans le Turkestan chinois, et la *moyenne* et la *Petite* qui habitent au nord du lac d'Aral jusqu'à l'Oural. Les Kirghiz sont nomades, courageux, et possèdent de nombreux troupeaux de chevaux, de chameaux, de gros bétail, de moutons et de chèvres.

KIRK-KILLISSIA. — Ville de la Romélie, dans la Turquie d'Europe. Elle est située près d'un affluent de la Maritza, et habitée par un grand nombre de Juifs, qui fournissent du beurre et des fromages à Constantinople. Pop. : 16,000 âmes.

KIRKALDY. — Petite ville du comté de Fife, en Ecosse. Elle est importante par sa marine marchande et ses mines de houille, et l'on y trouve une bibliothèque publique et un observatoire. Pop. : 5,000 âmes.

KIRKCUDBRIGHT. — Chef-lieu du comté de ce nom, en Ecosse. Il est situé à l'embouchure de la Dee dans la baie de Kirkcudbright, formée par la mer d'Irlande. Pop. : 3,500 âmes.

KIRKHAM. — Ville du comté de Lancaster, en Angleterre. Elle est située sur la Ribble et près de son embouchure. Pop. : 3,000 âmes.

KIRKINTILLOCH. — Ville du comté de Dumbarton, en Ecosse. On y remarque le canal de Forth et Clyde, qui y passe sur un superbe aqueduc. Pop. : 6,000 âmes.

KIRKWALL. — Petite ville épiscopale située sur l'île de Pomona, la principale de l'archipel des Orcades. Elle est le chef-lieu du comté ; on y remarque une vaste cathédrale qui date du XIIe siècle, et elle possède un port. Pop. : 3,000 âmes.

KIRMANCHAH. — Chef-lieu du Kurdistan persan. Cette ville est entourée d'une muraille de briques et son commerce est assez florissant. Pop. : 40,000 âmes.

KIRRI. — Grande ville du royaume de Qua, dans la Nigritie centrale. C'est l'un des plus grands marchés de cette contrée, et c'est au-dessous de cette ville que commence le vaste delta du Niger.

KISSOVO. — Montagne de la Thessalie, en Turquie. Elle est située à la droite de la Salembria. C'est le *mont Ossa* des anciens.

KISTNAH ou **KRICHNA.** — Fleuve de l'Hindoustan. Il prend sa source dans les gates occidentales, traverse le Bedjapour, l'État du Nizam et les Sircars, et se jette dans le golfe de Bengale par deux branches principales, près de Mazulipatam. Son cours est de 1,100 kilomètres.

KLAARWATER. — Ville de la Hottentotie, en Afrique. Elle est située dans le pays des Koranas, territoire des Griquas, et remarquable par sa civilisation. Pop. : 3,000 âmes.

KLAGENFURTH. — petite ville de la Carinthie. Elle est le chef-lieu du cercle qui porte son nom, dans le gouvernement d'Illyrie, et le siége de l'évêque de Gurk. Elle possède un séminaire théologique, un lycée, un gymnase, une école supérieure pour les demoiselles, et une société académique. On y trouve en outre des fabriques de drap et de soie, et elle fait un commerce de transit considérable. Sa population est d'environ 10,000 âmes.

KLAUSENBURG. — Ville située près d'une gorge et du petit Szamos, en Transylvanie. C'est le siége du gouvernement général de cette principauté. Cette ville possède un lycée catholique, un collége des nobles, un gymnase, une école des réformés et une autre des unitaires. Il s'y tient aussi une foire de chevaux qui est renommée et attire beaucoup d'étrangers. La population est d'environ 20,000 âmes.

KLINGENTHAL. — Village du département du Bas-Rhin. Il est situé dans la commune de Bœrsch, arrondissement de Schélestadt. Il est renommé par sa manufacture d'armes blanches, où l'on fabrique des lames de Damas qui rivalisent, dit-on, avec celles de Syrie; puis des fleurets, de la coutellerie et des instruments aratoires.

KLOSTERNEUBOURG. — Ville de l'archiduché d'Autriche. Elle est située sur la droite du Danube. On y trouve un riche monastère d'Augustins, qui renferme une belle bibliothèque et conserve la couronne archiducale d'Autriche. Pop. : 4,000 âmes.

KNARESBOROUGH. — Ville du comté d'York, en Angleterre. Elle est située sur la Nidd, et l'on y voit les ruines d'un château qui servit de prison à Richard II, et fut démantelé par Fairfax, en 1648. On y trouve aussi une célèbre source incrustante, et l'on y fait un commerce de grains, de toiles et de tissus de coton. Pop. : 5,500 âmes.

KNIN. — Ville de Dalmatie. Elle est située sur la Kerka, et dominée par une forteresse importante, laquelle, selon quelques auteurs, occuperait l'emplacement de l'ancienne *Arduba*, tandis que d'autres placent celle-ci à Urde, sur la Narenta. Pop. : 1,000 âmes.

KNIPHAUSEN. — Bourg avec château fortifié, situé dans le duché d'Oldenbourg et non loin de la mer du Nord. C'est le chef-lieu de la seigneurie qui porte son nom et qui se trouve placée au sud de celle de Jéver, à l'embouchure de la Jahde. Cet État en miniature est cependant au nombre de ceux qui composent la confédération germanique. Pop. : 3,000 âmes.

KOBAIL ou **HACHID-EL-BEKIT.** — C'est l'un des états de l'Yémen, dans l'Arabie. Il est habité par des tribus sédentaires et belliqueuses qui forment une sorte de confédération comme la Suisse et fournissent aussi des soldats à d'autres pays.

KOENIGSBERG. — Grande et belle ville située près de l'embouchure du Pregel. C'est le chef-lieu de la province de Prusse. On y remarque le château, l'hôtel de ville, l'arsenal, la bourse et le salon moskovite qui est d'une immense étendue. Cette ville possède une université, un séminaire théologique, un autre pour les maîtres d'école, un institut de sourds-muets, une bibliothèque publique, un observatoire qui est l'un des plus célèbres de l'Europe, un cabinet d'histoire naturelle, un jardin botanique, et plusieurs sociétés académiques. Kœnigsberg fait en outre un commerce considérable, et sa population est d'environ 63,000 âmes.

KOKARIA. — Joli petit lac des environs d'Ahmedâbâd, dans la présidence de Bombay, empire indo-britannique. Il offre environ un mille de circonférence; on l'a bordé de pierres de taille et de grands escaliers, et l'on y arrive par quatre superbes entrées. Au milieu de ce lac, se trouve une île ornée d'un palais et de jardins, mais qui tombent en ruines.

KOLA. — Fleuve de Russie. Il traverse la Laponie russe, passe à Kola, et se jette dans la mer Glaciale, un peu au-dessous de cette ville, après un cours de 120 kilomètres.

KOLA. — Très-petite ville du gouvernement d'Arkhangel, en Russie. C'est la plus boréale de la Russie européenne. Elle a un bon port sur l'océan Arctique. Pop. : 1,000 âmes.

KOLOKCHA. — Rivière de Russie. Elle coule dans le gouvernement de Vladimir, et s'unit à la Kliazma, après un cours de 100 kilomètres.

KOLOMNA. — Petite ville murée du gouvernement de Moscou, en Russie. Elle est importante par ses fabriques de toiles, d'étoffes de soie et de coton, et par son commerce de bestiaux. Pop. : 10,000 âmes.

KOLOTSCHA. — Petite ville archiépiscopale de la Hongrie. Elle est située au milieu de marais qui aboutissent à la rive gauche du Danube. Elle possède une belle cathédrale, un séminaire, un gymnase, un collège des Piaristes et une riche bibliothèque publique. Sa population est d'environ 4,000 âmes.

KOLYMA. — Fleuve de la Russie asiatique. Il prend sa source aux monts Jablonoï, traverse le district d'Iakoutsk, qu'il sépare, non loin de son embouchure, de celui des Tchouktchis, et se jette dans la mer Glaciale, après un cours de 1,300 kilomètres. Ce fleuve est très-poissonneux, et l'on trouve, sur ses bords, des ossements et des dents fossiles de mammouths.

KOLYVAN. — Gros village du gouvernement de Tobolsk, en Sibérie. C'est là, qu'en 1725, Demidov fonda la première usine de l'Altaï, et, quoique aujourd'hui, il n'y ait plus en ce lieu d'établissement de cette nature, toutes les usines et mines de la contrée ont pris le nom de *Kolyvan*.

KOMORN. — *Voy.* COMORN.

KONDATCHY. — Baie de l'île de Ceylan. Elle est célèbre par la pêche de perles qu'on y pratique depuis des siècles.

KONDJEVERAN. — Grande ville de la province de Karnatic, dans l'empire indo-britannique. On y remarque deux superbes pagodes, l'une dédiée à Siva, l'autre à Vichnou-Kondji.

KONG. — Capitale du royaume de ce nom, dans la Nigritie centrale. Elle est grande, populeuse et commerçante.

KONG. — Chaîne de montagnes d'Afrique. Elle est située entre la Nigritie et la Guinée septentrionale, et vient se réunir, d'une part, aux montagnes de la Sénégambie, d'où sortent les plus grands fleuves de l'Afrique occidentale; de l'autre, aux monts de la Guinée méridionale.

KONGBERG. — Petite ville de Norwége. Elle est assez importante par les mines d'argent qui sont exploitées dans son voisinage. Pop. : 4,600 âmes.

KONIEH ou **ICONIUM.** — Ville de la Caramanie, dans l'Asie Mineure (empire ottoman). Elle est le siège d'un métropolitain grec. On y remarque la mosquée de Sélim, le couvent des Mewlevis, la statue collossale d'Hercule, etc. Elle possède aussi des manufactures; son commerce est assez important, et sa population est d'environ 30,000 âmes.

KONIGSHOFEN. — Ville du grand-duché de Bade, en Allemagne. On y tient une foire très-fréquentée. Pop. : 1,500 âmes.

KONIGSLUTTER. — Ville du duché de Brunswich, en Allemagne. On y voit une ancienne abbaye qui renferme le tombeau de l'empereur Lothaire II, et l'on y fabrique une bière particulière, dite *Duckstein*. Pop. : 3,000 âmes.

KONIGSTEIN. — Petite ville du cercle de Misnie, dans le royaume de Saxe. Elle est renommée par sa forteresse construite sur un rocher de 455 mètres d'élévation, lequel est néanmoins couvert de pâturages, de bois et de terres en culture. On remarque dans la forteresse un puits creusé dans le roc à une profondeur considérable, et la solidité des casemates. La population de Konigstein est d'à peu près 1,400 habitants.

KONKOVAR. — Très-petite ville du Kurdistan persan. On trouve dans son voisinage les ruines d'un magnifique temple de Diane. Pop. : 1,200 âmes.

KONRAT. — Ville du Khanat de Khiva, dans le Turkestan. Elle est située sur la rive droite du Djihoun et près de son embouchure. C'est le chef-lieu d'une importante tribu des Araliens qui ne l'habite que durant l'hiver.

KONSKIE. — Petite ville du gouvernement de Sandomir, en Pologne. Elle est importante par ses forges et ses fabriques d'armes blanches et de voitures. Pop. : 4,000 âmes.

KONSTANTINOGORSK. — Petite ville de la province de Caucase, dans la Russie asiatique. Elle est renommée par ses sources thermales qui y attirent annuellement des baigneurs de toutes les parties de l'empire.

KOP-TAGH. — Pic d'Arménie. Il est situé au milieu des montagnes qui joignent le Taurus au Caucase, entre Erzeroum et Baïbour, et quelques-uns le regardent comme aussi élevé que l'Ararat.

KORANAS. — Peuple qui habite le nord-est du pays des Hottentots. On le cite pour le progrès qu'il a fait dans la civilisation, progrès qui est dû aux missionnaires établis au milieu d'eux.

KORATCHI. — Ville de la principauté d'Haïderabad, dans le Sindhy, Hindoustan. Elle possède un port, une forteresse, et le commerce qu'elle entretient avec le Kaboul, Lahore, la Perse et autres Etats, la rend très-florissante. Pop. : 20,000 âmes.

KORDOFAN. — Contrée de la Nigritie orientale. Elle est située au sud-ouest de la Nubie, et se compose surtout de plusieurs petites oasis séparées par de vastes déserts du Dar-Four et du Bahz-el-Abiad. On y trouve les trois établissements de Ouadi-Naghele, Ouadi-Safic et le camp d'Orta; et enfin Bara, Tuclaoni et Taggala.

KORENNIA-POUSTYN. — Couvent du district de Koursk, en Russie. Il est célèbre par une image miraculeuse de la Vierge, qui y attire une foule de pèlerins. Il s'y tient aussi une foire importante.

KORINGA. — Ville de la présidence de Madras, dans l'Hindoustan anglais. Elle est importante par son port et ses chantiers, où l'on construit un grand nombre de navires.

KOROS. — Rivière de Hongrie. Elle est formée de trois cours d'eau appelés Koros-Blanc, Koros-Rapide et Koros-Noir qui, tous trois prennent naissance en Transylvanie et se réunissent en Hongrie. Cette rivière se jette dans la Theiss, vis-à-vis de Csongrad, après un cours de 300 kilomètres.

KOROTOIAK. — Petite ville assez industrieuse du gouvernement de Voronèje, en Russie. On trouve dans son voisinage, près du confluent de la Sosna avec le Don, des excavations en forme de colonnes et de piliers, qui portent dans le pays le nom de

Divni-Govi. Les anciens moines du monastère Dwingoskoï ont creusé au même endroit des grottes et des chapelles.

KORTI. — Petite ville, chef-lieu du pays des Chaykyé, en Nubie. Elle est située sur la rive gauche du Nil.

KOSSOVA. — Petite ville de la Macédoine, dans la Turquie d'Europe. On y remarque le monument funéraire élevé à Amurat I*er*, et dont une garde de derviches est chargé d'entretenir les lampes qui brûlent nuit et jour. Les Turcs gagnèrent deux grandes batailles en cet endroit dans les années 1839 et 1448.

KOSTROMA. — Ville episcopale, chef-lieu du gouvernement de ce nom, en Russie. Elle est importante par ses nombreuses fabriques de toiles et de cuivre, sa fonderie de cloches et ses manufactures de bleu de Prusse, de savon et de mégisserie. Sa population est d'environ 12,000 âmes.

KOTAH. — Chef-lieu de l'État de ce nom, dans l'Adjimir, empire indo-britannique. On remarque, sur son territoire, un pont de 300 mètres en longueur. Cette ville appartient à la confédération des Radjepoutes.

KOUAI-HAI. — Ancienne capitale du royaume des îles Sandwich, dans la Polynésie. Elle est située dans l'île d'Hawaii. On récolte une immense quantité de sel dans les étangs de son voisinage.

KOUANG-SI. — Province méridionale de la Chine proprement dite. Elle est située au nord de Kouang-Toung, entre les monts Nan-Ling et Hué-Ling. Elle comprend 11 départements ; Koueï-Tin, Licou-Tchéou, Khing-Youan, Sse-'En, Sse-Tching, Phing-Lo, Ou-Tchéou, Thsin-Tchéou, Nan - Ning, Thaï - Phing et Tchin-'An; le canton immédiat de Yo - Ling, et le pays des Miaotse. Cette province a pour capitale Koueï-Lin, et sa population est de 7,313,000 âmes.

KOUANG-TOUNG. — Province méridionale de la Chine proprement dite. Elle est située au sud du Fou-Kian, du Kian-Si et du Hou-Nan. Elle comprend 10 départements : Kouang-Tchéou, Chao-Tchéou, Nan-Hioung, Hoeï-Tchéou, Tchao-Tchéou, Tchao-Khing, Ko-Tchéou, Lian-Tchéou et Kioung-Tchéou, qui comprend l'île d'Haïnan ; puis 3 cantons immédiats : Lo-Ting, Lian et Kia-Ying. La capitale du Kouang-Toung est Kouang-Tchéou ou Canton, et la population s'élève à 19,174,000 âmes.

KOUBA. — Chef-lieu de la province de ce nom, dans le Daghestan, région caucasienne de la Russie asiatique. Son climat est insalubre et les Russes ont fondé, plus à l'ouest, une autre ville de même nom.

KOUBAN. — Fleuve de Russie. Il prend sa source sur le versant septentrional de la haute chaîne du Caucase, traverse le pays des Petits-Abases et celui des Tcherkesses, et se divise en deux branches, dont l'une va se jeter dans la mer Noire, l'autre dans la mer d'Azov.

KOUBITCHI. — Gros bourg de la Circassie, dans la région caucasienne de la Russie asiatique. Ses habitants sont connus dans tout l'Orient sous le nom de *zer-keran* ou faiseurs de cottes de maille, et fabriquent des armes excellentes. On doit aussi à leur industrie une espèce particulière de drap, qui est exportée en Perse et dans les pays au delà de la mer Caspienne. Pop. : 6,000 âmes.

KOULFA. — Ville du royaume de Niffé, dans la Nigritie centrale. Elle est industrieuse et commerçante. Pop. : 15,000 âmes.

KOUM. — Ville de l'Irak - Adjemy, en Perse. Elle est en partie ruinée, mais célèbre par les tombeaux d'un grand nombre de saints musulmans, entre autres celui de Fatime, qui se distingue par la beauté de son architecture et les trésors qu'il renferme.

KOUM - OMBOU ou OMBOS. — Bourgade située sur la droite du Nil, dans la haute Egypte. On y remarque un grand temple antique, et, non loin, on trouve les vastes carrières de Djebel-Belselch ou Silsilis, dont les blocs servaient à la construction des édifices colossaux de Thèbes et des temples d'Erfou et d'Esné. Ces carrières sont riches en inscriptions, et offrent de petits temples creusés dans le roc par Aménophis, Memnon, Horus, Sésostris, Rhamsès, etc.

KOUM-ZALAT. — Bourgade du Bahari ou basse Egypte. Elle s'élève sur l'emplacement de l'ancienne *Butis* ou *Buto*, qui était l'une des cités les plus remarquables et les plus renommées de l'Egypte, par son vaste temple monolithe dédié à Latone, et l'oracle qu'on y consultait.

KOUNDOUZ. — Chef-lieu du khanat de ce nom, dans le Turkestan. Elle est située dans une vallée et défendue par une forteresse; mais son climat est malsain. Pop. : 2,000 âmes. Le khanat de Koundouz comprend tous les pays situés dans le bassin du haut Oxus, et une partie de la Kama, affluent du Kaboul. Ces pays sont le Koundouz proprement dit, le Badakhchan, le Koulab, le Chagnna, le Wakhnan, le Dervazed, et le Tchitral ou Kaferistan.

KOURAT. — Lieu situé sur la branche canopique, dans le Bahari ou basse Egypte. C'est là que s'élevait *Naucratis*, l'une des villes les plus commerçantes de l'ancienne Egypte, et dont le port était le seul sous les Pharaons, pouvait admettre les navires étrangers. Les Grecs y avaient élevé un temple magnifique, aux frais communs de neuf villes de l'Asie Mineure.

KOURGOS ou KOURQOS. — Petite île du pays de Chendy, dans la Nubie. On y voit trois groupes de mausolées antiques, ayant la forme de pyramides et ornés de sculptures. L'un de ces groupes se compose de vingt et une pyramides.

KOURILES ou KURILLES (Iles). — Elles sont situées au nord-est de l'Asie, entre la pointe du Kamtchatka et l'île de Tchoka, et forment une espèce de chaînes d'îles et d'îlots, dont quatre seulement sont habités. On n'aborde aux autres que pour chasser les loutres et les renards.

KOURRITCHANE. — Chef-lieu du pays des Maroutzis, dans la Cafrerie, Afrique australe. Cette ville est située près d'un affluent du Mafumo. Pop. : 15,000 âmes.

KOURSK. — Ville épiscopale, chef-lieu du gouvernement de ce nom, en Russie. Elle possède un des principaux séminaires de l'empire, et l'on trouve, dans son district, le célèbre couvent de Korenaïa, où l'on conserve une image miraculeuse de la Vierge qui attire une grande affluence de pèlerins. Près de ce couvent on a aussi construit un vaste local, divisé en 350 boutiques, dans lequel se tient une des foires les plus renommées de la Russie, et où l'on vend annuellement pour au delà de 7,000,000 de francs de marchandises. La population de Koursk est d'environ 25,000 âmes.

KOUTAIEH. — Grande ville de l'Asie Mineure, empire ottoman. Elle est située sur le penchant du Poursak-Dagh et baignée par le Poursak ; on y remarque une vieille mosquée très singulière par son architecture, et sa population est d'environ 50,000 âmes. On trouve, dans son voisinage, les sources thermales de Tounchali.

KOUTCHAN ou KABOUCHAN. — Ville du Khorassan persan. C'est l'une des plus fortes places du royaume.

KOWNO. — Ville du gouvernement de Wilna, en Russie. Elle fut jadis florissante et conserve encore quelque activité commerciale. On trouve dans ses environs, à Pozayscie, un célèbre couvent des Camaldules, converti aujourd'hui en une institution de filles. On y admire l'église qui a été construite et ornée par les plus habiles artistes italiens, et qui a coûté 8,000,000 de florins polonais, à Christophe Pac, fondateur de cet établissement.

KOZELSK. — Ville du gouvernement de Kalouga, en Russie. Elle est célèbre par la résistance qu'elle opposa aux Tartares lors de l'invasion de Batou-Khan. Pop. : 4,000 âmes.

KRAKOVIE (RÉPUBLIQUE DE). — Ce petit État, formé seulement de la ville de même nom, qui appartenait autrefois à la Pologne, et d'un petit territoire, le long de la Vistule, a pour limites, au nord et à l'est, le royaume de Pologne ; au sud, la Vistule qui le sépare de la Gallicie ; et à l'ouest, la Brinica qui forme sa frontière du côté de la Silésie Prussienne.

KRAKOVIE. — Ville épiscopale, autrefois capitale du royaume de Pologne, et aujourd'hui chef-lieu de la république qui porte son nom. Elle est située dans une charmante vallée, au bord de la Vistule. On y remarque la cathédrale, qui est la plus belle basilique de la Pologne, et renferme, dans 16 chapelles latérales, les monuments funèbres des rois et des grands hommes de cette nation ; puis les églises Sainte-Marie et Saint-Stanislas ; le château embelli par Auguste II, celui des évêques, l'hôtel de ville et le vaste édifice appelé *Sukiennicé*. Cette ville possède une université, un séminaire, une école normale, un gymnase, une riche bibliothèque publique, un jardin botanique, et plusieurs sociétés académiques. Elle est importante aussi par son industrie, et son commerce, et sa population est d'environ 45,000 âmes.

KRASNOIARSK. — Chef-lieu du gouvernement de Jéniséisk, en Sibérie. C'est une jolie petite ville où l'on trouve un gymnase, une société littéraire publiant un *almanach*, et un commerce de transit assez considérable. Pop. : 4,000 âmes.

KRASNOI-IAR. — Petite ville du gouvernement d'Astrakan, en Russie. C'est la résidence du khan des Kalmouks. Elle est située dans une île du Volga, et sa population est de 3,000 âmes.

KREMENETZ. — Petite ville du gouvernement de Volhynie, en Russie. Elle était renommée naguère par son collége, connu sous le nom de *Gymnase de Volhynie*, et qu'avait fondé le savant Thadé Azachi. Ce collége fut supprimé en 1833. Pop. 6,000 âmes.

KREMNITZ. — Petite ville de la Hongrie, renommée par ses riches mines d'or et d'argent. Elle possède un hôtel des monnaies. Pop. : 10,000 âmes.

KREMSIR. — Très-jolie ville de la Moravie, dans l'empire d'Autriche. On y remarque le superbe palais de l'archevêque d'Olmutz, qui renferme une riche bibliothèque, une galerie de tableaux, des collections d'histoire naturelle, et un jardin botanique. Pop. : 4,500 âmes.

KREMSMUNSTER. — Petite ville d'environ 1,200 habitants, dans la province de la haute Autriche. Elle est renommée par son monastère, l'un des plus beaux qui soient en Europe.

KREUZNACH. — Petite ville située sur le Nahe, dans le gouvernement de Coblentz, province rhénane, en Prusse. Elle possède d'importantes salines, un gymnase, une école des métiers, et 8,000 habitants. On trouve dans ses environs, les restes d'un camp romain appelé *le mur des païens* ; puis les ruines du château de Rheingrafenstein, remarquable par la hardiesse de sa construction ; et enfin le château de Vogtsberg, qui a été réparé en se conformant rigoureusement à tous les détails de l'architecture primitive qui en faisait un monument très curieux.

KRONACH — Petite ville du cercle du Haut-Mein, en Bavière. Elle est importante par ses mines de houille, et parce qu'elle est l'entrepôt du commerce de bois que fait cette contrée avec celles qui se trouvent situées le long du Rhin, jusqu'en Hollande. Sa population est d'environ 3,000 habitants.

KRONSTADT. — Jolie ville du gouvernement de Pétersbourg, en Russie. Elle est fortifiée et située sur la petite île de Codlin, qui domine le golfe de Finlande. On y remarque la Bourse, la douane, les casernes de la marine, l'hôpital, les docks, le canal de Pierre le Grand, les chantiers, les arsenaux et les fortifications ; c'est dans cette ville que l'on grée et que l'on arme les plus grands vaisseaux de guerre, et que stationne une partie de la flotte de la Baltique. Sa population s'élève à 55,000 âmes.

KRONSTADT — Ville de Transylvanie, la plus industrieuse et la plus commerçante de cette principauté. Elle possède un gymnase luthérien, une école normale principale une imprimerie très-ancienne, et sa population est d'environ 26,000 âmes.

KRUSCHEVACZ ou ALADJA-HISSAR. — Ville de la principauté de Servie. Elle est le siége d'un évêché grec, et son château fut autrefois la résidence des princes.

KRZESZOWICE. — Petite ville de la république de Krakovie. On y trouve des sources minérales, et on y exploite des mines de fer. Pop. : 3,000 âmes.

KURDISTAN PERSAN. — Province de Perse. Elle est située à l'ouest et principalement occupée par les tribus Kurdes appelées Mekris, Bilbas et Giafs, lesquelles sont indépendantes. Cette province se divise en deux districts : Kirmancha et Sinné, et sa population est de 450,000 âmes.

KURDISTAN TURC. — Province de la Turquie d'Asie. Elle est habitée par les Kurdes sédentaires, et forme les pachaliks de Mossoul et de Chéhérezour. Elle a pour capitale Kerbouk, et offre une population de 1,233,000 âmes.

KUSSNACHT. — Village du canton de Schwitz, en Suisse. C'est en cet endroit que le bailli Gessler fut tué par Guillaume Tell. Küssnacht est situé au nord et sur le lac de Lucerne, au pied du mont Righi. Pop. : 2,500 âmes.

KUSTENDIL. — Ville de la Macédoine, dans la Russie d'Europe. C'est le siége du sandjak de son nom et d'un archevêché grec. On y trouve des bains chauds et environ 8,000 habitants. On rencontre aussi, à quelques milles de cette ville et au bourg de Karatova, une mine de cuivre argentifère, et des fabriques de chaudrons et autres ustensiles de cuivre.

KUSTRIN. — Petite ville située sur l'Oder, dans le Brandebourg, en Prusse. Elle est importante par ses fortifications, et possède un gymnase. Pop. : 5,000 âmes.

KYLL. — Rivière de la Prusse rhénane. Elle s'unit à la Moselle au nord de Trèves, après un cours de 110 kilomètres.

KYMMENE — Fleuve de Russie. Il coule dans le grand-duché de Finlande, sépare le gouvernement de Viborg de celui d'Heinola, et se jette dans le golfe de Finlande, après un cours de 115 kilomètres.

L

LA-PAZ D'AYACUCHO. — Ville épiscopale, chef-lieu du département de même nom, dans la république de Bolivia. Elle est assez grande, et située dans une vallée profonde creusée par le torrent appelé Choqueapo; elle possède un collége, et son industrie la rend assez florissante. C'est dans son voisinage que s'élève le Nevado-d'Illimani, la plus haute montagne mesurée du Nouveau-Monde après le pic de Sorata : elle a 7,291 mètres au-dessus du niveau de la mer.

LAA. — Ville de l'archiduché d'Autriche. Elle est située dans une île de la Thaya, sur la frontière de la Moravie et dans la plaine de Marchfeld. En 1278, Rodolphe de Hapsbourg y remporta une victoire qui le rendit maître de l'Autriche et de la Styrie.

LAACHERSEE. — Lac de la Prusse rhénane. Il est situé à quelques lieues de Coblentz, et l'on croit qu'il occupe le cratère d'un ancien volcan. Il s'élevait autrefois, sur ses bords, une abbaye de Bénédictins qui se nommait Kloster-Lac.

LAALAND. — Ile du Danemark. Elle est située dans la mer Baltique, entre les îles Langelan et Falster, et donne son nom à un diocèse qui comprend les îles Laaland, Falster et quelques autres de moindre dimension.

LAARAT. — Ile de la Malaisie. Elle est située dans l'archipel de la Sonde; son sol est fertile, sa population active, et les Hollandais y entretiennent un poste.

LABIAU. — Ville de la Prusse orientale. Elle est située sur la Deine, affluent du Gurische-Haff. C'est un chef-lieu de cercle. Pop. : 3,300 âmes.

LABRADOR. — Péninsule de l'Amérique septentrionale, qui fait partie de la Nouvelle-Bretagne. De forme presque triangulaire, elle est bornée et baignée à l'est par les eaux de la mer d'Hudson; à l'ouest, par un bras de l'océan Atlantique; au nord, par un canal, celui du Labrador ou d'Hudson; et au midi, par le golfe Saint-Laurent et le Bas-Canada. Quoique située entre 57° 40' et 80° de longitude ouest, et entre 50° et 63° de latitude nord, le Labrador ne tient pas néanmoins, par son climat, des régions septentrionales tempérées; la rigueur du froid y est telle qu'au Groënland, ce qu'il faut sans doute attribuer, et à l'élévation des montagnes et aux brouillards qui couvrent constamment les mers qui avoisinent cette contrée. Celle-ci n'est d'ailleurs qu'un composé de monts entrecoupés de rivières et de lacs sans nombre, et les sommets les plus hauts sont chargés de neiges perpétuelles. Les cours d'eau les plus remarquables sont le Rupert, le Main, et le Great-Whale-River, qui se jettent dans la mer d'Hudson; dans le nombre des lacs, on cite ceux de Capimescaw, de Nitcheguou, de Séal et de Caniapuscaw. Ce dernier donne naissance à une rivière du même nom qui va se jeter dans la baie d'Unguava. Le sol du Labrador se couvre en certains lieux de forêts de sapins, de mélèses, de bouleaux et de peupliers.

LABRÈDE. — Chef-lieu de canton dans l'arrondissement de Bordeaux, département de la Gironde. On y voit le château où naquit Montesquieu. Pop. : 1,300 âmes.

LABRIT ou **ALBRET.** — Chef-lieu de canton dans l'arrondissement de Mont-de-Marsan, département des Landes. C'était anciennement la capitale du pays d'Albret. Pop. : 1,000 âmes.

LABRUGUIÈRE. — Chef-lieu de canton de l'arrondissement de Castres, dans le département du Tarn. On y trouve des fabriques de draps. Pop. : 3,700 âmes.

LAC ASPHALTITE. — *Voy.* Mer Morte.

LACHLAN. — Rivière d'Australie. Elle coule dans la Nouvelle-Hollande, au sud de la Nouvelle-Galle méridionale et va se perdre dans des marais.

LADOGA. — Lac de Russie. C'est le plus grand de l'Europe et il s'écoule dans la mer Baltique par la Néva. Ses principaux affluents sont le Svir, qui le met en communication avec le lac Onéga ; le Volkhov, par lequel il communique avec le lac Ilmen ; et le Woxen, qui le met aussi en rapport avec le lac Saïma. Sa longueur est de 205 kilomètres, sur une largeur de 133.

LAFORCE. — Chef-lieu de canton de l'arrondissement de Bergerac, département de la Dordogne. Pop. : 900 âmes.

LAGES. — Petite ville de l'île de Pico, l'une des Açores. Le vin qu'on y recueille a de la réputation, et un volcan s'élève dans son voisinage.

LAGNIEUX. — Petite ville du département de l'Ain. C'est un chef-lieu de canton de l'arrondissement de Belley. Elle est le centre d'une fabrication de chapeaux de paille, façon d'Italie. Pop. : 2,600 âmes.

LAGONI. — On appelle ainsi, en Italie, des lacs d'eau saline qui dégagent divers gaz et des matières bitumineuses, et contiennent particulièrement de l'acide borique. Les lagonis de la province de Sienne, en Toscane, fournissent une grande quantité de cet acide, et on y fabrique pour une somme considérable de borax, composé d'acide borique et de soude. Anciennement, la majeure partie du borax consommé dans le commerce, provenait des lacs qui se trouvent au nord du Tibet.

LAGOS. — Fleuve d'Afrique. Il est situé dans la Guinée septentrionale, à l'est de la côte des Esclaves, et se jette dans le golfe de Guinée.

LAGOS. — Capitale du royaume de ce nom, dans la Nigritie maritime. Elle est située sur une île formée par le Lagos, et c'était naguère un grand marché d'esclaves. Pop. : 20,000 âmes.

LAGOS. — Petite ville de l'État de Xalisco, dans la confédération mexicaine. Elle est renommée par son sanctuaire de Notre-Dame ou de la madone de Saint-Jean, qui est visité par un grand nombre de pèlerins ; et par une foire importante qui s'y tient au mois d'octobre. Pop. : 2,000 âmes.

LAGOSTA. — Petite île située sur les côtes de la Dalmatie, dans la mer Adriatique. Elle possède des remparts naturels ; on y trouve une grotte assez curieuse, et l'on prétend y avoir découvert aussi des inscriptions phéniciennes.

LAGOUATH ou **EL-AGOUATH.** — Ville d'Algérie. Elle est située sur un petit affluent supérieur du Djeddi, et la culture de son territoire, ainsi que le commerce qu'elle entretient avec les contrées voisines, lui donnent assez d'importance.

LAGUIOLE. — Chef-lieu de canton de l'arrondissement d'Espalion, département de l'Aveyron. On y trouve des fabriques de bonneterie et d'étoffes de laine, et l'on y fait un commerce de bestiaux. Pop. : 2,200 âmes.

LAGUNA. — Petite ville de l'île de Ténériffe, dans l'archipel des Canaries. Elle est située à une assez grande élévation et mal bâtie ; mais elle est renommée par la bonté de son climat. Pop. : 8,000 âmes.

LAHAYE. — Très-belle ville, chef-lieu de la Hollande méridionale et capitale du royaume. Elle est située non loin de la mer, et entrecoupée de nombreux canaux. Ses rues sont pavées en briques et ses places couvertes de belles plantations. On y remarque le palais du roi, celui des états-généraux et celui du prince d'Orange, l'hôtel de ville, le temple neuf, la Bourse des grains et l'hôtel Binnenhof. Cette ville possède une école de musique, une autre de peinture, une bibliothèque publique, un musée, une galerie de tableaux et plusieurs sociétés académiques. On y trouve en outre une grande fabrique de porcelaine, une fonderie de canons et une autre fonderie avec laminoirs de cuivre. Sa population est d'environ 55,000 âmes. On voit, dans son voisinage, le château royal de Bosch, construit au fond d'une magnifique forêt de l'ancienne Batavie, forêt renommée par ses belles promenades et ses sites pittoresques. Le château renferme une riche collection de tableaux.

LAHHADJ. — Petite ville du pays d'Aden, dans l'Yémen, en Arabie. Elle est située sur le Méidan, et c'est la résidence du sultan de cet État.

LAHN. — Rivière navigable d'Allemagne. Elle prend sa source en Westphalie et se jette dans le Rhin, au-dessus de Coblentz, après un cours de 180 kilomètres.

LAHORE (Royaume de). — Il est situé dans l'Hindoustan et a pour confins, au nord, le Caboul et le Petit-Tibet ; à l'est, ce dernier pays et l'empire indo-britannique ; au sud, ce même empire et le Sindhy ; et à l'ouest, le Beloutchistan et le Caboul. Cet État, qui est arrosé par l'Indus et son affluent le Pendjnad, se divise de la manière suivante :

RÉGIONS.	PROVINCES.	CHEFS LIEUX.
LAHORE.	Pendjab.	Amretsir.
	Kouhistan.	Radjour.
KACHEMYR.		Kachemyr.
AFGANISTAN.	Tchotch.	Attock.
	Hasâreh.	(Rien que des bourgades.)
	Peichaouev.	Peichaouer.

REGIONS.	PROVINCES.	CHEFS LIEUX.
MOULTAN.	Moultan. Leïa. Dera - Ismaïl-Khan. Dera - Ghazi-Khan. Bahâwâlpour.	Moultan. Leïa. Dera - Ismaïl-Khan. Dera - Ghazi-Khan. (La partie seulement qui se trouve située à la suite du Setlege.)

LAHORE ou **LAHOR**. — Capitale du royaume de ce nom, dans l'Hindoustan. C'est une ville assez considérable, située dans une plaine fertile, et qui était jadis l'une des résidences des Grands Mogols. On y remarque la mosquée d'Avrangzeb, et le palais de granite rouge construit par Akbar. On trouve ensuite, dans son voisinage, le mausolée de Djiheng-Hir, le tombeau de Nour-Djihân-Begoum, et le jardin de Châh-Djihân, l'un des plus magnifiques de l'Orient. Pop. : 80,000 âmes.

LAIBACH. — Jolie petite ville épiscopale de la Carniole, chef-lieu du gouvernement qui porte son nom. Elle possède un séminaire épiscopal, un lycée, un gymnase, une école d'industrie pour les jeunes filles, une bibliothèque publique, deux sociétés académiques, et sa population est d'environ 10,000 âmes.

LAIGLE. — Petite ville située sur la Rille, dans le département de l'Orne. Elle est renommée depuis des siècles par son industrie, qui consiste principalement dans la fabrication d'épingles, d'aiguilles à coudre et à tricoter, d'agrafes, d'anneaux de rideaux, de fils de fer et de laiton, de quincaillerie, de rubans, de papiers, etc. Cette fabrication réclame annuellement au delà de 10,000,000 de capitaux. Pop. : 7,000 âmes.

LAIGNES. — Chef-lieu de canton dans l'arrondissement de Châtillon-sur-Seine, département de la Côte-d'Or. On y fait un commerce de boissellerie et de chapellerie. Pop.: 1,600 âmes.

LAISSAC. — Chef-lieu de canton dans l'arrondissement de Milhau, département de l'Aveyron. On y trouve une fabrique de poterie et des sources minérales. Pop. : 1,300 âmes.

LALITA-PATAN. — Ville du Népaul, autrefois capitale du royaume de ce nom, dans l'Hindoustan. Pop. : 25,000 âmes.

LAMA. — Chef-lieu de canton dans l'arrondissement de Bastia, en Corse. Pop. : 500 âmes.

LAMALMON. — Montagne d'Abyssinie. Elle est située dans le nord de l'Amhara et sur le passage des caravanes qui viennent de la Nubie. Un plateau fertile se trouve à son sommet, qui est élevé de 3,415 mètres.

LAMARCHE. — Chef-lieu de canton de l'arrondissement de Neufchâteau, dans le département des Vosges. Pop. : 1,900 âmes.

LAMBACH. — Ville de l'archiduché d'Autriche. Elle est située sur la Traun. Les Français y battirent les Russes en 1809. Pop. : 3,000 âmes.

LAMBALLE. — Petite ville du département des Côtes-du-Nord. Elle possède d'importantes manufactures de toiles et des tanneries, et sa population est d'environ 4,000 âmes. On y trouve une société littéraire, l'une des plus anciennes de France, puisqu'elle date de 1774. C'est devant cette ville, assiégée en 1591, que fut tué François de Lanoue, dit Bras-de-fer.

LAMEGO. — Ville épiscopale de la province de Beira, en Portugal. C'est dans cette ville, qu'en 1144, des cortès se rassemblèrent pour établir les bases de la constitution du royaume. Pop. : 9,000 âmes.

LAMURE. — Chef-lieu de canton dans l'arrondissement de Villefranche, département du Rhône. On y trouve des fabriques de toiles de fil et de coton. Pop. : 1,200 âmes.

LANARK. — Chef-lieu du comté de ce nom, en Ecosse. Il est situé sur la Clyde qui, dans son voisinage, offre un certain nombre de chutes remarquables. Pop. : 7,700 âmes.

LANCASTER (DÉTROIT DE). — Dans l'Amérique septentrionale. Il met en communication la mer de Baffin avec l'océan Glacial; mais il se montre presque toujours obstrué par les glaces.

LANCASTER. — Petite ville, chef-lieu du comté de ce nom, en Angleterre. On y remarque une vaste prison et un magnifique aqueduc. Pop. : 13,000 âmes.

LANCAVA. — Ile d'Asie. Elle est située près de la côte occidentale de la presqu'île de Malacca, et dépendante du royaume de Kédah.

LANCEROTE. — Ile d'Afrique, dans l'Atlantique. C'est l'une des Canaries, située au nord-est du groupe. Pop. : 16,000 âmes.

LANCIANO. — Ville épiscopale de l'Abruzze-Citérieure, dans le royaume des Deux-Siciles. Sa prospérité commerciale la fait regarder comme la place la plus importante de toute l'Abruzze. Pop. : 9,000 âmes.

LANDAK. — Ville de l'île de Bornéo. Elle est située dans l'intérieur, et c'est le chef-lieu d'une province riche en mines d'or et de fer. On y trouve aussi des diamants. Ce sont les Hollandais qui y font le commerce.

LANDAU. — Petite ville de Bavière. Elle est située dans le cercle du Rhin, et importante par ses fortifications qui sont l'œuvre de Vauban et l'un de ses plus beaux ouvrages. On y trouve un collége. Pop. : 6,000 âmes.

LANDEN. — Ville de la province de Liége, en Belgique. Le maréchal de Luxembourg y gagna sur Guillaume III, en 1693, la bataille dite *de Nerwinde*. Pop. : 800 âmes.

LANDERNAU. — Petite ville située sur l'Elhorn, dans le département du Finistère. Elle possède un port, et son commerce consiste en bestiaux, toiles, fils, cuirs verts, goudron, poisson salé, etc. Sa population est d'environ 4,000 âmes.

LANDES (DÉPARTEMENT DES). — Il a été formé d'une partie de la Guyenne, comme la Gascogne, le pays des Landes, la Chalosse, le Condomois, le Bordelais et une partie du Béarn. Sa superficie est de 915,139 hectares, et sa population d'environ 298,200 âmes. Il est divisée n 3 arrondissements dont les chefs-lieux sont Mont-de-Marsan, Saint-Sever et Dax, et compte 28 cantons et 339 communes. Mont-de-Marsan est le siége de sa préfecture, Aire celui de son diocèse, Pau celui de sa cour impériale, Bordeaux celui de son académie universitaire (*Voir l'Appendice*), et il est compris dans la 11ᵉ division militaire.

LANDIRAS. — Commune du département de la Gironde, dans l'arrondissement de Bordeaux. Pop. : 2,400 âmes.

LANDIVISIAU. — Chef-lieu de canton dans l'arrondissement de Morlaix, département du Finistère. On y fabrique de la toile. Pop. : 2,300 âmes.

LANDIVY. — Chef-lieu de canton dans l'arrondissement de Mayenne, département de la Mayenne. On y fait un commerce de toiles, de fil et de bestiaux. Pop. : 2,000 âmes.

LANDRECIES. — Petite ville fortifiée, située sur la Sambre, dans le département du Nord. Son territoire, couvert de superbes pâturages, la rend riche en bétail. Sa population est d'environ 4,000 âmes.

LANDRIANO. — Ville du royaume Lombard-Vénitien, empire d'Autriche. Les Français y furent battus, en 1529, par les Impériaux. Pop. : 2,000 âmes.

LANDSBERG. — Ville du royaume de Bavière. Elle est située sur le Lech et assez importante par son industrie. Les Français s'en emparèrent en 1646 et 1800, et y battirent aussi les Autrichiens en 1805. Pop. : 2,600 âmes.

LANDSBERG. — Ville de la régence de Francfort-sur-l'Oder, royaume de Prusse. C'est le chef-lieu d'un cercle, et l'on y trouve une maison de correction et de travaux forcés.

LANDSER. — Chef-lieu de canton dans l'arrondissement d'Altkirch, département du Haut-Rhin. Pop. : 600 âmes.

LANDSHUT. — Jolie petite ville située sur l'Iser, dans le cercle de ce nom, en Bavière. On remarque son église, dont la tour est une des plus élevées de l'Europe; elle possède un lycée, un gymnase et quelques autres établissements, et sa population est d'environ 8,000 âmes.

LANERK. — Petite ville, chef-lieu du comté de ce nom, en Écosse. On remarque, dans ses environs, de superbes cascades formées par la Clyde.

LANGEAC. — Petite ville du département de la Haute-Loire. C'est un chef-lieu de canton de l'arrondissement de Brioude. Elle est importante par ses houillères et ses carrières de meules à aiguiser. Pop. : 3,300 âmes.

LANGEAIS. — Petite ville du département d'Indre-et-Loire. C'est un chef-lieu de canton de l'arrondissement de Chinon. Elle est située sur la rive droite de la Loire, et sur le chemin de fer de Tours à Nantes. On y trouve une fabrication de briques, de tuiles,

et une exploitation de terre glaise pour faïence et poterie. Pop. : 3,200 âmes.

LANGELAND. — Ile du Danemarck. Elle est située dans la mer Baltique, au sud-est de Fionie. Son sol est fertile et sa population de 11,500 âmes.

LANGENAU. — Ville de Bohême, dans l'empire d'Autriche. On y trouve des verreries considérables. Pop. : 2,000 âmes.

LANGENSALZA. — Ville de la province de Saxe, royaume de Prusse. Les Français et les Saxons y furent battus en 1760, par les Prussiens. Pop. : 6,000 âmes.

LANGENTHAL. — Bourg du canton de Berne, en Suisse. Il est situé sur le Langeten, affluent de l'Aar. On y trouve des manufactures et l'on y fait aussi un commerce de bestiaux et de fromages. Pop. : 2,600 âmes.

LANGESUND. — Ville de Norwége. Elle est située sur le petit golfe de son nom, et l'on y fait un commerce de bois de construction. Pop. : 2,000 âmes.

LANGIONE ou **LANTCHANG.** — Ville du royaume de Siam, dans l'Inde transgangétique. Elle est située sur le May-Kaouny, mais ruinée en partie aujourd'hui. C'était la capitale du royaume de Lanjaus, et jadis elle renfermait des monuments religieux très-remarquables.

LANGKAT. — Petite ville du royaume de Siak, dans l'île de Sumatra, Océanie occidentale. Elle est assez importante par son commerce, et possède au dela de 200 prows ou petits navires, pour opérer son cabotage.

LANGOËN. — Île du groupe de Loffoden, dans la mer Glaciale. Elle est située près des côtes de la Norwége, et c'est l'une des principales du groupe. Sa longueur est de 60 kilomètres et sa population de 12,000 âmes.

LANGOGNE. — Chef-lieu de canton dans l'arrondissement de Mende, département de la Lozère. Il est situé sur la rive gauche de l'Allier, et l'on y trouve des martinets de cuivre. Pop. : 2,100 âmes.

LANGOIRAN. — Commune du département de la Gironde. Elle est située dans l'arrondissement de Bordeaux et près de la rive droite de la Garonne. Son territoire produit du vin blanc. Pop. : 1,600 âmes.

LANGON. — Petite ville du département de la Gironde. C'est un chef-lieu de canton de l'arrondissement de Bazas. Elle possède un bon port, se trouve sur le chemin de fer de Bordeaux à Cette, et fait un commerce des vins de son territoire, qui sont dits *vins de Grave*. Pop. : 4,000 âmes.

LANGON. — Commune du département d'Ille-et-Vilaine. Elle est située dans l'arrondissement et le canton de Redon. Pop. : 1,500 âmes.

LANGONNET. — Petite ville de l'arrondissement de Pontivy, département du Morbihan. Pop. : 3,500 âmes.

LANGRES. — Petite ville épiscopale de 9,000 habitants. Chef-lieu d'arrondissement dans le département de la Haute-Marne, elle comprend 10 cantons et 200 communes. Elle est renommée par sa coutellerie et par ses meules, qu'elle expédie dans les contrées de l'Europe les plus éloignées. Elle fait aussi un commerce de grains, de serges et de toiles de coton, et possède des forges et des hauts fourneaux. On admire sa cathédrale, monument du moyen âge. Enfin, c'est dans ses environs que se trouvent les sources de la Marne, de la Meuse, et de la Vingeanne qui se jette dans la Saône.

LANGRUNE-SUR-MER. — Commune du département du Calvados. Elle est située dans l'arrondissement de Caen, et l'on y trouve des bains de mer. Pop. : 2,300 âmes.

LANGUIDIC. — Petite ville du département du Morbihan. Elle est située dans l'arrondissement de Lorient. Pop. : 6,100 âmes.

LANISCAT. — Petite ville du département des Côtes-du-Nord. Elle est située dans l'arrondissement de Loudéac. Pop. : 3,200 âmes.

LANMEUR. — Chef-lieu de canton dans l'arrondissement de Morlaix, département du Finistère. Pop. : 2,800 âmes.

LANNEMEZAN. — Chef-lieu de canton dans l'arrondissement de Bagnères, département des Hautes-Pyrénées. Il est situé dans le voisinage des sources de la Baïse et du Gers. Pop. : 1,400 âmes.

LANNION. — Petite ville du département des Côtes-du-Nord. Chef-lieu d'arrondissement, elle comprend 7 cantons et 63 communes. Elle est commerçante, possède un collège et une société d'agriculture, et présente une population d'environ 6,000 âmes. On trouve sur son territoire des sources minérales et des gisements de fer, d'argent et d'améthyste.

LANOÜAILLE. — Chef lieu de canton dans l'arrondissement de Nontron, département de la Dordogne. On y trouve des forges. Pop. : 1,600 âmes.

LANSDOWN. — Lieu du comté de Sommerset, en Angleterre. Il est peu éloigné de Bath, et célèbre par la bataille qui y fut livrée entre l'armée de Charles I" et celle du parlement.

LANTA. — Chef-lieu de canton dans l'arrondissement de Caraman, département de la Haute-Garonne. Pop. : 1,700 âmes.

LANTERNE. — Rivière de France. Elle coule dans le département de la Haute-Saône, passe à Conflans et à Faverney, et se jette dans la Saône, après un cours de 50 kilomètres.

LANTEUIL. — Commune du département de la Corrèze. Elle est située dans l'arrondissement de Brive, et l'on trouve des mines de houille dans ses environs. Pop. : 1,300 âmes.

LANUEJOLS. — Village de l'arrondissement de Mende, dans le département de la Lozère. On visite, dans son voisinage, un tombeau romain du III° siècle, qui est assez bien conservé. Pop. : 1,000 âmes.

LANVOLLON. — Chef-lieu de canton dans l'arrondissement de Saint-Brieuc, département des Côtes-du-Nord. On y fait un commerce de fil. Pop. : 1,500 âmes.

LAON. — Chef-lieu du département de l'Aisne. Son arrondissement comprend 11 cantons et 290 communes. Cette ville possède un collège, une bibliothèque publique, puis des fabriques de toiles, d'étoffes de laine, de bonneterie, etc. On y exploite aussi des cailloux cristallisés pour la fabrique de glaces de Saint-Gobain. Dans l'origine, Laon n'était qu'un château, et c'est Clovis qui en fit une ville. Louis-d'Outre-Mer y mourut prisonnier en 953, Henri IV l'enleva aux ligueurs en 1594, et Napoléon y battit les Prussiens en 1814. Pop. : 9,400 âmes.

LAOS. — Contrée de l'Indo-Chine. Elle s'étend dans l'empire d'An-nam, le royaume de Siam et l'empire birman ; son sol est couvert de vastes forêts peuplées par des tribus sauvages, et ses principales villes sont Leng, Zeiné, Lantchang et Sandapoura.

LAPLEAU. — Chef-lieu de canton dans l'arrondissement de Tulle, département de la Corrèze. On trouve une mine de houille dans ses environs. Pop. : 900 âmes.

LAPONIE. — Contrée de l'Europe qui se divise en Laponie russe, Laponie suédoise et Laponie norwégienne. Elle est située entre 46° et 71° 12' de latitude nord, et entre 12° et 40° de longitude est, et ses confins sont, à l'ouest et au nord, la mer Glaciale ; à l'est, la mer Blanche, et au sud, le golfe de Bothnie. Sa longueur, du nord-est au sud-ouest, est de 1,333 kilomètres, et sa largeur moyenne de 444. La Laponie russe comprend une partie du gouvernement d'Uléaborg et le district de Kola, dans le gouvernement d'Arkhangel ; la suédoise se compose des préfectures de Bothnie occidentale et Bothnie septentrionale ; et la norwégienne forme le bailliage de Finmark, dans le Nordland. Cette contrée est basse, plate en général, et traversée par les monts Scandinaves, qui ne s'élèvent guère au-delà de 1,000 mètres au-dessus du niveau de la mer. Au nord, le plus long jour et la plus longue nuit sont de deux mois et demi. Le climat y est froid. Dans la région septentrionale, le sol ne produit que des mousses et des lichens ; au sud, il se couvre de grandes forêts d'arbres résineux, et dans quelques cantons privilégiés on cultive du seigle, de l'orge, de l'avoine et des légumes. Enfin, on trouve des troupeaux de bœufs, de moutons et de chèvres dans les cantons les plus chauds ; mais dans ceux où la température est constamment rigoureuse, il n'y a que des rennes et des animaux à fourrures. Les Lapons, comme on sait, sont d'une très-petite taille, mais actifs et laborieux ; le plus grand nombre professe les cultes luthérien, catholique ou grec ; quelques-uns sont encore livrés à l'idolâtrie. La superficie de la Laponie est estimée à 197,530 kilomètres, et la population portée à 75,000 âmes, dont 1,600 environ de Lapons.

LAQUEDIVES. — Archipel de la mer des Indes. Il est situé au sud-ouest de l'Hindoustan et composé de quinze petits groupes qui comprennent chacun une ou deux îles et plusieurs rochers. Les habitants de cet archipel sont des Arabes mahométans, et leur chef reconnaît la suzeraineté des Anglais. Pop. : 10,000 âmes.

LAR. — Ville de Perse. C'est le chef-lieu du Laristan, partie méridionale du Farsistan. Elle était, au XVIe siècle, la capitale d'un royaume arabe qui s'étendait des îles Bahrein à celle d'Ormus. Pop. : 15,000 âmes.

LARACH ou EL-A'RAYSCH. — Petite ville du royaume de Fez, dans l'empire de Maroc. Elle est située à l'embouchure du Luccos; son port est la station habituelle de la flotte impériale, et la beauté de ses environs a fait dire à quelques auteurs que c'est là que les anciens avaient placé le jardin des Hespérides. Cette ville fut bombardée par les Français en 1765. Pop. : 4,000 âmes.

LARAGNE. — Chef-lieu de canton dans l'arrondissement de Gap, département des Hautes-Alpes. Pop. : 800 âmes.

LARCHE. — Chef-lieu de canton dans l'arrondissement de Brive, département de la Corrèze. Pop. : 800 âmes.

LARGS. — Ville d'Ayr, en Ecosse. Elle est située sur le golfe de la Clyde. Haco, chef danois, y fut vaincu dans une sanglante bataille. Pop. : 2,500 âmes.

LARISSE ou JENISCHEHV. — Grande ville de la Thessalie, dans la Turquie d'Europe. Elle est située sur les bords de la Salampria, et c'est le siége d'un archevêché grec. On y trouve des fabriques de coton, de soie, de maroquin et de tabac, et sa population est d'environ 30,000 âmes.

LARISTAN. — District de Perse. Il est situé au sud-est du Fars, et Lar est son chef-lieu. Son climat est très-chaud, le sol peu fertile, et ses côtes sont habitées par les Arabes qui se livrent à la piraterie.

LARKHANA. — Ville du Sindhy, dans l'Hindoustan. Elle est située dans un district très-fertile, nommé Tchandkoh, et qu'arrosent de nombreux canaux de l'Indus.

LARNAKA. — Petite ville de l'île de Chypre, Turquie d'Asie. Elle est assez importante par son port, son commerce et ses salines, et l'on y compte environ 5,000 âmes.

LARUNS. — Chef-lieu de canton dans l'arrondissement d'Oloron, département des Basses-Pyrénées. Il est situé dans la vallée d'Aspe, et l'on exploite du marbre statuaire dans ses environs. Pop. : 1,800 âmes.

LASSA. — Voy. H'LASSA.

LASSALE. — Chef-lieu de canton dans l'arrondissement du Vigan, département du Gard. Pop. : 2,400 âmes.

LASSAY. — Chef-lieu de canton dans l'arrondissement de Mayenne. Pop. : 2,600 âmes.

LASSEUBE. — Chef-lieu de canton dans l'arrondissement d'Oloron, département des Basses-Pyrénées. Pop. : 3,000 âmes.

LASSIGNY. — Chef-lieu de canton dans l'arrondissement de Compiègne, département de l'Oise. Pop. : 900 âmes.

LATACUNGA. — Grande ville de la province d'Imbabura, dans la république de l'Equateur, Colombie. On trouve, dans son voisinage, deux antiques monuments indiens, l'un appelé la *maison de l'Inca*, l'autre *pancillo* ou *pain de sucre*. Celui-ci est une sorte de tumulus, une butte conique d'environ 80 mètres de hauteur.

LATAKIA ou LATAKIEH. — Petite ville de Syrie, dans la Turquie d'Asie. Elle est assez importante pour son port, qui est devenu l'un des débouchés d'Alep, et l'on y remarque un arc de triomphe presqu'entièrement conservé. Cette ville fut appelée primitivement *Ramitha*, puis reçut le nom de *Laodicea*, sous les rois de Syrie, successeurs d'Alexandre le Grand. Pop. : 4,000 âmes.

LATTE. — Petite île de l'archipel de Tonga, dans la Polynésie. Elle est située à l'ouest de Vavao, et l'on y remarque un pic très-élevé.

LAUAC. — Ville de l'île de Luçon, l'une des Philippines, dans l'Océanie occidentale. C'est le chef-lieu de la province d'Ylocos-Nord. Pop. : 35,000 âmes.

LAUBACH. — Ville du grand-duché de Hesse-Darmstadt, en Allemagne. C'est le chef-lieu de la principauté de Solms-Laubach. Pop. : 2,000 âmes.

LAUENBURG. — Ville du duché de même nom, dans le royaume de Danemark. Elle est importante par le revenu que produit le droit qu'on y prélève sur tous les bâtiments qui naviguent sur l'Elbe. Pop. : 2,000 âmes.

LAURICOCHA. — Petite ville du département de Junin, dans la république du Pérou. Elle est importante par sa mine d'argent que l'on range au nombre des plus riches du monde. Pop. : 8,000 âmes.

LAURIERE. — Chef-lieu de canton dans l'arrondissement de Limoges, département de la Haute-Vienne. Pop. : 1,300 âmes.

LAURVIG. — Ville de Norwége. Elle possède un port sur le Skager-Rack, et l'on y trouve des forges considérables. Pop. : 2,000 âmes.

LAUSANNE. — Ville capitale du canton de Vaud, en Suisse. Elle est située sur trois collines, près de la côte septentrionale du lac de Genève. On y remarque la cathédrale et la maison pénitentiaire, et elle possède une académie universitaire, un collége, une école militaire, une bibliothèque publique, un musée et un cabinet d'histoire naturelle. Sa population est d'environ 12,000 âmes. On cite, dans les environs, la promenade du Signal et la forêt de Roveria.

LAUTARET. — Montagne du département des Hautes-Alpes. Elle est située sur la route de Grenoble à Briançon, et on y remarque un hospice construit à 2,093 mètres de hauteur.

LAUTER. — Rivière qui prend sa source dans la Bavière rhénane. Elle passe à Wissembourg, en France, et va se jeter dans le Rhin, après un cours de 70 kilomètres.

LAUTERBERG. — Ville du royaume de Hanovre. On trouve, dans ses environs, des mines de fer, de cuivre et de cobalt. Pop. : 2,500 âmes.

LAUTERBOURG. — Petite ville du département du Bas-Rhin. C'est un chef-lieu de canton de l'arrondissement de Wissembourg. Elle est fortifiée, située sur la Lauter, et fut prise par les Français en 1793, lorsqu'ils eurent forcé les fameuses lignes dites de *Wissembourg*. Pop. 2,500 âmes.

LAUTERBRUNNEN. — Village situé dans la vallée du même nom, canton de Berne en Suisse. Il est renommé par sa cascade ou chute du *Staubach*. C'est aussi dans ses environs, vers le sud-est, que s'élève le Jungfrau-Horn, montagne que longtemps on crut inaccessible.

LAUTREC. — Petite ville du département du Tarn. C'est un chef-lieu de canton de l'arrondissement de Castres. On y fait un commerce de bestiaux et de volailles grasses. Pop. : 3,500 âmes.

LAUZERTE. — Petite ville du département de Tarn-et-Garonne. C'est un chef-lieu de canton de l'arrondissement de Moissac. Il s'y fait un commerce de minoterie. Pop. : 3,500 âmes.

LAUZÈS. — Chef-lieu de canton dans l'arrondissement de Cahors, département du Lot. Pop : 3,500 âmes.

LAUZET (Le) — Chef-lieu de canton dans l'arrondissement de Barcelonnette, département des Basses-Alpes. Il est située près de la rive gauche de l'Ubaye. Pop. : 900 âmes.

LAUZUN. — Chef-lieu de canton dans l'arrondissement de Marmande, département de Lot-et-Garonne. Pop. : 1,400 âmes.

LAVAL. — Commune du département du Gard. Elle est située dans l'arrondissement d'Alais. Pop. : 1,400 âmes.

LAVAL. — Ville située sur les deux rives de la Mayenne. Chef-lieu du département du même nom, elle comprend 9 cantons et 92 communes. On y remarque la halle aux toiles. Elle possède un collége, une bibliothèque publique, fait un commerce de toiles assez important et présente une population d'environ 17,000 âmes.

LAVARDAC. — Chef-lieu de canton dans l'arrondissement de Nérac, département de Lot-et-Garonne. On y fait un commerce de minoterie, de bouchons, de semelles de liége et de chapeaux. Pop. : 1,800 âmes.

LAVAUR. — Petite ville du département du Tarn. Chef-lieu d'arrondissement, elle comprend 5 cantons et 57 communes. Elle est situé sur l'Agout, et fait un commerce de soieries. Pop. : 7,000 âmes.

LAVELANET. — Chef-lieu de canton dans l'arrondissement de Foix, département de l'Ariége. On y trouve des manufactures de draps et des forges dans les environs. Pop. : 2,900 âmes.

LAVELLO. — Ville épiscopale de la Basilicate, dans le royaume de Naples. Pop. 2,300 âmes.

LAVOUTHE-CHILHAC. — Chef-lieu de canton dans l'arrondissement de Brioude, département de la Haute-Loire. Il est situé sur l'Allier. Pop. : 790 âmes.

LAW ou **LAWE.** — Rivière de France. Elle prend sa source dans le département du Pas-de-Calais, elle passe dans celui du Nord, et va se jeter dans la Lys, après un cours de 45 kilomètres.

LAWFELT. — Village de la province de Limbourg, en Belgique. Il est célèbre par la victoire que le maréchal de Saxe y remporta, en 1740, à la tête des Français, sur le duc de Cumberland, commandant l'armée anglaise.

LAY. — Rivière de France. Elle coule dans la Vendée, et va se jeter dans l'Atlantique, après un cours de 100 kilomètres.

LAZISE. — Place forte du royaume Lombard-Vénitien, empire d'Autriche. Elle est située sur le lac de Garde. Pop : 2,000 âmes.

LEAMINGTON. — Ville du comté de Warwick, en Angleterre. Pop. : 14,000 âmes. On trouve dans son voisinage, un bourg de même nom, renommé par ses sources minérales et thermales qui sont très-fréquentées.

LEBDAH. — Petite ville de la régence de Tripoli, en Afrique. Elle est située sur la côte de la Méditerranée, et l'on y remarque les restes d'un amphithéâtre, puis des débris de colonnes, de statues, etc., appartenant à l'ancienne *Leptis Magna*.

LECCE. — Ville épiscopale, chef-lieu de la terre d'Otrante, dans le royaume des Deux-Siciles. Sa population est d'environ 14,000 âmes. Cette ville donne son nom à une pierre qu'on exploite dans son voisinage, et avec laquelle on fait toutes sortes d'ouvrages au tour et au rabot, puis les vases de grandes dimensions dans lesquels on conserve l'huile.

LECH. — Rivière d'Allemagne. Elle prend sa source dans le Tyrol, traverse en partie la Bavière, et va se jeter dans le Danube, entre Donawerth et Neubourg, après un cours de 225 kilomètres.

LECHFELD. — Vaste plaine de la Bavière. Elle est arrosée par le Lech, et la ville d'Augsbourg y est située. De grandes batailles l'ont rendue célèbre, telles que celles livrées entre les Francs, les Bavarois, les Saxons, les Huns, les Hongrois et les Germains.

LECTOURE ou **LEITOURE.** — Petite ville située sur la rive droite du Gers, dans le département de ce nom. Chef-lieu d'arrondissement, elle comprend 5 cantons et 72 communes. Elle possède un collége, fait un commerce de cuirs, et sa population est d'environ 6,000 âmes. Cette ville est renommée dans l'histoire de France, par le siège qu'elle soutint contre Louis XI, et par la fin tragique de son dernier comte Jean d'Armagnac.

LEDIGNAN. — Chef-lieu de canton dans l'arrondissement d'Alais, département du Gard. Pop. : 700 âmes.

LEDOK. — District de la résidence de Baglen, dans l'île de Java, Océanie occidentale. Il est très-curieux par les phénomènes volcaniques qu'offrent les montagnes dont il est couvert, et par les ruines de temples et autres édifices en basalte que l'on y rencontre. Selon les traditions javanaises, cette contrée était le séjour des dieux, la terre sainte ; c'est l'ancien pays d'Astina, celui où demeuraient Ardjouna, Gatoulkatcha et Bima, dont les aventures sont racontées dans le Brata-Youdha ou poëme de la guerre des Pandous.

LEEDS. — Grande ville du comté d'York, en Angleterre. Elle est située sur l'Aire, et le grand canal de Leeds-et-Liverpool y aboutit. On y remarque le palais de justice, les marchés et le bazar; elle possède un musée d'histoire naturelle, une bibliothèque publique et une société académique ; et on la regarde comme le centre d'une grande fabrication de draps et de lainages.

LEERDAM. — Ville de la Hollande méridionale. Elle est située sur la Linge. C'est dans son voisinage que se trouve le bourg d'Acquoi, où naquit Jansénius. Pop. : 2,000 âmes.

LEEUWARDEN. — Ville importante par son industrie, chef-lieu de la province de Frise, dans le royaume de Hollande. Son commerce est favorisé par plusieurs canaux, et sa population est d'à peu près 17,000 âmes.

LEGÉ. — Chef-lieu du canton de l'arrondissement de Nantes, département de la Loire-Inférieure. Pop. : 3,400 âmes.

LEGNAGO. — Place forte située sur l'Adige, dans la délégation de Vérone, gouvernement de Venise. Sa population est d'à peu près 10,000 âmes. C'est dans les environs de cette ville, entre l'Adige et le Tartaro, que se trouve le canton si malsain, appelé *Valli Veronesi*, et dans lequel on recueille une immense quantité de riz. En 1796, les Français s'emparèrent de cette ville.

LEGNANO. — Ville du royaume lombard-vénitien, empire d'Autriche. Elle est située sur l'Olona. L'empereur Barberousse y fut vaincu en 1176, par les Milanais. Pop. : 3,000 âmes.

LEICESTER. — Chef-lieu du comté de ce nom, en Angleterre. Il est situé sur le Soar, qui y devient navigable. On y remarque la prison du comté, et la voie romaine qui traverse la ville. Celle-ci est le centre d'une immense fabrication de bas de laine, et l'on y fait aussi un commerce important de bestiaux et de chevaux. Pop. : 40,000 âmes.

LEIPZIG. — Ville assez bien bâtie, située sur les rivières l'Elster, la Pleiss et la Parde. C'est le chef-lieu du cercle de même nom, dans le royaume de Saxe. Ses principaux édifices sont les églises Saint-Thomas, Saint-Nicolas et l'université, puis l'hôtel-de-ville, le Gewandhaus, le Pleissenburg et l'Auerbach haus und-hof, qui sert de bazar durant les foires. Cette ville possède une université célèbre, des écoles latines, une école de commerce, un institut de sourds-muets, une bibliothèque publique, un cabinet d'histoire naturelle, un jardin botanique, et plusieurs sociétés académiques. Leipzig est l'une des villes les plus industrieuses et les plus commerçantes du monde; elle doit une grande renommée à ses foires qui se tiennent le 1ᵉʳ janvier, à Pâques et à la Saint-Michel; et à son exploitation de librairie qui le cède à peine à Paris et à Londres. Sa population dépasse 40,000 âmes. On cite, dans ses environs, les jardins de Reichenbach et de Reichel, et l'établissement d'eaux minérales artificielles fondé dans ce dernier endroit. C'est aussi dans les mêmes environs que se livra, en 1813, la mémorable bataille qui dura les 16, 17 et 18 octobre.

LEISSA. — Village du grand duché de Hesse-Darmstadt, en Allemagne. Il est célèbre par la victoire qu'y remporta, en 778, Charlemagne sur les Saxons. Pop. : 300 âmes.

LEITH. — Jolie petite ville qui touche presque à Edimbourg, en Ecosse. Elle possède un port sur le golfe de Forth, lequel est fréquenté par un grand nombre de navires de toutes les parties du monde. On remarque, dans cette ville, la Bourse, la douane, l'hôpital de marine, les chantiers, les doks et les digues immenses qui portent les noms d'Eastern Pier et de Western Breakwater. Leith possède aussi un gymnase, un institut de mécanique, et une bibliothèque publique.

LEITHA. — Rivière navigable de l'empire d'Autriche. Elle se forme de la réunion de la Schwarza et du Pitten dans l'archiduché d'Autriche, passe à Altenbourg, en Hongrie, et se réunit au Danube, au-dessous de cette ville, après un cours de 130 kilomètres.

LEITMERITZ. — Petite ville épiscopale de la Bohême, empire d'Autriche. Elle est située sur l'Elbe. On y trouve un séminaire théologique, un gymnase, et ses environs sont si gracieux, si fertiles, si bien cultivés, qu'on les appelle le *Paradis de la Bohême*. Pop. : 3,500 âmes.

LÉMAN ou **LAC DE GENÈVE.** — Il est situé entre la Suisse et la Savoie, traversé par le Rhône, et se trouve à 370 mètres environ au-dessus du niveau de la mer. Sa longueur est de 70 kilomètres, sur 12 de largeur, et l'on rencontre sur ses bords les villes de Genève, Thonon, Villeneuve, Montreux, Clarens, Vevay, Saint-Saphorin, Cully, Lutry, Lausanne, Morges, Rolle, Nyon, Copet et Versoix.

LEMBERG. — Ville archiépiscopale de la Galicie, située sur les bords du Peltew, affluent du Bug. Autrefois capitale de la Russie-Rouge, elle l'est aujourd'hui de la Pologne autrichienne, et le siége d'un archevêque catholique, d'un archevêque arménien, d'un archevêque grec et du commandement militaire de la Galicie. On y remarque l'église des dominicains et l'archevêché arménien; elle possède une université, un lycée, une école royale, deux séminaires, un musée et une riche bibliothèque; elle fait un commerce important d'expédition avec la Russie et la Turquie, et sa population est d'environ 20,000 âmes.

LEMBEYE. — Chef-lieu de canton dans l'arrondissement de Pau, département des Basses-Pyrénées. Pop. : 1,400 âmes.

LEME. — Commune du département de l'Aisne. Elle est située dans l'arrondissement de Vervins. On y fabrique du calicot. Pop. : 1,700 âmes.

LEMGO. — Ville murée de la principauté de Lippe-Detmold. C'est la patrie du médecin voyageur Kœmpfer. Pop. : 8,000 âmes.

LEMNO ou **STALIMÈNE.** — Ile située

entre le mont Athos et la côte d'Anatolie, et qui se trouve placée entre le 39° et le 40° degré de latitude nord, et entre le 22° et le 23° degré de longitude orientale. Les anciens Grecs la nommaient *Lemnos*, et les Turcs l'appellent aujourd'hui *Limno* et *Limni*. C'est la plus importante des îles de Samothrace et d'Imbros. Elle a 20 kilom. dans sa plus grande longueur; sa population est de 8 à 9,000 habitants, et son chef-lieu est Lemno, la *Myrina* des anciens, petite ville ayant un port et une citadelle. On sait que l'île de Lemnos possédait un des labyrinthes renommés dans l'antiquité et qu'elle était réputée aussi pour son ocre, appelé *terre sigillée*.

LEMPS. — Chef-lieu de canton dans l'arrondissement de La Tour-du-Pin, département de l'Isère. Pop. : 2,100 âmes.

LENA. — Grand fleuve de la Russie asiatique. Il prend sa source dans le gouvernement d'Irkoutsk, et se jette dans l'océan Glacial, par un grand nombre de bouches, après un cours de 3,500 kilomètres. Il est sinueux et peu rapide.

LENS. — Chef-lieu de canton dans l'arrondissement de Béthune, département du Pas-de-Calais. On y trouve des fabriques de dentelles, des blanchisseries, etc. C'est en cet endroit qu'en 1648 Condé vainquit les Espagnols. Pop. : 2,700 âmes.

LENZBURG. — Jolie petite ville du canton d'Argovie, en Suisse. Elle est située sur l'Aar, possède des fabriques d'indiennes imprimées et des blanchisseries, et sa population est d'environ 2,000 âmes.

LEOGANE. — Petite ville du département de l'Ouest, dans l'empire d'Haïti. Lors de la découverte de l'Amérique, c'était la cité principale du royaume de Xaragua où régnait le cacique Behechio. Aujourd'hui son port lui permet un peu de commerce.

LEOGANE (GOLFE DE). — Il est formé par la mer des Antilles sur la côte occidentale d'Haïti, et l'on y remarque l'île de la Gonave.

LEON. — Ile de l'Atlantique. Elle est située près de la côte sud-ouest de l'Espagne, dans la province de Cadix, et n'est séparée du continent que par un canal étroit sur lequel un pont est construit. On y trouve les villes de Cadix et de San-Fernando.

LEON ou MANAGUA. — Lac de l'Amérique centrale. Il est situé dans l'État de Nicaragua, et à 17 kilomètres nord-ouest du lac de Nicaragua avec lequel il communique par un canal navigable.

LEON (NOUVEAU). — État du Mexique. Il est situé à l'est et a pour chef-lieu Monterey. Son sol est riche en mines d'or, d'argent et de plomb. Pop. : 130,000 âmes.

LEON. — Ville épiscopale, chef-lieu de la province de ce nom, dans la vieille Castille, en Espagne. On remarque sa cathédrale, regardée comme la plus belle du royaume. La population de cette ville est d'environ 6,000 âmes.

LEON. — Ville épiscopale, chef-lieu de l'État de Nicaragua, dans la confédération de l'Amérique centrale. C'est une assez belle ville, située dans une plaine vaste et élevée. On y remarque la cathédrale, et l'on y trouve une université et un collège. Son commerce est assez florissant. Pop. : 40,000 âmes.

LEON. — Jolie petite ville de l'État de Guanaxuato, dans la Confédération mexicaine. On y remarque une belle église et le palais du gouvernement. Cette ville est l'entrepôt principal de la riche province de Baxio. Pop. : 6,000 âmes.

LEPANTE ou AINABACHTI. — Petite ville fortifiée du nomos de l'Acarnanie-et-Etolie, dans le royaume de Grèce. Elle est le siège d'un archevêché et possède un port. Pop. : 2,000 âmes.

LEPANTE (GOLFE DE). — Il est formé par la mer Ionienne, entre la Morée et la partie septentrionale du royaume de Grèce. Ce golfe est célèbre par la bataille navale dans laquelle fut anéantie la flotte ottomane, en 1571, par don Juan d'Autriche commandant les Vénitiens et les Espagnols.

LEPSINA. — Village de l'Attique, royaume de Grèce. Il occupe une portion de l'emplacement de l'antique *Eleusis*, si fameuse par la célébration de ses fêtes en l'honneur de Cérès et de Proserpine, fêtes qui, durant dix-huit siècles furent le plus fréquentées de toutes celles du paganisme.

LÉRÉ. — Chef-lieu de canton de l'arrondissement de Sancerre, dans le département du Cher. Il est situé sur le canal latéral à la Loire. Pop. : 1,500 âmes.

LERIDA. — Petite ville épiscopale de la Catalogne, en Espagne. Elle est bâtie dans une situation pittoresque, et importante par ses fortifications. Pop. : 13,000 âmes.

LERINS. — Iles de la Méditerranée. Elles sont situées près de la côte du département du Var, et dépendent de l'arrondissement de Grasse. Les deux principales sont Sainte-Marguerite et Saint-Honorat. La première est la plus grande, et l'on y voit une citadelle dans laquelle fut détenu l'homme au masque de fer. Elles furent occupées par André Doria en 1536, et par les Espagnols en 1635. L'abbaye de Lérins fut une des plus illustres de France.

LERWICK. — Petite ville située sur l'île de Mainsand, la plus grande de l'archipel de Shetland, royaume d'Angleterre. C'est dans son voisinage que se trouve la vaste baie de Bressay, où, chaque été, se réunissent les nombreux navires anglais, écossais, danois et Hollandais qui se livrent à la pêche du hareng. Pop. : 2,800 âmes.

LESCAR. — Chef-lieu de canton dans l'arrondissement de Pau, département des Basses-Pyrénées. On y fait un commerce de vin. Pop. : 2,100 âmes.

LESCUN. — Commune de l'arrondissement d'Oloron, département des Basses-Pyrénées. On trouve, sur son territoire, une mine de cuivre. Pop. : 1,500 âmes.

LESGHIS. — Peuple de l'empire de Russie. Ils habitent sur les deux versants des montagnes du Caucase, entre la Géorgie, le Chirvan, la Circassie et le Daghestan. Ces peuples sont farouches et cruels et ne vivent guère que de brigandage. Ce sont de terribles sujets pour le gouvernement russe.

LESINA. — Ile des côtes de la Dalmatie, dans la mer Adriatique. On y trouve une ville de même nom, qui est le siège d'un évêché, et qui possède un port. Cette île a 70 kilomètres de longueur sur 9 de largeur, et compte une population de 13,000 âmes.

LESPARRE. — Petite ville, chef-lieu d'arrondissement dans le département de la Gironde. Elle comprend 4 cantons et 30 communes. Elle fait un commerce de vins, de résine, brais et goudrons, et sa population est d'environ 1,200 âmes.

LESSAY. — Chef-lieu de canton dans l'arrondissement de Coutances, département de la Manche. On y trouve des teintureries. Pop.: 1,700 âmes.

LESSE. — Rivière de Belgique. Elle passe à Han, et se jette dans la Meuse, au-dessus de Dinant, après un cours de de 66 kilomètres.

LESSINES. — Ville du Hainaut, en Belgique. Elle est entourée de forêts, et fait un grand commerce de bois et de charbon. On exploite aussi, dans ses environs, des carrières de grès. Pop. : 5,000 âmes.

LESTINES. — Bourg du Hainaut, en Belgique. Les rois francs de la première race y avaient un palais, et un concile y fut tenu en 743.

LESTREM. — Petite ville du département du Pas-de-Calais. Elle est située dans l'arrondissement de Béthune et sur la Law. Pop. 3,500 âmes.

LEUCATE. — Petite ville située sur la Méditerranée, dans le département de l'Aude. Elle possède une grande rade, des salines, et s'est rendue célèbre par les deux sièges qu'elle soutint aux xvi° et xvii° siècles. On y fait un commerce de vins. Il y a dans son voisinage un étang de son nom.

LEUCATE ou LEUCADE. — Ile de la mer Ionienne. Elle est située près des côtes de l'Acarnanie, et célèbre par le promontoire de son nom, du sommet duquel les amants malheureux se précipitaient dans la mer, pour se guérir de leur amour. Cette île porte aujourd'hui le nom de *Sainte-Maure*.

LEUCK ou LOUESCHE. — Petit bourg du canton du Valais, en Suisse. Il est réputé par ses bains sulfureux qui sont très-fréquentés. Pop. 600 âmes.

LEUTSCHAU. — Ville épiscopale de Hongrie, empire d'Autriche. C'est la première ville de Hongrie qui ait eu une imprimerie. Pop. : 6,000 âmes.

LEUZE. — Ville du Hainaut, en Belgique. On y voit une belle église, et l'on y trouve des teintureries, des tisseranderies et des fabriques de bonneteries. Pop. : 5,000 âmes.

LEVANTINE. — Vallée du canton du Tésin, en Suisse. Elle est arrosée par la rivière de son nom, et a pour chef-lieu Faïdo.

LEVET. — Chef-lieu de canton dans l'arrondissement de Bourges, département du Cher.

LÉVIE. — Chef-lieu de canton dans l'arrondissement de Sartène, en Corse. Pop. 1,700 âmes.

LEVROUX. — Petite ville du département de l'Indre. C'est un chef-lieu de canton, dans l'arrondissement de Châteauroux. On y remarque la tour du *Bon an*, et plusieurs antiquités romaines, telles que les ruines d'un amphithéâtre. Cette ville fait un commerce de grains, de laines, etc. Pop. : 3,200 âmes.

LEWES. — Ville d'Angleterre. Elle est située dans le comté de Sussex, et sur l'Ouse. Le roi Henri III y fut vaincu en 1263 et fait prisonnier par l'armée des barons. Pop. 7,000 âmes.

LEWIS. — Ile de l'archipel des Hébrides. Elle est située au nord-ouest de l'Ecosse, et dépend du comté de Ross. Les habitants y cultivent quelques céréales, mais se livrent principalement à la pêche. Elle a pour capitale Stornaway, bâtie sur une baie à l'est. Pop. 14,000 âmes.

LEWIS. — Rivière des Etats-Unis d'Amérique. Elle se jette dans l'Orégon, après un cours de 1,100 kilomètres.

LEXINGTON. — Ville du Kentucky, aux Etats-Unis d'Amérique. Elle est située dans le comté de Lafayette et sur l'une des branches de l'Elkhorn, affluent du Kentucky. Cette ville possède une université, une bibliothèque publique, un musée, des imprimeries et des fabriques de laine, de coton, de clous, de cuivre, d'étain, etc. Pop. 8,000 âmes.

LEYDE. — Grande et belle ville située sur le Rhin, dans la Hollande méridionale. Elle est entrecoupée de canaux, et parmi ses édifices, on remarque surtout l'église Saint-Pierre qui renferme de nombreux tombeaux; l'hôtel de ville, le bâtiment de l'université et l'hôtel des invalides. Cette ville possède une université célèbre, une riche bibliothèque où l'on conserve une précieuse collection de manuscrits grecs et orientaux, une collection zoologique, un théâtre anatomique, un musée d'antiquités, la célèbre typographie des Elzévirs, et plusieurs sociétés académiques. Sa population est d'environ 35,000 âmes.

LEYRE. — Petite rivière du département des Landes. Elle se forme par la réunion de la Leyre de Pissos et de la Leyre de Luxey, et se jette dans le bassin d'Arcachon, après un cours de 80 kilomètres.

LEYTE. — Une des principales îles Philippines. Elle est située au nord de Mindanao, et une partie de ses habitants ont maintenu leur indépendance contre les Espagnols.

LEZ. — Rivière du département de l'Hérault. Elle prend sa source près du château de Restinclières, commune de Prades, à 6 kilomètres de Montpellier. On l'a canalisée en deux endroits; elle donne l'activité à un grand nombre d'usines, et se jette dans la Méditerranée, après un cours de 36 kilomètres.

LEZARDRIEUX. — Chef-lieu de canton dans l'arrondissement de Lannion, département des Côtes-du-Nord. Cette ville est située sur le Trieux où elle a un port de commerce. Pop. 2,200 âmes.

LEZAY. — Petite ville du département

des Deux-Sèvres. C'est un chef-lieu de canton de l'arrondissement de Melle. Pop. : 2,500 âmes.

LEZIGNAN. — Petite ville du département de l'Aude. C'est un chef-lieu de canton de l'arrondissement de Narbonne. On y fait un commerce d'eau-de-vie. Pop. : 2,300 âmes.

LEZOUX. — Petite ville. Chef-lieu de canton de l'arrondissement de Thiers, dans le département du Puy-de-Dôme. On y fait un commerce de blé et de chanvre. Pop. : 3,600 âmes.

LHUIS. — Chef-lieu de canton dans l'arrondissement de Belley, département de l'Ain. Pop. : 1,300 âmes.

LIACOURA (Mont). — C'est le célèbre *Parnasse* des poëtes. Il est situé dans l'ancienne Phocide, aujourd'hui la Livadie, et fait partie du système slavo-hellénique ou des Alpes orientales. Son groupe n'atteint qu'à une élévation de 2,240 mètres, et il présente 10 sommets dont les deux principaux sont l'Hyampea et le Thitorea. On remarque sur le flanc méridional de cette montagne, le village de Castri, qui occupe l'emplacement de Delphes, près la fontaine de Castalie. Celle-ci jaillit d'un rocher dans lequel on creusa un bassin carré qui est encore bien conservé. Le mont Parnasse ne conserve point de neige en été, et il est même très-accessible durant l'hiver. Il n'est donc plus besoin d'enfourcher le cheval Pégase pour parvenir à son sommet, et de là sans doute l'abondance actuelle des rimailleurs.

LIAMONE. — Rivière de Corse. Elle prend sa source près du mont Rotondo, et se jette dans la Méditerranée, après un cours de 45 kilomètres.

LIANCOURT. — Chef-lieu de canton dans l'arrondissement de Clermont, département de l'Oise. On y trouve quelques fabriques. Pop. : 1,400 âmes.

LIAO-HO. — Fleuve de la Chine. Il prend sa source en Mongolie et va se jeter dans le golfe de Liao-Toung, après un cours de 800 kilomètres.

LIAO-TOUNG. — Golfe de la mer Jaune, en Chine. Il est formé par celui de Tchi-li, au sud de la province de Liao-toung.

LIBAN. — Chaîne de montagnes située à l'ouest de l'Euphrate, et qui s'étend, sur une longueur d'environ 400 kilom., depuis la rive gauche de l'Oronte, vers le 36ᵉ parallèle, jusqu'à la rive droite du Kasmic, près du 33ᵉ parallèle. Cette chaîne appartient au groupe du Taurus. De son versant oriental se détache une autre chaîne que les Arabes désignent sous le nom de Djebel-el-chaïk, et que nous appelons l'anti-Liban; et sur le prolongement méridional du Liban, se trouvent, parmi ses dépendances, le mont Thabor et le mont Sinaï. Le point culminant du Liban, ou le Liban proprement dit, atteint une hauteur d'environ 3,250 mètres; l'altitude du mont Thabor n'est que de 585 mètres, celle du mont Sinaï en a 2,418.

On sait quelle est, dans les saintes Ecritures, la renommée des cèdres du Liban, qui fournirent la charpente du temple de Salomon. Aujourd'hui ces cèdres, réduits à un petit nombre, tendent à disparaître totalement. Le groupe qui subsiste encore se trouve à trois lieues au-dessus du village d'Eden, village qui, au dire des arabes, occupe l'emplacement où Dieu avait placé le paradis terrestre. Chaque année, le jour de la transfiguration, le patriarche des maronites vient célébrer la messe au pied du plus gros des cèdres, et cette touchante cérémonie attire un grand concours des populations voisines.

LIBOURNE. — Petite ville située sur la rive droite de la Dordogne, dans le département de la Gironde. Chef-lieu d'arrondissement, elle comprend 9 cantons et 132 communes. Elle possède un collége, une bibliothèque, un jardin botanique, un athénée, quelques fabriques d'étoffes communes, et son commerce consiste en outre en grains, vins, merrain et sel. Sa population est d'environ 11,000 âmes.

LIBYE (Désert de). — On comprend communément par cette désignation la partie orientale du Sahara, la partie méridionale du désert de Barca, et la partie occidentale de l'Egypte.

LICHFIELD. — Jolie petite ville d'Angleterre. C'est le chef-lieu du comté de ce nom ; mais elle est comprise dans celui de Stafford. On admire sa vaste cathédrale, où se trouve renfermé le groupe des *enfants dormants*, chef-d'œuvre de Chantrey, et cette ville possède un collége fondé par Edouard VI. Pop. : 6,500 âmes.

LICHTENTEIN (Principauté de). — Ce très-petit Etat est situé sur le Rhin, entre la Suisse et le Tyrol, et se compose des seigneuries de Vadutz et de Schettenberg. Le chef-lieu de cette principauté, nommé aussi Lichstenstein, est un bourg sur le Rhin, dont la population ne dépasse guère 1,000 habitants.

LIDO (Le). — Petit îlot voisin de Venise, sur lequel est construit le fort Saint-André. Celui-ci défend le port qui n'est actuellement abordable que pour de faibles bâtiments, mais qui anciennement pouvait recevoir de gros vaisseaux. C'est de cet endroit qu'au XIIᵉ siècle partit la flotte de 200 navires, commandée par le doge Michieli, et qu'au commencement du XIIIᵉ appareilla celle qui se composait de 240 vaisseaux de guerre, 73 navires de transport, 50 galères et 120 balandres, ayant à bord 40,000 hommes et chevaux, laquelle, sous les ordres du doge Dandolo, allait conquérir Constantinople.

LIDORIKI. — Petite ville, chef-lieu de l'Eparchie de la Doride, royaume de Grèce. Elle est le siége d'un évêché, et compte environ 1,200 habitants. On prétend que les indigènes du district de Zona, qui est dans ses environs et comprend 4 villages, ont conservé l'idiome dorien de leurs ancêtres.

LIEBSTEIN. — Village du duché de Saxe-Meiningen. Il est renommé par sa situation charmante et ses eaux minérales, qui sont très-fréquentées. On voit, dans son voisinage le château d'Altenstein, remarquable par son heureux site et par les curiosités naturelles qu'on rencontre dans ses environs.

LIÉGE. — Ville épiscopale, située au confluent de l'Ourthe avec la Meuse, en Belgique. Elle est le chef-lieu de la province qui porte son nom. On y remarque la cathédrale et la citadelle. Cette ville possède une université, un collège royal, une école des mines, un institut de sourds-muets, une académie de dessin, une école de musique, une école spéciale de commerce, une école normale d'enseignement mutuel, une bibliothèque publique, un jardin botanique et plusieurs sociétés académiques. Liége est renommé en outre par ses mines de houille, exploitées depuis le xıı° siècle, par sa fonderie de canons, ses forges, sa quincaillerie, ses manufactures de draps, de glaces et de cristaux, ses tanneries, etc. Sa population est d'environ 60,000 âmes.

LIEGNITZ. — Ville de la Silésie, en Prusse. Elle est située au confluent du Schwarzwald avec la Katzbach, et c'est le chef-lieu du gouvernement qui porte son nom. On y trouve un collège, un gymnase, une bibliothèque publique et des collections scientifiques. Pop. : 11,000 âmes.

LIEOU-KIEOU. — Groupe d'îles du Grand-Océan. Elles sont situées au sud-sud-ouest de celles du Japon, et forment un royaume tributaire de la Chine.

LIER ou LIERRE. — Petite ville de la province d'Anvers, en Belgique. Elle est située à la jonction de la grande et de la petite Nethe, et renommée par ses brasseries et ses fabriques d'instruments de musique en cuivre. Pop. : 14,000 âmes.

LIERNAIS. — Chef-lieu de canton dans l'arrondissement de Beaune, département de la Côte-d'Or. Pop. : 1,300 âmes.

LIESTAL. — Ville de Suisse. C'est le chef-lieu du canton de Bâle-Campagne. Pop. : 2,000 âmes.

LIFFOL-LE-GRAND ou MORVILLIERS. — Commune de l'arrondissement de Neufchâteau, dans le département des Vosges. On croit que cet endroit est l'ancienne *Leucofao* où, en 596, Frédégonde vainquit Brunehaut, et où Ebroin battit Pépin d'Héristal et Martin, en 680. Pop. 1,700 âmes.

LIFFRÉ. — Chef-lieu de canton dans l'arrondissement de Rennes, département d'Ille-et-Vilaine. Pop. 2,400 âmes.

LIGNÉ. — Chef-lieu de canton dans l'arrondissement d'Ancenis, département de la Loire-Inférieure. Pop. : 2,200 âmes.

LIGNIÈRES. — Chef-lieu de canton dans l'arrondissement de Saint-Amand-Mont-Rond, département du Cher. Il est situé sur l'Arnon, et près de l'étang de Villiers. On y fait un commerce de bestiaux et de pâtés qui sont estimés. Pop. : 2,200 âmes.

LIGNON. — Rivière de France. Elle coule dans le département de la Loire, et se jette dans ce fleuve, au-dessous de Feurs, après un cours de 50 kilomètres.

LIGNON. — Rivière de France. Elle arrose le département de la Haute-Loire, et se joint à la Loire, après un cours de 60 kilomètres.

LIGNY. — Petite ville du département de la Meuse. C'est un chef-lieu de canton de l'arrondissement de Bar-le-Duc, et elle est située près du chemin de fer de Paris à Strasbourg. On y fait un grand commerce de confitures de groseilles, de bois de construction, de papier et de taillanderie. Pop. : 3,200 âmes.

LIGOR. — Ville de la presqu'île de Malacca. Elle est située sur la côte sud-ouest du golfe de Siam, où elle possède un port. C'est l'ancienne capitale de l'Etat malais de son nom qui aujourd'hui se trouve entièrement soumis aux Siamois.

LIGOURIO. — Gros village de l'Argolide, royaume de Grèce. On trouve dans son voisinage le Hieron Alsos ou bois sacré qui renferme les ruines du célèbre temple d'Esculape ; puis les eaux minérales, si renommées dans l'antiquité, près desquelles Antonin fit construire un hôpital ; et enfin le théâtre de Polyclète dont 60 gradins sont encore intacts.

LIGUA. — Ville du Chili. Elle est située près de l'embouchure de la Ligua dans la baie de même nom, que forme le grand océan Austral. On trouve des mines d'or sur son territoire.

LIGUEIL. — Chef-lieu de canton dans l'arrondissement de Loches, département d'Indre-et-Loire. On y fait un commerce de pruneaux, et on remarque dans ses environs un immense amas de coquillages, appelé *faluns de Touraine*. Pop. : 1,900 âmes.

LILIENFELD. — Ville de l'archiduché d'Autriche. Elle est située dans la basse Autriche, sur le Trasen, affluent du Danube. On remarque sa riche abbaye de l'ordre de Cîteaux, et l'on y trouve une importante manufacture d'armes à feu, puis des fabriques de taillanderie, de tréfilerie de fer, etc.

LILLE. — Ville située sur la Deule et le canal de la Sensée. C'est l'une des principales places de guerre de la France, et sa citadelle est le chef-d'œuvre de Vauban. Ancienne capitale de la Flandre française, elle est aujourd'hui le chef-lieu du département du Nord, et son arrondissement comprend 16 cantons et 172 communes. On cite dans cette ville, généralement bien bâtie, l'hôtel de ville, la halle aux blés, celle aux poissons, l'hôpital-général, l'hôpital militaire, le cirque, la porte de Paris et l'arsenal. Elle possède un collège, une école de dessin et d'architecture, une académie de musique, un cours pratique de médecine, de chimie et de pharmacie, une bibliothèque publique, un musée de tableaux, un cabinet d'histoire naturelle, un jardin botanique, et deux sociétés, l'une académique, l'autre d'horticulture. Son commerce, très-florissant et très-étendu, consiste en draps, serges, camelots, coutils, toiles de ménage et ouvrées, dentelles, faïence, verrerie, papiers, etc.; et son territoire, renommé par sa fertilité, produit des plantes oléagineuses, du lin, de la garance, du tabac, etc. Sa population est d'environ

68,000 âmes. Cette ville est la patrie d'Alain de Lille.

LILLEBONNE. — Petite ville du département de la Seine-Inférieure. C'est un chef-lieu de canton de l'arrondissement du Havre. On y remarque les ruines d'un château gothique qui fut souvent la résidence de Guillaume le Conquérant, et l'on a découvert, dans ses environs, des restes antiques que l'on croit provenir de *Juliobona*. Pop. : 3,700 âmes.

LILLERS. — Chef-lieu de canton de l'arrondissement de Béthune, dans le département du Pas-de-Calais. On y trouve des fabriques de noir animal, de sucre indigène, de poteries, etc. Pop. : 4,900 âmes.

LIMA. — Capitale du Pérou. Elle fut fondée, en 1530, par le conquérant Pizarre; mais des tremblements de terre l'ont renversée plusieurs fois depuis cette époque. Elle est située dans une immense plaine et traversée par le Rimac; ses rues, longues et larges et se coupant à angles droits, sont arrosées par de petits canaux. Sur la grande place, *plaza major*, se voient une belle fontaine, la cathédrale, le palais du gouvernement, puis les *portalès*, galeries ornées de boutiques qui rappellent un peu le Palais-Royal de Paris et servent aussi de promenade. Lima a sept paroisses, 15 monastères, 18 couvents d'hommes, 19 de femmes, 8 hôpitaux, un hôtel de monnaies, une bibliothèque, une université et plusieurs collèges. Les maisons sont basses, à un seul étage et beaucoup ont de larges balcons. A 8 kilom. de la ville se trouve la bourgade Callao, port de mer où se fait tout le commerce de Lima. Ce point est défendu, du côté de la rade, par de belles fortifications auxquelles on donne le nom de *Château de Callao*. Cette ville possède une université, plusieurs collèges et bibliothèques; son territoire est fertile et bien cultivé, son climat agréable, mais son séjour n'en est pas moins redouté, à cause des fréquents tremblements de terre qui s'y font ressentir. Pop. : 70,000 âmes.

LIMAN. — On donne ce nom à des golfes marécageux ou lagunes qui se trouvent sur les bords de la mer Noire, et on l'applique particulièrement au golfe formé par les embouchures du Dniéper et du Boug.

LIMAS. — Commune du département du Rhône. Elle est située dans l'arrondissement et le canton de Villefranche. On y trouve une fabrique de toile de coton. Pop. : 1,800 âmes.

LIMASOL ou **LIMISSO.** — Ville de la Turquie d'Asie. Elle est située sur la côte méridionale de l'île de Chypre, et l'on trouve, dans son voisinage, les ruines de l'ancienne *Amathonte*. Cette ville est le siége d'un évêché grec, et son territoire est remarquable par sa grande fertilité. Pop. : 4,000 âmes.

LIMAY. — Chef-lieu de canton dans l'arrondissement de Mantes, département de Seine-et-Oise. On exploite, dans ses environs, des carrières de pierres dures. Pop. : 1,400 âmes.

LIMBOURG BELGE. — Province du nord-est de la Belgique. Son sol, plat et fertile sur les bords de la Meuse, devient sablonneux dans les autres parties, et n'y offre guère que des landes et des marais. Cette province est divisée en 2 arrondissements dont les chefs-lieux sont : Tongres et Hasselt. Pop. : 169,000 âmes.

LIMBOURG HOLLANDAIS. — Province située dans le sud-est du royaume de Hollande. Elle comprend toute la partie nord-est de l'ancienne province de Limbourg; au sud, la partie située sur la rive droite de la Meuse; et, sur la rive gauche, le territoire de Maëstricht. Cette province est fertile dans la vallée de la Meuse; mais les autres parties n'offrent, sauf des pâturages, que des landes et des marais dont les plus considérables sont ceux de Peel. Les principales villes du Limbourg hollandais sont : Maëstricht, Ruremonde et Venloo. Pop. : 195,000 âmes.

LIMBOURG. — Ville murée de la province de Liége, en Belgique. C'était autrefois la capitale du Limbourg, qui s'étendait alors sur le territoire de Liége. On trouve, dans cette ville, des fabriques de draps. Elle fut prise, en 1675, par Louis XIV. Pop. : 2,000 âmes.

LIMBOURG. — Ville murée du duché de Nassau, en Allemagne. Elle est située sur la Lahn, et c'est le siége d'un évêché. Pop. : 3,000 âmes.

LIMERAY. — Commune du département d'Indre-et-Loire. Elle est située dans l'arrondissement de Tours. Pop. : 1,100 âmes.

LIMERICK. — Grande ville, chef-lieu du comté de ce nom, en Irlande. Elle est située sur le Shannon qui y forme un beau port, et elle est la résidence d'un évêque anglican. On la divise en trois parties : la *ville irlandaise*, la *ville anglaise* et la *ville nouvelle*; et l'on y remarque l'église des Dominicains, le palais de justice, la bourse, la douane, la halle aux toiles, le marché au blé, la prison, l'hôpital des fous, les casernes, le pont de Wellesley, construit sur le Shannon, et les magnifiques jardins suspendus, créés par M. Roche, en 1808, lesquels rappellent ceux de Babylone. Limerick possède aussi un institut et une riche bibliothèque; c'est le grand entrepôt du commerce de blé, de bœufs, de beurre et autres produits, du comté, et sa marine marchande est florissante. Pop. : 68,000 âmes.

LIMERZEL. — Commune du département du Morbihan. Elle est située dans l'arrondissement de Vannes. Pop. : 1,400 âmes.

LIMFIORD ou **LUMFIORD.** — Golfe du Danemark. Il est formé par le Cattegat, dans la partie septentrionale du Jutland. Sa largeur n'est, à l'entrée, que de 2 kilomètres et va en augmentant; mais il en a 140 de profondeur.

LIMMAT. — Rivière de Suisse. Elle sort du lac de Zurich, passe à Baden, et se jette dans l'Aar, au-dessous de Brugg, après un cours de 26 kilomètres.

LIMOGES. — Ville épiscopale, située sur la Haute-Vienne. Autrefois capitale du Limousin, elle est aujourd'hui le chef-lieu du département de la Haute-Vienne, et son arrondissement comprend 10 cantons et 78 communes. On y remarque la cathédrale, monument gothique, puis le palais épiscopal, le clocher de l'église Saint-Martial et la promenade d'Orsay. Elle possède un séminaire, une académie universitaire, un collége, une institution des sourds-muets, une bibliothèque publique, un musée, une pépinière et une société académique. Elle fait un commerce de laines filées et tissées, de porcelaine, de papiers, de chevaux, de cuirs tannés, etc.; et des courses de chevaux y ont lieu annuellement dans la première quinzaine de juin. Sa population est d'environ 35,000 âmes. Limoges est la patrie du chancelier d'Aguesseau, de Dorat, etc.

LIMOGNE. — Chef-lieu de canton dans l'arrondissement de Cahors, département du Lot. Pop. : 1,300 âmes.

LIMONEST. — Chef-lieu de canton dans l'arrondissement de Lyon, département du Rhône. Pop. : 1,100 âmes.

LIMOURS. — Chef-lieu de canton dans l'arrondissement de Rambouillet, département de Seine-et-Oise. On y trouve des pépinières et des fabriques de poterie. Pop.: 1,000 âmes.

LIMOUX. — Petite ville située sur l'Aude, dans le département de ce nom. Chef-lieu d'arrondissement, elle comprend 8 cantons et 150 communes. Elle possède un collége et fait un commerce important de draperie et d'un vin blanc mousseux appelé *blanquette de Limoux*. La population de cette ville est d'environ 7,500 âmes.

LIN-TING. — Petite ville du Kouang-toung, dans l'empire de la Chine. Elle est l'entrepôt du commerce interloppe de l'opium, l'un des principaux articles des importations des Européens dans cette partie de l'Asie.

LINARES. — Ville de la province de Jaen, en Espagne. On trouve, dans ses environs, des mines de plomb, d'antimoine et de cuivre. Pop. : 7,000 âmes.

LINCOLN. — Petite ville épiscopale, chef-lieu du comté de ce nom, en Angleterre. On remarque sa cathédrale, l'une des plus belles du royaume et des plus vastes de l'Europe. Son clocher, d'une hauteur prodigieuse, est d'une grande beauté. Cette ville, au temps de Guillaume le Conquérant, était l'une des plus populeuses et des plus riches de l'Angleterre. Pop. : 12,000 âmes.

LINDAU. — Très-petite ville du cercle du haut Danube, en Bavière. Elle est fortifiée, et possède, sur le lac de Constance, un port qui est une station pour les bateaux à vapeur. Cette ville doit, dit-on, son origine à un fort que Tibère avait fait établir sur l'emplacement où elle se trouve. Pop. : 3,000 âmes.

LINDESNESS. — Cap de la Norwége. Il est situé au sud, à l'entrée du Skager-Rack.

LINDY. — Fleuve du Zanguebar. Il se jette dans la mer des Indes, et l'on trouve, à son embouchure, un village de même nom.

LINGAN. — Ile de la Sonde. Elle est située à l'est de Sumatra et sous l'équateur. Son sol est fertile en poivre, sagou, gomme, bois de construction et d'ébénisterie, etc., et ce sont des Malais qui l'habitent. Pop. : 10,000 âmes.

LINHARES. — Ville de la province de Beira, en Portugal. C'est un chef-lieu de Comarca. Pop. : 1,000 âmes.

LINKOPING. — Petite ville épiscopale de la Gothie, dans le royaume de Suède. Sa cathédrale est regardée comme la plus belle du royaume après celle d'Upsal. Cette ville possède un gymnase, une riche bibliothèque et un musée d'antiquités et d'histoire naturelle. Pop. : 8,000 âmes.

LINLITHGOW. — Ville du comté de même nom, en Ecosse. On y voit un château qui était la résidence des rois d'Ecosse et où naquit Marie Stuart. Pop. : 4,900 âmes.

LINNICH. — Ville de la Prusse rhénane. Elle est située sur la Roer. Gérard, duc de Juliers et de Clèves, y vainquit, en 1444 et le jour de la saint Hubert, le duc de Gueldre. C'est en mémoire de ce triomphe qu'il institua l'ordre de Saint-Hubert. Pop. : 1,300 âmes.

LINOSA. — Petite île de la Méditerranée. Elle est située entre Malte et l'Afrique, inhabitée; mais l'Angleterre et l'Espagne s'en disputent la possession.

LINTH. — Rivière de Suisse. Elle passe dans le canton de Glaris, pénètre dans le lac de Wallenstatt, sépare le canton de Saint-Gall de ceux de Glaris et de Schwitz, se jette dans le lac de Zurich, après un cours de 52 kilomètres.

LINTHAL. — Village du canton de Glaris, en Suisse. Il est renommé par les bains de Stachelberg, établis dans ses environs. On voit aussi, dans son voisinage, le pont de Panten, construit à environ 33 mètres au-dessus des eaux du Sandbach.

LINZ. — Ville épiscopale, située sur la rive droite du Danube, dans la haute Autriche. Elle est fortifiée, et c'est le chef-lieu de cette province. On y trouve un lycée, un gymnase, une fabrique impériale de drap, d'autres manufactures, et sa population est d'à peu près 25,000 âmes.

LION ou LYON — Golfe de la Méditerranée. Il est situé sur la côte sud-est de la France, baignant aussi, en Espagne, l'extrémité nord-est de la Catalogne. En France, il borde les côtes des départements des Pyrénées-Orientales, de l'Aude, de l'Hérault, du Gard, des Bouches-du-Rhône et l'extrémité sud-ouest du Var. Les chercheurs d'étymologies n'ont rien trouvé de bien satisfaisant sur le nom que porte ce golfe : les uns le font venir tout bonnement de la ville de Lyon, qu'on a écrit aussi *Lion*; les autres, poëtes sans doute, le tirent des agitations des eaux de ce golfe, dont ils comparent la violence à la *fureur* d'un lion.

LION-D'ANGERS (LE). — Chef-lieu de canton dans l'arrondissement de Segré, département de Maine-et-Loire. Il est situé sur l'Oudon. Pop. : 2,800 âmes.

LION-SUR-MER. — Commune du département du Calvados. Elle est située dans l'arronaissement de Caen. Pop. : 1,100 âmes.

LIPARI (Iles). — Elles sont situées entre les 12° et 13° degrés de longitude orientale du méridien de Paris et les 38° et 39° degrés de latitude septentrionale. Ce groupe, qui se compose de sept îles, est d'origine volcanique. Celle de Stromboli se trouve le plus au nord; vers le sud et sur une ligne horizontale, sont placées les îles Panaria, Salina, Filicuri et Alicuri; enfin celles de Lipari et Vulcano sont situées l'une au-dessous de de l'autre et se rapprochent davantage que les précédentes des côtes de la Sicile.

Les éruptions du cône de Stromboli sont presque continues; mais elles ne consistent pour ainsi dire qu'en dégagements de vapeurs et explosions de gaz, et offrent rarement les terribles éjections des volcans qui ne vomissent leurs matières qu'à de longs intervalles. Le cône de Vulcano répand surtout une grande quantité de soufre.

LIPARI. — Ile de la Méditerranée, et la plus grande de l'archipel de même nom. Son chef-lieu, appelé aussi comme elle, est une petite ville épiscopale dont les habitants sont renommés par leur habileté maritime. La montagne de Campo-Bianco est réputée dans toute l'Europe par les pierres ponces qu'elle fournit. Cette île est d'une longueur de 11 kilomètres, sur 7 de largeur. On y trouve un bon port et des sources minérales assez estimées.

LIPEZ. — Chef-lieu de la province du même nom, dans le département de Potosi, république de Bolivia. Populeuse et riche autrefois, elle est aujourd'hui en partie déserte et sans importance.

LIPPE. (Etats de). — Ils se composent de deux parties distinctes : 1° De la principauté de Lippe-Detmold, ou du comté de Lippe, arrosé par la Werra et la Lippe, et dont *Detmold* est la capitale; 2° de la principauté de Lippe-Schauenbourg, formée de 4 bailliages du comté de Schauenbourg, et de trois bailliages de celui de Lippe. Celle-ci est arrosée par l'Emmer et autres petits affluents du Weser, et a pour capitale *Buckebourg*.

LIPPE. — Rivière d'Allemagne. Elle prend sa source au sud-ouest de la principauté de Lippe-Detmold, traverse la Westphalie, et se jette dans le Rhin, à Wesel, après un cours de 200 kilomètres.

LIPPSTADT. — Ville de la régence d'Aremberg, en Allemagne. Elle est située sur la Lippe et sur le chemin de fer de Berlin au Rhin, auquel s'embranche celui de Lippstadt à Cassel. Pop. : 3,000 âmes.

LIRÉ. — Petite ville du département de Maine-et-Loire. Elle est située dans l'arrondissement de Beaupréau. Pop. : 2,100 âmes.

LIRIA. — Ville de la capitainerie de Valence, en Espagne. Elle est assez importante par son industrie et son commerce, et compte environ 12,000 habitants.

LISBONNE. — Capitale du royaume de Portugal, et résidence d'un patriarche. Elle est bâtie en amphithéâtre sur plusieurs collines, le long de la rive droite du Tage, et divisée en *vieille* et *nouvelle* ville. La première, échappée au tremblement de terre de 1755, est laide et sale; la seconde, au contraire, se distingue par les soins qui ont été donnés à sa construction. On remarque, à Lisbonne, la cathédrale, édifice vaste et ancien, que l'on nomme la *Sé*; les églises du couvent de Belem, de San-Antaõ, du Coraçaõ de Jésus, de Saint-Roch, de San-Vicente de Fora, et de Santa-Engracia; les couvents de San-Vicente de Fora, des Grillos, des Graça, des Loios, d'Estrella, des Paulistas, de San-Bento, de Belem et de Necessidades; puis le Palais-Royal d'Ajuda, et ceux de Bemposta et de Necessidades; l'arsenal de la marine et celui de terre; la bourse, la douane, la maison des Indes, l'intendance de la marine, et le bâtiment de la bibliothèque royale; enfin, les places du commerce, du palais et du Rocio; les rues de l'Or, de l'Argent et Augusta, et la promenade publique, *Passeio publico*. Cette ville possède une académie royale de marine, une école royale d'architecture navale, une académie royale de fortifications, d'artillerie et de dessin; des écoles de chimie, de sculpture et de commerce; un collège royal militaire, un collège des nobles, un institut musical, une école royale de dessin et d'architecture civile, un observatoire, plusieurs bibliothèques, un cabinet d'histoire naturelle, un jardin botanique et quelques sociétés académiques. La population est de 260,000 âmes.

On trouve dans ses environs, le château royal de Queluz; l'aqueduc des *Agoas livres*, l'un des plus beaux ouvrages de ce genre qu'il y ait en Europe et qui rivalise avec les plus célèbres des anciens; puis le village de Campo-Grande, renommé dans tout le royaume, par son importante fabrique de soierie, et dont la localité est un but de promenade, le dimanche, pour les habitants de la ville.

LISBURN. — Charmante petite ville du comté d'Antrim, en Irlande. Elle est florissante par les nombreuses blanchisseries et fabriques de coton établies dans ses environs. Pop. : 5,000 âmes.

LISIANSKY. — Ile de la Micronésie.

LISIEUX. — Ville située au confluent de la Touque et de l'Orbec, dans la célèbre vallée d'Auge, département du Calvados. Chef-lieu d'arrondissement, elle comprend 6 cantons et 127 communes. Elle possède un collège, des fabriques de draps, de flanelles et de toiles cretonnes; et la vallée dans laquelle elle se trouve, l'une des plus riches de la France en pâturages, fournit de magnifiques bestiaux aux marchés de Poissy et de Sceaux. La population de Lisieux est d'environ 12,000 âmes.

LISMORE. — Jolie petite ville du comté de Waterford, en Irlande. On y voit un beau château qui appartient au duc de Devonshire. Pop. : 2,300 âmes.

LISMORE. — Ile d'Ecosse. Elle est située dans l'Atlantique, à l'entrée du golfe de Linnhe, et dépend du comté d'Argyle. C'etait, au XII° siècle, le siége de l'évêché d'Argyle.

LISSA. — Ile de la mer Adriatique. Elle est située sur la côte de la Dalmatie, possède des fortifications importantes, plusieurs ports, et les pêches qui se font dans ses parages sont des plus productives.

LITAKOU (Nouvelle). — Ville du pays des Betjouanas, dans la Cafrerie, Afrique Australe. Les missionnaires y ont une église et des écoles. Pop. : 6,000 âmes.

LITTLE-ROCH ou ARKOPOLIS. — Capitale de l'Etat et du comté d'Arkansas, aux Etats-Unis d'Amérique. Elle est située sur la rive gauche de l'Arkansas, et c'est le siége d'un évêché. Pop. : 1,200 âmes.

LIUSNE. — Fleuve de Suède. Il se jette dans le golfe de Bothnie, après un cours de 350 kilomètres, durant lequel il forme un certain nombre de lacs.

LIVADIE. — Ville du Nomos de l'Attique et Béotie, royaume de Grèce. Sa prospérité a été détruite par la guerre de l'indépendance, et l'on n'y compte plus qu'environ 5,000 habitants. On croit que cette ville occupe l'emplacement du bois sacré de *Trophonius*, célèbre par son oracle, qui se rendait dans une caverne à double étage. On trouve aussi, dans son voisinage, les fameux ruisseaux le *Léthé* et la *Mnémosyne*, dont la réunion forme aujourd'hui l'Hercine, affluent du lac Copaïs.

LIVAROT. — Chef-lieu de canton dans l'arrondissement de Lisieux, département du Calvados. On y trouve une filature de lin, et on y fait un commerce de fromages. Pop. : 1,300 âmes.

LIVERDUN. — Commune du département de la Meurthe. Elle est située dans l'arrondissement de Toul. C'était autrefois une forteresse et la résidence des évêques de Toul. Pop. : 1,100 âmes.

LIVERPOOL. — Grande et belle ville du comté de Lancaster, en Angleterre. Elle s'élève en amphithéâtre sur la rive droite et à l'embouchure de la Mersey, et c'est l'une des places de commerce les plus importantes du royaume. On y remarque les églises Saint-Paul, Saint-Luc et Saint-Georges ; l'hôtel de ville, le marché, la bourse, la douane, les bains, le phare, et le tunnel qui, creusé sous une partie de la ville, joint le chemin de fer de Manchester. Liverpool possède un institut royal, un lycée, un athénée, un musée, un jardin botanique et plusieurs sociétés académiques. Sa population est d'environ 170,000 âmes.

LIVERPOOL. — Petite ville de la Nouvelle-Ecosse, Amérique anglaise. Elle possède un bon port qui ne gèle presque jamais entièrement ; sa marine marchande est nombreuse et son commerce très-florissant.

LIVONIE. — Province du gouvernement de l'empire russe. Elle est située sur les bords de la mer Baltique, au sud de l'Estonie, à l'ouest des gouvernements de Saint-Pétersbourg, de Pskow, de Witebsk et de la Courlande, et se trouve placée entre les 57° et 59° degrés de latitude nord, et les 20° et 25° degrés de longitude orientale. Elle offre une superficie d'environ 13,170 milles carrés, et sa population s'élève à 760,000 âmes. La principale des rivières qui parcourent cette contrée est la Duna, qui naît dans un marais du gouvernement de Tver, et non loin des sources du Volga. Elle traverse successivement les gouvernements de Smolensk, Witebsk, Mitau et Riga, pour se jeter dans le golfe de Livonie, formé par une découpure profonde de la mer Baltique. L'entrée de ce golfe est en partie formée par un groupe d'îles que les indigènes nomment Saare-Ma, et que les géographes appellent Osel ou OEsel.

LIVOURNE. — Jolie ville épiscopale, de la province de Pise, dans le grand-duché de Toscane. Elle est située au bord de la Méditerranée, en face l'îlot Meloria, et son port est protégé par des fortifications. Ce port est franc et favorise un commerce assez important. Un des quartiers de cette ville est appelé la *Nouvelle Venise*, parce qu'il est coupé de nombreux canaux. On remarque à Livourne l'une des plus grandes et des plus régulières places de l'Italie, et la synagogue ou temple des juifs. La population est de près de 80,000 âmes.

LIVRY. — Commune du département de la Nièvre. Elle est située dans l'arrondissement de Nevers. Pop. : 1,600 âmes.

LIVRY. — Commune du département de Seine-et-Oise, dans l'arrondissement de Pontoise. Elle est renommée par son ancienne abbaye d'Augustins.

LIXHEM. — Commune du département de la Meurthe, dans l'arrondissement de Sarrebourg. On y trouve des sources minérales. Pop. : 1,100 âmes.

LIXOURI. — Ville de l'île de Céphalonie. Elle est située sur la rive occidentale du golfe d'Argostoli, formé par la mer Ionienne, et sur lequel elle possède un port. Pop. : 6,000 âmes.

LIZARD. — Cap d'Angleterre. Il est situé à son extrémité la plus méridionale, dans le Cornwall. C'est près de ce cap qu'en 1707, Duguay-Trouin battit une flotte anglaise.

LIZY. — Chef-lieu de canton dans l'arrondissement de Meaux, département de Seine-et-Marne. Il est situé sur le canal de l'Ourcq, au confluent de l'Ourcq et de la Marne, et fait un commerce de grains. Pop. : 1,600 âmes.

LLAN-Y-PONDER. — Lieu du pays de Galles, en Angleterre. Il est renommé par ses mines de plomb, les plus étendues du royaume.

LLANGOLLEN. — Ville du comté de Denbigh, dans le pays de Galles, en Angleterre. Elle est située dans une vallée, sur la Dee que traverse, à quelque distance, le canal d'Ellesmère, au moyen d'un pont aqueduc de 19 arches, dont l'auge en fer a plus de 300 mètres de longueur.

LLANO-GRANDE. — Ville de la province de Cauca, dans la Nouvelle-Grenade. Elle est située dans une immense plaine où l'on entretient de nombreux troupeaux.

LLOBREGAT. — Rivière de la province de Barcelone, en Espagne. Elle se jette dans la Méditerranée, après un cours de 140 kilomètres.

LLOBREGAT. — Rivière de la province de Girone, en Espagne. Elle prend sa source dans les Pyrénées, sur la frontière de France, et se jette dans le golfe de Roses, après un cours de 35 kilomètres.

LLORET. — Ville de la province de Girone, en Espagne. Elle est située sur la Méditerranée, et l'on y trouve des fabriques de bouchons de liége. Pop. : 4,700 âmes.

LLUCHMAYOR. — Ville de l'île de Majorque, l'une des Baléares, royaume d'Espagne. Jayme III, roi de Majorque, fut vaincu et tué dans le voisinage de cette ville, en 1349. Pop. : 9,000 âmes.

LLUMERES. — Port naturel d'Espagne. Il est situé dans la province d'Oviédo, sur l'Atlantique, et au sud-est du cap de Penas.

LOA. — Fleuve de l'Amérique méridionale. Il est situé dans le sud-ouest de la république de Bolivia, et se jette dans le Grand-Océan, sur la limite du Pérou et de la Bolivia, après un cours de 400 kilomètres.

LOANDA. — Ville du royaume d'Angola, dans la Guinée, ou Nigritie méridionale. C'est une possession des Portugais. Elle est située près de l'embouchure du Zenza dans la mer, et c'est la résidence d'un capitaine général et d'un évêque. Cette ville est fortifiée, elle possède un port, et l'on y voit des maisons en pierres, des églises et des couvents. Pop. : 5,000 âmes.

LOANGO. — Royaume de la Guinée méridionale. Il est situé entre le cap Lopez et l'embouchure du Zaïre et a pour capitale Bonali ou Loango qui possède un port sur l'Atlantique. On y fait un commerce d'ivoire, de bois de teinture, de cuivre, etc.

LOARE. — Bourg de la province de Huesca, en Espagne. On croit que c'est l'ancienne *Calagurris* des Ilergètes. Pop. : 1,000 âmes.

LOB-NOOR. — Lac du Turkestan chinois. Il a 90 kilomètres de longueur sur 65 de largeur, et reçoit les eaux du Tarem.

LOBAU. — Ile de l'archiduché d'Autriche. Elle est formée par le Danube. Repoussés, en 1809, les Français s'y renfermèrent durant six semaines, et en débouchèrent, au mois de juillet, pour livrer la bataille de Wagram qu'ils gagnèrent.

LOBAU. — Ville du royaume de Saxe. Elle est située sur le chemin de fer de Dresde à la Silésie. On y fabrique de la toile, et l'on trouve dans ses environs, des cristaux de quartz dits *diamants de Lobau*, et des sources minérales. Pop. : 3,000 âmes.

LOBENSTEIN. — Petite ville de la principauté de Reuss-Lobensten-Ebersdorf, en Allemagne. Pop. 3,000 âmes.

LOBOSITZ. — Petite ville de la Bohême, empire d'Autriche. Elle est située sur la gauche de l'Elbe. Pop. : 800 âmes.

LOBSENS ou **LOBSENIKA.** — Ville de la province de Posen, en Prusse. On y fait un commerce important de mercerie. Popul. : 2,000 âmes.

LOCANA. — Ville de la division de Turin, royaume sarde. Elle est située sur l'Orca. On y fabrique divers objets en laiton. Pop. : 5,000 âmes.

LOCARNO. — Petite ville du canton du Tessin, en Suisse. Elle est située près de l'embouchure de la Maggia, et à l'extrémité septentrionale du lac Majeur, et son commerce est assez florissant.

LOCH-LEVEN. — Petit lac d'Ecosse. Il est situé au sud-est du comté de Kinross. On remarque, dans une île de ce lac, les ruines du château de Loch-Leven, où Marie Stuart fut retenue prisonnière en 1567.

LOCH-LINNHE. — Golfe d'Ecosse. Il est formé, à l'ouest, par l'Atlantique, divise en deux parties le comté d'Argyle, et communique, au nord-est, avec le golfe de Murray, par le canal calédonien.

LOCH-WINNACH. — Gros village du comté de Renfrew, en Ecosse. On y trouve des filatures de coton. Pop. : 4,500 âmes.

LOCHES. — Petite ville du département d'Indre-et-Loire. Elle est située sur l'Indre, et chef-lieu d'arrondissement; elle comprend 6 cantons et 68 communes. On voit, dans le chœur de son église, le tombeau d'Agnès Sorel. Pop. : 5,000 âmes.

LOCLE. — Bourg de Suisse. Il est situé à peu de distance de Neufchâtel, et l'on y trouve des fabriques de dentelles, d'horlogerie, etc. Pop. : 1,000 âmes.

LOCMARIAQUER. — Petite ville du département du Morbihan. Elle est située dans l'arrondissement de Lorient, et possède un port sur l'Atlantique. On y pêche d'excellentes huîtres dites *de Pied* ou *de Carnac*. Pop. : 2,100 âmes.

LOCMINÉ. — Chef-lieu de canton dans l'arrondissement de Pontivy, département du Morbihan. Pop. : 1,900 âmes.

LODÈVE. — Ville du département de l'Hérault. Elle est située dans un très-beau vallon. Chef-lieu d'arrondissement, elle comprend 5 cantons et 72 communes, et possède un collége, une société d'agriculture et de nombreuses fabriques de draps. Sous les Romains cette ville était déjà remarquable. C'est la patrie du cardinal de Fleury. Pop. : 11,000 âmes.

LODI. — Ville épiscopale, située à la droite de l'Adda, dans le gouvernement de Milan. C'est le chef-lieu de la délégation qui porte son nom. On y remarque l'église appelée *Incoronata*. Cette ville possède un lycée, deux gymnases, un collége de demoiselles très-renommé, une bibliothèque publique, et environ 16,000 habitants. Le pont de Lodi rappelle, on le sait, l'un des plus beaux faits d'armes des troupes françaises.

LOFFIH. — Fleuve de Zanguebar, en Afrique. Son embouchure est située au sud-est de l'île de Zanzibar, mais on est encore au dépourvu de renseignements sur sa source et son cours.

LOFFODEN. — Groupe d'îles de l'Océan glacial du nord. Elles sont situées près des côtes septentrionales de la Norwége, et les principales portent les noms de Langoen,

Andoen, Hindoen, Ost-Wagen, West-Wagen, Moskenœsoc et Vœroe. C'est entre les deux dernières que se trouve le célèbre gouffre ou vortex appelé *Mahlstroem*. Les côtes de ces îles sont fréquentées par des légions de harengs et de morues, ce qui y attire annuellement au delà de 20,000 pêcheurs, en février et en mars. Pop. : 3,500 âmes.

LOGGOUN. — Pays de la Nigritie. Il est situé au sud du lac Tchad, et arrosé par le Chari. Le sol y est fertile et le climat salubre.

LOGROÑO. — Chef-lieu de la province de ce nom, dans la vieille Castille, en Espagne. On y trouve plusieurs fabriques, et il s'y tient une foire assez importante. Pop. : 8,000 âmes.

LOIR. — Rivière qui prend sa source dans le Perche, et se perd dans la Sarthe. Elle est navigable depuis Château-du-Loir.

LOIR-ET-CHER (Département de). — Il a été formé de parties de l'Orléanais, du Blaisois, du Dunois et de la Touraine. Sa superficie est de 625,971 hectares, et sa population d'environ 256,800 âmes. Il est divisé en 3 arrondissements dont les chefs-lieux sont Blois, Romorantin et Vendôme, et compte 24 cantons et 296 communes. Blois est le siège de sa préfecture et de son diocèse, Orléans celui de sa cour impériale, et Angers celui de son académie universitaire. (*Voir l'Appendice*.) Il est compris dans la première division militaire.

LOIRE. — Grand fleuve de la France, qui prend sa source dans les Cévennes, au mont Gerbier-des-Joncs. Elle coule d'abord du sud au nord, dans une vallée haute et encaissée ; puis, au lieu appelé *le Perrou*, près Villeren, elle sort d'une gorge de 12 kilom. par une série de chutes dont la hauteur totale est d'environ 2 mètres 50, et elle entre alors dans la plaine de Roanne où elle devient navigable. Elle arrose le Puy, Saint-Rambert, Roanne, Digoin, Deuze, Nevers, La Charité, Cosne, Briare, Gien, Jargeau, Orléans, Beaugency, Blois, Amboise, Tours, Saumur, les Ponts de Cé, Saint-Florent, Ancenis, Nantes, Indret, Savenay, Paimbœuf et Saint-Nazaire, et, au-dessous de cette dernière ville, elle se jette dans l'Atlantique. Ses affluents sont, à droite, l'Arroux, la Nièvre, la Maine, formée de la réunion de la Mayenne et de la Sarthe grossie du Loir ; à gauche l'Allier, le Loiret, le Cher, l'Indre, la Vienne, le Thoué et la Sèvre nantaise.

Le cours de la Loire est de 900 kilomètres, dont 788 navigables. La hauteur moyenne de ses eaux est de 1 mètre 95 à 2 mètres 90 ; mais elle est soumise à des crues redoutables occasionnées par la fonte des neiges dans les Cévennes, et par les pluies qui tombent dans son bassin supérieur. La hauteur de ces crues est en moyenne de 4 mètres 24 à 4 mètres 55 au-dessus de l'étiage ou des plus basses eaux, et les crues extraordinaires atteignent 5 mètres 84. La pente moyenne de ce fleuve est de 1 mètre par lieue dans la majeure partie de son étendue, mais elle est de 45 mètres dans les quinze premières de son cours.

LOIRE (Département de la). — Il est formé de parties du Forez, du Beaujolais et du Lyonnais. Sa superficie est de 474,620 hectares, et sa population d'environ 453,800 âmes. Il est divisé en 3 arrondissements dont les chefs-lieux sont Montbrison, Roanne et Saint-Étienne, et compte 28 cantons et 315 communes. Montbrison est le siège de sa préfecture, et Lyon celui de son diocèse, de sa cour impériale, de son académie universitaire (*voir l'Appendice*) et de sa division militaire qui est la sixième.

LOIRE (Département de la Haute-). — Il a été formé de parties du Languedoc, comme le Velay, le Vivarais et le Gévaudan; puis de parties de l'Auvergne et du Forez. Sa superficie est de 474,620 hectares, et sa population d'environ 307,200 âmes. Il est divisé en 3 arrondissements dont les chefs-lieux sont Le Puy, Yssengeaux et Brioude, et compte 28 cantons et 265 communes. Le Puy est le siège de sa préfecture et de son diocèse, Riom celui de sa cour impériale, Lyon celui de son académie universitaire (*voir l'Appendice*), et il est compris dans la treizième division militaire.

LOIRE-INFÉRIEURE (Département de la). — Il a été formé d'une partie de la Bretagne. Sa superficie est de 681,704 hectares, et sa population d'environ 517,300 âmes. Il est divisé en 5 arrondissements dont les chefs-lieux sont Nantes, Ancenis, Châteaubriant, Paimbœuf et Savenay, et compte 45 cantons et 206 communes. Nantes est le siège de sa préfecture et de son diocèse, Rennes celui de sa cour impériale et de son académie universitaire (*voir l'Appendice*), et il est compris dans la quatorzième division militaire.

LOIRET (Département du). — Il a été formé de parties de l'Orléanais, du Gâtinais, du Dunois et du Berry. Sa superficie est de 667,680 hectares, et sa population d'environ 331,600 âmes. Il est divisé en 4 arrondissements dont les chefs-lieux sont Orléans, Pithiviers, Gien et Montargis, et il compte 31 cantons et 348 communes. Orléans est le siège de sa préfecture, de son diocèse et de sa cour impériale ; Bourges celui de son académie universitaire (*voir l'Appendice*), et il est compris dans la première division militaire. La petite rivière, qui donne son nom à ce département, y prend sa source à 6 kilomètres sud-sud-est d'Orléans, et se jette dans la Loire, un peu au-dessous de cette ville, après un cours de 10 kilomètres seulement.

LOIRON. — Chef-lieu de canton dans l'arrondissement de Laval, département de la Mayenne. Pop. : 1,300 âmes.

LOKEREN. — Petite ville située sur la Durme, dans la province de Gand, en Belgique. Elle est importante par ses fabriques de coutil, de siamoises, de cotonnades, etc., et sa population est d'environ 16,000 âmes.

LOLOS. — Peuples de la Chine. Ils habitent les montagnes de la partie occidentale de la province d'Yun-Nan et professent le bouddhisme.

LOMBARD-VÉNITIEN (Royaume). — Il est situé au nord de l'Italie, et fait partie de l'empire d'Autriche. On l'a divisé en deux grandes provinces : le gouvernement de Milan et celui de Venise. Milan en est la capitale.

LOMBEZ. — Petite ville du département du Gers. Elle est située sur la Save. Chef-lieu d'arrondissement, elle comprend 4 cantons et 71 communes. Pop. : 1,700 âmes.

LOMBLEM. — Une des îles de la Sonde. Elle est située entre Flores et Timor, et habitée par des Malais indépendants.

LOMBOC. — Une des îles de la Sonde. Elle est située entre Bali à l'ouest et Sumbava à l'est.

LOMOND. — Lac d'Ecosse. Il est situé entre le comté de Dumbarton et celui de Stirling ; sa longueur est de 25 kilomètres et il est très-poissonneux.

LONATO. — Ville du royaume Lombard-Vénitien, empire d'Autriche. En 1796, Napoléon y fit prisonniers, avec quelques centaines d'hommes seulement, 4,000 Autrichiens. Pop. : 6,000 âmes.

LONDINIÈRES. — Chef-lieu de canton dans l'arrondissement de Neufchâtel, département de la Seine-Inférieure. Pop. : 1,100 âmes.

LONDONDERRY. — Jolie ville, chef-lieu du comté de ce nom, en Irlande. Elle est le siège d'un évêque catholique et d'un évêque anglican. On y remarque la cathédrale, le palais de justice, la halle aux toiles, la prison et le pont en bois ; elle possède un port, et son commerce est assez florissant. Pop. : 9,300 âmes.

LONDRES. — Capitale de l'Angleterre. C'est une ville immense située au bord de la Tamise, et à environ 60 milles de la mer. Son étendue est double de celle de Paris ; mais cela tient surtout à ce qu'elle renferme un grand nombre de jardins et de terrains non bâtis. La portion de Londres construite sur la gauche du fleuve appartient au comté de Middlesex ; l'autre partie dépend du comté de Surrey. On distingue aussi dans cette ville six divisions principales : les quartiers de *Westminster* et *West-End*, à l'ouest ; la *Cité*, qui occupe à peu près le centre ; le quartier *East-End* ou de l'est ; celui de *Southwark*, qui se trouve dans le comté de Surrey ; et celui du *Nord*, dont la création est nouvelle. Les maisons de Londres sont bâties en briques et présentent une assez grande uniformité à l'extérieur ; les rues sont pavées avec soin et garnies de trottoirs dallés. On remarque aussi un nombre considérable de places appelées *Squares*, offrant dans leur milieu un jardin entouré d'une grille, ce qui est d'un aspect très-gracieux. Les plus renommées de ces places sont celles de Belgrave-Square, Bloomsbury-Square, Cavendish-Square, Eaton-Square, Grosvenor-Square, Honover-Square, Leicester-Square, Lincoln's-inn-fields, Manchester-Square, Portman-Square, Queen-Square, Russel-Square, Soho-Square, etc.

Les édifices beaux ou curieux se trouvent en quantité à Londres, et on y admire particulièrement la cathédrale de Saint-Paul, avec sa galerie sonore ; l'abbaye de Westminster, superbe monument gothique qui est comme le panthéon de l'Angleterre ; l'église Saint-Etienne, chef-d'œuvre du célèbre architecte Christophe Wren ; celles de Saint-Martin, de Saint-Jean évangéliste et de saint Georges ; le palais de New-Carlton et celui du roi ou King's Palace ; Whitehall, ancienne résidence des souverains ; la fameuse tour dite *de Londres*, qui sert d'arsenal et renferme un musée d'armures anciennes et le dépôt des joyaux de la couronne ; la banque, la bourse, la monnaie, le palais de Westminster, l'hôtel de la Compagnie des Indes-Orientales, la douane, qui renferme une des plus vastes salles de l'Europe ; l'hôtel des postes, celui du lord-maire et celui de l'archevêque de Cantorbéry, le bureau du timbre ou Somerset-house et l'institut de Londres ; les hôpitaux de Bedlam, Saint-Barthélemy, New-Fundling et de Guy ; les prisons de Coldbathfield, de Millbank penitentiary et de Newgate ; et enfin les bassins et magasins maritimes appelés *Docks*. Il faut citer ensuite le merveilleux tunnel percé sous la Tamise par l'ingénieur français Brunnel ; les ponts de Waterloo, de Westminster, de Black-Friars et de Southwark ; les rues de Regent-Street, d'Oxford-Street, de Piccadilly, de Pall-Mall, de Portland-Place, de Tottenham-Court-Road, d'High-Holborn, de Saint-James-Street, de Haymarket, etc. ; et les promenades de Green-Park, de Saint-James, de Hyde-Park et de Regent's-Park.

Londres possède une université ; le collège de Sion, destiné spécialement à l'instruction du clergé anglican ; celui de Chaterhouse, l'un des plus renommés du royaume, et une quantité d'autres où l'on enseigne la théologie, les sciences et la littérature ; une foule d'écoles primaires ; des cours de médecine, de chirurgie et de pharmacie ; une école vétérinaire et un institut de sourds-muets ; puis de riches bibliothèques publiques, une superbe ménagerie, le musée de la société zoologique, des galeries de tableaux et d'antiquités, un musée naval, plusieurs jardins botaniques et une centaine de sociétés académiques. Enfin, pour l'industrie, l'activité commerciale, un mouvement prodigieux d'affaires de toute nature, la capitale de l'Angleterre n'a point de rivale dans le monde. Sa population dépasse 2,000,000 d'âmes.

LONG-ISLAND. — On donne souvent ce nom au principal archipel des îles Hébrides, dans l'Atlantique. Il est séparé de l'Ecosse par le détroit de Minsh, et ressemble à une longue île coupée par d'étroits canaux. Les principales îles de cet archipel sont Lewis, Nist-Nord, Benbecula et Uist-Sud.

LONG-ISLAND. — Ile de l'Amérique anglaise. Elle fait partie du groupe de Bahama, entre l'Atlantique et la mer des Antilles. C'est celle que Christophe Colomb avait appelée *Isabella*. Pop. : 3,000 âmes.

LONG-ISLAND. — Ile des Etats-Unis d'Amérique. Elle est située sur la côte de l'Etat de New-York, dans l'Atlantique. Un canal très-étroit la sépare de cet Etat, et le golfe qui porte son nom se trouve entre elle et le Connecticut. Pop. : 50,000 âmes.

LONGEAU. — Chef-lieu de canton dans le département de la Haute-Marne, arrondissement de Langres. Pop. : 500 âmes.

LONGEVILLE. — Commune du département de la Meuse. Elle est située sur l'Ornain, dans l'arrondissement de Bar-le-Duc. Pop. : 1,400 âmes.

LONGEVILLE. — Commune du département de la Vendée. Elle est située dans l'arrondissement des Sables. Pop. : 1,500 âmes.

LONGFORD. — Chef-lieu du comté de même nom, en Irlande. Pop. : 3,800 âmes. Ce comté est tout couvert de fondrières et de marais; mais on y obtient cependant quelques récoltes, et surtout de l'avoine en abondance.

LONGJUMEAU — Chef-lieu de canton dans l'arrondissement de Corbeil, département de Seine-et-Oise. Il est situé sur l'Yvette, affluent de l'Orge; on y trouve des tanneries et l'on y fait un commerce de grains et de veaux. Pop. : 2,000 âmes.

LONGNI. — Petite ville du département de l'Orne. C'est un chef-lieu de canton dans l'arrondissement de Mortagne. On y trouve des forges et des fonderies. Pop. : 3,000 âmes.

LONGO-SARDO. — Cap de l'île de Sardaigne. Il est situé au nord et sur le détroit de Bonifacio. On trouve près de lui un port qui était celui de l'ancienne *Tribula*.

LONGUE. — Petite ville, chef-lieu de canton dans l'arrondissement de Baugé, département de Maine-et-Loire. On y fait un commerce de grains, de fruits, de sabots et de sangsues. Pop. : 4,300 âmes.

LONGUEVILLE. — Chef-lieu de canton dans l'arrondissement de Dieppe, département de la Seine-Inférieure. Il est situé sur la Seye, et l'on y trouve une filature de coton. Pop. : 600 âmes.

LONGUYON. — Chef-lieu de canton dans l'arrondissement de Briey, département de la Moselle. On y trouve des hauts fourneaux et des forges. Pop. : 1,800 âmes.

LONGWY. — Petite ville située sur la rive droite du Chiers, dans le département de la Moselle. Elle est importante par ses fortifications. Sa partie qu'on appelle *ville neuve* fut construite par Louis XIV après la paix de Nimègue. Pop. : 4,200 âmes.

LONS-LE-SAULNIER. — Petite ville située sur la Vallière. Chef-lieu du département du Jura, son arrondissement comprend 11 cantons et 212 communes. On y remarque le puits des salines et les bâtiments de *graduation*, qui servent à accélérer l'évaporation de l'eau tiède des sources salées. Cette ville possède un séminaire, un collège, une bibliothèque publique, un musée de tableaux et d'antiquités et une société académique. Sa population est d'environ 8,500 habitants; on visite dans ses environs les grottes de Revigny, d'où l'on tire une assez grande quantité de salpêtre, et la cascade du Port-de-la-Sez, large de 130 mètres et haute de 17.

LONTHOIR. — Ilot de la Malaisie. Il fait partie du groupe de Banda, dans les Moluques, et c'est l'un de ceux que les Hollandais réservent exclusivement pour la culture du muscadier.

LOO. — Château royal de Hollande; il est situé dans la province de Gueldre, à 28 kilomètres au nord d'Arnheim.

LOOS. — Village situé aux portes de Lille, département du Nord. On y voit un grand nombre de fabriques et une maison centrale de détention qui peut contenir 1,500 prisonniers.

LOPEZ. — Cap au sud-est du golfe de Guinée; il est situé sur la limite de la Guinée septentrionale et de la Guinée méridionale.

LORCA. — Ville de la province de Murcie, en Espagne. Elle est située près de la Sangonera, affluent de la Segura. Pop. : 40,000 âmes.

LORENZO-MARQUEZ. — Etablissement portugais de l'Afrique orientale. Il est situé sur la Mouissa; c'est le chef-lieu du gouvernement le plus méridional de la capitainerie générale de Mozambique.

LORETO. — Chef-lieu du commissariat de ce nom, dans l'Etat du Pape; cette ville est célèbre par son sanctuaire de Notre-Dame, connu sous le nom de *Santa-Casa*. Celle-ci se trouve dans l'intérieur d'un temple magnifique, dont le trésor, avant d'avoir été pillé, était le plus riche de la chrétienté. La population de Loreto est d'environ 8,000 âmes.

LORETO. — Chef-lieu de la Vieille-Californie, dans la Confédération mexicaine; c'est une très-petite ville située sur la côte occidentale du golfe de Californie, et qui est sans la moindre importance.

LORIENT. — Jolie ville maritime située au fond de la baie de Saint-Louis, dans le département du Morbihan. Elle fut bâtie, en 1719, aux frais de la compagnie des Indes, et les plus fortes escadres peuvent mouiller en sûreté dans sa rade. Chef-lieu d'arrondissement, elle comprend 11 cantons et 48 communes. On y remarque les magasins de l'ancienne compagnie, la place d'armes, les bassins de construction, la calle couverte, la machine à mâter et la poulierie. Elle possède un collège, une école du génie maritime, une école de navigation et un observatoire. On y a fondé aussi un bagne spécial pour les militaires condamnés aux travaux forcés. La population de cette ville est d'environ 21,000 âmes.

LORIOL. — Petite ville du département de la Drôme. C'est un chef-lieu de canton dans l'arrondissement de Valence. Elle est située sur la rive gauche de la Drôme, et l'on y trouve des fabriques de soie et organsin. Pop. 3,400 âmes.

LORMES. — Petite ville, du département de la Nièvre. C'est un chef-lieu de canton dans l'arrondissement de Clamecy. Elle fait un commerce de grains et de bois de chauffage. Pop. : 3,200 âmes. Cette ville était anciennement fortifiée.

LORMONT. — Commune du département de la Gironde. Elle est située sur la rive droite de la Garonne, en face Bordeaux. Pop. : 2,400 âmes.

LOROUX (Le). — Petite ville du département de la Loire-Inférieure; elle est située dans l'arrondissement de Nantes. Pop. : 5,000 âmes.

LORQUIN. — Chef-lieu de canton dans l'arrondissement de Sarrebourg, département de la Meurthe. Pop. : 1,400 âmes.

LORREZ-LE-BOCAGE. — Chef-lieu de canton dans l'arrondissement de Fontainebleau, département de Seine-et-Marne. Pop. : 900 âmes.

LORRIS. — Chef-lieu de canton dans l'arrondissement de Montargis, département du Loiret. On y fait un commerce de bois. C'est la patrie de Guillaume de Lorris, premier auteur du fameux *roman de la Rose*. Pop. : 1,900 âmes.

LOSSE. — Petite rivière de France. Elle prend sa source au nord du département des Hautes-Pyrénées, et se joint à la Baïse près de Lavardac, dans le département de Lot-et-Garonne, après un cours de plus de 200 kilomètres.

LOSSNITZ. — Ville du cercle de Freyberg, dans le royaume de Saxe. Pop. : 4,400 âmes.

LOT. — Rivière qui prend sa source près de Mende, dans le département de la Lozère, et se jette dans la Garonne, à Aiguillon; elle est navigable depuis Entraigues.

LOT (Département du). — Il a été formé du Quercy, qui était compris dans la Guyenne. Sa superficie est de 525, 280 hectares, et sa population d'environ 294,600 âmes. Il est divisé en 3 arrondissements, dont les chefs-lieux sont Cahors, Figeac et Gourdon, et compte 29 cantons et 307 communes. Cahors est le siège de sa préfecture, de son diocèse et de son académie universitaire (voir l'*Appendice*); Agen, celui de sa cour impériale, et il est compris dans la douzième division militaire.

LOT-ET-GARONNE (Département de). — Il a été formé, dans la Guyenne, de parties de l'Agenois, du Bazadois, de la Gascogne, du Condomois et de la Lomagne. Sa superficie est de 530,711 hectares, et sa population d'environ 346,300 âmes. Il est divisé en 4 arrondissements, dont les chefs-lieux sont Agen, Marmande, Villeneuve-d'Agen et Nérac, et compte 35 cantons et 312 communes. Agen est le siège de sa préfecture, de son diocèse et de sa cour impériale; Cahors celui de son académie universitaire (voir l'*Appendice*), et il est compris dans la douzième division militaire.

LOUBNY. — Petite ville du gouvernement de Poltava, en Russie. On y trouve une importante pharmacie, fondée par Pierre le Grand, une école vétérinaire et un jardin botanique. Pop. : 6,000 âmes.

LOUDÉAC. — Petite ville, chef-lieu d'arrondissement dans le département des Côtes-du-Nord. Elle comprend 9 cantons et 56 communes. C'est un centre de fabrication de toiles dites de *Bretagne*. Elle possède en outre deux forges, une papeterie considérable et une société d'agriculture. Sa population est d'environ 6,500 âmes.

LOUDÉAH ou **LAOUDÉAH.** — Lac ou marais d'Afrique. Il est situé dans le sud de la régence de Tunis; l'eau en est salée et il est complétement à sec dans la saison la plus chaude. On y voit plusieurs petites îles couvertes de dattiers. Selon quelques-uns, ce lac s'unirait à celui de Melghigh, dans le sud-ouest de l'Algérie.

LOUDES. — Chef-lieu de canton dans l'arrondissement du Puy, département de la Haute-Loire. Pop. : 1,300 âmes.

LOUDUN. — Petite ville du département de la Vienne. Chef-lieu d'arrondissement, elle comprend 4 cantons et 62 communes. Elle possède un collège et fait un commerce de truffes, de marrons, de cire, etc. Pop. : 5,000 âmes.

LOUE. — Petite rivière de France. Elle prend sa source dans le département du Doubs, et se joint au Doubs, dans le département du Jura, après un cours de 90 kilomètres.

LOUÉ. — Chef-lieu de canton dans l'arrondissement du Mans, département de la Sarthe. On y trouve des fabriques de toiles, des ateliers de marbrerie. Pop. : 1,900 âmes.

LOUGA. — Fleuve de Russie. Il sort des marais de la province de Novgorod, baigne les villes de Louga et de Jambourg et se jette dans le golfe de Finlande, après un cours de 300 kilomètres. Non loin de son embouchure, il s'en détache un bras qui verse dans le port de Narva, sous le nom de Rossona.

LOUGHMAN. — Province de l'Afghanistan. Elle est située au nord-est, entre celles de Caboul, de Djélalabad et de Peychaver, et les monts Hindou-Kouch; puis arrosée par le Caboul et la Kama, son affluent. Son climat, très-chaud dans les vallées, est très-rigoureux au contraire sur les montagnes, dont quelques-unes sont couvertes de neiges perpétuelles.

LOUGOULOUS. — Groupe de petites îles de la Micronésie. Il est situé dans le sud-est de l'archipel des Carolines, et porte aussi le nom de Monte-Verde.

LOUHANS. — Petite ville du département de Saône-et-Loire. Elle est située dans une sorte de presqu'île formée par la Seille, la Sale et le Solnau. Chef-lieu d'arrondissement, elle comprend 8 cantons et 81 communes. Elle possède un collège et quelques fabriques, et sa population est d'environ 4,000 âmes.

LOUIS-PHILIPPE (Terre de). — Elle est située dans les régions australes, par 63° 17' de latitude sud, et 61° 18' de longitude ouest, et fut découverte, en 1838, par le navigateur Dumont d'Urville.

LOUISBOURG. — Sorte de bourgade de l'île du cap Breton, Amérique anglaise. Les ruines nombreuses d'édifices qu'offre ce lieu attestent qu'il exista là une cité florissante, et telle était en effet la ville que possédait la

France, lorsque les Anglais la saccagèrent en 1758, après un siége mémorable. Il ne lui reste plus que son superbe port.

LOUISBOURG. — Ville du Wurtemberg C'est le chef-lieu du cercle du Necker, et une des résidences royales. Pop. : 7,000 âmes.

LOUISIADE (Archipel de la). — Il est situé au sud de celui de Salomon, dans l'Australie, et se compose d'un grand nombre d'îles et de récifs irrégulièrement disposés sur une longueur d'environ 600 kilom. et une largeur de 200. Les principales de ces îles sont celles de Rossel, de Saint-Aignan, d'Entrecasteaux et de Trobriand. La superficie du total des terres est d'à peu près 400 kilom., et le nombre des habitants d'environ 12,000.

LOUISIANE. — Un des Etats-unis de l'Amérique du Nord. Il est situé dans la région du sud-ouest et a pour confins, au nord, l'Etat d'Arkansas ; à l'est, celui de Mississipi, dont le fleuve de même nom le sépare en partie ; au sud, le golfe du Mexique ; et à l'ouest, le Texas, dont il est à peu près séparé par la Sabine. Le sol de cette contrée est très-fertile, particulièrement en riz, coton et sucre, et la Nouvelle-Orléans est son chef-lieu.

LOUISVILLE. — Dans le Kentucky, aux Etats-Unis d'Amérique. C'est une ville industrieuse et commerçante, située dans le comté de Jefferson et sur la rive gauche de l'Ohio. Elle possède un grand atelier de machines à vapeur, des fabriques de chandelles et de savon, des raffineries de sucre, et la plus importante distillerie de whisky qu'il y ait dans l'Union. Le canal nommé Louisville-Portland la joint à Portland. Pop. : 25,000 âmes.

LOULAY. — Chef-lieu de canton dans l'arrondissement de Saint-Jean d'Angély, département de la Charente-Inférieure. Pop. : 500 âmes.

LOULÉ. — Ville murée de la province d'Algarve, en Portugal. On trouve, dans ses environs, des mines de cuivre et d'argent. Pop. 8,000 âmes.

LOUNG-KIANG. — Rivière de la Chine. Elle coule dans la province de Kouang-Si, et se joint au Hang-Kiang après un cours de 450 kilomètres.

LOUP. — Rivière de France. Elle arrose la partie nord-est du département du Var, et se jette dans la Méditerranée, après un cours de 44 kilomètres.

LOUP. — Rivière des Etats-Unis de l'Amérique du Nord. Elle coule dans le territoire de l'Est, et se joint à la rivière Plate, après un cours de 400 kilomètres.

LOUPE (La). — Chef-lieu de canton dans l'arrondissement de Nogent-le-Rotrou, département d'Eure-et-Loir. Pop. : 1,200 âmes.

LOUQSOR. — Village situé sur la rive droite du Nil, dans la Haute-Egypte. Cette bourgade, ainsi que celle de Karnak et Med-Amoud, également sur la rive droite du fleuve, puis celles de Medynet-Abou et Gournan, placées sur la gauche, occupent l'emplacement de l'ancienne *Thèbes*. Parmi les restes de cette cité fameuse, on remarque principalement, à la gauche du Nil, le palais de Rhamsès-Meïamoun, l'Amenophion, le colosse de Memnon, la statue de Memnon qui faisait entendre des sons au lever du soleil, le Rhamesséum, la statue colossale de Rhamsès le Grand, le petit temple d'Hâtor, la grande Syringe, le ménéphthéum et l'hippodrome ; puis, sur la droite du fleuve, l'immense palais d'Aménophis-Memnon, l'allée des sphinx, et enfin des obélisques, des tombeaux, des hypogées, etc., etc.

LOURDES. — Petite ville de l'arrondissement d'Argelez, dans le département des Hautes-Pyrénées. C'est un chef-lieu de canton situé sur la rive droite du gave de Pau. On y fait un commerce de vaches laitières et d'ardoises. Pop. : 4,200 âmes.

LOURESTAN. — Pays du nord de Khouristan, en Perse. Il est partagé en grand Lourestan à l'ouest, et en petit Lourestan à l'est.

LOUROUX-BÉCONNAIS. — Chef-lieu de canton dans l'arrondissement d'Angers, département de Maine-et-Loire. Pop. 2,500 âmes.

LOUTZK. — Petite ville du gouvernement de Volhynie, en Russie. Son siége épiscopal est métropolitain de toutes les églises catholiques de l'empire russe.

LOUVAIN. — Ville du Brabant méridional, en Belgique. Réduite aujourd'hui à une population d'environ 26,000 âmes, on prétend qu'elle en avait 200,000 au XIV° siècle, époque à laquelle ses manufactures de draps employaient presque la moitié de ses habitants, et où sa célèbre université comptait au delà de 6,000 étudiants. Actuellement ses brasseries font principalement sa renommée. Ses principaux édifices sont l'église Saint-Pierre, l'hôtel de ville d'architecture gothique, et le bâtiment de l'université.

LOUVIERS. — Petite ville située sur l'Eure, qui est navigable et sur laquelle les bateaux de la Seine remontent jusqu'à Jarry. Chef-lieu d'arrondissement dans le département de l'Eure, elle compte 5 cantons et 116 communes. Cette ville jouit d'une grande renommée par ses fabriques de draps dont les perfectionnements remontent jusqu'à Louis XIV. On cite aussi sa cathédrale, superbe édifice qu'on dit avoir été construit à l'époque des premières croisades. La population de Louviers est d'environ 10,500 âmes.

LOUVIGNÉ-DU-DÉSERT. — Chef-lieu de canton dans l'arrondissement de Fougères, département d'Ile-et-Vilaine. Pop. : 3,500 âmes.

LOUZA. — Ville de la province de Beira, en Portugal. Elle est située au pied du mont dont elle porte le nom, et qui fournit de la neige à Lisbonne et à Coimbre. Pop. : 3,000 âmes.

LOVÈRE. — Ville du royaume Lombard-Vénitien, empire d'Autriche. Elle est située au nord du lac d'Isco, et l'on y trouve des fabriques de draps et de soieries. Il y a aussi des mines de fer dans son voisinage. Pop. : 4,000 âmes.

LOWEL. — Ville du Massachusetts, aux États-Unis d'Amérique. On y trouve de nombreuses filatures de coton. Pop. : 22,000 âmes.

LOWENBERG. — Ville murée de la Silésie, royaume de Prusse. Elle possède des fabriques de draps et de toiles peintes. Pop. : 4,000 âmes.

LOWESTOFT. — Petite ville du comté de Norfolk, en Angleterre. Elle possède le seul port artificiel qui ait encore été construit dans le royaume, et l'on y admire surtout les portes de la grande écluse du côté de la mer. Ces portes sont en fer; chacune d'elles pèse près de 80 tonneaux, et présente une surface de 1,650 pieds carrés anglais. Pop. : 4,000 âmes.

LOWLANDS ou BASSES-TERRES. — Nom que l'on donne à la partie méridionale de l'Ecosse, en opposition à la partie septentrionale, appelée *highlands* ou *hautes terres*, c'est-à-dire la région montagneuse.

LOXA. — Chef-lieu de la province de ce nom, dans la république de l'Equateur. C'est une petite ville qui possède un collège, et qui a donné son nom au fameux quinquina qu'on recueille dans les vastes forêts de son voisinage.

LOYALTY. — Groupe d'îles de l'Australie. Il est situé au nord-est de la Nouvelle-Calédonie.

LOYES. — Peuplade indépendante de l'empire d'An-nam. Elle habite dans les montagnes du Ciampa, au sud de la Cochinchine.

LOYES. — Commune du département de l'Ain. Elle est située dans l'arrondissement de Trévoux. Pop. : 1,200 âmes.

LOYOLA. — Ville du Guipuzcoa, en Espagne. Elle est célèbre par la naissance de saint Ignace de Loyola, fondateur de l'ordre des Jésuites.

LOZÈRE. — Montagne de France. Elle est située dans les Cévennes et dans le département auquel elle a donné son nom, entre les sources du Tarn et du Lot. Son altitude est de 1,490 mètres.

LOZÈRE (DÉPARTEMENT DE LA). — Il a été formé, dans le Languedoc, par le Gévaudan, le diocèse d'Uzès et le Velay. Sa superficie est de 514,795 hectares, et sa population d'environ 143,300 âmes. Il est divisé en 3 arrondissements, dont les chefs-lieux sont Mende, Florac et Marvejols, et compte 24 cantons et 194 communes. Mende est le siège de sa préfecture et de son diocèse ; Nîmes celui de sa cour impériale, Grenoble celui de son académie universitaire (*voir* l'*Appendice*), et il est compris dans la huitième division militaire. Ce département donne asile, durant l'été, aux grands troupeaux de bêtes à laine du Languedoc.

LUARCA. — Petite ville de la province d'Oviédo, en Espagne. Elle est située sur l'Atlantique, à l'embouchure d'un petit fleuve, et son port peut recevoir des frégates de 40 canons. Pop : 2,300 âmes.

LUBECK. — Au confluent de la Wacknitz et de la Tave. Cette ville avec son territoire forme une république. Elle est située sur une colline, et l'on y remarque la cathédrale, l'église Sainte-Marie, dont les deux tours sont très-élevées, l'hôtel de ville, fameux par sa salle hanséatique, l'arsenal, la maison de correction et la porte de Holstein. Lubeck possède un gymnase, une école de navigation, une bibliothèque publique et une académique. Sa population est d'environ 26,000 âmes. Elle conserve les archives de la fameuse ligue hanséatique dont elle était la capitale.

LUBLIN. — Ville épiscopale, chef-lieu du Palatinat et du gouvernement de ce nom, en Pologne. On y trouve des écoles palatinales, des bibliothèques, des collections et plusieurs sociétés académiques ; son commerce est assez considérable ; on y tient une foire importante, et sa population est d'environ 15,000 âmes.

LUCANAS. — Très-petite ville du département d'Ayacucho, dans la république du Pérou. Elle est assez importante par son commerce et les mines d'argent qu'on exploite dans ses environs.

LUCAYES (ILES). — Elles sont situées dans l'Amérique septentrionale, à l'entrée du golfe du Mexique, et font partie en quelque sorte des Antilles. Elles sont désertes pour la plupart ; les principales se trouvent au nombre de 40, et les plus remarquables sont celles de la Providence et de Bahama.

LUCÉ (LE GRAND). — Chef-lieu de canton de l'arrondissement de Saint-Calais, département de la Sarthe. Pop. : 2,400 âmes.

LUCERNA. — Ville épiscopale de la Capitanate, dans le royaume de Naples. Elle possède un collège royal. Selon quelques-uns, cette ville remplacerait l'ancienne *Luceria*, fondée par Diomède. Pop. : 8,000 âmes.

LUCERNE. — Jolie petite ville, chef-lieu du canton de ce nom, en Suisse. Elle est située à l'extrémité occidentale du lac de Lucerne, et à peu près à égale distance des monts Rigi et Pilatus. On y remarque la cathédrale ou église Saint-Leodegar dont l'orgue ne compte pas moins de 3,000 tuyaux, l'église des jésuites, l'arsenal, la maison des orphelins et celle de la société de l'arquebuse. Cette ville possède un séminaire, un lycée, un gymnase, une école polytechnique, une bibliothèque publique, celle des Capucins, et plusieurs sociétés académiques. On y voit la carte en relief de la Suisse, par le général Pfyffer. Sa population est d'environ 6,000 âmes. Lucerne est la résidence ordinaire du nonce du Pape.

LUCERNE (LAC DE). — Il a 30 kilomètres de longueur sur 20 de largeur, et ses nombreuses sinuosités le font ressembler à plusieurs petits lacs joints ensemble. Parmi ses principaux affluents sont la Reuss et deux rivières qui portent le nom d'Aa. Le premier le traverse dans toute sa longueur.

LUCIENNES ou LOUVECIENNES. — Commune du département de Seine-et-Oise. Elle est située dans le canton de Marly, arrondissement de Versailles. On y voit le célèbre pavillon bâti par Louis XV. Pop. : 700 âmes.

LUCKNOW. — Grande ville du royaume d'Aoudh ou Oude, dans l'empire Indo-Britanique. Elle est située sur la rive droite du Coumty. On y remarque la résidence royale appelée Farraboukeh ; l'Iman-Barrah, édifice du style mauresque ; et les palais Daulet-Kanah, Hossein-Bâgh et Sangi-Dâlâm. Cette ville possède une bibliothèque, on y rencontre un nombre prodigieux d'éléphants. Pop. : 300,000 âmes.

LUÇON. — Petite ville du département de la Vendée. C'est un chef-lieu de canton de l'arrondissement de Fontenay. Elle possède un séminaire, un collége, et un port dont l'activité est due au canal navigable qui la met en communication avec la baie d'Aiguillon. Cette ville est le siége d'un évêché suffragant de Bordeaux, et Richelieu occupa cette prélature. Pop. : 4,300 âmes.

LUÇON (ILE DE). — C'est la plus grande de l'archipel des Philippines. Elle est située entre le 118° et le 124° degré de longitude occidentale, et entre le 12° et le 19° degré de latitude septentrionale. Sa surface égale presque la superficie de toutes les autres îles réunies de cet archipel, lesquelles s'élèvent à un millier environ. Le sol de Luçon est élevé et montagneux, et plusieurs volcans s'y font remarquer ; mais il est convenablement arrosé et d'une assez grande fertilité. Il y croît surtout un grand nombre d'arbres propres à la construction et à la teinture ; puis du riz, du maïs, de la canne à sucre, du café, de l'indigo, du poivre, du gingembre, du cacao, du tabac, etc. On y rencontre aussi des mines d'or, d'argent, de mercure, de cuivre, de plomb, de fer, et enfin des pierres précieuses, du corail, de la nacre et l'huître à perles. Le règne animal y offre, entre autres espèces, le buffle, le sanglier, le cerf, le chevreuil, le porc et le serpent boa.

L'île de Luçon se divise en deux parties dont l'une est indépendante, l'autre soumise aux Espagnols, et c'est dans cette dernière et dans la province de Tondo, que se trouve Manille, ville importante par son commerce et ses richesses et que traverse le Passig, fleuve toujours couvert d'un nombre immense de navires. Les limites de la partie indépendante sont, au nord, la province de Cagayau ; à l'ouest, celles du Pangassinau et d'Ylocos, et au sud celles de Nueva-Ecya et de Pampanga.

LUCQUES (DUCHÉ DE). — Il a pour confins au nord, le duché de Modène et le grand-duché de Toscane ; à l'est et au sud, ce dernier état ; et à l'ouest, la Méditerranée, l'enclave toscane de Pietra-Santa et le duché de Modène. Cet état est arrosé par le *Serchio* et son affluent la Lima.

LUCQUES. — Ville archiépiscopale, située sur le Serchio et dans une plaine renommée par sa belle culture. C'est le chef-lieu du duché de même nom. On y remarque la cathédrale, édifice du XII° siècle, que l'on a construit tout en marbre ; puis les églises Saint-Michel et Saint-Fridien, dont on fait remonter l'érection au VII° ou au VIII° siècle, et enfin le palais ducal et l'aqueduc. Cette ville possède une université, un lycée, un collége, une école de dessin et de peinture, une bibliothèque publique, un cabinet de physique, un jardin botanique et une société académique. Sa population est d'environ 25,000 âmes. On trouve, dans son voisinage, sur le territoire de Corsena, les fameux bains dits *de Lucques*, qui attirent un nombre considérable d'étrangers.

LUCRINA ou LUCRIN. — Lac ou étang situé près de Pouzzoles, dans le royaume de Naples. Célèbre chez les anciens par l'excellence de ses huîtres, il fut comblé en partie, dans l'année 1538, par la commotion volcanique qui donna naissance au Monte-Nuovo.

LUDAMAR ou AOULAD-A'MAR. — Royaume d'Afrique. Il est situé au nord-est de la Sénégambie, entre le Sahara au sud et au nord-est, et le Bambara au sud. Les peuples qui l'habitent sont des Foulahs ou Peuls et des Maures barbares.

LUDE (LE). — Chef-lieu de canton dans l'arrondissement de La Flèche, département de la Sarthe. Il est situé sur la rive gauche du Loir, et l'on y fait un commerce de cuirs et de marrons. Pop. : 3,300 âmes.

LUDWIGSBURG ou LUDWIGSLUST. — Jolie petite ville située sur un canal tiré de la Recknitz, entre ce fleuve et l'Elde, dans le cercle de Mecklembourg. Elle est la résidence habituelle du grand-duc de Mecklembourg-Schwerin. On y remarque le château grand-ducal, et elle possède un séminaire de maîtres d'école, une galerie de tableaux et une collection d'antiquités slaves. Sa population est d'à peu près 4,000 âmes.

LUDWIGSBURG. — Jolie petite ville, chef-lieu du cercle de Necker, dans le royaume de Wurtemberg. Elle est située sur le Necker, et l'on y remarque le château et l'arsenal. Elle possède une école militaire, un lycée, et sa population est d'environ 7,000 âmes.

LUGANO. — Petite ville située sur le lac de ce nom, dans le canton du Tésin, en Suisse. Elle est importante par ses établissements typographiques dans lesquels on réimprime un grand nombre d'ouvrages publiés à Milan, Venise, etc., on regarde cette ville comme le principal atelier de la contrefaçon qui se produit dans la librairie italienne. Pop. : 4,000 âmes.

LUGANO (LAC DE). — Il est situé pour la plus grande partie dans le canton du Tessin, en Suisse, et pour la plus petite partie dans le royaume Lombard-Vénitien. Il a 22 kilomètres de longueur et verse ses eaux, par la Trésa, dans le lac majeur.

LUGNEZ. — Vallée du canton des Grisons, en Suisse. Elle est arrosée par le Glenner, affluent du Rhin, et son lieu principal est Pleif.

LUGNY. — Chef-lieu de canton dans l'arrondissement de Mâcon, département de Saône-et-Loire. Pop. : 1,300 âmes.

LUGO. — Ville épiscopale, chef-lieu de

la province de ce nom, dans la Galice, en Espagne. On remarque sa belle cathédrale, son hôtel de ville et ses murailles qui furent construites par les Romains. Elle possède des sources thermales, et environ 12,000 habitants.

LUIZILLA. — C'est une grotte célèbre parmi les nombreuses excavations qui se trouvent au sein du Caucase. On y a construit tout un village, au milieu duquel s'élève une église.

LULEA. — Petite ville du Norrland, en Suède. Elle possède un port sur le golfe de Bothnie, et fait un commerce assez considérable. Pop. : 1,000 âmes.

LULEA. — Fleuve de Suède. Il est situé dans la Bothnie septentrionale, et formé par la réunion de la Stora-Luléa et de la Lilla-Luléa. Il se jette dans le golfe de Bothnie après un cours de 350 kilomètres.

LUMBRES. — Chef-lieu de canton dans l'arrondissement de Saint-Omer, département du Pas-de-Calais. On y trouve des fabriques de papier. Pop. : 900 âmes.

LUNAS. — Chef-lieu de canton dans l'arrondissement de Lodève, département de l'Hérault. Pop. : 1,500 âmes.

LUND. — Ville épiscopale de la Suède. Elle possède une université, une riche bibliothèque, un jardin botanique et une société physiographique; sa prospérité industrielle est assez importante, et elle compte environ 5,000 habitants.

LUNEBOURG. — Chef-lieu du gouvernement de ce nom, dans le royaume de Hanovre. Cette ville, située sur l'Ilmenau, possède un gymnase, un collège de nobles, des salines importantes et fait un commerce assez considérable. Pop. : 12,000 âmes.

LUNEL. — Petite ville du département de l'Hérault. C'est un chef-lieu de canton de l'arrondissement de Montpellier. Elle est renommée par ses vins muscats, on y fabrique de l'esprit-de-vin et de l'eau-de-vie, et l'on y fait aussi un commerce de grains. Pop.: 6,400 âmes.

LUNEL-VIEL. — Commune du département de l'Hérault. Elle est située dans le canton de Lunel et renommée, chez les naturalistes par la caverne à ossements fossiles qu'on y trouve et qui renferme des débris précieux. Pop. : 900 âmes.

LUNEVILLE. — Jolie petite ville située près de la Meurthe. Chef-lieu d'arrondissement dans le département de la Meurthe, elle comprend 6 cantons et 145 communes. Elle possède un collège et une société d'agriculture, et son commerce consiste en draperies communes, siamoises, bas, faïences, etc. Sa population est d'environ 13,000 âmes.

LUNGERN. — Village du canton d'Unterwald, en Suisse. Il est renommé par la beauté de ses environs. On y remarque les travaux hydrauliques ayant pour objet d'abaisser les eaux du lac qui porte son nom.

LUPATA. — Chaîne de montagnes d'Afrique. Elle est située au sud-est, dans la capitainerie de Mozambique.

LURCY-LE-SAUVAGE. — Chef-lieu de canton dans l'arrondissement de Moulins, département de l'Allier. On y trouve une manufacture de porcelaine et de poterie commune. Pop. : 2,800 âmes.

LURE. — Petite ville située près de l'Oignon, dans le département de la Haute-Saône. Chef-lieu d'arrondissement, elle comprend 10 cantons et 203 communes. Ses environs sont couverts d'usines de fer, de fabriques de tissus de coton, de verreries, de papeteries, etc., et elle possède un collège et une société d'agriculture. Sa population est d'environ 3,300 âmes.

LURY. — Chef-lieu de canton dans l'arrondissement de Bourges, département du Cher. Pop. : 700 âmes.

LUSIGNAN. — Petite ville du département de la Vienne. C'est un chef-lieu de canton de l'arrondissement de Poitiers, et elle est située sur la Vonne, affluent du Clain. On y fait un commerce de grains et de graines. Pop. : 2,400 âmes.

LUSIGNY. — Chef-lieu de canton dans l'arrondissement de Troyes, département de l'Aube. Pop. : 1,100 âmes.

LUSSAC. — Chef-lieu de canton dans l'arrondissement de Libourne, département de la Gironde. Pop. : 2,400 âmes.

LUSSAC. — Chef-lieu de canton dans l'arrondissement de Montmorillon, département de la Vienne. Pop. : 1,600 âmes.

LUTZEN. — Petite ville de la province de Saxe, en Prusse. Une grande pierre y marque la place où le roi de Suède, Gustave-Adolphe, fut tué à la bataille qu'il livra aux impériaux en 1632. Napoléon y battit les Russes et les Prussiens en 1813. Pop. : 1,500 âmes.

LUXEMBOURG. — Place forte et chef-lieu du grand duché de même nom, dans la confédération germanique. Elle est située près de l'Elze. Pop. : 12,000 âmes.

LUXEMBOURG-BELGE. — Province de Belgique. Elle est traversée par plusieurs branches de la chaîne des Ardennes, et sa division administrative comprend trois arrondissements dont les chefs-lieux sont Arlon, Neufchâteau et Marche-en-Famène. Pop. : 170,000 âmes.

LUXEUIL. — Petite ville du département de la Haute-Saône. Elle est située dans l'arrondissement de Lure, dont elle est un des chefs-lieux de canton. On y trouve un bel établissement d'eaux minérales, qui est le Luxovium des Romains. Pop. : 4,000 âmes.

LUYNES. — Commune du département d'Indre-et-Loire. Elle est située dans l'arrondissement de Tours et sur la rive droite de la Loire. On y fabrique de la toile. Pop. : 2,000 âmes.

LUZ. — Petite ville du département des Hautes-Pyrénées. Elle est située dans la vallée de Barréges, et c'est un chef-lieu de canton dans l'arrondissement d'Argelez. On y fabrique des étoffes de soie et de laine, appelées *Barréges*. Pop. : 2,700 âmes.

LUZARCHES. — Chef-lieu de canton dans l'arrondissement de Pontoise, département de Seine-et-Oise. On y voit une ancienne abbaye, et l'on y fabrique des blondes et des boutons de nacre et de métal. C'est la patrie d'Etienne de Luzarches, architecte de la cathédrale d'Amiens. Pop. : 1,400 âmes.

LUZECH. — Chef-lieu de canton dans l'arrondissement de Cahors, département du Lot. Il est situé sur la rive droite du Lot. Pop. : 1,700 âmes.

LUZY. — Chef-lieu de canton dans l'arrondissement de Château-Chinon, département de la Nièvre. Pop. : 2,300 âmes.

LYME-REGIS. — Petite ville du comté de Dorset, en Angleterre. Elle possède un port sur la Manche, et selon quelques auteurs, ce serait l'ancien *Lemanus Portus*. Cette ville est renommée chez les savants à cause des nombreux corps fossiles qu'on trouve dans ses environs. Pop. : 2,000 âmes.

LYMINGTON. — Ville du comté de Hamps, en Angleterre. Elle possède un petit port à l'embouchure du Lymington dans la Manche, vis-à-vis de l'île de Wight, et l'on y trouve des salines et des bains de mer très-fréquentés. Pop. : 3,200 âmes.

LYNN. — Petite ville du Massachusetts, aux Etats-Unis d'Amérique. Elle est renommée par sa fabrication de souliers de femme, dont le produit dépasse annuellement un million de paires. Pop. : 5,000 âmes.

LYNN-REGIS. — Ville du comté de Norfolk, en Angleterre. Elle est importante par son port, situé sur le golfe de Wash, et par sa marine marchande qui est considérable.

LYON. — Ville archiépiscopale, située sur le Rhône et la Saône. C'est l'une des plus anciennes villes de France, et quelques-uns en attribuent la fondation à Munatius Plancus, l'an 40 avant Jésus-Christ. Chef-lieu aujourd'hui du département du Rhône, son arrondissement comprend 16 cantons et 127 communes. On remarque particulièrement, dans cette ville, la cathédrale Saint-Jean, l'église Saint-Nizier, l'archevêché, l'ancien couvent de la Trinité, l'ancien monastère des Antiquailles, l'hôtel de ville, l'Hôtel-Dieu, la Charité, le palais du commerce et des arts, la place Bellecour, les quais, la presqu'île Perrache, et le cimetière de Loyasse. Lyon possède un séminaire, une académie universitaire, un collége, une école d'économie rurale et vétérinaire, une école de sourds-muets, une bibliothèque publique, un musée de peinture et d'antiquités, un conservatoire des arts, un cabinet d'histoire naturelle, un jardin botanique, une pépinière de naturalisation, et plusieurs sociétés académiques. Son commerce embrasse la fabrication d'étoffes de soie renommées dans le monde entier, la préparation de matières colorantes, la chapellerie, la droguerie, etc., puis la commission pour les vins, les eaux-de-vie, le fer, le sel, etc. Sa population est d'environ 206,000 âmes y compris les faubourgs. Cette belle cité est la patrie des empereurs Marc-Aurèle et Claude, de Jussieu, Terrasson, Nicolas et Guillaume Coustou, Audran, Spon, Poivre, Menestrier, Boissier, Chomel, Coysevox, Falconet, Montucla, etc.

LYS. — Rivière de France et de Belgique. Elle prend sa source dans le premier de ces pays, et va se jeter dans l'Escaut, à Gand, après un cours de 180 kilomètres.

M

MAAD. — Bourg du comitat de Semplin, en Hongrie. Son territoire produit les vins excellents dits *de Tokay*. Pop. : 6,000 âmes.

MAASLUIS ou MAASLANDSLUIS. — Ville de la Hollande méridionale. Elle est située sur un bras de la Meuse. On y trouve des chantiers de construction, des armements pour la pêche de la morue et des fabriques de toiles à voiles. Pop. : 5,000 âmes.

MABAKHESER-KOUL. — Lac du Turkestan chinois. Sa longueur est de 70 kilomètres.

MAC-ASKILT. — Deux petites îles de la Micronésie. Elles sont situées dans l'archipel des Carolines.

MACAO. — Ville fortifiée située dans une île de l'archipel du Japon. Elle appartient au Japon et un évêque y réside; mais elle est le séjour le plus habituel des agents de la Compagnie anglaise des Indes orientales établis à Canton, et ce sont eux qui y possèdent la bibliothèque et le musée. On y trouve aussi une mission évangélique et une typographie chinoise. Pop. : 30,000 âmes.

MACAPA. — Petite ville de la province de Para, au Brésil. Elle est fortifiée, possède un port sur l'Amazone, et fait un commerce assez étendue. Pop. : 3,000 âmes

MACASSAR. — Gouvernement hollandais de la Malaisie, dans la presqu'île orientale de l'île de Célèbes. Il a pour chef-lieu Fort-Rotterdam.

MACASSAR. (DÉTROIT DE). — C'est un bras de mer de la Malaisie, située entre l'île de Bornéo à l'ouest et l'île de Célèbes à l'est. Sa moindre largeur est de 135 kilomètres.

MACAULEY. — Ile de la Polynésie. C'est la principale du groupe de Kermadec.

MACALUBA. — Petite montagne de Sicile. Elle est située au nord de Girgenti, et renommée dans la science à cause de ses éruptions boueuses ou volcans de boue.

MACCLESFIELD. — Ville du comté de Chester, en Angleterre. On la regarde comme le centre de la fabrication de la soie dans le royaume. Elle possède aussi des forges et des ateliers de laiton. Pop. : 23,000 âmes.

MACHADOU. — Petite ville fortifiée de l'île Anjouan, l'une des Comores, dans l'Afrique orientale. Elle possède une baie formée par la mer des Indes. Pop. : 3,000 âmes.

MACHAULT. — Chef-lieu de canton dans l'arrondissement de Vouziers, département des Ardennes. Pop. : 800 âmes.

MACHECOUL. — Petite ville du département de la Loire-Inférieure. C'est un chef-lieu de canton de l'arrondissement de Nantes. Elle est située sur un canal qui la fait communiquer avec la partie navigable du Tence. Cette ville était autrefois la capitale du duché de Retz, et quelques auteurs pensent qu'elle représente l'ancienne *Ratiatum*. Pop. : 3,800 âmes.

MACHOW. — Chef-lieu du pays de ce nom, dans la Cafrerie, Afrique australe. Ses habitants appartiennent aux Matchous, tribu des Betjouanas. Pop. : 12,000 âmes.

MACHYNLLETH. — Ville de la principauté de Galles, en Angleterre. Elle est située sur le Dovey et très-ancienne. Owen Glendower y assembla un parlement et s'y fit couronner prince de Galles. Pop. : 1,700 âmes

MACKENSIE. — Fleuve de l'Amérique septentrionale. Il coule dans la Nouvelle-Bretagne. Sa source est dans les montagnes Rocheuses et il se jette dans la mer Glaciale du nord, après un cours de 3,000 kilomètres.

MAC-LEOD. — Lac de l'Amérique septentrionale. Il est situé dans la Nouvelle-Calédonie.

MACON. — Ancienne ville située sur la rive droite de la Saône. Chef-lieu du département de Saône-et-Loire, son arrondissement comprend 9 cantons et 133 communes. On y remarque l'hôtel de ville, le palais Montrevel, les ruines d'un temple de Janus et d'un arc de triomphe, et un pont jeté sur la Saône, dont on attribue la construction à Jules-César. Cette ville possède un collége, une bibliothèque publique, un cabinet de minéralogie départementale et une société académique. Sa population est d'environ 12,000 âmes.

MACON. — Petite ville de la Géorgie, aux Etats-Unis d'Amérique. Elle est située sur un territoire qui appartient aux Creeks, et ses relations commerciales la rendent florissante. Pop. : 4,000 âmes.

MACOUBA (Le). — Bourg de l'île de la Martinique, l'une des Antilles françaises. Il est renommé par le tabac qu'on y cultive et qui porte son nom. Pop. : 2,300 âmes.

MACQUARIE. — Ile inhabitée de la partie la plus méridionale de l'Australie. Ses côtes sont peuplées de phoques.

MACQUARIE. — Fleuve de la Nouvelle-Galles méridionale. Il se forme, près de Bathurst, de la réunion de plusieurs rivières, et se dirige vers le nord-ouest ; mais la majeure partie de son cours est inconnue.

MACRI. — Bourgade de l'Anatolie, dans 'Asie Mineure, empire ottoman. Elle est située près de l'un des plus beaux ports de la Méditerranée, et l'on trouve dans son voisinage les ruines de l'ancien *Telmessus*.

MADAGASCAR. — Grande île de la mer des Indes. Elle est située au sud-est de l'Afrique, dont elle est séparée par le canal de Mozambique, et sa longueur est de 1,270 kilomètres. Une chaîne de montagnes, dont les points culminants atteignent jusqu'à 2,400 mètres, la parcourt du nord au sud ; son sol, très-fertile, donne toutes les productions des pays chauds et quelques-unes de celles de l'Europe ; on y trouve aussi de superbes forêts et de riches pâturages, et quelques mines y sont exploitées. Ses villes principales sont Foulpointe, Tamatave, Andévourante, Mananzari et Malatane. Pop. : 4,000,000 d'âmes.

MAD-FOUNEH, ou la Ville enterrée. — Bourgade située sur un canal à la gauche du Nil, dans la Haute-Egypte. Elle remplace l'antique *Abydos* ou *Abydus* qui, au dire de Strabon, était la seconde ville d'Egypte après Thèbes. On y remarque les restes d'un palais, de vastes hypogées, etc. C'est au sein de ces ruines qu'en 1819 M. Bankes découvrit le fameux bas-relief qui consiste en plusieurs lignes de cartouches formant une table chronologique des anciens Pharaons.

MADAIN. — Village de l'Irak-Araby, en Asie. Il est situé sur la gauche du Tigre et près des ruines de *Séleucie* et de *Ctésiphon*.

MADAPOLLAM. — Ville des Sircars, dans l'Hindoustan anglais. On y fabrique des étoffes de laine et des tissus de coton qui jouissent d'une grande renommée.

MADARA. — Bourg des environs de Choumla, dans la Bulgarie, Turquie d'Europe. Il est renommé parce qu'il n'est habité uniquement que par des femmes mahométanes, de toutes les contrées limitrophes, lesquelles trouvent là un refuge, protégées par la loi contre les poursuites de leurs maris ou de leurs parents qu'ont irrités leur conduite. C'est là que les Déré-Beys choisissaient autrefois leurs *guvendés* qui, en temps de guerre, les suivaient à cheval et armés de pied en cap. Cette étrange colonie offre une population de 2,500 à 3,000 âmes.

MADEN. — Petite ville de la Mésopotamie, dans la Turquie d'Asie. C'est le siége d'un évêque arménien. Elle est importante par ses riches mines de cuivre, les plus productives de l'Asie ottomane, et l'on y trouve aussi des mines de fer.

MADERE. — Groupe d'îles portugaises dans l'Atlantique. Il comprend l'île de Madère proprement dite, qui a pour chef-lieu Funchal ; celle de Porto-Santo, et quelques îlots déserts. La première, découverte par les Anglais en 1344, est fertile et renommée surtout par l'excellence de son vin. La population du groupe est de 120,000 âmes

MADIEH. — Lac d'Egypte. Il est situé dans le Delta, au sud d'Aboukir. Sa longueur est de 17 kilomètres et il communique avec la mer.

MADJICOSIMA. — Groupe d'îles du grand Océan. Il est situé entre les îles de Lieou-Kieou et l'île de Formose, et dépend du roi de Léou-Kieou, tributaire de la Chine. On y récolte du sucre, du poivre, du thé, de l'encens, de la laque, etc.

MADON. — Rivière de France. Elle prend sa source près de celle de la Saône, dans le département des Vosges, et se jette dans la Moselle, à Pont-Saint-Vincent, département de la Meurthe, après un cours de 70 kilomètres.

MADOURA. — Ville de la province de Karnatic, dans l'empire indo-britannique. Elle est remarquable par le nombre de ses édifices d'ancien style indien, et dans le nombre desquels on distingue surtout le palais, puis le grand temple, dont les portiques, de forme pyramidale, ont chacun 10 étages. Pop. : 20,000 âmes.

MADRAS. — Chef-lieu de la présidence de même nom, dans l'empire indo-britannique. C'est une ville très-grande, bâtie le long de la côte, dans une situation favorable au commerce maritime, et divisée en *ville blanche* et *ville noire*. Cette dernière est particulièrement habitée par les Hindous. On remarque à Madras l'église Saint-Georges, le palais du gouvernement, celui de justice, la douane et le fort Saint-Georges. On y trouve un collége, un observatoire, un jardin botanique et une société asiatique, puis de nombreuses fabriques de coton. Pop. : 450,000 âmes.

MADRE. — Grande lagune du Mexique. Elle est située sur la côte de l'État de Tamaulipas, et communique, au nord-est, avec le golfe du Mexique.

MADRE (SIERRA DE LA). — Chaîne de montagnes du Mexique. Elle fait partie de celle qui parcourt les deux Amériques du sud au nord, et se joint au nord à la Sierra de Los Mimbres, puis au sud à la Cordillère de Mexico.

MADRID. — Grande ville située sur la rive gauche du Manzanares. C'est la capitale de l'Espagne. Elle doit cette distinction, qui lui fut accordée par Philippe II, à ce qu'elle se trouve presque au centre du royaume; mais après cela sa position n'est rien moins qu'heureuse, puisqu'on l'a bâtie au milieu d'une plaine sablonneuse et stérile, et qu'elle est environnée de montagnes. On y remarque les églises du couvent des Salésiennes, Saint-Isidore, Sainte-Isabelle, Saint-Pascal, Saint-Martin, Saint-François de Sales, et des Dominicains; le palais du roi, ceux de Buen Retiro et des conseils, le musée royal et celui des Sciences naturelles, l'hôtel des postes, la Douane, la Panaderia, l'Arsenal, la Monnaie, la prison de cour, le grand hôpital et le couvent de Saint-Philippe; puis les places Major, Del Sol et du Palais-Royal; les rues d'Atocha, d'Alcala, de San-Bernado, de Fuencarral; et les promenades le Prado, le Paseo de las Delicias, et de Buen Retiro. Cette ville possède une école de médecine pratique, un collége de chirurgie, une école d'ingénieurs géographes, un collége des nobles, une école des mines, une école vétérinaire, un musée des sciences naturelles, un cabinet d'histoire naturelle, un conservatoire des arts et métiers, une galerie de tableaux, un observatoire, deux bibliothèques publiques, un jardin botanique, et au delà d'une douzaine de sociétés académiques. Sa population est d'à peu près 250,000 âmes. On trouve, dans ses environs, les résidences royales appelées la Casa del Campo, la Florida, Mondoa, Zarzuela, et el Pardo.

MADRIGAL. — Ville murée de la province d'Avila, en Espagne. On y remarque un couvent de religieuses qui était autrefois une résidence royale. C'est la patrie de la célèbre Isabelle de Castille et de Quiroga, archevêque de Tolède. Pop. : 2,000 âmes.

MADRUGA. — Bourgade de l'île de Cuba, Amérique espagnole. Elle est renommée par ses sources minérales qui sont très-fréquentées.

MADURA. — Ile de la Malaisie. Elle est située dans l'archipel de la Sonde, et au nord-est de Java, dont elle n'est séparée que par le canal étroit qui porte son nom. Sa longueur est de 160 kilomètres; elle produit abondamment du coton et des bois de teinture, et on l'a divisée en 3 districts qui sont Bangkaland, Pamakassan et Sumanap.

MADURA. — Ville de la présidence de Madras, dans l'Indoustan anglais. Sa pagode est renommée par sa magnificence. Pop. : 20,000 âmes.

MAEL-CARHAIX. — Chef-lieu de canton dans l'arrondissement de Guingamp, département des Côtes-du-Nord. Pop. : 2,000 âmes.

MAESTRICHT. — Ville fortifiée, située sur la Meuse, dans la province du Limbourg, royaume de Hollande. Elle est renommée, non-seulement par ses fortifications, mais encore par sa montagne de Saint-Pierre, creusée depuis plus de 20 siècles pour en extraire des pierres et du sable, ce qui présente aujourd'hui une immense crypte composée de galeries sans nombre qui se croisent en tous sens. Les ouvriers qui y travaillent s'y perdraient eux-mêmes sans la quantité de marques connues d'eux qui les aident à se diriger, et sans l'instinct tout particulier des chiens et des chevaux qui les y accompagnent. La population de Maëstricht est d'environ 18,000 âmes, et cette ville est le chef-lieu de la province.

MAFRA. — Petite ville des environs de Lisbonne, en Portugal. On y remarque une superbe basilique, un vaste et beau couvent, et le palais construit sous Jean V, lequel est une des plus magnifiques résidences royales de l'Europe. Pop. : 3,000 âmes.

MAGDALENA ou MADELEINE. — Fleuve de la nouvelle Grenade. Il prend sa source au sud de Popayan, et, se dirigeant du sud au nord, il va se jeter dans la mer des Antilles, après un cours de 1,200 kilomètres. Son principal affluent est le Cauca.

MAGDEBOURG. — Ville forte située sur l'Elbe : c'est le chef-lieu de la province de Saxe, en Prusse. Elle a une physionomie moyen âge; mais elle possède plusieurs édifices remarquables. Tels sont entre autres la cathédrale, dont les tours sont très-élevées et qui renferme une des plus grandes cloches de l'Europe, puis le palais du gouvernement, l'arsenal, la douane, l'entrepôt, l'hôtel de la poste, et le Fürstinwall, rempart de 488 mètres de longueur, et presque entièrement casematé. Cette ville possède un *pedagogium*, un gymnase, un séminaire pour les maîtres d'école, une école de médecine et de chirurgie, et une autre de commerce. Sa population est d'environ 40,000 âmes, non compris la garnison.

MAGELLAN (Archipel de), ou **TERRE DE FEU**. — Il est situé à l'extrémité sud de l'Amérique méridionale, entre l'océan Atlantique et le grand Océan, par 52° et 56° de latitude sud, et 66° et 77° de longitude ouest. Le canal qui porte son nom le sépare du continent américain. Cet archipel est formé d'îles et d'îlots peu connus; son climat est très-froid, et l'on pense que son nom de *Terre de feu* lui vient du volcan qui s'y trouve en activité.

MAGELLAN (Détroit de). — Canal situé entre l'extrémité de l'Amérique méridionale et des îles de la Terre de feu. Il fut découvert par le célèbre navigateur dont il porte le nom. La navigation de ce canal, long de 700 kilom., est aussi dangereuse que pénible, car elle doit être accomplie entre des côtes qui sont quelquefois à peine distantes d'une lieue et qui n'offrent qu'une terre sans végétation et sans chaleur. Aussi ce détroit se trouve-t-il à peu près abandonné depuis la découverte, par Lemaire, de celui qui existe entre la Terre de feu et l'île des États; et surtout depuis la route indiquée par Rogers, qui pénétra dans la mer du Sud en évitant les îles et en doublant le cap Horn. Les espagnols avaient établi au détroit de Magellan une colonie qui fut détruite en peu d'années par des privations de toute nature.

MAGEROE. — Ile de l'océan Glacial du nord. Elle est située au nord de la Norwége et terminée par le cap nord, à 71° 10' de latitude. Sa longueur est de 24 kilomètres, et l'on y trouve quelques familles de Lapons et de Norwégiens.

MAGISTÈRE (La). — Commune de l'arrondissement de Moissac, dans le département de Tarn-et-Garonne. On y fait un commerce de grains et de pruneaux. Pop.: 1,900 âmes.

MAGNAC-LAVAL. — Petite ville de l'arrondissement de Bellac, dans le département de la Haute-Vienne. Elle possède un collège et des fabriques de draps importantes. Pop.: 3,600 âmes.

MAGNY. — Chef-lieu de canton de l'arrondissement de Mantes, dans le département de Seine-et-Oise. On y trouve des fabriques de toiles et de bonneterie. Pop.: 1,600 âmes.

MAGRA. — Rivière d'Italie. Elle prend sa source dans le territoire de Montremoli, traverse une partie de celui de Gênes, et se jette dans la Méditerranée, après un cours de 58 kilomètres.

MAGUELAN. — Bourg de la résidence de Kadou, dans l'île de Java, Océanie occidentale. Il est situé dans un territoire renommé par sa fertilité et sa riche agriculture, et n'est habité que par des Javanais. C'est dans cette province de Kadou que se trouvent les ruines du célèbre temple de Boro-Bodo, qui était consacré à Bouddha.

MAGUELONNE. — Lieu du département de l'Héraut. Il est situé dans l'île de même nom, qui dépend de la commune de Villeneuve-lès-Maguelonne, canton de Frontignan. C'était anciennement une ville épiscopale considérable, qui fut ruinée par Charles-Martel. On y voit encore une partie de la nef de la cathédrale et quelques tombeaux des évêques.

MAHÉ. — Groupe de petites îles de la mer des Indes. Elles forment la partie nord-est de l'archipel des Seychelles qui appartient aux Anglais.

MAHÉ. — Petite place fortifiée de la côte du Malabar, dans l'Inde. Elle appartient à la France qui y fait particulièrement le commerce du poivre. Pop.: 3,200 âmes.

MAHLSTROEM. — Courant ou vortex de l'océan Atlantique boréal, situé entre les deux îles de Veröe et Moskenæsoë, près des côtes de la Norwége. Il dut longtemps une grande célébrité aux descriptions de quelques écrivains qui lui attribuaient le pouvoir d'attirer, de très-grandes distances, des navires et des baleines pour les engloutir dans son abîme; mais on a fait justice de ce prodige comme de tant d'autres, et ce vortex est rangé aujourd'hui parmi les plus débonnaires.

MAHON. — Jolie petite ville de l'île de Minorque, l'une des Baléares. Elle est fortifiée, possède l'un des plus beaux ports de l'Europe et son commerce est florissant. Cette ville, qui doit sa fondation au fameux Magon, général carthaginois, fut enlevée brillamment aux Anglais par les Français, en 1756. Pop.: 20,000 âmes.

MAHRATTES. — Peuple de l'Hindoustan. Il est répandu dans le Malva, le Candeish, le Guzarate, le Gandouana, le Berar, l'Aurengabad, le Satara, le Visiapour, etc. Ce peuple est guerrier, en partie indépendant et en partie soumis aux Anglais, et sa religion est celle des autres Hindous.

MAHSARAH. — Village situé sur la droite du Nil, dans la Basse-Égypte. C'est dans le sein de la montagne voisine que, depuis la plus haute antiquité, l'on a exploité le calcaire employé pour la construction de Memphis, des pyramides, etc.

MAHY ou **MHYE**. — Fleuve de l'Hindoustan. Il prend sa source dans les montagnes du Malva, baigne Cambaye et se jette, au-dessous de cette ville, dans le golfe de Cambaye, après un cours de 600 kilomètres.

MAIA. — Rivière de la Russie d'Asie. Elle sépare en partie le district d'Okhotsk de celui d'Iakoutsk, et se joint à l'Aldan, affluent de la Léna, après un cours de 1,000 kilomètres.

MAICHE. — Chef-lieu de canton dans

l'arrondissement de Montbéliard. Pop. : 900 âmes.

MAIDSTONE. — Petite ville du comté de Kent, en Angleterre. Elle est remarquable par sa position charmante, de beaux édifices, et surtout par sa vaste prison, dont la construction a coûté à l'État au delà de 5,000,000 de francs. Pop. : 15,000 âmes.

MAIGNELAY. — Chef-lieu de canton de l'arrondissement de Clermont, dans le département de l'Oise. Pop. : 800 âmes.

MAILKOTTA. — Petite ville du Maïssour, dans l'empire indo-britannique. On y voit deux temples célèbres, l'un dédié à Nârâsengha, l'autre à Tchillâpulla-râyâ, lesquels sont visités par de nombreux pèlerins.

MAILLEZAIS. — Chef-lieu de canton dans l'arrondissement de Fontenay, département de la Vendée. Pop. : 1,400 âmes.

MAILLY - LE - CHATEAU. — Commune du département de l'Yonne. Elle est située dans l'arrondissement d'Auxerre. Pop. : 1,000 âmes.

MAINE. — L'un des Etats de l'Union, dans l'Amérique septentrionale. Il est borné à l'ouest par le New-Hampshire, au sud par l'Atlantique, à l'est par le Nouveau Brunswick, et au nord par le Canada. Son chef-lieu est Augusta.

MAINE ORIENTAL. — Contrée de l'Amérique septentrionale. Elle est située dans la Nouvelle-Bretagne à l'est de la baie d'Hudson. Cette contrée, qui a pour lieu principal East-Main, sur la baie de James, est encore peu connue.

MAINE-ET-LOIRE (DÉPARTEMENT DE). — Il a été formé de l'Anjou. Sa superficie est de 722,163 hectares, et sa population d'environ 503,000 âmes. Il est divisé en 5 arrondissements dont les chef-lieux sont Angers, Baugé, Segré, Beaupreau et Saumur, et compte 34 cantons et 376 communes. Angers est le siège de sa préfecture, de son diocèse, de sa cour impériale, de son académie universitaire (*Voir l'Appendice*) et de sa division militaire qui est la quatorzième.

MAINLAND. — Une des îles Shetland. Elle est située au nord-nord-est de l'Ecosse, et c'est la plus considérable du groupe. Son sol est peu fertile et ses côtes très-dentelées.

MAINTENON. — Petite ville située sur l'Eure, dans le département d'Eure-et-Loir. On remarque son château et un très-bel aqueduc, non achevé, qui devait transporter les eaux de l'Eure à Versailles. Louis XIV employa à cette construction, durant plusieurs années, quelques milliers de soldats. La population de cette ville est d'environ 2,000 âmes. Derrière les murs du parc s'étend une plaine où l'on rencontre un grand nombre de monuments druidiques, que les habitants appellent *Pierres de Gargantua*.

MAISONS - ALFORT. — Commune du département de la Seine. Elle est située dans l'arrondissement de Sceaux et le canton de Charenton-le-Pont. C'est à cette commune qu'appartient le hameau d'Alfort, célèbre par son école d'économie rurale et vétérinaire. Pop. : 1,900 âmes.

MAISSOUR ou MYSORE. — Grande ville, capitale du royaume tributaire de ce nom, dans l'empire indo-britannique. Le palais du roi est situé dans la citadelle.

MAITEA. — Jolie petite île de l'archipel de Tahïti, dans la Polynésie ou Océanie orientale. Ses côtes abondent en huîtres à perles.

MAJORQUE ou MAYORQUE. — La plus grande des îles Baléares, dans la Méditerranée. Elle a 100 kilomètres de longueur sur 75 de largeur. Son climat est doux et salubre, et son sol fertile produit principalement du vin, de l'huile et des fruits. Sa capitale est Palma. Pop. : 182,000 âmes.

MAKALLA. — Grande ville de l'Hadramaut, partie de l'Yémen, en Arabie. Elle est le siège d'un cheïkh indépendant, possède un port et fait un commerce assez important.

MAKO. — Ville de Hongrie, dans l'empire d'Autriche. C'est le siège d'un évêché catholique. Elle est située sur le Maros, dans le comitat de Banad. Pop. : 7,000 âmes.

MALABAR. — Contrée de l'Inde que Vasco de Gama fit connaître le premier à l'Europe, et dont la côte s'étend depuis le cap Comorin jusqu'à Goa, sur une longueur d'environ 800 kilomètres, serrée entre l'Océan et les gates occidentales. Les habitants du Malabar forment une des souches distinctes de la population indienne, souche dont les Tamouls et les Telinges sont des branches. Cochin et Calicut sont les deux principales villes de cette côte; et le petit territoire de Kananore est occupé par des Arabes tributaires des Anglais.

MALACCA. — Péninsule de l'Inde transgangétique, formant l'extrémité la plus méridionale de l'Asie, et dont la longueur est d'environ 1,000 kilomètres. Elle est principalement habitée par la race malaise, et fut le siège, dans les temps reculés, d'un empire riche et puissant d'où sortirent les colonies qui allèrent peupler les îles de la Sonde, les Moluques, les Philippines et un grand nombre des archipels de l'Océanie. Le centre de la péninsule de Malacca est couvert de forêts primitives, c'est-à-dire presque impénétrables, et les côtes offrent une foule de ports servant à la fois de refuge au commerce et à la piraterie. La végétation de cette contrée est celle des autres parties de l'Inde; il en est de même à peu près des animaux; cependant quelques espèces s'y font particulièrement remarquer, et entre autres le rhinocéros, le tapir bicolore, les orangs-outangs, les gibbons, les vouvous, etc. Le territoire de la ville de Malacca dépend de la présidence anglaise de Calcutta; au royaume de Siam appartiennent les pays de Ligor, de Bondelon, de Patani, de Kalantan, de Tringanou, de Kedah et l'île de Janskeylon; et les royaumes à peu près indépendants sont ceux de Perak, de Johon, de Pahang et de Roumbo. La ville de Malacca, très-florissante anciennement, est tout à fait déchue de sa splendeur. Elle possède toutefois un collége anglo-chinois et une imprimerie. Pop. : 35,000 âmes.

MALAGA. — Belle ville épiscopale, chef-lieu de la province de ce nom, dans la capitainerie de Grenade, en Espagne. Elle est située au fond d'un golfe, dans une campagne fertile, et des fortifications la protégent. On y remarque la cathédrale, l'évêché, un aqueduc, et le beau quartier d'Alameda. Elle possède un port parfaitement construit et fait un commerce assez considérable, qui consiste principalement dans son vin, qui est très-renommé, dans ses fruits, dans sa cochenille, etc. Sa population est d'environ 25,000 âmes. On trouve, dans son voisinage et à Chariana, une maison de plaisance appelée *El Retiro*, dont on cite la beauté des eaux.

MALAISIE. — C'est l'une des trois grandes divisions de l'Océanie, et elle comprend les îles dites de l'Archipel indien, c'est-à-dire Sumatra, Java, Bornéo, Célèbes, les Philippines, les Moluques, etc. La plupart de ces îles ont assez d'étendue pour donner naissance à des cours d'eau considérables, ce qui constitue l'un des traits caractéristiques de la Malaisie. Ainsi le Benjer-Massing, de Bornéo, est sans aucun doute le plus grand fleuve de l'Océanie si, comme on l'affirme, sa longueur est de 1,150 milles. Dans Sumatra ce sont l'Indragiri, le Siak, le Palembang et le Singkel ; dans Java, le Solog et le Kediri ; dans Mindanao, le Pelandji ; à Luçon, le Tajo ; à Célèbes, le Chiurauci, etc. La position de ces îles permet aussi de lier ensemble les groupes de montagnes qui s'y dessinent. Sumatra et Java s'unissent donc pour composer la chaîne la plus élevée et dont les points culminants atteignent jusqu'à 4,748 mètres ; Bornéo et les Philippines forment un second groupe dont quelques sommets s'élèvent à 3,880 mètres ; et Célèbes et les Moluques en offrent un troisième. De nombreux volcans se trouvent aussi dans la Malaisie, et plusieurs des îles qui la composent sont d'ailleurs d'origine volcanique. On compte quinze montagnes ignivomes à Java, cinq à Sumatra, quatre à Luçon, et plusieurs à Mindanao, Mindoro, Sumbaroe, Flores, etc. Quant la végétation de ces contrées, elle est identique à celle de l'Inde ; mais elle s'y montre encore plus luxuriante.

MALAMOCO. — Île de la mer Adriatique. Elle est située entre les lagunes et le golfe de Venise, et l'on y trouve un village qui fut la résidence du doge de Venise au VIIIᵉ siècle. Pop. : 800 âmes.

MALAUCÈNE. — Petite ville du département de Vaucluse. Elle est située dans l'arrondissement d'Orange. On y trouve une filature de soie et de laine, des fabriques de soieries et de poterie, des martinets à cuivre, des moulins à huile, etc. Pop. : 3,300 âmes.

MALDAH. — Ville du Dinâdjpour, au Bengale, empire indo-britannique. Ses manufactures de soie et de coton la rendent florissante. On trouve, dans son voisinage et sur une branche desséchée du Gange, les ruines de la célèbre ville de *Gour* qui, au dire de quelques auteurs, avait 2,000,000 d'habitants. Parmi ses restes nombreux, on remarque surtout ceux de la citadelle, du palais royal, de la mosquée d'or, d'un obélisque, des portes du sud et du nord, etc. Pop. : 18,000 âmes.

MALDIVES (ROYAUME DES). — Il est formé par un groupe d'îles voisines de la côte du Malabar, dans l'Inde transgangétique. Cet État est divisé en un grand nombre de provinces, dont la principale est celle de Malé ; son sol est très-fertile ; les cocotiers y sont plus communs qu'en aucun autre lieu du monde, et l'on pêche, sur ses côtes, du corail, de l'ambre gris, et le petit coquillage appelé *Cauris*, qui sert de monnaie dans l'Inde et l'Afrique. Le souverain des Maldives prend le titre de sultan.

MALESHERBES. — Chef-lieu de canton dans l'arrondissement de Pithiviers, département du Loiret. On y voit un beau château qui appartenait à l'illustre Malesherbes qui défendit Louis XVI, et il s'y tient un marché considérable. Pop. : 1,300 âmes.

MALESTROIT. — Chef-lieu de canton dans l'arrondissement de Ploërmel, département du Morbihan. Il s'y fait un commerce de miel. Pop. : 1,700 âmes.

MALEVILLE. — Petite ville du département de l'Aveyron. Elle est située dans l'arrondissement de Villefranche. Pop. : 2,700 âmes.

MALICORNE. — Chef-lieu de canton dans l'arrondissement de la Flèche, département de la Sarthe. Pop. : 1,200 âmes.

MALINES. — Ville archiépiscopale du Brabant méridional, en Belgique. On remarque sa belle cathédrale. Cette ville est importante par ses nombreuses fabriques de dentelles, de draps, de chapeaux, etc. Sa population est d'environ 25,000 âmes. L'archevêque de Malines est primat du royaume.

MALLICOLLO. — Île d'Australie. Elle appartient à l'archipel des Nouvelles-Hébrides et se trouve située au sud-est de l'île Saint-Esprit.

MALLOW. — Petite ville du comté de Cork, en Irlande. On y trouve des sources minérales qui sont assez fréquentées. Pop. : 4,000 âmes.

MALMÉDY. — Petite ville du département d'Aix-la-Chapelle, dans la province rhénane de Prusse. On y remarque la superbe église de la ci-devant abbaye des Bénédictins. Cette ville est florissante par ses fabriques, ses tanneries, et sa population est d'environ 4,000 âmes.

MALMO. — Jolie petite ville de la Scanie, dans le royaume de Suède. Elle est située sur le Sund, presque en face de Copenhague. On y remarque l'église Saint-Pierre et la place du Marché. Pop. : 8,000 âmes.

MALMSBURG. — Ville du comté de Wilts, en Angleterre. Elle est située sur l'Avon, et l'on y trouve des manufactures de draps. C'est la patrie de Hobbes. Pop. : 2,000 âmes.

MALOUINES (Iles). — Elles furent découen 1602 par Améric Vespuce, et, en 1700, Beauchesne Gouin y mouilla dans la partie orientale, croyant être aux Sebaldes. En février 1764, Bougainville y forma un établissement, au fond de la grande baie française; puis, en 1765, le commodore Byron, ignorant ou feignant d'ignorer que ces îles étaient habitées, prit possession du pays au nom de la couronne d'Angleterre; d'où il résulta qu'en 1766, les Anglais y fondèrent une colonie au port d'Egmont, et que, dans la même année le capitaine Macbride menaça insolemment de détruire la colonie française, sous prétexte que le territoire appartenait à son souverain. Il s'en tint toutefois à la jactance de ses menaces. Cependant l'Espagne ayant revendiqué la propriété de ces îles, le roi de France consentit à la lui rendre le 1ᵉʳ avril 1767; mais les colons espagnols n'y firent pas un long séjour et depuis lors les Malouines servent simplement de lieu de relâche aux navires baleiniers qui vont généralement se mettre à l'abri dans la baie française.

Ces îles sont situées entre les 52ᵉ et 53ᵉ degrés de latitude sud, et les 56ᵉ et 60ᵉ degrés de longitude ouest, à l'est de la terre des Patagons. Il y en a deux principales : celle de la Soledad et celle de Falkland. La première offre un grand nombre de baies dont les plus grandes sont celles de Choiseul ou des Français, et celle de l'Huile sur la côte du nord. L'ouverture de la baie française est large, mais hérissée d'un côté d'une ligne de récifs, et elle renferme dans son enceinte les îles aux Pingouins, aux Loups-Marins et le Tonnelier. Le climat des Malouines est très-rigoureux et cause aux équipages des bâtiments qui y séjournent un grand nombre de maladies inflammatoires, telles que les catarrhes pulmonaires, les pleurésies, les otites, etc.

MALPLAQUET. — Village du département du Nord. Il est situé dans le canton de Bavay, arrondissement d'Avesnes. En 1709, Villars y perdit une bataille contre le prince Eugène et le duc de Malborough. Pop. : 400 âmes.

MALTE. — Ile de la Méditerranée, située entre la Sicile et l'Afrique, à 100 kilom. de la première et 320 de Tunis. Ce n'est qu'une masse de rochers de 20 kilomètres de long sur 12 de large, et qui s'élève par d'énormes assises au-dessus de la mer; mais ce sol a été rendu d'une extrême fertilité par les détritus que les siècles y ont accumulés et même par la terre végétale qu'on y transporte sans cesse de la Sicile. Malte, après avoir appartenu successivement aux Phéniciens et aux Carthaginois, reçut dans la suite des colonies italiennes; puis elle devint la propriété des chevaliers de Saint-Jean, qui la défendirent longtemps contre la puissance ottomane; mais ils cédèrent à l'attaque que dirigea contre eux le général Bonaparte en se rendant en Egypte; et enfin ils livrèrent l'île aux Anglais qui considèrent aujourd'hui cette conquête ou ce cadeau comme l'un des plus riches et des plus brillants fleurons de leur souveraineté.

Malte a acquis une juste célébrité par la douceur de son climat, l'excellence de ses fruits et la beauté de toutes ses cultures. Sa population approche de 100,000 âmes, ce qui nécessite de fréquentes émigrations, et sa capitale est Lavalette, située sur la côte orientale de l'île. Non loin de Malte, et sous sa dépendance, sont les petites îles de Gozzo, Comino et Cominotto; ces deux dernières ne sont guère que des rochers sur lesquels on cultive cependant du cumin, d'où leur vient le nom qu'elles portent; mais Gozzo a 24,000 habitants, et elle se recommande à la fois par ses cultures et ses fortifications taillées dans le roc. On dit avoir reconnu dans cette île des constructions cyclopéennes.

MALVA. — Province centrale de l'Hindoustan. Elle se trouve partagée entre les chefs Mahrattes qui en possèdent la plus grande partie; les Radjpoutes qui en occupent une petite portion dans le nord-ouest; la principauté de Bopal; et les Anglais qui sont maîtres des parties orientales. Cette contrée est montagneuse, assez salubre et passablement fertile.

MALZIEU. — Chef-lieu de canton dans l'arrondissement de Marvéjols, département de la Lozère. On y fabrique des couvertures de laine. Pop. : 1,200 âmes.

MAMERS. — Petite ville située sur la Dive, dans le département de la Sarthe. Chef-lieu d'arrondissement, elle comprend 10 cantons et 143 communes. Elle possède un collége, une bibliothèque publique, fait un commerce de bestiaux et de toiles à voiles, et sa population est d'environ 6,000 âmes. On remarque dans cette ville l'ancien couvent de la Visitation qui sert aujourd'hui de sous-préfecture.

MAN (Ile de). — Située dans la mer d'Irlande, elle offre une longueur de 40 à 44 kilom., sur environ 20 de largeur. Plusieurs montagnes granitiques la traversent dans toute son étendue, et, vers le centre, il existe un espace immense, ancienne fondrière, qu'on appelle le Currang. L'île de Man était jadis un petit royaume, et le rendez-vous des Scandinaves qui ravageaient la Grande-Bretagne et l'Irlande. Aujourd'hui, elle compte 17 paroisses, 4 villes sur la côte, qui sont : Castletown, Peele, Douglas et Ramsay; et sa population dépasse 20,000 âmes. Elle produit abondamment du blé, de l'orge, du seigle, de l'avoine, du lin, du chanvre et des plantes légumineuses; et possède en outre des mines de fer et de cuivre, puis des carrières de marbre et d'ardoise.

MANA. — Fleuve de la Guyane française. Il se jette dans l'Atlantique, après un cours de 250 kilomètres.

MANA (La). — Colonie agricole de la Guyane française. Elle fut fondée par le gouvernement en 1821, et cédée, en 1828, à des religieuses de la congrégation des dames de Saint-Joseph qui, sous la direction de la sœur Javouhey, parvinrent à la rendre florissante.

MANAHAR. — Golfe de la mer des Indes.

Il est situé entre l'Hindoustan et l'île de Ceylan, et communique, au nord-est, avec le golfe du Bengale, par le détroit de Palk. On pêche sur les côtes de ce golfe des perles qui sont estimées.

MANCHE. — Nom que l'on donne à un bras de l'Atlantique qui s'étend au nord de la France, et baigne les côtes sud et sud-est de l'Angleterre. Il est compris entre le 1er et le 8e degré de longitude occidentale, et entre le 49e et le 51e degré de latitude boréale ; il se dirige de l'est à l'ouest, en déviant un peu vers le nord : sa longueur est de 880 kilom., et sa largeur varie depuis la rade de Cancale, où elle est de 220 kilom., jusqu'à Calais où elle n'est que de 32. Les rivières qui se jettent dans la mer sont, en Angleterre, celles d'Arundel, d'Anton, de Test, d'Avon, de Stour, d'Ex et de Tamar ; en France, celles de la Liane, de la Canche, de l'Authie, de la Somme, de Bresle, d'Arques, de la Rille, de Tonques, de Dives, de l'Orne, de la Drôme, de la Vire, de la Douve, de Couesnon, de Trieux et de Guer. La Manche forme, en Angleterre, six échancrures ou baies : la première, en venant de l'est à l'ouest, est celle que déterminent les caps Dungenes et Beachi ; la seconde se trouve entre les caps Beachi et Salseabil ; la troisième entre ce dernier et le cap Saint-Albans ; la quatrième entre Saint-Albans et le cap Portland ; la cinquième entre le cap Portland et le port Kingsbridge, et la sixième est comprise entre ce port et Deadman. En France, elle découpe dans les terres quatre enfoncements plus considérables que les précédents : le premier est entre le cap de Gris-Nez et celui d'Antifer ; le second est formé par le cap d'Antifer et la pointe de Harfleur ; le troisième est compris entre le cap de la Hogue et la pointe du Sillon ; et le quatrième se trouve au nord-est du département du Finistère.

Le canal ou détroit de la Manche offre un fait digne de l'attention des géologues : c'est la profondeur variable de ses eaux. Ainsi, sur la côte d'Angleterre, la partie qui est à l'orient de Kingsbridge n'a que 10 brasses ou 16m 25 de profondeur, et celle qui est à l'occident n'en a que 8 ou 13. Sur les côtes de la France, au contraire, on a constaté, de Dieppe à Cherbourg, 20 brasses ou 32m 50 ; et, sur la côte qui est à l'occident de Dieppe jusqu'à Calais, on en a trouvé 32 ou 52. Le canal est plus profond vers le milieu, et cette profondeur diminue à mesure qu'on s'avance de l'ouest à l'est. Sous le 8e degré de longitude occidentale l'eau s'élève à 70 brasses ou 113m 75 ; et sous le 2e degré, elle ne va qu'à 32 brasses ou 52 mètres. C'est dans la partie la plus étroite que l'on remarque la moindre profondeur. Il résulte donc de ces diverses observations, que si les eaux de la Manche baissaient seulement de 25 brasses ou 30m 625, l'Angleterre serait une presqu'île jointe à la France par une crête de collines, de Calais à Douvres ; et si elles baissaient de 60 brasses ou 97m 50, la France et l'Angleterre se trouveraient unies par une vallée dont le plan serait légèrement incliné sur l'horizon, en allant de l'est à l'ouest, et le rivage de la mer se trouverait être alors la ligne qui, aujourd'hui, joint les Sorlingues à l'île d'Ouessant. Tout porte à penser, au surplus, que cet état de choses a eu son existence dans des temps reculés.

Les îles, qui s'élèvent dans la Manche, sont les Sorlingues ou îles Scilly, et l'île de Wight, près de l'Angleterre ; puis Aurigny, Guernesey, Jersey et l'île de Bas et d'Ouessant, sur les côtes de la France. Les marées ne parviennent pas à la même hauteur sur tous les points du canal : les plus élevées sont dans la baie de Cancale, et les observations journalières se joignent à la théorie pour attester ce fait. En considérant en effet la forme et la direction du détroit, on remarque que les eaux, venant de l'Océan avec impétuosité, doivent se presser dans le détroit et gagner en hauteur ce qu'elles perdent en largeur ; et ce mouvement les porte alors, en ligne directe, contre la côte de Cornouailles qui les refoule vers la ville de Saint-Malo, située au sommet de l'angle qui forme la baie.

MANCHE (Département de la). — Il a été formé d'une partie de la Normandie ; sa superficie est de 593,777 hectares, et sa population d'environ 604,000 âmes. Il est divisé en 6 arrondissements, dont les chefs-lieux sont Saint-Lô, Coutances, Valognes, Cherbourg, Avranches et Mortain, et compte 48 cantons et 570 communes. Saint-Lô est le siège de sa préfecture, Coutances celui de son diocèse, Caen celui de sa cour impériale et de son académie universitaire (*Voir l'Appendice*), et il est compris dans la seizième division militaire.

MANCHESTER. — Grande ville du comté de Lancaster, en Angleterre. Elle est située sur l'Yrwell, et renommée comme l'une des cités les plus industrielles du royaume. On cite surtout le nombre prodigieux de ses usines. On remarque aussi son hôtel de ville, la bourse, le grand hôpital, la prison et le marché couvert. Elle possède plusieurs collèges et plusieurs sociétés académiques, et sa population dépasse 100,000 âmes.

MANCHICHLAK. — Golfe de la mer Caspienne. Il est situé à l'est, sur la côte du Turkestan. On y trouve au sud le port inhabité, qui porte son nom, et dans lequel les navires russes viennent échanger, en certaines saisons, leurs marchandises contre celles de divers peuples qui se rendent à la même époque en cet endroit.

MANDARA. — Royaume de Nigritie. Il est situé au sud du Bornou, et a Mora pour capitale.

MANDAVI. — Ville du Katch, dans l'empire indo-britannique. Elle est importante par son port et son commerce. Pop. : 35,000 âmes.

MANDCHOURIE. — Contrée de l'empire chinois. Elle est située au nord-est. Ses bornes sont, au nord, la Sibérie, dont elle est séparée en partie par les monts Stanovoï et la mer d'Okhotsk ; à l'ouest, la Mongolie ; au sud, la Chine proprement dite, la mer Jaune et la Corée; et à l'est, la mer du Japon et la Manche de Tartarie. Elle a environ 1,900 kilomètres de longueur, du nord au sud, sur 1,600 de largeur; son principal fleuve est l'Amour; son climat est froid; son sol généralement fertile, et l'on y élève de nombreux troupeaux.

MANDEURE. — Petit bourg situé sur le Doubs, dans l'arrondissement de Montbéliard, département du Doubs. Il est important par sa fabrique de percale. On trouve dans ses environs un grand nombre de débris antiques et de médailles qui ont appartenu à la cité d'*Epamanduorum*. Pop. : 900 âmes.

MANDINGUES. — Peuple de race nègre. C'est l'une des trois nations principales qui se partagent la domination de la Sénégambie; ils occupent Kaarta, le Bambouk, le Dentilia, le Tenda, l'Oulli, l'Yani, le Barrah, le Kabou et le Fouini; puis ils sont répandus, à l'ouest, de la Nigritie, dans le Bambara, et enfin au nord-ouest de la Guinée septentrionale. Ce peuple est assez avancé dans la civilisation, et il se montre industrieux.

MANDJI. — Petite ville de la province de Behâr, dans l'empire indo-britannique. On visite dans son voisinage un *ficus religiosa* dont la circonférence de l'ombre, à midi, est de 340 mètres.

MANDUEL. — Commune du département du Gard. Elle est située dans l'arrondissement de Nîmes, et sur le chemin de fer de cette ville à Beaucaire. Pop. : 1,500 âmes.

MANFREDONIA. — Petite ville archiépiscopale de la Capitanate, dans le royaume des Deux-Siciles. Elle donne son nom à un golfe de la mer Adriatique, et possède environ 5,000 habitants.

MANGALORE. — Chef-lieu de la province de Canara, dans la présidence de Madras, Hindoustan anglais. Cette ville est située sur un lac qui communique avec la mer des Indes, et l'on exporte de son port une grande quantité de riz. Pop. : 30,000 âmes.

MANGARAY. — Ile de la Malaisie. Elle est située dans le groupe de la Sonde, entre Sumbava et Flores, et appartient au sultan de Bima.

MANGAZA. — Rivière d'Afrique. On pense qu'elle vient du pays des Monjous, près du lac Maravi. Elle se jette dans le Zambèze, autre rivière de la capitainerie de Mozambique.

MANGIA ou MANIA. — Ile de la Polynésie. C'est la principale du groupe de Cook.

MANHEIM. — Ville située au confluent du Necker avec le Rhin, dans le grand-duché de Bade. Autrefois résidence des électeurs palatins, elle est aujourd'hui le chef-lieu du cercle du Bas-Rhin. On y remarque l'ancienne église des Jésuites, le château grand-ducal, l'arsenal, la douane et l'observatoire. Elle possède un lycée, une école de commerce, un jardin botanique, et une société littéraire où l'on trouve une assez riche bibliothèque. Cette ville a aussi un port franc et fait un commerce assez étendu. Sa population est d'environ 22,000 âmes.

MANIKYALA. — Village du Lahore, dans l'Hindoustan. On croit qu'il occupe l'emplacement de l'ancienne *Taxila*, et l'on y remarque un vaste tombeau en forme de coupole.

MANILLE. — Capitale des possessions espagnoles dans les Philippines. Elle est située dans l'île de Luçon, non loin de l'embouchure du Passig, au fond de la vaste baie qui porte son nom, et c'est le siège d'un évêché; c'est aussi une des villes les plus peuplées et les plus commerçantes de l'Océanie. On la divise en ville de guerre et en ville marchande, et la première est fortifiée. On y remarque la cathédrale, le palais du gouverneur et deux de ses couvents; elle possède un collège, plusieurs écoles et une société littéraire. Pop. : 120,000 âmes.

MANIQUAREZ. — Petite ville de la province de Cumana, dans la république de Venezuela, Colombie. Elle est réputée par la poterie qu'y fabriquent les Indiens d'après leurs anciennes méthodes.

MANISSA ou MAGNESIA. — Ville de l'Anatolie, dans l'Asie mineure, empire ottoman. Elle est située sur la gauche du Sarabat, près du mont Bourz-Dagh, l'ancien Sipyle. Célèbre autrefois par les mines d'aimant qu'on exploitait dans son voisinage, et qui fit donner à cette substance le nom de *magnes*, elle est florissante aujourd'hui par son commerce, et renommée aussi par ses plantations de safran. On y voit les tombeaux du sultan Murad II et de sa famille. Pop. : 40,000 âmes.

MANITOU. — Lac d'Amérique. Il est situé dans la nouvelle Bretagne, au sud-ouest du lac Winnipeg, avec lequel il communique par la rivière Dauphin. Sa longueur est d'environ 200 kilomètres.

MANLIUS. — Ville de l'état de New-York, aux Etats-Unis d'Amérique. Pop. 8,000 âmes.

MANNEVILLE-LA-GOUPIL. — Commune du département de la Seine-Inférieure. Elle est située dans l'arrondissement du Havre. Pop. : 900 âmes.

MANOSQUE. — Petite ville située sur la Durance, dans l'arrondissement de Forcalquier, département des Basses-Alpes. Cette ville, l'une des plus peuplées du département, est industrieuse et commerçante, et son territoire est beau et fertile. Elle possède un collège et compte environ 4,500 habitants.

MANS (Le). — Ville épiscopale située au confluent de la Sarthe et de l'Huisne. Autrefois capitale du Maine, elle est actuellement le chef-lieu du département de la Sarthe, et son arrondissement comprend 10 cantons et 116 communes. On admire sa cathédrale, mélange de gothique et d'architecture romane, dont la tour est très-élevée, et les vitraux remarquablement beaux. Cette ville possède un séminaire, un collège, une bibliothèque publique, un musée et deux sociétés académiques; son commerce consiste en grains, vins, eaux-de-vie, luzerne, trèfle, volaille et surtout en poulardes très-renommées; elle a aussi des blanchisseries de toile et de cire, et sa population est d'environ 25,200 âmes. Elle a donné naissance à Denissot, Lacroix du Maine, Brodeau, Tressan, etc.

MANSFIELD. — Ville du comté de Nottingham, en Angleterre. On y trouve une belle église gothique, une fonderie de fer, des fabriques de gants, et on y fait un commerce de drèche. Pop. : 10,000 âmes.

MANSLE. — Chef-lieu de canton dans l'arrondissement de Ruffec, département de la Charente. On y fait un commerce de grains, de vins et d'eau-de-vie. Pop. : 1,900 âmes.

MANSOURAH. — Ville du Bahari ou Basse-Egypte. C'est l'une des principales du delta et le chef-lieu d'une préfecture ; elle est située dans un territoire fertile, et réputé comme l'un des mieux cultivés de l'Egypte. C'est dans cet endroit que les Sarrasins taillèrent en pièces l'armée des croisés, en 1250, et l'on montre encore le bâtiment où le monarque, saint Louis, fut retenu prisonnier.

MANTAILLES. — Village du département de la Drôme. Il est situé dans le canton de Saint-Vallier, arrondissement de Valence. On y voit un château célèbre dans lequel, en 879, Boson fut élu roi de la Bourgogne-Cisjurane. Pop. : 100 âmes.

MANTES. — Ville du département de Seine-et-Oise. Elle est située sur la Seine. Chef-lieu d'arrondissement, elle comprend 5 cantons et 127 communes. On y fait un commerce important de cuirs. Philippe-Auguste mourut dans cette ville en 1223. Pop. : 4,300 âmes.

MANTOUE. — Grande et belle ville épiscopale, située au milieu d'un lac formé par le Mincio. C'est l'une des principales places fortes de l'Europe, et le chef-lieu de la délégation qui porte son nom, dans le gouvernement de Milan. Ses édifices les plus remarquables sont : la cathédrale, l'église Saint-André, celle de Santa-Barbara ornée d'un superbe clocher, l'ancien palais ducal, la douane, la maison de Jules Romain, la place Virgiliana, etc. Cette ville possède un lycée, deux gymnases, une riche bibliothèque, un musée de statues, et l'académie *virgilienne*. Sa population est d'environ 30,000 âmes. On trouve dans son voisinage le palais du Te, magnifique résidence construite et peinte presqu'entièrement par Jules Romain. On y admire surtout la salle dite *des Géants*. C'est aussi non loin de Mantoue, et sur le lac, qu'on rencontre la superbe église gothique de *Santa-Maria delle Grazie*, visitée chaque année par un grand nombre de pèlerins, nombre qui dépasse 100,000. L'intérieur de ce sanctuaire est couvert de tableaux votifs offerts par les fidèles, puis de petites figures de cire, habillées, qui représentent ceux qui les ont apportées, sous l'inspiration d'un sentiment de reconnaissance ou de confiance vis-à-vis du Très-Haut et de la cour céleste.

MANYTCH. — Rivière de Russie. Elle prend sa source dans le sud de la province d'Astrakan, sépare en partie celle du Caucase du gouvernement d'Astrakan et de celui des Cosaques du Don, et se joint au Don après un cours de 500 kilomètres.

MANZAT. — Chef-lieu de canton dans l'arrondissement de Riom, département du Puy-de-Dôme. Pop. : 1,600 âmes.

MANZORA ou **ARVANHA.** — Rivière d'Afrique. Elle est située dans le Monomotapa, et s'unit au Zambèze après un cours qu'on porte à 600 kilomètres.

MAOUI. — Iles de la Polynésie. Elles sont situées dans l'archipel de Sandwich, au nord-nord-ouest d'Harvaii.

MAOUNA. — Ile de la Polynésie. Elle est située dans l'archipel des Navigateurs, et c'est là que onze des compagnons de La Pérouse furent massacrés par les naturels.

MAOUTI. — Ile de la Polynésie. C'est l'une des plus orientales du groupe de Cook.

MAR-HANNA-CHOUAIR. — Couvent du mont Liban, en Syrie, Turquie asiatique. Cinq autres monastères dépendent de cet établissement religieux, célèbre dans tout l'Orient par sa typographie arabe, où ont été imprimés plusieurs ouvrages importants.

MARA. — Pays d'Abyssinie. Il est situé à l'est et occupé par des Gallas.

MARACAY. — Ville de la province de Caracas, dans la république de Venezuela. Il est situé dans la vallée d'Aragua, près du lac Tacarigua ou de Valencia, et l'on cite son église comme la plus belle de la province. Pop. : 8,000 âmes.

MARACAYBO. — Chef-lieu de la province de ce nom, dans la république de ce nom, Colombie. C'est une jolie ville, située sur le bord occidental du détroit qui sépare la lagune de Maracaybo du golfe de ce nom, et elle est défendue par trois forts. Elle possède un collège, une école de pilotage, des chantiers, et fait un commerce assez considérable. Pop. : 20,000 âmes.

MARADEH. — Oasis de Barbarie. Elle est située dans l'État de Tripoli, et quelques auteurs la regardent comme le jardin des Hespérides de Strabon.

MARAGHA. — Ville de l'Adzerbaïdjan, en Perse. On y remarque des souterrains creusés dans le roc et les restes d'un superbe observatoire qu'avait fait élever Oulagou. Pop. : 13,000 âmes.

MARAIS (Le). — On donne ce nom, dans le département de la Vendée, à toute la partie des côtes autrefois couverte par la mer. L'air y est insalubre, mais le sol très-fertile et bien cultivé.

MARAIS-PONTINS. — Ils sont situés dans la partie de la Campagne de Rome qui s'étend le long de la côte occidentale d'Italie, depuis Astura jusqu'à Terracine, et jouissent d'une triste célébrité. « D'immenses travaux, dit le géographe Balbi, ont été inutilement exécutés depuis vingt siècles pour les rendre habitables, parce qu'on n'est jamais parvenu à faire écouler entièrement vers la mer les abondantes eaux qui, descendues des hauteurs environnantes, s'arrêtent dans la partie la plus basse de leur niveau où elles deviennent croupissantes. D'immenses pâturages, quelques forêts, de nombreux troupeaux guidés par des pâtres farouches et souvent voleurs, occupent la plus grande partie de ces marais, dont la traversée offre aux voyageurs les dangers d'un climat délétère et ceux non moins à craindre des brigands peut-être les plus déterminés et les plus cruels de l'Italie. »

MARAJO ou JOANNES. — Ile de l'Atlantique. Elle est située sur la côte septentrionale du Brésil, province de Para, entre les embouchures de l'Amazone et du Tocantins, qui se trouvent jointes par le Tajipuru. Une partie de cette île est couverte de lacs et de marécages, l'autre cultivée.

MARANHAM. — Ile de l'Atlantique. Elle est située au nord du Brésil, sur la côte de la province de son nom. Les Français s'en emparèrent en 1612 et y bâtirent Saint-Louis de Maranham.

MARANS. — Petite ville située au confluent de la Sèvre niortaise avec la Vendée, dans le département de la Charente-Inférieure. Plusieurs marais salants existent dans son voisinage, et leur produit est assez considérable. On y fait aussi un commerce de grains, de laine, de vins, d'eau-de-vie, de bois de construction, etc. Pop. : 4,700 âmes.

MARATHON. — Village du Nomos de l'Attique-et-Béotie, royaume de Grèce. Il remplace la ville du même nom, célèbre par la victoire que Miltiade y remporta sur les Perses, l'an 490 avant Jésus-Christ.

MARATHONISI. — Petite ville, chef-lieu du Magne oriental, dans la Morée, royaume de Grèce. Elle est située dans un district montueux habité par les Maïnotes, peuplade féroce et belliqueuse qui est toujours demeurée à peu près indépendante. Plus au sud se trouve la tribu des Cacovouniotes, entièrement livrée à la piraterie. Pop. : 500 âmes.

MARATOUBA. — Groupe de petites îles de la Malaisie. Il est situé dans la mer de Célèbes, à l'est de Bornéo.

MARBACH. — Ville du Wurtemberg, en Allemagne. Elle est située sur la rive droite du Necker. C'est la patrie de Schiller. Pop. : 3,000 âmes.

MARBAIX. — Commune du département du Nord. Elle est située dans l'arrondissement d'Avesnes. Pop. : 1,000 âmes.

MARBELLA. — Jolie petite ville de la province de Malaga, en Espagne. Elle est importante par son port, ses fabriques et ses pêcheries. Sa population est d'environ 4,500 âmes. On trouve de nombreuses ruines dans son voisinage.

MARBOURG. — Chef-lieu de la province de la Haute-Hesse, dans la Hesse électorale, en Allemagne. Elle possède une université, une école vétérinaire, un *pedagogium* ou collége et un séminaire pour les maîtres d'école. Pop. : 7,000 âmes.

MARBOURG. — Ville de Styrie, dans l'empire d'Autriche. Elle est située sur la rive gauche de la Drave et sur le chemin de fer de Vienne à Trieste. Pop. : 4,000 âmes.

MARCELLUS. — Commune du département de Lot-et-Garonne. Elle est située dans l'arrondissement de Marmande. Pop. : 1,000 âmes.

MARCENAT. — Chef-lieu de canton dans l'arrondissement de Murat, département du Cantal. Pop. : 2,700 âmes.

MARCH ou MORAWA. — Rivière de l'empire d'Autriche. Elle prend sa source aux monts Karpathes, traverse la Moravie, sépare en partie la Hongrie de la Moravie et de l'archiduché d'Autriche, et va se jeter dans le Danube après un cours de 300 kilomètres.

MARCHASTEL. — Village de l'arrondissement de Marvejols, dans le département de la Lozère. On voit, dans son voisinage, la belle cascade formée par le ruisseau de la Garde, et des restes bien conservés de la voie romaine qui conduisait de Lyon à Toulouse. Pop. : 1,300 âmes.

MARCHENOIR. — Chef-lieu de canton dans l'arrondissement de Blois, département de Loir-et-Cher. Pop. : 500 âmes.

MARCHIENNES. — Petite ville du département du Nord. C'est un chef-lieu de canton dans l'arrondissement de Douai. Elle est située sur la Scarpe et le canal du Décours, et l'on y fait un commerce d'arbres fruitiers, de lin et de bonneterie. Pop. : 2,900 âmes.

MARCHOUX. — Chef-lieu de canton dans l'arrondissement de Besançon, département du Doubs. Pop. : 600 âmes.

MARCIAC. — Chef-lieu de canton dans l'arrondissement de Mirande, département du Gers. On y trouve une verrerie. Pop. : 2,000 âmes.

MARCIGNY. — Petite ville du département de Saône-et-Loire. C'est un chef-lieu de canton de l'arrondissement de Charolles. Elle est située près de la rive droite de la Loire, et l'on y trouve des fabriques de toile et de linge de table. Pop. : 2,500 âmes.

MARCILLAC. — Chef-lieu de canton dans l'arrondissement de Rodez, département de l'Aveyron. Pop. : 1,600 âmes.

MARCILLAT. — Chef-lieu de canton dans l'arrondissement de Montluçon, département de l'Allier. On y trouve une filature de laine et une mine de houille aux environs. Pop. : 1,700 âmes.

MARCILLY-LE-HAYER. — Chef-lieu de canton dans l'arrondissement de Nogent-sur-Seine, département de l'Aube. Pop. : 700 âmes.

MARCKOLSHEIM. — Chef-lieu de canton dans l'arrondissement de Schelestadt, département du Bas-Rhin. Il est situé sur le canal de l'Est. Pop. : 2,300 âmes.

MARCOING. — Chef-lieu de canton dans l'arrondissement de Cambrai, département du Nord. Il est situé sur le canal de Saint-Quentin, et l'on y trouve une fabrique de sucre indigène. Pop. : 1,700 âmes.

MARCOUSSIS. — Commune du département de Seine-et-Oise. Elle est située dans le canton de Limours, arrondissement de Rambouillet. On y voit un château dans lequel Condé fut renfermé en 1650. Pop. 1,400 âmes.

MARDIÉ. — Commune du département du Loiret. Elle est située dans l'arrondissement d'Orléans. Pop. : 800 âmes.

MARDIN. — Grande ville de la Mésopotamie, dans la Turquie d'Asie. Elle est située sur une montagne que défend une citadelle. On y voit un certain nombre de mosquées et d'églises chrétiennes, et on y fabrique des étoffes de laine, de coton et du maroquin. Pop. : 20,000 âmes.

MAREB. — Rivière d'Abyssinie. Elle prend sa source au nord du Tigre et se divise en plusieurs branches, lesquelles se réunissent ensuite pour se jeter dans le Tacazé.

MAREMMES. — On désigne sous ce nom la partie du littoral de l'Italie, située entre l'Arno et le Volturno, vaste espace frappé de la *malaria*, comme la Campagne de Rome, quoique la plus grande portion de sa surface n'offre point d'eaux stagnantes comme cela a lieu dans les marais Pontins et les bassins de l'Ombrone. Les Maremmes, en effet, loin d'être, ainsi que le disent la plupart des voyageurs et des géographes, un sol maudit, frappé de stérilité, sont, au contraire, des terrains de grande culture, soumis simplement au système de la jachère, et auquel la charrue rend promptement la fécondité. Le phénomène de la *malaria* dans cette contrée doit donc se rattacher à une cause qui est encore à rechercher.

MARENGO. — Petit bourg des environs d'Alexandrie, en Piémont, royaume sarde. Il est célèbre par la bataille qui porte son nom.

MARENNES. — Petite ville du département de la Charente-Inférieure. Chef-lieu d'arrondissement, elle comprend 6 cantons et 34 communes. Son commerce est assez florissant et consiste surtout en sel, en huîtres vertes et en vins et eaux-de-vie. Pop. : 5,090 âmes.

MARETIMO. — Ile du groupe des Egades, en Sicile. On y voit une petite forteresse qui sert de prison d'État.

MAREUIL. — Chef-lieu de canton dans l'arrondissement de Napoléon-Vendée, département de la Vendée. Il est situé sur le Lay qui y est navigable. Pop. : 1,600 âmes.

MARFÉE (LA). — Bois du département des Ardennes. Il est situé près de Bazeilles, à 4 kilom. de Sédan. En 1641, le comte de Soissons, qui commandait l'armée des princes coalisés contre le cardinal de Richelieu, y battit les troupes royales, mais fut tué à la suite du combat.

MARGATE. — Jolie petite ville du comté de Kent, en Angleterre. Elle possède plusieurs établissements de bains de mer qui y attirent chaque année 30 à 40,000 étrangers. Pop. 10,400 âmes.

MARGAUX. — Commune du département de la Gironde. Elle est située dans le Médoc, arrondissement de Bordeaux. Ses vins, dits de *Château-Margaux*, jouissent d'une grande renommée. Pop. : 1,000 âmes.

MARGUERIDE. — Chaîne de montagne de France. Elle est située entre le bassin de l'Allier et celui du Lot, dans les départements de la Lozère, de la Haute-Loire et du Cantal, se détachant des Cévennes vers le mont de la Lozère, et se rattachant aux monts d'Auvergne vers le Plomb-du-Cantal.

MARGUERITTES. — Chef-lieu de canton dans l'arrondissement de Nîmes, département du Gard. Il est situé sur le chemin de fer de Nîmes à Beaucaire, et l'on y trouve des fabriques de tapis. Pop. : 1,900 âmes.

MARIA-ZELL ou **ZELL.** — Bourg du cercle de Bruck, en Styrie, dans l'empire d'Autriche. Il s'y accomplit un pèlerinage, et l'on y trouve une fonderie impériale de canons et de projectiles de guerre. Pop. : 1,000 âmes.

MARIAC. — Commune du département de l'Ardèche. Elle est située dans l'arrondissement de Tournon. Pop. : 1,400 âmes.

MARIANA. — Ville en ruines de l'île de Corse. Elle est située à l'embouchure du fleuve Golo. Elle avait été fondée par les Etrusques.

MARIANES, MARIANNES ou **MARIE-ANNE (ILES).** — Archipel de la Polynésie, découvert en 1521 par Magellan. Il est situé au nord des Carolines, au sud du Japon, et appartient aux Espagnols. Ce groupe, qui s'étend du nord au sud, compte douze à quinze îles, dont cinq seulement, les plus méridionales, sont habitées; et parmi les autres, plusieurs sont volcaniques, comme Agrigan, Pagan, et l'Assomption. L'île de Guam, la plus grande des Marianes a près de 160 kilom. de tour; viennent ensuite Rotta, Saypan et Tinian. Toutes ces îles offrent la même végétation que l'on rencontre dans les autres archipels polynésiens, c'est-à-dire des arbres à pain, des cocotiers, des orangers, des limons, etc. Dans les mêmes parages se trouvent les îles d'Or et d'Argent; puis l'énorme rocher connu sous le nom de *la Femme de Loth*.

MARIANNA. — Petite ville épiscopale de la province de Ménas-Geraes, au Brésil. Pop. : 5,000 âmes.

MARIAS. — Iles désertes du grand Océan équinoxial. Elles sont au nombre de trois et situées à l'ouest de l'Etat de Xalisco, dans le Mexique.

MARIASCHEIN. — Ville du cercle de Leitmeritz, en Bohême, empire d'Autriche. Elle est célèbre par une image de la Vierge qui y attire chaque année 30 à 40,000 pèlerins.

MARIE-GALANDE ou **MARIE-GALANTE.** — L'une des Antilles françaises. Elle reçut de Christophe Colomb le nom du navire qu'il montait lorsqu'il y débarqua en 1493. Elle dépend de l'arrondissement de Grand-Bourg, qui se trouve dans l'île de la Guadeloupe.

MARIENBAD. — Village de Bohême, dans l'empire d'Autriche. Il est réputé par ses bains qui sont très-fréquentés.

MARIENBOURG. — Ville forte de la province de Namur, en Belgique. Elle a appartenu à la France depuis 1659 jusqu'en 1815. On trouve dans ses environs les forges de Convin. Pop. : 600 âmes.

MARIENBOURG. — Ville murée de la régence de Dantzig, Prusse occidentale. Elle est située sur le Nogat, branche orientale de la Vistule. Pop. : 6,000 âmes.

MARIENTHAL. — Village des environs d'Haguenau, dans le département du Bas-Rhin. On y accomplit un pèlerinage renommé.

MARIENWERDER. — Petite ville située non loin de la rive droite de la Vistule, dans la province de Prusse. C'est le chef-lieu du gouvernement qui porte son nom. On y voit une belle et vaste cathédrale ; elle possède un gymnase ; et sa population est d'à peu près 4,000 âmes.

MARIESTAD. — Petite ville du Gothland, en Suède. Elle est située près et à l'est du lac Wener. Pop. : 1,500 âmes.

MARIETTA. — Très-petite ville de l'Ohio, aux Etats-Unis d'Amérique. On trouve dans son voisinage des ruines d'anciennes fortifications des indigènes, monuments que l'on rencontre aussi dans les environs de Circleville, de Portsmouth, de Newark, et depuis le bord méridional du lac Erié jusqu'au golfe du Mexique, ainsi que le long du Missouri jusqu'aux montagnes Rocheuses. Ces monuments, de formes et de dimensions différentes, ont beaucoup exercé les recherches des antiquaires, sans que ceux-ci soient arrivés à des conclusions satisfaisantes sur l'origine de ces constructions. Ces débris des premiers âges du monde se composent, outre les murailles de défense, de tumuli, de puits, de roches couvertes d'inscriptions, etc. Les fortifications qui sont près de la ville de Chillicothe occupent plus de 100 acres de superficie. On a trouvé au sein des tumuli des momies, des vases, des ornements et autres objets de l'industrie humaine.

MARIGNY. — Chef-lieu de canton dans l'arrondissement de Niort, département des Deux-Sèvres. Pop. : 1,300 âmes.

MARIGOT (Le). — Bourg de l'île Saint-Martin, une des petites Antilles. C'est le chef-lieu de la partie française située sur la côte nord de l'île. Pop. : 2,500 âmes.

MARIGOT (Le). — Bourg de l'île de la Martinique, l'une des Antilles françaises. Il est situé sur la côte nord-est, dans l'arrondissement de Saint-Pierre. Pop. : 1,200 âmes.

MARIN (Le). — Bourg de l'île de la Martinique. Il est situé sur la baie du Cul-de-Sac-Marin, dans l'arrondissement de Fort-Royal. C'est un chef-lieu de canton. Pop. : 2,900 âmes.

MARINDUQUE. — Une des îles Philippines. Elle est située au sud de Luçon et sa longueur est de 70 kilomètres.

MARINES. — Chef-lieu de canton dans l'arrondissement de Pontoise, département de Seine-et-Oise. On y trouve des fabriques de bonneterie, des briqueteries et des tuileries. Pop. : 1,700 âmes.

MARINGUES. — Petite ville du département du Puy-de-Dôme. C'est un chef-lieu de canton de l'arrondissement de Thiers. Elle est importante par ses fabriques de chamoiserie, et fait aussi un commerce de blé. Pop. 4,200 âmes.

MARIOUPOUL. — Ville du gouvernement d'Ekatérinoslav, en Russie. Elle possède un port à l'embouchure du Kamious, dans la mer d'Azov. On y fait un commerce de blé, et l'on cultive le mûrier dans ses environs. Pop. : 4,000 âmes.

MARIQUITA. — Petite ville de la province de Bogota, dans la république de la Nouvelle-Grenade, Colombie. On exploite dans son voisinage des mines d'or et d'argent. Pop. : 560 âmes.

MARITZA. — Fleuve de la Turquie. Il prend sa source au mont Despoto-Dagh, passe à Tatar-Bazardjik, Philippopoli, Andrinople et Démotica, et se jette dans le golfe d'Enos, après un cours de 400 kilomètres.

MARLE. — Chef-lieu de canton dans l'arrondissement de Laon, département de l'Aisne. On y trouve des fabriques de toiles de chanvre, des vanneries, et on y fait un commerce de grains et de graines oléagineuses. Pop. 1,900 âmes.

MARLENHEIM. — Commune du département du Bas-Rhin, dans l'arrondissement de Strasbourg. On y fabrique des chaussons de laine. Pop. : 1,800 âmes.

MARLSBOROUGH. — Ville du comté de Wilts, en Angleterre. Le grand conseil de la nation y décréta, en 1267, les lois connues sous le nom de *Statuts de Marlsborough*. Pop. : 3,000 âmes.

MARLY-LE-ROI. — Bourg du département de Seine-et-Oise. Il est situé entre Versailles et Saint-Germain, et dut une grande célébrité au château qu'y avait fait construire Louis XIV et aux merveilles de son parc. Aujourd'hui le château a disparu, la charrue a nivelé le sol qu'il occupait; mais la forêt offre encore les sites les plus gracieux. C'est aux pieds du plateau de Marly et au bord de la Seine, que se voient les restes de la machine hydraulique si renommée, laquelle envoyait chaque jour, par son aqueduc qui subsiste encore, 27,000 muids d'eau à Marly et à Versailles. Pop. : 1,200 âmes.

MARMANDE. — Petite ville située sur la Garonne, dans le département de Lot-et-Garonne. Chef-lieu d'arrondissement, il comprend 9 cantons et 96 communes. Elle possède un collège et une société d'agriculture, fait un commerce assez considérable de grains, farines, vins, etc., et sa population est d'environ 8,000 âmes.

MARMARA. — Petite île de la mer de Marmara. Elle dépend de l'Anatolie et on en retire du marbre blanc. Son port est l'un des plus beaux de la Méditerranée.

MARMOUTIER. — Chef-lieu de canton dans l'arrondissement de Saverne, département du Bas-Rhin. On y fait un commerce de bestiaux. Pop. : 2,600 âmes.

MARMOUTIERS. — Commune de l'arrondissement de Tours, dans le département d'Indre-et-Loire. Elle possédait autrefois une célèbre abbaye, fondée par saint Martin, et dans laquelle on conservait la Sainte-Ampoule. Pop. : 400 âmes.

MARNE. — Rivière qui prend sa source à une lieue au sud de Langres, dans le département de la Haute-Marne, et se jette dans la Seine, à Charenton. Elle porte bateau depuis Vitry.

MARNE (Département de la). — Il a été formé d'une partie de la Champagne propre, du Châlonnais et du Rémois. Sa superficie est de 817,037 hectares, et sa population d'environ 367,300 âmes. Il est divisé en 5 arrondissements dont les chefs-lieux sont Châlons-sur-Marne, Epernay, Reims, Sainte-Menehould, et Vitry-le-François, et compte 30 cantons et 685 communes. Châlons est le siège de sa préfecture, Reims celui de son diocèse et de son académie universitaire (*Voir l'Appendice*), Paris celui de sa cour impériale, et il est compris dans la troisième division militaire.

MARNE (Département de la Haute). — Il a été formé de parties de la Champagne et de la Bourgogne. Sa superficie est de 625,043 hectares, et sa population d'environ 262,000 âmes. Il est divisé en 3 arrondissements dont les chefs-lieux sont Chaumont, Langres et Vassy, et compte 28 cantons et 550 communes. Chaumont est le siège de sa préfecture, Langres celui de son diocèse, Dijon celui de sa cour impériale et de son académie universitaire (*Voir l'Appendice*), et il est compris dans la cinquième division militaire.

MAROC ou **MAROK** (Empire de). — Un des Etats de la région du Maghreb, en Afrique. C'est l'ancienne *Mauritanie tingitane*. Cet empire se compose, aujourd'hui, du Maroc proprement dit, du royaume de Fez, de celui de Tafilet, du pays de Zara'h et du district de El-Harits. Il est borné, au nord, par la Méditerranée; à l'est par l'Algérie; à l'ouest par l'océan Atlantique; et, au sud, par le Sahara. Sa surface est de 183,120 kilom. carrés, et sa population d'environ 6,000,000 d'âmes. Son sol est généralement sablonneux et aride; mais les parties cultivées sont très-fertiles.

MAROC. — Capitale de l'empire de ce nom. Elle est située dans une vaste plaine, très-féconde, qui forme en même temps un plateau élevé d'à peu près 485 mètres au-dessus du niveau de la mer. On remarque, dans cette ville, le palais impérial, la mosquée El-Koutoubia, dont la tour carrée est haute de 66 mètres, celle de Beni-Yousef, l'édifice appelé Bel-Abbas, la Gassaryah, la vaste fabrique de maroquins, les cimetières et les ruines de plusieurs aqueducs. Au nord du Maroc, et à 30 milles environ, se dresse le Miltsin, sommet le plus élevé de l'Atlas et dont la hauteur absolue est de 4,437 mètres; puis, vers le sud-est et à peu près à 18 milles, se trouvent d'immenses ruines appelées par les indigènes *Tassremont*, et ils racontent sur la destruction de cette ville des particularités analogues à celles qu'on lit dans Homère sur la ruine de Troie.

MAROLLES ou **MAROILLES.** — Commune du département du Nord. Elle est située dans l'arrondissement d'Avesnes et renommée par ses fromages. Pop. : 2,200 âmes.

MAROLLES-LES-BRAUX. — Chef-lieu de canton dans l'arrondissement de Mamers, département de la Sarthe. Pop. 2,200 âmes.

MAROMME. — Chef-lieu de canton dans l'arrondissement de Rouen, département de la Seine-Inférieure. On y trouve des fabriques d'indiennes, de papier et de produits chimiques. Pop. 3,000 âmes.

MARONI. — Fleuve de l'Amérique méridionale. Il prend sa source dans la Guyane française qu'il sépare en partie de la Guyane hollandaise, et se jette dans l'Atlantique, après un cours de 600 kilomètres.

MARQUION. — Chef-lieu de canton dans l'arrondissement d'Arras, département du Pas-de-Calais. Pop. : 700 âmes.

MARQUISE. — Chef-lieu de canton dans l'arrondissement de Boulogne, département du Pas-de-Calais. On y trouve des usines à fer, une fabrique de mécanique à tulle, une raffinerie de sel, etc. Pop. 2,100 âmes.

MARQUISES. (Iles). — Archipel de la Polynésie, découvert par Mendana. Il est situé un peu au-dessous de l'équateur, au nord des îles de la Société, et les principales des îles qui le composent sont Talouiva, la plus méridionale du groupe; OEvahoa, la plus grande et la plus remarquable par ses montagnes; et Tahouata, la plus fréquentée par les navigateurs. Un groupe voisin, que quelques-uns confondent avec le premier, fut découvert par le capitaine américain Ingraham, et a reçu le nom de Washington. Son île la plus grande et la plus peuplée est Noukahiva; elle renferme de hautes montagnes, et on y voit, dit-on, une cascade dont la chute est de 630 mètres. La France qui a pris possession des îles Marquises, entretient des fonctionnaires et des troupes à Noukahiva, où elle a élevé un fort, ainsi qu'à Tahouata.

MARSAC. — Bourg du département du Puy-de-Dôme. Il est situé sur la Dore, dans l'arrondissement d'Ambert. On y voit un grand nombre de papeteries, et l'on y fabrique en outre de la blonde, des dentelles, des rubans, des lacets, etc.

MARSAILLE (La). — Village de la division de Coni, royaume Sarde. Le duc de Savoie y fut vaincu par Catinat en 1693. Pop. 1,000 âmes.

MARSANNE. — Chef-lieu de canton dans l'arrondissement de Montélimart, département de la Drôme. Pop. : 1,500 âmes.

MARSEILLE. — Ville épiscopale, et l'un des ports les plus fréquentés et les plus commerçants de l'Europe. Chef-lieu du département des Bouches-du-Rhône, son arrondissement comprend 9 cantons et 16 communes. On remarque dans cette ville, l'une des mieux percées et des mieux bâties de la France, la cathédrale, l'hôtel de ville, la nouvelle halle, la place Royale, celles de Castellanne et de la Cannebière, les rues d'Aix et de Rome, les cours, les allées de Meillan, etc. Elle possède un collége, une école secondaire de médecine, une école de navigation, une bibliothèque publique, un observatoire, un musée, un cabinet d'histoire naturelle, un jardin de naturalisation, un jardin botanique et plusieurs sociétés académiques. Le mouvement commercial de Marseille s'étend à des produits sans nombre, et sa population est d'environ 168,000 âmes. C'est la patrie de l'astronome Pythéas, de Mascaron, de Puget, de Dumarsais, etc.

MARSEILLE. — Chef-lieu de canton dans l'arrondissement de Beauvais, département de l'Oise. Pop. : 900 âmes.

MARSHALL (Petit). — Groupe d'îles de la Micronésie. Il est situé par 21° 30' de latitude nord, et 149° 15' de longitude est.

MARSILLARGUES. — Gros bourg du département de l'Hérault. Il est situé dans l'arrondissement de Montpellier et sur la Vidourle. Pop. : 3,500 âmes.

MARSON. — Chef-lieu de canton dans l'arrondissement de Châlons-sur-Marne, département de la Marne. Pop. : 400 âmes.

MARSTON-MOOR. — Lieu du comté d'York, en Angleterre. Il est situé près de Tickhill. C'est là qu'en 1644 l'armée de Charles Ier fut vaincue par celle du parlement.

MARTA. — Rivière de l'État du pape. Elle sort du lac de Bolsena, et se jette dans la mer Tyrrhénienne, après un cours de 45 kilomètres.

MARTABAN. — Ville de l'empire Birman. Elle est située sur le Salouen, et près de son embouchure. Cette ville fut autrefois la capitale d'un royaume indépendant, qui est devenu une province des Anglais.

MARTABAN. — Golfe formé d'une partie de celui du Bengale. Il est compris entre l'empire des Birmans, au nord, et les provinces de l'Indo-Chine anglaise, Martaban et Yé.

MARTEL. — Chef-lieu de canton dans l'arrondissement de Gourdon, département du Lot. Pop. : 3,100 âmes.

MARTIGNY. — Bourg du canton du Valais, en Suisse. Il est situé sur la Dranse, près du confluent de cette rivière avec le Rhône, et c'est à cet endroit que commence la route qui mène au grand Saint-Bernard. Pop. : 1,000 âmes.

MARTIGUES (Les). — Petite ville située sur le détroit qui fait communiquer l'étang de Berre avec la Méditerranée, dans le département des Bouches-du-Rhône. Le territoire de cette ville est riche en oliviers, et elle possède en outre des chantiers, des madragues pour la pêche du thon, et une école de navigation. Sa population est d'environ 7,000 âmes. On prépare dans cette ville une espèce de caviar avec le frai du mulot.

MARTIN-GARCIA. — Île de l'Amérique méridionale. Elle est située au confluent de l'Uraguay et du Panama, et sa longueur est de 9 kilomètres.

MARTINIQUE (Île de la). — C'est l'une des petites Antilles, et la principale colonie des Français dans les Indes occidentales depuis que celle de Saint-Domingue leur a été arrachée. Le sol y est fertilisé par de nombreuses rivières, et sa richesse consiste surtout dans la culture du café, du cacao, de la canne à sucre, du tabac, du coton, etc. Parmi les végétaux indigènes on remarque le goyavier, la pomme à flan, le papayer, la poire avocate, les orangers, les citronniers, les figuiers, les cycas, les zamias, les cactus, les lianes, etc.

Saint-Pierre est le chef-lieu de l'île; puis viennent le Fort-Royal, la Trinité, les anses d'Arlet, le Lamantin, etc.

MARVEJOLS. — Petite ville du département de la Lozère. Chef-lieu d'arrondissement, elle comprend 10 cantons et 78 communes. Elle est le centre d'une fabrication importante de serge, et possède une société d'agriculture. Sa population est d'environ 4,000 âmes.

MARYLAND. — L'un des États de l'Union américaine du nord. Son nom lui a été donné en l'honneur de Marie, femme de Charles Ier. Ce pays, fertile en grains et en tabac, est insalubre près de la baie de Chesapeak; mais il est sain loin des côtes. Pop. 470,000 âmes.

MARYPORT. — Ville du comté de Cumberland, en Angleterre. Elle est située sur le golfe de Solway, à l'embouchure de l'Ellen. On y trouve des fabriques de tissus de coton, et l'on y fait un commerce de houille. Pop. : 4,000 âmes.

MAS-CABARDÈS. — Chef-lieu de canton dans l'arrondissement de Carcassonne, département de l'Aude. On y cultive des fruits qui sont estimés.

MAS-D'AGÉNOIS (Le). — Chef-lieu de canton dans l'arrondissement de Marmande, département de Lot-et-Garonne. Il est situé près de la rive gauche de la Garonne. Pop. : 2,400 âmes.

MAS-D'AZIL (Le). — Chef-lieu de canton dans l'arrondissement de Pamiers, département de l'Ariége. Il est situé sur l'Arize, affluent de la Garonne. Pop. : 3,000 âmes.

MASBATE. — Île de la Malaisie. Elle est située dans l'archipel des Philippines, entre Luçon au nord, et Panay au sud-ouest, et sa longueur est de 90 kilomètres.

MASCARA. — Ville de la province d'Oran, en Algérie. Assez importante lorsqu'elle était la résidence du célèbre émir Abd-el-Kader, elle fut prise et livrée aux flammes, en 1836, par les Français; puis ils s'en sont mis en possession en 1841. Pop. : 3,000 âmes.

MASCAREIGNE ou BOURBON. — Île de l'océan Indien, à l'est de Madagascar. Elle présente un cône tronqué dont la base, presque circulaire, a 200 kilom. de circonférence. La partie supérieure s'élève à 3,783 mètres; les déclivités sont sillonnées de rivières et de ravins, formant autant de rameaux de montagnes hautes de 7 à 1,000 mètres; et dans la partie méridionale de l'île, sur une espèce de plateau isolé, à 4 kilom. de la mer, est un volcan célèbre par ses fréquentes et longues éruptions, lesquelles brûlent et désolent les alentours. Ce volcan est élevé de 2,716 mètres. La végétation de

Mascareigne est à peu près celle de l'Afrique et de l'archipel Indien; mais on y remarque particulièrement le grand nombre d'orchidées et de fougères qui y étalent leurs belles variétés. On trouvait aussi dans cette île, lorsqu'elle fut découverte, un oiseau très-curieux par son organisation, le dronte, que l'on croit exister encore à Madagascar. Quant à ses produits commerciaux, ils consistent principalement en sucre, en café, en muscades, en cannelle et en girofle. Cette colonie, qui appartient à la France, a une population d'environ 65,000 âmes, et sa capitale porte le nom de Saint-Denis.

MASCATE ou MASKATE. — Chef-lieu de l'Imamat de ce nom, dans l'Oman, en Arabie. Elle est fortifiée et entourée de jardins et de plantations de dattiers; elle possède un port commode, et c'est l'entrepôt des marchandises qui de l'Inde sont amenées dans le golfe Persique. Elle est aussi le centre d'un commerce de perles, et sa population dépasse 50,000 âmes.

MASEYCK. — Ville du Limbourg, en Belgique. Elle est située sur la gauche de la Meuse, et l'on y fabrique des dentelles et des cuirs: c'est la patrie de Jean et d'Hubert Van-Rick, inventeurs de la peinture sur verre. Pop. : 4,000 âmes.

MASK. — Lac d'Irlande. Il est situé entre les comtés de Galway et de Mayo. On croit qu'il décharge ses eaux par un canal souterrain dans le lac Corrib.

MASSA. — Ville épiscopale du duché de Modène. Elle est située près de la rive gauche de Frigido et non loin de son embouchure dans le golfe de Gênes. On y fait un commerce de marbre blanc. Pop. : 7,000 âmes.

MASSA. — Petite ville du royaume Lombard-Vénitien, dans l'empire d'Autriche. Elle est située sur le Pô. Pop. : 3,000 âmes.

MASSA-LUBRENSE. — Ville épiscopale du royaume de Naples. Elle est située sur la Méditerranée. On y fait une pêche abondante et l'on élève dans ses environs de nombreux troupeaux de bœufs. Pop. : 3,000 âmes.

MASSACHUSETTS. — L'un des Etats de l'Union, dans l'Amérique septentrionale. Son climat, très-chaud en été, est très-froid en hiver; son sol est généralement fécond et l'on y trouve des mines de différents métaux. Pop. : 740,000 âmes.

MASSADE ou MASSADA. — Lieu de la Syrie, dans la Turquie asiatique. C'est là qu'existait, non loin de la mer Morte, la ville ainsi nommée et qui était la place la plus forte de la Judée, tant par sa position naturelle que par les travaux de défense qu'y fit établir Hérode-le-Grand.

MASSAKHIT. — Bourgade de la régence de Tripoli, en Afrique. Elle est située sur le plateau de Bargah, et l'on croit qu'elle correspond à la soi-disant *ville pétrifiée*, mentionnée par Yahouti, Lemaire et autres auteurs, tradition à laquelle a donné lieu sans doute le grand nombre de grottes sépulcrales qu'on y voit encore

MASSAT. — Petite ville, chef-lieu de canton dans l'arrondissement de Saint-Girons, département de l'Ariége. On y trouve des forges et des mines de houille. Pop. : 9,000 âmes.

MASSÉGRO. — Chef-lieu de canton dans l'arrondissement de Florac, département de la Lozère Pop. : 300 âmes.

MASSEUBE. — Chef-lieu de canton dans l'arrondissement de Mirande, département du Gers. On y fait un commerce de mulets. Pop. : 1,800 âmes.

MASSEVAUX ou MASSEMUNSTER. — Petite ville, chef-lieu de canton dans l'arrondissement de Belfort, département du Haut-Rhin. On y trouve un haut-fourneau, une filature de coton, et l'on y fait un commerce de beurre et de fromage. Pop. : 3,300 âmes.

MASSIAC. — Chef-lieu de canton, dans l'arrondissement de Saint-Flour, département du Cantal. Il est situé sur l'Alagnon, affluent de l'Allier. Pop. : 2,200 âmes.

MASSIADE ou MASSIAT. — Très-petite ville de Syrie, dans la Turquie d'Asie. C'était le chef-lieu des célèbres *assassins*, montagnards appelés Ausarieh, ou Ismaéliens, par les orientaux, et qui sont tributaires du gouvernement ottoman.

MASSINA. — Royaume de Nigritie. Il est habité par les Peuls, et sa capitale, de même nom, est située sur le Djoliba.

MASSONA. — Petite île de la mer Rouge. Elle est située près des côtes de l'Abyssinie, et son port et très-commerçant. Pop. : 2,000 âmes.

MASTRE. — Chef-lieu du canton de l'arrondissement de Tournon, département de l'Ardèche. Il est situé sur le Don, affluent du Rhône. Pop. : 2,500 âmes.

MATAN. — Ville de l'île de Bornéo. Elle est située au sud-ouest sur un fleuve de même nom : c'est la capitale d'un Etat soumis aux Hollandais.

MATANZAS. — Petite ville de l'île de Cuba, l'une des Antilles espagnoles. Elle est située dans un lieu charmant, mais marécageux et malsain. Toutefois elle est commerçante et c'est la seconde place de l'île. Pop. : 20,000 âmes.

MATAPA. — Très-petite ville de l'Etat de San-Salvador, dans la confédération de l'Amérique centrale. Elle est assez importante par les mines de fer qui sont exploitées dans ses environs. Pop. : 4,000 âmes.

MATAPAN. — Cap situé au sud du Péloponèse ou Morée. C'est le point le plus méridional du continent d'Europe.

MATARAM. — Province de l'île de Java. Ses villes principales sont Djocjocarta et Souracarta.

MATARIEH. — Village de Bahari ou Basse-Egypte. Il est situé sur un canal aboutissant à la rive droite de la branche orientale du Nil ou branche de Damiette, et s'élève sur l'emplacement de l'ancienne *On* ou *Hon*, appelée plus tard *Heliopolis*, à cause de son magnifique temple dédié au soleil. C'était l'une des plus grandes villes du royaume, célèbre par ses temples et par son collége, où les prêtres enseignaient les hautes sciences. C'est dans cette cité que Sésostris éleva deux obélisques de 120 coudées, et que se trouvaient le puits, le jardin et le sycomore près desquels Marie et Joseph se reposèrent dans leur fuite de la Judée. On y remarque encore les ruines du temple du soleil, les débris des sphinx dont parle Strabon, et un obélisque d'un seul bloc de 22 mètres de hauteur.

MATARO. — Ville de la province de Barcelone, en Espagne. Elle a un port sur la Méditerranée. On y fabrique de la bonneterie de soie et de coton, des dentelles, du velours, de la percale, etc. Pop. : 13,000 âmes.

MATCHIN. — Ville forte de la Bulgarie, en Turquie. Elle est située sur la rive droite du Danube.

MATELLES (Les). — Chef-lieu de canton dans l'arrondissement de Montpellier, département de l'Hérault. Pop. : 400 âmes.

MATERA. — Ville archiépiscopale de la Basélicate, dans le royaume des Deux-Siciles. Elle possède un collége et environ 11,000 habitants.

MATHA. — Chef-lieu de canton dans l'arrondissement de Saint-Jean-d'Angély, département de la Charente-Inférieure. Pop. : 2,000 âmes.

MATIFOU. — Cap d'Algérie. Il est situé à l'est d'Alger.

MATIGNON. — Chef-lieu de canton dans l'arrondissement de Dinan, département des Côtes-du-Nord. On y fait un commerce de grains.

MATLOCK. — Village du comté de Derby, en Angleterre. Il est situé dans une belle vallée et l'on y trouve des sources thermales très-renommées.

MATO-GROSSO ou VILLA-BELLA. — Chef-lieu de la province de Mato-Grosso, au Brésil. Elle est située sur le Guaporé, et l'on trouve de l'or et des diamants dans son voisinage. Pop. : 6,000 âmes.

MATOURA. — Petite ville de l'île de Ceylan. Elle est renommée par les chasses aux éléphants qui ont lieu sur son territoire, les pierres précieuses qu'on y trouve, et le célèbre temple bouddhiste de Bellegam.

MATSMAI. — Capitale de l'île d'Yézo, au Japon. Elle est située sur le détroit de Sangar, où elle possède un port, et son commerce est très-florissant. Pop. : 50,000 âmes.

MATTRA ou MATHOURA. — Ville très-ancienne en la province d'Agra, dans l'empire indo-britannique. On y voit un temple célèbre et les ruines d'un observatoire.

MATURIN. — Département de la république de Venezuela. Il est partagé en quatre provinces : Cumana, Barcelona, la Guyane et l'île Marguerite. Son climat est très-chaud et humide, et son sol, couvert en grande partie de vastes plaines incultes, nourrit cependant de nombreux troupeaux.

MATZOUA. — Petite ville située dans l'îlot de même nom, dans la Samara, en Abyssinie. Elle possède un bon port, et fait un commerce assez considérable. Pop. 2,000 âmes.

MAUBEUGE. — Ville fortifiée du département du Nord. C'est un chef-lieu de canton de l'arrondissement d'Avesnes. Elle possède un collége, des fabriques d'armes et de fer battu et coulé; puis on exploite, dans ses environs, des mines de houille et des carrières de marbre et d'ardoises. Pop. : 5,000 âmes.

MAUBOURGUET. — Chef-lieu de canton dans l'arrondissement de Tarbes, département des Hautes-Pyrénées. Il est situé sur l'Adour. Pop. : 2,200 âmes.

MAUGUIO. — Chef-lieu de canton, dans l'arrondissement de Montpellier, département de l'Hérault. Il est situé sur l'étang de son nom, qui n'est séparé de la Méditerranée que par une étroite bande de terre. Pop. : 2,200 âmes.

MAULE. — Fleuve du Chili. Il passe à Talca et se jette dans le grand Océan, après un cours de 200 kilomètres.

MAULE. — Commune du département de Seine-et-Oise. Elle est située dans l'arrondissement de Versailles. Pop. : 1,300 âmes.

MAULÉON. — Petite ville du département des Basses-Pyrénées. Chef-lieu d'arrondissement, elle comprend 10 cantons et 140 communes. C'était anciennement la capitale du pays de Soule. Pop. : 1,200 âmes.

MAULÉVRIER. — Commune du département de Maine-et-Loire. Elle est située dans l'arrondissement de Beaupreau. Pop. : 2,000 âmes.

MAUMÉE ou MIAMI. — Rivière navigable des Etats-Unis. Elle prend sa source dans l'Etat de l'Ohio, coule dans ceux d'Indiana et de Michigan, et se jette, à l'est du lac Erié, dans la baie de Miami.

MAUPITI. — Ile de l'Océanie. Elle est située au nord-ouest du groupe de Tahïti.

MAURIAC. — Petite ville située sur une colline basaltique et près de la Dordogne, dans le département du Cantal. Chef-lieu d'arrondissement, elle comprend 6 cantons et 57 communes Elle possède un collége, une société d'agriculture, et son commerce consiste surtout en chevaux estimés. Sa population est d'environ 3,500 âmes.

MAURICE ou ILE DE FRANCE. — Elle est située dans la mer des Indes, à l'est de Madagascar, et un peu au-dessous du 20° parallèle. Elle a une circonférence d'environ 35 milles. D'origine volcanique, comme toutes les îles de l'archipel auquel elle appartient, elle n'est guère moins montueuse que Mascarigue, et une chaîne, dont les sommets s'élèvent perpendiculairement jusqu'à 776 mètres, environne son port, en se découpant, comme une sorte de patte d'oie, dont les embranchements forment autant de vallées arrosées par des cours d'eau très-rapides. Le plus haut point de cette chaîne est le *Piter-Boot*, cône informe, tronqué à une élévation de 799 mètres 50 centimètres, et se terminant par une masse ovoïde de 10 mètres dont les rebords font saillie. Cette île, que les Anglais ont enlevée à la France, a pour chef-lieu Port-Louis, ville de 20,000 habitants.

MAURON. — Petite ville, chef-lieu de canton dans l'arrondissement de Ploermel, département du Morbihan. Pop. : 4,000 âmes.

MAURS. — Petite ville du département du Cantal. On y fabrique beaucoup de toiles, et il s'y fait aussi un commerce important de porcs et de jambons. Pop. : 3,000 âmes.

MAUVES. — Commune de l'arrondissement de Mortagne, dans le département de l'Orne. Pop. : 1,400 âmes.

MAUVES. — Commune de l'arrondissement de Nantes, département de la Loire-Inférieure. Elle est située près de la rive droite de la Loire. Pop. : 1,400 âmes.

MAUVEZIN. — Petite ville, chef-lieu de canton dans l'arrondissement de Lectoure, département du Gers. On y fait un commerce de grains et de bestiaux. Pop. : 2,700 âmes.

MAUZÉ. — Bourg du département des Deux-Sèvres. Il possède de nombreux haras de baudets, d'où sortent annuellement plusieurs milliers de ces animaux. Pop. : 1,800 âmes.

MAVROMATHI. — Village de la Messénie, royaume de Grèce. Il est situé sur l'emplacement de *Messène*, et l'on y remarque les restes des murailles, les fondements de l'acropolis, des tours, la porte d'Arcadia, les débris de l'hierothysium, du stade, de l'amphithéâtre, etc.

MAVRO-POTAMO. — Fleuve d'Epire et affluent de la mer Ionienne. C'est l'Achéron des anciens.

MAY-PO. — Fleuve du Chili. Il se jette dans le grand océan Austral.

MAYENCE. — Ville épiscopale, située sur la rive gauche du Rhin, au confluent du Mein. Elle est fortifiée, et c'est le chef-lieu de la province de la Hesse rhénane, dans le grand-duché de Hesse Darmstadt. Elle se trouve placée vis-à-vis de la petite ville de Cassel, comprise dans son système de défense, et communique avec elle par un pont de bateaux de la longueur d'environ 553 mètres. On remarque dans cette ville la cathédrale, les églises Saint-Pierre, Saint-Jacques, Saint-Ignace et Saint-Etienne, l'arsenal, l'hôtel de l'ordre Teutonique, le palais grand-ducal, la citadelle, les fortifications, et quelques restes de monuments romains. Elle possède un séminaire, un gymnase, une bibliothèque publique, un musée d'antiquités et une société académique. Sa population est d'environ 32,000 âmes. Mayence, qu'habitait Guttemberg, a vu naître l'art typographique sur tous les points du globe, et l'on y montre encore la maison où, en 1457, parut le premier ouvrage complet imprimé.

MAYENNE. — Rivière de France. Elle prend sa source dans le département de l'Orne, passe dans ceux de la Mayenne et de Maine-et-Loire, et s'unit à la Loire à deux lieues au-dessous d'Angers, après un cours de 180 kilomètres. Ses principaux affluents sont l'Oudon et la Sarthe.

MAYENNE (DÉPARTEMENT DE LA). — Il a été formé de parties du Maine et de l'Anjou. Sa superficie est de 514,868 hectares, et sa population d'environ 368,300 âmes. Il est divisé en 3 arrondissements dont les chefs-lieux sont Laval, Mayenne et Château-Gonthier, et compte 27 cantons et 275 communes. Laval est le siège de sa préfecture ; le Mans, celui de son diocèse ; Angers, celui de sa cour impériale et de son académie universitaire (*voir l'Appendice*), et il est compris dans la seizième division militaire. Ce département prend son nom d'une rivière dont la source est située à Linières, dans le Bas-Maine. Elle se jette dans la Loire au-dessous du pont de Cé, après avoir reçu la Sarthe grossie des eaux du Loir.

MAYENNE. — Petite ville située sur la rivière de ce nom, chef-lieu d'arrondissement dans le département de la Mayenne ; elle comprend 12 cantons et 110 communes. Elle possède un collège, de nombreuses fabriques de toile et de mouchoirs, et l'on forge dans ses environs une grande quantité de fer. Sa population est d'environ 9,500 âmes.

MAYET. — Chef-lieu de canton dans l'arrondissement de La Flèche, département de l'Allier. Pop. : 1,900 âmes.

MAYNAS ou MAINAS. — Nation indienne de l'Amérique méridionale. Elle est établie le long du Morona et de la Basse-Pastaza, affluents de la Tunguragua, dans la république de l'Équateur.

MAYNOOTH. — Très-petite ville du comté de Kildare, en Irlande. C'est là que se trouve le principal établissement littéraire des catholiques irlandais, espèce d'université dans laquelle 300 élèves environ reçoivent leur instruction.

MAYOTTE ou MAYOTTA. — Ile d'Afrique et l'une des Comores. Elle est située au sud-est, dans le nord du canal de Mozambique, et habitée par des mahométans. Elle appartient aujourd'hui aux Français qui y ont formé un établissement ; mais le climat y est malsain.

MAZAFRAN ou OUDJER. — Fleuve d'Algérie. Il traverse le lac Tefferad, passe à Coléa et se jette dans la Méditerranée, après un cours de 90 kilomètres. Son principal affluent est la Chiffa.

MAZAGRAN. — Petite ville de la province d'Oran. Elle est située dans un territoire fertile, non loin de Mostaganem, et à jamais illustrée par le siége qu'y soutinrent, en 1840, une poignée de soldats français. Dans les journées des 3, 4, 5 et 6 février, le capitaine Hilaire-Etienne Lelièvre, avec 126 hommes seulement du 10ᵉ bataillon des chasseurs de Vincennes, défendit la place contre l'attaque furieuse de 12,000 Arabes. Pop. : 3,000 âmes.

MAZAMET. — Petite ville située dans un vallon pittoresque et au pied de la montagne Noire, dans le département du Tarn. Elle est importante par ses fabriques de draps, de cartons, de papiers, etc. Sa population est d'environ 7,000 âmes.

MAZATLAU. — Très-petite ville de l'Etat de Sonora-et-Cinaloa, dans la confédération mexicaine. Elle est importante par son port situé sur l'océan Equinoxial, à l'entrée du golfe de Californie, et c'est une sorte d'entrepôt. Pop. : 3,000 âmes.

MAZENDERAN. — Province de Perse. Elle est située entre la côte méridionale de la mer Caspienne et les monts Elbours dont le point culminant, le pic de Damavend, offre une altitude presque égale à celle de l'Ararat, et demeure couvert de neiges perpétuelles. Cette province est humide, malsaine, mais fertile quoique mal cultivée. Ses principales villes sont Asterabad, Balfrouch et Djordjan. Pop. : 850,000 âmes.

MAZERES. — Commune du département de l'Ariége. Elle est située dans l'arrondissement de Pamiers. Anciennement fortifiée, elle fut démantelée par Louis XIII, après qu'il l'eut enlevée aux protestants. Pop. : 3,400 âmes.

MAZIERES. — Chef-lieu de canton dans l'arrondissement de Parthenay, département des Deux-Sèvres. Pop. : 900 âmes.

MAZULIPATAN. — Grande ville de la province des Circars du Nord, dans l'empire indo-britannique. Elle est située sur un bras du Krichna, et possède l'un des meilleurs ports de la côte de Coromandel. Une grande renommée lui est aussi acquise par la fabrication de ses toiles fines et peintes, appelées *Chintz*. Pop. : 75,000 âmes.

MAZZARA. — Ville épiscopale de l'intendance de Trapani, en Sicile. Elle est fortifiée. Pop. : 8,000 âmes.

MAZZARINO. — Petite ville de la province de Caltanisetta, en Sicile. Elle est située dans la vallée de Noto, et avait autrefois le titre de comté. Quelques-uns prétendent qu'elle a donné son nom à la famille du cardinal Mazarin. Pop. : 3,000 âmes.

MEARS ou **MEARES**. — Ile de la Micronésie. Elle est située au nord de l'archipel de Magellan.

MEARY ou **MIARIM** — Fleuve navigable du Brésil. Il se jette dans l'Atlantique, après un cours de 700 kilomètres.

MEAUX. — Petite et jolie ville épiscopale que baignent la Marne et le canal de l'Ourcq. Chef-lieu d'arrondissement du département de Seine-et-Marne, elle comprend 7 cantons et 156 communes. Elle possède une belle cathédrale du style gothique, dans laquelle se fit entendre Bossuet. Son commerce consiste en blé, en farine et surtout en fromages très-renommés, dont elle expédie annuellement au delà de 3,000,000 de kilogrammes. Sa population dépasse 7,000 habitants.

MECHHED. — Ville du Khorastan persan. On y remarque le groupe d'édifices magnifiques qui constitue le tombeau de l'iman Ali, fils de Moussa, tombeau qui attire annuellement un grand nombre de pèlerins Mechhed a aussi de l'importance par son industrie et son commerce. On voit, dans les environs de cette ville, les ruines de *Thous*, l'ancienne capitale de ce pays, et l'une des cités les plus florissantes de l'Asie. Pop. : 35,000 âmes.

MECHHED-ALI. — Petite ville de l'Irak-Araby, dans la Turquie d'Asie. Elle est très-renommée chez les mahométans, parce que sa mosquée renferme le tombeau du calife Ali, ce qui lui attire un nombre considérable de pèlerins. On trouve aussi, dans son voisinage, une espèce de rotonde qui, suivant la tradition locale, serait le tombeau du prophète Ezéchiel; enfin, près de l'Euphrate, on voit les ruines de *Koufa*, cité célèbre chez les Arabes par la savante école qui y florissait. Cette ville a donné son nom à l'écriture koufique employée dans les inscriptions arabes.

MECHHED-HOSSEIN. — Petite ville de l'Irak-Araby, dans la Turquie d'Asie. Son nom lui vient de ce que l'iman Hossein, fils du calife Aly et petit-fils de Mahomet, fut martyrisé en cet endroit, et la mosquée, appelée aussi comme le martyr, est visitée annuellement par un grand nombre de pèlerins. Cette ville, qui est arrosée par l'Euphrate et entourée de jardins et de campagnes bien cultivés, compte environ 10,000 habitants.

MECHOACAN. — Etat du Mexique. Il est situé dans la partie du sud, et son sol, très-fertile dans la partie centrale, est couvert de belles forêts et riche en mines d'argent. Les Indiens y sont divisés en trois peuplades : les Tarasques, les Chichimèques, et les Otomites. Pop. : 285,000 âmes.

MECKLEMBOURG (Etats de). — La maison de ce nom se divise en deux branches : celle de *Mecklembourg-Schwerin*, et celle de *Mecklembourg-Strelitz*, ce qui constitue les deux grands-duchés de leur nom, dont le territoire appartenait au cercle de la Basse-Saxe. Aujourd'hui, ce territoire a pour confins, au nord, la mer Baltique et la Poméranie; à l'est, cette même province et celle de Brandebourg; au sud, ce dernier pays et la province hanovrienne de Lünebourg; et à l'ouest, le duché danois de Lauenbourg, le territoire de Lubeck et la principauté Oldenbourgeoise d'Entin. Le grand-duché de Mecklembourg-Schwerin se divise de la manière suivante : le cercle de **Mecklembourg**, capital *Schwerin;* le cercle **Wendique**, capitale *Gustrow;* la principauté de **Schwerin**, capitale *Butzow;* la seigneurie de **Wismar**, capitale de même nom; et la seigneurie de **Rostock**. Cet Etat est arrosé par l'Elbe, qui y reçoit l'Elde et la Boitze, puis par le Warnow et le Nebel qui se rendent à la Baltique. Le grand-duché de Mecklembourg-Strelitz est formé de la seigneurie de *Stargard* et de la principauté de *Ratzebourg;* il est arrosé par le Havel, affluent de l'Elbe; le Tollenbachsec, affluent de Trebel; et la Wackenitz, affluent de la Trave. Sa capitale est *Neu-Strelitz*.

MECQUE (La). — Chef-lieu du chérifat de

ce nom, dans l'Hedjaz, en Arabie. Cette ville, qui est ouverte, mais que défendent trois citadelles, est célèbre par le pèlerinage qu'y accomplissent les musulmans, afin d'y visiter le temple de la Kaaba, construit, selon eux, par Abraham. « A l'époque de ce pèlerinage, dit M. de Larenaudière, la Mecque offre l'aspect d'une grande et belle foire, avec prières du jour, prières du soir, illumination de la grande mosquée, illumination des tentes des pachas et des seigneurs, courses à l'arafat, jeux et divertissements, feux d'artifices et nombreuses salves d'artillerie. Alors, si les gens pieux font leurs affaires avec le ciel, d'autres gens, et ce n'est pas le plus petit nombre, font leurs affaires avec la terre. Les Hindous, les Malais musulmans, les Cachemiriens, les hommes de Boukhara et de Samarcande, de la Tartarie, de la Perse, des côtes de Mélinde, de Mombaze et de tous les points de l'Arabie, se mettent en rapport avec les hommes de l'occident, avec les peuples de l'Afrique septentrionale et intérieure, avec les Egyptiens, avec les Turcs, les Albanais, toute l'Asie Mineure, et même avec les Grecs et des Arméniens qui se mêlent partout. Il faut reconnaître qu'aujourd'hui les spéculations lucratives du commerce sont le principal mobile du voyage du Hedjaz. » La Mecque n'a pour ainsi dire d'autre industrie que celle de la fabrication de chapelets. Sa population est d'environ 50,000 âmes. Les pèlerins visitent, dans son voisinage, la vallée de Mina, le mont Arafat et celui de Hira, où l'on voit une caverne dans laquelle le prophète, avant sa prétendue mission, avait, dit-on, l'habitude de se retirer. On trouve aussi, sur le territoire de la Mecque, de nombreuses fractions de la tribu des Juifs indépendants connus sous le nom de *Rechabites*, lesquels demeurent sous les tentes, comme leurs ancêtres, et dédaignent la culture des champs. Ces juifs, de même que quelques peuplades arabes, vivent surtout de brigandages et se jettent sur les caravanes avec une nuée de cavaliers.

MEDEAH. — Petite ville de la province d'Alger, dans l'Algérie. Elle est située près de la Méditerranée, et dans un territoire fertile. On y remarque un bel aqueduc, et, dans le voisinage, des ruines que l'on croit appartenir à l'ancienne *Lamida*. Médéah était naguère le chef-lieu de la province de Titéri, dans laquelle on trouve le col de Mouzaïa et la célèbre gorge de Biban ou *Porte-de-Fer*, qu'a illustrées le courage de l'armée française. Pop. : 4,000 âmes.

MEDELLIN. — Ville de la province de Badajoz, en Espagne. Elle est située près de la rive gauche de la Guadiana. Les Français y battirent les Espagnols en 1809. Pop. : 2,000 âmes.

MEDELLIN. — Petite ville, chef-lieu de la province d'Antioqua, dans la république de la Nouvelle-Grenade, Colombie. Elle est assez importante par son commerce et possède un collège.

MEDEWI. — Bourg de la Gothie, en Suède. Il est renommé par ses sources minérales qui sont très-fréquentées.

MEDIACH ou MEDWICH. — Ville murée de Transylvanie, empire d'Autriche. Pop. : 5,000 âmes.

MEDINA-DEL-CAMPO. — Ville de la province de Valladolid, en Espagne. Elle est située sur le Zapardiel, affluent du Douro. Cette ville fut la résidence de plusieurs souverains du royaume de Léon : Pop. : 3,000 âmes.

MEDINA-DE-RIO-SECO. — Ville de la province de Valladolid, en Espagne. Elle est située sur le Rio-Seco, affluent du Douro. Cette ville était si florissante par son commerce, au XVIe siècle, qu'on la surnommait India-Chica, c'est-à-dire *Petite-Inde* Pop. : 5,000 âmes.

MEDINE. — Ville de l'Hedjaz, dans l'Arabie. Elle est située dans une sorte d'entonnoir, entre des montagnes arides, et arrosée par un ruisseau appelé Aïoun-Zarkch ou *Sources-Bleues*. Elle est défendue par de hautes et d'épaisses murailles flanquées de tours, par un château avec des casemates à l'épreuve de la bombe, et on la regarde comme la principale forteresse de l'Hedjaz. C'est dans cette ville que Mahomet chercha un refuge lorsqu'il fut obligé d'abandonner la Mecque, sa patrie, et la principale mosquée a été élevée, dit-on, sur l'emplacement de son tombeau. Les musulmans vénèrent aussi celle que ce prophète fit construire à sa première arrivée à Médine, temple qui est le plus ancien de leur culte. On trouve, dans les environs de Médine, le mont Ohod, où le prophète fut défait par les Mecquois; le puits de Bedr, où il avait d'abord remporté une victoire signalée sur les mêmes ennemis ; et le village d'El-Isafra, renommé par sa prodigieuse fertilité.

MEDITERRANEE. — Ce nom, qui est générique pour désigner les mers intérieures formées par l'Océan et communiquant avec lui, s'applique toutefois spécialement à celle qui s'étend entre l'Europe, l'Asie et l'Afrique. Cette mer est comprise à peu près entre les 30e et 45e degrés de latitude septentrionale; sa longueur, de l'ouest à l'est, c'est-à-dire du détroit de Gibraltar aux côtes de la Syrie, est de plus de 3,600 kilomètres; et si on la suit depuis son origine ou son point de jonction avec l'Atlantique, on a d'abord à droite, les côtes de l'empire de Maroc; puis, à gauche celles de l'Espagne. Resserrée à cette hauteur, elle s'ouvre ensuite vers le nord, et va baigner les côtes de France et celles d'Italie, passant après cela entre les pointes de la Sicile et de la Barbarie, elle s'étend au nord et au sud, pour former d'un côté la *mer Adriatique*, de l'autre le *golfe des Syrthes* sur la rive africaine ; trouvant pour barrières l'Egypte et la Syrie, elle cotoie l'Anatolie pour prendre le nom d'*Archipel* entre cette province et la Péninsule hellénique, et sépare alors l'Europe de l'Asie par un canal de largeur variable, dit *mer de Marmara*; enfin, dessinant une vaste enceinte sous le nom de *mer Noire*, elle se termine par un golfe marécageux appelé *mer d'Azov*. Le bassin de la Méditerranée est donc contenu entre l'Atlas, les Pyrénées, et les chaînes qui, des Alpes, se dirigent vers les Turquies européenne et asiatique.

Les principaux fleuves qui versent dans cette mer sont l'Ebre, en Espagne; le Rhône, en France; le Tibre, le Pô, l'Adige, en Italie; la Maritza et le Vardar, en Romélie; le Danube, le Dniester et le Dniéper, dans les provinces russes, avec le Don, qui tombe dans la mer d'Azov; puis le Nil, en Egypte. Ses îles sont les Baléares, la Corse, la Sardaigne, la Sicile, Malte, Candie, Chypre, Rhodes et les îlots et rochers de l'Archipel. Quant à la végétation de ses bords, on rencontre en général les mêmes espèces sur les plages de la Provence ou de la Syrie, de la Sicile ou de l'Afrique; et il en est à peu près de même pour ses animaux marins.

MEDJERDAH. — Fleuve de Barbarie. Il prend sa source en Algérie, aux monts Némenchah, traverse l'Etat de Tunis, passe à Tuburbo, et se jette dans la Méditerranée, non loin de Porto-Farina, après un cours de 400 kilomètres.

MEDLING. — Ville de l'archiduché d'Autriche. Elle est située sur le chemin de fer de Vienne à Trieste. On y voit les ruines d'un château dans lequel résidèrent plusieurs archiducs aux XII° et XIII° siècles. Pop.: 3,000 âmes.

MEDOC ou SAINT-LAURENT-DE-MEDOC. — Petite ville avec un fort, située sur la rive gauche de la Gironde, dans le département de la Gironde. Son territoire est renommé par l'excellence de ses vins, puis par les résines, les brais et les goudrons qu'on y recueille. Pop.: 2,700 âmes.

MEDYNET-EL-FAYOUM. — Grande ville de l'Ouestanich ou Moyenne-Egypte. C'est la *Crocodilopolis* et l'*Arsinoe* des anciens, devenue actuellement un chef-lieu de préfecture. Elle est située presque au milieu du plateau fertile qui forme la province de Fayoum et qu'un grand canal met en communication avec le Nil. Parmi ses restes antiques, on remarque principalement le lac Mœris, appelé aujourd'hui Birket-el-Keroun; les vestiges présumés du fameux labyrinthe; les pyramides de Meidoun d'Haoura, construites en briques; les grottes sépulcrales de Banchis, qu'on voit au nord de la seconde chaîne libyque; l'obélisque du village d'El-Begig; le temple de Caroun, au sud-ouest de l'extrémité du lac Mœris, etc., etc. Pop.: 10,000 âmes.

MEDYNET-EL-GASSR. — Petite ville, chef-lieu de l'oasis de Dakhel, dans la contrée occidentale des déserts dépendants de l'Egypte. Elle est située à l'ouest de l'oasis de Thèbes, et possède des sources thermales qui sont très-fréquentées. Pop.: 2,000 âmes.

MÉES (Les). — Chef-lieu de canton dans l'arrondissement de Digne, département des Basses-Alpes. Il est situé près de la rive gauche de la Durance, et l'on y récolte sur son territoire des vins estimés. Pop.: 2,000 âmes.

MEGARE. — Ville en ruines du Nomos d'Attique et de Boétie, dans le royaume de Grèce. Avant l'insurrection des Grecs, elle était florissante et comptait environ 12,000 habitants; mais les Turs la saccagèrent de fond en comble. Cette ville, qui gardait les gorges qui mènent en Morée, avait remplacé l'ancienne ville de son nom, rivale d'Athènes.

MEGASPILEON. — Vaste monastère de l'Achaïe, royaume de Grèce. Il est situé dans une position pittoresque et très-remarquable par ses fortifications, ses vastes caves et autres dépendances, et sa richesse. Il s'y trouve au delà de 200 frères, dont un tiers à peu près sont prêtres, et l'on y voit une image de la sainte Vierge, peinte, dit-on, par saint Luc, laquelle attire un grand nombre de dévots. La fondation de ce monastère remonte au v° siècle.

MEHADIA. — Petit bourg d'Esclavonie, célèbre par les *bains d'Hercule*, qui étaient déjà fréquentés du temps des Romains et qui continuent à attirer un grand nombre d'étrangers. On trouve, dans son voisinage, un grand nombre d'antiquités; puis, à Topletz, un bel aqueduc construit par les Turcs.

MEHALLET-EL-KEBIR.—Ville du Bahari ou Basse-Egypte. Elle est située sur le canal Melig, et c'est le chef-lieu d'une préfecture. Cette ville correspond à l'ancienne *Xois* selon les uns, à *Cynopolis* selon les autres.

MEHENEDY ou HAHANADDY. — Fleuve de l'Hindoustan. Il descend des montagnes du Bundelcund, traverse le Gandouana et l'Orissa, passe à Sumbulpour et à Ketek, et se jette, par plusieurs embouchures, dans le golfe du Bengale, après un cours de 1,000 kilomètres.

MEHUN-SUR-YÈVRE.—Petite ville, chef-lieu de canton dans l'arrondissement de Bourges, département du Cher. Elle est située sur l'Yèvre et sur le chemin de fer de Vierzon à Bourges, et l'on y fabrique de la toile d'emballage. Charles VII s'y laissa mourir de faim, à ce qu'on prétend, dans la crainte d'être empoisonné par son fils, et les entrailles de ce monarque furent inhumées dans l'église de Méhun. Pop.: 3,400 âmes.

MEI-KONG ou MENAM-KONG, dit aussi *Rivière de Camboge*. — Grand fleuve d'Asie. Il prend sa source dans les provinces orientales du Tibet, où on le désigne sous le nom de *Tsatchou*; traverse ensuite le yun-nan, où il est appelé *Lau-Thsang-Kiang*; coule dans le Laos et l'empire d'An-Am; et passe enfin à Lantchang, Camboge, et Panompin, pour se jeter dans la mer de Chine par plusieurs embouchures et après un cours de plus de 3,000 kilomètres.

MEI-NAM ou FLEUVE DE SIAM. — En Asie. Il prend sa source en Chine; traverse, sous le nom de *May-le-Kiang*, le Louachan, dans l'empire des Birmans; entre dans le royaume de Siam; passe à Zimé et à Porselouk; se partage ensuite en divers canaux qui se réunissent vers Siam, pour se diviser de rechef en plusieurs branches, dont la principale traverse Bankok et se jette dans le golfe de Siam. On estime le cours de ce fleuve à 1,500 kilomètres.

MEIDLING. — Village de l'archiduché d'Autriche. Il est situé dans les environs de Vienne, et l'on y trouve des sources minérales. Pop. : 3,000 âmes.

MEILHAN. — Chef-lieu de canton dans le département de Lot-et-Garonne, arrondissement de Marmande. Pop. : 2,300 âmes.

MEILLERAIE (LA). — Commune du département de la Loire-Inférieure. Elle est située dans l'arrondissement de Châteaubriant, canton de Moisdon-la-Rivière, et célèbre par son abbaye de Trappistes. Pop. : 1,200 âmes.

MEILLONAS. — Petit bourg de l'arrondissement de Bourg, dans le département de l'Ain. Il est important par ses fabriques de poterie, de creusets, de poêles, etc. Pop. : 1,300 âmes.

MEININGEN.—Jolie petite ville située sur la Werra. C'est le chef-lieu du duché de Saxe-Meiningen-Hildburghausen. Elle est industrieuse et commerçante, et l'on y remarque le château ducal appelé Elisabethenburg. Cette ville possède un lycée académique, une école d'industrie, un séminaire pour les maîtres d'écoles, un cabinet d'histoire naturelle, un médailier, et une collection de gravures. Elle compte environ 5,000 habitants.

MEISSEN. — Ville murée du royaume de Saxe. Elle est située sur la rive gauche de l'Elbe. On y trouve une manufacture de porcelaine très-renommée. Cette ville était autrefois la capitale de la Misnie. C'est la patrie d'E. Schlegel. Pop. : 5,000 âmes.

MEJANA. — Ville de la province de Constantine, en Algérie.

MEKNASAH.—Petite ville du royaume de Fez, dans l'empire de Maroc. On y remarque le palais impérial, vaste édifice carré qui est fortifié. Pop. : 5,000 âmes.

MEKRAN. — Province du Béloutchistan, en Asie. Elle est située dans le sud et a Kedjé pour chef-lieu. C'est une contrée généralement couverte de montagnes et de plaines arides, et un petit nombre de vallées seulement se montrent fertiles.

MELA-PONTE. — Ville de la province de Goyaz, au Brésil. C'est une place très-commerçante. Pop. : 6,000 âmes.

MELAR ou MALARM. — Lac de Suède. Il est situé entre les préfectures d'Upsal, Westeras, Nicoping et Stockholm, et communique avec la mer Baltique par le canal de Sodertelge.

MELBOURNE. — Petite ville, chef-lieu du district du Port-Phillip, dans la Nouvelle-Galles du Sud, en Australie. On la dit la rivale de Sidney, pour l'industrie et le commerce. Pop. : 6,000 âmes.

MELCHTHAL. — Vallée du canton d'Underwald, en Suisse. C'est là qu'habitait Arnold, l'un des trois fondateurs de la Confédération suisse.

MELEDA. — Petite ville d'un millier d'habitants, sur les côtes de la Dalmatie, dans la mer Adriatique. On y remarque plusieurs précipices en forme d'entonnoirs, et l'on y entend quelquefois des détonations souterraines qui portent l'effroi parmi la population.

MELEGNANO ou MARIGNANO. — Petite ville du royaume lombard-vénitien, empire d'Autriche. Elle est célèbre par la victoire qu'y remporta François Ier sur les Suisses, en 1515, et qui est appelée *bataille de Marignan*. Pop. : 3,000 âmes.

MELES. — Petit cours d'eau des environs de Smyrne, dans l'Asie Mineure. Il est célèbre parce qu'on dit qu'Homère naquit sur ses bords.

MELFI. — Ville épiscopale de la Basilicate, royaume de Naples. Pop. : 8,000 âmes.

MELGHIGH. — Lac ou grand marais salé de l'Algérie. Il est situé au sud-est, et sa longueur est de 50 kilomètres. Comme nous avons déjà eu l'occasion de le dire, on croit que ce lac se confond avec le lac Zoudéah du Beylik de Tunis, quoique les cartes en aient fait jusqu'à ce jour deux lacs distincts.

MELIAPOUR. — Petite ville de la province de Karnatic, dans l'empire indo-britannique. Elle est importante par son industrie, et l'on y trouve un siége épiscopal catholique.

MELILLA. — Ville forte de l'empire de Maroc. Elle est située sur la Méditerranée. C'est l'une des présides du royaume d'Espagne, qui possède cette ville depuis la fin du xve siècle. Pop. : 2,000 âmes.

MELINDE. — Ville du Zanguebar, en Afrique. Elle est située sur la côte sud-est et à l'embouchure du Quilamanci. C'est la capitale d'un royaume dont la principale partie de la population appartient à la race nègre; mais le souverain et les familles les plus opulentes sont Arabes.

MELISEY. — Chef-lieu de canton dans l'arrondissement de Lure, département de la Haute-Saône. Il est situé sur l'Oignon, et l'on y fait un commerce de fromages. Pop. : 2,400 âmes.

MELK.—Petite ville de la province de la Basse-Autriche. Elle est renommée par son magnifique couvent de Bénédictins, ses belles collections scientifiques et son jardin botanique.

MELLA. — Rivière du royaume lombard-vénitien, empire d'Autriche. C'est un affluent de l'Oglio, et son cours est de 80 kilomètres.

MELLE. — Petite ville du département des Deux-Sèvres. Chef-lieu d'arrondissement, elle comprend 7 cantons et 92 communes. Elle possède un collège, des fabriques d'étoffes de laine, et fait un commerce important de bestiaux, de mules et de mulets. Sa population est d'environ 3,000 âmes.

MELNIK. — Ville du cercle de Jung-Bunslau, en Bohême, dans l'empire d'Autriche. Elle est située au confluent de l'Elbe et de la Moldau, et les vins que produit son territoire sont renommés. Pop. : 2,300 âmes.

MELROSE. — Grand village du comté de Roxburg, en Écosse. On y voit les restes d'un célèbre monastère, monument du xiie siècle, fondé par David Ier, et qui est le plus bel édifice gothique de l'Ecosse méridionale. Pop. : 4,000 âmes.

MELUN. — Petite ville située sur la Seine, qui la divise en trois parties. C'est le chef-lieu du département de Seine-et-Marne, et son arrondissement comprend 6 cantons et 100 communes. Sa population est d'environ 10,000 âmes, et son commerce consiste principalement en blé, en vin, en toiles peintes, en cuirs, en chaux, en pierre à bâtir, etc. Elle a donné naissance à Jacques Amyot, et c'est dans ses environs que Méchain et Delambre, vers la fin du siècle dernier, établirent une des deux bases de 6,000 mètres qui servirent à la détermination de la mesure de l'arc du méridien compris entre Dunkerque et Perpignan. A peu de distance de cette ville se voit le château de Vaux-les-Praslins, superbe résidence qu'habitait le surintendant Fouquet.

MELVILLE. — Ile du grand Océan. Elle est située au nord de la Nouvelle-Hollande, et sa longueur est de 120 kilomètres.

MELVILLE. — Ile inhabitée de l'Amérique septentrionale. Elle est située dans la mer Polaire, par 74° et 77° de latitude nord, et 108° et 116° de longitude ouest. Elle est presque constamment entourée de glaces.

MELVILLE. — Presqu'île de l'Amérique septentrionale. Elle est située au nord de la Nouvelle-Bretagne, entre la mer Polaire et le nord de la baie d'Hudson.

MEMBRILLA. — Ville de la province de Ciudad-Real, en Espagne. On y trouve des fabriques de savon. Pop. : 800 âmes.

MEMEL. — Ville florissante du gouvernement de Kœnisberg, dans la province de Prusse. Elle est située à l'entrée du Curisch-Haff, et l'on regarde son phare comme le plus beau qui soit dans la monarchie prussienne, dont elle est la ville la plus septentrionale. Elle possède une école d'industrie, et sa population est d'environ 10,000 âmes. Elle fait un commerce considérable.

MEMF. — Village d'Egypte. Il est situé sur la rive droite du Nil, à 16 kilom. au sud du Caire, et occupe une partie de l'emplacement de l'ancienne *Memphis*.

MEMMINGEN. — Petite ville du cercle du Haut-Danube, en Bavière. On y remarque l'hôtel de ville, et elle possède une école supérieure, une école de musique, une autre de chant, puis une bibliothèque publique. Pop. : 7,000 âmes.

MENAI. — Détroit de la mer d'Irlande. Il sépare l'île d'Anglesey de l'Angleterre, et se trouve tellement resserré, qu'on a pu y construire un pont suspendu, en fer, qui joint l'île d'Anglesey au comté de Caernarvon.

MENAINA. — Petite ville fortifiée de l'île de Bahrain, dans le golfe Persique, en Arabie. On y trouve un bon port. Pop. : 5,000 âmes.

MENAS-ALBAS. — Ville de la province de Tolède, en Espagne. On y trouve des fabriques d'étamines, de faïence, de poterie, et l'on y fait aussi un commerce de mulets et de charbon de bois. Pop : 3,300 âmes.

MENAT. — Chef-lieu de canton dans l'arrondissement de Riom, département de la Drôme. On y fait un commerce de bestiaux, et l'on y exploite du schiste carbo-bitumineux. Pop. : 2,300 âmes.

MENCH. — Montagne de la Suisse. Elle est située entre le canton de Berne et le Valais, et au nord-est de la Sungfrau. Son altitude est de 4,114 mètres.

MENCHYET-EL-NEDE. — Lieu situé près du Djirdjeh, sur la rive gauche du Nil, dans la haute Egypte. On y trouve les ruines de *Ptolémais*, ville qui ne le cédait pas à Memphis par l'étendue.

MENDE. — Ville épiscopale, située sur le Lot. Chef-lieu du département de la Lozère; son arrondissement comprend 7 cantons et 64 communes. Elle possède un collège, une bibliothèque publique, un musée, et une société académique. Son commerce consiste surtout en serges et cadis, connus sous le nom de *serge de Mende*, et sa population est d'environ 6,000 âmes. On trouve des mines de plomb et de houille dans ses environs, et l'on va visiter l'ermitage pittoresque dans lequel saint Privat passa plusieurs années de sa vie.

MENDEN. — Petite ville située sur le Veser, dans la province de Westphalie, en Prusse. Elle est fortifiée, et c'est le chef-lieu du gouvernement qui porte son nom. Elle possède une cathédrale, un gymnase, une école des métiers et une société académique. Sa population est d'environ 7,000 âmes. On trouve, dans son voisinage, ce qu'on appelle la *porte Westphalienne*, formée par les deux montagnes de Jakobsberg et de Wittekindsberg. On a élevé une tour sur cette dernière, et érigé à son pied un obélisque en pierre à la mémoire de Wittekind.

MENDOZA. — Jolie petite ville, chef-lieu de la province de ce nom, dans la confédération du Rio de la Plata. Elle est située au pied des Andes et sur le grand chemin qui mène au passage d'Upsallata. Elle fait un commerce de vins et de fruits récoltés sur son territoire. Pop. : 8,000 âmes.

MENIGOUTE. — Chef-lieu de canton dans l'arrondissement de Parthenay, département des Deux-Sèvres. Pop. : 1,000 âmes.

MENIN. — Ville forte de la Flandre occidentale, en Belgique. Elle est située sur la Lys. On y fabrique de la toile, du linge et du tabac. Cette ville fut prise par les Français en 1658, 1667, 1744, 1792 et 1794, et par les alliés en 1706. Pop. : 7,500 âmes.

MENNETOU-SUR-CHER. — Chef-lieu de canton dans l'arrondissement de Romorantin, département de Loir-et-Cher. Il est situé sur la droite du Cher. Pop. : 900 âmes.

MENOMENIE ou **MENOMONI.** — Rivière des Etats-Unis d'Amérique. C'est un affluent de la baie Verte, dans le lac Michigan, et il coule dans le Wisconsin.

MENOR (ISLA). — Ile d'Espagne. Elle est située dans la province de Séville, et formée par le Guadalquivir, au nord-est de l'île Mayor. Sa longueur est de 23 kilomètres sur

13 de largeur, et l'on y cultive des caféyers et des arbres fruitiers.

MENS. — Chef-lieu de canton dans l'arrondissement de Grenoble, département de l'Isère. On y trouve des fabriques de toiles. Pop. : 2,100 âmes.

MENTON. — Ville du royaume sarde. Elle est située sur la Méditerranée, non loin de Monaco, et dans un territoire fertile en huile, oranges, citrons, etc. Pop. : 3,400 âmes.

MENZALEH. — Petite ville du Bahari ou Basse-Égypte. Elle est située près de la vaste lagune, à laquelle elle donne son nom, et son territoire, ainsi que les îles du lac, sont habités par une race à peu près abrutie, qui ne vit que du produit de la pêche. C'est sur l'une de ces îles que florissait, au IXe siècle, l'ancienne cité de *Thennesus* ou *Tennis*, renommée par ses manufactures, et dont les habitants étaient chrétiens.

MEQUINENZA. — Ville de la province de Huesca, en Espagne. Elle est située au confluent de l'Èbre et de la Sègre. Pop. : 1,500 âmes.

MEQUINEZ. — Ville de l'empire de Maroc. Elle est située dans une belle vallée, et renommée par sa fabrication de faïence peinte. Pop. : 60,000 âmes.

MER BLANCHE. — Grand golfe formé par l'océan Glacial arctique, sur la côte septentrionale de la Russie d'Europe, et qui s'étend depuis le 29° 20' jusqu'à 43° 15' de longitude est, entre le 63° 48' et le 68° 50' de latitude nord. Il baigne, au nord-est, les côtes de la Laponie, et, à l'ouest, celles de la Finlande; et, sur plusieurs parties de sa rive, s'élèvent des montagnes, qui sont une ramification du système scandinave. Les eaux de la mer Blanche sont peu salées ; elles sont glacées durant six mois de l'année, et elles reçoivent le tribut de celles de l'Onega, de la Dwina, et de la Mezen, trois fleuves considérables qui donnent leurs noms aux golfes dans lesquels ils se jettent. Celui de la Dwina s'appelle aussi golfe d'Archangel.

MER BLEUE. — Partie du grand Océan, au sud-est de la mer Jaune. Elle est située entre la Chine à l'ouest, la mer Jaune et l'île de Kiou-Siou au nord, les îles de Liéou-Kiéou à l'est, et Formose au sud. Cette mer communique avec celle du Japon par le détroit de Corée, avec celle de la Chine par le canal de Formose, et le Hoang-Ho et le Kiang lui versent leurs eaux. Ses îles principales, outre celles qui la bornent, sont Tsong-Ming et Tchu-San, qui se trouvent sur les côtes de la Chine.

MER DE MARMARA. — C'est l'une des parties de la Méditerranée et la *Propontide* des anciens. Elle est comprise entre les côtes sud-est de la Roumélie et les côtes opposées de l'Asie Mineure, et ne communique avec les autres mers que par d'étroits passages. Lorsque les eaux de la mer Noire sont poussées par un fort courant, elles pénètrent dans la mer de Marmara par le détroit de Constantinople, situé à son extrémité nord-est, et elles en sortent, au sud-ouest, par le détroit des Dardanelles, au delà duquel elles se jettent dans l'Archipel. La superficie de cette mer est d'environ 870,000 hectares. La côte septentrionale, occupée par la Turquie d'Europe, enferme la mer de Marmara dans une courbe allongée, et les cours d'eau qui s'y jettent de ce côté ne sont, en général, que de faibles ruisseaux. La côte asiatique, au contraire, est très-accidentée, et ses principales découpures sont les golfes de Mondania et d'Isnik-Mid ou Nicomédie, situés tous deux non loin du golfe de Constantinople. Parmi les promontoires qu'elle projette, le plus considérable est la presqu'île de Kaputaghi, où se trouvait jadis la florissante Cyzique ; et elle déverse dans la mer des cours d'eau assez importants, comme par exemple le Niloufar, qui arrose la ville de Brousse; le Satel-Dere ou Œsopus, et l'Ustwola ou ancien Granique. C'est aussi près de cette côte que se trouvent les îles Demonesi. Celle de Marmara, que les anciens appelaient *Neuris*, *Elaphonesus* et *Proconnesus*, est séparée, par un étroit canal, de la presqu'île de Kaputaghi.

MER D'IRLANDE. — C'est la partie de l'Atlantique comprise entre la Grande-Bretagne et l'Irlande, et communiquant avec l'Atlantique, au nord, par le canal du nord, puis au sud, par le canal de Saint-Georges. Elle forme, à l'ouest de la Grande-Bretagne, les golfes de Solway, de Morecamb et la baie de Cardignan, et renferme les îles de Man et d'Anglesey.

MER GLACIALE DU NORD ou **OCEAN GLACIAL ARCTIQUE.** — Elle baigne toute la côte septentrionale de l'Europe, de l'Amérique et de l'Asie, communiquant, au nord-ouest de l'Europe, avec l'Atlantique, et au nord-est de l'Asie avec le grand Océan. Elle forme, de l'ouest à l'est, la mer Blanche en Europe ; les golfes de Kara, d'Obi, d'Iéniséi et de Taïmour dans la Russie d'Asie; et elle prend le nom de *mer Polaire* au nord de l'Amérique, où elle forme la *mer de Baffin*. Les principaux fleuves qu'elle reçoit sont l'Obi, l'Iéniséi, l'Anabara, la Léna et la Kolyma, en Asie ; puis, le Mackensie, en Amérique ; et, parmi les îles qu'on y rencontre, on distingue surtout le Spitzberg, les îles Loffonden, Kalgouef, Vaigats et la Nouvelle-Zemble, en Europe; les îles Liakof ou Nouvelle-Sibérie, sur la côte d'Asie ; et les îles de la mer Polaire, en Amérique.

MER GLACIALE DU SUD ou **OCEAN GLACIAL ANTARCTIQUE.** — Elle fait partie du grand Océan au sud du cercle polaire arctique. On y a découvert, depuis quelques années, plusieurs terres désertes et glacées, entre autres celles de Victoria, d'Adélia, de Louis-Philippe, etc.

MER MORTE ou **LAC ASPHALTITE** ou **ASPHALTIDE.** — Elle est située en Judée, et reçoit les torrents d'Arnon, de Debbon et de Zored ; le Jourdain, rivière dans laquelle Jésus-Christ reçut le baptême des mains de saint Jean, la traverse dans sa plus grande longueur, qui n'est pas moins de 80 myriamètres ; sa largeur est d'environ 24,400 mètres ; et quelques géographes pensent qu'elle s'est formée dans le lit primitif de ce fleuve, celui-ci ayant été arrêté dans son cours par un courant de laves.

La mer Morte fut longtemps l'objet de nombreuses superstitions qu'elle devait à la nature de ses eaux et aux phénomènes qui se produisaient à leur surface, phénomènes qui laissaient croire qu'elle était le séjour d'un génie malfaisant, dont la puissance surnaturelle attentait incessamment à l'existence de l'homme et à celle des animaux. Sa salure et son âcreté lui firent donner dans la Bible le nom de mer de Sel, *mare Salis*, *mare Salsissimum*; et, dans les premiers âges, beaucoup plus qu'à l'époque actuelle, on la voyait constamment couverte d'excrétions bitumineuses dont l'exhalaison fétide écartait de ses bords tout ce qui avait vie. Aussi considérait-on comme un affreux supplice de noyer un criminel dans le lac Asphaltite, et l'empereur Vespasien fit exécuter sous ses yeux l'une de ces sentences. Seulement, on était persuadé alors que le cadavre était promptement rejeté sur la rive, attendu que le génie qui habitait le lac se refusait à le laisser pénétrer dans l'intérieur des eaux.

Aujourd'hui on se rend un compte exact de la présence du bitume sur la mer Morte ; on sait que le sol sur lequel elle repose, ainsi que toutes les formations qui l'avoisinent sont essentiellement bitumineux ; que l'action des eaux, jointe à celle de la chaleur, oblige le bitume à se séparer des terres auxquelles il est associé ; et qu'alors il arrive en substance molle à la surface de ces mêmes eaux. Outre ce corps qui surnage, on a reconnu, au moyen de l'analyse, qu'un quintal d'eau du lac asphaltite contient

Sel marin ordinaire.	3 kil.
Sel marin à base terreuse	8
Sel marin à base de terre magnésienne	11
En tout	23 k. de sel.

La pesanteur spécifique de cette eau, comparée à celle de l'eau distillée, est dans le rapport de 5 à 4, ce qui explique ce fait que les cadavres sont repoussés du sein du liquide.

Les Arabes appellent le bitume asphaltite *karabé de sodome* et *gomme des funérailles*, à cause de l'usage qu'en faisaient les Egyptiens pour l'embaumement des morts. Dioscoride nous apprend aussi que le bitume de Judée était très-estimé, et qu'on le reconnaissait surtout au reflet couleur de pourpre qu'il offrait aux regards lorsqu'on l'exposait au soleil.

MER NOIRE ou PONT-EUXIN, appelée KARA DENIZ par les Turcs, et CZARNA MORE par les Russes. — C'est une mer intérieure située entre la Turquie d'Europe, l'Anatolie, le Caucase et la Russie. Elle a environ 120 kilom. de large, et près de 40 fleuves s'y jettent, entre autres le Danube, le Pruth, le Dniester, le Dniéper, le Bug, le Don, etc.

La mer Noire est constamment orageuse et ses côtes sont toujours couvertes de débris de navires. Le trop plein de ses eaux s'échappe impétueusement par le Bosphore, ce qui forme son courant et celui des Dardanelles que les bâtiments ont beaucoup de peine à surmonter. Ce courant est si rapide, en effet, sur certains points du Bosphore, comme à Bebek, par exemple, qu'il faut faire tirer les caïks à la corde. Aux dangers que présente cette mer, se joint aussi la difficulté pour les navigateurs de trouver l'embouchure du Bosphore. Celui-ci est signalé, il est vrai, par deux phares, d'où lui vient le nom turc de *Fanar-Iki*; mais souvent, dans la nuit, les pilotes confondent avec eux les feux des charbonniers et vont se briser sur des écueils.

MER POLAIRE. — Ce nom, qui convient également aux deux mers Glaciales situées vers les pôles, est donné plus particulièrement à la partie de la mer Glaciale qui se trouve au nord de l'Amérique septentrionale.

MER PUTRIDE ou GOLFE DE SIVACH. — Immense lagune de Russie. Elle est située sur la côte nord-est de la presqu'île de Crimée, et séparée de la mer d'Azov par une étroite langue de terre. Sa communication avec cette mer est établie par un canal d'un demi-kilomètre de largeur. Cette lagune a environ 180 kilomètres de longueur, sur 22 de largeur, dans son plus grand diamètre. Elle doit son nom aux exhalaisons infectes de ses eaux basses qui sont fangeuses.

MER ROUGE ou GOLFE ARABIQUE. — Elle est située entre l'Afrique à l'ouest et l'Arabie à l'est, et communique avec la mer des Indes par le détroit de Bab-el-Mandeb. Au nord, elle forme deux golfes : celui de Suez, séparé de la Méditerranée par l'isthme du même nom ; et celui d'Acaba. On ne trouve, sur cette mer, que des îles peu considérables. Avant la découverte du cap de Bonne-Espérance, la mer Rouge était une grande voie de commerce, laquelle reprendrait toute son importance si le percement de l'isthme de Suez venait à se réaliser.

MERACH ou MARACH. — Petite ville, chef-lieu de l'eyalet de ce nom, dans l'Asie Mineure, empire ottoman.

MERAOUY. — Très-petite ville du pays des Chaykyé, dans la Nubie. On trouve, dans son voisinage et au mont Barkal, des ruines imposantes que le voyageur Cailliaud croit être celles de *Napata* qui, après Méroë, fut la capitale de la Nubie, et que détruisit le général romain Pétronius. On y remarque particulièrement des pyramides, les restes d'un temple, un typhonium, etc.

MERCOEUR. — Chef-lieu de canton dans l'arrondissement de Tulle, département de la Corrèze. Pop. : 1,300 âmes.

MERDRIGNAC. — Chef-lieu de canton dans l'arrondissement de Loudéac, département des Côtes-du-Nord. On y trouve des forges et des fabriques de draps. Pop. : 3,000 âmes.

MÈRE-DE-DIEU (LA). — Archipel du

Grand-Océan. Il est situé près de la côte occidentale de la Patagonie. Ses îles principales, en partant du nord, sont celles de Vellington, de la Mère-de-Dieu, de Hanovre et de la Reine-Adélaïde.

MERENS. — Commune du département de l'Ariége. Elle est située dans l'arrondissement de Foix. Pop. : 900 âmes.

MEREVILLE. — Gros bourg situé dans les environs d'Etampes, département de Seine-et-Oise. Il s'y tient un marché important de denrées destinées à l'approvisionnement de Paris, et l'on cite la beauté de son château et de son parc, résidence qui a reçu le nom de *Folie-Méréville*. Pop. : 1,800 âmes.

MERGENTHEIM ou **MARIENDAL.** — Ville du Wurtemberg, en Allemagne. Elle est située sur la rive gauche de la Tauber, et l'on y voit un beau château qui, en 1527, devint la résidence du grand maître de l'ordre Teutonique. Turenne fut battu près de cette ville, en 1645, par le général Mercy. Pop. : 2,500 âmes.

MERGHI. — Petite ville de l'Inde transgangétique anglaise. Elle est située sur la Tenasserim et non loin de son embouchure. Son port lui donne de l'importance, et la salubrité de son climat la recommande également.

MERGUI (Archipel de). — Groupe d'îles du golfe du Bengale. Il est situé près de la côte de l'indo-chine britannique, le long de laquelle il s'étend sur un espace de 700 kilomètres. Les Birmans ont cédé cet archipel au gouvernement anglais, en 1825. Son nom lui vient de la ville de Mergui, située dans une île formée par la Goulpia et une branche du Tenasserim.

MERIDA. — Petite ville de l'Estremadure, en Espagne. C'était l'une des plus florissantes colonies romaines, ce qu'attestent les magnifiques restes de monuments qui couvrent son territoire. Tels sont entre autres un arc de triomphe attribué à Trajan, un pont sur la Guadiana, et un autre appelé Puente d'Albaregas ; puis les ruines d'un théâtre, d'une naumachie, d'un cirque, de trois aqueducs, etc. Le château qui servait d'habitation aux Arabes se voit encore au centre de la ville ; et, dans le voisinage de celle-ci, on trouve un gigantesque réservoir, nommé l'Albuhera, et très-remarquable par la solidité de sa construction. Merida compte à peu près 6,000 habitants.

MERIDA. — Chef-lieu de la province de ce nom, dans la république de Venezuela, Colombie. Elle possède une université et un collége. Pop. : 6,000 âmes.

MERIDA. — Ville épiscopale, chef-lieu de l'Etat de Yucatan, dans la confédération mexicaine. Elle est le siége d'une cour de justice pour les Etats de Chiapa, Tabasco et Yucatan. Pop. : 10,000 âmes.

MERIONETH. — Comté d'Angleterre, dans le pays de Galles. Il est riche en pâturages, et a pour chef-lieu Dolgelly. Pop. : 36,000 âmes.

MERLERAULT (Le). — Chef-lieu de canton dans l'arrondissement d'Argentan, département de l'Orne. On y fabrique de la bonneterie. Pop. : 1,500 âmes.

MEROUT ou **MEERUT.** — Ville de la province de Delhi, dans l'empire indo-britannique. Elle est importante sous le rapport militaire, et c'est l'une des stations de l'armée anglaise. On y remarque une vaste église anglicane et de belles casernes.

MERRIMAC. — Fleuve navigable des Etats-Unis. Il descend des montagnes Blanches, traverse le New-Hampshire, passe à Concord, et se jette dans l'Atlantique, à Newburg-Port, après un cours de 300 kilomètres.

MERS-EL-KEBIR. — Petite place maritime de la province d'Oran, en Algérie. On la regarde comme l'un des meilleurs ports de la côte, après celui d'Arzew.

MERSEBURG. — Ville située sur la Saale, dans la province de Saxe, en Prusse. C'est le chef-lieu du gouvernement qui porte son nom. On y voit une belle cathédrale qui renferme l'une des plus grandes orgues de l'Allemagne, puis une pépinière et plusieurs fabriques. Sa population est d'environ 8,000 âmes.

MERSEY. — Fleuve navigable d'Angleterre. Il sépare le comté de Lancaster de celui de Chester, passe à Liverpool et se jette dans la mer d'Irlande, après un cours de 100 kilomètres.

MERTHYR-TYDVIL. — Ville du comté de de Glamorgan, en Angleterre. Elle est importante par ses forges nombreuses, et toute la vallée au milieu de laquelle elle est située est remplie de mines de houille et de fer qui sont exploitées. Pop. : 35,000 âmes.

MERU. — Chef-lieu de canton dans l'arrondissement de Beauvais, département de l'Oise. On y fabrique de la tabletterie. Pop. : 2,300 âmes.

MERVE. — Oasis du Turkestan, en Asie. Elle était renommée anciennement par sa fertilité, qu'entretenaient de nombreux canaux alimentés par le Mourghab ; mais sa prospérité fut détruite, en 1787, par Mourad, souverain de Boukhara.

MERVILLE ou **MERGHEM.** — Petite ville, chef-lieu de canton dans l'arrondissement d'Hazebrouck, département du Nord. Il est situé sur la Lys, et l'on y trouve des fabriques de velours, de coton, de linge de table, etc. Pop. : 6,300 âmes.

MÉRY-SUR-SEINE. — Chef-lieu de canton dans l'arrondissement d'Arcis-sur-Aube, département de l'Aube. Pop. : 1,300 âmes.

MESLAY. — Chef-lieu de canton dans l'arrondissement de Laval, département de la Mayenne. Pop. : 1,600 âmes.

MESLE-SUR-SARTHE. — Chef-lieu de canton dans l'arrondissement d'Alençon, département de l'Orne. Il est situé sur la Sarthe. Pop. : 800 âmes.

MESSINE. — Grande et belle ville épiscopale, chef-lieu de l'intendance de même nom, en Sicile. On y remarque la cathédrale avec son fameux autel dédié à la *sacra lettera*, le palais de l'archevêque, l'hôtel de ville, le séminaire et le grand hôpital. Elle possède un collége et une bibliothèque publique, son commerce est florissant, et sa population est d'environ 85,000 âmes.

MESTO ou **NESTO**. — Fleuve de Turquie. Il prend sa source au mont Despoto-Dagh, et se jette dans l'archipel, vis-à-vis de l'île de Thaso, après un cours de 200 kilomètres.

MESURATA. — Ville de l'État de Tripoli, en Afrique. Elle est située près de la Méditerranée, dans un territoire fertile en grains et en fruits, et renommée par la fabrication de ses tapis, dont on admire la finesse de la laine.

MESVRES. — Chef-lieu de canton dans l'arrondissement d'Autun, département de Saône-et-Loire. Pop. 1,100 âmes.

META. — Rivière de la Nouvelle-Grenade. Elle descend du versant oriental des Andes, et s'unit à l'Orénoque, après un cours de 800 kilomètres.

MÉTELIN. — Ile de l'archipel Grec, appelée *Midilli* par les Turcs, et qui est la *Lesbos* des anciens. Elle se trouve comprise entre les 23ᵉ et 25ᵉ degrés de longitude orientale et les 39ᵉ et 40ᵉ degrés de latitude septentrionale; ses côtes sont découpées de telle sorte qu'elles forment vers le nord une espèce de demi-cercle convexe, tandis qu'au midi elles présentent un demi-cercle concave; sa superficie est de onze milles carrés, sur lesquels sont répartis environ 36,000 habitants; et, dans son pourtour, elle offre de très-beaux ports militaires. Son sol, quoique montagneux, est très-fertile : il produit du bois, de l'huile, du coton, des fruits et des vins renommés ; et on y trouve aussi de beau marbre et des eaux thermales qui ont quelque réputation. La capitale de cette île, qui porte le même nom, a été bâtie sur les ruines de l'ancienne *Mytilène*.

METEREN. — Commune du département du Nord. Elle est située dans l'arrondissement d'Hazebrouck. Pop. : 2,500 âmes.

METTERNICH. — Ville de la Prusse Rhénane. Elle est située dans la régence de Coblentz, et c'est le berceau de la famille de son nom Pop. : 600 âmes.

METTRAY. — Commune du canton et de l'arrondissement de Tours, dans le département d'Indre-et-Loire. On y a fondé un établissement industriel et agricole, pour y recevoir les jeunes détenus libérés. Pop. : 1,500 âmes.

METZ. — Ville épiscopale située au confluent de la Moselle et de la Seille. C'était la capitale du royaume d'Austrasie. Chef-lieu, aujourd'hui, du département de la Moselle, son arrondissement comprend 9 cantons et 217 communes. On cite sa cathédrale, remarquable surtout par sa flèche élevée et élégante ; l'église Saint-Vincent, l'hôtel de la préfecture et l'arsenal d'artillerie. Elle est le siège d'une académie universitaire, et possède un séminaire, un collège, une école spéciale d'artillerie et du génie, une école vétérinaire, une école de commerce, un conservatoire des arts et métiers, un cabinet d'histoire naturelle, une bibliothèque, un jardin botanique et une société académique. Son commerce consiste en grains, draperies, linge de table, gazes, fleurs artificielles, porcelaines, quincaillerie, bijouterie, marqueterie, ouvrages de tour, pains d'épices, liqueurs, confitures de mirabelles et de framboises, etc. Sa population est d'environ 44,000 âmes. Cette ville, qui soutint un siège mémorable, en 1552, contre l'armée de Charles-Quint qui fut obligé de battre en retraite, est la patrie de Fabert, de Sébastien Leclerc, de Mouhy, de Pilâtre des Roziers, etc.

METZERWISSE. — Chef-lieu de canton dans l'arrondissement de Thionville, département de la Moselle. Pop. : 800 âmes.

MEUDON. — Joli bourg qui domine la Seine, non loin de Paris. Son château, qui fut une résidence royale, est remarquable surtout par une magnifique terrasse, et la forêt qui y est attenante est l'une des plus pittoresques des environs de Paris. : 3,200 âmes.

MEULAN. — Chef-lieu de canton dans l'arrondissement de Versailles, département de Seine-et-Oise. On y fait un commerce de grains, de cuirs, etc. Pop. : 1,900 âmes.

MEUNG ou **MEHUN**. — Petite ville, chef-lieu de canton dans l'arrondissement d'Orléans, département du Loiret. Elle est située sur la rive droite de la Loire, et fait un commerce assez important de farines, de cuirs tannés, de papiers, etc. C'est la patrie de Jean de Mehun, l'un des auteurs du *Roman de la Rose*. Pop. : 4,500 âmes.

MEURTHE (Département de la). — Il a été formé d'une partie des trois évêchés de la Lorraine. Sa superficie est de 608,922 hectares, et sa population d'environ 446,000 âmes. Il est divisé en 5 arrondissements dont les chefs-lieux sont Nanci, Château-Salins, Lunéville, Sarrebourg et Toul, et compte 29 cantons et 714 communes. Nanci est le siège de sa préfecture, de son diocèse, de sa cour impériale et de son académie universitaire (*voir* l'*Appendice*), et il est compris dans la troisième division militaire. Ce département prend son nom d'une rivière qui naît dans les Vosges et se jette dans la Moselle à 12 kilomètres au-dessus de Pont-à-Mousson. Cette rivière commence à être navigable à Saint-Nicolas, situé à 8 kilomètres au-dessus de Nanci.

MEUSE. — Fleuve que César nomme *Mosa* et les Hollandais *Maas*. Il a sa source en France, dans le département de la Haute-Marne, à 4 kilomètres au sud de Montigny. Les deux ruisseaux qui le forment arrosent, l'un la vallée d'Avrecourt, et l'autre celle de Recourt ; leur jonction a lieu à Fort-Fiières ; mais le cours d'eau ne prend le nom de Meuse qu'après avoir baigné le village de ce nom. Ce fleuve parcourt la partie nord-est du département des Vosges, où, près de Bazoles, il disparaît pour ne se montrer qu'à 46 kilomètres plus loin, dans le voisinage de Neufchâteau. Il arrose dans toute sa longueur le département de la Meuse, la partie orientale de celui des Ardennes, après quoi il entre dans le royaume de Belgique, un peu au-dessous de Givet, et le parcourt dans ses parties méridionale, orientale et centrale

Il fertilise les plaines de Namur, les provinces de Liége et de Limbourg, et sépare la Gueldre et l'île de Hollande du Brabant septentrional; puis se divise ensuite en deux branches. La plus méridionale, qui se forme un peu au-dessous de Gorcum, précipite ses eaux, par de nombreux courants, dans le Bies-Bosch, d'où elle sort sous le nom de Hollands-Diep qu'elle continue à porter en séparant la Hollande du Brabant. Vers Wilemstadt, elle se divise en deux autres branches qui se dirigent, l'une entre l'île d'Overflakkée et le Beyerland, sous les noms successifs de Haringvhit et de Flakkée, pour se jeter ensuite dans la mer, par une très-large embouchure, entre l'extrémité occidentale de l'île de Voorm et la côte septentrionale de celle de Gœrée; l'autre, qui coule entre la Zélande et la Hollande, en portant les noms de Volke-Rak, Krammer et Grevelingen, donne d'abord un canal naturel à l'Escaut oriental, puis se jette dans la mer entre la pointe occidentale de Gœrée et la côte nord-ouest de Schouwen. Quant à la grande branche septentrionale, laquelle est entièrement comprise dans la Hollande, elle se divise en deux artères appelées, l'une *Meuse*, l'autre *vieille Meuse*, qui se réunissent vers la pointe orientale de l'île de Rozemburg, et se jettent dans la mer à l'endroit qu'on nomme proprement l'embouchure de la Meuse.

Ce fleuve a donc près de 800 kilomètres de cours; 368 en France, et 432 dans les lieux qui viennent d'être indiqués. Il ne commence à être navigable qu'à Verdun. Ses principaux affluents sont, en France, le Mouson, le Vair, le Chiers, le Semoy et le Bar; dans les Pays-Bas, la Lesse, l'Ourthe, la Roer, le Niers, la Linge, le Whaal, le Leck, l'Yssel, la Sambre, la Mehaigne, la Dommel et le Merk. Le bassin de la Meuse est très-resserré : sa plus grande largeur n'est que de 120 kilomètres; mais le cours d'eau arrose de vastes plaines.

MEUSE (Département de la). — Il a été formé de parties des trois évêchés de Lorraine, du Clermontais et de la Champagne. Sa superficie est de 620,525 hectares, et sa population d'environ 325,700 âmes. Il est divisé en 4 arrondissements qui sont Bar-le-Duc, Commercy, Montmédy et Verdun, et compte 28 cantons et 588 communes. Bar-le-Duc est le siége de sa préfecture, Verdun celui de son diocèse, Nanci celui de sa cour impériale et de son académie universitaire, (*voir* l'*Appendice*), et il est compris dans la troisième division militaire.

MEXICO. — Grande et belle ville, chef-lieu du district fédéral, dans la confédération mexicaine. Elle est située au milieu d'une vaste et triste plaine, aride d'un côté, marécageuse de l'autre, et sur l'emplacement de l'ancienne *Tenochtitlan*. Elle est le siége d'un archevêché. On y remarque la cathédrale, l'un des plus beaux temples d'Amérique; les églises Saint-Augustin, Saint-François, Saint-Ferdinand, Saint-Dominique, de la Professa, de la Conception et de l'Incarnation; le palais du gouvernement, celui de l'inquisition, l'hôtel de ville, le mont-de-piété, la prison appelée Accordada, l'hôpital de Jésus, et la place Mayor, au milieu de laquelle s'élève la statue équestre de Charles IV. Cette ville possède un séminaire, une université, une école des mines, une école de médecine, une académie des beaux-arts, plusieurs colléges, deux bibliothèques publiques, un observatoire, un musée, un cabinet de minéralogie, un jardin botanique et quelques sociétés académiques. Mexico, ainsi que ses environs, offre un grand nombre d'antiquités mexicaines, et les lacs du voisinage portent des îles ou jardins connus sous le nom de *Chinampas*. Pop. : 200,000 âmes.

MEXIQUE (Confédération du). — Elle est située entre 89° et 126° de longitude ouest, et entre 16° et 42° de latitude boréale. Elle a pour confins, au nord, la confédération anglo-américaine; à l'est, cette même confédération, le golfe du Mexique et la confédération de l'Amérique centrale; au sud, cette dernière et le grand Océan; et à l'ouest, cet Océan. Ses fleuves ont leur embouchure dans le golfe du Mexique, dans le grand Océan et le golfe de Californie. Le *golfe du Mexique* reçoit le Mississipi, le Sabine, le Rio de los Brasos de Dios, le Colorado de Texas, le Rio del Norte, le Tigre, le Santander, le Tampico ou Panuco, le Guazacualco, le Tabasco ou Grijalva, le Sumasinta et le Balize; au *grand Océan* et au *golfe de Californie* arrivent le Colombia, le San-Felipe, le Colorado de Occidente, le Rio de l'Ascension, le Hiaqui ou Sonoza, le Rio del Fuerte, le Cinaloa, le Guliacan, le Rio Tolotlan ou Rio-Grande, le Zacatula, le Tlascalas le Rio Verde et le Chimalapa. Parmi les cours d'eau qui versent dans les lacs sans issue, on distingue surtout le Salado, le San-Buenaventura et le Guanabal. La division administrative de cette confédération est la suivante :

Etats.	Chefs-lieux.
District fédéral,	Mexico.
Etat de Mexico.	Tlalpan.
— de Querataro.	Querataro.
— de Guanaxuato.	Guanaxuato.
— de Michoacan.	Valladolid.
— de Xalisco.	Guadalaxara.
— de Zacatecas.	Zacatecas.
— de Sonora-et-Cinaloa.	Villa-del-Fuerte.
— de Chihuahua.	Chihuahua.
— de Durango.	Durango.
— de Chohahuila.	Monclova.
— de Nuevo Léon.	Monterey.
— de Tamaulipas.	Aguayo.
— de San-Luis-Potosi.	San-Luis-Potosi
— de Vera-Cruz.	Vera-Cruz.
— de Puebla.	Puebla.
— d'Oaxaca.	Oaxaca
— de Chiapa.	Ciudad-Real.
— de Tabasco.	Santiago de Tabasco.
— de Yucatan.	Merida.
Vieille Californie.	San-Carlos de Monterey.
Territoire du nouv. Mexique.	Santa-Fe.
— de Tlascala.	Tlascala.
— de Colima.	Colima.

MEXIQUE (GOLFE DU). — Il est formé par la mer des Antilles, entre les Etats-Unis au nord, le Mexique à l'ouest et au sud, l'île de Cuba au sud-est, et ne renferme aucune île importante. Il communique avec l'Atlantique par le canal de Bahama, avec la mer des Antilles par un large passage situé entre l'île de Cuba et le Yucatan, et ses principaux affluents sont le Mississipi et le Rio del Norte.

MEXIQUE (NOUVEAU). — Il est situé au nord, dans le territoire du Mexique et a pour chef-lieu Santa-Fe. On y trouve peu de mines; mais il est fertile, produit beaucoup de tabac, et l'on y récolte des vins qui jouissent d'une grande réputation en Amérique. Pop. : 52,000 âmes.

MEYERINGEN. — Village du canton de Berne, en Suisse. C'est le chef-lieu de la vallée d'Hasti. Pop. : 600 âmes

MEYMAC. — Chef-lieu de canton dans l'arrondissement d'Ussel, département de la Corrèze. Pop. 3,900 âmes

MEYRUEIS. — Chef-lieu de canton dans l'arrondissement de Florac, département de la Lozère. On y fait un commerce de cadis, de faucilles et de fromages. Pop. : 1,100 âmes.

MEYSSAC. — Chef-lieu de canton dans l'arrondissement de Brive, département de la Corrèze. Pop. : 2,600 âmes.

MEYZIEUX. — Chef-lieu de canton dans l'arrondissement de Vienne, département de l'Isère. Pop. : 1,300 âmes.

MÈZE. — Petite ville, chef-lieu de canton dans l'arrondissement de Montpellier, département de l'Hérault. Elle est située sur l'étang de Thau où elle possède un port, et fait un commerce assez important d'eaux-de-vie et de liqueurs. Pop. : 4,400 âmes.

MÉZEL. — Chef-lieu de canton dans l'arrondissement de Digne, département des Basses-Alpes. Pop. : 1,000 âmes.

MEZELU ou MEZETLU. — Village de l'eyalet d'Adana, dans l'Asie Mineure, empire ottoman. Il est situé près des ruines de *Soli* ou *Pompéiopolis*, où l'on remarque surtout une superbe colonnade de 44 colonnes encore debout, qui se trouve à l'entrée du port.

MEZEN. — Très-petite ville du gouvernement d'Arkhangel, en Russie. C'est le chef-lieu d'un district immense qu'on appelait autrefois l'*Oudorie*, et dans les solitudes duquel on rencontre un grand nombre de cavernes qui contiennent des ossements humains et des ustensiles. On suppose qu'elles servirent d'habitation aux Jotes, peuple dont la taille était gigantesque, qui avait des mœurs féroces et des traditions religieuses antérieures au culte d'Odin. Les habitants de cette ville se livrent à la chasse des vaches marines, à la Nouvelle-Zemble et dans les mers polaires. Pop. : 1.900 âmes.

MÉZIÈRES. — Petite ville située sur la Meuse et importante par ses fortifications. Elle est frontière de la Belgique et du Luxembourg. Chef-lieu du département des Ardennes, son arrondissement comprend 7 cantons et 99 communes. Elle possède une bibliothèque, un musée, une société académique, et son commerce consiste en toiles de lin, en serge, en étoffes de laines et en bonneterie; puis en cuirs forts et en fers à repasser. On exploite dans ses environs des carrières de pierre et d'ardoise. Sa population est d'environ 4,000 âmes. Cette ville a acquis de la célébrité par le siége qu'y soutint, en 1521, le chevalier Bayard, et qui obligea l'armée de Charles V à se retirer.

MÉZIERES. — Chef-lieu de canton dans l'arrondissement de Bellac, département de la Haute-Vienne. Pop. : 1,400 âmes.

MEZIERES-EN-BRENNE. — Chef-lieu de canton dans l'arrondissement du Blanc, département de l'Indre. Pop. : 1,600 âmes.

MEZIN. — Montagne du département de la Haute-Loire. Son altitude est de 1,776 mètres.

MEZIN. — Petite ville, chef-lieu de canton dans l'arrondissement de Nérac, département de Lot-et-Garonne. On y fabrique des toiles de chanvre, des eaux-de-vie et des bouchons de liège. Pop. : 3,100 âmes.

MEZOUNA. — Petite ville de la province d'Oran, en Algérie. Elle est située sur la rive droite du Chéliff.

MEZZOVO. — Ville d'Albanie, dans la Turquie d'Europe. Elle est très-commerçante. Pop. : 7,000 âmes.

MIACO. — *Voy.* KIO.

MIAMI (GRAND). — Rivière navigable des Etats-Unis. Elle coule dans l'Etat d'Ohio, et se jette dans l'Ohio, après un cours de 265 kilomètres.

MIAMI (PETIT). — Rivière des Etats-Unis. Elle s'unit à l'Ohio au-dessus de Cincinnati, après un cours de 135 kilomètres. Elle offre plusieurs chutes considérables.

MIASK. — Village du cercle de Tcheliabinsk, dans le gouvernement d'Orenbourg, en Russie. Il est important par les mines de cuivre et les lavages d'or qu'on y exploite.

MICHIGAN. — Un des Etats de l'Union dans l'Amérique septentrionale. Il est situé entre le lac Michigan à l'ouest, les lacs Huron et Erié à l'est, et les Etats d'Ohio et d'Indiana au sud. Son sol est aride à l'ouest, mais fécond au centre et à l'est. Cette contrée était occupée par les Hurons, lorsque les Français s'en rendirent maîtres vers la fin du XVIIe siècle. Les Anglais la leur enlevèrent en 1763, et la cédèrent aux Etats-Unis en 1796. Pop. ; 215,000 âmes.

MICHIGAN. — Grand lac du nord des Etats-Unis. Il est situé entre le territoire de Wisconsin à l'ouest, les Etats d'Illinois et d'Indiana au sud, et l'Etat de Michigan à l'est. Sa longueur dépasse 500 kilomètres, et il se trouve en communication, au nord-est, avec le lac Huron, par le détroit de Michillimackinac.

MICHILLIMACKINAC. — Détroit situé au nord des Etats-Unis. Il joint le lac Michigan au lac Huron, et sa longueur est d'environ 6 kilomètres.

MICHILLIMACKINAC ou MACKNAW. — Petite ville du Michigan, aux Etats-Unis. Elle est située sur l'île et dans le détroit de son nom, et défendue par deux forts élevés sur des rochers escarpés, ce qui a encore fait donner à ce lieu le surnom de *Gibraltar*. Cette ville, qui commande la navigation des lacs Huron et Michigan, est le rendez-vous, durant l'été, d'un grand nombre d'Indiens et de marchands de fourrures.

MICHIPICOTON. — Baie du Haut-Canada. Elle est située dans la partie nord-est du lac supérieur, et sa largeur et sa profondeur sont d'environ 45 kilomètres.

MICRONESIE. — Division que l'on a formée au nord-ouest de la Polynésie. Elle se compose de petites îles éparses dans le grand Océan, et ses principaux archipels sont ceux de Magellan, les Mariannes, Auson, Pelew, les Carolines, les Mulgraves et les îles Kingsmill.

MICUIPAMPA. — Petite ville du département de Livertad, dans la république du Pérou. C'est la plus élevée du Nouveau-Monde; elle est située à 3,618 mètres au-dessus du niveau de la mer. Elle est renommée par ses riches mines d'argent.

MIDDELBOURG. — Chef-lieu de la province de Zélande, dans le royaume de Hollande. Cette ville est importante par son industrie, son commerce et son vaste canal qui favorise l'un et l'autre. Elle compte environ 14,000 habitants.

MIDDLEBURY. — Ville de l'Etat de Vermont, aux Etats-Unis. Elle est importante par son industrie, son commerce et ses carrières de marbre. Elle possède un collège. Pop. : 4,000 âmes.

MIDDLETON. — Ville du comté de Lancaster, en Angleterre. Elle est située sur le chemin de fer de Manchester à Leeds, et l'on y trouve des fabriques de tissus de coton. Pop. : 6,000 âmes.

MIDDLETOWN. — Petite ville du Connecticut, aux Etats-Unis. Elle possède une université. Pop. : 7,000 âmes.

MIDIAH. — Petite ville fortifiée de la Romélie, dans la Turquie d'Europe. Elle est située près de la côte de la mer Noire, et l'on y trouve des monuments souterrains qui appartiennent à l'ancienne *Salmydessus*. Pop. : 7,000 âmes.

MIDOUZE. — Rivière navigable de France. Elle se forme à Mont-de-Marsan, dans le département des Landes, par la réunion du Midou et de la Douze, passe à Tartas, et se jette dans l'Adour, au-dessous de cette ville, après un cours de 150 kilomètres.

MIEDNIKI. — Ville du gouvernement de Vilna, en Russie. C'est la résidence de l'évêque catholique de Samogitie. Pop. : 1,000 âmes.

MIÉLAN. — Chef-lieu de canton dans l'arrondissement de Mirande, département du Gers. Pop. : 2,000 âmes.

MIGNON. — Rivière de France. Elle sépare en partie le département des Deux-Sèvres de celui de la Charente-Inférieure, passe à Mauzé, et se jette dans la Sèvre-Niortaise, après un cours de 40 kilomètres.

MIIASK ou MIIASKOI. — Village de la partie asiatique du gouvernement d'Orienbourg, en Russie. Il est important par ses riches lavages d'or, sur le Miias, affluent de l'Iset.

MIJARES. — Petit fleuve d'Espagne. Il prend sa source au nord-est de Teruel, et se jette dans la Méditerranée, au sud-est de Castellon de-la-Plana, après un cours de 110 kilomètres.

MILAH. — Ville de la province de Constantine, en Algérie. Elle est située près de la rive gauche du Rummel, et l'on vante l'excellence de ses fruits.

MILAN. — Ville archiépiscopale d'Italie, située sur l'Olona, dans une plaine renommée par sa beauté et la richesse de ses productions. C'est la capitale du royaume lombard-vénitien. Elle est remarquable par ses grandes rues, le nombre de palais et de maisons élégantes qui les bordent : et parmi les principaux édifices qui en font l'ornement, on cite surtout la cathédrale ou *Domo*, l'un des temples les plus vastes et les plus somptueux de l'Italie, la basilique de Saint-Ambroise, le sanctuaire de Notre-Dame de Saint-Celse, l'église Sainte-Marie de la Passion, celles de Saint-Sébastien et de Sainte-Marie des Grâces et le cénacle de Léonard de Vinci; puis le palais du sénat, celui de l'archevêque, celui des sciences, le séminaire, le lazaret, le grand hôpital, la monnaie, quelques monuments antiques, etc. Cette ville possède deux lycées et deux gymnases, une école normale supérieure, un collège militaire, une école de sourds-muets, un conservatoire de musique, plusieurs bibliothèques publiques et entre autres l'*Ambroisienne*, un observatoire, une galerie de tableaux, diverses collections, un jardin botanique, des sociétés académiques, etc. On y trouve en outre de nombreuses fabriques d'indiennes, de velours, de rubans, de galons, de voiles, de broderies, de mouchoirs, d'orfèvrerie, de bronzes, etc. Sa population est d'environ 220,000 âmes. Sur son territoire et dans un rayon de peu d'étendue, on rencontre *Garignano*, village renommé par sa chartreuse dont les voûtes et les murs sont couverts de moines peints par Daniel Crespi; puis *Simonetta*, maison de campagne célèbre aussi par son écho qui répète jusqu'à 36 fois les sons qu'on y produit du haut d'une fenêtre du premier étage; enfin le bourg de *Rho*, près duquel on voit le collège des missionnaires et le temple de Notre-Dame des Miracles, que l'on considère comme une merveille de l'art.

MILFORD. — Petite ville du comté de Pembrok, dans la principauté de Galles, en Angleterre. Elle est importante par son port, l'un des plus beaux de l'Europe, et par ses chantiers de la marine royale.

MILHAU. — Petite ville située sur la rive droite du Tarn, dans le département de l'Aveyron. Chef-lieu d'arrondissement, elle comprend 7 cantons et 46 communes. Elle possède un collège; fait un commerce de ganterie, de pelleterie, de mégisserie, et de fromages façon Roquefort, et sa population est d'environ 9,500 âmes.

MILIANA. — Ville de la province d'Alger, en Algérie. Elle est située dans le bassin du Chéliff. Pop. : 600 âmes.

MILLAS. — Chef-lieu de canton dans l'arrondissement de Perpignan, département des Pyrénées-Orientales. Pop. 2,100 âmes.

MILLEDGEVILLE. — Capitale de la Géorgie, aux Etats-Unis. Elle est située dans le comté de Baldowin, sur la rive droite de l'Oconee, une des branches de l'Alatamaha ; c'est une jolie petite ville dont la population dépasse 2,000 âmes.

MILLERY. — Commune de l'arrondissement de Lyon, dans le département du Rhône. On y récolte des vins qui sont estimés. Pop. : 1,600 âmes.

MILLY. — Chef-lieu de canton dans l'arrondissement d'Etampes, département de Seine-et-Oise. Pop. : 2,000 âmes.

MILO ou **MELOS.** — Chef-lieu de l'île de ce nom, dans l'Archipel, royaume de Grèce. On y trouve un des plus beaux ports de la Méditerranée, des sources thermales, et environ 2,000 habitants. Son territoire est renommé par ses nombreux restes antiques. On y voit entre autres un temple de Vénus, un amphithéâtre, des murailles cyclopéennes, etc. On y a découvert une statue d'Antiphanes d'Argos, celle de Vénus de Milo, qui se trouve au musée de Paris, des vases peints, des bijoux, etc. On trouve aussi dans l'île un volcan qui est encore en ignition.

MILTA. — Lieu de l'Etat d'Oaxaca, dans la confédération mexicaine. Il est renommé par ses ruines d'édifices anciens, parmi lesquels on distingue surtout ce qu'on appelle les *tombeaux*, monument qui se compose de trois corps symétriquement disposés, et dans l'un desquels un escalier, pratiqué dans une sorte de puits, conduit à une salle souterraine couverte de grecques dont les dessins sont analogues à ceux qu'on admire sur les vases étrusques. Cet appartement et plusieurs autres ont une ressemblance frappante avec ceux des tombeaux de l'Egypte, et la voûte de l'un d'eux est soutenue par des colonnes de porphyre.

MIMBRES (Sierra-de-los). — Chaîne de montagnes du Mexique. Elle fait partie de la grande chaîne qui traverse les deux Amériques du nord au sud ; se joint au nord à la Sierra-Verde, et au sud à la Sierra-de-la-Madre.

MIMEINA. — Chef-lieu du pays de Daralh, dans l'empire de Maroc.

MINAB. — Petite ville de Perse. C'est le chef-lieu de la partie du Moghistan qui dépend de l'iman de Mascate, lequel paye pour elle un tribut au roi de Perse.

MINAM. — Ville du Kerman, en Perse. Elle est formée par 3 ou 400 grottes creusées dans une montagne et habitées par des pasteurs aux dogmes des Alioullahs, sectaires mahométans.

MINAS-GERAES. — Province du Brésil. Elle est située dans l'intérieur, et riche en mines d'or, fer et autres substances minérales. On y trouve aussi des diamants, des rubis, des émeraudes, des topazes, etc. Elle a pour chef-lieu Ouro-Preto ou Villa-Rica. Pop. : 1,000,000 âmes.

MINCIO. — Rivière navigable du royaume lombard-vénitien, empire d'Autriche. Elle sort du lac de Garde à Peschiera, passe à Mantoue où elle forme deux lacs, l'un au-dessus et l'autre au-dessous de la ville, et se jette dans le Pô, après un cours de 66 kilom.

MINDANAO. — Ile assez étendue de l'archipel des Philippines, dans la Malaisie. Elle se compose de deux divisions : la partie espagnole où l'on trouve Samboangan, Misaeis et Caraga ; et la partie indépendante qui comprend le royaume de Mindanao et la confédération des Illanos.

MINDEN. — Ville de Westphalie, royaume de Prusse. Elle est située sur la rive gauche du Weser. Elle eut un évêché fondé par Charlemagne. Pop. : 7,000 âmes.

MINDORO. — Une des principales des îles Philippines. Elle est située au sud de Luçon. Les Espagnol y ont formé plusieurs établissements dont le chef-lieu est Calapan ; mais l'intérieur de l'île est habité par des peuplades indépendantes.

MINGRELIE. — Province de la Russie asiatique. Elle est située au sud du Caucase, qui la sépare de la Circassie. Le sol y est fertile dans les vallées. Les Mingréliens, qui suivent la religion grecque, sont gouvernés par un prince qui prend le titre de Dadian et qui est vassal de la Russie. Pop. : 60,000 âmes.

MINHO. — Fleuve d'Espagne. Il prend sa source dans la Sierra-de-Mondonedo, province de Lugo, sépare en partie l'Espagne du Portugal, et va se jeter dans l'Atlantique après un cours de 300 kilomètres.

MINIEH. — Ville de la Haute-Egypte. Elle est située sur la rive gauche du Nil, et l'on y fabrique des vases propres à rafraîchir l'eau qu'on appelle *bardaks*.

MINORQUE. — Une des îles Baléares, dans la Méditerranée. Elle a pour chef-lieu Mahon et fait un commerce de fruits, de miel, de vins, de laine, etc. Pop. : 45,000 âmes.

MINQUIÈRES. — Groupe de petits îlots de la Manche.

MINSH. — Canal de l'Atlantique. Il est situé entre la côte nord-ouest de l'Ecosse et les Hébrides occidentales. Sa largeur varie de 20 à 80 kilomètres.

MINSK. — Chef-lieu du gouvernement de ce nom, en Russie. C'est aussi le siége d'un archevêque russe et d'un évêque catholique. On remarque, dans cette ville, une belle cathédrale, et elle possède un séminaire et un gymnase. Pop. : 22,000 âmes.

MINTAO ou **BATTOA.** — Ile de la Malaisie. Elle est située dans l'archipel de la Sonde, à l'ouest de Sumatra. Elle est sous la domination d'un radja qui réside dans l'île de Nias.

MIOSEN. — Lac de Norwége. Il est situé dans le diocèse d'Aggershuus, sa longueur est de 100 kilomètres, sur 12 de largeur dans le plus grand diamètre, et ses eaux s'écoulent par le Vormen, affluent du Glommen.

MIQUELON. — Petite île française du golfe de Saint-Laurent, dans l'Amérique du Nord. Elle est habitée et fréquentée par des pêcheurs de morue. Pop. : 500 âmes.

MIRA. — Ville de la province de Beira, en Portugal. Elle est située sur une petite baie de l'Atlantique. Pop. : 6,000 âmes.

MIRA. — Village de l'Anatolie, dans l'Asie-Mineure, empire ottoman. Il est situé près des ruines de l'ancienne ville de même nom, où l'on voit encore un théâtre assez bien conservé, plusieurs autres édifices et des tombeaux dans quelques-uns desquels on a trouvé des inscriptions en caractères lyciens.

MIRABEAU. — Commune du département de Vaucluse. Elle est située sur la Durance, dans le canton de Pertuis, arrondissement d'Apt. On y voit le château qu'habita le fameux orateur démocrate, seigneur de cette commune. Pop. : 700 âmes.

MIRABEL. — Golfe de l'archipel grec. Il est situé sur la côte de l'île de Candie.

MIRACA. — Petit village du Nomos d'Achaïe-et-Elide, royaume de Grèce. Il est situé près de l'emplacement de la célèbre *Olympie*, où l'on remarque encore des restes du fameux temple de Jupiter.

MIRADOUX. — Chef-lieu de canton dans l'arrondissement de Lectoure, département du Gers. Pop. : 1,500 âmes.

MIRAMBEAU. — Chef-lieu de canton dans l'arrondissement de Jonsac, département de la Charente-Inférieure. On y fait un commerce de grains, de chevaux et de mulets. Pop. : 2,400 âmes.

MIRANDA. — Ville de la province de Tras-os-Montes, en Portugal. Elle est située sur le Douro, et c'est le chef-lieu d'une Comarca. Pop. : 5,000 âmes.

MIRANDA-DE-EBRO. — Ville de la province de Burgos, en Espagne. Elle est située sur l'Èbre. Pop. : 2,400 âmes.

MIRANDE. — Petite ville du département du Gers. Elle est située sur une colline, près de la Baïse. Chef-lieu d'arrondissement, elle comprend 8 cantons et 135 communes. Cette ville a conservé ses murailles et un vieux château-fort, et l'on y fait un commerce de laines, de cuirs et de coutellerie. Pop. : 2,700 âmes.

MIRANDOLA. — Petite ville du duché de Modène. Elle est importante par ses fortifications et son industrie. Pop. : 6,000 âmes.

MIREBEAU. — Chef-lieu de canton dans l'arrondissement de Poitiers, département de la Vienne. On y fait un commerce de moutons. Pop. : 2,600 âmes.

MIRECOURT. — Petite ville située sur la Modon. Chef-lieu d'arrondissement dans le département des Vosges, elle comprend 6 cantons et 142 communes. Son industrie consiste en fabrication d'orgues, de serinettes, de violons et autres instruments de musique, puis en dentelle et en papier. Sa population dépasse 6,000 habitants.

MIREMONT. — Bourg du département de la Dordogne. Il est important par ses forges, et l'on visite, dans ses environs, une superbe grotte connue sous le nom de *Cluseau*.

MIREPOIX. — Petite ville, chef-lieu de canton dans l'arrondissement de Pamiers, département de l'Ariège. Elle fait un commerce de laines, de toiles communes et de jaïet qu'on exploite dans ses environs. Pop. : 4,200 âmes.

MIRIBEL. — Commune de l'arrondissement de Trévoux, dans le département de l'Ain. Elle est située près de la rive droite du Rhône. Pop. : 2,700 âmes.

MIRIM ou **MERIM.** — Lac du Brésil. Il est situé à l'extrémité méridionale de la province de San-Pedro, sur la frontière de l'Uruguay, et se décharge, au nord, dans le lac de Los-Patos. Sa longueur est de 180 kilomètres.

MIRPOUR. — Chef-lieu de la principauté de ce nom, dans le Sindhy, Hindoustan. Elle est située sur la droite du Baggar, branche du Sind. Pop. : 10,000 âmes.

MIRTA ou **MEERTA.** — Ville de la province d'Adjimir, dans l'empire Indo-Britanique. Elle est renommée par ses fabriques d'indiennes. Pop. : 20,000 âmes.

MIRZAPOUR. — Grande ville de la province d'Allahâbad, dans l'empire Indo-Britanique. Elle est très-florissante et fait particulièrement un commerce de coton et de soie filée. Pop. : 200,000 âmes.

MISCHKOLOCZ. — Gros bourg du cercle en deçà de la Theiss, dans la Hongrie. Il fait un commerce important de blé, de vin et de cuirs, et possède un gymnase catholique et un gymnase réformé. Pop. : 28,000 âmes.

MISITRA. — Chef-lieu de la Laconie, royaume de Grèce. Elle est située dans une position très-pittoresque, au pied du mont Pentadactylon, l'ancienne Taygète, et défendue par une citadelle. Assez florissante avant la guerre de l'Indépendance, cette ville n'offre plus qu'une population d'environ 2,000 âmes. On trouve dans son voisinage, près du village de Magoula, les ruines de *Sparte*, où l'on remarque particulièrement les restes des murailles, du théâtre, du Chalciœos consacré à Minerve, du portique des Perses et de plusieurs temples.

MISNIE. — Cercle du royaume de Saxe. Il est situé entre les Etats prussiens au nord, les cercles de Leipzig et de l'Erzgebirge à l'ouest, le cercle de Lusace au nord-est, et la Bohême au sud-est. Ce pays est fertile et bien cultivé, et l'on fait principalement un commerce de draps et de porcelaine. La Misnie a Dresde pour chef-lieu. Pop. : 421,000 âmes.

MISSA. — Ville fortifiée de la principauté de Servie. Elle est le siège d'un évêché grec. Pop. : 4,000 âmes.

MISSELAD. — Grande rivière de la partie orientale de la Nigritie.

MISSISSIPI ou **MESCHACÉBÉ.** — Grand fleuve des Etats-Unis. Il prend sa source par 47° 40' de latitude nord, coule généralement au sud; il sépare les Etats de Wisconsin, de l'Illinois, du Kentucky, du Tennessee et du Mississipi, de ceux de Iowa, du Mihouri, de l'Arkansas et de la Louisiane ; passe à Dubuque, Saint-Louis, Natchez, Bâton-Rouge et la Nouvelle-Orléans; et se jette dans le golfe du Mexique, après un cours de près de 4,000 kilomètres. Sa navigation est très-difficile à cause de la rapidité de son courant et du grand nombre de bois flottants qui l'obstruent. Les principaux affluents de ce fleuve sont, à droite, l'Iowa, le Missouri, l'Arkansas et la Rivière-Rouge ; à gauche, le Wisconsin, l'Illinois et l'Ohio.

MISSISSIPI. — Un des Etats-Unis de l'Amérique septentrionale. Il est situé dans le Sud et a pour confins, au nord, le Tennessee ; à l'est, l'Alabama; au sud, le golfe du Mexique et la Louisiane ; et à l'ouest, le fleuve Mississipi qui le sépare en partie de l'Etat d'Arkansas et de celui de la Louisiane. Le climat y est insalubre ; le sol marécageux vers les côtes est fertile dans le nord, et ses produits principaux sont le riz, le maïs, le sucre, le tabac, l'indigo, etc. Jackson est le chef-lieu de cet Etat. Pop. : 376,000 âmes.

MISSOLONGHI. — Ville du Nomos d'Acarnanie-et-Etolie, royaume de Grèce. Naguère fortifiée, elle a été ruinée par les Turcs qui s'en emparèrent en 1826, après un long siége. On trouve dans son voisinage, le fort d'Anatolico qui est environné de bas-fonds où les pêcheurs, aujourd'hui comme dans l'antiquité, font usage de *monoxylons*, canots formés d'un creux d'arbre creusé, et qu'ils manœuvrent au moyen d'une perche. La population de Missolonghi est d'à peu près 4,000 âmes.

MISSOURI. — Fleuve des Etats-Unis. Il prend sa source aux montagnes rocheuses, traverse le territoire de l'Ouest et l'état de Missouri, passe à Jefferson, et se joint au Mississipi, au-dessus de Saint-Louis, après un cours d'environ 5,000 kilomètres. Ses principaux affluents sont la rivière Pierre-Jaune, la Rivière-Plate et la Rivière-Kensas.

MISSOURI. — Un des Etats de l'Amérique septentrionale. Il est situé à l'ouest, et borné, à l'est, par le Mississipi, qui le sépare des Etats d'Illinois, de Kentucky et de Tennessee; au sud, par l'état d'Arkansas; à l'ouest, par un vaste territoire qu'occupent les Indiens; et au nord par celui d'Iowa. Il est traversé par le Missouri, qui lui donne son nom. Au sud de ce fleuve, le sol est en partie couvert par les monts Ozark qui sont riches en mines de fer, de plomb, de cobalt, de houille, etc.; au nord, le sol est plat et fertile.

MISTASSINS (Lac des). — Il est situé dans le Labrador, près du Bas-Canada, et verse ses eaux dans la baie de James, par le Rupert. Son nom lui vient de ce que les Mistassins ou Misussinnys habitent sur ses bords.

MISTRETTA. — Ville de la province de Messine, en Sicile. Pop. : 8,000 âmes.

MITAU. — Chef-lieu du gouvernement de Courlande, en Russie. On trouve, dans cette ville, un gymnase, une bibliothèque publique, un observatoire, et un cabinet d'histoire naturelle. Pop. : 12,000 âmes.

MITCHELL. — Groupe de petites îles de la Polynésie.

MITIDJA. — Plaine très-fertile de l'Algérie. Elle s'étend au sud d'Alger, et de l'est à l'ouest, sur une longueur de près de 150 kilomètres.

MITLA. — Village de l'état d'Oaxaca, au Mexique. On y remarque les ruines d'un vaste édifice qui était le lieu de sépulture des monarques zapotèques.

MITROVILTZ. — Ville de la Slavonie militaire, dans l'empire d'Autriche. Elle est située sur la rive gauche de la Save. Pop. : 4,000 âmes.

MITTIERO. — L'une des îles de Cook, dans la Polynésie.

MIXCO. — Très-petite ville de l'état de Guatemala, dans la Confédération de l'Amérique centrale. On y remarque les ruines d'une forteresse qui avait été construite par les Kachiquels.

MIYA. — Ville du Japon. Elle est située dans l'île de Niphon, au sud et sur la côte de la baie d'Ovari.

MOA. — Ile de la Malaisie. Elle est située dans l'Archipel de la Sonde, à l'est de Timor. Sa longueur est de 55 kilomètres, et elle est régie par des radjas, vassaux des Hollandais.

MOBILE. — Fleuve des Etats-Unis. Il se forme dans l'état d'Alabama, par la réunion de la Tombeckbee et de l'Albama, passe à Mobile, et se jette dans la baie de son nom, formée par le golfe du Mexique. Son cours est d'environ 700 kilomètres depuis la source de l'Alabama.

MOBILE. — Jolie petite ville de l'Alabama, aux Etats-Unis. Elle est située dans le comté de même nom, et près de l'embouchure du bras occidental du Mobile. Cette ville, qui est défendue en cet endroit par une forteresse, est le siége d'un évêché catholique, et l'entrepôt du coton qu'on récolte en abondance sur son territoire. Son port est renommé aussi par l'importance de ses exportations. Malgré ces avantages, le séjour de Mobile est redouté à cause des ravages qu'y fait habituellement la fièvre jaune. Pop. : 10,000 âmes.

MOCHA (La). — Ile du Chili. Elle est située dans le Grand-Océan austral, près de la côte de l'Araucanie. Elle est fertile mais déserte, et visitée seulement par le baleiniers.

MODENE (Duché de). — Ses confins sont au nord, le royaume lombard-vénitien ; à l'est, l'Etat du pape; au sud, ce dernier Etat, puis le grand duché de Toscane et le duché de Lucques ; et à l'ouest, la Lunigiane toscane et le duché de Parme. Cet état se compose du duché de Modène proprement dit, et de ceux de Reggio, de Mirandola, de Massa et Carrare; des principautés de Correggio, Carpi et Novellara, et d'une partie de la seigneurie de Garfugnana. Le fleuves qui l'arrosent ont leur embouchure dans la mer Adriatique et la méditerranée : la première reçoit le *Pô*, avec ses affluents le Crostolo, la Secchia et le Panaro ; la seconde, le *Serchio*, qui naît dans la partie méridionale du duché.

MODÈNE. — Jolie ville épiscopale, située entre la Secchia et le Panaro. C'est la capitale du duché de même nom. Ses principaux édifices sont la cathédrale, remarquable surtout par sa tour, appelée Guirlandina, et l'une des plus élevées de l'Italie ; les églises Saint-Georges et Saint-Vincent, le palais ducal et les casernes. Cette ville possède une université, un collége des nobles, une académie militaire des nobles, une école des beaux arts, une bibliothèque publique, plusieurs sociétés académiques, et une population d'environ 28,000 âmes.

MODICA. — Ville de 26,000 habitants, dans l'intendance de Syracuse, en Sicile. On trouve, dans son voisinage, la vallée d'Ipsica, ou vallée des Troglodytes, ainsi appelée du nombre considérable de grottes taillées dans le roc, et qui formaient l'habitation de l'une des tribus primitives de la Sicile. Ces grottes sont disposées par étages, mais l'on ne pouvait parvenir de l'une à l'autre qu'au moyen d'échelles.

MODLIN ou NOVO-GEORGEVSK. — Forteresse du gouvernement de Plock, en Pologne. Elle commande les deux rives du Bug et de la Vistule.

MODON. — Petite ville de la Messénie, royaume de Grèce. Elle est fortifiée et possède une rade bien abritée sur la mer Ionienne.

MOEN. — Ile du Danemark. Elle est située dans la Baltique, au sud-est de celle de Seeland, dont elle n'est séparée que par un étroit canal. Son sol est fertile. Pop. : 8,000 âmes.

MOERE. — Petite rivière de Belgique. Elle se jette dans l'Escaut à Gand, et joint cette ville au canal de Sas-de-Gand.

MOESIE ou MOOSI. — Fleuve de l'île de Sumatra. Il passe à Palembang, et se jette par plusieurs branches dans le détroit de Banca, après un cours de 400 kilomètres.

MOFFAT. — Très-petite ville du comté de Dumfries, en Ecosse. Elle possède des sources minérales qui jouissent d'une grande renommée et attirent de nombreux étrangers.

MOGADOR ou SOUEYRAH. — Petite ville maritime et fortifiée, de la province du Maroc, dans l'empire de ce nom. C'est la plus commerçante de cette souveraineté, et l'on y remarque la fameuse tour de Beny-Hhossan, dont l'élévation est considérable. Mogador fut bombardée en 1844, par une escadre française, sous les ordres du prince de Joinville.

MOGAN. — Vaste plaine située entre le Kour et la mer Caspienne. Elle est couverte d'herbages très-hauts, et infestée d'énormes serpents qui, de même qu'au temps de Pompée, rendent le passage de cet endroit très-dangereux.

MOGHESTAN. — Pays de Perse. Il est situé entre le Laristan au nord-ouest, le Kerman au nord, le Bélouchistan à l'est, le golfe d'Oman au sud, et le détroit d'Ormus au sud-ouest. Le climat y est chaud et insalubre, et le sol ne produit que des dattes. Minab est sa ville principale.

MOGS. — Chaîne de montagnes de l'Indo-Chine. Elle sépare le bassin du Salouen de celui du Mein-Nam, et se prolonge jusqu'à l'extrémité méridionale du Malacca.

MOHAMMED. — Cap d'Arabie. Il est situé à l'extrémité sud de la presqu'île du mont Sinaï, sur le golfe arabique.

MOHAWK. — Rivière des Etats-Unis. Elle coule dans l'Etat de New-York, passe à Utica et Schenectady, et se jette dans l'Hudson, près de Troy. Son cours est d'environ 200 kilomètres. Cette rivière donnait son nom à l'une des six peuplades qui formaient autrefois la confédération des Iroquois

MOHICANS ou MOHEGANS. — Nation indienne qui était autrefois très-nombreuse et occupait le New-York et la Nouvelle-Angleterre ; mais dont il ne subsiste plus que quelques familles dans l'île de Long-Island, ou mêlées à ce qui reste aussi des Mohawks.

MOHILEV. — Chef-lieu du gouvernement de ce nom, en Russie. C'est le siége d'un archevêque catholique, directeur de tous les sujets russes professant ce culte, et d'un archevêque grec. Cette ville possède un séminaire russe et un gymnase ; elle est le quartier-général de l'armée dite *armée de l'ouest*, et sa population est d'environ 24,000 âmes.

MOHILEV. — Ville du gouvernement de Podolie, en Russie. Elle est le siége d'un évêché arménien et importante par son commerce et le produit de ses jardins. Pop. : 8,000 âmes.

MOHRUNGEN. — Ville de la régence de Konigsberg, dans la Prusse-Orientale. Les Français y battirent les Russes en 1807. Pop : 2,000 âmes.

MOINES (ILE AUX). — Elle est située dans la Manche. C'est la plus grande des *sept îles*, groupe qui dépend du département de la Manche.

MOIRANS. — Chef-lieu de canton de l'arrondissement de Saint-Claude, dans le département du Jura. Pop. : 1,500 âmes.

MOISDON-LA-RIVIÈRE. — Chef-lieu de canton dans l'arrondissement de Châteaubriand, département de la Loire-Inférieure. Il est situé sur le Don, et l'on y trouve des forges. Pop. : 2,300 âmes.

MOISSAC. — Petite ville située sur la rive droite du Tarn, dans le département de Tarn-et-Garonne. Chef-lieu d'arrondissement, elle comprend 7 cantons et 81 communes. Elle possède un collége, et fait un commerce important de minoterie. Sa population est d'environ 10,500 âmes.

MOITA. — Chef-lieu de canton dans l'arrondissement de Corté, en Corse, Pop. : 800 âmes.

MOKCHA. — Rivière du gouvernement de Penza et de Tamboy, en Russie. Elle arrose Mokchansk, Troïtzk, Krasnoslobodsk,

Témnikov, et se jette dans l'Oka, après un cours de 400 kilomètres.

MOKHA ou **MOKA**. — Chef-lieu du district de ce nom, dans l'Yémen, en Arabie. C'est une petite ville située sur le golfe Arabique et près du détroit de Bab-el-Mandeb. On en tire un café, dit de Moka, qui vient, dit-on, d'Abyssinie et qui est le plus excellent qu'on connaisse ; puis de la myrrhe, de l'encens, du baume, de la gomme, du séné, des dattes, etc. Le port de cette ville avait une grande importance avant que les Anglais fussent établis à Aden. Pop. : 5,000 âmes.

MOLD. — Ville du comté de Flint, dans la principauté de Galles, en Angleterre. Elle est située dans une plaine fertile. Pop. : 3,000 âmes.

MOLDAU. — Rivière navigable de Bohême. Elle passe à Budweiss et à Prague, et se jette dans l'Elbe, après un cours de 300 kilomètres.

MOLDAVA. — Rivière de Moldavie. Elle prend sa source en Gallicie, à l'est des monts Karpathes, et se jette dans le Séreth, après un cours de 200 kilomètres.

MOLDAVIE (Principauté de). — Elle a pour confins, au nord, la Bukovine et la Bessarabie ; à l'est, ce dernier pays ; au sud, le Danube et la Valachie ; et à l'ouest, la Transylvanie et la Bukovine. Elle est arrosée par le Danube, qui reçoit le Sereth, et le Pruth grossi par le Bachelin. Son gouvernement est tributaire de la Turquie et sa capitale est Jassy.

MOLFETTA. — Ville épiscopale de la Terre de Bari, dans le royaume de Naples. Elle est importante par ses nombreuses fabriques de toiles et par son commerce. Pop. : 12,000 âmes.

MOLIÈRES. — Chef-lieu de canton dans l'arrondissement de Montauban, département de Tarn-et-Garonne. Pop. : 2,600 âmes.

MOLINA. — Ville de la province de Murcie, en Espagne. Elle est située sur la gauche de la Segura et l'on y trouve des sources salées. Pop. : 3,500 âmes.

MOLINA-DE-ARAGON. — Ville murée de la province de Guadalaxara, en Espagne. On y trouve des fabriques de draps fins, de toiles et de savons, et l'on exploite des mines de cuivre et de fer dans ses environs. Les Français s'emparèrent de cette ville en 1810. Pop. : 4,000 âmes.

MOLITG ou **MOLITX**. — Village de l'arrondissement de Prades, dans le département des Pyrénées-Orientales. Il est renommé par ses sources thermales.

MOLIVO. — Ville de la Turquie d'Asie. Elle est située sur la côte nord-ouest de l'île de Métélin, où elle possède un port que défend une forteresse. Ses habitants se distinguent, dit-on, par leur goût pour la musique. Pop. : 3,00 âmes.

MOLLIENS-VIDAME. — Chef-lieu de canton dans l'arrondissement d'Amiens, département de la Somme.

MOLLIS. — Village du canton de Glaris, en Suisse. Il est important par ses nombreuses fabriques de coton. Pop. : 2,500 âmes.

MOLOGA. — Rivière navigable de Russie. Elle coule dans les gouvernements de Tver, de Novgorod et de Jaroslav, et se jette dans le Volga, après un cours d'environ 400 kilomètres.

MOLSHEIM. — Chef-lieu de canton dans l'arrondissement de Strasbourg, département du Bas-Rhin. On y fait un commerce de vin et de quincaillerie. Pop. : 3,400 âmes.

MOLUQUES ou **ÎLES AUX ÉPINES**. — Archipel de la Malaisie. Il est situé à l'est et appartient aux Hollandais. On le distingue en grandes et petites Moluques. Les principales îles, parmi les premières, sont Gilolo, Géram, Bouro, Amboine et Banda ; dans les secondes, ce sont Temate, Tidor et Batchian. Ces îles sont d'origine volcanique, plusieurs volcans s'y trouvent toujours en activité, et les tremblements de terre y sont fréquents. Le sol des Moluques produit en abondance tous les fruits des tropiques, puis des végétaux à épices, des bois de teinture et d'ébénisterie, etc.

MOMBAZA. — Capitale du royaume de même nom, dans le Zanguebar, Afrique orientale. Elle possède un magnifique port, et pourrait devenir importante comme place de guerre et de commerce. Cette ville est située dans une île qui n'est séparée de la côte que par un étroit canal.

MOMPOX. — Ville du département de Magdalena, dans la Nouvelle-Grenade, Colombie. Elle est située sur la gauche de la Magdalena, et c'est un entrepôt de commerce important. Pop. : 10,000 âmes.

MONACO (Principauté de). — Ce très-petit État est un enclave du royaume sarde, c'est-à-dire qu'il est situé entre l'intendance de Gênes et celle de Nice.

MONACO. — Petite ville située sur un rocher qui s'avance dans la mer. C'est le chef-lieu de la principauté de même nom. Elle possède un château, une belle citadelle et un bon port ; mais sa population ne dépasse pas 1,200 âmes.

MONASTIER (Le). — Chef-lieu de canton dans l'arrondissement du Puy, département de la Haute-Loire. On y fait un commerce d'asphalte. Pop. : 3,500 âmes.

MONASTIR. — Petite ville de l'État de Tunis, en Afrique. Elle possède une rade et son commerce est florissant. Pop. : 12,000 âmes.

MONCHABOU. — Ville de l'empire birman. C'est la patrie d'Alompra, fondateur de la dynastie régnante chez les Birmans. Pop. : 4,000 âmes.

MONCHIQUE. — Petite ville de l'Algarve, en Portugal. Elle possède des sources thermales très-fréquentées et l'on y fait un commerce de jambons estimés. Cette ville est située au pied d'une chaîne de montagnes de son nom, laquelle se lie au prolongement de la Sierra-d'Ossa ou de Tolède. Pop. : 3,000 âmes.

MONCLAR. — Chef-lieu de canton dans l'arrondissement de Montauban, département de Tarn-et-Garonne. Pop. : 2,000 âmes.

MONCLOVA. — Chef-lieu de l'État de Cohahuila, dans la confédération mexicaine. Il est situé à la droite du Rio-del-Norte. Pop. : 3,300 âmes.

MONCONTOUR. — Chef-lieu de canton dans l'arrondissement de Loudun, département de la Vienne. Les protestants y furent vaincus, en 1569, par le duc d'Anjou, depuis Henri III. Pop. : 700 âmes.

MONCOUTANT. — Chef-lieu de canton dans l'arrondissement de Parthenay, département des Deux-Sèvres. Il est situé près de la Sèvre nantaise, et c'est le centre d'une fabrication importante d'étoffes de laine sur fil, dites *breluches*. Pop. : 2,000 âmes.

MONCRABEAU. — Commune de l'arrondissement de Nérac, dans le département de Lot-et-Garonne. Elle est située sur la Baïse. Ce fut jadis une place forte assez importante. Pop. : 2,500 âmes.

MONDEGO. — Rivière navigable de l'Amérique méridionale. Elle coule dans la province de Mato-Grosso, au Brésil, et sépare en partie cet empire de la république du Paraguay. Après un cours d'environ 350 kilomètres, elle se jette dans le Paraguay.

MONDEGO. — Fleuve navigable du Portugal. Il prend sa source dans la Sierra d'Estrella, passe à Coimbre et se jette dans l'Atlantique, après un cours d'environ 200 kilomètres.

MONDEVILLE. — Commune de l'arrondissement de Caen, dans le département du Calvados. On y fabrique du noir animal. Pop. : 900 âmes.

MONDONEDO. — Ville épiscopale de la Gallice, en Espagne. Elle est assez importante par ses nombreuses fabriques de toiles et ses tanneries. Sa population est d'environ 6,000 âmes.

MONDOUBLEAU. — Chef-lieu de canton dans l'arrondissement de Vendôme, département de Loir-et-Cher. On y voit les restes d'un château-fort, et l'on y fabrique de la serge. Pop. : 17,00 âmes.

MONDOVI. — Petite ville épiscopale de la division de Coni, dans le royaume sarde. Elle est importante par ses fabriques de draps, de toiles de coton et de papiers. Pop. : 15,000 âmes.

MONDRAGON. — Commune de l'arrondissement d'Orange, dans le département de Vaucluse. Elle est située sur le chemin de fer de Lyon à Avignon. Pop. : 2,600 âmes.

MONDRAGON. — Ville murée de la province de Guipuzcoa, en Espagne. On y trouve des sources thermales et des usines pour le fer, l'acier et le cuivre. Pop. : 2,500 âmes.

MONDRAGONE. — Ville de la terre de Labour, dans le royaume de Naples. On croit qu'elle occupe l'emplacement de l'ancien *Sinuesse*. Pop. : 2,000 âmes.

MONEIN. — Chef-lieu de canton dans l'arrondissement d'Oloron, département des Basses-Pyrénées. On trouve, sur son territoire, des mines de fer, de cuivre et de plomb.

MONESTIER ou **MONÉTIER.** — Chef-lieu de canton dans l'arrondissement de Briançon, département des Hautes-Alpes. Il est situé à une très-grande élévation. Il possède des eaux minérales. On trouve, dans son voisinage, un vaste glacier qui porte son nom. Pop. : 2,800 âmes.

MONFALOUT. — Ville située sur la rive gauche du Nil, dans l'Onstanich ou Moyenne-Égypte. C'est un chef-lieu de préfecture, et son industrie est assez importante.

MONFLANQUIN. — Petite ville, chef-lieu de canton dans l'arrondissement de Villeneuve, département du Lot-et-Garonne. Pop. : 5,100 âmes.

MONGA. — Pays de la Nigritie intérieure. Il est situé à l'ouest du Bornou, et la population qui l'habite peut mettre en campagne une armée de 12,000 hommes.

MONGHIR. — Ville de la province de Behar, dans l'empire indo-britannique. Elle a des fortifications qui tombent en ruines; mais elle est très-renommée par ses fabriques d'acier, d'armes, de coutellerie, etc. On trouve, dans son voisinage, à Sitâkand, des sources thermales. Pop. : 30,000 âmes.

MONGOLIE. — Contrée de l'empire chinois. Elle est située entre la Sibérie au nord, la Mandchourie à l'est, la Chine proprement dite au sud, le Tibet et le Turkestan-chinois au sud-ouest, et le Turkestan indépendant à l'ouest. Ce pays, qu'habitent en général des peuplades nomades, offre de vastes steppes quelquefois couvertes d'herbes, mais le plus ordinairement sablonneuses et arides, et peu de cantons sont fertiles. Les Mongols élèvent toutefois de nombreux troupeaux de chameaux, de buffles, de chevaux, de moutons et de chèvres.

MONIQUIRA. — Petite ville de la province de Socorro, dans la république de la Nouvelle-Grenade. On exploite dans ses environs de riches mines de cuivre.

MONISTROL. — Petite ville, chef-lieu de canton dans l'arrondissement de Brioude, département de la Haute-Loire. Elle possède un petit séminaire. On y fabrique des dentelles et des rubans, et l'on trouve, dans son voisinage, des fabriques de petits satins et de foulards, des teintureries, des papeteries, des tanneries, etc. Pop. : 4,000 âmes.

MONMOUTH. — Chef-lieu du comté de ce nom, en Angleterre. Cette ville est située sur la rive droite de la Wye, et l'on trouve, dans ses environs, les ruines de l'abbaye de Tintern.

MONMOUTH. — Ville des États-Unis. Elle est située dans le New-Jersey. En 1778, les Américains y battirent les Anglais. Pop. : 5,000 âmes.

MONOMOTAPA. — Région de l'Afrique orientale. Elle est habitée principalement par les Maravi, les Cazembes, les Meropua et les Bororos. Son sol est fertile en grains, en cannes à sucre et en pâturages, et l'on y trouve particulièrement des éléphants, des autruches, de l'ivoire et des mines d'or.

MONOPOLI. — Ville épiscopale de la Terre de Bari, dans le royaume des Deux-Siciles. On trouve, dans ses environs, des habitations souterraines et antiques, et les ruines de l'ancienne *Egnatia*. Pop. : 19,000 âmes.

MONPAZIER. — Chef-lieu de canton dans l'arrondissement de Bergerac, département de la Dordogne. On y trouve des forges, des tréfileries, etc. Pop. : 1,600 âmes.

MONPOX. — Chef-lieu de la province de ce nom, dans la république de la Nouvelle-Grenade, Colombie. Elle possède un collége, et son commerce est florissant. Pop. : 10,000 âmes.

MONROVIA. — Petite ville fortifiée, chef-lieu de la colonie de Liberia, fondée par les habitants des Etats-Unis, sur les bords du Mesurado, à l'est du cap de même nom, en Guinée. Elle possède des écoles, une bibliothèque publique, une imprimerie et un journal. Pop. : 1,500 âmes.

MONS. — Ville fortifiée, chef-lieu de la province de Hainaut, en Belgique. On y remarque les églises Sainte-Elisabeth, Saint-Nicolas, et Sainte-Wandrue, l'hôtel de ville et la grande caserne, et elle possède un collége, une école de médecine, une bibliothèque et plusieurs sociétés académiques. Cette ville est renommée par les nombreuses et importantes mines de houille qu'on exploite dans ses environs, particulièrement dans les communes de Jemmapes, Hornu, Wasmes, Dour, Quagneron, etc. Jemmapes est mémorable en outre par la bataille qu'y livrèrent les Français en 1792. La population de Mons dépasse 20,000 âmes.

MONS-EN-PUELLE. — Commune du département du Nord. Elle est située dans le canton du Pont-à-Marcq, arrondissement de Lille. Philippe le Bel y battit les Flamands en 1304. Pop. : 1,800 âmes.

MONSEGUR. — Chef-lieu de canton dans l'arrondissement de La Réole, département de la Gironde. Pop. : 1,500 âmes.

MONSOL. — Chef-lieu de canton dans l'arrondissement de Villefranche, département du Rhône. On y fabrique de la grosse toile. Pop. : 1,300 âmes.

MONT CARMEL. — Il est situé dans les environs d'Acre, en Syrie, Turquie asiatique. On sait combien il est célèbre par le séjour qu'y firent les prophètes Elie et Elisée, et par ses nombreuses grottes qui furent habitées, au moyen âge, par des religieux chrétiens. L'église qui avait été construite à son sommet, ayant été renversée lors de l'insurrection grecque, en 1821, Charles X, roi de France, la fit rebâtir avec les matériaux provenant de ses ruines.

MONT-DAUPHIN. — Petite place forte du département des Hautes-Alpes. Elle est située au confluent du Guil et de la Durance, sur une montagne qui domine les vallées d'Embrun, de Briançon, de Vars et de Queyras. Louis XIV fit fortifier ce lieu en 1693. Pop. : 700 âmes.

MONT-DE-MARSAN. — Petite ville située au confluent de la Douze avec le Midou. Chef-lieu du département des Landes, son arrondissement comprend 12 cantons et 117 communes. Elle possède un collége, une école normale primaire, une bibliothèque publique, une pépinière et une société académique. Sa population est d'environ 4,500 âmes.

MONT-DORE. — Groupe de montagnes dans le département du Puy-de-Dôme. Son point culminant, le Puy-de-Sancy, est élevé de 1,887 mètres au-dessus du niveau de la mer. Le village qui porte aussi le nom de *Mont-Dore*, est renommé par ses sources thermales, dont l'établissement actuel occupe l'emplacement des bains romains.

MONT-HECLA ou HEKLA. — Volcan d'Islande. La hauteur de sa cime principale est de 16 à 1700 mètres. Ses éruptions étaient autrefois très-fréquentes, et une très-forte eut lieu en 1846.

MONT-HYMETTE. — Il est situé dans l'Attique, au sud-est d'Athènes, et porte aujourd'hui le nom de *Trelo-Vouno*. Il fut célèbre chez les anciens par le miel qu'on y recueillait.

MONT-GENÈVRE. — Village du département des Hautes-Alpes. Il est situé à 1,863 mètres au-dessus du niveau de la mer, dans le voisinage du mont qui porte le même nom, et qui est l'un des passages qui mènent de France en Italie. Selon quelques auteurs, ce passage serait celui qu'Annibal franchit avec son armée. Près du village, on voit un obélisque élevé par Napoléon.

MONT-LOUIS. — Petite ville avec citadelle, fortifiées par Vauban, dans le département des Pyrénées orientales. C'est la ville de France qui se trouve le plus élevée au-dessus du niveau de la mer, et l'un des plus hauts lieux habités de l'Europe. On voit au village de Planès, situé à peu de distance, une petite mosquée arabe, dont les archéologues et les paysagistes ne manquent pas de prendre le dessin.

MONT-LUÇON. — Petite ville située sur la rive droite du Cher dans le département de l'Allier. Chef-lieu d'arrondissement, elle comprend 6 cantons et 94 communes. Elle possède un collége, et fait un commerce de grains, de dentelles, de rubans, de volaille, etc. Sa population est d'environ 7,000 âmes.

MONT-OPHIR ou GUNONG-PASAMAN. — Il est situé dans l'île de Sumatra et se trouve placé sous l'équateur.

MONT-SAINT-ELIE. — Il est situé dans le pays des Koluches, Amérique russe, et c'est le point culminant du monde connu, au nord du 50° parallèle.

MONT-SAINT-MICHEL. — Village fortifié, sur un rocher situé au sein d'une plage qui dépend de la baie de Cancale, et que la mer vient environner chaque jour, à la marée haute. Ce rocher est couronné d'un monument gothique, célèbre abbaye, siège autrefois de l'ordre de Saint-Michel, et qui sert aujourd'hui de prison d'Etat.

MONT-SAINT-VINCENT. — Chef-lieu de canton dans l'arrondissement de Châlons, département de Saône-et-Loire. Pop. : 900 âmes.

MONT-SERRAT. — Montagne de la Catalogne, en Espagne, sur laquelle a été coustruit le célèbre et magnifique couvent de même nom. Le sanctuaire de ce couvent est l'objet d'un des pèlerinages les plus renommés du royaume; et sur la même montagne, on compte aussi 14 ermitages.

MONT-THABOR. — Il est situé en Syrie, dans la Turquie asiatique; c'est à son sommet que l'on place la scène de la Transfiguration de Notre-Seigneur Jésus-Christ, et l'on y voit une grotte où l'on a construit trois autels en mémoire des trois tabernacles que saint Pierre proposa d'y élever. Tous les ans, le jour de la Transfiguration, des Pères latins y célèbrent la messe. Le Mont-Thabor a donné son nom à l'une des victoires que les Français remportèrent sur les Arabes lors de l'expédition de Napoléon en Egypte.

MONT-TONNERRE. — Montagne de la Bavière rhénane. Elle est située au nord et élevée de 682 mètres au-dessus du niveau du Rhin.

MONT-VALÉRIEN. — Colline qui domine le village de Suresne, près Paris, et qui fut célèbre par un établissement religieux qui couronnait son sommet, ainsi que par le calvaire déposé sur son flanc méridional. Aujourd'hui cette pieuse fondation a été remplacée par une forteresse qui domine la contrée.

MONTAGNAC. — Chef-lieu de canton dans l'arrondissement de Béziers, département de l'Hérault. Il est situé près de la rive gauche de l'Hérault, et on y fabrique du verdet. Pop. : 3,500 âmes.

MONTAGNE (LA). — Division orientale et méridionale du département des Vosges. Elle comprend les arrondissements de Saint-Dié, Remiremont et le sud de celui d'Epinal. Cette division est riche en forêts de sapins qui donnent en abondance de la térébenthine, et en pâturages, où se nourrissent des troupeaux considérables.

MONTAGNE-BRULANTE. — Elle est située dans l'arrondissement de Villefranche, département de l'Aveyron. C'est une houillère depuis longtemps embrasée, et à mi-côte existe une grande crevasse de forme elliptique. Pendant le jour, le feu est peu apparent; mais, dès que la nuit arrive, le gouffre semble entièrement enflammé.

MONTAGNES-BLEUES. — Chaîne orientale des monts Alleghany, aux Etats-Unis. Elle parcourt la Géorgie, la Caroline, la Virginie, le Maryland, la Pennsylvanie, le New-Jersey et le New-York; puis, se prolongeant à la droite de l'Hudson, elle y reçoit le nom de *Cat's-Hill*, et celui de *Montagnes-Vertes* au delà de ce fleuve.

MONTAGNES-DE-LA-LUNE. — Elles sont situées dans l'Afrique centrale. On croit, mais sans preuve concluante cependant, qu'elles donnent naissance au Bahr-el-Abiad ou Nil blanc, et l'on en est de même aux conjectures sur leur véritable direction. On les rattache aux montagnes de l'Abyssinie à l'est, et aux monts de Kong à l'ouest.

MONTAGNES-ROCHEUSES. — Grande chaîne de l'Amérique septentrionale. Elle est située dans les Etats-Unis et la Nouvelle-Bretagne, et forme la partie septentrionale de la longue chaîne qui parcourt, du nord au sud, les deux Amériques. L'altitude du point culminant des montagnes Rocheuses, le Big-Horn, est de 4,130 mètres au-dessus du niveau de la mer.

MONTAIGUT. — Petite ville, chef-lieu de canton dans l'arrondissement de Moissac, département de Tarn-et-Garonne. Pop. : 4,100 âmes.

MONTAIGUT. — Chef-lieu de canton dans l'arrondissement de Riom, département du Puy-de-Dôme. Pop. : 1,700 âmes.

MONTALBAN. — Ville de la province de Teruel, en Espagne. On y trouve des sources minérales, puis des mines d'Alun, de houille et de jais, dans ses environs; cette ville fut enlevée aux Maures, en 1169, par Alphonse II. Pop. : 4,000 âmes.

MONTALEMBERT. — Commune de l'arrondissement de Melle, dans le département des Deux-Sèvres.

MONTANER. — Chef-lieu de canton dans l'arrondissement de Pau, département des Basses-Pyrénées. Pop. : 1,000 âmes.

MONTARGIS. — Petite ville située à la jonction des canaux d'Orléans et de Briare d'Orléans et du Loing, dans le département du Loiret. Chef-lieu d'arrondissement, elle comprend 7 cantons et 95 communes. Elle possède un collège, une belle filature de coton et fait en outre un commerce de corderie et de papeterie. Sa population est d'environ 7,000 âmes. Cette ville est la patrie de madame Guyon et du peintre Girodet.

MONTASTRUC. — Commune de l'arrondissement de Saint-Gaudens, département de la Haute-Garonne. Pop. : 1,200 âmes.

MONTASTRUC. — Chef-lieu de canton dans l'arrondissement de Toulouse, département de la Haute-Garonne. Pop. : 1,100 âmes.

» MONTATAIRE. — Commune de l'arrondissement de Senlis, département de l'Oise. On y trouve des forges et des laminoirs. Pop. : 1,600 âmes.

MONTAUBAN. — Chef-lieu de canton dans l'arrondissement de Montfort, département d'Ille-et-Vilaine. Pop. : 2,800 âmes.

MONTAUBAN. — Ville épiscopale située sur le Tarn. Chef-lieu du département de Tarn-et-Garonne. Son arrondissement comprend 11 cantons et 62 communes. On remarque sa cathédrale dont on fait remonter la construction à l'an 739. Cette ville possède un séminaire, une faculté de théologie pour l'église réformée, un collège, une bibliothèque publique et une société académique. On y trouve aussi des fabriques d'étoffes communes, des minoteries, etc. Sa population est d'environ 22,000 âmes. C'est la patrie de Pierre Dubelloy, etc.

MONTAUD. — Petite ville de l'arrondissement de Saint-Etienne, département de la Loire. Elle est située sur le chemin de fer de Saint-Etienne à la Loire. On y trouve des fabriques de rubans et de passementerie, puis des ateliers de construction de machines à vapeur, etc., et enfin une exploitation de houille. Pop. : 7,200 âmes.

MONTAUDIN. — Commune de l'arrondissement de Mayenne, dans le département de la Mayenne. Pop. : 1,600 âmes.

MONTAUT. — Commune de l'arrondissement de Pau, département des Basses-Pyrénées. Pop. : 1,300 âmes.

MONTAYROL. — Commune de l'arrondissement de Villeneuve, département de Lot-et-Garonne. Pop. : 1,400 âmes.

MONTBARD. — Petite ville située sur la Braine, dans l'arrondissement de Semur, département de la Côte-d'Or. Elle est l'entrepôt de marchandises qu'on expédie par le canal de Bourgogne. C'est la patrie de Buffon. Pop. : 2,200 âmes.

MONTBARREY. — Chef-lieu de canton dans l'arrondissement de Dôle, département du Jura. Pop. : 500 âmes.

MONTBAZENS. — Chef-lieu de canton dans l'arrondissement de Villefranche, département de l'Aveyron. Pop. : 2,900 âmes.

MONTBAZON. — Chef-lieu de canton dans l'arrondissement de Tours, département d'Indre-et-Loire. Il est situé sur l'Indre. Pop. : 1,200 âmes.

MONTBELIARD ou MOEMPELGARD. — Petite ville située sur le canal du Rhône, dans le département du Doubs. Chef-lieu d'arrondissement, elle comprend 7 cantons et 161 communes. Elle est commerçante, possède un collége et une bibliothèque publique, et sa population est d'environ 5,500 âmes. C'est la patrie de Cuvier.

MONTBENOIT. — Chef-lieu de canton dans l'arrondissement de Pontarlier, département du Doubs. Il est situé sur le Doubs. Pop. : 200 âmes.

MONTBRISON. — Petite ville située sur le Vizezi. Chef-lieu du département de la Loire; son arrondissement comprend 9 cantons et 138 communes. On remarque le bâtiment du collége, le palais de justice et la halle au blé. Outre son collége, cette ville possède une société d'agriculture, quelques fabriques et sa population est d'environ 6,000 âmes.

MONTBRON. — Chef-lieu de canton dans l'arrondissement d'Angoulême, département de la Charente. Il est situé sur la Tardoire. Pop. : 3,200 âmes.

MONTCENIS. — Bourg de l'arrondissement d'Autun, dans le département de Saône-et-Loire. Il fait un commerce de bestiaux et de charbon de terre. Pop. : 1,500 âmes.

MONTCUQ. — Chef-lieu de canton dans l'arrondissement de Cahors, département du Lot. Pop. : 2,300 âmes.

MONTDIDIER. — Petite ville, chef-lieu d'arrondissement dans le département de la Somme. Elle comprend 5 cantons et 144 communes. Son commerce consiste en grains, bestiaux, volailles, bas, bonneterie, serges, chapellerie, charbon de terre, etc. Sa population est d'environ 4,000 âmes. Cette ville est la patrie de Vernet et de Caperonnier.

MONTE-ALEGRE. — Ville de la province d'Albacete, en Espagne. On y voit un château en ruines, et l'on y trouve des fabriques de draps, de toiles, de savon et de poterie. Pop. : 3,000 âmes.

MONTE-BELLUNA. — Ville du royaume Lombard-Vénitien, empire d'Autriche. On trouve, dans ses environs, la magnifique forêt de Montello. Pop. : 4,000 âmes.

MONTE-LEONE. — Ville épiscopale de la Calabre ultérieure IIe, dans le royaume de Naples. Elle est fortifiée. Pop. : 7,000 âmes.

MONTE-LEONE. Ville de la Capitanate, dans le royaume de Naples. Il s'y tient des foires importantes. Pop. : 2,500 âmes.

MONTE-NUOVO. — Montagne volcanique du royaume de Naples, près de Pouzzoles. Elle sortit de terre en 1538 et combla en partie le lac Lucrin.

MONTE-SAN-ANGELO. — Ville épiscopale de la Capitanate, dans le royaume de Naples. Elle est située sur une montagne du Gargano. Pop. : 12,000 âmes.

MONTE-SANTO (GOLFE DE). — Il est formé par l'archipel, au sud-est de l'ancienne Macédoine et au sud-ouest de la presqu'île du Monte-Santo ou mont *Athos*.

MONTE-VIRGINIE. — Abbaye du royaume de Naples. Elle est située dans la Terre de Labour, et renommée par l'importance de ses archives.

MONTE-VIDEO. — Chef-lieu du département de ce nom, et capitale de la république orientale de l'Uruguay. Elle est bâtie en amphithéâtre sur la rive gauche du Rio de la Plata et sur une petite péninsule. Son port est regardé comme le meilleur de ce fleuve, quoique pourtant il se trouve exposé à toute la violence des vents d'ouest appelés *Pamperos*. Cette ville est assez belle, et son commerce, qui ne manque pas d'importance, attire surtout des Français. On prétendait avoir trouvé, dans ses environs, le *tombeau de Ptolémée*, et l'on s'appuyait sur des inscriptions grecques, des armes et autres objets; mais des hommes sérieux ont fait justice de cette singulière prétention. Pop. · 35,000 âmes.

MONTEBALDO. — Montagne du royaume Lombardo-Vénitien, empire d'Autriche. Elle est située près de Vérone, et renommée chez les savants à cause du grand nombre de poissons fossiles qu'on y recueille Les Français y battirent les Autrichiens en 1796.

MONTEBELLO. — Village de la division d'Alexandrie, dans le royaume sarde. Les Autrichiens y furent défaits, en 1800, par les Français. Pop. : 1,300 âmes.

MONTEBOURG. — Chef-lieu de canton dans l'arrondissement de Valognes, département de la Manche. On y trouve des fabriques de coutils et un haras, et l'on y fait aussi un commerce de moutons estimés. Pop. : 2,500 âmes.

MONTECH. — Chef-lieu de canton dans l'arrondissement de Castel-Sarrasin, département de Tarn-et-Garonne. Pop. : 2,800 âmes.

MONTECHIARI. — Gros bourg de la délégation de Brescia, dans le gouvernement de Milan. Il est important par ses nombreuses filatures de soie, et par ses fabriques de toileries. Sa population est d'environ 6,000 âmes. On trouve, dans son voisinage, le *campo di Montechiari*, consacré aux grandes évolutions militaires.

MONTECHIARO. — Ville du royaume Lombardo-Vénitien, empire d'Autriche. Les Français y défirent les Autrichiens en 1796. Pop. 6,300 âmes.

MONTEFIASCONE. — Ville épiscopale de l'Etat du Pape. Elle est située près du lac Bolsena. On y récolte du vin muscat. C'est la patrie du poëte Casti. Pop. : 3,000 âmes.

MONTEGO. — Ville de la Jamaïque, l'une des Antilles anglaises. Elle est située sur la côte nord-ouest. Pop. : 4,000 âmes.

MONTEHERMOSO. — Ville de la province de Caceres, en Espagne. Elle est située sur l'Alagon, et il existe une mine d'or dans ses environs. Pop. : 4,000 âmes.

MONTELIMART. — Petite ville située non loin de la rive gauche du Rhône dans le département de la Drôme. Chef-lieu d'arrondissement, elle comprend 5 cantons et 68 communes. Elle possède un collége, une bibliothèque publique, et fait un commerce de grains, de fruits, d'huile, de soie, de bonneterie, d'étoffes de laine, etc. Sa population est d'environ 9,000 âmes.

MONTELLA. — Ville de la principauté ultérieure, dans le royaume de Naples. C'est la patrie du physicien Bartholi, à qui les Italiens attribuent l'invention du thermomètre. Pop. : 6,000 âmes.

MONTEMBOEUF. — Chef-lieu de canton dans l'arrondissement de Confolens, département de la Charente. Pop. : 1,300 âmes.

MONTEMONT (ILES DE). — Ilots bas et boisés situés au sud-est de l'archipel de Salomon. Ils furent découverts en 1840, par le navigateur Dumont-d'Urville.

MONTEMURLO. — Bourg du duché de Toscane. Il est situé à 20 kilomètres de Florence, au nord-nord-ouest. En 1538, Côme de Médicis y tailla en pièces les républicains florentins.

MONTENDRE. — Chef-lieu de canton dans l'arrondissement de Jonzac, département de la Charente-Inférieure. Pop. : 1,100 âmes.

MONTENEGRO. — Canton de l'Albanie, dans la Turquie d'Europe. Il est renommé par le caractère sauvage et la bravoure de ses habitants qui se maintiennent dans une sorte d'indépendance et sont gouvernés par un conseil et un chef suprême. Ce petit Etat a pour alliés, dans son voisinage, cinq bourgades de Serviens grecs, et autant d'Albanais catholiques dont la population totale s'élève à environ 20,000 âmes. Cettigne est le chef-lieu du Monténégro.

MONTENOTTE. — Village de la division de Gênes, royaume Sarde. Il est situé à 15 kilomètres nord de Savone. Les Français y battirent les Autrichiens en 1796.

MONTEREAU. — Petite ville, chef-lieu de canton dans l'arrondissement de Fontainebleau, département de Seine-et-Marne. On y trouve une fabrique de poterie fine et l'on y fait un commerce de grains. Jean Sans-Peur, duc de Bourgogne, fut assassiné sur le pont de cette ville en 1419, et Napoléon y défit les alliés en 1814. Pop. : 4,500 âmes.

MONTEREY. — Ville épiscopale, chef-lieu de l'Etat de Nuevo-Léon, dans la confédération mexicaine; c'est une ville assez bien bâtie et commerçante. Pop. : 15,000 âmes.

MONTEREY (SAN-CARLOS DE). — Ville du Mexique. C'est le chef-lieu de la nouvelle Californie. Elle est située sur un affluent de la baie de son nom et possède un port. — Pop. 2,500 âmes.

MONTESPAN. — Commune de l'arrondissement de Saint-Gaudens, département de la Haute-Garonne. Pop. : 1,100 âmes.

MONTESQUIEU-VOLVESTRE. — Chef-lieu de canton dans l'arrondissement de Muret, département de la Haute-Garonne. Il est situé sur l'Arize, affluent de la Garonne. Pop. : 3,800 âmes.

MONTESQUIOU. — Chef-lieu de canton dans l'arrondissement de Mirande, département du Gers. : Pop. : 2,000 âmes.

MONTESSON. — Commune de l'arrondissement de Versailles, département de Seine-et-Oise. Pop. : 1,700 âmes.

MONTFAUCON. — Chef-lieu de canton dans l'arrondissement de Beaupreau, département de Maine-et-Loire. Pop. : 700 âmes.

MONTFERMEIL. — Commune de l'arrondissement de Pontoise, département de Seine-et-Oise. Pop. : 1,000 âmes.

MONTFORT. — Petite ville du département d'Ille-et-Vilaine; chef-lieu d'arrondissement; elle comprend 5 cantons et 46 communes. On y trouve des filatures de lin pour toiles fines. Pop. : 2,000 âmes.

MONTFORT-L'AMAURY. — Chef-lieu de canton dans l'arrondissement de Rambouillet, département de Seine-et-Oise. C'est la patrie du fameux Simon de Montfort, l'un des principaux chefs de la première croisade contre les Albigeois. Pop. : 1,800 âmes.

MONTFORT-LE-ROTROU. — Chef-lieu de canton dans l'arrondissement du Mans, département de la Sarthe. Il est situé sur la droite de l'Huisne. On y trouve une filature de coton et une fabrique de flanelle. Pop. : 1,200 âmes.

MONTFORT-SUR-RILLE. — Chef-lieu de canton dans l'arrondissement de Pont-Audemer, département de l'Eure. Pop. : 600 âmes.

MONTGISCARD. — Chef-lieu de canton dans l'arrondissement de Villefranche, département de la Haute-Garonne. Il est situé sur le canal du midi. Pop. : 1,300 âmes.

MONTGOMERY. — Chef-lieu du comté de ce nom, dans la principauté de Galles, en Angleterre. Cette ville est située sur une colline près de la Severn. On y fabrique de la flanelle. Pop. : 1,600 âmes.

MONTGUYON. — Chef-lieu de canton dans l'arrondissement de Jonzac, département de la Charente-Inférieure. Pop. : 1,000 âmes.

MONTHERMÉ. — Chef-lieu de canton

dans l'arrondissement de Mézières, département des Ardennes. Il est situé sur la Meuse. Pop. : 2,000 âmes.

MONTHOIS. — Chef-lieu de canton dans l'arrondissement de Vouziers, département des Ardennes. Pop. : 700 âmes.

MONTHUREUX. — Chef-lieu de canton dans l'arrondissement de Mirecourt, département des Vosges. Il est situé sur la Saône. On y trouve des filatures et des fabriques de clous, d'enclumes et de couverts en fer battu. Pop. : 1,800 âmes.

MONTIEL. — Bourg de la province de Ciudad-Réal, en Espagne. C'est dans cet endroit qu'en 1388, Henri de Transtamare tua son frère, Pierre le Cruel, roi de Castille. Pop. : 1,500 âmes.

MONTIÉRENDER. — Chef-lieu de canton dans l'arrondissement de Vassy, département de la Haute-Marne. On y trouve un dépôt d'étalons. Pop. : 3,800 âmes.

MONTIERS-SUR-SAULX. — Chef-lieu de canton dans l'arrondissement de Bar-le-Duc, département de la Meuse. Il est situé sur la Saulx. Pop. : 1,200 âmes.

MONTIGNAC. — Petite ville, chef-lieu de canton dans l'arrondissement de Sarlat, département de la Dordogne. Pop. : 3,800 âmes.

MONTIGNY-LE-ROI. — Chef-lieu de canton dans l'arrondissement de Langres, département de la Haute-Marne. Pop. : 1,200 âmes.

MONTIGNY-SUR-AUBE. — Chef-lieu de canton dans l'arrondissement de Châtillon-sur-Seine, département de la Côte-d'Or. Il est situé sur l'Aube. Pop. : 900 âmes.

MONTIJO. — Ville de la province de Badajoz, en Espagne. Elle est située sur la droite de la Guadiana. Pop. : 6,000 âmes.

MONTILLA. — Ville de la province de Cordoue, en Espagne. On y fait un commerce de vins estimés, récoltés sur son territoire. Pop. : 13,000 âmes.

MONTIVILLIERS. — Petite ville, chef-lieu de canton dans l'arrondissement du Havre, département de la Seine-Inférieure. On y trouve quelques fabriques. Pop. : 3,900 âmes.

MONTJEAN. — Commune de l'arrondissement de Beaupreau, dans le département de Maine-et-Loire. Elle est située sur la rive gauche de la Loire. On trouve une mine de houille sur son territoire. Pop. : 2,900 âmes.

MONTJOIE ou **MONTSCHAU.** — Ville de la régence d'Aix-la-Chapelle dans la Prusse Rhénane. Elle est située sur la Roer. On y trouve des manufactures de draps et des martinets. Pop. : 3,000 âmes.

MONTLHÉRY. — Commune de l'arrondissement de Corbeil, dans le département de Seine-et-Oise. On y voit les ruines d'un ancien château. C'est sous les murs de cette ville qu'en 1465, une bataille fut livrée entre l'armée de Louis XI et les troupes des seigneurs formant la ligue dite du *Bien public*. Pop. : 1,700 âmes.

MONTLIEU. — Chef-lieu de canton dans l'arrondissement de Jonzac, département de la Charente-Inférieure. Pop. : 1,100 âmes.

MONTLUEL. — Petite ville située sur la Seraine, dans le département de l'Ain. Elle était autrefois la capitale du pays de la Valbonne. Elle est importante aujourd'hui par ses fabriques de draps cuir-laine, etc. Sa population est d'environ 4,000 habitants.

MONTMARTIN-SUR-MER. — Chef-lieu de canton dans l'arrondissement de Coutances, département de la Manche. Pop. 900 âmes.

MONTMARTRE. — Petite ville de la banlieue de Paris. Elle est échelonnée sur un mont dont l'élévation constitue un point important pour la défense de la capitale. Cette ville a un mouvement industriel assez prononcé, et l'on cite ses fabriques de petits bronzes. On y exploitait naguère des carrières de plâtre; mais on a dû cesser en partie ces travaux qui menaçaient d'enfouir une portion des maisons dans les cryptes pratiquées et agrandies depuis des siècles. Pop. : 12,000 âmes.

MONTMEDY. — Petite ville située sur la rive droite du Chiers. Elle est importante par ses fortifications. Chef-lieu d'arrondissement dans le département de la Meuse, elle comprend 6 cantons et 131 communes. Son commerce consiste en chapellerie, bonneterie, mégisserie, etc. Sa population est d'environ 3,000 âmes.

MONTMELIAN. — Ville fortifiée de la Savoie, royaume sarde. Elle est située sur l'Isère. Les Français s'en emparèrent en 1691 et 1792. Pop. : 1,300 âmes.

MONTMIRAIL. — Chef-lieu de canton dans l'arrondissement d'Epernay, département de la Marne. On y fait un commerce de meules de moulins. Les Français y battirent les alliés en 1814. Pop. 2,500 âmes.

MONTMIRAIL. — Chef-lieu de canton dans l'arrondissement de Mamers, département de la Sarthe. On y trouve une verrerie. Pop. : 1,300 âmes.

MONTMIREY. — Chef-lieu de canton dans l'arrondissement de Dôle, département du Jura. Pop. 500 âmes.

MONTMOREAU. — Chef-lieu de canton dans l'arrondissement de Barbezieux, département de la Charente. Pop. : 600 âmes.

MONTMORENCY. — Petite ville du département de Seine-et-Oise. Elle est située dans une charmante vallée qui porte son nom, et renommée par l'excellence de ses cerises. La belle forêt qui la borde y attire les promeneurs parisiens, dont quelques-uns vont aussi visiter la propriété appelée *l'Ermitage* et qu'habitèrent J.-J. Rousseau et Grétry. Pop. 1,900 âmes.

MONTMORILLON. — Petite ville située sur la Gartempe, dans le département de la Vienne. Chef-lieu d'arrondissement, elle comprend 6 cantons et 60 communes. Sa population est d'environ 5,000 âmes.

MONTMORT. — Chef-lieu de canton dans l'arrondissement d'Epernay, département de la Marne. Pop. : 8,000 âmes.

MONTODINE. — Ville du royaume lombard-vénitien, empire d'Autriche. Le duc de

Vendôme y battit le prince Eugène en 1705. Pop. 2,000 âmes.

MONTOIRE. — Chef-lieu de canton dans l'arrondissement de Vendôme, département de Loir-et-Cher. Il est situé sur la rive droite du Loir. On y trouve des fabriques de cotonnades, de toiles et de bas communs. Pop. : 3,500 âmes.

MONTOLIEU. — Commune de l'arrondissement de Carcassonne, département de l'Aude. On y trouve une filature de laine, des fabriques de draps et de bonneterie et des forges. Pop. 1,800 âmes.

MONTORO. — Ville de la province de Cordoue, en Espagne. Elle est située sur le Guadalquivir et dans un territoire renommé pour l'excellence de ses fruits. On y trouve des fabriques de draps et de poteries. Pop. : 4,000 âmes.

MONTPELLIER. — Ville épiscopale. Elle est située sur une colline, au bord du Merdanson et non loin du Lez. Chef-lieu du département de l'Hérault, son arrondissement comprend 14 cantons et 113 communes. On remarque dans cette ville l'église Saint-Pierre, la citadelle, l'hôtel de la préfecture, la bourse, l'aqueduc et la promenade du Pérou, et l'esplanade. Elle possède un séminaire, une académie universitaire, un collége, une école de médecine depuis longtemps renommée, une école du génie, deux bibliothèques publiques, un musée de tableaux donné par le peintre Fabre, un cabinet d'histoire naturelle, un jardin des plantes et plusieurs sociétés académiques; puis des fabriques de mousselines, de cotonnade, de draps, de couvertures, de produits chimiques, etc. Sa population est d'environ 40,000 âmes. C'est la patrie de La Peyronnie, Rebuffe, Despeis, Sébastien Bourdon, Castel, Fabre, etc.

MONTPELLIER. — Commune de l'arrondissement de Saintes, département de la Charente-Inférieure. Pop. : 900 âmes.

MONTPELLIER. — Petite ville, chef-lieu de l'Etat de Vermont, aux Etats-Unis d'Amérique. Elle est située dans le comté de Vermont. Pop. : 4,000 âmes.

MONTPENSIER. — Commune de l'arrondissement de Riom, dans le département du Puy-de-Dôme. On y trouve une mine de bitume. Louis VIII mourut dans cet endroit en 1226, au retour de son expédition contre les Albigeois. Pop. 700 âmes.

MONTPEZAT. — Chef-lieu de canton dans l'arrondissement de l'Argentière, département de l'Ardèche. On y fabrique des gilets de laine et l'on y fait un commerce de grains, de châtaignes et de bestiaux. Pop. : 2,900 âmes.

MONTPEZAT. — Chef-lieu de canton dans l'arrondissement de Montauban, département de Tarn-et-Garonne. Pop. 2,900 âmes.

MONTPONT. — Chef-lieu de canton dans l'arrondissement de Louhans, dans le département de Saône et Loire. Pop. : 2,600 âmes.

MONTRADO. — Petite ville, chef-lieu du district de ce nom, dans l'île de Bornéo, Océanie occidentale. Elle est habitée, ainsi que son territoire, par des colons chinois qui y exploitent les mines d'or et autres. Pop. : 6,000 âmes.

MONTREAL. — Chef-lieu de canton dans l'arrondissement de Carcassonne, département de l'Aude. Pop. : 3,100 âmes.

MONTREAL. — Chef-lieu de canton dans l'arrondissement de Condom, département du Gers. On y trouve une filature de laines et des fabriques d'eaux-de-vie. Pop. : 2,700 âmes.

MONTREAL. — Commune de l'arrondissement d'Avallon, dans le département de l'Yonne. Brunehaut et François 1er habitèrent son ancien château. Pop. : 600 âmes.

MONTREAL. — Ville épiscopale des environs de Palerme, en Sicile. On y admire sa superbe cathédrale, et on y trouve un collége royal. Pop. : 13,000 âmes.

MONTREAL. — Ville épiscopale du Bas-Canada, Amérique anglaise. Elle est située sur la côte méridionale de l'île de même nom et près d'une colline. C'est une jolie ville, dans laquelle on remarque la vaste cathédrale catholique, l'hôtel de ville, les casernes, l'hôpital-général, la prison et le monument de Nelson. On y trouve une université anglaise, un collége français, une école latine, un institut classique et plusieurs sociétés académiques. Dans ses environs est le village de la Chine, très-renommé par le commerce qu'il entretient au moyen de sa flotille de canots. Pop. : 40,000 âmes.

MONTREDON — Petite ville, chef-lieu de canton dans l'arrondissement de Castres, département du Tarn. Pop. : 5,260 âmes.

MONTREJEAU. — Chef-lieu de canton dans l'arrondissement de Saint-Gaudens, département de la Haute-Garonne. On y fabrique des tricots de laine. Pop. : 3,100 âmes.

MONTRELAIS. — Commune de l'arrondissement d'Ancenis, département de la Loire-Inférieure. On trouve une mine de houille sur son territoire. Pop. : 2,300 âmes.

MONTRESOR. — Chef-lieu de canton dans l'arrondissement de Loches, département d'Indre-et-Loire. On y fabrique de la grosse draperie. Pop. : 700 âmes.

MONTRET. — Chef-lieu de canton dans l'arrondissement de Louhans, département de Saône-et-Loire. Pop. : 900 âmes.

MONTREUIL. — Petite ville fortifiée du département du Pas-de-Calais. Elle est située sur la rive gauche de la Canche. Chef-lieu d'arrondissement, elle comprend 6 cantons et 139 communes. On y trouve des fabriques de toiles, des brasseries, des tanneries et des raffineries de sucre. Pop. : 4,200 âmes.

MONTREUIL-BELLAY. — Chef-lieu de canton dans l'arrondissement de Saumur, département de Maine-et-Loire. Il est situé sur le Thoué, qui y devient navigable. Pop. : 1,900 âmes.

MONTREUIL-SOUS-BOIS. — Commune de l'arrondissement de Sceaux, département de la Seine. Elle est renommée par sa culture des pêchers. Pop. : 5,400 âmes.

MONTREVAULT. — Chef-lieu de canton dans l'arrondissement de Beaupreau, département de Maine-et-Loire. Il est situé sur l'Èvre, et l'on y fait un commerce de bestiaux. Pop. : 800 âmes.

MONTREVEL. — Chef-lieu de canton dans l'arrondissement de Bourg, département de l'Ain. Pop. : 1,400 âmes.

MONTRICHARD. — Chef-lieu de canton dans l'arrondissement de Blois, département de Loir-et-Cher. Il est situé près de la rive droite du Cher. Cette ville, autrefois fortifiée, avait été ceinte de murailles par Richard-Cœur-de-Lion. Pop. : 2,300 âmes.

MONTROSE. — Jolie ville du comté d'Angus, en Écosse. Elle est commerçante, possède un bon port et des docks, et l'on y trouve aussi une bibliothèque publique. Pop. : 12,000 âmes.

MONTROUGE. — Commune de l'arrondissement de Sceaux, dans le département de la Seine. Elle est partagée en deux parties que la coutume distingue : l'une est Montrouge proprement dit, l'autre le *Petit-Montrouge*. Celui-ci touche aux barrières de Paris, et l'on y trouve un des établissements typographiques les plus remarquables, non-seulement de la France, mais encore des autres pays du globe. Fondé par M. l'abbé Migne, sans autre appui que ses ressources personnelles, mais favorisé chez lui par une entente merveilleuse des affaires et une régularité et fermeté de direction tout à fait militaires, cet établissement réalise une idée devant laquelle eût reculé tout autre spéculateur, et même les facultés plus puissantes d'un gouvernement. Il en résulte que l'œuvre colossale de M. l'abbé Migne, sa *bibliothèque universelle du clergé*, est une publication qui n'a point d'égale et qui ne sera jamais reproduite dans des conditions analogues, du moins par un éditeur unique. Il suffit au surplus d'indiquer les principales divisions de cette œuvre, pour en faire apprécier l'importance, l'étendue, et justifier ce que nous venons de dire. Voici les titres et le nombre de volumes de plusieurs des séries :

Cours complet de patrologie.	360 vol.
Répertoire de droit catholique, etc.	100
Encyclopédie théologique.	100
Cours complet d'hagiographie.	100
— d'ascétisme.	100
d'apologétique et de controverse catholiques.	100
Manuels spirituels.	100
Cours complet d'histoire.	100
— de conciles.	80
Orbis christianus, etc.	80
Cours complet de droit canon, etc.	50
— de devoirs ecclésiastiques.	50
— de liturgie.	40

(1) La part très-minime que nous avons prise, comme auteur, à la *Bibliothèque universelle du clergé*, nous a fait penser que nous pouvions, sans inconvenance aucune, exprimer les éloges que nous venons d'écrire, et nous espérons qu'on ne confondra

Cours complet de bibliographie catholique.	40
— de philosophie.	40
Orateurs sacrés.	plus de 60
Les meilleurs prônistes français.	30
Chefs-d'œuvre de la chaire étrangère.	30
Cours complet de catéchisme.	30
— d'écriture sainte.	28
— de théologie.	28
— de littérature.	40
Démonstrations évangéliques	20
Encyclopédie scientifique et artistique.	10
Le livre de Marie.	10
Les livres nécessaires à tous les états, etc., etc., etc.	100

Les volumes sont de format grand in-8° et de 600 pages au moins, c'est-à-dire que chacun d'eux renferme la matière de plus de six volumes ordinaires petit in-8°.

M. l'abbé Migne a déjà reçu du clergé de nombreux encouragements et des distinctions : d'autres témoignages de sympathie et d'estime lui sont sans doute encore réservés (1). Pop. : 12,000 âmes.

MONTSALVY. — Chef-lieu de canton de l'arrondissement d'Aurillac, département du Cantal. On y fait un commerce de toiles grises, de cire et de châtaignes. Pop. : 1,100 âmes.

MONTSAUCHE. — Chef-lieu de canton dans l'arrondissement de Château-Chinon, département de la Nièvre. Pop. : 1,700 âmes.

MONTSERRAT. — Une des Antilles anglaises. Elle est située au nord-ouest de la Guadeloupe. Sa longueur est de 13 kilomètres, et son sol est montueux et peu fertile. Pop. : 7,000 âmes.

MONTSURS. — Chef-lieu de canton dans l'arrondissement de Laval, département de la Mayenne. On y trouve des fabriques de toiles. Pop. : 1,700 âmes.

MONVILLE. — Commune de l'arrondissement de Rouen, dans le département de la Seine-Inférieure. On y trouve des filatures, des blanchisseries et des fabriques de produits chimiques. Cette commune fut ravagée, en 1845, par une trombe des plus furieuses. Pop. : 2,600 âmes.

MONZA. — Petite ville située sur le Lambro, dans le Milanais, en Italie. On conserve, dans sa basilique, plusieurs objets précieux. Tels sont la *couronne de fer* qui, depuis les Lombards jusqu'à nos jours, a servi au sacre des rois d'Italie ; le *reliquaire de la reine Théodelinde*, sorte de toilette du moyen âge, qui contient sa couronne ; une coupe de saphir, un éventail en parchemin rouge et un peigne ; le *graduel de saint Grégoire*, et enfin le célèbre *papyrus* contenant l'état des reliques envoyées par cet illustre Pape à Théodelinde. On remarque encore, à Monza, le palais d'été du vice-roi, dont la chapelle passe pour un chef-d'œuvre ; et à ce palais se rattachent un magnifique parc, de très-belles serres, et un jardin botanique réputé

pas avec une *réclame* de journal, la justice que nous nous plaisons à rendre à une publication capitale, dont personne ne saurait, avec conscience, contester le mérite.

pour ses richesses. La population de cette ville est d'environ 17,000 âmes.

MONZON. — Ville forte de la province de Huesca, en Espagne. Les cortès y furent plusieurs fois assemblés. Pop.: 3,000 âmes.

MORA. — Ville de la province de Tolède, en Espagne. On y fabrique du savon et de la sparterie, et autrefois elle fut célèbre par les lames d'épée qu'on y forgeait. Pop.: 5,000 âmes.

MORANNES. — Commune de l'arrondissement de Baugé, dans le département de Maine-et-Loire. Elle est située sur la Sarthe et l'on y trouve des papeteries. Pop.: 2,800 âmes.

MORAT. — Jolie petite ville du canton de Fribourg, en Suisse. Elle est située sur le lac qui porte son nom. Elle est à jamais mémorable par la victoire que les Suisses y remportèrent en 1476 sur le duc de Bourgogne, Charles le Téméraire. Les vainqueurs formèrent un vaste ossuaire avec les os des Bourguignons; mais les Français détruisirent ce monument en 1798. Pop.: 1,300 âmes.

MORAVA. — Rivière de Servie. Elle est formée par la réunion de la Morava orientale et de la Morava occidentale, au-dessous de Kruchovatz, et se jette dans le Danube, à 9 kilomètres au-dessous de Semendria. Son cours est d'environ 200 kilomètres.

MORAVES (Monts). — Chaîne de montagnes de l'empire d'Autriche. Elle est située entre le Bohême et la Moravie, fait partie de la grande arête qui sépare l'Europe en deux versants principaux, et s'étend des monts Sudètes auxquels elle se joint vers les sources de la March et de l'Adler, jusqu'aux sources de la Thaya où elle se rattache aux monts de Bohême. Ses points culminants ne dépassent pas 1,400 mètres.

MORAVIE. — Province de l'empire d'Autriche. Elle forme, avec la Silésie autrichienne, le gouvernement de Moravie et Silésie, lequel comprend 8 divisions: Brünn, Iglau, Znaym, Hradisch, Olmütz, Prerau, Troppau et Teschen. Brünn est le chef-lieu de la province. Celle-ci est fertile en grains, vins, lin et fruits, et son industrie consiste principalement en fabrication de draps, toiles et tissus de coton. 2,118,000 âmes.

MORBECQUE. — Petite ville de l'arrondissement d'Hazebrouck, dans le département du Nord. Pop.: 3,400 âmes.

MORBIER. — Commune de l'arrondissement de Saint-Claude, dans le département du Jura. On y fabrique de l'horlogerie. Pop.: 2,100 âmes.

MORBIHAN. — Golfe de l'Atlantique, en France. Il est situé au sud du département auquel il a donné son nom.

MORBIHAN (Département du). — Il a été formé d'une partie de la Bretagne. Sa superficie est de 699,641 hectares, et sa population est d'environ 472,800 âmes. Il est divisé en 4 arrondissements dont les chefs-lieux sont Vannes, Pontivy, Lorient et Ploermel, et compte 37 cantons et 232 communes. Vannes est le siège de sa préfecture et de son diocèse, Rennes celui de sa cour impériale et de son académie universitaire (*voir* l'*Appendice*), et il est compris dans la quinzième division militaire. Ce département prend son nom d'une vaste lagune ou étang formé par les eaux de la mer, et situé au-dessous de Vannes. Cet étang est parsemé d'îles habitées et ses bords sont garnis de villages.

MORDELLES. — Chef-lieu de canton dans l'arrondissement de Rennes, département d'Ille-et-Vilaine. Pop.: 2,600 âmes.

MOREBAT. — Cap d'Arabie. Il est situé sur la côte sud-est, près d'une baie de même nom, formée par la mer des Indes.

MORÉE. *Voy.* PÉLOPONÈSE.

MORÉE. — Chef-lieu de canton dans l'arrondissement de Vendôme, département de Loir-et-Cher. Ce lieu était autrefois fortifié. Pop.: 1,300 âmes.

MORELL. — Ile de la Micronésie.

MORELLA. — Ville de la province de Castellon, en Espagne. Pop.: 6,000 âmes.

MORESTEL. — Chef-lieu de canton dans l'arrondissement de la Tour-du-Pin, département de l'Isère. On y fabrique du sucre indigène. Pop.: 1,400 âmes.

MORET. — Chef-lieu de canton dans l'arrondissement de Fontainebleau, département de Seine-et-Marne. Il est situé sur le canal du Loing. On y fait un commerce de vins, de bois et de pavés. Pop.: 1,700 âmes.

MORETON. — Baie située sur la côte de la Nouvelle-Galles méridionale. Une île du même nom se trouve placée à l'entrée, et son principal affluent est le Brisbane.

MOREUIL. — Chef-lieu de canton dans l'arrondissement de Mont-Didier, département de la Somme. On y fabrique de la bonneterie. Pop.: 2,200 âmes.

MOREZ. — Bourg, chef-lieu de canton dans l'arrondissement de Saint-Claude, département du Jura. Il est situé sur la Brienne, au fond d'une gorge étroite. On y fabrique un grand nombre d'horloges à poids et de pendules à ressorts; puis des cadrans d'émail et de la clouterie; et l'on y fait enfin un commerce de fromages. Pop.: 2,700 âmes.

MORGARTEN. — Montagne de Suisse. Elle est située entre le canton de Zug et celui de Schwitz. 1,300 Suisses y vainquirent 20,000 Autrichiens en 1315.

MORGES. — Petite ville du canton de Vaud, en Suisse. Elle est située au nord du lac de Genève, et l'on y trouve un collège, une bibliothèque publique, une école d'artillerie, ainsi que l'arsenal du canton. Pop.: 3,000 âmes.

MORIC. — Village situé à l'embouchure du Lay, dans le département de la Vendée. On y remarque une digue construite à l'instar des Polders hollandais, et qui date de 1830. Pop.: 400 âmes.

MORLAAS. — Chef-lieu de canton dans l'arrondissement de Pau, département des Basses-Pyrénées. On y fait un commerce de vins. Cet endroit est, dit-on, l'emplacement de l'ancienne *Beneharnum*. Pop.: 1,900 âmes.

MORLAIX. — Ville du département du Finistère. Chef-lieu d'arrondissement, elle comprend 10 cantons et 58 communes. Son port fait des expéditions importantes; elle possède un bel hôpital, une école de navigation et un société d'agriculture; et son commerce consiste en bestiaux, chevaux, toiles, cuirs tannés, papiers, légumes secs, beurre, graisse, miel, cire, minerai de plomb, ardoises, etc. Sa population est d'environ 11,000 âmes.

MORLAQUIE. — Pays de l'empire d'Autriche. Il est situé au nord-ouest de la Dalmatie, et à l'ouest de la Croatie. Ses habitants sont d'origine slave; et ses villes principales sont Carlopago et Zengg.

MORMANT. — Chef-lieu de canton dans l'arrondissement de Melun, département de Seine-et-Marne. Pop. : 1,100 âmes.

MORMOIRON. — Chef-lieu de canton dans l'arrondissement de Carpentras, département de Vaucluse. Pop. : 2,400 âmes.

MORNANT. — Chef-lieu de l'arrondissement de Lyon, département du Rhône. Pop. : 2,200 âmes.

MORNE (LE GROS). — Bourg de l'île de la Martinique, l'une des Antilles françaises. Il est situé dans l'arrondissement de Saint-Pierre. Pop. 4,900 âmes.

MORNE-A-L'EAU (LE). — Commune de l'île de la Guadeloupe. Elle est située dans l'arrondissement de la Pointe-à-Pître, sur le Grand-Cul-de-Sac. Pop. 3,600 âmes.

MOROSAGLIA. — Chef-lieu de canton dans l'arrondissement de Corté, en Corse. Pop. : 800 âmes.

MOROTOI. — Ile de la Polynésie. Elle est située dans l'archipel de Sandwich, au sud-est d'Ouaou. Sa longueur est de 58 kilomètres.

MORPETH. — Ville du comté de Northumberland, en Angleterre. On y tient un grand marché de bestiaux amenés de l'Ecosse.

MORRUMBRIDGEE. — Rivière de la Nouvelle-Galles méridionale. Elle prend sa source dans les hautes montagnes qui portent le même nom, et qui sont situées au sud-ouest de Sidney.

MORT (GOLFE). — Le plus grand de la mer Caspienne. Il est situé au nord-est, sur les côtes du Turkestan, et l'espace qui le sépare du lac d'Aral, n'a pas plus de 160 kilomètres de largeur.

MORTAGNE. — Rivière de France. Elle prend sa source dans le département des Vosges, passe à Ramberviller, et se jette dans la Meurthe, au-dessous de Lunéville, après un cours de 60 kilomètres.

MORTAGNE. — Petite ville du département de l'Orne. Chef-lieu d'arrondissement, elle comprend 11 cantons et 151 communes. On y trouve un collége, et l'on y fabrique des toiles de diverses qualités pour expédier dans les colonies. Pop. : 5,000 âmes.

MORTAGNE-SUR-SÈVRE. — Chef-lieu de canton dans l'arrondissement de Napoléon-Vendée, département de la Vendée. Il est situé sur la Sèvre-Nantaise, et l'on y trouve des papeteries et des fabriques de toiles de lin et de coton. Pop. : 1,700 âmes.

MORTAIN. — Petite ville du département de la Manche. Chef-lieu d'arrondissement, elle comprend 8 cantons et 73 communes. On y trouve un collége. Cette ville était anciennement le siége d'assises célèbres. Pop. : 2,500 âmes.

MORTAY. — Ile de la Malaisie. Elle est située dans l'archipel des Moluques, au nord-est de Gilolo, et dépend du sultan de Ternate.

MORTEAU. — Chef-lieu de canton dans l'arrondissement de Pontarlier, département du Doubs. Il est important par ses fabriques de cloches et par d'autres usines. C'est dans ses environs qu'existe la belle cascade appelée le *Saut du Doubs* Pop. : 1,700 âmes.

MORTFONTAINE ou MORTEFONTAINE. — Commune de l'arrondissement de Senlis, département de l'Oise. On y voit un beau château où fut signé, en 1800, un traité entre la France et les Etats-Unis. Pop. : 400 âmes.

MORTLOCK. — Groupe de petites îles de l'Australie. Il est situé au nord des îles de Salomon.

MORTRÉE. — Chef-lieu de canton dans le département de l'Orne, arrondissement d'Argentan. Pop. : 1,400 âmes.

MOSCOU ou MOSKOV. — Grande et belle ville, seconde capitale de la Russie. Elle est située sur la Moskva et au milieu du vaste plateau de la Russie centrale. On y remarque la cathédrale, placée sous l'invocation de l'Assomption de la Vierge, et dans laquelle on sacre les empereurs ; les églises de l'archange Saint-Michel, de Notre-Dame de Kuzun et de Vassili-Blagennoï; le Kremlin, ancienne demeure des Tzars, immense construction composée de palais, d'églises et de couvents, avec de nombreux clochers et coupoles dorés ou peints ; le palais anguleux ou à facettes, celui des armes, ceux du sénat et du patriarche, celui de Catherine, l'arsenal, la maison des enfants trouvés, le clocher d'Ivan Vélikoï et la tour de Soukaref; puis les places Rouge, de l'Arbate et de Petrovskaïa. Cette ville possède une université, une académie ecclésiastique, une pension des nobles, une académie chirurgico-médicale, une école militaire et une autre des cadets, une école arménienne fondée par Catherine II, une école de commerce, une école vétérinaire, un gymnase, les instituts de Sainte-Catherine, d'Alexandre et de Lazarev, une bibliothèque publique, un cabinet d'histoire naturelle, un autre de physique, un musée anatomique, un observatoire, un jardin botanique et plusieurs sociétés académiques. La population de Moscou dépasse 300,000 âmes. On trouve, dans ses environs immédiats, le palais impérial, celui de l'archevêque et le séminaire; la cathédrale de l'Assomption, dont le clocher est l'un des plus élevés de l'empire ; le magnifique couvent de Troïtzkaïa-Lavra ou de la Trinité, dont l'église renferme des richesses immenses; et enfin les châteaux de Kouzminki, d'Arkhanguelskoï, d'Astankino, de Kouskovo et de Goremki. Ce dernier possède un vaste parc et un riche jardin botanique.

MOSCOVA ou **MOSKVA**. — Rivière navigable de Russie. Elle passe à Moscou, et se jette dans l'Oka, après un cours de 300 kilomètres. Les Français vainquirent les Russes sur les bords de cette rivière en 1812.

MOSELLE. — Ce fleuve a son origine au mont des Faucilles, dans les Vosges, et naît de trois sources distinctes. La première jaillit au pied d'un roc de la côte de Taye, et ses eaux traversent successivement Bussang, Saint-Maurice, Ramonchamp et Rupt, et s'ouvrant dans ce dernier endroit un passage dans le granit, elle y forme une cascade d'environ 15 mètres. La seconde vient du lac de Lispach, situé dans la vallée de Chajoux, au nord-est du village de la Bresse; et la troisième descend des deux lacs de Séchemer et de Blanchemer, situés dans la haute vallée de Vologne. A la petite Bresse, cette source se réunit à la seconde et va rejoindre la première dans le large bassin de Remiremont, où le fleuve se grossit de toutes les eaux que lui versent les amphithéâtres du Ballon, du grand Ventrou, du mont des Chaumes et du Drumont. En quittant ce bassin, la Moselle, devenue flottable, se dirige sur Épinal, puis sur Vincey; elle traverse les départements de la Meurthe et de la Moselle, recevant des eaux de la Meurthe à Frouard; celles de la Seille à Metz, de l'Ornes à Richemond, et de la Sarre à Consarbruck; puis, après avoir arrosé les murailles de Trèves, elle va se perdre dans le Rhin, à Coblentz, après un trajet de 56 myriamètres, ou 125 lieues communes. Ce fleuve est sujet à de fréquentes inondations.

MOSELLE (Département de la). — Il a été formé d'une partie des trois évêchés de la Lorraine. Sa superficie est de 532,797 hectares, et sa population d'environ 448,100 âmes. Il est divisé en 4 arrondissements dont les chefs-lieux sont Metz, Thionville, Bryes et Sarreguemines, et compte 27 cantons et 612 communes. Metz est le siège de sa préfecture, de son diocèse et de sa cour impériale, Nanci celui de son académie universitaire, et il est compris dans la troisième division militaire. (*Voir l'Appendice*.)

MOSQUITOS ou **MOSCOS**. — Indiens de l'Amérique centrale. Ils habitent dans l'État d'Honduras, et ont conservé leur indépendance.

MOSSOUL. *Voy.* MOUSSEL.

MOSTAGANEM. — Ville fortifiée de la province d'Oran, en Algérie. Elle est située sur la Méditerranée où elle possède un port, et ce sont particulièrement des Juifs qui l'habitent. P. : 5,000 âmes.

MOSTAR. — Petite ville de la Dalmatie ottomane, dans la Turquie d'Asie. Elle est florissante par son industrie et son commerce, et l'on y remarque un pont en pierre, dont la corde de son arche unique présente une étendue de 100 mètres. Pop. : 9,000 âmes.

MOTALA. — Fleuve de Suède. Il sort du lac Wetter, et se jette dans la Baltique, à Norkoping, après un cours de 70 kilomètres.

MOTALA. — Gros bourg de la Suède. Il est renommé par son importante fabrique de machines à vapeur, dans laquelle on confectionne aussi de la coutellerie, de la quincaillerie, etc. Ce bourg est également l'un des entrepôts du commerce qui se fait par le canal de Gotha.

MOTIERS ou **MOTHIERS-TRAVERS**. — Village du canton de Neuf-Châtel en Suisse. Il est habité par un grand nombre d'horlogers, de gantiers et d'ouvrières en dentelles, et l'on y fabrique aussi une quantité considérable d'extrait d'absinthe. On y montre la maison qui servit de retraite à J.-J. Rousseau. Pop. : 2,000 âmes.

MOTIR. — Petite île de la Malaisie. Elle est située dans l'archipel des Moluques, au sud de Tridor, et l'on y fabrique de la poterie en terre rouge.

MOTRIL. — Ville de la province de Grenade. Elle est renommée par la fertilité de son territoire, où l'on cultive la canne à sucre, ainsi que par ses mines de plomb et ses salines. Pop. : 12,000 âmes.

MOTTE-BEUVRON (La). — Chef-lieu de canton dans l'arrondissement de Romorantin, département de Loir-et-Cher. Pop. : 700 âmes.

MOTTE-CHALANÇON (La). — Chef-lieu de canton dans l'arrondissement de Die, département de la Drôme. Pop. : 1,200 âmes.

MOTTE-DU-CAIRE (La). — Chef-lieu de canton dans l'arrondissement de Sisteron, département des Basses-Alpes. Pop. : 700 âmes.

MOUCHES (Iles aux). — Groupe de la Polynésie. Il est situé dans le nord-ouest de l'archipel des Iles-Basses.

MOUDANIA. — Ville de l'Asie mineure, empire ottoman. Son port sert de débouché aux marchandises de Brousse, et il reçoit, pour cette ville, celles qui sont expédiées de Constantinople et d'autres contrées. Les fièvres sont endémiques dans cette ville. Pop. : 20,000 âmes.

MOUL-MEIN. — Petite ville de l'Inde-Transgangétique anglaise. Elle est située sur la gauche du Salouen, vis-à-vis de Martaban, et a été fondée par les Anglais. Son importance commerciale est assez considérable.

MOULE (Le). — Chef-lieu d'un quartier de l'île de la Guadeloupe, l'une des Antilles françaises. Il possède un port sur la côte nord-est de la Grande-Terre, et le commerce y est florissant. Pop. : 20,000 âmes.

MOULINS. — Ville épiscopale, située sur la rive droite de l'Allier. Autrefois capitale du Bourbonnais, elle est aujourd'hui le chef-lieu du département de l'Allier, et son arrondissement comprend 9 cantons et 85 communes. On y remarque l'hôtel de ville, la caserne de cavalerie, le pont construit sur l'Allier, et le mausolée de Henri de Montmorency, élevé dans l'église de la Visitation. Cette ville possède un séminaire, un collège, une bibliothèque et une société académique. Son commerce consiste en fer, charbon de terre, bois de toute espèce, coutellerie estimée, etc. Sa population est d'environ 16,000 âmes. Moulins est la patrie de Berwich, de Villars, etc.

MOULINS-ENGILBERT. — Chef-lieu de canton dans l'arrondissement de Château-Chinon, département de la Nièvre. Pop.: 2,900 âmes.

MOULINS-LA-MARCHE. — Chef-lieu de canton dans l'arrondissement de Mortagne, département de l'Orne.

MOULTAN. — Chef-lieu de la région et de la province de ce nom, dans le royaume de Lahore, Hindoustan. C'est une grande ville située dans une plaine assez bien cultivée. On croit qu'elle occupe l'emplacement de la capitale des *Malli*, du temps d'Alexandre. On y remarque le tombeau de Rouku-i-allum. Pop.: 80,000 âmes.

MOUNIN-VOLCANIQUE. — Division géographique qui correspond, pour la plus grande partie, à l'archipel de Magellan, dans la Polynésie, et se compose des groupes de Mounin-Sima, volcanique, et occidental. Le groupe volcanique est ainsi nommé à cause des volcans qui brûlent dans ses îles, dont les principales sont l'île du soufre, l'île Saint-Alexandre, et l'île Saint-Augustin.

MOURCHIDABAD ou MOORSHEDABAD. — Grande ville du Bengale, dans l'empire indo-britannique. Elle est située sur le Cossimbazar, branche du Gange. On y trouve un grand nombre de manufactures de soieries qui sont très-estimées. Pop.: 150,000 âmes.

MOURGAB. — Rivière du Turkestan. Elle prend sa source dans le Khorasan-Afghan et va se perdre dans un lac.

MOUROM. — Ville du gouvernement de Vladimir, en Russie. Elle est située sur l'Oka, et l'on trouve des mines de fer dans ses environs. Au XIe siècle, cette ville était la capitale de l'une des douze principautés de la Russie. Pop.: 6,000 âmes.

MOURZOUK. — Ville de Fezzan, dans la régence de Tripoli, en Afrique. Elle est composée de maisons en terre et de rues très-étroites, et c'est la résidence d'un sultan tributaire de Tripoli. Ce lieu est le principal marché intérieur de l'Afrique septentrionale, et le rendez-vous des caravanes qui viennent du Caire, de Tripoli, de Tunis, de Ghâdames, de Tombouctou, de Bornou, etc.

MOUS-TACH. — Chaîne de montagnes de l'Asie centrale. Elle est située dans le nord du Tibet et à l'est des monts Bolor, et l'on croit que ses principaux sommets ont une altitude d'environ 5,000 mètres.

MOUSSAGES. — Commune de l'arrondissement de Mauriac, dans le département du Cantal. Pop.: 1,100 âmes.

MOUSSEL ou MOSSOUL. — Ville de la Mésopotamie, dans la Turquie d'Asie. Elle est située dans une plaine au bord du Tigre, et c'est le siège du patriarche chaldéen catholique d'Elkoch. On y remarque une mosquée ayant une tour inclinée comme celle de Pise. Cette ville possède des manufactures de coton qui ont donné le nom à la *mousseline*; elle fait un commerce assez considérable, et sa population approche de 65,000 âmes.

MOUSTIERS. — Chef-lieu de canton dans l'arrondissement de Digne, département des Basses-Alpes. On y trouve des fabriques de faïence et de papier. Pop.: 1,800 âmes.

MOUTHE. — Chef-lieu de canton dans l'arrondissement de Pontarlier, département du Doubs. Pop.: 1,100 âmes.

MOUTROUMET. — Chef-lieu de canton dans l'arrondissement de Carcassonne, département de l'Aube. Pop.: 400 âmes.

MOUTIERS (Les). — Chef-lieu de canton dans l'arrondissement des Sables, département de la Vendée. Pop.: 700 âmes.

MOUTIERS. — Ville épiscopale de Savoie, dans le royaume sarde. Elle est située sur l'Isère, et c'est le chef-lieu de la province de Tarentaise. On trouve, sur son territoire, une source salée et des mines de plomb argentifère. C'est la patrie d'Innocent V. Pop.: 2,000 âmes.

MOUY. — Chef-lieu de canton dans l'arrondissement de Clermont, département de l'Oise. Il est situé sur le Thérain et l'on y trouve une filature et des fabriques d'étoffes de laine. Pop.: 2,700 âmes.

MOUZON. — Chef-lieu de canton dans l'arrondissement de Sedan, département des Ardennes. C'était autrefois une place forte. Pop. 2,600 âmes.

MOXOS. — Contrée de l'Amérique méridionale. Elle est située dans le nord de la république de Bolivia et a reçu son nom d'une peuplade d'indiens.

MOY ou MOUY. — Chef-lieu de canton dans l'arrondissement de Saint-Quentin, département de l'Aisne. Pop.: 1,500 âmes.

MOYENNEVILLE. — Chef-lieu de canton dans le département de la Somme, arrondissement d'Abbeville. Pop.: 1,000 âmes.

MOZAMBIQUE. — C'est le nom que porte la partie de la côte orientale d'Afrique, située entre le pays de Sofala et de Zanguebar, vis-à-vis l'île de Madagascar. L'embouchure de la Zambèze et le cap Delgado fixent à peu près ses limites au sud et au nord, et cette contrée appartient au Portugal qui y possède quelques établissements; toutefois, l'insalubrité du climat y est telle qu'anciennement les Portugais y envoyaient leurs criminels condamnés à mort. Une petite île, située près de la côte, et qui s'appelle aussi Mozambique, est le centre du commerce de la colonie: on y trafique de l'or, de l'ivoire et des esclaves. La ville qu'on y trouve possède une citadelle, et c'est la résidence d'un évêque et d'un gouverneur général. A peu de distance et au fond de la baie, on a bâti Mesuril, endroit plus saint que le chef-lieu et où se trouve le palais du gouverneur. La population réunie de Mozambique et de Mesuril s'élève à 10,000 âmes.

MOZANGAY. — Ville de l'île de Madagascar. Elle est située sur la côte nord-ouest, dans le pays des Esclaves, et son port est fréquenté par les peuples des côtes de Mozambique et de Zanguebar. Pop.: 39,000 âmes.

MOZDOK. — Ville de la province du Caucase, dans la Russie asiatique. Elle est commerçante et l'une des principales stations militaires de la ligne de Terek. Sur la route qui conduit de cette ville à Astrakan, et près du bord de la Kouma, on trouve les ruines de l'ancienne *Madjari*, cité tartare qui joua un grand rôle au xiv° siècle, sous les princes de la *Borde d'or*. On recueille, au milieu de ces ruines, des inscriptions et des médailles qui confirment cette tradition. Pop. : 5,000 âmes.

MSTA. — Rivière navigable de Russie. C'est un affluent du lac Ilmen qui verse ses eaux, par le Volkhov, dans le lac Ladoga. Un canal unit aussi la Msta à la Tvertza, affluent du Volga, ce qui met en communication la mer Caspienne avec la Baltique.

MSTISLAVL. — Ville du gouvernement de Mohilev, en Russie. Pop. : 4,000 âmes.

MTSKHETHA. — Ville de la Géorgie, dans la région du Caucase, Russie asiatique. Elle est située sur la rive gauche du Kour, et c'est l'une des plus anciennes cités de l'Asie; mais elle est en partie ruinée. On y remarque encore, toutefois, la cathédrale et le pont sur le Kour, dont on attribue la construction à Pompée.

MUGRON. — Chef-lieu de canton dans l'arrondissement de Saint-Sever, département des Landes. C'est un entrepôt de vins, d'eau-de-vie et de matières résineuses.

MUHLBERG. — Ville de la province de Saxe, en Prusse. Charles-Quint y vainquit, en 1547, les protestants que commandait l'électeur de Saxe, Jean-Frédéric. Pop. : 3,000 âmes.

MUHR ou **MUR.** — Rivière d'Allemagne. Elle prend sa source dans l'archiduché d'Autriche, traverse la Styrie où elle arrose Muhrau, Judenbourg, Leoben, Bruck, Gratz et Radkersbourg; puis entre en Hongrie où elle se jette dans la Drave, au-dessous de Warasdin, après un cours de 400 kilomètres.

MULDE. — Rivière d'Allemagne. Elle se forme dans le royaume de Saxe, par la réunion de la Mulde de Freyberg et de la Mulde de Zwickau, passe à Dessau et se jette dans l'Elbe après un cours de 230 kilomètres.

MULGRAVE ou **CENTRAL** (Archipel). — Dans la Polynésie. Il se compose de deux archipels, celui de Ralik-Radak et celui de Gilbert. Le premier comprend la chaîne de Ralik qui embrasse les groupes ou attols de Bigini, Radogala, Udiai-Milai, Kwaldelen, Namon, Lileb, Tebot, Odia, Telout, Kili, Ebon, Namourick et Natuket; et la chaîne de Radack qui se compose de ceux de Bigar, Oudirik, Tagai, Ailou, Ligiep, Odia ou Romanzoff, Eregouf, Kawen ou Arakschiepf, Aour, Arno, Médiuro, Mille, du Nouvelan, Miadi et Repith-Urur. L'archipel Gilbert se divise en trois groupes : celui de Scarborough, composé des îles ou attols Mathewes, Charlotte, Knoy ou Cook, Gilbert et Hall; celui de Simpson, dont les attols sont Hopper, Woodle, Henderwillo et Harbottle; celui de Bishop, ayant pour attols Sydenham et Drummond. Enfin, les dépendances géographiques de l'archipel Mulgrave, sont les îles le Grand Cocal, Saint-Augustin, Nederlandish, Peyster, Ellice et Indépendance.

MULHACEN. — Montagne d'Espagne. Elle est située dans la province de Grenade, et c'est la plus élevée de la Sierra-Nevada, sa hauteur est en effet de 3,555 mètres.

MULHAUSEN ou **MULHOUSE.** — Petite ville située dans une île que forme l'Ill, et sur le canal de Monsieur. Jadis capitale d'une république alliée de la Suisse, elle n'est plus aujourd'hui qu'un chef-lieu de canton du département du Haut-Rhin; mais elle est devenue aussi le centre d'une fabrication des plus importantes; ses manufactures et celles de ses environs occupent jusqu'à 60,000 ouvriers, et la valeur des produits s'élève annuellement jusqu'à 50,000,000 de francs. La fabrication consiste principalement en toiles peintes, et les établissements de Mulhouse impriment non-seulement sur coton, mais encore sur soie et sur batiste. Cette ville possède un collége, une société lithographique, une société industrielle et des collections relatives aux arts. Sa population est d'environ 22,000 âmes, non compris les colonies ouvrières.

MULL. — Une des îles Hébrides. Elle est située à l'ouest de l'Ecosse, et séparée du comté d'Argyle par un étroit canal.

MULTNOMAH. — Rivière de l'Amérique septentrionale. Elle sort du lac Timpanogos, au nord du Mexique, et se joint à la Colombia.

MUMPAWA (Pays de). — Il est situé dans l'intérieur de Bornéo, et renferme les mines d'or de Montrado, que l'on range au nombre des plus riches de l'Océanie.

MUNICH. — Ville située sur l'Iser, dans le cercle de ce nom. Elle est le chef-lieu de ce cercle, et la capitale du royaume de Bavière. C'est l'une des villes les plus importantes de l'Allemagne. Ses édifices principaux sont l'église Saint-Michel, l'une des plus belles qui soient connues; la chapelle du Palais-Royal; les églises Notre-Dame, Saint-Etienne et des Théatins; le palais-royal, l'un des plus vastes de l'Europe; la pinakothèque et la glyptothèque, sortes de musées; le nouveau palais des sciences et des arts, le musée proprement dit, le palais Max, l'hôtel du ministère de l'intérieur, l'hôtel de ville, l'hôtel de la monnaie, l'arsenal, le manége, l'hôpital général et celui du Saint-Esprit, puis le Jardin-Anglais, promenade publique, etc. Cette ville possède une université, un lycée, des écoles militaires, d'artillerie, des beaux-arts et plusieurs autres encore, deux bibliothèques publiques, un cabinet d'histoire naturelle, un jardin botanique et diverses sociétés académiques. On y trouve en outre un grand nombre de manufactures, parmi lesquelles se distinguent celle de tapisserie de haute-lisse et celle de porcelaine. La population de Munich s'élève à 100,000 âmes. On voit dans ses environs la superbe résidence royale de Nymphenbourg, construite sur le plan du château de Versailles, puis celle de Schleissheim, que quelques-uns regardent comme la plus magnifique de toute l'Allemagne.

MUNKACS. — Ville forte de Hongrie, empire d'Autriche. On y trouve des forges et l'on y fabrique une grande quantité de salpêtre. On exploite aussi dans ses environs des mines de cristaux dits *diamants de Hongrie*; et enfin, le territoire produit un vin estimé. Pop. : 6,000 âmes.

MUNSTER. — Chef-lieu de canton dans l'arrondissement de Colmar, département du Haut-Rhin. On y fabrique des toiles peintes, des calicots et de la papeterie, et l'on y fait aussi un commerce de bestiaux, de beurre et de fromage. Pop. : 3,400 âmes.

MUNSTER. — Ville épiscopale, située sur l'Aa et non loin de l'Ems, dans la province de Westphalie, en Prusse. Autrefois capitale de l'évêché souverain de son nom, elle est aujourd'hui le chef-lieu du gouvernement appelé aussi comme elle. On y remarque la cathédrale, l'église Saint-Lambert et le palais ci-devant épiscopal. Cette ville possède un séminaire catholique, un gymnase, une école de chirurgie, une école vétérinaire, une école d'instituteurs pour les Juifs, un institut de sourds-muets, une bibliothèque publique et un jardin botanique. Sa population dépasse 20,000 âmes. C'est à Münster que fut signé, en 1648, le fameux traité de paix dit de Westphalie.

MURANO. — Petite ville du gouvernement de Venise. Elle est importante par ses verreries qui, durant plusieurs siècles, furent les plus renommées du monde par les ouvrages qu'elles produisaient, et surtout par leurs *contarie* ou perles fausses que l'on colportait dans toutes les contrées du globe. C'est aussi dans ces fabriques que les peintres et vitriers Vivarini exécutèrent la plupart des vitraux dont ils ornèrent un nombre considérable d'églises. Aujourd'hui, les verreries de Murano sont déchues sans aucun doute de leur ancienne splendeur; mais elles n'en livrent pas moins encore au commerce des ouvrages remarquables en verre et en émail; des glaces soufflées qui sont réputées, et une quantité considérable de cloches, de tubes pour les instruments de physique, etc. La population de cette ville est d'environ 5,000 âmes. On y remarque aussi l'église Saint-Donato, dont l'architecture extérieure est d'un style grec du XIIᵉ siècle, et qui est pavée en mosaïque.

MURASSON. — Commune du département de l'Aveyron. Elle est située dans le canton de Belmont, arrondissement de Saint-Afrique. On y fait un commerce de laine, de bestiaux et de quelques toiles grossières. Pop. : 1,400 âmes.

MURAT. — Petite ville située sur l'Alagnon, au pied du mont de Cantal, dans le département de ce nom. Chef-lieu d'arrondissement, elle comprend 3 cantons et 34 communes. Elle possède une société d'agriculture, et son commerce consiste en grosses draperies, merceries, dentelles, chaudronnerie, etc. Sa population est d'environ. 3,000 âmes.

MURAT. — Chef-lieu de canton dans l'arrondissement de Castres, département du Tarn. On y fait un commerce de bestiaux, de volailles grasses et de fromages. Pop. : 2,900 âmes.

MURATO. — Chef-lieu de canton dans l'arrondissement de Bastia, en Corse. Pop. : 900 âmes

MURCIE. — Chef-lieu de la province de ce nom, dans la capitainerie de Valence, en Espagne. On y remarque la cathédrale et le palais épiscopal. Cette ville, qui est la résidence de l'évêque de Carthagène, possède cinq colléges, une chaire de mécanique appliquée aux arts, un jardin botanique, et 36,000 habitants. On trouve, dans son voisinage, une verrerie importante et renommée.

MURE (LA). — Chef-lieu de canton dans l'arrondissement de Grenoble, département de l'Isère. On trouve des mines de houille sur son territoire. Pop. : 3,100 âmes.

MURET. — Petite ville située sur la Garonne, dans le département de la Haute-Garonne. Chef-lieu d'arrondissement, elle comprend 10 cantons et 127 communes, et sa population est d'environ 4,500 âmes.

MURG. — Rivière d'Allemagne. Elle prend sa source dans le royaume de Wurtemberg, passe dans le grand duché de Bade, à Rastadt, et se jette dans le Rhin, après un cours de 70 kilomètres.

MURITZ. — Lac d'Allemagne. Il est situé au sud-est du grand duché de Mecklenbourg-Schwerin, et sa longueur est d'environ 35 kilomètres. Il communique au nord avec le lac Flesen, qui verse ses eaux dans le lac de Plau.

MURRAY. — Fleuve de la Nouvelle Hollande. Il est situé au sud-est où il se forme par la réunion du Darling et du Morrumbidgee, et se jette dans le grand Océan par la baie de la Rencontre, qui se trouve placée entre la terre de Flinders et la terre de Baudin.

MURRAY. — Golfe de la mer du Nord. Il est situé au nord-est de l'Ecosse et communique avec l'Atlantique par le canal Calédonien.

MURVIEDRO. — Petite ville avec un port dans les capitaineries de Valence en Espagne. Elle a été bâtie sur l'emplacement de l'ancienne *Sagunte* ou *Sagonte*, dont les ruines sont encore éparses sur le territoire. Sa population est d'environ 6,000 âmes.

MURVIEL. — Chef-lieu de canton dans l'arrondissement de Béziers, département de l'Hérault. Pop. : 1,600 âmes.

MUSKAU. — Petite ville de la Silésie, en Prusse. On y remarque le château qui appartient au prince de Pückler, et l'on trouve, dans son voisinage, une fabrique importante d'alun. Pop. : 1,800 âmes.

MUSSELBURG. — Ville du comté d'Edimbourg, en Ecosse. Elle est située sur l'Esk, près de son embouchure dans le golfe de Forth. C'est dans le voisinage de cette ville et près des collines de Pinkey, que les Ecossais, partisans de Marie Stuart, furent vaincus, en 1567, par les confédérés, et que l'infortunée princesse fut faite prisonnière. Pop. : 9,000 âmes.

MUSSIDAN ou MUCIDAN. — Chef-lieu de

canton dans l'arrondissement de Ribérac, département de la Dordogne. Il est situé sur la rive gauche de l'Isle. On y trouve des forges. Pop. : 1,800 âmes.

MUY (LE). — Commune de l'arrondissement de Draguignan dans le département du Var. Pop. : 2,200 âmes.

MUYSCAS. — Population indienne de la Colombie. Avant même la conquête des Espagnols, elle avait fait des progrès notables dans la civilisation et son chef principal ou zaque résidait à Tunja.

MUZO. — Village de la province de Bogota, dans la république de la nouvelle Grenade, Colombie. On trouve dans ses environs une riche mine d'émeraudes qui, avec celle de Somondoco, située plus à l'est et dans le département de Boyaca, fournit à l'Europe et à l'Asie, le plus grand nombre de ces pierres précieuses.

MYCONI ou MYCONE. — Une des Cyclades, dans l'Archipel. Elle est située au sud-est de Tine et sa longueur est de 18 kilomètres. C'est dans cette île que la mythologie grecque plaçait les tombeaux des géants vaincus par Hercule. Pop. : 6,000 âmes.

MYOS-HORMOS, aujourd'hui SCHAVANA. — L'emplacement de ce port, célèbre chez les anciens, parce qu'il était l'un des plus fréquentés de la mer Rouge, se trouve dans la grande anfractuosité qu'abrite le cap Basabou-Somer, dans la contrée orientale des déserts qui dépendent de l'Egypte.

MYSLENITZ. — Ville de Galicie, empire d'Autriche. Elle est située dans le cercle de Wadowice. Pop. : 2,000 âmes.

MYSOL. — Ile de la Malaisie. Elle est située dans l'archipel des Moluques, au nord de Céram, et sa longueur est d'environ 90 kilomètres. On y trouve particulièrement des oiseaux de paradis.

MYSORY ou SCHOUTEN. — Groupe d'îles de l'Australie. Il est situé au nord de la nouvelle Guinée. Et longtemps on l'avait désigné comme ne formant qu'une seule île.

N

NAARDEN. — Ville forte de la Hollande septentrionale. Elle est située sur la côte sud du Zuider-zée. Pop. : 1,300 âmes.

NAAS. — Ville du comté de Kildare, en Irlande. Elle fut la résidence des rois de Leinster. Pop. : 3,000 âmes.

NAB ou NAAB. — Rivière navigable de la Bavière. Elle se jette dans le Danube, non loin de Ratisbonne, après un cours de 160 kilomètres.

NÆFELS. — Ville ou canton de Glaris en Suisse. En 1388, les habitants de ce canton y remportèrent une victoire mémorable sur les Autrichiens.

NAGORE. — Ville de l'Adjemir, dans l'Hindoustan. Elle appartient aux Radjepoutes. Pop. : 40,000 âmes.

NAGPOUR. — Capitale du royaume de ce nom, tributaire de l'empire indo-britannique. Elle est mal bâtie et ses rues sont tortueuses, étroites et sales.

NAHE. — Rivière navigable d'Allemagne. Elle sépare en partie la Prusse rhénane de la Bavière rhénane et du grand-duché de Hesse-Darmstadt, et s'unit au Rhin après un cours de 115 kilomètres.

NAILLOUX. — Chef-lieu de canton dans l'arrondissement de Villefranche, département de la Haute-Garonne. Pop. : 1,400 âmes.

NAIRN. — Chef-lieu du comté de ce nom, en Ecosse. Elle est située sur le golfe de Murray, à l'embouchure du Nairn. Pop. : 3,200 âmes.

NAJAC. — Chef-lieu de canton dans l'arrondissement de Villefranche, département de l'Aveyron. Pop. : 2,100 âmes.

NAJERA ou NAGEARA. — Ville de la province de Logroño, en Espagne. Elle fut la résidence des rois de Navarre. C'est sous les murs de cette ville qu'en 1366, Pierre le Cruel délit l'armée de son frère, Henri de Transtamare et fit Duguesclin prisonnier. Pop. : 3,600 âmes.

NAKHCHIVAN. — Petite ville du gouvernement d'Ekaterinoslaw, en Russie. Elle est le siège d'un évêque arménien, et possède de nombreuses fabriques d'eau-de-vie, d'étoffes de soie, de laine, etc. Sa population est d'environ 12,000 âmes.

NAKHTCHIVAN. — Ville de l'Arménie, dans la région caucasienne, Russie asiatique. C'est l'une des plus anciennes cités arméniennes, et longtemps elle fut florissante; mais elle est entièrement déchue aujourd'hui. Pop. : 5,000 âmes.

NALON. — Fleuve d'Espagne. Il prend sa source aux monts Cantabres, passe à Oviédo, et se jette dans l'Atlantique, après un cours de 100 kilomètres.

NAMAQUAS. — Une des nations hottentotes. Son principal lieu d'habitation est Pella, à la gauche du fleuve Orange et à 80 kilomètres environ de son embouchure.

NAMPHIR. — Une des îles cyclades, dans l'Archipel. Elle est située à l'est de Santorin et sa longueur est de 12 kilomètres.

NAMUR. — Ville épiscopale, chef-lieu de la province de même nom, en Belgique. Elle est importante par ses fabriques d'armes, de coutellerie, ses tanneries, sa poterie, etc. Elle possède aussi un athénée et un institut de sourds-muets. Pop. : 22,000 âmes.

NAN-LING. — Montagnes de Chine. Elles sont situées entre le bassin du Kiang ou Fleuve-Bleu, et la mer de Chine.

NAN-TCHANG. — Grande ville de la province de Kiang-Si, en Chine. Elle est le centre du commerce de la porcelaine qu'on fabrique dans toute cette province, et fait aussi un commerce de fourrures, de soie et d'une grande quantité d'idoles.

NANAS. — Ville de Hongrie, dans l'empire d'Autriche. C'est le chef-lieu du territoire des Heiduckes. Pop. : 4,000 âmes.

NANÇAY. — Commune de l'arrondissement de Bourges, dans le département du Cher. Pop. : 1,100 âmes.

NANCRAY. — Commune de l'arrondissement de Pithiviers, dans le département du Loiret. Pop. : 900 âmes.

NANCY. — Ville épiscopale située sur la rive gauche de la Meurthe, et remarquable par la manière dont elle est percée et bâtie. Chef-lieu du département de la Meurthe, son arrondissement comprend 8 cantons et 187 communes. On cite, parmi ses édifices, l'hôtel de ville, la préfecture, la place Royale, les casernes et l'hôpital. Elle possède une académie universitaire, un collége, une école secondaire de médecine, une école forestière, une école de sourds-muets, une bibliothèque, un musée de tableaux, un cabinet d'histoire naturelle, un jardin botanique et une société académique. Son commerce consiste en draps, tricots, treillis, serges, bonneterie, vins, liqueurs fines, savons, chandelles, etc. Sa population est d'environ 40,000 âmes. Cette ville, ancienne capitale de la Lorraine, fut longtemps le séjour du roi de Pologne, Stanislas. Elle a donné naissance à Callot, au P. Maimbourg, à Bassompierre, à Chompré et à madame de Graffigny.

NANGASARI ou **NANGASAKI.** — Ville du Japon. Elle est située dans l'île de Kiou-Siou, possède des fabriques, et son commerce est florissant, parce que son port est le seul où l'on admette des navires étrangers. Cette ville est entourée de collines qui sont couronnées de temples nombreux. Pop. : 60,000 âmes.

NANKIN ou **NAN-KING.** — Voy. KIANG-NING.

NANS. — Commune du département du Var. Elle est située dans le canton de Saint-Maximin, arrondissement de Brignolles, et c'est dans son voisinage que se trouve la montagne de la Sainte-Baume qui renferme la célèbre grotte de ce nom. Pop. : 1,100 âmes.

NANT. — Chef-lieu de canton dans l'arrondissement de Milhau, département de l'Aveyron. Pop. : 3,200 âmes.

NANTERRE. — Bourg très-ancien des environs de Paris, dans l'arrondissement de Saint-Denis. C'est là que naquit sainte Geneviève, et l'on y montre encore le puits où la jeune bergère prenait de l'eau pour humecter les yeux de sa mère qui était atteinte de cécité. On trouve, dans ce bourg, plusieurs fabriques de produits chimiques, et l'on y exploite des carrières de plâtre et de pierre à bâtir. Pop. : 2,900 âmes.

NANTES. — Ville épiscopale située sur la rive droite de la Loire. Chef-lieu du département de la Loire-Inférieure, son arrondissement comprend 17 cantons et 66 communes. On remarque, dans cette ville, la cathédrale, la bourse, l'hôtel de ville, celui de la préfecture, la colonne départementale, de belles places, de superbes quais, et les restes du palais des anciens ducs de Bretagne. Nantes possède un séminaire, un collége, une école secondaire de médecine, une école de navigation, une bibliothèque publique, un musée d'antiques, un cabinet d'histoire naturelle, un observatoire, un jardin botanique et plusieurs sociétés académiques. Son commerce se compose d'une foule d'industries et ses relations s'étendent jusque dans l'Inde, la Chine et l'Amérique. Son port est toujours encombré de navires; mais les gros vaisseaux s'arrêtent à Paimbœuf. Cette ville a aussi de vastes chantiers pour la construction de bâtiments marchands et même de corvettes de guerre ; puis des magasins de vivres et de munitions destinés à l'approvisionnement des ports de Brest, Lorient et Rochefort. Sa population est d'environ 88,000 âmes. Nantes doit également de la célébrité au fameux édit qui porte son nom, lequel fut octroyé par Henri IV en 1598, et révoqué par Louis XIV en 1686. Enfin, cette cité est la patrie de Jacques Cassard, de Marin, etc.

NANTEUIL-LE-HAUDOIN. — Chef-lieu de canton dans l'arrondissement de Senlis, département de l'Oise. Pop. : 1,600 âmes.

NANTEUIL-LÈS-MEAUX. — Chef-lieu de canton dans l'arrondissement de Meaux, département de Seine-et-Marne. Il est situé près de la rive gauche de la Marne. Pop. : 1,400 âmes.

NANTIAT. — Chef-lieu de canton dans l'arrondissement de Bellai, département de la Haute-Vienne. Pop. : 1,300 âmes.

NANTUA. — Petite ville située sur un lac du même nom, dans le département de l'Ain. Chef-lieu d'arrondissement, elle comprend 6 cantons et 71 communes. Elle possède un collége, une société d'agriculture, et fabrique des étoffes de laine, des toiles, de la mousseline, du papier, des cuirs, etc. Sa population est d'environ 3,700 âmes. C'est près de cette ville que se trouve Bellegarde, lieu renommé par les chutes et la perte du Rhône. Charles le Chauve fut inhumé à Nantua, en 877.

NANTUCKET. — Petite île des Etats-Unis. Elle est située dans le Massachusetts et sur l'Atlantique. Ses habitants sont renommés par l'adresse qu'ils apportent dans la pêche de la baleine. Pop. : 10,000 âmes.

NAPLES. — Belle et grande ville archiépiscopale, capitale du royaume des Deux-Siciles. Elle s'élève en amphithéâtre à la droite de la petite rivière Sabeto, et au fond du golfe auquel elle donne son nom, ayant le Vésuve à l'est, et le mont Pausilippe à l'ouest. Parmi les nombreux édifices qui l'embellissent, on remarque principalement la cathédrale dédiée à saint Janvier, et dont une chapelle conserve, dans deux ampoules, le sang de ce saint ; les églises Saint-Dominique, Saint-Philippe Néri, Saint-Paul Majeur, et Saint-Martin des Chartreux ; l'église et le couvent de Sainte-Marie des Carmes ; celle de Saint-François de Paola et celle des Apôtres ; l'église et le couvent de Sainte-Claire, et celle de Jesu-Novo ; les couvents de la Trinité, de Saint-Dominique le Grand, de Monte-

Oliveto et des Chartreux; le palais royal, le palais de l'archevêque, celui du prince de Salerne, le logement des princes étrangers, les palais royaux de Capo di Monte et de Chiatamone, l'édifice des *Studj* qui renferme la bibliothèque Borbonica, l'université, l'hôtel des pauvres, celui des incurables et celui de l'Annunziata, et l'arsenal. Dans le nombre des palais de particuliers, on distingue ceux de Bisignano, Colonna, Doria, Ferrandina, Filomarino, Gravina, Imperiali, Orsini, Sanbuono, Stigliano, Francavilla, Tarsia, etc. Il faut mentionner après cela les places du Palais-Royal, du Spirito-Santo, du Castello, de Fontana-Medina, de Monte-Calvario, de San-Lorenzo, de l'Arcivescovado, de San-Domenico, de la Trinita maggiore, de la Carita, du Mercato, etc.; les rues de Tolède, Carbonare, Foria, Monte-Oliveto, Riviera di Chiaja, Santa-Lucia, etc.; les promenades de Chiaja, villa Reale, la Riviera di Chiaja, etc.; et enfin les catacombes qui occupent les cryptes d'une montagne au nord de la ville.

Naples possède une université, un lycée, une école de paléographie, une école de peinture et de sculpture, un collége et une école militaires, une académie de marine et une école vétérinaire; des chaires de clinique, de chirurgie et d'ophthalmologie; quatre bibliothèques publiques, un observatoire, et des cabinets d'histoire naturelle, de minéralogie, de physique et de chimie; un musée des antiques, un jardin botanique, et plusieurs sociétés académiques. Cette ville est principalement défendue par trois forteresses: le fort Saint-Elme, le Château-d'OEuf et le Château-Neuf, et sa population est d'à peu près 380,000 âmes.

On trouve dans ses environs le mont Pausilippe, colline de tufa volcanique, percée d'un bout à l'autre sur une longueur de plus d'un mille et qui est l'un des chemins qui conduit à Naples. Cet ouvrage est considéré comme l'un des plus anciens tunnels connus. Viennent ensuite l'élégante villa Florida, et le tombeau de Virgile, ou du moins les quatre murailles en briques auxquelles on donne ce nom.

NAPLOUSE ou NABALOS. — Petite ville de Syrie, dans la Turquie asiatique. C'est le *Sichem* de l'Ancien Testament et le *Sychar* du Nouveau. Après avoir été la capitale du royaume de Samarie, elle est encore aujourd'hui la métropole de la secte des samaritains. Située dans une vallée gracieuse et fertile, entre le mont Ebal au nord, et le mont Garizim au sud, elle se distingue par son industrie et son commerce, et sa population est d'environ 10,000 âmes. La tradition place dans son voisinage les grottes sépulcrales de Joseph, de Jacob et de Josué, ainsi que le puits creusé par ce dernier; et c'est sur le mont Garizim, où les samaritains actuels adorent Jéhovah, que les samaritains anciens avaient bâti un temple rival de celui de Jérusalem.

NAPO. — Rivière de l'Amérique méridionale. Elle prend sa source dans les Andes, coule dans la république de l'Equateur, et se jette dans l'Amazone après un cours de 800 kilomètres.

NAPOLÉON-VENDÉE ou BOURBON-VENDÉE. — Cette ville, qui a aussi porté le nom de *la Roche-sur-Yon*, est le chef-lieu du département de la Vendée. Son arrondissement comprend 10 cantons et 104 communes. Elle possède un collége, une bibliothèque et une société académique. Sa population est d'environ 6,000 âmes.

NAPOLÉON-VILLE — *Voy.* PONTIVY.

NAPOLI DE MALVASIA. — Petite ville de Laconie, en Grèce. Elle est fortifiée, possède un port, et c'est le siége d'un métropolitain. Son territoire est renommé par l'excellence de ses vins. On voit, dans ses environs les ruines d'*Epidaurus Limera*, et la chapelle de Saint-George, qui a hérité de la renommée du temple d'Esculape et est visitée par un grand nombre de malades.

NAPOULE (LA). — Village du canton de Fréjus, dans le département du Var. Il possède un port sur le golfe de son nom, lequel golfe a environ 9 kilomètres de largeur sur 4 de profondeur. Pop.: 800 âmes.

NARA. — Ville de la province de Yamato, au Japon. Elle fut longtemps la résidence des empereurs, et les Japonais professent une grande vénération pour elle à cause du nombre de ses temples. Elle est d'ailleurs populeuse et florissante. On y remarque particulièrement le temple de Koubosi, où l'on voit la statue de Siaka, et celui de Daïbouts.

NARBONNE. — Ville située sur le canal de la Robine. Ce canal, au moyen de l'étang de Sijean, la fait communiquer avec la Méditerranée, et par le canal du Midi, elle communique avec l'Océan. Chef-lieu d'arrondissement dans le département de l'Aude, elle comprend 6 cantons et 70 communes. On admire sa belle cathédrale gothique. Cette ville possède une bibliothèque publique, un musée, un jardin botanique, et une société académique. Au moyen âge, Narbonne faisait un commerce important avec Alexandrie et Constantinople. Aujourd'hui on y prépare du vert-de-gris, on y trouve des fabriques d'eaux-de-vie et de vinaigre, et l'on en exporte un excellent miel dit *miel de Narbonne*. Sa population est d'environ 12,000 âmes.

NARCISSO. — Ile de la Polynésie. Elle est située dans l'archipel des Iles-Basses.

NAREA. — Pays de l'Abyssinie. Il est habité par une race blanche, qui a conservé en partie son indépendance contre les Gallas. Ce pays est situé au sud-ouest.

NARENTA. — Fleuve de Turquie. Il prend sa source aux Alpes Dinariques, coule dans la Bosnie, et va se jeter, par trois embouchures, dans le canal de Narenta, golfe formé par l'Adriatique entre la côte de Dalmatie et la presqu'île de Sabioncello. Durant son cours, qui est de 280 kilomètres environ, il forme des marais très-insalubres.

NAREW. — Rivière navigable de Pologne. Elle prend sa source dans le gouvernement de Grodno, en Russie, passe en Pologne où elle baigne Lomza, Ostrolenka et Pultusk, et se joint au Bug, après un cours de 300 kilomètres.

NARNI. — Ville de la délégation de Spolette, dans les Etats du Pape. Elle est située sur la rive gauche de la Nera. On y voit un bel aqueduc et un port construit par Auguste. Patrie de l'empereur Nerva. Pop. : 3,000 âmes.

NAROVA ou **NARVA.** — Fleuve navigable de Russie. Il sort du lac Péipous, passe à Narva, et se jette dans le golfe de Finlande.

NARRAGANSETT. — Baie de l'Atlantique. Elle est située au sud-est de Rhode-Island, dans les Etats-Unis, et tire son nom des Narragansetts, tribu indienne qui a embrassé la religion chrétienne, et habite Rhode-Island.

NARRAINGONDGE. — Ville du Bengale, dans l'Hindoustan anglais. Elle est située sur la Lokia, branche du Brahmapoutre. On y fabrique des étoffes de soie et de coton. De l'autre côté de la Lokia se trouve un lieu célèbre de pèlerinage mahométan, appelé Coddomresoul. Pop. 15,000 âmes.

NARVA. — Petite ville du gouvernement de Saint-Petersbourg, en Russie. Elle est importante par ses fortifications, son port et son commerce. Pop. : 5,000 âmes Charles XII y vainquit Pierre le Grand, en 1700.

NASBINALS. — Chef-lieu de canton dans l'arrondissement de Marvéjols, département de la Lozère. On y fabrique des fromages dits *formes*. Pop. : 1,000 âmes.

NASEBY. — Village du comté de Northampton, en Angleterre. Fairfax et Cromwell y vainquirent Charles Ier en 1645.

NASHVILLE. — Capitale du Tennessée, aux Etats-Unis. Elle est située dans le comté Davidson, et sur la rive gauche du Cumberland. Cette ville possède une université, et son commerce la rend assez florissante. Pop. : 8,000 âmes.

NASIELSK. — Ville de Pologne, empire de Russie. Les Français y battirent les Russes en 1800. Pop. : 1,200 âmes.

NASSAK. — Ville de l'Hindoustan anglais. Elle est située dans la province d'Aurengabad, et les Hindous s'y rendent en pèlerinage.

NASSAU. — Ile de la Malaisie. Elle est située dans l'archipel de la Sonde, au sud-ouest de Sumatra et au sud-est de Poggy.

NASSAU (Duché de). — Cet Etat est presque entièrement environné par le grand-duché du Bas-Rhin et celui de Hesse-Darmstadt, et il est arrosé par le Rhin, avec ses affluents le Mein et la Lahn. Sa capitale est *Wiesbaden*.

NASSAU. — Ville du duché de même nom. Elle est située sur la rive droite de la Lahn. On trouve, dans son voisinage, le château des ducs. Pop. : 900 âmes.

NASSAU. — Chef-lieu de l'île de Banda, dans l'archipel des Moluques, Océanie occidentale. C'est une très-petite ville qui est protégée par les forts Belgica et Nassau.

NASSAU. — Chef-lieu des Lucayes, dans l'île de la Nouvelle-Providence. Pop. : 6,000 âmes.

NATAL. — Chef-lieu de la province de Rio-Grande, au Brésil. Elle est située sur le Potengy ou Rio-Grande-do-Norte et près de son embouchure dans l'Atlantique. Son port lui donne une certaine importance commerciale. Pop. : 3,000 âmes.

NATAL. — Ville de l'île de Sumatra. Elle est située sur la côte ouest et l'on y fait un commerce de camphre et d'or.

NATAL. — Baie de la Cafrerie. Elle est située à l'embouchure d'une rivière de même nom dans la mer des Indes. Les Anglais y ont formé un établissement pour le commerce de l'ivoire.

NATCHEZ. — Ancienne tribu indienne de l'Amérique septentrionale. Elle occupait le pays qui forme aujourd'hui l'Etat de Mississipi, et fut presque totalement anéantie, en 1730, par les Français.

NATCHEZ. — Jolie petite ville du Mississipi, aux Etats-Unis. Elle est située dans le comté d'Adams et sur la rive gauche du Mississipi. On y trouve un collège, une bibliothèque publique, et il s'y fait un commerce de coton très-considérable. Pop. : 7,000 âmes.

NATCHITOCHES. — Petite ville de la Louisiane, aux Etats-Unis. C'est l'une des plus commerçantes de la contrée, quoique sa population ne dépasse guère 1,500 âmes.

NATRON (Lacs de). — Ils sont situés dans la contrée occidentale des déserts qui dépendent de l'Egypte, et dans celui appelé *Désert de nitre*, qui formait la région Scithiaque de Ptolémée. Cette région s'étendait dans la direction du nord-ouest du Caire, et les annales de l'Eglise font mention du grand nombre de saints solitaires qui l'habitèrent dès le IVe siècle. C'est là que se trouvait le couvent de Saint-Macaire.

NATUNA. — Ile de la Malaisie. Elle est située dans la mer de la Chine, au nord-ouest de Bornéo, et sa longueur est de 60 kilomètres.

NAUCELLE. — Chef-lieu de canton dans l'arrondissement de Rodez, département de l'Aveyron. Pop. 1,200 âmes.

NAUMBURG. — Petite ville située sur la Saale, dans la province de Saxe, en Prusse. Elle possède un gymnase, se distingue par son industrie, et sa population est d'environ 11,000 âmes. On trouve dans son voisinage, au bourg de Pforta, le célèbre collège de ce nom, un des plus anciens de l'Europe, et dans lequel furent élevés plusieurs hommes illustres, comme Wolf, Klopstock, etc.

NAUPLI ou **NAPOLI.** — Petite ville d'Argolide, royaume de Grèce. Elle est située sur une langue de terre qui s'avance dans le golfe qui porte son nom, et la citadelle qui la défend, située sur le rocher Palamède, est appelée le *Gibraltar de l'archipel*. Cette ville est le siège d'un évêché grec; elle possède une école militaire, et l'on y remarque de belles casernes. Sa population est d'environ 7,000 âmes.

NAVA-DEL-REY. — Ville de la province de Valladolid, en Espagne. On y voit une belle église. C'est la patrie du graveur Salvador-Carmona. Pop. : 3,000 âmes.

NAVARIN. — Ville de la Morée, dans le royaume de Grèce. C'est le chef-lieu du gouvernement de Pylia, en Messénie. Elle est située à l'entrée sud-ouest de la baie de son nom, formée par la mer Ionienne. Les Grecs y vainquirent l'armée égyptienne en 1825, et la flotte turco-égyptienne y fut détruite en 1827, par les flottes combinées de la France, de l'Angleterre et de la Russie. Pop. · 2,000 âmes.

NAVARRE. — Province d'Espagne. Elle est traversée, au nord, par les Pyrénées, qui y forment plusieurs vallées, dont les plus célèbres sont celles de Roncevaux et de Bastan. Le climat est froid dans les montagnes ; mais il est doux dans les plaines qui avoisinent l'Ebre, et le sol y est fertile. Cette province forma, dès le IXe siècle, un royaume qui fut, à deux reprises, placé sous la domination de la couronne de France. Pop. : 230,000 âmes.

NAVARREINS ou NAVARRENX. — Petite ville de l'arrondissement d'Orthez, dans le département des Basses-Pyrénées. Elle est fortifiée et située sur le gave d'Oloron. On y fait un commerce de toile et de chevaux. Pop. : 1,200 âmes.

NAXIE ou NAKCHA. — Petite ville de l'île de même nom, royaume de Grèce. C'est le *Naxos* des anciens, et la plus grande des Cyclades. Elle est le siège d'un archevêché catholique et d'un évêché grec. Sa population est d'environ 3,000 âmes. On y voit les restes d'un temple de Bacchus.

NAY. — Chef-lieu de canton dans l'arrondissement de Pau, département des Basses-Pyrénées. Il est situé sur la gauche du gave de Pau. On y trouve des fabriques de draps, de bonneterie, façon de Tunis, et des tanneries. Pop. : 3,200 âmes.

NAZARETH ou NASRA. — Petite ville de Syrie, dans la Turquie asiatique. On y remarque le couvent latin et l'église de l'Annonciation, la plus belle de la Palestine, après celle du Saint-Sépulcre à Jérusalem et celle de Bethlhéem. On voit, dans l'église inférieure de cet édifice, plusieurs grottes disposées en chapelles, qu'on dit avoir été la demeure de la sainte Vierge. On trouve dans le voisinage de Nazareth, qui a 3,000 habitants, la bourgade de Cana, où Jésus-Christ opéra un de ses miracles ; puis le champ des Épis, l'endroit de la multiplication des pains et des poissons, le mont des Béatitudes, etc.

NEAGH. — Lac d'Irlande. Il est situé dans la province d'Ulster, entre les comtés d'Antrim, de Londonderry, de Tyrone, d'Armagh et de Down. Sa longueur est de 36 kilomètres ; il est traversé par le Bann, affluent de l'Atlantique ; et communique par un canal avec la mer d'Irlande.

NEAUPHLE-LE-CHATEAU. — Commune de l'arrondissement de Rambouillet, dans le département de Seine-et-Oise. Louis le Gros y battit les Normands. Pop. : 1,200 âmes.

NECKER ou NECKAR. — Rivière d'Allemagne. Elle prend sa source aux montagnes de la Forêt-Noire, dans le Wurtemberg, passe dans le grand-duché de Bade, et se jette dans le Rhin, après un cours de 300 kilomètres.

NEDJED. — Contrée de l'intérieur de l'Arabie. Elle est située entre le Lahsa à l'est, l'Hedjaz à l'ouest, et des déserts au nord et au sud. On y trouve de vastes étendues sablonneuses, et on en tire des dromadaires et des chevaux.

NEERLANDE. — Nom que portait autrefois le royaume des Pays-Bas, et que l'on donne encore fréquemment à la Hollande.

NEGAPATAM. — Ville de la présidence de Madras, dans l'Hindoustan anglais. Elle est située sur le golfe du Bengale, et près de l'embouchure d'une des branches du Cavéry. On y fabrique des étoffes de coton. Pop. : 20,000 âmes.

NEGREPONT (ÎLE DE). — C'est l'une des plus considérables du royaume de Grèce, et l'*Eubée* des anciens. Elle a 160 kilom. de longueur sur 40 de largeur, et ses productions consistent en blé, vin, huile, fruits, miel, coton, fourrages et bestiaux. On y exploite aussi de très-beaux marbres. Un petit bras de mer ou détroit, qui porte le nom de cette île, et qui était autrefois appelé *Euripe*, la sépare de la Livadie. Ce détroit offre un phénomène qui lui a valu une certaine célébrité : c'est l'irrégularité de ses marées. Du premier au septième jour, et du quatorzième au vingtième, le flux et le reflux sont réguliers ; mais du septième au quatorzième, et du vingtième au vingt-cinquième, les marées deviennent tellement irrégulières, qu'il s'en élève de *onze* à *quatorze* dans l'espace de 24 heures.

NEGREPONT ou EGRIBOZ. — Ville fortifiée, chef-lieu de l'île de même nom. Elle possède un port et sert de boulevard à la contrée. Elle est aussi le siège d'un archevêché, et compte environ 5,000 habitants.

NEGROS ou BOUGLAS. — Île de la Malaisie. C'est l'une des principales de l'archipel des Philippines, entre Panay, au nord, et Mindanao au sud. Pop. : 45,000 âmes.

NEISS. — Ville fortifiée, située au confluent de la Biela et de la Neisse, dans la Silésie, en Prusse. Elle possède un gymnase, une fabrique royale d'armes, des fabriques de draps et de toile, et une population de 10,000 âmes.

NEISS ou NEISSE-INFERIEURE. — Rivière d'Allemagne. Elle prend sa source en Bohême, traverse le royaume de Saxe et les États prussiens, et se jette dans l'Oder, après un cours de 200 kilomètres.

NEISS ou NEISSE-SUPERIEURE. — Rivière de la Silésie, dans le royaume de Prusse. Elle passe à Glatz et à Neiss, et se jette dans l'Oder, après un cours de 160 kilomètres.

NEIVA. — Ville de la nouvelle Grenade. Elle est située sur la rive droite de la Magda-

Iena. C'est un chef-lieu de province. Pop. : 5,000 âmes.

NEIVA ou **NITSA**. — Rivière de Russie. Elle coule dans la partie asiatique du gouvernement de Perm, et se joint à la Toura après un cours de 400 kilomètres.

NEJIN. — Jolie petite ville murée du gouvernement de Tchernigov, en Russie. Elle est située sur l'Oster, affluent de la Desna. On y trouve un gymnase, des fabriques d'étoffes de soie, de cuirs, de liqueurs et de confitures, et l'on y fait un commerce important de transit.

NELSON ou **BOURBON**. — Fleuve de l'Amérique septentrionale. Il est situé dans la Nouvelle-Bretagne. On lui donne le nom de Saskatchaouan dans sa partie supérieure ; il traverse le lac Winnipeg, et se jette dans la baie d'Hudson, après un cours d'environ 2,500 kilomètres.

NEMOURS. — Petite ville, chef-lieu de canton dans l'arrondissement de Fontainebleau, département de Seine-et-Marne. On y fait un commerce de farines, de cuirs, de chapellerie et de pierre à bâtir. C'était autrefois la capitale du Gâtinais français. Pop. : 3,600 âmes.

NEN. — Petit fleuve navigable d'Angleterre. Il passe à Northampton et Peterborough, et se jette dans le Wash, après un cours de 150 kilomètres.

NEPAL ou **NEPAUL** (Royaume de). — Il est situé dans l'Hindoustan, et a pour limites, au nord, le Tibet; à l'est, la principauté de Sekkim; et au sud et à l'ouest, l'empire Indo-Britannique. Son territoire est arrosé par la Gogra avec son affluent le Kali, puis par le Gandack et le Koussy, affluents du Gange. Sa division administrative est ainsi établie :

Districts.	Chefs-lieux.
Népal proprement dit.	Kâtmândou.
Pays des 24 Radjas.	Gorkha.
— des 22 Radjas.	Ghhilli.
Makwànpour.	Makwànpour.
Pays des Kirats.	Divisé en tribus.
Khâtang.	Hidang.
Tchayenpour.	Tchayenpour
Saptarou Tanakpoour.	Maràgàri.
Morang.	Vidjayapour.

Katmandou est la capitale du royaume.

NEPI. — Ville épiscopale des Etats du pape. On y voit un bel aqueduc. Pop. : 1,800 âmes.

NERA. — Rivière des Etats du pape. Elle passe à Terni et à Narni, et se jette dans le Tibre, au-dessous de Terni, après un cours de 110 kilomètres. Elle offre de belles cascades à Marmora.

NERAC. — Petite ville située sur la Baïse, qui la traverse, et va se jeter dans la Garonne. Chef-lieu d'arrondissement, dans le département de Lot-et-Garonne, cette ville comprend 7 cantons et 62 communes. On y remarque les restes du château dans lequel Henri IV passa quelques années de sa jeunesse, une charmante promenade au bord de la Baïse, et des halles d'une étendue considérable. Nérac fait un commerce de grains, de farines, de vins, d'eaux-de-vie, etc., et de pâtés renommés qu'on appelle *terrines* Sa population est d'environ 7,000 âmes.

NERBUDDAH ou **NERBEDDAH**. — Fleuve de l'Hindoustan. Il prend sa source au plateau d'Omercantec, dans le Gandouana, coule de l'est à l'ouest, et se jette dans le golfe de Cambaye, après un cours de 1,000 kilomètres.

NERIS. — Petite ville de l'arrondissement de Mont-Luçon, dans département de l'Allier. Elle est renommée par ses sources thermales, et l'on y trouve les restes d'un amphithéâtre et d'un camp romains.

NERONDE. — Chef-lieu de canton dans l'arrondissement de Roanne, département de la Loire. Pop. : 1,200 âmes.

NERONDES. — Chef-lieu de canton dans l'arrondissement de Saint-Amand-Mon-Rond, département du Cher. Cette petite ville est située sur le chemin de fer de Bourges à Nevers, et c'est la patrie du jésuite Cotton. Pop. : 2,000 âmes.

NEROUSA. — Rivière de Russie. Elle coule dans le gouvernement d'Orel, et s'unit à la Desna, après un cours de 130 kilomètres.

NERTCHINSK. — Petite ville du gouvernement d'Irkousk, en Sibérie, Russie asiatique. Elle est située au milieu d'une contrée aride et sauvage; mais son territoire est riche en mines d'argent et de plomb. Pop. : 3,000 âmes.

NERTCHINSKOÏ-ZAVOD. — Petite ville du gouvernement d'Irkousk, en Sibérie, Russie asiatique. Elle est située dans une contrée pittoresque, laquelle est riche en mines d'argent et de plomb, qui sont exploitées par les exilés dont cette ville est l'une des principales stations.

NERVINDE ou **NEERVINDEN**. — Village de la province de Liége, en Belgique. Il est célèbre par la bataille que le maréchal de Luxembourg y gagna, en 1693, sur Guillaume, roi d'Angleterre, et par celle qu'y perdit le général Dumouriez contre le prince de Cobourg.

NESTE. — Chef-lieu de canton dans l'arrondissement de Péronne, département de la Somme. On y trouve des fabriques de sucre indigène, de chapeaux et d'huile. Pop.: 1,800 âmes.

NESTE. — Rivière de France. Elle prend sa source au sud du département des Hautes-Pyrénées, et se jette dans la Garonne au-dessus de Montrejeau, après un cours de 70 kilomètres.

NESTIER. — Chef-lieu de canton dans l'arrondissement de Bagnères, département des Hautes-Pyrénées. Pop. : 700 âmes.

NETHOU. — Pic du Mont-Maudit, dans les Pyrénées espagnoles. Sa hauteur est de 3,482 mètres.

NETZE. — Rivière navigable de la Prusse. Elle sort d'un lac sur les confins du royaume de Pologne et de la province prussienne de Posen, passe à Driesen, et se joint à la Warthe, au-dessus de Landsberg, après un cours de 250 kilomètres.

NEU-STRELITZ. — Jolie ville située sur les lacs Zirk et Glannbeck. C'est la capitale du grand-duché de Mecklembourg-Strelitz. On y remarque le château grand-ducal où se trouvent de beaux jardins et une riche bibliothèque, le palais du gouvernement et le cimetière. Cette ville possède un gymnase, et sa population est d'à peu près 6,000 âmes.

NEUBOURG (Le). — Chef-lieu de canton dans l'arrondissement de Louviers, département de l'Eure. On y trouve des fabriques de molletons, de basins, de futaines, de siamoises, de tissus de soie pour chapellerie, etc. Pop. : 2,100 âmes.

NEUBOURG. — Petite ville située sur la rive droite du Danube, dans le cercle du Haut-Danube, en Bavière. On y voit une riche collection d'armures anciennes, et elle possède un gymnase et une institution pour les maîtres d'école. Sa population est d'environ 6,000 âmes. On trouve dans ses environs l'important haras de Rothenfeld.

NEUF-BRISACH. — Petite ville, chef-lieu de canton dans l'arrondissement de Colmar, département du Haut-Rhin. Elle est importante par ses fortifications qui sont dues à Vauban. Pop. : 2,500 âmes.

NEUFCHATEAU. — Petite ville située sur la Monzon, qui se jette près de là dans la Meuse. Chef-lieu d'arrondissement dans le département des Vosges, Neufchâteau comprend 5 cantons et 132 communes. Son commerce consiste en grains, vins et draperie, et sa population dépasse 4,000 âmes. Cette ville est la patrie de Rivard.

NEUFCHATEL. — Petite ville située sur l'Arques. Chef-lieu d'arrondissement dans le département de la Seine-Inférieure, elle comprend 8 cantons et 144 communes. Elle possède une bibliothèque, une société d'agriculture, des sources minérales; et son commerce consiste en siamoises, étoffes de laine, cuirs tannés, chapellerie, verrerie et émail, puis en fromages qui jouissent d'une grande réputation. Sa population est d'à peu près 3,500 âmes.

NEUFCHATEL. — Chef-lieu du canton de ce nom, en Suisse. Cette ville est située à l'embouchure du Seyon, dans le lac de Neufchâtel, et on y remarque le château, l'hôtel de ville, les hôpitaux, la maison pénitentiaire et celle des orphelins. Elle possède une bibliothèque publique, un gymnase, quelques fabriques, et sa population est d'environ 5,000 âmes.

NEUFCHATEL (Lac de). — Il est situé entre les cantons de Neufchâtel, de Vaud, de Fribourg et de Berne, en Suisse. Sa longueur est de 40 kilomètres sur 8 de largeur; il baigne Neufchâtel, Cudrefin, Estavayer, Grandson et Yverdun, et reçoit la Reuse, la Mantua, la Brove et la Thièle.

NEUFCHATEL-EN-SAONNAIS. — Commune de l'arrondissement de Mamers, dans le département de la Sarthe. Pop. : 1,700 âmes.

NEUILLÉ-PONT-PIERRE. — Chef-lieu de canton dans l'arrondissement de Tours, département d'Indre-et-Loire.

NEUILLY-LE-REAL. — Chef-lieu de canton dans l'arrondissement de Moulins, département de l'Allier. Pop. : 1,200 âmes.

NEUILLY-L'EVEQUE. — Chef-lieu de canton dans l'arrondissement de Langres, département de la Haute-Marne. Pop. : 1,300 âmes.

NEUILLY-SAINT-FRONT. — Chef-lieu de canton dans l'arrondissement de Château-Thierry, département de l'Aisne. Pop. : 1,800 âmes.

NEUILLY-SUR-MARNE. — Commune de l'arrondissement de Pontoise, dans le département de Seine-et-Oise. Elle est située sur la rive droite de la Marne. Pop. : 1,000 âmes.

NEUILLY-SUR-SEINE. — Chef-lieu de canton dans l'arrondissement de Saint-Denis, département de Seine-et-Oise. Il est attenant au bois de Boulogne; on y remarque un très-beau pont et on y voyait aussi, naguère, un château et un joli parc, qui étaient la propriété de la famille d'Orléans. Pop. : 9,300 âmes.

NEUKIRCHEN. — Petite ville du cercle de Vigtland, dans le royaume de Saxe. On y fabrique une grande quantité d'instruments de musique et de cordes de boyaux. Pop. : 2,500 âmes

NEULISE. — Commune de l'arrondissement de Roanne, département de la Loire. Elle est située sur le chemin de fer de Roanne à Andrézieux. Pop. : 2,100 âmes.

NEUMARKT. — Ville de Transylvanie, dans l'empire d'Autriche. C'est le chef-lieu du pays des Szeklers. Pop. : 12,000 âmes.

NEUNG-SUR-BEUVRON. — Chef-lieu de canton dans l'arrondissement de Romorantin. Pop. : 1,000 âmes.

NEUPAKA. — Ville du cercle de Bidschow, en Bohême, dans l'empire d'Autriche. On y trouve des eaux minérales. Pop. : 2,000 âmes.

NEUSALZ. — Ville de Silésie, en Prusse. Elle a été fondée par une colonie de frères moraves. Pop. : 2,500 âmes.

NEUSATZ. — Ville de la Hongrie. Elle est très-importante, parce qu'elle est le point intermédiaire du commerce considérable que font par terre Vienne, Leipzig et autres places de l'Allemagne, avec Ambelakia, Saloniki et autres villes de la Turquie d'Europe. Un pont de bateaux jeté sur le Danube la met en communication avec Peterwardein, et sa population est d'environ 18,000 âmes.

NEUSE. — Fleuve des Etats-Unis. Il coule dans la Caroline du nord, et va se jeter dans la lagune de Pamlico, après un cours de 450 kilomètres.

NEUSIEDEL. — Lac de Hongrie. Il est situé à l'ouest. Sa longueur est de 36 kilomètres sur une largeur de 12; mais il n'a pas au delà d'un mètre de profondeur moyenne.

NEUSOHL. — Ville épiscopale de la Hongrie. Elle est importante par l'immense quantité de cuivre qu'on y recueille à l'aide du procédé de la cémentation, et par ses nombreuses fabriques d'ustensiles. Sa population est d'environ 10,000 âmes. On trouve dans son voisinage une grande manufacture d'armes, et à Rhonitz des forges où se font aussi annuellement des quantités considérables de charbon.

NEUSS. — Ville de la régence de Düsseldorf, dans la Prusse rhénane. Elle a joué un rôle important dans l'histoire militaire. Elle fut tour à tour détruite et rebâtie sous les empereurs Julien et Valentinien ; Attila la saccagea en 451 ; Charles le Téméraire, duc de Bourgogne, l'assiégea inutilement durant neuf mois, en 1475 ; elle fut prise par le duc de Parme, en 1586, et par les Français, en 1642 et 1794. Pop. : 7,000 âmes.

NEUSTADT. — Petite ville, chef-lieu du cercle de même nom, dans le grand-duché de Saxe-Weimar. Elle possède quelques fabriques, et sa population est d'environ 3,500 âmes.

NEUSTADT. — Ville du cercle au delà de la Theiss, en Hongrie. Elle est importante par ses riches mines d'or, d'argent et de plomb, par ses sources minérales et par son hôtel des monnaies. Pop. 5,000 âmes.

NEUSTADT-EBERSWALDE. — Petite ville du Brandebourg, en Prusse. Elle est importante par son industrie, ses sources minérales et son institut forestier. Sa population est d'environ 4,500 âmes. On trouve dans son voisinage une grande forge royale de cuivre et de zinc, et une fabrique royale de laiton, située au village d'Egermühle.

NEUVIC. — Chef-lieu de canton dans l'arrondissement de Ribérac, département de la Dordogne. Pop. : 2,900 âmes.

NEUVILLE. — Chef-lieu de canton dans l'arrondissement de Poitiers, département de la Vienne. Pop. : 2,800 âmes.

NEUVILLE-AUX-BOIS. — Chef-lieu de canton dans l'arrondissement d'Orléans, département du Loiret. Pop. : 2,600 âmes.

NEUVILLE-SUR-SAONE. — Chef-lieu de canton de l'arrondissement de Lyon, département du Rhône. Il est situé sur la gauche de la Saône. On y trouve des fabriques de ratines et de coton filé, une blanchisserie de toiles, un moulin à soie, un laminoir pour le plomb, et une source minérale. C'est près de cet endroit que fut livré, à ce qu'on croit, l'an 197, entre Septime-Sévère et son compétiteur Albinus, la bataille qui décida de l'empire romain. Pop. : 1,800 âmes.

NEUVY-LE-ROI. — Chef-lieu de canton dans l'arrondissement de Tours, département d'Indre-et-Loire. Pop. : 1,600 âmes.

NEUVY-SAINT-SEPULCRE. — Chef-lieu de canton dans l'arrondissement de la Châtre, département de l'Indre. On y fait un commerce de grains, de vins et de laine.

NEUWELT. — Gros village du cercle de Ridschow, en Bohême, empire d'Autriche. Il est situé sur le mont Riesengebirge, et l'on y trouve des verreries.

NEUWIED. — Jolie petite ville située sur la rive droite du Rhin, dans le gouvernement de Coblentz, province rhénane, en Prusse. On y remarque un beau château qui renferme une bibliothèque considérable et de riches collections d'histoire naturelle et d'antiquités. Cette ville possède de nombreuses fabriques d'étoffes de soie, de coton, d'objets d'ébénisterie, d'ustensiles de fer-blanc, etc., et fait un commerce important. Sa population est d'environ 5,500 âmes.

NEVA. — Fleuve de la Russie européenne, dans le gouvernement de Saint-Pétersbourg. Il sort de l'extrémité sud-ouest du lac Ladoga, se dirige d'abord vers le sud-ouest, ensuite vers le nord-ouest, et va se jeter dans le golfe de Finlande par plusieurs embouchures, après un cours d'environ 56 kilom. Ses principaux affluents sont, à droite, l'Okhta et la Tchernaia ; à gauche, la Tosna, l'Ijonka et la Mga. Ce fleuve très-rapide présente dans la ville de Saint-Pétersbourg une largeur de 780 mètres, et se divise en cet endroit en plusieurs bras qui forment des îles, dont quelques-unes sont couvertes de maisons. Sa profondeur, qui varie de 4 à 6 mètres, le rend praticable à d'assez gros navires ; mais ses eaux, limpides durant les temps calmes, s'élèvent pendant certaines tempêtes à plus de 3 mètres au-dessus de leur niveau, et affligent le pays de terribles débordements. La Néva commence à se couvrir de glaces à la fin d'octobre, et elle ne dégèle qu'à la fin d'avril, et souvent plus tard. Ces glaces y deviennent d'une épaisseur telle, qu'en janvier 1740 l'impératrice Anne en fit construire un palais.

NEVERS. — Ville épiscopale, située au confluent de la Nièvre avec la Loire. Autrefois capitale du Nivernais, elle est aujourd'hui le chef-lieu du département de la Nièvre, et son arrondissement comprend 8 cantons et 99 communes. On remarque dans cette ville la cathédrale, la préfecture, les casernes, le parc et le pont construit sur la Loire. Elle possède un séminaire, un collège, une bibliothèque publique et une société académique ; puis une fonderie ayant 8 fours à réverbère et 12 bancs de forerie. Son commerce consiste en bois, bestiaux, faïences, verroterie, etc. Sa population est d'environ 16,000 âmes. Nevers est la patrie du menuisier poète maître Adam.

NEVIS ou **NIEVES.** — Une des petites Antilles anglaises. Elle est située au sud-est de Saint-Christophe, et a pour chef-lieu Charlestown. Pop. : 10,000 âmes.

NEW-ALBANY. — Petite ville de l'Indiana, aux Etats-Unis. On y trouve des ateliers de construction de bateaux à vapeur. Pop. : 4,000 âmes.

NEW-HAMPSHIRE. — Un des Etats-Unis de l'Amérique septentrionale. Il est situé dans la région du nord, et ses confins sont : au nord, le Canada ; à l'ouest, le fleuve du Connecticut qui le sépare de l'Etat de Vermont ; au sud, l'Etat de Massachusetts ; et à l'est celui du Maine et l'Atlantique. Le sol, plat sur les côtes, offre à l'intérieur les White-Mountains ou Montagnes blanches, ramification des Alleghany, lesquelles s'élèvent jusqu'à 2,000 mètres. Ce sol est productif, particulièrement en riz, maïs, lin, chanvre, légumes, etc. Le New-Hampshire a pour chef-lieu Concord. Pop. : 285,000 âmes.

NEW-HARMONY. — *Voy.* HARMONY.

NEW-HAVEN. — Ville du Connecticut,

aux États-Unis. Elle est située dans le comté dont elle porte le nom et possède un port. On y trouve un collège, des écoles de théologie, de droit et de médecine, une bibliothèque publique et un cabinet de minéralogie et l'on exploite, dans son voisinage, des carrières d'un marbre serpentin qui est l'objet d'une exportation considérable. Pop. : 14,000 âmes.

NEW-JERSEY. — Un des États-Unis de l'Amérique septentrionale. Il est borné, au nord, par l'État de New-York; à l'est et au sud, par l'Atlantique; et à l'ouest, par l'État de Pennsylvanie et la Delaware. Le sol de cette contrée est généralement fertile, on y trouve Trenton pour chef-lieu, et la population totale de l'État est de 373,000 âmes.

NEW-YORK. — Un des États de l'Amérique septentrionale. Il est situé dans la région du nord, et ses confins sont : au nord-ouest, le lac Érié, le Niagara, le lac Ontario et le lac Saint-Laurent; à l'est, les États de Vermont, de Massachusetts et de Connecticut; au sud, ceux de Pennsylvanie et de New-Jersey; et au sud-est, l'Atlantique qui ne le baigne toutefois que sur une petite étendue. Le climat de cet État est salubre; mais sujet néanmoins à de fréquentes variations sur la zône maritime. Le sol y est traversé par quelques ramifications des Alleghany, au sein desquelles se trouvent de riches mines de fer et de houille, et le fleuve Saint-Laurent est le principal cours d'eau qui l'arrose. Le chef-lieu de cet État est Albany. Pop. : 2,530,000 âmes.

NEW-YORK. — Ville de l'État de ce nom, aux États-Unis. Elle est située à l'extrémité méridionale de l'île Manhattan, sur une superbe baie, à l'embouchure de l'Hudson, et c'est la ville la plus peuplée et la plus commerçante de l'Amérique. On y remarque la cathédrale catholique; les églises Saint-Paul, Saint-Jean et de la Trinité; l'hôtel de ville, celui des postes, la douane, la maison de charité, l'hospice des orphelins, celui des fous et le musée. Cette ville possède une université, un séminaire catholique, une école de médecine, un institut de sourds-muets, une bibliothèque publique, un jardin botanique et plusieurs sociétés académiques. Son port est défendu par les forts Columbus Lafayette et Richmond. Pop. : 320,000 âmes.

NEWARK. — Ville du comté de Nottingham. Elle est située sur la Trent. On y remarque une magnifique église paroissiale, et un vieux château dans lequel le roi Jean mourut en 1216. Pop. : 10,000 âmes.

NEWARK. — Ville de New-Jersey, aux États-Unis. Elle est située sur le Passaic, et l'on y remarque l'église des presbytériens, l'une des plus belles de l'Union. On y trouve aussi des fabriques de voitures, de souliers, de chaises, etc., et son cidre, très-renommé, est comparé au vin de champagne. Pop. : 18,000 âmes.

NEWBERN. — Petite ville de la Caroline du nord, aux États-Unis. Elle est située dans le comté de Craven et au confluent du Trent et de la Neuse. On y trouve une bibliothèque publique et une académie; elle possède un port, de nombreux navires, et son commerce est florissant. Pop. : 4,000 âmes.

NEWCASTLE. — Ville très-ancienne, chef-lieu du comté de Northumberland, en Angleterre. Elle est située sur la rive gauche de la Tyne, qui y forme un très-bon port, lequel est le second du royaume pour l'importance de son commerce maritime. Cette ville doit surtout sa prospérité aux mines de houille qui s'exploitent dans son voisinage et où 40,000 personnes sont quelquefois employées. On remarque, à Newcastle, l'église Saint-Nicolas, l'hôtel de ville, le palais de justice, la Mansion-House, et le Casino. On y trouve un gymnase, une bibliothèque publique, deux sociétés académiques, et 50,000 habitants, y compris la population du faubourg de Gateshead, qui se trouve sur la rive droite de la rivière. La muraille d'Adrien se terminait à cette ville et celle de Sévère la traversait.

NEWCASTLE. — Petite ville du nouveau Brunswick, Amérique anglaise. On a établi, dans son voisinage, des chantiers où se construisent un grand nombre de navires. Pop. : 3,000 âmes.

NEWCASTLE. — Très-petite ville du comté de Northumberland, dans la Nouvelle-Galles du sud, en Australie. Elle est assez importante par la riche mine de houille qu'on y exploite. Pop. : 1,000 âmes.

NEWMARKET. — Petite ville du comté de Cambridge, en Angleterre. Elle est renommée par ses courses de chevaux que l'on regarde comme les premières du royaume. Pop. : 2,500 âmes.

NEWPORT. — Ville du comté de Monmouth, en Angleterre. Elle est située sur l'Usk, et à la tête du canal qui porte son nom. Pop. : 4,000 âmes.

NEWPORT. — Petite ville, chef-lieu de l'île de Wight, en Angleterre. On remarque sa belle maison de correction et de travaux forcés. Pop. : 4,000 âmes.

NEWPORT. — Petite ville de Rhode-Island, aux États-Unis d'Amérique. Elle est bâtie sur l'île de Rhode, dans une charmante position, et jouit d'une telle renommée par la salubrité de son climat, qu'elle est un lieu de plaisance pour les habitants du sud et du centre, à l'époque des chaleurs de l'été. Cette ville possède des fortifications et son commerce est assez considérable. Pop. : 9,000 âmes.

NEWRY. — Jolie petite ville du comté de Down, en Irlande. Elle est assez importante par son industrie, son commerce et sa marine marchande. Cette ville est située sur le canal de son nom qui joint le lac Neagh au petit fleuve Newry affluent de la mer d'Irlande. Pop. : 10,000 âmes.

NEWTON ou HUGHTOWN. — Petite ville située sur l'île Sainte-Marie, de l'archipel Scilly, en Angleterre. Elle est le chef-lieu de cet archipel.

NGAN-HOEI. — Province de la Chine. Elle est située à l'est, divisée en 8 départements et 5 mouvances directes, et a pour chef-lieu Ngan-Khing, et sa population est de 34,000,000 d'âmes.

NGARI. — Province du Tibet. Elle est située à l'ouest, composée de plusieurs petits Etats tributaires du Dalaï-Lama, et ses villes principales sont Ladak, Tchoumarle, Déba et Toling.

NHATRANG. — Ville de la Cochinchine, dans le royaume d'An-nam, Inde transgangétique. Elle est importante par ses fortifications, son beau port et ses chantiers maritimes.

NIAGARA, autrefois NEWARK. — Petite vile du Haut-Canada, Amérique anglaise. Elle est très-florissante par son commerce, et défendue par le fort Saint-George. C'est dans son voisinage qu'on trouve la fameuse cascade dite *Saut du Niagara*, laquelle a 47 mètres de hauteur.

NIAGARA. — Rivière d'Amérique. Elle est située entre l'Etat de New-York, dans les Etats-Unis et le Haut-Canada, dans l'Amérique anglaise. Elle sort du lac Erié et se jette dans le lac Ontario, à la petite ville qui a pris son nom et où se trouve sa chute. Son cours est de 55 kilomètres.

NIAMTS ou NEMZA. — Petite ville de la principauté de Moldavie. Elle est remarquable par sa charmante position, et l'on y trouve un monastère où l'on voit une image de la Vierge en argent massif, qui attire un grand nombre de pèlerins.

NIAS. — Ile de la Malaisie. Elle est située dans l'archipel de la Sonde, à l'ouest de Sumatra, et sa longueur est d'environ 110 kilomètres. Pop. : 200,000 âmes.

NIBELLE. — Commune de l'arrondissement de Pithiviers, dans le département du Loiret Pop. : 1,200 âmes.

NICARAGUA. — Ville de l'Etat de ce nom, dans la confédération de l'Amérique centrale. Elle est située sur la rive sud-ouest du lac de Nicaragua. Pop. : 22,000 âmes.

NICARAGUA. — Un des Etats de l'Amérique centrale. Il est situé entre ceux de San-Salvador, de Honduras et le pays des Mosquitos au nord; l'Etat de Costarica au sud ; la mer des Antilles à l'est; et le grand Océan à l'ouest. La grande Cordillère américaine le traverse dans toute sa longueur et y enveloppe les deux grands lacs de Nicaragua et de Léon, ainsi que plusieurs volcans en activité. Le climat de cet Etat est chaud, humide et fiévreux dans quelques districts; mais il est doux et salubre dans les régions élevées, et le sol y est très-fertile. Léon est la capitale du Nicaragua, dont la population totale est de 350,000 âmes.

NICARAGUA. — Lac de l'Amérique centrale. Il est situé dans l'Etat qui porte son nom, sa longueur est de 200 kilomètres, il est navigable pour de petits vaisseaux, et il s'écoule dans la mer des Antilles par le San-Juan.

NICE. — Ville épiscopale, située sur le Paglion, et non loin de l'embouchure du Var, dans le royaume sarde. C'est le chef-lieu de la division qui porte son nom. Cette ville jouit d'une grande renommée par la beauté de son climat, de ses campagnes couvertes de bosquets d'orangers, de limoniers et de maisons de plaisance, et par un excellent port qui favorise son commerce. Sa population est d'environ 20,000 âmes. Nice est un lieu où affluent les personnes dont la santé réclame une douce et égale température atmosphérique.

NICHABOUR. — Ville du Khorassan persan. C'est l'une des plus anciennes du royaume, et elle en fut la capitale sous la dynastie des Seldjoukides. Son territoire est très-bien cultivé et l'on trouve dans son voisinage les célèbres mines de turquoises. Pop. : 6,000 âmes.

NICOBAR. — Groupe d'îles de la mer des Indes. Il est situé au sud du golfe du Bengale et composé d'une vingtaine d'îles, dont les principales sont la grande Nicobar, la petite Nicobar, Noncovery, Katchall, Camorta, Teressa et Car-Nicobar. Pop. : 10,000 âmes.

NICOPOLI. — Petite ville de la Bulgarie, dans la Turquie d'Europe. Elle est fortifiée ; c'est le chef-lieu du sandjak de son nom, puis le siège d'un archevêque grec et d'un évêque catholique ; son commerce est assez florissant, et sa population est d'environ 10,000 âmes.

NICOSIE. — Chef-lieu de l'île de Chypre, dans la Turquie d'Asie. Pop. : 10,000 âmes.

NICOSIE. — Ville de la province de Catane, en Sicile. Elle est célèbre dans l'histoire ancienne, par la résistance qu'elle opposa à Denys, tyran de Syracuse. Pop. : 12,000 âmes.

NICOTERA. — Ville épiscopale de la Calabre ultérieure 2°, dans le royaume de Naples. Pop. : 3,000 âmes.

NICOYA. — Ville de l'Etat de Nicaragua, dans la Confédération de l'Amérique centrale. Elle est située sur le petit fleuve de son nom, où elle possède un port. Pop. : 4,000 âmes.

NIEDERBROUN. — Chef-lieu de canton dans l'arrondissement de Vissembourg, département du Bas-Rhin. On y trouve des sources minérales et des forges. Pop.: 3,000 âmes.

NIEDERSELTERS. — Village du duché de Nassau, en Allemagne. On y trouve des sources minérales très-renommées. Pop. : 900 âmes.

NIEMEN. — Fleuve de Russie. Il prend sa source dans le gouvernement de Minsk, passe à Grodno et à Kovno, entre dans la Prusse orientale, où il prend le nom de Mémel, passe à Tilsei, puis se divise en deux branches principales, et se jette dans le Curische-Haff, lac qui communique avec la mer Baltique. Son cours est d'environ 700 kilomètres.

NIEPPE. — Petite ville de l'arrondissement d'Hazebrouck, dans le département du Nord. Pop. : 3,500 âmes.

NIERS. — Rivière navigable de Hollande. Elle prend sa source dans la Prusse rhénane, et se joint à la Meuse, après un cours de 100 kilomètres.

NIEUL. — Chef-lieu de canton dans l'arrondissement de Limoges, département de la Haute-Vienne. Pop. : 900 âmes.

NIEUPORT. — Ville de la Flandre orientale, en Belgique. Elle est située sur l'Yser, où elle possède un petit port. Ses habitants se livrent à la pêche du hareng et de la morue. C'est près de cette ville, qu'en 1658 Turenne gagna contre les Espagnols la bataille dite *des Dunes*. Pop. : 3,000 âmes.

NIEUWELD. — Chaîne de montagnes d'Afrique. Elle est située dans le nord du gouvernement du Cap. Son altitude est d'environ 3,400 mètres.

NIÈVRE (Département de la). — Il a été formé de parties du Nivernais, de l'Orléanais et du Gâtinais. Sa superficie est de 681,093 hectares, et sa population d'environ 312,300 âmes. Il est divisé en quatre arrondissements, dont les chefs-lieux sont Nevers, Château-Chinon, Clamecy et Cosne, et compte 25 cantons et 316 communes. Nevers est le siège de sa préfecture et de son diocèse, Bourges celui de sa cour impériale et de son académie universitaire (*Voir l'Appendice*), et il est compris dans la treizième division militaire. Ce département prend son nom d'une petite rivière qui se jette, à Nevers, dans la Loire.

NIGER. — Grand fleuve de l'Afrique centrale, qui porte aussi les noms de *Quorra* et de *Djoliba*. On croit qu'il a sa source au mont Loma, dont l'altitude est seulement de 485 mètres, et qu'il est situé au pays de Soulimana, par le 9ᵉ degré 15 minutes de latitude nord, et par le 11ᵉ degré 56 minutes de longitude occidentale, méridien de Paris. Dans sa longueur immense, le Niger décrit de nombreux contours; mais, à partir de sa source, il se dirige vers le nord-est, en traversant Bamma-Kou, Maraboo, Yamina, Sego, Sansanding, Silla et Jenné, pour entrer ensuite dans le lac de Debbo, d'où il s'échappe en deux branches, qui se réunissent à Kabra, petite ville située à un myriamètre sud de Tombouctou. De là il court à l'est sur Yourri, reçoit sur sa route le Kamoon, se dirige ensuite sur Boussa; plus loin, il entre dans une grande plaine, où il reçoit le tribut du Kotang-Kora; et, après avoir arrosé le pays de Niffé et la ville de Funda, il va sillonner le lac immense appelé lac Central, mer de Tchad et mer du Soudan.

En sortant de ce lac, le Niger parcourt encore une partie du Houssa, en coulant directement à l'est; puis, après avoir arrosé le territoire des villes de Berissa, Gana et Tirka, il entre dans l'Etat de Wangara, où il se divise en deux grandes branches. L'une reçoit ce que déverse le lac de Reghebil, et se dirige vers le sud, pour se précipiter, par un vallon profond, à travers la double chaîne de montagnes primitives dites de Kong, et va se perdre dans l'Océan sous le nom de Formose ou de Benin; la seconde, que l'on croit être la principale branche, va se grossir des eaux du lac de Sémegonda et de celles de la Shary ; puis, après avoir arrosé les dernières limites du pays des Fellatâhs, elle gagne le revers des hautes montagnes du Darfour, longe les sources du Misselad et du Bahar-el-Abiad, et, refoulée par les monts de la Lune vers l'ouest, elle s'y fraie un passage pour descendre, dit-on, dans l'océan Atlantique, sous le nom vulgaire de Congo.

NIGRITIE ou REGION DES NEGRES. — Immense contrée d'Afrique située entre 20° de longitude occidentale et 24° de longitude orientale, et entre 17° de latitude boréale et 18° de latitude australe. Elle a pour confins, au nord, le Sahara; à l'est, les régions du Nil et de l'Afrique orientale; au sud, l'Afrique australe et l'océan Atlantique; et à l'ouest, ce dernier océan. Parmi les fleuves qui arrosent cette région, l'océan Atlantique reçoit le Sénégal, la Gambie, la Géba ou Gesve, le Rio-Grande, le Rio-de-Nunez ou Karondy, le Scarcies ou Scassas, le Mungo, la Rokelu ou rivière de Sierra-Leone, le Kamaranka, le Mesurado, le Sestos, le Sueiero-da-Costa, l'Angobra ou Seinnie, le Pra ou rivière de Saint-Jean, le Rio-Volta, le Lagos, le Djoliba ou Dhioliba, le Calabar ou Bongo, le Rio-del-Rey, le Gabon, le Couango ou Zaïre, le Loge ou Ambriz, le Dandé, le Zenza, le Coanza, le Cuvo et le Catumbela. Dans le lac Tchad, ou Soudan oriental, viennent aboutir le Yéou et le Chary.

La plupart des géographes partagent cette région en quatre parties, qui sont le *Soudan*, la *Sénégambie*, la *Guinée* et le *Congo*; mais Balbi propose de la diviser en *Nigritie occidentale*, correspondant à la Sénégambie; *Nigritie centrale*, comprenant le Soudan et la Guinée; et *Nigritie méridionale*, qui embrasse le Congo. La première division se compose des *Etats Ghiolofs*, tels que ceux d'Oualo, Kayor, Baol, Syn, Ghilof proprement dit, et Saloum; des *Etats Peuls*, qui comprennent le Fouta-Toro, le Bondou, le Fouta-Ghiaio, le Kasso et le Fouladou ou Fouladougou; et des *Etats Mandings*, où se trouvent le Kaarta, le Bambouk, le Tenda, le Oulli, le Yani, le Badibon, le Fouini, le pays de Galam et le Ghialonkadou. Les pays de la seconde division sont le Sangaran, le Bonzé, le Kankan, l'Ouassoulo, le Banan, le Bambarra et le pays des Dirimans; puis, les royaumes de Massina, de Tombouctou, de Borgou, de Yaouri, de Niffé ou Tappa, de Yarriba, de Founda, de Benin ou Adou, de Qua et de Kong, et enfin les pays de Melli, Mosi, Fobi, Calamma et Dagoumba, presque inconnus encore. Dans le bassin de la Djoliba est l'empire des Fellatâhs, et au bassin du lac Tchad appartiennent l'empire de Bornou, et les royaumes de Baghermeh et de Mobba. La troisième division embrasse les royaumes de Loango, de Congo, de Bomba, de Sala, de Molouas, d'Humé, de Cassange, de Cancobella, de Ho, de Holo-Ho, de Quiçua, de Cutalo, de Cunhinga, de Tamba, de Libolo, de Quisama, de Séla, de Baïlundo, de Nano et de Bihé; puis, les deux royaumes d'Angola et de Benguela, soumis aux Portugais. La *Nigritie maritime*, subdivision de la Nigritie centrale, et qui correspond à la Guinée, comprend le Timmanie et le Kouranko; les royaumes de Soulimana, de Cap-Monte et de Sanguin; la république de Cavally, l'empire d'Achanti ou Ashantee; les royaumes d'Ardrah, de Badagri et de Lagos; le pays des Calbongos, et, sur la côte du Gabon, celui d'Empounga et autres petits Etats.

NIJNI-NOVOGOROD. — Chef-lieu du gouvernement de ce nom, en Russie. Cette ville est située sur le Volga, et très-importante par ses nombreuses fabriques de coton, ses corderies, ses brasseries et sa foire, qui attire au delà de 150,000 étrangers. On y trouve aussi un séminaire, un gymnase, de vastes bazars, et on y admire le monument en bronze qui représente Minime et Pojarski jurant de sauver la patrie. Ce monument fut construit par ordre de l'empereur Alexandre. Pop. : 14,000 âmes.

NIJNI-TAGHILSK. — Petite ville du gouvernement de Perm, en Russie. Elle est renommée par ses lavages d'or et surtout par ceux de platine, qui sont les plus riches que l'on connaisse.

NIKOLAIEV. — Petite ville du gouvernement de Kherson, en Russie. On y remarque l'église principale, l'hôtel de ville, l'amirauté, la douane et les chantiers. Elle possède une école de pilotes, une collection de modèles de vaisseaux, un musée et une bibliothèque publique. Cette ville, qui est fortifiée, présente une population d'environ 20,000 âmes, et c'est dans son port, formé par le Boug et l'Ingoul, que stationnent les galères de la mer Noire et les vaisseaux qui sont incapables de tenir la mer. On trouve dans son voisinage et près de la rive droite du Boug, des ruines appartenant à l'ancienne ville d'*Olbia*, fondée par les Milésiens.

NIKOLSBOURG. — Ville du cercle de Brünn, dans la Moravie, empire d'Autriche. On y trouve des manufactures de draps et d'étoffes de laine. Pop. 8,000 âmes.

NIKSAR. — Ville de l'Anatolie, dans la Turquie d'Asie. C'est le siége d'un évêché grec. Pop. : 6,000 âmes.

NIL. — Fleuve d'Afrique qui, à ce que l'on suppose, prend sa source en Abyssinie et dans la Nigritie, c'est-à-dire qu'on le regarde comme formé de deux branches, dont la principale est le Bahr-el-Abiad ou la *rivière Blanche*, et la seconde le Bahar-el-Arrak ou la *rivière Bleue*. Ce fleuve s'étend au nord-est jusqu'au 17e parallèle; reçoit par 37° 40' le Tacazé ou l'Atbarah, qui est, à proprement parler, son unique affluent; il s'avance jusqu'à l'île Moqrât, pour reprendre ensuite son cours vers le nord; il arrose la Nubie inférieure et entre dans l'Egypte près de Syène ou Assouan; puis il décrit un demi-cercle au milieu de cette contrée; et à 20 kilom. au-dessous du Caire il se divise en deux grandes branches, celle de Damiette et celle de Rosette, qui forment aujourd'hui, avec le littoral de la Méditerranée compris entre leurs embouchures, l'île triangulaire du Delta.

Le Nil parcourt un espace de 3,600 à 4,000 kilom., et sa profondeur et sa rapidité varient selon les lieux et les saisons. Son bassin est limité, au sud, par les montagnes de l'Abyssinie et les monts El-Kamar; à l'est et à l'ouest par des déserts immenses qui bordent la vallée qu'il arrose. Trois fois une barrière de rochers semble vouloir arrêter son cours et trois fois il franchit cet obstacle: la seconde cataracte, dans la Nubie, est la plus forte; la troisième ouvre au Nil l'entrée de l'Egypte. On sait aujourd'hui que les pluies périodiques qui tombent au sud du 17e parallèle, sont la seule cause des crues du Nil et de ses inondations. Ces pluies commencent en mars, mais n'exercent leur influence sur la crue du fleuve qu'au solstice d'été. C'est à ces inondations que l'Egypte doit son éternelle fertilité; mais comme les anciens habitants attribuaient la crue de leur fleuve à l'intervention de leurs dieux, ils célébraient le retour de ce phénomène par des fêtes et des sacrifices. Les villes actuelles les plus remarquables baignées par le Nil sont: Halfay, Chendi, Korti, Vieux-Dongolah, Nouveau-Dongolah, Deyr, Assouan, Eufou, Esné, Quenéh, Girgeh, Syout, Manfaloût, Miniéh, Beni-Souyf, Atfiéh, Fostat, Boulaq, Gizéh, Mansourah, Damiette et Rosette.

NIL-GHERRIES. — Chaîne de montagnes de l'Hindoustan méridional. Elle s'étend au nord de Coimbatour, sur une longueur d'environ 100 kilomètres, depuis les Gates occidentales jusqu'aux Gates orientales. On y trouve des mines de fer et d'or, de la cannelle sauvage et des bois de charpente. Ses forêts sont peuplées d'éléphants, de tigres, de hyènes, etc.

NIMÈGUE. — Ville de la province de Gueldre, en Hollande. Elle est située sur la rive droite du Wahal et célèbre par les traités qui y furent conclus, en 1678 et 1679, entre la France, l'Espagne, la Hollande, l'Autriche et la Suède.

NIMES ou **NISMES**. — Ville épiscopale; chef-lieu du département du Gard, son arrondissement comprend 11 cantons et 73 communes. On y trouve des antiquités romaines très-remarquables, telles que la Maison-Carrée, les Arènes, la porte de César, les bains, la tour Magne, etc. Cette ville possède un séminaire, un collège, une bibliothèque publique, un musée, un cabinet d'histoire naturelle et trois sociétés académiques; puis de nombreuses manufactures de soie, de flanelles de coton et de laine, de châles, de mouchoirs, etc., et son commerce embrasse aussi l'épicerie, la droguerie, etc. Sa population est d'environ 50,000 âmes. Nîmes est la patrie de Samuel Petit, Afer, Nicot, Jacques Saurin, Court de Gebelin, Rabaut-Saint-Étienne, etc.

NIMROD. — Chaîne de montagnes de la Turquie d'Asie. Elle est située entre le bassin de l'Euphrate supérieur et celui du Tigre, et on la regarde comme un embranchement du Taurus, se prolongeant jusqu'auprès du lac Devan.

NINEANAY. — Contrée de l'Afrique intérieure. Elle est située à l'ouest du Zanguebar et son souverain prend le titre de *Mono-Emugi*. Cette contrée est peu connue.

NINGO. — Ville de la Guinée septentrionale. C'est le chef-lieu d'un pays de même nom où les Danois possèdent le fort de Friedensborg.

NINOVE. — Ville de la Flandre orientale, en Belgique. On y trouve des fabriques de toiles, de fil et de cordes. Pop. : 4,500 âmes.

NIO. — Une des îles Cyclades, dans l'Archipel. Elle est située au sud-sud-ouest de Naxos, et l'on croit que c'est dans cette ville qu'Homère mourut.

NIORT. — Ville située sur la Sèvre niortaise. Chef-lieu du département des Deux-Sèvres, son arrondissement comprend 10 cantons et 93 communes. On y remarque la fontaine de Viviers, obtenue en 1822 par le taraudage artésien. Cette ville possède un collége, une bibliothèque publique, un jardin agricole et une société académique. Son commerce consiste en blé, farines, vins, laines, étoffes diverses; ganterie, chamoiserie, cuirs tannés, angélique confite, etc. Sa population est d'environ 18,000 âmes. Niort est la patrie de madame de Maintenon, de Beausobre, etc.

NIPHON. — La plus grande des îles du Japon. Sa longueur est d'environ 1,250 kilomètres sur 350 de largeur, et quoique son sol soit peu fertile, elle est admirablement cultivée. Ses villes principales sont Yédo et Miaco.

NIPISSING. — Lac du Canada. Il est situé au nord-est du lac Huron, dans lequel il s'écoule par la rivière du Français.

NISSA. — Petite ville de la Turquie d'Europe. Elle est située dans la Bulgarie et importante par ses fortifications. C'est le siége d'un évêché grec et la patrie de Constantin. Pop. : 4,000 âmes.

NITCHEGUAN. — Lac de l'Amérique septentrionale. Il est situé dans la Nouvelle-Bretagne.

NITH. — Petite rivière d'Ecosse. Elle passe à Dumfries et se jette dans le golfe de Solway, après un cours de 100 kilomètres.

NIVE. — Rivière de France. Elle prend sa source dans le département des Basses-Pyrénées, passe à Saint-Jean-Pied-de-Port et à Ustarits, et se jette dans l'Adour, après un cours de 80 kilomètres.

NIVELLE. — Rivière qui prend sa source sur la frontière d'Espagne et de France. Elle passe dans le département des Basses-Pyrénées, à Saint-Jean-de-Luz, et se jette dans l'Atlantique après un cours de 35 kilomètres.

NIVELLE. — Commune de l'arrondissement de Valenciennes, dans le département du Nord. Elle est située sur la Scarpe. Pop. : 1,900 âmes.

NIVELLES. — Petite ville de la province du Brabant méridional, en Belgique. On y fabrique une grande quantité de belles toiles. Sa population est d'environ 7,000 âmes.

NIVILLERS. — Chef-lieu de canton dans l'arrondissement de Beauvais, département de l'Oise. Son territoire offre des tourbières. Pop. : 300 âmes.

NIZAM. — Etat de l'Indoustan central. Il est tributaire des Anglais et comprend les provinces d'Haydérabad, Nahdère et Bider, puis une partie du Bérar. Sa capitale est Haydérabad. Pop. : 10,000,000 d'âmes.

NOA-KOTE. — Ville du royaume du Népal, dans l'Indoustan. C'est dans son voisinage que se trouve le Dhayabuny, et que s'accomplit le fameux pèlerinage de Nilkantha.

NOAILLES. — Chef-lieu de canton dans l'arrondissement de Beauvais, département de l'Oise. On y trouve des fabriques de rubans et de jarretières. Pop. : 1,000 âmes.

NOCÉ. — Chef-lieu de canton dans l'arrondissement de Mortagne, département de l'Orne. Pop. : 1,700 âmes.

NOCERA. — Petite ville épiscopale de la principauté citérieure, dans le royaume des Deux-Siciles. On y admire son église de *Santa-Maria-Maggiore*, l'une des plus anciennes de l'Italie. Sa population est d'environ 7,000 âmes.

NOCERA. — Très-petite ville épiscopale, dans l'Etat du Pape. Pop. : 2,000 âmes.

NOGENT-LE-ROI. — Chef-lieu de canton dans l'arrondissement de Dreux, département d'Eure-et-Loir. Il est situé sur l'Eure. Pop. : 1,400 âmes.

NOGENT-LE-ROI. — Chef-lieu de canton dans l'arrondissement de Chaumont. On y fabrique de la coutellerie. Pop. : 3,000 âmes.

NOGENT-LE-ROTROU. — Petite ville située sur l'Huine, dans le département d'Eure-et-Loir. Chef-lieu d'arrondissement, elle comprend 4 cantons et 54 communes. Elle possède un collége; son commerce consiste en bonneterie, cuirs tannés, chanvre, charbon, fourrage, etc. ; et sa population est d'environ 7,000 âmes. Cette ville était anciennement la capitale du Perche.

NOGENT-SUR-SEINE. — Petite ville d'environ 4,000 habitants. Chef-lieu d'arrondissement dans le département de l'Aube, elle comprend 4 cantons et 69 communes. Ses environs sont remarquables par leurs beaux herbages. C'est dans les environs de cette ville qu'on voit les restes du *Paraclet* monastère célèbre fondé par Abailard.

NOIRMOUTIERS. — Ile de l'Atlantique, située à l'extrémité nord-ouest du département de la Vendée, auquel elle appartient. Son nom, en latin *Monasterium nigrum*, lui vient d'une abbaye de moines noirs ou Bénédictins qui avait été fondée par saint Philibert. Cette île n'est séparée du continent que par un détroit de 1,800 mètres qu'on nomme Fromentine; sa forme est irrégulière; son plus grand axe, du sud-est au nord-ouest est de 10 mille mètres et sa superficie est de 4,500 hectares. Le clocher de la ville de Noirmoutiers se trouve placé à 47° 0'3",90 de latitude, et à 4° 34' 41",40 de longitude. A l'est, au sud, et au sud ouest, l'île est entourée d'une ceinture de sables mouvants, dont la superficie est de 760 hectares, et une autre plage de sable de 166 hectares, sépare deux plaines qui constituent toute la partie productive de l'île. La première, située dans la partie orientale, est celle de Barbâtre et la Fosse, composée en totalité d'un terrain conquis sur la mer, et qui contient 500 hectares ; la seconde, ou plaine de Noirmoutiers, exposée comme la précédente à l'invasion des sables renferme 3,000 hectares, dont 1,800 sont employés à la culture du blé. Le surplus est occupé par des marais salants, des prairies, des canaux, des chemins et quelques landes stériles.

NOIRMOUTIERS. — Chef-lieu de canton dans le département de la Vendée, arrondissement des Sables. Il est situé dans l'île de son nom et au fond d'une baie sur la côte orientale. Pop. : 8,000 âmes.

NOLA. — Petite ville épiscopale de la terre de Labour, dans le royaume des Deux-Siciles. Elle est située près des fameux *Campi flegrei*, et l'on trouve, dans ses environs des tombeaux dans lesquels on a déjà recueilli des vases italo-grecs et autres objets curieux. Sa population est de 10,000 âmes. On sait que ce fut dans les églises de cette ville que, vers la fin du IV° siècle, un évêque introduisit l'usage des cloches pour appeler les fidèles à l'office divin.

NOLAY. — Chef-lieu de canton dans l'arrondissement de Beaune, département de la Côte-d'Or. On y fait un commerce de vins, de laines et de marbres. Pop. : 2,100 âmes.

NOMENY. — Chef-lieu de canton dans l'arrondissement de Nancy, département de la Meurthe. Pop. : 1,400 âmes.

NONA. — Ville épiscopale de la Dalmatie, empire d'Autriche. Elle est située dans une petite île jointe au continent par deux ponts. Florissante autrefois, elle est presque ruinée et déserte aujourd'hui, et son port, sur l'Adriatique, n'est plus qu'un marais infect. Pop. : 400 âmes.

NONANCOURT. — Chef-lieu de canton dans l'arrondissement d'Evreux, département de l'Eure. On y trouve des filatures de laine et de coton, et des fabriques de cuirs, de cardes, etc. Pop. : 1,500 âmes.

NONTRON. — Petite ville du département de la Dordogne. Elle est située sur la Dronne. Chef-lieu d'arrondissement, elle comprend 8 cantons et 80 communes. Son territoire, où se trouvent des mines de fer, est parsemé d'usines et de forges. Pop. : 4,000 âmes.

NONZA. — Chef-lieu de canton dans l'arrondissement de Bastia, en Corse. Pop. : 400 âmes.

NORD (Département du). — Il a été formé de la Flandre française, comprenant les Pays-Bas français, le Hainaut français et le Cambrésis. Sa surface est de 567,865 hectares, et sa population d'environ 1,133,000 âmes. Il est divisé en 7 arrondissements, dont les chefs-lieux sont Lille, Douai, Dunkerque, Hazebrouck, Avesnes, Valenciennes et Cambrai, et compte 60 cantons et 661 communes. Lille est le siège de sa préfecture, Cambrai celui de sa cour impériale et de son diocèse, Douai celui de son académie (*Voir l'Appendice*), et il est compris dans la seconde division militaire.

NORD-KYN. — Cap de Norwége. Il est situé à l'extrémité du continent européen.

NORD-OUEST. — Cap de la Nouvelle-Hollande. Il est situé au nord-ouest et à l'extrémité ouest de la Terre de Witt.

NORDEN. — Ville du gouvernement d'Aurich, dans le royaume de Hanovre. Elle est unie à la mer du Nord par un canal. Pop. : 5,400 âmes.

NORDERNEY. — Ile de la mer du Nord. Elle est située près de la côte du gouvernement d'Aurich, dans le royaume de Hanovre, et l'on y trouve des bains de mer très-fréquentés.

NORDLAND. — Partie septentrionale de la Suède. Elle comprend 4 préfectures : la Bothnie septentrionale, chef-lieu Pitea ; la Bothnie occidentale, chef-lieu Uméa ; le Nordland occidental, chef-lieu Hernosand ; et le Jämtland, chef-lieu Oslersund. On tire de cette contrée, qui est froide et peu productive, du chanvre, du lin, des fourrures et du bois de construction pour la marine. Pop. : 200,000 âmes.

NORDLINGEN. — Petite ville du cercle du Rezat, en Bavière. On y voit une belle église dont la tour est très-élevée. Cette ville est importante par ses nombreuses fabriques de drap, de toiles, de tissus de laine, et surtout de tapis connus sous le nom de *tapis tyroliens*, lesquels sont exportés dans un grand nombre de contrées. Sa population est d'environ 6,000 habitants.

NORFOLK. — Ville de la Virginie, aux Etats-Unis. Elle est située dans le comté du même nom et près l'embouchure de l'Elisabeth. Son port, bien défendu, est l'un des meilleurs de l'Union, et elle possède un athénée. On trouve, dans son voisinage la rade de Hampton, l'un des points principaux du rassemblement des forces navales de l'Union. Cette position domine la baie de Chesapeake, qu'un large canal fait communiquer avec la baie Delaware, et par conséquent avec Philadelphie. Pop. : 14,000 âmes.

NORFOLK (Groupe de). — Dans l'Australie. Il est situé entre la Nouvelle-Calédonie et la Tasmanie et se compose des îlots de Norfolk, Nepeau et Philip. Les Anglais ont fondé, dans celui de Norfolk une colonie qui dépend de Sidney, et reçoit les malfaiteurs incorrigibles.

NORFOLK (Nouveau). — Contrée de l'Amérique septentrionale. Elle est située à l'ouest de la Nouvelle-Bretagne, et les Russes en possèdent une grande partie.

NORKOPING. — Ville de la préfecture de Limöping, en Suède. Elle est située à l'embouchure de la Motala dans un golfe de la Baltique et y possède un port important. On fabrique dans cette ville des draps qui sont renommés. Pop. : 10,000 âmes.

NORMA. — Très-petite ville de la province de Rome. Elle correspond à l'antique

Norba, et conserve, sur une étendue assez considérable, des restes de son enceinte cyclopéenne; puis cinq portes et deux tours, l'une ronde et l'autre carrée. Pop. : 1,000 âmes.

NORMANDES (Iles). — Elles sont situées dans la Manche et appartiennent aux Anglais. Les principales sont Aurigny, Guernesey et Jersey. Cette dernière est la plus considérable.

NOROY-LE-BOURG. — Chef-lieu de canton dans l'arrondissement de Vesoul, département de la Haute-Saône. On y fabrique des tissus de coton. Pop. : 1,300 âmes.

NORRENT-FONTES. — Chef-lieu de canton dans l'arrondissement de Béthune, département du Pas-de-Calais. Pop. : 1,500 âmes.

NORT. — Petite ville, chef-lieu de canton dans l'arrondissement de Châteaubriand, département de la Loire-Inférieure. Elle est située sur l'Erdre et on y exploite de la houille. Pop. : 5,600 âmes.

NORTH-ALLERTON. — Bourg du comté d'York, en Angleterre. Les Anglais y vainquirent les Ecossais en 1138. Ce bourg est situé sur le chemin de fer d'York à Newcastle. Pop. : 2,600 âmes.

NORTHAMPTON. — Jolie ville, chef-lieu du comté de ce nom, en Angleterre. Elle est très-ancienne, et assez importante par son commerce. On trouve dans son voisinage le superbe château de lord Spencer, qui renferme une riche bibliothèque, une galerie de tableaux et d'autres collections. Pop. : 15,000 âmes.

NORTHWICH. — Petite ville du comté de Chester, en Angleterre. Elle est importante par ses mines de sel et ses sources salée qui se trouvent toutes sur les deux rives du Weaver. Pop. : 2,000 âmes.

NORWÉGE. — Ancien royaume qui fait aujourd'hui partie de celui de Suède. Il est borné, au nord, par la mer Glaciale; à l'ouest, par l'océan Atlantique; au sud, par le Cattégat; et à l'est, par la Suède. Un froid extrême règne dans la partie septentrionale; mais dans la méridionale, les montagnes mettent le sel beaucoup plus à l'abri des vents et de l'âpreté du climat; les vapeurs de la mer en diminuent aussi l'intensité; l'air y est même excessivement chaud en été, de sorte que l'on sème et que l'on récolte en 10 semaines seulement. Toutefois, la presque totalité de la Norwége n'est couverte que d'immenses forêts composées de pins, de sapins, d'ormes, de frênes, d'ifs, etc.; et le commerce des habitants consiste en échange de métaux, de fourrures, de cuirs bruts, de résines et de poissons secs, pour des grains, des vins, des eaux-de-vie, des étoffes, etc. Les mines sont nombreuses en Norwége, et entre autres celles de fer, d'aimant, de cuivre et de plomb; la mer forme aussi dans cette contrée une quantité de baies qui s'avancent profondément dans les terres et favorisent la navigation et la pêche; enfin, les Norwégiens, qui sont vigoureux, entreprenants, pleins de courage, tirent tout le parti possible du pays qu'ils occupent. Les mœurs y sont d'ailleurs aussi patriarcales que patriotiques.

NORWICH. — Grande ville épiscopale, chef-lieu du comté de Norfolk, en Angleterre. Elle possède un grand nombre de manufactures, et sa renommée pour la fabrication des tissus de laine, date du XIIe siècle. On y trouve une bibliothèque publique et un musée, et on admire sa vaste cathédrale, ainsi que les travaux hydrauliques qui ont pour objet de faciliter ses communications avec Yarmouth et Lowestoft. Enfin les savants sont attirés dans cette ville par la célèbre collection d'histoire naturelle fondée par J.-E. Smith, créateur aussi de la société Linéenne de Londres.

NORWICH. — Ville du Connecticut, aux Etats-Unis. Elle est située sur la Thames qui y devient navigable. Pop. : 5,000 âmes.

NORWICH. — Ville du New-York, aux Etats-Unis. Elle est située sur le Chenango. Pop. : 3,000 âmes.

NOSI-BEH. — Ile d'Afrique. Elle est située près de la côte de Madagascar. Elle a 32 kilomètres de circonférence et son climat est insalubre.

NOTO. — Ville de Sicile. Elle est située près du petit fleuve de son nom et des ruines de l'ancienne *Næthum*. Cette ville donnait son nom au *Val-di-Noto*, division de la Sicile. Pop. : 12,000 âmes.

NOTTINGHAM. — Jolie ville, chef-lieu du comté de ce nom, en Angleterre. Elle est située non loin du Trent et sur le canal Grand-Tronc qui la met en communication avec Liverpool, Hull et Londres. On y remarque l'hôtel de ville, la bourse, le château du duc de Newcastle, et de nombreux celliers taillés dans le roc. Cette ville est un entrepôt de bas de laine, de soie et de coton, et de dentelles; et on y fabrique des poteries et de la bière qui ont de la renommée. Pop. : 51,000 âmes.

NOUGOR. — Petit fleuve du Béloucliistan. Il passe à Koussourkend et se jette dans le golfe d'Oman, après un cours de 300 kilomètres.

NOUKAHIVA. — Une des îles Marquises, dans la Polynésie ou Océanie orientale. Elle est assez peuplée, fertile, possède trois superbes baies, et celle de Taïo-Hac est comme fortifiée par la nature. On y voit, dit-on, une cascade de plus de 600 mètres d'élévation. Les Français ont construit dans cette île le fort Collet.

NOUN. — Cap d'Afrique. Il est situé dans le pays de Sous, sur l'Atlantique et à l'extrémité sud-ouest de l'Atlas. Près de ce cap se trouve l'embouchure du fleuve de son nom, cours d'eau peu connu.

NOUNIA. — Village de la Mésopotamie, dans la Turquie d'Asie. Il est situé sur la gauche du Tigre, en face Mossoul, et a été bâti, dit-on, sur le sol où s'élevait la célèbre *Ninive*.

NOUNIVACK. — Ile de la mer de Benring. elle est située près des côtes de l'Amérique russe.

NOURADJAPOURA ou **ANOURADGBOURRO.** — Ville en ruines de l'île de Ceylan. C'est l'ancienne capitale de la Taprobane. On y remarque de nombreux restes d'édifices et entre autres des pyramides de très-grande dimension, érigées en l'honneur de princes que les bouddhistes invoquent comme des saints. On trouve aussi, au sein de ces ruines, le célèbre figuier appelé *Serimahabad*, qui est l'objet d'un pèlerinage de la part des sectateurs de Bouddha, lesquels sont convaincus que ce dieu se reposait souvent sous l'ombrage de cet arbre.

NOURI. — Lieu du pays des Chaykiés, en Nubie. Il est situé sur la rive gauche du Nil, et l'on y voit des pyramides assez bien conservées.

NOUSSERABAD. — Petite et jolie ville de la province d'Adjimir, dans l'empire Indo-Britannique. C'est l'une des principales stations de l'armée anglaise.

NOUTKA ou **VANCOUVER.** — Ile du grand océan Boréal. C'est la plus méridionale de celles de l'archipel de Quadra et Vancouver, près de la côte ouest de la nouvelle Bretagne. Elle est habitée par les Wakas qui y possèdent le gros village de Noutka.

NOUVEL-HANOVRE. — Partie de la Nouvelle-Bretagne, dans l'Amérique anglaise. Elle est située près du grand Océan, entre les côtes dites Nouvelle-Cornouailles et Nouvelle-Géorgie.

NOUVELLE (LA). — Commune située au bord de la Méditerranée, dans le département de l'Aude, arrondissement de Narbonne. Elle sert de port à cette ville qui communique avec elle par le canal de la Roubine. Pop. : 4,099 âmes.

NOUVELLE-BRETAGNE. — L'archipel de ce nom est situé à l'est de la nouvelle Guinée, et c'est l'une des régions les plus peuplées de l'Océanie centrale. Ses habitants appartiennent à la race des Papouas. Cet archipel se compose de l'île de la Nouvelle-Bretagne, de celle de la Nouvelle-Irlande, et de celles du duc d'York, du Nouvel-Hanovre, de Caen, de Gerrit-Denis et de Saint-Mathieu ; puis des groupes de Portland, des Hermites, de l'Echiquier et de l'Amirauté. On trouve, dans l'île de la Nouvelle-Bretagne, les ports de Baslin, de Likilik, et la baie des Frondeurs. Dans les environs du port Praslin, on admire la superbe cascade de Bougainville, formée de 5 gradins qui s'élèvent les uns au-dessus des autres à une hauteur de 10 à 12 mètres.

NOUVELLE-BRETAGNE. — Vaste contrée de l'Amérique septentrionale. Elle s'étend entre 42° et 76° de latitude nord, et entre 53° 10' et 142° de longitude ouest ; et ses confins sont, au nord, la mer Glaciale et la mer de Baffin ; à l'est, l'Atlantique ; au sud, les Etats-Unis ; et à l'ouest, l'Amérique russe. Les monts Rocheux sillonnent sa partie occidentale et donnent naissance à un certain nombre de cours d'eau, dont les plus remarquables sont le Fraser, le Caledonia, l'Oungiga et le Saskatcha-Ouan. L'autre partie est arrosée par le Nelson, la Severn, le Saint-Laurent, etc. *Voy.* **AMÉRIQUE ANGLAISE.**

NOUVELLE-CALEDONIE. — Groupe d'îles de 320 à 360 kilomètres de longueur, sur 72 à 80 de largeur, dans l'Australie. Il est situé à l'est de la Nouvelle-Galles, par 23° de latitude sud et 16° de longitude est, et fut découvert par Cook en 1774. La principale des îles de ce groupe, que les naturels appellent Ballade ou Bellade, est située presque sous le parallèle du centre de la Nouvelle-Hollande et à environ 10° est de ce continent. Elle est inclinée dans la direction du nord-est au sud-ouest, et renferme des montagnes dont la plus centrale paraît avoir environ 2,500 mètres d'altitude. Sa superficie est de 3,200 kilomètres, elle est fertile et produit abondamment des yams et des cocotiers, et ses habitants sont des nègres océaniens dont quelques tribus sont anthropophages. Parmi les dépendances géographiques de cet archipel, se trouvent les îles de l'Observatoire, de Baupré, de Loyalty, des Pins, de Botanique, de Rohohua et de Mathew. On voit un volcan dans cette dernière, et l'île des Pins est remarquable par des cyprès qui atteignent jusqu'à une hauteur de 40 mètres. Les Français ont pris, en 1853, possession de la Nouvelle-Calédonie, où des missionnaires étaient déjà établis depuis longtemps.

NOUVELLE-ECOSSE. — Presqu'île de la Nouvelle Bretagne, dans l'Amérique septentrionale. Elle fut découverte en 1497 par le navigateur français, Sébastien Cabot ; mais le Florentin Verazzani, qui y aborda en 1524, la nomma *Acadie* ; et ce ne fut qu'en 1598 que Guillaume-Alexandre de Neustrie, à qui Jacques Ier l'avait cédée, lui donna le nom qu'elle porte aujourd'hui. La Nouvelle-Ecosse est située entre 43° 30' et 45° 54' de latitude au nord de l'équateur, et entre 63° 10' et 68° 30' à l'ouest du méridien de Paris. Elle est bornée au nord-ouest par la baie de Fundy et par le Nouveau-Brunswick, auquel elle est unie par un isthme de 28 kilom. de largeur ; au nord, elle se trouve baignée par les eaux du détroit de Northumberland, qui la sépare de l'île du prince Edouard ; puis au nord-est par le détroit de Causeau, qui la sépare de l'île du cap Breton ; et enfin, sur ses autres points, c'est l'océan Atlantique qui lui sert de ceinture. Sa longueur, du sud-ouest au nord-est, est de 360 à 400 kilomètres, sa largeur de 40 à 140, et sa superficie de 7,820.

Elle est profondément découpée, sur tout son pourtour, par un grand nombre de golfes et de baies ; sa partie septentrionale est couverte de montagnes assez élevées ; au sud, il n'y a que des collines ; et le sol, sablonneux et aride sur les côtes, devient argileux et fertile dans l'intérieur. Quant aux cours d'eau, ils sont peu considérables ; mais ils ont généralement assez d'étendue pour que les navires puissent les remonter durant une dizaine de lieues. Cette presqu'île est exposée à des marées remarquables par leur élévation, laquelle varie de 7 mètres 80 à 19 mètres 50 et même 22 mètres 75.

NOUVELLE-GALLES. — Vaste contrée de

la Nouvelle-Bretagne, dans l'Amérique septentrionale. Elle est située entre la baie d'Hudson à l'est; le Canada et le pays des Assiniboines au sud; les Knistinaux à l'ouest; la mer Glaciale au nord; traversée par de grands fleuves et couverte de lacs et de marais. Des tribus sauvages l'occupent, et la compagnie de la baie d'Hudson y entretient quelques établissements pour le commerce des fourrures. Le principal de ces comptoirs est le fort d'York, à l'embouchure du Nelson.

NOUVELLE-GALLES MÉRIDIONALE. — Dans la Nouvelle-Hollande. Elle occupe la côte orientale de cette région, depuis le cap York au nord, jusqu'à celui de Wilson au sud, et elle se divise en partie anglaise et partie indépendante. La première a Sidney pour capitale. C'est une colonie importante où l'on déporte les condamnés, et on en retire, entre autres produits, des peaux, des laines, des huiles, des bois de construction, du charbon, de la gomme, etc. Pop. : 85,000 âmes.

NOUVELLE-GÉORGIE. — Contrée de l'Amérique septentrionale. Elle est située sur la côte du grand Océan, entre l'embouchure de la Colombia, et 49° 20' de latitude nord. C'est une possession des Etats-Unis.

NOUVELLE-GRENADE (RÉPUBLIQUE DE LA). — Dans la Colombie. On l'appelle aussi *Etats-Unis du sud*. Les divisions administratives de cette république sont ainsi établies :

DÉPARTEMENTS.	PROVINCES.	CHEFS-LIEUX.
CUNDINAMARCA.	Bogota. Antioquia. Neyba. Mariquita.	Bogota. Medellin. Neyba. Honda.
CAUCA.	Popayan. Pasto. Buenaventura. Choco.	Popayan. Pasto. Iscandé. Quibdo.
ISTHME.	Panama. Veragua.	Panama. Santiago de Veragua.
MAGDALENA	Carthagène. Mompox. Santa-Marta. Rio-Hacha.	Carthagène. Mompox. Santa-Marta. Rio-Hacha.
BOYACA.	Tunja. Pamplona. Socorro. Casanare.	Tunja. Pamplona. Socorro. Pore.

NOUVELLE-GUINÉE. — Cette île, qui a reçu aussi les noms de *Terre des Papous* ou des *Papouas*, puis celui de *Papouasie*, est la plus septentrionale de l'Australie. Elle a environ 2,000 kilomètres de longueur sur 800 dans sa plus grande largeur, et la presqu'île qui la termine vers le nord-ouest est la partie la plus connue. Elle est habitée par des Malais et deux peuples nègres, les Papouas et les Alfourous, qui sont presque constamment en guerre ensemble. Les principales îles qui entourent la Nouvelle-Guinée sont Vaigiou, Sallwatty, le groupe de Furwil ou de Saint-David, celui de Scouten, celui de Dampierre, remarquable par ses volcans, et celui d'Arrou, qui fournit à la Chine de la nacre de perles, des écailles de tortue et des nids d'hirondelles. On évalue la superficie de la Nouvelle-Guinée et des îles qui en dépendent à 156,000 kilom., et sa population à 500,000 habitants.

NOUVELLE-HANOVRE. — Ile de l'archipel de la Nouvelle-Bretagne, dans l'Australie. Elle est située au nord de la Nouvelle-Irlande, et remarquable par la civilisation de ses habitants.

NOUVELLE-HOLLANDE. — Ile immense de l'Australie, qui offre de l'est à l'ouest environ 4,000 kilomètres de longueur, 2,500 du nord au sud, 13,200 de circonférence, et 1,540,000 de superficie. Elle est échancrée au nord par un vaste golfe qu'on nomme golfe de Carpentarie, lequel a 440 kilomètres de large et 320 de profondeur; et, à l'ouest, par le golfe de King, qui a environ 360 kilomètres de largeur, sur 200 de profondeur. Les côtes seules de cette île sont connues; et, en suivant leurs contours, à partir du nord, on les trouve partagés en douze divisions qui, à l'exception d'une seule, portent le nom de *terres*. Ce sont, au nord, la terre de Carpentarie, celle d'Arnheim et celle de Diémen; à l'ouest, celle de Witt, celle d'Endracht, celle d'Edel et celle de Leuvin; au sud, celle de Nuyts, celle de Flinders, celle de Baudin et celle de Grent; enfin, à l'est, la Nouvelle-Galles méridionale.

La Nouvelle-Hollande présente, par ses produits de tout genre, un aspect particulier qui frappe toujours le voyageur. C'est d'abord son sol tourmenté, puis ses roches sombres, ses nombreuses formations de houilles, ses volcans éteints, et un autre qui, lançant des flammes, n'a cependant ni cratère ni laves. Les immenses forêts d'Eucalyptus, d'un vert glauque, donnent aux paysages un coloris aussi triste qu'étrange; et enfin, dans ces vastes solitudes on rencontre ces animaux singuliers qui portent les noms de kangourou, de pétauriste, de potorou, d'halmature, de phascogale, d'ornithorhynque, d'échidné, etc. C'est là aussi qu'on rencontre des cygnes noirs, et un serpent de la même couleur, que son venin terrible a fait nommer *acantophis bourreau*. Malgré son étendue considérable, la Nouvelle-Hollande ne paraît pas renfermer au delà de 100,000 à 120,000 indigènes; mais l'Angleterre y entretient des colonies, dont la population dépasse 75,000 âmes.

NOUVELLE-ORLÉANS. — Capitale de la Louisiane, aux Etats-Unis. Elle est située dans la paroisse de son nom et sur la rive gauche du Mississipi. C'est le siége d'un évêché catholique. Cette ville est bien bâtie, bien percée, et l'on y remarque particulièrement la cathédrale, l'église des presbytériens, le palais d'Etat, celui du gouvernement, celui de justice, l'arsenal, la douane et le marché. Elle possède un collége, une bibliothèque publique, et son commerce est florissant, parce que sa marine marchande est nombreuse, et qu'elle sert à l'exportation du produit de l'immense bassin du Mississipi. Pop. : 110,000 âmes.

NOUVELLE-PROVIDENCE. — Ville du Rhode-Island, aux États-Unis d'Amérique. Pop. : 4,000 âmes.

NOUVELLE-SIBÉRIE. — Groupe d'îles inhabitées de l'océan Glacial du nord. Il est situé au nord de la Sibérie, par 75° de latitude nord et 140° de longitude ouest. Les quatre principales des îles qui le composent sont Kotelnoë, Fadevskoë, Nouvelle-Sibérie et Liakofskoë. Leur végétation ne consiste qu'en mousses, lichens et quelques arbrisseaux à baies; mais elles sont peuplées d'un grand nombre d'ours blancs, de rennes, de renards, de lapins, d'oies sauvages et de canards; et l'on y trouve en abondance des ossements fossiles de mammouths, de buffles, de rhinocéros, etc.

NOUVELLE-ZÉLANDE (GROUPE DE LA).— Dans l'Australie. Il se compose de trois îles. La plus septentrionale est celle d'Eaheino Mauwe, qui est longue de 800 kilomètres et large de 460 dans son plus grand diamètre. Une chaîne de montagnes, dont le point culminant s'élève à 900 mètres, la parcourt dans toute sa longueur, et une rivière considérable, à laquelle les Anglais ont donné le nom de Tamise, prend sa source dans ces montagnes. On rencontre aussi, dans la partie nord, un lac de 12 kilomètres de longueur, appelé Morberni. Au sud de cette île, s'étend celle de Tavaï-Poénammou, longue de 1,100 kilomètres et large de 80 à 240. Sa surface est aussi hérissée de montagnes dont les sommets sont couverts de neiges perpétuelles, tandis que les flancs sont tapissés de verdure. Les eaux qui descendent de ces monts, remplis de sites sauvages et tourmentés par l'action des feux souterrains, s'amoncellent d'étage en étage et forment des torrents qui descendent en cascades jusqu'à la mer; puis, au pied des montagnes s'élèvent des forêts de beaux arbres propres au service de la marine, et enfin, dans la plupart des vallées, croît le *phormium tenax*, improprement appelé *lin de la Nouvelle-Hollande*. Vient après Tavaï-Poénammou, l'île de Stewart, dont la longueur est d'environ 60 kilomètres. Les insulaires de la Nouvelle-Zélande sont sauvages et cruels : mais leur nombre ne s'élève guère qu'à 140,000 âmes, réparties sur une superficie de 34,400 kilomètres carrés. Le climat de ces îles est tempéré, mais humide, et elles sont fréquemment le théâtre de violents ouragans. On trouve, dans l'île de Stewart, les ports Mason, Facile, Williams et Pegasus. Ce dernier est le plus beau. Outre les îles qui viennent d'être nommées, la Nouvelle-Zélande comprend dans ses dépendances les groupes de Broughton, de Bounty, d'Antipode, de Campbel, de Lord Auckland et de Macquarie.

NOUVELLE-ZEMBLE. — Grande terre de l'océan Glacial arctique. Elle est située entre 70° 35' et 77° de latitude nord, et entre 49° 2' et 67° de longitude est. Les Russes la comprennent dans le gouvernement d'Arkhangel. Cette terre est séparée en deux parties principales par un bras de mer, et on n'en connaît que les côtes du sud-ouest. On ignore encore si elle est habitée; mais elle est fréquemment visitée par des chasseurs et des pêcheurs russes qui y passent même quelquefois l'hiver. On n'y voit, pour toute végétation, que des herbes rabougries et des saules nains, et parmi les animaux qui y vivent on remarque particulièrement des renards bleus, des renards communs, des hermines, des ours blancs, des oiseaux aquatiques, des cachalots, des phoques, etc.

NOUVELLES-HÉBRIDES (ARCHIPEL DES). — Dans l'Australie. Cet archipel fut ainsi appelé par Cook; mais, avant lui, Bougainville lui avait donné le nom de *Grandes Cyclades*. La plus considérable des îles qui le composent est celle d'*Espiritu-Santo*, dont la circonférence est d'environ 240 kilomètres; et parmi les autres on peut citer Mallicolo; Sandwich, remarquable par ses nombreux cocotiers; Banks, qui est presque stérile; l'île des Lépreux, dont les naturels sont en effet couverts de lèpres; puis celles de Tanna et d'Ambrym, qui ont chacune un volcan en activité. La superficie de cet archipel est d'environ 1,200 kilomètres et la population de 150,000 âmes, dont les races se distinguent surtout par leur laideur.

NOUVION (LE). — Petite ville, chef-lieu de canton dans l'arrondissement de Vervins, département de l'Aisne. Elle est située près de la belle forêt de son nom, et ses environs offrent de beaux pâturages où l'on élève de nombreux troupeaux. Cette ville possède aussi des fabriques d'articles de Reims. Pop. : 3,100 âmes.

NOUVION-EN-PONTHIEU. — Chef-lieu de canton dans l'arrondissement d'Abbeville, département de la Somme. Pop. : 1,000 âmes.

NOVALAISE. — Rivière du royaume sarde. Elle coule en Savoie, près de l'ancienne route du mont Cenis.

NOVARA. — Ville épiscopale du Piémont, royaume sarde. C'est le chef-lieu de la division qui porte son nom. Cette ville est jolie, industrieuse, et on y remarque la basilique de Saint-Gaudens, le palais Bellini et la place d'armes. Pop. : 7,000 âmes.

NOVGOROD ou NOVGOROD-VELIKI. — Chef-lieu du gouvernement de ce nom, en Russie. C'est l'une des plus anciennes villes de l'empire et elle faisait partie, au moyen âge, de la ligue hanséatique. Elle comptait alors 400,000 habitants. On y remarque la cathédrale de Sainte-Sophie, dans les archives de laquelle un exemplaire complet de la *Rousskaia Pravda* ou code de Jaroslav, manuscrit sur parchemin que l'on croit dater de 1280. On admire aussi les fameuses portes de bronze de cette basilique dont la construction remonte au XII° ou XIII° siècle, lesquelles portes sont couvertes de sujets pieux et d'inscriptions latines et russes. Novgorod est encore assez important par son industrie et son commerce, et sa population est d'environ 15,000 âmes.

NOVI. — Ville de la division de Gênes,

dans le royaume sarde. Les Français y furent défaits, en 1799, par les Austro-Russes, et y battirent les Autrichiens dans la même année. Pop. : 10,000 âmes.

NOVI-BAZAR ou **JENI-BAZAR**. — Ville fortifiée de la principauté de Servie. Elle est le chef-lieu de la contrée qui porte le nom de Rascie, et sa population est d'environ 8,000 âmes.

NOVION. — Chef-lieu de canton dans l'arrondissement de Rhétel, département des Ardennes. On y trouve une filature de laine et une fabrique de tissus légers. Pop. : 1,400 âmes.

NOVO-TCHERKASK. — Chef-lieu du gouvernement des Cosaques du Don, en Russie. Elle possède un gymnase, une pharmacie de la couronne, un arsenal et un hôpital. Pop. : 13,000 âmes.

NOYA. — Ville de la province de la Corogne, en Espagne. Elle est située sur la baie de son nom où elle possède un port. On y trouve des fabriques de toiles, de dentelles et de chaussures. Pop. : 3,000 âmes.

NOYAL-MUZILLAC. — Commune de l'arrondissement de Vannes, dans le département du Morbihan. Pop. : 2,300 âmes.

NOYAL-PONTIVY. — Commune de l'arrondissement de Pontivy, dans le département du Morbihan. Pop. : 3,300 âmes.

NOYAL-SUR-VILAINE. — Commune de l'arrondissement de Châteaugiron, département d'Ile-et-Vilaine. Pop. : 3,300 âmes.

NOYANT. — Chef-lieu de canton dans l'arrondissement de Baugé, département de Maine-et-Loire. On y trouve des briqueteries. Pop. : 1,300 âmes.

NOYEN-SUR-SARTHE. — Commune de l'arrondissement de La Flèche, département de la Sarthe. Pop. : 2,700 âmes.

NOYERS. — Chef-lieu de canton dans l'arrondissement de Sisteron, département des Basses-Alpes. Pop. : 1,300 âmes.

NOYERS. — Chef-lieu de canton dans l'arrondissement de Tonnerre, département de l'Yonne. On y trouve des fabriques de serges, de toiles de ménage, d'étoffes de fil, de laine et de coton, de la bonneterie, etc. Pop. : 1,800 âmes.

NOYON. — Petite ville, chef-lieu de canton dans l'arrondissement de Compiègne, département de l'Oise. Elle est située sur la droite de l'Oise et sur le chemin de fer de Creil à Saint-Quentin. C'était autrefois le siège d'un évêché et l'on y voit une belle cathédrale. On y fabrique des toiles de chanvre et du sucre indigène. Noyon est la patrie de Calvin, du sculpteur Jacques Sarrasin et du physicien Nollet ; enfin, c'est dans cette ville que Charlemagne se fit couronner. Pop. : 6,000 âmes.

NOZAY. — Chef-lieu de canton dans l'arrondissement de Châteaubriant, département de la Loire-Inférieure. On y fabrique des instruments aratoires. Pop. : 3,000 âmes.

NOZEROY. — Chef-lieu de canton dans l'arrondissement de Poligny, département du Jura ; on y voit les ruines d'un ancien château fort des princes d'Orange, et l'on y trouve des fabriques de souliers et des tanneries. Pop. : 900 âmes.

NUBIE. — Contrée de l'Afrique septentrionale. Elle est située dans la région du Nil, entre 10° et 24° 20' de latitude nord, et entre 25° 30' et 37° de longitude est. Ses bornes sont, au nord, l'Egypte ; à l'ouest, le Sahara ; au sud, la Nigritie et l'Abyssinie ; et à l'est, la mer Rouge. Sa longueur est d'environ 1,600 kilomètres du nord au sud, et sa largeur de 1,200 de l'est à l'ouest. Cette contrée, le plus généralement sablonneuse et stérile, comprend le royaume de Sennaar ; les pays de Halfay, de Chendy, de Damar, de Barbar, des Chaykiés, de Dongolah, de Mahas, de Sokkot et des Barabras ; l'Ouady-el-Hadjar ; la zone orientale, se composant de tous les pays situés entre l'Atbarah, le Nil et la mer Rouge ; et la zone occidentale, qui s'étend à l'ouest du Nil et embrasse le désert de Bahionda, occupé par les Arabes Hassanychs et Kababichs, puis celui qui touche au bord occidental du Nil et au milieu duquel se trouve l'oasis de Selimeh, remarquable par ses couches de sel gemme.

NUESTRA-SEÑORA-DE-LA-VITTORIA. — Très-petite ville de l'Etat de Tabasco, dans la confédération mexicaine. Elle est intéressante en ce que c'est à cet endroit même que Fernand Cortez débarqua lors de son expédition contre le Mexique.

NUEVA-CAZERS. — Ville épiscopale de l'île de Luçon, l'une des Philippines ; c'est le chef-lieu de la province de Camarines-Sud, renommée par ses hautes montagnes et ses volcans.

NUITS. — Petite ville, chef-lieu de canton dans l'arrondissement de Beaune, département de la Côte-d'Or ; elle est renommée par ses vins, et c'est dans ses environs que se trouvent les vignobles de Saint-George, Richebourg, la Tache, Clos-Vougeot, Musigny et la Romanée. Pop. 3,100 âmes.

NUREMBERG. — Ancienne ville impériale, située sur la Pegnitz, dans le cercle du Rezat, en Bavière. Cette ville, dont l'aspect général, extérieur et intérieur, rappelle ce que les historiens racontent de l'époque du moyen âge, a plusieurs édifices remarquables, tels que les églises de Saint-Laurent, Saint-Sebald et Saint-Egide ; le château, l'hôtel de ville et l'arsenal. Elle possède un gymnase, une école polytechnique, un conservatoire d'antiquités et d'objets d'arts, une bibliothèque publique, un musée et plusieurs sociétés académiques ; elle fait un immense commerce des produits de son industrie, dits *articles de Nuremberg*, lesquels consistent principalement en instruments de mathématiques et de physique, mécaniques en bois, jouets, etc., et sont fabriqués en partie dans les campagnes par les paysans et leurs enfants. La population est d'environ 38,000 âmes. Nuremberg est la patrie de Peter-Fischer, Hele, Lobsinger, Ebner, Behaim, Rudolphe, Denner, Muschel, etc.

NYMPHENBOURG. — Village des environs de Munich, en Bavière. On y voit un beau château, résidence ordinaire du roi en été.

NYON. — Ville du canton de Vaud, en Suisse. Elle est située sur la rive nord-ouest du lac de Genève, et l'on attribue sa fondation à Jules-César; elle fut détruite par les barbares et rebâtie vers l'an 625. On y trouve des tanneries et on y fabrique de la poterie. Pop. : 2,000 âmes.

NYONS. — Petite ville du département de la Drôme, chef-lieu d'arrondissement; elle comprend 4 cantons et 74 communes. On y trouve des fabriques de soie et de savon, et il y a des sources minérales dans son voisinage.

O

OASIS. — On nomme ainsi quelques portions de terre couvertes de végétaux que l'on rencontre au sein des immenses déserts de sables mouvants de l'Afrique centrale. En Egypte se trouvent l'El-Kharâjeh ou l'oasis de Thèbes, l'El-Dakhel ou l'oasis du milieu; et l'El-Baharieh ou la petite oasis. Dans le grand désert de Barbarie sont : l'oasis d'El-Farafrah, que l'on croit être celle de Bysacène, dont les produits abondants alimentaient les Carthaginois et les Phéniciens; celle de Sy-Ouâh ou de Capsa, qu'entouraient jadis de riches campagnes et qui fut célèbre sous le nom de pays d'Ammon; et celle d'Audjelah, dans laquelle la tribu des Psylles, si renommée chez les anciens, fut ensevelie tout entière sous des masses de sables. Toutes les oasis ont des sources; des filets d'eau arrosent leurs cultures, et leur sol est ombragé par les cimes des cocotiers, des doums et des avoiras.

OAXACA. — Chef-lieu de l'Etat de ce nom, dans la confédération mexicaine. Cette ville est située sur les bords du Rio-Verde, au milieu de jardins et de plantations de nopal; ses maisons sont en pierre verte, et on la regarde comme l'une des plus belles du Mexique. C'est le siège d'un évêché. On y remarque la cathédrale, le palais épiscopal et le séminaire. On a trouvé dans ses environs un bas-relief, morceau très-curieux de la sculpture mexicaine. On y voit aussi un cyprès chauve, formé de trois troncs réunis, dont la circonférence totale est de 29 mètres; enfin on y visite l'antique église de Chilapa et la sierra d'Ocotlan, au sommet de laquelle, selon la croyance des anciens Mexicains, le grand Esprit rendait des oracles. La vallée d'Oaxaca est renommée par la belle cochenille qu'on y recueille. Pop. : 40,000 âmes.

OBAN. — Village du comté d'Argyle, en Ecosse. Il est situé sur le golfe de Linnhe, et son port est une station importante pour les navires qui vont à la pêche du hareng. Pop. : 1,000 âmes.

OBÉID. — Ville du Kordofan, dans le Bahr-el-Abiad, en Afrique. Après avoir été florissante, elle n'offre plus aujourd'hui que des ruines; mais son nom a été conservé à trois établissements situés près d'elle : Wadi-Naghele, Orta et Wadi-Safie. La population totale est estimée à 5,000 âmes. On découvre fréquemment, dans le Kordofan, des armures et des robes en mailles de fer pour les chevaux, tout à fait semblables à celles dont on faisait usage en Europe au moyen âge.

OBER-INGELHEIM. — Bourg du grand duché de Hesse-Darmstadt, en Allemagne. Son territoire produit des vins qui sont renommés. Pop. : 2,300 âmes.

OBERLAND. — Partie la plus méridionale et la plus élevée du canton de Berne, en Suisse. Thun est son lieu principal. On donne aussi ce nom à la partie nord-ouest du canton des Grisons, arrosée par le Rhin antérieur. Dissentis est son lieu le plus remarquable.

OBERNAI ou **OBEREHNHEIM.** — Chef-lieu de canton dans l'arrondissement de Schelestadt, département du Bas-Rhin. On y fabrique des tissus de coton, des chapeaux, du savon dur, de la colle-forte, etc. Cette ville prépare aussi des pâtés qui sont estimés. Pop. : 5,000 âmes.

OBERNDORF. — Ville du Wurtemberg, en Allemagne. Elle est située sur le Necker. On y trouve une manufacture d'armes blanches et d'armes à feu, une fonderie de canons, etc., et des mines de fer et de cuivre sont exploitées dans ses environs. Pop. : 1,500 âmes.

OBERNZELL ou **HAFNERZELL.** — Bourg du cercle du Bas-Danube, en Bavière. Elle est située sur la rive gauche du Danube. On y fabrique des creusets renommés, dits *de Passau*. Pop. : 1,300 âmes.

OBERWIESENTHAL. — Petite ville du cercle de l'Erzbirge, dans le royaume de Saxe. Elle est située au pied de Fichtelberg, et son climat est si rigoureux, qu'on nomme cette contrée la *Sibérie saxonne*. Pop. : 1,500 âmes.

OBI. — Fleuve de la Russie d'Asie, qui prend naissance dans le gouvernement de Tomsk et le district de Büsk. Il est formé par la jonction de deux cours d'eaux, la Büa, qui sort du lac de Tetleskoé, entre les gouvernements de Tomsk et d'Iénisei, et la Katonnia, qui porte le nom de Tchouia à l'endroit de sa source au petit Altaï, sur les limites de la Chine. L'Obi traverse le gouvernement de Tomsk, pénètre dans celui de Tobolsk, dont il baigne la partie septentrionale et se décharge dans le golfe de son nom, à 67° latitude nord, et 70° longitude est, après avoir parcouru 2,600 kilom. dans deux directions, une au nord-ouest jusqu'au confluent de l'Irtisch, l'autre au nord dans la partie inférieure de son cours. Il se partage en plusieurs branches qui, avant son embouchure, se réunissent ensemble, et ses principaux tributaires sont, à droite, le Tchoumysch, l'Inia, le Tom, le Tcholigm, le Ket, le Tym, le Vakh, qui facilite la communication avec l'Iénisei, le Nagan et le Poloni; à gauche, le Tcharych, le Vasiongan, les deux Yongan, le Bulyk, le Salym, l'Irtisch, qui est aussi considérable que l'Obi lui-même, la Solva et la Synia. Ce fleuve traverse les villes de Barnaoul, Kolyvan, Vernym, Sourgout et Bérésov, et son bassin est formé au sud par l'Altaï, l'Oulouk-Tag et les monts Aïtaou et Naoursim; à l'ouest, par l'Oural; à l'est, par les monts de Téletzk, de Kouznetzk; puis, du côté du bassin de l'Iénisei, par les monts Tangnon. Des sources de l'Intuch au golfe de l'Obi, il y a 2,200 kil. de longueur; et des sources du Vakh à celles du Tobolsk, 2,000 kilom. de largeur environ. Les Tartares appellent le fleuve Obi, Ommar, et les Oatiaks le nomment Emé et Ossé.

OBIDOS. — Ville de l'Estremadure, en Portugal. Un combat y fut livré, en 1808, entre les Français et les Anglais. Pop.: 4,000 âmes.

OBIDOS. — Petite ville de la province de Para, au Brésil. Son territoire est parfaitement cultivé, et l'on cite cette ville, parce qu'elle est le lieu jusqu'où la marée est sensible dans l'Amazone. Son territoire produit du cacao renommé.

OBITOLCHNEI ou NOGAISK. — Petite ville du gouvernement de la Tauride, en Russie. Elle est la résidence du chef des Nogaïs établis entre la Berda et la Moloschna, lesquels sont pour la plupart civilisés et livrés à l'agriculture.

OBRA. — Rivière du royaume de Prusse. Elle coule dans la province de Posen, traverse de vastes marais et des lacs, passe à Meseritz, et se réunit à la Warthe, au-dessous de Schwerin, après un cours de 220 kilomètres.

OBROVAZZO. — Gros village de la Dalmatie. On y a ouvert une superbe route qui établit une communication entre la Dalmatie et les confins militaires. Cette route franchit le sommet de plusieurs montages, et surtout le passage redouté et renommé du Pragh. Son point culminant est à 1025 mètres au-dessus du niveau de la mer Adriatique.

OCAÑA. — Ville de la province de Tolède, en Espagne. Les Français y vainquirent les Espagnols en 1809. Pop.: 5,000 âmes.

OCAÑA. — Ville de la province d'Alméria, en Espagne. Elle est située dans une plaine remarquable par sa fertilité. Pop.: 2,000 âmes.

OCAÑA. — Ville du département de la Magdalena, dans la république de la Nouvelle-Grenade.

OCCIDENTAL (CAP). — Il est situé à l'extrémité occidentale de l'Amérique russe, sur le détroit de Béhring.

OCEAN. — Ile de la Micronésie. Elle est située au sud-est des îles de Kingsmill.

OCEAN. — C'est le nom que l'on donne à la vaste étendue d'eau qui environne les continents; mais on en sépare toutefois les mers intérieures et les golfes profondément découpés dans les terres. Quoique les divisions auxquelles on soumet cette étendue d'eau soient nécessairement arbitraires, en voici une cependant que l'on admet assez généralement. L'*océan Atlantique*, que l'on subdivise aussi en septentrional, équinoxial et méridional, s'étend du littoral occidental de l'ancien monde, aux côtes orientales d'Amérique, et se trouve limité, au nord, par une ligne idéale tirée de l'île de Terre-Neuve aux îles Britanniques; et, au sud, par le cap de Bonne-Espérance et le cap Horn. L'*océan Pacifique* ou *grand Océan*, occupe l'espace compris entre les côtes orientales de l'Asie, les îles Philippines, Moluques et la Nouvelle-Hollande d'un côté, puis les côtes de l'Amérique occidentale de l'autre; et ses extrémités sont, au nord, le détroit de Behring, au sud, la pointe méridionale de la Nouvelle-Zélande. L'*océan Indien* s'étend entre les parties méridionales de l'Asie, de l'Afrique et de la Nouvelle-Hollande. L'*océan Austral* entoure les régions polaires antarctiques et confond ses bornes, au nord, avec celles des mers précédentes. Enfin, l'*océan Glacial* s'étend du pôle nord au cercle polaire arctique.

OCEANIE. — Cinquième partie du monde. Elle est composée d'un grand nombre d'îles répandues dans le grand Océan, entre 35° de latitude nord et 55° de latitude sud, et entre 90° de longitude est et 111° ouest. Après diverses tentatives de divisions plus ou moins arbitraires de l'Océanie, on s'est arrêté à la partager en trois parties principales: la Malaisie ou Notasie, l'Australie et la Polynésie. Cette dernière se subdivise aussi en Polynésie proprement dite et en Micronésie. La *Malaisie* et l'*Australie* offrent plusieurs îles considérables, et la Nouvelle-Hollande, par exemple, est presque aussi vaste que l'Europe, ce qui lui a valu le nom de troisième continent; on y trouve des chaînes de montagnes dont quelques-unes atteignent à une grande hauteur, et de nombreux volcans y sont également répandus. Quant à la *Polynésie*, elle se compose surtout d'une multitude d'archipels, de petits groupes d'îles plus ou moins disséminés dans l'Océan, et d'îlots environnés de récifs de coraux et de madrépores. Le climat de l'Océanie est généralement chaud, mais tempéré par le voisinage de la mer. Celui de la Nouvelle-Hollande est le plus froid, et encore l'hiver y est-il de peu de durée. La plupart des îles ont une végétation riche et utile: le cocotier, l'arbre à pain, l'igname, la batale, etc., y croissent en abondance; la Malaisie produit toutes les espèces à épices; et quant aux animaux, on y rencontre, mêlés aux plus redoutables, ceux qui rendent les plus grands services à l'homme. L'Océanie est habitée par deux races principales: la basanée ou malaisienne et la noire océanienne. La première est particulièrement répandue dans la Malaisie, la Polynésie et la

Nouvelle-Zélande. Il est encore de nombreuses peuplades, appartenant à ces races, qui vivent dans un état plus ou moins brute et barbare, et quelques-unes sont anthropophages ; mais beaucoup aussi sont industrieuses et progressent dans la civilisation. Ainsi les Tagales, les Bissayas, les Dayas et les Javans, se livrent avec succès à l'agriculture ; les Bouguis, les Malais, les Holoans à la navigation ; les Célébiens, les Tagales, les Balinais et les Javanais à l'art du tisserand et du bijoutier ; les indigènes de Soumadrâ excellent dans les ouvrages d'or et d'argent en filigrane ; les Carolins fabriquent de charmants tissus de l'écorce du mûrier ; les Javanais savent tailler et polir le diamant et les pierres précieuses ; les Polynésiens, ceux de Rotouma surtout, font de belles nattes ; ceux de la Nouvelle-Zélande confectionnent des manteaux ; la sculpture de leurs pirogues, de leurs pagayes et de leurs tambours, sont des chefs-d'œuvre d'élégance ; enfin, depuis que Tahiti s'est gratifiée d'une chambre législative, c'est merveille d'entendre des hommes portant depuis peu une chemise et une culotte, fulminer contre le despotisme, faire de l'opposition à l'autorité, et réclamer des *libertés*, surtout celle d'un commerce libre d'eau-de-vie et de rhum.

Voici quelle est la division géographique de l'Océanie :

Malaisie ou Océanie occidentale.
- Groupe de Sumatra.
- — de Java.
- Archipel de Sumbava-Timor.
- — des Moluques.
- Groupe des Célèbes.
- — de Bornéo.
- Archipel des Philippines.

Australie ou Océanie centrale.
- Australie proprement dite.
- Groupe de la Papouasie.
- Archipel de la Nouvelle-Bretagne.
- — de Salomon.
- — de la Pérouse.
- — de Quiros.
- — de la Nouvelle-Calédonie.
- Groupe de Norfolk.
- — de la Nouvelle-Zélande ou Tasmanie.

Polynésie ou Océanie orientale.
- Archipel mounin volcanique.
- — des Marianes.
- — de Palaos.
- — des Carolines.
- — central.
- — de Viti.
- — de Tonga.
- — d'Oua-Horn.
- — de Hamoa.
- Groupe de Kermadec.
- Archipel de Cook.
- Groupe de Toubouai.
- Archipel de Tahiti.
- — Paumotou.
- — de Mendana.
- — de Hawaii.
- Sporades.

OCÉANIE CIRCUMPOLAIRE. — On a proposé de désigner ainsi la grande division océanienne qui comprend l'espace situé entre le pôle et le 60° parallèle, à l'exception toutefois de quelques-unes des Sporades antarctiques situées à des latitudes beaucoup plus basses. L'hiver règne constamment dans cette région et la couvre d'un manteau de neige et de glace, sans que néanmoins la vie cesse de s'y manifester. « C'est un spectacle imposant à observer, dit M. Jacques Arago, que celui de cette zone glacée, où vivent des familles innombrables de poissons, de crustacées, d'oiseaux, de mollusques, comme pour prouver qu'il n'est pas un point de l'univers où la puissance de Dieu n'ait fait pénétrer la vie. » Cette division se compose des terres antarctiques, telles que celles d'Enderby, de Kemp, de Wilkes, de Sabrina, d'Adélie et de Victoria ; des terres de Louis-Philippe, de Palmer, de la Trinité, de Graham et d'Alexandre ; du Shetland austral, formé des îles du Roi-George de Livingston, de l'Eléphant, de Déception et de Brigeman ; de l'île Pierre Ier ; et des Sporades antarctiques où se trouvent l'île Saint-Pierre ou Géorgie australe, l'archipel de Sandwich, l'île Bouvet, celle de Kerguelin ou de la Désolation, et le groupe de Saint-Paul et Saint-Pierre.

OCHRIDA. — Lac d'Albanie, en Turquie. Il est situé au sud de la ville de même nom, sa longueur est de 25 kilomètres, et il verse ses eaux dans le Drin, par le Drin-Noir.

OCHRIDA. — Ville d'Albanie. C'est un chef-lieu de Sandjak et la résidence d'un archevêque grec. Pop. : 6,000 âmes.

OCHSFELD. — Plaine célèbre de France. Elle est située dans le département du Haut-Rhin, entre Thann et Cernay. Elle a été l'arène d'un grand nombre de combats, et l'on croit que c'est le fameux *champ du mensonge*, où Louis le Débonnaire fut abandonné par son armée.

OCKER ou **OKER.** — Rivière d'Allemagne. Elle prend sa source aux montagnes du Hartz, arrose le Hanovre et le Brunswick, passe à Wolfenbüttel et à Brunswick, et se joint à l'Aller, après un cours de 110 kilomètres.

OCOPA. — Petite ville du département d'Ayacucho, dans la république du Pérou. Elle est située dans la riche vallée de Jauja, remarquable aussi par sa grande élévation. Pop. : 15,000 âmes.

OCTEVILLE, — Chef-lieu de canton dans l'arrondissement de Cherbourg, département de la Manche. Pop. : 1,500 âmes.

ODDERN ou **TORRIS** — Fleuve de Norwége. Il passe à Christiana, où il se jette dans le Skager-Rack. On y pêche des perles. Son cours est d'environ 200 kilomètres.

ODEMIRA. — Ville de l'Alentejo, en Portugal. Elle est située sur la droite de la rivière de son nom, qui y devient navigable, et va se jeter dans l'Atlantique, au-dessous de Villanova de Mil-Fontes. Pop. : 2,000 âmes.

ODENBOURG ou **SOPRONY.** — Ville de Hongrie, empire d'Autriche. Elle est située non loin du lac Nieusiedel, et liée, par un embranchement, au chemin de fer de Vienne à Trieste. On y trouve des fabriques de draps, de cotonnades, de poterie et des verreries; et de plus il s'y fait un commerce important de bestiaux et de porcs. De riches mines de houille sont exploitées aussi dans son voisinage. Pop. : 14,000 âmes.

ODENSE. — Ville épiscopale, située sur l'île Fionie, en Danemark. On y remarque une belle cathédrale, et elle possède deux bibliothèques publiques, avec une société académique. Sa population est d'environ 9,000 âmes.

ODENWALD. — Chaîne de montagnes d'Allemagne. Elle est située dans le grand-duché de Bade, entre le Necker et le Mein, qui la sépare de la forêt Noire. Sa longueur est de 80 kilomètres; mais ses sommets les plus élevés ne dépassent point 700 mètres.

ODER. — Fleuve qui, sous le nom de *Viadrus*, traversait anciennement la Germanie, située entre l'Elbe et la Vistule. Il prend sa source dans la Moravie, et son cours s'élève à environ 95 mètres au-dessus du niveau de la mer. Il coule d'abord dans la direction du nord, puis dans celle du sud-est; et, après avoir traversé les cercles de Prérau, de Troppau, de Teschen, et reçu les eaux de l'Ostrawitza et de l'Olsa, il vient baigner Ratibor, lieu où il commence seulement à devenir navigable pour de légères embarcations. De là il passe à Kosel, à Oppeln et à Brieg, se grossissant, au-dessus de cette dernière ville, de la Neiss; à Breslaw il reçoit l'Ohlau, alors alors supporter des bateaux de 30 tonneaux; après avoir traversé Koeben, Glogau et Neu-Salz, il pénètre, au nord de Sabor, dans le Brandebourg et la Silésie; il arrose Grossen où il reçoit à gauche le Boher, Francfort-sur-l'Oder; puis Cüstrin où il s'augmente à droite de la Warthe, et passe enfin à Oderberg. Il ne tarde pas après cela à se diriger vers le nord-nord-est pour entrer dans la Poméranie, où il se divise en quatre branches dont la plus importante conserve le nom d'Oder; les trois autres sont appelées Parnitz, et grand et petit Redlitz. Elles arrosent Schwedt, Greiffenhagen et Stettin; se jettent dans le lac de Dannu pour en sortir réunies en un seul cours d'eau; et celui-ci, après avoir traversé le grand lac de Stettinerhaff, se décharge enfin dans la Baltique par trois bras considérables, la Peene à l'ouest, la Swiene au milieu et le Dievenow à l'est. Ces trois bras forment les grandes îles marécageuses d'Usedom et de Wollin.

Le cours de l'Oder est de 800 kilomètres environ. Dans les montagnes de la Silésie, ses eaux, entraînées par un courant rapide, roulent du sable et du gravier, et arrivé dans le pays plat, quoique beaucoup plus lent dans son cours, il n'en occasionne pas moins, assez fréquemment, d'immenses ravages par ses inondations. Ce fleuve communique avec l'Elbe, par le canal de Finon, qui unit la Fühner avec le Havel, et par celui de Friedricg-Wilhem, qui se décharge dans la Sprée. L'Oder forme, principalement vers son embouchure, des îles nombreuses et variées, dont quelques-unes offrent, en été, de riants paysages.

ODERAU. — Ville murée de la Silésie, dans l'empire d'Autriche. Elle est située sur l'Oder. Pop. : 2,500 âmes.

ODEREN. — Commune de l'arrondissement de Belfort, département du Haut-Rhin. Pop. : 1,800 âmes.

ODESSA. — Grande et belle ville du gouvernement de Kherson, en Russie. Elle a été fondée, sur l'emplacement d'un village tartare nommé Hadji-Bey, par Catherine II, et en partie par un émigré français, le duc de Richelieu. Elle est située près d'un petit golfe de la mer Noire qui y forme un port défendu par une citadelle et des batteries, et c'est la principale place marchande de toute cette mer, ainsi que le débouché le plus important des produits de la Russie méridionale. On y remarque la cathédrale, l'amirauté, la douane, la bourse, l'hôpital et l'aqueduc. Elle possède un lycée, un gymnase de commerce, une école de droit, un séminaire, une école de navigation, une école de langues orientales, un musée d'antiquités de la Russie méridionale, un jardin botanique et une société académique. Sa population dépasse 75,000 âmes.

ODET. — Rivière de France. Elle coule dans le département du Finistère, passe à Quimper où elle devient navigable au moyen de la marée, et se jette dans la baie de Bénaudet, après un cours de 60 kilomètres.

ODEYPOUR. — Grande ville de la province d'Adjimir, dans l'empire indo-britannique. Elle est située près d'un lac, et l'on y remarque un palais en marbre, avec de beaux jardins. On exporte de cette ville des chevaux et des chameaux.

OEDENBURG. — Petite ville de la Hongrie. Elle est importante par son industrie, ses grands marchés de bestiaux, par les vins estimés que produisent les vignobles de son territoire. On trouve aussi dans ses environs, à Wolf, des bains qui sont réputés, puis des mines de houille. Cette ville possède un lycée, et sa population est d'à peu près 12,000 âmes.

OELSSNITZ. — Petite ville du cercle de Voigtland, dans le royaume de Saxe. Elle est située sur l'Elster. Pendant tout l'été, on fait la pêche des perles dans les eaux de l'Elster. Pop. : 3,000 âmes.

OEREBRO. — Jolie petite ville de Suède. Elle est située à l'extrémité occidentale du lac Hielmar. Son commerce est florissant, elle possède une manufacture d'armes, et c'est l'entrepôt du fer de toute la préfecture dont elle est le chef-lieu. Pop. : 3,500 âmes.

OEYRAS. — Chef-lieu de la province de Pianchy, au Brésil. C'est une petite ville sans aucune importance commerciale.

OFANTO. — Petit fleuve du royaume de Naples. Il sépare la principauté ultérieure et la Capitanate, de la Basilicate et de la Terre-de-Bari, et se jette dans l'Adriatique, après un cours de 135 kilomètres. C'est près de sa rive droite qu'est située Cannes, où Annibal vainquit les Romains, l'an 216 avant l'ère chrétienne.

OFFENBACH. — Petite ville située sur le Mein, dans la principauté de Starkenbourg, grand-duché de Hesse-Darmstadt. Elle est importante par ses fabriques de toiles, de bijoux, d'ouvrages vernissés, etc., et elle possède un jardin botanique et plusieurs collections. Sa population est d'environ 8,000 âmes.

OFFENBOURG. — Ville du grand-duché de Bade, en Allemagne. C'est le chef-lieu du cercle de la Kinzig. Pop. : 3,000 âmes.

OFFRANVILLE. — Chef-lieu de canton dans l'arrondissement de Dieppe, département de la Seine-Inférieure. Pop. : 1,700 âmes.

OGEECHEE. — Fleuve des Etats-Unis. Il coule dans la Géorgie, passe à Louisville où il devient navigable, et se jette dans l'Atlantique, après un cours de 350 kilomètres.

OGLIO. — Rivière du royaume lombard-vénitien, empire d'Autriche. Il traverse le lac d'Iseo, devient navigable à Pontevico, et se joint au Pô, après un cours de 200 kilomètres.

OGNON. — Petite rivière de France. Elle prend sa source dans le département de la Vendée, et se jette dans le lac de Grand-Lieu, département de la Loire-Inférieure, après un cours de 40 kilomètres.

OHIO. — Fleuve des Etats-Unis. Il se forme en Pennsylvanie, par la réunion de l'Alleghany et de la Monogahela; sépare les Etats d'Ohio d'Indiana et d'Illinois, de ceux de Virginie et de Kentucky; passe à Pittsbourg, Portsmouth, Cincinnati, Louisville; et se joint au Mississipi, après un cours de 1,800 kilomètres. Sa largeur moyenne est de 400 mètres, mais elle s'élève jusqu'à 1,400. Ce fleuve a pour principaux affluents, à droite, le Muskingum, le Scioto, le Miami et le Wabash; à gauche, le Kentucky, le Green-River, le Cumberland et le Tennessee. Un canal, dit Grand-Canal d'Ohio, le joint au lac Erié, en traversant, du sud au nord et sur une longueur de plus de 400 kilomètres, l'Etat d'Ohio.

OHIO. — Un des Etats-Unis de l'Amérique septentrionale. Il est situé au nord, et borné, dans la même direction, par le territoire de Michigan et le lac Erié; à l'est, par la Pennsylvanie; au sud, par l'Ohio, qui le sépare de la Virginie et du Kentucky; et à l'ouest par l'Etat d'Indiana. Son climat est tempéré, mais variable; son sol, plat au nord et au centre, est couvert de montagnes peu élevées à l'est et au sud; il est en partie marécageux, mais généralement fertile, et produisant particulièrement des fruits, des grains, du vin, du chanvre, du lin, etc. On y exploite aussi des mines de fer et de houille, et des sources salées. Son chef-lieu est Columbus. 1,320,000 âmes.

OHLAU. — Ville de la régence de Breslau, dans la Silésie, en Prusse. Elle est située sur la rive droite de la rivière de son nom. On y cultive et fabrique du tabac. Pop. : 4,000 âmes.

OHRDRUF. — Ville murée du grand-duché de Saxe-Cobourg-Gotha, en Allemagne. On y trouve des usines à cuivre et des fabriques de cuirs et d'étoffes de laine. Pop. : 4,500 âmes.

OIGNON ou OGNON. — Rivière de France. Elle prend sa source dans le département de la Haute-Saône, sépare ce département de ceux du Doubs et du Jura, et se jette dans la Saône, au-dessus de Pontarlier, après un cours de 160 kilomètres.

OIRON. — Commune de l'arrondissement de Bressuire, dans le département des Deux-Sèvres. Pop. : 800 âmes.

OIRSCHOT. — Grand village de la province de Brabant, royaume de Hollande. Pop. : 5,000 âmes.

OISE (DÉPARTEMENT DE L'). — Il est formé de parties de l'Ile de France, du Noyonnais et du Soissonnais, puis, dans la Picardie, du Santerre et d'une partie de l'Amiennois. Sa superficie est de 582,570 hectares, et sa population est d'environ 406,000 âmes. Il est divisé en 4 arrondissements dont les chefs-lieux sont Beauvais, Clermont, Compiègne et Senlis, et compte 35 cantons et 699 communes. Beauvais est le siège de sa préfecture et de son diocèse. Amiens celui de sa cour impériale, Paris celui de son académie universitaire (voir l'*Appendice*), et il est compris dans la première division militaire. Ce département prend son nom d'une rivière qui descend des Ardennes, et se jette dans la Seine, à Conflans-Ste-Honorine, après un cours de 180 kilomètres. Elle est navigable depuis la Fère.

OISEMONT. — Chef-lieu de canton dans l'arrondissement d'Amiens, département de la Somme. Pop. : 1,100 âmes.

OISSEL-SUR-SEINE. — Petite ville de l'arrondissement de Rouen, département de la Seine-Inférieure. Elle est située sur la rive gauche de la Seine. Ce lieu fut célèbre anciennement, parce qu'il était l'une des principales stations des Normands sur la Seine. Pop. : 3,200 âmes.

OKA. — Rivière navigable de Russie. Elle passe à Bielev, Kalouga et Riazan, et se jette dans le Volga, à Nijnéï-Novgorod, après un cours de 1,200 kilomètres.

OKEHAMPTON. — Ville du comté de Devon, en Angleterre. Elle est située sur les bords de la forêt de Dartmoor, et l'on y voit les ruines d'un château fort. Pop. : 2,000 âmes.

OKHOTSK. — Chef-lieu du district de ce nom, en Sibérie, Russie asiatique. C'est une petite ville qui possède un port sur l'Okhota et fait un commerce assez considérable. Elle est l'entrepôt de la compagnie américaine, et le passage ordinaire de ceux qui se rendent au Kamtchatka; et l'on y trouve enfin de petits chantiers où l'on construit et radoube les vaisseaux destinés au commerce de la côte nord-ouest d'Amérique. Pop. : 1,200 âmes.

OKHOTSK (MER D'). — Elle est formée par le grand Océan boréal, entre le Kamtchatka au nord-est; le district d'Okhotsk, au nord-ouest ; le gouvernement d'Iakoutsk, la Mandchourie et l'île de Tchoka, à l'ouest ; l'île d'Iézo au sud ; et les Kouriles, au sud-est. Elle forme, au nord, le golfe de Kamtchatka, au fond duquel sont les baies de Penjinsk et d'Ijighinsk ; puis communique, au sud, avec la mer du Japon, par la manche de Tartarie et le détroit de La Pérouse ; et, au sud-est, avec le grand Océan, par les nombreux détroits qui séparent les Kouriles. La navigation est sûre dans cette mer, mais souvent arrêtée, durant l'hiver et sur les côtes par les glaces qui s'y accumulent.

OKNA. — Petite ville de la principauté de Moldavie. Elle est renommée par ses mines de sel gemme, qui sont au nombre des plus riches que possède l'Europe.

OLAN. — Un des principaux sommets des Alpes. Il est situé en France, entre le département des Hautes-Alpes et celui de l'Isère, et son altitude est de 4,212 mètres.

OLAND. — Ile de Suède. Elle est située dans la Baltique et séparée du continent par le détroit de Calmar. On y trouve de belles forêts et de riches pâturages, et ses habitants se livrent à la pêche et à la navigation. Pop. : 24,000 âmes.

OLARGUES. — Chef-lieu de canton dans l'arrondissement de Saint-Pons, département de l'Hérault. Pop. : 1,200 âmes.

OLBERNHAU. — Ville du royaume de Saxe. On y trouve des fabriques d'armes à feu, d'instruments de musique, de dentelles, etc. Pop. : 2,400 âmes.

OLBY. — Commune de l'arrondissement de Clermont, département du Puy-de-Dôme. Pop. : 1,000 âmes.

OLDENBOURG (Grand-duché d'). — Cet état se compose du duché d'Oldenbourg proprement dit, de la principauté d'Eutin ou de Lubeck, et de celle de Birkenfeld. Il est limité à l'est, au sud et à l'ouest par le royaume de Hanovre, et au nord par la mer d'Allemagne. Les fleuves qui l'arrosent sont le Weser et son affluent la Hunte ; la Leda et autres affluents de l'Ems ; et la Nahe, affluent du Rhin.

OLDENBOURG. — Capitale du grand-duché du même nom. Elle est située sur la Hunte, et l'on y remarque le château ducal, le palais du prince, l'hôtel du gouvernement et des archives et les casernes. Cette ville possède un gymnase, une école militaire, un séminaire pour les maîtres d'école, et une collection d'antiquités allemandes. On y trouve en outre des fabriques, un commerce assez actif, et sa population est d'environ 8,000 âmes.

OLDESLOHE. — Ville du Holstein, royaume de Danemark. Elle est située sur la Trave. Cette ville possède une riche mine de sel gemme. Pop. : 2,000 âmes.

OLDHAM. — Petite ville du comté de Lancaster, en Angleterre. Elle est importante par ses fabriques de laine et de coton, ses carrières d'ardoises et de pierres, et par les mines de houille qu'on exploite dans ses environs. Pop. : 32,000 âmes.

OLEKMA. — Rivière de la Russie d'Asie.

Elle coule dans la province d'Iakoutsk, et s'unit à la Téna, à Olekminsk, après un cours de 800 kilomètres.

OLENEK. — Fleuve de la Russie d'Asie. Il coule dans la province d'Iakoutsk, et se jette dans l'océan Glacial, après un cours d'environ 1.300 kilomètres.

OLENSK ou VILOUISK. — Ville de la province d'Iakoutsk. C'est la plus septentrionale de la Russie asiatique. Elle est située à gauche de l'embouchure de l'Olenck, dans la mer Glaciale, et l'on y fait un commerce de fourrures. Pop. : 500 âmes.

OLÉRON. — Ile du golfe de Gascogne. Elle est située à 8 kilomètres en mer des côtes du département de la Charente-Inférieure, et appartient à l'arrondissement de Marennes. Sa longueur est de 20 kilomètres sur 8 de largeur. On y trouve de riches marais salants et il s'y fait un commerce de vin, d'eau-de-vie et de sel. Elle a pour chef-lieu Saint-Pierre avec le château d'Oléron. Pop. : 16,000 âmes.

OLETTA. — Chef-lieu de canton dans l'arrondissement de Bastia, en Corse. Pop. : 1,100 âmes.

OLETTE. — Chef-lieu de canton dans l'arrondissement de Prades, département des Pyrénées-Orientales. On y trouve des sources thermales. Pop. : 1,200 âmes.

OLIERO. — Village de la délégation de Vicence, dans le gouvernement de Venise. Il est renommé par ses grottes remplies de pétrifications, et desquelles il sort un tel volume d'eau qu'il suffit pour mettre immédiatement en mouvement des machines de filatures de soie et de fabriques de papiers.

OLIMIRAO. — Ile de la Micronésie. Elle est située dans l'archipel des Carolines.

OLINDA. — Ville épiscopale de la province de Pernambuco, au Brésil. Elle touche à la ville de Pernambuco. On y remarque une belle cathédrale, et on y trouve un séminaire et un jardin botanique. Pop. : 7,000 âmes.

OLIVA. — Petite ville du gouvernement du Dantzick, dans la province de Prusse. On y admire la grande et belle église de la ci-devant abbaye de Citeaux, et l'on y trouve des forges importantes. Pop. : 1,300 âmes.

OLIVA. — Ville de la province d'Alicante, en Espagne. Elle est située près de la Méditerranée, et l'on récolte sur son territoire du vin, de l'huile et de la soie. Pop. : 6,000 âmes. Il est une autre ville de ce nom, dans la province de Badajoz. Pop. : 5,000 âmes.

OLIVENÇA. — Petite ville de l'Estremadure, en Espagne. Elle est importante par ses fortifications, son commerce et son industrie, et compte environ 10,000 habitants.

OLIVET. — Commune de l'arrondissement d'Orléans, dans le département du Loiret. Elle est située sur le Loiret. On recueille sur son territoire des pierres transparentes dites *diamants d'Olivet*, et on fabrique dans cette ville du tricot de coton et de la bonnetterie sans couture. Pop. : 3,400 âmes.

OLIVETO. — Ville de la Basilicate, dans le royaume de Naples. Pop. : 6,000 âmes.

OLIVETO. — Ville de la Principauté-Citérieure, dans le royaume de Naples. Pop. : 3,000 âmes.

OLKHON. — Ile de la Russie asiatique. Elle est située sur le lac Baïkal, dans le gouvernement d'Irkoutsk; sa longueur est de 80 kilomètres sur 25 de largeur, et elle est habitée par des Mongols-Bouriats, adonnés à l'agriculture.

OLLIERGUES. — Chef-lieu de canton dans l'arrondissement d'Ambert, département du Puy-de-Dôme. On y fabrique de la grosse toile et des étamines. Pop. : 2,100 âmes.

OLLIOULES. — Chef-lieu de canton dans l'arrondissement de Toulon, département du Var. Il est situé à l'extrémité d'un étroit défilé très-remarquable appelé l'aux d'Ollionles. On y fait un commerce d'huile et de fruits secs. Pop. : 3,000 âmes.

OLMEDO. — Ville de la province de Valladolid, en Espagne. Deux batailles furent livrées dans son voisinage en 1446 et 1467. Pop. : 2,000 âmes.

OLMETO. — Chef-lieu de canton dans l'arrondissement de Sarthéne, en Corse. Pop. : 2,000 âmes.

OLMUTZ. — Ville archiépiscopale, autrefois capitale de la Moravie, empire d'Autriche. Elle est importante par ses fortifications. On y trouve une université, un collège des nobles et une bibliothèque publique. Pop. : 20,000 âmes.

OLNEY. — Ville du comté de Buckingham, en Angleterre. Elle est située sur l'Ouse. On y fabrique de la dentelle. Pop. : 2,400 âmes.

OLONA. — Rivière du royaume Lombard-Vénitien. Elle passe à Milan et se divise en deux branches : l'une appelée Lambro-Morto, s'unit au Lambro, à San-Angelo; l'autre se jette dans le Pô, à San-Zenone. Son cours est d'environ 100 kilomètres.

OLONETS. — Ville épiscopale du gouvernement de ce nom, en Russie. On trouve, dans son voisinage, d'importantes mines de fer et de cuivre qui sont exploitées. Pop. : 1,000 âmes.

OLONZAC. — Chef-lieu de canton dans l'arrondissement de Saint-Pons, département de l'Hérault. Pop. : 1,400 âmes.

OLORON (et non pas OLERON). — Petite ville du département des Basses-Pyrénées. Elle est située sur le gave de son nom. Chef-lieu d'arrondissement, elle comprend 8 cantons et 88 communes. Son commerce consiste en toiles, bas, et bonnets de laine, papiers, etc.; puis en chevaux et bois de mâture. Cette ville est l'ancienne Iluro, l'un des principaux lieux des Osquidates de la Novempopulanie. Pop. 6,800 âmes.

OLOT. — Petite ville de la province de Girone, en Espagne. Elle est située sur la Fluvia. On y fabrique des draps, des étoffes de laine, de la bonneterie et de la coutellerie, et l'on y fait un commerce important de transit. Pop. : 14,000 âmes.

OLTEN. — Petite ville du canton de Soleure, en Suisse. On y trouve des fabriques de fil de fer, et on y voit un très-beau pont couvert sur l'Aar. Pop. : 1,200 âmes.

OLYMPE. — Plusieurs montagnes furent ainsi appelées dans l'antiquité : deux en Grèce, une dans l'Asie Mineure, et une autre dans l'île de Chypre. La plus célèbre était celle de la Thessalie, où les Grecs avaient placé le séjour de leurs dieux, parce qu'ils ne croyaient pas alors qu'il existât en aucun lieu un sommet plus élevé. On pense que c'est la première montagne qui ait été mesurée et Xénagoras fait connaître qu'elle avait 10 stades de hauteur ou 1920 mètres. Mais on s'est assuré, de nos jours, que son altitude est de 2,247 mètres. Ce mont, appelé actuellement *Olympos* et *Lacha*, sert de frontière à la province turque de Romélie, vers l'extrémité orientale des monts helléniques, près de la côte occidentale du golfe de Salonique. Son sommet se trouve par 40° 4' 32'' de latitude nord, et 20° 38' de longitude est. L'Olympe commençant près de Tempé et se joignant aux monts Cambuniens, séparait la Thessalie de la Piérie. Dans l'origine, le fleuve Pénée ne pouvant se décharger dans la mer, inondait la Thessalie, qui n'était alors qu'un vaste marais; mais un tremblement de terre ayant séparé le mont Ossa du mont Olympe, un passage s'ouvrit pour le fleuve entre les deux montagnes, par le vallon de Tempé, le pays se dessécha, et la Thessalie devint habitable. Ce célèbre vallon de Tempé commençait anciennement à la ville d'Homolis, il était couvert de bois, et les rives du Pénée toujours ornées de fleurs. Aujourd'hui, chaque année, le 20 juin, le prêtre du village de Scamnia célèbre la messe dans la chapelle qu'on a construite sur le sommet le plus haut de l'Olympe, et cet usage est, dit-on, la continuation d'une fête religieuse du paganisme.

Quant au mont Olympe de l'Asie Mineure, lequel porte actuellement le nom ture de *Kechich-Daghy*, il est situé dans l'Anatolie, à 32 kilom de la mer de Marmara; il s'élève seulement à 406 mètres 25, et porte sur son flanc septentrional la ville de Brousse ou Pruse. A sa base se trouve une vallée très-profonde qu'on nomme Gogderé, c'est-à-dire le *vallon céleste*. La montagne est couverte d'une assez belle végétation.

OM. — Rivière de la Russie d'Asie. Elle naît et coule dans le gouvernement de Tomsks, passe près de Kaïnsk, entre dans le gouvernement d'Omsk, et s'unit à l'Omsk, après un cours de 700 kilomètres.

OMAGH. — Ville d'Irlande C'est le chef-lieu du comté de Tyrone. Pop : 2,000 âmes.

OMAN. — Contrée de l'Arabie. Elle est située au sud-est, et se compose principalement des Etats de Mascate et de Bélad-Séer. Son sol est généralement fertile et assez bien cultivé vers les côtes, et son commerce consiste en gomme, fruits secs, dattes, etc.

OMBAY. — Ile de la Malaisie. Elle est située dans l'archipel de la Sonde, au nord-ouest de Timor. Sa longueur est de 90 kilomètres, et le peuple qui l'habite est aussi cruel que belliqueux.

OMBERGSHEDEN. — Petite ville de la préfecture de Carlstad, en Suède. Elle est renommée par la foire qui s'y tient à la Saint-Michel, et qui y attire 25 à 30,000 étrangers.

OMBRONE. — Rivière d'Italie. Elle coule dans le grand-duché de Toscane, passe près de Grosseto, et se jette dans la Méditerranée, après un cours de 110 kilomètres.

OMERCANTOC. — Plateau de l'Hindoustan. Il est situé dans le Gandouana, et la Nerbuddah y prend sa source. On y remarque un temple que visitent beaucoup d'Indiens.

OMESSA. — Chef-lieu de canton dans l'arrondissement de Corté, en Corse. Pop. : 900 âmes.

OMOA. — Petite ville de l'Etat de Honduras, dans la confédération de l'Amérique centrale. Elle est assez importante par son port qui est le plus commerçant de la Confédération ; mais cette localité est très malsaine. Pop. : 1,000 âmes.

OMOLON. — Rivière de la Russie asiatique. Elle dépend des monts Stonovoï, coule dans la province d'Iakoutsk, et se jette dans la Kolyma, après un cours de 800 kilomètres.

OMONT. — Chef-lieu de canton dans l'arrondissement de Mézières, département des Ardennes. Pop. : 500 âmes.

OMSK. — Chef-lieu de la province de ce nom, en Sibérie, Russie asiatique. Elle est la résidence du général chargé de protéger la frontière de l'empire contre les incursions des Kirghiz-Kaïsak. Elle ne compte que 1,000 habitants regnicoles ; mais sa population est de 4,000 hommes.

ONA. — Rivière de la Russie asiatique. Elle coule dans le gouvernement d'Iéniséisk, qu'elle sépare en partie de celui d'Irkoust, et se joint à la Tasiééva, après un cours de 500 kilomètres.

ONACUSE ou HUNTER. — Ile de la Polynésie. Elle est située au nord-ouest des îles Viti.

ONATE. — Ville du Guipuzcoa, en Espagne. On y trouve une université, des forges et des fabriques de clouterie. Pop. : 4,000 âmes.

ONEGA. — Lac situé au milieu du gouvernement d'Olonetz, dans la Russie d'Europe, à l'est-nord-est du lac Ladoga, entre 60° 50' et 61° 30' de latitude nord, et entre 32° et 34° de longitude est. Sa longueur est d'environ 200 kilom. du nord au sud, et sa plus grande largeur, entre Petrozavodsk et l'embouchure de la Vodla, est de 80 kilom. Il reçoit le tribut de plusieurs cours d'eau, tels que la Mégra au sud, la Chouia à l'ouest, la Sodla à l'est, et la Sytagra au sud-est, laquelle le lie au Marüenskoï-Kanal qui le fait communiquer avec le bassin du Volga. L'écoulement des eaux du lac se fait au sud-est par le Svir, qui se décharge ensuite dans le Ladoga. Vers sa partie septentrionale, les bords de l'Onéga sont découpés par un grand nombre de baies dont quelques-unes forment des golfes assez étendus, et sont en outre couverts de masses rocheuses dont plusieurs s'avancent sur le lac comme des promontoires. On rencontre aussi, vers le nord, une foule de petites îles d'un aspect très-varié ; mais on ne trouve sur la rive de l'Onéga que deux villes, Povenietz et Pétrozavodsk.

ONEGA. — Fleuve de Russie. Il sort du lac Latcha, dans le gouvernement d'Olonetz, traverse le gouvernement d'Arkhangel, et se jette dans le golfe de son nom, à Oneg, après un cours de 400 kilomètres.

ONÉGA ou ONEGSKAIA-GOUBA. — Golfe de la mer Blanche. Il est situé au sud, sur la côte du gouvernement russe d'Arkhangel. Sa profondeur est de 110 kilomètres, et son ouverture de 90. L'Onéga est son principal affluent.

ONÉIDA. — Lac des Etats-Unis. Il est situé dans l'Etat de New-York, sa longueur est de 30 kilomètres, et il s'écoule par l'Oswego dans le lac Ontario.

ONEILLE. — Ville de la division de Nice, dans le royaume sarde. Elle est située sur le golfe de Gênes et c'est un chef-lieu de province. C'est la patrie d'André Doria. Pop. : 5,000 âmes.

ONIHAU. — Ile de la Polynésie. Elle est située au nord-ouest de l'archipel de Sandwich. On y fait un commerce de nattes qui sont renommées. Pop. : 10,000 âmes.

ONNAING. — Commune de l'arrondissement de Valenciennes, dans le département du Nord. On y trouve des fabriques de faïence, de chicorée, de sucre indigène, etc. Pop. : 3,300 âmes.

ONO. — Groupe de petites îles de la Polynésie. Il est situé au sud des îles Viti, et habité par un peuple paisible et pêcheur.

ONON. — Rivière qui prend sa source en Chine, dans le pays des Khalkhas. Elle traverse le district russe de Nertchinsk et s'unit, près de la ville de ce nom, à l'Ingola, pour former la Chilka, principal affluent de l'Amour. Son cours est d'environ 700 kilomètres.

ONONDAGA. — Ville de New-York, aux Etats-Unis. Elle est située au sud du lac de son nom, dont les eaux s'écoulent dans la Seneca, affluent de l'Oswego. Pop. : 6,000 âmes.

ONTARIO. — Grand lac de l'Amérique septentrionale. C'est le plus oriental de ceux qui sont situés entre les Etats-Unis et le Canada. Sa longueur est de 300 kilomètres ; il reçoit les eaux des lacs Supérieur, Michigan, Huron et Erié, par le Niagara, au sud-ouest ; puis celles de l'Oswego, et s'écoule lui-même dans le Saint-Laurent, au nord-est. Ce fleuve est très-profond et navigable pour de gros bâtiments.

OO. — Petite commune du département de la Haute-Garonne. Elle est située dans le canton de Bagnères-de-Luchon, arrondissement de Saint-Gaudens. On trouve, sur son territoire des mines de fer, de cuivre, de plomb et de cristal de roche; et l'on visite, dans son voisinage, le lac et le port de son nom, situés à 3,000 mètres de hauteur, ainsi qu'une cascade de 260 mètres. Pop. : 400 âmes.

OOUA-HORN (Archipel de). — Dans la Polynésie. Il est situé entre ceux de Viti et des Amis, et se compose des îles d'Ooua, de Varaders, de Cocos, de Bonne-Espérance, d'Horn et de Wallis. La plupart des indigènes de cette dernière professent aujourd'hui le culte catholique.

OPATOWEK. — Petite ville du gouvernement de Kalisz, en Pologne. Elle est renommée par ses manufactures de draps, et par la beauté de ses jardins. Pop. 900 âmes.

OPPA. — Rivière de la Silésie autrichienne. Elle passe à Troppau, et se jette dans l'Oder, après un cours de 90 kilomètres.

OPPELN. — Petite ville de la Silésie, royaume de Prusse. Elle est située sur l'Oder et c'est le chef-lieu du gouvernement qui porte son nom. On y trouve un gymnase. Pop. : 6,500 âmes.

OPPENHEIM. — Ville du grand-duché de Hesse-Darmstadt, en Allemagne. Elle est située sur la gauche du Rhin et possède une imprimerie renommée. Pop. : 2,700 âmes.

ORADOUR-SUR-VAYRES. — Chef-lieu de canton dans l'arrondissement de Rochechouart, département de la Haute-Vienne. On y fabrique de la taillanderie et du blanc d'Espagne. Pop. : 3,100 âmes.

ORAN ou OUAHRAN. — Chef-lieu de la province de ce nom, en Algérie. Elle est fortifiée et possède de vastes magasins, en pierres de taille, lesquels furent construits par les Espagnols qui possédaient encore cette ville en 1792. Pop. : 14,000 âmes.

ORANGE. — Cap de la Guyane-Brésilienne. Il est situé au nord, dans l'Atlantique.

ORANGE ou GARIEP. — Rivière qui prend sa source dans le versant occidental des monts Niewield, lesquels font partie de la grande chaîne de montagnes qui commence vers le cap de Bonne-Espérance, pour se prolonger jusque sur l'Équateur. Cette chaîne a reçu les noms de montagnes de neige, de Witteberg, de Bokkweld, de Camptrani et de Lupata. L'Orange, formée du Gariep noir et du Gariep jaune, coule d'abord du sud-est au nord-ouest pendant plus de 200 kilom.; puis elle traverse les monts Karrié; et suivant alors une direction presque toujours occidentale, elle va se jeter dans l'océan Atlantique, vers les 15° de longitude, et 29° de latitude. Son cours est d'environ 1080 kilomètres, et parmi ses affluents sont le Boschiman, qui prend sa source à la jonction des monts de Cuivre et de Lupata, puis le Lack, qui vient des monts Nieweldt.

ORANGE. — Ville du département de Vaucluse. Chef-lieu d'arrondissement, elle comprend 7 cantons et 48 communes. On remarque, dans cette ville, plusieurs monuments romains assez bien conservés, tels qu'un théâtre et un arc-de-triomphe. Elle possède un collège, une bibliothèque publique, une société d'agriculture, des fabriques de toiles peintes, des filatures de soie, etc., et son commerce consiste en outre en eaux-de-vie, esprit-de-vin, huiles, amandes, graines pour la teinture, etc. Sa population est d'environ 9,000 âmes.

ORANIENBAUM. — Petite ville de Russie. Elle est située sur le golfe de Finlande, dans le gouvernement de Saint-Pétersbourg, et l'on y trouve un beau château impérial. Pop. : 700 âmes.

ORB. — Rivière de France. Elle coule dans le département de l'Hérault; passe à Bédarieux, Béziers et Sérignan, et se jette dans la Méditerranée après un cours de 120 kilomètres.

ORBE. — Ville du canton de Vaud, en Suisse. Elle est située sur la rive gauche de la rivière de son nom, affluent du lac de Neufchâtel. C'est une ville très-ancienne et la patrie du cardinal Duperron. Pop. : 2,000 âmes.

ORBEC. — Chef-lieu de canton dans l'arrondissement de Lisieux, département du Calvados. On y trouve des filatures et des fabriques de bonneterie, étoffes légères, rubans de fil, etc. Pop. : 3,400 âmes.

ORBITELLO. — Petite ville du grand-duché de Toscane. Elle est renommée, parmi les archéologues, à cause de la *Necropolis* d'une ville étrusque qu'on y a découverte et qu'on croit être celle de *Sub-Cosa*. On y a recueilli des vases en bois de formes bizarres, des miroirs mystiques, des trépieds, des patères, etc. La population de cette petite localité est d'environ 3,000 âmes.

ORCADES (Iles) ou ORKNEY. — Elles s'élèvent vers la partie septentrionale de l'Ecosse, au nord du cap Dungsby, entre les 59° et 50° degré de latitude et sont séparées du continent, par le détroit appelé golfe de Pentland, lequel est sujet à des tempêtes et est long de 40 kilom. sur 20 de large. Ces îles, au nombre de 30, ne comptent que la moitié à peu près qui soit habitée; mais celles qu'on appelle Holmes, nourrissent de grands troupeaux de moutons et de chèvres, puis des bœufs et des porcs.

ORCHA. — Ville du gouvernement de Mohilev, en Russie. Elle est située sur la rive droite du Dniéper. En 1514 les Polonais y vainquirent le czar Basile. Pop. : 2,000 âmes.

ORCHIES. — Petite ville, chef-lieu de canton dans l'arrondissement de Douai, département du Nord. On y trouve des filatures, des fabriques de chapeaux, des brasseries, des genièvreries, etc. Pop. : 3,600 âmes.

ORCIERES. — Chef-lieu de canton dans l'arrondissement d'Embrun, département des Hautes-Alpes. Il est situé sur le Drac, et l'on y fait un commerce de laines, de beurre et de fromages. Pop. 1,500 âmes.

OREBRO. — Chef-lieu de la préfecture de ce nom, en Suède. Elle est située à l'ouest du lac Hielmar, qui communique avec celui de Mélar et Stockholm, par le canal d'Arboga. On y trouve des manufactures d'armes. Pop. : 3,500 âmes.

OREGON ou **COLOMBIA**. — Fleuve de l'Amérique septentrionale. Il est situé dans la partie ouest des Etats-Unis, prend sa source aux montagnes Rocheuses, traverse le lac Ear-Bobs ou Cutsanim, et se jette dans le grand Océan après un cours de 1,800 kilomètres. Il reçoit, à droite, l'Otchenankane, et à gauche, le Clark, le Lewis et la Multuomah. Les chutes rapides interrompent souvent la navigation sur ce fleuve.

OREL. — Ville épiscopale, chef-lieu du gouvernement de ce nom, en Russie. Elle est située au confluent de l'Orlyk et de l'Oka. Cette ville possède un séminaire, un gymnase, des corderies, des filatures de coton et autres fabriques; c'est un grand entrepôt pour le commerce de la Russie intérieure, et sa population est d'environ 33,000 âmes.

ORENBOURG. — Ville fortifiée du gouvernement de ce nom, en Russie. On y trouve un séminaire, une école militaire, et elle est importante par son commerce avec la Boukharie dont elle est le principal entrepôt. Pop. : 6,000 âmes.

ORÉNOQUE. — Fleuve de l'Amérique méridionale qui arrose principalement la Colombie et que les indigènes appellent *Orinoco*. On croit qu'il prend sa source dans un lac appelé Ipana, d'où il s'échappe par deux issues, département de Maturin, à 5° 30' de latitude nord, et 67° 35' de longitude ouest. Il circonscrit d'abord dans son cours la Sierra Parime, et après avoir arrosé les départements de Maturin, de l'Orénoque et de Venezuela, il se dirige alors presque toujours à l'est sur Saint-Raphaël, vers 8° 25' latitude nord, et 64° 20' longitude ouest. Après cela, de deux branches qu'il forme, la moins importante prend sa direction vers le nord, sous le nom de Manamo, et se décharge dans le golfe de Pazia ; à la plus considérable, continuant à couler vers l'est et gardant le nom d'Orénoque, débouche dans l'océan Atlantique, à 8° 26' latitude nord, et 62° 30' longitude ouest.

Les terres qui se trouvent renfermées entre les deux cours d'eau, sont coupées par des branches secondaires et courants qui forment alors une multitude d'îles. La principale embouchure du fleuve est située entre la côte orientale de l'île de Cangrejos et le cap Barima, et n'est navigable dans l'espace de 4 kilomètres seulement. Quand le flux a lieu, les eaux ont 3ᵐ 325 de profondeur à la barre qui s'avance un peu plus loin que le cap dans la mer ; après la barre, et en regard de l'île Cangrejos, les eaux ont de 7 à 12 mètres de profondeur, et pas au delà de 60 centimètres vers le cap. A partir de l'île, l'étendue des basses dans la mer est de 28 kilomètres, et à partir du cap, de 8 kilomètres. C'est après un cours de 2,400 kilom. environ que l'Orénoque se jette dans l'Atlantique, et durant ce cours il a reçu les eaux de plusieurs tributaires dont les principaux sont, à droite, le Venituari, la Caura, et le Caroni ; à gauche, le Guaviari, le Meta et l'Apure. A la gauche du fleuve, le Cassiquiare ou Cossiquiari, s'en sépare vers 3° 10' latitude nord, et 68° 37' longitude ouest, pour se réunir au Rio-Negro, affluent du Marasnon ou fleuve des Amazones.

L'Orénoque verse dans l'Océan un volume d'eau qui est prodigieux. A 800 kilom. de la mer, sa largeur est de près de 5,800 mètres, sans que l'on y rencontre une seule île. Non loin d'Angostura il est large de 7,469 mètres; et dans ses plus basses eaux, c'est-à-dire vers le mois de mars, sa profondeur est de 126ᵐ 10. Dans sa partie supérieure, où il traverse une contrée montagneuse il offre plusieurs chutes immenses, entre autres celles de Maypures et d'Atures. Dans la partie inférieure ou le pays plat, ses inondations s'étendent à une distance de 100 à 120 kilomètres de chaque côté. C'est au mois d'avril que commence la crue de l'Orénoque et au mois d'août elle est parvenue à sa dernière limite ; mais durant tout le mois de septembre, le fleuve conserve l'énorme volume d'eau qu'il a acquis pendant les cinq mois qui précèdent, et alors son aspect est aussi curieux qu'imposant. A la distance de 1,472 kilomètres de la mer, sa crue a encore 22 mètres ; et pendant son débordement, il se jette dans l'Océan par 50 embouchures. Les eaux commencent à baisser en octobre ; au mois de février elles sont revenues à leur niveau le plus bas ; et jusqu'à celui d'avril, les choses restent en cet état. L'Orénoque abonde en poissons et en amphibies et surtout en caïmans ou alligators, ce qui rend en beaucoup d'endroits ses bords très-dangereux.

ORÉNOQUE. — Département de la république de Venezuela. Elle est située au sud-ouest, et a pour chef-lieu Varinas. On y trouve de vastes plaines, fertiles en sucre, en café, en coton, en tabac, etc., et nourrissant de nombreux troupeaux. Pop. : 180,000 âmes.

ORENSE. — Ville épiscopale, chef-lieu de la province de ce nom, dans la Galice, en Espagne. On remarque sa cathédrale, et son pont construit sur le Minho, lequel est d'une telle élévation, qu'un vaisseau de guerre et sa mâture pourrait passer dessous. Sa population est d'environ 5,000 âmes.

ORFA ou **EDESSE**. — Dans la Mésopotamie, Turquie d'Asie. Elle occupe l'emplacement d'Ur, ville chaldéenne qu'Abraham abandonna pour aller habiter Haran. La cité moderne est industrieuse, commerçante et possède, dit-on, 50,000 habitants avec un siège jacobite. Edesse joua un grand rôle au temps des croisades.

ORFORD. — Cap des Etats-Unis. Il est situé à leur extrémité occidentale, sur le grand Océan.

ORGE. — Petite rivière de France. Elle coule dans le département de Seine-et-Oise, passe à Arpajon, et se jette dans la Seine, après un cours de 40 kilomètres.

ORGELET. — Chef-lieu de canton dans l'arrondissement de Lons-le-Saulnier, département du Jura. On y trouve des scieries et des tanneries. Pop. : 2,000 âmes.

ORGÈRES. — Chef-lieu de canton dans l'arrondissement de Châteaudun, département d'Eure-et-Loir. On y trouve des fabriques de toques de Tunis. Pop. : 400 âmes.

ORGEVAL. — Commune de l'arrondissement de Versailles, département de Seine-et-Oise. Pop. : 1,600 âmes.

ORGON. — Petite ville située près de la rive gauche de la Durance, dans le département des Bouches-du-Rhône. On voit dans son voisinage un tunnel qui a été percé dans une montagne, pour donner passage à un canal. Pop. : 2,800 âmes.

ORIENTAL (Cap). — Il est situé à l'extrémité est de la Russie d'Asie et dans le pays des Tchoutchis, sur le détroit de Béhring.

ORIGNY-EN-THIÉRACHE. — Commune de l'arrondissement de Vervins, département de l'Aisne. On y fabrique de la vannerie. Pop. : 2,400 âmes.

ORIHUELA. — Petite ville de la capitainerie de Valence, en Espagne. Elle est située dans une plaine d'une telle richesse, qu'on l'appelle le *Jardin de l'Espagne*. Cette ville possède une université, une académie et plusieurs bibliothèques publiques ; elle est industrieuse, et compte 26,000 habitants. C'est la résidence de l'évêque de Valence.

ORISSA. — Province de l'Hindoustan anglais. Elle est située à l'est, entre la Kistuah et le Bengale, et sa partie méridionale, qui dépend de Madras, est désignée sous le nom de Sircars. Quant à la partie septentrionale, elle se divise en 6 districts : Singboum, Kaudjiar-Moharbandj, Hariorpour, Balassore, Kétek et Khourdahgar.

ORISTANO ou **ORISTAGNI.** — Ville de l'île de Sardaigne. Elle est située près de la rive gauche de l'Oristano. Pop. : 5,000 âmes.

ORIZABA. — Petite ville de l'État de Vera-Cruz, dans la Confédération mexicaine. Elle est très-florissante, et remarquable par les plantations de tabac qu'offre son territoire. On trouve aussi dans son voisinage, le célèbre volcan qui porte son nom, et dont l'altitude est de 5,300 mètres. Pop. : 10,000 âmes.

ORKHON. — Rivière de Mongolie. Elle est située dans le pays des Khalkhas, et s'unit à la Selenga, après un cours de 700 kilomètres.

ORLÉANS. — Ville épiscopale, située sur la rive droite de la Loire. Chef-lieu du département du Loiret, son arrondissement comprend 14 cantons et 106 communes. On remarque, dans cette ville, la cathédrale, de style gothique, le monument de Jeanne d'Arc, le palais de justice, la maison d'Agnès Sorel, le pont construit sur la Loire, la halle aux grains, l'abattoir, et le nouveau quai. Elle possède un séminaire, une académie universitaire, un collège, une bibliothèque publique, un musée, un cabinet d'histoire naturelle, un jardin botanique et une société académique ; puis des filatures de laine et de coton, des raffineries de sucre et des vinaigreries ; et son commerce consiste en grains, papiers de tenture, cuirs tannés, bois, graines, plants d'arbres, etc. Sa population est d'environ 42,000 âmes. Orléans, qui a soutenu deux siéges mémorables, le premier en 450 contre Attila, et le second en 1428 contre les Anglais que Jeanne d'Arc obligea de battre en retraite, Orléans, disons-nous, est la patrie de Denis Pétau, du chevalier de Cailly, d'Amelot de la Houssaye, d'Isambert, de Michel Le Vassor, de Jean Hautefeuille, de Pothier, de Le Trosne, etc.

ORMEA. — Ville murée de la division de Coni, royaume sarde. Elle est située sur le Tanaro. Pop. : 5,000 âmes.

ORMES (Les). — Commune de l'arrondissement de Provins, dans le département de Seine-et-Marne. Pop. : 800 âmes.

ORMES (Les). — Commune de l'arrondissement de Châtellerault, dans le département de la Vienne. Elle est située sur la droite de la Vienne. Pop. : 1,700 âmes.

ORMUS. — *Voy.* Hormus.

ORNAIN. — Rivière de France. Elle prend sa source dans le département de la Haute-Marne, passe dans celui de la Meuse, et s'unit à la Saulx, après un cours de 100 kilomètres.

ORNANS. — Petite ville située sur la Louve, dans l'arrondissement de Besançon, département du Doubs. Elle est importante par son industrie et ses fromageries. On y voit un puits profond qui, durant les grandes pluies, se dégorge et inonde la campagne. Sa population est d'environ 3,000 âmes.

ORNE. — Rivière qui prend sa source au hameau d'Aunon, près de Séez, dans le département auquel elle donne son nom, et traverse celui du Calvados pour aller se jeter dans la Manche au-dessous de Caen.

ORNE (Département de l'). — Il est formé de parties de la Normandie propre et du Perche, et du duché d'Alençon. Sa superficie est de 610,561 hectares, et sa population de 442,100 âmes. Il est divisé en 4 arrondissements qui sont : Alençon, Argentan, Domfront et Mortagne, et compte 36 cantons et 513 communes. Alençon est le siège de sa préfecture, Séez celui de son diocèse, Caen celui de sa cour impériale et de son académie (*voir l'Appendice*), et il est compris dans la seizième division militaire.

ORNEAU. — Rivière de Belgique. Elle coule dans la province de Namur, passe à Gembloux et se jette dans la Sambre.

OROTAVA. — Petite ville de l'île Ténériffe, dans l'archipel des Canaries. Elle est située dans une position charmante. Pop. : 12,000 âmes.

ORPHANO. — Ville de la Romélie, en Turquie. Elle est située sur le golfe de son nom qui est formé par l'archipel. Pop. : 10,000 âmes.

ORPIERRE. — Chef-lieu de canton dans l'arrondissement de Gap, département des Hautes-Alpes. Pop. : 900 âmes.

ORSENNES. — Commune de l'arrondissement de La Châtre, dans le département de l'Indre. Pop. : 1,700 âmes.

ORSKAIA. — Forteresse de la Russie d'Asie. Elle est située sur l'Or, dans le gouvernement d'Orenbourg.

ORTA. — Camp fortifié des Egyptiens dans le Kordofan. Il est situé près de l'emplacement de l'ancienne *Ibéit ou Obéid*.

ORTEGAL. — Cap d'Espagne. C'est le plus septentrional de ce royaume. Il est situé dans la province de la Corogne, sur l'Atlantique.

ORTHEVIELLE. — Commune de l'arrondissement de Dax, dans le département des Landes. Pop. : 900 âmes.

ORTHEZ. — Petite ville situé sur le Gave de Pau, dans le département des Basses-Pyrénées. Chef-lieu d'arrondissement, elle comprend 7 cantons et 152 communes. Elle possède un collége qui remplace l'université qu'avait fondée dans cette ville Jeanne d'Albret, et fait un commerce assez important de toiles, mouchoirs, flanelles, laitons, fils de fer, grains, bestiaux, salaisons, etc. Sa population est d'environ 7,000 âmes.

ORTONA. — Ville épiscopale de l'Abruzze citérieure, dans le royaume de Naples. Elle est située sur l'Adriatique, et c'était, chez les anciens, le port des Frentans, peuple samnite. Pop. : 6,000 âmes.

ORURO. — Petite ville, chef-lieu du département du même nom, dans la république de Bolivia. Elle est située non loin du Desaguadero, et importante par les mines d'argent qu'on exploite sur son territoire. Pop. : 5,000 âmes.

ORVIETO. — Petite ville, chef-lieu de la légation de même nom, dans l'Etat du pape. On y remarque une belle cathédrale gothique. Pop. : 5 000 âmes.

OSAGES. — Nation indienne des Etats-Unis. Elle habite entre le Missouri et l'Arkansas, et l'on donne son nom à une rivière qui se joint au Missouri, au-dessous de Jefferson.

OSAKA. — Grande ville de la province de Sets, au Japon. Elle est située près de l'embouchure du Yodo-Gawa et défendue par une citadelle. Cette ville est florissante, les gens les plus riches des diverses parties de l'empire y ont des palais et des jardins, et on la surnomme la *cité des Plaisirs*. On y remarque le temple de Daïbouts et le jardin botanique. Du temps du voyageur Thunberg, il y existait aussi une *rue des Oiseaux*, où l'on en transportait de toute espèce et de toutes les provinces du Japon, soit pour les vendre, soit pour les montrer moyennant une rétribution. Pop. : 150,000 âmes.

OSCHATZ. — Ville murée de la Misnie, dans le royaume de Saxe. On y trouve des manufactures de draps. Pop. : 5,000 âmes.

OSCHERSLEBEN. — Ville de la Saxe prussienne. Elle est située sur la Bode, affluent de la Saale, et sur le chemin de fer de Magdebourg à Hanovre, à la tête d'un canal qui unit cette rivière à l'Ocker. Pop. : 3,000 âmes.

OSEL. — Ile de la mer Baltique. Elle est située dans le gouvernement de Livonie, en Russie. Sa longueur est de 89 kilomètres sur 44 de largeur et son sol est fertile en blé, en chanvre et en légumes. Après avoir appartenu successivement aux chevaliers Teutoniques, à la Russie, au Danemark et à la Suède, elle revint sous la domination russe en 1721. Pop. : 35,000 âmes.

OSERO ou OSSERO. — Ile de l'Adriatique. Elle dépend de l'Istrie et se trouve située au sud de Cherso, dont elle est séparée par un étroit canal. Sa longueur est du 33 kilomètres sur 4 de largeur.

OSIERO. — Petite ville de l'île de Sardaigne. Elle est le siége de l'évêque de Bisarcio.

OSMANDJIK. — Ville de la Turquie d'Asie. Elle est située sur la droite du Kisil-Ermak. Pop. : 2,000 âmes.

OSMANLIS. — On appelle ainsi la dynastie turque qui règne à Constantinople, laquelle descend d'Osman ou Othman, et l'on a étendu ce nom à toute la nation qui domine dans l'empire ottoman.

OSNABRUCK. — Groupe de petites îles de la Polynésie. Il est situé au sud des Iles-Basses.

OSNABRUCK. — Ville épiscopale, chef-lieu du gouvernement de ce nom, dans le royaume de Hanovre. Elle est située sur la Hase; possède deux gymnases et un séminaire pour les maîtres d'école; est renommée par sa fabrication de toiles; et sa population est d'à peu près 11,000 habitants

OSOS (Vallée d') ou VALLEE DES OURS. — Elle est située dans le département de Cundinarmarca, république de la Nouvelle-Grenade. Le climat y est doux et salubre et le sol riche en or.

OSSETES ou IRONS. — Peuple d'origine persane. Il habite les hautes vallées du Caucase, dans les provinces de Circassie, de Géorgie et d'Imérétie, Russie asiatique. Ses tribus sont indépendantes quoique censées se trouver sous la domination russe Ce peuple, qui est belliqueux et pillard, s'adonne à l'agriculture, et son culte est un composé de pratiques chrétiennes et païennes.

OSSUN. — Chef-lieu de canton dans l'arrondissement de Tarbes, département des Hautes-Pyrénées. On y fait un commerce de jambons. On trouve, dans son voisinage, la plaine de *Laune-Mourine*, fameuse par la bataille que les habitants du pays y livrèrent aux Sarrasins dans le viiie siècle. Pop. : 3,000 âmes.

OSTACHKOV. — Petite ville du gouvernement de Tver, en Russie. Elle est située dans le voisinage des sources du Volga. On y construit des barques pour naviguer sur ce fleuve, et l'on y fait un commerce de grains, de bois, de viande et de poissons salés, de cuirs, etc. Pop. : 8,000 âmes.

OSTENDE. — Petite ville fortifiée de la Flandre occidentale ou Belgique. Elle possède un port et des canaux navigables, un bel établissement de bains de mer, et sa population est d'environ 12,000 âmes.

OSTERODE. — Petite ville du gouvernement de Hildesheim, dans le royaume de Hanovre. Elle est très-industrieuse et on y voit un immense magasin dans lequel on conserve du blé pour le vendre à un prix inférieur, en temps de disette, aux mineurs du Harz, au pied duquel se trouve située cette ville. Pop. : 5,000 âmes.

OSTERODE. — Ville de la Prusse orientale. Elle est située sur le lac et la rivière de Drewenz. Pop. : 2,500 âmes.

OSTERWICK. — Ville de la Saxe prussienne. Elle est située sur l'Isle, petit affluent de l'Ocker. Pop. : 3,000 âmes.

OSTHEIM. — Commune de l'arrondissement de Colmar, dans le département du Haut-Rhin. Pop : 1,900 âmes.

OSTHEIM. — Ville murée du grand-duché de Saxe-Weimar, en Allemagne. On y trouve des fabriques de toiles et des tanneries. Pop. : 2,600 âmes.

OSTHOFFEN. — Commune de l'arrondissement de Strasbourg, dans le département du Bas-Rhin. Pop. : 900 âmes.

OSTIA. — Ancienne ville située à l'embouchure du Tibre, et qui était florissante lorsqu'elle servait de port à Rome. Aujourd'hui, elle compte à peine 500 habitants réunis autour de sa cathédrale.

OSTIAKS. — Nom de deux peuples de la Sibérie. Ils habitent, l'un sur les bords de l'Obi, l'autre sur les bords de l'Iénisséi, et sont différents d'origine et de langue. Leur culte est l'idolâtrie, et leur occupation la chasse et la pêche. Les Ostiaks de l'Obi sont d'origine finnoise.

OSTIGLIA. — Ville du royaume Lombard-Vénitien, empire d'Autriche. Elle est située sur la rive gauche du Pô. On y voit la statue de Cornélius-Népos, qui, dit-on, naquit dans cette ville. Pop. : 3,000 âmes.

OSTRAU. — Ville de Moravie, dans l'empire d'Autriche. Elle est située dans une île formée par la March, et l'on y voit un château remarquable par ses vastes caves. Pop. : 2,500 âmes.

OSTROG. — Ville du gouvernement de Volhynie, en Russie. Elle est entièrement déchue du rôle brillant qu'elle joua dans le XVIe siècle, sous la domination de ses ducs. C'est dans cette ville que fut imprimée la première Bible slavonne. Pop. : 8,000 âmes.

OSTROGOJSK. — Ville du gouvernement de Voronej, en Russie. Elle est située sur la Sosna, affluent du Don. On y fait un commerce de bestiaux, etc. Pop. : 4,000 âmes.

OSTROLENKA. — Ville de Pologne, empire de Russie. Elle est située sur la Narew. Les Polonais y livrèrent une bataille aux Russes en 1831. Pop. : 1,000 âmes.

OSTROUMJA ou STROUMNITRA. — Ville de la Romélie, en Turquie. On y trouve des sources minérales. Pop. : 1,500 âmes.

OSTROWO. — Ville de la régence de Posen, dans le royaume de Prusse. Pop. : 4,000 âmes.

OSTUNI. — Ville épiscopale de la terre d'Otrante, royaume de Naples. Pop. : 3,000 âmes.

OSUNA. — Ville de la province de Séville, en Espagne. Elle est située dans la vallée la plus fertile de l'Andalousie, et fait un commerce de grains, d'huile et de sparterie. Pop.: 15,000 âmes.

OSWEGO. — Rivière des Etats-Unis. Elle coule dans l'Etat de New-York, après être sortie du lac Onéida, et va se jeter dans celui d'Ontario, après un cours de 70 kilomètres.

OSWEGO. — Ville de l'Etat de New-York, aux Etats-Unis. Elle est située sur le lac Ontario, à l'embouchure de l'Oswego. Pop. : 5,000 âmes.

OSWESTRY. — Petite ville industrieuse du comté de Shrop, en Angleterre. On y remarque deux célèbres aqueducs qui conduisent le canal d'Ellesmere au-dessus de la Dee et du Chirk ou Ceiriog, et que l'on regarde comme l'un des plus beaux ouvrages hydrauliques de ce genre. Pop : 5,000 âmes.

OSZMIANA. — Ville du gouvernement de Wilna, en Russie. En 1831, les troupes russes en massacrèrent les habitants. Pop.: 4,000 âmes.

OTAVALO. — Petite ville de la province d'Imbabura, dans la république de l'Equateur, Colombie. Elle est renommée par la beauté de ses habitants. Pop. : 15,000 âmes.

OTCHENANKANE. — Grand lac de l'Amérique septentrionale. Il est situé dans la partie nord du territoire de l'Orégon, et se décharge dans la Colombia ou Orégon, par la rivière qui porte son nom. Sa longueur est d'environ 300 kilomètres.

OTRANTE. — Ville de la terre de même nom, dans le royaume de Naples. Elle est située sur le canal d'Otrante, qui sépare l'Italie de la Turquie et unit l'Adriatique à la mer Ionienne, et c'est le siège d'un archevêché. Pop. : 2,400 âmes.

OTRICOLI. — Bourg de l'Etat du Pape. Il est situé près de la gauche du Tibre. Les Français y défirent 10,000 Napolitains en 1799. Pop. : 2,400 âmes.

OTRO. — Petite île de la Micronésie. Elle est située au nord-ouest de l'archipel d'Auson.

OTSEGO. — Ville du New-York, aux Etats-Unis. Pop. : 6,000 âmes.

OTTAVA. — Grande rivière du Canada. Elle se jette dans le fleuve Saint-Laurent, à l'ouest de Montréal, après un cours de 900 kilomètres. Cette rivière donne son nom à un district du haut Canada.

OTTER. — Rivière navigable des Etats-Unis. Elle coule dans l'Etat de Vermont, et se jette dans le lac Champlain, après un cours de 110 kilomètres.

OTTERBERG. — Petite ville du cercle du Rhin, en Bavière. On y voit une vaste église, regardée comme l'une des plus belles de l'Allemagne. La population est de 2,000 âmes. Le Donnersberg ou Mont-Tonnerre s'élève dans son voisinage, et l'on trouve sur son plateau les vestiges d'un camp romain fortifié, dont le circuit est évalué à 4,000 mètres.

OTTERY-SAINT-MARY. — Ville du comté de Devon, en Angleterre. Elle est située sur l'Otter, affluent de la Manche. Cromwell tint plusieurs assemblées dans cette ville. Pop. : 4,000 âmes.

OTTING (Vieux). — Ville du cercle du Bas-Danube, en Bavière. Elle est située près de la droite de l'Inn. Les ducs de Bavière y résidaient dans les premiers siècles du moyen-âge. Son église renferme le tombeau de Tilly, et une chapelle où de nombreux pèlerins viennent invoquer l'image miraculeuse de la Vierge. Pop. : 3,000 âmes.

OTTOMAQUES. — Nation indienne du Venezuela, dans l'Amérique méridionale. Elle habite le long de l'Orénoque, entre ses deux affluents, le Sinaruco et l'Apure. Ses mœurs sont tout à fait sauvages, et elle se nourrit principalement, durant la saison pluvieuse, d'une espèce particulière d'argile.

OTUMBA. — Grand village de la Confédération mexicaine. Il est situé au nord de Mexico, et renommé par ses antiquités, au nombre desquelles on remarque surtout un aqueduc et les deux téocallis appelés vulgairement pyramides de *San-Juan de Théotihuacan*.

OU-KIANG. — Rivière de Chine. Elle arrose les provinces de Kouei-Tchéon et [de Ise-Tchouan, et s'unit au Kiang, après un cours de 700 kilomètres.

OUACHITTA. — Rivière des États-Unis. Elle coule dans l'Arkansas et la Louisiane et se joint à la Rivière-Rouge, après un cours de 500 kilomètres. On la nomme *Rivière-Noire* dans sa partie intérieure.

OUADAN. — Montagnes de Barbarie. Elles sont situées entre le Tripoli propre et le Fezzan. A l'ouest de ces montagnes se trouve la ville de même nom.

OUADY-HALFA. — Village du pays des Barabras, dans la Nubie. Le Nil forme une cataracte dans son voisinage, et l'on y remarque aussi les restes de trois temples égyptiens.

OUALAN. — Ile de la Micronésie. Elle est située à l'est de l'archipel des Carolines.

OUALDUBBA. — Pays de l'Abyssinie. Il est situé à l'ouest du royaume de Tigré, et occupé principalement par des Changallas et des Juifs.

OUALO. — Pays de la Sénégambie. Il est situé à l'est de l'île Saint-Louis et à la gauche du Sénégal. C'est une possession française.

OUANDIOUACH. — Ville de la province de Carnatic, dans l'Hindoustan. Au XVIIIᵉ siècle, elle soutint plusieurs sièges contre les Anglais, contre Hayder-Ali et contre les Français.

OUANGARA. — Nom quelquefois donné à la Nigritie orientale, et au grand lac actuellement appelé Tchad.

OUANKARA. — Quelques géographes désignent par ce nom la partie centrale de la Guinée septentrionale, qui comprend les pays de Yarriba, Nyffé, Fonda et Bénin.

OUANSERIS ou OUARANSERIS. — Chaîne de montagnes de l'Algérie. Elle s'étend dans les provinces d'Alger et d'Oran et se trouve entourée par le cours du Chéliff et de son affluent le Faled.

OUAOU. — Ile de la Polynésie. Elle appartient à l'archipel des Sandwich, et l'on y trouve Hanarourou, siège du gouvernement de cet archipel.

OUAPOA ou OUAPOU. — L'une des îles Marquises, dans la Polynésie. Elle est couverte d'une admirable végétation et dominée par un grand nombre de pics basaltiques dont les formes élancés et singulières les font ressembler à des obélisques ou des clochers d'églises.

OUARA ou WARRA. — Grande ville, capitale du royaume de Mobba, dans la Nigritie centrale. Pop. : 30,000 âmes.

OUARSA. — Pays de la Guinée septentrionale. Il est situé sur la côte d'Or et riche en ce métal.

OUARY. — Contrée de la Guinée septentrionale. Elle est située sur la côte de Calabar, et a pour chef-lieu une ville qui porte son nom.

OUASMAN. — Ville du gouvernement de Tambov, en Russie. Pop. : 6,000 âmes.

OUASSOULO. — Pays de la Sénégambie. Il est situé au sud et habité par des Peuls ou Foulahs, dont le chef réside à Sigala.

OUBSA-NOOV. — Lac de l'empire chinois. Il est situé au nord de la Dzoungarie.

OUCH. — Ville de la principauté de Bahadulpour, dans le Sindhy, Hindoustan. Elle est très-florissante par son commerce. Pop. : 20,000 âmes.

OUCHDA ou OUCHED. — Ville de l'empire de Maroc. Elle est située dans le royaume de Fez, près des frontières de l'Algérie.

OUCHE. — Rivière de France. Elle coule dans le département de la Côte-d'Or, passe à Dijon et se jette dans la Saône après un cours de 88 kilomètres. Le canal de Bourgogne longe presque constamment cette rivière.

OUDDEN. — Ville de l'Yémen, en Arabie. Elle est renommée par son café.

OUDEWATER. — Ville de la Hollande méridionale. Elle est située sur l'Yssel inférieur et on y trouve des corderies. C'est la patrie de Jacob Arminius, fondateur de la secte des arminiens. Pop. : 1,700 âmes.

OUDINSK. — Ville du gouvernement d'Irkoutsk, dans la Russie asiatique.

OUDJEIN. — Grande et belle ville de la Mâlwa, dans le royaume de Sindhia, Hindoustan. Elle est située sur la Serpa. On y remarque un beau palais, les temples de Mâhâ-Kâli, de Krichna et de Bâmâ ; les mausolées du bord de la Serpa, et le groupe en marbre blanc du taureau Mandi de Siva, renfermé dans un temple dédié à Mahâdéva. Cette ville est célèbre aussi, dans l'Inde, par ses écoles et son observatoire. On trouve aussi, dans son voisinage, les vestiges de l'ancienne *Ozène* de Ptolémée ou l'*Avanti des Hindous*, qui était l'*Athènes de l'Inde*, sous le règne de Vikrâmâdityâ, dont l'avénement au trône est le point de départ d'une ère.

OUDON. — Rivière de France. Elle prend sa source dans le département de la Mayenne; devient navigable à Segré, département de Maine-et-Loire, et s'unit à la Mayenne, au Lion-d'Angers, après un cours de 70 kilomètres.

OUEI ou **OUÏ.** — Province très-fertile du Thibet. Elle est située entre la province chinoise de Koukounoor, au nord-est, et le Boutan au sud. Ses villes principales sont : Lana, Botala et Jigagounghar. Elle est traversée par le fleuve Yarou-Dzanbo-Tchou.

OUEI-HO. — Rivière de la Chine. Elle coule dans les provinces de Kang-Sou et de Chen-Si, et se joint au Hoang-Ho, après un cours de 600 kilomètres.

OUESSANT (Ile d'). — Elle est située à l'ouest de Brest, dans le département du Finistère, et renferme une population d'environ 2,000 pêcheurs. Elle est remarquable par ses falaises escarpées, par son phare, et sert de point de reconnaissance aux marins pour se diriger dans l'entrée de la Manche. Cette île, que l'on croit être l'*Uxantes* des anciens, avait, dit-on aussi, comme celle de Sein, un collége druidique.

OUFA. — Chef-lieu du gouvernement d'Orembourg, en Russie. Cette ville est la résidence de l'évêque d'Orenbourg. Pop. : 8,000 âmes.

OUÏ. — Rivière de la Russie d'Asie. Elle sépare en partie le gouvernement d'Orenbourg du Turkestan, et se joint au Tobol, après un cours de 300 kilomètres.

OUISTREHAM. — Commune de l'arrondissement de Caen, dans le département du Calvados. Elle est située à l'embouchure de l'Orne. Les Anglais y débarquèrent dans une nuit de l'année 1762 ; mais ils ne tardèrent point à reprendre le large, effrayés par les cris d'un sergent garde-côtes, qu'ils crurent à la tête d'un fort détachement. Pop. : 1,400 âmes.

OULCHY. — Chef-lieu de canton dans l'arrondissement de Soissons, département de l'Aisne. Pop. : 800 âmes.

OULIAY ou **GOULIAY.** — Groupe d'îles de la Micronésie. Il appartient à l'archipel des Carolines et se compose de 22 îles, dont Ouliay est la principale.

OULLI. — Royaume de la Sénégambie. Il est situé à la droite de la Gambie et occupé par les Mandingues. Sa capitale est Médina.

OULOUK-TAK. — Chaîne de montagnes d'Asie. Elle est située entre le gouvernement d'Omsk, en Sibérie, le Turkestan indépendant et l'empire chinois, et se rattache, à l'est, aux monts Altaï.

OUM-RABIÉ. — Fleuve de l'empire de Maroc. Il se jette dans l'Atlantique à Azamor, après un cours de 500 kilomètres.

OUMAN. — Ville du gouvernement de Kiev, en Russie. On voit dans son voisinage la célèbre résidence de Zofiovka, appartenant aux comtes Potocki. L'établissement de ses magnifiques jardins a coûté plusieurs millions de francs. Pop. : 7,000 âmes.

OUMANAK. — Ile du grand Océan boréal. Elle est située dans l'archipel des Aléoutiennes, près du continent de l'Amérique russe, entre l'île d'Ounalaska et la presqu'île d'Alaska, et sa longueur est de 130 kilomètres sur 22 de largeur. On y trouve un grand nombre de renards dont la fourrure est un commerce ; le bois y fait défaut, mais on y supplée au moyen de sources thermales dont la température est assez élevée pour cuire les aliments.

OUMMÉRAPOURA. — Ville de l'empire des Birmans. Elle est située près de la gauche de l'Iraouaddy. Pop. : 30,000 âmes.

OUNALASKA. — Ile du grand Océan boréal. Elle fait partie de l'archipel des Aléoutiennes. On y trouve des renards, des castors, des loutres, etc.

OUPA. — Rivière navigable de Russie. Elle passe à Toula et se jette dans l'Oka, après un cours de 220 kilomètres.

OURAL. — Fleuve qui reçoit aussi le nom de *Iaïk*, et qui sépare la Russie d'Europe de la Russie d'Asie. Après avoir pris sa source vers les 54° 50' de latitude nord, et 56° 30' de longitude est, dans le gouvernement d'Orenbourg, district de Verkho-Ouralsk, dans le sud des monts Ourals, il se dirige d'abord vers le sud, passe à Verkho-Ouralsk et à Kirzilskaïa, s'avance jusqu'à Orskaïa, puis coule vers l'ouest, en servant de limite au gouvernement d'Orenbourg et au pays des Kirghiz. Au-dessus d'Orenbourg qu'il arrose, il quitte cette dernière direction, mais pour la reprendre bientôt au confluent de l'Ilek. A partir d'Ouralsk, il s'avance de nouveau vers le sud, jusqu'à ce qu'il se décharge dans la mer Caspienne, vers le 47° de latitude nord, et entre les 49° et 50° de longitude est, par trois branches principales. La plus orientale traverse Gourief, 10 kilomètres avant de se jeter dans la mer, et la plus occidentale prend alors le nom de Mokr-Baksaï, ayant son embouchure éloignée de 48 kilom. à l'ouest de celle de la première.

Le cours de l'Oural a 2,800 kilom. de long environ, et il est fort tortueux. Il reçoit à sa droite plusieurs tributaires, dont les principaux sont le Kizil, le Tanalik, la Sakmara et le Bolchoï-Tchegan ; puis, à sa gauche, ce sont le Soundouk, l'Or, l'Ilek, l'Outva et le Gratchi. Dans sa partie supérieure son cours est encaissé entre les rochers très-élevés et souvent escarpés ; plus bas ses bords sont unis ; et il traverse, en décrivant une foule de sinuosités, des steppes fort sèches, mais très-salines. Celle qui s'étend entre l'Oural et le Volga prend le nom du premier. Quand l'hiver arrive, la pêche est très-abondante à l'embouchure de ce fleuve, et les Cosaques de l'Oural retirent de ces pêcheries des revenus considérables. Enfin, ses rives sont bordées d'une ligne de forts, destinés à contenir dans leurs terres les Kirghiz et les Bachkirs.

OURALS. — Chaîne de montagnes qui sépare l'Europe de l'Asie, et qui, pour quelques auteurs, sont les monts *Riphées*, *Rhymniques* ou *Hyperboréens* de l'antiquité. Le mot *oural*, qui veut dire ceinture, en tatar, a la même signification dans le mot russe *poyas*, et ces montagnes sont aussi désignées sous le nom de Kamemoï-Poyas ou *ceinture de roches*. C'est en Europe que se trouvent contenues les deux extrémités de cette chaîne, qui s'étend entre 51° 10' et 68° 15' de latitude nord, et entre 55° 40' et 60° de longitude est. Après avoir traversé la partie orientale du gouvernement d'Arkhangel, et l'avoir séparé, ainsi que le gouvernement de Vologda, de celui de Tobolsk, elle passe à l'est des gouvernements de Perm et d'Orenbourg. Son extrémité septentrionale touche à l'océan Glacial, au détroit de Vaïgatch, vis-à-vis de l'île du même nom; puis, partant de ce point, elle s'étend vers le sud, en s'écartant toutefois d'une distance assez grande au nord et au midi de sa première direction. Son extrémité méridionale se trouve un peu au sud-ouest d'Orsk, sur la droite du fleuve Oural. La longueur totale de la chaîne est de 2,000 kilom. environ. On la divise, d'après ses situations hydrographiques, en trois parties: l'Oural septentrional ou désert; l'Oural moyen, et l'Oural méridional.

L'*Oural septentrional* s'étend tout entier sur le versant de l'océan Glacial, et court d'abord vers le sud-est, ensuite au sud-ouest, pour s'avancer jusqu'aux sources de la Petchora; il commence entre le bassin de la Kara et celui de l'Oïo à l'est, et le bassin de la Korotaïkha à l'ouest; puis il se dirige entre la Petchora et l'Obi, en donnant naissance à plusieurs cours d'eau, dont les uns coulent à l'est vers l'Obi, et les autres à l'ouest vers la Petchora. Parmi les premiers on compte la Synia et les deux Vogoulka; au nombre des seconds sont l'Ousa, le Chtcha-ougor, la Liaga et l'Ilicha. Cette portion de l'Oural est longue de 800 kilomètres. L'*Oural moyen* se dirige au sud-sud-est, puis au sud-sud-ouest; il a la même étendue que le précédent, et c'est à la source de l'Oural qu'il se termine au sud. Il fait partie de la crête qui sépare les deux versants de l'océan Glacial et de la mer Caspienne. Il court entre le bassin de l'Obi et celui du Volga, pour donner à celui-ci, de son revers oriental, la Lozva, la Sosva, la Lobva, la Toura, le Tahil, la Neïva, la Pichma, l'Iset, la Tetcha et le Müas, et envoyer à l'autre, de son revers occidental, la Vichera, l'Iazva, le Kosva, la Tchiousovaïa, l'Oufa et l'Aï qui, au moyen de la Kama, vont se jeter dans le fleuve. L'*Oural méridional*, long de 400 kilomètres, prend la direction du sud; sépare d'abord les bassins de l'Oural et du Volga, qui se rendent tous deux à la mer Caspienne; fournit, à l'est, le Kisil à l'Oural, et à l'ouest, la Bélaïa à la Kama; puis, après avoir pris le nom de Gouberlinskaïa, il se prolonge entre la Sakmara et le Tanalik, tous deux tributaires de l'Oural. La pente de ces monts, à l'occident, est tellement insensible, qu'on peut s'avancer pendant plusieurs lieues, sans s'apercevoir qu'on se trouve sur leurs flancs. A l'est, cette pente est plus raide; en quelques endroits elle est assez escarpée.

Parmi les ramifications des monts Ourals, on cite celle du versant oriental qui court depuis les sources de l'Oural au sud-est, sépare ce fleuve de l'Ouï, l'un des affluents de l'Obi, et va retrouver les monts Kitchik-Karatcha, avec lesquels elle sert de limite entre les eaux de l'océan Glacial et celles de la mer Caspienne. Viennent ensuite les monts Bolchézémelskii, sur le versant occidental, qui vont de l'est à l'ouest, entre le bassin de la Petchora et ceux de plusieurs petits cours d'eau qui se jettent dans l'océan Glacial; puis les hauteurs qui, s'étendant entre les bassins de la Petchora et de la Kama, font partie de la grande crête européenne qui sépare le versant de l'Océan de celui de la Caspienne et de la Méditerranée; la ramification comprise entre la Tchiousovaïa et l'Oufa, qui se partage en deux rameaux dont l'un court entre la Tchiousovaïa et la Silva, et l'autre entre la Silva et l'Oufa; la branche parallèle à la rive septentrionale de la Bélaïa, qui donne naissance, vers le nord-est, à l'Iouzzen et à l'Inzer; et enfin les monts Obchtcheïsiert, qui, partant de la chaîne aux sources de la Sakmara, se prolongent entre le bassin de l'Oural et celui du Volga, jusque sur la rive gauche de ce dernier fleuve.

La chaîne des monts Ourals, boisée dans sa plus grande partie, a une largeur de plus de 200 kilomètres; mais elle est d'une médiocre hauteur, et les points les plus culminants de l'Oural moyen et de l'Oural méridional ne dépassent guère 2,000 mètres. La cime la plus élevée est celle du Pavdinski, qui a 2,068^{m}625. Cette montagne est située à l'ouest de Verkhhotourié, dans le gouvernement de Perm. Quant au climat, l'intensité du froid est beaucoup plus grande dans cette chaîne que dans aucune autre partie de l'Europe placée sous la même latitude et à la même hauteur au-dessus du niveau de la mer. Ainsi, le mercure y gèle assez souvent jusqu'au 56° de latitude. En revanche, les chaleurs de l'été y sont quelquefois insupportables; et sous le 59° parallèle, à 300 mètres au-dessus du niveau de la mer, le thermomètre de Réaumur, observé après le coucher du soleil, s'est élevé jusqu'à 32 degrés.

Les mines de fer et de cuivre sont nombreuses dans les monts Ourals, surtout sur le versant oriental; et c'est aussi sur ce versant, dans les districts de Verkhotourié et d'Ekaterinbourg, qu'on rencontre l'or en grande quantité. On y recueille des pépites du poids de 5 à 6 kilogrammes. Enfin ces monts sont riches encore en mines d'argent et de plomb, en cristal de roche magnifique, en calcédoines, en agates, en topazes, en rubis, en aigues-marines, en malachites, en améthystes, en chrysolithes, en ceylanites, en grenats, en zircons, etc.; puis en aimant, en soufre, en houille, en naphte, etc.

OURALSK. — Ville de la Russie d'Europe, dans le gouvernement d'Orenbourg. Elle est située sur la rive droite de l'Oural, un peu au-dessus de sa jonction avec le Tchagan, à 50° 11' de latitude nord, et à 49° 22' longitude est. C'est un chef-lieu de district, à 440 kilomètres sud-ouest d'Oufa, et à 240 kilomètres ouest-sud-ouest d'Orenbourg. Cette ville est vaste, entourée de palissades et d'un rempart irrégulier; et on y compte 3,000 maisons, 5 églises et 15,000 habitants, dont une certaine partie est composée de Cosaques, divisés en compagnies et placés sous la direction d'un attman.

OURCE. — Rivière de France. Elle prend sa source dans le département de la Haute-Marne, traverse le nord de celui de la Côte-d'Or, et se joint à la Seine, dans le département de l'Aube, au-dessus de Bar-sur-Seine, après un cours de 85 kilomètres.

OURCQ. — Rivière de France. — Elle prend sa source dans le département de l'Aisne, passe à la Ferté-Milon, et s'unit à la Marne, après un cours de 80 kilomètres. Un canal, dit *canal de l'Ourcq*, est dérivé de cette rivière : il part de Mareuil, département de l'Oise, passe à Lizy, Meaux et Pantin, et vient alimenter celui de La Villette, près Paris.

OURGA. — Ville de la Chine. Elle est située dans le pays des Khalkhas, et c'est la résidence du Khoutoukh-tou, que les Khalkhas révèrent comme un dieu. Pop. : 7,000 âmes dont 5,000 prêtres.

OURGHENDJ (Nouvelle). — Ville du khanat de Khiva, dans le Turkestan, en Asie. Elle est située sur un canal de l'Amou-Daria, et très-florissante par le commerce qu'elle entretient avec le Boukhara et la Russie. Pop. : 12,000 âmes.

OURIANGKHAÏ. — Pays de la Mongolie, en Chine. Il est situé au nord-ouest de celui des Khalkhas, et occupe le bassin des premiers affluents de l'Iéniséi.

OUROUX. — Commune de l'arrondissement de Châlons, département de Saône-et-Loire. Pop. : 2,100 âmes.

OURTHE. — Rivière de Belgique. Elle arrose les provinces de Luxembourg et de Liége, et se joint à l'Amblève, après un cours de 150 kilomètres.

OURVILLE. — Chef-lieu de canton dans l'arrondissement d'Yvetot, département de la Seine-Inférieure. Pop. : 1,400 âmes.

OUSE (Grande). — Rivière d'Angleterre. Elle passe à Bedford, Huntingdon et Lynn-Regis, et s'unit au Witham pour former l'estuaire de Wash. Son cours est d'environ 200 kilomètres.

OUSE-DU-NORD. — Rivière du comté d'York, en Angleterre. Elle passe à York et à Goole, et se joint à la Trent, pour former l'Humber.

OUST. — Rivière de France. Elle prend sa source dans le département des Côtes-du-Nord, passe dans celui du Morbihan, et se jette dans la Vilaine, près de Redon, après un cours de 140 kilomètres.

OUST. — Chef-lieu de canton dans l'arrondissement de Saint-Girons, département de l'Ariége. On y trouve des forges et l'on y fait un commerce de bestiaux. Pop. : 1,700 âmes.

OUTARVILLE. — Chef-lieu de canton dans l'arrondissement de Pithiviers, département du Loiret. Pop. : 500 âmes.

OUZBECKS. — Peuple du Turkestan. Il domine dans la Grande-Boukharie et dans la principauté de Khiva. On le retrouve encore dans la Russie méridionale. Il professe le mahométisme.

OUZEN. — Deux rivières de Russie portent ce nom. Elles naissent dans l'ouest du gouvernement de Sarotov, et se perdent dans le lac Kamych, gouvernement d'Astrakan, après un cours d'environ 450 kilomètres.

OUZOUER-LE-MARCHÉ. — Chef-lieu de canton dans l'arrondissement de Blois, département de Loir-et-Cher. Pop. : 1,300 âmes.

OUZOUER-SUR-LOIRE. — Chef-lieu de canton dans l'arrondissement de Gien, département du Loiret. Il est situé sur la rive droite de la Loire. Pop. : 800 âmes.

OVAR. — Ville de la province de Beira, en Portugal. Elle est située sur un lac qui communique avec l'Atlantique. Pop. : 10,000 âmes.

OVARI. — Province du Japon. Elle est située au sud de l'île de Niphon, et donne son nom à une baie que forme le grand Océan sur la côte sud de Niphon.

OVAS. — Peuple de l'intérieur de l'île de Madagascar. Il se distingue par son industrie et ses dispositions à se civiliser.

OVER-YSSEL. — Province du royaume de Hollande. Elle est située dans l'est, et baignée à l'ouest par l'Yssel ou Over-Yssel, qui la sépare en partie de la Gueldre. Elle est généralement marécageuse et est fertile. Son chef-lieu est Zwolle. Pop. : 205,000 âmes.

OVERFLAKKEE. — Ile de la Hollande méridionale. Elle est située au sud-ouest, entre deux branches de la Meuse, et sa longueur est de 37 kilomètres.

OVIEDO. — Ville épiscopale, chef-lieu de la province de ce nom, dans la Vieille-Castille, en Espagne. On y remarque la cathédrale, très-beau monument gothique, puis un aqueduc. Cette ville possède une université, une société académique, et environ 10,000 habitants.

OWYHERE ou AWERRY. — Petite ville du royaume de Bénin, dans la Nigritie centrale. Elle est habitée par les Jackéris, peuplade réputée par la douceur de ses mœurs et son industrie, et chez laquelle on trouve encore des traces du christianisme que les Portugais y avaient introduit au xviie siècle.

OXFORD. — Ville épiscopale, chef-lieu du comté de ce nom, en Angleterre. Elle est située sur une éminence entourée de prairies, au confluent du Charvel et de la Thames, et c'est l'une des plus belles cités de l'Europe. Aussi fut-elle jadis la résidence des rois d'Angleterre. Cette ville passe pour la plus savante du royaume, réputation qu'elle doit à sa célèbre université, l'une des plus anciennes du monde. On cite aussi sa bibliothèque Bodleyenne et celle de Radcliffe ; puis sa galerie de tableaux, son musée Asmoléen, sa salle des marbres d'Arun-

OXFORD. — Il y a cinq petites villes de ce nom aux États-Unis : dans le Connecticut, l'Illinois, le Maryland, le New-Jersey et l'Ohio.

OYALAVA. — Ile de la Polynésie. Elle est située dans l'archipel des Navigateurs.

OYAMPIS. — Nation indienne de la Guyane française. Elle habite le long du haut Oyapok, mène une vie à moitié nomade et se montre belliqueuse.

OYAPOK. — Commune de la Guyane française. Elle est située dans le canton de Cayenne et à quelques kilomètres de l'embouchure de l'Oyapok. Pop. : 600 âmes.

OYAPOK. — Petit fleuve de la Guyane. Il sépare en partie la Guyane française du Brésil, passe à Oyapok et se jette dans l'Atlantique après un cours de 250 kilomètres.

OYONNAX. — Chef-lieu de canton dans l'arrondissement de Nantua, département de l'Ain. On y fabrique des peignes et des articles de Saint-Claude. Pop. : 2,600 âmes.

OZARK (Monts). — Chaîne de montagnes des États-Unis. Elle est située entre l'Arkansas et le Missouri, et son point culminant ne dépasse pas 800 mètres.

P

PACARAINA ou **PACARAIMO.** — Chaîne de montagnes qui parcourt l'Amérique méridionale en formant le prolongement de la Sierra-Parime. Elle se trouve sur la limite de la Guyane brésilienne et commence à l'intersection du 66° degré de longitude et du 4° degré de latitude septentrionale, pour se terminer au 61° degré de longitude. Sa longueur est donc de près de 540 kilom., dont 400 de l'est à l'ouest ; et après cela elle tire au nord-ouest, où elle rencontre la Sierra-Rinocosa. C'est aux sources du Rio-Paragua que cette chaîne prend le nom de Pacaraïna. Elle donne aussi naissance à deux autres chaînes : l'une, qui va du sud-est au nord-ouest et qui commence au 63° degré de longitude, va se joindre, après une étendue de 200 kilomètres, à la Sierra-Rinocosa ; l'autre, qui se dirige du sud-ouest au nord-est, présente, à partir du 63° degré, une longueur de 140 kilom.

De la Sierra-Pacaraïna dérivent un grand nombre de cours d'eau, dont quelques-uns sont assez importants. Tels sont, sur le versant septentrional, le Rio-Paragua, qui se jette dans le Rio-Coroni et reçoit le Rio-Coronichico, sorti de ces mêmes montagnes ; puis le Coroni lui-même, affluent de l'Orénoque, et le Sibarona, qui se jette dans l'Essequibo. Au versant méridional appartiennent l'Uraricapara, le Mayari et le Xyruma, qui se jettent dans le Rio-Branco, affluent du Negro.

PACAUDIÈRE (La). — Chef-lieu de canton dans l'arrondissement de Roanne, département de la Loire. Pop. : 1,900 âmes.

PACENTRO. — Ville de l'Abruzze ultérieure II°, dans le royaume de Naples. Pop. : 3,000 âmes.

PACHACAMAC. — Vallée du Pérou située à 20 kilomètres au sud de Lima. Les Incas y avaient élevé un temple magnifique à Pachacamac, leur dieu vivificateur de l'univers, ce qui fit penser à Pizarre qu'elle devait renfermer d'immenses richesses et le porta à la ravager le fer et la torche à la main. Cette vallée est remarquable par la douceur et la salubrité de son climat, sa riche végétation et l'excellence de ses produits, qui consistent surtout en coton, en vanille, en tabac, en casse, etc. Elle s'étend de l'est à l'ouest, parallèlement à celle de Lima ; sa longueur est de 40 kilomètres, et elle est arrosée par le Pachacamac, qui se jette dans l'océan Pacifique.

PACHACAMAC. — Village des environs de Lima, république du Pérou. C'est l'emplacement de l'ancienne ville de ce nom, où l'on voit encore les restes du temple que Pachacutec, dixième Inca, y avait élevé à Pachacamac, le créateur et le conservateur du monde, selon le culte des peuples de cette contrée. Ce temple fut détruit par les soldats de Pizarre, en 1533.

PACHECO. — Ville de la province de Murcie, en Espagne. Pop. : 4,000 âmes.

PADANG. — Ville de l'île de Sumatra. Chef-lieu du gouvernement de la côte occidentale, dans la partie hollandaise. On y fait un commerce assez important de camphre et d'épices. Pop. : 10,000 âmes.

PADDINGTON. — Village du comté de Middlesex, en Angleterre. Il forme un faubourg de Londres. Il est important par ses vastes entrepôts, ses divers établissements de commerce et par le canal de son nom qui va s'embrancher au grand canal de jonction. Pop. : 8,000 âmes.

PADERBORN. — Petite ville épiscopale du gouvernement de Minden, dans la province de Westphalie, en Prusse. On y remarque la cathédrale, sous laquelle sourd le Pader, qui traverse la ville et qui, à vingt pas de sa source, est assez fort pour mettre en mouvement des moulins. Paderborn possède un séminaire épiscopal avec une faculté de théologie, puis une société d'histoire et d'antiquités westphaliennes. Sa population est d'environ 6,000 âmes.

PADOUE. — Grande ville épiscopale, située sur le Bacchiglione, dans le gouvernement de Venise. Ses principaux édifices sont l'église Sainte-Justine, remarquable par ses huit coupoles ; l'église Saint-Antoine, près de laquelle est la statue équestre, en bronze, de Gattamelata, ouvrage de Donatello ; l'église des Eremitani et celle de l'Annunziata ; puis la cathédrale, d'une vaste étendue. Viennent ensuite la *salla della Ragione*, ou salle de la Raison, le grand hôpital, l'hôtel des invalides, le palais ou *capitanio*, le mont-de-piété, puis les restes d'un amphithéâtre et d'un théâtre romains. Cette ville possède un séminaire, une université, un gymnase royal, un gymnase épiscopal, un collége d'israélites, plusieurs bibliothèques, un cabinet de physique, un cabinet d'histoire naturelle, un observatoire, un jardin botanique et des sociétés académiques. Sa population dépasse 50,000 âmes. Padoue est la patrie de Tite-Live, du Padouan, de Doudis, etc.

PADROU. — Ville de la province de la Corogne, en Espagne. Elle est située sur l'Ulla, affluent de l'Atlantique. Pop. : 4,000 âmes.

PADSTOW. — Ville du comté de Cornwall, en Angleterre. Elle est située sur le Camel, près de son embouchure dans le canal de Bristol, et l'on s'y occupe de la pêche du hareng. Pop. : 2,000 âmes.

PÆSTUM. — Lieu situé dans la Principauté-Citérieure, royaume des Deux-Siciles. C'était la cité d'une colonie romaine qui fut pillée par les Sarrazins en 930, et détruite entièrement par les Normands en 1080. Pæstum était renommé par la beauté et la fertilité de ses campagnes, et par sa culture des roses. On y remarque aujourd'hui les restes de trois temples, d'une porte de ville, d'un amphithéâtre et de murs d'enceinte.

PAGHAM ou PAGHAM-MIOU. — Ville de l'empire des Birmans, dont elle était autrefois la capitale. Elle est située sur la gauche de l'Iraouaddy. A peu près déserte aujourd'hui, elle se fait toutefois remarquer par le grand nombre de ses pagodes.

PAGNY-SUR-MOSELLE. — Commune de l'arrondissement de Nancy, dans le département de la Meurthe. Elle est située sur le chemin de fer de Paris à Metz, et l'on y fait un commerce de vins estimés. Pop. : 1,000 âmes.

PAGO. — Une des îles Illyriennes, dans l'Adriatique. Elle a 56 kilomètres de longueur; le canal de Morlaquie la sépare du continent, et son chef-lieu porte son nom.

PAILHARÈS. — Commune de l'arrondissement de Tournon, dans le département de l'Ardèche. Pop. : 1,600 âmes.

PAIMBOEUF. — Petite ville située sur la rive gauche de la Loire, dans le département de la Loire-Inférieure. Chef-lieu d'arrondissement, elle comprend 5 cantons et 25 communes. Elle possède un collége, une école de navigation, une société d'agriculture, et c'est dans son port que mouillent les vaisseaux qui ne peuvent remonter à Nantes. Sa population est d'environ 4,000 âmes.

PAIMPOL. — Chef-lieu de canton dans l'arrondissement de Saint-Brieuc, département des Côtes-du-Nord. Il est situé sur la Manche. On y fabrique des cordages, et l'on y fait des armements pour le cabotage et la pêche de la morue. Pop. : 2,100 âmes.

PAISLEY. — Jolie ville du comté de Renfrew, en Ecosse. Elle est importante par ses nombreuses fabriques de soie et de coton,

ses fonderies, ses distilleries, etc. On y remarque l'hôtel de ville et la prison. Pop. : 58,000 âmes.

PAKNAM. — Ville forte du royaume de Siam. Elle est située sur la branche orientale du Mei-Nam, à 7 kilomètres de son embouchure, dans le golfe de Siam.

PAKPETEN. — Ville des Etats des Seiks, dans l'Hindoustan. Elle est située dans une île de la Gorrah, et très-fréquentée par des mahométans qui y viennent en pèlerinage.

PALÆOPOLI. — Dans l'Arcadie, royaume de Grèce. On y voit les ruines de *Mantinée*, si célèbre par la victoire d'Epaminondas.

PALAIS (LE). — Petite ville de l'arrondissement de Lorient, dans le département du Morbihan. Elle est située sur la côte septentrionale de l'île de Belle-Isle. On y arme pour le cabotage et la pêche du hareng. Pop. : 4,600 âmes.

PALAISEAU. — Chef-lieu de canton dans l'arrondissement de Versailles, département de Seine-et-Oise. Il est situé près de la rive gauche de l'Yvette, petit affluent de l'Orge. Pop. : 1,700 âmes.

PALAMOS. — Ville de la province de Girone, en Espagne. Elle est située sur la Méditerranée, où elle possède un port.

PALAOS ou PELEW (ARCHIPEL DE). — Dans la Polynésie. L'archipel de Palaos proprement dit comprend les îles Babelthouap, Corror, Eriklithon, Ouroukthapel, Epakong, Angour et Phillilon; et ses dépendances géographiques sont celles de Sanserol, d'Anna et de Marières.

PALAOUAN ou PALAWAN. — Grande île de la Malaisie. Elle fait partie du groupe des Philippines, et se trouve placée au sud-ouest. Sa longueur est d'environ 450 kilomètres sur 90 de largeur, et son intérieur est couvert de forêts où se trouvent en abondance des bois de teinture, des arbres résineux et des tribus indépendantes ; les Espagnols possèdent un district au nord-est, et la plus grande partie des côtes est soumise au sultan des îles Soulous.

PALATSHA. — Village de l'Anatolie, dans l'Asie Mineure, empire ottoman. On croit qu'il correspond à l'ancienne *Milet*.

PALAUR. — Rivière de l'Hindoustan. Elle prend sa source dans le Maïssour, passe par Vellore, Arcot et Tchinglepet, et se jette dans le golfe du Bengale, après un cours d'environ 400 kilomètres.

PALEMBANG. — Ville de la partie hollandaise de l'île de Sumatra, dans l'Océanie occidentale. C'est une ancienne colonie javanaise. Elle est située sur le Moussi, et bâtie sur pilotis et sur radeaux. Le fleuve la partage en deux. On y remarque le kraton ou ancien palais des sultans, les mausolées de ces princes, la mosquée principale et la maison du gouverneur hollandais. Tous ces édifices sont en pierre. Le commerce de cette ville est considérable. Pop. 25,000 âmes.

PALENA. — Ville de l'Abruzze citérieure, dans le royaume de Naples. On y fabrique des draps connus dans le commerce sous le nom de *Peluzzo*. Pop. : 2,000 âmes.

PALENCIA. — Ville épiscopale, chef-lieu de la province de ce nom, dans la Vieille-Castille, en Espagne. Elle est grande et belle, et compte environ 11,000 habitants.

PALENQUE. — *Voy.* SAN-DOMINGO.

PALERME. — Grande et belle ville fortifiée, capitale de la Sicile. Elle est située au fond d'un golfe qui porte son nom et y forme un port. On y remarque la cathédrale, superbe monument gothique ; les églises de Jésus, des Capucins, de Saint-Joseph, de l'Olivella, et de la Casa-Professa ; le palais royal, celui de justice, et la maison des fous ; puis les rues Neuve et de Tolède, et la promenade de la Marina. Cette ville possède une université, un séminaire, un lycée, plusieurs colléges et plusieurs bibliothèques publiques, un observatoire, un jardin botanique et deux sociétés académiques. Sa population est d'environ 180,000 âmes. La fête de Sainte-Rosalie, que l'on célèbre à Palerme, y attire un peuple immense de toutes les parties de l'île.

PALESTRINA. — Ville épiscopale de l'Etat du pape. Pop. : 4,000 âmes.

PALESTRINA. — Ville du royaume lombard-vénitien, dans l'empire d'Autriche. Elle est située sur une île de son nom, au sud de Venise. Pop. : 7,000 âmes.

PALGOOTH. — Ville du comté de Cornouailles, en Angleterre. On trouve dans son voisinage les mines d'étain les plus importantes du Royaume-Uni.

PALINGES. — Chef-lieu de canton dans l'arrondissement de Charolles, département de Saône-et-Loire. Il est situé sur le canal du Centre. Pop. : 1,800 âmes.

PALISSE (LA). — Petite ville du département de l'Allier. Elle est située sur la Besbre. Chef-lieu d'arrondissement, qui comprend 6 cantons et 74 communes. Elle fait un commerce de grains, de chanvre, de toiles, etc. Pop. : 3,000 âmes.

PALISSER. — Groupe d'îles de la Polynésie. Il est situé dans l'archipel des Iles-Basses.

PALK (DÉTROIT DE). — Il sépare l'Hindoustan de l'île de Ceylan, et unit le golfe de Manaar au golfe du Bengale. On y trouve l'île de Ramisséram, située près de l'Hindoustan, laquelle semble liée à l'île de Ceylan par une longue suite de bancs de sable que les Arabes appellent *Pont-d'Adam*, et les Hindous *Pont-de-Rama*.

PALLAUZA. — Ville de la division de Novare, dans le royaume sarde. Elle est située sur le lac Majeur. Pop. : 2,000 âmes.

PALLI. — Ville de la province d'Adjimir, dans l'empire indo-britannique. C'est l'une des principales places commerçantes de l'Asie. C'est l'entrepôt du négoce entre la Perse orientale et l'Inde supérieure, et le débouché le plus important de l'opium du Maloua ou Mâlwâ. Pop. : 50,000 âmes.

PALMA. — Une des îles Canaries. Elle est située au nord de celle de Fer, sa longueur est de 45 kilomètres, et on en tire du vin, des fruits, de la soie, etc. Pop. : 29,000 âmes.

PALMA. — Ville épiscopale, chef-lieu de la province et de la capitainerie générale de Majorque, dans l'archipel des Baléares. Elle est fortifiée, et située au fond d'une baie de l'île Majorque, qui y forme un port commode. On y remarque la cathédrale et la Bourse ; elle possède une université ; et sa population est d'environ 34,000 âmes.

PALMAS. — Chef-lieu de l'île Canaria, dans l'archipel des Canaries. Il est la résidence de l'évêque et de l'*audiencia* ou tribunal de cet archipel. Pop. : 9,000 âmes.

PALMES (CAP DES). — Sur l'Atlantique. Il est situé dans la Guinée septentrionale, à la limite de la côte des Graines et de la côte des Dents.

PALMI. — Ville de la Calabre-Ultérieure première, dans le royaume de Naples. Elle est située sur la mer Tyrrhénienne, où elle possède un port, son commerce est assez important. Pop. : 6,000 âmes.

PALMYRAS. — Petite île de la Polynésie. Elle est située par 5° 55' de latitude nord, et 164° 30' de longitude ouest.

PALMYRE. — Ville en ruines de Syrie, dans la Turquie asiatique. Elle fut bâtie par Salomon, sous le nom de *Tadmor*, au sein d'une oasis fertile et abondante en eaux excellentes, laquelle est située entre l'Euphrate et la Méditerranée. Elle devint, dès son origine, l'entrepôt principal où se rendaient, par terre, les marchandises de l'Orient et de l'Occident, et bientôt elle prit rang parmi les cités les plus florissantes de l'Asie. Sa splendeur parvint surtout au plus haut degré, sous le règne de la célèbre Zénobie. Aujourd'hui, Palmyre n'offre que des édifices renversés pour le plus grand nombre, elle est déserte ; mais parmi ses restes il en est beaucoup qui excitent encore l'admiration, et l'on distingue particulièrement le magnifique temple du Soleil, une colonnade d'un mille de longueur, un arc de triomphe, des sépulcres, espèces de tours carrées en marbre, etc., etc.

PALOS. — Bourg de l'Andalousie, en Espagne. On y voit un assez grand nombre d'antiquités, et il est célèbre parce que c'est en cet endroit que Christophe Colomb s'embarqua pour aller à la découverte du Nouveau-Monde. Pop. : 500 âmes.

PALOS. — Cap d'Espagne. Il est situé sur la Méditerranée, à l'est de la province de Murcie.

PALOS. — Chef-lieu du pays d'Uncuita, dans l'île Célèbes. C'est une très-petite ville située sur la baie de son nom. Elle est assez commerçante.

PALOU. — Ville de la Turquie d'Asie, c'est le chef-lieu d'une principauté kurde. Pop. : 8,600 âmes.

PALTÉ. — Lac du Thibet. Il est situé au sud, dans la province de Ouï, sa forme est à peu près circulaire, et le milieu est occupé par une île où se trouve un couvent célèbre.

PAMBU. — Petite ville de la province de Pernambuco, au Brésil. Elle jouit d'une assez grande importance à cause des riches mines de cuivre que l'on trouve sur son territoire, et l'on y remarque aussi la belle cascade de *Paulo-Affonso*.

PAMIERS. — Petite ville épiscopale, située sur la rive droite de l'Ariége, dans le département de ce nom. Chef-lieu d'arrondissement, elle comprend 6 cantons et 114 communes. Elle possède un séminaire, un collège, et fait un commerce de draps communs, de toiles de coton, de bonneterie et de chapellerie. Sa population est d'environ 7,000 âmes.

PAMLICO ou PAMPLICO. — Golfe des États-Unis. Il est situé à l'est de la Caroline du nord, et séparé, par trois îles longues et étroites, de l'océan Atlantique avec lequel il communique par trois entrées, dont celle d'Ocracock, qu'on appelle aussi détroit de Pamlico, est la seule navigable pour de gros navires marchands. Au nord, ce golfe communique avec la baie d'Albemarle, dont l'île de Roanoke le sépare. Il a pour principal affluent le Tar ou Pamlico.

PAMPANGA. — Province de l'île de Luçon. Elle est située à l'ouest et a pour chef-lieu Bacolor. Cette contrée est habitée par une tribu de Tagales appelés Pampangos. Pop. : 130,000 âmes.

PAMPAS. — Province du haut Pérou ou Bolivia. Elle est située dans le département de Santa-Cruz de la Sierra, entre le Beni et le Mamore. Son sol est fertile mais négligé.

PAMPAS. — Vastes plaines herbeuses qui s'étendent des côtes de l'océan Atlantique jusqu'au pied des Andes, et auxquelles on donne une étendue d'environ 1,600 kilom. Elles sont bornées au nord par les montagnes de Cordova et de San-Luis; au sud, par les montagnes du Taudil, de la Sierra-Ventana; à l'est, par l'océan Atlantique, et à l'ouest, par la bande de terrains sablonneux qui servent de base aux contreforts de la chaîne des Andes. Quoique plane en général, le sol des pampas offre cependant quelquefois de petites collines ou dunes, que les habitants nomment *cerillas*, *cerilladas* et *medanos*. Les pampas sont partagées, de l'est à l'ouest, en trois régions bien distinctes par leur climat et leurs produits. La première, à partir de Buenos-Ayres, est, sur une ligne de 100 milles, couverte de trèfles et de chardons; la seconde est un herbage magnifique de 450 milles d'étendue; et la troisième, qui touche à la base des Cordillères, forme une immense forêt. La première de ces deux zones varie à chaque saison, tandis que les deux autres conservent toujours la même apparence.

Cette contrée est arrosée par quelques petites rivières, telles que la Vivorota, le Pichileufu, le Tandil, le Chapaleufie, l'Azul, le Tapalqueu, le Chalico, etc.; et comme ces eaux parcourent un terrain presque sans pente, il en résulte qu'elles se répandent fréquemment en dehors de leurs lits pour former de nombreux étangs et des marais.

Parmi ces terrains inondés, les indigènes appellent *cañada* celui qui est peu profondément submergé, et dans lequel les bestiaux peuvent paître facilement; le nom do *banado* est donné à la prairie qui borde une rivière et que des crues inondent à certaines époques; l'*estero* est un marais profond où végètent des joncs en grand nombre; et les *congrejales* sont des marais habités par des crabes.

Des espèces de fermes, appelées *estancias*, sont établies dans les pampas, pour y surveiller de nombreux troupeaux de bêtes à cornes et de chevaux qui se répandent dans la plaine; et il est de ces estancias qui ont jusqu'à 30 et 40,000 têtes de bétail, distribuées en différents groupes. Les habitants de ces fermes sont nommés *gauchos*; ils ne s'occupent uniquement que de la surveillance de leurs troupeaux; ils sont constamment à cheval, et sont renommés par l'adresse avec laquelle ils manient le *lasso*, longue lanière de cuir qui leur sert à arrêter, dans sa course, l'animal le plus indomptable, et à se rendre maîtres du jaguar qui vient les attaquer.

PAMPATAR. — Petite ville de l'île Margarita, dans la république de Venezuela, Colombie. Elle possède un port franc qui favorise beaucoup son commerce.

PAMPLONA. — Petite ville, chef-lieu de la province de ce nom, dans la république de la Nouvelle-Grenade, Colombie. Elle possède un collège, et l'on vante la richesse des mines d'or et de cuivre exploitées dans ses environs.

PAMPLUNE ou PAMPELUNE. — Ville épiscopale, chef-lieu de la capitainerie générale de Navarre, en Espagne. Quelques auteurs attribuent sa fondation à Pompée. Elle est mal bâtie, mais importante par ses fortifications. Charlemagne enleva cette ville aux Arabes, en 778; elle devint capitale de la Navarre, dont le comte Garcias prit le titre de roi, vers l'an 860; et les Français l'occupèrent en 1808 et en 1823. Pop. 15,000 âmes.

PAMPROUX. — Commune de l'arrondissement de Melle, dans le département des Deux-Sèvres. Pop. : 2,400 âmes.

PANAMA (ISTHME DE). — Il est situé entre l'Amérique septentrionale et l'Amérique méridionale, ou plutôt il joint l'un à l'autre ces deux vastes continents, et forme comme une barrière entre les deux grands océans. D'un côté, les eaux de l'océan Pacifique viennent baigner ses côtes, en pénétrant dans le golfe de Panama; de l'autre, la mer des Caraïbes apporte ses flots sur son rivage. Aussi, depuis plusieurs siècles, s'était-on toujours préoccupé du percement de cette espèce de digue qui s'opposait à la réunion des deux mers.

PANAMA. — Ville épiscopale, chef-lieu de la province de ce nom et du département de l'Isthme, dans la république de la Nouvelle-Grenade. Elle est située au fond d'une vaste baie et sur une presqu'île formée par la côte méridionale de l'isthme auquel elle donne son nom. Cette ville possède une belle cathédrale et un collége. Pop. : 10,000 âmes.

PANAR. — Fleuve de l'Hindoustan. Il prend sa source dans le Maïssour, traverse le Salem et le Carnatic, et se jette dans le golfe du Bengale, après un cours de 400 kilomètres.

PANARO. — Rivière d'Italie. Elle coule entre le duché de Modène et l'Etat du pape; devient navigable à Bonporto, où le canal de Modène l'unit à la Secchia, et elle se jette dans le Pô, après un cours de 120 kilomètres.

PANAY. — Ile de la Malaisie. Elle est située dans l'archipel des Philippines, à l'ouest de Mindoro. Sa longueur est de 180 kilomètres sur 160 de largeur, et son sol produit du riz, du sucre, du cacao, du poivre, etc. Les côtes sont soumises aux Espagnols et l'intérieur habité par des tribus indépendantes. On trouve, dans cette île, les villes d'Yloilo, de Molo et de Xaro. Pop. : 300,000 âmes.

PANCALIERI. — Ville de la division de Turin, dans le royaume sarde. Elle est située près du Pô. Pop. : 2,500 âmes.

PANCORVO. — Ville de la province de Burgos, en Espagne. Elle est située dans un défilé de montagnes très-élevées à l'entrée duquel était autrefois un fort. Les Français occupèrent celui-ci de 1808 à 1813 et le firent sauter en 1823. Pop. : 1,700 âmes.

PANCSOVA. — Ville de Hongrie, dans l'empire d'Autriche. Elle est située sur la Temes, près de son confluent avec le Danube, et à 12 kilomètres seulement de Belgrade. Pop. : 11,000 âmes.

PANDERPOUR. — Ville de l'Etat de Satara, dans l'Hindoustan. Elle est située sur la Bimah, affluent de la Kistnah. Elle est très-commerçante et l'on y voit un beau temple de Vichnou que visitent annuellement de nombreux pèlerins. Pop. : 15,000 âmes.

PANDJIM ou VILLA-NOVA-DE-GOA. — Jolie petite ville de l'île de Goa, dans l'Inde. Elle est située à l'embouchure du Mandava, où elle possède un port, et c'est la résidence du vice-roi et de la cour suprême de justice pour l'Asie et l'Océanie portugaise, ainsi que de l'archevêque de Goa, qui prend le titre de primat de l'Inde. Pop. : 20,000 âmes.

PANDJOUR. — Ile de la Malaisie. Elle est situé dans le district de Malacca, à l'est de Sumatra.

PANGASINAN. — Province de l'île de Luçon. Elle est située dans l'ouest, et habitée par les Pangasinans, tribu de Tagales.

PANISSIÈRE. — Commune de l'arrondissement de Montbrison, (département de la Loire. On y trouve des fabriques de toile et de linge ouvré. Pop. : 3,800 âmes.

PANTELLARIA. — Ile de la Méditerranée, située à 64 kilom., à l'est-sud-est du cap Bon, et à 84 kilom. de la côte sud-ouest de la Sicile. Cette île est l'antique *Cossyra*. Elle a 12 kilomètres de longueur du nord au sud, sur 2 de largeur de l'est à l'ouest. Son sol est montagneux et ses hauteurs sont couvertes de câpriers et d'une espèce particulière de chêne. Dans les parties basses, on cultive des arbres fruitiers, l'olivier, des céréales et le cotonnier. Plusieurs sommets sont volcaniques : tels sont le cône appelé Il Bagno, qui s'élève 1,137^{m}50, et d'où s'échappent des fumeroles; celui qu'on nomme Codia-di-Scaviri-Supra, haut de 162^{m}50; puis les monts Arca-della-Zelia et Salerno. Toutes les eaux de Pantellaria sont plus ou moins sulfureuses.

PANTER. — Ile de la Malaisie. Elle est située dans l'archipel de la Sonde, entre Lomblem et Ombay, et sa longueur est de 50 kilomètres.

PANTIN. — Chef-lieu de canton dans l'arrondissement de Saint-Denis, département de la Seine. On y trouve des filatures et des fabriques de couvertures et de chaux hydraulique. Pop. : 2,300 âmes.

PAPAGALLO. — C'est le nom que l'on donne, sur la côte du Mexique, à un vent violent qui souffle régulièrement, dans une étendue de 200 kilomètres environ, depuis le cap Blanc, situé à l'entrée du golfe de Micoya, jusqu'à la pointe de Sainte-Catherine. Ce vent suit avec constance la direction du nord-est, et celle du nord-nord-est ; il ne souffle que durant la belle saison, depuis le mois d'octobre jusqu'au mois de mai, et il est souvent funeste aux navigateurs par son impétuosité ; mais il offre ce fait singulier, c'est que les tempêtes qu'il fait naître ne sont jamais accompagnées de nuages, d'éclairs et de tonnerre ; c'est-à-dire que la sérénité de l'atmosphère et l'azur du ciel forment un contraste étrange avec la fureur du papagallo.

PAPAGAYO. — Golfe de l'Amérique centrale. Il est formé, au sud-est, par le grand Océan, sur la côte de l'Etat de Nicaragua, et n'est séparé du lac de Nicaragua que par un espace de 17 kilomètres. On trouve, près de la côte sud-est, un volcan qui porte le même nom que ce golfe.

PAPANTLA. — Village indien de l'Etat de Vera-Cruz, dans la Confédération mexicaine. Il est renommé par l'antique pyramide qu'on trouve dans ses environs, au milieu d'une forêt. C'est un monument qui, au lieu d'être en briques ou en argile mêlée de cailloux, comme la plupart des téocalis mexicains, a été construit avec d'énormes pierres de taille porphyritiques, dont la régularité de la coupe et le poli sont des plus remarquables.

PAPÉITI. — Capitale du royaume de Tahiti, dans la Polynésie. On y trouve une mission évangélique, une chambre législative, des écoles, des imprimeries, et des ateliers d'industrie.

PAPENBOURG. — Ville du royaume de Hanovre. Elle est située sur plusieurs canaux, dont le principal s'unit à l'Ems. On y construit des navires marchands, on y exploite de la tourbe, et il s'y fait un grand commerce maritime. Pop. : 3,600 âmes.

PAPOUAS, ou PAPOUS. — Race noire de l'Océanie. Elle est répandue dans plusieurs îles et archipels, et particulièrement dans la Nouvelle-Guinée ou Papouasie. On leur accorde d'être plus avancés dans la civilisation que les autres nègres de cette partie du monde.

PAPOUASIE. — *Voy.* Nouvelle-Guinée.

PAQUES ou WAIHOU (Ile de). — Elle est située par 27° 9'; de latitude sud, et par 111° 24' 54" de longitude ouest; à 2,000 milles des côtes du Chili, et à 1,500 milles des îles habitées les plus rapprochées, si l'on en excepte l'île de Pitcairn. Elle fut découverte en 1722 par l'amiral hollandais Rogewen, le saint jour de Pâques, et il la nomma alors *Paassen* ou *Pâques*, en commémoration de cette grande solennité chrétienne. Ce sont les indigènes qui l'appellent *Waihou*. La forme de cette île est triangulaire. Elle a 9 milles de longueur du nord-ouest au sud est; 9 milles 3/4 de l'ouest-sud-ouest à l'est-sud-est; et 13 milles du nord-est au sud-ouest. Son périmètre est de 36 milles, environ. Son point culminant ne dépasse guères 390 mètres au-dessus du niveau de la mer.

L'île de Pâques est en partie stérile et couverte de pierres brunes, noires ou rougeâtres, qui sont évidemment d'origine volcanique. On y rencontre cependant ça et là quelques arbrisseaux, des mimosas rabougris, et des mûriers à papier, dont les naturels se servent comme à Taïti, pour la fabrication des étoffes dont ils font usage. On n'y trouve pas une seule rivière, un seul torrent, et quelques mares simplement conservent une eau presque fétide. Quant aux habitants, leurs mœurs sont aussi tristes, aussi inhospitalières que leur pays.

PARA. — *Voy.* Belem.

PARACATU. — Très-petite ville de la province de Minas-Geraës, au Brésil. Elle est importante par ses lavages d'or et les diamants qu'on trouve sur son territoire. Pop. : 1,000 âmes.

PARACLET. — Hameau du département de l'Aube. Il est situé dans le canton de Romilly, arrondissement de Nogent-sur-Seine. On y voit les ruines d'une abbaye fondée par Abailard, et où Héloïse fut abbesse. Leur tombeau, qui se trouvait dans cette abbaye, a été transporté à Paris, au cimetière de l'Est, ou du Père-Lachaise.

PARAGUAY. — Contrée de l'Amérique méridionale, située entre les 20° et 28° degrés de latitude australe, et entre les 56° et 61° degrés de longitude occidentale. Elle est bornée, au nord, par la Bolivie et l'empire du Brésil; à l'est, par le Brésil; au sud, par la confédération du Rio de la Plata; et à l'ouest, par le vaste pays du Grando-Chaco, occupé par des indigènes indépendants. Le Parana proprement dit, et le Paraguay, son affluent à la droite, sont les courants principaux de cet Etat. Le premier est la principale branche du grand fleuve nommé la Plata. L'Etat du Paraguay, qui figura longtemps au nombre des grandes provinces de la vice-royauté de la Plata, fut rendu indépendant en 1808, par le docteur Francia.

PARAGUAY. — Grande rivière de l'Amérique méridionale. Elle prend sa source dans le Brésil, qu'elle sépare en partie de la Bolivia; coule ensuite entre le Paraguay à gauche, et la Bolivia et la Plata à droite; passe à l'Assomption, et s'unit au Parana, après un cours de 2,000 kilomètres. Ses affluents principaux sont le Pilcomayo et le Vermejo.

PARAHYBA. — Fleuve du Brésil. Il passe à Parahyba, et se jette dans l'Atlantique, après un cours de 450 kilomètres.

PARAHYBA. — Fleuve du Brésil. Il coule dans les provinces de Saint-Paul et de Rio-Janeiro, et se jette dans l'Atlantique, à San-Joao-de-Parahyba, après un cours de 900 kilomètres.

PARAHYBA. — Chef-lieu de la province de ce nom, au Brésil. C'est une jolie petite ville, qui possède un port et fait un commerce assez étendu. Pop. : 6,000 âmes.

PARAMARIBO. — Chef-lieu de la Guyane hollandaise, dans le gouvernement de Surinam. Cette ville est située sur la rive gauche du Surinam, à vingt milles de son embouchure, et le fleuve y forme une vaste rade, protégée par le fort Zélandia. Les maisons sont bien bâties, et les rues, parfaitement alignées, sont ornées d'allées d'orangers, de citronniers et de tamariniers. On y remarque l'hôtel de ville et celui du gouverneur. Pop. : 20,000 âmes.

PARAMATTA. — Petite ville du comté de Cumberland, dans la Nouvelle-Galles du Sud, en Australie. On y remarque l'hôtel du gouverneur, un observatoire, et une école fondée pour l'éducation des indigènes. Cette ville est assez importante par sa grande manufacture de draps et par sa foire aux bestiaux. Pop. : 3,000 âmes.

PARAMYTHIA. — Ville de l'Albanie, en Turquie. Elle est située dans une contrée montagneuse, et les Paramythiotes, qui ont conservé leur indépendance, sont adonnés à la rapine. Pop. : 3,500 âmes.

PARANA. — Grand fleuve de l'Amérique méridionale. Il prend sa source dans la partie sud de la province de Minas-Geraës, non loin de Saint-Joâo d'el Rey; et, en quittant cette province, il sert de limites à celle de Goyaz, de San-Paulo et de Matto-Grosso; il traverse ensuite le Brésil, puis pénètre dans les provinces de Corrientes, de Santa-Fé, d'Entre-Rios, et vient former, avec l'Uruguay, le vaste Rio de la Plata, qui va se jeter dans l'océan Atlantique, par une immense embouchure située au-dessous de Buenos-Ayres. La Parana reçoit, à sa droite, le Pardo, l'Yrincuna, le Paraguay et le Salado; à sa gauche, le Mugy, la Tieté et l'Aguapey.

PARANAHYBA. — Rivière du Brésil. Elle s'unit au Rio-Grande, pour former le Parana. Son cours est de 700 kilomètres.

PARANAPANEMA. — Rivière du Brésil. Elle traverse la province de Saint-Paul, et se jette dans le Parana, après un cours de 600 kilomètres.

PARANNAU. — Rivière du Brésil. Elle se joint au Tocanthins, après un cours de 500 kilomètres. Cette rivière donne son nom à un district de la province de Goyaz.

PARATY. — Ville de la province de Rio-Janeiro, au Brésil. Elle est située sur une baie de l'Atlantique. On y trouve des sources thermales qui sont renommées. Pop. : 4,000 âmes.

PARCHIN. — Ville du grand duché de Mecklembourg-Schwerin, en Allemagne. Elle est située sur l'Elder, affluent de l'Elbe. Pop. : 5,100 âmes.

PARCQ (Le). — Chef-lieu de canton dans l'arrondissement de Saint-Pol, département du Pas-de-Calais. Pop. : 800 âmes.

PARDO. — Rivière du Brésil. Elle coule dans la province de Mato-Grosso, qu'elle sépare en partie de celle de Goyaz, et s'unit au Parana, après un cours de 350 kilomètres. On trouve, dans le lit de cette rivière, les plus beaux des diamants qu'on recueille au Brésil.

PARECCHIA. — Village de l'île de Paros, l'une des Cyclades, royaume de Grèce. Il est bâti sur l'emplacement de l'ancienne *Paros*, et tout son voisinage offre des débris de cette cité célèbre.

PARENTIS-EN-BORN. — Chef-lieu de canton dans l'arrondissement de Mont-de-Marsan, département des Landes. Il est situé près d'un étang qui communique, au nord, avec celui de Sanguinet. On y fait un commerce de térébenthine. Pop.: 1,800 âmes.

PARENZO. — Ville épiscopale de l'Illyrie, empire d'Autriche. Elle est située sur l'Adriatique, où elle possède un port. Pop. : 2,000 âmes.

PARGA. — Petite ville d'Albanie, dans la Turquie d'Europe. Elle était naguère florissante par son commerce; mais elle est presque déserte depuis 1819, époque à laquelle ses habitants préférèrent s'exiler que de devenir les sujets de l'empire ottoman. Pop. : 4,000 âmes.

PARIA. — Golfe de la république de Venezuela. Il est formé au nord-est par l'Atlantique.

PARIA. — Ville de la Bolivia. Elle est située au nord-ouest du lac de même nom. On trouve, sur son territoire, des mines d'argent, d'étain, de plomb et des sources thermales.

PARIGNÉ-L'ÉVÊQUE. — Commune de l'arrondissement du Mans, dans le département de la Sarthe. On y fabrique de la toile. Pop. : 3,500 âmes.

PARIME. — Chaîne de montagnes qui donne naissance à l'Orénoque, et forme un des systèmes les plus considérables de la partie orientale de l'Amérique méridionale. Elle occupe, avec ses branches, et du sud au nord, l'espace compris entre le 3e et le 8e parallèle au nord de l'équateur; et, de l'est à l'ouest, celui qui s'étend depuis le 66e jusqu'au 71e degré de longitude occidentale du méridien de Paris. Restreinte dans ces limites, elle a environ 500 kilom. de longueur ; mais comme elle occupe un vaste espace de forme trapézoïdale, circonscrit par le cours de l'Orénoque, sa longueur réelle est en définitive plus considérable que son étendue de l'est à l'ouest. La Sierra-Parime ne forme pas une chaîne continue, mais bien une suite de montagnes séparées les unes des autres par des plaines et des savanes qu'arrosent de nombreux cours d'eau qui en descendent, tels que la Caura, le Padamo, le Venituari, etc., tous affluents de l'Orénoque, dont ces hauteurs se tiennent toujours à quelque distance, à l'exception pourtant de quelques endroits où la Parime détache jusque dans le lit du fleuve des arêtes qui forment les rapides du Torno et de la Roca-del-Inferno.

La hauteur moyenne de la Parime est de 15 à 1,800 mètres; mais le point le plus élevé est le mont Duida, situé sous le 3e degré 15 minutes de latitude septentrionale, et le 68e degré 30 minutes de longitude occidentale, lequel a 2,522 mètres d'altitude. L'Orénoque en baigne le pied méridional. La cime de ce mont offre ce fait particulier que, vers le commencement et la fin de la saison des pluies, elle jette de petites flammes, et le même phénomène est offert par une autre montagne, sur la rive opposée de l'Orénoque. Les tribus qui habitent la Sierra-Parime sont farouches et indomptables, et celles qui vivent sur les bords du fleuve se trouvent réduites quelquefois à un tel état de misère, qu'elles doivent, pour se nourrir, faire usage de la terre ocreuse qu'elles rencontrent sur la rive.

PARINAGGAR. — Petite ville de la principauté d'Haïderâbâd, dans le Sindhy, Hindoustan. Elle est le chef-lieu du Parkar, sorte de péninsule s'avançant dans le Rin, et qui est renommée par son idole Goritcha, qui attire annuellement un grand nombre d'Hindous qui viennent la en pèlerinage.

PARIS. — Montagne de l'île d'Anglesey. Elle est située au nord, et près d'Amwch. Ses mines de cuivre donnaient autrefois un produit considérable, mais ce rapport, qui a toujours été en diminuant, est notablement réduit aujourd'hui.

PARIS. — Ville fortifiée, capitale de la France et chef-lieu du département de la Seine. Elle est divisée en 12 arrondissements. Son étendue est d'environ 34,200,000 mètres carrés, et sa population de près de 1,100,000 âmes. Sa construction est généralement irrégulière, et, dans beaucoup de quartiers, des maisons à sept étages sont élevées au milieu d'autres qui n'en ont que trois ou quatre, ou ne sont même que des espèces d'échoppes; toutefois, des travaux immenses, réalisés depuis quelques années, tendent à faire disparaître peu à peu le contraste des édifices. On a percé de magnifiques rues au sein des masures du vieux Paris ; on a encaissé les rives de la Seine et planté ses rives; on a créé de nouvelles places et de nombreuses avenues; dégagé et embelli les abords des principaux monuments; et tout annonce que dans un avenir prochain, nous le répétons, cette ville n'aura plus de rivale pour la beauté et l'élégance des quartiers.

Parmi ses places se font surtout remarquer

la place Vendôme et celle de la Concorde, celles du Carrousel, des Victoires, de la Bourse, du Châtelet, de la Bastille, du Panthéon et du Champ-de-Mars. Au nombre de ses plus beaux monuments sont les palais des Tuileries, du Louvre et du Luxembourg, le Palais-Royal et le Palais-Bourbon; l'Hôtel-de-Ville, celui des Invalides et le tombeau de Napoléon; le Palais-de-Justice, l'Elysée-Bourbon et l'Ecole militaire; le palais du quai d'Orsai et celui du ministre des affaires étrangères; l'hôtel de la Monnaie et celui du Timbre; la Bourse, l'Ecole de médecine et celle des Beaux-Arts; la caserne de l'Hôtel-de-Ville; l'hôpital Lariboissière et celui de la Salpétrière.

Les églises qui se recommandent le plus par leur architecture sont la cathédrale ou Notre-Dame, la Sainte-Chapelle, Sainte-Geneviève, appelée aussi le Panthéon, la Madeleine, Saint-Sulpice, Saint-Eustache, la chapelle du Val-de-Grâce, Saint-Roch, Saint-Etienne du Mont, Saint-Germain des Prés, Saint-Germain l'Auxerrois, Saint-Gervais, Notre-Dame de Lorette, Saint-Laurent, Saint-Merry, Saint-Louis, Saint-Paul et Sainte-Clotilde.

Vingt-quatre ponts réunissent les deux parties de la ville divisées par la Seine, ce sont entre autres ceux d'Iéna, des Invalides, de la Concorde, le Pont-Royal, ceux du Carrousel et des Arts, le Pont-Neuf, le Pont-au-Change, le pont Notre-Dame, le Petit-Pont, le pont Saint-Michel, ceux d'Arcole, de Louis-Philippe et de la Tournelle, le pont Marie, celui d'Austerlitz et celui de Bercy.

Les fontaines publiques les plus admirées sont celles des Innocents, du Châtelet, de la rue de Grenelle, de la place Saint-Michel, de Gaillon, de la place Louvois, de la place Saint-Sulpice, la fontaine Molière, le Château-d'Eau et la fontaine Cuvier.

Les promenades publiques dignes d'être citées sont les Champs-Elysées, le jardin des Tuileries, celui du Luxembourg, le Jardin-des-Plantes, la Place-Royale, le jardin du Palais-Royal, le jardin de l'Archevêché et les divers boulevards, tant intérieurs qu'extérieurs. On peut y joindre aussi, attendu leur proximité, les bois de Boulogne, de Vincennes et de Romainville.

Les établissements de bienfaisance sont au nombre de 13 hôpitaux civils, 5 hôpitaux militaires et 13 hospices. Les principaux de ces établissements sont l'Hôtel-Dieu, l'hospice Beaujon, la Salpétrière, Bicêtre, la Pitié, la Charité, les Incurables, la Maternité, le Val-de-Grâce, les Quinze-Vingt, les Sourds-Muets, les Jeunes-Aveugles et les Enfants-Trouvés. Il faut placer à la suite de ces fondations celles des salles d'asiles et des crèches.

Examinée sous le rapport scientifique et littéraire, la capitale de la France n'a point d'égale dans l'univers; tous les peuples civilisés s'accordent à la regarder comme le centre des lumières; et il faudrait un livre entier pour énumérer les établissements publics ou particuliers dans lesquels elle offre l'instruction. Parmi les premiers nous citerons la Faculté de théologie, le séminaire de Saint-Sulpice, les Facultés de droit, de médecine, des sciences, des lettres, le Collège de France, le Muséum d'histoire naturelle, l'Ecole polytechnique, celles des ponts et chaussées, des mines et d'état-major, l'Ecole normale, celle des Chartes, celle de pharmacie et celle des Arts-et-Métiers. Viennent après cela des écoles de commerce et d'industrie manufacturière, un gymnase normale, un Conservatoire de musique et un Gymnase musical; puis des écoles primaires dirigées par des Frères de la Doctrine chrétienne ou par des laïques, et des écoles d'adultes.

Paris possède un observatoire, un bureau des longitudes, 20 musées, 40 bibliothèques appartenant à l'Etat, et la plupart publiques; un Institut composé de cinq académies; des académies et des sociétés de médecine, d'agriculture, d'horticulture, d'histoire, d'archéologie, de géographie, de géologie, d'histoire naturelle, de statistique, etc., etc.

Quant au commerce et à l'industrie, Paris est également un centre où se perfectionnent toutes les spécialités, toutes les inventions; et il est renommé particulièrement dans le monde entier pour les articles de fantaisie et de goût; pour sa bijouterie, son orfèvrerie, ses œuvres en bronze, son ébénisterie, ses tentures, ses confections d'habillements, sa librairie, etc., etc.

PARMA. — Rivière du duché de Parme. Elle passe à Parme et se joint au Pô après un cours de 110 kilomètres.

PARME (Duché de). — Il a pour confins, au nord, le Pô, qui le sépare du royaume lombard-vénitien; à l'est, le duché de Modène; au sud, ce même duché, la Lunigiane toscane et le royaume sarde; et à l'ouest, ce même royaume. Il se compose pour la plus grande partie des anciens duchés de Parme, de Plaisance et de Guastalla; mais ce dernier est séparé de la masse principale, et forme une enclave du royaume lombard-vénitien et du duché de Modène. Cet Etat est arrosé par le *Pô*, et ses affluents le Tidone, la Trebbia, la Nura, le Taro, la Parma et la Lenza.

PARME. — Jolie ville épiscopale, capitale du duché de même nom. On y remarque le palais ducal, la cathédrale et son superbe baptistère, puis les églises la Madone de la Steccata, Saint-Jean-Evangéliste, Saint-Joseph, Saint-Roch, de tous les Saints, Saint-Paul, Saint-Sépulcre et l'Annonciade. Cette ville possède une université, un collège de nobles, une école des arts et une bibliothèque publique qui renferme la collection de livres hébreux et rabbiniques, manuscrits et imprimés, formée par le savant orientaliste Bernardo de Rossi, et regardée comme la plus riche en ce genre. La population de Parme est d'environ 40,000 âmes.

PARNAHYBA. — Fleuve du Brésil. Il sépare la province de Piauhy de celle de Maranham, et se jette dans l'Atlantique, après un cours de 1,300 kilomètres.

PARNAHYBA. — Ville de la province de Piauhy, au Brésil. C'est la plus commerçante de cette province. Pop. 5,000 âmes.

PARNASSE. — *Voy.* LIACOURA.

PARNIAH ou **PURNEAH.** — Ville du Bengale, dans l'Hindoustan anglais. C'est le chef-lieu d'un district fertile en sucre et en indigo. Pop. : 40,000 âmes.

PARO ou **BENI.** — Rivière du Pérou. Elle s'unit à l'Apurimac, pour former l'Ucayale.

PAROS. — Ile de l'archipel, et l'une des plus renommées parmi les Cyclades. Elle est située à 8 kilom. au sud de l'île de Naxos, par 22° de longitude et 47° de latitude; sa largeur est de 14 kilom., sa longueur de 56, et sa circonférence de 18, attendu qu'elle est de forme un peu ovale. Sa population ne dépasse guère 3,000 habitants, répartis dans plusieurs villages dont le principal est Parakia. Cette île est célèbre par la richesse de ses produits, par ses antiques carrières de marbres, et parce qu'elle a vu naître Phidias et Praxitèle.

PARTHENAY. — Petite ville située sur le Thouet, dans le département des Deux-Sèvres. Chef-lieu d'arrondissement, elle comprend 8 cantons et 79 communes. Elle possède un collège, et son commerce consiste principalement en cuirs tannés, peaux de moutons, maroquins, etc. Sa population est d'environ 5,000 âmes.

PARURO. — Ville de l'intendance de Cusco, au Pérou. C'est le chef-lieu d'une province fertile et riche en pâturages et en mines.

PAS. — Chef-lieu de canton dans l'arrondissement d'Arras, département du Pas-de-Calais. On y trouve une filature de coton, des fabriques d'huiles et une raffinerie de sel. Pop. : 800 âmes.

PAS (LE). — Commune de l'arrondissement de Mayenne, dans le département de la Mayenne. Pop. 1,800 âmes.

PAS-DE-CALAIS. — Détroit qui sépare la France de l'Angleterre, et se trouve placé entre deux mers libres. Il présente environ 21 milles dans sa largeur la plus resserrée, et 24 de Douvres à Calais. Le passage de ce détroit est quelquefois très-dangereux. Les marées les plus élevées y sont de 7m80, les plus basses de 4m875. Le flot vient de la mer d'Allemagne, passe le détroit et rencontre alors la marée occidentale de l'Océan, qu'il combat violemment avant d'en triompher. Nous avons déjà dit qu'on s'accordait à penser que la France et l'Angleterre étaient, dans des temps reculés, unies entre-elles au moyen d'un isthme, et tout porte à croire aussi que cet isthme occupait précisément la place dont le détroit actuel du Pas-de-Calais s'est emparé. On a une confirmation de ce fait dans celui-ci, c'est que depuis Calais jusqu'à Boulogne, en France, on trouve sur la côte les collines de craie de Blanc-Nez; et qu'en Angleterre, à l'occident de Douvres, on rencontre également un immense lit de craie de même nature, lit dont la blancheur a fait donner à l'Angleterre le nom d'*Albion* qu'elle porte aussi. Enfin, entre Falstone et Boulogne, et à 6 milles environ du premier lieu, se montre encore une étroite colline sous-marine, qui forme comme la crête de l'ancien isthme. Cette colline présente 1 mille de largeur sur 2 de longueur, elle s'étend à l'est vers les bancs de Godwin, elle se compose de cailloux ronds et durs, et se nomme Rip-Raps.

PAS-DE-CALAIS (DÉPARTEMENT DU**).** — Il est formé de l'Artois et de la Picardie, du Boulonnais, du Ponthieu et du Calaisis. Sa superficie est de 633,645 hectares, et sa population d'environ 693,750 âmes. Il est divisé en 6 arrondissements qui sont Arras, Béthune, Saint-Omer, Saint-Pol, Boulogne et Montreuil, et compte 43 cantons et 903 communes. Arras est le siège de sa préfecture et de son diocèse, Douai celui de sa cour impériale et de son académie universitaire (*Voir l'Appendice*), et il est compris dans la seconde division militaire.

PASAROUAN. — Gros bourg de la résidence de même nom, dans l'île de Java. Ce lieu est habité par beaucoup de familles de descendance européenne.

PASCO. — Province du Pérou. Elle est située dans le département de Junin, et occupe un plateau élevé de 3,700 mètres au-dessus du niveau de la mer. Le climat y est presque aussi rigoureux qu'en Sibérie ; elle est riche en mines. Le chef-lieu de cette province est Lauricocha ou Pasco. Pop. : 20,000 âmes.

PASITANO. — Ville du royaume de Naples. Elle est située sur le golfe de Salerne où elle possède un port. C'est la patrie du navigateur Flavio Gioja, à qui l'on attribue l'invention de la boussole. Pop. : 4,000 âmes.

PASLIERES. — Commune de l'arrondissement de Thiers, département du Puy-de-Dôme. Pop. : 1,900 âmes.

PASPAYA. — Rivière de la Bolivia. Elle coule dans le département de Potosi et se joint au Pilcomayo.

PASSAGE. — Ville du comté de Waterford, en Irlande. Elle est située à la droite de l'embouchure de la Suire dans la rade de Waterford.

PASSAGE (LE). — Commune de l'arrondissement d'Agen, dans le département de Lot-et-Garonne. Pop. : 2,200 âmes.

PASSAGES (Los). — Sorte de bourg du Guipuscoa, en Espagne. Il est remarquable par son port, l'un des plus beaux de l'Europe, et situé sur le golfe de Gascogne. Les gros vaisseaux ne peuvent toutefois pénétrer dans ce port, parce qu'il est encombré de sable. Pop. : 1,300 âmes.

PASSAIC. — Fleuve des Etats-Unis. Il coule dans le New-Jersey, passe à Patterson et à Newark, et se jette dans l'Atlantique après un cours de 90 kilomètres. Il forme, à Patterson, une cataracte de 23 mètres de hauteur.

PASSAIS. — Chef-lieu de canton dans l'arrondissement de Domfront, département de l'Orne. Pop. : 2,200 âmes.

PASSAMAQUODDY. — Baie de l'Amérique septentrionale. Elle est formée par l'Atlantique entre l'Etat du Maine, de l'Union et le Nouveau-Brunswick, dans la Nouvelle-Bretagne.

PASSARGE. — Rivière de la Prusse orientale. Elle passe à Braunsberg et se jette dans le Frische-Haff, après un cours de 140 kilomètres.

PASSARIANO ou PASSERIANO. — Village de la délégation d'Udine, dans le royaume lombard-vénitien. On y voit une belle maison de plaisance, où résida Napoléon durant les préliminaires du traité de Campo-Formio. Pop. : 800 âmes.

PASSAU. — Ville épiscopale, chef-lieu du cercle du Bas-Danube, en Bavière. Elle est située au confluent de l'Inn et de l'Ilz, et ses fortifications lui donnent une certaine importance. On remarque sa cathédrale, et elle possède un gymnase, une école militaire, une école de navigation, une bibliothèque publique, et une société historique. Sa population est d'environ 10,000 âmes. On cite, dans ses environs, le pont construit sur le Danube, et celui qui a été élevé sur le Roth.

PASSEWALK. — Ville de la régence de Stettin, dans la Poméranie, en Prusse. Pop. : 5,000 âmes.

PASSOUMAH. — Pays de l'intérieur de l'île de Sumatra. Il est situé au sud-est du royaume de Palembang, et habité par un peuple belliqueux obéissant à des chefs appelés pasirahs, qui sont vassaux des Hollandais.

PASSY. — Commune de l'arrondissement de Saint-Denis, département de la Seine. Elle est attenante au bois de Boulogne. On y trouve une raffinerie de sucre et des eaux minérales ferrugineuses. Pop. : 6,700 âmes.

PASTAZA. — Rivière de la république de l'Equateur. Elle se jette dans l'Amazone, après un cours de 600 kilomètres.

PASTO. — Chef-lieu de la province de ce nom, dans la république de la Nouvelle-Grenade. Cette ville est située sur un plateau très-élevé dont le sol est aurifère et entouré de volcans et de soufrières qui dégagent incessamment des tourbillons de fumée. On n'arrive à Pasto qu'à travers des ravins profonds et étroits comme les galeries d'une mine. Pop. : 7,000 âmes.

PASVIG. — Fleuve d'Europe. Il sort du lac Enara pour aller se jeter dans l'océan Glacial, après un cours de 130 kilomètres, et sert de limite entre la Suède et la Russie.

PATACHOS. — Indiens du Brésil. Ils habitent dans les provinces de Rio-de-Janeiro, d'Espirito-Santo et de Bahia.

PATADA. — Ville de la division de Sassari, dans le royaume sarde. On trouve une mine d'aimant dans son voisinage. Pop. : 3,000 âmes.

PATAGONIE. — Contrée de l'Amérique méridionale. Elle est située à l'extrémité sud, entre 39° et 54° de latitude sud, et entre 67° et 78° de longitude ouest; et ses confins sont, au nord, le Chili et la Plata; à l'est, l'Atlantique; à l'ouest et au sud-ouest, le grand Océan. La longueur de la partie continentale est de plus de 1,600 kilomètres, du nord au sud; sur une largeur d'environ 700 kilomètres. Cette contrée, qui est peu connue, paraît à peu près déserte. Les côtes orientales sont sablonneuses, nues et dépourvues d'eau douce, et la partie occidentale est hérissée de montagnes. Le prinpal de ses cours d'eau est le Rio-de-los-Camarones, et le climat est froid et variable. Parmi les peuplades qui l'habitent, se trouvent les Araucaniens et les Puelches au nord, et les Patagons au sud. La Patagonie fut découverte en 1519 par Magellan. Sa population présumée est de 200,000 âmes.

PATAPSCO. — Fleuve des Etats-Unis. Il coule dans le Maryland, et se jette dans la baie de Chesapeak, après un cours de 120 kilomètres.

PATARA. — Bourgade de l'Anatolie, dans l'Asie Mineure, empire ottoman. Elle est située sur les ruines de la ville de même nom, célèbre chez les anciens par son oracle d'Apollon.

PATAY. — Chef-lieu de canton dans l'arrondissement d'Orléans; département du Loiret. On y trouve des fabriques de couvertures de laines. Jeanne d'Arc y battit les Anglais en 1429. Pop. : 1,200 âmes.

PATAZ. — Ville de l'intendance de Truxillo, au Pérou. C'est le chef-lieu d'une province couverte en partie de montagnes arides et escarpées, mais riches en mines d'or et d'argent. Pop. : 3,400 âmes.

PATERNA. — Ville de la province d'Almeria, en Espagne. On y remarque un pont antique et l'on y trouve des eaux minérales. Pop. : 2,000 âmes.

PATERSON. — Fleuve de la Nouvelle-Galles méridionale. Il se jette dans le port Hunter.

PATIA. — Fleuve de la Nouvelle-Grenade. Il coule dans le département de Cauca, et se jette dans le grand Océan, après un cours d'environ 350 kilomètres.

PATIBILCA. — Petite ville du département de Lima, dans la république du Pérou. On trouve, dans son voisinage, les restes très-étendus d'une ancienne forteresse péruvienne, et les ruines d'une ville également antique.

PATMOS. — Une des îles Sporades, dans l'archipel grec. Elle est située au sud de Samos. Saint Jean fut exilé dans cette île et y écrivit l'Apocalypse.

PATNA. — Grande ville, capitale du Behâr, dans l'empire indo-britannique. On y trouve de nombreuses manufactures de coton et des fabriques d'opium. Pop : 300,000 âmes.

PATONES. — Village de la province de Madrid, en Espagne. Il est situé dans les montagnes. A l'époque de l'invasion des Maures, quelques familles chrétiennes se retirèrent en cet endroit et y formèrent un petit Etat dont le chef et ses successeurs prirent le titre de roi, qu'ils conservèrent jusqu'au milieu du XVIII° siècle. Pop. : 300 âmes.

PATOS (Lac de los). — Au Brésil. Il est situé au sud-est de la province de San-Pedro, reçoit les eaux des lacs Jacuhy et Mirim, et se décharge dans l'Atlantique par le Rio-Grande.

PATRAS. — Chef-lieu de l'Achaïe, royaume de Grèce. Cette ville est bâtie en amphithéâtre sur une colline et près du golfe qui porte son nom. Elle est la résidence d'un métropolitain. Son commerce est assez florissant, et il consiste, entre autres produits, dans la vente de l'espèce de raisin qui porte le nom de *raisin de Corinthe*, et qu'on cultive en Morée, comme dans les îles de Céphalonie, de Zanthe, d'Ithaque, etc.

PATTAN-SOMNATH. — Petite ville de la province de Guzarate, dans l'empire indo-britannique. Elle est renommée par son temple qui est l'un des pèlerinages les plus sacrés chez les Indiens. L'édifice moderne s'élève sur l'emplacement de l'ancien, qui fut détruit par le conquérant Mahmoud. Le butin qu'y fit celui-ci s'éleva à 20,000,000 de dinars d'or ou 251,666,650 francs.

PATTERSON. — Petite ville du New-Jersey, aux Etats-Unis. Elle est florissante par ses nombreuses manufactures de coton et son commerce. Pop. : 8,000 âmes. On y remarque une jolie cascade formée par le Passaïc.

PATTI. — Ville épiscopale de la province de Messine, en Sicile. Elle est située sur une jolie baie, au nord de l'île. Pop. : 5,000 âmes.

PATURAGE. — Ville du Hainaut, en Belgique. On trouve des mines de houille sur son territoire. Pop, : 3,500 âmes.

PATUXENT. — Fleuve navigable des Etats-Unis. Il coule dans le Maryland et se jette dans la baie de Chesapeak, après un cours de 160 kilomètres.

PATZAU. — Ville de Bohême, dans l'empire d'Autriche. Pop. : 2,000 âmes.

PAU (Gave de). — Rivière de France. Elle descend du Mont-Perdu, dans les Pyrénées; traverse les départements des Hautes et Basses-Pyrénées; passe à Pau, où elle devient flottable pour les radeaux; puis à Orthez et à Peyrehorade, où elle devient navigable à la marée, et s'unit à l'Adour, après un cours de 200 kilomètres.

PAU. — Ville située sur la rive droite du gave qui porte son nom. Chef-lieu du département des Basses-Pyrénées, son arrondissement comprend 11 cantons et 204 communes. On remarque, dans cette ville, le château où naquit Henri IV, et de belles promenades. Elle possède une académie universitaire, un collège, une bibliothèque publique, un musée et une société d'agriculture. Son commerce consiste en toiles, mouchoirs, chapeaux, papiers, cuirs tannés, jambons, oies, marrons, etc., et sa population est d'environ 14,000 âmes.

PAUILLAC. — Chef-lieu de canton dans l'arrondissement de Lesparre, département de la Gironde. Il est situé sur la rive gauche de la Gironde, où il possède une bonne rade. On y fait un commerce de vins estimés. Pop. : 3.800 âmes

PAULHAGUET. — Chef-lieu de canton dans l'arrondissement de Brioude, département de la Haute-Loire. Pop. : 1,300 âmes.

PAUMOTOU (Archipel). — Dans la Polynésie. Il porte aussi les noms d'*archipel des Iles-Basses*, d'*archipel Dangereux* et d'*archipel Méridional*. Plusieurs des peuplades qui l'habitent sont anthropophages. Il se compose des îles aux atolls Lazareff, des Mouches et Aurora; des groupes Palisser et du Roi-George; et des atolls Witgenstein, Philips, de la Chaîne, du Désappointement, d'Hondein, des Deux-Groupes, de la Harpe, de Gloucester, de la Reine-Charlotte, d'Egmont, des Quatre-Facardins, du Narcisso, de Minerva, de Clermont-Tonnerre, d'Osnabruck, de Hood et de Melville. Dans les parages de l'île de Tioukea, qui appartient au groupe du Roi-Georges, on fait la pêche des perles.

PAUTE ou SANTIAGO. — Rivière de l'Amérique méridionale. Elle coule dans la république de l'Equateur, et se jette dans l'Amazone, après un cours de 300 kilomètres.

PAVIE. — Ville épiscopale, située près de la rive gauche du Tésin, dans le gouvernement de Milan. Autrefois capitale des rois lombards, elle est aujourd'hui le chef-lieu de la délégation qui porte son nom. Parmi ses édifices les plus remarquables sont la basilique de *S.-Michele maggiore*, que l'on croit avoir été construite du vi° au vii° siècle; puis le monument appelé *Tombeau de saint Augustin*, et l'ancien palais des Visconti. Cette ville possède une université, avec une bibliothèque, des collections et un jardin botanique. Sa population est d'environ 25,000 âmes. On voit, dans son voisinage, le pont couvert sur le Tésin, lequel est soutenu par 100 colonnes de granite, et précédé d'une élégante façade du côté de la ville. C'est un ouvrage du xiv° siècle. C'est aussi près de Pavie que se trouve la Chartreuse de Certosa, qui conserve les restes mortels des ducs de Milan, et dont l'ornementation jouit d'une grande renommée.

PAVLOVSK. — Petite ville du gouvernement de Voronèje, en Russie. Elle est renommée par ses gants de laine communs dont on exporte une quantité considérable. On trouve aussi, dans son voisinage, une usine importante, et la célèbre forêt de Chipot-Lesse, qui fournit beaucoup de bois de construction. Pop. : 2,000 âmes.

PAXO. — Une des sept principales îles Ioniennes. On y récolte de l'huile et des fruits; mais l'eau potable y manque souvent. Pop. : 4,000 âmes.

PAY-HO ou PEI-HO. — Fleuve de la Chine. Il coule dans la province de Tchi-li, passe près de Peking, et se jette dans le golfe de Tchi-li, après un cours de 450 kilomètres.

PAYS-DES-MISSIONS. — On nomme ainsi quelques contrées de l'Amérique méridionale, dans lesquelles les missionnaires jésuites avaient fondé de nombreux établissements d'Indiens convertis. Ces contrées forment aujourd'hui la plus grande partie du

Paraguay et quelques cantons du Brésil et de La Plata.

PAYSANDU. — Chef-lieu du département de ce nom, dans la république orientale de l'Uruguay. C'est une petite ville florissante par son commerce et son industrie. Pop. : 5,000 âmes.

PAYTA. — Petite ville du département de Livertad, dans la république du Pérou. Elle possède un port sur la baie de son nom, dont les navires font le cabotage sur les côtes du Pérou, de Panama et de Guayaquil. Pop. : 2,000 âmes.

PE-LING. — Grande chaîne de montagnes de la Chine. Elle est située entre le bassin du Hoang-ho et celui du Kiang, et s'étend depuis le Koukou-Noor jusqu'aux bords de la mer Jaune.

PÉAGE. — Commune de l'arrondissement de Vienne, dans le département de l'Isère. Pop. : 1,500 âmes.

PEAK. — Montagnes du comté de Derby, en Angleterre. Elles sont riches en mines de fer, de plomb, de calamine, de houille, etc., et l'on y trouve des cavernes profondes remplies d'objets d'histoire naturelle qui ont fait donner à ces excavations le nom de *merveilles du Peak.*

PEARL ou **RIVIÈRE DES PERLES.** — Fleuve navigable des Etats-Unis. Il prend sa source dans l'Etat de Mississipi ; passe à Jackson, Monticello et Colombia ; sépare en partie l'Etat de Mississipi de celui de la Louisiane ; et se jette, par plusieurs embouchures, dans le lac Pontchartrain et le lac Borgne qui communique avec le golfe du Mexique. Son cours est d'environ 400 kilomètres.

PECCAIS. — Fort situé dans la commune d'Aigues-Mortes, département du Gard. Il est situé sur le canal de Silvéreal, et près des riches salines qui portent son nom, lesquelles ont 12 kilomètres de circonférence.

PECHINA. — Ville de la province d'Almeria, en Espagne. On y trouve des sources thermales et une mine d'antimoine. Pop. : 2,000 âmes.

PECQ (Le). — Commune de l'arrondissement de Pontoise, dans le département de Seine-et-Oise. Elle est située sur la rive gauche de la Seine et forme le port de Saint-Germain en Laye, au pied duquel elle est bâtie. Pop. : 1,100 âmes.

PEDEE. — Fleuve navigable des Etats-Unis. Il traverse les deux Carolines, et se jette dans l'Atlantique, à George-Town, après un cours de 500 kilomètres.

PEDERNEIRA. — Ville de l'Estremadure, en Portugal. Elle est située sur une petite baie de l'Atlantique où elle possède un port. On trouve, dans son voisinage, l'église de Notre-Dame de Nazareth, qui est l'objet d'un pèlerinage très-fréquenté. Pop. : 2,000 âmes.

PEDIR. — Petite ville du royaume d'Achem, dans l'île de Sumatra. C'est le second port du royaume et le centre d'un commerce assez considérable de camphre, de poivre, de benjoin, de cire, de bétel et de poudre d'or.

PEEBLES. — Ville du comté de même nom, en Ecosse. Elle est située sur la Tweed et a été la résidence de plusieurs rois d'Ecosse. Pop. : 3,000 âmes.

PEEL. — Marais de Hollande. Il s'étend dans le Brabant et le Limbourg, sur une longueur de 50 kilomètres.

PEENE. — Rivière qui prend sa source dans le grand duché de Mecklenbourg. Elle sépare, en Prusse, la régence de Stralsund de celle de Stetin ; passe à Anclam, et s'unit au bras occidental de l'Oder, qui prend alors son nom, et sépare l'île d'Usedom de la régence de Stralsund. Son cours est d'environ 120 kilomètres.

PEGNITZ. — Rivière de Bavière. Elle prend sa source près de la petite ville qui porte le même nom, passe à Nuremberg, et se joint à la Rednitz, pour former la Regnitz, après un cours de 80 kilomètres.

PEGOU. — Ville de l'empire birman, dans l'Inde transgangétique. Elle est située sur les bords du cours d'eau qui porte son nom. On y admire le fameux temple de Choumadou, pyramide en briques, de forme octogone à sa base, et se terminant en spirale. Sa hauteur est de 101 mètres et le sommet est surmonté d'une sorte de parasol en fer doré. On donne à ce temple 2,300 ans d'existence.

PEICHAOUER. — Chef-lieu de la province de ce nom, dans le royaume de Lahore, Hindoustan. Elle fut autrefois la résidence des rois de Kaboul. On y remarque le palais Bâlâ-Hissâr, avec ses beaux jardins. Pop. : 70,000 âmes.

PEIPOUS ou **TCHOUDSKOE.** — Lac de Russie. Il est situé entre les gouvernements de Saint-Pétersbourg à l'est, d'Estonie au nord, et de Livonie à l'ouest ; sa longueur est de 111 kilomètres sur 44 de largeur ; il est très-poissonneux, et communique, au sud, avec le lac de Pskov.

PEKEL-AA. — Rivière de Hollande. Elle coule dans la province de Groningue, et se joint à l'Aa, après un cours de 25 kilomètres. On trouve sur ses bords trois forts villages qui portent son nom.

PEKIN ou **PEKING.** — Capitale de la province de Tchi-li et de l'empire de la Chine. Elle est située dans une grande plaine, sur le Yu-ho, affluent du Pe-ho, et sa circonférence est de 30 kilomètres. Cette cité se partage en deux parties distinctes : celle du nord est appelée *King-Tchhing* ou ville impériale, et celle du sud *Lao-Tchhing* ou vieille ville. Toutes deux sont environnées de hautes murailles. On remarque particulièrement, à Pékin, le palais impérial, qui renferme lui-même plusieurs temples et autres édifices, le temple du ciel, ou Thiai-thau, (le temple appelé Salle ronde, le palais de la Pénitence ou Tchaï-koung, le Sian-noug-thau ou temple de l'inventeur de l'agriculture, le temple fameux du Tiwang-miao, où se trouvent les tablettes des plus illustres empereurs de la Chine, celui du Ti-thau, etc. Il ne faut pas oublier non plus le nombre considérable de cloches que renferment quelques-uns des édifices publics. La capitale de l'empire Chinois possède aussi des établissements scientifiques et littéraires importants : tels sont, entre autres, le Han-lin-yan ou tribunal de l'histoire et de la littérature chinoise, le Koue-tsu-kian ou collège impérial, l'observatoire impérial, les écoles publiques, la bibliothèque impériale, le cabinet d'histoire naturelle de l'empereur, etc. Dans le voisinage de cette ville, on trouve la superbe résidence impériale appelée Yuan-ming-yin, c'est-à-dire le *jardin rond et resplendissant*. Pop. : 1,200,000 âmes.

PELESTRINA. — Ville du royaume Lombard-vénitien, empire d'Autriche. Elle est située dans une île, entre les lagunes et la mer Adriatique. Pop. : 7,000 âmes.

PELEW. — *Voy.* PALAOS.

PELING. — Île de la Malaisie. Elle est située dans la mer des Moluques, à l'est de Célèbes.

PELLEGRUE. — Chef-lieu de canton dans l'arrondissement de la Réole, département de la Gironde. Pop. : 1,900 âmes.

PELLERIN (LE). — Chef-lieu de canton dans l'arrondissement de Paimbœuf, département de la Loire-Inférieure. Il est situé sur la gauche de la Loire, où il possède un port. Pop. : 1,800 âmes.

PÉLOPONÈSE ou MORÉE. — Grande presqu'île qui forme la partie méridionale du royaume de Grèce, et ne tient au continent que par l'isthme de Corinthe. Elle est environnée au nord, par le golfe de Corinthe; à l'ouest par la mer Ionienne; au sud, par la Méditerranée ; et à l'est, par la mer Égée. Sur ses côtes, très-découpées, se trouvent les golfes de Nauplie, de Colokythia et de Coron. Le sol du Péloponèse est généralement fertile et produit des grains, des vins, de l'huile, des fruits, etc. Pop. : 500,000 âmes.

PELOTAS ou SAN-FRANCISCO DE PAULA. — Jolie petite ville de la province de San-Pedro, au Brésil. Son commerce est florissant et elle compte 1,800 âmes.

PELUSSIN. — Chef-lieu de canton dans l'arrondissement de Saint-Etienne, département de la Loire. On y trouve des moulins à soie et l'on y fait un commerce de marons. Pop. : 3,500 âmes.

PELVOUX. — Montagne de France. C'est a plus élevée de ce pays. Elle est située dans le département des Hautes-Alpes et son altitude est de 4,300 mètres.

PELYSMK. — Sorte de village ou de bourg du gouvernement de Tobolsk, en Russie. C'est l'un des lieux d'exil de la Sibérie, et l'on y envoie particulièrement les personnes de haut rang.

PEMBA. — Île d'Afrique. Elle est située dans la mer des Indes et dépend de l'iman de Mascate.

PEMBROCK. — Chef-lieu du comté de ce nom dans le pays de Galles, en Angleterre. Cette ville est située sur la baie de Milford où elle possède un port. On y voit les ruines d'un château célèbre qui fut pris par Cromwel, et l'on y trouve un arsenal maritime. Pop. : 6,500 âmes.

PENAS. — Cap d'Espagne. Il est situé à l'extrémité de l'ancienne province des Asturies, sur le golfe de Gascogne.

PENICHE. — Ville forte de la province d'Estremadure, en Portugal. Elle est située sur l'Atlantique, à la côte méridionale de la presqu'île qui porte son nom. Pop. : 2,500 âmes.

PÉNINSULE HISPANIQUE. — On comprend, sous cette dénomination, le royaume d'Espagne, celui de Portugal, et la république d'Andore.

PÉNINSULE IBÉRIQUE. — Elle est composée des royaumes d'Espagne et de Portugal, et se trouve baignée à l'ouest par l'Océan, à l'est par la Méditerranée. Elle fut habitée, dans l'origine, par les Ibères, qui s'unirent plus tard aux Celtes ; et ces peuples, mélangés successivement de Phéniciens, de Carthaginois, de Romains, de Goths et de Maures, constituèrent les Espagnols et les Portugais actuels. La vaste péninsule ibérique est coupée par plusieurs chaînes de montagnes, dont la plus importante est l'immense Sierra-Nevada, qui offre, à son point culminant, une altitude de 3,500 mètres ; et elle se trouve arrosée par cinq grands fleuves, l'Èbre, le Minho, le Guadalquivir, la Gadiania et le Tage. Ses côtes présentent un grand nombre de ports et de golfes commodes et sûrs, dont les plus remarquables sont ceux de Biscaye, de la Corogne, de Cadix, de Gibraltar, d'Alicante et de Rosas.

PÉNINSULE ORIENTALE. — Le géographe Balbi a proposé de comprendre sous cette dénomination ce que l'on appelle communément la Turquie d'Europe, puis le royaume de Grèce, les principautés de Servie, de Valachie et de Moldavie, et les îles Ioniennes. En adoptant cette division géographique, les Etats qui la composent se trouvent alors situés entre 13° et 27° de longitude orientale, et 35° et 48° de latitude ; la plus grande longueur de cette portion du globe existe depuis Constantinople jusqu'à l'extrémité nord-ouest de la Croatie ottomane, et présente une étendue de 622 milles ; et sa plus grande largeur, depuis le Pruth, à l'est de Jassi, jusqu'à Dragomestre, vis-à-vis l'île de Teaki, est de 600 milles. Les limites sont, au nord, les confins militaires de la Croatie, de la Slavonie, de la Hongrie et de la Transylvanie, puis la Bukovine et la Bessarabie ; à l'est, cette dernière contrée, la mer Noire, le détroit de Constantinople, celui des Dardanelles et l'Archipel ; au sud, la mer de Marmara, l'Archipel et la Méditerranée ; et à l'ouest, la mer Ionienne, le canal d'Otrante, la mer Adriatique, la Dalmatie et les confins militaires croates. Les montagnes de la Péninsule orientale se rattachent aux systèmes *hercyno-carpathien* et *slavo-hellénique*. Le premier embrasse les hauteurs qui s'étendent au delà du Danube, dans la Valachie et la Moldavie ; au second appartiennent toutes les autres, dont le point culminant est le Tchar-dagh, qui offre une élévation de 3,104 mètres.

Les fleuves qui sillonnent cette région ont leur embouchure dans la mer Noire, l'Archipel, la Méditerranée, la mer Ionienne et l'Adriatique. La MER NOIRE reçoit le *Danube*, qui vient de l'empire d'Autriche, et dont les principaux affluents sont la Sava, la Verbas, la Bosna, la Morawa, l'Isker, le Syll, l'Olt ou Alouta, l'Ardjs, la Jalonitza, le Seret et le Pruth. Dans l'ARCHIPEL se rendent la *Maritza*, qui prend sa source dans le mont Egrisau et a pour affluents l'Arda, la Tundja et l'Erkené; le *Karasou* ou *Strouma*, qui descend du mont Argentaro; le *Vardar*, qui vient du Tchardagh; l'*Indje-Karasou*, qui parcourt l'extrémité méridionale de la Macédoine; la *Salambria*, qui descend du Pindus ou Mezzovo; et l'*Hellada*, qui passe en Thessalie et dans la gorge des Thermopyles. A la MÉDITERRANÉE arrivent l'*Iris* ou *rivière d'Helos*, qui descend du plateau central de la Morée. C'est l'ancien *Eurotas*. La MER IONIENNE reçoit le tribut du *Rofia*, qui vient aussi du plateau central de la Morée; de l'*Aspro Potamo*, qui descend du Mezzovo ou Pindus; de l'*Arta*, qui arrive du même lieu; et du *Calmas*, qui prend naissance dans les montagnes situées au nord-ouest du bassin de Janina. Enfin, dans la MER ADRIATIQUE viennent déverser le *Voïussa* ou *Vedis*, qui descend du Pinde; l'*Ergent*, dit aussi *Beratino* et *Krevasta*, qui a sa source dans les monts qui s'élèvent au nord-ouest de Kastoria; le *Scombi* ou *Tobi*, qui vient des mêmes lieux; le *Mati*, qui naît dans la chaîne qui s'élève à l'ouest du Drin noir; le *Drin*, formé des branches appelées Drin noir et Drin blanc; la *Bojana* ou *Moracca*, qui arrose entre autres territoires le Montenegro; et la *Narenta*, qui parcourt particulièrement la Dalmatie autrichienne. Les principaux lacs de la Péninsule orientale, sont ceux de Raselm ou Rasseïn, au sud des embouchures du Danube, de Scutari ou Zente, d'Ochrida et de Janina dans l'Albanie; de Kadaka, de Yenidje et de Betchik dans la Macédoine; de Tapolias, de Vrachori et de d'Angelo-Castron dans la Grèce orientale. Parmi les îles se montrent en première ligne celles de Candie, de Négrepont, les groupes de l'Archipel et les îles Ioniennes.

PEÑISCOLA. — Ville forte de la province de Castellon de la Plana, en Espagne. Elle est située sur la Méditerranée. Ce fut la résidence de l'antipape Pierre de Luna, de 1415 à 1423. Pop. : 2,000 âmes.

PENNAR. — Fleuve de l'Hindoustan. Il prend sa source dans le Maïssour, passe à Gandicotta et Nellore et se jette dans le golfe de Bengale après un cours de 500 kilomètres.

PENNE. — Chef-lieu de canton dans l'arrondissement de Villeneuve-sur-Lot, département de Lot-et-Garonne. Il est situé sur la rive gauche du Lot. Pop. : 4,600 âmes.

PENNSYLVANIE. — Un des Etats unis de l'Amérique septentrionale. Il est borné au nord par le lac Erié et l'Etat de New-York; à l'est, par l'Etat de New-Jersey; au sud, par les Etats de Delaware, de Maryland et de Virginie; et à l'ouest, par ce dernier Etat et celui d'Ohio. Le sol de cette contrée est très-fertile, le climat variable mais salubre, et l'on rencontre au nord-ouest d'importantes mines de houille. Philadelphie est le chef-lieu de la Pennsylvanie, qui prend son nom du célèbre quaker Guillaume Penn, qui la colonisa vers la fin du XVIIe siècle. Pop. : 1,725,000 âmes.

PENOBSCOT. — Fleuve navigable des Etats-Unis. Il passe à Bangor et à Belfast, et se jette dans l'Atlantique dans la baie de son nom, après un cours de 350 kilomètres.

PENRHYN. — Petit groupe d'îles de la Polynésie. Il est situé par 9° de latitude sud et 160° de longitude ouest.

PENSACOLA. — Petite ville de la Floride, aux Etats-Unis. Elle possède un superbe port, le plus sûr de tout le golfe du Mexique, et c'est l'un des points militaires les plus importants de l'Union. On y voit de bonnes fortifications et un arsenal maritime. Pop. : 2,000 âmes.

PENTÉLIQUE (MONT). — Il est situé dans le nomos d'Attique, en Béotie, royaume de Grèce. Il est célèbre par ses carrières de marbre, qui fournirent aux constructions les plus magnifiques de l'antiquité.

PENTLAND. — Détroit qui sépare l'Ecosse des îles Orcades. Il est situé entre la mer du Nord et l'Atlantique.

PENZA. — Ville épiscopale, chef-lieu du gouvernement de ce nom, en Russie. Elle est située au confluent de la Penza et de la Soura, affluent du Volga. On y trouve un séminaire, un gymnase et des fabriques de cuirs et de savon dont elle fait un commerce considérable. Pop. : 13,000 âmes.

PENZANCE. — Petite ville du comté de Cornouailles ou Cornwall, en Angleterre. Elle est située sur la baie de Mount, formée par la Manche, et son climat doux et salubre l'a fait surnommer le *Montpellier de l'Angleterre*. C'est la patrie du chimiste Humphry-Davy. On trouve dans cette ville une riche collection de minéraux de l'archipel britannique et une société de minéralogie et de géologie. Pop. : 9,000 âmes.

PÉRA. — Faubourg de Constantinople. Il est situé sur la rive septentrionale du port. C'est la résidence des ambassadeurs chrétiens près la Porte Ottomane.

PERALTA. — Ville de la province de Navarre, en Espagne. Elle est située sur l'Arga, affluent de l'Aragon. On y fait un commerce de vins. Pop. : 4,000 âmes.

PERCY. — Chef lieu de canton dans l'arrondissement de Saint-Lô, département de la Manche. Pop. : 3,200 âmes.

PÉRÉJASLAV. — Ville du gouvernement de Pottava, en Russie. Elle est située près de la rive gauche du Dniéper. Après avoir appartenu longtemps à la Pologne, elle fut livrée à la Russie par les Cosaques en 1654. Pop. : 6,000 âmes.

PÉRÉKOP. — Petite ville du gouvernement de la Tauride, en Russie. Sa citadelle commande l'isthme de son nom, et ses magasins renferment le sel que, depuis plusieurs siècles, on retire des lacs salés de ses environs. Pop. : 3,000 âmes.

PERGAME. — Ville de l'Anatolie, dans l'Asie Mineure, empire ottoman. Elle est située dans la vallée du Caïcus et son commerce est florissant. On sait quelle fut anciennement la renommée de son temple d'Esculape et de sa bibliothèque. C'est aussi à Pergame que fut inventé le parchemin.

PERGINE ou PERGEN. — Ville du Tyrol, dans l'empire d'Autriche. On y trouve des fabriques de draps et de soie, et des mines de fer dans les environs. Pop. : 8,000 âmes.

PERGUSA. — Petit lac de Sicile. Il est situé dans la province de Caltanisetta. C'est sur ses bords que la mythologie des anciens a placé l'enlèvement de Proserpine.

PÉRIERS. — Chef-lieu de canton dans l'arrondissement de Coutances, département de la Manche. On y fait un commerce de grains. Pop. : 2,900 âmes.

PÉRIGUEUX. — Ville épiscopale située sur l'Isle. Chef-lieu du département de la Dordogne, son arrondissement comprend 9 cantons et 113 communes. On remarque, dans cette ville, la cathédrale et le pont jeté sur l'Isle, puis les ruines romaines de bains, d'aqueducs, d'un amphithéâtre, et surtout de la grosse tour dite de Vésone, qui a 63 mètres 375 de circonférence sur 51 mètres 90 de hauteur. Cette tour est sans portes ni fenêtres et les archéologues n'ont pu reconnaître quelle avait été sa destination. Périgueux possède un collège, un musée d'antiquités, une pépinière départementale et une société académique. Son commerce consiste principalement en porcs, châtaignes, truffes et volailles truffées qui ont une grande réputation. Sa population est d'environ 12,000 âmes.

PERLES (ILE DES). — C'est un archipel du grand Océan. Il est situé dans la baie de Panama et composé de 43 petites îles. Son nom lui vient de ce qu'on y péchait des perles, industrie qui y est tout à fait abandonnée aujourd'hui.

PERM. — Ville épiscopale, chef-lieu du gouvernement de ce nom, en Russie. Elle possède un séminaire et un gymnase, et l'on exploite dans ses environs de riches mines de platine, de cuivre et de fer. Pop. : 13,000 âmes.

PERMESSE. — Petite rivière de Béotie, dans le royaume de Grèce. Elle descend du mont Paléovouni ou Hélicon et se jette dans le lac Copaïs. Les anciens lui accordaient la vertu de donner des inspirations aux poètes. En France, les plus petits ruisseaux comme les plus grands fleuves ont cette propriété, s'il faut en juger du moins par le nombre épouvantable de rimailleurs qu'ils abreuvent.

PERNAMBOUC, PERNAMBUCO ou CIDADE-DO-RECIFE. — Chef-lieu de la province de Pernambuco, au Brésil. Elle est fortifiée et se compose de trois parties distinctes : *Recife*, bâti sur une péninsule qui s'étend au sud de la ville d'Olinda ; *Santo-Antonio*, situé sur une île formée par les bras du Capibaribe et qu'un pont joint au Recife ; et *Boa-Vista*, sur le continent. On remarque, à Pernambouc, l'église et le couvent de San-Francisco, les églises de Corpo-Santo et de San-Antonio, le palais du gouvernement, la douane, l'arsenal et les chantiers. On y trouve aussi un lycée, des écoles de physique et de chimie et une bibliothèque publique. Pop. : 60,000 âmes.

PERNES. — Chef-lieu de canton dans l'arrondissement de Carpentras, département de Vaucluse. On y trouve des filatures de soie, et l'on y fait un commerce de garance et de vins estimés. Pop. : 5,000 âmes.

PERO-CASE-VECCHIE. — Chef-lieu de canton dans l'arrondissement de Bastia, en Corse. Pop. : 600 âmes.

PERONNE. — Petite ville située sur la Somme. Chef-lieu d'arrondissement dans le département de la Somme, comprend 8 cantons et 179 communes. Elle possède un collège, et son commerce consiste en grains, toiles, batistes, linons, et cuirs tannés. Sa population est d'environ 4,000 âmes. Cette ville servit de prison à Charles le Simple, qui y mourut, et l'on prétend qu'elle n'a jamais été prise.

PEROTE. — Petite ville de l'État de Vera-Cruz, dans la Confédération mexicaine. On remarque sa citadelle et son école militaire, et l'on trouve, dans son voisinage, une très-haute montagne appelée *Coffre de Pérote*.

PÉROU (RÉPUBLIQUE DU). — Cet État est situé entre 69° et 84° de longitude occidentale, et entre 3° et 22° de latitude. Il a pour limites, au nord, le golfe de Guayaquil, la Colombie et l'empire du Brésil ; à l'est, cet empire et la république de Bolivia ; au sud, cette république et le grand Océan ; et à l'ouest, le grand Océan. Cette contrée est traversée, du nord-ouest au sud, par la chaîne des Andes, dont les cimes élevées dépassent la limite des neiges perpétuelles ; et à l'ouest, entre ces montagnes et le grand Océan, s'étend, sur une largeur moyenne de 40 à 50 kilomètres, une longue bande de terre sablonneuse, dépourvue de végétation et d'habitants, dans laquelle, dit-on, il ne pleut ni ne tonne en aucune saison. Dans le nombre des cours d'eau qui arrosent le Pérou, le grand Océan reçoit principalement le Chira, le Puira, le Tambayeque, le Saula-Ontombo, le Rimac, l'Acona et le Quilca ; et, dans l'océan Atlantique, viennent se jeter l'Amazone et le Tunguragua. L'administration de la république péruvienne divise son territoire en sept départements qui sont les suivants :

DÉPARTEMENTS.	CHEFS-LIEUX.
Lima.	Lima.
Arequipa.	Arequipa.
Puno.	Puno.
Cuzco.	Cuzco.
Ayacucho.	Huamanga.
Junin.	Huanuco.
Livertad.	Truxillo.

Le sol du Pérou est fertile en vin, en sucre, en coton, en quinquina, en toutes sortes de productions des climats chauds; le penchant de ses montagnes et la plaine qui s'étend à l'est sont couverts de superbes forêts; on y trouve des mines d'or, d'argent, d'émeraudes, de mercure, etc.; le guano, cet engrais par excellence, se présente en amas immenses dans toutes les îles voisines de la côte et sur quelques points du littoral; mais tous les avantages accordés à cette région d'un côté, se trouvent amoindris de l'autre, par les désastreux et fréquents tremblements de terre qui s'y font ressentir.

PÉROUSE. — Ville épiscopale, chef-lieu de la délégation de même nom, dans l'Etat du Pape. Elle est située sur une colline, non loin de la rive droite du Tibre et au milieu d'une campagne fertile. On y remarque l'église *del Gesu*. Cette ville possède une université, un musée d'antiques, et une bibliothèque publique. Sa population est d'environ 30,000 âmes. On a découvert à Pérouse, une inscription étrusque, illustrée par le savant Vermiglioli, et qui est le monument le plus précieux que l'on ait conservé de l'Etrurie proprement dite.

PÉROUSE (ARCHIPEL DE LA). — Dans l'Australie. Il correspond aux îles de la Reine-Charlotte et de Santa-Cruz, et se compose de celles d'Andany ou Nitendy, de Tinnacoraw, de Vanikoro et de Toboua; puis des groupes de Filoli, de Duff et de Kennedy. L'île de Vanikoro est tristement célèbre depuis que les navigateurs Dillon et d'Urville se sont assurés que les deux navires de la Pérouse ont péri sur sa côte. On voit un volcan dans celle de Tinnacoraw.

PÉROUSE (DÉTROIT DE LA). — Il sépare l'île de Tchoka de celle d'Yézo, et fait communiquer la mer du Japon avec celle d'Okhotsk.

PERPIGNAN. — Ville épiscopale et fortifiée, située sur la rive droite du Thet. Autrefois capitale du Roussillon, elle est aujourd'hui le chef-lieu du département des Pyrénées-Orientales, et son arrondissement comprend 7 cantons et 87 communes. On remarque son église Saint-Jean, le Castillet et la citadelle qui portent des traces d'architecture mauresque, et sa jolie promenade de la Pépinière. Cette ville possède un collège une bibliothèque publique, un musée, un cabinet de physique, un jardin botanique et une société académique. Son commerce consiste principalement en vins d'une grande renommée, dits *vins de Roussillon*. La population est d'environ 20,000 âmes. Le donjon de la citadelle était la demeure des rois d'Aragon.

PERREUX. — Chef-lieu de canton dans l'arrondissement de Roanne, département de la Loire. Pop. : 2,500 âmes.

PERROS-GUIREC. — Chef-lieu de canton dans l'arrondissement de Lannion, département des Côtes-du-Nord. Il est situé sur la Manche sa rade est sûre et fréquentée. Pop. : 2,400 âmes.

PERSANTE. — Rivière de la Poméranie, royaume de Prusse. Elle passe à Köslin et à Colbert, et se jette dans la Baltique après un cours de 125 kilomètres. Elle forme, à son embouchure, un port commode pour les navires marchands.

PERSE. — Royaume d'Asie situé entre les 42e et 59e degrés de longitude orientale, et les 26e et 39e degrés de latitude sud. Dans sa circonscription actuelle il est borné au nord par l'empire russe, auquel il a dû céder l'Arménie, le Khirvan, la mer Caspienne et les Khanats de Khiva et de Boukhara, dans le Turkestan; à l'est, par d'autres provinces qui lui ont été enlevées aussi, c'est-à-dire le Kaboul, le Hérat et le Beloutchistan; au sud, par les golfes d'Oman et de Perse; et à l'ouest par la Turquie d'Asie. Quelques montagnes se montrent dans la partie occidentale de ce royaume; leur direction est du nord-ouest au sud-ouest; et elles forment une espèce de pente qui va toujours en s'abaissant pour se perdre dans des déserts de sable. Parmi ceux-ci, on cite les plaines appelées Adjemi, Kirman et Mekran, où la température s'élève jusqu'à 38 et 40 degrés centigrades. Quant aux cours d'eau, il n'en est aucun qui soit considérable, et la plupart se jettent dans les grands lacs sans issue. Tels sont entre autres le Kour, dont le principal affluent est l'Aras; le Sefid-Rond ou Kizil-Ozen, dont l'embouchure se trouve à la partie sud des côtes de la mer Caspienne; et le Tedjen, qui arrose le royaume d'Hérat, l'Iran, et se jette dans le golfe de Balkhan, en sortant du Khanat de Khiva.

Considérée dans son ensemble, la Perse présente un plateau assez élevé qu'on pourrait nommer le plateau de l'Asie occidentale, puisqu'il comprend en effet, non-seulement toutes les hautes plaines de la Perse, mais encore l'Arménie, la Haute-Géorgie, la plus grande partie de l'Adzerbidjian, le Kourdistan et la partie orientale de l'intérieur de l'Asie Mineure. Ce plateau a de 970 à 2,522 mètres de hauteur; et la mer Caspienne, la mer Noire, la Méditerranée et les golfes Persique et Arabique en forment pour ainsi dire, comme l'a fait remarquer Malte-Brun, une vaste presqu'île. Toute la partie orientale de cette région est humide en général, tandis que l'occidentale est sèche et souvent aride; dans l'une on remarque une grande constance dans les vents, dans l'autre c'est tout le contraire; à l'Orient, de nombreux cours d'eau se pressent à la surface du sol, où se montrent des plateaux sablonneux; à l'Occident, ce ne sont plus que des ruisseaux, des amas d'eau sans écoulement, des marécages, des montagnes escarpées et une température élevée qui annonce le voisinage de l'Afrique. Les possessions actuelles du royaume de Perse comprennent les 12 provinces suivantes

PROVINCES.	CHEFS-LIEUX.
Irak-Adjemi.	Theran.
Thabaristan.	Damavend.
Mazanderan.	Sari.
Ghilan.	Recht.

Adzerbaïdjan.
Kurdistan.
Khouzistan.
Fars.
Kerman.
Kouhistan.
Khorassan occidental.
Royaume de Herat.

Tebriz ou Tauris.
Kirmanchah.
Chouster.
Chiraz.
Sirdjan ou Kerman.
Cheheristan.
Mechhed.
Herat.

Téhran est la capitale du royaume.

PERSERENDI ou **PRISRENDI**. — Ville de la Haute-Albanie, dans la Turquie d'Europe. Elle est le chef-lieu d'un sandjak de son nom, et ses habitants passent pour avoir des mœurs sauvages et inhospitalières ; mais son territoire est peu connu. Pop. : 16,000 âmes.

PERSIQUE (Golfe). — Il est formé par la mer ou golfe d'Oman, entre la Perse, la Turquie d'Asie et l'Arabie. Sa longueur est d'environ 900 kilomètres, et sa largeur moyenne de 250. Il communique, au sud-est, avec le golfe d'Oman, par le détroit d'Ormus, large d'à peu près 100 kilomètres. On donne quelquefois à ce golfe le nom de *mer Verte*.

PERSPHORE. — Grand village du comté de Worcester, en Angleterre. Il est situé sur l'Avon et renommé par sa belle position. Pop. : 2,500 âmes.

PERTH. — Jolie petite ville, chef-lieu du comté de ce nom, en Ecosse. Elle se trouve dans une position délicieuse, et fut jadis la résidence des rois écossais. « Là, dit un écrivain cité par le géographe Balbi, sont en grand nombre, avec leurs noms antiques, les lieux illustrés par Ossian et le tombeau de ce barde fameux ; sur le mont Dunsinan, le château de Macbeth, immortalisé par Shakespeare ; le lac Katrine, rendu célèbre par les bardes des temps modernes, par sir Walter Scott, dans son poëme de la *Dame du lac* ; des monuments druidiques composés de pierres disposées en cercle, et debout encore depuis l'élévation et la chute de tant d'empires. Des camps, des voies militaires, œuvres des Romains ; des tours construites par les Pictes ; les fondements et les ruines des monastères et des temples chrétiens dévastés par l'implacable Knox ; des huttes habitées par des montagnards demi-nus ; près des mêmes lieux, comme des oasis dans les sables africains, des maisons de plaisance bâties avec goût, embellies par des plantations pittoresques et variées, par des prairies d'une fraîcheur délicieuse. » On remarque aussi à Perth le palais de justice, le Casino, une caserne pouvant recevoir 4,000 hommes, et un beau pont construit sur le Tay. Cette ville possède un gymnase et une société littéraire, et son industrie consiste principalement en fabrication de toiles et d'étoffes de coton. Pop.: 20,000 âmes.

PERTH. — Petite ville épiscopale, chef-lieu du comté de ce nom, en Australie. Elle est située sur la rivière des Cygnes.

PERTUIS. — Chef-lieu de canton dans l'arrondissement d'Apt, département de Vaucluse. C'est une ancienne ville qui fut fondée par les Marseillais, du temps de Marius. On y fait un commerce d'eau-de-vie, d'huile et de garance. Pop. : 4,400 âmes.

PERTUIS BRETON. — Détroit qui sépare l'île de Ré des départements de la Vendée et de la Charente-Inférieure. Sa moindre largeur est de 9 kilomètres.

PERTUIS D'ANTIOCHE. — Détroit situé en l'île de Ré et celle d'Oléron, à l'ouest du département de la Charente-Inférieure. Sa largeur est de 9 kilomètres.

PERTUIS DE MAUMUSSON. — Détroit situé entre le sud-est de l'île d'Oléron, et la côte du département de la Charente-Inférieure. Sa largeur est de 1 kilomètre. Il unit l'Atlantique au chenal de Brouage.

PÉRUWELZ. — Ville de la province de Hainaut, en Belgique. Elle est située sur un canal qui va de Mons à la Scarpe. On y trouve des fabriques de bonneterie et des carrières de grès tendre. Pop. : 7,000 âmes.

PERVENCHÈRES. — Chef-lieu de canton dans l'arrondissement de Mortagne, département de l'Orne. Pop. : 1,000 âmes.

PESARO. — Ville de l'Etat du Pape. Elle est située à l'embouchure de la Foglia, dans l'Adriatique. C'est la patrie du Pape Innocent XI. Pop. : 12,000 âmes.

PESCARA. — Ville forte de l'Abruzze citérieure, royaume de Naples. Elle est située sur l'Adriatique, à l'embouchure de la Pescara ou Aterno, qui sépare l'Abruzze citérieure de l'Abruzze ultérieure. Pop. : 3,000 âmes.

PESCHIERA. — Ville du royaume lombard-vénitien, empire d'Autriche. Elle est située sur le Mincio, à son issue du lac de Garda. Pop. : 2,500 âmes.

PESCIA. — Ville du grand duché de Toscane. Elle est située sur la rivière de son nom, qui se jette dans le lac Fucecchio. On y trouve des filatures de soie et des papeteries. Pop. : 4,000 âmes.

PESCINA. — Ville de l'Abruzze ultérieure 2ᵉ, dans le royaume de Naples. C'est la patrie du cardinal Mazarin. Pop. : 3,000 âmes.

PESMES. — Chef-lieu de canton dans l'arrondissement de Gray, département de la Haut-Saône. On y trouve des hauts fourneaux et des forges. Pop. : 1,800 âmes.

PESO DA REGOA.— Bourg d'environ 1,600 habitants, dans le Tras-os-Montes, en Portugal. On y trouve de vastes magasins de vins, et il s'y tient une foire célèbre de ce produit, durant laquelle la compagnie des vins du haut Douro établit la séparation entre ceux dits de Feitoria et ceux de Ramo, et en fixe le prix. On estime à 10 ou 12 millions de cruzades, c'est-à-dire 30 ou 36 millions de francs, l'importance des affaires qui se traitent annuellement à cette foire.

PESSAC. — Chef-lieu de canton dans l'arrondissement de Bordeaux, département de la Gironde. On récolte sur son territoire des vins qui sont renommés. Pop. : 1,700 âmes.

PESTH. — Ville de la Hongrie, située sur le Danube. C'est l'une des plus belles, des plus industrieuses et des plus commerçantes du royaume, et l'on estime que l'on y fait annuellement au-delà de 25,000,000 de francs d'affaires. Ses principaux édifices sont : l'hôtel des invalides, la grande caserne, le Neugebaude, autre caserne ; les bâtiments de l'université et le musée national. Cette ville possède deux gymnases, une école de chirurgie et une école vétérinaire, une société académique et une bibliothèque, où l'on conserve la collection des manuscrits du conseiller Keller, puis celle des poëtes hongrois, à partir de Janus Pannonius jusqu'à nos jours. La population de Pesth est d'environ 80,000 âmes.

PETCHORA. — Fleuve de Russie. Il prend sa source aux monts Ourals, dans le gouvernement de Perm, traverse les gouvernements de Vologda et d'Arkhangel, et se jette dans l'océan Glacial, après un cours de 1,300 kilomètres. Son principal affluent est l'Oussa.

PETEN ou REMEDIOS. — Forteresse de l'Amérique centrale. Elle est située dans l'Etat de Quezaltenango, sur l'île Peten, du lac du même nom. Cette île fut l'une des principales habitations de la nation indienne des Itzaïns, et l'on y trouve des ruines remarquables.

PETERHEAD. — Ville du comté d'Aberdeen, en Ecosse. Elle est située sur une baie de la mer du Nord, et l'on y trouve des sources minérales. Pop. : 7,000 âmes.

PETERSBOROUGH. — Petite ville épiscopale du comté de Northampton, en Angleterre. On remarque sa vaste cathédrale, qui renferme le tombeau de Catherine d'Aragon, femme d'Henri VIII, et celui de Marie Stuart, dont les restes furent transportés à Westminster en 1612. Cette ville fait un commerce d'étoffes de laine, de bonneterie, de bois et de houille. Pop. : 5,000 âmes.

PETERSBOURG. — Ville de la Virginie, aux Etats-Unis. Elle est située sur l'Appomattox, affluent du James. On y fait un commerce de tabac. Pop. : 8,000 âmes.

PETERSTHAL. — Village du cercle du Rhin-Moyen, dans le grand-duché de Bade. Il possède des bains qui sont assez fréquentés, et c'est dans son voisinage que se trouve le Kniebis, fameuse gorge de la forêt Noire.

PETERWARDEIN. — Petite ville de l'Esclavonie, dans l'empire d'Autriche. Elle est importante par ses fortifications et par son pont de bateaux jeté sur le Danube, qui la joint à Neusatz, en Hongrie. C'est le siége du commandement général des confins slavons. Pop. : 5,000 âmes.

PETIT-BOURG. — Château du département de Seine-et-Oise. Il est situé sur la rive gauche de la Seine, près de Corbeil. On y a fondé une colonie, où de jeunes enfants pauvres sont formés à l'agriculture aux frais d'une société de bienfaisance.

PETIT-CANAL. — Bourg de l'île de la Guadeloupe, l'une des Antilles françaises. Il est situé dans le canton du Moule, sur la côte orientale du Grand-Cul-de-Sac. Pop. : 7,600 âmes.

PETIT-GOAVE. — Ville de peu d'importance, dans le département de l'ouest, empire d'Haïti. Elle possède un port. On trouve dans son voisinage la montagne appelée Tapion de Petit-Goave, où fut faite, en 1735, par des académiciens français, la mesure du pendule, dont ils estimèrent l'élévation à 688^{m}70 au-dessus du niveau de la mer.

PETITE-PIERRE (LA). — Chef-lieu de canton dans l'arrondissement de Saverne, département du Bas-Rhin. Il possède un fort. Pop. : 1,300 âmes.

PETITE-RIVIERE. — Bourgade du bas Canada, dans l'Amérique anglaise. Elle est renommmée par la culture de ses arbres fruitiers, que la douceur du climat lui permet de faire prospérer.

PETRADJIK. — Petite ville du nomos de Locride-et-Phocide, royaume de Grèce. Elle est située dans la belle vallée de l'Hellada, et offrait naguère de l'importance par son commerce et son siége archiépiscopal.

PETREO-ET-BICCHISANO. — Chef-lieu de canton dans l'arrondissement de Sartène, en Corse. Pop. : 800 âmes.

PETROPAVLOVSK. — Chef-lieu du district du Kamtchatka, en Sibérie, Russie asiatique. C'est une jolie petite ville, importante par son port, l'un des plus beaux de la côte orientale de l'Asie. On remarque dans son voisinage de nombreuses digues élevées en terre et en maçonnerie, qui sont l'œuvre d'une civilisation ancienne ; puis un volcan en activité.

PETROPAVLOVSK. — Forteresse de la ligne militaire d'Ichim, dans la province d'Omsk, en Sibérie. Sa douane lui donne aussi de l'importance.

PETROZAVODSK. — Ville du gouvernement d'Olonetz, en Russie. Elle est située sur le bord du lac Onéga, et renommée par ses vastes fonderies, d'où sortent des pièces colossales, telles que colonnes et travées, dont quelques-unes ont jusqu'à 10 mètres. Pop. : 8,000 âmes.

PETTAU. — Ville de Styrie, dans l'empire d'Autriche. Elle est située sur la Drave. Les Hongrois y furent vaincus, en 1042, par Ottocar III, margrave de Styrie. Pop. : 2,000 âmes.

PEYREHORADE. — Chef-lieu de canton dans l'arrondissement de Dax, département des Landes. Il est situé sur la rive droite du gave de Pau. Pop. : 2,800 âmes.

PEYRELEAU. — Chef-lieu de canton dans l'arrondissement de Milhau, département de l'Aveyron. Pop. : 400 âmes.

PEYRIAC-MINERVOIS. — Chef-lieu de canton dans l'arrondissement de Carcassonne, département de l'Aude. On y fait un commerce de grosses toiles, de vins, d'eau-de-vie et de futailles. Pop. : 1,300 âmes.

PEYROLLES. — Chef-lieu de canton dans l'arrondissement d'Aix, département des Bouches-du-Rhône. Il est situé sur la rive gauche de la Durance, et l'on y trouve une grotte curieuse. Pop. : 1,200 âmes.

PEYROUSE. (LA). — Commune de l'arrondissement de Riom, dans le département du Puy-de-Dôme. Pop. : 1,600 âmes.

PEYRUIS. — Chef-lieu de canton dans l'arrondissement de Forcalquier, département des Basses-Alpes. Il est situé près de la rive droite de la Durance. Pop. : 900 âmes.

PEYSTER. — Petit groupe d'îles de la Polynésie. Il est situé par 8° 10' de latitude sud, 175° 50' de longitude est.

PÉZÉNAS. — Chef-lieu de canton dans l'arrondissement de Béziers, département de l'Hérault. Cette ville est très-ancienne et plusieurs fois on y tint les Etats-Généraux du Languedoc. Elle possède un collége, et un grand nombre de fabriques, particulièrement de tissus de laine. Pop. : 7,800 âmes.

PFAEFFIKON. — Bourg très-industrieux du canton de Zurich, en Suisse. Il est situé près du bord septentrional du lac de son nom, qui verse ses eaux dans celui de Greiffensec. Pop. : 3,000 âmes.

PFEFFERS. — Village situé dans la vallée de Tamina, canton de Saint-Gall, en Suisse. Il est renommé par son établissement de bains, sa belle cascade, et les sites pittoresques qui l'environnent.

PFORTA. — Village de la régence de Mersebourg, en Prusse. Il est situé près de Naumbourg. On y trouve un collége célèbre où furent élevés Wolf et Klopstock. Pop. : 400 âmes.

PFORZHEIM. — Ville du grand-duché de Bade, en Allemagne. Elle est située sur l'Enz, affluent de Necker. On y trouve un institut de sourds-muets, un hospice d'aliénés, des fabriques de draps, de bijouterie et de produits chimiques, et l'on y fait aussi un commerce de bestiaux. Pop. : 6,400 âmes.

PFULLINGEN. — Ville du Wurtemberg, en Allemagne. Elle est située dans la Forêt-Noire. On y voit un château fort, et l'on visite, dans ses environs, les cavernes de Nelleboch. Pop. : 4,000 âmes.

PFUNGSTADT. — Ville du grand-duché de Hesse-Darmstadt, en Allemagne. On y trouve des fabriques d'étoffe de laine, et l'on y fait un commerce de garance et de tourbe. Pop. : 3,000 âmes.

PHALEMPIN. — Commune de l'arrondissement de Lille, dans le département du Nord. On y trouve une fabrique de sucre indigène. Pop. : 1,400 âmes.

PHALSBOURG. — Petite ville du département de la Meurthe. Elle est importante par ses fortifications qui défendent le défilé des Vosges. Elle possède un collége, et son commerce consiste principalement en grains et en liqueurs fines. Sa population est d'environ 2,500 âmes.

PHARE-DE-MESSINE. — Détroit qui sépare la Sicile de l'Italie et unit la mer Tyrrhénienne à la mer Ionienne.

PHARI. — Couvent célèbre du Tibet, dans l'empire chinois. C'est une sorte de forteresse située dans une gorge, et où réside un lama dépendant du Dharma-Radja. Dans son voisinage et au nord-est, s'élèvent le Tchamalouri, l'une des plus hautes montagnes de l'univers.

PHAROS. — Petite île d'Egypte. Elle est située près d'Alexandrie et réunie au continent par un môle. C'est dans cette île que se trouvait la fameuse tour que les anciens avaient rangée au nombre des sept merveilles du monde.

PHARSALA ou SATALDJÉ. — Petite ville de la Thessalie, dans la Turquie d'Europe. C'est le siége d'un évêché grec. Ce lieu est à jamais célèbre par la victoire que César y remporta sur Pompée. Pop. : 7,000 âmes.

PHILADELPHIA. — Ile de la Micronésie. Elle est située par 28° 15' de latitude nord, 174° 45' de longitude ouest.

PHILADELPHIE. — Grande ville de la Pennsylvanie, aux Etats-Unis. Elle est située sur la partie la plus étroite de la presqu'île formée par le Delaware et le Schylkill; son port est vaste et sûr; c'est la plus belle cité de l'Union; et l'une des plus industrieuses et des plus florissantes par sa marine marchande. On y remarque le palais de l'Etat, l'hôtel de la banque des Etats-Unis, l'athénée, la monnaie, la maison pénitentiaire, l'hôpital de l'arsenal de la marine, etc. Cette ville possède une université, une académie des beaux-arts, plusieurs bibliothèques publiques, un musée, un jardin botanique et quelques sociétés académiques. On admire enfin, dans ses environs, un pont en bois, d'une seule arche, qui a 104 mètres d'ouverture. Pop. : 255,000 âmes.

PHILATES. — Ville d'Albanie, en Turquie. C'est le chef-lieu d'une peuplade albanaise qui a conservé une sorte d'indépendance. Pop. : 4,000 âmes.

PHILIPPEVILLE. — Dans la province de Constantine, en Algérie. Elle est située près de Stora. Pop. : 4,000 âmes.

PHILIPPEVILLE. — Petite ville fortifiée de la province de Namur, en Belgique. On trouve des mines de fer dans son voisinage. Sa population civile est d'environ 1,200 âmes.

PHILIPPINES (ILES). — Elles sont situées entre les 132° et 145° degrés de longitude, et les 6° et 19° degrés de latitude nord. Placées dans la mer des Indes, ces îles sont à l'orient de l'Asie, sous la zone torride, entre l'équateur et le tropique du Cancer. Découvertes en 1521 par Magellan, ce navigateur y perdit la vie. Elles furent d'abord connues sous le nom d'*îles Manilles*, et ne prirent celui de *Philippines*, que parce que les Espagnols ne s'y établirent définitivement que sous le règne de Philippe II. Les indigènes sont composés de noirs, de Malais, de Bisayas et de Pintados. La plus grande de ces îles est Manille ou Luçon; vient ensuite Magindanao ou Mindanao, puis Palawan, Paragoa, Samar, Leyte, etc. Le climat des Philippines, qui est à la fois chaud et humide, y entretient une merveilleuse fécondité; la végétation y est magnifique, et les arbres y conservent leur verdure durant toute l'année. C'est la Hollande qui possède cette importante colonie, dont la population est de 4,500,000 âmes, et elle en tire du sucre, du café, de l'indigo, du riz, du tabac, des bois précieux, de l'écaille, etc., etc. On a donné le nom de *Nouvelles-Philippines*, à l'archipel des Carolines qui appartient à la Micronésie.

PHILIPPOPOLI ou **FILIPÉ**. — Grande ville de la Romélie, dans la Turquie d'Europe. Elle est le siège d'un archevêché grec, et florissante par ses fabriques de soie, de draps et de toile. On y trouve aussi quelques restes d'antiquités. Sa population est d'environ 30,000 âmes.

PHILIPS. — Petit groupe d'îles de la Polynésie. Il est situé vers le milieu de l'archipel des Iles-Basses.

PHO-YANG. — Lac de l'empire chinois. Il est situé dans le nord de la province de Kiang-Si, et se décharge dans le Kiang.

PHOCIDE. — Province du royaume de Grèce. Elle est située entre la Thessalie au nord, la Béotie et la Locride à l'est, le golfe de Corinthe ou de Lépante au sud, et l'Etolie à l'ouest. C'est une contrée montueuse et peu fertile, qui a pour chef-lieu Amphisa ou Salone.

PHOENIX. — Montagne de l'Asie Mineure. Elle est située au sud-ouest de l'ancienne Carie.

PHOUKOK. — Ile de l'archipel d'Hasting. Elle est située au sud-est du golfe de Siam, et c'est la plus grande du groupe.

PIANA. — Chef-lieu de canton dans l'arrondissement d'Ajaccio, en Corse. Pop. : 800 âmes.

PIASINO. — Lac de la Russie d'Asie. Il est situé dans le gouvernement d'Iéniséisk et s'écoule par la Piasina. Sa longueur est de 130 kilomètres et sa largeur de 60.

PIATIGORSK. — Petite ville de la province du Caucase, en Russie. Elle est de fondation récente et le siège de plusieurs administrations.

PIAUHY. — Province du Brésil. Elle est située au nord-est, entre les provinces de Maranham, au nord-ouest ; de Ceara et Pernambuco, à l'est ; et de Minas-Geraës au sud. Son sol est fertile en pâturages qui nourrissent d'immenses troupeaux, et elle a pour chef-lieu Seiras. Pop. : 80,000 âmes.

PIAVE. — Rivière navigable du royaume Lombard-Vénitien, empire d'Autriche. Elle passe à Bellune, et se jette dans le golfe de Venise, par deux embouchures, après un cours de 220 kilomètres.

PIAVOZERO ou **PIAVOA**. — Lac de la Laponie russe. Il est situé à l'ouest du golfe de Kandalask, reçoit au sud-est les eaux du lac Topozéro, et s'écoule au nord-est dans celui de Kovdozéro. Sa longueur est de 80 kilomètres.

PIAZZA. — Ville épiscopale de Sicile. Pop. : 12,000 âmes.

PIAZZOLA. — Gros bourg du royaume de Lombard-Vénitien, empire d'Autriche. Il est situé près de la Brenta. Pop. : 3,000 âmes.

PICAUVILLE. — Commune de l'arrondissement de Valognes, dans le département de la Manche. Pop. : 2,200 âmes.

PICHINCHA. — Volcan de la cordillère des Andes. Il est situé près de Quito, dans la république de l'Equateur. Sa cime, couverte de neiges perpétuelles, s'élève à 4,855 mètres, et parmi ses éruptions, on mentionne surtout celles de 1535, 1571, 1660 et 1690.

PICO. — Une des îles Açores. Elle est remarquable par son pic volcanique, élevé de 2,412 mètres et qu'on avait proposé pour déterminer le premier méridien. Cette île, qui a 40 kilomètres de long et que des laves recouvrent en partie, produit des vins estimés. Pop. : 26,000 âmes.

PICQUIGNY. — Chef-lieu de canton dans l'arrondissement d'Amiens, département de la Somme. Guillaume Longue-Epée fut assassiné en cet endroit en 942, et Louis XI y conclut, en 1475, un traité avec Edouard IV, roi d'Angleterre. Pop. : 1,500 âmes.

PICTOU. — Très-petite ville de la Nouvelle-Ecosse, dans l'Amérique anglaise. Elle est commerçante, possède un beau port, un collège, une école latine, une bibliothèque, un musée zoologique, et l'on trouve dans ses environs, au village de New-Glasgow, de riches mines de houille. Pop. : 2,000 âmes.

PIÉDICROCÉ. — Chef-lieu de canton dans l'arrondissement de Corté, en Corse. Pop. : 400 âmes.

PIEDIMONTE. — Petite ville de la Terre de Labour, dans le royaume de Naples. Elle est importante par sa manufacture de coton, où l'on n'emploie que celui récolté dans le royaume. Pop. : 5,000 âmes.

PIEMONT. — Contrée qui forme l'une des parties principales du royaume sarde, et se compose des divisions de Turin de Coni, d'Alexandrie, d'Aoste et de Novare.

PIERRE. — Chef-lieu de canton dans l'arrondissement de Louhans, département de Saône-et-Loire. Pop. : 2,000 âmes.

PIERRE-BUFFIÈRE. — Chef-lieu de canton dans l'arrondissement de Limoges, département de la Haute-Vienne. On y trouve une fabrique de porcelaine. Pop. : 1,000 âmes.

PIERRE-FONTAINE-LÈS-VARANS. — Chef-lieu de canton dans l'arrondissement de Baume-les-Dames, département du Doubs. On y trouve des forges. Pop. : 1,200 âmes.

PIERRE-JAUNE. — Rivière des Etats-Unis. Elle se joint au Missouri, dans le pays des Mandans, après un cours de 1,000 kilomètres.

PIERRE-PERTUIS. — Passage ouvert dans les montagnes du Jura. Une inscription, presque effacée aujourd'hui, fait connaître que c'est l'œuvre des Romains.

PIERREFITTE. — Chef-lieu de canton dans l'arrondissement de Commercy, département de la Meuse. Pop. : 700 âmes.

PIERREFONDS. — Commune de l'arrondissement de Compiègne, département de l'Oise. On y visite les ruines d'un ancien château fort et l'on y trouve des sources minérales. Pop. : 15,000 âmes.

PIERREFORT. — Chef-lieu de canton dans l'arrondissement de Saint-Flour, département du Cantal. Pop. : 1,300 âmes.

PIERRELATTE. — Chef-lieu de canton

dans l'arrondissement de Montélimar. Il est situé sur la rive gauche du Rhône. Pop. : 3,400 âmes.

PIÉTOLE. — Village des environs de Mantoue, royaume Lombard-Vénitien. Il est situé sur le Mincio. C'est la patrie de Virgile. Les Français lui avaient élevé en ce lieu un monument que les Autrichiens ont renversé. Pop. : 1,000 âmes.

PIETRA-DE-VERDE. — Chef-lieu de canton dans l'arrondissement de Corté, en Corse. Pop. : 900 âmes.

PIETRA-SANTA. — Chef-lieu d'un enclave, en Toscane. On trouve, dans ses environs, des mines de plomb argentifère. Pop. : 3,000 âmes.

PIEUX (Les). — Chef-lieu de canton dans l'arrondissement de Cherbourg, département de la Manche. Pop. : 1,700 âmes.

PIGNANS. — Commune de l'arrondissement de Brignoles, dans le département du Var. On y trouve des martinets à cuivre, et l'on y fait un commerce de marrons. Pop. : 2,300 âmes.

PIGNEROLLE ou PIGNEROL. — Ville de la division de Turin, royaume sarde. Elle est située près du Clusone. Elle appartint à la France de 1632 à 1696, et le surintendant Fouquet, ainsi que l'homme au Masque de Fer, furent enfermés dans sa citadelle. Pop. : 12,000 âmes.

PILAT ou PILATE. — Montagne de France. Elle fait partie de la chaîne des Cévennes et s'étend dans les départements de la Loire et du Rhône. Son point culminant est de 1,072 mètres, et le Gier y prend naissance.

PILCOMAYO. — Rivière de l'Amérique méridionale. Elle prend sa source dans la Bolivia, traverse le pays de Chaco, et se jette dans le Paraguay, au-dessous de l'Asssomption, après un cours de 1,500 kilomètres.

PILLAU. — Petite ville située sur une péninsule à l'entrée du Frisch-Haff, dans la province de Prusse. On la regarde comme le port de Kœnigsberg, parce que c'est là que s'arrêtent les bâtiments qui ne peuvent remonter jusqu'à cette ville. Sa population est d'environ 4,000 âmes.

PILLNITZ. — Village du royaume de Saxe. Il est situé sur la rive droite de l'Elbe, non loin de Dresde. On y voit un château royal où fut signé le fameux traité dit *de Pillnitz*, par lequel les souverains de l'Europe s'engageaient, en 1791, à soutenir la cause des Bourbons.

PILSEN. — Ville de Bohême, dans l'empire d'Autriche. Elle est située entre la Mies et la Bradawka, qui se joignent un peu au-dessous pour former la Beraun. Pop. : 8.000 âmes.

PIMERIA. — Pays du Mexique. Il est situé dans l'Etat de Sonora, et renommé par ses riches mines d'or.

PIN-LA-GARENNE (Le). — Commune de l'arrondissement de Mortagne, dans le département de l'Orne. Le haras qu'on y a fondé est l'un des plus beaux établissements de ce genre, en France et la campagne qui l'environne est magnifique. Pop. : 1,400 âmes.

PINANG ou ILE DU PRINCE-DE-GALLES. — Elle est située dans le détroit de Malacca, près de la côte occidentale de la presqu'île de ce nom, et appartient aux Anglais. On y récolte du sucre, des muscades, du poivre, de la gomme élastique, de l'opium, etc. Son chef-lieu est Georgetown. Pop. : 33,000 âmes.

PINDE. — Chaîne de montagnes de Turquie. Elle est située entre l'Albanie, la Romélie et la Thessalie, et se rattache, au nord, aux monts Tchardagh et aux Alpes-Dinariques.

PINEGA. — Rivière de Russie. Elle coule dans le gouvernement d'Arkangel, et se jette dans la Dvina, au-dessous d'Arkangel, après un cours de 450 kilomètres.

PINEY. — Chef-lieu de canton dans l'arrondissement de Troyes, département de l'Aube. On y fabrique des cordes de puits. Pop. : 1,500 âmes.

PINOLS. — Chef-lieu de canton dans l'arrondissement de Brioude, département de la Haute-Loire. Pop. : 800 âmes.

PINOS (Isla de) ou ILE DES PINS. — Elle est située dans la mer des Antilles, au sud-ouest de Cuba, et appartient aux Espagnols. Elle a 70 kilomètres de longueur; mais ses côtes seules sont habitées.

PINS (Ile des). — Dans l'Australie. Elle est située au sud-est de la Nouvelle-Calédonie.

PINSK. — Petite ville du gouvernement de Minsk, en Russie. C'était autrefois le chef-lieu de la Polésie, et son district est renommé par les immenses marais qui le couvrent. Pop. : 4,000 âmes.

PINZGAU. — Canton de l'archiduché d'Autriche. Il est situé dans l'ouest du cercle de Salzbourg et couvert de montagnes. Pop. : 30,000 âmes.

PIOMBINO. — Ville de Toscane. Elle est située sur le canal de son nom, qui unit la Méditerranée à la mer Tyrrhénienne, entre l'île d'Elbe et le continent de l'Italie. Cette ville était autrefois le chef-lieu d'une principauté. On trouve, dans ses environs, les ruines de l'ancienne *Populonia*, et le lac de Piombino, dont la longueur est de 7 kilomètres. Pop. : 1,200 âmes.

PIONSAT. — Chef-lieu de canton dans l'arrondissement de Riom, département du Puy-de-Dôme. Pop. : 2,300 âmes.

PIPRIAC. — Chef-lieu de canton dans l'arrondissement de Redon, département d'Ille-et-Vilaine. Pop. : 3,100 âmes.

PIRATES (Iles des). — Groupe au golfe de Tonkin. Il est situé au nord et servit longtemps de retraite à des pirates redoutables.

PIRISTINA ou PRISTINA. — Ville de la Macédoine, dans la Turquie d'Europe. Elle est le siége d'un évêché grec et compte environ 10.000 habitants.

PIRITU. — Très-petite ville de la province de Barcelona, dans la république de Venezuela. On y voit une belle église et l'on y trouve de riches salines.

PIRNA. — Ville du royaume de Saxe. Elle est située sur l'Elbe. On y voit une ancienne forteresse, appelée Sounenstein, qui est convertie aujourd'hui en maison de refuge pour les aliénés et les orphelins. En 1745, les Prussiens vainquirent en cet endroit les Saxons et les Autrichiens réunis, et, 1756, une seconde fois les Saxons. Pop. : 4,400 âmes.

PISCIOTAT.—Ville de la Principauté-Citérieure, dans le royaume de Naples. Elle est située près de la mer. On s'y livre à la pêche du thon et des sardines et l'on y fait un commerce de vins et d'huile. Pop. : 3,000 âmes.

PISCO.—Très-petite ville du département de Lima, dans la république du Pérou. Elle possède un port qui lui donne quelque importance, parce qu'on y embarque les eaux-de-vie fabriquées à Iça et les autres produits de la contrée. Pop. : 1,000 âmes.

PISE. — Ville archiépiscopale, située sur l'Arno, dans la province qui porte son nom, grand-duché de Toscane. On y remarque la cathédrale, l'un des plus beaux temples de l'Italie, et près duquel s'élève le *campanile Torto*, tour de forme cylindrique, haute de 61^m 10, et d'une inclinaison de près de 5 mètres, ce qui fait croire qu'elle est prête à tomber, quoique cet aspect subsiste déjà depuis six siècles. Viennent ensuite le baptistère, et le célèbre *Campo Santo*, cimetière dont on admire l'architecture, les fresques et les nombreux monuments ; puis le palais de l'archevêque, celui des chevaliers de Saint-Etienne, les palais Lanfranchi, Lanfreducci, la loge des marchands, le grand-hôpital, les quais qui longent l'Arno et les ponts construits sur ce fleuve. Cette ville possède une université, une riche bibliothèque publique, un observatoire, un cabinet d'histoire naturelle et un jardin botanique. Sa population est d'environ 20,000 âmes. On célèbre à Pise, tous les trois ans, une fête qui attire beaucoup d'étrangers : c'est celle qu'on nomme la *Luminaria*. Alors les façades de tous les édifices, de toutes les maisons, les clochers les plus élevés et les coupoles des églises, sont chargés de feux et de petits verres de couleur qui produisent un effet magique. On trouve, dans le voisinage de cette cité, les bains de *San-Giuliano*, qui étaient déjà connus du temps des Romains, et qui continuent à être très-fréquentés ; puis la *Chartreuse de Pise*, renommée pour sa beauté.

PISOGNE. — Bourg du royaume lombard-vénitien. Il est situé près du lac d'Iseo. On y trouve des forges. Pop. : 3,000 âmes.

PISSE-VACHE. — Cascade de Suisse. Elle est située non loin de Martigny, canton de Valais. Sa hauteur est de 100 mètres.

PISSOS. — Chef-lieu de canton dans l'arrondissement de Mont-de-Marsan, département des Landes. On y trouve des forges, un haut-fourneau, et l'on y fait un commerce de térébenthine. Pop. : 2,100 âmes.

PISTOIE. — Ville du grand-duché de Toscane. Elle est importante par ses fabriques d'orgues, d'armes, de quincaillerie, de draps, etc. On y remarque quelques beaux édifices, et sa population est d'environ 12,000 âmes. Cette ville passe pour avoir donné son nom à l'arme appelée *pistolet*.

PISUERGA. — Rivière d'Espagne. Elle passe à Cervera, Herrea, Torquemada et Valladolid, et se joint au Douro après un cours qui dépasse 200 kilomètres.

PITCAIRN. — Ile de la Polynésie. Elle est située par 25° 2' de latitude sud, et 142° 45' de longitude ouest.

PITEA. — Fleuve de Suède. Il prend sa source au nord de la Bothnie occidentale, dont la partie septentrionale est appelée Pitea-Lappmark ou Laponie de Pitea ; entre ensuite dans la Bothnie septentrionale, et se jette, à Pitea, dans le golfe de Bothnie, après un cours de 300 kilomètres.

PITEA. — Petite ville, chef-lieu de la Bothnie septentrionale, en Suède. Elle est située sur le golfe de Bothnie, à l'embouchure du Pitea. Pop. : 1,000 âmes.

PITHIVIERS. — Petite ville du departement du Loiret. Elle est située sur l'OEuf, petit affluent de l'Essonne. Chef-lieu d'arrondissement, elle comprend 5 cantons et 98 communes. Cette ville possède des sources minérales, elle est le centre du commerce du safran et du miel du Gâtinais, et expédie enfin au loin des pâtés d'alouettes et des gâteaux aux amandes. Pop. : 4,000 âmes.

PITTSBURG. — Ville de la Pennsylvanie, aux Etats-Unis. Elle est située dans une plaine, entre l'Allgheny et le Moungahela, au point où ces deux rivières se réunissent pour former l'Ohio. Cette ville est très-florissante par son industrie, son commerce et les mines de houille de ses environs ; on y trouve des fonderies de canons, des ateliers de machines à vapeur, des clouteries, des verreries et des fabriques de coton, de laine et de poterie. Cette activité lui a fait donner le surnom de *Birmingham américaine*. Pop. : 30,000 âmes.

PIUZA. — Ville du département de Truxillo, dans la république du Pérou. Elle est située sur la rivière de son nom, affluent du grand Océan. Cette ville fut le premier établissement fondé, en 1531, par Pizarre, dans cette contrée. Pop. : 7,000 âmes.

PIZZIGHETTONE. — Ville forte du royaume Lombardo-Vénitien, empire d'Autriche. Elle est située sur l'Adda. Pop. : 4,000 âmes.

PIZZO. — Ville de la Calabre ultérieure deuxième, dans le royaume de Naples. Elle est située sur le golfe de Santa-Eufemia. C'est en cet endroit que le roi Murat fut pris et fusillé en 1815. Pop. : 5,000 âmes.

PLABENNEC. — Chef-lieu de canton dans l'arrondissement de Brest, département du Finistère. Pop. : 3,600 âmes.

PLAISANCE. — Chef-lieu de canton dans l'arrondissement de Mirande, département du Gers. Pop. : 1,800 âmes.

PLAISANCE. — Grande et belle ville épiscopale, située près de la rive droite du Pô. C'est le chef-lieu du duché de même nom, dans l'Etat de Parme. On y remarque la cathédrale, l'église Saint-Augustin, le palais ducal, et la rue appelée le Corso. Cette ville possède un séminaire, un lycée, une bibliothèque publique, et sa population est d'environ 30,000 âmes.

PLANCOËT. — Chef-lieu de canton dans l'arrondissement de Dinan, département des Côtes-du-Nord. Il est situé sur l'Arguenon où il possède un port. On y fabrique des étoffes rayées. Pop. : 800 âmes.

PLASENCIA. — Petite ville épiscopale de l'Estremadure, en Espagne. Elle est située sur le Jerte, affluent de l'Alagon. On y remarque plusieurs antiquités romaines et un aqueduc de 80 arcades. Pop. : 7,000 âmes.

PLASSEY. — Ville du Bengale, dans l'Hindoustan anglais. Elle est située sur une branche du Gange et célèbre par la victoire qu'y remportèrent les Anglais, en 1756, sur le nabab du Bengale.

PLATANI. — Petit fleuve de Sicile. Il se jette dans la Méditerranée, après un cours de 110 kilomètres.

PLATE (Rivière). — Aux États-Unis. Elle se jette dans le Missouri, après un cours qu'on estime de 1,000 kilomètres. Son nom lui vient de ce qu'elle est peu profonde et très rarement navigable.

PLATO. — Ville du département de Magdalena, dans la république de la Nouvelle-Grenade. Elle est située sur la rive droite de la Magdalena. Pop. : 2,000 âmes.

PLATTEN. — Ville de Bohême, dans l'empire d'Autriche. On trouve, sur son territoire, des mines de fer, d'étain et d'argent. Pop. : 1,400 âmes.

PLATTSBOURG. — Ville du New-York, aux Etats-Unis. Elle est située à l'embouchure du Saranac, à l'ouest du lac Champlain. Pop. : 3,000 âmes.

PLAU. — Ville du grand duché de Mecklenbourg-Schwerin, en Allemagne. Elle est située sur la rive occidentale du lac de son nom, au même point où l'Elde en sort. Pop. : 2.000 âmes.

PLAUDREN. — Commune de l'arrondissement de Vannes, dans le département du Morbihan. Pop. : 2.100 âmes.

PLAUEN. — Bourg du Brandebourg, royaume de Prusse. Il est situé sur le lac de son nom, à la sortie du Havel. Pop. : 700 âmes.

PLAUEN. — Petite ville située sur l'Ester. C'est le chef-lieu du cercle du Wigtland, dans le royaume de Saxe. Cette ville possède un gymnase, un séminaire pour les maîtres d'école, et de nombreuses fabriques d'étoffes de coton. Elle compte 7,000 habitants.

PLEASANT. — Ile de la Micronésie. Elle est située par 0° 25' de latitude sud, et 165° 10' de longitude est.

PLEAUX. — Chef-lieu de canton de l'arrondissement de Mauriac, dans le département du Cantal. On y fait un commerce de bestiaux et de cire. Pop. : 3,000 âmes.

PLÉCHATEL. — Commune de l'arrondissement de Redon, dans le département d'Ille-et-Vilaine. Pop. : 2,400 âmes.

PLÉDÉLIAC. — Commune de l'arrondissement de Dinan, dans le département des Côtes-du-Nord. Pop. : 2,000 âmes.

PLÉDRAN. — Commune de l'arrondissement de Saint-Brieuc, département des Côtes-du-Nord. Pop. : 3,800 âmes.

PLÉHÉDEL. — Commune de l'arrondissement de Saint-Brieuc, dans le département des Côtes-du-Nord. Pop. : 3,700 âmes.

PLEINE-FOUGÈRES. — Chef-lieu de canton dans l'arrondissement de Saint-Malo, département d'Ille-et-Vilaine. Pop. : 3,100 âmes.

PLEISS. — Chef-lieu de la principauté de ce nom, dans la Silésie, en Prusse. Elle appartient au duc d'Anhalt-Köthen. On y remarque un beau château, et la population est d'environ 2,200 âmes.

PLEISSE. — Rivière de Saxe, en Allemagne. Elle passe à Leipzig, et se jette dans l'Ester-Blanc, non loin de cette ville, après un cours de 100 kilomètres.

PLÉLAN-LE-GRAND. — Chef-lieu de canton dans l'arrondissement de Montfort, département d'Ille-et-Vilaine. On y fabrique du fil blanc et du fil écru. Pop. : 3,300 âmes.

PLÉLAN-LE-PETIT. — Chef-lieu de canton dans l'arrondissement de Dinan, département des Côtes-du-Nord. Pop. : 1,000 âmes.

PLÉNÉE-JUGON. — Commune de l'arrondissement de Dinan, dans le département des Côtes-du-Nord. Pop. : 4,400 âmes.

PLÉNEUF. — Chef-lieu de canton dans l'arrondissement de Saint-Brieuc, département des Côtes-du-Nord. Pop. : 1,800 âmes.

PLÉRIN. — Commune de l'arrondissement de Saint-Brieuc, département des Côtes-du-Nord. Pop. : 4,900 âmes.

PLESTCHIÉVO. — Lac de Russie. Il est situé au nord-ouest du gouvernement de Vladimir. Pierre-le-Grand s'y exerça avec les premiers navires qu'il fit construire.

PLESTIN. — Chef-lieu de canton dans l'arrondissement de Lannion, département des Côtes-du-Nord. Pop. : 4,400 âmes.

PLEUMARTIN. — Chef-lieu de canton dans l'arrondissement de Châtellerault, département de la Vienne. Pop. : 1,300 âmes.

PLEURTUIT. — Petite ville chef-lieu de canton dans l'arrondissement de Saint-Malo, département d'Ille-et-Vilaine. Pop. : 6,400 âmes.

PLEYBEN. — Chef-lieu de canton dans l'arrondissement de Châteaulin, département du Finistère. Pop. : 4,700 âmes.

PLOCK. — Ville épiscopale, chef-lieu du gouvernement de ce nom, en Pologne. Elle est située sur la rive droite de la Vistule. Pop. : 6,000 âmes.

PLOËRDUT. — Commune de l'arrondissement de Pontivy, dans le département du Morbihan. Pop. : 2,900 âmes.

PLOËRMEL. — Petite ville du département du Morbihan. Elle est située au confluent du Duc et de l'Ouste. Chef-lieu d'arrondissement, elle comprend 8 cantons et 61 communes. On y trouve un collège. Entre cette ville et Josselin, on a élevé un obélisque sur l'emplacement où, en 1351, combattirent contre 30 anglais, 30 bretons qui vainquirent les premiers. Ce duel est devenu célèbre sous le nom de *combat des trente*. Pop. : 5,000 âmes.

PLOEUC. — Chef-lieu de canton dans l'arrondissement de Saint-Brieuc, département des Côtes-du-Nord. Pop. : 5,400 âmes.

PLOËZAL. — Commune de l'arrondissement de Guimgamp, département des Côtes-du-Nord. Pop. : 3 100 âmes.

PLOMBIÈRES. — Chef-lieu de canton dans l'arrondissement de Remiremont, département des Vosges. Il est renommé par son établissement d'eaux minérales, et par sa fabrication d'acier, qui rivalise avec celui qui provient d'Angleterre. Pop. : 1,400 âmes.

PLOMBIÈRES. — Commune de l'arrondissement de Dijon, dans le département de la Côte-d'Or. Pop. 1,300 âmes.

PLONÉVEZ-DU-FAOU. — Commune de l'arrondissement de Châteauneuf, dans le département du Finistère. Pop. : 3,700 âmes.

PLOUAGAT. — Chef-lieu de canton dans l'arrondissement de Guimgamp, département des Côtes-du-Nord. Pop. : 2,400 âmes.

PLOUARET. — Chef-lieu de canton dans l'arrondissement de Lannion, département des Côtes-du-Nord. Pop. : 5,300 âmes.

PLOUAY. — Chef-lieu de canton dans l'arrondissement de Lorient, département du Morbihan. Pop. : 4,100 âmes.

PLOUBALAY. — Chef-lieu de canton dans l'arrondissement de Dinan, département des Côtes-du-Nord. Pop. : 2,600 âmes.

PLOUDALMÉZEAU. — Chef-lieu de canton dans l'arrondissement de Brest, département du Finisterre. Pop 3,200 âmes.

PLOUDIRY. — Chef-lieu de canton dans l'arrondissement de Brest, département du Finistère. On y fait un commerce de chevaux. Pop. : 1,700 âmes.

PLOUESCAT. — Chef-lieu de canton dans l'arrondissement de Morlaix, département du Finistère. Pop. : 3,300 âmes.

PLOUGASTEL-DAOULAS. — Petite ville de l'arrondissement de Brest, département du Finistère. Pop. : 5,800 âmes.

PLOUGUENAST. — Chef-lieu de canton dans l'arrondissement de Loudéac, département des Côtes-du-Nord. Pop. : 3,600 âmes.

PLOUGUERNEAU. — Petite ville de l'arrondissement de Brest, dans le département du Finistère. Pop. : 5 300 âmes.

PLOUHA. — Chef-lieu de canton dans l'arrondissement de Saint-Brieuc, département des Côtes-du-Nord. Pop. : 4,800 âmes.

PLOUIGNEAU. — Chef-lieu de canton dans l'arrondissement de Morlaix, département du Finistère. Pop. : 4,900 âmes.

PLOUNEVEZ-LOCHRIST. — Commune de l'arrondissement de Morlaix, département du Finistère. Po. : 4,700 âmes.

PLOUVORN. — Commune de l'arrondissement de Morlaix, département du Finistère. Pop. : 3,600 âmes.

PLOUZÉVEDÉ. — Chef-lieu de canton dans l'arrondissement de Morlaix, département du Finistère. Pop. : 2,200 âmes.

PLOYESTI. — Petite ville de la principauté de Valachie. Elle est assez importante par la grande foire à laine qui s'y tient. Pop. : 3,000 âmes.

PLUIE (Lac de la). — Il est situé sur la limite des Etats-Unis et de la Nouvelle-Bretagne, entre le lac Supérieur et celui des Bois, dans lequel il se décharge par la rivière qui porte son nom.

PLUME (La). — Chef-lieu de canton dans l'arrondissement d'Agen, département de Lot-et-Garonne. C'est la patrie de Lacépède. Pop. : 1,700 âmes.

PLUVIGNER. — Chef-lieu de canton dans l'arrondissement de Lorient, département du Morbihan On y trouve un haut fourneau et des forges. Pop. : 4,700 âmes.

PLYMOUTH. — Ville considérable du comté de Devon, en Angleterre. Son port, l'un des plus beaux de l'Europe, offre trois divisions : Catwater, Sulton Pool et Hamoaze, et la dernière est destinée aux vaisseaux de la marine royale, qu'on y voit toujours en grand nombre. Ce port est protégé contre la mer par la fameuse digue Breakwater, et contre l'attaque de flottes ennemies, par d'importantes fortifications. On remarque, à Plymouth, l'église de Devon-Port, l'arsenal, les casernes, les docks, les chantiers, l'hôpital, l'athénée, l'école de marine, l'observatoire et la colonne élevée en 1827. La population de cette ville est d'environ 70,000 âmes.

PLYMOUTH. — Petite ville du Massachusetts, aux Etats-Unis. C'est la première colonie anglaise fondée dans ce pays, en 1620, par des puritains. Pop. : 5,000 âmes.

PO. — Grand fleuve d'Italie. Il prend sa source au Mont-Viso, dans les Alpes, traverse une partie des Etats du royaume sarde, sépare le royaume Lombard-Vénitien des duchés de Parme et de Modène et de l'Etat du Pape, passe à Staffarde, où il devient navigable, puis à Carignan, Turin, Casal, Plaisance, Crémone et Guastalla ; se divise en deux branches principales, le Pô di Maestro, au nord, et le Pô di Goro au sud ; et se jette dans l'Adriatique après un cours de 670 kilomètres. Ses principaux affluents sont à gauche, le Clusone, la Doire-Ripaire, la Stura, la Doire-Baltée, la Sesia, l'Agogua, l'Olona, l'Adda, l'Oglio et le Mincio ; à droite, le Tanaro, la Scrivia, la Trebia, le Taro, la Parma, l'Enza, la Secchia et le Panaro. Ce fleuve offre une largeur d'environ 600 mètres, à partir de son confluent avec l'Adda, et est sujet à des crues qui sont souvent dangereuses, et sur quelques points de la Lombardie ses alluvions ont exhaussé son lit au-dessus des plaines voisines.

PODENSAC. — Chef-lieu de canton dans l'arrondissement de Bordeaux, département de la Gironde. Il est situé près de la gauche de la Garonne où il possède un petit port, et sur le chemin de fer de Bordeaux à Cette. On récolte des vins blancs sur son territoire. Pop. : 1,600 âmes.

PODGORZE. — Ville de la Gallicie, dans

l'empire d'Autriche. Elle est située sur la droite de la Vistule, en face de Cracovie. Pop. : 2,600 âmes.

POGGY. — Ile de la Malaisie. Elle est située dans l'archipel de la Sonde, à l'ouest de Sumatra et entre Sépora et Nassau.

POILLEY-SUR-LE-HOMME. — Commune de l'arrondissement d'Avranches, département de la Manche. Pop. : 1,200 âmes.

POINT-DE-GALLE. — Petite ville de l'île de Ceylan. Elle est réputée par son beau port, sa vaste citadelle, la salubrité de son climat, et surtout par ses forêts de cannelliers.

POINTE-A-PITRE. — Petite ville de l'île de la Guadeloupe, l'une des Antilles françaises. Elle est située sur la côte occidentale de la Grande-Terre ou de la partie orientale de l'île, et à l'embouchure du canal qui sépare la Grande-Terre de la Basse-Terre. Cette ville possède un bon port et son commerce est florissant. Pop. : 15,000 âmes.

POINTE-DE-LA-GRANDE-VIGIE. — Cap de l'île de la Guadeloupe. Il est situé à l'extrémité septentrionale de l'île.

POINTE-DELAUNAY. — Cap de l'île de la Guadeloupe. Il est situé à l'extrémité méridionale.

POINTE-DES-CHATEAUX. — Cap de l'île de la Guadeloupe. Il est situé à l'extrémité orientale.

POIRÉ-SOUS-NAPOLÉON-VENDÉE (LE). — Chef-lieu de canton dans l'arrondissement de Napoléon-Vendée, département de la Vendée. Pop. : 3,600 âmes.

POISSONS. — Chef-lieu de canton dans l'arrondissement de Vassy, département de la Haute-Marne. Pop. : 1,600 âmes.

POISSY. — Petite ville du département de Seine-et-Oise. Elle est située sur la rive gauche de la Seine, et renommée par son marché de bestiaux, dont la vente produit à l'octroi de Paris, un revenu annuel d'environ 1,500,000 francs. Son ancien couvent des Ursulines a été converti en une maison de détention. Le roi saint Louis naquit dans cette ville.

POITIERS. — Ville épiscopale située au confluent de la Boivre et du Clain. C'est l'une des plus anciennes cités des Gaules, et le siège d'un des plus anciens évêchés de France. Chef-lieu aujourd'hui du département de la Vienne, son arrondissement comprend 10 cantons et 82 communes. On remarque sa cathédrale, l'église Saint-Jean, la caserne de cavalerie et la promenade de Blossac. Cette ville possède un séminaire, une académie universitaire, une école secondaire de médecine, une bibliothèque publique, un musée d'antiquités, un cabinet d'histoire naturelle, un jardin botanique et une société académique. Son commerce consiste en draps, étoffes de laine, bonneterie, pelleterie, bas drapés, grains, vins et eaux-de-vie, etc. Sa population est d'environ 24,000 âmes. C'est dans les environs de Poitiers que Clovis défit les Visigoths ; qu'en 732, Charles-Martel anéantit l'armée des Arabes ; et qu'en 1356, le roi Jean fut vaincu et fait prisonnier par Edouard III, roi d'Angleterre. C'est aussi dans ses environs qu'on voit les restes d'un amphithéâtre romain et un monument druidique appelé *pierre levée*.

POLA. — Petite ville de l'Istrie, qui renferme à peine aujourd'hui un millier d'habitants, et qui en comptait 30,000 au temps de Septime Sévère. Elle possède un superbe port qui servait de station à l'une des divisions de la flotte romaine ; et les ruines de monuments qu'on y voit encore, attestent quelle était sa splendeur passée. Ces monuments sont principalement l'*Arena*, vaste amphithéâtre ; la *Porta-Aurea*, arc de triomphe du style corinthien ; puis le temple d'Auguste et celui de Diane. On y admire aussi la cathédrale, construite au ixe siècle, et ornée de colonnes enlevées aux édifices anciens.

POLA. — Ile de la Polynésie. Elle est située au nord-ouest de la plus grande des îles de l'archipel des Navigateurs.

POLICASTRO. — Très-petite ville épiscopale de la Principauté citérieure, dans le royaume de Naples. Elle est située sur un golfe de la mer Tyrrhénienne auquel elle donne son nom. Pop. : 400 âmes.

POLICZKA. — Ville du cercle de Chrudim, en Bohême, dans l'empire d'Autriche. Pop. : 3,000 âmes.

POLIÉNAS. — Commune de l'arrondissement de Saint-Marcellin, département de l'Isère. Pop. : 1,200 âmes

POLIGNAC. — Bourg de l'arrondissement du Puy, dans le département de la Haute-Loire. Son château, aujourd'hui en ruines, avait été construit, dit-on, sur l'emplacement d'un ancien temple d'Apollon.

POLIGNANO. — Ville épiscopale de la terre de Bari, dans le royaume de Naples. Elle est située près de la mer Adriatique. Pop. : 7,000 âmes.

POLIGNY. — Petite ville située au milieu des montagnes, dans le département du Jura. Chef-lieu d'arrondissement, elle comprend 7 cantons et 147 communes. Elle possède un collège, fait un commerce de grains, de vins et d'huile de navette, et sa population est d'environ 6,000 âmes. On voit, à une lieue de cette ville, de vastes constructions romaines, appelées les *Chambrettes*, mais dont on ignore quelle était la destination. On trouve aussi, aux environs de Poligny, deux pierres druidiques.

POLISTINA. — Ville de la Calabre ultérieure première, dans le royaume de Naples. En 1503, les Français y furent vaincus par Gonzalve. Pop. : 4,000 âmes.

POLLENZA. — Ville de l'île Majorque, l'une des Baléares, royaume d'Espagne. Elle est située non loin de la baie de son nom, où elle possède un port. Cette ville fut fondée l'an 144, par le consul Quintus Cécilius-Métellus. Pop. : 7,000 âmes.

POLOCK ou POLOTZK. — Petite ville du gouvernement de Witebsk, en Russie. Elle est le siège d'un évêché catholique, et possédait naguère un collège dirigé par des Jésuites, auquel a succédé une école militaire. Pop. : 10,000 âmes.

POLOGNE. — Royaume qui fait partie de l'empire de Russie. Il est compris entre 50° 4' et 55° 6' de latitude nord, et entre 15° 20' et 21° 48' de longitude est. Ses confins sont, au nord et à l'ouest, les Etats prussiens; au sud, la Gallicie, et à l'est, la Russie dont le Bug et le Niémen le séparent en partie. Il est principalement arrosé par le Niémen, la Vistule, le Bug et la Warthe, et divisé en huit voïvodies qui portent les noms de Mazovie, Kalisk, Cracovie, Sandomir, Lublin, Podlaquie, Plock et Augustow. Sa capitale est Varsovie. La Pologne est une contrée froide, généralement couvertes de marais et de forêts; mais assez fertile en céréales sur quelques points. Pop. : 3,400,000 âmes.

POLTAVA ou PULTAVA. — Ville épiscopale, chef-lieu du gouvernement de ce nom, en Russie. Elle possède un séminaire et un gymnase, et l'on y remarque le monument élevé à Pierre le Grand, en mémoire de la bataille qu'il gagna sur Charles XII, roi de Suède, sous les murs de cette ville. Pop. : 8,000 âmes.

POLYNESIE ou OCEANIE ORIENTALE. — Elle est située entre 125° de longitude orientale et 105° de longitude occidentale et entre 56° de latitude australe et 35° de latitude boréale. Elle se compose des archipels Mounin-Volcanique, Marianes, Palaos, Carolines, Central, Viti, Tonga, Ooua-Horn et Hamoa ou Bougainville, du groupe de Kermadec, de l'archipel de Cook, du groupe de Toubouai, des archipels de Tahiti, Paumotou, Mendana et Hawaii, et des Sporades boréales. Une partie de ces îles sont basses et et presque à fleur d'eau; d'autres, au contraire, présentent des montagnes plus ou moins élevées et fréquemment de forme conique; et la majeure partie sont entourées de récifs.

POMBAL. — Ville de l'Estremadure, en Portugal. Pop. : 5,000 âmes.

POMERANIE. — Province du royaume de Prusse. Elle est située au nord et divisée en trois régences: Stettin, Straslsund et Köslin. Son chef-lieu est Stettin. Pop. : 1,056,000 âmes.

POMMARD. — Village de l'arrondissement de Beaune, dans le département de la Côte-d'Or. Son territoire produit un vin renommé. Pop. : 1,200 âmes.

POMMERIT-LE-VICOMTE. — Commune de l'arrondissement de Saint-Brieuc, département des Côtes-du-Nord. Pop. : 3,000 âmes.

POMONA ou MAINLAND. — Une des îles Orcades. Elle est située au nord de l'Ecosse, et sa longueur est de 36 kilomètres. Kirkewal est son chef-lieu. Pop. : 15,000 âmes.

POMPADOUR. — Village et château de l'arrondissement de Brive, dans le département de la Corrèze. On y trouve un dépôt d'étalons.

POMPEIA ou POMPÉI. *Voy.* TORRE DELL' ANNUNZIATA.

POMPEY. — Ville du New-York, aux Etats-Unis. On y voit les ruines d'une grande cité, bâtie par un ancien peuple indien. Pop. : 5,000 âmes.

POMPIGNAN. — Joli village situé près de Grisolles, dans le département de la Haute-Garonne. Il est dominé par un château et un parc, ancienne demeure de la famille Lefranc de Pompignan, et où l'auteur des *Cantiques* composa la plupart de ses œuvres. Pop. : 800 âmes.

POMPIGNAN. — Commune de l'arrondissement du Vigan, dans le département du Gard. Pop. : 1,300 âmes.

PONCE. — Petite ville de l'île de Porto-Rio, l'une des Antilles espagnoles. Elle est renommée par la richesse de ses plantations. Pop. : 8,000 âmes.

PONCIN. — Chef-lieu de canton dans l'arrondissement de Nantua, département de l'Ain. On y fabrique du carton pour les métiers à la Jacquard. Pop. . 2,000 âmes.

PONDICHÉRY. — Grande et belle ville, possession de la France, dans l'Inde. Elle est située sur la côte de Coromandel, dans le Carnate, et possède une bonne rade et une citadelle. On la divise en *ville blanche* et en *ville noire*, d'après ses habitants, et l'on y remarque l'hôtel du gouverneur et le bazar. Cette ville possède un collége, quelques écoles, un mont-de-piété, un jardin botanique, des fabriques de mouchoirs dits *de Madras*, et son territoire est consacré à la culture de la canne à sucre, de l'indigo et du mûrier. Pondichéry est le siége du gouvernement des colonies françaises en Asie, et celui des cours de justice. Pop. : 25,000 âmes.

PONFERRADA. — Ville de la province de Léon, en Espagne. Elle est située sur le Sil, dans le lit duquel on recueille des paillettes d'or très-fin. Pop. : 2,500 âmes.

PONGOS. — Fleuve navigable d'Afrique. Il est situé sur la côte de Sierra-Leone, et se jette dans l'Atlantique, vis-à-vis l'île de son nom.

PONS. — Petite ville, chef-lieu de canton dans l'arrondissement de Saintes, département de la Charente-Inférieure. Elle est située sur la Seugne, affluent de la Charente. Pop. : 4,600 âmes.

PONT-A-MARCQ. — Chef-lieu de canton dans l'arrondissement de Lille, département du Nord. Pop. : 800 âmes.

PONT-A-MOUSSON. — Ville traversée par la Moselle, dans le département de la Meurthe. Elle possède un collége, et son commerce consiste en grains, eaux-de-vie, draperie, bonneterie, chapellerie, etc. Sa population est d'environ 7,000 âmes. Jean Barclay naquit dans cette ville.

PONT-AUDEMER. — Petite ville située sur la Rille, qui communique avec la Seine. Chef-lieu d'arrondissement dans le département de l'Eure, elle comprend 8 cantons et 140 communes. Son commerce consiste en cuirs tannés, mégisserie, velours, papiers, bestiaux, cidre, etc., et sa population est d'environ 7,000 âmes.

PONT-AVEN. — Chef-lieu de canton de l'arrondissement de Quimperlé, département du Finistère. Il est situé sur la rivière de même nom, non loin de son embouchure dans l'Atlantique. Pop. : 900 âmes.

PONT-CHATEAU. — Chef-lieu de canton dans l'arrondissement de Savenay, département de la Loire-Inférieure. Pop. : 3,500 âmes.

PONT-CROIX —Chef-lieu de canton dans l'arrondissement de Quimper, département du Finistère. Pop. : 2,200 âmes.

PONT-D'AIN. — Chef-lieu de canton dans l'arrondissement de Bourg, département de l'Ain. On y voit un château fort qui fut la résidence des princes de Savoie. Pop. : 1,300 âmes.

PONT-DE-BEAUVOISIN. — Petite ville située sur le Guiers, dans l'arrondissement de la Tour-du-Pin, département de l'Isère. Le pont qu'on y passe sert de communication entre la frontière de la France et la frontière sarde. Cette ville possède un collége et des sources minérales. Pop. : 2,200 âmes.

PONT-DE-CÉ. — Petite ville située sur la Loire, dans le département de Maine-et-Loire. Elle est remarquable par une suite de ponts et de chaussées au moyen desquels on franchit les bras et les îles du fleuve, et ce passage est devenu célèbre par la défaite de l'armée de Marie de Médicis, en 1620. On voit aussi, dans les environs de cette ville, les ruines d'un camp romain.

PONT-DE-L'ARCHE.—Chef-lieu de canton dans l'arrondissement de Louviers, dans le département de l'Eure. Il est situé sur la rive gauche de la Seine, et la marée remonte jusqu'à cet endroit. Pop. : 1,700 âmes.

PONT-DE-MONTVERT. — Chef-lieu de canton dans l'arrondissement de Florac, département de la Lozère. Pop. : 1,400 âmes.

PONT-DE-ROIDE. — Chef-lieu de canton dans l'arrondissement de Montbéliard, département du Doubs. Il est situé sur la rive gauche du Doubs. On y trouve un haut fourneau. Pop. : 800 âmes.

PONT-DE-VAUX. — Petite ville située sur la Reyssousse, non loin de la Saône, dans l'arrondisement de Bourg, département de l'Ain. Elle fait un commerce de grains, de chanvre, de bestiaux, de volaille, de cuirs tannés, etc., et sa population est d'environ 3,000 âmes.

PONT-DE-VEYLE. — Chef-lieu de canton dans l'arrondissement de Bourg, département de l'Ain. Il est situé sur la Veyle. Pop. : 1,300 âmes.

PONT-DU-CHATEAU. — Petite ville, chef-lieu de canton dans l'arrondissement de Clermont, département du Puy-de-Dôme. Elle est située sur l'Allier, dans la riche vallée de la Limagne. On y embarque des vins et de la houille pour Paris. Pop. : 3,600 âmes.

PONT-L'ABBÉ — Chef-lieu de canton dans l'arrondissement de Quimper, département du Finistère. Pop. : 3,300 âmes.

PONT-L'EVEQUE. — Petite ville du département du Calvados. Elle est située sur la Touque. Chef-lieu d'arrondissement, elle comprend 5 cantons et 116 communes. On y fait un commerce de bestiaux, de cidre, de beurre et de fromages renommés. Pop. : 2,300 âmes.

PONT-SAINTE-MAXENCE.— Chef-lieu de canton dans l'arrondissement de Senlis, département de l'Oise. Il est situé sur l'Oise. Pop. : 2,500 âmes.

PONT-SAINT-ESPRIT. — Petite ville, chef-lieu de canton dans l'arrondissement d'Uzès, département du Gard. Elle est située sur la droite du Rhône, qu'on y passe sur un pont de 24 arches, et long d'environ 800 mètres. Ce pont, qui date de la fin du XIIIe siècle, fut construit par l'ordre des frères Pontifices. La ville du Pont-Saint-Esprit fait un commerce de soie, de vins et d'huiles. Pop. : 5,300 âmes.

PONT-SCORFF.—Chef-lieu de canton dans l'arrondissement de Lorient, département du Morbihan. On y trouve des fabriques de lacets, de poterie et des tanneries. Pop. : 1,600 âmes.

PONT-SUR-YONNE. — Chef-lieu de canton dans l'arrondissement de Sens, département de l'Yonne. Il est situé sur la rive gauche de l'Yonne. On y trouve des tuileries. Pop. : 1,900 âmes.

PONT VALAIN. — Chef-lieu de canton, dans l'arrondissement de la Flèche, département de la Sarthe. Il est situé sur la Loue. Pop. : 2,000 âmes.

PONT-Y-POOL. — Ville du comté de Monmouth, en Angleterre. Elle possède des fabriques de porcelaines et d'objets en étain, et l'on trouve aussi, dans son voisinage, de nombreuses usines à fer. Pop. : 4,000 âmes.

PONTA-DELGADA. — Chef-lieu de l'île de San-Miguel, dans l'archipel des Açores. Cette ville est assez bien bâtie ; elle possède un port, et environ 16,000 habitants. Son industrie et son commerce ont une certaine importance.

PONTACQ. — Chef-lieu de canton, dans l'arrondissement de Pau, département des Basses Pyrénées. Pop. : 3,100 âmes.

PONTARLIER. — Petite ville située sur le Doubs, près du Jura, dans le département du Doubs. Chef-lieu d'arrondissement, elle comprend 5 cantons et 89 communes. Elle possède un collége, fait un commerce de grains, d'eaux-de-vie, de fer, de toile, de mousseline, etc., et sert d'entrepôt aux marchandises échangées entre la France et la Suisse. Sa population est d'environ 5,000 âmes. On voit dans ses environs, une source intermittente appelée la *Fontaine ronde*, et une vaste grotte, composée d'une suite de cavités, placées à divers étages.

PONTAUMUR. — Chef-lieu de canton dans l'arrondissement de Riom, département du Puy-de-Dôme. Pop. : 1,900 âmes.

PONTCHARTRAIN.—Lac des Etats-Unis. Il est situé près et au nord de la Nouvelle-Orléans, et s'écoule dans le lac Borgne. Sa longueur est de 70 kilomètres.

PONTE-DI-LAGO-SCURO. — Petite ville de la légation de Ferrare, dans l'Etat du Pape. Elle est située sur le Pô, et importante par son commerce de transit, que favorise un port franc. Sa population est d'environ 2,500 âmes.

PONTEFRACT. — Ville du comté d'York, en Angleterre. On y voit les ruines du château célèbre où Thomas de Lancaster fut renfermé, sous le règne d'Edouard II, et où Richard II fut confiné et assassiné. Pop. : 5,000 âmes.

PONTEVEDRA. — Chef-lieu de la province de ce nom, en Espagne. Cette ville est importante par son port, son commerce et ses pêcheries de sardines. Pop. 5,000 âmes.

PONTGIBAUD. — Chef-lieu de canton dans l'arrondissement de Riom, département du Puy-de-Dôme. Il possède des sources ferrugineuses, et l'on trouve dans son voisinage, des mines de plomb argentifère. Pop. : 1,000 âmes.

PONTIANAK. — Chef-lieu du pays de Laudak, dans l'île de Bornéo. Cette ville est située près de l'embouchure du Pontianak, et son district est renommé par ses riches mines de diamants. C'est la résidence d'un sultan et d'un gouverneur hollandais. Pop. : 3,000 âmes.

PONTIVY ou NAPOLEONVILLE. — Petite ville située sur le Blavet, dans le département du Morbihan. Chef-lieu d'arrondissement; elle comprend 17 cantons et 49 communes. Elle possède un collège et de magnifiques casernes. Sa population est d'environ 5,600 âmes.

PONTOISE. — Petite ville bâtie en amphithéâtre sur les rives de l'Oise et de la Vionne. Chef-lieu d'arrondissement du département de Seine-et-Oise, elle comprend 7 cantons et 162 communes. Sa population est d'environ 5,500 âmes. Elle fait un commerce assez étendu de blé et de farine, de bestiaux, d'œufs, de toiles, de quincaillerie, de ferreries, de canons et de fusil, et de pierres meulières. Cette ville a donné naissance à Philippe le Hardi.

PONTORSON. — Chef-lieu de canton dans l'arrondissement d'Avranches, département de la Manche. Il est situé sur la droite du Couesnon. On y trouve des fabriques de toiles et de dentelles. Pop. : 1,900 âmes.

PONTRIEUX. — Chef-lieu de canton dans l'arrondissement de Guingamp, département des Côtes-du-Nord. Pop. : 1,800 âmes.

POOLE. — Ville du comté de Dorset, en Angleterre. Elle est située sur la baie de son nom, que forme la Manche. Pop. : 6,500 âmes.

POPAYAN. — Ville épiscopale, chef-lieu de la province de ce nom, dans la république de la Nouvelle-Grenade, Colombie. Elle est située sur le fleuve Popayan et dans une superbe position : mais au pied des volcans de Puracé et Sotora. Elle possède une université, un collège, un hôtel des monnaies, et son commerce est assez florissant. On trouve dans ses environs, et au village de Puracé, les célèbres cascades de la rivière Pusambio, dont l'eau est acide, ce qui l'a fait nommer par les Espagnols, *Rio-Vinagre*. Ces cascades sont au nombre de trois, et la hauteur de la seconde est de plus de 120 mètres.

POPERINGUE. — Ville de la Flandre orientale, en Belgique. On y trouve des fabriques d'étoffes de laine, et du tabac, et l'on y fait un grand commerce de houblon. Pop. : 10,000 âmes.

POPOCATEPELT. — Volcan du Mexique. Il est situé dans l'Etat de la Puebla. Son sommet, qui est couvert de neiges perpétuelles, s'élève à 5,500 mètres au-dessus du niveau de la mer.

POPRAD. — Rivière navigable d'Allemagne. Elle prend sa source aux monts Carpathes, en Hongrie, et s'unit au Dunajec, en Gallicie, après un cours d'environ 145 kilomètres.

PORCO. — Petite ville du département de Potosi, dans la république de Bolivia. Les mines d'argent qu'on exploitait autrefois dans ses environs, lui donnaient une importance dont elle est déchue aujourd'hui.

PORCUNA. — Ville de la province de Jaen, en Espagne. On y trouve des salines. Pop. : 7,000 âmes.

PORE. — Chef-lieu de la province de Casanare, dans la république de la Nouvelle-Grenade. C'est une très petite ville que les guerres de l'indépendance ont ruinée. Pop. : 500 âmes.

PORENTRUY. — Petite ville du canton de Berne, en Suisse. Elle était autrefois la capitale de l'évêché souverain de Bâle. Aujourd'hui, elle a quelque importance par ses fabriques d'armes et de coton. Pop. : 2,500 âmes.

PORLOCK. — Village du comté de Somerset, en Angleterre. Il est situé sur le canal de Bristol, et ses bains de mer sont très fréquentés. Pop. : 1,000 âmes.

PORNIC. — Chef-lieu de canton dans l'arrondissement de Paimbœuf, département de la Loire-Inférieure.

POROS ou SPHOERIA. — Ile et ville des Sporades, royaume de Grèce. Son port, qui est superbe et à double entrée, a été déclaré *port militaire du royaume*. On voit, dans son voisinage, l'îlot de Calouria, où se trouvent les restes d'un temple de Neptune. Pop. : 3,000 âmes.

PORQUEROLLES. — Une des îles d'Hyères. Elle est située dans la Méditerranée, près de la côte du département du Var, et se trouve séparée de la presqu'île de Giens, par un canal de 2 kilomètres de largeur. Pop. : 100 âmes.

PORT-AU-PRINCE. — Chef-lieu du département de l'Ouest et capitale de l'empire d'Haïti. Cette ville est bâtie au fond du golfe de la Gonave, et possède un port et une belle rade, mais son climat est malsain. On y remarque le palais impérial et l'arsenal; on y trouve un lycée et une école de médecine; et son commerce est assez florissant. Pop. : 15,000 âmes.

PORT-BAIL. — Commune de l'arrondissement de Valognes, dans le département de la Manche. Elle est située sur la Manche, où elle possède un port. Pop. : 2,100 âmes.

PORT-D'ESPAGNE. — Chef-lieu de l'île

anglaise de la Trinité, dans les petites Antilles. Pop. : 11,000 âmes.

PORT-DU-ROI-GEORGES. — Il est situé sur la côte sud-est de la Nouvelle-Hollande, et les Anglais y ont fondé un établissement.

PORT-ETCHES. — Etablissement russe dans l'île de Tchalkha, groupe du même nom, Amérique russe. Il est protégé par un fort.

PORT-FAMINE. — En Amérique. Il est situé sur un enfoncement formé par la péninsule de Brunswick, qui se projette dans le détroit de Magellan, et c'est l'emplacement de la Ciudad-Real-de-Felipi ou Philippoli, fondée en 1582 par Sarmiento, d'après l'ordre de Philippe II. C'était la forteresse la plus australe de tout le globe.

PORT-GLASGOW. — Jolie petite ville du comté de Lanerk, en Ecosse. Elle est située sur la rive gauche de la Clyde, et c'est dans son port que s'arrêtent les vaisseaux qui ne peuvent remonter jusqu'à Glasgow. Pop. : 5,000 âmes.

PORT-JACKSON. — Dans la Nouvelle-Hollande. C'est une baie formée au sud-est par le grand Océan, et la ville de Sidney est située sur la côte sud de cette baie.

PORT-LESNEY. — Commune de l'arrondissement de Poligny, dans le département du Jura. Pop. : 800 âmes.

PORT-LINCOLN. — Petite ville de l'Australie méridionale. Elle est située sur la côte sud-ouest du golfe Spencer, et possède un port magnifique. Son commerce est très-florissant.

PORT-LOUIS. — Petite ville située à l'embouchure du Blavet, dans le département du Morbihan. Elle est importante par ses fortifications et par son port que fonda Louis XIII. Une certaine renommée lui est aussi acquise par ses pêcheries et son commerce de sardines. Pop. 3,200 âmes.

PORT-LOUIS. — Bourg de la Guadeloupe. Il est situé dans le canton du Moule et à l'entrée du Grand-cul-de-sac. Pop. : 4,700 âmes.

PORT-LOUIS. — Chef-lieu de l'île Maurice ou île de France. Cette ville est bien bâtie, possède un port, et c'est la résidence du gouverneur général des établissements anglais dans l'océan Indien. Elle est divisée en *ville blanche* et *ville noire*, et cette dernière comprend trois quartiers : le *camp libre*, résidence des anciens affranchis, noirs ou mulâtres ; le *camp malabar*, qu'habitent les Indiens ; et le *camp chinois*, où se trouvent réunis les Asiatiques de diverses nations. On visite, dans le voisinage de Port-Louis, le *Jardin de l'Etat*, célèbre collection des richesses botaniques de l'Orient. Pop. : 35,000 âmes.

PORT-MAQUARIE. — Ville de la Nouvelle-Galles méridionale. Elle est située à l'embouchure du fleuve Hastings.

PORT-MAURICE. — Ville du royaume sarde. Elle est située sur le golfe de Gènes où elle possède un port. Pop. : 5,000 âmes.

PORT-PATRICK. — Petite ville du comté de Wigton, en Ecosse. Son port est le passage le plus court pour se rendre à Donaghadee, en Ecosse.

PORT-PHILIPPE. — Commune de l'arrondissement de Lorient, département du Morbihan. Elle est située sur la côte de l'île de Belle-Ile. Pop. : 1,500 âmes.

PORT-PLATE. — Petite ville du département du Nord-Est, dans l'empire d'Haïti. Elle possède un port et fait une grande exportation d'acajou et autres produits de l'île.

PORT-RAFFLES. — Etablissement fondé par les Anglais dans l'île de Melville, au nord de la Nouvelle-Hollande. Il est situé sur le détroit qui sépare cette île de Bathurst.

PORT-ROYAL. — Petite ville de l'île de la Jamaïque, l'une des Antilles anglaises. Elle est importante par ses fortifications et son port. Pop. : 6,500 âmes.

PORT-ROYAL. — Chef-lieu de l'île de la Martinique, l'une des Antilles françaises. Elle est fortifiée, possède un beau port, et c'est le siège des administrations de la colonie. Pop. : 10,000 âmes.

PORT-SAINTE-MARIE. — Chef-lieu de canton dans l'arrondissement d'Agen, département de Lot-et-Garonne. Il est situé sur la rive droite de la Garonne et sur le chemin de fer de Bordeaux à Cette. Pop. : 3,000 âmes.

PORT-SAINT-PÈRE. — Commune de l'arrondissement de Paimbœuf, département de la Loire-Inférieure. Pop. : 1,800 âmes.

PORT-STEPHENS. — Il est situé dans la Nouvelle-Galles méridionale, par 32° 43' de latitude sud et 149° 40' de longitude est.

PORT-SUR-SAONE. — Chef-lieu de canton dans l'arrondissement de Vesoul, département de la Haute-Saône. Il est situé sur la Saône, et l'on y trouve des forges. Pop. : 2,200 âmes.

PORT-VENDRES. — Petite ville de l'arrondissement de Céret, dans le département des Pyrénées-Orientales. Elle est fortifiée et possède un beau port sur la Méditerranée, lequel eut son bassin creusé vers la fin du xviiie siècle. On remarque, dans cette ville, la place publique qui est ornée de fontaines et d'un obélisque en marbre élevé à Louis XVI. Pop. : 1,300 âmes.

PORT-WESTERN. — Il est situé sur la côte méridionale de la Nouvelle-Hollande, dans la terre de Grant. Les Anglais y ont un établissement.

PORTAGE. — On appelle ainsi, en Amérique, un espace de terre de peu d'étendue, compris entre deux cours d'eau navigables. Cette désignation vient de ce que les Américains qui voyagent dans l'intérieur du pays sont fréquemment obligés de remonter ou de descendre les rivières et quelquefois forcés, pour abréger leur route, de *porter* leurs canots d'une rivière à l'autre.

PORTALEGRE. — Ville épiscopale de l'Alentejo, en Portugal. On y trouve une importante manufacture de draps. Pop. : 6,000 âmes.

PORTALEGRE. — Chef-lieu de la province de San-Pedro, au Brésil. C'est une petite ville qui possède un port, et dont le commerce est florissant. Pop. : 15,000 âmes.

PORTCROS. — Une des îles d'Hyères

dans la Méditerranée. Elle est située près de la côte du département du Var. C'est celle du milieu.

PORTENDIK. — Port du Sahara. Il est situé au sud-ouest sur l'Atlantique. On y fait un commerce de gomme.

PORTES-CASPIENNES. — Défilé du mont Coronus, à l'est de l'ancienne Médie.

PORTES-DE-SYRIE. — Défilé du mont Amanus, entre la Syrie et la Cilicie.

PORTICI. — Petite ville située au pied du Vésuve, dans les environs de Naples. On y remarque le palais du roi, et on y compte à peu près 5,000 habitants.

PORTLAND. — Petite péninsule (et non pas une île) du comté de Dorset, en Angleterre. On y exploite de nombreuses carrières de pierre et de marbre qui servent à la construction et au pavage de différentes villes du royaume. Pop. : 2,300 âmes.

PORTLAND. — Ville de l'Etat du Maine, aux Etats-Unis. Elle est située sur une presqu'île, et possède un des meilleurs ports de l'Amérique. Sa marine marchande est considérable, et son commerce est des plus florissants. Pop. : 15,000 âmes.

PORTLAND. — Groupe de petites îles de l'Australie. Il est situé dans l'archipel de la Nouvelle-Bretagne, à l'ouest de l'île de la Nouvelle-Hanovre.

PORTO. — Ville épiscopale du Minho, en Portugal. Elle est bâtie dans une heureuse position, non loin de l'embouchure du Douro. On y remarque la cathédrale et l'église des Clerigos, l'hôtel de ville, le palais de justice, l'hôpital royal et les magasins de la compagnie des vins. Cette ville possède un séminaire, une école de chirurgie et d'anatomie, et une école de marine et de commerce; elle fait un commerce assez considérable, particulièrement des vins qui portent son nom; et sa population est d'environ 60,000 âmes.

PORTO-BELLO. — Très-petite ville de la province de Panama, dans la république de la Nouvelle-Grenade. Elle est réputée à la fois par la beauté de son port et par l'insalubrité de son climat, qui lui a valu le triste surnom de *tombeau des Européens*. Cependant il s'y est tenu longtemps une des plus riches foires du monde. Pop. : 5,000 âmes.

PORTO-CALVO. — Gros bourg de la province d'Alagoas, au Brésil. Il est situé sur un petit affluent de l'Atlantique. Pop. : 6,000 âmes.

PORTO-FARINA. — Petite ville de l'Etat de Tunis. Elle est située sur la côte et près de l'embouchure de la Medjerdah, où elle possède un port. On trouve dans son voisinage les ruines d'*Utica*, d'où l'on a retiré plusieurs statues, telles que les colosses d'Auguste et de Tibère.

PORTO-FELIZ. — Ville de la province de Saint-Paul, au Brésil. Elle est située sur la gauche du Tiete. Pop. : 10,000 âmes.

PORTO-FERRAJO. — Petite ville fortifiée, chef-lieu de l'île d'Elbe, dans la Méditerranée. C'est une dépendance du grand duché de Toscane. On y remarque le palais du gouverneur, qu'habita Napoléon depuis le mois de mai 1814 jusqu'au 26 février 1815. Pop. : 2,000 âmes.

PORTO-LEONE. — Petite ville de l'Attique, royaume de Grèce. C'est l'ancien *Pirée*, port d'Athènes. Sa population est d'environ 5,000 âmes.

PORTO-LONGONE. — Petite ville de l'île d'Elbe, dans la Méditerranée. Elle est importante par ses fortifications et son port. Pop. : 1,200 âmes.

PORTO-NOVO. — Ville de la présidence de Madras, dans l'empire indo-britannique. Elle est située sur le golfe du Bengale, et son port est regardé comme le plus sûr de toute la côte de Coromandel. On voit dans le voisinage de cette ville le temple de Tchillambaram, l'un des chefs-d'œuvre de l'architecture indienne. Pop. : 10,000 âmes.

PORTO-REAL. — Port de la province de Goyaz, au Brésil. Il est situé sur la droite du Tocantins. Pop. : 4,000 âmes.

PORTO-SEGURO. — Ville de la province de Bahia, au Brésil. Elle est située sur l'Atlantique. Pop. : 2,000 âmes.

PORTO-VECCHIO. — Petite ville, chef-lieu de canton dans l'arrondissement de Sartène, en Corse. Elle possède un port spacieux, et la seule saline qui soit dans l'île. Pop. : 2,000 âmes.

PORTOGRUARO. — Ville du royaume lombard-vénitien, empire d'Autriche. C'est la résidence de l'évêque de Concordia. Pop. : 3,500 âmes.

PORTORICO. — Ile du golfe du Mexique. Elle fait partie de l'archipel des Antilles. Sa longueur est d'environ 160 kilom. sur 80 de largeur, et elle se trouve divisée par une chaîne de montagnes couverte de bois. Son climat est analogue à celui des autres Antilles; mais l'hiver y est plus humide et malsain. Le sol y est très-fertile et produit spontanément l'indigo, le cacao, le rocou, etc. ; puis on y cultive la canne à sucre et le caféier. San-Juan est le chef-lieu de cette île. Pop. : 290,000 âmes.

PORTSMOUTH. — Ville du comté de Southampton ou Hampshire, en Angleterre. C'est la ville la plus importante du royaume comme place forte et comme établissement maritime. On y admire la magnifique rade de Spithead, et des usines à vapeur où se fabriquent une foule d'objets pour le service des vaisseaux ; et on y trouve aussi une école d'architecture navale et un collège de marine. Pop. : 64,000 âmes.

PORTSMOUTH. — Ville du New-Hampshire, aux Etats-Unis. Elle est située sur le Piscataqua, et possède un port et une nombreuse marine marchande qui rend son commerce florissant. On y remarque l'église épiscopale et l'arsenal maritime. Pop. : 8,000 âmes. Il y a une autre ville de ce nom dans l'Etat de l'Ohio. Pop. : 1,100 âmes.

PORTSOY. — Petite ville du comté de Banff, en Ecosse. Elle est située sur le golfe de Murray, où elle possède un port. On exploite sur son territoire des carrières de serpentine dite *marbre de Portsoy*, et du granit. Pop. 3,000 âmes.

PORTUGAL (ROYAUME DE). — Il est situé entre 8° 46' et 11° 31' de longitude occidentale, et entre 36° 58' et 42° 7' de latitude. Sa plus grande longueur, depuis les environs de Melgaço, dans le Minho, jusqu'aux environs de Faro, dans l'Algarve, est de 309 milles; et sa plus grande largeur, depuis les environs de Campo-Maior, dans l'Alem-Tejo, jusqu'au cap Roca, dans l'Estremadure, est de 129 milles. Il a pour limites, au nord et à l'est le royaume d'Espagne, et au sud et à l'ouest l'océan Atlantique. Les montagnes qui s'y montrent sont une continuation des chaînes qui appartiennent au *système hespérique*, qui traverse l'Espagne; et ses points culminants sur le sol portugais sont, dans le groupe méridional, la Foya, haute de 1,237^{m}72; dans le groupe central et la province de Beira, la Serra d'Estrella, dont l'altitude est de 2,087^{m}18; et dans le groupe septentrional et la province de Minho, le Gaviara, ayant une élévation d'environ 2,386 mètres.

Les fleuves qui arrosent le Portugal ont tous leur embouchure dans l'océan Atlantique. Ce sont le *Minho* et la *Lima*, qui viennent d'Espagne; le *Douro*, qui vient aussi d'Espagne, et ayant pour affluents sur le sol portugais le Sabor, la Tua, la Tamega, l'Agueda et la Coa; la *Vouga*, qui naît dans les montagnes du Beira; le *Mondego*, qui prend sa source dans l'Estrella; le *Tage*, qui vient d'Espagne, et a pour affluents, en Portugal, l'Elga, le Ponsel, le Zezere, le Cunha, le Sever et le Zatas; le *Sado*, dont la source se trouve dans l'Alem-Tejo; et la *Guadiana*, qui vient encore d'Espagne. On ne rencontre sur les côtes de Portugal que quelques îlots, dont les plus remarquables sont le groupe des Berlengas, vis-à-vis de Peniche, dans l'Estremadure, et celui de Faro, dans l'Algarve; mais ce royaume possède dans l'Océan, et à environ 800 milles de son continent, l'archipel des Açores.

La division administrative de la monarchie portugaise se compose des provinces d'Estremadure, d'Alem-Tejo, de Beira, de Minho, de Tras-os-Montes et d'Algarve; l'archipel des Açores comprend les îles de Terceire, de San-Jorge, de Graciosa, de Fayal, de Pico, de Flores, de Corvo, de San-Miguel et de Santa-Maria. LISBONNE est la capitale du royaume.

PORTUGALÈTE. — Petite ville de la Biscaye, en Espagne. Elle est située sur la rive gauche de l'Ansa, près de son embouchure, et sert de port à Bilbao. On trouve dans son voisinage des mines de fer. Pop. : 1,200 âmes.

POSEN. — Ville archiépiscopale, chef-lieu du grand-duché de ce nom, en Prusse. Elle est située sur la Wartha, et florissante par son commerce que favorisent trois grandes foires qui s'y tiennent annuellement. On y remarque la cathédrale et l'hôtel de ville. Elle possède un gymnase, un séminaire théologique, un séminaire pour les maîtres d'école, une école des métiers, et 28,000 habitants.

POTENZA. — Ville épiscopale, chef-lieu de la Basilicate, dans le royaume de Naples. On y trouve un collège. Pop. : 9,000 âmes.

POTENZA. — Rivière de l'Etat du pape. Elle passe près de Macerata, et se jette dans l'Adriatique, non loin de Lorette, après un cours de 80 kilomètres.

POTOMAC. — Fleuve des Etats-Unis. Il prend sa source aux monts Alleghany, sépare la Virginie du Maryland, passe à Washington, et se jette dans la baie de Chesapeak, après un cours de 400 kilomètres.

POTOSI. — Grande ville, chef-lieu dans le département de Chuquisaca, dans la république de Bolivia. Elle est située à 4,058 mètres au-dessus du niveau de la mer, et au pied du Cerro de Potosi, si renommé par l'immense produit que donne, depuis quatre siècles, la masse d'argent qui gît dans son sein. Cette ville, très-mal bâtie, possède un collège et un hôtel des monnaies, et après avoir eu 160,000 habitants, elle ne compte plus qu'une population de 9,000 âmes.

POTOSI. — Montagne considérable de l'Amérique du Sud. Elle est située dans la province de la Plata, par le 312° 30' de longitude, et le 20° 40 de latitude méridionale. Sa forme est celle d'un pain de sucre, et sa couleur est d'un brun rouge. Le Potosi est célèbre par la richesse des mines d'argent qu'il renferme : découvertes en 1545 et toujours exploitées depuis lors, elles fournissaient déjà, en 1638, au delà de 380,600,000 piastres, sans compter ce que la fraude ravissait au fisc.

POTSDAM. — Petite ville du Brandebourg, en Prusse. C'est le chef-lieu du gouvernement qui porte son nom. On y remarque un magnifique château, résidence habituelle du roi, puis l'hôtel de ville, celui des invalides, la maison des exercices, celle des cadets, et le Casino. Cette ville possède un gymnase, un séminaire pour les maîtres d'école, une école d'industrie et une autre de jardinage, une société académique, et 32,000 habitants. On trouve, dans son voisinage, le fameux château de *Sans-Souci*, séjour favori du grand Frédéric; et enfin l'île des Paons, *Pfauen-Insel*, où s'élève la maison de plaisance que chérissait la reine Louise.

POTTSVILLE. — Petite ville de la Pensylvanie, aux Etats-Unis. C'est l'établissement principal de la compagnie du Schuylkille, qui exploite les mines de houille et de fer ouvertes dans les environs, et dont les produits sont transportés à Philadelphie par un canal construit par cette compagnie. Pop. : 3,000 âmes.

POUANCÉ. — Chef-lieu de canton dans l'arrondissement de Segré, département de Maine-et-Loire. On trouve, dans son voisinage, des mines de fer, des forges et des papeteries.

POUCHKOUR. — Ville de l'Hindoustan anglais. Elle est célèbre par son temple de Brahma, et la foire importante qui s'y tient.

POUGUES. — Chef-lieu de canton dans l'arrondissement de Nevers, département de la Nièvre. On y trouve des sources minérales. Pop. : 1,200 âmes.

POUHARRYS. — Peuple de l'Hindoustan anglais. Il habite la partie orientale du Bahar, et diffère des tribus voisines par sa religion, sa langue et ses mœurs.

POUHRA. — Ville de Kouhistan, en Perse. C'est le chef-lieu des Ourabhis, tribu des Beloutchis.

POUILLON. — Chef-lieu de canton dans l'arrondissement de Dax, département des Landes. On y trouve des eaux et des sources thermales. Pop. : 3,200 âmes.

POUILLY-EN-MONTAGNE. — Chef-lieu de canton dans l'arrondissement de Beaune, département de la Côte-d'Or. Pop. : 1,200 âmes.

POUILLY-SUR-LOIRE. — Chef-lieu de canton dans l'arrondissement de Cosne, département de la Nièvre. On récolte sur son territoire des vins blancs estimés. Pop. : 3,200 âmes.

POULIGUEN (Le) — Petit bourg maritime de l'arrondissement de Savenay, dans le département de la Loire-Inférieure. Il est situé au milieu de marais salants dont le produit annuel est d'environ 7,000,000 de kilogrammes de sel gris et blanc.

POULO-LAUT. — Ile de la Malaisie. Elle est située au sud-est et près de Bornéo.

POULTON. — Ville du comté de Lancaster, en Angleterre. On y trouve des bains de mer très-fréquentés. Pop. : 4,000 âmes.

POUNAH. — Ville de la présidence de Bombay, dans l'empire indo-britannique. Elle est située sur un vaste plateau, au confluent de la Mouta avec la Moula, et c'est l'une des mieux bâties de l'Inde. On y remarque le palais du peichwa et on y trouve un collége. Pop. 100,000 âmes.

POURBENDER. — Grande ville de la province de Guzarate, dans l'empire indo-britannique. Elle est située sur le golfe d'Oman. Elle est importante par son port et son commerce. Pop. 30,000 âmes.

POURNIAH. — Ville de la présidence de Calcuta, dans l'empire indo-britannique. Pop. : 40,000 âmes.

POURTROYE (La) — Chef-lieu de canton dans l'arrondissement de Colmar, département du Haut-Rhin. On y trouve une filature de coton. Pop. 2,700 âmes.

POUYASTRUC. — Chef-lieu de canton dans l'arrondissement de Tarbes, département des Hautes-Pyrénées. Pop. : 700 âmes.

POUZAUGES. — Chef-lieu de canton dans l'arrondissement de Fontenay, département de la Vendée. Pop. : 2,300 âmes.

POUZZOLE. — Petite ville épiscopale de l'intendance de Naples, royaume des Deux-Siciles. Elle est renommée par sa charmante situation et par ses antiquités. On y voit, entre autres restes, ceux d'un amphithéâtre appelé le *Coloseo*, et d'un temple consacré aux nymphes selon les uns, à Sérapis suivant les autres. On trouve, dans les environs de cette ville, les lacs Averne, Lucrin, Fusaro et Agnano; puis la célèbre *grotte du Chien*; enfin la *Solfatara*, montagne ignivome dont on retire une grande quantité de soufre, et le *Monte-Nuovo*, montagne formée en une seule nuit, dans l'année 1538, par une éruption volcanique, et qui s'éleva sur l'emplacement du bourg de Tripergola que cette catastrophe engloutit.

POZO-BLANCO. — Ville de la province de Cordoue, en Espagne. C'est la patrie de l'historien Sépulveda. Pop. : 7,000 âmes

PRABAT. — Village du royaume de Siam. On y vient en pèlerinage pour y admirer l'empreinte colossale de Bouddhâ.

PRADELLES. — Chef-lieu de canton dans l'arrondissement du Puy, département de la Haute-Loire. On y fait un commerce de fromages dits *de Saugues*. Pop. : 1,600 âmes.

PRADES. — Petite ville située sur le Thet, dans le département des Pyrénées-Orientales. Chef-lieu d'arrondissement, elle comprend 6 cantons et 101 communes. On cite son église, remarquable par la richesse de l'une de ses chapelles, et sur le territoire de cette ville sont répandues un grand nombre d'usines métallurgiques. Sa population est d'environ 3,000 âmes.

PRAGUE. — Ville archiépiscopale, située sur la Moldau qui la traverse. Elle est fortifiée, et c'est la capitale de la Bohême. On y remarque le Burg ou château impérial, la cathédrale ou Domkirche, l'église Saint-Veit, celle du Saint-Sauveur, et celle de Saint-Nicolas, l'archevêché, l'hôtel de ville, la douane, le grand hôpital, l'hôpital militaire, plusieurs palais, et le pont magnifique construit sur la Moldau. Cette ville possède un séminaire, une université, une école de chirurgie, une école vétérinaire, un institut polythecnique, trois gymnases, une bibliothèque publique, une académie de peinture, un conservatoire de musique, et plusieurs sociétés académiques. On y trouve en outre un grand nombre de fabriques activées par un commerce florissant. Pop. : 130,000 âmes.

PRAHECQ. — Chef-lieu de canton dans l'arrondissement de Niort, département des Deux-Sèvres. Pop. : 1,100 âmes.

PRAIRIE-DU-CHIEN. — Ville de Wisconsin, aux Etats-Unis. Elle est sur la rive gauche du Mississipi et près du confluent du Wisconsin.

PRANLES. — Commune de l'arrondissement de Privas, dans le département de l'Ardèche. On y trouve des sources minérales. Pop. 1,800 âmes.

PRASONCOUPE. — Superbe volcan éteint situé dans l'arrondissement de l'Argentière, département de l'Ardèche.

PRAT. — Commune de l'arrondissement de Lannion, dans le département des Côtes-du-Nord. Pop. : 2,300 âmes.

PRATO. — Petite ville épiscopale de la province de Florence, dans le grand-duché de Toscane. On remarque sa belle cathédrale; on cite son *academia petrarchesca*, et son industrie la rend assez importante. Pop. : 10,000 âmes.

PRATS-DE-MOLLO. — Petite ville fortifiée, située sur le Thet, dans le département des Pyrénées-Orientales. Elle est divisée en ville basse et ville haute, et dominée par le fort de Lagarde. On remarque dans la ville naute, une église qui date du xii° siècle. La population de Prats-de-Mollo est d'environ 2,000 âmes.

PRANTUOY. — Chef-lieu de canton dans l'arrondissement de Langres, département de la Haute-Marne. Pop. : 700 âmes.

PRAYA. — Ville de l'île de Santiago, l'une des îles portugaises du cap Vert. C'est le chef-lieu de cet archipel et le siége d'un évêché suffragant de Lisbonne. Elle est située sur une baie de l'Atlantique, où se livra, en 1778, un combat entre l'amiral français Suffren et le commodore anglais Johnston.

PRAYSSAC. — Commune de l'arrondissement de Cahors, dans le département du Lot. Pop. : 2,000 âmes.

PRAYSSAS. — Chef-lieu de canton dans l'arrondissement d'Agen, département de Lot-et-Garonne. Pop. : 1,800 âmes.

PRÊCHEUR (LE). — Bourg de l'île de la Martinique, l'une des Antilles françaises. Il est situé sur la côte nord-ouest, dans le canton de Saint-Pierre. On rapporte que madame de Maintenon habita cet endroit dans sa jeunesse. Pop. : 3,400 âmes.

PRÉCY-SOUS-THIL. — Chef-lieu de canton dans l'arrondissement de Semur, département de la Côte-d'Or. On y voit un vieux château et l'on y trouve des forges et des fabriques d'instruments aratoires. Pop. : 800 âmes.

PREGEL. — Fleuve de la Prusse orientale. Il passe à Insterbourg où il devient navigable ; puis à Wehlau, Tapiau et Konigsberg, et se jette dans le Frische-Haff, après un cours de 150 kilomètres.

PREMERY. — Chef-lieu de canton dans l'arrondissement de Cosne, département de la Nièvre. On y trouve un haut fourneau et des forges. Pop. : 2,000 âmes.

PRÉMONTRÉ. — Commune du canton de Coucy, dans l'arrondissement de Laon, département de l'Aisne. Une verrerie occupe aujourd'hui une partie de l'ancienne abbaye, chef-lieu de l'ordre des Prémontrés. Pop. : 400 âmes.

PRENZLOW. — Ville du Brandebourg, dans le royaume de Prusse. Pop. : 9,000 âmes.

PRERAU. — Ville de Moravie, dans l'empire d'Autriche. Elle est située sur le chemin de fer de Prague à Vienne. Pop. : 3,500 âmes.

PRÉS-SAINT-GERVAIS (LES) — Commune de l'arrondissement de Saint-Denis, département de la Seine. Son territoire est couvert d'une grande quantité de lilas, ce qui y attire les Parisiens en promenade, à l'époque de la floraison de cet arbuste. Pop. : 5,700 âmes.

PRESBOURG. — Grande et belle ville de la Hongrie, située sur la rive gauche du Danube. On y remarque le palais primatial, le Landhaus, le Kammer, l'église Saint-Martin, l'hôtel de ville, la caserne et la halle au blé. Cette ville possède une académie ou université, un archigymnase, un lycée évangélique, un séminaire, une école nationale modèle, et une bibliothèque publique. Sa population est d'environ 42,000 âmes.

PRESCOT. — Ville du comté de Lancaster, en Angleterre. On y trouve des fabriques de rouages, de ressorts et de chaînes de montres. Au dire de quelques-uns, le fil de laiton aurait été inventé dans cette ville. Pop. : 5,000 âmes.

PRESSIGNY-LE-GRAND. — Chef-lieu de canton dans l'arrondissement de Loches, département d'Indre-et-Loire. Pop. : 1,900 âmes.

PRESTE (LA). — Village situé à peu de distance de Prats-de-Mollo, dans le département des Pyrénées-Orientales. On y trouve des sources thermales assez fréquentées.

PRESTON. — Jolie petite ville du comté de Lancaster, en Angleterre. Elle est importante par ses nombreuses manufactures de coton, qui sont renommées dans tout le royaume. Pop. : 33,000.

PRESTONPANS. — Village du comté d'Haddington, en Ecosse. Il est célèbre par la victoire que l'armée du Prétendant y remporta en 1745. Pop. : 2,000 âmes.

PREUILLY. — Chef-lieu de canton dans l'arrondissement de Loches, département d'Indre-et-Loire. Pop. : 2,300 âmes.

PREVESA. — Ville d'Albanie, dans la Turquie d'Europe. Elle était naguère florissante et son port passait pour le principal débouché des produits de la basse Albanie ; mais cette prospérité a cessé d'être. On trouve, dans son voisinage, les ruines de l'ancienne *Nicopolis*, bâtie par Auguste. Pop. : 8,000 âmes.

PREZ-EN-PAILLE. — Chef-lieu de canton dans l'arrondissement de Mayenne, département de la Mayenne. Pop. : 3,500 âmes.

PRIBYLOV. — Iles de la mer de Behring. Elles sont situées par 57° de latitude nord, et 172° 30' de longitude ouest. Les deux principales sont Saint-Paul au nord-ouest et Saint-Georges au sud-est.

PRINCE (ILE DU). — Elle est située dans le golfe de Guinée et appartient aux Portugais. Son chef-lieu est San-Antonio. Pop. : 4,000 âmes.

PRINCE (ILE DU). — Dans la Malaisie. Elle est située dans le détroit de la Sonde, à l'ouest de Java.

PRINCE-DE-GALLES (ILE DU). — Elle est située dans l'archipel de Quadra-et-Vancouver, ou sud de l'Amérique russe, et habitée par les Koluches.

PRIPET ou PRIPECZ — Rivière navigable de Russie. Elle parcourt les gouvernements de Volhynie et de Minsk, traverse les immenses marais de Pinsk, et se jette dans le Dniéper, après un cours de 600 kilomètres.

PRISTINA. — Ville de Turquie. C'est le siège d'un évêché grec et de l'inspection des mines de la Macédoine. Pop. : 10,000 âmes.

PRIVAS. — Petite ville située sur l'Ouvèze. Chef-lieu du département de l'Ardèche, son arrondissement comprend 10 cantons et 104 communes. Cette ville, qui est le centre d'une récolte de soie importante, possède une bibliothèque publique, une société d'agriculture, et sa population est d'environ 5,000 âmes.

PRIZZI.—Ville de la province de Palerme, en Sicile. Pop. : 7,500 âmes.

PROCIDA. — Ile du golfe de Naples. On vante l'activité de ses chantiers et l'habileté de ses marins. On remarque aussi le costume de ses femmes, qui ont conservé en partie celui des anciennes Grecques ; enfin cette île est renommée par le grand nombre de perdrix et de faisans qu'on y rencontre. Sa population est d'environ 4,000 âmes.

PROME.— Ville de l'empire birman, dans l'Inde-Transgangétique. Elle est située sur la rive gauche de l'Iraouaddy, et assez importante par ses chantiers de constructions navales. Pop. : 10,000 âmes.

PROSNA. — Rivière qui sépare en partie la Pologne de la province prussienne de Posen. Elle passe à Kalisz, et se joint à la Wartha, après un cours de 80 kilomètres.

PROVIDENCE. — Canal ou détroit situé entre le grand banc et le petit banc de Bahama, dans l'archipel des Lucayes.

PROVIDENCE. — Fleuve des Etats-Unis. Il est situé dans le Rhode-Island, se forme de la réunion du Wanaskiatucket et du Moshasick, et se jette dans la baie de Narragansett.

PROVIDENCE. — Capitale du Rhode-Island, aux Etats-Unis. Elle est située dans le comté de même nom, et au fond de la baie de Narragansett. On y remarque ses églises et le bâtiment de l'université, et le commerce y est assez florissant. On trouve, dans son voisinage, une belle cascade formée par la rivière Pawtucket. Pop. : **17,000** âmes.

PROVIDENCE (NOUVELLE). — Une des îles Lucayes. Elle est longue de 45 kilomètres et a pour chef-lieu Nassau. Pop. : 8,000 âmes.

PROVINS.—Petite ville située sur la Vousie qui la divise en deux parties. Chef-lieu d'arrondissement dans le département de Seine-et-Marne, elle comprend 5 cantons et 102 communes. Cette ville, très-ancienne, et qui ne compte guère aujourd'hui que 6,000 habitants, eut, dit-on, une population qui s'élevait à 80,000 âmes sous le règne de Thibaut IV. Son commerce consiste principalement en blé, en foins, en cuirs tannés et en conserve de roses. Elle possède des eaux minérales.

PRUSSE (ROYAUME DE). — Cet Etat est situé entre 3° 30' et 20° 30' de longitude orientale, et entre 49° et 56° de latitude. Il est divisé en deux parties distinctes, dont l'une, l'*orientale*, comprend les pays à l'est du Weser ; et l'autre, l'*occidentale*, les pays à l'ouest de ce fleuve. La séparation entre ces deux parties est formée par les possessions des maisons de Brunswick, de Hesse, de Waldeck, de Lippe et de Nassau. La plus grande longueur des deux parties réunies, depuis l'extrémité orientale de la Prusse, dans le gouvernement de Gumbinnen, près de Schirwind, jusqu'à Sarrelouis, dans la province Rhénane, est de 690 milles ; cette longueur, dans la partie orientale seulement, depuis la rive gauche du Szerzuppe, affluent du Niémen, dans le gouvernement de Gumbinnen, jusqu'à la rive droite de la Wera, affluent du Weser, au sud-ouest de l'Heiligenstadt, dans le gouvernement d'Erfurt, est de 509 milles ; et la plus grande largeur de cette même partie orientale, depuis la rive gauche de l'Oder, sur la frontière de la Silésie autrichienne, jusqu'à la mer Baltique, près de Cœslin, est de 272 milles.

La *partie orientale* a pour confins, au nord, les grands duchés de Mecklembourg-Schwerin et Mecklembourg-Strelitz, et la Baltique : à l'est, l'empire russe, la Pologne et la république de Cracovie ; au sud, la Pologne, la Silésie, la Bohême et les possessions de la maison de Saxe ; et à l'ouest, le royaume de Hanovre et le duché de Brunswick. La *partie occidentale* a pour limites, au nord, les royaumes de Hollande, de Belgique et de Hanovre ; à l'est, ce dernier état, les possessions des maisons de Lippe, de Waldeck, de Hesse et de Nassau ; au sud, la France, la petite enclave dépendant d'Oldembourg, et le cercle bavarois du Rhin ; et à l'est, le royaume de Hollande.

La Prusse se compose, dans sa *partie orientale*, c'est-à-dire à l'est du Weser, du BRANDEBOURG, ayant *Berlin* pour chef-lieu ; de la POMÉRANIE, chef-lieu *Stettin*; de la SILÉSIE, chef-lieu *Breslau*; du GRAND-DUCHÉ DE POSEN, chef-lieu *Posen*; de la PRUSSE proprement dite, chef-lieu *Kœnigsberg*; et de la SAXE, avec *Magdebourg* pour chef-lieu. La *partie occidentale*, c'est-à-dire à l'ouest du Weser, comprend la WESTPHALIE, dont *Münster* est le chef-lieu ; et la PROVINCE RHÉNANE, chef-lieu *Cologne*. BERLIN est la capitale du royaume.

La majeure partie de la Prusse n'offre que des plaines, et l'on ne trouve de montagnes que dans la région méridionale des pays situés à l'est du Weser, et dans les contrées moyenne et méridionale de ceux qui se trouvent à l'ouest de ce fleuve. Ces montagnes appartiennent toutes aux deux systèmes hercyno-carpathien et gallo-francique. Le point culminant de tout le royaume est le *Schneekoppe* ou *Riesenkoppe*, qui s'élève à 1,600 mètres au-dessus du niveau de la mer ; il est situé sur la frontière méridionale, dans le Riesengebirge, l'une des chaînes principales du système hercyno-carpathien. Vient ensuite le *Broken*, haut de 1,110 mètres, situé à l'extrémité orientale des pays à l'est du Weser, et point culminant du Harz, autre chaîne qui dépend du même système ; puis *les Fagnes*, d'une élévation de 861 mètres, point culminant de la partie du système gallo-francique comprise dans les confins de la monarchie prussienne.

Les fleuves qui parcourent la Prusse se rendent, soit dans la mer Baltique, soit dans celle du nord. La première reçoit le *Mémel* ou *Niémen*; le *Prégel*, formé de l'union de l'Inster et de l'Angerap ; la *Vistule*, la *Stolpe*, la *Persante*, la *Rega* et l'*Oder*, avec ses affluents la Wartha, l'Ihna, la Neisse de Glatz, la Westritz, la Katzbach, le Bober, la Neiss de Gorlitz et la Peene. Dans la mer du Nord viennent s'écouler les eaux du *Weser*, avec ses affluents le Diemel et la Wera ;

l'*Ems*; le *Rhin*, dont les affluents principaux sont le Wied, la Sieg, le Wipper, la Roer, la Lippe, la Nahe, la Moselle et la Sarre; puis la *Meuse*, ayant pour principal affluent la Roer. Les provinces de Prusse et de la Poméranie comptent un très-grand nombre de lacs; mais il n'y a guère à mentionner que les lagunes appelées Kurische-Haff, à l'embouchure du Niémen; Frische-Haff, aux embouchures du Prégel et de la Vistule; et Stettiner-Haff, à celle de l'Oder; puis les lacs de Spirding et de Maner, dans le gouvernement de Gumbinnen; et celui de Leba, dans le gouvernement de Cœslin.

La Prusse possède, dans la mer Baltique, l'île de Rügen, vis-à-vis de Stralsund, puis celles d'Usedom et de Wollin, à l'embouchure de l'Oder. Parmi ses canaux, qui naguère étaient nombreux, on cite particulièrement ceux de Klodnitz, de Bromberg, de Finow, de Plauen, et de Frédéric-Guillaume. Enfin cette puissance, suivant aussi l'exemple donné par les principaux empires, protége l'établissement de chemins de fer sur les territoires qui lui appartiennent.

PRUTH. — Rivière qui prend sa source aux monts Carpathes, dans la Gallicie, empire d'Autriche. Elle passe à Kolomea, Sniatyn et Tchernowitz; sépare la Moldavie de la Russie, et se jette dans le Danube, au-dessous de Galatz, après un cours de 800 kilomètres.

PRZEMYSL. — Ville de la Gallicie, empire d'Autriche. Elle est située sur le San, et le siége d'un évêché catholique et d'un évêché grec-uni. Pop. : 8,000 âmes.

PSARA ou IPSARA. — Chef-lieu de l'île de même nom, dans l'archipel, royaume de Grèce. Elle a été presque entièrement ruinée par les Turcs, en 1824, époque à laquelle elle comptait environ 20,000 habitants. Ce furent les Ipsariotes qui, les premiers, s'armèrent en course contre leurs dominateurs.

PSILORITI. — Montagne de l'île de Candie. C'est le *mont Ida* des anciens, celui où, suivant leurs mythes, Jupiter avait été élevé par les Corybantes. Sa hauteur est de 2,340 mètres.

PSIOUL. — Rivière de Russie. Elle coule dans les gouvernements de Koursk, Kharlov et Poltava; passe à Soumy et Gadiatch, et se joint au Korol, pour se jeter dans le Dniéper, après un cours de 450 kilomètres.

PSKOV ou PLESKOV. — Chef-lieu du gouvernement de ce nom, en Russie. Elle est située sur la Vélikaïa qui y reçoit la Pskova. Ce fut un lieu important au moyen-âge, et on l'appelait alors la *sœur cadette de Novgorod*. Pop : 9,000 âmes.

PUEBLA. — Grande et belle ville, chef-lieu de l'État de ce nom dans la Confédération mexicaine. Elle est située sur l'une des plaines les plus élevées du plateau d'Anahuac, et dans un territoire fertile et bien cultivé. C'est le siège d'un évêché. On y remarque la cathédrale, les églises Saint-Philippe-de-Neri et du Saint-Esprit, l'ancien collège des jésuites, les monastères et les églises de Saint-Augustin et de Saint-Dominique, et la maison de retraite spirituelle. Puebla possède un séminaire connu sous le nom de *Palafoxien*, et une bibliothèque publique. On exploite, dans les environs de cette ville, une vaste carrière d'albâtre, dont on tire des lames de grandes dimensions qui sont employées comme vitres aux croisées des églises et des monastères. Pop. : 75,000 âmes.

PUEBLA-DE-DON-FADRIQUE. — Ville de la province de Grenade, en Espagne. Pop. : 8,000 âmes.

PUEBLA-DE-MONTALBAN. — Ville de la province de Tolède, en Espagne. Elle est située près de la rive droite du Tage. Pop. : 4,000 âmes.

PUENTE-DE-LA-REYNA. — Ville de la province de Pampelune, en Espagne. Elle est située sur l'Arga, affluent de l'Aragon. Pop. : 4,000 âmes.

PUENTE-GENIL. — Ville de la province de Cordoue, en Espagne. Elle est située sur le Genil. Pop. : 7,000 âmes.

PUERTO-CABELLO. — Petite ville de la province de Carabolo, dans la république de Venezuela, Colombie. On la regarde comme la seconde place forte de la Colombie; elle est importante aussi par son port et son commerce; mais son climat est insalubre. Pop. : 3,000 âmes.

PUERTO-DE-LA-MAR ou COBIJA. — Chef-lieu de la province de même nom, dans la république de Bolivia. Il est situé au milieu du désert d'Acatama. C'est une jolie petite ville, qui possède le seul port qu'ait la république, et la franchise de ce port la rend florissante. D'un autre côté, on a ouvert plusieurs routes pour la mettre en communication facile avec l'intérieur de la contrée, dont elle est l'entrepôt; enfin, attendu son manque d'eau potable, on y a creusé un certain nombre de puits artésiens.

PUERTO-DESEADO ou PORT-DESIRÉ. — En Amérique. Il est situé au sud du cap Blanco, découvert par Magellan en 1520, et fréquenté par un grand nombre de navires qui se livrent à la pêche.

PUERTO-LLANO. — Ville de la province de Ciudad-Real, en Espagne. On y trouve des sources minérales, et l'on y fabrique de la dentelle et de la poterie. Pop. : 5,000 âmes.

PUERTO-PRINCIPE. — Ville de l'île de Cuba, l'une des Antilles espagnoles. Elle est mal bâtie et très-sale, et son commerce extérieur se fait par la baie de Nuevitas. Pop. 25,000 âmes.

PUERTO-REAL. — Jolie petite ville de l'Andalousie, en Espagne. Elle est située sur la baie de Cadix, qui y forme un beau port, et son bassin, ses chantiers et ses salines, rangées au nombre des plus considérables de l'Europe, lui donnent une très-grande importance. Pop. : 5,000.

PUERTO-SANTA-MARIA. — Ville de l'Andalousie, en Espagne. Elle est située à l'embouchure du Guadalète vis-à-vis de

Cadix, qu'elle pourvoit d'eau douce. On y trouve des fabriques de chapeaux et de savon, des tanneries, etc. Pop. : 18,000 âmes.

PUIRA. — Petite ville du département de Livertad, dans la république du Pérou. On la regarde comme la plus ancienne de l'empire péruvien. Elle est populeuse et renommée par la beauté de son climat.

PUISEAUX. — Chef-lieu de canton dans l'arrondissement de Pithiviers, département du Loiret. On y fait un commerce de bestiaux.

PUJOLS. — Chef-lieu de canton dans l'arrondissement de Libourne, département de la Gironde. Pop. : 800 âmes.

PUJOLS. — Commune de l'arrondissement de Villeneuve, département de Lot-et-Garonne. Pop. : 1,400 âmes.

PULAWY. — Petite ville du gouvernement de Lublin, en Pologne. On y trouve une école normale qui est renommée, et l'on y admirait naguère le magnifique château des princes Czartoryski, résidence dans laquelle se trouvaient réunies toutes les merveilles des sciences et des arts. Cette somptueuse demeure a été saccagée dans la dernière guerre. Pop. : 3,000 âmes.

PULIGNY. — Commune de l'arrondissement de Beaune, département de la Côte-d'Or. On récolte sur son territoire des vins blancs estimés dits de *Mont-Rachet*. Pop. : 1,100 âmes.

PULTUSK. — Ville de Pologne. Elle est située sur la Narew. Charles XII y battit les Saxons en 1703, et les Français y défirent les Russes en 1806. Pop. : 2,000 âmes.

PUNA. — Ile du grand Océan. Elle est située dans le Guayaquil, république de l'Equateur, et a pour chef-lieu une petite ville de son nom.

PUNHETE. — Ville de l'Estremadure, en Portugal. On récolte sur son territoire un raisin dit *de Malvoisie*. Pop. : 2,000 âmes.

PUNO. — Ville du Pérou. Elle est située sur la rive occidentale du lac Titicaca et à près de 4,000 mètres au-dessus du niveau de la mer. On trouve dans ses environs des mines d'argent qui donnaient autrefois de riches produits, mais qui se trouvent aujourd'hui inondées. Pop. : 18,000 âmes.

PUNTA-DELGADA. — Ville des Açores. C'est le chef-lieu de l'île Saint-Michel. Pop. : 12,000 âmes.

PUNTA-GALERA. — Cap de la république de l'Equateur. Il est situé au nord-ouest, dans une petite île du grand Océan.

PUNTA-PINOSA. — Cap du Mexique. Il est situé au grand Océan, à l'ouest de la Californie et près de San-Carlos-de-Monterey.

PURACE. — Volcan de la Colombie. Il est situé dans la Nouvelle-Grenade, près et à l'ouest de Popayan. On trouve sur cette montagne, et à 2,959 mètres d'élévation, le village de même nom, et il descend de cette même montagne le Pusambio ou rivière du Vinaigre.

PURBECK. — Petite péninsule (et non pas une île) du comté de Dorset, en Angleterre. On y exploite de la pierre et du marbre, et surtout d'immenses carrières d'argile. Un chemin de fer facilite le transport qu'on fait de ce dernier produit à Liverpool, pour l'expédier de là aux grandes manufactures de poterie du comté de Stafford.

PURIFICATION. — Ville de la république de la Nouvelle-Grenade, dans la Colombie. Elle est située sur la rive gauche de la Magdalena, département de Cundinamarca. Pop. : 3,000 âmes.

PURMEREND. — Ville de la Hollande septentrionale. Elle est sur le canal du nord. Pop. 3,000 âmes.

PUTANGES. — Chef-lieu de canton dans l'arrondissement d'Argentan, département de l'Orne. Elle est située sur la gauche de l'Orne. Pop. : 800 âmes.

PUTEAUX. — Commune de l'arrondissement de Saint-Denis, dans le département de la Seine. Elle est située sur la rive gauche de la Seine et près du chemin de fer de Paris à Versailles. On y trouve un grand nombre d'usines, et particulièrement des teintureries. Pop. : 2,900 âmes.

PUTIGNANO. — Ville de la province de Bari, dans le royaume de Naples. Pop. : 8,000 âmes.

PUTNEY. — Grand village du comté de Surrey, en Angleterre. Il est situé sur la Tamise. C'est la patrie de l'historien Gibbon. Pop. : 3,400 âmes.

PUTTELANGE. — Commune de l'arrondissement de Sarreguemines, département de la Moselle. On y trouve des fabriques de velours et de peluches en soie, et des mines de houilles sont exploitées dans ses environs. Pop. : 2,400 âmes.

PUTUMAYO. — Rivière de l'Amérique méridionale. Elle prend sa source dans les Andes, traverse la république de l'Equateur, pénètre sur le territoire du Brésil, et se joint à l'Amazone, après un cours de 1,240 kilomètres.

PUY (LE). — Ville épiscopale. Située près de la rivière la Borne, et non loin de la rive gauche de la Loire, elle est dominée par le rocher de Corneille, qui, de même que ceux de Polignac et de Saint-Michel, et les orgues d'Espailly, qui l'avoisinent, est un produit volcanique. Cette ville est le chef-lieu du département de la Haute-Loire, et son arrondissement comprend 14 cantons et 112 communes. Elle possède un séminaire, un collége, une bibliothèque publique et un musée. On visite son antique cathédrale, remarquable par la hauteur de son clocher, la magnificence de ses ornements, et célèbre par l'image de *Notre-Dame du Puy*. Cette image, qui attira en pèlerinage plusieurs évêques et neuf rois de France, est une petite statue en bois de cèdre que l'on dit avoir été sculptée par les chrétiens du mont Liban, et qui fut rapportée de l'Orient au VIIIe siècle. La population du Puy est d'environ 14,000 âmes, et son commerce consiste en étoffes de laine, mousseline, blonde, dentelles, outres de cuir, épingles, faïence, chevaux, mulets, etc. C'est la patrie du cardinal de Polignac. Le rocher de Saint-Michel, que nous venons de citer, a son sommet couronné d'une église, à laquelle on arrive par un escalier de 260 marches taillées dans le roc.

PUY-DE-DOME.—Montagne célèbre située à 8 kilomètres environ de Clermont-Ferrand, dans le département auquel elle donne son nom. Elle doit surtout sa renommée aux expériences qui y furent faites sur la pesanteur de l'air. On sait en effet que Perrier, beau-frère de Pascal, ayant porté sur le Puy un baromètre, y reconnut l'abaissement qu'opérait cette pesanteur sur le mercure de l'instrument, et qu'il démontra alors que celui-ci pouvait être substitué aux moyens géométriques employés pour mesurer la hauteur des montagnes. Dans le voisinage du Puy-de-Dôme, dont l'élévation est de **1,471 mètres**, on rencontre plusieurs volcans éteints, tels que le Puy-de-Dôme, le Puy-de-Nadaillat, et le Puy-de-Pariou. Ce dernier se distingue par l'étendue et la régularité de son cratère. Au pied du Puy-de-Dôme, et à près de 900 mètres au-dessus du niveau de la mer, se trouve le village qui porte aussi son nom.

PUY-DE-DOME (département du). — Il a été formé de parties de l'Auvergne, du Dauphiné, du Bourbonnais, du Lyonnais et du Forez. Sa superficie est de 797,238 hectares, et sa population 601,600 âmes. Il est divisé en 5 arrondissements, dont les chefs-lieux sont : Clermont-Ferrand, Ambert, Issoire, Riom et Thiers, et compte 50 cantons et 444 communes. Clermont est le siège de sa préfecture, de son diocèse, Riom de la cour impériale, Lyon de son académie universitaire (*voir l'Appendice*), et il est compris dans la treizième division militaire.

PUY-DE-TILL — Montagne du département de l'Ariège. Elle est située dans les environs de Mirepoix. Il s'échappe en tout temps de ses profondes cavités un vent frais et quelquefois très-violent, qui a reçu le nom de *vent du pas*.

PUY-GUILLAUME. — Bourg de l'arrondissement de Thiers, dans le département du Puy-de-Dôme. Il est important par ses scieries hydrauliques dont les produits sont transportés à Orléans, Nantes et Paris, par la Dore, l'Allier et la Loire.

PUYCERDA. — Ville forte de la province de Lerida, en Espagne. Elle est située près de la frontière de France, au pied des Pyrénées et sur la rive droite de la Ségre. C'est le chef-lieu de la Cerdagne espagnole. Pop. : 2,300 âmes.

PUYLAURENS.—Chef-lieu de canton dans l'arrondissement de Lavaur, département du Tarn. Anciennement fortifiée, elle fut démantelée par Louis XIII. Pop. : 6,100 âmes.

PUYMARIN. — Commune de l'arrondissement de Saint-Gaudens, dans le département de la Haute-Garonne. Pop. : 1,200 âmes.

PUYMIROL. — Chef-lieu de canton dans l'arrondissement d'Agen, département de Lot-et-Garonne. On y voit les ruines d'un château-fort. Pop. : 1,700 âmes.

PYLSTAERT.—Ile inhabitée de la Polynésie. Elle est située au sud-sud-ouest des îles Tonga.

PYRÉNÉES. — Chaîne de montagnes qui sépare la France et la péninsule hispanique, et traverse, en courant de l'ouest à l'est-sud-est, l'isthme renfermé entre l'Océan et la Méditerranée. Les Pyrénées s'étendent entre les 45° 26' et 44°23' de latitude septentrionale, et entre 16°52' et 20° 50' de longitude à l'ouest du méridien de l'île de Fer. Leur chaîne forme le groupe septentrional du système hespérique, et se divise elle-même, ainsi que ses contreforts, en quatre autres groupes appelés : *Pyrénées gallibériques*, *Pyrénées cantabriques*, *Pyrénées asturiques* et *Pyrénées callaiques*, ainsi désignée du nom des Callaïci qui les habitaient. Le premier de ces groupes, qui séparait la Gaule de l'Ibérie, comprend l'extrémité orientale de la chaîne, et se partage à son tour, sur le versant septentrional, en Basses-Pyrénées, Hautes-Pyrénées et Pyrénées-Orientales ; et sur le versant méridional, en Pyrénées de la Catalogne, Pyrénées de l'Aragon et Pyrénées de la Navarre. Ses points culminants sont ceux du pic Poseto, qui a 3,499 mètres, et du pic Nethon, dont l'élévation est de **3,467**. Le second groupe, situé à l'ouest du précédent, se compose de la Sierra d'Arazar, de celle de Salinas, et de celle de San Salvador, dont les sommités atteignent de **1,700 à 2,000 mètres**. Le troisième groupe est formé par les montagnes des Asturies, la Sierra de Séjos, celle de Covadonga et la peña Marella, puis la peña Peneranda, qui est élevée de 3,460 mètres, et le mont Gaviavia qui est à 2,403. Le quatrième groupe enfin, est représenté par les cimes les moins hautes de la chaîne, c'est-à-dire celles qui atteignent au plus 8 à 900 mètres, comme la peña Trivina, par exemple. On a proposé aussi de réunir les ramifications et contreforts divers qui s'étendent en Espagne, sous le nom de *système pyrénaique*. Quant aux rameaux qui se prolongent en France, et se redressent notablement sur plusieurs points, on peut citer parmi eux les Corbières, la Montagne-Noire, les sommités de l'Aveyron, celles de la Lozère, etc., groupes qui établissent un lien plus ou moins direct, plus ou moins interrompu, entre les Pyrénées et les Alpes.

La chaîne centrale des Pyrénées se divise en deux lignes de sommités qui viennent aboutir l'une contre l'autre, à peu près vers le milieu de sa longueur où elles forment un coude presque triangulaire, en sorte que le prolongement de ces lignes offre deux parallèles éloignés l'un de l'autre d'environ 30,000 mètres. Les monts pyrénéens qui s'élèvent graduellement à partir des environs du cap de Figueroa, jusqu'au groupe du Marboré vers le centre de la chaîne, s'abaissent ensuite à peu près dans la même progression pour disparaître entièrement au cap de Creu. Les points culminants sont très-nombreux dans les Pyrénées et voici les principaux.

	mètres.
Pic Poseto dans la vallée d'Astos.	3,499
Pic de Nethon ou Maladetta.	3,467
Groupe de Marboré { Mont-Perdu	3,404
Cylindre.	3,334
Cascade.	3,261
Brèche de Roland	2,982
Vignemale.	3,552
Pic de Montcalm, dans la vallée d'Ausat.	3,256
Pic de Biédous, dans la vallée de Gistain.	3,230
Pic de Crabioules, dans la vallée du Lys.	3,162
Pic de Néouvielle.	3,135
Mont-Arto.	2,927
Pic du midi de Bigorre.	2,896
Pic de Montvallier, près de Saint-Girons.	2,825
Mont-Arrouy.	2,784
Le Canigou.	2,774
Pic Peizic, aux sources de l'Ariége.	2,768
Pic du midi d'Ossau.	2,742
Pic de Crabère	2,627
Pic de Montaigu.	2,312
Mont de Tabe ou de Saint-Barthélemy.	2,303
Tourmalet.	2,194
Pic d'Anie ou d'Ahuga.	2,181
Pic de Cambiel	2,037

Les passages qui se présentent au sommet des Pyrénées sont aussi en très-grand nombre ; mais peu sont accessibles pour les voitures. Ces brèches ou échancrures recevoient le nom de *ports* vers le centre de la chaîne, et celui de *cols* dans la partie orientale. Celles de ces dépressions qui offrent le plus d'élévation sont les suivantes :

	mètres.
Port d'Oo, situé à	2,988
— de Cambiel	2,586
— de Viel	2,549
— de Viella	2,495
— de la Pez	2,454
— de la Picade	2,421
— de la Pinède	2,400
— de Venasque	2,388
— de la Glèze	2,312
— de Gavarnie	2,289

Plusieurs de ces ports sont plus élevés que les cols du grand Saint-Bernard et de Saint-Gothard, puisque le premier de ceux-ci n'est qu'à 2,491 mètres et le second à 2,075 seulement. Presque tous les passages des Pyrénées ont dans leurs environs une espèce d'hospice qui, lors même que des gardiens ne l'habitent point, n'en offre pas moins un abri très-utile aux voyageurs.

Les vallées sont encore plus multipliées que les ports ; mais chacun de ceux-ci donne entrée dans deux vallées, une sur chaque versant. Ces vallées ont cela de particulier, que les transversales s'y montrent en plus grands nombre que les longitudinales ou parallèles au faîte, et sont celles qui ont le plus de profondeur, tandis que le contraire a lieu pour les vallées alpines. Les pyrénéennes offrent aussi cette disposition non moins remarquable, qu'à partir du faîte de la chaîne principale jusqu'aux dernières pentes des deux versants opposés, elles forment une suite de bassins qui vident successivement leurs eaux l'un dans l'autre, d'où il faut nécessairement conclure que la formation de ces vallées n'est point le résultat, ni des courants de mer, ni du soulèvement ou de l'affaissement des montagnes, mais bien de cette chute constante des eaux. Les vallées, ainsi étagées, sont souvent très-étroites et rapides à leur origine ; mais quelquefois aussi elles se disposent comme des cirques, dont le plus renommé est l'Oule de Gavarnie. Les vallées transversales se dirigent en général du sud au nord ; les longitudinales sont au nombre de 27 sur le revers méridional et de 29 sur le revers septentrional. D'autres vallées s'appuient sur les longitudinales pour former avec elles un angle droit, et telle est entre autres celle de Barousse, qui débouche dans la plaine de Saint-Bertrand. Voici quelles sont les principales vallées des Pyrénées :

PYRÉNÉES OCCIDENTALES. { Celles d'Ossau, de Neïs, de Mious, de Machebat, du Valentin, d'Aspe, de Lescure, de Barétous, du Vert, de la Sourdaque, de Guerre, de Lourdios, de la Boule, de la Bidouze, de Luzaïde et de Baygori.

PYRÉNÉES CENTRALES { De Luchon, de Barousse, de Burbe, du Lys, de la Pique, d'Artigue-Telline, d'Arbouste, d'Oueil, de Louron, de Lasto, de Gistain, de Lessera, de Vénasque, d'Aure, de Gavarnie, de Héas, de Beyrede, d'Ilhet, de Trébous, de Lesponne, de Campan, de Queyras, de Barèges, de Lienz, de Bastan, d'Argellez, de Cauterets, d'Azun, de Lutour, du Campbasque, de Gaube, de Marcadaon, d'Ossone, d'Estaubé, d'Ordesa, de Fanlo et de Bielson.

PYRÉNÉES ORIENTALES. { De l'Aude, de Mosset, de la Téta, de la Gly, du Tech, de Prats, de Cabréri, de Carol, d'Andorre, de l'Ariége, d'Ascou, d'Orgeix, de Prades, du Nageat, de Castellet, d'Aston, de Savignac, d'Unac, d'Urg, de Cabanes, de Saint-Martin, de Causson, du Sallat, d'Aran, d'Ercé, de Seix et de Saurat.

Il existe sur les points les plus élevés des monts pyrénéens, et surtout entre les vallées de la Gaume et d'Ossau, des glaciers assez importants, mais peu nombreux, que de longs intervalles séparent le plus souvent, et dont la direction est généralement dans le sens de la crête de la montagne qu'ils occupent. Ces glaciers se remarquent principalement sur le versant septentrional. Quant à ceux qui se trouvent sur le versant méridional, ils reposent sur les pentes opposées au nord, à l'exception pourtant de quelques-uns qui, bien que situés sur le côté méridional, sont abrités par de hautes montagnes; mais ces glaciers ne sont guère que des amas de neiges qui fondent habituellement au mois d'août. Parmi les véritables glaciers, on distingue ceux de la Maladetta, de Cabridoul, du mont Perdu, de Vignemale et de Néouvielle. Le pied du premier est à environ 2,346 mètres au-dessus du niveau de la mer, 500 au-dessus du sol de la vallée, et sa largeur est d'à peu près 2,400 mètres. Le glacier de Cabridoul, placé dans la vallée du Lys, est sillonné par de nombreuses crevasses qui en rendent l'accès aussi difficile que dangereux. Celui du mont Perdu, situé au fond de la vallée de Pinède, est également coupé par de larges crevasses, et ses flancs sont très-escarpés; il en est de même de celui de Vignemale, dont les eaux forment le gave d'Ossone; et, enfin, le glacier de Néouvielle, l'un des plus considérables, a des flancs d'une rapidité très-grande. Les neiges sont perpétuelles sur les Pyrénées, à la hauteur de 2,700 à 2,800 mètres.

Les bassins les plus élevés contiennent fréquemment des lacs dont la dimension est relative à celle de ces bassins eux-mêmes; ils sont plus nombreux sur le versant septentrional que sur celui du midi; et la différence de température et le moins de rapidité de pente font que ces masses d'eau y ont plus ou moins d'importance, comme souvent aussi elles sont couvertes de glace toute l'année. Les bassins d'Oo et du Portillon d'Oo, par exemple, ne dégèlent jamais; et ceux du mont Perdu et d'Estoum-Soubiran conservent de la glace jusqu'au mois d'août. Les principaux lacs des Pyrénées sont ceux de Seculejo et d'Espingo, sur la montagne d'Oo; de Houchet, à la base du Pic-du-Midi; de Belac, sur le Canigou; de Gaube, près de Cauteretz; de Héas; d'Estoum, dans le vallon de Lutour; de Tabe; de Barrenc, dans les Corbières; de Glaire, de Coumbe-Longue, de Coum-Scure, de Mail, de Mourelle et de Stellat, dans le val de Lientz; le lac glacé de Selh-de-la-Bague; la fontaine intermittente de Saillagouse; puis les lacs de Lourde, d'Arrens, d'Estaigne, d'Escoubous, des Truites, de Tersan, d'Aigle-Cluse, du Couret, d'Auchet, de Camon, d'Oval et d'Omar, dans les Hautes-Pyrénées; et ceux de Canigou, du Carensa, de Cambradaze, de Camardous, de Carlitte, de Puy-de-Prigue, de l'Aude, de Compouneil, de Blu, d'Essalar, de Corneilla du Bercol, de Saint-Cyprien et de Leucate.

Quant aux cours d'eau, les Pyrénées occidentales sont arrosées par l'Adour, qui naît au pied du Pic-du-Midi et fut couvert des vaisseaux romains, à l'époque où Auguste et Messala soumirent les Cantabres; par la Bidassoa, le Vert, la Bidouze, le Job, l'Uhaishandia et la Haussette; par les gaves de Pau, d'Oloron, d'Aspe et d'Ossau; et sous les murs de Saint-Jean-Pied-de-Port, se réunissent les ruisseaux qui sourdent des monts neigeux de Mendibelsa, Attalairay, Erostale et Orion lesquels ruisseaux se grossissent encore, non loin de la ville, de l'Aïsenece-Erréca et du Galsagorrico. C'est de la réunion de ces derniers cours d'eau que provient la Nève. Les Hautes-Pyrénées sont parcourues par la Garonne, qui prend sa source au plan de Goueou, dans la gorge d'Artigue-Telline, val d'Aran, et par la Gimone, les gaves de Bun et de Cauteretz. Dans les Pyrénées orientales, coule l'Aude, qui prend sa source au pied des hauteurs de Carlitte; l'Ariége, qui naît aussi dans les environs de Mont-Louis et du port de Framiquel, se grossissant ensuite du Baladra, de l'Hespilalet, etc.; la Gly, qui a sa source dans les Corbières, près de Saint-Paul-de-Fenouillèdes, et se grossit du Mauri, du Verdouble et du Robuel; le Tet ou Teta, qui vient des étangs de Puy-Prigue, et se grossit de plusieurs ruisseaux parmi lesquels on remarque principalement ceux de Prats, de Balagné, de Carensac, de Lentilla, de Boules, de Cabrils, d'Epinouse, etc.; le Tech, qui prend sa source vers la frontière d'Espagne; puis le Réart, la Sals, la Castellane, la Désise, etc. Le versant méridional donne naissance à l'Ebre, au Minho, etc.

Les principales cascades de la chaîne pyrénéenne sont celles de Gavarnie, dont la chute est de 403 mètres; de Seculejo, qui a 256 mètres; puis celles de Ceriset, du Pas-de-l'Ours et de Roussis près de Cauteretz; enfin celles du val Jaret et de Saouza.

Chacun sait combien les Pyrénées sont renommées aussi par le nombre de leurs sources minérales et thermales, dont la plupart ont des vertus éprouvées depuis une longue suite de siècles, puisqu'elles furent recherchées par les Romains qui renfermèrent plusieurs d'entre elles dans des édifices somptueux. Parmi les établissements les plus remarquables, nous citerons d'abord, dans les Pyrénées occidentales : les *Eaux-Bonnes*, où furent envoyés les soldats blessés à Pavie, et les *Eaux-Chaudes*. Dans les Pyrénées centrales, se présentent, en première ligne, les sources de *Bagnères de Bigorre*, anciennement *Vicus aquensis* ; puis celles de *Barèges*, affectées surtout à la cure des blessés; de *Cauteretz*, que fréquentait la reine Marguerite, sœur de François Ier; de *Saint-Sauveur*, autrefois recherchée par la haute société; de *Capveru*, l'ancien *Aquæ Convenarum;* et de *Luz*. Les Pyrénées orientales offrent entre autres établissements renommés ceux de *Molitg*, de *Vernet*, d'*Arles*, et de la *Preste*. Dans le département de la Haute-Garonne, on trouve les bains de *Bagnères-de-Luchon* ou *Thermes onésiens* des Romains; dans celui de l'Ariège sont ceux d'*Ax* et d'*Ussat;* et dans celui de l'Aude, les sources de *Rennes* et d'*Aleth*.

PYRENEES (Département des Basses-). — Il a été formé de l'ancien Béarn, d'une partie de la Basse-Navarre et de la Gascogne, et des pays basque, de Soule et de Labour. Ses bornes sont, au nord, les départements des Landes et du Gers; à l'ouest, l'océan Atlantique; au sud l'Espagne; et à l'est, le département des Hautes-Pyrénées. Sa superficie est de 749,500 hectares, et sa population d'environ 458,000 âmes. Il est divisé en cinq arrondissements dont les chefs-lieux sont Pau, Oleron, Orthez, Bayonne et Mauléon, et compte 40 cantons et 630 communes. Pau est le siége de la préfecture, de sa cour impériale et de son académie universitaire (Voir l'Appendice); Bayonne celui de son diocèse et de sa division militaire qui est la onzième.

PYRENEES (Département des Hautes-). — Il est formé de l'ancien comté de Bigorre, du pays des Quatre-Vallées, de ceux de la Rivière-Basse et de la Rivière-Verdun, des vallées du Lavedan, et d'une partie du Nébouzan. Ses bornes sont, à l'ouest, le département des Basses-Pyrénées; au nord, celui du Gers; à l'est, celui de la Haute-Garonne; et au sud, l'Espagne. Sa superficie est d'environ 452,800 hectares, et sa population de 250,300 âmes. Il est divisé en trois arrondissements dont les chefs-lieux sont Tarbes, Argelez et Bagnères, et compte 26 cantons et 489 communes. Tarbes est le siége de la préfecture et du diocèse; Pau, celui de sa cour impériale et de l'académie (Voir l'Appendice); et Bayonne, celui de la division militaire qui est la onzième.

PYRENEES-ORIENTALES (Département des). — Il a été formé du comté de Roussillon, qui comprenait lui-même le Conflent et le Valespir, puis de la Cerdagne française, de la vallée de Carol et d'une portion du Languedoc. Ses bornes sont, au nord, le département de l'Aude; à l'est, la Méditerranée; au sud, l'Espagne; et à l'ouest, les Pyrénées et le département de l'Ariége. Sa superficie est de 411,620 hectares, et sa population de 180,800 âmes. Il est divisé en trois arrondissements dont les chefs-lieux sont Perpignan, Céret et Prades, et compte 17 cantons et 227 communes. Perpignan est le siége de sa préfecture, de son diocèse et de sa division militaire qui est la neuvième, et Montpellier celui de sa cour impériale et de son académie universitaire. (Voir l'Appendice.)

PYRGOS. — Petite ville, chef-lieu de l'Elide, dans le royaume de Grèce. Elle possède un petit port à l'embourre du Ruphia, autrefois l'Alphée; mais elle est environnée de marais qui corrompent l'air qu'on y respire.

PYRMONT. — Petite ville, chef-lieu du comté de ce nom, dans la principauté de Waldeck, en Allemagne. Elle est renommée par ses sources minérales qui attirent un grand nombre d'étrangers et dont on exporte annuellement près de 400,000 bouteilles. On trouve, dans son voisinage, la grotte de Dünsthohle, qui offre le même phénomène que celle *du chien*, près de Naples, c'est-à-dire qu'il s'en exhale du gaz acide carbonique. Pop.: 1,200 âmes.

Q

QAOU. — Village situé sur la rive droite du Nil, dans la haute Egypte. C'est l'*Antæopolis* des anciens. On y remarque les restes d'un grand temple et des hypogées couverts d'inscriptions et de hiéroglyphes.

QASSR. — Chef-lieu de la petite oasis nommée El-Ouah-El-Bahryeh, dans la contrée occidentale des déserts dépendants de l'Egypte. On trouve dans ses environs les ruines de bains romains et d'une église grecque. Pop.: 800 âmes.

QÉNÉ ou KÉNÉH. — Ville située sur la rive droite du Nil, dans la haute Egypte. C'est la *Cænepolis* ou *Neapolis* des anciens. Chef-lieu de préfecture aujourd'hui, elle est florissante par son commerce, et l'entrepôt des caravanes qui, par Cosser, vont à la Mecque. Elle est renommée aussi, dans toute l'Egypte, par sa fabrication de *bardaques*, vases en terre cuite qui ont la propriété de rafraîchir l'eau, comme les alcarazas de l'Espagne. Pop. 10,000 âmes.

QOSSEIR. — Voy. Cosser.

QOUS. — Petite ville située sur la rive droite du Nil, dans la haute Egypte. C'est l'*Apollonopolis parva* des anciens. On y voit les restes d'un grand temple, et elle est assez commerçante

QREUNAH ou GREUNAH. — Bourgade de la régence de Tripoli. Elle est située sur le plateau de Barqah et se trouve sur l'emplacement de l'ancienne *Cyrène*, au milieu des ruines de laquelle on remarque particulièrement un stadium, deux petits temples hypogées de l'époque romaine, et la nécropolis.

QUADRA-ET-VANCOUVER. — Archipel du grand Océan. Il est situé sur la côte occidentale de la Nouvelle-Bretagne et de l'Amérique russe. Ses principales îles sont celles de Sitka et du Prince-de-Galles, qui appartiennent à la Russie, et celles de Noutka ou de Vancouver et de la Reine-Charlotte, que possèdent les Anglais.

QUARANTANIA. — Montagne située entre Jérusalem et Jéricho. Elle est haute et escarpée, et l'on dit que c'est à son sommet qu'eut lieu la tentation de Jésus-Christ.

QUAROUBLE. — Commune de l'arrondissement de Valenciennes, dans le département du Nord. Elle est située près le chemin de fer de Valenciennes à la Belgique. Pop.: 2,100 âmes.

QUARTO. — Gros bourg de Sardaigne. Il est situé sur le petit golfe du même nom. On y trouve des salines.

QUÉBEC. — Ville épiscopale, chef-lieu du bas Canada, dans l'Amérique anglaise. Cette ville, qui fut fondée par les Français en 1608, est située sur la rive gauche du

Saint-Laurent, lequel, avec la rivière Saint-Charles, forme le promontoire où Québec est assis. Celui-ci se distingue en *ville haute* et *ville basse*, et on y remarque la cathédrale protestante, la cathédrale catholique, la chapelle du séminaire, le palais du gouverneur, l'arsenal, et la citadelle construite sur le cap Diamant. On y trouve aussi un séminaire, un collége, plusieurs écoles, une bibliothèque publique, quelques sociétés académiques, et le commerce y est des plus florissants. On voit dans son voisinage la superbe cascade dite *de Montmorency*. Pop. : 30,000 âmes.

QUEDLINBOURG. — Ville de la province de Saxe, royaume de Prusse. Elle a fait partie de la ligne hanséatique. C'est la patrie de Klopstock. Pop. : 13,000 âmes.

QUELPAERT. — Ile de la mer Jaune. Elle est située à 90 kilomètres sud-sud-ouest de la presqu'île de Corée.

QUEMPER-QUÉZENNEC. — Commune de l'arrondissement de Guingamp, département des Côtes-du-Nord. Pop. : 3,000 âmes.

QUERETARO. — Ville de l'Etat de ce nom, dans la Confédération mexicaine. C'est l'une des plus belles, des plus industrieuses et des plus riches du Mexique. On y remarque le couvent des religieuses de Santa-Clara, l'un des plus vastes qui existe, puisqu'il a 2 milles de tour, puis un aqueduc dont les arcades sont très-élevées. On y trouve aussi un collége et une bibliothèque publique. Pop. : 30,000 âmes.

QUERFURT. — Ville de la régence de Mersebourg, en Saxe, royaume de Prusse. Pop. : 3,000 âmes.

QUÉRIGUT. — Chef-lieu de canton de l'arrondissement de Foix, dans le département de l'Ariége. Pop. : 700 âmes.

QUERRIEN. — Commune de l'arrondissement de Quimperlé, département du Finistère. Pop. : 3,100 âmes.

QUERRIEUX. — Commune de l'arrondissement d'Amiens, dans le département de la Somme. Pop. : 900 âmes.

QUESNEL (Le). — Commune de l'arrondissement de Montdidier, dans le département de la Somme. Pop. : 1,300 âmes.

QUESNOY (Le). — Petite ville fortifiée de l'arrondissement d'Avesnes, dans le département du Nord. Elle possède de vastes casernes, un grand hôpital militaire et un collége. Son commerce consiste en coton filé, chevaux, bestiaux, etc., et sa population est d'environ 4,500 âmes.

QUESNOY-SUR-DEULE. — Chef-lieu de canton dans l'arrondissement de Lille, département du Nord. Il est situé sur la Deule. On y trouve des fabriques d'enclumes, de chaînes, de clous, de sucre indigène, et c'est aussi un entrepôt de houille. Pop. : 4,300 âmes.

QUESSOY. — Commune de l'arrondissement de Saint-Brieuc, département du Nord. Pop. : 2,700 âmes.

QUESTEMBERT. — Chef-lieu de canton dans l'arrondissement de Vannes, département du Morbihan. Pop. : 3,600 âmes.

QUETTEHON. — Chef-lieu de canton dans l'arrondissement de Valognes, département de la Manche. On y fait un commerce de lin estimé. Pop. : 1,800 âmes.

QUEVILLY (Le Petit). — Commune de l'arrondissement de Rouen, département de la Seine-Inférieure. Il est situé sur la gauche de la Seine. On y trouve des filatures et autres usines. Pop. : 2,400 âmes.

QUEYRAS. — Village de la vallée de même nom, dans le département des Hautes-Alpes. Il est situé sur le Guil, à une hauteur de 1,401 mètres au-dessus du niveau de la mer.

QUEZALTENANGO. — Chef-lieu de l'Etat du même nom dans l'Amérique centrale. Pop. : 6,000 âmes.

QUIBDO. — Chef-lieu de province du Choco, dans la république de la Nouvelle-Grenade. Cette province est l'une des contrées les plus humides que l'on connaisse ; mais elle est importante par le produit de ses mines d'or et de platine.

QUIBERON. — Chef-lieu de canton dans l'arrondissement de Lorient, département du Morbihan. Il est situé dans la partie méridionale de la presqu'île de son nom, presqu'île tristement célèbre par le combat qui y fut livré entre un corps d'émigrés français et l'armée républicaine. Pop. : 3,000 âmes.

QUICHÉ. — Très-petite ville de l'Etat de Guatemala, dans la Confédération de l'Amérique centrale. On trouve, dans son voisinage, les ruines de la magnifique *Utatlan*, capitale du royaume de Quiché, lequel était, avant la conquête des Espagnols, le plus florissant et le plus civilisé du Guatemala.

QUIERZY-SUR-OISE. — Commune de l'arrondissement de Laon, département de l'Aisne. C'était anciennement une ville importante, résidence des seigneurs d'Héristal, et qu'habitèrent plusieurs rois de la deuxième race ; Charles-Martel y mourut en 741, et des conciles y ont été tenus. Pop. : 800 âmes.

QUIÉVRAIN. — Petite ville de la province de Hainaut, en Belgique. Elle est située sur la frontière de la France, et des mines de houille sont exploitées sur son territoire.

QUIÉVY. — Commune de l'arrondissement de Cambrai, département du Nord. Pop. : 2,800 âmes.

QUILIMANCY. — Fleuve d'Afrique. Il est situé dans le Zanguebar et se jette dans la mer des Indes, à Mélinde.

QUILIMANE. — Chef-lieu de la capitainerie générale de Mozambique. Il est situé à l'embouchure de la rivière de son nom, branche septentrionale du Zambèze.

QUILLAN. — Chef-lieu de canton dans l'arrondissement de Limoux, département de l'Aude. Il est situé sur la gauche de l'Aude, et l'on y trouve des manufactures de draps et des forges. Pop. : 2,200 âmes.

QUILLEBOEUF. — Petite ville située sur la rive gauche de la Seine, avec un port où s'arrêtent les navires qui ne peuvent remonter jusqu'à Rouen. On entretient dans ce port un appareil de sauvetage, et un assez grand nombre de pilotes lamaneurs. La population est d'environ 1,500 âmes. Cette ville était encore sous Louis XIII une place importante, mais les fortifications en ont été rasées.

QUILLIO (LE). — Commune de l'arrondissement de Loudéac, dans le département des Côtes-du-Nord. Pop. : 1,900 âmes.

QUILLOTA. — Petite ville de la province d'Acoucagua, dans la république du Chili. Elle est assez importante par les mines de cuivre qu'on exploite dans son district et qui sont les plus riches du Chili. Pop. : 8,000 âmes.

QUILOA. — Petite ville, chef-lieu du royaume de ce nom, sur la côte du Zanguebar, Afrique orientale. Elle est située sur un îlot, à l'embouchure du Coava. Assez florissante autrefois, elle est tout à fait déchue aujourd'hui de son ancienne importance.

QUILOAN. — *Voy.* COULAN.

QUIMPER ou QUIMPER-CORENTIN. — Ville épiscopale située au confluent de l'Odet et du Fleyr. Chef-lieu du département du Finistère, son arrondissement comprend 9 cantons et 62 communes. Elle possède un port pour les navires de peu de tonnage, une belle cathédrale, un séminaire, un collége, une école de navigation, un jardin botanique et une société d'agriculture. Sa population est d'environ 10,000 âmes. Cette ville est la patrie du P. Bougeant, du P. Hardouin, de Fréron, etc.

QUIMPERLÉ ou QUIMPERLAY. — Petite ville située sur les rivières d'Elle et d'Isol, dans le département du Finistère. Chef-lieu d'arrondissement, elle comprend 5 cantons et 20 communes. Son commerce consiste en bestiaux, grains, bois, cuirs tannés, etc., et elle possède une société d'agriculture. Sa population est d'environ 6,000 âmes.

QUINCY-SÉGY. — Commune de l'arrondissement de Meaux, département de Seine-et-Marne. Pop. : 2,000 âmes.

QUINGEY. — Chef-lieu de canton dans l'arrondissement de Besançon, département du Doubs. Il est situé sur la Loue. C'est la patrie du Pape Calixte II. Pop. : 1,000 âmes.

QUINON. — Ville de l'empire d'An-nam, dans la Cochinchine. Elle est située près d'une baie de la mer de la Chine. Pop. : 8,000 âmes.

QUINTANA. — Ville de la province de Badajoz, en Espagne. Pop. : 4,000 âmes.

QUINTANAR-DE-LA-ORDEN. — Ville de la province de Tolède, en Espagne. Elle appartenait jadis à l'ordre de Saint-Jacques. Pop. : 6,000 âmes.

QUINTIN. — Chef-lieu de canton dans l'arrondissement de Saint-Brieuc, département des Côtes-du-Nord. Il est important par ses fabriques de toile fines. On voit, dans son voisinage, deux pierres druidiques. Pop. : 4,100 âmes.

QUIROS (ARCHIPEL DE). — *Voy.* NOUVELLES-HÉBRIDES.

QUISISANA. — Village des environs de Naples, royaume des Deux-Siciles. On y voit une maison royale, résidence d'été du souverain. On y trouve aussi le principal chantier de la marine du royaume.

QUISSAC. — Chef-lieu de canton dans l'arrondissement du Vigan, département du Gard. Il est situé sur la gauche de la Vidourie, et l'on y fabrique de la bonneterie. Pop. : 1,600 âmes.

QUISTINIC — Commune de l'arrondissement de Lorient, dans le département du Morbihan. Pop. : 2,400 âmes.

QUITO. — Grande ville épiscopale, chef-lieu de la province de Pichincha, et capitale de la république de l'Equateur. Elle est située à 2,871 mètres au-dessus du niveau de la mer, dans un ravin, ayant à l'ouest le volcan Pichincha, à l'est le rang de collines appelé Panecillo, et au nord et au sud une plaine. La plupart des maisons n'ont qu'un rez-de-chaussée, et sont construites en *adobes* ou briques cuites au soleil. On y remarque la cathédrale, les églises du collége des Jésuites, du Sagrario et du monastère de Sainte-Claire; le palais du gouverneur, celui de l'évêque, et le grand hôpital. Cette ville possède une université, un séminaire, un collége, une école normale d'enseignement mutuel et une bibliothèque publique. On y trouve aussi des manufactures de coton, de laine, de flanelles, de ponchos, de bas, de dentelles, de fils, de rubans, etc. Parmi les volcans qui occupent la haute vallée de Quito, se trouvent le Pichincha, le Cayambé, l'Antisana et le Cotopaxi. On cite aussi la métairie d'Antisana, située à 4,101 mètres de hauteur, sur les flancs du volcan dont elle porte le nom. Pop. : 60,000 âmes.

QUITTA. — Petite ville de la Guinée septentrionale. Elle est située sur la côte des Esclaves, et les Danois ont un fort dans son voisinage. Pop. : 5,000 âmes.

R

RAAB. — Rivière navigable de l'empire d'Autriche. Elle prend sa source dans l'archiduché d'Autriche, traverse une partie de la Hongrie, où elle se divise en deux branches, dont l'une se joint à la Rabnitz, et toutes deux se jettent dans le Danube, après un cours d'à peu près 300 kilomètres.

RAAB. — Petite ville épiscopale de la Hongrie, dans l'empire d'Autriche. Elle est située près du confluent du Raab et du Danube. On cite son académie, sorte d'université. Pop. : 15,000 âmes.

RABASTEINS. — Chef-lieu de canton, dans l'arrondissement de Tarbes, département des Hautes-Pyrénées. Durant les guerres de religion, ce lieu fut pris par Montluc, qui l'incendia et fit passer les habitants au fil de l'épée. Pop, 1,600 âmes.

RABASTEINS. — Petite ville, chef-lieu de canton dans l'arrondissement de Gaillac, département du Tarn. Elle est située sur la droite du Tarn, et l'on y fait un commerce de vins. Pop. : 6,000 âmes.

RABAT, RABATH ou NOUVEAU-SALÉ. — Ville du royaume de Fez, dans l'empire de Maroc. Elle est située sur le Bouregreb, où elle possède un port et un chantier, et son commerce, quoique très-déchu de ce qu'il fut autrefois, est encore assez important. On y remarque la tour carrée, nommée Sma-Hassan, qui est haute de 46 mètres, puis le mausolée de Al-Manzor. Pop. 25,000 âmes.

RABAT AMMAN ou PHILADELPHIE. — Ville en ruines de Syrie, dans la Turquie asiatique. On y voit les restes d'un palais immense, d'un magnifique amphithéâtre, d'un temple et d'une rotonde, des colonnades d'une hauteur extraordinaire, etc.

RABBA. — Grande ville du royaume de Niffé, dans la Nigritie centrale. Elle est populeuse et commerçante, et c'est un entrepôt important de marchandises indigènes et étrangères. C'est aussi un marché d'esclaves.

RABNITZ. — Rivière de Hongrie. Elle sort du lac Neusiedel, et se joint au bras occidental du Raab, après un cours de 50 kilomètres.

RACHGOUN ou HARGHGOUN. — Petite île de l'Algérie. Elle est située près de la côte de la province d'Oran, vis à vis l'embouchure de la Tafna.

RACHOVA ou ARAKOBA. — Bourg du Nomos de Locride-et-Phocide, royaume de Grèce. Il est situé sur la pente du Parnasse, et renommé par la bonté des vignobles de son territoire, ainsi que par la longévité de ses habitants. On trouve, dans son voisinage, l'*antre de Corycius* que les indigènes nomment *Saran d'anli*, immense grotte qui sert souvent de repaire à des brigands, qui peut contenir au delà de 300 personnes, et offre de belles stalactites et stalagmites.

RACIONZ ou RADZIONZ. — Ville du royaume de Pologne, empire de Russie. En 1404, il y fut conclu un traité par lequel le grand duc de Lithuanie céda la Samogitie à l'ordre Teutonique. Pop. : 10,000 âmes.

RACONIGI. — Ville du royaume sarde. Elle est située en Piémont, près de la Maira, affluent du Pô. Pop. : 10,000 âmes.

RADACK. — Groupe d'îles de la Micronésie. Il est situé à l'est, dans l'archipel des Mulgraves.

RADJAMANDRI. — Ville de la présidence de Madras, dans l'empire indo-britannique. Elle est située dans les Sircars, sur la gauche du Godavery. Les Français la possédèrent vers le milieu du XVIII° siècle.

RADJEMAHAL. — Ville du Bengale, dans l'empire indo-britannique. C'était, au XVII° siècle, la capitale de la contrée; mais elle est en partie ruinée aujourd'hui. Pop. 30,000 âmes.

RADJEPOUR. — Ville du royaume de Lahore, dans l'Hindoustan. C'est la patrie de Nanck, fondateur de la secte des seiks ou siks.

RADJEPOUTES. — Nation guerrière de l'Indoustan. Elle habite dans le nord-ouest de l'Adjimir et dans une partie des provinces d'Agra, de Malva et de Guzarate.

RADKERSBOURG. — Ville de Styrie, dans l'empire d'Autriche. Elle est située dans une île formée par la Muhr, et son territoire produit des vins estimés. On y fait aussi un commerce de fer. Pop. : 2,500 âmes.

RADO-RIO-NEGRO. — Chef-lieu de la comarque de Rio-Negro, dans la province de Para, au Brésil. Pop. : 3,000 âmes.

RADSTADT. — Ville de l'archiduché d'Autriche. Elle est située près de la source de l'Ens. Moreau y battit les Autrichiens en 1796. Pop. : 1,000 âmes.

RADZIVILOV. — Ville de la Volhynie, dans l'empire de Russie. Elle est située sur les frontières de la Gallicie. C'est une place autorisée à commercer avec l'étranger. Pop. : 5,000 âmes.

RAFTS. — On a donné ce nom aux amas d'arbres flottants que l'on rencontre particulièrement sur les fleuves d'Amérique. On a longtemps cité celui qui se trouvait sur l'Atchafalaya, l'un des bras du Mississipi, lequel était d'une longueur d'environ 10 milles, sur 220 mètres de largeur, et 2 mètres 43 de profondeur. Sa surface était couverte d'arbustes verts et de plantes en fleurs ; ce qui ne l'empêchait pas néanmoins de s'élever et de s'abaisser suivant le mouvement de l'eau. Il avait continué son accroissement durant 60 années environ, lorsqu'en 1835, époque à laquelle plusieurs des arbres qui y végétaient avaient acquis une élévation de 18 à 20 mètres, le gouvernement de la Louisiane prit des mesures pour le détruire, afin de rendre libre la navigation. Il fallut 4 années de travaux pour le faire disparaître.

RAGUSE. — Ville épiscopale de la Dalmatie. Elle eut une grande renommée au moyen âge, et son port contenait un grand nombre de navires qui faisaient un commerce florissant. Aujourd'hui son industrie consiste surtout dans l'activité de ses chantiers et dans ses fabriques de savon. Elle possède un gymnase, et sa population est d'à peu près 6,000 âmes.

RAHDANPOUR. — Ville de l'Etat de Barode, dans l'Hindoustan. Elle est très-commerçante. Pop. : 30,000 âmes.

RAHMANIEH. — Petite ville du Bahari ou Basse-Egypte. On y remarque le grand canal de Mahmoudy, que Mehemet-Ali fit construire.

RAIATÉA. — Ile de la Polynésie. C'est l'une des principales du groupe de Tahiti.

RAISMES. — Commune de l'arrondissement de Valenciennes, département du Nord. Pop. : 3,000 âmes.

RAIVAVAE. — Ile de la Polynésie. Elle est située à l'est du groupe de Toubouaï.

RAJECZ. — Gros bourg du comitat de

Trentsen, en Hongrie, dans l'empire d'Autriche. On y trouve des sources thermales. Pop. : 4,000 âmes.

RAKOW. — Petite ville du gouvernement de Lublin, en Pologne. Elle est importante pas ses nombreuses fabriques de tout genre. Elle eut jadis une telle réputation littéraire qu'on la surnommait l'*Athènes sarmate*, et ses imprimeries donnèrent alors naissance à plusieurs ouvrages recommandables.

RALEIGH. — Capitale de la Caroline du Nord, aux États-Unis. Elle est située dans le comté de Wake et sur la Neuse. Pop. : 3,000 âmes.

RALICK. — Groupe d'îles de la Micronésie. Il est situé à l'ouest, dans l'archipel des Mulgraves.

RAMBERG. — Ville archiépiscopale, située sur la Rednitz, dans le cercle du Haut-Mein, en Bavière. Elle est bien bâtie, industrieuse et commerçante. On y remarque la cathédrale, le palais de l'archevêque et le grand hôpital. Elle possède un séminaire, un lycée, un gymnase, une bibliothèque publique, une école de médecine et de chirurgie, une galerie de tableaux et un cabinet d'histoire naturelle. Le jardinage forme pour elle un produit important. Sa population est d'environ 21,000 âmes.

RAMBERVILLERS. — Chef-lieu de canton dans l'arrondissement d'Epinal, département des Vosges. On y trouve des filatures, des papeteries, des tanneries, des forges et des fabriques de toiles et de faïencerie. Pop. : 4,800 âmes.

RAMBOUILLET. — Petite ville d'environ 3,000 habitants. Chef-lieu d'arrondissement dans le département de Seine-et-Oise, elle comprend 6 cantons et 119 communes. Il y fabrique des chapeaux et de la dentelle. On va visiter son château où mourut François Ier; son parc dessiné à l'anglaise, et remarquable par ses magnifiques eaux; sa ferme, où Louis XVI naturalisa pour la première fois des mérinos en France; et sa vaste forêt dont les nombreux étangs lui donnent la physionomie de la Suisse et de l'Ecosse.

RAMERUPT. — Chef-lieu de canton dans l'arrondissement d'Arcis-sur-Aube, département de l'Aube. On y fabrique de la bonneterie et des sabots. Pop. : 600 âmes.

RAMGANGA. — Rivière de l'Hindoustan. Elle passe à Moradabad, et se joint au Gange, après un cours de 450 kilomètres.

RAMILLIES. — Village du Brabant, en Belgique. Il est célèbre par la victoire que Marlborough y remporta sur les Français en 1706. Pop. : 400 âmes.

RAMISSERAM. — Petite île de la province de Karnatic, dans l'empire indo-britannique. A la marée basse, elle s'unit à celle de Manaar, par une chaîne d'îlots et de rochers, à laquelle les Hindous ont donné le nom de *pont de Rama*, et les Arabes celui de *pont d'Adam*. Cette île est célèbre dans toute l'Inde, par son superbe temple, remarquable surtout par les énormes blocs qui ont servi à sa construction. C'est l'un des pèlerinages les plus suivis. Quelques géographes hindous font passer leur premier méridien par Ramisseram.

RAMLA ou **ARIMATHIA**. — Jolie petite ville de la Syrie, dans la Turquie asiatique. On y remarque le couvent des Latins, qui donne l'hospitalité aux voyageurs chrétiens qui vont à Jérusalem ou en reviennent. Pop. : 2,000 âmes.

RAMLOSA. — Village de la préfecture de Malmö, en Suède. Il est situé près d'Helsingborg, et possède des sources minérales très-fréquentées.

RAMONCHAMP. — Chef-lieu de canton dans l'arrondissement de Remiremont, département des Vosges. Pop. : 3,300 âmes.

RAMPOUR — Grande ville de la province de Delhi, dans l'empire indo-britannique. Elle est située dans un territoire renommé par sa fertilité, et elle est le chef-lieu d'une principauté rohellah. Pop. : 50,000 âmes.

RAMREE ou **RAMRI.** — Ile du golfe de Bengale. Elle est située près de la côte de la province d'Aracan, au nord de l'île Tchéduba. Sa longueur est de 80 kilomètres, et son principal lieu est Yambia.

RAMSGATE. — Jolie ville du comté de Kent, en Angleterre. On y admire une magnifique chaussée dont la construction a coûté au delà de 5,000,000 de francs, et qui protége le port. Pop. : 8,000 âmes.

RANAI. — Ile de la Polynésie. Elle est située dans l'archipel des Sandwich, au sud de Morotoï.

RANCE. — Rivière qui prend sa source dans la chaîne armorique, arrose une partie des Côtes-du-Nord, passe par Dinan et près de Saint-Malo, et se jette dans la Manche après un cours de 100 kilomètres.

RANCOGNE. — Petit bourg de l'arrondissement d'Angoulême, dans le département de la Charente. On trouve, dans son voisinage, de vastes grottes tapissées de stalactites. Pop. : 500 âmes.

RANÇON. — Commune de l'arrondissement de Bellac, dans le département de la Haute-Vienne. Elle est située sur la Gartempe. Pop. : 2,000 âmes.

RANDANS. — Chef-lieu de canton dans l'arrondissement de Riom, département du Puy-de-Dôme. Pop. 2,200 âmes.

RANDERS. — Ville du Jutland, dans le royaume de Danemark. Elle est située à l'embouchure du Guden-Aae, où elle possède un port. Pop. : 5,000 âmes.

RANES. — Commune de l'arrondissement d'Argentan, dans le département de l'Orne. On y trouve un haut-fourneau, des forges et des fabriques d'instruments aratoires.

RANGAMATTY. — Ville de la présidence de Calcutta, dans l'empire indo-britannique. C'est l'ancienne capitale du Bengale. Elle est située près du Brahmapoutra. Pop. : 12,000 âmes.

RANGOUN. — Ville de l'empire Birman, dans l'Inde transgangétique. Elle est située sur le cours d'eau du même nom. Cette ville est importante par son port, ses chantiers son commerce, et sert d'entrepôt pour le bois de tek. On trouve dans son voisinage le fameux temple de Choudagon, qui s'élève sur une colline. Sa forme est pyramidale, sa hauteur de 103 mètres, et le chemin qui y conduit est bordé d'un grand nombre d'autres petites pagodes bâties par des particuliers. On voit aussi, non loin de ce monument, une cloche en bronze de 4 mètres de haut, de 3 mètres de diamètre, de 32 centimètres d'épaisseur, et sur laquelle est gravée une inscription en langue pali. Cette cloche sert à annoncer les cérémonies et les offrandes. Pop. : 25,000 âmes.

RANGPOUR. — Ville de la présidence de Calcutta, dans l'empire indo-britannique. Pop. : 15,000 âmes.

RANOU. — Grand lac du district de Gratté, dans la province de Pasarouan, île de Java. Il est renommé par la douceur des crocodiles qui l'habitent, lesquels vivent, dit-on, dans la meilleure intelligence avec les Javanais qui demeurent dans le voisinage et qui peuvent se baigner sans le moindre danger dans le lac.

RAON-L'ÉTAPE. — Chef-lieu de canton dans l'arrondissement de Saint-Dié, département des Vosges. Il est situé sur la Meurthe, et l'on y fait un commerce de bois de construction et de planches. Pop. : 3,600 âmes.

RAOUL. — Île de la Polynésie. Elle est située au nord du groupe de Kermadec.

RAPIDE. — Rivière des États-Unis. Elle est située dans le territoire de l'ouest et va se jeter dans le Missouri, après un cours de plus de 600 kilomètres.

RAPPAHANNOCK. — Fleuve des États-Unis. Il coule dans la Virginie et se jette dans la baie de Chesapeak, après un cours de 270 kilomètres. Des petits navires peuvent y naviguer jusqu'à 160 kilomètres au-dessus de son embouchure.

RAPPERSCHWYL. — Petite ville du canton de Saint-Gall, en Suisse. Elle est située sur le lac de Zurich, qu'on traverse sur un pont des plus longs qui soient connus : il est en bois et son étendue est de 1,560 mètres. La population de cette ville est d'environ 1,200 âmes.

RAROTONGA. — Île de la Polynésie. Elle est située au sud-ouest des îles de Cook.

RAS-EL-KHYMA. — Ville du Lahsa, en Arabie. Elle possède un très-bon port sur le golfe Persique, et, avant 1809, elle avait une flotte de corsaires, montée par près de 20,000 hommes. Les Anglais la détruisirent ainsi que les chantiers de la ville.

RASAY ou RAASAY. — Une des îles Hébrides. Elle est située à l'ouest de l'Écosse, entre l'île de Skye et le comté de Ross, et sa longueur est d'environ 20 kilomètres sur 3 de largeur. Pop. : 1,000 âmes.

RASCIE. — Province de la principauté de Servie. Elle est située au sud, et a pour chef-lieu Novi-Bazar.

RASTADT. — Petite ville du cercle du Rhin moyen, dans le grand-duché de Bade. On y remarque le château construit sur le plan de celui de Versailles. Elle possède un séminaire pour les maîtres d'école catholiques, un lycée, des bains, et sa population est d'environ 6,000 âmes. On a tenu deux congrès dans cette ville, en 1714 et 1798.

RATCHA. — District montueux de la province d'Imerethi, dans la région du Caucase, Russie asiatique. C'est un très-beau pays, quoique désert en partie; l'air y est fort salubre, circonstance assez rare dans cette région; il est riche en mines d'argent, de cuivre et de fer, et son sol est couvert, çà et là, de ruines au milieu desquelles on recueille des médailles grecques, sassanides et autres.

RATHENAU. — Ville du Brandebourg, dans le royaume de Prusse. Elle est située sur la droite du Havel. Les Suédois y furent vaincus, en 1695, par l'électeur Frédéric-Guillaume. Pop. : 5,600 âmes.

RATHLIN. — Île du canal du Nord. Elle est située près de la côte nord-est de l'Irlande, comté d'Antrim. Sa longueur est de 9 kilomètres. Pop. : 1,200 âmes.

RATHMINES. — Village des environs de Dublin, en Irlande. Sous Charles Ier, l'armée royale fut défaite par les troupes du parlement.

RATIBOR. — Ville de la Silésie, royaume de Prusse. Elle est située sur l'Oder, qui y devient navigable, et sur le chemin de fer de Breslau à Vienne. En 1745, elle fut pris d'assaut par les Prussiens. Pop. : 6,000 âmes.

RATISBONNE. — Ville épiscopale située au confluent de la Regen et du Danube, en Bavière. Elle est le chef-lieu du cercle de la Regen, et ce fut le siège de la diète de l'empire germanique, depuis 1662 jusqu'à sa dissolution en 1806. On y remarque la cathédrale avec le monument de Dalberg, le palais du prince de Thurn-et-Taxis, et l'ancienne abbaye de Saint-Emmeran, qui est d'une immense étendue. Cette ville possède un lycée, un gymnase et plusieurs sociétés académiques; elle fait un commerce important d'orfèvrerie, de bijouterie et de bière; et sa population est d'environ 22,000 âmes. On voit dans ses environs, à Donaustauf et dans une position charmante, le *Walhalla*, sorte de panthéon consacré par le roi Louis à toutes les gloires nationales.

RATTANPOUR. — Ville de l'État de Nagpour, dans l'Hindoustan. C'est le chef-lieu du district de Tchotisghar. Pop. : 5,000 âmes.

RATZBURG. — Petite ville du duché de Lauenburg, dans le royaume de Danemark. Elle est située sur une petite île du lac du même nom, et c'était autrefois le siège d'un évêché. Le grand-duc de Mecklembourg-Strélitz y possède la cathédrale, un hôpital et tout un quartier. Pop. : 2,000 âmes.

RAUCOURT. — Chef-lieu de canton dans l'arrondissement de Sedan, département des Ardennes. On y fabrique des boucles, des éperons et des mors. Pop. : 1,500 âmes.

RAVENNE. — Ville archiépiscopale, chef-lieu de la légation de même nom, dans l'État du Pape. Elle est située entre le Montone et le Ronco, près d'une sorte de marécage, ce qui rend la localité malsaine. Célèbre et florissante sous les Romains, cette ville n'est plus que l'ombre d'elle-même ; mais on y remarque cependant encore plusieurs beaux édifices religieux, tels que la cathédrale, les églises Saint-Vital et Saint-Jean-Baptiste, dont on fait remonter la construction au vi° siècle; l'église des Saint-Nazare et Celse, bâtie par Galla-Placidia, fille de l'empereur Théodose le Grand, et qui renferme le tombeau de cette princesse, et ceux d'Honorius son frère, de Constance son époux, et du fils de Valentinien III; puis les églises Saint-Apollinaire des Camaldules, et Sainte-Marie de la Rotonde. Ravenne possède une bibliothèque publique, un musée d'antiquités, et sa population est d'environ 11,000 âmes.

RAVIÈRES. — Commune de l'arrondissement de Tonnerre, département de l'Yonne. Elle est située près du canal de Bourgogne. Pop. : 1,200 âmes.

RAVY. — Rivière des États seicks, dans l'Hindoustan. Elle passe à Lahore et s'unit au Tchénab, après un cours de 600 kilomètres.

RAWA. — Ville du royaume de Pologne, empire de Russie. C'était jadis une place forte et le chef-lieu d'un palatinat de la Grande-Pologne. Pop. : 2,000 âmes.

RAWIEZ. — Ville murée de la régence de Posen, royaume de Prusse. On y trouve des fabriques d'étoffes de laine. Pop. : 8,000 âmes.

RAZELM. — Lac de Turquie. Il est situé dans le nord-est de la Bulgarie, près et au sud du delta du Danube dont il reçoit une branche, et il communique avec la mer Noire par plusieurs canaux.

RÉ (ÎLE DE). — Elle est située sur les côtes du département de la Charente-Inférieure, et séparée de l'île d'Oléron par le détroit appelé *Pertuis d'Antioche*. Elle a 16 kilom. de long sur 8 de large, et environ 4,000 habitants. Cette île est importante par ses ports, et par sa citadelle de Saint-Martin, qui a été construite par Vauban. Au nombre de ses branches de commerce sont les eaux-de-vie et l'anisette.

READING. — Ville du comté de Berks, en Angleterre. Elle est située sur la droite de la Tamise, et sur le chemin de fer de Londres à Bristol. Deux conciles y furent tenus, l'un sous le roi Jean, l'autre sous Édouard I°°, et le parlement y fut plusieurs fois assemblé. Pop. : 15,600 âmes.

READING. — Ville de la Pennsylvanie, aux États-Unis. Elle est située sur le canal qui unit le Susquehannah au Schuylkill. On y fait un commerce de chapeaux et de houille. Pop. : 6,000 âmes.

RÉALEJO. — Petite ville de l'État de Nicaragua, dans la Confédération de l'Amérique centrale. Elle est importante par son port, l'un des plus beaux et des meilleurs qu'on connaisse, et par ses chantiers. Pop. : 3,000 âmes.

RÉALMONT. — Chef-lieu de canton dans l'arrondissement d'Albi, département du Tarn. On y trouve des forges, des papeteries et une mine de houille.

RÉALVILLE. — Commune de l'arrondissement de Montauban, dans le département de Lot-et-Garonne. Elle est située sur l'Aveyron. Pop. : 3,000 âmes.

REBAIS. — Chef-lieu de canton dans l'arrondissement de Coulommiers, département de Seine-et-Marne. On y fabrique des guêtres et de la moutarde. Pop. : 1,100 âmes.

RECCOARO. — Bourg de la délégation de Vicence, dans le gouvernement de Venise. Il est renommé par ses sources minérales qui attirent un grand nombre d'étrangers. Sa population est d'environ 4,000 âmes.

RECEY-SUR-OURCE. — Chef-lieu de canton dans l'arrondissement de Châtillon-sur-Seine, département de la Côte-d'Or. On y fait un commerce de chanvre, de toiles et de tonneaux. Pop. : 1,100 âmes.

RECHERCHE (ARCHIPEL DE LA). — Il est situé près de la côte sud-ouest de la nouvelle Hollande, Terre-de-Nuyts, et ne se compose que de petites îles.

RECHICOURT-LE-CHATEAU. — Chef-lieu de canton dans l'arrondissement de Sarrebourg, département de la Meurthe. Il est situé sur le chemin de fer de Paris à Strasbourg. Pop. : 1,000 âmes.

RECHT. — Grande ville, chef-lieu du Ghilan, en Perse. Elle est située non loin du golfe d'Enzili, formé par la mer Caspienne, et importante par ses fabriques d'étoffes de soie. Pop. : 60,000 âmes.

RECKNITZ. — Rivière d'Allemagne. Elle prend sa source dans le grand-duché de Mecklembourg, et se jette dans la baie de Ribnitz, golfe de la Baltique, après un cours de 100 kilomètres.

RECONCAVO. — Les Brésiliens nomment ainsi une contrée qui s'étend autour de Bahia ou San-Salvador. On y remarque particulièrement les bourgs de Gaxoeira, Maragogipe, Nazareth, Santo-Amaro, Itapicuru, Iguaripe et l'île d'Itaparica.

REDANG. — Île de la mer de Chine. Elle est située à l'est de la presqu'île de Malacca et près de la côte du royaume de Tringano.

REDNITZ. — Rivière navigable de Bavière. Elle se joint à la Pegnitz, à Fürth, pour former la Regnitz. Charlemagne avait conçu le projet de joindre, par un canal, cette rivière au Danube.

REDON. — Petite ville avec un port, dans le département d'Ille-et-Vilaine. Chef-lieu d'arrondissement, elle comprend 7 cantons et 45 communes. Elle possède des chantiers maritimes, un entrepôt de vins de Bordeaux et de denrées du Midi, et importe en outre des fers étrangers, des bois de mâture, des planches de sapin, des épiceries, etc. Sa population est d'environ 5,000 âmes.

REDONDELA. — Ville de la province de Pontevedra, en Espagne. Elle est située à l'embouchure de la rivière de son nom dans la baie de Vigo, formée par l'Atlantique. Pop. : 3,000 âmes.

REDRUTH. — Ville du comté de Cornwall, en Angleterre. Elle est située dans un canton très-riche en mines de cuivre et d'étain. Pop. : 8,000 âmes.

REE. — Lac d'Irlande. Il est situé entre les comtés de Roscommon, Longfort et West-Meath, et traversé par le Shannon. Sa longueur est de 26 kilomètres.

REGA. — Rivière de la Poméranie, royaume de Prusse. Elle passe à Plate, Grieffenberg et Treptow, et se jette dans la Baltique, après un cours de 140 kilomètres.

REGEN. — Rivière de Bavière. Elle se jette dans le Danube, vis-à-vis Ratisbonne, après un cours de 135 kilomètres.

REGENTSTOWN. — Ville de la colonie anglaise de Sierra-Leone, dans la Guinée septentrionale. Pop. : 3,000 âmes.

REGGIO. — Ville épiscopale du duché de Modène. On y remarque la cathédrale, la chapelle de la mort et le palais ducal. Elle possède une bibliothèque publique, un musée d'histoire naturelle, une maison d'aliénés, et une population d'environ 18,000 âmes. On croit que cette ville était dans l'origine une colonie romaine, qui reçut son nom du consul Emilius Lépidus, l'an 188 avant notre ère.

REGGIO. — Ville archiépiscopale, chef-lieu de la Calabre ultérieure 1re, dans le royaume des Deux-Siciles. Elle est située sur le détroit de Messine. On y trouve un collége royal, une bibliothèque publique; le commerce y est florissant, et la population est d'environ 17,000 âmes.

REGNEVILLE. — Commune de l'arrondissement de Coutances, dans le département de la Manche. Elle est située près de la Manche qui y forme un havre. P. : 1,900 âmes.

REGNITZ. — Rivière navigable de Bavière. Elle se forme par la réunion de Fürth, de la Rednitz et de la Pegnitz, passe à Erlangen, Worcheim et Bamberg, et s'unit au Main, après un cours de 60 kilomètres.

REGUISHEIM ou RIXEN. — Commune de l'arrondissement de Colmar, dans le département du Haut-Rhin. Pop. : 2,100 âmes.

REICHENAU. — Ile du grand-duché de Bade. Elle est située dans la partie inférieure du lac de Constance. Sa longueur est de 5 kilomètres, et l'on y voit l'église d'une ancienne abbaye de Bénédictins, où Charles le Gros fut inhumé. Pop. : 1,500 âmes.

REICHENAU. — Ville de Bohême, dans l'empire d'Autriche. On y voit un château qui renferme une bibliothèque et une belle galerie de tableaux. Pop. : 3,500 âmes.

REICHENAU. — Gros village de la Lusace, dans le royaume de Saxe. On y fabrique des toiles et des rubans. Pop. : 3,200 âmes.

REICHENAU. — Village de Suisse. Il est situé dans le canton des Grisons et au confluent du Rhin antérieur et du Rhin postérieur. On y trouve un collége, dans lequel Louis-Philippe, alors duc d'Orléans, donna des leçons durant les premiers temps de son émigration.

REICHENBACH. — Rivière du canton de Berne, en Suisse. Elle se jette dans l'Aar, près de Meyeringen. Elle offre des cascades remarquables.

REICHENBACH. — Ville de Silésie, dans le royaume de Prusse. En 1762, les Autrichiens y furent défaits par les Prussiens. Pop. : 4,300 âmes.

REICHENBACH. — Ville du Voigtland, dans le royaume de Saxe. Pop. : 4,000 âmes.

REICHENBERG. — Ville du cercle de Bunzlau, en Bohême. Elle est située sur la Neisse. On y trouve de nombreuses fabriques de draps, de tissus de coton, de toiles, etc., dont le produit annuel dépasse 18,000,000 de francs. Pop. : 10,000 âmes.

REICHENHALL. — Petite ville du cercle d'Iser, en Bavière. On y trouve des salines, des usines, etc. Pop. : 2,000 âmes.

REICHENSTEIN. — Ville de Silésie, dans le royaume de Prusse. On exploite dans son voisinage une mine d'arsenic. Pop. : 1,500 âmes.

REICHSHOFFEN. — Commune de l'arrondissement de Vissembourg, dans le département du Bas-Rhin. On y trouve un haut fourneau, des forges, et l'on y fait un commerce de garance. Pop. : 2,600 âmes.

REICHSTADT. — Ville de Bohême. L'empereur d'Autriche donna au fils de Napoléon le titre de *duc de Reichstadt*. Pop. : 1,200 âmes.

REIHA. Petite ville de Syrie, dans la Turquie d'Asie. On trouve, dans son voisinage, les ruines de l'ancienne cité de même nom, et celles de la ville de *Benin*.

REIKIANEST. — Cap d'Islande. Il est situé au sud-ouest, à l'extrémité d'une presqu'île.

REILLAC. — Commune de l'arrondissement de Nontron, dans le département de la Dordogne. Pop. : 1,200 âmes.

REILLAUNE. — Chef-lieu de canton dans l'arrondissement de Forcalquier, département des Basses-Alpes. Pop. : 1,400 âmes.

REIMS. — Ville archiépiscopale, située sur la Vesle. Chef-lieu d'arrondissement dans le département de la Marne, elle comprend 10 cantons et 181 communes. On cite sa cathédrale, dans laquelle on sacrait les rois de France, l'abbaye de Saint-Remi, son hôtel de ville, la statue en pied de Louis XV, celle du maréchal Drouet D'Erlon, l'arc de triomphe de la porte de Mars et le tombeau de Jovinus; puis ses promenades et ses caves à triple étage pratiquées dans la craie, et où l'on conserve les vins blancs destinés à l'exportation. Reims possède un lycée, une école secondaire de médecine, une bibliothèque et un musée. Son industrie consiste principalement dans la fabrication d'étoffes de laine, et elle emploie annuellement environ 360,000 kilogrammes de cette substance. Sa population est d'à peu près 45,000 âmes. Cette ville a donné naissance à Colbert, à Ruinart, à Pluche, au P. Géry, à Lebatteux, à Linguet, etc.

REINE-CHARLOTTE. — Ile de la Polynésie. Elle appartenait à l'archipel des îles Basses, et se trouve au nord-est de l'île d'Egmont.

REINE-CHARLOTTE. — Grande île de

l'archipel de Quadra-et-Vancouver. Elle est située à l'ouest de la nouvelle Bretagne, dans le grand Océan, et habitée par les Wakas.

REISBACH. — Village de Bavière. Il est situé à 12 kilom. de Landau, et célèbre par un concile qui y fut tenu en 799. Pop. : 600 âmes.

REJEV. — Ville du gouvernement de Tver, en Russie. Elle est située sur le Volga, qui commence à y devenir navigable. Pop. : 10,000 âmes.

RÉMALARD ou REGMALARD. — Chef-lieu de canton dans l'arrondissement de Mortagne, département de l'Orne. Il est situé à la gauche de l'Huine. Pop. : 1,900 âmes.

REMBANG. — Chef-lieu de la résidence de ce nom, dans l'île de Java, Océanie occidentale ; c'est une petite ville assez commerçante, qui possède de beaux chantiers et une assez nombreuse marine marchande. Le territoire de cette province est renommé par ses belles et vastes forêts de tek.

REMIREMONT. — Petite ville située sur la gauche de la Moselle, au pied des Vosges. Chef-lieu d'arrondissement dans le département des Vosges, elle comprend 4 cantons et 37 communes. Ses environs sont plantés d'un grand nombre de cerisiers, dont le fruit sert à la fabrication du kirchen-waser, et l'on y compte aussi au delà de 10,000 métiers à tisser le coton. Ses montagnes sont riches en plantes médicinales, et sa population est d'environ 6,000 âmes.

REMOULINS. — Petit bourg situé sur le Gard, dans le département du même nom. On y voit le fameux et magnifique aqueduc romain, connu sous le nom de *Pont-du-Gard*, lequel servait à conduire les eaux de la fontaine d'Aure à la naumachie de l'ancienne *Nemausus*. La longueur de cet aqueduc est de 273 mètres, sa largeur de 7 et sa hauteur de 48^m 75 au-dessus des basses eaux du Gard.

REMSCHEID. — Ville de la régence de Dusseldorf, dans la Prusse rhénane. On y trouve des fabriques de faux et autres objets de quincaillerie. Pop. : 9,000 âmes.

RÉMUSAT. — Chef-lieu de canton dans l'arrondissement de Nyons, département de la Drôme. Il est situé sur l'Aigues. Pop. : 700 âmes.

RENAIX. — Ville de la Flandre orientale, en Belgique. On y fait un commerce considérable de toiles. Pop. : 12,000 âmes.

RENARDS (ILES DES). — Ce sont les plus orientales des îles Aléoutiennes. Elles sont situées entre la mer de Behring et le grand Océan, et les principales sont Oumanak, Ounalaska et Atchen. Les Russes en retirent un nombre considérable de peaux de renards.

RENCHEN. — Ville du grand-duché de Bade. Elle est située sur la Rench, affluent du Rhin. Moreau y battit les Autrichiens en 1796. Pop. : 2,000 âmes.

RENCONTRE (GOLFE DE LA). — Il est formé par le grand Océan, au sud de la Nouvelle-Hollande, entre la Terre de Flinders et celle de Baudin. Son principal affluent est le Murray.

RENDSBOURG. — Ville forte du Holstein, royaume de Danemark. Elle est située sur l'Eyder et sur le Grand-Canal, qui joint la mer Baltique à celle du Nord. Pop. : 8,000 âmes.

RENFREW. — Ville du comté de ce nom, en Ecosse. Elle est située près de la Clyde. Pop. 2,200 âmes.

RENNEL. — Ile de l'Australie. Elle est située au sud de l'archipel de Salomon.

RENNES. — Ville épiscopale située sur la Vilaine, chef-lieu du département d'Ille-et-Vilaine ; son arrondissement comprend 10 cantons et 78 communes. On y remarque l'église Saint-Pierre, l'hôtel de ville et le palais de justice ; elle possède un séminaire, un collège, une école secondaire de médecine, une école de peinture et de sculpture, une école d'architecture pratique ; une bibliothèque publique, un musée de tableaux, un jardin botanique et une société académique. Son industrie consiste principalement en fabriques de toiles et en blanchisseries de cire. Sa population est d'environ 34,000 âmes ; cette ville est la patrie de Duguesclin, l'Argentré, la Bletterie, la Chalotais, etc.

RENO. — Rivière de l'Etat du Pape. Elle passe près de Bologne et se joint à une branche du Pô, non loin de Ferrare, pour former le Pô-di-Primaro et le Pô-di-Volano. Son cours est de 130 kilomètres.

RENWEZ. — Chef-lieu de canton dans l'arrondissement de Mézières, département des Ardennes. On y trouve des fabriques de bonneterie de laine et de brosses de bruyères. Pop. : 1,700 âmes.

RÉOLE (LA). — Petite ville située sur la rive droite de la Garonne, dans le département de la Gironde. Chef-lieu d'arrondissement, elle comprend 6 cantons et 105 communes. Elle possède un collège, une société d'agriculture, et son commerce consiste en grains, eaux-de-vie, bestiaux, etc. Sa population est d'environ 4,000 âmes.

RÉORTHE (LA). — Commune de l'arrondissement de Fontenay, département de la Vendée. Pop. : 1,500 âmes.

REPLONGES. — Commune de l'arrondissement de Bourg, dans le département de l'Ain. Pop. : 1,900 âmes.

REPS. — Ville du Pays des Saxons, en Transylvanie, empire d'Autriche. Pop. : 2,000 âmes.

REQUISTA. — Chef-lieu de canton dans l'arrondissement de Rodez, département de l'Aveyron. Pop. : 4,200 âmes.

RESINA. — Espèce de bourg qui compte environ 900 habitants, et qui est presque attenant à Portici, dans les environs de Naples. On y remarque la maison de plaisance du prince de Salerne. C'est à Resina que l'on fait communément ses dispositions pour monter au Vésuve, et c'est aussi à cet endroit que l'on descend dans les profondeurs où se trouve ensevelie *Herculanum*, par suite de l'éruption du volcan, en 79 de l'ère chrétienne. C'est à l'année 1713 que remontent les premières fouilles qui firent découvrir cette ville, et les travaux entrepris pour la déblayer. Resina, Torre del Greco, Somma, Ottajano et Santa-Anastasia, tous lieux qui environnent le pied du Vésuve, produisent le vin fameux connu sous le nom de *Lacrima-Christi*.

RESSONS. — Chef-lieu de canton dans l'arrondissement de Compiègne, département de l'Oise. Pop. : 1,000 âmes.

RESTIGNY. — Commune de l'arrondissement de Chinon, dans le département d'Indre-et-Loire. Pop. : 2,000 âmes.

RETFORD. — Ville du comté de Nottingham, en Angleterre. Elle est située près du canal de Chesterfield. Pop. : 2,500 âmes.

RETHEL. — Ville ancienne située près de l'Aisne. Chef-lieu d'arrondissement dans le département des Ardennes, elle comprend 8 cantons et 108 communes. Son commerce consiste principalement en grains, en huiles et en cordes, et elle possède des manufactures de draps, d'étoffes de laine, de casimirs, d'étamines, d'espagnolettes, de savon, etc. Sa population est d'environ 8,000 âmes.

RETIMO ou **RETYMO.** — Petite ville de l'île de Candie, dans la Turquie d'Europe. Elle est le chef-lieu du sandjack de ce nom, et le siége d'un évêché grec. On y trouve un petit port. Pop. : 6,000 âmes.

RETOURNAC. — Commune de l'arrondissement d'Yssingeaux, dans le département de la Haute-Loire. Il est situé sur la gauche de la Loire, qui y devient flottable. Pop. : 3,800 âmes.

RETY. — Commune de l'arrondissement de Boulogne dans le département du Pas-de-Calais. Son territoire possède des mines de houille. Pop. : 1,400 âmes.

REUILLY. — Commune de l'arrondissement d'Issoudun, dans le département de l'Indre. On récolte sur son territoire un vin blanc estimé. Pop. : 2,300 âmes.

REUS. — Jolie petite ville de la Catalogne, en Espagne. On y fait un commerce de soieries, de toiles peintes et d'eaux-de-vie. Pop. : 24,000 âmes.

REUSS (ÉTATS DE). — Ils sont situés dans l'ancien Voigtland, et divisés en trois principautés : celle de Reuss-Greitz, avec *Greitz* pour chef-lieu ; celle de Reuss-Schleitz, dont *Schleitz* est le chef-lieu ; et celle de Reuss-Lobenstein-Ebersdorf, qui a *Ebersdorf* pour chef-lieu. Le territoire de ces principautés est arrosé par la Saale, affluent de l'Elbe, et par l'Ester-Blanc, affluent de la Saale.

REUTLINGEN. — Ville du royaume de Wurtemberg. Elle est située sur l'Echatz, au pied de l'Alp. Autrefois ville impériale, elle est aujourd'hui le chef-lieu du cercle de la Forêt-Noire. On y remarque l'église Sainte-Marie, dont le clocher est très-élevé. Elle possède un lycée, de nombreux établissements typographiques et des bains fréquentés. Sa population est d'environ 10,000 âmes.

REVEL. — Chef-lieu de canton dans l'arrondissement de Villefranche, département de la Haute-Garonne. On y fait un commerce de lainages, de liqueurs et de farines. Pop. : 5,800 âmes.

REVEL. — Commune de l'arrondissement de Grenoble, département de l'Isère. Pop. : 1,200 âmes.

REVEL. — Chef-lieu du gouvernement d'Esthonie, en Russie. Cette ville est fortifiée, elle possède un port dans lequel stationne une partie de la flotte russe, et on y trouve un gymnase, une école de la noblesse et une bibliothèque publique. On voit aussi dans son voisinage, le Catherinental, maison de plaisance impériale. Pop. : 12,000 âmes.

REVELLO. — Ville de la division de Coni, dans le royaume sarde. Elle est située près de la rive gauche du Pô. Pop. : 5,000 âmes.

REVERE. — Ville du royaume lombard-vénitien, empire d'Autriche. Elle est située sur la rive droite du Pô. Pop. : 8,000 âmes.

REVIGNY. — Chef-lieu de canton dans arrondissement de Bar-le-Duc, département de la Meuse. Il est situé sur le canal de son nom qui joint l'Ornain à la Chée. Pop. : 1,200 âmes.

REVILLA-GIGEDO. — Groupe d'îles du grand Océan équinoxial. Il est situé à l'ouest des côtes du Mexique.

REVILLA-GIGEDO. — Ile de l'archipel de Quadra-et-Vancouver. Elle n'est séparée de la côte du nouveau Cornouailles que par un canal très-étroit.

REVIN. — Commune de l'arrondissement de Rocroy, dans le département des Ardennes. Elle est située sur la droite de la Meuse. Pop. : 2,700 âmes.

REYKJAVIK. — Capitale actuelle de l'Islande. Elle est formée par une ligne de maisons danoises construites au bord de la mer, ligne sur les côtés de laquelle se trouvent les cabanes islandaises. Cette ville, dont la population ne s'élève guère qu'à 800 âmes, possède une rade sûre et commode ; elle est le siége du gouverneur, d'un évêque et d'un tribunal ; elle possède une école et une bibliothèque publique, et dans son voisinage on trouve des bancs de pêche renommés par leur produit.

REYNOSA. — Très-petite ville de la province de Santander, en Espagne. Elle est située dans une belle vallée des montagnes dont elle porte le nom, lesquelles s'étendent des monts Cantabres jusqu'aux environs de Burgos, et où l'Ebre prend sa source. Pop. : 1,500 âmes.

REYSSOUSE. — Petite rivière de France. Elle coule dans le département de l'Ain, passe à Bourg et à Pont-de-Vaux, et s'unit à la Saône après un cours de 70 kilomètres.

REZENDE ou **CAMPO-ALEGRE.** — Ville de la province de Rio-de-Janerio, au Brésil. Elle est située sur la rive droite du Parahyba. Pop. : 3,000 âmes,

RHEINAU. — Petite ville du canton de Schaffhouse, en Suisse. Elle est située sur le Rhin ; on y voit la riche abbaye de Bénédictins qui porte son nom, et elle possède une bibliothèque considérable, puis une collection de tableaux, d'objets d'arts et d'antiquités. Pop. : 800 âmes.

RHEINECK. — Petite ville du canton de Saint-Gall, en Suisse. Elle est située dans le Rheinthal, un peu au-dessus de l'embouchure du Rhin dans le lac de Constance, et fait un commerce de transit très-important. Pop. : 1,000 âmes.

RHEINFELDEN. — Petite ville du canton d'Argovie, en Suisse. Elle est située sur la rive gauche du Rhin, et c'est la plus importante des quatre villes qu'on appelait autrefois *forestières*. Pop. : 1,600 âmes.

RHEINFELS. — Forteresse de la régence de Coblentz, dans la Prusse rhénane. Elle est située près de Saint-Goar, dans une île du Rhin. Les Français s'en emparèrent en 1794 et la démantelèrent ; mais ses fortifications ont été rétablies.

RHEINGAU. — Vallée du duché de Nassau. Elle est située dans la partie méridionale, entre le Rhin et le mont Taunus, et célèbre par ses beaux sites, sa fertilité, ses fruits et ses vins.

RHÉTIERS. — Chef-lieu de canton dans l'arrondissement de Vitré, département d'Ille-et-Vilaine. Pop. : 3,000 âmes.

RHIN. — Grand fleuve d'Europe. Il se forme à Reichenau, dans le canton des Grisons, en Suisse, par la réunion du Rhin antérieur et du Rhin postérieur. Le premier descend du mont Saint-Gothard, le second du glacier du Rheinwald. Ce fleuve sépare d'abord le canton de Saint-Gall du Tyrol ; traverse ensuite le lac de Constance ; sépare après cela, en partie la Suisse et entièrement la France et la Bavière rhénane, du grand-duché de Bade ; puis traverse le grand-duché de Hesse-Darmstadt, la Prusse rhénane et la Hollande, se divisant, dans cette dernière contrée, en plusieurs branches. En Suisse, le Rhin passe à Coire, Constance, Schaffhouse et Bâle ; en France, près de Strasbourg ; dans la Bavière rhénane, à Spire ; dans le grand-duché de Bade, à Manheim ; dans celui de Hesse-Darmstadt, à Worms et à Mayence ; dans le royaume de Prusse, à Coblentz, Bonn, Cologne, Dusseldorf et Wesel ; et en Hollande, à Arnheim, Utrecht et Leyde. A Shenkoschactz, le fleuve se divise en deux branches : celle de gauche prend le nom de *Wahal*, celle de droite retient celui de *Rhin*, et se partage à son tour en deux, à Arnheim : le premier, appelé *Yssel*, va, au nord, se jeter dans le Zuiderzée ; le second, qu'on continue à nommer le *Rhin*, se dirige vers l'ouest, où il se partage encore en deux artères, à Wick-the-Duerstède : l'une conserve le nom de *Rhin*, mais n'arrive pas jusqu'à la mer et se perd dans les dunes de Catwyk, au-dessous de Leyde ; l'autre, qu'on appelle *Lech*, s'unit à la Meuse, et se jette dans la Merwe. Depuis Coire jusqu'à Bâle, le Rhin n'est navigable que dans quelques parties, à cause de la rapidité du courant, des roches qui l'obstruent, et de ses chutes, parmi lesquelles se fait remarquer la cascade de Laufen, au-dessous de Schaffhouse, qui a 24 mètres d'élévation ; mais, à partir de Bâle,

jusqu'à la mer, la navigation est continue sur une longueur d'environ 900 kilomètres. Les principaux affluents du Rhin sont ; à droite, le Necker, la Lahn et la Lippe ; à gauche, la Thur, l'Aar, l'Ill et la Moselle. Sa longueur totale est d'environ 1,300 kilomètres.

RHIN. — Rivière du royaume de Prusse. Elle coule dans le Brandebourg, passe près de Rhinsberg, à Ruppin, et se joint au Havel, après un cours d'environ 110 kilomètres. Le canal de Ruppin la joint aussi au cours supérieur du Havel.

RHIN (DÉPARTEMENT DU BAS-). — Il a été formé de parties de l'Alsace, de la Lorraine et de la Terre d'Allemagne. Sa superficie est de 464,781 hectares et sa population d'environ 580,400 âmes. Il est divisé en 4 arrondissements dont les chefs-lieux sont Strasbourg, Saverne, Schelestadt et Weissembourg, et compte 33 cantons et 543 communes. Strasbourg est le siége de sa préfecture, de son diocèse et de son académie universitaire (*Voir* l'*Appendice*) ; Colmar celui de sa cour impériale ; et il est compris dans la quatrième division militaire.

RHIN (DÉPARTEMENT DU HAUT-). — Il a été formé d'une partie de l'Alsace. Sa superficie est de 406,032 hectares, et sa population d'environ 487,200 âmes. Il est divisé en 3 arrondissements dont les chefs-lieux sont Colmar, Altkirch et Béfort, et compte 29 cantons et 491 communes. Colmar est le siége de sa préfecture et de sa cour impériale, Strasbourg celui de son diocèse et de son académie universitaire (*Voir* l'*Appendice*), et il est compris dans la quatrième division militaire.

RHINBERG. — Ville de la Prusse rhénane. Elle est située sur la droite du Rhin, et très-ancienne. Pop. : 2,200 âmes.

RHINSBOURG. — Village de la Hollande méridionale. Il a donné son nom à une secte d'Arméniens appelée *Rhinsbourgeois* ou *Collégiens*. Pop. : 1,200 âmes.

RHIO. — Ville de la petite île de même nom, dans l'archipel de la Sonde. Elle appartient aux Hollandais. Pop. : 6,000 âmes,

RHODE-ISLAND. — C'est l'un des Etats-Unis de l'Amérique, et des premiers qui firent partie de l'Union. Il est formé des îles *Rode-Island*, *Canonicut*, *Prudence*, *Patience*, etc., et de la partie continentale, laquelle est bornée au nord et à l'est par le Massachussets ; au sud, par la mer ; et à l'ouest, par le Connecticut. Il se divise en cinq comtés dont la superficie est d'environ 772,140 mètres carrés, et sa population est de 100,000 habitants. Il a deux capitales : Providence, sur le continent, et Newport, dans l'île de Rhode-Islande. Celle-ci est située dans la baie de Narraganset, elle a de 15 à 18,000 habitants, et son climat est si beau, sa situation si heureuse, son sol si fertile, qu'on l'a surnommée le *Paradis* d'*Amérique*. Outre Newport, l'île renferme les villes de Middleton et de Porstmouth.

RHODES ou RODOS. — Ile située sur la côte méridionale de l'Anatolie, dans l'Asie

Mineure, empire ottoman. On sait qu'elle était renommée chez les anciens par ses richesses, la civilisation de ses habitants et les lois qui les régissaient, et qu'au moyen âge elle devint la résidence des chevaliers de Saint-Jean. Aujourd'hui, elle est presque inculte et déserte, et la petite ville qui porte son nom n'est importante que par ses fortifications et ses chantiers. En parlant de cette île, il ne faut pas oublier non plus qu'on y voyait l'une des merveilles du monde, la fameuse statue colossale d'Apollon, ouvrage de Charès, et dont les débris formèrent la charge de 900 chameaux. Enfin, Rhodes est la patrie de Cléopâtre, de Timocréon, d'Anaxandride, du sculpteur Agesandre, etc.

RHONE. — Fleuve qui naît d'un glacier, au pied de la montagne de la Fourche, en Suisse. Après avoir parcouru le Valais et reçu le tribut de 80 torrents, il tombe dans le lac de Genève, vis-à-vis de Villeneuve; en sort à Genève, près de laquelle il reçoit l'Arve ; à 32 kilom. de cette ville, il se perd sous des rochers, d'où il reparaît peu après pour passer sous le pont de Grezin, et reçoit bientôt les eaux de l'Ain. Il sépare ensuite le département de ce nom de la frontière du royaume sarde ; traverse ou touche les départements du Rhône, de l'Isère, de la Loire, de l'Ardèche, de la Drôme, de Vaucluse, du Gard et des Bouches-du-Rhône ; passe par Lyon, Vienne, Tournon, Valence, Montélimart, Viviers, Avignon, Beaucaire, Tarascon et Arles ; et les quatre branches par lesquelles il s'écoule dans la Méditerranée forment un vaste delta dont la Camargue est l'île principale. Les principaux affluents du Rhône sont, à droite, l'Ain, la Saône, l'Ardèche, le Gard ; à gauche, l'Isère, la Drôme et la Durance.

RHONE (Département du). — Il a été formé du Lyonnais et du Beaujolais. Sa superficie est de 779,081 hectares, et sa population d'environ 545,600 âmes. Il est divisé en 2 arrondissements dont les chefs-lieux sont Lyon et Villefranche, et il compte 25 cantons et 255 communes. Lyon est le siége de sa préfecture, de son diocèse, de sa cour d'appel, de son académie universitaire et de sa division militaire qui est la sixième.

RIAILLE.—Chef-lieu de canton dans l'arrondissement d'Ancenis, département de la Loire-Inférieure. On trouve des sources minérales dans son voisinage. Pop. : 1,900 âmes.

RIANS. — Chef-lieu de canton dans l'arrondissement de Brignoles, département du Var. Pop. : 3,000 âmes.

RIANTEC. — Commune de l'arrondissement de Lorient, département du Morbihan. Pop. : 4,000 âmes.

RIAZAN. — Grande ville archiépiscopale, chef-lieu du gouvernement de ce nom, en Russie. On y trouve un séminaire fréquenté par un millier d'étudiants, et un gymnase. Pop. : 20,000 âmes.

RIBADAVIA. — Ville de la province d'Orense, en Espagne. Elle est située près de la rive gauche du Minho. Pop. 2,000 âmes.

RIBADEO.—Ville de la province de Lugo, en Espagne. Elle est située à l'embouchure de l'Eo, dans le golfe de Gascogne. Pop. : 3,000 âmes.

RIBBLE. — Rivière navigable d'Angleterre. Elle a sa source dans le comté d'York, passe à Preston, et se jette dans la mer d'Irlande, après un cours de 80 kilomètres.

RIBE. — Petite ville épiscopale du Jutland septentrional, en Danemark. On y remarque une belle cathédrale, et elle est assez importante par le commerce qu'elle entretient avec la Hollande. Sa population est d'environ 3,000 âmes.

RIBEAUVILLÉ. — Petite ville, chef-lieu de canton, dans l'arrondissement de Colmar, département du Haut-Rhin. On y trouve des fabriques de bonneterie, de toiles de coton, de siamoises, de guingamps, de poterie, etc., et l'on y fait aussi un commerce de vins. Pop. : 7,300 âmes.

RIBÉCOURT. — Chef-lieu de canton dans l'arrondissement de Compiègne, département de l'Oise. Il est situé sur le chemin de fer de Creil à Saint-Quentin. Pop. : 600 âmes.

RIBEIRA-GRANDE. — Petite ville de l'île portugaise de Saint-Michel, dans les Açores. Pop. : 3,000 âmes.

RIBEMONT. — Chef-lieu de canton dans l'arrondissement de Saint-Quentin, département de l'Aisne. On y trouve une filature et des fabriques d'étoffes de laine, de calicots et de toiles claires pour le cirage. Pop. : 2,800 âmes.

RIBERA. — Ville de la province de Badajoz, en Espagne. Elle est située sur un affluent du Matachel. Pop. : 3,000 âmes.

RIBÉRAC. — Petite ville située sur la Dronne, dans le département de la Dordogne. Chef-lieu d'arrondissement, elle comprend 7 cantons et 83 communes. Sa population est d'environ 4,000 âmes.

RIBIERS.—Chef-lieu de canton dans l'arrondissement de Gap, département des Hautes-Alpes. Pop. : 1,400 âmes.

RIBNITZ. — Ville du gouvernement d'Iaroslav, en Russie. Elle est située sur le Volga. Pop. : 3,000 âmes.

RIBNITZ.—Ville du grand-duché de Mecklembourg, en Allemagne. Elle est située à l'embouchure de la Recknitz dans la baie de Ribnitz, formée par la mer Baltique. Pop. : 2,000 âmes.

RICARDI. — Petite rivière de l'État du Pape. Elle coule sur le territoire de Bologne.

RICEYS (Les). — Chef-lieu de canton dans l'arrondissement de Bar-sur-Seine, département de l'Aube. Il est situé sur la Laigne, petit affluent de la Seine. On y fait un commerce de vins et de moutons.

RICHELIEU. — Chef-lieu de canton dans l'arrondissement de Chinon, département d'Indre-et-Loire. On y fabrique du sucre indigène, et l'on y fait aussi un commerce de vins et d'huile. C'est la patrie du cardinal de Richelieu. Pop. : 2,900 âmes.

RICHEMOND. — Petite ville située sur la

Tamise, dans les environs de Londres, en Angleterre. Elle est bâtie près d'une vaste forêt et dans une position si agréable par son climat, qu'on la surnomme le *Montpellier de l'Angleterre*. Pop. : 4,000 âmes.

RICHMOND. — Capitale de la Virginie, aux Etats-Unis d'Amérique. Elle est située dans le comté Henrico et sur la rive gauche du James, vis-à-vis de Manchester avec laquelle elle communique par deux ponts. On y remarque le Capitole, l'hôtel du gouverneur, l'arsenal et quelques églises. Cette ville est le siège d'un évêque catholique. Pop. : 20,000 âmes.

RIEC. — Commune de l'arrondissement de Quimperlé, dans le département du Finistère. Elle est située près d'un petit havre de l'Atlantique. Pop. : 2,809 âmes.

RIED. — Chef-lieu du cercle de l'Inn, dans la haute Autriche. Les Français y battirent les Autrichiens, en 1803. Pop. : 2,400 âmes.

RIEDSELTZ. — Commune de l'arrondissement de Vissembourg, dans le département du Bas-Rhin. Pop. : 1,500 âmes.

RIESEMBOURG. — Ville de la province de Prusse. Elle est située près d'un petit lac. Pop. : 3,000 âmes.

RIETI. — Ville épiscopale, chef-lieu de la délégation de ce nom, dans l'Etat du Pape. Elle est traversée par l'ancienne *Via Salaria*, et renommée depuis le temps des Romains par la grande fertilité de son territoire. Pop. : 9,000 âmes.

RIEUMES. — Chef-lieu de canton dans l'arrondissement de Muret, département de la Haute-Garonne. Pop. : 1,800 âmes.

RIEUPEYROUX. — Chef-lieu de canton dans l'arrondissement de Villefranche, département de l'Aveyron. Pop. : 2,700 âmes.

RIEUX. — Chef-lieu de canton dans l'arrondissement de Muret, département de la Haute-Garonne. Il est situé sur l'Arize et l'on y remarque une belle église. Pop. : 2,000 âmes.

RIEUX. — Commune de l'arrondissement de Cambrai, département du Nord. Pop. : 1,900 âmes.

RIEZ. — Petite ville de l'arrondissement de Digne, dans le département des Basses-Alpes. Elle est située au milieu d'une plaine fertile et sur les bords de l'Auvestre. On y voit des restes de monuments romains, et entre autres ceux d'une rotonde. Sa population est d'environ 3,000 habitants.

RIGA. — Chef-lieu de la province de Livonie et du gouvernement de ce nom, en Russie. C'est une assez jolie ville située sur la rive gauche de la Dvina et non loin de son embouchure dans la Baltique. Ce fleuve y forme un port. On remarque dans cette ville l'église cathédrale, le palais impérial, celui des Etats, la bourse, la douane, l'hôtel de ville, le catharineum, l'hôpital Saint-Georges, l'arsenal, le monument des incendiaires, la colonne de la Victoire, les machines hydrauliques, le canal et le pont de bateaux jeté sur la Dvina. Riga possède en outre un lycée dit le Catharineum, un gymnase, une école de navigation, une bibliothèque publique, un musée, un observatoire et plusieurs sociétés académiques. Sa population dépasse 70,000 âmes.

RIGI ou RIGHI (Mont). — Dans le canton de Schwitz, en Suisse. Il est situé entre les lacs de Zug, de Lucerne et de Lowertz, et sa plus haute cime, appelée le *Kulm*, s'élève de 1,804 mètres au-dessus du niveau de la mer. Cependant on y a établi une auberge. On trouve aussi, sur le flanc du mont, un couvent de Capucins où l'on vient en pèlerinage. Attenant au Rigi, on voit l'emplacement où se dressait le Ruffi, montagne dont la chute, arrivée en 1806, ruina le village de Goldau.

RIGNAC. — Chef-lieu de canton dans l'arrondissement de Rodez, département de l'Aveyron. On y fabrique de la bonneterie en laine. Pop. : 1,700 âmes.

RIGNY. — Commune de l'arrondissement de Chinon, dans le département d'Indre-et-Loire. Pop. : 1,200 âmes.

RIHAH ou RAYH. — Village de Syrie, dans la Turquie asiatique. C'est dans ses environs qu'on trouve les ruines de *Jéricho*, ville si souvent nommée dans l'Ancien et le Nouveau Testament et dans laquelle mourut Hérode le Grand. Mais la richesse de sa vallée a fait place à la plus affreuse stérilité, et l'on n'y rencontre plus aujourd'hui ni dattes, ni roses, ni baume, toutes choses qui étaient si recherchées en ce lieu par les Grecs et les Romains.

RILLE. — Rivière de France. Elle prend sa source dans le département de l'Orne où elle arrose Laigle ; passe dans celui de l'Eure, à Pont-Audemer, où elle devient navigable, et se jette dans la Seine après un cours de 130 kilomètres.

RIMAC. — Petit fleuve du Pérou. Il passe à Lima, et se jette dans le grand Océan, près de Callao.

RIMATARA. — Ile de la Polynésie. Elle est située à l'ouest de celles de Toubouaï.

RIMINI. — Ville épiscopale, située près de l'embouchure de la Marecchia, dans la légation de Forli, Etat du Pape. On y remarque l'église Saint-François, l'arc de triomphe d'Auguste, et le pont qui se trouve près de la porte Saint-Julien, lequel fut construit sous les empereurs Auguste et Tibère, à la jonction des deux routes consulaires, la Flaminienne et l'Emilienne. Cette ville possède une bibliothèque publique, et sa population est d'environ 10,000 âmes.

RIMNIK. — Petite ville de la principauté de Valachie. On trouve dans ses environs, au bourg de Okna-Marc, une importante mine de sel gemme, l'une des plus riches de l'Europe.

RIN ou RUN. — Vaste marais salé à l'ouest de l'Hindoustan. Il est entre la presqu'île de Gazarate au sud et le Sindhy au nord. Semblable, dans la saison des pluies, à une mer qui serait semée de quelques îles, il présente, durant l'été, des marais, des sables arides et quelques bons pâturages.

RINGWOOD. — Ville du comté de Southampton, en Angleterre. Elle est située sur la rive gauche de l'Avon, et c'était autrefois une place importante. Pop. : 4,000 âmes.

RIO. — Village de l'île d'Elbe. Ses mines de fer sont regardées comme les plus riches de l'Europe. On a trouvé dans l'une de leurs excavations des instruments des anciens mineurs, qui ne faisaient plus qu'une même masse avec le minerai qui leur servait de gangue.

RIO-BRANCO. — Rivière du Brésil. Après un cours de près de 700 kilomètres, elle se joint au Rio-Negro au-dessous de Carvoeiro.

RIO-DAS-MORTES. — Comarca de la province de Minas-Geraës, au Brésil. Elle a pour chef-lieu San-Joao-del-Rey ; on y trouve des lavages d'or, de superbes pâturages qui nourrissent de nombreux troupeaux, et un sol fertile qui produit du sucre, du coton, des grains, du tabac, etc.

RIO-DE-CONTAS. — Petite ville de la province de Bahia, au Brésil. Elle est réputée par son agriculture, et c'est sur son territoire que l'on découvre de nombreux débris fossiles de mastodontes.

RIO-DE-JANEIRO. — Ville épiscopale, chef-lieu de la province du même nom et capitale de l'empire du Brésil. Elle est située sur une vaste baie qui forme un magnifique port que défendent plusieurs forts, et l'emplacement qu'elle occupe était appelé *Guenabara* par les Tubinambas. Rio-de-Janeiro est bien bâti, et l'on y distingue la *ville vieille* et la *ville nouvelle*. Parmi ses édifices on remarque surtout la chapelle impériale ; les églises de Nossa-Senhora-de-Candellaria, de Saint-François de Paule et de Saint-Joachim ; le couvent des Bénédictins, le palais impérial, celui de l'évêque, celui des beaux-arts ; le trésor, l'arsenal de terre et celui de la marine, la douane, la bourse, etc.; puis de belles places et de magnifiques promenades. On y trouve des écoles de médecine et de chirurgie, des beaux-arts, de marine et de science militaire ; une bibliothèque publique, un muséum, un cabinet de minéralogie et un jardin botanique. Enfin le commerce y est florissant. On cite dans ses environs le château de Boa-Vista et la baie de Bota-Fogo, entourée de maisons de plaisance. Pop. : 160,000 âmes.

RIO-DE-LA-PLATA. — Estuaire de l'Amérique méridionale. Il est formé par la réunion du Parama et de l'Uruguay, entre la république de Buenos-Ayres et celle de Monte-Video.

RIO-DE-LA-PLATA (CONFÉRATION DU). — État de l'Amérique du Sud. Il est situé entre 59° et 72° de longitude occidentale, et entre 20° et 41° de latitude australe, en excluant de ce calcul la Patagonie et l'archipel des Malouines. Ses limites sont, au nord, la république de Bolivia; à l'est, les États du Paraguay, de l'Uruguay et l'océan Atlantique ; au sud, cet océan et la Patagonie ; et à l'ouest, cette dernière contrée, avec le Chili et la Bolivia. Ses principaux fleuves, qui se rendent tous dans l'océan Atlantique, sont le Rio-de-la-Plata, le Colorado, le Rio-Negro, l'Andalgala et le Rio-Dolce. On a divisé cet État comme suit :

PROVINCES.	CHEFS-LIEUX.
Buenos-Ayres.	Buenos-Ayres,
Entre-Rios.	Baxada.
Corrientes.	Corrientes.
Santa-Fé.	Santa-Fé.
Cordova.	Cordova.
Santiago-del-Estero.	Santiago-del-Estero.
Tucuman.	Tucuman.
Salta.	Salta.
Catamarca.	Catamarca.
Rioja.	Rioja.
San-Juan.	San-Juan.
San-Luis.	San-Luis.
Mendoza.	Mendoza.
Jujuy.	Jujuy.

BUENOS-AYRES est la capitale de la confédération.

RIO-DE-LAS-NUECES. — Fleuve de l'Amérique septentrionale. C'est un affluent du golfe du Mexique, et on le regarde comme la limite du Texas et des États américains de Nouveau-Léon et de Tamaulipas ; son cours est d'environ 500 kilomètres.

RIO-DEL-NORTE. — Fleuve du Mexique. Il prend sa source aux monts de la Sierra-Verde, passe à Albuquerque, Passo-del-Norte, Monclova et El-Refugio, et se jette dans le golfe du Mexique après un cours d'environ 2,400 kilomètres.

RIO-DOCE. — Fleuve du Brésil. Il prend sa source dans la province de Minas-Geraës, sépare celles de Porto-Seguro et d'Espirito-Santo, et se jette dans l'Atlantique après un cours de 550 kilomètres.

RIO-DULCE. — Rivière de la confédération de la Plata. Elle passe à Santiago-del-Estero et se perd dans les lagunes, après un cours de 800 kilomètres.

RIO-GRANDE. — Rivière du Brésil. Elle coule dans le sud de la province de Minas-Geraes, qu'elle sépare en partie de celle de Saint-Paul, et se jette dans le Panarahyba pour former le Parama. Son cours est de 1,000 kilomètres.

RIO-GRANDE. — Fleuve navigable de l'Amérique centrale. Il traverse une partie des États de Guatemala et de Vera-Paz, puis le lac Izaval ou Dulce, et se jette dans le golfe de Honduras sous le nom de Dulce.

RIO-GRANDE. — Fleuve de la Sénégambie. Il prend sa source dans le Fouta-Dialon, et se jette dans l'Atlantique, vis-à-vis les îles Bissagos, après un cours de 500 kilomètres.

RIO-GRANDE ou SAN-PEDRO. — Petite ville de la province de San-Pedro, au Brésil. Elle était autrefois le chef-lieu de la province. Elle possède un port et fait un commerce assez important de viandes sèches et de cuirs. Pop. : 6,000 âmes.

RIO-HACHA. — Chef-lieu de la province de ce nom, dans la république de la Nouvelle-Grenade, Colombie. Elle possède un port et l'on fait dans ses parages une pêche de perles qui est assez productive.

RIO-NEGRO. — Fleuve de la confédération de la Plata. Il est situé au sud, passe à

Carmen, et se jette dans l'océan Atlantique, au-dessous de cette ville, après un cours de 800 kilomètres.

RIO-NEGRO. — Rivière de l'Amérique méridionale. Elle prend sa source dans la Colombie, traverse une partie du Brésil et se joint, à Barra-de-Rio-Negro, à l'Amazone, après un cours de 1,600 kilomètres. Ses principaux affluents sont le Caisiquiare, le Rio-Branco et l'Ucayari.

RIO-NEGRO. — Rivière de la république de l'Uruguay. C'est un affluent de gauche de la Plata.

RIO-NUNEZ. — Fleuve de la Sénégambie. Il coule au sud-ouest et se jette dans l'Atlantique par 10° 50' de latitude nord, et 17° de longitude ouest.

RIOBAMBA. — Chef-lieu de la province de Chimborazo, dans la république de l'Equateur. Pop. : 20,000 âmes.

RIOJA. — Chef-lieu de la province de ce nom, dans la confédération de la Plata. On trouve dans cette province la montagne Famatina, qui renferme de riches mines d'or, d'argent et autres métaux. Pop. : 3,000 âmes.

RIOM. — Ville du département du Puy-de-Dôme. Chef-lieu d'arrondissement, elle comprend 13 cantons et 128 communes. Elle possède un collège et une maison centrale de détention. Son commerce consiste en serges, quincaillerie, cuirs tannés, pâtes de fruits, etc., et sa population est d'environ 11,000 âmes. Cette ville, dont les environs sont renommés par leur beauté, est la patrie de Grégoire de Tours, du P. Sirmond et de Jean Sirmond, son neveu, de dom Augustin Toutté, de Jean Soanen, de Danchet, d'Anne du Bourg, etc.

RIOM-ES-MONTAGNE. — Chef-lieu de canton dans l'arrondissement de Mauriac, département du Cantal. On y fait un commerce de chevaux, de bestiaux et de fromages. Pop. : 2,400 âmes.

RION ou PHASE. — Fleuve de la Russie asiatique. Il prend sa source dans la chaîne du Caucase, arrose l'Imérétie et le sud de la Mingrélie, passe à Poti et se jette dans la mer Noire, après un cours de 200 kilomètres.

RIONERO. — Ville de la Basilicate, dans le royaume de Naples. On y fabrique des tabatières de bois. Pop. : 10,000 âmes.

RIOZ. — Chef-lieu de canton dans l'arrondissement de Vesoul, département de la Haute-Saône.

RIPAILLE. — Village de Savoie, dans le royaume sarde. Il est situé près de la côte sud du lac de Genève. C'est dans cet endroit que se retira Amédée VIII, duc de Savoie, qui avait abdiqué en 1434, et qui fut quelque temps Pape sous le nom de Félix V. Ce prince se livra, dans sa retraite, aux plaisirs et surtout à la bonne chère, d'où est venu le proverbe *faire ripaille*.

RIPOLL. — Petite ville de la Catalogne, en Espagne. Elle est renommée par sa manufacture d'armes, dont les canons de fusil sont estimés pour la justesse de leur calibre, et les lames de sabre pour la qualité supérieure de leur tranchant. Sa population est d'environ 3,000 âmes.

RIPON. — Petite ville du comté d'York, en Angleterre. On y remarque une belle église gothique et le pont construit sur l'Ure, lequel est un des plus longs du royaume. Pop. : 5,000 âmes.

RISANO. — Ville épiscopale de la Dalmatie, dans l'empire d'Autriche. Elle est située sur le golfe de Cattaro. Pop. : 3,000 âmes.

RISCLE. — Chef-lieu de canton dans l'arrondissement de Mirande, département du Gers. Pop. : 1,700 âmes.

RIVAROLO. — Ville de la division de Turin, dans le royaume sarde. Pop. : 5,000 âmes.

RIVE-DE-GIER. — Petite ville, chef-lieu de canton de l'arrondissement de Saint-Étienne, dans le département de la Loire. Elle est située sur le Gier, à l'endroit où commence le canal de Givors, qui communique avec le Rhône, et elle possède un beau bassin qui porte le nom de Couzon. Les exploitations de houille qui ont lieu sur le territoire de cette ville employent 40 machines à vapeur ; et l'on y voit en outre des fabriques de tôle, d'acier, de verreries, etc. Pop. : 11,600 âmes.

RIVEL. — Commune de l'arrondissement de Limoux, département de l'Aude. On y fabrique des cuves en sapin et des sonnettes pour les bestiaux. Pop. : 1,200 âmes.

RIVES. — Petite ville, chef-lieu de canton de l'arrondissement de Grenoble, dans le département de l'Isère. Elle est importante par ses fabriques d'acier naturel et par ses métiers à tisser la toile. Pop. : 2,300 âmes.

RIVESALTES. — Petite ville, chef-lieu de canton de Perpignan, département des Pyrénées-Orientales. Elle est située sur la rive droite de l'Agly, et renommée par l'excellence des vins que produit son territoire. Pop. : 3,500 âmes.

RIVIÈRE-DES-CYGNES. — Fleuve de la Nouvelle-Hollande. Il a son embouchure au sud-ouest de cette île et au nord de la Terre-de-Leeuwin. Les Anglais ont fondé sur ses bords une colonie dont le chef-lieu est Perth.

RIVIÈRE-PILOTE. — Petite ville de l'île de la Martinique, l'une des Antilles françaises. Elle est renommée par les grandes plantations de café qui se trouvent dans ses environs. Pop. : 4,000 âmes.

RIVIÈRE-ROUGE. — Aux États-Unis. Elle prend sa source dans le nouveau Mexique, sépare en partie le Texas des autres États de l'Union, passe à Natchitoche, dans la Louisiane, et se jette dans le Mississipi, après un cours d'environ 1,500 kilomètres.

RIVIÈRE-SALÉE. — Petit détroit de la mer des Antilles. Il est très-resserré et sépare la Guadeloupe en deux îles : la Grande-Terre à l'est et la Basse-Terre à l'ouest.

RIVIÈRE-SALÉE (La). — Commune de l'arrondissement de Fort-Royal, dans l'île de la Martinique, l'une des Antilles françaises. Elle est située près de la baie appelée Cul-de-Sac. Pop. : 2,400 âmes.

RIVIÈRES-DE-GÊNES. — On nomme ainsi les deux parties de la côte du golfe au milieu duquel la ville de Gênes est située. La côte orientale s'appelle Rivière-du-Levant, et la côte occidentale Rivière-du-Ponent.

RIVOLI. — Ville de la division de Turin, en Piémont, dans le royaume sarde. Pop. : 5,000 âmes.

RIVOLI. — Village du royaume lombard-vénitien, dans l'empire d'Autriche. Il est situé près de la rive droite de l'Adige. Les Autrichiens y furent défaits par les Français en 1797.

RIXHEIM ou **BIXEN.** — Commune de l'arrondissement d'Altkirch, dans le département du Haut-Rhin. On y trouve des sources minérales. Pop. : 3,000 âmes.

RIZEH ou **IRIZEH.** — Ville du pachalik de Trébizonde, dans la Turquie d'Asie. Elle est située sur la mer Noire. Pop. : 4,000 âmes.

RJEV. — Ville du gouvernement de Tver, en Russie. Elle est située sur le Volga. On y fait un commerce de blé. Pop. : 9,000 âmes.

ROANNE. — Petite ville située sur la rive gauche de la Loire, dans le département de ce nom. Chef-lieu d'arrondissement, elle comprend 10 cantons et 106 communes. On y remarque le pont construit sur la Loire et les ruines de bains romains. Cette ville possède un collège, une bibliothèque, une pépinière départementale, quelques fabriques, et sert d'entrepôt à diverses marchandises expédiées par la Loire. Sa population est d'environ 13,000 âmes. C'est la patrie de Pernety.

ROANOKE. — Fleuve des Etats-Unis. Il prend sa source dans la Virginie, traverse la partie nord-est de la Caroline du Sud, et se jette dans la baie d'Albermale, après un cours de 400 kilomètres.

ROCA (Cap da). — Cap de Portugal. Il est situé à l'ouest de l'embouchure du Tage, sur l'Atlantique, et c'est le point le plus occidental du royaume.

ROCA-DE-PLATA ou **CRESPO.** — Ile de la Micronésie. Elle est située par 32° 45' de latitude nord et 167° 30' de longitude est.

ROCAMADOUR. — Petit bourg de l'arrondissement de Gourdon, dans le département du Lot. On y remarque l'église et l'ermitage de Saint-Amadour, visités chaque année par un grand nombre de pèlerins. Pop. : 1,500 âmes.

ROCHDALE. — Jolie ville du comté de Lancaster, en Angleterre. Elle est renommée par ses fabriques de flanelle qui approvisionnent presque tout le royaume. Pop. : 36,000 âmes.

ROCHE-BERNARD (La). — Chef-lieu de canton dans l'arrondissement de Vannes, département du Morbihan. Il est situé sur la gauche de la Vilaine. Pop. : 1,300 âmes.

ROCHE-CANILLAC (La). — Chef-lieu de canton dans l'arrondissement de Tulle, département de la Corrèze. Pop. : 400 âmes.

ROCHE-CHALAIS. — Commune de l'arrondissement de Ribérac, département de la Dordogne. Pop. : 2,200 âmes.

ROCHE-DE-GLUN (La). — Commune de l'arrondissement de Valence, dans le département de la Drôme. Elle est située sur la rive gauche du Rhône. Pop. : 2,100 âmes.

ROCHE-DERRIEN (La). — Chef-lieu de canton dans l'arrondissement de Lannion, département des Côtes-du-Nord. Pop. : 1,600 âmes.

ROCHECHOUART. — Petite ville du département de la Haute-Vienne. Chef-lieu d'arrondissement, elle comprend 5 cantons et 30 communes. On y trouve des fabriques de porcelaine, des verreries, des forges, etc. Pop. : 4,200 âmes.

ROCHEFORT. — Ville située sur la Charente, dans le département de la Charente-Inférieure. C'est l'un des trois grands ports militaires de la France, et son port marchand peut recevoir des navires de 7 à 800 tonneaux. Chef-lieu d'arrondissement, elle comprend 4 cantons et 42 communes. Cette ville, que fit bâtir Louis XIV en 1664, est remarquable par son arsenal, sa fonderie de canons, ses magasins d'armements, ses bassins de carénage, sa corderie, ses chantiers de construction, ses moulins à draguer et à laminer, son hôpital de la marine, et son bagne qui peut contenir 3,000 forçats. Elle possède en outre un collège, une école de médecine navale, une autre de navigation, une bibliothèque publique, un cabinet d'histoire naturelle, un jardin botanique et une société académique. Elle fait des armements pour la pêche de la morue; et sa population est d'environ 20,000 âmes. Rochefort est la patrie de La Galissonnière, etc.

ROCHEFORT. — Chef-lieu de canton dans l'arrondissement de Dôle, département du Jura. Il est situé sur le Doubs. Pop. : 600 âmes.

ROCHEFORT. — Chef-lieu de canton dans l'arrondissement de Clermont, département du Puy-de-Dôme. Pop. : 1,400 âmes.

ROCHEFORT-EN-TERRE. — Chef-lieu de canton dans l'arrondissement de Vannes, département du Morbihan. Pop. : 800 âmes.

ROCHEFORT-SUR-LOIRE. — Commune de l'arrondissement d'Angers, département de Maine-et-Loire. Pop. : 2,500 âmes.

ROCHEFOUCAULD (La). — Petite ville, chef-lieu de canton de l'arrondissement d'Angoulême, département de la Charente. Elle est située sur la Tardonère. On y voit un vieux château où naquit l'auteur des *Maximes*. Cette ville fait un commerce de toiles, de fil à coudre, de cuirs tannés, de bois et de bestiaux. Pop. : 2,700 âmes.

ROCHEGUDE. — Commune de l'arrondissement de Montélimar, département de la Drôme. Pop. : 1,200 âmes.

ROCHELLE (La). — Ville épiscopale, fortifiée, située au fond d'un golfe, avec un port commode et sûr. Ancienne capitale de l'Aunis, elle est aujourd'hui le chef-lieu du département de la Charente-Inférieure, et son arrondissement comprend 7 cantons et 55 communes. On remarque dans cette ville son vaste bassin, l'hôtel de la mairie, la bourse, et la place du Château. Elle possède un séminaire, un collége, une école de navigation, une bibliothèque publique, un cabinet d'histoire naturelle, un jardin botanique et deux sociétés académiques. On y trouve aussi un établissement de bains de mer. Anciennement la Rochelle exportait, pour diverses contrées de l'Europe, de l'Afrique et de l'Amérique, des vins, eaux-de-vie, draps et autres étoffes, et recevait en retour divers produits, surtout des denrées coloniales. Ce commerce a beaucoup perdu de son importance; mais néanmoins il est encore assez actif. La population est d'environ 14,000 âmes. Louis XIII prit cette place par la famine, en 1628, après un siége de 13 mois. C'est la patrie de Colomiès, Réaumur, Venette, Desaguilliers, etc.

ROCHEMAURE. — Petit bourg situé sur la rive droite du Rhône, dans l'arrondissement de Privas. On voit, dans son voisinage, le volcan éteint de Chenavari, dont un côté présente une colonnade basaltique de 193 mètres de développement; puis les bulmes de Mont-Brul, vaste entonnoir de 10 mètres de diamètre au bord, sur 186 de profondeur. Pop. : 1,500 âmes.

ROCHESERVIÈRE. — Chef-lieu de canton dans l'arrondissement de Napoléon-Vendée, département de la Vendée. Pop. : 1,700 âmes.

ROCHESTER. — Ville épiscopale du comté de Kent, en Angleterre. On y remarque une magnifique cathédrale, un très-beau pont en pierre, et un tunnel qui est le plus grand du royaume. Cette ville possède aussi un port sur la Medway. Pop. : 10,000 âmes.

ROCHESTER. — Ville du New-York, aux Etats-Unis. Le canal Erié y passe, au-dessus du Genessee, sur un aqueduc en pierre d'une très-belle construction, et l'on y admire la cascade du Genessee, haute de 30 mètres. Cette ville est commerçante. Pop. : 20,000 âmes.

ROCOUX ou RAUCOUX. — Village de la province de Liége, en Belgique. Il est célèbre par la victoire qu'en 1746 les Français remportèrent sur les alliés. Pop. : 500 âmes.

ROCQUENCOURT. — Commune de l'arrondissement de Versailles, dans le département de Seine-et-Oise. En 1815 le général Excelmans y battit les Prussiens. Pop. : 300 âmes.

ROCQUIGNY. — Commune de l'arrondissement de Réthel, département des Ardennes. Pop. : 1,700 âmes.

ROCROY. — Petite ville située dans une plaine environnée de forêts. Chef-lieu d'arrondissement dans le département des Ardennes, elle comprend 5 cantons et 69 communes. Elle a acquis de la célébrité par la victoire que le duc d'Enghien y remporta sur les Espagnols, en 1643. Sa population est d'environ 3,000 âmes.

RODA. — Ville du duché de Saxe-Altenbourg, dans la confédération germanique. On y voit un château ducal. Pop. : 3,000 âmes.

RODELHEIM. — Ville du grand-duché de Hesse-Darmstadt, en Allemagne. En 1792, un combat y eut lieu entre les Français et les Autrichiens. Pop. : 1,500 âmes.

RODEZ ou RHODEZ. — Ville épiscopale, située sur une colline près de la rive droite de l'Aveyron. Autrefois capitale du Rouergue, elle est aujourd'hui le chef-lieu du département de l'Aveyron, et son arrondissement comprend 11 cantons et 75 communes. On y remarque la cathédrale, l'un des plus beaux monuments gothiques de la France. Cette ville possède un séminaire, un collége, une école de sourds-muets, une bibliothèque publique et un cabinet d'histoire naturelle. Son commerce consiste en grosses draperies, toiles, mulets, etc., et sa population est d'environ 9,000 âmes.

RODOSTO. — Ville de la Romélie, dans la Turquie d'Europe. C'est le siége d'un archevêché grec. Son commerce est florissant et sa population est d'environ 40,000 âmes.

RODRIGUE. — Ile d'Afrique. Elle est située dans la mer des Indes et c'est une dépendance de l'Ile-de-France. Sa longueur est de 30 kilomètres, et son sol est fertile en partie, mais elle manque d'eau potable. Pop. : 200 âmes.

ROER ou RUHR. — Rivière d'Allemagne, dont la source est aux monts Egge-Gebirge, en Prusse. Elle passe à Aremberg, et après avoir reçu dans son cours la Mohne et la Linne, elle se jette dans le Rhin, à Rhurort, près de Duisbourg. — Une autre rivière du même nom existe dans le duché du Bas-Rhin : elle sort du marais de Ween, voisin de Blanckenheim, passe à Juliers, et a son embouchure dans la Meuse, à Ruremonde. C'est cette dernière rivière qui, sous l'empire français, donna son nom à un département.

ROGASEN ou ROGOZNO. — Ville de la régence de Posen, dans le royaume de Prusse. Pop. : 4,000 âmes.

ROGATCHEV. — Petite ville du gouvernement de Mohilev, en Russie. Elle est située au confluent du Droutz et du Dniéper. Pop. : 2,000 âmes.

ROGLIANO. — Chef-lieu de canton dans l'arrondissement de Bastia, en Corse.

ROGLIANO. — Ville de la Calabre citérieure, dans le royaume de Naples. On y trouve des fabriques de souliers. Pop. : 3,500 âmes.

ROHAN. — Chef-lieu de canton de l'arrondissement de Ploërmel, département du Morbihan. On y fabrique de la toile. Pop. : 500 âmes.

ROI-GEORGES (Iles du). — Dans la Polynésie. Elles sont au nombre de deux et font partie de l'archipel des Iles-Basses. On recueille sur leurs côtes du corail et des huîtres à perles.

ROISEL. — Chef-lieu de canton dans l'arrondissement de Péronne, département de la Somme. On y trouve des fabriques de calicots et de basins. Pop. : 1,600 âmes.

ROLLE. — Petite ville du canton de Vaud,

en Suisse. Elle occupe une position charmante au nord-ouest du lac de Genève. Pop.: 1,600 âmes.

ROMAGNE. — Commune de l'arrondissement de Civray, dans le département de la Vienne. Pop. : 1,600 âmes.

ROMAGNESI. — Ville de la division de Gênes, dans le royaume sarde. Pop. : 3,200 âmes.

ROMAGNIEU. — Commune de l'arrondissement de la Tour-du-Pin, dans le département de l'Isère.

ROMAINVILLE. — Commune de l'arrondissement de Saint-Denis, dans le département de la Seine. Elle est située près de Paris, et l'on y remarque les forts de Romainville et de Noisy. Pop. : 5,000 âmes.

ROMAN. — Petite ville épiscopale de la principauté de Moldavie. On trouve dans son voisinage les ruines d'une ville slavonne, appelée *Semendrowa*. Pop. : 1,500 âmes.

ROMANCHE. — Rivière de France. Elle prend naissance dans le département des Hautes-Alpes, passe à Bourg-d'Oysans et à Vizille, et se jette dans le Drac, après un cours de 80 kilomètres.

ROMANÈCHE. — Petit bourg de l'arrondissement de Mâcon, dans le département de Saône-et-Loire. On y exploite la mine de manganèse la plus importante qu'il y ait en France, et l'une des plus riches du monde. Pop. : 2,200 âmes.

ROMANÉE. — Village des environs de Nuits, dans le département de la Côte-d'Or. Son territoire produit un vin renommé.

ROMANO (Cayo). — Ile de la mer des Antilles. Elle est située près et au nord de Cuba, et séparée en deux parties par un canal étroit.

ROMANO. — Petite ville du royaume lombard-vénitien. Elle est située à quelques lieues au sud de Bergame. Pop. : 3,000 âmes.

ROMANO. — Village du Piémont, dans le royaume sarde. En 1800, Napoléon y remporta un premier avantage sur les Autrichiens, après son passage célèbre du mont Saint-Bernard. Pop. : 2,000 âmes.

ROMANOV. — Ville du gouvernement d'Iaroslav, en Russie. Elle est située sur la rive gauche du Volga. Pop. : 6,000 âmes.

ROMANS. — Petite ville, chef-lieu de canton dans l'arrondissement de Valence, département de la Drôme. On y trouve un séminaire, puis des filatures de soie, et on y fait aussi un commerce de laines, de pelleteries, de bas, etc. Pop. : 9,500 âmes.

ROMANS. — Commune de l'arrondissement de Niort, dans le département des Deux-Sèvres. Pop. : 900 âmes.

ROME. — Lorsqu'il est question de cette illustre cité, de la ville éternelle, de la capitale du prince des fidèles et du monde catholique, on est toujours saisi d'un saint enthousiasme qui excite à beaucoup dire, à beaucoup décrire. Et cependant, que peut-on exprimer actuellement, que peut-on peindre qui ne l'ait été déjà des milliers de fois, et souvent par les bouches les plus éloquentes, par les plus brillants pinceaux ? Ici, heureusement, nous n'avons pas d'écueil à éviter : le cadre que nous nous sommes imposé, la méthode que nous nous sommes tracée, réduit notre mission à faire connaître simplement par leurs noms les objets les plus remarquables, ceux qui sont les plus dignes de l'intérêt du voyageur; c'est à celui-ci, après cela, de donner à son étude des choses, à son appréciation le développement qu'il juge convenable; et, lorsqu'il est désireux de remonter aux origines, de rassembler les faits historiques; les livres ne lui font pas défaut, il n'a alors que l'embarras du choix.

Rome est bâtie sur un terrain inégal, sa forme est une sorte de carré long dont l'enceinte est d'environ 15 milles, et elle est divisée en deux parties par le Tibre. La plus grande, située sur la rive gauche du fleuve, est Rome proprement dite; la seconde porte le nom de cité Léonine ou *Trastevere*. La partie habitée de la nouvelle Rome se trouve au nord de la cité antique, et occupe l'ancien Champ de Mars. Le Capitole terminait la vieille ville au nord; aujourd'hui, il forme la limite de la ville moderne; et au midi on ne voit presque plus que des jardins, des vignes, et même des terres labourées. Des quinze portes qui donnent entrée dans Rome, la plus septentrionale, celle du Peuple, *Porta del Popolo*, est regardée comme la plus belle. De ce point partent trois rues principales, d'une étendue considérable, parfaitement alignées, et ornées de beaux édifices. Ce sont *Strada del Corso*, la *Strada di Ripetta* et la *Strada del Babuino*. La première est garnie de trottoirs; c'est là que, chaque soir, on se promène à pied en carrosse; et c'est aussi l'arène où se font les courses de chevaux.

Rome compte 364 églises, et, au premier rang, se présente celle de Saint-Pierre, la plus grande et la plus magnifique basilique qui soit dans l'univers. Viennent ensuite, parmi les plus belles, l'église Saint-Jean de Latran, où l'on couronne les Papes; puis celles de Saint-Laurent et de Saint-Sébastien, célèbres pour leurs catacombes; celles de Sainte-Marie Majeure, Saint-Paul, Sainte-Agnès, Saint-Augustin, Saint-Ignace et Sainte-Marie des Anges; celles de Jésus, des Chartreux, de Saint-Pierre in Montorio, de Sainte-Marie *in Ara Cœli* et de Saint-Pierre *in Vincoli*; la chapelle Corsini, etc. Une multitude de palais embellissent aussi les divers quartiers de Rome. Le plus renommé est le *Vatican*, qu'on dit avoir 4,422 salles ou galeries, avec 22 cours, et qui renferme un grand nombre de collections scientifiques et artistiques. Après lui c'est le *Quirinal*, résidence des Papes pendant l'été; puis le nouveau *Capitole* et les palais Aldobrandini, Barborini, Borghèse, Braschi, Colonna, Doria, Corsini, Farnèse, Ghigi, Mattei, Pamfili, Rondadini, Ruspoli, Spada, Strozzi, Tortonia-Bracciano, etc. Enfin, dans le nombre de ceux des palais qui prennent le nom de *villa*, on distingue surtout les *ville* Aldobrandini, Borghèse, Albani, Barberini, Casali, Doria, Farnese, Farnesina, Ludovisi, Médici, Mattei, Pinciana, Giustiani, Negroni, etc. D'autres édifices sont encore admirés : tels sont les palais du Sénateur, des Conservateurs, de la Chancellerie apostolique et de Saint-Marc; le Musée des antiques, la Douane, le bâtiment de la Sapienza, celui du Collegio-Romano et le grand hôpital, et on doit aussi mentionner les places d'Espagne, Barcaccia, Colonne, Monte-Cavallo, Navone, Saint-Pierre, et de la porte du Peuple; puis les fontaines Navone, de Paul V, Sixtine, Trevi, etc.

Quant aux monuments de l'ancienne Rome que l'on voit encore entiers ou dont les restes sont plus ou moins conservés, leurs noms sont connus de tout le monde, tant est grande leur célébrité. Ce sont principalement le Panthéon ; les temples de Vesta, de la Lune, de Jupiter Stator et de la Paix ; le cirque de Caracalla ; le théâtre de Marcellus ; les thermes de Titus, de Caracalla et de Dioclétien ; les arcs de Titus, de Constantin, de Septime Sévère et de Janus; les colonnes Antonine, Trajane et de Duillius: les obélisques égyptiens, les mausolées d'Adrien, d'Auguste, de Caïus Sextius et de Cecilia Metella ; le pont Celius; les aqueducs Acqua-Vergine, Acqua-Marcia, et Acqua-Paola; la Cloaca-Maxima, la plus considérable des anciens égouts, etc.

Les établissements scientifiques, littéraires et artistiques de Rome sont dignes de son illustration. Cette ville possède une université, un séminaire, le collège romain, celui de la propagande ; les collèges anglais, irlandais, écossais, etc.; un institut de sourds-muets ; l'école des arts et métiers appelée *Ripa-Grande;* celle des beaux-arts ; l'académie de Saint-Luc, où l'on enseigne la peinture, un observatoire et un jardin de botanique; de nombreuses bibliothèques, et entre autres la Vaticana, la Casanalense, l'Alessandrina, l'Angelica et l'Aracœlitana; et des sociétés académiques dont une des plus renommées est celle des *Arcades*. La population de Rome est d'environ 178,000 âmes, et il résulte d'une statistique publiée en 1833, par le vicariat général, qu'il y avait alors dans cette ville, 31 évêques, 1,288 prêtres, 2,185 moines et religieux, 1,788 religieuses, 424 séminaristes et 488 non catholiques, sans compter les juifs.

ROMÉLIE ou ROUM-ILI. — Province de la Turquie d'Europe. Elle est bornée, au nord, par l'Hémus et les monts Tchar-Dagh ; à l'ouest, par la chaîne du Pinde ; au sud par l'Olympe, l'Archipel et la mer de Marmara ; et à l'est, par la mer Noire. Ce pays comprend l'ancienne Thrace et la Macédoine, et on a réuni à l'Eyalet de Romélie, la Thessalie, l'Albanie, une partie de la Bulgarie et quelques cantons au nord du Tchar-Dagh. Les principales villes de cette province sont Constantinople, Andrinople et Salonique. Pop. : 3,000,000 d'âmes.

ROMENAY. — Commune de l'arrondissement de Mâcon, dans le département de Saône-et-Loire. Pop. : 3,300 âmes.

ROMILÉE. — Commune de l'arrondissement de Monfort, dans le département d'Ille-et-Vilaine. Pop. : 2,300 âmes.

ROMILLY-SUR-ANDELLE. — Commune de l'arrondissement des Andelys, dans le département de l'Eure. Elle est renommée par sa fabrique de laiton, où l'on allie le cuivre avec le zinc. Cette fabrique consomme annuellement environ 1,200,000 kilogrammes de cuivre, 300,000 de zinc, 50,000 de fer, et 25,000 hectolitres de charbon. Pop. : 1,100 âmes.

ROMILLY-SUR-SEINE. — Petite ville, chef-lieu de canton dans l'arrondissement de Nogent-sur-Seine, département de l'Aube. Elle est située sur la rive gauche de la Seine, et sur le chemin de fer de Montereau à Troyes. On y fabrique de la bonneterie et des aiguilles. C'est dans son voisinage que se trouvait l'abbaye de Sellières, où Voltaire fut inhumé. Pop. : 3,800 âmes.

ROMNEY. — Très-petite ville du comté de Kent, en Angleterre. On a converti, dans ses environs, 20,000 hectares de marais conquis sur la mer, en pâturages d'un superbe produit. Pop. : 1,000 âmes.

ROMORANTIN. — Petite ville située sur le ruisseau de Morentin qui se perd dans la Sauldre, département de Loir-et-Cher. Chef-lieu d'arrondissement, elle comprend 6 cantons et 48 communes. Elle possède un collège; on y remarque une belle promenade, et son commerce consiste en draperie et bonneterie. Sa population est d'environ 7,500 âmes. Cette ville a donné naissance à la reine Claude, femme de François 1er.

ROMSEY. — Ville du comté de Hamps, en Angleterre. Elle est située sur la Test. Pop. : 5,000 âmes.

RONCAGLIA. — Village de l'Etat de Parme, en Italie. Il est situé sur le Pô, entre Plaisance et Crémone. La plaine qui l'avoisine est célèbre par le séjour qu'y faisaient les empereurs d'Allemagne, aux xie et xiie siècles avant leur couronnement.

RONCAL. — Vallée de la Navarre. Elle est située sur la frontière de la France et celle de l'Aragon, et arrosée par l'Esca. Son chef-lieu porte le même nom. Pop. : 3,000 âmes.

RONCEVAUX. — Village de la Navarre, en Espagne. Il est situé dans une vallée, au sud-ouest du col de son nom, passage entre le département des Basses-Pyrénées et la Navarre. La vallée de Roncevaux est célèbre par la bataille que l'armée de Charlemagne y perdit, selon la tradition, contre les Vascons, et par la mort de Roland, neveu du monarque. Pop. : 200 âmes.

RONCIGLIONE. — Ville de l'Etat du Pape. Elle est située non loin de Viterbe. On y trouve des papeteries et des forges. Pop. : 3,400 âmes.

RONCQ. — Commune de l'arrondissement de Lille, dans le département du Nord. Pop. : 3,200 âmes.

RONDA. — Ville de la province de Malaga, en Espagne. Elle est remarquable en ce qu'elle est partagée en deux par un horrible précipice au fond duquel coule le Guadiaro, et sur lequel on a construit deux ponts superbes. Cette ville est renommée aussi par sa fabrique d'armes, et compte environ 18,000 habitants.

RONNEBOURG. — Ville du duché de Saxe-Oltembourg, en Allemagne. Pop. : 3,600 âmes.

RONSDORF. — Ville de la régence de Dusseldorf dans la Prusse rhénane. Pop. : 3,400 âmes.

ROOK. — Ile de l'Australie. Elle est située à l'ouest de la nouvelle Bretagne.

ROQUE-TIMBAULT (LA). — Chef-lieu de canton dans l'arrondissement d'Agen, département de Lot-et-Garonne. Pop. : 1,500 âmes.

ROQUEBROU (LA). — Chef-lieu de canton dans l'arrondissement d'Aurillac, département du Cantal. On y fabrique de la poterie. Pop. : 1,400 âmes.

ROQUEBRUSSANE (LA). — Chef-lieu de canton dans l'arrondissement de Brignoles, département du Var. Pop. : 1,400 âmes.

ROQUECOURBE. — Chef-lieu de canton dans l'arrondissement de Castres, département du Tarn. On y fabrique de la bonneterie de laine. Pop. : 1,000 âmes.

ROQUEFORT. — Village situé dans les environs de Saint-Affrique, département de l'Aveyron. Il est renommé par les fromages qui portent son nom et qu'on y fabrique. On estime à près de 18,000 quintaux le produit annuel de ces fromages, produit obtenu avec le lait de 100,000 brebis. Pop. : 1,400 âmes.

ROQUEFORT. — Chef-lieu de canton dans l'arrondissement de Mont-de-Marsan, département des Landes. Pop. : 1,700 âmes.

ROQUEFORT-DE-SAULT. — Chef-lieu de canton dans l'arrondissement de Limoux, département de l'Aude. On y trouve des forges. Pop. : 800 âmes.

ROQUELAURE. — Commune de l'arrondissement d'Auch, dans le département du Var. Pop. : 800 âmes.

ROQUEMAURE. — Petite ville située sur la rive droite du Rhône, dans le département du Gard. Elle est importante par son industrie, et on y confectionne annuellement au delà de 20,000 tonneaux. C'est près de cette ville que les pêcheurs recueillirent dans le fleuve, en 1636, le fameux bouclier votif d'argent, du poids de 10 kilogrammes et de 7 décimètres de largeur, sur lequel est représentée une action mémorable de Scipion l'Africain, dont parlent Polybe et Tite-Live.

ROQUEVAIRE. — Chef-lieu de canton dans l'arrondissement de Marseille, département des Bouches-du-Rhône. On y fait un commerce de soie, de vins, de savons et de fruits du midi. Pop. : 3,200 âmes.

RORAAS. — Petite ville du bailliage de Drontheim, en Norwége. Elle est renommée par l'exploitation de ses mines de cuivre, les plus riches du royaume. Pop. : 3,000 âmes.

RORBACH. — Chef-lieu de canton dans l'arrondissement de Sarreguemines, département de la Moselle. On y trouve des forges. Pop. : 1,200 âmes.

ROSANS. — Chef-lieu de canton dans l'arrondissement de Gap, département des Hautes-Alpes. Pop. : 800 âmes.

ROSAY. — Commune de l'arrondissement des Andelys, département de l'Eure. Pop. : 900 âmes.

ROSBACH. — Village de la province de Saxe, dans le royaume de Prusse. En 1737, Frédéric y battit les Français et les Autrichiens réunis. Pop. : 500 âmes.

ROSBECQ. — Village de la Flandre occidentale, en Belgique. En 1382, Charles VI y défit les Flamands. Pop. : 1,500 âmes.

ROSCHACH. — Joli bourg du canton de Saint-Gall, en Suisse. Il est situé sur le lac de Constance, rive méridionale. Pop. : 1,500 âmes.

ROSCOFF. — Petit port de mer de l'arrondissement de Morlaix, dans le Finistère. Il a une population d'environ 3,400 âmes, et fait un commerce de cabotage assez fructueux, surtout en rhum. C'est dans ce port que Marie Stuart débarqua en 1558, lorsqu'elle vint en France y épouser le Dauphin, depuis François II.

ROSCOMON. — Chef-lieu du comté de ce nom, dans le Counaught, en Irlande. Pop. : 3,000 âmes.

ROSCREA. — Ville du comté de Tipperary, en Irlande. Pop. : 5,000 âmes.

ROSE. — Ile de la Polynésie. Elle est située au sud-est de l'archipel des Navigateurs.

ROSE (MONT). — Dans les Alpes. Il est situé entre et le Valais et le Piémont, et son altitude est de 4,736 mètres.

ROSEAU. — Chef-lieu de l'île de la Dominique, l'une des petites Antilles anglaises. Il est situé sur la côte sud-ouest, où il possède un port. Pop. : 2,300 âmes.

ROSENAU. — Ville épiscopale de la Hongrie, empire d'Autriche. Elle est importante par ses mines de cuivre, de fer, d'antimoine et de plomb; puis par ses bains et ses nombreuses blanchisseries. Pop. : 5,000 âmes.

ROSENBERG. — Ville de Hongrie, dans l'empire d'Autriche. Elle est située sur le Vag. Pop. : 2,000 âmes.

ROSENBERG. — Ville de la Silésie, dans le royaume de Prusse. Pop. : 1,700 âmes.

ROSES. — Petite ville de la Catalogne, en Espagne. Elle est située à l'entrée du golfe qui porte son nom. Les fortifications qu'elle avait autrefois furent rasées en 1809. Pop. : 2,300 âmes.

ROSETO. — Bourg de la Capitanate, dans le royaume de Naples. Pop. : 3,000 âmes.

ROSETTE ou RACHID. — Ville de Baharie ou Basse-Égypte. C'est l'ancienne *Bolbitine* et elle est située sur la rive gauche de la branche du Nil, qui était appelée de son nom, Bolbitinique. On y remarque une belle mosquée. C'est dans cette ville qu'en 1793

M. Bouchard découvrit le célèbre monument dit *Pierre de Rosette*, lequel consiste en une inscription gravée en trois caractères différents : le *sacré* ou hiéroglyphique ; l'*enchorial* ou démotique, et le *grec*. Ce monument est des plus précieux pour l'explication des hiéroglyphes. Pop. : 15,000 âmes.

ROSHEIM. — Chef-lieu de canton dans l'arrondissement de Schelestadt, département du Bas-Rhin. On y fabrique des étoffes de coton et l'on y trouve une source minérale. Pop. : 3,500 âmes.

ROSIERES. — Commune de l'arrondissement du Puy, dans le département de la Haute-Loire. Pop. : 2,800 âmes.

ROSIERES. — Chef-lieu de canton dans l'arrondissement de Montdidier, département de la Somme. On y trouve une filature de laine et des fabriques de tricots de laine. Pop. : 2,500 âmes.

ROSIERES-AUX-SALINES. — Commune de l'arrondissement de Nancy, département de la Meurthe. Elle est située sur la rive gauche de la Meurthe et sur le chemin de fer de Paris à Strasbourg. On y trouve une filature de coton et un haras. Ses anciennes salines ne sont plus exploitées. Pop. : 2,400 âmes.

ROSIERS (Les). — Commune de l'arrondissement de Saumur, dans le département de Maine-et-Loire. Elle est située sur la rive droite de la Loire et sur le chemin de fer de Tours à Nantes. Pop. : 2,800 âmes.

ROSKILD ou ROTHSCHILD. — Ville de Danemark. Elle est située dans l'île de Seeland, à l'extrémité méridionale du golfe de Roskild, qui fait partie de celui d'Ise. Au moyen âge, cette ville fut la capitale du royaume, et un traité de paix y fut signé, en 1658, entre la Suède et le Danemark.

ROSLAVL. — Ville du gouvernement de Smolensk, en Russie. Pop. : 3,000 âmes.

ROSLIN. — Village du comté d'Edimbourg, en Ecosse. On y remarque une belle chapelle gothique. En 1302, les Anglais y furent vaincus trois fois en un jour par les Ecossais.

ROSNY. — Commune de l'arrondissement de Sceaux, dans le département de la Seine. On y a construit un des forts détachés qui défendent les abords de la capitale. Pop. : 1,100 âmes.

ROSNY-SUR-SEINE. — Commune de l'arrondissement de Mantes, dans le département de Seine-et-Oise. Elle est située sur la rive gauche de la Seine et sur le chemin de Paris à Rouen. On y voit un château où naquit Sully, ministre de Henri IV. Pop. : 700 âmes.

ROSPORDEN. — Chef-lieu de canton dans l'arrondissement de Quimper, département du Finistère. Pop. : 1,400 âmes.

ROSS. — Ville du comté d'Héreford, en Angleterre. Elle est située sur la Wye. Pop. : 3,000 âmes.

ROSS (New). — Ville du comté de Wexford, en Irlande. Elle est située sur le Barrow, et des navires peuvent remonter jusqu'à son port. Pop. : 4,500 âmes.

ROSSANO. — Ville archiépiscopale de la Calabre citérieure, dans le royaume de Naples. Elle est située près du golfe de Tarente. C'est la patrie de l'antipape Jean XVII. Pop. : 8,000 âmes.

ROSTAK. — Petite ville de l'Imamat de Maskat dans l'Oman, en Arabie. C'est la résidence de l'Iman qui y habite un beau palais.

ROSTOCK. — Ville du grand-duché de Mecklenbourg-Schwerin, en Allemagne. Elle fut la première des villes hanséatiques, et c'est aujourd'hui l'une des plus commerçantes du Mecklenbourg. Pop. : 20,000 âmes.

ROSTOV. — Petite ville du gouvernement de Iaroslav, en Russie. On remarque sa riche cathédrale et son palais archiépiscopal. Cette ville est renommée par l'industrie de ses habitants, qui excellent surtout dans l'art de cultiver les jardins. On y tient une foire considérable. Pop. : 5,000 âmes.

ROSTRENEN. — Chef-lieu de canton dans l'arrondissement de Guingamp, département du Nord. On y fait un commerce de bestiaux. Pop. : 1,200 âmes.

ROTA. — Ile de la Micronésie. Elle est située dans le groupe des Marianes et au nord-nord-est de Gouam.

ROTA. — Petite ville de la côte d'Andalousie, en Espagne. Elle est renommée par ses vins dont elle fait un commerce considérable. Pop. : 8,000 âmes.

ROTAS. — Forteresse située sur une montagne, non loin de Djilem, dans le royaume de Lahore, Hindoustan. C'est une des places les plus importantes de l'Inde, et sa construction réclama 12 années et plusieurs millions dans le xvie siècle.

ROTH. — Ville de Bavière, en Allemagne. Elle est située près du confluent de la rivière de son nom avec la Rednitz. C'est la patrie du philologue Gessner. Pop. : 2,400 âmes.

ROTHENBURG. — Petite ville située sur le Tauber, dans le cercle du Rozat, en Bavière. Elle est renommée par ses sources minérales et possède un gymnase et une école supérieure. Pop. : 6,000 âmes.

ROTHERHAM. — Ville du comté d'York, en Angleterre. Elle est située sur le chemin de fer d'York à Londres. On y trouve une fonderie de canons. Pop. : 10,000 âmes.

ROTHESAY. — Chef-lieu du comté de Bute, en Ecosse. Elle possède un port qui est fréquenté par les pêcheurs de harengs. Pop. : 5,000 âmes.

ROTONDA. — Ville de la Basilicate, dans le royaume de Naples. Pop. : 3,000 âmes.

ROTONDELLA. — Ville de la Basilicate dans le royaume de Naples. Pop. : 2,000 âmes.

ROTONDO. — Montagne de Corse. Elle est située dans les environs de Corté.

ROTONMA. — Ile de la Polynésie. Elle est située par 12° 30' de latitude sud, et 175° 20' de longitude est.

ROTTENBURG. — Ville épiscopale du cercle de la Forêt-Noire, dans le Wurtemberg. Elle possède un séminaire, et sa population est d'environ 6,000 âmes.

ROTTERDAM. — Grande et belle ville située sur la rive droite de la Meuse, dans la Hollande méridionale. Elle est entrecoupée de canaux, et ses principaux édifices sont l'église Saint-Laurent, le palais de l'amirauté, celui de la ci-devant compagnie des Indes, la bourse et l'hôpital des vieillards. Cette ville possède une école latine, un jardin botanique, et deux sociétés académiques. Sa population est d'environ 73,000 âmes.

ROTTI. — Ile de la Malaisie. Elle fait partie de l'archipel de la Sonde et se trouve au sud-ouest de Timor.

ROTTWEIL. — Ville murée du Wurtemberg, en Allemagne. Elle fut autrefois annexée à la confédération de la Suisse. Pop. : 3,000 âmes.

ROUAD. — Petite île de la Méditerranée. Elle est située sur la côte de Syrie, près de Tortosa. Elle renfermait autrefois la célèbre ville d'*Aradus*.

ROUBAIX. — Petite ville, chef-lieu de canton dans l'arrondissement de Lille, département du Nord. Elle est importante par ses nombreuses manufactures de tissus, et l'on y remarque un puits artésien qui alimente toute la ville. Pop. : 24,000 âmes.

ROUEN. — Ville archiépiscopale située sur la rive droite de la Seine. Cette ancienne métropole de la seconde Lyonnaise, puis la résidence des ducs de Normandie, est aujourd'hui le chef-lieu du département de la Seine-Inférieure, et son arrondissement comprend 15 cantons et 137 communes. Parmi les édifices de cette ville, on remarque l'antique cathédrale, qui contenait la fameuse cloche *George d'Amboise*, détruite en 1793; l'église Saint-Ouen, dont les vitraux sont admirables ; puis l'hôtel de ville, le palais de justice, l'hôtel-Dieu, et le pont en pierre. Elle possède après cela un séminaire, une académie universitaire, un collège, une école secondaire de médecine, une école de navigation, une bibliothèque publique, un musée, un jardin botanique, et plusieurs sociétés littéraires ou scientifiques. Son industrie et son commerce consistent en fabriques de draps, de toiles, de cotonnades, d'étoffes de soie, de bonneterie, de chapellerie, de quincaillerie, de savons, etc. Sa population est d'environ 96,000 âmes. C'est à Rouen, en 1431, que les Anglais firent périr Jeanne d'Arc sur un bûcher; et c'est aussi dans cette cité que naquirent Benserade, Pierre et Tomas Corneille, Pradon, Pierre Bardin Lémery, Fontenelle, Sanadon, Daniel, Brumoy, Desfontaines, Jouvenet, Boïeldieu, etc.

ROUESSÉ-VASSÉ. — Commune de l'arrondissement du Mans, dans le département de la Sarthe. Pop. : 2,500 âmes.

ROUEZ. — Commune de l'arrondissement du Mans, dans le département de la Sarthe. Pop. : 2,400 âmes.

ROUFFACH. — Chef-lieu de canton dans l'arrondissement de Colmar, département du Haut-Rhin. Il est situé près du chemin de fer de Strasbourg à Bâle. On y remarque le vieux château d'Isenbourg, où résidèrent plusieurs rois de la première race. Pop. : 3,400 âmes.

ROUGÉ. — Chef-lieu de canton dans l'arrondissement de Châteaubriant, département de la Loire-Inférieure. Pop. : 2,300 âmes.

ROUGEMONT. — Chef-lieu de canton dans l'arrondissement de Beaume-les-Dames, département du Doubs. On y trouve des hauts-fourneaux et des forges. Pop. : 1,400 âmes.

ROUGNAT. — Commune de l'arrondissement d'Aubusson, département de la Creuse. Pop. 2,200 âmes.

ROUILLAC. — Chef-lieu de canton dans l'arrondissement d'Angoulême, département de la Charente. On y fait un commerce de vins et d'eaux-de-vie. Pop. : 1,700 âmes.

ROUILLÉ. — Commune de l'arrondissement de Poitiers, dans le département de la Vienne. Pop. : 2,600 âmes.

ROUJAN. — Chef-lieu de canton dans l'arrondissement de Béziers, département de l'Hérault. On y fait un commerce d'eaux-de-vie et d'amandes, et l'on trouve sur son territoire une mine de houille et une source de pétrole. Pop. : 1,600 âmes.

ROULANS. — Chef-lieu de canton dans l'arrondissement de Baume-les-Dames, département du Doubs. Pop. : 700 âmes.

ROUM CALÉ. — Lieu de la Turquie d'Asie. Il est situé sur l'Euphrate, et c'est l'emplacement de l'ancienne *Zeugma*, où passaient les Romains qui se rendaient dans les contrées orientales.

ROUMBO. — Petit royaume du Malaca. Il est situé dans la partie méridionale de l'intérieur et la majeure partie de ses habitants se livrent à l'agriculture.

ROUPAT. — Ile de la Malaisie. Elle est située dans le détroit de Malacca, à l'est de Sumatra, et dépend de l'Etat de Siak.

ROUROUTOU ou CHETEROA. — Ile de la Polynésie. Elle est située au nord du groupe des îles Toubouaï.

ROUSSES (Les). — Commune de l'arrondissement de Saint-Claude, dans le département du Jura. On y fabrique de l'horlogerie et des fromages dits *de Gruyère*. Pop. : 2,000 âmes.

ROUSSILLON. — Chef-lieu de canton dans l'arrondissement de Vienne, département de l'Isère. C'est dans cet endroit qu'en 1564, Charles IX rendit l'édit qui fixa au premier janvier le commencement de l'année. Pop. : 1,600 âmes.

ROUSSILLON. — Commune du département de Saône-et-Loire. Elle est située dans l'arrondissement d'Autun. Pop. : 1,600 âmes.

ROUSSILLON. — Commune de l'arrondissement d'Apt, dans le département de Vaucluse. Pop. : 1,500 âmes.

ROUTOT. — Chef-lieu de canton dans l'arrondissement de Pont-Audemer, département de l'Eure. On y fait un commerce de bestiaux. Pop. : 1,100 âmes.

ROUTSCHOUK. — Ville de Turquie située au confluent de l'Om et du Danube, et chef-lieu d'un sandjiakat. C'est l'un des entrepôts du commerce de l'Allemagne, et particulièrement de celui de Vienne; et l'on y fabrique des étoffes de laine, de coton et de soie qui sont estimés. Cette ville, dont la population est de 30,000 âmes, possède un archevêque grec.

ROUZA. — Ville du gouvernement de Moscou, en Russie. Elle est située au confluent de la rivière de son nom et de la Moscowa. Pop : 3,000 âmes.

ROVATO. — Ville du royaume Lombard-Vénitien, dans l'empire d'Autriche. Pop. : 5,000 âmes.

ROVEREDO. — Chef-lieu du cercle de son nom, dans le Tyrol, empire d'Autriche. Cette ville est située sur la rive droite de l'Adige et dominée par un château fort. On y trouve des fabriques d'étoffes de soie et de tabac, et l'on y fait aussi un commerce de jambons et de cuirs. Pop. : 8,000 âmes.

ROVIGNO ou TREVIGNO. — Ville de l'Illyrie, dans l'empire d'Autriche. Elle possède deux ports sur l'Adriatique. Pop. : 10,000 âmes.

ROVIGO. — Petite ville située sur l'Adigetto, dans le gouvernement de Venise. Autrefois capitale de la Polésine, elle est aujourd'hui le chef-lieu de la délégation qui porte son nom, et la résidence de l'évêque d'Adria. Elle possède un séminaire épiscopal, un gymnase, une bibliothèque publique et l'académie *dei concordi* ; elle est commerçante, et sa population offre environ 10,000 âmes.

ROVILLE. — Village de l'arrondissement de Nancy, département de la Meurthe. Mathieu Dombasle y a fondé une ferme expérimentale devenue célèbre, et une école d'agriculture qui attira, dès l'origine, des élèves de toutes les parties de l'Europe. Pop. : 400 âmes.

ROYAN. — Petite ville située à l'embouchure de la Gironde, dans le département de la Charente-Inférieure. Elle possède un établissement de bains de mer, et s'est acquise une certaine renommée par sa pêche de sardines. On y construit des navires de 20 à 100 tonneaux. Pop. : 3,000 âmes.

ROYAT. — Village des environs de Clermont-Ferrand, dans le département du Puy-de-Dôme. On y voit un aqueduc qui alimente les fontaines de Clermont, et une excavation dans le flanc de la montagne, à laquelle les habitants de la contrée donnent le nom de *Greniers de César*, parce qu'on y recueille des grains de froment et de seigle légèrement carbonisés. Quelques auteurs attribuent l'origine de ces grains à l'incendie qui consuma le château qu'avaient bâti les ducs d'Aquitaine sur le puy de Chateix, qui domine Royat. Pop. : 1,000 âmes.

ROYAUMONT. — Village de l'arrondissement de Pontoise, département de Seine-et-Oise. Il est célèbre par son ancienne abbaye de l'ordre de Cîteaux, qu'avait fondée saint Louis. Les bâtiments de cette abbaye renferment aujourd'hui une filature de coton. Pop. : 200 âmes.

ROYBON. — Chef-lieu de canton dans l'arrondissement de Saint-Marcellin, département de l'Isère. Pop. : 2,700 âmes.

ROYE. — Petite ville, chef-lieu de canton dans l'arrondissement de Montdidier, département de la Somme. Elle était anciennement fortifiée. On y trouve une filature de laine, on y fabrique de la bonneterie, et l'on y fait aussi un commerce de grains et de farines. Pop. : 3,700 âmes.

ROYÈRE. — Chef-lieu de canton dans l'arrondissement de Bourganeuf, département de la Creuse. Pop. : 500 âmes.

ROZOY-EN-BRIE. — Chef-lieu de canton dans l'arrondissement de Coulommiers, département de Seine-et-Marne. Il est situé sur l'Yères. Pop. : 1,500 âmes.

ROZOY-SUR-SERRE. — Chef-lieu de canton dans l'arrondissement de Laon, département de l'Aisne. Pop. : 1,700 âmes.

RUATAN. — Ile de la mer des Antilles. Elle est située dans le golfe de Honduras, et les Anglais y possèdent un établissement.

RUBELAND. — Village du duché de Brunswick. Il est important par sa forge et ses carrières de marbre, et l'on trouve dans son voisinage les célèbres grottes de Baumaun et de Biels.

RUDAU. — Village de la Prusse orientale. Il est célèbre par la bataille qui s'y livra en 1370, entre les chevaliers Teutoniques et les Lithuaniens.

RUDOLSTADT. — Petite ville située sur la Saale. C'est le chef-lieu de la principauté de Schwarzbourg-Rudolstadt. Elle possède un château, un gymnase, un séminaire pour les maîtres d'école, une bibliothèque publique, une galerie de tableaux, un musée de statues anciennes, et un cabinet d'histoire naturelle. Sa population est d'environ 4,000 âmes.

RUE. — Chef-lieu de canton dans l'arrondissement d'Abbeville, département de la Somme. Pop. : 2,100 âmes.

RUEDA-DEL-ALMIRANTE. — Ville de la province de Léon, en Espagne. Elle est située sur la rive droite de l'Esla. Pop. : 3,000 âmes.

RUEDA-DE-MEDINA. — Ville de la province de Valladolid, en Espagne. Pop. 3,000 âmes.

RUEIL. — Commune de l'arrondissement de Versailles, dans le département de Seine-et-Oise. On y remarque le château construit par le cardinal de Richelieu, celui de la Malmaison, et l'église qui renferme le tombeau de l'impératrice Joséphine. Pop. : 7,300 âmes.

RUELLE. — Commune de l'arrondissement d'Angoulême, dans le département de la Charente. On y trouve une fonderie de canons pour la marine. Pop. : 1,500 âmes.

RUFFEC. — Petite ville située sur le ruisseau d'Auche, abondant en truites, qui se jette dans la Charente. Chef-lieu d'arrondissement dans le département de la Charente, elle comprend 4 cantons et 70 communes. Sa population est d'environ 3,000 âmes.

RUGEN. — Ile de la mer Baltique. Elle dépend de la province de Poméranie, royaume de Prusse, dont elle est séparée par un détroit, vis-à-vis Stralsund. Son sol est fertile en grains et pâturages, et son chef-lieu est Bergen. Pop. : 33,000 âmes.

RUGENWALDE. — Ville de la Poméranie, dans le royaume de Prusse. Elle est située sur la Wipper, non loin de son embouchure dans la Baltique. C'est une des anciennes villes hanséatiques. Pop. : 4,000 âmes.

RUGLES. — Chef-lieu de canton dans l'arrondissement d'Evreux, département de l'Eure. Il est renommé par ses fabriques d'épingles, de pointes de Paris, d'aiguilles à tricotter, d'anneaux de rideaux, d'agrafes en fil de fer et en laiton, de quincaillerie pour sellerie, etc. Pop. : 2,000 âmes.

RUHR. — Rivière du royaume de Prusse. Elle passe à Arensberg, en Wesphalie, et se joint au Rhin, après un cours de 180 kilomètres.

RUINES. — Chef-lieu de canton dans l'arrondissement de Saint-Flour, département du Cantal. Pop. : 1,000 âmes.

RUM. — Une des îles Hébrides. Elle est située à l'Orient du comté d'Inverness, en Ecosse, et couverte de montagnes élevées. Sa longueur est de 14 kilomètres. Pop. : 600 âmes.

RUMBURG. — Ville de la Bohême, dans l'empire d'Autriche. Pop. : 4,000 âmes.

RUMILLY. — Ville de la division de Chambéry, en Savoie, royaume sarde. Pop. : 3,000 âmes.

RUMMEL. — Fleuve d'Algérie. Il passe à Constantine et se jette dans la Méditerranée, entre Djigelli et Collo. On le nomme Oued-el-Kébir, dans la partie inférieure de son cours, lequel est d'environ 200 kilomètres.

RUNCORN. — Ville du comté de Chester, en Angleterre. Elle est située sur la Mersey. Pop. : 8,000 âmes.

RUNNY-MEAD. — Village du comté de Surrey, en Angleterre. Il est situé sur la Tamise et célèbre par la conférence dans laquelle, en 1215, les barons anglais obligèrent le roi Jean à signer la *grande charte*.

RUONS. — Petit bourg de l'arrondissement de l'Argentière, dans le département de de l'Ardèche. On y remarque un assemblage de rochers, à formes cubiques ou pyramidales, de 6 à 10 mètres de hauteur, et dans la masse inferieure desquels sont creusées des espèces d'auges sphériques ou ovales, d'un profondeur de 2 à 3 mètres. Pop. : 900 âmes.

RUPEL. — Rivière de Belgique. Elle est formée de la jonction de la petite et de la grande Nèthe, de la Dyle et de la Senne, et se jette dans l'Escaut, après un cours de 10 kilomètres.

RUPELMONDE. — Ville de la Flandre orientale, en Belgique. Elle est située sur l'Escaut. C'est la patrie du géographe Gérard Mercator. Pop. : 2,000 âmes.

RUPERT. — Fleuve de la Nouvelle-Bretagne. Il sort du lac des Mistassins, et se jette dans la mer au sud de la baie de James, après un cours de 500 kilomètres.

RUPPIN (Neu). — Ville du Brandebourg, dans le royaume de Prusse. Elle est située sur le lac de son nom. Pop. : 9,000 âmes.

RUPT. — Commune de l'arrondissement de Remiremont, dans le département des Vosges Pop : 3,600 âmes.

RUREMONDE. — Ville forte du Limbourg hollandais. Elle fit partie de la ligue hanséatique. Elle est située au confluent de la Meuse et de la Roer, et son commerce est assez florissant. Les armées de diverses nations s'en emparèrent du xvi° au xviii° siècle. Pop. : 4,500 âmes.

RURICK (Iles de la chaîne du). — Dans la Polynésie. Elles forment une chaîne dans l'archipel des îles Basses.

RUSSEY. — Chef-lieu de canton dans l'arrondissement de Montbéliard, département du Doubs. Pop. : 1,100 âmes.

RUSSIE (Empire de). — Il est situé entre 16° et 62° de longitude orientale, et entre 40° et 70° de latitude. Sa plus grande longueur, depuis le revers septentrional du Caucase, près des sources de la Samoura, jusqu'aux rives du Mounio, dans les environs d'Enontekis, Bothnie orientale, est de 1840 milles; et sa plus grande largeur, depuis le revers occidental de l'Oural, près des sources de la Silva, dans le gouvernement de Perm, jusqu'à la frontière occidentale de la Volhynie, à l'ouest de Loutsk, est de 1,300. La Pologne n'est pas comprise dans ce calcul. Les confins de cet Etat sont, au nord, l'océan Arctique; à l'est, la Russie asiatique et la mer Caspienne; au sud, la Russie asiatique, la mer Noire, l'empire ottoman et celui d'Autriche, puis la république de Krakovie; et à l'ouest, la principauté de Moldavie, l'empire d'Autriche, la monarchie prussienne, la mer Baltique et la monarchie suédoise. L'empire de Russie se compose de la Russie proprement dite, des territoires des Cosaques du Don et de la mer Noire, des anciens royaumes de Kazan et d'Astrakhan, de la Biarmie, de la plus grande partie de la Laponie, de l'Ingrie, de la Carélie, de la Finlande, de l'Ostro-Bothnie, de l'Esthonie, de la Livonie, des archipels d'Abo et d'Aland, des îles d'Ago, d'OEsel, etc. ; de la Pologne, de la Crimée et de la petite Tartarie, de la Bessarabie, d'une partie de la Moldavie, et de la région caucasienne située au nord de la chaîne principale du Caucase. Toutes les hauteurs qui se rencontrent sur le plateau russe, se rattachent à cinq systèmes différents : au *scandinavique* appartiennent celle de la Finlande et des gouvernements d'Olonets, d'Arkhangel et autres; le *slavique* comprend les hauteurs de la Russie centrale, dont le point culminant, dans les monts Waldaï, ne dépasse pas 340 mètres; l'*hercynio-carpathien*, qui embrasse les hauteurs du sud-ouest de la Russie et les petites montagnes de la partie méridionale de la Pologne, a pour points culminants, dans cette région de l'Europe, le Katharinenberg, haut de 646 mètres, et le Lysa, dont l'altitude est de 621; le *caucasien* se rattachent, outre la chaîne qui sépare l'Europe de l'Asie, les montagnes de la Crimée, dont le point culminant est l'aiguille sud-ouest du Tchatyr-Dagh, élevée de 1533 mètres; enfin, l'*ouralique*, qui sépare l'Europe de l'Asie, comprend toutes les montagnes de la Russie orientale, au nord de la mer Caspienne.

Les fleuves qui sillonnent ce vaste empire versent leurs eaux dans la mer Baltique, la mer Noire, l'océan Arctique et la mer Caspienne. La MER BALTIQUE reçoit la *Tornea* qui naît dans la Laponie suédoise et a pour affluent le Mounio; le *Kemi*, l'*Ulea* et le *Pyhajoki*, provenant de lacs dont ils prennent les noms; le *Kumo* qui décharge les eaux du lac Pykajervi; le *Kymen* ou *Kunmene*, qui décharge celles du lac Pajana; la *Neva*, ayant pour affluents le Swir, le Wolkhovyle-Woxa; la *Narva* ou *Narova*, qui sort du lac Peipus; la *Duna*, qui naît dans un marais du gouvernement de Tver, et dont les principaux affluents sont la Drissa, la Pedets, la Meïa, l'Oula et la Disna; le *Niemen*, qui prend sa source dans le gouvernement de Minsk et a pour affluent la Wilia; et la *Vistule*, qui vient de l'empire d'Autriche et dont les affluents en Pologne sont le Wieprz, le Bug, la Narew, la Pilica et la Bzura. A la MER NOIRE arrivent le *Danube* dont le principal affluent est le Pruth; le *Dniester*, qui vient de l'empire autrichien; le *Dnieper*, qui naît dans le gouvernement de Smolensk, et a pour affluents la Bérézina, le Pripeck, le Teterow, le Bog, la Desna, le Selm, la Soula, le Psol, la Worskla et l'Ouriel; le *Don* ou *Tanaï*, ayant pour affluents la Sasna, le Denez, le Voronéje, le Khoper, la Medveditsa et le Manitch; et le *Kouban*, dont les principaux affluents sont le Zelentchouk et le Laba. Dans l'OCÉAN ARCTIQUE sont les embouchures du *Paswig*, qui sort du grand lac Enara; de la *Kola*, qui traverse la Laponie russe; et de la *Petchora*, dont la source se trouve sur le versant occidental de l'Oural, dans le gouvernement de Perm, et qui a pour affluent l'Ousa. La MER BLANCHE reçoit le *Vig*, le *Kiatm* et le *Kovda*, qui traversent les déserts du gouvernement d'Arkhangel; l'*Onega*, qui prend sa source dans le voisinage du lac de même nom; la *Dvina*, formée par la réunion de la Soukhona et de l'Joug, et dont les principaux affluents sont la Vitchegda, la Pinega et la Vaga; et le *Mezen*, qui prend naissance dans le gouvernement de Vologda. Enfin, à la MER CASPIENNE aboutissent l'*Oural*, dont la source se trouve sur le versant oriental de la chaîne qui porte son nom, et qui a pour affluents la Sakmara et l'Ilek; le *Volga* ou *Idel*, qui naît dans la forêt de Valkousk, près d'Ostachkov, dans le gouvernement de Tver, et dont les principaux affluents sont l'Oka, la Tvertra, la Mologa, la Cheksnag, la Kama; la *Kouma*, qui prend sa source sur le versant septentrional du Caucase, et a pour affluent la Podkouma; le *Terek*, qui naît au pied du Mquinvari, et dont les affluents sont la Soundja, l'Aksaï, l'Arredon, l'Ournakh le Tcherek et la Malka; le *Soulak*, qui descend du versant septentrional du Caucase, et reçoit le Koï-Sou; et la *Samoura* qui vient du même versant.

Au premier rang des principaux lacs de la Russie, il faut placer le Ladoga, situé dans le gouvernement de Saint-Pétersbourg, et qui est le plus grand de l'Europe. Viennent ensuite l'Onéga, dans le gouvernement d'Olonets; le Saïma, le Payana et le Kolkis, dans la Finlande; le Peïpous, entre les gouvernements de Revel, Riga-Pskov et Saint-Pétersbourg, auquel les Russes donnent le nom de Tchoudskoïe; l'Ilmen, dans le gouvernement de Novgorod; l'Enara, dans la Laponie finlandaise; puis les petits lacs appelés *Bielo*, dans le gouvernement de Novgorod, et *Koubinskoe* dans celui de Vologda. Enfin on remarque parmi les lacs salés celui d'Elton, dans le gouvernement de Saratov. Dans le nombre des îles qui appartiennent au même empire, on distingue particulièrement, dans l'*océan Arctique*, le groupe de la nouvelle Zemble, l'archipel du Spitzberg, l'île Kalgouïev et celles de Waigats; dans la *mer Blanche*, les îles Solovetskoï; dans la *mer Baltique*, les îles OEsel, Niön, Dago, Wormö et Kronstadt; l'archipel d'Abo et l'archipel d'Aland. Les canaux les plus marquants sont ceux de Vychni-Volotchok, de Tikhvine, de Marie, de Ladoga, de Novgorod, de Sias, de Koubensk, du Nord, de Lepel ou de la Bérézina, d'Oginski, le royal, de Pierre Ier, d'Ivanov, de Fellin, de Velikia-Louki, de Courlande, du duc Jacques et celui d'enceinte de Saint-Pétersbourg.

La division administrative de l'empire russe est établie de la manière suivante:

RÉGIONS.	GOUVERNEMENTS.	CHEFS-LIEUX.
RUSSIE BALTIQUE.	Saint-Pétersbourg.	Saint-Pétersbourg.
	Esthonie.	Revel.
	Livonie.	Riga.
	Courlande.	Mitau.
	Grand-Duché de Finlande.	Helsingfors.
GRANDE RUSSIE.	Moscou.	Moscou.
	Smolensk.	Smolensk.
	Pskov.	Pskov.
	Tver.	Tver.
	Novogorod.	Novgorod.
	Olonets.	Petrozavodsk.
	Arkhangel.	Arkhangel.
	Vologda.	Vologda.
	Iaroslov.	Iaroslov.
	Kostroma.	Kostroma.
	Vladimir.	Vladimir.
	Nijni-Novgorod.	Nijni-Novgorod.
	Tambov.	Tambov.
	Riazan.	Riazan.
	Toula.	Toula.
	Kalouga.	Kalouga.
	Orel.	Orel.
	Koursk.	Koursk.
	Voronéje.	Voronéje.
PETITE RUSSIE.	Kiev.	Kiev.
	Tchernigov.	Tchernigov.
	Poltava.	Poltava.
	Karkov.	Karkov.
RUSSIE MÉRIDIONALE.	Kherson.	Kherson.
	Ekatherinoslaw.	Ekatherinoslaw.
	Tauride.	Simpheropol.
	Bessarabie.	Kichinev.
	Cosaques du Don.	Novo-Tcherkask.

Russie occidentale.	Wilna. Grodno. Witebsk. Mohilev. Minsk. Volhinie. Podolie. Province de Bialistok.	Wilna. Grodno. Witebsk. Mohilev. Minsk. Jitomir. Kaminiec. Bialistok.
Russie orientale.	Kasan. Viatka. Perm. Simbirsk. Penza. Astrakhan. Saratov. Orenbourg.	Kasan. Viatka. Perm. Simbirsk. Penza. Astrakhan. Saratov. Oufa.
Pologne.	Mazovie. Kalisz. Krakovie. Sandomir. Lublin. Podlaquir. Plock. Augustow.	Varsovie. Kalisz. Kielce. Sandomir. Lublin. Siedlec. Plock. Suwalki.

La capitale de l'empire est SAINT-PÉTERSBOURG.

Le culte grec orthodoxe, semblable à celui des Grecs de l'empire ottoman, est la religion dominante en Russie. Les Polonais sont catholiques ou grecs unis ; la religion réformée n'est professée que par un petit nombre de Polonais et d'Allemands ; l'islamisme compte tous les peuples des souches turque et arabe ; le lamisme est le culte des Kalmouks ; les Samoyèdes, les Mitsjeghi, les Osètes, les Tchouvasches, les Modva, etc., sont idolâtres, et les juifs, très-nombreux dans cet empire, y sont maintenus dans la condition la plus abjecte.

RUSSIE ASIATIQUE. — Elle est située entre 34° de longitude orientale et 173° de longitude occidentale, et entre 38° et 78° de latitude. Elle a pour confins au nord, la mer Glaciale arctique, à l'est, le détroit de la mer de Behring, le grand Océan et la mer d'Okhotsk ; au sud, le détroit ou canal de la Boussole, qui sépare les Kouriles russes des Kouriles japonais, la mer d'Okhotsk, la Chine, le Turkestan, la Perse, l'Asie ottomane et la mer Noire ; et à l'ouest cette dernière mer, le détroit d'Ienikale, la mer d'Azov et la Russie d'Europe. Les fleuves qui l'arrosent ont leur embouchure dans l'océan *Glacial arctique*, la *mer de Behring*, la *mer Caspienne* et la *mer Noire*. Le premier reçoit l'*Obi*, ayant pour affluents le Tom, le Tchoutym, le Ket, le Tim, le Vakh, l'Irtiche et la Sosva ; l'*Iéniséi*, dont les principaux affluents sont la Podkamenaïa Toungouska, le Seym et le Tourounkhan ; la *Taimoura* et la *Khatangha*, qui traversent le pays des Samoyèdes ; l'*Anabara* et l'*Olenek* ; la *Léna*, l'un des plus grands fleuves de l'Asie, et qui a pour affluents le Vitim et l'Aldan ; puis la *Jana*, l'*Indighirka* et la *Kolima*. A la mer de Behring viennent aboutir l'*Anadyr* et le *Kamtchatka*. Dans la mer Caspienne se jettent l'*Oural*, l'*Iemba* ou *Djem*, et le *Kour*,

qui a pour affluent l'Aras. Enfin, la mer Noire reçoit les eaux du *Rion* ou *Phase* des anciens, lequel a pour affluents la Tskemis-Thskali et la Kwirili. Voici quelles sont les divisions administratives de cette portion de l'empire russe :

RÉGIONS.	PROVINCES.	CHEFS-LIEUX.
Sibérie.	Gouv. de Tobolsk. — de Tomsk. — de Jéniséisk. — d'Irkoutsk. Prov. d'Omsk. — d'Yakoustk. District d'Okhotsk. — de Kamtchatka. Pays des Kirghiz. —des Tchouktchi.	Tobolsk. Tomsk. Krasnoïersk. Irkoutsk. Omsk. Yakoutsk. Okhotsk. Petropavlovsk. » »
Région du Caucase.	Géorgie. Chirvan. Arménie. Géorgie ottomane. Jmerethi. Pays des montagnes ou Circassie. Daghestan. Prov. du Caucase.	Tiflis. Bakou. Erivan. Akhal-Tsikhe. Kouthaïssi. Vladikavkas. Kouba. Stavropol.

[RUTHERGLEN, ou RUGLEN — Ville du comté de Lanark, en Ecosse. Elle est située sur la rive gauche de la Clyde. Pop. : 4 000 âmes.

RUTIGLIANO. — Ville murée de la province de Bari, dans le royaume de Naples. Pop. : 4,500 âmes.

RUTLAND. — Ville de l'Etat de Vermont, aux Etats-Unis. Pop. : 3,000 âmes.

RUVO. — Ville épiscopale de la province de Bari, dans le royaume de Naples. Pop. : 3,000 âmes.

RUVO. — Ville de la Basilicate, dans le royaume de Naples. Pop. : 2,000 âmes.

RYA. — Village bâti en amphithéâtre sur la rive gauche de la Thet, non loin de la ville de Prades, dans le département des Pyrénées-Orientales. Une famille de ce village a été la tige des anciens comtes de Barcelone et des rois d'Aragon.

RYBINSK. — Petite ville du gouvernement de Saroslov, en Russie. Elle est située sur le Volga, non loin du point où aboutissent les canaux qui servent de communication entre la mer Baltique, la mer Caspienne et la mer Blanche. Cette heureuse position favorise le commerce de cette ville qui est assez important. Sa population est d'environ 8,000 âmes.

RYE. — Ville du comté de Sussex, en Angleterre. Elle est située non loin de la Manche. Pop. : 3,700 âmes.

RYEGATE. — Ville du comté de Surrey, en Angleterre. Pop. : 3,000 âmes.

RYLSK. — Ville du gouvernement de Koursk, en Russie. Elle est située sur la Sim, affluent de la Desna. Pop. : 7,000 âmes.

RYSSEN. — Ville de l'Over-Yssel, dans le royaume de Hollande. Pop. : 2,000 âmes.

RYSWYK. — Village des environs de la Haye, en Hollande. Il est célèbre par le traité qui y fut conclu, en 1697, entre Louis XIV, l'Autriche, l'Angleterre, l'Espagne et la Hollande. Pop. : 2,000 âmes.

RZESZOW. — Petite ville de la Gallicie; Pologne autrichienne. Elle est habitée par un grand nombre de juifs qui font un commerce important de pierres précieuses et de pierres fausses, et autres objets qu'on y fabrique. La population est d'environ 6,000 âmes.

S

SA-EL-HADJAR. — Bourgade du Bahari ou basse Egypte. On y voit les ruines présumées de l'ancienne *Sais*, la capitale du Delta, renommée par son temple de Minerve, où se célébrait la fête des lampes, et par sa chapelle monolithe qu'Amasis avait fait transporter de l'île Eléphantine, c'est-à-dire d'une distance d'environ 600 milles. 2,000 hommes furent occupés durant trois années à ce transport.

SAALE-DU-SALZBOURG. — Rivière d'Allemagne. Elle prend naissance dans l'archiduché d'Autriche, passe à Reichenhall, en Bavière, et se joint à la Salza, au-dessous de Salzbourg, après un cours de 100 kilomèt.

SAALE-FRANCONIENNE. — Rivière de Bavière. Elle se jette dans le Main, entre Wurzbourg et Wertheim, après un cours de 100 kilomètres.

SAALE-SAXONNE. — Rivière navigable d'Allemagne. Elle passe à Rudolstadt, Iéna, Naumbourg, Weissenfels, Mersebourg, Halle et Bernbourg, et se joint à l'Elbe, après un cours de 360 kilomètres.

SAALES. — Chef-lieu de canton dans l'arrondissement de Saint-Dié, département des Vosges.. Pop. : 1,400 âmes.

SAALFELD. — Ville du duché de Saxe-Meiningen, en Allemagne. On y trouve un hôtel des monnaies. C'est près de cette ville qu'en 1806, le prince Louis-Ferdinand de Prusse fut battu et tué par les Français. Pop. : 4,000 âmes.

SAANE. — Rivière de Suisse. Elle prend sa source dans le canton de Berne, passe près de Saanen et de Gruyères, à Fribourg et à Laupen, et se jette dans l'Aar, après un cours de 110 kilomètres.

SAAR-UNION. — Petite ville, chef-lieu de canton dans l'arrondissement de Saverne, département du Bas-Rhin. Elle est située sur la Sarre. On y trouve des fabriques de bonneterie, de broderies, de chapeaux de paille, de fleurs de paille, etc. Pop. : 4,300 âmes.

SAARBRUCKEN. — *Voy.* SARREBRUCK.

SAARDAM. — Gros bourg des environs d'Amsterdam, en Hollande. Il est renommé par l'élégance et la propreté de ses maisons qui sont toutes en bois; par ses nombreux chantiers et ses moulins à vent, que l'on compte par centaines; par ses papeteries qui sont les plus renommées du royaume; et, enfin, parce que c'est là que le czar Pierre le Grand, vint travailler comme un simple ouvrier charpentier, pour s'y instruire dans la construction des vaisseaux. On montre aux touristes la maison qu'il habitait, laquelle porte le nom de *Vorstenborg*. On compte à peu près 10,000 âmes à Saardam.

SAARLOUIS. — *Voy.* SARRE-LOUIS.

SAAZ. — Ville de Bohême, dans l'empire d'Autriche. Elle est située sur l'Eger. Pop. : 5,000 âmes.

SABA. — Ile du groupe des petites Antilles. Elle est située au nord-ouest de Saint-Eustache et appartient à la Hollande. Pop. : 1,600 âmes.

SABARA. — Ville de la province de Minas-Geraës, au Brésil. Elle est importante par ses riches lavages d'or. Pop. : 6,000 âmes.

SABBIONETTA. — Ville du royaume Lombard-Vénitien, dans l'empire d'Autriche. C'est la patrie de Gérard, dit de Crémone. Pop. : 6,000 âmes.

SABERMOTTY. — Fleuve de l'Hindoustan. Il passe par Ahmed-Abad, et se jette dans le golfe de Cambaye, après un cours de 300 kilomètres.

SABINE. — Fleuve navigable des Etats-Unis. Il prend sa source dans le Texas, sépare cette république des autres Etats de l'Union, et se jette, après un cours de 600 kilomètres, dans le lac de son nom, qui communique avec le golfe du Mexique.

SABIONCELLO. — Presqu'île de la Dalmatie. Elle est située sur la côte de l'Adriatique, entre les canaux de Narenta au nord, de Corzola à l'ouest et de Meleda au sud, et unie au continent par un isthme dont la largeur a à peine 2 kilomètres. La longueur de cette presqu'île est de 70 kilomètres, et son lieu principal se nomme Stagno. Pop. : 3,000 âmes.

SABLE. — Cap de l'Atlantique. Il est situé sur la petite île de son nom, à l'extrémité méridionale de la Nouvelle-Ecosse.

SABLÉ. — Chef-lieu de canton dans l'arrondissement de La Flèche, département de la Sarthe. On y fabrique des gants et l'on y exploite du marbre. C'est à Rovère près cette ville, que naquit Urbain-Grandier. Pop. : 4,400 âmes.

SABLES-D'OLONNE (LES). — Petite ville du département de la Vendée. Chef-lieu d'arrondissement, elle comprend 11 cantons et 79 communes. Elle possède un port, une école de navigation, des chantiers, et son commerce consiste en grains, bestiaux, sardines, etc. Pop. : 5,600 âmes.

SABRAO. — Petite île de la Malaisie. Elle est située à l'est de Flores, dans le groupe de la Sonde.

SABRES. — Chef-lieu de canton dans l'arrondissement de Mont-de-Marsan, département des Landes. Il est situé sur la Leyre-de-Pissos. Pop. : 2,500 âmes.

SACATECOLUCA. — Ville de l'Etat de

San-Salvador, dans l'Amérique centrale. Elle est située au pied du volcan de son nom, remarquable par ses grottes et ses sources d'eau bouillante. Pop. : 5,000 âmes.

SACATEPEC. — Ville de l'Etat de Guatemala, dans l'Amérique centrale. Pop. : 3,000 âmes.

SACAVEM. — Village de l'Estremadure, en Portugal. Il est situé sur le golfe de son nom, formé par le Tage. On y fait un commerce important de vins. Pop. : 1,500 âmes.

SACEDON. — Ville de la province de Guadalaxara, en Espagne. Elle est située non loin de la rive gauche du Tage. On y voit un château royal et l'on y trouve des sources thermales. Pop. : 3,000 âmes.

SACKATOU. — Grande ville de la province de Tudela, dans l'empire des Fellatahs, Nigritie centrale. Elle est située sur une colline et près d'une rivière qui se jette dans le Kouavia ou Djoliba. Elle est ceinte d'une muraille de 8 mètres de hauteur, avec un fossé; on y remarque deux mosquées et la maison du sultan, et son commerce est assez florissant. Pop. : 80,000 âmes.

SACO. — Ville de l'Etat du Maine, aux Etats-Unis. Elle est située sur la rivière de son nom. Pop. : 3,000 âmes.

SACRAMENTO. — Fleuve du Mexique. Il est situé au nord et se jette dans la baie de San-Francisco, formée par le grand Océan.

SADAO. — Rivière navigable de Portugal. Elle prend sa source dans la Sierra de Monchique, au sud de l'Alentéjo, traverse cette province ainsi que la partie méridionale de l'Estremadure, et va se jeter dans la baie de Setuval, après un cours de 180 kilomètres.

SADDLEWORTH. — Ville du comté d'York, en Angleterre. Elle est située près du canal d'Huddersfield. On y fabrique des draps. Pop. : 5,000 âmes.

SADO. — Ile du Japon. Elle est située à 35 kilomètres de la côte nord-ouest de Niphon, et sa longueur est d'environ 70 kilomètres. Cette île était autrefois célèbre par ses mines d'or.

SADRAS. — Ville ruinée de la province de Karnatic, dans l'empire Indo-Britannique. On trouve dans son voisinage, la bourgade de Mâhâbâlipouram ou des *Sept-Pagodes*, remarquable par d'immenses excavations dans lesquelles on trouve un grand nombre de sculptures mythologiques.

SAFED ou SAFFAD. — Petite et jolie ville de Syrie, dans la Turquie asiatique. C'est l'une des *quatre villes sacrées* des juifs, et d'où partent leurs missionnaires pour aller quêter. On remarque dans son voisinage, des grottes taillées dans le roc et que les Turcs regardent comme la demeure où Job habitait. On admire aussi la citadelle de Safed, l'une des plus anciennes constructions de la Palestine, et dont les murailles sont d'une épaisseur extraordinaire. La population de cette ville est d'environ 5,000 âmes.

SAFFI ou AZAFFI. — Ville de l'empire de Maroc. Elle est située sur l'Atlantique et fut très-commerçante lorsqu'elle était au pouvoir des Portugais, qui l'occupèrent de 1508 à 1641. Pop. : 12,000 âmes.

SAFFRON-WALDEN. — Ville du comté d'Essex, en Angleterre. Elle était autrefois renommée par le safran qu'on cultivait sur son territoire. Pop. 4,000 âmes.

SAGAN. — Petite ville située sur le Bober, dans la Silésie, en Prusse. C'est la capitale de la principauté de même nom. Elle possède un beau château et un progymnase. Pop. : 6,000 âmes.

SAGOR. — Ile inhabitée du Bengale, dans l'Hindoustan. Elle est située à l'embouchure de l'Hougly, bras le plus révéré du Gange, et l'on y voit un temple qui est l'objet d'un pèlerinage célèbre chez les Hindous.

SAGRES. — Petite place fortifiée de l'Algarve, en Portugal. Elle fut presque toujours habitée par le prince Henri, qui, de cet endroit, fit partir de nombreuses expéditions dont un des résultats fut la découverte de la côte occidentale de l'Afrique jusqu'à Sierra Leone. Pop. : 300 âmes.

SAGY. — Commune de l'arrondissement de Louhans, dans le département de Saône-et-Loire. Pop. : 2,700 âmes.

SAHAGUN. — Petite ville de la Vieille-Castille, en Espagne. Elle est renommée par son abbaye de Bénédictins. Pop. : 2,300 âmes.

SAHARA ou SSAHERA. — Célèbre et immense désert situé dans la partie septentrionale de l'Afrique. Sa superficie est évaluée à 520,000 kilom. carrés. Il occupe, depuis l'extrémité de cette partie, jusqu'aux montagnes qui s'élèvent à l'ouest de la grande oasis, près de 50 degrés ou 5,000 kilom. de l'occident à l'orient; et du nord au sud, depuis le territoire de Tombouctou jusqu'aux premières pentes des ramifications de l'Atlas, 15 degrés, c'est-à-dire 1,440 kilom. Il est divisé aussi en douze déserts limités par des monticules de sable. Quelques rivières se perdent dans le sable; puis des marais fangeux s'y forment et deviennent le repaire de reptiles et d'animaux venimeux. Cependant ces collines de sable, disséminées au milieu des déserts, suffisent pour arrêter les nuages : les eaux pluviales s'y précipitent; des ruisseaux y prennent naissance; le sol qu'ils arrosent devient fertile; et c'est alors qu'apparaissent ces riantes oasis dont la rencontre cause d'autant plus de surprise et d'admiration que, pour y arriver, il a fallu traverser un océan de sable. C'est dans la partie occidentale du Sahara que croît l'arbre à gomme. Les oasis les plus remarquables de cette partie de l'Afrique sont celles de Touat, où l'on trouve les villes d'Aghably et de Taghazay, renommées par leurs mines de sel gemme; celle d'Araouân, dont le chef-lieu offre une population de 3,000 âmes; et celle d'Oualâtah, réputée par les puits qu'on y rencontre.

SAHEL. — Forêt d'Afrique. Elle est située dans le pays des Trarzas, au nord de l'embouchure du Sénégal. Les habitants y récoltent la gomme qu'ils vendent aux Français.

SAHEL. — Partie occidentale du désert de Sahara.

SAHEL. — Nom que portent quelques collines situées au nord de la plaine de la Mitidja, dans la province d'Alger.

SAIDCHUTZ. — Village du cercle de Leitmeritz, en Bohême, dans l'empire d'Autriche. Il est renommé par ses sources minérales amères.

SAÏDE ou SIDON. — Ville de Syrie, dans la Turquie asiatique. On y remarque les restes du palais de Facardin, et des tombeaux creusés dans le roc. Cette ville a été appelée *la mère des cités phéniciennes*.

SAIGAING. — Ville de l'empire birman, dans l'Inde transgangétique. Elle est située sur la rive droite de l'Iraouaddy, vis-à-vis d'Avas, et remarquable par le nombre considérable de ses temples, dont une partie cependant tombe en ruines.

SAIGNES. — Chef-lieu de canton dans l'arrondissement de Mauriac, département du Cantal. Pop. : 600 âmes.

SAIGONG ou LOUKNOUI. — Capitale du Kambodje, dans le royaume d'An-nam, Inde transgangétique. Elle est située sur la péninsule formée par la réunion des deux branches du Dounaï. Les maisons y sont en bois et couvertes de chaume; mais on remarque la citadelle, le palais du roi et l'arsenal maritime. Le commerce y est très-florissant. Pop. : 180,000 âmes.

SAILLAGOUSE. — Chef-lieu de canton dans l'arrondissement de Prades, département des Pyrénées-Orientales. Pop. : 700 âmes.

SAILLANS. — Chef-lieu de canton dans l'arrondissement de Die, département de la Drôme. Il est situé sur la Drôme. On y trouve des filatures de soie. Pop. : 2,000 âmes.

SAILLY-SUR-LA-LYS. — Commune de l'arrondissement de Béthune, dans le département du Pas-de-Calais. Pop. : 2,400 âmes.

SAÏMA. — Lac de Russie. Il est situé dans la Finlande et communique avec plusieurs autres. Ses eaux s'écoulent par le Woxen, dans le lac Ladoga.

SAINGHIN-EN-WEPPES. — Commune de l'arrondissement de Lille, dans le département du Nord. Elle est située sur le canal d'Aire à la Bassée. Pop. : 2,000 âmes.

SAINS. — Chef-lieu de canton dans l'arrondissement de Vervins, département de l'Aisne. Pop. : 2,200 âmes.

SAINS. — Chef-lieu de canton dans l'arrondissement d'Amiens, département de la Somme. Pop. : 900 âmes.

SAINT (Le). — Commune de l'arrondissement de Pontivy, dans le département du Morbihan. Pop. : 1,700 âmes.

SAINT-AFFRIQUE. — Petite ville du département de l'Aveyron. Elle est située sur la Sorgue. Chef-lieu d'arrondissement, elle comprend 6 cantons et 41 communes. Elle possède un collège, des fabriques de draps lisses, de ratines et de tricots. Pop. : 6,500 âmes.

SAINT-AIGNAN. — Chef-lieu de canton dans l'arrondissement de Blois, département de Loir-et-Cher. Il est situé sur le Cher. On y trouve des fabriques de draps blancs et de cuirs, et l'on y fait un commerce de vins et de bois. On citait ce lieu autrefois pour l'importance de sa carrière de silex pyromaque, qui fournissait des pierres à fusil à tout le royaume. Pop. : 3,100 âmes.

SAINT-ALBAN. — Village de l'arrondissement de Roanne, dans le département de la Loire. Il est réputé par ses sources minérales.

SAINT-ALBANS. — Petite ville du comté d'Hertford. Elle est remarquable par son antiquité, et par sa célèbre abbaye, qui est très-bien conservée.

SAINT-AMAND. — Petite ville située au confluent de la Marmande et du Cher, dans le département du Cher. Chef-lieu d'arrondissement, elle comprend 11 cantons et 116 communes. Elle possède un collège, une société d'agriculture, et fait un commerce assez considérable de bestiaux gras et de chataignes. Sa population est d'environ 8,000 âmes.

SAINT-AMAND. — Petite ville du département du Nord. Elle est située sur la Scarpe. On y trouve un collège, des puits artésiens qui alimentent les fontaines, et elle doit sa renommée aux sources et boues minérales qu'elle possède. Elle fait aussi un commerce de faïence. Pop. : 6,000 âmes.

SAINT-AMAND-ROCHE-SAVINE. — Bourg de l'arrondissement d'Ambert, dans le département du Puy-de-Dôme. On y exploite une mine de plomb sulfuré argentifère.

SAINT-AMOUR. — Chef-lieu de canton dans l'arrondissement de Lons-le-Saulnier, département du Jura. On y trouve un collège, un haut-fourneau, des forges, une scierie hydraulique de pierres, des tanneries et des chamoiseries. Pop. : 2,500 âmes.

SAINT-ANDREW. — Petite ville du comté de Fife, en Ecosse. On y remarque les restes d'une magnifique cathédrale, qui fut détruite durant les troubles religieux qui affligèrent le royaume. Cette ville possède une université, la plus ancienne de l'Ecosse, et une riche bibliothèque publique. Pop. : 6,000 âmes.

SAINT-ANDREW. — Petite ville du nouveau Brunswick, dans l'Amérique anglaise. Elle possède un port, et son commerce est florissant. Pop. : 3,000 âmes.

SAINT-ANDREW. — Petite ville de l'île du Prince-Edouard, dans l'Amérique anglaise. On y trouve une belle chapelle catholique desservie par un évêque *in partibus*, dont relèvent tous les catholiques du nouveau Brunswick, de Cap-Breton et du groupe des Madeleines.

SAINT-AUBIN. — Petite ville, chef-lieu de canton dans l'arrondissement de Villefranche, département de l'Aveyron. Elle est importante par les houillères de son voisinage, dont l'exploitation remonte, dit-on, à la fin du xve siècle, et par sa forge à l'anglaise. Pop. : 3,100 âmes.

SAINT-AUGUSTIN. — Petite ville de la

Floride, aux Etats-Unis. Elle est défendue par un beau fort en pierres. Pop. : 3,000 âmes.

SAINT-BARJOLS. — Petite ville du département du Var. Elle est réputée par les produits agricoles de son sol, et par les sites pittoresques de ses environs. Pop. : 3,200 âmes.

SAINT-BARTHELEMY. — Village de l'arrondissement de Grenoble, dans le département de l'Isère. C'est dans son voisinage que se trouve la *fontaine ardente*, qu'on a rangée parmi les merveilles du Dauphiné. Il s'en échappe un gaz inflammable. Pop. : 1,000 âmes.

SAINT-BARTHELEMY (ILE). — Une des Antilles. La France la posséda d'abord, puis elle la céda à la Suède en 1784. Cette île a environ 32 kilomètres de circonférence et son agriculture est florissante, mais ses côtes sont dangereuses. Gustava est son chef-lieu. Pop. : 10,000 âmes.

SAINT-BEAT. — Chef-lieu de canton dans l'arrondissement de Saint-Gaudens, département de la Haute-Garonne. On exploite, dans son voisinage, des carrières de marbre blanc, d'ardoises et de crayons. Pop. : 1,400 âmes.

SAINT-BEL. — Commune de l'arrondissement de Lyon, dans le département du Rhône. Elle est assez importante par la riche mine de cuivre qu'on exploite dans ses environs. Pop. : 600 âmes.

SAINT-BERNARD (MONT). — C'est la montagne la plus élevée des Alpes pennines, et on lui donne 3,682 mètres. Située entre le Bas-Valais et le val d'Aoste, elle portait autrefois le nom de *Mons Penninus*, et à son sommet se trouvait un temple fameux, dédié à Jupiter. Le mont Saint-Bernard est couvert de neiges et de glaces permanentes ; sa pente, du côté de la Savoie, est plus rapide que du côté du Valais et vers la Savoie, aussi son aspect est moins sauvage, parce qu'il s'y rencontre, çà et là, quelque végétation. Mais, sur le versant qui regarde le Valais, la nature est partout sauvage et morne ; ce ne sont que neiges, glaces et rochers noirâtres ; et d'immenses torrents roulent vers le Rhône, les eaux produites par les glaciers de Glarets et du Vassoré. Ce n'est qu'en se rapprochant de Martigny, que quelques forêts d'arbres verts viennent rompre la monotonie et la tristesse de cette région désolée.

Cependant, au sein de cette âpre et effrayante contrée, de ce désert de neige, des hommes courageux, dévoués à leurs semblables comme ils le sont à l'amour du ciel, des religieux enfin, s'enferment dans un hospice fondé depuis le xe siècle sur l'emplacement même du temple païen, et s'y tiennent constamment à portée d'offrir des secours, un asile, de prodiguer des soins aux voyageurs que la tempête, la nuit ou d'autres accidents atteignent dans ces solitudes. L'hospice possède une église qui renferme le monument élevé au général Desaix. Les religieux sont constamment approvisionnés d'aliments, de vêtements et de bois de chauffage, et on trouve même dans leur maison un observatoire météorologique, une bibliothèque, puis un certain nombre de journaux, ce qui, suivant la remarque de Balbi, constitue le *cabinet de lecture* le plus élevé qui soit certainement dans l'ancien monde. On évalue à 10,000 au moins, le nombre de passagers qui se présentent chaque année à l'hospice du mont Saint-Bernard. C'est à tort que la plupart des auteurs ont signalé ce mont comme le sommet franchi par l'armée d'Annibal pour descendre en Italie ; mais il n'en conserve pas moins sa renommée dans les annales militaires, ne serait-ce que par l'étonnante marche des troupes françaises qui, en 1800, le traversèrent sous le commandement de Napoléon.

SAINT-BERTRAND. — Ville ancienne et en partie déserte, de l'arrondissement de Saint-Gaudens, dans le département de la Haute-Garonne. On admire sa cathédrale, très-remarquable en effet par ses ornements architecturaux, ses boiseries, etc. Cette ville possède des ateliers de marbrerie d'où sortent, en grand nombre, des statues, des bas reliefs, des vases, etc. ; et l'on voit aussi dans son voisinage, une scierie hydraulique de 36 lames, située sur un bras de la Garonne. Pop. : 900 âmes.

SAINT-BLIN. — Chef-lieu de canton dans l'arrondissement de Chaumont, département de la Haute-Marne. Pop. : 500 âmes.

SAINT-BONNET. — Chef-lieu de canton dans l'arrondissement de Gap, département des Hautes-Alpes. On y trouve des sources thermales. Pop. : 1,800 âmes.

SAINT-BONNET-DE-JOUX. — Chef-lieu de canton dans l'arrondissement de Charolles, département de Saône-et-Loire. Pop. : 1,600 âmes.

SAINT-BONNET-LE-CHATEAU. — Petite ville, chef-lieu de canton dans l'arrondissement de Montbrison, département de la Loire. On y fabrique de la dentelle et de la coutellerie. Pop. : 2,300 âmes.

SAINT-BRESSON. — Bourg de l'arrondissement de Lure, dans le département de la Haute-Saône. On y trouve de grandes papeteries. Pop. : 2,200 âmes.

SAINT-BRIEUC. — Petite ville épiscopale, chef-lieu du département des Côtes-du-Nord. Son arrondissement comprend 12 cantons et 94 communes. Elle possède sur le Gouet, un port qui arme pour la pêche de Terre-Neuve, pour la mer du Sud et pour les Antilles. On trouve à Saint-Brieuc, un séminaire, un collège, une école de navigation, une école d'application aux arts et métiers, une bibliothèque publique et un musée de peinture. Son commerce consiste principalement en toiles, étoffes de laines, cuirs tannés et papiers, et sa population est d'environ 12,000 âmes. Le port est situé au village de Legué-Saint-Brieuc.

SAINT-CALAIS. — Petite ville du département de la Sarthe. Chef-lieu d'arrondissement, elle comprend 6 cantons et 56 communes. Elle possède un collège et fait un commerce de grains, de toile et de serge. Pop.: 4,000 âmes.

SAINT-CERE. — Commune de l'arrondissement de Figeac, dans le département du Lot. Elle est située sur la Talerme, affluent de la Cère. On y fait un commerce de chanvre, et l'on exploite dans ses environs, de belles carrières de marbre. Pop. : 3,000 âmes.

SAINT-CHAMAS. — Petite ville du département des Bouches-du-Rhône. Elle est située au bord de l'étang de Berre et renommée par une variété d'olives appelées *picholines*. On y remarque en outre la voûte souterraine creusée dans la colline qui sépare la ville en deux parties, et le pont romain, dit de *Flavius* qui est jeté sur la Touloubre. Pop. : 2,500 âmes.

SAINT-CHAMOND. — Petite ville de l'arrondissement de Saint-Etienne, dans le département de la Loire. On y trouve de nombreuses fabriques de rubans, de galons de soie, et de lacets, puis une forge à l'anglaise ; et elle possède en outre un collége. Pop. : 8,200 âmes.

SAINT-CHARLES. — Ville du Missouri, aux Etats-Unis. Sa fondation est due aux Français qui la bâtirent en 1780. Il s'y fait un commerce considérable de pelleteries. Pop. : 3,000 âmes.

SAINT-CHARLES. — Très-petite ville du Missouri, aux Etats-Unis. C'est dans son voisinage que se trouve le collége de *Florissant*, fondé par les Jésuites, et où l'on donne une instruction supérieure aux jeunes gens qui se destinent à l'état ecclésiastique. Pop. : 1,200 âmes.

SAINT-CHELY. — Chef-lieu de canton dans l'arrondissement d'Espalion, département de l'Aveyron. On y trouve des fabriques de couvertures et de flanelles. Pop. : 2,100 âmes.

SAINT-CHINIAN. — Chef-lieu de canton dans l'arrondissement de Saint-Pons, département de l'Hérault. On y fabrique des draps et de la bonneterie. Pop. : 3,600 âmes.

SAINT-CHRISTOPHE. — Petite ville du département du Sud-Est, dans l'empire d'Haïti. Elle est assez importante par ses fortifications et les riches plantations de son territoire.

SAINT-CLAIR. — Lac de l'Amérique septentrionale. Il est situé entre le Canada et l'Etat de Michigan, aux Etats-Unis, et après avoir reçu au nord, par la rivière Saint-Clair, les eaux du lac Huron, il se décharge au sud, par la rivière Détroit dans le lac Erié. Son circuit est d'environ 130 kilomètres.

SAINT-CLAIR. — Bourg attenant à la ville de Lyon, département du Rhône. Il est important par ses fabriques.

SAINT-CLAIR. — Chef-lieu de canton dans l'arrondissement de Saint-Lô, département de la Manche. Pop: 700 âmes.

SAINT-CLAR. — Chef-lieu de canton dans l'arrondissement de Lectoure, département du Gers. On y trouve des fabriques de rubans de fil. Pop. : 1,600 âmes.

SAINT-CLAUDE. — Chef-lieu de canton dans l'arrondissement de Confolens, département de la Charente. On trouve des forges dans son voisinage. Pop. : 2,100 âmes.

SAINT-CLAUDE. — Petite ville épiscopale, située sur la Bienne, dans le département du Jura. Chef-lieu d'arrondissement, elle comprend 5 cantons et 82 communes. Elle possède un collége, une société d'agriculture, et elle est le centre d'une fabrication importante d'ouvrages divers en ivoire, os, corne, écaille, buis et bois ; puis de clouterie et d'étoffes de coton. Sa population est d'environ 5,500 âmes.

SAINT-CLOUD. — Joli bourg du département de Seine-et-Oise. Il est situé sur le penchant d'une colline, rive gauche de la Seine, et à 8 kilomètres de Paris. Il fut fondé par Clodoald, petit fils de Clovis, et fut témoin, en 1589, de l'assassinat de Henri III par Jacques Clément. On admire son château, son parc, sa cascade et un jet d'eau qui s'élève à près de 41 mètres. Il se tient dans l'une des allées du parc, une foire qui est l'une des plus suivies des environs de Paris. Pop. : 3,400 âmes.

SAINT-CYPRIEN. — Chef-lieu de canton dans l'arrondissement de Sarlat, département de la Dordogne. Il est situé près de la rive droite de la Dordogne. Pop. : 2,300 âmes.

SAINT-CYR. — Petit bourg des environs de Versailles, département de Seine-et-Oise. Il est célèbre par la maison qu'y fonda madame de Maintenon, pour élever des demoiselles nobles et pauvres, laquelle maison est occupée aujourd'hui par l'*Ecole spéciale militaire*. Pop. : 1,700 âmes.

SAINT-DANIELLE. — Gros bourg de la délégation d'Udine, dans le gouvernement de Venise. Il est renommé par ses jambons qui rivalisent avec ceux de Westphalie et de Bayonne. On trouve, dans son voisinage, un magnifique pont de bois, construit sur le Tagliamento, et qui a 1080 mètres de longueur. Ce pont est dit *de la Delizia*.

SAINT-DAVID'S. — Ville du comté de Pembroke, en Angleterre. On y remarque la cathédrale, dont le clocher a 136 mètres de hauteur, puis le palais épiscopal. Pop. : 2,500 âmes.

SAINT-DENIS. — Petite ville située sur la rive droite de la Seine. Chef-lieu d'arrondissement, dans le département de la Seine, elle comprend 4 cantons et 37 communes. Cette ville est l'une des plus anciennes de France, et elle est célèbre par son abbaye où vécurent plusieurs hommes illustres, et par son église gothique qui servait de sépulture aux rois. On a fondé, dans l'abbaye, la maison d'instruction pour les filles des chevaliers de la Légion-d'honneur. Saint-Denis possède plusieurs fabriques importantes, deux puits artésiens, une belle caserne, et son canal en forme une sorte d'entrepôt pour diverses marchandises. Pop. : 14,500 âmes.

SAINT-DENIS. — Chef-lieu de l'île Bourbon, possession française de l'océan Indien. C'est une jolie petite ville, résidence d'un gouverneur général et d'une cour impériale. Elle possède un collége et un jardin botanique. Sa rade est tristement célèbre par les terribles ouragans qui s'y déclarent. Pop. : 19,200 âmes.

SAINT-DIÉ. — Petite ville épiscopale du département des Vosges. Elle est située sur la Meurthe. Chef-lieu d'arrondissement, elle comprend 9 cantons et 109 communes. On y trouve un séminaire, une bibliothèque publique, et l'on cite la papeterie du Souche qui est dans son voisinage. Pop. : 8,000 âmes.

SAINT-DIER. — Chef-lieu de canton dans l'arrondissement de Clermont, département du Puy-de-Dôme. Pop. : 1,700 âmes.

SAINT-DIZIER. — Petite ville, chef-lieu de canton dans l'arrondissement de Vassy, département de la Haute-Marne. Elle est située sur la Marne qui commence à y être navigable. On y remarque un bel hôtel de ville, de construction moderne, et l'on y trouve des fabriques de toiles, de coton, de tonnellerie, de sceaux de bois, puis des scieries, des forges, des fonderies de poêles, de tuyaux, etc. Pop. : 5,700 âmes.

SAINT-DOMINGUE (ILE DE). — Voy. HAÏTI.

SAINT-DOMINGUE. — Chef-lieu du département du Sud-Est, dans l'empire d'Haïti. C'était jadis la capitale de la partie espagnole de l'île. C'est une assez grande ville, située près de l'embouchure de l'Ozama, qui y forme un bon port défendu par quelques ouvrages. C'est la première ville que les Espagnols bâtirent dans le Nouveau-Monde. On y remarque la cathédrale, bel édifice gothique ; le palais du gouvernement, le Cabildo ou hôtel de ville, et le ci-devant collége des Jésuites, dont la chapelle mérite d'être distinguée. Pop. : 10,000 âmes.

SAINT-DONAT. — Chef-lieu de canton dans l'arrondissement de Valence, département de la Drôme. On y trouve une manufacture de soie, et une filature à la vapeur. Pop. : 2,200 âmes.

SAINT-EMILION. — Petite ville de l'arrondissement de Libourne, dans le département de la Gironde. On y voit une église souterraine taillée en partie dans le roc, et l'on y fait un commerce de vin rouge qui est recueilli sur son territoire. Pop. : 2,700 âmes.

SAINT-ESPRIT. — Petite ville du département des Landes. C'est un chef-lieu de canton de l'arrondissement de Dax. Elle est située sur la rive droite de l'Adour et vis-à-vis de Bayonne, dont elle semble former un faubourg. On y trouve des fabriques d'ancres, de câbles et de chaînes de fer, puis d'autres objets à l'usage de la marine. Pop. : 7,400 âmes.

SAINT-ETIENNE. — Ville du département de la Loire. Chef-lieu d'arrondissement, elle comprend 9 cantons et 71 communes. Située sur le ruisseau de Furens, qu'on dit propre à la trempe du fer, c'est la ville la plus industrieuse et la plus active qui soit en France ; elle est mise en rapport avec les bassins du Rhône et de la Loire, par trois chemins de fer ; et les travaux qui s'accomplissent dans son sein, emploient au delà de 50,000 ouvriers, dont les produits dépassent annuellement 75,000,000 de francs, va leur estimée sur les lieux. On y trouve des usines métallurgiques, des fabriques d'armes et de quincaillerie, des filatures de coton, des manufactures de rubans, etc., etc. Elle possède ensuite un collége, une école de mineurs, une école de sourds-muets, une bibliothèque publique, et une société d'agriculture et de commerce. Sa population est d'environ 48,000 âmes.

SAINT-ETIENNE DE BAYGORRY. — Chef-lieu de canton dans l'arrondissement de Mauléon, département des Basses-Pyrénées. On y trouve des usines à fer, et l'on exploite des carrières de marbre dans ses environs. Pop. : 3,200 âmes.

SAINT-ETIENNE DE LUGDARÈS. — Chef-lieu de canton dans l'arrondissement de Largentières, département de l'Ardèche. Pop. : 1,900 âmes.

SAINT-ETIENNE DE MONTLUC. — Petite ville, chef-lieu de canton dans l'arrondissement de Savenay, département de la Loire-Inférieure. Pop. : 4,500 âmes.

SAINT-ETIENNE DE SAINT-GEOIRS. — Chef-lieu de canton dans l'arrondissement de Saint-Marcellin, département de l'Isère. Pop. : 2,000 âmes.

SAINT-ETIENNE EN DÉVOLUY. — Chef-lieu de canton dans l'arrondissement de Gap, département des Hautes-Alpes. Pop. : 700 âmes.

SAINT-EUSTACHE. — Chef-lieu de l'île de ce nom, dans l'Amérique hollandaise. Cette ville est assez importante par ses fortifications, son port et son commerce. Pop. : 6,000 âmes.

SAINT-EUSTACHE (ILE). — Une des Antilles hollandaises. Cette île, qui a 20 kilomètres de circuit, consiste en montagnes qui ont l'apparence de volcans éteints. Le sol y est fertile et bien cultivé, et le chef-lieu porte le même nom. Pop. : 7,000 âmes.

SAINT-FARGEAU. — Chef-lieu de canton dans l'arrondissement de Joigny, département de l'Yonne. On y voit un château du Xe siècle, très-bien conservé. Pop. : 2,400

SAINT-FIRMIN. — Chef-lieu de canton dans l'arrondissement de Gap, département des Hautes-Alpes. On y trouve des fabriques de couvertures de laine. Pop. : 1,200 âmes.

SAINT-FLORENT. — Chef-lieu de canton dans l'arrondissement de Beaupreau, département de Maine-et-Loire. Il est situé sur la rive gauche de la Loire et il s'y fait un commerce de grains et de vins. On a érigé, dans l'église paroissiale, un monument au général vendéen Bonchamp. Pop. : 2,000 âmes.

SAINT-FLORENTIN. — Petite ville, chef-lieu de canton dans l'arrondissement d'Auxerre, département de l'Yonne. Elle est située au confluent de l'Armançon et de l'Armance. On y voit une belle église gothique, un superbe pont construit sur l'Armance, et l'on y fait un commerce important de grains, de bois et de charbon pour l'approvisionnement de Paris. Pop. : 2,400 âmes.

SAINT-FLOUR. — Petite ville épiscopale. Elle est bâtie sur une montagne basaltique, dans le département du Cantal. Chef-lieu d'arrondissement, elle comprend 6 cantons et 74 communes. Elle possède un séminaire, un collége, une bibliothèque publique, un cabinet de physique et une société d'agriculture. Son commerce consiste en blé, cuirs tannés, mules et mulets, etc., et sa population est d'environ 5,500 âmes.

SAINT-FORGEUX. — Commune de l'arrondissement de Villefranche, dans le département du Rhône. On y trouve des fabriques de soie et de mousseline. Pop. : 2,000 âmes.

SAINT-FRANÇOIS. — Rivière des Etats-Unis. Elle traverse les prairies marécageuses des Etats de Missouri et d'Arkansas, et se jette dans le Mississipi, après un cours de 500 kilomètres.

SAINT-FULGENT. — Chef-lieu de canton dans l'arrondissement de Napoléon-Vendée, département de la Vendée. Pop. : 1,800 âmes.

SAINT-GALL. — Chef-lieu du canton de ce nom, en Suisse. Il est situé sur le Steinach. On y remarque l'église et les bâtiments de l'abbaye, la maison des orphelins et l'arsenal. Il possède une école cantonale catholique, un gymnase du culte réformé, une école supérieure pour les filles, une bibliothèque publique, et plusieurs sociétés académiques. Cette ville est le centre d'une importante fabrication de toiles et de mousselines, et sa population est d'environ 10,000 âmes. On voit, dans ses environs, le beau pont de Krazern, construit sur le Sitter, et qui s'élève de 18 mètres au dessus du niveau ordinaire des eaux.

SAINT-GALMIER. — Chef-lieu de canton dans l'arrondissement de Montbrison, département de la Loire. On y trouve des fabriques de cierges, des tanneries, des chamoiseries et des sources minérales. Pop. : 2,800 âmes.

SAINT-GAUDENS. — Petite ville du département de la Haute-Garonne. Elle est située sur la rive gauche de la Garonne. Chef-lieu d'arrondissement, elle comprend 11 cantons et 234 communes. Elle possède un collége et son commerce est assez florissant. Pop. : 5,000 âmes.

SAINT-GAULTIER. — Chef-lieu de canton dans l'arrondissement du Blanc, département de l'Indre. Il est situé sur la Creuse, et l'on y trouve des fabriques de draps et de toiles de chanvre et de lin. Pop. : 1,800 âmes.

SAINT-GENET-MALIFAUX. — Chef-lieu de canton de l'arrondissement de Saint-Etienne, dans le département de la Loire. On y trouve une fabrique de rubans. Pop. : 3,700 âmes.

SAINT-GENGOUX LE ROYAL. — Chef-lieu de canton dans l'arrondissement de Mâcon, département de Saône-et-Loire. Il est situé près de la rive gauche de la Grône, et renommé par l'excellence de ses vins, ainsi que par une source qui a reçu le nom de *Fontaine de Jouvence*. Pop. : 1,800 âmes.

SAINT-GENIEZ DE RIVE-D'OLT. — Petite ville du département de l'Aveyron. C'est un chef-lieu de canton dans l'arrondissement d'Espalion. Elle est le centre d'une grande fabrication de draps pour l'armée, de tissus de laine, de tapis de table et autres étoffes. On y trouve aussi des tanneries et des teintureries importantes. Pop. : 3,900 âmes.

SAINT-GENIS-LAVAL. — Petite ville de l'arrondissement de Lyon, département du Rhône. Elle est importante par les fabriques de produits chimiques, de papiers peints de chapeaux de paille, etc. Pop. : 2,200 âmes.

SAINT-GEORGE. — Lac des Etats-Unis. Il est situé dans l'Etat de New-York, au sud de celui de Champlain, avec lequel il communique. Sa largeur est peu considérable, mais il a environ 60 kilomètres de longueur.

SAINT-GEORGE. — Golfe de la Patagonie. Il est formé par l'Atlantique, sur la côte orientale.

SAINT-GEORGE. — Une des îles Açores. Elle est située à l'ouest de celle de Tercère.

SAINT-GEORGE. — Chef-lieu de canton dans l'arrondissement de la Tour-du-Pin, département de l'Isère. On trouve des forges dans son voisinage. Pop. : 4,460 âmes.

SAINT-GEORGE-DE-SKYRA. — Petite ville de l'île de ce nom, l'une des Sporades, royaume de Grèce. C'est la *Scyra* des anciens et l'Ichkiros des Turcs. C'est là qu'Achille fut élevé et épousa Déidamie, fille de Lycomède, et ce fut aussi la demeure des Dolopes pirates que chassa Simon l'athénien.

SAINT-GEORGES-DU-VIÈVRE. — Chef-lieu de canton dans l'arrondissement de Pont-Audemer, département de l'Eure. Pop. : 1,100 âmes.

SAINT-GEORGES-EN-COUZAN. — Chef-lieu de canton dans l'arrondissement de Montbrison, département de la Loire. Il est situé sur le Lignon. Pop. : 1,100 âmes.

SAINT-GEORGES-LES-BAILLARGEAUX. — Chef-lieu de canton dans l'arrondissement de Poitiers, département de la Vienne. Il est situé près de la rive droite du Clain, et l'on y trouve des vins qui sont assez réputés. Pop. : 1,200 âmes.

SAINT-GEORGES SUR LOIRE. — Chef-lieu de canton dans l'arrondissement d'Angers, département de Maine-et-Loire. Il est situé sur la rive droite de la Loire et sur le chemin de fer de Tours à Nantes. Pop. : 1,200 âmes.

SAINT-GERMAIN DE CARBERTE. — Chef-lieu de canton dans l'arrondissement de Florac, département de la Lozère. On y trouve des filatures de soie, et ses environs offrent des mines de houille et de soufre. Pop. : 2,000 âmes.

SAINT-GERMAIN DU PLAIN. — Chef-lieu de canton dans l'arrondissement de Châlons, département de Saône-et-Loire. Pop. : 1,400 âmes.

SAINT-GERMAIN DU THEIL. — Chef-lieu de canton dans l'arrondissement de

Marjevols, département de la Lozère. Pop. : 1,500 âmes.

SAINT-GERMAIN EN LAYE. — Petite ville du département de Seine-et-Oise, arrondissement de Versailles. Elle est située sur la Seine. Son château, où naquit Louis XIV, et qui alors offrait une certaine splendeur, a été transformé de nos jours en un pénitencier militaire. La forêt de Saint-Germain, close de murs, est fort belle; et l'on admire aussi la terrasse qui la borde, du côté de la Seine, terrasse dont la longueur est de 2,328 mètres et la largeur de 29. Pop. : 13,600 âmes.

SAINT-GERMAIN-LAVAL. — Chef-lieu de canton dans l'arrondissement de Roanne, département de la Loire. On y trouve des filatures de coton. Pop. : 1,800 âmes.

SAINT-GERMAIN-LEMBRON. — Chef-lieu de canton dans l'arrondissement d'Issoire, département du Puy-de-Dôme. Il est situé sur la Couse, près de son confluent avec l'Allier. Pop. 2,200 âmes.

SAINT-GERMAIN-LES-BELLES. — Chef-lieu de canton dans l'arrondissement de Saint-Yrieix, département de la Haute-Vienne. Pop. : 2,400 âmes.

SAINT-GERMAIN-L'HERM. — Chef-lieu de canton dans l'arrondissement d'Ambert, département du Puy-de-Dôme. On y trouve des fabriques de dentelles. Pop. : 2,300 âmes.

SAINT-GERVAIS. — Village de l'arrondissement de Saint-Marcellin, dans le département de l'Isère. On y trouve une fonderie de canons en gueuse, pour la marine. Pop. : 700 âmes.

SAINT-GERVAIS. — Chef-lieu de canton dans l'arrondissement de Béziers, département de l'Hérault. Pop. : 2,600 âmes.

SAINT-GERY. — Chef-lieu de canton dans l'arrondissement de Cahors, département du Lot. Pop. : 900 âmes.

SAINT-GILLES. — Petite ville du département du Gard. C'est un chef-lieu de canton dans l'arrondissement de Nîmes. Elle est située sur le canal de Beaucaire, et non loin de la droite du Petit-Rhône. On y trouve une grande fabrication d'eau-de-vie et d'esprit, et l'on y fait un commerce considérable de vins et de futailles. Pop. : 5,700 âmes.

SAINT-GILLES. — Chef-lieu de canton dans l'arrondissement des Sables, département de la Vendée. Il est situé au confluent de la Vie et de la Jaunay, et près de leur embouchure dans l'Océan. On y trouve un port de commerce et de relâche, et il s'y fait une exportation de grains, de sel et de sardines. Pop. : 1,100 âmes.

SAINT-GIRONS. — Petite ville du département de l'Ariége. Chef-lieu d'arrondissement, elle comprend 6 cantons et 81 communes. Sa population est d'environ 4,000 âmes.

SAINT-GOBAIN. — Petite ville de l'arrondissement de Laon, département de l'Aisne. Elle est située au milieu d'une forêt, et célèbre par sa fabrique de glaces, la première de l'Europe. Pop. : 2,300 âmes.

SAINT-GOTHARD. — Groupe de montagnes. Il forme un des principaux nœuds des Alpes, en Suisse, entre le canton d'Uri et celui du Tésin. Le Tésin et la Reuss y prennent naissance, et les sources du Rhin et du Rhône en sont peu éloignées. Son principal sommet offre un altitude de 3,229 mètres, et un col qui se trouve à une hauteur de 2,075 mètres, est traversé par une des routes les plus fréquentées entre la Suisse et l'Italie. En 1799, les Français et les austro-russes se livrèrent plusieurs combats sur cette route.

SAINT-GUILHEM. — Commune de l'arrondissement de Montpellier, dans le département de l'Hérault. Elle est située près de la rive droite de l'Hérault, et dans une contrée sauvage qui a reçu le nom de *désert*. On y fait un commerce de bois. A 6 kilomètres environ de ce lieu, et au milieu de rochers escapés, se trouve une superbe grotte. Pop. : 900 âmes.

SAINT-HÉAND. — Chef-lieu de canton dans l'arrondissement de Saint-Etienne, département de la Loire. On y trouve des filatures de soie. Pop. : 3,500 âmes

SAINT-HELLIER. — Chef-lieu de l'île de Jersey, du groupe anglo-normand, royaume d'Angleterre. Cette ville est bien bâtie, bien percée; elle est très-commerçante et possède un port franc. Les diverses parties de l'île sont couvertes de maisons de plaisance, construites suivant les modèles empruntés à tous les pays du globe, ce qui donne à l'ensemble un aspect aussi agréable que pittoresque. Pop. : 10,000 âmes.

SAINT-HILAIRE. — Chef-lieu de canton dans l'arrondissement de Limoux, département de l'Aude. Pop. : 1,000 âmes.

SAINT-HILAIRE. — Chef-lieu de canton dans l'arrondissement de Saint-Jean-d'Angély, département de la Charente-Inférieure. Pop. : 1,300 âmes.

SAINT-HILAIRE DES LOGES. — Chef-lieu de canton dans l'arrondissement de Fontenay, département de la Vendée. Il est situé sur l'Antise. Pop. : 2,500 âmes.

SAINT-HILAIRE DU HARCOURT. — Petite ville, chef-lieu de canton dans l'arrondissement de Mortain, département de la Manche. On y trouve des établissements où des machines hydrauliques sont employées pour carder et peigner la laine, et l'on y fait aussi un commerce de chevaux et de bestiaux. Pop. : 3,000 âmes.

SAINT-HIPPOLYTE. — Chef-lieu de canton dans l'arrondissement de Montbéliard, département du Doubs. Il est situé au confluent du Doubs et du Dessoubre. On y trouve des fabriques de quincaillerie et d'outils pour l'horlogerie, la bijouterie et la gravure; et l'on y fait aussi un commerce de fromages. Une grotte curieuse existe dans son voisinage, c'est celle qu'on nomme *le Château de la Roche*. Pop. : 900 âmes.

SAINT-HIPPOLYTE. — Petite ville, chef-lieu de canton dans l'arrondissement de Vigan, département du Gard. On y trouve des fabriques de bas de soie, de maroquin et de colle-forte. Pop. : 5,300 âmes.

SAINT-IVES. — Ville du comté d'Huntingdon, en Angleterre. Elle est située sur l'Ouse. Cromwel, habitait ce lieu avant les révolutions qui le portèrent au pouvoir. Pop. : 3,000 âmes.

SAINT-JEAN D'ANGELY. — Petite ville du département de la Charente-Inférieure. Elle est située sur la Boutonne. Chef-lieu d'arrondissement, elle comprend 7 cantons et 120 communes. On y trouve un collège, une société d'agriculture et son commerce est assez florissant. Pop. : 6,000 âmes.

SAINT-JEAN DE BONNEFOND. — Bourg de l'arrondissement de Saint-Etienne, dans le département de la Loire. Il est important par des fabriques de fer laminé, une forge à l'anglaise, et onze fours à réverbère. Pop. : 4,800 âmes.

SAINT-JEAN DE LOSNE. — Chef-lieu de canton dans l'arrondissement de Beaune, département de la Côte-d'Or. Son territoire produit des vins estimés, et on y fait en outre un commerce de blé, de farines, de fer, de bois, de charbon, de pierres et de briques. Pop. : 2,200 âmes.

SAINT-JEAN DE LUZ. — Chef-lieu de canton dans l'arrondissement de Bayonne, département des Basses-Pyrénées. Au moyen âge, cette petite ville fournissait un nombre considérable de marins pour la pêche de la baleine. Aujourd'hui elle possède une école de navigation et fait un commerce de cabotage. Pop. : 3,200 âmes.

SAINT-JEAN PIED-DE-PORT. — Petite ville de l'arrondissement de Mauléon, dans le département des Basses-Pyrénées. Elle est située sur la Nive et sur la frontière d'Espagne, à l'entrée du col de Roncevaux. On y voit une citadelle. Pop. : 2,300 âmes.

SAINT-JOHN. — Chef-lieu de l'île d'Antigon, l'une des petites Antilles. Il est situé sur la côte nord-ouest, et c'est la résidence d'un gouverneur général de quelques-unes des possessions anglaises dans cette mer. Pop. : 5,000 âmes.

SAINT-JOHN. — Petite ville du Bas-Canada, Amérique anglaise. Elle sert de station à un grand nombre de bateaux à vapeur, et son importance commerciale est assez grande. On trouve, dans son voisinage, le fort Chambly, et, un peu plus loin, l'Ile-aux-Noix, où sont établis des chantiers militaires défendus par des fortifications. Pop. : 3,000 âmes.

SAINT-JOHN. — Petite ville du Nouveau-Brunswick, dans l'Amérique anglaise. Elle possède un port franc qui la rend très-commerçante, une banque et une école latine. Pop. : 12,000 âmes.

SAINT-JOHN. — Petite ville épiscopale, chef-lieu de l'île de Terre-Neuve, Amérique anglaise. Elle est assez importante par ses fortifications, son port et ses pêcheries. Pop. : 15,000 âmes.

SAINT-JUNIEN. — Petite ville, chef-lieu de canton dans l'arrondissement de Rochechouart, département de la Haute-Vienne. Elle est située sur la Vienne. On y trouve un collège, des fabriques de draps et de papiers, et sa ganterie est renommée. Pop. : 5,500 âmes.

SAINT-JUST. — Monastère d'Hiéronymites, dans la province de Cacères, en Espagne. Chales-Quint s'y retira après son abdication, et y mourut en 1558.

SAINT-LAURENT. — Grand fleuve de l'Amérique septentrionale. C'est par lui que s'écoulent les eaux des lacs Supérieur, Michigan, Huron, Erié et Ontario. Il sépare en partie les Etats-Unis du Canada, passe à Montréal et à Québec, et se jette dans le golfe de son nom, par un estuaire de plus de 100 kilomètres de largeur. On estime que son cours est de 900 kilomètres.

SAINT-LAURENT (GOLFE DE). — Il est formé par l'Atlantique et situé à l'est de la Nouvelle-Bretagne, entre le Labrador au nord; le Canada, le Nouveau-Brunswick, la Nouvelle-Ecosse et l'île du cap Breton au sud; puis l'île de Terre-Neuve à l'est. Il reçoit les eaux du fleuve de son nom, et renferme les îles d'Anticosti, de la Madeleine et de Saint-Jean ou du prince Edouard.

SAINT-LAURENT. — Village de l'arrondissement de L'argentière, dans le département de l'Ardèche. Il est renommé par ses sources minérales qui sont très-fréquentées.

SAINT-LAURENT DE CERDANS. — Petite ville de l'arrondissement de Céret, dans le département des Pyrénées-Orientales. Elle est située sur le Tech, dans une contrée assez sauvage. On y trouve des forges et des fonderies, et on y accourt de toutes les contrées voisines, même de l'Espagne, pour assister à ses courses de taureaux. Pop. : 2,700 âmes.

SAINT-LAURENT DE CHAMOUSET. — Chef-lieu de canton dans l'arrondissement de Lyon, département du Rhône. Pop. : 1,700 âmes.

SAINT-LAURENT DE MÉDOC. — Chef-lieu de canton dans l'arrondissement de Lesparre, département de la Gironde. On y fait un commerce de résine, de goudron et de vin dit *du Carnet*. Pop. 2,700 âmes

SAINT-LAZARE ou SAN-LAZZARO. — Petite île appartenant au gouvernement de Venise. Elle est habitée par des moines arméniens qui se livrent à l'éducation des jeunes gens qui professent leur culte, et publient un grand nombre de livres estimés. Leur collège et leurs professeurs se trouvent sous la direction d'un évêque. Cette institution possède une bibliothèque, des collections, des manuscrits arméniens précieux, une imprimerie, et c'est des presses de celle-ci que sortit, en 1818, la célèbre *Chronique d'Eusèbe*, complétée d'après d'anciens codes arméniens.

SAINT-LEGER. — Cratère situé près de l'Ardèche, dans le département de ce nom. De même que la célèbre grotte du *Chien*, près de Naples, il exhale une grande quantité de gaz acide carbonique

SAINT-LEGER SOUS BEUVRAY. — Chef-lieu de canton dans l'arrondissement d'Autun, département de Saône-et-Loire. Pop. : 1,400 âmes.

SAINT-LEONARD. — Petite ville, chef-lieu de canton dans l'arrondissement de Limoges, département de la Haute-Vienne. Il est situé près de la rive droite de la Vienne, et l'on y trouve des fabriques de couvertures, de draps grossiers, d'ustensiles de cuivre, de porcelaine, de papier, etc. Pop. : 5,700 âmes.

SAINT-LIZIER. — Chef-lieu de canton dans l'arrondissement de Saint-Girons, département de l'Arriége. Il est situé sur le Salat. On y trouve une scierie de marbres, des filatures et des papeteries. Pop. : 1,300 âmes.

SAINT-LO. — Petite ville située sur la Vire. Chef-lieu du département de la Manche, son arrondissement comprend 9 cantons et 115 communes. On y remarque l'église Sainte-Croix, monument d'architecture saxonne, l'église Notre-Dame, dont on admire la légèreté, et l'hôtel de la préfecture. Elle possède un collége, une bibliothèque publique et trois sociétés académiques ; et son commerce consiste principalement en étoffes grossières. Sa population est d'environ 9,000 âmes.

SAINT-LOUIS. — Petite ville, chef-lieu de l'établissement français du Sénégal. Elle est la résidence du gouverneur et l'entrepôt du commerce qui se fait dans la contrée, principalement celui de la gomme. Elle possède une société d'agriculture. On trouve dans son voisinage, à Richard-Tol, un jardin de naturalisation qui y a été fondé en 1822. Pop. 12,000 âmes.

SAINT-LOUIS. — Ville du Missouri, aux Etats-Unis. Elle est située sur la rive droite du Missouri, et au centre de la navigation intérieure la plus importante de l'Amérique du nord. Cette ville est le siège d'un évêque catholique ; elle possède un collége, une bibliothèque publique et un musée ; son commerce est très-étendu, et il s'y est établi un service important de bateaux à vapeur. On voit, dans ses environs, sept collines artificielles ou *tumuli*, dont la construction remonte à d'anciens peuples sur lesquels il ne reste aucun renseignement. Pop. : 600 âmes.

SAINT-LOUIS. — Petite ville du département du Sud, dans l'empire d'Haïti. On vante la beauté de sa situation et celle de son port.

SAINT-LOUP. — Chef-lieu de canton dans l'arrondissement de Lure, département de la Haute-Saône. On y trouve une filature de laine, et des fabriques de droguets et de chapeaux de paille. Pop. : 2,600 âmes.

SAINT-LOUP. — Chef-lieu de canton dans l'arrondissement de Parthenay, département des Deux-Sèvres. Il est situé au confluent du Thoué et du Cébron. On y fabrique des tapis grossiers. Pop. : 1,700 âmes.

SAINT-LUCAS. — Cap du Mexique. Il est situé à l'extrémité sud de la Californie.

SAINT-LYS. — Chef-lieu de canton dans l'arrondissement de Muret, département de la Haute-Garonne. Pop. : 1,300 âmes.

SAINT-MAIXENT. — Petite ville, chef-lieu de canton dans l'arrondissement de Niort, département des Deux-Sèvres. Elle est située sur la Sèvre-Niortaise. On y trouve un superbe dépôt d'étalons et on y fait un commerce de blé. Pop. : 4,300 âmes.

SAINT-MALO. — Ville forte maritime, située dans une île qu'une jetée ou digue de 200 mètres de longueur joint à la terre ferme. Cette jetée, qui portait dans son principe le nom d'*Aaron*, est appelée aujourd'hui le *Sillon*. Saint-Malo, chef-lieu d'arrondissement dans le département d'Ille-et-Vilaine, comprend 9 cantons et 60 communes. Il possède une école de navigation et un cours public de géométrie et de mécanique. Son commerce consiste en cordages et hameçons, et sa population est d'environ 9,000 âmes. Cette ville est la patrie de Jacques Cartier qui découvrit le Canada, de Duguay-Trouin, de l'abbé Trublet, de La Bourdonnaie, de Châteaubriand, Broussais, Lamennais, etc.

SAINT-MARCELIN. — Petite ville du département de l'Isère. Chef-lieu d'arrondissement, elle comprend 7 cantons et 84 communes, et sa population est d'environ 3,300 âmes.

SAINT-MARCOUF. — Deux îles de France. Elles sont situées sur la côte sud-est du département de la Manche. Les Anglais s'en emparèrent en 1795.

SAINT-MARIN (République de). — Cet état lilliputien est l'un des plus anciens de l'Europe, et doit probablement à son peu d'importance d'avoir conservé sa forme gouvernementale. Il est situé entre Cesena, Rimini, et Urbin, c'est-à-dire, qu'il est une enclave de l'Etat du Pape, et il consiste en 5 villages dont *San-Marino*, l'un d'eux est la capitale. Celle-ci compte 500 habitants et la population totale de la république est d'environ 5,000 âmes.

SAINT-MARTIN. — Une des petites Antilles. Elle est située au nord des îles du Vent, entre les îles Anguille et Saint-Barthélemy. La France en possède les deux tiers, le surplus appartient à la Hollande. Pop. 3,900 âmes.

SAINT-MARTIN DE RÉ. — Chef-lieu de canton dans l'arrondissement de La Rochelle, département de la Charente-Inférieure. Il est situé sur la côte orientale de l'île de Ré, où il a un bon port.

SAINT-MARTORY. — Chef-lieu de canton dans l'arrondissement de Saint-Gaudens, département de la Haute-Garonne. On y trouve des fabriques de draps. Pop. : 1,200 âmes.

SAINT-MATHIEU. — Petite île de l'Australie. Elle est située au nord-ouest de l'archipel de la Nouvelle-Bretagne.

SAINT-MATHIEU. — Ile habitée de la mer de Behring. Elle est située par 60° de latitude nord et 175° de longitude est.

SAINT-MATHIEU. — Chef-lieu de canton dans l'arrondissement de Rochechouart, département de la Haute-Vienne. Il est situé sur la Tardoise. Pop. : 2,000 âmes.

SAINT-MAUR. — Commune du département de la Seine. Elle est située dans l'arrondissement de Sceaux et sur la rive droite de la Marne. Il y avait autrefois, en ce lieu, une célèbre abbaye de Bénédictins. On y trouve aujourd'hui plusieurs usines. Pop. : 1,760 âmes.

SAINT-MAURICE. — Petite ville du canton du Valais, en Suisse. Sa population est d'environ 1,000 habitants. On y voit un pont très-hardi, construit sur le Rhône, et ses environs sont renommés par les curiosités naturelles qu'on y rencontre. Telles sont, entre autres, la cascade de Pissevache, les glaciers de la Dent du Midi et de la Dent de Morcles, le pont du torrent le Trient, etc.

SAINT-MAXIMIN. — Petite ville du département du Var. Elle possède une église magnifique, une bibliothèque, et sa population est d'environ 4,000 âmes. On visite, à quelque distance de cette ville, la *Sainte-Beaume* vaste grotte dans la montagne, à 911 mètres au-dessus du niveau de la mer.

SAINT-MEEN. — Chef-lieu de canton dans l'arrondissement de Montfort, département d'Ille-et-Vilaine. Pop. : 2,300 âmes.

SAINT-MICHEL EN L'HERM. — Commune de l'arrondissement de Fontenay, dans le département de la Vendée. Elle possède un petit port qui communique avec le golfe d'Aiguillon par un canal. Pop. : 2,700 âmes.

SAINT-MIHIEL. — Petite ville, chef-lieu de canton dans l'arrondissement de Commercy, département de la Meuse. On admire, dans son église de Saint-Etienne, un Saint-Sépulcre, fait d'un seul bloc, dont les treize figures sont d'une grande beauté. Cette ville possède un collège, et son commerce, qui est assez considérable, consiste principalement en grains, dentelles, linge de table, eaux-de-vie, papiers, cuirs tannés, bois, etc. Fortifiée anciennement, Louis XIII la fit démanteler en 1665. Pop. : 6,500 âmes.

SAINT-MORITZ. — Village situé sur l'Inn, dans la vallée d'Engadine, canton des Grisons, en Suisse. Il se trouve à une élévation de 1,800 mètres, et possède des sources minérales ferrugineuses qui sont réputées. Pop. : 300 âmes.

SAINT-NAZAIRE. — Petite ville, chef-lieu de canton dans l'arrondissement de Savenay, département de la Loire-Inférieure. Elle est située sur la rive droite de la Loire, à son embouchure, et possède une rade où certains navires allégent, afin d'arriver jusqu'à Nantes. On y fait un commerce de sel et de tourbes. Pop. : 3,800 âmes.

SAINT-NECTAIRE. — Bourg de l'arrondissement d'Issoire, dans le département du Puy-de-Dôme. Il est renommé par son établissement thermal et par sa fabrication de fromages. Pop. : 1,400 âmes.

SAINT-NICOLAS. — Petite île du grand océan Boréal. Elle est située près de la côte de la Californie.

SAINT-NICOLAS. — Chef-lieu de canton dans l'arrondissement de Savenay, département de la Loire-Inférieure. Pop. : 1,800 âmes.

SAINT-NICOLAS. — Petite ville, chef-lieu de canton dans l'arrondissement de Nancy, département de la Meurthe. Elle est située sur la Meurthe. On y trouve des filatures de laine et de coton, des fabriques de toiles, de bonneterie, de broderies, de chapeaux, etc. Pop. : 3,200 âmes.

SAINT-NICOLAS. — Ville de la Flandre orientale, en Belgique. On y remarque l'église et l'hôtel de ville, et l'on y fait un commerce de lin, de chanvre et de houblon. Pop. : 1,700 âmes.

SAINT-NIZIER D'AZERGUE. — Chef-lieu de canton dans l'arrondissement de Villefranche, département du Rhône. Pop. : 1,900 âmes.

SAINT-OMER. — Petite ville située sur l'Aa et importante par ses fortifications. Chef-lieu d'arrondissement dans le département du Pas-de-Calais, elle comprend 7 cantons et 118 communes. On admire sa vaste cathédrale. Elle possède un collège, une école de dessin et une société académique. Son commerce consiste en grains, chevaux, toiles, laines, etc. Sa population est d'environ 19,000 âmes.

SAINT-OUEN. — Commune de l'arrondissement de Saint-Denis, dans le département de la Seine. Elle est située sur la rive droite du fleuve, et l'on y voit un château dans lequel Louis XVIII donna, en 1814, la déclaration qui précéda la Charte. Pop. : 1,200 âmes.

SAINT-PAL DE CHALANÇON. — Commune de l'arrondissement d'Yssengeaux, dans le département de la Haute-Loire. Pop. : 2,500 âmes.

SAINT-PALAIS. — Chef-lieu de canton dans l'arrondissement de Mauléon, département des Basses-Pyrénées. C'est le siège du tribunal de l'arrondissement. Pop. : 1,600 âmes.

SAINT-PATER. — Chef-lieu de canton dans l'arrondissement de Mamers, département de la Sarthe. Pop. : 1,600 âmes.

SAINT-PAUL. — Ile de la mer de Behring. Elle est située vers l'Amérique russe.

SAINT-PAUL. — Chef-lieu de canton dans l'arrondissement de Barcelonnette, département des Basses-Alpes. Pop. : 1,700 âmes.

SAINT-PAUL. — Ville de l'île Bourbon. Elle est située près d'une belle rade, et ce fut le premier établissement des Français dans cette colonie. Pop. : 16,300 âmes.

SAINT-PAUL. — Ville du Brésil. C'est le chef-lieu de la province de son nom. Elle est située près des sources du Tiète. Pop. : 20,000 âmes.

SAINT-PAUL DE FENOUILLA. — Chef-lieu de canton dans l'arrondissement de Perpignan, département des Pyrénées-Orientales. On trouve dans ses environs un hermitage dont la situation pittoresque est très-remarquable. Pop. : 1,900 âmes.

SAINT-PAUL TROIS CHATEAUX. — Chef-lieu de canton dans l'arrondissement de Montélimar, département de la Drôme. C'est l'ancienne capitale du Tricastin, et c'était aussi le siège d'un évêché avant la révolution. Pop. : 2,200 âmes.

SAINT-PÉ. — Chef-lieu de canton dans l'arrondissement d'Argelès, département des Hautes-Pyrénées. on y trouve des fabriques de toiles, d'instruments aratoires, de clous, etc. Pop. : 3,000 âmes.

SAINT-PERAY. — Chef-lieu de canton dans l'arrondissement de Tournon, département de l'Ardèche. On récolte sur son territoire des vins blancs qui sont renommés, et l'on y exploite aussi des pierres lithographiques. Pop. : 2,500 âmes.

SAINT-PÉTERSBOURG. — Chef-lieu du gouvernement de ce nom et capitale de l'empire de Russie. Elle fut fondée, en 1703, par Pierre le Grand, au milieu de marais traversés par la Néva, fleuve qui la divise aujourd'hui en plusieurs îles. Cette ville est l'une des plus magnifiques du monde, et c'est le siège d'un archevêque métropolitain russe et d'un archevêque catholique pour tout l'empire. Parmi toutes les choses qu'on admire à Saint-Pétersbourg, on distingue surtout la cathédrale; l'église Saint-Pierre et Saint-Paul, dont la flèche est des plus hardies, et dont le caveau sert de sépulture aux membres de la famille impériale; puis la belle église du couvent de Saint-Alexandre-Neusky, laquelle renferme le tombeau de ce saint, en argent massif. Viennent ensuite le palais de l'Hermitage, bâti par Catherine II; les palais de marbre d'Anitschkov, de la Tauride, du grand duc Michel et de Saint-Michel; l'hôtel de l'académie des beaux-arts, la bourse, l'amirauté, l'hôtel des pages, le monument d'Alexandre, l'arsenal, l'hôpital des pauvres malades, la maison des enfants trouvés et les casernes; les hôtels Strogonov, Bezborodko, Scheremeter, Gagarin, Belosselsky, Labanov, etc.; les places du Palais-d'Hiver, de l'Amirauté, d'Isaac, du Champ-de-Mars, de la Bourse, etc.; les rues de la Perspective de Nevski, de l'Amirauté, de Morskoï, de Millionne, etc.; le pont de granite construit sur la Neva, et les quais, aussi en granite, qui bordent le même fleuve.

Saint-Pétersbourg possède une université, une académie chirurgico-médicale, un institut central pédagogique, une académie ecclésiastique, une pension noble, deux écoles militaires, un corps de cadets de terre et un autre de cadets de marine, un institut d'ingénieurs de ponts et chaussées, un corps des pages, une école de cadets des mines, une école et une académie des beaux-arts, une école de commerce, un institut technologique, une école de marine marchande, une école vétérinaire, deux gymnases, une école principale protestante, plusieurs institutions de demoiselles, une maison d'orphelins militaires, une autre d'enfants trouvés, une école de porte-drapeaux, plusieurs riches bibliothèques publiques, une galerie de tableaux, un musée de sculpture et d'architecture, un musée asiatique, un observatoire, une collection de minéralogie, un musée de machines, un musée ethnographique, une collection d'armes anciennes et modernes, un jardin botanique et un grand nombre de sociétés académiques. Parmi les faits aussi curieux que singuliers qui s'offrent dans cette ville à l'observation de l'étranger, il faut placer le spectacle du Marché-d'Hiver, où se trouvent amoncelés des animaux de toute espèce, entiers, écorchés, et tellement durcis par la gelée, qu'on les fait voler en éclats comme du bois sous les coups de la hache. La population de cette vaste cité dépasse 500,000 âmes. On trouve dans ses environs immédiats les châteaux impériaux de Kmenoï-Ostrov, de Tchesmé, de Tsarko-Selo, de Pavlovsky, de Gatchina, de Peterhof et d'Oranienbaum.

SAINT-PHILIBERT. — Village situé près du lac Grand-Lieu, dans les environs de Nantes, département de la Loire-Inférieure. On le cite par rapport à deux monuments druidiques, très-curieux, qu'on trouve dans une île à peu de distance de ce village.

SAINT-PIERRE. — Petite île du lac de Bienne, en Suisse.

SAINT-PIERRE. — Chef-lieu de l'île anglaise de Guernesey, dans la Manche. Il est situé au sud-est de l'île, où il possède un port et des fortifications.

SAINT-PIERRE. — Ville de l'île de la Martinique, l'une des Antilles françaises. Elle est jolie, possède une belle rade, et son commerce est florissant. On y trouve un jardin colonial et quelques établissements littéraires. Pop. : 22,000 âmes.

SAINT-PIERRE. — Chef-lieu de l'île de ce nom, dans le groupe de Saint-Pierre-et-Miquelon, Amérique française. Cette petite ville est la résidence du commandant de la colonie et d'un préfet apostolique, et sa rade est très-fréquentée durant la pêche de la morue sur le banc de Terre-Neuve, par les navires de la Bretagne et de la Normandie. Pop. : 1,000 âmes.

SAINT-PIERRE-DE-CHIGNAC. — Chef-lieu de canton dans l'arrondissement de Périgueux, département de la Dordogne. Pop. : 900 âmes.

SAINT-PIERRE-D'OLERON. — Petite ville, chef-lieu de canton dans l'arrondissement de Marennes, département de la Charente-Inférieure. On y fait un commerce de vins, d'eau-de-vie et de vinaigre. Pop. : 4,800 âmes.

SAINT-PIERRE-EGLISE. — Chef-lieu de canton dans l'arrondissement de Cherbourg, département de la Manche. On y fait un commerce de toile, de fil, de cire et de souliers de pacotille. Pop. : 2,000 âmes.

SAINT-PIERRE-LE-MOUTIER. — Chef-lieu de canton dans l'arrondissement de Nevers, département de la Nièvre. Pop. : 2,300 âmes.

SAINT-PIERRE-LES-CALAIS. — Petite ville de l'arrondissement de Boulogne, dans le département du Pas-de-Calais. Elle n'est séparée de la ville de Calais que par des fortifications et une esplanade. On y trouve des fabriques de tulles, de poteries, des raffineries de sel, etc. Pop. : 9,000 âmes.

SAINT-PIERRE-SUR-DIVE. — Chef-lieu de canton dans l'arrondissement de Lisieux, département du Calvados. Il est situé sur la Dive. Pop. : 1,700 âmes.

SAINT-PIERREVILLE. — Chef-lieu de canton dans l'arrondissement de Privas, département de l'Ardèche. On y trouve une église consistoriale réformée. Pop. : 2,000 âmes.

SAINT-POELTEN. — Jolie petite ville épiscopale de la Basse-Autriche. Elle est située sur le Trasen. On y trouve un séminaire théologique et quelques fabriques. Pop. : 4,500 âmes.

SAINT-POIS. — Chef-lieu de canton dans l'arrondissement de Mortain, département de la Manche. Pop. : 900 âmes.

SAINT-POL. — Petite ville du département du Pas-de-Calais. Chef-lieu d'arrondissement, elle comprend 6 cantons et 193 communes. Ses eaux minérales sont renommées, et elle fait un commerce de laines. Pop. : 3,000 âmes.

SAINT-POL-DE-LEON. — Petite ville, chef-lieu de canton dans l'arrondissement de Morlaix, département du Finistère. Elle est située sur la Manche, où elle possède un port. On y trouve un collège, et l'on remarque sa belle cathédrale. Pop. : 6,700 âmes.

SAINT-PONS ou SAINT-PONS-DE-TOMIERS. — Petite ville du département de l'Hérault. Chef-lieu d'arrondissement, elle comprend 5 cantons et 54 communes. Pop. : 7,000 âmes.

SAINT-PORCHAIRE. — Chef-lieu de canton dans l'arrondissement de Saintes, département de la Charente-Inférieure. Pop. : 1,100 âmes.

SAINT-POURÇAIN. — Petite ville, chef-lieu de canton dans l'arrondissement de Gannat, département de l'Allier. Pop. : 4,600 âmes.

SAINT-PRIEST. — Commune de l'arrondissement de Vienne, dans le département de l'Isère. Pop. : 2,000 âmes.

SAINT-PRIEST-DES-CHAMPS. — Commune de l'arrondissement de Riom, département du Puy-de-Dôme. Pop. : 2,200 âmes.

SAINT-PRIEST-LA-FEUILLE. — Commune de l'arrondissement de Guéret, dans le département de la Creuse. Pop. : 1,500 âmes.

SAINT-PRIEST-LIGOURE. — Commune de l'arrondissement de Saint-Yrieix, dans le département de la Haute-Vienne. Pop. : 1,600 âmes.

SAINT-PRIVAT. — Commune de l'arrondissement de Ribérac, dans le département de la Dordogne. Pop. : 1,200 âmes.

SAINT-PRIVAT-D'ALLIER. — Commune de l'arrondissement du Puy, dans le département de la Haute-Loire. Pop. : 1,500 âmes.

SAINT-PRIVAT-DE-VALLONGUE. — Commune de l'arrondissement de Florac, dans le département de la Lozère. Pop. : 1,000 âmes.

SAINT-PROJET. — Commune de l'arrondissement de Montauban, dans le département de Tarne-et-Garonne. Pop. : 1,200 âmes.

SAINT-PROJET. — Commune de l'arrondissement de Clermont, dans le département du Puy-de-Dôme. Pop. : 1,300 âmes.

SAINT-QUAY. — Commune de l'arrondissement de Saint-Brieuc, dans le département du Nord. Elle est située sur la Manche. Pop. : 2,400 âmes.

SAINT-QUENTIN. — Ville située sur la Somme. Chef-lieu d'arrondissement dans le département de l'Aisne, elle comprend 7 cantons et 127 communes. On admire son hôtel de ville, édifice gothique, et son église principale, dont l'étendue dépasse celle de la cathédrale de Rouen. Elle possède un collège, une école d'application à l'industrie, une société académique, et son commerce consiste en batistes, linons, gazes, mousselines, dentelles d'argent et savon noir. Sa population est d'environ 24,000 âmes.

SAINT-QUENTIN. — Commune de l'arrondissement d'Uzès, dans le département du Gard. Pop. : 2,100 âmes.

SAINT-QUENTIN. — Commune de l'arrondissement de Vienne, dans le département de l'Isère. Pop. : 1,600 âmes.

SAINT-QUENTIN. — Commune de l'arrondissement d'Avranches, dans le département de la Manche. Pop. : 1,600 âmes.

SAINT-QUENTIN-LES-CHARDONNETS. — Petite ville de l'arrondissement de Domfront, dans le département de l'Orne. Pop. : 8,060 âmes.

SAINT-RAMBERT. — Chef-lieu de canton dans l'arrondissement de Belley, département de l'Ain. On y fabrique de la toile, du papier, etc. Pop. : 2,700 âmes. On visite dans son voisinage une gorge ou scissure de 20 kilomètres de longueur.

SAINT-RAMBERT. — Chef-lieu de canton dans l'arrondissement de Montbrison, département de la Loire. Il est situé sur la Loire. On y construit des bateaux, et l'on y trouve des fabriques de toiles et des forges. Pop. : 3,100 âmes.

SAINT-REMY. — Petite ville, chef-lieu de canton dans l'arrondissement d'Arles, département des Bouches-du-Rhône. On trouve dans son voisinage deux monuments romains d'une assez belle conservation : l'arc de triomphe et le mausolée de Sextus Lucius Marcus. Saint-Remy est la patrie de l'astrologue Nostradamus. Pop. : 6,000 âmes.

SAINT-REMY. — Chef-lieu de canton dans l'arrondissement de Thiers, département du Puy-de-Dôme. On y fabrique de la coutellerie. Pop. : 4,000 âmes.

SAINT-REMY. — Chef-lieu de canton dans l'arrondissement de Vitry-le-François, département de la Marne. Pop. : 800 âmes.

SAINT-RENAN. — Chef-lieu de canton dans l'arrondissement de Brest, département du Finistère. On y fait un commerce de chevaux. Pop. : 1,000 âmes.

SAINT-ROMAIN. — Chef-lieu de canton dans l'arrondissement du Havre, département de la Seine-Inférieure. On y trouve des fabriques de toiles, de calicot et de bas. Pop. : 1,700 âmes.

SAINT-ROMAIN-DE-BENIT. — Commune de l'arrondissement de Saintes, dans le département de la Charente-Inférieure. Pop. : 1,600 âmes.

SAINT-ROMAIN-LA-CHALM. — Commune de l'arrondissement d'Yssingeaux, département de la Haute-Loire. On y trouve des fabriques de rubans. Pop. : 1,500 âmes.

SAINT-ROMANS. — Commune de l'arrondissement de Saint-Marcellin, dans le département de l'Isère. Pop. : 1,200 âmes.

SAINT-ROMANS-DE-CODIERES. — Commune de l'arrondissement du Vigan, dans le département du Gard. Pop. : 900 âmes.

SAINT-ROME-DE-SERNON. — Commune de l'arrondissement de Saint-Affrique, dans le département de l'Aveyron. Pop. : 1,200 âmes.

SAINT-ROME-DE-TARN. — Chef-lieu de canton dans l'arrondissement de Saint-Affrique, département de l'Aveyron. Il est situé sur la rive gauche du Tarn. Ce lieu était autrefois fortifié. Pop. : 3,100 âmes.

SAINT-SAMSON. — Commune de l'arrondissement de Mayenne, dans le département de la Mayenne. Pop. : 1,400 âmes.

SAINT-SANDOUX. — Commune de l'arrondissement de Clermont, dans le département du Puy-de-Dôme. Pop. : 1,200 âmes.

SAINT-SANTIN. — Commune de l'arrondissement de Villefranche, dans le département de l'Aveyron. Pop. : 1,200 âmes.

SAINT-SANTIN-CANTALES. — Commune de l'arrondissement d'Aurillac, dans le département du Cantal. Pop. : 1,100 âmes.

SAINT-SARDOS. — Commune de l'arrondissement de Castel-Sarrasin, dans le département de Tarn-et-Garonne. Pop. : 1,200 âmes.

SAINT-SATURNIN. — Commune de l'arrondissement de Saint-Amand, dans le département du Cher. Pop. : 1,300 âmes.

SAINT-SATURNIN. — Commune de l'arrondissement de Clermont, dans le département du Puy-de-Dôme. Pop. : 1,300 âmes.

SAINT-SATURNIN-DU-BOIS. — Commune de l'arrondissement de Rochefort, dans le département de la Charente-Inférieure. Pop. : 1,100 âmes.

SAINT-SATURNIN-LES-APT. — Commune de l'arrondissement d'Apt, dans le département de Vaucluse. Pop. : 2,800 âmes.

SAINT-SAUD. — Commune de l'arrondissement de Nontron, dans le département de la Dordogne. Pop. : 2,600 âmes.

SAINT-SAULGE. — Chef-lieu de canton dans l'arrondissement de Nevers, département de la Nièvre. Pop. : 2,200 âmes.

SAINT-SAULVE. — Commune de l'arrondissement de Valenciennes, département du Nord. Elle est située sur l'Escaut. Pop. : 1,600 âmes.

SAINT-SAUVEUR. — Commune de l'arrondissement de Saint-Etienne, dans le département de la Loire. Pop. : 1,300 âmes.

SAINT-SAUVEUR. — Village de la commune de Luz, dans l'arrondissement d'Argelez, département des Hautes-Pyrénées. Il possède des sources thermales renommées.

SAINT-SAUVEUR. — Chef-lieu de canton dans l'arrondissement d'Auxerre, département de l'Yonne. Pop. 1,600 âmes.

SAINT-SAUVEUR-LENDELIN. — Commune de l'arrondissement de Coutances, dans le département de la Manche. Elle est située sur la Taute. Pop. : 2,000 âmes.

SAINT-SAUVEUR-SUR-DOUVE. — Chef-lieu de canton dans l'arrondissement de Valognes, département de la Manche. Il possédait autrefois une célèbre abbaye de Bénédictins. Pop. : 2,800 âmes.

SAINT-SAUVIER. — Commune de l'arrondissement de Mont-Luçon, dans le département de l'Allier. Pop. : 1,200 âmes.

SAINT-SAUVY. — Commune de l'arrondissement d'Auch, dans le département du Gers. Pop. ; 800 âmes.

SAINT-SAVIN. — Chef-lieu de canton dans l'arrondissement de Blaye, département de la Gironde. Pop. : 1,900 âmes.

SAINT-SAVIN. — Commune de l'arrondissement de la Tour-du-Pin, dans le département de l'Isère. Pop. : 2,400 âmes.

SAINT-SAVIN. — Chef-lieu de canton dans l'arrondissement de Montmorillon, département de la Vienne. Il est situé sur la Gartempe. Pop. : 1,500 âmes. On remarque la beauté du clocher de son église, et son pont qui est admirablement construit.

SAINT-SAVINIEN. — Chef-lieu de canton dans l'arrondissement de Saint-Jean-d'Angely, département de la Charente-Inférieure. Il est situé sur la rive droite de la Charente. Pop. : 3,500 âmes.

SAINT-SÉBASTIEN. — Ile du Brésil. Elle est située près de la côte nord-est de la province de Saint-Paul. Sa longueur est de 18 kilomètres, et elle produit du sucre et du tabac. Pop. : 3,000 âmes.

SAINT-SÉBASTIEN. — Commune de l'arrondissement de Guéret, dans le département de la Creuse. Pop. : 1,500 âmes.

SAINT-SÉBASTIEN. — Commune de l'arrondissement de Nantes, dans le département de la Loire-Inférieure. Elle est située sur la rive gauche de la Loire. Pop. : 1,900 âmes.

SAINT-SÉBASTIEN. — Jolie ville, chef-lieu du Guipuscoa, en Espagne. Elle est importante par ses fortifications, son port et son commerce. Pop. : 9,000 âmes.

SAINT-SECONDIN. — Commune de l'arrondissement de Civray, dans le département de la Vienne. Pop. : 1,100 âmes.

SAINT-SEGAL. — Commune de l'arrondissement de Châteaulin, dans le département du Finistère. Pop. : 1,300 âmes.

SAINT-SEINE-L'ABBAYE. — Chef-lieu de canton dans l'arrondissement de Dijon, département de la Côte-d'Or. Pop. : 300 âmes.

SAINT SELVE. — Commune de l'arrondissement de Rodez, dans le département de l'Aveyron. Pop. : 1,100 âmes.

SAINT-SENOUX. — Commune de l'arrondissement de Redon, dans le département d'Ille-et-Vilaine. Pop. : 1,000 âmes.

SAINT-SERNIN. — Chef-lieu de canton dans l'arrondissement de Saint-Affrique, département de l'Aveyron. Il est situé sur la Rance. Pop. : 2,400 âmes.

SAINT-SERNIN. — Commune de l'arrondissement de Marmande, dans le département du Lot-et-Garonne. Pop. : 1,000 âmes.

SAINT-SERNIN-DU-BOIS. — Commune de l'arrondissement d'Autun, département de Saône-et-Loire. Pop. : 1,300 âmes.

SAINT-SERNIN-DU-PLAIN. — Commune

de l'arrondissement d'Autun, dans le département de Saône-et-Loire. Pop. : 1,400 âmes.

SAINT-SERVAN. — Petite ville, chef-lieu de canton dans l'arrondissement de Saint-Malo, département d'Ille-et-Vilaine. Elle est située sur la droite et à l'embouchure de la Drance, où elle possède deux ports : l'un pour la marine militaire, l'autre pour le commerce. Cette ville fait chaque année de nombreux armements pour la pêche de la morue, et on y trouve aussi des sources ferrugineuses. Pop. : 10,300 âmes.

SAINT-SERVANT. — Commune de l'arrondissement de Ploërmel, dans le département du Morbihan. Pop. : 1,200 âmes.

SAINT-SEVER. — Petite ville située sur l'Adour, dans le département des Landes. Chef-lieu d'arrondissement, elle comprend 8 cantons, 114 communes. On y trouve un collége, et on y fait un commerce de vins. Pop. : 5,000 âmes.

SAINT-SEVER. — Commune de l'arrondissement de Saint-Affrique, dans le département de l'Aveyron. Pop. : 1,100 âmes.

SAINT-SEVER. — Chef-lieu de canton de l'arrondissement de Vire, département du Calvados. Pop. : 1,700 âmes.

SAINT-SEVERIN. — Commune de l'arrondissement de Barbezieux, dans le département de la Charente. Pop. : 1,300 âmes.

SAINT-SIGISMOND. — Commune de l'arrondissement de Fontenay, dans le département de la Vendée. Pop. : 1,300 âmes.

SAINT-SIMÉON. — Commune de l'arrondissement de Domfront, dans le département de l'Orne. Pop. : 1,600 âmes.

SAINT-SIMÉON. — Commune de l'arrondissement de Coulommiers, dans le département de Seine-et-Marne. Pop. : 900 âmes.

SAINT-SIMÉON-DE-BRESSIEUX. — Commune de l'arrondissement de Saint-Marcellin, dans le département de l'Isère. Pop. : 2,300 âmes.

SAINT-SORLIN. — Commune de l'arrondissement de Mâcon, dans le département de Saône-et-Loire. Pop. : 1,200 âmes.

SAINT-SORNIN-DE-MARENNES. — Commune de l'arrondissement de Marennes, dans le département de la Charente-Inférieure. Pop. : 1,800 âmes.

SAINT-SORNIN-LA-MARCHE. — Commune de l'arrondissement de Bellac, dans le département de la Haute-Vienne. Pop. : 1,100 âmes.

SAINT-SORNIN-LEULAC. — Commune de l'arrondissement de Bellac, dans le département de la Haute-Vienne. Pop. : 1,200 âmes.

SAINT-SOUPPLETS. — Commune de l'arrondissement de Meaux, dans le département de Seine-et-Marne. Pop. : 800 âmes.

SAINT-SULPICE. — Commune de l'arrondissement de Muret, dans le département de la Haute-Garonne. Pop. : 1,300 âmes.

SAINT-SULPICE. — Commune de l'arrondissement de Bordeaux, dans le département de la Gironde. Pop. : 1,100 âmes.

SAINT-SULPICE. — Commune de l'arrondissement de Nevers, dans le département de la Nièvre. Pop. : 1,600 âmes.

SAINT-SULPICE. — Commune de l'arrondissement de Lavaur, dans le département du Tarn. Pop. : 1,600 âmes.

SAINT-SULPICE-DE-COGNAC. — Commune de l'arrondissement de Cognac, dans le département de la Charente. Pop. : 1,700 âmes.

SAINT-SULPICE-LE-DUNOY. — Commune de l'arrondissement de Guéret, dans le département de la Creuse. Pop. : 1,900 âmes.

SAINT-SULPICE-LE-GUÉRÉTOIS. — Commune de l'arrondissement de Guéret, dans le département de la Creuse. Pop. : 1,900 âmes.

SAINT-SULPICE-LES-FEUILLES. — Commune de l'arrondissement de Bellac, dans le département de la Haute-Vienne. Pop. : 1,800 âmes.

SAINT-SYLVAIN. — Commune de l'arrondissement d'Angers, dans le département de Maine-et-Loire. Pop. : 1,500 âmes.

SAINT-SYLVESTRE. — Commune de l'arrondissement de Riom, dans le département du Puy-de-Dôme. Pop. : 1,100 âmes.

SAINT-SYLVESTRE. — Commune de l'arrondissement de Limoges, dans le département de la Haute-Vienne. Pop. : 1,500 âmes.

SAINT-SYLVESTRE. — Commune de l'arrondissement d'Hazebrouck, dans le département du Nord. Pop. : 1,100 âmes.

SAINT-SYMPHORIEN. — Chef-lieu de canton dans l'arrondissement de Bazas, département de la Gironde. Pop. : 1,700 âmes.

SAINT-SYMPHORIEN. — Commune de l'arrondissement de Tours, département d'Indre-et-Loire. Pop. : 1,800 âmes.

SAINT-SYMPHORIEN-DE-LAY. — Chef-lieu de canton dans l'arrondissement de Roanne, département de la Loire. On y trouve des fabriques de toiles de coton et de mousselines. Pop. : 4,000 âmes.

SAINT-SYMPHORIEN-D'OZON. — Chef-lieu de canton dans l'arrondissement de Vienne, département de l'Isère. Il est situé sur l'Isère. On y trouve des fabriques de couvertures de laine. Pop. : 1,700 âmes.

SAINT-THELO. — Commune de l'arrondissement de Loudéac, dans le département des Côtes-du-Nord. Pop. : 1,900 âmes.

SAINT-THOMAS. — Une des petites Antilles. Elle est située à l'ouest, dans le groupe des Vierges, et appartient aux Danois. Pop. : 6,000 âmes.

SAINT-THOMAS. — Ile du golfe de Guinée. Elle appartient aux Portugais et son chef-lieu porte son nom. Pop. : 20,000 âmes.

SAINT-THOMAS. — Ile de la Micronésie. Elle est située au nord de l'archipel de Magellan.

SAINT-THOMAS. — Chef-lieu de l'île de ce nom, dans les Antilles danoises. C'est un grand entrepôt commercial, ayant un port franc. Des juifs y ont construit une synagogue.

SAINT-THOMAS-DE-CONAC. — Commune de l'arrondissement de Jonzac, dans le département de la Charente-Inférieure. Elle est située sur la droite de la Gironde. Pop. : 1,500 âmes.

SAINT-THOMAS-MOUNT — Masse granitique de la province de Karnatic, dans l'empire Indo-Britannique. Les Anglais ont établi, à sa base, le principal parc d'artillerie de l'Inde-Méridionale, et l'on y a institué des courses de chevaux. Une très-belle route amène à cet endroit.

SAINT-TROND. — Ville du Limbourg, en Belgique. On y fabrique de la dentelle. Pop. : 8,500 âmes.

SAINT-TROPEZ. — Petite ville, chef-lieu de canton de l'arrondissement de Draguignan, département du Var. Elle est réputée par la beauté de ses environs et la douceur de son climat. Son port est fréquenté, et elle possède une école de navigation et trois madragues pour la pêche du thon. Pop. : 3,600 âmes.

SAINT-URBAIN. — Commune de l'arrondissement de Brest, dans le département du Finistère. Pop. : 900 âmes.

SAINT-URBAIN. — Commune de l'arrondissement de Vassy, dans le département de la Haute-Marne. Pop. : 900 âmes.

SAINT-URBAIN. — Village du canton de Lucerne. On y voit une vaste abbaye.

SAINT-VAAST-DE-LA-HOUGUE. — Petite ville de l'arrondissement de Valognes, dans le département de la Manche. Pop. : 4,100 âmes.

SAINT-VALERY. — Commune de l'arrondissement de Sens, dans le département de l'Yonne. Pop. : 900 âmes.

SAINT-VALERY-EN-CAUX. — Petite ville, chef-lieu de canton dans l'arrondissement d'Yvetot, département de la Seine-Inférieure. C'est dans son port que Guillaume le Conquérant s'embarqua à la tête de 100,000 hommes et de 1,100 voiles pour aller conquérir l'Angleterre. Pop. : 5,400 âmes.

SAINT-VALERY-SUR-SOMME. — Chef-lieu de canton dans l'arrondissement d'Abbeville, département de la Somme. Il est situé à la gauche et près de l'embouchure de la Somme. On y construit des navires et l'on y fait le cabotage et des armements pour les colonies. Pop. : 3,300 âmes.

SAINT-VALLIER. — Chef-lieu de canton dans l'arrondissement de Valence, département de la Drôme. Il est situé sur la rive gauche du Rhône. On y trouve des fabriques de produits chimiques, et l'on y fait un commerce de soie et de vins. Pop. : 2,700 âmes.

SAINT-VALLIER. — Commune de l'arrondissement de Châlons, dans le département de Saône-et-Loire. Pop. : 2,200 âmes.

SAINT-VERAN. — Petit bourg du département des Hautes-Alpes. C'est l'un des lieux habités les plus élevés de l'Europe. Il est situé à 2,031 mètres au-dessus du niveau de la mer.

SAINT-VICTOR. — Commune de l'arrondissement de Tournon, dans le département de l'Ardèche. Pop. : 3,200 âmes.

SAINT-VICTOR. — Commune de l'arrondissement de Thiers, dans le département du Puy-de-Dôme. Pop. : 1.600 âmes.

SAINT-VICTOR-SUR-LOIRE. — Commune de l'arrondissement de Saint-Etienne, dans le département de la Loire. Pop. : 1,300 âmes.

SAINT-VICTURNIEN. — Commune de l'arrondissement de Rochechouart, dans le département de la Haute-Vienne. Pop. : 1,500 âmes.

SAINT-VINCENT. — Cap situé à l'extrémité du portugal et de l'Europe.

SAINT-VINCENT. — Une des îles du Vent, dans les Antilles. Elle appartient à l'Angleterre et son chef-lieu est King's-Town. Pop. : 26,000 âmes.

SAINT-VINCENT. — Commune de l'arrondissement de Saint-Pons, dans le département de l'Hérault. Pop. : 1,600 âmes.

SAINT-VINCENT. — Ville de l'Amérique centrale. C'est le chef-lieu de l'Etat de San-Salvador. Pop. : 12,000 âmes.

SAINT-VINCENT-DE-XAINTES. — Commune de l'arrondissement de Dax, dans le département des Landes. Pop. : 1,800 âmes.

SAINT-VITTE. — Commune de l'arrondissement de Saint-Irieix, dans le département de la Haute-Vienne. Pop. : 1,100 âmes.

SAINT-VIVIEN. — Village, chef-lieu de canton dans l'arrondissement de Lesparre, dans le département de la Gironde. On y trouve de riches marais salants. Pop. : 800 âmes.

SAINT-XAVIER. — Etablissement de missions, dans la Bolivia, Amérique méridionale. Il est situé dans le pays des Moxos, et près de la rive droite du Sara ou Rio-Grande.

SAINT-YAGUE. — Chef-lieu du département du nord-est, dans l'empire d'Haïti. C'est l'une des plus anciennes villes d'Amérique, elle fut bâtie en 1504. Elle est renommée par la salubrité de son climat.

SAINT-YRIEIX. — petite ville du département de la Haute-Vienne. Chef-lieu d'arrondissement, elle comprend 4 cantons et 26 communes. Elle possède une société d'agriculture, une fabrique importante de porcelaine, et l'on exploite, dans ses environs, le kaolin qui sert à la préparation de cette porcelaine. Sa population est d'environ 7,500 âmes.

SAINT-YRIEIX-LA-MONTAGNE. — Commune de l'arrondissement d'Aubusson, dans le département de la Creuse. Pop. : 1,300 âmes.

SAINT-YRIEIX-LES-BOIS. — Commune de l'arrondissement de Guéret, département de la Creuse. Pop. : 1,100 âmes.

SAINTE-CROIX. — Chef-lieu de canton dans l'arrondissement de Saint-Girons, département de l'Ariége. Pop. : 1,900 âmes.

SAINTE-CROIX. — L'une des îles Vierges, dans les Antilles danoises. C'est la plus grande et la plus importante. On y recueille du sucre et du coton, et son chef-lieu est Christianslædt.

SAINTE-ENIMIE. — Chef-lieu de canton

dans l'arrondissement de Florac, département de la Lozère. Pop. : 1,200 âmes.

SAINTE-FOY-LA-GRANDE. — petite ville du département de la Gironde. C'est un chef-lieu de canton de l'arrondissement de Libourne. Elle est située sur la rive gauche de la Dordogne, et l'on y trouve des fabriques de toiles de chanvre et de bonneterie. pop. : 3,000 âmes.

SAINTE-HÉLÈNE (Ile). — Elle est située dans l'océan Atlantique-Austral, par le 15° degré 55 minutes de latitude sud, à la distance de 1,600 kilom. des côtes du Congo, et 2,400 du Brésil. Decouverte en 1502, par Joao de Nova-Castella, un autre Portugais, Alburquerque, y jeta en 1513, quelques nègres qui y périrent de misère; les Hollandais s'y établirent en 1645 ; puis les Anglais leur arrachèrent définitivement cette possession en 1673, pour en faire le seul lieu de relâche que la compagnie des Indes ait dans l'océan Atlantique. Enfin, la puissance anglaise a rendu cette île désormais célèbre dans l'histoire, en la donnant pour prison et pour tombeau à Napoléon Ier.

Sainte-Hélène a 3 myriamètres de longueur sur 1 1/2 de large et 6 de circonférence. Son aspect est des plus sauvages : c'est un rocher noir, à pic, sans grève, dont les blocs sont suspendus au-dessus de l'abîme, et qui présente à la vague une énorme falaise dentelée de 700 mètres d'élévation. Ce rocher est partagé en deux parties inégales, par une chaîne de montagnes coupées de vallées profondes, et dominées par le pic de Diane, qui se dresse à 819 mètres au-dessus du niveau de la mer, et par celui de High-Knoll qui a que 609 mètres de hauteur. Toutefois, de nombreux ruisseaux arrosent l'île, et la végétation se montre prospère en quelques endroits. La ville de James-Town se trouve encaissée, près de la mer, sur la côte du nord-ouest, et près d'elle on remarque un canal de 32 mètres de chute. L'air de Sainte-Hélène est pur, on n'y ressent point de chaleurs accablantes, et même sur les plateaux escarpés de Long-Wood, élevés à 583 mètres au-dessus de l'Océan, le ciel est constamment brumeux, et le froid s'y fait souvent sentir d'une manière assez vive. Au nombre des végétaux on voit des pins, des châtaigniers, des acacias, des saules et surtout beaucoup de pelargoniums. La population insulaire dépasse 6,000 âmes. Le chef-lieu de l'île porte le nom de James-Walley. C'est une petite ville bien bâtie, qui possède un hôpital militaire et un jardin botanique. Les importantes fortifications du rocher de Sainte-Hélène l'ont fait surnommer le *Gibraltar de la mer des Indes*.

SAINTE-HERMINE. — Chef-lieu de canton dans l'arrondissement de Fontenay, département de la Vendée. Pop. : 2,000 âmes.

SAINTE-HONORINE-LA-GUILLAUME. — Bourg de l'arrondissement d'Argentan, dans le département de l'Orne. Il est renommé par son exploitation de granites, qui emploie la majeure partie des habitants. Pop. : 1,300 âmes.

SAINTE-LIVRADE. — Chef-lieu de canton dans l'arrondissement de Villeneuve, département de Lot-et-Garonne. On y fait un commerce de pruneaux. Pop. : 3,200 âmes.

SAINTE-MARGUERITE. — La plus grande des îles Lérins, dans la Méditerranée, département du Var. On y voit un château-fort qui sert de prison d'État, et dans lequel fut détenu l'homme au masque de fer.

SAINTE-MARIE. — Cap de la Sénégambie. Il est situé au sud de l'embouchure de la Gambie, et non loin se trouve la petite île de son nom.

SAINTE-MARIE. — Cap de l'Atlantique. Il est situé à l'est de la république de l'Uruguay.

SAINTE-MARIE. — Ile de la mer des Indes. Elle est située près de la côte est de Madagascar. Sa longueur est de 50 kilomètres et son sol peu fertile. Les Français y ont fondé un établissement. Pop. : 5,000 âmes.

SAINTE-MARIE. — Petite ville, chef-lieu de canton dans l'arrondissement d'Oloron, département des Basses-Pyrénées. Pop. : 3,600 âmes.

SAINTE-MARIE. — Petite ville de l'île Bourbon. Son territoire produit abondamment des fruits, la canne à sucre, le caféyer, le giroflier, etc. Pop. 5,560 âmes.

SAINTE-MARIE. — Bourg de l'île de la Martinique, l'une des Antilles françaises. Pop. : 4,500 âmes.

SAINTE-MARIE-AUX-MINES. — Petite ville, chef-lieu de canton dans l'arrondissement de Colmar, département du Haut-Rhin. Elle est située sur la Lièpvrette, affluent de l'Ill. On y trouve des fabriques de coton, de siamoises, de toiles peintes, puis des tanneries et des papeteries, et l'on y fait aussi un commerce d'eau de cerises. Ses environs sont réputés par les gisements métalliques, d'où lui est venu le nom qu'elle porte. Pop. : 11,500 âmes.

SAINTE-MAURE. — Chef-lieu de canton dans l'arrondissement de Chinon, département d'Indre-et-Loire. Pop. : 2,600 âmes.

SAINTE-MENEHOULD. — Ville ancienne, située dans une sorte de marais près de l'Aisne. Chef-lieu d'arrondissement dans le département de la Marne, elle comprend 3 cantons et 81 communes. Elle possède un collège, des fabriques de serges, des verreries, des faïenceries, des tanneries et des forges; son territoire, l'un des meilleurs de la Champagne, est fertile en céréales; et son principal commerce consiste en bois. Sa population est d'environ 4,500 âmes.

SAINTE-MERE-EGLISE. — Chef-lieu de canton dans l'arrondissement de Valogne, département de la Manche. Pop. : 1,600 âmes.

SAINTE-RADEGONDE. — Commune de l'arrondissement de Barbezieux, dans le département de la Charente. Pop. : 2,000 âmes.

SAINTE-ROSE. — Commune de l'arrondissement de Saint-Denis, dans l'île Bourbon. Elle est située sur la côte est Pop. : 2,700 âmes.

SAINTE-ROSE — Bourg de l'île de la Guadeloupe, une des Antilles françaises. Il est situé sur la côte nord, dans le canton de la Pointe-à-Pître. Pop. : 4,200 âmes.

SAINTE-SABINE. — Commune de l'arrondissement de Bergerac, dans le département de la Dordogne. Pop. : 900 âmes.

SAINTE-SABINE. — Commune de l'arrondissement du Mans, dans le département de la Sarthe. Pop. : 1,000 âmes.

SAINTE-SAVINE. — Commune de l'arrondissement de Troyes, dans le département de l'Aube. Pop. : 1,000 âmes.

SAINTE-SEVERE — Chef-lieu de canton dans l'arrondissement de La Châtre, département de l'Indre. Pop. : 900 âmes.

SAINTE-SUZANNE. — Chef-lieu de canton dans l'arrondissement de Laval, département de la Mayenne. Pop. : 1,800 âmes.

SAINTE-SUZANNE. — Commune de l'arrondissement d'Orthez, dans le département des Basses-Pyrénées. Pop. : 900 âmes.

SAINTE-SUZANNE. — Chef-lieu de canton dans l'arrondissement de Saint-Denis, île Bourbon. Il est situé à l'embouchure du fleuve de son nom. Pop. : 6,000 âmes.

SAINTE-TULLE. — Commune de l'arrondissement de Forcalquier, dans le département des Basses-Alpes. Pop. : 1,000 âmes.

SAINTE-URSANNE. — Petite ville du canton de Berne, en Suisse. Elle est située sur le Doubs. On trouve des mines de fer dans son voisinage. Pop. : 700 âmes.

SAINTES. — Ville ancienne, située sur la Charente, dans le département de la Charente-Inférieure. Chef-lieu d'arrondissement, elle comprend 8 cantons et 109 communes ; un collège, une bibliothèque publique, un cabinet d'histoire naturelle, une pépinière départementale et une société d'agriculture. Son commerce consiste en eaux-de-vie, alcool, serges, bonneterie, cuirs tannés, etc. ; et sa population est d'environ 11,000 âmes. On voit, dans cette ville, les restes d'un arc de triomphe sur lequel on a trouvé des inscriptions en l'honneur de Germanicus, de Tibère, etc. ; puis les ruines d'un amphithéâtre, d'un cirque et d'un aqueduc.

SAINTES (LES). — Groupe de petites îles de la mer des Antilles. Il est situé au sud de la Guadeloupe et appartient à la France. Les deux îles principales sont Terre-de-Haut à l'est et Terre-de-bas à l'ouest. Elles sont montueuses et manquent d'eau douce durant les sécheresses. Pop. : 1,100 âmes.

SAINTES-MARIES. — Chef-lieu de canton dans l'arrondissement d'Arles, département des Bouches-du-Rhône. Il est situé dans l'île de la Camargue, près de la mer et de la rive gauche du Petit-Rhône. Pop. : 900 âmes.

SAINTS-EN-PUISAYE. — Commune de l'arrondissement d'Auxerre, dans le département de l'Yonne. Pop. : 1,400 âmes.

SAISAN ou DZAISSANG. — Lac de l'empire chinois. Il est situé au nord-ouest de la Dzoungarie et traversé par l'Irtich. Sa longueur est de 110 kilomètres.

SAISSAC. — Chef-lieu de canton dans l'arrondissement de Carcassonne, département de l'Aude. On y trouve une filature de laine, une fabrique de draps communs et un martinet à fer. Pop. : 1,800 âmes.

SAKARIA. — Fleuve de l'Anatolie, dans la Turquie d'Asie. Il se jette dans la mer Noire, après un cours de 500 kilomètres.

SAKKARA. — Village de la moyenne Egypte. Il est renommé par ses pyramides, et son champ de momies qui était l'ancienne nécropole de Memphis.

SAL. — Rivière du Pérou. Elle coule dans le département de la Guamanga et se joint au Jauja pour former le Mantaro, affluent de l'Apurimac. Son cours est d'environ 220 kilomètres.

SAL. — Rivière de Russie. Elle coule dans le gouvernement d'Astrakan et des Cosaques du Don, et se jette dans le Don, après un cours de 450 kilomètres.

SALA (LA). — Ville de la principauté citérieure, dans le royaume de Naples. Elle est située sur l'emplacement de *Marcellanæ*, qui fut détruite, vers le milieu du vi^e siècle, par Totila, roi des Goths. Pop. : 6,000 âmes.

SALADO. — Rivière de la confédération de la Plata. Elle passe par Salta, et s'unit au Parana après un cours de 150 kilomètres.

SALAGORA. — Petite ville d'Albani, dans la Turquie d'Europe. Elle possède un port sur le golfe d'Arta, renommé par ses pêcheries et les belles forêts qui couvrent ses promontoires. On trouve aussi, à Salagora, de vastes salines.

SALAMANCA. — Petite ville de l'Etat de Guanaxuato, dans la Confédération mexicaine. Elle est renommée par la fertilité de son territoire et par sa superbe église des Augustins, dans laquelle on conservait jadis un très-riche trésor de la sainte Vierge.

SALAMANQUE. — Ville épiscopale, chef-lieu de la province de ce nom, dans la Vieille-Castille, en Espagne. Les Espagnols l'ont surnommée la *petite Rome*, à cause du grand nombre de monuments de tous les styles et de toutes les époques qu'on y trouve. On remarque entre autres la cathédrale ; les couvents des Bernardins, des Augustins-Récollets et des Carmélites ; le collège de la Guadeloupe, la plaza mayor, le pont sur le Tormes, etc. Cette ville possède une université dans laquelle la plupart des hommes illustres d'Espagne, des xve, xvie et xviie siècles, firent leurs études. Elle compte à peu près 14,000 habitants. Le pont de Tormes a 27 arches, dont une moitié est de construction romaine et l'autre date du règne de Philippe V. C'est à ce pont que commence la chaussée romaine appelée la *Plata*, et qui se prolonge jusqu'à Merida, laquelle a des parties d'une parfaite conservation. C'est aussi dans le voisinage de Salamanque et dans la vallée de Valmuza, qu'on voit une villa romaine et des bains antiques qui sont de très-beaux restes.

SALANGA ou DJONKSEYLON. — Ile de la mer des Indes. Elle est située près de la côte occidentale de la presqu'île de Malacca. Peuplée et florissante avant l'invasion des

Birmans, en 1810, elle est presque déserte aujourd'hui.

SALAT. — Rivière de France. Elle prend sa source dans le département de l'Ariége, passe à Saint-Girons, et se joint à la Garonne au-dessous de Saint-Martory, après un cours de 90 kilomètres.

SALAYER. — Ile de la Malaisie. C'est la principale des îles de Calaur. Elle a 66 kilomètres de longueur et appartient à la Hollande. Pop. : 60,000 âmes.

SALBRIS. — Chef-lieu de canton dans l'arrondissement de Romorantin, département de Loir-et-Cher. Il est situé sur la Saudre et l'on trouve des forges dans ses environs. Pop. : 1,700 âmes.

SALCES. — Commune de l'arrondissement de Perpignan, dans le département des Pyrénées-Orientales. Elle est située près de l'étang de Leucate. On y trouve une source salée et des vins estimés. Pop. : 1,200 âmes.

SALÉ ou SLA. — Petite ville du royaume de Fez, dans l'empire de Maroc. Elle est située à l'embouchure du Buregreg, et fut célèbre autrefois parce que son port était le repaire des terribles pirates qui opéraient des descentes sur les côtes des pays chrétiens. Pop. : 10,000 âmes.

SALEM. — Chef-lieu de la province de ce nom, dans l'empire Indo-Britannique. Elle est très-déchue de son ancienne importance et de l'industrie qui la distinguait.

SALEM. — Ville du Massachusetts, aux Etats-Unis d'Amérique. Elle possède un athénée ; une belle collection d'armes, de meubles et d'ustensiles ; une collection zoologique, et une société académique. Son commerce est florissant. Pop. : 15,000 âmes.

SALEM. — Petite ville de la Caroline du nord, aux Etats-Unis. C'est le chef-lieu des établissements fondés par les frères Moraves, dans les Etats méridionaux. Pop. : 2,000 âmes.

SALERNE. — Ville archiépiscopale, chef-lieu de la principauté-citérieure, dans le royaume des Deux-Siciles. Elle possède un port sur le golfe de son nom, et l'on sait quelle réputation lui donna au moyen-âge sa célèbre école de médecine. On remarque dans cette ville le palais de l'intendant ; elle a un lycée, et une population d'environ 12,000 âmes.

SALERNES. — Chef-lieu de canton dans l'arrondissement de Draguignan, département du Var. On y trouve des figues renommées. Pop. : 2,600 âmes.

SALERS. — Chef-lieu de canton dans l'arrondissement de Mauriac, département du Cantal. Il est bâti sur une coulée de lave, et son territoire nourrit les bestiaux les plus estimés de l'Auvergne. On y fait un commerce considérable de fromage. Pop. : 1,300 âmes.

SALFORD. — Sorte de bourg du comté de Lancaster, en Angleterre. Il est contigu à Manchester, et sa population, qui dépasse 40,000 âmes, est employée pour la plus grande partie dans les manufactures et usines de cette dernière ville.

SALGIR. — Rivière de Crimée. Elle passe à Symféropol, et se jette dans le golfe de Sivach, après un cours de 160 kilomètres.

SALIBARO. — Groupe d'îles de la Malaisie. Il est situé entre les Philippines au nord et les Moluques au sud.

SALICE. — Chef-lieu de canton dans l'arrondissement d'Ajaccio, en Corse. Pop. : 300 âmes.

SALIES. — Petite ville, chef-lieu de canton de l'arrondissement d'Orthez, dans le département des Basses-Pyrénées. Elle est renommée par sa source saline qui produit un sel d'excellente qualité, auquel on attribue la réputation des jambons qui se préparent dans la contrée et qui sont dits *jambons de Bayonne*. On mentionne aussi, dans les environs, des sables aurifères, qui sont quelquefois d'un assez bon produit. Pop. : 7,900 âmes.

SALIES. — Chef-lieu de canton dans l'arrondissement de Saint-Gaudens, département de la Haute-Garonne. On y trouve des sources salées. Pop. : 900 âmes.

SALIGNAC. — Chef-lieu de canton dans l'arrondissement de Sarlat, département de la Dordogne. On y fait un commerce de truffes.

SALINA. — Ile de l'archipel de Lipari, en Sicile. Elle est assez importante par ses salines et ses vignobles.

SALINA. — Ville du New-York, aux Etats-Unis. On y trouve de riches salines. Pop. : 7,000 âmes.

SALINS. — Petite ville chef-lieu de canton dans l'arrondissement de Poligny, dans le département du Jura. Elle est située sur la rivière la Furieuse, qui a sa source dans la ville même ; et depuis l'incendie de 1825, qui la détruisit en partie, on l'a rebâtie d'une manière régulière. Elle possède un collège, une bibliothèque publique, et ses salines, qui sont exploitées depuis le XVIIIe siècle, fournissent une quantité de sel considérable à la Suisse. Sa population est d'environ 8,000 âmes.

SALISBURY. — Petite ville épiscopale, chef-lieu du comté de Wilt, en Angleterre. On remarque sa cathédrale, dont le clocher est le plus élevé du royaume, et l'un des plus hauts des basiliques de l'Europe. On trouve aussi dans son voisinage et au milieu d'une bruyère, le célèbre monument druidique, appelé le *Stonehenge*, et qui consiste en blocs énormes placés verticalement, sur lesquels reposent d'autres blocs posés dans un sens horizontal. Ces premières pierres sont environnées de beaucoup d'autres, de moindre dimension, et de quelques tombeaux. Pop. : 10,000 âmes.

SALLAGHA. — Capitale du royaume d'Inta, dans la Nigritie maritime. Ses habitants sont industrieux et on la considère comme l'un des grands entrepôts de cette partie de l'Afrique.

SALLANCHES. — Petite ville épiscopale de la Savoie, dans le royaume Sarde. Pop. : 1,500 âmes.

SALLE (LA). — Petit bourg du département des Hautes-Alpes. Quoique situé à une assez grande élévation, il possède des filatures de coton, des papeteries et d'autres fabriques. Pop. : 1,400 âmes.

SALLERTAINE. — Commune de l'arrondissement de Sables, dans le département de la Vendée. Pop.: 2,200 âmes.

SALLES. — Commune de l'arrondissement de Bordeaux, dans le département de la Gironde. Elle est située sur la Leyre. Pop.: 3,800 âmes.

SALLES-CURAN. — Chef-lieu de canton dans l'arrondissement de Milhau, département de l'Aveyron. Pop. : 2,500 âmes.

SALLES-SUR-L'HERS. — Chef-lieu de canton dans l'arrondissement de Castelnaudary, département de l'Aude. Pop. : 1,200 âmes.

SALLWATTY. — Ile de l'Australie. Elle est située au nord de la Nouvelle-Guinée et soumise au sultan de Tidor. Ses habitants sont féroces.

SALM. — Ville de la province de Liége, en Belgique. Elle est située sur la rivière de son nom. Pop. : 2,600 âmes.

SALMBACH. — Commune de l'arrondissement de Wissembourg, dans le département du Bas-Rhin. Pop. : 1,400 âmes.

SALMIECH. — Commune de l'arrondissement de Rodez, dans le département de l'Aveyron. Pop. : 1,100 âmes.

SALO. — Charmante petite ville, située au fond d'un petit golfe du lac de Garda, dans la délégation de Brescia, gouvernement de Milan. Son climat, l'un des plus beaux de l'Italie, donne une grande fertilité au territoire qui est tout couvert d'oliviers, d'orangers et d'une végétation luxuriante. Cette ville possède un gymnase, des filatures de soie, et environ 5,000 habitants.

SALOMON. (Archipel de). — Il est situé dans l'Océanie centrale et correspond aux terres des Arsacides de Surville et à la nouvelle Géorgie de Shortland. Les îles qui le composent et qui sont très-peuplées, sont principalement celles de Bouka, de Bougainville, de Choiseul, de Santa-Isabella, de Géorgie, de Guadalcanar, de Saint-Christoval et de Sesarga; et les groupes des Arsacides, de Cateret, de Mortlock, de Stewart, de Rennel, de Bellona et de Langhlan. Dans l'île Santa-Isabella, on trouve le Port-Praslin et la baie des mille vaisseaux.

SALON. — Petite ville, chef-lieu de canton dans l'arrondissement d'Aix, département des Bouches-du-Rhône. Elle est située sur le canal de Craponne. Son église renferme le tombeau de Nostradamus. C'est la patrie de Craponne, d'Hozier, de Suffren, de Lamanon, etc. Pop. : 5,600 âmes.

SALONA. — Chef-lieu du nomos de Locride-et-Phocide, royaume de Grèce. Elle est située près du Liacoura, l'ancien Parnasse, et elle occupe une partie de l'emplacement de l'antique *Amphissa*, la cité la plus considérable de la Locride occidentale. Salona est le siège d'un évêché.

SALONIQUE. — Grande ville de la Macédoine, dans la Turquie d'Europe. Elle est située au fond du golfe du même nom et au pied du mont Kortiach, contre lequel elle est bâtie en amphithéâtre. Cette ville est l'une des places commerçantes les plus considérables de l'Empire-Ottoman, et l'on cite ses fabriques de maroquins, de tapis, d'étoffes de soie, d'articles en cuivre et en acier, etc. Elle est la résidence d'un archevêque grec, d'un grand-mollah, et du grand-hakam des Juifs. On y remarque la mosquée de Cassim ou ancienne église Saint-Georges, la vieille mosquée ou église de Saint-Démétrius, la Rotonde, l'église Sainte-Sophie, la porte du Vardar ou arc de triomphe d'Auguste, l'arc de triomphe de Constantin, l'hippodrome et les marchés. La population est d'environ 70,000 âmes.

SALOUEN ou **MARTABAN**. — Grand fleuve d'Asie. Il prend sa source dans les montagnes du Tibet où on le désigne sous le nom d'Oïtchéou; puis il traverse la province de Yun-Nan, et une partie de l'empire des Birmans; sépare cet empire du royaume de Siam; passe à Martaban, et se jette dans le golfe de ce nom, après un cours de 3,000 kilomètres.

SALPI. — Lac du royaume de Naples. Il est situé dans la Capitanate et séparé de l'Adriatique par une étroite langue de terre. Sa longueur est de 20 kilomètres, et l'on trouve, dans son voisinage, les ruines de l'ancienne *Salapie*.

SALSETTE. — Ile de la côte ouest de l'Hindoustan, dans le golfe d'Oman. Elle est située au nord de l'île de Bombay, à laquelle on l'a jointe par une chaussée. Cette île qui appartient aux Anglais, est renommée par ses anciennes excavations ou temples hindous. Pop. : 50,000 âmes.

SALSO. — Fleuve de Sicile. Il se jette dans la Méditerranée, à Alicata, après un cours de 110 kilomètres.

SALT-COATS. — Village du comté d'Ayr, en Ecosse. Il possède un port sur le golfe de la Clyde, et l'on y fait un commerce important de sel et de charbon. Pop. : 3,500 âmes.

SALTA. — Chef-lieu de la province de ce nom dans la confédération du Rio de la Plata. Cette ville est située au milieu de vastes pâturages d'une grande fertilité, et l'on y fait un commerce important de bestiaux. Pop. : 10,000 âmes.

SALTENS-ELF. — Rivière de Norwége. Elle descend des Alpes scandinaves et se jette dans un golfe de la mer Glaciale, appelé Saltens-Fiord, après un cours de 100 kilomètres.

SALTILLO. — Ville du Mexique. C'est le chef-lieu de l'état de Cohahuila. Pop. : 6,000 âmes.

SALUCES. — Chef-lieu de la province de ce nom, dans la division de Coni, royaume Sarde. Pop. : 12,000 âmes.

SALVAGNAC. — Chef-lieu de canton dans l'arrondissement de Gaillac, département du Tarn. Pop. : 1,800 âmes.

SALVATERRA-DE-MAGOS. — Bourg de de l'Estramedure, en Portugal. Il est situé près de la rive gauche du Tage, et l'on y voit un château royal. Pop. : 2,000 âmes.

SALVETAT (La). — Chef-lieu de canton dans l'arrondissement de Saint-Pons, département de l'Hérault. Pop. : 4,000 âmes.

SALVIAC. — Chef-lieu de canton dans l'arrondissement de Gourdon, département du Lot. Pop. : 2,400 âmes.

SALZBOURG. — Ville archiépiscopale, chef-lieu du cercle de ce nom, dans la Haute-Autriche. On y remarque la cathédrale, construite sur le modèle de Saint-Pierre de Rome. Cette ville possède un lycée, auquel est joint un institut de théologie, de médecine et de chirurgie; puis un gymnase, un séminaire pour les maîtres d'école, et deux bibliothèques publiques. La population est d'environ 15,000 âmes. On trouve, dans son voisinage, Leopolskron, maison de plaisance où l'on voit une riche collection de tableaux.

SALZBOURG. — Ville de Hongrie, dans l'empire d'Autriche. On y trouve de riches salines. Pop. : 4,000 âmes.

SALZBRUNN. — Village de la régence de Breslau, en Silésie, royaume de Prusse. On y trouve des sources minérales. Pop. : 1,700 âmes.

SALZUNGEN. — Ville du duché de Saxe-Meiningen, en Allemagne. Elle est située sur la rive gauche de La Werra. Elle possède une saline qu'alimentent les eaux du petit lac salé de Salzung.

SALZWEDEL. — Ville de la province de Saxe, en Prusse. Elle fut du nombre des cités hanséatiques. Pop. : 6,000 âmes.

SAMADANG. — Ville de la province de Préangers, dans l'île de Java. Elle est renommée par la beauté de sa population.

SAMAKOF. — Petite ville de la Bulgarie, dans la Turquie d'Europe. Elle est située dans une haute vallée où l'on exploite des mines de fer et où se trouvent de nombreuses usines. On rencontre dans son voisinage la gorge de Kis-Derbend qui, avec celle de Soulu-Derbend, forme l'importante position militaire qui domine la Turquie d'Europe. Pop. : 7,000 âmes.

SAMANA. — Golfe formé par l'Atlantique au nord-est d'Haïti. Il a 70 kilomètres de profondeur et offre un abri sûr aux plus grands vaisseaux. Une île et une ville de son nom le ferment au nord.

SAMAR. — Ile de la Malaisie. C'est l'une des principales du groupe des Philippines et elle se trouve au sud-est de Luçon. Elle appartient aux espagnols qui en tirent du riz, du poivre et de la poudre d'or. Pop. : 58 000 âmes.

SAMARA (Le). — C'est ainsi que se nomme la côte maritime de l'Abyssinie, laquelle forme la partie méridionale de la *Troglodytique* de Malte-Brun. Cette contrée est partagée en un grand nombre de petites tribus, plus ou moins abruties et féroces, qui vivent dans une entière indépendance.

SAMARA. — Rivière de Russie. Elle est appelée *Rivière sainte* par les Cosaques. Elle se jette dans le Dniéper à Ekatérinoslav, après un cours de 270 kilomètres.

SAMARA. — Ville du gouvernement de Simbirsk, en Russie. Elle est importante par son commerce et ses pêcheries, et c'est le dépôt de l'immense quantité de sel qu'on retire des mines d'Iletski. Pop. : 6,000 âmes.

SAMARA. — Ville de la Turquie d'Asie. Elle est située sur le Tigre, dans l'Irak-Araby. Ce fut la résidence de plusieurs califes abassides. Pop. : 2,000 âmes.

SAMARANG. — Chef-lieu de la résidence de ce nom, dans l'île de Java, Océanie occidentale. C'est une assez grande ville dont le port est formé par l'embouchure du Samarang, mais qui est en partie obstrué par la vase. Elle est commerçante. C'est de cette province que s'est répandu sur l'Orient et l'Occident la terrible épidémie appelée *choléra*. Pop. : 36,000 âmes.

SAMARKAND ou **SAMARCANDE.** — Grande ville du Khanat de Boukhara, dans le Turkestan, en Asie. C'était autrefois la capitale de l'empire de Tamerlan. Elle est située sur le Kouwan, dans une campagne charmante, et l'on y trouve de nombreuses fabriques d'étoffes de soie, de coton, de papier de soie, etc. Elle possède aussi des écoles mahométanes. On y remarque les tombeaux de Tamerlan, de Rhodjek-Abdoullah-Ahrar, et d'Aboul-Mansour-Matouridi, auteur du *Bedaya*. Pop. : 50,000 âmes.

SAMATAN. — Chef-lieu de canton dans l'arrondissement de Lombez, département du Gers. Il est situé sur la Save. C'était autrefois une place forte. Pop. : 2,300 âmes.

SAMBAS. — Petite ville de l'île de Bornéo, dans l'Océanie occidentale. Elle est située sur la rivière de même nom, et l'on y trouve un fort avec garnison hollandaise.

SAMBOANGAN. — Petite ville de la partie espagnole de l'île de Mindanao, dans l'archipel des Philippines. Elle est fortifiée et c'est un lieu de déportation pour les criminels. Pop. : 900 âmes.

SAMBRE. — Rivière qui prend sa source en France dans le département de l'Aisne. Elle passe dans celui du Nord, puis en Belgique, et se jette dans la Meuse, à Namur, après un cours de 175 kilomètres.

SAMEN. — Contrée montueuse du royaume de Tigré, dans l'Abyssinie. On y remarque une colonie de Juifs qui y habite depuis l'époque où Nabuchodonosor conquit la Judée et les provinces voisines. Ces Juifs se nomment falachas, ce qui signifie exilés.

SAMER. — Chef-lieu de canton dans l'arrondissement de Boulogne, département du Pas-de-Calais. Pop. : 2,200 âmes.

SAMOS ou **SISAM.** — Ile de la côte d'Anatolie, dans la Turquie d'Asie. Elle est renommée par sa fertilité, et l'on sait quelle était aussi sa réputation chez les anciens. Des restes remarquables attestent encore sa splendeur et tels sont entre autres la montagne percée, la jetée du port, le temple de Junon-Samienne, etc.

SAMOTHRAKI ou **SEMENDEREK.** — Ile de l'archipel, appartenant à la Turquie. C'est la Samothrace des anciens qui était renommée par les mystères qu'on y célébrait en l'honneur des dieux cabires. On y a découvert le célèbre bas-relief d'Agamemnon que l'on conserve au musée du Louvre à Paris, et qui est regardé comme l'un des plus antiques monuments de l'art grec. Pop.: 1,500 âmes.

SAMOYEDES. — Peuple de la Russie. Il habite près de la mer Glaciale, en Europe et en Asie, dans les gouvernements d'Arkhangel, de Tobolsk et d'Iéniséisk. Les Samoyèdes qui, dans leur langue, se donnent le nom de Khasova, sont petits, assez bien proportionnés, mènent une vie nomade et sont adonnés à la chasse et à la pêche. On évalue leur nombre à 70,000 âmes.

SAN. — Rivière de Gallicie, dans l'empire d'Autriche. Elle prend sa source aux monts Karpathes, baigne Sanok, Przemysl et Jaroslaw, et se jette dans la Vistule, sur la limite de la Pologne, après un cours de 400 kilo-

SAN. — Village du Bahari ou Basse-Egypte. Il est habité par des pêcheurs dont les cabanes s'élèvent au milieu des ruines d'une ancienne cité appelée *Zoan* par les Juifs et *Tanis* par les Grecs. C'est de cette ville qu'une des branches du Nil prenait son nom de Tanitique. On y voit encore les restes de plusieurs monolithes et autres monuments.

SAN-BLAS. — Petite ville de l'Etat de Xalixo, dans la confédération mexicaine. On y voit l'arsenal maritime le plus important du mexique.

SAN-DOMINGO-DE-PALENQUÉ. — Gros village de l'Etat de Chiapa, dans la confédération mexicaine. On y voit les ruines de l'ancienne *Culhuacan* qu'on a appelée la Thèbes américaine, ruines longtemps cachées aux explorateurs au sein d'une épaisse forêt, et qui furent découvertes, en 1787, par le capitaine Antonio del Rio et Don José Alonzo de Calderón.

SAN-FELIPE. — Petite ville, chef-lieu de la province d'Aconcagua, dans la république du Chili. Pop.: 8,000 âmes.

SAN-FELIPE-DE-AUSTIN. — Chef-lieu du Texas, aux Etats-Unis. C'était naguère un refuge pour les esclaves qui y devenaient libres en touchant le sol, comme cela a lieu pour eux en Canada.

SAN-FERNANDO ou **ISLA-DE-LÉON.** — Jolie petite ville de l'Andalousie, en Espagne. Elle est située sur l'île de Léon. Ses fortifications se rattachent au système de celles de Cadix, et elle possède, entre autres établissements publics, un bel observatoire et une école de marine qui est renommée. Pop.: 18,000 âmes.

SAN-FERNANDO. — Petite ville, chef-lieu de la province de Colchagua, dans la république du Chili. Elle est importante par une riche mine d'or exploitée sur son territoire.

SAN-FERNANDO-DE-NUEVITAS. — Petite ville de l'île de Cuba, l'une des Antilles espagnoles. Elle est située sur la baie de Nuevitas, et c'est le chef-lieu d'une des cinq divisions maritimes de l'île et de la colonie fondée en 1818.

SAN-FIORENZO ou **SAINT-FLORENT.** — Chef-lieu de canton dans l'arrondissement de Bastia, en Corse. Il est situé sur le golfe de son nom, où il possède un port commode et sûr, et ses environs offrent une mine d'argent. Pop.: 500 âmes.

SAN-FRANCISCO. — Fleuve du Brésil. Il prend sa source dans le sud de la province de Minas-Geraës qu'il parcourt du sud au nord, sépare les provinces de Bahia et de Sergipe de celles de Pernambouc et d'Alagoas, et se jette dans l'Atlantique après un cours de 2,500 kilomètres.

SAN-FRANCISCO. — Ville des Etats-Unis. C'est la plus considérable de la nouvelle Californie. Elle est située sur une vaste baie qui y forme l'un des plus beaux ports du monde et qui reçoit les eaux du Sacramento et du San-Joachim, si célèbres de nos jours par leurs riches lavages d'or. Cette ville, dont la prospérité est récente, compte déjà une population qui dépasse 60,000 âmes.

SAN-FRANCISCO. — Petite ville de la province de Coquimbo, dans la république du Chili. On y exploite de riches mines de cuivre.

SAN-GERMAN. — Grande ville de l'île de Porto-Rico, l'une des Antilles espagnoles. Pop.: 30,000 âmes.

SAN-GERMANO. — Petite ville d'à peu près 5,000 habitants, dans la terre de Labour, royaume des Deux-Siciles. On trouve, dans ses environs et au pied du monte Cassino, le célèbre monastère de ce nom, regardé comme le plus ancien de l'Europe, et le premier où se réunirent des hommes de mérite, pour cultiver en commun les arts et les sciences. L'église de ce monastère est ornée de marbres précieux et de superbes peintures, et sa riche bibliothèque renferme un grand nombre de manuscrits. C'est aussi dans le voisinage de San-Germano que sont les ruines de *Casinum* et d'*Aquinum*. Pop.: 4,000 âmes.

SAN-GIOVANNI-IN-FIORE. — Ville de la Calabre citérieure, dans le royaume de Naples. Elle est située au confluent de l'Arno et du Neto. Pop.: 5,000 âmes.

SAN-GONZALO. — Rivière navigable de la province de San-Pedro, au Brésil. Elle sort du lac Mirine, et se jette dans celui de Los-Patos, après un cours de 90 kilomètres.

SAN-ILDEFONSE. — Petite ville de la province de Ségovie, dans la vieille Castille, en Espagne. Elle est située sur le versant septentrional de la chaîne de Guadarrama, et renommée par son château royal, dont les merveilles et les difficultés vaincues rappellent celui de Versailles; puis par la manufacture de glaces qui y est en activité. Le château de San-Ildefonse est regardé comme la résidence royale la plus élevée de l'Europe: il est placé à 1,125 mètres 20 au-dessus du niveau de la mer. La population de la ville est d'environ 4,000 âmes.

SAN-JOACHIN-DE-OMAGUAS. — Bourg de la république de l'Equateur. Il est situé sur la rive gauche de l'Amazone. C'est le principal établissement des missionnaires chez les Omaguas, peuplade indienne civilisée en partie aujourd'hui et convertie au christianisme.

SAN-JOA-DO-PRINCIPE. — Très-petite ville de la province du Ciara, au Brésil

Elle est renommée par ses mines d'alun.

SAN-JORGE. — Petite ville de la province de Bahia, au Brésil. C'est l'un des plus anciens établissements des Portugais en Amérique et qui est important par son port et ses pêcheries.

SAN-JOSE-DE-COSTA-RICA. — Chef-lieu de l'Etat de Costa-Rica, dans la confédération de l'Amérique centrale. C'est une ville qui a peu d'importance commerciale. Pop. : 20,000 âmes.

SAN-JOSE-DEL-PARAL. — Ville de l'Etat de Durango, au Mexique. C'est le chef-lieu d'un district de mines. Pop. : 6,000 âmes.

SAN-JUAN-DE-LA-FRONTERA. — *Voy.* Chacapoyas.

SAN-JUAN-DE-PORTO-RICO. — Chef-lieu de l'île de Porto-Rico, l'une des Antilles espagnoles. Cette ville est située sur une presqu'île de la côte septentrionale, au milieu d'une vaste baie, et sa position ainsi que ses travaux de défense la rendent une des plus fortes places de l'Amérique. Elle est bien bâtie, possède un port spacieux, et son commerce est assez considérable. Pop. : 10,000 âmes.

SAN-LORENZO. — Chef-lieu de canton dans l'arrondissement de Corté, en Corse. Pop. : 600 âmes.

SAN-LUCAR-DE-BARRAMEDA. — Ville de la province de Cadix, en Espagne. Elle est située sur la rive gauche et à l'embouchure du Guadalquivir, où elle possède un port. On y trouve des salines, des filatures, des tanneries et des fabriques de liqueurs et ses pêcheries sont importantes. C'est la patrie de Diégo Vélasquez, fondateur de la Havane, dans l'île de Cuba. Pop. : 18,000 âmes.

SAN-LUIS-POTOSI. — Chef-lieu de l'Etat de Potosi, dans la confédération mexicaine. C'est une ville bien bâtie, bien percée, qui offre de nombreuses églises et de belles fontaines. On remarque particulièrement l'église paroissiale de Saint-Pierre; celles des couvents du Carme et de Saint-François, la monnaie et l'aqueduc. San-Luis jouit d'une grande célébrité qu'il doit aux mines d'argent exploitées sur son territoire, mais qui sont bien déchues pourtant, aujourd'hui, de la richesse qu'elles présentaient jadis. Pop. : 50,000 âmes.

SAN-MARINO. — Village bâti sur la montagne de même nom, et capitale de la république de Saint-Marin, en Italie. Sa population est d'environ 4 à 500 âmes.

SAN-MIGUEL. — La plus grande des îles Açores. Elle est montueuse, volcanique et sujette à de fréquents tremblements de terre; mais très-fertile dans les vallées, surtout en fruits. Sa longueur est de 75 kilomètres et son chef-lieu est Ponta-Delgada, où se concentre tout le commerce de l'île. Pop. 80,000 âmes.

SAN-MIGUEL. — Rivière de la république de Bolivia. Elle coule dans les pays de Chiquitos et de Moxos, et se joint au Guapore après un cours de 1,060 kilomètres.

SAN-NICOLAO. — Chef-lieu de canton dans l'arrondissement de Bastia, en Corse. Pop. : 600 âmes.

SAN-PAOLO. — Ville de la Capitanate, dans le royaume de Naples. On y voit les ruines de *Teanum*. Pop. : 3,000 âmes.

SAN-PAULO. — Ville épiscopale, chef-lieu de la province de ce nom au Brésil. Elle est située presque sous le tropique du Capricorne, et dans un climat très-salubre. C'est une assez jolie ville où l'on remarque surtout la cathédrale; le palais du gouverneur, autrefois collége des jésuites; celui de l'évêque, et l'ancienne fonderie d'or. On y trouve un séminaire, une école de droit et une bibliothèque publique. Pop. : 18,000 âmes.

SAN-PEDRO ou **RIO-GRANDE-DO-SUL.** — Province du Brésil. C'est la plus méridionale. Elle est bornée, au nord, par la province de Saint-Paul; au nord-est, par celle de Sainte-Catherine; au sud-est, par l'Atlantique; et à l'ouest, par la république de l'Uruguay. Cette province, dont Portalègre est le chef-lieu, est presque entièrement occupée par des Indiens, au nombre desquels sont les Charruas et les Nienuanos; les Bugres habitent dans le nord, et dans la province de San-Pedro sont les Jacuys et les Galhos. Pop. : 180,000 âmes.

SAN-PELLEGRINO. — Village de la délégation de Bergame, dans le gouvernement de Milan, en Italie. Il est situé dans la vallée de Brembana, et renommé par ses sources minérales qui sont très-fréquentées.

SAN-REMO. — Ville de la division de Nice, dans le royaume sarde. Elle est située sur la Méditerranée, où elle possède un port. C'est la patrie du jurisconsulte Papinien. Pop. : 11,000 âmes.

SAN-ROQUE. — Ville de la province de Cadix, en Espagne. Elle est située près de la baie de Gibraltar. A peu de distance de cette ville est établie une ligne de fortifications qui s'étend de la baie de Gibraltar à la Méditerranée, et met obstacle à toute communication de Gibraltar avec le continent. Pop. : 7,000 âmes.

SAN-SALVADOR. — Chef-lieu de l'Etat de même nom, dans la Confédération de l'Amérique centrale. Cette ville est située au milieu de belles plantations de tabac et d'indigo; on y trouve de beaux édifices et de nombreuses manufactures, et elle possède un collége. Pop. : 40,000 âmes.

SAN-SEVERO. — Ville épiscopale de la Capitanate, dans le royaume de Naples. Pop.: 16,000 âmes.

SAN-THOMÉ. — Chef-lieu de l'île de même nom, dans le golfe de Guinée. Cette ville appartient aux Portugais. Pop. : 3,000 âmes.

SANA ou **SZANAA.** — Capitale de l'imamat de ce nom et du Yemen, en Arabie. Elle est située au milieu d'une plaine fertile, ceinte de murs de briques et de tours, et défendue par un château qui renferme les palais Dar-el-D'hhab et Dar-Amer, une mosquée et un hôtel des monnaies. Quelques voyageurs regardent cette ville comme l'une des plus belles de l'Orient, et on lui donne environ 30,000 habitants.

SANA. — Ville d'Arabie. C'est le chef-lieu d'un Etat gouverné par un iman. Pop. : 30,000 âmes.

SANCERGUES. — Chef-lieu de canton dans l'arrondissement de Sancerre, département du Cher. Pop. : 1,000 âmes.

SANCERRE. — Petite ville du département du Cher. Chef-lieu d'arrondissement, elle comprend 8 cantons et 76 communes. On y trouve une société d'agriculture et le commerce y est assez florissant. Pop. : 4,000 âmes.

SANCOINS. — Chef-lieu de canton dans l'arrondissement de Saint-Amand, département du Cher. Pop. : 2,500 âmes.

SANCY. — Commune de l'arrondissement de Briey, dans le département de la Moselle. C'était jadis une place forte. Pop. : 1,600 âmes.

SANDEC (Neu). — Ville de la Gallicie, empire d'Autriche. Elle est située sur la Dunajec. Pop. : 4,000 âmes.

SANDOMIR ou SANDOMIRZ. — Ville de Pologne, empire de Russie. Elle est située sur la Vistule et fut la résidence de plusieurs rois de Pologne. Pop. : 3,000 âmes.

SANDUSKY. — Rivière navigable des Etats-Unis. Elle coule dans celui de l'Ohio, et se jette dans la baie de Sandusky, au sud-ouest du lac Erié, après un cours de 130 kilomètres.

SANDWICH (Iles). — Dans la Polynésie ou Océanie orientale. Elles portent aussi le nom d'*Archipel d'Hawaii*, et sont situées près du tropique du Cancer, formant un royaume dont les habitants sont en partie convertis au christianisme, de même qu'aux usages européens. Cet archipel est le plus isolé de tous ceux de la Polynésie, mais de cette position même provient son importance. Situé, en effet, sur la route maritime qui unit les trois mondes, possesseur de ports vastes et commodes, et peuplé d'hommes enclins au progrès, il est appelé sans aucun doute à prendre, dans un avenir prochain, un rang remarquable. La plus grande des îles Sandwich est Hawaii, appelée aussi Owaihi et Owhyhee. Viennent ensuite Mahouvi, Woahou, Atqui, Onihau, Morokinne, Tahourowa et Ranai ; et dans leurs dépendances géographiques se trouvent l'Ile-aux-Oiseaux, le Banc des frégates, l'île Gardner, et celles de Pearl, Hermes et Necker. On rencontre dans l'île d'Hawaii plusieurs petites villes ou gros villages, tels que Kouai-hai, Kaï-Roua, Karakakoua, Eiah-Tatoua et Whytea ; puis les hautes montagnes Mouna-Koha, Mouna-Roa et Mouna-Voraray. C'est dans cette île que, le 14 février 1779, le capitaine Cook fut massacré par les indigènes. Dans celle de Maouvi sont les baies de Mackerray et de Raheina, et dans celle de Woahou, la plus magnifique de l'archipel par sa végétation, réside ordinairement le souverain. On voit, en divers lieux des îles Sandwich de vastes édifices appelés *heiaus*, qui servaient aux pratiques religieuses des anciens habitants. Pop. : 150,000 âmes.

SANDWICH. — Ile de l'Australie. Elle fait partie des Nouvelles-Hébrides.

SANDWICH. — Ile de l'Australie. Elle est située au nord-ouest de la Nouvelle-Irlande.

SANDWICH (Terre de). — Archipel du grand océan Austral. Il est situé au sud-est de la nouvelle Géorgie, et fut découvert par Cook en 1775.

SANDWICH. — Ville du comté de Kent, en Angleterre. Elle est située sur la Stour, non loin de son embouchure, et possède un petit port. Pop. : 3,000 âmes.

SANDY. — Cap de la Nouvelle-Galles méridionale. Il est situé sur la côte nord-est.

SANGARA. — Contrée de la Nigritie. Elle est située au sud-ouest et habitée par des peuples idolâtres.

SANGAY. — Volcan de la chaîne des Andes. Il est situé dans la république de l'Equateur, et son altitude est de 5,237 mètres. Depuis plus d'un siècle, il vomit incessamment des flammes, de la fumée et des matières calcinées.

SANGERHAUSEN. — Ville de la régence de Mersebourg, dans la province de Saxe, en Prusse. On trouve des mines de cuivre sur son territoire. Les Français y vainquirent les Prussiens en 1758. Pop. : 4,200 âmes.

SANGRO. — Rivière du royaume de Naples. Elle sépare en partie la province de Molise de l'Abruzze-Citérieure, et se jette dans l'Adriatique, après un cours de 125 kilomètres.

SANGUIR. — Ile de la Notasie. Elle est située entre les Philippines au nord et Célèbes au sud, et l'on y trouve en abondance des bœufs, des porcs et de la volaille. Pop. : 12,000 âmes.

SANTA. — Ville de la province de Junin, au Pérou. Elle est située sur le petit fleuve de son nom. Pop. : 3,500 âmes.

SANTA-CRUZ. — Petite ville de la province de Rio-de-Janeiro, au Brésil. On y voit un beau palais impérial, jadis propriété des jésuites, et auquel se rattache une plantation importante.

SANTA-CRUZ. — Très-petite ville de la province de Bahia, au Brésil. C'est le premier établissement qu'eurent les Portugais dans cette contrée.

SANTA-CRUZ. — Ville épiscopale, chef-lieu du département de même nom, dans la république de Bolivia. Elle est située au milieu d'une plaine immense. Pop. : 6,000 âmes.

SANTA-CRUZ ou SAINTE-CROIX. — Chef-lieu de l'île de Ténériffe, dans l'archipel des Canaries. Cette ville, défendue par trois forts, possède un port, et son commerce est assez florissant. Pop. : 8,000 âmes.

SANTA-FE. — Ville de la province de Grenade, en Espagne. Elle est située sur le Genil. En 1807, un tremblement de terre la détruisit en partie. Pop. : 2,000 âmes.

SANTA-FE. — Ville du territoire du nouveau Mexique, dans la confédération mexicaine. C'est dans cette ville qu'arrive, chaque année, la caravane qui part de Saint-Louis, dans l'État le Missouri, aux États-Unis. Pop. : 4,000 âmes.

SANTA-FE. — Chef-lieu de la province de ce nom, dans la confédération du Rio de la Plata. Cette ville est située sur la rive droite du Parana, et son commerce est assez florissant. Pop. 4,000 âmes.

SANTA-MARIA. — Petite ville de la Terre de Labour, dans le royaume de Naples. Elle est importante par ses marchés. Pop. : 9,000 âmes.

SANTA-MARIA-SICHE. — Chef-lieu de canton dans l'arrondissement d'Ajaccio, en Corse. Pop. : 600 âmes.

SANTA-MARTA. — Chaîne de montagnes du Brésil. Elle est située au sud de la province de Mato-Grosso.

SANTA-MARTA. — Ville épiscopale, chef-lieu de la province de même nom, dans la république de la Nouvelle-Grenade, Colombie. Elle est assez importante par ses fortifications, son port et son commerce. Pop. : 6,000 âmes.

SANTA-ROSA-DE-OSOS. — Petite ville de la province d'Antioquia, dans la république de la Nouvelle-Grenade. Elle est remarquable par sa situation élevée, et l'on trouve, dans ses environs, de riches lavages d'or.

SANTA-SABA. — Monastère de Syrie, dans la Turquie asiatique. Il est bâti dans une situation pittoresque, non loin du torrent de Kedron, et l'on voit, dans son voisinage, un grand nombre de grottes qui furent habitées, dit-on, par plus de 10,000 moines, à l'époque où saint Saba introduisit la vie monastique en Palestine.

SANTA-SEVERINA. — Ville archiépiscopale de la Calabre-Ultérieure IIe dans le royaume de Naples. Pop. 6,000 âmes.

SANTANDER. — Ville épiscopale, chef-lieu de la province de ce nom, dans la vieille Castille, en Espagne. Son port favorise un commerce qui est assez considérable. Pop. : 20,000 âmes.

SANTANDER (Nouveau). — Ville du Mexique. Elle est située sur le fleuve de son nom, affluent du golfe du Mexique, et dans l'État de Tamaulipas qu'on appelle aussi Nouveau-Santander. Pop. : 6,000 âmes.

SANTAREM. — Petite ville de l'Estremadure, en Portugal. Elle a été la résidence de plusieurs souverains de ce royaume. On y trouve un séminaire patriarcal, et son commerce est assez florissant. Pop. : 8,000 âmes.

SANTAREM. — Petite ville de la province de Para, au Brésil. Elle est industrieuse et commerçante, et l'on cite la richesse de son agriculture.

SANTEE. — Fleuve navigable des États-Unis. Il coule dans la Caroline du Sud, et se forme par la réunion de la Wateree et de la Congaree qui passe à Colombia. Après un cours d'environ 500 kilomètres, il se jette, par deux embouchures, dans l'Atlantique.

SANTERNO. — Rivière d'Italie. Elle prend sa source en Toscane, passe dans l'État du Pape, et se jette dans le Pô-di-Primaro, près de Comacchio.

SANTI-PETRI. — Petit îlot des environs de Cadix, en Espagne. C'est sur son sol que s'élevait anciennement le fameux temple d'Hercule, dont on découvre encore les débris au fond de la mer.

SANTI-PETRI (Canal de). — En Espagne. Il sépare l'île de Léon de la côte sud, et unit l'extrémité est de la baie de Cadix à l'Atlantique. On le traverse sur un pont, et le fort de même nom en défend l'entrée méridionale.

SANTIAGO — Ville archiépiscopale de la Galice en Espagne. Elle doit son nom à une grande célébrité à sa cathédrale et au trésor que ce sanctuaire renferme, ce qui attire annuellement, un nombre considérable de pèlerins. Cette cathédrale se compose de deux églises : la supérieure est consacrée à Saint Jacques-Majeur, et l'inférieure ou crypte, à Saint Jacques-Mineur. Santiago possède une université, des fabriques de toiles et de bas de soie; elle fait un commerce assez important d'images et de chapelets; et sa population est d'environ 28,000 âmes.

SANTIAGO. — Chef-lieu de la province de ce nom, et capitale de la république du Chili, Amérique du sud. Cette ville est située sur la rive gauche du Mapocho ou Topocalma, dans une vaste plaine bornée à l'est par les Cordillères, à l'ouest par des collines, et dans un très beau climat. Elle est divisée en 154 carrés formant des quartiers, et on y remarque la cathédrale, le palais du gouvernement et le pont construit sur le Mapocho. Santiago possède une université, un lycée, plusieurs collèges et une bibliothèque publique. Pop. : 60,000 âmes.

SANTIAGO-DE-CUBA. — Ville de l'île de Cuba, l'une des Antilles espagnoles. C'est l'une des plus anciennes cités du nouveau monde, et elle fut long-temps la capitale de l'île. Son port est l'un des plus beaux de l'Amérique et se trouve défendu par le fort Del-Morro; mais le séjour de cette ville est malsain, et les habitants aisés l'abandonnent l'été pour aller se réfugier à la campagne. Pop. : 25,000 âmes.

SANTIAGO-DE-TABASCO. — Chef-lieu de l'État de Tabasco, dans la confédération Mexicaine. C'est une très-petite ville qui n'offre aucune espèce d'intérêt.

SANTIAGO-DE-VERAGO. — Chef-lieu de la province de même nom, dans la république de la nouvelle Grenade. Pop. : 5,000 âmes.

SANTILLANE. — Ville de la province de Santander, en Espagne. Elle est située près du golfe de Gascogne. C'est la patrie de l'architecte Herrera. Pop. : 2,300 âmes.

SANTO-PIETRO. — Île de la Méditerranée. Elle est située au sud-ouest de la Sardaigne et séparée de l'île San-Antioco par un canal de 5 kilomètres de largeur. Elle est principalement habitée par des Génois qui y font la pêche du Corail. Pop. : 2,200 âmes.

SANTO-PIETRO-DI-TENDA. — Chef-lieu de canton dans l'arrondissement de Bastia, en Corse. Pop. : 1,100 âmes.

SANTORIN ou **THERA**. — Ile de l'archipel, royaume de Grèce. Elle est le siège d'un évêché catholique et d'un évêché grec, et possède une vaste rade. On a découvert, dans son voisinage, des vases de terre peinte très-remarquables, et l'on voit, sur le mont Saint-Étienne, les ruines de l'ancienne *Thera*, parmi lesquelles sont des sarcophages taillés dans le roc. Santorin est renommée aussi par son volcan sous-marin qui, depuis vingt siècles, a produit, à diverses époques, plusieurs îles.

SAONE. — Rivière de France. Elle prend sa source au sud du département des Vosges; passe dans ceux de la Haute-Saône, de la Côte-d'Or et de Saône-et-Loire; sépare celui de l'Ain de celui du Rhône; traverse Lyon, et se jette dans le Rhône, au-dessous de cette ville, après un cours de 450 kilomètres.

SAONE (Département de la Haute-). — Il a été formé d'une partie de la Franche-Comté. Sa superficie est de 530,991 hectares, et sa population d'environ 347,100 âmes. Il est divisé en 3 arrondissements dont les chefs-lieux sont Vesoul, Gray et Lure, et compte 28 cantons et 581 communes. Vesoul est le siège de sa préfecture, Besançon celui de son diocèse, de sa cour impériale et de son académie universitaire (*voir l'Appendice*), et il est compris dans la cinquième division militaire. Ce département prend son nom d'une rivière assez considérable qui naît dans les Vosges près de Darney, et se jette dans le Rhône, à Lyon, après avoir reçu les eaux de la Vigeanne, de l'Ougnon, de la Bèze, de l'Ouche, du Doubs et de la Repousse.

SAONE-ET-LOIRE (Département de). — Il a été formé de parties de la Bourgogne et du Mâconnais. Sa superficie est de 856,472 hectares, et sa population d'environ 474,900 âmes. Il est divisé en 5 arrondissements dont les chefs-lieux sont Mâcon, Autun, Charolles, Châlons-sur-Saône et Louhans, et compte 48 cantons et 593 communes. Mâcon est le siège de sa préfecture, Autun celui de son diocèse, Dijon celui de sa cour impériale et de son académie universitaire (*voir l'Appendice*), et il est compris dans la cinquième division militaire.

SAPONARA. — Ville de la Basilicate, dans le royaume de Naples. On trouve, dans son voisinage, les ruines de l'ancienne *Grumentum*. Pop. : 3,000 âmes.

SARA-SOU. — Rivière du pays des Kirghir, dans le Turkestan indépendant. Elle se jette dans le lac Télezkoï, après un cours de 600 kilomètres.

SARAGOSSE. — Ville archiépiscopale, chef-lieu de la province et de la capitainerie d'Aragon, en Espagne. Elle est située presque au centre de cette province, et l'Èbre la divise en deux parties. Beaucoup de ses principaux édifices furent détruits en 1808, lors de la résistance héroïque qu'elle opposa aux Français; et parmi ceux qui subsistent on distingue particulièrement l'église de Notre-Dame del Pilar, dont le sanctuaire, renommé dans toute la péninsule, attire de nombreux pèlerins. Cette ville possède un séminaire, une université en grande réputation, plusieurs collèges, une académie des beaux-arts, une bibliothèque publique et une société académique. Sa population est d'environ 43,000 âmes.

SARAI. — C'était la capitale de la dynastie tartare de la *Horde-d'Or*. On n'en voit plus aujourd'hui que les restes dans le gouvernement de Saratov, en Russie; mais on y recueille fréquemment des objets antiques.

SARAMACA. — Fleuve de la Guyane hollandaise. C'est un affluent de l'Atlantique, et un canal l'unit au Surinam, dans la partie inférieure de son cours. Celui-ci est d'environ 530 kilomètres.

SARAMON. — Chef-lieu de canton dans l'arrondissement d'Auch, département du Gers. Pop. : 1,300 âmes.

SARAPOUL. — Ville du gouvernement de Viatka, en Russie. Elle est située sur la Kama, et il s'y fait un commerce assez important. Pop. : 6,000 âmes.

SARATOGA. — Ville du New-York, aux États-Unis. On y trouve des sources minérales très-fréquentées. En 1777, le général américain Gates, y fit prisonniers 6,000 Anglais que commandait le général Burgoyne. Pop. : 3,000 âmes.

SARATOV. — Assez jolie ville, chef-lieu du gouvernement de ce nom, en Russie. Elle est située sur la rive droite du Volga, et florissante par son industrie et son commerce. Pop. : 40,000 âmes.

SARAWAN. — Ville du Bélouchistan, en Asie. Elle donne son nom à une province dont Kélat est le chef-lieu. Pop. : 3,000 âmes.

SARDAIGNE (Ile de). — Elle est située dans la Méditerranée, au sud de l'île de Corse. Sa longueur est de 232 kilom. sur 120 de largeur, et son sol est fertile en grains, olives, oranges, citrons, etc. La pêche qui s'effectue sur ses côtes est également abondante en thons, en sardines et en corail. Sa population est d'environ 390,000 âmes. Cette île, qui formait autrefois une monarchie indépendante, n'est plus aujourd'hui qu'une fraction du nouveau royaume sarde.

La Sardaigne offre un grand nombre de monuments qui rappellent les peuples qui y établirent successivement leur domination, c'est-à-dire, les Pélasges, les Phéniciens, les Étrusques, les Carthaginois, les Grecs et les Romains, et parmi ces constructions antiques on remarque particulièrement celles qui portent le nom de *Nurages* ou *Nureghes*. Quelques archéologues les considèrent comme cyclopéennes ou pélasgiques, d'autres leur donnent une origine analogue à celles qui, dans l'Inde, furent élevées par les adorateurs du feu. Ces monuments, dont on compte à peu près 600 dans l'île, ont une hauteur d'environ 16^m.25, sur un diamètre de 29^m.25. Le sommet, lorsqu'il est conservé, se termine en cône surbaissé; les blocs dont il se compose ont 1 mètre cube ou approchant; les architraves plates qui surmontent les portes et les lucarnes, en ont 2 de longueur sur 1 de hauteur; les parois sont sans ciment tant à l'intérieur qu'à l'extérieur ; une rampe en spirale, pratiquée dans l'épaisseur totale de la construction, établit une communication entre les trois chambres qui forment les trois étages du Nuraghe, et la voûte de chaque chambre est en ogive ovoïde. Il est aussi de ces nuraghes qui sont flanqués d'autres cônes au nombre de trois à sept, lesquels se groupent autour du cône principal et offrent comme des espèces de casemates ; enfin, un mur de 3m 25 d'élévation, et du même style que l'édifice, environne, comme un rempart, le terre-plain qui porte le nuraghe, et ce mur a quelquefois 120 mètres de circuit.

SARDE (ROYAUME). — Il a pour confins, au nord, le canton de Genève, le lac Léman, et les cantons du Valais et du Tessin ; à l'est, ce dernier canton, le gouvernement de Milan, le duché de Parme, la Lunigiane toscane, et le ci-devant duché de Massa ; au sud, la Méditerranée ; et à l'ouest, la France. Il se compose des anciens duchés de Savoie, principauté de Piémont, duchés d'Aoste et de Montferrat, seigneurie de Verceil, comtés de Nice et d'Asti, et marquisat de Saluce ; d'une partie du duché de Milan, comme les provinces d'Alexandrie, de Valence, de Val de Sesia, de Novare, de Tortone, de Vigevano, la Lomelline, partie du Pavesan, et partie du comté d'Acnghiera ; des fiefs de Canavèse, et du territoire d'Asti ; de l'île de Sardaigne ; de l'état de Gènes ; et des Langhe ou fiefs impériaux. Enfin, son classement administratif comprend les intendances générales ou divisions militaires suivantes ; *Turin, Cuneo, Allessandria, Novara, Aosta, Nizza, Genova, Savoia,* et *l'île de Sardaigne.* La capitale du royaume est TURIN.

Les cours d'eau qui arrosent ces États appartiennent à la Méditerranée et à la mer Adriatique. La première reçoit le *Rhône*, avec ses affluents l'Arve, l'Isère et l'Arc ; le *Var*, qui sépare l'intendance de Nice de la France ; la *Magra*, son affluent la Vara ; puis le *Tysso*, le *Coquinas*, la *Flumendosa*, et le *Mannu*. Dans l'Adriatique viennent s'écouler le *Pô*, et ses affluents la Vraita, la Maira, le Tanaro, la Bormida, l'Ellero, la Stura, la Scrivia, la Staffora, le Tidone, la Trebbia, le Cluson, la Dora-Riparia, l'Orco, la Dora-Baltea, la Sesia, la Gogna, le Terdoppto, et le Tésin.

SARE. — Commune de l'arrondissement de Bayonne, dans le département des Basses-Pyrénées. Les Espagnols y furent battus par les Français en 1794. Pop. : 2,200 âmes.

SAREPTA. — Petite ville du gouvernement de Sarator, en Russie. Les établissements industriels qu'y ont créés les frères moraves la rendent florissante, et on la regarde comme la plus considérable des colonies allemandes qui se trouvent situées dans ce gouvernement. La population de cette ville est d'environ 3,000 âmes.

SARGANS. — Petite ville du canton de Saint-Gall, en Suisse. On y trouve des sources thermales et des mines de fer. Pop. 600 âmes.

SARI. — Ville de Perse. C'est le chef-lieu du Mazenderan. Pop. : 30,000 âmes.

SARI-D'ORSINO. — Chef-lieu de canton dans l'arrondissement d'Ajaccio, en Corse. Pop. : 800 âmes.

SARINENA. — Ville de la province d'Huesca, en Espagne. Elle est située près de l'Alcandre, affluent du Cinca. En 1133, les chrétiens y furent vaincus par les Maures. Pop. : 2,500 âmes.

SARLAT. — Petite ville située sur le ruisseau de ce nom, dans le département de la Dordogne. Chef-lieu d'arrondissement, elle comprend 10 cantons et 133 communes. Sa population, qui s'élève environ à 6,000 âmes, est employée en partie à l'exploitation de mines de fer, de cuivre, de houille et de pierres meulières. Cette ville possède un séminaire et un collège.

SARNEU. — Petite ville du canton d'Unterwald, en Suisse. Elle est située à l'issue de l'Aa du lac de Sarnen, et l'on y remarque l'église et l'arsenal. Elle possède un collège et sa population est d'environ 2,000 habitants. Cette ville est le chef-lieu du haut-Unterwalden.

SARNO. — Ville épiscopale de la Principauté-Citérieure, dans le royaume de Naples. Elle est située sur la petite rivière de son nom qui se jette dans le golfe de Naples. On y trouve des sources sulfureuses et des sources ferrugineuses, et l'on y fait un commerce de vins, d'huile et de soie. Pop. : 12,000 âmes.

SAROS. — Golfe formé par l'Archipel. Il est situé entre la Romélie au nord et la presqu'île de Gallipoli au sud-est.

SAROUKHAN. — Sandjac ou division territoriale de l'Anatolie, dans la Turquie d'Asie. Elle est arrosée par le Sarabat, et baignée à l'ouest par les golfes de Tchanderli et de Smyrne. Son sol est fertile en vins, amandes, coton et soie, et ses villes principales sont Manissa et Ak-Hissar.

SARRALBE. — Chef-lieu de canton dans l'arrondissement de Sarreguemines, département de la Moselle. On y trouve des fabriques de tabatières de carton, de toiles, et de chapeaux de paille, et une source salée dans le voisinage. Pop. : 3,500 âmes.

SARRANCE. — Commune de l'arrondissement d'Oloron, dans le département des Basses-Pyrénées. Pop. : 1,300 âmes.

SARREBOURG. — Petite ville située sur la Sarre. Chef-lieu d'arrondissement dans le département de la Meurthe, elle comprend 5 cantons et 116 communes. Elle possède une société d'agriculture et sa population est d'environ 3,000 âmes.

SARREBRUCK. — Ville de la Prusse-Rhénane. Elle est située sur la Sarre qui y devient navigable, et sur la frontière de France. C'est un chef-lieu de cercle. Pop. : 7,000 âmes.

SARREGUEMINES. — Petite ville située sur la Sarre. Chef-lieu d'arrondissement dans le département de la Moselle, elle comprend 8 cantons et 149 communes. On y trouve un collége, et l'on y fait un commerce qui consiste principalement en grains, en bois de construction, en faïence rouge et en tabatières de pâte de carton. Pop. : 5,000 âmes.

SARRELOUIS. — Ville forte de la régence de Trèves, dans la Prusse-Rhénane. Elle est située sur la Sarre et près de la France à laquelle elle appartenait avant 1815. Cette ville doit en effet sa fondation à Louis XIV. Pop. : 4,400 âmes.

SARROLA-ET-CARCOPINO. — Chef-lieu de canton dans l'arrondissement d'Ajaccio. Pop. : 700 âmes.

SARSINA. — Ville épiscopale de l'Etat du Pape. C'est la patrie de Plaute. Pop. : 1,200 âmes.

SART. — Village de l'Anatolie, dans l'Asie Mineure, empire Ottoman. Il correspond à l'ancienne *Sardes*, résidence des rois de Lydie et que Florus appelait la seconde Rome. On y voit les restes d'une église, ceux du temple de Cybèle, et le tumulus colossal d'Algattes, père de Crésus.

SARTÈNE. — Petite ville de Corse. Chef-lieu d'arrondissement, elle comprend 8 cantons et 43 communes. On y fait un commerce de cuirs, de peaux de chèvres et de moutons, d'huiles, de cire et de planches de sapins. Pop. : 3,300 âmes.

SARTHE (Département de la). — Il a été formé de parties du Maine et de l'Anjou. Sa superficie est de 21,600 hectares, et sa population d'environ 474,900 âmes. Il est divisé en 4 arrondissements dont les chefs-lieux sont Le Mans, Mamers, Saint-Calais et La Flèche, et compte 33 cantons et 392 communes. Le Mans est le siége de sa préfecture et de son diocèse, Angers celui de sa cour impériale et de son académie universitaire (voir l'*Appendice*), et il est compris dans la seizième division militaire. Ce département prend son nom d'une rivière dont la source est à Somme-Sarthe, non loin de Mortagne, dans le département de l'Orne. Elle se jette dans la Mayenne, vis-à-vis de l'île de Saint-Albin, à 8 kilom. au-dessus d'Angers. Elle est navigable depuis Le Mans.

SARTILLY. — Chef-lieu de canton dans l'arrondissement d'Avranches, département de la Manche. Pop. : 1,200 âmes.

SARTROUVILLE. — Commune de l'arrondissement de Versailles, dans le département de Seine-et-Oise. On y fait un commerce d'Asperges et de pierres de taille. Pop. : 1,800 âmes.

SARZANA. — Ville épiscopale de la division de Gênes, dans le royaume Sarde. C'est la patrie du Pape Nicolas V. Pop. : 8,000 âmes.

SARZEAU. — Petite ville, chef-lieu de canton dans l'arrondissement de Vannes, département du Morbihan. Elle est située dans la presqu'île de Rhuys, et n'est presque habitée que par des marins. On y trouve des marais salants. Pop. : 6,900 âmes.

SAS-DE-GAND. — Place forte de la Zélande, dans le royaume de Hollande. Elle est située sur le canal qui va de Gand à l'Escaut occidental. Pop. : 800 âmes.

SASSANO. — Ville de la Principauté-Citerieure, dans le royaume de Naples. Pop. : 4,000 âmes.

SASSARI. — Ville archiépiscopale de l'île de Sardaigne, royaume Sarde. On y remarque la cathédrale, le palais du gouvernement, celui du duc d'Asinara, et l'hôtel de Ville. Sassari possède une université, un collége, et une bibliothèque publique. Pop. : 20,000 âmes.

SASSENAGES. — Chef-lieu de canton dans l'arrondissement de Grenoble, département de l'Isère. On y fait des fromages renommés, et l'on trouve, dans le voisinage, les grottes dites *Cuves de Sassenage*. Pop. : 1,500 âmes.

SASSILE. — Ville du royaume Lombard-Vénitien, dans l'empire d'Autriche. On y trouve des vins renommés. Pop. : 3,600 âmes.

SASSUOLO. — Ville du duché de Modène, en Italie. Elle est située sur la droite de la Secchia. On y voit une maison ducale. Pop. : 3,000 âmes

SATALIE ou ANTALIA. — Ville de l'Anatolie, dans la Turquie d'Asie. Elle est située sur le golfe du même nom, formé par la Méditerranée : c'est le siège d'un archevêché grec. On y fait un commerce de laines, de coton et de fruits. Pop. : 30,000 âmes.

SATARAH. — Petite ville, capitale du royaume de ce nom, dans l'empire Indo-Britannique. Sa citadelle est l'une des plus fortes places d'armes de l'Inde.

SATILLIEU. — Chef-lieu de canton dans l'arrondissement de Tournon, département de l'Ardèche. Pop. : 2,000 âmes.

SATIMANGALAM. — Ville forte de l'Hindoustan anglais. Elle est située dans la présidence de Madras. On y remarque le beau temple de Vichnou.

SAUDRE. — Rivière de France. Elle se forme dans le département de Loir-et-Cher, par la réunion de la grande et de la petite Sauldre, passe ensuite à Salbris et à Romorantin, et s'unit au Cher, entre Selles et Saint-Aignan, après un cours de 60 kilomètres.

SAUGUES. — Chef-lieu de canton dans l'arrondissement du Puy, département de la Haute-Loire. On y fabrique des étoffes de laine, et ses fromages sont estimés. Pop. : 3,800 âmes.

SAUJON. — Chef-lieu de canton dans l'arrondissement de Saintes, département de la Charente-Inférieure. Il est situé sur la Seudre qui y devient navigable. On y fabrique des toiles et des étoffes de laine. Pop. : 2,200 âmes

SAULIEU. — Petite ville très-ancienne, chef-lieu de canton dans l'arrondissement de Semur, département de la Côte-d'Or. On y fait un commerce de blé, de laines, de bestiaux, de tonnellerie et de bois. Le maréchal de Vauban naquit près de cette ville. Pop. : 3,000 âmes.

SAULT. — Chef-lieu de canton dans l'arrondissement de Carpentras, département de Vaucluse. Pop. : 2,800 âmes.

Dictionnaire de Géographie eccl. III.

SAULX. — Rivière de France. Elle prend sa source dans le département de la Haute-Marne, coule au sud-ouest de celui de la Meuse, passe dans celui de la Marne, et se jette dans la Marne, après un cours de 112 kilomètres.

SAULX. — Chef-lieu de canton dans l'arrondissement de Lure, département de la Haute-Saône. Pop.: 1,200 âmes.

SAULXURES. — Chef-lieu de canton dans l'arrondissement de Remiremont, département des Vosges. On y trouve une filature de coton. Pop.: 3,100 âmes.

SAULZAIS-LE-POTIER. — Chef-lieu de canton dans l'arrondissement de Saint-Amand, département du Cher. Pop.: 900 âmes.

SAUMUR. — Ville très-ancienne, située sur la rive gauche de la Loire, dans le département de Maine-et-Loire. Chef-lieu d'arrondissement; elle comprend 7 cantons et 86 communes. On y remarque un très-beau pont, et elle possède un collége, une école de cavalerie, une bibliothèque. Son commerce consiste en émaux, en chapelets, en toiles, en mouchoirs, puis en vins, eaux-de-vie, légumes secs, pruneaux, etc. Sa population est d'environ 11,000 âmes. Cette ville est la patrie de madame Dacier. On voit dans ses environs plusieurs monuments druidiques.

SAUNG ou **DON-NAI.** — Fleuve de l'empire d'An-nam. Il passe à Saigon et se jette dans la mer de la Chine, après un cours d'environ 200 kilomètres.

SAUVAGE. — Ile de la Polynésie. Elle est située par 19° de latitude sud, et 177° de longitude ouest.

SAUVAGERE. (La). — Commune de l'arrondissement de Domfront, dans le département de l'Orne. Pop.: 2,200 âmes.

SAUVE. — Chef-lieu de canton dans l'arrondissement du Vigan, département du Gard. On y fabrique de la bonneterie et de la poterie. Pop.: 2,800 âmes.

SAUVETERRE. — Chef-lieu de canton dans l'arrondissement de Rodez, département de l'Aveyron. On y fabrique de la bonneterie de laine. Pop.: 1,900 âmes.

SAUVETERRE. — Commune de l'arrondissement de Saint-Gaudens, dans le département de la Haute-Garonne. Pop.: 2,300 âmes.

SAUVETERRE. — Chef-lieu de canton dans l'arrondissement de la Réole, département de la Gironde. Pop.: 800 âmes.

SAUVETERRE. — Commune de l'arrondissement de Villeneuve, dans le département de Lot-et-Garonne. On y trouve des hauts-fourneaux. Pop.: 1,500 âmes.

SAUVETERRE. — Chef-lieu de canton dans l'arrondissement d'Orthez, département des Basses-Pyrénées. Il est situé près du gave. d'Oléron. Pop.: 1,600 âmes.

SAUVETERRE. — Commune de l'arrondissement de Moissac, dans le département de Tarn-et-Garonne. On y exploite des carrières d'un marbre veiné de blanc dit *brèche de Sauveterre*. Pop.: 800 âmes.

SAUXILLANGES. — Village des environs d'Issoire, chef-lieu de canton dans le département du Puy-de-Dôme. Il est important par sa fabrique de scies, de faux et de faucilles. Pop.: 2,000 âmes.

SAVANA. — Sorte de bourg bâti sur la rive droite du Surinam, dans la Guyane hollandaise. Il n'est habité que par des Juifs qui y ont construit une synagogue et établi un séminaire et une école supérieure. C'est une Jérusalem en miniature.

SAVANNAH. — Fleuve des Etats-Unis. Il sépare la Géorgie de la Caroline du sud, passe à Augusta et à Savannah, et se jette dans l'Atlantique, après un cours de 500 kilomètres.

SAVANNAH. — Ville de la Géorgie, aux Etats-Unis. Elle est située dans le comté de Chatham, près de l'embouchure du Savannah. On y remarque l'église presbytérienne, la bourse et l'édifice de l'académie. Cette ville possède une bibliothèque publique, un observatoire et une société académique. Pop.: 12,000 âmes.

SAVE. — Rivière de France. Elle prend sa source dans le département des Hautes-Pyrénées, passe dans ceux de la Haute-Garonne et du Gers, et se jette dans la Garonne, après un cours d'environ 120 kilomètres.

SAVE. — Rivière navigable de l'empire d'Autriche. Elle prend naissance aux Alpes-Carniques, dans l'Illyrie, et se jette dans le Danube, entre Semlin et Belgrade, après un cours de 900 kilomètres.

SAVENAY. — Petite ville du département de la Loire-Inférieure. Chef-lieu d'arrondissement, elle comprend 11 cantons et 51 communes. Elle possède une société d'agriculture, et sa population est d'environ 2,500 âmes.

SAVENNIERES. — Commune de l'arrondissement d'Angers, dans le département de Maine-et-Loire. Elle est située sur la rive droite de la Loire. On y fait un commerce de vins blancs et de marbre violet. Pop.: 2,800 âmes.

SAVERDUN. — Chef-lieu de canton dans l'arrondissement de Pamiers, département de l'Ariége. C'était autrefois une ville fortifiée et l'une des quatre principales du pays de Foix. Pop.: 4,000 âmes.

SAVERNE. — Petite ville située au pied des Vosges. Chef-lieu d'arrondissement dans le département du Bas-Rhin, elle comprend 7 cantons et 165 communes. Elle possède un collége, et son commerce consiste en draps, bas, chaudronnerie, chandelles, etc. Sa population est d'environ 6,000 âmes. On trouve dans ses environs, à Zornhoff, une fabrique importante de grosse quincaillerie.

SAVIGNAC. — Chef-lieu de canton dans l'arrondissement de Périgueux, département de la Dordogne. Pop.: 1,100 âmes.

SAVIGNY, — Chef-lieu de canton dans l'arrondissement de Vendôme, département de Loir-et-Cher. Pop.: 3,100 âmes.

SAVIGNY-EN-REVERMONT. — Commune

de l'arrondissement de Louhans, dans le département de Saône-et-Loire. Pop. : 2,300 âmes.

SAVILLIAN. — Ville de la division de Coni, dans le royaume Sarde. On y fabrique des étoffes de laine et de soie, et l'on y fait aussi un commerce de bestiaux. Pop. : 19,000 âmes.

SAVINES. — Chef-lieu de canton dans l'arrondissement d'Embrun, département des Hautes-Alpes. Il est situé sur la Durance. Pop. : 1,200 âmes.

SAVOIE. — Province du royaume sarde. Elle forme la division de Chambéry et appartient au bassin du Rhône. Ses bornes sont, à l'est, les Alpes qui la séparent de l'Italie; au nord, la Suisse; à l'ouest, le Rhône; et au sud, la France. Parmi les montagnes qui s'y élèvent, on remarque surtout le Mont-Blanc dont le sommet est le plus élevé des Alpes, le petit Saint-Bernard, le mont Iseran et le mont Cenis. Ses principaux lacs sont ceux d'Annecy et du Bourget, et ses cours d'eau, le Rhône, la Dranse, l'Arve, l'Isère et l'Arc. On y trouve des mines de fer, de cuivre, d'argent et de houiles; plusieurs sources minérales et entre autres celle d'Aix, près de Chambéry; mais le sol est généralement stérile et son produit est insuffisant pour la nourriture de ses habitants. Pop. : 565,000 âmes.

SAVONE. — Jolie petite ville épiscopale de l'État de Gênes, dans le royaume Sarde. Elle est importante par ses fabriques de draps et son commerce, que favorise un petit port. On y remarque de belles églises et c'est la patrie de Chiabrera. Pop. : 12,000 âmes.

SAVONNIÈRES. — Commune de l'arrondissement de Tours, dans le département d'Indre-et-Loire. Elle est située sur le Cher, et près du chemin de fer de Tours à Nantes. Pop. : 1,300 âmes.

SAVOU. — Ile de la Malaisie. Elle est située dans l'archipel de la Sonde, entre Sumba et Timor, et appartient aux Hollandais. Sa longueur est de 30 kilomètres.

SAXE-COBOURG-GOTHA (Duché de). — Il se compose de la principauté de Gotha et de celle de Cobourg, et il a Gotha pour capitale.

SAXE-MEININGEN-HILDBURGHAUSEN (Duché de). — On l'a formé, en 1826, d'une partie des comtés de Humberg et de Cobourg; des bailliages de Themar, Saalfeld, Græfenthal, Hildburghausen, Eissfeld, Heldbourg, Rœmhild, Kranichfeld et Cambourg. Cet État est arrosé par la Werra, la Saale et quelques autres petits cours d'eau, et Meiningen est sa capitale.

SAXE-WEIMAR (Grand duché de). — Cet état comprend l'ancien duché de ce nom; quelques fractions du comté de Henneberg, de l'évêché de Fulde, et du territoire d'Erfurt; une partie de l'ancien cercle de Neustadt; les seigneuries de Blankenhayn et du Bas-Kranichfeld; puis les bailliages de Vach, de Frauensee, etc. Ces diverses parties forment trois divisions principales qui sont : la principauté de Weimar, traversée par l'Ilm; celle d'Eisenach, traversée par la Nesse, et le cercle de Neustadt, traversé par l'Orla, affluent de la Saale. *Weimar* est la capitale de ce grand-duché.

SAXE (Royaume de). — Il comprend, en grande partie, les pays qui formaient l'ancien cercle de la Haute-Saxe, c'est-à-dire l'Erzgebire, le Voigtland, les cercles de Misnie et de Leipzig, une partie de celui de Mersebourg, et de la Haute-Lusace, le Schœnbourg, etc. Il a pour limites, au nord, les gouvernements prussiens de Mersebourg, de Francfort, et de Lignitz; à l'est, ce dernier pays et une portion de la Bohême; au sud, ce même royaume et le cercle bavarois du Haut-Mein; et à l'ouest, le même cercle, les possessions de la maison de Reuss, le grand-duché de Saxe-Weimar, le duché de Saxe-Altenbourg, et le gouvernement de Mersebourg. Ce royaume est arrosé par l'Elbe, avec ses affluents l'Elster-Noir, la Mulde et la Saale, cette dernière grossie par la Pleisse, qui passe à Leipzig. Il est divisé en cinq cercles qui sont ceux de Misnie, capitale *Dresde*; de Leipzig, capitale de même nom; de l'Erzgebire, capitale *Freyberg*; du Voigtland, capitale *Plauen*; et de Lusace, capitale *Bautzen*.

SAXE-ALTENBOURG (Duché de). — Cet état est formé de l'ancienne principauté d'Altenbourg, moins le bailliage de Cambourg, et il a pour capitale *Altenbourg*.

SAYAUSK. — Chaîne de montagnes de l'Asie. Elle est située entre la Sibérie et l'empire chinois, et l'Iénisséi, ainsi que plusieurs de ses affluents y prennent naissance au sud et au nord.

SAYPAN. — Ile de la Micronésie. Elle est située dans le groupe des Marianes, mais se trouve déserte aujourd'hui.

SAZAWA. — Rivière de l'empire d'Autriche. Elle prend sa source en Bohême, passe à Saar, Przymyslau et Deutsch-Brod, et s'unit à la Moldau, après un cours de 150 kilomètres.

SCAER. — Chef-lieu de canton dans l'arrondissement de Quimperlé, département du Finistère. On y remarque la belle fontaine de Sainte-Candide. Pop. : 4,000 âmes.

SCALA. — Ville de la Principauté citérieure, dans le royaume de Naples. Elle est située près du golfe de Salerne. Pop. : 2,000 âmes.

SCALA-NOVA. — Ville de l'Anatolie, dans la Turquie d'Asie. Elle est située sur le golfe de son nom, que forme l'Archipel. Pop. : 20,000 âmes.

SCANDIANO. — Petite ville du duché de Modène. C'est la patrie du poëte Boïardo, de Spallanzani, et aussi, selon quelques-uns, de l'Arioste.

SCARBOROUGH. — Groupe de petites îles de la Micronésie. Il est situé au nord-ouest des îles Kingsmill.

SCARBOROUGH. — Ville du comté d'York, en Angleterre. Elle est située sur la mer du

Nord, où elle possède un port. On y trouve des bains de mer très-fréquentés. Pop. : 9,000 âmes.

SCARCIES. — Fleuve de la Guinée septentrionale.

SCARDONA. — Ville épiscopale de la Dalmatie, dans l'empire d'Autriche. Elle est située sur la Kerla, que les vaisseaux peuvent remonter jusqu'à cet endroit. Pop. : 6,000 âmes.

SCARPANTO. — Ile de l'archipel. Sa longueur est d'environ 50 kilomètres, et elle appartient à la Turquie. Elle donnait anciennement son nom à la mer Carpathienne.

SCARPE. — Rivière navigable de France. Elle prend sa source dans le département du Pas-de-Calais; passe à Arras, Douai, Marchiennes et Saint-Amand, et se jette dans l'Escaut, à Mortagne, après un cours de 92 kilomètres.

SCARPONNE. — Hameau du département de la Meurthe. Il est situé dans le canton de Pont-à-Mousson, arrondissement de Nancy, et dans une île de la Moselle. Ce fut jadis une ville célèbre; capitale du pays des Saunois, que les Hongrois ravagèrent au xe siècle.

SCEAUX. — Chef-lieu d'arrondissement du département de la Seine. Il compte 4 cantons et 43 communes. Cette petite ville offre encore les restes d'un château construit par Colbert et qui devint ensuite la résidence favorite du duc du Maine, puis du duc de Penthièvre. Il se tient à Sceaux un marché important en bestiaux qui fournit, concurremment avec celui de Poissy, à la consommation de Paris. Pop. : 1,900 âmes.

SCEY-SUR-SAONE. — Chef-lieu de canton dans l'arrondissement de Vesoul, département de la Haute-Saône. On y trouve des usines à fer et l'on y fait un commerce de grains. Pop. : 2,200 âmes.

SCHAFFHOUSE. — Chef-lieu de canton de ce nom, en Suisse. Il est situé sur la rive droite du Rhin. Cette ville possède un lycée, un gymnase, une bibliothèque publique et un cabinet de minéralogie. On y trouve aussi une fabrique d'acier fondu, et sa population est d'environ 7,000 âmes. On voit, dans ses environs, le château de Laufen, célèbre par la belle cascade du Rhin. Le fleuve qui, en cet endroit, a près de 98 mètres de largeur, se précipite d'une élévation d'environ 25 mètres.

SCHAMBI. — Pays de l'île de Sumatra. Il est situé entre les royaumes de Siak et de Palembang, et habité par des Malais mahométans. On y fait un commerce de poivre, de poudre d'or et d'étain.

SCHANKS. — Ile de la Micronésie. Elle est située par 0° 20' de latitude sud, et 160° 50' de longitude est.

SCHARDING. — Ville de l'archiduché d'Autriche. Elle est située près de la droite de l'Inn. Les Français la bombardèrent en 1809. Pop. : 2,500 âmes.

SCHARNITZ. — Défilé du Tyrol. Il est situé près de la frontière de Bavière et traversé par l'Isar.

SCHASBOURG. — Ville du pays des Saxons, en Transylvanie, empire d'Autriche. Pop. : 6,000 âmes.

SCHAUMBOURG ou **SCHAUENBOURG.** — Cercle de la Hesse-Electorale, en Allemagne. Son chef-lieu est Reinteln. Pop. : 27,000 âmes.

SCHAUMBOURG-LIPPE. — Principauté d'Allemagne. Outre son propre territoire, elle comprend les deux petits bailliages de Blomberg et d'Alverdissen, situés plus au sud. Pop. : 28,000 âmes.

SCHAVANA. — Petit lieu situé sur la mer Rouge, dans la contrée orientale des déserts qui appartiennent à l'Egypte. Il se rapporte à l'ancien port de *Leucos* ou *Albus*.

SCHELESTADT. — Ville ancienne située sur l'Ill. Elle est fortifiée. Chef-lieu d'arrondissement dans le département du Bas-Rhin, elle comprend 8 cantons et 144 communes. Cette ville possède un collège, une fabrique renommée de toiles métalliques, et son commerce consiste en outre, en armes, bonneterie, corderie, et chapeaux de paille. On lui attribue l'invention du vernis des vases de terre. Sa population est d'environ 9,000 âmes.

SCHELLENBERG. — Village de Bavière. En 1704, Malborough y battit le duc de Bavière. Pop. : 500 âmes.

SCHEMNITZ. — Ville de Hongrie, dans l'empire d'Autriche. Elle est renommée par ses mines d'or et d'argent qui sont les plus riches du royaume. On y trouve une école royale de minéralogie. Pop. : 22,000 âmes.

SCHENECTADY. — Ville du New-York, aux Etats-Unis. Elle est située près du canal de New-York. Pop.: 4,000 âmes.

SCHERCHELL. — Petite ville de la province d'Alger. Elle est située sur la Méditerranée, et assez importante par l'industrie de ses habitants. On y remarque de nombreux restes antiques.

SCHEVENINGEN. — Village de la Hollande méridionale. Il est situé sur la mer du Nord. On y trouve des bains de mer très-fréquentés. Pop. : 3,000 âmes.

SCHIEDAM. — Petite ville des environs de Rotterdam, dans la Hollande méridionale. Elle est renommée par ses brasseries de genièvre, et par sa population de marins qui font la pêche du hareng. Elle compte à peu près 10,000 habitants.

SCHIERMONIKOOG. — Ile de Hollande. Elle est située dans la mer du Nord, près et au nord de la Frise. Pop. : 1,100 âmes.

SCHILTIGHEIM. — Commune de l'arrondissement de Strasbourg, dans le département du Bas-Rhin. Elle est située près de l'Ill. Pop. : 2,800 âmes.

SCHINZNACH. — Bourg du canton d'Argovie, en Suisse. Il est situé sur l'Aar, et renommé par ses sources sulfureuses. C'est en cet endroit que fut fondé, en 1760, la *société Helvétique*, et l'on voit, dans son voisinage, le manoir d'Habsburg, berceau de la maison d'Autriche.

SCHIO. — Ville du royaume Lombard-Vénitien, dans l'empire d'Autriche. On y trouve des fabriques de draps. Pop. 4,000 âmes.

SCHIRMECK. — Chef-lieu de canton dans l'arrondissement de Saint-Dié, département des Vosges. On y trouve une filature de coton. Pop. : 1,500 âmes.

SCHLEITZ. — Jolie petite ville située sur le Wiesenthal. C'est le chef-lieu de la principauté de Reuss-Schleitz. Elle possède un lycée, quelques fabriques et à peu-près 5,000 habitants.

SCHLESWIG. — Ville épiscopale du Jutland méridional, en Danemark. Elle est située à l'extrémité du bras de mer appelé Sli. Elle est industrieuse, commerçante, et l'on y trouve un hospice dans lequel on reçoit les aliénés des trois duchés. La population de cette ville est d'environ 12,000 âmes. On voit, dans son voisinage, le superbe château de Gottorp, où réside le gouverneur général des duchés.

SCHLUSSELBOURG. — Ville fortifiée, chef-lieu du cercle de ce nom, dans le gouvernement de Pétersbourg, en Russie. Elle est située au milieu de la Neva, à l'endroit où ce fleuve sort du lac Ladoga, et l'on y remarque le palais impérial, ainsi qu'une importante manufacture d'indiennes. Pop. : 25,000 âmes.

SCHMALKALDEN. — Petite ville de la vallée du même nom, dans le Thüringerwald, grand-duché de Fulde, Hesse-Electorale. Cette ville et la vallée sont un centre de fabrication où l'on façonne le fer et l'acier de toutes les manières. Schmalkalden est renommée aussi par la fédération que les protestants y signèrent en 1531. Pop. : 4,500 âmes.

SCHMIEDERBERG. — Ville de la Silésie, royaume de Prusse. Elle est située près de Schmiederberg-Kamm, l'un des monts des Géants, qui s'élève à environ 1,100 mètres. On y trouve des fabriques de toiles, de cotonnades, de rubans, de fil, etc. Pop. : 4,000 âmes.

SCHNEEBERG. — Ville du royaume de Saxe. On y fabrique des dentelles, et l'on trouve dans les environs des mines d'argent, de cobalt et de fer. Pop. : 6,000 âmes.

SCHONAU (Gross-). — Fort village de la Lusace, dans le royaume de Saxe. On y fabrique des toiles damassées qui sont très-recherchées. Pop. : 5,000 âmes.

SCHONBERG. — Ville de la Moravie, dans l'empire d'Autriche. Pop. : 3,400 âmes.

SCHONBORN-WIESENTHEID. — Comté médiatisé de la confédération germanique. Chef-lieu Theits.

SCHONBOURG. — Seigneuries médiatisées de la confédération germanique. Leurs chefs-lieux sont Penig et Waldenbourg.

SCHONBOURG-ROCHSBOURG. — Comté médiatisé de la confédération germanique. Il a Rochsbourg pour chef-lieu.

SCHONEBECK. — Petite ville de la province de Saxe, en Prusse. Elle est importante par ses fabriques de produits chimiques, et par des salines rangées au nombre des plus grandes de l'Europe et qui emploient au delà d'un millier d'ouvriers. Sa population est d'environ 7,000 âmes.

SCHONINGEN. — Ville du duché de Brunswick, en Allemagne. Elle possède des salines. Pop. 3,100 âmes.

SCHONLANKE. — Ville de la province de Posen, royaume de Prusse. On y trouve des fabriques de draps. Pop. : 4,000 âmes.

SCHOONHOVEN. — Ville de la Hollande méridionale. Elle est située sur la droite du Leck, où elle possède un port. Pop. : 2,000 âmes.

SCHORNDORF. — Ville de Wurtemberg. Pop. : 4,000 âmes.

SCHOUTEN. — Groupe de petites îles d'Australie. Il est situé au nord-est de la Nouvelle-Guinée, et les principales îles qui le composent sont Vulcain, Roissy et d'Urville.

SCHOUWEN. — Ile de Hollande. Elle est située dans le nord de la Zélande, entre l'Escaut-Oriental et l'embouchure méridionale de la Meuse. Sa longueur est de 25 kilomètres, et elle a Ziérikzée pour chef-lieu.

SCHRECKHORN. — Montagne de la Suisse. Elle est située dans la partie sud-est du canton de Berne, et son altitude est de 4,080 mètres.

SCHREIBERGSCHAU. — Village du gouvernement de Liegnitz, dans la Silésie, en Prusse. Il est cité pour son étendue remarquable, laquelle provient de ce que toutes les maisons sont isolées les unes des autres. Ses habitants, qui sont au nombre de 2,500, sont renommés aussi par leur adresse à polir le verre et à fabriquer des instruments de musique; on voit enfin, dans son voisinage, le Rabenstein, rocher curieux par son élévation ; la cascade du Zacken et du Kocher, et la Quekerschaale, rocher du poids de 200 quintaux, qui demeure immobile sur une base de 2 pieds carrés.

SCHUTTENHOFEN. — Ville du cercle de Prachin, en Bohême, dans l'empire d'Autriche. Pop. : 3,000 âmes.

SCHUYLKILL. — Rivière navigable des Etats-Unis. Elle baigne la Pennsylvanie et se jette dans la Delawarre. Un canal l'unit à la Susquehannah. Son cours est d'environ 225 kilomètres.

SCHWABACH. — Ville du cercle de Rezat, en Bavière. Elle est importante par son industrie, et surtout par sa fabrication d'aiguilles. On y trouve une maison de correction. Pop. : 8,000 âmes.

SCHWANDEN. — Bourg du canton de Glaris, en Suisse. Il est situé sur la Linth, et possède des fabriques d'étoffes de coton. Sa population est d'environ 2,000 âmes.

SCHWARZA. — Rivière de Moravie. Elle passe à Brünn et se joint à la Thaya, après un cours de 150 kilomètres.

SCHWARZA. — Rivière de Saxe. Elle

coule en partie dans la principauté de Schwarzbourg-Rudolstadt et se joint à la Saale, après un cours de 50 kilomètres.

SCHWARZBOURG (ÉTATS DE). — Ils comprennent le comté de même nom, situé dans l'ancien cercle de la haute Saxe, lequel comté se divise en *supérieur* et *inférieur*. Le premier constitue la principauté de Schwarzbourg-Rudolstadt, avec *Rudolstadt* pour chef-lieu; et le second, la principauté de Schwarzbourg-Sondershausen, dont le chef-lieu est *Sondershausen*. Le comté supérieur est arrosé par la Saale, et ses affluents la Gera et l'Ilm; l'inférieur, par le Wipper, affluent de l'Unstrut, qui l'est lui-même de la Saale.

SCHWEDT. — Ville de la régence de Postdam, dans le Brandebourg, royaume de Prusse. Elle est située sur l'Oder, et c'est dans son voisinage que se trouve le château royal de *Monplaisir*. Pop.: 5,000 âmes.

SCHWEIDNITZ. — Petite ville fortifiée, située sur la Weistritz, dans l'un des plus beaux cantons de la Silésie, en Prusse. On y remarque son église catholique, dont la tour est d'une grande élévation. Cette ville, qui est très-industrieuse, possède un gymnase et compte environ 9,000 habitants.

SCHWEINFURT. — Ville de Bavière. Elle est située sur le Main, qui y est navigable, et sur le chemin de fer de Francfort-sur-le-Mein à Nuremberg et à Dresde. Pop.: 6,000 âmes.

SCHWELM. — Jolie petite ville du gouvernement d'Arensberg, dans la province de Westphalie, en Prusse. Elle est importante par son industrie et ses eaux minérales; elle possède un gymnase, et sa population est d'environ 3,000 âmes. On trouve dans son voisinage la grotte de Klutert, remarquable par son étendue, le nombre de ses galeries, et ses détours multipliés qui en font un véritable labyrinthe.

SCHWERIN. — Jolie petite ville située sur le lac de même nom. C'est la capitale du grand-duché de Mecklembourg-Schwerin. On y remarque la cathédrale, le palais grand-ducal, le palais du grand-duc héréditaire, et le bâtiment de l'administration. Cette ville possède un gymnase, une école vétérinaire, une galerie de tableaux, et une collection d'objets d'arts. Pop.: 13,000 âmes.

SCHWERIN. — Ville de la régence de Posen, dans le royaume de Prusse. Pop.: 4,000 âmes.

SCHWETZINGEN. — Bourg du cercle du Bas-Rhin, dans le grand-duché de Bade. On y remarque le château grand-ducal, renommé surtout par son jardin anglais, dans lequel se trouve la plus riche collection de plantes alpines qui existe. On y admire ensuite l'allée des tilleuls, l'orangerie dont la longueur est de 200 mètres, puis les temples d'Apollon et de Minerve, la mosquée et la maison des bains. La population de ce bourg est d'environ 2,500 âmes.

SCHWITZ. — Jolie petite ville, chef-lieu de canton du même nom, en Suisse. Elle est située près de la rive droite de la Muotta. On y remarque l'hôtel de ville, et elle possède un séminaire, un collège et un cabinet de médailles. Sa population est d'environ 5,000 âmes.

SCIACCA. — Ville de la province de Girgenti, en Sicile. Elle est située sur la Méditerranée, où elle possède un port désigné pour l'exportation des grains. On y trouve des sources thermales, des salines et des mines de soufre. C'est entre cette ville et l'île Pantellaria qu'apparut à deux reprises, en 1831 et 1832, un îlot volcanique qui répandit la terreur dans la contrée; mais ce soulèvement n'eut aucune suite fâcheuse. Sciacca est la patrie d'Agathocle, tyran de Syracuse. Pop.: 10,000 âmes.

SCIOTO. — Rivière navigable des États-Unis. Elle passe à Columbus, Chillicote et Portsmouth, et se joint à l'Ohio, après un cours de 340 kilomètres.

SCITUATE. — Ville du Massachusetts, aux États-Unis. Elle est située sur une baie de l'Atlantique, où elle possède un port. Pop.: 7,000 âmes.

SCLAVONIE ou ESCLAVONIE. — Province de l'empire d'Autriche. Elle se divise en deux parties: la Sclavonie civile et le généralat de Sclavonie ou des confins militaires qui a pour chef-lieu Peterwardein.

SCOMBI. — Fleuve de Turquie. Il prend sa source dans la chaîne du Pinde, traverse l'Albanie et se jette dans la mer Adriatique, après un cours de 200 kilomètres.

SCONE. — Village du comté de Perth, en Écosse. Il est situé sur la rive gauche du Tay. On voit dans son voisinage un palais qui fut la résidence des rois d'Écosse. Pop.: 2,000 âmes.

SCOPELO. — Île de l'Archipel, dans le royaume de Grèce. Elle est située au nord-est de l'Eubée, et sa longueur est d'environ 18 kilomètres. Pop.: 12,000 âmes.

SCORFF. — Rivière de France. Elle prend sa source au nord du département du Morbihan, passe à Guéméné, puis à Pont-Scorff, où elle devient navigable, et s'unit au Blavet, après un cours de 60 kilomètres.

SCRIGNAC. — Commune de l'arrondissement de Châteaulin, dans le département du Finistère. Pop.: 2,800 âmes.

SCURCOLLA. — Ville de l'Abruzze ultérieure IIe, dans le royaume de Naples. C'est dans son voisinage qu'en 1268, Charles d'Anjou gagna, sur Conradin, la bataille de Tagliacozzo. Pop.: 1,300 âmes.

SCUTARI. — Ville de la Turquie d'Asie. C'est l'ancienne *Chrysopolis*. Elle est située sur le Bosphore, vis-à-vis Constantinople. Quoique bien déchue de son ancienne splendeur, elle est cependant encore très-importante par son activité, attendu qu'elle est le rendez-vous de celles des caravanes de l'Asie qui font le commerce avec Constantinople et quelques contrées de l'occident. On remarque dans cette ville beaucoup de mosquées et de maisons également construites, et surtout les plus beaux cimetières qui soient dans tout l'empire. On rencontre dans son voisinage le phare de Kyz-Kouléci, l'ancienne *tour de Léandre*. Pop. : 35,000 âmes.

SCUTARI ou ISKANDERIE. — Grande ville d'Albanie, dans la Turquie d'Europe. Elle est située entre la Bojana et la Drinassa. C'est le siège d'un évêché grec et d'un évêché catholique. Pop. : 20,000 âmes.

SCYLLA ou SCIGLIO. — Ville de la Calabre ultérieure 1re, dans le royaume de Naples. Elle est située à l'entrée du Phare de Messine et près du cap Scylla, écueil si célèbre chez les anciens. Pop. : 7,000 âmes.

SDILI. — Iles des Cyclades, en Grèce. Elles sont situées au sud-ouest de Myconi. La petite Sdili est l'ancienne *Delos*, la grande s'appelait autrefois *Rhenea*.

SEBASTA. — Village de Syrie, dans la Turquie asiatique. Il est bâti sur l'emplacement de l'antique *Samarie*, capitale des rois d'Israël, que détruisit Salmanazar, et de la magnifique *Sebaste*, qui lui succéda, construite par Hérode le Grand en l'honneur d'Auguste. Il ne reste plus de cette ville, où les prophètes Élie et Élisée menacèrent en vain les rois d'Israël et opérèrent des miracles, que quelques colonnes debout, d'autres renversées, et des débris sans nombre.

SEBASTOPOL ou ACTIAR. — Ville du gouvernement de la Tauride, en Russie. Elle est très-importante par ses fortifications, son port, qui est l'un des plus beaux de l'Europe, ses immenses magasins de la marine militaire, son arsenal et ses casernes, et c'est la station, durant l'hiver, de la flotte russe de la mer Noire. La population de cette ville est d'environ 6,000 âmes. On trouve dans son voisinage les vestiges de l'ancien *Chersonesus* et l'emplacement du temple de Diane, qui joue un si grand rôle dans l'*Iliade* ; puis les restes de la forteresse de Mankoup, qui fut construite par les Grecs et les Génois, sur un mont dont l'accès est difficile.

SEBENICO. — Ville épiscopale de la Dalmatie, dans l'empire d'Autriche. Elle est située sur un petit lac formé par la Kerva, près de son embouchure dans l'Adriatique. Pop. : 2,700 âmes.

SEBONCOURT. — Commune de l'arrondissement de Saint-Quentin, dans le département de l'Aisne. On y fabrique des châles. Pop. : 2,000 âmes.

SEBOU. — Fleuve de l'empire de Maroc. Il se jette dans l'Atlantique, à Mammora, après un cours d'environ 300 kilomètres.

SEBOUA. — Bourgade du pays des Barabas, dans la Nubie. Elle est habitée par des Arabes Aleykat qui sont adonnés au commerce. On y voit un grand hémi-spéos, c'est-à-dire un édifice moitié construit en pierre de taille et moitié creusé dans le roc, lequel est précédé d'une avenue de sphinx.

SEBOURG. — Commune de l'arrondissement de Valenciennes, dans le département du Nord. On y voit une belle église gothique, et l'on y fabrique de la chicorée-café et de la bonneterie. Pop. : 1,700 âmes.

SECANDRA. — Petite ville de la province d'Agra, dans l'empire Indo-Britannique. Elle est en partie ruinée, mais on y remarque encore le mausolée d'Akbar et le tombeau d'Aboulfazel.

SECLIN. — Chef-lieu de canton dans l'arrondissement de Lille, département du Nord. Elle est située sur le chemin de fer du Nord. On y trouve des fabriques d'huile et de sucre indigène. Ce lieu était autrefois la capitale du pays appelé Mélanthois. Pop. : 3,000 âmes.

SECONDIGNY. — Chef-lieu de canton dans l'arrondissement de Parthenay, département des Deux-Sèvres. On y fabrique des étoffes de laine et on y trouve un haras de baudets. Pop. : 1,600 âmes.

SEDAN. — Place forte, située sur la rive droite de la Meuse. Chef-lieu d'arrondissement dans le département des Ardennes, elle comprend 5 cantons et 82 communes. C'est la ville la plus peuplée du département. Elle possède de belles casernes, un arsenal, un hôpital militaire, un collège, une société d'agriculture, et son commerce consiste en grains, chanvre, lin, bestiaux, plantes médicinales, draps, bonneterie, armes et cuirs tannés. La seule fabrication de ses draps, qui s'élève annuellement à 25 ou 26,000 pièces, produit une somme d'à peu près 16,000,000 de francs. Sa population est d'environ 14,000 âmes. Cette ville est la patrie de Turenne, de Baudin, de Desportes, de Grive, de Cappel, etc.

SEDERON. — Chef-lieu de canton dans l'arrondissement de Nyons, département de la Drôme. Pop. : 800 âmes.

SEDGEMOOR. — Plaine d'Angleterre. Elle est située à l'est de Bridgewater, dans le comté de Somerset, et arrosée par le Parret. En 1685, l'armée du duc de Montmouth y fut défaite par celle de Jacques II.

SEDJESTAN. — Pays de l'Afghanistan, dans l'Asie méridionale. Il est situé à l'ouest, et a pour capitale Djélalabad.

SEDLITZ. — Village du cercle de Saatz, en Bohême, dans l'empire d'Autriche. Il est renommé par ses eaux minérales.

SEELAND. — Grande île du royaume de Danemark. Elle est située entre la Baltique au sud, le Cattegat au nord, le Sund à l'est, qui la sépare de la Suède, et le Grand-Belt à l'ouest, qui la sépare de la Fionie. Sa longueur, du sud au nord, est de 135 kilomètres, sa largeur de 110, et ses côtes sont découpées par plusieurs bras de mer. Elle a pour ville principale Copenhague, qui est la capitale du royaume. Pop. : 325,000 âmes.

SEER ou SER. — Chef-lieu de l'État de Belad-Ser, dans l'Oman, en Arabie. C'est une petite ville située à l'embouchure du torrent qui porte son nom ; elle possède un bon port sur le golfe persique, et le cheikh y réside.

SEEZ. — Petite ville épiscopale du département de l'Orne, et située sur la rivière de ce nom qui a sa source dans les environs. On admire sa cathédrale gothique qui fut achevée, dit-on, en 1126. Cette ville possède un séminaire et un collége, et sa population est d'environ 6,000 âmes.

SEFFIN. — Ville de la Turquie d'Asie. Elle est située dans le désert de la Syrie et sur la rive droite de l'Euphrate. C'est près de là qu'en 657, fut livrée la bataille dite *de 110 jours*, entre les armées d'Ali et de Moavia, bataille qui assura le califat au dernier.

SEGHIOU ou **SÉDHIOU.** — Comptoir français de la Sénégambie. Il est situé sur la rive droite de la Cazamance.

SEGNI. — Ville épiscopale de l'Etat du Pape. On y remarque une belle cathédrale. Au dire de quelques auteurs, ce serait dans cette ville que l'orgue aurait été inventé. Pop. : 3,500 âmes

SEGO ou **SEGHOU.** — Chef-lieu du Haut-Bambarra, dans la Nigritie centrale. Elle est située sur le Djoliba. Ses maisons sont construites en argile et blanchies, et elle est entourée d'une muraille. Cette ville est le centre d'un commerce considérable. Pop. : 30,000 âmes.

SEGOUZAC. — Chef-lieu de canton dans l'arrondissement de Cognac, département de la Charente. On y fait un commerce d'eau-de-vie. Pop. : 2,600 âmes.

SEGORBE. — Ville épiscopale de la province de Castellon-de-la-Plana, en Espagne. Elle est située près de la rive droite de la Palancia, et, selon quelques-uns, elle remplacerait l'ancienne *Segobriga*, capitale des Celtibères. Pop. : 6,000 âmes.

SEGOVIE. — Ville épiscopale, chef-lieu de la province de ce nom dans la Vieille-Castille, en Espagne. C'est une ancienne ville celtibère qui fut embellie par Trajan et les rois maures. On y remarque la cathédrale; l'Alcazar, palais où résidaient les princes maures; et un aqueduc romain, l'un des plus beaux et des mieux conservés qui existent. Ségovie possède une école royale militaire et un hôtel des monnaies; ses fabriques de draps jouissent depuis des siècles d'une grande renommée, et sa population est d'environ 13,000 âmes.

SÈGRE. — Rivière de la Catalogne, en Espagne. Elle prend naissance dans les Pyrénées, sur les frontières de France; passe à Puycerda, Urgel, Balaguer, Lerida et Mequinenza, et se joint à l'Ebre, après un cours de 250 kilomètres.

SEGRÉ. — Petite ville située sur l'Oudon, dans le département de Maine-et-Loire. Chef-lieu d'arrondissement, elle comprend 5 cantons et 61 communes. Elle possède des fabriques de toiles, et sa population est d'environ 3,000 âmes.

SEGUANAY ou **SAGUENAY.** — Rivière du Canada, Amérique anglaise. Elle traverse le lac Saint-Jean et se jette dans le Saint-Laurent, au-dessous de Québec, après un cours de 225 kilomètres.

SEGUR. — Commune de l'arrondissement de Millau, dans le département de l'Aveyron. Pop. : 1,400 âmes.

SEGUR. — Commune de l'arrondissement de Murat, dans le département du Cantal. Pop. : 1,200 âmes.

SEGURA. — Fleuve d'Espagne. Il prend sa source à la Sierra-Segura, partie des monts Ibériens; passe à Murcie et à Orihuela, et se jette dans la Méditerranée, après un cours de 250 kilomètres.

SEGURA-DE-LÉON. — Ville de la province de Badajoz, en Espagne. Elle est située près des sources de l'Ardilla, affluent de la Guadiana. On y voit un château fort, et l'on y fabrique de grosses étoffes de laine. Pop. : 4,000 âmes.

SEIBOUSE. — Rivière d'Algérie. Elle passe près de Guelma, et se jette dans la Méditerranée, à Bone, après un cours de 200 kilomètres.

SEICHES. — Chef-lieu de canton dans l'arrondissement de Baugé, département de Maine-et-Loire. On y fabrique du papier. Pop. : 1,600 âmes.

SEIDSCHUTZ. — Village du cercle de Leitmeritz, en Bohême, dans l'empire d'Autriche. On y trouve des sources minérales amères, analogues à celles de Sedlitz.

SEIGNELAY. — Chef-lieu de canton dans l'arrondissement d'Auxerre, département de l'Yonne. Pop. : 1,500 âmes.

SEIKS, SEYKHS ou **SYKHS.** — Peuple du nord-ouest de l'Indoustan. Il est partagé en Seiks orientaux qui habitent sur la rive gauche du Setledje et sont vassaux des Anglais; et en Seiks occidentaux, à la droite du même fleuve, lesquels conservent encore leur indépendance.

SEILHAC. — Chef-lieu de canton dans l'arrondissement de Tulle, département de la Corrèze. Pop. : 1,600 âmes.

SEILLE. — Rivière de France. Elle prend sa source dans le département du Jura, passe dans celui de Saône-et-Loire, et se joint à la Saône, après un cours de 90 kilomètres.

SEILLE. — Rivière de France. Elle sort de l'étang de Lindre, dans le département de la Meurthe, entre dans celui de la Moselle, et se joint à la Moselle, à Metz, après un cours de 105 kilomètres.

SEIN. — Petite île située sur les côtes de l'Océan, dans le rayon de Brest, département du Finistère. Elle est habitée par 400 pêcheurs environ. Au temps des Gaulois, cette île était célèbre par les oracles qu'y rendaient des druidesses, et elle possédait un collége de neuf vierges ou magiciennes qui étaient les plus réputées de toutes celles de l'Armorique.

SEINE. — Fleuve qui prend sa source dans le plateau de Langres, près de Chanceaux, au centre du département de la Côte-d'Or; traverse ceux de l'Aube, de Seine-et-Marne, de Seine-et-Oise, de l'Eure, de la Seine-Inférieure; puis se jette dans la Manche, près du Hâvre-de-Grâce. Il baigne dans son cours Chatillon-sur-Seine, Troyes, Melun, Paris, Mantes, Elbeuf, Rouen, Honfleur et le Hâvre; et reçoit, à sa droite, l'Aube, la Marne et l'Oise; à sa gauche, l'Aisne, l'Yonne et l'Eure. L'entrée de la Seine, à son embouchure, offre quelques dangers, à cause des sables mouvants qu'on rencontre depuis Quillebœuf, mais le flux de la mer se fait sentir au-dessus de Rouen, où les petits bâtiments peuvent remonter.

SEINE (Département de la). — Il a été formé de l'île de France. Sa superficie est de 47,548 hectares, et sa population d'environ 1,364,900 âmes. Il est divisé en 3 arrondissements, dont les chefs-lieux sont : Paris, Saint-Denis et Sceaux, 20 cantons et 481 communes. Paris est le siége de sa préfecture, de son diocèse, de sa cour impériale, de son académie universitaire et de sa division militaire qui est la première.

SEINE-ET-MARNE (Département de). — Il a été formé de parties de la Champagne propre, de la Brie et du Gâtinais. Sa superficie est de 363,482 hectares, et sa population d'environ 340,200 âmes. Il est divisé en 5 arrondissements dont les chefs-lieux sont Melun, Fontainebleau, Meaux, Coulommiers et Provins, et compte 29 cantons et 539 communes. Melun est le siège de sa préfecture, Meaux celui de son diocèse, Paris celui de sa cour impériale, de son académie universitaire (voir l'Appendice) et de sa division militaire qui est la première.

SEINE-ET-OISE (Département de). — Il a été formé d'une partie de l'île de France. Sa superficie est de 660,337 hectares, et sa population d'environ 474,950 âmes. Il est divisé en 6 arrondissements dont les chefs-lieux sont Versailles, Mantes, Rambouillet, Corbeil, Pontoise et Etampes, et compte 36 cantons et 684 communes. Versailles est le siège de sa préfecture et de son diocèse ; Paris celui de sa cour impériale, de son académie universitaire (voir l'Appendice) et de sa division militaire qui est la première.

SEINE-INFÉRIEURE (Département de la). — Il a été formé d'une partie de la Normandie. Sa superficie est de 602,912 hectares, et sa population de 758,900 âmes. Il est divisé en 5 arrondissements dont les chefs-lieux sont Rouen, Dieppe, Le Hâvre, Yvetot et Neufchâtel, et compte 50 cantons et 759 communes. Rouen est le siège de sa préfecture, de son diocèse et de sa cour impériale, Caen celui de son académie universitaire (voir l'Appendice), et il est compris dans la première division militaire.

SEL (Le). — Chef-lieu de canton dans l'arrondissement de Redon, département d'Ille-et-Vilaine. Pop. : 700 âmes.

SELEFKEH. — Petite ville de l'eyalet d'Adana, dans l'Asie Mineure, empire ottoman. Elle possède un port, et l'on trouve, dans son voisinage, les ruines de l'ancienne Seleucia, parmi lesquelles on distingue un théâtre, plusieurs autres édifices, d'immenses citernes, des catacombes, etc.

SELENGA. — Rivière qui se forme en Mongolie, passe en Sibérie, et se jette dans le lac Baïkal, après un cours de 800 kilomètres.

SELIMEH. — Oasis de la Nubie. Elle est située par 21° de latitude nord, et 27° 30' de longitude est.

SELIMNIA ou ISLEMJÉ. — Ville de la Romélie, dans la Turquie d'Europe. Elle est située près du défilé du Balkan appelé Demir-Kapou ou porte de fer. On y fabrique des étoffes communes de laine, des canons de fusil et des carabines estimées, de l'essence de rose, et la foire qu'on y tient est l'une des plus importantes de l'empire. Sa population est d'environ 20,000 âmes.

SELINGENSADT. — Ville du grand-duché de Hesse-Darmstadt, en Allemagne. Elle est située sur la rive gauche du Mein. Pop. : 2,600 âmes.

SELINGUER. — Lac de la Russie d'Europe. Il est situé dans le gouvernement de Tver, au nord d'Ostachkov. Quelques géographes pensent que les eaux qui s'en écoulent forment le commencement du Volga.

SELIVRIA ou SILIVRI. — Ville de la Romélie, en Turquie. Elle est située sur la mer de Marmara où elle possède un port. Pop. : 8,000 âmes.

SELKIRK. — Chef-lieu du comté de ce nom, en Ecosse. Pop. : 3,000 âmes.

SELLE. — Rivière de France. Elle prend sa source dans le département du Cantal, passe dans celui du Lot, et se joint au Lot après un cours de 90 kilomètres.

SELLES-SUR-CHER. — Chef-lieu de canton dans l'arrondissement de Romorantin, département de Loir-et-Cher. On y fabrique du sucre indigène. Pop. : 4,300 âmes.

SELLIÈRES. — Chef-lieu de canton dans l'arrondissement de Lons-le-Saulnier, département du Jura. Pop. : 1,900 âmes.

SELMAS. — Ville de l'Adzerbaïdjan, en Perse. Elle est située au nord du lac d'Ourmiah, remarquable par son étendue, la salure de ses eaux et la variation de son niveau. Cette ville possède des sources thermales, et l'on a découvert, dans ses environs, des bas-reliefs de l'époque des Sassanides. Pop. : 21,000 âmes.

SELOMMES. — Chef-lieu de canton dans l'arrondissement de Vendôme, département de Loir-et-Cher. Pop. : 700 âmes.

SELONGEY. — Chef-lieu de canton dans l'arrondissement de Dijon, département de la Côte-d'Or. On y trouve des filatures de laine, des corderies et des tanneries. Pop. : 1,700 âmes.

SELTERS (Nieder). — Village du duché de Nassau, en Allemagne. On y trouve des sources minérales renommées.

SELTZ. — Chef-lieu de canton dans l'arrondissement de Wissembourg, département du Bas-Rhin. Il est situé sur le Rhin. On y fabrique de la bonneterie, des orgues d'église et de l'huile. Pop. : 2,200 âmes.

SELTZ. — Voy. Niederselters.

SELUNE. — Rivière de France. Elle coule dans le département de la Manche, et se jette dans la Manche, à la baie du mont Saint-Michel, après un cours de 70 kilomètres.

SELVA. — Ville de l'île de Majorque, l'une

des Baléares, royaume d'Espagne. Pop. : 3,600 âmes.

SELVA. — Ville de la province de Tarragone, en Espagne. Pop. : 4,000 âmes.

SEMBLANÇAY. — Commune de l'arrondissement de Tours, dans le département d'Indre-et-Loire. Pop. : 1,000 âmes.

SEMENDRIA ou **SEMENDRA.** — Ville fortifiée, capitale de la principauté de Servie. Elle est située au confluent de la Jessova ou branche occidentale de la Morawa, avec le Danube. Cette ville est la résidence d'un archevêque qui a le titre de primat de Servie, et sa population est d'environ 12,000 âmes.

SEMINARA. — Ville de la Calabre ultérieure 1re, dans le royaume de Naples. Détruite par les Sarrasins au xie siècle, elle fut encore dévastée par des tremblements de terre en 1638 et 1783. Pop. : 6,000 âmes.

SEMINOLES. — Indiens de la Floride occidentale, aux Etats-Unis. Ils s'y maintiennent encore à l'état d'indépendance.

SEMIPOLATINSK. — Ville forte du gouvernement d'Omsk, en Sibérie, dans la Russie Asiatique. Elle est située sur l'Irtich et entretient un commerce important avec la Boukharie. Pop. : 3,000 âmes.

SEMISAT. — Ville de la Turquie d'Asie. Elle est située sur la rive droite de l'Euphrate. C'est la patrie de Lucien.

SEMLIN. — Petite ville de la Sclavonie militaire. Elle est située au confluent de la Slave et du Danube. Le commerce qu'elle entretient avec la Turquie et l'Autriche est important. Pop. : 10,000 âmes.

SEMPACH. — Petite ville située sur le lac de ce nom, en Suisse, dans le canton de Lucerne. Elle est renommée par la victoire que les Suisses, commandés par Arnold Winkelried, y remportèrent, en 1386, sur Léopold, duc d'Autriche, qui y perdit la vie.

SEMUR. — Petite ville située sur l'Armançon, dans le département de la Côte-d'Or. Chef-lieu d'arrondissement, elle comprend 6 cantons et 143 communes. Elle possède un collège, une bibliothèque publique ; fait un commerce de blé, de vins, de laine, de toiles, etc. ; et sa population est d'environ 4,000 âmes.

SEMUR-EN-BRIONNAIS. — Chef-lieu de canton dans l'arrondissement de Charolles, département de Saône-et-Loire. Pop. : 1,600 âmes.

SENA. — Ville de la capitainerie générale de Mozambique. Elle est située sur la rive droite du Zambèze, et les Portugais y entretiennent une factorerie qui fait des opérations importantes.

SENART. — Forêt de France. Elle est située dans le canton de Boissy-Saint-Léger, département de Seine-et-Oise, sur la route de Paris à Melun.

SENE. — Commune de l'arrondissement de Vannes, département du Morbihan. Pop. : 2,500 âmes.

SENECA. — Ville du New-York, aux Etats-Unis. Elle est située à l'ouest du lac de même nom. Pop. : 6,000 âmes.

SENEF ou **SENEFFE.** — Village de la province de Hainaut, en Belgique. En 1674, les Français y battirent le prince d'Orange, et en 1794, les Autrichiens. Pop. : 3,000 âmes.

SÉNÉGAL. — Fleuve navigable de la Sénégambie. Il prend sa source au nord-est de Timbo, dans le Fonta Diallon, et se jette dans l'Atlantique après un cours de plus de 1,800 kilomètres.

SÉNÉGAL. — On appelle ainsi la partie de la Sénégambie où se trouvent les divers établissements français et qui a Saint-Louis pour chef-lieu. Ces établissements sont l'île de Saint-Louis, sur le Sénégal ; celle de Gorée, près du cap Vert ; le comptoir de Séghiou, sur la Cazamance ; et celui d'Albréda, sur la Gambie.

SÉNÉGAMBIE. — Contrée d'Afrique. Elle est située à l'ouest, entre 10° et 18° de latitude nord, et entre 7° 30' et 19° 53' de longitude ouest. Ses bornes sont, au nord, le Sahara ; à l'est, la Nigritie ; au sud, la Guinée septentrionale ; et à l'ouest, l'Atlantique. Sa longueur, de l'est à l'ouest, est de 1,350 kilomètres, et sa largeur, du nord au sud, de 900. Les côtes de cette contrée sont basses et insalubres ; mais à l'intérieur, où sont d'immenses plaines de sable, se trouvent aussi des vallées fertiles. Le climat y est très-chaud ; on n'y connaît que deux saisons, l'une sèche et l'autre pluvieuse, celle-ci commençant en juillet pour finir en octobre. La Sénégambie est divisée en un grand nombre de petits états, et parmi les peuples qui l'habitent, on distingue surtout les Yolofs, les Mandingues, les Foulahs et les tribus maures nomades. Ses principales villes sont, outre Saint-Louis du Sénégal, Bathurst, fort Saint-James, Bambouk dans le pays des Mandingues, Timbo dans celui des Foulahs, et Geba. Pop. : 12,000,000 d'âmes.

SENEZ. — Chef-lieu de canton dans l'arrondissement de Castellane département des Basses-Alpes. Pop. : 900 âmes.

SENJEN. — Île de l'Océan glacial du nord. Elle est située près des côtes de la Norwége, au nord-est des îles Loffoden, et sa longueur est de 70 kilomètres.

SENLIS. — Petite ville située sur la Nonette. Chef-lieu d'arrondissement du département de l'Oise, elle comprend 7 cantons et 133 communes. On cite sa cathédrale gothique et son clocher qui est dit-on, le plus élevé de France. Son commerce consiste en grains, mégisserie, bois de charpente et pierre à bâtir. Sa population est d'environ 5,000 âmes.

SENNAAR. — Chef-lieu du royaume de ce nom, dans la Nubie. Ce n'est qu'un amas confus de cabanes couvertes en chaume, et l'ancien palais du roi n'est lui-même qu'une médiocre construction en briques cuites. Cette ville, qui était florissante par son commerce avant l'invasion des Egyptiens, ne possède pas aujourd'hui au delà de 10,000 habitants.

SENNECEY. — Chef-lieu de canton dans l'arrondissement de Châlons-sur-Saône, département de Saône-et-Loire. Il est situé sur le chemin de fer de Paris à Lyon. Pop. : 2,700 âmes.

SENNWALD. — Village du canton de Saint-Gall, en Suisse. Il est situé non loin du Rhin. On y montre le cadavre, bien conservé, du seigneur de Hohen-Sax, assassiné en 1596. Pop. : 800 âmes.

SENONCHES. — Chef-lieu de canton dans l'arrondissement de Dreux, département d'Eure-et-Loir. Il est situé près de la forêt de même nom. On y trouve un haut-fourneau, des forges et une fabrique de papier. Pop.: 2,000 âmes.

SENONES. — Chef-lieu de canton dans l'arrondissement de Saint-Dié, département des Vosges. On y trouve une filature de coton. Pop.: 2,400 âmes.

SENS. — Commune de l'arrondissement de Rennes, dans le département d'Ille-et-Vilaine. Pop. : 1,800 âmes.

SENS. — Ville archiépiscopale, située au confluent de la Vanne et de l'Yonne. Chef-lieu d'arrondissement, elle comprend 6 cantons et 90 communes. On remarque sa cathédrale qu'ornent de superbes vitraux, et qui renferme le tombeau de la dauphine et du dauphin, fils de Louis XV. Ce mausolée est l'œuvre de Coustou. Sens possède un séminaire, un collège et une bibliothèque publique, et son commerce consiste en grains, vins, bois flotté, charbon, etc. Sa population est d'environ 10,000 âmes. Cette ville a été le siège de plusieurs conciles, entre autres celui de 1140, dans lequel Abailard fut condamné. Elle est aussi la patrie de Jacques Amin, de Cousin, etc.

SENSÉE. — Rivière de France. Elle prend sa source près de Bapaume, dans le département du Pas-de-Calais, et se jette dans l'Escaut à Bouchain, département du Nord, après un cours de 50 kilomètres.

SEPINO. — Ville de la province de Molise, dans le royaume de Naples. On trouve, dans son voisinage, les ruines de l'ancienne *Sepinus*, cité des Samnites. Pop. : 3,500 âmes.

SEPORA ou **BONNE-FORTUNE.** — Île de l'archipel de la Sonde, dans la Malaisie. Elle est située à l'ouest de Sumatra, entre Sibirou et Poggy.

SEPTMONCEL. — Bourg de l'arrondissement de Saint-Claude, dans le département du Jura. Il est important par les objets de tabletterie qu'on y fabrique, et les pierres fines ou fausses, ainsi que les pierres noires pour deuil qu'on y taille. Ce travail de lapidaire n'y occupe pas moins de 1,000 ouvriers. Septmoncel est réputé aussi par des fromageries. Pop. : 2,700 âmes.

SEPULVEDA. — Ville de la province de Ségovie, en Espagne. Elle est située sur le Duranton, affluent du Douro. Pop. : 1,700 âmes.

SEQUILLO. — Rivière d'Espagne. Elle prend sa source dans la province de Palencia, passe dans celle de Valladolid, et s'unit au Valderaduey, après un cours de 120 kilomètres.

SERA. — Ville de l'État de Maïssour, dans l'Hindoustan. Au dire des auteurs on y trouvait, au milieu du XVIII° siècle, 50,000 maisons ; mais, au commencement du nôtre, on n'en comptait plus déjà que 1,500.

SERAIN. — Rivière de France. Elle prend sa source dans le département de la Côte-d'Or, passe à Chablis, dans celui de l'Yonne, et se joint à l'Yonne, entre Auxerre et Joigny, après un cours de 130 kilomètres.

SERAIN. — Commune de l'arrondissement de Saint-Quentin, dans le département de l'Aisne. Pop. : 1,000 âmes.

SERAING. — Très-petite ville de la province de Liége, en Belgique. Elle est importante par sa mine de houille et les célèbres usines qu'y a fondées l'Anglais Cockerill. On y fabrique des machines à vapeur et toutes sortes d'articles en fer fondu. La population est d'à peu près 4,000 âmes.

SERAMPOUR ou **SIRAMPOUR.** — Jolie petite ville de la présidence de Calcutta, dans l'empire Indo-Britannique. Elle est située sur la rive droite de l'Hagli, et construite tout à fait à l'européenne. Cette ville est le siège principal des missionnaires baptistes, institués dans le but de convertir les Hindous, mission qui possède une imprimerie où la bible est publiée dans les divers dialectes de l'Inde. Serampour est aussi le siège d'une société asiatique, et l'on y fait paraître enfin les transactions de la société agricole et horticole de l'Inde. Pop. : 15,000 âmes.

SERANG. — Petite ville de la résidence de Bautam, dans l'île de Java. C'est le chef-lieu du gouvernement de la province.

SERAVEZZA. — Petite ville du grand-duché de Toscane. Elle est importante par ses carrières de marbre statuaire dont l'emploi paraît devoir succéder à celui de Carrare.

SÉRÈS. — Grande ville de la Macédoine, dans la Turquie d'Europe. Elle est située au pied des montagnes et non loin du lac Takinos. Elle est importante par ses fabriques de coton, de laine et de tabac, et on la regarde comme le centre de la culture et du commerce de coton de la Turquie européenne. Cette ville, qui est le siège d'un archevêché grec, compte environ 30,000 habitants.

SERETH. — Rivière de l'empire d'Autriche. Elle prend sa source en Gallicie, traverse la Moldavie du nord au sud, et se jette dans le Danube, entre Brahilow et Galatz, après un cours de 500 kilomètres.

SERETH. — Ville du cercle de Tschernowitz, dans la Gallicie, empire d'Autriche. Elle est située sur la rive droite du Sereth. Pop. : 4,090 âmes.

SERGINES. — Chef-lieu de canton dans l'arrondissement de Sens, département de l'Yonne. On y fabrique des étoffes de laine. Pop. : 1,400 âmes.

SERGIPE ou **SAINT-CHRISTOPHE.** — Chef-lieu de la province de Sergipe, au Brésil. Cette ville est située sur un bras du Vazabarris. Pop. : 9,000 âmes.

SERIGNAN. — Commune de l'arrondissement de Béziers, dans le département de l'Hérault. Pop. : 2,200 âmes.

SERILLAC. — Commune de l'arrondissement de Brive, dans le département de la Corrèze. Pop. : 2,100 âmes.

SERINGAPATAM.— Capitale du royaume de Maïssour, dans l'empire Indo-Britannique. Elle est située dans une île du Kavery, et fut aussi florissante que puissante sous les règnes d'Heider et de Tippoo-Saheb, son fils. Aujourd'hui elle est tout à fait déchue de sa grandeur. On y remarque les ruines de l'ancien palais royal, la mosquée principale, le temple indien de Sri-Ranga, le mausolée d'Heider, l'arsenal et la fonderie de canons. Pop. : 12,000 âmes.

SERINGHAM. — Ile de la province de Karnatic, dans l'empire Indo-Britannique. Elle est formée par le Kaveri, vis-à-vis la ville de Tritchinapali, et l'on y voit l'une des plus superbes pagodes de l'Inde, laquelle se compose de sept enceintes. Quelques-unes des colonnes qui s'y trouvent sont d'un seul bloc de 10 mètres de long.

SERINO. — Ville de la Principauté ultérieure, dans le royaume de Naples. Pop. : 8,000 âmes.

SERIO. — Rivière du royaume Lombard-Vénitien. Elle passe près de Bergame, puis à Crema, et se joint à l'Adda après un cours de 110 kilomètres.

SERMAIZE. — Commune de l'arrondissement de Vitry-le-François, dans le département de la Marne. On y trouve des sources minérales. Pop. : 1,800 âmes.

SERMANO. — Chef-lieu de canton dans l'arrondissement de Corté, en Corse. Pop. : 300 âmes.

SERMENTIZON. — Commune de l'arrondissement de Thiers, dans le département du Puy-de-Dôme. Pop. : 1,800 âmes.

SERMIONE. — Village de la province de Brescia, dans le royaume Lombard-Vénitien. Il est situé sur une presqu'île du lac de Garde. Quelques auteurs croient que le poète Catulle y naquit.

SERPHO ou **SERIPHUS.**—Ile de l'Archipel, royaume de Grèce. Elle est remarquable par les rochers dont elle est hérissée, et l'on y trouve des mines d'or, d'argent, de fer et d'aimant. Pop. : 1,000 âmes.

SERQUEUX. — Bourg du canton de Bourbonne-les-Bains, dans le département de la Haute-Marne. Ce lieu, qui ne compte aujourd'hui qu'environ 1,700 habitants, fut jadis une ville importante dont le roi de France était seigneur au moyen âge, et qui possédait un prieuré, fondé vers 987, par la famille d'Aigremont. On y remarque une église romaine du x⁰ siècle, dans laquelle on admire les stalles et boiseries du chœur, qui proviennent de l'abbaye de Sept-Fontaines ; puis les restes de l'ancienne abbaye, et ceux du château des comtes de Pallières (2).

SERRAGGIO. — Chef-lieu de canton dans l'arrondissement de Corté, en Corse. Pop. : 200 âmes.

SERRAT (Mont). — En Espagne. Il est célèbre par le monastère d'où sortit, en 1522, Ignace de Loyola, fondateur de l'ordre des Jésuites. La hauteur de ce mont est de 1,312 mètres.

SERRAVALLE. — Ville du royaume Lombard-Vénitien, dans l'empire d'Autriche. Pop. : 5,600 âmes.

SERRE. — Chef-lieu de canton dans l'arrondissement de Gap, département des Hautes-Alpes. Pop. : 1,100 âmes.

SERRIÈRES. — Chef-lieu de canton dans l'arrondissement de Tournon, département de l'Ardèche. Il est situé sur la rive droite du Rhône. On y fait un commerce de vins et de bois de charpente. Pop. : 2,200 âmes.

SERT. — Ville du pachalik de Diarbékir, dans la Turquie d'Asie. Pop. : 3,000 âmes.

SERVERETTE.—Chef-lieu de canton dans l'arrondissement de Marvéjols, département de la Lozère. On y fabrique des serges et des escots. Pop. : 900 âmes.

SERVIAN. — Chef-lieu de canton dans l'arrondissement de Béziers, département de l'Hérault. Pop. : 2,200 âmes.

SERVIE ou **SERBIE** (Principauté de). — Cet état est borné, au nord, par les confins militaires autrichiens ; à l'est, par la Valachie et la Bulgarie ; au sud, par la Romélie, la Macédoine et l'Albanie ; et à l'ouest, par la Bosnie. Il est arrosé par le Danube qui reçoit la Saxe, par la Morawa et par le Timok. Son gouvernement est tributaire de la Turquie, et il a pour capitale Semendria.

SERVIÈRES. — Chef-lieu de canton dans l'arrondissement de Tulle, département de la Corrèze. Il possède un petit séminaire. Pop. : 1,400 âmes.

SÉSARGA. — Petite île de l'Australie. Elle est située au sud-est de l'archipel de Salomon.

SESIA. — Rivière du royaume sarde. Elle passe à Verceil et s'unit au Pô, après un cours de 150 kilomètres.

SESSA. — Ville épiscopale de la Terre de Labour, dans le royaume de Naples. C'est la patrie du poëte satirique Caïus Lucilius. Pop. : 4,000 âmes.

SESTOS ou **SESTRE.** — Fleuve navigable de la Guinée septentrionale. Son embouchure se trouve à 200 kilomètres nord-ouest du cap des Palmes, sur la côte des graines.

SESTRABEX ou **SISTREBEK.** — Bourg des environs de Saint-Pétersbourg, en Russie. Il est important par sa fabrique d'armes, l'une des plus considérable de l'empire. Pop. : 1,200 âmes.

SESTRI-DI-LEVANTE. — Ville du royaume sarde. Elle est située sur le golfe de Gênes. On s'y adonne à la pêche et au cabotage. Pop. : 3,500 âmes.

SESTRI-DI-PONENTE.— Ville du royaume sarde. Elle est située à l'ouest de Gênes. Pop. : 2,400 âmes.

SÉTIF. — Lieu fortifié de la province de Constantine, en Algérie. Cet établissement

---

(2) On nous a remis, sur cette localité, un mémoire historique et archéologique très-savant, de M. l'abbé Marchal, curé de la paroisse ; mais le cadre de notre *Dictionnaire* ne nous a pas permis, à notre grand regret, de transcrire cet intéressant travail.

fut fondé par les Romains, et c'est l'un des points les plus importants du plateau intérieur de la contrée. Pop. : 300 âmes.

SETLEDJE ou GORRA. — Fleuve de l'Hindoustan. Il sort des lacs Ravanhrad et Manassarovar, au Thibet, et à plus de 5,000 mètres au-dessus du niveau de la mer. Après avoir pénétré dans l'Hindoustan où il prend le nom de Gorra, il va s'unir au Tchénab pour former le Pendjab. Son cours est d'environ 1,300 mètres.

SETUVAL ou SETUBAL. — Ville de l'Estremadure, en Portugal. Elle est située au nord de la baie de son nom qui y forme un port. On y fait un commerce de sel, de vins, d'oranges et de citrons. Pop. : 15,000 âmes.

SEU-D'URGEL. — Petite ville épiscopale de la Catalogne, en Espagne. Elle compte environ 3,000 habitants, est s'est acquis une sorte de célébrité durant les troubles de la péninsule, parce qu'elle fut alternativement occupée par des juntes et des troupes de divers partis.

SEURRE. — Chef-lieu de canton dans l'arrondissement de Beaune, département de la Saône. Pop. : 3,500 âmes.

SEVAN. — Lac de l'Arménie, dans la Russie asiatique. Sa longueur est de 60 kilomètres, et ses eaux s'écoulent par le Zenghi, affluent de l'Araxe.

SEVELLAN ou ARDEBIL. — Pic célèbre situé aux environs de la ville d'Ardebil, dans l'Adzerbaïdjan, en Perse.

SEVERN. — Fleuve navigable d'Angleterre. Il prend sa source dans les montagnes du pays de Galles, au sud-ouest du comté de Montgomery et au pied du Plinlimmon; passe près de Montgomery, puis à Shrewsbury, Worcester, Tewkesbury et Glocester; et se jette dans l'Atlantique par l'estuaire nommé Canal de Bristol. Ses principaux affluents sont, à gauche, la Stour et l'Avon ; à droite, la Wye. Son cours est d'environ 300 kilomètres.

SEVIGNAC. — Commune de l'arrondissement de Dinan, dans le département des Côtes-du-Nord. Pop. : 2,800 âmes.

SEVILLE. — Grande et belle ville archiépiscopale, chef-lieu de la province de ce nom, dans la capitainerie d'Andalousie. Cette ville, l'une des plus anciennes de l'Europe, est située sur le Guadalquivir, au milieu d'une campagne superbe. On remarque sa vaste cathédrale, réputée par l'orgue et les monuments qu'elle renferme, et surtout par sa fameuse tour, la *Giralda*, qui est la plus élevée de la Péninsule; puis l'archevêché, l'Alcazar ou ancien palais des rois maures, l'hôtel de ville, la fonderie de canons, la manufacture de tabac, l'hôpital de Cinco Llagas l'un des plus grands qui existent, la monnaie, le palais des ducs de Medina Cœli, et un aqueduc construit par les Romains et réparé par les Maures. Séville possède une université, neuf colléges, une école de pharmacie, deux écoles de mathématiques, une chaire d'agriculture, une autre de beaux-arts, une école de navigation et une école de tauromachie instituée par Ferdinand VII.

La population est d'environ 90,000 âmes. On trouve dans le voisinage et sur la rive droite du Guadalquivir, la bourgade de Saint-Ponce, où l'on recueille un grand nombre d'inscriptions romaines. C'est l'emplacement d'*Italica*, l'ancienne Séville et la patrie de Trajan, d'Adrien et de Théodose. Les Espagnols ont une grande vénération pour la capitale de l'Andalousie, et un de leurs plus anciens proverbes dit : *Qui n'a pas vu Séville, n'a rien vu de merveilleux.*

SEVRE NANTAISE. — Rivière qui prend sa source à 48 kilom. au nord de la suivante, et se jette dans la Loire, à Nantes.

SEVRE NIORTAISE. — Rivière dont la source se trouve non loin de Saint-Maixent, dans le département des Deux-Sèvres, passe par Niort et par Marans, et reçoit à sa droite la Vendée. Elle se jette dans l'Atlantique au-dessous de Marans.

SEVRES. — Petit bourg, chef-lieu de canton des environs de Paris. Il est situé sur la Seine, et renommé par sa manufacture de porcelaine et sa verrerie. Pop. : 4,600 âmes.

SEVRES (DÉPARTEMENT DES DEUX-). — Il a été formé de parties du Poitou, de la Saintonge, de l'Angoumois et de l'Aunis. Sa superficie est de 607,351 hectares, et sa population d'environ 320,700 âmes. Il est divisé en 4 arrondissements dont les chefs-lieux sont Niort, Bressuire, Melle et Parthenay, et compte 31 cantons et 355 communes. Niort est le siège de sa préfecture, Poitiers celui de son diocèse, de son académie universitaire (*voir l'Appendice*) et de sa cour impériale, et il est compris dans la quatrième division militaire.

SEYCHELLES. — Archipel de la mer des Indes. Il se compose de deux groupes : les îles Mahé ou Seychelles proprement dites, au nord-est; et les Amirantes au sud-ouest. En tout 42 îles, mais peu fertiles et d'un climat malsain. Cet archipel appartient à l'Angleterre. Pop. : 7,000 âmes.

SEYCHES. — Chef-lieu de canton dans l'arrondissement de Marmande, département de Lot-et-Garonne. Pop. : 1,300 âmes.

SEYNE. — Chef-lieu de canton dans l'arrondissement de Digne, département des Basses-Alpes. Pop. : 2,900 âmes.

SEYNE (LA). — Petite ville de l'arrondissement de Toulon, dans le département du Var. Elle est située sur la côte sud-ouest de la rade de Toulon, où elle a un port. On s'y adonne à la pêche et l'on y trouve des chantiers de construction maritime. Pop. : 7,100 âmes.

SEYSSEL. — Petite ville située sur le Rhône et chef-lieu de canton dans l'arrondissement de Belley, département de l'Ain. Elle est importante par ses mines de bitumes dont il est fait une si énorme consommation en France pour le revêtement des bassins, des terrasses, des trottoirs, des places, etc. Sa population est d'environ 2,500 âmes.

SEZANNE. — Chef-lieu de canton dans l'arrondissement d'Epernay, département de la Marne. On y fabrique du drap, et l'on y fait aussi un commerce de grains, de vins et de bois. Pop. : 4,500 âmes.

SFAX. — Ville de l'Etat de Tunis. Elle est située sur la Méditerranée, où elle possède un port. Pop. : 6,000 âmes.

SHAFTESBURY ou **SHASTON**. — Ville du comté de Dorset, en Angleterre. On y trouvait autrefois une abbaye fondée par Alfred le Grand. Pop. : 3,000 âmes.

SHANNON. — Fleuve d'Irlande. Il prend sa source dans le comté de Leitrim; traverse les lacs Ree et Derg ; passe à Athlone, Banagher et Limerick ; et se jette dans l'Atlantique, après un cours de 280 kilomètres.

SHEERNESS. — Très-petite ville du comté de Kent, en Angleterre. Elle est située sur l'île Sheppey, et importante par ses fortifications qui protégent l'entrée de la Tamise et de la Medway, puis par ses chantiers de la marine royale. Pop. : 800 âmes.

SHEFFIELD. — Grande ville du comté d'York, en Angleterre. Elle est située au confluent du Sheat et du Don, et renommée par ses nombreuses fabriques d'instruments de physique, de coutellerie et de plaqué, ses aciéries, ses clouteries, ses tréfileries, ses forges, etc. On exploite aussi dans ses environs des mines de houille et de fer. Pop. : 60,000 âmes.

SHELBURNE. — Petite ville de la Nouvelle-Ecosse, dans l'Amérique anglaise. Après avoir été très-florissante, elle est presque déserte aujourd'hui, et sa population est tombée de 12,000 âmes à 5 ou 600 au plus ; mais son port est l'un des plus beaux de l'Amérique.

SHELVOCK. — Ile du Grand-Océan équinoxial. Elle est située au sud-ouest de la presqu'île de Californie.

SHEPPEY. — Ile d'Angleterre. Elle est située dans le comté de Kent, à l'embouchure de la Tamise et de la Medway, et sa longueur est de 18 kilomètres.

SHEPTON-MALLET. — Ville du comté de Somerset, en Angleterre. On y trouve des fabriques de draps et de bas. Pop. : 5,000 âmes.

SHERBORNE. — Ville du comté de Dorset, en Angleterre. Pop. : 5,000 âmes.

SHETLAND (Iles). — Voisines des Orcades, dans la partie septentrionale de l'Ecosse, elles sont au nombre de 86, dont 40 seulement sont habitées. Les montagnes y sont arides et pelées, et les côtes, très-escarpées, sont remplies de cavernes profondes. Mainland, la plus considérable de ces îles, a près de 120 kilomètres de longueur sur 48 de largeur, et ses montagnes, couvertes de bruyères, sont entrecoupées de vallées presque toujours arides. Pop. : 26,000 âmes.

SHREWSBURY. — Ville ancienne, chef-lieu du comté de Salop ou Shrop, en Angleterre. Elle est traversée par la Saverne. On y remarque l'église Saint-Chad, le palais de justice, le marché, la prison, et la colonne élevée au général Hill. Cette ville possède aussi un gymnase et une bibliothèque publique. Pop. : 23,000 âmes.

SI'-AN ou **SINGAN**. — Grande ville fortifiée de Chen-Sì, en Chine. Elle est située sur le Wei-Ho. On y remarque la magnificence de ses quatre portes et de ses trois ponts. Cette ville possède une collection d'anciens monuments, et on en tire le blanc dont les chinoises font usage comme cosmétique. Pop. : 300,000 âmes.

SIAK. — Capitale du royaume de ce nom, dans l'île de Sumatra, Océanie occidentale. Elle est située sur le fleuve Siak et c'est la résidence du sultan. On y fait un commerce d'or, de dents d'éléphants, de bambous, de camphre, de sagou et de cire. Pop. : 3,000 âmes.

SIAM (Royaume de). — Il appartient à l'Inde-Transgangétique. Ses limites sont : au nord, la Chine ; à l'est, l'empire d'An-nam ; au sud, le golfe de Siam, la Chine et le Malacca ; et à l'ouest, le détroit de Malacca. Il est arrosé par le Salouen, le Meïnam et le Menam-Kong ; et sa division administrative est ainsi établie :

PAYS.	CHEFS-LIEUX.
Royaume de Siam proprement dit.	Bangkok.
Cambodje Siamois.	Toung-Yaï.
Laos Siamois.	(Composé du royaume de Zimé, et de la partie septentrionale de celui des Lanjans.)
Péninsule de Malacca.	(Où se trouvent les royaumes de Bondelou, de Patani, de Kalantan, de Tringanou, de Kedah, de Djankseylou, etc.)

Bangkok est la capitale du royaume. Pop. : 5,000,000 d'âmes.

SI-BIROU. — Ile de la Malaisie. Elle appartient à l'archipel de la Sonde et se trouve à l'ouest de Sumatra et au sud de Mintao.

SIBERIE. — Vaste contrée de l'Asie septentrionale qui forme la presque totalité de la Russie asiatique. Elle est bornée, au nord, par la mer Glaciale ; à l'est, par le détroit et la mer de Behring, puis par le Grand-Océan et la mer d'Okhotsk ; au sud, par l'empire chinois et le Turkestan indépendant ; et à l'ouest, par les monts Ourals qui la séparent de la Russie d'Europe. Sa plus grande longueur, de l'ouest à l'est, est de 7,000 kilomètres, et sa plus grande largeur, du sud au nord, de 3,000. Son climat est des plus rigoureux dans le nord, où toute espèce de culture devient impossible au delà du 60ᵉ degré, et la terre, couverte de nombreux marais, n'y dégèle jamais qu'à la surface. Dans le sud, on trouve de superbes forêts et quelque cantons fertiles. Mais ce que la Sibérie perd d'un côté elle le gagne de l'autre, et elle est très-riche en mines de platines, d'or, d'argent, de cuivre, de fer, etc., et en fourrures. Les peuples qui habitent cette région sont les Kirghiz, les Samoyèdes, les Ostiaks, les Bouriats, les Toungouses, les Jakoutes, les Joukaghirs, les Tchouktchis et les Kamtchadales. On divise la Sibérie en Sibérie occidentale, qui se compose des gouvernements de Tobolsk, Tomsk et Omsk ; et en Sibérie orientale, qui comprend les gouvernement d'Irkoutsk et d'Iéniséisk, et les districts d'Okhotsk, d'Iakoutsk, du Kamtchatka et des Tchouktchis. Pop. : 2,700,000 âmes.

SIBIRILL. — Commune de l'arrondissement de Morlaix, dans le département du Finistère. Pop. : 1,400 âmes.

SICIGNANO. — Ville de la Principauté citérieure, dans le royaume de Naples. Pop. : 2,500 âmes.

SICILE. — Ile considérable de la Méditerranée, située entre l'Afrique et l'Italie. Elle n'est séparée de celle-ci que par le détroit ou Phare de Messine. Sa figure est celle d'un triangle; sa longueur, depuis le Faro jusqu'au cap Boco est d'environ 264 kilom.; et sa largeur, depuis Puntadi-Melazzo, jusqu'au cap Passaro, d'environ 180. Le sol de cette île est riche en grains, en vignobles réputés, en fruits et en huile; on y cultive la canne à sucre et le coton; on y recueille de la manne excellente, du miel, etc.; on y trouve des mines d'or, d'argent, de cuivre, de plomb, de fer et d'alun; des carrières de porphyre et de marbres; du jaspe, des agates et des émeraudes; des sources minérales et thermales; enfin, le climat y est superbe et sain; et cette contrée serait un véritable Eden, si l'Etna ne la dominait de sa taille gigantesque, et si les fumées, qui s'échappent sans cesse de son cratère, n'annonçaient que ses terribles éruptions sont toujours à redouter.

SICILE (MER DE). — Partie occidentale de la mer Ionienne, voisine de la Sicile.

SICILES (ROYAUME DES DEUX-). — Il a pour confins, au nord, l'Etat du Pape et la mer Adriatique; à l'est, la mer Ionienne; au sud, cette mer, la Méditerranée et l'Etat du Pape; et à l'ouest, ce même Etat. Les fleuves qui arrosent ce royaume ont leurs embouchures dans les trois mers qui l'environnent, c'est-à-dire la Méditerranée, la mer Ionienne et la mer Adriatique. La première reçoit le Garigliano, le Volturno, le Sele, et le Salso ; la seconde, la Giaretta, le Crate et le Bradano ; et la troisième, l'Ofante, le Candelaro, le Fortore, la Pescara et le Tronto. La division administrative du royaume des Deux-Siciles comprend naturellement d'abord deux branches principales, les domaines en deçà du Phare, et les domaines au delà du Phare, lesquels se subdivisent en intendances comme suit :

	INTENDANCES.	CHEFS-LIEUX.
	Naples.	Naples.
	Terre de Labour.	Caserte.
	Principauté citérieure.	Salerne.
	Principauté ultérieure.	Avellino.
	Molise.	Campobasso.
DOMAINES en deçà du Phare. (ROY DE NAPLES.)	Abruzze ultérieure IIe.	Aquila.
	Abruzze ultérieure Ire.	Teramo.
	Abruzze citérieure.	Chieti.
	Capitanate.	Foggia.
	Bari.	Bari.
	Terre d'Otrante.	Lecce.
	Basilicate.	Potenza.
	Calabre citérieure.	Cosenza.
	Calabre ultérieure IIe.	Catauzaro.
	Calabre ultérieure Ire.	Reggio.
DOMAINES au delà du Phare. (SICILE.)	Palerme.	Palerme.
	Messine.	Messine.
	Catane.	Catane.
	Syracuse.	Syracuse.
	Caltanisetta.	Caltanisetta.
	Girgenti.	Girgenti.
	Trapani.	Trapani.

NAPLES est la capitale du royaume.

SICUANI. — Ville du Pérou. Elle est située dans le département de Cuzco, et c'est le chef-lieu de la province de Tuita. Pop. : 5,500 âmes.

SICULIANA. — Ville de la province de Girgenti, en Sicile. Elle est située à l'embouchure de la Canna. On y fait un commerce de blé et de soufre. Pop. : 4,500 âmes.

SIDI-FERRUCH. — Baie de la province d'Alger. Elle est devenue à jamais célèbre par le débarquement qu'y opéra, en 1830, l'armée française venant conquérir cette contrée africaine. Tout auprès se trouve un cap du même nom.

SIDMOUTH. — Ville du comté de Devon, en Angleterre. Elle est située sur la Manche, où elle possède un port, mais qui est comblé en partie aujourd'hui par les sables. Pop. : 3,000 âmes.

SIDNEY. — Chef-lieu de l'île du cap Breton, dans l'Amérique anglaise. C'est une très-petite ville dans les environs de laquelle on exploite des mines de houille. Pop. : 600 âmes.

SIDNEY. — Chef-lieu du comté de Cumberland, dans la Nouvelle-Galles du sud, en Australie. Cette ville est située sur le port Jackson, l'un des plus beaux qui soient dans le monde, et c'est la résidence d'un gouverneur général, d'un évêque anglican et d'un vicaire apostolique. Fondée en 1784, elle est aujourd'hui la plus ancienne du continent austral, ainsi que la plus industrieuse et la plus commerçante de l'Océanie. On y remarque l'église principale, l'hôtel du gouverneur, les casernes, les magasins et les prisons. Elle possède plusieurs collèges, une école des arts mécaniques, une autre de commerce, un jardin botanique et plusieurs sociétés académiques. Pop. : 30,000 âmes.

SIDY-HESCHAM (ETAT DE). — Il est situé dans la région du Maghreb, en Afrique, et se compose particulièrement d'une grande partie du pays de Sous. Talent est sa capitale.

SIEGBERG. — Très-petite ville de la province rhénane, en Prusse. Elle est renommée par ses vignobles et par l'église de l'abbaye qui porte son nom, laquelle abbaye est transformée aujourd'hui en un hospice pour les aliénés. La population de cette ville est d'environ 2,500 âmes.

SIEGEN. — Ville de la régence d'Arensberg, en Westphalie, royaume de Prusse. Elle est située sur la Sieg, et l'on trouve des mines de fer sur son territoire. Pop. : 4,000 âmes.

SIÈNE ou SIENNE. — Grande et belle ville archiépiscopale, chef-lieu de la province qui porte son nom, dans le grand-duché de Toscane. Elle est bâtie sur trois collines, dans une admirable situation, et tout rappelle en elle quelle était sa splendeur, lorsqu'elle était la rivale de Florence et qu'on y comptait 100,000 habitants. On y remarque aujourd'hui la cathédrale, superbe monument gothique; l'hôtel de ville; les palais du grand-duc et du gouverneur; ceux de Buonsignori, Chigi et Saracini; puis sa place semi-circulaire et concave, l'une des plus belles de l'Italie. Cette ville possède une université, un collége des nobles, une académie des beaux-arts, une bibliothèque publique et une académie des sciences. Sa population est d'environ 18,000 âmes.

SIENNE. — Rivière de France. Elle arrose les départements du Calvados et de la Manche, et se jette dans l'Atlantique, après un cours de 70 kilomètres.

SIERCK. — Chef-lieu de canton dans l'arrondissement de Thionville, département de la Moselle. Il est situé sur la Moselle. On y trouve un collége, des tanneries et une fabrique de colle-forte. Pop. : 2,200 âmes.

SIERRA-DE-OCA. — Chaîne de montagnes de l'Espagne. Elle est située dans les provinces de Burgos et de Palencia. Sa longueur est de 120 kilomètres, et elle rattache les monts Ibériens aux monts Cantabres.

SIERRA-LEONE. — Colonie anglaise fondée en 1787 sur la côte de la Guinée occidentale. Cette contrée est des plus insalubres et dévore la plus grande partie des Européens qui y résident. On y trouve les villes de Freetown et de Regenstown, et les villages de Gloucester, Wellington, Kingstown, etc. Pop. : 42,000 âmes.

SIERRA-MORENA. — Chaîne de montagnes d'Espagne. Elle est située entre le bassin de la Guadiana et celui du Guadalquivir; se rattache, à l'est, à la grande arête des monts Ibériens, par la Sierra-d'Alcazas, et se prolonge, au sud-ouest, jusqu'auprès de l'embouchure de la Guadiana.

SIERRA-NEVADA. — Chaîne de montagnes d'Espagne. Elle est située dans la province de Grenade, et fait partie de la grande arête qui sépare l'Europe en deux grands bassins, celui de l'Océan et celui de la Méditerranée. Son point culminant est le pic de Mulhacen, dont l'altitude est de 3,555 mètres. La Sierra-Nevada est aussi appelée chaîne Pœni-Bétique.

SIERRA-NEVADA. — Partie méridionale de la Cordillère des Andes. Elle est située dans le Chili et la Patagonie, et quelques-uns de ses sommets paraissent dépasser 4,000 mètres.

SIEVSK. — Ville du gouvernement d'Orel, en Russie. Elle est située sur la Moritza, affluent de la Nérousa. Pop. : 6,000 âmes.

SIG. — Rivière de la province d'Oran, en Algérie. Elle s'unit à l'Habra pour former un fleuve qui porte d'abord le nom d'Asarath, puis celui de Macta près de son embouchure dans la Méditerranée, embouchure qui se trouve non loin d'Arzeu.

SIGMARINGEN. — Très-petite ville, capitale de la principauté d'Hohenzollern-Sigmaringen. Pop. : 1,800 âmes.

SIGNA. — Bourg de la province de Florence, dans le grand-duché de Toscane. C'est le centre de la fabrication des chapeaux dits *de Florence*, fabrication qui rapporte annuellement plusieurs millions de francs.

SIGNY-L'ABBAYE. — Chef-lieu de canton dans l'arrondissement de Mézières, département des Ardennes. On y trouve une filature de laine, des hauts-fourneaux et des forges. Pop. : 3,200 âmes.

SIGNY-LE-PETIT. — Chef-lieu de canton dans l'arrondissement de Rocroy, département des Ardennes. On y trouve un haut-fourneau et des forges. Pop. : 2,300 âmes.

SIGOULES. — Chef-lieu de canton dans l'arrondissement de Bergerac, département de la Dordogne. Pop. : 700 âmes.

SIGTUNA. — Très-petite ville de la préfecture de Stockholm, en Suède. Elle est située sur une baie du lac Mélar. Elle fut, au ixe siècle, la capitale d'un petit royaume, et c'est en ce lieu que la mythologie scandinave place la demeure d'Odin. Pop. : 500 âmes.

SIGUENZA. — petite ville épiscopale de la province de Guadalaxara, en Espagne. Elle est située près de la rive gauche de l'Henarez. En 1106, Alphonse VI enleva cette ville aux Maures. Pop. : 1,000 âmes.

SIHOUAN. — Ville assez considérable de la principauté d'Haïderâbâd, dans le Sindhy, Hindoustan. On croit qu'elle correspond à la capitale de Sambus, radja des montagnards indiens cités dans l'expédition d'Alexandre. Cette ville est renommée dans toute l'Inde par le tombeau de Lab-chab-Baz, que visitent un grand nombre de pèlerins. On y remarque aussi les restes d'un château qui domine la ville et qui remonte à l'époque des Grecs. Pop. : 10,000 âmes.

SIHOUN ou ADANA. — Fleuve de la Turquie. Il passe à Adana, et se jette dans la Méditerranée, après un cours de 300 kilomètres.

SIJEAN. — Chef-lieu de canton dans l'arrondissement de Narbonne, département de l'Aude. Il est situé près de l'étang de son nom, qui communique avec la Méditerranée par un canal naturel. Il possède de riches salines. En 737, Charles-Martel y battit les Sarrasins. Pop. : 3,700 âmes.

SIKKIM ou CHIKIM. — Une des quatre grandes îles du Japon. Elle est située au sud-ouest de Niphon et à l'est de Kiousiou. Sa longueur est de 230 kilomètres sur 110 de largeur. Elle est divisée en quatre provinces : Ava, Sanonki, Sjo et Tosa, et la ville qui porte ce dernier nom est la place la plus commerçante de l'île.

SIL. — Rivière d'Espagne. Elle prend naissance aux monts Cantabres, dans la province de Léon, sépare en partie celle de Lugo de celle d'Orense, passe à Ponferrada, et s'unit au Minho, après un cours de 160 kilomètres.

SILA. — Grande forêt des Apennins. Elle est située en Calabre, royaume de Naples, et on en tire du bois de construction et de la résine.

SILBERBERG. — Bourg d'un millier d'habitants, dans la Silésie, en Prusse. Près de cet endroit et au sommet d'une montagne s'élève la célèbre forteresse qui porte son nom, et dont les ouvrages ont été taillés dans le roc. Elle a trois rangs de casemates et peut contenir 5,000 hommes de garnison.

SILE. — Rivière navigable du royaume Lombard-Vénitien, empire d'Autriche. Elle passe à Trévise et se partage en deux bras : l'un se joint à la Piave-Vecchia, l'autre se jette dans le golfe de Venise.

SILÉSIE. — Province du royaume de Prusse. Elle est située au sud et divisée en trois régences : Breslau, Liegnitz et Oppeln. Breslau est son chef-lieu. La contrée est montueuse au sud et à l'ouest, et plate dans les autres parties. Le sol y est généralement fertile et l'industrie très-active. Pop. : 2 millions 860,000 âmes. Une petite portion de la Silésie est restée à l'Autriche : elle forme les cercles de Troppau et de Teschen dans le gouvernement de Moravie-et-Silésie.

SILISTRIE ou **DRISTRA.** — Ville de la Bulgarie, dans la Turquie d'Europe. Elle est importante par ses fortifications et son commerce, et sa population est d'environ 20,000 âmes. On la regarde comme le chef-lieu de toute la ligne des forteresses du Bas-Danube.

SILJAN. — Lac de Suède, dans la préfecture de Stora-Kopparberg. Il est traversé par l'Osterdal ou Dal oriental, et sa longueur est de 45 kilomètres.

SILLE-LE-GUILLAUME. — Chef-lieu de canton dans l'arrondissement du Mans, département de la Sarthe. On y fabrique des toiles et l'on trouve des mines de fer sur son territoire. Pop. : 1,000 âmes.

SILLERY. — Commune de l'arrondissement de Reims, dans le département de la Marne. On y récolte un vin renommé. Pop. : 500 âmes.

SILS ou **SEILG.** — Village du canton des Grisons, en Suisse. Il est situé à l'extrémité orientale du lac de son nom, sur l'Inn, qui sort de ce lac. Pop. : 500 âmes.

SILSILIS. — *Voy.* Djébel-Selséleh.

SILVERIO. — Lac de la république de la Plata. Il est situé à l'ouest, et traversé par le Desaguadero qui lui apporte les eaux du lac Guanacache. Il s'écoule lui-même dans le grand lac Beveredo.

SIMANCAS. — Petite ville d'environ 1,200 habitants, dans la province de Valladolid, Vieille-Castille, en Espagne. On y conserve les archives générales du royaume de Castille, rangées dans un ordre parfait, et c'est l'un des plus vastes dépôts de documents que possède l'Europe.

SIMBIRSK. — Jolie petite ville, chef-lieu du gouvernement de ce nom, en Russie. Elle est située sur la rive droite du Volga. On y trouve un gymnase. Pop. : 13,000 âmes.

SIMIANE. — Commune de l'arrondissement de Forcalquier, dans le département des Basses-Alpes. Pop. : 1,400 âmes.

SIMIANE. — Commune de l'arrondissement d'Aix, dans le département des Bouches-du-Rhône. Pop. : 1,100 âmes.

SIMPHEROPOL. — Petite ville, chef-lieu du gouvernement de la Tauride, en Russie. On y remarque une église que quelques-uns regardent comme le plus bel édifice religieux qui soit dans l'empire. Cette ville possède un gymnase.

SIMPLON. — Montagne du canton du Valais, en Suisse. Sa hauteur est de 3,518 mètres. Les Français ouvrirent une route dans le col de cette montagne, en 1801, à une élévation de 2,000 mètres.

SIN-HIN-HOEI. — Ville forte de la Chine. Elle est située dans la province de Kan-sou, et entretient un commerce important avec le Tibet et la Mongolie.

SINAÏ. — Montagne célèbre de l'Hedjaz, dans l'Arabie. Elle est située sur la péninsule formée par la Méditerranée, le golfe de Suez et celui d'Aka, et c'est à son sommet que Dieu donna à Moïse les tables de la loi. On trouve au pied du Sinaï le couvent de Sainte-Catherine, semblable à une citadelle, et le plus fameux de l'église grecque. Son temple renferme le portrait de Justinien, celui de sa femme Theodora, et le tableau de la Transfiguration. On s'introduit dans ce couvent et on en sort au moyen d'un panier et d'un cabestan. On rencontre aussi, dans ses environs, l'endroit où fut érigé le serpent de bronze, les tombeaux de Moïse et d'Aaron, la grotte où vécut saint Athanase, la chaire de Moïse, et la prétendue empreinte du pied de la jument de Mahomet, lors de son ascension au ciel. Le mont Sinaï offre un phénomène physique dont on ne s'est point encore rendu un compte satisfaisant : on y entend fréquemment et par intervalle, un bruit souterrain, un tremblement analogue au battement d'une pendule. L'historien Procope a signalé cette particularité que MM. Gray et Seetzen ont vérifiée lorsqu'ils visitèrent le lieu. Ce bruit se produit également sur l'Oreb.

SINANO. — Colonie d'Albanais, dans l'Arcadie, royaume de Grèce. On trouve, dans son voisinage, les ruines de *Megalopolis*, qui avait été construite par les Arcadiens après la bataille de Leuctres. On y remarque les restes de son fameux théâtre.

SIND. — *Voy.* Indus.

SINDHIA ou **SINDIAH** (Royaume de). — Il est situé dans l'Hindoustan et environné de tous côtés par les possessions médiates ou immédiates de l'empire Indo-Britannique. Il comprend une partie des pays d'Agra, de Kandeich et de Mâlwa; et les fleuves qui l'arrosent sont : dans la province de Kandeich, le Tapty et la Narmadâ; et dans celles d'Agra et de Mâlwa, le Tchambal et le Betwa, affluents de la Djamna, qui porte ses eaux au Gange. Pop. : 4,000,000 âmes.

SINDHY ou **SIND** (Principautés du). — Cet État, situé dans l'Hindoustan, a pour limites, au nord, le Bélouchistan et le Lâhore ; à l'est, l'Adjimir et le Katch, pays tributaires de l'empire Indo-Britannique; au sud, la province de Katch; et à l'ouest, le Bélouchistan. Il est arrosé par l'Indus, et se compose de quatre principautés, celles d'Haïderâbâd, de Kirpour, de Mirpour et de Bahaoulpour ou Daoudpoutra.

SINEU. — Ville de l'île de Majorque, l'une des Baléares, royaume d'Espagne. Les anciens rois de cette île y résidèrent. Pop. : 4,000 âmes.

SINGA-SARY. — Cité célèbre dont les ruines existent dans le district de Malang, province de Pasarouan, île de Java. Ces ruines consistent en restes de temples et autres édifices, débris de statues et de colonnes, tombeaux, etc.

SINGAPOUR ou SINCAPOUR. — Ville de l'Inde transgangétique anglaise. Elle est située dans l'île de même nom, près de la côte sud de la presqu'île de Malacca. Fondée en 1819, par sir Thomas Rafiles, son mouvement progressif fut miraculeux. Elle est habitée par des Chinois, des Arabes, des Indiens, des Arméniens et des Européens; son port est franc; elle possède des chantiers, et elle est comme un rendez-vous et un marché pour les navires de toutes les nations. On y trouve aussi un collége malais, un jardin botanique et une imprimerie. Pop. : 40,000 âmes.

SINIAVINE ou POUNIPET. — Groupe d'îles de la Micronésie. Il est situé dans l'archipel des Carolines, et la principale des îles qui le composent est celle de Pounipet.

SINIGAGLIA. — Petite ville de la légation d'Urbin et Pesaro, dans l'Etat du Pape. Elle possède un port, et l'on y tient une foire qui est la plus importante de l'Italie, et l'une des principales de l'Europe. Sa population est d'environ 8,000 âmes.

SINNAMARY. — Rivière de la Guyane française. Elle passe à Sinnamary et se jette dans l'Atlantique.

SINNAMARY. — Bourg de la Guyane française. Durant notre première révolution, ce lieu servit d'exil aux prêtres dont le patriotisme ne se trouvait pas à la hauteur de la démagogie des hommes qui gouvernaient alors le pays.

SINOPE ou SINOUB. — Ville de l'Anatolie, dans l'Asie Mineure, empire ottoman. Elle est située sur la mer Noire, et assez importante par son port et ses chantiers de construction. Cette ville, qui fut la capitale de l'ancien royaume de Pont, est la patrie du célèbre Mithridate et de Diogène le Cynique. Pop. : 10,000 âmes.

SINSHEIM. — Ville du grand-duché de Bade, en Allemagne. En 1674, Turenne y battit les impériaux. Pop. : 3,000 âmes.

SION. — Commune de l'arrondissement de Châteaubriant, dans le département de la Loire-Inférieure. Pop. : 2,500 âmes.

SION. — Petite ville épiscopale, située sur la Sione, non loin de la rive droite du Rhône, en Suisse. C'est la capitale du canton du Valais. Elle possède une chaire de droit, un gymnase, et sa population est d'environ 3,000 âmes.

SIOULE. — Rivière de France. Elle se forme dans le département du Puy-de-Dôme, passe dans celui de l'Allier et se joint à l'Allier, après un cours de 120 kilomètres.

SIOUX. — Indiens de l'Amérique septentrionale. Ils sont établis dans la Nouvelle-Bretagne et dans le territoire de l'ouest des Etats-Unis.

SIPHANTO. — Ile de l'archipel, l'une des Cyclades centrales. Elle est située entre Serpho, Paros et Milo. Sa longueur est d'environ 15 kilomètres, le sol y est assez fertile, et l'on y tresse des chapeaux de paille. Cette île fut célèbre autrefois par ses mines d'or et d'argent qui sont entièrement abandonnées aujourd'hui. Pop. : 7,000 âmes

SIRAMPOUR. — Ville du Bengale. Elle appartient aux Danois.

SIRINAGUR. — Ville de la province du Gherwal, dans l'empire indo-britanique; elle est assez importante par son commerce. C'est dans le Gherwal que s'élèvent les monts gigantesques de l'Himalaya.

SIS. — Ville en partie ruinée de l'eyalet d'Adana, dans l'Asie Mineure, empire ottoman. Au moyen âge, époque à laquelle cette ville était la capitale de la Petite-Arménie, elle joua un rôle assez important; mais, aujourd'hui, elle est simplement le siège d'un patriarche arménien.

SISSONNE. — Chef-lieu de canton dans l'arrondissement de Laon, département de l'Aisne. Pop. : 1,400 âmes.

SISTAN. — Contrée de la Perse orientale. Elle n'offre en grande partie que des déserts arides, dont les habitants sont tributaires des royaumes voisins. On y trouve toutefois deux petites villes, Djelalâbâd et Illoumdar.

SISTERON. — Petite ville située sur la Durance, au confluent de la Buech, dans le département des Basses-Alpes. Chef-lieu d'arrondissement, elle comprend 5 cantons et 50 communes. Elle est défendue par une citadelle, et possède un collège et une société d'agriculture. Sa population est d'environ 4,300 âmes.

SISTOVA ou SCHSTAB. — Ville de la Bulgarie, dans la Turquie d'Europe. Elle est assez importante par ses fabriques de coton, ses tanneries et son commerce. Pop. : 20,000 âmes.

SIT. — Rivière de Russie. Elle coule dans les gouvernements de Tver et d'Iaroslav, et se jette dans la Mologa. Les Russes furent vaincus sur ses bords en 1238, par Batoukhan. Son cours est d'environ 130 kilomètres

SITAROGAN. — Fleuve de Perse. Il sépare en partie le Laristan du Fars, et se jette dans le golfe Persique, après un cours de 500 kilomètres.

SITJES. — Ville de la province de Barcelone, en Espagne. Elle est située sur la Méditerranée où elle possède un port. Pop. : 5,500 âmes.

SITKA. — Ile du grand Océan. Elle est

située au sud et non loin de la côte de l'Amérique russe. Les Russes y ont pour principal établissement Sitka ou Nouvelle-Arkhangel, où ils font le commerce des fourrures.

SITTARD. — Ville du Limbourg, dans le royaume de Hollande. Elle est située sur le Geelen, affluent de la Meuse. Pop. : 3,400 âmes.

SIVACH. — *Voy.* MER PUTRIDE.

SIVAS ou **SEBASTE.** — Chef-lieu de l'eyalet de ce nom, dans l'Asie Mineure, empire ottoman. On exploite, dans son voisinage, de vastes mines de cuivre. Pop. : 6,000 âmes.

SIZUN. — Chef-lieu de canton dans l'arrondissement de Morlaix, département du Finistère. Pop. : 3,800 âmes.

SKALHOLT. — C'est la vieille capitale de l'Islande, du gouvernement aristocratique des *Yarl*; mais elle ne consiste plus que dans les bâtiments d'une sorte de ferme ou *bær* et une église en bois. C'est en ce lieu cependant que fut établi le premier siège épiscopal du pays, la première école, la première imprimerie, et que vécurent des hommes du premier mérite, comme savants, philosophes, historiens et orateurs, tels qu'Isleifr, Gissur, Thorlakr, Finnsen, etc. En 1100, on enseignait à Skalholt, le latin, la poésie et la musique.

SKARA. — Très-petite ville épiscopale de la Suède. C'est le chef-lieu du gouvernement qui porte son nom, et on y trouve un gymnase et une école vétérinaire. Pop. : 1,000 âmes.

SKLERW. — Village de la Messénie, royaume de Grèce. On trouve, dans son voisinage, les ruines du temple d'Apollon Epicurius.

SKOPIN. — Ville du gouvernement de Riazan, en Russie. On y trouve un haras de chevaux. Pop. : 6,000 âmes.

SKYE. — Une des plus considérables des îles Hébrides. Elle est située à l'ouest de l'Écosse, et séparée du comté d'Enverness par un étroit canal. Sa longueur est d'environ 80 kilomètres, son sol est hérissé de montagnes escarpées, et ses côtes découpées par un grand nombre de golfes. Pop. : 21,000 âmes.

SKYRO. — Ile de l'archipel grec. Elle est située à l'est de celle d'Eubée; c'est l'ancienne *Scyros*. Pop. : 2,000 âmes.

SLESWIG. — Capitale du duché de ce nom, en Danemark. Elle est située sur le golfe Sli, formé par la mer Baltique. On y remarque le château de Gottorp, berceau de la branche de Holstein qui règne actuellement en Russie. Pop. : 8,000 âmes.

SLIGO. — Chef-lieu du comté de ce nom, en Irlande. Elle est située à l'embouchure de la rivière de son nom dans une baie de l'Atlantique. C'est la résidence de l'évêque catholique d'Elphin. On trouve, dans son voisinage, un cercle de grandes pierres druidiques appelé *le tombeau des géants*. Pop. : 9,200 âmes.

SLOBODSKOI. — Ville du gouvernement de Viatka, en Russie. Elle est située sur la Viatka. Pop. : 4,000 âmes.

SLOUTZK. — Ville du gouvernement de Minsk, en Russie. Elle est située sur le Morocz, affluent du Pripet. Les Polonais y furent trois fois vainqueurs des Tartares, au XVI° siècle, sous Sigismond I°°. Pop. : 5,000 âmes.

SLUIS ou **L'ECLUSE.** — Très-petite ville fortifiée, située sur un golfe de la mer du Nord, dans la province de Zélande, royaume de Hollande. Un canal la fait communiquer avec Bruges, en Belgique. Elle compte environ 1,200 habitants.

SMITHFIELD. — Ville du Rhode-Island, aux États-Unis. Elle est située sur le Pawtucket, affluent de la Providence. Pop. : 8,000 âmes.

SMOGER ou **SCHMOGRAN.** — Très-petite ville de la Silésie, dans le royaume de Prusse. C'était autrefois le siège d'un évêché, et, en 966, on y éleva la première église chrétienne de la Silésie. Pop. : 500 âmes.

SMOGORNIE ou **SMORGONIE.** — Petite ville du gouvernement de Wilna, en Russie. Elle a été renommée par son *académie des ours*, institution originale qui avait pour objet de dresser un certain nombre de ces animaux, pris très-jeunes, à apporter les objets qu'on leur désignait, à servir à table, et à exécuter des danses et autres exercices. Des fondations de ce genre existent encore à Grodek de Galinski, en Lithuanie, et à Jacobstadt, en Courlande. On trouve, non loin de Smorgonie, le magnifique château de Zalesié, de la famille Oginski, où l'on admire surtout les immenses jardins. C'est à Smogornie que, dans la retraite de 1812, Napoléon se sépara de l'armée pour rentrer en France.

SMOLENSK. — Ville épiscopale, chef-lieu du gouvernement de ce nom, en Russie. Elle est située sur le Dniéper. On y trouve un séminaire, un gymnase, une école militaire, et un mouvement commercial assez important. Cette ville, qui joue un grand rôle dans les annales de la Pologne et de la Russie, et qui, au temps de sa splendeur, avait, au dire de quelques auteurs, 200,000 habitants, n'offre plus aujourd'hui qu'une population d'environ 15,000 âmes.

SMYRNE. — Assez jolie ville de l'Anatolie, dans l'Asie Mineure, empire ottoman. Elle est le siège d'un mollah, d'un archevêque grec et d'un archevêque arménien. On y remarque le palais appelé Vizir-Khan et le grand bazar; elle possède un collège; sa vaste rade favorise son commerce qui est très-considérable et consiste surtout en fruits secs; et sa population s'élève environ à 140,000 âmes. On trouve, dans son voisinage, à Bournabat, un grand nombre de maisons de plaisance, qu'habitent les Francs. Cette ville, qui était au nombre des douze principales de l'Éolide et que les Lydiens saccagèrent, fut reconstruite par Alexandre. C'est la patrie de Bion et l'une des cités qui revendiquent la gloire d'avoir vu naître Homère.

SNAGS. — On appelle ainsi les amas de bois flottants qui, dans le golfe du Mexique, présentent de véritables dangers aux navigateurs. Souvent cachés entièrement sous l'eau des courants où ils se trouvent placés, ils forment comme autant de fascines sur lesquelles la quille des bâtiment va s'engager, et la plupart des bateaux qui sont employés dans ces parages, sont construits de manière à se préserver autant que possible des suites de cette fâcheuse rencontre.

SNEEK. — Petite ville de la province de Frise, dans le royaume de Hollande. Elle est renommée par l'industrie de ses habitants qui se livrent presque exclusivement à la fabrication d'horloges en bois. Pop. : 5,000 âmes.

SNIATYN. — Ville de la Gallicie, dans l'empire d'Autriche. Elle est située près de la rive gauche du Pruth. Pop. : 7,000 âmes.

SNOWDON. — La plus haute montagne du pays de Galles. Elle est située dans le comté de Caernarvon, et son élévation est de 1,089 mètres. Elle donne son nom à une chaîne qui s'étend dans ce comté et dans celui de Merioneth.

SOACHA. — Gros village de la province de Bogota, dans la république de la Nouvelle-Grenade, Colombie. On voit, dans ses environs, la célèbre cascade de *Tequendama*, la plus haute qu'on connaisse dans ces contrées et qui a 200 mètres de chute. Elle est formée par le Rio de Bogota ou rivière de Funza, affluent de la Magdalena, et la largeur de sa nappe est de 44 mètres.

SOBRAL. — Ville de la province de Ceara, au Brésil. On trouve dans ses environs des mines d'or et des améthystes.

SOCCIA. — Chef-lieu de canton dans l'arrondissement d'Ajaccio, en Corse. Pop. : 700 âmes.

SOCIÉTÉ. — (ÎLES DE (LA). — *Voy.* TAHITI.

SOCKNA. — Ville du Fezzan, en Barbarie. Son territoire est renommé par l'excellence de ses dattes.

SOCONUSCO. — Ville de l'Etat de Guatemala, dans l'Amérique centrale. Elle est située près d'un volcan de son nom. Son territoire produit du cacao estimé.

SOCORRO. — Ile du grand Océan équinoxial. C'est la plus considérable du groupe de Revilla-Gigedo.

SOCORRO. — Chef-lieu de la province de ce nom, dans la république de la Nouvelle-Grenade. Elle est importante par son industrie et son activité commerciale. Pop. : 12,000 âmes.

SOCOTORA. — Ile de l'océan Indien. Elle est occupée pour le compte de la compagnie anglaise des Indes-Orientales, et parmi les produits qu'on en retire se trouvent l'aloès et le sang-dragon.

SOGAMOSO. — Petite ville de la province de Tunja, dans la république de la Nouvelle-Grenade, Colombie. Cette ville fut très-florissante sous la domination des Muyscas, et un grand nombre de pèlerins venaient alors visiter son temple du Soleil et assistaient, tous les quinze ans, au sacrifice humain qui marquait l'ouverture d'un nouveau cycle de même durée.

SOGLIO. — Village du canton des Grisons, en Suisse. C'est l'un des lieux habités les plus élevés de l'Europe : il se trouve à 2,037 mètres au-dessus du niveau de la mer, et, durant l'hiver, le thermomètre y descend fréquemment à 24° au-dessous de zéro. On voit en cet endroit le manoir qui fut le berceau de la famille de Solis.

SOIGNIES. — Ville de la province de Hainaut, en Belgique. On y exploite des carrières de pierres bleues et des pierres à chaud. Pop. : 6,500 âmes.

SOISSONS. — Ville épiscopale située sur l'Aisne, au confluent de la rivière de Crise. Chef-lieu d'arrondissement, dans le département de l'Aisne, elle comprend 6 cantons et 167 communes. Elle est fortifiée et l'on sait quelle est sa célébrité dans l'histoire de la nation. Elle possède un séminaire, un collège, une société académique, et son commerce consiste en toiles, treillis, bas, cuirs tannés, cordes, graines et haricots. Sa population est d'environ 8,000 âmes.

SOJ ou SOJA. — Rivière de Russie. Elle arrose les gouvernements de Smolensk et de Mohilev, et se jette dans le Dniéper après un cours de 400 kilomètres.

SOKHOUM-KALEH. — Petite ville de la grande Abasie, dans la région du Caucase, Russie asiatique. Elle est située sur la mer Noire et importante par sa superbe rade. C'est dans son voisinage que quelques savants placent le port de *Dioscurias*, l'une des villes les plus commerçantes de l'antiquité, et des restes de fortifications et de murailles semblent appuyer cette opinion. Pline rapporte qu'on voyait dans ce port des marchands de 300 nations différentes et que les Romains y traitaient à l'aide de 130 interprètes. C'est dans la rade de Sokhoum-Kaleh que stationne assez communément l'escadre russe qui parcourt la côte de la grande Abasie et de la Mingrelie, pour protéger les navires marchands contre les attaques des Abases et des Circassiens.

SOLANA. — Ville de la province de Ciudad-Real, en Espagne. Pop. : 8,000 âmes.

SOLESMES. — Petite ville, chef-lieu de canton dans l'arrondisssment de Cambrai, département du Nord. On y trouve des fabriques de batiste et de tissus de coton. Pop. : 5,300 âmes.

SOLEURE. — Chef-lieu ou canton de ce nom, en Suisse. Elle est située sur l'Aar, et l'on y remarque l'église Saint-Ursus, l'un des plus beaux temples de la Suisse, l'hôtel de ville, l'arsenal, et quelques restes de constructions romaines. Elle possède un lycée, une bibliothèque publique, un musée et deux sociétés académiques. Sa population est d'environ 3,500 habitants. Cette ville est la résidence de l'évêque de Bâle, dont la juridiction comprend les catholiques des cantons de Soleure, Bâle, Lucerne, Berne,

Argovie, Zug et Thurgovie. On trouve, dans les environs de Soleure, le célèbre ermitage de Saint-Verena; la métairie de Weissenstein, construite à environ 1,000 mètres au-dessus du niveau de la mer, et des carrières de pierres très-réputées.

SOLIGNAC. — Commune de l'arrondissement de Limoges, dans le département de la Haute-Vienne. On y fabrique de la porcelaine. Pop. : 2,700 âmes.

SOLIGNAC-SUR-LOIRE. — Chef-lieu de canton dans l'arrondissement du Puy, département de la Haute-Loire. Il est situé sur la Loire. Pop. : 1,100 âmes

SOLIGNY-LA-TRAPPE. — Commune de l'arrondissement de Mortagne, dans le département de l'Orne. C'est dans son voisinage que se trouve le couvent de la Trappe. Pop. : 900 âmes.

SOLIKAMSK. — Ville du gouvernement de Perm, en Russie. Elle est assez importante par ses riches salines et son commerce de pelleteries. On y trouve un jardin botanique et environ 3,000 habitants.

SOLINGEN. — Ville de la régence [de Düsseldorf, dans la Prusse-Rhénane. On y fabrique des armes blanches et de la coutellerie. Pop. : 3,500 âmes.

SOLLER. — Ville de l'île de Majorque, l'une des Baléares, dans le royaume d'Espagne. Elle est située sur la Méditerranée où elle possède un port. On y fait un commerce d'oranges et de citrons. Pop. : 6,000 âmes.

SOLLIÈS-PONT. — Chef-lieu de canton dans l'arrondissement de Toulon, département du Var. Pop. : 3,200 âmes.

SOLLIÈS-TOUCAS. — Commune de l'arrondissement de Toulon, département du Var. Pop. : 1,300 âmes.

SOLMONA. — Ville épiscopale de l'Abruzze ultérieure IIe, dans le royaume de Naples. Elle est renommée par ses confitures. C'est la patrie d'Ovide. Pop. : 8,000 âmes.

SOLO ou SAMANDJI. — Fleuve de l'île de Java. Il passe à Souracata, et se jette au nord de l'île, dans le détroit de Madura, après un cours de 350 kilomètres.

SOLOFRA. — Petite ville de la principauté ultérieure, dans le royaume des Deux-Siciles. Elle est importante par ses tanneries et de nombreuses fabriques. Sa population est d'environ 6,000 âmes.

SOLOLA. — Ville de l'Etat de Guatemala, dans l'Amérique centrale. On l'appelait autrefois Tecpanatitlan. Pop. : 5,000 âmes.

SOLOMBO. — Groupe d'îles de la mer de la Sonde. Il est habité par des pirates.

SOLOR. — Une des îles de la Sonde. Elle est située à l'est de Florès et tributaire du Portugal. Sa longueur est de 36 kilomètres.

SOLRE-LE-CHATEAU. — Chef-lieu de canton dans l'arrondissement d'Avesnes, département du Nord. On y fabrique des couvertures et des étoffes de laine, du sucre indigène, de la clouterie, etc. Pop. : 2,700 âmes.

SOLSONA. — Ville épiscopale de la province de Lerida, en Espagne. On y fabrique des toiles de coton et de la quincaillerie. Pop. : 2,000 âmes.

SOLTA — Ile de l'Adriatique. Elle est située sur la côte de la Dalmatie. Sa longueur est de 30 kilomètres, et l'on y recueille un miel renommé. Pop. : 1,300 âmes.

SOLWAY. — Golfe formé par la mer d'Irlande, entre l'Angleterre et l'Ecosse.

SOMAIN. — Commune de l'arrondissement de Douai, dans le département du Nord. Elle est située sur le chemin de fer de Douai à Valenciennes. On y trouve une filature de lin. Pop. : 2,600 âmes.

SOMBERNON. — Chef-lieu de canton dans l'arrondissement de Dijon, département de la Côte-d'Or. Pop. : 1,000 âmes.

SOMBRERETE. — Petite ville de l'Etat de Zacatecas, dans la confédération mexicaine. Elle est importante par les mines d'argent exploitées dans ses environs, et celle de la Veta-Negra est la plus riche, dit-on, qui soit dans le monde. Pop. : 16,000 âmes.

SOMMA. — Ville du royaume Lombard-Vénitien, empire d'Autriche. Elle est située près de la gauche du Tésin et de son issue du lac Majeur. On y remarque un cyprès que l'on dit antérieur à Jules César. Pop. : 3,000 âmes

SOMMA. — Ville du royaume de Naples. Elle est située au pied du mont Vésuve. Pop. : 7,000 âmes.

SOMMANT. — Commune de l'arrondissement d'Autun, département de Saône-et-Loire. Pop. : 900 âmes.

SOMMARIVA. — Ville de la division de Coni, dans le royaume Sarde. Pop. : 5,000 âmes.

SOMME (DÉPARTEMENT DE LA). — Il a été formé d'une partie de la Picardie, comprenant des portions de l'Amiennois, du Ponthieu, du Santerre et du Vermandois, puis d'une partie de l'Artois. Sa superficie est de 614,287 hectares, et sa population d'environ 570,500 âmes. Il est divisé en 5 arrondissements dont les chefs-lieux sont Amiens, Doullens, Montdidier, Péronne et Abbeville, et compte 41 cantons et 331 communes. Amiens est le siége de sa préfecture, de son diocèse et de sa cour impériale; Douai, celui de son académie universitaire (voir l'*Appendice*), et il est compris dans la seconde division militaire. La rivière qui donne son nom à ce département prend sa source dans celui de l'Aisne, et après avoir baigné Saint-Quentin, Péronne, Amiens, Abbeville et Saint-Valery, elle va se jeter dans la Manche, entre Crotoy et saint-Valery. Elle est navigable depuis Bray.

SOMMEDIEU. — Commune de l'arrondissement de Verdun, dans le département de la Meuse. Pop. : 1,200 âmes.

SOMMEPY. — Commune de l'arrondissement de Sainte-Menéhould, dans le département de la Marne. Pop. : 1,500 âmes.

SOMMERSWORTH. — Ville de l'Etat de New-Hampshire, aux Etats-Unis. Pop. : 3,000 âmes.

SOMMIÈRES. — Chef-lieu de canton dans l'arrondissement de Nîmes, département du

Gard. On y trouve des fabriques de molletons et de couvertures. C'était autrefois une place forte des protestants. Pop. 3,700 âmes.

SOMORROSTRO. — Village de la Biscaye, en Espagne. Il est situé près du golfe de Gascogne et non loin de Bilbao. On trouve de riches mines de fer sur son territoire.

SOMOSIERRA. — Village de la province de Madrid, en Espagne. Il est situé sur la route de Madrid à Burgos, dans un défilé des montagnes qui séparent la vieille de la nouvelle Castille. Pop. : 400 âmes.

SONCINO. — Ville de la province de Crémone, dans le royaume Lombard-Vénitien. Elle est située sur l'Oglio. La paix y fut conclue, en 1317, entre les guelfes et les gibelins. Pop. : 4,000 âmes.

SONDE (Détroit de la). — Il sépare l'île de Sumatra de celle de Java, et unit la mer de Java à celle des Indes.

SONDE (Iles de la). — Groupe de la Malaisie. Il est situé au nord-est de la mer des Indes et les principales îles qui le composent sont celles de Sumatra, Java, Sumbava, Sumba, Flores, Timor, et Timor-Laut.

SONDE (Mer de la) — Partie du grand Océan équinoxial, dans la Malaisie. Elle se trouve comprise entre les îles Bornéo et Célèbes au nord, et les îles de la Sonde au sud.

SONDERBORG. — Ville du Danemark. Elle est située sur la côte sud-ouest de l'île d'Alsen. Pop. : 3,000 âmes.

SONDERHAUSEN. — Jolie petite ville située au confluent du Beber et du Wipper. C'est le chef-lieu de la principauté de Schwarzenbourg-Sondershausen. Elle possède un gymnase et un cabinet d'histoire naturelle. En 1758, le maréchal de Soubise battit les Anglais sous ses murs. Pop. : 3,500 âmes.

SONDRIO. — Petite ville située sur l'Adda, dans le gouvernement de Milan. C'est le chef-lieu de la délégation qui porte son nom, et que l'on a formée de la Valteline et de quelques autres pays détachés de la Suisse. Pop. : 4,000 âmes.

SONE. — Rivière de l'Hindoustan. Elle sépare le Gandouana de l'Allahabad, passe à Rostasgor, et se joint au Gange, après un cours de 600 kilomètres.

SONG-CO ou SANG-KOI. — Fleuve d'Asie. Il prend sa source en Chine, dans la province de Yun-nan où on l'appelle Hoti-Kiang, traverse le Tonkin dans l'empire d'An-nam, passe à Kécho, et se jette dans le golfe de Tonkin, par plusieurs embouchures, après un cours d'environ 1,000 kilomètres.

SONGEONS. — Chef-lieu de canton dans l'arrondissement de Beauvais, département de l'Oise. Il est situé sur le Thérain. On y fabrique des miroirs, des lunettes, de la poterie et des creusets. Pop. : 1,100 âmes.

SONNENBERG. — Ville du duché de Saxe-Meiningen, en Allemagne. On y fabrique une quantité considérable de jouets d'enfants qu'on livre au commerce comme provenant de Nuremberg. Pop. : 2,400 âmes.

SONORA. — Ville de l'Etat du même nom, au Mexique. Pop. : 6,000 âmes.

SOPHIA ou TRIADITZA. — Grande ville de la Bulgarie, dans la Turquie d'Europe. Elle est située sur l'Isker et la Nissava. C'est le siége d'un métropolitain grec et d'un archevêque catholique. On y trouve des fabriques de draps, de soie et de tabac, des tanneries, et sa population est d'environ 30.000 âmes.

SORATA. — Village du département de la Paz, dans la République de Bolivia. C'est dans son voisinage que se trouve le Nevado de Sorata, la plus haute montagne mesurée du Nouveau-Monde, et dont l'altitude n'est dépassée que par quelques sommets de l'Himalaya. La hauteur du Nevado de Sorrata est de 7,637 mètres, celle du Nevado d'Illimanie de 7,291, et le Chimborazo, 6,500.

SORE. — Chef-lieu de canton dans l'arrondissement de Mont-de-Marsan, département des Landes. Pop. : 1,800 âmes.

SORESINA. — Ville du royaume Lombard-Vénitien, dans l'empire d'Autriche. Elle est renommée par ses confitures dites de *mostarda*. Pop. : 5,000 âmes.

SOREZE. — Petite ville de l'arrondissement de Castres, dans le département du Tarn. Elle est célèbre par son collége, fondé par le Bénédictin Dom Ferlus, et ses environs offrent des sites très-pittoresques. Pop. : 2,800 âmes.

SORGUE. — Rivière de France. Elle a pour source la célèbre fontaine de Vaucluse, et elle se divise en de nombreuses artères qui arrosent une notable partie du département de Vaucluse. Elle se jette dans le Rhône après un cours de 35 kilomètres.

SORIA. — Chef-lieu de la province de ce nom, dans la Vieille-Castille, en Espagne. Sa population est d'environ 6,000 âmes. On croit qu'une partie de cette ville occupe l'emplacement de l'antique *Numance*. Soria est renommé par son commerce de laines.

SORIANO. — Ville de l'Etat du pape. Elle est située non loin de Viterbe. En 1497, Charles des Ursains y défit l'armée papale. Pop. : 5,500 âmes.

SORIANO. — Ville de la Calabre ultérieure II°, dans le royaume de Naples. Population : 3,600 âmes.

SORLINGUES (Iles). — Elles font partie des îles Britanniques, et sont situées à 32 kilomètres du cap de Cornouailles. On les nomme aussi *Scilly*, elles sont au nombre de 145, et étaient célèbres dans l'antiquité par leurs mines d'étain qui y attiraient les flottes phéniciennes. Les seules qui soient habitées sont Sainte-Marie, Sainte-Agnès, Saint-Martin, Bryor, Tresco, Annosh, Samson, Silly, Bressat, Brusco, Arthur et Sainte-Hélène. Anney, aujourd'hui déserte, était jadis florissante, et, à la marée basse, on aperçoit les fondations de plusieurs édifices que la mer a détruits.

SORNAC. — Chef-lieu de canton dans l'arrondissement d'Ussel, département de la Corrèze. Pop. : 1,700 âmes.

SOROCABA. — Petite ville de la province

de San-Paulo, au Brésil. Elle est industrieuse et commerçante, et l'on trouve dans son voisinage les forges impériales d'Ypanema. Pop. : 2,000 âmes.

SOROE. — Ile de l'océan Glacial du Nord. Elle est située au nord-ouest du Finmark, et sa longueur est de 80 kilomètres.

SOROË. — Très-petite ville de l'île de Seeland, en Danemarck. On y trouve un collège qui a quelque renommée. Pop. : 500 âmes.

SORRENTO. — Ville archiépiscopale du royaume de Naples. Elle est située sur la côte méridionale du golfe de Naples. On y fait un commerce de soie, d'huile et de fruits estimés. C'est la patrie du Tasse. Population. : 5,000 âmes.

SORSOUTY. — Rivière de l'Indoustan. Elle est située au nord, dans le pays des Seiks orientaux, et se perd dans les sables après un cours de 350 kilomètres.

SORSOUTY. — Ville forte de la province de Delhy, dans l'Indoustan anglais. Elle est située sur la rivière de son nom et habitée par les Seiks, tributaires de l'Angleterre.

SOSVA. — Rivière de la Russie asiatique. Elle coule dans le gouvernement de Tobolsk, et se joint à l'Obi, à Bérésov, après un cours de 600 kilomètres.

SOTO-MAYOR. — Ville de la province de Pontevedra, en Espagne. Elle est située sur l'Octaven, affluent de la baie de Vigo. Pop. : 2,500 âmes.

SOTTEGHEM. — Ville de la Flandre orientale, en Belgique. On y voit le tombeau du comte d'Egmont. Pop. : 2,000 âmes.

SOTTEVILLE-LES-ROUEN. — Commune de l'arrondissement de Rouen, dans le département de la Seine-Inférieure. Elle est située près de la rive gauche de la Seine et du chemin de fer de Paris à Rouen. Pop. : 4,000 âmes.

SOTTEVILLE-SUR-MER. — Commune de l'arrondissement d'Yvetot, dans le département de la Seine-Inférieure. Pop. : 1,500 âmes.

SOU-TCHEOU. — Grande ville du Kiang-Sou, en Chine. Elle est située sur le canal impérial, non loin du lac Taï-Hou, et traversée par des canaux qu'on franchit sur de magnifiques ponts. On y remarque de beaux temples, une tour à sept étages, et plusieurs arcs de triomphe, parmi lesquels se trouve le monument de Pong-Hou. Cette ville est importante aussi par son commerce et son industrie. On a compté que depuis Péking jusqu'à Sou-Tchéou il existe 72 palais impériaux plus ou moins vastes. Pop. : 500,000 âmes.

SOUAIN. — Commune de l'arrondissement de Sainte-Menehould, dans le département de la Marne. Pop. : 900 âmes.

SOUAKIM. — Ville de la Nubie. Une partie est située sur un îlot, l'autre sur le continent, et c'est la place maritime la plus importante de la mer Rouge. Elle est aussi la plus commerçante de la région du Nil, et l'un des plus grands marchés d'esclaves. Pop. : 10,000 âmes.

SOUDAN. — Commune de l'arrondissement de Châteaubriant, dans le département de la Loire-Inférieure. Pop. : 2,200 âmes.

SOUDJA. — Petite ville du gouvernement de Koursk, en Russie. On la dit malsaine, mais elle jouit d'une grande renommée par l'excellence des fruits que produit son territoire. On trouve dans ses environs, sur les rives de la Svaja, affluent du Sem, les ruines d'une ville autour de laquelle sont de nombreux kourgans ou tombeaux. Pop. : 7,000 âmes.

SOUILHAC. — Bourg situé aux portes de Tulle, dans le département de la Corrèze. Il est important par sa manufacture d'armes.

SOUILLAC. — Petite ville située sur la Borèse et près de la Dordogne, dans le département du Lot. On y fabrique des haches, des serpes, des hoyaux, etc., et l'on y fait en outre une commerce de volailles truffées, de cuirs, de merrain, de sel, etc. Sa population est d'environ 3,000 habitants. On voit dans ses environs deux fontaines intermittentes appelées le Bouley et le Gourg.

SOUILLY. — Chef-lieu de canton dans l'arrondissement de Verdun, département de la Meuse. Pop. : 1,000 âmes.

SOULA. — Rivière de Russie. Elle coule dans le gouvernement de Poltava, et se jette dans le Dniéper, après un cours de 360 kilomètres.

SOULAINES. — Chef-lieu de canton dans l'arrondissement de Bar-sur-Aube, département de l'Aube. Pop. : 900 âmes.

SOULAK. — Fleuve de Russie. Il prend sa source dans le versant septentrional du Caucase, et se jette dans la mer Caspienne.

SOULAN. — Commune de l'arrondissement de Saint-Girons, dans le département de l'Arriège. Pop. : 2,500 âmes.

SOULI. — Village d'Albanie, dans la Turquie d'Europe. Il est situé sur une montagne d'un difficile accès et c'est le chef-lieu des Souliotes, peuple qui s'est rendu célèbre par l'héroïque résistance qu'il opposa à Ali-Pacha, tyran de Janina.

SOULIMANA. — Royaume de la Guinée septentrionale. Il s'étend depuis la côte de Sierra-Leone jusqu'aux sources du Djoliba, et il est occupé par des nègres belliqueux. Sa capitale est Falaba.

SOULOU (ARCHIPEL DE). — Il fait partie de celui des Philippines, et se subdivise en trois groupes : Holo, Taouitaoni et Bassilan, dont l'ensemble constitue le royaume de Holo ou Soulou. Tous les habitants de cet Etat, dont le chef-lieu est Bewan, sont adonnés à la piraterie.

SOULOU (MER DE). — Partie du grand Océan, dans la Malaisie. Elle est comprise entre les îles Soulou, Bornéo, Palaouan et les Philippines. On l'appelle aussi *mer de Mindoro* et *mer des Philippines*.

SOULTZ. — Chef-lieu de canton dans l'arrondissement de Colmar, département du Haut-Rhin. On y fabrique des rubans de soie. Pop. : 3,500 âmes.

SOULTZ-SOUS-FORÊTS. — Chef-lieu de canton dans l'arrondissement de Weissembourg, département du Bas-Rhin. On y trouve une source salée. Pop. : 1,900 âmes.

SOUMY. — Lac de Sibérie, dans la Russie asiatique. Il est situé dans le gouvernement de Tomsk et sur la droite de l'Irtich. Sa longueur est de 90 kilomètres et il reçoit à l'est les eaux du lac Tchany.

SOUMY. — Ville du gouvernement de Kharkov, en Russie. Elle est située sur le Psioul. Pop. : 9,000 âmes.

SOUNDA. — Ville de la province de Kanara, dans l'empire indo-britannique. Ce fut jadis l'une des plus importantes cités de cette partie de l'Inde; mais elle est entièrement déchue de sa splendeur.

SOUNERGONG. — Ville de Bengale, dans l'Indoustan anglais. Elle est située sur le Brahmapoutre, et l'on dit qu'elle était florissante au xiii° siècle.

SOUNGARI. — Rivière navigable de la Chine. Elle prend sa source vers les frontières de la Corée, coule dans la Mandchourie et se jette dans l'Amour, après un cours de 1,100 kilomètres.

SOURA. — Rivière navigable de Russie. Elle arrose les gouvernements de Simbirsk, Penza et Nijnée-Novgorod, et se jette dans le Volga, après un cours de 700 kilomètres.

SOURABAYA. — Grande ville de la résidence de même nom, dans l'île de Java. Elle possède une belle rade à l'embouchure du Kardiri, de vastes chantiers, un arsenal, un hôtel des monnaies, une école primaire, et son commerce est très-florissant. C'est le siége de diverses administrations et le chef-lieu d'une division militaire. Au milieu des immenses forêts de tek qui couvrent la partie occidentale et la province de Sourabaya, se trouvent les ruines de l'antique *Madjapahit*, capitale des Javanais au temps de la splendeur de leur empire. Pop. : 50,000 âmes.

SOURACARTA. — Grande ville de l'Etat de ce nom, dans l'île de Java. Elle est située sur le Solo, bâtie dans le goût javanais, et l'on y remarque le Kraton ou palais impérial, composé d'une multitude de bâtiments divers. Cette ville est défendue par un fort qu'occupe une garnison hollandaise. Pop. : 90,000 âmes.

SOURBOURG. — Commune de l'arrondissement de Wissembourg, dans le département du Bas-Rhin. Pop. : 2,200 âmes.

SOURDEVAL-LA-BARRE. — Chef-lieu de canton dans l'arrondissement de Mortain, département de la Manche. On y fabrique de la grosse coutellerie et de la papeterie. Pop. : 4,400 âmes.

SOURNIA. — Chef-lieu de canton dans l'arrondissement de Prades, département des Pyrénées-Orientales. Pop. : 1,000 âmes.

SOUROUGA. — Ville du Japon. Elle est située dans l'île de Niphon, sur la côte de la baie Totomina. Ce fut autrefois la résidence impériale, et l'on prétend qu'au xvii° siècle, sa population était de 600,000 âmes.

SOUS. — Fleuve de l'empire de Maroc. Il est situé au sud-ouest et se jette dans l'Atlantique. Il donne son nom au pays de Sous, Etat indépendant dont la capitale est Talent.

SOUSA ou **SOUSAH.** — Petite ville du Beylik de Tunis, en Afrique. Elle est située sur la côte, et renommée par ses belles plantations d'oliviers. On trouve dans ses environs, près d'Il-Genrme, un amphithéâtre colossal assez bien conservé. Pop. : 10,000 âmes.

SOUSTOUS. — Chef-lieu de canton dans l'arrondissement de Dax, département des Landes. Pop. : 2,800 âmes.

SOUTERRAINE (La). — Chef-lieu de canton dans l'arrondissement de Guéret, département de la Creuse. Pop. : 3,100 âmes.

SOUTHAMPTON. — Groupe d'îles de l'amérique septentrionale. Il est situé au nord de la baie d'Hudson.

SOUTHAMPTON. — Ville du comté de ce nom, en Angleterre. Elle est située sur une baie formée par la Manche, et assez importante par sa marine marchande et son établissement de bains de mer. On y trouve aussi une école d'industrie pour 300 enfants de militaires, et une société fondée pour l'amélioration morale des Bohémiens. Pop. : 20,000 âmes.

SOUVAROV. — Petit groupe d'îles inhabitées de la Polynésie. Il est situé par 13° 20' de latitude sud, et 165° 50' de longitude ouest.

SOUVIGNY. — Chef-lieu de canton dans l'arrondissement de Moulins, département de l'Allier. On y trouve des fabriques d'huiles et de bougies, des tanneries, des verreries et des forges. Pop. : 2,900 âmes.

SOUZA. — Ville de la province de Beira, en Portugal. Pop. 4,000 âmes.

SOUZDAL. — Ville du gouvernement de Vladimir, en Russie. Elle est située près du Nerl, affluent de la Kliazma. Pop. 5,000 âmes.

SOUZEL. — Ville de la province de Para, au Brésil. Elle est située près de la rive gauche du Xingu. Pop. : 4,000 âmes.

SPA. — Ville de la province de Liége, en Belgique. Elle est renommée par ses sources minérales, et très-importante aussi par ses fabriques d'ouvrages en bois, d'ébénisterie, d'articles faits au tour, et d'autres en fer-blanc. Pop. : 4,000 âmes.

SPALATRO. — Ville épiscopale de la Dalmatie. Elle est commerçante, possède un port, et une population d'environ 8,000 âmes. Sur l'emplacement même de cette ville, s'élevait le magnifique palais qu'avait fait construire l'empereur Dioclétien, lorsqu'il eut abdiqué l'empire, et dont les ruines couvrent encore la contrée. Dans le voisinage de Spalatro, on trouve aussi les restes de Salone, que les barbares détruisirent au vii° siècle, puis le fort de Clissa, qui défend le passage des montagnes.

SPANDEAU. — forteresse importante, située au confluent de la Sprée avec le Havel, dans le Brandebourg, en Prusse. La population de la ville est d'environ 7,000 âmes.

SPANISH-TOWN. — Petite ville, chef-lieu

de l'île de la Jamaïque ; l'une des Antilles anglaises. Elle est très-ancienne, et c'est la résidence du gouverneur. Pop. : 5,000 âmes.

SPARTIVENTO. — Cap situé à l'extrémité méridionale de l'Italie, sur la mer Ionienne.

SPARTIVENTO. — Cap situé à l'extrémité sud de la Sardaigne, sur la Méditerranée.

SPASK. — Ville du gouvernement de Riazan, en Russie. Elle est située sur l'Oka. Pop. : 3,000 âmes.

SPASK. — Ville du gouvernement de Tambov, en Russie. Pop. : 6,000 âmes.

SPENCER. — Golfe formé par le grand Océan. Il est situé sur la côte sud de la Nouvelle-Hollande, terre de Flinders.

SPESSART. — Contrée montueuse de l'Allemagne. Elle est située dans la Bavière et la Hesse, entre le Main, la Saale franconienne et la Kinzig.

SPETZIA. — Île de l'Archipel. Elle est située à l'entrée du golfe de Nauplie ; sa longueur est de 8 kilomètres, et ses habitants sont renommés comme pirates. Pop. : 8,000 âmes.

SPEY. — Rivière d'Ecosse. Elle se jette dans le golfe de Murray, après un cours de 180 kilomètres.

SPEZIA (La). — Petite ville de la division de Gênes, dans le royaume sarde. Elle est remarquable par la beauté de sa situation, à l'extrémité d'un golfe qui y forme l'un des plus beaux ports de l'Europe. On y voit une source d'eau douce jaillissant au sein de la mer. Pop. : 8,000 âmes.

SPHAKIA. — Bourgade de l'île de Candie, dans la Turquie d'Europe. C'est le chef-lieu des Sphakiotes, tribu belliqueuse qui habite les vallées formées par les montagnes Blanches, le long de la côte sud-ouest de l'île. Les Vénitiens ni les Ottomans n'ont pu la soumettre, et elle s'est fréquemment rendue redoutable par sa piraterie. Pop. : 4,000 âmes.

SPIELBERG. — Forteresse de Moravie, dans l'empire d'Autriche. Elle est située près de Brünn. C'est une prison d'Etat pour les condamnés politiques.

SPINCOURT. — Chef-lieu de canton dans l'arrondissement de Montmédy, département de la Meuse. Pop. : 500 âmes.

SPIRE. — Petite ville épiscopale, située sur la rive gauche du Rhin, en Bavière. Cette ville, aujourd'hui chef-lieu du cercle du Rhin, était le quartier d'hiver de César, et fut aussi fréquemment la résidence des rois mérovingiens et carlovingiens, de même que celle des empereurs saxons. Elle possède un lycée, un gymnase, une salle d'antiques et une société d'histoire. Sa population est d'environ 8,000 âmes.

SPITHEAD. — Rade d'Angleterre. Elle est formée par la Manche, entre l'île de Wight et Portsmouth. C'est le point de réunion des flottes anglaises en temps de guerre.

SPITZBERG. — Groupe d'îles désertes de l'océan Glacial. Son milieu est situé par 78° de latitude nord et 12° de latitude est. Ces îles furent découvertes, en 1553, par le capitaine Hugh Willonghby. Sur la plus grande partie de leur surface elles sont hérissées de rochers constamment chargés de neige, et dans quelques vallées seulement on trouve un peu de végétation qui nourrit des animaux à fourrures. Les côtes sont fréquentées par des baleines, et la pêche de ces cétacés était autrefois très-productive dans ces parages ; mais elle est presque abandonnée aujourd'hui, tant le nombre de ces animaux a diminué.

SPLUGEN. — Village du canton des Grisons, en Suisse. Il est situé près du Rhin-Postérieur, dans le Rheinwald. Sa position le rend très-important pour le commerce de la Suisse orientale ; car trois routes viennent y aboutir : celle de Coire, par Thusis, le long du Rhin ; celle de Bellinzona, par le mont Saint-Bernardin ; et celle de Chiavenna, par le passage du Splügen. Cette dernière est l'une des plus belles qui traversent les Alpes. La population du village est d'environ 700 âmes.

SPOLETO. — Ville épiscopale, chef-lieu de la délégation de ce nom, dans l'Etat du Pape. On y remarque un grand nombre de restes antiques, dont les principaux sont le temple de la Concorde, les ruines de ceux de Jupiter et de Mars, le palais de Théodoric, l'arc de triomphe appelé la porte d'Annibal, un aqueduc, le pont construit sur la Maroggia, et un autre pont qui était enterré et qu'on a exhumé de nos jours. Pop. : 7,000 âmes.

SPORADES. — Iles de l'Archipel. Elles sont situées en Europe et en Asie. Celles de la Grèce se divisent en *Sporades septentrionales*, au nord des Cyclades, et *Sporades occidentales*, à l'ouest de ces mêmes Cyclades. Les principales, parmi les premières, sont Skiathos, Dromi, Scopelo et Skyro ; les plus remarquables dans les secondes sont Colouri, Egine, Hydra et Spetzia. Les Sporades d'Asie, qui se trouvent sous la domination ottomane, sont Métélin, Psara, Pathmos, Cos, Rhodes, Scarpanto, etc.

SPORADES OCÉANIENNES. — Balbi comprend sous ce nom les petits groupes d'îles qui sont répandus dans la Polynésie, et à de trop grandes distances des principaux archipels de ce monde maritime, pour qu'on puisse les rattacher géographiquement à aucun d'eux. Il partage ces groupes en *Sporades boréales* et *Sporades australes*. Les premières se composent des terres Moor, Crespo, Sébastien-Lopez, San-Bartholomeo, San-Pedro, Royez, Bassos, Barbados, Camisares, Palmyra, Fanning, Washington et Noël ; les secondes embrassent les îles Océan, Pléasant, Schanks, Arthur, Duc-d'York, San-Bernardo, du Danger, Souvaroff, Peregrino, Peurhyn, Pâques ou Vaïvou, Sala, le groupe de Gambier, l'île Pitcairn, le groupe de Bass, Palmerston, Rolouma, Ouacuse et Manga-Neva. Dans l'île de Pâques, la terre habitée la plus orientale de l'Océanie, Roggerwein, Cook et La Pérouse virent des statues colossales placées sur des piédestaux, ce qui indiquait une civilisation ancienne et avancée. Le groupe de Gambier, composé de cinq îles, forme avec l'archipel Mendana ou des Marquises, l'une des plus belles conquêtes de l'Église catholique, conquête qui est due au zèle de ses missionnaires. Mangareva, l'île principale du groupe de Gambier, est la résidence d'un prélat qui porte le titre d'évêque de Nilopolis.

SPRÉE. — Rivière navigable d'Allemagne. Elle prend sa source dans le royaume de Saxe, entre dans le Brandebourg, et se joint au Havel, vis-à-vis de Spandau, après un cours de 300 kilomètres.

SPRINGFIELD. — Chef-lieu de l'Illinois, aux Etats-Unis. Pop. : 3,000 âmes.

SPRINGFIELD. — Ville du Massachusetts, aux Etats-Unis. Elle est importante par son arsenal et sa grande fabrique d'armes qui appartient à l'Union. Pop. : 7,000 âmes.

SQUILLACE. — Ville épiscopale de la Calabre ultérieure ɪɪᵉ, dans le royaume de Naples. Elle est située près du golfe de son nom, formé par la mer Ionienne. Cette ville doit sa fondation aux Athéniens, et c'est la patrie de Cassiodore. Pop. : 3,000 âmes.

SRAVANA-BELGALA. — Gros village du Maïssour, dans l'empire indo-britannique. C'est la station principale des Djaïnas, qui ont, dans les environs, leur temple le plus renommé, où se trouve l'image de Gommatâ-Râyâ, l'une des plus grandes statues connues.

SREBERNIK. — Ville de la Bosnie, empire ottoman. C'est un chef-lieu de juridiction. Pop. : 15,000 âmes.

SSAFRA. — Ville de l'Hedjaz, en Arabie. Elle est située dans une vallée renommée par sa fertilité, et c'est le principal dépôt du baume dit *de la Mecque*.

SSE-TCHOUAN. — Province de la Chine. Elle est située à l'ouest, et son étendue est plus considérable que celle de la France entière. On la divise en 11 départements : Chun-Khing, Khoueï-Tchéou, Kia-Ting, Loung-An, Ning-Youan, Pao-Ning, Sin-Tchéou, Ta-Tchéou, Tching-Tou, Tchoung-Khing et Thoung-Tchouan ; et en 15 cantons immédiats : Meï, Schioung, Lou, Tseu, Mian, Méou, Tha, Tchoung, Si-Yang, Sin-Young, Soung-Fan, Chitchu, Tsa-Kou, Argou et Meï-no. Son chef-lieu est Tching-Tou. Le sol de cette province est très-fertile et l'on y récolte de la soie, du coton, du sucre, des oranges, de la rhubarbe, etc. Pop. : 22,000,000 âmes.

STADE. — Chef-lieu du gouvernement de ce nom, dans le royaume de Hanovre. Cette ville est fortifiée. On y trouve un gymnase et un séminaire pour les maîtres d'école. Pop. : 5,500 âmes.

STADTBERG. — *Voy.* EHRESBOURG.

STAFFA (ILE DE). — C'est l'une des Hébrides. Elle doit sa célébrité à sa grotte basaltique, dite de *Fingal*, laquelle grotte est profonde de 52 mètres, large de 10 ᵐ, 40, et haute de 25 ᵐ. 125. On y pénètre en bateau. On trouve encore deux autres grottes, mais moins remarquables, dans la même île, elles sont appelées *grotte du Cormoran* et *grotte de Boat*.

STAFFORD. — Chef-lieu du comté de ce nom, en Angleterre. Cette ville est assez importante par son industrie, et par le canal qui la met en communication avec Birmingham. Pop. : 7,000 âmes.

STAFFORD. — Petite ville du Connecticut, aux Etats-Unis. Elle est renommée par ses forges et ses sources minérales qui sont fréquentées par un grand nombre de baigneurs. Pop. : 3,000 âmes.

STAGNO. — Ville épiscopale de la Dalmatie, empire d'Autriche. Elle est située sur la côte sud de l'isthme qui joint la presqu'île de Sabioncello au continent. Pop. : 2,000 âmes.

STAGOUS-CALABAK. — Ville de la Thessalie, empire ottoman. Elle est située près de la Salembria. Pop. : 4,000 âmes.

STAMFORD. — Ville du comté de Lincoln, en Angleterre. Elle est située sur le Welland qui y est navigable. Pop. : 6,000 âmes.

STAMPALIA ou **ASTIPALEA.** — Ile de l'Archipel, royaume de Grèce. Ses habitants sont réputés par l'adresse qu'ils apportent à la pêche des éponges, dont les plus fines sont expédiées dans toutes les contrées du monde. Pop. : 1,500 âmes.

STANDIA. — Petite île de l'Archipel. Elle est située près de la côte septentrionale de l'île de Candie.

STANISLAWOW. — Ville forte de la Gallicie, dans l'empire d'Autriche. C'est un chef-lieu de cercle. Pop. : 10,000 âmes.

STANOVOÏ ou **JABLOUOÏ.** — Chaîne de montagnes de la Sibérie, Asie asiatique. Elle s'étend depuis les monts de Kiatchta jusqu'au cap oriental, sur une longueur d'environ 4,500 kilomètres, et sépare en partie la Sibérie de la Mandchourie.

STANZ. — Petite ville du canton d'Unterwald, en Suisse. Elle est située près de l'Aa et à peu de distance du lac de Lucerne. On y fait remarquer l'hôtel-de-ville, l'arsenal et la maison d'Arnold de Winkelried. C'est le chef lieu du bas Unterwalden, et sa population ne dépasse guère 2,000 habitants.

STARAIA-ROUSSA. — Ville du gouvernement de Novgorod, en Russie. Elle est située sur le Polist, affluent du lac Ilmen. On y trouve des salines et des tanneries. Pop. : 9,000 âmes.

STARASOL. — Ville de la Gallicie, dans l'empire d'Autriche. Elle est située dans le cercle de Sambor. On y trouve des salines. Pop. : 3,500 âmes.

STARGARD. — Ville de la Poméranie dans le royaume de Prusse. Elle est située sur l'Ihna, affluent navigable de l'Oder. C'était l'une des cités hanséatiques. Pop. : 8,500 âmes.

STARGARD. — Ville de la régence de Dantzig, dans la Prusse occidentale. Pop. : 3,000 âmes.

STARODOUB. — Ville du gouvernement de Tchernigov, en Russie. Elle appartenait anciennement aux Cosaques malorosses. Pop. : 4,000 âmes.

STAUBSACH. — Superbe cascade de la Suisse. Elle est située près de Lauberbrunnen, dans l'Oberland bernois. Sa hauteur est d'environ 300 mètres.

STAVANGER. — Petite ville très-ancienne de la Norwége. Elle est située sur la mer du Nord. On y remarque la cathédrale, l'un des plus beaux monuments gothiques du royaume; cette ville fait un commerce de poisson salé et de planches. Pop. : 4,000 âmes.

STAVROPOL. — Jolie petite ville, chef-lieu de la province du Caucase, dans la Russie asiatique. Elle est fortifiée et possède un séminaire. Pop. : 3,000 âmes.

STECKBORN. — Petite ville du canton de Thurgovie, en Suisse. Elle est située sur la rive méridionale du lac inférieur, partie de celui de Constance. Pop. : 2,000 âmes.

STEENBERGEN. — Ville forte de la province de Brabant, en Hollande. Pop. : 4,000 âmes.

STEENKERQUE ou STEINKERQUE. — Village de la province de Hainaut, en Belgique. Il est célèbre par la victoire que le maréchal de Luxembourg y remporta sur les alliés, en 1692.

STEENVOORDE. — Chef-lieu de canton dans l'arrondissement d'Hazebrouck, département du Nord. On y trouve des fabriques de toiles de lin, de toiles peintes, de rubans de fil et d'huile, et l'on cultive le houblon dans ses environs. Pop. : 3,900 âmes.

STEENWERK. — Commune de l'arrondissement d'Hazebrouck, dans le département du Nord. Pop. : 4,800 âmes.

STEENWYK. — Ville de l'Over-Yssel, dans le royaume de Hollande. Elle était autrefois fortifiée. Pop. : 2,000 âmes.

STEIN. — Petite ville du canton de Schaffhouse, en Suisse. Elle est située sur le Rhin, fait un commerce assez important, et sa population est d'environ 1,200 âmes.

STEIN ou KAMNEK. — Ville de l'Illyrie, dans l'empire d'Autriche. Elle donne son nom à la partie des Alpes qui se trouve dans son voisinage et dont quelques sommets atteignent 3,300 mètres.

STEINAMANGER. — Petite ville épiscopale de Hongrie, dans l'empire d'Autriche. Elle possède une belle église, un gymnase et un musée dans lequel on a rassemblé les antiquités recueillies dans les environs. Pop. : 3,000 âmes.

STEINFURT. — Ville de Westphalie, dans le royaume de Prusse. C'est le chef-lieu d'une seigneurie médiatisée qui appartient au prince de Bentheim-Bentheim. Pop. : 2,300 âmes.

STELLE (LE). — Village de la délégation de Vérone, dans le gouvernement de Venise. Il est renommé par son souterrain appelé le *Panthéon*, lequel est pavé d'une mosaïque avec des inscriptions. Ce lieu a été l'objet de beaucoup de conjectures et de mémoires de la part des archéologues. En 1187, on fit de ce souterrain une chapelle de la Vierge, qui porte aujourd'hui le nom de *Santa-Maria delle Stelle*.

STENAY. — Chef-lieu de canton dans l'arrondissement de Montmédy, département de la Meuse. Il est situé sur la Meuse. On y trouve un haut-fourneau, des forges, et l'on y fabrique de la tonnellerie. Autrefois fortifiée, cette ville fut démantelée par Louis XIV, qui s'en empara en 1654. Pop. : 3,800 âmes.

STENDAL. — Ville de la province de Saxe, dans le royaume de Prusse. C'est la patrie de Winckelmann. Pop. : 6,000 âmes.

STEPPES. — On nomme ainsi, dans la Russie d'Europe et dans l'Asie septentrionale, de vastes plaines sablonneuses ou couvertes d'herbes hautes et épaisses, mais où l'on ne trouve généralement ni arbres ni arbustes.

STETTIN. — Jolie ville située sur l'Oder, dans la Poméranie, en Prusse. C'est le chef-lieu de la province et du gouvernement qui porte son nom. On y remarque le château royal et l'hôtel des Etats. Cette ville possède un gymnase, un séminaire pour les maîtres d'école, une école supérieure, une école de navigation, une riche bibliothèque publique et une société académique. Sa population est d'environ 33,000 âmes.

STEWART. — Groupe de petites îles de l'Australie. Il est situé à l'extrémité des îles Salomon.

STEYER. — Ville de la haute Autriche, importante par ses nombreuses fabriques de limes, de couteaux, de rasoirs, d'alènes, etc., dont on exporte des quantités immenses dans toutes les contrées de l'Europe. Sa population est d'environ 10,000 habitants.

STIGLIANO. — Ville de la Basilicate dans le royaume de Naples. Pop. : 4,000 âmes.

STILL. — Commune de l'arrondissement de Strasbourg, dans le département du Bas-Rhin. Pop. : 1,300 âmes.

STILO. — Ville de la Calabre ultérieure 1re, dans le royaume de Naples. Elle est située sur le Stillaro, affluent de la mer Ionienne. On trouve dans ses contrées des mines de cuivre, de plomb et de fer. C'est la patrie du philosophe Campanella. Pop. 2,000 âmes.

STIRLING. — Jolie petite ville, chef-lieu du comté de ce nom, en Ecosse. Elle est située dans une agréable contrée et on remarque sa citadelle. Cette ville était l'une des résidences des rois d'Ecosse. Pop. : 8,400 âmes.

STOCKERAU. — Petite ville de l'archiduché d'Autriche. Elle est située sur un bras du Danube et sur le chemin de fer de Vienne à Krems. Pop. : 1,600 âmes.

STOCKHOLM. — Capitale du royaume de Suède. Cette ville, qui est bâtie sur les rives septentrionale et méridionale du lac Melarn, sur deux péninsules et sur de grandes et petites îles, a quelque rapport avec Venise ; mais, d'un autre côté, ses constructions quelquefois établies sur des rochers qui s'élèvent à une assez grande hauteur au-dessus de l'eau ou disposées en amphithéâtre, les nombreux jardins et même les bois dont elles sont entrecoupées, ses maisons de briques ou de bois peint, tout cela lui donne une physionomie analogue à celle de quelques cités de l'Inde. En définitive, l'aspect de Stockholm est des plus pittoresques, des plus gracieux, et c'est, sans le moindre doute, une des villes les plus remarquables et les plus belles de l'Europe. Parmi ses nombreux édifices, on distingue particulièrement la cathédrale ou église Saint-Nicolas; celle de Riddarholm, qui renferme les monuments élevés aux souverains du pays; et celles de Sainte-Catherine, de Sainte-Claire, de Marie, d'Hedvige-Eléonore, d'Ulrique-Eléonore et d'Adolphe-Frédéric. Viennent ensuite le palais du roi, l'hôtel de ville, la maison de la noblesse, le palais de justice, la banque, la monnaie, l'amirauté, les casernes, les écuries royales, l'hôpital de la garnison, l'hôtel de l'administration de la guerre, celui de l'académie des sciences, etc. On cite aussi les places de Norrmalm, des Nobles, de Charles XIII, de Skeppsbron et de Slottsbaken; le pont Neuf; et enfin le parc royal, l'hummelgarden, et le jardin du comte Piper. Stockholm possède des écoles de médecine, de navigation, de peinture et de musique; un institut technologique, un autre forestier, et un troisième de sourds-muets; une bibliothèque publique, une galerie de tableaux, un musée d'antiques, un cabinet de modèles et de machines, et plusieurs sociétés académiques. Le commerce de cette ville est aussi varié qu'important, mais consiste surtout en toiles, indiennes, étoffes de soie, de laine, verrerie, faïence, porcelaine, etc.; on y construit aussi des navires pour d'autres nations; et la population est d'environ 85,000 âmes. On trouve dans son voisinage le château de Drottingholm, bâti sur le modèle de celui de Versailles; la *Villa-Botanica*, autre résidence royale; le château de Carlsberg et celui de Haga, qui appartiennent également à la couronne; celui d'Ulricksdal; qui est occupé par des invalides; puis l'école militaire et la fonderie de canons établies à Marieberg.

STOCKPORT. — Grande et jolie ville du comté de Chester, en Angleterre. Elle est située sur le Mersey, et ses nombreuses fabriques de coton lui donnent une grande importance. Pop.: 30,000 âmes.

STOCKTON. — Ville du comté de Durham, en Angleterre. Elle est située sur la Tees, où elle possède un port. On y trouve des manufactures de toile à voiles, et l'on y fait aussi un commerce important de charbon. Pop.: 8,000 âmes.

STOLBERG. — Ville de la régence d'Aix-la-Chapelle, dans la Prusse rhénane. On y trouve des fabriques de laiton, d'épingles et d'aiguilles. Pop.: 3,000 âmes.

STOLBERG. — Ville de la province de Saxe, dans le royaume de Prusse. C'est le chef-lieu du comté Médiat de Stolberg-Stolberg. Pop.: 2,200 âmes.

STOLBERG-ROSLA. — Comté médiatisé de la Confédération germanique. Il est annexé à la Prusse et à la Hesse. Pop.: 8,500 âmes.

STOLBERG-WERNIGERODE. — Comté médiatisé de la Confédération germanique. Il est annexé à la Prusse, au Hanovre et à la Hesse. Pop.: 20,000 âmes.

STOLPE. — Ville de la Poméranie, rayaume de Prusse. Elle est située sur la petite rivière de son nom affluent de la Baltique. Pop.: 6,000 âmes.

STONE. — Ville du comté de Stafford, en Angleterre. Elle est située sur la Trent et le canal Grand-Trunk. On y fabrique des rouleaux de pompe et des souliers de pacotille. Pop.: 8,000 âmes.

STONEHAVEN. — Ville du comté de Kincardine, en Ecosse. Elle est située sur la mer du Nord, où elle possède un port. Pop.: 2,000 âmes.

STONEHENGE. — Monument druidique du comté de Wiils, en Angleterre. Il est situé non loin de Salisbury, au nord, et consiste en quatre rangées circulaires de pierres énormes placées debout, et d'autres pierres posées horizontalement sur ces premières Quelques-unes ont 10 mètres de longueur sur 3 de largeur.

STOR-AFVAN. — Lac de Suède. Il est situé dans la Bothnie occidentale; reçoit, au nord-ouest, les eaux du lac Horn-Afvan; et s'écoule, par le Sildut, dans le golfe de Bothnie.

STOR-SION. — Lac de Suède. Il est situé dans le Jamtland, à l'ouest d'Ostersund. Sa longueur est de 70 kilomètres, et il s'écoule, par la Ragunda, dans l'Indals-Elf, affluent du golfe de Bothnie.

STOR-UNAM. — Lac de Suède. Il est situé dans la Bothnie occidentale. Sa longueur est de 45 kilomètres, et il est traversé par l'Umea, affluent du golfe de Bothnie.

STORA. — Ville de la province de Constantine, en Algérie. Elle est située sur le golfe de son nom, formé par la Méditerranée.

STORA-LULEA-WATTNEN. — Lac de Suède. Il est situé dans la Bothnie septentrionale. Sa longueur est de 140 kilomètres, et ses eaux s'écoulent, par la Lulea, dans le golfe de Bothnie

STORNAWAY. — Ville de l'île de Lewis, une des Hébrides. Elle est située sur la côte est, et son port emploie de nombreux navires à la pêche du hareng. Pop.: 5,000 âmes.

STOUR. — Rivière du comté de Kent, en Angleterre. Elle passe à Canterbury et se divise en deux bras qui forment l'île de Thanet. Son cours est d'environ 90 kilomètres.

STOUR. — Rivière d'Angleterre. Elle passe à Stourbridge, dans le comté de Worcester, et s'unit à la Severn, à Stouport.

STOURBRIDGE. — Champ du comté de Cambridge, en Angleterre. Il est situé près de la ville de Cambridge, à l'est-nord-est, et doit sa célébrité à une foire qui s'y tient annuellement vers la fin de septembre, et dure 15 jours.

STOURBRIDGE. — Ville du comté de Worcester en Angleterre. Elle est située sur la Stour, affluent de la Severn. On y trouve des fabriques de cristaux. Pop.: 5,000 âmes.

STOURPORT. — Ville du comté de Worcester, en Angleterre. Elle est située au confluent de la Stour et de la Severn. Pop.: 6,000 âmes.

STOUZK. — Petite ville du gouvernement de Minsk, en Russie. C'est le chef-lieu du duché de la famille Radzivill. On y trouve un gymnase catholique et un gymnase évangélique.

STRALSUND. — Chef-lieu du gouvernement qui porte son nom, dans la Poméranie, en Prusse. Cette ville, qui est fortifiée, est située sur le détroit de Gellen, qui la sépare de l'île de Rügen, et elle ne tient au continent que par des ponts. On y remarque l'église de Marie; elle possède un gymnase, une bibliothèque publique, des bains de mer fréquentés, et un port qui favorise son industrie et son commerce. Sa population est d'environ 18,000 âmes.

STRAMBINO. — Ville de la division de Turin, dans le royaume sarde. Elle est située non loin de la rive droite de la Doire-Baltée. Pop.: 3,500 âmes.

STRANGFORD. — Ville du comté de Down, en Irlande. Elle est située à l'entrée de la baie de son nom.

STRANRAER. — Ville du comté de Wigton, en Ecosse. Elle est située sur la baie de Loch-Ryan, formée par le canal du Nord. On y trouve des fabriques de coton et de toiles. Pop.: 3,000 âmes.

STRASBOURG. — Ville très-forte située sur l'Ill, non loin de son confluent avec le Rhin, et au milieu d'une plaine renommée par sa fertilité. Chef-lieu du département du Bas-Rhin, son arrondissement comprend 12 cantons et 161 communes. On admire, entre tous ses édifices, la cathédrale, l'un des plus beaux monuments gothiques qui existent, et dont l'horloge, représentant notre système planétaire, est un chef-d'œuvre de mécanique. Viennent ensuite l'ancien évêché, l'église Saint-Thomas, qui renferme le mausolée du maréchal de Saxe, l'hôtel de ville, celui de la préfecture, le palais de justice, l'arsenal, les casernes et la fonderie de canons. Strasbourg possède une académie universitaire, avec une faculté de théologie pour la confession d'Augsbourg, et une chaire de dogme calviniste; puis un séminaire, un collége, un hôpital d'instruction médicale et chirurgicale, une école spéciale de pharmacie, une école d'artillerie, deux bibliothèques publiques, un cabinet d'histoire naturelle, un jardin botanique, un observatoire et une société académique. Son commerce consiste en draps, toiles, tapis, tapisseries, pelleterie, chapellerie, faïence, porcelaine, armes, orfévrerie, instruments de musique, liqueurs, etc. Son territoire produit principalement du chanvre, de la garance, des plantes oléagineuses, du tabac, etc. Cette ville, dont la population est d'environ 63,000 âmes, a donné naissance à Guttenberg, à Jean-Gaspard Eisenschmid, à Ulrich Obrecht et à Guillaume Baur. Strasbourg communique avec le territoire de la Confédération germanique, par un pont de bateaux d'une longueur remarquable jeté sur le Rhin, et qui prend le nom du village de Khell, situé sur la rive droite du fleuve.

STRASSNITZ. — Ville de Moravie, dans l'empire d'Autriche. Elle est située près de la rive gauche de la March. Pop.: 4,000 âmes.

STRATFORD. — Ville du comté de Warwick, en Angleterre. Elle est située sur l'Avon. C'est la patrie de Shakespeare. Pop.: 3,000 âmes.

STRATHMORE. — Grande et fertile vallée d'Ecosse. Elle s'étend de l'ouest du comté de Perth, jusqu'à la côte sud du comté de Kincardine.

STRAUBING. — Ville du royaume de Bavière. Elle est située près de la rive droite de Danube. Pop.: 7,000 âmes.

STRAUSSBERG. — Ville du Brandebourg, dans le royaume de Prusse. Elle est située sur le lac Strauss. On y trouve une maison des invalides et des fabriques de draps. Pop.: 4,000 âmes.

STROMBOLI. — Ile de l'archipel de Lipari, en Sicile. Elle est renommée par son volcan dont les éruptions ont lieu habituellement deux fois chaque quart d'heure. Les marins appellent ce volcan *le grand fanal de la Méditerranée*.

STROMNESS. — Ville de l'île de Pomona, l'une des Orcades. Elle est située à l'extrémité sud-ouest, et possède un port. Pop.: 2,300 âmes.

STROMSOE. — *Voy.* DRAMMEN.

STROMZA ou STRUMNITZA. — Petite ville de Macédoine, dans la Turquie d'Europe. Elle était importante autrefois par ses fortifications, et se recommande aujourd'hui par ses sources thermales.

STRONGOLI. — Ville épiscopale de la Calabre ultérieure II°, dans le royaume de Naples. Pop.: 2,000 âmes.

STRUMA ou CARASOU. — Fleuve de Turquie. Il prend sa source à l'est du mont Balkan, et se jette dans le golfe d'Orphano, près d'Orphano.

STRY. — Rivière de Gallicie. Elle passe à Stry, et s'unit au Dniester, après un cours de 160 kilomètres.

STRY. — Ville de la Gallicie, dans l'empire d'Autriche. Elle est située sur la rivière de son nom. C'est un chef-lieu de cercle. Pop.: 5,000 âmes.

STUHLWEISSENBURG ou ALBE ROYALE. — Petite ville épiscopale de la Hongrie. Plusieurs souverains de ce royaume y ont été couronnés et ensevelis. Sa population est d'environ 14,000 âmes.

STURA. — Rivière du royaume sarde. Elle passe à Coni, et se jette dans le Tanaro, à Cherasco, après un cours de 120 kilomètres.

STURA. — Rivière du royaume sarde. Elle se jette dans le Pô, à quelque distance au-dessus de Turin, après un cours de 70 kilom.

STUTTGARD. — Ville située sur le Nesembach, près de son confluent avec le Necker. C'est la capitale du royaume de Wurtemberg. Ses principaux édifices sont les châteaux royaux, le palais des Etats, celui du prince Frédéric, les casernes, l'hôpital, l'institut de Catherine et la statue colossale de Schiller. Cette ville possède un gymnase, une école polytechnique et plusieurs autres, une riche bibliothèque publique et celle du roi, deux observatoires, un musée d'antiquités, une galerie de tableaux, un cabinet d'histoire naturelle et un jardin botanique. La bibliothèque publique renferme un grand nombre de manuscrits et 8,000 exemplaires de la Bible en 68 langues. La population est d'à peu près 40,000 âmes. Dans les environs de Stuttgard, qui sont renommés par leur beauté, on trouve l'ancien château du duc Charles, nommé la *Solitude*, dans lequel on remarque principalement la salle des lauriers et des concerts, peinte par Guibal; puis Roseinstein, superbe résidence royale; et enfin, Bellevue, autre maison des champs qu'habitait le roi Frédéric.

STYRIE. — Province de l'empire d'Autriche. Elle se divise en 5 cercles qui sont Bruck et Judenbourg, formant la haute Styrie; puis Cilly, Gratz et Marbourg, qui composent la basse Styrie. Gratz est le chef-lieu de la province. Celle-ci est riche en mines de fer et autres, et parmi les produits industriels de ses habitants on vante surtout les faux qu'ils fabriquent. Pop.: 960,000 âmes.

SUBIACO. — Petite ville de la province de Rome. On y remarque le château du pape; le couvent de Saint-Benoît, dont l'église a été ornée par les artistes les plus illustres; puis les restes du palais de Néron. Pop.: 2,000 âmes.

SUCCADANA. — Ville de l'île de Bornéo. Elle est située au sud-ouest, sur une rivière navigable. C'est l'ancienne capitale du royaume du même nom, qui forme aujourd'hui celui de Matan.

SUCÉ. — Commune de l'arrondissement de Nantes, dans le département de la Loire-Inférieure. Pop.: 2,200 âmes.

SUCZAWA. — Ville de Gallicie, dans l'empire d'Autriche. Elle est située sur la rive droite de la rivière de son nom, affluent du Sereth. Pop.: 6,000 âmes.

SUDA ou la SUDE. — Golfe de l'île de Candie. Il est situé sur la Côte-Nord, son entrée est large de 9 kilomètres et sa profondeur de 18.

SUDBURY. — Ville du comté de Suffolk, en Angleterre. C'est là que, sous Edouard III, vinrent s'établir des Flamands qui firent connaître aux Anglais l'art de fabriquer le drap. Pop.: 4,000 âmes.

SUÈDE ET NORWÈGE (ROYAUME DE). — Il est situé entre 4° et 29° de longitude orientale, et entre 55° et 71° de latitude. Sa plus grande longueur, depuis Falsterbo, dans la préfecture de Malmö, jusqu'au cap Nordkün, dans le Finmark, est de 1,025 milles; et sa plus grande largeur, depuis Stadtland, dans le bailliage septentrional de Bergen, jusqu'à l'extrémité orientale de Stockholm, est de 436 milles. Ses limites sont, au nord, l'océan Arctique; à l'est, la Laponie et la Bothnie russe, le golfe de Bothnie, la mer d'Aland et la mer Baltique; au sud, cette dernière mer et le Skager-Rack; et à l'ouest, le Sund, le Cattegat, le Skager-Rack, la mer du Nord et la mer de Scandinavie, qui, tous, sont des parties de l'océan Atlantique. Ce royaume comprend la Suède proprement dite, la Gothie, le Norrland et quelques îles qui en dépendent, la Norwége, le Norrland norwégien et le Finmark; et ses montagnes appartiennent au *système scandinavique*. Le point culminant de tout ce système est le Skagstlos-Tind, dans les monts Dofrefied, lequel est d'une élévation de 2,547 mètres 22; viennent ensuite le Snechättan, des mêmes monts, dont l'altitude est de 2,463 mètres 80; et le Sognefield, dans les monts Thuliens, en Norwége, qui présente une hauteur de 2,178 mètres 62.

Les fleuves qui arrosent la monarchie norwégiéno-suédoise, ont leur embouchure dans trois grands bassins: la mer Baltique; la mer du Nord ou océan Atlantique, avec ses golfes le Skager-Rack et le Kattegat; puis l'océan Arctique ou Glacial boréal. La mer BALTIQUE reçoit la *Tornea*, la *Lulea*, la *Pitea*, le *Skelleftea*, l'*Umea* et l'*Angerman*, qui prennent naissance dans les montagnes du Norrland; l'*Indals*, qui naît dans les monts situés à l'est de Trondhiem; le *Ljusne*, dont la source est voisine de celle du Glommen; la *Dal*, qui naît dans les montagnes à l'est du Faniund; la *Motala*, qui sort du lac Wetern. A l'océan ATLANTIQUE arrivent le *Gotha*, qui s'échappe du lac Wenern; le *Claraelf*, qui prend sa source en Norwége; le *Glommen*, qui a la sienne dans les montagnes situées au sud-est de Drontheim; le *Drammen*, qui sort du lac Tyrisfjord; le *Loven*, qui naît dans le Longfield; l'*Oddern*, qui vient du bailliage de Christiansund; puis l'*Orkel*, le *Namens*, le *Vefsen*, et le *Salten*. Enfin, l'océan ARCTIQUE s'empare des eaux du *Mals*, dont la source se trouve sur les hauteurs au nord du lac Tornea, de l'*Alten*, et de la *Tana* ayant pour affluent le Kurasjoki.

Les principaux lacs de la Suède proprement dits, sont le Wenern, l'un des plus grands de l'Europe, après le Ladoga et l'Onega; puis ceux de Wettern, de Hielmarn et de Melarn. Viennent ensuite le Sillian, dans la Dalécarlie; le Storjon, dans le Jemtland; le Stor-Uman et le Stor-Afvan, dans le Westerbotten; le Lulea et le Tornea-Tresk, dans le Norrbotten; le Miosen, le Famund, le Tyris et le Rys, en Norwége. Un nombre considérable d'îles et d'îlots bordent les côtes de la Suède et de la Norwége, et dans ce nombre on distingue principalement. Dans la *Baltique*, les îles Gottland et Hwen; dans le *Cattegat*, celle d'Orust; dans l'*océan Atlantique* et l'*océan Arctique* le groupe de Bergen, avec les îles Karmoe, Fidje, et Bremanger, le groupe de Drontheim, avec les îles Vigeren, Averoën, Smolen et Hitteren; et le groupe de Lofoden-Magcroe, avec les îles Weroen et Mosken, entre lesquelles se trouve le célèbre vortex appelé Mahelstrom, puis celles de Flagstadt, West-Wagen, OEstvaage, Hindoen, Langoen, Andoen, Senjen, Hvaloen, Ringvadsoe, Seiland, Soroe, et enfin Mageroe où se trouve le fameux *cap Nord*. Parmi les canaux qu'on rencontre dans la monarchie suédoise, on cite particulièrement ceux de Gotha ou de Gothie, de Trollhatta, d'Arboga, de Stromsholm, de Sodertelge, de Waddo et d'Almare-Stak.

La division administrative de la monarchie norwégiéno-suédoise est ainsi établie :

SUÈDE

	GOUVERNEMENTS.	CHEFS-LIEUX.
Suède proprement dite.	Stockholm.	Stockholm.
	Upsala.	Upsala.
	Westerås.	Westerås.
	Nykoping.	Nykoping.
	OErebro.	OErebro.
	Carlstad.	Carlstad.
	Stora-Kopparberg.	Falun.
	Gefleborg.	Gefleborg.
Gothie.	Linkoping.	Linkoping.
	Calmar.	Calmar.
	Jonkoping.	Jonkoping.
	Kronoberg.	Wexio.
	Blekinge.	Carlscrona
	Skaraborg.	Mariestad.
	Elfsborg.	Wenersborg.
	Gotheborg.	Gothembourg
	Halmstad.	Halmstad.
	Christianstad.	Christianstad.
	Malmohus.	Malmo.
	Gothland (île de).	Wisby.
Norrland.	Norrbotten.	Piteå.
	Westerbotten.	Umeå.
	Wester-Norrland.	Hernosand.
	Jämtland.	OEstersund.

NORWÈGE.

	BAILLAGES.	CHEFS-LIEUX.
Sondenfields.	Aggershuus.	Christiania.
	Smaalehnene.	Moss.
	Hedemarken.	Hof.
	Christian.	Biri.
	Buskerud.	Drammen.
	Bratsberg.	Skien.
	Nedenoes.	Arendal.
	Lister et Mandal.	Christiansand.
	Stavanger.	Stavanger.
	Jarlsberg et Laurvig.	Tonsberg.
Nordenfields	Sondre - Bergenhuus.	Bergen.
	Nordre - Bergenhuus.	Leganger.
	Romsdal.	Christianssund
	Sondre - Trondhiem.	Trondhiem.
	Nordre - Trondhiem.	Levanger.
Nordlandens.	Nordland.	Bodoe.
	Finmarken.	Tromsoe.

La capitale du royaume est Stockholm; celle de la Norwége proprement dite est Christiania.

Le culte professé par la presque totalité des habitants de la Suède et de la Norwége, est le luthéranisme. Les églises catholique et calviniste ne comptent qu'un petit nombre d'adeptes, et il en est de même des Herrnhuters, des Swedenborgiens et des Lasares ou Lecteurs. Quant aux Juifs, ils sont exclus de la Norwége, et simplement tolérés en Suède.

SUEIRO-DA-COSTA. — Fleuve de la Guinée septentrionale. Il coule dans l'est de la côte d'Ivoire et se jette dans l'Atlantique.

SUÈVRES. — Commune de l'arrondissement de Blois, dans le département de Loir-et-Cher. Elle est située près de la rive droite de la Loire et sur le chemin de fer d'Orléans à Tours. Pop. : 2,000 âmes.

SUEZ ou SOUEYS. — Très-petite ville située au fond du golfe de même nom, sur la mer Rouge, dans la préfecture du Caire, en Égypte. On y trouve un port et un petit chantier, et il s'y fait quelque commerce. Ce lieu, qui est séparé de la Méditerranée par un isthme de 80 à 100 kilomètres de longueur, est l'emplacement de l'ancienne *Arsinoé*, au port de laquelle aboutissait le fameux canal construit par Nécos, puis réparé par Ptolémée Philadelphe, Trajan et les Arabes. Il avait environ 146 kilomètres d'étendue, 55 mètres de largeur et 13 de profondeur. Pop. : 1,200 âmes.

SUHL ou SULHA. — Ville de la province de Saxe, en Prusse. On y trouve une manufacture d'armes à feu. Pop. : 6,000 âmes.

SUIPPES. — Rivière de France. Elle prend sa source dans le département de la Marne, au-dessus de Suippes, et se joint à l'Aisne, au-dessus de Berry-au-Bac, dans le département de l'Aisne, après un cours de 60 kilomètres.

SUIPPES. — Chef-lieu de canton dans l'arrondissement de Châlons, département de la Marne. Il est situé sur la rivière de son nom. On y fabrique des châles et des étoffes de laine. Pop. : 2,400 âmes.

SUIRE. — Rivière d'Irlande. Elle passe à Clonwell et Waterford, et se joint au Barrow pour former le havre de Waterford. Son cours est de 150 kilomètres.

SUISSE. — Contrée qui occupe le centre de l'Europe péninsulaire, et a pour bornes l'Autriche et la Confédération germanique, la France et l'Italie. Elle est située entre 3° 40' et 8° 5' de longitude est, et entre 45° 50' et 47° 50' de latitude nord. Son sol, extrêmement accidenté, offre les montagnes les plus élevées de l'Europe, des glaciers et des neiges perpétuelles, de superbes vallées, etc. Les Alpes, qui la séparent de l'Italie, la parcourent aussi sous les noms d'alpes Lépontiennes, Bernoises, et Rhétiques; ses principaux cours d'eau sont le Rhin, le Rhône, l'Aar, la Reuss, la Limmat, le Doubs, l'Inn, le Tésin, etc.; et parmi ses lacs, il faut citer surtout ceux de Léman, de Neufchâtel, de Morat, de Bienne, de Thun, de Brientz, de Lucerne, de Zug, de Zurich, de Wallenstadt, de Constance, etc.

La Suisse se compose d'un certain nombre d'États ou de cantons, unis sous le titre de *Confédération*; mais dont le classement politique et administratif est sujet à de fréquentes variations, par suite de l'effervescence révolutionnaire. Ces cantons sont ceux des Grisons, avec *Coire* pour capitale; de Berne, avec capitale du même nom; du Valais, ayant *Sion* pour capitale; de Vaud, capitale *Lausanne*; du Tésin, capitale *Bellinzona*; de Saint-Gall, capitale du même nom; de Zurich, capitale du même nom; de Lucerne, capitale du même nom; d'Argovie, capitale *Aarau*; de Fribourg, capitale du même nom; d'Uri, capitale *Altorf*; de Glaris, capitale du même nom; de Neufchatel, capitale du même nom; de Thurgovie, capitale *Frauenfeld*; d'Unterwald, capitale *Sarnen*; de Soleure, capitale du même nom; de Bale, capitale du même nom; d'Appenzell, capitale *Trogen*; de Schaffouse, capitale du même nom; de Genève, capitale du même nom; et de Zug, avec capitale du même nom.

Quant au culte religieux, il est réparti comme suit dans les cantons qui viennent d'être désignés : l'Appenzell extérieur, la presque totalité des cantons de Zurich, Berne, Bâle, Schaffouse, Vaud et Neufchâtel; la majeure partie de ceux de Glaris, des Grisons, d'Argovie, de Thurgovie et de Genève; et la plus faible portion des habitants de Fribourg, Soleure et Saint-Gall, sont *calvinistes*. Les cantons de Lucerne, Uri, Schwitz, Unterwald, Zug, Appenzel intérieur, Tésin et Valais; la plus grande partie de ceux de Fribourg, Soleure et Saint-Gall, et la minorité des autres cantons professent le *catholicisme*. Récapitulation faite, 12 vingtièmes environ de la population suisse sont calvinistes, le reste est catholique.

SUKONA ou SOUKHONA. — Rivière navigable de Russie. Elle sort du lac Koubinskoé, dans le gouvernement de Vologda; passe à Vélikioustique, puis se joint à l'Ioung pour former la Dvina. Son cours est de 450 kilomètres.

SULLY. — Chef-lieu de canton dans l'arrondissement de Gien, département du Loiret. Il est situé sur la rive gauche de la Loire. C'est ce lieu qui fut érigé en duché-pairie par Henri IV, en 1606, pour reconnaître les loyaux services de Maximilien de Béthune. Pop. : 2,200 âmes.

SULLY-LA-TOUR. — Commune de l'arrondissement de Cosne, département de la Nièvre. Pop. : 1,600 âmes.

SULMONA. — Ville épiscopale du royaume de Naples. C'est la patrie d'Ovide. Pop. : 8,000 âmes.

SULNIAC. — Commune de l'arrondissement de Vannes, dans le département du Morbihan. Pop. : 2,200 âmes.

SULTANIEH. — Ville de l'Irak-Adjemi, en Perse. Elle est en ruines, mais on y admire encore les restes du mausolée de Mohammed-Khodabendeh-Oldjaïtou, le plus magnifique monument de ce genre que possède la Perse. Sultanieh fut la capitale du royaume sous les princes tartares de la race de Gengis-Khan. Près de cette ville se trouve le palais d'été du roi et la citadelle de Sulthanâbâd.

SULZ. — Ville du Wurtemberg. Elle est située sur la rive droite du Necker. On y trouve une riche saline. Pop. : 2,500 âmes.

SULZBACH. — Ville de Bavière. Les Autrichiens y furent défaits par Jourdan, en 1796. Pop. : 3,000 âmes.

SUMATRA (Groupe de). — Il est situé dans la Malaisie ou Océanie occidentale, et séparé de celui de Java par le détroit de la Sonde. L'île de Sumatra proprement dite est coupée en deux par l'équateur, sa longueur est d'environ 1,080 kilomètres sur 280 de largeur; on y trouve de nombreux volcans et de magnifiques forêts, et son sol est renommé par le produit de ses épiceries. Cette île offre deux divisions : la partie indépendante et la partie hollandaise. La première comprend les royaumes d'Achem et de Siak, et le pays des Battas ou Batak; la seconde embrasse toute la côte occidentale, depuis la rivière Singkel jusqu'au détroit de la Sonde, et se compose de plusieurs gouvernements. C'est dans Sumatra que s'élève le mont Ophir, et les îles qui dépendent de cette terre sont Engano, Poggi, Porah, Batu, Nias et Baniak. Pop. · 3,200,000 âmes.

SUMBA. — Île de la Malaisie, dans l'archipel de Sumbava. Elle est située au sud de Flores, sa longueur est de 115 kilomètres, sa largeur de 70, et son sol est fertile en coton et bois de Sandal. Elle est sous la domination de plusieurs chefs indépendants des Hollandais.

SUMBAVA-TIMOR (Archipel de). — Il est situé dans la Malaisie, et se compose principalement des îles Sumbava, Mangaray, Flores, Solor, Sabrao, Lomblem, Panter, Ombay, Timor, Simao, Rotti, Dao, Savou et Sumba. La plupart des Etats de cet archipel appartiennent aux Hollandais ou en sont tributaires. Le volcan de Tomboro, qui se trouve dans l'île de Sumbava, est sujet à de fréquentes éruptions, et, dans celle de 1815, il fit périr 12,000 personnes.

SUMÈNE. — Chef-lieu de canton dans l'arrondissement du Vigan, département du Gard. On y trouve des filatures et des fabriques de bonneterie de coton. Pop. : 3,000 âmes.

SUND. — Détroit situé entre l'île danoise de Seeland et la côte sud-ouest de la Suède. Il n'a que 4 kilomètres dans sa moindre largeur. On y remarque les ports d'Elseneur, Copenhague et Malmo, et c'est à Elseneur que les vaisseaux payent un droit de passage au roi de Danemark.

SUNDERLAND. — Ville du comté de Durham, en Angleterre. Elle est située sur le Wear, et c'est l'entrepôt des mines de houille qu'on exploite dans le bassin du Wear, laquelle exploitation emploie au delà de 30,000 personnes. Cette ville est importante aussi par ses chantiers et par son commerce maritime. Pop. : 17,000 âmes.

SUPÉRIEUR (Lac). — Le plus grand des lacs d'eau douce connus. Il est situé dans l'Amérique septentrionale, entre les Etats-Unis et le haut Canada. Sa longueur dépasse 600 kilomètres, et il s'écoule dans le Saint-Laurent à travers les lacs Huron, Érié et Ontario. Ce lac est sujet à des tempêtes qui ont souvent autant de violence que celles qui ont lieu sur l'Océan.

SUPERIEURE (Mer). — C'est le nom que l'on donnait anciennement à la mer Adriatique par opposition à la mer Tyrrhénienne qu'on appelait mer Inférieure.

SURATE. — Chef-lieu de la province de Guzarate, dans la présidence de Bombay, empire indo-britannique. Elle est située sur la rive gauche du Tapti qui y forme un petit port, et elle est entourée de murailles flanquées de bastions. Elle possède des manufactures et son commerce n'est pas sans importance. Les guèbres sont nombreux dans cette ville. Pop. : 150,000 âmes.

SURBACH. — Rivière qui prend naissance dans la Bavière Rhénane. Elle passe en France dans le département du Bas-Rhin, à Woerth, et se jette dans le Rhin, à Seltz, après un cours de 70 kilomètres.

SURE ou **SOURE.** — Rivière navigable qui prend sa source dans le Luxembourg belge. Elle passe dans le Luxembourg hollandais, et se joint à la Moselle, au-dessus de Trèves, après un cours de 120 kilomètres.

SURESNES. — Commune de l'arrondissement de Saint-Denis, dans le département de la Seine. Elle est située au pied du mont Valérien. Le vin que produisent ses vignobles est renommé par son extrême âpreté, et rivalise de médiocrité avec celui d'Argenteuil. Pop. : 2,000 âmes.

SURGERES. — Chef-lieu de canton dans l'arrondissement de Rochefort, département de la Charente-Inférieure. Pop. : 2,200 âmes.

SURGY. — Commune de l'arrondissement de Clamecy dans le département de la Nièvre. Pop. : 2,000 âmes.

SURINAM. — Fleuve de la Guyane hollandaise. Il se jette dans l'Atlantique. On donne aussi le nom de *Surinam* à la colonie hollandaise de la Guyane.

SURSEE. — Petite ville du canton de Lucerne, en Suisse. Elle est située à l'extrémité du lac Sempach, et sa population est d'environ 1,100 âmes.

SUSA. — Petite ville épiscopale de la division de Turin, dans le royaume sarde. On y remarque un arc de triomphe d'Auguste, et c'est dans son voisinage que commence la superbe route du mont Cenis, route pour la construction de laquelle il a fallu s'élever de 692 mètres sur une longueur horizontale et directe de 2,853 mètres. Six rampes en lacet ont réduit la pente abrupte en une inclinaison très-douce que peuvent monter et descendre avec la plus grande facilité les voitures de toute grandeur. La population de Susa est d'environ 7,000 âmes.

SUSQUEHANNAH. — Fleuve des Etats-Unis. Il prend sa source dans l'Etat de New-York, traverse ceux de la Pennsylvanie et de Maryland, passe à Harrisburg, et se jette dans la baie de Chesapeak, après un cours de 600 kilomètres.

SUWALKI. — Ville de Pologne. C'est le chef-lieu de la Voïvodie d'Augustowo. Pop.: 3,000 âmes.

SUZE (La). — Chef-lieu de canton dans l'arrondissement du Mans, département de la Sarthe. Il est situé sur la Sarthe. Pop. : 2,200 âmes.

SVEABORG. — Place très-forte de la Finlande, en Russie. Elle est située sur sept petites îles du golfe de Finlande, non loin de Helsingfords. Pop. : 3,500 âmes.

SVENDBORG. — Ville de Danemark. Elle est située à l'extrémité méridionale de l'île de Fionie où elle possède un port. Pop. : 3,000 âmes.

SVIR. — Rivière navigable du gouvernement d'Olonetz, en Russie. Elle sort du lac Onéga, et se jette dans le lac Ladoga. Un canal l'unit au Volkhov.

SWANSEA. — Ville du comté de Glamorgan, en Angleterre. Elle est située sur la baie de Swansea, formée par le canal de Bristol. C'est un lieu important par les riches mines de fer et de houille exploitées dans ses environs, par ses usines pour le cuivre, et ses bains de mer qui sont très-fréquentés. Pop. : 14,000 âmes.

SWENKASUND ou **SVENKSUND.** — Détroit du Scager-Rack, situé sur la limite de la Suède et de la Norwége. En 1790, Gustave III, roi de Suède, y vainquit la flotte des Russes.

SWINEMUNDE. — Jolie petite ville située sur l'île d'Usedom, dans la Poméranie, en Prusse. Elle possède une belle église, un port commerçant et des bains de mer très-fréquentés. Pop. : 4,000 âmes.

SYLT. — Ile de la mer du Nord. Elle est située près de la côte occidentale du Jutland, en Danemark. Sa longueur est de 36 kilomètres et sa largeur de 4.

SYMFEROPOL. — *Voy.* Simphéropol.

SYMI. — Ile de l'archipel. Elle est située sur la côte sud-ouest de l'Anatolie, à l'entrée du golfe de Symi.

SYN. — Pays de la Sénégambie. Il est situé à la droite du Sénégal. Les Français y avaient établi le comptoir de Joal, qu'ils ont abandonné.

SYOUAH. — Chef-lieu de l'Oasis de ce nom, dans la partie occidentale des déserts qui dépendent de l'Egypte. Il correspond à l'*ammonium* des anciens, si renommé par son oracle de Jupiter Ammon. Cet endroit a la forme conique d'une ruche, les rues en sont couvertes, et les habitants y vivent en partie dans l'obscurité. On trouve dans son voisinage les ruines du temple de Jupiter; puis, dans un bois de palmier, la célèbre fontaine du Soleil; et enfin, dans une colline appelée Pjebel-Dar-Aboubeker, de vastes catacombes qui servent aujourd'hui de demeure aux Arabes. Au nord-ouest de cette oasis, et à une distance d'environ 50 milles, existe un lac sur lequel s'élève une île qui est l'objet d'une foule de légendes de la part des tribus du désert.

SYOUT ou **ASSYOUT.** — Ville assez bien bâtie, située sur la rive gauche du Nil, dans la Haute-Egypte. C'est le chef-lieu d'une province. On y remarque un vaste bazar. Cette ville est le lieu où s'assemblent les caravanes de la Nubie et du Soudan, et ses environs offrent, dans la chaîne libyque, des hypogées couverts d'hiéroglyphes. Pop. : 15,000 âmes.

SYRA ou HERMOPOLIS. — Chef-lieu de l'île de ce nom, l'une des Cyclades, royaume de Grèce. C'est la *Syros* des anciens. Elle est le siège d'un évêché catholique et fait un commerce considérable de vin de Naxos, de raisin de Patras, d'amandes de Chio, d'huiles et de soie de la Morée, de cordages de l'Olympe, de tabac de Volo, de riz d'Alexandrie, de laines de Romélie, etc. On y trouve un port commode, des chantiers, et une population d'environ 10,000 âmes.

SYRACUSE. — Ville épiscopale, chef-lieu de l'intendance de ce nom, en Sicile. Elle est fortifiée, possède un port commerçant, deux séminaires, un collége royal, une bibliothèque publique et un musée, et sa population est d'environ 17,000 âmes. Des cinq magnifiques quartiers qui formaient anciennement la *Pentapole* : Ortygie, Achradine, Tyché, Néapolis et Epipole, le premier seulement, Ortygie, est encore habité. On remarque, à Syracuse la cathédrale, qui était un temple de Minerve ; un amphithéâtre et un théâtre ; l'*oreille de Denys*, voûte de la latomie du Paradiso ; et la célèbre fontaine d'Aréthuse, qui est devenue un lavoir public. Pop. : 14,000 âmes.

SYRIE. — Contrée de l'Asie qui appartient à l'empire ottoman. Elle est située entre la Méditerranée à l'ouest, l'Euphrate à l'est, l'Arabie au sud et l'Asie Mineure au nord. Cette région, à laquelle l'Écriture donne le nom d'*Aram*, comprend aussi les anciens pays de Phénicie, de Palestine et de Palmyrène. La chaîne du Liban traverse la Syrie occidentale du nord au sud ; et l'Oronte ou Assi et le Jourdain sont les principaux cours d'eau qui l'arrosent. Le second va se perdre dans la mer Morte ou lac Asphaltite. Le climat de cette contrée, excessivement chaud dans les plaines, devient tempéré sur les montagnes. Le sol, couvert en grande partie de sables ou de rochers arides, est très-fertile au contraire dans plusieurs vallées, où il produit alors du vin, la canne à sucre, le coton, l'indigo, des olives, des pistaches, des limons, etc. Les peuples qui l'habitent sont les Druzes, les Maronites, les Ismaéliens, les Moutoualis et les Arabes-Bédouins. Pop. : 3,000,000 d'âmes.

SYROD. — Bourg de l'arrondissement de Poligny, dans le département du Jura. Il est important par ses forges

SYROS ou SYRA. — Une des îles Cyclades. Elle est située dans la mer Egée.

SYZRAN. — Ville du gouvernement de Simbirsk, en Russie. Elle est située sur un affluent du Volga. Pop. : 9,000 âmes.

SZAKOLCZA ou SKALITZ. — Ville de Hongrie, dans l'empire d'Autriche. Pop. : 6,000 âmes.

SZALA-EGERSZEGH. — Ville de Hongrie, dans l'empire d'Autriche. Elle est située sur la Szala, affluent du lac Balaton, et c'est un chef-lieu de comitat dans le cercle au delà du Danube. Pop. : 3,000 âmes.

SZAMOS. — Rivière qui prend sa source sur les frontières de la Transylvanie. Elle passe ensuite en Hongrie, et se jette dans la Theiss, après un cours de 350 kilomètres.

SZAMOS-UJVAR. — Ville libre de la Transylvanie, dans l'empire d'Autriche. Elle est située sur le Szamos, et n'est presque habitée que par des Arméniens.

SZARVAS. — Gros bourg du comitat de Békes, en Hongrie, dans l'empire d'Autriche. Il est situé au milieu de marais, et l'on y élève un grand nombre de bestiaux.

SZASVAROS. — Ville du pays des Saxons, en Transylvanie, empire d'Autriche. Pop. : 9,000 âmes.

SZATHMAR ou SZATHMAR-NEMETI. — Ville de Hongrie, dans l'empire d'Autriche. Elle est située sur le Szamos. Pop. : 12,000 âmes.

SZEGEDIN ou SZEGED. — Ville forte de Hongrie, dans l'empire d'Autriche. Elle est située sur la rive droite de la Theiss. C'est le siège d'un protopape grec. On y trouve des manufactures de drap, de tabac, et des tanneries. Pop. : 35,000 âmes.

SZENT-GYORGY (Sepsi). — Ville de Transylvanie, dans l'empire d'Autriche. Pop. : 2,000 âmes.

SZEXARD. — Ville de Hongrie, dans l'empire d'Autriche. C'est le chef-lieu du comitat de Tolna. Pop. : 4,000 âmes.

SZIGET. — Ville de Hongrie, dans l'empire d'Autriche. Elle est située sur la rive gauche de la Theiss. C'est le chef-lieu du comitat de Marmaros. On y trouve des mines de sel. Pop. : 7,000 âmes.

SZOLNOK. — Ville de Hongrie, dans l'empire d'Autriche. Elle est située sur la droite de la Theiss. Pop. : 9,000 âmes.

SZOMOLNOK ou SCHMOLNITZ. — Ville de Hongrie, dans l'empire d'Autriche. C'est le chef-lieu d'un des quatre districts des mines de Hongrie. On y trouve un hôtel des monnaies, et l'on exploite dans ses environs de riches mines d'argent, de cuivre, etc. Pop. : 6,000 âmes.

T

TA-KIANG. — Rivière de Chine. Elle coule dans les provinces d'Yun-nan et de Kouang-si, passe dans celle de Canton où elle s'unit au Pé-kiang, et forme avec lui le fleuve appelé Tchu-kiang. Son cours est d'environ 1,000 kilomètres.

TAAL. — Ville de l'île de Luçon, l'une des Philippines. Elle est située dans la province de Batangas, et au milieu du lac qui porte son nom, on voit une île charmante où s'élève un volcan. Celui-ci, avec l'Albay et le Mayon, forme les montagnes ignivomes les [plus actives de l'Archipel. Pop. : 30,000 âmes.

TAASINGE ou **THORSENGE**. — Ile du Danemark. Elle est située dans la mer Baltique, près et au sud-est de l'île de Fionie. Sa longueur est de 14 kilomètres sur 4 de largeur; elle est fertile et commerçante. Pop. : 4,000 âmes.

TAB ou **TEBES**. — Ville du Kouhistan, en Perse. C'est un entrepôt du commerce entre Yerd et Hérat. Sa citadelle était l'une des forteresses de la secte des assassins. Pop. : 20,000 âmes.

TABAGO ou **TOBAGO**. — Une des petites Antilles anglaises. Elle est située au nord-est de la Trinité et a pour chef-lieu Scarborough. Occupée, à diverses époques, par les Hollandais, les Espagnols, les Anglais et les Français, elle est demeurée définitivement à l'Angleterre, en 1814. Pop. : 13,000 âmes.

TABARCA. — Petite île de la Méditerranée. Elle est située près de la côte et à l'extrémité orientale de l'Algérie, vis-à-vis les ruines de l'ancienne ville de même nom, sur le continent. On y fait la pêche du corail.

TABARIEH ou **TIBÉRIAS**. — En Syrie, dans la Turquie asiatique. C'est l'une des *quatre villes sacrées* des Juifs, et celle où leurs docteurs se retirèrent après la ruine de Jérusalem, pour y fonder une école qui devint célèbre au moyen âge. Tabarieh, qui n'offre pour ainsi dire que des ruines aujourd'hui, est remarquable cependant par son heureuse situation sur le bord occidental du lac de son nom, dit aussi Lac de Galilée et de Genesareth; et l'on trouve, dans son voisinage, les bains d'*Emmaus* qui n'ont rien perdu de leur renommée. Pop. : 4,000 âmes.

TABARISTAN. — Province de Perse. Elle est située entre le Mazenderan au nord, l'Irak-Adjemy à l'ouest, et le Khorasan au sud-est. Ses villes principales sont Damavend et Damghan. Pop. : 850,000 âmes.

TABASCO. — Ville du Mexique. Elle est située dans l'Etat de son nom, et sur une île formée par le Tabasco ou Grijalva, affluent du golfe du Mexique.

TABATINGA (Serra de). — Chaîne de montagnes du Brésil. Elle est située entre la province de Goyaz et celle de Minas-Geraës.

TABERNA. — Ville de la province de Valence, en Espagne. Elle est située dans un territoire fertile qui produit du vin, de l'huile, du riz et des fruits. Pop. : 4,000 âmes.

TABLE (Montagne de la). — En Afrique. Elle est située près et au sud de la ville du Cap, et sa hauteur est de 1,500 mètres. Elle donne son nom à la baie qui s'étend à ses pieds, baie qui est fort dangereuse.

TABOR. — Ville de Bohême, dans l'empire d'Autriche. Elle fut fondée en 1420, par les Hussites. Pop. : 3,000 âmes.

TABOUAI-MANOU. — Petite île du groupe de Tahiti dans la Polynésie.

TABRA. — Capitale du royaume de Niffé, dans la Nigritie centrale. Pop. : 20,000 âmes.

TACARIGUA. — Lac de la république de Venezuela. Il est situé à l'est de la ville de Valencia, et sa longueur est de 70 kilomètres.

TACAZÉ. — Rivière qui prend sa source en Abyssinie et se jette dans le Nil en Nubie.

TACHAU. — Ville de Bohême, dans l'empire d'Autriche. On y trouve des manufactures de glaces, et l'on exploite dans ses environs des mines de cuivre. Pop. : 3,000 âmes.

TACHKEND. — Ville du Turkestan, en Asie. Pop. : 20,000 âmes.

TACNA. — Ville du département d'Arequipa, au Pérou. Pop. : 6,000 âmes.

TACOARY ou **TAGUARY**. — Rivière du Brésil. Elle coule dans la province de Mato-Grosso, et se jette dans le Paraguay, après un cours de 400 kilomètres.

TACUBA. — Gros village des environs de Mexico. On y remarque une belle chaussée en pierre par laquelle Fernand Cortès fit son entrée dans Tenochtitlan. Pop. : 2,500 âmes.

TACUNGA ou **LATACUNGA**. — Ville de la république de l'Equateur. Elle est peu éloignée du volcan Cotopaxi et a été fréquemment ravagée par des tremblements de terre. Pop. : 17,000 âmes.

TAFFALA. — Ville de la Navarre, en Espagne. Plusieurs rois de Navarre y ont résidé. Pop. : 5,000 âmes.

TAFILET ou **TAFILELT**. — Province de l'empire du Maroc. Elle est située au sud-est de l'Atlas, et les Marocains la nomment *le pays des chérifs*, parce que c'est de là qu'est sortie la dynastie qui occupe aujourd'hui le trône impérial. La capitale de cette province est Tafilet, ville composée de plusieurs bourgs ou villages dont les deux principaux sont Gourland et Ressant.

TAFNA. — Rivière située près de la limite occidentale de l'Algérie. Elle se jette dans la Méditerranée, après un cours de 80 kilomètres.

TAFT. — Ville du Fars, en Perse. On y fabrique des tapis qui sont très-renommés. Pop. : 6,000 âmes.

TAGADEMPT ou **TEKEDEMPTA**. — Ville de la province d'Oran, en Algérie. Elle fut, durant un certain temps, le centre de la puissance de l'émir Abd-el-Kader, après la ruine de Mascara par les Français.

TAGAY ou **SOUVAROV**. — Petit groupe d'îles de la Micronésie. Il fait partie des îles Radack.

TAGAL. — Ville de l'île de Java. Elle est située sur la côte septentrionale et à l'embouchure d'une rivière de son nom, où elle possède un port. On y fait un commerce considérable, qui est principalement exercé par les Chinois. Pop. : 180,000 âmes.

TAGAUROK ou **TANGAROK**. — Petite ville du gouvernement d'Ekaterinoslav, en Russie. Elle est située au milieu d'une campagne renommée par sa fertilité, et possède un beau port sur la mer d'Azov, avec une forteresse. On y trouve aussi une école normale et un gymnase de commerce. Cette ville est l'entrepôt de tout le négoce que la navigation du Don favorise au moyen de ses nombreux débouchés, et sa population est d'environ 13,000 âmes.

TAGE. — Fleuve navigable d'Espagne et de Portugal. Il prend naissance aux montagnes d'Albarracin, en Espagne; traverse la Nouvelle-Castille et l'Estremadure, où il arrose Brihuega, Aranjuez, Tolède, Puente-del-Arzobispo et Alcantara; passe ensuite en Portugal, où il baigne Abrantès, Punhete et Santarem; forme, au-dessus de Lisbonne, un lac appelé *mer de la Paille*; et après avoir arrosé Lisbonne se jette dans l'Atlantique, où se termine un cours d'environ 900 kilomètres. Ses principaux affluents sont, à droite, le Jaranca, l'Alberche, l'Alagon et le Tajuña; à gauche, le Zata.

TAGILT ou **TAGASTA.** — Petite ville de la province de Constantine, en Algérie. Elle est située sur l'Hamise. C'est la patrie de saint Augustin.

TAGLIACOZZO. — Ville de l'Abruzze ultérieure II*, dans le royaume de Naples. Charles d'Anjou y remporta, en 1268, une victoire signalée et décisive sur Conradin. Pop. : 3,000 âmes.

TAGLIAMENTO. — Fleuve d'Italie. Il est situé dans le royaume lombard-vénitien et se jette dans le golfe de Venise, après un cours de 170 kilomètres.

TAGOVOST. — Petite ville de la province de Sous, dans l'empire de Maroc. Elle est industrieuse et commerçante.

TAHAA. — Une des îles de Tahiti. Elle est située entre Borabora au nord-est, et Raïatea au sud.

TAHITI (ARCHIPEL DE). — Dans la Polynésie. On l'a désigné aussi sous les noms d'*Iles de la Société* et d'*Iles de Georges*. Il se compose des îles de Tahiti, Tethuroa, Eimeo, Maitea, Huahine, Raïatea ou Ulieta, Tahaa, Maupiti et Tubai. L'île de Tahiti, avec celles de Tethuroa et d'Eimeo, forme un royaume placé sous le protectorat de la France. Cette île est depuis longtemps habitée par des missionnaires qui ont converti la population au christianisme. Papeiti en est la capitale, et les autres lieux les plus remarquables sont Pari, Papao, Matavaé, Papara et Aitipea. On voit à Tahiti le plus haut pic qui soit dans la Polynésie, après ceux de l'île Hawaii. Pop. : 135,000 âmes.

TAÏF ou **TAÏEF.** — Petite ville de l'Hedjaz, en Arabie. Elle est renommée par la fertilité de son territoire, arrosé d'eaux courantes, planté de palmiers et de vignes, couvert d'herbages, et qui fournit des légumes et des fruits à la Mecque.

TAIMOUR. — Golfe de l'océan Glacial. Il est situé au nord du gouvernement d'Iéniséisk, et c'est le plus septentrional des grands golfes de la Sibérie. Il reçoit, par un fleuve appelé Taïmoura, les eaux du lac Taïmour, qui se trouve, vers le sud, dans le pays des Samoyèdes.

TAIN. — Petite ville située sur la rive gauche du Rhône, dans l'arrondissement de Valence, département de la Drôme. Placée au pied du côteau de l'Ermitage, elle fait un commerce du produit de ce vignoble renommé, ainsi que des vins de Côte-Rotie, et on y file en outre beaucoup de soie. Pop.: 2,500 âmes.

TAIN. — Chef-lieu du comté de Ross, en Ecosse. Elle est située sur la baie de son nom, dans le golfe de Murray, et placée sous une haute latitude. Pop. : 3,000 âmes.

TAJUNA. — Rivière d'Espagne. Elle arrose les provinces de Guadalaxara et de Madrid, passe à Brihuega, et s'unit à la Jarama, après un cours de 200 kilomètres.

TAKINOS. — Lac de la Romélie, en Turquie. Il est situé non loin du golfe d'Orphano; sa longueur est de 25 kilomètres, et il est traversé par la Struma.

TALANTI ou **TALANTA.** — Petite ville épiscopale du nomos de l'Attique-et-Béotie, royaume de Grèce. Elle est située sur le canal de son nom, et avant l'insurrection elle était assez florissante par son commerce. Elle comptait alors 5.000 habitants

TALARUBIAS. — Ville de la province de Badajoz, en Espagne. Pop. : 3.000 âmes.

TALAVERA-DE-LA-REYNA. — Ville de la province de Tolède, en Espagne. Elle est située sur la droite du Tage, qu'on y passe sur un pont de 500 mètres de long. C'est la patrie de l'historien Mariana et de Alonzo de Herréra. L'armée française y fut défaite, en 1809, par celle des Anglo-Espagnols. Pop. : 8,000 âmes.

TALAVERA-LA-REAL. — Ville de la province de Badajoz, en Espagne. Elle est située près de la rive gauche de la Guadiana. Pop.: 3,000 âmes.

TALCAHUANA — Petite ville de la province de Concepcion, dans la république du Chili. Elle est située sur le grand Océan, et importante par sa magnifique baie.

TALLAHASSEE. — Capitale de la Floride, aux Etats-Unis. Elle est située dans le comté de Léon, entre l'Ausillée et l'Ocklockone. Pop. : 1,500 âmes.

TALLARD. — Chef-lieu de canton dans l'arrondissement de Gap, département des Hautes-Alpes. Pop. : 1,200 âmes.

TALLEVENDE-LE-GRAND. — Commune de l'arrondissement de Vire, département du Calvados. Pop. : 3,300 âmes.

TALMONT. — Chef-lieu de canton dans l'arrondissement des Sables, département de la Vendée. Pop. 3,200 âmes.

TAMAN. — Bourgade située sur l'île de ce nom, dans le gouvernement de la Tauride, en Russie. Elle est occupée par des Cosaques Tchernomorsk. On trouve, dans son voisinage, des restes d'anciens monuments; puis la forteresse de Phanagoria, bâtie en grande partie avec des débris de l'ancienne ville ainsi appelée; enfin, on y voit une vaste naumachie pavée en pierres de taille, et l'île est remarquable aussi par ses fréquentes éruptions boueuses, ce que l'on nomme des salses.

TAMARIDA. — Capitale de l'île de Socotora, dans la mer des Indes.

TAMARITE. — Ville de la province de

Huesca, en Espagne. Popul. : 3,200 âmes.

TAMATAVE. — Ville de l'île de Madagascar. Elle est située à l'est, où elle possède un port sur la mer des Indes. On y trouve un fort que les Français ont occupé plusieurs fois.

TAMBOUKIS. — Peuple de la Cafrerie propre. Il est renommé par son intelligence et travaille avec art le fer, le cuivre et l'argent.

TAMBOV. — Ville épiscopale, chef-lieu du gouvernement de ce nom, en Russie. Elle possède un séminaire et un gymnase. Pop. : 16,000 âmes.

TAMEGA. — Rivière qui prend sa source en Espagne. Elle entre ensuite en Portugal, passe à Chaveste, à Amarante, et s'unit au Douro, après un cours de 160 kilomètres.

TAMISE. — Fleuve d'Angleterre. Il prend naissance sur les limites des comtés de Glocester et de Wilts où il porte d'abord le nom de *Thame*, selon les uns, celui d'*Isis* suivant les autres. Il passe ensuite à Lechdale, où il devient navigable; puis à Oxford, près duquel il reçoit le Charwell et la Thame; prend le nom de *Tamise* après sa jonction avec cette dernière rivière ; baigne, Reading, Windsor, Richmond, Londres, Greenwich, Woolwich et Gravesend, et se jette enfin dans la mer du Nord, à Sheerness, par un large estuaire. La Tamise est navigable pour les plus gros vaisseaux, depuis son embouchure jusqu'à Londres. Ses principaux affluents sont : à droite, le Kennet, la Wye et la Medway; à gauche le Charwell et la Thame. Ces rivières, ainsi qu'un grand nombre de canaux, la mettent en communication avec la mer d'Islande, le canal de Bristol, et la plupart des rivières navigables du royaume. Son cours dépasse 400 kilomètres.

TAMPICO. — Petit fleuve du Mexique. Il prend sa source près de San-Luis-de-Potosi, passe à Tampico, et se jette dans le golfe du Mexique. Son principal affluent est la Tula, qui reçoit les eaux des lacs du Mexico.

TAMPICO. — Petite ville de l'Etat de Tamaulipas, dans la Confédération mexicaine. Elle est située sur les bords du lac de son nom qui communique avec le Panuco par une issue navigable pour les gros bateaux, et on la considère comme la première place maritime de la Confédération. Pop. : 5,000 âmes.

TAMWORTH. — Ville d'Angleterre. Elle est située sur la Tame, affluent de la Trent, sur le grand canal de jonction et sur le chemin de fer de Birmingham à Derby. Cette ville est divisée en deux parties par la Tame: l'une dépend du comté de Stafford, l'autre de celui de Warwick. Pop. : 7,000 âmes.

TANA. — Fleuve d'Europe. Il sépare la Russie de la Norwége, dans une partie de son cours, et se jette dans l'Océan glacial, au golfe de Tanafiord, après un cours de 300 kilomètres.

TANAGA. — Une des îles Aléoutes.

TANANARIVOU. — Capitale du royaume de Madagascar, dans l'île de ce nom. Elle occupe une vaste étendue, mais n'est occupée que par des cases groupées çà et là, sous des arbres gigantesques, et formant comme des paysages divers, plus ou moins pittoresques. On y remarque particulièrement le temple élevé à Jankar, le palais de Tranoùvala et le mausolée de Radama. Cette ville possède un collége établi par des missionnaires anglais, des écoles inférieures et une imprimerie. Pop. : 60,000 âmes.

TANARO — Rivière du royaume sarde. Elle passe par Cherasco, Asti et Alexandrie, et se jette dans le Pô après un cours de 230 kilomètres.

TANCHA. — Cap de la Floride. Il est situé à l'extrémité méridionale de cet Etat et à l'est du golfe du Mexique.

TANDJAORE. — Ville fortifiée de la province de Karnatic, dans l'empire indo-britannique. Elle fut jadis la capitale du royaume de même nom. On y admire une pagode que l'on regarde comme le plus beau temple pyramidal de l'Inde, et dans lequel se trouve un taureau de granite noir, morceau de sculpture indienne estimé. Les brahmanes ont un établissement typographique dans cette ville. Pop. : 30,000 âmes.

TANETTE. — Chef-lieu du royaume de ce nom, dans l'île de Célèbes, Océanie occidentale; c'est une très-petite ville située sur la côte occidentale.

TANGER ou **TANGEH.** — Ville du royaume de Fez, dans l'empire de Maroc. Elle est située sur le détroit de Gibraltar et importante par son port et son commerce; c'est la résidence des consuls européens. Pop. : 15,000 âmes.

TANGERMUNDE. — Ville de la province de Saxe, royaume de Prusse. Elle est située au confluent du Tanger et de l'Elbe. Pop. : 3,000 âmes.

TANNA. — Ile de l'Australie. Elle est située au sud, dans les Nouvelles-Hébrides.

TANNA. — Petite ville, chef-lieu de l'île de Salsette, dans la présidence de Bombay, empire indo-britannique. On trouve dans ses environs et près du village de Kennery, d'immenses excavations analogues aux grottes de Karli et d'Elora. Ce sont des temples hindous, et sur un pilier du portique de l'un d'eux existe une inscription qu'aucun brahmane n'a pu lire.

TANNAY. — Chef-lieu de canton dans l'arrondissement de Clamecy, département de la Nièvre. On y fait un commerce de vins et de bois. Pop. : 1,400 âmes.

TANTAH. — Assez belle ville du Bahari ou Basse-Egypte. Elle est située presque au milieu du Delta, et c'est un chef-lieu de préfecture. On y remarque une belle mosquée et le tombeau de Seyd-Ahmed-el-Bedaoug, qui attire de nombreux pèlerins, ce qui donne lieu annuellement à trois grandes foires.

TANTALAM. — Ile du golfe de Siam. Elle est située près de la côte orientale de la presqu'île de Malaca, et dépend de l'Etat de Digor.

TAORMINA. — Petite ville de l'intendance de Catane, en Sicile. Elle est renommée par la beauté de sa position. On y admire le théâtre, qui, malgré sa dimension, a été taillé dans le roc; puis l'aqueduc, la naumachie, la citerne, etc. Cette ville soutint contre les Sarrasins, au moyen âge, un siége qui, au dire de Botta, dura 80 ans. Pop. : 3,000 âmes.

TAOS. — Ville de l'Etat du Nouveau-Mexique, au Mexique. Pop. : 9,000 âmes.

TAPHIENS (ILE DES). — Dans la mer Ionienne. Elles sont situées entre Leucade et l'Acarnanie.

TAPIAN. — Ville de la Prusse orientale. Elle est située près du Pregel. Pop. : 3,000 âmes.

TAPPANOULI. — Gros village du pays des Battas, dans l'île de Sumatra. On cite sa baie comme l'une des plus magnifiques qui existent sur le globe. Ce lieu est sous la dépendance du gouvernement hollandais.

TAPTY. — Fleuve de l'Hindoustan. Il prend sa source à l'ouest du Gandouana, passe à Surate et se jette dans le golfe de Cambaye, après un cours de 700 kilomètres.

TAR ou PAMLICO. — Fleuve des Etats-Unis. Il coule dans la Caroline du sud et se jette dans une vaste lagune qui communique avec l'océan Atlantique par le détroit de Pamlico; son cours est de 250 kilomètres.

TARA. — Petite ville du gouvernement de Tobolsk, en Sibérie. Elle est assez bien bâtie et industrieuse et commerçante. C'est à l'est de cette ville que commence le steppe de Barabra, immense plaine remplie de marécages. Pop. : 4,000 âmes.

TARA-HILL. — Montagne du comté de Meath, en Irlande. Les anciens Irlandais y tenaient leurs assemblées générales; c'était le Tamara d'Ossian, et c'est là que les géographes du moyen âge plaçaient une ville qu'ils appelaient *Teamor*.

TARANTAISE. — Province du royaume sarde. Elle est située sur le versant occidental des Alpes, dont les chaînons l'environnent et la couvrent, et se trouve comprise dans la division de Savoie. L'Isère la traverse, et son chef-lieu est Moutiers. Pop. : 40,000 âmes.

TARARE. — Petite ville située sur la Tordine, dans l'arrondissement de Villefranche, département du Rhône. Elle est assise au pied d'une montagne de même nom et possède des fabriques de mousselines, d'indiennes, etc. Sa population est d'environ 2,500 âmes.

TARASCON. — Chef-lieu de canton dans l'arrondissement d'Arles, département du Rhône. Cette petite ville est située sur le chemin de fer d'Avignon à Marseille, et sur la rive gauche du Rhône. On y fait un commerce de garance, d'amandes et de graines. Pop : 11,400 âmes.

TARASCON-SUR-ARIÉGE. — Chef-lieu de canton dans l'arrondissement de Foix, département de l'Ariége. Il est situé sur la rive droite de l'Ariége. On y trouve une filature de laine et de nombreuses forges dans les environs. Pop. : 1,600 âmes.

TARAZONA. — Ville épiscopale de la province d'Albacète, en Espagne. Elle est située près de la rive gauche du Jucar. On y fait un commerce de safran. Pop. : 7,000 âmes.

TARBAGATAÏ. — Ville forte de la Dzoungarie, en Chine. C'est le chef-lieu d'une division militaire.

TARBES. — Ville située sur la rive droite de l'Adour Chef-lieu du département des Hautes-Pyrénées, son arrondissement comprend 11 cantons et 196 communes. On y remarque l'hôpital, la promenade du Prado et le haras. Elle possède un collége, une bibliothèque publique et une société d'agriculture. Elle fait un commerce de toiles, de papiers, de bestiaux, de chevaux, etc., et sa population est d'environ 12,000 âmes. Cette ville fut ébranlée par un tremblement de terre, en 1750.

TARDETS. — Chef-lieu de canton dans l'arrondissement de Mauléon, département des Basses-Pyrénées. Pop. : 5,000 âmes.

TARDOUÈRE ou TARDOIRE. — Rivière de France. Elle prend sa source de Chalus, dans le département de la Haute-Vienne et passe dans celui de la Charente. Durant les basses eaux, elle se perd dans des cavités qui se trouvent au fond de son lit; mais lors des crues elle va joindre la Dronne, affluent de la Charente. Son cours est de 70 kilomètres.

TARENTE. — Ville archiépiscopale, de la Terre d'Otrante, dans le royaume des Deux-Siciles. Elle est industrieuse et commerçante, et importante surtout par ses vastes salines. Sa population est d'environ 14,000 âmes. Cette ville a donné son nom à la *tarentule*, cette araignée si célèbre par les contes populaires, et qui est commune sur son territoire.

TARIFA. — Petite ville de l'Andalousie, en Espagne. Elle est fortifiée et située sur la pointe la plus méridionale du continent européen. Pop. : 12,000 âmes.

TARIM ou KACHGAR. — Rivière du Turkestan chinois. Elle prend naissance au mont Bolor, et se perd dans le lac Lob-Noor, après un cours d'environ 1,600 kilomètres. Son principal affluent est l'Yarkand.

TARKI ou TARKOU. — Ville du Daghestan, dans la région du Caucase, Russie asiatique. Elle portait autrefois le nom de *Semender*. On l'a bâtie en terrasses, sur trois montagnes pointues, non loin de la mer Caspienne. Cette ville est la résidence d'un khan qui prend aussi le titre de chamkhal, et dont la domination s'étend sur la partie septentrionale du Daghestan. Pop. : 10,000 âmes.

TARMA. — Ville de la république du Pérou. Elle est située sur un affluent de l'Apurimac. C'est l'ancien chef-lieu du département de Junin, qui formait autrefois l'intendance de Tarma. Le district de cette ville possède un assez grand nombre de mines de mercure, d'argent et d'antimoine qui font la richesse de la contrée et emploient une quantité de bras. Pop. : 6,000 âmes.

TARN (Département du). — Il a été formé d'une partie des diocèses d'Alby et de Toulouse. Sa superficie est de 573,977 hectares, et sa population d'environ 360,700 âmes. Il est divisé en 4 arrondissements dont les chefs-lieux sont Albi, Castres, Gaillac et Lavaur, et compte 35 cantons et 319 communes. Albi est le siège de sa préfecture et de son diocèse, Toulouse celui de sa cour impériale et de son académie universitaire (*voir* l'*Appendice*), et il est compris dans la dixième division militaire. Ce département prend son nom d'une rivière qui naît dans les monts de la Lozère, et se jette dans la Garonne, au-dessous de Montauban. Elle est navigable depuis Gaillac.

TARN-ET-GARONNE (Département de). — Il a été formé d'une partie de la Guienne et comprend des portions du Quercy, de l'Agenois, du Rouergue, de la Gascogne, de la Lomagne et de l'Armagnac, puis du diocèse de Montauban, dans le Languedoc. Sa superficie est de 366,976 hectares, et sa population d'environ 242,500 âmes. Il est divisé en 3 arrondissements dont les chefs-lieux sont Montauban, Moissac et Castelsarrasin, et compte 24 cantons, 192 communes. Montauban est le siège de sa préfecture et de son diocèse, et Toulouse celui de sa cour impériale et de son académie universitaire (*voir* l'*Appendice*) et de sa division militaire, qui est la dixième.

TARNOS. — Commune de l'arrondissement de Dax, dans le département des Landes. Pop. : 2,700 âmes.

TARNOW. — Petite ville de la Galicie, Pologne autrichienne. On admire dans son église collégiale les deux monuments en marbre élevés au comte Tarnow-Tarnowsky, et au prince Ostrog. Cette ville possède un gymnase, elle est industrieuse et commerçante, et sa population est d'à peu près 5,000 âmes. On trouve dans ses environs le superbe château appartenant à la famille Sangusko et le jardin Gymniska.

TAROUDANT. — Chef-lieu de la province de Sous, dans l'empire de Maroc. Cette ville fut très-florissante autrefois, et son commerce est encore assez important. Pop. : 20,000 âmes.

TARRAGONE. — Ville archiépiscopale, chef-lieu de la province de ce nom, dans la Catalogne, en Espagne. On y remarque un grand nombre d'antiquités, telles entre autres que les restes d'un palais, d'un amphithéâtre, d'un cirque, etc. On y admire aussi sa cathédrale, l'une des plus belles basiliques du royaume, et un aqueduc bien entretenu. Cette ville possède un séminaire, une école de dessin et une société académique, et sa population est d'environ 11,000 âmes. On trouve dans son voisinage un assez beau tombeau, qui, à en croire les habitants de la contrée, contiendrait les cendres des Scipions.

TARRASA. — Ville de la province de Barcelone, en Espagne. On y trouve des fabriques de draps, de casimir et de flanelle. Pop. : 4,300 âmes.

TARSOUS ou TARSUS. — Ville de l'Eyalet d'Adana, dans l'Asie Mineure, empire ottoman. C'était anciennement la cité la plus peuplée de la Cilicie, et la rivale d'Athènes et d'Alexandrie par la réputation de son académie. Aujourd'hui son commerce est assez florissant; elle est le débouché des mines de cuivre de l'Asie Mineure, et sa population est d'environ 30,000 âmes.

TARTANIE (Manche de) — Détroit qui sépare l'île de Tchoka de la Mandchourie. Il est situé entre la mer d'Okhotsk au nord, et la mer du Japon au sud.

TARTARO. — Rivière du royaume lombard-vénitien. Il se joint au Castagnaro, branche de l'Adige, pour former le canal Bianco.

TARTAS. — Chef-lieu de canton dans l'arrondissement de Saint-Sever, département des Landes. Il est situé sur la Midouze. On cultive le safran sur son territoire. Au moyen âge, Tartas était fortifié. Pop. : 2,800 âmes.

TARVIS. — Bourg d'Illyrie, dans l'empire d'Autriche. On y trouve des forges, des martinets à cuivre et des aciéries. En 1797, le général Masséna y battit une colonne autrichienne.

TASMANIE. — *Voy.* Diemen et Nouvelle-Zélande.

TASSISUDON. — Capitale du Boutan, dans l'empire chinois. C'est une très-petite ville située sur le Tchint-Siou, ou pour mieux dire, ce n'est qu'une masse de bâtiments composés de sept étages. Au quatrième réside le daeb-radja ou prince séculier, vicaire du pontife; et au septième habite le dharmaradja ou pontife souverain, regardé comme une incarnation de Mahomoni. Un superbe et vaste baldaquin doré couvre le temple, lequel est de la plus grande magnificence.

TASTU. — Nom donné par le navigateur Dumont-d'Urville, et en l'honneur de madame Amable Tastu, à une île située près de la côte septentrionale de la nouvelle Guinée.

TATTA. — Grande ville de la principauté d'Haïderâbâd, dans le Sindhy, Hindoustan. On croit qu'il correspond à la *Pattala* d'Alexandre ; mais elle est en partie déserte aujourd'hui et ne compte guère au delà de 15,000 habitants. On trouve dans son voisinage le mausolée de Mirza-Isâ, et, un peu plus loin, en remontant l'Indus, une colline couverte de mosquées et de tombeaux.

TATTA. — Ville de la province de Draha, dans l'empire de Maroc. On y tient une foire considérable. Pop. : 10,000 âmes.

TAUBATE. — Ville de la province de Saint-Paul, au Brésil. Elle est située sur le Parahyba du sud. Pop. : 11,000 âmes.

TAUBER. — Rivière d'Allemagne. Elle prend sa source sur les frontières du Wurtemberg et de la Bavière, passe dans ces deux pays, et se joint au Mein à Wertheim, dans le grand-duché de Bade, après un cours de 125 kilomètres.

TAULÉ. — Chef-lieu de canton dans l'arrondissement de Morlaix, département du Finistère. Pop. : 2,900 âmes.

TAULIGNAN. — Commune de l'arrondissement de Montélimar, département de la Drôme. On y trouve des fabriques de soie, de laine et de faïence. Pop. : 2,400 âmes.

TAUNTON. — Ville du comté de Somerset, en Angleterre. Elle est située sur le chemin de fer de Bristol à Exeter. En 1461, Warwick et Edouard IV y battirent Henri VI de Lancastre. Pop. : 11,000 âmes.

TAUNTON. — Ville du Massachusetts, aux Etats-Unis. Elle est située sur la rivière de son nom, affluent de la baie de Narragaussett, Pop. : 6,000 âmes.

TAUNUS. — Chaîne de montagnes de l'Allemagne. Elle est située dans le duché de Nassau, entre le bassin de la Lahn et celui du Mein. Son point culminant est le Grand-Feldberg, dont l'altitude est de 868 mètres.

TAURION ou **THORION.** — Rivière de France. Elle prend sa source près de Paillier, au sud du département de la Creuse, et se jette dans la Vienne, entre Saint-Léonard et Limoges, après un cours de 90 kilomètres.

TAURIS ou **TABRIS.** — Ville de Perse, chef-lieu de l'Aderbaïdjan, et l'on croit qu'elle occupe l'emplacement de l'ancienne *Gaza* ou *Gazaca*, dans laquelle Cyrus déposa les trésors de Crésus. Elle est située sur un affluent du lac Ourmia. On y voit le plus beau bazar de la Perse et l'on y trouve des fabriques de soie et de coton. Son commerce est considérable. Pop. : 100,000 âmes.

TAURUS. — Chaîne de montagnes de la Turquie d'Asie, qui commence sur la rive droite de l'Euphrate, vers la cataracte de Nuchar, et se dirige au noud-ouest jusque sur les limites orientales de l'Anatolie ou vers la source du Nabis. Elle se divise en deux branches : l'une, courant au sud-ouest sous les noms d'Iourlou-Dagh, de Baikous-Dagh, d'Ak-Deveren et de Baba-Dagh, se termine au cap Arbora ; l'autre, qui se dirige au nord-ouest, offre le Kalder-Dagh, le Mourad-Dagh, l'Olympe et le Multipah, et aboutit au canal de Constantinople. Les neiges, qui couvrent les cimes du Taurus la plus grande partie de l'année, annoncent que ces cimes atteignent à lune assez grande élévation ; mais on ne connaît encore que la hauteur des suivantes : le Sogout-Dagh a 4,675 mètres ; le Taghtalou, 1,975, et le mont Ardjis, 4,872. De belles forêts de cèdres, de pins, de genevriers, de chênes, de hêtres, de lentisques et d'arbousiers, couvrent les flancs de ces montagnes.

TAUTE. — Rivière de France. Elle prend sa source dans le département de la Manche près de Saint-Sauveur-Lendelin, et se jette dans la Douve, au-dessous de Carentan, après un cours de 45 kilomètres.

TAUVES. — Chef-lieu de canton dans l'arrondissement d'Issoire, département du Puy-de-Dôme. Pop. : 2,500 âmes.

TAVAY. — Fleuve navigable de l'empire indo-britannique. Il prend sa source sur les frontières du royaume de Siam, passe à Tavay, et se jette dans le golfe du Bengale, après un cours de 250 kilomètres.

TAVAY. — Ville de l'empire indo-britannique. Elle est située sur le fleuve de même nom, près de son embouchure dans le golfe du Bengale.

TAVERNA. — Ville de la Calabre ultérieure IIe, dans le royaume de Naples. C'est la patrie du peintre Preti, dit le Calabrais. Pop. : 2,000 âmes.

TAVERNES. — Chef-lieu de canton dans l'arrondissement de Brignoles, département du Var. Pop. : 1,400 âmes.

TAVIGNANO. — Rivière de l'île de Corse. Elle passe à Corté, et se jette dans la mer Tyrrhénienne, après un cours de 76 kilomètres.

TAVIRA. — Ville de la province d'Algarve, en Portugal. Elle est située sur l'Atlantique, à l'embouchure de la Seca. Pop. : 9,000 âmes.

TAVISTOCK. — Ville du comté de Devon, en Angleterre. C'est la patrie du navigateur François Drake. Pop. : 6,000 âmes.

TAVOLARA. — Ile déserte de la mer Tyrrhénienne. Elle est située près de la côte nord-est de la Sardaigne. Au temps des Romains, elle était renommée pour les perles qu'on y pêchait.

TAWAI-POENAMMOU. — La plus grande des deux îles de la nouvelle Zélande. Elle est séparée, au nord-est, de l'île Raheinaumawe par le détroit de Cook, et, au sud-est de l'île de Stewart, par le détroit de Foveaux. Sa longueur est d'environ 850 kilomètres sur 270 dans sa plus grande largeur.

TAY. — Rivière d'Ecosse. Elle sort du lac de même nom et se jette dans la mer du Nord par un estuaire appelé Frith ou golfe de Tay, lequel forme le havre de Dundee. Son cours est de 120 kilomètres.

TAYABAS. — Chef-lieu de la province de même nom, dans l'île de Luçon. Il est situé sur la côte sud où il possède un port. Pop. : 13,000 âmes.

TCHAD. — Grand lac de la Nigritie centrale. Il est situé entre le Bornou au sud-ouest et à l'ouest, et le Kanem au nord et à l'est. Sa longueur est d'environ 350 kilomètres, sur 225 de largeur.

TCHADA. — Rivière de la Guinée septentrionale. Elle se jette dans le Djoliba. On croit qu'elle sort du lac Tchad, en Nigritie.

TCHAMOULARI. — Montagne de l'Himalaya, entre l'Hindoustan et le Tibet. Son altitude est de 8,800 mètres, et c'est le plus haut pic mesuré sur le globe.

TCHAMPANIR ou **POWANDAR.** — Forteresse du royaume de Baroda, dans l'empire indo-britannique. Elle est située sur une montagne de 760 mètres de hauteur et n'est accessible que par un seul côté fortifié par cinq rangs de murailles. Malgré son élévation, elle est abondamment pourvue d'eau ; et à son point culminant se trouve un temple dédié à la déesse Kali, auquel on monte par un escalier de 240 marches.

TCHANARGHAR. — Jolie ville fortifiée de la province d'Allahâbad, dans l'empire indo-britannique. On y trouve un hôtel d'invalides, fondé par la compagnie des Indes. Pop. : 15,000 âmes.

TCHANDORE. — Ville très-forte de l'Hindoustan anglais. Elle est située dans le Candeich, présidence de Bombay.

TCHANG-KIA-KHEOU. — Petite ville du département de Sinan-Hoa, en Chine. Elle est fortifiée, populeuse, commerçante et contiguë à la fameuse *muraille* de l'empire, laquelle forme une partie de son enceinte. On sait que ce monument, qui existe depuis environ 20 siècles, est le travail le plus gigantesque qui soit sorti de la main des hommes, et qu'il consiste en un rempart formé de deux murs parallèles dont l'intérieur est rempli de terre et de pierres. Ce rempart, qui passe sur de hautes montagnes et descend dans les vallées les plus profondes, s'étend sur une longueur de 1,300 milles, depuis l'extrémité occidentale du Chen-Si jusqu'à l'extrémité orientale du Tchy-li.

TCHANY. — Lac ou vaste marais de la Sibérie. Il est situé sur la limite des gouvernements de Tobolsk et de Tomsk, et communique au sud-ouest avec le lac Soumy. Sa longueur est de 140 kilomètres.

TCHAR-DAGH. — Chaîne de montagnes de la Turquie d'Europe. Elle fait partie du système slavo-hellénique.

TCHARDJOUI. — Ville de la grande Boukharie. Elle est située sur la rive gauche du Djibiak. C'est le chef-lieu de la province de Labiak. Pop. : 2,500 âmes.

TCHE-KIANG. — Province de la Chine. Elle comprend 11 départements : Hang-Tchéou, Kia-Hing, Hou-Tchéou, Ning-Pho, Chao-King, Taï-Tchéou, Kin-Hoa, Khin-Tchéou, Yan-Tchéou, Ven-Tchéou et Tchou-Tchéou; et l'archipel des 400 petites îles, dont la plus renommée est Tchéou-Chan ou Chusan. Le chef-lieu de cette province est Hang-Tchéou. C'est du Tche-Kiang qu'on tire les poissons dorés si recherchés en Europe. Pop. : 26,250,000 âmes.

TCHÉBOKSARI. — Ville du gouvernement de Kazan, en Russie. Elle est située sur le Volga, au confluent de la Tchéboksarka. On y fait un commerce de miel, de cire et de cuirs. Pop. : 5,000 âmes.

TCHÉDUBA ou **MANAONG.** — Île du golfe du Bengale. Elle est située près de la côte de la province d'Aracan, au sud-ouest de l'île Ramree, et sa longueur est de 45 kilomètres sur une largeur de 22.

TCHEMBOUL. — Rivière de l'Hindoustan. Elle coule dans les anciennes provinces de Malwa, d'Adjimir et d'Agra, et se jette dans la Djemnah, après un cours de 700 kilomètres.

TCHENAB. — Rivière de l'Hindoustan, dans les Etats Seiks. Elle prend sa source dans l'Himalaya, passe à Moultan, et après avoir reçu le Djélem, le Ravi et la Gorra, elle prend le nom de Pendjab ou Pandjnad.

TCHÉOU-LI. — Capitale des îles Lieou-Kieou. Elle est située dans la grande Lieou-Kieou et c'est la résidence d'un roi qui relève de l'empire de la Chine.

TCHERDIN. — Ville du gouvernement de Perm, en Russie. On y fait un commerce de fourrures. Pop. : 5,000 âmes.

TCHERKASK. — Chef-lieu du gouvernement des Cosaques du Don. Elle est située sur une petite rivière affluent du Don. Pop. : 11,000 âmes.

TCHERNIGOV. — Ville archiépiscopale, chef-lieu du gouvernement de ce nom, en Russie. Elle est industrieuse, commerçante, et possède un gymnase et une école des arts et métiers. Pop. : 10,000 âmes.

TCHESMÉ. — Ville de l'Anatolie dans la Turquie d'Asie. Elle est située vis-à-vis de l'île de Chio, et possède un port sur une baie spacieuse. Pop. : 6,000 âmes.

TCHHING-TE-TCHÉOU. — Célèbre résidence de l'empereur de la Chine. Elle est située au delà de la grande muraille, dans la partie de la Mongolie réunie à la grande province de Tchili. Cette demeure fut construite en 1703, sur le plan du palais de Péking. C'est une réunion de superbes édifices, de temples, de kiosques, de jardins, de bassins, etc., où la plus grande magnificence a été déployée dans les décors.

TCHI-LI ou **PÉ-TCHI-LI.** — Province de la Chine. Elle est située au nord-est, entre la grande muraille au nord, qui la sépare de la Mongolie; la mer Jaune à l'est; les provinces de Chan-Toung et de Ho-Nan, au sud, et celle de Chan-Si à l'ouest. Elle comprend 11 départements : Pao-Ting, Ho-Kian, Haï-Tian, Young-Phing, Thian-Tsin, Tching-Ting, Chun-Te, Kouang-Phing, Taï-Ming, Souen-Hoa et Tching-te; puis 6 mouvances directes : Tsun-Hoa, Yi-Théou, Ki, Tchao, Tchin et Ting. Péking en est le chef-lieu. La chaleur est très-forte en été dans cette province, tandis qu'en hiver il y gèle à un tel point que les rivières peuvent être traversées sur la glace par les chariots les plus chargés. Pop. : 29,990,000 âmes.

TCHIGRIN. — Ville du gouvernement de Kiev, en Russie. Elle est située sur le Tiasmin, affluent du Dniéper. C'est l'ancien chef-lieu des Cosaques de l'Ukraine. Pop. : 3,000 âmes.

TCHIKARPOUR ou **CHIKARPOUR.** — Ville et principauté dans le Sindhy, Hindoustan. Pop. : 25,000 âmes.

TCHILLAMBARAN. — Petite ville de la province de Karnatic, dans la présidence de Madras, empire indo-britannique. Elle est située près d'une bouche du Coléroun, et célèbre par ses 4 pagodes qui attirent annuellement un grand nombre de pèlerins. Le temple principal, dont la longueur dépasse 700 mètres sur 400 de largeur, est une imitation de celui de Djaggernât, et en renferme plusieurs autres, ainsi que des portiques consacrés aux divinités trinitaires. Quatre pyramides, de 50 mètres de haut, donnent entrée dans ce temple, et le monument le plus remarquable de l'intérieur est le Nerta-Chabei ou Chapelle de l'Éternité.

TCHILMARY. — Petite ville du Bengale, dans l'empire indo-britannique. Elle est renommée dans toute l'Inde par le banc de sable appelé Vârani-Tchar, formé par le Brahmapoutre, lequel banc est l'objet d'une vénération religieuse, et reçoit annuellement la visite d'une grande quantité de pèlerins.

TCHINTCHOUR. — Ville de la présidence de Bombay, dans l'empire Indo-Britannique. C'est la résidence du chintanum-Deo, que les Mahrattes vénèrent comme une incarnation de leur Dieu Gounpatty. Pop. : 5,000 âmes.

TCHISTOPOL. — Ville du gouvernement de Kasan, en Russie. Elle est située près de la gauche de la Kama. Pop. : 6,000 âmes.

TCHITORE. — Ville de la province d'Adjimir, dans l'empire indo-britannique. Elle est importante par ses fortifications. On y admire une porte, travail des Hindous, analogue aux constructions égyptiennes, puis un temple dédié à la déesse Kali, deux autres consacrés à Siva, et un vaste étang taillé dans le roc et environné de pagodes.

TCHOKA ou **TARAKAI.** — Grande île de mer d'Okhotsk. Elle est située au sud-ouest de cette mer, et au nord de celle du Japon. La partie méridionale appartient au Japon, et la septentrionale à l'empire chinois.

TCHOROKH ou **BATOUM.** — Fleuve de la Turquie d'Asie. Il se jette dans la mer Noire à Batoum, sur la limite de la Russie, après un cours de 280 kilomètres.

TCHOTISGHAR. — District de l'Hindoustan. Il est situé dans le nord-ouest du royaume de Nagpour, et renferme les hautes montagnes d'Amercantoc où prend naissance la Nerbuddah, montagnes habitées par des tribus sauvages et féroces. Son lieu principal est Rattanpour.

TCHOUGOUEV. — Ville du gouvernement de Karkov, en Russie. Elle est située sur le Donetz, affluent du Don. On y trouve des tanneries et l'on y fabrique des objets en peau de mouton. Pop. : 10,000 âmes.

TCHOUI. — Rivière du Turkestan. Elle sort du lac Touz-Koul, et se perd dans celui de Kaban-Koulak, après un cours de 1,100 kilomètres.

TCHOULYM. — Rivière de Sibérie. Elle coule dans le gouvernement de Tomsk, et se jette dans l'Obi, après un cours de 900 kilomètres.

TCHOUSSOVAÏA. — Rivière de Russie. Elle prend sa source à l'est des monts Ourals, arrose le gouvernement de Perm, et se joint à la Kama, au-dessus de Perm, après un cours de 500 kilomètres.

TCHOUVACHES. — Peuple finois de la Russie. Il habite dans le gouvernement de Nijnéi-Novgorod, Kasan et Orenbourg. Les Tchouvaches sont pour la plupart chrétiens et agriculteurs.

TCHU-KIANG ou **TIGRE.** — Fleuve de la Chine. Il est formé au-dessus de Canton, par la réunion du Pé-Kiang et du Ta-Kiang, et se jette dans la baie de Canton.

TCHUFOUT-KALA. — Sorte de bourg du gouvernement de la Tauride, en Russie. Il est situé sur une montagne presque inaccessible, et occupé par une colonie de Juifs Karaïtes, qui se recommande, dit-on (il faut noter ce phénomène), par des *mœurs innocentes* et une *probité sans reproche*.

TEANO. — Ville épiscopale de la Terre de Labour, dans le royaume de Naples. Pop. : 3,000 âmes.

TEBA. — Ville de la province de Malaga, en Espagne. Pop. 4,500 âmes.

TEBELEN ou **TEPELEN.** — Ville d'Albanie, dans la Turquie d'Europe. C'est la patrie d'Ali, pacha de Janina. Pop. : 2,000 âmes.

TEBOUK. — Ville de l'Hedjaz, en Arabie. Ce fut la première conquête de Mahomet.

TEBRIZ — *Voy.* TAURIS.

TECH. — Petite rivière de France. Elle prend sa source dans les Pyrénées-Orientales, passe à Prats-de-Mollo et à Elne, et se jette dans la Méditerranée, après un cours de 70 kilomètres.

TEDJEN. — Fleuve du Turkestan. Il se jette dans la mer Caspienne.

TEES. — Rivière d'Angleterre. Elle sépare le comté de Durham de celui d'York, passe à Stockton, et se jette dans la mer du Nord, après un cours de 130 kilomètres.

TEFE. — Rivière du Pérou. Elle se jette dans l'Amazone, après un cours de 9,000 kilomètres.

TEGERNSEE. — Château situé sur le lac Tegern, dans le cercle d'Iser, en Bavière. C'est la résidence d'été du roi.

TEGUAYO. — Lac du Mexique.

TEGUCIGALPA ou **TAGUZGALPA.** — Ville de l'état d'Honduras, dans l'Amérique centrale. Pop. : 8,000 âmes.

TEHAMA. — Vaste plaine d'Arabie. Elle longe la côte de la mer Rouge dans l'Yémen.

TEHELI. — Lieu situé non loin de Kirensk, en Sibérie. On y trouve, près du fleuve la Léna, qui coule là avec impétuosité contre les rochers d'une élévation de 179 mètres, un écho qui répète plus de 100 fois le son d'un coup de pistolet. Les détonations se succèdent comme un feu de file, et souvent même il semble qu'on entend les décharges d'une batterie de canons.

TEHÉRAN ou **TÉHRAN.** — Capitale du royaume de Perse. Elle est située au milieu d'une plaine bien cultivée, mais dépourvue d'arbres. Les maisons sont pour la plupart en terre; une muraille entoure la ville, et une sorte de citadelle renferme le palais du roi, remarquable par son étendue et ses jardins. Les trésors du prince sont gardés dans un bâtiment particulier qui porte le nom de *Sandhouck Khaneh*, et parmi les objets curieux qui s'y trouvent est le fameux *trône du Paon*, enlevé par Nadir-châh au Grand-Mogol. On trouve, dans le voisinage de cette ville, le château de Nigaristan, où le monarque passe une partie de l'été, puis celui de Takh-i-Katchar, autre résidence royale. Pop. : 130,000 âmes.

TEHUANTEPEC. — Ville de l'Etat d'Oaxaca, au Mexique. Elle est située sur un affluent du golfe de son nom, formé par le grand Océan. Pop. : 12,000 âmes.

TEIGNMOUTH. — Ville du comté de Devon, en Angleterre. Elle est située à l'embouchure de la Teign dans la Manche. Pop. : 4,000 âmes.

TEILLEUL (LE). — Chef-lieu de canton dans l'arrondissement de Mortain, département de la Manche. Pop. : 2,600 âmes.

TELESE. — Ville épiscopale de la Terre de Labour, dans le royaume de Naples. A peu près déserte aujourd'hui, cette ville fut une des cités les plus importantes des Samnites.

TELIGOUL. — Golfe de Russie. Il est situé sur la côte du gouvernement de Kherson et formé par la mer Noire.

TELL. — C'est le nom qu'on donne, en Algérie, à la partie du territoire propre à la culture.

TELL-BASTAH. — Bourgade du Bahari ou basse Egypte. Elle est située sur un canal qui aboutit au Menzaleh, et s'élève sur l'emplacement de l'ancienne *Bubastos* ou *Bubastis*, nommée *Phi-beseth* dans la Bible. C'était l'une des plus anciennes villes de l'Égypte; elle fut la résidence des rois de la XXII° dynastie ; et l'on y voyait un temple fameux et magnifique, dédié à Bubastis ou Pascht, divinité qui correspondait à la Diane des Grecs.

TELLICHERY. — Petite ville du Malabar, dans l'empire indo-britannique. Elle est située sur la mer des Indes, où elle possède un port, et son commerce est assez florissant.

TELMINSK. — Grand village des environs d'Irkoutsk, en Sibérie. On y trouve de vastes bâtiments en pierre, qui sont des manufactures de draps, de toiles, de verre et de papier, et dans lesquelles on fait usage de machines anglaises.

TELOSANCAOUAY. — Petite ville du royaume d'Achem, dans l'île de Sumatra. Elle est située sur la côte nord-est, et c'était naguère la résidence du sultan.

TELTSCH. — Ville du cercle d'Iglau, en Moravie, dans l'empire d'Autriche. Elle est située sur la Thaya. Pop. : 3,000 âmes.

TEMENDFUS. — Baie d'Algérie. Elle est située près du cap Matifou. C'est là que Charles-Quint débarqua, en 1541, avec une armée de 25,000 hommes, dont la moitié périt dans cette expédition.

TEMESVAR. — Grande et belle ville de Hongrie, dans l'empire d'Autriche. Elle est fortifiée et le siége du commandement général des confins militaires hongrois. On y trouve un gymnase, une école normale, et les canaux qui y aboutissent favorisent son commerce. Pop. : 15,000 âmes.

TEMMISKAMING. — Lac du Canada. Il s'écoule dans la rivière Otawa, affluent du Saint-Laurent. Sa longueur dépasse 100 kilomètres.

TEMNIKOV. — Ville du gouvernement de Tambov, en Russie. Elle est située sur la Mokcha. Pol. : 6,000 âmes.

TEMPÉ. — Vallée célèbre chez les anciens. Elle est située au nord-est de la Thessalie, et resserrée entre les chaînes de l'Olympe et de l'Ossa. Son sol est arrosé par le Salembria, autrefois le Pénée.

TEMPELBURG ou **TEMPLEBOURG.** — Ville de la Poméranie, dans le royaume de Prusse. Elle fut fondée au XIII° siècle par les Templiers. On y fabrique du drap. Pop. : 3,000 âmes.

TEMPIO. — Petite ville de l'île de Sardaigne, dans le royaume sarde. C'est la résidence de l'évêque d'Ampurias. Ses vignobles sont prospères et l'on y fait un commerce de jambons qui sont estimés. Pop. : 7,000 âmes.

TEMPLIN. — Ville de la régence de Potsdam, dans le royaume de Prusse. Elle est située sur le lac Dolgen ou de Templin, qui communique, par un canal, avec le Havel. Pop. : 3,000 âmes.

TENASSERIM. — Fleuve navigable de l'empire indo-britannique. Il prend naissance sur les frontières du royaume de Siam, passe à Ténasserim et à Mergni, et se jette dans le golfe du Bengale, après un cours de 400 kilomètres.

TENBY. — Ville du comté de Pembroke, dans le pays de Galles, en Angleterre. Elle est située sur la côte ouest de la baie de Coermarthen, et l'on y trouve des bains de mer. Cette ville fut florissante du XII° au XVI° siècle, par les fabriques de draps qu'y avaient introduites les Flamands. Pop. : 2,000 âmes.

TENCE. — Chef-lieu de canton de l'arrondissement d'Yssingeaux, département de la Haute-Loire. Elle est située sur le Lignon. On y fabrique de la dentelle et du papier, et l'on y fait un commerce de planches. Pop. : 2,700 âmes.

TENDE. — Petite ville de la division de Nice, dans le royaume sarde. Elle est située près du col de son nom, passage des Alpes maritimes qui conduit du Piémont à Nice et qui a 1,793 mètres de hauteur. Pop. : 1,500 âmes.

TÉNÉDOS. — Ile de l'archipel. Elle est située près de la côte de l'Anatolie et de l'endroit où s'élevait la ville de Troie. Son chef-lieu est Ténédos ou Bogdja. Pop. : 6,000 âmes.

TÉNEZ. — Ville de la province d'Alger. Elle est située sur la Méditerranée, près du cap du même nom. Pop. : 1,200 âmes.

TENGRI-NOOR. — Lac du Tibet. On croit qu'il se décharge dans l'Oï-tchéou, qui prend le nom de Salouen dans la partie inférieure de son cours.

TENNESSEE. — Rivière des Etats-Unis. Elle traverse l'Etat de même nom, une partie de ceux d'Alabama et de Kentucky, et s'joint à l'Ohio, après un cours de 1,200 kilomètres.

TENNESSEE. — Un des Etats-Unis de l'Amérique septentrionale. Il est borné, au nord, par le Kentucky et la Virginie ; à l'est, par la Caroline du nord ; au sud, par les Etats de Géorgie, d'Alabama et de Mississipi ; et à l'ouest, par le fleuve Mississipi, qui le sépare des Etats de Missouri et d'Arkansa. Son chef-lieu est Nashville. Le sol de cet Etat est riche en mines de fer et produit du froment, du riz, du coton et du tabac. Pop. : 830,000 âmes.

TENSIFT. — Fleuve de l'empire de Maroc. Il passe près de Maroc, et se jette dans l'Atlantique, après un cours de 350 kilomètres.

TEPL. — Petite ville de Bohême, dans l'empire d'Autriche. Elle est renommée par son abbaye des Prémontrés, laquelle possède une riche bibliothèque et de belles collections. Pop. : 1,800 âmes.

TEPLITZ. — Ville du comitat de Trentsen, en Hongrie, dans l'empire d'Autriche. Elle possède des sources thermales renommées. Pop. : 3,500 âmes.

TEPOZCOLULO. — Bourg de l'Etat d'Oaxaca, au Mexique. On y recueille de la cochenille. Pop. : 4,000 âmes.

TEQUENDAMA (Saut du). — Cataracte de la Nouvelle-Grenade. Elle est située à 20 kilomètres de Bogota. La rivière de Bogota s'y précipite d'une hauteur de 180 mètres.

TER. — Petite rivière d'Espagne. Elle prend sa source dans les Pyrénées; passe à Campredon, Ripol. et Girone; et se jette dans la Méditerranée après un cours de 150 kilomètres.

TERAMO. — Ville épiscopale, chef-lieu de l'Abruzze ultérieure 1re, dans le royaume de Naples. On y trouve un collége. Pop. : 9,000 âmes.

TERCERE. — La principale des îles Açores. Elle a environ 80 kilomètres de circonférence, et son chef-lieu est Angra. Son sol est fertile en grains et en vins. Pop. : 40,000 âmes.

TEREK. — Fleuve de la Russie d'Europe. Il prend sa source au mont Kasbeck, dans le Caucase; passe à Vladikaukaz, Mozdok et Kizliar, et se jette dans la mer Caspienne après un cours de 460 kilomètres.

TERGOVIST. — Ville de la principauté de Valachie. Elle est située sur la Jalomnitza. Capitale de la Valachie jusqu'en 1698, elle comptait alors 30,000 habitants; mais sa population est réduite aujourd'hui à 5,000 âmes.

TERIM. — Ville de l'Hadramant, partie de l'Yémen, en Arabie. Elle est grande et populeuse; un sultan y réside, et l'on y fabrique une espèce particulière de châle qui est tissu de soie et de fil d'or.

TERLIZZI. — Ville épiscopale de la Terre de Bari, dans le royaume de Naples. On croit qu'elle occupe l'emplacement de l'ancienne *Turricium*. Pop. : 10,000 âmes.

TERMINI — Ville de l'intendance de Palerme, en Sicile. Elle a quelque importance par ses fortifications et ses eaux minérales qui sont renommées. On y trouve un collége royal et une école de navigation. Pop. : 14,000 âmes.

TERMINOS. — Baie ou lagune formée par le golfe du Mexique au sud-ouest de la presqu'île de Yucatan.

TERMOLI. — Ville épiscopale du royaume de Naples. Elle est située sur la mer Adriatique. Pop. : 2,000 âmes.

TERMONDE ou DENDERMONDE. — Ville de la Flandre orientale, en Belgique. Elle est située au confluent de la Dender et de l'Escaut et sur le chemin de fer de Malines à Ostende. On y trouve des fabriques de toiles, de savon, de poteries et des tanneries. Pop. : 7,700 âmes.

TERNATE. — Chef-lieu de l'île de ce nom, l'une des Moluques. C'est une petite ville bâtie en amphithéâtre sur le bord de la mer, et l'entrepôt principal des Hollandais pour les épiceries des Moluques. Pop. : 5,000 âmes.

TERNEUSE. — Ville forte de la province de Zélande, dans le royaume de Hollande. Un canal qui y aboutit la met en communication avec Gand. Pop. : 1,100 âmes.

TERRA-NUOVA. — Ville murée du grand-duché de Toscane, en Italie. Elle est située sur un petit affluent de l'Arno. Pop. : 6,000 âmes.

TERRACINE. — Ville épiscopale de la délégation de Frosinone, dans l'Etat du Pape. Située au milieu des marais Pontins dont s'exhalent incessamment des miasmes délétères, cette ville a la réputation d'être l'une des plus malsaines de l'Europe. On y remarque une vaste place construite par Pie VI, et quelques restes de monuments, tels que la façade d'un temple de Jupiter, et les ruines d'un château de Théodoric. Terracine compte à peu près 4,000 habitants. On trouve dans ses environs des restes considérables de la voie Appienne qui allait en ligne droite de Rome à *Anxur* ou Terracine, en traversant les marais Pontins; et à quelques milles au sud-ouest, le promontoire Circello, près duquel l'Odyssée place la demeure de la magicienne Circé.

TERRANOVA. — Ville de la province de Caltanisetta, en Sicile. Elle est située à l'embouchure du Giaccio ou Terranova dans la Méditerranée. Pop. : 10,900 âmes

TERRASSON. — Chef-lieu de canton dans l'arrondissement de Sarlat, dans le département de la Dordogne. Pop. : 2,300 âmes.

TERRE DE FEU. — Archipel situé à l'extrémité méridionale du continent américain, dont il est séparé par le détroit de Magellan, et placé entre 52° 30' et 55° 58' de latitude méridionale, et entre 67° 14' et 77° 10 de longitude occidentale. Il se compose d'un grand nombre d'îles dont la plus grande porte spécialement le nom de Terre de Feu, *Terra do Fogo*, et à laquelle le capitaine anglais King a, de nos jours, prétendu imposer celui de *King-Charles Soutland*. Cette île est remarquable par son volcan, et par le mont Sarmiento, qui est la plus haute de toutes les montagnes de cet archipel. Viennent ensuite les îles *South-Desolation*, Clarence, Hoste, Hanôvre, Navarin, etc. Plusieurs autres groupes dépendent aussi de l'archipel de la Terre de Feu : tels sont les îles de la Reine-Adélaïde; l'île des Etats qui se trouve à l'est; les îles Hermites, vers le sud, et celle d'Horn, dont le cap célèbre est remarquable par sa hauteur; puis, plus au sud encore, les îles Diégo Ramirez, qui constituent les terres les plus australes de celles qui dépendent du continent américain. La plupart des îles de la Terre de Feu sont hérissées de montagnes arides et sauvages et couvertes de neiges éternelles, quoique les plus hautes n'aient pas au delà de 1,000 mètres, et que quelques-unes soient des volcans actifs.

TERRE-DE-GRANT. — Dans la Nouvelle-Hollande. C'est une partie de la côte sud-est, entre la Nouvelle-Galles méridionale et la Terre de Baudin. On y trouve l'établissement de Port-Western.

TERRE-DE-SANDWICH. — Archipel du grand Océan austral. Il est situé au sud-est de la Nouvelle-Géorgie, et l'on n'y aperçoit aucune végétation.

TERRE-DES-PAPOUS. — On nomme ainsi le pays occupé par les Papouas, dans le nord-ouest de la Papouasie, et des îles dites Papouas, qui se trouvent dans l'Océanie.

TERRE-NEUVE. — Grande île de l'Océan, sur la côte orientale de l'Amérique septentrionale. Elle est située à l'entrée du golfe de Saint-Laurent, séparée de la Nouvelle-Bretagne par le détroit de Belle-Isle, et du Canada par la baie de Saint-Laurent. Elle a 468 kilomètres de longueur sur 264 de largeur, et offre une figure presque triangulaire. Son sol est aride et son climat des plus tristes. Le ciel y est toujours brumeux, le froid long et rigoureux et les orages fréquents. On y trouve toutefois quelques grands pâturages, du bois de construction et des mines de houilles non exploitées. Ce pays est habité par des Esquimaux chasseurs et pêcheurs, et ses anses et ses ports servent de stations ou de refuges aux nombreux navires employés à la pêche de la morue. On connaît en effet l'importance donnée à cette île par ses pêcheries. C'est dans son voisinage que se trouve le fameux banc qui porte son nom, et qui est la plus grande élévation sous-marine qui soit sur le globe. On remarque, comme la meilleure place pour la pêche de la morue, celle qui se trouve entre les 42° et 46° parallèles. Cette pêche est particulièrement fréquentée par les Français et les Anglo-Américains.

TERRE-SAINTE. — Sous ce nom, comme sous ceux de Judée, de Palestine et de pays de Canaan, on désigne une province de la Turquie, située dans la partie méridionale de la Syrie. Elle est placée entre 31° et 33° 25' de latitude septentrionale, entre 32° 15' et 34° de longitude orientale; et se trouve bornée à l'ouest par la Méditerranée, au sud par l'Arabie, au sud-ouest par l'Égypte. Sa longueur, du nord au sud, est de 240 kilom., et sa largeur de 160, de l'est à l'ouest. Elle est traversée, du nord au sud, par une chaîne de montagnes qui fait la continuation de l'anti-Liban, et dont le point le plus remarquable est le mont Thabor, l'*Atabyrion* ou *Sthaburius* des anciens, sur lequel eut lieu la scène de la transfiguration de Jésus-Christ.

Il est peu de contrées dont la surface soit aussi variée que la terre sainte. Ainsi, tandis que la stérilité du sol afflige le regard dans certaines parties, d'autres au contraire, comme la plaine qui borde la Méditerranée, offrent une riche végétation. Le mont Thabor est couvert de sycomores et d'oliviers; dans l'intérieur de la région méridionale, les flancs des montagnes sont garnis de vignes, d'oliviers et de sycomores, tandis que les sommets sont couronnés de chênes et de cyprès. Les vallées sont riches en cultures de céréales et de tabac. Mais les environs de Jérusalem sont arides et pierreux; et vers les côtes de la mer Morte ou lac Asphaltite, que les Arabes appellent le lac de Loth, on ne voit que des roches sombres et nues, des pierres enduites de soufre, et d'autres débris d'origine ignée. L'ancienne province de Samarie, située au nord de la Judée proprement dite, est en général montueuse, mais fertile et bien cultivée; son point culminant est le mont Carmel, célèbre par les miracles du prophète Élie, puis par le séjour qu'y firent de nombreux chrétiens qui s'y creusaient des habitations dans le roc; et enfin parce qu'elle servit aussi d'asile aux moines qui acquirent tant de renommée sous le nom de *Carmélites*. Au nord de cette province, celle de Galilée offre la plaine d'Esdrelon qui, par ses champs cultivés et ses beaux pâturages, est considérée comme la plus riche partie de la terre sainte. A l'extrémité de cette plaine se trouve le lac de Tabarieh ou de Tibériade, entouré de montagnes élevées et pittoresques, dont les flancs étaient jadis cultivés; les rives de ce lac sont couvertes de ruines qui indiquent l'emplacement de plusieurs antiques cités; et non loin de ces bords jaillissent des sources thermales sulfureuses.

TERRIBLE (Mont). — Montagne de Suisse. Elle est située au nord-ouest du canton de Berne, dans la chaîne du Jura.

TÉRUEL. — Ville espicopale de l'Aragon, en Espagne. Elle est située près du Guadalaviar. On y trouve des fabriques de draps et l'on y fait un commerce de bois de charpente. Pop.: 8,000 âmes.

TESCHEN. — Ville de la Silésie autrichienne. C'est le chef-lieu du cercle de Brünn. On y signa, en 1779, le traité qui mit un terme à la guerre de succession de Bavière, entre la Prusse et l'Autriche. Pop.: 7,000 âmes.

TÉSIN. — Rivière qui prend sa source au mont Saint-Gothard, en Suisse. Elle passe dans le canton de Tésin, traverse le lac Majeur, sépare le royaume lombard-vénitien de celui de Sardaigne, baigne Pavie, et se joint au Pô, après un cours de 180 kilomètres. Elle est navigable depuis le lac Majeur.

TÉSIN. — Canton de la Suisse. Il est situé au sud-est, sur la pente méridionale des Alpes. Couvert de hautes montagnes au nord, son climat est chaud et son sol fertile au sud. C'est le fleuve de son nom qui l'arrose. Il a deux chefs-lieux: Bellinzona et Lugano, où l'autorité est exercée alternativement durant six années consécutives. Pop.: 114,000 âmes.

TESSY. — Chef-lieu de canton dans l'arrondissement de Saint-Lô, département de la Manche. Pop.: 1,700 âmes.

TESTE (Iles). — Petits îlots situés au sud-est de l'archipel de Salomon, et découverts en 1840 par le navigateur Dumont-d'Urville.

TESTE-DE-BUCH (La). — Petite ville située sur le bassin d'Arcachon, dans le département de la Gironde. Elle possède un port et n'est pour ainsi dire habitée que par les pêcheurs qui approvisionnent Bordeaux. Les bords du bassin ont une ceinture de dunes qui progressent incessamment en se dirigeant vers l'intérieur des terres, et qui, dans leur marche, ensevelissent tout ce qu'elles rencontrent. Pop.: 3,500 âmes.

TET. — Petite rivière du département des Pyrénées-Orientales. Elle prend naissance sur la limite du département de l'Ariége; passe à Mont-Louis, Prades et Perpignan; et se jette dans la Méditerranée, après un cours de 110 kilomètres.

TÉTEREV. — Rivière de Russie. Elle arrose les gouvernements de Volhynie et de Kiev; passe à Jitomir et Radomyse; et se jette dans le Dniéper, après un cours de 250 kilomètres.

TÉTHUROA. — Une des îles Tahiti. Elle est située au nord-ouest de Tahiti. Pop.: 3,000 âmes.

TEUTOBURGER-WALD. — Montagnes de la Westphalie. Elles sont peu élevées, s'étendent de la gauche de l'Ems aux sources de la Lippe, et cette longueur est d'environ 180 kilomètres. L'an 9 de notre ère, trois légions romaines y furent massacrées par les Chérusques.

TEVEGO. — Petite ville du Paraguay. Elle a été fondée par le dictateur Francia, au milieu des solitudes boréales de cet Etat, dans le but d'en faire un lieu d'exil pour les individus suspects au gouvernement.

TEVERONE ou ANIO. — Rivière de l'Etat du Pape. Elle passe à Tubiaco et à Tivoli, formant dans ce dernier endroit des cascades qui sont renommées, et se jette dans le Tibre, au nord de Rome, après un cours de 100 kilomètres.

TEWKESBURY. — Ville du comté de Glocester, en Angleterre. Elle est située au confluent de l'Avon et de la Saverne, et sur le chemin de fer de Birmingham à Bristol. On trouve dans son voisinage la *prairie-sanglante*, où fut livrée, en 1471, la bataille qui détruisit les espérances de la maison de Lancastre. Pop.: 6,000 âmes.

TEXAS. — Un des Etats-Unis de l'Amérique septentrionale. Il est borné, au nord, par la rivière Rouge, qui le sépare du territoire occupé par les Indiens; à l'est, par la Sabine, qui le sépare de la Louisiane; au sud-est, par le golfe du Mexique; et à l'est, par le Mexique. Sa longueur, du nord au sud, est d'environ 900 kilomètres, et sa largeur, de l'est à l'ouest, est à peu près égale; ses côtes sont basses et marécageuses; les monts Ozark s'élèvent dans l'intérieur; et les principaux cours d'eau qui l'arrosent sont le Rio-Brazos, le Colorado et le Guadalupe. Pop. 320,000 âmes.

TEXEL. — Ile de Hollande. Elle est située dans la mer du Nord, à l'entrée du Zuider-Zée, et entre la Hollande septentrionale au sud, et l'île Vlieland au nord-est. Sa longueur est de 22 kilomètres; elle est basse et généralement marécageuse; mais elle offre un bon port à l'est. Son chef-lieu est un bourg du même nom. Pop.: 5,000 âmes.

TEZCUCO. — Ville de la confédération mexicaine. C'est l'ancienne *Acolhuacan*, la cité savante des Mexicains. Elle est située à l'est du Mexico, et n'est formée que par la réunion de petites maisons et de cabanes; mais on y voit un grand nombre de ruines d'édifices qui remontent aux premiers peuples de la contrée, et même les restes d'un palais et de casernes, construits par les Espagnols. On trouve aussi dans son voisinage, à Huexolta, les débris d'une autre cité qui avait de l'importance.

THABARGAH ou TABARCA. — Ile de la Méditerranée. Elle est située dans la province de Constantine, en Algérie, et fut cédée à la France, en 1830, par le dey de Tunis.

THAI-YOUAN. — Ville de l'empire chinois. Elle est située sur un affluent du Hoang-Ho, et c'est le chef-lieu de la province de Chan-Si. Sous la dynastie des Mings, cette ville était la capitale de la Chine. Sa population est nombreuse, industrieuse et commerçante.

THAME. — Rivière d'Angleterre. Elle coule dans les comtés de Buckingham et d'Oxford, et se joint à l'Isis, pour former la Tamise.

THAME. — Ville du comté d'Oxford, en Angleterre. Elle est située sur la rivière de son nom. Pop.: 2,500 âmes.

THANET. — Ile d'Angleterre. Elle est située dans le comté de Kent, entre la mer du Nord, l'embouchure de la Tamise et les deux bras de la Stour. Sa longueur est de 18 kilomètres, et ses lieux principaux sont Margate et Ramsgate. On y cultive des prairies et des plantes potagères pour l'approvisionnement de Londres. Des Saxons y débarquèrent en 447, et y défirent les Bretons en 463. Pop. 21,000 âmes.

THANN. — Petite ville du département du Haut-Rhin. Elle possède des filatures de coton, des manufactures de toiles peintes, et une fabrique de machines à filer, à parer et à tisser. Pop.: 5,800 âmes.

THASO. — Ile de l'Archipel. Elle est située près des côtes de la Romélie; sa longueur est d'environ 30 kilomètres, et son sol est assez fertile. On y exploitait anciennement des mines d'or et d'argent, qui sont tout à fait abandonnées aujourd'hui. C'est la patrie du peintre Polygnote.

THAU. — Etang du département de l'Hérault. Il est situé au sud, et séparé de la Méditerranée par une étroite langue de terre, sur laquelle se trouve la ville de Cette. Sa longueur est de 20 kilomètres, et sa plus grande largeur de 6. Il communique avec la

Méditerranée par le canal de Cette, reçoit au sud-ouest le canal du Languedoc, et communique au nord-est avec l'étang du Maguelonne.

THAYA. — Rivière d'Allemagne. Elle sépare en partie la Moravie de l'archiduché d'Autriche, passe à Znaym, et se jette dans la Marche, après un cours de 400 kilomètres.

THEAKI. — Une des îles Ioniennes. Elle est située au nord-est de Céphalonie ; sa longueur est de 23 kilomètres, et elle a pour chef-lieu Vathi. C'est l'*Ithaque* des anciens, le royaume d'Ulysse. Pop. : 8,000 âmes.

THÈBES ou THIVA. — Petite ville du nomos de l'Attique-et-Béotie, royaume de Grèce. Il ne lui reste plus que quelques vestiges de la cité de Pélopidas et d'Epaminondas ; mais avant la guerre de l'indépendance elle était le siège d'un évêché, et comptait environ 4,000 âmes.

THEIL (LE). — Chef-lieu de canton dans l'arrondissement de Mortagne, département de l'Orne. Pop : 900 âmes.

THEISS. — Rivière navigable de Hongrie. Elle prend naissance aux monts Carpathes, sur la limite de la Gallicie ; passe à Sziget, Szolnok, Csongrad, Szegedin et Tittel, et se jette dans le Danube, après un cours de 900 kilomètres. Ses principaux affluents sont, à droite, le Bodrog et l'Hernath ; à gauche, le Szamos, le Koros et la Maros.

THENEZAY. — Chef-lieu de canton dans l'arrondissement de Parthenay, département des Deux-Sèvres. Pop. : 2,100 âmes.

THÉNON. — Chef-lieu de canton dans l'arrondissement de Périgueux, département de la Dordogne. Pop. : 1,500 âmes

THEODOSIE ou CAFFA. — Ville du gouvernement de la Tauride, en Russie. Après une période de splendeur sous la domination des Génois et celle des Khans de Crimée ; elle demeure encore assez importante par son commerce, que favorise un port franc. Elle possède une bibliothèque publique, un musée et un jardin botanique, consacré à la culture des plantes indigènes de la Russie seulement.

THERESCIENSTADT. — Ville de la Hongrie. Elle n'est composée, pour ainsi dire, que de la réunion d'un grand nombre de villages ; mais cette agglomération présente une population qui dépasse 40,000 âmes. Cette ville possède d'importantes fabriques de draps, de bottes et de cuirs, et fait un commerce considérable. On trouve dans son voisinage le lac Paltisch, qui dépose sur ses bords une grande quantité de sous-carbonate de soude, phénomène qui se produit d'ailleurs sur la plupart des autres lacs situés entre Debreczin et Gross-Wardein.

THERESIENSTADT. — Place forte située au confluent de l'Eger avec l'Elbe, en Bohême. C'est l'une des plus importantes de l'empire d'Autriche. La population civile est d'environ 1,200 âmes.

THERMIA. — L'une des Cyclades, royaume de Grèce. C'est la *Cythnus* des anciens, renommée par ses sources thermales. Pop. : 16,000 âmes.

THERMOPYLES. — Célèbre défilé de la Grèce. Il est situé entre le mont OEta et la mer, et conduit de la Locride en Thessalie.

THESSALIE. — Province de la Turquie d'Europe. Elle est située au sud-ouest de la Romélie, et a pour chef-lieu Tricala.

THETFORD. — Ville d'Angleterre. Elle est située sur la Petite-Ouse et sur la limite des comtés de Norfolk et de Suffolk. C'est la patrie de Thomas Payne. Pop. : 4,000 âmes.

THEUX. — Ville de Belgique. Elle est située dans la province de Liége. On y exploite des carrières de marbre noir, et l'on voit, dans son voisinage, les ruines du château de Franchimont. Pop. : 3,000 âmes.

THEYS. — Commune du département de l'Isère, dans l'arrondissement de Grenoble. Pop. : 2,400 âmes.

THÈZE. — Chef-lieu de canton dans l'arrondissement de Pau, département des Basses-Pyrénées. Pop. : 500 âmes

THIAN-CHAN ou MONTS-CELESTES. — Chaîne de montagnes de l'empire chinois. Elle est située entre la Dzoungarie et le Turskestan chinois, et quelques-uns de ses points culminants atteignent 6,000 mètres.

THIAN-CHÉOU. — Montagne située à quelques milles de Péking, en Chine. On y voit les 13 mausolées des empereurs de la dynastie des Ming.

THIAUCOURT. — Chef-lieu de canton dans l'arrondissement de Toul, département de la Meurthe. Pop. : 1,700 âmes

THIBERVILLE. — Chef-lieu de canton dans l'arrondissement de Bernay, département de l'Eure. Pop. : 1,400 âmes.

THIÉBLEMONT. — Chef-lieu de canton dans l'arrondissement de Vitry-le-Français, dans le département de la Marne. Il est situé sur le chemin de fer de Paris à Strasbourg. Pop. : 300 âmes.

THIEL. — Ville de la province de Gueldre, en Hollande. Elle est fortifiée et située sur la rive droite du Wahal. Pop. : 4,000 âmes.

THIÈLE ou ZIHL. — Rivière de Suisse. Elle se forme dans le canton de Vaud, par la réunion de l'Orbe et du Nozon ; elle traverse le lac de Neufchâtel et celui de Bienne, et se jette dans l'Aar, après un cours de 110 kilomètres.

THIELT. — Ville de la Flandre orientale, en Belgique. On y fait un commerce de grains et de toiles. C'est la patrie d'Olivier le Dain, qui de barbier devint premier ministre de Louis XI. Pop. : 12,000 âmes.

THIERS. — Ville située sur la Durolle, dans le département du Puy-de-Dôme. Chef-lieu d'arrondissement, elle comprend 6 cantons et 39 communes. Cette ville est renommée par sa grosse coutellerie, industrie qui remonte chez elle jusqu'au xve siècle, et ses papeteries ont aussi une grande réputation. Elle possède un collége, et sa population est d'environ 13,000 habitants. Thiers est bâti sur une colline élevée, et ses environs sont très-pittoresques.

THINGVALLA. — Petit lieu de l'Islande, situé au milieu de montagnes et de débris volcaniques. Il n'offre actuellement qu'une église, une ferme et quelques cabanes élevées au bord d'un lac; mais il est célèbre dans l'histoire du pays. C'est là que, dans les premiers temps de la république, se tenaient les *althing*, assemblées générales ou sortes de champs de Mars, où l'on délibérait sur les affaires publiques, et où l'on promulguait les lois. C'est là enfin que, vers l'an 1000, le christianisme fut acclamé à la majorité des suffrages.

THIONVILLE. — Petite ville située sur la rive gauche de la Moselle. Chef-lieu d'arrondissement dans le département de la Moselle; elle comprend 5 cantons et 117 communes. Son commerce consiste principalement en bonneterie, chapellerie et faïencerie. Sa population est d'environ 6,000 âmes. Pepin d'Héristal tint sa cour dans cette ville.

THIROU-GARDAIS. — Chef-lieu de canton dans l'arrondissement de Nogent-le-Rotrou, département d'Eure-et-Loire. Pop.: 700 âmes.

THIVIERS. — Chef-lieu de canton dans l'arrondissement de Nontron, département de la Dordogne. On y fait un commerce de bestiaux, de truffes et de fromages. Pop.: 2,400 âmes.

THIZY. — Chef-lieu de canton dans l'arrondissement de Villefranche, département du Rhône. On y trouve des filatures et des fabriques de toiles de coton, ou de fil et coton, appelées *garas*. Pop.: 1,700 âmes.

THOISSEY. — Chef-lieu de canton dans l'arrondissement de Trévoux, dans le département de l'Ain. Il est situé sur la Chalaronne, un peu au-dessus de son confluent avec la Saône. Ce lieu était jadis fortifié et la seconde ville de la principauté de Dombes. Pop.: 1,600 âmes.

THOLEN. — Ville forte de la Zélande, dans le royaume de Hollande. Elle est située sur l'Eendragt. On y fait un commerce de fil de lin et de fil de chanvre. Pop.: 2,000 âmes.

THOMAR. — Petite ville de l'Estremadure, en Portugal. On remarque son vaste couvent, où réside le grand prieur de l'ordre du Christ, puis son importante filature de coton. Pop.: 4,000 âmes.

THOMASTON. — Ville de l'Etat du Maine, aux Etats-Unis. Elle est située sur la baie de Penobscot. Pop.: 4,000 âmes.

THONON. — Ville de Savoie, dans le royaume sarde. Elle est située sur la rive méridionale du lac de Genève, et c'est le chef-lieu de la province de Chablais. Pop.: 4,000 âmes.

THORN. — Place forte située sur la Vistule, dans le gouvernement de Marienwerder, province de Prusse. Elle est industrieuse et commerçante, et sa population est d'environ 11,000 âmes, sans compter la garnison. C'est la patrie de Copernic.

THORSHAVEN. — Petite ville de l'île de Stronéo, dans l'archipel de Fœro, monarchie danoise. Elle possède un gymnase, une bibliothèque, et c'est le siège du gouverneur de l'Archipel.

THOUARCÉ. — Chef-lieu de canton dans l'arrondissement d'Angers, département de Maine-et-Loire. Pop.: 1,700 âmes.

THOUARS. — Chef-lieu de canton de l'arrondissement de Bressuire, département des Deux-Sèvres. Elle est bâtie en amphithéâtre sur une colline, et l'on y voit un beau château construit sur un rocher. On y trouve un collége, et il s'y fait un commerce de grains, d'eaux-de-vie, de chevaux et de bestiaux. Pop.: 2,300 âmes.

THOUÉ ou THOUET. — Rivière de France. Elle prend sa source à l'ouest du département des Deux-Sèvres, passe dans celui de Maine-et-Loire, et se joint à la Loire, au-dessous de Saumur, après un cours de 120 kilomètres. Son principal affluent est la Dive.

THOUROUT. — Ville de la Flandre occidentale, en Belgique. On y voit une belle église, et l'on y trouve des fabriques de toiles et des tanneries. Pop.: 8,000 âmes.

THRAGAN. — Ville du Fezzan oriental, dans la régence de Tripoli. Elle est renommée par sa fabrique de tapis, qu'on estime autant que ceux de Constantinople.

THUEYTS. — Chef-lieu de canton dans l'arrondissement de L'argentière, département de l'Ardèche. Pop.: 2,200 âmes.

THUIN. — Ville de la province de Hainaut, en Belgique. Elle est située sur la Sambre. On y voit une belle église, et l'on y trouve des fabriques de draps et de laine, des hauts-fourneaux, des forges et des verreries. On exploite aussi dans ses environs, des mines de fer et de houille, et des carrières de marbre. Pop.: 4,000 âmes.

THUIR. — Chef-lieu de canton dans l'arrondissement de Perpignan, département des Pyrénées-Orientales. Elle est située sur un canal dérivé de la Tet. On y trouve des fabriques de papier, d'huile, d'eaux-de-vie, de poteries, et des tanneries. Pop.: 2,500 âmes.

THULÉ-AUSTRALE. — Une des îles de la Terre de Sandwich.

THUN. — Petite ville située sur l'Aar, dans le canton de Berne, en Suisse. C'est le chef-lieu de l'Oberland, et elle possède l'école militaire de la confédération. Sa population est d'environ 2,000 âmes. On trouve dans ses environs les bains de Curnigel, qui sont fréquentés.

THUN. — Commune de l'arrondissement de Valenciennes, dans le département du Nord. Elle est située sur la Scarpe. Pop.: 1,200 âmes.

THUR. — Rivière de Suisse. Elle prend sa source dans le canton de Saint-Gall, traverse celui de Turgovie, passe près de Bischofszelle, et se jette dans le Rhin, après un cours de 108 kilomètres.

THURGOVIE. — Canton de la Suisse. Il est situé au nord-est, arrosé par la Thur et baigné au nord-est par le lac de Constance. Son chef-lieu est Frauenfeld. Pop.: 84,000 âmes

THURINGE. — Ancien pays d'Allemagne qui forme aujourd'hui les duchés de Saxe-Cobourg-Gotha, de Saxe-Weimar et de Saxe-Meiningen.

THURINGER-WALD. — Chaîne de montagnes d'Allemagne. Elle s'étend dans les duchés de Saxe, entre les bassins de l'Elbe et de la Werra. Elle est riche en minéraux, et son point culminant est le Schneekopf, qui s'élève à 1,020 mètres.

THURLES. — Petite ville du comté de Tipperary, en Irlande. Elle est la résidence de l'archevêque catholique de Cashel. Pop. : 6,000 âmes.

THUSIS. — Petit bourg situé près du confluent de l'Albula avec le Rhin-Postérieur, dans le canton des Grisons, en Suisse. C'est dans son voisinage qu'est située la célèbre gorge, appelée *Viala mala*, qui s'étend entre ce bourg et Zillis. Elle longe un précipice d'une grande profondeur, et il est des points où elle n'a pas au delà 2 mètres de large. Pop. : 600 âmes.

TIAH-TATOUA. — Gros village de l'île d'Hawaï, dans l'archipel des Sandwich, Polynésie. Il est défendu par un fort, et c'est la résidence d'un consul anglais.

TIAHUANACU. — Village du département de La-Paz, dans la république de Bolivia. Il est situé près du lac de Titicaca, et célèbre par les ruines qu'on rencontre dans ses environs, ruines au milieu desquelles on remarque surtout une sorte de coteau (peut-être un tumulus) formé par la main de l'homme et d'une hauteur considérable ; puis des restes de temples, de palais, de statues colossales, etc.

TIBESTI. — Très-petite ville du Fezzan, dans la régence de Tripoli, en Afrique. Elle est réputée par sa source thermale.

TIBET ou THIBET. — Contrée de l'Asie centrale. Elle est située dans la partie occidentale de l'empire chinois, à qui elle appartient. Cette région est hérissée de montagnes très-élevées et couvertes pour la plupart de neiges éternelles ; ses principaux cours d'eau sont l'Indus, le Gange, le Yaroudzanbotchou, le Salouen, le Mei-nam, le Mei-Kong et le Kiang ou Yan-tse-Kiang ; le sol n'est fertile que dans quelques vallées du sud ; mais il est riche en minéraux, et on en tire en outre de la soie, de la laine fine et le duvet de chèvre qui sert à la fabrication des châles dits *cachemires*. Le Tibet a pour capitale Lassa, et ses habitants se divisent en deux races principales : les Bodh, ou véritables Tibétains, et les Mongols. Pop. : 12,000,000 d'âmes.

TIBRE. — Fleuve d'Italie. Il prend naissance dans la chaîne des Apennins en Toscane, au mont Fumajo ; traverse l'Etat du Pape et Rome même, et se jette dans la Méditerranée par deux branches : le Fiumicino au nord, et le Fumara au sud. Ses principaux affluents sont, à droite la Chiana ; à gauche la Nera et le Teverone. C'est à partir de son confluent avec la Nera qu'il est navigable. Son cours est d'à peu près 360 kilomètres.

TIBURON. — Ile inhabitée du golfe de Californie. Elle est située près de la côte de l'Etat de Sonora, dans le Mexique. On trouve au nord de cette île des bancs d'huîtres à perles.

TICHFIELD. — Ville du comté de Southampton, en Angleterre. Pop. : 3,500 âmes.

TICONDEROGA. — Ville de l'Etat de New-York, aux Etats-Unis. Elle est située sur le lac Champlain. Les Français y élevèrent un fort en 1756. Pop. : 2,000 âmes.

TIDESWELL. — Village du comté de Derby, en Angleterre. On y trouve une source qui est intermittente durant les grandes pluies. Pop. : 2,700 âmes.

TIDOR. — Chef-lieu de l'île de ce nom, dans le groupe des Moluques, Malaisie. C'est une petite ville où réside un sultan tributaire des Hollandais. Pop. : 5,000 âmes.

TIETAR. — Rivière d'Espagne. Elle se joint au Tage après un cours de 135 kilomètres.

TIETE. — Rivière du Brésil. Elle traverse la province de Saint-Paul et se jette dans le Parana, après un cours de 700 kilomètres.

TIFERNO. — Rivière du royaume de Naples. Elle prend sa source près de Bojano et se jette dans l'Adriatique après un cours de 700 kilomètres.

TIFLIS. — Grande ville, capitale de la Géorgie, dans la Russie asiatique. Elle est située partie sur une colline, partie le long du Kour, et c'est le siége du gouverneur général de la région du Caucase, d'un archevêque géorgien et d'un archevêque arménien. On y remarque principalement la cathédrale, vaste édifice d'une architecture soignée. Cette ville possède un séminaire, un gymnase, des écoles, un jardin botanique et une société académique. On y trouve aussi des sources thermales très-fréquentées, et son industrie et son commerce sont florissants. Pop. : 30,000 âmes.

TIGRE. — Grande rivière navigable de la Turquie d'Asie. Elle prend sa source dans la chaîne du Taurus, au nord-ouest de Diarbékir, passe à Diarbékir, Djézireh, Mossoul, Tékrit, Bagda et Corna ; et se joint, à ce dernier endroit, à l'Euphrate pour former le Chat-el-Arab. Ses principaux affluents sont, à gauche, le Khabour, le grand et le petit Zab, la Dialla et le Djullab. Son cours est de 1,400 kilomètres.

TIGRÉ. — Royaume d'Abyssinie. Il est situé au nord-est de Tacazé, et ses principales provinces sont celles de Tigré, d'Enderta, de Samen, de Baharnagach, de Oualdubba et de Lasta. Sa capitale est Antalô, dans l'Enderta.

TIJUCO. — Chef-lieu du fameux district *Diamantino*, dans la province de Minas-Geraës, au Brésil. C'est dans le lit de la rivière Jiquitinhonla ou Jigitonhonha, que sont exécutés les travaux ayant pour objet la découverte des diamants. Pop. : 6,000 âmes.

TIKERI. — Petite ville de la Thessalie, dans la Turquie d'Europe. Elle possède un beau port à l'entrée du golfe de Volo et ce port était naguère un des plus fréquentés de l'Archipel. Pop. : 5,000 âmes.

TIKHVIN. — Ville du gouvernement de Novgorod, en Russie. Elle est située sur la Tikhvina, affluent du lac Ladoga. Pop. : 3,600 âmes.

TILBOURG. — Ville de la province de Brabant, royaume de Hollande. Pop. : 10,000 âmes.

TILLY-SUR-SEULLES. — Chef-lieu de canton dans l'arrondissement de Caen, département du Calvados. Il est situé sur la Seulles, affluent de la Manche. On y fabrique de la dentelle et du papier. Pop. : 1,200 âmes.

TILSIT. — Petite ville du gouvernement de Gumbinnen, dans le royaume de Prusse. Elle est située au confluent de la Tilse et du Memel. On y trouve un gymnase. C'est dans cette ville qu'en 1807 un traité de paix fut signé entre la France, la Prusse et la Russie. Pop. : 12,000 âmes.

TIMANA. — Ville du département de Cundinamarca, dans la république de la Nouvelle-Grenade. Elle est située près de la Magdalena. Pop. : 2,000 âmes.

TIMANNI. — Pays de la Guinée septentrionale. Il est situé sur la côte de la Sierra-Leone, à l'est de Freetown.

TIMAVO. — Très-petite rivière d'Illyrie. Elle coule au sud de Gorizia et se jette dans le golfe de Trieste après un cours de 4 à 5 kilomètres.

TIMOK. — Rivière qui sépare en partie la Servie de la Bulgarie. Elle se jette dans le Danube après un cours de 150 kilomètres.

TIMOR (ILE DE). — Elle fait partie de l'archipel Sumbava-Timor ou de la Sonde, dans la Malaisie. Elle est située au sud des Moluques et à l'est de Java; sa longueur est de 68 kilomètres sur 16 de largeur; et elle est riche surtout en bois de sandal dont les Hollandais, à qui elle appartient, font un grand commerce.

TIMOR-LAUT. — Ile de la Malaisie. Elle est située au sud-est de la mer des Moluques, et sa longueur est de 130 kilomètres.

TIMPANOGOS. — Lac du Mexique. Il est situé au nord et s'écoule par la Multnomah, qu'on appelle aussi Timpanogos.

TIN-TSIN. — Ville immense de la Chine. Elle est située sur le Peï-Ho. Il s'y fait un commerce important avec l'intérieur de l'empire, et c'est un entrepôt considérable de sel.

TINCHEBRAY. — Petite ville du département de l'Orne. Son commerce consiste en toiles et étoffes de coton, puis en quincaillerie, cuirs tannés, papiers, etc. Sa population est d'environ 3,500 âmes.

TINE ou TENOS. — Ile importante de l'Archipel, royaume de Grèce. Elle est remarquable par son industrie, son commerce, ses cultures, et sa population est d'environ 30,000 âmes. Elle est aussi le siège d'un archevêché grec et d'un évêché catholique. On y montre la caverne d'Éole et les restes d'un temple de Neptune.

TINIAN. — Une des îles Mariannes. Elle est fertile, mais presque déserte.

TINTENIAC. — Chef-lieu de canton dans l'arrondissement de Saint-Malo, département d'Ille-et-Vilaine. Il est situé sur le canal d'Ille-et-Rance. Pop. : 2,000 âmes.

TINTO. — Petite rivière d'Espagne. Elle coule dans la province d'Huelva, passe à Niebla et Moguer, et se jette dans la baie d'Huelva formée par l'Atlantique, après un cours de 130 kilomètres.

TIOUMEN. — Ville du gouvernement de Tobolsk, en Sibérie, dans la Russie asiatique. Elle est située sur la Toura, affluent navigable du Tobol. C'est la première ville que les Russes bâtirent dans la Sibérie, en 1586; elle fut élevée sur l'emplacement d'une ancienne cité tartare. Pop. : 10,000 âmes.

TIPPERARY. — Ville du comté du même nom, en Irlande. On trouve dans son voisinage les ruines de l'abbaye d'Emly, dont l'église était autrefois la métropole de tout le Munster. Pop. : 6,400 âmes.

TIRASPOL. — Ville du gouvernement de Kherson, en Russie. Elle est située sur la rive gauche du Dniester. Pop. : 5,000 âmes.

TIRÉE. — Une des îles Hébrides. Elle est située dans le comté d'Argyle, en Ecosse. Son sol diffère des autres Hébrides, en ce qu'il est plat et généralement fertile. Pop. : 4,000 âmes.

TIRLEMONT. — Ville de la province de Brabant, en Belgique. Elle est située sur le chemin de fer de Malines à Liége. On y fait un commerce important de grains, de laines et de bestiaux. C'est la patrie du jésuite Bolland. Pop. : 9,000 âmes.

TIRNAVA. — Petite ville de la Bulgarie, dans la Turquie d'Europe. Elle possède une enceinte fortifiée et elle est le siège d'un archevêché grec. Sa population est d'à peu près 12,000 âmes.

TIRRA ou TIREH. — Ville de l'Anatolie, dans la Turquie d'Asie. On y fabrique des tapis et des toiles de coton. Pop. : 20,000 âmes.

TITICACA. — Ilot du lac de même nom, dans le département de Las-Paz, république de Bolivia. C'est l'endroit où Manco-Capac prétendait avoir reçu sa vocation divine pour être législateur du Pérou, aussi les peuples de cette contrée regardèrent-ils Titicaca comme un lieu sacré, et les Incas y firent construire, en l'honneur du soleil, un temple qui était, dit-on, recouvert de lames d'or, d'argent, et de pierreries. Ces richesses furent, à ce qu'on rapporte aussi, jetées dans le lac lors de l'arrivée des Espagnols.

TITICACA. — Lac de la Bolivia. Il est situé sur la limite du Pérou et à près de 4,000 mètres au-dessus du niveau de la mer. Sa longueur est de 225 kilomètres ; il reçoit les eaux du Desaguadero au sud, et n'a aucun écoulement apparent.

TITTERI. — Province de l'Algérie. Elle est comprise dans celle d'Alger, et a pour lieux principaux Hamza, Sidi-Hamza et Médéa. Le lac de son nom est situé à l'ouest et traversé par le Chelliff.

TIVOLI. — Petite ville épiscopale de la province de Rome. Elle est située sur le Teverone, et renommée par sa cascade et par les ruines de monuments anciens qu'on y trouve, telles que celles du temple de Vesta, de la villa de Mécène, et de la villa Adriana, où l'on remarque encore les restes du Lycée, du Prytanée, du Pœcile d'Athènes, du Canope d'Egypte, du Tempé de Thessalie, et d'autres imitations encore que l'empereur Adrien avait réalisées en ce lieu, au retour de ses nombreux voyages. La population de Tivoli est d'environ 6,000 âmes.

TIXTLAN. — Ville de l'Etat de Mexico, au Mexique. Elle est située près du grand Océan. Pop. : 4,500 âmes.

TJANDJOR. — Bourg de la résidence de Préangers, dans l'île de Java. Il est bâti dans le goût javanais ; ses rues sont bordées de charmilles, ses places ombragées, et tous ses quartiers offrent un aspect varié et pittoresque.

TLALPAN. — Petite ville de l'Etat de Mexico, au Mexique. On y trouve un hôtel des monnaies et le commerce y est florissant. Pop. : 6,000 âmes.

TLALPUXAHUA. — Bourg de l'Etat de Mechoacan, au Mexique. C'est le chef-lieu d'un district des mines. Pop. : 3,000 âmes.

TLASCALA. — Fleuve du Mexique. Il passe à Tlascala, la Puebla et Tlalpa, et se jette dans le grand Océan, après un cours de 500 kilomètres.

TLASCALA. — Très-petite ville, chef-lieu du territoire de ce nom, dans la confédération mexicaine. C'est l'ancienne *Tlascallan*, la capitale de l'Etat le plus puissant de l'Anahuac, après l'empire de Mexico. On y remarque les restes d'un vaste temple et de la muraille d'enceinte.

TLEMECEN. — Ville assez considérable et industrieuse de la province d'Oran, en Algérie. On y remarque un grand nombre de restes d'anciens édifices. Pop. : 12,000 âmes.

TMAY-EL-EMDYD. — Lieu du Bahari en Basse-Egypte. On y admire un très-beau temple monolithe de granite, posé sur un piédestal de la même roche.

TOBOL. — Rivière de Sibérie. Elle prend sa source au nord du Turkestan indépendant, traverse le gouvernement de Tobolsk, et se joint à l'Irtich, près de Tobolsk, après un cours de 900 kilomètres.

TOBOLSK. — Chef-lieu du gouvernement de ce nom en Sibérie. Cette ville, qui fut autrefois la capitale de toute la Sibérie, est située sur la rive droite de l'Irtich, et près de son confluent avec le Tobol. Elle est divisée en ville haute et en ville basse ; toutes deux occupent un vaste espace ; la plupart des maisons sont en bois ; et les rues, assez larges, sont couvertes d'un plancher élevé et solide. Tobolsk est le siège d'un archevêché russe ; on y trouve un séminaire, un gymnase et une imprimerie ; des fabriques d'instruments de chirurgie, de savon, et des tanneries ; c'est un entrepôt des pelleteries de la couronne, et le commerce y est assez florissant. Pop. : 20,000 âmes.

TOCANTINS. — Fleuve du Brésil. Il prend sa source dans la province de Goyaz, coule du sud au nord, passe à Villa-Viçosa et à Para, et se jette dans l'Atlantique, après un cours de 2,000 kilomètres. Il forme, au-dessous de Villa-Viçosa, l'île de Marajo, par sa jonction avec un bras de l'Amazone.

TOCKENBOURG. — Pays de la Suisse. Il est situé dans le canton de Saint-Gall et arrosé par la Thur. Son lieu principal est Lichtensteig. Pop. : 40,000 âmes.

TOCUYO. — Ville de la province de Venezuela, dans la république de ce nom, Colombie. Elle est située près de la source du Tocuyo, affluent de la mer des Antilles. Pop. : 10,000 âmes.

TODI. — Ville épiscopale de l'Etat du Pape. Cette ville a donné naissance au pape Martin Ier, et c'est dans son voisinage qu'en 552, Totila fut tué dans une bataille contre Narsès. On tint aussi un concile à Todi, dans l'année 1001.

TOFFEREGG (VALLÉE DE). — Dans le Tyrol. Elle est située dans le cercle du Pusterthal. On y fabrique les tapis dits *du Tyrol*, qui sont ensuite colportés dans tous les pays.

TOFOUA. — Une des îles Tonga. Elle renferme un volcan très-actif.

TOKAT. — Ville de l'Anatolie, dans la Turquie d'Asie. Elle est renommée par ses fabriques d'objets en cuivre, de toiles peintes, de soieries et de tapis. Pop. : 100,000 âmes.

TOKAY ou NAGY-TOKAJ. — Ville du comitat de Zemplin, en Hongrie, dans l'empire d'Autriche. Elle est située sur la rive droite du Bodrog, près de son confluent avec la Theiss. Cette ville doit une grande renommée au vin que produit son territoire, et il s'y tient aussi des foires importantes. Pop. : 4,000 âmes.

TOLA ou TOULA. — Rivière de Mongolie. Elle coule dans le pays des Khalkhas, et se jette dans l'Orkhon, après un cours de 360 kilomètres.

TOLBIAC. — *Voy.* ZULPICH.

TOLEDE. — Chef-lieu de la province de ce nom, dans la Nouvelle-Castille, en Espagne. Elle est bâtie sur un monticule, près de la rive gauche du Tage. On y remarque la cathédrale et l'alcazar, palais qu'habitaient les rois maures et qu'embellit Charles-Quint. Cette ville est la résidence d'un archevêque qui prend le titre de primat des Espagnes ; elle possède une université et environ 15,000 habitants.

TOLENTINO. — Ville de l'Etat du Pape. Elle est située près du Chienti. En 1797, un traité y fut conclu entre le Pape Pie VI et la république française, et Murat y fut battu, en 1815, par les Autrichiens. Pop. : 4,000 âmes.

TOLI-MONASTIR ou BITOLIA. — Ville de la Macédoine, dans la Turquie d'Europe. Quelques-uns la considèrent comme le chef-lieu de la Romélie, parce qu'elle fut souvent la résidence de hauts fonctionnaires. Pop. : 15,000 âmes.

TOLMYATHAH ou TOLOMETA. — Bourgade de la régence de Tripoli, en Afrique. C'est l'ancienne *Ptolemais*, et l'on y voit encore les restes de sa belle muraille, un grand nombre de tombeaux, et les ruines d'un temple et d'une caserne des Romains.

TOLNA. — Ville du comitat de même nom,

en Hongrie, dans l'empire d'Autriche. Pop. : 2,500 âmes.

TOLOSA. — Ville de la province de Guipuzcoa, en Espagne. En 1542, les Guipuzcayens y défirent les Français et les Navarrois, et, en 1813, un combat s'y engagea entre les Français et les anglo-espagnols. Pop. : 5,000 âmes.

TOLUCA. — Ville de l'Etat de Mexico, au Mexique. Elle est située près d'un volcan. Pop. : 5,000 âmes.

TOM. — Rivière de Sibérie. Elle coule dans le gouvernement de Tomsk, et se joint à l'Obi, après un cours de 500 kilomètres.

TOMASZOW. — Petite ville du gouvernement de Mazovie, en Pologne. Elle a été fondée, en 1822, par le sénateur Ostrowski, et sa population dépasse déjà 5,000 âmes. Les fabriques de draps qu'on y a établies se distinguent parmi son industrie.

TOMBECKBEE. — Rivière des Etats-Unis. Elle arrose ceux de Mississipi et d'Alabama, et se joint à l'Alabama, pour former la Mobile. Son cours est d'environ 650 kilomètres, et son principal affluent est la Tuscalosa.

TOMBOUCTOU ou **TEN-BOKTOUE.** — Capitale du royaume de ce nom, dans la Nigritie centrale. Cette ville est encore une sorte de mystère pour les Européens, quoique plusieurs Anglais et le voyageur français Caillié y aient pénétré. Elle est située, au dire du dernier, à 8 milles environ de la rive gauche du Djolibâ, et dans une vaste plaine de sable blanc et mouvant, où il ne croît que des arbrisseaux rabougris. Les maisons y sont grandes, mais peu élevées, et les rues assez larges et bien entretenues. Ce lieu est un centre de commerce pour cette partie de l'Afrique, et le dépôt du sel qui provient des mines de Toudeyni ; mais les principales opérations de ses négociants s'effectuent à Djéné, par la navigation du Djolibâ. Le docteur Barthe qui, ainsi que Caillié, a pu arriver jusqu'à Tombouctou, dans le mois de septembre 1853, estime sa population à 20,000 âmes, et place ce lieu par 18° 3' 30" à 18° 4' 5" de latitude nord, et 1° 45' de longitude ouest de Greenwich.

TOMELLOSO. — Ville de la province de Ciudad-Real, en Espagne. Elle est située non loin de l'endroit où la Guadiana commence son cours souterrain. Pop. : 5,000 âmes.

TOMSK. — Chef-lieu du gouvernement de ce nom, en Sibérie, dans la Russie asiatique. Elle est bien bâtie, située sur la grande route qui mène à la frontière chinoise, ce qui la rend très-commerçante, et elle possède des fabriques d'étoffes imprimées et des tanneries. Pop. : 10,000 âmes.

TONBRIGE ou **TUNBRIDGE.** — Ville du comté de Kent, en Angleterre. On y fait un commerce de bestiaux et de bois, et l'on trouve, dans son voisinage, des sources minérales très-fréquentées. Pop. : 8,000 âmes.

TONDERN. — Ville du duché de Sleswig, dans le royaume de Danemark. C'est un chef-lieu de bailliage. Pop. : 3,000 âmes.

TONDJA. — Rivière de Turquie. Elle prend naissance au mont Balkan, passe près de Kézanlik et de Eski-Sagra, et se jette dans la Maritza, à Andrinople, après un cours de 250 kilomètres.

TONGA. — Voy. Amis.

TONGO ou **TANGOU.** — Ville de l'empire birman, dans l'Inde transgangétique. C'était la capitale du fameux royaume de Tangou qui, au XVIᵉ siècle, causa tant de révolutions dans l'ouest et le centre de l'Inde ultérieure.

TONGRES. — Ville du Limbourg, en Belgique. Elle est très-ancienne, et c'était, sous les Romains, la principale place de la Gaule-Belgique, et le siége d'un évêché. On y trouve des sources ferrugineuses. Pop. : 5,000 âmes.

TONKIN (Golfe du). — Il est formé par la mer de la Chine, entre le Tonkin à l'ouest, la Chine au nord et l'île d'Haïnan à l'est. On y trouve les îles des Pirates.

TONNAY - BOUTONNE. — Chef-lieu de canton dans l'arrondissement de Saint-Jean-d'Angely. Il est situé sur la Boutonne. On y fait un commerce de grains et d'eaux-de-vie. Pop. : 1,220 âmes.

TONNAY - CHARENTE. — Chef-lieu de canton dans l'arrondissement de Rochefort, département de la Charente-Inférieure. Il est situé sur la droite de la Charente où il possède un port. C'est la résidence de plusieurs consuls, on y trouve une bourse de commerce, et l'on y fait des opérations de vins et d'eaux-de-vie. Pop. : 3,500 âmes.

TONNEINS. — Petite ville située sur la rive droite de la Garonne, dans le département de Lot-et-Garonne. Elle fait un commerce assez important de blé, de vins, de cordes, etc., et possède une manufacture de tabac. Sa population est d'environ 6,500 âmes.

TONNERRE (Mont). — Montagne de la Bavière rhénane. Son altitude est de 682 mètres.

TONNERRE. — Petite ville située sur l'Armançon, dans le département de l'Yonne. Chef-lieu d'arrondissement, elle comprend 5 cantons et 82 communes. On remarque son église Saint-Pierre et l'hôpital fondé par Marguerite de Bourgogne. Elle possède un collège, une société d'agriculture, et fait un commerce de vins de son territoire, puis de cuirs tannés, de chapeaux, etc. Pop. : 4,500 âmes.

TONNINGEN ou **TONNING.** — Ville du Danemark. Elle est située sur l'Eyder et près de son embouchure. On y trouve un port qui communique par un canal avec Rendsbourg. Pop. : 4,000 âmes.

TOPARY. — Village de l'île de Ceylan. On trouve dans ses environs des temples circulaires de plus de 30 mètres de hauteur, surmontés d'obélisques, puis des statues colossales et autres monuments du culte bouddhique.

TOPAYOS. — Rivière du Brésil. Elle arrose les provinces de Mato-Grosso et de Para, et se jette dans l'Amazone, à Santarem, après un cours de 1,400 kilomètres.

TOPOLIAS. — Lac de Grèce. Il est situé dans la Béotie, et reçoit les eaux du Mavro-Polamos. Sa circonférence est d'environ

100 kilomètres, et il n'offre aucune communication apparente avec la mer.

TORBAY. — Baie formée par la Manche sur la côte sud-est du comté de Devon, en Angleterre. C'est un point de rendez-vous pour les flottes anglaises.

TORDESILLAS. — Ville de la province de Valladolid, en Espagne. C'est là que mourut Jeanne de Castille, mère de Charles-Quint. Pop. : 3,000 âmes.

TORGAU. — Ville forte de la province de Saxe, dans le royaume de Prusse. On y trouve des fabriques de draps et de bas, et des tanneries. Frédéric le Grand s'en empara en 1760. Pop. : 5,300 âmes.

TORIGNI. — Chef-lieu de canton dans l'arrondissement de Saint-Lô, département de la Manche. On y fait un commerce de volailles. C'est la patrie de Brébeuf. Pop. : 2,200 âmes.

TORJOK. — Ville du gouvernement de Tver, en Russie. Elle est située sur la Tvertza et sur la route de Saint-Pétersbourg à Moscou. Pop. : 12,000 âmes.

TORMES. — Rivière d'Espagne. Elle prend sa source dans la Sierra de Grado; passe à Alba-de-Tormes, Salamanque et Ledesma, et se jette dans le Douro, après un cours de 260 kilomètres.

TORNA ou TORNAU. — Ville de Hongrie, dans l'empire d'Autriche. C'est le chef-lieu d'un comitat situé dans le cercle en deçà de la Theiss. Pop. : 12,000 âmes.

TORNEA ou TORNEO. — Fleuve de Suède. Il sort du lac Tornéa-Trask, dans la Bothnie septentrionale; sépare la Suède de la Russie, dans sa partie inférieure; et se jette dans le golfe de Bothnie, à Tornéa, après un cours de 400 kilomètres.

TORNEA ou TORNEO. — Petite ville du grand-duché de Finlande, en Russie. Elle est remarquable par la haute latitude à laquelle elle est située (65° 50'). La rivière de même nom y gèle de 6 mètres d'épaisseur, et l'esprit de vin y subit aussi la congélation. C'est là que Maupertuis, en 1737, fit ces opérations géodésiques pour mesurer un degré du méridien, opérations qui furent renouvelées en 1801 par Swanberg.

TORNEA-TRASK. — Lac de Suède. Il est situé au nord-ouest de la Bothnie septentrionale, et donne naissance à la Tornéa. Sa longueur est de 65 kilomètres.

TORO. — Ville de la province de Zamora, en Espagne. Elle est située sur la rive droite du Douro. Les lois dites de Toro y furent promulguées en 1505. Pop. : 10,000 âmes.

TOROPETZ. — Ville du gouvernement de Pskov, en Russie. Elle est située sur le lac Solomino que traverse la Toropa, affluent de la Duna. Pop. : 10,000 âmes.

TORQUEMADA. — Ville de la province de Palencia, en Espagne. Elle est située à la droite de la Pisuerga, sur laquelle a été construit un pont de 26 arches. C'est la patrie de Torquemada, le premier qui fut grand inquisiteur d'Espagne. Pop. : 2,400 âmes.

TORRE-DEL-GRECO. — Ville du royaume de Naples. Elle est située sur le golfe de Naples et au pied du mont Vésuve. Ses vins et ses fruits sont renommés. En 1794, cette ville fut presque détruite par une éruption du Vésuve. Pop. : 16,000 âmes.

TORRE DELL'ANNUNZIATA. — Petite ville des environs de Naples. Elle possède une importante manufacture d'armes, et sa population est d'environ 9,000 âmes. C'est dans son voisinage que se trouve *Pompeia* ou *Pompéi*, ville ensevelie par l'éruption du Vésuve de l'an 79 de notre ère, et que l'on a exhumée en 1755, mettant à ciel ouvert ses rues et ses monuments.

TORRE-DE-MONCORVO. — Ville de la province de Tras-os-Montes, en Portugal. C'est un chef-lieu de Comarca. Pop. : 2,000 âmes.

TORRE-DON-XIMENO. — Ville de la province de Jaen, en Espagne. Pop. : 7,000 âmes.

TORRE-LAGUNA. — Ville de la province de Madrid, en Espagne. Elle est située près du Jarama. C'est la patrie du cardinal Ximénès. Pop. : 2,000 âmes.

TORREMAGGIORE. — Ville de la Capitanate, dans le royaume de Naples. Pop. : 4,000 âmes.

TORRES. — Détroit du grand Océan. Il est situé entre la Nouvelle-Guinée et la Nouvelle-Hollande.

TORRES-NOVAS. — Ville de l'Estremadure, en Portugal. Pop. : 4,000 âmes.

TORTOLA. — Ile du groupe des Vierges, dans les petites Antilles anglaises. Son chef-lieu porte le même nom et son sol produit du sucre et du café. Pop. : 7,800 âmes.

TORTONE. — Ville épiscopale de la division d'Alexandrie, dans le royaume sarde. Elle est située près de la rive droite de la Scrivia. On croit qu'elle fut fondée par les Gaulois, qui passèrent en Italie sous le commandement de Brennus. Pop. : 9,000 âmes.

TORTOSA ou TARTOUS. — Très-petite ville maritime de Syrie, dans la Turquie d'Asie. On trouve dans son voisinage des cryptes très-remarquables qui appartenaient à l'ancienne république d'*Aradus*; et c'est sur l'îlot désert de Ruad que s'élevait la capitale de cette république, cité où les maisons avaient 5 à 6 étages, véritable phénomène dans l'Orient, parce que l'industrie et le commerce avaient réuni en ce lieu une immense population.

TORTOSE. — Ville épiscopale de la Catalogne, en Espagne. Elle est très-ancienne et conserve des restes de monuments romains et arabes, et sa population est d'environ 16,000 âmes.

TORTUE. — Petite île de la Polynésie. Elle est située au sud-est des îles Viti.

TORTUE (LA). — Ile des Antilles. Elle est célèbre dans les annales des flibustiers qui l'occupèrent durant un temps assez considérable, et c'est le premier établissement qu'eurent les Français à Saint-Domingue.

TOSCANE (GRAND-DUCHÉ DE). — Ses confins sont, au nord, les duchés de Lucques et de Modène, et les provinces papales de Bologne, Ravenne et Forli; à l'est, l'État du

Pape ; au sud, la Méditerranée, et à l'ouest, cette mer et le duché de Lucques. Cet Etat se compose de l'ancien duché de Toscane, de l'Etat des Présides, de la partie de l'île d'Elbe qui dépendait autrefois du royaume de Naples, de la principauté de Piombino et des anciens fiefs impériaux de Vernio, Montanlo, et monte Santa-Maria. La division actuelle du grand-duché comprend cinq provinces : celles de Florence, Arezzo, Sienne, Grossetto et Pise. FLORENCE est la capitale. Les fleuves qui arrosent ces provinces versent leurs eaux dans la mer Adriatique et la Méditerranée. La première reçoit le *Reno*, le *Santerno*, le *Senio* et le *Lamone*, qui prennent naissance sur le territoire toscan ; à la seconde viennent aboutir la *Magra* et le *Serchio* ; l'*Arno* avec ses affluents, le Sièvre, l'Ombrone, l'Elsa et l'Era ; puis le *Tibre*, avec son affluent la Chiana.

TOSCANELLA. — Ville de l'Etat du Pape. Elle est située près de la Marta. Pop. : 3,000 âmes.

TOTANA. — Ville de la province de Murcie, en Espagne. On y fait un commerce de neige que l'on transporte dans différentes villes d'autres provinces. Pop. : 8,000 âmes.

TOTES. — Chef-lieu de canton dans l'arrondissement de Dieppe, département de la Seine-Inférieure. Pop. : 900 âmes.

TOTMA. — Petite ville du gouvernement de Vologda, en Russie. Elle est importante par ses salines et le commerce qu'elle entretient avec la Sibérie et son couvent de Spaso-Oumorine, qui conserve le corps de saint Théodose, attire aussi de nombreux pèlerins. Pop. : 3,000 âmes.

TOTONICAPAN. — Ville de l'Etat de Quezaltenango, dans l'Amérique centrale. Pop. : 10,000 âmes.

TOUBOUAI (GROUPE DE). — Dans la Polynésie. Il est situé au sud de l'archipel de Tahiti, et comprend les îles Toubouai, Bouroutou, Rimatara, Raivavae et Routoui. Les indigènes de Rimatara ont été convertis au christianisme par les missionnaires de Tahiti.

TOUCY. — Chef-lieu de canton dans l'arrondissement d'Auxerre, département de l'Yonne. On y fabrique des draps dits *poulangis*. Pop. : 2,800 âmes.

TOUKRAH. — Bourgade de la régence de Tunis, en Afrique. Elle est située sur l'emplacement de l'ancienne *Tenchira*, dont les ruines subsistent encore.

TOUL. — Ville fortifiée située sur la Moselle et environnée de montagnes. Chef-lieu d'arrondissement du département de la Meurthe, elle comprend 5 cantons et 119 communes. On admire sa vaste cathédrale, monument du moyen âge. Elle possède un collège et une société d'agriculture, et son commerce consiste en vins, eaux-de-vie et faïence. Sa population est d'environ 8,000 âmes.

TOULA. — Ville du gouvernement de ce nom, en Russie. Elle est située sur l'Oupa. Pop. : 39,000 âmes.

TOULON. — Ville maritime du département du Var. Chef-lieu d'arrondissement, elle comprend 8 cantons et 28 communes. La rade de cette ville est l'une des plus spacieuses et des plus sûres qu'il y ait en Europe, et son port et ses dépendances sont un magnifique établissement. On y admire principalement le bassin de carénage, l'arsenal, la corderie, la fonderie, les chantiers, les cales couvertes, le bagne, etc. Toulon possède un collège, une école de médecine pour la marine, une école de navigation, un observatoire, un jardin botanique et une société académique. Sa population est d'environ 45,000 âmes. Aux environs de la ville, on cite le fort Lamalgue et l'hôpital de Saint-Mandé. Toulon fut occupé par les Anglais et les Espagnols en 1793, et c'est de son port que partit, en 1798, l'armée expéditionnaire d'Egypte, et, en 1830, celle qui devait conquérir l'Algérie.

TOULON-SUR-ARROUX. — Chef-lieu de canton dans l'arrondissement de Charolles, département de Saône-et-Loire. Pop. : 2,400 âmes.

TOULOUSE. — Ville archiépiscopale, située sur la rive droite de la Garonne, dans une plaine qui s'étend entre ce fleuve et le canal du Midi. Autrefois capitale du Languedoc, elle est aujourd'hui le chef-lieu du département de la Haute-Garonne, et son arrondissement comprend 12 cantons et 135 communes. On remarque à Toulouse la cathédrale ou église Saint-Etienne, les églises Saint-Saturnin et de la Dalbade, le Capitole et le pont construit sur la Garonne. Cette ville possède une académie universitaire, un collège, une école secondaire de médecine, une école vétérinaire, une école d'artillerie, un observatoire, un musée, une bibliothèque publique, un jardin botanique, et cinq sociétés académiques, y compris celle des Jeux floraux. On y trouve en outre des fabriques de machines à vapeurs, de faux et de limes, une fonderie de canons, et son commerce comprend aussi les pâtes dites d'*Italie*, les produits du Midi, des épiceries, etc. Sa population est d'environ 84,000 âmes. Toulouse est la patrie de Clémence Isaure, Campistron, Cujas, Philippe Berthier, P. Caseneuve, Bunel, Duranti, Gui du Faure, Jean Coras, etc. C'est dans l'église des Cordeliers qu'on voyait autrefois le caveau appelé le *Charnier*, et auquel on attribuait la propriété de conserver les cadavres.

TOULTCHIN. — Ville du gouvernement de Podolie, en Russie. Elle est renommée par sa fabrique d'armes à feu, et l'on y remarque le vaste château et les jardins des comtes Potocki. Pop. : 8,000 âmes.

TOUMAT ou MALEG. — Rivière d'Afrique. Elle prend sa source en Abyssinie ; traverse les pays de Bertal, Darfoq, Quamamyl et Fazoql ; et se joint au Bahr-el-Azrak, après un cours d'environ 450 kilomètres.

TOUNGOUSKA. — Rivière de Sibérie. Elle traverse les gouvernements d'Irkoutsk, d'Iakoulsk et d'Iéniséisk, et se joint à l'Iéniséi, au-dessous de Touroukhansk, après un cours de 1,700 kilomètres. On la connaît sous les noms *Toungouska-inférieure*, *Toungouska-moyenne* et *Toungouska-supérieure* ou *Angora*.

TOUQUES. — Petite rivière de France. Elle prend sa source dans le département de l'Orne, passe dans celui du Calvados, et se jette dans la Manche après un cours de 90 kilomètres.

TOUR-DE-FRANCE (La). — Chef-lieu de canton dans l'arrondissement de Perpignan, département des Pyrénées-Orientales. Pop. : 1,300 âmes.

TOUR-DU-PIN (La). — Petite ville du département de l'Isère, chef-lieu d'arrondissement, elle comprend 8 cantons et 125 communes. Pop. : 2,500 âmes.

TOURCOING. — Chef-lieu de deux cantons de l'arrondissement de Lille, dans le département du Nord. Cette ville est située près de Roubaix et du chemin de fer de Lille à la frontière belge. On y trouve des filatures de coton et de laine et des fabriques de diverses natures. Pop. : 22,500 âmes.

TOURINSK. — Ville du gouvernement de Tobolsk, en Sibérie. Elle est située sur la Toura, affluent navigable du Tobol. Pop. : 3,000 âmes.

TOURLAVILLE. — Commune de l'arrondissement de Cherbourg, dans le département de la Manche. On y trouve une manufacture de glaces et une verrerie. Pop. : 4,200 âmes.

TOURNAN. — Chef-lieu de canton dans l'arrondissement de Melun, département de Seine-et-Marne. Pop. : 1,800 âmes.

TOURNAVOS. — Petite ville de la Thessalie, dans la Turquie d'Europe. Elle est renommée par la fabrication d'étoffes légères, tissus de coton et de soie, que l'on connaît dans le commerce sous le nom de *Bourres de la Grèce*.

TOURNAY. — Ville épiscopale de la province de Hainaut, en Belgique. Elle est renommée par ses manufactures de toiles, de camelots, de tapis, de porcelaine, etc. On y remarque aussi la cathédrale, et quelques-uns disent que Clovis naquit dans cette ville. Pop. : 30,000 âmes.

TOURNON. — Petite ville située sur la rive droite du Rhône, dans le département de l'Ardèche. Chef-lieu d'arrondissement, elle comprend 11 cantons et 124 communes, et possède un collége et une société d'agriculture. Sa population est d'environ 4,500 âmes. On voit, dans son voisinage, les ruines d'un pont qu'on attribue à Jules César.

TOURNON. — Chef-lieu de canton dans l'arrondissement de Villeneuve-sur-Lot, département de Lot-et-Garonne. Pop. : 5,000 âmes.

TOURNON-SAINT-MARTIN. — Chef-lieu de canton dans l'arrondissement du Blanc, département de l'Indre. On y fait un commerce de fromages qui sont estimés. Pop. : 1,400 âmes.

TOURNUS. — Petite ville située sur la rive droite de la Saône, dans l'arrondissement de Mâcon, département de Saône-et-Loire.

Elle possède un collége. Elle fait un commerce de grains et de vins, et l'on exploite, dans ses environs, des carrières de pierre et de marbre. Sa population est d'environ 5,000 âmes.

TOUROU ou HANSAN. — Ville de la Cochinchine, dans le royaume, d'An-nam, Inde transgangétique. Elle possède une baie magnifique, et son commerce est important. En 1787, cette ville et son territoire furent cédés par un traité à la France; mais celle-ci négligea d'en prendre possession.

TOUROUKHANSK. — Petite ville du gouvernement de Jéniséisk, en Sibérie, Russie asiatique. Elle est située presque sous le cercle polaire. Quelques géographes ont exagéré l'importance de son commerce et de sa population : celle-ci se réduit à environ 500 âmes.

TOUROUVRE. — Chef-lieu de canton dans l'arrondissement de Mortagne. On y trouve une verrerie. Pop. : 2,000 âmes.

TOURS. — Ville archiépiscopale, située dans une plaine magnifique entre la Loire et le Cher. Chef-lieu du département d'Indre-et-Loire, son arrondissement comprend 11 cantons et 127 communes. On remarque dans cette ville, la cathédrale dédiée à saint Gatien et d'une belle architecture gothique, l'archevêché, le pont jeté sur la Loire, et la rue Royale. Elle possède un séminaire, un collége, une bibliothèque publique, un musée de peinture et une société académique. Son commerce consiste en damas, mouchoirs, serges, faïence, fil de fer, cuirs tannés, rubans, pruneaux, etc. Sa population est d'environ 30,000 âmes. Tours est la patrie de Julien Leroi, du P. Rapin, de Destouches. On voit aussi, dans ses environs, les ruines du château de Plessis-lès-Tours qu'habitait Louis XI.

TOURS. — Commune de l'arrondissement de Clermont-Ferrand, dans le département du Puy-de-Dôme. Pop. : 2,600 âmes.

TOURTERON. — Chef-lieu de canton dans l'arrondissement de Vouziers, département des Ardennes. Pop. : 700 âmes.

TOURVILLE — Commune de l'arrondissement de Coutances, dans le département de la Manche. C'est la patrie de l'amiral Tourville.

TOUS-LES-SAINTS (Baie de). — Au Brésil. Elle est formée par l'Atlantique à l'est de la province de Bahia, et baigne la ville de Bahia ou San-Salvador.

TOUVET (de). — Chef-lieu de canton de l'arrondissement de Grenoble, département de l'Isère. Pop. : 1,700 âmes.

TOUZ-KOUL. — Lac de l'Asie centrale. Il est situé entre les monts Thianchan et le lac Balkachie, et s'écoule par le Tebouï, dans le lac Kaban-Koulak, qui se trouve dans la Tartarie. Sa longueur est de 180 kilomètres.

TOUZER ou TOZER. — Ville du beylik de Tunis. Elle est située dans l'intérieur de cet État et sur le bord occidental du lac Chibka ou Loudeah, dans le Biledulgerid. C'est la place la plus marchande de cette partie de l'Afrique.

TOWCESTER. — Ville du comté de Northampton, en Angleterre. Pop. : 2,600 âmes.

TOWTON. — Village du comté d'York, en Angleterre. Il est célèbre par la bataille où, en 1461, Henri VI de Lancastre fut vaincu par Edouard IV d'York.

TRAFALGAR. — Cap d'Espagne. Il est situé sur l'Atlantique, à l'entrée occidentale du détroit de Gibraltar. En 1805, la flotte franco-espagnole y fut défaite par celle d'Angleterre.

TRAJANOPOLI. — Ville de la Romélie, en Turquie. Elle fut fondée par Trajan. C'est le siège d'un archevêché. Pop. : 15,000 âmes.

TRAJETTO. — Ville de la Terre de Labour, dans le royaume de Naples. Elle est située non loin du Garigliano. Pop. : 3,000 âmes.

TRALEE. — Jolie petite ville, chef-lieu du comté de Kerry, en Irlande. On remarque son église gothique et son beau square. Elle possède une société d'agriculture. Pop. : 7,500 âmes.

TRAMAYES. — Chef-lieu de canton dans l'arrondissement de Mâcon, département de Saône-et-Loire. On y trouve une fabrique de papier, et l'on y exploite une carrière de pierre-noire. Pop. : 2,500 âmes.

TRANI. — Jolie petite ville archiépiscopale de la Terre de Bari, dans le royaume des Deux-Siciles. Elle est située sur le bord de la mer Adriatique, et l'on remarque sa cathédrale dont la tour est une des plus élevées de l'Italie. Sa population est d'environ 14,000 âmes.

TRANQUEBAR. — Jolie petite ville du royaume de Tanjaore, dans l'Hindoustan. Elle est défendue par une citadelle et appartient aux Danois. Cette ville n'a point de port ; mais un bras du Kavery reçoit les petits navires, et elle fait un commerce assez considérable. Pop. : 12,000 âmes.

TRANSYLVANIE. — Province de l'empire d'Autriche. Elle forme un gouvernement particulier et a pour chef-lieu Klausenbourg. Cet Etat est entouré, au sud et à l'est, par les monts Carpathes et arrosé par le Szancos, le Maros et l'Aluta. Son climat, très-froid sur les montagnes, est chaud dans les plaines et les vallées ; et son sol, très-riche en mines d'or, d'argent, de fer, de cuivre, de zinc, de plomb, de houille, etc., produit aussi des grains et des vins estimés. On y fait enfin un commerce de bestiaux et surtout de bons chevaux. Pop. : 1,963,000 âmes.

TRAPANI. — Ville fortifiée, chef-lieu de l'intendance de ce nom, en Sicile. Elle est située sur une presqu'île, et l'on accorde beaucoup d'importance à sa marine marchande. Cette ville possède un collège royal et environ 22,000 habitants.

TRARBACH. — Ville de la régence de Coblentz, dans la Prusse-Rhénane. Elle est située sur la rive droite de la Moselle. Pop. : 2,400 âmes.

TRAS-OS-MONTES. — Province du Portugal. Elle est bornée, au nord, par l'Espagne ; à l'ouest, par la province Entre-Douro-et-Minho ; et à l'est et au sud par le Douro.

TRAU. — Ville de la Dalmatie, dans l'empire d'Autriche. Elle est située dans une petite île sur la mer Adriatique où elle possède un port, et communique par un pont avec le continent. Pop. : 3,100 âmes.

TRAUENSTEIN. — Petite ville de Bavière. Elle est située sur la Traun. On y trouve des salines et des sources minérales. Pop. : 2,300 âmes.

TRAUN. — Rivière navigable de l'archiduché d'Autriche. Elle passe à Gmünden et à Wels, et s'unit au Danube, au-dessous de Lintz, après un cours de 170 kilomètres. Elle forme, au-dessus de Gmünden, un lac de 16 kilomètres de longueur.

TRAUNIK. — Ville de Bosnie, dans la Turquie d'Europe. C'est la résidence du pacha de l'Eyalet de Bosnie et elle possède une citadelle et environ 8,000 habitants. On trouve, dans son voisinage, à Slanitza, des mines d'or qui furent exploitées par les romains et dont les excavations sont aujourd'hui un objet d'épouvante pour les habitants de la contrée.

TRAVANCORE. — Ville de l'Hindoustan. C'est l'ancienne capitale de l'Etat de ce nom, aujourd'hui tributaire des Anglais, qui s'étend sur la côte sud-ouest, depuis Cochin jusqu'au cap Comorin.

TRAVE. — Rivière navigable d'Allemagne. Elle prend sa source dans le duché de Holstein, passe à Lubeck, et se jette dans la mer Baltique, à Travemünde, après un cours de 100 kilomètres.

TRAVERS (Val). — Vallée du canton de Neuchâtel, en Suisse. Elle est située au sud-ouest entre les deux branches du Jura, et arrosée par la Reuss, affluent du lac de Neuchâtel. On y exploite du bitume. Pop. : 4,000 âmes.

TREBIA. — Rivière d'Italie. Elle prend naissance aux Apennins, dans le royaume Sarde, traverse le duché de Parme, et se jette dans le Pô, au-dessus de Plaisance, après un cours de 90 kilomètres.

TREBIGNE ou **TREBIN.** — Petite ville fortifiée de la Bosnie, dans la Turquie d'Europe. Elle est le siège d'un évêché catholique. Pop. : 10,000 habitants.

TREBITSCH. — Ville de la Moravie, dans l'empire d'Autriche. Elle est située sur l'Iglawa, affluent de la Schwarza. Pop. : 5,000 âmes.

TRÉBIZONDE. — Ville fortifiée de l'Asie Mineure, empire ottoman. Elle fut la capitale de l'empire fondé par les Comnènes de Constantinople. Cette ville, quoique bien déchue de son ancienne splendeur, est encore importante par sa rade, son industrie et son commerce. Elle est le chef-lieu de l'Eyalet qui porte son nom : on y remarque le bazar, les bains, puis les restes d'un temple d'Apollon ; sa population est d'environ 50,000 âmes.

TREBNITZ. — Ville de la Silésie, dans le royaume de Prusse. Pop. : 3,600 âmes.

TREFFORT. — Chef-lieu de canton dans

l'arrondissement de Bourg, département de l'Ain. Pop. : 2,200 âmes.

TREGLAMUS. — Commune de l'arrondissement de Guingamp, dans le département des Côtes-du-Nord. Pop. : 1,500 âmes.

TREGUIER. — Petite ville située dans une presqu'île, sur la mer, département des Côtes-du-Nord. Elle offre un port sûr à des navires marchands, et fait un commerce de blé, de lin et de papiers. Pop. : 3,400 âmes.

TREIGNAC. — Chef-lieu de canton dans l'arrondissement de la Corrèze. On y trouve une manufacture d'armes à feu, succursale de celle de Tulle. Pop. : 3,000 âmes.

TREISAM. — Rivière du grand-duché de Bade. Elle passe à Fribourg, et s'unit l'Ebz, après un cours de 50 kilomètres.

TRÉLAZE. — Commune de l'arrondissement d'Angers, dans le département de Maine-et-Loire. Elle est située sur le chemin de fer de Tours à Nantes. Pop. : 3,200 âmes.

TRELO-VOUNO. — Voy. MONT HYMETTE.

TRÉLON. — Chef-lieu de canton dans l'arrondissement d'Avesnes, département du Nord. On y trouve des forges, une verrerie, une marbrerie et des fabriques de boutonnerie dans les environs. Pop. : 1,900 âmes.

TREMBLADE (LA). — Chef-lieu de canton dans l'arrondissement de Marennes, département de la Charente-Inférieure. On y fait un commerce d'huîtres vertes. Pop. : 2,600 âmes.

TREMBLAY. — Commune de l'arrondissement de Fougères, dans le département d'Ille-et-Vilaine. Pop. : 2,300 âmes.

TREMITI. — Groupe des petites îles du royaume de Naples. Elles sont au nombre de cinq et situées dans la mer Adriatique, au nord de la Capitanate. Tibère y relégua la petite fille d'Auguste, Julie, qui y mourut après vingt années d'exil.

TRENT. — Rivière d'Angleterre. Elle prend naissance dans les montagnes du comté de Stafford; passe à Burton, Nottingham et Newark, et se joint à l'Ouse-du-Nord pour former l'Humber. Son cours est d'environ 300 kilomètres.

TRENTE. — Ville épiscopale, située sur l'Adige, dans le Tyrol. On y remarque le palais de l'évêché. Cette ville possède un lycée, un gymnase et plusieurs manufactures de soie. C'est dans l'église de Santa-Maria-Maggiore que s'assembla, depuis 1545 jusqu'en 1563, le fameux concile qui prit le nom de cette cité. La population de celle-ci est d'environ 12,000 âmes.

TRENTON. — Capitale du New-Jersey, aux Etats-Unis. Elle est située dans le comté d'Hunterdon, au confluent du Sapping et de la Delaware. On y trouve des fabriques de coton, des tanneries, etc., et c'est un entrepôt du commerce intérieur. Pop. : 4,000 âmes.

TRENTSEN. — Ville de Hongrie, dans l'empire d'Autriche. Elle est située sur le Waag. Pop. : 3,000 âmes.

TRÉPORT (LE). — Commune de l'arrondissement de Dieppe, dans le département de la Seine-Inférieure. Elle est située sur la Bresle, près de son embouchure dans la Manche. On s'y livre à la pêche du poisson frais et du hareng, et ce lieu est réputé par l'intrépidité de ses matelots. Pop. : 2,800 âmes.

TREPTOW. — Ville de la Poméranie, dans le royaume de Prusse. Elle est située sur la Rega. Pop. : 4,000 âmes.

TRES-FORCAS. — Cap de l'empire de Maroc. Il est situé sur la Méditerranée, au nord de Melilla.

TRESCORRE. — Ville du royaume lombard-vénitien, dans l'empire d'Autriche. On y trouve des sources sulfureuses. Pop. : 2,000 âmes.

TRETS. — Chef-lieu de canton dans l'arrondissement d'Aix, département des Bouches-du-Rhône. C'est sur son territoire que Marius détruisit l'armée des Teutons et des Ambrons, l'an 101 avant Jésus-Christ. Pop. : 3,000 âmes.

TRÈVES. — Chef-lieu de canton dans l'arrondissement du Vigan, département du Gard. Pop. : 500 âmes.

TRÈVES. — Ville épiscopale, située sur la Moselle, dans la province rhénane, en Prusse. C'est le chef-lieu du gouvernement qui porte son nom. Cette ville est l'une des plus anciennes de l'Europe, et sa splendeur était déjà renommée lorsque les Romains s'avancèrent sur le Rhin. Aujourd'hui, ses édifices les plus remarquables sont la cathédrale Saint-Pierre, l'église Notre-Dame, la Porte-Noire, construction de la période gallo-belge, le pont construit sur la Moselle, puis des restes de monuments romains, tels que l'amphithéâtre, le cirque, la naumachie, le palais de Constantin, la tour des Païens, les thermes, l'aqueduc, etc. Cette ville possède un séminaire épiscopal, un gymnase, une société académique, et une riche bibliothèque qui compte au nombre de ses objets précieux, le *Codex aureus* des quatre évangiles, écrit en lettres d'or sur parchemin; puis un manuscrit, écrit en lettres majuscules, de l'année 692, lequel contient les prophéties relatives au Messie. Trèves compte à peu près 15,000 habitants. On trouve dans ses environs la ci-devant abbaye de Saint-Mathieu, réputée pour sa belle église, dont la vaste crypte est visitée tous les ans par un grand nombre de pèlerins; puis le village de Pallien, dont les habitations sont creusées dans le roc.

TRÉVIÈRES. — Chef-lieu de canton dans l'arrondissement de Bayeux, département du Calvados. On y fait un commerce de veaux et de beurre. Pop. : 11,00 âmes.

TREVIGLIO. — Ville du royaume lombard-vénitien, dans l'empire d'Autriche. On y fabrique du drap et de la soierie. Pop. : 6,000 âmes.

TRÉVISE. — Ville épiscopale, située sur le Sile, dans le gouvernement de Venise. C'est le chef-lieu de la délégation qui porte son nom. On y remarque la cathédrale ou dôme, et l'église Saint-Nicolas. Elle possède un séminaire, un gymnase, un athénée et une bibliothèque publique; puis de nombreuses fabriques de toiles, des papeteries, etc.; et sa population est d'environ 12,000 âmes.

TRÉVOUX. — Petite ville du département de l'Ain. Elle est située sur la rive gauche de la Saône. Chef-lieu d'arrondissement, elle comprend 7 cantons et 110 communes. Elle est célèbre par les ouvrages qu'y faisaient imprimer les Jésuites. On y fabrique de l'orfévrerie. Pop. : 2,500 âmes.

TRIANCOURT. — Chef-lieu de canton dans l'arrondissement de Bar-le-Duc, département de la Meuse. Pop. : 900 âmes.

TRIBEHOU. — Commune de l'arrondissement de Saint-Lô, département de la Manche. Pop. : 1,200 âmes.

TRICALA ou TIRHALA. — Ville de la Thessalie, dans la Turquie d'Europe. Elle est la résidence d'un pacha, d'un archevêque grec, et l'on y compte environ 12,000 habitants. On trouve dans son voisinage les défilés d'Agrafa, puis les météores, longue suite de monastères taillés dans le roc et situés sur des pics escarpés et isolés. On ne s'y introduit qu'au moyen de corbeilles suspendues à des cordes.

TRIEL. — Commune de l'arrondissement de Versailles, département de Seine-et-Oise. Elle est située sur la rive droite de la Seine. Pop. : 1,900 âmes.

TRIESTE. — Ville libre de l'Illyrie, située à l'extrémité septentrionale de l'Adriatique, et au fond du golfe auquel elle donne son nom. Elle possède une école polytechnique et de navigation, une école supérieure pour les filles, une école normale principale, une école des Juifs et une bibliothèque publique. On y trouve aussi des fabriques, et son commerce, que favorise un port franc, offre un développement assez considérable. La population est d'à peu près 50,000 âmes. Les environs de cette ville sont remarquables par la quantité de maisons de campagne, de jardins et de vignobles dont ils sont couverts.

TRIEUX. — Rivière de France. Elle arrose le département des Côtes-du-Nord, forme à Lézardrieux un port profond appelé de Coetmont, et se jette dans la Manche, après un cours de 70 kilomètres.

TRIKERI. — Ville de la Thessalie, en Turquie. Elle est située à l'extrémité d'une presqu'île et à l'entrée du golfe de Volo. Un canal qui se trouve au nord de l'île d'Eubée porte son nom. Pop. : 5,000 âmes.

TRIM. — Chef-lieu du comté de Meath, en Irlande. Le parlement de l'île s'y est souvent assemblé. Pop. : 2,500 âmes.

TRIMOUILLE (La). — Chef-lieu de canton dans l'arrondissement de Montmorillon, département de la Vienne.

TRINIDAD. — Ville de l'île de Cuba. Elle est située sur la rivière de son nom et près de la côte méridionale. Son commerce a lieu par les ports de Casilda et de Guaurabo, qui se trouvent tous deux sur la côte voisine. Pop. : 12,000 âmes.

TRINITÉ ou TRINIDAD. — Une des petites Antilles anglaises. Elle est située à l'est du continent de Venezuela, et a pour chef-lieu Port-d'Espagne ou Port-of-Spain. Pop. : 39,000 âmes.

TRINITÉ (La). — Petite ville de l'île de la Martinique, une des Antilles françaises. Elle possède un beau port et son commerce est assez florissant. Pop. : 6,000 âmes.

TRINITÉ (La). — Chef-lieu de canton dans l'arrondissement de Ploërmel, département du Morbihan. Pop. : 500 âmes.

TRINKOMALI. — Petite ville de l'île de Ceylan. Elle est très-importante par son port, l'un des plus beaux de l'Asie, et qui, par sa position, devient la clef de l'océan Indien. Les Anglais y ont établi des chantiers militaires.

TRINOMALI. — Ville de la province de Karnatic, dans l'empire indo-britannique. Elle est renommée par son immense pagode, édifice aux angles duquel s'élèvent quatre tours, dont la principale est haute de 67 mètres. Le temple renferme une statue colossale de Routreu, un taureau de grandeur naturelle en marbre noir, et une colonnade de 900 colonnes chargées de sculptures.

TRIPETTY. — Temple situé dans la province de Karnatic, empire indo-britannique. On le regarde comme le plus célèbre de l'Inde, et il est visité annuellement par un grand nombre de pèlerins.

TRIPOLI ou TARABOLOS. — Ville de Syrie, dans la Turquie d'Asie. Elle est située près de l'embouchure du Nahr-el-Kadich, et au milieu de jardins et de campagnes bien cultivées. Elle est le siège d'un évêché grec; son industrie et son commerce lui donnent assez d'importance; et sa population est d'environ 15,000 âmes.

TRIPOLI (Régence ou Beylick de). — Cet État est situé dans la région du Maghreb, en Afrique. Sa capitale, qui porte le même nom, est une assez grande ville, défendue par plusieurs batteries. On y remarque le palais du pacha, les bazars et les restes d'un superbe arc de triomphe en marbre. Cette ville est un entrepôt des marchandises européennes destinées aux contrées centrales de l'Afrique. C'est la patrie d'Apulée. Pop. : 25,000 âmes.

TRIPOLITZA. — Chef-lieu de l'Arcadie, royaume de Grèce. Elle était naguère la capitale de la Morée; et ses nombreuses mosquées et autres édifices, incendiés tour à tour par les Grecs et les Turcs, ont été remplacées par de misérables constructions en bois. Sa population actuelle est d'environ 8,000 âmes. On trouve, dans son voisinage, les ruines de *Tégée*, la ville principale de l'ancienne Arcadie, avant la fondation de Mégalopolis, et qui était renommée par son temple de Minerve.

TRISTAN-D'ACUNHA. — Petites îles de l'océan Atlantique méridional. La plus grande, qui a 36 kilomètres environ de circonférence, est occupée par des Anglais.

TRITCHENDOUR. — Ville de l'Hindoustan. Elle est située près de l'extrémité sud de la presqu'île de Travancore, et renommée par sa pagode.

TRITCHINAPALI. — Grande ville de la province de Karnatic, dans l'empire indo-britannique. Elle est importante par ses fortifications, et les Anglais y ont établi l'une des stations de leur armée. On y remarque un temple indien qui jouit d'une grande célébrité. Pop. : 80,000 âmes.

TRIVANDERAM. — Grande ville, capitale du royaume de Travankore, dans l'empire indo-britannique. On y remarque le palais du roi, orné à l'européenne.

TRIVENTO. — Ville de la province de Molise, dans le royaume de Naples. C'était une des principales cités des Samnites. Pop.: 4,000 âmes.

TROARN. — Chef-lieu de canton dans l'arrondissement de Caen, département du Calvados. Pop. : 1,000 âmes.

TROGEN. — Petite ville du canton d'Appenzell, en Suisse. Elle est située au pied du mont Gabris, et c'est le chef-lieu du Rhode extérieur. Elle possède un gymnase. Pop. : 2,500 âmes.

TROIS-MOUTIERS (Les). — Chef-lieu de canton dans l'arrondissement de Loudun, département de la Vienne. Pop. : 1,500 âmes.

TROIS-RIVIERES (Les). — Bourg de l'île de la Guadeloupe, une des Antilles françaises. Il est situé sur la côte sud, dans l'arrondissement de la Basse-Terre. Pop. : 3,200 âmes.

TROIS-RIVIERES. — Ville du bas Canada, dans l'Amérique anglaise. Elle est située sur la gauche du Saint-Laurent et au confient du Saint-Maurice, qui s'y divise en 5 canaux. Pop. : 2,300 âmes.

TROITSK. — Jolie petite ville fortifiée du gouvernement d'Orenbourg, en Russie. Elle est importante par le commerce qu'elle entretient avec la Boukharie et autres contrées.

TROJA. — Ville épiscopale de la Capitanate dans le royaume de Naples. Un concile y fut tenu, vers la fin du XIe siècle, sous le pontificat d'Urbain II. Pop. : 4,500 âmes.

TROKI. — Ville du gouvernement de Vilna, empire de Russie. Elle fut la capitale de la Lithuanie avant Vilna. Pop. : 3,500 âmes.

TROLLHATTAN. — Bourg de la préfecture de Wenersborg, en Suède. Le Gotha y forme une belle cataracte. Pop. : 500 âmes.

TROMBETAS. — Rivière du Brésil. Elle se jette dans l'Amazone, à Obidos, après un cours d'environ 600 kilomètres.

TROMSOE. — Petite ville située sur un îlot, et chef-lieu du Finmark, en Norwége. Elle est assez florissante par son commerce, et il y paraît un journal qui est probablement la publication de ce genre la plus boréale du globe. La population de cette ville ne dépasse guère 1,400 âmes.

TRONGET. — Commune de l'arrondissement de Moulins, dans le département de l'Allier. On y trouve une exploitation importante de houille. Pop. : 1,200 âmes.

TRONQUIERE (La). — Chef-lieu de canton dans l'arrondissement de Figeac, département du Lot. Pop. : 500 âmes.

TRONTO. — Rivière d'Italie. Elle prend naissance dans le royaume de Naples, passe à Ascoli dans l'Etat du Pape, et se jette dans l'Adriatique, après un cours de 90 kilomètres.

TROPPAU. — Ville forte de la Silésie autrichienne. On y remarque le palais princier de Lichtenstein, et l'on y trouve des fabriques de draps, d'armes et de savon. Pop. : 12,000 âmes.

TROUVILLE. — Commune de l'arrondissement de Pont-l'Evêque, dans le département du Calvados. Elle est située sur la Touques et renommée par ses bains de mer. Pop. : 1,900 âmes.

TROWBRIDGE. — Ville du comté de Wilts, en Angleterre. On y trouve des fabriques de draps et d'étoffes de laine. Pop. : 10,000 âmes.

TROY. — Ville de New-York, aux Etats-Unis. Elle est importante par ses fabriques de toiles et d'armes et par son commerce que favorise le canal d'Erié. On trouve, dans son voisinage, deux grands aqueducs en bois, qui conduisent les eaux du canal Erié au-dessus de la Mohawak, puis la célèbre cascade de Cohoes. Pop. : 12,000 âmes.

TROYES. — Cette ville, ancienne capitale de la Champagne, est aujourd'hui le chef-lieu du département de l'Aube et le siège d'un évêché. Son arrondissement comprend 9 cantons et 121 communes. Elle possède un séminaire, un collège, une bibliothèque et une société académique. Son commerce consiste principalement en toiles, en serges, en futaines, en draps, en satins, en bougies, en cuirs tannés et en papiers. On admire sa cathédrale et ses églises de Saint-Loup et de Saint-Etienne. Sa population est d'environ 26,000 âmes. Cette ville fut le siège d'un concile en 878, et elle a donné naissance au Pape Urbain IV, Girardon, Mignard, Lecointe, Pierre et Jean Python, Grosley, etc.

TRUBAU. — Ville de la Moravie, dans l'empire d'Autriche. Elle est située sur le chemin de fer de Prague à Vienne. Pop. : 3,000 âmes.

TRUCHTERSHEIM. — Chef-lieu de canton dans l'arrondissement de Strasbourg, département du Bas-Rhin. Pop. : 700 âmes.

TRUEYRE ou TRUYERE. — Rivière de France. Elle prend sa source dans le département de la Lozère, traverse le sud-ouest de celui du Cantal, et se jette dans le Lot, au-dessus d'Entraigues, après un cours de 150 kilomètres.

TRUN. — Chef-lieu de canton dans l'arrondissement d'Argentan, département de l'Orne. Il est situé sur la Dive. Pop. : 1,600 âmes.

TRURO. — Chef-lieu du comté de Cornouailles, en Angleterre. Il est situé sur la baie de Falmouth. On y trouve une riche bibliothèque et une société de minéralogie, et l'on y fait une exportation d'étain et de minerai de cuivre. Pop. : 3,000 âmes.

TRUXILLO. — Ville de la province de Caceres, en Espagne. C'est la patrie de François Pizarre, de Garcia de Parédès et du voyageur Orellana. Pop. : 5,000 âmes.

TRUXILLO. — Ville de l'État de Honduras, dans l'Amérique centrale. Elle est située sur la baie de son nom, où elle possède un port. Pop. : 6,000 âmes.

TRUXILLO. — Jolie ville épiscopale, chef-lieu du département de Livertad, dans la république du Pérou. Elle fut fondée par François Pizarre en 1533. On y trouve un mauvais port et les ruines de quelques monuments péruviens. Pop. : 14,000 âmes.

TRUXILLO. — Ville du département de Julia, dans la république de Venezuela. Elle est située dans une vallée entourée de hautes montagnes, et c'est un chef-lieu de province. Pop. : 7,000 âmes.

TSCHERNOWITZ. — Ville de la Gallicie, dans l'empire d'Autriche. Elle est située sur la droite du Pruth, et c'est le chef-lieu du cercle de Bukowine. Pop. : 9,000 âmes.

TSONG-MING. — Ile de la Chine. Elle est située à l'embouchure du Kiang, dans la mer Jaune. Sa longueur est de 60 kilomètres, et elle est très-riche en mines de sel.

TSOU-SIMA. — Ile du détroit de Corée. Elle est située entre la Corée et le Japon, auquel elle appartient, et sa longueur est de 80 kilomètres.

TSOUNG-LING. — Chaîne de montagnes de la Chine. Elle est située entre le Turkestan chinois et le Tibet, et commence aux monts Bolow, sur les limites du Turquestan indépendant.

TUA. — Rivière de la péninsule hispanique. Elle prend sa source en Espagne sur les limites des provinces d'Orense et de Zamora, traverse celle de Tras-os-Montes, en Portugal, et se joint au Douro, après un cours de 125 kilomètres.

TUAM. — Jolie petite ville du comté de Galway, en Irlande. Elle est la résidence d'un archevêque catholique et d'un archevêque anglican, et les catholiques y ont aussi un séminaire. Pop. : 5,000 âmes.

TUBAI. — Ile de la Polynésie. Elle est située au nord-ouest du groupe de Tahiti.

TUBENGEN. — Petite ville du cercle de la forêt Noire, dans le royaume de Wurtemberg. Elle possède une université, l'une des plus célèbres de l'Europe et dont les collections sont très-riches; puis un séminaire théologique, un lycée, un collège catholique, une école de chirurgie, puis des bains fréquentés. Sa population est d'environ 8,000 âmes.

TUCHAN. — Chef-lieu de canton dans l'arrondissement de Carcassonne, département de l'Aude. Pop. : 1,200 âmes.

TUFFÉ. — Chef-lieu de canton dans l'arrondissement de Mamers, département de la Sarthe. Pop. : 1,800 âmes.

TUDELA. — Jolie petite ville épiscopale de la Navarre, en Espagne. Elle est assez importante par son commerce et son industrie; on y voit un beau pont de 17 arches, construit sur l'Ebre; et elle possède un collège dans lequel on enseigne la médecine, la chirurgie et la pharmacie. Pop. : 8,000 âmes.

TUGGURT. — Ville d'Algérie. Elle est située dans le Béled-ul-Djérid.

TULA. — Petite ville de la province de Mexico, dans la confédération mexicaine. M. Beltrami rapporte qu'on y a découvert un calendrier sculpté, qu'il attribue aux Toltèques ou Toulthèques, et sur lequel il dit avoir reconnu les signes le *verseau*, les *gémeaux*, et la *vierge*.

TULA. — Jolie petite ville de l'état de Tamaulipas, dans la confédération mexicaine. On trouve, à quelques milles de cette ville, la fameuse gorge de *los Gallos*, que l'on regarde, à cause de sa situation romantique et ses aspects pittoresques, comme une merveille de la nature.

TULLAMORE. — Ville du comté de King's, en Irlande. Elle est située sur le canal qui joint le Shannon à la baie de Dublin. Pop. : 5,500 âmes.

TULLE. — Ville située au confluent de la Corrèze, et de la Solane. Chef-lieu du département de la Corrèze, son arrondissement comprend 12 cantons et 118 communes. On remarque le clocher pyramidal de sa cathédrale, le palais de justice, et la promenade. Tulle possède un collège, une bibliothèque, et une société d'agriculture. Son commerce consiste en armes à feu, lainages, papiers, liqueurs, etc., et sa population est d'environ 11,000 âmes.

TULLINS. — Chef-lieu de canton dans l'arrondissement de Saint-Marcellin, département de l'Isère. On y trouve des forges à acier et à cuivre, et des fabriques de bourat. Pop. : 4,700 âmes.

TUNGURAGUA. — Volcan de la république de l'Équateur. Il est situé au nord de Riobamba, et sa hauteur est de 550 mètres.

TUNIS (ÉTAT DE BEYLIK DE). — Il est situé dans la région du Maghreb, en Afrique. Sa capitale de même nom est bâtie sur une hauteur, au fond d'une vaste lagune appelée Boghaz; elle est assez régulièrement construite; et possède un port et des fortifications importantes. On y remarque le palais du Bey, les casernes, la bourse et l'aqueduc. Cette ville offre de nombreuses fabriques de toiles, de soieries, de velours et de bonnets rouges, et son commerce est florissant. Pop. : 100 000 âmes.

TUNJA. — Chef-lieu de la province de ce nom, dans la république de la Nouvelle-Grenade, Colombie. Elle possède une université et un collège, c'est dans cette ville qu'avant la conquête des Espagnols résidait le Zaque ou souverain des Muyscas, nation puissante qui était alors en possession du plateau de Bogota. Ces peuples adoraient le soleil, ils étaient réputés comme des plus civilisés de l'Amérique, et offraient cette circonstance remarquable dans leurs coutumes, c'est que leur semaine n'était composée que de trois jours. Pop. : 4,000 âmes.

TUPISA. — Ville du département de Potosi, dans la république de Bolivia. Pop. : 4,500 âmes.

TURBACO. — Village indien de la province de Carthagène, dans la république de la Nouvelle-Grenade, Colombie. On trouve, dans la forêt qui l'avoisine une vingtaine de petits cônes, dont la hauteur est de 7 à 8 mètres, et que les Indiens appellent *volcancitos* ou petits volcans à cause des éruptions d'air qui se manifestent à de courts intervalles. Ces éruptions, qui sont accompagnées d'éjections boueuses, sont toujours annoncées par un bruit sourd.

TURCI. — Ville épiscopale de la Basilicate, dans le royaume de Naples. Pop. : 5,000 âmes.

TURCKHEIM. — Commune de l'arrondisment de Colmar, dans le département du Haut-Rhin. On y trouve des vins estimés. Pop. : 2,800 âmes.

TURENNE. — Commune de l'arrondissement de Brives, dans le département de la Corrèze. On y voit les ruines du manoir qui fut le berceau de la famille de Turenne. Pop. : 1,900 âmes.

TURIN. — Belle ville située au milieu d'une plaine arrosée par le Pô. C'est la capitale du Piémont et du royaume sarde. On y remarque la cathédrale ou église Saint-Jean-Baptiste ; les églises Saint-Laurent, des Feuillants, du Saint-Sacrement, de Sainte-Thérèse, de Sainte-Christine, de Saint-Philippe-Néri, et le temple de la *Gran Madre di Dio* ; le palais du roi, celui des ducs de Savoie, celui du prince de Carignan, la citadelle, l'arsenal et les casernes. Cette ville possède une université, une académie militaire, plusieurs collèges, un institut de sourds-muets, une bibliothèque publique, un musée égyptien, un musée d'antiquités renfermant la fameuse *table isiaque*, un cabinet de physique, un cabinet d'histoire naturelle, le jardin botanique du Valentino, l'un des plus renommés de l'Europe, et plusieurs sociétés académiques. Sa population est d'environ 125,000 âmes. Les alentours de Turin, dont on admire la beauté et les sites variés, sont couverts de châteaux et de maisons de plaisance parmi lesquels il faut surtout mentionner la résidence royale de Stupinigi. On cite aussi la Superga, magnifique basilique construite sur une hauteur ; et enfin la Villa-Madame, jolie maison des champs qu'habite quelquefois le souverain, et dont les jardins sont disposés en terrasses.

TURKESTAN. — Contrée de l'Asie. Elle est située entre 47° et 80° de longitude orientale, et 36° et 51° de latitude. Elle a pour confins, au nord, le territoire des Kirghiz ; à l'est le Thian-chan-pé-lou, le Thian-chan-nan-lou et le Baltistan, pays de l'empire de la Chine ; au sud, les royaumes de Lâhore, de Kaboul, de Kandahar et de Perse ; et à l'ouest, la mer Caspienne et le territoire des Kirghiz. Les fleuves qui l'arrosent et qui se jettent dans la mer d'Aral, sont l'Amou-Daria ou *Oxus* et le Syr-Daria ou *Jaxates*, avec leurs affluents ; puis le Sara-Sou, le Kohik ou Kouwian, le Karchi, le Mourgab et le Tedjen, qui aboutissent à des lacs. Les divers États du Turkestan sont gouvernés par des khans plus ou moins despotes, et les khanats sont ceux de Boukhara, d'Ankoï, de Meïmameh, de Koundouz, de Khokand, de Khiva, de Chersebz et de Hissar ; puis les pays des Karakalpaks et des Turkomans ; les oasis de Charakhs et de Merve, etc. Cette contrée avait autrefois pour capitale une ville de même nom, alors très-florissante ; mais qui, dès aujourd'hui, n'a guère au-delà de 4,000 habitants. La population totale du Turkestan est de 7,000,000 d'âmes.

TURKESTAN CHINOIS ou PETITE BOUKHARIE. — Contrée de la partie occidentale de l'empire de la Chine. Elle est bornée, au nord, par la Dzoungarie ou Kalmoukie ; à l'ouest, par le Turkestan indépendant ; au sud, par le Tibet ; et à l'est, par la Mongolie, la Chine propre et le Koukou-noor. Ses principales villes sont Kachgar, Yarkand, Aksou et Tourfan.

TURNAU ou TRNAWA. — Ville de la Bohême, dans l'empire d'Autriche. Elle est située sur l'Iser. On y faisait autrefois un commerce considérable de pierres fausses. Pop. : 3,000 âmes.

TURNHOUT. — Ville de la province d'Anvers, en Belgique. Elle est située dans la Campine, partie la plus stérile de la province. On y fait un commerce de toiles, de coutils et de siamoises. Pop. : 13,000 âmes.

TURQUIE ou EMPIRE OTTOMAN. — Cet État se divise en Turquie d'Europe ou gouvernements de la Péninsule orientale (*voy.* ce mot), en Turquie asiatique et en possessions africaines.

TURQUIE D'EUROPE. — Elle est bornée, au nord, par les confins militaires de l'empire d'Autriche, les principautés de Servie, de Valachie et de Moldavie, et la Bessarabie ; à l'est, par la mer Noire, le Bosphore ou détroit de Constantinople, l'Hellespont ou détroit des Dardanelles, et l'Archipel ; au sud, par la mer de Marmara, l'Archipel, la Méditerranée et le royaume de Grèce ; et à l'ouest, par la mer Ionienne, la mer Adriatique, la Dalmatie et les confins militaires de l'Autriche. Les principaux fleuves sont le Danube, la Maritza, le Karasou, le Vardar, l'Indje-Karasou, la Salambria, l'Hellada, l'Aspropotamo, l'Arta, le Voïussa, le Drin, la Bojana et la Narenta. La division administrative de la Turquie européenne est la suivante :

EYALETS ou RÉGIONS.	LIVAS ou GOUVERNEMENTS.
ROUM-ILI OU ROMÉLIE.	Jania ou Janina. Salonique. Tirhala ou Trikala. Eskenderyé ou Scutari. Okhri ou Ochrida. Abloniya ou Avlone. Kustendil ou Gustendil. Il-Bassan. Perzerin ou Prisrendi. Ducakin ou Dukagin. Uskiup ou Uscup. Delviné ou Delvino. Velitschterin ou Veldgeterin. Cavala. Aladja-Hissar ou Kruschevacz.

RÉGIONS.	EYALETS ou GOUVERNEMENTS.	CHEFS-LIEUX.
BOSNIE.	Vidin. Kiliss Bosna. Izvernik ou Zvornik. Ada-i-Kébir. Trébigne.	
SILISTRIE.	Nicopoli. Tchermen. Vizé. Kirkilissa. Belgrade.	
DJEZAYRS ou ILES.	Dardanelles. Metelin Rhodes. Lefkeusché ou Nicosie. Chio. Samos, etc.	
MÉSOPOTAMIE ou Al-Djezyreh.	Bagdad. Diarbekir. Rakka. Mossoul.	Bagdad. Diarbekir ou Kara Hamid. Rakka. Mossoul.
SYRIE ou SCHAM.	Alep. Damas. Acre. Tripoli.	Alep ou Haleb. Damas ou Damasc. Acre ou Akka. Tripoli ou Tarablous.

TURQUIE D'ASIE. — Elle est située entre 24° et 27° de longitude orientale, et entre 30° et 42° de latitude. Ses confins sont, au nord, le détroit des Dardanelles, la mer de Marmara, le détroit de Constantinople, la mer Noire et l'Asie Russe ; à l'est, cette dernière contrée et la Perse ; au sud, l'Arabie ; et à l'ouest, la Méditerranée et l'Archipel. Les fleuves de cette Turquie versent dans la mer Noire, la mer de Marmara, la mer Egée ou l'Archipel, la Méditerranée, le golfe Persique et la mer Caspienne. LA MER NOIRE reçoit le *Tchorokh*, le *Iechil-Irmak*, le *Kizyl-Irmak* et la *Sacaria* ou *Sangarias*, qui tous prennent naissance dans le Taurus. Dans la MER DE MARMARA se jette la *Nikabitza* qui a pour affluent le Niloufer. A la MER EGÉE arrivent le *Kodos* ou *Sarabat* et le *Mendres* ou *Méandre* des anciens, qui tous deux ont leur source dans la chaîne du Taurus. Dans la MÉDITERRANÉE déversent le *Sihoun* et le *Djihan*, qui naissent dans la même chaîne ; puis l'*Asi* ou *Oronte* et *Axius* des anciens, qui descend du Djebel-el-Chaïkh ou Anti-Liban. Le GOLFE PERSIQUE reçoit les eaux du *Chat-el-Arab*, formé par la réunion de l'Euphrate et du Tigre ; et le *Karoun*, qui vient de la Perse. A la MER CASPIENNE aboutit le *Kour*, qui naît dans l'Eyalet d'Erzeroum, et qui a pour affluent l'Aras. Parmi les fleuves qui n'aboutissent à aucune mer, on distingue surtout l'*Arden* ou *Jourdain* des anciens, qui naît au mont Hermon, dans l'Anti-Liban ; le *Koueik* ou *Koik*, dont la source se trouve dans les montagnes situées au sud d'Aïntab ; et le *Barradi*, qui descend aussi de l'Anti-Liban. La division administrative de l'Asie ottomane est ainsi répartie :

RÉGIONS.	EYALETS ou GOUVERNEMENTS.	CHEFS-LIEUX.
ASIE MINEURE.	Anadoli. Adana. Caramanie. Marach. Sivas. Trébizonde.	Koutaïch. Adana. Konich. Marach. Sivas. Trébizonde.
ARMÉNIE.	Erzeroum. Van. Kars.	Erzeroum. Van. Kars.
KURDISTAN ottoman.	Chehrezour.	Kerkouk.

La capitale de la Turquie est CONSTANTINOPLE.

L'islamisme est la religion dominante dans l'empire ottoman, et il est professé particulièrement par les Osmanlis, les Turkomans, les Lazes, les Arabes, les Persans, les Zingaris, une partie des Kurdes, des Bosniens, des Albanais, des Bulgares, etc. Les autres cultes sont le grec, l'arménien, le catholicisme, le protestantisme, le judaïsme karaïte et rabbiniste ; puis les églises jacobitique, nestorienne, etc., etc.

TURRIERS. — Chef-lieu de canton dans l'arrondissement de Sisteron, département des Basses-Alpes. Pop. : 600 âmes.

TURSI. — Ville épiscopale de la Basilicate, dans le royaume de Naples. Pop. 5,000 âmes.

TURYASSU. — Fleuve du Brésil. Il sépare la province de Para de celle de Maranham, et se jette dans l'Atlantique, après un cours de 600 kilomètres.

TUSCALOOSA. — Capitale de l'Alabama, aux Etats-Unis. Elle est située dans le comté dont elle porte le nom, et sur la rivière Tuscaloosa. C'est une très-petite ville, qui possède cependant une université. Pop. : 2,400 âmes.

TUTTLIGEN ou **DUTLINGEN.** — Ville du Wurtemberg. Elle est située sur le Danube. En 1643, les Français y furent défaits par les impériaux. Pop. : 4,500 âmes.

TUY. — Petite ville épiscopale de la Galice, en Espagne. Elle fait un commerce assez considérable et compte environ 6,000 habitants.

TVER. — Ville archiépiscopale, chef-lieu du gouvernement de ce nom, en Russie. Elle est située sur la rive droite du Volga, au confluent de la Tvertza et de la Tmaka. On y remarque la cathédrale d'architecture gothique, le palais impérial, celui de justice, l'hôtel de ville et le monument de Catherine II. Cette ville possède un séminaire, un collége des nobles et un gymnase. Pop. : 22,000 âmes.

TVERTZA. — Rivière navigable de Russie. Elle coule dans le gouvernement de Tver, et se joint au Volga, après un trajet de 185 kilomètres.

TWEED. — Rivière d'Angleterre. Elle prend sa source en Ecosse, sépare en partie ce pays de l'Angleterre proprement dite, et se jette dans la mer du Nord, à Berwick, après un cours de 125 kilomètres.

TWICKENHAM. — Ville du comté de Middlesex, en Angleterre. C'est la patrie de Pope. Pop. : 5,000 âmes.

TYNAREH. — Bourgade du pays de Mahas, dans la Nubie. Elle est située sur le bord du Nil et c'est le lieu le plus considérable de ce pays. On y voit les ruines de plusieurs églises coptes.

TYNE. — Rivière d'Angleterre. Elle sépare en partie le comté de Northumberland de celui de Durham, passe à Newcastle et à Shields, et se jette dans la mer du Nord, à Tynemouth, après un cours de 120 kilomètres.

TYNEH. — Bourgade du Bahari ou basse Egypte. On y voit une petite forteresse qui défend le canal, aujourd'hui bourbeux, qu'on appelait autrefois la branche pélusiaque. Ce nom lui venait de la ville de *Pelusium*, dont on remarque encore les ruines et les anciennes murailles dans le voisinage. Cette cité était une place forte considérée par les pharaons comme la clef de leur royaume du côté de la Syrie, et pour mieux la protéger, ils y avaient fait construire une muraille très-épaisse qui s'étend depuis la forteresse jusqu'à Héliopolis, c'est-à-dire sur une longueur d'environ 90 milles.

TYNEMOUTH. — Ville du comté de Northumberland, en Angleterre. Elle est située à l'embouchure de la Tyne, et l'on y trouve des bains de mer très-fréquentés. Pop. : 10,000 âmes.

TYR ou SOUR. — Ville de Syrie, dans la Turquie asiatique. Ce fut la capitale de l'opulente Phénicie, la reine des mers, le berceau du commerce. Après avoir été entièrement ruinée, elle est devenue aujourd'hui une jolie petite ville ayant une mosquée, trois églises, des bazars, des bains publics et environ 10,000 âmes de population.

TYRINTHE ou TIRYNS. — Dans l'Argolide, royaume de Grèce. Ce sont les ruines de la plus grande construction cyclopéenne de la Grèce, de la ville où les anciens faisaient naître Hercule. On y voit des murs qui, en quelques endroits, ont encore au delà de 12 mètres de haut, et un véritable chaos de blocs, de pyramides et autres débris.

TYRNAU. — Petite ville de la Hongrie. Elle fait un important commerce de vins. On cite sa maison des invalides, et ses caves immenses dans l'une desquelles se trouve, dit-on, un tonneau dont la capacité est double de celle du fameux tonneau d'Heidelberg. Pop. : 9,000 âmes.

TYROL. — Contrée montagneuse qui forme l'un des gouvernements de l'empire d'Autriche. Son sol, peu fertile, est cependant bien cultivé; on y élève des bestiaux, des vers à soie et des abeilles; et l'on y trouve des mines de fer, d'argent, de plomb, de houille, etc. Les Tyroliens sont renommés par leur bravoure, leur agilité, leur adresse au tir de la carabine, et leur aptitude à la musique. Ce pays est divisé en 7 cercles : bas Innthal, haut Innthal, Pusterthal, Adige, Trente, Roveredo et Vorarlberg, dont les chefs-lieux sont Inspruck, Imst, Brunecken, Botzen, Trente, Roveredo et Bregenz. Pop. : 828,000 âmes.

TYRRHENIENNE (Mer). — Partie de la Méditerranée. Elle est comprise entre l'Italie, la Corse, la Sardaigne et la Sicile.

TYSMIENICA. — Ville de la Gallicie, dans l'empire d'Autriche. Pop. : 3,000 âmes.

TZARITZIN. — Petite ville du gouvernement de Saratov, en Russie. Elle est fortifiée et renommée par ses sources minérales qui sont les plus fréquentées de l'empire. Pop. : 4,000 âmes.

TZARSKO-SELO ou SOPHIA. — Ville du gouvernement de Saint-Pétersbourg, en Russie. On y remarque un beau palais impérial. Pop. : 4,000 âmes.

TZINTZONTZAN. — Ville de l'Etat de Mechoacan, au Mexique. Elle est située sur les bords du lac Pascuaro. Avant la conquête des Espagnols, c'était la capitale de l'Etat de Mechoacan qu'occupaient les Tarasquers. Pop. : 2,500 âmes.

TZNA ou TSNA. — Rivière du gouvernement de Tambov, en Russie. Elle passe à Tambov à Morchansk, et se jette dans la Mokcha.

U

UBATE. — Ville du département de Cundinamarca, dans la république de la Nouvelle-Grenade, Colombie. Pop. : 2,500 âmes.

UBAYE. — Rivière de France. Elle coule dans le département des Basses-Alpes, passe à Barcelonnette, et se jette dans la Durance, après un cours de 70 kilomètres.

UBEDA. — Ville de la province de Jaen, en Espagne. On y trouve des salines et l'on y fait aussi un commerce de chevaux. Pop. : 16,000 âmes.

UBRIQUE. — Ville de la province de Cadix, en Espagne. On exploite des mines de fer sur son territoire. Pop. : 7,000 âmes.

UCAYALE. — Rivière de l'Amérique méridionale. Elle se forme, au Pérou, par la réunion du Paro et de l'Apurimac, et se joint à la Tunguragua pour former l'Amazone, dans la république de l'Equateur. Son cours est d'environ 900 kilomètres.

UCLES. — Très-petite ville de la province de Cuenca, en Espagne. On y voit le monastère des chevaliers de l'ordre de Santiago. Pop. : 1,700 âmes.

UDDEVALA. — Ville du royaume de Suède. Elle est située sur une baie du Cattegat, où elle possède un port. Pop. : 4,000 âmes.

UDINE. — Ville épiscopale du gouvernement de Venise. Autrefois capitale du Frioul, elle est aujourd'hui le chef-lieu de la délégation qui porte son nom. Elle possède un séminaire, un gymnase, une académie d'agriculture, des fabriques de toiles, des filatures de soie, etc., et sa population est d'environ 20,000 âmes. On trouve, dans son voisinage, le village de *Campo-Formio* ou *Formido*, célèbre par le traité de paix qui y fut signé, en 1797, entre la France et l'Autriche.

UDIRIK. — Groupe de petites îles de la Micronésie. Il est situé dans l'archipel des Mulgraves, au nord des îles Radack.

UDVARHELY. — Ville de Hongrie, empire d'Autriche. C'est un chef-lieu de siége, dans le pays des Szeklers. Pop. : 6,000 âmes.

UEBERLINGEN. — Ville du grand-duché de Bade, en Allemagne. Elle est située sur un bras du lac de Constance et possède des sources minérales. Pop. : 2,700 âmes.

UGIJAR. — Petite ville de la province de Grenade, en Espagne. C'est le chef-lieu de l'un des deux districts des Alpujarras. Il est renommé par l'industrie de ses habitants qui sont les descendants des Maures. Sa population est d'environ 3,000 âmes.

UGLJANO. — Une des îles Illyriennes. Elle est située dans la mer Adriatique, vis-à-vis de Zara.

UIST-NORD et UIST-SUD. — Deux des îles Hébrides. Elles sont situées au nord de l'Ecosse, et séparées par l'île de Benbecula. Pop. : 11,000 âmes.

UJHELY. — Ville de Hongrie, dans l'empire d'Autriche. C'est le chef-lieu du comitat de Zemplin. Pop. : 7,000 âmes.

UKER. — Rivière navigable du royaume de Prusse. Elle prend naissance dans le Brandebourg, passe à Prenzlow et se jette dans la mer Baltique, à Ukermünde, après un cours de 65 kilomètres.

UKERMUNDE. — Ville de la Poméranie, dans le royaume de Prusse. Elle est située à l'embouchure de l'Uker, dans la baie de Stettin. On y construit des vaisseaux. Pop. : 2,500 âmes.

UKRAINE. — Contrée de la Russie. Elle y forme les gouvernements de Kiev, de Poltava, de Tchernigov et de Kharkov. C'est un pays plat et d'une grande fertilité.

ULÉABORG. — Ville de Finlande, en Russie. Elle est située sur le golfe de Bothnie, c'est le chef-lieu de la Bothnie orientale. Pop. : 4,000 âmes.

ULM. — Ville du royaume de Wurtemberg. Elle est située au confluent de la Blau avec le Danube. Autrefois ville impériale, c'est aujourd'hui le chef-lieu du cercle du Danube. On remarque sa magnifique cathédrale, l'un des plus beaux temples de l'Allemagne et son hôtel de ville, orné d'une très-belle horloge. Elle possède un gymnase, fait un commerce d'expédition très-important et sa population est d'environ 14,000 âmes.

ULVERSTON. — Ville du comté de Lancastre, en Angleterre. Elle est située sur la baie de Morecamb où elle possède un port. On trouve des forges dans ses environs et de riches mines de houille et de fer. Pop. : 5,000 âmes.

UMBRIATICO. — Ville épiscopale de la Calabre ultérieure II', dans le royaume de Naples. Pop. : 2,500 âmes.

UMEA. — Fleuve de Suède. Il prend sa source aux monts Scandinaves, traverse la Bothnie occidentale, et se jette dans le golfe de Bothnie, à Umea, après un cours de plus de 400 kilomètres.

UMEA. — Petite ville de la Bothnie occidentale, en Suède. Elle est située sur le golfe de Bothnie, à l'embouchure de l'Umea. Pop. : 1,200 âmes.

UMIR ou AMBIR. — Ville de l'Hindoustan. Elle est située dans l'Adjimir, non loin d'Odeypour. On y voit un palais que quelques-uns comparent à celui de Windsor, en Angleterre.

UMSTADT. — Ville du grand-duché de Hesse-Darmstad, en Allemagne. Pop. : 3,100 âmes.

UNDERWALD. — Canton de la Suisse. Il est situé dans la partie centrale et borné au nord par le lac de Lucerne. On l'a divisé en deux Etats : Underwald-sous-Bois, ayant Stanz pour chef-lieu, et Underwald-sur-Bois, dont le chef-lieu est Sarnen. Pop. : 23,000 âmes.

UNGARISCH-BROD. — Ville de la Moravie, dans l'empire d'Autriche. Pop. : 3,000 âmes.

UNGHVAR ou UNGVAR. — Ville de Hongrie, dans l'empire d'Autriche. C'est la résidence d'un évêque grec et elle possède un séminaire théologique. On y trouve un entrepôt de sel. Pop. : 6,000 âmes.

UNICH. — Ville de la Turquie d'Asie. Elle est située sur la mer Noire. On y fait un commerce de tissus de coton, de vins et de fruits. Pop. : 5,000 âmes.

UNNA ou OUNNA. — Rivière qui prend sa source dans la Croatie turque. Elle passe à Bihacz et à Novi et se jette dans la Slave, après un cours de 120 kilomètres. Dans sa partie inférieure elle sépare l'empire d'Autriche de la Turquie.

UNNA. — Ville de la Westphalie, dans le royaume de Prusse. On trouve dans son voisinage, la saline de Königsborn; Unna était une ville hanséatique. Pop. : 4,000 âmes.

UNSTRUT. — Rivière de Prusse. Elle arrose la province de Saxe, passe à Mülhausen, et s'unit à la Saale, au-dessous de Naumbourg, après un cours de 180 kilomètres.

UPATA. — Ville du département de l'Orénoque, dans la république de Venezuela. Pop. : 2,000 âmes.

UPERNAVICK. — C'est le plus septentrional des établissements danois dans le Groënland. Il se trouve situé par 75° de latitude nord, et 60° de longitude ouest.

UPSAL ou UPSALA. — Jolie petite ville de la Suède, et résidence d'un archevêque qui est primat du royaume. On y remarque la cathédrale, l'église la plus vaste et la plus magnifique de la Scandinavie. Upsal possède une célèbre université qui a compté parmi ses professeurs : Linné, Vallerius, Cronstedt, Bergmann, etc., et qui possède la plus riche bibliothèque du Nord. On y conserve le *Codex argenteus*, que l'on regarde comme le plus ancien monument des langues germaniques, et qui est la traduction d'une partie de la Bible, faite au ıvᵉ siècle par l'évêque Ulphilas. Après l'université viennent un séminaire pour les prédicateurs, l'école de la cathédrale où l'on enseigne la littérature et les sciences, et plusieurs sociétés académiques. Upsal compte à peu près 5,000 habitants. On trouve, dans ses environs, Gamla-Upsala ou le vieux Upsal, renommé anciennement par son temple d'Odin, et où résidait le pontife suprême des Scandinaves; puis les högar ou tombeaux des souverains de ce peuple, et enfin la prairie de Mora, dans laquelle, après l'introduction du christianisme, les Suédois acclamaient leurs rois électifs.

UPSALLATA ou USPALLATA. — Bourgade de la province de San-Juan, dans la confédération du Rio de la Plata. Elle est située dans la vallée de même nom, et habitée par des Gauchos. On trouve, dans son voisinage, une riche mine d'argent, et l'on a découvert, dans la vallée, des vestiges de l'ancienne route qui menait à la capitale de l'empire des Incas.

URACAS. — Petite île de la Micronésie. Elle est située au nord du groupe des Mariannes.

URBIN. — Petite ville archiépiscopale de l'Etat du Pape. Elle possède une université; c'est le chef-lieu de la légation d'Urbin-et-Pesaro, et la patrie de Raphaël. Pop. : 8,000 âmes.

URI. — Un des cantons de la Suisse. Il est situé dans la partie centrale et a pour chef-lieu Altorf. C'est une contrée montagneuse dont les sommets sont presque toujours couverts de neige. Pop. : 14,000 âmes.

URUBAMBA. — Ville du département de Cuzco, dans la république du Pérou. Pop. : 4,000 âmes.

URUGUAY (RÉPUBLIQUE ORIENTALE DE L'). — Etat de l'Amérique du Sud. Il est situé entre 55° et 61° de longitude occidentale, et 30° et 35° de latitude australe. Ses limites sont, au nord, la province brésilienne de Rio-Grande do sul; à l'est, la même province et le territoire neutre compris entre la lagune de Merim et l'océan Atlantique; au sud, cet océan et le Rio de la Plata; et à l'ouest, l'Uruguay. Il est arrosé par le Rio de la Plata, qui se jette dans l'océan Atlantique, et par le Cebollati, qui verse dans la lagune de Merim. Cette république est divisée en 9 départements, qui se sont : Montevideo, Maldonado, Canelones, San-José, Colonia, Soriano, Paysandu, Duragno et Cerro-Largo. Montevideo est sa capitale. Pop. : 175,000 âmes.

URVILLE (ILE D'). — Elle est située dans l'archipel des Carolines. On la place par 60° 40' de latitude nord, et 150° 30' de longitude est.

USCUP ou SKOPIA. — Petite ville de la Macédoine, dans la Turquie d'Europe. Elle est située dans la vallée du Vardar, et c'est le siège d'un archevêché grec. Pop. : 10,000 âmes.

USEDOM. — Ile du royaume de Prusse. Elle est située dans la Baltique, à l'embouchure de l'Oder, et séparée, à l'est, de l'île Wolin par la Swienne, puis, à l'ouest, du continent par la Peene. Son sol est en partie couvert par des forêts et des lacs Usedom et Swinemunde sont ses principales villes. Pop. : 12,000 âmes.

USELETT. — Chaîne de montagnes de l'Etat de Tunis. Elle est située à l'ouest et fait partie de l'Atlas.

USICZA. — Ville de la principauté de Servie. Pop. : 6,000 âmes.

USSEL. — petite ville du département de la Corrèze. Chef-lieu d'arrondissement, elle comprend 7 cantons et 74 communes. Elle possède un collège, fait un commerce de chanvre, de toiles, de cire et de pelleteries, et sa population est d'environ 4,500 âmes. On a découvert des restes antiques dans ses environs.

USSON. — Commune de l'arrondissement de Montbrison, dans le département de la Loire. C'est une petite ville très-ancienne qui eut sa période d'importance. Pop. : 3,800 âmes.

USTARITS. — Chef-lieu de canton dans l'arrondissement de Bayonne, département des Basses-Pyrénées. Il est situé sur la Nive. On y fabrique de la taillanderie et l'on y trouve des tanneries. Pop. : 2,400 âmes.

USTICA. — Petite île de la mer Tyrrhénienne. Elle est située non loin de la côte nord de Sicile, dont elle dépend. On pêche du corail sur ses bords. Santa-Maria est son chef-lieu. Pop. : 1,300 âmes.

UTICA. — Ville de New-Yorck, aux Etats-Unis. Elle est située sur le grand canal d'Erié. Pop. : 9,000 âmes.

UTIEL. — Ville de la province de Cuença, en Espagne. Pop. : 10,000 âmes.

UTRECHT. — Chef-lieu de la province de même nom, en Hollande. Cette ville est située sur un bras du vieux Rhin, et son industrie est assez importante. On y remarque l'église appelée le Dôme, dont la tour est très-élevée, et qui renferme un superbe carillon, puis l'hôtel de ville et la magnifique promenade du Mail. Utrecht possède une université, une école vétérinaire, une riche bibliothèque publique, des collections d'histoire naturelle, un cabinet de physique, un musée, un jardin botanique, et une académie des sciences. Sa population s'élève à 35,000 âmes. On trouve dans son voisinage, le petit bourg de Zeyst, renommé par la communauté des frères moraves qui y est établie.

UTRERA. — Petite ville de la province de Séville, en Espagne. Elle est renommée par le sanctuaire de *Notre-Dame de Consolation*, puis par ses salines. On y fait aussi un commerce de chevaux andalous et de bestiaux. Pop. : 11,000 âmes.

UTTOXETER. — Ville du comté de Stafford, en Angleterre. On y trouve un grand nombre de forges. Pop. : 5,000 âmes.

UZEDA. — Très-petite ville de la province de Guadalaxara, en Espagne. Elle est située près du Jarama. C'était autrefois une place forte d'une certaine importance. Pop. : 700 âmes.

UZEL. — Chef-lieu de canton dans l'arrondissement de Loudéac, département des Côtes-du-Nord. On y fabrique et l'on y fait un commerce de toiles. Pop. : 2,100 âmes.

UZEMAIN-LA-RUE. — Commune de l'arrondissement d'Épinal, dans le département des Vosges. Pop. : 1,700 âmes.

UZERCHE. — Chef-lieu de canton dans l'arrondissement de Tulle, département de la Corrèze. Il est situé près de la gauche de la Vézère. Pop. : 2,300 âmes.

UZÈS. — Petite ville du département du Gard. Chef-lieu d'arrondissement, elle comprend 8 cantons et 98 communes. Elle possède un collége, une société d'agriculture, et fait un commerce de soie, d'huile, de vin, de bestiaux, etc. Sa population est d'environ 6,500 âmes. Cette ville est la patrie de Jean Lemercier, de Subleyras, de Marsollier, etc.

V

VAAS. — Commune de l'arrondissement de La Flèche, dans le département de la Sarthe. Pop. : 1,900 âmes.

VABRE. — Chef-lieu de canton dans l'arrondissement de Castres, département du Tarn. On y trouve des filatures et des fabriques d'étoffes de laine et de coton. Pop. : 2,500 âmes.

VADE. — Rivière de la principauté de Valachie. Après avoir reçu le Téliorman, elle se jette dans le Danube au-dessous de Sistova.

VADSOE. — Petite île de la Norwége. Elle est située dans le golfe de Varanger, près de la côte du Finmark. Pop. : 1,200 âmes.

VAELS. — Village du Limbourg hollandais. On vante l'industrie de ses habitants. Pop. : 3,000 âmes.

VAGA. — Rivière navigable de Russie. Elle arrose le gouvernement de Vologda et d'Arkhangel et se joint à la Dvina, après un cours de 360 kilomètres.

VAGNEY. — Commune de l'arrondissement de Remiremont, dans le département des Vosges. On y fabrique de la poterie de fer. Pop. : 3,000 âmes.

VAIGATZ ou VAIGATCH. — Ile de la mer Glaciale. Elle est située entre la Nouvelle-Zemble et la Russie, séparée de la première par le détroit appelé Porte-de-Fer, et de la seconde, par le détroit de Vaigatz ; quelques Samoyèdes l'habitent.

VAILLY. — Chef-lieu de canton dans l'arrondissement de Soissons, département de l'Aisne. Il est situé sur la rive droite de l'Aisne. On y fait un commerce des vins du territoire. Pop. : 1,600 âmes.

VAILLY. — Chef-lieu de canton dans l'arrondissement de Sancerre, département du Cher. On trouve des sources minérales dans son voisinage. Pop. : 700 âmes.

VAISE. — Commune contiguë à la ville de Lyon, dans le département du Rhône. Elle est située sur la rive droite de la Saône et importantes par ses nombreuses fabriques. Pop. : 5,500 âmes.

VAISON. — Chef-lieu de canton dans l'arrondissement d'Orange, département de Vaucluse. Cette petite ville, qui est située sur la rive gauche de l'Ouvèze, occupe l'emplacement d'une cité des Voconces, l'une des plus importantes de la Gaule viennoise. Ses ruines s'étendent encore sur un espace de plus de deux milles, et l'on y distingue les restes d'un cirque, des arceaux et un chemin taillé dans le roc. Pop. : 2,900 âmes.

VAL-DE-PENAS. — Ville de la province de Ciudad-Real, en Espagne. On y trouve des vins renommés. Pop. : 8,000 âmes.

VAL-DE-PENAS. — Ville de la province de Jaen. On y fait un commerce de vins et de noix. Pop. : 4,000 âmes.

VALACHIE. — (Principauté de). — Elle est bornée au nord par les confins militaires autrichiens et la Moldavie ; à l'est, par la Bulgarie ; au sud, par le même Etat ; et à l'ouest, par la Bulgarie, la Servie et les confins autrichiens. Le Danube la traverse et reçoit le Schyl, l'Alouta, l'Ardjs, la Jalonitza et le Sereth. La Valachie est gouvernée par un hospodar, tributaire de la Turquie, mais dont les places ne reçoivent aucune garnison ottomane. Sa capitale est Bukarest. Pop. : 1,500,000 âmes.

VALAIS. — Un des cantons de la Suisse. Il comprend presque toute la vallée du Rhône, depuis sa source jusqu'au lac de Genève. Ce canton, qui est très-montagneux, est partagé en deux parties : le haut Valais, à l'est, et le bas Valais, à l'ouest. Sion est son chef-lieu ; ses principales villes, après cela, sont Saint-Maurice et Martigny. C'est le catholicisme que professent ses habitants. Pop. : 77,000 âmes.

VALBONNAIS. — Chef-lieu de canton dans l'arrondissement de Grenoble, département de l'Isère. Pop. : 1,300 âmes.

VALCARÈS. — Etang salé du département des Bouches-du-Rhône. Il est situé dans l'île de la Camargue.

VALDAÏ. — Chaîne de collines de la Russie. Elle s'étend dans le gouvernement de Novgorod, entre le bassin du Volga et celui de Volkhov, ou, en d'autres termes, entre la mer Caspienne et la mer Baltique, et fait partie de la grande arête qui divise l'Europe en deux versants. Sa longueur est de 400 kilomètres.

VALDERADUEY. — Rivière d'Espagne. Elle sépare en partie la province de Léon de celle de Palencia, arrose le nord-ouest de celle de Valladolid et l'est de celle de Zamora, et se joint au Douro au-dessus de Zamora, après un cours de 150 kilomètres.

VALDERIES. — Chef-lieu de canton dans l'arrondissement d'Albi, département du Tarn. Pop. : 1,700 âmes.

VALDIVIA. — Petite ville, chef-lieu de la province de ce nom, dans la république du Chili. Elle est importante par ses fortifications et par son port, regardé comme l'un des plus beaux de l'Amérique. Pop. : 25,000 âmes.

VALENÇAY. — Petite ville située sur le Nahon, dans le département de l'Indre. On y voit un superbe château dans lequel séjourna le roi d'Espagne, Ferdinand VII, lorsque Napoléon prit possession de son royaume. Pop. : 3,200 âmes.

VALENCE. — Petite ville épiscopale, située sur la rive gauche du Rhône. Chef-lieu du département de la Drôme, son arrondissement comprend 10 cantons et 102 communes. On remarque sa cathédrale et le monument élevé par Canova à la mémoire de Pie VI, qui mourut dans cette ville en 1799. Valence possède un collège et une bibliothèque publique, et sa population est d'environ 11,500 âmes.

VALENCE. — Grande et belle ville archiépiscopale, chef-lieu de la province et de la capitainerie de même nom, en Espagne. Elle est située sur le Guadalaviar, au milieu d'une campagne délicieuse. On y remarque la cathédrale, l'une des plus belles basiliques du royaume ; puis la douane, la bourse, la place de San-Domingo et les promenades du Mail et de l'Alameda. Cette ville possède une université, sept collèges, une école de clinique, une académie des beaux-arts, deux bibliothèques publiques, un jardin botanique et une société académique. Pop. : 66,000 âmes.

VALENCE. — Chef-lieu de canton dans l'arrondissement de Condom, département du Gers. Il est situé sur la Baïse. Pop. : 1,600 âmes.

VALENCE-D'AGEN. — Chef-lieu de canton dans l'arrondissement de Moissac, département de Tarn-et-Garonne. On y fait un commerce de plumes à écrire. Pop. : 3,100 âmes.

VALENCE-EN-ALBIGEOIS. — Chef-lieu de canton, dans l'arrondissement d'Albi, département du Tarn. Pop. : 1,300 âmes.

VALENCIA. — Chef-lieu de la province de Carabobo, dans la république de Venezuela, Colombie. Elle est située non loin du lac Tacarigua, et renommée par la beauté de sa position et celle de son climat. Pop. : 15,000 âmes.

VALENCIA-D'ALCANTARA. — Ville forte de la province de Cacerès, en Espagne. On trouve des mines d'argent sur son territoire. Pop. : 5,000 âmes.

VALENCIA-DEL-VENTOSO. — Ville de la province de Badajoz, en Espagne. On y fait un commerce de sacs de toile. Pop. : 4,000 âmes.

VALENCIANA. — Ville de l'Etat de Guanaxuato, au Mexique. Elle possédait autrefois des mines d'argent aussi productives que renommées, qui la rendaient très-florissante ; mais ces mines, aujourd'hui, sont en partie envahies par les eaux. Pop. : 4,000 âmes.

VALENCIENNES. — Ville située sur les deux bords de l'Escaut. Elle est fortifiée, et sa citadelle est l'œuvre de Vauban. Autrefois capitale du Hainaut français, elle n'est aujourd'hui qu'un chef-lieu d'arrondissement du département du Nord, et comprend 7 cantons et 81 communes. Elle possède un collège, une académie de peinture et de sculpture, une bibliothèque publique, un musée de tableaux, un cabinet d'histoire naturelle, une société philharmonique et une société académique. Son commerce consiste en grains, toiles, batistes, fils, linons et surtout en dentelles renommées qui portent son nom. Sa population est d'environ 20,000 âmes. Cette ville a vu naître Froissard et Antoine Wateau.

VALENGIN. — Petite ville du canton de Neufchâtel, en Suisse. Elle est située dans la vallée de Ruz, qui s'étend depuis le mont Chasseral jusqu'à Neufchâtel. Pop. : 600 âmes.

VALENSOLLE. — Chef-lieu de canton dans l'arrondissement de Digne, département des Basses-Alpes. Pop. : 3,200 âmes.

VALENTIA. — Ile de l'Atlantique. Elle est située au sud-est de l'Irlande, près de la côte du comté de Kerry. Elle possède un bon port qui sert d'entrepôt aux marchandises destinées pour l'Amérique.

VALETTE (LA). — Chef-lieu de l'île de Malte et du groupe de même nom, dans la Méditerranée. Cette ville est partagée en cinq parties distinctes : La Valette proprement dite ou Città-Nuova, puis Vittoriosa, Senglea, Burmola, et le faubourg de la Floriana. Elle renferme aussi deux ports principaux, lesquels sont divisés en plusieurs autres, commodes et sûrs, et c'est là que l'Angleterre a établi la station de sa flotte de la Méditerranée. On remarque, à La Valette, l'église Saint-Jean, l'ancien palais Alberghi, l'aqueduc, et surtout les fortifications qui font de cette place l'une des plus fortes du monde. On y trouve aussi une petite université, une bibliothèque publique, et un jardin botanique. Pop. : 30,000 âmes.

VALETTE (LA). — Chef-lieu de canton dans l'arrondissement d'Angoulême, département de la Charente. Pop. : 1,000 âmes.

VALGORGE. — Chef-lieu de canton dans l'arrondissement de L'argentière, département de l'Ardèche. Pop. : 1,500 âmes.

VALKI. — Ville du gouvernement de Kharkov, en Russie. Pop. : 7,000.

VALLABRÈGUES. — Commune de l'arrondissement de Nîmes, dans le département du Gard. Pop. : 1,600 âmes.

VALLADOLID. — Ville épiscopale de la

Vieille Castille, en Espagne. Elle est située au confluent de l'Esgueva et de la Pisuerga, et c'est le chef-lieu de la province qui porte son nom. On y remarque la cathédrale, le château royal, et la place ornée de portiques dont les colonnes sont en granite. Elle possède une université qui est regardée comme la seconde du royaume, plusieurs colléges, une école des beaux-arts, une bibliothèque publique et une société académique. Sa population est d'environ 20,000 âmes.

VALLADOLID. — Petite ville de l'Etat de Yucatan, au Mexique. Pop. : 3,000 âmes.

VALLADOLID. — Ville épiscopale de l'Etat de Mechoacan, dans la confédération mexicaine. C'est une cité bien bâtie, et dans laquelle on remarque la cathédrale et un aqueduc dont la construction a coûté 500,000 francs. Elle possède un séminaire. Pop. : 25,000 âmes.

VALLE-DE-ABDALAGIS. — Ville de la province de Malaga, en Espagne. On y trouve des sources minérales. Pop. : 3,000 âmes.

VALLEGGIO. — Village considérable du royaume Lombard Vénitien. Il est situé sur la rive gauche du Mincio, à quelque distance de Vérone. Pop. , 5,000 âmes.

VALLERAUGUE. — Chef-lieu de canton dans l'arrondissement du Vigan, département du Gard. On y trouve une filature de soie. C'est la patrie de la Baumelle. Pop. : 3,900 âmes.

VALLET. — Chef-lieu de canton dans l'arrondissement de Nantes, département de la Loire-Inférieure. Pop. : 5,600 âmes.

VALLIÈRES. — Commune de l'arrondissement d'Aubusson, dans le département de la Creuse. Pop. : 2,400 âmes.

VALLO. — Ville de la Principauté-Citérieure, dans le royaume de Naples. Pop. : 2,400 âmes.

VALLOMBREUSE ou VALLOMBROSA. — Abbaye célèbre du grand-duché de Toscane. Elle fut fondée en 1060, près de San-Giovani in val d'Arno.

VALLON. — Petit bourg de l'arrondissement de L'argentière, dans le département de l'Ardèche. On exploite dans ses environs, à Prades et à Nieigles, des mines de houille, et l'on y voit une scierie, mue par la vapeur, à la Chavade-de-Magres. On y visite aussi des grottes riches en stalactites de formes variées ; enfin, on rencontre sur le même territoire le *Pont-de-l'Arc*, pont naturel formé d'une arcade demi-circulaire de 58ᵐ 50 de corde, sur 29ᵐ 25 de hauteur. Pop. : 2,700 âmes.

VALLONISE. — Village situé à une très-grande élévation, dans le département des Hautes-Alpes. On trouve dans son voisinage le glacier d'Allefroide. Pop. : 1,200 âmes.

VALLS. — Ville de la province de Tarragone, en Espagne. Les Français y battirent les Espagnols en 1809. Pop. : 9,000 âmes.

VALMONT. — Chef-lieu de canton dans l'arrondissement d'Yvetot, département de la Seine-Inférieure. On y fabrique des calicots et l'on y trouve des sources minérales. Pop. : 1,100 âmes.

VALMY. — Commune de l'arrondissement de Sainte-Menehould, dans le département de la Marne. En 1792, les Français y vainquirent les Prussiens. Pop. : 500 âmes.

VALOGNES. — Petite ville du département de la Manche. Chef-lieu d'arrondissement, elle comprend 7 cantons et 119 communes. Elle possède un collége, une bibliothèque, et sa population est d'environ 6,000 âmes. On voit dans ses environs un monument romain, reste de l'ancienne *Crotiatonum*, capitale des *Uneiti*. Valognes est la patrie de Letourneur et de Vicq-d'Azir.

VALONA. — Petite ville de l'Albanie Moyenne, dans la Turquie d'Europe. Elle est assez importante par son port et son commerce de poix et de goudron. Sa population est d'environ 5,000 âmes.

VALPARAISO. — Jolie ville de la province de Santiago, dans la république du Chili. Elle possède un port vaste et commode, trois forts et une citadelle, et fait des exportations considérables. De nombreux tremblements de terre y ont porté le ravage. Pop. : 36,000 âmes.

VALRÉAS. — Chef-lieu de canton dans l'arrondissement d'Orange, département de Vaucluse. On y trouve une filature de coton et des fabriques d'étoffes de soie. C'est la patrie du cardinal Maury. Pop. : 4,600 âmes.

VALS. — Bourg situé près d'Aubenas, dans l'arrondissement de Privas, département de l'Ardèche. Il est réputé par ses sources minérales, et l'on y trouve la célèbre *chaussée des géants*, formée par la réunion de prismes basaltiques qui bordent les deux rives du Volant. Pop. : 2,800 âmes.

VALSAINTE. — Ancienne chartreuse, dans le canton de Fribourg, en Suisse.

VALTELINE ou SONDRIO. — Province du royaume Lombard Vénitien, empire d'Autriche. Elle est située dans le nord du gouvernement de Milan, et formée par la vallée de l'Adda, entre la Suisse et le lac de Côme. Son climat est doux, mais insalubre, parce que le pays est couvert de marais. Sondrio est le chef-lieu de cette province. Pop. : 83,000 âmes.

VALVERDE. — Ville de la province de Huelva, en Espagne. On exploite des carrières de jaspe dans son voisinage. Pop. : 5,000 âmes.

VAN ou ARDJICH. — Lac de la Turquie d'Asie. Il est situé dans le pachalik de même nom, sa longueur est de 135 kilomètres sur 57 de largeur, et ses eaux sont amères et salées.

VAN. — Ville fortifiée d'Arménie, dans la Turquie d'Asie. Elle est située sur le lac de même nom ; son commerce est assez florissant, et l'on y compte environ 25,000 âmes. Cette ville fut célèbre dans l'antiquité, et au rapport de Moïse de Khorène, écrivain du vᵉ siècle, Sémiramis y fit construire un magnifique château sur une montagne artificielle qui supporte aujourd'hui la citadelle. Cette montagne renferme des cavernes voûtées dans lesquelles on trouve des débris de statues et de sculptures anciennes, et l'on y a aussi découvert des inscriptions cunéiformes.

VANAS. — Ville située sur le lac Wettern, à l'embouchure du canal de Gotha, en Suède. Elle est importante par ses fortifications, tracées sur une grande échelle, et on la considère comme le point central des opérations militaires relatives à la défense du royaume.

VANCOUVER (Détroit de). — Dans le grand Océan boréal. Il est situé entre l'île de la Reine-Charlotte et l'île du Prince de Galles.

VANDALIA. — Chef-lieu de l'Illinois, aux États-Unis. Il est situé dans le comté Lafayette et sur la Kaskaskia. C'est une petite ville bien bâtie, où l'on trouve une société académique. Pop. : 2,000 âmes.

VANIKORO. — Groupe de deux îles situées au sud de l'archipel de La Pérouse. C'est là qu'en 1788 La Pérouse fit naufrage.

VANNES. — Rivière de France. Elle prend sa source dans le département de l'Aube, passe dans celui de l'Yonne, et se jette dans l'Yonne, au-dessus de Sens, après un cours de 70 kilomètres.

VANNES. — Petite ville épiscopale qui communique avec l'Océan par le canal du Morbihan. Chef-lieu du département de ce nom, son arrondissement comprend 11 cantons et 74 communes. Elle possède un séminaire, un collège, une école de navigation, une société d'agriculture, un port et des chantiers. Son commerce consiste en blé, en fer, en poissons, etc. Sa population est d'environ 11,500 âmes.

VANOUA-LÉVOU. — Île de la Polynésie. Elle est située au nord de l'archipel Viti. On en tire du bois de sandal.

VANS (Les). — Chef-lieu de canton dans l'arrondissement de L'argentière, département de l'Ardèche. On y fait un commerce de soie. Pop. : 2,800 âmes.

VANVES ou **VANVRES.** — Commune de l'arrondissement de Sceaux, dans le département de la Seine. On y trouve un fort et une maison de santé pour les aliénés. Pop. : 2,300 âmes.

VAOUR. — Chef-lieu de canton dans l'arrondissement de Gaillac, département du Tarn. Pop. : 600 âmes.

VAPRIO. — Très-petite ville du royaume Lombard Vénitien, empire d'Autriche. Elle est située sur l'Adda. En 1324, les gibelins y battirent les guelfes. Pop. : 1,800 âmes.

VAR (Département du). — Il a été formé d'une partie de la Provence. Sa superficie est de 726,866 hectares, et sa population de 349,850 âmes. Il est divisé en 4 arrondissements, dont les chefs-lieux sont Draguignan, Brignoles, Grasse et Toulon, et compte 35 cantons et 203 communes. Draguignan est le siége de sa préfecture, Fréjus celui de son diocèse, Aix celui de sa cour impériale et de son académie universitaire (voir l'Appendice), et il est compris dans la septième division militaire. La rivière qui donne son nom à ce département prend naissance au mont Cémélione, dans les Alpes, et se jette dans la Méditerranée, à une demi-lieue à l'ouest de Nice. La majeure partie de son cours appartient au royaume sarde, et sa portion inférieure marque la limite entre cet État et la France.

VARADES. — Chef-lieu de canton dans l'arrondissement d'Ancenis, département de la Loire-Inférieure. Il est situé sur le chemin de fer de Tours à Nantes. Pop. : 3,500 âmes.

VARALLO. — Ville de la division de Novare, dans le royaume sarde. C'est le chef-lieu de la province de Valsesia. On y voit l'église miraculeuse de la Vierge. Pop. : 5,000 âmes.

VARANO. — Lac du royaume de Naples. Il est situé dans la Capitanate, au pied du mont Gargan. Son circuit est de 30 kilomètres et ses eaux sont très poissonneuses.

VARDAR. — Fleuve de la Turquie d'Europe. Il prend naissance au mont Tchar-Dagh, passe à Uscup et à Gradisca, et se jette dans le golfe de Salonique, après un cours de 3,000 kilomètres. Son principal affluent est le Carasou.

VARENNES. — Chef-lieu de canton dans l'arrondissement de Langres, département de la Haute-Marne. Pop. : 1,400 âmes.

VARENNES-EN-ARGONNE. — Chef-lieu de canton dans l'arrondissement de Verdun, département de la Meuse. Il est devenu célèbre par l'arrestation de l'infortuné Louis XVI. Pop. 1,600 âmes.

VARENNES-SOUS-MONTSOREAU. — Commune de l'arrondissement de Saumur, dans le département de Maine-et-Loire. Elle est située sur la rive droite de la Loire et sur le chemin de fer de Tours à Nantes. Pop. : 2,600 âmes.

VARENNES-SUR-ALLIER. — Chef-lieu de canton dans l'arrondissement de La Palisse, département de l'Allier. Pop. : 2,300 âmes.

VARÈSE. — Ville du royaume Lombard Vénitien, empire d'Autriche. Elle est située près du lac du même nom qui décharge ses eaux dans le lac Majeur. Cette ville est l'objet d'un pèlerinage célèbre. On y fabrique des soieries. Pop. : 3,000 âmes.

VARHELY. — Village de la grande vallée de Hatszeg, dans le comitat de Hunyad, en Transylvanie. Il est situé sur l'emplacement de Zarmizegethusa, capitale des anciens Daces, et où les Romains bâtirent aussi plus tard *Ulpia Trajana*. On trouve dans les environs de ce village un grand nombre d'antiquités, et beaucoup de médailles en or.

VARILHES. — Chef-lieu de canton dans l'arrondissement de Pamiers, département de l'Ariége. Pop. : 1,700 âmes.

VARINAS. — Chef-lieu de la province de ce nom, dans la république de Venezuela, Colombie. On y trouve un tabac renommé. Pop. : 4,000 âmes.

VARNA. — Ville de la Bulgarie, en Turquie. Elle est située sur une petite baie de la mer Noire, et l'on croit qu'elle remplace l'ancienne *Odessus*. Ladislas VI, roi de Hongrie et de Pologne, y fut vaincu en 1444, par Amurat II, et, en 1828, les Russes s'en emparèrent. Pop. : 16,000 âmes.

VARSOVIE. — Capitale de l'ancien et du nouveau royaume de Pologne. Elle est située sur la rive gauche de la Vistule, au milieu d'une plaine sablonneuse. On y remarque la cathédrale et les églises Sainte-Croix, Saint-Alexandre, des Dominicains et des Piaristes ; puis le château royal, celui de Lazienki et ceux du gouvernement et de Saxe ; l'hôtel de ville ; ceux du lieutenant du roi, de l'intérieur et des finances ; l'arsenal, les casernes, l'hôpital militaire et celui de la ville. Cette ville possède une université, deux gymnases, un séminaire central, une école des hautes études ecclésiastiques, une académie militaire d'artillerie et du génie, un collége des nobles, une école forestière, une autre des arts, un institut des sourds-muets, un conservatoire de musique, plusieurs bibliothèques publiques et sociétés académiques. Sa population est d'environ 150,000 âmes. On trouve, dans son voisinage, l'île Kepa-Saska, ornée d'un grand nombre de jardins ; puis le superbe château de Willanow, construit par Sobieski, qui y mourut en 1696. Cette propriété appartient aujourd'hui à la famille Potocki.

VARZY. — Chef-lieu de canton dans l'arrondissement de Clamecy, dans le département de la Nièvre. On y trouve des fabriques de toile et de faïence, et des forges. Pop. : 3,200 âmes.

VASILICO ou BASILICA. — Village de l'Argolide, royaume de Grèce. Il est bâti sur l'emplacement de *Sicyon*, capitale du royaume de ce nom, dont la fondation, selon les chronologistes, fut antérieure de 74 ans à la naissance d'Abraham. La citadelle qui fut escaladée par Aratus, durant la nuit, a conservé une de ses tours carrées ; on y voit aussi les restes du théâtre, et ceux du stadium dont les assises sont de construction cyclopéenne.

VASSY. — Chef-lieu de canton dans l'arrondissement de Vire, département du Calvados. Pop. : 3,200 âmes.

VASSY. — Petite ville du département de la Haute-Marne. Elle est située sur la Blaise. Chef-lieu d'arrondissement, elle comprend 8 cantons et 143 communes. On y trouve un collége, des filatures, des fabriques de draps, des forges, des clouteries, des tanneries, et l'on y fait aussi un commerce de cire. Pop. : 3,000 âmes.

VASTO. — Ville de l'Abruzze citérieure, dans le royaume de Naples. Elle est située près de l'Adriatique. Ses vins et ses fruits sont renommés, ainsi qu'une eau particulière pour la guérison des blessures. Pop. : 9,000 âmes.

VATAN. — Chef-lieu de canton dans l'arrondissement d'Issoudun, département de l'Indre. On y fait un commerce de laines. Pop. : 3,000 âmes.

VATHI. — Très petite ville, chef-lieu de l'île d'Ithaca, Etat des îles Ioniennes. On trouve, dans son voisinage, le beau port de Skinosa, et l'on a découvert, au pied de la montagne et sous le château d'Ulysse, un grand nombre de tombeaux, desquels on a retiré des bijoux, des figurines, des médailles grecques et romaines, etc. La population de Vathi est d'environ 2,000 âmes.

VAUBAN. — Commune de l'arrondissement de Charolles, dans le département de Saône-et-Loire. Pop. : 900 âmes.

VAUBECOURT. — Chef-lieu de canton dans l'arrondissement de Bar-le-Duc, département de la Meuse. Il est situé sur l'Aisne. Pop. : 1,100 âmes.

VAUCHELLES. — Commune de l'arrondissement d'Abbeville, dans le département de la Somme. Pop. : 800 âmes.

VAUCHRÉTIEN. — Commune de l'arrondissement d'Angers, dans le département de Maine-et-Loire. Pop. : 1,000 âmes.

VAUCLIN (Le). — Bourg de l'île de la Martinique, une des Antilles françaises. Il est situé sur la côte sud-est, dans le canton du Marin. Pop. : 4,900 âmes.

VAUCLUSE. — Village situé dans la vallée de la Sorgue, non loin de l'Isle, département de Vaucluse. C'est au fond d'une gorge étroite, à la suite de ce village, qu'on trouve la fontaine illustrée par les sonnets de Pétrarque. Cette fontaine, qui est la source même de la Sorgue, surgit d'un antre que domine une masse énorme de rochers ; et ce site est très remarquable par sa physionomie pittoresque et sauvage. Pop. : 500 âmes.

VAUCLUSE (DÉPARTEMENT DE). — Il a été formé d'une partie de la Provence, comprenant le Comtat-Venaissin et la principauté d'Orange, et prend son nom de la fontaine ci-dessus mentionnée. Sa superficie est d'environ 347,380 hectares et sa population d'à peu près 259,150 âmes. Il est divisé en 4 arrondissements dont les chefs-lieux sont Avignon, Carpentras, Apt et Orange, et compte 22 cantons et 148 communes. Avignon est le siége de sa préfecture et de son diocèse, Nîmes celui de sa cour impériale, et Aix celui de son académie universitaire. Il est compris dans la septième division militaire. (*Voir l'Appendice*).

VAUCOULEURS. — Chef-lieu de canton dans l'arrondissement de Commercy, département de la Meuse. C'est la patrie du géographe Claude Delisle et de la comtesse du Barry. Pop. : 2,500 âmes.

VAUD. — Un des cantons de la Suisse. Il est situé au sud-ouest et a pour chef-lieu Lausanne. Ses autres villes principales sont Morges, Nyon, Yverdun, Vevay, Copet et Avenches. Pop. : 188,000 âmes.

VAUGIRARD. — Commune de l'arrondissement de Sceaux, dans le département de la Seine. On y trouve de nombreuses fabriques, et particulièrement de produits chimiques. Pop. : 10,000 âmes.

VAUGNERAY. — Chef-lieu de canton dans l'arrondissement de Lyon, département du Rhône. Pop. : 2,000 âmes.

VAUVERT. — Chef-lieu de canton dans l'arrondissement de Nîmes, département du Gard. Pop. : 4,200 âmes.

VAUVILLERS. — Chef-lieu de canton dans

l'arrondissement de Lure, département de la Haute-Saône. Pop. : 1,300 âmes.

VAUX-DE-VIRE (Les). — Vallée située près de Vire, dans le département du Calvados. Elle a donné son nom au genre de littérature appelé *vaudeville*, par suite des productions du foulon Olivier Basselin, qui vivait dans cette vallée au xve siècle. Ses chansons furent appelées d'abord *vaux-de-vire*, puis, par corruption, *vaudevilles*.

VAVAO. — Groupe d'îles de la Polynésie. Il est situé dans l'archipel de Tonga, et l'île principale lui donne son nom.

VAVINCOURT. — Chef-lieu de canton dans l'arrondissement de Bar-le-Duc, département de la Meuse. Pop. : 800 âmes.

VAY. — Commune de l'arrondissement de Chateaubriant, dans le département de la Loire-Inférieure. Pop. : 2,300 âmes.

VAYRAC. — Chef-lieu de canton dans l'arrondissement de Goudon, département du Lot. Pop. : 1,800 âmes.

VECHT ou **WECHT.** — Rivière qui prend sa source en Westphalie. Elle traverse le sud-ouest du royaume de Hanovre et la province d'Over-Yssel en Hollande, et se joint au Zwarte-water, après un cours de 150 kilomètres.

VÉGA (La). — Ville de la province de Santander, en Espagne. Population : 5,000 âmes.

VEGLIA, autrefois *Curicta*, une des îles Absyrtides. — Elle est située près des côtes de l'Illyrie, dans le golfe de Carnero. Sa longueur est de 36 kilomètres, sur 20 de largeur, et son chef-lieu s'appelle aussi Veglia.

VELA. — Cap de la république de la nouvelle Grenade. Il est situé au nord, sur la mer des Antilles.

VELEZ. — Ville du département de Boyaca, dans la Nouvelle-Grenade. On trouve des mines d'or dans son voisinage. Pop. : 2,500 âmes.

VELEZ-BLANCO. — Ville de la province d'Alméria, en Espagne. On y remarque les restes d'un palais arabe. Pop. : 7,000 âmes.

VELEZ-MALAGA. — Ville de la province de Malaga, en Espagne. On croit que c'est l'ancienne *Menoba*. Son territoire est fertile en vins qui jouissent d'une grande renommée, en cannes à sucre, en olives, etc. Pop. : 14,000 âmes.

VELEZ-RUBIO. — Ville de la province d'Alméria, en Espagne. On y fabrique des draps communs. Pop. : 11,000 âmes.

VÉLIJ. — Ville du gouvernement de Vitebsk, en Russie. Elle est située sur la Duna. Pop. : 5,000 âmes.

VELIKAÏA. — Rivière de Russie. Elle passe à Pskov, et se jette dans le lac situé au-dessous de cette ville, après un cours de 300 kilomètres.

VELIKI-OUSTING. — Grande ville du gouvernement de Vologda, en Russie. Elle est florissante par son industrie et son commerce, lequel consiste principalement en cuirs, suifs et savon. Pop. : 7,000 âmes.

VELIKIÉ-LOUKI. — Petite ville du gouvernement de Pskov, en Russie. Elle est située sur le Lovat et importante par ses nombreuses fabriques de cuirs, ainsi que par son commerce que favorise le canal qui porte son nom. Pop. : 3,500 âmes.

VELINES. — Chef-lieu de canton dans l'arrondissement de Bergerac, département de la Dordogne. Pop. : 800 âmes.

VELINO — Rivière d'Italie. Elle prend naissance aux Apennins, dans l'Abruzze ultérieure IIe, entre dans l'État du Pape, passe à Rieti, et se jette dans la Nera, après un cours de 90 kilomètres. Elle forme une cascade renommée.

VELITSCHTERIN ou **VOUSITRIN.** — Ville de la Romélie, en Turquie. C'est le chef-lieu d'un sandjak et d'un évêché. Pop. : 3,000 âmes.

VELLETRI. — Ville épiscopale, chef-lieu de la légation de ce nom, dans l'État du Pape. On y remarque de beaux édifices et de nombreux débris antiques. Pop. : 10,000 âmes.

VELLORE. — Petite ville de la province de Karnatic, dans l'empire indo-britannique. Elle est importante par ses fortifications et c'est l'une des principales stations de l'armée anglaise.

VELSHPOOL. — Ville du comté de Montgomery, dans le pays de Galles, en Angleterre. Elle est située près de la Sévern. C'est un marché considérable pour la flanelle. Pop. : 5,000 âmes.

VENAFRO. — Ville épiscopale de la Terre-de-Labour, dans le royaume de Naples. Elle était anciennement renommée parmi les villes de la Campanie, pour l'excellence de son huile d'olives. Pop. : 3,000 âmes.

VENASQUE. — Commune de l'arrondissement de Carpentras, dans le département de Vaucluse. C'était autrefois la capitale du Comtat-Venaissin, auquel elle a donné son nom. Pop. : 1,000 âmes.

VENASQUE. — Petite ville de la province de Huesca, en Espagne. Elle fut la capitale de l'ancien royaume de Ribargorce et Sobrarbe.

VENCE. — Chef-lieu de canton dans l'arrondissement de Grasse, département du Var. C'est l'ancienne *Vincium*, capitale des Néruses, dans les Alpes maritimes. L'évêché qu'avait autrefois cette ville, fut occupé, au IVe siècle par saint Eusèbe. Pop. : 3,200 âmes.

VENDÉE (Département de la). — Il a été formé d'une partie du Poitou. Sa superficie est de 681,700 hectares, et sa population d'environ 376,200 âmes. Il est divisé en 3 arrondissements dont les chefs-lieux sont Napoléon-Vendée, Fontenay et les Sables d'Olonne, et compte 30 cantons et 294 communes. Napoléon-Vendée est le siège de sa préfecture, Luçon celui de son diocèse, Poitiers celui de sa cour impériale et de son académie universitaire (*voir l'Appendice*), et il est compris dans la quatorzième division militaire. Ce département prend son nom d'une rivière qui se jette dans la Sèvre, à une lieue au-dessus de Marans, et commence à porter bateau à Fontenay.

VENDEUVRE. — Chef-lieu de canton dans l'arrondissement de Bar-sur-Aube, département de l'Aube. On y trouve des fabriques de toiles, de bonneterie, de papier, de faïence et de poterie, et l'on y fait aussi un commerce de moutons. Pop. : 1,900 âmes.

VENDHIA. — Montagnes du centre de l'Hindoustan. Leur chaîne principale court de l'est à l'ouest, au nord de la Nerbuddah.

VENDOME. — Petite ville située sur la rive droite du Loir, dans le département de Loir-et-Cher. Chef-lieu d'arrondissement, elle comprend 8 cantons et 110 communes. Elle possède un collège, une bibliothèque, de jolies promenades, et son commerce consiste en draperies, mégisseries, etc. Sa population est d'environ 8,000 âmes. Cette ville est la patrie de Ronsard, Jacques Adam, Baudot, etc.

VENDOTENA ou PANDATARIA. — Ile du royaume de Naples. Elle est située dans la mer Tyrrhénienne, à l'ouest de Pouzzoles; sa longueur est de 3 kilomètres et son sol est fertile. Sous les premiers empereurs romains, c'était un lieu d'exil. Pop. : 400 âmes.

VÉNEV. — Ville du gouvernement de Toula, en Russie. On y fabrique des étoffes de soie et des toiles à voiles. Pop. : 3,000 âmes.

VENEZUELA (République de) — État de l'Amérique méridionale. Il a été formé de la partie orientale de la Colombie, et correspond à l'ancienne capitainerie de Caracas. Ses bornes sont, au nord, la mer des Antilles; à l'ouest, la Nouvelle-Grenade; au sud, le Brésil, et à l'est la Guyane anglaise et l'Atlantique. Son plus grand fleuve est l'Orénoque, et ses principaux lacs sont ceux de Maracaybo et de Valencia. Le Venezuela est divisé en 4 départements et 12 provinces :

DÉPARTEMENTS.	PROVINCES.	CHEFS-LIEUX.
Zulia.	Maracaybo. Coro. Truxillo. Merida.	Maracaybo. Coro. Truxillo. Merida.
Orénoque.	Varinas. Apure. Guyane.	Varinas. Achagua. Angostura
Maturin.	Cumana. Barcelona. Margarita (île de)	Cumana. Barcelona. Asumpcion.
Venezuela.	Caracas. Carabobo.	Caracas. Valencia.

Caracas est la capitale de la république.

VENISE. — Grande et superbe ville fortifiée, bâtie entièrement sur pilotis au milieu de la lagune ou lac qui porte son nom, et séparée de la mer par une zone de petites îles habitées et cultivées. Elle est, ainsi que Milan, capitale du royaume Lombard-Vénitien, et le siège d'un patriarche catholique, d'un archevêque arménien, d'un évêque grec, et d'un commandant général de la marine autrichienne. Cette ville se compose d'un grand nombre d'îlots rapprochés les uns des autres, et divisés par des canaux dont le plus remarquable est le *Canal-Grande*, bordé de palais magnifiques, et sur lequel est construit le pont de *Rialto*, l'un des plus beaux de l'Europe. Viennent ensuite les canaux de Pisani, de Labia, de Baglioni, etc. Il résulte de cette situation de Venise, qu'au lieu de s'y promener en voiture, on le fait en *gondole*, genre de véhicule célébré à satiété, comme on sait, par tous les poëtes bons ou mauvais. Quant aux rues, elles sont pavées en grandes dalles; mais elles sont étroites, irrégulières, multipliées et forment de véritables labyrinthes. Cet inconvénient est un peu racheté par l'ouverture de vastes places, dont les plus renommées sont celles de San-Marco, de la Piazetta, de San-Stefano, de San-Giovani-Paolo, de San-Paolo, de Santa-Margarita, de Santa-Maria-Formosa, etc. Les principaux édifices sont l'église Saint-Marc, dont le portail est orné des quatre fameux chevaux de bronze fondus à Corinthe; celles de Saint-Georges-Majeur, de la Salute, des Scalzi, des Jésuites, des Miracles, de Saint-Siméon-Mineur, des Tolentini, de Saint-Zacharie, de Saint-Pierre, de Saint-François de la Vigne, de la confrérie de Saint-Roch, des Frari, de Saint-Giovani-Paolo et de San-Salvador; puis les bâtiments appelés *Procuratie vecchie* et *Procuratis nuove*, sur la place Saint-Marc; l'ancien palais ducal et le Pont des Soupirs; les palais Vendramin-Calergi, Trevisan, Pezaro, Rezzonico, Grassi, Grimani, Corner, Balbi, Tiepolo, etc.; l'arsenal, et enfin, les jardins publics. Venise possède un lycée, deux gymnases, le séminaire de la Salute, un collège des cadets de marine, une école normale principale, la bibliothèque Saint-Marc et plusieurs sociétés académiques. On y trouve en outre des fabriques d'étoffes de soie, de points, de glaces, de verreries, etc., et sa population est d'environ 120,000 âmes. C'est la patrie de Fra-Paolo, du Tintoret, d'Algarotti, etc. Dans le voisinage immédiat de Venise, on rencontre Saint-Michel de Murano, renommé par sa belle église, ornée de marbre précieux, et par la superbe chapelle Miani qui en dépend; puis, par le magnifique couvent des Camaldules, dans lequel, au milieu du XVIIIe siècle, on rédigeait la *Raccolta Calogeriana*, sorte de journal qui, à cette époque, contribua à conserver, en Italie, le goût des études sérieuses.

VENISE (Golfe de). — Il est formé par l'Adriatique, sur la côte du royaume Lombard-Vénitien, et longtemps on a donné le nom de *golfe de Venise* à toute la mer Adriatique.

VENLO ou VENLOO. — Ville forte du Limbourg hollandais. Elle est située sur la Meuse. Les alliés l'enlevèrent à la France en 1702. Pop. : 5,000 âmes.

VENTOUX. — Montagne du département de Vaucluse. Elle est située dans l'arrondissement de Carpentras, et son altitude est de 1,960 mètres.

VENZONE. — Bourg de la délégation d'Udine, dans le gouvernement de Venise. Il est situé près du Tagliamento. On y trouve des caveaux qui ont la propriété de dessécher les cadavres et d'offrir ainsi des momies naturelles. Pop. : 3,300 âmes.

VERA. — Ville de la province d'Alméria, en Espagne. Elle est située près de la Méditerranée, et l'on trouve, dans son voisinage, les ruines de l'ancienne Urci. Pop. : 8,000 âmes.

VERA-CRUZ. — Capitale de l'État de ce nom, dans la confédération méxicaine. Elle est située au bord de la mer, dans une plaine aride, entourée de collines de sable mobile ou dunes, et près de marais dont les miasmes délétères, joints à la chaleur du climat, rendent cette localité l'une des plus malsaines qui soient connues. La fièvre jaune y est endémique. Le port de cette ville est défendu par deux redoutes, mais il n'offre aucun abri, aucune sûreté aux navires qui y jettent l'ancre. Toutefois, ce concours de circonstances fâcheuses n'empêche pas que Vera-Cruz ne soit encore l'une des places les plus commerçantes et les plus riches du Mexique. Elle est d'ailleurs très-bien bâtie, et l'on y remarque la citadelle, le phare et l'aqueduc. Pop. 15,000 âmes.

VERA-PAZ. — *Voy.* COBAN.

VERBAS ou **VERBITZA.** — Rivière de Turquie. Elle prend naissance aux Alpes dinariques, partie des Alpes orientales; sépare la Croatie turque de la Bosnie, passe à Banialouka, et se jette dans la Save, après un cours de 200 kilomètres.

VERBERIE. — Commune de l'arrondissement de Senlis, dans le département de l'Oise. Les rois de la première race y ont habité, et il s'y est tenu plusieurs conciles. Pop. 1,300 âmes.

VERCEIL. — Ville archiépiscopale du Piémont, division de Novara, royaume sarde. On y remarque l'hôtel de ville, le palais du gouvernement et l'hôpital. Elle possède aussi une bibliothèque publique, et sa population est d'environ 15,000 âmes. Verceil fut la résidence d'Amédée IX et de Charles III, et c'est la patrie de Redemptus.

VERCEL. — Chef-lieu de canton dans l'arrondissement de Baume-les-Dames, département du Doubs. Pop. : 1,300 âmes.

VERDE (SIERRA). — Montagnes du Mexique. Elles sont situées au nord et font partie de la grande chaîne qui traverse les deux Amériques du nord au sud. Ces montagnes unissent les Monts-Rocheux à la Sierra de Los-Mimbres.

VERDEN. — Ville du royaume de Hanovre. Elle est située sur l'Aller, c'était autrefois le siége d'un évêché souverain. Pop. : 4,600 âmes.

VERDIERE (LA). — Commune de l'arrondissement de Brignoles, dans le département du Var.

VERDON. — Rivière de France. Elle passe à Castellane, sépare en partie le département des Basses-Alpes de celui du Var, et se joint à la Durance, après un cours de 130 kilomètres.

VERDUN. — Ville épiscopale située sur la Meuse. Elle a été fortifiée par Vauban. Chef-lieu d'arrondissement dans le département de la Meuse, elle comprend 7 cantons er 149 communes. Elle possède un séminaire, un collège, une bibliothèque, un musée et une société académique, et parmi les produits de son industrie, on cite ses liqueurs, ses confitures et ses dragées. Sa population est d'environ 12,000 âmes. Cette ville est la patrie de Jean Richard, de Joly et de Chevert.

VERDUN-SUR-GARONNE. — Chef-lieu de canton dans l'arrondissement de Castel-Sarrazin, département de Tarn-et-Garonne. Il est situé sur la rive gauche de la Garonne. Pop. : 4,100 âmes.

VERDUN-SUR-LE-DOUBS. — Chef-lieu de canton dans l'arrondissement de Châlons, département de Saône-et-Loire. Il est situé au confluent du Doubs et de la Saône. Pop. : 2,100 âmes.

VEREIA. — Ville du gouvernement de Moscou, en Russie. Elle est située sur la Protva, affluent de l'Oka. Pop. : 6,000 âmes.

VERFEIL. — Chef-lieu de canton dans l'arrondissement de Toulouse, département de la Haute-Garonne. Pop. : 2,400 âmes.

VERGT. — Chef-lieu de canton dans l'arrondissement de Périgueux, département de la Dordogne. Pop. : 1,700 âmes.

VERKHOTOURIÉ. — Petite ville du gouvernement de Perm, en Russie. On y trouve un grand nombre de forges et d'usines, et l'on exploite, dans ses environs, d'importantes mines d'or et de cuivre. Pop. 2,000 âmes.

VERKNEÏ-OUDINSK. — Petite ville du gouvernement d'Irkoutsk, en Sibérie, Russie asiatique. Elle est bâtie sur la rive droite de la Seleng, et son commerce est assez florissant.

VERMAND. — Chef-lieu de canton dans l'arrondissement de Saint-Quentin, département de l'Aisne. Pop. : 1,300 âmes.

VERMEJO. — Rivière de l'Amérique méridionale. Elle prend sa source dans la Bolivia, près de Tarija; traverse les provinces septentrionales de la Plata, et se joint au Paraguay, après un cours de 1,200 kilomètres.

VERMENTON. — Chef-lieu de canton dans l'arrondissement d'Auxerre, département de l'Yonne. Il est situé sur la Cure. Son territoire produit des vins estimés et l'on visite, dans son voisinage, les grottes d'Arcy. Pop. : 2,600 âmes.

VERMONT. — Un des États-Unis de l'Amérique septentrionale. Il est situé dans la région du nord-est. Ses bornes sont, au nord le Canada ; à l'ouest, le New-York, dont il est séparé en partie par le lac Champlain ; au sud, le Massachusetts, et à l'est, le Connecticut, qui le sépare de New-Hampshire. Le climat de cet état est salubre, et le sol y est très-fertile en grains. Montpellier est son chef-lieu. Pop. : 292,000 âmes.

VERNANTES. — Commune de l'arrondissement de Baugé, dans le département de Maine-et-Loire. Pop. : 2,000 âmes.

VERNET. — Commune de l'arrondissement de Prades, dans le département des Pyrénées-Orientales. On y trouve des sources minérales fréquentées. Pop. : 900 âmes.

VERNET-LA-VARENNE (Le). — Commune de l'arrondissement d'Issoire, dans le département du Puy-de-Dôme. Pop. : 2,400 âmes

VERNEUIL. — Petite ville de l'arrondissement d'Evreux, département de l'Eure. Anciennement on considérait cette ville comme l'une des places de guerre les plus importantes de la France, et au commencement du XVIII° siècle, on y voyait encore 11 grosses tours, 43 tourelles et 5 portes à pont-levis. Aujourd'hui, Verneuil est renommé par sa poterie dite d'*Armantières*, et on y tanne aussi des peaux de veau pour la reliure. Sa population est d'environ 5,000 âmes.

VERNON. — Chef-lieu de canton dans l'arrondissement d'Evreux, département de l'Eure. C'est une petite ville qui possède un collège, un parc de construction des équipages militaires, et des fabriques de velours de coton, d'indiennes, de toiles de coton, etc. Pop. : 7,100 âmes.

VERNOUX. — Chef-lieu de canton dans l'arrondissement de Tournon, département de l'Ardèche. Il est important par la fabrication de draps dont il se trouve le centre. Pop. : 1,400 âmes.

VEROLA-NUOVO. — Ville du royaume Lombard-Vénitien, dans l'empire d'Autriche. Pop. : 4,000 âmes.

VERONE. — Ville épiscopale située sur l'Adige, dans le gouvernement de Venise. Elle est fortifiée, et c'est le chef-lieu de la délégation qui porte son nom. Ses principaux édifices sont la cathédrale, monument du IX° siècle ; l'église Saint-Zénon, construite selon quelques-uns au VII° siècle, et dont on admire surtout les portes de bronze ; l'église Saint-Bernardin, renfermant la belle chapelle Pellegrini, chef-d'œuvre de San-Micheli ; l'église Saint-Nazaire et Saint-Celse, dont on fait remonter la construction au VI° siècle ; celle de Sainte-Marie, dont la sacristie est regardée comme la plus belle de l'Italie ; celle de Sainte-Anastasie, remarquable par son étendue et ses monuments ; et celle de Saint-Georges, dont les peintures ont été exécutées par les premiers maîtres véronais. Viennent ensuite les portes Nuova, Stupa et Portoni della Bra ; le palais de la Gran-Guardia, celui de Consiglio, et ceux appelés Canossa, Bevilacqua, Verza, Pompéi, Giusti et Maffei ; la douane et le pont del Castel Vecchio ; puis quelques monuments antiques tels que l'arc des Gavi, deux portes à doubles arcades, les restes d'un théâtre, etc. ; et enfin les tombeaux des Scaliger. Cette ville possède un séminaire épiscopal, un lycée, une maison royale d'éducation pour les demoiselles, trois gymnases, une école de peinture, une bibliothèque publique, un musée lapidaire et plusieurs sociétés académiques. On y trouve en outre des teintureries renommées, des filatures de soie et autres fabriques. Sa population est d'environ 48,000 âmes. Il se tint à Vérone, en 1822, un congrès qui prononça sur les différends de la péninsule hispanique.

VERPILLIÈRE (La). — Chef-lieu de canton dans l'arrondissement de Vienne, département de l'Isère. Pop. : 1,200 âmes.

VERSAILLES. — Chef-lieu du département de Seine-et-Oise. Cette ville, bien percée, bien bâtie, possède environ 40,000 habitants : avant la révolution de 1789 elle en avait, dit-on, le double. Son arrondissement comprend 10 cantons et 111 communes. Son château, construit par Louis XIV, de 1672 à 1690, est célèbre par ses magnificences de tout genre ; et son parc, d'une étendue de 744,960 mètres carrés, est divisé en une multitude d'allées bordées de charmilles, lesquelles renferment entre elles des bosquets qui offrent des jeux hydrauliques très variés. Le tout est parsemé de statues, de vases, de bassins et terminé par un large canal qui se prolonge à l'horizon. Ce parc renferme aussi deux autres palais : le *grand Trianon*, élevé par Louis XIV, et le *petit Trianon*, bâti par Louis XV et embelli par Marie-Antoinette. Les jardins de ce dernier, tracés dans le genre anglais, sont remarquables par les chalets et autres constructions dans le goût de la Suisse qu'on y a répandus. Le roi Louis-Philippe a transformé le château de Versailles en un *musée historique français*, et les immenses galeries, ainsi que tous les appartements, sont décorés de tableaux et de statues rappelant les gloires de la nation aux diverses époques de ses annales. On arrive de Paris à Versailles par deux chemins de fer appelés de *la Rive droite* et de *la Rive gauche*.

VERSOY ou **VERSOIX.** — Village du canton de Genève, en Suisse. Il est situé sur le lac de Genève, où il possède un petit port. Pop. : 700 âmes.

VERTAIZON. — Chef-lieu de canton dans l'arrondissement de Clermont, département du Puy-de-Dôme. Pop. : 2,500 âmes.

VERTEILLAC. — Chef-lieu de canton dans l'arrondissement de Ribérac, département de la Dordogne. Pop. : 1,100 âmes.

VERTON. — Chef-lieu de canton dans l'arrondissement de Nantes, département de la Loire-Inférieure. Il est situé près de la rive droite de la Sèvre nantaise. Pop. : 5,700 âmes.

VERVIERS. — Ville de la province de Liége, en Belgique. Elle est importante par ses nombreuses fabriques de draps et de casimirs, et par ses forges où l'on construit des machines à vapeur. Pop. : 20,000 âmes.

VERVINS. — Petite ville située sur la Serre, dans le département de l'Aisne. Chef-lieu d'arrondissement, elle comprend 8 cantons et 131 communes. Un traité de paix y fut conclu, en 1598, entre Henri IV et Philippe II. Sa population est d'environ 3,000 âmes.

VERZY. — Chef-lieu de canton dans l'arrondissement de Reims, département de la Marne. Commerce de vins et de bois. Pop. : 1,100 âmes.

VESCOVATO. — Chef-lieu de canton dans l'arrondissement de Bastia, en Corse. On y trouve des vins estimés. Pop. : 1,000 âmes.

VESDRE. — Rivière de Belgique. Elle prend sa source en Prusse, passe à Limbourg et Verviers, et se joint à l'Ourthe, au-dessus de Liége, après un cours de 65 kilomètres.

VESINS. — Chef-lieu de canton dans l'arrondissement de Milhau, département de l'Aveyron. Pop. : 2,000 âmes.

VESLE. — Rivière de France. Elle prend sa source dans le département de la Marne, passe dans celui de l'Aisne, et se joint à l'Aisne après un cours de 120 kilomètres.

VESOUL. — Petite ville située sur le Durgeon. Chef-lieu du département de la Haute-Saône, son arrondissement comprend 10 cantons et 213 communes. Elle possède un collège, une bibliothèque publique, un cabinet de physique et d'histoire naturelle et une société académique. Elle fait un commerce de grains et de bois, et devient le dépôt des produits d'un grand nombre de forges. Sa population est d'environ 6,000 âmes. On visite, dans ses environs, à Echenoz-la-Meline, des grottes remarquables par leur étendue et les ossements fossiles qu'on y découvre.

VESSIEGOUSK. — Petite ville du gouvernement de Tver, en Russie. Elle est assez importante par sa fabrication de clous et deux grandes foires qui s'y tiennent annuellement. Pop : 2,000 âmes.

VESTENA. — Petit bourg de la délégation de Vérone, dans le gouvernement de Venise. Ses environs sont renommés par les curiosités naturelles qu'on y rencontre. Ce sont entre autres des séries de colonnes appelées *Stanghelini*, puis le *lapis numalis*, et enfin, au pied du mont Purga de Bolca, une immense carrière de schiste calcaire, remplie de poissons pétrifiés. C'est le plus grand amas que l'on connaisse de ces animaux fossiles.

VESTERVIK. — Ville du royaume de Suède. Elle est située sur la mer Baltique, où elle possède un port. Pop. : 3,000 âmes.

VESUVE. — Volcan célèbre d'Italie. Il est situé à 13 kilomètres est-sud-est de Naples, et son élévation, au-dessus du niveau de la mer, est de 1,198 mètres. Sa base offre 32 kilomètres de circuit, et l'on récolte, au Midi, le vin qui porte le nom de *Lacryma Christi*. La première éruption connue de ce volcan est celle de l'an 79, qui ensevelit Pompéi, Herculanum et Stabies, et causa la mort de Pline l'ancien ou le naturaliste.

VEVAY. — Petite ville du canton de Vaud, en Suisse. Elle est située au bord du lac de Genève, et dans un pays remarquable par sa beauté. Elle est industrieuse et commer-

cante ; possède un collège, et sa population est d'environ 4,000 âmes. On trouve dans ses environs le joli village de Clarens.

VEYLE. — Rivière de France. Elle arrose le département de l'Ain, et se joint à la Saône, au-dessous de Mâcon, après un cours de 70 kilomètres.

VEYNES. — Chef-lieu de canton dans l'arrondissement de Gap, département des Hautes-Alpes. Pop. : 1,900 âmes.

VEYRE. — Chef-lieu de canton dans l'arrondissement de Clermont, département du Puy-de-Dôme. : Pop. : 3,000 âmes.

VÉZELAY. — Petite ville de l'arrondissement d'Avallon, dans le département de l'Yonne. On y remarque l'église de Sainte-Madeleine, dont le triple portail offre, à son arceau du milieu, de riches sculptures. C'est dans cette ville qu'en 1146, saint Bernard prêcha la deuxième croisade. Pop. : 1,200 âmes.

VÉZELISE. — Chef-lieu de canton dans l'arrondissement de Nancy, département de la Meurthe. On y remarque une église dont la flèche est très-élevée, et l'on y fabrique des tissus de coton, de broderies, etc. Pop. : 1,600 âmes.

VEZENOBRES. — Chef-lieu de canton dans l'arrondissement d'Alais, dans le département du Gard. Il est situé sur le chemin de fer de Nîmes à Alais. Pop. : 1,100 âmes.

VEZÈRE. — Rivière de France. Elle prend sa source au nord du département de la Corrèze, passe dans celui de la Dordogne, et se jette dans la Dordogne, à Dimeuil, après un cours de 180 kilomètres.

VEZÈRE (HAUTE). — Rivière de France. Elle prend sa source au nord-ouest du département de la Corrèze, passe dans celui de la Dordogne, et se joint à l'Isle, au-dessus de Périgueux, après un cours de 80 kilomètres.

VEZIR-PACHA. — Ville de la Turquie d'Asie. Elle est située dans le pachalik de Sivas, et c'est dans son voisinage que se trouvent les célèbres sources minérales de Gouza. Pop. : 20,000 âmes.

VEZOUSE. — Rivière de France. Elle est située dans le département de la Meurthe, passe à Lunéville, et se jette dans la Meurthe, après un cours de 66 kilomètres.

VEZZANI. — Chef-lieu de canton dans l'arrondissement de Corté, en Corse. Pop. : 1,000 âmes.

VIADANA. — Ville du royaume Lombard-Vénitien, empire d'Autriche. Elle est située sur le Pô. Pop. : 7,000 âmes.

VIALAS. — Commune de l'arrondissement de Florac, dans le département de la Lozère. Elle est importante par la mine de plomb argentifère qu'on y exploite. Pop. : 2,100 âmes.

VIANA. — Ville de la Navarre, en Espagne. Elle est située sur la rive gauche de l'Ebre. Pop. : 3,000 âmes.

VIANA. — Très-petite ville de l'Alentejo, en Portugal. Elle donne son nom à une montagne qui est le prolongement de la Sierra d'Ossa. Pop. : 1,400 âmes.

VIANA. — Ville du Minho, en Portugal. C'est le siège du gouverneur de la province. Cette ville est importante par son port, ses pêcheries et son commerce. Pop. : 8,000 âmes.

VIANEN. — Ville de la Hollande méridionale. Elle est situé sur la rive gauche du Leck, au point où aboutit le canal de Zederick. Pop. : 2,000 âmes.

VIANNE. — Commune de l'arrondissement de Nérac, dans le département de Lot-et-Garonne. Elle est située sur la Baïse. Henri IV porta le titre de prince de Vianne. Pop. : 900 âmes.

VIAREGGIO. — Petite ville du duché du Lucques. Elle est importante par son commerce de cabotage, que favorise un port commode. Sa population est d'environ 5,000 âmes.

VIATKA. — Ville épiscopale, chef-lieu du gouvernement de ce nom, en Russie. Elle possède un séminaire et un gymnase ; on y trouve des savonneries et des tanneries, et l'on y fait aussi un commerce important de grains. Pop. : 10,000 âmes.

VIAUR. — Rivière de France. Elle sépare en partie le département du Tarn de celui de l'Aveyron, et s'unit à l'Aveyron, à Saint-Amans, après un cours de 110 kilomètres.

VIBORG. — Ville épiscopale du Jutland septentrional, en Danemark. On la regarde comme la plus ancienne du royaume. Pop. : 3,000 âmes.

VIBORG. — Ville du grand-duché de Finlande, en Russie. Elle est située sur le golfe de Finlande. On y fait un commerce de bois de construction, de résine, de goudron et de potasse. Pop. 3,000 âmes.

VIBRAYE. — Chef-lieu de canton dans l'arrondissement de Saint-Calais, département de la Sarthe. Pop. : 3,100 âmes.

VIC. — Chef-lieu de canton dans l'arrondissement de Château-Salins, département de la Meurthe. Elle est située sur la Seille, et l'on y trouve une mine de sel gemme, ainsi que des sources salées. On y fait aussi un commerce de grains, de vins et de bonneterie. Cette ville fut l'un des séjours des rois d'Austrasie. Pop. : 3.300 âmes.

VIC-DESSOS — Chef-lieu de canton dans l'arrondissement de Foix, département de l'Ariège. Il est situé sur le gave de son nom. On y trouve une riche mine de fer et des forges. Pop. : 1,200 âmes.

VIC-EN-BIGORRE. — Chef-lieu de canton dans l'arrondissement de Tarbes, département des Hautes-Pyrénées. Pop. : 3,700 âmes.

VIC-FÉZENSAC. — Chef-lieu de canton dans l'arrondissement d'Auch, département du Gers. Il est situé sur la Losse, affluent de la Baïse. Pop. : 3,400 âmes.

VIC-LE-COMTE. — Chef-lieu de canton dans l'arrondissement de Clermont, département du Puy-de-Dôme. Il est situé près de l'Allier. On y trouve des fabriques de faïence, de poterie, de clous, d'épingles, et l'on y fait aussi un commerce de vins. Pop. : 3,200 âmes.

VIC-SUR-AISNE. — Chef-lieu de canton dans l'arrondissement de Soissons, département de l'Aisne. Il est situé sur la rive droite de l'Aisne. Pop. : 800 âmes.

VIC-SUR-CÈRE. — Chef-lieu de canton dans l'arrondissement d'Aurillac, département du Cantal. Il est situé sur la Cère, et l'on y trouve des sources minérales. Pop. : 2,000 âmes.

VICENCE. — Ville épiscopale, située sur le Bacchiglione, dans le gouvernement de Venise. C'est le chef-lieu de la délégation qui porte son nom. Parmi ses édifices on remarque surtout le palais public ou *Basilica*, puis les palais Chiericato, Porto, Barbarana, Tiene, Franceschini, et Valmarana, dus à Palladio. Cette ville possède un séminaire, un lycée, deux gymnases, une bibliothèque publique, et plusieurs sociétés académiques. Elle fait aussi un commerce considérable d'étoffes de soie et ses filatures sont renommées. Sa population est d'environ 30,000 âmes. On trouve dans son voisinage la fameuse *Rotonda*, chef-d'œuvre de Palladio; le cimetière, et le beau sanctuaire de la *Madonna del monte*, situé sur le mont Berico.

VICH. — Ville épiscopale de la Catalogne, en Espagne. Elle est assez importante par ses fabriques de toiles, ses filatures de coton, et les mines de cuivre et de houille qui se trouvent dans son voisinage. Pop. 1,300 âmes.

VICHNÉI-VOLOTCHOK. — Ville du gouvernement de Tver, en Russie.

VICHY. — Commune de l'arrondissement de La Palisse, dans le département de l'Allier. Elle possède des sources thermales très-renommées et qui étaient déjà fréquentées du temps des Romains. Pop. : 1,400 âmes.

VICO. — Chef-lieu de canton dans l'arrondissement d'Ajaccio, en Corse. On y trouve des sources thermales. Pop. : 1,600 âmes.

VICO. — Ville de la Capitanate, dans le royaume de Naples. Elle est située sur le mont Gargano. Pop. : 9,000 âmes.

VICO. — Ville épiscopale de la province de Naples, dans le royaume des Deux-Siciles. Elle est située sur le golfe de Naples. Pop. : 3,000 âmes.

VICO-DI-MONDOVI. — Ville de la division de Coni, dans le royaume sarde. Les Français y battirent les Piémontais en 1796. Pop. : 3,000 âmes.

VICO-EQUENSE. — Ville épiscopale de la province de Naples. Elle est située sur le golfe de Naples. Les Goths l'ayant détruite, elle fut rebâtie, en 1300, par Charles II d'Anjou. Pop. : 2,600 âmes.

VICQ. — Commune de l'arrondissement de Châtellerault, dans le département de la Vienne. Elle est située sur la Gartempe. Pop. : 1,800 âmes.

VICQ. — Commune de l'arrondissement de Saint-Yrieix, dans le département de la Haute-Vienne. Pop. : 2,100 âmes.

VICTORIA. — Chef-lieu de la province Espirito-Santo, au Brésil. C'est une petite ville, importante par sa baie et le commerce qu'elle entretient. Pop. : 5,000 âmes.

VICTORIA (LA). — Gros bourg de la province de Caracas, dans la république de Venezuela, Colombie. Il est important par son commerce et ses travaux agricoles, et l'on trouve, dans son voisinage, la colonie allemande de Tovar. Pop. : 8,000 âmes.

VICTORIA (TERRE). — Dans la mer Glaciale du Sud. Elle est située entre 70° et 78° de latitude sud, et par 160° de longitude est; son sol est glacé et inhabitable. Sa découverte appartient au capitaine Ross et date de 1840.

VID. — Rivière de Bulgarie. Elle prend naissance aux monts Balkans, et se jette dans le Danube, non loin de Nicopolis, après un cours qui dépasse 200 kilomètres.

VIDAUBAN. — Commune de l'arrondissement de Draguignan, dans le département du Var. Pop. : 2,100 âmes.

VIDIN ou VIDDIN. — Grande ville fortifiée de la Bulgarie, dans la Turquie d'Europe. C'est le chef-lieu du Sandjak de même nom, et le siège d'un évêché grec. Son commerce est assez important. Pop. : 25,000 âmes.

VIDOURLE. — Rivière du département du Gard. Elle sépare ce département de celui de l'Hérault, passe à Massillargues et se jette dans l'étang de Mauguio, après un cours de 80 kilomètres. C'est elle qui alimente le canal de la Radelle.

VIE. — Petite rivière du département de la Vendée. Elle se jette dans l'Atlantique, au port de Saint-Gilles.

VIEILLE-MONTAGNE. — Lieu de la province de Liége, en Belgique. Il est situé près de Verviers. On y exploite une mine de zinc.

VIEILLE-VIGNE. — Commune de l'arrondissement de Nantes, dans le département de la Loire-Inférieure. Elle est située sur l'Ognon, affluent du lac de Grand-Lieu. On y fabrique des coutils. Pop. : 5,300 âmes.

VIELLA. — Très-petite ville d'Espagne. Elle est située non loin des sources de la Garonne; c'est le chef-lieu de la vallée d'Arran, et l'on trouve dans son voisinage l'un des principaux cols des Pyrénées. Pop. : 700 âmes.

VIELLE-AURE. — Chef-lieu de canton dans l'arrondissement de Bagnères-de-Bigorre, département des Hautes-Pyrénées. Pop. : 400 âmes.

VIELMUR. — Chef-lieu de canton dans l'arrondissement de Castres, département du Tarn. On y trouve des filatures de laine et de coton. Pop. : 1,200 âmes.

VIENNA. — Ville du Maryland, aux Etats-Unis. Elle est située près de l'embouchure du Nanticoke dans la baie de Chesapeak. Pop. : 6,000 âmes.

VIENNE (DÉPARTEMENT DE LA). — Il a été formé de parties du Poitou, de la Touraine, et du Berry. Sa superficie est de 676,000 hectares, et sa population d'environ 308,400 âmes. Il a est divisé en 5 arrondissements dont les chefs-lieux sont Poitiers, Châtellerault, Civray, Loudun et Montmorillon, et compte 31 cantons et 299 communes. Poitiers est le siége de sa préfecture, de son diocèse, de sa cour impériale et de son académie universitaire (*voir l'Appendice*), et il est compris dans la quatorzième division militaire. La rivière qui donne son nom à ce département prend sa source aux confins de ceux de la Creuse et de la Haute-Vienne, et se jette dans la Loire à Candes, après avoir reçu la Creuse. Elle devient navigable à 2 lieues au-dessous de Châtellerault.

VIENNE (DÉPARTEMENT DE LA HAUTE). — Il a été formé de parties du Limousin, de la Marche, du Poitou et du Berry. Sa superficie est de 554,266 hectares, et sa population d'environ 317,740 âmes. Il est divisé en 4 arrondissements dont les chefs-lieux sont Limoges, Saint-Yrieix, Bellac et Rochechouart, et compte 27 cantons et 199 communes. Limoges est le siège de sa préfecture, de son diocèse et de sa cour d'appel; Poitiers, celui de son académie universitaire, et il est compris dans la treizième division militaire.

VIENNE. — Ville située sur la rive gauche du Rhône, dans la vallée de la Gère, département de l'Isère. Chef-lieu d'arrondissement, elle comprend 10 cantons et 133 communes. On remarque sa cathédrale gothique et plusieurs monuments romains plus ou moins conservés ou en ruines, tels qu'un obélisque, un arc de triomphe, un amphithéâtre, un aqueduc, une maison carrée, puis le pont qui joint la ville au faubourg, et le fort Pipet. Cette ville possède un collége, une bibliothèque publique et un musée. Elle a de nombreuses usines métallurgiques, des filatures de soie, des moulins à farine et à foulon, des tanneries, etc. Sa population est d'environ 17,000 âmes.

VIENNE. — Grande et belle ville archiépiscopale, située sur la rive droite du Danube, au confluent de la Vienne et de l'Alster C'est la capitale de l'empire d'Autriche. Parmi les nombreux édifices et autres ornements de cette cité, on remarque surtout le Burg ou palais impérial, l'église Saint-Etienne, l'un des plus beaux monuments gothiques de l'Europe; l'église Saint-Pierre, bâtie sur le plan de la basilique du même nom, à Rome; la vaste église des Augustins, qui renferme le mausolée de l'archiduchesse Christine, œuvre de Canova; l'église des Capucins, dont l'immense souterrain sert de sépulture aux princes de la maison d'Autriche; l'église Saint-Rupert qui date de 740 ; et l'église Saint-Charles, aussi belle que régulière; puis l'hôtel de ville, ceux de la chancellerie de la cour, du conseil de guerre, de la monnaie et des invalides, la banque, la douane, la caserne de cavalerie, le palais du Belvédère, ceux des princes de Schwartzemberg et Rasoumofsky, la fabrique impériale de porcelaine, et enfin la promenade du Prater, superbe forêt de chênes et de hêtres, située dans une île du Danube, et celles du parc d'Augarten et du jardin de Volskgarten. Vienne possède une université célèbre, un institut théologique, un institut polytechnique, une école d'orientalistes, une école normale, une académie d'ingénieurs, une école de médecine, une école vétérinaire, un conservatoire de musique, plusieurs gymnases et colléges, un observatoire, une magnifique bibliothèque, diverses collections, une galerie de tableaux, un jardin botanique et des sociétés académiques. Cette ville est en outre florissante par ses manufactures de tout genre, son commerce étendu, sa banque et ses opérations variées. Sa population est d'environ 400,000 âmes. Dans le nombre des châteaux que l'on trouve dans son voisinage, il faut placer au premier rang celui de Schœnbrünn, renommé par la grandeur de ses bâtiments, sa ménagerie, et son jardin botanique; puis celui de Laxemburg, véritable curiosité pour les étrangers. Ce dernier, situé au milieu d'un des plus beaux parcs de l'Europe, est une construction gothique environnée de fossés et de murailles crénelées, c'est-à-dire une forteresse en miniature du moyen age. On rencontre encore, dans un rayon peu étendu, le village de Miriabrunn, important par son école forestière; puis Meidling, qui possède des sources minérales; puis Penzing, animé par une fabrique de rubans, et dans l'église duquel on admire une très-belle statue de femme, qui semble s'élever vers le ciel, et qu'un élève de Canova a terminée.

VIERGES (Les). — Groupe de petites îles des Antilles. Il est situé au nord-ouest des îles du Vent et à l'est de Portorico. Les principales de ce groupe sont Anegada, Tortola, et Virgin-Gorda qui appartiennent à l'Angleterre; Saint-Thomas, Saint-Jean et Sainte-Croix, au Danemark; et Vique, à l'Espagne. Pop.: 60,000 âmes.

VIERZON. — Petite ville, chef-lieu de canton dans l'arrondissement de Bourges, département du Cher. Elle est située au confluent du Cher et de l'Yèvre, puis sur le canal du Berry et le chemin de fer du centre. Cette ville est importante par ses forges et ses hauts fourneaux, qui produisent d'excellentes qualités de fer et de fonte, et par sa grande manufacture de porcelaine. Pop.: 5,700 âmes.

VIERZON-VILLAGE. — Commune de l'arrondissement de Bourges, dans le département du Cher. Pop.: 3,600 âmes.

VIESTI. — Ville épiscopale de la Capitanate, dans le royaume de Naples. Elle est située sur la mer Adriatique, à l'extrémité est du mont Gargan. Pop.: 5,000 âmes.

VIEUX-FORT-L'OLIVE (Le). — Bourg de l'île de la Guadeloupe, l'une des Antilles françaises. Il est situé dans l'arrondissement de la Basse-Terre, près de la pointe méridionale. Pop.: 900 âmes.

VIEUX-FORT-SAINT-LOUIS. — Quartier de l'île de Marie-Galante, l'une des Antilles françaises. Il est situé sur la côte nord-ouest. Pop.: 2,700 âmes.

VIEUX-HABITANTS (Les). — Commune de l'île de la Guadeloupe. Elle est située dans l'arrondissement de la Basse-Terre, près de la côte occidentale. Pop.: 2,100 âmes.

VIF. — Chef-lieu de canton dans l'arrondissement de Grenoble, département de l'Isère. On y trouve des moulins à soie, et l'on y fabrique du sucre indigène et de la poterie. Pop.: 2,300 âmes.

VIGAN. — Petite ville du département du Gard, située dans les Cévennes. Chef-lieu d'arrondissement, elle comprend 10 cantons et 79 communes. On y trouve des fabriques de bas de soie et de coton, de cuirs, de mégisserie, etc., et sa population est d'environ 5,000 âmes.

VIGAN. — Ville de l'île de Luçon, l'une des Philippines. C'est le chef-lieu de la province d'Ylocos-Sud, et le siége de l'évêché de Nuova-Segovia. Pop. 18,000 âmes.

VIGEOIS. — Chef-lieu de canton dans l'arrondissement de Brive, département de la Corrèze. Il est situé près de la Vézère. Pop.: 2,500 âmes.

VIGEVANO. — Ville épiscopale du royaume sarde. Elle est située sur la rive droite du Tésin. On y trouve des fabriques de soieries et de savon. On y conclut, en 1696, un traité de paix. C'est la patrie de François Sforce. Pop. 12,000 âmes.

VIGNEMALE. — Un des plus hauts pics des monts pyrénéens. Il est situé dans le département des Hautes-Pyrénées, près de la frontière d'Espagne; son altitude est de 3,298 mètres.

VIGNEULLES. — Chef-lieu de canton dans l'arrondissement de Commercy, département de la Meuse. Pop.: 1,100 âmes.

VIGNEUX. — Commune de l'arrondissement de Savenay, dans le département de la Loire-Inférieure. Pop.: 2,800 âmes.

VIGNOLA. — Ville du duché de Modène. Elle est située sur la rive gauche du Panaro. C'est la patrie de Muratori et de l'architecte Vignole.

VIGNOLA. — Ville de la Basilicate, dans le royaume de Naples. On y tient une foire importante. Pop.: 4,000 âmes.

VIGNORY. — Chef-lieu de canton dans l'arrondissement de Chaumont, département de la Haute-Marne. On y fabrique de la bonneterie et de l'huile. Pop.: 800 âmes.

VIGO. — Lac de Russie. Il est situé dans le gouvernement d'Olonetz, et ses eaux s'écoulent dans la mer Blanche par le Vig.

VIGO. — Ville de la province de Pontevedra, en Espagne. Elle est située sur la baie de son nom, formée par l'Atlantique. Les Anglais et les Hollandais y coulèrent une flotte espagnole, en 1702. Pop.: 6,000 âmes.

VIGY. — Chef-lieu de canton dans l'arrondissement de Metz, département de la Moselle. Pop.: 900 âmes.

VIHIERS. — Chef-lieu de canton dans l'arrondissement de Saumur, département de Maine-et-Loire. On y fait un commerce de toiles, de coutils et de bestiaux. Pop.: 1,300 âmes.

VILAINE. — Rivière de France. Elle prend sa source dans la chaîne Armorique, arrose les départements d'Ille-et-Vilaine et du Morbihan, passe par Vitré, Rennes et Redon, et, grossie à sa droite par l'Ille, va se jeter dans l'Atlantique après un cours d'environ 200 kilomètres.

VILIA ou VILHA. — Rivière de Russie. Elle arrose les gouvernements de Minsk et de Vilna, passe à Vilna, et se jette dans le Niémen, non loin de Kovno, après un cours de 350 kilomètres.

VILIOUI. — Rivière de la Russie asiatique. Elle arrose la province d'Iakoutsk, en Sibérie, passe à Verkhné, et se joint à Léna, après un cours de 1,300 kilomètres. En 1771, on découvrit sur ses bords le cadavre d'un rhinocéros antédiluvien, bien conservé et couvert de poils.

VILLA-CIDRO. — Ville épiscopale de l'île de Sardaigne. On y trouve des sources thermales et des mines de plomb. Pop. : 5,000 âmes.

VILLA-DA-PRAYA. — Ville de l'île de Tercère, l'une des Açores. Elle fut dévastée, en 1614 et en 1841, par des tremblements de terre. Pop. : 3,000 âmes.

VILLA-DE-NOSSA-SENHORA-DO-ROSARIO. — Chef-lieu de l'île San-Antao, la plus peuplée de l'archipel du cap Vert. Pop. : 6,000 âmes.

VILLA-DE-PRAYA. — Chef-lieu de l'île de Santiago, dans l'archipel du cap Vert. Elle possède une rade et c'est la résidence du gouverneur. L'évêque réside à Ribera, petit endroit de la même île. Pop. : 1,200 âmes.

VILLA-DEL-FUERTE. — Ville épiscopale de l'Etat de Sonora-el-Cinaloa, dans la confédération mexicaine. Elle est la résidence du gouverneur. Pop. : 8,000 âmes.

VILLA-DO-CONDE. — Ville de la province d'Entre-Douro-et-Minho, en Portugal. Elle est située près de l'embouchure de l'Ave dans l'Atlantique. Pop. : 3,000 âmes.

VILLA-DO-PRINCIPE. — Ville de la province de Minas-Geraës, au Brésil. On y trouve un lavage d'or. Pop. : 3,000 âmes.

VILLA-FRANCA. — Ville de l'île de San-Miguel, l'une des Açores. Elle est située sur la côte du sud est renommée par ses fruits et ses légumes. Pop. : 3,000 âmes.

VILLA-JOANNES. — Bourgade de la province de Para, au Brésil. C'est le chef-lieu de la comarque de Marajo, qui s'étend sur la grande île de même nom, laquelle est une des contrées les plus marécageuses de l'Amérique. Cette île possède une baie.

VILLA-RICA. — Petite ville du Paraguay. C'est dans ses environs qu'on récolte la plus grande quantité de la plante appelée *Maté* ou *herbe du Paraguay*, laquelle est recherchée dans toute l'Amérique méridionale pour être prise en infusion théiforme.

VILLA-VIÇOSA. — Ville de la province de Para, au Brésil. Elle est assez importante par les produits de son sol et par son commerce. Pop. : 12,000 âmes.

VILLA-VIÇOSA. — Ville de la province de Ceara, au Brésil. C'est une ancienne colonie fondée par les Jésuites.

VILLA-VIÇOSA. — Ville de l'Alentejo, en Portugal. C'est le chef-lieu de l'ordre de Notre-Dame de la Conception. Pop. : 3,000 âmes.

VILLA VIEJA. — Ville de l'Amérique centrale. Elle est située non loin de San-Jose. Pop. : 7,000 âmes.

VILLACH. — Ville murée de l'Illyrie, empire d'Autriche. On y voit un château fort, et l'on trouve, dans ses environs, des sources minérales, des sources salées, des forges, des carrières de marbre et des mines de cuivre. Pop. : 4,000 âmes.

VILLAFLOR. — Ville murée de la province de Tras-os-Montes, en Portugal. On y fait un commerce de cuirs. Pop. : 3,000 âmes.

VILLAFRANCA. — Ville murée de la province de Barcelone, en Espagne. Elle est située sur le Tet. Pop. : 5,000 âmes.

VIILLAFRANCA. — Ville du royaume Lombard-Vénitien, empire d'Autriche. Elle est située sur le Tartaro. Pop. : 6,000 âmes.

VILLAFRANCA. — Ville de la division de Turin, royaume de Sardaigne. Elle est située sur le Pô qui est navigable. Pop. : 7,000 âmes.

VILLAFRANCA-DEL-VIERZO. — Ville de la province de Léon, en Espagne. On y fait un commerce de vins. Pop. : 3,000 âmes.

VILLAHERMOSA. — Ville de l'Etat de Costarica, dans l'Amérique centrale. Pop. : 4,000 âmes.

VILLAHERMOSA. — Ville de la province de Ciudad-Real, en Espagne. Pop. : 4,000 âmes.

VILLAINES-LA-JUHEL. — Chef-lieu de canton dans l'arrondissement de Mayenne, département de la Mayenne. Pop. : 2,500 âmes.

VILLAJOYOSA. — Ville de la province d'Alicante, en Espagne. Elle est située sur la Méditerranée où elle possède un port. Pop. : 5,000 âmes.

VILLALON. — Ville de la province de Valladolid, en Espagne. On y fait des fromages qui sont renommés. Pop. : 5,000 âmes.

VILLALPANDO. — Ville de la province de Valladolid, en Espagne. Elle est située près du Valderaduey. Pop. : 3,000 âmes.

VILLALTA. — Ville de l'Etat de Oaxaca, dans la confédération mexicaine. On trouve des mines d'argent sur son territoire. Pop. : 4,500 âmes.

VILLAMBLARD. — Chef-lieu de canton dans l'arrondissement de Bergerac, département de la Dordogne. Pop. : 1,300 âmes.

VILLANDRAUT. — Chef-lieu de canton dans l'arrondissement de Bazas, département de la Gironde. C'est la patrie du pape Clément V. Pop. : 900 âmes.

VILLANOVA. — Ville de la province de Rio-Grande-do-Norte, au Brésil. Elle est située sur le Rio-dos-Piranhas. On y trouve des salines et l'on y fait un commerce de bestiaux.

VILLANOVA-DA-CAXOEIRA. — Ville de la province de San-Pedro, au Brésil. Elle est située sur le Jacuhy. Pop. : 8,000 âmes.

VILLANOVA-DA-PRINCEZA. — Ville de la province de Rio-Grande, au Brésil. Elle est assez importante par ses salines.

VILLANOVA-DEL-REY. — Ville de la province de Ceara, au Brésil. On vante la pureté de son climat et la fertilité de son sol. Pop. : 5,000 âmes.

VILLANUEVA. — Ville de la province de Barcelone, en Espagne. Elle est située sur la Méditerranée. Pop. : 9,000 âmes.

VILLANUEVA-DE-LA-SERENA. — Ville de la province de Badajoz, en Espagne. Elle est située près de la rive gauche de la Guadiana. On y fait un commerce de laines fines. Pop. : 12,000 âmes.

VILLANUEVA-DE-LOS-INFANTES. — Ville de la province de Ciudad-Réal, en Espagne. On trouve, sur son territoire, des sources minérales et des mines de cuivre. Pop. : 8,000 âmes.

VILLANUEVA-DE-SAN-MARCOS. — Ville de la province de Cordoue, en Espagne. Pop. : 5,000 âmes.

VILLANUEVA-DEL-ARZOBISPO. — Ville de la province de Jaen, en Espagne. Pop. : 4,500 âmes.

VILLANUEVA-DI-MONDOVI. — Ville de la division de Coni, dans le royaume sarde. Pop. : 3,000 âmes.

VILLAPOURÇON. — Commune de l'arrondissement de Château-Chinon, dans le département de la Nièvre. Pop. : 2,600 âmes.

VILLARAMIEL. — Bourg de la province de Palencia, en Espagne. Il est situé près du Sequillo. Pop. : 3,500 âmes.

VILLARD-DE-LANS. — Chef-lieu de canton dans l'arrondissement de Grenoble, département de l'Isère. Pop. : 2,300 âmes.

VILLAREAL. — Ville de la province de Castellon, en Espagne. Elle est située sur le Mijarès. Pop. : 8,000 âmes.

VILLAREAL. — Ville de la province d'Algarve, en Portugal. Elle est située à l'embouchure de la Guadiana. Pop. : 2,000 âmes.

VILLAREAL. — Ville de la province de Tras-os-Montes, en Portugal. Pop. : 4,000 âmes.

VILLAROBLEDO. — Ville de la province de Ciudad-Real, en Espagne. Pop. : 7,000 âmes.

VILLE ou WEILLER. — Chef-lieu de canton de l'arrondissement de Schélestadt. On trouve sur son territoire des mines de cuivre et de fer. Pop. : 1,200 âmes.

VILLE-DIEU (LA). — Chef-lieu de canton dans l'arrondissement de Poitiers, département de la Vienne. Pop. : 400 âmes.

VILLE-EN-TARDENOIS. — Chef-lieu de canton dans l'arrondissement de Reims, département de la Marne. Pop. : 500 âmes.

VILLE-SOUS-LA-FERTE. — Commune de l'arrondissement de Bar-sur-Aube, dans le département de l'Aube. Pop. : 3,000 âmes.

VILLE-SUR-TOURBE. — Chef-lieu de canton dans l'arrondissement de Sainte-Menehould, département de la Marne. Pop. : 600 âmes.

VILLEBRUMIER. — Chef-lieu de canton dans l'arrondissement de Montauban, département de Tarn-et-Garonne. Pop. : 800 âmes.

VILLEDIEU ou VILLEDIEU-LES-POÊLES. — Chef-lieu de canton dans l'arrondissement d'Avranches, département de la Manche. Il est situé sur la Sienne. On y fabrique des poêles, des chaudrons, des ustensiles de ménage en cuivre, des tamis, de la parcheminerie, etc. Quelques-uns surnomment cette petite ville industrieuse le *Saint-Etienne de la Normandie*. Pop. : 3,800 âmes.

VILLEFORT. — Petite ville, chef-lieu de canton de l'arrondissement de Florac, dans le département de la Lozère. Elle est importante par sa fonderie qui livre au commerce du plomb doux, de la grenaille, de la litharge rouge et de l'oxyde blanc de plomb. Pop. : 1,600 âmes.

VILLEFRANCHE. — Petite ville située sur la rive droite de l'Aveyron, dans le département de ce nom. Chef-lieu d'arrondissement, elle comprend 7 cantons et 54 communes. Elle possède un collége, une bibliothèque, des usines et fonderies de cuivre rouge et jaune, des papeteries, des fabriques de toiles communes et d'emballage, de chapeaux, etc. Sa population est d'environ 9,500 âmes.

VILLEFRANCHE. — Petite ville du département du Rhône. Elle est située sur le Morgon, qui se jette en cet endroit dans la Saône. Chef-lieu d'arrondissement, elle comprend 9 cantons et 128 communes. On y trouve un collége et l'on y fait un commerce de toiles, de vins, de bestiaux, etc. Pop. : 7,300 âmes.

VILLEFRANCHE ou VILLEFRANCHE-DE-LAURAGAIS. — Petite ville du département de la Haute-Garonne. Chef-lieu d'arrondissement, elle comprend 6 cantons et 97 communes. On y trouve des fabriques de toiles à voiles et de poterie, des tanneries, etc. Pop. : 3,000 âmes.

VILLEFRANCHE. — Petite ville fortifiée, dans le département des Pyrénées-Orientales. C'était, anciennement, la capitale du Conflent. On y voit une vaste grotte qui, au besoin, peut contenir des troupes et recevoir de nombreux approvisionnements. Pop. : 900 âmes.

VILLEJUIF. — Chef-lieu de canton dans l'arrondissement de Sceaux, département de la Seine. Pop. : 1,500 âmes.

VILLEMUR. — Chef-lieu de canton dans l'arrondissement de Toulouse, département de la Haute-Garonne. Il est situé sur la rive droite du Tarn. Pop. : 5,500 âmes.

VILLENA. — Ville de la province d'Albacète, en Espagne. On y trouve des fabriques de toiles, d'eaux-de-vie et de savon, puis des marais salants dans le voisinage. Pop. : 10,000 âmes.

VILLENAUXE. — Petite rivière de France. Elle prend sa source dans le département de la Marne, passe dans celui de l'Aube, et se jette dans la Seine, après un cours de 20 kilomètres.

VILLENAUXE. — Chef-lieu de canton dans l'arrondissement de Nogent-sur-Seine, département de l'Aube. Il est situé sur la rivière de son nom. On y trouve des corderies, des vanneries et des tanneries, et l'on y fait aussi un commerce de vins blancs estimés. Pop. : 2,700 âmes.

VILLENEUVE. — Chef-lieu de canton dans l'arrondissement de Villefranche, département de l'Aveyron. Pop. : 3,200 âmes.

VILLENEUVE. — Chef-lieu de canton dans l'arrondissement de Mont-de-Marsan, département des Landes. Il est situé sur le Midou. Pop. : 1,600 âmes.

VILLENEUVE-D'AGEN. — Petite ville du département de Lot-et-Garonne. Elle est située sur le Lot. Chef-lieu d'arrondissement, elle comprend 10 cantons et 82 communes. On y trouve un collège, une société d'agriculture et des fabriques de toiles, et l'on y fait aussi un commerce de minoterie et de prunes. Pop. : 12,400 âmes.

VILLENEUVE-DE-BERG. — Chef-lieu de canton dans l'arrondissement de Privas, département de l'Ardèche. C'est le centre d'une culture importante de vers à soie, et l'on y voit l'obélisque élevé à la mémoire d'Olivier de Serres, qui naquit dans cet endroit et naturalisa le mûrier en France. Pop. : 2,600 âmes.

VILLENEUVE-LE-ROI. — Chef-lieu de canton dans l'arrondissement de Joigny, département de l'Yonne. Il est situé sur la rive droite de l'Yonne, et près du chemin de fer de Paris à Lyon. On y fait un commerce de vins, de raisiné, de bois et de charbon. Pop. : 4,500 âmes.

VILLENEUVE-LÈS-AVIGNON. — Chef-lieu de canton dans l'arrondissement d'Uzès, département du Gard. Il est situé sur la rive droite du Rhône, vis-à-vis d'Avignon. On y trouve des fabriques de toiles, de soieries et de cordes, et l'on y fait aussi un commerce de peaux, de cuirs et de chanvre. Pop. : 3,700 âmes.

VILLENEUVE-LÈS-BÉZIERS. — Commune de l'arrondissement de Béziers, dans le département de l'Hérault. Elle est située près du canal du midi. On y fabrique des draps légers. Pop. : 2,100 âmes.

VILLENEUVE-LÈS-MAGUELONNE. — Commune de l'arrondissement de Montpellier, dans le département de l'Hérault. On y récolte des vins très-estimés. Pop. : 1,300 âmes.

VILLERÉAL. — Chef-lieu de canton dans l'arrondissement de Villeneuve, département de Lot-et-Garonne. Pop. : 1,600 âmes.

VILLERS-BOCAGE. — Chef-lieu de canton dans l'arrondissement de Caen, département du Calvados. Pop. : 1,200 âmes.

VILLERS-BOCAGE. — Chef-lieu de canton dans l'arrondissement d'Amiens, département de la Somme. Pop. : 1,500 âmes.

VILLERS-BRETONNEUX. — Commune de l'arrondissement d'Amiens, département de la Somme. On y trouve des filatures et des fabriques de flanelle et de bas de laine. Pop. : 2,700 âmes.

VILLERS-COTTERETS. — Chef-lieu de canton dans l'arrondissement de Soissons, département de l'Aisne. Il est situé près d'une belle-forêt. On y voit un château qui fut bâti par François Ier et sert aujourd'hui de dépôt de mendicité pour le département de la Seine, et l'on y trouve des fabriques de toiles, de peignes, d'objets en bois, etc. Cette ville est la patrie de Demoustier. Pop. : 3,500 âmes.

VILLERS-FARLAY. — Chef-lieu de canton dans l'arrondissement de Poligny, département du Jura. Pop. : 1,000 âmes.

VILLERS-GUISLAIN. — Commune de l'arrondissement de Cambrai, dans le département du Nord. Pop. : 2,100 âmes.

VILLERS-OUTREAU. — Commune de l'arrondissement de Cambrai, dans le département du Nord. Pop. : 2,600 âmes.

VILLERSEXEL. — Chef-lieu de canton dans l'arrondissement de Lure, département de la Haute-Saône. Il est situé sur l'Ognon. Pop. : 1,400 âmes.

VILLETTE (La). — Commune de l'arrondissement de Saint-Denis, dans le département de la Seine. On y voit le bassin où aboutissent, d'un côté, les canaux de l'Ourq et de Saint-Denis, de l'autre, le canal Saint-Martin, et l'on y trouve diverses usines, des fabriques de produits chimiques, des raffineries, de vastes entrepôts, etc. Pop. : 11,000 âmes.

VILLEURBANNE. — Commune de l'arrondissement de Vienne, dans le département de l'Isère. Pop. : 3,700 âmes.

VILLIERS-SAINT-GEORGES. — Chef-lieu de canton dans l'arrondissement de Provins, département de Seine-et-Marne. Pop. : 900 âmes.

VILNA. — *Voy.* **WILNA.**

VILVORDE. — Ville de la province de Brabant, en Belgique. Elle est située sur la Senne, le canal de Bruxelles et le chemin de fer de Bruxelles à Anvers. On y a établi une maison de correction dans l'ancien château-fort. Pop. : 4,500 âmes.

VIMERCATE. — Ville du royaume Lombard-Vénitien, dans l'empire d'Autriche. En 1259, les Milanais y vainquirent Ezzelino. Pop. : 2,500 âmes.

VIMOUTIERS. — Petite ville située sur la rive droite de la Vire, dans le département de l'Orne. Elle est le centre d'une fabrication de toile de cretonne, qui occupe un grand nombre d'ouvriers, et met annuellement en circulation au delà de 3,000,000 de francs de capitaux. Ses environs sont riches en pâturages, et sa population est d'environ 3,500 âmes.

VIMY. — Chef-lieu de canton dans l'arrondissement d'Arras, département du Pas-de-Calais. Pop. : 1,200 âmes.

VINADIO. — Bourg du royaume sarde. Il est situé sur la Stura, dans la division de Coni. On y trouve des sources thermales et une mine de plomb argentifère. Pop. : 2,600 âmes.

VINAROZ. — Ville de la province de Castellon, en Espagne. Elle est située près de la Méditerranée. Le duc de Vendôme y mourut en 1712. Pop. : 10,000 âmes.

VINAY. — Chef-lieu de canton dans l'arrondissement de Saint-Marcellin, département de l'Isère. On y trouve une aciérie. Pop. : 3,400 âmes.

VINÇA. — Chef-lieu de canton dans l'arrondissement de Prades, département des Pyrénées-Orientales. On y trouve des sources thermales et des mines de fer. Pop. : 2,000 âmes.

VINCENNES. — Bourg situé aux portes de Paris. Son château et son donjon lui ont donné une grande célébrité. Le premier fut commencé par Philippe-Auguste en 1183, et la chapelle fondée en 1379, par Charles V ; le second a toujours servi de prison d'Etat. Le château de Vincennes, après avoir été habité par les rois de France, depuis Louis VIII jusqu'à Louis XIII, devint ensuite une forteresse purement militaire et comprend aujourd'hui une école d'artillerie. Le parc, quoique d'une étendue de 732 hectares, est cependant entouré de murs. Pop. : 5,700 âmes.

VINCENNES. — Petite ville de l'Indiana, aux Etats-Unis. Elle est située dans le comté de Knox, sur la rive gauche du Wabash. On y trouve un collège. Pop. : 2,000 âmes.

VINDAU. — Ville de la Courlande, en Russie. Elle est située à l'embouchure d'une rivière de son nom dans la Baltique. On y fait des exportations de blé, et un commerce de chanvre, de viandes salées et de bois de construction.

VINDHIA. — Chaîne de montagnes de l'Hindoustani. Elle court de l'est à l'ouest, au nord de la Nerbuddah.

VINDRAVANA. — *Voy.* BINDRABAND.

VINNITZA. — Ville de la Podolie, en Russie. Elle est située sur le Bog. Pop. : 7,000 âmes.

VINTIMILLE ou VENTIMIGLIA. — Petite ville située à l'embouchure des rivières de Bibera et de Rotta, dans la province de Nice, royaume Sarde. Elle est importante par ses fortifications et possède un petit port. Pop. : 5,000 âmes.

VIQUE. — Une des îles vierges, dans les Antilles. Elle est située à l'est de Portorico et appartient à l'Espagne. Sa longueur est de 35 kilomètres.

VIRE. — Rivière qui prend sa source dans la chaîne Armorique. Elle traverse les départements du Calvados et de la Manche, passe par Vire et Saint-Lô, et se jette dans la Manche, entre Carentan et Bayeux, après un cours de 100 kilomètres.

VIRE. — Petite ville située sur la rivière du même nom, dans le département du Calvados. Autrefois capitale du pays gracieux, nommé le *Bocage*, elle est aujourd'hui chef-lieu d'arrondissement, et comprend 6 cantons et 97 communes. Elle possède un collège, et son commerce consiste principalement en draps communs, serges, toiles fines et papiers. Sa population est d'environ 7,000 âmes. C'est dans sa vallée que naquit le genre de chansons, appelé *Vaudeville*, et elle est la patrie du tisserand Basselin, de J.-B. Duhamel, de Turpin, etc.

VIRGINIE. — Un des Etats-Unis de l'Amérique-Septentrionale. Il est borné, au nord, par la Pennsylvanie et le Maryland ; à l'est, par l'Atlantique ; au sud, par la Caroline du nord et la Tennessee ; et à l'ouest,

par le Kentucky et l'Ohio. Son chef-lieu est Richemond. Le climat de cet Etat est très-chaud en été ; son sol est fertile en grains et en tabac renommé ; et l'on y trouve de riches mines d'or, de fer, de plomb, de cuivre, de houille, etc. Pop. : 1,240,000 âmes.

VIRIEU. — Chef-lieu de canton dans l'arrondissement de la Tour-du-Pin, département de l'Isère. On y fabrique du sucre indigène. Pop. : 1,300 âmes.

VIRIEU-LE-GRAND. — Chef-lieu de canton dans l'arrondissement de Belley, département de l'Ain. Son territoire possède des vignobles estimés. Pop. : 800 âmes.

VIRIVILLE. — Commune de l'arrondissement de Saint-Marcellin, département de l'Isère. Pop. : 2,100 âmes.

VISAN. — Commune de l'arrondissement d'Orange, dans le département de Vaucluse. Pop. : 2,200 âmes.

VISBY. — Chef-lieu de l'île de Gothland, en Suède. Il est situé sur la mer Baltique. Cette ville faisait partie de la ligue hanséatique, ce fut une des premières places du nord, et son code maritime servit longtemps de règle aux nations voisines. Pop. : 4,000 âmes.

VISE. — Ville de la province de Liége, en Belgique. Elle est située sur la Meuse. Pop. : 2,000 âmes.

VISEU. — Ville épiscopale du Beira, en Portugal. Elle est très-importante par une foire qui s'y tient annuellement, et qui est la plus considérable du royaume. Il s'y traite pour plusieurs millions d'affaires en bijoux, ouvrages d'or et d'argent, étoffes, bestiaux, etc. La population de cette ville est d'environ 9,000 âmes.

VISIAPOUR. — *Voy.* BEDJAPOUR.

VISO (Mont). — Un des principaux sommets des Alpes. Il est situé entre le département des Hautes-Alpes et le royaume sarde ; le Pô y prend sa source. Son altitude est de 3,836 mètres.

VISTRE. — Petite rivière de France. Elle arrose le département du Gard, passe à Nîmes, et se jette dans le canal de la Radelle, après un cours de 50 kilomètres.

VISTULE. — Fleuve qui prend sa source aux monts Karpathes, dans la Silésie autrichienne. Il sépare en partie la Gallicie du royaume de Pologne, traverse ce royaume et la Prusse orientale, et se jette dans la mer Baltique par plusieurs embouchures. Ses principaux affluents sont, à droite, le Dunajec, la Wisloka, le San, le Wieprz et le Bug ; à gauche, la Pilica. Son cours est de 900 kilomètres.

VITCHEGDA. — Rivière navigable de Russie. Elle arrose le gouvernement de Vologda, et se jette dans la Sukona, après un cours de 670 kilomètres.

VITEBSK. — Chef-lieu du gouvernement de ce nom, en Russie. Il est situé sur la Duna. Pop. : 15,000 âmes.

VITERBE. — Ville épiscopale, chef-lieu de la délégation de même nom, dans l'Etat du pape. Elle est située au pied d'une montagne, et entourée de jardins, de vignobles et de maisons de plaisance, que viennent habiter, l'été, des familles romaines. On y remarque la cathédrale, le palais du Gouvernement, et la population est d'environ 15,000 âmes. On trouve, dans son voisinage, des bains assez fréquentés, et la villa Caprarola, l'une des meilleures constructions de Vignola.

VITI (Archipel). — C'est l'un des plus vastes et des plus nombreux de l'Océanie. La grande quantité d'îles ou d'îlots qui le composent et surtout la multiplicité des écueils qui encombrent ses mers et souvent réunissent un grand nombre de terres qui, peu auparavant, se trouvaient séparées par les eaux, en font un point très-dangereux pour la navigation. Les deux plus grandes îles sont *Viti-Lebou*, qui occupe à peu près le centre de l'archipel, et *Vanoua-Lebou*, qui le limite vers le nord. Toutes ces terres sont hautes, peu boisées, mais généralement fertiles, et les sources thermales y sont abondantes. Les îles basses sont rares et celles qui existent ont pour base le travail des polypiers. Cet archipel fut découvert en 1643; mais ce ne fut qu'en 1827 que l'*Astrolabe* en fit une reconnaissance complète. Ses principales îles, après les deux qui viennent d'être nommées, sont Tahe-Ouni, Kandabon, Nhao, Laguemba, Laquaba et le groupe d'Ono. On trouve, dans l'île de Vanoua-Lebou, la baie du bois de Sandal, et les ports Vooiha et Caribata.

VITIM. — Rivière de la Russie d'Asie. Elle sépare le gouvernement d'Irkoutsk de la province d'Iakoutsk, et se joint à la Léna, après un cours de 1,400 kilomètres. On trouve de belles zibelines sur ses bords.

VITORIA. — Jolie petite ville, chef-lieu de la province d'Alava, dans la Biscaye, en Espagne. Elle est bien bâtie et son commerce est assez florissant. Sa population est d'à peu près 12,000 âmes.

VITRÉ. — Petite ville du département d'Ille-et-Vilaine. Chef-lieu d'arrondissement, elle comprend 6 cantons et 61 communes. Son commerce consiste principalement en toiles, fils, gants et bas de fil. Pop. : 8,000 âmes.

VITREY. — Chef-lieu de canton dans l'arrondissement de Vesoul, département de la Haute-Saône. Pop. : 1,000 âmes.

VITRY. — Chef-lieu de canton dans l'arrondissement d'Arras, département du Pas-de-Calais. Il est situé sur le chemin de fer du nord. Pop. : 2,300 âmes.

VITRY-LE-FRANÇOIS, ou par corruption LE FRANÇAIS. — Petite ville située sur la rive droite de la Marne, et qui fut fondée par François Ier qui lui donna son nom. Chef-lieu d'arrondissement dans le département de la Marne, elle comprend 5 cantons et 128 communes. Cette ville est bien bâtie et commerçante, et sa population est d'environ 8,000 âmes.

VITRY-SUR-SEINE. — Commune de l'arrondissement de Sceaux, dans le département de la Seine. Elle est située sur la rive gauche de la Seine. On y voit un fort. Pop. : 2,500 âmes.

VITTEAUX. — Chef-lieu de canton dans l'arrondissement de Semur, département de la Côte-d'Or. Pop. : 1,900 âmes.

VITTEL. — Chef-lieu de canton dans l'arrondissement de Mirecourt, département des Vosges. On y fabrique de la dentelle. Pop. : 1,400 âmes.

VITTORIA. — Ville de la province de Syracuse, en Sicile. Pop. : 10,000 âmes.

VIVERO. — Ville de la province de Lugo, en Espagne. Elle est située sur une baie de l'Atlantique. On y trouve une fabrique royale de munitions de guerre, et des fabriques de toiles et de faïence. Pop. : 5,000 âmes.

VIVEROLS. — Chef-lieu de canton dans l'arrondissement d'Amberg, département du Puy-de-Dôme. On y fabrique de la dentelle. Pop. : 13,000 âmes.

VIVIERS. — Petite ville épiscopale, située sur la rive droite du Rhône. Autrefois capitale du Vivarais, elle est aujourd'hui un simple chef-lieu de canton, dans l'arrondissement de Privas, département de l'Ardèche. Elle possède un séminaire, et un observatoire fondé par l'astronome Flaugergues. Son commerce consiste en grains, vins, soie, laine, étoffes grossières, etc., et sa population est d'environ 2,000 âmes.

VIVONNE. — Chef-lieu de canton dans l'arrondissement de Poitiers, département de la Vienne. Il est situé sur le Clain. On y fabrique des cardes et des machines. Pop. : 2,700 âmes.

VIZAGAPATAN. — Ville de la présidence de Madras, dans l'Hindoustan anglais. Elle est située dans les Sircars, sur le golfe de Bengale. Pop. : 10,000 âmes.

VIZIADROUG. — Petite ville de la présidence de Bombay, dans l'empire Indo-Britannique. Elle est importante par son port que l'on regarde comme le meilleur de la côte occidentale, après celui de Bombay.

VIZILLE. — Chef-lieu de canton dans l'arrondissement de Grenoble, département de l'Isère. Il est important par le haut fourneau qui y fonctionne, et par ses fabriques de toiles peintes, ses filatures et ses papeteries. Sa population est d'environ 3,000 âmes.

VLAADINGEN. — Chef-lieu d'un district hollandais, dans le royaume de Macassar, île de Célèbes. C'est une petite ville située sur l'emplacement de l'ancienne *Macassar*, et la résidence du gouverneur et des fonctionnaires hollandais de la colonie des Célèbes. La rade de Macassar est belle et commode. Pop. : 900 âmes.

VLAARDINGEN. — Ville de la Hollande méridionale. Elle est située sur la droite de la Meuse où elle possède un port. Pop. : 6,000 âmes.

VLADIMIR. — Jolie ville épiscopale, chef-lieu du gouvernement de ce nom, en Russie. Elle possède un séminaire, un gymnase, et de nombreuses fabriques d'étoffes de soie, de coton, de toiles, etc. Sa population est d'environ 12,000 âmes.

VLADIMIR ou WOLODIMIR. — Ville du

gouvernement de Volhynie, en Russie. Elle est située sur la Louïa, affluent du Bug. Cette ville, fondée au x° siècle, devint la capitale d'un duché de son nom, qui fut appelé ensuite de Lodomérie, et appartient aujourd'hui, partie à la Russie, partie à l'Autriche. Pop. : 2,000 âmes.

VLADISKAVKAS. — Forteresse de la Circassie, dans la région du Caucase, Russie asiatique.

VLIELAND. — Ile du royaume de Hollande. Elle est située dans la mer du Nord, entre l'île de Texel au sud-ouest et Ter-Schelling au nord-est. Sa longueur est de 18 kilomètres. Pop. : 800 âmes.

VODINA. — Ville de la Macédoine, dans la Turquie d'Europe. Elle a été construite sur l'emplacement de l'ancienne *Edessa*, capitale des Macédoniens. Aujourd'hui, cette ville est le siège d'un évêché grec, et l'on y trouve des fabriques d'étoffes de laine et de coton.

VOGELSBERG. — Chaîne de montagnes d'Allemagne. Elle s'étend dans la Hesse, entre le bassin du Main et celui du Weser.

VOGHERA. — Ville murée de la division d'Alexandrie, dans le royaume sarde C'est un chef-lieu de province. Pop. : 11,000 âmes.

VOID. — Chef-lieu de canton dans l'arrondissement de Commercy, département de la Meuse. On y fait un commerce de bestiaux, d'huile de navette et de fromages. Pop. : 1,600 âmes.

VOIOUSSA. — Fleuve de Turquie. Il arrose l'Albanie, et se jette dans la mer Adriatique, au nord du golfe d'Aulona, après un cours de 200 kilomètres.

VOIRON. — Chef-lieu de canton dans l'arrondissement de Grenoble, département de l'Isère. On y fabrique du drap, des toiles de chanvre qui sont réputées, et des chapeaux de paille. Pop. : 7,700 âmes.

VOITEUR. — Chef-lieu de canton dans l'arrondissement de Lons-le-Saulnier, département du Jura. On y fabrique de la toile. Pop. : 1,100 âmes.

VOLCAN. — Ile de l'archipel d'Anson.

VOLCANS (Les) ou ILES DE SOUFRE. — Groupe de petites îles volcaniques de la Micronésie. Il est situé au sud-est de l'archipel de Magellan.

VOLGA. — Fleuve de Russie. C'est le plus grand de l'Europe. Il sort du lac Selinguer, dans le gouvernement de Tver ; arrose Rjev, Tver, Jaroslav, Kostroma et Nijnéi-Novgorod, puis les environs de Kasan, Simbirsk, Saratov et Astracan ; et se jette près de cette dernière ville, dans la mer Caspienne, par un grand nombre d'embouchures. Son cours est de 3,500 kilomètres. Ses principaux affluents sont : à droite, l'Oka et la Soura ; à gauche, la Tversa, la Mologa, la Cheksna, la Kama et la Samara. La navigation de ce fleuve est généralement facile et la pêche y est très-abondante.

VOLGSK. — Ville du gouvernement de Saratov, en Russie. Elle est située sur la rive droite du Volga. Pop. : 11,000 âmes.

VOLHYNIE. — Gouvernement de la Russie d'Europe. Il est formé d'une partie de l'ancienne Pologne, et a pour chef-lieu Jitomir. Les marais de Pinsk occupent une certaine étendue du nord de cette contrée. Pop. : 1,314,000 âmes.

VOLKHOV. — Rivière navigable de Russie. Elle sort du lac Ilmen, passe à Novgorod, et se jette dans le lac Ladoga, après un cours de 220 kilomètres.

VOLLENHOVEN. — Ville de la province d'Over-Yssel, dans le royaume de Hollande. Elle est située sur le Zuider-Zée. Pop. : 2,000 âmes.

VOLLORE-MONTAGNE. — Commune de l'arrondissement de Thiers, dans le département du Puy-de-Dôme. Pop. : 1,000 âmes.

VOLLORE-VILLE. — Commune de l'arrondissement de Thiers, dans le département du Puy-de-Dôme. Pop. : 4,000 âmes.

VOLMUNSTER. — Chef-lieu de canton dans l'arrondissement de Sarreguemines, département de la Moselle. Pop. : 1,200 âmes.

VOLO. — Petite ville de la Thessalie, dans la Turquie d'Europe. On croit qu'elle occupe l'emplacement de l'ancienne *Demetriade* qui, avec Chalchis et Corinthe, dominait la Grèce. Pop. : 2,000 âmes.

VOLOGDA. — Ville épiscopale, chef-lieu du gouvernement de ce nom, en Russie. Elle est située au confluent de la Vologda et de la Boukhona. Cette ville possède un gymnase, et l'un des principaux séminaires ecclésiastiques de l'empire ; elle est l'entrepôt le plus important du commerce intérieur du nord de la Russie d'Europe et de la Sibérie ; et sa population est d'environ 16,000 âmes.

VOLONNE. — Chef-lieu de canton dans l'arrondissement de Sisteron, département des Basses-Alpes. Il est situé près de la rive gauche de la Durance. Pop. : 1,300 âmes.

VOLSK. — Grande ville du gouvernement de Saratov, en Russie. Elle est importante par sa grande fabrique d'armes, ses tanneries et ses briqueteries. Pop. : 5,000 âmes.

VOLTA ou ADDIRI. — Fleuve de la Guinée septentrionale. C'est le plus grand cours d'eau connu du pays des Achantins ; il a 600 kilomètres. Ce fleuve se jette dans le golfe de Guinée, près d'Adda, entre la côte des esclaves et la côte d'Or.

VOLTERRA. — Ville de la province de Florence, grand-duché de Toscane. Elle est renommée par son antiquité, ses murs cyclopéens, ses sources salées, ses carrières d'albâtre, les plus belles de l'Europe, et son musée d'antiquités. On y remarque aussi le palais de la Seigneurie, et la citadelle, prison d'État. Sa population est d'environ 6,000 âmes.

VOLTRI. — Ville de la division de Gênes, dans le royaume sarde. Elle est située sur le golfe de Gênes où elle possède un port. On y trouve des fabriques de drap et des papeteries. Pop. : 7,000 âmes.

VOLTURNO. — Fleuve du royaume de Naples. Il passe à Capoue, et se jette dans la mer Tyrrhénienne, à Castelvolturno, après un cours de 130 kilomètres. Son principal affluent est le Calore.

VOLVIC. — Petite ville du département du Puy-de-Dôme. Elle possède une école d'architecture et de sculpture, et elle est importante par les exploitations de laves qui ont lieu sur son territoire. Pop. : 3,200 âmes.

VOREPPE. — Commune de l'arrondissement de Grenoble, dans le département de l'Isère. Pop. : 3,000 âmes.

VOREY. — Chef-lieu de canton dans l'arrondissement du Puy, département de la Haute-Loire. Il est situé sur la rive droite de la Loire. Pop. : 2,200 âmes.

VORGHEIM ou **VORCHEIM**. — Petite ville fortifiée du cercle du Haut-Mein, en Bavière. Elle est assez importante par son industrie. Pop. : 3,000 âmes.

VORONEJ. — Ancienne ville épiscopale chef-lieu du gouvernement de même nom, en Russie. Elle possède un séminaire et une bibliothèque publique. En 1697, Pierre le Grand y fit construire un palais et une flotte pour son expédition d'Azov. Pop. : 19,000 âmes.

VOSGES. — Chaîne de montagnes qui s'étend en France et en Allemagne. En France, elle commence vers la limite des départements de la Haute-Saône, du Haut-Rhin et du Doubs, et se termine en Allemagne, à la gauche du Rhin, vers le confluent de la Nache, au-dessous de Mayence. Son point culminant est le ballon d'Alsace, dont l'altitude est de 1,403 mètres.

VOSGES (Département des). — Il a été formé d'une partie de la Lorraine. Sa superficie est 585,964 hect. et sa population d'environ 427 900 âmes. Il est divisé en 5 arrondissements dont les chefs-lieux sont : Epinal, Mirecourt, Neufchâteau, Remiremont et Saint-Dié, et compte 30 cantons, 538 communes. Epinal est le siège de sa préfecture, Saint-Dié celui de son diocèse, Nancy celui de sa cour impériale et de son académie universitaire (voir l'appendice), et il est compris dans la troisième division militaire.

VOSTITZA.—Ville de l'Achaïe, en Morée, dans le royaume de Grèce. Elle est située sur le golfe de Lépante où elle possède un port. Pop. : 2,000 âmes.

VOTKA. — Ville du gouvernement de Vialka, en Russie. On y trouve une fabrique impériale d'armes à feu. Pop. : 9,000 âmes.

VOUGA. — Rivière de Portugal. Elle arrose la province de Beira, et se jette dans l'Atlantique, après avoir formé un lac qui sert de port à Aveiro.

VOUILLÉ ou **VOCLADE.** — Chef-lieu de canton dans l'arrondissement de Poitiers, département de la Vienne. Il est situé sur l'Auzance. C'est dans le voisinage de cet endroit qu'en 507, Clovis vainquit Alaric dans une grande bataille. Pop. : 1,600 âmes.

VOULTE (La). — Bourg de l'arrondissement de Privas, dans le département de l'Ardèche. Il est important par son établissement de hauts fourneaux, avec deux machines à vapeur. Pop. : 2,500 âmes.

VOUNEUIL-SUR-VIENNE. — Chef-lieu de canton dans l'arrondissement de Châtellerault, département de la Vienne. Pop. : 1,400 âmes.

VOURLA.—Petite ville de l'Asie Mineure, empire ottoman. Elle occupe l'emplacement de l'ancienne *Clazomène*, et elle est la résidence temporaire de l'archevêque grec d'Ephèse. On y voit les vestiges de la chaussée construite par Alexandre le Grand.

VOUVRAY. — Chef-lieu de canton dans l'arrondissement de Tours, département d'Indre-et-Loire. Il est situé sur la droite de la Loire et sur le chemin de fer d'Orléans à Tours. Pop. : 1,100 âmes.

VOUZIERS.—Petite ville du département des Ardennes. Elle est située sur la rive gauche de l'Aisne. Chef-lieu d'arrondissement, elle comprend 8 cantons et 121 communes. Son commerce consiste principalement en blé, huile à brûler et vannerie fine.

VOVES.—Chef-lieu de canton dans l'arrondissement de Chartres, département d'Eure-et-Loire. On y fait de la bonneterie à l'aiguille. Pop. : 1,300 âmes.

VRACHORI. — Petite ville, chef-lieu du nomos de l'Acarnanie-et-Etolie, royaume de Grèce. Elle est située entre les lacs de Vrachori et d'Angelo-Castron, et un pont de 366 arches est aussi construit entre ces deux lacs. Pop. : 3,000 âmes.

VREDEN. — Ville de Westphalie, dans le royaume de Prusse. Elle est située sur la Berkel, affluent du Rhin. Pop. : 2,500 âmes.

VUKOVAR. — Ville de la Sclavonie, empire d'Autriche. Elle est située sur la rive droite du Danube. Pop. : 6,000 âmes.

VULCANO.—Ile de l'archipel Lipari. C'est la plus méridionale. On y voit deux cratères d'où la fumée s'élève sans cesse. Ses lieux principaux sont : Porto-Levante et Porto-Ponente.

VUOXEN. — Fleuve de Russie. Il arrose la Finlande, traverse le lac Saïma, forme à sa sortie de ce lac la cascade d'Imatra, qui a plus de 10 mètres de hauteur, et se jette dans le golfe de Finlande, après un cours de 500 kilomètres.

VYTEGRA. — Ville du gouvernement d'Olonetz, en Russie. Elle est située sur la Vytégra qui se jette, près de là, dans le lac Onéga. Pop. : 2,000 âmes.

W

WAAG ou **VAG**. — Rivière navigable de Hongrie. Elle passe à Trentsen, et se jette dans le Danube, à Comorn, après un cours de 400 kilomètres.

WABASH. — Rivière navigable des Etats-Unis. Elle prend sa source dans l'Etat d'Ohio, sépare en partie celui d'Indiana de celui d'Illinois, passe à Vincennes, et se jette dans l'Ohio, après un cours de 700 kilomètres.

WACHENHEIM. — Gros bourg de la Bavière Rhénane. Il est situé non loin de Spire. Pop. ; 3,000 âmes.

WADENSCHWYL. — Gros bourg situé sur le bord méridional du lac de Zurich, dans le canton de ce nom, en Suisse. Il est important par ses fabriques de drap, de toile de coton, de mousseline, et une tannerie; que quelques-uns regardent comme la plus grande qu'il y ait en Suisse. Sa population dépasse 4,000 âmes.

WADOWICE. — Ville de Gallicie, dans l'empire d'Autriche. C'est un chef-lieu de cercle. Pop. : 3,000 âmes.

WAGENINGEN. — Ville de la province de Gueldre, en Hollande. Elle est située sur la rive gauche du Rhin. Pop. : 3,000 âmes.

WAGRAM. — Village de l'archiduché d'Autriche. Il est situé à 18 kilomètres nord-nord-est de Vienne. En 1809, les Français y défirent les Autrichiens dans une grande bataille.

WAHAL. — Bras du Rhin. Il est situé dans la province de Gueldre, en Hollande; passe à Nimègue, Thiel et Bommel, et se joint à la Meuse à Gorkum.

WAIBLINGEN. — Ville du Wurtemberg. On prétend que son nom altéré devint en Italie celui du parti des Gibelins. Pop. : 3,000 âmes.

WAIGIOU. — Ile de l'Australie. Elle est située au nord de la Nouvelle-Guinée. Sa longueur est de 135 mètres, et son sol est très-fertile.

WAIHOU. — *Voy.* PAQUES.

WAITZEN. — Petite ville épiscopale de la Hongrie, empire d'Autriche. On y remarque une superbe cathédrale, bâtie sur le modèle de la basilique de Saint-Pierre, à Rome, et on y trouve une école militaire, un institut de sourds-muets et un académie. Pop. : 7,000 âmes.

WAKEFIELD. — Jolie ville du comté d'York, en Angleterre. Elle est située sur le chemin de fer de Manchester à Leeds, et c'est le centre d'une grande fabrication de draps, de casimirs, de flanelle et de châles. On y remarque le marché, la halle aux draps et la prison. En 1460, Richard, duc d'Yorck, fut vaincu et tué par les troupes de Marguerite d'Anjou. Pop. : 24,000 âmes.

WALCHEREN. — Ile de Hollande. C'est la plus orientale et la plus peuplée des îles de Zélande. Elle est située entre les deux embouchures de l'Escaut et à l'ouest des îles Béveland, dont elle se trouve séparée par une passe appelée Sloe. Cette île est très-basse et protégée par de fortes digues contre les envahissements de la mer. Ses principales villes sont Middelbourg et Flessingue. Elle fut occupée par les Anglais en 1809. Pop. : 30,000 âmes.

WALDECK (Principauté de). — Cet Etat, formé de la principauté de Waldeck proprement dite, et du comté de Pyrmont qui en est séparé, se trouve enclavé pour la première partie dans le gouvernement de Menden, d'Arensberg et de la Hesse-Electorale; et pour la seconde, dans la principauté de Lippe-Detmold et le Hanovre. Il est arrosé par le Weser et son affluent la Fulda, et sa capitale est *Corbach*. Pop. : 58,000 âmes.

WALDENBOURG. — Ville de la Silésie, dans le royaume de Prusse. On y fabrique de la toile. Pop. . 2,000 âmes.

WALDENBOURG. — Ville de l'Erzgebirge, dans le royaume de Saxe. Elle est située sur la Mulde. On y trouve des sources minérales. Pop. : 3,000 âmes.

WALDSEE. — Ville du Wurtemberg. C'est la résidence du prince médiatisé de Waldbott-Wolfeg-Waldsee, dont le domaine offre une population de 15,000 âmes.

WALENI. — Gros bourg de la principauté de Valachie. Il est important par les riches mines de sel gemme qu'on exploite dans son voisinage, à Slanikul.

WALLENDAR. — Ville du royaume de Prusse. Elle est située sur la rive droite du Rhin. Pop. : 3,000 âmes.

WALLERS. — Commune de l'arrondissement de Valenciennes, dans le département du nord. Pop. : 3,000 âmes.

WALLINGFORD. — Ville du comté de Berks, en Angleterre. Elle est située sur la rive droite de la Tamise. On y fait un commerce de blé et de drèche. Pop. : 2,000 âmes.

WALSALL. — Ville du comté de Stafford, en Angleterre. On y fabrique de la sellerie. Pop. : 12,000 âmes.

WALTERSHAUSEN. — Ville murée du grand-duché de Saxe-Cobourg-Gotha. Pop. : 3,000 âmes.

WAMBRECHIES. — Commune de l'arrondissement de Lille, dans le département du Nord. Pop. : 3,600 âmes.

WANGEN. — Très-petite ville du Wurtemberg. On y trouve des fabriques de toiles et d'armes. Pop. : 1,500 âmes.

WANGEROOG (Ile de). — Elle est située dans le pays de Saterland, duché d'Oldenbourg, et habitée par une petite population de Frisons. Elle est réputée par ses bains de mer.

WANTAGE. — Petite ville du comté de Berks, en Angleterre. On y remarque les vestiges d'un camp romain quadrangulaire; et l'on voit dans son voisinage la célèbre *Vallée du Cheval-Blanc*. On appelle ainsi une rangée de collines crayeuses sur laquelle un espace, totalement dépourvu de verdure, représente la figure colossale d'un cheval au galop. On suppose que cette singulière image a pour objet de rappeler une victoire remportée en 871 par Alfred, sur es Danois, lequel prince avait sur son étendard un cheval blanc. Chaque année, à la Saint-Jean, les habitants de la contrée se réunissent pour arracher les herbes qui pourraient altérer les traits de cette curieuse sculpture. Pop. : 3,000 âmes.

WANTZENAU (La). — Commune de l'arrondissement de Strasbourg, dans le département du Bas-Rhin. Elle est située près du confluent de l'Ill et du Rhin. Pop. : 2,400 âmes.

WAPPATOU. — Ile de l'Amérique septentrionale. Elle est formée sur le territoire de l'Oregon par deux branches de la Multomah et de l'Oregon. Sa longueur est de 30 kilomètres; et elle produit en abondance la plante à racine alimentaire que les Indiens nomment *Wappatou*.

WARASDIN. — Ville de la Croatie-Civile, dans l'empire d'Autriche. Elle est située sur la rive droite de la Drave. On y trouve des sources thermales. Pop. : 9,000 âmes.

WARBOURG. — Ville de la Westphalie, dans le royaume de Prusse. Elle est située sur la Diemel, affluent du Weser. Pop. : 3,000 âmes.

WARDEIN (Gross).—Ville forte de Hongrie, dans l'empire d'Autriche. Elle est située sur le Körös-Sebes. Elle est le siége d'un évêché catholique et d'un évêché grec-uni, et l'on y trouve des sources thermales. Population : 18,000 âmes.

WARDOEHUUS. — Petite forteresse avec un port, et environ 200 habitants, dans le Finmark, en Norwége. C'est la place fortifiée la plus boréale du globe, car elle se trouve sous la latitude 70° 22'. Tout militaire qui y a servi volontairement durant 4 années est exempt pour tout le reste de sa vie des obligations imposées aux autres soldats.

WAREN. — Ville du grand-duché de Mecklembourg-Schwerin. Elle est située au nord du lac de Müritz. Pop. : 4,400 âmes.

WARENDORF. — Ville de Westphalie, dans le royaume de Prusse. Elle est située sur l'Ems. On y trouve une fonderie de cloches et des fabriques de toiles, de draps, de cotonnades, etc. Pop. : 4,000 âmes.

WARHEM. — Commune de l'arrondissement de Dunkerque, dans le département du Nord. Pop. : 2,600 âmes.

WARLOY-BAILLON. — Commune de l'arrondissement d'Amiens, dans le département de la Somme. Pop. : 2,100 âmes.

WARMINSTER. — Ville du comté de Wilts, en Angleterre. On y trouve des antiquités celtiques et romaines. Pop. : 10,000 âmes.

WARNETON. — Ville de la Flandre occidentale. Elle est située sur la Lys. On y trouve des fabriques de poterie, des tanneries et des fours à chaux. Pop. : 5,800 âmes.

WARNOW. — Rivière navigable d'Allemagne. Elle arrose le Mecklenbourg, passe à Rostock, et se jette dans la mer Baltique, à Warnemünde, après un cours de 110 kilomètres.

WARRINGTON. — Ville du comté de Lancaster, en Angleterre. Elle est située sur la Mersey et sur le chemin de fer de Birmingham à Liverpool. On y fabrique de grosses toiles, des épingles, de la verrerie, et l'on y fait aussi un commerce de drèche. Pop. : 16,000 âmes.

WARTHE. — Rivière qui prend sa source en Pologne. Elle passe dans la Prusse et se jette dans l'Oder, à Kustrin, après un cours de 660 kilomètres.

WARWICK. — Jolie ville, chef-lieu du comté de ce nom, en Angleterre. On remarque, sur un rocher qui domine cette ville, le château des comtes, très-belle construction du moyen âge. Pop. : 9,000 âmes.

WARWICK. — Ville du Rhode-Island, aux Etats-Unis. Elle est située sur le fleuve Providence. On y tisse du coton et de la laine. Pop. : 6,000 âmes.

WASH. — Estuaire d'Angleterre. Il est formé par la réunion de la grande Ouse, de la Nen et du Witham à l'est du royaume, dans la mer du Nord. Cet estuaire est presque à sec à la marée basse.

WASHINGTON. — Ile de la Polynésie. Elle est située par 4° 45' de latitude nord et 162° de longitude ouest.

WASHINGTON. — Capitale du district de Colombie, et siége du gouvernement des Etats-Unis d'Amérique. Elle est située dans le comté dont elle porte le nom, et sur le Potomac, au confluent de sa branche orientale. C'est une ville bien bâtie et régulièrement percée. On y remarque le capitole où siégent les divers corps législatifs; l'hôtel du président, l'hôtel de ville, ceux de la marine, de la guerre et de l'intérieur; l'arsenal de la marine, le dépôt d'artillerie, l'observatoire, la maison de correction, le cirque, etc. Washington possède un institut, des écoles élémentaires et diverses sociétés académiques. Pop. : 25,000 âmes.

WASSELONNE ou WASSLENHEIM. — Chef-lieu de canton dans l'arrondissement de Strasbourg. On y trouve des filatures, des fabriques de bonneterie et de savon, des chamoiseries, et l'on exploite des carrières dans ses environs. Pop. : 4,300 âmes.

WASSIGNY. — Chef-lieu de canton dans l'arrondissement de Vervins, département de l'Aisne. Pop. : 1,200 âmes.

WATERFORD. — Chef-lieu du comté de ce nom, en Irlande. C'est une assez grande ville située sur le Suire, non loin de son confluent avec le Barrow, et ces deux rivières forment à leur embouchure un port vaste et profond. Waterford est le siége d'un évêque anglican. On y remarque la cathédrale, l'église catholique de la Trinité, l'hôtel de ville, le palais de justice, la douane, la prison du comté, le quai et le pont en bois. Pop. : 29,000 âmes.

WATERLOO. — Village des environs de

Bruxelles, en Belgique. Il est célèbre par la victoire que les alliés y remportèrent sur l'armée française, en 1815. Afin de conserver la mémoire de cet événement, les vainqueurs y ont fait élever un monument. C'est une sorte de colline, en forme de cône, dont la circonférence est d'environ 600 mètres et la hauteur de 60. Un double escalier en limaçon conduit au sommet, sur lequel un lion colossal, en fer, supporte une colonne du même métal et d'à peu près 10 mètres de haut.

WAVRE. — Ville du Brabant, en Belgique. On y fait un commerce de bestiaux. Pop. : 5,000 âmes.

WAY-MUS-KEE. — Lac de l'Amérique septentrionale. Il est situé dans la Nouvelle-Bretagne, et s'écoule dans la baie de James par la rivière Equan.

WAZEMMES. — Commune de l'arrondissement de Lille, dans le département du Nord. Elle est contiguë à la ville de Lille, dont elle forme comme un faubourg. On y trouve des blanchisseries de toiles, des fabriques de tulle, de papier, de colle-forte et de céruse, et des teintureries. Pop. : 7,900 âmes.

WEARMOUTH. — Ville du comté de Durham, en Angleterre. Elle est situé près du Sunderland, à l'embouchure du Wear qui la partage en deux parties. Pop. : 22,000 âmes.

WEDNESBURY. — Ville du comté de Stafford, en Angleterre. On y fabrique de la sellerie. Pop. : 6,000 âmes.

WEHLAU. — Ville de la régence de Königsberg, dans la Prusse orientale. Elle est située sur le Pregel. On y fait un commerce de chevaux. Pop. : 3,100 âmes.

WEILBOURG. — Ville du duché de Nassau. Elle est située sur la Lahn. Pop. : 2,000 âmes.

WEIMAR. — Ville située sur l'Ilm, dans une charmante vallée. C'est la capitale du grand-duché de Saxe-Weimar. On y remarque l'église principale, le château et le parc anglais. Elle possède un gymnase, un séminaire pour les maîtres d'école, une bibliothèque publique, une galerie de tableaux, un médailler et une société d'horticulture. Sa population dépasse 10,000 âmes. On trouve dans ses environs le château grand-ducal appelé le *Belvédère*, lequel est renommé par son orangerie et la collection de plantes exotiques qu'on y cultive.

WEINFELDEN. — Petite ville du canton de Thurgovie, en Suisse. Elle est située sur la rive droite du Thur et renommée par la beauté de son territoire. Pop. 2,000 âmes.

WEINHEIM. — Ville du grand-duché de Bade, en Allemagne. On y voit les ruines du château-fort de Windeck et l'on y trouve des sources minérales. Pop. : 5,000 âmes.

WEINSBERG. — Ville du royaume de Wurtemberg. En 1140, Guelfe III, duc de Bavière, y fut battu par l'empereur Conrad. Pop. : 2,000 âmes.

WEISLINGEN. — Commune de l'arrondissement de Saverne, dans le département du Bas-Rhin. Pop. : 9,000 âmes.

WEISSEMBOURG ou WISSEMBOURG. — Petite ville, chef-lieu d'arrondissement dans le département du Bas-Rhin. Elle comprend 6 cantons et 103 communes. On y trouve un collège, des filatures et des fabriques d'armes. Sa population est d'environ 5,000 âmes. Ses lignes de fortifications sur la Lauter, sont célèbres dans les annales militaires de la France.

WEISSENBOURG. — Ville forte de Bavière. On y voit les restes d'un retranchement romain, et les vestiges d'un canal qu'avait commencé Charlemagne pour joindre le Danube au Rhin. Pop. : 3,500 âmes.

WEISSENBOURG. — Village du canton de Berne, en Suisse. Il est situé dans le Simmenthal, et réputé par ses bains et la beauté des sites de ses environs.

WEISSENFELS. — Ville de la province de Saxe, en Prusse. Elle est située sur la Saale. On y conserve, dans une église, les restes de Gustave-Adolphe. Pop. : 5,600 âmes.

WEISSKIRCHEN. — Ville de la Moravie, dans l'empire d'Autriche. C'est le chef-lieu du cercle de Prerau. Pop. : 4,000 âmes.

WEIXELBERG ou **WEICHSELBOURG.** — Ville d'Illyrie, dans l'empire d'Autriche. Elle est industrieuse et commerçante. Pop. : 4,000 âmes.

WELLINGTON ou CAMPANA. — Ile de l'archipel de la Mère-de-Dieu, dans le grand Océan. C'est la plus grande, et sa longueur est de 280 kilomètres.

WELLINGTON. — Ville du comté de Shrop, en Angleterre. On trouve, dans son voisinage, des usines et des mines de fer et de houille. Pop. : 10,000 âmes.

WELLINGTON. — Ville du comté de Somerset, en Angleterre. Elle est située sur le chemin de fer de Bristol à Exeter. On y trouve des fabriques de lainage et de poterie. Pop. : 5,000 âmes.

WELLS. — Ville du comté de Norfolk, en Angleterre. Elle est située à l'embouchure d'un bras de la Stiffey dans la mer du Nord. On s'y adonne à une pêche assez importante. Pop. : 3,000 âmes.

WELLS. — Ville du comté de Somerset, en Angleterre. On y admire sa belle cathédrale gothique, l'une des plus remarquables du royaume, et l'on trouve, dans son voisinage, la caverne de Wookey-Hole. Pop. : 7,000 âmes.

WELLS. — Ville de la Haute-Autriche. C'est le chef-lieu du cercle de Haussruck. Pop. : 4,000 âmes.

WELSH-POOL. — Ville du comté de Montgommery, dans le pays de Galles, en Angleterre. Elle est située près de la gauche de la Severn, et possède des fabriques de flanelle. On voit, dans ses environs, le beau château de Powis. Pop. : 3,500 âmes.

WENER ou VENER. — Grand lac de Suède. Il est situé entre la Suède propre et le Gothland, et sa longueur, du nord-est au sud-ouest, est de 130 kilomètres. Il communique, par le canal de Gotha, avec le Cattégat, le lac Wetter et la Baltique, et ses eaux s'écoulent dans le Cattegat par le Götha.

WERDEN. — Ville du royaume de Prusse. Elle est située sur la Ruhr, non loin de Düsseldorf.

WERL. — Ville de la Westphalie, en Prusse. On y voit une image de la Vierge qui attire beaucoup de pèlerins. Pop. : 3,000 âmes.

WERNIGERODE. — Ville murée de la province de Saxe, en Prusse. On y voit un château, résidence des comtes de Stolberg-Wernigerode, et l'on y trouve des fabriques d'étoffes de laine, des tanneries et des usines à cuivre. Pop. : 5,000 âmes.

WERRA. — Rivière navigable d'Allemagne. Elle passe à Hildburghausen et à Meiningen, et se joint à la Fulde, à Münden, pour former le Weser. Son cours est de 220 kilomètres.

WERT ou **WEERDT.** — Ville du Limbourg hollandais. Elle est située près du canal latéral de la Meuse. C'est la patrie du général autrichien Jean de Vert. Pop. : 6,000 âmes.

WERTHEIM. — Ville murée du grand-duché de Bade, en Allemagne. Elle est située au confluent du Mein et du Tauber. On y trouve des fabriques de toiles, de tabac et d'eau-de-vie. Pop. : 3,600 âmes.

WERVICK. — Ville de la Flandre occidentale, en Belgique. Elle est située sur la Lys, et l'on cultive le tabac en grand sur son territoire. Pop. : 5,500 âmes.

WESEL. — Place forte du gouvernement de Düsseldorf, dans la Prusse-Rhénane. Elle est située sur la rive droite du Rhin, et un pont de bateaux la réunit au fort de Blacher, construit de l'autre côté du fleuve. Elle possède un gymnase. Pop. : 13,000 âmes.

WESER. — Fleuve navigable d'Allemagne. Il est formé des deux rivières la Werra et le Fulde qui se réunissent près de Münden, et il se jette dans la mer du Nord, après un cours de 330 kilomètres.

WESSERLING. — Bourg du département du Haut-Rhin. Sa manufacture de toiles peintes est regardée comme l'établissement le plus remarquable de ce genre, en France.

WESTBURY. — Ville du comté de Wilts, en Angleterre. On y trouve des manufactures de draps, et l'on y fait aussi un commerce de drèche. Pop. : 8,000 âmes.

WESTERAS. — Ville épiscopale, chef-lieu de préfecture, en Suède. Elle est située sur le lac Métar. On y fait un commerce de fer et de cuivre. Pop. : 3,000 âmes.

WESTERN (Port). — Golfe de la Nouvelle-Galles méridionale. Il est situé au sud, et les Anglais y ont formé un établissement.

WESTERWALD. — Chaîne de montagnes d'Allemagne. Elle est située dans le sud de la Westphalie et le nord du duché de Nassau, entre la Sieg et la Lahn, affluents du Rhin. Ces montagnes sont riches en mines de fer, d'argent, de plomb, de cuivre et de houille. Le point culminant de la chaîne est le Salzburgerkopf, dont l'altitude est de 658 mètres.

WESTHOFFEN. — Commune de l'arrondissement de Strasbourg, dans le département du Bas-Rhin. Pop. : 2,100 âmes.

WESTPHALIE. — Ancien cercle de l'empire germanique, dont une partie constitua, en 1806, un royaume particulier, et forme aujourd'hui une province du royaume de Prusse.

WESTPOINT. — Petite ville de New-York, aux États-Unis. Elle est renommée par son école militaire, organisée comme l'école polytechnique de Paris.

WESTPORT. — Ville du comté de Mayo, en Irlande. Elle est située à l'embouchure d'un petit fleuve. Pop. : 3,500 âmes.

WETTER. — Ile de la Malaisie. Elle est située dans l'archipel de la Sonde, au nord de Timor, et sa longueur est de 110 kilomètres.

WETTER. — Lac de Suède. Il est situé dans le Gothland, et sa longueur, du sud au nord, est de 110 kilomètres. Ce lac communique avec celui de Wener et la mer Baltique par le canal de Götha, et ses eaux s'écoulent dans cette mer par la Motala.

WETTEREN. — Ville de la Flandre orientale, en Belgique. Elle est située sur la droite de l'Escaut. On y trouve des fabriques de toiles, de dentelles, etc. Pop. : 7,500 âmes.

WETTIN. — Ville de la province de Saxe, dans le royaume de Prusse. Elle est située sur la Saale. Pop. : 3,000 âmes.

WETZLAR. — Petite ville située sur la Lahn, dans le gouvernement de Coblentz, province rhénane, en Prusse. Elle possède une belle cathédrale, un gymnase et 5,000 habitants. On trouve dans ses environs près de 300 *tombelles* qui diffèrent de celles de Rosseleben, en Saxe, en ce que leurs caveaux ne contiennent pas de squelettes.

WEXFORD. — Jolie ville, chef-lieu du comté de ce nom, en Irlande. On croit que c'est la première colonie que les Anglais fondèrent en Irlande. Elle possède un port ; son commerce est assez florissant ; et l'on y remarque un pont de bois construit en Amérique, lequel est le plus long qu'il y ait dans le Royaume-Uni. Il sert de promenade aux habitants. Pop. : 8,400 âmes.

WEYMOUTH. — Petite ville du comté de Dorset, en Angleterre. Elle est très-fréquentée à cause de sa marine marchande et de ses bains de mer. Pop. : 7,600 âmes.

WHEELING. — Ville de la Virginie, aux Etats-Unis. Elle est située sur la rive gauche de l'Ohio. On exploite une mine de houille dans ses environs. Pop. : 5,000 âmes.

WHITBY. — Ville du comté d'York, en Angleterre. Elle est assez importante par son port, ses chantiers, sa marine marchande et les mines d'alun qu'on exploite dans son voisinage. Pop. : 12,000 âmes.

WHITE-RIVER ou **RIVIÈRE-BLANCHE** — Rivière des Etats-Unis. Elle arrose l'Etat d'Arkansas et se jette dans le Mississipi au-dessus du confluent de l'Arkansas.

WHITE-RIVER. — Rivière des Etats-Unis. Elle arrose l'Etat d'Indiana et se joint au Wabash, après un cours de 350 kilomètres.

WHITEHAVEN. — Jolie ville du comté de Cumberland, en Angleterre. Elle possède un port sur la mer d'Irlande, et l'on exploite dans ses environs de riches mines de houille, dont plusieurs s'étendent jusqu'à 1,000 mètres au-dessous du niveau de la mer. Pop. : 11,000 âmes.

WICK. — Petite ville du comté de Caithness, en Ecosse. On y fait des armements assez considérables pour la pêche du hareng. Pop. : 10,000 âmes.

WIKCLOW. — Ville de la province de Leinster, en Irlande. Elle est située sur une petite baie de la mer d'Irlande. C'est le chef-lieu d'un comté dont le sol est généralement couvert de montagnes, de bois et de fondrières. Pop. : 2,000 âmes.

WIELICZKA. — Petite ville de la Galicie, Pologne autrichienne. Elle est importante par ses célèbres mines de sel, dont les excavations offrent une véritable cité souterraine, avec des rues, des places, des habitations, des établissements, etc. On y remarque de jolies chapelles et dans celle de Sainte-Cunégonde, on voit la statue du roi Auguste III, taillée aussi dans le sel. La population de la ville est d'environ 6,000 âmes.

WIESBADEN. — Jolie petite ville située au pied du Taunus, dans le duché de Nassau, dont elle est la capitale. On y remarque le château ducal, le Kursaal, vaste et superbe édifice, et l'hôtel des monnaies. Cette ville possède une école, dite de *Frédéric*, une bibliothèque publique et un musée d'antiquités. Elle est renommée surtout par son établissement de bains, qui y attire annuellement une affluence considérable d'étrangers. Sa population est d'à peu près 7,000 âmes. Tous ses environs sont couverts de restes de monuments romains ou germains, au milieu desquels se voient aussi les ruines d'un grand nombre de châteaux; et outre les sources de Wiesbaden proprement dites, on trouve encore dans le même territoire celles de Schwalheim, d'Ems, de Soden, de Schlangenbad, de Weilbach, de Geilnau, de Selters, etc. ; puis les sources salines de Nauheim, Nidda, Kronenberg, etc.

WIGAN. — Ville du comté de Lancaster, en Angleterre. On y fabrique des objets en cuivre et en étain. Pop. : 21,000 âmes.

WIGHT (ILE DE). — Elle est située au sud de la Grande-Bretagne, et présente une superficie de 120 kilom. carrés. La petite rivière de la Médina la divise, du sud au nord, en deux parties, et une chaîne de montagnes la traverse d'orient en occident. La constitution géognostique de cette île est surtout remarquable par le relèvement des diverses couches du terrain, lesquelles sont disposées presque verticalement. Cette île est riche en pâturages; elle possède des salines. Son chef-lieu est Newport, et sa population est d'environ 30,000 âmes.

WIGNEHIES. — Commune de l'arrondissement d'Avesnes, dans le département du Nord. Pop. : 2,300 âmes.

WIGTON. — Ville du comté de Cumberland, en Angleterre. Pop. : 6,000 âmes

WILDBAD. — Ville du Wurtemberg. On y trouve des sources minérales. Pop. : 2,000 âmes.

WILDHAUS. — Village du canton de Saint-Gall, en Suisse. Il est situé près de la source de la Thur, au pied du Säntes. C'est la patrie du célèbre Zwingle.

WILLEMSTADT. — Chef-lieu de l'île de Curaçao, dans l'Amérique hollandaise. Elle est importante par ses fortifications, son port et son commerce. Pop. : 8,000 âmes.

WILLIAM-HENRY. — Petite ville du Bas-Canada. Elle est importante par ses fortifications et sa position au confluent du Sorel et du Saint-Laurent.

WILLIS (ILES DE). — Elles ont été découvertes en 1853 par le capitaine Pearson. Elles sont situées par 16° 53' de latitude, et 149° 51' 2" de longitude, à environ 300 milles du cap Melville, et 200 milles de l'archipel de la Louisiade.

WILMINGTON. — Ville de la Caroline du nord, aux Etats-Unis. Elle est située sur l'Atlantique, où elle possède un port. Pop.: 3,200 âmes.

WILMINGTON. — Ville du Delaware, aux Etats-Unis. Elle est située dans le comté de Newcastle, entre le Christiana-Creek et le Brandwine, affluent du Delaware. La Christiana y forme un bon port. Cette ville est l'entrepôt immédiat des produits obtenus des nombreuses fabriques établies sur le Brandwine. Pop. : 9,000 âmes.

WILNA. — Grande et jolie ville, chef-lieu du gouvernement de son nom, en Russie. Elle est située au confluent de la Wilenka avec la Wiliia, et c'était anciennement la capitale du duché de Lithuanie. On y remarque la cathédrale, dédiée à saint Stanislas, et qui a été bâtie sur l'emplacement du célèbre temple de Perkunas, le Jupiter des Lithuaniens ; les églises Saint-Jean, Sainte-Anne et Saint-Pierre ; les ruines du château ducal, le palais du gouvernement, l'hôtel de ville, l'arsenal, puis quelques palais de particuliers. Cette ville possède un séminaire de maîtres d'école, un gymnase, une école grecque de théologie, une académie médico-chirurgicale et un institut pour les enfants nobles. Sa population est d'environ 55,000 âmes.

WILSON. — Cap de la Nouvelle-Galles méridionale. Il est situé à l'extrémité sud.

WILTON. — Ville du comté de Wilts, en Angleterre. Elle est située au confluent de la Wiley et du Nadder. On croit qu'elle fut la capitale des Saxons occidentaux. Pop. : 2,000 âmes.

WILZBOURG. — Petite ville fortifiée, située dans le cercle du Rezat, en Bavière.

WIMPFEN. — Ville du grand-duché de Hesse-Darmstadt, en Allemagne. Elle est située près de la rive gauche du Necker. On y trouve des Salines. Pop. : 2,200 âmes.

WINCHESTER. — Petite ville épiscopale, chef-lieu du comté de Southampton, en Angleterre. On remarque sa cathédrale, dont l'intérieur surtout est d'une grande beauté. Cette ville possède aussi un collége célèbre dont la fondation remonte à l'an 1387. Pop. : 9,000 âmes.

WINCHESTER. — Ville de la Virginie, aux Etats-Unis. Pop. : 3,500 âmes.

WINDSCHOTTEN. — Petite ville de la province de Groningue, dans le royaume de Hollande. Elle est située sur le canal qui conduit de Groningue à l'Ems, et compte environ 5,000 habitants. Cette ville s'est acquis une triste célébrité par l'incendie qui, en 1833, dévora ses tourbières durant trois jours entiers, en leur donnant l'aspect d'un immense océan de feu. On évalue à 2,174,000 tonnes la quantité de combustible qui fut alors consumée.

WINDSOR. — Jolie petite ville située sur la Tamise, dans le comté de Berks, en Angleterre. On y admire son magnifique palais, l'une des résidences royales, et dont la terrasse, les jardins, le parc et la statue de George III, jouissent d'une grande renommée. La population de cette ville est d'environ 6,000 âmes.

WINDSOR. — Petite ville de la Nouvelle-Ecosse, Amérique anglaise. Elle est réputée par son université, et l'on y trouve une assez riche bibliothèque.

WINDSOR. — Ville de l'Etat de Vermont, aux Etats-Unis. Elle est située sur la rive droite du Connécticut. Pop. : 3,000 âmes.

WINNIPEG. — Grand lac de l'Amérique septentrionale. Il est situé dans la Nouvelle-Bretagne. Son nom, qui signifie eau bourbeuse, vient de la couleur de ses eaux. Ce lac s'écoule dans la baie d'Hudson, par le Nelson au nord-ouest, et le Bérens à l'est.

WINNIPIGOS ou **PETIT-WINNIPEG.** — Lac de l'Amérique septentrionale. Il est situé dans la Nouvelle-Bretagne, à l'ouest du lac Winnipeg, et verse ses eaux dans le lac Cédar, qui est traversé par le Saskatchaouan. Sa longueur est d'environ 175 kilomètres.

WINSCHOTEN. — Ville de la province de Groningue, en Hollande. Pop. : 3,000 âmes.

WINTERTHUR. — Petite ville du canton de Zurich, en Suisse. On y remarque l'hôtel de ville, et elle possède une bibliothèque publique et un cabinet d'antiquités. Sa population, très-industrieuse, s'élève à environ 3,500 âmes. On trouve, dans ses environs, le village d'Ober-Winterthur, bâti sur l'emplacement de l'ancienne *Vitodurum*, dont on voit encore de nombreuses ruines.

WINTZENHEIM. — Chef-lieu de canton dans l'arrondissement de Colmar, département du Haut-Rhin. On y trouve une filature, une fonderie et une fabrique de savon. Pop. : 3,600 âmes.

WIPPER. — Trois rivières du royaume de Prusse portent ce nom. La première coule dans la province de Saxe, et se jette dans l'Unstrul, après un cours de 66 kilomètres ; la seconde, prend sa source aussi en Saxe, et se joint à la Saale, au-dessous de Bernbourg, après un cours de 53 kilomètres ; et la troisième, qui arrose la Westphalie et la province Rhénane, se jette dans le Rhin, non loin de Cologne, après un cours de 45 kilomètres.

WISBEACH. — Ville du comté de Cambridge, en Angleterre. Elle est située sur une branche de l'Ouse. Pop. : 8,000 âmes.

WISCASSET. — Ville de l'Etat du Maine, aux Etats-Unis d'Amérique. Elle est située sur l'Atlantique, près de l'embouchure du Kennebeck. Pop. : 3,000 âmes.

WISCHAU. — Ville de la Moravie, dans l'empire d'Autriche. Pop. : 3,000 âmes.

WISCONSIN. — Rivière des Etats-Unis. Elle arrose l'Etat de son nom, et se joint au Mississipi, à la Prairie du Chien, après un cours de 500 kilomètres.

WISCONSIN. — Un des Etats-Unis de l'Amérique septentrionale. Il est borné, au nord, par le lac des Bois, la rivière et le lac de la Pluie et le lac Supérieur ; à l'est, par le lac Michigan ; au sud, par l'Etat d'Illinois, et à l'ouest, par le Mississipi, qui le sépare de l'Etat d'Iowa et du vaste territoire occupé par les Indiens. Son chef-lieu est Madison. Pop. : 31,000 âmes.

WISLOKA. — Rivière de la Gallicie. Elle passe à Jaslo, et se jette dans la Vistule, après un cours de 150 kilomètres.

WISMAR. — Ville murée du grand-duché de Mecklenbourg-Schwerin. Elle est située sur une baie de la Baltique. On y trouve un chantier de construction, des fabriques de toiles à voiles, de tabac, de cartes à jouer, et l'on y fait un commerce actif. Cette ville faisait partie de la ligue hanséatique. Pop. : 10,000 âmes.

WITGENSTEIN. — Groupe d'îles de la Polynésie. Il est situé dans l'archipel des îles Basses, au sud-est des îles Palisser.

WITHAM. — Rivière du comté de Lincoln, en Angleterre. Elle passe à Lincoln et à Boston, et se jette dans le Wash, après un cours de 150 kilomètres.

WITT (Terre de). — Nom donné à la côte nord-ouest de la Nouvelle-Hollande, qui fut découverte en 1628.

WITTENBERG. — Ville fortifiée de la province de Saxe, en Prusse. Elle est située sur l'Elbe. On y voit, dans l'église du château, les tombeaux de Luther et de Mélanchthon, et, sur la place du marché, la statue colossale en bronze du premier. Pop. : 10,000 âmes.

WITTGENSTEIN-BERLEBOURG. — Principauté médiatisée de la confédération germanique, agrégée à la Prusse, dans la province de Westphalie. Son chef-lieu est Berlebourg. Pop. : 6,900 âmes.

WITTGENSTEIN-WITTGENSTEIN. — Principauté médiatisée de la Confédération germanique, agrégée à la Prusse, dans la province de Westphalie. Son chef-lieu est Wittgenstein. Pop. : 19,900 âmes.

WITTINGAU. — Ville de la Bohême, dans l'empire d'Autriche. Pop. : 3,000 âmes.

WITTLICH. — Ville de la régence de Trèves, dans la Prusse rhénane. C'est un chef-lieu de cercle. Pop. : 2,300 âmes.

WITTSTOCK. — Ville murée du Brandebourg, dans le royaume de Prusse. Pop. : 5,000 âmes.

WITTZENHAUSEN. — Ville murée de la Hesse-Electorale, en Allemagne. Elle est située sur la Werra. Pop. : 2,500 âmes.

WOERDEN. — Ville forte de la Hollande méridionale. Elle est située sur le Vieux-Rhin. En 1672, le maréchal de Luxembourg y battit les Hollandais.

WOERTH-SUR-SAUER. — Chef-lieu de canton dans l'arrondissement de Wissembourg. On y exploite de la terre à poterie. Pop. : 1,200 âmes.

WOHLAU. — Ville murée de la Silésie, dans le royaume de Prusse. Elle est située entre plusieurs petits lacs. Pop. : 2,000 âmes.

WOLA. — Village de Pologne. Il est situé près de Varsovie, au milieu d'une plaine où se tenait autrefois la diète pour l'élection des rois de Pologne.

WOLFENBUTTEL. — Ville du duché de Brunswich, en Allemagne. Elle est située sur le chemin de fer de Magdeboug à Hanovre. C'est le chef-lieu le plus important des cinq districts du duché, et l'on y trouve une riche bibliothèque. Pop. : 8,000 âmes.

WOLFERSDYK. — Ile de la Hollande. Elle est située dans la province de Zélande, entre l'île de Nord-Béveland et celle de Sud-Béveland.

WOLFHAGEN. — Ville de la Hesse-Electorale, en Allemagne. Pop. : 2,800 âmes.

WOLFSBERG. — Ville de l'Illyrie, dans l'empire d'Autriche. On trouve dans ses environs des mines de fer, des fonderies et des fabriques de céruse.

WOLGAST. — Ville de la Poméranie, dans le royaume de Prusse. Elle est située sur la Peene, où elle possède un port. Pop. : 5,000 âmes.

WOLKENSTEIN. — Ville du royaume de Saxe. On y trouve des fabriques de toiles, de bas, de dentelles, de passementerie, et des sources thermales.

WOLLASTON (Terre de). — Elle est située dans l'océan Glacial-Arctique, et une partie seulement a été vue par une expédition anglaise.

WOLLIN. — Ile de la Baltique. Elle est située à l'embouchure de l'Oder, dans la Poméranie, et séparée du continent, au sud-est, par le Dievenow. Son chef-lieu porte le même nom. Pop. : 6,000 âmes.

WOLVERHAMPTON. — Ville du comté de Stafford, en Angleterre. Elle est renommée dans tout le royaume par ses ouvrages de serrurerie. On y fabrique aussi des articles analogues à ceux de Birmingham ; mais à un prix inférieur. Pop. : 25,000 âmes.

WONE. — Ville en ruines de la province de Mâlwa, dans l'empire Indo-Britannique. Elle est renommée par ses temples en granite d'origine Djaïnique. Il n'en reste que 12 sur les 33 qu'elle possédait à l'époque de sa splendeur, mais ils sont bien conservés.

WOODBRIDGE. — Ville du comté de Suffolk, en Angleterre. Elle est située sur la Deben, où elle possède un port. Pop. : 5,000 âmes.

WOODSTOCK. — Petite ville du comté d'Oxford, en Angleterre. Elle est assez industrieuse, et l'on trouve, dans son voisinage le château de Bleinheim, l'un des plus magnifiques de l'Europe. Son parc est un des plus vastes du royaume, et l'on voit, dans le jardin, une colonne de 42 mètres qui supporte la statue du fameux duc de Marborough. Pop. : 7,000 âmes.

WOOLER. — Ville du Northumberland, en Angleterre. Elle est située au pied des monts Cheviots. Pop. : 2,000 âmes.

WOOLWICH. — Petite ville du comté de Kent, en Angleterre. Elle est très-importante par son célèbre parc d'artillerie, son immense arsenal, ses nombreuses machines employées dans les constructions, sa fabrique de fusées à la congrève, son école de génie, et sa magnifique caserne d'artillerie. Sa population dépasse 20,000 âmes.

WORCESTER. — Ville épiscopale, chef-lieu du comté de ce nom, en Angleterre. On y remarque une cathédrale gothique qui renferme le mausolée d'Elise Digby, par Chantrey ; un très-beau pont, construit sur la Severne ; puis l'hôpital, la prison, une manufacture de porcelaine et de nombreuses fabriques de gants. Pop. : 18,000 âmes.

WORCESTER. — Ville de l'Etat de Massachusetts, aux États-Unis. Pop. : 4,000 âmes.

WORKINGTON. — Ville du Cumberland, en Angleterre. Elle est située à l'embouchure du Derwent, où elle possède un port. On y trouve des fabriques de toiles à voiles et des fonderies ; on y fait un commerce de houille, et l'on s'y adonne aussi à la pêche du saumon. Pop. : 8,000 âmes.

WORKSOP. — Gros bourg du comté de Nottingham, en Angleterre. Plusieurs châteaux magnifiques embellissent ses environs. Pop. : 5,000 âmes.

WORKUM. — Ville de la Frise, dans le royaume de Hollande. On y fabrique de la chaux avec des coquillages. Pop. : 3,000 âmes.

WORMHOUDT. — Chef-lieu de canton dans l'arrondissement de Dunkerque, département du Nord. Pop. : 3,800 âmes.

WORMS. — Ville située sur la rive gauche du Rhin, dans la province de la Hesse-Rhénane, grand-duché de Hesse-Darmstadt. C'est l'une des plus anciennes cités allemandes, elle fût bâtie par les Romains dans le Wonnegau ou *Canton des plaisirs*. Ce fut la résidence des rois francs et de Charlemagne durant l'été ; il s'y tint un grand nombre de diètes de l'empire, et entre autres celle qui eut pour objet l'établissement de la paix publique perpétuelle. On remarque dans cette ville le Dôme, édifice qui date du VIIIe siècle, et dont on admire surtout la grande rose vitrée du milieu du chœur occidental. La population est d'environ 8,000 âmes. C'est aussi à Worms qu'en 1521, Luther parut pour défendre son hérésie.

WORNE. — Ile de la Hollande méridionale. Elle est formée par plusieurs branches de la Meuse, au nord-ouest de Beverland. Sa longueur est d'environ 24 kilomètres, et ses lieux principaux sont Brielle et Hellevoetsluis.

WOSTELNHOLM. — Cap situé au nord-ouest du Labrador.

WOTTITZ. — Très-petite ville de la Bohême, empire d'Autriche. Pop.: 1,500 âmes.

WOU-TCHHANG. — Grande ville du Hou-pé, en Chine. Elle est située sur le Kiang, et ce fleuve y est si large et si profond, qu'il y forme une vaste rade toujours remplie de navires et de barques, ce qui y entretient un commerce considérable. Pop.: 400,000 âmes.

WOU-TCHIN. — Ville de la province de Kiang-si, en Chine. C'est un entrepôt du commerce entre le nord et le sud de l'empire.

WOUCHK. — Petite ville de l'Hedjaz, dans l'Arabie. Elle possède un port assez important sur la mer Rouge, et sa population est d'environ 6,000 âmes.

WREXHAM. — Ville du comté de Denbigh, dans le pays de Galles, en Angleterre. Elle est située près du canal d'Ellesmere. Pop.: 5,500 âmes.

WRIETZEN. — Ville murée du Brandebourg, dans le royaume de Prusse. Elle est située sur un bras de l'Oder. On y trouve des fabriques de draps, de tabac et de boucles. Pop.: 5,500 âmes.

WRINGTON. — Ville du Somerset, en Angleterre. On y fait un commerce de chardons pour l'apprêt des draps. C'est la patrie de Loke. Pop.: 1,200 âmes.

WUNSIEDEL. — Petite ville du cercle du Haut-Mein, en Bavière. On y trouve des forges importantes, et les bains renommés qui portent le nom d'Alexandre. Sa population est d'environ 3,000 âmes.

WURTEMBERG (ROYAUME DE). — Il est presque entièrement compris dans l'ancien cercle de Souabe, et ses bornes sont, au nord, le grand-duché de Bade et la Bavière ; à l'est, ce dernier Etat ; au sud, encore le même pays, le lac de Constance et le grand-duché de Bade ; et à l'ouest, ce grand-duché. Le Danube traverse la partie méridionale de ce royaume, et après y avoir reçu l'Iller, le Necker, la Filse, le Remse, le Murr, le Jagst, le Kocher, l'Enz, le Nagold, le Zaber, etc., il va se jeter dans le Rhin, près Maheim. Le Wurtemberg se compose de quatre cercles dont *Stuttgard* est la capitale : ce sont ceux du NECKER, avec *Ludwigsburg* pour chef-lieu ; de la FORÊT-NOIRE, chef-lieu *Reutlingen* ; du JAXT ou JAGST, chef-lieu *Elwangen* ; et du DANUBE ou DONAU, chef-lieu *Ulm*.

WURZACH. — Ville de Wurtemberg. C'est le chef-lieu de la principauté médiatisée de Waldbourg, agrégée au Wurtemberg. Pop.: 6,000 âmes pour la ville et ses dépendances.

WURZBOURG. — Ville épiscopale du cercle du Bas-Mein, en Bavière. On y remarque la cathédrale, l'église de Hang, construite sur le modèle de Saint-Pierre de Rome, le château et l'hôpital Julius. Elle possède un séminaire, une université, un gymnase, une école centrale d'industrie, une école vétérinaire, une bibliothèque publique, un observatoire, un jardin botanique et plusieurs sociétés académiques. Sa population est d'environ 24,000 âmes, et cette population est industrieuse et commerçante. Au dehors de la ville, se trouve la citadelle de Marienberg. Les environs sont couverts de vignobles et de jardins.

WURZEN. — Ville murée du royaume de Saxe. Elle est située sur la Mulde. Pop.: 2,500 âmes.

WYE. — Rivière navigable d'Angleterre. Elle prend sa source dans le comté de Montgomery, au pays de Galles, et se jette dans la Severn, après un cours de 180 kilomètres.

WYK. — Ville de la province d'Utrecht, en Hollande. Elle est située à l'endroit où le Rhin et le Leck se séparent. Pop.: 2,000 âmes.

WYMONDHAM. — Ville du comté de Norfolk, en Angleterre. Pop.: 5,000 âmes.

XABEA ou JAVEA. — Ville de la province d'Alicante, en Espagne. Elle est située sur une petite rivière, non loin du cap Saint-Martin. Pop.: 4,000 âmes.

XAINTRAILLES. — Commune de l'arrondissement de Nérac, dans le département de Lot-et-Garonne. Pop.: 900 âmes.

XALAPA ou JALAPA. — Ville de l'Etat de Vera-Cruz, dans la confédération mexicaine. Elle est bâtie dans une position charmante et entourée de jardins et de campagnes fertiles. C'est sur son territoire qu'on recueille et que l'on prépare la fameuse racine purgative appelée, de son nom, *Xalape* ou *Jalap*. On tenait aussi autrefois, dans cette ville, l'une des foires les plus fréquentées du Mexique. Pop.: 13,000 âmes.

XALON. — Rivière d'Espagne. Elle passe à Calatayud, et se joint à l'Ebre, après un cours de 180 kilomètres.

XAMILTEPEC. — Ville de l'Etat d'Oaxaca, au Mexique. On y fait un commerce de coton, de cacao, de sel, de miel et de cire. Pop.: 3,500 âmes.

XANTEN. — Ville de la régence de Düsseldorf, dans la Prusse-Rhénane. C'est la patrie de saint Norbert, fondateur de l'ordre des Prémontrés, et l'on voit, dans son voisinage, l'endroit où se trouvait le camp romain connu sous le nom de *vetera*. Pop.: 3,000 âmes.

XARO. — Gros bourg de l'île Panay, dans l'archipel des Philippines. Il est situé dans la province de Yloylo. Pop.: 17,000 âmes.

XERAYES ou XARAYES. — Grand marais

ou lac temporaire formé dans la province brésilienne de Mato-Grosso et dans la Bolivia, par suite des inondations du Paraguay. Durant la saison sèche les eaux disparaissent ou du moins il ne reste que quelques flaques çà et là, et le surplus de l'étendue du marais se trouve couvert d'herbes et de divers végétaux.

XERÈS-DE-LA-FRONTERA. — Ville de l'Andalousie, en Espagne. Elle est surtout renommée par ses vins qui sont recherchés dans tous les pays du monde. On remarque les vastes caves qui renferment ces vins, et le château royal. La population est d'environ 34,000 âmes. On trouve, dans le voisinage de cette ville, la célèbre et riche chartreuse qui porte son nom.

XERÈS-DE-LOS-CABALLEROS. — Ville murée de la province de Badajoz, en Espagne. On y fait un commerce de bestiaux, et l'on trouve, sur son territoire, des mines d'argent et de soufre. Cette ville a appartenu aux chevaliers du Temple, et c'est la patrie du navigateur Balboa. Pop. : 9,000 âmes.

XERTA. — Ville de la province de Tarragone, en Espagne. Elle est située sur la rive droite de l'Ebre, qui y forme une cataracte de 5 mètres de hauteur. Pop. : 2,000 âmes.

XIMENA-DE-LA-FRONTERA. — Ville de la province de Cadix, en Espagne. Pop. : 6,000 âmes.

XINGU ou CHINGU. — Rivière du Brésil. Elle coule dans les provinces de Mato-Grosso et de Para, passe à Souzel et à Pombal, et se jette dans l'Amazone, après un cours d'environ 2,200 kilomètres.

XIXONA ou JIJONA. — Ville de la province d'Alicante, en Espagne. On y fait un commerce d'amandes et de gâteaux d'amandes.

XOCHIMILCO. — Village des environs de Mexico, au Mexique. Il s'élève sur l'emplacement qu'occupait une cité importante des Aztèques.

XULLA. — Groupe d'îles de la Malaisie. Il est situé dans la mer des Moluques à l'est de Célèbes. Les Hollandais y possèdent une factorerie.

Y

YACOUBA ou DJACOBA. — Pays de la Nigritie. Il est situé au sud du Haoussa et dépend de l'empire Fellatah de Sackatou. Les nègres qui l'habitent sont, à ce que l'on croit, anthropophages.

YA-LOUNG-KIANG. — Rivière de l'empire chinois. Elle sépare le Tibet du pays de Koukou-Noor et de la province chinoise de Sse-Tchouan, et s'unit dans cette dernière au Kin-cha-Kiang, pour former le Kiang ou Yang-tse-Kiang. Son cours est de 1,200 kilomètres.

YAMBO. — Petite ville de l'Hedjaz, en Arabie. Elle est située sur la mer Rouge, et son port est regardé comme celui de Médine. Pop. : 3,000 âmes.

YANAOU. — Ville de l'Hindoustan. Elle est située sur le Godavéry et appartient à la France. On y fabrique des tissus de coton. Pop. : 7,300 âmes.

YANDI. — Grande ville, capitale du royaume de Dagoumba, dans la Nigritie maritime. Elle est le siège d'une industrie importante, et l'on y consulte un oracle très-renommé parmi les peuplades noires.

YANVO. — Grande ville du royaume des Molouas, dans la Nigritie méridionale. On y remarque deux forteresses construites en briques, le palais du roi, de grandes prisons, des places publiques, etc. Pop. : 45,000 âmes.

YAOURI. — Capitale du royaume de ce nom, dans la Nigritie centrale, en Afrique. Elle est grande, fortifiée, populeuse, commerçante, et l'on y fabrique une grande quantité de poudre à fusil, mais de mauvaise qualité.

YAPURA. — Rivière de l'Amérique méridionale. Elle prend sa source dans les Andes, sépare la Nouvelle-Grenade de la république de l'Equateur, traverse une partie du Brésil, et se jette dans l'Amazone, par plusieurs branches, après un cours de 2,000 kilomètres.

YARE ou HERBIAS. — Fleuve de l'Amérique centrale. Il traverse le pays des Mosquitos, et se jette dans la mer des Antilles, par plusieurs embouchures, près du cap Gracias-à-Dios. Son cours est de 500 kilomètres.

YARKAND. — Rivière du Turkestan chinois. Elle passe à Yarkand, et se jette dans le Tarim, après un cours de 900 kilomètres.

YARKAND. — Grande ville du Thian-chan-Nan-Lou ou petite Boukharie, dans l'empire chinois. Elle est située sur le Yarkand ou Yarkauddaria et au milieu d'un territoire fertile et bien cultivé. Son industrie et son commerce sont florissants. C'est dans ses environs que l'on ramasse les pierres dites *de Jade*, pour les expédier à Péking, où l'on en fabrique des vases et autres objets d'ornement en usage chez les Chinois. Pop. : 60,000 âmes.

YARMOUTH. — Jolie ville du comté de Norfolk, en Angleterre. Elle est importante par sa marine marchande, qui est considérable. C'est aussi le principal débouché du produit des manufactures de Norwich, et enfin, elle prend part aux pêches du hareng et du maquereau. Pop. : 21,000 âmes.

YARMOUTH. — Ville de l'île de Wight, en Angleterre. Elle est située sur la côte nord-ouest. Pop. : 6,000 âmes.

YAROU-DZANBO-TCHOU. — Fleuve du Tibet. Il passe à Jigagounghar, mais son cours est encore peu connu.

YARRIBA. — Royaume de la Guinée septentrionale. Il est situé au nord et habité par les Eyos. Sa capitale est Katunga ou Eyo.

YBERA. — Grand lac ou marais de la Plata. Il est situé dans la province de Corrientes. Sa longueur dépasse 300 kilomètres et il s'écoule dans le Parana par 3 rivières : le Baleles, le Corrientes et le Mirinay.

YÉ. — Ville de l'Indo-Chine britannique. Elle est située sur une rivière de même nom, près de son embouchure dans le golfe de Martaban. C'est le chef-lieu d'une province cédée aux Anglais par les Birmans et dont la population est d'environ 3,000 âmes.

YEBENES. — Bourg de la province de Tolède, en Espagne. Pop. : 3,000 âmes.

YECLA. — Ville de la province de Murcie, en Espagne. On y trouve des fabriques d'eau-de-vie et d'huile, et des tanneries. Pop. : 12,000 âmes.

YEDO. — Capitale de l'empire du Japon. Elle est située dans une vaste plaine de la province de Mousasi, île de Niphon, et au fond d'un golfe à l'embouchure du Tonyak. Cette ville possède un port, et c'est l'une des plus grandes et des plus peuplés de l'univers. Les maisons y sont construites en bambous entremêlés de mortier. On y remarque le fameux *niphon-bas* ou le *pont du Japon*, d'où l'on compte les distances sur toutes les grandes routes de l'empire ; puis le palais du seogoun ou empereur, où se trouve une riche bibliothèque. C'est aussi à Yédo qu'a été publiée l'*Encyclopédie chinoise* dite du *Japon*. Pop. : 1,300,000 âmes.

YEMEN. — Superbe contrée de l'Arabie. On y fait surtout le commerce du café, de la myrrhe, de l'encens et de l'aloès. Elle se divise en deux parties : l'*Yemen* proprement dit, et l'*Hadramant*. La région qui longe la mer Rouge se nomme *Tehama*. Cette grande portion de l'Arabie comprend de nombreux Etats qui, tous, sont indépendants.

YÉOU. — Rivière de la Nigritie. Elle passe à Katagoum et à Vieux-Boinie, et se jette dans le lac Tchad. On croit qu'elle prend naissance dans le Yacouba.

YEOVIL. — Ville du Somerset, en Angleterre. On y trouve des sources ferrugineuses et l'on y fabrique des gants de femmes. Pop. : 5,000 âmes.

YEPES. — Ville de la province de Tolède, en Espagne. Elle est réputée par ses vins blancs et ses légumes. Pop. : 4,000 âmes.

YÈRES. — Petite rivière de France. Elle coule dans les départements de Seine-et-Marne et de Seine-et-Oise, et se joint à la Seine, à Villeneuve-Saint-George, après un cours de 90 kilomètres.

YERVILLE. — Chef-lieu de canton dans l'arrondissement d'Yvetot, département de la Seine-Inférieure. Pop. : 1,800 âmes.

YESTE. — Ville de la province d'Albacète, en Espagne. On trouve des sources minérales dans son voisinage. Pop. : 5,000 âmes.

YEYNANG-GHÉOUN. — Ville de l'empire Birman, dans l'Inde transgangétique. Elle est populeuse et florissante, et c'est dans son voisinage que se trouvent des sources de pétrole dont l'abondance surpasse tout ce qu'on connaît en ce genre.

YEZD. — Ville de Perse. Elle est très-commerçante, et l'on y trouve les fabriques de soieries les plus estimées du royaume. Pop. : 26,000 âmes.

YEZDKAST. — Ville de Perse. Elle est située dans le Fars et renommée par la bonté et la blancheur de son pain. Pop. : 2,000 âmes.

YÉZO ou **YESSO.** — Une des grandes îles qui forment l'empire du Japon. Elle est située au nord de Niphon, mais peu connue, attendu qu'aucun voyageur européen n'a pu encore pénétrer dans l'intérieur.

YFFINIAC. — Commune de l'arrondissement de Saint-Brieuc, dans le département des Côtes-du-Nord. Pop. : 2,160 âmes.

YO-TCHÉOU. — Ville du Hou-nan, dans l'empire chinois. Elle est située sur le lac Thoun-thing, à l'endroit où il se décharge dans le Kiang, et elle fait un commerce considérable de transit. Plusieurs îles très-peuplées élèvent sur le lac, et il s'y trouve des monastères de bonzes. On y voit aussi des îles flottantes, comme celles du lac de Mexico et autres. Pop. : 180,000 âmes.

YO-THI-YA ou **SIAM.** — Capitale du royaume de Siam. Elle est située dans une île formée par le Meïnan, et n'offre aujourd'hui que des ruines ; mais, au XVIIIe siècle, c'était encore l'une des plus belles cités de l'Inde transgangétique ; on y comptait au delà de 200 temples ; et ses environs étaient aussi couverts de monuments magnifiques et célèbres.

YONNE (Département de l'). — Il a été formé des parties de la Champagne propre, du Senonais, du Gâtinais, de la Bourgogne propre et de l'Auxerrois. Sa superficie est de 728,747 hectares, et sa population d'environ 374,800 âmes. Il est divisé en 5 arrondissements dont les chefs-lieux sont Auxerre, Avallon, Joigny, Sens et Tonnerre, et compte 29 cantons et 452 communes. Auxerre est le siège de sa préfecture, Sens de son diocèse, et Paris celui de sa cour impériale, de son académie universitaire (*voir* l'*Appendice*) et de sa division militaire qui est la première. La rivière qui donne son nom à ce département prend naissance dans les montagnes du Morvan, et se jette dans la Seine à Montereau. Elle est navigable depuis Cravant.

YORK. — Cap de la Nouvelle-Galles méridionale. Il est situé à l'extrémité nord.

YORK (Ile du duc d'). — Elle est située dans la Polynésie, par 8° 30' de latitude sud, et 174° 18' de longitude ouest.

YORK. — Ville archiépiscopale très-ancienne, chef-lieu du comté de ce nom, en Angleterre. Elle est située au confluent du Foss et de l'Ouse. On y remarque la cathédrale, l'un des plus vastes et des plus beaux monuments gothiques du royaume, puis l'hôtel du Comté. Cette ville possède une école de théologie, une bibliothèque publique, un cabinet d'histoire naturelle, un observatoire et deux sociétés académiques. Pop. : 26,000 âmes.

YORK. — Chef-lieu du Haut-Canada, dans l'Amérique anglaise. C'est une petite ville bien bâtie et possédant un port sur le lac Ontario. Pop. : 3,000 âmes.

YORK. — Ville de l'État du Maine, aux Etats-Unis. Elle est située sur l'Atlantique où elle possède un port. Pop. : 4,000 âmes.

YORK. — Ville de la Pennsylvanie, aux Etats-Unis. Pop. : 4,000 âmes.

YOU-TCHANG. — Grande ville de la Chine. C'est le chef-lieu de la province de Hou-pé. On lui donne une étendue aussi considérable que celle de Paris, et l'on y fait un commerce important de thé et de papier de bambou. Pop. : 400,000 âmes.

YOUGHAL. — Ville du comté de Cork, en Irlande. Elle est située à l'embouchure du Blackwatter. On dit que c'est dans les environs de cette ville que la pomme de terre fut cultivée pour la première fois en Irlande. Pop. : 9,000 âmes.

YPERLÉE. — Rivière de Belgique. Elle coule dans la Flandre occidentale, passe à Ypres et à Nieuport, et se jette dans la mer du Nord, après un cours de 58 kilomètres.

YPRES. — Ville de la Flandre occidentale, en Belgique. On y fabrique de la toile et de la dentelle. Pop. : 15,000 âmes.

YSER. — Rivière qui prend sa source en France, à l'est de Saint-Omer. Elle traverse le département du Nord, passe dans la Flandre occidentale en Belgique, et se joint à l'Yperlée, après un cours de 55 kilomètres.

YSLY ou ISLY. — Rivière de l'empire de Maroc. Elle prend naissance dans les montagnes au sud d'Ouchda, coule sur les confins de l'Algérie, et se jette dans la Tafna, après un cours d'environ 100 kilomètres. En 1844, le maréchal Bugeaud remporta sur ses bords une victoire signalée sur l'armée marocaine.

YSSEL ou OVER-YSSEL (*Yssel-Supérieur*). — Fleuve de Hollande. Il est formé par la réunion du Vieux et du Novel-Yssel, passe à Zutphen, Deventer et Kompen, et se jette dans le Zuider-Zée, après un cours de 100 kilomètres.

YSSEL ou NEDER-YSSEL (*Yssel-Inférieur*). — Rivière de Hollande. C'est une branche du Lek. Elle passe à Ysselstein, Oudewater et Gouda, et se joint à la Meuse, au-dessus de Rotterdam, après un cours de 45 kilomètres.

YSSELMONDE. — Ile de la Hollande méridionale. Elle est située entre deux bras de la Meuse, et sa longueur est de 24 kilomètres.

YSSELSTEN. — Ville de la province d'Utrecht, en Hollande. Elle est située sur l'Yssel-Inférieur. Pop. : 3,000 âmes.

YSSINGEAUX. — Petite ville du département de la Haute-Loire. Chef-lieu d'arrondissement, elle comprend 6 cantons et 36 communes. Elle possède quelques mines exploitées, une société d'agriculture, et fait un commerce de bestiaux. Sa population est d'environ 7,500 âmes.

YSTAD. — Ville du royaume de Suède. Elle est située sur la mer Baltique où elle possède un port. Pop. : 3,000 âmes.

YTU. — Petite ville de la province de San-Paulo, au Brésil. Elle est renommée par ses belles cultures et par sa cascade du Tiété.

YUCATAN. — Etat du Mexique. Il forme une presqu'île entre le golfe du Mexique à l'ouest et au nord, et la mer des Antilles à l'est. On en tire du bois de campêche. Il a Mérida pour chef-lieu. Pop. : 630,000 âmes.

YUN-NAN. — Province de la Chine. Elle est située au sud-est. Ses bornes sont, à l'ouest et au sud-ouest, l'empire des Birmans; au sud, celui d'An-nam; au nord, le Tibet et la province de Tchouan; et à l'est, les provinces de Kouei-Tchéou et Kouang-Si. Cette province, qui est l'une des plus riches de l'empire, a pour chef-lieu Yun-Nan. Anciennement, elle était célèbre par ses monuments, qu'ont détruits les Tartares. Pop. : 5,560,000 âmes.

YVERDUN. — Ville du canton de Vaud, en Suisse. Elle est située à l'embouchure de l'Orbe, dans le lac de Neufchâtel. On y trouve un collège, une école de sourds-muets, l'institut de Pestalozzi et des bains. Pop. : 3,000 âmes.

YVETOT. — Petite ville, chef-lieu d'arrondissement dans le département de la Seine-Inférieure. Elle comprend 10 cantons et 169 communes. Son commerce consiste en grains, toiles, siamoises, velours de coton, laines, etc. Sa population est d'environ 9,000 âmes. Les seigneurs d'Yvetot prenaient anciennement le titre de roi.

YVIAS. — Commune de l'arrondissement de Saint-Brieuc, dans le département des Côtes-du-Nord. Pop. : 2,500 âmes.

YVIERS. — Commune de l'arrondissement de Barbezieux, dans le département de la Charente. Pop. : 1,200 âmes.

YVIGNAC. — Commune de l'arrondissement de Dinan, dans le département des Côtes-du-Nord. Pop. : 1,800 âmes.

YVOY-LE-PRÉ. — Commune de l'arrondissement de Sancerre, dans le département du Cher. On y trouve un haut fourneau et des forges. Pop. : 2,700 âmes.

YVRE-LE-POLIN. — Commune de l'arrondissement de La Flèche, dans le département de la Sarthe. Pop. : 1,500 âmes.

YVRÉ-L'ÉVÊQUE. — Commune de l'arrondissement du Mans, dans le département de la Sarthe. Pop. : 2,100 âmes.

YZERNAY. — Commune de l'arrondissement de Beaupréau, dans le département de Maine-et-Loire. Pop. : 1,600 âmes.

YZEURE. — Commune de l'arrondissement de Moulins, dans le département de l'Allier. Pop. : 2,500 âmes.

YZEURES. — Commune de l'arrondissement de Loches, dans le département d'Indre-et-Loire. Elle est située sur la Creuse. Pop. : 1,800 âmes.

Z

ZAB. — Rivière de la Turquie d'Asie. Elle coule dans le Kourdistan, et se joint au Tigre, au-dessous de Mossoul, après un cours de 300 kilomètres.

ZABARAH (Mont). — Il est situé dans la contrée orientale des déserts qui dépendent de l'Egypte. Célèbre chez les anciens par ses mines d'émeraudes, on ne connaissait plus la position de celle-ci, lorsqu'elle fut retrouvée par le voyageur français Cailliaud. Méhémet-Ali tenta alors de les exploiter derechef; mais les dépenses l'emportant de beaucoup sur les produits, il ne donna point de suite à cette entreprise.

ZACATECAS. — Chef-lieu de l'État de ce nom, dans la confédération mexicaine. Cette ville est importante par l'exploitation des mines d'argent qui se trouvent dans ses environs, et dans le nombre desquelles on cite surtout celles de San-Juan-Batista, de Panuco et de Guadalupe-de-Veta-Grande. On trouve, à Zacatecas, un collége et un hôtel des monnaies; et, dans le voisinage, le magnifique temple de Nuestra-Senora-de-Guadalupe. Pop. : 33,000 âmes.

ZAFFERABAD. — Ville de la province d'Allahabad, dans l'Hindoustan anglais. On y fabrique des étoffes de coton. Pop. : 20,000 âmes.

ZAFRA. — Ville de la province de Badajoz, en Espagne. On y trouve des sources minérales. Cette ville, l'une des plus anciennes du royaume, fut fondée par les Celtes l'an 580 avant Jésus-Christ, et agrandie par Jules César, qui la nomma *Restituta-Julia*. Pop. : 8,000 âmes.

ZAGROS ou **ZAGRUS.** — Chaîne de montagnes d'Asie. Elle s'étend entre l'Assyrie et la Médie, et l'on y voit encore le passage qui fut ouvert, selon les uns par Alexandre, suivant les autres par les romains.

ZAGUALTIPAN. — Ville du Mexique. Elle est située dans l'Etat de Mexico. Pop. : 6,000 âmes.

ZAHLÉ. — Petite ville de Syrie, dans la Turquie d'Asie. On trouve, dans son voisinage et sur une haute montagne, le couvent du Bezommar, le plus beau et le plus riche du Kesrouan, où l'on donne aussi l'instruction à un grand nombre de jeunes gens des diverses contrées du Levant.

ZAIRE ou **COANGO.** — Fleuve de la Guinée méridionale. Il se jette dans l'Atlantique, mais sa source n'est pas connue.

ZALAMEA. — Bourg de la province de Badajoz, en Espagne. On trouve des mines d'argent dans son voisinage. Pop. : 3,000 âmes.

ZALESCZYKY. — Ville de la Gallicie, empire d'Autriche. Elle est située sur le Dniester. C'est le chef-lieu du cercle de Czortkow. Pop. : 3,000 âmes.

ZAMBEZE ou **QUILIMANÉ.** — Fleuve de l'Afrique australe. On connaît seulement la partie inférieure de son cours. Il passe à Chicova, Tettey, Zimbaoé, et se jette dans le canal de Mozambique par plusieurs branches, dont la principale a son embouchure à Quilimané et porte ce nom.

ZAMFRA. — Pays de la Nigritie centrale. Il est situé à l'ouest du Haoussa et dépend des Fellatahs. Son chef-lieu est Zirmie.

ZAMORA. — Ville épiscopale, chef-lieu de la province de ce nom, dans la Nouvelle-Castille, en Espagne. On y remarque un très-beau pont construit sur le Duero. Pop. : 10,000 âmes.

ZAMOSC. — Ville fortifiée du gouvernement de Lublin, en Pologne. Elle est située au milieu de vastes plaines et bâtie dans le goût italien. Pop. : 5,000 âmes.

ZANDVLIET. — Ville forte de la province d'Anvers, en Belgique. Elle est située non loin de la rive droite de l'Escaut. Pop. : 1,200 âmes.

ZANESVILLE. — Ville de l'Etat d'Ohio, aux Etats-Unis d'Amérique. Elle est située sur le Muskingum, affluent de l'Ohio. On y trouve des sources salées et l'on y fait un commerce de grains, de viande salée et de légumes. Pop. : 3,000 âmes.

ZANGUEBAR. — Côte de l'Afrique orientale. Elle s'étend le long de la mer des Indes, depuis le cap Delgado jusqu'à la Pointe-Basse, entre le Monomotapa et la côte d'Ajan. Le cap Desgado correspond, à ce que l'on croit, au *Prasum Promontorium* des anciens, limites de leurs connaissances géographiques au sud.

ZANTE. — Grande ville, chef-lieu de l'île de ce nom, dans l'état des îles Ioniennes. Elle est située sur la côte orientale, au fond d'une petite baie, et est le siége d'un évêché catholique et d'un archevêché grec. On y remarque la cathédrale, les églises grecques de Saint-Denis et de Phaneroménie, le palais de l'évêque catholique, celui des archives, la douane, la bourse, l'arsenal et le marché, et sa population est d'environ 24,000 âmes. On trouve, dans son voisinage, le bourg de Chieri, qui possède un port et des sources de pétrole, et les deux îlots de Strivali, dont le plus grand offre un couvent fortifié habité par des moines. C'est une prison et un lieu d'exil pour les ecclésiastiques.

ZANZIBAR. — Chef-lieu de l'île de ce nom, sur la côte du Zanguebar. Elle est industrieuse et commerçante. Pop. : 10,000 âmes.

ZARA. — Ville archiépiscopale, capitale de la Dalmatie. Elle possède des fortifications, un port, un séminaire central, un lycée, un gymnase, un collége, et une population d'environ 5,000 âmes. Son commerce est assez florissant, et sa fabrication de *marasquin* est renommée.

ZARAISK. — Ville du gouvernement de

Riazan, en Russie. Elle est située sur l'Osetz, affluent de l'Oka. Elle est l'objet d'un pèlerinage. Pop. : 6,000 âmes.

ZARIYA. — Chef-lieu du Zeg-zeg, dans l'empire des Fellatahs, Nigritie centrale. On y voit une grande mosquée. Pop. : 50,000 âmes.

ZARUMA. — Ville de la province de Loxa, dans la république de l'Equateur. Elle est importante par les riches mines d'or qu'on exploite dans ses environs. Pop. : 6,000 âmes.

ZASLAV. — Ville de la Volhynie, en Russie. Elle est située sur le Gorin, affluent du Pripet. Pop. : 8,000 âmes.

ZATAS ou SORRAYA. — Rivière du Portugal. Elle sépare en partie l'Alentejo de l'Estremadure, et se joint au Tage, après un cours de 200 kilomètres.

ZAYENDEH-ROUD. — Rivière de Perse. Elle passe à Ispahan, et se perd dans une vallée séléniteuse, après un cours de 250 kilomètres.

ZDUNY. — Ville de la régence de Posen, dans le royaume de Prusse. Pop. : 3,200 âmes.

ZEA. — D'une des îles Ciclades, royaume de Grèce. C'est la *ceos* des anciens. On y trouve les ruines de *Julis*, qui occupent la montagne Marpessa, ruines au sein desquelles on a découvert, dit-on, la célèbre chronique de Paros, gravée sur marbre, et conservée à Oxford, en Angleterre, sous le nom de *marbres d'Arundel*.

ZEBU. — Petite ville épiscopale, chef-lieu de l'île de ce nom, dans l'archipel des Philippines. Pop. : 9,000 âmes.

ZEIDEN. — Ville du pays des Saxons, en Transylvanie, empire d'Autriche. On y fabrique de la toile. Pop. : 3,000 âmes.

ZEIL. — Village du Wurtemberg. On y voit un château, résidence des princes médiatisés de Waldbourg-zeil-Tranchbourg, dont les possessions sont annexées au Wurtemberg. La population de la principauté est de 9,700 âmes.

ZEITOUN ou IZDIN. — Petite ville épiscopale, chef-lieu de l'eptarchie de la Phthiotide, dans le royaume de Grèce. Elle est fortifiée et située près du golfe qui porte son nom. Pop. : 4,000 âmes.

ZEITZ. — Ville de la province de Saxe, royaume de Prusse. Elle est située sur l'Elster. C'est un chef-lieu de cercle. Pop. : 7,000 âmes.

ZÉLANDE. — Province de Hollande. Elle est située au sud-ouest, et formée principalement d'îles dont les plus considérables sont : Walcheren, Sud-Beveland, Nord-Beveland, Schouwen, Duiveland et Tholen. Son sol est gras et fertile et garanti des inondations par des dunes et des digues. Middelbourg est son chef-lieu. Pop. : 154,000 âmes.

ZELAYA. — Ville de l'Etat de Guanaxuato, dans la confédération mexicaine. Elle est bien bâtie, commerçante et riche. On y remarque l'église des Carmes, l'un des plus beaux temples du Mexique, et l'on voit, dans ses environs, un très-beau pont construit sur la Laxa. Pop. : 10,000 âmes.

ZÈLE. — Bourg de la Flandre orientale, en Belgique. On y trouve des fabriques de couvertures et de siamoise. Ce bourg et les hameaux qui en dépendent présentent une population de 9,000 âmes.

ZELL. — Voy. MARIA-ZELL.

ZER-AFCHAN. — Rivière du Turkestan. Elle passe à Samarkand, Kermina et Boukhara, et se perd dans un lac, après un cours de 800 kilomètres.

ZERBST. — Ville du duché d'Anhalt-Dessau, en Allemagne. C'est la patrie de l'impératrice Catherine II. Pop. : 8,000 âmes.

ZEULENRODA. — Ville murée de la principauté de Reuss-Greitz, en Allemagne. Pop. : 4,300 âmes.

ZEVIO. — Ville du royaume lombard-vénitien, empire d'Autriche. Elle est située non loin de Vérone, et l'on vante ses vignobles. Pop. : 5,000 âmes.

ZEZERC. — Rivière de Portugal. Elle prend sa source dans la Sierra d'Estrella, traverse les provinces de Beira et d'Estremadure, et se joint au Tage, au-dessous de Punhete, après un cours de 180 kilomètres.

ZIEGENHAIN. — Petite ville fortifiée, située sur la Schwalm, dans la province de la Haute-Hesse. Sa population est d'environ 1,600 âmes.

ZIELENZIG. — Ville du Brandebourg, dans le royaume de Prusse. On y fabrique du drap, de la toile et de la bonneterie.

ZIÉRIKZÉE. — Ville de l'île Schouwen, dans la province de Zélande, en Hollande. Elle est située sur la droite de l'Escaut oriental, et réputée par ses huîtres. Cette ville faisait partie de la ligne hanséatique. Pop. : 6,000 âmes.

ZIEZA. — Ville de la province de Murcie, en Espagne. Elle est située sur la rive gauche de la Segura. Pop. : 6,000 âmes.

ZINDJAN. — Ville de Perse. Elle est située au nord-ouest de l'Irack-Adjemy. Elle doit, dit-on, son origine au premier roi de la dynastie des Sassanides, et fut détruite par Tamerlan. Jadis très-considérable, sa population est réduite aujourd'hui à environ 15,000 âmes.

ZIPAQUIRA. — Petite ville de la province de Bogota, dans la Nouvelle-Grenade. Elle est importante par sa mine de sel gemme qui est d'un très-riche produit.

ZIRKNITZ. — Bourg d'Illyrie, dans l'empire d'Autriche. Il est situé non loin du lac de même nom, dont les eaux se retirent, en été, dans des cavités souterraines et permettent à leur lit de se couvrir de végétation.

ZITTANG. — Fleuve de l'empire birman. C'est à ce que l'on croit une branche de l'Iraouady. Il passe à Taugon et se jette dans le golfe de Martaban, après un cours assez considérable.

ZITTAU. — Ville murée de la Lusace, dans le royaume de Saxe. On y trouve des fabriques de draps, de toiles et de poteries. Pop. : 9,000 âmes.

ZIZ. — Fleuve peu connu de l'empire de

Maroc. Il coule au sud-est et passe près des ruines de Sedjelmesse.

ZLATOUST. — Gros bourg ou petite ville du cercle de Birsk, dans le gouvernement d'Orenbourg, en Russie. On y trouve une fabrique d'armes, des forges, et dans son voisinage de riches mines d'or, entre autres celle de Tzarevo-Alexandrovsk. On a recueilli dans celle-ci d'énormes pépites. La population de Zlatoust est d'environ 9,000 âmes.

ZLOCZOW. — Ville de la Gallicie, dans l'empire d'Autriche. C'est un chef-lieu de cercle. Pop. : 8,000 âmes.

ZMEÏNOGORSK. — Petite ville du gouvernement de Tobolsk, en Sibérie. Elle est située au pied du mont Altaï, et renommée par les mines d'argent qui sont exploitées dans son voisinage.

ZNAYM. — Ville de la Moravie, dans l'empire d'Autriche. C'est un chef-lieu de cercle. Pop. : 7,000 âmes.

ZOFENGEN. — Petite ville du canton d'Argovie, en Suisse. On y trouve des fabriques d'indiennes, de coton, de rubans de soie; puis un gymnase, une bibliothèque publique et un cabinet de médailles. Pop. : 2,000 âmes.

ZOGNO. — Ville du royaume Lombard-Vénitien, dans l'empire d'Autriche. Elle est située sur le Brembo, affluent de l'Adda. Pop. : 2,500 âmes.

ZOLKIEW. — Ville de la Gallicie, dans l'empire d'Autriche. C'est un chef-lieu de cercle. Pop. : 5,000 âmes.

ZOMBOR. — Ville de Hongrie, dans l'empire d'Autriche. C'est le siége d'un évêché grec. Pop. : 20,000 âmes.

ZONCHIO. — Château de la Messénie, dans le royaume de Grèce. Il date du moyen âge et a été construit sur l'emplacement de *Pylos*. On y remarque des restes d'architecture hellénique.

ZONES. — Les tropiques et les cercles polaires divisent la sphère terrestre en 5 zones parallèles : la première, comprise entre le pôle boréal et le cercle polaire, est appelée *zone glaciale boréale*; la seconde, qui se trouve entre le cercle polaire boréal et le tropique du Cancer, est la *zone tempérée boréale*; la troisième, entre deux tropiques, est nommée *zone torride*; la quatrième, qui s'étend entre le tropique du Capricorne et le cercle polaire austral, est appelée *zone tempérée australe*; et la cinquième, comprise entre le cercle polaire austral et le pôle, est la *zone glaciale australe*.

ZORN. — Rivière de France. Elle prend sa source dans le département de la Meurthe, passe dans celui du Bas-Rhin, et se jette dans la Moder, après un cours de 90 kilomètres.

ZOUBDIDI. — Bourg de la province d'Imerethi, dans la région caucasienne, Russie asiatique. C'est la résidence habituelle du Dadian, prince de Mingrélie, dont la pauvreté est la marque la plus distinctive.

ZOURI. — Chef-lieu de la province de Djhalavan, dans la confédération des Beloutchis, Perse orientale. Pop. : 10,000 âmes.

ZSCHOPAU. — Ville du royaume de Saxe. Elle est située sur la Zschopa, affluent de la Mulde de Freyberg. On y fabrique de la toile. Pop. : 5,000 âmes.

ZUETTEL. — Ville du cercle du Manhartsberg supérieur, dans l'archiduché d'Autriche. Pop. : 2,500 âmes.

ZUG. — Jolie petite ville, chef-lieu du canton du même nom, en Suisse. Elle est située sur le lac de Zug; on remarque son hôtel de ville et son arsenal; elle possède un gymnase, et sa population est d'environ 3,000 âmes. On trouve, non loin de cette ville, le célèbre défilé de Morgarten, situé sur la rive droite du lac Egeri. C'est là, qu'en 1315, un corps de 1,300 Suisses seulement défit une armée de 20,000 hommes; et qu'en 1799, les Français livrèrent un combat, dans lequel les femmes des Suisses se montrèrent héroïquement dans les rangs de leurs époux.

ZUGAR. — Ville de la province de Grenade, en Espagne. On y trouve des sources sulfureuses. Pop. : 3,000 âmes.

ZUIDER-ZÉE. — Golfe de Hollande. Il est formé par la mer du Nord, entre la Hollande septentrionale à l'ouest, les provinces d'Utrecht et de Gueldre au sud, et celles d'Over-Yssel et de Frise à l'est. Il se trouve presque fermé, au nord, par les îles de Texel, Vlieland, Ter-Schelling et Ameland. On y remarque les îles Weringen, Urk, Schokland et Marken.

ZUKMANTEL. — Ville du cercle de Troppau dans la Silésie autrichienne. Pop.: 3,000 âmes.

ZULIA. — Rivière de la république de Venezuela. Elle se jette dans le lac de Maracaybo.

ZULLA. — Bourgade du Samara, dans l'Abyssinie. Elle est située dans la baie d'Amesley et habitée par la tribu des hazota. On trouve, dans son voisinage, les ruines d'*Adoule* ou *Adulis*, ville célèbre dans l'antiquité par son commerce maritime.

ZULPICH ou TOLBIAC. — Petite ville de la province Rhénane, en Prusse. C'est dans son voisinage qu'en 496 Clovis remporta une victoire mémorable sur les Allemands. Pop. : 1,200 âmes.

ZURICH. — Chef-lieu du canton du même nom, en Suisse. Il est situé sur la Limmat, à l'endroit où cette rivière sort du lac de Zurich. On y remarque la cathédrale appelée le Münster, le Frauen-Münster, l'église Saint-Pierre, l'hôtel de ville, la maison des orphelins, la prison pénitentiaire et l'observatoire. Cette ville, que quelques-uns considèrent comme l'Athènes allemande, possède un séminaire, un collége, un institut de médecine, une école des arts, une école des sourds-muets, une bibliothèque publique, plusieurs sociétés académiques, et l'on y voit la carte en relief de Muller, qui comprend toute la Suisse. Elle est industrieuse et commerçante, et sa population est d'environ 12,000 âmes.

ZURICH (LAC DE). — Il a 36 kilomètres de

longueur sur 4 de largeur, et baigne les cantons de Zurich, de Saint-Gall et de Schwitz.

ZURZACH. — Petite ville du canton d'Argovie, en Suisse. Elle est située sur la rive gauche du Rhin. Il s'y tient annuellement deux foires célèbres. Pop. : 900 âmes.

ZUTPHEN. — Ville forte de la province de Gueldre, en Hollande. Elle fit partie de la ligne hanséatique. Pop. : 9,000 âmes.

ZWARTE-SLUIS. — Bourg fortifié de l'Over-Yssel, en Hollande. Il est situé sur le Zwarte-Water. Pop. : 2,500 âmes.

ZWARTE-WATER. — Petit fleuve de Hollande. Il s'unit à la Vecht et se jette dans le Zuider-Zée.

ZWICKAU. — Ville du royaume de Saxe. Elle est située sur le chemin de fer de Dresde à la Bavière, et donne son nom à un nouveau cercle formé des deux anciens de Wigthland et d'Erzgebirge. Pop. : 7,500 âmes.

ZWITTAU. — Ville de la Moravie, dans l'empire d'Autriche. Elle est située sur la Zwittawa, affluent de la Schwarza. On y fait un commerce de draps, de toiles, de lin et de laine. Pop. : 2,500 âmes.

ZWOLLE. — Ville forte de la province d'Over-Yssel, en Hollande. Elle est située sur la Swarte-Water, affluent de la Vecht. Cette ville fit partie de la ligne hanséatique. Pop. : 13,000 âmes.

ZWORNIK ou ISVORNIK. — Grande ville de la Bosnie, dans la Turquie d'Europe. Elle est le chef-lieu du Sandjak de ce nom et son territoire possède plusieurs mines de plomb. Pop. : 14,000 âmes.

TABLEAU

DES CONGRÉGATIONS ET COMMUNAUTÉS RELIGIEUSES DE L'EMPIRE FRANÇAIS.

1854.

DIOCÈSE D'AGEN.

HOMMES.

ORDRES.	RÉSIDENCES.
Carmes-Déchaussés.	Ermitage Saint-Vincent d'Agen.
Prêtres Maristes de Lyon.	Notre-Dame de Bonencontre, près d'Agen.
Frères des écoles chrétiennes.	Agen. Marmande. Mas-d'Agenais. Tonneins. Aiguillon. Nérac. Clairac.
Frères de l'Institut de Marie.	Villeneuve-sur-Lot.
Frères de Sion-Vaudémont.	Monclar.

FEMMES.

ORDRES.	FONCTIONS.	RÉSIDENCES.
Carmélites.	»	Agen.
Filles de la Charité de Saint-Vincent de Paul.	Hospices et secours à domicile.	Agen. Tonneins. Casteljaloux. Marmande. Agen. Bonencontre. Astaffort.
Filles de Marie.	Institutrices.	Castelmoron. Tonneins. Puymirol.
Sœurs de la Miséricorde de Moissac ou orphelines.	Institutrices et hospitalières.	Agen. Marmande. Aiguillon. Casseneuil.
Sœurs de la Croix.	Institutrices.	Villeneuve-sur-Lot. Villeréal.

Sœurs de la Charité de Nevers.	Institutrices et hospitalières.	Nérac.
Sœurs de la Présentation du Bourg-Saint-Andéol.	Institutrices.	Moirax.
Sœurs de la Présentation de Tours.	Institutrices et hospitalières.	Port-Sainte-Marie. Mas-d'Agenais. Mont-Flanquin. Penne. Villeneuve-sur-Lot.
Sœurs de la Doctrine chrétienne de Bordeaux.	Institutrices.	Meilhan. Gontaud. Saint-Barthélemy. Clairac. Mezin. Calignac.
Sœurs de l'Immaculée conception de Bordeaux.	Institutrices et hospitalières.	Unet. Espiens.
Sœurs de Sainte-Anne.	Institutrices et hospitalières.	Feugarolles. Aubiac. Aiguillon. Seyches. Poudenas. Andiran. Viame. Saint-Antoine. La Sauvetat de Blanquefort
Sœurs du Sauveur.	Institutrices.	Lauzun.
Sœurs de l'Annonciade.	»	Villeneuve.

Ordres	Fonctions	Résidences			
Sœurs de Sainte-Marthe de Périgueux.	Institutrices et hospitalières.	Lévignac. Castillonnès. Cahuzac.	Religieuses du Sacré-Cœur de Paris.	Institutrices.	Layrac.

DIOCÈSE D'AIRE.

HOMMES.

Ordres	Résidences
Missionnaires de Notre-Dame de Buglose.	,
Frères des Écoles chrétiennes.	Aire. Saint-Sever. Mont-de-Marsan. Dax. Mugron. Saint-Esprit. Tartas. Hagetmau. Roquefort. Grenade.

FEMMES.

Ordres	Fonctions	Résidences			
Ursulines.	Institutrices.	Aire. Tartas. Saint-Sever.			
Religieuses de la Réunion de Bordeaux.	Institutrices.	Dax.	Sœurs de la Doctrine chrétienne.	Institutrices et hospitalières.	Roquefort. Villeneuve. Sore. Samadet. Amou. Aire. Mugron. Saint-Sever. Saint-Justin. Montaut. Montfort. Souprosse. Labastide-d'Armagnac. Ponteux. Grenade. Poyannée. Cauna. Pouillon. Souston. Dax. Sorde. Saint-Esprit. Saint-Paul-lès-Dax. Saint-Martin-de-Hinx. Saint-Pandelon. Hastingues. Saint-Laurent. Hagetmau. Saint-Vincent-de-Xaintes. Saint-Vincent de Tyrosse. Parentis.
Religieuses de Notre-Dame de Lorette de Bordeaux.	Institutrices.	Mont-de-Marsan.	Sœurs de la Conception de Bordeaux.	Institutrices et hospitalières.	
Filles de la Charité de Saint-Vincent de Paul.	Institutrices et hospitalières.	Mont-de-Marsan. Dax. Tartas. Saint-Esprit.	Filles de la Croix-de-Saint-André-de-la-Puge, du diocèse de Poitiers.	Institutrices et hospitalières.	

DIOCÈSE D'AIX, ARLES ET EMBRUN.

HOMMES.

Ordres	Résidences
Pères de la Compagnie de Jésus.	Aix.
Oblats de Marie.	Aix.
Capucins.	Aix.
Pères de la Retraite.	Aix.
Frères des Écoles chrétiennes.	Aix. Arles. Saint-Remy. Tarascon. Rognes.
Frères de Saint-Paul-Trois-Châteaux.	Eyragues.

FEMMES.

Ordres	Fonctions	Résidences			
Religieuses de Notre-Dame de Grâce.	Institutrices et hospitalières.	Maison-mère à Aix, 11 établissements dans le diocèse.	Religieuses capucines.	Institutrices.	Aix.
			Religieuses du Sacré-Cœur.	Institutrices.	Aix.
			Sœurs de l'Espérance.	Gardes-malades	Aix.
			Sœurs de la Retraite.	,	Aix. Lambesc.
			Augustines.	Hospitalières	Arles.
			Sœurs de Saint-Charles.	Institutrices.	Arles.
			Sœurs du Bon-Pasteur.	Préservation et repentir.	Arles.
			Religieuses de la Visitation.	Institutrices.	Tarascon.
Ursulines.	Institutrices.	Aix.			Aix. Salon. Eyguières. Peyrolles.
Carmélites.	Vie contemplative.	Aix. Arles.			Eyragues. Mallemort. Fontvieille.
Religieuses du Saint-Sacrement.	Institutrices.	Aix.			Rognes. Mouriès. Saint-Andiol.
			Sœurs de la Pré-		

ORDRES	FONCTIONS	RÉSIDENCES	ORDRES	FONCTIONS	RÉSIDENCES
sentation de Marie,	Institutrices.	Charleval. Aurons. La Roque. Le Puy-Sainte-Réparade. Grans. Noves. Berre. Les Saintes-Maries. Lamanon. Châteaurenard. Gardanne. Saint-Chamas. Barbentanne. Septèmes. Vitrolles.	Sœurs du Saint-Nom de Jésus et de Marie. Filles de la Charité de Saint-Vincent de Paul. Sœurs de la Miséricorde.	Institutrices et hospitalières. » »	Maillanne. Boulbon. Tarascon. Martigues. Orgon. Lançon. Faveau. Marignane. Sénas. Graveson. Arles. Saint-Remy. Saint-Remy.
Sœurs de Saint-Joseph.	Institutrices et hospitalières.				

DIOCÈSE D'AJACCIO.

HOMMES			FEMMES		
ORDRES.		RÉSIDENCES.	ORDRES.	FONCTIONS.	RÉSIDENCES.
			Religieuses de Sainte-Claire.	»	Bastia.
Frères des Écoles chrétiennes.		Ajaccio. Bastia. Calvi. Corte. Bonifaccio. Isolaccio. Sartène. Bocognano.	Sœurs de Saint-Joseph de Lyon.	Institutrices et hospitalières.	Ajaccio. Bastia. Calvi. Corte. Sartène. Bonifaccio. Ile Rousse.
			Filles de Marie d'Agen.	»	Olmeto. Cervione. Ajaccio.

DIOCÈSE D'ALBI.

HOMMES		FEMMES		
ORDRES.	RÉSIDENCES.	ORDRES.	FONCTIONS.	RÉSIDENCES.
		Filles de Notre Dame.	Institutrices.	Albi. Lautrec. Carmaux.
Frères de la Doctrine chrétienne.	Albi. Brassac. Castres. Gaillac. Lacaune. Lavaur. Lisle. Mazamet. Puylaurens. Rabastens. Carmaux. Cordes. Dourgne. Graulhet.	Sœurs de la Charité et Instruction chrétienne de Nevers.	Institutrices et hospitalières.	Gaillac. Giroussens. Lisle-d'Albi. Rabastens. Castres.
		Sœurs de l'Immaculée Conception.	Institutrices.	Arfons. Saix. Sémalens. Lavaur. Briatexte. Escoussens. Mazamet. Puylaurens.
Frères de la Société de Marie.	La Bastide-Rouayroux. Réalmont. Saint-Amans-Soult.	Sœurs de la Croix.	Institutrices.	Sorèze. Saint-Sulpice-la-Pointe. Viviers-lès-Montagnes. Albi. Castres.

FEMMES					
ORDRES.	FONCTIONS.	RÉSIDENCES.			
Sœurs du Bon-Sauveur.	Institutrices et hospitalières.	Albi.	Sœurs de la Présentation.	Institutrices.	Dourgne. Graulhet. Lacaune. Sales.
Carmélites.	»	Albi.	Sœurs de la Providence de Portieux.	Institutrices.	Réalmont.
Filles de la Charité de Saint-Vincent de Paul.	Institutrices et hospitalières.	Albi. Castres. Lavaur. Blan. Labruguière. Saint-Amans-Soult.	Sœurs de Saint-Joseph.	Institutrices.	Alban. Boisseron. Cordes. Gos. Ouillats.

TABLEAU DES CONGRÉGATIONS, ETC.

ORDRES	FONCTIONS	RÉSIDENCES
Sœurs de Saint-Joseph, dites de l'Apparition.	Institutrices	Salvagnac. Albi. Montans.
Religieuses du Sa-cré-Cœur.		
Sœurs de la Sainte-Famille.		
Sœurs de Saint-Dominique.	Soin des malades à domicile.	Valence. Guépie. Senouillac. Albi. Lisle.

DIOCÈSE D'ALGER.

HOMMES.

ORDRES	RÉSIDENCES
Pères trappistes.	Staouéli.
Pères jésuites.	Alger. Oran. Constantine.
Lazaristes.	
Orphelinat de Misserghin.	
Orphelinat de Medjez-Hamar.	Alger. Oran.
Frères de Saint-Joseph du Mans.	Bone. Philippeville.
Frères de Saint-Jon ou des Écoles chrétiennes.	

FEMMES.

ORDRES	FONCTIONS	RÉSIDENCES
Religieuses du Sacré-Cœur.	Institutrices	Alger. Mustapha-Supérieur.
Filles de la Charité de Saint-Vincent de Paul.	Institutrices et hospitalières.	Alger. Colonies agricoles. Oran. Mostaganem.
Sœurs Trinitaires.	Institutrices.	Tlemcem. Mascara. Colonies agricoles.
Sœurs de la Doctrine chrétienne.	Institutrices et hospitalières.	Alger. Constantine. Bone. Philippeville. Blidah. Colonies agricoles.
Ursulines.	Institutrices.	Ténez (province d'Alger).

DIOCÈSE D'AMIENS.

HOMMES.

ORDRES	RÉSIDENCES
Congrégation du Saint-Esprit et du Saint-Cœur de Marie.	Notre-Dame du Gard.
Pères de la Compagnie de Jésus.	Amiens. Saint-Acheul.
Franciscains.	Amiens. Amiens. Abbeville.
Frères des Écoles chrétiennes.	Montdidier. Roye. Péronne.

FEMMES.

ORDRES	FONCTIONS	RÉSIDENCES
Clarisses.	»	Amiens. Péronne.
Carmélites.	Vie contemplative.	Amiens. Abbeville. Péronne.
Religieuses de l'Immaculée Conception.	Institutrices.	Amiens. Belloy-sur-Somme.
Filles de la Charité de Saint-Vincent de Paul.	Institutrices et hospitalières.	Amiens. Abbeville. Ault. Doullens. Montdidier. Roye. Péronne. Albert. Bray. Nesle. Ham.
Sœurs de l'Espérance.	Gardes-malades.	Amiens.
Religieuses du Sacré-Cœur.	Institutrices.	Amiens.
Religieuses des Sacrés-Cœurs de Jésus et de Marie, dites de Louvencourt.	Institutrices.	Amiens. Doullens.
Fidèles Compagnes de Jésus.	Institutrices.	Amiens. Camon.
Religieuses du Sacré-Cœur de Marie.	Institutrices.	Amiens.
Sœurs de la Providence.	Institutrices.	Amiens et 34 paroisses du diocèse.
Ursulines.	Institutrices.	Amiens. Abbeville. Roye.
Religieuses du Bon-Pasteur d'Angers.	Préservation et repentir.	Amiens.
Sœurs de la Sainte-Famille.	Institutrices.	Dans 103 paroisses du diocèse.
Religieuses de la Visitation.	Institutrices.	Amiens.
Sœurs de Saint-Joseph de Cluny.	Institutrices et hospitalières.	Villers-Bretonneux.
Sœurs de Saint-Augustin.	Hospitalières	Abbeville.
Sœurs du Bon-Secours.	Gardes-malades.	Abbeville.
Sœurs de Saint-Joseph.	Institutrices.	Abbeville. Corbie. Rue. Saint-Riquier. Saint-Valéry. Davesnecourt.
Sœurs hospitalières.	»	
Religieuses du St-Enfant-Jésus.	Institutrices.	Domart-sur-la-Luce. Ham.
Sœurs de la Sagesse.	Institutrices et hospitalières.	Moreuil.
Sœurs de la Sainte-Enfance.	Institutrices.	Rosières. Roye.

DIOCÈSE D'ANGERS.

HOMMES.

ORDRES.	RÉSIDENCES.
Pères de la Compagnie de Jésus.	Angers.
RR. PP. Trappistes.	Bellefontaine, près de Beaupreau.
	Angers.
	Saumur.
	Doué.
	Cholet.
Frères des Écoles chrétiennes.	Beaufort.
	Segré.
	Candé.
	Le Lion-d'Angers.
	La Potherie.
	Beaubreau.
	Jallais.
	Maulévrier.
	Le Longeron.
	Torfou.
	Saint-Laurent-du-Mottay.
	Audrezé.
Frères de l'Instruction chrétienne de Saint-Gabriel. (Maison-mère à Saint-Laurent-sur-Sèvres, diocèse de Luçon.)	Gesté.
	Saint-Macaire.
	Gonnord.
	Saint-Georges-sur-Loire.
	Louvaines.
	Saint-Martin-des-Bois.
	Sainte-Gemme-d'Andigné.
	La Jumellière.
	La Tessouale.
	Le Mans.
	Chemillé.
	La Tour-Landry
	Parcay.
	Morannes.
	Chalonnes.
Frères de Saint-Joseph, de Sainte-Croix du Mans.	Mont-Jean.
	Saint-Florent le-Vieil.
	Saint-Laurent de-la-Plaine.
	Savennières.

FEMMES.

ORDRES.	FONCTIONS.	RÉSIDENCES.		
Religieuses trappistines.	»	Aux Gardes, près de Chemillé.		
Carmélites.	Vie contemplative.	Angers.		
Ursulines.	Institutrices.	Angers.		
Bénédictines du Calvaire.	Institutrices.	Juigné-sur-Loire Angers.		
		Angers.		
		Sainte-Memme-sur-Loire		
		Beaufort.		
Filles de la Charité de Sainte-Marie d'Angers.	Institutrices et hospitalières.	Durtal.		
		Puy-Not.-Dame.		
		Chalonnes.		
		Morannes.		
		Candé.		
		Jallais.		
		Gonnord.		
Religieuses hospitalières de St-		Baugé.		
Joseph.				
Sœurs de Sainte-Anne-de-la-Providence. (Maison-mère à Saumur.)	Institutrices et hospitalières.	Saumur. Montreuil. Bellay. Mazé. Thouars (Deux Sèvres).
Sœurs de Saint-Charles. (Maison-mère à Angers.)	Institutrices et hospitalières.	Angers et 60 maisons dans le diocèse.
Religieuses cloitrées du Sacré-Cœur de Marie.	Maison de retraite.	Baugé.
Sœurs de Marie-Joseph.	Institutrices.	La Pommeraye, et 45 établissements.
Sœurs de Sainte-Marie.	Institutrices.	Torfou.
Filles de la Charité du Sacré-Cœur de Jésus.	Institutrices et hospitalières.	La Salle-de-Vihiers.
Religieuses de la Retraite, dites de la Société de Marie.	Institutrices et maisons de retraite. Maison de retraite.	Angers (maison-mère); puis des établissements à Cholet et Saumur; à Redon, diocèse de Rennes, et à Thouars, diocèse de Poitiers.
Religieuses du Bon-Pasteur. (Refuge et Préservation.)		Maison-mère à Angers. Etablissements: Paris. Poitiers. Grenoble. Metz. Saint-Florent. Nancy. Amiens. Lille. Le Puy. Strasbourg. Sens. Reims. Arles. Perpignan. Bourges. Avignon. Dole. Loos. Saint-Omer. Moulins. Angoulême. Annonay. Rome. Chambéry. Nice. Mons. Namur. Munich. Londres. Louisville. Alger. Turin. Imola. Montréal (Canada).

TABLEAU DES CONGRÉGATIONS, ETC.

ORDRES	FONCTIONS	RÉSIDENCES
		Le Caire.
		Tripoli (Afrique).
		Limerick.
		Aix-la-Chapelle.
		Philadelphie.
		St-Louis (Amérique).
		Smyrne.
Augustines du St-Cœur de Marie.	Maison de retraite.	Oran, etc.
		Angers.
Religieuses de l'Oratoire.	Institutrices.	Angers.
Religieuses de Ste-Marie de Fontevrault ou Fontevristes.	Institutrices.	Chemillé.
Filles de la Charité de Saint-Vincent de Paul.	Institutrices.	Angers. Pouancé. Longué. Angers. Peaupreau. Chouzeaux.
Ursulines de Jésus (maison-mère à Chavagnes, Vendée).	Institutrices.	Saint-Georges-sur-Loire. Saint-Lambert-la-Potherie. Angers. Cholet.
Filles de la Sagesse (maison-mère à Saint-Laurent-sur-Sèvres, diocèse de Luçon).	Institutrices et hospitalières.	Chemillé. Martigné-Briaud. Sainte-Gemme d'Andigné. Champtocé.
Sœurs de l'Instruction chrétienne de Saint-Gildas (diocèse de Nantes).	Institutrices.	Angers. Beaufort.
Sœurs de l'Espérance de Bordeaux.	Gardes-malades.	Angers. Cholet.

Sœurs de la Presentation de Tours.	Institutrices.	Angers. Fontevrault. Saint-Cyr en Bourg.
Sœurs de Jeanne Jugau, ou Petites sœurs des Pauvres, de Tours.	Asile pour les vieillards.	Angers.
Religieuses de St-Joseph de Lyon.	Institutrices.	Maulévrier.
Filles de la Croix, ou Sœurs de St-André (maison-mère à la Puge, diocèce de Poitiers).	Institutrices.	Saumur. Maulévrier.
Sœurs de la Charité d'Evron (diocèse du Mans).	Institutrices.	Ponts-de-Cé. Crez-Neuville. La Jaille-Yvon. Saint-Martin-du-Bois. Châteauneuf.
Sœurs de la Providence de Ruillé-sur-Loir (diocèse du Mans).	Institutrices.	Chalonne-sur-Loire. Soulaines.
Religieuses hospitalières.		Doué.
Sœurs des Récollets.	Institutrices. Asile pour les personnes âgées.	Doué.
Religieuses hospitalières.		Montfaucon. Saint-André-de-la-Marche. La Jumellière. Saint-Martin-de-Beaupreau. Mozé. Jarzé. Parçay. Pouancé.

DIOCÈSE D'ANGOULÊME.

HOMMES.

ORDRES.	RÉSIDENCES.
Frères des Écoles chrétiennes.	Cognac.

FEMMES.

ORDRES.	FONCTIONS.	RÉSIDENCES.
Sœurs de Sainte-Marthe.	Hospitalières	Angoulême. Montbron. La Rochefoucauld. Aubeterre. Ruffec. Chalais.
Sœurs de Saint-Paul.	Institutrices.	Angoulême. La Rochefoucault. Puypéroux. Montmoreau. L'Esterp.
Sœurs de Notre-Dame des Anges.	»	
Sœurs de la Sagesse. (Maison-mère à Saint-Laurent-sur-Sèvre.)	Iustitutrices et hospitalières.	Angoulême. Cognac. Confolens. Barbezieux.
Sœurs de la Sainte-Famille de Bordeaux.	Hospitalières	Cognac. Richemont.

Sœurs de Saint-André, ou Filles de la Croix, de la Puge (diocèse de Poitiers).		Angoulême. Lavalette. Boueix. Bioussac.
Ursulines de Jésus. (Maison-mère à Chavagnes, diocèse de Luçon.)	Institutrices.	Angoulême.
Filles de la Charité de Saint-Vincent de Paul.	Institutrices et hospitalières.	Aigre.
Sœurs du Bon-Pasteur d'Angers.	Maison de refuge.	Angoulême.
Sœurs de Sainte-Anne de la Providence de Saumur.	Institutrices et hospitalières.	Saint-Fraigne. Brigneul. Saint-Maurice. Edon. Saint-Germain-sur-Vienne.
Filles de la Charité du Sacré-Cœur de Jésus. (Maison-mère à la Salle de Vihiers, Maine-et-Loire.)	Institutrices.	Ruffec.

DIOCÈSE D'ARRAS.

HOMMES.

ORDRES.	RÉSIDENCES.
Frères des Écoles chrétiennes.	Arras. Bapaume. Béthune. Aire. Saint-Omer. Boulogne. Calais. Montreuil. Saint-Pierre-les-Calais. Desvres. Hénin-Liétard. Saint-Paul. Carvin. Lens.
Frères de Marie.	

FEMMES.

ORDRES.	FONCTIONS.	RÉSIDENCES.
Religieuses de la Providence.	Soin des pauvres.	Arras.
Ursulines.	Institutrices.	Arras. Aire. Saint-Omer. Boulogne. Arras. Baurains.
Augustines.	Institutrices.	
Sœurs de Sainte-Agnès.	Institutrices et hospitalières.	Arras.
Sœurs de Saint-Charles.	Maison de retraite.	Arras.
Sœurs de Saint-Augustin.	Hospitalières	Arras. Arras. Bapaume. Aire. Saint-Omer. Hesdin. Saint-Pol. Ordres. Oignies. Maisons au nombre de 26 dans le diocèse.
Filles de la Charité de Saint-Vincent de Paul.	Institutrices et hospitalières.	
Sœurs de la Providence.	»	
Religieuses chariotes de l'ordre de Saint-François.	Soin des malades à domicile.	Arras.
Sœurs de l'Enfant-Jésus.	Soin des séminaires.	Arras.
Sœurs de la Sainte-Famille.	Maison de retraite.	Arras.
Religieuses du Bon-Pasteur.	Préservation et repentir.	Arras. Saint-Omer. Béthune. Aire.
Sœurs hospitalières de l'ordre de Saint-François.	»	Saint-Omer. Calais. Montreuil. Lens.
Religieuses clarisses.	Institutrices.	Arras. Saint-Omer.
Petites Sœurs des pauvres.	»	Saint-Omer.
Bénédictines.	Institutrices.	Calais.
Annonciades.	Institutrices.	Boulogne.
Sœurs de la Retraite.	Institutrices.	Boulogne.
Sœurs hospitalières.	»	Boulogne.
Sœurs de Saint-Augustin.	Hospitalières	Montreuil.
Hospitalières de Saint-Jean.	»	Arras. Saint-Omer. Béthune. Laventie.
Hospitalières de la Madeleine.	»	Boulogne. Saint-Omer.
Bénédictines de l'Adoration perpétuelle.	»	Arras. Saint-Omer.
Sœurs de la Sainte-Famille.	»	Etablies dans 32 paroisses du diocèse.
Religieuses de la Visitation.	»	Boulogne.
Sœurs de Saint-Joseph.	Institutrices.	Boulogne. Calais.
Sœurs de Saint-Paul.	Secours à domicile.	Saint-Pierre-lès-Calais. Vimy. Rouvroy.
Sœurs de la Sainte-Union.	Institutrices.	Hénin-Liétard. Vindin-le-Vieil.
Sœurs de l'Enfant-Jésus.	Institutrices et hospitalières.	Oisy. Saint-Venant.

DIOCÈSE D'AUCH.

HOMMES.

ORDRES.	RÉSIDENCES.
Frères des Écoles chrétiennes.	Auch. Fleurance. Condom. L'Ile-Jourdain. Auch. Eauze. Lectoure. Mirande. Bassoues. Barran. Saint-Mont. Viella.
Frères de l'Instruction chrétienne.	

FEMMES.

ORDRES.	FONCTIONS.	RÉSIDENCES.
Carmélites.		Auch. Lectoure.
Ursulines.	Institutrices.	Auch. Condom.
Religieuses de Notre-Dame.	Institutrices.	Masseube. L'Ile-Jourdain.
Religieuses de Ste-Marie de Fontevrault.	Institutrices.	Boulaur.
Filles de la Charité de Saint-Vincent de Paul.	Hospitalières	Auch. Gimont. Condom. L'Ile-Jourdain. Lectoure. Vic-Fézensac.
Sœurs de la Charité et Instruction chrétienne de Nevers.	Institutrices et hospitalières.	Nogaro. Eauze. Mirande. Marciac. Lombez. Mauvezin.

TABLEAU DES CONGREGATIONS, ETC.

Sœurs de l'Annonciation.	Institutrices.	Auch.	Sœurs de la Providence de Gap.	Institutrices.	Fourcès. L'Ile-de-Noé.
Filles de Marie. (Maison-mère à Agen.)	Institutrices.	Condom.			Laroumieu. Bassoues. Aygnetinte. Campagne.
		Auch. Barran. Pavie. Cazaubon. Montréal.	Sœurs de la Croix.	Institutrices et hospitalières.	Samatan.
Filles de Marie. Tiers-ordre. (Maison-mère à Agen.)	Institutrices et hospitalières.	Fleurame. Mas-d'Auvignon Pergain. Sarrant. Cologne. Labastide-Savès	Sœurs de Sainte-Anne. Sœurs de la Conception.	Institutrices et hospitalières. Institutrices et hospitalières.	Saramon. Castera-Verduzan. Nouga. Manciet. Monguilhem. Valence. Viella.
		Aux. Montesquiou. Castex. Estang. Lectoure. Aubiet.	Sœurs de la Présentation de la Sainte-Vierge. (Maison-mère à Tours)	Institutrices et hospitalières.	Lamotte-Goas.

DIOCÈSE D'AUTUN.

ORDRES.	FEMMES. FONCTIONS.	RÉSIDENCES.			
Religieuses de Sacré-Cœur.	»	Autun.	Sœurs de Saint-Charles.	»	La Clayette. Cuiseaux. Mâcon. Céron.
Carmélites.	»	Autun. Châlons-sur-Saône.			Saint-Clément-lès-Mâcon.
Religieuses de la Visitation.	»	Autun. Mâcon. Paray-le-Monial	Sœurs de Saint-Joseph de Bourg. Sœurs de la Doctrine chrétienne de Nancy.	»	Etablies dans 12 paroisses du diocèse.
Sœurs de la Retraite chrétienne	»	Autun.		»	Beaurepaire.
Sœurs de Saint-Dominique.	»	Châlons-sur-Saône.	Sœurs de la Présentation.	»	9 établissements dans le diocèse.
Filles de la Charité de Saint-Vincent de Paul.	Institutrices et hospitalières.	Autun. Châlons. Montcenis.	Sœurs de la Sainte-Famille.	»	15 établissements dans le diocèse.
Sœurs de Saint-Augustin.	Hospitalières	Mâcon. Marcigny.	Sœurs de Saint-Joseph de Lyon.	»	13 établissements dans le diocèse.
Sœurs de Saint-François d'Assise.	»	Prissé. Vérosvres.	Sœurs de Sainte-Marthe.	»	8 établissements dans le diocèse.
Sœurs de la congrégation des Saints-Anges.	»	Mâcon.	Sœurs de la Providence de Portieux.	»	10 établissements dans le diocèse.
Sœurs de l'Instruction chrétienne.	»	Etablies dans 17 paroisses du diocèse.	Sœurs de la Providence de Flavigny.	»	Saint-Loup-de-la-Salle. Saint-Uniland.
Religieuses de St-Maur.	»	Givry. Louhans. Autun.	Sœurs de Saint-Joseph de Cluny.	»	Cluny et 18 paroisses du diocèse.
Sœurs de la Charité et Instruction chrétienne de Nevers.	Institutrices et hospitalières.	Mâcon. Châlons. Charolles. Digoin. Bourbon-Lancy	Sœurs du Saint-Sacrement.	»	26 établissements dans le diocèse.

DIOCÈSE D'AVIGNON.

HOMMES. ORDRES.	RÉSIDENCES.		
Récollets ou Franciscains.	Avignon.	Oblats de Marie Immaculée.	Notre-Dame-des Lumières, près Goult.
Pères de la Compagnie de Jésus.	Avignon.	Pères de la Doctrine chrétienne.	Cavaillon.
Prêtres de Saint-Sulpice de Paris.	Avignon.		Notre-Dame-de-la-Cavalerie, près de la Bastide-des-
Prêtres missionnaires de la congrégation de Notre-Dame de Sainte-Garde.	Sorgues-sur-l'Ouvèze.	Bénédictins cultivateurs.	

TABLEAU DES CONGRÉGATIONS, ETC.

ORDRES.	FONCTIONS.	RÉSIDENCES.			
Pères de l'Institut de la charité.		Jourdans. Carpentras. Avignon. Morières. Montfavet. Sorgues. Cavaillon. Saint-Saturnin d'Avignon. Carpentras. Aubignan. Mazan. Bédoin.	Religieuses du Bon-Pasteur d'Angers.	Préservation et repentir.	Avignon. Avignon (maison-mère.) Carpentras. Pioleuc. Sarrians. Aubignan. Sault. Jonquières. Châteauneuf. Calcernier.
Frères des Écoles chrétiennes.		Pernes. Orange. Sérignan. Bollène. Valréas. Apt. Cadenet. Pertuis. Bormieux. La Tour-d'Aigues. Sault.	Sœurs de la Conception.	Institutrices.	Ménerbes. Lauris. La Bastide-des-Jourdans. Lourmarin. Châteauneuf-de-Cadagne. Mérindol. La Motte-d'Aigues. Mounieux.
Clercs de Saint-Viateur.		Cucuron. Malaucène. Courthezon. Camaret. Caderousse. Pioleuc. Mornas. Mondragon. Entraigues.	Pauvres Sœurs de Saint-François-d'Assise.	Institutrices et gardes-malades.	Avignon (maison-mère.) Ansouis. Baumes-de-Venise. Grambois. La Tour-d'Aigues. Saigon. Villedieu. Sainte-Cécile.
Frères maristes de Saint-Paul-Trois-Châteaux (Drôme).					
FEMMES.			Sœurs de la Présentation du Bourg-Saint-Andéol (Ardèche).	Institutrices.	Mornas. Mondragon. Lapalud. Camaret. Orange. Sorgues. Caumont. Lagnes. Cabrières-du-Comtat. Védènes. Saint-Saturnin lès-Avignon. Moirmoiron. Villes. Malemort. Vénasque. Sérignan. Violès. Causans. Sablet. Croagnes. Gordes. Beaumont-le-Pertuis. Richerenches. Bédarides. Courthézon. Cavaillon. Le Thor. Carom. Monteux. Entraigues. Mazan. Bédoin. Caderousse. Malaucène. Vaison. Valréas. Carpentras.
Sœurs de Saint-Eutrope.		Avignon.			
Dominicaines de l'Adoration perpétuelle du St-Sacrement.	Institutrices.	Avignon. Carpentras. Bollène.			
Augustines cloîtrées de Saint-Joseph.	Hospitalières	Avignon. Isle-sur-Sorgue.			
Sœurs de Saint-Charles de Lyon.	Institutrices.	Avignon. Montfavet. Isle-sur-Sorgue. Pernes. Visan. Apt. Saint-Saturnin-lès-Apt. Boumieux. Pertuis. Cadenet. Cucuron.	Sœurs de Saint-Joseph-des-Vans (Ardèche).	Institutrices.	
Carmélites.	Vie contemplative.	Avignon. Carpentras.			
Filles de Saint-Thomas-de-Villeneuve. (Maison-mère à Aix.)		Avignon.			
Religieuses de la Visitation, règle de Saint-François de Sales.	Institutrices.	Avignon.	Sœurs du Saint-Sacrement de Romans (Drôme).	Institutrices.	
Ursulines de Jésus.		Avignon. Valréas.			
Religieuses du Sacré-Cœur de Jésus. (Maison-mère à Paris.)	Institutrices	Avignon.			

Ordres	Fonctions	Résidences
Religieuses de Notre-Dame.	Institutrices.	Cavaillon.
Trinitaires chaussés. (Maison-mère à Valence.)	Hospitalières.	Boiene.
Filles de la Charité de Saint-Vincent de Paul.	Hospitalières	Orange.
Sœurs de la Nativité de Notre-Seigneur. (Maison-mère à Valence.)	Institutrices.	Orange.
Religieuses du St-Nom de Jésus, de Marseille.	Institutrices.	Robious.
Religieuses de l'ordre de Saint-Augustin.	Hospitalières	Carpentras.
Religieuses de la Providence.	»	Saumanes. Saint-Romain-en-Viennois.

DIOCÈSE DE LA BASSE-TERRE.

(Ile de la Guadeloupe.)

HOMMES.
ORDRES.
Frères de l'Instruction chrétienne de M. de Lamennais.

FEMMES.
ORDRES.
Sœurs hospitalières de Saint-Maurice de Chartres
Sœurs institutrices de Saint-Joseph de Cluny.

DIOCÈSE DE BAYEUX.

HOMMES.

Ordres	Résidences
Frères des Ecoles chrétiennes.	Caen. Bayeux. Lisieux. Falaise. Vire.
Frères de Sainte-Marie. (Maison-mère à Tinchebray, diocèse de Séez.)	Caen.

FEMMES.

Ordres	Fonctions	Résidences
Dames hospitalières.	»	Bayeux. Caen. Lisieux. Vire.
Religieuses de Notre-Dame de la Charité.	Institutrices.	Bayeux.
Ursulines.	Institutrices.	Bayeux.
Bénédictines du St-Sacrement.	Institutrices.	Bayeux.
Sœurs de la Providence.	Institutrices.	Bayeux.
Sœurs de la Charité du Refuge.	Maison de repentir.	Caen.
Religieuses de la Visitation.	Institutrices.	Caen.
Ursulines.	Institutrices.	Caen.
Bénédictines du St-Sacrement.	Institutrices.	Caen.
Sœurs de la Miséricorde.	Gardes-malades en ville.	Caen.
Sœurs du Bon-Sauveur.	Maison pour les insensés.	Caen.
Sœurs de Saint-Vincent de Paul.	Institutrices et gardes-malades.	Caen.
Religieuses de Notre-Dame de la Charité des Orphelines de Marie.	Institutrices. Établiss. orthopédique.	La Délivrande.
Sœurs des Ecoles chrétiennes de la Miséricorde. (Maison-mère à Saint-Sauveur-le-Vicomte.)	»	Caen. Vire. Falaise. Hamart. Thaon. Saint-Martin-des-Besaces. Catilly. Lison.
Religieuses de Notre-Dame.	Institutrices.	Honfleur.
Sœurs de la Providence.	»	Lisieux.
Bénédictines.	Institutrices.	Lisieux.
Carmélites.	Vie contemplative.	Lisieux.
Religieuses de Notre-Dame.	Institutrices.	Orbec.
Filles du Sacré-Cœur de Marie.	Institutrices.	Blon, près Vire.
Religieuses de la Miséricorde. (Maison-mère à Séez.)		Falaise. Lisieux. Condé-sur-Noireau. Vire.
Religieuses du Sacré-Cœur. (Maison-mère à Coutances.)	Institutrices et hospitalières.	Caen. La Délivrande. Villiers-Bocage. Tilly-sur-Seulles. Esquay. Longueville. Grand-Camp. Neuilly.
Sœurs des Ecoles chrétiennes de la Miséricorde. (Maison-mère à l'abbaye de St-Sauveur-le-Vicomte, diocèse de Coutances.)	Institutrices et hospitalières.	Falaise.

TABLEAU DES CONGREGATIONS, ETC.

DIOCÈSE DE BAYONNE.

HOMMES.

ORDRES.	RÉSIDENCES.
Frères des Ecoles chrétiennes.	Bayonne. Pau. Hasparren. Salies. Baudreix-Mirepoix.

FEMMES.

ORDRES.	FONCTIONS.	RÉSIDENCES.
Carmélites.	»	Oloron.
Filles de la Charité de Saint-Vincent de Paul.	Hospitalières	Bayonne.
Ursulines.	Institutrices.	Pau.
Sœurs de la Charité et Instruction chrétienne de Nevers.	Institutrices et hospitalières.	Sainte-Marie-d'Oloron. Oloron. Mauléon.
Dominicaines.	Institutrices.	Nay.
Filles de la Croix.	Institutrices.	Igon. Ustaritz.
Religieuses de Lorette.	Institutrices.	Bayonne.
Servantes de Marie. (Maison-mère à Anglet.)	Institutrices.	8 établissements dans le diocèse.

DIOCÈSE DE BEAUVAIS.

HOMMES.

ORDRES.	RÉSIDENCES.
Frères des Ecoles chrétiennes.	Beauvais. Compiègne. Noyon. Senlis. Chantilly. Crépy. Breteuil. Pont-Sainte-Maxence.
Frères maristes.	
Frères de la Doctrine chrétienne, de Nancy.	Maignelay.
Frères de la Société de Marie.	Mesnil-Saint-Firmin.

FEMMES.

ORDRES.	FONCTIONS.	RÉSIDENCES.
Religieuses du Sacré-Cœur.	Institutrices.	Beauvais.
Sœurs de Saint-Joseph de Cluny.	Institutrices.	Beauvais. Compiègne. Chantilly. Senlis. Crépy. Noyon. Chantilly. Senlis.
Filles de la Charité de Saint-Vincent de Paul.	Hospitalières	
Sœurs de la Charité et Instruction chrétienne de Nevers.	Institutrices et hospitalières.	Beauvais. Chambly.
Religieuses de St-Thomas de Villeneuve.	Institutrices et hospitalières.	Noyon. Clermont.
Religieuses du Sacré-Cœur de Jésus, de Saint-Aubin.	Institutrices et hospitalières.	Beauvais. Mouy. Goincourt. Bresles. Saint-Germer. Neuilly-en-Thell. Acy. Songeons. Saint-Paul. Pont-Sainte-Maxence.
Sœurs de la Providence de Portieux.	Institutrices et hospitalières.	
Sœurs de la Providence de Rouen.	»	2 établissements.
Sœurs de la Providence de Ruillé-sur-Loir.	»	2 établissements.
Sœurs de la Ste-Famille d'Amiens.	»	10 établissements.
Sœurs de la Compassion de St-Denis.	Hospitalières	Liancourt.
Sœurs de la Sagesse de Saint-Laurent-sur-Sèvres.	Maison de détention.	Clermont.
Sœurs des Ecoles chrétiennes de la Miséricorde.	»	2 établissements.
Sœurs de Saint-André.	»	3 établissements.

DIOCÈSE DE BELLEY.

HOMMES.

ORDRES.	RÉSIDENCES.
Pères maristes.	Belley. Nantua.
Frères maristes.	Saint-Didier-sur-Chalaronne. Thoissey. Belley. Ferney. Ambérieu. Ambronay.
Frères de la Sainte-Famille.	Ars. Guéreins. Massignieux-de-Rives. Genouilleux. Belleydoux. Ménétruel. Poncin. Bourg. Lagnieu. Feillens.
Frères de la Croix.	

TABLEAU DES CONGREGATIONS ETC.

ORDRES.	FONCTIONS.	RÉSIDENCES.
Frères des Écoles chrétiennes.		Foissiat. Marboz. Belley. Beynots. Trévoux. Meximieux. Seissel.

FEMMES.

ORDRES.	FONCTIONS.	RÉSIDENCES.
Sœurs de Saint-Joseph.	Institutrices et hospitalières.	300 établissements dans le diocèse.
Sœurs de Saint-Vincent de Paul.	Hospitalières	Gex. Tougin. Montluel. Trévoux.
Sœurs maristes.	Institutrices.	Belley. Maximieux. Collonges.
Sœurs de Saint-Charles.	Institutrices et hospitalières.	9 établissements.
Bernardines.	Institutrices.	Belley. Châtillon-lès-Dombes.
Sœurs de Sainte-Marthe.	Hospitalières	Bagé. Pont-de-Vaux. Pont-de-Veyle. Thoissey. Montmerle.
Sœurs de Saint-Joseph.	Maison d'aliénés.	Bourg.
Sœurs grises, dites de Besançon.	Maison de la charité.	Bourg.
Sœurs de la Charité et Instruction chrétienne de Nevers.	»	Monceau.
Sœurs du Saint-Sacrement, de Mâcon.	Institutrices et hospitalières.	Bourg.
Religieuses de la Visitation.	Institutrices.	Bourg. Gex. Montluel. Thoisey. Trévoux.
Ursulines.	Institutrices.	
Sœurs de la Providence de Portieux et de Grenoble.	»	Plusieurs établissements dans le diocèse.

DIOCÈSE DE BESANÇON.

HOMMES.

ORDRES.	RÉSIDENCES.
Prêtres missionnaires.	Ecole-Beaupré.
Trappistes.	Abbaye de la Grâce-Dieu.
Frères des Écoles chrétiennes.	Besançon et les villes du diocèse.
Frères de Marie.	Besançon. Saint-Remy. Marast.

FEMMES.

ORDRES.	FONCTIONS.	RÉSIDENCES.
Bernardines de l'Adoration perpétuelle.	»	Besançon.
Carmélites.	»	Besançon.
Religieuses de Notre-Dame de charité.	Préservation et repentir.	Besançon.
Sœurs hospitalières.	»	Besançon (maison-mère).
Sœurs de la Charité.	Institutrices et hospitalières.	Besançon (maison-mère).
Sœurs de la Sainte-Famille.	Institutrices.	Besançon (maison-mère).
Sœurs des pauvres.	»	Besançon.
Religieuses du Sacré-Cœur.	Institutrices.	Besançon.
Religieuses de St-Maur.	Institutrices.	Pontarlier. Vesoul.
Ursulines.	Institutrices.	Orchamps. Montmartin.

DIOCÈSE DE BLOIS.

HOMMES.

ORDRES.	RÉSIDENCES.
Frères de la Doctrine chrétienne.	Blois. Mer. Vendôme. Saint-Aignan. Meslay. Couture.
Frères de Saint-Joseph du Mans.	

FEMMES.

ORDRES.	FONCTIONS.	RÉSIDENCES.
Ursulines.	Institutrices.	Blois.
Carmélites.	Vie contemplative.	Blois.
Bénédictines de Notre-Dame du Calvaire.	Institutrices.	Vendôme.
Sœurs de Notre-Dame de charité dites du Refuge.	Préservation et repentir.	Blois.
Sœurs de la Nativité de la Sainte-Vierge.	Institutrices	Pontlevoy.
Filles de la Charité de Saint-Vincent de Paul.	Institutrices et hospitalières.	Saint-Aignan.
Sœurs de la Sagesse.	Institutrices et hospitalières.	Blois. Vendôme. Morée. Blois. Cellettes. Chitenay. Cour-Cheverny. Freteval. Lamotte-Beuvron. Marchenois. Menars.
Sœurs de Saint-Paul de Chartres.	Institutrices et hospitalières.	Millançay. Mondoubleau. Montrichard. Nouan-le-Fuselier. Ouzouer-le-Marché.

TABLEAU DES CONGRÉGATIONS, ETC.

Ordres	Fonctions	Résidences			
Sœurs de la Charité de Bourges.	Institutrices et hospitalières.	Pézou. Sargé. Salbris. Selles-sur-Cher. Vineuil. Verdes. Romorantin. Chaumont-sur-Tharonne.			Montoire. Prunay. Saint-Dié. Savigny. Suèvres. Ternay. Thoré. Tróo. Tours. Pontlevoy. Saint-Amand. Huisseau-en-Beauce. Herbault.
Sœurs d'Evron (Mayenne).	Prison.	Blois. Blois. Vendôme. Authon. Avaray. Chambord. Chousy. Couture. La Ferté Saint-Cyr. Mer. Meslay. Les Montils.	Sœurs de la Présentation de Tours.	Institutrices et hospitalières.	
			Religieuses du St-Cœur de Marie. Sœurs de l'Espérance.	Maisons d'incurables. Gardes-malades.	Vendôme. Blois.
Sœurs de la Providence de Ruillé (Sarthe).	Institutrices et hospitalières.		Sœurs de la Providence de la Pommeraye (Angers).	Institutrices et gardes-malades.	Neug-sur-Beuvron. La Ferté-Beauharnais.

DIOCÈSE DE BORDEAUX.

HOMMES.

Ordres.	Résidences.		
Carmes.	Bordeaux. Rious.		Sauveterre. Grezillac. Saint-Morillon.
Oblats.	Saint-Delphin. Bordeaux. Libourne Sainte-Foy.		Cestas. Hourtin. Cezac. Bordeaux (maison-mère).
Frères des Écoles chrétiennes.	Blaye, Bazas. Cadillac. Castillon. Bègles. Bordeaux. Barsac. Salles. Gensac. Podensac. Cérons. Flaujagues. Coubeyrac. Braunes. Queyrac. Virelade.	Sœurs de la Doctrine chrétienne.	Langon. Captieux. Les Essemtes. Saint-Loubès. Fontes. Saint-Symphorien. Saint-Ferme. Saint-Trélody. Castres. Portets. Beautiran. Langoiran. Ambarès. Gaillon.
Frères de l'Institut de Marie.			

FEMMES.

Ordres.	Fonctions.	Résidences.			
Carmélites.	Vie contemplative.	Bordeaux. Libourne.	Religieuses de Lorette.	Institutrices.	Bordeaux.
Ursulines.	Institutrices.	Bordeaux. Bazas. Langon.	Sœurs de la Conception.	Institutrices et hospitalières.	Bordeaux (maison-mère). Courras. Bourg. Blanquefort. Flaujagues. Saint-Germain.
Religieuses de Notre-Dame.	Institutrices.	Bordeaux.			Sauternes. Cavignac.
Religieuses de St-Maur.	Institutrices.	Bordeaux. Gensac.			Villenave. Bordeaux. Verdelais.
Religieuses du Sacré-Cœur.	Institutrices.	Caudéran.			Bègles. Fronsac
Religieuses de la Réunion.	Institutrices.	Bordeaux. La Réole. Libourne. Bordeaux (maison-mère). Sainte-Hélène. La Bastide. Aubie. Montferrand.	Sœurs de la Présentation.	Institutrices.	Moulon. La Teste. Saint-Christoly. Saint-Emilion. Lussac. Etaulier. Lamotte-Landeron.
Sœurs de Marie-Thérèse.	Institutrices.	Grignols.			Saint-Laurent.

TABLEAU DES CONGRÉGATIONS, ETC.

Ordres	Fonctions	Résidences			
		Fargues.	Sœurs de Notre-Dame-des-Anges.	Institutrices.	Bordeaux. Abzac. Eyzines.
		Bordeaux (maison-mère). Barsac. Saint-Seurin-de-Cadourne. La Sauve. Pauillac. Lormont. Bazas. Moulis. Civrac. Salles.	Filles de la charité de Saint-Vincent de Paul.	Institutrices et hospitalières.	Bordeaux. Blaye. Bazas. La Réole. Libourne. Saint-Macaire. Bègles.
Sœurs de Saint-Joseph.	Institutrices.	Talence. Cussac. Vendays. Saint-Vivien.	Sœurs de la Charité et Instruction chrétienne.	Institutrices et hospitalières.	Bordeaux. Monségur. Sainte-Foy. Saint-André-de-Cubzac. Blaye.
		Belin. Saint-Selve.	Religieuses de la Miséricorde.	Refuge.	Bordeaux. Pian:
		Léognan. Lamarque. Pessac.	Sœurs de la Sagesse.	Hospitalières	Cadillac.
			Sœurs de Marie-Joseph.	Prisons et refuge.	Bordeaux.
		Tabanac. Virelade. Begadan.	Sœurs de l'Espérance.	Gardes-malades.	Bordeaux.
		Loirat. Saucots. Berson.	Sœurs de la Providence.	Institutrices et hospitalières.	Bordeaux. Caudéran.
Sœurs du Bon-Pasteur.	Institutrices et hospitalières.	Saint-Brice. Caudéran.	Sœurs des Pauvres.	Asile.	Bordeaux.
Sœurs de la Présentation de Tours.	Institutrices.	Castets. Caudrot.	Religieuses de l'Adoration perpétuelle.	»	Notre-Dame de Lorette.

DIOCÈSE DE BOURGES.

HOMMES.

Ordres	Résidences
Pères de la Compagnie de Jésus.	Bourges.
Trappistes.	Fongombault. Bourges. Henrichemont. Lignières. Mehun.
Frères des Ecoles chrétiennes.	Yvoi-le-Pré. Châteauroux. Issoudun. Villedieu. La Châtre.

FEMMES.

Ordres	Fonctions	Résidences			
Sœurs de la Charité, du Montoire.	Institutrices et hospitalières.	Maison-mère à Bourges, et 81 établissements dans le diocèse.	Sœurs de la Ste-Famille, de Besançon.	Institutrices.	Bourges. Aubigny. La Berthenoux Neuvy-Deux-Clochers. Bengy. Châtillon.
Bénédictines de Saint-Laurent.	Institutrices cloîtrées.	Bourges.	Sœurs de la Croix.	Institutrices et hospitalières.	Jussy-Champagne. Loye. Paudy. Valençay. Vandœuvres.
Ursulines.	Institutrices cloîtrées.	Bourges.	Sœurs de la Providence, de Saumur.	»	Le Blanc. Buzançais.
Carmélites	Vie contemplative.	Bourges.	Sœurs de l'Immaculée Conception.	Institutrices.	Buzançais.
Sœurs de l'Hôpital général.	Hospitalières	Bourges. Fussy. Saint-Vitte.	Dames du Sacré-Cœur.	Institutrices.	Bourges.
			Sœurs du Bon-Pasteur, d'Angers.	»	Bourges.
			Petites Sœurs des Pauvres, de Rennes.	»	Bourges.
			Dames de Chevagnes.	Institutrices.	Châteauroux.

DIOCÈSE DE SAINT-BRIEUC ET DE TRÉGUIER.

HOMMES.

Ordres	Résidences		
Frères des Ecoles chrétiennes.	Saint-Brieuc.		Dinan. Pleudihen. Plonez.

Diction. de Géographie. Eccl. III.

TABLEAU DES CONGRÉGATIONS, ETC.

ORDRES	FONCTIONS	RÉSIDENCES
HOMMES		
Frères de l'Instruction chrétienne ou de Lamennais.		Broons. Corseul. Lamballe. Quintin. Étables. Saint-Quay. Plérin. Pordic. Guingamp. Lannion. Loudéac, etc.
Frères de Saint-Jean-de-Dieu.		Léhon, près de Dinan. (Établissement pour les aliénés.)
FEMMES		
Religieuses de Notre-Dame de Charité du Refuge.	Préservation et repentir.	Saint-Brieuc.
Filles du Saint-Esprit.	Institutrices et hospitalières.	Maison-mère à Saint-Brieuc, et 49 établissements dans le diocèse.
Religieuses de St-Thomas, de Villeneuve.	Hospitalières	Saint-Brieuc. Lamballe. Quintin. Dinan. Moncontour. Quintin.
Ursulines.	Institutrices.	Lamballe. Tréguier. Guingamp.
Augustines.	Hospitalières	Lannion. Tréguier. Gouarec. Guingamp.
Filles de la Croix.	Institutrices.	Tréguier. Magoar. Merdrignac.

Filles de la Providence.	Institutrices.	Saint-Brieuc. Moncontour.
Religieuses de la Retraite.	Institutrices.	Lannion.
Filles de la Charité de Saint-Vincent de Paul.	Hospitalières	Saint-Brieuc. Lamballe.
Filles de Jeanne-Jougan ou Petites Sœurs des Pauvres.		Dinan.
Filles de Sainte-Marie de Broons.	Institutrices et visiteuses de malades.	Plestan. Lamballe. Trigavou. Corseul. Caulnes. Plénée-Jugon. Rouillac. Plumaugat.
Filles de la Sagesse.	Institutrices et visiteuses à domicile.	Dinan. Guingamp. Plaintel. Loudéac. Plémet. Saint-Donan. Bréhand-Moncontour. Hénon. Saint-Gouéc. Laudebaëron.
Filles de la Divine Providence, de Créhen.	Institutrices.	
Filles des Sacrés-Cœurs de Jésus et de Marie.	Institutrices.	Saint-Quay.
Sœurs de la Providence.	Institutrices.	Loudéac.
Sœurs de la Ste-Trinité.	Institutrices.	Plancoët.
Religieuses de la Providence de Rouillé.	Institutrices.	Paimpol. Pléhédel. Saint-Jean-Kerdaniel. Pleubian.

DIOCÈSE DE CAHORS.

ORDRES	FONCTIONS	RÉSIDENCES
HOMMES		
Prêtres de la maison de Picpus.		Cahors.
Frères des Écoles chrétiennes.		Cahors. Martel. Saint-Cere.
Frères maristes, de Bordeaux.		Montcuq. La Capelle-Marival.
Frères du Puy.		Bétaille.
FEMMES		
Sœurs de la Charité et Instruction chrétienne, de Nevers.	Institutrices et hospitalières.	Cahors. Figeac. Saint-Céré. Cajarc. Souillac. Labastide-Fortunière.
Sœurs de la Charité de Saint-Vincent de Paul.	Institutrices et hospitalières.	Cahors. Gourdon. Martel.
Carmélites.	Vie contemplative.	Cahors. Figeac.
Sœurs de la Ste-Famille.	Institutrices.	Figeac. Fons.
Ursulines.	Institutrices.	Souceyrac.
Visitandines.	Institutrices.	Saint-Céré.

Religieuses des Sacrés-Cœurs de Jésus et de Marie.	Institutrices.	Cahors.
Clarisses	Institutrices.	Gourdon.
Bénédictines du Calvaire.	Institutrices.	La Capelle-Marival.
Sœurs de la Conception.	Institutrices.	Castelnau.
Filles de Jésus.	Institutrices.	Vaylats.
Sœurs de la Miséricorde.	Préservation et repentir.	Cahors.
Religieuses du Calvaire.	Institutrices.	Gramat. Limogne. Leyme. Luzech. Prayssac. Rocamadour.
Religieuses de Ste-Marie.	Institutrices.	Bouyssou.
Sœurs de la Miséricorde, dites de Moissac.	Institutrices.	Cahors.
Sœurs de l'Union.	Institutrices.	Rudelle. Sainte-Colombe.
Sœurs de la Miséricorde, dites de Montcuq.	Institutrices.	Montcuq. Puy-l'Évêque. Saint-Vincent-Rive-d'Olt.

DIOCESE DE CAMBRAI.

HOMMES.

ORDRES.	RÉSIDENCES.
Bénédictins anglais.	Douai.
	Monastère de Notre-Dame du Mont, à Godewaersvelde, arrond., d'Hazebrouck.
Trappistes.	
Pères jésuites.	Lille.
Pères maristes.	Valenciennes.
Pères capucins.	Hazebrouck.
Charitains ou Frères de Saint-Jean de Dieu.	Lommelet.
	Cambrai.
	Le Cateau.
	Douai.
	Orchies.
	Lille.
	Armentières.
	La Bassée.
	Roubaix.
	Turcoing.
	Wambrechies
Frères des Ecoles chrétiennes.	Wazemmes.
	Dunkerque.
	Bergues.
	Gravelines.
	Bailleul.
	Estaires.
	Hazebrouck.
	Merville.
	Valenciennes.
	Saint-Amand.
	Le Quesnoy.
	Fives (Institution pour les sourds-muets, les jeunes-aveugles, etc.
	Beaucamps.
Frères de Saint-Gabriel.	Quesnoy-sur-Deule.
	Saute.
	Aumœillin.
Frères maristes de Notre-Dame de l'Ermitage-sur-Chamond (Loiret).	Comines.
	Lambersart.
	Loos.
Freres de la Doctrine chrétienne de Vézelise (diocèse de Nancy).	

FEMMES.

ORDRES.	FONCTIONS.	RÉSIDENCES.
Carmélites.	Vie contemplative.	Douai.
Clarisses.	Vie contemplative.	Cambrai.
Capucines.	Vie contemplative.	Bourbourg.
Dames de Flines, de l'ordre de Saint-Bernard.	Institutrices.	Douai.
Franciscaines du monastère de Notre-Dame-des-Anges.	Institutrices.	Tourcoing.
Ursulines.	Institutrices.	Gravelines. Saint-Saulve.
Bernardines.	Institutrices.	Esquermes-lès-Lille.
Sœurs de la Providence, dites de Sainte-Thérèse.	Institutrices.	Avesnes (maison-mère).
Filles de l'Enfant-Jésus.	Institutrices et hospitalières.	Maison-mère à Lille, et 45 établissements dans le diocèse.
Religieuses de la Sainte-Union.	Institutrices.	Maison-mère à Douai et 70 établissements dans le diocèse.
		Cambrai.
		Bergues.
Augustines.	Institutrices et hospitalières.	Le Cateau. Lille. Comines. Seclin. Crévecœur.
Bénédictines.	Institutrices.	Estaires. Lille.
Franciscaines de Notre-Dame-des-Anges.	Institutrices.	Moulins-Lille. Lesquin. Hellemmes. Cambrai. Douai. Somain. Lille.
Filles de la Charité de Saint-Vincent de Paul.	Institutrices et hospitalières.	Loos. Armentières. Quesnoy. Tourcoing. Bergues. Valenciennes. Aniche.
Sœurs de la Providence de Portieux.	»	Aniche. Nomain. Orchies. Warlaing. Wazemmes. Dunkerque. Trelon. Mortagne. Cambrai. Lille. Halluin.
Filles de la Sagesse de Saint-Laurent-sur-Sèvres.	Institutrices et hospitalières.	Haubourdin. Roubaix. Santes. Le Cateau. Warlaing. Valenciennes. Paillancourt.
Religieuses du Sacré-Cœur.	Institutrices.	Lille.
Religieuses de Louvencourt d'Amiens.	Institutrices.	Dunkerque.
Sœurs de l'Enfant-Jésus, dites de Saint-Maur, de Paris.	Institutrices.	Bailleul.
Sœurs de la congrégation de Notre-Dame.	Institutrices.	Le Cateau. Solesmes.
Sœurs du Bon-Pasteur, dites de la Providence.	Institutrices.	Douai.
Sœurs de Sainte-Marie, dites de Saint-François.	Gardes-malades et asile pour les pauvres.	Douai.
Filles de la Croix		

TABLEAU DES CONGRÉGATIONS, ETC.

Ordres	Fonctions	Résidences			
de Saint-André de la Puge (diocèse de Poitiers).	Institutrices.	Haing. La Madeleine-lès-Lille. Auchy. L'Ecluse. Aubers. Fives. Lompret. Prémesque. Vieux-Berquin. Motte-aux-Bois. Bellaing. Raisme. Boursies. Couaing. Escandœuvres. Marcoing. Fontaine-Notre-Dame. Gouzeaucourt.	d'Angers. Sœurs de Bon-Secours de Paris. Sœurs de Notre-Dame de la Treille. Sœurs de Saint-Joseph. Religieuses de l'Education chrétienne, d'Argentan. Sœurs de la Providence, de Rouen. Sœurs Augustines dites Sœurs noires. Petites sœurs des Pauvres.	et repentir. Gardes-malades. Gardes-malades. Gardes-malades et institutrices. Institutrices. » Soin des malades à domicile.	Loos. Lille. Lille. Valenciennes. Loos. Seclin. Wambrechies. Dunkerque. Bailleul. Dunkerque. Lille.
Sœurs de la Sainte-Famille d'Amiens	»				
Religieuses du Bon-Pasteur	Préservation	Lille.			

DIOCÈSE DE CARCASSONNE.

HOMMES.

Ordres	Résidences
Prêtres de la mission dits de Saint-Lazare.	Carcassonne.
Frères des Écoles chrétiennes.	Carcassonne. Montréal. Saissac. Castelnaudary. Delpech. Narbonne. Limoux.

FEMMES.

Ordres	Fonctions	Résidences			
Filles de la Charité de Saint-Vincent de Paul.		Carcassonne. Narbonne. Saissac. Carcassonne. Castelnaudary. Narbonne.			
Religieuses de Notre-Dame.	Institutrices.				
Carmélites.	Vie contemplative.	Carcassonne.			
Sœurs de Saint-Joseph de Cluny.	Institutrices et hospitalières.	Caunes. Limoux.			
Sœurs de la Chari-		Lagrasse.	té et instruction chrétienne de Nevers. Sœurs de l'Instruction chrétienne. Sœurs de la Ste-Famille. Sœurs de la Croix. Sœurs de la Présentation. Sœurs de Saint-Joseph de Lyon. Sœurs du tiers-ordre de Saint-Dominique. Sœurs de la Croix-de-Lavaur.	Institutrices et hospitalières. Institutrices et hospitalières. Institutrices et hospitalières. Institutrices et hospitalières. Institutrices et hospitalières. Institutrices. Gardes-malades. Institutrices et gardes-malades.	Montréal. Castelnaudary. Limoux. Delpech. 11 établissements. Maison-mère à Pézens et 10 établissements dans le diocèse. Villespy. Carcassonne. Mailhac. Carcassonne. Labastide-d'Anjou.

DIOCÈSE DE CHALONS.

HOMMES.

Ordres	Résidences
Frères des Écoles chrétiennes.	Sainte-Menehould. Montmirail. Vitry-le-François. Châlons. Epernay.

FEMMES.

Ordres	Fonctions	Résidences			
Congrégation de Notre-Dame.	Institutrices.	Châlons.			
Filles de la Charité de Saint-Vin-	»	Plusieurs éta-	cent de Paul. Sœurs de la Providence. Sœurs de Notre-Dame. Sœurs de Saint-Charles. Sœurs de Sainte-Chrétienne. Sœurs de l'Immaculée conception.	Institutrices et hospitalières. Institutrices. Institutrices et hospitalières. Institutrices et hospitalières. Institutrices.	blissements. Vienne-le-Château. Châlons. Châlons. Epernay. Somme-Suippe.

Sœurs de la Doctrine chrétienne.	Institutrices.	Servon.	chrétiennes de la Miséricorde.	et hospitalières.	Bayes.
Sœurs des Ecoles	Institutrices				

DIOCÈSE DE CHARTRES.

HOMMES.

ORDRES.		RÉSIDENCES.	Trappistines.		Notre-Dame de Bonne-Espérance, près La Ferté-Vidame.
Frères des Ecoles chrétiennes.		Chartres. Châteaudun. Dreux. Nogent-le-Rotrou. Abondant	Carmélites.	Vie contemplative.	Chartres.
Frères de Ruillé (Sarthe).			Filles de la Charité de Saint-Vincent de Paul.	Hospitalières	Chartres. Châteaudun. Nogent-le-Rotrou.

FEMMES.

ORDRES.	FONCTIONS.	RÉSIDENCES.			
Sœurs de Saint-Paul, dites de Saint-Maurice de Chartres.	Hospitalières et institutrices	Maison-mère à Chartres; 36 établissements dans le diocèse; 9 en Angleterre, 14 à la Guyane, et 1 en Chine.	Sœurs de la Charité de la Providence de Ruillé (Sarthe).	»	4 établissements dans le diocèse.
			Sœurs d'Evron (Mayenne).	»	3 établissements dans le diocèse.
Sœurs de la Providence de Chartres.	Institutrices.	Chartres.	Sœurs de la Présentation de Tours.	»	Janville. Toury.
Sœurs de l'Immaculée conception.	Institutrices. Ecoles de sourds-muets.	Chartres.	Religieuses de l'Adoration perpétuelle et des Sacrés-Cœurs, de Picpus.	Institutrices.	Chartres. Châteaudun
Sœurs de la Providence de Saint-Remy.	Institutrices et gardes-malades.	Chartres.	Visitandines	»	Chartres.
			Filles de la Réparation.	Institutrices.	Gallardon.
		Monastère de	Petites sœurs des Pauvres.	»	Chartres

DIOCÈSE DE SAINT-CLAUDE.

HOMMES.

ORDRES.	RÉSIDENCES.	Sœurs de Saint-Joseph de Lyon.		Longchaumois Les Rousses. Poligny.
Bénédictins.	Abbaye d'Acey. Dôle. Lons-le-Saulnier.	Sœurs du Saint-Esprit.		Chaussin. Saint-Aubin. Les Bouchoux.
Frères des Ecoles chrétiennes.	Arbois. Poligny. Conliége. Saint-Laurent.	Sœurs du Saint-Charles.		Morez. Clairvaux. Dôle. Salins.
Frères de la Doctrine chrétienne de Vézelise (Meurthe).	Bois-d'Amont. Saint-Claude. Courte-Fontaine.	Ursulines.		Desne. Orgelet. Voiteur Dôle.
Frères de Marie de Bordeaux.	Orgelet. Seillières. Morez.	Filles de Marie.	»	Arbois. Lons-le-Saulnier.
		Sœurs de la Visitation.	»	Dôle.
		Sœurs de Sainte-Claire.	»	Poligny.

FEMMES.

ORDRES.	FONCTIONS.	RÉSIDENCES.	Sœurs de la Retraite.		Dôle.
		Dôle. Lons-le-Saulnier.	Sœurs de la Providence.	»	Porthieux. Seillières.
Sœurs hospitalières.	»	Poligny. Arbois. Salins. Orgelet. Nozeroy. Rixouse. Sampans.	Sœurs de la Ste-Famille, de Besançon.		Beaufort, etc. Orgelet. Vaudrey. Ruffey, etc. Saint-Claude. Saint-Laurent.
Sœurs de Saint-Joseph de Bourg.	»				

TABLEAU DES CONGREGATIONS, ETC.

Sœurs de la Charité, de Besançon.	»	Conliége. Lons-le-Saulnier. Gigny. Saint-Julien. Sirod. Censeau. Moirans. Thervay.	Sœurs de la Présentation, de Chagny. Sœurs du Saint-Sacrement. Sœurs des Saints-Anges.	» » »	Macornay. Arinthod. Châtel. Petit-Noire. Saint-Claude. Saint-Amour. Cousance. Morez.

DIOCÈSE DE CLERMONT.

HOMMES.

ORDRES.	RÉSIDENCES.
Pères maristes.	Riom. Clermont. Montferrand.
Frères des Ecoles chrétiennes.	Riom. Issoire. Thiers. Ambert. Billom. Aigueperse. Lezoux. Cunlhat. Volvic. Rochefort Combronde. Cébazat. Ardes. Maringues.
Frères de Ménestruel (Ain).	
Frères du Puy.	

FEMMES.

ORDRES.	FONCTIONS	RÉSIDENCES.			
Sœurs de Saint-Joseph, dites du Bon-Pasteur.	Hospitalières et maison de refuge.	Maison-mère à Clermont, et 40 établissements dans le diocèse.	Sœurs du tiers ordre de Saint-Dominique.	»	Saint-Martin-des-Olmes. Saint-Floret. Charensat. Estandeuil.
Ursulines.	»	Clermont. Ambert. Clermont.	Carmélites.	Vie contemplative.	Riom.
Sœurs de la Charité et Instruction chrétienne, de Nevers.	»	Monton. Aigueperse. Thiers. Mirefleur. Saint-Cirgues. Clermont.	Hospitalières de Saint-Augustin. Sœurs du Saint-Sacrement, de Mâcon.	»	Aubiat. Château-Gay. Mozat. Mâcon. Effiat.
Filles de la Charité de Saint-Vincent de Paul.	»	Billom. Saint-Saturnin. Riom. Thiers.	Sœurs des Ecoles chrétiennes de la Miséricorde. (Maison-mère à Saint-Sauveur-le-Vicomte, diocèse de Coutances.)	»	Celles-sur-Thiers.
Sœurs de la Visitation	»	Clermont. Riom.			
Sœurs de la Miséricorde.		Clermont. Sœurs de Notre-Dame de l'Assomption. Sœurs de Notre-Dame. Sœurs de Saint-Joseph, de Bourg (Ain). Sœurs du Sauveur. Sœurs de Notre-Dame de Chambrais (Rhône).	Hospitalières Soin des aliénés.	» » »	Saint-Amand. Billom, etc. Bois-de-Cros. Issoire. Clermont. Clermont. Laqueille. Orcival. Thiers. Aix-la-Fayette. Lamontgie. Charensat. Vodables. Laboulhonne. Grandrif. Nedeyrolles. Peslières. Chaumont. Marsac.

DIOCESE DE COUTANCES.

HOMMES.

ORDRES.	RÉSIDENCES.		
Trappistes de l'ordre de Cîteaux.	Briquebec. Maison-mère à l'abbaye de Montebourg. Saint-Nicolas, près Granville. Valognes.	Frères des Ecoles chrétiennes de la Miséricorde.	Mortain. Douville. Saint-James. Argouges. Montfarville. Saint-Pierre-Eglise. Saint-Germain-Varreville. Méautis. Coutances.

TABLEAU DES CONGRÉGATIONS ETC.

ORDRES.	FONCTIONS.	RÉSIDENCES.			
Frères des Ecoles chrétiennes.		Avranches. Cherbourg. Saint-Lô. Mortain. Valognes. Granville. La Haye-du-Puits.	Sœurs de la Providence.	»	Louvigné-du-Désert. Coutances. Cherbourg. Rauville-la-Bigot. Sainteny. Mortain. Cherbourg.
FEMMES.			Sœurs de la Sagesse.	»	Valognes. Carentan. Périers. Pontorson. Saint-Lô.
Sœurs de la Charité.	»	Coutances. Avranches. Valognes. Flamanville. Maison-mère à l'abbaye de S¹-Sauveur-le-Vicomte, et au delà de 30 établiss. dans le diocèse.	Sœurs de Saint-Paul de Chartres.	»	Saint-Sauveur-le-Vicomte. Périers.
Sœurs des Ecoles chrétiennes de la Miséricorde.	Institutrices et hospitalières.		Sœurs de Saint-Thomas de Villeneuve.	Hospitalières	Avranches. Granville.
			Ursulines.	Institutrices.	Avranches. Mortain.
Augustines.	Institutrices et hospitalières.	Coutances. Barenton. Valognes. Carentan. Saint-Pierre-Eglise. Coutances (maison-mère).	Bon-Sauveur.	»	Saint-Lô. Picauville.
			Trinitaires.	»	Saint-James. Ducey.
			Bénédictines.	»	Valognes.
			Carmélites.	»	Valognes.
Religieuses du Sacré-Cœur.	Institutrices et hospitalières.	Marigny. Saint-Hilaire-du-Harcourt.	Sœurs de la Charité de Jésus et de Marie.	»	Cherbourg Equeurdreville.

DIOCÈSE DE SAINT-DENIS

(Ile de la Réunion).

HOMMES.		FEMMES.		
ORDRES.	RÉSIDENCES.	ORDRES.	FONCTIONS.	RÉSIDENCES.
Pères jésuites.	(Pour l'établissement des Malgaches.)	Sœurs de Saint-Joseph de Cluny.	»	Noviciat à S¹-Denis, et 10 établissem.
Frères des Ecoles chrétiennes.	(Noviciat à S¹-Denis, et 13 établissem.)	Sœurs de Saint-Joseph.	»	Saint-Denis, établissem. des jeunes filles malgaches.
Pères du Maduré.	(Conversion des Indiens.)	Filles de Marie.	Institutrices et hospitalières.	Saint-Denis.

DIOCÈSE DE SAINT-DIE.

HOMMES.				
ORDRES.	RÉSIDENCES.			
	Saint-Dié.	Sœurs de Saint-Charles, de Nancy.	Institutrices et hospitalières.	Principaux hôpitaux du diocèse.
Frères de Marie, de Bordeaux	Châtel. La Bresse. Rambervilliers. Laveline.	Filles de la Charité de Saint-Vincent de Paul.	Soin des malades à domicile.	Saint-Dié.
Frères de la Doctrine chrétienne, de Vézelise.	Mattaincourt. Martigny-lès-Lam. Remiremont.	Religieuses cloîtrées de Saint-Dominique.	Institutrices.	Neufchâteau.
		Religieuses du S¹-Esprit.	Hospitalières	Ronceaux.
FEMMES.				
ORDRES.	FONCTIONS.	RÉSIDENCES.		
Sœurs de la Providence, de Portieux (Vosges).	Institutrices et hospitalières.	Plusieurs établissem. dans le diocèse.	Religieuses cloîtrées de la Congrégation de Notre-Dame de S¹-Augustin.	Institutrices.	Mattaincourt.
Sœurs de la Doctrine chrétienne, de Nancy.	»	Plusieurs établissem. dans le diocèse.	Trappistines de l'ordre de Citeaux.	»	Ubexy.

Religieuses cloîtrées du Saint-Cœur de Marie.	Institutrices.	Godoncourt.	Religieuses cloîtrées de Jésus et Marie.	Institutrices.	Remiremont.

DIOCÈSE DE DIGNE.

HOMMES.					
ORDRES.		RÉSIDENCES.	Trinité.	lières.	Riez.
		Digne.	Sœurs de la Doctrine chrétienne.	Institutrices et hospitalières.	Digne et autres lieux.
		Riez.			
Frères des Ecoles chrétiennes.		Forcalquier.	Sœurs de Saint-Charles.	Institutrices et hospitalières.	Manosque. Forcalquier. Banon.
		Entrevaux.			
		Manosque.			
		Banon.	Sœurs de Saint-Thomas.	Institutrices et hospitalières.	Castellane.
Frères de l'Instruction chrétienne de Saint-Gabriel.		Les Mées.			
FEMMES.			Sœurs de Saint-Joseph.	Institutrices et hospitalières.	Barcelonnette.
ORDRES.	FONCTIONS.	RÉSIDENCES.			
Ursulines.	Institutrices.	Digne.	Sœurs de la Providence.	Institutrices et hospitalières.	Greoux.
Sœurs de la Présentation.	Institutrices.	Manosque.			
Sœurs de la Ste-	Institutrices et hospita-	Digne. Sisteron.	Sœurs de Notre-Dame de Grâce.	Orphelinat	Digne.

DIOCÈSE DE DIJON.

HOMMES.					
ORDRES.		RÉSIDENCES.			Vitteaux.
Frères Prêcheurs ou Dominicains.		Flavigny.			Arnay-le-Duc.
		Dijon.			Saulieu.
Frères des Ecoles chrétiennes.		Beaune.			Saint-Jean-de-Losne.
		Semur.			Seurre.
		Nuits.	Monastère de la Visitation.	Pensionnat.	Dijon.
Frères de Saint-Joseph.		Pénitencier de Citeaux.	Sœurs du Bon-Pasteur.	Préservation et repentir.	Dijon.
Frères de la Sainte-Famille.		Beaune.	Sœurs de Sainte-Marthe.	Hospitalières	Dijon.
FEMMES.			Filles de la Charité de Saint-Vincent de Paul.	Institutrices et hospitalières.	Dijon. Beaune. Châtillon. Nuits. Semur. Montbard. Flavigny. Vitteaux (maison-mère), 60 établiss. dans le diocèse.
ORDRES.	FONCTIONS.	RÉSIDENCES.			
Carmélites.	Vie contemplative.	Beaune.			
		Dijon.			
		Beaune.	Ursulines.	Institutrices.	
		Semur.			
		Châtillon.			
Sœurs hospitalières.	»	Nuits.	Sœurs de la Providence.	Institutrices.	
		Nolay.			
		Montbard.			

DIOCÈSE D'ÉVREUX.

HOMMES.					
ORDRES.		RÉSIDENCES.	Sœurs hospitalières de la Miséricorde.		Louviers. Harcourt. Saint-Nicolas-de-Verneuil.
		Evreux.			
		Verneuil.			
Frères des Ecoles chrétiennes.		Pont-Audemer.	Sœurs hospitalières d'Hernemont.	Institutrices et hospitalières.	Pont-Audemer Ecouis. Longchamp.
		Gisors.			
FEMMES.			Sœurs hospitalières de Saint-Paul, dites de Saint-Maurice.	»	Vernon. Neubourg. Conches.
ORDRES.	FONCTIONS.	RÉSIDENCES.			
		Evreux.			
Sœurs de la Providence.	Institutrices et hospitalières.	Courbépine. Capelle. Malouy. Saint-Germain. Tiberville.	Ursulines.	Institutrices.	Evreux. Bernay.
Sœurs hospitalières.	»	Bernay.	Sœurs gardes-malades.	»	Evreux.

DIOCÈSE DE SAINT-FLOUR.

HOMMES.

ORDRES.	RÉSIDENCES.
Frères des Ecoles chrétiennes.	Saint-Flour. Aurillac. Mauriac. Salers. Murat. Pierrefort. Massiac.
Frères des Sacrés-Cœurs de Jésus et de Marie	Allanche. Chaudesaigues. Coudat. Vic. Marcenat. Ternes. Talizat. Riom. Saint-Martin-Valmeroux. Saint-Cernin. Fontanges. Lieutadès.
Frères du Saint-Viateur.	Dragère. Fridefou. Menet. Neuvéglise. Trézac. Bofliac. Pers. Cussac. Livinhac-le-Maur (Aveyron).

FEMMES.

ORDRES.	FONCTIONS.	RÉSIDENCES.
Religieuses de la Visitation.	Institutrices.	Saint-Flour. Aurillac.
Carmélites.	Vie contemplative.	Saint-Flour.
Sœurs de Sainte-Claire, dites Urbanistes.	Institutrices.	Aurillac.
Sœurs de Notre-Dame.	Institutrices.	Saint-Flour. Mauriac. Salers.
Filles de la Charité de Saint-Vincent de Paul.	Institutrices et hospitalières.	Saint-Flour. Aurillac. Murat.
Sœurs de l'Instruction.	»	Aurillac.
Sœurs de la Charité et Instruction chrétienne, de Nevers.	Institutrices et hospitalières.	Saint-Flour. Arpajon. Aurillac. Mauriac. Maurs. Saint-Flour (maison-mère). Corein. Talizat. Molompize. Neuvéglise. Saint-Martin-Valmeroux. Condat. Oradour. Murat. Trijac. Allanche. Marcenat. Pléaux. Clavières. Pierrefort. Apchon. Chaudesaigues. Massiac. Saint-Urcize.
Sœurs de Saint-Joseph.	Institutrices et hospitalières.	
Sœurs de la Présentation.	Institutrices.	
Sœurs de la Ste-Famille.	Institutrices.	Aurillac.
Sœurs Marie-Joseph.	Maison cellulaire.	Saint-Flour.
Sœurs du Saint-Sacrement, dites de Mâcon.	»	Chaudesaigues. Vic. Salers.
Sœurs de la Présentation, de Tours.	»	Leyuhac.

DIOCÈSE DE FRÉJUS ET DE TOULON.

HOMMES.

ORDRES.	RÉSIDENCES
Frères des Ecoles chrétiennes.	Cuers. Pierrefeu. Hyères. Toulon. Brignoles. Bargemont. Draguignan. Lorgues. Méounes. La Seyne. Maubel. Lorgues.
Chartreux	
Maristes.	
Capucins.	

FEMMES.

ORDRES.	FONCTIONS	RÉSIDENCES
Sœurs de la Charité et Instruction chrétienne, de Nevers.	»	Fréjus. Roquebrune. Pignans. Vence.
Carmélites.	Vie contemplative.	Toulon.
Sœurs de la Visitation.	»	Grasse.
Ursulines.	Institutrices.	Brignolles. Aups. Saint-Tropez. Beausset. Hyères. Cannes. Grasse. Callas. Comps. Lorgues
Sœurs de Saint-Thomas de Villeneuve.	»	
Sœurs de la Charité de Saint-Vincent de Paul.	»	Toulon.
Sœurs de la Présentation.	»	Lorgues.
Sœurs du Bon-Pasteur, d'Angers.	Préservation et repentir.	Toulon.

TABLEAU DES CONGRÉGATIONS, ETC.

Ordres		Résidences	Ordres		Résidences
		Draguignan (maison-mère).	Sœurs de l'Espérance.	»	Toulon
Sœurs du Bon-Pasteur.	»	Grimaud. Barjols. Brignoles. Rians, Pierrefeu. Carnoules. Cotignac. Draguignan. Luc. Cuers. Solliès-Pont. Carcès. Bargemont. Fayence.	Sœurs de Sainte-Marthe-de-Grasse.	»	Grasse. La Cadière. Aups. Le Rouret. Magagnosc.
			Sœurs de la Retraite.	»	Cuers.
			Sœurs de Saint-Joseph de Gap.	»	Ollioules.
Sœurs de Sainte-Marthe de Romans.	»		Sœurs de la Trinité.	»	La Seyne. Le Bar. Antibes
			Sœurs du Saint-Nom de Jésus et de Marie.	» »	Saint-Maximin. Pourrières.
Sœurs du Saint-Enfant Jésus.	»	Toulon.	Sœurs de la Miséricorde.	»	Villeneuve-Loubet.
Sœurs de la Sagesse.	»	Toulon. Saint-Mandrier.	Sœurs de la Doctrine chrétienne	»	Le Val. Pontevès

DIOCÈSE DE GAP.

HOMMES.

Ordres	Résidences
Frères des Écoles chrétiennes.	Gap.
Frères de la Sainte-Famille (de Belley).	Veynes.

FEMMES.

Ordres	Fonctions	Résidences
Sœurs de la Providence.	Institutrices	Plusieurs établissements
Sœurs du Saint-Cœur de Marie.	Institutrices	Gap.
Sœurs de Saint-Joseph.	Institutrices	Gap. Embrun. Saint-Bonnet. Serres. Abriès. Le Laus.
Trinitaires.	Institutrices et hospitalières.	Briançon. Embrun.
Sœurs de Sainte-Marthe.	Institutrices	Guillestre. Veynes. Aprés-lès-Veynes.

DIOCÈSE DE GRENOBLE.

HOMMES

Ordres	Résidences
RR. PP. Chartreux.	Grande Chartreuse.
PP. missionnaires de la Salette.	La Salette. Grenoble. Notre-Dame-de-l'Osier. Parménie.
RR. PP. oblats de Marie.	
RR. PP. Jésuites.	Grenoble.
RR. PP. Dominicains.	Chalais. Grenoble. Vienne. Beaurepaire. Saint-Jean-de-Bournay. Bourgoin. Crémieux. La Tour-du-Pin. Vénissieux. La Bâtie-de-St-Ismier. La Bâtie-Mont-Gascon. Tullins. Saint-Marcellin. Voiron. Voreppe. Genas. Roussillon.
Frères des Écoles chrétiennes.	
Frères Maristes. (Maison-mère à Saint-Chamond, diocèse de Lyon.)	Bougé-Chambalud. Saint-Symphorien-d'Ozou. Saint-Quentin. Les Roches. Frontonas. Saint-Geoire. Viriville. Saint-Véraud. Saint-Latier. Allevard.
Frères de l'Instruction chrétienne. (Maison-mère au Puy.)	Chatonnay.

FEMMES.

Ordres	Fonctions	Résidences
Sœurs de la Providence.	Institutrices	Maison-mère à Corenc, près Grenoble, et 140 établissements dans le diocèse.
Sœurs de Notre-Dame de Grâce.	Hospitalières	Grenoble.
Sœurs de la Charité de Saint-Vincent de Paul de Paris.	Hospitalières	Grenoble.

TABLEAU DES CONGREGATIONS, ETC.

Sœurs de la charité de Saint-Vincent de Paul d'Annecy.	Hospitalières	Saint-Robert, près Grenoble	Sœurs de Saint-Isidore, ou de l'Adoration perpétuelle.	»	La Verpillère.
		Voiron.	Couvent de l'Archiconfrérie.	»	Voiron.
		Vienne.			Beauregard, près Voiron.
		Saint-Marcellin.	Chartreuses.	»	
		La Côte-Saint-André.			Maubec.
Sœurs Trinitaires. (Maison-mère à Valence.)	Institutrices et hospitalières.	Tullins.	Dominicaines.	»	Laffrey.!
		Thodure.	Carmélites	Vie contemplative.	La Tronche, près Grenoble
		Saint-André-la-Pallud.			
		Saint-Marcellin.			La Tour-du-Pin.
		Marcillole.			Morestel.
		Viriville.			Grand-Lemps.
Sœurs du Saint-Sacrement.	Institutrices et hospitalières.	Bourgoin	Sœurs de Saint-Joseph de Lyon.	Institutrices et hospitalières.	Bonvesse.
					Vaulx-en-Velin.
Sœurs de Notre-Dame-Sainte-Marie.	Institutrices.	Grenoble.			Bron.
					Genas.
Sœurs du Bon-Pasteur d'Angers.	Préservation et repentir.	La Plaine, près Grenoble.			Murinais (maison-mère).
					Sérezin.
		Grenoble.	Sœurs de Notre Dame de la Croix	»	Sermérieux.
		Tullins.			Creys-Pusignieux.
		Crémieux.			Sainte-Blandine
Ursulines.	Institutrices.	Saint-Jean-de-Bournay.			La Buisse, etc.
		Pont-de-Beauvoisin.	Sœurs de l'Enfant-Jésus.	»	Chonas
		Viriville.			
Religieuses du Sacré-Cœur.	Institutrices.	Montfleury.	Sœurs de Saint-François d'Assise.	»	Ilières.
		Voiron.			
Religieuses de la Visitation.	Institutrices.	Saint-Marcellin.	Sœurs du Saint-Rosaire.	»	Pont-Beauvoisin.
		La Côte-Saint-André.			Saint-Geoire.
Sœurs de la Nativité. (Maison-mère à Valence.)	Institutrices.	Roussillon.	Sœurs de Notre-Dame.	»	Saint-Antoine.
		La Mure.			
Sœurs de Saint-Charles.	Institutrices.	Vienne.	Sœurs de Saint-Joseph de Saint-Valtier.	»	Faramans.
Sœurs de Notre-Dame.	»	Vienne.	Sœurs de Sainte-Marthe.	»	Pont-en-Royans Beaurepaire.

DIOCÈSE DE LANGRES.

HOMMES.

ORDRES.	RÉSIDENCES.
	Langres.
	Chaumont.
Frères des écoles chrétiennes.	Saint-Dizier.
	Joinville.

FEMMES.

ORDRES.	FONCTIONS.	RÉSIDENCES.
Sœurs de la Providence.	Institutrices et gardes-malades.	Langres
Filles de la Charité de Saint-Vincent de Paul.	Institutrices et hospitalières.	Langres Chaumont.
Sœurs du Saint-Enfant-Jésus.	Institutrices.	Langres. Vassy.l Saint-Dizier.
	Institutrices	Vassy.

Sœurs de Saint-Charles.	et hospitalières.	Joinville. Bourbonne. Fayl-Billot. Fresne.
Sœurs de la Charité de Besançon.	Hospitalières	Saint-Dizier.
Sœurs de la Doctrine chrétienne.	Institutrices.	Saint-Dizier.
Sœurs de l'Annonciade céleste (cloîtrées).	»	Langres. Joinville.
Ursulines hospitalières de l'Instruction céleste, de Troyes.	Institutrices.	La Chapelle.
Sœurs de la Providence de Portieux.	Institutrices et hospitalières.	70 établissements dans le diocèse.

DIOCÈSE DE LIMOGES.

HOMMES.

ORDRES.	RÉSIDENCES.		
		Conception.	Limoges.
RR. PP. oblats de l'Immaculée			Limoges. Bellac.

TABLEAU DES CONGRÉGATIONS ETC.

ORDRES.	FONCTIONS.	RÉSIDENCES.
Frères des Ecoles chrétiennes.		Guéret. Aubusson. Bourganeuf. Felletin. Saint-Yrieix. Saint-Léonard. Auzances. Saint-Germain-les-Belles. Dorat. Châlus.
Frères de Saint-Joseph de Sainte-Croix-lès-Le-Mans.		

FEMMES.

ORDRES.	FONCTIONS.	RÉSIDENCES.
Monastère de Ste-Claire.	Vie contemplative.	Limoges.
Monastère de Carmélites.	Vie contemplative.	Limoges.
Monastère de la Visitation.	Institutrices.	Limoges.
Religieuses de St-Joseph de la Providence.	Institutrices et orphelinat.	Limoges (maison-mère). Guéret.
Filles de Notre-Dame.	Institutrices.	Limoges. Saint-Léonard.
Filles de la Charité de Saint-Vincent de Paul.	Visite des pauvres et des malades.	Limoges. Mainsat. Aubusson.
Sœurs de la Croix.	Institutrices.	Limoges (maison-mère). Guéret. Aubusson. Bougnat. La Courtine. Darnac. Bonnat. Doutreix. Pierre-Buffières. Magnac-Bourg. Roussac. Vincuil (Indre). Limoges (maison-mère). Saint-Léonard.
Sœurs de Saint-Alexis.	»	Limoges.
Sœurs de Marie-Thérèse.	Repentir et pénitencier.	Dorat (maison-mère). Limoges.
Sœurs de Marie-Joseph.	Service des prisons.	
Sœurs de la Charité et Instruction	Institutrices	Limoges.

Religieuses du Verbe incarné.	Institutrices et garde-malades.	chrétienne de Nevers. Saint-Yrieix. Saint-Léonard.
Religieuses du St-Sauveur.	Institutrices et hospitalières.	
Sœurs de Saint-Joseph de Lyon.	»	
Filles de la Sagesse.	Institutrices et hospitalières.	
Sœurs de la Charité de Bourges.	Hospitalières	
Religieuses de St-Dominique.	Institutrices et hospitalières.	
Sœurs de Saint-Roch.	Institutrices et hospitalières.	
Sœurs de la Présentation de la Sainte-Vierge de Tours.	Institutrices et hospitalières.	
Religieuses de l'Instruction de l'Enfant-Jésus.	Institutrices.	
Sœurs de la Présentation de Bourg-Saint-Andéol.	Institutrices.	

Résidences (suite): et hospitalières. Bourganeuf. Azerables (maison-mère). Saint-Yrieix. Saint-Junien. Evaux. Châlus. La Souterraine (maison-mère). Aixe. Mézières. Rancon. Ambazac. Château-Ponsac. Chambon. Peyrat. Ahun. Auzances. Thiat. Saint-Sulpice-Laurière. Séminaire d'Ajain. Dorat. Bellac. Eymoutiers. Guéret. Evaux. (Salles d'asile.) Magnac-Laval (maison-mère). Rochechouart. Felletin (maison-mère). Aubusson. Crocq. Chénerailles. Saint-Yrieix. Le Monteil-au-Vicomte. Les Cars. Néoxe. Blond. Nexou. Saint-Hilaire-Lastours. Saint-Padoux-d'Arnet.

DIOCÈSE DE LUÇON.

HOMMES.

ORDRES.	RÉSIDENCES.
Prêtres missionnaires de la Compagnie de Marie, dits missionnaires du Saint-Esprit et frères du Saint-Esprit.	Saint-Laurent-sur-Sèvre.
Congrégation des Enfants de Marie.	Mouilleron-en-Pareds. Maison-mère à Saint-Laurent-sur-Sèvre et 18 établissements dans le diocèse.
Frères de l'Instruction chrétienne de Saint-Gabriel.	
Frères des Ecoles chrétiennes.	Luçon. Fontenay-le-Comte. Sables-d'Olonne. Les Herbiers. La Gaubretière.

FEMMES.

ORDRES	FONCTIONS.	RÉSIDENCES.
Carmélites.	Vie contemplative.	Luçon. Fontenay-le-Comte. Saint-Jean de Fontenay. Pissotte.
Religieuses de l'Union chrétienne.	Institutrices.	L'Ile-d'Elle. Le Langon. Saint-Hilaire-le-Riez.

Filles de la Sagesse de Poitiers.	Institutrices et hospitalières.	Saint-Florent-des-Bois. 17 établissements dans le diocèse.	Sœurs de Saint-Gildas (diocèse de Nantes).	,	Mareuil. Mouchamps. Saint-Hilaire-de-Loulay. Saint-Christophe-du-Ligneron.
Ursulines de Jésus.	Institutrices et hospitalières.	22 établissements dans le diocèse.			Les Landes-Genusson Tiffauges.
Sœurs des Sacrés-Cœurs de Jésus et de Marie.	Institutrices.	58 établissements dans le diocèse.	Sœurs de Sainte-Marie de Torfou (diocèse d'Angers).	,	Orbrie. Saint-Martin-Lars-en-Tiffauges.
Filles de la Charité de Saint-Vincent de Paul.	Institutrices et hospitalières.	Luçon. Fontenay-le-Comte. Poiré-sous-Napoléon. Doix.	Sœurs de Saint-Joseph de Lyon.	Institutrices.	Gaubretière.
Filles de la Croix, Sœurs de Saint-André de la Puye (diocèse de Poitiers).	,	Saint-Michel-le-Cloucq. Auzais. Nicuil-sur-l'Autise. La Tardière.	Sœurs de l'Immaculée Conception de Bordeaux. Sœurs de la Salle de Vihiers (diocèse d'Angers).	Salle d'asile. ,	Chaltans Saint-Vincent-Sterlanges. Rochetrejours.

DIOCÈSE DE LYON.

HOMMES.

ORDRES.		RÉSIDENCES.
Frères des Ecoles chrétiennes.		Plusieurs établissements dans le diocèse
Frères Maristes.		Idem.
Frères de Saint-Viateur.		Idem.
Frères de Saint-Joseph.		Idem.
Frères du Sacré-Cœur.		Aux Chartreux.

FEMMES.

ORDRES.	FONCTIONS.	RÉSIDENCES.			
Sœurs de Saint-Charles.	Institutrices et hospitalières.	Lyon (maison-mère).	Trinitaires.	Institutrices.	Lyon. Saint-Martin-en-Haut, etc.
Sœurs de Saint-Joseph.	Institutrices et hospitalières.	Lyon (maison-mère).	Sœurs de la Charité et Instruction chrétienne de Nevers.	Institutrices et hospitalières.	Saint-Etienne. Rive-de-Gier.
Sœurs de Notre-Dame, dites de Saint-Augustin.	Hospitalières	Montbrison. Roanne. Saint-Chaumond.	Sœurs de Saint-Régis.	,	Lyon.
			Religieuses de la Visitation.	,	Lyon. Condrieu. Saint-Etienne.
Sœurs de la Charité.	Hospitalières	Lyon. Saint-Etienne. Firminy. Le Coteau.	Sœurs de Marie-Thérèse.	Institutrices.	Lyon.
			Sœurs de Nazareth.	Institutrices.	Lyon.
Sœurs de Sainte-Marthe.	Hospitalières	Belleville. Villefranche. Beaujeu. Charlieu. Condrieu.	Sœurs du Verbe incarné.	Institutrices.	Lyon.
			Sœurs des Sacrés Cœurs de Jésus et de Marie.	Institutrices et hospitalières	Lyon.
Sœurs du Saint-Sacrement.	Institutrices et hospitalières.	Perreux. La Croix-Rousse. Saint-Bonnet-le-Château.	Sœurs de l'Adoration perpétuelle.	,	Lyon.
			Sœurs de Sainte-Elisabeth.	,	La Croix-Rousse
			Sœurs de Bon-Secours.	Gardes-malades	Lyon.
Sœurs de Saint-Michel.	Institutrices et hospitalières.	Lyon.	Petites Sœurs des Pauvres.	,	Lyon.
			Religieuses du Sacré-Cœur.	Institutrices.	Lyon.
		Lyon. Saint-Chamond. Bourg-Argental. L'Arbresle. Rive-de-Gier. Beaujeu. Saint-Cyr-Mont-d'Or. Villefranche. Charlieu, etc.	Sœurs de Sainte-Claire.	,	Lyon. Montbrison.
			Carmélites.	Vie contemplative.	Lyon.
			Trappistines.	,	Lyon.
			Sœurs de l'Instruction.	,	Claveizolles.
			Sœurs hospitalières.	,	Lyon.
			Bénédictines.	,	Cuire. Pradines.
Ursulines	Institutrices.		Sœurs du Bon-Pasteur.	Hospitalières	Lyon.
			Sœurs de la Sainte-Famille.	,	Lyon. Cordelle. Le Coin. Beaujeu. Mornant.

DIOCÈSE DU MANS.

HOMMES.

ORDRES.	RÉSIDENCES.
Prêtres auxiliaires.	Grand séminaire du Mans.
Trappistes.	Port-du-Salut, près de Laval.
Bénédictins.	Solesmes, près de Sablé.
Prêtres de la Compagnie de Jésus.	Laval.
Frères de Saint-Joseph.	Notre-Dame-de-Sainte-Croix, près du Mans, Le Mans. Laval. La Flèche. Château-Gontier.
Frères des Ecoles chrétiennes.	Vallon. Fresnay. Sablé

FEMMES.

ORDRES.	FONCTIONS.	RÉSIDENCES.
Religieuses du Sacré-Cœur de Jésus et de Marie, dites de Picpus.	Institutrices.	Le Mans. Laval.
Religieuses du Sacré-Cœur de Jésus.	Institutrices.	Avesnières, près de Laval.
Ursulines.	Institutrices.	Château-Gontier.
Trappistines.	Vie contemplative.	Laval.
Bénédictines de l'Adoration perpétuelle du Très-Saint-Sacrement.	»	Craon.
Religieuses de la Visitation.	Institutrices.	Le Mans. Mayenne.

Religieuses de Notre-Dame.	Institutrices.	La Flèche.
Religieuses du Très-Sacré-Cœur de Marie, dites de la Providence.	»	Ste-Colombe, près de La Flèche.
Religieuses hospitalières de la Miséricorde de Jésus.	»	Château-Gontier.
Religieuses hospitalières de Saint-Joseph.	»	Laval. La Flèche. Ernée.
Carmélites.	Vie contemplative.	Le Mans.
Sœurs de la Charité.	Institutrices et hospitalières.	Evron (maison-mère) et 252 établissements dans le diocèse.
Sœurs de la Charité de la Providence.	Institutrices et hospitalières.	Maison-mère à Ruillé-sur-Loir et 6 établissements dans le diocèse.
Sœurs de la Miséricorde (maison-mère à Séez).	Gardes-malades.	Le Mans. Mamers.
Filles de la Charité de Saint-Vincent de Paul.	Institutrices et hospitalières.	La Flèche. Sablé. Javron. Yvré-l'Evêque. Le Mans.
Religieuses de Notre-Dame de Charité.	Préservation et repentir.	Le Mans.
Sœurs de la Miséricorde.	Préservation et repentir.	Laval.

DIOCÈSE DE MARSEILLE.

HOMMES.

ORDRES.	RÉSIDENCES.
Missionnaires oblats de l'Immaculée Conception.	Marseille.
Prêtres de la Mission de France.	Marseille.
Capucins.	Marseille
Minimes.	Marseille.
Frères des Ecoles chrétiennes.	Marseille et plusieurs maisons dans le diocèse.
Frères de Saint-Jean-de-Dieu.	Marseille.

FEMMES.

ORDRES.	FONCTIONS	RÉSIDENCES.
Capucines.	»	Marseille.
Clarisses.	»	Marseille.
Carmélites.	»	Marseille.
Religieuses de la Visitation.	»	Marseille.
Religieuses du St-Sacrement.	»	Marseille.
Religieuses de St-Charles.	Ecoles chrétiennes.	Marseille.
Religieuses du Sacré-Cœur.	»	Marseille.

Religieuses hospitalières de la Charité.	»	Marseille.
Sœurs de la Retraite chrétienne.	»	Saint-Barnabé.
Religieuses des Saints Noms de Jésus et de Marie.	»	Marseille et autres lieux du diocèse.
Religieuses de l'Espérance.	»	Marseille.
Religieuses de la Compassion.	»	Marseille. Saint-Barnabé.
Filles de la Charité de Saint-Vincent de Paul.	»	Plusieurs maisons dans le diocèse.
Religieuses du Saint Nom de Jésus	»	La Ciotat. Marseille.
Religieuses de St-Thomas de Villeneuve.	Institutrices et hospitalières.	Marseille. La Ciotat. Aubagne. Sainte-Marthe. Généuos. Cuges.
Religieuses de la Sainte-Trinité.		

Religieuses de Notre-Dame de Charité.	Préservation et repentir.	Marseille.	Religieuses de St-Joseph de l'Apparition.	»	Marseille (maison-mère).
Sœurs Minimes.	»	Marseille.	Sœurs oblates de Marie immaculée.	Orphelinat.	Marseille
Sœurs de Saint-Joseph.	Pénitenciers.	Marseille.			

DIOCÈSE DE MEAUX.

HOMMES.

ORDRES.		RÉSIDENCES.
Frères des Ecoles chrétiennes.		Coulommiers. Fontainebleau. Meaux. Melun. Montereau. Nemours. Saint-Cyr. Trilport.
Frères de Sion-Vaudemont.		

FEMMES.

ORDRES.	FONCTIONS.	RÉSIDENCES.			
Bénédictines du Saint-Cœur de Marie.	»	Jouarre.			
Religieuses de la Visitation.	»	Meaux.			
Augustines.	»	Meaux. Lizy. Chelles. Provins. Chalmaison. Courpalais. Doue. Lemée. Mormant. Saint-Cyr. Sigy. Touquin. Vaux-le-Pénil. Villenauxe. Beaumont. Chaumes. Coulommiers. Crécy. Dammartin. Fleury. Fontainebleau. Jouarre. La Genevraye. Lagny. Meaux. Melun. Mitry. Montereau. Nemours. Pommeuse. Sivry. Varreddes. La Croix-en-Brie. La Ferté-sous-Jouarre. Nangis. Provins. Boissise-la-Bertrand. Bourbon. Fontenailles. Guérard. Hermé. Machault.	Sœurs de Saint-Joseph de Cluny. Sœurs de la Présentation de Tours. Sœurs de la Providence d'Evreux. Sœurs de la Croix de Saint-André. Sœurs de Notre-Dame de Bon-Secours de Charly. Sœurs de la Charité de Saint-Vincent de Paul. Sœurs de Saint-Paul de Chartres. Sœurs des Ecoles chrétiennes de la Miséricorde. (Maison-mère à Saint-Sauveur-le-Vicomte.) Ursulines de la Sainte-Enfance. Augustines du St-Cœur de Marie. Sœurs de la Providence de Ligny-le-Châtel. Sœurs de Bon-Secours. Sœurs de Saint-Louis.	» » » » » » Institutrices et hospitalières. » » » » »	Mainey. Thoury-Férottes. Brie-Comte-Robert. Favières. Fontainebleau. Lagny. La Houssaye. Meaux. Moret. Ozouer-le-Voulgis. Presles. Pringy. Tournan. Beton-Bazoches. Blandy. Bray. La Ferté-Gaucher. Rebais. Rosay. Condé. Samois. Fontenay. La Chapelle-la-Reine. Lumigny. Vilbert. Villeneuve-le-Comte. Crouy. Trilport. Villecerf. Villevandé. Château-Landon. Avon. Bourron. Saint-Pierre-dès-Nemours. Claye. Quincy. Saint-Pierre. Vulaines. Fontainebleau. Melun. Nemours. Fontainebleau. Lorrez. Nanteaus-Lunain. Fontainebleau. Juilly. Monthyon.
Célestines.	»				
Filles de la Charité de Saint-Vincent de Paul.	Hospitalières				
Sœurs de la Charité et Instruction chrétienne.	Institutrices et hospitalières.				
Sœurs de la Providence de Portieux.	»				

TABLEAU DES CONGRÉGATIONS, ETC.

DIOCÈSE DE MENDE.

HOMMES.

ORDRES.	RÉSIDENCES.
Pères de la Compagnie de Jésus.	Mende.
Pères des Sacrés-Cœurs ou de l'Adoration.	Mende.
Pères maristes.	Langogne.
Frères des Ecoles chrétiennes.	Mende. Meyrueis. Langogne. Malzieu. La Canourgue. Saint-Germain-du-Theil. Marvéjols. Saint-Chély-d'Apcher. Chanac. Espagnac. Florac.
Frères du Sacré-Cœur.	Saint-Alban. Serverette. Nasbinals. Chirac. Saint-Etienne-de-Vallée-Française.

FEMMES.

ORDRES.	FONCTIONS.	RÉSIDENCES.
Religieuses des Sacrés-Cœurs de Jésus et de Marie, adoratrices perpétuelles du Très Saint-Sacrement.	»	Mende.
Religieuses de la Visitation.	»	Marvéjols.
Sœurs de Notre-Dame.	»	Langogne. Chirac.
Ursulines.	»	Espagnac. Quézac. Serverette. Langogne.
Sœurs trinitaires.	Hospitalières	
Filles de la Charité de Saint-Vincent de Paul.	»	Marvéjols.
Sœurs de Saint-Vincent de Paul.	Asile pour les aliénés.	Saint-Alban.
Sœurs du Saint-Enfant-Jésus ou de Saint-Maur.	»	La Canourgue.
Sœurs de l'Union chrétienne.	Institutrices.	Mende. Saint-Etienne-de-Vallée-Française.
Sœurs du Bon-Pasteur.	Institutrices et hospitalières.	Marvéjols. Saint-Chély-d'Apcher. Malzieu. Aumont. Florac. Nasbinals.
Sœurs de la Présentation.	»	Rieutort-de-Randon. Bagnols-les-Bains. Bedoues. Saint-Germain-du-Theil. Bondons. Cocurés. Meyrueis. Mende. Marvéjols.
Sœurs de Saint-Joseph.	Institutrices.	Chirac. Chanac. Badaroux. Arzenc-de-Randon.

DIOCÈSE DE METZ.

HOMMES.

ORDRES.	RÉSIDENCES.
Pères de la Compagnie de Jésus.	Metz.
Pères rédemptoristes.	Teterchen. Metz. Saint-Avoid.
Frères des Ecoles chrétiennes.	Bitche. Boulay. Sarralbe. Sarreguemines.

FEMMES.

ORDRES.	FONCTIONS.	RÉSIDENCES.
Religieuses de la Visitation.	Institutrices.	Metz.
Religieuses du Sacré-Cœur de Jésus.	Institutrices.	Metz.
Religieuses du Bon-Pasteur.	Préservation et repentir.	Metz.
Filles de la Charité de Saint-Vincent de Paul.	Institutrices et hospitalières.	Metz.
Sœurs de la Congrégation de Jésus et de Marie, dites de Sainte-Chrétienne.	Institutrices et gardes-malades.	Metz, et 18 autres établissements dans le diocèse.
Sœurs de la Providence de St-André.	Institutrices.	Maison-mère à Peltre, près de Metz, et 260 établissements dans le diocèse. Thionville. Briey. Morhange. Gorze.
Sœurs de Saint-Charles, de Nancy.	Institutrices et hospitalières.	
Sœurs de la Providence, de Portieux.	Institutrices.	Plusieurs établissem. dans le diocèse.
Sœurs de la Providence, de Saint-Jean-de-Bassel.	Institutrices.	Plusieurs établissem. dans le diocèse.
Sœurs de l'Espérance, de Bordeaux.	Hospitalières	Metz.

DIOCÈSE DE MONTAUBAN.

HOMMES.

ORDRES.	RÉSIDENCES.
Frères des Écoles chrétiennes.	Montauban.

FEMMES.

ORDRES.	FONCTIONS.	RÉSIDENCES.
Carmélites.	Vie contemplative.	Montauban. Moissac. Montauban.
Ursulines.	Institutrices.	Monpezat. Auvillars. Montauban.
Filles de la Charité de Saint-Vincent de Paul.	Institutrices et hospitalières.	Moissac. Castel-Sarrasin. Beaumont.
Religieuses de St-Maur.	Institutrices et hospitalières.	Montauban. Saint-Antonin.
Sœurs de la Charité et Instruction chrétienne de Nevers.	Institutrices et hospitalières.	Montauban. Montech. Négrepelisse. Saint-Nicolas-de-la-Grave. Verdun.
Sœurs de la Miséricorde.	Institutrices et hospitalières.	Montauban. Moissac.
Sœurs de la Présentation.	Institutrices et hospitalières.	Montauban.
Sœurs de Notre-Dame de Charité du Refuge.	Préservation et repentir.	Montauban.
Sœurs de la Charité de Tours.	Institutrices.	Montauban. Bourret. Escatalens.

DIOCÈSE DE MONTPELLIER.

HOMMES.

ORDRES.	RÉSIDENCES.
Prêtres de la Mission, dits de Saint-Lazare.	Montpellier.
Pères de la Compagnie de Jésus.	Montpellier.
Carmes déchaussés.	Montpellier.
Chartreux.	Notre-Dame-de-Mougères, près Roujan.
Frères des Écoles chrétiennes.	Montpellier. Lunel. Béziers. Pézénas. Vias. Lodève. Saint-Pons. Le Bousquet-d'Orb.
Frères de Belley, dits de la Sainte-Famille.	Caux.
Frères Maristes.	Servian.
Clercs de Saint-Viateur.	Saint-Bauzelle-de-Putois. Frontignan.

FEMMES.

ORDRES.	FONCTIONS.	RÉSIDENCES.
Sœurs de Bon-Secours.	Soin des malades.	Montpellier. Béziers. Cette. Pézénas.
Carmélites.	Vie contemplative.	Montpellier.
Sœurs de la Charité et Instruction chrétienne de Nevers.	Institutrices.	Montpellier. Villeneuve-lès-Béziers. Florensac. Lodève. Bessan. Olonzac. Gignac.
Sœurs de Saint-Joseph de Cluny.	Institutrices et hospitalières.	Montpellier. Saint-Chinian.
Sœurs de la Charité de Notre-Dame.	Hospitalières	Béziers. Clermont-l'Hérault.
Sœurs de Saint-Charles.	Institutrices et hospitalières.	Montpellier. Poussan.
Sœurs de Sainte-Claire.	»	Béziers.
Sœurs de la Conception.	Institutrices.	Montpellier. Le Peujol. Saint-Chinian.
Sœurs de la Croix.	»	Bédarieux. Olargues. Montpellier. Lunel. Cette. Béziers.
Filles de la Charité de Saint-Vincent de Paul.	Institutrices et hospitalières.	Cazouls-lès-Béziers. Agde. Pézénas. Lodève. Saint-Pons. Vias.
Sœurs de Saint-Joseph.	»	Saint-Pons. Montpeyroux. Montpellier.
Sœurs de Saint-Maur.	Institutrices et hospitalières.	Montagnac. Cette. Frontignan. Béziers. Marseillan.
Sœurs de la Nativité.	Institutrices.	Clermont-l'Hérault.
Sœur de la Présentation.	Institutrices.	Gauges. Mèze.
Sœurs de la Présentation de Manosque.	Institutrices.	Lunel.
Religieuses du Sacré-Cœur.	Institutrices.	Clermont-l'Hérault. Montpellier.
Sœurs de Notre-Dame du Refuge.	Préservation et repentir.	Montpellier.
Ursulines.	Institutrices.	Pézénas. Montpellier.
Sœurs de la Visitation.	Institutrices.	Montpellier. Saint-Gervais (maison-mère).
Sœurs de Saint-Joseph, dites de la Sainte-Famille.	Institutrices.	Fabrègues. Pérols. Cournonterral. Saussan. Murviel.

DICTION. DE GÉOGRAPHIE ECCL. III.

TABLEAU DES CONGRÉGATIONS, ETC.

DIOCÈSE DE MOULINS

HOMMES.

ORDRES.	RÉSIDENCES.
Trappistes.	Abbaye de Saint-Lieu - Sept - Fonts, à Diou.
	Moulins.
Frères des Ecoles chrétiennes.	Montluçon.
	Gannat.
	Commentry.
Frères de Saint-Viateur.	Cosne.
	Le Donjon.
Frères maristes.	Arfeuilles.

FEMMES.

ORDRES.	FONCTIONS.	RÉSIDENCES.
Carmélites.	Vie contemplative.	Moulins.
Chanoinesses de Saint-Augustin.	»	Moulins.
		Moulins.
		Bressole.
		Cosne.
Sœurs de la Présentation de Marie.	»	Marcillat.
		Voussac.
		Laprugne.
		Ferrières.
		Diou- sur - Loire.
Sœurs du Bon-Pasteur d'Angers.	Préservation et repentir.	Moulins.
		Moulins.
		Bourbon - l'Archambault.
Filles de la Charité de Saint - Vincent de Paul.	Institutrices et hospitalières.	Montluçon.;
		Cusset.
		Vichy.
		Gayette.
		Saint-Bonnet-le-Désert.
		Moulins.
Sœurs de la Charité et Instruction chrétienne de Nevers.	Institutrices et hospitalières.	Gannat.
		Ebreuil.
		Bellenave.
		Saint-Pourçain.
Sœurs de Saint-Joseph de Cluny.	Institutrices.	Moulins.
		Beaulon.
	Institutrices	Châtel - Montagne.

Sœurs de Saint-Joseph de Lyon.	et hospitalières.	Donjon.
		Saint - Nicolas - les-Briefs.
		Lurcy.
		Souvigny.
Sœurs de Saint - Joseph dites du Bon-Pasteur.	»	Noyant.
		La Palisse.
		Arfeuilles.
		Iseure.
		Hérisson.
		Huriel.
Sœurs de la Charité de Bourges.	»	Néris.
		Montmarault.
		Domérat.
		Commentry.
		Cérilly.
		Tréban.
		Chamblet.
		Louroux - Hodement.
		Saint-Pourçain.
		Saint - Gérand le-Puy.
		Mazerier.
Sœurs de l'Enfant-Jésus.	»	Le Breuil.
		Escurolles.
		Ebreuil.
		Le Vilhain.
		Saint-Pourçain.
		Bayet.
		Bézeneuilles.
		Andes-la-Roche.
		Saint-Fargeol.
		La Celle.
		Charroux.
Religieuses de St-Maur.	»	Montluçon.
Sœurs de l'Immaculée - Conception.	»	Gannat.
Sœurs de la Providence.	»	Rougères.
Sœurs de l'Union de Douai.	»	Saint - Gérand - de-Vaux.
Sœurs du Sacré-Cœur.	»	Moulins.
Sœurs du Bon-Secours.	»	Moulins.
Bénédictines de Pradines.	»	Chantelle.

DIOCÈSE DE NANCY.

HOMMES.

ORDRES.	RÉSIDENCES.
Chartreux.	Bosserville, près de Nancy.
Frères Prêcheurs.	Nancy.
Rédemptoristes.	Saint - Nicolas - de-Port.
Oblats de Marie immaculée.	Nancy.
Frères de la Doctrine chrétienne de Vézelise.	Plusieurs établissem. dans le diocèse.
Frères des Ecoles chrétiennes.	Nancy.
	Lunéville.

FEMMES.

ORDRES.	FONCTIONS.	RÉSIDENCES.
Bénédictines.	Institutrices.	Flavigny - sur - Moselle.
Religieuses de la Visitation.	»	Nancy.
Congrégation de Notre-Dame.	»	Lunéville.
Religieuses de la Nativité de la Sainte - Vierge (de Saint-Germain-en-Laye)	»	Pont-à-Mousson

TABLEAU DES CONGRÉGATIONS, ETC.

	Fonctions	Résidences
Religieuses du Sacré-Cœur de Jésus.	Institutrices.	Nancy.
Sœurs du Bon-Pasteur d'Angers.	Préservation et repentir.	Nancy.
Sœurs de Saint-Charles.	Institutrices et hospitalières.	Maison-mère à Nancy et 27 établissements dans le diocèse.
Sœurs de la Doctrine chrétienne.	Institutrices et hospitalières.	Maison-mère à Nancy et 172 établissements dans le diocèse.
Sœurs de la Providence de Saint-Jean-de-Bessel (Meurthe).	Institutrices allemandes.	Nancy et autres lieux du diocèse.
Sœurs de la Sainte-Enfance de Marie. (Maison-mère à Dammartin-la-Chaussée, Meurthe.)	Institutrices et hospitalières.	Plusieurs établissements dans le diocèse.
Sœurs de la Providence de Porticux (Vosges).	Institutrices.	Plusieurs établissements dans le diocèse.
Sœurs de la Charité de Saint-Vincent-de-Paul.	Institutrices et hospitalières.	Nancy. Vic.
Sœurs de l'Espérance de Bordeaux.	Garde-malades.	Nancy.
Religieuses du St-Cœur de Marie.	»	Nancy (maison-mère).
Petites sœurs des Pauvres.	»	Vic.
	»	Nancy.

DIOCÈSE DE NANTES.

HOMMES

Ordres.	Résidences.
Trappistes.	Meilleray
Pères de la compagnie de Jésus.	Nantes.
Frères des Écoles chrétiennes.	Nantes. Châteaubriand.
Frères de Saint-Laurent-sur-Sèvres.	Nantes et autres lieux.
Frères de Lamennais.	Nantes et autres lieux.

FEMMES

Ordres.	Fonctions.	Résidences.
Sœurs de l'instruction chrétienne.	Institutrices.	Maison-mère à Saint-Gildas-des-Bois et 35 établissements dans le diocèse.
Filles de la Charité de Saint-Vincent-de-Paul.	Institutrices et hospitalières.	Nantes.
Sœurs de la Sagesse.	Hospitalières	Nantes.
Ursulines de Bordeaux.	Institutrices.	Nantes.
Religieuses de la Visitation.		Nantes.
Carmélites.	Vie contemplative.	Nantes.
Fidèles compagnes de Jésus, dites Dames noires.	Institutrices.	Nantes.
Religieuses de l'Adoration, dites de Picpus.	»	Nantes.
Religieuses du Sacré-Cœur.	»	Nantes.
Religieuses de la Providence.	Hospitalières	Nantes.
Calvairiennes.	»	Machecoul.
Ursulines de Chavagnes.	Institutrices.	Châteaubriand. Ancenis.
Sœurs de Saint-Thomas-de-Villeneuve.	Hospitalières	Châteaubriand.
Sœurs de la Retraite de la congrégation de Quimperlé.	Hospitalières	Nantes. Pont-Château.
Sœurs de Nazareth.	Institutrices.	Nantes.
Sœurs de Marie-Jésus d'Orléans.	Préservation	Nantes.
Sœurs de la Présentation de Tours.	Dépôt de mendicité.	Nantes.
Religieuses de St-Michel-du-Refuge.	Pensionnat et repentir.	Nantes.
Sœurs de l'Espérance.	Garde-malades.	Nantes.
Sœurs du Saint-Esprit.	Institutrices et hospitalières.	Herbignac. Saint-Herblon.
Sœurs des pauvres de Tours.	Soin des vieillards.	Nantes.
Sœurs du tiers-ordre du Mont-Carmel.	»	Plusieurs établissements dans le diocèse.
Sœurs du tiers-ordre de Saint-François.	»	Plusieurs établissements dans le diocèse.
Sœurs du tiers-ordre de Saint-Dominique.	»	Plusieurs établissements dans le diocèse.
Sœurs conventuelles franciscaines.	»	Saint-Philbert.
Religieuses de Torfou (diocèse d'Angers).	»	Quelques établissements.
Religieuses de Mor-Maison (diocèse de Luçon).	»	Quelques établissements.
Religieuses de la Salle-Vihiers (diocèse d'Angers).	»	Quelques établissements.

DIOCÈSE DE NEVERS.

HOMMES.

ORDRES.	RÉSIDENCES.
	La Charité-sur-Loire.
	Château-Chinon.
	Dornes.
Frères des Écoles chrétiennes.	Fourchambault.
	La Machine.
	Nevers.
	Corvol-l'Orgueilleux.
	Cosnes.
	Clamecy.
	Corbigny.
	Lormes.
	Moulins.
	Engilbert.
Frères de la Doctrine chrétienne de Vézelise (Meurthe).	Couloutre.
	Menou.
	Alligny-en-Morvand.
	Pouilly-Auzely.
	Montaron.
Frères de Saint-Viateur.	Pougues.
	Ravau.
	Saint-Sulpice.

FEMMES.

ORDRES.	FONCTIONS.	RÉSIDENCES.
Sœurs de la Charité et Instruction chrétienne, dites de Nevers.	Institutrices et hospitalières.	Maison-mère à Nevers et 45 établissements dans le diocèse.
Sœurs augustines.	Hospitalières	La Charité-sur-Loire.
Carmélites.	Vie contemplative.	Nevers.
Sœurs de l'Espérance.	Garde-malades.	Nevers.
Sœurs de Saint-André.	Institutrices.	Bazoches.

Sœurs de Saint-Joseph de Bourg.	Institutrices.	Pouilly. Chaulgnes. Sermages. Saint-Léger.
Sœurs de Saint-Paul de Chartres.	Hospitalières	Luzy.
Sœurs de la Sainte-Enfance.	Institutrices.	Saint-Hilaire-Fontaine.
Sœurs de la Sainte-Famille.	»	Fourchambault. Germigny. Imphy. Marzy. Nevers. Pougues. Saint-Honoré. Saint-Sulpice. Varenne-les-Narcy.
Sœurs de l'Instruction chrétienne.	»	Montambert. Maux.
Sœurs de Lygny-le-Châtel.	»	Alligny. Coulontre. Alligny-en-Morvand. Aulezy. Beaumont-sur-Sardolles.
Sœurs de la Providence de Portieux.	»	Montreuillon. Saint-Parize. Menou. Parigny. Vieilmanay. Dun-les-Place. Cercy-la-Tour. Corbigny.
Ursulines.	»	Nevers.
Religieuses de la Visitation.	»	La Charité-sur-Loire.
Sœurs du Saint-Sacrement d'Autun.	»	Laroche.

DIOCÈSE DE NIMES.

HOMMES.

ORDRES.	RÉSIDENCES.
Chartreux.	Nimes.
Pères maristes de Lyon.	Chapelle de Notre-Dame-de-Rochefort.
Frères des Écoles chrétiennes.	15 Établissements dans le diocèse.
Frères maristes et de Saint-Paul Troix-Châteaux.	15 Établissements dans le diocèse.
Frères de Saint-Viateur.	Nimes.

FEMMES.

ORDRES.	FONCTIONS.	RÉSIDENCES.
Sœurs du Saint-Enfant-Jésus ou de Saint-Maur.	Institutrices.	Nimes et autres lieux.
Filles de la Charité de Saint-Vincent-de-Paul.	Institutrices et hospitalières.	Nimes et autres lieux.
Sœurs de la Charité et Instruction	Institutrices.	Nimes. Beaucaire. Bagnols.

chrétienne de Nevers.	et hospitalières.	Le Vigan. Aramont.
Sœurs de la Charité de Besançon.	»	Noviciat à Nimes et 14 établissements dans le diocèse.
Sœurs de la Présentation de Bourg-Saint-Andéol.	»	24 Établissements dans le diocèse.
Sœurs des Vans-les-Écoles.	»	7 Établissements dans le diocèse.
Sœurs de Saint-Joseph (cloîtrées).	Hospitalières	Nimes.
Sœurs de Saint-Thomas de Villeneuve.	»	2 établissements
Sœurs de Marie-Thérèse de Lyon.	Refuge.	Nimes.

Sœurs Trinitaires de Valence.		2 Etablissements.	Ursulines.	»	Nîmes.
Sœurs dites de Vaguas.	Institutrices.	9 Etablissements.	Carmélites.	Vie contemplative.	Nîmes.

DIOCÈSE D'ORLÉANS.

HOMMES.

ORDRES.		RÉSIDENCES.
Frères des Ecoles chrétiennes.		Orléans. Pithiviers. Lailly.
Frères de la Doctrine chrétienne.		Orléans.

FEMMES.

ORDRES.	FONCTIONS.	RÉSIDENCES.	ORDRES.	FONCTIONS.	RÉSIDENCES.
Sœurs de Saint-Aignan.	Institutrices et hospitalières.	Orléans.	Sœurs de la Présentation de Tours.	Institutrices et hospitalières.	Meung. Venneey. Château-Renard Châtillon-sur-Loing. Courtenay. Lorris. Beaune. Boiscommun. Coullons. Dampierre.
Sœurs de la Sagesse.		Orléans. Montargis. Orléans.			Labussière. Saint-Benoît. Puiseaux.
Ursulines.	Institutrices.	Beaugency. Jargeau. Saint-Jean-de-Braye.			Orléans. La Chapelle-Saint-Mesmin Chaingy.
Sœurs de la Charité de Bourges.	Institutrices et hospitalières.	Gien. Briare. Saint-Brisson. Ouzouer-sur-Trézée. La Ferté-Saint-Michel.	Sœurs de la Providence de Ruillé.	»	Lailly. Tavers. Saint-Privé. Fleury. Férolles. Tigy.
Bénédictines de Notre-Dame-du-Calvaire.	Institutrices.	Orléans.	Sœurs de Saint-Augustin. Religieuses de la Visitation	Hospitalières »	Orléans. Orléans.
Sœurs du Bon-Pasteur.	Refuge.	Orléans.	Carmélites.	Vie contemplative.	Orléans.
		Cléry. Malesherbes. Orléans.	Filles de la Charité de Saint-Vincent-de-Paul.	Institutrices et hospitalières.	Pithiviers. Auxy. Sully.
Filles de la Croix, dites Sœurs de Saint-André.	Institutrices et hospitalières.	Combreux. Vitry. Neuville. Patay. Bellegarde. Griselles. Pithiviers. Orléans. Beaugency. Châteauneuf. Fay.	Sœurs de Saint-Paul de Chartres. Sœurs de Bon-Secours. Religieuses du Sacré-Cœur. Religieuses du Sacré-Cœur de Coutances.	» » » »	Sandillon. Ferrières. Erceville. Orléans. Orléans. Ingré. Corbeilles.

DIOCÈSE DE PAMIERS.

HOMMES.

ORDRES.	RÉSIDENCES.
	Pamiers. Mirepoix. Saverdun.
Frères des Ecoles chrétiennes.	Mazères. Lézat. Ax. Tarascon. Saint-Girons.

FEMMES.

ORDRES.	FONCTIONS.	RÉSIDENCES.	ORDRES.	FONCTIONS.	RÉSIDENCES.
Carmélites.	Vie contemplative.	Pamiers.	té de Saint-Vincent-de-Paul. Sœurs de Notre-Dame - Auxiliatrice. Sœurs de Saint-Joseph de Cluny.	et hospitalières. Soins au Petit-séminaire. Institutrices et hospitalières.	Pamiers. Mazères. Pamiers. Belesta. Lavelanet.
Sœurs de Notre-Dame.	Institutrices	Pamiers.			Pamiers.
Filles de la Chari-	Institutrices		Filles de la Croix, ou Sœurs de Saint-André. Sœurs de la Charité et Instruction	» Institutrices	Lérau. Larroque. Lézat, Alos Ax. Foix. La Bastide-de-Serou.

TABLEAU DES CONGRÉGATIONS, ETC.

chrétienne de Nevers.	et hospitalières.	Mirepoix. Saint-Girons. Saint-Lizier. Saverdun. Tarascon.	
		Sœurs de Saint-Joseph de Tarbes.	Institutrices. Fougax. Prat. Siguer. Viedessos.

DIOCÈSE DE PARIS.

HOMMES.

ORDRES.	RÉSIDENCES.
Frères-Prêcheurs.	Paris.
Frères Mineurs capucins.	Paris.
Compagnie de Jésus.	Paris.
Prêtres de la Société de Marie ou Maristes.	Paris.
Prêtres de l'Oratoire.	Paris.
Congrégation des Prêtres de la Mission ou Lazaristes.	Paris.
Séminaire des Missions étrangères.	Paris.
Congrégation des Sacrés-Cœurs de l'adoration perpétuelle, ou Séminaire de Picpus.	Paris.
Congrégation du Saint-Esprit et du Saint-Cœur de Marie.	Paris.
Société des Prêtres de la Miséricorde ou de l'Immaculée Conception.	Paris.
Frères des Ecoles chrétiennes.	Paris.
Frères Hospitaliers de la Charité.	Paris.
Frères de Saint-Nicolas.	Paris.
Institut slave catholique.	Paris.
Séminaire des Irlandais.	Paris.
Infirmerie Marie-Thérèse.	Paris.

FEMMES.

ORDRES.	FONCTIONS.	RÉSIDENCES.
Religieuses de l'Assomption.	Institutrices.	Paris.
Religieuses Augustines anglaises.	»	Paris.
Augustines de l'Hôtel-Dieu.	»	Paris.
Augustines du Sacré-Cœur de Marie.	»	Paris.
Bénédictines du Temple.	»	Paris.
Bénédictines.	Vie contemplative.	Paris.
Sœurs de Notre-Dame de Bon-Secours.	Garde-malades.	Paris.
Carmélites.	Vie contemplative.	Paris.
Religieuses de la Compassion de la Sainte-Vierge.	Institutrices et hospitalières.	Saint-Denis.
Religieuses de la Congrégation de la Mère de Dieu.	Institutrices.	Paris.
Religieuses de la Congrégation de Notre-Dame.	»	Paris.
Religieuses de Ste-Clotilde.	Institutrices.	Paris.
Sœurs de la Croix de Saint-André.	»	Paris.
Dominicaines.	»	Paris.
Fidèles compagnes de Jésus.	»	Paris.
Franciscaines de Sainte-Elisabeth.	»	Paris.
Religieuses de l'Intérieur de Marie.	»	Montrouge.
Sœurs de Saint-Joseph de Cluny.	Institutrices et hospitalières.	Paris.
Religieuses de Ste-Marie-de-Lorette.	Préservation.	Paris.
Sœurs de Sainte-Marie.	Institutrices et hospitalières.	Paris.
Religieuses de St-Maur.	Institutrices.	Paris.
Religieuses de St-Michel.	Préservation et repentir.	Paris.
Sœurs de la Miséricorde.	Institutrices.	Paris.
Religieuses de Notre-Dame de Sion.	»	Paris.
Religieuses de Picpus.	»	Paris.
Sœurs de la Providence de Portieux.	»	Paris.
Religieuses du Sacré-Cœur.	»	Paris.
Religieuses de St-Thomas de Villeneuve.	Institutrices et hospitalières.	Paris.
Filles de la Charité de Saint-Vincent de Paul.	»	Paris.
Religieuses de la Visitation.	»	Paris.
Sœurs de la Charité et Instruction chrétienne, de Nevers.	»	Paris.
Sœurs des Ecoles chrétiennes de la Miséricorde. (Maison-mère à Saint-Sauveur-le-Vicomte.)	»	Paris.
Petites sœurs des Pauvres.	»	Paris.

DIOCÈSE DE PÉRIGUEUX.

HOMMES.

ORDRES.	RÉSIDENCES.
	Périgueux.
Frères des Ecoles chrétiennes.	Bergerac.
	Sarlat.

FEMMES.

ORDRES.	FONCTIONS	RÉSIDENCES.
		Périgueux.
		Bergerac.
		Beaumont.

TABLEAU DES CONGRÉGATIONS, ETC.

ORDRES	FONCTIONS	RÉSIDENCES
Sœurs de Sainte-Marthe du Périgord.	Institutrices et hospitalières.	Mussidan. Le Bugue. Thiviers. Fouleix. Eymet. Bellès. La Tour-Blanche. Montpont. Ribérac. Sarlat. Villefranche-de-Belvès. Montpazier. Cabans. Saint-Cyprien. Brantôme.
Filles de la Charité de Saint-Vincent de Paul.	»	Sarlat. Bourrou.
Sœurs de la Charité et Instruction chrétienne de Nevers.	»	Périgueux. Nontron. Hautefort. Montignac. Excideuil. Bourdeilles.
Sœurs de Sainte-Claire.	Institutrices.	Périgueux.
Ursulines.	»	Périgueux.
Religieuses de la Visitation.	»	Périgueux.
Religieuses des Sacrés-Cœurs.	»	Sarlat.
Sœurs du Sauveur.	Institutrices.	Terrasson. Bergerac.
Sœurs de la Présentation de Viviers.	»	Daglan.
Sœurs de la Doctrine chrétienne de Bordeaux.	»	Laroche-Chalais. Saint-Pierre-de-Chignac. Salignac. Borrèze. Nadaillac. Paulin. Corgnac. Alles. La Roque-Gageac.
Sœurs de l'Instruction chrétienne du Puy.	»	Saint-Crépin. Saint-Geniès. Cales. Trémolat. Saint-Agne. Lembras. Montpeyroux. Faux.
Sœurs de l'Immaculée Conception de Bordeaux.	»	Lamothe-Montravel.
Sœurs de Notre-Dame des Anges, d'Angoulême.	»	Sorges.

DIOCÈSE DE PERPIGNAN.

HOMMES.

ORDRES.		RÉSIDENCES.
Frères de la Doctrine chrétienne.		Perpignan.

FEMMES.

ORDRES.	FONCTIONS.	RÉSIDENCES.
Trappistines.	Vie contemplative.	Espinade - l'Agly.
Religieuses de Ste. Claire.	Vie contemplative.	Perpignan.
Sœurs du Saint-Sacrement.	Institutrices et hospitalières.	Perpignan. Elne. Collioure. Céret. Saint-Laurent-de-Cerdans. Amélie-les-Bains. Rivesaltes. Pézilla. Estagel. Saint-Laurent-de-la-Salanque. Ille. Vinça. Prades. Olette. La Tour-de-Carol.
Religieuses du Sacré-Cœur de Jésus.	Institutrices.	Perpignan.
Sœurs de la Providence.	»	Perpignan.
Sœurs de la Ste-Famille.	Salles d'asile et visite des pauvres.	Perpignan.
Sœurs du Bon-Pasteur d'Angers.	Préservation et repentir.	Perpignan.

DIOCÈSE DE SAINT-PIERRE.

(Martinique.)

HOMMES.
Frères de l'Instruction chrétienne de M. de Lamennais.

FEMMES.
Sœurs hospitalières de Saint-Maurice de Chartres.
Sœurs institutrices de Saint-Joseph de Cluny.

DIOCÈSE DE POITIERS.

HOMMES.

ORDRES.	RÉSIDENCES.
Prêtres de la Compagnie de Jésus.	Poitiers. Poitiers.
Frères des Écoles chrétiennes.	Niort.
Frères de la Doctrine chrétienne.	Châtellerault. Montmorillon. Thenezay. Bressuire, etc. Poitiers.
Prêtres de Picpus.	

TABLEAU DES CONGRÉGATIONS, ETC.

ORDRES.	FONCTIONS.	RÉSIDENCES.
Filles de la Sagesse.	Institutrices et hospitalières.	Poitiers. Larnay et autres lieux.
Religieuses du Sacré-Cœur de Jésus.	Institutrices.	Poitiers. Niort.
Filles de Notre-Dame.	»	Poitiers.
Religieuses des Sacrés-Cœurs de Jésus et de Marie.	Institutrices.	Poitiers, Châtellerault, Coussay-les-Bois.
Religieuses de l'Union chrétienne.	»	Poitiers. Champdeniers.
Sœurs de Sainte-Marthe.	Hospitalières	Lusignan.

DIOCÈSE DU PUY.

HOMMES.		
ORDRES.		RÉSIDENCES.
Prêtres de la Compagnie de Jésus.		Vals, près le Puy. Le Puy. Saugues. Brioude. Langeac. Yssingeaux.
Frères des Écoles chrétiennes.		Bas. Saint-Didier-la-Séauve. Monistrol-sur-Loire. Pradelles. Paradis, près le Puy. Saint-Germain-la-Prade. Saint-Privat-d'Allier. Le Monastier. Saint-Paulien. Saint-Maurice-de-Lignon.
Frères de l'Instruction chrétienne.		Saint-Romain-la-Chalm. Saint-Pal-de-Mons. Dunières. Riotord. Tence. Blesle. Paulhaguet. Siaugues-Saint-Romain. Craponne.
Frères Maristes.		Saint-Julien-Molhesabate.
Frères de Saint-Jean-François-Régis.		Le Puy.

FEMMES.		
ORDRES.	FONCTIONS.	RÉSIDENCES.
Religieuses de la Visitation.	Institutrices.	Le Puy. Brioude.
Religieuses de Ste-Claire (cloîtrées).	»	Le Puy.
Religieuses de Ste-Catherine (cloîtrées).	»	Langeac
Ursulines.	»	Monistrol-sur-Loire.
Religieuses de Fontevrault.	»	Brioude.
Religieuses de Jésus-Marie. (Maison-mère à Lyon.)	Institutrices	Le Puy.
Religieuses de Notre-Dame.	»	Le Puy. Pradelles.
Religieuses de St-Vincent-de-Paul	Orphelinat.	Le Puy.
Religieuses du Bon-Pasteur d'Angers.	Refuge.	Le Puy.
Religieuses Trinitaires.	Hospitalières	Le Puy. Saint-Didier-la-Séauve. Saugues.
Religieuses de la Charité et Instruction chrétienne de Nevers.	»	Brioude.
Sœurs de Saint-Joseph.	Institutrices et hospitalières.	63 établissements dans le diocèse.
Sœurs de la Croix.	»	Le Puy et 11 autres établissements.
Sœurs de Saint-Dominique.	Institutrices.	Le Puy et 20 autres établissements.
Sœurs de la Présentation.	»	Le Puy. Le Monastier. Langeac. Saugues.
Sœurs de l'Immaculée Conception.	Hospitalières	Chomelix.
Sœurs de Jésus.	Institutrices.	Saint-Didier-la-Séauve. Retournac.
Sœurs du Saint-Sacrement.	»	Langeac. La Chaise-Dieu.
Sœurs de Saint-Charles.	»	Le Puy.
Sœurs de Saint-Pierre.	»	Le Puy.
Sœurs de Saint-François.	Institutrices.	Le Puy. Allègre. Saint-Julien-Chapteuil. Langeac. Vernassac.
Carmélites.	Vie contemplative.	Saugues.
Sœurs de l'Enfant Jésus.	Institutrices.	Maison-mère au Puy et 21 établissements dans le diocèse.

DIOCÈSE DE QUIMPER.

FEMMES.		
ORDRES.	FONCTIONS.	RÉSIDENCES.
Ursulines.	Institutrices.	Quimper Morlaix. Quimperlé. Saint-Pol-de-

Ordres	Fonctions	Résidences
Religieuses du Sacré-Cœur.		Léon. Carhaix. Quimper.
Sœurs de l'Adoration perpétuelle.	,	Quimper. Brest. Lesneven. Quimperlé. Quimper. Brest.
Sœurs de la Retraite.	,	
Sœurs de Saint-Thomas-de-Villeneuve.	Hospitalières	Morlaix. Landernau.
Sœurs de la Sagesse.	,	Brest. Lesneven. Cuburien. Carhaix.
Sœurs de Saint-Augustin.	,	
Filles de la Charité de Saint-Vincent-de-Paul.	,	Morlaix. Quimper. Landernau. Plouguerneau. Saint-Paul-de-Léon. Laudéda. Ploujeau.
Filles du Saint-Esprit ou Sœurs blanches.	Institutrices et hospitalières.	Riec. Pleybert-Christ. Lannilis. Châteaulin. Locquénolé. Saint-Thégonnec.¹ Carantec. Plouguin. Cléder. Pont-Croix. Fouesnant. Plonezoch. Morlaix. Roscoff. Plouvorn. Kerfuenteun. Trégune. Sizcun. Lennon.
Sœurs de la Providence, dites de Ruillé.	,	Brest.
Sœurs de Saint-Joseph de Cluny.	,	Recouvrance. Saint-Marc.
Petites sœurs des Pauvres.	,	Keriouriou, près de Brest.

DIOCÈSE DE REIMS.

HOMMES.

Ordres	Résidences
Frères des Ecoles chrétiennes.	Reims.
Frères de l'Institut de Marie de Bordeaux.	Fumay.

FEMMES.

Ordres	Fonctions	Résidences
Sœurs du saint Enfant Jésus.	Institutrices.	Reims. Bourgogne. Brimont. Châtillon-sur-Marne. Merfy. Prouilly. Sommepy. Verrenay. Apremont. Braux. Maubert-Fontaine. Monthois. Pourru-Saint-Remy. Sommauthe. Thilay. Vassigny. Reims. Betheniville. Vouziers. Autry. Hannapes. Harguies. Savigny-sur-Aisne. Semide.
Sœurs de la divine Providence.	,	
Sœurs de la Congrégation de l'Enfance de Jésus et de Marie, dites de Sainte-Chrétienne.	Institutrices et hospitalières.	19 Etablissements dans le diocèse.
Filles de la Charité de Saint-Vincent-de-Paul.	Institutrices et hospitalières	Reims. Villers-sous-Châtillon.
Carmélites.	Vie contemplative.	Reims.
Religieuses chanoinesses de St-Augustin.	Hospitalières	Reims.
Sœurs réunies.	,	Reims.
Religieuses de la Visitation.	Institutrices.	Reims.
Religieuses de la Congrégation de Notre-Dame.	,	Reims.
Religieuses du Sacré-Cœur.	,	Charleville.
Religieuses du St-Sépulcre.	,	Charleville.
Sœurs de Saint-Charles de Nancy.	Institutrices et hospitalières.	Mézières. Château-Porcien. Reims.
Sœurs de l'Espérance.	Garde-malades.	Sedan. Charleville.
Religieuses de Notre-Dame de Charité du Bon-Pasteur.	Préservation et repentir.	Reims.
Sœurs de la Providence de Portieux.	,	Plusieurs établissements dans le diocèse.
Sœurs de la Providence de Laon.	,	Plusieurs établissements dans le diocèse.
Sœurs de la Doctrine chrétienne de Nancy.	,	Plusieurs établissements dans le diocèse.

TABLEAU DES CONGRÉGATIONS, ETC.

DIOCÈSE DE RENNES.

HOMMES.

ORDRES.	RÉSIDENCES.
Missionnaires diocésains.	Rennes.
Eudistes.	Rennes.
	Redon.
Frères des Ecoles chrétiennes.	Rennes.
	Saint-Malo.
Frères de Lamennais.	Plusieurs établissements dans le diocèse.

FEMMES.

ORDRES.	FONCTIONS.	RÉSIDENCES.
Sœurs de la Miséricorde de Jésus.	Hospitalières	Rennes. Fougères. Vitré. Montfort.
Ursulines.	Institutrices.	Redon. Châteaugiron. Vitré.
Religieuses de Notre-Dame du Refuge.	»	Rennes.
Religieuses de la Visitation.	»	Rennes.
Petites sœurs des Pauvres.	»	Saint-Servan.
Sœurs de l'Immaculée Conception.	Institutrices et hospitalières.	Maison-mère à Saint-Méen et 30 établissements dans le diocèse.
Sœurs de Notre-Dame-des-Sept-Douleurs.	Institutrices.	Maison-mère à Fougères et 20 établissements dans le diocèse.
Sœurs de la Providence de Ruillé (diocèse du Mans).	Institutrices.	40 établissements dans le diocèse de Rennes.
Sœurs de la Sagesse.	»	Rennes et autres lieux.
Sœurs de Saint-Vincent-de-Paul.	»	Rennes. Saint-Méen. Saint-Malo. Vitré. Redon. Rennes. Saint-Malo. Dol. Bécherel. Bagner-Morvan. Redon. Bain.
Sœurs de Saint-Thomas de Villeneuve.	»	
Sœurs de la Charité d'Evron.	»	Pertre. Fougères.
Sœurs du Cœur immaculé de Marie.	Hospitalières	Rennes.
Sœurs de la Retraite de la Société de Marie.	Institutrices.	Redon.
Religieuses du Sacré-Cœur.	»	Rennes.
Religieuses de la Sainte-Enfance.	»	Rennes.
Religieuses de l'Adoration perpétuelle.	»	Rennes. Saint-Servan.
Sœurs de l'Espérance.	Garde-malades.	Rennes.
Sœurs de Saint-Gildas.	»	2 maisons.
Sœurs de la Charité de Saint-Louis.	Institutrices.	Pléchatel.
Sœurs des Saints-Cœurs de Jésus et de Marie.	Hospitalières	Paramé, près de Saint-Malo.

DIOCÈSE DE LA ROCHELLE.

HOMMES.

ORDRES.	RÉSIDENCES.
Prêtres Auxiliaires diocésains.	Rennes. La Rochelle. Saintes. Saint-Jean-d'Angely.
Frères des Ecoles chrétiennes.	
Frères de Saint-François-d'Assise, dits Frères agriculteurs.	Maison-mère à Saint-Antoine, près Saint-Genis.

FEMMES.

ORDRES.	FONCTIONS.	RÉSIDENCES.
Bénédictines de l'abbaye de Pradines.	»	Saint-Jean-d'Angely.
Sœurs de Saint-Joseph, dites de la Providence.	Institutrices.	La Rochelle.
Sœurs de Notre-Dame de Charité du Refuge.	Préservation et repentir.	La Rochelle.
		La Rochelle. Saintes. Saint-Jean-d'Angely.
Religieuses de Chavagnes.	Institutrices.	Saint-Pierre-d'Oléron. Aunay. Puy-Drouard. La Gord. Nieul-sur-Mer. Aigrefeuille. La Rochelle. Rochefort. Marennes. Saint-Martin-de-Ré.
Filles de la Charité de Saint-Vincent de Paul.	»	Royan. Marans. Surgères. Montlieu. Tonnay-Charente. Saint-Eugène. Semussac. La Rochelle. Saint-Jean-d'Angely. Saintes. Jonzac.

Ordres	Fonctions	Résidences	Ordres	Fonctions	Résidences
Sœurs de Saint-Laurent, dites de la Sagesse.	Institutrices et hospitalières.	Laleu. Montils. Saint-Georges. Saint-Pierre. Saint-Trojan. Le Château. Dolus. La Tremblade (île d'Oléron). Ars. Loix. La Flotte (île de Ré). Saintes. Rochefort. Royan.	Ursulines du Sacré-Cœur. Sœurs de la Doctrine chrétienne. Religieuses du St-Cœur de Marie. Filles de la Croix de Saint-André, de la Puge. Petites sœurs des Pauvres.	Institutrices. » » » »	Pons. Mirambeau. Chenac. Montguyon. Arvert. Le Gua. Juicq. Charron. La Rochelle.
Sœurs de la Providence.	Institutrices.	Matha. Gémozac. Mortagne-sur-Gironde. Dampierre. Saint-Martin (île de Ré).	Sœurs de l'Instruction publique, de Saint-Gildas-du-Bois. Congrégation des Filles de la Charité du Sacré-Cœur de Jésus.	» »	Pons. Salles.
Sœurs de la Sainte-Famille, dites sœurs de l'Immaculée Conception.	»	Pons. Ozillac. Les Nouillers.	Congrégation de l'Instruction de l'Enfant Jésus.	»	Saint-Laurent-de-la-Prée. Moëse. Méchers.

DIOCÈSE DE RODEZ.

HOMMES.

Ordres	Résidences
Société de Missionnaires diocésains.	Vabres.
Noviciat pour les missions de l'Océanie.	Villefranche.
Frères de Saint-Jean.	Rodez.
Frères des Ecoles chrétiennes.	Rodez. Villefranche. Milhau. Saint-Affrique. Espalion. Saint-Geniez. Mur-de-Barrés. Najac. Lagniole. Brusque.
Frères de Marie.	Belmont. Villeneuve. Saint-Côme. Sévérac-le-Château. Layssac. Naut. La Cavalerie. Bor-de-Bar. Salles-Curan. Sauvensa. Cornus. Vabres. Saint-André.
Frères des Saints-Cœurs.	
Frères de Saint-Viateur.	

FEMMES.

Ordres	Fonctions	Résidences	Ordres	Fonctions	Résidences
Carmélites.	Vie contemplative.	Rodez.			Rodez. Tournemine. Saint-Geniez. Villeneuve. Saint-Julien-d'Empare Milhau.
Bénédictines.	»	Villefranche. Orient. Naut. Malet.	Religieuses de Notre-Dame.	Institutrices.	
Ursulines.	Institutrices.	Saint-Côme. Laissac. Castelnau. Vincenet.	Filles de la Charité de Saint-Vincent de Paul.	»	Belmont.
			Sœurs de la Charité et Instruction chrétienne.	Institutrices et hospitalières.	Rodez. Villefranche. Saint-Affrique. Saint-Geniez. La Cavalerie. Espalion. Milhau. Mur-de-Barrés. Marcillac.
			Sœurs de Mâcon.	»	Sévérac-le-Château.
			Sœurs de Saint-Joseph de Clermont.	»	Clairvaux. Ceignac. Mayran. Entraigues. La Salvetat. Valady. Saint-Julien. Abbas. Espeyrac. Rignac. Marcillac. Nancelle. Estaing. Saint-Christophe. Saint-Agnan. Saint-Remy. Saint-Chély. Loupiac. Broquies.
			Sœurs de Saint-Joseph de Lyon.	»	

ORDRES.		RÉSIDENCES.	ORDRES.	FONCTIONS.	RÉSIDENCES.
		Saint-Rome-de-Tarn.	Religieuses de l'Adoration perpétuelle.	Institutrices et hospitalières.	Saint-Laurent-d'Olt.
		Peyrusse.			Rivière.
		Saint-André.	Religieuses du St-Nom de Jésus.	»	Sainte-Radegonde.
		Sonnac.			
		Flagnac.			Viala.
		Villecomtal.			Rodez.
		Saint-Martin.			Bajouls.
		Veyreau.			Gillorques.
		Saint-Sever.			Aboul.
		Saint-Rouze.			Conques.
		Creissels.			Auzits.
		Bétirac.			Escaudolières.
		Vabres.			Saint-Igest.
		Saint-Izaire.			Drulhe.
		Saint-Sernin.			Salles-la-Source.
		Laguiole.			
Sœurs de Saint-Joseph, de Cluny.	»	Sainte-Affrique.			Souyri.
					Sainte-Geneviève.
Sœurs de Saint-Joseph, dites de l'Apparition.	»	Sainte-Affrique.			Saint-Pierre.
		Milhau.	Sœurs de Saint-François, dites de l'Union.	»	Saint-Laurent.
					Castelmus.
		Villefranche.			Aguessas.
		Aubin.			Verrières.
		Montbazens.			La Besse.
		Livinhac-le-Haut.			Cassagnes.
					Salles-Curan.
		Firmy.			Saint-Parthène.
		Lugan.			Saint-Hippolyte
		Decazeville.			Saint-Cyprien.
		Saint-Salvadou.			Saint-Géniez.
		Lanuéjouls.			Naves.
		Rieupeyroux.			Lunet.
		Saint-Bauzely.			Pomairols.
		Lasouts.			Lavergne.
		Cadour.			Sévérac.
		Orthagnet.			Brusque.
		Paulhe.			Coupiac.
Religieuses de la Sainte-Famille.	»	L'Hospitalet.	Sœurs de la Doctrine chrétienne.	»	Sauveterre.
		Najac.			
		Saint-Amans-des-Cots.			Gramond.
					Moyrases.
		Camarès.	Sœurs de Saint-Dominique.	»	Bor-de-Bar.
		Asprières.			Plaisance.
		Bezounc.			Ayrinhac.
		Elbes.			Campagnac.
		Finhan.	Sœurs du Saint-Enfant Jésus.	»	Balagnier.
		Fons.			
		Labastide-Saint-Pierre.			Cruéjouls.
		Laguépie.			Ceyrac.
		Parisot.	Sœurs du Saint-Cœur de Marie.	»	Saint-Saturnin.
		Puy-Jourde.			Sainte-Eulalie.
		Sénouillac.			Rodez.
		Verfeils.			La Mouline.
		Vesc.			Pierrefiche.
Sœurs de la Présentation.	»	Milhau.	Religieuses de Jésus-Marie.	»	Rodez.

DIOCÈSE DE ROUEN.

HOMMES.			FEMMES.		
ORDRES.		RÉSIDENCES.	ORDRES.	FONCTIONS.	RÉSIDENCES.
		Rouen.	Sœurs de la Miséricorde de Jésus.	Hospitalières	Dieppe.
		Le Havre.			
		Dieppe.			
		Fécamp.	Sœurs de la Madeleine.	»	Rouen.
		Elbeuf.			
Frères des Ecoles chrétiennes.		Forges.		Institutrices et hospitalières.	Rouen.
		Bolbec.	Sœurs d'Ernemont		
		Caudebec-et-Montivilliers.			Rouen.
		Yvetot.			Havre.

Filles de la Charité de Saint-Vincent de Paul.	Institutrices et hospitalières.	Blangy. Criel. Elbœuf. Sotteville - les-Rouen.	
Religieuses de la Visitation.	Institutrices.	Rouen.	
Ursulines.	Institutrices.	Rouen. Le Havre.	
Sœurs de Notre-Dame.	»	Caudebec.	
Bénédictines de l'Adoration du Saint - Sacrement.	»	Rouen.	
Dames des Sacrés-Cœurs et de l'Adoration perpétuelle.	»	Rouen. Yvetot.	
Sœurs de Notre-Dame de Charité.	Hospitalières	Rouen.	
Sœurs de Saint-Joseph.	Institutrices.	Rouen.	
Sœurs de la Miséricorde.	Institutrices et hospitalières.	Rouen.	
Sœurs de la Providence.	Institutrices.	Rouen (maison-mère).	
Religieuses du Sacré-Cœur de Jésus, de Saint-Aubin - Jouxte-Bouleng.	»	Plusieurs établissements dans le diocèse.	
Sœurs du Bon-Pasteur.	Préservation et repentir.	Rouen.	
Carmélites.	Vie contemplative.	Rouen.	
Sœurs de Saint-Joseph de Cluny.	Institutrices et hospitalières.	Rouen. Dieppedalle. Grand-Quevilly. Gerencey.	
Petites sœurs des Pauvres.	»	Rouen.	

DIOCÈSE DE SÉEZ.

HOMMES.		
ORDRES.		RÉSIDENCES.
Trappistes.		Soligny, près Mortagne.
Frères de Sainte-Marie.		Tinchebrai.
Frères des Ecoles chrétiennes.		3 établissements.
Frères de Saint-Joseph du Mans.		4 établissements.

FEMMES.		
ORDRES.	FONCTIONS.	RÉSIDENCES.
Sœurs de la Providence.	»	Séez (maison-mère).
Sœurs de l'Education chrétienne.	»	Argentan (maison-mère).
Sœurs de la Providence d'Alençon.	»	Séez.
Religieuses des Saints-Cœurs et de l'Adoration perpétuelle de Paris.	»	3 établissements dans le diocèse.
Sœurs de Saint-Joseph de Cluny.	Institutrices et hospitalières.	2 établissements dans le diocèse.
Sœurs de Notre-Dame.	Institutrices.	Briouze (maison-mère).
Sœurs Bénédictines.	»	Argentan (maison-mère). Maison-mère à

Sœurs de la Miséricorde.	Hospitalières	Séez et plusieurs établissements dans le diocèse.
Sœurs de la Charité de Saint-Vincent-de Paul.	Hospitalières	2 établissements dans le diocèse.
Sœurs de Saint-Augustin.	»	Séez. Mortagne. Vimoutiers.
Sœurs de Saint-Thomas.	»	Argentan.
Sœurs de Saint-Thomas-de-Villeneuve.	»	Laigle.
Sœurs de Saint-François.	»	Alençon.
Sœurs de la Sainte-Famille.	»	Séez.
Sœurs de la Charité d'Evron.	Institutrices et hospitalières.	Plusieurs établissements dans le diocèse.
Sœurs de Saint-Aubin de Rouen.	Institutrices.	Plusieurs établissements dans le diocèse.
Sœurs de Blon.	»	1 établissement.
Filles de la Croix (du diocèse de Poitiers).	»	1 établissement.

DIOCÈSE DE SENS.

HOMMES.	
ORDRES.	RÉSIDENCES.
Bénédictins du Sacré-Cœur de Jésus et du Cœur Immaculé de Marie.	La Pierre-qui-Vire, paroisse de Saint-Léger - de - Foucheret.
Pères de la maison de Pontigny.	Seignelay. Corbigny. Sens. Joigny.
Frères des Ecoles chrétiennes.	

ORDRES.		
Carmélites.		
Sœurs Augustines.		
Sœurs Augustines.		
Sœurs de la Charité et Instruction chrétienne de Nevers.		

FEMMES.		
	FONCTIONS.	RÉSIDENCES.
		Auxerre. Avallon.
	Vie contemplative.	Sens.
	Hospitalières	Tonnerre.
	Institutrices.	Auxerre.
	Institutrices et hospitalières.	Sens. Seignelay. Joigny.

		Sens. Villeneuve-sur-Yonne. Saint-Julien-du-Sault	Ursulines.	Institutrices.	Auxerre. Tonnerre. Avallon. Sens. Saint-Clément.
Sœurs de la Présentation de Tours.	Institutrices et hospitalières.	Cézy. Joigny. Chichery. Villers-sur-Tholon.	Sœurs de la Sainte-Enfance.	Institutrices.	Villeneuve-l'Archevêque. Aillant. Avallon
		Saint-Florentin. Saint-Fargeau. Auxerre. Brienon. Chablis.	Sœurs du Bon-Pasteur. Filles de la Charité de Saint-Vincent de Paul.	Préservation et repentir. »	Sens. Auxerre. Avallon.
Ursulines de Troyes.	Institutrices.	Noyers. Ligny-le-Châtel. Vermenton. Ravières.	Célestines. Sœurs de la Providence de Troyes.	» Institutrices.	Villeneuve-sur-Yonne. Saint-Bris. Héry. Maligny.
Sœurs de la Croix.	»	Ancy-le-Franc. Chastellux.			Mont-Saint-Sulpice. Cruzy.
Sœurs de Saint-Joseph de Cluny.	»	Villers-Saint-Benoît.	Sœurs de Portieux.	»	Toucy. Plusieurs établissements dans le diocèse.
Sœurs de la Providence de Flavigny.	»	Quarré-les-Tombes. Austrude.	Sœurs de la Providence de Ligny-le-Châtel.	»	

DIOCÈSE DE SOISSONS ET LAON.

HOMMES.

ORDRES.	RÉSIDENCES.
	Soissons. Château-Thierry.
Frères des Écoles chrétiennes.	Laon. Saint-Quentin.
Frères de Sion.	Tugny.
Frères de Saint-Gabriel.	Soissons. Saint-Médard.
Frères Maristes.	Marle.

FEMMES.

ORDRES.	FONCTIONS.	RÉSIDENCES.			
		Soissons.	Sœurs de Notre-Dame de Bon-Secours.	Institutrices et hospitalières.	Château-Thierry. Mont-Saint-Père. Nogent-l'Artaud. Condé-en-Brie. Passy-sur-Marne Neuilly-Saint-Front. Gandelu. La Ferté-Milon. Roucy.
Augustines.	Hospitalières	Château-Thierry. Laon. Saint-Quentin.	Sœurs de la Présentation. Filles de la Charité de Saint-Vincent de Paul.	» »	Villers-Cotterets. Laon. La Fère. Guise. Saint-Quentin.
Religieuses de St-Thomas de Villeneuve.	»	Soissons.			Laon. Bruyères. Festieux.
Sœurs de l'Enfant-Jésus.	Institutrices et hospitalières	Soissons. Oulchy-le-Château. Fère-en-Tardenois. Athies. Beaumont-en-Frières-Failloucl. Sainceny Trosly-Loire. Fourdrain. Flavy-le-Martel. Urvillers. Charly. Braisne.	Sœurs de la Providence. Sœurs hospitalières de la Croix.	» »	Anizy-le-Château. Blérancourt. Crécy-sur-Serre Marle. Rozoy-sur-Serre Gros-Dizy. Montcornet. Sissonne. Ribemont. Le Catelet Chauny. Coucy-le-Château. Saint-Paul-aux-Bois.
		Vailly. Chavignon. Soupir. Vic-sur-Aisne. Ambleny. Faverolles.	Bernardines. Sœurs de Saint-Maur.	Institutrices. Institutrices et hospitalières.	Liesse. Guise. Saint-Erme. Vervins. Autreppes.

TABLEAU DES CONGRÉGATIONS, ETC.

Sœurs de Notre-Dame de Saint-Erme.	Institutrices et hospitalières.	Plomion. Lesquielles-St-Germain. Bernot. Saint-Michel. La Capelle. Cuiry-lès-Iviers. Vervins. Hirson. Le Nouvion. Bohain. Voulpaix. Sains. Lemé.	Religieuses de la Croix. Célestines. Sœurs de la Sagesse. Sœurs de l'Espérance. Sœurs des Ecoles chrétiennes de la Miséricorde, de Saint-Sauveur-le-Vicomte.	Institutrices. » Maison de sourdes-muettes. Gardes-malades. Institutrices et hospitalières.	Saint-Quentin. Soissons. Château-Thierry. Soissons. Saint-Médard-les-Soissons. Soissons. Montgobert.
Sœurs de Sainte-Thérèse d'Avesne.	»				
Sœurs de la Sainte-Famille.	Institutrices.				

DIOCÈSE DE STRASBOURG.

HOMMES.

ORDRES.	RÉSIDENCES.
Pères de la Compagnie de Jésus.	Strasbourg. Bischenberg (Bas-Rhin). Landser (Haut-Rhin).
Congrégation de Saint-Liguori.	
Trappistes.	Œlenberg (Haut-Rhin).
Frères de l'Institut de Marie.	Ebersmunster. Saint-Hippolyte.
Frères de la Doctrine chrétienne.	Le Willerhof.
Maison de retraite pour les prêtres âgés.	Marienthal.

FEMMES.

ORDRES.	FONCTIONS.	RÉSIDENCES.
Filles de la Charité de Saint-Vincent de Paul.	Hospitalières	Strasbourg (maison-mère).
Religieuses du Bienheureux Pierre Fourrier.	Institutrices.	Strasbourg. Molsheim.
Religieuses du Sacré-Cœur.	»	Kientzheim.
Religieuses de la Croix. Sœurs de la Providence de Saint-Vincent de Paul. Religieuses du Bon-Pasteur.	Institutrices. Préservation et repentir.	
Filles du divin Rédempteur.	Institutrices et hospitalières.	Strasbourg. Ribeauvillé (Haut-Rhin). Rouffac. Strasbourg. Niederbronn (maison-mère). Strasbourg. Colmar. Mulhouse. Altkirch. Ribeauvillé. Guebwiller. Ferrette. La Chapelle. Haguenau. Saverne. Hochfelden. Andlau. Brumath. Gerstheim. Mommenheim. Marienthal, etc.
Trappistines.	»	Œlenberg (Haut-Rhin).

DIOCÈSE DE TARBES.

HOMMES.

ORDRES.	RÉSIDENCES.
Frères des Ecoles chrétiennes.	Tarbes. Bagnères. Ossun.

FEMMES.

ORDRES.	FONCTIONS.	RÉSIDENCES.
Carmélites.	Vie contemplative.	Bagnères-de-Bigorre.
Filles de la Charité de Saint-Vincent de Paul.	Institutrices et hospitalières.	Tarbes. Vic-Bigorre.
Sœurs de la Charité et Instruction chrétienne.	»	Bagnères-de-Bigorre. Lourdes. Tarbes. Bagnères-de-Bigorre. Galan. Ibos. Laloubère. Lascazères.
Sœurs de la Croix, dites Sœurs de Saint-André, de Tarbes.	Institutrices.	Croix. Ozon. Tric. Lannemezan. Saint-Laurent-de-Neste. Campan. Argelez. Cauterets. Saint-Pé. Maubourguet. Tarbes (maison mère).
Sœurs de Saint-Joseph de Tarbes.	Institutrices et hospitalières.	Cantaous-de-Tuzaguet. Tuzaguet. Ossun. Bordes. Larreule. Oursbeille.
Sœurs de la Sagesse.	Institutrices et hospitalières.	Lus. Barrèges-les-Bains.

DIOCÈSE DE TOULOUSE ET NARBONNE.

HOMMES.

ORDRES.	RÉSIDENCES.
Frères des Écoles chrétiennes.	Toulouse. Saint-Gaudens. Saint-Martory. Rieux. Montesquieu-Volvestre. Revel. Caraman. Muret. Grenade. Auterive. Seysses.

FEMMES.

ORDRES.	FONCTIONS.	RÉSIDENCES.
Religieuses de Notre-Dame.	Institutrices.	Toulouse.
Monastère de la Visitation.	»	Toulouse.
Carmélites.	Vie contemplative.	Toulouse.
Bénédictines.	Institutrices.	Toulouse.
Religieuses de St-Maur.	Institutrices et hospitalières.	Toulouse.
Religieuses de Notre-Dame de Compassion.	Institutrices.	Toulouse.
Sœurs du Saint-Nom de Jésus.	Institutrices.	Toulouse. Vieillevigne. Montréjeau. Cazères.
Filles de la Charité de Saint-Vincent-de-Paul.	Institutrices et hospitalières.	Toulouse. Fronton. Muret. Bruyère. Revel. Roques. Colomiers. Paulhac. Portel. Alan. Montberon. Tarabel. Caraman. Crépiac. Montesquieu-Volvestre. Villefranche. Castanet. Castelnau-d'Es-
Filles de la Croix de Saint-André.	Institutrices et hospitalières.	Iretefont. Launac. Saint-Cezert. Pibrac. Brax. Villematier. Avignonnet. Montgiscard. Labastide. Beauvoir. Montlaur. Le Lherm. Seysses. Auterive. Grépiac. Venergue. Saint-Lys. Cier-de-Rivière. Saint-Bertrand. Baziège. Cugnaux. Toulouse. Sauveterre.
Sœurs de Notre-Dame de Charité.	Préservation et repentir.	Toulouse.
Sœurs de la Charité et Instruction chrétienne, de de Nevers.	Institutrices et hospitalières.	Toulouse. Saint-Gaudens. Grenades. Beaumont.
Sœurs de la Croix de Lavaur.	Institutrices et hospitalières.	Revel. Saint-Félix. Saint-Julia. Granague.
Sœurs de Saint-Joseph de l'Apparition.	»	Toulouse.
Sœurs de l'Espérance.	Garde-malades.	Toulouse.
Sœurs de la Miséricorde.	Institutrices.	Toulouse.
Sœurs de Marie-Joseph.	Hospitalières	Toulouse.
Servantes de Marie.	»	Toulouse. Frouzins.
Sœurs de la Sainte-Famille.	Institutrices et hospitalières.	Le Plan. Les Minimes. Lavernose. Calmont.
Sœurs de la Présentation.	Institutrices.	Palaminy.

DIOCÈSE DE TOURS.

HOMMES.

ORDRES.	RÉSIDENCES.
Prêtres de la Mission, dits de Saint-Lazarre.	Tours.
Frères des Écoles chrétiennes.	Tours. Chinon. Saint-Avertin.
Frères de Saint-Laurent-sur-Sèvre.	Champagny.

FEMMES.

ORDRES.	FONCTIONS.	RÉSIDENCES.
Sœurs de la Présentation de la sainte Vierge.	Institutrices et hospitalières.	Tours et 22 établissements dans le diocese.
Sœurs de Saint-Martin du Bourgueil.	Institutrices et hospitalières.	Maison-mère Bourgueil.
Sœurs des Pauvres.	Asile pour les vieillards.	Tours
Carmélites.	Vie contemplative.	Tours.
Hospitalières de Saint-Augustin.	»	Tours. Luynes. Chinon.
Religieuses de Notre-Dame de Charité, dites du Refuge.	Préservation et repentir.	Tours.

TABLEAU DES CONGRÉGATIONS, ETC.

Ordres	Fonctions	Résidences
Filles de la Charité de Saint-Vincent de Paul.	Institutrices et hospitalières.	Tours.
Ursulines non cloîtrées.	Institutrices.	Tours. Chinon.
Religieuses du Sacré-Cœur.	Institutrices.	Marmoutiers, près de Tours.
Religieuses de l'Adoration perpétuelle.	Institutrices.	Tours. Sainte-Maure.
Religieuses des Sacrés-Cœurs de Jésus et de Marie, dites du St-Esprit.	Institutrices.	Tours.
Sœurs de l'Espérance.	Gardes-malades.	Tours.
Sœurs de la Purification.	»	Tours.
Sœurs de Marie-Joseph.	»	Tours.
Sœurs de la Providence de Portieux.	»	Plusieurs établissements.
Sœurs de Sainte-Croix-de-Saint-André, de la Puye.	»	Plusieurs établissements.
Ursulines de Jésus de Chavagnes.	»	Plusieurs établissements.
Sœurs de la Pommeraye de la Salle de Vihers.	»	Plusieurs établissements.
Sœurs de Sainte-Anne d'Angers.	»	Plusieurs établissements.
Sœurs de Saint-Joseph de Lyon.	»	Plusieurs établissements.
Sœurs de Sainte-Croix du Mans.	»	Plusieurs établissements.

DIOCÈSE DE TROYES.

HOMMES.

Ordres	Résidences
Frères des Ecoles chrétiennes.	Troyes. Bar-sur-Seine.
Frères de la Doctrine chrétienne de Véselize (Meurthe).	Troyes.

FEMMES.

Ordres	Fonctions	Résidences
Sœurs de la Visitation.	»	Troyes.
Religieuses Augustines.	Hospitalières	Troyes.
Filles de la Charité de Saint-Vincent de Paul.	Institutrices et hospitalières.	Troyes. Saint-Martin-ès-Vignes. Bar-sur-Seine. Nogent-s.-Seine. Brienne-le-Château. Dieuville. Dampierre.
Carmélites.	Vie contemplative.	Troyes. Brienne-le-Château.
Sœurs du Bon-Pasteur.	Refuge.	Troyes.
Religieuses de l'Adoration perpétuelle.	»	Troyes. Troyes (maison-mère).
Ursulines.	Institutrices.	Troyes (maison-mère). Troyes (maison-mère.)
Sœurs de la Providence.	»	Arcis. Bar-sur-Aube. Chaumont. Saint-Dizier, etc. Piney. Romilly. Soulaines.
Sœurs du Bon-Secours.	»	
Sœurs de la Providence de Portieux (Vosges).	»	
Sœurs de la Providence de Liguy (Yonne).	»	Lignières.
Sœurs de la congrégation de Notre-Dame de Sion - Vaudémont (Meurthe).	»	Thil.
Sœurs de Marie-Joseph (du diocèse de Limoges).	»	Clairvaux.
Religieuses Célestines, de Provins.	»	Bourguignons.
Sœurs de la Charité et Instruction chrétienne de Nevers.	»	Troyes.

DIOCÈSE DE TULLE.

HOMMES.

Ordres	Résidences
Frères des Ecoles chrétiennes.	Tulle. Brive. Ussel. Meymac. Bort. Uzerche. Egletons. Lubersac.
Frères du Sacré-Cœur.	

FEMMES.

Ordres	Fonctions	Résidences
Carmélites.	Vie contemplative.	Tulle.
Ursulines.	Institutrices.	Tulle. Brive. Argentac. Beaulieu.
Filles de Notre-Dame.	Institutrices.	Ussel.
Filles de la Charité de Saint-Vincent-de-Paul.	Institutrices et hospitalières.	Ussel. Egletons.
Sœurs de la Charité et Instruction	Institutrices	Tulle. Brive. Beaulieu. Douzenac.

DICTIONNAIRE DE GÉOGRAPHIE ECCL. III.

TABLEAU DES CONGRÉGATIONS, ETC.

ORDRES	FONCTIONS	RÉSIDENCES			
chrétienne de Nevers.	et hospitalières.	Uzerche. Meyssac. Meymac.	Sœurs du Saint-Cœur de Marie.	Institutrices.	Treignac. Lubersac.
		Argentac. Neurri.	Sœurs du Sauveur.	Institutrices et hospitalières.	Vigeois. Turenne.
		Noailles. Brive.	Sœurs du Bon-Pasteur.	Institutrices.	Bort.
Sœurs de la Providence.	Institutrices et hospitalières.	Servières. Caremonte. Juilsac.	Sœurs de Saint-Joseph.	Institutrices.	Saint-Julien-au-Bois. Auriac.
		Seilhac. Collonges.	Sœurs de Sainte-Agnès.	,	Plusieurs établissements.
		Ussac. Chamboulive. Altillac.	Sœurs du tiers ordre de Saint-François.	,	Plusieurs établissements.
		Naves. Bomets.	Sœurs de Saint-Dominique.	,	Plusieurs établissements

DIOCÈSE DE VALENCE.

HOMMES.

ORDRES.		RÉSIDENCES.			
Trappistes.		Aiguebelle.	Sœurs du Saint-Sacrement.	Institutrices et hospitalières.	Maison-mère à Romans.
Capucins.		Crest. Valence. Romans. Montélimar. Crest. Peyrins.	Sœurs de la Nativité de Notre-Dame.	Institutrices.	Maison-mère à Valence.
			Filles de la Charité de Saint-Vincent de Paul.	,	Valence.
Frères des Ecoles chrétiennes.		Moras. Charmes.	Sœurs de Sainte-Marthe.	Institutrices.	Maison-mère à Romans.
		Saint-Vallier. Saint-Jean en Royans.	Sœurs de Saint-Joseph.	Institutrices et hospitalières.	Maison-mère à Saint-Vallier.
		Mirabel. Suze-la-Rousse. Le Buis.	Religieuses de la Visitation.	,	Valence. Romans. Montélimar.
Frères Maristes (maison-mère à Saint-Paul-Trois-Châteaux).		Pierrelate. Die. Charpey.	Religieuses de Ste-Claire.	,	Valence. Romans. Crest.
		Châteauneuf-de-Mazeue.	Trappistines.	,	Maubec, près Montélimar.

FEMMES.

ORDRES.	FONCTIONS.	RÉSIDENCES.			
			Religieuses de Notre-Dame du Refuge.	,	Valence.
Sœurs de la Trinité.	Institutrices et hospitalières.	Maison-mère à Valence, et plusieurs établissements dans le diocèse.	Sœurs de Saint-Joseph de Cluny.	,	Chabeuil Moras.

DIOCÈSE DE VANNES.

HOMMES.

ORDRES.		RÉSIDENCES.	Louis.		Guer. Napoléon-Ville.
Abbaye de Thymadeuc.					Pléchatel. Paimpon. Marsan. Theix.

FEMMES.

ORDRES.	FONCTIONS.	RÉSIDENCES.			
		Lorient. Josselin.			Loyat. Péaule. Trédion.
Sœurs de la Sagesse.	Institutrices et hospitalières.	Malétroit. Vannes. Locminé. Guémené.	Sœurs du Saint-Esprit.	Institutrices et hospitalières.	Noyal-Muzillac. Sérent. Sarzeau. Ambom. L'Isle-aux-Moines.
Sœurs de la Miséricorde de Jésus.	Hospitalières	Vannes.			Languidfc. Caudan. Loyat.
Sœurs de la Charité de Saint-	Institutrices.	Vannes. Lorient. Auray. Saint-Gildas de Rhuis.	Sœurs de Saint-François.	Institutrices et hospitalières.	Mauron. Saint-Jacut.

Ursulines.	Institutrices.	Hennebon. Ploermel. Vannes. Le Faouet.			Saint-Etienne, Mohon. Vannes.
Filles de Jésus.	Institutrices.	Bignan. Guidel. Plumélian. Napoléon-Ville. Loquettat. Bréhan. Loudéac.	Hospitalières de Saint-Augustin. Filles de la Charité de Saint-Vincent de Paul. Religieuses de la Retraite. Petites sœurs des Pauvres.	» » Institutrices. »	Vannes. Vannes. Hennebon. Questenbert. Vannes. Vannes.

DIOCÈSE DE VERDUN.

HOMMES.

ORDRES.		RÉSIDENCES.
Frères des Ecoles chrétiennes.		Verdun. Bar-le-Duc.

FEMMES.

ORDRES.	FONCTIONS.	RÉSIDENCES.			
Chanoinesses régulières de l'ordre de Saint-Augustin, de la congrégation de Notre-Dame.	Institutrices.	Verdun.	Filles de la Charité.	Hospitalières	Fains.
			Filles de la Charité.	Institutrices et hospitalières.	Trévcray.
			Sœurs de Saint-Charles.	Institutrices et hospitalières.	Commercy. Jouy-sous-les-Côtes. Vaucouleurs. Saint-Mihiel. Verdun. Stenay. Marvilles. Varennes. Gondrecourt. Bar-le-Duc. Ligny.
Sœurs de Saint-Joseph, de Bourg.	»	Verdun.			
Religieuses de St-Dominique.	Institutrices.	Bar-le-Duc.	Sœurs de la Doctrine chrétienne, de Nancy.	Institutrices.	Verdun.
Filles de la Charité de Saint-Vincent de Paul.	Institutrices.	Verdun.	Sœurs de la Providence, de Portieux.	Institutrices.	Verdun et autres lieux.

DIOCÈSE DE VERSAILLES.

HOMMES.

ORDRES.	RÉSIDENCES.			
Frères des Ecoles chrétiennes.	Versailles. Saint-Cloud. Saint-Germain en Laye. Mantes. Etampes. Rambouillet.	Sœurs de Saint-Thomas de Villeneuve.	Institutrices et hospitalières.	Saint-Germain en Laye. Villeneuve-St-Georges. Draveil. Saint-Germain en Laye.
		Sœurs de la Nativité.	Institutrices.	
Frères de Saint-Joseph, du Mans.	Milly. Leudeville. Dampierre.	Sœurs de la congrégation de la Mère de Dieu.	Institutrices.	Les Loges. Ecouen.
Frères de l'Instruction chrétienne, de Saint-Laurent-sur-Sèvre.	Versailles.	Religieuses de Notre-Dame de Sion.	»	Evry-sur Seine.

FEMMES.

ORDRES.	FONCTIONS.	RÉSIDENCES.			
Chanoinesses de de l'ordre de Saint-Augustin, de la congrégation de Notre-Dame.	Institutrices.	Versailles. Corbeil. Etampes.	Filles de la Charité de Saint-Vincent de Paul.	»	Versailles. Rambouillet. Saint-Cloud. Saint-Germain en Laye.
Religieuses de Notre-Dame de Charité du Refuge.	Préservation et repentir.	Versailles.	Sœurs de la Sainte-Enfance.	»	Maison-mère à Versailles.
Augustines.	Institutrices et hospitalières.	Versailles. Mantes. Etampes.	Sœurs de la Sagesse de Saint-Laurent-sur-Sèvre.	»	Versailles. Montmorency.
Bénédictines.	Institutrices.	Mantes.	Sœurs de Saint-Paul de Chartres.	»	Versailles. Pontoise. Arpajon. Houdan.
Carmélites.	Vie contemplative.	Pontoise.			Montfort. Poissy, etc.

Ordres	Fonctions	Résidences			
Sœurs de l'Espérance.	Gardes-malades.	Versailles.			Arnouville. Bruyères-le-Châtel.
Sœurs de la Charité et Instruction chrétienne.	Institutrices et hospitalières.	Luzarches. Beaumont-sur-Oise.	dites Saint-André.	»	Chatou. Bouville. Prunay. Santeny.
Sœurs de la Présentation de la Sainte Vierge de Tours.	»	Versailles.	Sœurs de la Compassion.	»	Garches.
Sœurs de Saint-Maur de Paris.	»	Marines.	Sœurs de Sainte-Marie de Paris.	»	Versailles.
Sœurs de la Providence de Portieux.	»	Etampes. Chevreuse. Jouy-en-Josas. Charamande, etc. Mantes.	Sœurs de la Charité de la Providence de Ruillé-sur-Loir.	»	Dampierre.
Filles de la Croix,		Milly. Meudon.	Sœurs des Ecoles chrétiennes de la Miséricorde.	Institutrices et hospitalières.	Maisse. Saint-Chéron. La Rocheguyon.

DIOCÈSE DE VIVIERS.

HOMMES.

Ordres	Résidences			
Missionnaires diocésains.	Sanctuaire de Louvesc.	Sœurs de Saint-Joseph.	Institutrices et hospitalières.	Maisons-mères à Saint-Félicien, aux Vans, à Vesseaux, et de nombreux établissements dans le diocèse.
Missionnaires Oblats de Marie.	Notre-Dame de Bon-Secours.			
Trappistes.	Notre-Dame des Neiges.			
	Annonay.	Religieuses des Sacrés-Cœurs de Jésus et de Marie.	Institutrices.	Maison-mère à Peaugres.
Frères des Ecoles chrétiennes.	Aubenas. Bourg-Saint-Andéol. Privas.			
	Tournon. Satillieu.	Religieuses de St-Régis.	Institutrices.	Louvesc. Aubenas.
Frères Maristes.	La Begude et autres lieux.	Religieuses du Sacré-Cœur.	Institutrices.	Annonay.
		Ursulines.	Institutrices.	Annonay. Bonlieu.

FEMMES.

Ordres	Fonctions	Résidences			
Sœurs de la Présentation.	Institutrices.	Maison-mère à Bourg-Saint-Andéol. Annonay.	Sœurs de la Providence.	Orphelinat.	Annonay.
			Maison de Sainte-Marie.	Aliénés.	Privas.
Sœurs Trinitaires.	Institutrices et hospitalières.	Privas. Bourg-Saint-Andéol. La Voulte.	Carmélites.	Vie contemplative.	Aux Vans.
			Filles de la Charité de Saint-Vincent de Paul.	Hospitalières	L'Argentière.
Sœurs du Saint-Sacrement.	Institutrices et hospitalières.	Aubenas. Joyeuse.	Sœurs de la Nativité.	Institutrices.	Audance.

MISSIONS CATHOLIQUES FRANÇAISES,

ou

CONGRÉGATIONS DES MISSIONS.

I.
PRÊTRES DE LA MISSION OU LAZARISTES.

Les établissements qui relèvent de cette Congrégation sont répartis comme suit.

EUROPE.

Contrées.	Sièges.		
Turquie.	Constantinople. Bebek. Salonique	Grèce.	Naxie. Santorin.

ASIE

Turquie.	Smyrne. Antboura. Alep.		Ning-Po. Tché-Kiang. Kiang-Si.
Syrie.	Damas. Tripoli. Beyrouth.	Chine.	Ho-Nan Pékin. Mongolie.
Perse.	»		

AFRIQUE.

Abyssinie.	Adowa.	Algérie.	»
Égypte.	Alexandrie.		

AMÉRIQUE.

États-Unis.	»		Rio-de-Janeiro.
Mexique.	»	Brésil.	Marianna. Bahia.

II.
SÉMINAIRE DES MISSIONS ÉTRANGÈRES.

Sa propagande s'étend dans les circonscriptions que voici :

Contrées.	Résidences.		
Corée.	»	Chine	Tonquin occidental. Cochinchine orientale.
Japon.	»		Cochinchine septentrionale.
Mandchourie.	»		
	Su-Tchuen.		Camboge et Laos.
	Yun-Nan.		Tibet.
	Koui-Chéou.		Siam.
Chine.	Quang-Tong et Quang-Si.		Malaisie. Pondichéry.
	Hong-Kong.	Inde.	Maïssour.
	Tonquin méridional.		Coïmbatour.

III.

CONGRÉGATIONS DES SACRÉS-CŒURS ET DE L'ADORATION PERPÉTUELLE, OU SÉMINAIRE DE PICPUS.

Cette Congrégation entretient des établissements au Chili, au Pérou, en Californie et dans l'Océanie orientale.

IV.

CONGRÉGATION DU SAINT-ESPRIT ET DU SAINT-CŒUR DE MARIE.

Cette association possède des maisons à Paris; à Notre-Dame du Gard, près d'Amiens; à Ploërmel, département du Morbihan, et à Rome. Son œuvre principale est la mission des côtes occidentales de l'Afrique.

Contrées.	Établissements.		
Province des Deux-Guinées.	Sainte-Marie du Gabon. Saint-Jacques. Saint-Joseph de Bengas. Saint-Thomas (royaume de Denis). Saint-Jacques de Grand-	Province de Sénégambie. Province du Sénégal.	Bassam. Dakar. Joal. Sainte-Marie de Gambie. Saint-Louis. Gorée. Galam.

La mission des côtes occidentales de l'Afrique compte aussi des frères de l'Instruction chrétienne de Ploërmel, des religieux de Saint-Joseph de Cluny et de l'immaculée Conception, de Castres. Cette mission a créé également des préfectures apostoliques dans des colonies françaises, telles que celles de la Guyane, de Pondichéry, de Saint-Pierre de Miquelon, de Madagascar, etc.; où elle entretient des frères de l'Instruction chrétienne, des sœurs de Saint-Joseph de Cluny et d'Annecy, et des sœurs de Saint-Paul de Chartres. Enfin, elle a fondé des séminaires et des communautés de missionnaires à la Martinique, la Guadeloupe et l'île Bourbon · puis, à l'île Maurice, possession anglaise.

V.

SOCIÉTÉ DES PRÊTRES DE LA MISÉRICORDE, OU DE L'IMMACULÉE CONCEPTION.

Cette mission possède des maisons à Paris, à Orléans, à Bordeaux, à New-York et à Saint-Augustin, dans la Floride.

APPENDICE.

L'impression du présent *Dictionnaire* était commencée lorsqu'une nouvelle loi sur l'instruction publique a été promulguée. Cette loi apportant des modifications à quelques détails que nous avons donnés, nous la reproduisons ici telle qu'elle se trouve insérée au *Bulletin des lois*.

LOI SUR L'INSTRUCTION PUBLIQUE.

DU 14 JUIN 1854.

NAPOLÉON, par la grâce de Dieu et la volonté nationale, EMPEREUR DES FRANÇAIS, à tous présents et à venir, SALUT.

AVONS SANCTIONNÉ et SANCTIONNONS, PROMULGUÉ et PROMULGUONS ce qui suit:

LOI.

Extrait du procès-verbal du Corps législatif.

LE CORPS LÉGISLATIF A ADOPTÉ LE PROJET DE LOI dont la teneur suit:

TITRE Ier,

DE L'ADMINISTRATION DE L'INSTRUCTION PUBLIQUE.

ART. 1er. La France est divisée en seize circonscriptions académiques, dont les chefs-lieux sont : Aix, Besançon, Bordeaux, Caen, Clermont, Dijon, Douai, Grenoble, Lyon, Montpellier, Nancy, Paris, Poitiers, Rennes, Strasbourg, Toulouse.

2. Chacune des académies est administrée par un recteur, assisté d'autant d'inspecteurs d'académie qu'il y a de département dans la circonscription.

Un décret déterminera le nombre des inspecteurs d'académie du départements de la Seine.

3. Il y a au chef-lieu de chaque académie un conseil académique, composé :

1° Du recteur, président ;
2° Des inspecteurs de la circonscription ;
3° Des doyens des facultés ;
4° De sept membres, choisis, tous les trois ans, par le ministre de l'instruction publique,

Un, parmi les archevêques ou évêques de la circonscription ;

Deux parmi les membres du clergé catholique, où parmi les ministres des cultes non catholiques reconnus ;

Deux dans la magistrature ;

Deux parmi les fonctionnaires publics ou autres personnes notables de la circonscription.

4. Le conseil académique veille au maintien des méthodes d'enseignement prescrites par le ministre, en conseil impérial de l'instruction publique, et qui doivent être suivies dans les écoles publiques d'instruction primaire, secondaire ou supérieure du ressort.

Il donne son avis sur les questions d'administration, de finance ou de discipline, qui intéressent les collèges communaux, les lycées et les établissements d'enseignement supérieur.

5. Il y a au chef-lieu de chaque département un conseil départemental de l'instruction publique, composé :

1° Du préfet, président ;
2° De l'inspecteur d'académie ;
3° D'un inspecteur de l'instruction primaire désigné par le ministre ;
4° Des membres que les paragraphes 5, 6, 7, 8, 9, 10 et 11 de l'article 10 de la loi du 15 mars 1850 appelaient à siéger dans les anciens conseils, et dont le mode de désignation demeure réglé conformément à ladite loi et à l'article 3 du décret du 9 mars 1852.

6. Pour le département de la Seine, le conseil départemental de l'instruction publique se compose,

1° Du préfet, président ;
2° Du recteur de l'académie de Paris, vice-président ;
3° De deux des inspecteurs d'académie attachés au département de la Seine ;
4° De deux inspecteurs de l'instruction primaire dudit département ;
5° Des membres que les paragraphes 4, 5, 6, 7, 8, 11, 12, 13, 14 et 15 de l'article 11 de la loi du 15 mars 1850 appelaient à faire partie de l'ancien conseil académique de la Seine, et dont le mode de désignation demeure réglé conformément à ladite loi et à l'article 3 du décret du 9 mars 1852.

7. Le conseil départemental de l'instruction publique exerce, en ce qui concerne les affaires de l'instruction primaire et les affaires disciplinaires et contentieuses relatives aux établissements particuliers d'instruction secondaire, les attributions déférées au conseil académique par la loi du 15 mars 1850.

Les appels de ses décisions, dans les matières qui intéressent la liberté d'enseignement, sont portés directement devant le conseil impérial de l'instruction publique, en conformité des dispositions de ladite loi.

8. Le préfet exerce, sous l'autorité du ministre de l'instruction publique, et sur le rapport de l'inspecteur d'académie, les attributions déférées au recteur par la loi du 15 mars 1850 et par le décret organique du 9 mars 1852, en ce qui concerne l'instruction primaire publique ou libre.

9. Sous l'autorité du préfet, l'inspecteur d'académie instruit les affaires relatives à l'enseignement primaire du département.

Sous l'autorité du recteur, il dirige l'administration des collèges et lycées, et exerce, en ce qui concerne l'enseignement secondaire libre, les attributions déférées au recteur par la loi du 15 mars 1850.

10. Le local de l'académie, le mobilier du conseil académique et des bureaux du recteur, sont fournis par la ville chef-lieu.

Le local et le mobilier nécessaires à la réunion du conseil départemental, et les bureaux de l'inspecteur d'académie, ainsi que les frais de bureau, sont à la charge du département.

Ces dépenses sont obligatoires.

11. Un décret, rendu en la forme des règlements d'administration publique, déterminera les circonscriptions des académies, ainsi que tout ce qui concerne la réunion et la tenue des conseils académiques et départementaux.

12. Les dispositions du présent titre sont exécutoires à partir du 1er septembre 1854.

TITRE II.

DISPOSITIONS SPÉCIALES AUX ÉTABLISSEMENTS D'ENSEIGNEMENT SUPÉRIEUR.

13. A partir du 1er janvier 1855, les établissements d'enseignement supérieur chargés de la collation des grades formeront un service spécial subventionné par l'État ; le budget de ce service spécial sera annexé à celui du ministère de l'instruction publique et des cultes ; le compte des recettes et des dépenses sera annexé à la loi des comptes, conformément à l'article 17 de la loi du 9 juillet 1836.

Les fonds destinés à acquitter les dépenses régulièrement effectuées, qui n'auraient pu recevoir leur emploi dans le cours de l'exercice, seront reportés, après clôture, sur l'exercice en cours d'exécution ; les fonds restés libres seront cumulés avec les ressources du budget nouveau.

14. Un décret, rendu en la forme des règlements d'administration publique, déterminera le tarif des droits d'inscription, d'examen et de diplôme à percevoir dans les établissements d'enseignement supérieur chargés de la collation des grades.

Un décret, rendu en la même forme, après avis du conseil impérial de l'instruction publique, réglera les conditions d'âge et d'études pour l'admission aux grades, sans qu'il puisse être dérogé à l'article 63 de la loi du 15 mars 1850.

15. Les dispositions des lois, décrets, ordonnances et règlements contraires à la présente loi sont et demeurent abrogés.

Délibéré en séance publique, à Paris, le 27 mai 1854.

Le président,

Signé BILLAULT.

Les secrétaires,

Signé JOACHIM MURAT, baron ESCHASSÉRIAUX.

Extrait du procès-verbal du Sénat.

Le Sénat ne s'oppose pas à la promulgation de la loi sur l'instruction publique.

Délibéré en séance, au palais du Sénat le 8 juin 1854.

Le président,

Signé TROPLONG.

Les secrétaires,

Signé F. DE BEAUMONT, AM: THAYER, baron T. DE LACROSSE.

Vu et scellé du sceau du Sénat :

Signé baron T. DE LACROSSE.

MANDONS et ORDONNONS que les présentes, revêtues du sceau de l'État et insérées au *Bulletin des lois*, soient adressées aux cours, aux tribunaux et aux autorités administratives, pour qu'ils les inscrivent sur leurs registres, les observent et les fassent observer, et notre ministre secrétaire d'État au département de la justice est chargé d'en surveiller la publication.

Fait au palais de Saint-Cloud, le 14 juin 1854.

Signé NAPOLÉON.

Par l'Empereur :

Le ministre d'État,

Signé ACHILLE FOULD.

Vu et scellé du grand sceau :

Le Garde des sceaux, ministre secrétaire d'État au département de la justice,

Signé ABBATUCCI.

TABLEAUX DIVERS.

TABLEAU ALPHABÉTIQUE
DE TOUS LES LIEUX DE LA TERRE SAINTE,

AVEC LEURS LONGITUDES ET LATITUDES, TANT EN DEGRÉS QU'EN GRADES,

Accompagné de la liste des villes sacerdotales, lévitiques, royales et de refuge.

Nota. Le + désigne les villes sacerdotales ; l'✳ les villes lévitiques ; l'O les villes royales ; le ♀ les villes de refuge.

LONGITUDES.		LATITUDES.		NOMS DES ENDROITS.	LONGITUDES.		LATITUDES.		NOMS DES ENDROITS
d. m.	gr. c.	d. m.	gr. c.		d. m.	gr. c.	d. m.	gr. c.	
53.40	59.61	33.10	36.86	Abdon. ✳ O	54.00	60.00	32.24	36.00	Adom.
54.30	60.56	32.27	36. 5	Abella.	52. 5	57.87	31. 4	34.52	Adar.
54.10	60.18	33.10	36.86	Abelmahaca.	52.56	58.80	32.49	36.46	Ador. O
54.10	60.18	33.10	36.86	Abelmain.	52.58	58.85	32. 8	35.70	Adorsa.
53.45	59.68	31.37	35.43	Abelsataim.	53. 5	58.97	32. 8	35.70	Addus.
53.46	59.72	32.11	35.76	Abelmehula.	53.25	59.33	31.28	34.96	Aduram.
53.44	59.68	32.25	36. 2	Abes.	52.25	58.25	31.28	34.96	Aen.
53.40	59.61	33.10	36.86	Abram.	54.15	60.28	31.27	34.94	Agallim.
53. 5	58.97	31.58	35.51	Achantha.	52.25	58.24	31.28	34.96	Ain. +
52.19	58.13	31.24	35.24	Accaron.	52.30	58.33	31.41	35.20	Ajalon. ✳
53.13	59.12	33. 7	36.80	Accho.	53.42	59.65	32.11	35.76	Alexandrion.
53. 9	59. 5	31.25	34.91	Achaia.	54.15	60.28	32. 9	35.72	Alimis.
53.13	59.12	33.12	36.90	Achasib.	55.50	59.43	31.42	35.22	Alinath.
52.40	58.51	31.34	35. 7	Acrib.	55.50	59.43	31.42	35.22	Almon. +
53.13	59.12	33. 7	36.80	Achsaph.	53.22	59.28	33. 5	36.77	Amaad.
53.13	59.12	33.12	36.90	Achsiba.	52.45	58. 5	31. 7	34.57	Amansama.
53.53	59.48	32.21	35.94	Aeraba.	54.12	60.22	32.50	36.11	Amatha.
52.19	58.13	31.40	35.18	Acron.	54.15	60.24	32.58	36.62	Amerita.
52.26	58.25	31. 1	34.46	Adada.	53.50	59.42	33. 1	35.68	Amma.
53.15	59.15	31.11	34.65	Adama.	54.41	60.76	33.30	37.21	Ammon.
55. 6	59.09	32.31	36.15	Adadremmon.	52.46	58.62	31.57	35.49	Amosa.
54.20	60.37	33. 3	36.73	Adami.	52.36	58.43	31.19	34.80	Anab.
52.35	58.42	31.50	35.57	Adieda.	53.29	59.40	32.57	36.24	Anaharath.
52.32	58.57	31.45	35.27	Aditaim.	53.22	59.28	31.43	35.24	Anama.

TABLEAU GÉOGRAPHIQUE DE LA TERRE SAINTE.

LONGITUDES		LATITUDES		NOMS DES ENDROITS	LONGITUDES		LATITUDES		NOMS DES ENDROITS
d. m.	gr. c.	d. m.	gr. c.		d. m.	gr. c.	d. m.	gr. c.	
53.42	59.11	31.51	33.39	Anathot. +	53.18	59.20	32.24	36.00	Balam.
53.27	59.37	32.50	36.11	Anem.	52.42	58.53	32.18	35.88	Balsabsa.
52.49	58.68	32.36	36.22	Aner.	52.19	58.15	31.11	34.65	Balothazor.
53.00	58.88	32.55	36.20	Aner.	54. 3	60. 7	31.42	35.22	Bamoth Baal.
52.36	58.44	31.17	54.76	Anim.	52.32	58.37	31.54	35.44	Bane.
53. 8	59. 3	32.00	33.55	Asenoth.	54.43	60.79	32.46	36.40	Basan.
52.50	58.70	32.22	33.96	Antipatride.	54.15	60.28	32. 6	33.67	Barasa.
53.12	59.11	32.47	56.42	Apharaim.	52.23	58.20	31.47	35.51	Barath.
53.24	59.31	33. 6	36.78	Aphec.	54.15	60.28	32.12	35.78	Bascame.
52. 1	57.79	33.56	37.52	Aphec.	52.50	58.70	31.39	35.16	Bascath.
53.15	59.15	32.58	36.13	Aphec. O	52.20	58.14	31.17	34.76	Bathuel.
52.46	58.62	31.22	34.85	Apheca.	52.13	58. 2	31.10	34.63	Beer Sur.
53.23	59.33	31.44	35.26	Aphera.	53.58	59.95	33.54	37.28	Beroth.
52.40	58.51	32. 7	33.68	Apherima.	53.40	59.61	32.55	36.55	Bersabée.
52.47	58.64	32.24	36.00	Aphaeci.	52. 7	57.90	31.20	34.83	Bersabée.
52.47	58.64	32.27	36. 5	Apolloniade.	53.15	59.15	32.56	36.59	Besara.
53.58	59.96	31.19	34.80	Ar.	53.44	59.68	32.20	35.92	Besec.
52.50	58.70	31.11	34.65	Arab.	53.45	59.70	31.45	35.27	Bethabara.
52.40	58.51	51. 7	34.57	Arad.	53.15	59.15	32.27	36. 5	Bethacad.
54.30	60.56	35.14	36.94	Aram.	53. 4	58.96	31.38	33.14	Bethacara.
53.46	59.72	33. 9	36.84	Arama.	53.19	59.22	32.24	36.00	Bethagan.
53.23	58.24	32.52	36.52	Arbela.	53.30	59.42	31.34	35. 7	Bethagla.
54. 6	60.11	32.58	36.62	Arbelles.	53.59	59.98	33.00	36.66	Bethanath.
53.16	59.17	31.47	35.31	Arbi.	52.58	58.83	31.44	35.26	Bethaneth.
53.35	59.48	31.17	34.76	Archelaide.	53. 3	58.94	31.48	33.33	Bethanie.
53.16	59.17	31.19	34.80	Archiatharoth.	53.24	59.32	31.30	35.00	Betharaba.
52.50	58.70	31.48	35.53	Arebba.	53.54	59.87	32. 5	33.65	Betharam.
53.00	58.88	31.48	35.55	Areuna.	53.55	59.52	32. 3	35.61	Bethaven.
54.31	60.57	32.56	36.59	Argob.	53.27	59.37	31.48	35.33	Bethaven.
52.41	58.53	52. 1	35.57	Arimathie.	53.48	59.75	32.16	33.85	Bethbera.
54.16	60.30	31.51	35.59	Aroer.	53.55	59.82	32.57	56.60	Bethdagon.
54.36	60.67	52. 9	33.72	Arnon.	52.43	58.57	31.48	35.55	Bethdagon.
54.40	60.74	32.44	36.57	Arphos.	55. 1	58.90	32. 7	33.68	Bethel.
55.46	59.72	31.55	35.46	Aruboth.	53.21	59.26	31.52	35.40	Bethel.
53.28	59.39	32. 4	35.65	Asa.	55.51	59.44	33.19	37. 3	Bethen.
52. 2	57.81	31.55	55. 9	Ascalon.	54.15	60.28	32.25	36.37	Bethenabris.
52.40	58.51	31.40	35.18	Asécha.	53.52	59.83	31.27	34.94	Bethjerimoth.
53.56	59.89	31.51	33. 2	Asedoth Pharga	52.15	58. 5	31.50	35.57	Bethlebaoth.
52. 3	57.83	31.14	34.70	Aremona.	55.41	59.62	32.44	36.57	Bethlem.
52.25	58.24	31.52	55. 4	Asena.	52.56	58.80	31.42	35.22	Bethléem.
53.42	59.65	32.14	35.82	Asephon.	53.41	59.62	32.44	36.37	Bethléem.
52.10	57.96	34.10	37.96	Aser Gadda.	55.55	59.85	32.57	36.24	Bethmaus.
52.59	58.85	32.22	33.96	Aser Machma.	55.50	59.80	32.11	35.76	Bethnemra.
54.19	60.55	33.15	56.95	Asor.	52. 7	57.90	31.46	35.29	Bethmarcaboth.
54.10	60.18	33. 5	36.77	Asor.	54.00	60.00	31.52	35.81	Bethonim.
52. 5	57.87	31.40	35.18	Asot.	52.55	58.78	32. 1	35.57	Bethoron infer.
53.16	59.17	31.12	34.67	Assasson.	53.00	58.88	32.16	35.85	Bethoron ✠ super.
55.54	59.92	33.23	37.10	Assedim Ser.	53.53	59.89	31.58	35.14	Bethphegor.
53.19	59.22	33.19	37. 3	Assedima.	52. 6	57.83	31.18	34.78	Bethphelet.
54. 3	60. 6	31.48	35.52	Astharoth.	53.29	59.24	32.52	56.13	Bethphesée.
54.43	60.78	52.36	36.59	Atharoth.	52.40	58.51	31.27	34.94	Bethsacara.
53.50	59.80	52. 3	35.61	Atharoth Adar.	54.16	60.30	32.48	36.44	Bethsaïde.
52.52	58.76	31.21	34.83	Athmatha.	53.53	59.89	32.23	35.98	Bethsames.
53.36	59.55	33. 6	36.78	Aurum.	52.19	58.15	31.47	35.31	Bethsames.
53.42	59.65	31.47	35.31	Autel du Témoignage.	55.44	59.68	32.20	32.90	Bethseca. O
					53. 2	58.92	32.44	36.37	Bethsemes. +
53.19	59.22	31.50	33.57	Avim.	54.00	60.00	32. 1	33.58	Bethsebra.
52.29	58.31	31.29	34.98	Azan.	53.46	59.72	33. 3	36.73	Bethsèmes.
54.20	60.57	33.15	36.95	Azou.	52.19	58.13	31.47	35.51	Bethsèmes.
52.29	58.31	31.29	34.98	Azor.	52.50	58.70	31.20	34.81	Bethtaphua.
54.13	60.24	32.54	36.55	Arzanoth Thabor.	53.41	59.62	32.44	36.57	Bethulie.
52.59	58.50	31.40	35.18	Azecha.	55 5	58.98	31.47	35.31	Bethsura.
53.19	59.22	32.51	56.50	Azechis.	52.12	58.00	34.13	34.72	Bois d'Abraham.
52.10	57.96	31.40	35.18	Azoth.	54.10	60.18	32.15	35.83	Bois d'Ephraïm.
53.45	59.70	53.12	35.78	Baal.	54.43	60.79	52.56	36.59	Bosra Bosor. ♀✠O
52.17	58. 9	31.50	35.57	Baala.	54.43	60.79	52.56	36.59	Bosor.
53.50	59.45	31.36	35.11	Baalazor.	54.40	60.15	31.45	35.28	Bosor.
54.55	60.65	33.28	57.17	Baalgad.	55.41	59.62	33. 4	36.75	Cabolon.
54.13	60.24	31.59	35.16	Baalmahon.	52.43	58.57	31. 2	34.48	Cabsée.
55.45	59.67	53.18	57. 1	Baca.	55.41	59.62	33. 4	34.75	Cabul.
53.39	59.59	53.58	57.55	Baca.	55.57	59.55	35.18	37.00	Cades.
55. 8	59. 3	31.48	35.55	Bahurim.	53.20	59.24	31. 4	34.52	Cades Aser.
53.29	59.11	50.52	34.29	Bala.	55.52	59.55	33.18	37.00	Cadessa. O
52.50	58.55	31.40	35.55	Balaath.	53. 5	58.98	52.48	36.44	Cain.
53.30	59.45	31.55	35.46	Balazor.	54.12	60.21	33.27	57.15	Campagne de Dan.

TABLEAUX DIVERS.

LONGITUDES.		LATITUDES.		NOMS DES ENDROITS.	LONGITUDES.		LATITUDES.		NOMS DES ENDROITS.
d. m.	gr. c.	d. m.	gr. c.		d. m.	gr. c.	d. m.	gr. c.	
54.31	60.58	32.40	36.29	Camon.	53.40	59.61	31.56	35.48	Doch.
53.45	59.70	33.42	37.43	Cana la Grande.	52.56	56.80	32.49	36.46	Dor.
54.45	60.83	33.10	36.86	Canath Nobé.	53.53	59.48	32.39	36.28	Dothaïm.
52.35	58.78	31.56	35.48	Caphara.	54.31	60.58	32.17	35.87	Dothénain.
53. 9	59. 5	31.21	34.83	Capharbaraca.	53.54	55.87	33.15	36.95	Edema.
52.50	58.70	32.22	35.96	Caphar Salama.	53.13	59.12	33.12	36.90	Ecdippa.
53.50	59.80	32.45	36.38	Capharath.	52.40	58.51	31. 8	34.59	Eder Adad. O
54.10	60.18	32.50	36.48	Capharnaüm.	54. 5	60. 9	33. 9	36.84	Edrai. O
52. 1	57.79	31.40	34.63	Carcaa.	54.20	60.37	32.41	36.31	Edrai.
54. 1	60. 2	32.53	36.57	Cariathaïm. ✠	54.51	60.94	32.51	36.50	Edrai.
54. 5	60. 9	31.27	34.94	Cariathaïm.	52.45	58.60	31.40	35.18	Eglon.
53.15	59.15	31.43	35.24	Cariath.	54. 6	60.11	31.47	35.31	Elcale.
52.50	58.73	31.25	34.91	Cariatharbé.	55. 7	59. 1	31.50	35.37	Eleph.
52.45	58.66	31.51	35.39	Cariath Baal.	53.53	59.89	32.59	36.64	Eleese.
52.14	58. 4	31. 1	34.46	Cariath Esron.	53. 6	59.00	32.59	36.64	Elpha.
52.45	58.86	31.51	35.59	Cariath Jahin.	52.00	57.77	31.41	35.20	Eltecon. ✠
52.39	58.50	31.21	34.83	Cariath Sepher. O	52.33	58.38	31.32	35. 3	Eleuteropolis.
52.58	58.84	31.10	34.63	Carmel.	52.21	58.17	31.40	35.18	Elon.
54.30	60.56	32.25	36. 2	Carnaïm.	55.25	59.33	33. 9	36.84	Elmelec.
54.24	60.46	32.24	36.00	Carnion.	53.55	59.89	32.35	36.20	Emaüs.
54.12	60.21	32.20	35.92	Casbon.	53.52	59.83	33.50	37.21	Emath.
52.25	58.24	31.53	35.42	Casphin. ✠	52.55	58.78	32.26	36. 4	Endor.
54.12	60.21	32.20	35.92	Casphor.	53.24	59.32	32.38	36.26	Endor.
53.32	59.46	32.51	36.50	Cathel Nadab. ✠	52.33	58.42	31.32	35. 4	Enaïm.
53.15	59.15	31.31	35. 2	Caverne du Désert.	53.16	59.17	31.12	36.67	Engaddi.
53.13	59.12	31. 9	34.61	Caverne de Loth.	53.30	59.42	31.59	35.00	Engallum.
53.10	59. 7	31.17	34.76	Caverne de Saül.	53.46	59.72	32.35	32.20	Enabris.
54.32	60.60	32.45	36.38	Cedar.	53.27	59.37	32.30	36.11	Engannim. ✠
54. 5	60. 7	31.56	35.11	Cedemoth.	52.31	58.35	31.31	35. 2	Engannim.
52.45	58.60	31.47	35.31	Cederoth.	53.26	59.35	32.29	36. 9	Engannum.
53.56	59.90	33. 8	36.82	Cedes. ♀ ✠	53.21	59.26	32.31	36.13	Enhadda.
53.45	59.70	32.29	36. 9	Cedes. †	53.52	59.83	33.40	37.39	Enoch.
52.20	58.40	31. 3	34.50	Cedes Asor.	53.50	59.79	32.18	35.88	Ennon.
52.43	59.57	31.38	35.14	Ceila.	53. 6	59.00	32.59	37.75	Epha.
54. 3	60. 6	33.15	36.95	Cenereth.	53.37	59.55	32.11	35.76	Ephra.
54.18	60.20	32.38	36.26	Cepharnoma.	54. 5	60. 9	32.26	36. 4	Ephraïm.
52.55	58.78	31.56	35.48	Cephira.	53.24	59.32	31.57	35.49	Ephrem.
52.53	58.75	32.43	36.35	Césarée.	53.19	59.22	32. 3	35.61	Ephrem.
54.11	60.20	33.23	37.10	Césarée de Philippe.	54. 6	60.11	32.26	36. 4	Ephron.
53.45	59.70	32.29	36. 9	Cession. ✠	52.51	58.72	31.15	34.75	Esaam.
52.48	58.66	31.44	35.26	Cethlis.	53. 9	59. 5	32.34	36.18	Esdrelon.
53.40	59.61	32.38	36.26	Cethron.	52.40	58.51	31.30	35.00	Esma.
53.34	59.50	33.25	37.12	Chale.	54.10	60.00	31.50	35.37	Esbon, ou Esebon.
53. 1	58.90	32.39	36.27	Chalmon.	52.20	58.18	31.52	35.40	Estaol.
52.58	58.83	31.45	35.27	Champs de Booz.	53.15	59.15	32. 4	35.63	Etham, ou Hetham.
53. 4	58.96	31.55	35.46	Champs des Vaillants.	52.29	58.51	31 20	34.81	Ethaim, ou Ether.
					52.16	58. 7	31.20	34.81	Etholad.
53.51	59.81	33.10	36.86	Charabé.	54.10	60.18	31.59	35.53	Etrot.
54.11	60.21	31.50	35.37	Chasbon.	53.15	59.15	32.54	36.55	Gaba. †
52.44	58.59	31.42	35.22	Chebbon.	53. 3	58.94	31.32	35. 4	Gabaa.
52.41	58.53	31.53	35.42	Cheslon.	53.15	59.15	31.53	35.42	Gabaa.
53.30	59.43	32.45	36.38	Cheseleth Thabor.	53.13	59.11	52. 6	35.66	Gabaath.
54.28	60.52	32.41	36.31	Chênes de Basan.	52.13	58. 1	31. 2	34.48	Gabaal.
53.29	59.40	32.43	36.35	Cheseleth.	53.45	59.70	33.14	36.93	Gabala.
52.33	58.58	31. 7	34.57	Cina.	53.00	58.88	31.56	35.48	Gabaon. †
53.30	58.53	52.10	35.74	Corca.	53.43	59.67	32.38	36.25	Gabara.
54.15	60.28	52.46	36.37	Corosaim.	53.32	59.48	33.13	36.91	Gabaragana.
52.12	58.00	31. 3	34.50	Curbaal.	53.36	59.54	52. 1	35.57	Gabatha.
53.30	59.43	31.39	35.16	Cyphron.	53.28	58.29	31.44	35.26	Gabathon, ou Gabethon. ✠
53.35	59.52	52.55	36.22	Dabereth. ✠					
53.52	59.83	31.56	35.48	Dabir. †	53.31	59.44	33.11	36 88	Gadar.
52 39	58.50	31.21	34.83	Dabir.	54.14	60.26	32.27	36. 5	Gadara.
54.13	60.24	32.38	36.26	Dalbanuta.	53.58	59.95	32. 2	35.60	Gaddi.
55.00	61.11	33.40	37.39	Damas.	52.55	58.78	31.45	35.27	Gador.
53.52	59.83	32.50	36.43	Damna. ✠	52.51	58.72	52.35	36.20	Galgal. O
54.11	60.21	33.23	59.30	Dan.	53.39	59.59	31.45	35.27	Galgala.
52.30	58.33	31.20	34.81	Danna.	54.15	60.28	31.27	34.94	Gallim.
53.18	59.20	31.35	55. 8	Debera.	54.20	60.37	32.35	36.20	Gamala.
54. 2	60. 4	31. 5	34.54	Deblataïm.	53.26	59.35	52.49	36.46	Garisim.
53.11	59. 9	32.53	36.13	Delboseth.	54.40	60.74	32.47	36.42	Gaulan.
52.54	58.77	31.36	35.11	Delcan.	54.40	60.74	52.47	36.42	Gaulon. ♀ ✠
53.58	59.96	31.00	34.44	Dibongad.	53.11	59. 9	52.26	56. 4	Gaver.
54. 4	60. 7	31.54	35.44	Dibon.	51.58	57.72	31.25	34.91	Gaza.
52.40	58.41	32. 3	35.61	Diospolis.	52.50	58.70	32. 2	35 60	Gazer. ✠
52 25	58.24	31. 6	34.55	Dimona.	52.28	58.29	31.44	35.26	Gebbethon.

TABLEAU GEOGRAPHIQUE DE LA TERRE SAINTE.

| LONGITUDES. | | LATITUDES. | | NOMS | LONGITUDES. | | LATITUDES. | | NOMS |
d. m.	gr. c.	d. m.	gr. c.	DES ENDROITS.	d. m.	gr. c.	d. m.	gr. c.	DES ENDROITS.
52.41	58.55	31.43	35.24	Gedera. O	53.48	59.75	32. 1	35.57	Janoë.
52.37	58.46	31.43	35.24	Gederothaïm.	52.45	58.60	31.20	34.81	Janum.
52.55	58.78	31.45	35.28	Gedor.	53.42	59.65	32.35	36.20	Japhec.{
53.55	59.89	32.39	36 28	Genesareth.	53. 5	58.97	32. 3	35.61	Japheti.
52.10	57.96	31.00	34.44	Gerara.	53.35	59.48	32.26	36. 3	Jaramoth. ✠
54.12	60.22	32.33	36.16	Gerasa.	53.00	58.88	32.00	35.55	Jarephet.
54.33	60.62	33.18	37.00	Gessur.	52.40	58.51	31.54	35.44	Jarim.
52. 3	57.85	51. 6	34.55	Genièvre d'Elie.	54.20	60.37	31.57	35.50	Jaser. ✠
51.51	57.60	31.16	34.74	Geth.	53.51	59.81	31.43	35.24	Jassa. ✠
53.52	59.83	32.42	36.33	Geth Epher.	53. 5	58.94	32.29	36. 9	Jeblaan.
53.18	59.20	32.25	36. 2	Geth Remmon. ✠	54.21	60.59	32.58	36.62	Jebnaal.
52.25	58.24	31.50	35.57	Geth Remmon. ✠	55.18	59.20	32.25	36. 2	Jebnaam.
53.24	59.32	32. 5	35.65	Geth Remmon.	52. 1	57.77	31.48	35.53	Jebnael.
52.28	58.29	31.44	35.26	Gibethon.	53. 9	59. 5	32.51	36.50	Jechonam. ✠
53.38	59.57	33. 6	36.78	Gidessen.	55.22	59.28	32. 5	35.65	Jecmaan.
53.22	59.28	32. 5	35.65	Gibsam, ou Gibsaïm. ✠	53.55	59.89	32.13	35.80	Jecmaan.
					52.59	58.86	31.59	35.16	Jecthel.
53.25	59.32	32.26	36. 4	Ginea.	53.52	59.46	32.44	36.57	Jedala.
53.37	59.55	33. 5	36.77	Gihala.	54.10	60.18	31.56	35.48	Jegbaa.
52.42	58.55	31.18	34.78	Gito.	53.25	59.50	32.20	35.92	Jemini.}
52.52	58.73	32 11	35.76	Gophna.	52.58	58.47	31.27	34.94	Jephta.
53.12	59.11	31. 5	34.54	Gomorrhe.	53.25	59.55	31.40	35.18	Jericho. O
52.37	58.46	31.13	34.69	Gosem.	52.30	58.33	31.59	35.16	Jérimoth. O
52.12	58.00	51. 3	34.50	Gurbaal.	53.35	59.52	32.26	34.92	Jérimoth.
52.52	58.73	31.32	35. 4	Hadassa.	54. 5	60. 9	33. 4	36.75	Jeron.
53.40	59.61	31.41	35.20	Hadid.	53.00	58.88	31.48	35.53	Jérusalem selon la carte. O
54.51	60.94	32.51	36.50	Hadrach.					
53.39	59.59	33.34	37.28	Halctah. ✠	52.51	58.72	31.48	35.53	Jérusalem selon le bureau des longitudes.
53. 8	59. 3	31.40	35.18	Halhul.					
53.45	59.70	33.50	37.21	Hamon.					
53.46	59.72	32.59	36.64	Hamon.	53. 5	58.98	32. 6	35 67	Jesana.
53.46	59.72	32.89	36.64	Hamoth Dor. ✠	52.50	58.77	31. 5	34.54	Jesimon.
53.35	59.52	32.53	36.53	Hamathon.	53.15	59.15	32.34	36.18	Jesrael.
52.21	58.16	31.23	34.85	Harma.	53. 3	58.94	31.20	34.81	Jesrael.
52. 4	57.85	31.13	34.69	Hasemon.	52.58	58.83	31.15	34.72	Jetha. †
54 23	60.43	33. 3	36.73	Harozeth.	52.24	58.22	31.16	34.74	Jether. †
53.28	59.39	31.52	35.40	Hay. O	52.25	58.24	31.40	35.18	Jethela.
52 11	57.98	31.51	35.38	Hazer Susa.	52.59	58.50	31.19	34.80	Jethremo.
52.12	58.00	31.21	34.83	Hazer Sual.	54. 5	60. 9	31.56	35.11	Jethson. ✠
52.50	58.70	31.25	34.91	Hebron. ♀ + O	52.12	58.00	31.23	34.87	Jim Asson.
54.10	60.18	33.15	36.95	Heleph.	52.34	58.40	32. 7	35.68	Joppe.
55.53	59.85	31.13	34.69	Helmandelblata	53.52	59.83	32.42	36.33	Jotapata.
54.20	60.37	33.12	26.90	Helon.	53. 5	58.97	31.23	34.87	Jucadan.
53.17	59.18	31.45	35.27	Hemona.	52.14	58. 5	31.56	35.48	Jud.
53.50	59.79	31.50	35.57	Helon. †	53.55	59.89	32. 5	35.65	Juliade.
52.24	58.22	31.44	35.26	Helteco.	54.16	60.50	32.48	36.44	Juliade.
53.18	59.20	32.10	35.74	Héritage de Jacob.	52.35	58.42	31.23	34.87	Labana.
53.10	59. 6	31.35	36.20	Herodium.	52.38	58.48	31.49	35.35	Labana.
54.11	60.20	31.50	35.37	Hesebon. ✠	53.20	59.24	32.57	36.60	Labanath.
52.42	58.55	33.36	37.32	Hethalon.	52.55	58.78	31.40	35.18	Lachis.
53.15	59.15	32. 4	35.63	Hetham.	54.11	60.20	33.23	37.10	Lays.
54. 5	60. 9	32.30	36 11	Hippos.	53.43	59.67	31.25	34.91	Led.
55.00	58.88	52.12	35.78	Hircanium.	52.15	58. 5	31.50	35.37	Lebaoth.
52.20	58.14	31.36	35.11	Hirmèses.	53.15	59.15	32. 7	35.68	Lebona.
52.40	58.51	31.13	34.69	Holon.	53.40	59.61	31.42	35.22	Lecum.
53 40	59.61	33.10	36.86	Holba.	52.51	58.72	31.40	35.18	Leheman.
53.55	59.89	32.41	36.41	Homonée.	54.21	60.59	32.52	36.52	Lecum.
53.32	59.47	33.32	37.25	Horam.	52.40	58.51	32. 3	35.61	Lidda.
53.55	59.89	33. 3	36.73	Horem.	52.58	58.48	31.49	35.55	Lobna. † O
52.21	58.17	32.24	36.00	Horma.	54.19	60.34	32.15	35.83	Lodabar.
53.51	59.44	33.32	37.25	Horma.	53.37	59.55	31.40	35.18	Lodadis.
52.21	58.17	31.23	34.87	Horma.	52.38	58.46	31 55	35.42	Maceda.
53.25	59.33	33.16	36.97	Hosa.	54.25	60.46	33.16	36.97	Machali.
53.39	59.59	33.34	37.28	Hucac. ✠	53.40	59.61	31.50	35.00	Macherus.
53.46	59.72	32.54	36.55	Bucuca.	53.42	59.11	32.00	35.55	Machmas.
53.35	59.48	32. 7	35.68	Iscariath.	52.58	58.84	32.23	35.98	Machmetad.
55.53	59.85	32.26	36. 4	Issachar.	55.28			35.28	Mademena.
52.59	58.50	31.19	34.80	Istemo. †	52. 8	57.92	31.46		
52.39	58.50	51. 1	34.46	Jabes.	53.17	59.74	31.15	34.72	Madian. O
54.25	60.46	32.50	36.11	Jabes Galaad.	53.40	59.61	33.10	36.86	
52.52	58.57	31.11	34.65	Jagur.	55.55	59.89	33. 5	26.75	Magdalethorem.
54.26	60.46	52.47	36.42	Jair.	52.37	58.81	31.34	35. 7	Magdalgal.
54.16	60.30	52.53	36.55	Jamnia.	52.43	59.92	32.13	36.55	Magdalam.
52.22	58 19	31.53	35.42	Jamnia.	52.59	58.86	32.27	36. 5	Mageddo.
54.16	60.30	32.53	36.55	Jammuth.	54.20	60.57	52.54	36.18	Magedon. O
					54.25	60.45	32.10	35 74	Mageth.

LONGITUDES.		LATITUDES.		NOMS DES ENDROITS.	LONGITUDES.		LATITUDES.		NOMS DES ENDROITS.
d. m.	gr. c.	d. m.	gr. c.		d. m.	gr. c.	d. m.	gr. c.	
53.14	59.13	31.54	35.44	Magron.	54.35	60.65	52.22	35.96	Rabba.
54.10	60.18	52.23	35.98	Mahanaïm. ✠	53.37	59.56	52.37	36.24	Raboth.
54.12	60.22	52.49	36.46	Maison du Lépreux.	54.25	60.47	32.32	36.15	Ragaba.
53.24	59.31	32.00	35.55	Maison du Lévite.	53. 5	58.98	31.54	35.44	Rama.
53. 2	58.92	51. 6	34.55	Mahon.	52.56	58.80	31.37	35.13	Rama.
52.37	58.46	51.50	35.00	Maresa.	53.58	59.96	31.19	34.80	Rabath Moab.
52.52	58.73	31.46	35.27	Mareth.	52.39	58.50	51.37	35.12	Ramath Léchi.
54.35	60.65	52.19	35.91	Masepha.	53.35	59.52	32.26	36. 3	Rameth. ✠
53. 1	58.90	31.36	35.11	Masepha.	54.29	60.54	32.20	35.92	Ramoth Galaad. ♀
52.39	58.49	31.57	35.59	Masphat.	51.51	57.60	31.16	34.74	Raphia.
52.39	58.49	31.57	35.59	Masphé.	54.22	60.41	32.22	35.96	Raphon.
53.10	59. 7	31.18	34.78	Massada.	54.15	54.28	33.11	36.90	Reblata.
54.00	60.00	31.20	34.81	Mathana.	52.50	58.70	32.00	35.55	Recem.
54.10	60.18	33. 2	36.71	Mazaloth.	53.52	59.83	32.50	36.48	Rémon Anthar.
54.15	60.28	31.45	35.27	Medaba.	53.55	59.89	33.19	37. 3	Reccath.
53.17	59.18	31.28	34.96	Meddim.	52.26	58.26	31.25	34.91	Rhemmon.
52.28	58.29	31.57	35.49	Mejarcon.	52.24	58.22	31.48	35.33	Rocher de Sen.
53.34	59.50	32.00	35.55	Mello.	54.23	60.43	32.13	35.80	Rogelin.
54.26	60.48	31.55	35.48	Mennith.	53.47	59.74	33.22	37. 8	Rohob. ✠
54.12	60.22	31.33	35. 5	Mephaat. ✠	53.10	59. 7	32. 6	35.67	Ruma.
53. 8	59. 3	32.58	36.62	Meralla.	52.47	58.64	31.16	34.74	Ruma.
53.27	59.37	32.40	36.29	Meron.	53.47	59.70	32.47	36.42	Saab.
53.30	59.41	33. 6	36.78	Meroth.	52.18	58.11	31.54	35.44	Saarim.
53.27	59.37	32.40	36.29	Merrus.	53.55	59.89	31.48	35.33	Sabama.
52.54	58.77	32.29	36. 9	Manath.	54. 7	60.12	33.52	37.25	Sabarim.
54.23	60.43	33. 2	36.71	Mazoreth.	52. 7	57.90	31.20	34.81	Sabée.
53.11	59. 9	32.59	36.64	Messal. ✠	53.16	59.17	31.23	34.87	Sachachat.
52.33	58.37	31.45	35.27	Modin.	52.20	58.14	31.28	34.96	Sahorem.
52.14	58. 3	31.13	34.69	Molada.	52.20	58.14	31.28	34.96	Sahurim.
52.40	58.51	31.50	35.37	Mochena.	52.25	58.24	31.35	35. 9	Salebim.
52.58	58.47	31.41	35.20	Morasth.	54.40	60.74	32.41	36.37	Salecha.
53.44	59.68	32.35	36.57	Naasson.	53.55	59.85	32.20	35.92	Salem.
52.55	58.78	32.39	36.28	Nabalha.	53.52	59.46	31.47	35.31	Samaraïm.
54.23	60.43	31.50	35.37	Nabo.	53.24	59.52	32.13	35.80	Samarie.
52.40	58.51	31.41	35.39	Nahama.	52.50	58.70	32.48	35.89	Samir.
54.10	60.18	33. 8	36.82	Nahamath.	52.48	58.66	31.36	35.11	Sanam.
53.39	59.59	31.52	35.40	Naharatha.	54. 1	60. 2	32.20	35.92	Saphon.
53.15	59.15	32.44	36.57	Naim.	52.57	58.46	51.43	35.24	Saraa.
53.20	59.24	32 00	35.55	Najoth.	53.45	58.60	31.43	35.24	Saratasa.
52.55	58.78	52.34	36.18	Narbath.	53.33	59.48	32. 3	35.61	Sareda.
53.17	59.19	32.46	36.40	Nazareth.	53.57	59.96	32.22	35.96	Saredata.
53.45	59.70	31.49	35.55	Neballath	52.57	58.46	31.43	35.22	Saraim.
54.23	60.43	31.50	35.37	Nebo.	55.40	59.61	33.44	37.47	Sarephta.
53.14	59.15	31.20	34.81	Nebsam.	53.11	59. 9	32.50	36.48	Sared, ou Sarid
54.45	60.83	35.10	36.86	Nedab.	54. 4	60. 7	32. 6	35.67	Saron.
53.40	59.61	35.00	36.66	Nehiel.	52.45	58.60	52.12	35.78	Sarona. ⊙
53.55	59.89	32.51	36.50	Nephtali.	53.57	59.95	52.22	35.96	Sarthana.
53.20	59.24	31.52	35. 4	Netophtali.	53.40	59.61	31.15	34.72	Save.
54. 2	60. 4	33. 5	36.72	Neseb.	53.55	59.89	52.25	35.98	Scythopolis.
52.45	58.60	31.32	35. 4	Nesib.	52.24	58.22	31.25	34.91	Schoim.
53.45	59.70	32.50	36.48	Noa.	55. 6	59.00	52.58	36.62	Secamine.
54.45	60.83	35.10	36.86	Nobé.	52.10	57.96	31.55	35.46	Sechroma.
52.59	58.85	32.42	36.33	Nophet.	55. 5	58.97	52.27	36. 5	Sedala.
53.38	59.57	31.52	35.40	Noram.	53.12	59.11	30.52	34.29	Segor.
52.35	58.38	31.40	35.18	Odollan. ⊙	53.10	59. 7	52.42	36.33	Sehesima.
52.40	58.51	31.13	34.69	Olon.	53.50	59.45	31.46	35.29	Scira.
53.35	59.52	31.57	35.12	Ono.	53. 9	59. 5	51.55	35.46	Sela.
54.15	60.28	31.47	35.31	Ononaïm.	51.40	57.39	32.41	36.31	Selcha.
53.21	59.26	31.59	35.16	Ophera. ⊙	54.25	60.43	55.16	36.97	Seleucie.
53.15	59.15	31.49	35.35	Ophni.	52.50	58.55	31. 2	34.48	Selim.
52.53	58.75	32. 6	35.67	Ozensara.	53 31	59.44	52.48	36.44	Semeron. ⊙
53.27	59.37	32. 1	35.57	Palmiers de Débora.	53.55	59.51	31.45	35.27	Senaa.
54.11	60.20	33.22	38.19	Panchas, ou Césarée.	52.35	58.38	31.00	34.44	Senna.
					52.22	58.19	31.00	34.44	Senecnna.
54.36	60.67	32.50	36.11	Pella.	53.20	59.24	32.40	36.30	Séon.
54. 8	60.15	32.22	35.96	Phanuel.	52.20	58.14	31.25	34.91	Sephaat.
53.11	59. 9	52.15	55.72	Pharalon.	54.46	60.50	33.18	37.00	Sephama.
53.37	59.55	31.55	35.42	Phasaelis.	53.55	59.89	52.54	36.55	Sephet.
52.12	58.00	30.58	34.40	Pierre de Division.	53.19	59.22	52.51	36.50	Sephoris.
53.13	59.12	31.46	36.29	Pierre d'Ezel.	53.15	59.15	33. 2	36.71	Sépulcre de Mennon.
53.48	59.76	31.59	35.53	Pierre d'Horeb.					
52. 3	57.83	31.51	35.59	Pierre du Secours.	53.16	59.17	31.51	35.59	Sépulcre de Débora.
53.15	59.12	33. 7	36.80	Ptolémaïde.					
52.15	58. 5	30.58	34.40	Puits d'Agar.	52.56	58.80	31.44	35.26	Sépulcre de Rachel.

LONGITUDES.		LATITUDES.		NOMS DES ENDROITS.	LONGITUDES.		LATITUDES.		NOMS DES ENDROITS.
d. m.	gr. c.	d. m.	gr. c.		d. m.	gr. c.	d. m.	gr. c.	
52.51	58.70	31.24	34.89	Sépulcre de Sara.	53.15	59.15	31.56	35.48	Thamar.
53.45	59 70	31.52	55. 4	Sethim.	52.34	58.40	31.12	34.67	Thamna.
53. 6	59.00	32.59	36.64	Sicamine.	53.12	59. 9	31.52	35. 5	Thamna.
52.11	57.98	31.25	34.91	Siceleg.	52.55	58.78	32. 3	35.61	Thamnath Saré.
53.19	58.13	32.10	35.74	Sichar, ou Sichem. ♀✠	53.32	59.46	32. 6	35.66	Thamnath Sela.
53.20	59.24	32.57	36.60	Sichor.	53. 3	58.94	52.35	36.20	Thanacaner. ✠
53.41	59.62	33.47	37.52	Sidon.	53. 5	58.97	31.58	35.51	Tharela.
53.24	59.52	32. 3	35.61	Silo.	53.25	59.32	32.15	35.83	Thebath.
53.31	59.44	32.48	36.44	Simoniade.	53,25	59.32	32.15	35.83	Thèbes.
52.50	58 70	31.30	35.00	Sior.	53.16	59.17	31.34	35. 7	Thecua.
53.55	59.89	32.18	35.88	Sochot.	54.39	60.72	33.00	36.66	Theman.
52.36	58.44	31.38	35.14	Sochot.	53.30	59.43	52.13	35.79	Thersa. O
52.25	58.24	31.20	34.81	Sochot.	54.00	60.00	52. 7	35.68	Thesbe.
53.11	59. 9	31. 1	34.46	Sodome.	53.55	59.89	32.39	36.27	Tibériade.
53.38	59.57	32.37	36.24	Sogana.	54.12	60.22	33.19	37. 3	Tichon.
54.28	60.52	33.00	36.66	Sogane.	53.25	59.25	32.15	35.83	Tobbath, Thèbes.
54.47	60.86	32.44	36.37	Solima.	52.30	58.33	31.26	34.92	Tochen.
54.12	60.23	32. 3	35.61	Sophar.	52.15	58. 5	31.20	34.83	Thola.
54.30	60.56	32.51	36.50	Suette.	53.44	60.81	31.34	35. 7	Tophet.
53.00	58.88	32.47	36.42	Sunam.	54.17	60.31	35.37	37.34	Tour du Liban.
53.56	59.91	32.46	36.40	Tacasin.	53. 2	58.92	31.44	35.26	Tour du Troupeau.
53.45	59.70	32. 5	35.65	Taphua. O	55.25	59.55	35.30	37.21	Tyr.
53.55	59.89	32.31	36.13	Tarichée.	53.16	59.17	32.30	36.11	Vigne de Naboth.
52.22	58.19	31.11	34.65	Telem.	55.18	59.20	31.16	34.74	Ville de Sel.
54.35	60.65	33.34	37.28	Temple de Baal.	53. 5	58.94	32.35	36.20	Xaloth.
54.10	60.18	31.42	35.22	Temple de Baal.	53.11	59. 9	32.51	36.50	Zabulon.
53.26	59.35	32.10	35.74	Temple de Baal.	55.00	58.88	31.28	34.96	Zanoé.
54.55	60.98	33. 5	36.77	Tentes d'Azer.	54.00	60.00	33.24	37.10	Zephrona.
54.35	60.65	32.47	36.42	Tentes de Cedar.	53. 4	58.96	31.13	34.69	Ziph.

LISTE DES VILLES SACERDOTALES, LÉVITIQUES, ROYALES ET DE REFUGE.

Nota. Les noms des villes lévitiques et sacerdotales sont ceux indiqués aux chapitres xx et xxi de Josué. Les noms suivants ont offert de grandes difficultés soit aux géographes, soit aux commentateurs : de là vient que les cartographes n'ont pu les placer dans leurs cartes avec certitude. Nous donnons le sentiment du géographe Barbié comme le plus probable et le plus suivi. Ainsi Tchanac est le même que Thanacaner; Carthan, le même que Cariathaim; Helcath, le même que Hucac; Masal, le même que Messal; Cartha, le même que Cathel; Manaïm, le même que Mahanaïm, etc.

(1) VILLES DE REFUGE.
Cedès de Nephtali.
Hébron.
Sichem.
Bosor.
Gaulon.
Ramoth Galaad.

—

(2) VILLES SACERDOTALES (3).
Aïn.
Almon.
Anathot.
Bethsémes.
Dabir.
Gaba.
Gabaon.
Hebron.
Helon.
Istemo.
Jetha.
Jether.
Lobna.

—

VILLES LÉVITIQUES A CAATH (4).
Ayalon.
Béthoron.
Cipsaïm ou Gypsaïm.
Eltecon.
Geth Remmon 1.
Gabathon.

Gaser.
Geth Remmon 2.
Sichem.
Tchanac.

—

VILLES LÉVITIQUES A GERSON (5).
Abdon.
Bosra.
Carthan.
Cédes.
Cession.
Dabereth.
Engannin.
Gaulon.
Hamoth Dor.
Helcath.
Jaramoth.
Masal.
Rohob.

—

VILLES LÉVITIQUES A MÉRARI (6).
Bosor.
Cartha.
Damna.
Hesebon.
Jaser.
Jecnam.
Jethson.
Manaïm.
Mephaat.

Naalol.
Ramoth.

—

VILLES ROYALES.
Abran, ou Abdon.
Ador.
Aphec.
Bethseca.
Bosor.
Cadessa.
Cariath Sepher.
Eder Adad.
Edraï.
Galgal.
Gedera.
Hay.
Hebron.
Jechonam.
Jéricho.
Jerimoth.
Jérusalem.
Lobna.
Madian.
Magedon.
Odollan.
Ophera.
Sarona.
Semeron.
Taphua.
Thanacaner.
Thersa.

(1) *Josue* xx per totum.
(2) *Josue* xxi per totum.
(3) 13 villes des tribus de Juda, de Siméon et de Benjamin.
(4) 10 villes des tribus de Dan, d'Ephraïm et demi-tribu de Manassé.
(5) 13 villes des tribus d'Issachar, d'Aser, de Nephthali et demi-tribu de Manassé.
(6) 12 villes des tribus de Ruben, Gad et Zabulon.

TABLEAU SYNOPTIQUE DE LA

1. Noms par ordre alphabétique de chaque diocèse.
2. Métropole de chaque évêché.
3. Départements formant la circonscription de chaque diocèse.
4. Patrons des cathédrales.
5. Dates d'érection des siéges.
6. Rite romain.
7. Nombre de prélats sur chaque siége.
8. Longitude.
9. Latitude des villes épiscopales.
10. Surface en kilomètres carrés.
11. Rang des diocèses par rapport à leur étendue.
12. Population.
13. Rang des diocèses pour la population.
14. Nombre de cantons.
15. Nombre de cures.
16. Rang des diocèses par rapport au nombre de cures. Première classe, deuxième classe.

Num. d'ord.	DIOCÈSES.	MÉTROPOLES	DÉPARTEMENTS.	PATRONS.	ÉRECTION.	RITE.	Prélats.	Latitude.	Longitude.
	1.	2.	3.	4.	5.	6.	7.	8.	9.
1	Agen.	Bordeaux.	Lot-et-Garonne.	Saint-Etienne.	IIIe siècle.	Rom.	79	44.14	1.43.0
2	Aire.	Auch.	Landes.	Saint-Jean-Baptiste.	Ve siècle.		80	43.43	2.31.0
3	Aix et Arles.	Archevêché.	Bouches-du-Rhône.	Saint-Sauveur.	IIIe siècle.	Rom.	117	48.50	3.44.E
4	Ajaccio.	Aix.	Corse.	Saint-Euphrase.	VIIe siècle.	Rom.	54	41.55	6.24.E
5	Alby.	Archevêché.	Tarn.	Sainte-Cécile.	IIIe siècle.		97	43.56	0.12.0
6	Alger.	Aix.	Algérie.	Saint-Philippe.	1838.	Rom.	2	36.47	0.44.E
7	Amiens.	Reims.	Somme.	Notre-Dame.	IIIe siècle.		87	49.54	0. 2.E
8	Angers.	Tours.	Maine-et-Loire.	Saint-Maurice.	IVe siècle.		81	47.28	2.53.0
9	Angoulême.	Bordeaux.	Charente.	Saint-Pierre.	IIIe siècle.		90	45.39	2.11.0
10	Arras.	Cambrai.	Pas-de-Calais.	Notre-Dame et Saint-Wast.	IVe siècle.	Rom.	65	50.18	0.26.E
11	Auch.	Archevêché.	Gers.	Notre-Dame.	IVe siècle.		99	43.56	1.43.0
12	Autun.	Lyon.	Saône-et-Loire.	Saint-Lazare.	IIIe siècle.		103	46.47	1.58.E
13	Avignon.	Archevêché.	Vaucluse.	Notre-Dame.	IIe siècle.	Rom.	119	49.17	3. 2.0
14	Bayeux.	Rouen.	Calvados.	Notre-Dame.	IVe siècle.		82	49.17	3. 2.0
15	Bayonne.	Auch.	Basses-Pyrénées.	Notre-Dame.	IVe siècle.			43.29	3.49.0
16	Beauvais.	Reims.	Oise.	Saint-Pierre.	IIe siècle.		97	49.26	0.15.0
17	Belley.	Besançon.	Ain.	Saint-Jean-Baptiste.			91	45.45	3.21.E
18	Besançon.	Archevêché.	Doubs, Haute-Saône.	St-Jean et St-Etienne.	IIe siècle.		107	47.14	3.42.E
19	Blois.	Paris.	Loir-et-Cher.	Saint-Louis.	XVIIIe siècle.		8	47.35	1. 0.0
20	Bordeaux.	Archevêché.	Gironde.	Saint-André.	IIIe siècle.	Rom.	74	44.50	2.55.0
21	Bourges.	Archevêché.	Cher, Indre.	Saint-Etienne.	Ier ou IIe s.	Rom.	115	47. 5	0. 4.E
22	Saint-Brieuc.	Tours.	Côtes-du-Nord.	Saint-Etienne.	Ve siècle.	Rom.	84	48 31	5. 7.0
23	Cahors.	Alby.	Lot.	Saint-Etienne.	IIIe siècle.		81	44.28	0.54 0
24	Cambrai.	Archevêché.	Nord.	Notre-Dame.	IIe siècle.	Rom.	111	50.11	0.54.E
25	Carcassonne.	Toulouse.	Aude.	Saints-Nazaire et Celse.	VIe siècle.		96	43.13	0. 1.E
26	Châlons.	Reims.	Marne (4 arrondis.).	Saint-Etienne.	IVe siècle.	Rom.	93	48.57	2. 1.E
27	Chartres.	Paris.	Eure-et-Loir.	Notre-Dame.	IIIe siècle.		115	48.27	0.51.0
28	Saint-Claude.	Lyon.	Jura.	Saint-Pierre.	XVIIIe siècle		4	46.23	3.52.E
29	Clermont.	Bourges.	Puy-de-Dôme.	Notre-Dame.	IVe siècle.		94	45.47	0.45.E
30	Coutances.	Rouen.	Manche.	Notre-Dame.	Ve siècle.		86	49. 3	3.47.0
31	Saint-Denis de la Réun.	Bordeaux.	Ile de la Réunion.		1850.	Rom.	1		
32	Saint-Dié.	Besançon.	Vosges.	Saint-Dié.	XVIIIe siècle		7	48.17	4.37.E
33	Dignes.	Aix.	Basses-Alpes.	Notre-Dame et Saint-Jérôme.	Ve siècle.	Rom.	70	44. 4	3.55.E
34	Dijon.	Lyon.	Côte-d'Or.	Saint-Bénigne.	XVIIIe siècle		11	47.19	2.12.E
35	Evreux.	Rouen.	Eure.	Notre-Dame.	IIIe siècle.		102	49. 2	1.11.0
36	Saint-Flour.	Bourges.	Cantal.	Saint-Flour.	XIVe siècle.	Rom.	40	45.23	0.45.E
37	Fréjus.	Aix.	Var.	Notre-Dame.	IVe siècle.	Rom.	104	43.25	4.24.E
38	Gap.	Aix.	Hautes-Alpes.	Notre-Dame et Saint-Arnoux.	Ier siècle.	Inter.	80	44.35	3.45.E
39	Grenoble.	Lyon.	Isère.	Notre-Dame.	IVe siècle.		75	45.12	3.23.E
40	Langres.	Lyon.	Haute-Marne.	Saint-Mammès.	IIIe siècle.	Rom.	107	47.52	3.10.E
41	Limoges.	Bourges.	Hte-Vienne, Creuse.	Saint-Etienne.	IIe siècle.		94	45.50	1. 5.0
42	Luçon.	Bordeaux.	Vendée.	Notre-Dame.	XIVe siècle.		37	46.27	5.30.0
43	Lyon.	Archevêché.	Rhône, Loire.	Saint-Jean-Baptiste et Saint-Etienne.	IIe siècle.		124	45.46	2.29.E
44	Le Mans.	Tours.	Sarthe, Mayenne.	Saint-Julien.	IIIe siècle.		86	48. 0	2. 8.0
45	Marseille.	Aix.	Bouch.-du-Rh. (1 ar.).	Sainte-Marie.	Ier siècle.	Rom.	115	43.17	3. 2.E
46	Meaux.	Paris.	Seine-et-Marne.	Saint-Etienne.	IIIe siècle.		105	48.58	0.33.E

...ANCE CATHOLIQUE EN 1854.

17. Nombre de succursales.
18. Rang par rapport aux succursales.
19. Vicariats rétribués — non rétribués.
20. Rang sous le rapport des vicariats.
21. Maisons religieuses d'hommes — de femmes.
22. Nombre de communes.
23. Rang sous le rapport du nombre de communes.
24. Nombre des écoliers prenant un sur le nombre indiqué.
25. Ordre des diocèses sous le rapport de l'instruction.
26. Nombre des condamnations correctionnelles ou criminelles prenant un sur le nombre indiqué.
27. Ordre par rapport aux condamnations.
28. Rapport des naissances illégitimes aux légitimes prenant un pour le nombre de naissances légitimes indiquées.
29. Rang des diocèses sous ce dernier rapport.

Kilom. car.	Ordre.	Population.	Ordre.	Cantons.	Cures 1re cl.	Cures 2e cl.	Ordre.	Succursales.	Ordre.	Vicariats. rét. non	Ordre.	Maisons Religieuses. h. f.	Communes.	Ordre.	Écoliers.	Ordre.	Condamnés.	Ordre.	Naissances.	Ordre.
	11	12	13	14	15	16	17	18		19	20	21	22	23	24	25	26	27	28	29
7170	55	541315	50	35	6	41	19	386	35	46 — 12	40	5 — 15	311	56	40	18	15000	17	17	18
0005	10	502196	58	28	5	23	33	274	57	40 — 0	49	2 — 7	343	49	26	13	5000	4	15	20
5555	9	197476	74	17	10	12	38	99	74	34 — 59	55	6 — 17	91	73	49	22	5000	4	22	13
8341	9	240000	70	55	10	58	5	529	46	115 — 6	22	1 — 3	355	46	30	15	2000	2	25	10
0'68	48	360679	47	55	9	39	18	413	30	56 — 52	23	2 — 15	315	55	82	30	7000	8	29	8
		295115	73		11		41	111	73	40 —	49	7 — 5	168	71	12	3	10000	12	12	23
M44	39	570641	19	41	7	53	11	557	8	69 — 37	24	4 — 22	847	4	12	3	10000	12	12	23
888	24	515452	25	34	6	29	27	371	41	105 — 66	13	5 — 32	385	43	20	10	8000	9	18	17
8888	46	582912	44	29	2	28	51	298	51	10 — 2	61	1 — 11	453	41	35	16	12000	14	19	16
0'96	28	692994	7	45	11	40	15	629	3	56 — 0	41	2 — 31	903	3	14	5	5000	4	10	25
921	31	507479	56	29	4	25	32	439	23	130 — 1	18	2 — 14	467	36	47	21	13000	15	15	20
1'77	13	574720	18	48	6	56	9	417	26	75 — 27	26	0 — 23	485	32	35	16	11000	13	20	15
1'75	60	264618	67	22	9	19	35	139	72	91 — 40	18	11 — 22	149	72	27	14	6000	6	17	18
0'04	51	497309	24	57	10	61	3	619	5	163 — 63	9	2 — 22	789	7	27	14	5000	4	9	26
0'60	18	446997	32	49	12	29	22	411	31	83 — 0	28	1 — 8	655	18	14	5	10000	12	12	23
1'15	47	403857	38	55	6	32	24	477	17	14 — 32	47	4 — 13	700	10	11	2	11000	13	18	17
1'48	42	372959	46	35	4	34	27	378	37	109 — 35	16	5 — 13	441	39	37	17	15000	15	33	5
1'15	5	643848	8	55	5	52	13	716	1	119 — 7	20	4 — 12	1223	1	11	2	8500	10	12	23
5'31	40	261892	68	24	4	23	34	264	58	71 — 11	54	2 — 16	298	57	132	37	6000	6	13	22
0'61	6	614587	12	46	7	72	2	373	40	61 — 42	25	4 — 27	545	27	63	25	10000	12	10	25
3'88	4	578199	17	52	7	50	14	395	34	40 — 16	41	3 — 15	537	28	78	29	11000	13	21	14
3'67	21	652613	10	48	13	35	18	545	44	200 — 32	5	4 — 19	379	44	152	39	8000	9	36	4
0'65	56	296224	59	29	5	27	30	438	22	61 — 11	54	4 — 17	311	56	54	24	6000	6	20	15
3'99	7	1158285	1	60	30	36	6	551	9	146 — 82	9	11 — 32	661	15	20	10	7000	8	8	27
0'08	26	289747	61	31	6	30	26	554	42	57 — 36	53	2 — 10	434	40	55	25	12000	14	22	13
9'28	23	255271	72	22	4	19	37	307	50	14 — 16	55	1 — 10	311	30	10	1	6000	6	11	24
9'28	37	294892	60	24	5	19	36	546	43	24 — 19	48	2 — 14	429	42	24	12	5000	4	14	21
3'34	57	343299	55	32	6	27	29	336	45	44 — 17	38	4 — 16	374	23	12	3	8000	9	20	15
M44	15	596897	16	50	9	43	14	410	32	146 — 0	15	4 — 16	443	38	180	41	12000	14	22	13
9'57	50	600182	15	46	6	53	12	591	6	376 — 35	2	3 — 14	645	18	30	15	9000	11	14	21
		120000	79		6		23	77		25 — 0	51	3 — 3	25	76						
3480	46	427409	55	50	6	27	29	345	44	60 — 17	51	2 — 10	346	26	18	9	10000	12	15	20
7'26	20	152070	76	30	4	31	27	312	49	55 — 0	52	2 — 9	247	64	49	22	10000	12	23	12
7'70	40	400297	39	36	5	31	26	446	20	14 — 23	50	4 — 9	728	10	10	1	8000	9	15	20
2'35	36	415777	56	36	7	30	25	536	11	52 — 11	48	1 — 12	805	6	17	8	5000	4	16	19
3'41	51	276425	63	25	4	20	36	277	56	202 — 4	10	5 — 12	205	62	209	43	12000	14	15	20
9'55	23	357967	48	35	10	26	26	158	71	91 — 28	22	4 — 20	202	68	42	19	9000	11	14	21
5536	53	152100	78	24	4	22	35	212	66	23 — 0	58	3 — 5	189	70	20	10	8000	9	23	12
5412	14	603500	14	45	10	39	17	459	19	82 — 24	24	8 — 27	551	24	20	10	7000	8	12	23
3532	35	268598	64	28	3	25	33	371	41	50 — 19	44	1 — 10	549	25	11	2	10000	12	17	18
3494	4	606996	13	52	7	59	6	376	58	48 — 27	32	5 — 22	484	35	80	29	20000	19	16	19
3354	30	383754	45	30	5	31	26	245	63	64 — 17	29	4 — 12	296	58	53	23	10000	12	62	1
3325	17	1047333	4	55	21	50	3	540	10	272 — 228	1	2 — 29	750	9	453	45	90000	11	17	18
3581	3	847657	3	60	15	53	4	657	2	215 — 99	3	6 — 17	605	14	69	27	9000	11	18	17
3555	61	280000	62	9	8	3	41	65	76	21 — 69	27	6 — 25	16	77	49	22	5000	4	22	13
3060	42	345076	49	29	6	32	24	373	39	10 — 10	59	2 — 20	527	29	24	12	5000	3	7	28

TABLEAUX DIVERS.

Num. d'ordr.	DIOCÈSES.	MÉTROPOLES.	DÉPARTEMENTS.	PATRONS.	ÉRECTION.	RITE.	Prélats.	Latitude.	Longitude.
	1.	2.	3.	4.	5.	6.	7.	8.	9.
47	Mende.	Alby.	Lozère.	Notre-Dame et Saint-Privat.	IIIe siècle.		72	44.30	4.11.
48	Metz.	Besançon.	Moselle.	Saint-Etienne.	IIIe siècle.		99	49. 7	3.50.
49	Montauban.	Toulouse.	Tarn-et-Garonne.	Notre-Dame.	XIVe siècle.	Rom.	33	44. 1	0.59.
50	Montpellier.	Avignon.	Hérault.	Saint-Pierre.	VIe siècle.	Rom.	73	43.36	1.34.
51	Moulins.	Sens.	Allier.	Notre-Dame.	XIXe siècle.		2	46.34	1. 0.
52	Nancy.	Besançon.	Meurthe.	Notre-Dame.	XVIIIe siècle.		6	48.42	3.51.
53	Nantes.	Tours.	Loire-Inférieure.	Saint-Pierre.	IIIe siècle.		109	47 13	3.53.
54	Nevers.	Sens.	Nièvre.	Saint-Cyr et Sainte-Julite.	VIe siècle.	Rom.	301	46.59	0.49.
55	Nîmes.	Avignon.	Gard.	Notre-Dame.	Ve siècle.		76	43.50	2. 1.
56	Orléans.	Paris.	Loiret.	Sainte-Croix.	IIIe siècle.		126	47.54	0.26.
57	Pamiers.	Toulouse.	Ariége.	Saint-Antonin.	XIIIe siècle.		37	43. 6	0.44.
58	Paris.	Archevêché.	Seine.	Notre-Dame.	IIIe siècle.		125	48.51	0.00.
59	Périgueux.	Bordeaux.	Dordogne.	Saint-Etienne et Saint-Front.	IIIe siècle.	Rom.	92	48.00	1.80.
60	Perpignan.	Alby.	Pyrénées-Orientales.	Saint-Jean-Baptiste.	VIe siècle.	Rom.	115	42.42	0.34.
61	Saint-Pierre.	Bordeaux.	Martinique.		1850.		1	14.45	63.31.
62	Poitiers.	Bordeaux.	Vienne, Deux-Sèvr.	Saint-Pierre.	IIIe siècle.		110	46.35	2.00.
63	Le Puy.	Bourges.	Haute-Loire.	Notre-Dame.	IIIe siècle.		95	45. 3	1.33.
64	Quimper.	Tours.	Finistère.	Saint-Corentin.	Ve siècle.	Rom.	74	48.00	6.25.
65	Reims.	Archevêché.	Ardennes, Marne.	Notre-Dame.	IIIe siècle.	Rom.	99	49.15	1.42.
66	Rennes.	Tours.	Ille-et-Vilaine.	Saint-Pierre.	IVe siècle.	Rom.	84	48. 7	4. 1.
67	La Rochelle.	Bordeaux.	Charente-Inférieure.	Saint-Louis.	XVIIe siècle.	Rom.	13	46. 9	3.30.
68	Rodez.	Alby.	Aveyron.	Notre-Dame.	Ve siècle.		75	44.21	0.14.
69	Rouen.	Archevêché.	Seine-Inférieure.	Notre-Dame.	IIIe siècle.		95	49.26	1.15.
70	Seez.	Rouen.	Orne.	Notre-Dame.	IVe siècle.		79	48.35	0.44.
71	Sens.	Archevêché.	Yonne.	Saint-Etienne.	IIIe siècle.	Rom.	109	48.12	0.57.
72	Soissons.	Reims.	Aisne.	Saint-Gervais et Saint-Protais.	IIIe siècle.		94	49.23	0.59.
73	Strasbourg.	Besançon.	Haut et Bas-Rhin.	Notre-Dame.	IVe siècle.	Rom.	95	48.35	5.25.
74	Tarbes.	Auch.	Hautes-Pyrénées.	Notre-Dame.	IVe siècle.	Rom.	75	43.14	2.15.
75	Toulouse.	Archevêché.	Haute-Garonne.	Saint-Etienne.	IIIe siècle.		88	43.36	0.54.
76	Tours.	Archevêché.	Indre-et-Loire.	Saint-Gatien.	IIIe siècle.		119	47.24	1.39.
77	Troyes.	Sens.	Aube.	Saints-Pierre et Paul.	IVe siècle.	Rom.	97	48.18	1 483.
78	Tulle.	Bourges.	Corrèze.	Saint-Martin.	XIVe siècle.		42	45.16	0.54.
79	Valence.	Avignon.	Drome.	Saint-Apollinaire.	IVe siècle.	Rom.	81	44.56	2.53.
80	Vannes.	Tours.	Morbihan.	Saint-Pierre.	IIIe siècle.		100	47.40	5. 6.
81	Verdun.	Besançon.	Meuse.	Notre-Dame.	IVe siècle.		101	49. 9	2.59.
82	Versailles.	Paris.	Seine-et-Oise.	Saint-Louis.	XIXe siècle.	Rom.	4	48.48	0.13.
83	Viviers.	Avignon.	Ardèche.	Saint-Vincent.	IIIe siècle.		90	44.29	2.20.
84	Yma Tellus. (Bas.-Ter.)	Bordeaux.	Guadeloupe.		1850.		2	15.59	64. 4.

TABLEAU SYNOPTIQUE DE LA FRANCE EN 1854.

Kilom. carr.	Ordre.	Population.	Ordre.	Cantons.	Cures 1re cl.	Cures 2e cl.	Ordre.	Succursales.	Ordre.	Vicariats.	Ordre.	Maisons Religieuses. h. f.	Communes.	Ordre.	Écoliers.	Ordre.	Condamnés.	Ordre.	Naissances.	Ordre.
00	11	12	13	14	15	16	17	18		19 rét. non	20	21	22	23	24	25	26	27	28	29
0093	56	144705	77	24	1	25	35	188	69	135 — 4	17	5 — 14	195	69	92	32	8000	9	25	10
0308	36	459654	50	27	5	31	26	437	23	111 — 23	18	3 — 7 et 14 œuvres de char.	663	14	10	1	5000	4	15	22
2854	60	237553	71	24	6	23	32	290	53	40 — 0	49	1 — 9	195	69	66	26	12000	14	23	12
309	56	389286	41	36	14	28	21	288	54	55 — 73	24	8 — 22	334	51	31	16	11000	13	21	14
423	20	336758	50	26	6	22	33	245	63	42 — 6	45	4 — 18	327	55	140	58	8000	9	17	18
290	37	450423	31	29	7	27	28	513	13	40 — 29	35	6 — 14	714	11	14	5	5000	4	12	25
063	26	535664	22	35	15	35	16	199	68	131 —103	18	5 — 23	208	67	152	37	12000	14	14	21
774	29	327161	52	25	5	25	31	262	56	31 — 5	51	5 — 15	316	54	54	26	10000	12	17	18
097	41	408163	37	58	10	32	21	205	67	71 — 8	29	5 — 13	348	48	21	11	9000	11	28	9
7:2	30	341029	49	31	7	34	22	284	55	32 — 28	59	2 — 17	348	48	83	31	6000	6	10	25
295	55	267435	65	29	5	16	37	297	52	36 — 4	49	1 — 8	337	50	125	35	6000	6	22	13
85	62	1106000	2	20	20	13	29	95	75			12 — 34	81	74	46	20	1000	1	2	32
085	11	550789	21	47	9	55	7	416	28	50 — 00	43	1 — 13	585	21	104	33	10000	12	11	24
114	59	191955	75	17	3	23	35	171	70	66 — 10	35	1 — 7	227	66	66	26	7000	8	15	20
V53		101900		8	8			25	78	22 —	59	1 — 2	31	75						
036	2	640910	9	62	5	64	4	454	24	57 — 19	32	4 — 19	652	17	49	22	6500	7	30	7
029	55	504615	57	28	5	27	30	253	64	193 — 8	11	5 — 24	257	63	168	40	26000	18	31	6
054	26	617710	11	43	11	30	22	251	61	191 — 71	7	0 — 13	283	60	199	42	9000	11	28	9
V53	30	468805	27	41	9	37	20	505	14	18 — 16	53	2 — 15	660	16	13	4	13000	15	16	19
820	27	574618	18	43	17	42	12	318	48	428 — 0	2	2 — 25	349	47	111	34	6000	6	40	3
68	25	469992	28	39	11	35	20	277	56	39 — 17	41	3 — 16	481	35	53	25	6000	6	24	11
821	12	394483	40	42	5	45	16	586	7	200 — 80	6	7 — 21	584	22	77	28	7000	8	22	15
538	45	762039	6	50	15	46	10	498	16	102 — 86	12	1 — 20	760	8	19	9	5000	4	16	19
57	33	439884	34	36	6	35	22	465	18	148 — 17	14	4 — 18	511	50	42	19	12000	14	20	15
92	22	381133	45	37	6	42	18	425	25	9 — 19	56	3 — 17	482	34	15	6	9000	11	16	19
92	49	558981	20	37	8	30	24	517	12	55 — 12	50	4 — 18	838	5	15	4	7000	8	14	21
79	8	1081581	3	62	13	108	1	628	4	148 —169	5	6 — 9	935	2	12	3	5500	5	14	21
59	18	250954	69	26	3	24	34	260	60	92 — 33	21	1 — 7	490	31	16	7	14000	16	12	25
05	34	484794	25	39	7	55	21	415	29	98 — 0	27	1 — 20	607	19	50	23	8000	9	15	20
51	37	315641	54	24	5	29	28	248	62	55 — 16	42	3 — 15	281	61	229	45	86000	20	16	19
06	38	265247	66	26	5	37	23	578	37	9 — 28	50	2 — 15	448	37	10	1	5000	4	18	17
47	44	315000	54	29	3	31	28	248	62	59 — 9	36	2 — 10	292	59	128	36	17000	18	19	16
59	30	526846	53	28	7	29	26	284	55	64 — 14	30	4 — 11	363	45	20	10	7000	8	16	19
17	27	478172	26	37	7	31	24	227	65	320 — 0	4	1 — 11	234	65	222	44	9000	11	51	6
44	39	328657	51	28	3	27	32	421	26	53 — 14	57	1 — 9	588	20	14	5	10000	12	19	16
50	30	474955	27	36	12	49	10	503	15	58 — 22	39	3 — 23	685	15	13	4	7000	8	16	19
000	54	386304	42	31	4	32	26	324	47	120 — 19	17	5 — 14	333	52	51	24	7000	8	42	2
550		14000		10	10			42	26	77	17 — 0	60	1 — 3								

CONVERSION

DES DEGRÉS EN GRADES.

deg.	gr.	deg.	gr.	deg.	gr.	deg.	gr.	deg.	gr.	deg.	gr.	deg.	gr.	deg.	gr.	deg.	gr.
0	0	1	1.11	2	2.22	3	3.33	4	4.44	5	5.55	6	6.66	7	7.77	8	8.88
9	10.0	10	11.11	11	12.22	12	13.33	13	14.44	14	15.55	15	16.66	16	17.77	17	18.88
18	20.00	19	21.11	20	22.22	21	23.33	22	24.44	23	25.55	24	26.66	25	27.87	26	28.88
27	30.00	28	31.11	29	32.22	30	33.33	31	34.44	32	35.55	33	36.66	34	37.77	35	38.88
36	40.00	37	41.11	38	42.22	39	43.33	40	44.44	41	45.55	42	46.66	43	47.77	44	48.88
45	50.00	46	51.11	47	52.22	48	53.33	49	54.44	50	55.55	51	56.66	52	57.77	53	58.88
54	60.00	55	61.11	56	62.22	57	63.33	58	64.44	59	65.55	60	66.66	61	67.77	62	68.88
63	70.00	64	71.11	65	72.22	66	73.33	67	74.44	68	75.55	69	76.66	70	77.77	71	78.88
72	80.00	73	81.11	74	82.22	75	83.33	76	84.44	77	85.55	78	86.66	79	87.77	80	88.88
81	90.00	82	91.11	83	92.22	84	93.33	85	94.44	86	95.55	87	96.66	88	97.77	89	98.88
90	100																

CONVERSION

DES GRADES EN DEGRÉS.

gr.	deg.	gr.	deg.	gr.	deg.	gr.	deg.	gr.	deg.	gr.	deg.	gr.	deg.	gr.	deg.	gr.	deg.	gr.	deg.
0	9.0	1	0.54	2	1.48	3	2.42	4	3.36	5	4.30	6	5.24	7	6.18	8	7.12	9	8.6
10	9.0	11	9.54	12	10.48	13	11.42	14	12.36	15	13.30	16	14.24	17	15.18	18	16.12	19	17.6
20	18.0	21	18.54	22	19.48	23	20.42	24	21.36	25	22.30	26	23.24	27	24.18	28	25.12	29	26.6
30	27.0	31	27.54	32	28.48	33	29.42	34	30.36	35	31.30	36	32.24	37	33.18	38	34.12	39	35.6
40	36.0	41	36.54	42	37.48	43	38.42	44	39.36	45	40.30	46	41.24	47	42.18	48	43.12	49	44.6
50	45.0	51	45.54	52	46.48	53	47.42	54	48.36	55	49.30	56	50.24	57	51.18	58	52.12	59	53.6
60	54.0	61	54.54	62	55.48	63	56.42	64	57.36	65	58.30	66	59.24	67	68.18	68	61.12	69	62.6
70	63.0	71	63.54	72	64.48	73	65.42	74	66.36	75	67.30	76	68.24	77	69.18	78	70.12	79	71.6
80	72.0	81	72.54	82	73.48	83	74.42	84	75.36	85	76.50	86	77.24	87	78.18	88	79.12	89	80.6
90	81.0	91	81.54	92	82.48	93	83.42	94	84.36	95	85.30	96	86.24	97	87.18	98	88.12	99	89.6
100	90.6																		

CONVERSION DES DEGRÉS EN GRADES.

deg.	grad.	deg.	grad.	deg.	grad.	deg.	grad.	deg.	grad.	deg.	grad.	deg.	grad.	deg.	grad.
1 (*)	1.	11	12.22	21	23.33	31	34.44	41	45.55	51	56.66	61	67.77	71	78.89	81	90.00
2	2.22	12	13.33	22	24.44	32	35.55	42	46.66	52	57.77	62	68.89	72	80.00	—	—
3	3.33	13	14.44	23	25.55	33	36.66	43	47.77	53	58.89	63	70.00	—	—	82	91.11
4	4.44	14	15.55	24	26.66	34	37.77	44	48.89	54	60.00	—	—	73	81.11	83	92.22
5	5.55	15	16.66	25	27.77	35	38.89	45	50.00	—	—	64	71.11	74	82.22	84	93.33
6	6.66	16	17.77	26	28.89	36	40.00	—	—	55	61.11	65	72.22	75	83.33	85	94.44
7	7.77	17	18.89	27	30.00	—	—	46	51.11	56	62.22	66	73.33	76	84.44	86	95.55
8	8.89	18	20.00	—	—	37	41.11	47	52.22	57	63.33	67	74.44	77	85.55	87	96.66
9	10.00	—	—	28	31.11	38	42.22	48	53.33	58	64.44	68	75.55	78	86.66	88	97.77
—	—	19	21.11	29	32.22	39	43.33	49	54.44	59	65.55	69	76.66	79	87.77	89	98.89
10	11.11	20	22.22	30	33.33	40	44.44	50	55.55	60	66.66	70	77.77	80	88.88	90	100.00

CONVERSION DES GRADES EN DEGRÉS.

gr.	deg.	gr.	deg.	gr.	deg.	gr.	deg.	gr.	deg.	gr.	deg.	gr.	deg.	gr.	deg.	gr.	deg.
1 (*)	0.54	12	10.48	23	20.42	34	30.36	45	40.30	56	50.24	67	60.18	78	70.12	89	80.6
2	1.48	13	11.42	24	21.36	35	31.30	46	41.24	57	51.18	68	61.12	79	71.6	90	81.00
3	2.42	14	12.36	25	22.30	36	32.24	47	42.18	58	52.12	69	62.6	80	72.00	—	—
4	3.36	15	13.30	26	23.54	37	33.18	48	43.12	59	53.6	70	63.00	—	—	91	81.54
5	4.30	16	14.24	27	24.18	38	34.12	49	44.6	60	54.00	—	—	81	72.54	92	82.48
6	5.24	17	15.18	28	25.12	39	35.6	50	45.00	—	—	71	63.54	82	73.48	93	83.42
7	6.18	18	16.12	29	26.6	40	36.00	—	—	61	54.54	72	64.48	83	74.42	94	84.36
8	7.12	19	17.6	30	27,00	—	—	51	45.54	62	55.48	73	65.42	84	75.56	95	85.30
9	8.6	20	18.00	—	—	41	36.54	52	46.48	63	56.42	74	66.36	85	76.30	96	86.24
10	9.00	—	—	31	27.54	42	37.48	53	47.42	64	57.36	75	67.30	86	77.24	97	87.18
—	—	21	18.14	32	28.48	43	38.42	54	48.36	65	58.30	76	68.24	87	78.18	98	88.12
11	9.54	22	19.48	33	29.42	44	39.36	55	49.30	66	59.24	77	69.18	88	79.12	99	89.6
																100	0.00

(*) PROCÉDÉ POUR OPÉRER LES CONVERSIONS.

Rien de plus facile pour les 9 premiers degrés, puisqu'il n'y a qu'à copier le chiffre correspondant et vis-à-vis celui que l'on veut convertir. Supposons que l'on ait 4 degrés 44 minutes à réduire en grades, on trouve vis-à-vis 5 grades 26 centigrades.

Passé le nombre 9, on recommence à tous les multiples de ce nombre, dans le même ordre. Ainsi, supposons qu'on ait à réduire 45 degrés 38 minutes; ce nombre 45 étant multiple exact de 9, je cherche dans la première colonne 38 minutes, je trouve 71 centigrades, et les 45 degrés font 50 grades.

Ainsi 46 degrés font 51 grades et les minutes suivent la même réduction que le 1er degré ; 47 donnent 52 grades et les minutes selon le 2e degré. Le 48e degré donne 53 et les minutes selon le 3e degré, ainsi de suite jusqu'à 54 degrés.

0	1	2	3	4	5	6	7	8	9
	0 54								
10	11	12	13	14	15	16	17	18	19
	9 54								
20	21	22	23	24	25	26	27	28	29
	18 54								
30	31	32	33	34	35	36	37	38	39
40	41	42	43	44	45	46	47	48	49
50	51	52	53	54	55	56	57	58	59
60	61	62	63	64	65	66	67	68	69
70	71	72	73	74	75	76	77	78	79
80	81	82	83	84	85	86	87	88	89
90	91	92	93	94	95	96	97	98	99

TABLE DES MATIÈRES
CONTENUS DANS CE VOLUME.

Introduction de l'auteur du tome troisième.	9
DICTIONNAIRE DE GÉOGRAPHIE SACRÉE ET ECCLÉSIASTIQUE.	17
Tableau des Congrégations et Communautés religieuses de l'Empire français (1854).	1135
Diocèse d'Agen.	1135
Diocèse d'Aire.	1137
Diocèse d'Aix, Arles et Embrun.	1137
Diocèse d'Ajaccio.	1139
Diocèse d'Albi.	1139
Diocèse d'Alger.	1141
Diocèse d'Amiens.	1141
Diocèse d'Angers.	1143
Diocèse d'Angoulême.	1145
Diocèse d'Arras.	1147
Diocèse d'Auch.	1147
Diocèse d'Autun.	1149
Diocèse d'Avignon.	1149
Diocèse de la Basse-Terre	1153
Diocèse de Bayeux.	1153
Diocèse de Bayonne.	1155
Diocèse de Beauvais.	1155
Diocèse de Belley.	1155
Diocèse de Besançon.	1157
Diocèse de Blois.	1157
Diocèse de Bordeaux.	1159
Diocèse de Bourges.	1161
Diocèse de Saint-Brieuc et de Tréguier.	1161
Diocèse de Cahors.	1163
Diocèse de Cambrai.	1165
Diocèse de Carcassonne.	1167
Diocèse de Châlons.	1167
Diocèse de Chartres.	1169
Diocèse de Saint-Claude.	1169
Diocèse de Clermont.	1171
Diocèse de Coutances.	1171
Diocèse de Saint-Denys (île de la Réunion).	1173
Diocèse de Saint-Dié.	1173
Diocèse de Digne.	1175
Diocèse de Dijon.	1175
Diocèse d'Evreux.	1175
Diocèse de Saint-Flour.	1177
Diocèse de Fréjus et de Toulon	1177
Diocèse de Gap.	1179
Diocèse de Grenoble.	1179
Diocèse de Langres.	1181
Diocèse de Limoges.	1181
Diocèse de Luçon.	1183
Diocèse de Lyon.	1185
Diocèse du Mans.	1187
Diocèse de Marseille.	1187
Diocèse de Meaux.	1189
Diocèse de Mende.	1191
Diocèse de Metz.	1191
Diocèse de Montauban.	1193
Diocèse de Montpellier.	1193
Diocèse de Moulins.	1195
Diocèse de Nancy.	1195
Diocèse de Nantes.	1197
Diocèse de Nevers.	1199
Diocèse de Nîmes.	1199
Diocèse d'Orléans	1201
Diocèse de Pamiers	1201
Diocèse de Paris.	1203
Diocèse de Périgueux.	1205
Diocèse de Perpignan.	1205
Diocèse de Poitiers.	1205
Diocèse du Puy.	1207
Diocèse de Quimper.	1207
Diocèse de Reims.	1209
Diocèse de Rennes.	1211
Diocèse de La Rochelle.	1211
Diocèse de Rodez.	1213
Diocèse de Rouen.	1215
Diocèse de Séez.	1217
Diocèse de Sens.	1217
Diocèse de Soissons et de Laon.	1219
Diocèse de Strasbourg.	1221
Diocèse de Tarbes.	1221
Diocèse de Toulouse et Narbonne.	1223
Diocèse de Tours.	1225
Diocèse de Troyes.	1225
Diocèse de Tulle.	1225
Diocèse de Valence.	1227
Diocèse de Vannes.	1227
Diocèse de Verdun.	1229
Diocèse de Versailles.	1229
Diocèse de Viviers.	1231
Missions catholiques françaises, ou Congrégations des Missions.	1233
I. — Prêtres de la Mission ou Lazaristes.	1233
II. — Séminaire des Missions-Étrangères.	1233
III. — Congrégation des Sacrés-Cœurs et de l'Adoration perpétuelle, au séminaire de Picpus.	1235
IV. — Congrégation du Saint-Esprit et du Saint-Cœur de Marie.	1235
V. — Société des Prêtres de la Miséricorde ou de l'Immaculée Conception.	1235
Appendice.	1235
Loi sur l'instruction publique du 14 juin 1854.	1235
Tableaux divers.	1239
Tableau alphabétique de tous les lieux de la terre sainte, avec leurs longitudes et latitudes, tant en degrés qu'en grades, accompagné de la liste des villes sacerdotales, lévitiques, royales et de refuge.	1239
Tableau synoptique de la France catholique en 1854.	1251
Conversion des degrés en grades.	1259
Conversion des grades en degrés.	1259

FIN DU DICTIONNAIRE DE GÉOGRAPHIE.

Imprimerie MIGNE, au Petit-Montrouge.

www.ingramcontent.com/pod-product-compliance
Lightning Source LLC
Chambersburg PA
CBHW071241240426
43668CB00033B/1049